Notre siècle

par Pierre MIQUEL

Comme le XVIIIe siècle ne commence véritablement en France qu'à la mort du roi Louis XIV, et le XIXe après Waterloo, c'est en 1918 qu'entre véritablement en scène dans notre pays le XXe siècle, sur les ruines de la Première Guerre mondiale. Alors commence un nouveau monde.

1. L'APRÈS QUATORZE

Les déséquilibres

Une certaine stabilité disparaît après la guerre. Celle du franc Germinal, d'abord, qui entraîne l'élimination progressive des rentiers chers à Feydeau, les 500 000 rentiers d'avant 1914 qui ont souscrit aux emprunts or. La dette de la France en Angleterre et aux États-Unis est considérable : Poincaré aura plus de mal à s'en acquitter en 1928 que Monsieur Thiers, en 1871, n'eut de peine à obtenir la libération du territoire, en payant la Prusse à prix d'or.

Une autre certitude chancelle : le *Si vis pacem, para bellum.* Plus d'alliances militaires destinées à préparer la paix : l'Amérique se dégage, la Russie devient hostile, dangereuse pour l'ordre intérieur, l'Angleterre est une alliée froide, l'Italie est outrée d'avoir participé à la guerre pour un salaire de misère. La France est tout étonnée de se retrouver le gendarme de l'Europe, avec une Société des Nations fixée à Genève dont les architectes américains sont partis sans laisser d'adresse.

Un autre équilibre disparaît : celui des villes et des campagnes. La guerre a transformé le pays en une ruche bourdonnante d'ateliers. L'après-guerre fait la preuve que les millions d'hommes mobilisés ne retournent pas toujours dans les campagnes et qu'une société nouvelle se met en place. Un Français sur deux habitait encore la campagne en 1914 ; les foules urbaines vont se densifier, les banlieues s'étendre, les nouvelles H.L.M. (habitations à loyer modéré) ceinturer les villes. Les grandes grèves de l'immédiat après-guerre, la création du parti communiste léniniste et d'un syndicat révolutionnaire sont, au seuil du XXe siècle, l'annonce de nouveaux orages.

Les stimulants

Il reste que la France sort du drame avec une démocratie politique qui a fait ses preuves. Il n'a pas été nécessaire de durcir outre mesure le régime pour soutenir l'effort de guerre. La France des comités républicains apparaît, pour les nations libérées de l'Europe des empires et des royaumes, comme une sorte de modèle politique. Elle était avant 1914 la seule grande République du continent. Pour les Tchécoslovaques, les Polonais et les Allemands, elle est un exemple, au même titre que la Grande-Bretagne. Il semble que la victoire de 1918 soit aussi celle des régimes libéraux de l'Ouest.

Touchée par la guerre, la société française n'a pas été, comme l'allemande, ébranlée dans ses profondeurs. Elle reconstitue rapidement ses grandes masses, et si les rentiers n'ont pas fini de souffrir, si les femmes cherchent du travail, l'activité des industries nouvelles est un stimulant pour la production. Combien de jeunes ruraux rêvent de travailler dans les grandes usines d'automobile, de caoutchouc, de plastique ? Le mythe du progrès, si fort avant 1914, a pris la première place. La société de l'après-guerre se veut résolument industrielle et tournée vers l'expansion. La reprise démographique qui s'amorce est significative d'un nouveau crédit de confiance. Il faut reconstruire et repeupler. Le *baby boom* des années 20 atteste la vitalité d'un peuple meurtri.

2. DES « ANNÉES FOLLES » AU NOUVEL AVANT-GUERRE

Décadence ou reconstruction ?

Les « années folles » de 1920 à 1926 ont été souvent vécues par les contemporains comme une décadence : on reprochait à l'art d'être abstrait, à la littérature d'être surréaliste ou dadaïste, à la musique d'être « nègre », comme on reprochait déjà aux ballets d'être russes au temps du grand Stravinsky. On retire la légion d'honneur à Victor Margueritte, l'auteur de *La Garçonne.* Le roman de Radiguet *Le Diable au Corps,* choque les anciens combattants. Les trains de plaisir à Deauville et les casinos de Cannes ou de Nice sont pour les rentiers ruinés des lieux de scandale où s'étale l'insolence des nouveaux riches.

Il faut dix ans pour reconstruire la France, qui a retrouvé l'Alsace et la Lorraine annexée. En 1929, la production dépasse le niveau record de 1913. On commence à faire venir des étrangers, des Italiens et déjà des Maghrébins, des Polonais et des Portugais. La République conserve sa grande armée, la première d'Europe, elle engage des soldats et des marins pour l'outre-mer, car les Français sont présents en Asie, en Océanie, dans le Levant où la Société des Nations a confié à la France un mandat sur la Syrie et le Liban. C'est l'apogée du système colonial, qui donne à la « métropole » un vaste « empire ». L'exposition coloniale de 1931 exprime, par son ampleur, l'importance des positions françaises outre-mer.

L'automobile et la « T.S.F. »

La frénésie du progrès gagne même les campagnes, où la mécanisation progresse. Il n'est pas rare de voir des automobiles au village dès 1925, et les anciens meuniers ouvrent des garages. Les foyers s'équipent en postes de « T.S.F. ». On a plus vite, à la ferme, la radio que le téléphone. Les encombrements de voiture sont déjà inextricables à Paris, où l'on creuse le premier souterrain le long des berges de la Seine, tout près de la nouvelle gare d'Orsay où stationnent les rames de luxe des grands express du sud. La France construit un hydravion géant, le *Lieutenant de vaisseau Paris* et possède, avec *Normandie,* le plus beau paquebot du monde.

La ligne Maginot

La crise mondiale nous a touchés moins que l'Allemagne ou l'Angleterre en raison d'un développement industriel moins rapide, d'un certain archaïsme rural et de l'importance des réserves familiales en or thésaurisé. La France se resserre frileusement à l'abri de la « zone franc » et des barrières douanières de son ensemble colonial. Elle construit une « ligne Maginot » pour n'avoir pas à redouter une nouvelle guerre, quand l'hitlérisme commence sa carrière outre-Rhin. Elle développe ainsi une politique militaire défensive, en contradiction manifeste avec la diplomatie des alliances en Europe centrale. Comment pourra-t-elle honorer, sans force d'intervention moderne et rapide, les alliances contractées avec la Yougoslavie, la Tchécoslovaquie, la Pologne, ces nouvelles nations issues du traité de Versailles ?

Les abandons successifs (Rhénanie, 1936, Munich, 1938) sont l'illustration de cette incohérence : la France a une marine puissante, mais elle n'a pas d'armée d'intervention et ne peut s'opposer en rase campagne à la nouvelle Wehrmacht, encore moins à la Luftwaffe. Peut-elle, pour pallier sa faiblesse, conclure une nouvelle entente avec l'Est, avec la Russie soviétique ? C'était la politique de Louis Barthou : il est mort assassiné à Marseille. Les tentatives de Pierre Laval pour conclure un accord militaire avec Staline échouent. La France des années 30 ne peut compter, en cas de conflit, que sur l'Angleterre et la ligne Maginot. Elle ne s'est pas donné les moyens d'assurer l'ordre libéral en Europe.

Majorités de gauche

Elle peut murer ses frontières, mais non se fermer aux conflits idéologiques, d'autant que la crise multiplie les affrontements sociaux. A partir de 1929, le franc déjà réduit des 4/5 par la dévaluation Poincaré se trouve de nouveau mis en question. Les économistes imposent leurs thèses déflationnistes, qui entraînent la réduction du traitement des fonctionnaires de l'État. L'impopularité de cette politique conduit à l'explosion du Front Populaire aux élections de mai 1936 : pour la première fois les communistes entrent dans une majorité de gauche, même s'ils refusent de faire partie du gouvernement Blum. Les « accords Matignon » et les « congés payés », la création des comités d'entreprise, les premières nationalisations secouent profondément l'équilibre social au moment où la guerre d'Espagne impose aux nations européennes des choix idéologiques : faut-il, au nom de l'antifascisme, intervenir contre le général Franco armé par les fascistes italiens et les hitlériens allemands ? La non-intervention appliquée par Blum, qui doit s'aligner sur le Foreign Office, lui vaut la méfiance, sinon l'hostilité des communistes, sans rallier pour autant l'opinion du centre et de droite.

Les Français se divisent sur le Front Populaire. Les ligues de l'extrême-droite, qui manifestaient le 6 février 1934 contre les députés, ont certes été dissoutes : mais les ligueurs créent des groupements secrets comme la Cagoule, et disposent d'une presse dont ils ignorent souvent qu'elle est payée par l'Allemagne et l'Italie. La majorité qui se dessine autour de Daladier à la fin du Front Populaire exclut à la fois cette droite devenue pacifiste et pro-fasciste et la gauche communiste qui retourne à l'opposition. Mais déjà la guerre se dessine à l'horizon.

3. LA FRANCE DE DE GAULLE

Le désastre et la Résistance

Vingt ans après la paix de Versailles, Français, Anglais et Allemands se retrouvent face à face. Sedan, Londres et Vichy sont les points signalétiques du drame français. Le « général micro » (ainsi les journalistes britanniques appellent-ils le général de Gaulle) commence sur les ondes de la BBC la reconquête de l'espace français, occupé par la Wehrmacht pour partie, et surtout du nouvel « État français » du sud de la Loire, dirigé par le maréchal Pétain. C'est d'abord une bataille psychologique et politique : il s'agit pour de Gaulle de persuader les Français que la revanche est pour demain et que la résistance s'impose. Il a moins de mal à convaincre les Britanniques et les chefs de la résistance française, que les Américains et les Français d'Alger et de Dakar. Si le général l'emporte, c'est qu'il n'est pas seulement l'héritier d'une image traditionnelle de la France, mais le défenseur d'une véritable régénération. Le programme du **Conseil National de la Résistance**, appelé « charte », promet à cet égard la fondation d'un régime qui n'est pas seulement présenté comme démocratique et libéral, mais comme la base d'un changement profond de la société et même des mentalités françaises. La Résistance partage un idéal de justice sociale, de répartition équitable des charges, de définition d'un nouvel idéal de sécurité pour tous et de droit au travail. L'expansion n'est pas seulement une nécessité, elle devient, dans une telle perspective, un devoir. Un État digne de ce nom doit tout faire pour réaliser le plein emploi.

Un nouveau régime

Des travailleurs protégés, des agriculteurs encouragés à la modernisation, des intellectuels associés par la création de nouvelles écoles à l'œuvre de redressement (l'École Nationale d'Administration, notamment), une presse débarrassée de la tutelle oppressante des groupes financiers, une radio d'État protégée par le monopole contre les marchands du temple, une exigence de culture populaire et de formation des esprits : la pensée politique issue de la Résistance est indissoluble de celle du général de Gaulle.

On sait que la IVᵉ République, installée dans l'équivoque en 1946, a atteint incomplètement ces objectifs. Les grandes ordonnances de 1945 organisent la nationalisation du crédit et des moyens lourds de production. La création du Plan permet la reconstruction rapide d'un État moderne, sur une base industrielle puissante. L'énergie multiplie les ouvrages hydrauliques, la sidérurgie fait des prouesses, les usines nouvelles sont acquises aux technologies les plus fines. Le paysage français se modifie avec l'agrandissement des ports, la création d'un réseau d'autoroutes et la modernisation des chemins de fer. Si les campagnes envoient leurs excé-

BERNARD LECHERBONNIER
Agrégé de Lettres modernes
Docteur ès Lettres
Assistant à l'Université de Paris-XIII

DOMINIQUE RINCÉ
Agrégé des Lettres
Maître de conférences à l'École Polytechnique

PIERRE BRUNEL
Agrégé des Lettres
Docteur ès Lettres
Professeur à l'Université de Paris-Sorbonne

CHRISTIANE MOATTI
Agrégée des Lettres
Docteur ès Lettres
Professeur à la Sorbonne nouvelle

Collection dirigée par HENRI MITTERAND
Ancien élève de l'École Normale Supérieure
Agrégé de l'Université
Docteur ès Lettres
Professeur à la Sorbonne nouvelle

LITTERATURE

TEXTES ET DOCUMENTS

Introduction historique de PIERRE MIQUEL
Professeur à l'Université de Paris-Sorbonne

Avec la collaboration de
OLIVIER BARBARANT, MARIE-ANNE BARBERIS,
MARC DAMBRE, BLANDINE DE DINECHIN,
BERTRAND DREYFUSS, BÉNÉDICTE DUBOIS,
GÉRARD DUROZOI, OLIVIER GOT,
MARCELINE JACOB, MAXIME LUBLINER,
MARIE-HÉLÈNE ROY, BERNARD VALETTE

XXe siècle

NATHAN

LITTÉRATURE XXᵉ SIÈCLE

La collection *Littérature* offre aux élèves des lycées, aux étudiants et aux professeurs un ensemble de textes abondant, sélectionné avec soin, et disposé dans l'ordre de l'histoire.

Bien plus que pour les siècles antérieurs, choisir les textes du XXᵉ siècle est une aventure ; en constituer une table des matières organisée est un coup de force... Point de sélection laissée par l'histoire sur laquelle s'appuyer, quitte à corriger les injustices du passé.

On nous reprochera sans doute des absences ou des déséquilibres. Nous avons en tout cas pris le parti délibéré du choix et de la mise en ordre, pour des raisons pédagogiques : les élèves et les étudiants ont besoin de voir émerger au premier plan **les profils littéraires des grands créateurs**, dans leur unité et leur évolution ; mais ils ont besoin aussi de discerner **des limites nettes de périodes, de genres, de mouvements**, voire de compagnonnages. Ceci explique le plan général de cet ouvrage et l'organisation interne de ses chapitres.

Les quatre époques du siècle

Les 32 chapitres de ce volume sont distribués sur 4 parties : *De la Belle époque à la Grande guerre ; Années folles et Front Populaire ; De mai en mai : 1940, 1945, 1958, 1968 ; Modernisme et post-modernisme*. Soit 15 chapitres pour les deux premières et 17 pour les deux autres ; ou encore 16 chapitres jusqu'à 1945, et 16 chapitres de 1945 à nos jours. Chacune de ces parties s'ouvre par une introduction littéraire, par un tableau chronologique, et par la chronique d'une année-emblème : *1913, 1936, 1968, 1984*.

Diversité et solidarité des types de chapitres

On trouvera en tête de chaque chapitre une chronologie, éventuellement une biographie, et une introduction littéraire ; à la fin, une synthèse pour l'étude des notions (ex. L'absurde) et des formes (ex. La crise du personnage), un texte de littérature étrangère, une étude critique, une bibliographie succincte.

Les 32 chapitres de l'ouvrage sont consacrés tantôt à **un écrivain** (Proust, Claudel, Malraux, Céline, etc.), tantôt à **un mouvement** (la révolution surréaliste, les « Hussards »), tantôt à **un genre** (les succès de scène entre les deux guerres, la poésie d'aujourd'hui), tantôt même à **une aire géographique** de la francophonie (les littératures du Maghreb et d'Afrique noire). Il n'est aucun des grands genres littéraires dont l'histoire ne soit suivie d'un bout à l'autre du siècle. En tout près de 600 extraits d'environ 500 œuvres de 300 écrivains.

Nous n'avons évidemment pas publié des extraits de tous les écrivains qui ont compté pour les publics successifs ; pour le roman contemporain, l'inflation des œuvres nous a contraints parfois à échantillonner plus qu'à sélectionner. Mais nous avons ménagé à plusieurs reprises une rubrique *Pour une autre sélection*, qui rend justice à de nombreux autres écrivains, et qui permettra aux lecteurs de compléter ou de moduler leur anthologie. La liste des prix littéraires depuis trente ans complète également le dispositif. Près de 850 auteurs et 3 000 œuvres sont cités dans cet ouvrage.

Une histoire des mœurs et de l'art

On ne saurait séparer, au XXᵉ siècle, le texte et l'image. Comment connaître et comprendre la vie et l'œuvre de Sartre, par exemple, sans compulser les photographies qui furent prises de lui ? Le cinéma exigerait à lui seul un ouvrage, et nous nous sommes limités à reproduire quelques plans restés dans les mémoires. En revanche, les **880 documents iconographiques** que compte ce volume (y compris **64 pages en couleurs**, regroupées en huit thèmes, du cubisme à l'art brut et aux monuments du Paris fin de siècle) ajoutent à l'histoire de la littérature, d'une part un album des écrivains dans leur temps, d'autre part une histoire de l'aventure artistique au XXᵉ siècle.

GÉNÉRIQUE DE L'OUVRAGE

Mise en œuvre et coordination éditoriale : BERTRAND DREYFUSS
Maquette : LÉA VERDUN **Mise en page :** MARTINE DE CAGNY
Recherche iconographique : GAËLLE MARY, CLAIRE BALLADUR, ÉTIENNE COLLOMB
Mise au point des index : SABINE LEVALLOIS, NATHALIE SOKOLOFF
Cession de droits : CHANTAL TEILLET **Composition :** P.F.C. **Photogravure :** Édilog
© Editions NATHAN – ISBN 209 178863-5

dents de population dans les villes, elles accèdent rapidement à un niveau de vie moderne avec une population moindre grâce aux effets du progrès et à l'aide de l'État et du Crédit Agricole.

Mais les blocages politiques empêchent le nouveau régime de faire face à l'ampleur de la tâche. Il est vrai qu'il est fortement secoué par les effets français de la guerre froide (vagues de grèves des années 46-49), et surtout par la décolonisation. Après le drame indochinois qui trouve son épilogue en 1954 dans la cuvette de Dien Bien Phu, puis dans les accords de Genève, après la décolonisation difficile de la Tunisie et du Maroc, la guerre d'Algérie emporte la nouvelle République et rétablit au pouvoir le général de Gaulle, qui s'était retiré depuis 1946 à Colombey-les-deux-Églises parce qu'il était hostile au « régime des partis ».

La Ve République

Le retour de de Gaulle n'implique pas la fin immédiate des commotions politiques ni des batailles d'opinion : quatre ans sont nécessaires pour trouver une issue au drame algérien. Mais la stabilité politique est désormais acquise dans le cadre institutionnel de la Ve République. Les affrontements sociaux sont éliminés provisoirement par le progrès économique. Les seuls conflits graves sont ceux des industries ou des mines rejetées par la modernité : les mines de charbon et les usines sidérurgiques archaïques. L'essor du pétrole, de l'énergie atomique et des industries nouvelles, la création d'un dispositif de transports, la démocratisation du crédit et la mise en place d'un réseau bancaire très capillarisé permettent la poursuite de l'effort de modernisation. Les campagnes deviennent puissamment productrices et soutiennent la nouvelle industrie agro-alimentaire, la « société de consommation » encourage le gonflement des effectifs « tertiaires » dans les villes. Paris et sa région marchent vers les dix millions d'habitants, un cinquième de la population française. L'aménagement du territoire s'efforce de réduire cette concentration en multipliant les pôles de développement dans les provinces. Ainsi peut-on penser, avant 1968, que tout bouge en France et que de Gaulle, qui développe une politique militaire indépendante et un neutralisme diplomatique, a rendu au pays sa puissance.

4. L'ÈRE DES MUTATIONS

Les révisions déchirantes

Après la tumultueuse mise en question de la nouvelle société, en 1969, il apparaît que le progrès économique ne suffit pas à résoudre les difficultés nouvelles secrétées par la croissance. On imagine aussitôt des solutions politiques, on multiplie les instances de concertation. Mais la crise mondiale survient dans les années 1970, après le départ et la mort du général de Gaulle. A peine construite, la nouvelle France industrielle est en voie de démantèlement sous l'effet des bourrasques qui viennent de l'Ouest : chocs pétroliers, érosion monétaire, coups de boutoir des crises financières et boursières. Le régime du moteur s'emballe, on doit le réduire par des plans successifs de redressement, qui impliquent un accroissement du chômage et une baisse

du niveau de vie. L'argent cher et la rareté du crédit imposent des révisions déchirantes, accomplies au nom de la rentabilité. Il devient impératif de vendre à l'extérieur pour vivre, bientôt pour survivre. Un pays depuis un siècle accoutumé à vivre à l'intérieur de ses frontières affronte, après l'illusion des années miraculeuses, l'amertume d'une réorientation dont les règles lui sont imposées par la communauté des nations « libérales ». Toutes les entreprises archaïques qui subsistaient en raison de la clémence du ciel sont emportées par la bourrasque. On découvre les dures contraintes de la société post-industrielle.

Les instruments de « gestion » se généralisent. A l'heure de l'ordinateur, la France procède à un redressement de ses comptes, à une rectification dramatique de son paysage géographique. Il y a des Sedan industriels en Lorraine et dans le Pas-de-Calais. Mais les industries du XIXe siècle ne sont pas seules à disparaître, celles de la révolution du pétrole sont aussi emportées. La vallée de la Seine, celle de la Loire, Marseille et Marseille-Berre, l'estuaire de la Gironde sont frappés à leur tour. Seuls résistent les ensembles industriels constitués autour de centres importants de recherche bientôt baptisés technopoles. On se plaignait encore, en 1968, d'avoir trop de bacheliers. On s'aperçoit que le seul moyen de lutter contre le chômage est de développer la recherche de « l'or gris », des centres productifs d'idées et de techniques nouvelles.

L'alternance politique

La commotion sociale qui frappe la France met à l'épreuve le régime et dessine un nouveau paysage politique. On croyait rigide la constitution de la Ve République : elle s'adapte assez bien à la situation, dans la mesure où elle accorde à l'État un pouvoir gestionnaire efficace. Mais elle doit susciter l'alternance, pour que les grandes tendances sociales trouvent une expression politique. L'élection de 1981 et plus encore celle de 1986 sont significatives de cette ductilité du cadre politique, qui admet non seulement le changement de majorité, mais l'impensable cohabitation.

Devant les nécessités de la reconversion drastique, les politiques ont pris conscience du poids social des luttes économiques d'aujourd'hui. La crise, d'abord appelée « mutation », ne demande plus seulement des solutions gestionnaires, mais l'association des collectivités dûment protégées et intégrées aux mouvements rapides qui sont exigés par la météorologie économique mondiale. On comprend qu'il ne s'agit plus d'une crise, mais d'une nouvelle manière d'être.

Comme les autres citoyens des États industriels, les Français acceptent généralement de considérer l'Europe comme un espace d'avenir adapté à la stratégie de lutte mondiale. L'Europe, très souvent tolérée par les politiques des années 60, devient le vœu ardent des majorités de droite comme de gauche à l'horizon des années 1990.

Ainsi changent les hommes, sous la pression de la nécessité, ou, comme disait de Gaulle, de la « nature des choses ». Plus que jamais les Français du XXe siècle sont poussés à toute vitesse dans la post-modernité, comme ils l'étaient au XIXe dans la modernité. Y garderont-ils leur identité ?

INTRODUCTION LITTÉRAIRE

Fragilité et résistance des lettres

par Dominique RINCÉ

1. DE LA DÉCADENCE AU MODERNISME

« Le siècle est mort, vive le siècle. » Tel aurait pu être le slogan de la première génération de notre XXe siècle : en effet, celui-ci, aux lendemains du double « épuisement » du naturalisme et du symbolisme, s'ouvre par une « Belle Époque » qui l'est d'abord pour les trois grands genres traditionnels. La poésie avec **Apollinaire**, le théâtre avec **Claudel** et le roman avec **Proust** paraissent trouver le second souffle d'une modernité surmontant l'épreuve de la « décadence ». Mais la Grande Guerre n'a pas seulement rompu cette renaissance des esprits et des œuvres. Elle a précipité la brutale confrontation de la modernité littéraire, et plus largement esthétique, avec les réalités — techniques, sociales et idéologiques — d'un *modernisme* dont **Valéry** avait pressenti très tôt qu'il rendait désormais les civilisations « mortelles ».

2. LE TEMPS DE L'ENGAGEMENT

Mort des hommes dans la boucherie de Verdun, effondrement des valeurs de l'humanisme traditionnel, réapparition d'une conscience tragique déchirée entre l'espérance d'un « plus jamais ça » et le redoutable pressentiment du retour de l'« inhumain », c'est bien de tout cela que se nourrit, pour le décrire ou l'exorciser, la littérature de l'« entre-deux-guerres » : une appellation dont la banalisation par l'usage masque trop la terrible justesse. De l'émergence de la révolution surréaliste avec **Breton** à celle de l'existentialisme avec **Sartre**, toute une génération, principalement de poètes et de romanciers, redécouvre ainsi l'urgence des questions sur la fonction de l'écrivain, sur son engagement, individuel ou collectif, et s'efforce d'inventer les figures d'un « héroïsme » opposable à l'inévitable « montée des périls ».

3. VERS LA CRISE DES IDÉOLOGIES

De la Seconde Guerre, plus évidemment « mondiale » que celle de 14, date sans doute, pour des raisons d'abord historiques, puis géo-culturelles, le décloisonnement de notre littérature, dans le contexte d'une histoire des mentalités et des idées qui s'internationalise. Après le nécessaire repli sur son socle de « résistance », la littérature française des années 50-70 se trouve en effet confrontée à une crise des croyances, des idéologies et des comportements qui affecte tout l'Occident et s'explicitera plus spectaculairement chez nous autour de 1968. A l'heure de l'épanouissement des sciences humaines, les grands genres se profilent ainsi de manière insolite — « nouveau roman », « nouveau théâtre », « nouvelle critique » — pour dire le paradoxal effacement de l'Homme, conter sa crise d'identité et mimer celle de son langage, guetté, semble-t-il, par la dissolution et l'insignifiance.

4. POST-MODERNITÉ

« Babélisation », « uniformisation », les expressions bientôt ne vont pas manquer pour décrire les menaces pesant sur une culture qui s'éloigne fatalement, au temps des médias planétaires, de ses valeurs et traditions authentiques. La modernité, cernée par cette « défaite de la pensée », est-elle condamnée à se réfugier, en tous domaines, dans une *post-modernité* précaire ? Le fossé semble bien s'élargir entre une littérature enseignée ou confidentiellement appréciée et une littérature « apostrophée », primée, vendue, multipliée par les effets de « poche » ou de « best-sellers », qui ne rencontre plus que rarement la première. Tout doit-il se passer comme si notre « société duale » devait finir par secréter une littérature elle aussi « à deux vitesses », où la plus « rapide » — celle des romans de gare évidemment... — serait définitivement gagnante ? Les choses sont loin d'être aussi simples, et le récent triomphe d'un auteur difficile, édité chez un « petit » (**Marguerite Duras**, prix Goncourt 84 pour *L'Amant*, paru aux Éditions de Minuit), montre assez que les fossés n'existent que pour être franchis.

A une dizaine d'années du troisième millénaire, la « décadence » n'est peut-être plus ce qu'elle était et la « défaite de la littérature » moins certaine qu'il n'y paraît. Et si au contraire c'était elle, la littérature, qui « résistait » le mieux — mieux que la musique, mieux que le cinéma notamment — à la grande subversion « télémédiatique » ? La question mérite d'être réfléchie avec une ardeur au moins égale à celle que les poètes, romanciers et dramaturges d'aujourd'hui apportent à écrire les *œuvres* authentiques de notre *présent*.

Ire PARTIE

DE LA « BELLE ÉPOQUE » A LA GRANDE GUERRE

	ÉVÉNEMENTS HISTORIQUES	SCIENCES, TECHNIQUES ET ARTS	LITTÉRATURE EN FRANCE ET A L'ÉTRANGER
1900	Exposition universelle à Paris. Guerre des Boers.	PLANCK (All.) : théorie des quantas. Découverte des groupes sanguins. Ouverture de la première ligne de métro parisien. Les Nabis (DENIS, VUILLARD, BONNARD). Le style naïf avec le Douanier ROUSSEAU. Début du cubisme analytique avec BRAQUE et LÉGER.	BARRÈS : *L'Appel au soldat.* COLETTE : *Les Claudine* (1900-1905). FREUD : *L'Interprétation des rêves.* JAURÈS : *Histoire socialiste de la Révolution française.* PÉGUY : *Cahiers de la Quinzaine.* ROSTAND : *L'Aiglon.*
1901	Fondation du parti radical. Loi sur les associations.		FRANCE : *M. Bergeret à Paris.* ZOLA : *Travail. — La Vérité en marche.*
1902	Début du ministère Combes (radical).	DEBUSSY : *Pelléas et Mélisande.*	BARRÈS : *Leurs Figures.* GIDE : *L'Immoraliste.* Mort de ZOLA.
1903		Premier vol en aéroplane. Premier tour de France cycliste.	COURTELINE : *La Paix chez soi.* ZOLA : *Vérité* (posthume).
1904	Loi sur les congrégations. Entente cordiale.	CÉZANNE : *La Montagne Ste-Victoire.*	ROLLAND : *Jean-Christophe* (1904-1912). TCHEKHOV : *La Cerisaie* (Russie).
1905	Loi de séparation de l'Église et de l'État. Fondation de la S.F.I.O.	EINSTEIN publie ses travaux sur la relativité restreinte (All.). Travaux de RUTHERFORD (G. B.) et GEIGER (All.) sur la radioactivité. Le Fauvisme avec VLAMINCK, DERAIN, MARQUET, MATISSE... DEBUSSY : *La Mer.*	BERNARD : *Triplepatte.* PÉGUY : *Notre Patrie.*
1906	Inventaire des biens des églises. Réhabilitation du capitaine Dreyfus.		ALAIN : *Propos* (1906-1936). CLAUDEL : *Partage de midi.* MUSIL : *Les Désarrois de l'élève Törless* (Autriche).
1907	Agitation sociale dans le midi viticole.	Début de la période cubiste de PICASSO : *Les Demoiselles d'Avignon.* Grande période de création des sculpteurs MAILLOL et BOURDELLE.	BERGSON : *L'Évolution créatrice.* FEYDEAU : *La Puce à l'oreille.*
1908	Grèves de Draveil.		FEYDEAU : *Feu la mère de madame.* FRANCE : *L'Ile des Pingouins.* ROMAINS : *La Vie unanime.*
1909	Politique d'apaisement religieux.	BLÉRIOT traverse la Manche. DIAGHILEV présente à Paris les ballets russes.	CLAUDEL : *L'Otage.* GIDE : *La Porte étroite.* MARINETTI : *Manifeste du futurisme.*
1910		KANDINSKI : première aquarelle abstraite. MATISSE : *La Danse.*	PÉGUY : *Mystères* (1910-1912). ROUSSEL : *Impressions d'Afrique.*
1911	Accord franco-allemand sur le Maroc.	FUNK découvre les vitamines.	LARBAUD : *Fermina Marquez.* SAINT-JOHN PERSE : *Éloges.*
1912	Guerre dans les Balkans.	Exposition des Futuristes. Arrivée de CHAGALL à Paris.	CENDRARS : *Les Pâques à New York.* CLAUDEL : *L'Annonce faite à Marie.*
1913	Service militaire de 3 ans. Poincaré, président de la République.	GARROS traverse la Méditerranée en avion. STRAVINSKI : *Le Sacre du printemps.* APOLLINAIRE : *Les Peintres cubistes.*	ALAIN-FOURNIER : *Le Grand Meaulnes.* APOLLINAIRE : *Alcools.* BARRÈS : *La Colline inspirée.* CENDRARS : *La Prose du Transsibérien.* LARBAUD : *A.O. Barnabooth.* PROUST : *Du côté de chez Swann.*
1914	Assassinat de Jaurès. Guerre mondiale. Bataille de la Marne.	MONET : *Nymphéas.* L'abstraction géométrique avec SONIA et ROBERT DELAUNAY.	CARCO : *Jésus la Caille.* GIDE : *Les Caves du Vatican.* ROUSSEL : *Locus Solus.*
1915	Guerre des tranchées.	L'esprit Dada en peinture avec DUCHAMP et PICABIA.	ROLLAND : *Au-dessus de la mêlée.*
1916	Bataille de Verdun.	L'expressionnisme allemand en peinture avec GROSZ. Début du surréalisme pictural avec ARP, ERNST, DALI. Le néo-plasticisme de MONDRIAN.	BARBUSSE : *Le Feu.* FREUD : *Introduction à la psychanalyse.*
1917	Les États-Unis en guerre. Révolutions en Russie.		JACOB : *Le Cornet à dés.* VALÉRY : *La Jeune Parque.*
1918	Armistice du 11 novembre.		APOLLINAIRE : *Calligrammes.* Manifeste Dada à Zurich.
1919	Traité de Versailles.	Musique : formation du groupe des Six autour d'ÉRIC SATIE. Grande période du jazz classique (ARMSTRONG, BECHET, HAWKINS).	BERGSON : *L'Énergie spirituelle.* DORGELÈS : *Les Croix de bois.*
1920	Création du Parti communiste.		BRETON : *Les Champs magnétiques.*

La Belle Époque : légende ou réalité ?

Un phénomène européen

La Belle Époque, ce sont ces années d'illusion qui, entre 1900 et 1914, laissent croire à l'Europe qu'elle est parvenue à une superbe maturité la dispensant de tout grave souci d'avenir. C'est aussi sa folie des plaisirs, son optimisme triomphant, les hauts lieux de ses exploits mondains : le casino de Monte-Carlo, Venise, les Champs-Élysées de Paris.

A Paris comme à Vienne, on cultive la joie de vivre, **le raffinement et la beauté**. Les deux capitales de l'élégance sont reliées par le mythique Orient-Express. L'esprit rayonne à Paris, la musique à Vienne. A Londres, sous le règne d'Edouard VII, les « gens bien », s'ils répugnent au frivole, donnent sans compter dans le magnifique. Le jeune empire allemand, pendant ce temps, entasse patiemment armement et usines, moral et grandiose à l'image de Guillaume, son chef. La Russie danse sur un volcan, fastueuse et misérable, un peu folle et désaxée. L'Italie protège ses paradis secrets de volupté, les réservant à l'attention des amateurs avertis.

Mais quel que soit son lieu d'enracinement, la Belle Époque garde des traits qui n'appartiennent qu'à elle, et qui apparentent étrangement un **Marcel Proust**, un **Gabriele D'Annunzio**, un **Hugo von Hofmannsthal** et un **Serge de Diaghilev**.

Monde et demi-monde

Les altesses royales en personne règnent sur cette Belle Époque, mènent le bal à Venise, à Cannes, à Marienbad, à Biarritz, accompagnées de leur nombreuse escorte d'ambassadeurs d'opérette, de maréchaux rutilants et de somptueux milliardaires. En France, l'aristocratie d'argent pallie l'absence de famille royale. Le luxe du faubourg Saint-Germain, si bien évoqué par Marcel Proust à travers les Guermantes, illumine la ville de son éclat, enchante l'Opéra, se répand sur les hippodromes et dans les expositions.

En marge de cette élite, mais issues de ses rangs, se dégagent des personnalités qu'ennuie le faste, somme toute fort contraignant, des mondanités. Avec elles naît **le demi-monde**, celui du Tout-Paris, bientôt ouvert aux artistes, aux écrivains, aux comédiennes. On dîne chez Maxim's, on se promène au Bois, on roule en automobile, on décide des succès ou des échecs théâtraux. **Un Feydeau, une Colette seront les témoins attentifs de cette mouvante époque**.

Montmartre, avec ses cabarets et ses bals, exploite le graveleux, lance la mode du misérabilisme. Ici, le demi-monde applaudit aux refrains anarchistes de Bruant, de Jehan Rictus. L'étoile de ces nuits s'appelle la Goulue, immortalisée par Toulouse-Lautrec.

En hiver, monde et demi-monde se retrouvent sur la Côte d'Azur et sur la Riviera italienne : en juillet à Saint-Moritz et à Deauville ; en septembre à Venise et à Biarritz. Les grands hôtels prennent alors d'énormes dimensions, se boursouflent de marbre et se parent de Gobelins. Puis les paquebots illustrent le prestige des nations qui rivalisent d'orgueil pour lancer les plus beaux, les plus rapides, les plus majestueux de ces palaces au long cours.

Frénésie et inconscience

Une abondante circulation d'argent, une grande stabilité de la monnaie, une impression d'équilibre politique international durable expliquent pourquoi cette brillante société du siècle naissant entretient si longtemps une telle euphorie. A cela s'ajoutent les agréments dus aux nouvelles techniques : le cinéma, l'automobile, la propagation de l'électricité, la rapidité accrue des moyens de transport, le développement des sports, l'expansion de la presse illustrée. Et, couronnant le tout, le triomphe de la mode orchestré par le célèbre Paul Poiret.

La danse emporte cette belle société délivrée de tout souci. Rythme des ballets russes. Rythme aussi du tango, qui, surgi des bas-fonds de Buenos Aires en 1910, détrône le double-boston. Et déjà s'annonce le jazz-band...

La déesse de ces temps de charme, de luxe et de lasciveté est la Parisienne. On la voit partout. Non seulement au Boulevard, mais aussi dans les gares du Transsibérien, sur les terrains d'aviation, dans tous les lieux de plaisir et d'aventure. Elle incarne l'idéal d'une époque fiévreuse absolument décidée à ignorer que sa frénésie cache peut-être quelques malignes tumeurs.

En effet, que de scandales occultés ! Que de guerres « exotiques » reléguées au second plan ! Et quel aveuglement volontaire sur le formidable effort industriel et militaire allemand !

Le 21 mars 1914, quand Mmе Caillaux, femme du ministre des Finances, tire froidement six balles sur le directeur du *Figaro*, la Belle Époque s'arrête enfin de virevolter : « Jamais encore, dans notre organisation sociale, la voix du browning n'a eu de si profonds et de si redoutables échos », écrit un rédacteur de *L'Illustration*. Et il est vrai que le tango va s'achever en tragédie...

Découverte de la vitesse

L'année 1913 ! Une date déjà lointaine dans une époque trop facilement qualifiée de belle. L'Europe est à l'apogée de sa puissance, sa civilisation semble un exemple à suivre pour le monde entier, et on y trouve presque tout ce qui marquera notre temps : fabuleux développement des sciences et des techniques, mouvements sociaux puissants, concepts radicalement nouveaux dans les arts et la littérature. Tout cela sous le signe de la vitesse. On achève le percement du canal de Panama. Roland Garros traverse la Méditerranée. On procède au premier essai réussi de transport aérien du courrier. Toujours plus vite, toujours plus loin : un projet de raid aérien Paris-Le Caire, avec ce commentaire réservé du journal *Le Temps* : « Des entreprises de ce genre sont très onéreuses et d'un profit fort discutable. » La vitesse ! Pas une journée ne se passe sans un accident grave causé par l'avion ou l'auto. C'est tantôt « la chute grave d'un aviateur militaire », tantôt « un autobus contre un taxi : 11 blessés ». Ou bien ce fait divers, digne d'un tableau du Douanier Rousseau : « Le tramway de Pontoise heurte violemment un aéroplane qu'un tracteur automobile emmenait à Paris ». De Dion-Bouton, Hispano-Suiza, Rolls-Royce : l'automobile est encore un luxe, réservé aux privilégiés, et le raffinement se paye cher. La De Dion-Bouton de 45 CV coûte la bagatelle de 20 250 F de l'époque. Mais aux États-Unis, Henry Ford entreprend la fabrication en série de son fameux « modèle T ».

Bruits de guerre

Il est plus aisé d'acheter une bicyclette : on en trouve pour moins de cent francs, ce qui est l'équivalent d'un mois de salaire pour un petit employé. A ce prix-là, l'armée française elle-même n'hésite pas, et s'équipe en bicyclettes-mitrailleuses ! C'est que dans toute l'Europe, les nations sont persuadées que la guerre ne pourra pas être évitée, et c'est une course tragique aux armements. En France, reprendre l'Alsace et la Lorraine est ressenti comme un devoir sacré, et c'est un Lorrain, Poincaré, qui est élu président de la République. Les appels à la paix de Jean Jaurès sont souvent ressentis comme une trahison par une opinion publique que travaille une presse puissante et chauvine. Il ne fait pas bon aller à contre-courant. Le service militaire est finalement porté à trois ans. C'est dans ce climat que *Le Petit Parisien* nous apprend ceci : « Des recrues corrigent deux antimilitaristes : un régiment, conduit par un soldat d'infanterie coloniale, traversait hier la place de l'Hôtel-de-Ville. Deux ouvriers serruriers interpellèrent le militaire : « Tu n'as pas honte, sale rempilé, de conduire ces pauvres gosses au bagne militaire ? » Les deux vauriens ne purent en dire plus. Rompant les rangs, les recrues se précipitèrent sur eux et les corrigèrent d'importance. »

Le cinéma, rival du théâtre

En attendant que le feu soit définitivement mis aux poudres, on continue de s'amuser. La Belle Époque aime rire, et quand la Comédie-Française donne *Andromaque*, on court plutôt voir *Triplepatte* de Tristan Bernard. Ou au café-concert. Au Théâtre des Champs-Élysées, les Ballets russes et *Le Sacre du printemps*, de Stravinsky « portent un coup terrible aux habitudes des mélomanes » (Jacques Rivière). Mais il y a surtout le cinéma ! Septième art, ou amusement forain ? Les avis des esthètes sont partagés, même si Méliès, bricoleur de génie, a déjà tout inventé : l'écriture du scénario, la mise en scène, et les truquages magiques qui font du cinéma un art spectaculaire et poétique. Chaque soir, au Gaumont-Palace, 6 000 spectateurs se pressent et frémissent aux aventures de *L'Enfant de Paris*, « grand cinémadrame en 2 actes ». Le Palais-Rochechouart fait concurrence en montrant *Les derniers jours de Pompeï* ou *L'Agonie de Byzance*. Plus ambitieux, on adapte au cinéma *Germinal*, de Zola. Charlot apparaît pour la première fois sur les écrans. Et les directeurs de théâtre sont inquiets. L'un d'eux explique : « Le danger est certain pour l'avenir ! Le cinéma n'a pas de frais, ses places sont bon marché, ses programmes simples et variés. Le cinématographe ! Voilà un ennemi dont les forces ne feront que croître avec le temps ! » Tout le monde n'est pas aussi clairvoyant sur ce qui se fait de nouveau, en peinture par exemple.

Chefs-d'œuvre avant l'horreur

On ne parle des peintres cubistes que pour les brocarder et les condamner : « La propagande pour les peintres cubistes n'est pas seulement une menace directe pour l'art, mais un grave danger pour la moralité publique ! » 1913 : le poète Guillaume Apollinaire, qui est justement l'ami des cubistes Picasso et Braque, publie son premier grand recueil de poèmes, *Alcools*, et ses *Peintres cubistes*. Il lui reste alors cinq ans à vivre et le temps d'écrire ses plus beaux poèmes de guerre et d'amour. Maurice Barrès publie *La Colline inspirée*. Le critique littéraire de *L'Humanité* trouve à ce dernier livre « des qualités de style et un charme indéniable » ; mais il règle ses comptes avec l'homme : « Barrès se pare d'effarantes contradictions. Égoïste, il se fait patriote. Antiparlementaire, il quête un mandat législatif. Las et découragé, il se fait professeur d'énergie nationale. » La même année, Proust doit se résigner au compte d'auteur pour faire paraître *Du côté de chez Swann*, et c'est pour une chapelle d'initiés que Cendrars publie sa *Prose du Transsibérien*. Mais c'est le destin d'un jeune homme de vingt-sept ans, Alain-Fournier, tempérament tourmenté, épris d'absolu, et nostalgique de ses amours d'adolescence, qui évoque peut-être le mieux la génération sacrifiée qui va bientôt partir à la guerre. L'auteur du *Grand Meaulnes* disparaîtra le 2 septembre 1914, et on ne retrouvera jamais son corps.

ÉCRIVAINS DE « LA BELLE ÉPOQUE »

BARRÈS, FRANCE, LOTI, PORTO-RICHE, TOULET, COLETTE, COURTELINE, JARRY, MIRBEAU, BERNSTEIN, FEYDEAU

D'ANNUNZIO

« Arnold, habit et gardénia, le melon en cascadeur sur la tête, gros cigare dans la bouche, très ohé ohé. — Maître d'hôtel ! Une table et des femmes ! »

Georges Feydeau,
La Duchesse des Folies-Bergère

Portrait de femme, par Mucha, 1897. Paris, Institut d'Art et d'Archéologie.

1. Les maîtres de l'heure

Bénéficient du plus grand renom, en ce commencement du siècle, des écrivains dont les débuts en littérature datent des années 1880, et qui sont parvenus à l'apogée du succès grâce à des œuvres servant les idées de la bourgeoisie au pouvoir. Ils ont pour nom PAUL BOURGET, MAURICE BARRÈS, ANATOLE FRANCE, PIERRE LOTI. Dans leur sillage, on pourrait encore citer Henry Bordeaux, René Bazin, Édouard Estaunié... Certains d'entre eux ont connu un itinéraire au parcours sinueux, tel Barrès, qui, de son égotisme initial — où replongent d'ailleurs des œuvres de la maturité —, a évolué vers un farouche patriotisme, comme en témoigne son *Appel au soldat* (1900). La plupart de ces maîtres ont des idées de droite, sont antidreyfusards, hissent haut **les étendards du nationalisme revanchard et du conservatisme social.** Certains de leurs romans se présentent comme des plaidoyers ou des démonstrations en faveur de cette idéologie.

Aussi le personnage d'Anatole France, humaniste sceptique et frondeur, tranche-t-il sur ce fond d'ordre et de conformisme. Homme de culture, éloigné des courants naturaliste et post-symboliste, il figure l'attachement aux valeurs de style et de pensée héritées des siècles précédents, notamment du XVIIIe siècle voltairien. Anatole France rejoint finalement le camp socialiste, dont il deviendra sinon le maître à penser, du moins le symbole. Rationaliste convaincu, il assure le lien entre les moralistes de naguère et l'humanisme moderne.

Pierre Loti rend à l'exotisme des couleurs vraies : officier de marine, il a effectivement parcouru ces mers d'Orient dont les senteurs emplissent ses textes et ses amours. Sa nostalgie se teinte de désespoir, et son désenchantement, d'angoisse métaphysique. Claude Farrère sera son disciple.

Il reste somme toute encore peu de place, à côté de ces écrivains assurés de leur talent et de la reconnaissance publique, pour les génies d'une nouvelle génération, publiés dans des revues infimes et introuvables, et éloignés de la grande scène littéraire, qu'ils aient pour nom André Gide, Paul Claudel, Paul Valéry ou Marcel Proust...

Moindre est l'écart dans l'expression théâtrale. Certes le Maeterlinck de *L'Oiseau bleu* (1908) et le Rostand du *Cyrano de Bergerac* (1897) et de *L'Aiglon* (1900) ont vite vieilli sous les rides, mais ces auteurs demeurent, en fin d'analyse, des modernes par l'inspiration qui les anime.

1892	Pierre LOTI : *Fantôme d'Orient* Maurice MAETERLINCK : *Pelléas et Mélisande*
1893	Anatole FRANCE : *La Rôtisserie de la reine Pédauque ; Les Opinions de Jérôme Coignard* Pierre LOTI : *Matelot*
1894	Anatole FRANCE : *Le Lys rouge, Le Jardin d'Épicure*
1895	Henry BORDEAUX : *Jeanne Michelin* Édouard ESTAUNIÉ : *L'Empreinte* Edmond ROSTAND : *Princesse lointaine*
1897	René BAZIN : *De toute son âme* Pierre LOTI : *Ramuntcho* Edmond ROSTAND : *Cyrano de Bergerac*
1897-1901	Anatole FRANCE : *Histoire contemporaine :* *L'Orme du mail ; Le Mannequin d'osier ; L'Anneau d'améthyste ; Monsieur Bergeret à Paris*
1897-1902	Maurice BARRÈS : *Roman de l'énergie nationale : Les Déracinés ; L'Appel au soldat ; Leurs Figures*
1899	René BAZIN : *La Terre qui meurt*
1900	Edmond ROSTAND : *L'Aiglon*
1901	René BAZIN : *Les Oberlé* Anatole FRANCE : *L'Affaire Crainquebille*
1902	Henry BORDEAUX : *La Peur de vivre* Paul BOURGET : *L'Étape* Pierre LOTI : *Les Derniers Jours de Pékin* Maurice MAETERLINCK : *Monna Vanna*
1903	Maurice BARRÈS : *Amori et dolori sacrum*
1904	Paul BOURGET : *Un divorce* Claude FARRÈRE : *Fumée d'opium*
1904-1912	Romain ROLLAND : *Jean-Christophe*
1905	Maurice BARRÈS : *Au service de l'Allemagne* René BAZIN : *L'Isolée*
1906	Henry BORDEAUX : *Les Roquevillard*
1907	René BAZIN : *Le Blé qui lève* Paul BOURGET : *L'Émigré* Claude FARRÈRE : *Les Civilisés, L'Homme qui assassina*
1908	Édouard ESTAUNIÉ : *La Vie secrète* Anatole FRANCE : *L'Île des pingouins, La Vie de Jeanne d'Arc* Maurice MAETERLINCK : *L'Oiseau bleu*
1909	Maurice BARRÈS : *Colette Baudoche* Henry BORDEAUX : *La Croisée des chemins* Claude FARRÈRE : *La Bataille*
1910	Henry BORDEAUX : *La Robe de laine* Edmond ROSTAND : *Chanteclerc*
1912	Anatole FRANCE : *Les Dieux ont soif* Pierre LOTI : *Un pèlerin d'Angkor*
1913	Maurice BARRÈS : *La Colline inspirée* Édouard ESTAUNIÉ : *Les Choses voient* Romain ROLLAND : *Colas Breugnon* (rédaction)
1914	Anatole FRANCE : *La Révolte des anges*

Maurice Barrès (1862-1923)

Le culte du moi

Né dans une famille bourgeoise de Lorraine, **Maurice Barrès** s'est tôt passionné pour les lettres. Étudiant en droit à Paris, il consacre dès 1883 tout son temps à la littérature, fréquentant les milieux symbolistes en proie à un nouveau mal du siècle, et préconisant le culte du moi « afin de sentir le plus possible en analysant le plus possible ». Après un premier roman, *Sous l'œil des Barbares* (1888), qui lui vaut le succès, et *Un homme libre*, publié en 1889, Barrès achève sa trilogie égotiste avec *Le Jardin de Bérénice* (1891). Sacré « prince de la jeunesse », il s'engage parallèlement en politique. Il soutient le boulangisme à Nancy et siège à l'extrême-gauche au Parlement, alliant ainsi nationalisme et socialisme.

Désormais, Barrès unira à la quête incessante de l'être le culte des racines. De nombreux voyages à Venise, en Espagne et en Orient lui inspirent des évocations lyriques (*Du sang, de la volupté et de la mort*, en 1894, que prolongera *Amori et dolori sacrum* en 1903), mais la politique le mobilisant de plus en plus, il se consacre au journalisme, manifestant des opinions de plus en plus nettement traditionalistes, stigmatisant Dreyfus, devenant le chantre du nationalisme.

L'énergie nationale

Une nouvelle trilogie naît dans les années 1897-1902, dont *Les Déracinés* est l'œuvre la plus célèbre (voir LITTÉRATURE, *XIX* e *siècle*, p. 588). Si l'on excepte de nouveaux souvenirs de voyage et ce roman mystique qu'est *La Colline inspirée* (1913), l'essentiel de ses écrits, dans cet avant-guerre, défend la cause nationale et prêche la revanche.

Barrès académicien et député tend progressivement à sacrifier l'artiste au profit de l'homme public, se limitant au rôle de simple chroniqueur au cours de la guerre de 14-18. Dans l'après-guerre, l'influence de Barrès décroît, cependant que l'auteur d'*Une enquête aux pays du Levant* renoue avec son goût des voyages. Sa mort brutale, le 4 décembre 1923, ne lui permet pas d'achever les mémoires qu'il avait entrepris ; mais la publication posthume des *Cahiers* fait connaître à la nouvelle génération les contradictions et les déchirements d'une âme en quête d'une « certaine note juste ».

Maurice Barrès *Amori et dolori sacrum* (1903)

Maurice Barrès s'est fait le héraut de l'égotisme et a préconisé le culte du moi dans ses œuvres de jeunesse. Cette inspiration romantique continue d'innerver des œuvres de la maturité, comme Du sang, de la volupté et de la mort *(1894) et* Amori et dolori sacrum *(1903). A travers des souvenirs de voyage, à travers des évocations de Venise, de l'Espagne, de l'Orient, Barrès accommode le vieux spleen baudelairien à l'âme moderne. Précieux dans la description, décadent dans l'émotion, éloquent dans l'analyse, il distille un mal du siècle aux tonalités neuves et étranges. Certes une révolte larvée couve sous tant de langueur. Mais une révolte plus existentielle encore que politique.*

Le chant d'une beauté qui s'en va vers la mort

Avec ses palais d'Orient, ses vastes décors lumineux, ses ruelles, ses places, ses traghets qui surprennent, avec ses poteaux d'amarre, ses dômes, ses mâts tendus vers les cieux, avec ses navires aux quais, Venise chante à l'Adriatique qui la baise d'un flot débile un éternel opéra.

5   Désespoir d'une beauté qui s'en va vers la mort. Est-ce le chant d'une vieille corruptrice ou d'une vierge sacrifiée ? Au matin, parfois, dans Venise, j'entendis Iphigénie, mais les rougeurs du soir ramenaient Jézabel. De tels enchantements, où l'éternelle jeunesse des nuages et de l'eau se mêle aux artifices composites des ruines, savent mettre en activité nos plus profondes réserves.

10   A chacune de mes visites, j'ai mieux compris, subi la domination d'une ville qui fait sa splendeur, comme une fusée au bout de sa course, des forces qu'elle laisse retomber.

En même temps qu'une magnificence écroulée, Venise me paraît ma jeunesse écoulée : ses influences sont à la racine d'un grand nombre de mes sentiments.

15   Depuis un siècle, elle n'a plus vécu qu'en une dizaine de rêveurs qui firent ma nourriture. *Putridini dixi : pater meus es ; mater mea et soror mea vermibus.* « J'ai dit à ce sépulcre qu'il est mon père ; au ver, vous êtes ma mère et ma sœur. »

A chaque fois que je descends les escaliers de sa gare vers ses gondoles, et dès cette première minute où sa lagune fraîchit sur mon visage, en vain me suis-je

20   prémuni de quinine, je crois sentir en moi qui renaissent des millions de bactéries. Tout un poison qui sommeillait reprend sa virulence. L'orchestre attaque le prélude. Un chant qu'à peine je soupçonnais commence à s'élever du fond de ma Lorraine intérieure.

Ceux qui ont besoin de se faire mal contre la vie, de se déchirer sur leurs

25   pensées, se plaisent dans une ville où nulle beauté n'est sans tare. On y voit partout les conquêtes de la mort. Comment appliquer son âme sur la Venise moderne et garder une part ingénue ? « Un galant homme se trouve toujours une patrie. » Mais de celle-ci ceux-là seuls s'accommodent qui s'acceptent comme diminués, touchés dans leur force, leur orgueil, leur confiance. Ils ne sont plus

30   des jeunes héros intacts.

Maurice BARRÈS, *Amori et dolori sacrum* (1903)

Venise : le Grand Canal au
début du siècle.

POUR LE COMMENTAIRE

1. Venise et la mort. Identifiez leurs rapports.

2. Venise, ville fantasmatique. En quoi consiste son attrait ?

3. Venise et le mal du siècle. Que représente sur le plan moral l'engloutissement de Venise, sa décadence ? Quelle interprétation en donne Barrès ?

4. Barrès styliste.

5. Barrès, l'homme de culture, l'humaniste. Comment sont insérés dans le texte ses souvenirs et ses références littéraires ? Quel est leur apport ?

AU-DELÀ DU TEXTE

Vous comparerez la vision de BARRÈS et celle de D'ANNUNZIO, qui évoque également Venise dans l'extrait du *Feu* (voir p. 38). Lisez également *La Mort à Venise*, de Thomas MANN (1910).

Sur Venise dans la littérature du XIXe siècle, voir LITTÉRATURE, *XIXe siècle*, p. 57.

EXPOSÉS

1. Venise et les peintres.

2. Venise et le cinéma.

Anatole France (1844-1924)

Un écrivain humaniste

Anatole France fait figure de gloire littéraire en ce début de siècle, mais il est aussi cet humaniste, cet « homme mêlé » dont rêvait Montaigne, alliant le culte de l'antiquité et un esprit voltairien, une conscience politique aiguë et une rare exigence stylistique. Il est le maître à penser d'une génération, un personnage que Proust immortalisera dans sa *Recherche du temps perdu* sous les traits de l'écrivain Bergotte.

Né à Paris, Anatole France manifeste dès son plus jeune âge le goût pour les livres et les documents. Lecteur aux éditions Lemerre, il se passionne pour les poètes parnassiens et publie quelques vers en abordant parallèlement la chronique littéraire dans le journal *Le Temps*. Son premier roman, *Le Crime de Sylvestre Bonnard*, propose sur le mode ironique une philosophie épicurienne teintée de scepticisme, qui lui vaut le succès. Il poursuit alors sa réflexion au long de ses romans historiques *(Thaïs)* et de ses contes philosophiques (en particulier *La Rôtisserie de la reine Pédauque*, où apparaît pour la première fois, sur fond de XVIIIᵉ siècle, le personnage de l'abbé Coignard, porte-parole de l'auteur, ennemi de tout fanatisme et de toute superstition).

Une « gloire littéraire »

Ni l'écrivain reconnu (il est élu à l'Académie française en 1896), ni le personnage en vue (sa liaison avec la très célèbre Mme de Caillavet est connue) ne peuvent faire oublier l'homme, un homme qui dès 1897 prend nettement position pour Dreyfus et s'engage dans la défense des causes les plus désespérées. A ce tournant de sa vie, Anatole France offre dans les différents volumes de *L'Histoire contemporaine* une satire de la société française, de sa médiocrité, de son intolérance. Après différents écrits politiques et sociaux, il revient au conte philosophique avec *L'Île des Pingouins*, où l'on retrouve ses convictions politiques et morales. Puis ce sont deux ouvrages majeurs, *Les Dieux ont soif*, roman historique dénonçant les excès de la Terreur, et *La Révolte des anges*, une fable iconoclaste. Le prix Nobel qu'il reçoit en 1921 confirme son audience internationale et c'est en pleine gloire qu'il s'éteint trois ans plus tard.

1881	Le Crime de Sylvestre Bonnard
1891	Thaïs
1893	Opinions de Jérome Coignard La Rôtisserie de la reine Pédauque
1897-1901	L'Orme du mail ; Le Mannequin d'osier ; L'Anneau d'améthyste ; Monsieur Bergeret à Paris
1901	L'Affaire Crainquebille
1908	L'Île des pingouins
1912	Les Dieux ont soif

Anatole France *L'Île des pingouins* (1908)

*** L'Île des pingouins
L'Île des pingouins est un récit fantastique dans lequel Anatole France reprend le procédé de la transposition cher à Swift, et livre un pamphlet politique et social d'une rare vigueur. Il évoque ainsi, à travers l'histoire de la nation pingouine, en remontant à ses origines, l'histoire de la France, avec des raccourcis saisissants et une ironie mordante. Sous les dehors de la fable, le contenu dénonce une fois de plus toutes les formes d'obscurantisme et d'intolérance, manifestant aussi un pessimisme fondamental puisque le dernier livre, intitulé « Les temps futurs : l'histoire sans fin », évoque l'éternel retour de la barbarie après la faillite de la civilisation.

Dans le texte proposé, qui se situe au début de l'œuvre, **Anatole France**, *parodiant les légendes chrétiennes hagiographiques,* **dénonce le prosélytisme religieux** *et le zèle aveugle des saints. Voir aussi un autre texte d'Anatole France, p. 16.*

Métamorphose des pingouins

L'archange, descendu dans l'île des Pingouins, trouva le saint homme endormi au creux d'un rocher, parmi ses nouveaux disciples. Il lui posa la main sur l'épaule et, l'ayant éveillé, dit d'une voix douce :

« Maël, ne crains point ! »

5   Et le saint homme, ébloui par une vive lumière, enivré d'une odeur délicieuse, reconnut l'ange du Seigneur et se prosterna le front contre terre.

Et l'ange dit encore :

« Maël, connais ton erreur : croyant baptiser des enfants d'Adam, tu as baptisé des oiseaux ; et voici que par toi des pingouins sont entrés dans l'Église de
10 Dieu. »

A ces mots, le vieillard demeura stupide.

Et l'ange reprit :

« Lève-toi, Maël, arme-toi du Nom puissant du Seigneur et dis à ces oiseaux : « Soyez des hommes ! »
15 Et le saint homme Maël, ayant pleuré et prié, s'arma du Nom puissant du Seigneur et dit aux oiseaux :

« Soyez des hommes ! »

Aussitôt les pingouins se transformèrent. Leur front s'élargit et leur tête s'arrondit en dôme, comme Sainte-Marie Rotonde dans la ville de Rome. Leurs
20 yeux ovales s'ouvrirent plus grands sur l'univers ; un nez charnu habilla les deux fentes de leurs narines ; leur bec se changea en bouche et de cette bouche sortit la parole ; leur cou s'accourcit et grossit ; leurs ailes devinrent des bras et leurs pattes des jambes ; une âme inquiète habita leur poitrine.

Pourtant il leur restait quelques traces de leur première nature. Ils étaient
25 enclins à regarder de côté ; ils se balançaient sur leurs cuisses trop courtes ; leur corps restait couvert d'un fin duvet.

Et Maël rendit grâce au Seigneur de ce qu'il avait incorporé ces pingouins à la famille d'Abraham.

Mais il s'affligea à la pensée que, bientôt, il quitterait cette île pour n'y plus
30 revenir et que, loin de lui, peut-être, la foi des pingouins périrait, faute de soins, comme une plante trop jeune et trop tendre. Et il conçut l'idée de transporter leur île sur les côtes d'Armorique.

« J'ignore les desseins de la Sagesse éternelle, se dit-il. Mais, si Dieu veut que l'île soit transportée, qui pourrait empêcher qu'elle le fût ? »
35 Et le saint homme du lin de son étole fila une corde très mince, d'une longueur de quarante pieds. Il noua un bout de cette corde autour d'une pointe de rocher qui perçait le sable de la grève et, tenant à la main l'autre bout de la corde, il entra dans l'auge de pierre.

L'auge glissa sur la mer et remorqua l'île des Pingouins. Après neuf jours de
40 navigation, elle aborda heureusement au rivage des Bretons, amenant l'île avec elle.

Anatole FRANCE, *L'Île des pingouins* (1908)
© éd. Calmann-Lévy

POUR LE COMMENTAIRE

Quel sens donner à la parabole d'Anatole FRANCE ? La suite de *L'Île des pingouins* nous en donne l'idée, en nous montrant ce que sont devenus les oiseaux chers à saint Maël et quelle société ils ont bâtie.

« On ne trouvait jamais les maisons assez hautes ; on les surélevait sans cesse, et l'on en construisait de trente à quarante étages, où se superposaient bureaux, magasins, comptoirs de banques, sièges de sociétés ; et l'on creusait dans le sol toujours plus profondément des caves et des tunnels.

Quinze millions d'hommes travaillaient dans la ville géante, à la lumière des phares, qui jetaient leurs feux le jour comme la nuit. Nulle clarté du ciel ne perçait les fumées des usines dont la ville était ceinte ; mais on voyait parfois le disque rouge d'un soleil sans rayons glisser dans un firmament noir, sillonné de ponts de fer, d'où tombaient une pluie éternelle de suie et d'escarbilles. C'était la plus industrielle de toutes les cités du monde et la plus riche. Son organisation semblait parfaite ; il n'y subsistait rien des anciennes formes aristocratiques ou démocratiques des sociétés ; tout y était subordonné aux intérêts des trusts. Il se forma dans ce milieu ce que les anthropologistes appellent le type du milliardaire. C'étaient des hommes à la fois énergiques et frêles, capables d'une grande puissance de combinaisons mentales, et qui fournissaient un long travail de bureau, mais dont la sensibilité subissait des troubles héréditaires qui croissaient avec l'âge. »

Anatole FRANCE, *L'Île des pingouins*, VIII (1908)
© éd. Calmann-Lévy

Auteurs à succès

A côté des grands noms de la littérature comme France, Barrès et, pour certains initiés, déjà Gide, Valéry ou Claudel, la Belle Époque voit fleurir les auteurs à succès qui rallient les suffrages de la foule. La frivolité est représentée par Jean Lorrain, Félicien Champsaur ou Willy, la psychologie par Paul Bourget, Édouard Estaunié et Édouard Rod, l'exotisme par **Pierre Loti** ou Claude Farrère.

Le roman est donc devenu le grand genre littéraire soutenu tant par des écrivains de premier plan que par des écrivains secondaires mais féconds. Après l'offensive naturaliste de la fin du siècle, on voit émerger, des courants idéaliste, psychologique ou nationaliste, une littérature jugée plus décente et finalement rassurante puisqu'elle est teintée de conservatisme.

Si les noms de Henry Bordeaux, Marcel Prévost, René Bazin, Abel Hermant ou Paul Adam sont aujourd'hui oubliés, ils jouissent en ce début de siècle d'un prestige et d'un public considérables.

Pierre Loti *Les Derniers Jours de Pékin* (1902)

A côté des romans psychologiques, idéalistes ou nationalistes, la Belle Époque consacre le succès des romans exotiques. **Pierre Loti** *(1850-1923), officier de marine pendant quarante-deux ans, transpose ses souvenirs dans des romans d'évasion situés tantôt en Turquie, tantôt en Afrique ; mais c'est l'Extrême-Orient qui l'inspire le plus.* **Le cadre l'emporte donc sur l'intrigue,** *souvent secondaire. Dans* Les Derniers Jours de Pékin *(1902), il évoque les troubles de Chine à l'occasion desquels la France avait envoyé une escadre en Extrême-Orient.*

On analysera dans ce passage le **rôle de l'exotisme et du dépaysement,** *ainsi que celui du mystère symbolisé par la Cité interdite.*

Sur le mythe de la Cité interdite du début du siècle, on lira aussi le roman de Victor Segalen, René Leys, *situé dans le Pékin de 1911 et publié de façon posthume en 1922.*

Pierre Loti en Chine, en 1900.

La Cité interdite

D'abord, la grande muraille noire, la muraille babylonienne, les remparts surhumains d'une ville de plus de dix lieues de tour, aujourd'hui en ruines et en décombres, à moitié vidée et semée de cadavres. Ensuite une seconde muraille, peinte en rouge sombre de sang, qui forme une autre ville forte, enfermée dans la première. Ensuite une troisième muraille, plus magnifique, mais de la même couleur sanglante, muraille du grand mystère celle-ci et que jamais, avant ces jours de guerre et d'effondrement, jamais aucun Européen n'avait franchie ; nous avons dû aujourd'hui nous y arrêter plus d'une heure, malgré les permis signés et contresignés ; à travers les serrures d'une porte farouche, qu'un piquet de soldats entourait et que des madriers barricadaient par-derrière comme en temps de siège, il a fallu menacer, parlementer longuement, avec des gardiens intérieurs qui voulaient se dérober et fuir. Une fois ouverts les battants lourds, bardés de ferrures, une autre muraille encore est apparue, séparée de la précédente par un chemin de ronde, où gisaient des lambeaux de vêtements et où des chiens traînaient des os de mort, nouvelle

20 muraille toujours du même rouge, mais encore plus somptueuse, couronnée, sur toute sa longueur infinie, par des ornements cornus et des monstres en faïence

jaune d'or. Et enfin, ce dernier rempart traversé, des vieux personnages imberbes et singuliers, venus à notre rencontre avec des saluts méfiants, nous ont guidés à travers un dédale de petites cours, de petits jardins murés et remurés, où
25 végétaient, entre des rocailles et des potiches, des arbres centenaires ; tout cela séparé, caché, protégé et hanté par un peuple de monstres, de chimères en bronze ou en marbre, par mille figures grimaçant la férocité et la haine, par mille symboles inconnus. Et toujours, dans les murailles rouges au faîte de faïence jaune, les portes derrière nous se refermaient : c'était comme
30 dans ces mauvais rêves où des séries de couloirs se suivent et se resserrent, pour ne vous laisser sortir jamais plus.

Maintenant, après la longue course de cauchemar, on a le sentiment, rien qu'à contempler le groupe anxieux des personnages qui nous ont amenés, trottinant sans bruit sur leurs semelles de papier, le sentiment de quelque profanation
35 suprême et inouïe, que l'on a dû commettre à leurs yeux en pénétrant dans cette modeste chambre close.

Pierre LOTI, *Les Derniers Jours de Pékin* (1902)
© éd. Calmann-Lévy

Le Temple
du ciel à
Pékin.

LE ROMAN BELGE A LA BELLE ÉPOQUE

La Belle Époque est pour la littérature romanesque belge une période de mutation et de transition, transition entre l'âge d'or naturaliste et les révolutions surréalistes. En 1881, de jeunes écrivains (dont **Camille Lemonnier, Georges Eekhoud, Eugène Demolder**) avaient fondé une revue littéraire de langue française qui devait manifester à tous le renouveau des lettres belges : *La Jeune Belgique*, tout en adoptant un certain cosmopolitisme et en reconnaissant l'influence de la France. Il y avait donc à la fin du XIXe siècle **un symbolisme belge en poésie et un naturalisme belge en prose**, dont Émile Verhaeren et Camille Lemonnier sont respectivement représentatifs. Pourtant, à la fin du siècle, l'inspiration naturaliste tendait à s'essouffler et l'on observait une tendance au régionalisme.

1. La fin du naturalisme

En ce début de siècle, le « maréchal des lettres belges », le disciple de Zola, **Camille Lemonnier** (1844-1913), amorce un tournant dans son œuvre : après avoir célébré les forces instinctives et vitales de l'homme, il entreprend de chanter dans des textes de plus en plus lyriques la communion de la Nature et de l'Homme (*Comme va le ruisseau*, 1903 ; *Le Droit au bonheur*, 1904).

2. La tendance au régionalisme

Ses adeptes évoluent quant à eux, vers un certain régionalisme. Ainsi **Georges Eekhoud** (1854-1927) oppose-t-il dans *La Nouvelle Carthage* (1888) la ville et la campagne, stigmatisant la première qui est un symbole de corruption, et célébrant le retour au terroir. Le régionalisme conduit les romanciers à un repli passéiste, entraînant le morcellement d'une littérature qui échoue à devenir nationale. On voit ainsi les régionalistes wallons (Hubert Krains et Edmond Glesener entre autres) se démarquer de leurs confrères flamands. Seul l'écrivain **Henri Davignon** (1879-1964) saura donner au roman régionaliste une perspective plus large, mais lui-même ne reconnaît-il pas pour maîtres Paul Bourget, Maurice Barrès et Henry Bordeaux ?

3. Le succès du roman historique

Le précurseur du roman historique, **Charles de Coster** (1827-1879), a suscité beaucoup de vocations et l'on voit les romans historiques fleurir entre 1880 et 1920. Parmi ceux-ci, on peut distinguer les romans d'**Eugène Demolder**, qui sont d'exactes transcriptions de tableaux flamands. L'auteur y fait revivre le plus souvent la Hollande de Rembrandt.

2. Portraits de femmes

1. Mode et séduction

La Parisienne est la reine de la Belle Époque. Habillée par Werth ou Paquin dans d'élégantes et inconfortables parures de taffetas et de mousseline, elle incarne le *modern style* et donne vie, ligne et mouvement à l'esprit comme à l'esthétique du temps.

Loin de se réduire à l'état de fascinant objet, elle se veut charmante et spirituelle, à la hauteur de la civilisation qu'elle symbolise et embellit. On la voit à l'Opéra, au Bois, aux courses. Elle obéit scrupuleusement aux règles de la vie mondaine.

Une barrière — perméable — sépare les vraies aristocrates des authentiques demi-mondaines (plus joliment appelées « grandes cocottes »). Ces dernières « font » la mode tout en collectionnant altesses et millionnaires dans leurs carnets de bal et leurs boudoirs.

2. L'émancipation

Toutefois, ce n'est pas dans ce milieu que s'apprête à naître la femme moderne. Le féminisme militant qui se déploie dans une partie de la bourgeoisie, notamment protestante, malgré quelques succès ponctuels comme l'organisation du Conseil national des femmes, en 1901, n'obtient pas encore les suffrages de la majorité des femmes. En revanche, un certain nombre d'écrivains femmes (les poètes Renée Vivien et Anna de Noailles, la romancière COLETTE) amorcent **une profonde révision des idées morales relatives au sexe féminin**.

La mode Claudine, lancée vers 1900 par Willy et Colette, atteint une dimension inimaginable : le succès de librairie se transforme en un triomphe commercial (apparaissent des glaces Claudine, des lotions, des cols, des chapeaux Claudine) et rencontre, au-delà de la réussite littéraire, une adhésion sociale qui souligne **le désir d'émancipation** — de corps, de costume, de mœurs — latent chez la femme en 1900, lasse de ses corsets contraignants et de ses soupirants galonnés.

Élégantes aux courses, vers 1914.

Colette, en se coupant les cheveux, en s'exhibant nue sur les scènes de music-hall, en rédigeant des romans légers, associe l'écriture et sa vie dans son naturel effort de libération. Elle fascine ses contemporains, bientôt prêts à la suivre sur le chemin de son « immortalité » gaie et vivifiante.

Les écrivains hommes traduisent parfois cette évolution avec sympathie, tels Paul Adam, résolument féministe, Jean de Tinan ou **PAUL-JEAN TOULET**, le portraitiste de Nane, dans le charmant *Mon amie Nane* (1905).

Le « théâtre d'amour » s'intéresse lui aussi aux revendications sentimentales et sexuelles de la femme. *Amoureuse* (1891), de **GEORGES DE PORTO-RICHE**, fonde une tradition d'analyse psychologique de la femme mariée, qui se révélera féconde.

1888	Georges de PORTO-RICHE : *La Chance de Françoise* (théâtre)	**1902**	Renée VIVIEN : *Cendres et Poussières* (poésie)
1890	Georges de PORTO-RICHE : *L'Infidèle* (théâtre)	**1904**	Paul-Jean TOULET : *Les Tendres Ménages* Renée VIVIEN : *La Vénus des aveugles* (poésie)
1891	Georges de PORTO-RICHE : *Amoureuse* (théâtre)	**1905**	Paul-Jean TOULET : *Mon amie Nane*
1897	Georges de PORTO-RICHE : *Le Passé* (théâtre)	**1905-1907**	Paul-Jean TOULET : *Les Demoiselles La Mortagne*
1899	Jean de TINAN : *Aimienne ou le Détournement de mineure*	**1907-1909**	COLETTE : *La Retraite sentimentale, Les Vrilles de la vigne, L'Ingénue libertine*, refonte des deux Minne
1900-1905	WILLY et COLETTE : *Claudine à l'école, Claudine à Paris, Claudine en ménage, Claudine s'en va, Minne, Les Égarements de Minne*	**1910-1913**	COLETTE : *La Vagabonde, L'Entrave*

Georges de Porto-Riche *Amoureuse* (1891)

Georges de Porto-Riche (1849-1930) débute par des poésies (*Prima verba*, 1872), puis se consacre au théâtre, où il donne d'abord des pièces d'inspiration romantique (*Vanina*, 1878). Il se fait ensuite le spécialiste du drame conjugal, des conflits entre l'homme infidèle et la femme (*La Chance de Françoise*, 1888 ; *L'Infidèle*, 1890 ; *Amoureuse*, 1891).

◀ *Georges de Porto-Riche*, par Sacha Guitry, *La Vie parisienne*, 1911.

*** *Amoureuse*

Dans *Amoureuse*, Georges de Porto-Riche met en évidence l'incompréhension des sexes, l'égoïsme individuel et les liens charnels qui rendent impossibles aussi bien l'amour que la rupture. Étienne Fériaux et Germaine sont mariés depuis une dizaine d'années. Lui ne supporte plus l'obsédante tendresse amoureuse de sa femme, et cependant ne parvient pas à prendre ses distances avec elle.

« Je n'aurai jamais le courage de te quitter... »

ÉTIENNE. — Je suis ton mari, tu es ma femme, je devrais m'incliner. Je n'aurai jamais le courage de te quitter, n'est-ce pas ? Je me connais ; alors à quoi bon ? autant me résigner tout de suite. Je t'appartiens ; c'est ton droit d'espionner ma vie, de contrôler mes actions, d'épier mes gestes, de fouiller dans mon cerveau
5 comme dans ces tiroirs. Tu peux, s'il te plaît, tant qu'il te plaît, m'interroger, m'approuver, me blâmer. Je n'ai qu'à courber la tête, car cette maison est la nôtre, ces meubles sont les tiens, mes livres sont à toi. Ma fortune, mon nom, mes amitiés, mes haines, tout cela est à nous deux ici, je n'ai plus rien à moi seul, rien ! C'est ton droit d'interrompre ma tâche, de t'asseoir à ma table de travail,
10 de me traquer de chambre en chambre, de m'imposer ta présence, ta conversation et tes épanchements, c'est ton droit !

GERMAINE. — Ce n'est pas une question de droit, mon ami, c'est une question d'amour.

ÉTIENNE. — Eh ! je n'en suis pas moins la victime, ta victime depuis huit ans.

15 GERMAINE. — Depuis huit ans ?

ÉTIENNE. — Oui, et mon supplice n'est pas fini.

GERMAINE. — Quelle trahison !

ÉTIENNE. — Longtemps encore, il nous faudra accomplir côte à côte tous les actes de la vie quotidienne, jusqu'aux plus grotesques, mêler nos habitudes, nos
20 intérêts et nos déceptions. Nous sommes condamnés l'un à l'autre et nous parlerons d'amour éternellement, tous les jours.

GERMAINE. — Et tous les soirs.

ÉTIENNE. — Ah ! que m'importe la nuit ! J'aime encore mieux donner mon corps que ma pensée.

25 GERMAINE. — Tu ne renies pas ces heures-là, c'est étonnant.

ÉTIENNE. — Je les bénirais peut-être, ces heures, si tu n'étais pas toujours la première à les souhaiter.

GERMAINE. — Tu mens.

ÉTIENNE. — Si tu n'en diminuais pas le prix par la hâte de tes consentements,
30 si tu laissais quelquefois mon désir rôder autour de toi.

GERMAINE. — Je te défends de poursuivre.

ÉTIENNE. — Ah ! tu as raison. Tu n'es pas fière.

GERMAINE. — Tu mens, ce que tu dis est un mensonge abominable. Ce n'est pas mon désir qui mendie, c'est le tien. Oui, c'est toi qui...

35 ÉTIENNE. — Parce que tu es triste, parce que je suis vaincu.

GERMAINE. — Parce que tu es bon ?

ÉTIENNE. — Oui, le plus souvent ma tendresse est une capitulation.

GERMAINE, *éclatant.* — Mais, misérable ! tu savais que je t'aimais, il ne fallait pas m'épouser.

40 ÉTIENNE. — J'ai eu tort.

GERMAINE, *avec douleur, avec indignation.* — Tu avais plus de trente ans, j'en avais vingt. On réfléchit, surtout quand on doit être aussi implacable. Je t'ai dit que je t'adorais, pourquoi m'as-tu prise ? Pourquoi as-tu été bon et faible ? Pourquoi m'as-tu laissée croire à ton amour ? Pourquoi m'as-tu menti, trompée ?
45 Pourquoi n'as-tu pas été cruel tout de suite ? Pourquoi as-tu si longtemps attendu pour m'apprendre la vérité ?

ÉTIENNE. — J'ai eu tort.

GERMAINE. — Mais voilà. Tu n'es qu'un vaniteux au fond, un homme à femmes. Tu voulais être aimé.

50 ÉTIENNE. — Oui, mais pas tant que ça !

GERMAINE. — Je t'ai donné plus que tu ne demandais.

ÉTIENNE. — Justement.

GERMAINE. — Pauvre homme ! Je t'aime trop et tu ne m'aimes pas assez, voilà mon crime.

55 ÉTIENNE. — Voilà notre misère.

GERMAINE. — Peu importe ! Cet amour dont tu ne veux plus aujourd'hui, cet amour que tu salis, puisque tu l'as encouragé et partagé, tu as perdu le droit de me le reprocher.

ÉTIENNE. — J'en conviens.

60 GERMAINE. — Et d'ailleurs, en admettant que tu ne l'aies ni encouragé ni partagé, de quoi donc suis-je si coupable ? Alors, parce que je suis ta femme, je ne dois pas t'aimer ? Parce que je t'ai apporté la pudeur, la jeunesse et le dévouement, parce que je n'ai pas traîné dans les bras de dix hommes avant de te rencontrer, il m'est défendu de te parler d'amour ? Ce que vous réclamez, ce
65 que vous implorez de la dernière des filles, vous le refusez de nous autres. Mais je n'en suis pas moins désirable parce que je n'appartiens qu'à toi, je ne vaux pas moins parce que je t'aime davantage !

ÉTIENNE. — Tu as raison, tu as raison.

GERMAINE. — Hélas ! on devrait dire aux jeunes filles que l'amour et le mariage
70 sont deux choses différentes, qui ne vont pas ensemble. Elles choisiraient avant, ou elles feraient comme vous, elles aimeraient d'abord et se marieraient ensuite. Tu m'as prise, n'est-ce pas ? pour tenir ta maison, surveiller les domestiques et apaiser tes sens à l'occasion. Je suis une manière de servante ici. Ah ! Tu comprends l'amour à l'état d'aventure, de plaisir, comme un sentiment de luxe,
75 mais dans le mariage, dans cette vie pacifique où on se soigne, où on calcule, où on s'occupe de sa fortune et de sa carrière, tu le considères comme une chose déplacée, insupportable et, si tu l'osais, tu dirais impudique. Mais, mon pauvre ami, sache-le bien, si j'avais dû faire un mariage de raison, je ne t'aurais jamais épousé.

80 ÉTIENNE. — Et pourquoi donc ?

GERMAINE. — J'aurais trouvé mieux, et facilement.

Amoureuse, de Georges de Porto-Riche, 1891.

Georges de PORTO-RICHE, *Amoureuse* (1891)
© éd. Albin Michel

Paul-Jean Toulet, *Mon amie Nane* (1905)

Paul-Jean Toulet (1867-1920), après une jeunesse béarnaise et des séjours à l'Ile Maurice et à Alger, s'établit à Paris en 1898. Dandy occupé de sa personne et de ses plaisirs, fortuné, il glisse vers le journalisme, s'essaie à la poésie, puis publie son premier roman, *Monsieur du Paur, homme public* (1898). Son personnage, désabusé et ironique, a un cachet fin de siècle accompli. Toulet s'impose dans les milieux intellectuels et mondains parisiens grâce à sa désinvolte et brillante personnalité de causeur éblouissant. Il écrit des romans légers avec Curnonsky, devient l'un des nègres de Willy, multiplie les chroniques « parisiennes », toutes sortes de récits qui paraissent dans les revues à la mode. *Mon amie Nane* (1905), livre fin et original, est la plus réussie de ses œuvres romanesques.
C'est avec ses *Contrerimes* (1910-1921) qu'il passe à la postérité en littérature, comme chef de l'école fantaisiste (voir p. 85).

Nane la bien modelée

« Quæ est ista, quæ progreditur ut luna ? »
(Cantic. Cantic.)

Quelle est cette jeune personne qui s'avance vers nous,
et dont les traits n'annoncent pas une vive intelligence ?

Cette amie que je veux te montrer sous le linge, ô lecteur, ou bien parée des mille ajustements qui étaient comme une seconde figure de sa beauté, ne fut qu'une fille de joie — et de tristesse.
5 En vérité, si tu ne sais entendre que les choses qui sont exprimées par le langage, mon amie ne t'aurait offert aucun sens ; mais peut-être l'eusses-tu jugée stupide. Car, le plus souvent, ses paroles — que l'ivresse même les dictât — ne signifiaient rien, semblables à des grelots qu'agite un matin de carnaval ; et sa cervelle était comme cette mousse qu'on voit se tourner en poussière sur les rocs brûlants de l'été.
10 Et pourtant elle a marché devant moi telle que si ma propre pensée, épousant les nombres où la beauté est soumise, avait revêtu un corps glorieux. Énigme elle-même, elle m'a révélé parfois un peu de la Grande Énigme : c'est alors qu'elle m'apparaissait comme un microcosme ; que ses gestes figuraient à mes yeux l'ordre même et la raison cachée des apparences où nous nous agitons.
15 En elle j'ai compris que chaque chose contient toutes les autres choses, et qu'elle y est contenue. De même que l'âme aromatique de Cerné, un sachet la garde prisonnière ; ou qu'on peut deviner dans un sourire de femme tout le secret de son corps ; les objets les plus disparates — Nane me l'enseigna — sont des correspondances ; et tout être, une image de cet infini et de ce multiple qui
20 l'accablent de toutes parts.
Car sa chair où tant d'artistes et de voluptueux goûtèrent leur joie, n'est pas ce qui m'a le plus épris de Nane la bien modelée. Les courbes de son flanc ou de sa nuque, dont il semble qu'elles aient obéi au pouce d'un potier sans reproche, la délicatesse de ses mains, et son front orgueilleusement recourbé,
25 comme aussi ces caresses singulières qui inventaient une volupté plus vive au milieu même de la volupté, se peuvent découvrir en d'autres personnes. Mais Nane était bien plus que cela, un signe écrit sur la muraille, l'hiéroglyphe même de la vie : en elle, j'ai cru contempler le monde.
Non, les ondulations du fleuve Océan, ni les nœuds de la vipère ivre de chaleur
30 qui dort au soleil, toute noire, ne sont plus perfides que ses étreintes. Du plus beau verger de France, et du plus bel automne, quel fruit te saurait rafraîchir, comme ses baisers désaltéraient mon cœur ? Sache encore que l'architecture de ses membres présente toute l'audace d'une géométrie raffinée ; et que, si j'ai observé avec soin le rythme de sa démarche ou de ses abandons, c'était pour
35 y embrasser les lois de la sagesse.

Paul-Jean TOULET, *Mon amie Nane* (1905)

POUR LE COMMENTAIRE

1. Quelle **image de la femme** se dégage de cette évocation de Nane ?

2. Nane est un **être contradictoire**. Quels sont les pôles de la vivante contradiction qu'elle incarne ?

3. Quelles **traces de symbolisme** recèle ce texte ? A quelle philosophie se réfère-t-il ? A quel poète le mot **correspondances** renvoie-t-il ?

4. Texte **romantique, précieux, décadent** ? Justifiez vos réponses.

Colette *La Vagabonde* (1910)

Colette *qui était, avec son mari Willy, entrée en littérature avec la publication des* Claudine *entre 1900 et 1903, amorce vers 1910 une nouvelle étape de sa carrière littéraire, célébrant tour à tour la nature avec* Les Vrilles de la vigne *(1908) et la liberté avec* La Vagabonde *(1910).*
Pour la biographie de Colette, voir p. 308.

Colette en 1907.

Dans les coulisses

Comme le plancher tremble, ce soir ! On voit bien qu'il fait froid : les danseurs russes se réchauffent. Quand ils crieront tous ensemble : « You ! » avec une voix aiguë et éraillée de jeunes porcs, il sera onze heures dix. Mon horloge est infaillible, elle ne varie pas de cinq minutes en un mois. Dix heures : j'arrive ;
5 Mme Cavallier chante *les Petits Chemineux, le Baiser d'adieu, le Petit qué-qu'chose*, trois chansons. Dix heures dix : Antoniew et ses chiens. Dix heures vingt-deux : coups de fusil, aboiements, fin du numéro de chiens. L'escalier de fer crie, et quelqu'un tousse : c'est Jadin qui descend. Elle jure en toussant, parce qu'elle marche chaque fois sur l'ourlet de sa robe, c'est un rite... Dix heures
10 trente-cinq : le fantaisiste Bouty. Dix heures quarante-sept : les danseurs russes, et, enfin, onze heures dix : moi !

Moi... En pensant ce mot-là, j'ai regardé involontairement le miroir. C'est pourtant bien moi qui suis là, masquée de rouge mauve, les yeux cernés d'un halo de bleu gras qui commence à fondre... Vais-je attendre que le reste du
15 visage aussi se délaie ? S'il n'allait demeurer, de tout mon reflet, qu'une couleur teintée, collée à la glace comme une longue larme boueuse ?...

Mais on gèle, ici ! Je frotte l'une contre l'autre mes mains grises de froid sous le blanc liquide qui se craquelle. Parbleu ! le tuyau du calorifère est glacé : c'est samedi, et, le samedi, on charge ici le public populaire, le joyeux public
20 chahuteur, et un peu saoul, de chauffer la salle. On n'a pas pensé aux loges d'artistes.

Un coup de poing ébranle la porte, et mes oreilles elles-mêmes tressaillent. J'ouvre à mon camarade Brague, costumé en bandit roumain, basané et consciencieux.
25 — C'est à nous, tu sais ?

— Je sais. Pas trop tôt ! On attrape la crève !

En haut de l'escalier de fer qui monte au plateau, la bonne chaleur sèche, poussiéreuse, m'enveloppe comme un manteau confortable et sale. Pendant que Brague, toujours méticuleux, veille à la plantation et fait remonter la herse du
30 fond — celle du soleil couchant — je colle, machinalement, mon œil à la rondelle lumineuse du rideau.

C'est une belle salle de samedi, dans ce café-concert aimé du quartier. Une salle noire, que les projecteurs ne suffisent pas à éclairer, et vous donneriez cent sous pour trouver un col de chemise, du dixième rang des fauteuils à la deuxième
35 galerie ! Une fumée rousse plane sur tout cela, portant l'affreuse odeur du tabac froid et du cigare à deux ronds qu'on fume trop loin... En revanche, les avant-scènes, — femmes décolletées, paillettes, chapeaux et plumages, — ont l'air de quatre jardinières... C'est un beau samedi ! Mais, selon la forte expression de la petite Jadin :
40 — Je m'en fiche, je ne touche pas sur la recette !

Dès les premières mesures de notre ouverture, je me sens soulagée, engrenée, devenue légère et irresponsable. Accoudée au balcon de toile, je considère d'un œil serein la couche poudreuse — crotte des chaussures, poussière, poils de chiens, résine écrasée — qui couvre le parquet où se traîneront tout à l'heure
45 mes genoux nus, et je respire un rouge géranium artificiel. Dès cette minute, je

ne m'appartiens plus, tout va bien ! Je sais que je ne tomberai pas en dansant, que mon talon n'accrochera pas l'ourlet de ma jupe, que je croulerai, brutalisée par Brague, sans pourtant m'écorcher les coudes ni m'aplatir le nez. J'entendrai vaguement, sans perdre mon sérieux, le petit machiniste qui, au moment le plus
50 dramatique, imite des bruits de pets derrière le portant pour nous faire rire... La brutale lumière me porte, la musique régit mes gestes, une discipline mysté-rieuse m'asservit et me protège... Tout va bien.

Tout va très bien ! Notre noir public du samedi nous a récompensés par un tumulte où il y avait des bravos, des sifflets, des cris, des cochonneries cordiales,
55 et j'ai reçu, bien asséné sur le coin de la bouche, un petit paquet de ces œillets à deux sous, des œillets blancs anémiques que la marchande de fleurs au panier baigne, pour les teindre, dans une eau carminée... Je l'emporte, au revers de ma jaquette ; il sent le poivre et le chien mouillé.

J'emporte aussi une lettre qu'on vient de me remettre :
60 « Madame, j'étais au premier rang de l'orchestre ; votre talent de mime m'invite à croire que vous en possédez d'autres, plus spéciaux et plus captivants encore ; faites-moi le plaisir de souper ce soir avec moi... »

C'est signé « Marquis de Fontanges » — mon Dieu ! oui, et écrit au café du Delta... Combien de rejetons de familles nobles, et qu'on croyait dès longtemps
65 éteintes, élisent domicile au café du Delta ?... Contre toute vraisemblance, je flaire chez ce marquis de Fontanges une parenté proche avec un comte de La-vallière, qui m'offrit, la semaine passée, un « five o'clock » dans sa garçonnière.
— Fumisteries banales, mais où se devine le romanesque amour de la grande vie, le respect du blason, qui couve, en ce quartier de gouapes, sous tant de
70 casquettes avachies.

COLETTE, *La Vagabonde* (1910)
© éd. Albin Michel

Colette, vedette de music-hall au Ba-Ta-Clan, vers 1910.

POUR LE COMMENTAIRE

Ce texte de COLETTE est une belle page d'atmosphère : le témoignage se veut réaliste et ne craint pas les détails les plus crus ; le milieu humain (acteurs et public) et les rela-tions sociales sont évoquées par un personnage à la fois sensible et averti.

Toute une époque revit à travers le regard de la jeune artiste, qui y participe tout en prenant ses distances.

Développez, sous la forme d'un **commentaire com-posé**, ces différents thèmes, non sans rendre aussi compte du style faussement ingénu de *La Vagabonde*.

AU-DELÀ DU TEXTE

Étude comparée

Lisez ou relisez *Nana*, de ZOLA, et comparez les héroïnes de ZOLA et de COLETTE, toutes deux actrices de music-hall : quelle est l'évolution du rôle de l'actrice dans la société ?

Montrez comment l'univers du spectacle, que ZOLA pré-sente comme celui de la perdition, devient avec Colette celui de l'émancipation et de la liberté.

Sur l'œuvre de Colette, voir aussi pp. 308 à 311.

3. La satire au théâtre

Le théâtre occupe une place majeure dans les activités mondaines de la Belle Époque. Au centre des divertissements parisiens, il est d'ailleurs servi par des interprètes exceptionnels comme Mounet-Sully, Lucien Guitry, Sarah Bernhardt, Réjane.

Le Boulevard a ses maîtres incontestés avec **Georges Feydeau** et **Georges Courteline**, dont la création est abondante jusque vers 1910. Tristan Bernard et Robert de Flers leur succéderont.

La Comédie-Française, dirigée par Jules Claretie, ne se tient pas en dehors du mouvement et participe au même engouement : s'y créent, d'ailleurs, des pièces appelées au plus grand succès comme *L'Énigme*, de Paul Hervieu (1901), *Les Affaires sont les affaires*, d'**Octave Mirbeau** (1903), *Le Duel*, d'Henri Lavedan (1905).

Ce théâtre, abondant et spirituel, passe pour démodé. Il est vrai qu'on y sent trop de complaisance chez des dramaturges qui, s'ils égratignent l'ordre bourgeois, s'ils s'en prennent aux turpitudes de la société qui afflue dans les salles et leur assure un succès éclatant, n'en rendent pas moins hommage à la puissance d'argent. Toutefois les thèmes abordés par **Georges de Porto-Riche**, **Henry Bernstein**, Eugène Brieux, François de Curel ou Henry Bataille ne manquent pas de force : manigances financières et électorales, abus coloniaux, dénis de justice, mariages d'intérêt, achats de consciences constituent le fond assez noir d'**un théâtre plus satirique qu'il ne veut bien paraître**.

Dans le domaine de la farce bouffonne, **Alfred Jarry**, avec son personnage d'Ubu, crée la surprise.

Lucien Guitry et Henry Bataille, par Sem.

1891	Georges de PORTO-RICHE : *Amoureuse*	**1905**	Henry BATAILLE : *La Marche nuptiale*
1893	Georges COURTELINE : *Boubouroche*		Tristan BERNARD : *Triplepatte*
1894	Georges FEYDEAU : *Un Fil à la patte*		Henry BERNSTEIN : *La Rafale*
			Robert de FLERS : *M. de La Palice*
			Henri LAVEDAN : *Le Duel*
1896	Georges COURTELINE : *Un Client sérieux*		
	Georges FEYDEAU : *Le Dindon*	**1907**	Henry BERNSTEIN : *Samson*
	Alfred JARRY : *Ubu Roi*		Georges FEYDEAU : *La Puce à l'oreille*
1897	Tristan BERNARD : *L'Anglais tel qu'on le parle*	**1908**	Georges FEYDEAU : *Occupe-toi d'Amélie ;*
	Octave MIRBEAU : *Les Mauvais Bergers*		*Feu la mère de Madame*
	Edmond ROSTAND : *Cyrano de Bergerac*		Robert de FLERS : *Le Roi*
1899	Georges FEYDEAU : *La Dame de chez Maxim's*	**1910**	Henry BATAILLE : *La Vierge folle*
1900	Henry BERNSTEIN : *Le Marché*		Georges FEYDEAU : *On purge bébé*
	Eugène BRIEUX : *La Robe rouge*		
		1911	Tristan BERNARD : *Le Petit Café*
1901	Alfred CAPUS : *La Veine, La Petite Fonctionnaire*		Georges FEYDEAU : *Mais n'te promène donc pas toute nue*
	Paul HERVIEU : *L'Énigme, La Course du flambeau*		
1902	Henri LAVEDAN : *Le Marquis de Priola*	**1912**	Robert de FLERS } *L'Habit vert*
			Armand de CAILLAVET }
1903	Georges COURTELINE : *La Paix chez soi*		
	Octave MIRBEAU : *Les Affaires sont les affaires*	**1913**	Henry BERNSTEIN : *Le Secret*
1904	Henry BERNSTEIN : *Le Bercail*		Robert de FLERS : *La Belle Aventure*

Georges Courteline *Boubouroche* (1893)

Georges Courteline (1858-1929) se fait tôt connaître comme chroniqueur satirique ; puis, à la demande d'Antoine, il entreprend d'écrire pour le théâtre en 1891. Excellent artisan de la pièce en un acte, dialoguiste inégalable dans le registre de la rouerie bonhomme et de la persécution naïve, il multiplie les pochades et les comédies où il brocarde l'armée, l'administration ou la justice (*Un Client sérieux*, 1896 ; *Le Commissaire est bon enfant*, 1899 ; *Le Gendarme est sans pitié*, 1899)... Le talent de Courteline est celui du caricaturiste qui sait relever et exploiter le trait marquant et en faire le caractère déterminant d'un personnage. D'où les aspects cocasses de ses héros aux allures de marionnettes. N'a-t-il pas d'ailleurs rassemblé nombre de ses sketches sous le titre *Les Marionnettes de la vie* ?

Avec Messieurs les ronds-de-cuir *(1893), où sont dénoncées les joyeusetés de la vie bureaucratique,* Boubouroche *est la plus forte création de* **Georges Courteline**. *Cette pièce présentée pour la première fois au Théâtre-Libre d'Antoine, en 1893, montre un* **bourgeois à la fois pitoyable et vulgaire**, *réclamant le pardon à sa maîtresse qui l'a trompé... Avec* Boubouroche, *Courteline atteint une authentique vérité humaine.*

Un mari trompé ?

ADÈLE, BOUBOUROCHE, ANDRÉ (caché)

Boubouroche entre comme un fou, descend en scène, se rend à la porte de droite, qu'il ouvre, plonge anxieusement ses regards dans l'obscurité de la pièce à laquelle elle donne accès ; va, de là, à la fenêtre de gauche, dont il écarte violemment les rideaux.

ADÈLE, *qui l'a suivi des yeux avec une stupéfaction croissante.* — Regarde-moi donc un peu.

Boubouroche, les poings fermés, marche sur elle.

ADÈLE, *qui, elle, vient sur lui avec une grande tranquillité.* — En voilà une figure !... Que se passe-t-il ? Qu'est-ce qu'il y a ?

5   BOUBOUROCHE. — Il y a que tu me trompes.

ADÈLE. — Je te trompe !... Comment, je te trompe ?... Qu'est-ce que tu veux dire, par là ?

BOUBOUROCHE. — Je veux dire que tu te moques de moi ; que tu es la dernière des coquines et qu'il y a quelqu'un ici.

10   ADÈLE. — Quelqu'un !

BOUBOUROCHE. — Oui, quelqu'un !

ADÈLE. — Qui ?

BOUBOUROCHE. — Quelqu'un !

Un temps.

ADÈLE, *éclatant de rire.* — Voilà du nouveau.

15   BOUBOUROCHE, *la main haute.* — Ah ! ne ris pas !... Et ne nie pas ! Tu y perdrais ton temps et ta peine : je sais tout !... C'est cela, hausse les épaules ; efforce-toi de me faire croire qu'on a mystifié ma bonne foi. *(Geste large.)* Le ciel m'est témoin que j'ai commencé par le croire et que je suis resté dix minutes les pieds sur le bord du trottoir, les yeux rivés à cette croisée, m'accusant d'être fou, me 20 reprochant d'être ingrat !... J'allais m'en retourner, je te le jure, quand, tout à coup, deux ombres — la tienne et une autre !... ont passé en se poursuivant sur la tache éclairée de la fenêtre. A cette heure, tu n'as plus qu'à me livrer ton complice ; nous avons à causer tous deux de choses qui ne te regardent pas. Va donc me chercher cet homme, Adèle. C'est à cette condition seulement que je

Georges Courteline, par Bib.
Coll. particulière.

25 te pardonnerai peut-être, car *(très ému)* ma tendresse pour toi, sans bornes, me rendrait capable de tout, même de perdre un jour le souvenir de l'inexprimable douleur sous laquelle sombre toute ma vie.

ADÈLE. — Tu es bête !

BOUBOUROCHE. — Je l'ai été. Oui, j'ai été huit ans ta dupe ; inexplicablement
30 aveugle en présence de telles évidences qu'elles auraient dû me crever les yeux !... N'importe, ces temps sont finis ; la canaille peut triompher, une minute vient toujours où le bon Dieu, qui est un brave homme, se met avec les honnêtes gens.

ADÈLE. — Assez !

35 BOUBOUROCHE, *abasourdi.* — Tu m'imposes le silence, je crois ?

ADÈLE. Tu peux même en être certain !... *(Hors d'elle.)* En voilà un énergumène, qui entre ici comme un boulet, pousse les portes, tire les rideaux, emplit la maison de ses cris, me traite comme la dernière des filles, va jusqu'à lever la main sur moi !...

40 BOUBOUROCHE. — Adèle...

ADÈLE. — ... tout cela parce que, soi-disant, il aurait vu passer deux ombres sur la transparence d'un rideau ! D'abord tu es ivre.

BOUBOUROCHE. — Ce n'est pas vrai.

ADÈLE. — Alors tu mens.

45 BOUBOUROCHE. — Je ne mens pas.

ADÈLE. — Donc, tu es gris ; c'est bien ce que je disais !... *(Effarement ahuri de Bouburoche.)* De deux choses l'une : tu as vu double ou tu me cherches querelle.

BOUBOUROCHE, *troublé et qui commence à perdre sa belle assurance.* — Enfin,
50 ma chère amie, voilà ! Moi..., on m'a raconté des choses.

ADÈLE, *ironique.* — Et tu les as tenues pour paroles d'évangile ? Et l'idée ne t'est pas venue un seul instant d'en appeler à la vraisemblance ? aux huit années de liaison que nous avons derrière nous ? *(Silence embarrassé de Bouburoche.)* C'est délicieux ! En sorte que je suis à la merci du premier chien coiffé venu...
55 Un monsieur passera, qui dira : « Votre femme vous est infidèle », moi je paierai les pots cassés ; je tiendrai la queue de la poêle ?

Georges COURTELINE, *Bouburoche*, Acte II, scène 2 (1893)
© éd. Flammarion

POUR LE COMMENTAIRE

Une scène de jalousie

Cette scène de *Bouburoche* est typique de la comédie légère qui a fait les beaux jours du Boulevard. La situation est classique : la femme se trouve surprise au moment où elle se livre à des ébats amoureux avec son amant. Comment va-t-elle réagir face à la fureur de Bouburoche ?

On étudiera la scène sous deux aspects :

1. La maîtrise du travail dramatique. Le choc des deux personnages, la violence et la subtilité des échanges, la pertinence des répliques.

2. L'intérêt des caractères. Bouburoche à la fois furieux et lâche, Adèle, adroite, dissimulatrice et farouche dans l'art de la défense.

On rapprochera cette scène de jalousie moderne de **scènes similaires du théâtre classique** (Molière, Marivaux).

GROUPEMENT THÉMATIQUE

La jalousie amoureuse au théâtre

MOLIÈRE : *L'École des femmes*, 1662 ; *Le Misanthrope*, 1666 ; *George Dandin*, 1668. — MARIVAUX : *Le Triomphe de l'amour*, 1732. — GOLDONI : *Les Femmes jalouses*, 1752. — BEAUMARCHAIS : *Le Barbier de Séville*, 1775 ; *Le Mariage de Figaro*, 1784. — MUSSET : *On ne badine pas avec l'amour*, 1834. — LABICHE : *Un Chapeau de paille d'Italie*, 1851. — FEYDEAU : *La Puce à l'oreille*, 1907.

On pourra bien sûr évoquer ce thème à propos du roman. Quelques exemples :

Mme DE LA FAYETTE : *La Princesse de Clèves*, 1678. — DOSTOÏEVSKI : *L'Éternel Mari*, 1870. — PROUST : « Un Amour de Swann », dans *A la recherche du temps perdu*, 1913 ; *La Prisonnière*, 1922 ; *La Fugitive*, 1925. — MAURIAC : *Genitrix*, 1923.

L'opéra également est un des lieux privilégiés pour l'expression de la jalousie amoureuse. Quelques exemples :

BELLINI : *Norma*, 1831. — BIZET : *Carmen*, 1875. — VERDI : *Otello*, 1887.

Alfred Jarry *Ubu Roi* (1896)

*Ubu Roi se présente comme une farce bouffonne, un canular de potache dans lequel **Alfred Jarry**, lycéen de quinze ans, a ridiculisé et immortalisé un de ses professeurs du lycée de Rennes, Félix Hébert, surnommé par ses condisciples le père Heb. Dépassant le folklore estudiantin, le jeune Jarry crée un personnage devenu mythique, l'incarnation du bourgeois prétentieux et poltron, symbolisant à lui seul tout le ridicule de l'homme.*

Lors de la conférence accompagnant la représentation controversée qui eut lieu au Théâtre de l'Œuvre, le 10 décembre 1896, l'auteur invitait lui-même à plusieurs lectures, en affirmant : « Vous serez libres de voir en M. Ubu les multiples allusions que vous voudrez ou un simple fantoche, la déformation par un potache d'un de ses professeurs qui représentait pour lui tout le grotesque qui fût au monde. »

*** *Ubu Roi*

La geste d'Ubu (puisque la pièce sera suivie d'*Ubu enchaîné* et d'*Ubu cocu*) raconte les aventures, dans une Pologne imaginaire, d'un capitaine de dragons, officier du roi Venceslas, assassinant le roi pour accéder au pouvoir et multipliant les crises avant d'être chassé vers son pays natal par l'héritier du trône. Par ses exagérations, ses invraisemblances, son vocabulaire cocasse et rabelaisien, la pièce devient une épopée grotesque et « hénaurme », comme eût dit Flaubert. Grâce à sa férocité, Jarry stigmatise, à l'instar d'un Lautréamont ou d'un Rimbaud, une société imbue de son importance.

Acte I, scène 1   *« Vous êtes un fort grand voyou »*

*La première scène qui s'ouvre par une adaptation inattendue du mot le plus célèbre de la langue française, donne le ton de la pièce et présente le héros ainsi que la mère Ubu, version grotesque de Lady Macbeth. On s'attachera à analyser **l'originalité de cette scène de « présentation », l'incongruité du langage, le caractère mécanique des personnages** (la pièce était initialement prévue pour des marionnettes)...*

PÈRE UBU, MÈRE UBU

Alfred Jarry, par Cazals, 1897.

PÈRE UBU. — Merdre.

MÈRE UBU. — Oh ! voilà du joli, Père Ubu, vous estes un fort grand voyou.

PÈRE UBU. — Que ne vous assom'je, Mère Ubu !

MÈRE UBU. — Ce n'est pas moi, Père Ubu, c'est un autre qu'il faudrait assassiner.

5 PÈRE UBU. — De par ma chandelle verte, je ne comprends pas.

MÈRE UBU. — Comment, Père Ubu, vous estes content de votre sort ?

PÈRE UBU. — De par ma chandelle verte, merdre, madame, certes oui, je suis content. On le serait à moins : capitaine de dragons, officier de confiance du roi Venceslas, décoré de l'ordre de l'Aigle Rouge de Pologne et ancien roi d'Aragon, 10 que voulez-vous de mieux ?

MÈRE UBU. — Comment ! Après avoir été roi d'Aragon vous vous contentez de mener aux revues une cinquantaine d'estafiers armés de coupe-choux, quand vous pourriez faire succéder sur votre fiole la couronne de Pologne à celle d'Aragon ?

15 PÈRE UBU. — Ah ! Mère Ubu, je ne comprends rien de ce que tu dis.

MÈRE UBU. — Tu es si bête !

PÈRE UBU. — De par ma chandelle verte, le roi Venceslas est encore bien vivant : et même en admettant qu'il meure, n'a-t-il pas des légions d'enfants ?

MÈRE UBU. — Qui t'empêche de massacrer toute la famille et de te mettre à leur 20 place ?

PÈRE UBU. — Ah ! Mère Ubu, vous me faites injure et vous allez passer tout à l'heure par la casserole.

A. — *La faim* (la panse du Père Ubu).

E. — *La férocité* (la mâchoire du Père Ubu).

MÈRE UBU. — Eh ! pauvre malheureux, si je passais par la casserole, qui te raccommoderait tes fonds de culotte ?

25 PÈRE UBU. — Eh vraiment ! et puis après ? N'ai-je pas un cul comme les autres ?

MÈRE UBU. — A ta place, ce cul, je voudrais l'installer sur un trône. Tu pourrais augmenter indéfiniment tes richesses, manger fort souvent de l'andouille et rouler carrosse par les rues.

PÈRE UBU. — Si j'étais roi, je me ferais construire une grande capeline comme 30 celle que j'avais en Aragon et que ces gredins d'Espagnols m'ont impudemment volée.

MÈRE UBU. — Tu pourrais aussi te procurer un parapluie et un grand caban qui te tomberait sur les talons.

PÈRE UBU. — Ah ! je cède à la tentation. Bougre de merdre, merdre de bougre, 35 si jamais je le rencontre au coin d'un bois, il passera un mauvais quart d'heure.

MÈRE UBU. — Ah ! bien, Père Ubu, te voilà devenu un véritable homme.

PÈRE UBU. — Oh non ! moi, capitaine de dragons, massacrer le roi de Pologne ! plutôt mourir !

MÈRE UBU *(à part)*. — Oh ! merdre ! *(Haut.)* Ainsi tu vas rester gueux comme un 40 rat, Père Ubu ?

PÈRE UBU. — Ventrebleu, de par ma chandelle verte, j'aime mieux être gueux comme un maigre et brave rat que riche comme un méchant et gras chat.

MÈRE UBU. — Et la capeline ? et le parapluie ? et le grand caban ?

PÈRE UBU. — Eh bien, après, Mère Ubu ? *(Il s'en va en claquant la porte.)*

45 MÈRE UBU *(seule)*. — Vrout, merdre, il a été dur à la détente, mais vrout, merdre, je crois pourtant l'avoir ébranlé. Grâce à Dieu et à moi-même, peut-être dans huit jours serai-je reine de Pologne.

Alfred JARRY, *Ubu Roi*, Acte I, scène 1 (1896)

Acte V, scène 4   *Un drôle de marin*

***

La dernière scène montre la traversée du Père Ubu « et de toute sa bande » vers la France. Le héros, nouveau Matamore, révèle une nouvelle fois sa poltronnerie et son ineptie. On remarquera en particulier l'effet bouffon de ses contresens sur les termes nautiques et de son ton péremptoire.

Le pont d'un navire courant au plus près sur la Baltique.
Sur le pont le Père Ubu et toute sa bande.

LE COMMANDANT. — Ah ! quelle belle brise !

PÈRE UBU. — Il est de fait que nous filons avec une rapidité qui tient du prodige. Nous devons faire au moins un million de nœuds à l'heure, et ces nœuds ont ceci de bon qu'une fois faits ils ne se défont pas. Il est vrai que nous avons vent arrière.

5 PILE. — Quel triste imbécile.

(Une risée arrive, le navire couche et blanchit la mer.)

PÈRE UBU. — Oh ! Ah ! Dieu ! nous voilà chavirés. Mais il va tout de travers, il va tomber ton bateau.

LE COMMANDANT. — Tout le monde sous le vent, bordez la misaine !

10 PÈRE UBU. — Ah ! mais non, par exemple ! Ne vous mettez pas tous du même côté ! C'est imprudent ça. Et supposez que le vent vienne à changer de côté : tout le monde irait au fond de l'eau et les poissons nous mangeront.

LE COMMANDANT. — N'arrivez pas, serrez près et plein !

PÈRE UBU. — Si ! Si ! Arrivez. Je suis pressé, moi ! Arrivez, entendez-vous ! C'est 15 ta faute, brute de capitaine, si nous n'arrivons pas. Nous devrions être arrivés.

I. — *La jubilation du Père Ubu.*

1. *Château évoqué dans* Hamlet, *de Shakespeare.*

O. — *L'admiration* (le nombril du Père Ubu).

U. — *La douleur* (les larmes du Père Ubu).

Alphabet du Père Ubu, par Alfred Jarry dans *L'Almanach du Père Ubu,* 1900. Paris, Bibl. des Arts décoratifs.

Oh ! oh, mais je vais commander, moi, alors ! Pare à virer ! A Dieu vat. Mouillez, virez vent devant, virez vent arrière. Hissez les voiles, serrez les voiles, la barre dessus, la barre dessous, la barre à côté. Vous voyez, ça va très bien. Venez en travers à la lame et alors ce sera parfait.

(Tous se tordent, la brise fraîchit.)

20 LE COMMANDANT. — Amenez le grand foc, prenez un ris aux huniers !

PÈRE UBU. — Ceci n'est pas mal, c'est même bon ! Entendez-vous, monsieur l'Équipage, amenez le grand coq et allez faire un tour dans les pruniers.

(Plusieurs agonisent de rire. Une lame embarque.)

PÈRE UBU. — Oh ! quel déluge ! Ceci est un effet des manœuvres que nous avons ordonnées.

25 MÈRE UBU ET PILE. — Délicieuse chose que la navigation.

(Deuxième lame embarque.)

PILE *(inondé).* — Méfiez-vous de Satan et de ses pompes.

PÈRE UBU. — Sire garçon, apportez-nous à boire.

(Tous s'installent à boire.)

MÈRE UBU. — Ah ! quel délice de revoir bientôt la douce France, nos vieux amis et notre château de Mondragon !

30 PÈRE UBU. — Eh ! nous y serons bientôt. Nous arrivons à l'instant sous le château d'Elseneur[1].

PILE. — Je me sens ragaillardi à l'idée de revoir ma chère Espagne.

COTICE. — Oui, et nous éblouirons nos compatriotes des récits de nos aventures merveilleuses.

35 PÈRE UBU. — Oh ! ça, évidemment ! Et moi je me ferai nommer Maître des Finances à Paris.

MÈRE UBU. — C'est cela ! Ah ! quelle secousse !

COTICE. — Ce n'est rien, nous venons de doubler la pointe d'Elseneur.

PILE. — Et maintenant notre noble navire s'élance à toute vitesse sur les sombres 40 lames de la mer du Nord.

PÈRE UBU. — Mer farouche et inhospitalière qui baigne le pays appelé Germanie, ainsi nommé parce que les habitants de ce pays sont tous cousins germains.

MÈRE UBU. — Voilà ce que j'appelle de l'érudition. On dit ce pays fort beau.

Alfred JARRY, *Ubu Roi*, Acte V, scène 4

POINT DE VUE CRITIQUE

« Pourtant, réduire Ubu à un symbole, même multivalent et contradictoire serait évidemment amincir et aplatir son épaisseur. Son poids vient de l'extraordinaire vide, sa richesse de la pauvreté des moyens, sa vie débondée de la stylisation gamine qui rendent la pièce dérisoire. En un mot, et contrairement aux « types » universels du théâtre, Ubu dépasse l'existence ou plutôt la subsume. Tandis que l'ambition suprême d'un dramaturge est de faire exister ses personnages, Ubu n'a même pas besoin de cela. »

Jean-Hughes SAINMONT, *Cahier du collège de Pataphysique,* n°s 3-4, 27 octobre 1951

AU-DELÀ DU TEXTE

Lisez tout le cycle d'*Ubu*. Comment peut-on expliquer que ce personnage ait pris les dimensions d'un mythe ? Dans quelle mesure peut-on le rapprocher de Don Quichotte ? de Tartarin ?

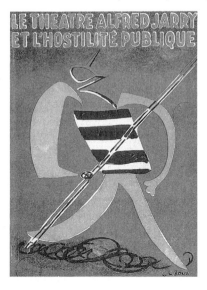

Affiche du Théâtre Alfred Jarry, par. Y.-L. Roux, 1930. ▶

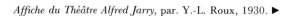

Octave Mirbeau
Les Affaires sont les affaires (1903)

Octave Mirbeau (1848-1917), après des débuts de polémiste droitier et antisémite, s'est rapproché de la gauche anarchiste. Naturaliste, « régionaliste » vers 1890, réputé pour son anticléricalisme, il donne ensuite libre cours à une inquiétante inspiration qui le pousse à écrire des romans noirs, cruels et violents (voir LITTÉRATURE, XIX e siècle, p. 551) : *Le Jardin des supplices* (1899), *Le Journal d'une femme de chambre* (1900). Il attaque avec férocité les conventions sociales de la bourgeoisie repue, ridicule et odieuse. Son théâtre, et particulièrement son chef-d'œuvre, *Les Affaires sont les affaires* (1903) dissèque sans pitié les pires machinations sociales et mentales de cette société qu'il outrage avec audace.

*** *Les Affaires sont les affaires*

Dans *Les Affaires sont les affaires*, Octave Mirbeau fait le portrait d'un affairiste, Isidore Lechat, qui finira par perdre son fils et par chasser sa fille, du fait de sa passion pour l'argent, le pouvoir et… les affaires. On le voit ici en discussion avec son voisin, le marquis de Porcellet, un noble endetté, dont il rêve d'accaparer les terres.

« *L'Église et moi* »

Octave Mirbeau,
par Dornac.

LE MARQUIS. — Mais… monsieur… si je suis bien informé… vous vous présentez aux élections avec un programme socialiste… anticlérical… contre le duc de Maugis… qui est mon ami… et dont je partage toutes les idées ?

ISIDORE. — Les programmes !… *(Avec un geste qui rejette les choses au*
5 *loin.)*… Une fois nommé… les programmes sont loin… et ils courent encore…

LE MARQUIS. — C'est possible… Il n'en est pas moins vrai que vous vous posez en ennemi implacable de l'Église ?…

ISIDORE. — Implacable ?… Vous m'étonnez, monsieur le marquis… Les convictions sont quelquefois implacables… Et encore !… Les affaires, jamais… Et
10 quand même ?… *(Il se lève et marche dans la pièce avec animation.)*… Croyez-vous donc que ma candidature socialiste, anticléricale… ne sera pas plus agréable à l'Église que celle de votre ami, le duc de Maugis, avec ses appels au miracle… ses invocations à la Vierge et aux saints ?…

LE MARQUIS *(ironique)*. — Le point de vue est nouveau…

15 ISIDORE. — Il est éternel, monsieur le marquis… Que représente-t-il, le duc ?… Voulez-vous me le dire ?… Du passé, c'est-à-dire de la poussière… de la matière inerte… du poids mort… L'Église… l'Église ?… Mais l'Église en a assez de toujours traîner à sa remorque une noblesse découronnée de ses vieux prestiges… volontairement immobilisée dans ses préjugés de la caste et dans ses
20 routines de l'honneur… qui n'est mêlée à rien de ce qui vit et de ce qui crée… une noblesse qui, peu à peu, s'est laissé, stupidement, dépouiller de ses terres, de ses châteaux… de ses influences… de son action… et qui… au lieu de servir l'Église, la dessert, chaque jour davantage, par son impopularité et sa faiblesse…

LE MARQUIS *(riant discrètement)*. — Ah ! ah ! ah !…

25 ISIDORE. — Mais oui, monsieur le marquis… c'est comme ça !… L'Église est dans le mouvement moderne, elle… Loin d'y résister, elle le dirige… et elle le draine à travers le monde… Elle a une puissance d'expansion, de transformation, d'adaptation, qui est admirable… une force de domination qui est justifiée, parce qu'elle travaille sans relâche… qu'elle remue les hommes… l'argent… les idées…

30 les terres vierges... Elle est partout... aujourd'hui... elle fait de tout... elle est tout... Elle n'a pas que des autels où elle vend de la foi... des sources miraculeuses où elle met de la superstition en bouteilles... des confessionnaux où elle débite de l'illusion en toc et du bonheur en faux... Elle a des boutiques qui regorgent de marchandises... des banques pleines d'or... des comptoirs... des

35 usines... des journaux... et des gouvernements, dont elle a su faire jusqu'ici ses agents dociles et ses courtiers humiliés... Vous voyez que je sais lui rendre justice...

LE MARQUIS *(ironique)*. — Vous êtes admirable ! Je ne vous savais pas cette éloquence...

40 ISIDORE. — J'y vois clair, voilà tout !... Autrefois... elle mettait l'épée à la main de ses nobles et les envoyait à la guerre massacrer et se faire massacrer pour elles... Mais la guerre a changé de forme... par conséquent elle a changé d'armes... C'est par l'outil du travail et par l'argent que l'on combat aujourd'hui... Et la noblesse n'a su se servir ni de l'outil... ni de l'argent... Alors... nous les avons

45 ramassés... Tiens, parbleu !

LE MARQUIS. — Dans la boue et dans le sang...

ISIDORE. — Ça se nettoie... tout se nettoie... même vos blasons... *(Un temps.)* Comprenez donc que c'est dans les hommes comme moi que l'Église cherche et trouve ses alliés naturels... L'Église et moi... nous sommes de la même race...

50 monsieur le marquis... Quant à la noblesse... elle est morte... elle est morte pour avoir méconnu la première loi de la vie : le travail... c'est-à-dire la mise en exploitation de toutes les forces qui sont dans la vie... Et ce n'est pas parce que l'Église vous donne, de temps en temps, à titre d'aumônes, quelques maigres jetons de présence, dans des conseils d'administration, comme l'État donne, aux

55 veuves de ceux qui l'ont servi avec abrutissement, une part dans ses bureaux de tabac... que vous pouvez vous vanter d'être encore vivants !...

Octave MIRBEAU, *Les Affaires sont les affaires* (1903)

M. Lechat et *le Marquis de Porcellet*, par Gus Bofa, 1935.

POUR LE COMMENTAIRE

1. L'Église et la noblesse. Pourquoi n'ont-elles pas connu la même évolution historique ? Que pensez-vous de l'analyse d'Isidore Lechat ?

2. L'anticléricalisme de Lechat. De quelle nature est-il ?

3. Le marquis est-il **troublé** par les propos de Lechat ? Que révèle son **attitude** ?

4. Que représente le **travail** aux yeux de Lechat ?

AU-DELÀ DU TEXTE

1. Vous comparerez ce texte d'Octave MIRBEAU avec celui d'Henry BERNSTEIN (p. 33), en étudiant :
— l'**image de la bourgeoisie** à travers Lebourg et Lechat ;
— l'**image de la noblesse** à travers Robert et le marquis ;
— la **valeur du témoignage** des deux face-à-face.

2. Exposé
La satire sociale et morale dans *Le Journal d'une femme de chambre* (1900).

Pierre Bonnard (1867-1947)

*Membre du groupe des Nabis, **Pierre Bonnard** se fait d'abord connaître par ses affiches et ses décors de théâtre. Puis il peint des scènes de Paris, observées dans la rue, avec esprit et finesse, en des tons retenus. Vers 1900, il commence à analyser de préférence la vie familière et intime : meubles, tables servies, enfants et animaux, scènes de jardin, dans des couleurs plus vives. Ce qu'il recherche toujours, c'est la « sensation première », instantanée et pure.*
Ses dernières œuvres témoignent d'une grande liberté de formes : « Enfin, s'écriera-t-il, je ne sais plus dessiner ! »

PIERRE BONNARD, *Crépuscule ou la Partie de croquet*, 1892. Paris, Musée d'Orsay.

MAURICE DENIS, *Les Muses*, 1893. Paris, Musée d'Art moderne de la Ville de Paris.

Les Nabis

Ces jeunes peintres ont été désignés de ce nom hébraïque, signifiant les « prophètes », par le poète Cazalis. L'esthétique des Nabis, entre 1890 et 1900, a pour directives l'usage des tons plats, une mise en page très libre et imprévue, inspirée des estampes japonaises, et une calligraphie onduleuse. Un trait également caractéristique est leur intérêt pour les techniques décoratives, où ils apportèrent une véritable révolution : peinture sur carton, à la détrempe et à la colle, affiche, illustration de livres, décor de théâtre, vitrail.
*D'origine bourgeoise, ces peintres ont surtout exprimé, dans leurs toiles, la vie familière et urbaine de leur temps, comme en témoigne l'œuvre raffinée de leurs meilleurs représentants, **Bonnard, Vuillard** et **Denis**, ainsi que **Vallotton**, qui fit connaître en Suisse la doctrine et l'art de ses amis.*
Le groupe qu'ils ont formé constitue un chaînon intermédiaire entre le néo-impressionnisme et le fauvisme. Mais il contribua surtout à créer une peinture de qualité délicate et subtile, fortement axée sur le spectacle du monde contemporain.

Maurice Denis (1870-1943)

Ce peintre fait partie du groupe des Nabis, dont il est devenu le théoricien. Influencé par Cézanne, il se crée un style personnel aux couleurs claires, aux formes simples, supprimant la troisième dimension.
On lui doit la fameuse définition : « Se rappeler qu'un tableau, avant d'être un cheval de bataille, une femme nue, ou une quelconque anecdote, est essentiellement une surface plane recouverte de couleurs en un certain ordre assemblées. »

FÉLIX VALLOTTON, *La Partie de poker*, 1902. Paris, Musée d'Art moderne de la Ville de Paris.

Les Fauves

1905 : le Salon d'Automne, à Paris, expose un groupe de jeunes peintres. Des couleurs stridentes et heurtées éclatent comme une fanfare sur les murs. A tel point que la salle qui rassemble ces toiles barbares est baptisée par un critique, Louis Vauxcelles, « la cage aux fauves ». Le mot est lancé. Les accusés ? **Matisse, Vlaminck, Derain, Van Dongen, Rouault** *et* **Friesz.** *Ce sont les Fauves de la première heure, que rejoindront* **Marquet, Braque** *et* **Dufy.** *Ils ont en commun la passion de la couleur, qu'ils désirent aussi vive que possible : elle fait passer l'émotion.*

Directement sortie du tube, elle est apposée, sans mélange, sur la toile, en larges touches. Si les Fauves usent d'oppositions aussi brutales de tons, c'est aussi pour traduire le mouvement et la modernité. A l'aube du XXe siècle, l'automobile, l'aviation, le cinéma et l'éclairage électrique influent sur ces jeunes peintres qui rompent avec une peinture statique.

MAURICE DE VLAMINCK, *Une rue à Marly-le-Roi*, 1904.
Paris, Musée d'Art moderne de la Ville de Paris.

ANDRÉ DERAIN,
Le Pont de Westminster, 1919.
Paris, Musée d'Orsay.

ÉTUDE DE TABLEAUX

Maurice de Vlaminck, *Une rue à Marly-le-Roi*
André Derain, *Le Pont de Westminster*

1. Étudiez, dans *Une rue à Marly-le-Roi*, l'audace montrée par Vlaminck dans la peinture des formes et la composition générale du tableau.
2. Comment l'impression de mouvement est-elle obtenue dans le tableau de Derain ?
3. Commentez la rencontre entre Vlaminck et Derain, à Chatou : « Maurice, je peins tout bleu.
— Et moi tout rouge ».
En quoi cet échange peut-il résumer le fauvisme dans son ensemble ?

HENRI MATISSE,
La Desserte rouge,
1908. Léningrad,
Musée
de l'Ermitage.

Henri Matisse (1869-1954)

Fils d'un marchand de graines, **Henri Matisse** *fut clerc de notaire avant de se mettre à la peinture, dans les années 1890. Élève de Gustave Moreau, il fait la connaissance, aux Beaux-Arts, de Rouault, Dufy et Marquet. Ses premiers tableaux évoquent une atmosphère poétique proche de celle des Nabis (*La Liseuse, *1895). En 1900, il aborde la sculpture et subit, dans ses toiles, l'influence de Cézanne. Sa personnalité s'affirme enfin dans le fauvisme et Matisse prend alors, dans les années 1905-1907, position de chef d'école. Cédant à l'instinct, ses œuvres simplifient la nature, rejettent la perspective et le trompe-l'œil, suggérant l'espace et la forme de l'objet par des nappes de couleurs vives qui jouent par leur voisinage, ou bien sont séparées par un cerne noir. Quand, en 1907, le fauvisme est détrôné par le cubisme, Matisse se dirige vers un art plus décoratif : des formes schématisées à l'extrême, des accords de couleur audacieux. Ainsi dans* La Desserte, harmonie rouge *(1908), tout est simplifié de manière à s'harmoniser avec les fleurs du décor mural ; dans sa* Liseuse sur fond noir *(1939), il tire des effets extraordinaires du noir, intensément rayonnant.*

Si le fauvisme a été pour Matisse un réel détonateur, il a su, tout au long de son œuvre, se renouveler continuellement : son investigation créatrice est unique dans le siècle, avec celle, parallèle, de Picasso.

HENRI MATISSE, *Liseuse sur fond noir*, 1939.
Paris, Musée national d'Art moderne.

III

Le maître : Paul Cézanne

Bien que son œuvre et sa carrière appartiennent presque entièrement au XIXe siècle, **Paul Cézanne** *(1839-1906) n'a connu qu'à la fin de sa vie et après sa mort un rayonnement tout à fait extraordinaire : pendant le premier tiers du XXe siècle, il a dominé toute la peinture mondiale. C'est de lui qu'est sortie la révolution picturale du siècle. Pourtant, c'est à l'écart des bruyantes avant-gardes que Cézanne poursuivit, à Aix-en-Provence, une œuvre qui visait à un classicisme moderne : les impressions confuses de l'artiste pouvaient, selon lui, donner naissance à un monde ordonné et cohérent. Ses dernières toiles (dont la célèbre série des Montagne Ste-Victoire) restaurent les principes d'organisation du tableau, découpant l'espace et distribuant les couleurs et les formes au terme d'une recherche de la « géométrie » naturelle élémentaire : « Il faut, écrivait Cézanne, traiter la nature par le cylindre, la sphère, le cône, le tout mis en perspective. » Par ce goût de la géométrisation des formes, le peintre est l'un des précurseurs directs du cubisme.*

PAUL CÉZANNE, *Le Tournant de la route,* 1900-1906. Munich, Staatsgalerie.

PAUL CÉZANNE, *La Montagne Ste-Victoire,* 1904. Munich, Kunsthaus.

L'initiateur : Pablo Picasso

Pourquoi ce tableau, de grande dimension (2 m 40 sur 2 m 30), est-il considéré comme l'ouverture révolutionnaire de la peinture du XXᵉ siècle ? **Picasso** *est installé depuis quelques années à Paris, dans son atelier du Bateau-Lavoir. Passionné par la représentation des formes plus que par les jeux de la lumière ou des couleurs, il est à la recherche de son identité de peintre. La rencontre avec Cézanne est décisive. L'autre rencontre est l'art africain : Picasso, qui visite en 1907 le musée d'ethnographie, est fasciné par la force de l'art « primitif ».*
Préparé par des dizaines d'esquisses, le tableau met brutalement en scène cinq prostituées. La schématisation angulaire des corps, les contrastes entre les trois femmes de gauche et les deux femmes de droite, tout indique le refus du « bien-fait », la haine du métier académique. Les Demoiselles d'Avignon, c'est d'abord une grande œuvre barbare et iconoclaste, mais aussi l'annonce du cubisme, et sans doute une méditation sur l'amour et la mort.

PABLO PICASSO, *Les Demoiselles d'Avignon*, 1907. New York, Modern Art Museum.

Natures mortes cubistes

Juan Gris, *Nature morte : violon et verre*, 1913. Paris, Musée national d'Art moderne.

Si l'impressionnisme et le fauvisme sont les deux premiers mouvements de rupture de l'art moderne, les formes restaient reconnaissables pour l'œil et l'esprit. Or, après la couleur, c'est la forme qui à son tour est libérée de tout rapport avec le réel : en cela le cubisme est la véritable révolution picturale du XXe siècle. Ses principaux protagonistes — **Gris, Picasso, Braque, Léger** *— rompent avec l'espace classique pour parvenir à une synthèse de la forme et montrer l'intérieur de l'objet. Paradoxalement, alors que s'ouvre l'ère de la vitesse, ils inventent un art statique : forme, volume, dessin s'opposent à la couleur, l'improvisation le cède à la rigueur, la sensation à la raison ; l'anecdote est éliminée, le geste, le trait du peintre sont gommés, les tons sont austères, dans les gris et les bruns.*

Multiplication des angles de vues, décomposition par fragments : l'objet est vu en entier, sous toutes ses faces en même temps. A partir de 1912, Picasso et Braque ajoutent à leurs œuvres papiers collés et caractères d'imprimerie.

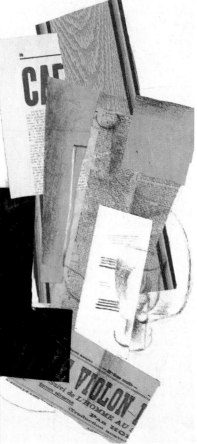

Pablo Picasso, *Nature morte à la chaise cannée*, 1912.
Paris, Musée Picasso.

Georges Braque, *Le Violon*,
1913-1914. Bâle, coll. particulière.

Corps cubistes

Tous les peintres engagés dans le cubisme simplifient formes et volumes, pour les réduire à des unités géométriques simples. Leur art est porté à un haut degré de simplification et d'épuration. Et dans les portraits, le modèle devient lui-même objet. Ainsi dans le Portrait de Picasso par **Juan Gris**, *en 1912, on ne reconnaît que quelques traits du personnage, à la fois décomposé et recomposé dans un ensemble de facettes aux arêtes vives ou estompées.*

JEAN METZINGER, *La Tricoteuse*, 1919. Paris, Musée national d'Art moderne.

JUAN GRIS, *Portrait de Picasso*, 1912. Chicago, Art Institute.

Alors que les œuvres de **Gris** *témoignent — comme celles de* **Braque** *et de* **Picasso** *— d'un cubisme austère, dépouillé, les peintres de la « Section d'Or », tels* **Metzinger, La Fresnaye, Gleizes, Lhote** *ou* **Léger**, *refusent pour leur part de pousser les recherches plastiques à un degré aussi extrême de rigueur intellectuelle. Ils n'hésitent pas à peindre des personnages plus « anecdotiques » et redonnent à la couleur un rôle prépondérant.*

La peinture de **Jean Metzinger** *(1883-1937) se présente comme une décomposition hardie de plans géométriques assez colorés, animés de pointillés et de lignes parallèles.*

L'Homme assis de **Roger de La Fresnaye** *(1885-1925) compte parmi le meilleur de sa production. La couleur construit l'espace, cependant que le peintre ne renonce pas au sujet : le personnage est dessiné par plans colorés.*

ROGER DE LA FRESNAYE, *L'Homme assis ou l'Architecte*, 1914. Paris, Musée national d'Art moderne.

Espaces cubistes

Au point de départ du cubisme, il y a une réaction contre le trompe-l'œil, une volonté de créer un art s'adressant à l'intelligence, de dépouiller les arbres, les maisons, les objets, les personnages de leur réalité temporaire, et de les représenter simultanément sous leurs diverses faces. Il faut noter cependant que nombre d'artistes, tout en adoptant les recherches structurelles du cubisme, maintiennent un contact étroit avec le spectacle de la vie contemporaine, avec la réalité. Parmi eux, les peintres de la Section d'Or, dont **Gleizes** *et* **Lhote**, *mais aussi* **Robert Delaunay**, *dont l'art, dans les années 1910-1912, est qualifié d'« orphisme » par Apollinaire : à travers ses thèmes favoris, la tour Eiffel — thème moderne par excellence — et les fenêtres ouvertes sur la ville, il réintroduit le mouvement, la couleur et la lumière.*

Robert Delaunay, *La Ville de Paris*, 1910-1912. Paris, Musée national d'Art moderne.

André Lhote, *L'Escale*, 1913.
Paris, Musée d'Art moderne de la Ville de Paris.

Albert Gleizes, *Paysage avec personnage*, 1911.
Paris, Musée national d'Art moderne.

Henry Bernstein *La Rafale* (1905)

Dreyfusard et antimilitariste, **Henry Bernstein** (1876-1953) se singularise dès ses plus jeunes années par ses prises de position politiques, alors que son milieu social le conduit à fréquenter la société moderne la plus choisie, et qu'il défraie la chronique par ses conquêtes amoureuses (en particulier la célèbre Liane de Pougy) et ses innombrables duels.

Venu tôt à la littérature, il fait jouer sa première pièce, *Le Marché*, en 1900, et s'affirme comme un remarquable dramaturge, très prolixe, dont le succès ne se démentira pas. Le personnage tout autant que l'auteur fascine le public, un personnage excessif, outrancier, romanesque, conforme à l'image de la Belle Époque.

Après s'être illustré comme aviateur durant la Première Guerre mondiale, il assume les fonctions de directeur de théâtre et continue d'afficher ses choix politiques : il dénonce dès 1937 l'axe Rome-Berlin, en 1940 il s'exile aux États-Unis et apporte son soutien au général de Gaulle.

De retour en France en 1945, Henry Bernstein paraît anachronique dans l'après-guerre ; son théâtre, déjà battu en brèche par Pirandello dans les années 20, est dépassé. Pourtant, grâce à son réalisme psychologique, et à l'acuité des situations dramatiques, ce théâtre trouve aujourd'hui un regain de faveur.

*Théâtre d'amour et théâtre d'idées se confondent dans les pièces d'***Henry Bernstein***, à l'écriture ferme, à la psychologie forte et éprouvée. Les situations, souvent audacieuses, mettent en scène **des caractères entiers, passionnés, violents**, tels ce politicien qui trafique de son influence pour l'amour d'une femme (*La Griffe, 1906*)*, ce financier qui prépare sa ruine en voulant ruiner son rival (*Samson, 1907*)*, cette femme méchante et jalouse qui sème le drame autour d'elle (*Le Secret, 1913*)*.

*** *La Rafale*

L'action se situe dans la très bourgeoise maison de M. Lebourg, un parvenu qui mène grand train. Sa fille, Hélène, est devenue la maîtresse de Robert de Chacéroy, un noble qui s'est ruiné au jeu. M. Lebourg tente d'éloigner Robert en achetant son départ. Robert, écœuré par la bassesse du procédé, menace de se tuer.

« *Vous ne vous tuerez pas !* »

LEBOURG. — Vous ne vous tuerez pas ! Vous, commettre cette sottise ! Jamais !... Je ne vous prêche pas le courage ! Je n'invoque pas la religion !... Mais, Chacéroy, vous n'êtes pas un imbécile !... vous savez qu'il vaut mieux tenir que courir, que la mort, c'est l'inconnu, c'est le risque, c'est l'aléa ! Sacristi, l'exis-
5 tence vaut bien la peine qu'on en attende la fin !... Lutter, foncer, trembler, frémir, triompher, prendre conscience de soi, des êtres, de sa puissance, faire suer aux choses leurs bienfaits, profiter de leur éclat et de leur parfum, tout de même, on n'a rien inventé de mieux ! Impossible que vous ne compreniez pas l'amusement de ça, la splendeur de ça, la... la poésie de ça !... Vous n'avez pas
10 le droit de démolir ça, de toucher à ça, d'attenter à ça !... Ce serait une action ridicule !... une action misérable et méprisable !... Un homme jeune, un homme fort, un homme que rien ne menace plus !... Mais la prison, le bagne, le cabanon, la maladie, la décrépitude, tout, tout vaut mieux que de ne pas être ! La vie ! la vie ! vivre ! c'est si beau !... Il existe donc des hommes qui ne tiennent pas à la
15 vie ?

ROBERT. — Oui... Voyez-vous, mon cher Lebourg, sans vouloir vous offenser, nous ne sommes pas de la même espèce !... Laissez-moi vous le dire pour la première et pour la dernière fois, Lebourg, vous êtes un parvenu... Je prends le mot dans sa meilleure acception ! J'admire votre ténacité... Mais elle ne corrige
20 pas la naissance ! Vous demeurerez le fils et le petit-fils et l'arrière-petit-fils de

Dieu sait qui ! de gens qui ont trimé pour amasser, qui ont vécu avec des soucis vulgaires, parmi la laideur des choses... Vous venez de découvrir l'élégance, le plaisir, l'oisiveté... Aussi, les nobles relations, les jolies manières, la pureté des lignes, le charme des entretiens, la... la facilité et la beauté de la vie, tout vous
25 étonne, tout vous retient, tout vous éblouit... Mais moi, qui suis un cadet de grande famille, moi qui descends d'une lignée d'hommes puissants et privilégiés, d'hommes de proie, d'hommes d'amour, d'hommes de gloire, je ne partage pas votre joie de vivre !... En venant au monde, j'étais un peu blasé déjà et m'en aller ne représentera pas un si dur sacrifice !... *(Mouvement de Lebourg.)* Oh ! je ne
30 m'en fais pas une fête, mais je m'exécuterai en beau perdant... Je suis tranquille !... *(Voyant que Lebourg hausse les épaules.)* C'est évident !... C'est évident !... Vous ne pouvez pas vous rendre compte !... Je vous le répète, Lebourg, nous ne sommes pas de la même espèce !... *(Presque durement.)* Par exemple, vous comprendrez ceci. Ma solution est plus pratique que la vôtre !...
35 Inepte votre idée de m'exiler ! Au bout de quelques semaines, Hélène s'évadait ou je reparaissais et vous me sauviez la mise tout de même... On ne fait pas coffrer l'amant de sa fille !... Je pouvais abuser de la situation !... Ne discutez plus et remerciez-moi.

Henry BERNSTEIN, *La Rafale* (1905)
© Mme Bernstein-Grüber

Henry Bernstein et l'actrice
Simone Le Bargy en 1907.

POUR LE COMMENTAIRE

1. Un conflit de valeurs

a. Que représente l'attachement à la vie pour les deux personnages ?
b. A quelles valeurs sociales se réfèrent-ils l'un et l'autre ?
c. De quel côté est la « morale » ?

2. Une satire

a. Lebourg : l'esprit bourgeois personnifié. Montrez-le.
b. Satire sociale ou satire morale ?

c. Les deux hommes ont un style, un langage différent. Caractérisez-les.

COMPOSITION FRANÇAISE

Après avoir lu, parallèlement à *La Rafale*, *Israël* (1908) et *Le Secret* (1913), commentez ce jugement de François MAURIAC : « L'univers d'Henry BERNSTEIN est un monde sans Dieu. »

Georges Feydeau
Feu la mère de Madame (1908)

Fils de l'écrivain Ernest Feydeau, essentiellement connu pour son roman réaliste *Fanny* (voir LITTÉRATURE, *XIXe siècle*, p. 413), **Georges Feydeau** (1862-1921) manifeste durant son jeune âge plus de goût pour le théâtre que pour les études... Il s'essaie, encouragé par Labiche, à écrire quelques comédies, qui, bien que représentées à l'Athénée lorsqu'il n'a que vingt ans, ne lui valent guère de succès. En 1886, sa première grand pièce, *Tailleur pour dames*, le fait remarquer ; mais il doit se convertir en comédien et attendre 1892 pour atteindre la notoriété grâce au succès de *Monsieur Chasse*, suivi de celui de *Champignol malgré lui*, du *Système Ribadier* et du *Dindon* (en 1896). C'est alors la gloire, la fortune — puisque ses pièces sont aussitôt traduites à l'étranger —, mais une fortune qu'il dilapide au jeu.

Feydeau excelle dans le vaudeville en trois actes et enchaîne pièce sur pièce. Il y ridiculise avec une rare cruauté la médiocrité des existences bourgeoises. Avec la guerre, la veine comique de Feydeau semble se tarir, et ce virtuose du vaudeville et de la farce achève pathétiquement son existence dans une maison de santé, où il est interné deux ans pour troubles psychiques.

◀ *Georges Feydeau*, par Cappiello, 1903. Paris, Bibl. des Arts décoratifs.

Georges Feydeau a égalé son maître Labiche dans cet art difficile de faire rire au théâtre, grâce à **une science consommée du comique**, qui, chez lui, homme de scène, surgit non pas du raffinement psychologique, mais de l'extravagance des situations, de l'imprévu du langage, de **la cocasserie de l'imbroglio**.

A partir de 1908, Feydeau donne des comédies en un acte, plus littéraires d'inspiration, où sont tournés en dérision amère ennuis conjugaux et pesanteur de la vie bourgeoise : Feu la mère de Madame, *1908 ;* On purge bébé, *1910 ;* Mais n'te promène donc pas toute nue, *1911.*

Quelle catastrophe !

***

Il est quatre heures du matin. Lucien et Yvonne sont interrompus dans une scène de ménage par l'arrivée inopinée d'un valet, Joseph, qui vient leur annoncer une tragique nouvelle au sujet de la mère de Madame, sous les yeux d'Annette, la bonne alsacienne.

YVONNE, *à Joseph.* — Un accident ?

JOSEPH, *la tête basse tout en faisant tourner machinalement son chapeau entre ses mains, vivement.* — Oh ! non...

5 YVONNE, *respirant.* — Ah !

LUCIEN. — Là, tu vois, pas d'accident !

JOSEPH, *même jeu, mais hésitant.* — Seulement... elle ne va pas bien...

YVONNE, *avec angoisse.* — Maman ne va pas bien ? Quoi ? qu'est-ce qu'elle a ?

10 JOSEPH, *même jeu.* — Ben... elle est malade.

YVONNE, *osant à peine questionner.* — Oh ! mon Dieu ?... très ?

JOSEPH, *même jeu.* — Ben... plutôt !

15 YVONNE, *passant pour se réfugier dans les bras de Lucien.* — Lucien !... Lucien !... maman est malade.

LUCIEN. — Allons, voyons !

YVONNE. — Maman est très malade !

20 LUCIEN. — Voyons ! voyons !

JOSEPH, *même jeu.* — Et, quand je dis très malade, c'est une façon de parler ; parce que, à vrai dire, elle est plutôt... elle est plutôt...

YVONNE, *la gorge serrée.* — Quoi, quoi ? Qu'est-ce 25 qu'elle est plutôt ?...

JOSEPH. — Elle est plutôt ? (*Relevant la tête et très piqué*) morte !

TOUS. — Ah ! (*Yvonne est tombée raide, rattrapée au vol par Lucien.*)

Feu la mère de Madame, mise en scène par Stuart Seide à La Comédie-Française en 1985.

30   LUCIEN, *tout en s'asseyant rapidement par terre, Yvonne évanouie dans ses bras.* — Ah ! voilà ce que je craignais !

JOSEPH, *une fois ce jeu de scène achevé.* — Seulement... on m'a recommandé de préparer dou-
35 cement madame pour ne pas la révolutionner. *(A part, avec un long soupir de soulagement.)* Ouf !

LUCIEN. — Quelle catastrophe ! Au moment où on allait se coucher !

ANNETTE, *toute sens dessus dessous.* — Mâtâme !
40 Mâtâme !

LUCIEN. — Ah ! Vous aviez bien besoin de venir nous annoncer ça, vous ?

JOSEPH. — Mais monsieur, on m'a dit...

LUCIEN. — Ah ! « on vous a dit ! on vous a dit !... »
45 C'est bien, aidez-moi.

JOSEPH. — Oui, monsieur. *(Il pose son chapeau sur le secrétaire, puis se met à genoux derrière Yvonne que Lucien lui passe pour redescendre un peu entre Yvonne et la banquette.)*

50   ANNETTE, *près de la cheminée.* — Mon Tié ! Mon Tié !

LUCIEN, *enjambant Yvonne pour aller à Annette qu'il pousse vers la porte de gauche.* — Et vous, allez donc chercher du vinaigre, des sels, au lieu de
55 crier : « Mon Tié ! mon Tié ! » ce qui ne sert à rien !

Les deux hommes s'affairent auprès d'Yvonne pour lui faire reprendre ses esprits quand Annette surgit sur la scène.

ANNETTE, *accourant avec une de ces salières
60 communes à double coquille et tige en gros verre côtelé, et, en passant devant Joseph, allant la pré- senter devant le nez de Lucien.* — Voilà, moussié !

LUCIEN, *relevant la tête, regarde la salière, regarde Annette, regarde la salière, puis.* — Qu'est-ce que
65 c'est que ça ?

ANNETTE. — C'est la salière.

LUCIEN. — Qu'est-ce que vous voulez que j'en fasse ?

ANNETTE. — C'est moussié qui m'a temanté ti sel.

70   LUCIEN. — Des sels, bougre de moule ! pas du sel ! Vous ne pensez pas que je vais saler madame.

ANNETTE. — Est-ce que che sais, moi ! ché suis bas médecin. *(Elle va poser sa salière sur la che- minée.)*

75   LUCIEN, *voyant Yvonne qui revient à elle.* — C'est bien ! voilà madame qui rouvre les yeux ! tenez, écartez-vous ! et emportez ça. *(Il rend vivement la chemise de jour à Joseph qui se relève aussitôt et va se mettre près d'Annette au-dessus de la chemi-
80 née. Machinalement, pendant ce qui suit, sans que le public s'en aperçoive, il mettra dans la poche droite de son veston la chemise qu'on vient de lui rendre. Lucien glisse dans le dos d'Yvonne et s'as- sied contre elle par terre, les jambes parallèlement
85 à la rampe, les pieds émergeant à droite d'Yvonne, le corps à gauche.)* Yvonne ! mon Yvonne !

YVONNE, *regarde à droite et à gauche comme quelqu'un qui reprend ses sens, puis.* — Qu'est-ce qu'il y a eu donc ?

90   LUCIEN. — Mais, rien, mon chéri ! rien du tout.

YVONNE. — Alors, pourquoi suis-je par terre ? *(A ce moment son regard tombe sur Joseph.)* Ah !... ah ! oui... oui... oh ! maman ! ma pauvre maman ! *(Elle éclate en sanglots sur la poitrine de Lucien.)*
95 (...) Pauvre maman ! Dites-moi qu'elle n'a pas trop souffert.

(Lucien, voyant que ça peut durer longtemps, s'assied sur la chaise près de la cheminée.)

JOSEPH, *heureux de donner à Yvonne cette consolation.* — Pas un instant ;... Elle était très bien portante... elle avait mangé de bon appétit à dîner : deux tranches de gigot...

YVONNE, *avec émotion, les yeux au ciel.* — Deux tranches de gigot !

LUCIEN, *sur un ton navré.* — Deux tranches de gigot !

JOSEPH, *dans un soupir.* — Deux tranches de gigot, oui ! *(Reprenant son récit.)* Après le dîner, elle avait fait deux ou trois patiences ; puis elle était allée se coucher... avec monsieur.

YVONNE, *prostrée dans sa douleur, et d'une voix à peine perceptible.* — Ma pauvre mam... *(A ce moment seulement les derniers mots de Joseph frappent son cerveau, elle relève lentement la tête comme quelqu'un qui s'interroge, puis la tournant vers Joseph.)* Monsieur ?

LUCIEN, *en même temps que sa femme.* — Monsieur ?

YVONNE. — Maman était couchée avec un monsieur ?

LUCIEN. — Quel monsieur ?

JOSEPH, *avec une pointe d'inquiétude dans la voix.* — Mais... M. Fajolet !... le père de madame !

YVONNE. — Mon père !

LUCIEN, *qui s'est levé et, les dents serrées, le menton en avant, s'est avancé jusque vers Joseph, le faisant pivoter vers lui d'une tape brusque sur le* bras. — Où ça son père ? qui ça son père ? ma belle-mère est veuve !

JOSEPH, *pivotant sur lui-même et dos au public, reculant jusqu'à l'avant-scène.* — Ah ! mon Dieu ! vous n'êtes donc pas monsieur et madame Pinnevinnette !

YVONNE. — Pinnevinnette !

LUCIEN, *furieux, et tout en marchant sur lui, avec l'allure d'un fauve qui va s'élancer sur sa proie.* — Mais non, monsieur, nous ne sommes pas les Pinnevinnette ! *(Joseph a reculé à mesure que Lucien et Yvonne avançaient sur lui, et finit peu à peu par être acculé contre la table de nuit.)*

YVONNE, *qui a suivi son mari dans un mouvement en ciseaux, ce qui la met à sa droite.* — Est-ce que nous avons l'air de Pinnevinnette ?

LUCIEN. — C'est sur le palier à droite, les Pinnevinnette !

JOSEPH, *la gorge serrée.* — Eh bien ! c'est pas le palier droit, ici ?

LUCIEN. — Non, monsieur, c'est le gauche ! c'est le droit quand on sort de l'ascenseur, mais le gauche quand on prend l'escalier.

YVONNE. — Si vous aviez pris l'escalier comme tout le monde !...

JOSEPH, *brusquement.* — Ah ! mon Dieu !

YVONNE et LUCIEN. — Quoi ?

JOSEPH. — Mais alors... il va falloir que je recommence à annoncer ?

Georges FEYDEAU, *Feu la mère de Madame* (1908)

HUMORISTES DE LA BELLE ÉPOQUE

La Belle Époque, c'est le music-hall, le café-concert, le cirque, les bals publics. Les Folies Bergère, l'Olympia, l'Alcazar, le Moulin-Rouge et l'Alhambra accueillent un public enthousiaste et mélangé. Les spectacles rivalisent d'audace et de charme. Le nu apparaît frileusement sur la scène. Le French Cancan attire les noceurs du monde entier. Les affiches de **Toulouse-Lautrec**, de **Chéret**, de **Bonnard** ou de **Willette** nous livrent le vivant souvenir de cette insouciante société.

La chanson connaît son heure de gloire, ouvre la voie du vedettariat à **Yvette Guilbert**, à **Jeanne Bloch**, à **Polaire** pour les femmes ; à **Mayol**, à **Dranem**, à **Fragson** et **Polin** pour les hommes. D'immortelles rengaines sont créées : *Viens Poupoule, La Cabane bambou, Les Petits pois...*

Dans la salle, sur les boulevards, au café, l'humour aussi est roi. Se dessine même le type de l'humoriste professionnel : **Georges Courteline, Alphonse Allais, Tristan Bernard** « tiennent l'humour en tout genre, gros et détail : ils le débitent au mètre, souvent aussi au poids » (René Doumic). Les historiettes, les contes gais, les pièces drôles, les calembours, les mystifications, les rosseries prolifèrent dans les albums, les almanachs, les journaux. Tous sont plus ou moins des épigones du fameux **Rodolphe Salis**, créateur du *Chat Noir* (cabaret et périodique).

L'esprit parisien et **l'esprit boulevardier** ne font plus qu'un en cette époque conventionnelle, paradoxalement éprise de fantaisie, d'originalité et de pitrerie.

Les œuvres destinées au théâtre ont le moins vieilli parmi cette abondante production. La comédie est troussée avec élégance par **Robert de Flers** et **Armand de Caillavet**. **Tristan Bernard** bouscule assez rudement les certitudes bourgeoises.

Mais en poussant l'humour jusqu'à la porte de l'absurde, **Alfred Jarry** fraie une voie qui inquiète son époque plus qu'elle ne la séduit. Ne reste-t-il pas l'écrivain maudit de cette époque trop belle pour n'être pas aveugle ?

Gabriele D'Annunzio *Le Feu* (1908)

Gabriele D'Annunzio (1863-1938), écrivain italien, a exercé sur la littérature européenne une fascination qu'explique le caractère quasi mystique du personnage, transformé en héros national de son vivant. Un talent exceptionnel, une sensibilité extrême aux modes intellectuelles et morales, un mimétisme artistique étonnant le placent au premier rang des grands lyriques de son temps. Son **écriture raffinée au service de sa conception nietzschéenne du surhomme** fait du Feu (1908) un modèle de l'art nouveau, dans la mesure où, sur un fond de décadentisme souligné par le décor vénitien, se célèbre le culte des élites que leur génie délivre de tout souci moral ou humain. Dans ce roman, D'Annunzio exalte sa passion pour la tragédienne Eleonora Duse, qui lui inspirera, en outre, de fort belles pièces.

1. *Horloge à eau.*

La ville magnifique et tentatrice

— A l'hôtel Danieli ! — ordonna la Foscarina au rameur.

Et, tandis que le fer dentelé de la proue évoluait sur l'eau avec une oscillation lente qui ressemblait à un mouvement animal, ils éprouvèrent l'un et l'autre une anxiété différente mais également douloureuse, à l'instant où ils laissaient
5 derrière eux le silence infini de l'estuaire déjà au pouvoir de l'ombre et de la mort pour s'en retourner vers la ville magnifique et tentatrice dont les canaux, comme les veines d'une femme voluptueuse, commençaient à s'embraser de la fièvre nocturne.

Ils se turent quelque temps, absorbés par le tourbillon intérieur qui ébranlait
10 leur être jusqu'aux racines comme pour les arracher. Des Jardins, les effluves descendaient autour d'eux et nageaient comme des huiles sur l'eau qui, çà et là, portait dans ses plis le lustre du vieux bronze. Il y avait dans l'air comme un reflet épars du faste d'autrefois ; et leurs yeux le percevaient de la même façon que, en contemplant les palais noircis par les siècles, ils avaient dans l'harmonie
15 des marbres durables retrouvé la note éteinte de l'or. Il semblait qu'en ce soir magique revinssent tous les souffles et tous les mirages de l'Orient lointain, tels que les apportait jadis dans ses voiles creuses et dans ses flancs recourbés la galère pleine de belles proies. Et toutes les choses d'alentour exaltaient la puissance de la vie chez cet homme qui voulait attirer à soi l'univers afin de ne
20 plus mourir, chez cette femme qui voulait jeter au bûcher son âme trop lourde afin de mourir pure. Et ils palpitaient l'un et l'autre sous l'oppression d'une anxiété croissante, l'oreille attentive à la fuite du temps, comme si l'eau sur laquelle ils naviguaient eût coulé dans un clepsydre[1] effroyable. [...]

Les cloches de San-Marco donnèrent le signal de la Salutation angélique ; et
25 leurs puissants éclats se dilatèrent en larges ondes sur le miroir du bassin, vibrèrent dans les vergues des navires, se propagèrent sur la lagune infinie. De San-Giorgio-Maggiore, de San-Giorgio-dei-Greci, de San-Giorgio-degli-Schiavoni, de San-Giovanni-in-Bragora, de San-Moisé, de la Salute, du Redentore, et, de proche en proche, par tout le domaine de l'Évangéliste, jusqu'aux tours
30 lointaines de la Madonna-dell'Orto, de San-Giobbe, de Sant'Andrea, les voix du bronze se répondirent, se confondirent en un seul chœur immense, étendirent sur le muet assemblage des pierres et des eaux une seule coupole immense de métal invisible dont les vibrations semblèrent communiquer avec le scintillement des permières étoiles. Ces voix sacrées donnaient une idéale grandeur infinie à la Ville du Silence. Parties de la cime des temples, des hauts clochetons ouverts aux vents marins, elles répétaient aux hommes anxieux la parole de cette multitude immortelle que recélaient maintenant les ténèbres des nefs profondes ou qu'agitaient mystérieusement les clartés des lampes votives ; elles apportaient aux esprits fatigués par le jour le message des surhumaines créatures qui annonçaient un prodige ou promettaient un monde, figurées sur les parois des chapelles secrètes, dans les icônes des autels intérieurs. Et toutes les apparitions de la Beauté consolatrice qu'invoque la Prière unanime s'élevaient sur cette immense rafale de sons, chantaient en ce chœur aérien, illuminaient la face de la nuit merveilleuse...

Gabriele D'ANNUNZIO, *Le Feu* (1908), © éd. Calmann-Lévy

Pour vos essais et vos exposés

André BILLY : *L'Époque 1900,* éd. Tallandier, 1951.
Michel RAIMOND : *La Crise du roman, des lendemains du naturalisme aux années vingt,* éd. J. Corti, 1966.
Hubert JUIN : *Écrivains de l'avant-siècle,* éd. Seghers, 1972.
Georges BERNSTEIN-GRÜBER, Gilbert MAURIN : *Bernstein le magnifique,* éd. J.-C. Lattès, 1988.

LE CHOC DES IDÉES ET DES VALEURS (1895-1914)

BERGSON, ZOLA, FRANCE, MARTIN DU GARD, BARRÈS, TAILHADE, DARIEN, JAURÈS, BLOY, PÉGUY, ALAIN-FOURNIER, ROLLAND, BARBUSSE

« Zola, Dreyfus. Si le XXe siècle a commencé historiquement avec la fin de la guerre de 1914, c'est vingt ans plus tôt qu'il est né, dans les déchirements de l'esprit qui précèdent le crime de sang. »

François Mitterrand,
L'Abeille et l'Architecte

Manifestation du 1er mai 1906 à Paris.
Couverture du *Petit Journal* du 13 mai 1906.

La Séparation de l'Église et de l'État, en 1905. Couverture de *La Lanterne*, quotidien radical-socialiste fondé par Henri de Rochefort.

1889 René BAZIN : *La Terre qui meurt*
Henri BERGSON : *Essai sur les données immédiates de la conscience*
Paul BOURGET : *Le Disciple*

1891 Maurice BARRÈS : *Le Jardin de Bérénice*
Laurent TAILHADE : *Au Pays du mufle*

1892 Mort de RENAN
Léon BLOY : *Le Salut par les Juifs*

1893 Mort d'Hippolyte TAINE
Ernest LAVISSE : *Histoire générale du IVᵉ siècle à nos jours*

1894 Émile DURKHEIM : *Les Règles de la méthode sociologique*

1895 Léon DAUDET : *Les Morticoles*

1896 Henri BERGSON : *Matière et Mémoire*
Léon BLOY : *Mon Journal* (1896-1900)
Élisée RECLUS : *L'Anarchie*

1897 Maurice BARRÈS : *Les Déracinés*
Léon BLOY : *La Femme pauvre*
André GIDE : *Les Nourritures terrestres*
Charles PÉGUY : *Jeanne d'Arc*

1898 Émile ZOLA : « J'accuse », lettre ouverte publiée dans *L'Aurore*

1899 Édouard ESTAUNIÉ : *Le Ferment*

1899 Eugène LE ROY : *Jacquou Le Croquant*
Émile ZOLA : *Les Quatre Évangiles : Fécondité*

1900 Débuts des *Cahiers de la Quinzaine* (Péguy)
Maurice BARRÈS : *L'Appel du Soldat*
Charles MAURRAS : *Enquête sur la monarchie ; L'Avenir de l'intelligence*

1900-1912 Ernest LAVISSE : *L'Histoire de la France*

1901 *Histoire socialiste* (1901-1908) sous la direction de Jean JAURÈS
Alfred LOISY : *L'Évangile et l'Église*
Émile ZOLA : *Travail ; La Vérité en marche*

1902 Mort d'Émile ZOLA
Maurice BARRÈS : *Leurs Figures*
Paul BOURGET : *L'Étape*
Anatole FRANCE : *L'Affaire Crainquebille*
André GIDE : *L'Immoraliste*
Charles MAURRAS : *Les Amants de Venise*

1903 Romain ROLLAND : *Vie de Beethoven*
Émile ZOLA : *Vérité* (éd. posthume)

1904 Fondation de *L'Humanité* par Jean JAURÈS

1904-1912 Romain ROLLAND : *Jean-Christophe*

1905 Henri POINCARÉ : *La Valeur de la science*

1906 Henry BORDEAUX : *Les Roquevillard*

1907 Henri BERGSON : *L'Évolution créatrice*

1908 *L'Action française* devient un quotidien
George SOREL : *Réflexions sur la violence*

1909 Maurice BARRÈS : *Colette Baudoche*
Fondation de la *Nouvelle Revue Française*

1910 Jean JAURÈS : *L'Armée nouvelle*
Charles PÉGUY : *Mystère de la charité de Jeanne d'Arc*

1912 Anatole FRANCE : *Les Dieux ont soif*
Charles PÉGUY : *Tapisseries* (1912-1913)

1913 Maurice BARRÈS : *La Colline inspirée*
Julien BENDA : *Une Philosophie pathétique*
ALAIN-FOURNIER : *Le Grand Meaulnes*
Jacques MARITAIN : *La Philosophie bergsonienne*
Roger MARTIN DU GARD : *Jean Barois*
Marcel PROUST : *Du côté de chez Swann*
Ernest PSICHARI : *L'Appel des armes*

1914 Léon BLOY : *Le Pèlerin de l'absolu*

1915 Romain ROLLAND : *Au-dessus de la mêlée*

1916 Ernest PSICHARI : *Le Voyage du centurion* (éd. posthume)
Henri BARBUSSE : *Le Feu*

Les confrontations intellectuelles au tournant du siècle

1. Le « bagne matérialiste »

Claudel s'en prenait avec véhémence au « bagne matérialiste », dont, avec tous ses contemporains, il aurait été victime durant sa jeunesse. Quelle que soit l'intention polémique inspirant ce propos, il est vrai que vers 1880 la pensée française est encore dominée par le rationalisme positiviste de Renan, de Taine, de Claude Bernard et de Littré.

Renan meurt en 1892, Taine en 1893. Mais leur influence perdurera encore longuement, le criticisme historique étant devenu en quelque sorte l'évangile de l'université : Léon Brunschvig, Henri Poincaré, Théodule Ribot, Ernest Lavisse, Émile Durkheim, Lévy-Bruhl, Alfred Loisy mettront d'ailleurs à profit les principes et les méthodes du rationalisme dans des domaines aussi divers que la philosophie des sciences, la psychologie, l'histoire, la sociologie, l'ethnologie et l'exégèse religieuse.

2. Bergson

L'opposition au rationalisme s'est d'abord manifestée dans les années 1880-1890 sur un plan esthétique et spirituel (Villiers de l'Isle-Adam, Barbey d'Aurevilly, **Léon Bloy**). Mais elle ne trouve son point de cristallisation que lorsque paraît **Henri Bergson** (1859-1941) qui critique systématiquement l'intellectualisme dès 1889, dans son *Essai sur les données immédiates de la conscience*. Son analyse se poursuit dans *Matière et Mémoire* (1896), puis s'épanouit dans *L'Évolution créatrice* (1907). Bergson devient en ces années le maître à penser de tous ceux qui aspirent à renouer avec les forces de la vie. « Il a rompu nos fers », disait Péguy. Son influence se fait considérable auprès des jeunes écrivains, artistes et philosophes.

Certes, ses adversaires ne l'épargnent pas, notamment les chefs de *L'Action française*, Charles Maurras et Léon Daudet, les positivistes dont Julien Benda s'institue le porte-parole, les catholiques qui demandent et obtiennent en 1914 la mise à l'index des ouvrages du philosophe.

Charles Maurras et Léon Daudet.

3. L'affaire Dreyfus

Les combats idéologiques se mènent sur le fond d'un long et pénible drame de conscience national, l'affaire Dreyfus, qui engloutit toutes les énergies morales et politiques. Deux camps, deux attitudes face à la vie, à la société, à l'histoire.

Du côté des dreyfusards, **Anatole France, Émile Zola**, (auteur, en 1898, d'une célèbre lettre ouverte au président de la République, *J'accuse*, voir Littérature, *XIXᵉ siècle*, p. 479), **Charles Péguy**, jeune militant socialiste. Dans le camp opposé, Paul Bourget, **Maurice Barrès**, Charles Maurras... et une bonne moitié de l'Académie française.

Cette affaire, indépendamment de la question judiciaire qui la fonde, révèle une profonde crise de confiance dans le pays, qui ne se reconnaît bien ni dans le traditionalisme de la droite, ni dans le radicalisme de la gauche. Cette crise se manifeste d'ailleurs par l'apparition de phénomènes extrémistes qui perturbent l'ordre public : violentes campagnes antisémites conduites par Édouard Drumont, l'auteur de *La France juive* (1886), nombreux attentats anarchistes.

En fait la France se cherche de nouvelles idées, de nouveaux talents. **Jean Jaurès** (1859-1914), conciliant la tradition républicaine et l'idéal socialiste, sait profiter de cette attente et réussit en 1905 à unifier toutes les tendances au sein de la S.F.I.O. Face à ses grands contradicteurs, Georges Clemenceau ou Maurice Barrès, il s'impose dans les années d'avant-guerre par sa force de caractère et par la vigueur de sa pensée.

4. La tentation spirituelle

Un vaste moment de conversion caractérise également cette période troublée. Après **Léon Bloy** et J.-K. Huysmans, Paul Claudel et Francis Jammes, ce sont de nombreux jeunes intellectuels qui se rallient à l'Église, désireux de se donner une règle spirituelle, d'adopter une philosophie cohérente, de renouer avec des valeurs transcendantes. L'itinéraire de **Charles Péguy** se vouant au culte de Jeanne d'Arc, ou celui d'Ernest Psichari, ont quelque chose d'exemplaire.

Romain Rolland résistera, lui, à l'attraction de la conversion, bien qu'il soit habité par la même aspiration à la spiritualité. Un immense besoin de croire le conduit vers le culte des héros et de la musique. Le passé des hommes lui fait refuser tous les embrigadements : ainsi, il ne rejoindra pas le camp dreyfusard et se voudra au-dessus de la mêlée lors de la confrontation guerrière entre la France et l'Allemagne. « Je ferai coucher dans le même lit les deux torrents : Amour et Vérité. Et si je ne puis, s'ils brisent les digues, je m'en irai sur mes vaisseaux, comme la Hollande submergée, vers la haute mer, l'Océan — vers le Maître des Harmonies. »

1. Le bergsonisme

Henri Bergson *L'Évolution créatrice* (1907)

Très brillant élève en sciences et en lettres au lycée Condorcet, **Henri Bergson** (1859-1941) entre à l'École Normale Supérieure en 1878, en même temps que Jaurès et Blondel, qu'il fréquente un peu. Professeur à Angers, puis à Clermont, il révolutionne le monde de la philosophie et des lettres avec sa thèse de doctorat en lettres, *Essai sur les données immédiates de la conscience* (1888).

Son enseignement au collège Rollin, puis au lycée Henri IV, n'arrête pas ses travaux personnels. Il publie *Matière et Mémoire* en 1896. Successivement maître de conférences à l'École Normale Supérieure en 1897, puis professeur au Collège de France entre 1900 et 1914, il ne cesse d'attirer un large public qui déborde largement les milieux universitaires.

Son œuvre, qu'il poursuit avec *Le Rire* (1900), où il étudie les sources du comique, *L'Évolution créatrice* (1907), *L'Énergie spirituelle* (1919), trouve sa pleine expression spiritualiste avec *Les Deux Sources de la morale et de la religion* (1932).

Il reçoit le Prix Nobel en 1928. En 1934, il groupe en volume des écrits inédits avec d'autres déjà parus, sous le titre *La Pensée et le Mouvant*. Le 4 janvier 1941, il succombe à une congestion pulmonaire.

L'*Essai sur les données immédiates de la conscience (1889) oppose, au rationalisme qui réduit la vie psychologique à des faits et le monde extérieur à des relations scientifiques,* **une connaissance immédiate permettant d'atteindre la réalité du Moi** *et des choses hors de toute mesure objective, dans la saisie de la durée pure. Avec* L'Évolution créatrice *une étape de plus est franchie : désormais, c'est la vie que* **Henri Bergson** *présente comme une création continue échappant à tout déterminisme mécaniste.*

Cette conception remet en cause les théories selon lesquelles l'avenir est donné dans le présent (qui était lui-même donné dans le passé). Pour l'auteur, **la durée est une force créatrice,** *en nous comme hors de nous, qui fait à chaque instant surgir des nouveautés imprévisibles.*

Henri Bergson.

« *Le temps est invention...* »

Quand l'enfant s'amuse à reconstituer une image en assemblant les pièces d'un jeu de patience, il y réussit de plus en plus vite à mesure qu'il s'exerce davantage. La reconstitution était d'ailleurs instantanée, l'enfant la trouvait toute faite, quand il ouvrait la boîte au sortir du magasin. L'opération n'exige donc pas
5   un temps déterminé, et même, théoriquement, elle n'exige aucun temps. C'est que le résultat en est donné. C'est que l'image est créée déjà et que, pour l'obtenir, il suffit d'un travail de recomposition et de réarrangement, — travail qu'on peut supposer allant de plus en plus vite, et même infiniment vite au point d'être instantané. Mais, pour l'artiste qui crée une image en la tirant du fond de
10 son âme, le temps n'est plus un accessoire. Ce n'est pas un intervalle qu'on puisse allonger ou raccourcir sans en modifier le contenu. La durée de son travail fait partie intégrante de son travail. La contracter ou la dilater serait modifier à la fois l'évolution psychologique qui la remplit et l'invention qui en est le terme. Le temps d'invention ne fait qu'un ici avec l'invention même. C'est le progrès
15 d'une pensée qui change au fur et à mesure qu'elle prend corps. Enfin, c'est un processus vital, quelque chose comme la maturation d'une idée.

Le peintre est devant sa toile, les couleurs sont sur la palette, le modèle pose ; nous voyons tout cela, et nous connaissons aussi la manière du peintre : prévoyons-nous ce qui apparaîtra sur la toile ? Nous possédons les éléments du
20 problème ; nous savons, d'une connaissance abstraite, comment il sera résolu, car le portrait ressemblera sûrement au modèle et sûrement aussi à l'artiste ; mais la solution concrète apporte avec elle cet imprévisible rien qui est le tout de l'œuvre d'art. Et c'est ce rien qui prend du temps. Néant de matière, il se crée lui-même comme forme. La germination et la floraison de cette forme s'allongent
25 en une irrétrécissable durée, qui fait corps avec elles. De même pour les œuvres de la nature. Ce qui y paraît de nouveau sort d'une poussée intérieure qui est

Cours de Bergson au Collège de France. Dessin de René Vincent, 1914.

progrès ou succession, qui confère à la succession une vertu propre ou qui tient de la succession toute sa vertu, qui, en tout cas, rend la succession, ou *continuité d'interpénétration* dans le temps, irréductible à une simple juxtaposition ins-
30 tantanée dans l'espace. C'est pourquoi l'idée de lire dans un état présent de l'univers matériel l'avenir des formes vivantes, et de déplier tout d'un coup leur histoire future, doit renfermer une véritable absurdité. Mais cette absurdité est difficile à dégager, parce que notre mémoire a coutume d'aligner dans un espace idéal les termes qu'elle perçoit tour à tour, parce qu'elle se représente toujours
35 la succession *passée* sous forme de juxtaposition. Elle peut d'ailleurs le faire, précisément parce que le passé est du déjà inventé, du mort, et non plus de la création et de la vie. Alors, comme la succession à venir finira par être une succession passée, nous nous persuadons que la durée à venir comporte le même traitement que la durée passée, qu'elle serait dès maintenant déroulable,
40 que l'avenir est là, enroulé, déjà peint sur la toile. Illusion sans doute, mais illusion naturelle, indéracinable, qui durera autant que l'esprit humain !
Le temps est invention ou il n'est rien du tout.

Henri BERGSON, *L'Évolution créatrice* (1907)
© P.U.F.

LECTURE MÉTHODIQUE

Premier paragraphe

a. Pourquoi n'y a-t-il pas **invention** de la part d'un enfant reconstituant un puzzle ?
b. Pourquoi le **temps est-il un accessoire** pour l'enfant assemblant un puzzle et non pour l'artiste ?
c. Quelle **définition de la durée** situe l'artiste ?
d. « Le temps d'invention ne fait qu'un ici avec l'invention même ». Donnez des exemples de cette affirmation.

Deuxième paragraphe

a. Quelle est la part de l'**imprévisible en art** ?
b. Qu'y a-t-il de comparable entre la **création artistique** et la création dans l'ordre de la nature ?
c. En quoi notre **conception de la durée** passée a-t-elle tendance à déformer notre jugement sur la durée à venir ?
d. A quelle science s'applique indubitablement la formule : « Le temps est invention ou il n'est rien du tout » ?

AU-DELÀ DU TEXTE

Charles Péguy, disciple de Bergson à l'École Normale Supérieure, n'oubliera pas d'investir la notion de durée chère à son maître, non sans lui faire subir quelque gauchissement lié à la nature de son propos.

Le temps humain

Regardez dans votre mémoire et ainsi et en elle dans la mémoire de votre peuple. Regardez comme il faut regarder dans cet ordre de regards, sans arrière-pensée, comme c'est, sans souci de calcul et de raisonnement. Vous serez conduit à vous demander s'il n'y a pas des *durées* des peuples et une *durée* du monde, car il vous semblera évident que la vie, que l'événement des peuples et l'événement du monde, ne s'écoule point, ne se dépense pas, ne se détend pas constamment avec la même vitesse, selon le même rythme, dans le même mouvement. Regardez seulement, regardez simplement, permettez-moi de le dire, regardez innocemment dans votre mémoire et ainsi et en dedans d'elle dans la mémoire de votre peuple. Vous y verrez, vous y voyez que l'écoulement, que l'événement du réel n'y est point homogène, qu'il n'est point seulement un *temps* et qu'il ne fait point seulement un *temps*, qu'il n'est point un écoulement, un événement d'un temps homogène, d'un temps formé du spatial, d'un temps mathématique, d'un temps arithmétique, d'un temps théorique (et en outre et en plus nous dirons ici un temps *historique*), il n'est pas seulement une pure matière mathématique, arithmétique, théorique, historique, vous y voyez qu'il est des durées réelles, réellement des durées de peuple, réellement peut-être une durée du monde même. C'est-à-dire que l'événement d'un peuple et sans doute l'événement du monde est rythmé et peut-être même régulé. Regardez dans votre mémoire pour ce peuple. N'est-il pas évident que l'événement n'est pas homogène, que peut-être il est organique, qu'il y a ce qu'on nomme en acoustique des ventres et des nœuds, des pleins et des vides, un rythme, peut-être une régulation, des points de soulèvements, des points de crise, de mornes plaines et soudain des points de suspension ?

C'est très évident pour un peuple. Il y a des temps où il ne se passe rien, et soudain monte un point de crise. Des questions qui étaient ingrates, où l'on travaillait sans résultat des années et des années et depuis des années, sans rien gagner, sans avancer de rien, qui paraissaient insolubles et qui en effet étaient insolubles, on ne sait pourquoi, tout d'un coup n'existent plus. Voyez dans votre mémoire. Et voyez s'il n'y a point des périodes et des époques, des plaines et des points de crise. Pendant des années et des années, pendant dix, quinze, vingt ans, pendant trente ans vous vous acharnez à un certain problème et vous ne pouvez apporter aucune solution et vous vous acharnez à un certain mal et vous ne pouvez apporter aucun remède. Et tout un peuple s'acharne. Et des générations entières s'acharnent. Et tout d'un coup, on tourne le dos. Et le monde entier a changé de face. Ni les mêmes problèmes ne se posent plus (il s'en posera d'autres), ni les mêmes difficultés ne se présentent, ni les mêmes maladies ne sont plus considérables. Il n'y a rien eu. Et tout est autre. Il n'y a rien eu et tout est nouveau. Il n'y a rien eu. Et tout l'ancien n'existe plus, et tout l'ancien est devenu étranger.

Charles PÉGUY, *Clio* (1914)
© éd. Gallimard

2. Une génération en crise idéologique

L'affaire Dreyfus et ses suites

La crise boulangiste, l'affaire Dreyfus, les scandales financiers, les controverses autour de la politique coloniale : autant de **symptômes d'une crise profonde** déchirant un pays qui d'autre part naît au monde de la technique moderne, voit les mœurs évoluer, souffre des soubresauts sociaux mal maîtrisés (grèves, exode rural, affrontements civils).

L'antisémitisme, dont Édouard Drumont (*La France juive*, 1886) s'instaure le porte-parole, livre de violentes campagnes contre les juifs, auxquelles répond la création de la Ligue des Droits de l'Homme, en pleine affaire Dreyfus. La révision du procès, en 1899, portera un coup d'arrêt au racisme antisémite et ouvrira la voie à la République radicale. La compromission des congrégations religieuses aux côtés des anti-dreyfusards conduira aux lois de la séparation de l'Église et de l'État (en 1905).

L'affaire Dreyfus **contraint en effet la plupart des intellectuels à choisir un camp**, à justifier leur engagement à droite ou à gauche.

Au-delà du sort du capitaine Dreyfus, c'est l'idée que l'on se fait de la France qui est en jeu. Le texte de **Zola**, *J'accuse*, publié par *L'Aurore* du 13 janvier 1898 témoigne de l'importance prise par l'affaire Dreyfus dans la conscience nationale : « C'est volontairement que je m'expose, écrit Zola. L'acte que j'accomplis ici n'est qu'un moyen révolutionnaire pour hâter l'explosion de la vérité et de la justice. »

Le fait de retrouver **Anatole France**, le sceptique, le dilettante, dans le même camp que Zola (dont il détestait les œuvres), témoigne encore de la profondeur de la crise (*L'Anneau d'améthyste*, 1899 ; *Monsieur Bergeret à Paris*, 1901, voir p. 46). Pour **Charles** **Péguy**, « l'affaire Dreyfus est une affaire élue » et il ne peut, mystique de nature, accepter aucune compromission, servir les intérêts d'aucun parti.

Les anti-dreyfusards se battent aussi aux noms d'idéaux. **Maurice Barrès**, s'appuyant sur le sentiment de la foule, plaide pour une vérité et une justice allant dans le sens des intérêts de la France. Or, il aperçoit parmi les amis de Dreyfus des ambitieux, des ennemis de l'armée, des « métèques » ou des esprits dégénérés au contact des cultures étrangères.

Dans ce combat idéologique avec les valeurs humanistes de la gauche, la pensée nationaliste bénéficie de l'apport de Charles Maurras qui, méprisant cette « misérable anecdote » constituée par l'affaire, donne à l'extrême-droite un programme clair et des objectifs rigoureux.

La production romanesque contemporaine et ultérieure retentit largement de ces débats, ainsi que de la question nationale et de l'antisémitisme. Ainsi, *Jean Barois* (1913), de **Roger Martin du Gard**, ou *Silbermann* (1922), de Jacques de Lacretelle.

UN DÎNER EN FAMILLE

— Surtout ! ne parlons pas de l'affaire Dreyfus !

... Ils en ont parlé...

Dessins de Caran d'Ache, 13 février 1898.

Zola *La Vérité en marche* (1901)

*Pour **Émile Zola** qui publie dans* L'Aurore *du 13 janvier 1898 sa célèbre lettre ouverte au Président de la République, « J'accuse », le capitaine Dreyfus est innocent : « La vérité est en marche et rien ne l'arrêtera » (voir* LITTÉRATURE, *XIXᵉ siècle, p. 479). Et rien n'arrête le romancier. Il rassemble ses articles en 1901 sous le titre* La Vérité en marche. *Pour lui, la cause d'une telle erreur judiciaire, c'est l'**antisémitisme ambiant**.*

Procès-verbal

L'antisémitisme, maintenant.

Il est le coupable. J'ai déjà dit combien cette campagne barbare, qui nous ramène de mille ans en arrière, indigne mon besoin de fraternité, ma pas-
5 sion de tolérance et d'émancipation humaine. Re-tourner aux guerres de religion, recommencer les persécutions religieuses, vouloir qu'on s'extermine de race à race, cela est d'un tel non-sens, dans notre siècle d'affranchissement, qu'une pareille tentative
10 me semble surtout imbécile. Elle n'a pu naître que d'un cerveau fumeux, mal équilibré de croyant, que d'une grande vanité d'écrivain longtemps inconnu, désireux de jouer à tout prix un rôle, fût-il odieux. Et je ne veux pas croire encore qu'un tel mouvement
15 prenne jamais une importance décisive en France, dans ce pays de libre examen, de fraternelle bonté et de claire raison.

Pourtant, voilà des méfaits terribles. Je dois confesser que le mal est déjà très grand. Le poison
20 est dans le peuple, si le peuple entier n'est pas empoisonné. Nous devons à l'antisémitisme la dan-gereuse virulence que les scandales du Panama ont prise chez nous. Et toute cette lamentable affaire Dreyfus est son œuvre : c'est lui seul qui a rendu
25 possible l'erreur judiciaire, c'est lui seul qui affole aujourd'hui la foule, qui empêche que cette erreur ne soit tranquillement, noblement reconnue, pour

notre santé et pour notre bon renom. Était-il rien de plus simple, de plus naturel que de faire la vérité,
30 aux premiers doutes sérieux, et ne comprend-on pas, pour qu'on en soit arrivé à la folie furieuse où nous en sommes, qu'il y a forcément là un poison caché qui nous fait délirer tous ?

Ce poison, c'est la haine enragée des juifs, qu'on
35 verse au peuple, chaque matin, depuis des années. Ils sont une bande à faire ce métier d'empoison-neurs, et le plus beau, c'est qu'ils le font au nom de la morale, au nom du Christ, en vengeurs et en justiciers. Et qui nous dit que cet air ambiant où il
40 délibérait, n'a pas agi sur le conseil de guerre ? Un juif traître, vendant son pays, cela va de soi. Si l'on ne trouve aucune raison humaine expliquant le crime, s'il est riche, sage, travailleur, sans aucune passion, d'une vie impeccable, est-ce qu'il ne suffit
45 pas qu'il soit juif ?

Émile ZOLA, *La Vérité en marche* (1901)

POUR LE COMMENTAIRE

1. Relevez les **oppositions**.

2. Comment Zola **qualifie-t-il l'antisémitisme** et ceux qui en sont les instigateurs ?

ÉDOUARD DRUMONT

Édouard Drumont (1844-1917), journaliste, hé-rault de l'antisémitisme militant dans *La France juive* (1886), a fondé *La Libre Parole* en 1892. Son influence s'est exercée durablement dans les milieux d'ex-trême-droite. Ses livres passionnés, à la polémique incisive, visent principalement les milieux juifs des affaires, des lettres, du barreau et de la politique. Drumont a joué un rôle capital dans le camp des anti-dreyfusards, et dans le développement du racisme en France à la fin du XIXᵉ siècle. Sa descendance idéologique se retrouvera dans les persécutions anti-juives ordonnées par le régime de Vichy entre 1940 et 1944.

La France juive rassemble **tous les clichés du discours monstrueux** qui a engendré, à un demi-siècle de distance, la déportation et le meurtre de plusieurs millions d'Européens, massacrés par les bons « Aryens » de l'Allemagne nazie du seul fait qu'ils étaient juifs.

JUDAS DEFENDU PAR SES FRERES

La Libre Parole, journal d'Édouard Drumont, 14 novembre 1896.

Anatole France
Monsieur Bergeret à Paris (1901)

L'Orme du mail *(1897)*, Le Mannequin d'osier *(1897)*, L'Anneau d'améthyste *(1899) et* Monsieur Bergeret à Paris *(1901)*, *quatre romans où **Anatole France** se fait le peintre des mœurs contemporaines, mettent en scène Monsieur Bergeret, un professeur d'université aux opinions proches de Jérôme Coignard. A l'instar de son créateur, Monsieur Bergeret découvre l'affaire Dreyfus. Son ironie, son scepticisme de dilettante cèdent au désir de* **faire face à la foule des antidreyfusards en compagnie d'hommes convaincus et généreux.**

Anatole France confirme son engagement en publiant la même année L'Affaire Crainquebille, *plaidoyer par les humbles sans défense. Il se rapprochera ultérieurement des communistes, avec lesquels il partage l'idée que le progrès social est seul capable d'apporter une amélioration à la condition de l'homme.*

M. Bergeret chez le menuisier

Ainsi le professeur s'instruisait en écoutant l'artisan. Ayant assez avancé l'ouvrage, le menuisier se tourna vers M. Bergeret. Sa face creusée, ses grands traits, son teint brun, ses cheveux collés au front et sa barbe de bouc toute grise de poussière lui donnaient l'air d'une figure de bronze. Il sourit d'un sourire
5 pénible et doux et montra ses dents blanches, et il parut jeune.
— Je vous connais, monsieur Bergeret.
— Vraiment ?
— Oui, oui, je vous connais... Monsieur Bergeret, vous avez fait tout de même quelque chose qui n'est pas ordinaire... Ça ne vous fâche pas que je vous le dise ?
10 — Nullement.
— Eh bien vous avez fait quelque chose qui n'est pas ordinaire. Vous êtes sorti de votre caste et vous n'avez pas voulu frayer avec les défenseurs du sabre et du goupillon[1].
— Je déteste les faussaires, mon ami, répondit M. Bergeret. Cela devrait être
15 permis à un philologue[2]. Je n'ai pas caché ma pensée. Mais je ne l'ai pas beaucoup répandue. Comment la connaissez-vous ?
— Je vais vous dire : on voit du monde, rue Saint-Jacques, à l'atelier. On en voit des uns et des autres, des gros et des maigres. En rabotant mes planches, j'entendais Pierre qui disait : « Cette canaille de Bergeret ! » Et Paul lui deman-
20 dait : « Est-ce qu'on ne lui cassera pas la gueule ? » Alors j'ai compris que vous étiez du bon côté dans l'Affaire. Il n'y en a pas beaucoup de votre espèce dans le cinquième.
— Et que disent vos amis ?
— Les socialistes[3] ne sont pas bien nombreux par ici, et ils ne sont pas
25 d'accord. Samedi dernier, à la Fraternelle, nous étions quatre pelés et un tondu et nous nous sommes pris aux cheveux. Le camarade Fléchier, un vieux, un combattant de 70, un communard, un déporté, un homme, est monté à la tribune et nous a dit : « Citoyens, tenez-vous tranquilles. Les bourgeois intellectuels ne sont pas moins bourgeois que les bourgeois militaires. Laissez les capitalistes se
30 manger le nez. Croisez-vous les bras, et regardez venir les antisémites. Pour l'heure, ils font l'exercice avec un fusil de paille et un sabre de bois. Mais quand il s'agira de procéder à l'expropriation des capitalistes, je ne vois pas d'incon-vénient à commencer par les juifs. »
Et là-dessus, les camarades ont fait aller leurs battoirs. Mais, je vous le
35 demande, est-ce que c'est comme ça que devait parler un vieux communard, un bon révolutionnaire ? Je n'ai pas d'instruction comme le citoyen Fléchier, qui a étudié dans les livres de Marx. Mais je me suis bien aperçu qu'il ne raisonnait pas droit. Parce qu'il me semble que le socialisme, qui est la vérité, est aussi la justice et la bonté, que tout ce qui est juste et bon en sort naturellement comme la
40 pomme du pommier. Il me semble que combattre une injustice, c'est travailler pour nous, les prolétaires, sur qui pèsent toutes les injustices.

Anatole FRANCE, *M. Bergeret à Paris* (1901), © éd. Calmann-Lévy

1. L'alliance objective entre l'armée et l'Église lors de l'affaire Dreyfus.
2. Spécialiste de l'étude des textes et de leur transmission.
3. Au début de l'affaire Dreyfus, les socialistes refusèrent de prendre parti, déclarant que l'affaire ne les concernait pas et n'engageait que deux camps de la bourgeoisie au pouvoir.

Roger Martin du Gard *Jean Barois* (1913)

*Le deuxième roman de **Roger Martin du Gard** (1881-1958), Jean Barois, connaît à la veille de la Première Guerre mondiale un très grand succès, grâce à l'actualité de son thème, présentant **un intellectuel partagé entre le sentiment religieux et le matérialisme scientifique**.*

Malade et vieillissant, Jean Barois, qui s'est montré un rationaliste convaincu toute sa vie, revient à la foi consolatrice de son enfance.

*Ce roman, composé comme une œuvre théâtrale, par tableaux intégrant des documents d'époque, se veut en outre un « roman-dossier ». **Il renouvelle** ainsi de façon intéressante **le genre du roman social**. Le passage qui suit évoque le procès de Rennes, en septembre 1899, où le capitaine Dreyfus fut une seconde fois condamné !*

Pour la biographie de Roger Martin du Gard, voir page 256.

Le verdict de Rennes

Le 9 septembre 1899 : le soir du verdict [1].

En gare de Rennes, trois trains, successivement, ont été pris d'assaut. Un quatrième, formé de tous les wagons de rebut qui restaient dans les garages, a démarré, péniblement, à son tour, dans la cohue d'émeute qui grouille sur les
5 *quais.*

Barois, Cresteil et Woldsmuth, les épaves du Semeur, *sont parqués dans un wagon de troisième, ancien modèle : des cloisons à mi-hauteur divisent la voiture en compartiments étroits ; deux quinquets*[2] *pour tout le wagon.*

L'arrêt du Conseil de guerre de Rennes. *Une de* L'Illustration du 16 septembre 1899.

Les vitres sont ouvertes sur la campagne endormie. Aucun souffle. Le train
10 *roule lentement, charriant à travers l'épaisse nuit d'été un brouhaha de séance électorale.*

Des vociférations se croisent dans l'air empesté des compartiments :

— « Tout ça, c'est les Jésuites ! »

— « Taisez-vous donc ! Et l'honneur de l'armée ? »

15 — « Oui : c'est la faillite du Syndicat... »

— « Ils ont bien fait ! La réhabilitation d'un officier qui a été condamné par sept camarades, et déclaré coupable par le haut commandement de l'armée, compromet le salut d'un pays bien plus qu'une erreur judiciaire... »

— « Parbleu ! Et je vais plus loin ! Moi qui vous parle, admettons que j'aie été
20 du conseil, et que j'aie su que Dreyfus était innocent... Eh bien, Monsieur, sans hésiter, pour le bien de la patrie, pour l'ordre public, je l'aurais fait fusiller comme un chien ! »

CRESTEIL D'ALLIZE, *se dressant, malgré lui, dans la pénombre et dominant le tumulte de sa voix éraillée.* — « Il y a un savant français, nommé Duclaux, qui
25 a déjà répondu à cet argument de la sécurité nationale : il a dit, — ou à peu près — qu'il n'y avait pas de raison d'État qui puisse empêcher une cour de justice d'être juste ! »

— « Vendu ! Lâche ! Fripouille ! Sale Juif ! »

CRESTEIL, *insolent.* — « Messieurs, je suis à vos ordres. »

30 *Les injures redoublent. Cresteil reste debout.*

BAROIS. — « Laissez-les donc, Cresteil... »

Peu à peu, une torpeur lourde, — causée par la chaleur suffocante, l'oppression de l'obscurité, la dureté des banquettes, le cahotement du vieux matériel, — envahit le wagon.

35 *Le tapage se localise, diminue.*

Serrés dans leur coin, Barois, Cresteil et Woldsmuth causent à voix basse.

WOLDSMUTH. — « Le plus triste, c'est que cette pensée estimable de rendre service au pays a été, j'en suis sûr, le principal motif de beaucoup de nos adversaires... »

*Le capitaine Dreyfus
au procès de Rennes.
L'Illustration
du 16 septembre 1899.*

40 CRESTEIL. — « Mais non ! Vous avez toujours tendance, Woldsmuth, à croire que les autres sont mus par des sentiments élevés, des idées... Ils sont mus, le plus souvent, par leur intérêt, conscient ou inconscient, et, à défaut de calcul, par de simples habitudes sociales... »

BAROIS. — « Tenez : à propos d'habitude, je me souviens d'une scène qui m'a 45 beaucoup frappé à la troisième ou quatrième audience.

« J'étais en retard. J'arrivais par le couloir de la presse, juste au moment où les juges s'engageaient dans l'entrée. Presque en même temps qu'eux, un peu en arrière, débouchent quatre témoins, quatre généraux en grande tenue. Eh bien, les sept officiers-juges, sans avoir eu le temps de se concerter, d'un même 50 mouvement devenu chez eux machinal et qui révèle un asservissement de trente ans, se sont arrêtés net, le dos au mur, au garde-à-vous... Et les généraux, simples témoins, ont passé devant eux, comme à la revue, pendant que les officiers-juges faisaient automatiquement leur salut militaire... »

CRESTEIL, *spontanément.* — « Ça a sa beauté ! »

55 BAROIS. — « Non, mon petit, non... C'est l'ancien Saint-Cyrien qui vient de parler, ce n'est pas le Cresteil d'aujourd'hui. »

CRESTEIL, *tristement.* — « Vous avez raison... Mais ça s'explique, voyez-vous... Pour des êtres fiers et énergiques la discipline demande un tel sacrifice de toutes les heures, qu'on ne peut pas perdre l'habitude de l'estimer au prix qu'elle 60 coûte... »

BAROIS, *suivant son idée.* — « D'ailleurs, le verdict de tout à l'heure, c'est la répétition de cette scène du couloir... Cette condamnation d'un traître avec circonstances atténuantes, cela paraît boiteux, inepte... Mais, réfléchissez : la condamnation, c'est le salut militaire qu'ils ont fait sans s'en rendre compte, par 65 discipline professionnelle ; et les circonstances atténuantes, ça, c'est, malgré tout, l'hésitation de leurs consciences d'hommes... »

Roger MARTIN DU GARD, *Jean Barois* (1913)
© éd. Gallimard

---

1. *Au lendemain des élections de 1898, le ministre de la Guerre Cavaignac a produit un document accablant Dreyfus. Or ce document s'est révélé être un faux fabriqué par un lieutenant-colonel, nommé Henry. Ce dernier s'étant suicidé, Cavaignac ayant démissionné et un nouveau gouvernement s'étant formé, un Conseil de guerre est réuni à Rennes pour réexaminer le dossier Dreyfus. Mais, malgré l'épisode Henry, qui aurait dû innocenter Dreyfus, le Conseil de guerre, pour ménager l'opinion de droite, préfère rendre un jugement ambigu par lequel on continue d'affirmer la culpabilité de Dreyfus tout en lui accordant les circonstances atténuantes. Ce n'est qu'en 1906 que l'on reconnaîtra son innocence et qu'on le réhabilitera. — 2. Lampe à huile.*

LECTURE MÉTHODIQUE

Lignes 1 à 11

a. L'atmosphère : caractérisez-la en relevant tous les éléments qui contribuent à la créer.

b. L'art de la mise en scène : qu'y a-t-il de cinématographique dans le traitement de l'auteur ?

c. Réécrivez ce passage à la façon d'un romancier traditionnel.

Lignes 12 à 22

a. Quelles sont les **opinions** de ceux qui s'expriment ?

b. A quelle « **valeur supérieure** » se réfère celui qui se montre le plus extrémiste dans ses propos ?

Lignes 23 à 31

Comment interprétez-vous l'**attitude de Cresteil** ? Provocation gratuite ?

Lignes 38 à 53

a. Montrez que les trois interlocuteurs — tout en étant d'accord sur le fond du débat — proposent des **interprétations différentes** de l'événement.

b. Qu'y a-t-il de choquant et d'exemplaire dans la scène racontée par Barois ?

c. La transcription de Roger Martin du Gard vous semble-t-elle fidèle à un discours oral ?

Lignes 54 à 66

a. Qu'apprend-on de Cresteil ? En quoi ceci explique-t-il son attitude, lignes 23 à 43 ?

b. Que pensez-vous de la « **leçon** » dégagée par Barois ?

Maurice Barrès *La Colline inspirée* (1913)

*Salué comme le plus achevé des romans de **Maurice Barrès**, le plus « barrésien » dans son style, La Colline inspirée, qui date de 1913, est le récit puisé dans l'histoire de la Lorraine du XIXe siècle de trois prêtres hérétiques, les frères Baillard. Après « Le culte du moi » et le nationalisme exprimé dans Le Roman de l'énergie nationale, l'écrivain se tourne vers le catholicisme et fait pour la première fois de sa **quête religieuse l'élément central d'un livre**.*

L'aîné des trois frères, Léopold entraîné par le faux prophète Vintras à la révolte contre l'Église, incarne la liberté et l'enthousiasme religieux ; le Père Aubry, émissaire de l'autorité romaine, le rempart contre l'anarchie. Entre les deux, l'auteur rêve d'un impossible dialogue : « Qu'est-ce qu'un enthousiasme qui demeure une fantaisie individuelle ? Qu'est-ce qu'un ordre qu'un enthousiasme ne vient plus animer ? »

*L'aventure spirituelle est aussi prétexte à **une longue méditation poétique** autour de la colline de Sion-Vaudémont, acropole mystique de la Lorraine chère à son enfance. Le nationalisme de Barrès passe par l'enracinement au sol provincial.*

« Amateur d'âmes » et de paysages, pèlerin passionné de ces « lieux où souffle l'esprit », lieux de prière ou de sabbat selon leur accord avec les âmes, Maurice Barrès, dès son prologue, fait de La Colline inspirée, par la mélodie intérieure qui habite son style, « une des patries de l'imaginaire, une des résidences de la poésie, un des châteaux de l'âme ».

Il est des lieux où souffle l'esprit

Illustration pour *La Colline inspirée*, de Maurice Barrès.

1. *Art d'expliquer les mystères.*

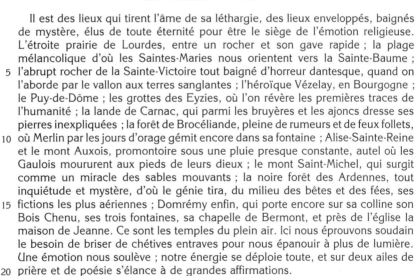

Il est des lieux qui tirent l'âme de sa léthargie, des lieux enveloppés, baignés de mystère, élus de toute éternité pour être le siège de l'émotion religieuse. L'étroite prairie de Lourdes, entre un rocher et son gave rapide ; la plage mélancolique d'où les Saintes-Maries nous orientent vers la Sainte-Baume ;
5 l'abrupt rocher de la Sainte-Victoire tout baigné d'horreur dantesque, quand on l'aborde par le vallon aux terres sanglantes ; l'héroïque Vézelay, en Bourgogne ; le Puy-de-Dôme ; les grottes des Eyzies, où l'on révère les premières traces de l'humanité ; la lande de Carnac, qui parmi les bruyères et les ajoncs dresse ses pierres inexpliquées ; la forêt de Brocéliande, pleine de rumeurs et de feux follets,
10 où Merlin par les jours d'orage gémit encore dans sa fontaine ; Alise-Sainte-Reine et le mont Auxois, promontoire sous une pluie presque constante, autel où les Gaulois moururent aux pieds de leurs dieux ; le mont Saint-Michel, qui surgit comme un miracle des sables mouvants ; la noire forêt des Ardennes, tout inquiétude et mystère, d'où le génie tira, du milieu des bêtes et des fées, ses
15 fictions les plus aériennes ; Domrémy enfin, qui porte encore sur sa colline son Bois Chenu, ses trois fontaines, sa chapelle de Bermont, et près de l'église la maison de Jeanne. Ce sont les temples du plein air. Ici nous éprouvons soudain le besoin de briser de chétives entraves pour nous épanouir à plus de lumière. Une émotion nous soulève ; notre énergie se déploie toute, et sur deux ailes de
20 prière et de poésie s'élance à de grandes affirmations.

Tout l'être s'émeut, depuis ses racines les plus profondes jusqu'à ses sommets les plus hauts. C'est le sentiment religieux qui nous envahit. Il ébranle toutes nos forces. Mais craignons qu'une discipline lui manque, car la superstition, la mystagogie[1], la sorcellerie apparaissent aussitôt, et des places désignées pour
25 être des lieux de perfectionnement par la prière deviennent des lieux de sabbat. C'est ce qu'indique le profond Goethe, lorsque son Méphistophélès entraîne Faust sur la montagne du Hartz, sacrée par le génie germanique, pour y instaurer la liturgie sacrilège du *Walpurgisnachtstraum*.

D'où vient la puissance de ces lieux ? La doivent-ils au souvenir de quelque
30 grand fait historique, à la beauté d'un site exceptionnel, à l'émotion des foules qui du fond des âges y vinrent s'émouvoir ? Leur vertu est plus mystérieuse. Elle précéda leur gloire et saurait y survivre. Que les chênes fatidiques soient coupés, la fontaine remplie de sable et les sentiers recouverts, ces solitudes ne sont pas

35 déchues de pouvoir. La vapeur de leurs oracles s'exhale, même s'il n'est plus de prophétesse pour la respirer. Et n'en doutons pas, il est de par le monde infiniment de ces points spirituels qui ne sont pas encore révélés, pareils à ces âmes voilées dont nul n'a reconnu la grandeur. Combien de fois, au hasard d'une heureuse et profonde journée, n'avons-nous pas rencontré la lisière d'un bois, un sommet, une source, une simple prairie, qui nous commandaient de faire taire
40 nos pensées et d'écouter plus profond que notre cœur ! Silence ! les dieux sont ici.

Illustres ou inconnus, oubliés ou à naître, de tels lieux nous entraînent, nous font admettre insensiblement un ordre de faits supérieurs à ceux où tourne à l'ordinaire notre vie. Ils nous disposent à connaître un sens de l'existence plus
45 secret que celui qui nous est familier, et, sans rien nous expliquer, ils nous communiquent une interprétation religieuse de notre destinée. Ces influences longuement soutenues produiraient d'elles-mêmes des vies rythmées et vigou-reuses, franches et nobles comme des poèmes. Il semble que, chargées d'une mission spéciale, ces terres doivent intervenir, d'une manière irrégulière et selon
50 les circonstances, pour former des êtres supérieurs et favoriser les hautes idées morales. C'est là que notre nature produit avec aisance sa meilleure poésie, la poésie des grandes croyances. Un rationalisme indigne de son nom veut ignorer ces endroits souverains. Comme si la raison pouvait mépriser aucun fait d'ex-périence ! Seuls des yeux distraits ou trop faibles ne distinguent pas les feux de
55 ces éternels buissons ardents. Pour l'âme, de tels espaces sont des puissances comme la beauté ou le génie. Elle ne peut les approcher sans les reconnaître. Il y a des lieux où souffle l'esprit.

Maurice BARRÈS, *La Colline inspirée* (1913)

POUR LE COMMENTAIRE

1. Quels sont les **lieux choisis** par Maurice Barrès et pour quelles raisons ?

2. Ce texte est-il **poétique** à vos yeux ?

Maurice Barrès dans son bureau, par Dornac.

Laurent Tailhade
« *Le Triomphe de la domesticité* » (1901)

Dans la France marécageuse de l'opportunisme, **Laurent Tailhade** (1854-1919), qui s'était fait connaître par un recueil de vers parnassiens, *Le Jardin des rêves* (1880), vire de bord et se consacre à la satire politico-sociale en vers et en prose. Les titres de ses livres, *Au Pays du mufle* (1891), *A travers les groins* (1899), *Imbéciles et gredins* (1900), disent assez à quel point il se sent exilé parmi des bêtes immondes, ses contemporains.

Cet enragé très fin de siècle, nourri d'antiquité classique et amateur de mots rares, collabore à *L'Aurore* et au journal anarchiste *Le Libertaire*, auquel il prête une plume trempée dans le vitriol.

S'élevant contre la venue du tsar Nicolas II à Paris, *l'article qui suit appelle « les exploités » à un geste libérateur. Taxé de « provocation au meurtre ayant pour but un acte de propagande anarchiste », ce libelle vaudra à son auteur un an de prison, malgré les plaidoyers d'Émile Zola et d'Anatole France.*

Un appel au meurtre

Certes les lois scélérates[1], d'abord, puis l'humanité (si tant est que les assassins en épaulettes, les égorgeurs professionnels, doivent se réclamer de la pitié humaine) interdisent d'appeler sur Nicolas et sa femme, sur Loubet et ses ministres, sur les troupes en manœuvre, sur la clique de l'Élysée et sur les mouches de la Préfecture, sur les badauds complimenteurs et forcenés, les catastrophes expiatoires. Qu'elles dorment à jamais les bombes d'Hartmann, de Cheliaboff et de Berezowski ! Que se rouille le fer d'Harmodios, de Bresci ou d'Angiolillo, trop pesant aux lâches spectateurs de chic en lit patriotique.

Volez aux misérables, volez cette richesse qui, pendant un long hiver, eût adouci pour eux le froid et la famine ! Brûlez aux souverains des lampions ! Offrez-leur, en larrons que vous êtes, le trésor des biens communs dilapidés ! Faites paraître vos danseuses, vos archevêques, vos officiers, vous-mêmes, tous les saltimbanques, tous les prostitués, afin de divertir quelques instants, par le spectacle de votre hideuse scurrilité, les hôtes qui daignent vous apporter leur couronne, leur mépris et leurs commandements.

Cependant quelle joie et quel rafraîchissant dictame pour nos colères, si quelqu'un des hilotes, comparse révolté de la turpide mômerie, si les corvéables de la fête et les mercenaires du gala, redressaient tout à coup leurs fronts d'hommes ; si devant les pourceaux gorgés de chair et d'os, autocrate russe ou larbins de France, apparaissait, dans une fulguration de tempête, la face redoutable du Pauvre !

Quoi, parmi ces soldats illégalement retenus pour veiller sur la route où se piaffe la couardise impériale, parmi ces gardes-barrières qui gagnent neuf francs tous les mois, parmi les chemineaux, les mendiants, les trimardeurs, les outlaws, ceux qui meurent de froid sous les ponts, en hiver, il ne s'en trouvera pas un pour prendre son fusil, son tisonnier, pour arracher aux frênes des bois le gourdin préhistorique et, montant sur le marchepied des carrosses, pour frapper jusqu'à la mort, pour frapper au visage et pour frapper au cœur la canaille triomphante, tzar, président, ministres, officiers et les clergés infâmes, tous les exploiteurs du misérable, tous ceux qui rient de sa détresse, vivent de sa moelle, courbent son échine et payent de vains mots sa tenace crédulité ? La rue de la Ferronnerie[2] est-elle à jamais barrée ? La semence des héros est-elle inféconde pour toujours ?

Le sublime Louvel[3], Caserio[4] n'ont-ils plus d'héritiers ? Les tueurs de rois sont-ils morts à leur tour, ceux qui disaient, avec Jérôme Olgiati, l'exécuteur de Galéas Sforza, qu'un trépas douloureux fait la renommée éternelle ? Non ! La conscience humaine vit encore. Que Paris acclame le tzar Nicolas II. Que Loubet, couvert encore de leur bave, ramène Déroulède[5] et Guérin[6], et tant d'autres voyous ! Que Puibaraud emprisonne des enfants comme Almereyda, sous couleur qu'ils ont des mains blanches, avec les yeux jolis. Le soir viendra bientôt, le soir de la justice, irrésistible comme le printemps.

Laurent TAILHADE, « Le Triomphe de la domesticité »,
Le Libertaire, septembre 1901

1. Lois promulguées après la série d'attentats anarchistes des années 1890. — 2. Rue où fut assassiné Henri IV (1610). — 3. Assassin du duc de Berry (1820). — 4. Assassin du président Sadit-Carnot (1894). — 5. Écrivain et homme politique fondateur de la Ligue des patriotes, chantre du nationalisme. — 6. Propagandiste d'extrême-droite à l'époque de l'affaire Dreyfus.

Georges Darien *L'Épaulette* (1905)

Georges Darien (1862-1921), pseudonyme de Georges-Hippolyte Adrien, passe, à vingt ans, près de trois ans dans un bataillon disciplinaire en Tunisie. *Biribi* (1888) relate cette expérience. Le satiriste s'en prend à la lâcheté de la société petite-bourgeoise pendant la guerre de 1870 dans *Bas les cœurs* (1889), à Drumont dans *Les Pharisiens* (1891). Son chef-d'œuvre, apologie du hors-la-loi agressant les nantis et les bien-pensants, *Le Voleur*, paraît en 1898. Enfin, *La Belle France* (1900) et *L'Épaulette* (1905) achèvent de mettre en pièces la prétendue bonne conscience des milieux cocardiers.

Une France d'imposture

Et n'est-ce pas une illusion, une imposture, un cauchemar, que la France qui existe ? La France des grandes villes, avec sa population affamée, soularde et fanfaronne, avec ses décors de fausse richesse et de gloire en toc encadrant la lamentable agonie des volontés populaires, la défaillance calamiteuse de l'art.

5 La France des campagnes, avec la tristesse de ses bourgs et la désolation de ses villages ; ses terres en friche ou cultivées à l'aide de procédés piteux, anachroniques ; ses maisons rechignées, avares et cancanières ; ses monuments publics, étriqués et vieillots, bafoués de l'insolente pierre neuve des couvents qui s'élèvent partout ; ses chaumières puantes où des mégères malpropres cuisent des soupes

10 malsaines, où bêtes et gens vivent dans une indescriptible promiscuité ; où les enfants ligotés dans leur berceau comme des suppliciés sur la claie, braillent désespérément des journées entières, couverts de sueur et de bave, noirs de mouches ; cette France des campagnes dont la terre volontairement appauvrie ne nourrit plus le paysan que grâce aux impôts épouvantables dont on écrase

15 l'ouvrier et l'artisan ; qui se dépeuple tous les jours davantage ; dont la jeunesse, mâle et femelle, s'enfuit vers les grandes villes ; dont les routes sont parcourues par des trimardeurs[1], qui menacent, la faim au ventre ; dont les misérables possédants, vaguement conscients de l'iniquité de leur possession précaire, vivent dans la perpétuelle terreur de l'usurier, de l'incendiaire, du partageux ;

20 dont les hommes, affolés par l'inquiétude, rêvent d'un despotisme protecteur, armé jusqu'aux dents, et acclament fiévreusement les soldats auxquels ils vendent l'eau, à l'étape ; dont les femmes, exaspérées par l'isolement et la monotonie de l'existence grise, hennissent hystériquement au passage des troupes et se livrent aux galonnés, perverties et gauches, avec des raffinements

25 vicieux qui surprennent et des baisers qui font le bruit des sabots qu'on retire de la boue à grand-peine...

C'est cette France-là qui parle de son relèvement... Hé ! Quelle autre France en parlerait ?...

Georges DARIEN, *L'Épaulette* (1905)

1. Vagabond.

l'épaulette
georges
darien

◄Couverture de *L'Épaulette*, de Georges Darien. Éditions Jérôme Martineau, 1971.

POUR LE COMMENTAIRE

1. Un réquisitoire. Classez-en les arguments de façon ordonnée.

2. A quels aspects du « **mal français** » Georges Darien s'attache-t-il plus particulièrement ?

3. L'Histoire donne-t-elle raison à Darien ?

4. Un style oratoire. Précisez la structure syntaxique du texte, son mouvement et son rythme.

Jean Jaurès *Histoire socialiste* (1901-1908)

Jean Jaurès (1859-1914) est né à Castres. Agrégé de philosophie, il commence sa carrière politique en 1881, en devenant député « opportuniste » de Carmaux. Il évolue rapidement vers le socialisme, alors divisé entre plusieurs partis et entraîne ses amis à s'engager pour Dreyfus (*Les Preuves*, 1898), alors que la plupart de ceux-ci préféraient s'abstenir de prendre parti dans cette affaire « bourgeoise ».

Jaurès rénove la pensée socialiste française en la ressourçant aux origines des principes républicains. Entre l'anarchisme ouvriériste de Jean Allemane et le marxisme collectiviste de Jules Guesde et Paul Lafargue, il trace une voie tendant à « la conciliation fondamentale du matérialisme économique et de l'idéalisme appliqué au développement de l'histoire » (1906). « L'histoire, écrit-il, est à la fois matérialiste avec Marx, et mystique avec Michelet. »

Fondateur de *L'Humanité* (1904), orateur prestigieux, tribun respecté des foules, Jaurès déchaîna contre lui toute la presse nationaliste en préconisant le renforcement de l'internationale ouvrière et en se présentant comme le dernier rempart du pacifisme. Il fut assassiné à Paris le 31 juillet 1914.

◄ Discours de Jaurès au Pré-Saint-Gervais, le 25 mai 1913.

Matérialiste avec Marx, mystique avec Michelet

Comment, à travers quelles crises, par quels efforts des hommes et quelle évolution des choses le prolétariat a-t-il grandi jusqu'au rôle décisif qu'il va jouer demain ? C'est ce que nous tous, militants socialistes, nous nous proposons de raconter. Nous savons que les conditions économiques, la forme de la production et de la propriété sont le fond même de l'histoire. De même que pour la plupart des individus humains l'essentiel de la vie, c'est le métier, de même que le métier, qui est la forme économique de l'activité individuelle, détermine le plus souvent les habitudes, les pensées, les douleurs, les joies, les rêves mêmes des hommes, de même, à chaque période de l'histoire, la structure économique de la Société détermine les formes politiques, les mœurs sociales, et même la direction générale de la pensée. Aussi nous appliquerons-nous, à chaque époque de ce récit, à découvrir les fondements économiques de la vie humaine. Nous tâcherons de suivre le mouvement de la propriété et l'évolution même de la technique industrielle et agricole. Et, à grands traits, comme il convient dans un tableau forcément sommaire, nous marquerons l'influence de l'état économique sur les gouvernements, les littératures, les systèmes.

Mais nous n'oublions pas, Marx lui-même, trop souvent rapetissé par des interprètes étroits, n'a jamais oublié que c'est sur des hommes qu'agissent les forces économiques. Or, les hommes ont une diversité prodigieuse de passions et d'idées ; et la complication presque infinie de la vie humaine ne se laisse pas réduire brutalement, mécaniquement, à une formule économique. De plus, bien que l'homme vive avant tout de l'humanité, bien qu'il subisse surtout l'influence enveloppante et continue

du milieu social, il vit aussi, par les sens et par l'esprit, dans un milieu plus vaste, qui est l'univers même [...].

40 Quel que soit le rapport de l'âme humaine, en ses rêves même les plus audacieux ou les plus subtils, avec le système économique et social, elle va au-delà du milieu humain, dans l'immense milieu cosmique. Et le contact de l'univers fait vibrer en elle des forces mystérieuses et profondes, forces de 45 l'éternelle vie mouvante qui précéda les sociétés humaines et qui les dépassera. Donc, autant il serait vain et faux de nier la dépendance de la pensée et du rêve à l'égard du système économique et des formes précises de la production, autant il serait 50 puéril et grossier d'expliquer sommairement le mouvement de la pensée humaine par la seule évolution des formes économiques. Très souvent l'esprit de l'homme s'appuie sur le système social pour le dépasser et lui résister ; entre l'esprit indivi- 55 duel et le pouvoir social il y a ainsi tout à la fois solidarité et conflit. C'est le système des nations et des monarchies modernes, à demi émancipées de l'Église, qui a permis la libre science des Kepler et des Galilée ; mais, une fois en possession de la 60 vérité, l'esprit ne relève plus ni du prince, ni de la société, ni de l'humanité ; c'est la vérité elle-même, avec son ordonnance et son enchaînement, qui devient, si je puis dire, le milieu immédiat de l'esprit, et, bien que Kepler et Galilée aient appuyé leurs 65 observations et leurs travaux d'astronomes aux fondements de l'État moderne, ils ne relevaient plus, après leurs observations ou leurs calculs, que d'eux-mêmes et de l'univers. Le monde social, où ils avaient pris leur point d'appui et leur élan, s'ouvrait, 70 et leur pensée ne connaissait plus d'autres lois que

les lois mêmes de l'immensité sidérale.

Il nous plaira à travers l'évolution à demi mécanique des formes économiques et sociales de faire sentir toujours cette haute dignité de l'esprit libre, affranchi de l'humanité elle-même par l'éternel univers. Les plus intransigeants des théoriciens marxis-

tes ne sauraient nous le reprocher [...]. Aussi notre interprétation de l'histoire sera-t-elle à la fois matérialiste avec Marx et mystique avec Michelet.

Jean JAURÈS, Introduction à l'*Histoire socialiste* (1901-1908), Éditions sociales internationales

RECHERCHE

La formation de la pensée socialiste française a demandé plus d'un siècle de réflexions et de controverses. On établira un **dossier historique** soulignant les apports respectifs de Gracchus BABEUF, des saint-simoniens, des fouriéristes et des proudhoniens. On étudiera la portée de l'enseignement marxiste sur la génération précédant JAURÈS. On précisera les différences entre Jules GUESDE et Jean JAURÈS.

DOCUMENT LITTÉRAIRE

« On a tiré sur M. Jaurès ! »

L'assassinat de Jaurès, le 31 juillet 1914, à la veille de la guerre, n'a peut-être pas changé le sens de l'histoire, tant les deux nationalismes — français et allemand — étaient chauffés à blanc. Mais il est sans doute un signe du destin. Désormais, aucune voix autorisée n'était assez forte pour crier contre le déluge de haine et de férocité.

La littérature a rendu hommage au tribun socialiste : Roger MARTIN DU GARD, dans L'Été 14, *raconte l'événement, à travers le regard de son héros, Jacques Thibault. La scène se passe au café du Croissant, rue Montmartre, à Paris. Jacques est accompagné de son amie, Jenny. Jaurès s'entretient avec des journalistes de* L'Humanité.

Un claquement bref, un éclatement de pneu, l'interrompit net ; suivi presque aussitôt, d'une deuxième détonation, et d'un fracas de vitres. Au mur du fond, une glace avait volé en éclats.

Une seconde de stupeur, puis un brouhaha assourdissant. Toute la salle, debout, s'était tournée vers la glace

brisée : « On a tiré dans la glace ! » — « Qui ? » — « Où ! » — « De la rue ! » Deux garçons se ruèrent vers la porte et s'élancèrent dehors, d'où partaient des cris.

Instinctivement, Jacques s'était dressé, et, le bras tendu pour protéger Jenny, il cherchait Jaurès des yeux. Il l'aperçut une seconde : autour du Patron, ses amis s'étaient levés ; lui seul, très calme, était resté à sa place, assis. Jacques le vit s'incliner lentement pour chercher quelque chose à terre. Puis il cessa de le voir.

A ce moment, Mme Albert, la gérante, passa devant la table de Jacques, en courant. Elle criait :

— « On a tiré sur M. Jaurès ! »

— « Restez là », souffla Jacques, en appuyant sa main sur l'épaule de Jenny, et la forçant à se rasseoir.

Il se précipita vers la table du Patron, d'où s'élevaient des voix haletantes : « Un médecin, vite ! » — « La police ! » Un cercle de gens, debout, gesticulant, entourait les amis de Jaurès, et empêchait d'approcher. Il joua des coudes, fit le tour de la table, parvint à se glisser jusqu'à l'angle de la salle. A demi caché par le dos de Renaudel, qui se penchait, un corps était allongé sur la banquette de moleskine. Renaudel se releva pour jeter sur la table une serviette rouge de sang. Jacques aperçut alors le visage de Jaurès, le front, la barbe, la bouche entrouverte. Il devait être évanoui. Il était pâle, les yeux clos.

Un homme, un dîneur — un médecin, sans doute — fendit le cercle. Avec autorité, il arracha la cravate, ouvrit le col, saisit la main qui pendait, et chercha le pouls.

Plusieurs voix dominèrent le vacarme : « Silence !... Chut !... » Les regards de tous étaient rivés sur cet inconnu, qui tenait le poignet de Jaurès. Il ne disait rien. Il était courbé en deux, mais il levait vers la corniche un visage de voyant, dont les paupières battaient. Sans changer de pose, sans regarder personne, il hocha lentement la tête.

De la rue, des curieux, à flots, envahissaient le café.

La voix de M. Albert retentit :

— « Fermez la porte ! Fermez les fenêtres ! Mettez les volets ! »

Un refoulement contraignit Jacques à reculer jusqu'au milieu de la salle. Des amis avaient soulevé le corps, l'emportaient avec précaution, pour le coucher sur deux tables, rapprochées en hâte. Jacques cherchait à voir. Mais autour du blessé, l'attroupement devenait de plus en plus compact. Il ne distingua qu'un coin de marbre blanc, et deux semelles dressées, poussiéreuses, énormes.

— « Laissez passer le docteur ! »

André Renoult avait réussi à ramener un médecin. Les deux hommes foncèrent dans le rassemblement, dont la masse élastique se referma derrière eux. On chuchotait : « Le docteur... Le docteur... » Une longue minute s'écoula. Un silence angoissé s'était fait. Puis un frémissement parut courir sur toutes ces nuques ployées ; et Jacques vit ceux qui avaient conservé leur chapeau se découvrir. Trois mots, sourdement répétés, passèrent de bouche en bouche :

— « Il est mort... Il est mort... »

Roger MARTIN DU GARD, « L'Été 14 », *Les Thibault* (1936)
© éd. Gallimard

Le roman à thèse

1. Un genre déprécié

Le terme de « roman à thèse » ou de « littérature à thèse » entre dans le vocabulaire vers la fin du XIXe siècle, avec une connotation nettement péjorative jusqu'à nos jours. Dans l'usage commun, il évoque des œuvres proches de la propagande qui ne seraient pas de la « vraie littérature ». Il est accusé à l'origine de ne pas satisfaire aux critères du roman réaliste, en présentant une image déformée de la réalité. Les observations y seraient « truquées », **puisqu'il veut démontrer**.

Aucun écrivain n'accepte ce terme pour qualifier son œuvre, quitte à l'appliquer à celles des autres. PAUL BOURGET, pourtant l'un des représentants du genre, condamne le terme et lui préfère celui de « **roman à idées** », qui selon lui repose sur une observation impartiale dont la leçon est celle que l'on tire de la vie elle-même. Dans l'entre-deux-guerres, les termes de « littérature engagée » ou de « roman politique » qualifient parfois des romans à thèse.

Beaucoup d'écrivains ont cependant pratiqué ce genre : parmi eux, MAURICE BARRÈS, PAUL BOURGET, HENRY BORDEAUX, puis DRIEU LA ROCHELLE, LOUIS ARAGON, ANDRÉ MALRAUX, FRANÇOIS MAURIAC, PAUL NIZAN, SARTRE, qui en fit même la parodie dans *L'Enfance d'un chef*. A côté d'œuvres insignifiantes, il comprend nombre d'œuvres importantes.

Il prospère dans des conditions historiques ou nationales précises qui connaissent des conflits aigus, les époques où les écrivains sont « engagés ». D'où sa prédominance dans la France du début du siècle et de l'entre-deux-guerres.

2. Un roman réaliste

Le roman à thèse appartient au genre du roman réaliste, parce qu'il veut, par l'observation du réel, faire voir et comprendre au lecteur quelque chose de lui-même et du monde (voir LITTÉRATURE, *XIXe siècle*, p. 423).

Il se distingue d'autres œuvres à thèse non réalistes comme le conte philosophique *(Candide)* ou l'allégorie *(L'Ile des pingouins)*.

Les romans réalistes ne sont pas tous à « thèse » : beaucoup de romans réalistes ne présentent pas de thèse, car ils cherchent surtout à rendre la complexité et la densité de la vie quotidienne. Exemple : *Le Père Goriot*.

Partagé entre le désir de réalisme qui implique la complexité et le désir de thèse qui oblige à la schématisation, le roman à thèse est **un genre contradictoire** qui oscille par définition entre deux pôles : roman et thèse. Par le fait même de l'écriture romanesque, les récits, si « à thèse » soient-ils, compliquent les schémas élémentaires de l'analyse. Cette contradiction explique les avatars du genre et le mépris qu'il suscite, parfois à tort.

3. Une histoire porteuse d'enseignement

Le roman à thèse raconte toujours une histoire, dont le contenu narratif peut varier à l'infini, mais cette histoire est déterminée par un projet : la thèse à démontrer.

Parce qu'il est d'abord une histoire, il se distingue du discours rhétorique de l'orateur ou de l'enseignement du professeur qui présentent une argumentation ordonnée. **L'histoire racontée est elle-même argument**. Cette histoire inventée, donc invérifiable, est le **vecteur de la**

démonstration, comme si « l'exemple » que donne l'orateur à l'appui de son discours était hypertrophié jusqu'à devenir la thèse elle-même.

L'histoire a une valeur exemplaire. Dans un genre bref et (relativement) simple (le roman est un genre long et complexe), les paraboles évangéliques ou les fables sont aussi des « récits exemplaires » : elles racontent une histoire qui a un sens caché, parfois clairement énoncé, destiné à infléchir les actions des auditeurs ou des lecteurs.

4. Une lecture univoque

L'histoire a un **sens univoque**, celui que propose l'auteur ; il n'y a pas plusieurs lectures possibles. Pour obtenir ce résultat, l'écrivain dispose de plusieurs moyens qui sont aussi des traits caractéristiques du roman à thèse.

Un système de valeurs non ambigu, dualiste
L'auteur juxtapose des perspectives antagonistes : le bien et le mal, le vrai et le faux, le ciel et l'enfer. Exemple : dans *Les Beaux Quartiers*, de LOUIS ARAGON, tous les éléments ou les personnages associés aux quartiers ouvriers ont valeur positive, ceux qui se rapportent aux « beaux quartiers », valeur négative.

Une règle d'action, même implicite adressée au lecteur
Cette règle est claire pour le lecteur parce qu'il vit dans un univers où l'on distingue facilement le bien du mal, le vrai du faux.
Exemple : Edmond et Armand, figures exemplaires et opposées dans *Les Beaux Quartiers*, indiquent l'un le chemin à suivre, l'autre celui à éviter.

La présence d'un texte interdoctrinal
Le lecteur détermine les valeurs et les règles d'action par référence à une doctrine qui existe hors du texte romanesque (marxisme, fascisme, nationalisme, etc.) et qu'il perçoit par des indices contenus dans le texte.
Exemples : dans *Les Beaux Quartiers*, le héros Armand, en lisant JEAN JAURÈS (pour le lecteur, Jaurès évoque le contexte du socialisme), prend conscience de ce qu'il doit faire. Dans *Les Déracinés*, de MAURICE BARRÈS, l'affaire Dreyfus est mentionnée par le narrateur, qui interrompt son récit pour se livrer à des généralisations au présent.

L'histoire impose donc son sens, soit que les personnages en soient à la fois acteurs et interprètes (Armand dans *Les Beaux Quartiers*), soit que le narrateur « omniscient » l'interprète lui-même en la commentant *(Les Déracinés)*. L'auteur indique donc, en quelque sorte « la bonne voie » : plus les éléments qui l'indiquent se multiplient, plus le sens se limite, se fait un. Les romans à thèse n'ont pas tous le même degré d'autorité dans la définition du sens.

5. Limites à la critique du genre

Tout roman n'a pas comme caractère distinctif, l'autoritarisme du roman à thèse, mais tout roman est **porteur de sens**, même s'il se prête à une lecture plurielle. Le critique Charles Grivel va jusqu'à dire que les romans sont « du point de vue de la pratique idéologique équivalents ou identiques » *(Production de l'intérêt romanesque)*.

Le lecteur face à une thèse est libre de la contester. Savoir la reconnaître est déjà libérateur.

Le roman à thèse porte en lui-même sa propre limitation. Parce qu'il est roman, il n'est jamais seulement tout à fait « thèse ».

3. Témoins du spirituel

Malgré l'offensive laïque menée par les gouvernements anticléricaux, notamment celui d'Émile Combes au début du siècle, malgré la loi de la séparation de l'Église et de l'État (décembre 1905), **l'Église**, il est vrai affaiblie sur le plan matériel par toutes ces mesures qui la privent de nombreuses ressources, **sait faire face à l'adversité en s'appuyant sur ses réalisations les moins contestables** : l'œuvre scolaire et sociale (hospices, institutions charitables). Comme elle l'a fait sous la Révolution et l'Empire, un siècle plus tôt, elle tire aussi parti des persécutions dont elle est l'objet pour attirer à elle de jeunes et purs esprits. Cette période noire lui permet d'ailleurs de faire oublier ses compromissions dans l'affaire Dreyfus, son ancrage historique dans le camp des privilégiés et ses relations étroites avec l'Action Française.

Parmi les nouveaux catholiques de 1900-1910, des hommes de pensée et d'action se révèlent, tel Marc Sangnier, le créateur du *Sillon* (1902), acquis aux idées de « l'internationale démocratique ».

Il y a aussi des écrivains, qui adhèrent à la double tradition militaire et catholique. A part **Charles Péguy** qui tente une synthèse avec les idéaux socialistes, la plupart, comme **Léon Bloy**, Maurice Barrès et Ernest Psichari, appartiennent à la droite nationaliste.

Léon Bloy *La Femme pauvre* (1897)

*Toute l'œuvre de **Léon Bloy** (1846-1917) montre un être assoiffé d'absolu. Catholique illuminé, il répond aux arguments de Drumont, en opposant à sa* France juive, Le Salut par les juifs *(1892).*
Avec La Femme pauvre *(1897), Bloy exalte la grandeur et la misère humaine en faisant l'éloge de **la pauvreté comme valeur spirituelle**.*

Portrait de Clotilde

Les Ouvrières, dessin de Steinlen. Paris, Bibl. des Arts décoratifs.

Elle était plutôt jolie que belle, mais sa haute taille, légèrement voûtée aux épaules par le poids des mauvais jours, lui donnait un assez grand air. C'était la seule chose qu'elle tînt de sa mère, dont elle était le repoussoir angélique, et qui contrastait avec elle en disparates infinies.

5 Ses magnifiques cheveux du noir le plus éclatant, ses vastes yeux de gitane captive, « d'où semblaient couler les ténèbres », mais où flottait l'escadre vaincue des Résignations, la pâleur douloureuse de son visage enfantin dont les lignes, modifiées par de très savantes angoisses, étaient devenues presque sévères, enfin la souplesse voluptueuse de ses attitudes et de sa démarche lui avaient valu

10 la réputation de posséder ce que les bourgeois de Paris appellent entre eux une *tournure espagnole*.

Pauvre Espagnole, singulièrement timide ! A cause de son sourire, on ne pouvait la regarder sans avoir envie de pleurer. Toutes les nostalgies de la tendresse — comme des oiselles désolées que le bûcheron décourage, —

15 voltigeaient autour de ses lèvres sans malice qu'on aurait pu croire vermillonnées au pinceau, tellement le sang de son cœur s'y précipitait pour le baiser.

Ce navrant et divin sourire, qui demandait grâce et qui bonnement voulait plaire, ne pouvait être oublié, quand on l'avait obtenu par la plus banale prévenance.

20 En 1879, elle avait environ trente ans, déjà trente ans de misère, de piétinement, de désespoir ! Les roses meurtries de son adolescence de galère avaient été cruellement effeuillées par les ouragans, dans la vasque noire du mélancolique jardin de ses rêves, mais, quand même, tout un orient de jeunesse était encore déployé sur elle, comme l'irradiation lumineuse de son âme que rien

25 n'avait pu vieillir.

On sentait si bien qu'un peu de bonheur l'aurait rendue ravissante et qu'à défaut de joie terrestre l'humble créature aurait pu s'embraser peut-être, ainsi que la torche amoureuse de l'Évangile, en voyant passer le Christ aux pieds nus !

Mais le Sauveur, cloué depuis dix-neuf siècles, ne descend guère de sa Croix

30 tout exprès pour les pauvres filles, et l'expérience personnelle de l'infortunée Clotilde était peu capable de la fortifier dans l'espoir des consolations humaines.

Léon Bloy, *La Femme pauvre* (1897)

Charles Péguy (1873-1914)

Charles Péguy dans la librairie des *Cahiers de la Quinzaine*, rue de la Sorbonne, à Paris.

Charles Péguy, par Maurice Henry.

Vers le socialisme

Fils d'une rempailleuse de chaises, **Charles Péguy** est remarqué à douze ans par le directeur de l'École normale d'instituteurs d'Orléans, qui lui donne sa chance. Aussi, cet enfant du peuple devenu boursier, peut-il poursuivre des études qui le mèneront à l'École Normale Supérieure.

Républicain dans l'âme, humaniste par goût, il est attiré par le socialisme. En 1895, il se destine à l'action politique. En 1897 paraît sa *Jeanne d'Arc*, œuvre dramatique où il définit son propre idéal à travers celui de la Pucelle : don de soi, révolte contre la résignation. Sans renier en rien son adhésion au socialisme, il souligne toutefois la primauté du spirituel dans l'élaboration de la « cité harmonieuse ». L'affaire Dreyfus, où il s'engage passionnément, vient justifier à fond ses thèses.

De mauvaises affaires financières dans l'édition, une intransigeance extrême l'isolent à partir de 1899. Il rompt avec Jaurès en 1905.

Les *Cahiers de la Quinzaine*

Voulant compenser son échec d'éditeur, Péguy lance à la fin de 1899 les *Cahiers de la Quinzaine*, qui connaîtront deux cent trente-huit livraisons et seront publiés jusqu'à la guerre. Des dossiers, des œuvres littéraires (comme *Crainquebille*, d'Anatole France, ou *Jean-Christophe*, de Romain Rolland), sont publiés dans les *Cahiers*, où Charles Péguy s'exprime par ailleurs sur de nombreux sujets contemporains. L'influence continue d'Henri Bergson le rend méfiant envers la science et l'intellectualisme. Il commence également à s'écarter du socialisme.

De 1905 à 1908, l'internationaliste d'hier abandonne peu à peu ses convictions au profit du patriotisme, qu'exalte la menace du conflit imminent. Il attaque vigoureusement les historiens positivistes, les scientifiques incapables de saisir la vraie nature de la pensée. Il plaide pour les forces spirituelles. Son retour au christianisme s'effectue dans le même mouvement : en Jésus, il voit l'accomplissement de l'éternel dans le temporel.

Péguy chrétien

Le *Mystère de la charité de Jeanne d'Arc* (1910) est la grande œuvre de la conversion. La gauche s'écarte de Péguy. Mais celui-ci se prétend toujours fidèle aux valeurs de sa jeunesse, et pour preuve, s'attaque sans vergogne aux « catholiques mondains ». Période difficile, encore assombrie par des épreuves affectives et sentimentales. Il poursuit la rédaction de ses *Mystères*, donne ses *Tapisseries* en 1912, cherche dans ses vers à traduire son sentiment de l'incarnation et de la réalité mystique.

Les dernières polémiques

La proximité de la guerre et le combat idéologique sollicitent sa véhémence en 1912 et en 1913. Il engage dès lors la polémique contre le parti intellectuel, contre les socialistes embourgeoisés et contre le pacifisme. Plus que jamais, sous le signe de Jeanne d'Arc, Péguy se fait le héraut de la liberté par la chrétienté.

Le 5 septembre 1914, il est tué à Villeroy, près de Meaux, pendant les premières heures de la bataille de la Marne.

1897	*Jeanne d'Arc* (théâtre)	**1910**	*Notre Jeunesse*
			Mystère de la charité de Jeanne d'Arc
1900	Publication du premier numéro des *Cahiers de la Quinzaine*		
		1911	*Un Nouveau Théologien*
		1912	*Mystère des saints Innocents*
1905	*Notre Patrie*		
		1912-1913	*Tapisseries*
1909	*Clio, dialogue de l'histoire et de l'âme païenne*	**1913**	*L' Argent*

Charles Péguy *Cahiers de la Quinzaine* (1904)

Portrait de Georges Clemenceau

Ce n'est point par longues et lentes invasions, ce n'est point par vagues longues, ce n'est point par ondes que la politique parlementaire l'envahit et le pénètre ; il est beaucoup trop fort pour cela ; il se
5 connaît trop bien lui-même ; et il connaît trop bien les environs ; la politique parlementaire fait le pain quotidien de son existence ; il connaît parfaitement la politique parlementaire et les moyens de cette politique ; il fut député, longtemps ; il est sénateur ;
10 et sa situation politique a presque toujours dépassé le grade politique où il était parvenu ; son action politique a presque toujours dépassé de beaucoup sa situation officielle ; aussi connaît-il parfaitement la politique et n'est-il presque jamais, comme Jau-
15 rès, ému des grandeurs qu'elle paraît conférer ; son caractère aussi le garde contre les automontages de coups, contre les envahissements de la fatuité ; la politique fait la trame ordinaire de sa vie, de ses articles et de ses discours ; et puis brusquement,
20 comme un homme averti, comme un homme spon-tané, en impulsif qu'il est, ayant des amitiés et des inimitiés, solides, que ses ennemis nomment des rancunes, il fait des sorties ; qui, entendues en leur sens plein, chambarderaient toute sa politique
25 même ; cela lui vient justement de ce qu'il repré-sente un peu parmi nous, dans leur esprit et dans leur geste, ces vieux républicains dont je parlais ; cela lui vient surtout, et ensemble, de son tempéra-ment même, qui, intraitable, subit malaisément les
30 fictions, y compris et surtout les fictions de M. Cle-menceau. Ou plutôt son tempérament même est un exemple persistant d'un ancien tempérament ; indi-visément il représente le tempérament des anciens républicains parce qu'ils avaient en eux ce tempé-
35 rament ; et qu'en lui-même il en a gardé un. Ce sont de telles sorties qui lui maintiennent l'amitié constante, obligée, fidèle, de ses vieux amis et admirateurs ; car à son âge, ayant tant vécu, ayant subi tant de vicissitudes politiques, il a conservé ce
40 que Jaurès n'a déjà plus, des amitiés et des admi-rations ; amitiés, admirations personnelles, d'hom-mes qu'il connaît, qui ne l'ont point quitté, qui le fréquentent ; amitiés, admirations, sans doute plus précieuses, d'hommes qu'il n'aura jamais connus,
45 d'hommes ignorés, qui l'aiment et l'admirent silen-cieusement ; nul homme, aujourd'hui, n'a, encore, autant d'amis inconnus parmi les petites gens hon-nêtes et avisés ; il suscite même aujourd'hui des amitiés et des admirations, dès le premier abord,
50 dès le premier choc, parmi de tout jeunes gens, socialistes, qui préfèrent son radicalisme natif et verjuteux aux vanités oratoires d'un socialisme sco-laire ; ils savent tout ce qui lui manque ; mais ils aiment sa verve primesautière ; ils ont d'autres théo-
55 ries, d'autres principes d'action ; mais ils aiment ces coups de boutoir, ces raides agressions, ces saillies imprévues, ces plaisanteries à la Voltaire, à la Diderot ; car il n'est pas seulement un exemple d'une génération précédente, il remonte fort loin
60 dans la tradition de l'esprit français ; il est clair, ouvert, il n'est un *philosophe* qu'au sens du dix-huitième siècle ; mais en ce sens il est exactement ce qu'on nommait alors un *philosophe* ; averti du travail scientifique et philosophique juste assez pour
65 ne l'avoir pas approfondi, pas pénétré ; juste à point, assez renseigné, assez ignorant, pour en faire des exposés ; il est pour tous ses amis et admirateurs, pour les uns et pour les autres, j'entends pour les jeunes et pour les vieux, non pas comme un enfant
70 gâté, mais, ce qui est plus amusant, plus rajeunis-sant, plus délicieux, comme un père gâté, comme un vieil oncle, qui a de mauvais quarts d'heure, mais à qui, dans ses bons moments, on ne peut résister ; ces bons moments sont proprement les frasques du
75 vieux politicien ; car c'est la trame ordinaire de sa vie politique, parlementaire, et gouvernementale, qui condamnerait M. Clemenceau ; et ce qui le sauve, et ce qui lui ramène la sympathie des tiers, au moment qu'elle allait se décourager, ce sont juste-
80 ment ses moments d'oubli, ses incartades, quand le naturel, et par suite quand la vérité reprend le dessus ; ce sont ses frasques, ses blagues, ses gambades, ses brimades, ses boutades et ses écarts ; on lui pardonnera beaucoup parce qu'il a
85 beaucoup blagué ; il n'a pas toujours, évidemment, le sens du respect que nous devons aux puissances politiques parlementaires ; il ne sait pas toujours obéir et trembler, comme nous devons ; cet irres-pect chronique à manifestations intermittentes a
90 beaucoup nui à sa carrière politique parlementaire ; mais c'est cela aussi qui le sauve dans la considé-ration des honnêtes gens, dans l'estime des hom-mes libres ; on assure que c'est à une mauvaise plaisanterie qu'il avait faite à un député qu'il dut de
95 ne pas devenir président de la Chambre ; de tels traits honorent un homme.

Charles Péguy, *Cahiers de la Quinzaine*, V, 12, (15 mars 1904), © éd. Gallimard

Georges Clemenceau à la tribune, par Manet.

Mystère de la charité de Jeanne d'Arc (1910)

*Écrit après la conversion de **Péguy** en 1908, le* Mystère de la charité de Jeanne d'Arc *est le premier long poème d'une trilogie qui comprend aussi* Le Porche du mystère de la deuxième vertu *(1911) et le* Mystère des saints Innocents *(1912). Les titres de cette inimitable prose poétique, faite d'un perpétuel va-et-vient du langage, évoquent à la fois les mystères du Moyen Age qui se jouaient devant les porches des églises, sur les parvis, et l'entrée dans la méditation des mystères de la foi : mystère de l'Incarnation et de la Rédemption, mystère des trois vertus théologales : Charité (I), Espérance (II), Foi (III).*

Avec le premier Mystère, Péguy approfondit en revenant à la poésie le drame de sa Jeanne d'Arc *de 1897, autre trilogie. Jeanne, « la fille la plus sainte après la Sainte Vierge », est pour l'auteur la plus haute figure de la « permanence du spirituel dans le temporel » : à la fois sainte et héroïne nationale, elle réalise la « **ligature** » **du spirituel et du charnel, de l'historique et du mystique**.*

Pietas
───────

*D'abord prose rythmée et dense, le poème s'ouvre sur une sorte de cantique à deux voix alternées, dialogue entre Jeanne et Hauviette, puis Jeanne et Madame Gervaise, nonne de Lorraine, à qui la sainte tourmentée demande conseil, pour s'ouvrir sur **un long monologue où jaillit le vers libre, inspiré du verset biblique**, comme un cri qui est aussi prière. La longue et magnifique digression de « la montée au Calvaire » en fait partie.*

> *Pietas.*
> Voilà ce qu'il avait fait de sa mère.
> Depuis qu'il avait commencé sa mission.
> Elle suivait, elle pleurait.
> 5 Elle pleurait, elle pleurait.
> Les femmes ne savent que pleurer.

On la voyait partout.
Dans le cortège mais un peu en dehors du cortège.
Sous les portiques, sous les arcades, dans les courants d'air.
10 Dans les temples, dans les palais.
Dans les rues.
Dans les cours et dans les arrière-cours.
Et elle était montée aussi sur le Calvaire.
Elle aussi elle avait gravi le Calvaire.
15 Qui est une montagne escarpée.
Et elle ne sentait seulement pas qu'elle marchait.
Elle ne sentait seulement pas ses pieds qui la portaient.
Elle ne sentait pas ses jambes sous elle.
Elle aussi elle avait gravi son calvaire.
20 Elle aussi elle avait monté, monté
Dans la cohue, un peu en arrière.
Monté au Golgotha.
Sur le Golgotha.
Sur le faîte.
25 Jusqu'au faîte.
Où il était maintenant crucifié.
Cloué des quatre membres.
Comme un oiseau de nuit sur la porte d'une grange.
Lui le Roi de Lumière.
30 Au lieu appelé Golgotha.
C'est-à-dire la place du Crâne.
Voilà ce qu'il avait fait de sa mère.
Maternelle.
Une femme en larmes.
35 Une pauvresse.
Une pauvresse de détresse.
Une pauvresse en détresse.
Une espèce de mendiante de pitié.
Depuis qu'il avait commencé d'accomplir sa mission.

Charles PÉGUY,
Mystère de la charité de Jeanne d'Arc (1910)
© éd. Gallimard

Bois gravés pour le *Mystère de la Charité de Jeanne d'Arc.*

POUR LE COMMENTAIRE

1. La pieta

a. Qu'appelle-t-on une *pieta* ? En quoi ce texte est-il une *pieta* littéraire ?
b. Quel **aspect de la Vierge** est mis en valeur ?
En quoi le portrait de Marie est-il ainsi profondément renouvelé ?
c. L'expression du chagrin.

2. Le vers de Péguy

a. Quel **principe** commande la découpe du texte en vers libres ?
b. Le jeu des **répétitions** et des reprises.
c. Le **rythme du texte** et son adaptation au sujet.

3. La piété de Péguy

a. Envers Marie : que représente-t-elle à ses yeux ?
b. Envers le Christ : étudiez la **forte antithèse** le montrant en croix.

GROUPEMENT THÉMATIQUE

Le christianisme au xxᵉ siècle

Paul CLAUDEL : *Cinq Grandes odes*, 1910 ; *L'Annonce faite à Marie*, 1912 ; *Le Soulier de satin*, 1924. — André GIDE : *Si le grain ne meurt*, 1926. — Georges BERNANOS : *Sous le soleil de Satan*, 1926 ; *Journal d'un curé de campagne*, 1936 ; *Les Grands Cimetières sous la lune*, 1938. — Henry de MONTHERLANT : *Le Maître de Santiago*, 1947 ; *La Ville dont le prince est un enfant*, 1951.

Tapisseries (1913)

Les « Tapisseries », dont les « Mystères » constituent en quelque sorte le porche, puisqu'elles sont destinées comme au Moyen Age à orner l'intérieur du sanctuaire, sont également au nombre de trois : La Tapisserie de sainte Geneviève et de Jeanne d'Arc *(1912),* La Tapisserie de Notre-Dame *(1913),* Ève *(1914).*
Longue suite de strophes sur un même thème, la célèbre « Présentation de la Beauce à Notre-Dame de Chartres » (360 vers) qui appartient à la deuxième Tapisserie, est précédée de la « présentation de Paris à Notre-Dame » et couronnée par cinq prières. Mais cette lente traversée de la Beauce scandée par la marche du pèlerin, souvenir en vers des pèlerinages de **Péguy** *à Chartres, est déjà prière.* **Le pèlerinage est l'itinéraire qui réalise le lien entre le spirituel et le charnel,** *comme le fait le langage poétique.*

Présentation de la Beauce à Notre-Dame de Chartres

Étoile de la mer voici la lourde nappe
Et la profonde houle et l'océan des blés
Et la mouvante écume et nos greniers comblés
Voici votre regard sur cette immense chape

Et voici votre voix sur cette lourde plaine
Et nos amis absents et nos cœurs dépeuplés
Voici le long de nous nos poings désassemblés
Et notre lassitude et notre force pleine.

Étoile du matin, inaccessible reine,
Voici que nous marchons vers votre illustre cour,
Et voici le plateau de notre pauvre amour,
Et voici l'océan de notre immense peine.

Un sanglot rôde et court par-delà l'horizon.
A peine quelques toits font comme un archipel.
Du vieux clocher retombe une sorte d'appel.
L'épaisse église semble une basse maison.

Ainsi nous naviguons vers votre cathédrale.
De loin en loin surnage un chapelet de meules,
Rondes comme des tours, opulentes et seules
Comme un rang de châteaux sur la barque amirale.

Deux mille ans de labeur ont fait de cette terre
Un réservoir sans fin pour les âges nouveaux.
Mille ans de votre grâce ont fait de ces travaux
Un reposoir sans fin pour l'âme solitaire.

25 Vous nous voyez marcher sur cette route droite,
Tout poudreux, tout crottés, la pluie entre les dents.
Sur ce large éventail ouvert à tous les vents
La route nationale est notre porte étroite.

Nous allons devant nous, les mains le long des poches,
30 Sans aucun appareil, sans fatras, sans discours,
D'un pas toujours égal, sans hâte ni recours,
Des champs les plus présents vers les champs les plus
[proches.

Vous nous voyez marcher, nous sommes la piétaille.
Nous n'avançons jamais que d'un pas à la fois.
35 Mais vingt siècles de peuple et vingt siècles de rois,
Et toute leur séquelle et toute leur volaille

Et leurs chapeaux à plume avec leur valetaille
Ont appris ce que c'est que d'être familiers,
Et comme on peut marcher, les pieds dans ses souliers,
Vers un dernier carré le soir d'une bataille.

Charles Péguy, *Tapisseries* (1913)
© éd. Gallimard

ÉTUDE DE LA VERSIFICATION

1. Étude de la strophe

a. Un quatrain d'alexandrins à **rimes embrassées**.
b. Étudiez l'**alternance** entre rimes masculines et rimes féminines d'une strophe à l'autre. Que remarquez-vous ?
c. Chaque strophe forme-t-elle une **unité de sens** ? Y a-t-il toujours coïncidence entre la strophe et la phrase ? Comment interpréter les deux exceptions ?

2. Étude du vers et de la rime

a. Examinez la **césure de l'hémistiche** dans les deux premières strophes.

b. Étudiez les **enjambements**, strophes 6 et 7.

c. Étudiez les **rimes**, strophes 2, 6, 8 et 10.

3. Prosodie et rythme

a. Étudiez **le rapport** de la phrase et du vers, strophes 1 à 3.

b. Répartition des **accents**, strophe 1.

c. Étude de la **ponctuation**, strophes 1 à 3.

Alain-Fournier *Le Grand Meaulnes* (1913)

Roman poétique, symbolique, récit initiatique, quête d'un absolu insaisissable, Le Grand Meaulnes *(1913), d'Henri-Alban Fournier dit* **Alain-Fournier** *(1886-1914), influencé par Jules Laforgue et Francis Jammes, fait entrer le lecteur dans le temps de l'adolescence, où le rêve se mêle au quotidien.*

Le récit, qui s'apparente à la célèbre nouvelle de Gérard de Nerval, Sylvie *(1853), raconte* **l'étrange et mystérieuse aventure d'un « amour entrevu »** *dans le décor poétique de la campagne solognote : celui d'Augustin Meaulnes pour Yvonne de Galais.*

Aventure manquée dans laquelle **l'écrivain transpose sa propre histoire** *en confiant à chacun de ses personnages un peu de lui-même : à François, le narrateur, sa solide amitié pour Jacques Rivière, à Frantz de Galais, « le bohémien », son besoin d'évasion, à Augustin Meaulnes, son amour malheureux pour une femme entrevue deux fois. Quant à Yvonne de Galais, la médiatrice de sa quête angoissée du spirituel, elle est le signe tragique, un moment suspendu, que la fatalité l'emporte sur la rédemption.*

Une rencontre fugitive

***

Au cours de la fête fantastique où il rencontre Yvonne de Galais, le grand Meaulnes, foudroyé par un amour immense, ose un premier aveu...

Alain-Fournier.

La vieille dame resta sur la rive, et, sans savoir comment, Meaulnes se trouva dans le même yacht que la jeune châtelaine. Il s'accouda sur le pont, tenant d'une main son chapeau battu par le grand vent, et il put regarder à l'aise la jeune fille, qui s'était assise à l'abri. Elle aussi le regardait. Elle répondait à ses
5 compagnes, souriait, puis posait doucement ses yeux bleus sur lui, en tenant sa lèvre un peu mordue.

Un grand silence régnait sur les berges prochaines. Le bateau filait avec un bruit calme de machine et d'eau. On eût pu se croire au cœur de l'été. On allait aborder, semblait-il, dans le beau jardin de quelque maison de campagne. La
10 jeune fille s'y promènerait sous une ombrelle blanche. Jusqu'au soir on entendrait les tourterelles gémir... Mais soudain une rafale glacée venait rappeler décembre aux invités de cette étrange fête.

On aborda devant un bois de sapins. Sur le débarcadère, les passagers durent attendre un instant, serrés les uns contre les autres, qu'un des bateliers eût ouvert
15 le cadenas de la barrière... Avec quel émoi Meaulnes se rappelait dans la suite cette minute où, sur le bord de l'étang, il avait eu très près du sien le visage désormais perdu de la jeune fille ! Il avait regardé ce profil si pur, de tous ses yeux, jusqu'à ce qu'ils fussent près de s'emplir de larmes. Et il se rappelait avoir vu, comment un secret délicat qu'elle lui eût confié, un peu de poudre restée sur
20 sa joue...

A terre, tout s'arrangea comme dans un rêve. Tandis que les enfants couraient avec des cris de joie, que des groupes se formaient et s'éparpillaient à travers bois, Meaulnes s'avança dans une allée, où, dix pas devant lui, marchait la jeune fille. Il se trouva près d'elle sans avoir eu le temps de réfléchir :
25 — Vous êtes belle, dit-il simplement.

Mais elle hâta le pas et, sans répondre, prit une allée transversale. D'autres promeneurs couraient, jouaient à travers les avenues, chacun errant à sa guise, conduit seulement par sa libre fantaisie. Le jeune homme se reprocha vivement ce qu'il appelait sa balourdise, sa grossièreté, sa sottise. Il errait au hasard,
30 persuadé qu'il ne reverrait plus cette gracieuse créature, lorsqu'il l'aperçut soudain venant à sa rencontre et forcée de passer près de lui dans l'étroit sentier. Elle écartait de ses deux mains nues les plis de son grand manteau. Elle avait des souliers noirs très découverts. Ses chevilles étaient si fines qu'elles pliaient par instants et qu'on craignait de les voir se briser.
35 Cette fois, le jeune homme salua, en disant très bas :
— Voulez-vous me pardonner ?

— Je vous pardonne, dit-elle gravement. Mais il faut que je rejoigne les enfants, puisqu'ils sont les maîtres aujourd'hui. Adieu.

Augustin la supplia de rester un instant encore. Il lui parlait avec gaucherie,
40 mais d'un ton si troublé, si plein de désarroi, qu'elle marcha plus lentement et l'écouta.

— Je ne sais même pas qui vous êtes, dit-elle enfin.

Elle prononçait chaque mot d'un ton uniforme, en appuyant de la même façon sur chacun, mais en disant plus doucement le dernier... Ensuite elle reprenait
45 son visage immobile, sa bouche un peu mordue, et ses yeux bleus regardaient fixement au loin.

— Je ne sais pas non plus votre nom, répondit Meaulnes.

Ils suivaient maintenant un chemin découvert, et l'on voyait à quelque distance les invités se presser autour d'une maison isolée dans la pleine campagne.
50 — Voici la « maison de Frantz », dit la jeune fille ; il faut que je vous quitte...

Elle hésita, le regarda un instant en souriant et dit :

— Mon nom ?... Je suis Mademoiselle Yvonne de Galais...

Et elle s'échappa.

ALAIN-FOURNIER, *Le Grand Meaulnes* (1913)
© éd. Fayard

Brigitte Fossey et Jean Blaise
dans *Le Grand Meaulnes*, de
Jean-Gabriel Albicocco, 1967.

POUR LE COMMENTAIRE

Alain-Fournier a voulu faire un **roman poétique**. Commentez l'extrait ci-dessus à la lumière de ces vers de Nerval et de Verlaine :

« Elle a passé, la jeune fille
Vive et preste comme un oiseau ;
A la main une fleur qui brille,
A la bouche un refrain nouveau. »

Gérard de NERVAL, « Une allée du Luxembourg »

« Je fais souvent ce rêve étrange et pénétrant
D'une femme inconnue, et que j'aime, et qui m'aime,
Et qui n'est chaque fois, ni tout à fait la même
Ni tout à fait une autre, et m'aime et me comprend. »

Paul VERLAINE, « Mon rêve familier »
dans *Poèmes saturniens*, 1866

GROUPEMENT THÉMATIQUE

Adolescence, amour, aventure

Paul BOURGET : *Le Disciple*, 1889. — Romain ROLLAND : *Jean-Christophe*, « L'Adolescent », 1904. — Charles PÉGUY : *Mystère de la charité de Jeanne d'Arc*, 1910 ; *L'Argent*, 1913. — ALAIN-FOURNIER : *Le Grand Meaulnes*, 1913. — Valéry LARBAUD : *Enfantines*, 1918. — André GIDE : *La Porte étroite*, 1909 ; *Les Faux-Monnayeurs*, 1925. — François MAURIAC : *Thérèse Desqueyroux*, 1927. — Roger MARTIN DU GARD : *Les Thibault*, « La Consultation », 1928. — COLETTE : *Gigi*, 1944.

Romain Rolland *Jean-Christophe* (1904-1912)

Romain Rolland,
par Frans Masereel, 1925.

Originaire du Nivernais, **Romain Rolland** (1866-1944) incarne, après Anatole France, mais sans doute plus encore que lui, l'écrivain engagé du XXᵉ siècle, écrivain pacifiste dont les écrits susciteront des polémiques. Après avoir réussi le concours de l'École Normale Supérieure en 1886, il passe l'agrégation d'histoire en 1889 et commence, à Rome, une thèse sur *L'Histoire de l'Opéra en Europe avant Lulli et Scarlatti*. La découverte de l'Italie et de l'art, en particulier de la musique, lui inspire les premières pages du roman *Jean-Christophe*, qu'il poursuivra ultérieurement. De retour à Paris en 1895, il publie différentes biographies d'artistes et s'essaie au théâtre avec plusieurs pièces qui formeront *Le Théâtre de la Révolution*.

Dès 1904 cependant, et jusqu'en 1912, Romain Rolland se consacre exclusivement à *Jean-Christophe*, premier roman-fleuve de la littérature française. Il change ensuite de tonalité avec un récit plein de verve, *Colas Breugnon*, qu'il ne publiera qu'en 1919, la guerre le surprenant en août 1914 alors qu'il séjourne en Suisse. D'emblée, le romancier dénonce les positions bellicistes dans une série d'articles qu'il intitule symboliquement *Au-dessus de la mêlée*. Malgré les controverses qui accueillent l'ouvrage, Romain Rolland obtient en 1916 le prix Nobel de littérature. Après la guerre, il s'engage de plus en plus en politique, manifeste son intérêt pour les thèmes de la non-violence et de l'hindouïsme, et adhère au parti communiste en 1927. Après une vaste étude musicologique sur l'œuvre de Beethoven, il se retire à la veille de la guerre à Vézelay et se consacre à la rédaction d'un essai autobiographique, *Le Voyage intérieur*, et à une biographie de son ami *Péguy* (1944).

Premier « roman-fleuve » de la littérature française, ainsi que le qualifie **Romain Rolland**, Jean-Christophe, *récit partiellement autobiographique, compte dix volumes :* L'Aube *(1904),* Le Matin *(1904),* L'Adolescent *(1905),* La Révolte *(1907),* La Foire sur la place *(1908),* Antoinette *(1908),* Dans la maison *(1909),* Les Amies *(1910),* Le Buisson ardent *(1911),* La Nouvelle Journée *(1912).*

Contemporaine de La Vie de Beethoven, *cette vaste fresque de l'avant-guerre est aussi un « **roman musical** » dont la matière, outre l'éloge à la « divine musique », est d'abord le « sentiment », **l'exploration de l'âme humaine**. Il met en scène, de l'aube de sa vie à l'aube nouvelle qu'est sa mort, un nouveau Beethoven, Christophe, artiste génial mais surtout héros humain, fraternel et religieux, animé d'une sympathie universelle pour les êtres et les peuples.*

Au bord du fleuve

Dans L'Aube *(tome 1), le jeune Christophe se révolte contre son père qui lui impose des gammes et des exercices de piano. « Il n'avait même plus le temps d'aller faire visite à son cher fleuve », le Rhin qui coule au pied de sa maison.* **Ce « motif » du fleuve court tout au long de l'œuvre**, *et suggère les étapes de la vie, la succession des générations, tout autant que le fleuve intérieur qui ne cesse jamais de s'écouler.*

L'enfant regardait et écoutait avidement ; il lui semblait qu'il était emporté par le fleuve... Quand il fermait les yeux, il voyait des couleurs : bleu, vert, jaune, rouge, et de grandes ombres qui courent, et des nappes de soleil... Les images se précisent. Voici une large plaine, des roseaux, des moissons ondulant sous
5   la brise qui sent l'herbe fraîche et la menthe. Des fleurs de tous côtés, des bleuets, des pavots, des violettes. Que c'est beau ! Que l'air est délicieux ! Il doit faire bon s'étendre dans l'herbe épaisse et douce ! Christophe se sent joyeux et un peu étourdi, comme lorsque son père lui a, les jours de fête, versé dans son grand verre un doigt de vin du Rhin... — Le fleuve passe... Le pays a changé... Ce sont
10 maintenant des arbres qui se penchent sur l'eau ; leurs feuilles dentelées, comme de petites mains, trempent, s'agitent et se retournent sous les flots. Un village, parmi les arbres, se mire dans le fleuve. On voit les cyprès et les croix du cimetière par-dessus le mur blanc, que lèche le courant... Puis, ce sont des rochers, un défilé de montagnes, les vignes sur les pentes, un petit bois de
15 sapins, et les *burgs* ruinées. Et de nouveau, la plaine, les moissons, les oiseaux, le soleil...

La masse verte du fleuve continue de passer, comme une seule pensée, sans vagues, presque sans plis, avec des moires luisantes et grasses. Christophe ne la voit plus ; il a fermé tout à fait les yeux, pour mieux l'entendre. Ce grondement
20 continu le remplit, lui donne le vertige ; il est aspiré par ce rêve éternel et dominateur. Sur le fond tumultueux des flots, des rythmes précipités s'élancent avec une ardente allégresse. Et le long de ces rythmes, des musiques montent, comme une vigne qui grimpe le long d'un treillis : des arpèges de claviers argentins, des violons douloureux, des flûtes veloutées aux sons ronds... Les
25 paysages ont disparu. Le fleuve a disparu. Il flotte une atmosphère tendre et crépusculaire. Christophe a le cœur tremblant d'émoi. Que voit-il maintenant ? Oh ! les charmantes figures !... — Une fillette aux boucles brunes l'appelle, langoureuse et moqueuse... Un visage pâlot de jeune garçon aux yeux bleus le regarde avec mélancolie... D'autres sourires, d'autres yeux, — des yeux curieux
30 et provocants, dont le regard fait rougir, — des yeux affectueux et douloureux, comme un bon regard de chien, — et des yeux impérieux, et des yeux de souffrance... Et cette figure de femme, blême, les cheveux noirs, et la bouche serrée, dont les yeux semblent manger la moitié du visage, et le fixent avec une violence qui fait mal... Et la plus chère de toutes, celle qui lui sourit avec ses clairs
35 yeux gris, la bouche un peu ouverte, ses petites dents qui brillent... Ah ! le beau sourire indulgent et aimant ! il fond le cœur de tendresse ! qu'il fait de bien, qu'on l'aime ! Encore ! Souris-moi encore ! Ne t'en va point !... — Hélas ! il s'est évanoui ! Mais il laisse dans le cœur une douceur ineffable. Il n'y a plus rien de mal, il n'y a plus rien de triste, il n'y a plus rien... Rien qu'un rêve léger, une
40 musique sereine, qui flotte dans un rayon de soleil, comme les fils de la Vierge par les beaux jours d'été... — Qu'est-ce donc qui vient de passer ? Quelles sont ces images qui pénètrent l'enfant d'un trouble passionné ? Jamais il ne les avait vues ; et pourtant il les connaissait : il les a reconnues. D'où viennent-elles ? De quel gouffre obscur de l'Être ? Est-ce de ce qui fut... *ou de ce qui sera ?*

Romain ROLLAND, *Jean-Christophe* (1904-1912) t. 1, « L'Aube » (1904)
© éd. Albin Michel

« *Une union nécessaire* »

Malgré les critiques formelles opposées à Jean-Christophe *(romantisme désuet, composition fragmentaire, prose parfois gauche), l'œuvre de* **Romain Rolland** *rencontre un grand succès à cause du* **souffle profondément humain** *qui l'anime.*

Dans l'Europe menacée par la guerre et qui la redoute, Christophe **invite les nations à la concorde**. *Dans cet extrait, la France et l'Allemagne.*

Là-bas, au contraire, de l'autre côté du Rhin, chez les voisins de l'Ouest, soufflaient périodiquement sur l'art les grands vents des passions collectives, les tourmentes publiques. Et, dominant la plaine, comme leur tour Eiffel au-dessus de Paris, luisait au loin le phare jamais éteint d'une tradition classique, conquise
5 par des siècles de labeur et de gloire, transmise de main en main, et qui, sans asservir ni contraindre l'esprit, lui indiquait la route que les siècles ont suivie, et faisait communier tout un peuple dans sa lumière. Plus d'un esprit allemand, — oiseaux égarés dans la nuit, — venait à tire-d'aile vers le fanal lointain. Mais qui se doute, en France, de la force de sympathie qui pousse vers la France tant de
10 cœurs généreux de la nation voisine ! Tant de loyales mains tendues, qui ne sont pas responsables des crimes de la politique !... Et vous ne nous voyez pas non plus, frères d'Allemagne, qui vous disons : « Voici nos mains. En dépit des mensonges et des haines, on ne nous séparera point. Nous avons besoin de vous, vous avez besoin de nous pour la grandeur de notre esprit et de nos races. Nous
15 sommes les deux ailes de l'Occident. Qui brise l'une, le vol de l'autre est brisé. Vienne la guerre ! Elle ne rompra point l'étreinte de nos mains et l'essor de nos génies fraternels. »

Ainsi pensait Christophe. Il sentait à quel point les deux peuples se complètent mutuellement, et comme, privés du secours l'un de l'autre, leur esprit, leur art,
20 leur action sont infirmes et boiteux. Pour lui, originaire de ces pays du Rhin, où se mêlent en un flot les deux civilisations, il avait eu, dès son enfance, l'instinct de leur union nécessaire : tout le long de sa vie, l'effort inconscient de son génie avait été de maintenir l'équilibre et l'aplomb de deux puissantes ailes. Plus il était riche de rêves germaniques, plus il avait besoin de la clarté d'esprit et de l'ordre
25 latins. De là, que la France lui était si chère. Il y goûtait le bienfait de se connaître mieux et de se maîtriser. En elle, il était lui-même, tout entier.

Romain ROLLAND, *Jean-Christophe* t. 10, « La Nouvelle Journée » (1912)
© éd. Albin Michel

POUR LE COMMENTAIRE

Texte 1

« Le grondement du fleuve monte derrière la maison. Christophe se retrouve accoudé, à la fenêtre de l'escalier. Toute sa vie coulait sous ses yeux comme le Rhin. Toute sa vie, toutes ses vies, Louisa, Gottfried, Olivier, Sabine... » (*La Nouvelle Journée*, tome 10).

« Jean-Christophe m'est apparu comme un fleuve. Je l'ai dit dès les premières pages » (Préface à *Dans la maison*, tome 7).

En quoi **ces deux phrases éclairent-elles** le texte ?

Texte 2

« Toujours montrer l'unité humaine : c'est l'objet de Jean-Christophe. »

En quoi **ce projet** de Romain Rolland peut-il s'appliquer au texte ?

Dans la tranchée,
avant l'attaque par les gaz. ▶

Romain Rolland *Au-dessus de la mêlée* (1915)

Romain Rolland, *bien qu'entré en littérature sous l'aile de Péguy, refusa de suivre celui-ci sur le chemin du nationalisme. Son idéalisme internationaliste et l'admiration qu'il portait aux grands musiciens allemands expliquent pour une large part son pacifisme : Jean-Christophe (1903-1912), tout en peignant les contradictions qui animent sa génération, illustre l'idée qu'il se faisait alors de l'« intime parenté » existant entre « la vraie France cachée » et « la vieille Allemagne ».*

*Bien qu'à la veille de la guerre, Romain Rolland eût perdu ses illusions germanophiles, pour avoir assisté à la montée du militarisme outre-Rhin, **il se refusa néanmoins à participer à l'exaltation guerrière, dont il dénonçait les causes perverses et les effets désastreux**. Au cours même du conflit, en 1914-1915, il publia dans Le Journal de Genève, une suite d'articles qui furent réunis en un volume ayant pour titre : Au-dessus de la mêlée. Le but était de regrouper une dizaine de grands esprits de plusieurs nations en guerre, afin de faire pression sur les gouvernements. Conspué, vilipendé, calomnié, Romain Rolland ne put aboutir.*

4. La grande mêlée

Henri Barbusse *Le Feu* (1916)

Henri Barbusse,
coll. Sirot.

Henri Barbusse (1873-1935), journaliste du *Siècle*, publie dans sa jeunesse des poèmes de tournure parnassienne. Il évolue vers un réalisme agressif après 1900, en devenant romancier (*Les Suppliants*, 1903 ; *L'Enfer*, 1908). Son engagement à gauche le mène à soutenir des opinions internationalistes ; ce qui ne l'empêche pas de se battre avec héroïsme. Son aventure militaire, il la décrit sans fard dans *Le Feu* (1916), qu'il présente comme le journal d'une escouade. Prix Goncourt en 1917, ce roman devait soulever des protestations véhémentes chez les « jusqu'au-boutistes ».

Les œuvres d'Henri Barbusse, après la guerre, évolueront vers un soutien militant du communisme.

Le bombardement

C'est alors que le tonnerre est entré : nous avons été lancés violemment les uns sur les autres par le secouement effroyable du sol et des murs. Ce fut comme si la terre qui nous surplombait s'était effondrée et jetée sur nous. Un pan de l'armature de poutres s'écroula, élargissant le trou qui crevait le souterrain. Un
5 autre choc : un autre pan, pulvérisé, s'anéantit en rugissant. Le cadavre du gros sergent infirmier roula comme un tronc d'arbre contre le mur. Toute la charpente en longueur du caveau, ces épaisses vertèbres noires, craquèrent à nous casser les oreilles, et tous les prisonniers de ce cachot firent entendre en même temps une exclamation d'horreur.
10 D'autres explosions résonnent coup sur coup et nous poussent dans tous les sens. Le bombardement déchiquette et dévore l'asile de secours, le transperce et le rapetisse. Tandis que cette tombée sifflante d'obus martèle et écrase à coups de foudre l'extrémité béante du poste, la lumière du jour y fait irruption par les déchirures. On voit apparaître plus précises — et plus surnaturelles —
15 les figures enflammées ou empreintes d'une pâleur mortelle, les yeux qui s'éteignent dans l'agonie ou s'allument dans la fièvre, les corps empaquetés de blanc, rapiécés, les monstrueux bandages. Tout cela, qui se cachait, remonte au jour. Hagards, clignotants, tordus, en face de cette inondation de mitraille et de charbon qu'accompagnent des ouragans de clarté, les blessés se lèvent,
20 s'éparpillent, cherchent à fuir. Toute cette population effarée roule par paquets compacts, à travers la galerie basse, comme dans la cale tanguante d'un grand bateau qui se brise.

L'aviateur, dressé le plus qu'il peut, la nuque à la voûte, agite ses bras, appelle Dieu et lui demande comment il s'appelle, quel est son vrai nom. On voit se jeter
25 sur les autres, renversé par le vent, celui qui, débraillé, les vêtements ouverts ainsi qu'une large plaie, montre son cœur comme le Christ. La capote du crieur monotone qui répète : « Quand tu te désoleras ! », se révèle toute verte, d'un vert vif, à cause de l'acide picrique dégagé sans doute, par l'explosion qui a ébranlé son cerveau. D'autres — le reste — impotents, estropiés, remuent, se coulent,
30 rampent, se faufilent dans les coins, prenant des formes de taupes, de pauvres bêtes vulnérables que pourchasse la meute épouvantable des obus.

Le bombardement se ralentit, s'arrête, dans un nuage de fumée retentissante encore des fracas, dans un grisou palpitant et brûlant. Je sors par la brèche : j'arrive, tout enveloppé, tout ligoté encore de rumeur désespérée, sous le ciel
35 libre, dans la terre molle où sont noyés des madriers parmi lesquels les jambes s'enchevêtrent. Je m'accroche à des épaves ; voici le talus du boyau. Au moment où je plonge dans les boyaux, je les vois, au loin, toujours mouvants et sombres, toujours emplis par la foule qui, débordant des tranchées, s'écoule sans fin vers les postes de secours. Pendant des jours, pendant des nuits, on y verra rouler et
40 confluer les longs ruisseaux d'hommes arrachés des champs de bataille, de la plaine qui a des entrailles, et qui saigne et pourrit là-bas, à l'infini.

Henri BARBUSSE, *Le Feu* (1916) © éd. Flammarion

LE ROMAN QUÉBÉCOIS AVANT 1914

Dans un continent à majorité anglophone, le roman canadien de langue française se constitue très lentement au début du XXᵉ siècle. Les éditions, peu florissantes, reflètent un public peu acquis aux romanciers. Le roman, genre délaissé, est considéré comme nuisible à la morale chrétienne.

1. Romans patriotiques et édifiants

Au XIXᵉ siècle et au début du XXᵉ, les genres romanesques sont variés (roman historique, d'aventures ou de mœurs où l'auteur, volontiers moralisateur, exprime ses idées). Tous partagent un fort élan national et patriotique de fidélité au sol québécois, et des personnages assez monolithiques, divisés entre « bons » et « méchants » : **Philippe Aubert de Gaspé** conte les mœurs d'autrefois dans *Les Anciens Canadiens* (1863) ; **Antoine Gérin-Lajoie** prêche le retour à la terre dans son *Jean Rivard le défricheur* (1862) ; **Joseph Marmette** illustre l'histoire de la Nouvelle France ; **Laure Conan**, qui doit son succès à son *Angélique de Montbrun*, premier roman d'amour-passion, romance le passé canadien dans *L'Oublié* (1900) et analyse les âmes dans *L'Obscure souffrance* (1919) ; **l'abbé Lionel Groulx** évoque le passé canadien dans *Les Rapaillages* (1916).

2. La veine du terroir

L'année 1909 voit la création de « L'École du terroir », animée par **Albert Ferland**, qui se réclame d'un précurseur, le poète Nérée Beauchemin (1850-1931).

Née d'une réaction contre l'« École littéraire de Montréal », fondée en 1895, qui rassemble des poètes parnassiens, romantiques ou intimistes en lutte contre le conservatisme du romantisme patriotique, la veine du terroir se manifeste dans les romans de **Damase Potvin** (*L'Appel de la terre*, 1919) et les contes d'**Adjutor Rivard** (*Chez nous*, 1914).

Dans ces années décisives, d'autres tentent avec ironie de réagir contre le tableau idyllique que peignent ce type de romanciers. Parmi eux, **Rodolphe Girard**, avec sa *Marie Calumet* (1904), et **Albert La Berge**, qui tente un réalisme inspiré de Zola dans *La Scouine* (1918).

3. *Maria Chapdelaine*

C'est le grand succès de *Maria Chapdelaine, récit du Canada français*, premier chef-d'œuvre de la littérature canadienne, qui ouvre la voie de l'avenir aux romans du terroir et **donne son essor au genre romanesque**. Le roman paraît d'abord en feuilletons dès 1914 dans le journal *Le Temps* de Montréal, puis en volume en 1916 au Canada, en 1921 en France. L'auteur, le Français **Louis Hémon** (1880-1913), s'y fait le chantre de la paysannerie canadienne-française dans son état originel et primitif. Son héroïne, après avoir perdu son fiancé mort dans la neige, refuse par fidélité au terroir un prétendant venu de la ville, et épouse un défricheur.

Avec une grande sobriété de style, Louis Hémon réussit à créer dans des dialogues pittoresques un français dur, savoureux, truffé de mots du pays, qui fait de son récit « un roman canadien ».

◄ Bûcherons canadiens au début du siècle.

Pour vos essais et vos exposés

Jean-Marie DOMENACH : *Barrès par lui-même*, éd. du Seuil, 1954.
Vladimir JANKÉLÉVITCH : *Bergson*, P.U.F., 1959.
Bernard GUYON : *L'Art de Péguy*, éd. Minard, 1960.
Jean-Bertrand BARRÈRE : *Romain Rolland, l'âme et l'art*, éd. Albin Michel, 1966.
Zev STERNHELL : *Maurice Barrès et le nationalisme français*, éd. A. Colin, 1972.
François CARADEC : *A la recherche d'Alfred Jarry*, éd. Seghers, 1973.
Jean BASTAIRE : *Alain-Fournier ou l'anti-Rimbaud*, éd. J. Corti, 1978.
Simone FRAISSE : *Péguy par lui-même*, éd. du Seuil, 1979.
Henri GUILLEMIN : *Charles Péguy*, éd. du Seuil, 1981.
Marie-Claire BANCQUART : *Anatole France. Un sceptique passionné*, éd. Calmann-Lévy, 1984.
Yves CHIRON : *Barrès, le prince de la jeunesse*, éd. Perrin, 1986.

LES ÉVOLUTIONS POÉTIQUES (1895-1914)

SAINT-POL ROUX, SAINT-GEORGES DE BOUHÉLIER, JAMMES, FORT, ANNA DE NOAILLES, RENÉE VIVIEN, ROMAINS, VILDRAC, FOUREST, TOULET, PELLERIN

VERHAEREN, ELSKAMP, RAMUZ, CENDRARS

« Dans Arle,
où sont
les Aliscans ;
Quand l'ombre
est rouge,
sous les roses,
Et clair le temps,

Prends garde
à la douceur
des choses
Lorsque tu sens
battre sans
cause
Ton cœur trop
lourd. »
Paul-Jean Toulet,
Contrerimes

Théo van Rysselberghe, *Lecture de Verhaeren*, 1903.
Gand, Musée des Beaux-Arts.

1893-1907	Saint-Pol Roux : *Les Reposoirs de la procession*	**1909**	Création de la *Nouvelle Revue Française* Georges Fourest : *La Négresse blonde*
1894	Paul Fort : *Ballades françaises*	**1910**	Charles Péguy : *Mystère de la Charité de Jeanne d'Arc* Saint-Georges de Bouhélier : *Le Carnaval des enfants* (théâtre) Charles Vildrac : *Livre d'amour*
1895	Émile Verhaeren : *Les Villes tentaculaires*		
1897	Manifeste naturiste		
1898	Francis Jammes : *De l'Angélus de l'aube à l'Angélus du soir*	**1911**	Francis Jammes : *Les Géorgiques chrétiennes* Maurice Maeterlinck, prix Nobel de littérature O. V. de Lubicz-Milosz : *Les Éléments*
1899	Francis Jammes : *Clara d'Ellébeuse* (prose) Saint-Pol Roux : *La Dame à la faulx* (théâtre)		
1901	Anna de Noailles : *Le Cœur innombrable* Francis Jammes : *Le Deuil des primevères*	**1912**	Francis Carco : *La Bohème de mon cœur* Blaise Cendrars : *Les Pâques à New York* Léon-Paul Fargue : *Poèmes* O. V. de Lubicz-Milosz : *Miguel Mañara* Saint-Georges de Bouhélier : *La Romance de l'homme*
1902	Saint-Georges de Bouhélier : *Les Chants de la vie ardente* Renée Vivien : *Cendres et Poussières*		
1903	Saint-Pol Roux : *Anciennetés*		
1904	Frédéric Mistral, prix Nobel de littérature Émile Verhaeren : *Toute la Flandre* (1904-1911)	**1913**	Blaise Cendrars : *La Prose du Transsibérien et de la Petite Jehanne de France* Anna de Noailles : *Les Vivants et les Morts* Charles Péguy : *La Tapisserie de Notre-Dame* Jules Romains : *Un être en marche*
1906	Francis Jammes : *Clairières dans le ciel* O. V. de Lubicz-Milosz : *Les Sept Solitudes*		
1907	Anna de Noailles : *Les Éblouissements* Saint-Pol Roux : *Les Féeries intérieures*	**1921**	Paul-Jean Toulet : *Les Contrerimes* (posthume)
1908	Jules Romains : *La Vie unanime*	**1923**	Jean Pellerin : *Le Bouquet inutile* (posthume)

Affiche pour *La Revue blanche*, par Bonnard, 1894. Paris, Bibl. des Arts décoratifs.

Couverture du premier numéro de la *N.R.F.*, 1er février 1909.

Naturistes, unanimistes, fantaisistes

Alphonse Osbert, *Soir antique*, 1908.
Paris, Musée du Petit Palais.

1. Pérennité du symbolisme

A partir de 1895, le symbolisme commence à subir les assauts de groupes qui prennent leurs distances avec ses thèmes et son esthétique. La recherche épurée de l'Idéal, les incarnations mythiques des aspirations humaines, les baroques constructions dont la complexité cache mal la fragilité, passent de mode.

Cette **remise en question** ne provoque pas pour autant une rapide déroute des tenants de cette école, qui, tels Henri de Régnier, Francis Vielé-Griffin ou Gustave Kahn, cherchent plutôt à faire évoluer leur inspiration dans le sens indiqué par leurs propres contestataires. Ainsi, *Les Jeux rustiques et divins*, de Henri de Régnier, en 1897, s'ouvrent sur le monde extérieur. Ainsi, *Le Livre d'images*, de Gustave Kahn, également en 1897, réunit des hommages à de beaux paysages français. Et comment ne pas citer ici *Les Visages de la vie*, d'ÉMILE VERHAEREN, exaltant la puissance vitale de l'effort humain ?

On pourrait déceler la même évolution chez Stuart Merrill, Albert Samain ou MAX ELSKAMP.

2. Un « surnaturalisme » ?

Longtemps, cette **faculté d'adaptation des symbolistes freinera le mouvement des rénovateurs** dans sa progression. A un tel point que vers 1905, l'heure de la réconciliation paraît sonner. Ne voit-on pas les naturistes et les fantaisistes admettre l'apport positif du symbolisme, SAINT-POL ROUX enfin projeter une synthèse sous le nom de « surnaturalisme » en 1913 ?

Toutefois, ce rapprochement ne doit pas nous leurrer. Si un certain rapport existe effectivement entre **la célébration des choses de la vie** et **l'exaltation de l'essence poétique**, il n'empêche que ce qui se cherche à travers la multitude des expériences ne relève d'aucun néo-mallarméisme.

L'action de Jean Royère en faveur d'un strict respect des dogmes symbolistes, entre 1905 et 1910, notamment à travers sa revue *La Phalange*, situe opportunément la ligne de démarcation.

3. Un profond renouvellement

Quelles sont donc ces jeunes, impatientes et confuses tendances ?

A cette question vient répondre ce chapitre, où différentes facettes de cette poésie nouvelle sont montrées : **le naturisme, la poésie populaire et sociale, l'unanimisme, le romantisme féminin, les fantaisistes, les avant-gardes...**

Malgré leurs différences, ces courants manifestent un désir commun de revenir au concret, à une certaine force vitale qui anime le monde ambiant. De Verhaeren à Marinetti, le futur est exalté comme un nouveau dieu. De FRANCIS JAMMES à RENÉE VIVIEN, s'entend la grande revendication romantique qui exige que l'on tienne compte d'abord du rapport à la nature. Dans tous les cas, c'est le pouvoir de l'homme à s'adapter à l'univers qui est en jeu.

4. La découverte de l'action

D'où, chez beaucoup, le recours à l'action comme manifestation poétique par excellence. L'action n'est-elle pas la preuve que l'homme agit dans ce monde, est capable d'agir sur la matière, de transformer ce qui l'entoure et de se transformer en ce contact ?

L'action s'appelle la vitesse pour les uns, fascinés par les moyens de transport modernes, le voyage pour beaucoup, mais aussi — et c'est fondamental — le **pouvoir d'intervenir sur le matériau même de l'acte poétique**, c'est-à-dire l'écriture, au même titre que le peintre intervient dans la matière qu'il utilise et sur le support de son œuvre, le tableau.

Là commence **l'aventure du signe**, où s'annonce le modernisme à travers ses avant-gardes.

5. A la conquête de l'irrationnel

Néanmoins, nombreux sont ceux qui privilégient l'ouverture spirituelle, la provocation au jeu intellectuel, augmentées d'un non-conformisme moral souvent provocant. Certes, ces conduites ne semblent guère aller dans le sens d'une adaptation au concret.

Les fantaisistes, certains courants d'avant-garde **témoignent davantage de l'inadaptation du poète à la société, de son désir de fuir le réel, de décontenancer le lecteur**, que de son acceptation du présent. Conduite de fuite plutôt que de conquête.

Malgré cette distance critique, ces poètes ne s'enfuient pas pour autant vers la citadelle du moi, ou ne se réfugient pas au sommet d'une quelconque tour d'ivoire de la dérision. Ce qui se cherche à travers eux, c'est, à la lumière des révélations des sciences humaines, l'idée que **le réel ne se réduit pas aux dimensions du concret**, mais suppose une médiation entre le positif et l'irrationnel, la vie et le rêve.

1. Derniers éclats du symbolisme

Saint-Pol-Roux *Les Féeries intérieures* (1907)

Saint-Pol-Roux (1861-1940), d'abord disciple de Mallarmé et adepte des théories occultistes, se fait le héraut du « magnificisme » vers 1895. Mais il abandonne rapidement ces dépouilles vaines de l'esthétisme absolu, pour se faire le révélateur inspiré du cycle des métamorphoses, du rythme universel, du mouvement du monde et de l'être dans ses poèmes aux images fulgurantes (*Les Reposoirs de la procession*, 1893-1907 ; *Anciennetés*, 1903 ; *Les Féeries intérieures*, 1907) et dans ses drames lyriques (*La Dame à la faulx*, 1899). Il se retire à Camaret, en Bretagne, à partir de 1905. Il y poursuit sa recherche dans une farouche solitude, juste troublée par l'inattendue reconnaissance des surréalistes sensibles à son art de l'image, et enfin détruite par la barbarie nazie en 1940 : Saint-Pol-Roux mourra assassiné.

L'œuvre poétique de Saint-Pol-Roux reste exemplaire par son exigence et par la hauteur de son ambition qui accorde au pouvoir de la parole une fonction créatrice à l'instar de la parole divine.

La Carafe d'eau pure

A Jules Renard

Sur la table d'un bouge noir où l'on va boire du vin rouge.

Tout est sombre et turpitude entre ces quatre murs.

La mamelle de cristal, seule, affirme la merveille de son eau candide.

A-t-elle absorbé la lumière plénière de céans qu'elle brille ainsi, comme
5 tombée de l'annulaire d'un archange ?

Dès le seuil de la sentine sa vue m'a suggéré le sac d'argent sage que lègue
à sa louche filleule une ingénue marraine ayant cousu toute la vie.

Voici que s'évoque une Phryné[1] d'innocence, jaillie d'un puits afin d'aveugler
les Buveurs de sa franchise.

10 En effet j'observe que la crapule appréhende la vierge...

Il se fait comme une crainte d'elle...

Les ronces des prunelles glissent en tangentes sournoises sur sa panse...

Le crabe des mains, soucieuses d'amender leur gêne, va cueillir les flacons
couleurs de sang...

15 Mais la Carafe, aucun ne la butine.

Quelle est donc sa farouche vertu ?

Viendrait-elle, cette eau, des yeux de vos victimes, Buveurs, et redoutez-vous
que s'y reflètent vos remords, ou bien ne voulez-vous que soient éteints les
brasiers vils de vos tempes canailles ?

20 Et je crus voir leur Conscience sur la table du bouge noir où l'on va boire du
vin rouge !

SAINT-POL-ROUX, *Les Féeries intérieures* (1907)
© éd. Rougerie

1. Courtisane athénienne du IVe s. av. J.-C., elle fut la maîtresse du sculpteur Praxitèle.

POUR LE COMMENTAIRE

1. Un poème en prose

a. Étudiez la construction du texte et sa mise en espace dans la page.

b. D'où ce poème tient-il son unité ?

c. En quoi s'agit-il d'un poème symboliste ?

2. Le travail des images

a. Comment sont formées les images suivantes : la mamelle de cristal, les ronces des prunelles, le crabe des mains ?

b. Relevez et analysez l'ensemble des termes, expressions et figures relatifs au thème de la virginité (la pureté).

c. Le jeu des couleurs.

3. Un tableau de genre

a. Qu'y a-t-il de réaliste dans ce texte ? Comment le poète transfigure-t-il le premier niveau descriptif ?

b. Quelle intention morale se dégage du texte ?

c. A quels peintres contemporains fait songer ce poème ?

2. Le naturisme et la poésie populaire

Le naturisme se présente comme une réaction « française » au symbolisme, trop nordique, trop éloigné du réel. Sa préférence va aux **valeurs du cœur, de la vie, de la clarté**. Il s'appuie sur de nombreux groupes de poètes provinciaux qui s'élèvent **contre le mysticisme nébuleux des symbolistes** et font place au quotidien, à la sensibilité immédiate. **SAINT-GEORGES DE BOUHÉLIER** prend la tête du mouvement en publiant en 1895 trois traités où il célèbre les travaux et les jours des travailleurs. Éclectique dans ses admirations, Bouhélier prend pour modèle Hugo, Zola et les tenants de la poésie nationale. « Nous chanterons, écrit-il, les hautes fêtes de l'homme. Pour la splendeur de ce spectacle, les poètes convoqueront les plantes, les étoiles, les vents et les graves animaux. Une littérature naîtra qui glorifiera les marins, les laboureurs nés des entrailles du sol et les pasteurs qui habitent près des aigles. »

Le naturisme n'a pas su se donner une force d'entraînement suffisante pour attirer en son sein les créateurs majeurs qui, peu ou prou, partagent pourtant son analyse. Ni André Gide, l'auteur des *Nourritures terrestres*, ni **FRANCIS JAMMES**, dont *De l'Angélus de l'aube à l'Angélus du soir* fait événement en 1898, ne consentent à devenir des adeptes du peu notoire Saint-Georges de Bouhélier. Il n'empêche qu'au nom de la nature, **ils rendent grâce aussi aux puissances de la vie**, à cet élan vital alors célébré par le philosophe Henri Bergson.

La simplicité, la sincérité réapparaissent en poésie avec des poètes qui osent s'intéresser aux animaux, aux objets familiers, aux bons sentiments. Les thèmes bucoliques fleurissent. **PAUL FORT** se prend même à faire l'inventaire du patrimoine folklorique et populaire de la poésie française, avec la publication de ses célèbres *Ballades* (1894). **On parle sans rougir de poésie rustique, on redécouvre des formes anciennes** comme la ronde, l'aubade, la pastourelle...

En s'écartant des thèmes symbolistes, les naturistes, Saint-Georges de Bouhélier, Francis Jammes et Paul Fort se sont également efforcés de **libérer la métrique**, de donner une plus grande souplesse au vers et à la mélodie. Ils ont ainsi recréé l'élégie, genre délaissé depuis les Romantiques.

Saint-Georges de Bouhélier
La Romance de l'homme (1912)

Saint-Georges de Bouhélier (1876-1947) crée en 1897 la *Revue naturiste*, après avoir publié, à moins de vingt ans, trois traités originaux où il exaltait la vie quotidienne et un panthéisme renouvelé. Cet enthousiasme juvénile le désigne pour devenir le pilote du mouvement naturiste, dont il publie le Manifeste dans *Le Figaro* du 10 janvier 1897, et qu'il anime désormais en compagnie de son ami Maurice Le Blond, futur époux de la fille de Zola.

L'œuvre poétique de **Saint-Georges de Bouhélier** *(Les Chants de la vie ardente, 1902 ; La Romance de l'homme, 1912) n'est pas à la hauteur de l'attente provoquée par la théorie naturiste. Son théâtre a plus de force et d'originalité. Rompant résolument avec le Boulevard, il fait scandale avec* Le Roi sans couronne (1906), *où il met en scène un christ, prophète social aux propos souvent anarchistes. Il trouve un immense succès avec* Le Carnaval des enfants *(1910), dont la dramaturgie est moderne par le rôle essentiel dévolu au masque.*

Rue avant l'aube

A Paul Lombard

Sur le pavé ronfle un remous de foule drue.
Des tambours crient en un bruit rauque d'ouragan.
Et, parmi des tohu-bohu là-bas claquant,
Luisent des jets de pourpre aux hampes : — c'est la rue !

5　La rue en marche avec ses rythmes de colère,
Ses milliers de bras, de pas et de haillons,
Ses saccades courant parmi des tourbillons
D'ombre, — dans le jour faux du ciel patibulaire.

Du bout des faubourgs saouls, du fond des gares, comme
10　Vers un soleil futur s'en vont les migrateurs,
Dans un fort mouvement qu'on devine aux pâleurs
De cette aube, voici, pleins de songes, ces hommes !

Tandis que rôde encor la blafarde fumée,
Eux, vomis des maisons ténébreuses, avec
15　Des torches d'or qui font dans les murs des trous secs,
Ils fourmillent parmi cette rue embrumée

Et tourbe obscure, ayant des faces d'incendie,
Ils passent tourmentés par de lâches guignons[1].
Sur eux fulgure l'étendard des compagnons...
20　L'aube grelotte avec un air d'être engourdie...

Des fabriques aux murs couleur de viande sale,
Vers les hôtels de pierre et de fer, ils s'en vont.
L'asphalte bout sous les éclairs de leurs talons.
Ils dévalent dans une course colossale...

25　Ils roulent, — foule en fièvre ! — et c'est une furie,
Dans l'air trouble, de poings brandis, de fronts levés,
Comme un taillis enchevêtré sur le pavé
De gestes noirs vers des destins de boucherie...

Car voici qu'ils ont vu dans cette aube malade,
30　Formidable et dansant, l'Ange aux ailes d'été,
L'Ange qui te ressemble, O sainte Liberté !
Quand, d'un souffle, tu fais surgir des barricades !

SAINT-GEORGES DE BOUHÉLIER, La Romance de l'homme (1912)
© éd. Grasset-Fasquelle

1. Malchance.

◄ Grève de Méru en 1909.

POUR LE COMMENTAIRE

1. Une poésie sociale

Comment Saint-Georges de Bouhélier, ici proche du naturalisme, fait-il vivre la rue et ressentir la puissance de la revendication sociale ? Poète témoin de son temps ? Poésie engagée ?

2. L'intention épique

Montrez comment la force de la foule en mouvement est évoquée par le rythme, la versification, les figures.
Montrez également que cet étalage de puissance n'est pas vain, qu'il tend à une fin, qu'il vise un Idéal.

3. Entre symbolisme et unanimisme

Situez ce texte dans le mouvement poétique contemporain. Quelles traces de symbolisme ? d'unanimisme ?

Francis Jammes
De l'Angélus de l'aube à l'Angélus du soir (1898)
Clairières dans le ciel (1906)

Francis Jammes (1868-1938), poète profondément enraciné dans son Béarn natal, est clerc de notaire lorsqu'il envoie sa première plaquette de vers à Mallarmé, Gide et Régnier, en 1892. Encouragé par ces derniers, et en particulier par André Gide qu'il rejoindra en Algérie en 1896, il publie alors pendant plus de trente ans une œuvre abondante et composite où se trouvent mêlés recueils poétiques, romans, nouvelles, essais, biographies...

De l'Angélus de l'aube à l'Angélus du soir (1898) et *Le Deuil des primevères* (1900) témoignent de son intérêt pour les divers aspects de la vie rustique. Ces recueils sont marqués par une délicate nostalgie qui se retrouve dans des œuvres en prose comme *Clara d'Ellébeuse* (1899) ou *Le Roman du lièvre* (1903).

Clairières dans le ciel (1906) est l'expression de son retour au catholicisme. Dans les œuvres que l'auteur publie par la suite, l'inspiration religieuse et l'inspiration rustique deviennent inséparables.

Francis Jammes se lie alors d'amitié avec Valéry Larbaud, François Mauriac, Darius Milhaud, Alain-Fournier... et bien d'autres. Fixé à Hasparren dès 1921 avec sa nombreuse famille (il s'est marié en 1907), il y meurt en 1938 après avoir passé sa vie à célébrer, avec une certaine hardiesse de style et une volontaire fraîcheur, une nature qui lui est familière.

*Francis Jammes a une certaine prédilection pour le « prosaïque », pour une **poésie où la métaphore est rare**. Les choses étant ce qu'elles sont parce qu'elles vivent, point n'est besoin de les dénaturer ! Cinquante ans avant Francis Ponge (voir p. 572), Jammes enregistre et photographie.*

« Le soleil faisait luire... »

A Charles de Bordeu

Le soleil faisait luire l'eau du puits dans le verre.
Les pierres de la ferme étaient cassées et vieilles,
et les montagnes bleues avaient des lignes douces
comme l'humidité qui luisait dans la mousse.
5 La rivière était noire et les racines d'arbres
étaient noires et tordues sur les bords qu'elle râpe.
On fauchait au soleil où les herbes bougeaient,
et le chien, timide et pauvre, par devoir aboyait.
La vie existait. Un paysan disait de gros mots
10 à une mendiante volant des haricots.
Les morceaux de forêt étaient des pierres noires.
Il sortait des jardins l'odeur tiède des poires.
La terre était pareille aux faucheuses de foin.
La cloche de l'église toussait au loin.
15 Et le ciel était bleu et blanc, et, dans la paille,
on entendait se taire le vol lourd des cailles.

Francis JAMMES,
De l'Angélus de l'aube à l'Angélus du soir (1898)
© éd. Mercure de France

« Nourri d'un ineffable blé... »

Car maintenant, nourri d'un ineffable blé,
il semblait qu'à ses yeux s'ouvrît un nouveau monde :
l'oiseau, l'arbre, la pierre avaient une clarté
qu'il ne connaissait pas, et la tuile frappée
5 par le soleil tombant était profonde et nette.
Ce n'était plus ce cauchemar fou et grotesque
où les choses ont l'air surprises d'exister :
Maintenant chaque chose était telle qu'elle est.
Dans le jardin Dieu seul avait mis la lavande
10 et les bruyères et les genêts dans les landes.

Il avait découpé, par un très doux mystère,
ce petit coq dans du soleil vert, et ce lièvre
à même le terreau éboulé d'un sillon,
et, dans la blanche fleur des pois, ce papillon.

Francis JAMMES, *Clairières dans le ciel* (1906)
© éd. Mercure de France

ÉTUDE COMPARÉE

1. Analysez dans les deux poèmes l'utilisation des verbes *être, avoir, faire*. Quel effet produit-elle ?

2. L'existence des choses. Dans quelle mesure le premier poème fait-il plus appel aux sensations ? De quelle évolution de la pensée de l'auteur le deuxième poème est-il l'expression ?

Paul Fort *Ballades françaises* (1894)

Paul Fort, par Delaroche, 1913.
Paris, B.N.

Paul Fort (1872-1960) fonde le Théâtre des Arts — qui deviendra le Théâtre de l'Œuvre — en 1890, et y fait représenter des œuvres élisabéthaines et symbolistes. Dès 1894, il fait paraître des *Ballades françaises*, genre qui est appelé à asseoir sa fortune littéraire. Sa poésie, familière de ton, chantante, de tour populaire, plaît à un public large qui salue en Paul Fort le « Prince des Poètes ». En fait l'innovation est moindre qu'on a bien voulu le croire : Paul Fort assouplit, jusqu'à lui donner l'allure du langage parlé, la prosodie classique ; il revivifie les sources anciennes (médiévale, folklorique), du lyrisme français, et rend hommage à travers ses emprunts, à Rutebeuf, Villon, Corbière et Laforgue.

Auteur fécond, voire trop abondant, Paul Fort s'est fait le chantre quasi officiel des trésors de la France profonde, en matière de contes et de légendes.

Les baleines

Du temps qu'on allait encore aux baleines, si loin qu'ça faisait, mat'lot, pleurer nos belles, y avait sur chaque route un Jésus en croix, y avait des marquis couverts de dentelles, y avait la Sainte-Vierge et y avait le Roi !

Du temps qu'on allait encore aux baleines, si loin qu'ça faisait, mat'lot, pleurer nos belles, y avait des marins qui avaient la foi, et des grands seigneurs qui crachaient sur elle, y avait la Sainte-Vierge et y avait le Roi !

Eh bien, à présent, tout le monde est content, c'est pas pour dire, mat'lot, mais on est content !... y a plus d'grands seigneurs ni d'Jésus qui tiennent, y a la république et y a l'président, et y a plus d'baleines !

Chasse à la baleine.
Paris, B.N.

Les répons de l'aube et de la nuit

— Entends-tu trembler les étoiles ?
— Entends-tu pâlir mon cœur ?
— Entends-tu l'aube à pleines voiles ?
— Écoute une âme se voiler.
5 — Le soleil monte comme un trophée.
— Mon cœur se meurt d'être vainqueur.
— Entends-tu pleurer les fontaines ?
— Entends-tu leurs fées me pleurer ?
— J'entends sangloter les fontaines...
10 — Le cor d'ivoire de la Mort.

Paul FORT, *Ballades françaises* (1894)
© éd. Flammarion

RECHERCHE

Le mot *ballade* a deux sens bien distincts dans le vocabulaire littéraire puisqu'il renvoie soit à une **forme fixe** (on appelle ainsi des pièces de vers dans lesquelles le nombre des vers et la disposition des rimes sont commandés par des règles immuables), soit à un **genre** qui, associant la liberté de la prose et le rythme du vers, permet de renouer avec le fonds folklorique et légendaire.

Vous rechercherez des ballades répondant à l'une et à l'autre de ces définitions, et vous préciserez, pour la première, les règles de composition de cette forme fixe.

Émile Verhaeren *Les Villes tentaculaires* (1895)

Emile Verhaeren, par Dornac.

Après des études au collège Sainte-Barbe de Gand, pépinière de poètes flamands d'expression française comme Maurice Maeterlinck (1862-1949), **Émile Verhaeren** (1855-1916) se consacre vite à la poésie.

Trois périodes marquent son œuvre.

Dans *Les Flamandes* (1883), il célèbre des scènes ou paysages de sa province natale, et dans *Les Moines* (1886), il décrit le bonheur de l'existence monastique. Sa poésie est alors très marquée par le symbolisme.

Puis le poète, victime d'une crise de neurasthénie, se ferme au monde : dans *Les Soirs* (1887), *Les Débâcles* (1888) et *Les Flambeaux noirs* (1891) s'exprime l'intensité de son désespoir. Sans doute est-il alors marqué par le vent de folie qui souffle au dehors et qu'incarnent chacun à leur manière Louis II de Bavière, Nietzsche et Van Gogh...

Enfin, Émile Verhaeren se convertit à une poésie de la modernité. Il découvre toute la force poétique du monde moderne qui se forge devant lui. Rallié au socialisme, il regarde avec passion la désertion des campagnes et la naissance des grands complexes industriels dont il exalte la beauté dans une trilogie : *Les Campagnes hallucinées* (1893), *Les Villages illusoires* (1895), *Les Villes tentaculaires* (1895), *Les Forces tumultueuses* (1902), *La Multiple Splendeur* (1906), *Les Rythmes souverains* (1910) appartiennent à la même veine lyrique.

Jusqu'à sa mort, il reste cependant fidèle à son pays natal (*Toute la Flandre*, 1904-1911) et sait célébrer l'amour intime (*Trilogie des heures*, 1896-1905-1911).

Émile Verhaeren est dans ses recueils l'héritier de Walt Whitman (1819-1912), l'initiateur américain du modernisme poétique.

Les Usines

Dans Les Villes tentaculaires, **Émile Verhaeren** *évoque le développement de la concentration urbaine et dépeint la beauté lourde et moderne d'un univers industriel en pleine expansion.*

Dans « Les Usines », poème de 104 vers, le poète **célèbre la force et la misère** *d'un sombre monde où règne le « tintamarre ».*

Dessin de Ricardo Florès
pour *L'Assiette au beurre*, 1906.

Se regardant avec les yeux cassés de leurs fenêtres
Et se mirant dans l'eau de poix et de salpêtre
D'un canal droit, marquant sa barre à l'infini,
Face à face, le long des quais d'ombre et de nuit,
5 Par à travers les faubourgs lourds
Et la misère en pleurs de ces faubourgs,
Ronflent terriblement usines et fabriques.

Rectangles de granit et monuments de briques,
Et longs murs noirs durant des lieues,
10 Immensément par les banlieues ;
Et sur les toits, dans le brouillard, aiguillonnées
De fers et de paratonnerres,
Les cheminées.

Se regardant de leurs yeux noirs et symétriques,
15 Par la banlieue à l'infini.
Ronflent le jour, la nuit,
Les usines et les fabriques.

Émile VERHAEREN, *Les Villes tentaculaires* (1895)

3. Le romantisme féminin

La Belle Époque a exalté le mythe de la Femme et a trouvé en Colette son plus authentique et charmant témoin (voir p. 36). Mais la romancière n'est pas seule à jouir alors de la renommée littéraire. Plusieurs poétesses de talent, **hardies dans l'expression de leurs sentiments et dans leurs revendications morales**, sont lues avec passion. **ANNA DE NOAILLES**, la plus impétueuse, parée de tous les dons et provocatrice (« Mes livres, je les fis pour vous, ô jeunes hommes, / Et j'ai laissé dedans, / Comme font les enfants qui mordent dans les pommes, / La marque de mes dents... »), et **RENÉE VIVIEN**, adepte avouée de Lesbos, assumant luxueusement son destin de « femme damnée », sont les deux figures des plus marquantes de ce génie romantique, exalté et charnel.

Anna de Noailles *Le Cœur innombrable* (1901)

Anna de Noailles (1876-1933), fille d'un prince roumain, éblouissante de beauté et de talent, fascine les plus grands de son époque — Barrès, Colette, Proust — par sa personnalité véritablement lyrique. Elle versifie très jeune, publie en 1901 *Le Cœur innombrable*, confirme la réussite méritée de ce recueil par de nombreuses publications de qualité : *Les Éblouissements* (1907), *Les Vivants et les Morts* (1913), *Les Forces éternelles* (1921), *L'Honneur de souffrir* (1927). Sa poésie passionnée, romantique (elle admire Hugo), sensuelle, frémit d'une belle audace féminine.

◄ *Anna de Noailles*, par Otto Cambo.

Le Verger

Mon cœur indifférent et doux aura la pente
Du feuillage flexible et plat des haricots
Sur qui l'eau de la nuit se dépose et serpente
Et coule sans troubler son rêve et son repos.

5 Je serai libre enfin de crainte et d'amertume,
Lasse comme un jardin sur lequel il a plu,
Calme comme l'étang qui luit dans l'aube et fume,
Je ne souffrirai plus, je ne penserai plus,

Je ne saurai plus rien des choses de ce monde,
10 Des peines de ma vie et de ma nation,
J'écouterai chanter dans mon âme profonde
L'harmonieuse paix des germinations.

Je n'aurai pas d'orgueil, et je serai pareille,
Dans ma candeur nouvelle et ma simplicité,
15 A mon frère le pampre et ma sœur la groseille
Qui sont la jouissance aimable de l'été ;

Je serai si sensible et si jointe à la terre
Que je pourrai penser avoir connu la mort,
Et me mêler, vivante, au reposant mystère
20 Qui nourrit et fleurit les plantes par les corps.

Et ce sera très bon et très juste de croire
Que mes yeux ondoyants sont à ce lin pareils,
Et que mon cœur, ardent et lourd, est cette poire
Qui mûrit doucement sa pelure au soleil.

Anna de NOAILLES, *Le Cœur innombrable* (1901)
© éd. Calmann-Lévy

LECTURE MÉTHODIQUE

1. Première strophe

a. La métaphore initiale du texte : « Mon cœur... aura la pente... » Comment est-elle composée ?
b. Étudiez la versification de cette strophe en comparant notamment la structure du vers et celle de la phrase.

2. Deuxième et troisième strophes

a. L'absorption dans la nature : comment se manifeste-t-elle ?
b. Comparez le rythme de ces deux strophes à celui de la première.
c. « Mon âme profonde » : comment comprenez-vous cette expression ?

3. Quatrième et cinquième strophes

a. En quoi ces deux strophes nous éclairent-elles sur le titre du poème ?
b. Expliquez le sens de ce vers : « Que je pourrai penser avoir connu la mort ».
c. A quelle philosophie se réfère ici implicitement Anna de Noailles ?

4. Sixième strophe

a. Le beau symbole de la poire : montrez-en la justesse et la fécondité.
b. Précisez le ton de cette ultime strophe.

Renée Vivien *Cendres et Poussières* (1902)

Renée Vivien (1877-1909), pseudonyme de Pauline-Mary Tarn, est d'origine anglo-américaine. Voyageuse infatigable, figure mystérieuse et fascinante de la Belle Époque, elle publie, de 1901 à sa mort, de précieux, sensuels et douloureux recueils où elle chante ses amours saphiques : *Études et Préludes* (1901), *Cendres et Poussières* (1902), *La Vénus des aveugles* (1904), etc.
Amie de Colette et de nombreuses femmes émancipées de son temps, elle fait certes figure de « femme damnée » aux yeux de certains ; mais la haute tenue de son style, son exigence dans la pratique de l'écriture en ont tant imposé à la critique que Renée Vivien, la Muse aux violettes, a connu, malgré sa brève existence, une renommée justifiée.

Renée Vivien.

Les Arbres

Dans l'azur de l'avril, dans le gris de l'automne,
Les arbres ont un charme inquiet et mouvant.
Le peuplier se ploie et se tord sous le vent,
Pareil aux corps de femme où le désir frissonne.

5 Sa grâce a des langueurs de chair qui s'abandonne,
Son feuillage murmure et frémit en rêvant,
Et s'incline, amoureux des roses du Levant.
Le tremble porte au front une pâle couronne.

Vêtu de clair de lune et de reflets d'argent,
10 S'effile le bouleau dont l'ivoire changeant
Projette des pâleurs aux ombres incertaines.

Les tilleuls ont l'odeur des âpres cheveux bruns,
Et des acacias aux verdures lointaines
Tombe divinement la neige des parfums.

Renée VIVIEN, *Cendres et Poussières* (1902)

Épitaphe

Doucement tu passas du sommeil à la mort,
De la nuit à la tombe et du rêve au silence,
Comme s'évanouit le sanglot d'un accord
Dans l'air d'un soir d'été qui meurt de somnolence.
5 Au fond du Crépuscule où sombrent les couleurs,
Où le monde pâlit sous les cendres du rêve,
Tu sembles écouter le reflux de la sève
Et l'avril musical qui fait chanter les fleurs.
Le velours de la terre aux caresses muettes
10 T'enserre, et sur ton front pleurent les violettes.

Renée VIVIEN, *Cendres et Poussières*

Velléité

Dénoue enfin tes bras fiévreux, ô ma Maîtresse !
Délivre-moi du joug de ton baiser amer,
Et, loin de ton parfum dont l'impudeur m'oppresse,
Laisse-moi respirer les souffles de la mer.

5 Loin des langueurs du lit, de l'ombre et de l'alcôve,
J'aspirerai le sel du vent et l'âcreté
Des algues, et j'irai vers la profondeur fauve,
Pâle de solitude, ivre de chasteté !

Renée VIVIEN, *Cendres et Poussières*

ÉTUDE DES TROIS POÈMES

Malgré leurs différences (sujet, forme, rythme), ces trois poèmes extraits du même recueil possèdent des **analogies**. Vous les étudierez à trois points de vue :

— le rapport à la nature ;
— l'évocation de la femme aimée ;
— la subtilité de la sensation.

4. L'unanimisme

L'utopie phalanstérienne chère à Charles Fourier, qui plonge ses racines jusque chez le Rabelais de l'Abbaye de Thélème, trouve de nouveaux adeptes dans l'entourage de Henri-Martin Barzun, qui, en 1906, met à la disposition d'un groupe de jeunes artistes une maison située au bord de la Marne, à Créteil. Musiciens, peintres, typographes sont appelés à construire dans la fraternité le modèle d'une communauté artistique généreuse et féconde. **JULES ROMAINS**, F. T. Marinetti, Pierre-Jean Jouve, « adhérents externes », seront fortement marqués par cette expérience. En témoigne la création, en 1908, des « Éditions de l'Abbaye », sous la direction de Jules Romains, le théoricien de l'unanimisme, qu'il définit ainsi : « Par unanimisme, entendez simplement **l'expression de la vie unanime et collective**. Nous éprouvons un sentiment de la vie qui nous entoure et qui nous dépasse. »

En marge de l'unanimisme se croisent plusieurs courants qui militent pour une poésie sociale : Émile Verhaeren, André Spire, **CHARLES VILDRAC** répondent dans les *Cahiers d'aujourd'hui* (1912-1914) aux vœux des écrivains populistes, comme Octave Mirbeau ou Charles-Louis Philippe. A la pointe de ce mouvement, Jean-Richard Bloch parle d'« art révolutionnaire » dès 1910, dans sa revue *L'Effort*.

Jules Romains *La Vie unanime* (1908)

Jules Romains (1885-1972), pseudonyme de Louis-Henri-Jean Farigoule, publie à dix-neuf ans L'Âme des hommes (1904), recueil où déjà se manifeste son unanimisme, « intuition d'un être vaste et élémentaire, dont la rue, les voitures et les passants formaient le corps, et dont le rythme emportait ou recouvrait les rythmes des consciences individuelles ». Bien que ne participant pas directement aux travaux de l'Abbaye, Jules Romains deviendra, du fait de son talent et de sa productivité, le meilleur représentant de ce courant, auquel il offre avec La Vie unanime en 1908 son modèle le plus achevé.

*De nombreux recueils, des romans, des proses diverses, des pièces de théâtre suivront en abondance, tendant toujours à **substituer aux émotions individuelles les sentiments collectifs qui animent les groupes humains**. Les Hommes de bonne volonté (1932-1947), longue suite romanesque, constituent l'œuvre la plus considérable de ce talent lyrique et social, attentif, à la suite de Zola et de Verhaeren, aux grandes forces collectives, soucieux comme Walt Whitman de trouver un nouveau ton, une forme moderne, pour exprimer l'accord de l'homme et de son milieu, de l'être vivant et des choses. Sur Jules Romains, voir aussi p. 259.*

La rue

Rien ne cesse d'être intérieur.

La rue est plus intime à cause de la brume.
Autour des becs de gaz l'air tout entier s'allume ;
Chaque chose a sa part de rayons ; et je vois
Toute la longue rue exister à la fois.
5 Les êtres ont fondu leurs formes et leurs vies,
Et les âmes se sont doucement asservies.
Je n'ai jamais été moins libre que ce soir
Ni moins seul. Le passant, là-bas, sur le trottoir,
Ce n'est point hors de moi qu'il s'agite et qu'il passe.
10 Je crois que lui m'entend si je parle à voix basse,
Moi qui l'entends penser ; car il n'est pas ailleurs
Qu'en moi ; ses mouvements me sont intérieurs.
Et moi je suis en lui. Le même élan nous pousse.
Chaque geste qu'il fait me donne une secousse.
15 Mon corps est le frémissement de la cité.

Le mystère nouveau cherche à nous ligoter ;
Ce passant tient à moi par des milliers de cordes ;
Dans ma chair des crochets s'enfoncent, et la mordent.

Lui, parmi le brouillard, lève le bras. Soudain
20 Quelque chose de très puissant et d'incertain
Vient soulever mon bras qui se défend à peine.

Je suis l'esclave heureux des hommes dont l'haleine
Flotte ici. Leur vouloir s'écoule dans mes nerfs ;
Ce qui est moi commence à fondre. Je me perds.
25 Ma pensée, à travers mon crâne, goutte à goutte,
Filtre, et s'évaporant à mesure, s'ajoute
Aux émanations des cerveaux fraternels
Que l'heure épanouit dans les chambres d'hôtels,
Sur la chaussée, au fond des arrière-boutiques.
30 Et le mélange de nos âmes identiques
Forme un fleuve divin où se mire la nuit.
Je suis un peu d'unanime qui s'attendrit.
Je ne sens rien, sinon que la rue est réelle,
Et que je suis très sûr d'être pensé par elle.

Jules ROMAINS, *La Vie unanime* (1908)
© éd. Gallimard

La ville

Léopold Survage,
La Ville, 1919.
Genève, Petit Palais.

... et de n'être plus moi.

Je ne vis plus ou presque plus ;
Si je vis, je ne le sens plus,
Et j'en suis joyeux tout de même.
Car entre ses doigts innombrables
5 La ville a déchiré mon âme
Comme une feuille de papier.
Pris par le vent des carrefours,
Les morceaux s'envolent et tombent
Sur le trottoir, parmi les hommes
10 Qui les emportent sous leurs pieds.

Jules ROMAINS, *La Vie unanime*
© éd. Gallimard

Un être en marche (1912)

« J'ai fait halte devant la porte »

J'ai fait halte devant la porte
Du square où poussent tant de feuilles ;
J'ai vu l'allée et la pelouse ;
Un autre homme a passé la grille ;
Je n'ai plus eu besoin d'entrer.

Ce n'est pas là-dedans encore
Que mon élan ira se perdre ;
Il n'y a pas assez de sable,
Ni de brins d'herbe, ni de fleurs
Pour boire toute l'eau d'un fleuve.

Je tourne autour du petit mur
L'âme découverte, je trouve
Que l'air est digne de ma force ;
Je désire ce que j'effleure
Et j'aime ce que je traverse.

Malgré qu'il me paraisse pur
Plus qu'un verre qu'on a lavé,

L'espace est plein de fils tendus
Entre des centres qu'ils rejoignent.

20 Je casse et je traîne en marchant
De longues toiles d'araignées.

L'oiseau chante. Je l'entends mieux ;
Il est hors de moi, et plus haut ;
Ses cris m'arrivent sur la joue
25 Comme de la joie étrangère.

Je ne resterai pas toujours.

Déjà le carrefour ne peut
Me faire croire qu'il est seul ;
Sa présence, légère enfin,
30 Flotte sur moi comme du liège,
Et je devine peu à peu
Qu'une rue existe et descend.

Jules ROMAINS, *Un être en marche* (1912)
© éd. Flammarion

AU-DELÀ DU TEXTE

Jules ROMAINS ne s'est jamais directement exprimé sur l'illumination qui le saisit en octobre 1903, rue d'Amsterdam, et qui lui révéla soudain « l'intuition d'un être vaste et élémentaire, dont la rue, les voitures et les passants formaient le corps et dont lui-même, en ce moment privilégié, pouvait se dire la conscience » (A. CUISENIER, *Jules Romains et l'unanimisme*, Flammarion, 1935). En revanche, de nombreux textes viennent approfondir cette intuition, et il n'est pas indifférent de confronter leurs propos avec les poèmes que nous citons :

« Dès que l'homme cesse d'être isolé, il éprouve des impressions nées de ses rapports avec autrui. La passion amoureuse en est un exemple, le plus ancien et le plus connu, non l'unique. On n'est pas l'habitant d'un hameau, d'une bourgade, d'une ville ; le membre d'une famille, d'un groupe, le citoyen d'une nation, sans en subir le contrecoup dans son esprit et dans son cœur (...). Nous frémissons d'être absorbés par le milieu humain qui nous enveloppe, et nous savourons la volupté étrange que nous cause cette espèce d'anéantissement. »

« Les sentiments unanimes de la poésie », *Le Penseur*, avril 1905.

« Que j'ai de passions ! j'aime, je hais, je veux ! mais quoi... rien de particulier, rien d'individuel... Je tire vers moi, à grands coups, des émotions de la ville, les plus énormes, les plus menues. Ce sont des câbles, des cordes, des fils que j'arrache à l'amas humain, et que j'enroule hâtivement sur ma conscience. »

« Réponse à une enquête sur la poésie », *Le Semeur*, 25 janvier 1907.

Les unanimistes

En 1906, quelques écrivains parmi lesquels **Georges Duhamel** (1884-1966), son beau-frère **CHARLES VILDRAC** (1882-1971) et **René Arcos** (1880-1959) créent un phalanstère à Créteil : « l'Abbaye, groupe fraternel d'artistes ». Cette expérience d'un atelier littéraire et artisanal, puisqu'il se fixait l'objectif d'imprimer des œuvres, s'arrêtera en 1908. Il ne s'agit plus d'exprimer les émois de l'être individuel, comme le firent les romantiques ou les symbolistes, mais l'**existence d'un être collectif** à travers la pulsation d'une foule, d'une ville.

Par leurs recherches rythmiques et prosodiques, les écrivains unanimistes sont des **pionniers de la modernité**.

Dans *Notes sur la technique poétique* (1909), Georges Duhamel et Charles Vildrac préconisent le vers blanc, mais fortement rythmé.

Jules Romains et son ami **Georges Chennevière** (1884-1927) systématiseront les procédés de langage qui leur semblent aptes à traduire le monde moderne, dans leur *Petit traité de versification*, paru en 1923.

Charles Vildrac *Livre d'amour* (1910)

*Les unanimistes se distinguent par leur manière de prôner la solidarité entre les hommes. Chez **Charles Vildrac**, en particulier, **la poésie se fait fraternelle et concrète**. Livre d'amour, édité pour la première fois en 1910, témoigne d'une sensibilité aux êtres et aux choses, voire d'un tendre éloge de la faiblesse humaine, sans laquelle nous n'aurions pas besoin des autres.*

Une amitié

Parmi tes richesses d'esprit et de cœur
Et celles que moi j'ai en partage,
Quelques-unes sont très dissemblables
Et les autres sont parentes un peu.
5 Mais elles se plaisent bien ensemble,
Toutes tes richesses, toutes mes richesses ;
Mais nous nous aimons à cause d'elles.

Elles se complètent et se font valoir,
Elles se mêlent et se contrôlent ;
10 C'est comme différents feuillages
Assemblés dans un bouquet d'arbres,
Ou le rapprochement de deux visages
Que parent cheveux blonds et cheveux noirs.

Il y a aussi chez toi et chez moi,
15 Comme chez tous, des choses qui manquent :
C'est telle variété de plante
Que je n'ai pas dans mon jardin,
Ou c'est telle arme pour la lutte
Que tu ne sens pas sous ta main ;

20 Or il advient toujours, pour notre bonheur,
Que moi je dispose de cette arme,
Que tu es tout fleuri, toi, de ces fleurs
Et que nous entrons sans façon l'un chez l'autre
Pour prendre ce dont nous avons besoin.

25 Tu connais bien mes indigences
Et la façon de mes faiblesses ;
Elles vont à toi sans pudeur,
Tu les accueilles et les aimes ;

Et aussi bien j'aime les tiennes
30 Qui font partie de ta valeur
Et sont la rançon de tes forces.

Enfin chacun de nous, ô mon ami,
Marche et peut marcher avec assurance
A cause d'un main qui, vigilante,
35 Au moindre péril, se lève et saisit
Le bras égaré de cet aveugle
Que je deviens et que tu deviens,
Comme tous, à certaines heures...

Charles VILDRAC, *Livre d'amour* (1910)
© éd. Gallimard

Le groupe de l'Abbaye, à Créteil.

L'expérience de l'Abbaye a marqué ses participants. **Georges Duhamel** *transpose dans* La Chronique des Pasquier *(tome V,* Le Désert de Bièvres*) l'expérience unanimiste de l'Abbaye : son héros, Laurent Pasquier, en quête d'amitié, fonde avec un groupe de camarades une petite communauté utopiste.*

Vers libéré et vers libre au début du XXᵉ siècle

1. Quelques rappels

1) Le vers français classique est un vers syllabique. Le compte des syllabes en fixe la mesure. Il obéit aux règles de la rime et de la césure.

Les vers les plus usités sont l'alexandrin, le décasyllabe et l'octosyllabe.

2) **L'alexandrin** classique a une formule ternaire : 3/3//3/3, avec césure à l'hémistiche.

Le **décasyllabe** est ordinairement césuré 4//6, avec une variante 6//4.

3) En principe, l'*e* terminal d'un mot suivi d'une initiale vocalique ou d'un *h* non aspiré est élidé. Il ne compte pas dans la mesure.

4) **La rime** se définit par l'homophonie, entre deux ou plusieurs mots, de leur dernière voyelle tonique ainsi, éventuellement, que des phonèmes qui la suivent ou la précèdent.

2. Le vers libéré

Les théoriciens de la fin du XIXᵉ siècle et du début du XXᵉ ont appelé « vers libéré » tout vers de mètre traditionnel (ex : « alexandrin libéré »), mais de formule assouplie par une prosodie variable, un large usage des discordances et des changements de rythme fréquents.

1) Un type particulier d'alexandrin libéré prend ainsi forme, le **binaire asymétrique**, de type 5//7 dans ces exemples :

> *Où sont / vos parfums //, vos péta/les éclatants ?*
> Jean MORÉAS

> *Et Dieu a eu peur // d'avoir à les condamner.*
> Charles PÉGUY

2) Les poètes modernes jouent aussi sur le dédoublement de vers. C'est ce qu'on appelle les « **vers démontés** » :

> *Et nos amours*
> *Faut-il qu'il m'en souvienne*
> Guillaume APOLLINAIRE

Primitivement, c'est un décasyllabe 4//6, séparé ultérieurement en deux vers.

On trouve inversement des « **vers emboîtés** », c'est-à-dire des ensembles prenant la forme du verset, mais qui deviennent métriques par segmentation :

> *Et des oiseaux protègent de leurs ailes ma face et le soleil*
> Guillaume APOLLINAIRE

On reconnaît un décasyllabe :

> *Et des oiseaux // protègent de leurs ailes*

et un alexandrin à césure épique (c'est-à-dire avec apocope en fin d'hémistiche) :

> *Protègent de leurs ail(es) // ma face et le soleil*

L'emboîtement des deux systèmes se fait sur l'hémistiche commun.

3. Le vers libre

Au début du XXᵉ siècle, le vers libre a des praticiens et des théoriciens, dont le plus célèbre est **GUSTAVE KAHN** (1859-1936). Avant de constituer une doctrine, il a déjà été pratiqué par l'Américain **WALT WHITMAN** (1819-1892). Le vers libre dit moderne est libre en ce sens qu'il ne s'impose aucun des programmes de la métrique traditionnelle : ni rime, ni mesure fixe. La prosodie du vers libre est donc fondée, entre le lecteur et le poète, sur des **échanges plus subtils mais plus incertains que la prosodie du vers traditionnel** : associations de sonorités, effets de sens et de cadences dus à la justification irrégulière des lignes, échos thématiques, etc.

Par exemple, quel peut être le compte syllabique exact de ce vers libre de **BLAISE CENDRARS** ?

> *Je ne t'ai pas vouée au Python comme une vierge de Carthage*

Le rythme du vers libre est donc souvent très proche de celui de la prose poétique, c'est-à-dire qu'il est caractérisé par une certaine **irrégularité des accents et des rythmes**. Il se distingue toutefois de la prose par **le jeu des pauses**, qui sont plus fréquentes, et significatives.

On peut donc aboutir à des dictions très différentes d'un vers libre.

4. Pour en savoir plus

Yves LE HIR : *Esthétique et structure du vers français d'après les théoriciens du XVIᵉ siècle à nos jours*, P.U.F., 1956.

Henri MORIER : *Dictionnaire de poétique et de rhétorique*, P.U.F., 1961.

Pierre GUIRAUD : *La Versification*, coll. « Que sais-je ? », P.U.F.

Frédéric DELOFFRE : *Le Vers français*, C.D.U./ S.E.D.E.S., 1973.

Jean MAZALEYRAT : *Éléments de métrique française*, coll. « U2 », A. Colin, 1974.

5. Les fantaisistes

1912 : grande vogue des poètes « fantaisistes », ainsi désignés parce que, s'inspirant de Jules Laforgue et de Tristan Corbière, ils usent de l'humour et de l'ironie dans des pièces de forme souvent étonnante. **Tours populaires, jongleries rythmiques, effets parodiques** se conjuguent dans leurs recueils aux titres parfois inattendus : *La Négresse blonde* (**GEORGES FOUREST**), *Fables-express* (Franc-Nohain).

Francis Carco publie un manifeste en tête du *Cahier des poètes* (1912), qui regroupe les principes auxquels les poètes fantaisistes tiennent : la rupture avec la « sécheresse parnassienne, la brutalité naturaliste et la sensibilité symboliste », est compensée par un retour volontaire au romantisme le plus libre, celui qui **promeut le burlesque sans renier l'émotion**.

Autour de Carco, Tristan Derême, **JEAN PELLERIN** et Jean-Marc Bernard communient dans le culte des *Contrerimes*, de **PAUL-JEAN TOULET**, chef-d'œuvre de genre puisque, tout en s'imposant une strophe aux limites étroites, le poète béarnais ne réussit pas moins à tirer de ce frêle instrument les plus délicats effets.

Georges Fourest *La Négresse blonde* (1909)

Georges Fourest (1867-1945) se fait connaître dans les milieux symbolistes et décadents avant 1900, mais c'est sa *Négresse blonde*, recueil paru en 1909, qui lui assure sa place de choix parmi les promoteurs de l'humour moderne. Parnassienne dans sa forme apparente, cette œuvre détruit sa noble allure par des effets insolites. Ceux-ci sont obtenus par des rapprochements saugrenus entre différents styles, entre registres éloignés (par exemple la mythologie et la technique). *Le Géranium ovipare* (1935), bien que de la même veine, sera moins réussi.

La négresse blonde

I

Elle est noire comme cirage,
    comme un nuage
    au ciel d'orage,
    et le plumage
    du corbeau,
et la lettre A, selon Rimbaud ;
    comme la nuit,
    comme l'ennui,
    l'encre et la suie !
    Mais ses cheveux,
    ses doux cheveux,
    soyeux et longs
sont plus blonds, plus blonds
    que le soleil
    et que le miel
    doux et vermeil,
    que le vermeil,
plus qu'Ève, Hélène et Marguerite,
    que le cuivre des léchefrites,
    qu'un épi d'or
    de Messidor,
    et l'on croirait d'ébène et d'or
La belle Négresse, la Négresse blonde !

II

Cannibale, mais ingénue,
elle est assise, toute nue,
sur une peau de kanguroo,
dans l'île de Tamamourou !
Là, pétauristes, potourous,

    ornithorynques et wombats,
phascolomes prompts au combat,
près d'elle prennent leurs ébats !
    Selon la mode Papoua,
    sa mère, enfant, la tatoua :
    en jaune, en vert, en vermillon,
    en zinzolin, par millions
oiseaux, crapauds, serpents, lézards,
    fleurs polychromes et bizarres,
    chauves-souris, monstres ailés,
    laids, violets, bariolés,
    sur son corps noir sont dessinés.
    Sur ses fesses bariolées
    on écrivit en violet
    deux sonnets sibyllins rimés
    par le poète Mallarmé
    et sur son ventre peint en bleu
    fantastique se mord la queue
    un amphisbène.
L'arête d'un poisson lui traverse le nez,
    de sa dextre aux doigts terminés
    par des ongles teints au henné,
    elle caresse un échidné,
    et parfois elle fait sonner
    en souriant d'un air amène
    à son col souple un beau collier
    de dents humaines,
La belle Négresse, la Négresse blonde !

Georges FOUREST, *La Négresse blonde* (1909)
© éd. J. Corti

AU-DELÀ DU TEXTE

Humour et poésie

Les relations entre l'humour et la poésie ne sont pas simples. Certes, si certains parmi les plus grands s'y sont employés avec succès, de VILLON à PRÉVERT, il n'en reste pas moins que la poésie paraît mieux dans son élément lorsqu'il s'agit d'exalter de grands sentiments ou d'exprimer de puissantes pensées.

En vous penchant sur une sélection de textes de Georges FOUREST, Robert DESNOS, Jacques PRÉVERT et Raymond QUENEAU, vous tenterez de montrer comment le libre jeu des mots, en démystifiant les nobles ambitions de la poésie, sert l'humour.

Paul-Jean Toulet *Les Contrerimes* (éd. posth., 1921)

*Paul-Jean Toulet (1867-1920) publie tardivement ses pièces de vers dans des revues littéraires. Déjà reconnu comme romancier (voir p. 35) il se voit désormais consacré poète éminent à la veille de la Grande Guerre. Sa retraite en province, à Guéthary, le voit peaufiner son chef-d'œuvre, qui ne sera publié qu'après sa mort. Il s'agit des Contrerimes (1921), où il se montre **un virtuose du vers et de la strophe** et un raffiné du cynisme et de la tendresse.*

L
—

1. Tissu de soie à gros grain.
2. Ville d'Algérie.

J'ai vu le Diable, l'autre nuit ;
    Et, dessous sa pelure,
Il n'est pas aisé de conclure
    S'il faut dire : Elle, ou : Lui.

5 Sa gorge, — avait l'air sous la faille[1],
    De trembler de désir :
Tel, aux mains près de le saisir,
    Un bel oiseau défaille.

    Telle, à la soif, dans Blidah[2] bleu,
10   S'offre la pomme douce ;
Ou bien l'orange, sous la mousse,
    Lorsque tout bas il pleut.

    — « Ah ! » dit Satan, et le silence
    Frémissait à sa voix,
15 « Ils ne tombent pas tous, tu vois,
    Les fruits de la Science ».

Paul-Jean TOULET, *Les Contrerimes* (1921)

Décrivez, à partir de cet exemple, la technique de la contrerime.

Jean Pellerin *Le Bouquet inutile* (éd. posth., 1923)

Jean Pellerin (1885-1921), journaliste et conteur de talent, ami de Francis Carco, se fait connaître par d'amusants pastiches et des romans trop faciles, alors que son talent le plus authentique se manifeste dans ses poèmes, recueillis après sa mort sous le titre *Le Bouquet inutile* (1923). Avec *Les Contrerimes* de Paul-Jean Toulet, ces textes représentent, tendres, humoristiques ou cruels, la réussite achevée de « l'école » fantaisiste. Raffinement de la prosodie, maîtrise des formes les plus codées, sourire et ironie...

La grosse dame chante...

Abel Pfeffermann-Pann, *Le Concert*, 1910.

Manger le pianiste ? Entrer dans le Pleyel ?
Que va faire la dame énorme ? L'on murmure...
Elle racle sa gorge et bombe son armure :
La dame va chanter. Un œil fixant le ciel

5 L'autre suit le papier, secours artificiel —
Elle chante. Mais quoi ? Le printemps ? La ramure ?
Ses rancœurs d'incomprise et de femme trop mûre ?
Qu'importe ! C'est très beau, très long, substantiel.

La note de la fin monte, s'assied, s'impose.
10 Le buffet se prépare aux assauts de la pause.
« Après, le concerto ?... — Mais oui, deux clavecins ».

Des applaudissements à la dame bien sage...
Et l'on n'entendra pas le bruit que font les seins
Clapotant dans la vasque immense du corsage.

Jean PELLERIN, *Le Bouquet inutile* (1923)

La poésie en Belgique et en Suisse au début du siècle

Les œuvres d'auteurs belges et suisses ont germé dans un milieu particulier. En dépit du voisinage de la France, les auteurs belges et suisses d'expression française ont puisé leur inspiration dans une manière de vivre et une conscience de soi fort différentes de celles de Paris.

1. En Belgique

Vers 1890, les projecteurs se braquent sur GEORGES RODENBACH (1855-1898), ÉMILE VERHAEREN (1855-1916) et MAURICE MAETERLINCK (1862-1949), tous trois tenants ou héritiers du symbolisme. Pour MARCEL THIRY, autre poète belge (1897-1977), « il y avait dans le symbolisme un génie qui correspondait à celui de nos marches nordiques ».

Les revues *La Jeune Belgique*, fondée en 1881, et *La Wallonie*, fondée par ALBERT MOCKEL (1866-1945) en 1886, jouent un rôle déterminant dans **le développement des échanges littéraires entre la France et la Belgique**. Albert Mockel est lui-même auteur d'études sur Régnier, Vielé-Griffin, Mallarmé ou CHARLES VAN LERBERGHE (1861-1907), dont *La Chanson d'Ève*, achevée en 1904, fut en son temps un événement de la poésie française. Sous le couvert d'une légende biblique, le poète exprime ses aspirations intimes au bonheur, en alternant vers classiques et vers libres.

Le plus original des poètes belges de cette époque est sans doute MAX ELSKAMP (1862-1931), qui, dès *Dominical* (1890), chante avec une certaine naïveté ce qui le rend heureux, un peu à la manière de Francis Jammes. Épris d'art et de folklore, il cisèle ses poèmes avec **la précision d'un imagier**, dans une langue personnelle, en infraction volontaire avec les règles classiques.

Le succès durable de tous ces poètes laissa dans une certaine ombre HENRI VANDEPUTTE (1877-1952) et JEAN DE BOSSCHÈRE (1878-1953), qui, pourtant, ouvrirent des chemins nouveaux en rompant avec l'esthétique symboliste qui avait marqué leurs prédécesseurs.

Si les poètes belges ont particulièrement brillé à l'aube du vingtième siècle, et en particulier Verhaeren (voir p. 77) pour son modernisme, il ne faut pas oublier que c'est surtout par le théâtre que la littérature belge de cette époque est passée à la postérité. Celui de Maeterlinck d'abord avec *L'Intruse* (1890), *Pelléas et Mélisande* (1892), *L'Oiseau bleu* (1908), qui comptent parmi les chefs-d'œuvre du théâtre symboliste. Celui de Fernand Crommelynck (1885-1970) et de Michel de Ghelderode (1898-1962), ensuite, le premier très lyrique par l'invention verbale et la danse des images, le deuxième tout aussi foisonnant mais plus tragique.

En ce début du siècle les femmes jouent un rôle notable dans la poésie. Parmi celles-ci, Marie Closset, dite JEAN DOMINIQUE (1875-1952), s'affirme dans *Un Goût de sel et d'amertume* (1899), *L'Ombre des roses* (1901), *La Gaule blanche* (1903), *L'Anémone des mers* (1906), *L'Aile mouillée* (1908)... En 1912, elle fonde l'Institut belge de culture française qu'elle dirigera jusqu'à sa mort. Elle s'exprime souvent au masculin. Proche de Van Lerberghe, « elle craint les lumières trop vives et les expressions trop éclatantes » (Edmond Jaloux).

MARIE GEVERS (1883-1975) remplace souvent la rime par l'assonance, comme Jean Dominique. Son art est aussi aérien, avec un goût hérité de Max Elskamp pour l'imagerie populaire. Elle a publié *Missembourg* (1918), *Les Arbres et le vent* (1923), *Antoinette* (1925)...

MAX ELSKAMP

*« Le Matin » et « La Nuit » sont le premier et dernier poème des « Huit chansons reverdies dont quatre pleurent et quatre rient », écrites par **Max Elskamp**. Ils sont significatifs de son goût pour le rythme populaire.*

Le Matin

Et la première est d'un matin
Dit tout en bleu, dit tout en blanc,
Et la première est d'un matin
Ici pour le commencement,

De paix d'abord, cloches sonnant,
Et Flandre étant — Vive la Rose —
Douce à chacun à sa façon,
Suivant son bien, suivant ses choses.

Or Mai mettant les fleurs en cause,
Et la première est d'un matin,
Or Mai mettant les fleurs en cause,
Et la première est d'un jardin,

Voici qu'il sent le romarin,
Et qu'on dirait, — Vive la Vie —
Voici qu'il sent le romarin,
Et qu'on dirait qu'on se marie,

Et la première est d'un matin
Ainsi de paix et d'ornement,
Avec du pain, avec du vin,
Ici pour le commencement.

Max ELSKAMP, *Dominical* (1890)
© éd. Seghers

La Nuit

Et maintenant c'est la dernière
Et la voici et toute en noir,
Et maintenant c'est la dernière
Ainsi qu'il fallait la prévoir,

Et c'est un homme au feu du soir
Tandis que le repas s'apprête,
Et c'est un homme au feu du soir
Qui, mains croisées, baisse la tête,

Or pour tous alors journée faite
Voici la sienne vide et noire,
Or pour tous alors journée faite,
Voici qu'il songe à son avoir,

Et maintenant la table prête
Que c'est tout seul qu'il va s'asseoir,
Et maintenant la table prête
Que seul il va manger et boire,

Car maintenant c'est la dernière
Et qui finit au banc des lits,
Car maintenant c'est la dernière
Et que cela vaut mieux ainsi.

Max ELSKAMP, *Dominical*
© éd. Seghers

2. En Suisse

C'est aussi principalement par le théâtre que la littérature suisse acquiert en France ses lettres de noblesse. Avec une particularité : celle de la forte corrélation entre musique et littérature, symbolisée par le couple Stravinski-Ramuz pour *L'Histoire du soldat* (1918) ou le couple Honegger-Morax pour la représentation du *Roi David* (1921). Il ne faut pas oublier que la Suisse romande, de tradition protestante, est, à l'aube du vingtième siècle, héritière de quatre siècles d'expression par les psaumes.

Auparavant, deux revues jouent un rôle déterminant dans la promotion des auteurs suisses d'expression française : *La Voile latine*, créée en 1904 par Robert de Traz et Gonzague de Reynold, qui publie dans un premier temps les poèmes du Genevois HENRY SPIESS, et *Les Cahiers Vaudois*, fondés en 1914 par l'écrivain PAUL BUDRY et le publiciste, éditeur et poète EDMOND GILLIARD. Cette revue contribue à faire connaître des poètes comme PIERRE-LOUIS MATTHEY ou GUSTAVE ROUD.

Mais c'est du côté de la prose poétique et de CHARLES-FERDINAND RAMUZ (1878-1947) que l'attention du public français se cristallise. Ses premiers recueils de poèmes, *Le Petit Village* (1903) et *Petits Poèmes en prose* (1904) passent pour le moins inaperçus. Mais, dès son premier roman, *Aline* (1905), ses œuvres sont publiées en France. Le soutien de Jacques Copeau, Jacques Rivière ou Paul Claudel et son introduction à la *Nouvelle Revue Française* en 1914 sont décisifs pour la reconnaissance de Ramuz par le grand public.

La Suisse s'enorgueillit enfin d'être la patrie natale du globe-trotter BLAISE CENDRARS (1887-1961) qui débute en littérature avec *Les Pâques à New York* (1912), *La Prose du Transsibérien* (1913), *Le Panama ou les aventures de mes sept oncles* (achevé en 1914, publié en 1918).

La France a « aspiré », comme appartenant à son fonds propre, de tels auteurs. Autant la gloire des « Suisses », partisans d'une reconnaissance de la culture helvétique, fut de courte durée, autant celle des « Romains », c'est-à-dire des universalistes comme CHARLES-ALBERT CINGRIA (1883-1954), ami de Ramuz, dépassa la frontière des Alpes.

CHARLES-FERDINAND RAMUZ

Charles-Ferdinand Ramuz débute en littérature par la poésie avec Le Petit Village *(1903), dont est extrait « Chanson ». C'est le Ramuz première manière qui s'exprime. Mais on sent déjà à travers l'évocation d'un tableau réaliste celui qui « n'est à l'aise que dans la mise en œuvre des plus grands thèmes » (Paul* CLAUDEL, Ides et Calendes, 1947).

Chanson

Vivre, c'est un peu
comme quand on danse :
on a plaisir à commencer —
un piston, une clarinette —
on a plaisir à s'arrêter —
et le trombone est essoufflé —
on a regret d'avoir fini,
la tête tourne et il fait nuit.

Charles-Ferdinand RAMUZ, *Le Petit Village*
© Marianne Olivier-Ramuz

BLAISE CENDRARS

« *Cendrars avait déjà tout vu* », écrit Paul Morand dans une *Préface de 1967* à ses œuvres poétiques. Soit ! Mais qu'il ait déjà tout vu en 1913, comme en témoigne *La Prose du Transsibérien, est chose plus étonnante. En faisant voyager son lecteur, il lui fait aussi dépasser, comme en témoigne cet extrait, les frontières de la poésie classique, de même que Picasso s'affranchit dès 1900 de la figuration académique. « Notre cher hexagone, dès lors, — écrit encore Paul Morand — se trouva coincé entre le Suisse et l'Espagnol, entre Cendrars et Picasso, coincé artistiquement... » (Voir aussi p. 105).*

« Elle dort... »

Elle dort
Et de toutes les heures du monde elle n'en a pas gobé
    une seule
Tous les visages entrevus dans les gares
Toutes les horloges
L'heure de Paris l'heure de Berlin l'heure de Saint-
    Pétersbourg et l'heure de toutes les gares
Et, à Oufa, le visage ensanglanté du canonnier
Et le cadran bêtement lumineux de Grodno
Et l'avance perpétuelle du train
Tous les matins on met les montres à l'heure
Le train avance et le soleil retarde
Rien n'y fait, j'entends les cloches sonores
Le gros bourdon de Notre-Dame
La cloche aigrelette du Louvre qui sonna la Barthélemy
Les carillons rouillés de Bruges-la-Morte
Les sonneries électriques de la bibliothèque de New-York
Les campanes de Venise
Et les cloches de Moscou, l'horloge de la Porte-Rouge
    qui me comptait les heures quand j'étais dans un
    bureau
Et mes souvenirs
Le train tonne sur les plaques tournantes
Le train roule
Un gramophone grasseye une marche tzigane
Et le monde, comme l'horloge du quartier juif de Prague,
    tourne éperdument à rebours.

Blaise CENDRARS, *La Prose du Transsibérien* (1913)
© éd. Gallimard

La poésie féminine est surtout illustrée par ÉMILIA CUCHET-ALBARET (1881-1962), qui publie *Les Fuseaux d'ivoire* (1909), *La Flamme sous la cendre* (1914)... L'enfance et la vie quotidienne lui inspirent ses meilleurs recueils. Comme Marie Noël, elle aime la simplicité.

Pour vos essais et vos exposés

G. CHARLIER et Joseph HANSE : *Histoire illustrée des lettres françaises de Belgique*, 2 vol. Bruxelles, 1958.
A. BERCHTOLD : *La Suisse romande au cap du XXᵉ siècle.* Portrait littéraire et moral, Lausanne, 1913.
R. BURNIAUX et Robert FRICKX : *La Littérature belge*, coll. « Que sais-je ? » nº 1540, P.U.F.

Suzanne Bernard
Le Poème en prose de Baudelaire à nos jours (1959)

La poésie au point mort ?

Un jour gris éclaire la naissance du XXe siècle : Mallarmé vient de mourir, ses disciples se sont dispersés : le symbolisme a jeté ses derniers feux, et l'*Enquête* de Le Cardonnel et Vellay, en 1905, montre qu'aucun mouvement d'ensemble ne lui a succédé : les petites « écoles » mort-nées, qui se parent de noms coruscants (humanisme, intégralisme, somptuarisme...) n'apportent pas grand-chose au courant poétique, si ce n'est, peut-être, une sorte d'exaltation « vitaliste » qui rejoint les idées de Bergson et le grand mouvement de révolte contre « le refus de la vie » où se complaisaient les symbolistes. En littérature comme en politique s'ouvre alors une période d'effervescence et de confusion [...]. Il ne faut pas oublier qu'à cette époque Gide, ayant écrit les *Nourritures terrestres*, va abandonner la poésie pour d'autres genres littéraires (théâtre, essai, roman) ; que Valéry, vers 1892, a cessé de faire des vers, et ne reviendra à la poésie qu'aux environs de 1920 ; que Claudel, illustre dans un petit groupe, est encore assez ignoré du grand public [...].

En fait, la poésie est au point mort. C'est le roman, genre de plus en plus polymorphe, qui tend à absorber tous les autres genres, y compris le genre « poème ». Le fait est à mettre en corrélation avec l'importance grandissante prise par la prose, dont les emplois « poétiques » sont de plus en plus libres et variés.

Suzanne BERNARD, *Le Poème en prose de Baudelaire à nos jours* (1959)
© éd. Nizet

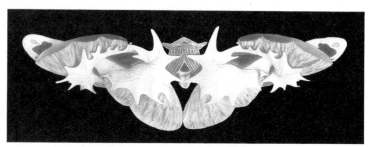

Bijou "belle époque" de René Lalique.

Pour vos essais et vos exposés

L. LEMONNIER : *Saint-Georges de Bouhélier*, éd. Messein, 1938.
A. PELLEAU : *Saint-Pol-Roux, le crucifié*, Nantes, éd. du Fleuve, 1946.
A. FIGUERAS : *Jules Romains*, éd. Seghers, 1952.
Robert MALLET : *Francis Jammes, sa vie, son œuvre*, éd. du Mercure de France, 1961.
Jean COCTEAU : *La Comtesse de Noailles*, Libr. Académique Perrin, 1963.

A. CUISENIER : *Jules Romains, l'unanimisme et les Hommes de bonne volonté*, éd. Flammarion, 1969.
Claude MARTIN : *L'Individu et l'unanimisme*, Cahiers Jules Romains I, éd. Flammarion, 1976.
Daniel ARANJO : *Paul-Jean Toulet (1867-1920)*, Pau, 1980.
Michel DECAUDIN : *La Crise des valeurs symbolistes*, éd. Slatkine Reprints, 1981.
Michel DECAUDIN : *Les Poètes fantaisistes*, anthologie, éd. Seghers, 1982.
P. O. WALZER : *Paul-Jean Toulet. Qui êtes-vous ?*, éd. de La Manufacture, 1987.

4

APOLLINAIRE ET L'ESPRIT NOUVEAU

APOLLINAIRE, LARBAUD, SAINT-JOHN PERSE, SEGALEN, CENDRARS, REVERDY, JACOB, ROUSSEL, COCTEAU

HEYM, KANEHL, MARINETTI

« Mon beau navire ô ma
mémoire
Avons-nous assez navigué
Dans une onde mauvaise
à boire
Avons-nous assez divagué
De la belle aube au
triste soir. »

Guillaume Apollinaire,
Alcools, « La Chanson
du Mal-aimé »

Tullio Garbari, *Les Intellectuels à la Coupole*, 1916.
Genève, Le Petit Palais.

La révolution de 1910

Les poètes du tout début du siècle (voir *Les évolutions poétiques*, pp. 69 à 88) ont pressenti l'imminence d'une rupture avec le passé. Mais la faculté d'adaptation du néo-symbolisme a empêché nombre d'entre eux de franchir le pas.

A la veille de la Grande Guerre, la révolution qui, dix ans plus tard, triomphera sous l'oriflamme sur-réaliste, en revanche, est bel et bien en marche. L'ouverture à la dimension planétaire, l'enrichisse-ment de l'expérience humaine dû au développe-ment des moyens techniques, la griserie de la vi-tesse, la découverte de l'immédiat dans les relations humaines (par le téléphone, la radio, la photogra-phie), tout cela, accru de révisions fondamentales en matière de théories scientifiques (la relativité ein-steinienne, l'inconscient freudien), bouleverse la vision que désormais le poète se fera de son univers mental et de la fonction de l'écriture. Tout cela l'oblige à **remettre en question ses sources d'inspiration et sa technique**.

1. Les « cubistes »

BLAISE CENDRARS, GUILLAUME APOLLINAIRE, Léon-Paul Fargue, **VALERY LARBAUD**, André Salmon, **MAX JACOB, PIERRE REVERDY, PAUL MORAND**, Henry Jean-Marie Levet, **JEAN COCTEAU** constituent le gros bataillon de ces modernes, poètes et prosateurs, que ne lie entre eux qu'une fréquentation des pein-tres de la rue de Ravignan.

Ils partagent tous l'idée que la *représentation* du monde doit céder le pas à la *création*, que **la poésie est un acte de vie intégral** et non un travail litté-raire de transposition. Ce souci commun les fera désigner (de façon trop approximative) sous le nom de « cubistes ».

En fait, cet amalgame trop rapide confond des tendances divergentes et des personnalités tout à fait différentes. André Salmon, Max Jacob, **RAY-MOND ROUSSEL** aussi, sont d'abord des descendants doués de l'école fantaisiste (voir p. 84), dont ils poussent les attendus jusqu'à leurs ultimes consé-quences : désir de décontenancer le lecteur en se déconnectant du réel, promesse de la « vague de rêves », demain si chère aux surréalistes, balbutie-ments de l'inconscient, désordre et féerie...

Blaise Cendrars puise l'énergie de ses vers fulgu-rants, de ses proses palpitantes dans **les rythmes fous de la technique moderne**, court aux quatre coins de la planète quérir sensations et images neuves, avide de dire et de vivre la nouvelle civili-sation en gésine.

Henry Jean-Marie Levet, **SAINT-JOHN PERSE, VICTOR SEGALEN** libèrent la poésie française de ses attaches occidentales, font vibrer **des musiques inouïes** sur des lyres exotiques, apportant ainsi un supplément d'âme à l'antique jeu des vers.

2. Une esthétique neuve

Toutefois, malgré leur diversité, ces expériences inaugurent une esthétique neuve qui a tendance à substituer aux contraintes de la prosodie et de la métrique, **la liberté formelle**. Un poème est dé-sormais moins un texte qu'un objet, moins un en-semble voulu et construit que le résultat d'associa-tions libres produites par l'esprit en mouvement. Refus de l'armature logique, du travail rhétorique. Recherche de la notation immédiate, la mise en pages figurant graphiquement les condensations psychiques.

Aussi, cette poésie peut-elle paraître pauvre en syntaxe, si en revanche elle est riche en inventions lexicales. Images visuelles et motrices abondent.

3. Apollinaire

La place éminente qu'occupe Apollinaire en cette époque charnière se justifie par le fait que son œuvre retentit de **tous les échos de cette modernité naissante**. Sa sensibilité exacerbée, son goût ins-tructif du merveilleux, sa clairvoyance en matière d'esthétique lui permettent de féconder apports et contradictions de sa génération. En outre, il y a chez lui **un réel sens de la tradition lyrique française**. En un curieux amalgame, *Alcools* (1913) mêle les inflexions de voix de Villon, les féeries symbolistes, les visions de Picasso, les utopies futuristes. Apolli-naire, c'est le charme en personne.

Marcoussis, *Guillaume Apollinaire*.
Paris, Musée national d'Art moderne.

1. Guillaume Apollinaire (1880-1918)

Guillaume Apollinaire dans son bureau.

Le 26 août 1880, naît à Rome **Wilhelm Apollinaris Albertus de Kostrowitzky**, fils d'une demi-mondaine d'origine balte et d'un officier italien (qui ne le reconnaîtra pas). Cette naissance illégitime affectera durablement celui qui signera ses poèmes sous le nom d'**Apollinaire** à partir de 17 ans, après avoir suivi des études dans différentes villes du Midi méditerranéen (Monaco, Cannes, Nice).

A travers l'Europe

En 1899, Apollinaire est Parisien. Différents événements familiaux l'entraînent en Belgique. Il découvre l'Ardenne et l'amour. Puis il revient à Paris, où il s'essaie à toutes sortes de métiers : secrétaire, sténo, pigiste, nègre... Peu à peu il se rapproche des milieux intellectuels et commence à faire paraître des textes dans des revues. *La Revue blanche* publie *L'Hérésiarque* en 1902.

La même année, c'est le départ pour l'Allemagne, dans la situation de précepteur. Époque heureuse, découverte de l'Europe centrale, premiers poèmes importants *(Rhénanes)*, passion amoureuse (mais malheureuse) pour Annie Playden, qui inspirera peut-être de superbes pièces d'*Alcools*.

Un écrivain de l'avant-garde littéraire

De retour à Paris en septembre 1902, Apollinaire se fait l'année suivante employé de banque. Il fréquente cependant les cafés littéraires, fait la connaissance d'André Salmon, crée *Le Festin d'Ésope* et se lie avec Picasso, Jacob et Derain. De mars à août 1904, cette revue publie *L'Enchanteur pourrissant*.

1907 : Apollinaire quitte Le Vésinet et s'installe à Montmartre, où il devient une figure de proue de l'avant-garde littéraire. Il se lie alors à Marie Laurencin. Poète, prosateur et critique, il s'impose, dans la presse notamment, comme défenseur éclairé des artistes contemporains. Sous les initiales G.A. ou anonymement, il publie des romans érotiques pour assurer son existence matérielle.

En 1909, il s'établit à Auteuil. Grâce à Paul Léautaud, il publie « La Chanson du Mal-Aimé » dans *Le Mercure de France*. A la fin de la même année, D. H. Kahnweiler édite son premier livre, *L'Enchanteur pourrissant*.

A partir de 1910 ses activités se multiplient : préfaces, contes, chroniques. Toutefois en 1911, une affaire louche de vol d'objets d'art au Louvre, où il est impliqué par erreur, l'affecte considérablement. La séparation avec Marie Laurencin ajoute à cette détresse.

L'année 1912 voit la publication, dans *Les Soirées de Paris*, du « Pont Mirabeau » et de « Zone ».

La consécration littéraire

L'édition des *Peintres cubistes, méditations esthétiques* et celle d'*Alcools* fait de 1913 l'année de sa consécration littéraire. Dans un manifeste-synthèse, *L'Antitradition futuriste*, Apollinaire indique d'autre part les voies que la poésie de l'avenir devra explorer.

Novembre 1914 : Apollinaire s'engage. Il a rencontré deux mois auparavant Lou, une amante passionnée à laquelle il consacrera des poèmes brûlants *(Poèmes à Lou)*. Ce qui ne l'empêche pas, quelques mois plus tard, de s'éprendre d'une innocente jeune fille, Madeleine Pagès, dont il pense faire sa femme.

Héros naïf, émerveillé par la guerre, il est blessé à la tête en 1915. Trépanation, hôpitaux ; néanmoins il prépare l'édition de ses *Calligrammes* et du *Poète assassiné*. Il a encore le temps de s'intéresser aux jeunes dadaïstes, au cinéma et au ballet contemporain, de faire représenter *Les Mamelles de Tirésias* devant un parterre d'admirateurs en juin 1917, avant d'être emporté, en novembre 1918, par une grippe infectieuse. En décembre 1918, *Le Mercure de France* publie sa conférence sur l'*Esprit nouveau et les poètes*, qui sert de référence à toute la génération qu'il a incarnée.

1902	*L'Hérésiarque* dans *La Revue blanche*
1904	*L'Enchanteur pourrissant*, dans *Le Festin d'Ésope*
1905	« L'Émigrant de Landor Road », dans *Vers et Prose*, la revue de Paul Fort
1909	« La Chanson du Mal-Aimé », dans *Le Mercure de France*
1910	*L'Hérésiarque et Cie*
1912	« Le Pont Mirabeau » et « Zone », publiés dans *Les Soirées de Paris*
1913	*Alcools* *Les Peintres cubistes*
1916	*Le Poète assassiné*
1917	*Les Mamelles de Tirésias*
1918	*Calligrammes*
1919	*Le Flâneur des deux rives*
1925	*Il y a* (posthume)
1947	*Ombre de mon amour*, réédité en 1956 sous le titre *Poèmes à Lou*

La poésie d'Apollinaire

1. Place d'Apollinaire

L'inspirateur de l'Esprit nouveau, l'inventeur du « surréalisme », occupe en ce début de siècle une place de choix au confluent de la tradition symboliste et de la modernité.

Le choix de thèmes classiques renouvelés par une sensibilité toute personnelle, la conception d'un vers affranchi de certaines contraintes prosodiques lors même qu'il s'inscrit dans la plus pure tradition médiévale, font de GUILLAUME APOLLINAIRE un « phare » baudelairien. Désormais en effet, la « longue querelle de la tradition et de l'invention » est dépassée par l'aventure du poète, qui, à l'instar d'un Picasso, décompose le monde pour mieux le recréer.

2. Les thèmes

La poésie d'Apollinaire reprend, en les enrichissant d'une mythologie personnelle et d'une culture cosmopolite, une série de thèmes classiques, parmi lesquels **le temps occupe une place centrale** : temps de la mémoire, temps du souvenir et du regret des amours perdues. Ainsi présent et passé se conjuguent-ils en une série d'instantanés.

Apollinaire chérit **le motif de l'eau** — symbole, s'il en est, de la fugacité des choses —, celui de l'automne et celui de l'errance. Le poète, en quête d'un paradis perdu et d'un paradis à venir, allie le thème de **la nostalgie** à celui du progrès.

3. La forme

Parallèlement, son œuvre témoigne d'une grande audace stylistique, menant à leur terme les innovations pressenties par un Rimbaud ou un Mallarmé, qui devaient se révéler si fécondes. Loin de recréer l'héritage médiéval (lais, complainte, chanson), germanique (lied) ou symboliste, Apollinaire intègre la tradition à ses poèmes cubistes.

Estimant que « le rythme même et la coupe des vers sont la véritable ponctuation », **il abolit systématiquement toute forme de ponctuation**, comme allaient le faire ses successeurs. Ses poèmes, de forme variée, ont aussi des strophes variées, le plus souvent hétérométriques, mêlant le verset de type claudélien au monosyllabe.

Les rimes, lorsqu'elles ne disparaissent pas au profit de l'assonance, n'obéissent plus à la règle de l'alternance entre rime masculine et rime féminine. Il est vrai qu'Apollinaire redéfinit à sa façon la rime féminine, au mépris de la tradition classique !

Si le rythme du vers et l'accent demeurent réguliers, en revanche les temps, les personnes et les images se superposent et se télescopent, car le poète procède par associations d'idées. Enfin, le vocabulaire est extraordinairement riche, mais parfois insolite. Des allusions hermétiques pouvaient déconcerter les contemporains, qui furent plus encore surpris par **les calligrammes**, ces « idéogrammes lyriques », alliant peinture et poésie...

L'Hérésiarque et Cie (1910)

L'Hérésiarque et Cie *a été publié en 1910. Ces contes étonnent par l'éclectisme de leurs sources,* **l'étrangeté de leur inspiration fantastique**, *leur érotisme quelque peu fabriqué. S'esquissent dans ces textes des thèmes que la poésie exploitera magistralement, telle cette évocation de Salomé.*

La danseuse

Salomé, dont la belle danse avait sillé les yeux du roi[1], périt en dansant ; mort étrange qu'envieront les ballerines.

Cette dame dansa une fois pendant une fête sur la terrasse de marbre incrusté de serpentine d'un proconsul, et celui-ci l'emmena, lorsqu'il quitta la Judée pour
5 une province barbare au bord du Danube.

Il arriva que, s'étant un jour d'hiver égarée seule au bord du fleuve gelé, elle fut séduite par la glace bleuâtre et s'élança dessus en dansant. Elle était comme toujours richement accoutrée et dorée de ces chaînes à mailles minuscules pareilles à celles que firent depuis les joailliers vénitiens, que ce travail rendait
10 aveugles vers l'âge de trente ans. Elle dansa longtemps, mimant l'amour, la mort et la folie. Et, de vrai, il paraissait qu'il y eût un peu de foleur dans sa grâce et

sa joliesse. Selon les attitudes de son corps înel, ses mains gesticulaient en chironomie[2]. Nostalgiquement, elle mima encore les mouvements lents des oliveuses de Judée gantées et accroupies, quand choient les olives mûres.

15   Puis, les yeux mi-clos, elle essaya des pas presque oubliés : cette danse damnable qui lui avait valu jadis la tête du Baptiste. Soudain, la glace se brisa sous elle qui s'enfonça dans le Danube, mais de telle façon que, le corps étant baigné, la tête resta au-dessus des glaces rapprochées et ressoudées. Quelques cris terribles effrayèrent de grands oiseaux au vol lourd, et, lorsque la malheu-

20   reuse se tut, sa tête semblait tranchée et posée sur un plat d'argent.

La nuit vint, claire et froide. Les constellations luisaient. Des bêtes sauvages venaient flairer la mourante qui les regardait encore avec terreur. Enfin, en un dernier effort, elle détourna ses yeux des ourses de la terre pour les reporter vers les ourses du ciel, et expira.

25   Comme une gemme terne, la tête demeura longtemps au-dessus des glaces lisses autour d'elle. Les oiseaux rapaces et les bêtes sauvages la respectèrent. Et l'hiver passa. Puis, au soleil de Pâques, ce fut la débâcle et le corps paré, incrusté de joyaux, jeté sur une rive pour les pourritures fatales.

Guillaume APOLLINAIRE, *L'Hérésiarque et Cie* (1910)
© éd. Stock

2. Art de régler les mouvements des mains et du corps en chorégraphie.

Alcools (1913)

*Ce recueil réunit les poèmes écrits par **Guillaume Apollinaire** entre 1898 et 1913. Tous les tons, toutes les formes, tous les genres s'y mêlent. L'ordre chronologique n'y est pas respecté. **Savant désordre** qui correspond à un choix esthétique : équilibre entre le moderne et le classique, entre les textes musicaux et ceux où prédomine l'image, entre leurs différentes sources d'inspiration, populaire, symboliste, cubiste, etc.*

*Le titre Alcools se réfère explicitement au Rimbaud du « Bateau ivre » et du dérèglement des sens : **la poésie est ivresse comme la vie doit l'être**, sous la forme du désir, de la soif, de l'aspiration, de l'excitation. En un mot, il s'agit d'une exaltation de l'imagination au service du merveilleux.*

La thématique qui sert de trame au recueil répond d'ailleurs bien à cette définition : le jeu, la forme, les étoiles, les oiseaux, la mer, la forêt, les saisons, les fleurs structurent l'univers poétique d'Apollinaire, qui chante les prodiges de l'invention, l'essence de l'amour et du voyage, la puissance de la poésie, l'appel de l'avenir.

*Alcools renouvelle également en profondeur les techniques et la prosodie poétiques : redéfinition de la rime et de ses alternances, **exploitation du vers libre rimé**, union du trivial et du rare au niveau lexical, création d'images simultanéistes et cubistes.*

Enfin, la grande réussite d'Apollinaire est d'avoir su créer quelques pièces devenues de grands classiques, telles que « Le Pont Mirabeau », « La Chanson du Mal-Aimé », « Les Colchiques », ou « Nuit rhénane ».

Zone

A la fin tu es las de ce monde ancien

Bergère ô tour Eiffel le troupeau des ponts bêle ce matin

Tu en as assez de vivre dans l'antiquité grecque et romaine

Ici même les automobiles ont l'air d'être anciennes
5   La religion seule est restée toute neuve la religion
Est restée simple comme les hangars de Port-Aviation

Seul en Europe tu n'es pas antique ô Christianisme
L'Européen le plus moderne c'est vous Pape Pie X[1]
Et toi que les fenêtres observent la honte te retient
10   D'entrer dans une église et de t'y confesser ce matin
Tu lis les prospectus les catalogues les affiches qui chantent tout haut
Voilà la poésie ce matin et pour la prose il y a les journaux
Il y a les livraisons à 25 centimes pleines d'aventures policières
Portraits des grands hommes et mille titres divers

1. Pape de 1903 à 1914, il protesta en France, contre la séparation de l'Église et de l'État (1905), et condamna la démocratie chrétienne du Sillon et l'Action française.

15 J'ai vu ce matin une jolie rue dont j'ai oublié le nom
Neuve et propre du soleil elle était le clairon
Les directeurs les ouvriers et les belles sténo-dactylographes
Du lundi matin au samedi soir quatre fois par jour y passent
Le matin par trois fois la sirène y gémit
20 Une cloche rageuse y aboie vers midi
Les inscriptions des enseignes et des murailles
Les plaques les avis à la façon des perroquets criaillent
J'aime la grâce de cette rue industrielle
Située à Paris entre la rue Aumont-Thiéville et l'avenue des Ternes

Guillaume APOLLINAIRE, *Alcools* (1913)
© éd. Gallimard

POUR LE COMMENTAIRE

1. Il s'agit du début d'un long poème de 155 vers : comment est **construite** cette ouverture ? Quels **thèmes** prédominent ?

2. Expliquez l'**image** du vers 2.

3. Les références au monde moderne : comment Apollinaire en extrait-il la substance poétique ?

4. Étudiez les « **rimes** ». En quoi se distinguent-elles des rimes traditionnelles ?

5. Lisez le poème en entier dans une édition d'*Alcools* et justifiez-en le titre : « Zone ».

AU-DELÀ DU TEXTE

Le poème — qui date de 1912 — a été fortement influencé par *Les Pâques à New York*, de Blaise CENDRARS. D'ailleurs APOLLINAIRE reconnaît avoir rédigé *Zone* après avoir entendu celui-ci dire son propre poème dans l'atelier des Delaunay. Les thèmes des deux textes sont apparentés, leur agencement mélodique et leur structure se ressemblent. Toutefois, la sensibilité des deux hommes, comme leur esthétique, diffère. C'est ce que vous apprécierez en procédant à une comparaison systématique de « Zone » et des *Pâques*.

André Lhote,
*La Tour Eiffel
et les quais.*
Paris, Musée d'Art
moderne.

Le pont Mirabeau

Sous le pont Mirabeau coule la Seine
Et nos amours
Faut-il qu'il m'en souvienne
La joie venait toujours après la peine
5   Vienne la nuit sonne l'heure
    Les jours s'en vont je demeure

Les mains dans les mains restons face à face
    Tandis que sous
    Le pont de nos bras passe
10 Des éternels regards l'onde si lasse
    Vienne la nuit sonne l'heure
    Les jours s'en vont je demeure

L'amour s'en va comme cette eau courante
    L'amour s'en va
15   Comme la vie est lente
Et comme l'espérance est violente
    Vienne la nuit sonne l'heure
    Les jours s'en vont je demeure

Passent les jours et passent les semaines
20   Ni temps passé
    Ni les amours reviennent
Sous le pont Mirabeau coule la Seine
    Vienne la nuit sonne l'heure
    Les jours s'en vont je demeure

Guillaume APOLLINAIRE, *Alcools*
© éd. Gallimard

La Chanson du Mal-Aimé

A Paul Léautaud

Et je chantais cette romance
En 1903 sans savoir
Que mon amour à la semblance
Du beau Phénix s'il meurt un soir
Le matin voit sa renaissance.

Un soir de demi-brume à Londres
Un voyou qui ressemblait à
Mon amour vint à ma rencontre
Et le regard qu'il me jeta
5   Me fit baisser les yeux de honte

Je suivis ce mauvais garçon
Qui sifflotait mains dans les poches
Nous semblions entre les maisons
Onde ouverte de la mer Rouge
10 Lui les Hébreux moi Pharaon[1]

Que tombent ces vagues de briques
Si tu ne fus pas bien aimée
Je suis le souverain d'Égypte
Sa sœur-épouse son armée
15 Si tu n'es pas l'amour unique

Au tournant d'une rue brûlant
De tous les feux de ses façades
Plaies du brouillard sanguinolent
Où se lamentaient les façades
20 Une femme lui ressemblant

C'était son regard d'inhumaine
La cicatrice à son cou nu
Sortit saoule d'une taverne
Au moment où je reconnus
25 La fausseté de l'amour même

Lorsqu'il fut de retour enfin
Dans sa patrie le sage Ulysse
Son vieux chien de lui se souvint
Près d'un tapis de haute lisse[2]
30 Sa femme attendait qu'il revînt

L'époux royal de Sacontale[3]
Las de vaincre se réjouit
Quand il la retrouva plus pâle
D'attente et d'amour yeux pâlis
35 Caressant sa gazelle mâle

J'ai pensé à ces rois heureux
Lorsque le faux amour et celle
Dont je suis encore amoureux
Heurtant leurs ombres infidèles
40 Me rendirent si malheureux

Regrets sur quoi l'enfer se fonde
Qu'un ciel d'oubli s'ouvre à mes vœux
Pour son baiser les rois du monde
Seraient morts les pauvres fameux
45 Pour elle eussent vendu leur ombre

J'ai hiverné dans mon passé
Revienne le soleil de Pâques
Pour chauffer un cœur plus glacé
Que les quarante de Sébaste[4]
50 Moins que ma vie martyrisés

Mon beau navire ô ma mémoire
Avons-nous assez navigué
Dans une onde mauvaise à boire
Avons-nous assez divagué
55 De la belle aube au triste soir

Adieu faux amour confondu
Avec la femme qui s'éloigne
Avec celle que j'ai perdue
L'année dernière en Allemagne
60 Et que je ne reverrai plus

Voie lactée ô sœur lumineuse
Des blancs ruisseaux de Chanaan[5]
Et des corps blancs des amoureuses
Nageurs morts suivrons-nous d'ahan[6]
65 Ton cours vers d'autres nébuleuses

Je me souviens d'une autre année
C'était l'aube d'un jour d'avril
J'ai chanté ma joie bien-aimée
Chanté l'amour à voix virile
70 Au moment d'amour de l'année

Guillaume APOLLINAIRE, *Alcools*, © éd. Gallimard

1. *A leur sortie d'Égypte les Hébreux furent poursuivis par Ramsès II.*

2. *Tapisserie.*
3. *Légende indienne (connue par un opéra).*
4. *Les quarante martyrs de Sébaste sont fêtés le 10 mars.*
5. *Le pays des Hébreux où coulent, selon la légende, le lait et le miel.*
6. *Effort physique pénible.*

LECTURE MÉTHODIQUE

Pour certains, ce texte est écrit à la suite de la désillusion amoureuse que connut Apollinaire quand Annie Playden se détourna de lui. En vain, il l'a poursuivie en Angleterre, en 1903. Mais il l'a revue en 1904 et le poème a été écrit plus tard.

Vers 1 à 10

a. Précisez la situation et la façon dont naît l'**hallucination**.
b. Quelles **couleurs** prédominent ? Quelle **musicalité** soutient l'évocation ? Quelle **atmosphère** se dégage de l'ensemble ?
c. Comment est composé le **quintil** de *La Chanson* ?

Vers 11 à 25

a. **Le thème du Pharaon** et des **Hébreux** : comment se développe-t-il ? Quel sens lui donner ? Quelle confusion s'établit entre Londres et la mer Rouge ?
b. Quelle **leçon** Apollinaire tire-t-il de son hallucination ? Comment y parvient-il ?
c. Étudiez les **connotations** du *rouge*, du vers 1 au vers 25.

Vers 26 à 35

a. En quoi ces deux évocations peuvent-elles être considérées comme venant **en contrepoint** de ce qui précède ?

b. Étudiez le jeu des **assonances** et des rimes dans ces deux strophes.

Vers 36 à 43

a. Montrez que le **thème des rois** rebrasse toute la matière du poème.

b. Une **rupture de ton** par rapport aux vers précédents : montrez-la.

Vers 46 à 65

a. Les deux refrains de *La Chanson* apparaissent (v. 50 à 55 et v. 60 - 65). **Expliquez-les** et **comparez-les** : sens et forme.

b. Le jeu de la **mémoire** et le travail du **souvenir** à l'origine de cette complainte.

GROUPEMENT THÉMATIQUE

Le souvenir amoureux dans la poésie du XIXe siècle et du XXe siècle

LAMARTINE : *Les Méditations poétiques*, 1820. — MUSSET : *La Nuit d'octobre*, 1837 ; *Souvenir* (Poèmes), 1841. — HUGO : *Les Rayons et les Ombres*, 1840 (en particulier « La Tristesse d'Olympio »). — NERVAL : *Les Chimères*, 1854. — VERLAINE : *Poèmes saturniens* (en particulier « Nevermore », « Le Rossignol » et « Chanson d'automne »), 1866. — ÉLUARD : *Le Temps déborde*, 1947.

Le voyageur

A Fernand Fleuret

Ouvrez-moi cette porte où je frappe en pleurant

La vie est variable aussi bien que l'Euripe[1]

Tu regardais un banc de nuages descendre
Avec le paquebot orphelin vers les fièvres futures
5 Et de tous ces regrets de tous ces repentirs
       Te souviens-tu

Vagues poissons arqués fleurs surmarines
Une nuit c'était la mer
Et les fleuves s'y répandaient

10 Je m'en souviens je m'en souviens encore

Un soir je descendis dans une auberge triste
Auprès de Luxembourg
Dans le fond de la salle il s'envolait un Christ
Quelqu'un avait un furet
15 Un autre un hérisson
L'on jouait aux cartes
Et toi tu m'avais oublié

Te souviens-tu du long orphelinat des gares
Nous traversâmes des villes qui tout le jour tournaient
20 Et vomissaient la nuit le soleil des journées
O matelots ô femmes sombres et vous mes compagnons
       Souvenez-vous-en

Deux matelots qui ne s'étaient jamais quittés
Deux matelots qui ne s'étaient jamais parlé
25 Le plus jeune en mourant tomba sur le côté

     O vous chers compagnons
Sonneries électriques des gares chant des moissonneuses
Traîneau d'un boucher régiment des rues sans nombre
Cavalerie des ponts nuits livides de l'alcool
30 Les villes que j'ai vues vivaient comme des folles

Te souviens-tu des banlieues et du troupeau plaintif des paysages
Les cyprès projetaient sous la lune leurs ombres
J'écoutais cette nuit au déclin de l'été
Un oiseau langoureux et toujours irrité
35 Et le bruit éternel d'un fleuve large et sombre

1. Détroit qui sépare l'île d'Eubée de la Grèce continentale. Célèbre pour la variation de ses courants plusieurs fois par jour.

Raoul Dufy, *Les Trois marins*, 1926. Genève, Musée du Petit Palais.

Mais tandis que mourants roulaient vers l'estuaire
Tous les regards tous les regards de tous les yeux
Les bords étaient déserts herbus silencieux
Et la montagne à l'autre rive était très claire

40 Alors sans bruit sans qu'on pût voir rien de vivant
Contre le mont passèrent des ombres vivaces
De profil ou soudain tournant leurs vagues faces
Et tenant l'ombre de leurs lances en avant

Les ombres contre le mont perpendiculaire
45 Grandissaient ou parfois s'abaissaient brusquement
Et ces ombres barbues pleuraient humainement
En glissant pas à pas sur la montagne claire

Qui donc reconnais-tu sur ces vieilles photographies
Te souviens-tu du jour où une abeille tomba dans le feu
50 C'était tu t'en souviens à la fin de l'été
Deux matelots qui ne s'étaient jamais quittés
L'aîné portait au cou une chaîne de fer
Le plus jeune mettait ses cheveux blonds en tresse

Ouvrez-moi cette porte où je frappe en pleurant

55 La vie est variable aussi bien que l'Euripe

Guillaume APOLLINAIRE, *Alcools*
© éd. Gallimard

POUR LE COMMENTAIRE

1. Thématique

a. Le thème du **souvenir**.
b. La technique du **monologue intérieur** au service de l'introspection.
c. Les **références au voyage** et à l'évasion.

2. Poétique

a. Les **types** de vers.
b. Les formules **strophiques**.
c. L'**organisation** des rimes.

GROUPEMENT THÉMATIQUE

Variations poétiques autour du voyage

BAUDELAIRE : *Les Fleurs du mal*, 1857 (surtout « Parfum exotique », « La Chevelure », « L'Invitation au voyage », « Le Voyage »). — RIMBAUD : *Poésies*, 1871 (en particulier « Bateau ivre ») ; *Une Saison en Enfer*, 1873. — CLAUDEL : *Partage de midi*, 1906 (en marge de la poésie). — CENDRARS : *Prose du Transsibérien et de la Petite Jehanne de France*, 1913. — SUPERVIELLE : *Débarcadère*, 1922. — SAINT-JOHN PERSE : *Anabase*, 1924. — Aimé CÉSAIRE : *Cahier d'un retour au pays natal*, 1939.

Nuit rhénane

Mon verre est plein d'un vin trembleur comme une
Écoutez la chanson lente d'un batelier   [flamme
Qui raconte avoir vu sous la lune sept femmes
Tordre leurs cheveux verts et longs jusqu'à leurs pieds

Debout chantez plus haut en dansant une ronde
Que je n'entende plus le chant du batelier
Et mettez près de moi toutes les filles blondes
Au regard immobile aux nattes repliées

Le Rhin le Rhin est ivre où les vignes se mirent
Tout l'or des nuits tombe en tremblant s'y refléter
La voix chante toujours à en râle-mourir
Ces fées aux cheveux verts qui incantent l'été

Mon verre s'est brisé comme un éclat de rire

Guillaume APOLLINAIRE,
Alcools
© éd. Gallimard

Signe

Je suis soumis au Chef du Signe de l'Automne
Partant j'aime les fruits je déteste les fleurs
Je regrette chacun des baisers que je donne
Tel un noyer gaulé dit au vent ses douleurs

Mon Automne éternelle ô ma saison mentale
Les mains des amantes d'antan jonchent ton sol
Une épouse me suit c'est mon ombre fatale
Les colombes ce soir prennent leur dernier vol

Guillaume APOLLINAIRE, *Alcools*
© éd. Gallimard

POUR LE COMMENTAIRE

1. De quel **signe** s'agit-il ?

2. Comment **s'articulent** les deux strophes ?

3. La thématique de l'automne. Notez sa portée sentimentale et philosophique.

Calligrammes (1918)

Calligrammes, « *poèmes de la paix et de la guerre* », recueille des textes d'**Apollinaire** composés entre 1913 et 1916. Ce volume manifeste un **effort d'invention remarquable**, avec ses poèmes simultanés, ses poèmes-conversations, ses « calligrammes » (d'abord intitulés « idéogrammes lyriques »), qui tendent à configurer par leur disposition typographique le sens de leur message. La thématique est centrée sur la guerre, la passion sensuelle, la modernité militante.

Fusée

Apollinaire, dessin de
Picasso, 1914.

La boucle des cheveux noirs de ta nuque est mon trésor
Ma pensée te rejoint et la tienne la croise
Tes seins sont les seuls obus que j'aime
Ton souvenir est la lanterne de repérage qui nous sert à pointer la nuit
5 En voyant la large croupe de mon cheval, j'ai pensé à tes hanches

Voici les fantassins qui s'en vont à l'arrière en lisant un journal

Le chien du brancardier revient avec une pipe dans sa gueule

Un chat-huant ailes fauves yeux ternes gueule de petit chat et pattes de chat

Une souris verte file parmi la mousse

10 Le riz a brûlé dans la marmite de campement
Ça signifie qu'il faut prendre garde à bien des choses

Le mégaphone crie
Allongez le tir

Allongez le tir amour de vos batteries

15 Balance des batteries lourdes cymbales
Qu'agitent les chérubins fous d'amour
En l'honneur du Dieu des Armées

Un arbre dépouillé sur une butte

Le bruit des tracteurs qui grimpent dans la vallée

20 O vieux monde du XIXe siècle plein de hautes cheminées si belles et si pures

Virilités du siècle où nous sommes
O canons

Douilles éclatantes des obus de 75
Carillonnez pieusement

Guillaume APOLLINAIRE, *Calligrammes* (1918)
© éd. Gallimard

POUR LE COMMENTAIRE

1. Un poème de guerre

a. Précisez la situation à partir des indications données par Apollinaire.
b. Relevez un détail tragique. Comment est-il traité ?
c. Que représente la guerre de 1914 pour Apollinaire ?

2. Une hallucination érotique

a. Quelles visions suggère le désir ? Quelle part d'humour en elles ?
b. Comment s'effectue l'érotisation de la guerre elle-même ?

3. Une réflexion sur le destin

a. La guerre : une image de la fatalité ?

b. Pourquoi Apollinaire semble-t-il admettre sans révolte son sort ?

4. Une poésie prosaïque

a. Le réalisme au service de la poésie.
b. La notation brute : son intérêt esthétique.
c. La disposition du poème dans la page : accord de cette forme avec le thème.

AU-DELÀ DU TEXTE

La Jolie rousse peut être considérée comme le testament poétique d'APOLLINAIRE. A partir de l'extrait qui suit, sur la page ci-contre, précisez le sens à donner au conflit de l'ordre et de l'aventure dans la littérature contemporaine.

L'adieu du cavalier

Ah Dieu ! que la guerre est jolie
Avec ses chants ses longs loisirs
Cette bague je l'ai polie
Le vent se mêle à vos soupirs
5 Adieu ! voici le boute-selle
Il disparut dans un tournant
Et mourut là-bas tandis qu'elle
Riait au destin surprenant

Guillaume APOLLINAIRE, *Calligrammes*
© éd. Gallimard

POUR LE COMMENTAIRE

1. **La provocation**. Se justifie-t-elle dans le texte ?

2. **L'humour noir**. Comment est-il désamorcé ?

3. Une réflexion sur le **destin** ?

La jolie rousse

Guillaume Apollinaire
par lui-même.

Je sais d'ancien et de nouveau autant qu'un homme seul pourrait des deux savoir
Et sans m'inquiéter aujourd'hui de cette guerre
Entre nous et pour nous mes amis
Je juge cette longue querelle de la tradition et de l'invention
5   De l'Ordre et de l'Aventure

Vous dont la bouche est faite à l'image de celle de Dieu
Bouche qui est l'ordre même
Soyez indulgents quand vous nous comparez
A ceux qui furent la perfection de l'ordre
10 Nous qui quêtons partout l'aventure

Nous ne sommes pas vos ennemis
Nous voulons nous donner de vastes et d'étranges domaines
Où le mystère en fleurs s'offre à qui veut le cueillir
Il y a là des feux nouveaux des couleurs jamais vues
15 Mille phantasmes impondérables
Auxquels il faut donner de la réalité
Nous voulons explorer la bonté contrée énorme où tout se tait

Guillaume APOLLINAIRE, *Calligrammes*
© éd. Gallimard

GROUPEMENT THÉMATIQUE

La guerre en poésie

La Chanson de Roland, 1170. — RONSARD : *Discours*, 1562-1564. — AGRIPPA D'AUBIGNÉ : *Les Tragiques*, 1616. — LA FONTAINE : *Fables*, 1668 (« Combat des rats et des belettes »). — HUGO : *Les Orientales*, 1829 (« L'enfant grec ») ; *Les Châtiments*, 1853 (« O soldats de l'an deux », « L'Expiation »). — RIMBAUD : *Poésies*, 1871 (« Le dormeur du Val »). — HEREDIA : *Les Trophées*, 1893 (2e partie : « Rome et les Barbares »). — VERHAEREN : *Ailes rouges de la guerre*, 1916. — ARAGON : *Le Crève-Cœur*, 1941 ; *La Diane française*, 1944. — DESNOS : *État de veille*, 1943. — ELUARD : *Au Rendez-vous allemand*, 1944.

Poèmes à Lou (éd. posthume, 1956)

*Écrits entre octobre 1914 et septembre 1915, ces poèmes furent adressés à Louise de Coligny-Chatillon, la capricieuse amante d'**Apollinaire**. Édités pour la première fois en 1947, à Genève, sous le titre* Ombre de mon amour, *ils prirent le nom de* Poèmes à Lou *en 1956 quand Gallimard publia l'édition intégrale.*

« Tendres yeux éclatés de l'amante infidèle »

Calligramme adressé à Lou
le 9 février 1915.

Tendres yeux éclatés de l'amante infidèle
    Obus mystérieux
Si tu savais le nom du beau cheval de selle
    Qui semble avoir tes yeux !

5 Car c'est Loulou mon Lou que mon cheval se nomme
    Un alezan brûlé
Couleur de tes cheveux cul rond comme une pomme
    Il est là tout sellé

Il faut que je reçoive ô mon Lou la mesure
10   Exacte de ton doigt
Car je veux te sculpter une bague très pure
    Dans un métal d'effroi.

Guillaume APOLLINAIRE, *Poèmes à Lou*
(éd. posthume, 1956), © éd. Gallimard

Nîmes, 4 février 1915

Adieu !

  ⌐ 'amour est libre, il n'est jamais soumis au sort
  O Lou, le mien est plus fort encore que la mort
  ⌐ n cœur, le mien te suit dans ton voyage au Nord.

  ⌐ ettres ! Envoie aussi des lettres, ma chérie
5 O n aime en recevoir dans notre artillerie
  ⌐ ne par jour au moins, une au moins, je t'en prie

  ⌐ entement la nuit noire est tombée à présent.
  O n va rentrer après avoir acquis du zan.
  ⌐ ne, deux, trois... A toi ma vie ! A toi mon sang !

10 ⌐ a nuit, mon cœur, la nuit est très douce et très blonde
  O Lou, le ciel est pur aujourd'hui comme une onde.
  ⌐ n cœur, le mien, te suit jusques au bout du monde.

  ⌐ 'heure est venue, Adieu ! l'heure de ton départ
  O n va rentrer. Il est neuf heures moins le quart
15 ⌐ ne... deux... trois... Adieu de Nîmes dans le Gard.

Guillaume APOLLINAIRE, *Poèmes à Lou*
© éd. Gallimard

Portrait de Lou.

2. Cosmopolites

Le voyage, la découverte des horizons lointains des Antilles, du Pacifique, de l'Asie, de la Sibérie, emplissent les recueils des années 1910-1920 d'un salutaire vent du large. Poètes diplomates (Henry Jean-Marie Levet, **Victor Segalen**, Paul Claudel, Paul Morand) ou poètes aventuriers (**Blaise Cendrars**) chantent à l'unisson leur conquête spirituelle « du monde entier ». Ils puisent force et connaissance dans cette inspiration non occidentale.

Mais en même temps que cette poésie manifeste là nostalgie des ailleurs oubliés, elle se veut moderne de ton, de forme et d'aspect. Le voyage (**Larbaud**) symbolise non pas l'évasion romantique, mais la naissance imminente d'une civilisation planétaire que promettent et annoncent les progrès des sciences et des techniques. Et ces poètes, résolument de leur temps au même titre que les peintres contemporains, subvertissent les vieilles règles prosodiques pour leur substituer **le rythme fulgurant d'un monde en pleine révolution**.

Valery Larbaud
A. O. Barnabooth, ses œuvres complètes (1913)

Valery Larbaud,
par Bernard Milleret.

Homme fortuné (sa famille était propriétaire de la source Saint-Yorre à Vichy), **Valery Larbaud** (1881-1957) a longuement voyagé. Son don des langues a fait de lui un cosmopolite averti. Raffiné et cultivé, il publie des traductions délicates et complexes (*Ainsi va toute chair*, de Samuel Butler ; *Ulysse*, de James Joyce).

Romancier et nouvelliste, il est l'auteur de *Fermina Marquez* (1911), *Enfantines* (1918), *Beauté, mon beau souci* (1920). Mais son personnage de prédilection est ce Barnabooth, prétendu poète sud-américain, dont il fait son double et auquel il prête la rédaction de ses *Poèmes par un riche amateur, ou œuvres françaises de M. Barnabooth* (1908). Il exalte dans ce recueil les trains de luxe, les paquebots transocéaniens, les palaces internationaux.

En 1913 paraissent les « œuvres complètes » d'A. O. Barnabooth, soit ses poésies, un conte et un journal. Y sont évoqués souvenirs d'amour, de villes, de paysages, rencontres et rêveries.

Ode

Prête-moi ton grand bruit, ta grande allure si douce,
Ton glissement nocturne à travers l'Europe illuminée,
Ô train de luxe ! et l'angoissante musique
Qui bruit le long de tes couloirs de cuir doré,
5 Tandis que derrière les portes laquées, aux loquets de cuivre lourd,
Dorment les millionnaires.
Je parcours en chantonnant tes couloirs
Et je suis ta course vers Vienne et Budapesth,
Mêlant ma voix à tes cent mille voix,
10 Ô Harmonika-Zug !

J'ai senti pour la première fois toute la douceur de vivre,
Dans une cabine du Nord-Express, entre Wirballen et Pskow[1].
On glissait à travers des prairies où des bergers,
Au pied de groupes de grands arbres pareils à des collines,
15 Étaient vêtus de peaux de moutons crues et sales...
(Huit heures du matin en automne, et la belle cantatrice
Aux yeux violets chantait dans la cabine à côté.)
Et vous, grandes places à travers lesquelles j'ai vu passer la Sibérie et les monts
[du Samnium[2],
La Castille âpre et sans fleurs, et la mer de Marmara sous une pluie tiède !
20 Prêtez-moi, ô Orient-Express, Sud-Brenner[3]-Bahn, prêtez-moi
Vos miraculeux bruits sourds et
Vos vibrantes voix de chanterelle ;

1. Ville de Biélorussie, ancienne principauté indépendante, rivale de Novgorod.

2. Région montagneuse d'Italie centrale, entre Rome et Naples.

3. Col séparant l'Autriche de l'Italie.

Prêtez-moi la respiration légère et facile
Des locomotives hautes et minces, aux mouvements
25 Si aisés, les locomotives des rapides,
Précédant sans effort quatre wagons jaunes à lettres d'or
Dans les solitudes montagnardes de la Serbie,
Et, plus loin, à travers la Bulgarie pleine de roses...

Ah ! il faut que ces bruits et que ce mouvement
30 Entrent dans mes poèmes et disent
Pour moi ma vie indicible, ma vie
D'enfant qui ne veut rien savoir, sinon
Espérer éternellement des choses vagues.

Valery LARBAUD, *A. O. Barnabooth, ses œuvres complètes* (1913), © éd. Gallimard

LECTURE MÉTHODIQUE

Vers 1 à 10

a. L'express se reconnaît d'abord à sa **musique** : quelle est l'importance de cette notation ?
b. Précisez les **sentiments ressentis** par Larbaud.
c. Pourquoi cette insistance sur le **luxe de l'express** et la richesse des passagers ?

Vers 11 à 19

a. Comment expliquer cette soudaine **sensation de bonheur** (v. 10 à 15) ?
b. La découpe de la phrase **en vers** : par quoi est-elle commandée ?

Vers 20 à 27

a. Images visuelles et sonores : quel est le but de leur **union** ?
b. Étudiez l'**emploi des adjectifs**.
c. Quelle **image de l'Europe** se construit ici ?

Vers 28 à 33

a. Sous quel aspect Barnabooth se présente-t-il dans ces vers ?
b. Pourquoi ce texte est-il bel et bien une **ode** ?

Ma muse

Affiche de l'Orient-Express.

Je chante l'Europe, ses chemins de fer et ses théâtres
Et ses constellations de cités, et cependant
J'apporte dans mes vers les dépouilles d'un nouveau monde :
Des boucliers de peaux peints de couleurs violentes,
5 Des filles rouges, des canots de bois parfumés, des perroquets,
Des flèches empennées de vert, de bleu, de jaune,
Des colliers d'or vierge, des fruits étranges, des arcs sculptés,
Et tout ce qui suivait Colomb dans Barcelone.
Mes vers, vous possédez la force, ô mes vers d'or,
10 Et l'élan de la flore et de la faune tropicales,
Toute la majesté des montagnes natales,
Les cornes du bison, les ailes du condor !
La muse qui m'inspire est une dame créole,
Ou encore la captive ardente que le cavalier emporte
15 Attachée à sa selle, jetée en travers de la croupe,
Pêle-mêle avec des étoffes précieuses, des vases d'or et des tapis,
Et tu es vaincu par ta proie, ô llanero !
Mes amis reconnaissent ma voix, ses intonations
Familières d'après dîner, dans mes poèmes.
20 (Il suffit de savoir mettre l'accent où il faut.)
Je suis agi par les lois invincibles du rythme,
Je ne les comprends pas moi-même : elles sont là.
O Diane, Apollon, grands dieux neurasthéniques
Et farouches, est-ce vous qui me dictez ces accents,
25 Ou n'est-ce qu'une illusion, quelque chose
De moi-même purement — un borborygme ?

Valery LARBAUD, *A. O. Barnabooth,
ses œuvres complètes*, © éd. Gallimard

Saint-John Perse *Éloges* (1911)

*L'importance ultérieure de l'œuvre de **Saint-John Perse** (1887-1975, voir p. 559), né à la Guadeloupe d'une famille qui y était installée depuis deux siècles, fait trop souvent oublier que dès 1911 il publie* Éloges *(poèmes datés de 1904 à 1908), où il manifeste déjà les qualités majeures de son art : **affinité avec les éléments dans leur originelle pureté**, enracinement dans les terres lointaines de la terre et de l'âme, compréhension charnelle des grands flux universels. L'exotisme de Saint-John Perse, c'est cette communion exaltée avec le prix et le poids des choses à la lumière de l'aube antillaise, avec **l'essence du langage** telle qu'elle a été conservée par les hautes et sages civilisations du passé. Sur les Antilles de Saint-John Perse soufflent les grands vents d'Asie...*

« Palmes... »

Palmes... !
Alors on te baignait dans l'eau-de-feuilles-vertes ; et l'eau encore était du soleil vert ; et les servantes de ta mère, grandes filles luisantes, remuaient leurs jambes chaudes près de toi qui tremblais...
5 (Je parle d'une haute condition, alors, entre les robes, au règne de tournantes clartés.)

Palmes ! et la douceur
d'une vieillesse des racines... ! La terre
alors souhaita d'être plus sourde, et le ciel plus profond où des arbres trop
10 grands, las d'un obscur dessein, nouaient un pacte inextricable...
(J'ai fait ce songe, dans l'estime : un sûr séjour entre les toiles enthousiastes.)

Et les hautes
racines courbes célébraient
l'en allée des voies prodigieuses, l'invention des voûtes et des nefs
15 et la lumière alors, en de plus purs exploits féconde, inaugurait le blanc royaume où j'ai mené peut-être un corps sans ombre...
(Je parle d'une haute condition, jadis, entre des hommes et leurs filles, et qui mâchaient de telle feuille.)

Alors, les hommes avaient
20 une bouche plus grave, les femmes avaient des bras plus lents ;
alors, de se nourrir comme nous de racines, de grandes bêtes taciturnes s'ennoblissaient ;
et plus longues sur plus d'ombre se levaient les paupières...
(J'ai fait ce songe, il nous a consumés sans reliques.)

SAINT-JOHN PERSE, *Éloges* (1911)
© éd. Gallimard

POUR LE COMMENTAIRE

1. Le **thème de la pureté**, de la **purification**.
2. Les **images de la nature** tropicale.
3. La **rêverie** d'un passé immémorial.
4. **Exotisme** et féminité.
5. Le **rythme** des versets.
6. La **structure** de cette « ode ».

Victor Segalen *Stèles* (1912)

Victor Segalen
et Gilbert de Voisins
au cours d'une mission
archéologique en Chine
en 1914.

Médecin de marine, **Victor Segalen** (1878-1919), qui a été lié à Huysmans et à Saint-Pol Roux, trouve à Tahiti une île où la nature est intacte, quoique la civilisation occidentale ait commencé à pervertir les Maoris. Suivant le modèle de Gauguin, il décide de peindre le monde qu'il découvre, non en recourant à l'exotisme, mais en adhérant à la personnalité profonde des êtres. Tel est le sujet des *Immémoriaux*, publié en 1907.

Attiré par l'Asie, il s'installe à Pékin en 1910 et prépare des missions archéologiques qui aboutissent à la découverte de vestiges de la dynastie des Han.

De ce séjour datent les *Stèles* (1912), poèmes savants dédiés à Claudel, l'auteur de *Connaissance de l'Est*. Suivra *Peintures* (1916), d'inspiration taoïste.

Pierre musicale

Voici le lieu où ils se reconnurent, les amants amoureux de la flûte inégale ;
Voici la table où ils se réjouirent l'époux habile et la fille enivrée ;
Voici l'estrade où ils s'aimaient par les tons essentiels,
Au travers du métal des cloches, de la peau dure des silex tintants,
5 A travers les cheveux du luth, dans la rumeur des tambours, sur le dos du tigre
    de bois creux,
Parmi l'enchantement des paons au cri clair, des grues à l'appel bref, du phénix
    au parler inouï.
Voici le faîte du palais sonnant que Mou-Koung, le père, dressa pour eux comme
10 un socle,
Et voilà, — d'un envol plus suave que phénix, oiselles et paons, — voilà l'espace
    où ils ont pris essor.
Qu'on me touche : toutes ces voix vivent dans ma pierre musicale.

Victor SEGALEN, *Stèles* (1912)

Éloge et pouvoir de l'absence

Je ne prétends point être là, ni survenir à l'improviste, ni paraître en habits et chair, ni gouverner par le poids visible de ma personne.

Ni répondre aux censeurs, de ma voix ; aux rebelles, d'un œil implacable ; aux ministres fautifs, d'un geste qui suspendrait les têtes à mes ongles.

5 Je règne par l'étonnant pouvoir de l'absence. Mes deux cent soixante-dix palais tramés entre eux de galeries opaques s'emplissent seulement de mes traces alternées.

Et des musiques jouent en l'honneur de mon ombre ; des officiers saluent mon siège vide ; mes femmes apprécient mieux l'honneur des nuits où je ne daigne
10 pas.

Égal aux Génies qu'on ne peut récuser puisque invisibles, — nulle arme ni poison ne saura venir où m'atteindre.

Victor SEGALEN, *Stèles*

POUR LE COMMENTAIRE

1. Le sujet

a. Qui parle ? Comment se dessine et s'éclaire le personnage ?
b. En quoi participe-t-il au sacré ?
c. Commentez les associations lexicales du poème, en particulier celles qui unissent les noms désignant des êtres.
d. Quelle leçon politique tirer de cette évocation ? Quelle est l'essence du pouvoir ?

2. La forme et le ton

a. Analysez la structure du texte, l'organisation des versets.
b. Étudiez l'emploi de la première personne (*je, ma, mes, mes...*) et de la forme négative (*ne, ni, nulle*).
c. D'où vient le caractère majestueux du ton ?
d. Faites quelques remarques sur le volume et le rythme de ces versets.

Blaise Cendrars *La Prose du Transsibérien et de la Petite Jehanne de France* (1913)

Blaise Cendrars,
par Richard Hall, 1912.

Suisse d'origine, **Blaise Cendrars** (1887-1961) part très jeune — à quinze ans — sur les routes du monde, notamment en Asie. Après un retour studieux au pays, il suit aux États-Unis une jeune femme : c'est l'époque des *Pâques à New York* (1912). Un an plus tard, il écrit *La Prose du Transsibérien et de la Petite Jehanne de France*, son texte poétique le plus fort, premier livre « simultané », présenté sous la forme d'un dépliant illustré par Sonia Delaunay.

Une vie aventureuse attend le poète, qui s'engagera à la Légion étrangère, et aura le bras droit arraché en 1915. Après la guerre paraissent plusieurs recueils — *Le Panama ou les Aventures de mes sept oncles* (1918), *Kodak* (1924). Mais Cendrars s'intéresse désormais surtout au cinéma, à la musique américaine, au music-hall, à la littérature nègre, aux voyages lointains, dont il conte les émerveillements dans de tumultueuses chroniques.

Ce poète qui parcourt, impatient, lyrique, les océans, les routes, les déserts, qui « tourne dans la cage des méridiens comme les écureuils dans la sienne », est le chantre moderne des bars, de la publicité, de la vitesse, de l'aventure moderne.

Les rythmes du train

Or, un vendredi matin, ce fut enfin mon tour
On était en décembre
Et je partis moi aussi pour accompagner le voyageur en bijouterie qui se rendait
à Kharbine[1]
5 Nous avions deux coupés dans l'express et 34 coffres de joaillerie de Pforzheim[2]
De la camelote allemande « Made in Germany »
Il m'avait habillé de neuf et, en montant dans le train, j'avais perdu un bouton
— Je m'en souviens, je m'en souviens, j'y ai souvent pensé depuis —
Je couchais sur les coffres et j'étais tout heureux de pouvoir jouer avec le
10 browning nickelé qu'il m'avait aussi donné

J'étais très heureux insouciant
Je croyais jouer aux brigands
Nous avions volé le trésor de Golconde[3]
Et nous allions, grâce au Transsibérien, le cacher de l'autre côté du monde
15 Je devais le défendre contre les voleurs de l'Oural qui avaient attaqué les
saltimbanques de Jules Verne
Contre les Khoungouzes, les boxers[4] de la Chine
Et les enragés petits mongols du Grand-Lama
Alibaba et les quarante voleurs
20 Et les fidèles du terrible Vieux de la montagne[5]
Et surtout, contre les plus modernes
Les rats d'hôtel
Et les spécialistes des express internationaux.

Et pourtant, et pourtant
25 J'étais triste comme un enfant
Les rythmes du train
La « *moelle chemin-de-fer* » des psychiatres américains
Le bruit des portes des voix des essieux grinçant sur les rails congelés
Le ferlin[6] d'or de mon avenir
30 Mon browning le piano et les jurons des joueurs de cartes dans le compartiment
d'à-côté

1. *Ville de Mandchourie.*
2. *Ville du nord de la Forêt noire, en Allemagne.*

3. *Ancienne cité de l'Inde célèbre pour ses diamants.*

4. *Secte chinoise qui se révolta en 1900 contre les Européens résidant en Chine.*
5. *Chef spirituel de la secte des Assassins (mangeurs de haschisch) qui lutta contre les Croisés.*

6. *Monnaie.*

L'épatante présence de Jeanne
L'homme aux lunettes bleues qui se promenait nerveusement dans le couloir et
qui me regardait en passant
35 Froissis de femmes
Et le sifflement de la vapeur
Et le bruit éternel des roues en folie dans les ornières du ciel
Les vitres sont givrées
Pas de nature !
40 Et derrière, les plaines sibériennes le ciel bas et les grandes ombres des
Taciturnes qui montent et qui descendent
Je suis couché dans un plaid
Bariolé
Comme ma vie
45 Et ma vie ne me tient pas plus chaud que ce châle
Écossais
Et l'Europe tout entière aperçue au coupe-vent d'un express à toute vapeur
N'est pas plus riche que ma vie
Ma pauvre vie
50 Ce châle
Effiloché sur des coffres remplis d'or
Avec lesquels je roule
Que je rêve
Que je fume
55 Et la seule flamme de l'univers
Est une pauvre pensée...

Blaise CENDRARS, *La Prose du Transsibérien* (1913)
© éd. Denoël

◄ Illustration de *La Prose du Transsibérien*,
par Sonia Delaunay, 1913.
Coll. Mme Gilou-Cendrars.

LECTURE MÉTHODIQUE

Lignes 1 à 10

a. Le **thème de l'aventure** et le pittoresque de la situation.
b. Une **poésie narrative** moderne.
c. Le bouton perdu : quel est l'intérêt de ce détail ?

Lignes 11 à 23

a. Les **souvenirs de lectures** d'enfance : sous quel jour éclairent-ils l'aventure ?
b. En quoi ce poème s'apparente-t-il à la « paralittérature » (roman policier, bande dessinée) ?

Lignes 24 à 39

a. Par quels moyens est rendu le **rythme lancinant** du train ?
b. D'où naît la **tristesse** de Cendrars ? Qu'y a-t-il d'angoissant dans l'atmosphère ?
c. « Les vitres sont givrées / Pas de nature ». Expliquez.

Lignes 40 à 56

a. Comment interprétez-vous le **raccourcissement** des vers et l'accélération du rythme ?

b. Une **prise de conscience** : comment est-elle provoquée ? Comment se cristallise-t-elle ?
c. Quel **sens** donner à cette aventure transsibérienne à la lecture de ces derniers vers ?

POINT DE VUE CRITIQUE

« Un rêve interplanétaire »

« Picasso et Cendrars, tous deux sont partis du *Lapin agile* et du *Bateau-Lavoir* pour un rêve interplanétaire. Chez l'un et chez l'autre il existe des périodes où la perspective est désarmée, où les cornes du taureau sont un guidon du vélo ; même gaieté sinistre, même ironie féroce, même amour pour les infirmités humaines, pour les raretés du difforme, pour la diversité des misères, celles des mendiants, des saltimbanques, mêmes sarcasmes pour les mauvais riches ou les diamantaires itinérants. Cendrars, un reporter, mais un reporter de Dieu, un aventurier spirituel. »

Paul MORAND, Préface à *Du Monde entier*
© éd. Gallimard, 1967

domestiques de prendre les dispositions nécessaires à un bon cirage de bottes ;
fort heureusement, la même abondance empêcha notre héros d'apercevoir que
10 ses bottes étaient mal cirées. Que venait faire notre héros dans cette vieille cité
de Chartres, qui est si connue ? il venait chercher un médecin, parce qu'il n'y en
a pas assez à Paris pour le nombre de maladies qu'il avait.

Le bibliophile

La reliure du livre est un grillage doré qui retient prisonniers des cacatoès aux
mille couleurs, des bateaux dont les voiles sont des timbres-poste, des sultanes
qui ont des paradis sur la tête pour montrer qu'elles sont très riches. Le livre
retient prisonnières des héroïnes qui sont très pauvres, des bateaux à vapeur qui
5 sont très noirs et de pauvres moineaux gris. L'auteur est une tête prisonnière d'un
grand mur blanc (je fais allusion au plastron de sa chemise).

Fable sans moralité

Il y avait une locomotive si bonne qu'elle s'arrêtait pour laisser passer les
promeneurs. Un jour, une automobile vint cahoter sur sa voie ferrée. Le chauffeur
dit à l'oreille de sa monture : « Ne dresserons-nous pas procès-verbal ? — C'est
jeune, dit la locomotive, et ça ne sait pas. » Elle se borna à cracher un peu de
5 vapeur dédaigneuse sur le sportsman essoufflé.

Max JACOB, *Le Cornet à dés* (1917)
© éd. Gallimard

Raymond Roussel *Impressions d'Afrique* (1910)

Né à Paris dans une famille très riche, **Raymond Roussel** (1877-1933), grand admirateur
de Jules Verne, a trouvé dans l'imaginaire un moyen de compenser la platitude de l'existence quotidienne : ses œuvres, *Impressions d'Afrique* (1910), *Locus Solus* (1914), *Nouvelles Impressions d'Afrique* (1932), inventent des personnages qui rivalisent pour atteindre
une suprématie incontestable dans leur spécialité, comme si la vie devenait une sorte
d'immense cirque.

Roussel se forge une technique d'écriture qu'il appelle son « procédé » : il s'agit de se
donner une phrase de départ pour élaborer un récit purement imaginaire en jouant sur les
mots et sur des constructions grammaticales élémentaires. Le langage permet ainsi
d'engendrer à lui seul un monde par associations d'idées et d'images. C'est pour cette
raison que les surréalistes, eux-mêmes explorateurs de l'inconscient, verront un précurseur
en Raymond Roussel.

Celui-ci est mort, encore incompris et dans des conditions mystérieuses, à Palerme.

*Impressions d'Afrique commence à paraître en feuilleton dès 1909. Ce roman s'ouvre sur une succession de
numéros de théâtre accomplis par les « Incomparables », des Européens dont le bateau, « le Lyncée », s'est
échoué sur une côte africaine imaginaire. Ces visions fantastiques, hallucinantes, se suivent sans ordre apparent
et mettent en scène les personnages les plus divers. Au chapitre X seulement, le narrateur, dont on ignore
l'identité, retrace la chronologie des événements et enchâsse divers récits dans la trame initiale de l'histoire.*
***Raymond Roussel** joue sur l'imaginaire et sur les stéréotypes littéraires. En évoquant un spectacle incongru
et incompréhensible, il incite le lecteur à **s'interroger sur le sens de sa propre vie**.*

*Dans le passage qui suit, le narrateur raconte comment les passagers du « Lyncée » créent une Bourse et
s'offrent eux-mêmes en lots. Ils organisent leur « divertissement », ils préparent leurs numéros et chaque
spectacle sera coté en fonction des applaudissements qu'il aura suscités.*

Stimulé par la réussite du théâtre des Incomparables, Juillard proposa une autre fondation qui devait surchauffer les esprits pour le grand jour et fournir à Chènevillot l'occasion d'exercer encore ses talents de constructeur. Il s'agissait de mettre tous les membres du club en actions et d'instituer un jeu de hasard
5 dont le gros lot serait figuré par le futur détenteur du grand cordon de l'ordre nouveau. Le projet une fois adopté, on s'occupa sans retard de son exécution.

Cinquante passagers commencèrent par former une cagnotte de dix mille francs en versant chacun deux cents francs ; ensuite chaque membre du club se vit représenté par cent actions, simples carrés de papier revêtus de sa signature.
10 Toutes les actions réunies ensemble furent longuement mêlées comme des cartes à jouer, puis groupées en cinquante paquets égaux loyalement distribués un par un aux cinquante passagers.

A l'issue du gala, les dix mille francs seraient partagés entre les actionnaires de l'heureux élu porteur de l'insigne suprême du Delta ; d'ici là, les actions
15 avaient le temps de subir toutes sortes de fluctuations, suivant les chances que sembleraient offrir chacun des concurrents.

Les membres du club devaient rester étrangers à tout trafic, pour les mêmes raisons qui font interdire les paris aux jockeys.

Des intermédiaires étaient nécessaires pour régler le va-et-vient des titres entre
20 les différents joueurs. Hounsfield, Cerjat et leurs trois commis, ayant accepté tous les cinq le rôle d'agent de change, reçurent en dépôt le montant de la cagnotte, et Chènevillot dut créer un nouvel édifice réservé aux transactions.

Au bout de quinze jours une petite Bourse en miniature, réduction exacte de celle de Paris, s'élevait en face de la scène des Incomparables ; le monument,
25 construit en bois, donnait l'illusion complète de la pierre, grâce à une couche de peinture blanche répandue par Toresse.

Pour laisser le champ libre à l'utile bâtisse, on avait déplacé de quelques mètres vers le sud la dépouille mortelle du zouave, ainsi que la pierre tombale toujours accompagnée du panneau noir aux brillantes aquarelles.
30 L'originalité d'une spéculation prenant pour objet la personne même des Incomparables réclamait un langage à part, et il fut décidé que les ordres rédigés en alexandrins seraient seuls exécutables.

Raymond ROUSSEL, *Impressions d'Afrique* (1910), © éd. J. J. Pauvert

---

POUR LE COMMENTAIRE ─────────────────

1. Pourquoi Roussel a-t-il donné le nom de Lyncée au bateau des « Incomparables » ?

2. Comment les héros se donnent-ils l'illusion d'agir en conformité aux règles de la spéculation ?

3. La disposition des bâtiments prend-elle un sens ?

4. Que conclure d'une spéculation qui pousse les personnages à se prendre eux-mêmes pour des actions cotées en bourse ?

5. Pourquoi faut-il trouver un nouveau mode d'expression pour donner ces ordres boursiers ?

Locus Solus (1914)

Locus Solus *(1914) permet à **Roussel** d'exploiter d'une autre manière **les pouvoirs de l'imaginaire** : un savant à la façon de Jules Verne, Mathias Canterel, invite ses amis dans sa propriété, Locus Solus, et il leur fait visiter son parc, où ils peuvent découvrir ses inventions, toutes plus extraordinaires les unes que les autres. Une succession de séquences les confronte à une série de découvertes fantastiques en apparence, mais que le savant se charge d'expliquer scientifiquement. Roussel s'est forgé un procédé qui constitue une « machine à inventer » : partant des stéréotypes, Roussel met en récit les constructions imaginaires les plus folles.*

Les invités passent ainsi à un moment donné devant une grande cage de verre. Mathias Canterel leur explique qu'il a trouvé le moyen d'animer des cadavres en leur insufflant un influx nerveux et en les conservant dans une atmosphère très froide ; les parents des défunts cherchent à retrouver leurs compagnons de jadis ; une mère veut amener la révision du procès de son fils, un homme d'humble extraction injustement condamné pour un meurtre qu'il n'a pas commis ; etc.

Jean Cocteau *Discours du grand sommeil* (1925)

Marie Laurencin, *Jean Cocteau*.
Paris, Musée Jacquemart-André.

Enfant d'origine bourgeoise, que le suicide de son père troubla fortement, **Jean Cocteau** (1889-1963), doué pour le dessin et l'écriture, éprouve très tôt ses multiples talents.

A vingt ans, il publie son premier recueil, *La Lampe d'Aladin* (1909). Le théâtre, la musique, le ballet l'attirent fortement. En 1917, il monte le ballet *Parade* avec Satie, Picasso et les Ballets russes ; il compose *Le Bœuf sur le toit* en 1920 avec Darius Milhaud, et *Les Mariés de la Tour Eiffel* en 1921 pour le Groupe des Six. La personnalité de Diaghilev le fascine. Il écrit pour la scène, fonde la revue *Schéhérazade*, découvre que l'art moderne doit frayer des voies encore inconnues : témoignent de cet engagement *Le Potomak* (1919), ainsi que *Le Cap de Bonne-Espérance* (1919), transposition en vers brisés de ses souvenirs d'acrobatie aérienne, dédiés à Roland Garros.

La guerre, à laquelle il participe, notamment comme convoyeur sur le front belge, en 1916, l'initie à la proximité de la mort, désormais omniprésente dans son œuvre malgré la fantaisie apparente dont elle se pare. Orphée de retour des Enfers, il a vécu au mois de juin 1915 une expérience décisive.

Sur la carrière de Cocteau romancier et dramaturge, voir pp. 313 et 404.

Visite

J'ai une grande nouvelle triste à t'annoncer : je suis mort. Je peux te parler ce matin, parce que tu somnoles, que tu es malade, que tu as la fièvre. Chez nous, la vitesse est beaucoup plus importante que chez vous. Je ne parle pas de la vitesse qui se déplace d'un point à un autre, mais de la vitesse qui ne bouge pas,
5 de la vitesse elle-même. Une hélice est encore visible, elle miroite ; si on y met la main, elle coupe. Nous, on ne nous voit pas, on ne nous entend pas, on peut nous traverser sans se faire de mal. Notre vitesse est si forte qu'elle nous situe à un point de silence et de monotonie. Je te rencontre parce que je n'ai pas toute ma vitesse et que la fièvre te donne une vitesse immobile rare chez les vivants.
10 Je te parle, je te touche. C'est bon, le relief ! Je garde encore un souvenir de mon relief. J'étais une eau qui avait la forme d'une bouteille et qui jugeait tout d'après cette forme. Chacun de nous est une bouteille qui imprime une forme différente à la même eau. Maintenant, retourné au lac, je collabore à sa transparence. Je suis Nous. Vous êtes Je. Les vivants et les morts sont près et loin les uns des
15 autres comme le côté pile et le côté face d'un sou, les quatre images d'un jeu de cubes. Un même ruban de clichés déroule nos actes. Mais vous, un mur coupe le rayon et vous délivre. On vous voit bouger dans vos paysages. Notre rayon à nous traverse les murs. Rien ne l'arrête. Nous vivons épanouis dans le vide.

Je me promenais dans les lignes. C'était le petit jour. Ils ont dû m'apercevoir
20 par une malchance, un intervalle, une mauvaise plantation du décor. J'ai dû me trouver à découvert, stupide comme le rouge-gorge qui continue à faire sa toilette sur une branche pendant qu'un gamin épaule sa carabine. J'arrangeais ma cravate. Je me disais qu'il allait falloir répondre à des lettres. Tout à coup, je me suis senti seul au monde, avec une nausée que j'avais déjà eue dans un manège
25 de la foire du Trône. L'axe des courbes vous y décapite, vous laisse le corps sans âme, la tête à l'envers et loin, loin, un petit groupe resté sur la terre au fond d'atroces miroirs déformants.

Jean COCTEAU, *Discours du grand sommeil* (1925)
© éd. Gallimard

POUR LE COMMENTAIRE

On étudiera cette prose poétique en mettant en valeur :

1. Son thème : la « visite » de l'Ange

Circonstances de cette apparition. Causes : rappel de la situation (la guerre). L'expression du dédoublement. Ange ou âme ?

2. Son sujet : une réflexion sur la mort

Une image personnelle de l'au-delà, immatériel, envers de la réalité.

Dépassement du tragique. Une fusion des identités dans un être commun.

3. Son ton, sa qualité d'émotion

L'expressionnisme allemand

*Avant et pendant la guerre de 1914-1918, Berlin est la capitale d'une **bohème littéraire allemande**, qui prend d'ailleurs modèle sur Vienne. C'est dans les cafés berlinois que s'annonce et se construit l'expressionnisme, en littérature et en peinture. Berlin, la ville, avec son luxe et ses misères, ses gares, ses usines, ses églises et ses boîtes de nuit, obsède des poètes qui transforment ses paysages en visions à la fois fascinantes et effrayantes, traduites dans une **écriture violemment expressive**.*

Georg Heym *Berlin* (1910)

« Des sombres entrepôts... »

Des barriques goudronnées roulaient sur le seuil
Des sombres entrepôts sur les barques hautes.
Les remorqueurs tiraient. La crinière de la fumée
Retombait avec sa suie sur les vagues huileuses.
5 Deux vapeurs arrivèrent avec des fanfares.
Ils baissèrent leur cheminée à l'arche du pont.
Fumée, suie, puanteur gisaient sur les flots sales
Des mégisseries, aux cuirs basanés.

Sous tous les ponts que le chaland
10 Nous avait fait traverser les signaux retentissaient,
S'amplifiant dans le silence comme en des tambours.

Nous nous laissâmes aller et dérivâmes dans le canal
Lentement le long de jardins. En cette idylle
Nous aperçûmes les fanaux de nuit des cheminées géantes.

Georg Heym, *Berlin* (1910), traduit par Lionel Richard
© éd. La Découverte

◀ Georges Grosz,
Friedriechstrasse, 1918.

Oskar Kanehl *La Ville* (1913)

« Misère pestilentielle »

Misère pestilentielle.
Bonnes odeurs de gueuletons.
Enfants de Dieu déchus.
Hommes-décombres dorlotés.
5 Trompes d'automobiles. Cri
Ultime d'un écrasé.
Attroupement. Police.
Sonnettes des vélos.
Passons vite. Un mort, ce n'est rien.
10 Travail, faim,
Lèvres meurtries.
Faim, travail.
Un moineau sur le crottin de cheval
Du fric !... Du fric !... Du fric !...

Oskar Kanehl, *La Ville* (1913)
traduit par Lionel Richard,
© éd. La Découverte

F. T. Marinetti
Manifeste technique de la littérature futuriste (1912)

*L'Italien **Filippo Tommaso Marinetti** (1876-1944), promoteur du futurisme, **prend parti contre les sanglots romantiques, contre les bibliothèques, le culte de Dante, les académies et le respect du passé**. Homme actif au dynamisme contagieux, Marinetti s'oppose à l'image de l'homme de lettres confiné dans son cabinet. Il prône le sport, l'agressivité, la révolte, la violence (Destruction, 1904).*

Comment renier l'apport d'un libérateur qui plaide pour la réinvention de l'art ? Comment deviner aussi que le mouvement sera ultérieurement récupéré par le fascisme mussolinien ?

L'explosion du dadaïsme à Zurich, en 1916 (voir p. 204), jettera soudain dans l'oubli toutes ces écoles en « ismes » ambitieux : synthétisme, somptualisme, primitivisme, subjectivisme, sincérisme, effrénisme, druidisme, patriartisme...

Manifeste technique de la littérature futuriste

Voilà ce que m'a dit l'hélice tourbillonnante, tandis que je filais à deux cents mètres, sur les puissantes cheminées milanaises. Et l'hélice ajouta :

1. — **Il faut détruire la syntaxe en disposant les substantifs au hasard de leur naissance**.

5 2. — **Il faut employer le verbe à l'infini**, pour qu'il s'adapte élastiquement au substantif et ne le soumette pas au *moi* de l'écrivain qui observe ou imagine. Le verbe à l'infini peut seul donner le sens du continu de la vie et l'élasticité de l'intuition qui la perçoit.

3. — **Il faut abolir l'adjectif** pour que le substantif nu garde sa couleur 10 essentielle. L'adjectif portant en lui un principe de nuance est incompatible avec notre vision dynamique, puisqu'il suppose un arrêt, une méditation.

4. — **Il faut abolir l'adverbe**, vieille agrafe qui tient attachés les mots ensemble. L'adverbe conserve à la phrase une fastidieuse unité de ton.

5. — **Chaque substantif doit avoir son double**, c'est-à-dire le substantif 15 doit être suivi, sans locution conjonctive, du substantif auquel il est lié par analogie. Exemple : homme-torpilleur, femme-rade, place-entonnoir, porte-robinet. [...]

11. — **Détruire le « Je » dans la littérature**, c'est-à-dire toute la psychologie. L'homme complètement avarié par la bibliothèque et le musée, soumis à une 20 logique et à une sagesse effroyables n'a absolument plus d'intérêt. Donc, l'abolir en littérature. Le remplacer enfin par la matière, dont il faut atteindre l'essence à coups d'intuition, ce que les physiciens et les chimistes ne pourront jamais faire.

Il faut introduire dans la littérature trois éléments que l'on a négligés jusqu'ici :

25 1. — **Le bruit** (manifestation du dynamisme des objets) ;

2. — **Le poids** (faculté de vol des objets) ;

3. — **L'odeur** (faculté d'éparpillement des objets).

S'efforcer de rendre, par exemple, le paysage d'odeurs que perçoit un chien. Écouter les moteurs et reproduire leurs discours.

30 La matière a été toujours contemplée par un *moi* distrait, froid, trop préoccupé de lui-même, plein de préjugés de sagesse et d'obsessions humaines.

L'homme tend à salir de sa joie jeune ou de sa douleur vieillissante la matière qui n'est ni jeune ni vieille, mais qui possède une admirable continuité d'élan vers plus d'ardeur, de mouvement et d'éparpillement. La matière n'est ni triste ni 35 joyeuse. Elle a pour essence le courage, la volonté et la force absolue. Elle appartient toute entière au poète divinateur qui saura se délivrer de la syntaxe traditionnelle, lourde, étroite, attachée au sol, sans bras et sans ailes parce qu'elle est seulement intelligente.

F. T. MARINETTI, *Manifeste technique de la littérature futuriste* (1912)

Marcel Adéma *Apollinaire le Mal-Aimé* (1952)

Le travail poétique d'Apollinaire

Pour vos essais et vos exposés

Marcel ADÉMA : *Apollinaire le Mal Aimé*, éd. Plon, 1952.
Jean ROUSSELOT : *Pierre Reverdy*, éd. Seghers, 1951, rééd. 1970.
Pascal PIA : *Apollinaire par lui-même*, éd. du Seuil, 1954.
André FRAIGNEAU : *Cocteau par lui-même*, éd. du Seuil, 1957.
Henri BOUILLIER : *Victor Segalen*, éd. Mercure de France, 1961.
René PLANTIER : *L'Univers poétique de Max Jacob*, éd. Klincksieck, 1963.
Frieda WEISSMAN : *L'Exotisme de Valery Larbaud*, éd. Nizet, 1966.
Claude BONNEFOY : *Apollinaire*, éd. Universitaires, 1969.
André STERSTEVENS : *L'Homme que fut Blaise Cendrars*, éd. Denoël, 1972.
Francis STEEGMULLER : *Jean Cocteau*, éd. Buchet-Chastel, 1973.
Daniel OSTER : *Apollinaire*, éd. Seghers, 1975.
Michel DECAUDIN : *Le Poète assassiné, Apollinaire*, éd. Gallimard, 1979.
J. BESSIÈRE : *Valery Larbaud. La Prose du monde*, P.U.F., 1982.

Le rapprochement des pièces publiées dans les revues, et ensuite dans le volume, fait apparaître l'évolution incessante des procédés d'Apollinaire. La comparaison avec le manuscrit, chaque fois que nous avons pu le retrouver, la rend encore plus frappante. Apollinaire « travaillait » continuellement ses poèmes. Le « premier jet » écrit sous l'inspiration, il le laissait quelque temps de côté. Reprenant ensuite son texte pour l'impression, il le remaniait, raturait, biffait, élaguait, changeait souvent plusieurs fois le titre. Décidé à réunir les poèmes en volume il composait sa maquette avec des pages de revues, des fragments de manuscrits, les modifiant à nouveau. Sur épreuves il les travaillait encore, allant parfois jusqu'à bouleverser complètement l'ordre initial des strophes, le découpage des vers, recherchant des cadences nouvelles avec un souci constant d'unité et de perfection.

Sa décision, très réfléchie, de hardiesse, de surprise un peu aventureuse, son avidité de nouveauté, son désir d'utiliser un vocabulaire et des images imprévus, son souci de s'écarter des chemins déjà parcourus et des poncifs lassants, rendent son œuvre surprenante au lecteur superficiel. Sa fière et tendre sensibilité, la spontanéité de l'émotion qui se cache de son talent si original, n'en sont que plus pénétrantes dans *la Chanson du Mal-Aimé*, l'âpre *Maison des Morts*, l'amère et douloureuse révolte de *la Santé*. Ses colorations, ses sonorités, ses images si éloignées parfois de la réalité, sans l'allusion mallarméenne à la vie mais procédant d'une vie « parallèle », laissent entrevoir une chantante mélancolie, le doute humain, la souffrance de cœur perçant sous une joie un peu factice. Sa pudeur à révéler trop visiblement ses sentiments intimes l'amène à bouleverser quelquefois le déroulement logique des vers, à y introduire des notations ironiques ou comiques, voire des termes crus, qui contribuent à donner à certaines pièces un « décousu » souvent pris pour un parti pris d'obscurité alors qu'il s'agit seulement pour lui d'éviter une confession trop directe. On ne trouvera que dans ceux de ses poèmes qu'il n'a pas publiés lui-même, comme certains poèmes épistolaires, et qu'il eût sans aucun doute modifiés, des vers révélateurs de ses sentiments profonds.

Marcel ADÉMA, *Apollinaire le Mal-Aimé*, © éd. Plon, 1952

Marcel Raymond
De Baudelaire au surréalisme (1933)

Accepter le présent, se plier aux rythmes du monde moderne et prendre conscience de sa nouveauté, dire oui passionnément, à la civilisation « mécanicienne », telle fut l'ambition majeure d'un Verhaeren. Mais voyez les unanimistes — venant après les naturistes, les humanistes, et Jammes — voyez Claudel ; en un point leurs desseins se rejoignent, une certaine force vitale les promeut au milieu des choses concrètes, et c'est en adhérant à elles qu'ils entendent vivre et faire acte de poète. Les manifestes de Marinetti, avec leur prophétisme confinant à l'hystérie, semblent l'écho désordonné du credo de Verhaeren : « Futur, vous m'exaltez comme autrefois mon Dieu ! » [...].

En fait, le paroxysme incohérent des futuristes, à la veille de la guerre, n'était que le plus récent avatar d'une tradition datant du romantisme et la conséquence à la fois naïve et barbare d'une volonté légitime, la volonté de s'adapter à un univers où le pouvoir de l'homme sur la matière (et de la matière sur l'homme) augmente chaque jour. Du même coup, il s'agissait d'en finir avec la tyrannie des sentiments, avec « les besoins du cœur », avec « les aspirations de l'âme », d'oublier enfin cette nature aux charmes désuets et monotones.

Marcel RAYMOND, *De Baudelaire au surréalisme*, © éd. José Corti, 1933

5

MARCEL PROUST
DU *TEMPS PERDU*
AU *TEMPS RETROUVÉ*

Les grands littérateurs
n'ont jamais fait
qu'une seule œuvre
ou plutôt n'ont jamais
que réfracté à travers
des milieux divers
une même beauté
qu'ils apportent
au monde. »
Marcel Proust,
La Prisonnière

Marcel Proust au tennis de Neuilly en 1892.

Marcel Proust (1871-1922)

Marcel Proust,
vers 1893.

1896   *Les Plaisirs et les Jours*

1904-   Traduction
1906   d'œuvres de Ruskin

A la recherche du temps perdu (1913-1927)

Du côté de chez Swann (1913)
A l'ombre des jeunes filles en fleurs (1918)
Le Côté de Guermantes I (1920)
Le Côté de Guermantes II (1921)
Sodome et Gomorrhe I (1921)
Sodome et Gomorrhe II (1922)
La Prisonnière (1922)
Albertine disparue ou *La Fugitive* (1925)
Le Temps retrouvé (1927)

1919   *Pastiches et Mélanges*

1928   *Chroniques* (posthume)

1952   *Jean Santeuil* (posth.)

1954   *Contre Sainte-Beuve* (posth.)

Une adolescence maladive et protégée

Né à Auteuil en 1871, **Marcel Proust** a mené la vie d'un grand bourgeois riche. Il était le fils d'un médecin réputé, le professeur Adrien Proust, originaire d'Illiers, près de Chartres ; sa mère, fille d'un financier, appartenait à la haute bourgeoisie juive. Dès 1881, la maladie (crises d'asthme) frappe l'enfant. Malgré sa santé fragile, celui-ci fait des études brillantes, mais irrégulières, au lycée Condorcet à Paris, et publie, avec ses camarades, une revue d'élèves, la *Revue lilas*. Il s'engage ensuite pour un an de service militaire.

Le dilettante et le mondain (1890-1899)

A son retour, Proust tâte des sciences politiques, du droit, des lettres — il obtient une licence en droit (1893) et en lettres (1895). A la Sorbonne, il suit les cours de Bergson, dont l'influence sur lui sera profonde. Il développe ses relations mondaines et parvient à pénétrer dans les salons très fermés du faubourg Saint-Germain. Observateur passionné, il trouvera la matière de son œuvre dans l'apprentissage d'un microcosme social (fréquentation des salons de Mme Straus, sa confidente, de Mme de Caillavet, du Prince de Polignac, de la princesse Mathilde, de la comtesse Greffulhe... ; rencontres avec les dandys et esthètes Charles Haas, Robert de Montesquiou, Oscar Wilde, avec le « grand écrivain » Anatole France, avec Anna de Noailles, etc.).

Des débuts prometteurs

Ses premiers écrits relèvent plutôt de la littérature de circonstance et de salon : chroniques, articles de critique littéraire et textes parus dans des revues *(Le Banquet, La Revue blanche)*, ou des quotidiens *(Le Figaro, Le Gaulois)*. Son premier ouvrage est un élégant recueil d'articles, préfacé par Anatole France et illustré par l'aquarelliste Madeleine Lemaire. Mais en 1895, Proust entreprend un roman autobiographique qu'il abandonnera en 1899. Dreyfusard au moment de l'affaire Dreyfus, il reste essentiellement préoccupé de peinture, de musique, de littérature. L'art inspire la plupart de ses écrits, ses recherches, ses voyages (à Amiens, à Rome, à Venise, dans les Flandres), ses amitiés passionnées (pour le musicien Reynaldo Hahn, pour Lucien Daudet, Robert de Flers).

Une vocation tardive et dévorante

La perte de son père en 1903 et surtout de sa mère en 1905, aux yeux desquels il se sent coupable par ses mœurs, par son manque de volonté, marque une rupture dans la vie de Proust. Le mondain se transforme en reclus grave, vivant maladivement à l'abri du monde dans une chambre capitonnée qu'il quitte peu. Il conçoit alors deux œuvres : *Les Pastiches* et *Contre Sainte-Beuve* (1908). Mais en 1909, l'écrivain passe de ce projet de livre sur Sainte-Beuve à une véritable somme, *A la recherche du temps perdu*, qui ne va plus cesser de s'étendre... Sa vie privée est source de déchirements et de souffrances : Proust éprouve le plus grand amour de sa vie pour Alfred Agostinelli, son chauffeur-secrétaire qui le quitte. Le premier livre de *La Recherche*, refusé par plusieurs éditeurs, est publié à compte d'auteur chez Grasset, en 1913. La publication de la suite est suspendue par la guerre.

La lutte contre le temps (1914-1922)

Proust, réformé, retranché du monde par la maladie et par la guerre, ayant perdu beaucoup de ses amis les plus chers, se consacre entièrement à son œuvre. Il s'impose un labeur acharné, dont témoignent ses innombrables carnets, ses manuscrits et sa correspondance. En 1916, la N.R.F. propose à Proust de l'éditer et fait paraître *A l'ombre des jeunes filles en fleurs*, qui obtient le prix Goncourt en 1919. A partir de 1918, Proust, ayant achevé pour l'essentiel le manuscrit de *La Recherche*, reprend une vie sociale active ; il se lie avec Jean Cocteau et Paul Morand. La mise au point des volumes suivants absorbe l'écrivain. Mais la mort le devance (1922) et il ne peut revoir les deux derniers volumes, qui paraîtront après sa mort.

L'œuvre d'une vie

1. La formation d'une vision personnelle : « la religion de la Beauté »

Sensible et cultivé, Marcel Proust partage le rêve symboliste d'une synthèse de tous les arts, peinture, musique, architecture, littérature. Lecteur enthousiaste, sa prédilection va à Balzac, Chateaubriand, Saint-Simon, aux moralistes du XVIIe siècle, aux tragiques grecs, à Baudelaire... Les références innombrables, les descriptions — parfois étendues — de tableaux, qu'on trouve dans ses écrits (œuvres de Giotto, Vermeer, Rembrandt, Moreau, Watteau, Chardin...), révèlent la qualité de ses connaissances en matière picturale. Passionné par la musique de Mozart, Gounod, Wagner, Debussy, il apprécie l'œuvre de Saint-Saëns, de Franck, grâce à son ami Reynaldo Hahn. Mais c'est la découverte de l'esthéticien anglais John Ruskin (1897) qui l'amène à concevoir un idéal de salut par l'art. Le réel ne nous est pas donné : il nous appartient de le recréer. La vision de l'artiste, qui enrichit l'univers d'une véritable dimension mystique, redonne à celui-ci « un prix infini ».

2. Les écrits de jeunesse ou l'art du fragment

Les très nombreux articles antérieurs à 1907, dont une partie seulement sera publiée en recueil de son vivant (Les Plaisirs et les Jours, Pastiches et Mélanges...), sont de véritables « exercices de style » très différents de ton, de longueur, de contenu. L'auteur s'essaie, avec succès, aux formes les plus diverses. Ses pastiches de Balzac, Flaubert, Sainte-Beuve, Régnier, Goncourt, Michelet, etc., inspirés par une histoire de faussaire, « l'affaire Lemoine », révèlent une prodigieuse virtuosité. Ces écrits annoncent déjà les grands thèmes proustiens : le souvenir, la mort, l'art, l'amour non partagé, l'amour « coupable ».

3. Une nouvelle esthétique

Mais sa réflexion critique s'approfondit surtout dans les fragments inédits, qui seront publiés longtemps après sa mort sous le titre Contre Sainte-Beuve. Pas plus qu'il ne tend à refléter la vie anecdotique de l'auteur, l'art n'a pour but de « décrire les choses ».

La matière de l'art est fournie par les impressions passées de l'artiste. Écrire, c'est se souvenir. A partir de réminiscences d'événements, de sensations vécues devenues en lui quelque chose d'immatériel, le créateur nous livre l'essence même des êtres, des lieux, essence « en partie subjective et incommunicable ». La sensibilité, l'imagination, le style de l'artiste comptent plus que les idées. Le sens de l'œuvre ne peut venir que de constructions complexes faites d'amplifications, d'annonces, de rappels, d'oppositions et de déformations du « réel ».

4. La phrase proustienne

« Le style pour l'écrivain, aussi bien que la couleur pour le peintre, est une question non de technique mais de vision », écrit Proust. La structure poétique de ses phrases tient non seulement à la longueur insolite de certaines d'entre elles, à leur syntaxe riche en subordonnées, en parenthèses, mais plus encore à leur sonorité, à leurs harmonies rythmiques qui ne séparent pas la forme, du sens. A travers les méandres d'un trait long et sinueux, « gorgé de signification », l'introspection tente de cerner les nuances des sensations et des sentiments. L'écrivain les éclaire par des images, des correspondances familières ou insolites.

5. Le livre-somme

A la Recherche du temps perdu est la mise en œuvre de ces principes esthétiques. Proust y conjugue à la fois les ambitions du XIXe siècle, concrétisées dans de grands cycles romanesques ou musicaux (Balzac, Zola, Wagner), et la subjectivité du roman moderne. Sa richesse vient de ce qu'il est à la fois l'histoire d'une époque et l'histoire d'une conscience. L'auteur n'en a pas trouvé d'emblée l'architecture d'ensemble, pas plus que Balzac l'idée de La Comédie humaine. Certains éléments en étaient toutefois déjà esquissés dans Jean Santeuil, ébauche d'un grand roman de formation écrit à la troisième personne, dont la vie du héros annonce celle du narrateur de La Recherche, dans Contre Sainte-Beuve, à la fois essai critique et récit et enfin dans ses articles.

Pour saisir et faire partager une vérité qui toujours se dérobe, Proust se fait l'homme de la reprise incessante. Son œuvre offre d'infinies variations. Son unité tient à quelques grands thèmes sans cesse repris, entrelacés et orchestrés, à la réapparition des mêmes personnages aux différentes époques de la vie du narrateur. L'œuvre entière est traversée de signes du passé surgis dans le présent ; les situations, les scènes se répètent, ni tout à fait les mêmes, ni tout à fait nouvelles.

6. Le roman d'un roman

La Recherche formule aussi une poétique de l'œuvre d'art. Comment devient-on écrivain, en surmontant quels obstacles, pour dire quoi et comment ? C'est moins l'observation de la réalité d'un milieu de snobs par un éternel adolescent que l'histoire de la découverte d'une vocation. Bien que le récit soit écrit à la première personne par un « je » à la fois narrateur et personnage principal, dont les expériences recoupent le vécu de l'auteur, ce n'est pas une autobiographie. Proust, « convertissant la douleur en beauté », a fait de son destin de souffrances, parfois d'humiliations morales, une vie imaginaire plus belle que la réalité. Il lui a fait subir « les métamorphoses nécessaires entre la vie d'un écrivain et son œuvre ».

1. Les prémices (1892-1908) : Proust critique

Marcel Proust *Pastiches et Mélanges* (1919)

La découverte de Ruskin

Ses travaux sur Ruskin, critique d'art anglais dont la gloire allait égaler celle d'Emerson et de Carlyle, occupèrent **Marcel Proust** *durant près de six ans (1900-1906). Il lui consacra plusieurs articles, rédigea une traduction annotée, précédée d'une préface, pour deux de ses ouvrages :* La Bible d'Amiens *(1904) et* Sésame et les lys *(1906). Dans la première, Proust développe l'idée que la pensée d'un autre, loin de nous empêcher d'être nous-mêmes, peut, au contraire, accroître notre « puissance de comprendre et de sentir ».*

La seconde préface (publiée également en revue, et reprise dans Pastiches et Mélanges *sous le titre « Journées de lecture ») commence ainsi : « Il n'y a peut-être pas de jours de notre enfance que nous ayons si pleinement vécus que ceux que nous avons cru laisser sans les vivre, ceux que nous avons passés avec un livre préféré. » L'auteur y évoque longuement les jours enfuis de son enfance, dont le souvenir lui revient en feuilletant les livres d'autrefois, liés pour lui aux lieux et aux jours où il les a lus (il les évoquera à nouveau dans* Combray *et dans* Le Temps retrouvé *avec « l'espoir de voir reflétés sur leurs pages les demeures et les étangs qui n'existent plus »). Il exprime ensuite* **sa conception de la lecture**, *différente de celle de Ruskin.*

1. *Parc proche du village où l'auteur, enfant, a passé ses vacances. On l'y conduisait chaque après-midi.*

2. *Roman de cape et d'épée (1863).*

3. *Forme archaïque, d'ancien français, mise pour apparaît (3ᵉ p. sg. ind. prés. de apparoir).*

4. *Forme latine du nom d'Homère, poète mythique à qui on attribue* L'Iliade *et* L'Odyssée.

5. *Adj. (XIIᵉ, XIIIᵉ siècle) : grec.*

Les limites de son rôle dérivent de la nature de ses vertus. Et ces vertus, c'est encore aux lectures d'enfance que je vais aller demander en quoi elles consistent. Ce livre, que vous m'avez vu tout à l'heure lire au coin du feu dans la salle à manger, dans ma chambre, au fond du fauteuil revêtu d'un appuie-tête au
5 crochet, et pendant les belles heures de l'après-midi, sous les noisetiers et les aubépines du parc[1], où tous les souffles des champs infinis venaient de si loin jouer silencieusement auprès de moi, tendant sans mot dire à mes narines distraites l'odeur des trèfles et des sainfoins sur lesquels mes yeux fatigués se levaient parfois ; ce livre, comme vos yeux en se penchant vers lui ne pourraient
10 déchiffrer son titre à vingt ans de distance, ma mémoire, dont la vue est plus appropriée à ce genre de perceptions, va vous dire quel il était : *le Capitaine Fracasse*[2], de Théophile Gautier. J'en aimais par-dessus tout deux ou trois phrases qui m'apparaissaient comme les plus originales et les plus belles de l'ouvrage. Je n'imaginais pas qu'un autre auteur en eût jamais écrit de compa-
15 rables. Mais j'avais le sentiment que leur beauté correspondait à une réalité dont Théophile Gautier ne nous laissait entrevoir une ou deux fois par volume qu'un petit coin. Et comme je pensais qu'il la connaissait assurément tout entière, j'aurais voulu lire d'autres livres de lui où toutes les phrases seraient aussi belles que celles-là et auraient pour objet les choses sur lesquelles j'aurais désiré avoir
20 son avis. « Le rire n'est point cruel de sa nature ; il distingue l'homme de la bête, et il est, ainsi qu'il appert[3] en l'Odyssée d'Homerus[4], poète grégeois[5], l'apanage des dieux immortels et bienheureux qui rient olympiennement tout leur saoul durant les loisirs de l'éternité*. » Cette phrase me donnait une véritable ivresse.

---

* *Note de Marcel Proust : « En réalité, cette phrase ne se trouve pas, au moins sous cette forme, dans* Le Capitaine Fracasse. *Au lieu de « ainsi qu'il appert en l'Odyssée d'Homerus, poète grégeois », il y a simplement « suivant Homerus ». Mais comme les expressions « il appert d'Homerus », « il appert de l'Odyssée », qui se trouvent ailleurs dans le même ouvrage, me donnaient un plaisir de même qualité, je me suis permis, pour que l'exemple fût plus frappant pour le lecteur, de fondre toutes ces beautés en une, aujourd'hui que je n'ai plus pour elles, à vrai dire, de respect religieux. Ailleurs encore dans le* Capitaine Fracasse, *Homerus est qualifié de poète grégeois, et je ne doute pas que cela aussi m'enchantât. Toutefois, je ne suis plus capable de retrouver avec assez d'exactitude ces joies oubliées pour être assuré que je n'ai pas forcé la note et dépassé la mesure en accumulant en une seule phrase tant de merveilles ! Je ne le crois pas pourtant. Et je pense avec regret que l'exaltation avec laquelle je répétais la phrase du* Capitaine Fracasse *aux iris et aux pervenches penchés au bord de la rivière, en piétinant les cailloux de l'allée, aurait été plus délicieuse encore si j'avais pu trouver en une seule phrase de Gautier tant de ses charmes que mon propre artifice réunit aujourd'hui, sans parvenir, hélas ! à me donner aucun plaisir. »*

Je croyais apercevoir une antiquité merveilleuse à travers ce moyen âge que seul
25 Gautier pouvait me révéler. Mais j'aurais voulu qu'au lieu de dire cela furtivement,
après l'ennuyeuse description d'un château que le trop grand nombre de termes
que je ne connaissais pas m'empêchait de me figurer le moins du monde, il
écrivît tout le long du volume des phrases de ce genre et me parlât de choses
qu'une fois son livre fini je pourrais continuer à connaître et à aimer. J'aurais
30 voulu qu'il me dît, lui, le seul sage détenteur de la vérité, ce que je devais penser
au juste de Shakespeare[6], de Saintine[7], de Sophocle[8], d'Euripide[9], de Silvio
Pellico[10] que j'avais lu pendant un mois de mars très froid, marchant, tapant des
pieds, courant par les chemins, chaque fois que je venais de fermer le livre dans
l'exaltation de la lecture finie, des forces accumulées dans l'immobilité, et du
35 vent salubre qui soufflait dans les rues du village. J'aurais voulu surtout qu'il me
dît si j'avais plus de chance d'arriver à la vérité en redoublant ou non ma sixième
et en étant plus tard diplomate ou avocat à la Cour de cassation. Mais aussitôt
la belle phrase finie il se mettait à décrire une table couverte « d'une telle couche
de poussière qu'un doigt aurait pu y tracer des caractères », chose trop insigni-
40 fiante à mes yeux pour que je pusse même y arrêter mon attention ; et j'en étais
réduit à me demander quels autres livres Gautier avait écrits qui contenteraient
mieux mon aspiration et me feraient connaître enfin sa pensée tout entière.

Et c'est là, en effet, un des grands et merveilleux caractères des beaux livres
(et qui nous fera comprendre le rôle à la fois essentiel et limité que la lecture peut
45 jouer dans notre vie spirituelle) que pour l'auteur ils pourraient s'appeler
« Conclusions » et pour le lecteur « Incitations ». Nous sentons très bien que notre
sagesse commence où celle de l'auteur finit, et nous voudrions qu'il nous donnât
des réponses, quand tout ce qu'il peut faire est de nous donner des désirs. Et
ces désirs, il ne peut les éveiller en nous qu'en nous faisant contempler la beauté
50 suprême à laquelle le dernier effort de son art lui a permis d'atteindre. Mais par
une loi singulière et d'ailleurs providentielle de l'optique des esprits (loi qui
signifie peut-être que nous ne pouvons recevoir la vérité de personne, et que nous
devons la créer nous-même), ce qui est le terme de leur sagesse ne nous apparaît
que comme le commencement de la nôtre.

Marcel PROUST, *Pastiches et Mélanges*
« Journées de lecture » (1919)

Notes de marge :

6. *Poète dramatique anglais (1564-1616).*

7. *Auteur dramatique français qui publia un récit,* Picciola *(1798-1865).*

8. *Poète tragique grec (496-406, av. J.-C.).*

9. *Poète tragique grec (480-406 av. J.-C.).*

10. *Écrivain italien (1789-1854), connu surtout par ses mémoires :* Mes prisons.

LECTURE MÉTHODIQUE

« L'alchimie de la lecture »

1. Lignes 1 à 2. Que pensez-vous de cet appel d'un homme très cultivé aux lectures de l'enfance pour définir les « vertus » de la lecture ?

2. Lignes 3 à 9 et 32 à 35. A quoi tiennent **la nostalgie et le charme** de ces deux évocations qui s'attachent plus à l'environnement dans lequel se sont faites ces lectures qu'à leur contenu ?

3. Lignes 5 à 12. Quel est l'effet produit par cette superposition de la distance dans le temps (l. 10) et de la distance dans l'espace (l. 6), et par l'ambiguïté des mots « venaient de si loin » (l. 6) ? De quel « genre de percep-tions » (l. 11) s'agit-il ?

4. Lignes 12 à 25. En quoi les réactions à la lecture du *Capitaine Fracasse*, de Proust enfant, sont-elles **insoli-tes et significatives** ? Par quoi est-il touché ?

Quel écart le narrateur rend-il perceptible entre la fasci-nation et le plaisir éprouvé dans l'enfance et ses sentiments actuels à l'égard de ce livre ?

5. Lignes 25 à 27 et 37 à 40. Quel type de littérature l'écrivain récuse-t-il ici à travers ses impressions d'en-

fance ? Donnez-en quelques exemples tirés de vos propres expériences de lecteur.

6. Lignes 29 à 37. Quels sont les deux rôles distincts que l'enfant prétend faire jouer ici à l'écrivain qu'il admire ?

7. Lignes 31-32. Quels types d'écrivain le retiennent avec prédilection, d'après cette énumération de noms (où ne sont pas indifférentes les sonorités et les associations d'idées qu'elles engendrent) ?

8. Lignes 44-45. Pourquoi la lecture, telle qu'il la conçoit, joue-t-elle un rôle à la fois « essentiel » et « limité » dans notre vie spirituelle ?

9. Lignes 43 à 54. Relevez la phrase-clé de ce dernier paragraphe et discutez-la. Elle est devenue un des fonde-ments de l'approche moderne des œuvres.

AU-DELÀ DU TEXTE

Rapprochez cette conception de la lecture des remarques que le narrateur adresse à ses futurs lecteurs à la fin du *Temps retrouvé* (voir p. 138).

Contre Sainte-Beuve (éd. posthume, 1954)

La méthode de Sainte-Beuve

Contre Sainte-Beuve, *inachevé et publié pour la première fois en 1954, mêle les éléments autobiographiques d'un récit annonçant* La Recherche *aux pages critiques d'un essai novateur. Chez* **Proust**, *la réflexion sur la critique a précédé le roman. Elle en a été la condition nécessaire, l'aidant à se dégager de l'emprise des grands maîtres et à préciser, par comparaison, sa propre esthétique.*

Prenant le contre-pied de l'auteur des Lundis *— alors modèle incontesté de la méthode scientiste qui ne sépare pas l'homme de l'œuvre et collectionne les renseignements sur l'écrivain —, Proust définit sa propre vision de « ce que doit être la critique » et de « ce qu'est l'art ».* **L'œuvre, seule, peut nous révéler ce qu'il y a d'essentiel en l'artiste.**

Lui-même, dans La Recherche, *mettra en scène trois créateurs de grand talent, le musicien Vinteuil, le peintre Elstir, l'écrivain Bergotte, dont il fait des* individus *médiocres, car « ce n'est pas le plus spirituel, le plus instruit, le mieux relationné des hommes, mais celui qui sait devenir miroir et peut refléter ainsi sa vie, fût-elle médiocre, qui devient un Bergotte ». Proust cite ironiquement des jugements extraits des* Causeries du Lundi *où Sainte-Beuve est victime de « l'illusion biographique ».*

1. Ce critique du siècle dernier (1828-1893) s'est efforcé de découvrir les causes et les lois de la création littéraire en fonction de trois facteurs déterminants, la race, le milieu et le moment.

2. Paul Bourget (1852-1935) a subi l'influence de Taine et s'est imposé comme critique par ses Essais *de psychologie contemporaine.*

3. Phrase restée inachevée dans cette œuvre non publiée par l'auteur.

L'œuvre de Sainte-Beuve n'est pas une œuvre profonde. La fameuse méthode, qui en fait, selon Taine[1], selon M. Paul Bourget[2] et tant d'autres, le maître inégalable de la critique au XIXᵉ, cette méthode qui consiste à ne pas séparer l'homme et l'œuvre, à considérer qu'il n'est pas indifférent pour juger l'auteur
5 d'un livre, si ce livre n'est pas « un traité de géométrie pure », d'avoir d'abord répondu aux questions qui paraissent le plus étrangères à son œuvre (comment se comportait-il...), à s'entourer de tous les renseignements possibles sur un écrivain, à collationner ses correspondances, à interroger les hommes qui l'ont connu, en causant avec eux s'ils vivent encore, en lisant ce qu'ils ont pu écrire
10 sur lui s'ils sont morts, cette méthode méconnaît ce qu'une fréquentation un peu profonde avec nous-même nous apprend : qu'un livre est le produit d'un autre moi que celui que nous manifestons dans nos habitudes, dans la société, dans nos vices. Ce moi-là, si nous voulons essayer de le comprendre, c'est au fond de nous-même, en essayant de le recréer en nous, que nous pouvons y parvenir.
15 Rien ne peut nous dispenser de cet effort de notre cœur. Cette vérité, il nous faut la faire de toutes pièces et[3]... Il est trop facile de croire qu'elle nous arrivera un beau matin dans notre courrier, sous forme d'une lettre inédite qu'un bibliothécaire de nos amis nous communiquera, ou que nous la recueillerons de la bouche de quelqu'un qui a beaucoup [connu] l'auteur. Parlant de la grande admiration
20 qu'inspire à plusieurs écrivains de la nouvelle génération l'œuvre de Stendhal, Sainte-Beuve dit : « Qu'ils me permettent de le leur dire, pour juger au net de cet esprit assez compliqué, et sans rien exagérer dans aucun sens, j'en reviendrai toujours de préférence, indépendamment de mes propres impressions et souvenirs, à ce que m'en diront ceux qui l'ont connu en ses bonnes années et à ses
25 origines, à ce qu'en dira M. Mérimée[4], M. Ampère[5], à ce que m'en dirait Jacquemont[6] s'il vivait, ceux, en un mot, qui l'ont beaucoup vu et goûté sous sa forme première. »

Pourquoi cela ? En quoi le fait d'avoir été l'ami de Stendhal permet-il de le mieux juger ? Il est probable, au contraire, que cela gênerait beaucoup pour cela.
30 Le moi qui produit les œuvres est offusqué pour ces camarades par l'autre, qui peut être très inférieur au moi extérieur de beaucoup de gens. Du reste, la meilleure preuve en est que Sainte-Beuve, ayant connu Stendhal, ayant recueilli auprès de « M. Mérimée » et de « M. Ampère » tous les renseignements qu'il pouvait, s'étant muni, en un mot, de tout ce qui permet, selon lui, au critique de
35 juger plus exactement d'un livre, a jugé Stendhal de la façon suivante : « Je viens de relire, ou d'essayer, les romans de Stendhal ; ils sont franchement détestables[7]. »

Marcel PROUST, *Contre Sainte-Beuve* (éd. posthume, 1954)

4. Écrivain et ami de Stendhal.

5. Écrivain et historien de la littérature (1800-1864), fils du physicien.

6. Botaniste et grand voyageur (1801-1832), il a laissé des Lettres à Stendhal, *son ami (publiées en 1833).*

7. Causeries du lundi, t. IX, p. 262 ; citation fidèle à l'idée.

« Flaubert : un génie grammatical »

Proust, en tant que critique, s'attache surtout aux **techniques d'écriture**, trop longtemps négligées. Il admire chez Flaubert le « vernis » de l'écriture, semblable à celui que le peintre Vermeer appliquait sur ses tableaux.

Sainte-Beuve (et tous depuis d'ailleurs) l'a critiqué ou loué, mais, semble-t-il, sans apercevoir ce qui faisait son immense nouveauté. Comme il a tant peiné sur sa syntaxe, c'est en elle qu'il a logé pour toujours son originalité. C'est un génie grammatical. Et son génie est un dieu à ajouter aux dieux singuliers de *La*
5 *Tentation de saint Antoine*[1], il a la forme d'un passé défini, d'un pronom et d'un participe présent. Son originalité immense, durable, presque méconnaissable parce qu'elle s'est tellement incarnée à la langue littéraire de notre temps que nous lisons du Flaubert sous le nom d'autres écrivains sans savoir qu'ils ne font que parler comme lui, est une originalité grammaticale. Il peut faire comprendre
10 ce qu'ont été certains peintres dans l'histoire de l'art qui ont changé la couleur (?) (Cimabue, Giotto). Et la révolution de vision, de représentation du monde qui découle — ou est exprimée — par sa syntaxe, est peut-être aussi grande que celle de Kant déplaçant le centre de la connaissance du monde dans l'âme. Dans [ses] grandes phrases les choses existent non pas comme l'accessoire d'une
15 histoire, mais dans la réalité de leur apparition ; elles sont généralement le sujet de la phrase, car le personnage n'intervient pas et subit la vision : « Un village parut, des peupliers s'alignèrent, etc. » Et même quand l'objet représenté est humain, comme il est connu comme un objet, ce qui en apparaît est décrit comme apparaissant, et non comme produit par la volonté. Même déjà dans
20 *Madame Bovary*, tant Flaubert trouve dès le début cette forme qui est peut-être la plus nouvelle qu'il y ait dans toute l'histoire de la littérature française.

Marcel PROUST, *Contre Sainte-Beuve*

1. Récit de Flaubert le plus apprécié des Symbolistes.

Proust et son chauffeur
Alfred Agostinelli
en 1907.

Proust consacrera à Flaubert encore une étude publiée dans La N.R.F. en 1920, « A propos du "style" de Flaubert », **un des plus novateurs de ses articles de critique littéraire**. Il y orchestre la plupart des thèmes abordés dans le Contre Sainte-Beuve. Il y donne, de Madame Bovary et de L'Éducation sentimentale, une analyse stylistique qui révèle une véritable imprégnation de l'œuvre. Parlant des mérites de l'écrivain, à l'époque contestés, il ajoute : « L'un de ceux qui me touchent le plus parce que j'y trouve l'aboutissement de modestes recherches que j'ai faites, est qu'il sait donner avec maîtrise l'impression du temps ».
   Proust va partir des 400 pages du Contre Sainte-Beuve et de Jean Santeuil, qu'il reprend en 1908-1909, et dont les thèmes, des personnages, des scènes entières se retrouveront dans l'œuvre à venir, pour écrire A la recherche du temps perdu.

2. Le cycle de *La Recherche* (1) : *Du côté de chez Swann*

Du côté de chez Swann (1913)

*** *Du côté de chez Swann : Combray*

Dans cette première partie, le narrateur fait revivre surtout les visages et les lieux de sa petite enfance : ses proches — son père, sa mère, la tante Léonie, Françoise la cuisinière chargée de s'occuper de lui, les amis de sa famille — et Combray, le village de vacances de son enfance, d'où partent ses promenades. Les unes le conduisent du côté de Méséglise, où l'on passe devant Tansonville, la propriété de Swann — et la mémoire fait resurgir ses paysages, ses lilas, son chemin d'aubépines et ses pommiers —, les autres du côté de Guermantes, avec la rivière, la Vivonne et ses nymphéas. Autant de « gisements profonds de [son] sol natal, » de « terrains résistants » sur lesquels le narrateur s'appuie encore et qui apparaîtront sans cesse dans l'œuvre.

Entre sommeil et veille

*Cette scène **des réveils est une ouverture de** La Recherche, au sens musical du terme. Réécrite seize fois par **Proust**, elle éclaire sa méthode de travail, qui consiste à rédiger de nombreuses versions d'un même sujet, à la manière d'un peintre reprenant le même modèle. Elle donne à l'ensemble du recueil **son unité circulaire**, car Du côté de chez Swann se clôt sur cette évocation du réveil dans la chambre obscure où l'individu se situe mal. Elle annonce un certain climat qui s'attache avec prédilection aux états intermédiaires, **aux confins du conscient et de l'inconscient**. A travers l'évocation des **diverses** chambres qu'il a occupées, le narrateur analyse avec une subtilité pénétrante, nos sensations, notre perception de l'espace et du temps.*

Un homme qui dort tient en cercle autour de lui le fil des heures, l'ordre des années et des mondes. Il les consulte d'instinct en s'éveillant et y lit en une seconde le point de la terre qu'il occupe, le temps qui s'est écoulé jusqu'à son réveil ; mais leurs rangs peuvent se mêler, se rompre. Que vers le matin, après
5 quelque insomnie, le sommeil le prenne en train de lire, dans une posture trop différente de celle où il dort habituellement, il suffit de son bras soulevé pour arrêter et faire reculer le soleil[1], et à la première minute de son réveil, il ne saura plus l'heure, il estimera qu'il vient à peine de se coucher. Que s'il s'assoupit dans une position encore plus déplacée et divergente, par exemple après dîner assis
10 dans un fauteuil, alors le bouleversement sera complet dans les mondes désorbités, le fauteuil magique le fera voyager à toute vitesse dans le temps et dans l'espace[2], et au moment d'ouvrir les paupières, il se croira couché quelques mois plus tôt dans une autre contrée. Mais il suffisait que, dans mon lit même, mon sommeil fût profond et détendît entièrement mon esprit ; alors celui-ci lâchait le
15 plan du lieu où je m'étais endormi et, quand je m'éveillais au milieu de la nuit, comme j'ignorais où je me trouvais, je ne savais même pas au premier instant qui j'étais ; j'avais seulement dans sa simplicité première le sentiment de l'existence comme il peut frémir au fond d'un animal ; j'étais plus dénué que l'homme des cavernes ; mais alors le souvenir — non encore du lieu où j'étais,
20 mais de quelques-uns de ceux que j'avais habités et où j'aurais pu être — venait à moi comme un secours d'en haut pour me tirer du néant d'où je n'aurais pu sortir tout seul ; je passais en une seconde par-dessus des siècles de civilisation, et l'image confusément entrevue de lampes à pétrole, puis de chemises à col rabattu, recomposaient peu à peu les traits originaux de mon moi.
25 Peut-être l'immobilité des choses autour de nous leur est-elle imposée par notre certitude que ce sont elles et non pas d'autres, par l'immobilité de notre pensée en face d'elles. Toujours est-il que, quand je me réveillais ainsi, mon esprit s'agitant pour chercher, sans y réussir, à savoir où j'étais, tout tournait autour de moi dans l'obscurité, les choses, les pays, les années. Mon corps, trop
30 engourdi pour remuer, cherchait, d'après la forme de sa fatigue, à repérer la position de ses membres pour en induire la direction du mur, la place des meubles, pour reconstruire et pour nommer la demeure où il se trouvait. Sa mémoire, la mémoire de ses côtes, de ses genoux, de ses épaules, lui présentait

successivement plusieurs des chambres où il avait dormi, tandis qu'autour de lui
35 les murs invisibles, changeant de place selon la forme de la pièce imaginée,
tourbillonnaient dans les ténèbres. Et avant même que ma pensée, qui hésitait
au seuil des temps et des formes, eût identifié le logis en rapprochant les
circonstances, lui, — mon corps[3], — se rappelait pour chacun le genre du lit,
la place des portes, la prise de jour des fenêtres, l'existence d'un couloir, avec
40 la pensée que j'avais en m'y endormant et que je retrouvais au réveil. Mon côté
ankylosé, cherchant à deviner son orientation, s'imaginait, par exemple, allongé
face au mur dans un grand lit à baldaquin, et aussitôt je me disais : « Tiens, j'ai
fini par m'endormir quoique maman ne soit pas venue me dire bonsoir », j'étais
à la campagne chez mon grand-père, mort depuis bien des années ; et mon
45 corps, le côté sur lequel je reposais, gardiens fidèles d'un passé que mon esprit
n'aurait jamais dû oublier, me rappelaient la flamme de la veilleuse de verre de
Bohême, en forme d'urne, suspendue au plafond par des chaînettes, la cheminée
en marbre de Sienne, dans ma chambre à coucher de Combray, chez mes
grands-parents, en des jours lointains qu'en ce moment je me figurais actuels
50 sans me les représenter exactement, et que je reverrais mieux tout à l'heure
quand je serais tout à fait éveillé.

Puis renaissait le souvenir d'une nouvelle attitude ; le mur filait dans une autre
direction : j'étais dans ma chambre chez Mme de Saint-Loup, à la campagne[4] ;
mon Dieu ! il est au moins dix heures, on doit avoir fini de dîner ! J'aurai trop
55 prolongé la sieste que je fais tous les soirs en rentrant de ma promenade avec
Mme de Saint-Loup, avant d'endosser mon habit. Car bien des années ont passé
depuis Combray, où dans nos retours les plus tardifs c'étaient les reflets rouges
du couchant que je voyais sur le vitrage de ma fenêtre.

Marcel PROUST, *A la recherche du temps perdu.*
Du côté de chez Swann (1913)

1. *Allusion biblique : Josué arrêta le soleil pour permettre à son peuple de remporter la victoire.* —
2. *Allusion probable au livre de Wells,* La Machine à explorer le temps *(1895) que Proust cite déjà dans*
« *sentiments filiaux d'un parricide* ». — 3. *Dans* Le Temps retrouvé, *Proust reviendra sur* « *la mémoire
involontaire des membres* » *qui vit plus longtemps,* « *comme certains animaux ou végétaux inintelligents
vivent plus longtemps que l'homme. Les jambes, les bras sont pleins de souvenirs engourdis* ». —
4. *Renvoi anticipé au séjour à Tansonville raconté dans* Le Temps retrouvé, *qui fait succéder à l'évocation
de l'univers familial de l'enfance celui du milieu de la noblesse et de la mondanité. Cette confrontation
introduit une des divisions fondamentales du roman, celle qui sépare Combray de Guermantes.*

* *Toutes les lectures proposées en dehors des textes cités renvoient à l'édition Garnier-Flammarion.*

LECTURE MÉTHODIQUE

« La subjectivité de notre perception du monde »

1. Lignes 1 à 4 et 27 à 29. Quelle vision du réel impliquent ces passages ?

2. Lignes 4 à 13 et 29 à 42. Relevez les éléments qui font appel à des sensations tactiles, visuelles, etc. Lesquelles dominent ?

3. Ligne 18. Commentez l'expression : « J'étais plus dénué que l'homme des cavernes ».

4. Ligne 24. De quoi semblent faits « les traits originaux de (notre) moi » ?

5. Lignes 44 à 51. En quoi cette mise en scène du rôle respectif du corps et de l'esprit dans la relation à notre passé est-elle originale ?

6. Lignes 42 à 58. Relevez les éléments qui donnent des informations sur le narrateur et les personnages de *La Recherche*. Comment sont-ils présentés ? Nous permettent-ils d'imaginer ce que sera l'intrigue ?

Illustration de Van Dongen pour
Du côté de chez Swann, éditions Gallimard, 1947. ▶

L'édifice immense du souvenir

Proust s'inscrit sciemment dans la lignée de Nerval, de Baudelaire, dans la tradition symboliste qui cherche **l'essence des choses dans le rêve et dans le souvenir.** Un miracle va le faire échapper à l'instant, en faisant empiéter le passé sur le présent, pour lui permettre de « jouir de l'essence des choses, c'est-à-dire en dehors du temps ». Par le jeu de la mémoire involontaire, une sensation physique — le goût d'une madeleine trempée dans une tasse de thé — ramène à l'esprit du narrateur **tous les souvenirs d'un univers oublié, mais disponible.**

C'est à une expérience du même ordre qu'est suspendue ce que Proust estime « la plus belle partie des Mémoires d'outre-tombe » : « le gazouillement d'une grive » agit comme « un son magique » et fait reparaître aux yeux de Chateaubriand le domaine paternel, Combourg, en transportant l'auteur subitement dans son passé.

1. Les angoisses nocturnes de l'enfant ont été longuement évoquées. Elles révèlent son attachement passionné à sa mère et son extrême sensibilité. Voir G.-F. : Du côté de chez Swann, pp. 106-107 et 122-135.

Il y avait déjà bien des années que, de Combray, tout ce qui n'était pas le théâtre et le drame de mon coucher[1], n'existait plus pour moi, quand un jour d'hiver, comme je rentrais à la maison, ma mère, voyant que j'avais froid, me proposa de me faire prendre, contre mon habitude, un peu de thé. Je refusai
5 d'abord et, je ne sais pourquoi, me ravisai. Elle envoya chercher un de ces gâteaux courts et dodus appelés Petites Madeleines qui semblent avoir été moulés dans la valve rainurée d'une coquille de Saint-Jacques. Et bientôt, machinalement, accablé par la morne journée et la perspective d'un triste lendemain, je portai à mes lèvres une cuillerée du thé où j'avais laissé s'amollir
10 un morceau de madeleine. Mais à l'instant même où la gorgée mêlée des miettes du gâteau toucha mon palais, je tressaillis, attentif à ce qui se passait d'extraordinaire en moi. Un plaisir délicieux m'avait envahi, isolé, sans la notion de sa cause. Il m'avait aussitôt rendu les vicissitudes de la vie indifférentes, ses désastres inoffensifs, sa brièveté illusoire, de la même façon qu'opère l'amour, en me
15 remplissant d'une essence précieuse : ou plutôt cette essence n'était pas en moi, elle était moi. J'avais cessé de me sentir médiocre, contingent, mortel. D'où avait pu me venir cette puissante joie ? Je sentais qu'elle était liée au goût du thé et du gâteau, mais qu'elle le dépassait infiniment, ne devait pas être de même nature. D'où venait-elle ? Que signifiait-elle ? Où l'appréhender ? Je bois une
20 seconde gorgée où je ne trouve rien de plus que dans la première, une troisième qui m'apporte un peu moins que la seconde. Il est temps que je m'arrête, la vertu du breuvage semble diminuer. Il est clair que la vérité que je cherche n'est pas en lui, mais en moi. [...] Je pose la tasse et me tourne vers mon esprit. C'est à lui de trouver la vérité. Mais comment ? Grave incertitude, toutes les fois que
25 l'esprit se sent dépassé par lui-même ; quand lui, le chercheur, est tout ensemble le pays obscur où il doit chercher et où tout son bagage ne lui sera de rien. Chercher ? pas seulement : créer. Il est en face de quelque chose qui n'est pas encore et que seul il peut réaliser, puis faire entrer dans sa lumière.

Et je recommence à me demander quel pouvait être cet état inconnu, qui
30 n'apportait aucune preuve logique, mais l'évidence, de sa félicité, de sa réalité devant laquelle les autres s'évanouissaient. Je veux essayer de le faire réapparaître. Je rétrograde par la pensée au moment où je pris la première cuillerée de thé. Je retrouve le même état, sans une clarté nouvelle. Je demande à mon esprit un effort de plus, de ramener encore une fois la sensation qui s'enfuit. Et, pour
35 que rien ne brise l'élan dont il va tâcher de la ressaisir, j'écarte tout obstacle, toute idée étrangère, j'abrite mes oreilles et mon attention contre les bruits de la chambre voisine. Mais sentant mon esprit qui se fatigue sans réussir, je le force au contraire à prendre cette distraction que je lui refusais, à penser à autre chose, à se refaire avant une tentative suprême. Puis une deuxième fois, je fais le vide
40 devant lui, je remets en face de lui la saveur encore récente de cette première gorgée et je sens tressaillir en moi quelque chose qui se déplace, voudrait s'élever, quelque chose qu'on aurait désancré[2], à une grande profondeur ; je ne sais ce que c'est, mais cela monte lentement ; j'éprouve la résistance et j'entends la rumeur des distances traversées.

2. Au sens propre : lever l'ancre, libérer le navire du fort croc qui le retient au mouillage.

45 Certes, ce qui palpite ainsi au fond de moi, ce doit être l'image, le souvenir visuel, qui, lié à cette saveur, tente de la suivre jusqu'à moi. Mais il se débat trop loin, trop confusément ; à peine si je perçois le reflet neutre où se confond

l'insaisissable tourbillon des couleurs remuées ; mais je ne peux distinguer la forme, lui demander, comme au seul interprète possible, de me traduire le
50 témoignage de sa contemporaine, de son inséparable compagne, la saveur, lui demander de m'apprendre de quelle circonstance particulière, de quelle époque du passé il s'agit.

Arrivera-t-il jusqu'à la surface de ma claire conscience, ce souvenir, l'instant ancien que l'attraction d'un instant identique est venue de si loin solliciter,
55 émouvoir, soulever tout au fond de moi ? Je ne sais. Maintenant je ne sens plus rien, il est arrêté, redescendu peut-être ; qui sait s'il remontera jamais de sa nuit ? Dix fois il me faut recommencer, me pencher vers lui. Et chaque fois la lâcheté qui nous détourne de toute tâche difficile, de toute œuvre importante, m'a conseillé de laisser cela, de boire mon thé en pensant simplement à mes ennuis
60 d'aujourd'hui, à mes désirs de demain qui se laissent remâcher sans peine.

Et tout d'un coup le souvenir m'est apparu. Ce goût, c'était celui du petit morceau de madeleine que le dimanche matin à Combray (parce que ce jour-là je ne sortais pas avant l'heure de la messe), quand j'allais lui dire bonjour dans sa chambre, ma tante Léonie m'offrait après l'avoir trempé dans son infusion de
65 thé ou de tilleul. La vue de la petite madeleine ne m'avait rien rappelé avant que je n'y eusse goûté ; peut-être parce que, en ayant souvent aperçu depuis, sans en manger, sur les tablettes des pâtissiers, leur image avait quitté ces jours de Combray pour se lier à d'autres plus récents ; peut-être parce que, de ces souvenirs abandonnés si longtemps hors de la mémoire, rien ne survivait, tout
70 s'était désagrégé ; les formes — et celle aussi du petit coquillage de pâtisserie, si grassement sensuel sous son plissage sévère et dévot — s'étaient abolies, ou, ensommeillées, avaient perdu la force d'expansion qui leur eût permis de rejoindre la conscience. Mais, quand d'un passé ancien rien ne subsiste, après la mort des êtres, après la destruction des choses, seules, plus frêles mais plus
75 vivaces, plus immatérielles, plus persistantes, plus fidèles, l'odeur et la saveur restent encore longtemps, comme des âmes, à se rappeler, à attendre, à espérer, sur la ruine de tout le reste, à porter sans fléchir, sur leur gouttelette presque impalpable, l'édifice immense du souvenir.

Marcel Proust, *A la recherche du temps perdu.*
Du côté de chez Swann

POUR LE COMMENTAIRE

« Une minute affranchie de l'ordre du temps »

1. Distinguez les **étapes de cette analyse** introspective.

2. Quel est **le rôle** :
— de la sensation physique ;
— de l'intelligence ?

3. Quel est l'**effet sur le narrateur** de cette résurrection du passé ? Commentez la phrase qui le résume **(l. 16)**. Quelles nuances de sens apportent les mots *breuvage* **(l. 22)**, *félicité* **(l. 30) ?**

4. Comment l'auteur s'y prend-il pour nous communiquer le sentiment que cette réminiscence est le **fruit d'une véritable ascèse** permettant d'accéder à un niveau supérieur d'interprétation de la réalité **(l. 23 à 60)** ?

5. Quel **sentiment** le narrateur semble-t-il nourrir à l'égard de lui-même ?

ANALYSE STYLISTIQUE

Étudiez :

1. La description de la madeleine qui va enclencher le mécanisme du souvenir **(l. 5 à 7 et l. 70 à 71)**.

2. La construction, le rythme et l'**ampleur lyrique** de la dernière phrase **(l. 73 à 78)**.

AU-DELÀ DU TEXTE

1. « Les vrais paradis sont les paradis qu'on a perdus ».
Comparez le texte de la madeleine à la première esquisse placée en tête du *Contre Sainte-Beuve* (Bibl. de La Pléiade, pp. 211-212) sous le titre « Projets de préface ».

2. L'éblouissement de la découverte

A cet épisode célèbre font écho bien d'autres incidents du même ordre ; mais c'est seulement dans *Le Temps retrouvé* (Garnier-Flammarion, pp. 254-271) que trois sensations soudain éprouvées mettent le narrateur en possession de son passé et suscitent le miracle du temps retrouvé. Les étapes de cette découverte sont sensiblement les mêmes, mais l'interprétation de cette expérience nous est cette fois donnée et le narrateur en tire des conséquences pour l'artiste. Elle joue le rôle d'un « avertissement » qui va lui donner la force et la volonté d'entreprendre son œuvre.

GROUPEMENT THÉMATIQUE

Écriture et souvenir

ROUSSEAU : *Confessions*, 1782 (surtout le Livre VI). — LAMARTINE : *Méditations poétiques*, 1820. — CHATEAU-BRIAND : *Les Mémoires d'outre-tombe*, 1848 (en particulier l'épisode de la grive de Montboissier, livre III, ch. 1). — STENDHAL : *La Vie de Henry Brulard*, 1835-1836. — NERVAL : *Sylvie*, 1853. — HUGO : *Les Contemplations*, 1856. — GIDE : *Si le grain ne meurt*, 1916. — COLETTE : *Sido*, 1929.

*** *Du côté de chez Swann : Un amour de Swann*[1]

Cette deuxième partie est l'histoire des amours de Swann, l'aimable voisin de campagne des parents du narrateur, dont les visites à Combray furent la cause involontaire du « drame du coucher ». Épris d'Odette de Crécy, demi-mondaine peu farouche, cet homme délicat et cultivé va subir les tourments de la jalousie au point de vouloir mourir pour une femme « qui n'était pas son genre ». Odette s'applique tout d'abord à le conquérir et l'attire dans le salon des Verdurin, qu'elle fréquente : couple de riches bourgeois entourés de leur « clan » et jouant aux mécènes. Le narrateur tient tout d'abord Odette à distance, mais la ressemblance de celle-ci avec une œuvre d'art va la rendre à ses yeux plus belle et plus intéressante.

1. Un film a été réalisé sur l'intrigue d'Un amour de Swann par Volker Schlöndorff en 1984.

Odette ou Zéphora ?

1. La couleur mauve est étroitement associée à Odette dans La Recherche, comme les catleyas (variété d'orchidées).

2. Ou Séphora, épouse de Moïse.

3. Célèbre chapelle du Vatican. La figure de Zéphora se trouve sur l'une des fresques peintes par Botticelli (1444-1510).

4. Le buste attribué au Rizzo représente Andrea Loredan qui ne fut jamais doge. Mais la famille vénitienne des Loredan compte parmi ses membres plusieurs doges (parmi eux Leonardo Loredan, dont Bellini, au XVIe siècle, a peint un très beau portrait).

5. Antonio Rizzo, architecte et sculpteur, né à Vérone (autour de 1430). Un des plus grands sculpteurs du XVe siècle italien.

6. Peintre florentin (1449-1494).

7. Personnage de La Recherche. Il réparait dans la soirée chez la marquise de Saint-Euverte (où il rappelle à Swann la figure allégorique de « L'Injuste » dans Les Vices et les Vertus, de Giotto, à Padoue).

8. Peintre vénitien (1518-1594). Il a peint essentiellement des sujets religieux ; coloriste brillant.

Une seconde visite qu'il lui fit eut plus d'importance peut-être. En se rendant chez elle ce jour-là comme chaque fois qu'il devait la voir, d'avance il se la représentait ; et la nécessité où il était, pour trouver jolie sa figure, de limiter aux seules pommettes roses et fraîches, les joues qu'elle avait si souvent jaunes,
5 languissantes, parfois piquées de petits points rouges, l'affligeait comme une preuve que l'idéal est inaccessible et le bonheur, médiocre. Il lui apportait une gravure qu'elle désirait voir. Elle était un peu souffrante ; elle le reçut en peignoir de crêpe de Chine mauve[1], ramenant sur sa poitrine, comme un manteau, une étoffe richement brodée. Debout à côté de lui, laissant couler le long de ses joues
10 ses cheveux qu'elle avait dénoués, fléchissant une jambe dans une attitude légèrement dansante pour pouvoir se pencher sans fatigue vers la gravure qu'elle regardait, en inclinant la tête, de ses grands yeux, si fatigués et maussades quand elle ne s'animait pas, elle frappa Swann par sa ressemblance avec cette figure de Zéphora[2], la fille de Jéthro, qu'on voit dans une fresque de la chapelle Sixtine[3].
15 Swann avait toujours eu ce goût particulier d'aimer à retrouver dans la peinture des maîtres non pas seulement les caractères généraux de la réalité qui nous entoure, mais ce qui semble au contraire le moins susceptible de généralité, les traits individuels des visages que nous connaissons : ainsi, dans la matière d'un buste du doge Lorédan[4] par Antoine Rizzo[5], la saillie des pommettes, l'obliquité
20 des sourcils, enfin la ressemblance criante avec son cocher Rémi ; sous les couleurs d'un Ghirlandajo[6], le nez de M. de Palancy[7], dans un portrait de Tintoret[8], l'envahissement du gras de la joue par l'implantation des premiers poils des favoris, la cassure du nez, la pénétration du regard, la congestion des paupières du docteur du Boulbon. Peut-être, ayant toujours gardé un remords
25 d'avoir borné sa vie aux relations mondaines, à la conversation, croyait-il trouver une sorte d'indulgent pardon à lui accordé par les grands artistes, dans ce fait qu'ils avaient eux aussi considéré avec plaisir, fait entrer dans leur œuvre, de tels visages qui donnent à celle-ci un singulier certificat de réalité et de vie, une saveur moderne. [...] Quoi qu'il en soit, et peut-être parce que la plénitude d'impressions
30 qu'il avait depuis quelques temps, et bien qu'elle lui fût venue plutôt avec l'amour de la musique, avait enrichi même son goût pour la peinture, le plaisir fut plus profond — et devait exercer sur Swann une influence durable, — qu'il trouva à ce moment-là dans la ressemblance d'Odette avec la Zéphora de ce Sandro di Mariano auquel on donne plus volontiers son surnom populaire de Botticelli
35 depuis que celui-ci évoque au lieu de l'œuvre véritable du peintre l'idée banale et fausse qui s'en est vulgarisée. Il n'estima plus le visage d'Odette selon la plus ou moins bonne qualité de ses joues et d'après la douceur purement carnée qu'il supposait devoir leur trouver en les touchant avec ses lèvres si jamais il osait l'embrasser, mais comme un écheveau de lignes subtiles et belles que ses
40 regards dévidèrent, poursuivant la courbe de leur enroulement, rejoignant la cadence de la nuque à l'effusion des cheveux et à la flexion des paupières, comme en un portrait d'elle en lequel son type devenait intelligible et clair.

Il la regardait ; un fragment de la fresque apparaissait dans son visage et dans son corps, que dès lors il chercha toujours à y retrouver, soit qu'il fût auprès
45 d'Odette, soit qu'il pensât seulement à elle ; et, bien qu'il ne tînt sans doute au chef-d'œuvre florentin que parce qu'il le retrouvait en elle, pourtant cette ressemblance lui conférait à elle aussi une beauté, la rendait plus précieuse. Swann se reprocha d'avoir méconnu le prix d'un être qui eût paru adorable au grand

50 Sandro, et il se félicita que le plaisir qu'il avait à voir Odette trouvât une justification dans sa propre culture esthétique. Il se dit qu'en associant la pensée d'Odette à ses rêves de bonheur, il ne s'était pas résigné à un pis-aller aussi imparfait qu'il l'avait cru jusqu'ici, puisqu'elle contentait en lui ses goûts d'art les plus raffinés. Il oubliait qu'Odette n'était pas plus pour cela une femme selon son désir, puisque précisément son désir avait toujours été orienté dans un sens
55 opposé à ses goûts esthétiques. Le mot d'« œuvre florentine[9] » rendit un grand service à Swann. Il lui permit, comme un titre, de faire pénétrer l'image d'Odette dans un monde de rêves où elle n'avait pas eu accès jusqu'ici et où elle s'imprégna de noblesse. Et, tandis que la vue purement charnelle qu'il avait eue de cette femme, en renouvelant perpétuellement ses doutes sur la qualité de son
60 visage, de son corps, de toute sa beauté, affaiblissait son amour, ces doutes furent détruits, cet amour assuré quand il eut à la place pour base les données d'une esthétique certaine ; sans compter que le baiser et la possession qui semblaient naturels et médiocres s'ils lui étaient accordés par une chair abîmée, venant couronner l'adoration d'une pièce de musée, lui parurent devoir être
65 surnaturels et délicieux.

Et quand il était tenté de regretter que depuis des mois il ne fît plus que voir Odette, il se disait qu'il était raisonnable de donner beaucoup de son temps à un chef-d'œuvre inestimable, coulé pour une fois dans une matière différente et particulièrement savoureuse, en un exemplaire rarissime qu'il contemplait tantôt
70 avec l'humilité, la spiritualité et le désintéressement d'un artiste, tantôt avec l'orgueil, l'égoïsme et la sensualité d'un collectionneur.

Marcel PROUST, *A la recherche du temps perdu.*
Du côté de chez Swann

9. *Il s'agit toujours du tableau de Botticelli.*

LECTURE MÉTHODIQUE

1. Lignes 1 à 14. Étudiez le portrait d'Odette. Comparez-le au tableau de Botticelli en question. Quelle impression laisse cette silhouette féminine ?

2. Lignes 15 à 29 ; 66 à 71. Résumez les explications que le narrateur donne au soulagement qu'éprouve Swann en se trouvant des excuses « à perdre son temps avec Odette ».

3. Lignes 43 à 65. Étudiez la progression et les particularités de cet amour dont l'intéressé n'a pas encore conscience.

4. Comment se manifestent **la culture et la passion de l'art** de ce dilettante mondain à qui Proust prête beaucoup de ses goûts ?

AU-DELÀ DU TEXTE

1. Peinture de la jalousie. L'amour-maladie dans *Un amour de Swann*.

2. Le narrateur partage avec Swann cette disposition particulière à chercher des **analogies entre les êtres vivants et les portraits des musées**, à donner du prix aux choses en les comparant à des œuvres d'art. Voir La Fille de cuisine et *La Charité*, de Giotto (Garnier-Flammarion, *Du côté de chez Swann*, pp. 182-184).

*** La comparaison d'Odette avec une œuvre de Botticelli reviendra comme une constante du personnage dans *Un amour de Swann* et dans *A l'ombre des jeunes filles en fleurs*. Ce sont encore des peintres (Gustave Moreau, Watteau) que Swann évoquera pour décrire la vie d'Odette qui lui échappe.
Plus tard Swann épousera Odette qu'il n'aime plus et le narrateur deviendra amoureux de leur fille Gilberte. Malgré les multiples formes qu'il revêt dans *A la recherche du temps perdu*, l'amour n'y est jamais heureux.

Botticelli, *Les deux filles de Jethro* (détail).
Rome, Chapelle Sixtine.

La sonate de Vinteuil

***

Dans la dernière partie d'*Un amour de Swann*, celui-ci, exclu du salon Verdurin, accepte une invitation chez Mme de Saint-Euverte. Le récit de cette soirée est une annonce du « motif du salon ». Swann, détaché par son amour et sa jalousie de la vie mondaine, se mêle avec indifférence aux conversations, quand un pianiste se met à jouer. Il entend alors une nouvelle fois « la petite phrase » de la sonate de Vinteuil, écoutée un soir en compagnie d'Odette et devenue pour eux « l'air national de leur amour ».

A l'audition de la « petite phrase » qui imite et recrée « les états d'âme les plus incommunicables », la tristesse de Swann se transforme peu à peu. Après l'avoir amené au désespoir, elle se fait « apaisante et murmurée comme un parfum ». La comparant à un être humain, Swann la regarde comme une consolatrice qui le rapproche de toutes souffrances humaines, en particulier de celle du créateur, le musicien encore inconnu de lui, Vinteuil. A partir de cette soirée, Swann comprend que le sentiment qu'Odette a eu pour lui ne renaîtra jamais et il commence à envisager une vie où la jeune femme ne tiendrait pas une place prépondérante. Mais sa guérison, avec la fin de son amour, sera entrecoupée de dures rechutes.

1. *Vinteuil est un des maîtres de* La Recherche *: sa musique recrée les états d'âme les plus incommunicables. Sa fille est pour lui source de grandes souffrances. Cet ancien professeur de piano s'est retiré près de Combray.*

2. *Restaurant en vogue situé sur les Grands Boulevards, à Paris.*

Mais le concert recommença et Swann comprit qu'il ne pourrait pas s'en aller avant la fin de ce nouveau numéro du programme. Il souffrait de rester enfermé au milieu de ces gens dont la bêtise et les ridicules le frappaient d'autant plus douloureusement qu'ignorant son amour, incapables, s'ils l'avaient connu, de s'y
5 intéresser et de faire autre chose que d'en sourire comme d'un enfantillage ou de le déplorer comme une folie, ils le lui faisaient apparaître sous l'aspect d'un état subjectif qui n'existait que pour lui, dont rien d'extérieur ne lui affirmait la réalité ; il souffrait surtout, et au point que même le son des instruments lui donnait envie de crier, de prolonger son exil dans ce lieu où Odette ne viendrait
10 jamais, où personne, où rien ne la connaissait, d'où elle était entièrement absente.

Mais tout à coup ce fut comme si elle était entrée, et cette apparition lui fut une si déchirante souffrance qu'il dut porter la main à son cœur. C'est que le violon était monté à des notes hautes où il restait comme pour une attente, une
15 attente qui se prolongeait sans qu'il cessât de les tenir, dans l'exaltation où il était d'apercevoir déjà l'objet de son attente qui s'approchait, et avec un effort désespéré pour tâcher de durer jusqu'à son arrivée, de l'accueillir avant d'expirer, de lui maintenir encore un moment de toutes ses dernières forces le chemin ouvert pour qu'il pût passer, comme on soutient une porte qui sans cela retombe-
20 rait. Et avant que Swann eût eu le temps de comprendre, et de se dire : « C'est la petite phrase de la sonate de Vinteuil[1], n'écoutons pas ! » tous ses souvenirs du temps où Odette était éprise de lui, et qu'il avait réussi jusqu'à ce jour à maintenir invisibles dans les profondeurs de son être, trompés par ce brusque rayon du temps d'amour qu'ils crurent revenu, s'étaient réveillés et, à tire-d'aile,
25 étaient remontés lui chanter éperdument, sans pitié pour son infortune présente, les refrains oubliés du bonheur.

Au lieu des expressions abstraites « temps où j'étais heureux », « temps où j'étais aimé », qu'il avait souvent prononcées jusque-là et sans trop souffrir, car son intelligence n'y avait enfermé du passé que de prétendus extraits qui n'en
30 conservaient rien, il retrouva tout ce qui de ce bonheur perdu avait fixé à jamais la spécifique et volatile essence ; il revit tout, les pétales neigeux et frisés du chrysanthème qu'elle lui avait jeté dans sa voiture, qu'il avait gardé contre ses lèvres — l'adresse en relief de la « Maison Dorée[2] » sur la lettre où il avait lu : « Ma main tremble si fort en vous écrivant » — le rapprochement de ses sourcils quand
35 elle lui avait dit d'un air suppliant : « Ce n'est pas dans trop longtemps que vous me ferez signe ? ».

Marcel PROUST, *A la recherche du temps perdu.*
Du côté de chez Swann

GROUPEMENT THÉMATIQUE

Littérature et musique

DIDEROT : *Le Neveu de Rameau*, posth., 1805. — STEN-DHAL : *Promenades dans Rome*, 1829. — BALZAC : *Béatrix*, 1839 ; *Le Cousin Pons*, 1847. — George SAND : *Les Maîtres sonneurs*, 1853. — Romain ROLLAND : *Jean-Christophe*, 1904-1912. — D'ANNUNZIO : *Le Feu*, 1908. — Jean GIONO : *Jean le Bleu*, 1932. — Georges DUHAMEL : *Cécile parmi nous*, 1938.

Peintures 1900

L'« Art nouveau », ou « Modern Style » : l'univers d'un style qui ne dura qu'une quinzaine d'années, au début du siècle, mais qui se répandit dans toute l'Europe et marqua profondément l'histoire de l'art. Associant artistes et artisans, peintres et architectes, orfèvres et designers, l'Art nouveau se présente comme un art décoratif avant tout graphique : il privilégie les lignes sinueuses et les courbes allongées, s'attache au décor, souvent exubérant, et au dessin des objets usuels, et s'inspire de la nature, du monde végétal en particulier.

Expositions, boutiques, galeries et magazines furent les propagandistes actifs de l'Art nouveau, auquel on doit des œuvres majeures de la « Belle Époque » : toiles de Klimt, affiches de Toulouse-Lautrec et de Mucha, meubles de Majorelle, entrées de métro de Guimard, architectures de Gaudi, verreries de Gallé, bijoux de Lalique.

GUSTAV KLIMT, *Poissons rouges*, 1901-1902. Soleure, collection particulière.

PAUL CHABAS, *Coin de table*, 1904. Tourcoing, Musée des Beaux-Arts.

Gustav Klimt (1862-1918)

*Peintre et décorateur autrichien, fondateur de la « Sécession » viennoise qui s'opposait à l'art tradition-nel, **Gustave Klimt** souhaitait, comme tous les artistes liés au mouvement de l'Art nouveau, unir le décor et l'architecture. Il peignit aussi des paysages au chroma-tisme raffiné, et de nombreux portraits féminins, des figures symboliques aux tons éclatants.*

Si son graphisme sinueux, les recherches d'effets précieux (fonds dorés, verres colorés, émaux) et son symbolisme délicat, souvent érotique, s'inscrivent dans la ligne de l'Art nouveau, l'audace déployée par Klimt dans l'agencement de motifs à caractère décoratif préfigure le collage et la peinture abstraite.

LUCIEN LÉVY-DHURMER, *Ève*, 1896. Paris, coll. particulière.

L'Art nouveau touche à tous les domaines de la vie quotidienne en mettant sa marque sur les meubles, les vases, les lampes, les bijoux, les tissus. Il envahit le décor intérieur, voire le mobilier urbain. Beaucoup de ses promoteurs sont en même temps architectes. Tous se rejoignent pour étirer les formes et les lignes, multiplier les arabesques florales et les courbes, rechercher la sensualité du dessin. Ils utilisent une palette de couleurs où dominent les tons pâles : le gris, le vert, le rose, le mauve.

Émile Gallé, principal fondateur de l'École de Nancy, est, avec **René Lalique** ou **Alphonse Mucha**, un de ceux qui contribuèrent au renouvellement des arts décoratifs au début du siècle. Verrier, céramiste et ébéniste, il emprunte ses motifs à la botanique et à l'entomologie, et fait preuve d'une grande virtuosité technique, réalisant sur la pâte de verre des effets de transparence et d'opacité, de relief et de ciselure. Lui et ses disciples, tel **Eugène Vallin**, créent aussi des meubles marquetés, aux formes amples et ondulantes, et au décor symbolique.

ÉMILE GALLÉ, *Vase en verre double à décor d'une vue de la baie de Rio de Janeiro*, vers 1900.

EUGÈNE VALLIN, *Salle à manger*, en acajou, avec des panneaux de cuir et un plafond de V. PROUTÉ, 1903. Nancy, Musée de l'École de Nancy.

VEVER, *Peigne*, 1900. Paris, Musée des Arts décoratifs.

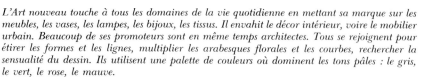

RENÉ LALIQUE, *Bracelet aux hiboux*, 1900-1901.

ANDRÉ MARIONNET, *Vide-poche en bronze doré et ivoire*, vers 1900.

RENÉ LALIQUE, *Bracelet scarabée*, 1900.

EUGÈNE FEUILLÂTRE, *Broche papillon*, 1900. Coll. particulière.

Publicités

Un champ d'expression nouveau s'ouvre aux graphistes de l'Art nouveau avec le développement de l'affiche publicitaire, qui va connaître une grande vogue au début du siècle. Artistes, collectionneurs et galeries spécialisées s'attachent à réhabiliter ce domaine alors dévalué de la création graphique, réduit à un aspect strictement commercial. L'alliance nouvelle du commerce et de l'art est d'ailleurs particulièrement adaptée à l'intérêt de l'Art nouveau pour les objets usuels.

On doit aux créateurs de l'affiche Art nouveau d'avoir, les premiers, illustré les conceptions contemporaines de la publicité : une image séduisante — pour attirer l'œil du passant, les artistes utilisent des aplats aux traits fluides et épais, un dessin stylisé, des couleurs simplifiées — et un minimum de commentaires.

Affiche de VAVASSEUR, *Ripolin*, 1898.
Paris, Musée de l'Affiche et de la Publicité.

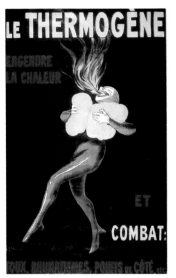

Affiche de CAPPIELLO, *Le Thermogène*, 1909. Paris, Musée de l'Affiche et de la Publicité.

Affiche de DE BURGULL, *Peugeot*, vers 1900. Paris, Musée de l'Affiche et de la Publicité.

Affiche de O'GALOP, *Michelin*, 1910. Paris, Musée de l'Affiche et de la Publicité.

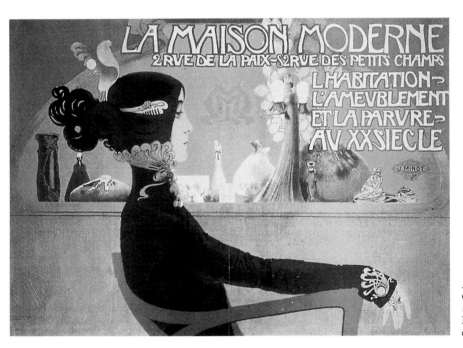

Affiche de GIUSEPPE ORAZI, *La Maison moderne*. Paris, Musée de l'Affiche et de la Publicité.

La tour Eiffel
dans tous ses états

« La Tour est là ; incorporée à la vie quotidienne au point qu'on ne saurait plus lui inventer aucun attribut particulier, entêtée tout simplement à persister, comme la pierre ou le fleuve, elle est littérale comme un phénomène naturel (...). La Tour est aussi présente au monde entier. D'abord comme symbole universel de Paris, elle est partout sur la terre où Paris doit être énoncé en image...

RAOUL DUFY, *La tour Eiffel*, vers 1935. Coll. particulière.

Exposition Universelle de 1889.

Bien plus : au-delà de son énoncé proprement parisien, elle touche à l'imaginaire humain le plus général ; sa forme simple, matricielle, lui confère la vocation d'un chiffre infini : tour à tour et selon les appels de notre imagination, symbole de Paris, de la modernité, de la communication, de la science ou du XIXe siècle, fusée, tige, derrick, phallus, paratonnerre ou insecte, face aux grands itinéraires du rêve, elle est le signe inévitable. »

ROLAND BARTHES, dans ARMAND LANOUX, *La tour Eiffel*, Paris 1980

IRÈNE LAGUT, décor pour *Les Mariés de la tour Eiffel*, mise en scène et texte de Jean Cocteau.

ROBERT DELAUNAY, *Champ de Mars, tour Eiffel rouge*, 1911. Chicago, Institute of Art.

Montparnasse ou l'École de Paris

AMEDEO MODIGLIANI,
Nu sur un coussin bleu, 1917.
Washington,
National Gallery of Art.

AMEDEO MODIGLIANI,
La Fillette au béret, 1918.
Paris, Coll. particulière.

Dès l'avant-guerre, la plupart des peintres abandonnent Montmartre et son atmosphère villageoise pour Montparnasse, sa vie de bohème, ses cafés du Dôme ou de La Rotonde, ses bars américains et ses boîtes de nuit, symboles de la modernité urbaine. Pendant trente ans, le monde entier s'y donne rendez-vous, réunissant dans une même rage de création la faune la plus variée et étrange qui se puisse imaginer. L'« École de Paris » naît du métissage, du brassage de cette population, composée surtout, dans les années 1910-1920, d'artistes déracinés, originaires d'Europe centrale ou d'Italie comme **Soutine, Chagall, Pascin, Kisling** *ou* **Modigliani**. *Avec elle resurgit le mythe de l'artiste « maudit » qui sombre dans l'alcool et la folie. Une sourde angoisse étreint l'âme tourmentée des peintres de Montparnasse, exprimée à travers une œuvre véhémente, douloureuse, comme celle de Modigliani et de Soutine, ou sous la forme d'une douce poésie nostalgique, comme Pascin ou Chagall.*

CHAÏM SOUTINE,
Maisons en Crète, vers 1919-1920.
Coll. particulière.

Les peintres et leurs amis

Moïse Kisling *(1891-1953). D'origine polonaise, il s'installe en 1910 à Montparnasse, dont il devient une des figures populaires : on recherche en lui un portraitiste à la mode. Très intime avec Modigliani, Kisling s'est orienté vers un art très précis, un peu sec, au relief accentué, aux couleurs vives, comme vernissées, d'un éclat parfois brutal et toujours très brillant. Ses figures de jeunes gens ont souvent une expression nostalgique, des poses alanguies, où transparaît l'âme de ses origines. Ses nus se distinguent par une chaude et riche sensualité, ses natures mortes par la fanfare des couleurs sonores et truculentes. Il reste l'un des peintres les plus caractéristiques de l'École de Paris.*

Moïse Kisling,
*Kiki de Montparnasse en chandail
rouge et foulard bleu*, 1925.
Genève, coll. Oscar Ghez.

Pierre de Belay,
Au café.
Genève, Petit Palais.

Marevna,
*Hommage
aux amis de
Montparnasse.*
Genève,
Petit Palais.

Foujita *(1886-1968). Ce peintre d'origine japonaise s'installe à Paris en 1913. Son style, très personnel, unit la précision minutieuse et fine du dessin traditionnel japonais au réalisme large de l'art occidental. Il a commencé par peindre des paysages parisiens, très dépouillés, mais sa célébrité s'est établie par des nus et des compositions savamment organisées, où les natures mortes et les figures sont ingénieusement définies.*

Gen-Paul *(1895-1975) est né à Montmartre à la fin du siècle dernier. Artiste bohème et strictement indépendant, il commence par vendre ses toiles à la terrasse des cafés. Sa peinture, dont les thèmes sont variés, se caractérise par la rapidité dynamique du dessin, qui semble exploser en des éclatements de lignes raides et furieuses, à la limite de l'abstraction, et par la virulence de ses couleurs.*

Jules Pascin *(1885-1930). Peintre d'origine bulgare, il se fixe définitivement à Paris en 1920. Sur le thème des « filles », il dessine d'un trait sinueux, dans des tons cendrés, des scènes tendres et lascives : nus bistres aux formes estompées, évanescentes, et couples de femmes alanguies.*

FOUJITA, *Au café*, 1949, Paris, Musée national d'Art moderne.

GEN PAUL, *Musiciens*, vers 1929.
Paris, Musée d'Art moderne de la Ville de Paris.

JULES PASCIN, *Jeune Fille assise aux fleurs*.
Paris, Musée d'Art moderne de la Ville de Paris.

L'univers de Chagall

Marc Chagall
(1887-1985)

MARC CHAGALL, *La Synagogue*, 1917.
Coll. particulière.

L'œuvre de ce peintre ne peut se comprendre sans faire référence à sa vie. Né à Vitebsk, en Russie, d'une famille juive d'origine modeste, **Marc Chagall** *travaille d'abord chez un peintre local, puis entre à l'école impériale des Beaux-Arts de Saint-Pétersbourg en 1907. Grâce à un mécène, il peut aller à Paris de 1910 à 1914 et devient l'ami de Blaise Cendrars, Max Jacob, Guillaume Apollinaire et Robert Delaunay. Pendant la guerre, il est à Saint-Pétersbourg dans le service du camouflage. A la suite de la Révolution de 1917, il est nommé Commissaire des Beaux-Arts pour le gouvernement de Vitebsk. C'est le temps où le nouveau régime se montre favorable aux formes les plus avancées de l'art moderne. Il fonde alors une académie mais se brouille avec Malevitch dont il n'accepte pas les tendances abstraites extrêmes. En 1922, il s'exile avec tous les autres artistes d'avant-garde et rejoint la France. De 1941 à 1947 il habite New York. Chagall gardera toujours la nostalgie de sa ville natale, sa fidélité à la spiritualité juive, et à un univers poétique et lumineux.*

Des mariés rouges et bleus enjambent les villes dans des décors d'opéra, des animaux fabuleux parlent aux musiciens, des anges s'envolent dans un bouquet féerique : en quatre-vingts ans de peinture (sans aucun doute la plus longue carrière du siècle), **Chagall** *tient jour après jour sa chronique de l'imaginaire, peuplée des mêmes personnages, colorés et poétiques. Il exécute de nombreuses commandes officielles : vitraux des cathédrales de Metz et de Reims, de la synagogue de l'hôpital de Jérusalem, plafond de l'Opéra de Paris. Partout il laisse les traces de sa vision heureuse du monde : gerbes de fleurs, amants dans la nuit, violonistes, fêtes folles. Dans ses images chargées de tendresse, Chagall, peintre du merveilleux, taille une large part à l'irrationnel.*

MARC CHAGALL, *L'Été*, 1964.
Coll. particulière.

3. Le cycle de *La Recherche* (2)

De *A l'ombre des jeunes filles en fleurs* au *Temps retrouvé*

A la recherche du temps perdu : Une architecture vivante

Proust a « construit son œuvre **comme une cathédrale** », où les fidèles sauraient peu à peu « apprendre **des vérités** et découvrir **des harmonies** » sur « l'idée du temps passé ». C'est tout à la fois la peinture d'une société, un roman psychologique, autobiographique, initiatique, un ouvrage sur la littérature, une défense de l'homosexualité et bien d'autres choses encore. Le récit est celui d'un narrateur adulte qui — à l'exception d'*Un amour de Swann* — raconte sa vie à la première personne.

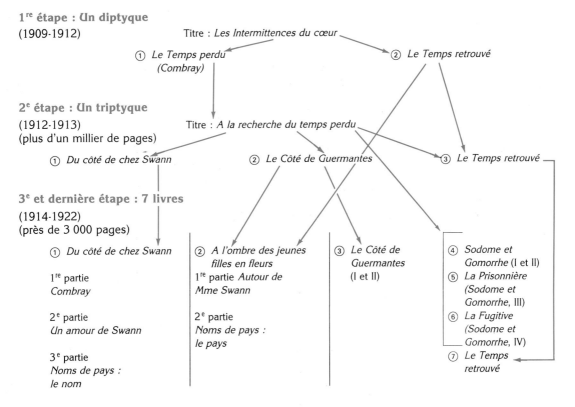

1re étape : Un diptyque
(1909-1912)

Titre : *Les Intermittences du cœur*

① *Le Temps perdu*
(Combray)

② *Le Temps retrouvé*

2e étape : Un triptyque
(1912-1913)
(plus d'un millier de pages)

Titre : *A la recherche du temps perdu*

① *Du côté de chez Swann*

② *Le Côté de Guermantes*

③ *Le Temps retrouvé*

3e et dernière étape : 7 livres
(1914-1922)
(près de 3 000 pages)

① *Du côté de chez Swann*

1re partie
Combray

2e partie
Un amour de Swann

3e partie
*Noms de pays :
le nom*

② *A l'ombre des jeunes
filles en fleurs*

1re partie *Autour de
Mme Swann*

2e partie
*Noms de pays :
le pays*

③ *Le Côté de
Guermantes*
(I et II)

④ *Sodome et
Gomorrhe* (I et II)

⑤ *La Prisonnière
(Sodome et
Gomorrhe*, III)

⑥ *La Fugitive
(Sodome et
Gomorrhe*, IV)

⑦ *Le Temps
retrouvé*

René Rousseau-Decelle, *Répétition générale à Maisons-Laffitte chez le comte de Clermont-Tonnerre*, 1912 (détail).

A l'ombre des jeunes filles en fleurs (1918)

L'homme dans le temps

La Recherche *met en scène un nombre considérable de personnages vus par les yeux et à travers la mémoire du narrateur ; ils reparaissent à des moments divers, avec leur langage propre, leurs attitudes, leurs caractéristiques individuelles, qui en font souvent de* **véritables types humains** *: le snob Legrandin, le pédant Norpois, la grande dame duchesse de Guermantes, la coquette Odette, la servante dévouée Françoise...*

Leur personnalité se transforme, comme celle du narrateur qui les a connus à différentes étapes de sa vie et qui use, pour les faire revivre devant nous, d'une « psychologie dans l'espace », en **les peignant dans le temps qui change les perspectives**.

L'exemple le plus significatif de ce travail est le personnage de Robert de Saint-Loup.

La première apparition de Saint-Loup

Dans A l'ombre des jeunes filles en fleurs, *le narrateur rencontre le jeune marquis de Saint-Loup-en-Bray, petit neveu de Mme de Villeparisis, au cours d'un séjour à Balbec au bord de la mer. Saint-Loup prépare l'École de cavalerie de Saumur et* **a toutes les particularités qui distinguent les Guermantes** *: le teint, les cheveux, un certain brillant de l'intelligence...*

*Le comte Robert
de Montesquiou,
par Whistler.
Paris, B.N.*

1. *Homme riche et
élégant. Ce mot a
succédé à dandy,
terme du XIXᵉ siècle.*

Une après-midi de grande chaleur, j'étais dans la salle à manger de l'hôtel qu'on avait laissée à demi dans l'obscurité pour la protéger du soleil en tirant des rideaux qu'il jaunissait et qui par leurs interstices laissaient clignoter le bleu de la mer, quand, dans la travée centrale qui allait de la plage à la route, je vis,
5 grand, mince, le cou dégagé, la tête haute et fièrement portée, passer un jeune homme aux yeux pénétrants et dont la peau était aussi blonde et les cheveux aussi dorés que s'ils avaient absorbé tous les rayons du soleil. Vêtu d'une étoffe souple et blanchâtre comme je n'aurais jamais cru qu'un homme eût osé en porter, et dont la minceur n'évoquait pas moins que le frais de la salle à manger,
10 la chaleur et le beau temps du dehors, il marchait vite. Ses yeux, de l'un desquels tombait à tout moment un monocle, étaient de la couleur de la mer. Chacun le regarda curieusement passer, on savait que ce jeune marquis de Saint-Loup-en-Bray était célèbre pour son élégance. Tous les journaux avaient décrit le costume dans lequel il avait récemment servi de témoin au jeune duc d'Uzès, dans un
15 duel. Il semblait que la qualité si particulière de ses cheveux, de ses yeux, de sa peau, de sa tournure, qui l'eussent distingué au milieu d'une foule comme un filon précieux d'opale azurée et lumineuse, engainé dans une matière grossière, devait correspondre à une vie différente de celle des autres hommes. Et en conséquence, quand, avant la liaison dont Mme de Villeparisis se plaignait, les
20 plus jolies femmes du grand monde se l'étaient disputé, sa présence, dans une plage par exemple, à côté de la beauté en renom à laquelle il faisait la cour, ne la mettait pas seulement tout à fait en vedette, mais attirait les regards autant sur lui que sur elle. A cause de son « chic », de son impertinence de jeune « lion¹ », à cause de son extraordinaire beauté surtout, certains lui trouvaient même un air
25 efféminé, mais sans le lui reprocher, car on savait combien il était viril et qu'il aimait passionnément les femmes. C'était ce neveu de Mme de Villeparisis duquel elle nous avait parlé. Je fus ravi de penser que j'allais le connaître pendant quelques semaines et sûr qu'il me donnerait toute son affection. Il traversa rapidement l'hôtel dans toute sa largeur, semblant poursuivre son monocle qui
30 voltigeait devant lui comme un papillon. Il venait de la plage, et la mer qui

remplissait jusqu'à mi-hauteur le vitrage du hall lui faisait un fond sur lequel il se détachait en pied, comme dans certains portraits où des peintres prétendent, sans tricher en rien sur l'observation la plus exacte de la vie actuelle, mais en choisissant pour leur modèle un cadre approprié, pelouse de polo, de golf,
35 champ de courses, pont de yacht, donner un équivalent moderne de ces toiles où les primitifs faisaient apparaître la figure humaine au premier plan d'un paysage.

Marcel PROUST, *A la recherche du temps perdu.*
A l'ombre des jeunes filles en fleurs (1918)

POUR LE COMMENTAIRE

1. Relevez les termes qui appartiennent **au champ lexical de la couleur, de la lumière**. En quoi ce portrait confirme-t-il les dires de Proust soulignant que nous prenons connaissance des visages « en peintres » ?

2. Étudiez les éléments qui établissent une **étroite analogie entre l'être et le site** où il apparaît.

3. Qu'apprenons-nous sur la **personnalité de Saint-Loup** à travers ce premier portrait : âge, milieu, activités, mœurs... ? Montrez comment l'auteur fait jouer ici au vêtement le rôle d'un code social et culturel ; ce portrait comporte même des indices de l'évolution future du personnage.

« C'est pour votre grand-mère »

*Pas plus que la bourgeoisie, l'aristocratie n'échappe à l'**ironie de Proust**. Ainsi, dans* A l'ombre des jeunes filles en fleurs, *la princesse de Luxembourg, rencontrée lors d'une promenade que fait le narrateur à Balbec, en compagnie de sa grand-mère.*

Cependant la princesse de Luxembourg nous avait tendu la main et, de temps en temps, tout en causant avec la marquise, elle se détournait pour poser de doux regards sur ma grand'mère et sur moi, avec cet embryon de baiser qu'on ajoute au sourire quand celui-ci s'adresse à un bébé avec sa nounou. Même dans son
5 désir de ne pas avoir l'air de siéger dans une sphère supérieure à la nôtre, elle avait sans doute mal calculé la distance, car, par une erreur de réglage, ses regards s'imprégnèrent d'une telle bonté que je vis approcher le moment où elle nous flatterait de la main comme deux bêtes sympathiques qui eussent passé la tête vers elle, à travers un grillage, au Jardin d'Acclimatation. Aussitôt du reste
10 cette idée d'animaux et de Bois de Boulogne prit plus de consistance pour moi. C'était l'heure où la digue est parcourue par les marchands ambulants et criards qui vendent des gâteaux, des bonbons, des petits pains. Ne sachant que faire pour nous témoigner sa bienveillance, la princesse arrêta le premier qui passa ; il n'avait plus qu'un pain de seigle, du genre de ceux qu'on jette aux canards.

Le marchand de bateaux au Luxembourg, par Ch. Pezeu-Carlopez.

15 La princesse le prit et me dit : « C'est pour votre grand'mère. » Pourtant, ce fut à moi qu'elle le tendit, en me disant avec un fin sourire : « Vous le lui donnerez vous-même », pensant qu'ainsi mon plaisir serait plus complet s'il n'y avait pas d'intermédiaires entre moi et les animaux. D'autres marchands s'approchèrent, elle remplit mes poches de tout ce qu'ils avaient, de paquets tout ficelés, de
20 plaisirs, de babas et de sucres d'orge. Elle me dit : « Vous en mangerez et vous en ferez manger aussi à votre grand'mère » et elle fit payer les marchands par le petit nègre habillé en satin rouge qui la suivait partout et qui faisait l'émerveillement de la plage. Puis elle dit adieu à Mme de Villeparisis et nous tendit la main avec l'intention de nous traiter de la même manière que son amie, en intimes,
25 et de se mettre à notre portée. Mais cette fois, elle plaça sans doute notre niveau un peu moins bas dans l'échelle des êtres, car son égalité avec nous fut signifiée par la princesse à ma grand'mère au moyen de ce tendre et maternel sourire qu'on adresse à un gamin quand on lui dit au revoir comme à une grande personne. Par un merveilleux progrès de l'évolution, ma grand'mère n'était plus
30 un canard ou une antilope, mais déjà ce que Mme Swann eût appelé un « baby ».

Marcel PROUST, *A la recherche du temps perdu.*
A l'ombre des jeunes filles en fleurs.

Le Côté de Guermantes (1920)

*** *Le Côté de Guermantes :* les « mémoires d'une société »

Comme *La Comédie humaine*, de Balzac, que Proust a commencé par pasticher, *A la recherche du temps perdu* contient beaucoup de scènes de réceptions mondaines longuement décrites. Le narrateur fait ses premiers pas dans le monde des salons aristocratiques, chez Mme de Villeparisis (*Le Côté de Guermantes*, I). Il assiste à un dîner chez la duchesse de Guermantes (*Le Côté de Guermantes*, II), à une soirée chez la princesse de Guermantes *(Sodome et Gomorrhe)* ; enfin, nous le retrouvons, vieilli, à une matinée chez la princesse de Guermantes, ex-Mme Verdurin, avec qui le Prince, devenu veuf, s'est remarié (fin du *Temps retrouvé*). Par les yeux du narrateur, nous y redécouvrons la plupart des hôtes rencontrés dans sa jeunesse chez Mme de Villeparisis, devenus pour la plupart méconnaissables.

Par le biais de conversations à l'apparente frivolité, **Proust** *fait revivre* **une société aujourd'hui disparue, dont il dégage les lois propres, le langage et les passions**. *Il porte sur cette noblesse, qui l'a longtemps fasciné, des* **jugements souvent cruels ou ironiques**. *Ces scènes sont aussi l'occasion d'aborder les questions les plus diverses et les plus graves, sans dogmatisme, à travers les attitudes de la société de son temps.*

Le kaléïdoscope mondain et l'affaire Dreyfus

Proust *avait signé la pétition des intellectuels demandant la révision du procès du capitaine Dreyfus, publiée dans* L'Aurore *le lendemain de la parution de l'article de Zola, « J'Accuse », le 13 janvier 1898. Il a raconté dans* Jean Santeuil *le procès de Zola, auquel il a assisté (voir pp. 44 à 48).*

***

Ici, un diplomate, M. de Norpois, vieille liaison de la maîtresse des lieux, Mme de Villeparisis, s'entretient de l'affaire Dreyfus avec Bloch, ancien camarade du narrateur, devenu auteur dramatique, juif comme le capitaine Dreyfus.

— Monsieur, dit Mme de Villeparisis, lui avez-vous parlé de l'affaire Dreyfus ?

M. de Norpois leva les yeux au ciel, mais en souriant, comme pour attester l'énormité des capri-
5 ces auxquels sa Dulcinée[1] lui imposait le devoir d'obéir. Néanmoins il parla à Bloch, avec beaucoup d'affabilité, des années affreuses, peut-être mortelles, que traversait la France. Comme cela signifiait probablement que M. de Norpois (à qui Bloch ce-
10 pendant avait dit croire à l'innocence de Dreyfus) était ardemment antidreyfusard, l'amabilité de l'Ambassadeur, l'air qu'il avait de donner raison à son interlocuteur, de ne pas douter qu'ils fussent du même avis, de se liguer en complicité avec lui pour
15 accabler le gouvernement, flattaient la vanité de Bloch et excitaient sa curiosité. Quels étaient les points importants que M. de Norpois ne spécifiait point, mais sur lesquels il semblait implicitement admettre que Bloch et lui étaient d'accord, quelle
20 opinion avait-il donc de l'affaire, qui pût les réunir ? Bloch était d'autant plus étonné de l'accord mysté-rieux qui semblait exister entre lui et M. de Norpois que cet accord ne portait pas que sur la politique, Mme de Villeparisis ayant assez longuement parlé à
25 M. de Norpois des travaux littéraires de Bloch.

— Vous n'êtes pas de votre temps, dit à celui-ci l'ancien ambassadeur, et je vous en félicite, vous n'êtes pas de ce temps où les études désintéressées n'existent plus, où on ne vend plus au public que des
30 obscénités ou des inepties. Des efforts tels que les

vôtres devraient être encouragés si nous avions un gouvernement.

Bloch était flatté de surnager seul dans le naufrage universel. Mais là encore il aurait voulu des préci-
35 sions, savoir de quelles inepties voulait parler M. de Norpois. Bloch avait le sentiment de travailler dans la même voie que beaucoup, il ne s'était pas cru si exceptionnel. Il revint à l'affaire Dreyfus, mais ne put arriver à démêler l'opinion de M. de Norpois. Il tâcha
40 de le faire parler des officiers dont le nom revenait souvent dans les journaux à ce moment-là ; ils excitaient plus la curiosité que les hommes politi-ques mêlés à la même affaire, parce qu'ils n'étaient pas déjà connus comme ceux-ci et, dans un cos-
45 tume spécial, du fond d'une vie différente et d'un silence religieusement gardé, venaient seulement de surgir et de parler, comme Lohengrin[2] descen-dant d'une nacelle conduite par un cygne. Bloch avait pu, grâce à un avocat nationaliste qu'il
50 connaissait, entrer à plusieurs audiences du procès Zola[3]. Il arrivait là le matin, pour n'en sortir que le soir, avec une provision de sandwiches et une bou-teille de café, comme au concours général ou aux compositions de baccalauréat, et ce changement
55 d'habitudes réveillant l'éréthisme nerveux que le café et les émotions du procès portaient à son comble, il sortait de là tellement amoureux de tout ce qui s'y était passé que, le soir, rentré chez lui, il voulait se replonger dans le beau songe et courait
60 retrouver dans un restaurant fréquenté par les deux

partis des camarades avec qui il reparlait sans fin de ce qui s'était passé dans la journée et réparait par un souper commandé sur un ton impérieux qui lui donnait l'illusion du pouvoir, le jeûne et les fatigues d'une journée commencée si tôt et où on n'avait pas déjeuné. L'homme, jouant perpétuellement entre les deux plans de l'expérience et de l'imagination, voudrait approfondir la vie idéale des gens qu'il connaît et connaître les êtres dont il a eu à imaginer la vie. Aux questions de Bloch, M. de Norpois répondit :

— Il y a deux officiers mêlés à l'affaire en cours et dont j'ai entendu parler autrefois par un homme dont le jugement m'inspirait grande confiance et qui faisait d'eux le plus grand cas (M. de Miribel[4]), c'est le lieutenant-colonel Henry[5] et le lieutenant-colonel Picquart[6].

— Mais, s'écria Bloch, la divine Athéna, fille de Zeus, a mis dans l'esprit de chacun le contraire de ce qui est dans l'esprit de l'autre. Et ils luttent l'un contre l'autre, tels deux lions. Le colonel Picquart avait une grande situation dans l'armée, mais sa Moire[7] l'a conduit du côté qui n'était pas le sien. L'épée des nationalistes tranchera son corps délicat et il servira de pâture aux animaux carnassiers et aux oiseaux qui se nourrissent de la graisse des morts.

M. de Norpois ne répondit pas.

— De quoi palabrent-ils là-bas dans un coin ? demanda M. de Guermantes à Mme de Villeparisis en montrant M. de Norpois et Bloch.

— De l'affaire Dreyfus.

— Ah ! diable ! À propos, saviez-vous qui est partisan enragé de Dreyfus ? Je vous le donne en mille. Mon neveu Robert ! Je vous dirai même qu'au Jockey, quand on a appris ces prouesses, cela a été une levée de boucliers, un véritable tollé. Comme on le présente dans huit jours...

— Évidemment, interrompit la duchesse, s'ils sont tous comme Gilbert[8], qui a toujours soutenu qu'il fallait renvoyer tous les juifs à Jérusalem. [...]

Bloch cherchait à pousser M. de Norpois sur le colonel Picquart.

— Il est hors de conteste, répondit M. de Norpois, que la déposition du colonel devenait nécessaire pour peu que le gouvernement pensât qu'il pouvait bien y avoir là anguille sous roche. Je sais qu'en soutenant cette opinion j'ai fait pousser à plus d'un de mes collègues des cris d'orfraie[9], mais, à mon sens, le gouvernement avait le devoir de laisser parler le colonel. On ne sort pas d'une pareille impasse par une simple pirouette, ou alors on risque de tomber dans un bourbier. Pour l'officier lui-même, cette déposition produisit à la première audience une impression des plus favorables. Quand on l'a vu, bien pris dans le joli uniforme des chasseurs, venir sur un ton parfaitement simple et franc raconter ce qu'il avait vu, ce qu'il avait cru, dire : « Sur mon honneur de soldat (et ici la voix de M. de Norpois vibra d'un léger trémolo patriotique) telle est ma conviction », il n'y a pas à nier que l'impression a été profonde.

« Voilà, il est dreyfusard, il n'y a plus l'ombre d'un doute », pensa Bloch.

— Mais ce qui lui a aliéné entièrement les sympathies qu'il avait pu rallier d'abord cela a été sa confrontation avec l'archiviste Gribelin[10]. Quand on entendit ce vieux serviteur, cet homme qui n'a qu'une parole (et M. de Norpois accentua avec l'énergie des convictions sincères les mots qui suivirent), quand on le vit regarder dans les yeux son supérieur, ne pas craindre de lui tenir la dragée haute et de lui dire d'un ton qui n'admettait pas de réplique : « Voyons, mon colonel, vous savez bien que je n'ai jamais menti, vous savez bien qu'en ce moment, comme toujours, je dis la vérité », le vent tourna, M. Picquart eut beau remuer ciel et terre dans les audiences suivantes, il fit bel et bien fiasco.

« Non, décidément il est antidreyfusard, c'est couru, se dit Bloch. Mais s'il croit Picquart un traître qui ment, comment peut-il tenir compte de ses révélations et les évoquer comme s'il y trouvait du charme et les croyait sincères ? Et si au contraire il voit en lui un juste qui délivre sa conscience, comment peut-il le supposer mentant dans sa confrontation avec Gribelin ? »

Peut-être la raison pour laquelle M. de Norpois parlait ainsi à Bloch comme s'ils eussent été d'accord venait-elle de ce qu'il était tellement antidreyfusard que, trouvant que le gouvernement ne l'était pas assez, il en était l'ennemi tout autant qu'étaient les dreyfusards. Peut-être parce que l'objet auquel il s'attachait en politique était quelque chose de plus profond, situé dans un autre plan, et d'où le dreyfusisme apparaissait comme une modalité sans importance et qui ne mérite pas de retenir un patriote soucieux des grandes questions extérieures. Peut-être, plutôt, parce que les maximes de sa sagesse politique ne s'appliquant qu'à des questions de forme, de procédé, d'opportunité, elles étaient aussi impuissantes à résoudre les questions de fond qu'en philosophie la pure logique l'est à trancher les questions d'existence, ou que cette sagesse même lui fît trouver dangereux de traiter de ces sujets et que, par prudence, il ne voulût parler que de circonstances secondaires.

Marcel PROUST, *A la recherche du temps perdu.*
Le Côté de Guermantes (1920)

---

1. Dame des pensées du chevalier dans Don Quichotte, de Cervantès. — 2. Héros d'une légende germanique rattachée au cycle du Graal. De cette légende, Wagner a tiré un opéra bien connu de Proust. — 3. Ce procès fut intenté à l'écrivain en février 1898 à la suite de son article « J'accuse ». — 4. Général français, chef d'état-major général de 1890 à 1893, avant le début de l'affaire Dreyfus, en octobre 1894. — 5. Affecté au Service de renseignements de l'armée, il fut accusé d'avoir fabriqué une lettre accusant nommément Dreyfus. La falsification ayant été révélée plusieurs mois après le procès Zola, le colonel Henry fut emprisonné et se suicida le lendemain. — 6. Il s'attacha à faire la lumière dans l'affaire Dreyfus. D'abord destitué, il devint général après la révision du procès (1899), puis ministre de la guerre. — 7. Divinité grecque du destin, correspondant aux Parques, chez les latins. — 8. Prince de Guermantes, cousin du duc de Guermantes, aux idées surannées. Il deviendra plus tard persuadé de l'innocence de Dreyfus. — 9. Crier, hurler. — 10. Expert en écriture auquel on fit appel pendant l'affaire Dreyfus.

POUR LE COMMENTAIRE

L'art du dialogue

1. Comment se **traduit ici**, chez M. de Norpois, l'**habileté** de cet ancien ambassadeur, mis en demeure de parler de l'affaire Dreyfus devant Bloch ? Quels propos révèlent en lui « l'homme du monde » ?

2. Le narrateur **prend-il parti** entre ces deux interlocuteurs, dont l'un est « dreyfusard » et l'autre « antidreyfusard » ? Quels semblent être ses sentiments à l'égard de chacun d'eux ?

3. Quelles sont les **caractéristiques du langage** des deux hommes ? Étudiez de près la réplique de Bloch (l. 78 à 86).

AU-DELÀ DU TEXTE

L'affaire Dreyfus

Reconstituez, à travers les informations données au cours de l'ensemble de la matinée chez Mme de Villeparisis, ses principales péripéties et le climat dans laquelle elle s'est déroulée (Garnier-Flammarion, *Le Côté de Guermantes*, I,

pp. 273, 322-340, 393-394). Lisez aussi *Jean Barois*, de Roger MARTIN DU GARD, dont le héros s'engage dans l'affaire Dreyfus (voir p. 47).

GROUPEMENT THÉMATIQUE

Le juif, un type romanesque ?

BALZAC : *Gobseck*, 1830 ; *La Maison Nucingen*, 1838. — Les GONCOURT : *Manette Salomon*, 1867. — MAUPASSANT : *Bel-Ami*, 1885 [pour le banquier Walter]. — Anatole FRANCE : *M. Bergeret à Paris*, 1901 [échos de l'affaire Dreyfus et personnage paradoxal du préfet israélite Worms-Clavelin].

On complètera ces lectures par l'approche personnelle de différents contemporains :

Jacques de LACRETELLE : *Silbermann*, 1922 ; *Le Retour de Silbermann*, 1929. — Albert MEMMI : *La Statue de sel*, 1953. — Roger IKOR : *Les Eaux mêlées*, 1955. — Elie WIESEL : *Le Mendiant de Jérusalem*, 1968. — Albert COHEN : *Belle du Seigneur*, 1968. — Patrick MODIANO : *La Place de l'Étoile*, 1968 ; *Livret de famille*, 1977.

Le réel et les mots

*Pour l'artiste, le « sujet » emprunté à la réalité importe peu. Seule compte la manière d'en donner une image convaincante et belle par la maîtrise du langage, en jouant des **associations curieuses que nous offrent les mots**. La troisième partie de* Du côté de chez Swann, *la deuxième de* A l'ombre des jeunes filles en fleurs *s'abandonnent à une **rêverie sur le pouvoir de suggestion des noms**, noms de pays, de villes — Balbec, Florence, Venise et pour le narrateur tous les noms des villages voisins de Combray. Les premières pages du* Côté de Guermantes *s'attachent à la mystérieuse richesse du nom de cette aristocratique famille, mêlée à tout un passé historique et architectural, au monde de l'enfance du narrateur. Le nom de Guermantes va bientôt se charger pour celui-ci de rêves tout autres, avec son amour pour la duchesse de Guermantes.*

La comtesse Greffulhe
inspiratrice du personnage
de la duchesse
de Guermantes.
Paris, B.N.

[...] Si, grâce à quelque hasard, le nom de Guermantes ayant repris pour un instant après tant d'années le son, si différent de celui d'aujourd'hui, qu'il avait pour moi le jour du mariage de Mlle Percepied, il me rend ce mauve si doux, trop brillant, trop neuf, dont se veloutait la cravate gonflée de la jeune duchesse, et,
5 comme une pervenche incueillissable et refleurie, ses yeux ensoleillés d'un sourire bleu. Et le nom de Guermantes d'alors est aussi comme un de ces petits ballons dans lesquels on a enfermé de l'oxygène ou un autre gaz : quand j'arrive à le crever, à en faire sortir ce qu'il contient, je respire l'air de Combray de cette année-là, de ce jour-là, mêlé d'une odeur d'aubépines agitée par le vent du coin
10 de la place, précurseur de la pluie, qui tour à tour faisait envoler le soleil, le laissait s'étendre sur le tapis de laine rouge de la sacristie et le revêtir d'une carnation brillante, presque rose, de géranium, et de cette douceur, pour ainsi dire wagnérienne, dans l'allégresse, qui conserve tant de noblesse à la festivité. Mais même en dehors des rares minutes comme celles-là, où brusquement nous
15 sentons l'entité originale tressaillir et reprendre sa forme et sa ciselure au sein des syllabes mortes aujourd'hui, si dans le tourbillon vertigineux de la vie courante, où ils n'ont plus qu'un usage entièrement pratique, les noms ont perdu toute couleur comme une toupie prismatique qui tourne trop vite et qui semble grise, en revanche quand, dans la rêverie, nous réfléchissons, nous cherchons
20 pour revenir sur le passé, à ralentir, à suspendre le mouvement perpétuel où nous sommes entraînés, peu à peu nous revoyons apparaître, juxtaposées mais entièrement distinctes les unes des autres, les teintes qu'au cours de notre existence nous présenta successivement un même nom.

Marcel PROUST, *A la recherche du temps perdu.*
Le Côté de Guermantes

Le Temps retrouvé (1925)

Saint-Loup ou l'« inverti honteux »

*Dans La Fugitive, Saint-Loup a épousé Gilberte, autrefois aimée du narrateur. Lui mentant sans cesse, il rend sa femme malheureuse, la faisant mourir de jalousie en entretenant sans plaisir des maîtresses. En fait, **il cache ainsi fébrilement son inversion**, « genre d'amour que Saint-Loup avait hérité de M. de Charlus », son oncle. Il a plusieurs liaisons mais sa véritable passion va au violoniste Morel, dit Charlie, qui exige de lui chaque jour plus d'argent. Son attitude, ses gestes, sont autant d'indices d'un « vice » de plus en plus envahissant. Saint-Loup a un comportement héroïque pendant la guerre, mais il se cache pour fréquenter, pendant ses permissions, les maisons de passe pour homosexuels.*

1. Le narrateur a rencontré cet oncle de Robert à Balbec. Celui-ci s'est offert à diriger sa vie. La personnalité de cet homosexuel domine Sodome et Gomorrhe, I, II.

2. Ville de cure de Tchécoslovaquie.

Il vint plusieurs fois à Tansonville pendant que j'y étais. Il était bien différent de ce que je l'avais connu. Sa vie ne l'avait pas épaissi, alenti, comme M. de Charlus[1], tout au contraire, mais opérant en lui un changement inverse, lui avait donné l'aspect désinvolte d'un officier de cavalerie — et bien qu'il eût donné sa
5 démission au moment de son mariage — à un point qu'il n'avait jamais eu. Au fur et à mesure que M. de Charlus s'était alourdi, Robert (et sans doute il était infiniment plus jeune, mais on sentait qu'il ne ferait que se rapprocher devantage de cet idéal avec l'âge), comme certaines femmes qui sacrifient résolument leur visage à leur taille et à partir d'un certain moment ne quittent plus Marienbad[2]
10 (pensant que, ne pouvant garder à la fois plusieurs jeunesses, c'est encore celle de la tournure qui sera le plus capable de représenter les autres), était devenu plus élancé, plus rapide, effet contraire d'un même vice. Cette vélocité avait d'ailleurs diverses raisons psychologiques, la crainte d'être vu, le désir de ne pas sembler avoir cette crainte, la fébrilité qui naît du mécontement de soi et de
15 l'ennui. Il avait l'habitude d'aller dans certains mauvais lieux où, comme il aimait qu'on ne le vît ni entrer ni sortir, il s'engouffrait pour offrir aux regards malveillants de passants hypothétiques le moins de surface possible, comme on monte à l'assaut. Et cette allure de coup de vent lui était restée. Peut-être aussi schématisait-elle l'intrépidité apparente de quelqu'un qui veut montrer qu'il n'a pas peur
20 et ne veut pas se donner le temps de penser. Pour être complet il faudrait faire entrer en ligne de compte le désir, plus il vieillissait, de paraître jeune, et même l'impatience de ces hommes toujours ennuyés, toujours blasés que sont les gens trop intelligents pour la vie relativement oisive qu'ils mènent et où leurs facultés ne se réalisent pas. [...]
25 Devenant — du moins durant cette phase fâcheuse — beaucoup plus sec, il ne faisait presque plus preuve vis-à-vis de ses amis, par exemple vis-à-vis de moi, d'aucune sensibilité.

Marcel PROUST, *A la recherche du temps perdu.*
Le Temps retrouvé (1925)

Robert de Montesquiou, par Sem.
Paris, B.N.

Dernières apparitions de Saint-Loup

1. Saint-Loup est le fils de Marie de Marsantes, sœur de M. de Charlus. C'est aussi une Guermantes.

J'eus du reste l'occasion (pour anticiper un peu, puisque je suis encore à Tansonville) de l'y apercevoir une fois dans le monde, et de loin, où sa parole, malgré tout vivante et charmante, me permettait de retrouver le passé ; je fus frappé combien il changeait. Il ressemblait de plus en plus à sa mère[1], la manière
5 de sveltesse hautaine qu'il avait héritée d'elle et qu'elle avait parfaite, chez lui, grâce à l'éducation la plus accomplie, elle s'exagérait, se figeait ; la pénétration du regard propre aux Guermantes lui donnait l'air d'inspecter tous les lieux au milieu desquels il passait, mais d'une façon quasi inconsciente, par une sorte

d'habitude et de particularité animale. Même immobile, la couleur qui était la
10 sienne plus que de tous les Guermantes, d'être seulement l'ensoleillement d'une
journée d'or devenu solide, lui donnait comme un plumage si étrange, faisait de
lui une espèce si rare, si précieuse, qu'on aurait voulu le posséder pour une
collection ornithologique ; mais quand, de plus, cette lumière changée en oiseau
se mettait en mouvement, en action, quand par exemple je voyais Robert
15 de Saint-Loup entrer dans une soirée où j'étais, il avait des redressements de sa
tête si soyeusement et fièrement huppée sous l'aigrette d'or de ses cheveux un
peu déplumés, des mouvements de cou tellement plus souples, plus fiers et plus
coquets que n'en ont les humains, que devant la curiosité et l'admiration moitié
mondaine, moitié zoologique qu'il vous inspirait, on se demandait si c'était dans
20 le faubourg Saint-Germain qu'on se trouvait ou au Jardin des Plantes, et si on
regardait traverser un salon ou se promener dans sa cage un grand seigneur ou
un oiseau. Pour peu qu'on y mît un peu d'imagination, le ramage ne se prêtait
pas moins à cette interprétation que le plumage. Il commençait à dire des
phrases qu'il croyait grand siècle et par là il imitait les manières de Guermantes.
25 Mais un rien indéfinissable faisait qu'elles devenaient les manières de M. de
Charlus.

Marcel PROUST, *A la recherche du temps perdu.*
Le Temps retrouvé

POUR LE COMMENTAIRE

1. Relevez les **comparaisons et les métaphores**. A
quel registre font-elles appel ? Étudiez plus précisément la
métaphore filée de l'oiseau substitué à l'homme, après
avoir souligné les termes qui se rapportent au premier.

2. Comparez ce texte au portrait de la première apparition. Quels sont les **éléments présents dans les deux
descriptions** qui donnent sa continuité au personnage,
malgré les changements profonds ?

AU-DELÀ DU TEXTE

Le génie de la famille

L'auteur donne à tous les Guermantes « un air de famille » ; il brosse une sorte de **portrait collectif** valable
pour Saint-Loup, Mme de Marsantes, sa mère, la duchesse
de Guermantes, sa tante, M. de Charlus, son oncle..., lié à
un certain usage du monde et à des origines mythologiques
qui se perdent dans la légende.

Le Côté de Guermantes, (Garnier-Flammarion, pp. 192-
201) :

« Race restée si particulière au milieu du monde, où elle
ne se perd pas et où elle reste isolée dans sa gloire divinement ornithologique, car elle semble issue, aux âges de
la mythologie, de l'union d'une déesse et d'un oiseau. »

◀ Marcel Proust avec Lucien Daudet
et Robert de Flers.
Paris, coll. Mante-Proust.

***

Le narrateur rencontrant encore Saint-Loup pendant la guerre, un soir de permission, avait mesuré la « distance entre le
jeune blondin qui jadis était courtisé par les femmes chic ou aspirant à le devenir, et le discoureur, le doctrinaire qui ne cessait
de jouer avec les mots ». Saint-Loup meurt au front, mais le narrateur le retrouve à travers les traits de sa fille, Mlle de
Saint-Loup, rencontrée à la matinée du Prince de Guermantes qui clôture *La Recherche* ; « les deux grands côtés » des
promenades et des rêves de son enfance aboutissent à elle :

« L'âme de ce Guermantes s'était évanouie ; mais la charmante tête aux yeux perçants de l'oiseau envolé était venue se
poser sur les épaules de Mlle de Saint-Loup, ce qui faisait longuement rêver ceux qui avaient connu son père. Je la trouvais
bien belle : pleine encore d'espérances, riante, formée des années mêmes que j'avais perdues, elle ressemblait à ma
Jeunesse. »

« Les anneaux nécessaires d'un beau style »

*C'est dans la dernière partie de l'œuvre, où le narrateur a la **révélation décisive de sa vocation** et va entreprendre d'écrire, que se trouvent les réflexions théoriques sur l'écriture. Dans l'extrait qui suit, nous percevons bien la vision du monde de **Proust** et la nature de son style. Son originalité tient à la **transfiguration du monde par l'analogie** : celle-ci fait se lever un « ailleurs » absent ou disparu, restitue nos impressions vraies que l'habitude, la vie sociale, l'intelligence à laquelle l'auteur attache peu de prix en matière d'art, ont oblitérées.*

1. Proust écrit ailleurs : « Rien ne s'éloigne plus de ce que nous avons perçu en réalité qu'une sorte de défilé cinématographique des choses à laquelle quelques-uns veulent absurdement réduire le roman. »

2. Les allusions qui suivent renvoient toutes aux livres antérieurs de La Recherche.

Une heure n'est pas qu'une heure, c'est un vase rempli de parfums, de sons, de projets et de climats. Ce que nous appelons la réalité est un certain rapport entre ces sensations et ces souvenirs qui nous entourent simultanément — rapport que supprime une simple vision cinématographique[1], laquelle s'éloigne
5 par là d'autant plus du vrai qu'elle prétend se borner à lui — rapport unique que l'écrivain doit retrouver pour en enchaîner à jamais dans sa phrase les deux termes différents. On peut faire se succéder indéfiniment dans une description les objets qui figuraient dans le lieu décrit, la vérité ne commencera qu'au moment où l'écrivain prendra deux objets différents, posera leur rapport, ana-
10 logue dans le monde de l'art à celui qu'est le rapport unique de la loi causale dans le monde de la science, et les enfermera dans les anneaux nécessaires d'un beau style ; même, ainsi que la vie, quand, en rapprochant une qualité commune à deux sensations, il dégagera leur essence commune en les réunissant l'une et l'autre pour les soustraire aux contingences du temps, dans une métaphore. La
15 nature ne m'avait pas mis elle-même, à ce point de vue, sur la voie de l'art, n'était-elle pas commencement d'art elle-même, elle qui ne m'avait permis de connaître, souvent, la beauté d'une chose que dans une autre, midi à Combray[2] que dans le bruit de ses cloches, les matinées de Doncières que dans les hoquets de notre calorifère à eau ? Le rapport peut être peu intéressant, les objets
20 médiocres, le style mauvais, mais tant qu'il n'y a pas eu cela, il n'y a rien.
Mais il y avait plus. Si la réalité était cette espèce de déchet de l'expérience, à peu près identique pour chacun, parce que quand nous disons : un mauvais temps, une guerre, une station de voitures, un restaurant éclairé, un jardin en fleurs, tout le monde sait ce que nous voulons dire ; si la réalité était cela, sans
25 doute une sorte de film cinématographique de ces choses suffirait et le « style », la « littérature » qui s'écarteraient de leurs simples données seraient un hors-d'œuvre artificiel. Mais était-ce bien cela, la réalité ? Si j'essayais de me rendre compte de ce qui se passe en effet au moment où une chose nous fait une certaine impression, soit comme ce jour où, en passant sur le pont de la
30 Vivonne, l'ombre d'un nuage sur l'eau m'avait fait crier « Zut alors ! » en sautant de joie, soit qu'écoutant une phrase de Bergotte, tout ce que j'eusse vu de mon impression c'est ceci qui ne lui convient pas spécialement : « C'est admirable », soit qu'irrité d'un mauvais procédé, Bloch prononçât ces mots qui ne conve-naient pas du tout à une aventure si vulgaire : « Qu'on agisse ainsi, je trouve cela
35 tout de même fffantastique », soit, quand, flatté d'être bien reçu chez les Guermantes, et d'ailleurs un peu grisé par leurs vins, je ne pouvais m'empêcher de dire à mi-voix, seul, en les quittant : « Ce sont tout de même des êtres exquis avec qui il serait doux de passer la vie », je m'apercevais que ce livre essentiel, le seul livre vrai, un grand écrivain n'a pas, dans le sens courant, à l'inventer,
40 puisqu'il existe déjà en chacun de nous, mais à le traduire. Le devoir et la tâche d'un écrivain sont ceux d'un traducteur.

Marcel PROUST, *A la recherche du temps perdu*.
Le Temps retrouvé

AU-DELÀ DU TEXTE

1. Comparez la démarche ici préconisée par PROUST aux réalisations de BAUDELAIRE dans les poèmes des *Fleurs du mal* (« le Parfum », « Correspondances », « Parfum exoti-que », « La Chevelure », ou « Spleen »).
2. Étudiez la mise en œuvre de la théorie de l'analogie dans *La Recherche* : une soirée à l'Opéra, où les méta-phores marines rendent compte de l'atmosphère d'un théâ-tre en 1900 (*Le Côté de Guermantes*, I, G. F. pp. 102-104), le duc de Guermantes vieilli devenu rocher battu par la tempête (*Le Temps retrouvé*, G. F. pp. 427-428).

Le thé, lithographie de
Whistler, vers 1900.
Paris, B.N.

« *L'art véritable* »

La grandeur de l'art véritable, au contraire, de celui que M. de Norpois eût
appelé un jeu de dilettante, c'était de retrouver, de ressaisir, de nous faire
connaître cette réalité loin de laquelle nous vivons, de laquelle nous nous
écartons de plus en plus au fur et à mesure que prend plus d'épaisseur et
5 d'imperméabilité la connaissance conventionnelle que nous lui substituons, cette
réalité que nous risquerions fort de mourir sans avoir connue, et qui est tout
simplement notre vie. La vraie vie, la vie enfin découverte et éclaircie, la seule
vie par conséquent réellement vécue, c'est la littérature ; cette vie qui, en un
sens, habite à chaque instant chez tous les hommes aussi bien que chez l'artiste.
10 Mais ils ne la voient pas, parce qu'ils ne cherchent pas à l'éclaircir. Et ainsi leur
passé est encombré d'innombrables clichés qui restent inutiles parce que l'intelligence ne les a pas « développés ». Notre vie, et aussi la vie des autres ; car
le style pour l'écrivain, aussi bien que la couleur pour le peintre, est une question
non de technique mais de vision. Il est la révélation, qui serait impossible par des
15 moyens directs et conscients, de la différence qualitative qu'il y a dans la façon
dont nous apparaît le monde, différence qui, s'il n'y avait pas l'art, resterait le
secret éternel de chacun. Par l'art seulement nous pouvons sortir de nous, savoir
ce que voit un autre de cet univers qui n'est pas le même que le nôtre, et dont
les paysages nous seraient restés aussi inconnus que ceux qu'il peut y avoir dans
20 la lune. Grâce à l'art, au lieu de voir un seul monde, le nôtre, nous le voyons se
multiplier, et, autant qu'il y a d'artistes originaux, autant nous avons de mondes
à notre disposition, plus différents les uns des autres que ceux qui roulent dans
l'infini et, bien des siècles après qu'est éteint le foyer dont il émanait, qu'il
s'appelât Rembrandt ou Ver Meer, nous envoie encore leur rayon spécial.

Marcel PROUST, *A la recherche du temps perdu.*
Le Temps retrouvé

Jean-Yves Tadié
Proust et le roman (1971)

La Recherche, *récit poétique*

Le récit tout entier est poétique, parce que rythme. Alors que la langue romanesque traditionnelle est progressive, non répétitive (de même que la prose évite la rime, voire l'assonance), la langue romanesque proustienne est à la fois progressive par le dévoilement lent de sa signification, et répétitive dans son rythme : elle nie la langue romanesque classique en développant en elle-même l'antinomie du langage poétique, linéarité et retour. Aussi les paragraphes (et même, sur manuscrit, la ponctuation) peuvent-ils être supprimés, puisque les retours rythmiques introduisent un découpage nouveau, et affaiblissent les pauses traditionnelles. Au roman de Proust s'applique la définition de Bachelard : « Poème : bel objet temporel qui crée sa propre mesure »[1].

On ne limitera donc pas la poésie aux poèmes en prose qui tentaient Proust depuis *Les Plaisirs et les Jours*, tel ce « petit poème en prose que j'avais fait autrefois à Combray en revenant d'une promenade »[2]. La nomenclature qu'on en pourrait dresser[3] a le défaut d'isoler, de proposer pour des morceaux choisis, les pauses du regard ou du rêve qui se laissent aller à la contemplation ou au chant, et ne peuvent se couper de la tension qui les a préparées. De même que Proust intègre au roman des formes venues du théâtre (la scène, le dialogue), de l'essai, de même le poème en prose. En fait, un mouvement lyrique supporte toute l'œuvre et contribue au dynamisme jusque dans les arrêts, les retours de la mémoire, les coupures de l'intemporel : « Chaque baiser appelle un autre baiser. Ah ! dans ces premiers temps où l'on aime, les baisers naissent si naturellement ! Ils foisonnent si pressés les uns contre les autres ; et l'on aurait autant de peine à compter les baisers qu'on s'est donnés pendant une heure que les fleurs d'un champ au mois de mai »[4]. C'est « sous les paroles l'air de la chanson, qui en chaque auteur est différent de ce qu'il est chez tous les autres[5] ». Le lyrisme n'est pas autre chose, souvent réprimé, critiqué même chez les autres, que l'affleurement, alors bouleversant, de ce chant secret dont la musique de Vinteuil a donné l'exemple et la nostalgie, lorsqu'elle s'est proposée à la littérature comme une patrie perdue.

Au terme de notre étude, la distinction entre les différents genres littéraires apparaît compromise : les trois étapes, roman des personnages, roman des lois, roman de la métaphore et des rythmes suggèrent plutôt qu'*A la recherche du temps perdu* mêle toutes les formes et récapitule toutes les techniques jusqu'à Proust inventées, dans un univers complet et clos. De fait, sur le terrain littéraire bombardé par la grande œuvre, tout roman, dans la suite du XXᵉ siècle, apparaîtra léger, tautologique, inutile : un chef-d'œuvre est un désastre.

La poésie ne laisse, d'autre part, même pas subsister le personnage du narrateur : si ce dernier a pour fin de permettre au lecteur de déchiffrer le monde, le je du roman proustien est un je poétique, le même qui parle chez Nerval ou Hugo, né des formes plutôt que de la biographie, et musicalement une seule syllabe, comme le Temps. Toutes les sensations et tous les mots sont posés côte à côte par le je, métaphore des hommes, dans cette métaphore du monde, le roman.

Jean-Yves Tadié, *Proust et le roman*,
© éd. Gallimard, 1971

1. G. Bachelard, *L'Air et les Songes*, José Corti, Paris, p. 282.

2. J. F., I, 455.

3. Sw., I, 138, les aubépines, 169, les nymphéas, 180, les clochers, 397, « lierre instantané »... 426, le Bois ; J. F., I, 946-7, le visage d'Albertine ; 953-955, les matins à Balbec ; C. G., II, 136, les demoiselles du téléphone ; 840, les parfums ; 1130, le lever du soleil à Balbec ; Pr., III, 70-1, le poème du sommeil ; 79-80, « O grandes attitudes de l'Homme et de la Femme »... ; 130-1 : le langage d'Albertine.

4. Sw., I, 238.

5. *Contre Sainte-Beuve*, p. 301.

* *Les abréviations renvoient aux différents ouvrages de* La Recherche *(Bibl. de la Pléiade, anc. édition) : J. F. :* A l'ombre des jeunes filles en fleurs. *Sw. :* Du côté de chez Swann. *C. G. :* Le Côté de Guermantes. *Pr. :* La Prisonnière.

Gérard Genette
Figures II (1969)

Proust et le langage

Le langage est, dans le monde de la *Recherche*, l'un des grands révélateurs du snobisme, c'est-à-dire à la fois de la hiérarchisation de la société en castes sociales et intellectuelles et du mouvement incessant d'emprunts et d'échanges qui ne cesse d'altérer et de modifier la structure de cette hiérarchie. La circulation des modes d'expression, des traits et des tics de langage, caractérise cette vie sociale au moins autant que celle des noms et des titres nobiliaires, et à coup sûr bien davantage que celle des biens et des fortunes. La stabilité stylistique y est aussi exceptionnelle que la stabilité sociale ou psychologique, et, de la même manière, elle semble être le privilège un peu miraculeux de la famille du Narrateur, et particulièrement de la mère et de la grand-mère, enfermées dans le refuge inviolable du bon goût classique et du parler Sévigné. Un autre miracle, mais celui-là plutôt d'équilibre que de pureté, protège le style d'Oriane, synthèse subtile d'un héritage provincial, presque paysan, et d'un dandysme ultra-parisien qu'elle partage avec son ami Swann (et qu'imite avec maladresse l'ensemble de la coterie Guermantes), fait de litotes, d'une affectation de légèreté et de dédain pour les sujets « sérieux », d'une manière détachée de prononcer toujours comme en italiques ou entre guillemets les locutions jugées prétentieuses ou prudhommesques. Norpois et Brichot resteront jusqu'au bout fidèles à leurs styles, enfilade solennelle de clichés pour le diplomate, mélange de cuistrerie et de familiarité démagogique pour le sorbonnard (« plaisanteries de professeur de seconde qui fraye avec les premiers de sa classe pour la Saint-Charlemagne »), mais ces deux langages finiront par se rejoindre, dans leurs articles de guerre, en un même paroxysme de rhétorique officieuse, au point que les éditeurs en viennent à soupçonner une confusion de personnes. Le vieillissement de Charlus est noté, au début de *la Prisonnière*, par une brusque féminisation du ton et des tournures, jusque-là corsetés dans une rhétorique puissante, et par « l'extension extraordinaire qu'avaient prise dans sa conversation certaines expressions qui avaient proliféré et revenaient maintenant à tout moment, par exemple : « l'enchaînement des circonstances », et auxquelles la parole du baron s'appuyait de phrase en phrase comme à un tuteur nécessaire » : invasion du style par le stéréotype qui entraîne Charlus du côté de Norpois (rappelons qu'à l'époque de *Contre Saint-Beuve* les deux personnages étaient encore confondus), ou de son propre frère Basin, dont la maladresse verbale se conforte à intervalles réguliers de locutions explétives comme : « Que voulez-vous que je vous dise ? ». Même l'élégance de Swann ne résiste pas à la fréquentation de petits-bourgeois prétentieux que lui impose son mariage avec Odette. Il lui arrivera de dire d'un directeur de cabinet ministériel : « Il paraît que c'est une capacité, un homme de premier ordre, un individu tout à fait distingué. Il est officier de la Légion d'honneur », phrases bouffonnes dans la bouche d'un familier des Guermantes, pilier du Jockey Club, mais devenues inévitables dans celle du mari d'Odette.

Nul donc, ou presque, n'est à l'écart de ce mouvement du langage social, et l'adoption d'un tour peut être le signe infaillible d'une dégradation, ou d'une promotion, ou encore d'une prétention qui le plus souvent ne fait qu'anticiper sur la prochaine étape d'une carrière mondaine.

Gérard GENETTE, « Proust et le langage indirect »
Figures II, © éd. du Seuil, 1969

Pour vos essais et vos exposés

A la recherche du temps perdu
Éditions de Jean-Yves Tadié (et collab.) dans la Bibliothèque de la Pléiade, Gallimard, 1987-1988, et dans la collection Folio (Gallimard). — Édition de Jean Milly, coll. Garnier-Flammarion, 10 vol., 1984-1987.

Georges POULET : *L'Espace proustien*, éd. Gallimard, 1963.

Gérard GENETTE : *Figures II et III*, éd. du Seuil, 1969, 1972.

Jean MILLY : *Proust et le style*, éd. Minard, 1970.

Jean-Yves TADIÉ : *Proust et le roman*, éd. Gallimard, 1971.

Jean-Pierre RICHARD : *Proust et le monde sensible*, éd. du Seuil, 1974.

Michel RAIMOND : *Proust romancier*, C.D.U./S.E.D.E.S., 1984.

Antoine COMPAGNON : *Proust entre deux siècles*, éd. du Seuil, 1989.

Dominique JULLIEN : *Marcel Proust et les livres modèles*, éd. J. Corti, 1989.

6

PAUL CLAUDEL :
« *UNE SOURCE*
DE PAROLES »

« *Car il faut
que le mot passe afin
que la phrase existe ;
il faut que le son
s'éteigne afin que le sens
demeure.* »

Paul Claudel,
La Cantate à trois voix

L'auteur, son metteur en scène et son interprète :
Paul Claudel, Jean-Louis Barrault et Pierre Bertin.

Paul Claudel (1868-1955)

Paul Claudel en Orient
au début du siècle.

On enferme trop aisément **Paul Claudel** dans l'église Saint-Honoré d'Eylau ou dans celle de Brangues, où il aimait prier. Écrivain catholique, il voulut l'être sans doute et il le fut. Mais un « cœur catholique » est pour lui un cœur universel.

De la province à Paris (1868-1893)

Né dans un petit village du Tardenois, Claudel, après une enfance provinciale, vient terminer ses études à Paris en 1882. Mais il étouffe dans cette ville, dans le rationalisme philosophique officiel. Il subit l'ascendant de sa sœur Camille, sculpteur, élève de Rodin. Surtout, la lecture de Rimbaud, la musique de Wagner lui apportent quelques bouffées d'un autre air avant l'illumination décisive de la nuit de Noël 1886, point de départ de sa conversion. Le retour à la foi perdue devra en effet s'accompagner d'une conversion intellectuelle plus complète, d'une soumission de l'être tout entier à l'Église, qui ne se produit qu'en 1890. Le premier drame, *Tête d'Or*, écrit à vingt ans, illustre, sous une forme symbolique et puissante, ce rude combat intérieur. Le second, *La Ville*, extériorise l'« anarchisme » claudélien qui le conduit au pied de la Croix. Mais il rêve aussi d'un autre voyage, celui qu'il prête au vieil Anne Vercors dans *La Jeune Fille Violaine* (première version, 1892) et auquel le voue la carrière de diplomate.

Les débuts dans la carrière consulaire (1893-1909)

En 1893 commence le tour du monde, avec deux continents tout différents. Jusqu'en 1895, Claudel est vice-consul à New York, puis à Boston. Il s'ennuie vite aux États-Unis. Il y écrit une pièce, *L'Échange*, qui est une remarquable contribution à une dramaturgie de l'or et à l'étude des vocations dans le Nouveau Monde. En 1895, il est nommé en Chine, pour sa plus grande satisfaction. Il y occupe divers postes et travaille aux proses de *Connaissance de l'Est*, à un drame chinois, *Le Repos du septième jour*. Sa vie intime est, à partir de 1900, marquée par de rudes bouleversements : la tentation de la vie monastique au cours de séjours à Solesmes et à Ligugé ; une passion adultère qui s'achève par une douloureuse rupture en 1904. Un mariage de raison, en 1906, apporte un certain apaisement, mais la plaie restera longtemps à vif. Le recueil poétique des *Cinq grandes odes* retrace les étapes de ce cheminement intime.

Le temps des retours (1909-1917)

De retour en Europe, Claudel est successivement consul à Prague, à Francfort, à Hambourg, d'où le chasse la déclaration de guerre. Il revient à des formes apparemment plus traditionnelles : le vers libre, mais rimé, dans *La Cantate à trois voix* ou *Corona Benignitatis Anni Dei* ; le théâtre historique, avec *L'Annonce faite à Marie* et la trilogie des Coûfontaine. Son théâtre commence à être joué.

L'ambassadeur (1917-1935)

Camille Claudel.

Ministre plénipotentiaire à Rio de Janeiro, puis à Copenhague, ambassadeur à Tokyo (1921-1926), puis à Washington (1927-1933) et à Bruxelles (1933-1935), Claudel achève son tour du monde. Son théâtre aura pour scène l'univers dans cette somme dramatique qu'est *Le Soulier de satin* (écrit de 1919 à 1925, publié en 1929). Son art n'est plus couvert du voile de l'anonymat. Claudel écrivain rejoint de plus en plus Claudel ambassadeur.

La retraite (1935-1955)

Claudel a passé les vingt dernières années de sa vie soit à Paris, où il aimait suivre les répétitions de ses pièces, soit dans le château de Brangues, en Dauphiné. Il n'écrit plus pour le théâtre que des œuvrettes, mais il essaie de donner une forme plus scénique à son premier théâtre et de retrouver, grâce à son metteur en scène de prédilection, Jean-Louis Barrault, le « théâtre à l'état naissant ». C'est pourquoi il excelle encore dans la forme de la « conversation », dont la dernière, à la veille de sa mort, est la *Conversation sur Jean Racine*.

Paul Claudel et sa famille sur leur balcon parisien, bld de Port-Royal, vers 1885.

Un Claudel inattendu.

1890	*Tête d'Or*
1893	*La Ville* (première version)
1900	*Connaissance de l'Est*
1901	*La Ville* (deuxième version) *L'Arbre* (*L'Échange*, première version ; *Tête d'Or*, deuxième version ; *Le Repos du septième jour* ; *La Ville*, deuxième version ; *La Jeune Fille Violaine*, deuxième version)
1905	*Les Muses*
1906	*Partage de midi*
1907	*Art poétique*
1910	*Cinq grandes odes*
1911	*L'Otage*
1912	*L'Annonce faite à Marie* (première représentation au théâtre de L'Œuvre, sous la direction de Lugné-Poe)
1918	*Le Pain dur*
1920	*Le Père humilié*
1925	*Feuilles de saints*
1926	*Correspondance* avec Jacques Rivière
1927	*Cent phrases pour éventail* *L'Oiseau noir dans le soleil levant*
1928	*Positions et Propositions I*
1929	*Le Livre de Christophe Colomb* *Le Soulier de satin*
1934	*Positions et Propositions II*
1935	*Conversations dans le Loir-et-Cher*
1938	*Jeanne d'Arc au bûcher*
1940	*L'Annonce faite à Marie* avec nouvel acte IV
1943	Première représentation en novembre du *Soulier de satin* à la Comédie-Française dans une « version abrégée pour la scène » Mise en scène de Jean-Louis Barrault

1945	*Le Père humilié*, deuxième version
1946	*Contacts et Circonstances* Première représentation en mai du *Père humilié* aux Champs-Élysées
1947	Représentation de *L'Annonce faite à Marie* au Théâtre Hébertot
1948	Première représentation, en décembre, du *Partage de midi*, deuxième version, au Théâtre Marigny. Mise en scène de Jean-Louis Barrault
1949	*Correspondance avec Gide*
1949	*Le Soulier de satin* à la Comédie-Française. Mise en scène de Jean-Louis Barrault
1951	*Correspondance avec Suarès*
1953	Représentation du *Partage de midi* au Théâtre Marigny
1954	*L'Échange*, deuxième version
1955	Représentation, en février, de *L'Annonce faite à Marie* à la Comédie-Française (23 février, mort de Paul Claudel) *La Ville* au T.N.P.
1958	Représentation du *Soulier de satin* au Théâtre du Palais-Royal
1959	Représentation de *Tête d'Or* au Théâtre de France (Barrault, Cuny, Terzieff)
1961	*L'Annonce faite à Marie* au Théâtre de l'Œuvre
1963	*Le Soulier de satin* au Théâtre de France
1966	*Le Soulier de satin* au Théâtre de France
1980	*Le Soulier de satin* au Théâtre d'Orsay
1987	*Le Soulier de satin* au Festival d'Avignon (Antoine Vitez, Ludmilla Mikaël)
1988	*Tête d'Or* à l'Odéon

De l'expression de moi à l'expression de tous

Génie lyrique, exprimant son moi, génie dramatique, capable de créer des êtres de théâtre indépendants de lui, PAUL CLAUDEL manquerait à sa vocation catholique s'il n'était pas **un génie universel**, capable d'exprimer les hommes et le monde.

1. L'irruption

Au point de départ de son œuvre, on trouve le bouillonnement impatient du génie et du verbe. Des influences décisives méritent d'être retenues (Eschyle, Shakespeare, Rimbaud, Dostoïevski). Mais **la conversion de 1886** est l'événement majeur : c'est l'irruption de Dieu en lui.

Cette irruption constitue aussi le point de départ du théâtre claudélien : bond féroce de Tête d'Or sur le royaume endormi de David, poussée dévastatrice qui anéantit une ville pour la reconstruire dans le scénario d'une liturgie solennelle.

Elle est aussi au point de départ de la poésie claudélienne, poésie inspirée qui se place, dès la première des *Cinq grandes odes*, sous le signe des Muses, mais qui retrouve aussi **le souffle et les images de la Bible**. Le poète recommence l'acte de la Création, il répète la parole de Dieu. Aussi le vers claudélien tend-il vers le verset (même si Claudel disait n'aimer guère l'expression de « verset claudélien ») : un vers non mesuré, non rimé (jusqu'en 1910), où l'enjambement est d'une audace extrême (pouvant aller jusqu'à la rupture du mot), mais un vers fondé sur une harmonie subtile.

Ce vers permet à Claudel de définir **un rythme iambique** (succession d'une brève et d'une longue) qui serait le rythme même du monde.

2. Le sacrifice de l'amour

L'histoire des relations amoureuses de Claudel et de Rose Vetch est encore mal connue : le flamboiement de la passion sur le navire qui les ramenait d'Europe en Chine est évoqué tant à la fin de la première des *Cinq grandes odes* que dans le drame du *Partage de midi* (1906), écrit immédiatement après la rupture, imprimé sans nom d'auteur et tiré à très peu d'exemplaires. L'autobiographie s'y mêle à une recréation par l'imagination (le troisième acte), mais aussi à une volonté de construction de soi et d'obéissance au directeur spirituel que Claudel s'est donné, l'abbé Fontaine. Il en résulte un étrange mélange : **une évocation exaltée de la passion amoureuse et une certaine rigueur dogmatique**.

Cette dernière triomphe dans une apologie du sacrifice qui va nourrir le second théâtre de Claudel : Sygne de Coûfontaine, dans *L'Otage*, sacrifie son amour pour son cousin Georges à la libération du pape ; Violaine, dans *L'Annonce faite à Marie* cède celui qu'elle aime, Jacques Hury, à sa sœur, la jalouse Mara ; Prouhèze, dans *Le Soulier de satin*, renonce non seulement à rejoindre Rodrigue sur terre, quand elle est obligée d'épouser Camille, mais à le retrouver dans l'au-delà (scène avec l'Ange gardien).

3. « L'esprit qui chatouille, et qui enivre, et qui fait rire »

Dépassant l'expression lyrique de la passion amoureuse en l'insérant dans une représentation du monde à la fin du XVIe siècle, Claudel disposait aussi d'une autre défense : une gaieté qui peut être féroce, mais qui est surtout exubérante et débridée. Il faut bien comprendre qu'elle est une composante, ou un prolongement de son lyrisme. Elle peut être représentée par l'éternuement, ou par l'ivresse, par **l'abandon aux délices de l'imagination et du langage**.

Au théâtre, où l'on avait déjà le Turelure de *L'Otage* et du *Pain dur*, une veine « satyrique »[1] prend de plus en plus d'importance : dans *Protée*, dans « Sous le vent des îles Baléares », quatrième Journée du *Soulier de satin*, et aussi dans de petites pièces tardives, des « jeux théâtraux » plutôt, comme *La Lune à la recherche d'elle-même* ou *Le Ravissement de Scapin*.

En poésie, Claudel peut se montrer familier lors même qu'il se lance dans l'entreprise hagiographique des *Feuilles de saints* : « peinturlures de saints », comme le dit Rodrigue, qui narguent toutes les formes de l'académisme.

Plus libre encore, la prose claudélienne permet une expression variée, qui évolue entre la forme de la « parabole » (Animus et Anima) et celle de la conversation (*Conversations dans le Loir-et-Cher*). Claudel peut ainsi aborder tous les sujets, des plus quotidiens aux plus élevés : l'esprit chatouille, enivre et fait rire jusque dans ses exégèses de la *Bible*.

4. Connaissance de l'Extrême-Orient

Connaissance de l'Est, ce titre pourrait être repris pour dessiner, dans l'œuvre de Claudel, un massif aussi original que suggestif. L'Est, pour lui, c'est moins l'Orient, ou même l'Inde, que l'Extrême-Orient. Deux longs séjours, l'un en Chine, l'autre, plus tardif, au Japon. Un exercice ardent du regard, la première fois, une imitation délicieuse du raffinement, la seconde. Et puis des tentatives plus ou moins réussies, parfois même avortées : le drame « catéchétique » écrit en 1896, *Le Repos du septième jour*, le « Livre sur la Chine », les « idéogrammes occidentaux ».

L'inspiration extrême-orientale nous vaut encore les beaux « Poèmes écrits au verso de Sainte Geneviève » ou les délicieuses *Cent phrases pour éventail*. Il est piquant de voir Claudel dramaturge s'intéresser aux formes traditionnelles du théâtre japonais, le nô ou le kabuki. Toute cette expérience, qui est à mettre au crédit d'un génie universel, se coule aisément dans l'écriture claudélienne. Elle peut même atteindre une virtuosité extrême dans certains dialogues comme « Jules ou l'homme aux deux cravates » ou « Le poète et le vase d'encens », qui font partie du livre sur le Japon, *L'Oiseau noir dans le soleil levant*.

---

1. Au sens propre du terme : une bouffonnerie peuplée de satyres ou digne d'eux.

1. L'irruption

Paul Claudel
Contacts et Circonstances (1946)

Une existence humaine est faite de mille et un contacts et circonstances. Dans sa vieillesse, **Paul Claudel** *a retenu ce titre pour regrouper des textes de dates très différentes, et éclairant des moments plus ou moins importants de sa vie. Le moment décisif fut assurément la révélation de la nuit de Noël 1886, ce qu'on pourrait appeler* **la « première conversion »** *de Claudel : l'entrée immédiate de la foi dans un être encore sauvage qui aura besoin de quatre années pour se soumettre à l'Église. De cette conversion, l'auteur a fait un récit tardif (publié dans* La Revue des jeunes, *en 1913) et repris, plus tardivement encore, dans* Contacts et circonstances.

« *Ma conversion* »

Tel était le malheureux enfant qui, le 25 décembre 1886, se rendit à Notre-Dame de Paris pour y suivre les offices de Noël. Je commençais alors à écrire et il me semblait que dans les cérémonies catholiques, considérées avec un dilettantisme supérieur, je trouverais un excitant approprié et la matière de
5 quelques exercices décadents[1]. C'est dans ces dispositions que, coudoyé et bousculé par la foule, j'assistai, avec un plaisir médiocre, à la grand'messe. Puis, n'ayant rien de mieux à faire, je revins aux vêpres. Les enfants de la maîtrise en robes blanches et les élèves du petit séminaire de Saint-Nicolas-du-Chardonnet qui les assistaient, étaient en train de chanter ce que je sus plus tard être le
10 *Magnificat*[2]. J'étais moi-même debout dans la foule, près du second pilier à l'entrée du chœur à droite du coté de la sacristie. Et c'est alors que se produisit l'événement qui domine toute ma vie. En un instant mon cœur fut touché et *je crus*. Je crus, d'une telle force d'adhésion, d'un tel soulèvement de tout mon être, d'une conviction si puissante, d'une telle certitude ne laissant place à aucune
15 espèce de doute, que, depuis, tous les livres, tous les raisonnements, tous les hasards d'une vie agitée, n'ont pu ébranler ma foi, ni, à vrai dire, la toucher. J'avais eu tout à coup le sentiment déchirant de l'innocence, l'éternelle enfance de Dieu, une révélation ineffable. En essayant, comme je l'ai fait souvent, de reconstituer les minutes qui suivirent cet instant extraordinaire, je retrouve les
20 éléments suivants qui cependant ne formaient qu'un seul éclair, une seule arme, dont la Providence divine se servait pour atteindre et s'ouvrir enfin le cœur d'un pauvre enfant désespéré : « Que les gens qui croient sont heureux ! Si c'était vrai, pourtant ? *C'est vrai !* Dieu existe, il est là. C'est quelqu'un, c'est un être aussi personnel que moi ! Il m'aime, il m'appelle. » Les larmes et les sanglots étaient
25 venus et le chant si tendre de l'*Adeste*[3] ajoutait encore à mon émotion. Émotion bien douce où se mêlait cependant un sentiment d'épouvante et presque d'horreur ! Car mes convictions philosophiques[4] étaient entières. Dieu les avait laissées dédaigneusement où elles étaient, je ne voyais rien à y changer, la religion catholique me semblait toujours le même trésor d'anecdotes absurdes,
30 ses prêtres et les fidèles m'inspiraient la même aversion qui allait jusqu'à la haine et jusqu'au dégoût. L'édifice de mes opinions et de mes connaissances restait debout et je n'y voyais aucun défaut. Il était seulement arrivé que j'en étais sorti.

Paul CLAUDEL, *Contacts et Circonstances* (1946)
© éd. Gallimard

---

1. Claudel peut penser par exemple au culte catholique tel que le décrivait Huysmans dans A rebours *(1884), à propos de Des Esseintes, ancien élève des Jésuites, mais décadent qui a perdu la foi.*

2. C'est en souvenir de ce moment que Claudel intitulera « Magnificat » la troisième de ses Cinq grandes odes, *où on trouve une autre évocation de cette nuit de Noël 1886.*

3. L'Adeste fideles, *autre hymne liturgique.*

4. Marquées par la pensée du XIXe siècle, en particulier par le positivisme.

POUR LE COMMENTAIRE

1. L'irruption de la foi

a. Une intention : précisez la relation entre l'esthétisme fin de siècle et les cérémonies religieuses.

b. Une illumination : montrez que Claudel insiste sur l'instant, le caractère fulgurant de cette conversion ; comment son écriture essaie-t-elle de retrouver le mouvement de cette foi immédiate ?

2. Un bouleversement intellectuel

a. Qu'étaient les « **convictions philosophiques** » du jeune Claudel ? Est-ce que cela explique qu'elles aient pu être aussi facilement ébranlées ?

b. Quel a été le rôle joué par l'**émotion** ?

c. Dans quel état de **contradiction** se trouvait alors l'esprit de Claudel ?

Tête d'Or (1890-1901)

Paul Claudel *composa son premier grand drame,* Tête d'Or, *en 1889 et le publia, sans nom d'auteur, en 1890. Il en réalisa une seconde version en 1894, publiée dans le recueil* L'Arbre, *qui regroupe son premier théâtre en 1901, sous le signe de ce « fils de la terre », l'arbre, et de son « effort continuel, le tirement assidu de son corps hors de la matière inanimée ».*

*** *Tête d'Or*

La trame de *Tête d'Or* est constituée par la geste fabuleuse d'un conquérant à la chevelure d'or. Simon Agnel, après des années d'errance, retrouve son terroir natal et, à proximité de la terre où il habitait, un jeune compagnon, Cébès, avec qui il scelle un pacte de dévouement absolu. Au second acte, nous nous trouvons à la cour du roi David, souverain impuissant d'un royaume pourrissant. Tandis que Cébès agonise, la Princesse tente de réveiller par sa seule apparition les sujets endormis. Le pays est envahi par des « barbares roux », et ils espèrent oublier ainsi l'angoisse atroce qui les étreint. Soudain un messager paraît ; un général a réussi à entraîner l'armée contre l'ennemi et à remporter la victoire décisive. C'est Simon Agnel, devenu Tête d'Or. Il arrive. Mais il tue le vieux Roi, chasse sa fille, prend la couronne avant de se lancer dans une gigantesque expédition militaire. Au troisième acte, blessé, il devra remettre la couronne sur la tête de la Princesse, crucifiée par un déserteur. Ils mourront l'un après l'autre, tandis que l'armée refluera vers l'Ouest.

Vers un pouvoir absolu

TÊTE D'OR. — Hommes qui êtes ici, entendez !
Écoutez-moi, ô vous qui, par les oreilles et le trou percé à travers l'os de la tête, entendez !
Jusqu'ici, ô herbe ! vous n'avez entendu que votre propre rumeur.
5 Écoutez l'ordre, écoutez la parole qui dispose ! entends, intelligence !
Je suis la force de la voix et l'énergie de la parole qui fait !

LE TRIBUN DU PEUPLE[1]. — Enfin, que demandez-vous ?

TÊTE D'OR. — Je demande tout.
Je vous demande tout, afin que vous me le donniez,
10 Afin que cette toute-puissance soit la mienne de tout faire et de tout avoir.
Car qui fixera les limites de l'intelligence et le lieu où elle est arrêtée, afin qu'elle n'y étende point son bras ?
Que rien dans le monde ne m'échappe, prononçant la parole sacrée !
Et comme ce roi brûlant, le cœur[2],
15 Siège au milieu des poumons qui l'enveloppent
Recevant tout le sang en lui et le renvoyant par ses portes,
C'est ainsi que la contemplation de mon intelligence fut faite
Pour s'établir sur un siège monarchique, sur le trône de la Mémoire et de la Volonté. Je veux
20 Régner

Rumeur. Exclamations. Bruit de paroles se propageant.

LE ROI. — Tête d'Or...

LE TRIBUN DU PEUPLE. — Laissez-moi faire. Je lui répondrai.
L'Opposant fait une exclamation. Le Moyen-Homme[3] paraît inquiet et
25 *agité et regarde à droite et à gauche.*

LE PÉDAGOGUE, *faisant la moue.* — Ce jeune homme est tout à fait fou !

LE SUPRÊME-PRÉFET[4]. — Hum ! il a l'armée avec lui.
Le Tribun du Peuple les regarde du coin de l'œil.

LE TRIBUN DU PEUPLE, *à Tête d'Or.* — Si
30 J'ai bien compris ce que vous venez de dire, jeune homme, cela va au pouvoir absolu.

TÊTE D'OR. — Oui, vous avez bien compris.

Rumeur.

1. Les tribuns du peuple étaient les représentants de la plèbe dans la République romaine. On peut penser au conflit entre Coriolan et les tribuns de la plèbe dans la tragédie historique de Shakespeare, Coriolan.

2. Dans un apologue célèbre, repris par Shakespeare, le sénateur Ménenius Agrippa expliquait aux plébéiens la fonction centrale, redistributrice, non du cœur, mais de l'estomac (apologue des membres et de l'estomac).

3. Représentant de l'humanité moyenne, ou du tiers parti, ce qu'on appelait la Plaine à l'époque de la Révolution.

4. Le préfet est, lui, une création napoléonienne.

Paul CLAUDEL, *Tête d'Or*, deuxième version (1894), dans *L'Arbre* (1901)
© éd. Mercure de France

La Ville (1893-1901)

Comme pour Tête d'Or, **Claudel** *a écrit deux versions de son second grand drame,* La Ville. *Dans la seconde, le rôle du poète, Cœuvre, est central. Au premier acte, il s'oppose à l'homme de science, l'ingénieur Besme. C'est l'occasion d'***une première définition de la poésie** *selon Claudel.*

Le souffle poétique

BESME. — O toi, qui comme la langue résides dans un lieu obscur !
S'il est vrai, comme jaillit l'eau de la terre,
Que la nature pareillement entre les lèvres du poète nous ait ouvert une source de paroles,
5 Explique-moi d'où vient ce souffle par ta bouche façonné en mots.
Car, quand tu parles, comme un arbre qui de toute sa feuille
S'émeut dans le silence de Midi, la paix en nous peu à peu succède à la pensée.
Par le moyen de ce chant sans musique et de cette parole sans voix, nous sommes accordés à la mélodie de ce monde.
10 Tu n'expliques rien, ô poète, mais toutes choses par toi nous deviennent explicables.

CŒUVRE. — O Besme, je ne parle pas selon ce que je veux, mais je conçois dans le sommeil.
Et je ne saurais expliquer d'où je retire ce souffle, c'est le souffle qui m'est retiré.
15 Dilatant ce vide que j'ai en moi, j'ouvre la bouche,
Et, ayant aspiré l'air, dans ce legs de lui-même par lequel l'homme à chaque seconde *expire* l'image de sa mort,
Je restitue une parole intelligible.
Et, l'ayant dite, je sais ce que j'ai dit. [...]

20 BESME. — Mais toi,
Qui t'interroge ou à qui est-ce que tu réponds ?
Où est cet échange, cette mystérieuse respiration dont tu parles ?

CŒUVRE. — Il est vrai, ô Besme, et tu as proprement découvert mon mal.
Je suis environné par le doute et j'éprouve avec terreur l'écho.
25 Toute parole est une explication de l'amour, mais, bien que ce cœur en soit rempli,
Qui m'aime, ou qui peut dire que je l'aime ?
Tel le vin de la vigne que les uns boivent doux,
Et que celui-ci met en réserve dans sa cave, et que cet autre
30 Distille en une ardente eau-de-vie, par la transformation du sucre.

BESME. — Ainsi tu te tiens isolé entre tous les hommes, n'étant point rattaché à eux
Par le lien de la parole. O Cœuvre, plante-nous plutôt sur la table ce vin ; apporte au festin commun ta part.
35 Ne sois pas parmi nous l'inutile et l'excommunié.

Paul CLAUDEL, *La Ville*, deuxième version (1897), dans *L'Arbre* (1901)
© éd. Mercure de France

La Ville au Théâtre des Amandiers. Mise en scène de Bernard Sobel, 1986.

POUR LE COMMENTAIRE

1. L'origine de la parole poétique

a. L'origine intérieure (les poumons, la bouche, le sommeil) : étudiez les **images physiologiques**.
b. Le mystère : expliquez les **jeux de mots** dans les versets 10 et 11.
c. L'origine extérieure : l'air ; Dieu. Pourquoi n'est-il pas nommé ?

2. La fonction du poète

a. Elle n'a de sens que par rapport à la **communauté des hommes**, à un « nous » ; quel **effet** Besme attend-il de la parole poétique ?
b. La solitude du poète : est-elle en contradiction avec cette fonction ?
c. Le **conseil final** de Besme (versets 33-34).

Cinq grandes odes (1910) : « Les Muses »

Composées de 1900 à 1908 et publiées en 1910, les Cinq grandes odes suivies d'un Processionnal pour saluer le siècle nouveau *constitue le sommet de l'œuvre lyrique de* **Claudel**. *La première ode, « Les Muses », est* **une invocation aux neuf Muses de la tradition grecque**, *et à leur mère, Mnémosyne, la Mémoire.*

« La déflagration de l'ode soudaine »

Je vous ai reconnu, ô conseil complet des neuf Nymphes intérieures !
Phrase mère ! engin profond du langage et peloton des femmes vivantes !
Présence créatrice ! Rien ne naîtrait si vous n'étiez neuf !
Voici soudain, quand le poète nouveau comblé de l'explosion intelligible,
5   La clameur noire de toute la vie nouée par le nombril dans la commotion de la base,
S'ouvre, l'accès
Faisant sauter la clôture, le souffle de lui-même
Violentant les mâchoires coupantes,
10 Le frémissant Novénaire avec un cri !
Maintenant il ne peut plus se taire ! L'interrogation sortie de lui-même, comme du chanvre[1]
Aux femmes de journée, il l'a confié pour toujours
Au savant chœur de l'inextinguible Écho[2] !
15 Jamais toutes ne dorment ensemble ! mais avant que la grande Polymnie se redresse,
Ou bien c'est, ouvrant à deux mains le compas, Uranie, à la ressemblance de Vénus,
Quand elle enseigne, lui bandant son arc, l'Amour ;
20 Ou la rieuse Thalie du pouce de son pied marque doucement la mesure ; ou dans le silence du silence
Mnémosyne soupire.

L'aînée, celle qui ne parle pas ! l'aînée, ayant le même âge ! Mnémosyne qui ne parle jamais !
25 Elle écoute, elle considère.
Elle ressent (étant le sens intérieur de l'esprit),
Pure, simple, inviolable ! elle se souvient.
Elle est le poids spirituel. Elle est le rapport exprimé par un chiffre très beau. Elle est posée d'une manière qui est ineffable
30 Sur le pouls même de l'Être.
Elle est l'heure intérieure ; le trésor jaillissant et la source emmagasinée ;
La jointure à ce qui n'est point temps du temps exprimé par le langage.
Elle ne parlera pas ; elle est occupée à ne point parler.
Elle coïncide.
35 Elle possède, elle se souvient, et toutes ses sœurs sont attentives au mouvement de ses paupières.
Pour toi, Mnémosyne, ces premiers vers, et la déflagration de l'Ode soudaine !

Paul CLAUDEL, *Cinq grandes odes* (1910)
© éd. Gallimard

1. *Comme du chanvre (est confié) / Aux femmes de journée.*

2. *La nymphe qui aima Narcisse. Voir l'image de l'écho dans le texte précédent.*

LES NEUF MUSES

Claudel a indiqué qu'il s'était inspiré d'un bas-relief sur un sarcophage romain conservé au Musée du Louvre. Selon la tradition, les neuf Muses sont les suivantes : **Calliope** (poésie lyrique), **Clio** (l'histoire), **Polymnie** (la pantomime), **Euterpe** (la flûte), **Terpsichore** (la danse), **Erato** (la lyrique chorale), **Melpomène** (la tragédie), **Thalie** (la comédie), **Uranie** (l'astronomie). **Mnémosyne** (la mémoire) n'est pas comptée d'habitude parmi les Muses ; elle est considérée comme leur mère, leur père étant Zeus.

Cinq grandes odes (1910) : « L'Esprit et l'Eau »

*Composée en 1906, la deuxième ode célèbre **la continuité de l'eau et de l'esprit**. Mais l'eau est aussi ces larmes amères, et pourtant salvatrices, que la passion et la séparation douloureuses ont fait verser au poète. La confidence est rendue plus transparente encore par l'image de la rose, puisque Rosalie était le prénom de la femme aimée.*

« L'eau qui purifie »

Mon Dieu qui connaissez chaque homme avant qu'il ne naisse par son nom,
Souvenez-vous de moi alors que j'étais caché dans la fissure de la montagne,
Là où jaillissent les sources d'eau bouillante et de ma main sur la paroi colossale
de marbre blanc !
5 O mon Dieu quand le jour s'éteint et que Lucifer tout seul apparaît à l'Orient,
Nos yeux seulement, ce ne sont pas nos yeux seulement, notre cœur, notre cœur
acclame l'étoile inextinguible,
Nos yeux vers sa lumière, nos eaux vers l'éclat de cette goutte glorifiée !
Mon Dieu, si vous avez placé cette rose dans le ciel, doué
10 De tant de gloire ce globule d'or dans le rayon de la lumière créée,
Combien plus l'homme immortel animé de l'éternelle intelligence !
Ainsi la vigne sous ses grappes traînantes, ainsi l'arbre fruitier dans le jour de sa
bénédiction,
Ainsi l'âme immortelle à qui ce corps périssant ne suffit point !
15 Si le corps exténué désire le vin, si le cœur adorant salue l'étoile retrouvée,
Combien plus à résoudre l'âme désirante ne vaut point l'autre âme humaine ?
Et moi aussi, je l'ai donc trouvée à la fin, la mort qu'il me fallait ! J'ai connu cette
femme. J'ai connu l'amour de la femme.
J'ai possédé l'interdiction. J'ai connu cette source de soif !
20 J'ai voulu l'âme, la savoir, cette eau qui ne connaît point la mort ! J'ai tenu entre
mes bras l'astre humain !
O amie, je ne suis pas un dieu,
Et mon âme, je ne puis te la partager et tu ne peux me prendre et me contenir
et me posséder.
25 Et voici que, comme quelqu'un qui se détourne, tu m'as trahi, tu n'es plus nulle
part, ô rose !

Paul CLAUDEL, *Cinq grandes odes*
éd. Gallimard

LECTURE MÉTHODIQUE

Situez le passage en tenant compte de l'Argument. Problème : cette évocation repentante se fait-elle uniquement sur le mode du rejet, ou y a-t-il place pour le regret ?

1. Une pose (versets 1 à 4)

a. Quel **lien** s'établit entre Dieu et le poète ?
b. Dans quelle **attitude** se place le poète ?
c. Le **symbolisme** de la fissure, de l'eau bouillante et du marbre blanc.

2. L'étoile (versets 5 à 11)

a. Lucifer : pourquoi Claudel choisit-il le nom de cette étoile ?
b. En quoi est-elle « inextinguible » ? Les **images de la lumière** et de l'éclat ; les métaphores de la goutte, du globule d'or ; la poétique de l'exaltation et de l'exhaussement dans les versets 5 à 11.

L'étoile — la rose — l'homme immortel : quel est l'enchaînement suggéré par Claudel, et dans quelle intention ?
Étudiez la syntaxe de la phrase dans les versets 5 à 8.

3. Le désir de l'âme (versets 14 à 16)

a. Analysez le **raisonnement** mis en forme poétique par Claudel.
b. La **rhétorique** qui soutient ce raisonnement.
c. Expliquez le verset 15-16 ; comment introduit-il le **thème de l'amour** ?

4. La confidence (versets 17 à 26)

a. Brutalité du tour personnel : quel effet produit cette **irruption du « moi »** du poète ?
b. L'amour, la femme, la mort.
c. Montrez que, par le **jeu des motifs poétiques**, Claudel assure par ces derniers vers la continuité du poème.

2. Le sacrifice de l'amour

Partage de midi (1906)

*Issu directement de la **crise passionnelle** de ses années méridiennes, du « Midi de (sa) vie », Partage de midi est un drame brûlant. **Claudel** s'y est senti si fortement impliqué lui-même qu'il l'a publié presque secrètement.*

*** *Partage de midi*

Sur un bateau qui, au milieu de l'océan Indien, vogue vers la Chine, se trouvent quatre Européens qui seront les personnages d'un quatuor dramatique : Ysé et son mari, le pâle de Ciz ; un aventurier, Amalric ; Mesa, qui est commissaire aux douanes en Chine. Mesa est attiré vers Ysé, et ils se reconnaissent sans s'être jamais connus auparavant. A l'acte II, Mesa et Ysé ont rendez-vous dans le cimetière européen de Hong-Kong. Mesa incite de Ciz à partir vers l'intérieur de la Chine. Une grande coupure chronologique, et c'est l'acte III. Ysé vit, dans un port du sud de la Chine, avec Amalric et l'enfant, « le bâtard », qu'elle a eu de Mesa. De Ciz est mort. La maison est cernée par des indigènes révoltés qui veulent la faire sauter. Au moment où Amalric et Ysé semblent se résigner, Mesa surgit, porteur d'une passe. Amalric lutte contre lui, a le dessus, s'empare de la passe, et s'enfuit avec Ysé. Mais Ysé revient pour mourir avec Mesa. Voici la fin du drame.

L'adieu

MESA. — La chair ignoble frémit mais l'esprit demeure inextinguible.
Ainsi le cierge solitaire veille dans la nuit obscure
Et la charge[1] des ténèbres superposées ne suffiront
5 point
A opprimer le feu infime !
Courage, mon âme ! à quoi est-ce que je servais ici-bas ?
Je n'ai point su,
10 Nous ne savons point, Ysé, nous donner par mesure !
Donnons-nous donc d'un seul coup !
Et déjà je sens en moi
Toutes les vieilles puissances de mon être qui
15 s'ébranlent pour un ordre nouveau.
Et d'une part au-delà de la tombe, j'entends se former le clairon de l'Exterminateur[2],
La citation de l'instrument judiciaire dans la solitude incommensurable,
20 Et d'autre part à la voix de l'airain incorruptible,
Tous les événements de ma vie à la fois devant mes yeux
Se déploient comme les sons d'une trompette fanée[3] !

25 *Ysé se lève et se tient debout devant lui, les yeux fermés, toute blanche dans le rayon de lune, les bras en croix. Un grand coup de vent lui soulève les cheveux.*

YSÉ. — Maintenant regarde mon visage car il en
30 est temps encore
Et regarde-moi debout et étendue comme un grand olivier dans le rayon de la lune terrestre, lumière de la nuit ;
Et prends image de ce visage mortel car le temps de
35 notre résolution approche et tu ne me verras plus de cet œil de chair !
Et je t'entends et ne t'entends point, car déjà voici que je n'ai plus d'oreilles ! Ne te tais point, mon bien-aimé, tu es là !
40 Et donne-moi seulement l'accord, que...

Jaillisse, et m'entende avec mon propre son d'or pour oreilles
Commencer, affluer comme un chant pur et comme une voix véritable à ta voix ton éternelle Ysé mieux
45 que le cuivre et la peau d'âne !
J'ai été sous toi la chair qui plie et comme un cheval entre tes genoux, comme une bête qui n'est pas poussée par la raison,
Comme un cheval qui va où tu lui tournes la tête,
50 comme un cheval emporté, plus vite et plus loin que tu ne le veux !
Vois-la maintenant dépliée, ô Mesa, la femme pleine de beauté déployée dans la beauté plus grande !
Que parles-tu de la trompette perçante ! lève-toi, ô
55 forme brisée, et vois-moi comme une danseuse écoutante,
Dont les petits pieds jubilants sont cueillis par la mesure irrésistible !
Suis-moi, ne tarde plus !
60 Grand Dieu ! me voici, riante, roulante, déracinée, le dos sur la subsistance même de la lumière comme sur l'aile par-dessous de la vague !
O Mesa, voici le partage de minuit ! et me voici, prête à être libérée,
65 Le signe pour la dernière fois de ces grands cheveux déchaînés dans le vent de la Mort !

MESA. — Adieu ! je t'ai vue pour la dernière fois !

Paul CLAUDEL, *Partage de midi*,
première version (1906)
© éd. Gallimard

---

1. *Celle qui doit faire sauter la maison coloniale.* — 2. *La trompette du Jugement dernier.* — 3. *Comme la matière se résout en ses éléments simples.*

GROUPEMENT THÉMATIQUE

L'amour trahi

MOLIÈRE : *Dom Juan*, 1665. — GUILLERAGUES : *Lettres portugaises*, 1669. — A. F. PRÉVOST : *Manon Lescaut*, 1731. — Benjamin CONSTANT : *Adolphe*, 1816. — BALZAC : *Le Lys dans la vallée*, 1835. — MUSSET : *La Confession d'un enfant du siècle*, 1836. — MÉRIMÉE : *Carmen*, 1845.

L'Otage (1911)

Évoluant, après Partage de midi, *vers le théâtre historique,* **Claudel** *compose une trilogie dramatique où il* suit **l'histoire d'une famille, de l'Empire à la guerre de 1870**. *Cette trilogie des Coûfontaine se compose* de L'Otage *(1911),* Le Pain dur *(1918),* Le Père humilié *(1920).*

*** *L'Otage*

Coûfontaine est le nom d'un domaine et d'une famille aristocratique de la Marne. Après la Révolution, il ne reste de survivants qu'une jeune fille, Sygne de Coûfontaine, qui est restée dans les lieux, et son cousin Georges, qui a émigré et s'est mis au service de l'héritier légitime du trône de France. Toussaint Turelure, fils d'une servante des Coûfontaine et frère de lait de Georges, a une lourde responsabilité dans la condamnation et l'exécution des parents pendant la Révolution. Il s'est employé aussi à démanteler le domaine et à faire périr les moines de l'abbaye, le seul bâtiment qui reste du domaine et qui a été racheté par Sygne. Sous l'Empire, il est devenu baron et préfet de la Marne. Il a flairé le retour et la présence de Georges, qui aime Sygne et qui est venu lui demander de cacher « l'otage », c'est-à-dire le Pape emprisonné sur l'ordre de Napoléon et libéré par les opposants. Toussaint Turelure va profiter de la situation pour contraindre Sygne à l'épouser : ainsi pourra-t-il un jour, quand il sera passé au service de Louis XVIII, obtenir les biens et le titre de Coûfontaine. Georges et Sygne laisseront leur vie dans un ultime affrontement avec l'ancien roturier triomphant.

La demande en mariage de Toussaint Turelure

***

Dans l'ancienne abbaye de moines cisterciens, où vit Sygne, s'est invité Toussaint Turelure, « un grand homme légèrement boiteux, le nez étroit et très busqué se dégageant du front sans aucun rentrant, un peu à la manière des béliers ». Sygne lui a servi le café (un luxe à l'époque). Il fait comprendre à Sygne qu'il sait que le Pape s'est échappé. Il feint de croire que Georges est encore en Angleterre. Puis il engage la conversation sur la Révolution, une « révolution contre le hasard », qui devait permettre de remettre de l'ordre. Sygne ne voit, elle, qu'une réduction à « l'intérêt ».

LE BARON TURELURE

L'intérêt est ce qui rassemble les hommes.

SYGNE

Mais non point ce qui les unit.

LE BARON TURELURE

Et qui les unira ?

SYGNE

L'amour seul qui a fait l'homme l'unit.

LE BARON TURELURE

5 Grand amour que les rois et les nobles avaient pour nous !

SYGNE

L'arbre mort fait encore une bonne charpente.

LE BARON TURELURE

Pas moyen d'avoir raison de vous ! Vous parlez comme Pallas[1] elle-même, aux bons jours de cet oiseau sapient[2] dont on la coiffe.
Et c'est moi qui ai tort de parler raison.
10 Il ne s'agissait guère de raison au beau soleil de ce bel été de l'An Un ! Que les reines-Claude ont été bonnes, cette année-là, il n'y avait qu'à les cueillir, et qu'il faisait chaud !

1. Pallas Athéna, déesse de la sagesse.
2. La chouette, emblème de la sagesse.

Seigneur ! que nous étions jeunes alors, le monde n'était pas assez grand pour nous !

15 On allait flanquer toute la vieillerie par terre, on allait faire quelque chose de bien plus beau !

On allait tout ouvrir, on allait coucher tous ensemble, on allait se promener sans contrainte et sans culotte au milieu de l'univers régénéré, on allait se mettre en marche au travers de la terre délivrée des dieux et des tyrans !

20 C'est la faute aussi de toutes ces vieilles choses qui n'étaient pas solides, c'était trop tentant de les secouer un petit peu pour voir ce qui arriverait !

Est-ce notre faute si tout nous est tombé sur le dos ? Ma foi, je ne regrette rien !

C'est comme ce gros Louis Seize ! la tête ne lui tenait guère.

Quantum potes, tantum aude[3] ! C'est la devise des Français.

25 Et tant qu'il y aura des Français, vous ne leur ôterez pas le vieil enthousiasme vous ne leur ôterez pas le vieil esprit risque-tout d'aventure et d'invention !

SYGNE

Il vous en reste quelque chose.

LE BARON TURELURE

C'est ma foi vrai ! et cela m'encourage à vous dire tout de suite ce que je suis venu pour vous dire.

SYGNE

30 Je ne tiens pas à l'entendre.

LE BARON TURELURE

Vous l'entendrez cependant. Mademoiselle Sygne de Coûfontaine, je vous aime et j'ai l'honneur de vous demander votre main.

Paul CLAUDEL, *L'Otage*, Acte II, scène 1 (1911
© éd. Gallimard

3. « *Ose autant que tu peux* ».

Sylvie Genty et Claude Evrard dans *L'Otage*.
Mise en scène de Guy Retoré au T.E.P., en 1977.

LECTURE MÉTHODIQUE

1. Une discussion serrée (versets 1 à 6)

a. Un dialogue stichomythique.
b. La source de l'union : l'intérêt / l'amour ; précisez le ou les sens que les deux personnages donnent à ces termes
c. Expliquez le vers 6 : quelle nouvelle signification prend chez Claudel, l'image de l'arbre ?

2. L'enthousiasme de l'an I (versets 7 à 15)

a. A quelle année correspond cet an I du calendrier révolutionnaire ? Quel événement l'a marquée ?
b. Quelle explication Turelure donne-t-il de la Révolution ? Comment peut-on passer de l'évocation des reines-Claude à celle de la tête de Louis XVI ?
c. L'ironie : comment s'allie-t-elle au lyrisme dans la bouche de Toussaint Turelure ? Comment Claudel met-il les procédés habituels de sa poésie au service de cette expression de l'enthousiasme révolutionnaire ? Faut-il y voir le signe d'un ralliement ou celui d'une ironie de sa part ?

3. La demande en mariage (versets 16 à 21)

a. Elle est abrupte.
b. Pourtant elle a été préparée : le thème de la raison et de la déraison.
c. Turelure semble-t-il se soucier d'obtenir un accord de Sygne ou tire-t-il un plaisir supplémentaire de la contrainte qu'il exerce sur elle ?

L'Annonce faite à Marie (1912)

La Jeune Fille Violaine *de 1892 aboutit, presque vingt ans plus tard,* à L'Annonce faite à Marie. *C'est **le drame le plus lyrique de Claudel**, mais aussi le plus explicitement « sacré ».*

*** *L'Annonce faite à Marie*

L'action se déroule au XVᵉ siècle, à Combernon, dans le Tardenois. C'est le fief des Vercors. Le bâtisseur de cathédrales, Pierre de Craon, fait ses adieux à Violaine, qu'il aime. Il lui annonce qu'il a la lèpre ; celle-ci lui donne un baiser que surprend Mara, la sœur cadette de Violaine (Prologue).

Anne Vercors, le père, annonce son départ en pèlerinage et donne, avant de partir, sa fille Violaine au laboureur Jacques Hury (acte 1).

Mara, amoureuse de Jacques, lui révèle le baiser de Violaine à Pierre, sans parvenir à rompre la confiance de Jacques pour Violaine. Violaine montre à Jacques qu'elle a la lèpre. Celui-ci la maudit. Elle part dans une maladrerie (acte 2).

Mara épouse Jacques. La fille qu'elle a mise au monde meurt. Mara va retrouver Violaine dans la caverne où elle vit depuis huit ans. Celle-ci ranime miraculeusement l'enfant (acte 3).

Violaine est découverte, mourante, dans une sablonnière. Après un dernier entretien avec elle, Jacques se désespère de son amour perdu et soupçonne Mara du meurtre de Violaine. Mara avoue sa jalousie et son crime. En souvenir de Violaine, Jacques lui pardonne (acte 4).

Un douloureux aveu

***

Violaine révèle à Jacques Hury qu'elle est atteinte de la lèpre. Elle confirme ainsi qu'elle a effectivement donné un « baiser au lépreux », comme Mara l'avait insidieusement glissé à Jacques Hury.

VIOLAINE

Ainsi je vous ai vainement averti et vous voulez me prendre pour femme, et vous ne vous laisserez pas écarter de votre dessein ?

JACQUES HURY

Oui, Violaine.

VIOLAINE

Qui a pris une épouse, ils ne sont plus qu'une âme en une seule chair et rien ne les séparera plus.

JACQUES HURY

Oui, Violaine.

VIOLAINE

Vous le voulez !
Il ne convient donc plus que je réserve rien et que je garde pour moi davantage
Ce grand, cet ineffable secret.

JACQUES HURY

Encore, ce secret, Violaine ?

VIOLAINE

Si grand, Jacques, en vérité
Que votre cœur en sera rassasié,
Et que vous ne me demanderez plus rien,
Et que nous ne serons plus jamais arrachés l'un à l'autre.
Une communication si profonde
Que la vie, Jacques, ni l'enfer, ni le ciel même
Ne la feront plus cesser, ni ne feront cesser à jamais ce
Moment où je vous l'ai révélé dans la

Fournaise de ce terrible soleil ici présent qui nous empêchait presque de nous voir le visage !

JACQUES HURY

25   Parle donc !

VIOLAINE

Mais dites-moi d'abord une fois encore que vous m'aimez.

JACQUES HURY

Je vous aime !

VIOLAINE

Et que je suis votre dame et votre seul amour ?

JACQUES HURY

30   Ma dame, mon seul amour.

VIOLAINE

Connais le feu dont je suis dévorée !
Connais-la donc, cette chair que tu as tant aimée !
Venez plus près de moi.

Mouvement.

Plus près ! plus près encore ! tout contre mon
35 côté. Asseyez-vous sur ce banc.

Silence.

Et donnez-moi votre couteau.

Il lui donne son couteau. Elle fait une incision dans l'étoffe de lin sur son flanc à la place qui est sur le cœur et sous le sein gauche, et, penchée sur lui, des mains écartant l'ouverture, elle lui montre sa chair où la première tache de lèpre apparaît.
Silence.

JACQUES HURY, *détournant
un peu le visage.*

Donnez-moi le couteau.
Violaine, je ne me suis pas trompé ? Quelle est
cette fleur d'argent dont votre chair est blasonnée ?

VIOLAINE

40   Vous ne vous êtes pas trompé.

JACQUES HURY

C'est le mal ? c'est le mal, Violaine ?

VIOLAINE

Oui, Jacques.

JACQUES HURY

La lèpre !

VIOLAINE

Certes vous êtes difficile à convaincre.
45   Et il vous faut avoir vu pour croire.

JACQUES HURY

Et quelle est la lèpre la plus hideuse,
Celle de l'âme ou celle sur le corps ?

VIOLAINE

Je ne puis rien dire de l'autre. Je ne connais que
celle du corps qui est un mal assez grand.

JACQUES HURY

50   Non, tu ne connais pas l'autre, réprouvée ?

VIOLAINE

Je ne suis pas une réprouvée.

JACQUES HURY

Infâme, réprouvée,
Réprouvée dans ton âme et dans ta chair !

VIOLAINE

Ainsi, vous ne demandez plus à m'épouser,
55 Jacques ?

JACQUES HURY

Ne te moque point, fille du diable !

VIOLAINE

Tel est ce grand amour que vous aviez pour moi.

JACQUES HURY

Tel est ce lys que j'avais élu.

VIOLAINE

Tel est l'homme qui est à la place de mon père.

JACQUES HURY

60 Tel est l'ange que Dieu m'avait envoyé.

Paul CLAUDEL, *L'Annonce faite à Marie*
Acte II, scène 3, version pour la scène (1948)
© éd. Gallimard

POUR LE COMMENTAIRE

1. Le mouvement dramatique. Analysez le changement de ton de Jacques Hury lorsque Violaine révèle son
« secret ».

2. Analyse stylistique. Étudiez l'enchaînement du
dialogue. Repérez les alexandrins, décasyllabes ou octosyl-
labes. Comment leur utilisation amplifie-t-elle le caractère
tragique de la « répudiation » de Violaine ?

3. Vocabulaire. Comment comprenez-vous le terme de
réprouvée ?

GROUPEMENT THÉMATIQUE

La maladie, punition ou rédemption ?

François MAURIAC : *Thérèse Desqueyroux*, 1927 ; *La Fin de
la nuit*, 1935. — Jean-Paul SARTRE : *Les Mouches*, 1942.
— Albert CAMUS : *La Peste*, 1947. — Jean GIONO : *Le
Hussard sur le toit*, 1951.

Paul Claudel et Raymond
Jérôme au cours d'une
répétition de *L'Annonce faite à
Marie* en 1955.

Le Soulier de satin (1929)

*** Le Soulier de satin

Prouhèze, l'épouse du vieux juge espagnol Pélage, est aimée du jeune Don Rodrigue de Mañacor, et elle est tout aussi passionnément amoureuse de lui. Mais, en remettant l'un de ses souliers de satin à la Vierge qui protège le seuil du logis conjugal, elle annonce qu'elle ne s'élancera que d'« un pied boiteux » dans l'aventure de la passion. A la demande de Pélage, le roi d'Espagne éloigne Rodrigue et Prouhèze. Rodrigue partira à la conquête de l'Amérique. Prouhèze est envoyée à Mogador, pour défendre la citadelle contre les infidèles. Elle n'y parvient qu'en acceptant l'aide de Don Camille, un Espagnol renégat, qui la désire passionnément. Elle doit lui céder, elle a même un enfant de lui. Après de longues années, le message qu'elle avait adressé à Rodrigue dans un moment de détresse est enfin parvenu à son destinataire. Revenu d'Amérique, Rodrigue met le siège devant Mogador. L'envoyé du commandant de Mogador demande à se présenter à bord du vaisseau-amiral : c'est Prouhèze qui, après une ultime explication, veut remettre à Rodrigue l'enfant qu'elle a conçu en pensant à lui. Puis elle regagnera la citadelle et périra avec son nouveau mari, Camille, dans l'explosion.

L'adieu sur le vaisseau-amiral

Le Soulier de satin *pourrait s'arrêter au terme de la Troisième journée, et sur la grande scène 13, dont nous donnons la fin. C'est là en effet que **s'achève la tragédie de Rodrigue et de Prouhèze** sur cette terre.*

DOÑA PROUHÈZE

Eh quoi, noble Rodrigue, aurais-tu donc voulu que je remette entre tes bras une adultère ?

Et plus tard quand Don Pélage est mort et que j'ai jeté cet appel à toi,

Oui, peut-être il vaut mieux qu'il ne t'ait pas atteint.

Je n'aurais été qu'une femme bientôt mourante sur ton cœur et non pas cette étoile éternelle dont tu as soif !

LE VICE-ROI[1]

A quoi sert cette étoile qu'on ne rejoint jamais ?

DOÑA PROUHÈZE

O Rodrigue, il est vrai, cette distance qui me sépare, il est impossible par nos seules forces de la franchir.

LE VICE-ROI

Mais alors où est-il, ce chemin entre nous deux ?

DOÑA PROUHÈZE

O Rodrigue, pourquoi le chercher quand c'est lui qui nous est venu rechercher ? cette force qui nous appelle hors de nous-mêmes, pourquoi ne pas

Lui faire confiance et la suivre ? pourquoi ne pas y croire et nous remettre à elle ? pourquoi chercher à savoir, et faire tous ces mouvements qui la gênent, et lui imposer aucune condition ?

Sois généreux à ton tour ! ce que j'ai fait, ne peux-tu le faire à ton tour ? Dépouille-toi ! Jette tout ! Donne tout afin de tout recevoir !

Si nous allons vers la joie, qu'importe que cela soit

30 ici-bas à l'envers de notre approximation corporelle ?

Si je m'en vais vers la joie, comment croire que cela soit pour ta douleur ? Est-ce que tu crois vraiment que je suis venue en ce monde pour ta douleur ?

LE VICE-ROI

Non point pour ma douleur, Prouhèze, ma joie ! Non point pour ma douleur, Prouhèze, mon amour, Prouhèze, mes délices[2].

DOÑA PROUHÈZE

35 Qu'ai-je voulu que te donner la joie ! ne rien garder ! être entièrement cette suavité ! cesser d'être moi-même pour que tu aies tout !

Là où il y a le plus de joie, comment croire que je suis absente ? là où il y a le plus de joie, c'est là qu'il

40 y a le plus Prouhèze !

Je veux être avec toi dans le principe ! Je veux épouser ta cause ! je veux apprendre avec Dieu à ne rien réserver ! à être cette chose toute bonne et toute donnée qui ne réserve rien et à qui l'on prend tout !

45 Prends, Rodrigue, prends, mon cœur, prends, mon amour, prends ce Dieu qui me remplit !

La force par laquelle je t'aime n'est pas différente de celle par laquelle tu existes.

Je suis unie pour toujours à cette chose qui te

50 donne la vie éternelle !

Le sang n'est pas plus uni à la chair que Dieu ne me fait sentir chaque battement de ce cœur dans ta poitrine qui à chaque seconde de la bienheureuse éternité

55 S'unit et se resépare.

LE VICE-ROI

Paroles au-delà de la Mort et que je comprends à peine ! Je te regarde et cela me suffit ! O Prouhèze, ne t'en vas pas de moi, reste vivante !

DOÑA PROUHÈZE

Il me faut partir.

LE VICE-ROI

60   Si tu t'en vas, il n'y a plus d'étoile pour me guider, je suis seul !

DOÑA PROUHÈZE

Non pas seul.

LE VICE-ROI

A force de ne plus la voir au ciel je l'oublierai. Qui te donne cette assurance que je ne puisse cesser de
65   t'aimer ?

DOÑA PROUHÈZE

Tant que j'existe et moi[3] je sais que tu existes avec moi.

LE VICE-ROI

Fais-moi seulement cette promesse et moi je garderai la mienne.

DOÑA PROUHÈZE

70   Je ne suis pas capable de promesse.

LE VICE-ROI

Je suis le maître encore ! Si je veux, je peux t'empêcher de partir.

DOÑA PROUHÈZE

Est-ce que tu crois vraiment que tu peux m'empêcher de partir ?

LE VICE-ROI

75   Oui, je peux t'empêcher de partir.

DOÑA PROUHÈZE

Tu le crois ? eh bien, dis seulement un mot et je reste. Je le jure, dis seulement un mot, je reste. Il n'y a pas besoin de violence.

Un mot, et je reste avec toi. Un seul mot, est-il si
80   difficile à dire ? Un seul mot et je reste avec toi.

Silence. Le Vice-Roi baisse la tête et pleure. Doña Prouhèze s'est voilée de la tête aux pieds.

L'ENFANT, *criant tout à coup*

Mère, ne m'abandonne pas !

(Une longue barque aux deux rangées de rameurs sans visages vient se mêler au vaisseau imaginaire. Deux esclaves noirs en sortent qui la prennent sous les bras et l'emportent dans le funèbre esquif.
            L'Enfant, avec un cri perçant.)

Mère, ne m'abandonne pas ! Mère, ne m'abandonne pas !

Paul CLAUDEL, *Le Soulier de satin* (1929)
Troisième journée, scène 13, © éd. Gallimard

---

1. *C'est-à-dire Rodrigue, qui est vice-roi des Indes occidentales.* —
2. *Doña Delices est un autre nom de Doña Prouhèze dans la pièce.*
— 3. *Latinisme : moi aussi.*

POUR LE COMMENTAIRE _____

Un couronnement

On s'attachera à montrer que cette scène est le couronnement, non seulement des trois premières journées du *Soulier de satin*, mais de toutes les œuvres qu'a inspirées à Claudel sa passion méridienne.

1. Le motif de l'étoile

Reprenez le texte de « L'Esprit et l'eau », p. 149.
a. Comment Prouhèze sera-t-elle transformée en étoile ?
b. L'étoile comme indice d'une distance.
c. « Une étoile flamboyante dans le souffle du Saint-Esprit » (l'Ange gardien à Doña Prouhèze dans la scène 8 de la Troisième journée).

2. Le sacrifice

a. Le sacrifice de Doña Prouhèze.
b. Quel sacrifice demande-t-elle à Rodrigue ?
c. Éthique et esthétique du dépouillement.

3. La seule réunion possible

a. L'union « dans le principe » (l. 41) ;
b. Est-il question d'une union des amants après la mort ?
c. Pourquoi Claudel a-t-il choisi de terminer cette scène sur le triple appel de l'enfant ?

Ludmilla Mikaël et Didier Sandre dans
Le Soulier de satin. Mise en scène d'Antoine Vitez
au festival d'Avignon de 1987.

Le théâtre de Claudel

Sans doute doit-on trouver la spécificité de l'ensemble du théâtre de **PAUL CLAUDEL** dans l'abondance de références géographiques, historiques, culturelles, et religieuses. Mais elles ne sont que des prétextes à l'ambition du poète d'englober le monde dans sa totalité pour le soumettre à ce qu'on pourrait appeler une « liturgie ».

1. Des références géographiques

Un homme de la terre

Claudel magnifie sa terre natale par divers biais :
• Il donne à ses personnages des noms crus comme Graillard, Longoreille ou Cœurdours (dans *La Ville*) ou qui sont même empruntés à des noms de villages de la Champagne : Violaine (dans *L'Annonce...*), Cœuvre (dans *La Ville*), Turelure (dans *L'Otage*).
• Il utilise constamment des tours pseudo-populaires du genre « c'est-i-que » ou « c'est pourquoi que » et choisit volontiers des termes empruntés à des parlers régionaux.
• Il se laisse volontiers aller à des envolées lyriques évoquant le rude labeur du travailleur de la terre.

Le diplomate voyageur

• Dès *L'Échange*, se remarque le germe d'une poésie exotique. Les personnages de la pièce appartiennent au Nouveau Continent, l'Amérique, que Claudel vient de découvrir. *Le Repos du septième jour* est imbibé de cette Chine qui fut pour l'auteur une révélation. On repère aussi le personnage de Lumîr, jeune Polonaise patriote dans *Le Pain dur*, le décor de Rome dans *Le Père humilié*...
• Avec *Le Soulier de satin* dont « la scène est le monde », un nouveau ton est donné. Même si Claudel l'a conçu comme « un petit drame espagnol » centré sur « un vieux conquistador », l'auteur, il le dit lui-même, « s'est permis de comprimer les pays et les époques, de même qu'à la distance voulue plusieurs lignes de montagnes séparées ne sont qu'un seul horizon ».

2. Des références historiques

On retrouve dans *La Ville* des souvenirs de la Commune et des attentats anarchistes, avec une opposition entre les hauts quartiers de Paris, lieux de jouissance, et la révolte de la misère ; dans *La Jeune Fille Violaine*, c'est le Moyen Age avec ses constructeurs de cathédrales. *L'Otage* a pour cadre l'époque post-révolutionnaire. *Le Soulier de satin* se situe « au temps de la conquête des Indes américaines »...

Toutes ces références diverses ont pour effet de montrer le caractère universel des problèmes que se pose et que pose l'auteur à travers ses personnages.

Les vrais thèmes chers à Claudel sont ceux de l'amour trahi, de l'usurpation du pouvoir, de l'instauration d'un ordre nouveau.

3. Des références culturelles

Sans parler de l'influence de Rimbaud sur ses premières œuvres, Claudel est un héritier du symbolisme. Il marie cet héritage avec une redécouverte du théâtre grec.

• **Des accents symbolistes**
L'ambiance des pièces de Claudel est souvent symboliste. Dans *Tête d'Or*, il y a des meurtres sur fond de forêt ; dans *L'Annonce*, la caverne de Violaine...

L'habitude de Claudel de retoucher la texture de ses pièces (ce qui donne lieu à plusieurs versions pour un même drame) fait, à chaque fois, gagner à ses œuvres un symbolisme accru.

• **L'influence du théâtre grec**
Bien qu'il se réclame de la *Bible*, de Shakespeare, de Wagner, Dante ou Virgile, Claudel, traducteur d'*Agamemnon*, est surtout attaché au théâtre grec. D'abord, il y découvre le vers ïambique avec son rythme à deux temps, un bref et un long, qui a marqué toute sa poésie dramatique.

Ensuite, le théâtre grec, et en particulier Eschyle, confirme l'auteur dans les idées qu'il se fait du théâtre : il a une valeur religieuse.

4. Des références religieuses

Elles sont constantes. Dès *Tête d'Or*, drame dans lequel Claudel exprime « la fureur avec laquelle il se défend contre la foi symbolisée par la princesse », l'auteur fait allusion à la Passion du Christ. Puis, dans *La Ville*, le prophétisme appliqué dans la pièce précédente à l'aventure de l'individu s'applique cette fois sur une collectivité : le dernier acte évoque la possibilité d'une « autre Vie ».

Le **thème de la conversion** se fait alors constant dans toutes les pièces qui suivent. S'il y a un usurpateur, il est élevé pour être mieux rabaissé conformément à la morale chrétienne ; quant à l'**amour entre deux êtres**, il est souvent **complémentaire de l'amour de Dieu**. Dans ce contexte, la femme claudélienne, qu'il s'agisse d'Ysé ou de Lâla, a pour rôle d'être une « éclateuse de vocation » : elle doit révéler à l'homme sa vocation de charité en extirpant son égoïsme naturel. C'est un des grands thèmes du théâtre claudélien.

5. L'arbre claudélien

Jean-Bertrand Barrère, dans son livre *Claudel, le destin et l'œuvre* (1979) résume ainsi la dramaturgie claudélienne : « Une géographie extensive et abstraite, de l'ouest à l'est aller et retour ; des personnages sans épaisseur, mais qu'on soupçonne riches de sens caché, tour à tour éloquents, même verbeux, balbutiants jusqu'à l'enfantillage, parfois d'un lyrisme magnifiquement rocailleux ; une action symbolique et offerte à l'interprétation, ou à l'interpolation, liturgique ; tout cela « en l'air » et en même temps traversé de rappels concrets de la terre... »

Claudel est toujours **en quête** d'un ordre nouveau, **d'une juste attirance du charnel vers le spirituel**, que symbolise avec force *Partage de midi*, la pièce sans doute la plus intime de son œuvre théâtrale. Cet ordre que recherche Claudel a son symbole : l'arbre (titre qu'il donne d'ailleurs à un ensemble formé par cinq de ses pièces qu'il publie en 1901), dont les racines puisent leur énergie dans la terre mais dont les branches, dans un mouvement ascendant, cherchent à gagner le ciel.

3. « L'esprit qui fait rire »

Feuilles de saints (1925)

*La manière poétique de **Claudel** a changé depuis les Cinq grandes odes : au haut lyrisme succède **une manière plus familière, presque bonhomme**, qui n'exclut pourtant ni la révérence ni la gravité. « Saint Georges », que nous donnons ici en entier, est caractéristique de cette nouvelle manière. Le poème est daté de « Copenhague, octobre 1919 » : c'est à peu près le moment où Claudel commençait à travailler au Soulier de satin et songeait en particulier à ce qui devait devenir la Quatrième Journée, grande fantaisie dramatique où la bouffonnerie peut même paraître excessive. Il est à noter aussi qu'à cette date il avait revu l'amante d'autrefois, pour une explication apaisante qui explique en grande partie la genèse de son grand drame « baroque ».*

« Saint Georges »

SAINT GEORGES
PATRON DE VILLENEUVE-SUR-FÈRE[1]

« Ce n'était qu'un sale dragon », dit Saint Georges,
« une espèce de grande limace dégoûtante, il n'y a
qu'à le regarder, et ce que les savants ont bien raison
d'appeler un reptile !
5 » Le voilà qui répand tout, bêtement, par la panse !
c'est moi-même qui lui ai fait ce grand trou, et l'on
ne m'aurait jamais fait croire que ce fût aussi facile !
» Au milieu de ces torrents de flamme offensive et
de fumée, et toutes ces culbutes pour la galerie
10 pittoresques et cette gueule au-dessus de moi comique et furibonde.
» Tellement que je ne pouvais pas m'empêcher de
rire cependant que je lui crevais la bonde[2] !
» Prends ma main, petite fille[3], je vais ôter mon
15 gant, et je sais ce que tu penses, mais ne le dis pas :
» Il n'y aurait pas grand chemin à faire pour savoir
comme il fait bon entre mes bras.
» Je suis Georges le cavalier, c'est ma main, et je
ne t'empêcherais pas de prendre le reste aussi si tu
20 le pouvais.
» Mais attention à ce cheval nerveux qui déjà se
ramasse sur les jarrets !
» Qu'espérer de moi que tu vois agencé avec un
pareil animal ?
25 » Et le dragon n'a rien pu contre toi, mais n'approche pas trop près de l'aigle[4] avec ses grandes ailes
brutales ! »

Il parle, et il est content de vivre, et ce qu'il ne sait
pas encore,
30 C'est ce que son âme va essayer de faire tout à
l'heure, lui qui était si fier de son corps !
Ce que son âme va essayer de faire, pas autant
qu'elle y réussira !
Et cette fois il n'a plus ce cheval entre ses jambes
35 ramassé et cette lame qui fait si bien à son bras,
Et cette armure fine et souple, et cette arme à son
poing transperçante comme l'éclair !
Ses mains, il se les est fait attacher, et le voici tout
nu jusqu'à l'âme et jusqu'à la chair,
40 Nu comme l'enfant nouveau-né et comme le
poète généreux qui se livre tout entier sans défense,

Nu comme cette fille jadis et par la simplicité
émule de son innocence !
— Ce que son âme va essayer aujourd'hui avec
45 la complicité de ce monde qui l'entoure.
Comment le monde s'est-il arrangé pour qu'il soit
si faible contre l'Amour ?
Toute cette combinaison de la Grèce et de l'Asie
avec Rome, si bien faite, et cette rangée de colonnes
50 devant lui qui encadrent le Liban deux par deux,
Ce sacrifice tout seul qui fume du centre des villes
concaves et bleues,
Cette loi sans aucun mouvement pour toujours, et
ces grands peuples entre leurs rives aplanis, et
55 Jupiter au ciel qui tonne ridiculement quand il pleut,
Tout cela, Georges l'aurait fait qu'il ne le comprendrait pas mieux.
Ces philosophes venus de si loin pour le voir, ce
magistrat qui plaide avec tant d'éloquence, contre
60 lui,
Impossible de se défendre envers eux d'une espèce de sympathie.
Il n'est pas un de leurs arguments qu'il ne
connaisse par cœur.
65 Que ces roses sentiraient bon, si déjà il n'avait
respiré leur odeur !
Tout est indéchirable, tout est clair, tout est visible
de bout en bout.
Jamais, à qui aurait envie de le posséder, le
70 monde ne s'est ainsi montré d'un seul coup.
Il est vraiment complet sous mes yeux, je n'ai rien
à lui reprocher, rien ne lui manque, rien ne manque
à son insuffisance.
Je comprends qu'on lui apporte aujourd'hui avec
75 moi cette chose contre laquelle il n'a point de
puissance.
On l'aurait fait exprès que tout ne pourrait pas être
plus mis ensemble qu'aujourd'hui.
Georges voit que lui peut se passer du monde,
80 mais le monde ne peut se passer de lui.
Il est là autour de son corps attaché, qui le menace
et qui le supplie.
Ce n'est plus seulement hors de lui le dragon
comme un moustique énorme pour l'insulter :

Carpaccio, *Saint Georges combattant le dragon.*
Venise, Eglise San Giorgio degli Schiavoni.

Au plus intérieur de son âme c'est en lui que la lutte est reportée.

C'est chacun de ses instincts, c'est chacune de ses facultés qu'on essaye l'une après l'autre.

« Si vos dieux n'ont pas pu l'emporter sur moi, je dis que c'est bien leur faute.

» Pour être les plus forts contre moi, il n'aurait pas fallu que je les connusse de si près.

» Il fallait qu'ils s'y prissent autrement pour me cacher leurs ressources et leurs traits.

» Pour me gagner, ils se sont montrés à moi, mais il se trouve précisément que c'était assez.

» La possession en se mêlant à moi qu'ils me donnent me suffit pour la refuser.

» Les choses que vous me proposez sont-elles si durables pour que je cesse ?

» Il est déjà trop facile de voir que je ne puis en accepter une seule qu'en me privant du reste.

» Et si c'est vraiment de prendre Georges le cavalier, si c'est de m'empêcher d'être libre qu'il s'agit,

» il faudrait trouver pour cela tout de même autre chose que de m'ôter la vie ! »

Donc on lui a coupé la tête, c'est fini, mais qu'advient-il, on n'en trouve plus trace dans la légende,

De cette vierge qu'il sauva du dragon jadis, non loin de Tyr-la-Grande[5] ?

Le dragon, on en vient à bout d'un coup d'épée.

Mais une femme, et qui sait que Dieu lui a envoyé ce Georges tout exprès, comment penserons-nous que ce soit si facile de s'en débarrasser ?

Maintenant, pour se défaire d'elle, il faudrait d'abord que l'on montrât à Georges où elle est !

Elle a demandé à Dieu d'être tellement perdue avec lui dans son cœur que ce lui soit à jamais pour toujours impossible au dehors de la retrouver.

Et s'il est vrai que l'âme dépouillée de son corps et de ce qui était autour d'elle, opaque et immobile,

Ne peut être comparée qu'à un cri et à ce mouvement pur de la substance intelligente et affective,

125 Qui, avec des rémissions et des pauses, en une phrase qui est elle-même,

Et dans l'extrême réalisation de ses moyens dit Ce qu'il est à Celui qu'elle aime,

Ainsi Georges comme une flamme resplendissante aujourd'hui et comme la sonnerie aux quatre
130 coins de la terre de la trompette aiguë et grave,

S'étonne de ce qui à sa sommation parfois se mêle de mystérieux et de suave.

Une femme pas ailleurs que son propre cœur et
135 dans sa propre voix je ne sais quoi d'ineffable et d'étranger,

Qui, si lui-même se taisait, il entend que cela ne cesserait pas de remercier !

Paul CLAUDEL, *Feuilles de saints* (1925)
© éd. Gallimard

1. Le village natal de Claudel. — 2. Comme la bonde d'une barrique de vin. — 3. Saint Georges s'adresse à la jeune fille qu'il a sauvée du dragon. — 4. Symbole de pouvoir. — 5. Ville du Sud-Liban actuel.

THÈMES DE RECHERCHE ET DE RÉFLEXION

1. La légende de saint Georges. Analogies avec le mythe de Persée et d'Andromède ; l'héroïsme : la victoire remportée sur le dragon ; le « combat spirituel » ; le martyre ; la sainteté.

2. La reprise du thème amoureux. L'importance accordée par Claudel à la jeune fille délivrée du dragon ; comment il va au-delà du silence qui est fait sur elle, après la délivrance, dans la légende ; la fonction qu'il lui attribue auprès de saint Georges ; les échos personnels que cette figure éveille en lui.

3. Une nouvelle poétique. Le retour à la rime ; la plus grande monotonie du « verset » ; le retour de certaines images claudéliennes ; la liberté du ton ; l'oraison.

Positions et Propositions sur le vers français (1928-1934)

Dans cette œuvre importante et relativement tardive, **Claudel** *a développé sa* **théorie du vers**, *fondée sur l'« accord entre une* **dominante** *choisie à un point variable de la phrase et* **la cadence finale** *». Exemple : « Que de royaumes — nous ignorent » (Pascal) : la beauté du vers vient du* **rapport entre les deux sons vocaliques aux places accentuées**. *Claudel avait découvert Rimbaud dans la revue* La Vogue *en 1886, peu de temps avant sa conversion. Ce fut une illumination, une influence véritablement « séminale ».*

En 1925, il montre encore comment, dans Une saison en enfer *et dans les* Illuminations, *Rimbaud est parvenu à « l'épanouissement total de la langue française développant enfin toutes les ressources de sa sonorité comme un Guarnerius sous l'archet d'un maître ».*

Sur le verset

Ce texte a paru pour la première fois dans la N.R.F. *les 1er octobre et 1er novembre 1925. Il a été repris dans* Positions et Propositions I. *A travers une réflexion parfois imaginée,* **Paul Claudel** *exprime son* **goût pour le verset**.

On ne pense pas d'une manière continue, pas davantage qu'on ne sent d'une manière continue ou qu'on ne vit d'une manière continue. Il y a des coupures, il y a intervention du néant. La pensée bat comme la cervelle et le cœur. Notre appareil à penser en état de chargement ne débite pas une ligne ininterrompue,
5 il fournit par éclairs, secousses, une masse disjointe d'idées, images, souvenirs, notions, concepts, puis se détend avant que l'esprit se réalise à l'état de conscience dans un nouvel acte. Sur cette matière première l'écrivain éclairé par sa raison et son goût et guidé par un but plus ou moins distinctement perçu travaille, mais il est impossible de donner une image exacte des allures de la
10 pensée si l'on ne tient pas compte du blanc et de l'intermittence.

Tel est le vers essentiel et primordial, l'élément premier du langage, antérieur aux mots eux-mêmes : une idée isolée par du blanc. Avant le mot une certaine intensité, qualité et proportion de tension spirituelle. [...]

Le vers classique a l'allure d'un homme qui discute, qui distingue et qui
15 explique. Il est éminemment approprié à notre tournure d'esprit nationale qui aime à résumer une situation par une sentence bien frappée, une espèce de proverbe. [...]

Comment faire pour garder cette franchise, cette liberté, cette vivacité, cet éclat du langage parlé, et cependant pour lui donner cette consistance et cette
20 organisation intérieure qu'exige l'inscription sur le papier ? Comment ouvrir à la Muse un chemin de roses ? comment l'enivrer sans la rassasier jamais d'une musique qui ait à la fois l'intérêt de la recherche et la douceur de l'autorité ? comment garder le rêve en écartant le sommeil ? comment soutenir son pas d'un nombre à la fois sensible et introuvable comme le cœur ? et nous débarrasser
25 une fois pour toutes de cet abominable métronome dont le battement de tournebroche couvre notre jeu et de la voix de cette vieille maîtresse de piano qui ne cesse de hurler à notre coude : un — deux — trois — quatre — cinq — six !

Paul CLAUDEL, *Positions et Propositions
sur le vers français* (1928-1934)
© éd. Gallimard

POUR LE COMMENTAIRE

1. Critique de l'alexandrin. Quelles réserves le vers classique inspire-t-il à Claudel ?

2. Quelles doivent être **les qualités du vers** selon Claudel ?

Comment conçoit-il les rapports du vers et de la poésie ?

3. A quelle **conception de la poésie** cette théorie du vers renvoie-t-elle ?

4. Connaissance de l'Extrême-Orient

*Dès son séjour aux États-Unis, **Claudel** s'était montré désireux d'« apprendre à voir ». Cette exigence, il la tenait de Mallarmé, dont il avait été l'auditeur occasionnel et avec qui il échangea une correspondance. Mais c'est en Chine surtout que le poète s'adonna systématiquement à cet exercice, qui était aussi un exercice d'écriture. Ainsi sont nés les poèmes en prose de* Connaissance de l'Est *(1900-1907), très différents de ceux de Baudelaire ou de Rimbaud. **La recherche y va de pair avec une volonté de précision, mais aussi un art de la suggestion** qui reste l'héritage le plus sûr du symbolisme.*

« Japonais, je vous aimais trop ! Cela valait la peine de perdre une jambe pour entrer dans votre pays », dit Rodrigue dans la Quatrième Journée du Soulier de satin. ***Claudel** aussi a beaucoup aimé le Japon, mais il a avoué ne l'avoir compris qu'à partir de 1926. C'est de cette année-là en effet que datent un grand nombre des textes publiés dans un recueil de proses publié en 1927,* L'Oiseau noir dans le soleil levant. *Claudel y ignore le Japon moderne, mais il se penche sur ses traditions religieuses et artistiques. Sans doute existe-t-il pour lui un abîme entre le christianisme et ces autres religions, qu'il ne veut considérer que comme fausses. Mais **le Japon, ce jardin du diable, est resté pour lui un jardin de délices**.*

L'Oiseau noir dans le soleil levant (1927)

« Kabuki »

*Le kabuki est né au début du XVIIᵉ siècle : il mêle des danses sérieuses, des scènes de théâtre parlé, et les acteurs y sont spécialisés dans les rôles féminins. Plutôt réaliste (alors que le théâtre nô est plutôt métaphysique), il tend à **une expression outrée de la vie intérieure**.*

« On pleure trop là-haut ! » me dit l'homme de dessous la scène[1], « et j'ai le cœur trop sensible. Même les pièces qui commencent de la manière la plus rassurante, peu à peu il s'y mêle je ne sais quelle impalpable moutarde, c'est comme quelqu'un dans un courant d'air qui se sent gagné de fond en comble par un sentiment inconfortable. L'éternuement n'est pas loin. Ça y est ! voilà une enfant qu'on tue, une sainte femme de geisha[2] qu'on abandonne, le vieux monsieur qui représente généralement les jeunes filles[3] qui vend ses charmes à la tenancière de bordel, le généreux serviteur qui se met les tripes à l'air[4] ! Tout le monde sanglote dans la salle, les petits nez convulsivement s'enfoncent dans les petits mouchoirs, et sur la scène les grandes manches se tordent, les yeux et les sourcils fonctionnent d'une manière épouvantable, les messieurs-femmes glapissent et ruissellent, les poitrines héroïques sont ravagées par d'effroyables borborygmes ! Pour moi c'était comme un tremblement de terre ! il fallait que je m'en aille, mes entrailles n'y auraient pas résisté ! Même quand, enfoncé dans le corps d'un cheval en carton[5], on m'avait chargé de représenter les deux pattes de derrière, ça me grimpait ! l'émotion me gagnait de bas en haut et me faisait hocher[6] mon cavalier comme un arbre à fruits. Rien qu'à voir ce qui se passait sur la figure de ce bonhomme sur l'estrade avec son livre devant lui[7] en qui se peint le public, cela me prenait aux rognons ! J'ai préféré descendre à l'étage au-dessous. Là je jouis d'une tranquillité philosophique. Habitant de cette frontière qui sépare la fiction de la réalité, je me sens confortablement à l'abri de l'une et de l'autre. Là-haut se déchaîne la tempête et je vois

35 passer en foudre à côté de moi les acteurs chargés de l'alimenter, mais à cette profondeur où je suis, tout est calme et je peux fumer ma pipe. Démenez-vous, mes amis ! Le vieux-monsieur-femme là-haut, qui est en train de donner l'exemple de la soumis-

40 sion à sa belle-mère et de toutes les autres vertus, ne se doute pas qu'à deux mètres sous ses pieds il y a l'homme qui a reçu mission de lui couper le cou. Pour l'instant cet instrument du destin est occupé à causer avec moi de la grève des tramways. Atten-

45 tion, quand, tout à l'heure, il va paraître au bout du *hana-michi** ! Moi, j'ai le bon poste, je suis à l'ar-

---

1. Les coulisses du théâtre kabuki sont souterraines. — 2. Courtisane japonaise. — 3. Les acteurs spécialisés dans les rôles féminins sont nommés onnagata. — 4. Situations dramatiques très fréquentes dans le théâtre japonais. La dernière est celle du suicide, ou « hara-kiri ». — 5. Figuration sommaire des chevaux, dont les drames historiques ont grand besoin : il suffit d'un mannequin assez grossièrement confectionné, que supportent deux hommes dont on ne voit que les jambes et les pieds. — 6. Terme archaïque pour « secouer ». — 7. Personnage qui suit et contrôle sur un livret le déroulement de la pièce.

---

* *Le Hana-michi, ou pont qui traverse toute la salle (il y en a parfois deux), est, avec la scène tournante, une des meilleures inventions du théâtre japonais. Il permet des effets de surprise, l'acteur tout à coup prend le public à revers ; de distance, c'est quelque chose d'extérieur à la scène, loin ; de processions ; d'arrivées et de retraites ; d'une menace qui se précise. C'est un pont par-dessus nos têtes entre le drame et les profonds magasins du possible.*

rière. Les renforts passent de temps en temps, les
acteurs tout fumants se retirent, mais dans les
coulisses et les loges il règne une tranquillité d'am-
50 bulance. Le coiffeur remet en ordre les crânes bleus
avec leurs petites queues de rats et les noires perru-
ques luisantes. On range les décors, on arrange les
costumes, on fait de la colle, on tape tout doucement sur quelque chose, on met une tasse de thé
55 auprès du musicien dans sa cage, qui, l'œil sur un
spectacle invisible et la malloche[8] levée, se prépare
à faire poum. De temps en temps, un grand blessé,
moitié lui-même déjà et moitié son rôle encore, nous
apporte les nouvelles de la bataille. Mais moi, même
60 aux coulisses je préfère la profondeur. On est bien.
On est tout seul. Je regarde dans l'enchevêtrement
des charpentes les coulis, chacun paré à son manche vertical, qui se mettent en devoir de faire tourner
la scène[9]. Que de ficelles ! J'assiste à toute la racine
65 et l'envers d'un drame que je ne connaîtrai jamais. »

Paul CLAUDEL,
L'Oiseau noir dans le soleil levant (1927)
© éd. Gallimard

---

8. *Des coups de battoir (malloche) attirent l'attention du public sur
des moments psychologiques considérés comme essentiels.* —
9. *La scène du kabuki est tournante.*

POUR LE COMMENTAIRE

Un monologue dramatique

1. Celui qui parle. « L'homme de dessous la scène ».
Comme l'a noté Henri Micciolo dans son édition critique de
L'Oiseau noir... (Belles-Lettres, 1981), « Claudel fait parler
un personnage et ce personnage est placé dans une situation bien particulière : il n'est pas simplement spectateur
du kabuki, il n'est pas non plus acteur (bien qu'on lui ait
demandé de représenter les deux pattes de derrière d'un
cheval), il est entre les deux, occupé à quelques menues
tâches dans les coulisses, sous la scène. Il habite « cette
frontière qui sépare la fiction de la réalité ».

2. L'humour claudélien. Ses thèmes, ses manifestations, son expression.

3. La leçon du théâtre japonais. Claudel a cru y
trouver la solution du problème de l'union du drame et de
la musique, avec trois éléments qu'il rappelle à propos de
La Femme et son ombre : « Le coup, qui est un signal et une
convocation ; la ligne, qui est un récit incessamment interrompu et repris ; la note, un point fourni par le shamisen,
qui est un essaim d'exclamations. »

AU-DELÀ DU TEXTE

La tentation du théâtre d'Extrême-Orient : comparez
avec le texte d'Antonin ARTAUD, p. 406.

Intérieur d'un théâtre japonais au XIXe siècle.
Paris, Musée Guimet.

Cent phrases pour éventail (1927-1942)

1927 est la date de l'édition japonaise, admirablement calligraphiée ; 1942 celle de l'édition imprimée chez Gallimard. Le livre devait d'abord être un objet, précieux comme un riche éventail. **Claudel** *avait pensé à un autre titre, « Écrit sur le souffle ». Courts comme les haï-kaï japonais, ces poèmes sont, selon l'auteur, plus petits encore.*

« Quand je suis à genoux... »

Quand je suis à genoux	ce petit enfant dans mes bras il est juste assez lourd pour m'empêcher de me relever

Trébu chant sur mes sandales de bois	j' d'	essaye attraper le premier flocon de neige

Les deux mains derrière la tête	Et une épingle entre les dents elle regarde de côté

Dans la lune morte	Il y a un lapin vivant !

Paul CLAUDEL,
Cent phrases pour éventail (1927-1942)
© éd. Gallimard

	Je salue Monsieur Mon Enfant

Le camélia rouge	comme une idée éclatante et froide

Un rayon de soleil	dans un tourbillon de neige

Le camélia panaché	une face rougeaude de paysanne que l'on voit à travers la neige

Phrase 1 *(49 du recueil) : les deux idéogrammes signifient « enfant » et « bras ».* — Phrase 2 *(50) : les deux idéogrammes signifient « peigne » et « tenir entre les dents ».* — Phrase 3 *(51) : les deux idéogrammes signifient « saluer, respecter » et « enfant ». Le salut de la mère à l'enfant est une manifestation du culte des ancêtres dans le shintoïsme, l'une des religions japonaises.* — Phrase 4 *(52) : les deux idéogrammes signifient « camélia » et « tomber ». Dans son Journal, Claudel avait noté en mars 1922 : « Camélia chargé de fleurs rouges sous la neige ».* — Phrase 5 *(53) : les idéogrammes signifient « flamme, feu » et « neige ».* — Phrase 6 *(54) : les idéogrammes signifient « rouge, corail » et « blanc ».* — Phrase 7 *(55) : les idéogrammes signifient « premier flocon de neige ».* — Phrase 8 *(56) : les idéogrammes signifient « lune » et « lapin ». Claudel parle dans son Journal du lièvre qui, selon la croyance japonaise, habite le disque de la lune. Ou encore l'imagination populaire voyait dans la lune un lièvre, qui prépare des gâteaux en pilant du riz dans un mortier.*

GROUPEMENT THÉMATIQUE

L'homme face à l'univers

La contemplation de l'univers inspire réflexions métaphysiques et récits fictifs de voyage.

PASCAL : *Pensées*, 1670 (XV, Disproportion de l'homme). — FONTENELLE : *Entretiens sur la pluralité des mondes*, 1686. — SWIFT : *Voyages de Gulliver*, 1725. — VOLTAIRE : *Micromégas*, 1752. — CHATEAUBRIAND : *Le Voyage en Amérique*, 1827. — Jules VERNE : *De la Terre à la Lune*, 1865. — Thomas HARDY : *A la lumière des étoiles*, 1882. — Jules SUPERVIELLE : *Gravitations*, 1925. — Paul CLAUDEL : *Le Soulier de satin* et *Le Livre de Christophe Colomb*, 1929.

Jean-Bertrand Barrère
Claudel, le destin et l'œuvre (1979)

Claudel mastique les mots

Si Claudel peut se vanter, depuis sa « conversion », d'avoir « une foi sans coupage », c'est que d'abord il est un homme entier. Et comme écrivain, de même. Il a, comme on dit, les pieds sur terre, il garde en ses exils ce goût du vin, vanté dans *Protée*, il admire et veut connaître le labeur et les produits de cette terre, il s'informe du rendement de l'exploitation, des méthodes de fabrication, des termes techniques qu'il ressortira à l'occasion dans ses vers ou dans sa prose, tous mots qu'il mastique et broie de ses fortes mâchoires comme du pain, « bouchée intelligible ». C'est ce côté réaliste de l'homme et du poète que le lecteur sans foi, étranger aux problèmes qu'il s'est posés, trouvera sans doute de plus authentique et de plus attirant dans son œuvre. A côté des provincialismes ou des tours pseudo-paysans, il a des mots superbes, qu'aucun écrivain en son temps ne manie et assemble comme lui. Seul Hugo, avant lui, qui fait de la mer un « diaphragme », d'une caverne sous-marine un crâne et d'un rocher une victime de la scrofule. Claudel est dans sa ligne, à cet égard. Mais il y ajoute un esprit de provocation que le passage par Rimbaud explique et que, l'eût-il voulu, Hugo né au début du siècle n'aurait pu mener à ce degré. Au surplus, Claudel n'a pas le même respect pour les règles de la grammaire. On l'a vu se vanter de « violenter » la langue, tout comme Rimbaud le clamait. Sur le tard, il s'assagira et je renvoie le lecteur à la belle lettre à Loys Masson publiée par L. Perche[1], où il houspille les nouveaux poètes comme autant de garnements mal appris, qui n'ont « rien médité, rien étudié ». Surtout, ils manquent d'oreille ; lui, pas. Pourtant, il n'a pas manqué de leur donner l'exemple, il a des cacophonies redoutables et voulues, tout comme ce mépris d'une syntaxe intelligible, qui déroute le lecteur au premier abord.

Jean-Bertrand BARRÈRE, *Claudel, le destin et l'œuvre*
© C.D.U. / S.E.D.E.S., 1979

1. Coll. « Poètes d'aujourd'hui », éd. Seghers, 1955.

Décor de Lucien Coutaud
pour *Le Soulier de satin*.
Paris, Comédie-Française,
1943.

Pour vos essais et vos exposés

Œuvres complètes, établies par Robert MALLET puis Jacques PETIT, éd. Gallimard.
Œuvres, 6 vol. « La Pléiade », éd. Gallimard.
Jacques MADAULE : *Le Génie de Paul Claudel*, éd. Desclée de Brouwer, 1933.
Paul-André LESORT : *Paul Claudel par lui-même*, coll. « Microcosme », éd. du Seuil, 1963.

Jacques PETIT : *Claudel et l'usurpateur*, éd. Desclée de Brouwer, 1971.
Michel LIOURE : *L'Esthétique dramatique de Paul Claudel*, éd. A. Colin, 1971.
Jean-Bertrand BARRÈRE : *Claudel, le destin et l'œuvre*, C.D.U. / S.E.D.E.S., 1979.
Albert LORANQUIN : *Claudel et la terre*, éd. Sang de la terre, 1987.
Gérald ANTOINE : *Paul Claudel ou l'enfer du génie*, éd. Laffont, 1988.

IIᵉ PARTIE

ANNÉES FOLLES ET FRONT POPULAIRE

	ÉVÉNEMENTS HISTORIQUES	SCIENCES, TECHNIQUES ET ARTS	LITTÉRATURE EN FRANCE ET A L'ÉTRANGER
1921	Ministère Briand.	Découverte de l'insuline. L'expressionnisme au cinéma.	ARAGON : *Anicet ou le panorama.* GIRAUDOUX : *Suzanne et le Pacifique.*
1922	Ministère Poincaré. Italie : marche sur Rome. Mussolini au pouvoir.	Prix Nobel de physique à EINSTEIN et BOHR. ERNST : *Au rendez-vous des amis.*	MARTIN DU GARD : *Les Thibault.* VALÉRY : *Charmes.* JOYCE : *Ulysse* (G.-B.).
1923	Occupation de la Ruhr par les Français.	SCHÖNBERG : *Cinq pièces pour piano.* Grande influence du Bauhaus (All.).	BRETON : *Clair de terre.* RADIGUET : *Le Diable au corps.* ROMAINS : *Knock.*
1924	Victoire du Cartel des gauches sur le Bloc national : ministère Herriot.	Louis de BROGLIE jette les bases de la « mécanique ondulatoire ». MALEVITCH, MONDRIAN.	BRETON : *Manifeste du surréalisme.* SAINT-JOHN PERSE : *Anabase.* MANN : *La Montagne magique* (All.).
1925	Pacte de Locarno. Trotsky écarté du pouvoir en U.R.S.S.	Première station de T.S.F. SOUTINE, CHAGALL, FOUJITA. Exposition des Arts décoratifs.	GIDE : *Les Faux-Monnayeurs.* SUPERVIELLE : *Gravitations.* KAFKA : *Le Procès* (Tché.).
1926	Échec du Cartel des gauches.	EISENSTEIN : *Le Cuirassé Potemkine.* CHAPLIN : *La Ruée vers l'or* (U.S.A.).	ARAGON : *Le Paysan de Paris.* ELUARD : *Capitale de la douleur.*
1927	Guerre civile en Chine.	FLEMING découvre la pénicilline (G.-B.) LINDBERGH traverse l'Atlantique. GANCE : *Napoléon.*	GREEN : *Adrienne Mesurat.* MAURIAC : *Thérèse Desqueyroux.*
1928	Gouvernement d'André Tardieu.	Le téléphone automatique. Invention du béton précontraint.	BRETON : *Nadja.* GIRAUDOUX : *Siegfried.*
1929	Krach de Wall Street.	Première représentation de *Marius*, de PAGNOL, avec Raimu. La pièce sera adaptée au cinéma en 1931.	CLAUDEL : *Le Soulier de satin.* COCTEAU : *Les Enfants terribles.* HEMINGWAY : *L'Adieu aux armes* (U.S.A.).
1930	Début de la crise aux U.S.A.	Début de l'aéropostale avec COSTES et BELLONTE.	GIONO : *Regain.* MALRAUX : *La Voie royale.*
1931	La République est proclamée en Espagne.	MATISSE : *La Danse.* Œuvres instrumentales de BARTOK (Hongrie) et STRAVINSKI.	BERNANOS : *La Grande Peur des bien-pensants.* FAULKNER : *Sanctuaire* (U.S.A.).
1932	La crise économique atteint la France. Roosevelt président des U.S.A.	RAVEL : *Concerto pour la main gauche.* DIX : *La Guerre.*	CÉLINE : *Voyage au bout de la nuit.* MAURIAC : *Le Nœud de vipères.* ROMAINS : *Les Hommes de bonne volonté* (1932-1947).
1933	Hitler accède au pouvoir en Allemagne.	Fabrication du caoutchouc synthétique.	DUHAMEL : *La Chronique des Pasquier.* MALRAUX : *La Condition humaine.*
1934	Émeutes du 6 février. Contre-offensive de la gauche.	Découverte de la radio-activité artificielle par les CURIE.	CHAR : *Le Marteau sans maître.* MONTHERLANT : *Les Célibataires.*
1935	Constitution du Front populaire des forces de gauche.	Les sulfamides utilisés en chimiothérapie.	GIRAUDOUX : *La Guerre de Troie n'aura pas lieu.*
1936	Front populaire. Accords Matignon. Guerre d'Espagne.	L'art abstrait et le surréalisme avant-gardes de la peinture. CHAPLIN : *Les Temps modernes.*	ARAGON : *Les Beaux Quartiers.* BERNANOS : *Journal d'un curé de campagne.* CÉLINE : *Mort à crédit.*
1937	Blum démissionne. Le Japon envahit la Chine.	Découverte du nylon. Age d'or du cinéma français (RENOIR, CARNÉ, DUVIVIER, CLAIR).	GIRAUDOUX : *Électre.* MALRAUX : *L'Espoir.*
1938	Hitler annexe l'Autriche. Crise germano-tchèque : accords de Munich.	CARNÉ : *Hôtel du Nord.* EISENSTEIN : *Alexandre Nevski.*	BERNANOS : *Les Grands Cimetières sous la lune.* SARTRE : *La Nausée.*
1939	Victoire de Franco en Espagne. Début de la Deuxième Guerre mondiale.	Premier avion à réaction. FLEMING : *Autant en emporte le vent* (film tiré du roman de M. MITCHELL, 1936).	DRIEU LA ROCHELLE : *Gilles.* SARTRE : *Le Mur.* STEINBECK : *Les Raisins de la colère* (U.S.A.).
1940	Défaite de la France. Gouvernement de Vichy. Le général de Gaulle à Londres.	Découverte du plutonium. Mort de Paul KLEE. CHAPLIN : *Le Dictateur.* HUSTON : *Le Faucon maltais.*	HEMINGWAY : *Pour qui sonne le glas* (U.S.A.). BUZZATI : *Le Désert des Tartares* (Ital.).

« Plus jamais ça »... 1920-1940

Sous une apparente continuité de frivolités et de mondanités, de la « Belle époque » aux « Années folles », la Grande Guerre a en réalité creusé un fossé profond que certains identifient d'ailleurs comme la véritable ligne de démarcation entre le XIXe et le XXe siècle. Espérée comme « la der des der », elle détermine notamment chez les écrivains, même si plusieurs comme **Claudel** ou **Valéry** sont à bon droit tenus pour des héritiers de la tradition, une volonté de remise en cause de la légitimité des modèles culturels antérieurs qui affecte presque tous les genres littéraires.

La scène parisienne

Seul LE THÉÂTRE, enfermé dans les succès faciles du Boulevard, où triomphe **Guitry**, paraît demeurer à l'abri de cette remise en cause. Volontiers complaisante et conservatrice, en dépit des innovations d'un **Cocteau** ou d'un **Salacrou**, la scène parisienne ne s'ouvrira que tardivement, grâce aux talents conjugués de **Giraudoux** et de **Jouvet**, aux enjeux éthiques et historiques de cette génération.

La révolution surréaliste

Tout à l'inverse, LA POÉSIE, avec Dada puis l'émergence tapageuse de la « révolution surréaliste », apparaît au premier rang d'une contestation qui s'en prend aussi bien à l'inspiration qu'aux formes et pratiques de l'écriture elle-même. Jamais, depuis la « bataille » romantique, la poésie française n'avait connu pareille effervescence, où cohabitent expériences et tensions collectives à côté d'œuvres individuelles d'une exceptionnelle qualité. Artisans fouillant la parole enfouie au tréfonds de l'inconscient, ou témoins engagés politiquement dans une histoire qu'ils veulent « changer », **Breton, Aragon, Eluard** furent ainsi les plus puissantes personnalités d'un mouvement qui demeure aujourd'hui encore par son influence le plus actif et le plus spectaculaire du siècle, et même des deux derniers siècles.

« Il n'y a en effet de poésie, commentait ainsi l'auteur des *Yeux d'Elsa*, qu'autant qu'il y a méditation sur le langage et à chaque pas réinvention de ce langage. Ce qui implique de briser les cadres fixes du langage, les règles de la grammaire, les lois du discours. C'est bien ce qui a mené les poètes si loin dans le chemin de la liberté (...) Il fallait ce long chemin du vers classique désarticulé par Hugo au vers libre des symbolistes après l'impair verlainien et les exercices connus. Il fallait au-delà de l'affreux peigne à dents cassées du vers libre, les mille et un art poétiques d'un demi-siècle, des *Illuminations* aux surréalistes. »

Santé du roman

Le discrédit dont ces mêmes surréalistes cherchèrent à frapper LE ROMAN « bourgeois » ne porta guère atteinte à la prolifération d'un genre qui s'exprima, durant cette période, avec un même bonheur dans les veines psychologique (**Radiguet**), imaginaire (**Cocteau, Morand**) ou sociale (**Martin du Gard, Duhamel**).

Si l'on excepte les innovations techniques du **Gide** des *Faux-Monnayeurs*, ou linguistiques de **Céline**, l'évolution du genre, durant ces vingt années, fut toutefois moins formelle que thématique. Petit à petit, et sensiblement à partir de 1930, l'imaginaire individuel, voire narcissique, cède le pas à des interrogations romanesques oubliées. Devant la « montée des périls », la tradition humaniste lézardée impose la recherche de nouvelles valeurs, dont témoignent non seulement les œuvres des romanciers catholiques (**Mauriac, Bernanos**), mais encore nombre de « types » romanesques du dépassement : « hommes de bonne volonté », de **Jules Romains**, « martyrs » de **Malraux** ou figures héroïques et ferventes de **Saint-Exupéry** et de **Montherlant**.

Vers les « situations extrêmes »

Ainsi, au fil de ces années de dérive et déjà de « résistance », le slogan d'abord plein de conviction, « plus jamais ça », devient-il petit à petit refrain de l'angoisse devant le recommencement de la bêtise et de l'horreur. « La Guerre de Troie », hélas, aura bientôt lieu... Pendant vingt ans, sans le savoir, mais en le redoutant, les écrivains n'auront sans doute rien fait d'autre que se préparer à ce que **Sartre** appellera un peu plus tard la littérature des « situations extrêmes » et des « grandes circonstances ».

Sous le signe de la crise

En 1936, le monde n'est pas sorti d'une crise qui dure depuis 1929. Alors, comme partout ailleurs, la gauche et la droite se radicalisent. L'Allemagne est devenue nazie, l'Italie fasciste.

En France même, nombreux sont ceux que tentent un régime fort, un homme providentiel. Le pays se coupe en deux blocs qui se haïssent : Léon Blum est lynché par des militants d'extrême-droite. Le « Mouvement Social Français » du colonel de La Roque revendique cette année-là près de deux millions d'adhérents. A gauche, la crainte du fascisme suscite le Front populaire.

Les temps modernes...

Le cinéma est devenu parlant, et même bavard. « Avec le parlant, le film est trop souvent redevenu du théâtre photographié... On laisse filer le dialogue pendant des mètres... » Mais c'est un mime de génie, Charlie Chaplin — les Français l'appellent Charlot — qui dénonce avec le plus d'éloquence les contradictions immenses du monde moderne. Son dernier film, *Les Temps modernes*, sort à New York, et les pompiers doivent intervenir tant la foule est dense pour assister à cet événement. A Paris, l'accueil est aussi chaleureux. Mais on va aussi au cinéma pour rêver avec Greta Garbo, Marlène Dietrich, Douglas Fairbanks...

Qui a peur du grand méchant loup ?

Cette année-là, Walt Disney, le père de Mickey, Donald, et des Trois Petits Cochons, est fait chevalier de la Légion d'honneur. Mais qui a peur du grand méchant loup ? Un peu tout le monde, et à juste titre. Hitler a la même petite moustache que Charlot, et les caricatures le montrent parfois en clown, mais il fait de moins en moins rire. Cette année-là, il remilitarise la Rhénanie, se moquant des réactions françaises et anglaises. Puis il se fait plébisciter avec 98 % des suffrages. A l'entrée de chaque bureau de vote, deux membres des Jeunesses hitlériennes, au garde-à-vous, brandissent un panneau : « Ta voix appartient au Fürher ». Les jeux Olympiques de l'été 36 à Berlin sont l'occasion pour l'Allemagne nazie de montrer au monde « la belle vigueur » de sa jeunesse. La cinéaste Léni Riefenstahl fixe sur la pellicule ces nouveaux « dieux du stade ».

Heureusement, il y a la Ligne Maginot... Un expert évalue l'armée allemande à 885 000 hommes, et la France craint la guerre, non sans raison. Avec un humour noir involontaire, un entrefilet dans *Paris-Soir* nous rappelle que « l'Union des invalides d'Alsace-Lorraine compte 67 000 membres... » Pour se protéger, on compte sur la Ligne Maginot. Un journaliste la visite, s'émerveille, et imagine : « Les chars de combat allemands viennent se heurter aux rails d'acier plantés en terre... Les champignons blindés, par un simple jeu de levier, émergent du sol et découvrent leurs mitrailleuses... ».

Un printemps de grève. Un bel été sur la plage...

Cette année-là, le Front populaire triomphe aux élections législatives. Pour exiger des changements rapides, c'est un raz-de-marée de grèves sur le tas et d'occupations d'usines. « Victoire sur la misère ! » titre *Le Peuple*. De nombreuses lois sociales sont alors adoptées et pour beaucoup l'été 36 est celui des toutes premières vacances.

« Pourquoi m'avoir donné rendez-vous sous la pluie ? » C'est ce que chante Jean Sablon, accompagné à la guitare par Django Rheinhardt. Le bel été aura été court, et le temps s'est vite couvert. Déjà, le Front populaire se disloque, en particulier au sujet de l'Espagne, où le général Franco s'est lancé à l'assaut de la République, avec l'appui massif d'Hitler et de Mussolini. Les franquistes assassinent le poète Federico Garcia Lorca. Mais le gouvernement français s'en tient à la non-intervention, et cette politique divise la gauche. Du monde entier, des écrivains journalistes comme Ernest Hemingway, Arthur Koestler, George Orwell, Antoine de Saint-Exupéry, Joseph Kessel, André Malraux, se rendent en Espagne, pour témoigner ou même combattre dans une guerre civile que beaucoup pressentent comme la répétition générale d'un drame plus vaste encore à venir.

Chefs-d'œuvre d'une année troublée

En France, cette année-là, Louis-Ferdinand Céline fait publier *Mort à crédit*, qui le confirme comme un maître de la langue, s'appliquant, comme il le dit lui-même, « au lyrisme de l'ignoble ». Mais le succès, retentissant, va à Georges Bernanos, Grand Prix du Roman, pour le *Journal d'un curé de campagne*, dont la critique écrit : « ... Il semble qu'un tel livre déchire l'écorce terrestre et il met à l'air les racines de plantes qu'on voyait croître et fleurir tranquillement. Ces plantes sont les hommes. » Bernanos, grand écrivain catholique, et dont la famille politique est la droite monarchiste, se rendra lui aussi en Espagne. Son témoignage, *Les Grands Cimetières sous la lune*, pamphlet antifranquiste (paru en 1938), l'éloignera d'amis de toujours.

Avec son tableau *Prémonition de la guerre civile*, Salvador Dali donne cette année-là le premier grand chef-d'œuvre de la peinture surréaliste en même temps qu'une évocation saisissante du combat fratricide qui déchire l'Espagne.

Gide rapporte d'Union soviétique un reportage désillusionné, *Retour d'URSS*. Aragon publie *Les Beaux Quartiers*, Henri Michaux son *Voyage en Grande Garabagne*. C'est aussi l'année de *L'Imagination*, de Sartre, tandis que *La Guerre de Troie n'aura pas lieu* continue sa carrière à l'Athénée, et que Louis Jouvet, son metteur en scène, enchante les cinéphiles dans *La Kermesse héroïque*, de Jacques Feyder, sorti l'année précédente.

7

DEUX HOMMES DU MONDE : ANDRÉ GIDE ET PAUL VALÉRY

« La littérature est une propriété de l'esprit. »
Lettre de Paul Valéry à
André Gide

André Gide et Paul Valéry dans un jardin aux Buttes-Chaumont.
Photo extraite d'un film de Marc Allégret.

1. André Gide (1869-1951)

André Gide adolescent.

André Gide s'est défini comme un « inquiéteur » dans son *Journal*, mais il avait dû lui-même se libérer d'un certain nombre de conformismes et de carcans.

La tutelle familiale et protestante (1869-1895)

L'auteur a grandi dans une famille de la haute bourgeoisie protestante et dans une atmosphère puritaine. Orphelin de père à onze ans, il a été élevé par des femmes. Les cercles littéraires avancés qu'il fréquente, en particulier les milieux symbolistes, suscitent en lui une inquiétude dont témoignent *Les Cahiers d'André Walter* (1891). Ils ne suffisent pas à le libérer. Le voyage et le séjour en Tunisie (1893-1895) vont être décisifs : parti pour s'y soigner de la tuberculose, il en revient libéré de toutes contraintes et désireux de vivre pleinement. *Les Nourritures terrestres* (1897) sont le chant de la ferveur de l'esprit et des sens.

Les exigences de la spiritualité (1895-1919)

A son retour, Gide épouse sa cousine Madeleine, à qui il s'est voué, depuis l'âge de quinze ans, d'une profonde affection qui ne sera jamais de l'amour. C'est se sacrifier à la famille et au milieu dans lequel il a vécu. De fait, son appétit nouveau de liberté est en lutte constante avec un idéal de communion spirituelle et une inquiétude religieuse qui s'expriment encore dans *La Porte étroite* (1909) et dans *La Symphonie pastorale* (1919). Mais ne rejette-t-il pas déjà les personnages de ces romans ? Ne se reconnaît-il pas bien davantage dans Michel, le héros de *L'Immoraliste* (1902), dont la courbe de l'aventure semble rejoindre la sienne, ou même dans Lafcadio, qui, dans *Les Caves du Vatican* (1914), cherche à se libérer par un acte gratuit ?

Toutes les audaces (1920-1925)

Une relecture de l'Évangile a conduit Gide à justifier ses égarements par l'Écriture Sainte. Cinq années voient s'affirmer sans contrainte une triple libération : libération du passé dans *Si le grain ne meurt* (1926), souvenirs d'enfance et de jeunesse, où il pousse la confession jusqu'à son point extrême ; libération de la contrainte morale dans *Corydon* (1924), apologie ouverte de l'homosexualité ; libération artistique aussi, la plus féconde, dans *Les Faux-Monnayeurs* (1925).

La recherche d'un autre engagement (1925-1939)

La disponibilité acquise ne pouvait se contenter d'un militantisme auquel l'époque se prêtait peu. Arrivé au terme de son expérience, et voulant être pleinement un homme de son temps, Gide a cherché à s'engager dans la lutte contre le colonialisme après un voyage au Congo (1925-1926) ; en faveur du pacifisme (il assiste au Congrès mondial de la paix en 1932) ; dans le communisme même, amèrement abandonné à la suite d'un voyage décevant en U.R.S.S. (1936). Ces déceptions, suivies de la mort de son épouse en 1938, le conduisent à un nouvel examen de conscience. C'est alors qu'il commence à publier son *Journal* (1889-1939), fruit de « cette entreprise sans pareille qu'est l'Écriture du jour » (Éric Marty).

L'âge des testaments (1940-1951)

Gide séjourne de nouveau en Afrique du Nord au moment de l'occupation allemande. Au retour, il est un écrivain couvert de gloire, surtout quand le prix Nobel de littérature lui est attribué en 1947. Il continue de tirer les conclusions de ses expériences dans *Thésée* (1946), son ultime récit, dans *Et nunc manet in te* (1951), où il révèle de quels remords ont été accompagnés ses efforts de libération conjugale, et dans la fin du *Journal*, clos le 12 juin 1949, près de deux ans avant sa mort. Le texte ne conclut pas ; il nous laisse sur un suspens et sur l'affirmation d'une « constante sensualité ».

1891	*Les Cahiers d'André Walter* *Le Traité du Narcisse*
1893	*Le Voyage d'Urien*
1895	*Paludes*
1897	*Les Nourritures terrestres*
1899	*Le Prométhée mal enchaîné*
1902	*L'Immoraliste*
1907	*Le Retour de l'enfant prodigue*
1909	*La Porte étroite*
1914	*Les Caves du Vatican*
1919	*La Symphonie pastorale*
1924	*Corydon*
1925	*Les Faux-Monnayeurs*
1926	*Si le grain ne meurt*
1927	*Voyage au Congo*
1936	*Retour d'U.R.S.S.*
1939-1950	*Journal*
1946	*Thésée*

Des soties au roman

ANDRÉ GIDE n'a écrit à proprement parler qu'un roman, *Les Faux-Monnayeurs* (1925), point culminant d'une carrière de narrateur qui fut pourtant longue et variée. Jamais, avant ce livre, il n'avait eu conscience d'écrire un roman véritable. Jamais il n'avait utilisé cette étiquette. Il éprouvait maintes réticences à l'égard de ce genre « bâtard ». On est donc en droit de faire converger vers cette grande œuvre toute sa production, soit qu'elle la prépare, soit qu'elle l'éclaire. Avec *Les Faux-Monnayeurs*, nous aurons en outre un livre particulièrement révélateur de ce qu'a pu être, après la Première Guerre mondiale, l'interrogation sur le roman.

ANDRÉ GIDE

L'immoraliste

ROMAN

E. FLAMMARION, Éditeur, 26, rue Racine.

1. Les soties

Au Moyen Age, la sotie était **un genre dramatique**, issu de la fête des sots. Gide en fait **un récit désinvolte**, parfois même caricatural, dont la fonction est ironique et critique. Dès *Le Voyage d'Urien* (1893), il exprime la mobilité de l'âme, la paradoxale stagnation du voyageur dont l'immersion de Tityre dans *Paludes* (1895) apportera une nouvelle image. C'est à propos des *Caves du Vatican* (1914) que Gide emploie ce mot de *sotie*, et il s'en explique dans la dédicace à Jacques Copeau :

« Pourquoi j'intitule ce livre *Sotie* ? Pourquoi *Récits* les trois précédents ? C'est pour manifester que ce ne sont pas à proprement parler des *romans*.

Au reste, peu m'importe qu'on les prenne pour tels, pourvu qu'ensuite on ne m'accuse pas de faillir aux règles du « genre » ; et de manquer par exemple de désordre et de confusion.

Récits, soties... il m'apparaît que je n'écrivis jusqu'aujourd'hui que des livres *ironiques* (ou critiques, si vous le préférez), dont voici sans doute le dernier ».

2. Les récits

Ironiques, critiques, les récits l'étaient donc aussi. De même que le « Récit de Ménalque » émergeait du foisonnement lyrique des *Nourritures terrestres* (1897), des œuvres narratives brèves, sobres, graves apparaissent comme autant de conquêtes sur soi. **L'auto-critique**, qui fait le fond de *L'Immoraliste* (1902), peut évoluer vers une critique des autres : l'ascétisme mortel d'Alissa dans *La Porte étroite* (1909), vers le mensonge à soi-même dans *La Symphonie pastorale* (1919). On serait tenté de dire : déjà de la fausse monnaie.

3. Enfin, le roman

Dans *Les Faux-Monnayeurs* (1925), Gide ne ménage pas plus les dévots pharisiens ou les puritains croupissants que dans ses récits ou ses soties. Tous ceux qui mentent aux autres, qui se mentent à eux-mêmes, et jusqu'aux menteurs débutants, sont des faux-monnayeurs au même titre que Strouvilhou et les gamins employés à écouler des pièces encore plus fausses que celles qui passent pour vraies. Au foisonnement lyrique des débuts succède ici un **foisonnement narratif**, et c'est la multiplicité même des **intrigues enchevêtrées**, leur miraculeuse réunion en un ensemble cohérent et harmonieux qui justifie l'appellation de « mon premier roman », dans la dédicace à Roger Martin du Gard. Gide avait rêvé d'un « roman pur » après avoir esquissé, à la suite de Valéry (voir p. 194) des « anti-romans ». Peut-être a-t-il réalisé surtout, comme l'a suggéré Claude-Edmonde Magny, un « roman à surprises », avec une intrigue toujours rebondissante, l'apparition, la disparition, **la réapparition de personnages** qui ne sont jamais tout à fait oubliés, même quand le romancier a l'air de les abandonner. La présence d'un romancier parmi les personnages de l'œuvre, — et d'un romancier qui écrit lui-même un roman sur les faux-monnayeurs — se justifie alors pleinement. Dans ce roman du roman, Gide s'étonne lui-même de sa création, qu'il commente d'ailleurs, parallèlement, dans le *Journal des Faux-Monnayeurs*.

L'épaisseur romanesque, ou l'apparente épaisseur, Gide essaiera de la trouver dans *L'École des femmes, Robert, Geneviève* (1929-1936), par la juxtaposition des points de vue de chacun des protagonistes. Peut-être était-ce encore **ruser avec le récit linéaire**, dont l'ultime chef-d'œuvre, *Thésée* (1946), confirmera la toute-puissance.

Gide a moins renouvelé le roman qu'on ne l'a dit. Pourtant son entreprise romanesque dans *Les Faux-Monnayeurs* peut être mise en parallèle avec ce feu d'artifice du théâtre qu'était alors *Le Soulier de satin*, de Claudel. Chez un artiste qui s'était fait une **règle du dépouillement, de la maîtrise du langage et de la forme**, les hardiesses ne pouvaient être que contrôlées. En face du surréalisme, elles étaient donc nécessairement limitées.

Paludes (1895)

André Gide *a conçu* Paludes *dans ce qu'il a appelé un « état d'estrangement », qui aurait pu le conduire au suicide s'il n'avait écrit ce livre. Il le voit naître aussi à partir d'« un certain sens du saugrenu ». Il suffira, pour présenter cet ouvrage, de dire que c'est l'histoire, d'ailleurs stagnante, d'un homme qui écrit* Paludes, *donc* **une tentative tout à fait caractérisée de « mise en abyme »**. *Curieusement, il en sortira non pas* Paludes, *mais* Polders… *Au début du livre, ce narrateur reçoit la visite de son grand ami Hubert, à qui il expose son projet ; puis il entre chez Angèle.*

« Tityre ne prend rien »

La nuit était close. Je rangeai mes papiers. Je ne dînai point ; je sortis ; vers huit heures j'entrai chez Angèle.

Angèle était à table encore, achevant de manger
5 quelques fruits ; je m'assis auprès d'elle et commençai de lui peler une orange. On apporta des confitures et, lorsque nous fûmes de nouveau seuls :
« Qu'avez-vous fait aujourd'hui ? » dit Angèle, en me préparant une tartine.
10 Je ne me souvenais d'aucun acte et je répondis :
« Rien », inconsidérément, puis aussitôt, craignant des digressions psychologiques, je songeai à la visite et m'écriai : « Mon grand ami Hubert est venu me voir à six heures.
15 — Il sort d'ici », reprit Angèle ; puis resoulevant à son propos d'anciennes querelles : « Lui du moins fait quelque chose, dit-elle ; il s'occupe. »

J'avais dit que je n'avais rien fait ; je m'irritai : « Quoi ? Qu'est-ce qu'il fait ? » demandai-je… Elle
20 partit :
« Des masses de choses… D'abord lui monte à cheval… et puis vous savez bien : il est membre de quatre compagnies industrielles ; il dirige avec son beau-frère une autre compagnie d'assurances
25 contre la grêle : — je viens de souscrire. Il suit des cours de biologie populaire et fait des lectures publiques tous les mardis soir. Il sait assez de médecine pour se rendre utile dans des accidents.
— Hubert fait beaucoup de bien : cinq familles
30 indigentes lui doivent de subsister encore ; il place des ouvriers qui manquent d'ouvrage chez des patrons qui manquaient d'ouvriers. Il envoie des enfants chétifs à la campagne, où il y a des établissements. Il a fondé un atelier de rempaillage pour
35 occuper de jeunes aveugles. — Enfin, les dimanches, il chasse. — Et vous ! vous, qu'est-ce que vous faites ?
— Moi ! répondis-je un peu gêné, — j'écris *Paludes*.
40 — *Paludes ?* qu'est-ce que c'est ? » dit-elle.

Nous avions fini de manger, j'attendais d'être dans le salon pour reprendre.

Quand nous fûmes tous deux assis au coin du feu :

« *Paludes*, commençai-je, — c'est l'histoire d'un
45 célibataire dans une tour entourée de marais.
— Ah ! fit-elle.
— Il s'appelle Tityre[1].
— Un vilain nom.
— Du tout, repartis-je, — c'est dans Virgile. Et
50 puis je ne sais pas inventer.
— Pourquoi célibataire ?
— Oh !… pour plus de simplicité.
— C'est tout ?
— Non ; je raconte ce qu'il fait.
55 — Et qu'est-ce qu'il fait ?
— Il regarde les marécages…
— Pourquoi écrivez-vous ? reprit-elle après un silence.
— Moi ? — je ne sais pas, — probablement que
60 c'est pour agir.
— Vous me lirez ça, dit Angèle.
— Quand vous voudrez. J'en ai précisément quatre ou cinq feuillets dans ma poche ; et les en sortant aussitôt, je lui lus, avec toute l'atonie dési-
65 rable :

JOURNAL DE TITYRE
OU PALUDES

De ma fenêtre j'aperçois, quand je relève un peu la tête, un jardin que je n'ai pas encore bien re-
70 *gardé ; à droite, un bois qui perd ses feuilles ; au-delà du jardin, la plaine ; à gauche un étang dont je reparlerai.*

Le jardin, naguère, était planté de passe-roses et d'ancolies, mais mon incurie[2] a laissé les plantes
75 *croître à l'aventure ; à cause de l'étang voisin, les joncs et les mousses ont tout envahi ; les sentiers ont disparu sous l'herbe ; il ne reste plus, où je puisse marcher, que la grande allée qui mène de ma chambre à la plaine, et que j'ai prise un jour lorsque*
80 *je fus me promener. Au soir, les bêtes du bois la traversent pour aller boire l'eau de l'étang ; à cause du crépuscule, je ne distingue que des formes grises, et comme ensuite la nuit est close, je ne les vois jamais remonter.*

— Moi, ça m'aurait fait peur, dit Angèle ; — mais continuez, — c'est très bien écrit. »

J'étais très contracté par l'effort de cette lecture : « Oh ! c'est à peu près tout, lui dis-je ; le reste n'est pas achevé.

— Des notes, s'écria-t-elle — ô lisez-les ! c'est le plus amusant ; on y voit ce que l'auteur veut dire bien mieux qu'il ne l'écrira dans la suite. »

Alors je continuai — déçu d'avance et, tant pis, tâchant de donner à ces phrases une apparence inachevée :

Des fenêtres de sa tour, Tityre peut pêcher à la ligne... — « Encore une fois ce ne sont là que des notes...

— Allez donc !

— *Attentes mornes du poisson ; insuffisance des amorces, multiplication des lignes (symbole) — par nécessité il ne peut rien prendre.*

— Pourquoi ça ?

— Pour la vérité du symbole.

105 — Mais enfin s'il prenait quelque chose ?

— Alors ce serait un autre symbole et une autre vérité.

— Il n'y a plus de vérité du tout puisque vous arrangez les faits comme il vous plaît.

110 — J'arrange les faits de façon à les rendre plus conformes à la vérité que dans la réalité ; c'est trop compliqué pour vous expliquer cela maintenant, mais il faut être persuadé que les événements sont appropriés aux caractères ; c'est ce qui fait les bons 115 romans ; rien de ce qui nous arrive n'est fait pour autrui. Hubert aurait déjà fait là une pêche miraculeuse ! Tityre ne prend rien : c'est d'une vérité psychologique. »

André GIDE, *Paludes* (1895)
© éd. Gallimard

1. *Tityre est le nom d'un berger de Virgile dans les* Bucoliques. — 2. *Négligence.*

POUR LE COMMENTAIRE

Critique du roman

1. La stagnation

« [...] Le protagoniste de *Paludes* constate que ce qu'il dira ce soir à Angèle, il aurait aussi bien pu le lui dire la veille, et il soupire : "Il n'y a pas d'acheminement". Voilà la véritable mort du romanesque. Au lieu d'une progression, c'est toujours le retour des mêmes choses » (Michel RAIMOND, *Le Signe des temps*, p. 114).

2. La composition en abyme

Relevez les différences entre le texte du « Journal de Tityre » et le texte dans lequel il est inséré. Angèle a-t-elle raison de le juger « très bien écrit » ?

3. La question du rapport du caractère et de la destinée métaphysique

« Problème crucial », « que pose implicitement tout roman », écrit Claude-Edmonde MAGNY dans son *Histoire du roman français* (p. 234) : « Dans quelle mesure notre caractère informe-t-il notre destinée ? Est-il simplement modelé par elle, comme le croit le sens commun ? Et ne peut-on concevoir que notre personnalité exerce une mystérieuse attraction sur les événements qui nous adviennent, lesquels se trouvent ainsi nous convenir et comme nous ressembler ? Mais [Gide] n'ose même poser ces problèmes explicitement pour les personnages de la sotie, Hubert ou Angèle ; il créera pour en parler un être nouveau, Tityre, héros mythique du livre qu'écrit le narrateur, comme si c'était là une question à la fois trop liée à la vie concrète pour que ces personnages si falots puissent plausiblement s'interroger sur elle en leur propre nom, et trop grave pour être abordée autrement que par un superfantoche ».

Hubert et Angèle sont-ils des personnages falots, et Tityre un « superfantoche » ?

AU-DELÀ DU TEXTE

De *Paludes* aux *Faux-Monnayeurs*

1. Le message de l'auteur

Dans les soties, ce message « est conscient, quoique négatif ; il lui est alors facile de procéder à cet arrangement des faits, destinés à "les rendre plus conformes à la vérité que dans la réalité" et qui, dit le narrateur de *Paludes*, "fait les bons romans". Mais comment sera-ce possible dans un livre où l'auteur lui-même ne sait où il va, et se laisse conduire par son récit ? La justification des *Faux-Monnayeurs* serait finalement dans la création d'un sens qui demeure non seulement implicite, mais vraiment absent de l'œuvre, refusant obstinément de répondre à l'appel de l'auteur et de se matérialiser » (Cl.-E. MAGNY, p. 250).

2. La mise en abyme

Ce procédé a été défini dès 1893 par GIDE dans son *Journal* : « J'aime assez qu'en une œuvre d'art on retrouve ainsi transposé, à l'échelle des personnages, le sujet même de cette œuvre. » *Paludes* est l'histoire de *Paludes*. De même, dans *Les Faux-Monnayeurs*, l'un des personnages, Édouard (l'oncle des enfants Molinier) est romancier et a le projet d'écrire un roman qui s'intitulerait *Les Faux-Monnayeurs*.

Sur la mise en abyme, faites le compte rendu du livre de Lucien DÄLLENBACH : *Le Récit spéculaire* (Le Seuil, 1977).

3. Le romanesque virtuel

Michel RAIMOND a montré qu'il existe dans *Paludes* « une sorte de pression romanesque qui est continuellement réprimée » — des scénarios romanesques à peine esquissés et aussitôt abandonnés. Dans *Les Faux-Monnayeurs*, Gide exploite les possibles romanesques de son sujet (histoire de Vincent et de Lady Griffith, histoire de Boris, etc.). Mais il se rend compte qu'il est obligé d'en interrompre ou d'en abandonner certains. Et le roman s'achève sur un possible inexploité et par Édouard et par lui-même.

Cherchez dans d'autres romans du xxe siècle des scénarios identiques.

La Porte étroite (1909)

*** La Porte étroite

Le titre de ce récit vient de l'*Évangile selon saint Luc* : « Efforcez-vous d'entrer par la porte étroite. » Alissa Bucolin choisit de suivre à la lettre ce précepte, comme si elle voulait compenser la conduite légère de sa mère, qui s'est enfuie avec un amant. La famille appartient au milieu bourgeois protestant, dans les environs du Havre, à Fongueusemare. Alissa et le narrateur, Jérôme, s'aiment depuis leur adolescence. Mais Alissa veut dépasser le simple bonheur de l'amour humain, dont elle se méfie et qu'elle abandonne à sa sœur Juliette. Elle éloigne progressivement Jérôme, mais dépérit et meurt, après avoir laissé un journal où s'expriment ses tourments spirituels.

Un vieillissement prématuré

***

Jérôme est revenu passer les quinze derniers jours de septembre à Fongueusemare. Mais il se heurte à la froideur d'Alissa.

Ainsi s'écoulèrent les jours dont je m'étais promis tant de félicité. J'en contemplais avec stupeur la fuite, mais n'en eusse voulu ni augmenter le nombre ni ralentir le cours, tant chacun aggravait ma peine. L'avant-veille de mon départ pourtant, Alissa m'ayant accompagné jusqu'au banc de la marnière[1] abandon-
5 née — c'était par un clair soir d'automne où jusqu'à l'horizon sans brume on distinguait bleu chaque détail, dans le passé jusqu'au plus flottant souvenir — je ne pus retenir ma plainte, montrant du deuil de quel bonheur mon malheur d'aujourd'hui se formait.

« Mais que puis-je à ceci, mon ami ? dit-elle aussitôt : tu tombes amoureux d'un
10 fantôme.

— Non, point d'un fantôme, Alissa.

— D'une figure imaginaire.

— Hélas ! je ne l'invente pas. Elle était mon amie. Je la rappelle. Alissa ! Alissa ! vous étiez celle que j'aimais. Qu'avez-vous fait de vous ? Que vous
15 êtes-vous fait devenir ? »

Elle demeura quelques instants sans répondre, effeuillant lentement une fleur et gardant la tête baissée. Puis enfin :

« Jérôme, pourquoi ne pas avouer tout simplement que tu m'aimes moins ?

— Parce que ce n'est pas vrai ! parce que ce n'est pas vrai, m'écriai-je avec
20 indignation ; parce que je ne t'ai jamais plus aimée.

— Tu m'aimes... et pourtant tu me regrettes ! dit-elle en tâchant de sourire et en haussant un peu les épaules.

— Je ne peux mettre au passé mon amour. »

Le sol cédait sous moi ; et je me raccrochais à tout...
25 « Il faudra bien qu'il passe avec le reste.

— Un tel amour ne passera qu'avec moi.

— Il s'affaiblira lentement. L'Alissa que tu prétends aimer encore n'est déjà plus que dans ton souvenir ; un jour viendra où tu te souviendras seulement de m'avoir aimée.
30 — Tu parles comme si rien la pouvait remplacer dans mon cœur, ou comme si mon cœur devait cesser de t'aimer. Ne te souviens-tu plus de m'avoir aimé toi-même, que tu puisses ainsi te plaire à me torturer ? »

Je vis ses lèvres pâles trembler ; d'une voix presque indistincte elle murmura : « Non, non ; ceci n'a pas changé dans Alissa.
35 — Mais alors rien n'aurait changé, dis-je en lui saisissant le bras... »

Elle reprit, plus assurée :

« Un mot expliquerait tout ; pourquoi n'oses-tu pas le dire ?

— Lequel ?

— J'ai vieilli.
40 — Tais-toi... »

Je protestai tout aussitôt que j'avais vieilli moi-même autant qu'elle, que la différence d'âge entre nous restait la même... mais elle s'était ressaisie ; l'instant unique était passé, et, me laissant aller à discuter, j'abandonnais tout avantage : je perdis pied.

André GIDE, *La Porte étroite* (1909), © éd. Mercure de France

1. *Carrière de marne.*

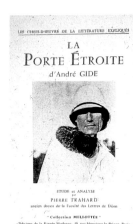

LES CHEFS-D'ŒUVRE DE LA LITTÉRATURE EXPLIQUÉS

LA
PORTE ÉTROITE
d'André GIDE

ÉTUDE et ANALYSE
par
PIERRE TRAHARD
ancien doyen de la Faculté des Lettres de Dijon

« Collection MELLOTTÉE »

Éditions de la Pensée Moderne - 48, rue Monsieur-le-Prince, Paris

Jacques-Émile Blanche, *André Gide et ses amis au café maure de l'Exposition universelle de 1900*.
Rouen, Musée des Beaux-Arts.

POUR LE COMMENTAIRE

L'exigence de lucidité

1. Le décor

Groupez vos remarques autour des thèmes suivants : un paysage état d'âme ; l'extrême clarté sur le moindre détail ; l'espace et le temps.

2. Le dialogue

Alissa essaie de prouver à Jérôme (et peut-être de se prouver à elle-même) que le temps a usé leur amour :
a. Le motif du fantôme.
b. La fissure du regret.
c. Le vieillissement.
Analysez le caractère serré de ce dialogue, le jeu des répliques, l'enchaînement fatal des arguments.

3. La chance perdue

a. La « stupeur » de Jérôme : d'où vient-elle ? Pèse-t-elle sur l'ensemble du dialogue ?
b. « L'instant unique » : où se situe-t-il ?
c. Comment et pourquoi Jérôme le laisse-t-il passer ?

AU-DELÀ DU TEXTE

De *La Porte étroite* aux *Faux-Monnayeurs*

1. La peinture du milieu protestant

Étudiez la description de la pension Vedel-Azaïs.

2. L'héroïsme du sacrifice

Au sujet de *La Porte étroite*, GIDE écrivait dans son *Journal* : « Tout ce qui se rattachait à Jérôme restait pour elle entaché de vertu. La pensée de son amant appelait chez elle, immédiatement, une sorte de sursaut d'héroïsme, non volontaire, inconscient presque, irrésistible et spontané. »
Comparez à ceci le sacrifice de Rachel dans *Les Faux-Monnayeurs*.

3. Les réactions

Analysez les manières de réagir de Laura, Sarah, Armand.

Les Caves du Vatican (1914)

André Gide *a travaillé pendant près de dix ans à ce livre, qui devait être, selon lui, le dernier de ses livres ironiques ou critiques. Le prétexte en était un fait divers, qui remontait à 1895 : une histoire d'escroquerie, à Lyon, autour d'un faux projet d'enlèvement du pape Léon XIII.*

*** **Les Caves du Vatican**

Dans le livre, c'est Protos qui est à la tête de cette conspiration. Les victimes en seront des dévots français, en particulier Amédée Fleurissoire qui, envoyé en croisade à Rome, périra non pas sous les coups des « mille-pattes », mais quand Lafcadio, un jeune homme qui a été le condisciple de Protos, et qui veut se prouver à lui-même qu'on peut commettre « un crime immotivé » (Livre V, chapitre 2), le pousse sans le connaître par la portière d'un train. C'est Protos, pourtant, qui sera arrêté pour le meurtre de Fleurissoire, et Lafcadio ne résistera pas à l'amour de Geneviève de Baraglioul...

Le secret de la naissance

***

Le vieux comte Juste-Agénor de Baraglioul va mourir. Il a chargé son fils Julius, romancier mondain (et beau-frère d'Amédée Fleurissoire), de rechercher un jeune homme de dix-neuf ans, Lafcadio Wluiki (on prononce Louki), qui habite à Paris, impasse Claude-Bernard. Julius est introduit au domicile de Lafcadio par une jeune femme, Carlotta, qui le laisse seul. Il se livre à une enquête quelque peu indiscrète, quand Lafcadio survient. Gêné, il lui propose de l'engager comme secrétaire. Lafcadio réserve sa réponse pour le lendemain. En attendant, il essaie de prendre des renseignements sur Julius de Baraglioul.

1. Un roman récemment publié qui n'avait pas eu le succès attendu de l'auteur.

En passant sous l'Odéon, le roman[1] de Julius, exposé, frappa ses regards ; c'était un livre à couverture javel, dont l'aspect seul eût fait bâiller Lafcadio tout autre jour. Il tâta son gousset et jeta un écu de cent sous sur le comptoir.

« Quel beau feu pour ce soir ! » pensa-t-il, en emportant livre et monnaie.

5 A la bibliothèque, un « dictionnaire des contemporains » retraçait en peu de mots la carrière amorphe de Julius, donnait les titres de ses ouvrages, les louait en termes convenus, propres à rebuter tout désir.

Pouah ! fit Lafcadio... Il allait refermer le dictionnaire, quand trois mots de l'article précédent entrevus le firent sursauter. Quelques lignes au-dessus de :

10 *Julius de Baraglioul (Vmte)*, dans la biographie de *Juste-Agénor*, Lafcadio lisait : « *Ministre à Bucharest en 1873* ». Qu'avaient ces simples mots à faire ainsi battre son cœur ?

2. La mère de Lafcadio était roumaine. Les « cinq oncles » sont ses amants et protecteurs successifs.

Lafcadio, à qui sa mère avait donné cinq oncles[2], n'avait jamais connu son père ; il acceptait de le tenir pour mort et s'était toujours abstenu de questionner
15 à son sujet. Quant aux oncles (chacun de nationalité différente, et trois d'entre eux dans la diplomatie), il s'était assez vite avisé qu'ils n'avaient avec lui d'autre parenté que celle qu'il plaisait à la belle Wanda de leur prêter. Or Lafcadio venait de prendre dix-neuf ans. Il était né à Bucharest en 1874, précisément à la fin de la seconde année où le comte de Baraglioul y avait été retenu par ses fonctions.

20 Mis en éveil par cette visite mystérieuse de Julius, comment n'aurait-il pas vu là plus qu'une fortuite coïncidence ? Il fit un grand effort pour lire l'article *Juste-Agénor* ; mais les lignes tourbillonnaient devant ses yeux ; tout au moins comprit-il que le comte de Baraglioul, père de Julius, était un homme considérable.

25 Une joie insolente éclata dans son cœur, y menant un tel tapage qu'il pensa qu'on allait l'entendre au-dehors ! Mais non ! ce vêtement de chair était décidément solide, imperméable. Il considéra sournoisement ses voisins, habitués de la salle de lecture, tous absorbés dans leur travail stupide... Il calculait : « Né
3. « Mais qui sait s'il vit encore ? » (Lafcadio parle couramment l'italien).
en 1821, le comte aurait soixante-douze ans. Ma chi sa se vive ancora[3] ?... » Il
30 remit en place le dictionnaire et sortit.

4. « Il importe de faire sien ce nouvel élément ».

L'azur se dégageait de quelques nuages légers que bousculait une brise assez vive. « Importa di domesticare questo nuovo proposito[4] », se dit Lafcadio, qui prisait par-dessus tout la libre disposition de soi-même ; et, désespérant de mettre au pas cette turbulente pensée, il résolut de la bannir pour un moment de sa cervelle. Il tira de sa poche le roman de Julius et fit un grand effort pour
35 s'y distraire ; mais le livre était sans détour ni mystère, et rien n'était moins propre à lui permettre de s'échapper.

« C'est pourtant chez l'auteur de *cela* que demain je m'en vais jouer au secrétaire ! » se répétait-il malgré lui.

Il acheta le journal à un kiosque, et entra dans le Luxembourg. Les bancs
40 étaient trempés ; il ouvrit le livre, s'assit dessus et déploya le journal pour lire les faits divers. Tout de suite, comme s'il avait su devoir les trouver là, ses yeux tombèrent sur ces lignes :

La santé du comte Juste-Agénor de Baraglioul, qui, comme l'on sait, avait
45 *donné de graves inquiétudes ces derniers jours, semble devoir se remettre ; son état reste néanmoins encore précaire et ne lui permet de recevoir que quelques intimes.*

Lafcadio bondit de dessus le banc ; en un instant sa résolution fut prise. Oubliant le livre, il s'élança vers une papeterie de la rue Médicis où il se souvenait
50 d'avoir vu, à la devanture, promettre des *cartes de visite à la minute, à trois francs le cent.* Il souriait en marchant ; la hardiesse de son projet subit l'amusait, car il était en mal d'aventure.

« Combien de temps pour me livrer un cent de cartes ? demanda-t-il au marchand.
55 — Vous les aurez avant la nuit.

— Je paie double si vous les livrez dès deux heures. »

Le marchand feignit de consulter son livre de commandes.

« Pour vous obliger... oui, vous pourrez passer les prendre à deux heures. A quel nom ?
60 Alors, sur la feuille que lui tendit l'homme, sans trembler, sans rougir, mais le cœur un peu sursautant, il signa :

LAFCADIO DE BARAGLIOUL

André GIDE, *Les Caves du Vatican* (1914)
© éd. Gallimard

Illustration d'une édition des *Caves du Vatican*.

POUR LE COMMENTAIRE

Le romanesque domestiqué

1. Contingence et nécessité

Étudiez les points suivants :

a. La part du hasard.
b. Au-delà d'une « fortuite coïncidence ».
c. Comment Lafcadio s'emploie-t-il à retrouver la logique d'une apparente suite de hasards ?
d. Le pouvoir du romancier, qui organise ce hasard en destin.

2. Le rôle de l'écrit

a. Comment Lafcadio traite-t-il le livre de Julius ?
b. Montrez que le dictionnaire se révèle supérieur.
c. Le journal.
d. L'effet du nom nouveau écrit sur la carte de visite.

3. L'ironie gidienne

a. Commentez la désinvolture du héros.

b. Relevez les notations ou expressions à caractère péjoratif (ex. « la carrière amorphe de Julius »).
c. Étudiez le rythme du récit : l'*allegro* gidien.

GROUPEMENT THÉMATIQUE

La bâtardise dans la littérature du XVIIIe au XXe siècle

CRÉBILLON : *Atrée et Thyeste*, 1707. — DIDEROT : *Le Fils naturel*, 1757. — BERNARDIN DE SAINT-PIERRE : *Paul et Virginie*, 1788. — STENDHAL : *La Chartreuse de Parme*, 1839. — André GIDE : *Les Caves du Vatican*, 1914. — Raymond RADIGUET : *Le Diable au corps*, 1923. — André GIDE : *Les Faux-Monnayeurs*, 1925. — Jean GIONO : *Le Hussard sur le toit*, 1951.

AU-DELÀ DU TEXTE

Des *Caves du Vatican* aux *Faux-Monnayeurs*

1. Le thème de la bâtardise

Au début des *Faux-Monnayeurs*, Bernard découvre qu'il n'est pas le fils de M. Profitendieu, et qu'il est le fruit d'une liaison illégitime de sa mère. Étudiez :

a. Son sentiment de libération.

b. La manière dont il cherche, lui aussi, à devenir le secrétaire d'un écrivain, l'oncle Édouard.

2. La « mise en abyme »

Comme l'oncle Édouard, Julius de Baraglioul prépare un roman dont le sujet reproduit celui du livre : le « champ libre », le désir de « commettre un crime parfaitement immotivé » (voir sa conversation à Rome avec Lafcadio, après la mort d'Amédée Fleurissoire, Livre V, chapitre 3).

3. L'intervention du romancier

Lisez ce qu'écrit à ce sujet Claude-Edmonde MAGNY (*Histoire du roman français depuis 1918*, p. 241) :

« De la sotie, il garde l'habitude d'apparaître subrepticement dans le dos des personnages, pour faire des grimaces au public et se moquer de ses propres marionnettes. Mais les personnages d'un roman ne peuvent être traités en marionnettes... Dans les *Caves*, il nous avertissait que Lafcadio n'eût pas à compter sur lui pour relater ses actions héroïques ou bien s'amusait malicieusement à suspendre par des réflexions historiques intempestives le récit de la captivité du pape que Protos s'apprête à faire à la comtesse Guy de Saint-Prix. L'effet produit était excellent, et ces irruptions de l'auteur tenaient exactement la place du lustre planté par Jouvet au premier plan du jardin de *L'École des femmes* : elles nous rappelaient que tout ceci n'était qu'une comédie et non pas un ersatz de réalité. Au contraire, dans un roman, lire brusquement une appréciation désabusée de l'auteur sur ses personnages : "*Passavant, lady Griffith, tous ces gens m'ennuient ; que viennent-ils faire ici ? Je ne voulais que Bernard et Olivier*", juste au moment où nous commencions à nous intéresser à eux, nous fait l'effet d'une douche froide (...). Gide a voulu donner à son récit un écartement par rapport au réel, une stylisation inconnus jusqu'à lui ; mais peut-être a-t-il confondu, pour les négliger pareillement, deux des règles ordinaires du roman, de valeur bien inégale toutefois ; la convention traditionnelle, mais contingente, qui veut que le roman reproduise le réel ; et la loi essentielle qui le fait spéculer sur notre sympathie humaine. »

ANDRÉ GIDE : D'UNE GUERRE A L'AUTRE

Sur la Grande Guerre

Dans son *Journal*, qu'il tient depuis 1889, André GIDE est, sans en avoir l'air, un témoin attentif des événements politiques qui marquent son époque. Régulièrement, et particulièrement durant l'année 1914, il donne son point de vue sur le premier conflit mondial.

Dès le 31 juillet, il note : « L'on s'apprête à entrer dans un long tunnel plein de sang et d'ombre... » et le 1er août : « Journée d'attente angoissée. Pourquoi ne mobilise-t-on pas ? » C'est, d'ailleurs, le terme d'angoisse qui revient le plus souvent dans son *Journal* à propos de la guerre : « L'idée fixe de la guerre, écrit-il, est entre mes deux yeux comme une barre affreuse à quoi toutes mes pensées viennent buter ».

« Excédé, exaspéré par la militarisation de l'esprit » (20 août), André GIDE avoue : « N'était l'opinion, je sens que, sous le feu de l'ennemi, encore je jouirais d'une ode d'Horace » (14 août).

Écrivain avant tout, il s'engage modérément, à la suite de ses amis, à la Croix-Rouge puis au Foyer franco-belge pour porter secours aux indigents et aux réfugiés. Il rêve, un instant, d'être correspondant de guerre en Italie. Lecteur assidu des journaux, il reproche aux journalistes le ton qu'ils prennent : « Il est à soulever le cœur. Tous emboîtent le pas et donnent leur mesure. Chacun a peur de rester en retard, d'avoir l'air moins "bon Français" que les autres ». Être un « bon Français », cela importe peu à l'écrivain, mais il fustige ceux qui, comme COCTEAU, semblent se moquer de la guerre ; Cocteau le choque « comme un article de luxe, étalé en temps de famine et de deuil » (20 août).

Enfin, André GIDE raconte quelques atrocités de la guerre dont ses amis sont les témoins ; mais il ne cesse de s'exercer à prendre de la distance : « Aucune défaite, aucune victoire ne changera les qualités et les défauts de ces deux peuples » (4 septembre).

Après 1914, André GIDE parle moins de la guerre ; il n'en fait le plus souvent état que pour en dénoncer l'absurdité : « Il y a de grandes chances si la guerre se prolonge, comme certains prétendent, plusieurs années, qu'en fin de compte chaque pays se retrouve sur ses frontières respectives, exténué » (1er mai 1917).

Dans le fond, André GIDE croit à une entente possible entre Français et Allemands, comme il le note dans ses *Feuillets* de 1918, à condition que les nationalistes de l'un et l'autre côté n'exacerbent pas les différences. « Un écrivain n'a certes pas compétence pour fixer les conditions précises d'un accord politique entre États, mais il a le droit et le devoir d'affirmer combien cette entente lui paraît souhaitable (*Feuillets*, 1918).

Colonialisme et totalitarismes

Dans le *Voyage au Congo* (1927), André GIDE soulève la question du colonialisme. Sa réaction pour dénoncer le scandale des peuples asservis au régime des grandes compagnies concessionnaires est si forte qu'il va jusqu'à provoquer un débat parlementaire.

Puis, au grand étonnement des milieux intellectuels, il soutient le communisme soviétique. Une adhésion de courte durée puisqu'après une tournée en Union soviétique, il publie *Retour d'U.R.S.S.* (1936), où il émet de fortes réserves sur le système stalinien.

Lorsque GIDE sent une deuxième guerre poindre, c'est à nouveau le mot d'angoisse qui revient à sa bouche : « Aujourd'hui, dès le lever me ressaisit l'angoisse, à contempler l'épais nuage qui s'étend affreusement sur l'Europe, sur l'univers entier » (21 novembre 1938). Constatant « faillites » et « déconfitures », dont celle de la révolution russe et du communisme (3 décembre 1938), « obsédé par la pensée de l'atroce agonie de l'Espagne » (26 janvier 1939), André GIDE sera contraint à l'exil par l'occupation allemande.

Comme l'a souligné Henri Massis, André Gide, le grand individualiste, a toujours eu « la tentation de s'agréger à quelque chose de plus vaste que soi-même ». Mais son entrée en religion comme son entrée en politique, n'ont pas été des conversions, tout au plus des passages.

La Symphonie pastorale (1919)

Gide a eu très tôt le projet de ce récit, vers 1893. Il l'a achevé beaucoup plus tard, bien qu'il soit très bref : deux cahiers, tenus par le pasteur qui est aussi le narrateur de l'histoire.

*** La Symphonie pastorale

Appelé au chevet d'une pauvre femme mourante, le pasteur y a découvert une pauvre créature d'une quinzaine d'années, aveugle, en haillons et couverte de vermine. Il la recueille, malgré l'opposition de son épouse, déjà chargée de cinq enfants. L'un d'eux, Jacques, qui fait des études de théologie, l'aide à instruire Gertrude (tel est le nom qui a été donné à l'aveugle). Le pasteur, qui aime sa protégée d'amour, sans se l'avouer, découvre qu'une intimité tend à se créer entre Jacques et Gertrude, au cours de leçons de musique. Il va s'employer à éloigner son fils et à l'obliger à renoncer à cet amour. Un médecin de Lausanne ayant déclaré que Gertrude pouvait recouvrer la vue, on tente une opération, qui réussit. Gertrude découvre alors la beauté du monde, mais aussi le péché. Elle surprend, dans les yeux de la femme du pasteur, une tristesse qui lui est insupportable. Elle voit aussi que c'est le visage de Jacques, et non celui du pasteur, qui est celui qu'elle prêtait à l'être aimé. Elle se jette dans la rivière, et meurt pour avoir pris froid, après avoir révélé au pasteur que Jacques va entrer dans les ordres, et qu'il l'a convertie au catholicisme.

La soumission

***

La veille, le pasteur a conduit Jacques vers l'aveu de son amour pour Gertrude, et lui a reproché violemment de porter ainsi le trouble dans cette âme pure. La nuit passe, qui devrait porter conseil...

La Symphonie pastorale,
affiche du film par
Grinsson.
Paris, B.N.

Quand je retrouvai Jacques le lendemain, il me sembla vraiment que je le regardais pour la première fois. Il m'apparut tout à coup que mon fils n'était plus un enfant, mais un jeune homme ; tant que je le considérais comme un enfant, cet amour que j'avais surpris pouvait me sembler monstrueux. J'avais passé la
5 nuit à me persuader qu'il était tout naturel et normal au contraire. D'où venait que mon insatisfaction n'en était que plus vive ? C'est ce qui ne devait s'éclairer pour moi qu'un peu plus tard. En attendant je devais parler à Jacques et lui signifier ma décision. Or un instinct aussi sûr que celui de la conscience m'avertissait qu'il fallait empêcher ce mariage à tout prix.
10 J'avais entraîné Jacques dans le fond du jardin ; c'est là que je lui demandai d'abord :
« T'es-tu déclaré à Gertrude ?
— Non, me dit-il. Peut-être sent-elle déjà mon amour ; mais je ne le lui ai point avoué.
15 — Eh bien ! tu vas me faire la promesse de ne pas lui en parler encore.
— Mon père, je me suis promis de vous obéir ; mais ne puis-je connaître vos raisons ? »
J'hésitais à lui en donner, ne sachant trop si celles qui me venaient d'abord à l'esprit étaient celles mêmes qu'il importait le plus de mettre en avant. A dire
20 vrai la conscience bien plutôt que la raison dictait ici ma conduite.
« Gertrude est trop jeune, dis-je enfin. Songe qu'elle n'a pas encore communié. Tu sais que ce n'est pas une enfant comme les autres, hélas ! et que son développement a été beaucoup retardé. Elle ne serait sans doute que trop sensible, confiante comme elle est, aux premières paroles d'amour qu'elle
25 entendrait ; c'est précisément pourquoi il importe de ne pas les lui dire. S'emparer de ce qui ne peut se défendre, c'est une lâcheté ; je sais que tu n'es pas un lâche. Tes sentiments, dis-tu, n'ont rien de répréhensible ; moi je les dis coupables parce qu'ils sont prématurés. La prudence que Gertrude n'a pas encore, c'est à nous de l'avoir pour elle. C'est une affaire de conscience. »
30 Jacques a ceci d'excellent, qu'il suffit, pour le retenir, de ces simples mots : « Je fais appel à ta conscience » dont j'ai souvent usé lorsqu'il était enfant.

Cependant je le regardais et pensais que, si elle pouvait y voir, Gertrude ne laisserait pas d'admirer ce grand corps svelte, à la fois si droit et si souple, ce beau front sans rides, ce regard franc, ce visage enfantin encore, mais que
35 semblait ombrer une soudaine gravité. Il était nu-tête et ses cheveux cendrés, qu'il portait alors assez longs, bouclaient légèrement à ses tempes et cachaient ses oreilles à demi.

« Il y a ceci que je veux te demander encore, repris-je en me levant du banc où nous étions assis : tu avait l'intention, disais-tu, de partir après-demain ; je te
40 prie de ne pas différer ce départ[1]. Tu devais rester absent tout un mois ; je te prie de ne pas raccourcir d'un jour ce voyage. C'est entendu ?

— Bien, mon père, je vous obéirai. »

Il me parut qu'il devenait extrêmement pâle, au point que ses lèvres mêmes étaient décolorées. Mais je me persuadai que, pour une soumission si prompte,
45 son amour ne devait pas être bien fort ; et j'en éprouvai un soulagement indicible. Au surplus, j'étais sensible à sa docilité.

« Je retrouve l'enfant que j'aimais », lui dis-je doucement, et, le tirant à moi, je posai mes lèvres sur son front. Il y eut de sa part un léger recul ; mais je ne voulus pas m'en affecter.

André GIDE, *La Symphonie pastorale* (1919)
© éd. Gallimard

1. *Quelques jours auparavant, Jacques avait fait part à ses parents d'un projet de voyage dans les Hautes-Alpes avec son ami T... Le décor de* La Symphonie pastorale *est le Jura suisse.*

Michèle Morgan, Pierre Blanchar, Line Noro dans *La Symphonie pastorale*, film de Jean Delannoy, 1946.

POUR UNE LECTURE INTÉGRALE DE *LA SYMPHONIE PASTORALE*

1. La sobriété du récit

a. La division en deux cahiers.
b. Le petit nombre de personnages.
c. La fin vous semble-t-elle brusquée ?

2. Le projet

« *La Symphonie pastorale* est la critique d'une forme de mensonge à soi-même », a écrit GIDE lui-même. Démontez les mécanismes de ce mensonge.

3. Le recours à l'Écriture sainte

Relevez les principales citations, et étudiez à partir de là trois aspects du projet de GIDE :
a. « Retrouver un état de ferveur », sans s'y laisser prendre.
b. Critiquer la libre interprétation des Écritures.

c. Recréer une atmosphère que l'auteur a connue et qui conserve pour lui une certaine poésie.

AU-DELÀ DU TEXTE

La Symphonie pastorale et *Les Faux-Monnayeurs*

1. En quel sens peut-on dire que le pasteur est un faux-monnayeur ?

2. Comparez le pasteur de *La Symphonie pastorale* et celui des *Faux-Monnayeurs* : le pasteur Azaïs et son gendre le pasteur Vedel (grand-père et père de Laura Douviers).

3. Analysez la mauvaise foi dans *Les Faux-Monnayeurs*. Étudiez en particulier le personnage de M. Molinier.

Les Faux-Monnayeurs (1925)

Les Faux-Monnayeurs

Le roman de Gide démarre en fanfare, avec le personnage peut-être le plus attachant du livre. Bernard Profitendieu, qui vient de découvrir par hasard qu'il n'est pas le fils du juge d'instruction Profitendieu, quitte le domicile familial, passe la nuit chez son camarade Olivier Molinier (fils d'un collègue de son père), et, au lieu de se présenter aux épreuves du baccalauréat, cherche de quoi vivre. Sachant que l'oncle d'Olivier, le romancier Édouard, arrive d'Angleterre, et qu'Olivier doit aller l'accueillir à la gare Saint-Lazare, il les observe, les suit, parvient à subtiliser la valise d'Édouard à la consigne, non pour le voler, mais pour avoir la chance d'une rencontre, ou même d'un emploi. Il deviendra en effet, pendant quelque temps, le secrétaire du romancier. Si Édouard est revenu à Paris, c'est pour répondre à l'appel au secours de Laura Douviers, une jeune femme qui l'a aimé avant d'épouser, par raison, un médiocre professeur, Félix Douviers. Au sanatorium de Pau, où elle a été soignée, Laura est devenue la maîtresse d'un autre malade, Vincent, le frère aîné d'Olivier. Elle le sent s'éloigner au moment où elle attend un enfant de lui. Édouard, dans le train, a relu la lettre qu'elle lui a adressée et aussi quelques pages du Journal qu'il tient, et dont voici quelques feuillets.

Le romancier et l'analyse psychologique

1. Laura.

2. Les réunir.

Que cette question de la sincérité est irritante ! *Sincérité !* Quand j'en parle, je ne songe qu'à sa sincérité à elle[1]. Si je me retourne vers moi, je cesse de comprendre ce que ce mot veut dire. Je ne suis jamais que ce que je crois que je suis — et cela varie sans cesse, de sorte que souvent, si je n'étais là pour les
5 accointer[2], mon être du matin ne reconnaîtrait pas celui du soir. Rien ne saurait être plus différent de moi, que moi-même. Ce n'est que dans la solitude que parfois le substrat m'apparaît et que j'atteins à une certaine continuité foncière ; mais alors il me semble que ma vie s'alentit, s'arrête et que je vais proprement cesser d'être. Mon cœur ne bat que par sympathie ; je ne vis que par autrui ; par
10 procuration, pourrais-je dire, par épousaille, et ne me sens jamais vivre plus intensément que quand je m'échappe à moi-même pour devenir n'importe qui.
Cette force antiégoïste de décentralisation est telle qu'elle volatilise en moi le sens de la propriété — et, pourtant, de la responsabilité. Un tel être n'est pas de ceux qu'on épouse. Comment faire comprendre cela à Laura ?

26 octobre.

15 Rien n'a pour moi d'existence, que *poétique* (et je rends à ce mot son plein sens) — à commencer par moi-même. Il me semble parfois que je n'existe pas vraiment, mais simplement que j'imagine que je suis. Ce à quoi je parviens le plus difficilement à croire c'est à ma propre réalité. Je m'échappe sans cesse et ne comprends pas bien, lorsque je me regarde agir, que celui que je vois agir
20 soit le même que celui qui regarde, et qui s'étonne, et doute qu'il puisse être acteur et contemplateur à la fois.

L'analyse psychologique a perdu pour moi tout intérêt du jour où je me suis avisé que l'homme éprouve ce qu'il s'imagine éprouver. De là à penser qu'il s'imagine éprouver ce qu'il éprouve... Je le vois bien avec mon amour : entre
25 aimer Laura ct m'imaginer que je l'aime — entre m'imaginer que je l'aime moins, et l'aimer moins, quel dieu verrait la différence ? Dans le domaine des sentiments, le réel ne se distingue pas de l'imaginaire. Et, s'il suffit d'imaginer qu'on aime, pour aimer, ainsi suffit-il de se dire qu'on imagine aimer, quand on aime, pour aussitôt aimer un peu moins, et même pour se détacher un peu de
30 ce qu'on aime — ou pour en détacher quelques cristaux. Mais pour se dire cela ne faut-il pas déjà aimer un peu moins ?
C'est par un tel raisonnement que X, dans mon livre[3], s'efforcera de se détacher de Z — et surtout s'efforcera de la détacher de lui.

3. Le roman qu'est en train d'écrire Édouard, et qui doit s'intituler, lui-aussi, Les Faux-Monnayeurs.

28 octobre.

*4. L'expression est
de Stendhal, dans
De l'amour.*

On parle sans cesse de la brusque cristallisation[4] de l'amour. La lente *décristal-*
35 *lisation*, dont je n'entends jamais parler, est un phénomène psychologique qui
m'intéresse bien davantage. J'estime qu'on le peut observer, au bout d'un temps
plus ou moins long, dans tous les mariages d'amour. Il n'y aura pas à craindre
cela pour Laura, certes (et c'est tant mieux), si elle épouse Félix Douviers, ainsi
que le lui conseillent la raison, sa famille, et moi-même. Douviers est un très
40 honnête professeur, plein de mérites, et très capable dans sa partie (il me revient
qu'il est très apprécié par ses élèves) — en qui Laura va découvrir, à l'usage,
d'autant plus de vertus qu'elle s'illusionnera moins par avance ; quand elle parle
de lui, je trouve même que, dans la louange, elle reste plutôt en deçà. Douviers
vaut mieux que ce qu'elle croit.
45 Quel admirable sujet de roman : au bout de quinze ans, de vingt ans de vie
conjugale, la décristallisation progressive et réciproque des conjoints ! Tant qu'il
aime et veut être aimé, l'amoureux ne peut se donner pour ce qu'il est vraiment,
et, de plus, il ne voit pas l'autre — mais bien, en son lieu, une idole qu'il pare,
et qu'il divinise, et qu'il crée.
50 J'ai donc mis en garde Laura, et contre elle, et contre moi-même. J'ai tâché
de lui persuader que notre amour ne saurait nous assurer à l'un ni à l'autre de
durable bonheur. J'espère l'avoir à peu près convaincue.

André GIDE, *Les Faux-Monnayeurs* (1925)
© éd. Gallimard

POUR LE COMMENTAIRE

1. L'analyse de soi

a. La continuité d'un être dans le temps.
b. Sa perméabilité à l'autre.
c. Sentiment réel et sentiment imaginé. Que peut-être, en définitive, la sincérité à l'égard de soi-même ?

2. L'analyse des autres

a. La méthode de sympathie.
b. Laura et Félix Douviers vus par Édouard.

3. Le regard d'un romancier

a. Comment l'analyse aboutit-elle, pour Édouard, à un projet de roman ?
b. Pourquoi prend-il pourtant ses distances à l'égard de l'analyse psychologique ?
c. Montrez qu'Édouard est déjà, pour lui-même, un personnage de roman, et qu'il tend à se traiter comme tel. Quelle conclusion peut-on en tirer sur la création romanesque chez Gide ?

Comment vivre ?

***

Dans la seconde partie du roman, Édouard est parti pour Saas-Fée, en Suisse, accompagné de Bernard Profitendieu. Il était à la recherche de Boris, le petit-fils d'un vieux professeur de musique, La Pérouse. Déjà il se rend compte que sa rencontre avec Bernard, fruit d'un hasard calculé, ne correspond à aucun élan. C'est vers son neveu Olivier qu'il se sent attiré. Bernard va devenir surveillant à la pension Azaïs, tenue par la famille de Laura, et il s'y occupera tout particulièrement du petit Boris. Au mois d'octobre, il passe avec succès le baccalauréat, mais au sortir des épreuves, il connaît une véritable lutte avec l'ange, dont il s'entretient avec Édouard.

« Il m'importe de me prouver que je suis un homme de parole, quelqu'un sur qui je peux compter.
— Je vois surtout là de l'orgueil.
5 — Appelez cela du nom qu'il vous plaira : orgueil, présomption, suffisance... Le sentiment qui m'anime, vous ne le discréditerez pas à mes yeux. Mais, à présent, voici ce que je voudrais savoir : pour se diriger dans la vie, est-il nécessaire de fixer les
10 yeux sur un but ?
— Expliquez-vous.
— J'ai débattu cela toute la nuit. A quoi faire

servir cette force que je sens en moi ? Comment tirer le meilleur parti de moi-même ? Est-ce en me diri-
15 geant vers un but ? Mais ce but, comment le choisir ? Comment le connaître, aussi longtemps qu'il n'est pas atteint ?
— Vivre sans but, c'est laisser disposer de soi l'aventure.
20 — Je crains que vous ne me compreniez pas bien. Quand Colomb découvrit l'Amérique, savait-il vers quoi il voguait ? Son but était d'aller devant, tout droit. Son but, c'était lui, et qui le projetait devant lui-même...

— J'ai souvent pensé, interrompit Édouard, qu'en art, et en littérature en particulier, ceux-là seuls comptent qui se lancent vers l'inconnu[1]. On ne découvre pas de terre nouvelle sans consentir à perdre de vue, d'abord et longtemps, tout rivage. Mais nos écrivains craignent le large ; ce ne sont que des côtoyeurs.

— Hier, en sortant de mon examen, continua Bernard sans l'entendre, je suis entré, je ne sais quel démon me poussant, dans une salle où se tenait une réunion publique. Il y était question d'honneur national, de dévouement à la patrie, d'un tas de choses qui me faisaient battre le cœur. Il s'en est fallu de bien peu que je ne signe certain papier, où je m'engageais, sur l'honneur, à consacrer mon activité au service d'une cause qui certainement m'apparaissait belle et noble.

— Je suis heureux que vous n'ayez pas signé. Mais, ce qui vous a retenu ?

— Sans doute quelque secret instinct... » Bernard réfléchit quelques instants, puis ajouta en riant : « Je crois que c'est surtout la tête des adhérents ; à commencer par celle de mon frère aîné[2], que j'ai reconnu dans l'assemblée. Il m'a paru que tous ces jeunes gens étaient animés des meilleurs sentiments du monde et qu'ils faisaient fort bien d'abdiquer leur initiative car elle ne les eût pas menés loin, leur jugeotte car elle était insuffisante, et leur indépendance d'esprit car elle eût été vite aux abois. Je me suis dit également qu'il était bon pour le pays qu'on pût compter parmi les citoyens un grand nombre de ces bonnes volontés ancillaires ; mais que ma volonté à moi ne serait jamais de

celles-là. C'est alors que je me suis demandé comment établir une règle, puisque je n'acceptais pas de vivre sans règle, et que cette règle je ne l'acceptais pas d'autrui.

— La réponse me paraît simple : c'est de trouver cette règle en soi-même ; d'avoir pour but le développement de soi.

— Oui... c'est bien là ce que je me suis dit. Mais je n'en ai pas été plus avancé pour cela. Si encore j'étais certain de préférer en moi le meilleur, je lui donnerais le pas sur le reste. Mais je ne parviens pas même à connaître ce que j'ai de meilleur en moi... J'ai débattu toute la nuit, vous dis-je. Vers le matin, j'étais si fatigué que je songeais à devancer l'appel de ma classe ; à m'engager.

— Échapper à la question n'est pas la résoudre.

— C'est ce que je me suis dit, et que cette question, pour être ajournée, ne se poserait à moi que plus gravement après mon service. Alors je suis venu vous trouver pour écouter votre conseil.

— Je n'ai pas à vous en donner. Vous ne pouvez trouver ce conseil qu'en vous-même, ni apprendre comment vous devez vivre, qu'en vivant.

— Et si je vis mal, en attendant d'avoir décidé comment vivre ?

— Ceci même vous instruira. Il est bon de suivre sa pente, pourvu que ce soit en montant. »

André GIDE, *Les Faux-Monnayeurs*
© éd. Gallimard

---

1. Voir « Le voyage » de Baudelaire, à la fin des *Fleurs du mal*. —
2. Charles Profitendieu, qui est avocat.

POUR LE COMMENTAIRE

Le problème de l'engagement

1. C'est **un problème d'époque** agité alors dans des réunions analogues à celle dans laquelle Bernard s'est introduit. Voir le chapitre 13 de la IIIe Partie des *Faux-Monnayeurs* : le problème du nationalisme, de la « régénération de la France » après la Première Guerre mondiale ; Charles Maurras et *L'Action française*.

Gide, qui évolue vers la gauche, n'éprouve aucune sympathie pour ces thèses de l'extrême-droite. Montrez que cette antipathie transparaît dans le passage cité.

2. C'est **un problème d'âge**. Bernard va sortir de l'adolescence et entrer dans la vie. Le baccalauréat marque une étape. Mais il vient aussi de passer par des épreuves décisives qui l'arrachent au monde insouciant de l'enfance (découverte de sa bâtardise, fréquentation d'Édouard, découverte de la dérive d'Olivier, liaison avec Sarah, une jeune sœur de Laura).
a. Étudiez la manière dont il exprime, devant Édouard, cette volonté de trouver sa voie. Quelles règles s'impose-t-il déjà ? Quelles sont les fausses solutions ? Quelle est, selon Édouard, la vraie voie ?
b. Comparez cette discussion et celle qui, au début des *Mouches*, de Sartre, oppose Oreste et le Pédagogue.

3. C'est **un problème d'écrivain**. Édouard n'aime pas, en littérature, ceux qu'il appelle les « côtoyeurs » (expliquez le mot l. 31, d'après son contexte).
Comment conçoit-il l'engagement de l'écrivain ? Comment Gide concevait-il lui-même la littérature engagée ?

GROUPEMENT THÉMATIQUE

L'adolescence chez les contemporains de Gide

Un thème constant dans l'œuvre de GIDE. Ses contemporains le traitent volontiers sous des angles parfois très proches :

Romain ROLLAND : *Jean-Christophe*, 1903-1912. — ALAIN-FOURNIER : *Le Grand Meaulnes*, 1913. — Jacques de LACRETELLE : *La Vie inquiète de Jean Hermelin*, 1920. — COLETTE : *La Maison de Claudine*, 1922. — Roger MARTIN DU GARD : *Les Thibault*, 1922-1940. — Raymond RADIGUET : *Le Diable au corps*, 1923. — Henry de MONTHERLANT : *Les Bestiaires*, 1926. — Jean COCTEAU : *Les Enfants terribles*, 1929. — Marcel ARLAND : *L'Ordre*, 1929.

Procès de la littérature

***

Dans un échange avec Robert de Passavant, écrivain sans qualité, Strouvilhou fait profession de foi d'anarchisme. Passavant lui propose d'être directeur d'une revue. Occasion pour Strouvilhou, alias le narrateur, de régler ses comptes avec la littérature...

André Gide sous le masque de Léopardi, 1938.
Photo de Gisèle Freund.

« A vrai dire, mon cher comte, je dois vous avouer que, de toutes les nauséabondes émanations humaines, la littérature est une de celles qui me dégoûtent le plus. Je n'y vois que complaisances et flatteries. Et j'en viens à douter qu'elle puisse devenir autre chose, du moins tant qu'elle n'aura pas balayé le
5 passé. Nous vivons sur des sentiments admis et que le lecteur s'imagine éprouver, parce qu'il croit tout ce qu'on imprime ; l'auteur spécule là-dessus comme sur des conventions qu'il croit les bases de son art. Ces sentiments sonnent faux comme des jetons, mais ils ont cours. Et, comme l'on sait que « la mauvaise monnaie chasse la bonne », celui qui offrirait au public de vraies pièces
10 semblerait nous payer de mots. Dans un monde où chacun triche, c'est l'homme vrai qui fait figure de charlatan. Je vous en avertis si je dirige une revue, ce sera pour y crever des outres, pour y démonétiser tous les beaux sentiments, et ces billets à ordre : les mots.
— Parbleu, j'aimerais savoir comment vous vous y prendrez.
15 → Laissez faire et vous verrez bien. J'ai souvent réfléchi à cela.
— Vous ne serez compris par personne, et personne ne vous suivra.
— Allez donc ! Les jeunes gens les plus dégourdis sont prévenus de reste aujourd'hui contre l'inflation poétique. Ils savent ce qui se cache de vent derrière les rythmes savants et les sonores rengaines lyriques. Qu'on propose de démolir,
20 et l'on trouvera toujours des bras. Voulez-vous que nous fondions une école qui n'aura d'autre but que de tout jeter bas ?... Ça vous fait peur ? »

André GIDE, *Les Faux-Monnayeurs*
© éd. Gallimard

POUR LE COMMENTAIRE

1. Étude lexicale. Relevez les termes qui appartiennent au registre financier. Analysez leur utilisation. A quelle interprétation du titre « les Faux-Monnayeurs » cet extrait du roman invite-t-il ?

2. Pourquoi Gide, à travers son personnage, exprime-t-il de la **méfiance à l'égard des mots** ? Que craint-il ? Comment rapprocheriez-vous cette critique de la littérature avec celle de la famille et de la société bourgeoise ?

3. « Qu'on propose de démolir et l'on trouvera toujours des bras ». Le rôle de Strouvilhou est de **nier les « valeurs »**. De quels autres personnages du roman peut-il être rapproché ?

GROUPEMENT THÉMATIQUE

La mise en abyme dans la littérature du xxᵉ siècle

Le procédé de mise en abyme, défini par André GIDE dans son *Journal* de 1893, a été utilisé de manière presque systématique par le Nouveau Roman. Les exemples les plus significatifs de mise en abyme se trouvent dans :
Michel BUTOR : *Passage de Milan*, 1954 ; *L'Emploi du temps*, 1956. — Claude OLLIER : *La Mise en scène*, 1959.
— Alain ROBBE-GRILLET : *Les Gommes*, 1953 ; *Le Voyeur*, 1955 ; *L'Année dernière à Marienbad*, 1961. — Claude SIMON : *La Route des Flandres*, 1960 ; *La Bataille de Pharsale*, 1969 ; *Les Corps conducteurs*, 1971.

*** La fin des *Faux-Monnayeurs*

Édouard rencontre La Pérouse, dont il écoute les confidences, puis Georges Molinier, à qui il fait lire un chapitre de son roman où il le dénonce comme un faux-monnayeur. Devant la menace, Ghéridanisol, chef d'une bande constituée par les camarades de Boris, va jeter les dernières fausses pièces.

Armand raconte à Olivier divers événements : la visite de l'anarchiste Cob-Lafleur à Passavant et surtout, à travers une lettre, ce qui est arrivé à son frère Vincent, devenu fou. Il lui parle aussi de son père pasteur, « un convaincu professionnel ».

Dans l'avant-dernier chapitre, « la confrérie des hommes forts », menée par Ghéridanisol, imagine de jouer un mauvais tour à Boris, lequel se laisse prendre aux sentiments. Le pistolet qu'il doit se mettre contre le crâne est chargé. Il meurt. Édouard est témoin du désespoir mystique de La Pérouse, sur lequel s'achève le roman.

Le roman se clôt donc sur une multiplication de récits de récits. Mais quelques drames amorcés se dénouent par la victoire des anti-héros (comme Armand) ou des criminels (comme Ghéridanisol, qui n'est pas condamné). La vertu est incarnée par Boris, ce qui fait dire à Édouard : « Le suicide de Boris m'apparaît comme une indécence. »

Michel Raimond *Le Signe des temps* (1976)

Un romancier dans le roman

C'était l'originalité de Gide que de présenter, au sein même des *Faux-Monnayeurs*, un romancier, Édouard, qui était précisément en train d'écrire *Les Faux-Monnayeurs*. Ce romancier, à vrai dire, paraît trop occupé par la vie pour parvenir à écrire son roman. A part quelques pages de circonstances, on ne lit jamais le roman d'Édouard. Celui-ci, selon toute apparence, est plus doué pour parler du roman en général que pour mener à bien son propre roman. C'est un amateur d'abstractions ; un théoricien ; il part toujours des idées ; et Bernard lui fait observer malicieusement que ce n'est pas avec des idées mais avec des faits qu'on écrit un roman. Édouard est un « songe-creux » ; il se livre, dans la chambre des dames, à Saas-Fé, à de brillantes dissertations esthétiques. Cette critique du roman à l'intérieur même du roman, ce discours à la fois critique et romanesque, c'était certainement, au moins dans le domaine de la fiction, une nouveauté dans les années vingt. Mais force est bien de reconnaître que c'est devenu, depuis, un poncif, et que ces jeux byzantins, comme disait Sartre naguère, n'amusent plus personne.

Michel Raimond, *Le Signe des temps*
(Proust, Gide, Bernanos, Mauriac, Céline, Malraux, Aragon),
© C.D.U. / S.E.D.E.S., 1976

André Gide, par Prityl.

Paul Claudel *Mémoires improvisés* (1969)

L'errance de Gide

Quand on lit le *Journal* de Gide, on est frappé de cette éternelle errance : il passe d'un endroit à l'autre continuellement, il ne reste pas à la même place ; on voit que c'est un homme qui cherche sa place et qui ne la trouve pas. Eh bien, de même qu'il ne la trouve pas dans le lieu, il ne la trouve pas non plus dans les convictions : il erre d'un côté à l'autre, tantôt il est attiré d'un côté, tantôt il est attiré de l'autre et, en même temps, il a une certaine facilité à s'exprimer, un certain plaisir à s'exprimer et, alors, il trouve agréable de se servir de cette instabilité comme d'un sujet de développement littéraire.

Paul Claudel, *Mémoires improvisés*
(Vingt-neuvième entretien), © éd. Gallimard, 1969

Pour vos essais et vos exposés

Ramon Fernandez : *André Gide*, 1931, rééd. Klincksieck, 1984.

Germaine Brée : *André Gide l'insaisissable Protée*, éd. Les Belles-Lettres, 1953.

Jean Delay : *La Jeunesse d'André Gide*, 2 vol., éd. Gallimard, 1956-1957.

Claude Martin : *Gide par lui-même*, éd. du Seuil, 1963.

Claude Martin : *La Maturité d'André Gide*, éd. Klincksieck, 1977.

Éric Marty : *L'Écriture du jour ; le Journal d'André Gide*, éd. du Seuil, 1985.

2. Paul Valéry (1871-1945)

Une jeunesse méditerranéenne

Né le 30 octobre 1871 à Sète, la ville du « Cimetière marin », **Paul Valéry** a fait ses études secondaires dans le lycée de cette ville, puis à Montpellier. Mais il a prétendu que ses meilleurs maîtres avaient été la mer et le soleil, qu'il apercevait à travers les grilles de la cour lorsqu'il avait été mis « au piquet » par ses professeurs. Il a ensuite hésité : il aurait aimé préparer le concours de l'École Navale, mais il a étudié le droit à la Faculté de Montpellier. Il fait tout pour échapper à sa vocation d'écrivain, et pourtant il est déjà poète. Ébloui par la découverte de Rimbaud et surtout de Mallarmé, il est encouragé par ses amis, Pierre Louÿs, André Gide, et publie dans diverses revues symbolistes.

Une crise de l'intellect

Une première rupture se situe vers 1892. Elle est due à une crise sentimentale, qui s'accompagne d'une crise intellectuelle bien plus profonde et bien plus longue. Il s'éloigne de la littérature, qu'il juge débilitante, sans pourtant renoncer à fréquenter les milieux littéraires de Paris, sans abandonner non plus l'écriture. Il veut transposer sa vision d'aventures de l'esprit qui le fascinent, que ses modèles soient réels (Léonard de Vinci) ou imaginaires (Monsieur Teste). La seconde rupture intervient en 1896 : c'est le grand silence, qui durera jusqu'en 1912. Valéry exerce, pour faire vivre la famille qu'il a fondée en 1900, des fonctions bureaucratiques : il devient secrétaire du directeur général de l'agence Havas, Édouard Lebey, et il le restera jusqu'en 1922. Mais, en silence, il étudie les rouages de l'esprit, en particulier les mathématiques.

La seconde naissance d'un poète

Pendant la Première Guerre mondiale, ses amis lui demandent la permission de publier ses vers anciens. Il ne peut s'empêcher de les remettre sur le métier, et ce travail lui fait miraculeusement retrouver le goût de la création poétique. Un long poème, très travaillé, et dédié à Gide, *La Jeune Parque*, le rend célèbre du jour au lendemain. Les pièces du recueil *Charmes* (1922) consacrent son génie. Très vite il est revendiqué par les tenants de la « poésie pure », autour de laquelle on assiste à une querelle d'un nouveau genre.

1889	*Rêve*
1891	*Narcisse parle*, première version *Paradoxe sur l'architecte*
1896	*La Soirée avec Monsieur Teste*
1917	*La Jeune Parque*
1920	*Album de vers anciens*
1921	*Eupalinos ou l'Architecte* *L'Ame et la Danse*
1922	*Charmes*
1924	*Variété I*
1926	*Monsieur Teste*
1929	*Littérature*, *Variété II*
1931	*Regards sur le monde actuel*
1936	*Variété III*
1938	*Variété IV*
1944	*Variété V*
1946	*Mon Faust* (posthume)
1957	Début de l'édition des *Cahiers* (Pléiade)

Paul Valéry,
par Maurice Henry.

Un homme de lettres officiel

La mort de Lebey lui rend sa liberté l'année même de la publication de *Charmes*. Membre de l'Académie française en 1925, professeur de poétique au Collège de France en 1937, Valéry est comblé d'honneurs et d'admiration. C'est un conférencier brillant, très sollicité, un critique et un essayiste fécond. Outre de nombreux textes qu'il dit « de circonstance », mais qu'il réunit en recueils (la série de *Variété*, les *Regards sur le monde actuel*), il évolue vers un néo-classicisme tantôt ironique (ses dialogues), tantôt élégant (*Amphion, Sémiramis*) et continue de rêver d'un théâtre qu'illustrerait *Mon Faust*, laissé inachevé. Sa carrière officielle ne doit cacher ni la richesse d'une vie amoureuse qu'on découvre peu à peu aujourd'hui, ni une sensibilité froide, mais incontestable, aux grandes inquiétudes de l'époque. A sa mort, le 20 juillet 1945, Valéry est jugé digne des obsèques nationales.

Poésie et pensée

Nulle étude sérieuse de **Paul Valéry** ne peut être engagée sans la prise en considération de ses *Cahiers*. Deux volumes de la Bibliothèque de la Pléiade n'ont pu en proposer au lecteur que des extraits, dans un classement thématique séduisant, mais contestable. Une nouvelle édition, intégrale et critique, est en cours. Un regard sur l'édition en fac-similé du C.N.R.S. permet de comprendre la richesse du travail intellectuel de Valéry, même dans ses longues périodes de silence. Valéry, c'est d'abord **une prodigieuse aventure de l'esprit**.

1. L'idée de composition

Les premiers textes publiés par Valéry, même si à beaucoup d'égards ils ressortissaient à l'esthétique et à l'imagerie symbolistes, frappent par une ambition intellectuelle qui constitue l'originalité du jeune écrivain. Comme les symbolistes, il illustre l'antique mythe d'Orphée, mais il fait du chantre de la Thrace un architecte des sons : première manifestation d'**une figure majeure, celle de l'architecte**, admirablement mise en valeur dans l'un de ses dialogues socratiques, *Eupalinos*, en 1921. Car on peut être architecte en musique, en littérature (c'est le cas de Bossuet), en philosophie (et, au terme d'*Eupalinos* se dessine un portrait de Socrate en architecte). Cette idée de **composition**, due à Edgar Poe, restera au centre de la pensée de Valéry, mais aussi au cœur même de sa création poétique (le paysage devient un temple au début du « Cimetière marin », le plus célèbre des poèmes de *Charmes*).

2. La passion de l'esprit

Ces *Charmes* veulent être des *carmina* au sens latin du terme : des **sortilèges poétiques** mis en œuvre par un poète magicien qui se dit et se veut maître de ses artifices. C'est dire que la poésie importe moins, en principe, que l'**exercice de l'esprit que constitue la création poétique** : la composition toujours (le thème de l'architecte revient dans le « Cantique des colonnes »), l'attention à une entente (« Les Pas », « Palme »), à une naissance « entre le vide et l'événement pur » (« Le Cimetière marin »). Un exercice de langage aussi, et de versification : après avoir exploré les ressources de l'alexandrin dans *La Jeune Parque*, Valéry exploite celles du décasyllabe dans *Le Cimetière marin*. On peut être étonné, déçu même, de certaines de ses déclarations, qui tendent à faire de la **poésie un pur exercice de la pensée**. Mais Valéry poète entend être le continuateur de Léonard de Vinci et de Monsieur Teste, ces figures de sa jeunesse.

3. Les appels de la vie

En fait, même quand il s'est retiré au cloître de l'intellect, Valéry n'est pas un pur esprit. **Nourrie de culture antique**, sa poésie reprend à la « poésie païenne » le sens de la beauté plastique et même celui de l'**ivresse des sens**. Valéry sait bien d'ailleurs que la poésie court le risque de stérilité si elle est trop fortement mordue par l'intelligence (« Poésie », dans *Charmes*). Dans ce même recueil, des pièces comme « La Fausse morte », « Le Rameur » donnent l'exemple d'une poésie plus sensuelle ou sensible que purement intellectuelle. Surtout la fin des deux plus grands poèmes, « La Jeune Parque » et « Le Cimetière marin », en deux mouvements parfaitement symétriques, célèbre un véritable hymne à la vie. Le rythme du poète veut dès lors **s'accorder aux rythmes élémentaires de la nature**, celui des vagues, celui du vent. C'est cette « vraie vie », ici-bas, que retrouvera aussi le Faust de Valéry.

4. Regards sur le monde actuel

Valéry peut donner l'impression d'un homme enfermé dans la tour d'ivoire de l'esprit. Mais dès 1895, dans un texte comme *Une Conquête méthodique*, il abordait avec bonheur le genre de l'essai quasi politique. Au moment même où le poète entre en gloire, retentit l'appel du penseur qui a découvert, pendant la guerre, que notre civilisation était mortelle comme l'avaient été les grandes civilisations du passé. L'écrivain officiel, le conférencier intervient volontiers sur des problèmes d'actualité, comme l'Europe, la Société des Nations, la multiplication des dictatures, l'enseignement et même... le baccalauréat. Tous ces sujets sont traités **avec une certaine distance**, moins par froideur de tempérament ou de style, que par désir de toujours trouver, par-delà l'accident, l'idée. De la même façon, le professeur de poétique au Collège de France recherchait, par-delà l'accident que constitue la genèse de tel texte, les lois du langage.

5. « Poésie. Pensée abstraite »

Valéry a dit lui-même, dans une conférence de 1939 (reprise dans *Variété V*) qu'il ne pouvait envisager la relation entre ces deux termes sans se tourner vers lui-même. Les oppositions d'école — entre forme et fond, entre inspiration et technique — importent moins que cet « état vivant » qu'est l'« état poétique » : « C'est ma vie même qui s'étonne, et c'est elle qui me doit fournir, si elle le peut, mes réponses, car ce n'est que dans les réactions de notre vie que peut résider toute la force, et comme la nécessité, de notre vérité. »

Paradoxe sur l'architecte (1891)

Dédié à Pierre Louÿs et à André Gide, sous leurs pseudonymes d'alors, le Paradoxe sur l'architecte *est l'un des premiers textes de* **Paul Valéry**, *publié dans la revue symboliste* L'Ermitage. *On y sent l'influence de Mallarmé, jusque dans les références à Flaubert, à Wagner et à Edgar Poe. S'y affirme la* **volonté délibérée d'arracher l'art**, *donc aussi la littérature,* **à la décadence**. *Voici les premiers alinéas de ce texte, qui s'achèvera sur une évocation d'Orphée.*

Pour une renaissance

Architectures, dessin à la plume de Paul Valéry.

Il[1] naîtra, peut-être, pour élever les premiers tabernacles et les sanctuaires imprévus où le Credo futur, à travers l'encens, retentira.

Il rachètera l'Art superbe épuisé par trois cents années d'injurieuses bâtisses, et tant de lignes inanimées !...

5 Autrefois, aux siècles orphiques[2], l'esprit soufflait sur le marbre ; les murailles antiques ont vécu comme des hommes, et les architectures perpétuaient les songes. En d'autres temps, le faste mystique des cathédrales éternisait l'âme pieuse des nations : les pinacles érigés attestaient la ferveur des villes, et l'horreur des éternels supplices éveillaient dans le grès tourmenté d'épouvantables bestiai-
10 res. La basilique était l'antiphone[3] de pierre, et les hautes nefs priaient éternelle-ment... Puis, c'est le silence et la décadence ; l'architecture agonise dans les Académies. Les floraisons merveilleuses se dessèchent, et, tristement s'étei-gnent les yeux lucides de jadis, les vitraux et les roses chimériques.

Maintenant, c'est une jeunesse, c'est la frêle et la délicieuse enfance que l'art
15 traverse une fois de plus. Ce siècle mourant fut la longue et la laborieuse nuit d'amour, nuit de peine où la gloire nouvelle fut conçue. Voici l'aurore et la blanche Épiphanie ! Nous, comme les rois fabuleux, saluons la divine naissance !

Seule, l'architecture veuve n'est pas encore dans la joie. Tous les autres arts sont serrés autour des hautaines enseignes d'or. Les purs artistes ont trouvé dans
20 l'adoration indistincte des musiques, des couleurs et des mots, une *grâce* mys-térieuse qui *touche* leurs œuvres particuliers. Et le rêve de chacun se magnifie et s'exalte, et tout cet univers exaspéré qu'abritent les esprits magnifiques, où flambent les fleurs et les métaux, où les êtres sont plus beaux et plus douloureux, s'enferme — ô triomphe des luttes avec l'Ange ! — dans une parole, dans
25 l'hymen délicat des nuances, dans la vie personnelle et décisive des sons[4] ! Les mondes immenses, dont les Têtes prédestinées sont les habitacles d'élection, apparaissent, résumés en de secrètes suggestions, sous chacune des formes objectives que leur impose la native préférence des créateurs.

Ainsi, l'effort du siècle a conquis l'intelligence des principes futurs. L'analyse
30 esthétique d'aujourd'hui a prévu la victorieuse synthèse des prochaines œuvres. Mais, encore, la lourdeur maussade des attiques traditionnels[5], la morne roideur des fermes d'acier ne s'émeut pas au contact de tant de vie ! Loin du petit bataillon sacré qui invective la laideur et le lucre, et qui chante l'*hymne sous les flèches*, loin des vers, loin des symphonies, les maçons élaborent des combi-
35 naisons incurieuses. La poésie a obtenu son constructeur de Temples qui taillait les mots longuement comme des pierres dures ; mais aucun architecte n'a su être Flaubert...

Paul VALÉRY, *Paradoxe sur l'architecte* (1891)
© éd. Gallimard

POUR LE COMMENTAIRE

1. Distinguez les **différentes divisions** que Valéry établit dans l'histoire, et en particulier dans l'histoire de l'art. Donnez un nom à chacune de ces époques. Qu'at-tend-on du présent ?

2. Pourquoi l'**architecture est-elle en retard** ? Montrez ce que condamne Valéry, ce qu'il espère. Quelle équivalence s'établit déjà entre l'architecture et la musi-que ?

3. Montrez que le texte contient les éléments d'un **hommage** à Mallarmé.

4. Quel est le **sens de l'allusion** à Flaubert ?

5. L'écriture de Valéry, dans ce texte, pourrait-elle être **un mo-dèle** pour l'architecte futur ?

1. *Il, c'est-à-dire l'architecte.* — 2. *Notation temporelle vague. Orphée n'appartient pas à l'histoire, mais au mythe. Valéry entend par « siècles orphiques » l'Antiquité grecque dans ce qu'elle eut de plus rayonnant.* — 3. *Livre d'église.* — 4. *Dans la note, Valéry cite l'Hommage de Mallarmé à Richard Wagner.* — 5. *Des architectures néo-classiques qui croient imiter le style attique.*

Album de vers anciens (1920)

Dans cet album, publié seulement en 1920 chez Adrienne Monnier, libraire de la rue de l'Odéon, **Valéry** *reprenait en leur donnant une forme nouvelle la plupart des poèmes parus dans diverses revues symbolistes au cours de la dernière décennie du XIXᵉ siècle. Orphée, quelques lignes de prose à la fin du* Paradoxe sur l'architecte, *avait été ensuite mis en sonnet et publié dans la revue* La Conque *en mai 1891 (version 1). La version 2 ne figurait pas dans l'*Album de vers anciens *tel qu'il fut publié en 1920. Elle n'a été introduite que dans la nouvelle version de ce recueil, en 1926.*

Orphée

Il évoque[1], en un bois thessalien[2], Orphée
Sous les myrtes, et le soir antique descend.
Le bois sacré s'emplit lentement de lumière,
Et le dieu tient sa lyre entre ses doigts d'argent.

Le dieu[3] chante, et selon le rythme tout-puissant,
S'élèvent au soleil les fabuleuses pierres[4]
Et l'on voit grandir vers l'azur incandescent
Les hauts murs d'or harmonieux d'un sanctuaire.

Il chante, assis au bord du ciel splendide, Orphée !
Son œuvre se revêt d'un vespéral trophée[5]
Et sa lyre divine enchante les porphyres,

Car le temple érigé par ce *musicien*[6]
Unit la sûreté des rythmes anciens
A l'âme immense du grand hymne sur la lyre !...

(version de 1891)
Paul VALÉRY, *Album de vers anciens* (1920)
© éd. Gallimard

... Je compose en esprit, sous les myrtes, Orphée
L'Admirable ! ... Le feu, des cirques purs descend ;
Il change le mont chauve en auguste trophée
D'où s'exhale d'un dieu l'acte retentissant.

5 Si le dieu chante, il rompt le site tout-puissant ;
Le soleil voit l'horreur du mouvement des pierres ;
Une plainte inouïe appelle éblouissants
Les hauts murs d'or harmonieux d'un sanctuaire.

Il chante, assis au bord du ciel splendide, Orphée !
10 Le roc marche, et trébuche ; et chaque pierre fée
Se sent un poids nouveau qui vers l'azur délire !

D'un temple à demi nu le soir baigne l'essor,
Et soi-même il s'assemble et s'ordonne dans l'or
A l'âme immense du grand hymne sur la lyre !

(version de 1926)
Paul VALÉRY, *Album de vers anciens* (1926)
© éd. Gallimard

---

1. *Au sens étymologique du terme : il fait apparaître en l'appelant ; il ne peut être que le poète.* — 2. *La Thessalie se trouve au nord de la Grèce ; elle passait pour être le pays d'origine d'Orphée, et fut en tout cas le lieu de sa mort.* — 3. *Orphée n'était qu'un demi-dieu, fils d'Apollon pour les uns, du fleuve Oeagre pour les autres. Valéry en fait un dieu.* — 4. *Orphée passait pour émouvoir les pierres ;* mais Valéry tend à le confondre avec un autre héros mythique, Amphion, qui appelait les pierres au son de sa lyre et édifiait ainsi de miraculeuses architectures. — 5. *Vespéral : du soir.* Trophée : le mot fait penser au célèbre recueil de José-Maria de Heredia, Les Trophées. — 6. *C'est Valéry lui-même qui souligne le mot, pour mettre en valeur le paradoxe de l'architecte-musicien.*

POUR LE COMMENTAIRE

L'évolution du style poétique de Valéry

1. Un engagement plus grand du poète. Du « il » (première version) au « je » (seconde version) ; d'une évocation encore plastique, presque parnassienne, à une évocation au sens magique du terme : pourquoi le poète a-t-il ainsi besoin de faire surgir Orphée ?

2. Les constantes. Qu'est-ce que Valéry retient de la première version ? Pourquoi ne touche-t-il pas au vers 8 ? au vers 9 ? au vers 14 ?

3. Les différences. Comparez le surgissement du temple dans les deux versions ; montrez que le premier Valéry est plus soucieux de définir (dernier tercet), le second de suggérer ; montrez que, dans la deuxième version, le poète s'efforce plus subtilement de capter une essence.

AU-DELÀ DU TEXTE

Le mythe d'Orphée

1. Renseignez-vous dans un dictionnaire, ou mieux dans un dictionnaire de mythologie sur ce personnage mythique. **Quelles composantes du mythe** a retenues VALÉRY ? Quels éléments nouveaux y a-t-il introduits ?

2. Orphée architecte par le son. Relevez les expressions qui soulignent ce thème ? En quoi Orphée peut-il devenir la figure du poète tel que le conçoit VALÉRY ?

3. Quelques autres Orphée du XXᵉ siècle. L'*Orphée-roi*, de Victor SEGALEN (voir p. 104), livret conçu pour Claude Debussy et publié séparément en 1916 ; Orphée selon Cocteau (la pièce de théâtre de 1927, le film de 1950) ; Orphée dans la poésie de Pierre Emmanuel (*Tombeau d'Orphée*, 1941).

Charmes (1922)

Recueilli dans Charmes *en 1922, le « Cantique des colonnes » a été publié pour la première fois en 1919 dans le premier numéro de la revue d'André Breton,* Littérature. *Pourtant le poème est encore **dans la mouvance de Mallarmé**, chacune des colonnes du temple étant, comme dans « Sainte », « musicienne du silence ».*

Cantique des colonnes

à Léon-Paul Fargue.

Douces colonnes, aux
Chapeaux[1] garnis de jour,
Ornés de vrais[2] oiseaux
Qui marchent sur le tour,

5 Douces colonnes, ô
L'orchestre[3] de fuseaux !
Chacun immole son
Silence à l'unisson.

— Que portez-vous si haut,
10 Égales radieuses ?
— Au désir sans défaut
Nos grâces studieuses[4] !

Nous chantons à la fois
Que nous portons les cieux !
15 O seule et sage voix
Qui chantes pour les yeux !

Vois quels hymnes candides[5] !
Quelle sonorité
Nos éléments limpides
20 Tirent de la clarté !

Si froides et dorées
Nous fûmes de nos lits
Par le ciseau tirées,
Pour devenir ces lys !

25 De nos lits de cristal
Nous fûmes éveillées,
Des griffes de métal
Nous ont appareillées.

Pour affronter la lune,
30 La lune et le soleil,
On nous polit chacune
Comme ongle de l'orteil !

Servantes sans genoux,
Sourires sans figures,
35 La belle devant nous
Se sent les jambes pures.

Pieusement pareilles,
Le nez sous le bandeau[6]
Et nos riches oreilles
40 Sourdes au blanc fardeau,

Un temple sur les yeux
Noirs pour l'éternité,
Nous allons sans les dieux
A la divinité !

45 Nos antiques jeunesses,
Chair mate et belles ombres,
Sont fières des finesses
Qui naissent par les nombres[7] !

Filles des nombres d'or,
50 Fortes des lois du ciel,
Sur nous tombe et s'endort
Un dieu couleur de miel.

Il dort content, le Jour,
Que chaque jour offrons
55 Sur la table d'amour
Étale sur nos fronts.

Incorruptibles sœurs,
Mi-brûlantes, mi-fraîches,
Nous prîmes pour danseurs
60 Brises et feuilles sèches,

Et les siècles par dix,
Et les peuples passés,
C'est un profond jadis,
Jadis jamais assez !

65 Sous nos mêmes amours[8]
Plus lourdes que le monde
Nous traversons les jours
Comme une pierre l'onde !

Nous marchons dans le temps
70 Et nos corps éclatants
Ont des pas ineffables
Qui marquent dans les fables...

Paul VALÉRY, *Charmes* (1922), © éd. Gallimard

1. C'est-à-dire les chapiteaux. — 2. A la différence de certains chapeaux de femme. — 3. Dans le théâtre grec, l'orchestre était l'emplacement circulaire où évoluait le chœur. Les colonnes sont comparées aux choreutes. — 4. Nos grâces qui sont le résultat de l'étude. — 5. Au sens étymologique : d'un blanc éclatant. — 6. En architecture, le mot désigne une assise de pierre reposant sur les colonnes. — 7. Les calculs de l'architecte, mais on songe aussi aux nombres sacrés des pythagoriciens. — 8. Nos amours exactement semblables.

LECTURE MÉTHODIQUE

1. Dialogue avec les colonnes (vers 1 à 20)

a. Montrez l'ambiguïté des deux premiers quatrains : évocation ou invocation ? Comment est souligné leur caractère féminin ? Justifiez l'audace des enjambements.
b. Quel est le dialogue qui s'engage ? A qui s'adressent les colonnes ? Expliquez les vers 15-16 en justifiant l'usage de la deuxième personne.
c. La musique du silence : comment s'exprime ce paradoxe ? La poésie est-elle apte à l'exprimer ?

2. Naissance des colonnes (vers 21 à 32)

a. Leur origine : la reprise lits / lits de cristal.
b. Les instruments : ciseaux, griffes de métal, polissoirs.
c. Le résultat : des fleurs, des jambes (ongle de l'orteil).

3. Fonction des colonnes (vers 33 à 56)

a. Leur fonction de servantes (mais qu'est-ce qui les distingue des servantes ?).
b. Leur fonction de dévotes (l'image de la procession).
c. Leur fonction de prêtresses. Étudiez l'emploi de l'oxymoron dans ces vers.

4. Survie des colonnes (vers 57 à 72)

a. Leur longévité : comment la mettent-elles en valeur ?
b. Leur jeu avec ce qui les entoure et passe auprès d'elles.
c. Cette longévité peut-elle être considérée comme une éternité ? Essayez, en tenant compte des vers 43-44, de préciser la tonalité religieuse du poème.

AU-DELÀ DU TEXTE

L'hellénisme au début du xxe siècle

Il prolonge celui du xixe siècle (voir BAUDELAIRE, le Parnasse, etc.), mais à la nostalgie romantique de l'Antiquité païenne tend à se substituer une recherche de l'hellénisme pur. Voir les productions de l'école romane, et à sa suite, les écrits de Charles MAURRAS avant son engagement politique. Voir aussi la première des *Cinq Grandes Odes*, de CLAUDEL, « Les Muses » (p. 148).

Variété II (1929)

En 1924, **Valéry** avait publié un premier volume d'**essais** sous le titre de Variété : tous les objets proposés à sa réflexion étaient dus à une circonstance, et à chaque fois l'auteur avait dû s'y accoutumer. Il y aura cinq volumes de ces variétés. Variété II *a été publié en 1929 : on y trouve des textes sur Descartes, Montesquieu, Stendhal, Baudelaire, Verlaine, Mallarmé, Huysmans, mais aussi une page sur Bossuet, parue dès 1926.*

Sur Bossuet

Dans l'ordre des écrivains, je ne vois personne au-dessus de Bossuet ; nul plus sûr de ses mots, plus fort de ses verbes, plus énergique et plus délié dans tous les actes du discours, plus hardi et plus heureux dans la syntaxe, et, en somme, plus maître du langage, c'est-à-dire de soi-même. Cette pleine et singulière possession qui s'étend de la familiarité à la suprême magnificence, et depuis la parfaite netteté articulée jusqu'aux effets les plus puissants et retentissants de l'art, implique une *conscience* ou une *présence* extraordinaire de l'esprit en regard de tous les moyens et de toutes les fonctions de la parole.

Bossuet dit ce qu'il veut. Il est essentiellement volontaire, comme le sont tous ceux que l'on nomme *classiques*. Il procède par constructions, tandis que nous procédons par accidents ; il spécule sur l'attente qu'il crée tandis que les modernes spéculent sur la surprise. Il part puissamment du silence, anime peu à peu, enfle, élève, organise sa phrase, qui parfois s'édifie en voûte, se soutient de propositions latérales distribuées à merveille autour de l'instant, se déclare et repousse ses incidentes qu'elle surmonte pour toucher enfin à sa clé, et redescendre après des prodiges de subordination et d'équilibre jusqu'au terme certain et à la résolution complète de ses forces.

Quant aux pensées qui se trouvent dans Bossuet, il faut bien convenir qu'elles paraissent aujourd'hui peu capables d'exciter vivement nos esprits. C'est nous-mêmes au contraire qui leur devons prêter un peu de vie par un effort sensible et moyennant quelque érudition. Trois siècles de changements très profonds et de révolutions dans tous les genres, un nombre énorme d'événements et d'idées intervenus rendent nécessairement naïve, ou étrange, et quelquefois inconcevable à la postérité que nous sommes, la substance des ouvrages d'un temps si différent du nôtre. Mais autre chose se conserve. La plupart des lecteurs attribuent à ce qu'ils appellent le *fond* une importance supérieure, et même infiniment supérieure, à celle de ce qu'ils nomment la *forme*. Quelques-uns, toutefois, sont d'un sentiment tout contraire à celui-ci qu'ils regardent comme une pure superstition. Ils estiment audacieusement que la structure de l'expression a une sorte de réalité tandis que le sens ou l'idée n'est qu'une ombre. La valeur de l'idée est indéterminée ; elle varie avec les personnes et les époques. Ce que l'un juge profond est pour l'autre d'une évidence insipide ou d'une absurdité insupportable. Enfin, il suffit de regarder autour de soi pour observer que ce qui peut intéresser encore les modernes aux lettres anciennes n'est pas de l'ordre des connaissances, mais de l'ordre des exemples et des modèles.

Pour ces amants de la forme, une forme, quoique toujours provoquée ou exigée par quelque pensée, a plus de prix, et même de sens, que toute pensée. Ils considèrent dans les formes la vigueur et l'élégance des *actes* ; et ils ne trouvent dans les pensées que l'instabilité des *événements*.

Bossuet leur est un trésor de figures, de combinaisons et d'opérations coordonnées. Ils peuvent admirer passionnément ces compositions du plus grand style, comme ils admirent l'architecture de temples dont le sanctuaire est désert et dont les sentiments et les causes qui les firent édifier se sont dès longtemps affaiblis. L'arche demeure.

Paul VALÉRY, *Variété II* (1929)
© éd. Gallimard

RECHERCHE STYLISTIQUE

Qu'est-ce qu'une **période** ? Recherchez et analysez des exemples dans l'œuvre de BOSSUET. Étudiez la période construite dans ce texte (« Il part puissamment » l. 19... « de ses forces » l. 27) à la manière de BOSSUET. Peut-on parler d'architecture verbale ?

Introduction à la méthode de Léonard de Vinci (1895)

Écrit en 1894, publié en 1895 dans La Nouvelle Revue, *ce texte devait être repris en 1919, enrichi de commentaires et de digressions, puis en 1924 dans* Variété I. *Léonard de Vinci (1452-1519) fut non seulement le peintre de* La Joconde *(dont le sourire, pour* **Valéry**, *n'est pas purement « mystérieux »), mais un esprit universel. Se proposant « d'imaginer un homme de qui auraient paru des actions tellement distinctes que si (l'on vient) à leur supposer une pensée, il n'y en aura pas de plus étendue », Valéry juge qu'aucun nom ne conviendrait mieux à cet homme que Léonard de Vinci. L'unité de sa méthode permet de mettre en valeur la notion de composition, c'est-à-dire encore d'architecture.* **Les productions d'un esprit génial** *donnent l'impression de quelque chose d'inhumain. Mais si l'on s'interroge sur leur genèse, on en retrouve toute l'humanité.*

Dessin de Léonard de Vinci.

1. *Auteur comique grec, dont presque toutes les œuvres ont été perdues.*

2. *C'est ce qu'on appelle les* Cahiers de Léonard de Vinci.

3. *Les* Pensées.

DISCUSSION

Discutez cette pensée de Paul VALÉRY, dans l'*Introduction à la méthode de Léonard de Vinci* : « Une œuvre d'art devrait toujours nous apprendre que nous n'avions pas vu ce que nous voyons. »

Le drame de l'esprit

Certains travaux des sciences, par exemple, et ceux des mathématiques en particulier, présentent une telle simplicité de leur armature qu'on les dirait l'œuvre de personne. Ils ont quelque chose d'*inhumain*. Cette disposition n'a pas été inefficace. Elle a fait supposer une distance si grande entre certaines études,
5 comme les sciences et les arts, que les esprits originaires en ont été tout séparés dans l'opinion et juste autant que les résultats de leurs travaux semblaient l'être. Ceux-ci, pourtant, ne diffèrent qu'après les variations d'un fond commun, par ce qu'ils en conservent et ce qu'ils en négligent, en formant leurs langages et leurs symboles. Il faut donc avoir quelque défiance à l'égard des livres et des expo-
10 sitions trop pures. Ce qui est fixé nous abuse, et ce qui est fait pour être regardé change d'allure, s'ennoblit. C'est mouvantes, irrésolues, encore à la merci d'un moment, que les opérations de l'esprit vont pouvoir nous servir, avant qu'on les ait appelées divertissement ou loi, théorème ou chose d'art, et qu'elles se soient éloignées, en s'achevant, de leur ressemblance.
15 Intérieurement, il y a un drame. Drames, aventures, agitations, tous les mots de cette espèce peuvent s'employer, pourvu qu'ils soient plusieurs et se corrigent l'un par l'autre. Ce drame se perd le plus souvent, tout comme les pièces de Ménandre[1]. Cependant, nous gardons les manuscrits de Léonard[2] et les illustres notes de Pascal[3]. Ces lambeaux nous forcent à les interroger. Ils nous font deviner
20 par quels sursauts de pensée, par quelles bizarres introductions des événements humains et des sensations continuelles, après quelles immenses minutes de langueur se sont montrées à des hommes les ombres de leurs œuvres futures, les fantômes qui précèdent. Sans recourir à de si grands exemples qu'ils emportent le danger des erreurs de l'exception, il suffit d'observer quelqu'un qui
25 se croit seul et s'abandonne ; qui *recule* devant une idée ; qui la *saisit* ; qui nie, sourit ou se contracte, et mime l'étrange situation de sa propre diversité. Les fous s'y livrent devant tout le monde.

Paul VALÉRY, *Introduction à la méthode de Léonard de Vinci* (1895), © éd. Gallimard

---

RÉSUMÉ DU TEXTE

Articulez-le autour des **trois idées** suivantes :

a. La **distance** n'est pas si grande qu'on veut bien le dire entre les différentes productions de l'esprit humain, en particulier entre les sciences et les arts.

b. Il faut remonter à un **point originaire** commun, à partir duquel s'organisent des variations.

c. Ce moment originel est un **drame**, un moment d'hésitation, et l'expérience la plus commune de l'activité intellectuelle nous permet de le retrouver.

« Fragments du *Narcisse* » (1926)

« Te voici, mon doux corps... »

*Un poème de jeunesse, « Narcisse parle » (publié en 1891 et repris dans l'*Album de vers anciens*), sert de point de départ au projet d'un* Narcisse *dont* **Valéry** *n'écrivit que des fragments, réunis en 1926, dans une plaquette. La réédition de* Charmes*, cette même année 1926, contient trois de ces fragments. Voici la fin du dernier. Narcisse regarde l'image de son corps dans le miroir des eaux.* **L'esprit se contemple dans la constante observation de soi-même.**

Te voici, mon doux corps de lune et de rosée,
O forme obéissante à mes vœux opposée[1] !
Qu'ils sont beaux, de mes bras les dons vastes et vains !
Mes lentes mains, dans l'or adorable se lassent   20
D'appeler ce captif que les feuilles enlacent ;
Mon cœur jette aux échos l'éclat des noms divins[2] !...
Mais que ta bouche est belle en ce muet blasphème !
O semblable !... Et pourtant plus parfait que moi-même,
Éphémère immortel, si clair devant mes yeux,   25
Pâles membres de perle, et ces cheveux soyeux,
Faut-il qu'à peine aimés, l'ombre les obscurcisse,
Et que la nuit déjà nous divise, ô Narcisse,
Et glisse entre nous deux le fer qui coupe un fruit !
Qu'as-tu ?   30
       Ma plainte même est funeste ?...
                         Le bruit
Du souffle que j'enseigne à tes lèvres, mon double,
Sur la limpide lame a fait courir un trouble !...

Tu trembles !... Mais ces mots que j'expire à genoux
Ne sont pourtant qu'une âme hésitante[3] entre nous,
Entre ce front si pur et ma lourde mémoire...
Je suis si près de toi que je pourrais te boire,
O visage !... Ma soif est un esclave nu...
Jusqu'à ce temps charmant je m'étais inconnu[4],
Et je ne savais pas me chérir et me joindre !
Mais te voir, cher esclave, obéir à la moindre
Des ombres dans mon cœur se fuyant à regret,
Voir sur mon front l'orage et les feux d'un secret,
Voir, ô merveille, voir ! ma bouche nuancée
Trahir... peindre sur l'onde une fleur de pensée,
Et quels événements étinceler dans l'œil !
J'y trouve un tel trésor d'impuissance et d'orgueil,
Que nulle vierge enfant échappée au satyre,
Nulle ! aux fuites habiles, aux chutes sans émoi,
Nulle des nymphes, nulle amie[5], ne m'attire
Comme tu fais sur l'onde, inépuisable Moi !...

Paul VALÉRY, Fragments du *Narcisse* dans *Charmes*
Nouvelle édition (1926)
© éd. Gallimard

1. *Comme une amante qui s'opposerait aux vœux de l'amant. —*
2. *Par lesquels il pourra désigner les beautés de son corps. — 3. Un souffle indécis. — 4. J'étais inconnu à moi-même. — 5. Il faut compter le* e *muet final pour une syllabe.*

LECTURE MÉTHODIQUE

1. Le double aimé (vers 1 à 13)

a. Rites de l'amour. Narcisse cherche à embrasser son double, il lui parle comme à une amante, il lui fait de tendres reproches.

b. Obstacles à l'amour. Le corps insaisissable ; la bouche muette ; l'entrée dans la nuit.

c. Étudiez les épithètes, et en particulier dans les expressions suivantes : « muet blasphème » (v. 7), « éphémère immortel » (v. 9).

2. Un trouble (vers 14 à 19)

a. La présentation du vers 14, ses blancs, son rythme.
b. Comment ce « trouble » est-il suggéré poétiquement ?
c. Les discours rassurants.

3. L'exclamation exaltée (vers 20 à 34)

a. Les fonctions et les effets de l'**exclamation** dans ce passage.

b. Une découverte tardive, une révélation exaltante : étudiez la reprise du verbe *voir*.
c. Étudiez les **effets de prolongement**, en particulier les enjambements et les échos.

AU-DELÀ DU TEXTE

Le mythe de Narcisse

Les Métamorphoses du poète latin OVIDE racontent la légende de cet adolescent qui s'éprit de sa propre beauté reflétée dans le miroir des eaux et mourut de cet amour stérile. Ce mythe est particulièrement cher à VALÉRY : Narcisse devient le symbole de la conscience de soi, dans l'effort du « plus pur de l'esprit » pour « se surprendre soi-même et soi-même saisir ». VALÉRY écrira encore une *Cantate de Narcisse* en 1938.

Monsieur Teste (1896-1926)

En 1896, **Valéry** *inaugure, avec* La Soirée avec Monsieur Teste, *le « cycle Teste », qui n'a cessé de s'enrichir à la suite de l'édition de 1926. Il constitue les fragments d'une sorte de roman, ou plutôt d'***anti-roman, qui serait un roman de l'esprit***. Au centre, Monsieur Teste, un homme d'une quarantaine d'années, dont l'extrême acuité de vision n'a d'égale que celle de sa réflexion : « homme toujours debout sur le cap Pensée, à s'écarquiller les yeux sur les limites ou des choses, ou de la vue ». Au cours de la soirée, le témoin, qui est aussi le narrateur, et lui-même ce que nous appellerions un intellectuel, accompagne M. Teste à l'Opéra, puis chez lui. M. Teste lui demande d'assister à son coucher, qui est comme une anticipation de l'agonie et de la mort. En tout cas, avant de s'endormir, M. Teste va s'intéresser à une douleur qu'il sent en lui.*

Une idée de douleur

La Soirée avec Monsieur Teste. Lavis de Paul Valéry. Paris, B.N.

Il souffrit.

« Mais qu'avez-vous ? lui dis-je, je puis...

— J'ai, dit-il,... pas grand'chose. J'ai... un dixième de seconde qui se montre... Attendez... Il y des instants où mon corps s'illumine... C'est très
5 curieux. J'y vois tout à coup en moi... je distingue les profondeurs des couches de ma chair ; et je sens des zones de douleur, des anneaux, des pôles, des aigrettes de douleur. Voyez-vous ces figures vives ? cette géométrie de ma souffrance ? Il y a de ces éclairs qui ressemblent tout à fait à des idées. Ils font comprendre, — d'ici, jusque-là... Et pourtant ils me laissent *incertain.* Incertain
10 n'est pas le mot... Quand *cela* va venir, je trouve en moi quelque chose de confus ou de diffus. Il se fait dans mon être des endroits... brumeux, il y a des étendues qui font leur apparition. Alors, je prends dans ma mémoire une question, un problème quelconque... Je m'y enfonce. Je compte des grains de sable... et, tant que je les vois... — Ma douleur grossissante me force à l'observer. J'y pense !
15 — Je n'attends que mon cri,... et dès que je l'ai entendu — l'*objet*, le terrible *objet*, devenant plus petit, et encore plus petit, se dérobe à ma vue intérieure...

Que peut un homme ? Je combats tout, — hors la souffrance de mon corps, au-delà d'une certaine grandeur. C'est là, pourtant, que je devrais commencer. Car, souffrir, c'est donner à quelque chose une attention suprême, et je suis un
20 peu l'homme de l'attention... Sachez que j'avais prévu la maladie future. J'avais songé avec précision à ce dont tout le monde est sûr. Je crois que cette vue sur une portion évidente de l'avenir devrait faire partie de l'éducation. Oui, j'avais prévu ce qui commence maintenant. C'était, alors, une idée comme les autres. Ainsi, j'ai pu la suivre. »
25 Il devint calme.

Il se plia sur le côté, baissa les yeux ; et, au bout d'une minute, parlait de nouveau. Il commençait à se perdre. Sa voix n'était qu'un murmure dans l'oreiller. Sa main rougissante dormait déjà.

Il disait encore : « Je pense, et cela ne gêne rien. Je suis seul. Que la solitude
30 est confortable ! Rien de doux ne me pèse... La même rêverie ici, que dans la cabine du navire, la même au café Lambert... Les bras d'une Berthe, s'ils prennent de l'importance, je suis volé, — comme par la douleur... Celui qui me parle, s'il ne prouve pas, — c'est un ennemi. J'aime mieux l'éclat du moindre fait qui se produit. Je suis étant, et me voyant ; me voyant me voir, et ainsi de
35 suite... Pensons de tout près. Bah ! on s'endort sur n'importe quel sujet... Le sommeil continue n'importe quelle idée... »

Il ronflait doucement. Un peu plus doucement, je pris la bougie, je sortis à pas de loup.

Paul VALÉRY, *Monsieur Teste* (1926)
© éd. Gallimard

La Jeune Parque (1917)

*A la demande de plusieurs de ses amis, **Valéry** reprit pendant la guerre le travail poétique. Tout en remaniant ses vers anciens, il eut l'idée d'un poème nouveau, qui devait contenir 40 vers, et qui en compte 511, La Jeune Parque. Son projet : « Faire un chant prolongé, sans action, rien que l'incohérence aux confins du sommeil ; y mettre autant d'**intellectualité** que j'ai pu le faire et que la poésie en peut admettre sous ses voiles ; sauver l'abstraction prochaine par la musique, ou la racheter par des visions. »*

*** La Jeune Parque

Une jeune vierge sur sa couche passe du sommeil à l'éveil, de l'inconscience à la conscience, de l'inquiétude devant sa mortalité à l'acceptation enthousiaste de la vie. Parque, puisqu'elle retisse le fil qui conduit de la naissance à la mort, elle accomplit dans le dernier mouvement du poème (notre texte) le trajet inverse : de la mort (dans le lit-tombeau où, endormie, elle a été comme une fausse morte ; dans la mer, où elle allait se jeter) à la vie (nouvelle naissance de l'éveil, du matin, de l'abandon confiant aux puissances marines).

« *Doux et puissant retour du délice de naître* »

Terre trouble et mêlée à l'algue, porte-moi
Porte doucement moi...

paul Valéry

La Jeune Parque, dessin de Paul Valéry.
Paris, B.N.

1. L'image,
l'apparence.
2. Délivrée.

Délicieux linceuls, mon désordre tiède,
Couche où je me répands, m'interroge et me cède,
Où j'allai de mon cœur noyer les battements,
Presque tombeau vivant dans mes appartements,
5 Qui respire, et sur qui l'éternité s'écoute,
Place pleine de moi qui m'avez prise toute,
O forme de ma forme et la creuse chaleur
Que mes retours sur moi reconnaissaient la leur,
Voici que tant d'orgueil qui dans vos plis se plonge
10 A la fin se mélange aux bassesses du songe !
Dans vos nappes, où lisse elle imitait sa mort
L'idole[1] malgré soi se dispose et s'endort,
Lasse femme absolue[2], et les yeux dans ses larmes,
Quand, de ses secrets nus les antres et les charmes,
15 Et ce reste d'amour qui se gardait le corps
Corrompirent sa perte et ses mortels accords.

Arche toute secrète, et pourtant si prochaine,
Mes transports, cette nuit, pensaient briser ta chaîne ;
Je n'ai fait que bercer de lamentations
20 Tes flancs chargés de jour et de créations !
Quoi ! mes yeux froidement que tant d'azur égare
Regardent là périr l'étoile fine et rare,
Et ce jeune soleil de mes étonnements
Me paraît d'une aïeule éclairer les tourments,
25 Tant sa flamme aux remords ravit leur existence,
Et compose d'aurore une chère substance
Qui se formait déjà substance d'un tombeau !...
O, sur toute la mer, sur mes pieds, qu'il est beau !...
Tu viens !... Je suis toujours celle que tu respires,
30 Mon voile évaporé me fuit vers tes empires...

... Alors, n'ai-je formé, vains adieux si je vis,
Que songes ?... Si je viens, en vêtements ravis,
Sur ce bord, sans horreur, humer la haute écume,
Boire des yeux l'immense et riante amertume,

35 L'être contre le vent, dans le plus vif de l'air,
Recevant au visage un appel de la mer ;
Si l'âme intense souffle, et renfle furibonde
L'onde abrupte sur l'onde abattue, et si l'onde
Au cap tonne, immolant un monstre de candeur,
40 Et vient des hautes mers vomir la profondeur
Sur ce roc, d'où jaillit jusque vers mes pensées
Un éblouissement d'étincelles glacées,
Et sur toute ma peau que morde l'âpre éveil,
Alors, malgré moi-même, il le faut, ô Soleil,
45 Que j'adore mon cœur où tu te viens connaître,
Doux et puissant retour du délice de naître,

Feu vers qui se soulève une vierge de sang
Sous les espèces d'or d'un sein reconnaissant !

Paul VALÉRY, *La Jeune Parque* (1917)
© éd. Gallimard

Dessin de Paul Valéry.
Paris, B.N.

POUR LE COMMENTAIRE

Le langage poétique de Valéry

1. Le mode de composition

Un monologue dramatique, avec des mouvements successifs (Valéry a confié qu'il n'avait pu travailler à ce poème que « par morceaux »). Ce texte vous donne-t-il l'impression qu'il est une tirade ? Est-ce que cela vous paraît gênant ?

2. Le vocabulaire

Un langage néo-classique (relevez les termes qui vous paraissent repris de la langue du Grand Siècle) ; les latinismes ; l'usage des substantifs abstraits (essayez de caractériser la description telle que la pratique Valéry).

3. Les figures

Relevez des alliances de mots et des oxymores ; des oppositions, des métaphores.

Étudiez les effets que Valéry tire de l'antéposition, et en particulier de la prolepse.

4. La versification

La facture de l'alexandrin (étude des coupes) ; la musique de l'alexandrin (échos vocaliques, rimes, allitérations) ; rigueur et souplesse (les enjambements).

DÉBAT

Paul VALÉRY a écrit au sujet de *La Jeune Parque* : « Le fond importe peu. Lieux communs. La vraie pensée n'est pas adaptable au vers. »

Cette proposition vous semble-t-elle justifiée dans ce cas précis ? Vaut-elle pour toute poésie ?

Le Cimetière marin (1920)

Publié en juin 1920 dans La Nouvelle Revue Française, *ce poème a été repris dans* Charmes *en 1922, avec un certain nombre de variantes, en particulier dans l'ordre des strophes. « Ce cimetière existe », confiait* **Valéry** *à Frédéric Lefèvre : « Il domine la mer sur laquelle on voit les colombes, c'est-à-dire les barques des pêcheurs, errer, picorer ». Situé près de Sète, donc au bord de la Méditerranée, c'était le cimetière familial, et c'est là que le poète lui-même devait être inhumé. Après* **une longue méditation sur les morts** *et sur la condition mortelle de l'homme, Valéry, dans les vers qui suivent, achève le poème sur* **un hymne à la vie***.*

Le Cimetière marin,
eau-forte de Paul Valéry.

« *La naissance du vent* »

Non, non !... Debout ! Dans l'ère successive[1] !
Brisez, mon corps, cette forme pensive !
Buvez, mon sein, la naissance du vent !
Une fraîcheur, de la mer exhalée,
5   Me rend mon âme... O puissance salée !
Courons à l'onde en rejaillir vivant !

Oui ! Grande mer de délires douée,
Peau de panthère et chlamyde[2] trouée
De mille et mille idoles[3] du soleil,
10 Hydre absolue[4], ivre de ta chair bleue,
Qui te remords l'étincelante queue
Dans un tumulte au silence pareil,

Le vent se lève !... Il faut tenter de vivre !
L'air immense ouvre et referme mon livre,
15 La vague en poudre ose jaillir des rocs !
Envolez-vous, pages tout éblouies !
Rompez, vagues ! Rompez d'eaux réjouies
Ce toit tranquille[5] où picoraient des focs[6] !

Paul VALÉRY, « Le Cimetière marin » dans
Charmes (1922), © éd. Gallimard

1. *Dans la durée, qui implique la succession.* — 2. *Manteau de laine, d'origine thessalienne.* — 3. *Au sens étymologique : images.* — 4. *Valéry fait appel pour les deux mots au sens étymologique :* hydre *serait alors le calque du grec* hudôr, *l'eau ;* absolue *le calque du latin* absoluta, *délivrée, complètement libre. Mais l'hydre est aussi un serpent monstrueux (l'hydre de Lerne, que combattit Héraklès).* — 5. *La mer.* — 6. *Le foc est la voile triangulaire qui, à l'avant d'un bateau, s'incline et semble piquer les flots.*

LECTURE SUIVIE DU *CIMETIÈRE MARIN*

Strophes 1 à 4 : le temple

C'est une nouvelle méditation de Valéry l'architecte (voir p. 188) : la surface de la mer est comme un « toit », toit d'un temple, « temple simple à Minerve », dont l'architecte semble être le soleil. C'est l'heure de Midi, « Midi le juste », qui donne l'impression que le temps est suspendu (comparez avec le début de *Partage de midi*, de Claudel).

Strophes 5 à 8 : le passant

Or, au moment où le temps semblait suspendu, l'ombre du poète se déplace lentement. C'est le signe que midi est passé, c'est aussi le signe que l'homme n'est sur cette terre qu'un passant. Valéry oppose la condition éphémère de l'homme au décor apparemment immuable de la mer et du ciel.

Strophes 9 à 16 : les morts

Le poète songe aux morts qui sont là sous terre, et en particulier aux êtres qui lui étaient chers. Il s'interroge sur ce qu'ont pu devenir ces « absents ». Il refuse l'idée d'une immortalité analogue à celle que promet la religion chrétienne et se contente de l'hypothèse matérialiste : mêlés à la nature, « les morts cachés sont bien dans cette terre ».

Strophes 17 à 21 : la conscience

Le poète espère-t-il pour lui-même une quelconque immortalité de l'âme ? A l'inverse des morts, il ne peut pas ne pas se poser la question. Et cette question (qui est encore le « to be or not to be » de Hamlet) le ronge. « Le vrai rongeur, le ver irréfutable » n'est pas celui qui dévore le cadavre des morts, il est la conscience qui ronge le vivant.

Strophes 22 à 24 : « il faut tenter de vivre »

Ce sont les trois strophes que nous citons. Le poète renonce temporairement à ses pensées sur les morts et même à tout exercice de la pensée pour s'accorder à la vie et au mouvement de la nature qui l'entoure.

Mon Faust (éd. posthume, 1946)

En juin 1940, **Valéry** *commença la rédaction d'un* Faust *dont il n'a laissé, comme pour* Narcisse, *que des fragments : les trois premiers actes d'une comédie intitulée* Lust, la demoiselle de cristal, *les deux tiers d'une féerie dramatique,* Le Solitaire ou les malédictions d'Univers. *Il reprend avec beaucoup de liberté les composantes du mythe.* **Las du savoir et des livres**, *Faust, qui a retrouvé la jeunesse, et vit comme une seconde vie, la découvre avec extase.*

Acte II, scène 5

*Faust vend son âme
au diable.*
Paris, B.N.

« *Voir suffit* »

VIVRE... Je ressens, je respire mon chef-d'œuvre. Je nais de chaque instant pour chaque instant. VIVRE !... JE RESPIRE. N'est-ce pas tout ? JE RESPIRE... J'ouvre profondément chaque fois, toujours pour la première fois, ces ailes intérieures qui battent le temps vrai. Elles portent celui qui est, de celui qui fut à celui qui
5 va être... JE SUIS, n'est-ce pas extraordinaire ? Se soutenir au-dessus de la mort comme une pierre se soutiendrait dans l'espace ? Cela est incroyable... JE RESPIRE, et rien de plus. Le parfum impérieux de mes fleurs veut que je respire et l'odeur de la terre fraîche vient en moi surgir, toujours plus désirée, toujours plus désirable, sur les puissances de mon souffle. JE RESPIRE ; et rien de plus, car
10 il n'y a rien de plus. JE RESPIRE et JE VOIS. Ce lieu est doux à voir... Mais qu'importe ce lieu ? Qu'importe ce qu'on voit ? VOIR suffit, et savoir que l'on voit... C'est là toute une science. Je vois ce pin. Qu'importe ce pin lui-même ? Ce pourrait être un chêne, là. Je le verrais. Et ce toit de brillante ardoise serait aussi bien un miroir d'eau calme. Je le verrais. Et quant à la figure de ces collines éloignées qui
15 ferment accidentellement le pays, je me sens dans les mains le pouvoir d'en redessiner à mon gré la longue ligne molle... VOIR, c'est donc aussi bien voir autre chose ; c'est voir ce qui est possible, que de voir ce qui est... Qu'est-ce donc que les visions exceptionnelles que les ascètes sollicitent, auprès de ce prodige qui est de voir quoi que ce soit ? L'âme est une pauvresse. Si je ferme les yeux, et
20 si je me concentre, me voici entre l'esprit et l'âme... Quelle misère ! Où sont les formes précises, les nuances, la perspective que le moindre mouvement tranforme ? De quel prix de fatigue dois-je payer à présent, sous mes paupières, la durée, la netteté et l'éclat des objets que j'essaie de me former ? Et quelle foi intense, quelles macérations obstinées, quelle oraison excessive pourrait se créer
25 un soleil comme celui-ci qui luit et verse si généreusement son sang de pourpre, pour tout le monde ?

Paul VALÉRY, *Mon Faust*, Acte II, scène 5 (éd. posthume 1946)
© éd. Gallimard

POUR LE COMMENTAIRE ————————————

1. Le degré zéro de l'expression

Analysez l'esthétique du « rien de plus » ; le texte réduit à ce qui est écrit en capitales ; la limite de l'ineffable.

2. L'expression enrichie

Remarquez les images, les formules et le discours dramatique.

3. Voir

Voir le possible (une critique de l'hallucination simple telle que Rimbaud l'a définie dans *Une saison en enfer* ?) ; voir ce qui est ; voir tout simplement.

Reportez-vous à ce sujet à LITTÉRATURE, *XIXe siècle*, pp. 504 et 505.

Le personnage de Faust

1. Un homme de la Renaissance

La légende s'est vite emparée du personnage historique de Faust, né en Allemagne vers 1480. Il est, dès 1587, le héros d'un recueil anonyme, le *Volksbuch*. Assoiffé de plaisir et de science, Faust vend son âme au démon, qui s'engage à le servir et lui procure toutes sortes de voluptés.

Le Faust de la Renaissance traduit l'élan humain vers la science, le pouvoir et le plaisir, mais par son pacte avec le démon, c'est un pécheur, que la religion condamne. *La Tragique Histoire du docteur Faust*, drame anglais de **MARLOWE** (1590), s'inscrit dans cette lignée.

2. Un héros romantique

Les désirs immédiats de Faust sont transfigurés par les romantiques en un désir métaphysique d'infini. Faust devient le titan en révolte contre un monde mal fait.

Le roman allemand de **KLINGER** (1791) traduit cette lassitude et cette révolte, alors que le drame de **GOETHE**, commencé en 1773 et achevé en 1832, insiste davantage sur un Faust, représentatif de l'humanité, qui « erre tant qu'elle agit ». **LESSING, LENAU, CHAMISSO, GRABBE, HEINE, BYRON, BAILEY, VILLIERS DE L'ISLE-ADAM, IBSEN** et beaucoup d'autres s'intéressent également à Faust.

3. Un personnage nietzschéen

Faust incarnera ensuite l'homme moderne, qui conquiert savoir, puissance et bonheur sans drame. L'œuvre philosophique de **SPENGLER**, *Le Déclin de l'Occident* (1918), donne naissance à l'homme faustien, sorte de héros mythique debout dans une Europe qui vacille.

Avec l'avènement du nazisme, Faust devient le porte-parole du nationalisme allemand. Mais, pour la plupart, il est, après 1945, le symbole de l'Allemagne qui a pactisé avec le nazisme démoniaque. Son alliance avec le diable et la condamnation qui en résultent sont de nouveau mises en valeur.

Le Docteur Faustus (1947), de **THOMAS MANN**, illustre le vertige collectif d'un nationalisme fatal et le passage du génie à la solitude, puis à la folie.

Les auteurs marxistes ont accordé à Faust, dominateur du monde, un réel intérêt. **MIKHAÏL BOULGAKOV** leur répond dans une fine satire : *Le Maître et Marguerite* (1966).

4. Opéra, peinture, cinéma

On trouve ces différents traitements du mythe dans les opéras de **SPOHR** (1818), **BERLIOZ** (*La Damnation de Faust*, 1846), **GOUNOD** (1859), **BUSONI** (1925), **EISLER** (1952) ou **CANDONI** et **NASCIMBENE** (*(Faust in Manhattan*, 1967). Sans parler des scènes de l'œuvre de Goethe mises en musique par **SCHUMANN** (1858), de la *Faust Symphonie*, de **LISZT** (1854-1857) ou de l'opéra-bouffe d'**HERVÉ** (1869).

Des peintres du XIXᵉ siècle se sont particulièrement intéressés au mythe de Faust, parmi lesquels **CORNÉLIUS** (1810), **DELACROIX** (1828), **SCHEFFER** (1831), **LEYS** (1854), **LAURENS** (1885).

Le cinéma, dès ses débuts, a aimé Faust puisque **GEORGES MÉLIÈS** lui a consacré pas moins de six films. On peut citer également **LUNATCHARSKI** (*Faust et la Ville*), **FRIEDRICH MURNAU** (1926), **ARMAND SALACROU** et **RENÉ CLAIR** (*La Beauté du diable*, 1950), **CLAUDE AUTANT-LARA** (*Marguerite de la nuit*, 1955).

Michel Simon et Gérard Philipe dans *La Beauté du diable*, film de René Clair, 1950.

La Crise de l'esprit (1919)

Publiées d'abord en anglais, puis en français dans La Nouvelle Revue Française *du 1ᵉʳ août 1919, les deux lettres qui constituent **ce texte se proposaient de décrire une « phase critique »**. Au moment où venait de s'achever la Première Guerre mondiale, **Valéry** se demandait : « Sommes-nous vraiment dans une phase critique ? A quoi le connaît-on ? Cette maladie peut-elle être "mortelle" ? Pouvons-nous, ou non, imaginer de telles destructions matérielles et spirituelles ou de telles substitutions, non fantastiques, mais réalisables, que l'ensemble de nos évaluations d'ordre intellectuel et esthétique n'ait plus de sens actuel ? » La phrase qui ouvre la première lettre (notre texte) est devenue presque immédiatement célèbre et a constitué un des thèmes de réflexion majeurs de l'entre-deux-guerres.*

Les civilisations sont mortelles

Nous autres, civilisations, nous savons maintenant que nous sommes mortelles.

Nous avions entendu parler de mondes disparus tout entiers, d'empires coulés à pic avec tous leurs hommes et tous leurs engins ; descendus au fond inexplora-
5 ble des siècles avec leurs dieux et leurs lois, leurs académies et leurs sciences pures et appliquées, avec leurs grammaires, leurs dictionnaires, leurs classiques, leurs romantiques et leurs symbolistes, leurs critiques et les critiques de leurs critiques. Nous savions bien que toute la terre apparente est faite de cendres, que la cendre signifie quelque chose. Nous apercevions à travers l'épaisseur de
10 l'histoire, les fantômes d'immenses navires qui furent chargés de richesse et d'esprit. Nous ne pouvions pas les compter. Mais ces naufrages, après tout, n'étaient pas notre affaire.

Elam, Ninive, Babylone étaient de beaux noms vagues, et la ruine totale de ces mondes avait aussi peu de signification pour nous que leur existence même.
15 Mais *France, Angleterre, Russie*... ce seraient aussi de beaux noms, *Lusitania*[1] aussi est un beau nom. Et nous voyons maintenant que l'abîme de l'histoire est assez grand pour tout le monde. Nous sentons qu'une civilisation a la même fragilité qu'une vie. Les circonstances qui enverraient les œuvres de Keats[2] et celles de Baudelaire rejoindre les œuvres de Ménandre[3] ne sont plus du tout
20 inconcevables : elles sont dans les journaux.

Ce n'est pas tout. La brûlante leçon est plus complète encore. Il n'a pas suffi à notre génération d'apprendre par sa propre expérience comment les plus belles choses et les plus antiques, et les plus formidables et les mieux ordonnées sont périssables *par accident* ; elle a vu, dans l'ordre de la pensée, du sens commun,
25 et du sentiment, se produire des phénomènes extraordinaires, des réalisations brusques de paradoxes, des déceptions brutales de l'évidence.

Je n'en citerai qu'un exemple : les grandes vertus des peuples allemands ont engendré plus de maux que l'oisiveté jamais n'a créé de vices. Nous avons vu, de nos yeux vu, le travail consciencieux, l'instruction la plus solide, la discipline
30 et l'application les plus sérieuses, adaptés à d'épouvantables desseins.

Tant d'horreurs n'auraient pas été possibles sans tant de vertus. Il a fallu, sans doute, beaucoup de science pour tuer tant d'hommes, dissiper tant de biens, anéantir tant de villes en si peu de temps ; mais il a fallu non moins de *qualités morales*. Savoir et Devoir, vous êtes donc suspects ?

Paul VALÉRY, *La Crise de l'esprit* (1919)
repris dans *Variété I* (1924)
© éd. Gallimard

1. Paquebot américain coulé par les Allemands en 1915. C'est l'une des raisons de l'entrée des États-Unis dans le conflit.

2. Poète romantique anglais.

3. Auteur comique grec dont les œuvres sont presque toutes perdues.

AU-DELÀ DU TEXTE

L'éternel retour et la mort des civilisations

1. Un texte canonique : la *Quatrième Bucolique*, de VIRGILE, traduite par VALÉRY.

2. La méditation de MONTAIGNE sur les civilisations disparues d'Amérique (*Essais*, chapitre « Des Coches »).

3. Un film récent : *Le Sacrifice*, d'Andréï TARKOVSKI (1986).

Regards sur le monde actuel (1931-1945)

En 1931, **Valéry** *fit paraître un volume intitulé* Regards sur le monde actuel. *Cet ouvrage s'enrichit jusqu'à la mort de l'auteur, comme le prouve la réédition augmentée de 1945, où a été repris le texte de 1938 que nous citons. Ce texte, « Au sujet de la dictature », a paru en tête d'un album de photographies et documents, où étaient évoqués des hommes aussi divers que Mussolini, Salazar, Kémal, Horthy, Pilsudski, Roosevelt, Hitler et Staline.*

« Au sujet de la dictature »

Charlie Chaplin
dans *Le Dictateur*, 1940.

Nous avons vu, en quelques années, sept monarchies (je crois) disparaître ; un nombre presque égal de dictatures s'instituer ; et dans plusieurs nations dont le régime n'a pas changé, ce régime assez tourmenté, tant par les faits que par les réflexions et comparaisons que ces changements chez les voisins excitaient
5 dans les esprits. Il est remarquable que la dictature soit à présent contagieuse, comme le fut jadis la liberté.

Le monde moderne n'ayant su jusqu'ici ajuster son âme, sa mémoire, ses habitudes sociales, ni ses conventions de politique et de droit au corps nouveau et aux organes qu'il s'est récemment formés, s'embarrasse des contrastes et des
10 contradictions qui se déclarent à chaque instant entre les concepts et les idéaux d'origine historique, qui composent son acquis intellectuel et sa capacité émotive, et les besoins, les connexions, les conditions et les variations rapides d'origine positive et technique, qui, dans tous les ordres, le surprennent et mettent sa vieille expérience en défaut.

15 Il se cherche une économie, une politique, une morale, une esthétique, et même une religion — et même… une logique, peut-être ? Il n'est pas merveilleux que parmi des tâtonnements qui ne font que commencer et dont il est impossible de prévoir le succès ni le terme, l'idée de dictature[1], l'image fameuse du « tyran[2] intelligent », se soit proposée, et même imposée, ici ou là.

Paul VALÉRY, *Regards sur le monde actuel* (1931-1945)
© éd. Gallimard

---

1. *« L'image d'une dictature, écrit ailleurs Valéry, est la réponse inévitable (et comme instinctive) de l'esprit quand il ne reconnaît plus dans la conduite des affaires, l'autorité, la continuité, l'unité, qui sont les marques de la volonté réfléchie et de l'empire de la connaissance organisée. »* — 2. *Ce tyran assume, précisait-il plus haut, « toutes les fonctions supérieures de l'esprit ».*

POUR LE COMMENTAIRE

1. Des événements récents

Recherchez ces événements qui ont pu inspirer à Valéry cette méditation.
a. Quelles sont les sept monarchies qui ont disparu ?
b. Quelles sont les dictatures qui ont été instituées ?
c. Quelles ont été les retombées dans les nations dont le régime n'a pas changé, et en particulier en France ?

2. La théorie du « tyran intelligent »

a. Renseignez-vous sur les différents sens du mot tyran et sur les diverses conceptions de la tyrannie.

b. Expliquez l'image du tyran intelligent.
c. Peut-on confondre le tyran intelligent et le dictateur ?

3. Une contagion dans le monde moderne

Comment Valéry l'explique-t-il ? Dans un autre texte, écrit en 1934 à propos de Salazar, le dictateur du Portugal, Valéry exprimait son intention de décrire non une dictature, mais « l'état naissant d'une dictature ». Y est-il parvenu ?

Le Bilan de l'intelligence (1935)

Valéry fit deux fois une conférence sur ce sujet en 1935. Le texte en fut publié cette année-là, puis repris l'année suivante dans Variété III. L'auteur **rejette tous les changements** qui, au cours de la précédente décennie, ont « bouleversé et créé tant de choses aux dépens du passé ». Il en vient à parler du baccalauréat, tel qu'il était conçu en 1935.

Le baccalauréat

Le diplôme fondamental, chez nous, c'est le baccalauréat. Il a conduit à orienter les études sur un programme strictement défini et en considération d'épreuves qui, avant tout, représentent, pour les
5 examinateurs, les professeurs et les patients, une perte totale, radicale et non compensée, de temps et de travail. Du jour où vous créez un diplôme, un contrôle bien défini, vous voyez aussitôt s'organiser en regard tout un dispositif non moins précis que
10 votre programme, qui a pour but unique de conquérir ce diplôme par tous moyens. Le but de l'enseignement n'étant plus la formation de l'esprit, mais l'acquisition du diplôme, c'est le minimum exigible qui devient l'objet des études. Il ne s'agit
15 plus d'apprendre le latin, ou le grec, ou la géométrie. Il s'agit *d'emprunter*, et non plus *d'acquérir*, d'emprunter ce qu'il faut pour passer le *baccalauréat*.

Ce n'est pas tout. Le diplôme donne à la société un fantôme de garantie, et aux diplômés des fantô-
20 mes de droits. Le diplômé passe officiellement pour savoir : il garde toute sa vie ce brevet d'une science momentanée et purement expédiente[1]. D'autre part, ce diplômé au nom de la loi est porté à croire qu'on lui doit quelque chose. Jamais convention plus
25 néfaste à tout le monde, à l'État et aux individus (et, en particulier, à la culture) n'a été instituée. C'est en considération du diplôme, par exemple, que l'on a vu se substituer à la lecture des auteurs l'usage des résumés, des manuels, des comprimés de science
30 extravagants, les recueils de questions et de réponses toutes faites, extraits et autres abominations. Il en résulte que plus rien dans cette culture adultérée ne peut aider ni convenir à la vie d'un esprit qui se développe.

35 Je ne veux pas examiner en détail les diverses matières de cet enseignement détestable : je me bornerai à vous montrer à quel point l'esprit se trouve choqué et blessé par ce système dans ses parties les plus sensibles.
40 Laissons la question du grec et celle du latin, c'est une dérision que l'histoire des vicissitudes de ces enseignements. On remet, ou on retire, selon le flux ou le reflux, un peu plus de grec ou un peu plus de latin dans les programmes. Mais quel grec et quel
45 latin ! La querelle dite des « humanités » n'est que le combat des simulacres de culture. L'impression qu'on éprouve devant l'usage que l'on fait de ces malheureuses langues deux fois mortes est celle d'une étrange falsification. Ce ne sont plus vérita-
50 blement des langues ni des littératures dont on s'occupe, ces langages semblent n'avoir jamais été parlés que par des fantômes. Ce sont, pour l'immense majorité de ceux qui font semblant de les étudier, des conventions bizarres dont l'unique fonc-
55 tion est de constituer les difficultés d'un examen. Sans doute le latin et le grec ont beaucoup changé depuis un siècle. Actuellement, l'antiquité n'est plus du tout celle de Rollin[2], pas plus que les chefs-d'œuvre de la sculpture antique ne sont, depuis cent
60 ans, ni l'*Apollon du Belvédère*[3] ni *le Laocoon*[4] ; et sans doute on ne sait plus ni le latin des jésuites ni celui des docteurs en philologie. On sait un latin, ou, plutôt, on fait semblant de savoir un latin, dont la version du baccalauréat est la fin dernière et défini-
65 tive. J'estime, pour ma part, que mieux vaudrait rendre l'enseignement des langues mortes entièrement facultatif, sans épreuves obligatoires, et dresser seulement quelques élèves à les connaître assez solidement, plutôt que de les contraindre en masse
70 à absorber des parcelles inassimilables de langages qui n'ont jamais existé... Je croirai à l'enseignement des langues antiques quand j'aurai vu, en chemin de fer, un voyageur sur mille tirer de sa poche un petit Thucydide ou un charmant Virgile, et s'y absorber,
75 foulant aux pieds journaux et romans plus ou moins policiers.

Paul VALÉRY, « Le Bilan de l'intelligence »,
1935, repris dans *Variété III* (1936)
© éd. Gallimard

---

1. Puisqu'elle n'avait d'objet que l'examen. — 2. Charles Rollin (1661-1741) écrivit un Traité des Études. Il plaida la cause du grec. — 3. Statue conservée dans le pavillon du Belvédère, au Vatican. C'est le type de l'Apollon vainqueur. — 4. Autre statue, qui date du temps d'Auguste. Le devin troyen Laocoon, qui avait prédit la ruse du cheval de Troie, périt étouffé par des serpents qu'avaient suscité les dieux protecteurs des Grecs.

RÉSUMÉ DE TEXTE

Organisez-le autour de **trois thèmes** :

1. Un savoir emprunté pour l'instant d'un examen.

2. Un diplôme qui n'est qu'un fantôme de garantie.

3. L'enseignement du latin et du grec.

DISCUSSION

Certains des problèmes abordés par Paul VALÉRY vous semblent-ils encore actuels ? Peut-on, à votre avis, aller dans le même sens que lui ?

8

DADA ET LE SURRÉALISME

TZARA, BRETON, SOUPAULT, CREVEL, PÉRET, DESNOS, DAUMAL, ARTAUD, BATAILLE, ELUARD, ARAGON NOUGÉ, GARCIA LORCA

« Cette période de la vie parisienne a été traversée par cette bande sauvage, agressive, animée d'un étrange mélange d'humour et de gravité sombre, dont on gardera le souvenir. »

Louis Aragon,
Pour expliquer ce que j'étais

Valentine Hugo, *Le Surréalisme*, 1932, coll. Matarasso.
(Eluard, Breton, Tzara, Char, Péret, Crevel).

1. Dada. — Tristan Tzara (1896-1963)

Entre 1916 et 1922 se développe l'entreprise Dada, sous l'impulsion d'un jeune Roumain, **TRISTAN TZARA**. Produit par le dégoût de toute une jeunesse européenne jetée dans l'horreur et l'absurdité de la guerre, Dada apparaît à Zurich et gagne Paris en 1919, avant de connaître un développement international.

C'est au Cabaret Voltaire de Zurich que les premiers Dada se retrouvent. Ils se nomment Hugo Ball, Hans Arp, Richard Huelsenbeck. Ils peignent, ils donnent des spectacles d'avant-garde, accueillent volontiers toutes **les formes d'expression modernes ou marginales** (futuristes, simultanéistes, expressionnistes, cubistes). La revue *Cabaret Voltaire* témoigne de cet enthousiasme éclectique.

Un manifeste strictement Dada paraît en 1916, *La Première Aventure céleste de Monsieur Antipyrine* (Tristan Tzara). Un deuxième manifeste appelle à la subversion absolue en 1918. Avec l'arrivée de Tzara à Paris en 1919 et le ralliement d'**ANDRÉ BRETON** et de ses amis à ses thèses, le centre de gravité du mouvement contestataire se déplace de Suisse en France. Une série de provocations et de scandales finit par alerter la grande presse, qui s'intéresse soudain à ces énergumènes. Dada multiplie les tracts, les manifestes, les actions spectaculaires, telles qu'une parodie de procès fait à Maurice Barrès. Tout cela aboutira finalement, à partir de 1922, à la rupture de Tzara et de Breton, le second reprochant au premier son nihilisme gratuit. Le surréalisme naît des cendres de Dada.

Malgré la brièveté de son existence, Dada a apporté, notamment sur le plan technique, **de nombreuses et fortes innovations**. Adieu les prudentes audaces du vers libre ! Des créations singulières et déroutantes se font jour, comme la poésie phonétique, chimique ou optique, tendant toutes à substituer au sens des mots (la plupart du temps écrasés, éclatés ou dévergondés) celui de l'acte poétique en mouvement. Ce qui importe, ce n'est pas le texte produit, mais la production du texte, ce ne sont pas de belles strophes bien alignées et joliment rimées, mais la violence faisant dévaler les mots ou les sons.

Tristan Tzara

Tristan Tzara,
par Francis Picabia, 1919.

Le « père » du surréalisme

Tristan Tzara quitte la Roumanie, son pays natal, pour poursuivre ses études à Zurich en 1915. Il participe aux joyeuses soirées du Cabaret Voltaire, publie le premier manifeste Dada, se lie avec de nombreux écrivains français et italiens.

Principal animateur de Dada, il est accueilli avec enthousiasme à Paris par André Breton et ses amis, en 1919. Doté d'une grande avance sur eux en matière de provocation, il les libère des dernières entraves qui les empêchaient d'accéder à « l'esprit nouveau » (« Vous êtes les maîtres de tout ce que vous casserez. On a fait des lois, des morales, des esthétiques, pour vous donner le respect des choses fragiles. Ce qui est fragile est à casser »).

La rupture

Après la rupture avec Breton en 1922, Tzara continue un temps à prêcher la parole Dada. Mais il songe bientôt davantage à ordonner son œuvre. Il prépare la publication de *De nos oiseaux* (1923) et des *Sept Manifestes Dada* (1924). Peu à peu, il se rapproche du surréalisme, et *L'Homme approximatif* (1931), avec son lyrisme débordant, fait nettement songer à une grande fresque automatique.

A partir de 1935, il prend ses distances avec les surréalistes, pour rejoindre, au sein de l'Association des écrivains et artistes révolutionnaires, Louis Aragon et Ilya Ehrenbourg. Il s'associe à la lutte des écrivains espagnols lors de la guerre d'Espagne, entre dans la clandestinité sous l'occupation, poursuit ses activités militantes après la Libération sous l'aile du Parti communiste, non sans garder une grande liberté d'appréciation.

1916	Apparition de Dada à Zurich : le Cabaret Voltaire	**1922**	Éclatement du groupe Dada
1918	*Manifeste Dada*	**1924**	Tristan TZARA : *Sept Manifestes Dada*
1919	Arrivée de Tristan TZARA à Paris	**1931**	Tristan TZARA : *L'Homme approximatif*

Tristan Tzara *Manifeste Dada* (1918)

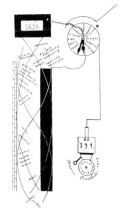

Le Mouvement Dada,
par Francis Picabia, 1919.

Dégoût dadaïste

Tout produit du dégoût susceptible de devenir une négation de la famille, est **dada** ; protestation aux poings de tout son être en action destructive : DADA ; connaissance de tous les moyens rejetés jusqu'à présent par le sexe pudique du compromis commode et de la politesse : DADA ; abolition de la logique, danse
5 des impuissants de la création : *DADA* ; de toute hiérarchie et équation sociale installée pour les valeurs par nos valets : DADA ; chaque objet, tous les objets, les sentiments et les obscurités, les apparitions et le choc précis des lignes parallèles, sont des moyens pour le combat : DADA ; abolition de la mémoire : **DADA** ; abolition de l'archéologie : *DADA* ; abolition des prophètes : **DADA** ;
10 abolition du futur : **DADA** ; croyance absolue indiscutable dans chaque dieu produit immédiat de la spontanéité : **DADA** ; saut élégant et sans préjudice d'une harmonie à l'autre sphère ; trajectoire d'une parole jetée comme un disque sonore cri ; respecter toutes les individualités dans leur folie du moment : sérieuse, craintive, timide, ardente, vigoureuse, décidée, enthousiaste ; peler
15 son église de tout accessoire inutile et lourd ; cracher comme une cascade lumineuse la pensée désobligeante ou amoureuse, ou la choyer — avec la vive satisfaction que c'est tout à fait égal — avec la même intensité dans le buisson, pur d'insectes pour le sang bien né, et doré de corps d'archanges, de son âme. Liberté : **DADA DADA DADA**, hurlement des douleurs crispées, entrelacement
20 des contraires et de toutes les contradictions, des grotesques, des inconséquences : LA VIE.

Tristan Tzara, Manifeste Dada (1918)
© éd. J. J. Pauvert

De nos oiseaux (1923)

Chanson Dada

I

la chanson d'un dadaïste
qui avait dada au cœur
fatiguait trop son moteur
qui avait dada au cœur

l'ascenseur portait un roi
lourd fragile autonome
il coupa son grand bras droit
l'envoya au pape à rome

c'est pourquoi
l'ascenseur
n'avait plus dada au cœur

mangez du chocolat
lavez votre cerveau
dada
dada
buvez de l'eau

II

la chanson d'un dadaïste
qui n'était ni gai ni triste
et aimait une bicycliste
20 qui n'était ni gaie ni triste

mais l'époux le jour de l'an
savait tout et dans une crise
envoya au vatican
leurs deux corps en trois valises

25 ni amant
ni cycliste
n'étaient plus ni gais ni tristes

mangez de bons cerveaux
lavez votre soldat
30 dada
dada
buvez de l'eau

III

la chanson d'un bicycliste
qui était dada de cœur
35 qui était donc dadaïste
comme tous les dadas de cœur

un serpent portait des gants
il ferma vite la soupape
mit des gants en peau d'serpent
40 et vint embrasser le pape

c'est touchant
ventre en fleur
n'avait plus dada au cœur

buvez du lait d'oiseaux
45 lavez vos chocolats
dada
dada
mangez du veau

Tristan Tzara, De nos oiseaux (1923)
© éd. Kra

L'Homme approximatif (1931)

« Le loup embourbé... »

le loup embourbé dans la barbe forestière
crêpue et brisée par saccades et fissures
et tout d'un coup la liberté sa joie et sa souffrance
bondit en lui un autre animal plus souple accuse sa violence
5   il se débat et crache et s'arrache
solitude seule richesse qui vous jette d'une paroi à l'autre
dans la cabane d'os et de peau qui vous fut donnée comme corps
dans la grise jouissance des facultés animales paquets de chaleur
liberté grave torrent que tu puisses enlever ma chair mon entrave
10   la chaîne charnue autour de mes plantes vertigineuses impétueuses tensions
aventures que je voudrais jeter par flaques paquets et poignées
à ma face honteuse timide de chair et de si peu de sourire
ô puissances que je n'ai entrevues qu'à de rares éclaircies

et que je connais et pressens dans la tumultueuse rencontre
15   frein de lumière marchant d'un jour à l'autre le long des méridiens
ne mets pas trop souvent ton carcan autour de mon cou
laisse jaillir ma fuite de ma terreuse et terne créature
laisse-la tressaillir au contact des terreurs corporelles
s'échapper des caverneuses veines des poumons velus
20   des muscles presque moisis et des ténèbres délirantes de la mémoire

Tristan TZARA, L'Homme approximatif (1931)
© éd. Flammarion

Hausmann, *L'Esprit de notre temps*, 1919.

LECTURE MÉTHODIQUE

Vers 1 à 4

a. « Le loup embourbé » : que représente-t-il ?
b. La libération : comment le loup s'arrache-t-il à lui-même ? Quelle force l'a-t-elle envahi ?

Vers 5 à 12

a. La solitude et la liberté : deux « puissances ». En quoi consistent-elles, l'une et l'autre ?
b. Pourquoi l'homme sait-il si rarement obéir aux injonctions de ces deux puissances ?
c. Ponctuez le vers 7. Étudiez le vocabulaire du corps.

Vers 13 à 20

a. Quel est le sens de cette prière ?
b. Étudiez les sonorités, leur valeur expressive.
c. Précisez le sens général du texte.

COMPOSITION FRANÇAISE

Commentez ce propos de Georges HUGNET sur *L'Homme approximatif* : « Une force cosmique met en marche ce miraculeux poème, lourd de débris de rocs, d'alluvions, de laves et de bolides, et l'animent l'humanité et sa chanson perpétuelle, la circulation de l'espoir et de la détresse, le cri de l'amour et l'appel que rénove l'oubli. »

LE MOUVEMENT DADA

La spécificité de Dada, né en 1916 à Zurich, est d'avoir dépassé les limites des frontières en devenant très rapidement un mouvement international, et d'avoir rapproché l'art et la littérature. Dès sa naissance, le mouvement, qui se veut subversif, regroupe des artistes d'origines diverses, venant de Roumanie (Tristan Tzara, Marcel Janco), d'Allemagne (Hugo Ball), d'Alsace (Hans Arp) et d'ailleurs. En 1918, la jonction se fait avec les représentants de l'esprit Dada de New York : Francis Picabia publie dans sa revue *391* le *Manifeste*, de Tzara.

Après la Suisse, Dada s'exporte en Allemagne, puis à Paris, où Tzara est accueilli en 1920 par les membres de *Littérature* : Breton, Aragon et Soupault. Le groupe Dada multiplie cette année-là les manifestations. Dès

le procès fictif de Maurice Barrès en 1921, des divergences s'expriment entre les partisans de Breton et Dada. La rupture est consommée le 6 juillet 1922 : les amis de Breton interrompent au théâtre Michel la représentation du *Cœur à barbe*, une pièce de Tzara. C'est la fin de l'activité Dada dans le domaine public.

Phénomène littéraire et idéologique, Dada fut aussi le théâtre de manifestations picturales. En lien avec les expressionnistes allemands, Dada a une influence décisive sur l'art en Amérique, à partir des œuvres de Francis Picabia, Marcel Duchamp et Man Ray. Hanté par le désir de sortir de la culture traditionnelle, Dada aura peut-être surtout marqué par ses peintres, qui pratiquent montages et collages, et par son intérêt pour l'univers des machines.

2. André Breton (1896-1966)

André Breton en 1930.
Coll. Élisa Breton.

Naissance d'un poète

André Breton étudie la médecine et s'exerce à la poésie quand éclate la guerre. Mobilisé dans le service de santé à Nantes, il se trouve en présence de soldats psychotiques sur lesquels il expérimente les techniques, toutes nouvelles, de la psychanalyse freudienne. Il se lie d'amitié avec l'un de ses patients, Jacques Vaché (1915), puis fait la connaissance de Guillaume Apollinaire. Avec Louis Aragon et Philippe Soupault, il fonde la revue *Littérature* (1919). Ce groupe s'élargit encore avec Paul Eluard. La première œuvre importante (signée Breton et Soupault) date de 1920 : c'est les *Champs magnétiques*, où se révèle déjà la puissance de l'écriture automatique.

De 1920 à 1922, André Breton participe aux manifestations Dada orchestrées par Tristan Tzara. Cette période nihiliste passée, il entreprend de définir le surréalisme en théorie (*Manifeste du surréalisme*, 1924) et en acte (pratique des sommeils hypnotiques, 1922 ; ouverture du Bureau de recherches surréalistes). Sur le plan littéraire, des textes poétiques : *Clair de terre* (1923), *Poisson soluble* (1924) remontent à la source de l'image et de l'imaginaire.

Le pape du surréalisme

Le « pape du surréalisme » affirme son autorité sur le mouvement. Il poursuit sa quête personnelle sur le plan politique (adhésion au Parti communiste en 1927, puis rupture, rapprochement avec Trotski dans les années 30) et sur le plan sentimental : sa rencontre avec Nadja (1926-1929), qui aboutit à la publication du récit *Nadja*, en 1928, est déterminante. Son travail de réflexion critique donne lieu en 1928 à la publication du *Surréalisme et la Peinture*, où se définit la conception surréaliste de l'art.

De violentes attaques des amis de Breton, qui n'admettent pas certains de ses engagements — politiques et esthétiques —, contraignent celui-ci à publier le *Second Manifeste du surréalisme*, le 15 décembre 1929. De nombreuses ruptures s'ensuivent, dont celle d'Aragon en 1932.

Avec *L'Amour fou* (1937) s'achève, en une célébration de la femme et du couple, un voyage aux confins du désir commencé avec *L'Union libre*. L'amour ne serait-il pas ce point de non-contradiction, la révélation de cette universelle analogie à laquelle tendent toute la « mystique » et toute « l'érotique » d'André Breton ? Le *Second Manifeste* exaltait déjà le « point de l'esprit d'où la vie et la mort, le réel et l'imaginaire, le passé et le futur, le communicable et l'incommunicable, le haut et le bas cessent d'être perçus contradictoirement ». A la même recherche — mais sous d'autres aspects — s'apparentent les poèmes contemporains : *Le Revolver à cheveux blancs* (1932), *L'Air de l'eau* (1934), les essais réunis dans *Point du jour* (1934), la réflexion sur le marxisme et le freudisme qui sert de trame aux *Vases communicants* (1932).

L'exil et le retour

Depuis longtemps troublé par les questions politiques, André Breton, après avoir été mobilisé en 1939, choisit finalement en 1941 de quitter la France occupée pour rejoindre les États-Unis où vont se développer avec force les activités surréalistes autour des peintres Marcel Duchamp, Max Ernst, Yves Tanguy, Matta. La revue *Triple V*, en 1942, fait paraître les *Prolégomènes à un troisième Manifeste du surréalisme ou non*. De l'exil naît *Arcane 17*, nouveau récit qui retrace l'attente quotidienne du merveilleux. Le retour en France s'effectue en 1946. Une pléiade de jeunes afflue autour d'André Breton, guerroyant de nouveau avec les communistes, cherchant d'autre part à prendre ses distances avec les spiritualistes.

C'est dans le domaine de la réflexion critique et de l'élaboration esthétique que la pensée du « pape » sera la plus féconde pendant ses quinze dernières années. Sa défense des arts minoritaires, son reclassement des valeurs-clés de la culture moderne (Rimbaud, Sade, Lautréamont, l'humour noir) fixent des objectifs, des modèles, des références à la modernité en marche.

1920	*Les Champs magnétiques* (avec Philippe Soupault)
1923	*Clair de terre*
1924	*Manifeste du surréalisme* (essai)
1926	*Légitime Défense*
1928	*Nadja* (récit) *Le Surréalisme et la Peinture* (essai)
1930	*Second Manifeste surréaliste* (essai)
1932	*Les Vases communicants* *Le Revolver à cheveux blancs*
1935	*Position politique du surréalisme* (essai)
1937	*L'Amour fou*
1945	*Arcane 17*
1948	*Poèmes (1919-1948)*
1953	*La Clef des champs* (essai)

Débusquer le surréel

1. Un éveilleur et un rassembleur

L'histoire littéraire a statufié **André Breton**, l'a proclamé « **pape du surréalisme** », a fait de lui une sorte de commandeur de la modernité. La légende s'appuie sur la réalité : André Breton a exercé sur son entourage une fascination quasiment mystique. Et ceci dès son plus jeune âge.

Mais Breton n'est pas un chef de tribu ou de parti. Ni même un chef d'école. Il entraîne dans son mouvement, dans sa dynamique, des artistes, des écrivains qui participent avec lui à la découverte du nouveau continent surréaliste, qui, en s'assemblant dans son sillage, s'éveillent à eux-mêmes. Le surréalisme n'est pas une religion révélée, mais **une découverte permanente**.

Trois ou quatre générations de créateurs — de 1920 à 1960 — se sont révélées à travers Breton. D'où le multiple culte qui lui fut rendu, d'où aussi la violence des ruptures qui marquent périodiquement les relations de Breton et de ses adeptes. Combien d'initiés, après quelques années de route commune, se sont en effet révoltés avec force contre la pesante autorité d'un père par trop abusif !

2. La conquête poétique

L'importance historique d'André Breton est telle que l'on a trop tendance à oublier l'œuvre, à réduire celle-ci à une démonstration théorique des fondements du surréalisme. Or cette œuvre existe, vit, palpite des hésitations, des contradictions, témoigne de l'évolution de l'homme, ainsi que de l'étendue et du raffinement de sa culture poétique.

La poésie — son origine, son sens, sa fonction, ses rapports avec le langage, avec l'inconscient — est la grande affaire de Breton, d'abord ébloui par la suprême intelligence mallarméenne, ensuite envolé sur les ailes de l'écriture automatique. Cette invention miraculeuse dont il décrit méticuleusement la technique dans le *Manifeste du surréalisme* n'assure-t-elle pas l'accès au sein du langage, où se profère dans l'homme même, mais à son insu, le message primordial ?

Les Champs magnétiques avaient frayé la voie à cette **parole de l'en deçà** (qui est aussi parole de l'au-delà) ; plusieurs autres recueils *(Poisson soluble, Le Revolver à cheveux blancs)* illustreront cette démarche et mettront particulièrement en valeur **la puissance déflagrante de l'onirisme et de l'image surréaliste**.

Assez rapidement, Breton prendra conscience des limites de l'écriture automatique, s'apercevra qu'elle constitue pour l'artiste une étape nécessaire dans sa formation, dans son éveil à soi-même, mais qu'elle ne peut ni ne doit devenir un procédé. Lui-même saura orienter sa recherche à travers d'autres types de textes (récits, notamment) et d'autres approches du monde (politique, esthétique).

3. Une attitude lyrique

André Breton est profondément convaincu que la réalité n'épuise pas tout l'être, que les formes sensibles débouchent sur une part d'inconnu, de mystère, qui ne demande qu'à se faire voir, entendre à qui veut bien prêter l'oreille. Le poète, l'artiste, le surréaliste adopte **une attitude d'attente lyrique**, prêt à débusquer les signes de la surréalité au coin de la rue, au coin de la vie. Une femme est souvent le médium qui mène le poète au champ des divinations. Telle est le rôle de Nadja (*Nadja*, 1928), d'Élisa (*Arcane 17*, 1945). Magnétisé par l'amour, emporté, toutes amarres rompues, Breton se laisse glisser au gré des belles prêtresses qui lui font découvrir la dimension symbolique de l'univers.

L'amour fou, le hasard objectif : voici donc des avenues royales qui mènent au surréel. Mais il en est d'autres, soit plus naturelles comme **le rêve**, soit plus élaborées comme l'art qui, sous diverses formes, n'a de sens que s'il offre de grandes échappées vers l'autre vie, l'autre monde.

Dans le même esprit, Breton s'intéresse à tout ce qui dans l'histoire de l'humanité a été rejeté par le rationalisme triomphant, parce que contrariant sa description de la réalité. Il en est ainsi des sciences occultes, de l'art des primitifs, de l'art des fous. Breton tend toujours à la même **réhabilitation en l'homme de l'ensemble de ses facultés** : raison et imagination, réflexion et rêve.

4. Pour une transformation sociale

L'éducation, la morale traditionnelle, la religion, toutes les forces sociales conservatrices s'acharnent à **éradiquer le désir** en l'homme, car il est par essence incontrôlable, ingérable, capable d'inspirer à l'individu la volonté de se transformer, et en se transformant, de transformer le monde. Il est le danger même, le péril auquel l'ordre doit, toutes choses cessantes, faire face. André Breton milite pour le désir, pour que ce ferment d'évolution, de révolution se développe, aide l'humanité à se libérer des siècles d'**esclavage moral et social**. Tout son message politique l'engage dans ce sens. D'où ses hautains réquisitoires contre les représentants de la pensée académique et de l'ordre établi. D'où ses plaidoyers pour les hérauts du désir *(Ode à Charles Fourier)*, pour les victimes de la répression (Sacco et Vanzetti, Violette Nozières).

Mais sur quelles forces politiques, sociales se fonder pour que **ce message libératoire —** peut-être libertaire — trouve racine ? Dans la France de l'entre-deux-guerres, une seule organisation prêche la révolution, le Parti communiste français. Un long, difficile, pénible décalage s'établit entre Breton et les responsables intellectuels du Parti : mais tout sépare les deux philosophies, et un échec pitoyable scelle la tentative de rapprochement. Il faudra attendre Mai 68 et des penseurs comme Herbert Marcuse pour que le message bretonien trouve une véritable écoute.

Mage ou critique ?

Trois grands ensembles de textes se distinguent dans la production d'**ANDRÉ BRETON** : les essais littéraires, philosophiques et critiques, les recueils poétiques, les récits (*Nadja* est le modèle du genre).

Les textes qui suivent sont issus soit de récits, soit d'essais qui éclairent quelques aspects originaux et féconds de sa vision du monde : son exposé de la théorie surréaliste et ses conseils et ses consignes, pour la composition et l'écriture surréalistes (*Manifeste du surréalisme*) ; sa lassitude de l'art des musées et sa perception de l'objet esthétique (*Le Surréalisme et la Peinture*) ; sa volonté d'instaurer entre les hommes la communion de l'inconscient (*Position politique du surréalisme*) ; sa foi en une réconciliation de l'action et du rêve (*Les Vases communicants*).

Manifeste du surréalisme (1924)

La toute-puissance du rêve

Dans une première partie du Manifeste *de 1924,* **André Breton** *expose la théorie surréaliste. Il donne en particulier* **une définition du surréalisme**.

Cadavre exquis, 1937.

C'est de très mauvaise foi qu'on nous contesterait le droit d'employer le mot SURRÉALISME dans le sens très particulier où nous l'entendons, car il est clair qu'avant nous ce mot n'avait pas fait fortune. Je le définis donc une fois pour toutes :

5 SURRÉALISME, n. m. Automatisme psychique pur par lequel on se propose d'exprimer, soit verbalement, soit par écrit, soit de toute autre manière, le fonctionnement réel de la pensée. Dictée de la pensée, en l'absence de tout contrôle exercé par la raison, en dehors de toute préoccupation esthétique ou morale.

10 ENCYCL. Philos. Le surréalisme repose sur la croyance à la réalité supérieure de certaines formes d'associations négligées jusqu'à lui, à la toute-puissance du rêve, au jeu désintéressé de la pensée. Il tend à ruiner définitivement tous les autres mécanismes psychiques et à se substituer à eux dans la résolution des principaux problèmes de la vie. Ont fait acte de SURRÉALISME ABSOLU

15 MM. Aragon, Baron, Boiffard, Breton, Carrive, Crevel, Delteil, Desnos, Eluard, Gérard, Limbour, Malkine, Morise, Naville, Noll, Péret, Picon, Soupault, Vitrac.

Le jeu surréaliste

Dans une autre partie intitulée « Secrets de l'art magique surréaliste », **Breton** *propose* **une méthode** *pour atteindre au merveilleux, à la surréalité.*

Le premier procédé est celui de la « composition surréaliste écrite, ou premier et dernier jet ».

Faites-vous apporter de quoi écrire, après vous être établi en un lieu aussi favorable que possible à la concentration de votre esprit sur lui-même. Placez-vous dans l'état le plus passif, ou réceptif, que vous pourrez. Faites abstraction de votre génie, de vos talents et de ceux de tous les autres. Dites-vous bien que

5 la littérature est un des plus tristes chemins qui mènent à tout.

Écrivez vite sans sujet préconçu, assez vite pour ne pas retenir et ne pas être tenté de vous relire. La première phrase viendra toute seule, tant il est vrai qu'à chaque seconde il est une phrase étrangère à notre pensée consciente qui ne demande qu'à s'extérioriser. Il est assez difficile de se prononcer sur le cas de

10 la phrase suivante ; elle participe sans doute de notre activité consciente et de l'autre, si l'on admet que le fait d'avoir écrit la première entraîne un minimum de perception. Peu doit vous importer, d'ailleurs ; c'est en cela que réside, pour la plus grande part, l'intérêt du jeu surréaliste.

André BRETON, *Premier Manifeste du surréalisme* (1924)
© éd. Gallimard

Le Surréalisme et la Peinture (1928)

André Breton, on le sait, fut le principal théoricien de l'esthétique surréaliste. Mais, toute théorie mise à part, comment vivait-il effectivement le contact avec les œuvres ? Une page extraite du « traité » que constitue en quelque sorte Le Surréalisme et la Peinture nous éclaire sur sa perception critique de l'œuvre d'art traditionnelle. L'émotion particulière qu'il réclame est définie dans une des digressions de L'Amour fou, où **la beauté est appelée à être** « **convulsive** », c'est-à-dire « érotique-voilée », « explosante-fixe », « magique-circonstancielle ».
En fait André Breton reproche à l'art canonique d'avoir toujours cherché à exprimer les rapports existant entre la perception extérieure et le moi, autrement dit d'avoir voulu représenter le réel en ne se souciant que de subtilité technique et psychologique. Or, il importe tout autant « d'exprimer visuellement la perception interne » : « Le seul domaine exploitable par l'artiste (devient) celui de la **représentation mentale pure**, tel qu'il s'étend au-delà de celui de la perception vraie. » (Situation surréaliste de l'objet).
A quelle fin effectuer cette révolution ? « Elle tend à libérer de plus en plus l'impulsion instinctive, à abattre la barrière qui se dresse devant l'homme civilisé, barrière qu'ignorent le primitif et l'enfant. La portée d'une telle attitude, étant donné, d'une part le bouleversement général de la sensibilité qu'elle entraîne (propagation de charges psychiques considérables aux éléments perception-conscience), d'autre part, l'impossibilité de régression au stade antérieur, est socialement incalculable. » (Ibid.)

Le musée et la rue

Je l'avoue, j'ai passé comme un fou dans les salles glissantes des musées : je ne suis pas le seul. Pour quelques regards merveilleux que m'ont jetés des femmes en tout semblables à celles d'aujourd'hui, je n'ai pas été dupe un instant de ce que m'offraient d'inconnu ces murs souterrains et inébranlables. J'ai
5 délaissé sans remords d'adorables suppliantes. C'étaient trop de scènes à la fois sur lesquelles je ne me sentais pas le cœur de jouer. A travers toutes ces compositions religieuses, toutes ces allégories champêtres, je perdis irrésistiblement le sens de mon rôle. Dehors, la rue disposait pour moi de mille plus vrais enchantements. Ce n'est pas de ma faute, si je ne puis me défendre d'une
10 profonde lassitude à l'interminable défilé des concurrents de ce prix de Rome gigantesque où rien, ni le sujet ni la manière de le traiter n'est laissé facultatif.

L'objet surréaliste

Un *Ready made*
de Marcel Duchamp.
Paris, Musée national
d'Art moderne.

« Qu'est-ce », écrit M. Bachelard, « que la croyance à la réalité, qu'est-ce que l'idée de réalité, quelle est la fonction métaphysique primordiale du réel ? C'est essentiellement la conviction que (c'est moi qui souligne) *l'on trouvera plus dans le réel caché que dans le donné immédiat.* » Une telle affirmation suffit à justifier
5 d'une manière éclatante la démarche surréaliste tendant à provoquer une *révolution totale de l'objet* : action de le détourner de ses fins en lui accolant un nouveau nom et en le signant, qui entraîne la requalification par le choix (« ready made » de Marcel Duchamp) ; de le montrer dans l'état où l'ont mis parfois les agents extérieurs, tels les tremblements de terre, le feu et l'eau ; de le retenir
10 en raison même du doute qui peut peser sur son affectation antérieure, de l'ambiguïté résultant de son conditionnement totalement ou partiellement irrationnel, qui entraîne la dignification par la trouvaille (objet trouvé) et laisse une marge appréciable à l'interprétation au besoin la plus active (objet-trouvé-interprété de Max Ernst) ; de le reconstruire enfin de toutes pièces à partir d'éléments
15 épars, pris dans le donné immédiat (objet surréaliste proprement dit). La perturbation et la déformation sont ici recherchées pour elle-mêmes, étant admis, toutefois, qu'on ne peut attendre d'elles que la rectification continue et vivante de la *loi*.

André Breton, *Le Surréalisme et la Peinture* (1928)
© éd. Gallimard

Position politique de l'art d'aujourd'hui (1935)

*Lautréamont, vers 1870, a proclamé que la poésie sera faite par tous, non par un. Les surréalistes, **André Breton** en tête, ont fait leur ce mot d'ordre, persuadés d'avoir trouvé, avec l'**écriture automatique**, la preuve que chacun pouvait avoir **libre accès** aux couches subconscientes de son être.*

Le poète, l'artiste ne doivent d'ailleurs nourrir d'autre dessein que de mettre en circulation, à travers leurs œuvres, des témoignages vécus ayant pour fonction de faire appel, chez leurs lecteurs ou spectateurs, à des expériences psychiques comparables. Breton n'écrit pas pour le plaisir d'exhiber sa subjectivité : ses fantasmes n'ont d'intérêt que s'ils rencontrent ceux d'autres individus.

***La personne de l'artiste n'a donc de sens que par rapport à l'horizon du collectif**, et sa fonction ne se justifie que dans cette perspective : « Peut-être n'est-il donné à un homme d'agir sur la sensibilité des autres hommes pour la modeler, l'élargir, qu'à la condition de s'offrir lui-même en holocauste à toutes les puissances éparses dans l'âme de son temps et qui, en général, ne se cherchent les unes les autres que pour tenter de s'exclure. »* (Arcane 17)

« Le trésor n'est autre que le trésor collectif »

L'énergie préméditée en poésie et en art qui a pour objet, dans une société parvenue au terme de son développement, au seuil d'une société nouvelle, de retrouver à tout prix le naturel, la vérité et l'originalité primitifs, devait obligatoirement nous découvrir un jour l'immense réservoir duquel les symboles sortent tout armés pour se répandre, à travers l'œuvre de quelques hommes, dans la vie collective. Il s'agissait de déjouer, de déjouer pour toujours la coalition des forces qui veillent à ce que l'inconscient soit incapable de toute violente éruption : une société qui se sent menacée de toutes parts comme la société bourgeoise pense, en effet, à juste titre, qu'une telle éruption peut lui être fatale. Les procédés techniques que pour cela le surréalisme a mis en avant ne sauraient, bien entendu, avoir à ses yeux qu'une valeur de sondes et il ne peut être question de les faire valoir qu'en tant que tels. Mais, quoi qu'on en ait dit, nous persistons à soutenir qu'ils sont à la portée de tous et qu'eux définis, il appartient à qui veut de se tracer sur le papier et ailleurs les signes d'apparence hiéroglyphiques qui expriment au moins les premières instances de ce qu'on a appelé, par opposition au moi, le soi en entendant par là l'ensemble des éléments psychiques dans lesquels le moi (conscients par définition) se prolonge et dans lesquels on a été amené à voir « l'arène de la lutte qui met aux prises Eros et l'instinct de mort ». Les signes en question ne sauraient être retenus pour leur étrangeté immédiate ni pour leur beauté formelle et cela pour l'excellente raison qu'il est établi dès maintenant qu'ils sont déchiffrables. Je crois, pour ma part, avoir suffisamment insisté sur le fait que le texte automatique et le poème surréaliste sont non moins interprétables que le récit de rêve, et que rien ne doit être négligé pour mener à bien, chaque fois qu'on peut être mis sur cette voie, de telles interprétations. Je ne sais pas si ce sont là des problèmes post-révolutionnaires, mais ce que je sais, c'est que l'art, contraint depuis des siècles de ne s'écarter qu'à peine des sentiers battus du moi et du super-moi, ne peut que se montrer avide d'explorer en tous sens les terres immenses et presque vierges du soi. Il est d'ores et déjà trop engagé en ce sens pour renoncer à cette expédition lointaine, et je ne vois rien de téméraire à préjuger sous ce rapport de son évolution future. Je disais en commençant que nous vivons à une époque où l'homme s'appartient moins que jamais ; il n'est pas surprenant qu'une telle époque, où l'angoisse de vivre est portée à son comble, voit s'ouvrir en art ces grandes écluses. L'artiste, à son tour, commence à y abdiquer la personnalité dont il était jusqu'alors si jaloux. Il est brusquement mis en possession de la clé d'un trésor, mais ce trésor ne lui appartient pas, il lui devient impossible, même par surprise, de se l'attribuer : ce trésor n'est autre que le trésor collectif.

André BRETON, *Position politique de l'art d'aujourd'hui*, dans *Position politique du surréalisme* (1935) © éd. Gallimard

POUR LE COMMENTAIRE

1. Les artistes et la société. Quel est leur rôle ? Où puisent-ils leur inspiration ? Celle-ci leur est-elle personnelle ? Par quels moyens communiquent-ils avec leur public ?

2. L'éruption de l'inconscient. Pourquoi la société bourgeoise lui faisait-elle barrage ?

3. L'automatisme psychique. Quelle est son ambition par rapport à l'exploration de l'inconscient ? Pourquoi peut-on dire que les procédés surréalistes sont nécessairement à la portée de tous ?

Les Champs magnétiques (1920)

Expérimentant le principe selon lequel « la vitesse de la pensée n'est pas supérieure à celle de la parole, et ne défie pas forcément la langue, ni même la plume qui court », **Breton** *propose à* **Philippe Soupault**, *en 1919, de rédiger sans plan préconçu, en toute liberté, sans rature ni remords,* **un ouvrage où leur imagination, lancée à bride abattue, s'affranchirait de tout souci littéraire**. *C'est ainsi que naissent, après quinze jours d'enthousiaste rédaction,* Les Champs magnétiques.

« Lune de miel » fait partie d'un ensemble de textes regroupés sous le titre de « Ne bougeons plus » ; les thèmes dominants sont le renouveau du printemps, les fiançailles, la joie.

Dessin d'Yves Tanguy.

Lune de miel

A quoi tiennent les inclinations réciproques ? Il y a des jalousies plus touchantes les unes que les autres. La rivalité d'une femme et d'un livre, je me promène volontiers dans cette obscurité. Le doigt sur la tempe n'est pas le canon d'un revolver. Je crois que nous nous écoutions penser, mais le machinal « A
5 rien » qui est le plus fier de nos refus n'eut pas à être prononcé de tout ce voyage de noces. Moins haut que les astres il n'y a rien à regarder fixement. Dans quelque train que ce soit, il est dangereux de se pencher par la portière. Les stations étaient clairement réparties sur un golfe. La mer qui pour l'œil humain n'est jamais si belle que le ciel ne nous quittait pas. Au fond de nos yeux se
10 perdaient de jolis calculs orientés vers l'avenir comme ceux des murs de prisons.

André BRETON, *Les Champs magnétiques* (1920)
© éd. Gallimard

Clair de terre (1923)

Clair de terre (rédigé en 1923) débute sur **la relation de cinq rêves** *et comprend vingt-cinq proses et poèmes. L'ensemble est assez hétérogène, regroupant des poèmes proprement dits, des jeux typographiques, des fragments futuristes. L'écriture automatique domine, mais non exclusivement.*

L'expression « clair de terre » est élucidée par **Breton** *lui-même en exergue : « La terre brille dans le ciel comme un arbre énorme au milieu des étoiles. Notre globe projette sur la lune un intense clair de terre. » En d'autres termes,* **la conception que l'on peut avoir d'une réalité est relative à l'angle de vision** *: « Il ne suffit pas d'admirer le clair de lune sur la terre, il faut savoir imaginer le clair de terre sur la lune si l'on veut poser un regard créateur sur le monde. » Forte leçon de poésie...*

Épervier incassable

La ronde accomplit dans les dortoirs ses ordinaires tours de passe-passe. La nuit, deux fenêtres multicolores restent entr'ouvertes. Par la première, s'introduisent les vices aux noirs sourcils, à l'autre les jeunes pénitentes vont se pencher. Rien ne troublerait autrement la jolie menuiserie de sommeil. On voit des mains
5 se couvrir de manchons d'eau. Sur les grands lits vides s'enchevêtrent des ronces tandis que les oreillers flottent sur des silences plus apparents que réels. A minuit, la chambre souterraine s'étoile vers les théâtres de genre où les jumelles tiennent le principal rôle. Le jardin est rempli de timbres nickelés. Il y a un message au lieu d'un lézard sous chaque pierre.

André BRETON, *Clair de terre* (1923)
© éd. Gallimard

LECTURE MÉTHODIQUE

1. A quoi fait penser ici la ronde ?

2. A quoi sont comparés les vices ?

3. Commentez l'image du lézard.

L'aigrette

Si seulement il faisait du soleil cette nuit
Si dans le fond de l'Opéra deux seins miroitants et clairs
Composaient pour le mot amour la plus merveilleuse lettrine[1] vivante
Si le pavé de bois s'entr'ouvrait sur la cime des montagnes
5   Si l'hermine regardait d'un air suppliant
Le prêtre à bandeaux rouges
Qui revient du bagne en comptant les voitures fermées
Si l'écho luxueux des rivières que je tourmente
Ne jetait que mon corps aux herbes de Paris
10 Que ne grêle-t-il à l'intérieur des magasins de bijouterie
Au moins le printemps ne me ferait plus peur
Si seulement j'étais une racine de l'arbre du ciel
Enfin le bien dans la canne à sucre de l'air
Si l'on faisait la courte échelle aux femmes
15 Que vois-tu belle silencieuse
Sous l'arc de triomphe du Carrousel[2]
Si le plaisir dirigeait sous l'aspect d'une passante éternelle
Les Chambres n'étant plus sillonnées que par l'œillade violette des promenoirs
Que ne donnerais-je pour qu'un bras de la Seine se glissât sous le Matin
20 Qui est de toute façon perdu
Je ne suis pas résigné non plus aux salles caressantes
Où sonne le téléphone des amendes du soir
En partant j'ai mis le feu à une mèche de cheveux qui est celle d'une bombe
Et la mèche de cheveux creuse un tunnel sous Paris
25 Si seulement mon train entrait dans ce tunnel

André BRETON, *Clair de terre*
© éd. Gallimard

1. *Au début d'un chapitre, lettre en gros corps, ornée ou non.*

2. *Dans le Jardin des Tuileries, face au Louvre.*

POUR LE COMMENTAIRE

1. Étudiez la **construction** grammaticale du texte, et ses **oppositions** thématiques.

2. Le thème du **désir**.
3. Comment comprenez-vous le **titre** du poème ?

L'ESTHÉTIQUE SURRÉALISTE

L'image et la révélation

Pour les surréalistes, l'imagination est la faculté de réalisation par excellence — l'imaginaire étant, pour **André Breton**, ce qui tend à devenir réel — et le pouvoir de découvrir un sens à n'importe quelle rencontre. Cette théorie de **l'image comme rapprochement révélateur de deux réalités sans rapport logique** est empruntée à **Reverdy**, mais elle puise aussi sa force dans l'idée romantique des correspondances, dans le symbolisme freudien, dans l'occultisme et sa conception des analogies...

Ainsi, les jeux surréalistes, s'ils sont libération de l'esprit, sont aussi source de révélation.

Le refus des codes usuels

Pour les surréalistes, il faut laisser s'exprimer nos tendances profondes et tout subordonner au désir. L'émotion poétique doit rejoindre l'émotion érotique, elle-même placée sous le signe du merveilleux. Il n'y a pas de place pour la Beauté-spectacle qui est séparée de la vie, mais seulement pour la Beauté bouleversante et « convulsive ». En poésie comme en peinture, les surréalistes se défendent de toute préoccupation plastique ou esthétique. Ils tiennent à arracher l'art à la tyrannie des formes usuelles, des apparences, pour justement percer à jour le mystère de l'apparence. Peinture et poésie doivent pouvoir manifester les plus hautes formes de l'existence humaine. Ainsi la peinture surréaliste est-elle aussi éloignée de l'« art réaliste » que de l'« art abstrait ».

Les méthodes de la création surréaliste

Pour parvenir au surréel, les surréalistes utilisent diverses méthodes : l'écriture automatique, le hasard objectif qui peut conduire à de « pétrifiantes coïncidences » (Breton), la « paranoïa-critique », dont **Salvador Dali** use pour fixer en trompe-l'œil des visions obsédantes, ou encore divers procédés hallucinatoires comme les recherches optiques faites par **Max Ernst** à partir de l'« irritabilité de l'esprit ». Le collage reste pour les peintres surréalistes le mode de création plastique favori.

« Être voyant, se faire voyant : il ne s'est agi pour nous que de découvrir les moyens de mettre en application ce mot d'ordre de Rimbaud », explique André Breton. Ainsi pourrait se résumer la théorie esthétique des surréalistes, qui ont toujours eu pour loi de n'en avoir aucune.

L'Union libre (1931)

L'Union libre *(1931) est publié dans la mouvance du* Second Manifeste, *à la suite duquel* **Breton** *compose une floraison de textes poétiques et théoriques de grand intérêt :* L'Immaculée Conception, La Lettre aux voyantes... *La voyance, l'hystérie, l'amour fou sont devenus ses préoccupations obsédantes. A la même époque est d'ailleurs lancée par la* Révolution surréaliste *une grande* **enquête sur l'amour** *: « Quelle sorte d'espoir mettez-vous dans l'amour ? Comment envisagez-vous le passage de l'idée d'amour au fait d'aimer ? Feriez-vous à l'amour le sacrifice de votre liberté... » etc.*

L'Union libre *constitue en quelque sorte la réponse personnelle de Breton à cette enquête.* **Le corps de la femme**, *avec toute sa puissance charnelle, irradie sur le monde. L'auteur rappelle opportunément que la dynamique de l'amour est le désir, et que celui-ci prend force et vie dans l'érotisme. On pourra rapprocher ce superbe poème des « blasons du corps féminin » composés au* XVIe *siècle par un Maurice Scève ou une Louise Labbé (Voir* LITTÉRATURE, *Moyen Age -* XVIe *siècle, pp. 311, 326).*

Femme-Flamme, par
Jacques Herold.
Coll. part.

1. *Mammifère carnivore à fourrure estimée.*

2. *Terme de sens inconnu, tel qu'il figure dans le texte original. Il existe un mot* scalaire *désignant un poisson plat ou un mollusque.*

3. *Ouvrier qui goudronne la coque des navires pour la rendre imperméable.*

« Ma femme »

Ma femme à la chevelure de feu de bois
Aux pensées d'éclairs de chaleur
A la taille de sablier
Ma femme à la taille de loutre entre les dents du tigre
5 Ma femme à la bouche de cocarde et de bouquet d'étoiles de dernière grandeur
Aux dents d'empreintes de souris blanche sur la terre blanche
A la langue d'ambre et de verres frottés
Ma femme à la langue d'hostie poignardée
A la langue de poupée qui ouvre et ferme les yeux
10 A la langue de pierre incroyable
Ma femme aux cils de bâtons d'écriture d'enfant
Aux sourcils de bord de nid d'hirondelle
Ma femme aux tempes d'ardoise de toit de serre
Et de buée aux vitres
15 Ma femme aux épaules de champagne
Et de fontaine à têtes de dauphins sous la glace
Ma femme aux poignets d'allumettes
Ma femme aux doigts de hasard et d'as de cœur
Aux doigts de foin coupé
20 Ma femme aux aisselles de martre¹ et de fênes
De nuit de la Saint-Jean
De troène et de nid de scalares²
Aux bras d'écume de mer et d'écluse
Et de mélange du blé et du moulin
25 Ma femme aux jambes de fusée
Aux mouvements d'horlogerie et de désespoir
Ma femme aux mollets de moelle de sureau
Ma femme aux pieds d'initiales
Aux pieds de trousseaux de clés aux pieds de calfats³ qui boivent
30 Ma femme au cou d'orge imperlé
Ma femme à la gorge de Val d'or
De rendez-vous dans le lit même du torrent
Aux seins de nuit
Ma femme aux seins de taupinière marine
35 Ma femme aux seins de creuset du rubis
Aux seins de spectre de la rose sous la rosée
Ma femme au ventre de dépliement d'éventail des jours
Au ventre de griffe géante

LITS

RATURES

Couverture de Picabia pour
Littérature 1923.

Ma femme au dos d'oiseau qui fuit vertical
40 Au dos de vif-argent
Au dos de lumière
A la nuque de pierre roulée et de craie mouillée
Et de chute d'un verre dans lequel on vient de boire
Ma femme aux hanches de nacelle
45 Aux hanches de lustres et de pennes de flèche
Et de tiges de plumes de paon blanc
De balance insensible
Ma femme aux fesses de grès et d'amiante
Ma femme aux fesses de dos de cygne
50 Ma femme aux fesses de printemps
Au sexe de glaïeul
Ma femme au sexe de placer et d'ornithorynque
Ma femme au sexe d'algue et de bonbons anciens
Ma femme au sexe de miroir
55 Ma femme aux yeux pleins de larmes
Aux yeux de panoplie violette et d'aiguille aimantée
Ma femme aux yeux de savane
Ma femmes aux yeux d'eau pour boire en prison
Ma femme aux yeux de bois toujours sous la hache
60 Aux yeux de niveau d'eau de niveau d'air de terre et de feu

André BRETON, *L'Union libre* (1931)
© éd. Gallimard

Max Ernst, *Au
rendez-vous des amis*,
1922.
Hambourg, coll.
Dr. Lydia Bau.

POUR LE COMMENTAIRE

Le texte se prête aisément à une étude sous forme de commentaire composé.

On mettra alors en valeur sa **construction**, l'**art de l'image**, la **qualité de l'émotion**.

On peut aussi en tirer profit pour analyser **le fonctionnement de l'image surréaliste** : classements des formes, organisation des éléments, association des termes, fonction de la métaphore.

AU-DELÀ DU TEXTE

Les surréalistes (peintres comme écrivains) n'ont jamais cessé de magnifier la femme, leurs femmes, épouses et compagnes.

On lira, de Robert DESNOS, *La Liberté ou l'Amour* (1927) ; de Paul ELUARD, *L'Amour, la poésie* (1929). On consultera l'*Anthologie de l'amour sublime*, de Benjamin PÉRET et *L'Érotique du surréalisme* de Robert BENAYOUN (Pauvert, 1965). Toutefois, Xavière GAUTHIER a proposé une forte critique de l'érotique surréaliste dans *Surréalisme et Sexualité* (éd. Gallimard, 1971).

Le Revolver à cheveux blancs (1932)

Le Revolver à cheveux blancs *(1932) débute sur une préface retentissante de* **Breton** *qui défend les droits supérieurs de l'imagination :* « **L'imagination est ce qui tend à devenir réel.** »
L'ensemble du recueil baigne dans **l'attente, l'angoisse de l'occulte.** *Le merveilleux et ses féeries, l'inouï et ses mystères sont sollicités par le poète en quête de* **métamorphoses.** *Appel à l'imagination, attente anxieuse, transformations formidables qui doivent changer l'homme et la société : Breton reconnaît que son salut dépend de ces miracles. Car que serait la vie sans cette double espérance ?* « Le verbe être » — *écrit en une année sombre pour son auteur* — *doit être là comme un aveu, une confession et exprime la peur du poète de voir son espoir déçu.*

Le verbe être

André Breton en 1932.

Je connais le désespoir dans ses grandes lignes. Le désespoir n'a pas d'ailes, il ne se tient pas nécessairement à une table desservie sur une terrasse, le soir, au bord de la mer. C'est le désespoir et ce n'est pas le retour d'une quantité de petits faits comme des graines qui quittent à la nuit tombante un sillon pour un
5 autre. Ce n'est pas la mousse sur une pierre ou le verre à boire. C'est un bateau criblé de neige ; si vous voulez, comme les oiseaux qui tombent et leur sang n'a pas la moindre épaisseur. Je connais le désespoir dans ses grandes lignes. Une forme très petite, délimitée par des bijoux de cheveux. C'est le désespoir. Un collier de perles pour lequel on ne saurait trouver de fermoir et dont l'existence
10 ne tient pas même à un fil, voilà le désespoir. Le reste nous n'en parlons pas. Nous n'avons pas fini de désespérer si nous commençons. Moi je désespère de l'abat-jour vers quatre heures, je désespère de l'éventail vers minuit, je désespère de la cigarette des condamnés. Je connais le désespoir dans ses grandes lignes. Le désespoir n'a pas de cœur, la main reste toujours au désespoir hors d'haleine,
15 au désespoir dont les glaces ne nous disent jamais s'il est mort. Je vis de ce désespoir qui m'enchante. J'aime cette mouche bleue qui vole dans le ciel à l'heure où les étoiles chantonnent. Je connais dans ses grandes lignes le désespoir aux longs étonnements grêles, le désespoir de la fierté, le désespoir de la colère. Je me lève chaque jour comme tout le monde et je détends les bras
20 sur un papier à fleurs, je ne me souviens de rien et c'est toujours avec désespoir que je découvre les beaux arbres déracinés de la nuit. L'air de la chambre est beau comme des baguettes de tambour. Il fait un temps de temps. Je connais le désespoir dans ses grandes lignes. C'est comme le vent du rideau qui me tend la perche. A-t-on idée d'un désespoir pareil ! Au feu ! Ah ils vont encore venir...
25 Au secours ! Les voici qui tombent dans l'escalier... Et les annonces de journal et les réclames lumineuses le long du canal. Tas de sable, va, espèce de tas de sable ! Dans ses grandes lignes le désespoir n'a pas d'importance. C'est une corvée d'arbres qui va encore faire une forêt, c'est une corvée d'étoiles qui va encore faire un jour de moins, c'est une corvée de jours de moins qui va encore
30 faire ma vie.

André BRETON, *Le Revolver à cheveux blancs* (1932)
© éd. Gallimard

POUR LE COMMENTAIRE

1. Le désespoir selon Breton. Qu'est-ce exactement ? Qualifiez-le.

2. Texte philosophique ou poème romantique ? Justifiez votre réponse.

3. L'expression du temps dans le texte.

4. Justifiez le titre.

5. Le poème en prose. Observez dans ce texte les traits d'un imaginaire et d'une musicalité poétiques (visions, rapprochements de termes, images, scansions et rythmes).

Nadja (1928)

*Écrit entre août et décembre 1927, le récit de **Breton** est publié au printemps 1928 à la N.R.F. En 1962, l'auteur donnera une édition remaniée de* Nadja.

Il ne s'agit pas d'un roman : on connaît les propos virulents des surréalistes contre ce genre littéraire, considéré par eux comme fallacieux et aléatoire.

Nadja *est **un récit de vie qui rend simultanément compte du quotidien et de sa part de rêve** : « Le héros surréaliste n'est plus ce héros, apparemment actif, mais en fait arbitrairement manié par le romancier soucieux d'examiner un cas : il devient **un témoin** à qui le romancier obéit, dans une lucidité aiguë de ce que le personnage mis en scène n'a surgi que de son propre inconscient, n'est autre que **son double** » (M. Guiomar).*

Le récit surréaliste suit les mêmes règles que le poème surréaliste. Il enregistre les signes de l'espace intérieur.

*Quels ont été les rapports exacts de Breton et de Nadja ? Relation sentimentale certes, mais doublée d'une relation autrement déterminable. Nadja a exercé sur Breton une influence de médium ; douée de voyance, elle a guidé quelque temps ses pas, son inspiration. Mais elle a payé de sa raison, de son restant de raison cet acte de possession, puisque l'aventure se terminera pour elle dans un asile. Le poète garde mauvaise conscience : n'a-t-il pas en effet favorisé le démantèlement psychique de la jeune femme ? Jusqu'à sa rencontre avec lui, elle gardait ses fantasmes pour elle : lui, leur donne une dimension littéraire qui les consacre, qui les justifie et les valorise, qui les fait passer du **stade mythique à celui de la réalité**.*

Faits-glissades et faits-précipices

*« Qui suis-je ? » : cette question obsède **Breton**, qui ne croit guère à l'unité de la personnalité psychique. Pour lui, savoir qui je suis revient à connaître qui je hante, à explorer l'espace qui m'échappe dans la vie courante mais que je perçois bel et bien comme familier si l'occasion m'est donnée de le parcourir soit par le rêve, soit par l'expérience de l'écriture automatique.*

La première partie de Nadja *expose une série d'événements qui ont marqué effectivement la vie du narrateur, aux aguets de signaux qui, surgis inopinément sur le bord de sa route, ont fléché son avenir, son destin.*

Dessin de Nadja, 1928.
Paris, B.N.

Je n'ai dessein de relater, en marge du récit que je vais entreprendre, que les épisodes les plus marquants de ma vie *telle que je peux la concevoir hors de son plan organique*, soit dans la mesure même où elle est livrée aux hasards, au plus petit comme au plus grand, où regimbant contre l'idée commune que je m'en
5 fais, elle m'introduit dans un monde comme défendu qui est celui des rapprochements soudains, des pétrifiantes coïncidences, des réflexes primant tout autre essor du mental, des accords plaqués comme au piano, des éclairs qui feraient voir, mais alors *voir*, s'ils n'étaient encore plus rapides que les autres. Il s'agit de faits de valeur intrinsèque sans doute peu contrôlable mais qui, par leur
10 caractère absolument inattendu, violemment incident, et le genre d'associations d'idées suspectes qu'ils éveillent, une façon de vous faire passer du fil de la Vierge à la toile d'araignée, c'est-à-dire à la chose qui serait au monde la plus scintillante et la plus gracieuse, n'était au coin, ou dans les parages, l'araignée ; il s'agit de faits qui, fussent-ils de l'ordre de la constatation pure, présentent chaque fois
15 toutes les apparences d'un signal, sans qu'on puisse dire au juste de quel signal, qui font qu'en pleine solitude, je me découvre d'invraisemblables complicités, qui me convainquent de mon illusion toutes les fois que je me crois seul à la barre du navire. Il y aurait à hiérarchiser ces faits, du plus simple au plus complexe, depuis le mouvement spécial, indéfinissable, que provoque de notre part la vue
20 de très rares objets ou notre arrivée dans tel et tel lieux, accompagnées de la sensation très nette que pour nous quelque chose de grave, d'essentiel, en dépend, jusqu'à l'absence complète de paix avec nous-mêmes que nous valent certains enchaînements, certains concours de circonstances qui passent de loin notre entendement, et n'admettent notre retour à une activité raisonnée que si,

25 dans la plupart des cas, nous en appelons à l'instinct de conservation. On pourrait établir quantité d'intermédiaires entre ces faits-glissades et ces faits-précipices. De ces faits, dont je n'arrive à être pour moi-même que le témoin hagard, aux autres faits, dont je me flatte de discerner les tenants et, dans une certaine mesure, de présumer les aboutissants, il y a peut-être la même distance que
30 d'une de ces affirmations ou d'un de ces ensembles d'affirmations qui constitue la phrase ou le texte « automatique » à l'affirmation ou l'ensemble d'affirmations que, pour le même observateur, constitue la phrase ou le texte dont tous les termes ont été par lui mûrement réfléchis, et pesés. Sa responsabilité ne lui semble pour ainsi dire pas engagée dans le premier cas, elle est engagée dans
35 le second. Il est, en revanche, infiniment plus surpris, plus fasciné par ce qui passe là que par ce qui passe ici. Il en est aussi plus fier, ce qui ne laisse pas d'être singulier, il s'en trouve plus libre. Ainsi en va-t-il de ces sensations électives dont j'ai parlé et dont la part d'incommunicabilité même est une source de plaisirs inégalables.

André BRETON, *Nadja* (1928)
© éd. Gallimard

POUR LE COMMENTAIRE _____

1. Comment un **fait banal** peut-il prendre l'aspect d'un **signal** ?

2. « En pleine solitude, je me découvre d'invraisemblables complicités. »
A quelles **complicités** pense Breton ? Pourquoi cette phrase pourrait-elle être taxée d'idéalisme ?

3. A quelle **hiérarchisation des faits** exceptionnels

aboutit Breton ? Précisez la différence entre « faits-glissades » et « faits-précipices ».

4. Quelle **attitude** prévaut face à ces faits ? En quoi cette attitude est-elle comparable à celle du poète en proie à l'expérience de l'écriture automatique ?

5. Quelle **dimension morale** nouvelle atteint l'homme se vouant à la pratique du guet psychique ?

« *Pourquoi cette main qui flambe sur l'eau ?* »

*6 octobre. Nadja et **Breton** se connaissent depuis deux jours. Ils se sont rencontrés par hasard rue Lafayette, à Paris. Le poète a été spontanément attiré par cette jeune femme blonde au sourire errant, au regard étrange . « Que s'y mire-t-il à la fois obscurément de tendresse et lumineusement d'orgueil ? » Nadja figure **la femme surréaliste, voyante et fée, guide inspiré et inspirant**. Elle semble prête à prendre tous les risques, à s'égarer à travers les terres du merveilleux : d'où l'attrait, la fascination qu'elle exerce sur le poète qui vit cette aventure, tout à la fois charmé et effrayé.*

Le jour baisse. Afin d'être seuls, nous nous faisons servir dehors par le marchand de vins. Pour la première fois, durant le repas, Nadja se montre assez frivole. Un ivrogne ne cesse de rôder autour de
5 notre table. Il prononce très haut des paroles incohérentes, sur le ton de la protestation. Parmi ces paroles reviennent sans cesse un ou deux mots obscènes sur lesquels il appuie. Sa femme, qui le surveille de sous les arbres, se borne à lui crier de
10 temps à autre : « Allons, viens-tu ? » J'essaie à plusieurs reprises de l'écarter, mais en vain. Comme arrive le dessert, Nadja commence à regarder autour d'elle. Elle est certaine que sous nos pieds passe un souterrain qui vient du Palais de justice (elle me
15 montre de quel endroit du Palais, un peu à droite du perron blanc) et contourne l'hôtel Henri-IV. Elle se trouble à l'idée de ce qui s'est déjà passé sur cette place et de ce qui s'y passera encore. Où ne se

perdent en ce moment dans l'ombre que deux ou
20 trois couples, elle semble voir une foule. « Et les morts, les morts ! » L'ivrogne continue à plaisanter lugubrement. Le regard de Nadja fait maintenant le tour des maisons. « Vois-tu, là-bas, cette fenêtre ? Elle est noire, comme toutes les autres. Regarde
25 bien. Dans une minute elle va s'éclairer. Elle sera rouge. » La minute passe. La fenêtre s'éclaire. Il y a, en effet, des rideaux rouges. (Je regrette, mais je n'y puis rien, que ceci passe peut-être les limites de la crédibilité. Cependant, à pareil sujet, je m'en vou-
30 drais de prendre parti : je me borne à *convenir* que de noire, cette fenêtre est alors devenue rouge, c'est tout.) J'avoue qu'ici la peur me prend, comme aussi elle commence à prendre Nadja. « Quelle horreur ! Vois-tu ce qui passe dans les arbres ? Le bleu et le
35 vent, le vent bleu. Une seule autre fois j'ai vu sur ces mêmes arbres passer ce vent bleu. C'était là, d'une

fenêtre de l'hôtel Henri-IV[1], et mon ami, le second dont je t'ai parlé, allait partir. Il y avait aussi une voix qui disait : Tu mourras, tu mourras. Je ne voulais pas mourir mais j'éprouvais un tel vertige... Je serais certainement tombée si l'on ne m'avait retenue. » Je crois qu'il est grand temps de quitter ces lieux. Le long des quais, je la sens toute tremblante. C'est elle qui a voulu revenir vers la Conciergerie. Elle est très abandonnée, très sûre de moi. Pourtant elle cherche quelque chose, elle tient absolument à ce que nous entrions dans une cour, une cour de commissariat quelconque qu'elle explore rapidement. « Ce n'est pas là... Mais, dis-moi, pourquoi dois-tu aller en prison ? Qu'auras-tu fait ? Moi aussi j'ai été en prison. Qui étais-je ? Il y a des siècles. Et toi, alors, qui étais-tu ? » Nous longeons de nouveau la grille quand tout à coup Nadja refuse d'aller plus loin. Il y a là, à droite, une fenêtre en contrebas qui donne sur le fossé, de la vue de laquelle il ne lui est plus possible de se détacher. C'est devant cette fenêtre qui a l'air condamnée qu'il faut absolument attendre, elle le sait. C'est de là que tout peut venir. C'est là que tout commence. Elle tient des deux mains la grille pour que je ne l'entraîne pas. Elle ne répond presque plus à mes questions. De guerre lasse, je finis par attendre que de son propre gré elle poursuive sa route. La pensée du souterrain ne l'a pas quittée et sans doute se croit-elle à l'une de ses issues. Elle se demande qui elle a pu être, dans l'entourage de Marie-Antoinette. Les pas des promeneurs la font longuement tressaillir. Je m'inquiète, et, lui détachant les mains l'une après l'autre, je finis par la contraindre à me suivre. Plus d'une demi-heure s'est ainsi passée. Le pont traversé, nous nous dirigeons vers le Louvre. Nadja ne cesse d'être distraite. Pour la ramener à moi, je lui dis un poème de Baudelaire, mais les inflexions de ma voix lui causent une nouvelle frayeur, aggravée du souvenir qu'elle garde du baiser de tout à l'heure : « un baiser dans lequel il y a une menace ». Elle s'arrête encore, s'accoude à la rampe de pierre d'où son regard et le mien plongent dans le fleuve à cette heure étincelant de lumières : « Cette main, cette main sur la Seine, pourquoi cette main qui flambe sur l'eau ? C'est vrai que le feu et l'eau sont la même chose. Mais que veut dire cette main ? Comment l'interprètes-tu ? Laisse-moi donc voir cette main. Pourquoi veux-tu que nous nous en allions ? Que crains-tu ? Tu me crois très malade, n'est-ce pas ? Je ne suis pas malade. Mais qu'est-ce que cela veut dire pour toi : le feu sur l'eau, une main de feu sur l'eau ? (Plaisantant :) Bien sûr ce n'est pas la fortune : le feu et l'eau, c'est la même chose ; le feu et l'or c'est tout différent. »

André BRETON, *Nadja*
© éd. Gallimard

---

1. *Lequel fait face à la maison dont il vient d'être question, ceci toujours pour les amateurs de solutions faciles* (note d'André Breton).

FANTASTIQUE ET LITTÉRATURE

Le fantastique en littérature repose sur **une ambiguïté d'interprétation du réel**, sur une équivoque qui vaut à la fois pour l'acteur principal ou l'un des protagonistes de la scène relatée, et pour le lecteur. En d'autres termes, face à un événement insolite, extraordinaire, il s'agit pour l'esprit de décider si celui-ci entre ou non dans la catégorie des faits logiquement, rationnellement explicables. Si tel est le cas, **le fantastique** tend à n'être qu'un **aspect du réalisme** ; si tel n'est pas le cas, **il tend à se confondre** avec **le merveilleux**. Les contes d'Edgar Poe, par exemple, jouent constamment de cette hésitation, de cette indétermination.

La soirée du 6 octobre sollicite une approche de cette espèce. Nadja nous entraîne dans un jeu où l'on perd pied, à l'instar de son ami. Mais n'est-ce pas qu'un jeu ? Faut-il ou non franchir les limites de la raison et de la folie, de la logique et de la divination ? Faut-il emprunter la voie médiumnique ici ouverte ?

Vous étudierez le texte à partir de ce point de vue. Vous ferez un relevé des faits, propos, suggestions qui relèvent du fantastique, d'une conception fantastique des rapports de l'homme et du monde. Vous préciserez ensuite la position personnelle de Breton en vous fondant sur ses réflexions, puis la vôtre, vous qui, en tant que lecteur, êtes également engagé dans le processus d'interprétation du texte.

Un portrait symbolique d'elle et de moi, dessin de Nadja. Paris, B.N.

Pour vos essais et vos exposés

André BRETON : *Manifestes du surréalisme*, coll. « Folio/Essais », éd. Gallimard.
Julien GRACQ : *André Breton, quelques aspects de l'écrivain*, éd. J. Corti, 1948.
Maurice NADEAU : *Histoire du surréalisme*, coll. « Points », éd. du Seuil, 1964.
M. SANOUILLET : *Dada à Paris*, éd. J. J. Pauvert, 1965.
Georges HUGNET : *L'Aventure Dada (1912-1922)*, éd. Seghers, 1971.
Sarane ALEXANDRIAN : *André Breton par lui-même*, éd. du Seuil, 1971.
Philippe AUDOIN : *Les Surréalistes*, éd. du Seuil, 1973.
Georges RIBEMONT-DESSAIGNES : *Dada*, éd. Champ-Libre, 1974.
Gérard DUROZOI, Bernard LECHERBONNIER : *André Breton, l'écriture surréaliste*, éd. Larousse, 1974.
Marguerite BONNET : *Les Critiques de notre temps et André Breton*, éd. Garnier, 1974.
Marguerite BONNET : *André Breton, naissance de l'aventure surréaliste*, éd. J. Corti, 1975.
Philippe LAVERGNE : *André Breton et le mythe*, éd. J. Corti, 1985.

GUIDE POUR LA LECTURE INTÉGRALE DE *NADJA*

Les références de pages auxquelles nous renvoyons correspondent à l'édition de Nadja *dans la collection « Folio », chez Gallimard.*

1. Le hasard et ses signes (pp. 9 à 69)

L'exposé de la méthode et des objectifs.

Prolégomènes (pp. 9 à 22)

Interrogation initiale : « Qui suis-je ? », fil directeur de *Nadja*. Digression à partir de cette interrogation (pp. 9-11), où **Breton** exprime son intention de mener une enquête sur sa propre vie pour répondre à cette question. Rappel de l'exemple de plusieurs artistes, Hugo, Chirico... (pp. 11-15), qui ont lié la genèse de leurs œuvres à de menus faits de la vie courante. Critique de la littérature romanesque (pp. 16-19), mais éloge de Huysmans qui a saisi l'intérêt de ces « sollicitations perpétuelles qui semblent venir du dehors ». Affirmation des postulats (pp. 19-22) fondant l'œuvre de Breton : la vie n'est pas conforme à la construction mentale que je me fais d'elle ; il est possible de « la concevoir hors de son plan organique » ; elle est pétrie de petits faits qui agissent comme des « signaux » et qu'il faut savoir percevoir.

Observation des signaux (pp. 22 à 69)

Plusieurs faits-glissades précédant le grand fait-précipice que fut la rencontre avec Nadja. La liste en est longue :
— pp. 26 à 29 : rencontres avec Paul Eluard, Pablo Picasso, Jean Paulhan.
— pp. 29 à 31 : scène « Bois et Charbons », Philippe Soupault.
— pp. 31 à 35 : rencontres, Benjamin Péret.
— pp. 35 à 36 : écriture en état d'hypnose ; Robert Desnos.
— pp. 36 à 38 : attraction irraisonnée ; boulevard Bonne Nouvelle.
— pp. 38 à 40 : film : *L'Étreinte de la pieuvre* ; Jacques Vaché.
— pp. 43 à 44 : théâtre moderne. Persistance des images fugaces.
— pp. 44 à 45 : Electric Palace. Apparition bouleversante d'une femme nue.
— pp. 45 à 47 : théâtre des Deux Masques. Représentation des *Détraqués* de B. Derval. Histoire de meurtre.
— pp. 57 à 59 : « Rêve assez infâme ». Cauchemar.
— pp. 59 à 64 : marché aux puces. Rencontre avec une jeune fille sous le signe de Rimbaud.
— pp. 64 à 65 : transmutation d'un objet : gant de dame, gant de bronze.
— pp. 65 à 68 : une enseigne et une gravure. Louis Aragon.

Les faits-glissades s'accompagnent de terreur, de panique, d'émerveillement, laissent entrevoir que l'autre vie guette le guetteur, bientôt récompensé de son attente par l'arrivée soudaine de Nadja dans son existence.

2. L'histoire de Nadja

Les rencontres (pp. 10 à 127)

Du 4 au 12 octobre 1926, se multiplient dans la vie de Breton des faits troublants qui illustrent bien le caractère exceptionnel de sa rencontre avec Nadja.

4 octobre : rencontre avec « l'âme errante ».
5 octobre : Breton pénètre l'univers imaginaire de Nadja.
6 octobre : séries de rencontres, de hasards pétrifiants, nuit des miracles.
7 octobre : l'interrogation sur la nature de Nadja, sur le rôle révélateur qu'il lui attribue.
8, 9, 10 octobre : scènes mystérieuses, troublantes, angoissantes, insupportables.
11 octobre : éloignement progressif de Nadja.
12 octobre : retrouvailles, unité retrouvée, voyage au Vésinet.

Déchiffrement (pp. 127 à 157)

Fin du récit chronologique. Enquête approfondie sur la vraie nature de Nadja.

Nadja est un génie libre qui chemine « par-dessus les décombres fumeux de la vieille pensée et de la sempiternelle vie » (pp. 127 à 129). Elle rappelle opportunément que la vie doit être déchiffrée comme un cryptogramme (pp. 133 à 135).

Évoquant ensuite leurs quelques mois de vie commune, Breton ne retient que des documents bruts, à fort potentiel symbolique : des propos, des dessins, des objets, tendant tous à mettre en œuvre les mécanismes de l'imaginaire surréaliste dans la mesure où ils sont une invitation à dépasser la vie réelle (pp. 137-157).

La rupture (pp. 157 à 172)

De violentes discussions ont abouti à la rupture. D'où vient l'échec ? Nadja est devenue folle (p. 159) ; Breton s'interroge sur sa responsabilité, sur les rapports entre folie, liberté et amour. Il n'a pas su être à la hauteur de ce qu'elle lui proposait ; digression féroce contre la psychiatrie et l'enfermement (pp. 159 à 167). Breton avoue cependant n'avoir pas saisi le caractère alarmant de l'état de Nadja.

Épilogue (pp. 173 à 190)

Breton a trouvé ou retrouvé la force vitale grâce à Nadja, la conviction que « l'au-delà, tout l'au-delà est dans la vie ». Elle l'a mené, à son insu, vers la réalisation de ses espoirs, vers une autre femme aussi (p. 176).

Il confronte, en 1927, les lieux évoqués dans son récit avec les souvenirs qu'il en a gardés (pp. 177 à 183). Il constate que le fini reste muet. Il choisit de se donner à corps perdu, « à la grande inconscience vive et sonore qui m'incite mes seuls actes probants ». Récit : l'histoire de M. Delouit, suivie d'un hymne à l'amour (pp. 184 à 188). Il en ressort que « l'idée d'amour (est) seule capable de réconcilier tout homme, momentanément ou non, avec l'idée de la vie ». Et corollairement, que la beauté ne peut être vécue, comme la vie, que sur le mode convulsif (pp. 188 à 190).

GROUPEMENT THÉMATIQUE

Paris dans la littérature de l'entre-deux-guerres

APOLLINAIRE : *Alcools*, 1913 ; *Calligrammes*, 1918. — Louis ARAGON : *Le Paysan de Paris*, 1926. — André BRETON : *Nadja*, 1928. — Eugène DABIT : *L'Hôtel du Nord*, 1929 ; *Faubourgs de Paris*, 1933. — Jules ROMAINS : *Les Hommes de bonne volonté*, 1932-1946. — Paul MORAND : *L'Innocente à Paris*, 1933. — CÉLINE : *Mort à crédit*, 1936.

3. Autres poètes surréalistes

La poésie surréaliste

Le surréalisme est un mouvement poétique, non une école. Un angle pour percevoir le monde, non une philosophie. Les principes établis, on comprend alors **la diversité des talents et des tempéraments** composant son univers, illustrant sa créativité. Entre **ROBERT DESNOS**, le rêveur merveilleux, **BENJAMIN PÉRET**, le rebelle iconoclaste, **PHILIPPE SOUPAULT**, le voyageur insatiable, **ANTONIN ARTAUD**, le visionnaire du néant, et **PAUL NOUGÉ**, l'ingénieur de la syntaxe, rien de commun *a priori* qu'une certitude, à savoir que la poésie, selon le mot de Breton, « surmontera l'idée déprimante du divorce inséparable de l'action et du rêve ». « (Le poète) tendra le fruit magnifique de l'arbre aux racines enchevêtrées et saura persuader ceux qui le goûtent qu'il n'a rien d'amer. Porté par la vague de son temps, il assumera pour la première fois sans détresse la réception et la transmission des appels qui se pressent vers lui du fond des âmes » (André Breton, *Les Vases communicants*, 1932).

L'urgence de cette **parole enfouie au fond de l'inconscient**, du rêve et du désir, **PAUL ELUARD** en exprime par ailleurs les aspects dans cet extrait de *Donner à voir* consacré à la nature de la poésie :

« L'hallucination, la candeur, la fureur, la mémoire, ce Protée lunatique, les vieilles histoires, la table et l'encrier, les paysages inconnus, la nuit tournée, les souvenirs inopinés, les prophéties de la passion, les conflagrations d'idées, de sentiments, d'objets, la nudité aveugle, les entreprises systématiques à des fins inutiles devenant de première utilité, le dérèglement de la logique jusqu'à l'absurde, l'usage de l'absurde jusqu'à l'indomptable raison, c'est cela — et non l'assemblage plus ou moins savant, plus ou moins heureux des voyelles, des consonnes, des syllabes, des mots — qui contribue à l'harmonie d'un poème. »

(*Donner à voir*, 1939)

1920	Louis ARAGON : *Feu de joie* André BRETON et Philippe SOUPAULT : *Les Champs magnétiques*		**1929**	Louis ARAGON : *La Grande Gaîté* René CREVEL : *Êtes-vous fous ?*
1921	Louis ARAGON : *Anicet ou le Panorama*		**1930**	André BRETON : *Second Manifeste du surréalisme* André BRETON et Paul ELUARD : *L'Immaculée Conception* André BRETON, Paul ELUARD et René CHAR : *Ralentir Travaux* Robert DESNOS : *Corps et Biens* Revue *Le Surréalisme au service de la révolution*
1922	Philippe SOUPAULT : *Westwego*			
1923	André BRETON : *Clair de terre*			
1924	Fondation de la revue *La Révolution surréaliste* Louis ARAGON : *Le Libertinage* André BRETON : *Manifeste du surréalisme* Robert DESNOS : *Deuil pour deuil* Paul ELUARD : *Mourir de ne pas mourir* Benjamin PÉRET : *Immortelle Maladie*		**1932**	André BRETON : *Les Vases communicants* Paul ELUARD : *La Vie immédiate*
			1933	Fondation de la revue *Minotaure* (1933-1938) René CREVEL : *Les Pieds dans le plat*
1925	Antonin ARTAUD : *L'Ombilic des limbes* René CREVEL : *Mon corps et moi* Louis ARAGON : *Le Mouvement perpétuel*		**1934**	René CHAR : *Le Marteau sans maître*
1926	Philippe SOUPAULT : *Georgia* Louis ARAGON : *Le Paysan de Paris* Paul ELUARD : *Capitale de la douleur*		**1935**	André BRETON : *Position politique du surréalisme* Mort de René CREVEL
1927	Antonin ARTAUD : *Le Pèse-Nerfs* Robert DESNOS : *La Liberté ou l'Amour* Michel LEIRIS : *Le Point cardinal*		**1936**	Paul ELUARD : *Les Yeux fertiles*
			1937	André BRETON : *L'Amour fou*
1928	Louis ARAGON : *Traité du style* André BRETON : *Nadja* René CREVEL : *L'Esprit contre la raison* Benjamin PÉRET : *Le Grand Jeu*		**1938**	Antonin ARTAUD : *Le Théâtre et son double* Paul ELUARD, André BRETON : *Petit Dictionnaire du surréalisme*

Philippe Soupault *Westwego* (1922)

Né à Chaville, en 1897, au sein d'une famille bourgeoise aux idées strictes, **Philippe Soupault**, après une enfance rêveuse, découvre avec dégoût la dureté de la guerre, qui le révolte.

Par l'intermédiaire d'Apollinaire, il fait la rencontre d'André Breton, avec lequel il se lie. Ensemble ils s'engagent dans l'aventure Dada. (« L'apport d'un Soupault consiste dans un sens aigu du moderne », déclare André Breton dans ses *Entretiens*.)

En 1919, ils rédigent en commun *Les Champs magnétiques*, première œuvre à proprement parler surréaliste, publiée en 1920.

Westwego, poème commencé en 1917, est publié en 1922. Poème mystique du voyage, dont le nom est emprunté à un village de Louisiane (*Westwego* : « Allons vers l'Ouest ! »). Soupault participe aux assauts surréalistes jusqu'en 1925.

Toutefois, ses préoccupations intellectuelles l'inclinent très tôt vers la découverte des créateurs originaux de la littérature mondiale. Il dirige les *Écrits nouveaux* et la *Revue européenne*, où il fait connaître le domaine étranger, en particulier la littérature russe et américaine. Romancier, essayiste, il publie un nombre considérable de volumes après son exclusion du groupe surréaliste. Son texte poétique le plus achevé reste *Georgia* (1926), poème d'amour fou, de désespoir charnel et avide, de délire onirique en l'honneur du corps féminin. Grâce à ses activités professionnelles dans le journalisme, Philippe Soupault a pu d'autre part parcourir en tous sens la planète.

Parallèlement à cette activité éclectique, Soupault n'a cessé d'écrire une œuvre très personnelle, même si elle témoigne de l'influence du surréalisme. Aux romans partiellement autobiographiques et souvent satiriques — *Le Bon Apôtre* (1923), *Les Frères Durandeau* (1924), *Le Voyage d'Horace Pirouelle* (1925) — , aux essais, aux documentaires, aux pièces de théâtre s'ajoute l'œuvre poétique, qui demeure fondamentale.

Les Poésies complètes, publiées en 1937, révèlent un même goût pour l'insolite et le merveilleux, tout en variant les registres et les tonalités. Par la suite, Soupault évoluera vers une veine plus populaire (en particulier avec les *Odes*, écrites durant la guerre), avant de retrouver l'inspiration singulière et fantaisiste qui est la sienne : *Chansons* (1949), *Sans phrases* (1953), *Crépuscules* (1973).

Dans ce recueil de poèmes, **Philippe Soupault** accorde une place majeure au thème du **mal de vivre** et de l'**errance mélancolique**, si répandu dans la littérature d'après la Grande Guerre.

« Étrange voyageur sans bagages »

Étrange voyageur sans bagages
Je n'ai jamais quitté Paris
ma mémoire ne me quittait pas d'une semelle
ma mémoire me suivait comme un petit chien
5   j'étais plus bête que les brebis
qui brillent dans le ciel à minuit
il fait très chaud
je me dis tout bas et très sérieusement
j'ai très soif j'ai vraiment très soif
10 je n'ai que mon chapeau
clef des champs clefs des songes
père des souvenirs
mais ce soir je suis dans cette ville
derrière chaque arbre des avenues
15 un souvenir guette mon passage
C'est toi mon vieux Paris
tes monuments sont les bornes kilométriques de ma fatigue
je reconnais tes nuages
qui s'accrochent aux cheminées
20 pour me dire adieu ou bonjour

1. *Village proche de Fontainebleau qui a donné son nom à une école de peinture.*

2. *Navigateur anglais (1728-1775), explorateur du Pacifique sud.*

Cité du Retiro, composition de Philippe Soupault, 1921. Coll. Ville de Paris.

la nuit tu es phosphorescent
je t'aime comme on aime un éléphant
tous les cris sont pour moi des cris de tendresse
je suis comme Aladin dans le jardin
25 où la lampe magique était allumée
je ne cherche rien
je suis ici
je suis assis à la terrasse d'un café
et je souris de toutes mes dents
30 en pensant à tous mes fameux voyages
je voulais aller à New York ou à Buenos-Ayres
connaître la neige de Moscou
partir un soir à bord d'un paquebot
pour Madagascar ou Shanghaï
35 remonter le Mississippi

je suis allé à Barbizon[1]
et j'ai relu les voyages du capitaine Cook[2]
je me suis couché sur la mousse élastique
j'ai écrit des poèmes près d'une anémone sylvie
40 en cueillant les mots qui pendaient aux branches
le petit chemin de fer me faisait penser au transcanadien
et ce soir je souris parce que je suis ici.

Philippe SOUPAULT, *Westwego* (1922)
éd. Grasset, © Philippe Soupault

Georgia (1926)

« *Je t'attends* »

Je ne dors pas Georgia
Je lance des flèches dans la nuit Georgia
j'attends Georgia
Le feu est comme la neige Georgia
La nuit est ma voisine Georgia
J'écoute les bruits tous sans exception Georgia
je vois la fumée qui monte et qui fuit Georgia
je marche à pas de loup dans l'ombre Georgia
je cours voici la rue les faubourgs Georgia
Voici une ville qui est la même
et que je ne connais pas Georgia
je me hâte voici le vent Georgia
et le froid et le silence et la peur Georgia
je fuis Georgia
je cours Georgia

les nuages sont bas ils vont tomber Georgia
j'étends les bras Georgia
je ne ferme pas les yeux Georgia
j'appelle Georgia
20 je crie Georgia
j'appelle Georgia
je t'appelle Georgia
Est-ce que tu viendras Georgia
bientôt Georgia

25 Georgia Georgia Georgia
Georgia
je ne dors pas Georgia
je t'attends
Georgia

Philippe SOUPAULT, *Georgia* (1926)
éd. Grasset, © Philippe Soupault

ÉTUDE COMPARÉE

1. Une poésie du *moi* souffrant. Les deux textes s'apparentent à première vue davantage au romantisme qu'au surréalisme, mettant en scène un *je* à la recherche de soi *(Westwego)* ou à la recherche de l'autre *(Georgia).*
Mettez en valeur cet aspect de l'inspiration.

2. Une voix, un souffle, un rythme. Comment s'organise le poème autour de la modulation de la voix qui le porte ?

3. Le thème de la ville. Que représente la ville dans l'un et l'autre texte ?

René Crevel *Êtes-vous fous ?* (1929)

Issu de la bourgeoisie parisienne, **René Crevel** (1900-1935), adolescent, est traumatisé par le suicide de son père. A vingt-deux ans il rallie les surréalistes, qu'il fascine par sa belle intransigeance. Il s'adonne passionnément aux expériences hypnotiques et prend à cœur la défense des mots d'ordre du groupe, dont il vit, déchiré, les querelles.

Son œuvre, essentiellement composée de romans et d'essais (*Mon corps et moi*, 1925 ; *Babylone*, 1927 ; *L'Esprit contre la Raison*, 1928 ; *Êtes-vous fous ?*, 1929 ; *Les Pieds dans le plat*, 1933, est imprégnée de violence sarcastique et désespérée.

En mai 1935, les débats houleux du premier Congrès international des Écrivains pour la Défense de la Culture affectent beaucoup Crevel, qui se suicide le 18 juin.

« *Ainsi, toi...* »

Dans Êtes-vous fous ?, **René Crevel** *s'invente* **un double**, *Vagualame, qu'il force, avec quelque sadisme (masochisme ?), jusque dans ses retranchements les plus intimes.*

Ainsi, toi, qui, sans délectation, voulus aimer toutes les violences de la chair et de l'esprit, altéré des filtres sorciers, épris des végétaux magiques, des mots à charme incantatoire, toujours prêt à grimper les cinq étages des pythonisses[1] faubouriennes, qui ouvrent grandes les portes du futur sur de haillonneuses
5 féeries pourpres et outre-mer, comme, à l'aube du printemps, les fenêtres de leurs taudis sur un ciel ressuscité malgré les grasses fumées, toi qui souhaitais la corde et le fer le plus inexorable pour l'arc des désirs, dont tu espérais qu'ils t'enverraient, flèche, aux étoiles, toi encore, à la même place dans le carquois, épileptique gigoteur de la grandiloquence, tu te retrouves plus fripé que ces
10 déguenillées pompeuses, chapeau à plumes, falbalas, volants gorge-de-pigeon, et dentelles de tous les âges et couleurs, paquets de vieux chiffons endormis sur les quais.

Tu rêves de tremblement de terre, mais dilettante anémique, tu les aurais dégustés, comme sa petite secousse ce vieux parapluie de Barrès[2].
15 Et, dis, à quoi bon le protocole de la sensualité, les corps savants, l'amour dans ses trente-deux positions, sous toutes ses formes et perversités ; à quoi bon, encore, l'alcool et les drogues, dont tu essayas bien des variétés, si, de tes essais, tu n'as pas même contracté ce qui, du côté cour se nomme vice, et passion du côté jardin ? Tu n'en es pas moins fier d'une expérience qui te permettrait d'y
20 aller de petites descriptions charnelles, très Baedecker[3], d'un naturalisme à vous retourner les doigts de pied. Il y a aussi les considérations un tantinet pharmaceu-tiques, à propos des paradis artificiels, et je t'entends jaspiner des heures et des heures, évoquer les grands fauves qui de ta défectueuse et sautillante personne n'ont pas même daigné faire leur proie. La maladie, tu y as renoncé quand tu
25 as eu vu, de tes yeux vu, comment, au plus haut étage du sanatorium[4] gratte-ciel, le silence, l'immobilité, sournois complices, aidaient à mourir. Alors, pour une fois, tu as eu la force de ta colère, trop de force pour te contenter d'une révolte sur place, d'un dancing de Kurhaus, où faisait l'aumône d'un sourire très bien imité une jeune femme quasi transparente, si maigre, si lasse, qu'elle ne pouvait
30 plus danser que posée sur les pieds de son cavalier, moins lourde, certes, qu'au poing du chasseur le faucon des récits médiévaux.

Mais, pour avoir refusé une fin dans l'altitude et le froid, tu n'en as guère plus de raisons de te continuer.

Tu es à Berlin. Pourquoi ?
35 Réponds, si tu peux.

Tu n'as rien à dire ? Alors, ôte ton masque.

Tiens, tu me ressembles comme un frère.

Et, s'il te plaît, le nom qui te désignait, avant la rue des Paupières-Rouges ? Tu dis ?.... René Crevel ?
40 Mais tu es moi. Je suis toi. On est le même.

René Crevel, *Êtes-vous fous ?* (1929), © éd. Gallimard

---

1. Femme qui prédit l'avenir.

2. Allusion au « procès Barrès » instruit par les surréalistes en 1921.

3. Célèbre guide touristique, ancêtre des Guides bleus.

4. L'auteur fut atteint de tuberculose en 1925.

JEAN ARP, *Planche à œufs*, 1922.
Paris, Musée national d'Art moderne.

Le mouvement Dada

« La beauté sera convulsive ou ne sera pas », écrit André Breton. *Les surréalistes veulent plonger jusqu'aux racines de la création artistique en parcourant les paysages les plus enfouis du rêve, de l'inconscient. En peinture, il s'agit de fixer ces images de l'énigme, de l'insolite et du mystère. Rendez-vous de l'étrange, de l'illusion, des rencontres inattendues, le surréalisme ouvre un nouveau champ de vision : celui de l'imaginaire.*

MAX ERNST, *Manifeste Dada*, 1919.
Turin. Galerie d'Art moderne.

GIORGIO DE CHIRICO, *Le Serviteur fidèle*, 1917.
Paris, Musée national d'Art moderne.

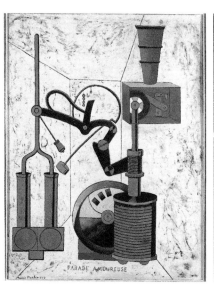

FRANCIS PICABIA, *Parade amoureuse*, 1917.
Chicago, coll. Morton Newmann.

KURT SCHWITTERS, *Bacco*, 1922.
Paris, Musée national d'Art moderne.

MARCEL DUCHAMP, *Roue de bicyclette*, 1913. Paris, Musée national d'Art moderne.

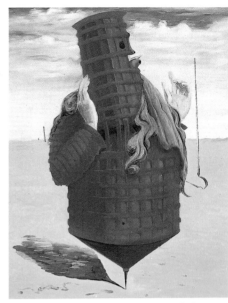

MAX ERNST, *Ubu Imperator*, 1923.
Paris, Musée national d'Art moderne.

MAX ERNST, *Loplop présente les membres du groupe surréaliste*, 1931.
New York, Modern Art Museum.

L'univers de Max Ernst

Max Ernst (1891-1976)

Ce peintre d'origine allemande est un des principaux promoteurs du surréalisme. Autodidacte, cofondateur du dadaïsme en 1919, il se fixe à Paris en 1922. Refusant systématiquement toute discipline, l'art de Max Ernst présente la plus surprenante diversité de thèmes et de techniques. Il pratique le collage avec une grande imagination, utilisant d'abord des photographies, puis des illustrations avant de passer à des toiles de grandes dimensions où il peint sur les images collées. En 1925, il met au point un nouveau procédé : le frottage, recouvrant d'une feuille de papier des objets déposés sur une planche de bois et les frottant avec une mine de plomb. Ainsi naissent des images fantastiques, où la réalité se dissout dans une vision trouble. Entre 1927 et 1940, l'univers visionnaire de Ernst se développe dans la grande tradition du romantisme allemand. Ce sont ses cités englouties, ses forêts nocturnes éclairées d'une lune jaune, ses paysages anxieux, étranges, où la vie semble arrêtée.

MAX ERNST,
*Au premier mot
limpide*, 1923.
Düsseldorf,
Kunstsammlung
Nordrhein-
Westfalen.

MAX ERNST, *L'Œil du silence*, 1943-1944.
St-Louis, Washington University Gallery of Art.

L'âge d'or du surréalisme

« La mission de la peinture, écrit André Breton, consiste moins à se livrer à des jongleries techniques qu'à exprimer [...] le mystère et la poésie que dégagent certaines combinaisons d'objets. » Avec ces données, la peinture devient un simple moyen — un « automatisme » — pour l'expression immédiate de la pensée et du rêve. Malgré cela, les grands peintres surréalistes — **Tanguy, Masson, Miró...** — possèdent chacun son propre style. Quoi de plus différent qu'un Miró et un Magritte, un Ernst et un Tanguy ? Quel rapport entre la ligne errante d'un Masson et le fini académique d'un Dali ? C'est Breton, « le père », qui fait du mouvement une grande famille, réunie dans sa revue La Révolution surréaliste. La première exposition des surréalistes, en 1925, rassemble des artistes fort disparates : **Arp, De Chirico, Klee, Masson, Miró, Picasso, Man Ray**.

MAN RAY, *Portrait du marquis de Sade*, 1939. New York, coll. W. Copley.

YVES TANGUY, *Les Saltimbanques*, 1954. Coll. particulière.

SALVADOR DALI, *Afghan invisible avec apparition sur la plage du visage de Garcia Lorca en forme de composition aux trois figures*, 1938. Coll. particulière.

Le surréalisme serait-il tout à fait ce qu'il est sans **Salvador Dali** ? Génial dans ses provocations et ses extravagances, on lui doit la survivance du surréalisme après 1929. Ce Catalan bouillonnant, né en 1904, mort en 1989, était surréaliste avant même l'existence du mouvement. A vingt-trois ans, il a déjà réalisé, avec Luis Buñuel, le film surréaliste Un Chien andalou.

Du surréalisme, Dali utilise les analogies poétiques, érotiques, fantastiques, le collage, le dépaysement onirique, le trompe-l'œil. Dali a découvert chez Freud la méthode de la « paranoïa-critique » qui consiste à laisser le champ libre à l'interprétation délirante d'un objet reçu de la réalité. En 1934, Breton le renie. Il lui répond : « La différence entre les surréalistes et moi, c'est que je suis surréaliste. »

Quand les poètes
se font peintres

ROBERT DESNOS, *Poésie*, vers 1930.
Coll. particulière.

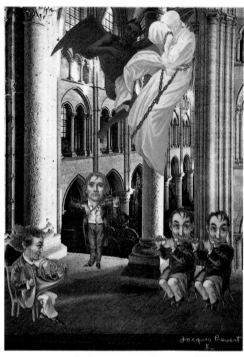

JACQUES PRÉVERT, *Oratorio*, vers 1930.
Coll. particulière.

Le surréalisme s'épanouit autant, on le voit, à travers la peinture qu'à travers la poésie. Breton le dit lui-même, le surréalisme exprime « soit verbalement, soit par écrit, soit de toute autre manière, le fonctionnement réel de la pensée [...] en l'absence de toute préoccupation esthétique ou morale ». Aussi les poètes surréalistes n'hésitent-ils pas, dans leur culte du rêve, de l'instinct, du dépaysement systématique, à s'aventurer parfois hors de leur terrain d'élection, celui des mots, de l'écriture, pour explorer à leur tour, en même temps que leurs amis peintres, les possibilités d'expression offertes à leur imagination par l'image, le collage ou la peinture.

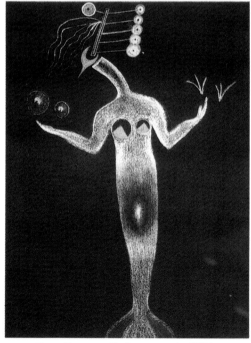

PAUL ELUARD, *Cadavre exquis*, 1934.
Saint-Denis, Musée d'Art et d'Histoire.

PIERRE REVERDY, *Pierrot*, collage, vers 1920.
Coll. Stanislas Fumet.

Le surréalisme en Belgique

PAUL DELVAUX, *Une rue la nuit*, 1947. Coll. particulière.

RENÉ MAGRITTE, *Le Bouquet tout fait*, 1957. Coll. particulière.

Paul Delvaux *(né en 1897) est, avec Magritte, l'autre gloire de la peinture moderne en Belgique. Quand éclôt le surréalisme, Delvaux commence seulement à peindre des gares. Est-il à classer parmi les surréalistes ? « Je me suis servi un peu de ce mouvement au début, pour pouvoir poser un type d'expression », reconnaît-il. Même si Breton lui envoie un mot et si Eluard lui dédie deux poèmes, le parcours de Delvaux est moins celui d'un surréaliste que celui d'un poète marginal.*
Monde du silence, gares d'où partent des trains pour des destinations inconnues, femmes somnambules qui traversent un demi-jour gris-bleu. Delvaux peint l'attente, à l'image de ces femmes hiératiques et sévères. Érotisme froid, monde de rêve tranquille, toute sa vie Delvaux travaillera avec les mêmes thèmes.

René Magritte *(1898-1967) est, quant à lui, un poseur d'énigmes. Admis en 1929 dans la « famille » surréaliste, n'est-il pas plutôt penseur — un penseur teinté d'humour noir et de dérision — que peintre, dans la mesure où il se contente de « mettre en peinture des idées » ? C'est le choc visuel de la rencontre inattendue entre deux objets qui intéresse Magritte. Chez lui, rien n'est ordinaire. Ou plutôt il fait de l'ordinaire un surréel en piégeant les apparences. Ses réunions d'objets insolites questionnent et intriguent le spectateur.*

Les « pères » de l'art abstrait

1910. **Kandinsky** *exécute la première œuvre abstraite, une aquarelle. Kandinsky sera suivi par* **Mondrian** *(1872-1944) et* **Malevitch** *(1878-1935), mais il est le premier artiste chez qui l'abstraction est une véritable conviction, une manière de voir et de penser. La construction, la conception du volume et de la ligne changent. Taches, zigzags, traits nerveux : tout bouge, tout plane dans un vaste espace délibérément non-figuratif.*

L'art abstrait surgit successivement à Munich, à Paris et à Moscou, et ses grands moments sont marqués par le constructivisme soviétique et le Bauhaus en Allemagne, ainsi que par l'expérience capitale du Hollandais Mondrian dans la voie géométrique.

Créateur et grand promoteur de la peinture abstraite, professeur — comme **Paul Klee** *(1879-1940) — au Bauhaus dans les années vingt, le peintre russe* **Wassily Kandinsky** *(1866-1944) poursuit tout au long de sa vie des méditations philosophiques et spirituelles approfondies, qu'il exprime à travers des écrits théoriques, dont le capital* Du spirituel dans l'Art, *publié en 1912. Son art pictural unit un sens vibrant des couleurs à une invention formelle méticuleuse et subtile. Il a eu une influence universelle considérable, suscitant passions et controverses.*

Wassily Kandinsky, *Sans titre*, 1910. Paris, Musée national d'Art moderne.

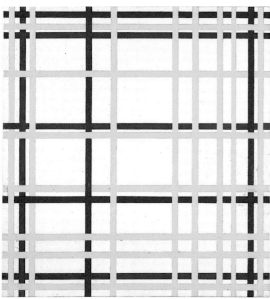

Piet Mondrian, *New York City I*, 1942.
Paris, Musée national d'Art moderne.

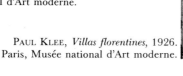

Paul Klee, *Villas florentines*, 1926.
Paris, Musée national d'Art moderne.

L'art abstrait en France

Après avoir fait partie du mouvement cubiste, le peintre **Robert Delaunay** *(1885-1941) revient en 1912 aux couleurs contrastées et crée le mouvement qu'Apollinaire avait appelé l'orphisme, par réaction contre l'austérité du cubisme analytique. En 1912-1913, lui et sa femme* **Sonia** *(1885-1979) créent les premières formes circulaires qui marquent l'apparition de l'art abstrait en France. Ce sont des prismes de couleurs pures en formes de cibles, d'un grand éclat décoratif, sans aucune signification objective ni symbolique.*
Sonia Delaunay *s'illustre également dans le domaine de la décoration en créant de somptueux tissus, où les formes — toujours circulaires — entrent dans un tourbillon mélodieux et coloré.*

Sonia Delaunay, *Prismes électriques*, 1914. Paris, Musée national d'Art moderne.

Fernand Léger, *Composition*, 1920. Coll. particulière.

L'abstraction en sculpture

ALBERTO GIACOMETTI, *Homme et Femme*, 1929.
Paris, Musée national d'Art moderne.

Les sculptures abstraites de Giacometti, d'Arp et de Brancusi comptent parmi les grandes œuvres de la première moitié du siècle. A la fois peintre et sculpteur, **Alberto Giacometti** *(1901-1966)* appartient au groupe surréaliste entre 1925 et 1934. Pris de scrupules devant la reproduction de la réalité, il imagine des objets insolites, sortes de fétiches singuliers. De 1935 à 1945, il multiplie les expériences de déformations : ainsi le buste de son frère Diego est-il réduit progressivement aux proportions d'une boîte d'allumettes, tandis que ses figures de femme s'allongent comme des fils. Avant tout, Giacometti tient à rendre sensible l'espace qui entoure ses œuvres : « C'est l'espace qu'on creuse pour construire l'objet, dit-il, et à son tour c'est l'objet qui crée un espace. »

Le sculpteur **Jean Arp** *(1887-1966)* participe également aux recherches abstraites et au mouvement surréaliste dans les années vingt. A partir de 1930, son style évolue vers la ronde-bosse, ses créations sont caractérisées par l'obsession des ondulations élémentaires, les appels réciproques du vide et du plein, qu'il incarne en des formes très simples, souvent énormes, à l'expression à la fois étrange et harmonieuse.

Quant au Roumain **Constantin Brancusi** *(1876-1957)*, c'est surtout l'abstraction de ses sculptures sur bois qui le rend célèbre dans les années trente. Il polit et repolit sans cesse chaque œuvre pour arriver à la perfection de l'exécution et au dépouillement suprême de la forme, issue souvent du monde animal.

JEAN ARP, *Le Petit Théâtre*, 1959.
Paris, Musée national d'Art moderne.

CONSTANTIN BRANCUSI, *Mademoiselle Pogany III*, 1933.
Paris, Musée national d'Art moderne.

Benjamin Péret *Le Grand Jeu* (1928)

Originaire de Rézé, près de Nantes, **Benjamin Péret** (1899-1959) fait une longue et pénible guerre avant de rencontrer Breton, Aragon et Eluard autour de la revue *Littérature*. Bien vite il participe aux différents combats de Dada et du surréalisme. Ses contes aux titres cocasses *(Mort aux vaches et au champ d'honneur, Et les seins mouraient...)* manifestent une inspiration débridée que le goût du scandale et le sens de l'humour attirent en permanence.

En 1924, alors qu'il dirige *La Révolution surréaliste* avec Pierre Naville, il publie les poèmes d'*Immortelle Maladie*, modèle de la poésie immédiate. Puis, en 1925, ce sont les *152 Proverbes mis au goût du jour*, en collaboration avec Paul Eluard.

De tempérament agressif, Péret, homme d'opinion, mène hardiment ses combats de militant trotskiste : contre Franco, contre le militarisme, contre le cléricalisme. Réfugié au Mexique pendant la Seconde Guerre mondiale, Péret y conçoit *Dernier Malheur, Dernière Chance*, large et puissant chant lyrique et automatique. Puis il s'en prend aux poètes de la Résistance dans un pamphlet provocant : *Le Déshonneur des poètes*, où il dénonce la poésie asservie à quelque cause politique que ce soit.

Les dix dernières années de Péret sont marquées par des textes toujours aussi exaltés en faveur de la liberté absolue, de l'amour sublime, de la haine contre la bêtise pontifiante (*Feu central*, 1947 ; *Air mexicain*, 1952 ; *Anthologie de l'amour sublime*, 1956).

La semaine pâle

Blonde blonde
était la femme disparue entre les pavés
si légers qu'on les aurait cru de feuilles
si grands qu'on eût dit des maisons

C'était je m'en souviens un lundi
jour où le savon fait pleurer les astronomes

Le mardi je la revis
semblable à un journal déplié
flottant aux vents de l'Olympe
Après un sourire qui fila comme une lampe
elle salua sa sœur la fontaine
et retourna dans son château

Mercredi nue blême et ceinte de roses
elle passa comme un mouchoir
sans regarder les ombres de ses semblables
qui s'étendaient comme la mer

Jeudi je ne vis que ses yeux
signaux toujours ouverts pour toutes les catastrophes
L'un disparut derrière quelque cervelle
20 et l'autre fut avalé par un savon

Vendredi quand on aime
est le jour des désirs
Mais elle s'éloigna en criant
Tilbury tilbury ma flûte est perdue
25 Va-t'en la rechercher sous la neige ou dans la mer

Samedi je l'attendais une racine à la main
prêt à brûler en son honneur
les astres et la nuit qui me séparaient d'elle
mais elle était perdue comme sa flûte
30 comme un jour sans amour

Et j'attendais dimanche
mais dimanche ne vint jamais
et je restai dans le fond de la cheminée
comme un arbre égaré

Benjamin PÉRET, *Le Grand Jeu* (1928)
© éd. Gallimard

POUR LE COMMENTAIRE

1. Un portrait de femme

a. Relevez les traits caractéristiques de cette femme. Fée ? Fille du feu ?
b. Le thème de la fuite. Montrez qu'il structure le texte.
c. Expliquez les métaphores et comparaisons suivantes : « Je la revis semblable à un journal déplié » ; « un sourire qui fila comme une lampe » ; « elle passa comme un mouchoir ».

2. Un chant d'amour

a. L'expression du désir. Qu'y a-t-il de profondément charnel dans ce texte quasiment immatériel ?
b. L'expression du temps.

3. Une symbolique naturelle

a. A quels éléments naturels est liée la femme ?
b. Expliquez le choix de l'arbre pour symbole.

Robert Desnos *La Liberté ou l'Amour* (1927)

Robert Desnos (1900-1945), ce Parisien amoureux de sa ville, vit très jeune de sa plume, et fréquente déjà le monde des lettres avant son service militaire, effectué au Maroc au moment où Dada connaît ses beaux jours (1920-1922). Dès son retour, il se lie avec les surréalistes, qui partagent ses idées libertaires.

A l'intérieur du groupe, il se caractérise par sa faculté de pratiquer le sommeil hypnotique, de produire poèmes et dessins automatiques, prétendant par ailleurs être en correspondance mentale avec Rrose Sélavy (Marcel Duchamp).

On retrouve dans *Deuil pour deuil* (1924) et dans *La Liberté ou l'Amour* (1927) l'affirmation de sa révolte intellectuelle contre toute entrave, dans *Corps et Biens* (1930) la trace de sa virtuosité verbale. Dans *La Place de l'Étoile, anti poème*, Desnos évoque son amour pour Yvonne George, vedette de music-hall.

Il se sépare des surréalistes à l'époque du *Second Manifeste* (1930), refusant de devenir le compagnon de route des communistes ; son style se teinte alors d'un romantisme nervalien, tout en répercutant la sensibilité moderne à laquelle, devenu journaliste, homme de radio, de publicité et de cinéma, il réagit volontiers.

L'occupation voit le poète, entré dans la clandestinité, appeler à la vigilance et à l'action (*Fortunes*, 1942 ; *État de veille*, 1943). Déporté, il meurt du typhus en Tchécoslovaquie.

Les profondeurs de la nuit

Quand j'arrivais dans la rue, les feuilles des arbres tombaient. L'escalier derrière moi n'était plus qu'un firmament semé d'étoiles parmi lesquelles je distinguais nettement l'empreinte des pas de telle femme dont les talons Louis XV avaient, durant longtemps, martelé le macadam des allées où couraient
5 les lézards du désert, frêles animaux apprivoisés par moi, puis recueillis dans mon logis où ils firent cause commune avec mon sommeil. Les talons Louis XV les suivirent. Ce fut, je l'assure, une étonnante période de ma vie que celle où chaque minute nocturne marquait d'une empreinte nouvelle la moquette de ma chambre : marque étrange et qui parfois me faisait frissonner. Que de fois, par
10 temps d'orage ou clair de lune, me relevai-je pour les contempler à la lueur d'un feu de bois, à celle d'une allumette ou à celle d'un ver luisant, ces souvenirs de femmes venues jusqu'à mon lit, toutes nues hormis les bas et les souliers à hauts talons conservés en égard à mon désir, et plus insolites qu'une ombrelle retrouvée en plein Pacifique par un paquebot. Talons merveilleux contre lesquels
15 j'égratignais mes pieds, talons ! sur quelle route sonnez-vous et vous reverrai-je jamais ? Ma porte, alors, était grande ouverte sur le mystère, mais celui-ci est entré en la fermant derrière lui et désormais j'écoute, sans mot dire, un piétinement immense, celui d'une foule de femmes nues assiégeant le trou de ma serrure. La multitude de leurs talons Louis XV fait un bruit comparable au feu de
20 bois dans l'âtre, aux champs de blés mûrs, aux horloges dans les chambres désertes la nuit, à une respiration étrangère à côté du visage sur le même oreiller.

Cependant, je m'engageai dans la rue des Pyramides. Le vent apportait des feuilles arrachées aux arbres des Tuileries et ces feuilles tombaient avec un bruit mou. C'étaient des gants ; gants de toutes sortes, gants de peau, gants de Suède,
25 gants de fil longs. C'est devant le bijoutier une femme qui se dégante pour essayer une bague et se faire baiser la main par le Corsaire Sanglot, c'est une chanteuse, au fond d'un théâtre houleux, venant avec des effluves de guillotine et des cris de Révolution, c'est le peu d'une main qu'on peut voir au niveau des boutons. De temps à autre, plus lourdement qu'un météore à fin de course,
30 tombait un gant de boxe. La foule piétinait ces souvenirs de baisers et d'étreintes sans leur prêter la déférente attention qu'ils sollicitaient. Seul j'évitais de les meurtrir. Parfois même je ramassais l'un d'eux. D'une étreinte douce il me remerciait.

Robert DESNOS, *La Liberté ou l'Amour* (1927)
© éd. Gallimard

Corps et Biens (1930)

« J'ai tant rêvé de toi... »

J'ai tant rêvé de toi que tu perds ta réalité.

Est-il encore temps d'atteindre ce corps vivant et de baiser sur cette bouche la naissance de la voix qui m'est chère ?

J'ai tant rêvé de toi que mes bras habitués, en étreignant ton ombre, à se croiser sur ma poitrine ne se plieraient pas au contour de ton corps, peut-être.

Et que, devant l'apparence réelle de ce qui me hante et me gouverne depuis des jours et des années, je deviendrais une ombre sans doute.

Ô balances sentimentales.

J'ai tant rêvé de toi qu'il n'est plus temps sans doute que je m'éveille. Je dors debout, le corps exposé à toutes les apparences de la vie et de
15 l'amour et toi, la seule qui compte aujourd'hui pour moi, je pourrais moins toucher ton front et tes lèvres que les premières lèvres et le premier front venus.

J'ai tant rêvé de toi, tant marché, parlé, couché avec ton fantôme qu'il ne me reste plus peut-être, et
20 pourtant, qu'à être fantôme parmi les fantômes et plus ombre cent fois que l'ombre qui se promène et se promènera allégrement sur le cadran solaire de ta vie.

Robert DESNOS, *Corps et Biens* (1930)
© éd. Gallimard

POUR LE COMMENTAIRE

1. Le rêve et l'imagination

Le rêve, **clé de ce texte** dédié à la femme aimée, évoquée sous l'aspect d'une transparence fantomatique.

2. La femme — l'amour

a. Quelle **image de l'amour** se profile dans cet éloge d'irréalité ? Qu'aime au fond Desnos ?

b. Quelles craintes, **angoisses** sont nées en lui ? Poème de fuite ou d'adhésion à la vie ?

3. Poème ou prose ?

a. Poème ou prose ? Si oui, quel est le **centre de gravité** du texte ?

b. Comment **expliquez-vous** « Ô balances sentimentales » ?

c. Montrez comment fonctionne **la reprise** de « J'ai tant rêvé de toi ».

d. Rythme et images.

De la fleur d'amour et des chevaux migrateurs

Il était dans la forêt une fleur immense qui risquait de faire mourir d'amour tous les arbres

Tous les arbres l'aimaient

Les chênes vers minuit devenaient reptiles et rampaient jusqu'à sa tige

Les frênes et les peupliers se courbaient vers sa corolle

Les fougères jaunissaient dans sa terre

Et telle elle était radieuse plus que l'amour nocturne de la mer et de la lune

Plus pâle que les grands volcans éteints de cet astre

Plus triste et nostalgique que le sable qui se dessèche et se mouille au gré des flots

Je parle de la fleur de la forêt et non des tours

Je parle de la fleur de la forêt et non de mon amour

Et si telle trop pâle est nostalgique et adorable aimée des arbres et des fougères elle retient mon souffle sur les lèvres c'est que nous sommes de même essence [...]

Quand dans les campagnes un paysan va mourir entouré des fruits mûrs de l'arrière-saison du bruit du givre qui se craquelle sur les vitres de l'ennui flétri fané comme les bluets du gazon

Surgissent les chevaux migrateurs

Quand un voyageur s'égare dans les feux follets plus crevassés que le front des vieillards et qu'il se couche dans le terrain mouvant

Surgissent les chevaux migrateurs

30 Quand une fillette se couche nue au pied d'un bouleau et attend

Surgissent les chevaux migrateurs

Ils apparaissent dans un galop de flacons brisés et d'armoires grinçantes

35 Ils disparaissent dans un creux

Nulle selle n'a flétri leur échine et leur croupe luisante reflète le ciel

Ils passent éclaboussant les murs fraîchement recrépis

40 Et le givre craquant les fruits mûrs les fleurs effeuillées l'eau croupissante le terrain mou des marécages qui se modèlent lentement

Voient passer les chevaux migrateurs

Les chevaux migrateurs
45 Les chevaux migrateurs
Les chevaux migrateurs
Les chevaux migrateurs.

Robert DESNOS, *Corps et Biens*
© éd. Gallimard

4. Divergences

Le Grand Jeu

De 1926 à 1929 se met en place **la dynamique de fission** qui s'accentuera au cours des années 30. **ANTONIN ARTAUD**, Roger Vitrac, Raymond Queneau, **GEORGES BATAILLE**, Michel Leiris empruntent des voies divergeant sensiblement du surréalisme tel que le prône Breton. Ce dernier écarte également les jeunes écrivains du « Grand Jeu ». Qui sont-ils ?

Regroupés autour d'une revue fondée en 1928 par **RENÉ DAUMAL**, Roger Gilbert-Lecomte, Roger Vailland et le peintre Joseph Sima, ils semblent proches des vues d'Artaud lorsque celui-ci s'élève contre tous les dogmes de la civilisation occidentale. Dans les trois numéros du *Grand Jeu* (1928, 1929, 1930), ils prêchent en faveur de l'accroissement de la conscience par toutes sortes d'expériences psychiques — dont la pratique des hallucinogènes — et prétendent à une quête profondément mystique.

René Daumal *Contre-Ciel* (1935)

René Daumal (1908-1944), dès l'âge de dix-sept ans, s'adonne aux drogues pour acquérir une conscience psychique et sensorielle d'un type supérieur. Il s'initie parallèlement à l'occultisme, qu'il découvre à travers les poètes maudits. Il progresse vers les textes sacrés hindous et se met à l'étude du sanscrit. Après une brève fréquentation des surréalistes, il crée *Le Grand Jeu*. La rencontre de Salzmann, disciple de Gurdjieff, change radicalement sa vie. Il s'engage, douze ans durant, pèlerin de l'absolu, sur la voie des initiés. En 1935, son recueil *Contre-Ciel* obtient le Prix Jacques Doucet. En 1938, il publie un récit, *La Grande Beuverie*. Pauvre, tuberculeux, il meurt en 1944. Paraîtront après sa mort ses œuvres les plus connues : *Le Mont Analogue* (1952), *Chaque fois que l'aube paraît* (1953), *Poésie noire, poésie blanche* (1954).

La sueur panique

Des barques glissent
dans des cieux liquides
et les gencives des loups saignent
dans la nuit de velours vert.
5 Des larmes tissent
dans des yeux limpides
la toile où les regards se teignent
du jeune sang des fronts ouverts.
Le soleil crie
10 et se débat de tous ses rayons,
croyez-vous qu'il appelle au secours ?
croyez-vous que le soleil meure ?
Le sable crisse
au petit jour gelé
15 sous les pas d'un être invisible,
croyez-vous qu'il vienne m'étrangler ?
je n'ai que mes mains pour parler,
des oiseaux gris et blancs
ont pris ma voix en s'envolant ;
20 et mes yeux roses sont aveugles,

mes mains s'agitent vers la forêt,
vers la nuit mouillée,
vers le sommeil vert,
le soleil crie, croyez-vous qu'il se meure ?
25 j'entends la voix trop pure de l'eau ;
le soleil crie, c'est une ruse de guerre ;
je lui ai tendu les mains,
ses grands bras dans le bleu vide
qui file vainement vers l'horizon,
30 ses grands bras frappent, frappent mon front,
mon sang coule rose comme mes yeux,
ô loups, croyez-vous que je meurs ?
loups, inondez-moi de sang noir.

René DAUMAL, *Contre-Ciel* (1935)
© éd. Gallimard

Antonin Artaud *Le Pèse-Nerfs* (1927)

Antonin Artaud.
Photo de Man Ray.

Antonin Artaud (1896-1948), marseillais d'origine, arrive à Paris en 1920. Ses débuts poétiques s'effectuent sous le signe du symbolisme. Il acquiert une formation théâtrale sous la direction de Lugné-Poe, de Gémier puis de Dullin à l'Atelier, et interprète quelques rôles au cinéma. En 1924, il adhère au groupe surréaliste, dont il dirige bientôt le Bureau de recherches. Ses idées impétueuses et radicales, son écriture exigeante et passionnée donnent un ton nouveau à *La Révolution surréaliste*, dont il rédige en grande partie le numéro 3. Désormais, sa poésie s'oriente vers l'analyse mentale.

Atteint de troubles nerveux, Artaud cherche à les libérer dans l'écriture (*L'Ombilic des limbes*, 1925, *Le Pèse-Nerfs*, 1927) et entreprend une descente en lui-même, une analyse de son psychisme. L'expérience, pour être lucide, n'en demeure pas moins vaine, « l'éternel témoin de soi-même » ne pouvant s'affranchir de l'emprise de la maladie. Artaud tente de trouver dans le théâtre une forme d'exutoire. C'est ainsi qu'après avoir monté *Les Cenci* en 1935 d'après Stendhal et Shelley, il expose dans une série de textes *(Le Théâtre et son double)* ses théories théâtrales et sa conception du « théâtre de la cruauté ». On comprend dès lors qu'Artaud ait rompu dès 1927 avec les surréalistes, refusant l'engagement politique, qui selon lui ne mène à rien de définitif. Il condamne alors le « bluff surréaliste » et se jette à corps perdu dans son exploration intérieure (*Les Nouvelles Révélations de l'Être*, 1937).

Artaud n'aura de cesse d'accentuer sa singularité et sa marginalité. En 1936, il se rendra même au Mexique, cherchant auprès d'une peuplade retirée, les Tarahumaras, une nouvelle mystique à laquelle les hallucinogènes donneraient accès. Après un séjour en Irlande, il est interné dans un établissement psychiatrique pour une période de sept ans, dont il dénonce l'horreur dans *Les Lettres de Rodez*, en 1946.

Les dernières années d'Artaud sont marquées par un élargissement et par des textes essentiels sur la culture indienne et sur Van Gogh, en qui Artaud reconnaît un suicidé de la société et un double. C'est sur cette étude, ainsi que sur une lettre consacrée à Nerval, que s'achève l'œuvre d'Artaud, qui meurt le 4 mars 1948, après avoir mis en scène et mis en mots sa propre folie.

« *L'horlogerie de l'âme* »

Je n'ai visé qu'à l'horlogerie de l'âme, je n'ai transcrit que la douleur d'un ajustement avorté.

Je suis un abîme complet. Ceux qui me croyaient capable d'une douleur entière, d'une belle douleur, d'angoisses remplies et charnues, d'angoisses qui sont un mélange d'objets, une trituration effervescente de forces et non un point suspendu

— avec pourtant des impulsions mouvementées, déracinantes, qui viennent de la confrontation de mes forces avec ces abîmes d'absolu offert,

(de la confrontation de forces au volume puissant) et il n'y a plus que les abîmes volumineux, l'arrêt, le froid, —

ceux donc qui m'ont attribué plus de vie, qui m'ont pensé à un degré moindre de la chute du soi, qui m'ont cru plongé dans un bruit torturé, dans une noirceur violente avec laquelle je me battais,

— sont perdus dans les ténèbres de l'homme.

Antonin Artaud, *Le Pèse-Nerfs* (1927)
© éd. Gallimard, 1956

Couverture d'André Masson pour *Le Pèse-Nerfs.* ▶
Paris, B.N.

Textes sur la momie (1926 et 1927)

Invocation à la momie

Ces narines d'os et de peau
par où commencent les ténèbres
de l'absolu, et la peinture de ces lèvres
que tu fermes comme un rideau
5 Et cet or que te glisse en rêve
la vie qui te dépouille d'os,
et les fleurs de ce regard faux
par où tu rejoins la lumière
Momie, et ces mains de fuseaux
10 pour te retourner les entrailles,
ces mains où l'ombre épouvantable
prend la figure d'un oiseau

Tout cela dont s'orne la mort
comme d'un rite aléatoire,
15 ce papotage d'ombres, et l'or
où nagent tes entrailles noires
C'est par là que je te rejoins,
par la route calcinée des veines,
et ton or est comme ma peine
20 le pire et le plus sûr témoin

Antonin ARTAUD,
dans *La Révolution surréaliste*,
n° 7, 15 juin 1926

Correspondance de la momie

Cette chair qui ne se touche plus dans la vie,
cette langue qui n'arrive plus à dépasser son écorce,
cette voix qui ne passe plus par les routes du son,
cette main qui a oublié plus que le geste de prendre, qui n'arrive plus à
5 déterminer l'espace où elle réalisera sa préhension,
cette cervelle enfin où la conception ne se détermine plus dans ses lignes,
tout cela qui fait ma momie de chair fraîche donne à dieu une idée du vide où
la nécessité d'être né m'a placé.
Ni ma vie n'est complète, ni ma mort n'est absolument avortée.
10 Physiquement je ne suis pas, de par ma chair massacrée, incomplète, qui
n'arrive plus à nourrir ma pensée.
Spirituellement je me détruis moi-même, je ne m'accepte plus vivant. Ma
sensibilité est au ras des pierres, et peu s'en faut qu'il n'en sorte des vers, la
vermine des chantiers délaissés.
15 Mais cette mort est beaucoup plus raffinée, cette mort multipliée de moi-même
est dans une sorte de raréfaction de ma chair. L'intelligence n'a plus de sang.
La seiche des cauchemars donne toute son encre qui engorge les issues de
l'esprit, c'est un sang qui a perdu jusqu'à ses veines, une viande qui ignore le
tranchant du couteau.
20 Mais du haut en bas de cette chair ravinée, de cette chair non compacte circule
toujours le feu virtuel. Une lucidité allume d'heure en heure ses braises, qui
rejoignent la vie et ses fleurs.
Tout ce qui a un nom sous la voûte compacte du ciel, tout ce qui a un front,
— ce qui est le nœud d'un souffle et la corde d'un frémissement, tout cela passe
25 dans les girations de ce feu où se rebroussent les vagues de la chair même, de
cette chair dure et molle et qui un jour monte comme le déluge d'un sang.

Antonin ARTAUD, *La Nouvelle Revue Française*, n° 162, mars 1927

ÉTUDE COMPARÉE
1. Le symbole de la momie
2. La chair et l'esprit
3. Deux formes poétiques

L'ART ET LA FOLIE

Nerval, Hölderlin, Nietzsche… La liste est longue des génies ayant sombré dans la folie, ayant parfois choisi le suicide pour échapper à l'horreur de l'internement psychiatrique. Antonin ARTAUD défend l'idée que l'aliéné est le porteur de vérité, celui qui a refusé la médiocrité de la pensée habituelle afin de se lancer dans l'exploration des possibilités extrêmes de la pensée. Et il en tient pour preuve les sanctions infligées aux grands perturbateurs romantiques : « C'est ainsi qu'on a fermé la bouche à Baudelaire, à Edgar Poe, à Gérard de Nerval et au comte de Lautréamont. Parce qu'on a eu peur que leur poésie ne sorte des livres et ne renverse la réalité » (*Cahiers du Sud*, n° 275, 1946).

Logique avec lui-même, Artaud n'a donc jamais vu dans sa propre incarcération qu'une injustifiée sanction sociale.

Georges Bataille *L'Abbé C.* (1951)

Georges Bataille (1897-1962) entré au séminaire à l'âge de vingt ans, renonce bientôt à la vie religieuse. La découverte de Nietzsche consacre la faillite de sa vocation. Des études à l'École des Chartes lui donnent une formation d'archiviste, enrichie d'une initiation à la psychanalyse et à la philosophie hégélienne. La fréquentation des surréalistes, à partir de 1929, la rencontre de Laure en 1934, le convainquent d'échapper à la médiocrité du monde par l'excès, la transgression, l'érotisme. En 1936, il fonde avec Roger Caillois et Michel Leiris un collège de sociologie sacrée et la revue philosophique *Acéphale*. En 1941, il fait paraître sous pseudonyme son premier récit, *Madame Edwarda*. Tout en poursuivant sa carrière de conservateur de bibliothèque, Bataille publie d'autres récits (*Histoire de rats*, 1948 ; *L'Abbé C.*, 1951), ainsi que des essais sur l'« expérience intérieure » : *L'Expérience intérieure*, 1943 ; *Sur Nietzsche*, 1946 ; *La Part maudite*, 1949 ; *L'Érotisme*, 1957.

La provocation

*Que ce soit pour des romans ou des essais, il s'agit toujours pour **Georges Bataille** de définir une ontologie, d'**explorer tous les possibles en épuisant toute jouissance**. Dès lors, il faut « vivre en excès » et faire de l'érotisme une véritable ascèse. Dans* L'Abbé C.*, le narrateur évoque ses relations avec une femme facile, Éponine, et les épreuves auxquelles tous deux soumettent l'abbé C., le frère du narrateur, qu'Éponine poursuit de ses avances. Au mysticisme de l'abbé C., s'oppose l'extase érotique qui seule dans un monde sans Dieu permet le dépassement de l'être.*

La présence au premier rang de ces filles voyantes, dont les yeux, la veulerie et l'allure rieuse avaient le sens d'une gaîté sensuelle, à elle seule, évoquait la pointe d'un chatouillement. J'imaginais mal, pour mon frère, une provocation plus pénible, mais j'étais en moi-même divisé par la crainte, l'attente et le désir de l'inévitable. Les couleurs vives, acides, de petites robes qui voilaient mal le « bien en chair » de jolis corps, qui en proclamaient au contraire les secrets, étaient scandaleuses dans l'église. Éponine et ses amies étaient d'autant plus choquantes à leur rang, qu'elles étaient elles-mêmes agacées de sentir leur présence incongrue. Pour les fidèles, à la rigueur, cela resta inaperçu : mais ces filles eurent néanmoins le sentiment d'être l'objet de l'attention. Elles me dirent plus tard l'idée qui leur vint, qui fut l'objet de leurs plaisanteries et de leurs rires étouffés : qu'elles étaient « au choix », comme elles le faisaient « en maison », mais le « monsieur » qu'elles attendaient était le prêtre en chasuble. Mon frère, sur lequel je savais maintenant qu'Éponine avait barre, mon frère dans l'éclat des ornements sacrés, mais qui, dès lors, atteignait l'au-delà de l'angoisse, allait tomber sur un scandale : il avait défié Éponine, elle lui répondait par une surenchère. La messe qu'il allait chanter, le souffle épuisé d'une vie désormais insoluble y porterait ses pas, mais à l'avance l'autel dont il gravirait les degrés était miné : déjà une ironie grivoise répondait comme sa corruption à l'ironie divine qu'il portait en lui. Ces beaux corps sans honte et ces rires vulgaires avaient quelque chose de sain et de basculant, qui médusait, quelque chose de lâche, de vainqueur, qui révélait l'imposture de la vertu. Je n'en pouvais douter : en présence d'Éponine, mon frère n'aurait plus le cœur de jouer son rôle. Mais l'angoisse tempérait ma certitude : c'était trop simple, trop parfait : dans le silence qui précéda l'entrée solennelle de Robert, je n'avais plus la force de rien admettre. Déjà, j'étais loin du moment où je redoutais le scandale. Il ne me semblait pas maintenant moins nécessaire que ne semble au dévôt le déroulement nécessaire de l'office. Mais justement c'était trop beau : les choses tendues à l'extrême, nous allions tout gâcher ; nous étions dans cette attente à la limite du rire, nous pouvions, malgré nous, éclater, nous pouvions ne plus maîtriser le fou-rire que déchaîne le désir de le calmer. Ce fut sans doute ce qui nous sauva, Éponine et moi, au point même qu'à la fin, l'appréhension nous déprima. Ce fut à la longue si pénible que les amies d'Éponine en furent désemparés. Quand l'orgue retentit, et que mon frère avança lentement, précédé d'enfants de chœur, vers la nef, ces filles rieuses eurent elles-mêmes un tremblement. Le cœur serré, nous vîmes, Éponine et moi, l'abbé, très pâle, hésiter un instant, il eut vers nous un regard noyé de malade, mais son pas s'affermit : il gravit les degés du chœur et continua, vers l'autel, une marche rituelle.

Dans le bruit du chant, — une jeune femme à la voix aigre roucoulait l'« introït », — j'entendis chuchoter les filles. Elles chuchotaient mais, sensiblement, le passage de mon frère les avait interdites. J'entendis la rousse Rosie glisser à l'oreille de Raymonde : « Qu'il est chou ! » Mais cela soulignait le cours insensé que prenaient les choses.

Georges BATAILLE, *L'Abbé C.* (1951)
© éd. de Minuit

Paul Nougé *La Publicité transfigurée* (1925)

Animateur du groupe surréaliste de Bruxelles, qui connut une vie parallèle à celle du groupe parisien, **Paul Nougé** (1895-1967), ami et complice de René Magritte, publie en 1924, en compagnie de Marcel Lecomte et d'autres jeunes poètes, une série de pastiches d'écrivains célèbres, destinés à interroger et à inquiéter ceux-ci sur le sens de leur écriture. Proche de Breton par la fonction attribuée à l'acte poétique (perturbateur, révolutionnaire), il refuse cependant les mirages de l'écriture automatique, à laquelle il préfère, émule en ce sens de Valéry et de Paulhan, un travail patient et réfléchi sur les mots et la syntaxe. Son but est de créer des « objets bouleversants » en attentant à l'ordre du langage (jeux de mots, proverbes détournés, faux slogans publicitaires). A l'affût des défaillances des dictionnaires, des grammaires, du discours organisé, Paul Nougé pratique la subversion en matière de poésie. Ses textes sont regroupés en deux volumes *Histoire de ne pas rire* et *L'Expérience continue*, publiés seulement en 1956 et 1966.

**VOS
OREILLES**
VOUS ÉCOUTENT
**VOS
YEUX**
VOUS ÉPIENT
FUYEZ
**VOS
MAINS**
VONT VOUS
SAISIR

**LES
IDEES
N'ONT PAS
D'
ODEUR**

AU-DELÀ DU TEXTE

Commentez le travail de Paul NOUGÉ en vous référant à cet « Avertissement » qui précise ses intentions et explique sa fonction :

« Les objets qui se présentent ici, il vaut mieux tenir pour fortuite leur assemblée, pour regrettable ce coudoiement, cet espace limité qui n'est pas à leur mesure.

Mais la page qui dans l'instant les enferme, ne saurait les retenir.

Un peu de craie ou de charbon, quelques caractères d'imprimerie, le jeu de la lumière sur l'écran, sur un nuage — on les voit envahir des étendues désertes ou mal fréquentées.

On les croyait fixés, c'est alors qu'ils échappent.

Ils semblent se dissoudre, ils gagnent la profondeur. Sans doute vont-ils nourrir cette aventure secrète, la seule qui vaille, pour quels effets surprenants, il faudra bien le constater un jour.

L'on n'est pas loin de penser qu'ils affectent ici-même l'apparence la plus pauvre, la plus empêchée.

L'on dirait d'un encouragement à qui pousserait la complaisance jusqu'à les aider à s'accomplir.

Il importe d'ailleurs qu'il en soit ainsi.

Il convient aussi de mettre en garde : leur manipulation ne va pas sans quelque danger. »

19 octobre 1925

Florilège des peintres surréalistes

Giorgio de Chirico

Dès 1913, **Giorgio de Chirico** (1888-1978), *peintre italien, ami d'Apollinaire, définissant son art, définit l'***esthétique surréaliste***.*

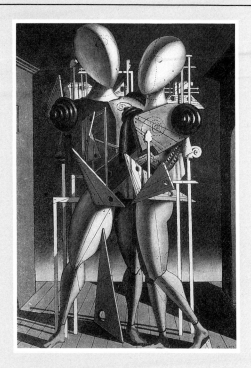

Ce qu'il faut surtout, c'est débarrasser l'art de tout ce qu'il contient de connu jusqu'à présent, tout sujet, toute idée, toute pensée, tout symbole doivent être mis de côté.

Il faut que la pensée se détache tellement de tout ce qu'on appelle la logique et le sens, qu'elle s'éloigne tellement de toutes les entraves humaines, que les choses lui apparaissent sous un aspect nouveau comme illuminées par une constellation apparue pour la première fois.

Giorgio de CHIRICO (1913)

Giorgio de Chirico, *Métaphysique de l'homme et de la femme.*
Chicago, Collection Cummings. ▶

Max Ernst

*Paul Nougé et les surréalistes belges **mettent en cause l'écriture automatique**, lui reprochant sa facilité, sa pauvreté et sa gratuité. Ils ne croient pas à ses « misérables miracles ». En cela, ils se tiennent à la limite de l'orthodoxie surréaliste, puisque pour Breton le surréalisme se confond avec l'automatisme.*

*Cette **querelle littéraire se répercute sur la peinture**, où elle se manifeste avec évidence si l'on compare par exemple des tableaux de **René Magritte** et d'André Masson. D'un côté la production consciente, réfléchie, d'une œuvre fortement perturbante, de l'autre la projection brutale de l'univers mental dans son bouillonnement.*

*Toutefois, nombre d'œuvres échappent à cette dichotomie, telle celle de **Max Ernst**, qui, à partir d'une expérience psychique provoquée par le grattage ou le frottage, d'abord laisse son inconscient parler, ensuite travaille à fixer l'image obtenue de façon consciente.*

Ma curiosité éveillée et émerveillée, j'en vins à interroger indifféremment, en utilisant pour cela le même moyen, toutes sortes de matières pouvant se trouver sur mon champ visuel : des feuilles et leurs
5 nervures, les bords effilochés d'une toile de sac, les coups de pinceaux d'une peinture « moderne », un fil déroulé de bobine, etc., etc. Mes yeux ont vu alors des têtes humaines, divers animaux, une bataille qui finit en baiser (*la fiancée du vent*), des rochers, la
10 *mer et la pluie*, des *tremblements de terre*, le *sphinx dans son écurie*, de *petites tables autour de la terre*, la *palette de César*, de *fausses positions*, un *châle à fleurs de givre*, les *pampas*.

Des *coups de fouet et ficelles de lave*, des *champs*
15 *d'honneur, inondations et plantes sismiques*, des *épouvantails*, le *start du châtaignier*.

Des *éclairs au-dessous de quatorze ans*, le *pain vacciné*, les *diamants conjugaux*, le *coucou, origine de la pendule*, le *repas du mort*, la *roue de la lu-*
20 *mière.*

Un *système de monnaie solaire.*
Les *mœurs des feuilles*, le *fascinant cyprès.*
Ève, la seule qui nous reste.

J'ai réuni sous le titre *Histoire naturelle*, les pre-
25 miers résultats obtenus par le procédé de frottage, de *La Mer et la Pluie*, jusqu'à *Ève, la seule qui nous reste*. (Paru en 1926, aux Éditions Jeanne Bucher.)

J'insiste sur le fait que les dessins obtenus perdent de plus en plus, à travers une série de suggestions
30 et de transmutations qui s'offrent spontanément — à la manière de ce qui se passe pour des visions hypnagogiques — le caractère de la matière interrogée (le bois par exemple) pour prendre l'aspect d'images d'une précision inespérée, de nature, pro-
35 bablement, à déceler la cause première de l'obsession ou à produire un simulacre de cette cause.

Max ERNST, « Au-delà de la peinture »,
Cahiers d'art, n° spécial, 1936

René Magritte

*Qu'il y ait eu une peinture surréaliste ne signifie pas pourtant un consensus entre les artistes. Ainsi **René Magritte** (1898-1967) dénonçait-il dans un manifeste collectif paru en 1946 les « **soi-disant surréalistes** » qui avaient trahi l'esprit du mouvement.*

Un certain surréalisme prétend apprivoiser l'inconnu. Tout comme une philosophie, il ne se soucie plus que de connaître le monde et oublie de le transformer. Un système de croyances cristallisées en des « êtres » et des « forces » mystérieux a remplacé l'enthousiasme des débuts. De soi-disant surréalistes reprennent même à leur compte « l'amour de l'art » quand ce n'est pas celui de la patrie, en attendant sans doute de se convertir bientôt à une quelconque religion. Ce surréalisme n'est plus pratiqué à présent que par des petits malins, des gens naïfs ou fatigués et des commerçants « à la page ». Quant aux ancêtres, ils tiennent à leur confortable renommée ou bien se sont résignés à abandonner la lutte. Cependant, l'expérience continue en plein soleil.

Tout passe dans notre univers mental. Par univers mental, il faut entendre forcément, absolument, tout ce que nous pouvons percevoir par les sens, les sentiments, l'imagination, la raison, l'illumination, le rêve ou par tout autre moyen. *Nous sommes responsables de l'univers*, cette évidence nous permet de juger les philosophies non dialectiques (idéalistes ou matérialistes) à leur juste niveau de jeux à vide, puisque les philosophes essaient d'atteindre la pensée parfaite qui doit se confondre avec l'objet au point de le nier.

Le sentiment que nous avons de ne pouvoir fuir l'univers mental nous oblige au contraire à affirmer l'existence d'un univers extramental et l'action réciproque de l'un sur l'autre en devient plus certaine.

René MAGRITTE, *Manifestes et autres écrits* (1946)
© éd. Les Cènes nues, Bruxelles

René Magritte, *La Magie noire*, 1933.
Collection particulière.

Jean Dubuffet

En 1967, dans ses Prospectus de tous écrits suivants, **Jean Dubuffet** (1901-1987) *évoque sa propre évolution artistique en voyant dans ses années surréalistes une étape encore trop timide.*

Ce qui m'a pendant très longtemps (jusqu'en 1942) empêché de mener à bien aucune peinture est qu'elles répondaient à une intention non assez clairement élucidée, non poussée à son terme, de porter l'art sur un autre terrain que celui de l'esthétique. Je n'étais parvenu à me débarrasser que partiellement des préjugés courants concernant la forme que doit revêtir une œuvre d'art et la nécessité pour elle d'obéir à de certaines lois esthétiques, d'où résultait dans mon esprit un compromis qui me mettait mal à l'aise et en position d'embarras. C'est seulement quand j'ai entrepris de pousser plus loin la renonciation à tout ordre esthétique et quand il m'est advenu d'éprouver sur moi-même les effets qu'il était possible d'obtenir à la faveur d'ouvrages procédant de cette totale renonciation que j'ai pris conscience de l'inanité des préoccupations esthétiques et des possibilités de la voie dans laquelle je me trouvais dès lors engagé.

Jean DUBUFFET, *Prospectus de tous écrits suivants* (1967)

5. Eluard et Aragon : vers le communisme

Du surréalisme au marxisme

L'ambiguïté politique qui déchire le surréalisme, d'une part attiré par l'adhésion au marxisme, d'autre part retenu à ses origines anarchistes, éclaire maintes contradictions et hésitations de Breton et de ses amis. Certains choisiront de tourner le dos à la logique révolutionnaire : ils seront exclus du mouvement. D'autres, comme **Louis Aragon** et **Paul Eluard**, se plieront à la discipline marxiste orthodoxe : ils s'exclueront ainsi d'eux-mêmes.

Le dernier itinéraire, typique d'une génération que l'actualité interpelle directement (c'est l'époque de la montée des fascismes) ne suppose pas pour autant, chez ceux qui l'empruntent, une trahison de leur idéal éthique et de leurs convictions littéraires. Chez Eluard, il y a incontestablement évolution de thèmes, mais l'immédiateté poétique garde toute sa spontanéité ; chez Aragon, le chemin de croix réaliste ramène le converti à son point de départ, la foi en l'imagination et le goût du merveilleux.

Paul Eluard (1895-1952)

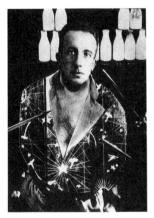

La Nourrice des étoiles, portrait-collage de Paul Eluard par André Breton.

Né en banlieue parisienne, à Saint-Denis, **Paul Eluard** (pseudonyme de Paul-Eugène Grindel) interrompt ses études à seize ans. En 1913 paraissent ses premiers poèmes. Sa rencontre avec Gala, la femme aimée, avive son inspiration.

De l'adhésion au groupe surréaliste...

La guerre ne l'épargne pas : gazé, il en connaît l'horreur. Il se rapproche des milieux anarchistes, puis se lie aux animateurs de Dada et participe à *Littérature.* Il s'adonne avec passion aux activités du groupe, donne *Les Animaux et leurs hommes* en 1920, fonde la revue *Proverbe.*

Un voyage autour du monde le laisse désenchanté. Il rejoint les surréalistes, dont il suit jusqu'en 1938 l'itinéraire. C'est l'époque des chefs-d'œuvre : *Capitale de la douleur* (1926), *L'Amour, la poésie* (1929), *La Vie immédiate* (1932), où l'inconscient déroule ses complexes labyrinthes en évidences poétiques. Nush, à la même époque, prend la place de Gala dans la vie du poète (*Facile*, 1935).

... à l'engagement politique

Attiré depuis toujours par les appels de la solidarité humaine dans l'épreuve de la souffrance, Eluard s'oriente à partir de 1936 vers un militantisme actif : lutte contre le fascisme, puis adhésion au Parti communiste en 1942. *Poésie et vérité* (1942) contient le célèbre poème *Liberté.* Sa participation à la Résistance et la publication par ses soins du premier volume de *L'Honneur des poètes* (1943) lui inspire *Au rendez-vous allemand* (1944). L'après-guerre le voit soutenir, y compris en poésie, la cause marxiste (jusque dans sa phase stalinienne). Toutefois, dans cette partie de l'œuvre comme dans celle qui suit (*Le temps déborde*, 1947 ; *Le Phénix*, 1951 ; *Poésie ininterrompue*, 1946-1953), l'exigence éthique, l'exaltation transparente de l'amour, le lyrisme de la sincérité emportent les vers et les images dans un flot de libre et enchanteresse virtuosité.

1917	*Le Devoir et l'Inquiétude*	**1938**	*Cours naturel* *Petit dictionnaire du surréalisme* (en collaboration avec Breton)
1920	*Les Animaux et leur hommes*		
1924	*Mourir de ne pas mourir*	**1939**	*Donner à voir* (essai)
1926	*Capitale de la douleur*	**1941**	*Choix de poèmes*
1929	*L'Amour, la poésie*	**1942**	*Poésie et vérité*
1930	*L'Immaculée Conception* *Ralentir Travaux* (en collaboration avec Breton et Char)	**1944**	*Au rendez-vous allemand*
		1946- 1953	*Poésie ininterrompue*
1932	*La Vie immédiate*	**1948**	*Corps mémorable ;* *Poèmes politiques*
1936	*Les Yeux fertiles*		

Le maître des mots

PAUL ELUARD est certainement l'un des surréalistes à s'être avancé le plus loin dans l'**exploration du langage**. Il dépasse l'automatisme pur, ne se contentant pas de mettre à jour le minerai de l'inconscient (ou du subconscient).

Il atteint à une vérité de langage en découvrant ses mécanismes intimes, en rendant « évidents » des alliages de mots, des images qui échappent pourtant à toute rédaction logique.

La poésie restera toujours pour lui **la voie de la connaissance** et **le travail du langage**, le labeur du philosophe essayant d'élargir les limites du monde habitable, et celui du compositeur qui tresse la plus raffinée des partitions verbales.

Capitale de la douleur (1926)

Le plus jeune

Au plafond de la libellule
Un enfant fou s'est pendu,
Fixement regarde l'herbe,
Confiant lève les yeux :
5 Le brouillard léger se lèche comme un chat
Qui se dépouille de ses rêves.
L'enfant sait que le monde commence à peine :
Tout est transparent,
C'est la verdure qui couvre le ciel
10 Et c'est dans les yeux de l'enfant,
Dans ses yeux sombres et profonds
Comme les nuits blanches
Que naît la lumière.

Paul ELUARD, *Capitale de la douleur* (1926)
© éd. Gallimard

La rivière

La rivière que j'ai sous la langue,
L'eau qu'on n'imagine pas, mon petit bateau,
Et, les rideaux baissés, parlons.

Paul ELUARD, *Capitale de la douleur*
© éd. Gallimard

La parole

J'ai la beauté facile et c'est heureux.
Je glisse sur le toit des vents
Je glisse sur le toit des mers
Je suis devenue sentimentale
5 Je ne connais plus le conducteur
Je ne bouge plus soie sur les glaces
Je suis malade fleurs et cailloux
J'aime le plus chinois aux nues
J'aime la plus nue aux écarts d'oiseau
10 Je suis vieille mais ici je suis belle
Et l'ombre qui descend des fenêtres profondes
Épargne chaque soir le cœur noir de mes yeux.

Paul ELUARD, *Capitale de la douleur*
© éd. Gallimard

Les petits justes

Sur la maison du rire
Un oiseau rit dans ses ailes.
Le monde est si léger
Qu'il n'est plus à sa place
Et si gai
Qu'il ne lui manque rien.

Paul ELUARD, *Capitale de la douleur*
© éd. Gallimard

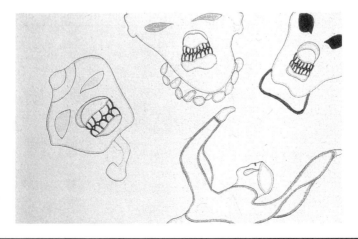

Dessin de Paul
Eluard.
Musée de St Denis.

L'Amour, la poésie (1929)

« La terre est bleue... »

La terre est bleue comme une orange
Jamais une erreur les mots ne mentent pas
Ils ne vous donnent plus à chanter
Au tour des baisers de s'entendre
5 Les fous et les amours
Elle sa bouche d'alliance
Tous les secrets tous les sourires
Et quels vêtements d'indulgence
A la croire toute nue.

10 Les guêpes fleurissent vert
L'aube se passe autour du cou
Un collier de fenêtres
Des ailes couvrent les feuilles
Tu as toutes les joies solaires
15 Tout le soleil sur la terre
Sur les chemins de ta beauté.

Paul ELUARD, *L'Amour, la poésie* (1929)
© éd. Gallimard

UNE COMPARAISON SURRÉALISTE

« La terre est bleue comme une orange. » Ce vers est souvent cité comme preuve de la **liberté** absolue du poète dans son **traitement du langage**. Le vers suivant semble d'ailleurs justifier cette interprétation : « Jamais une erreur les mots ne mentent pas. »

A y regarder de plus près on s'apercevra que cette célèbre image repose sur un procédé moins innocent : le vers attendu (mais plat) serait « La terre est ronde comme une orange ». En substituant *bleu* à *rond*, Eluard n'élide pas totalement ce dernier qualificatif, dont l'absence/présence provoque le choc poétique. Sorte de lapsus poétique qui fait naître l'émotion.

Et ce d'autant plus que *bleu* n'est pas absurde : en effet, la terre est bleue vue du ciel...

La passion d'aimer

La Vie immédiate (1932)

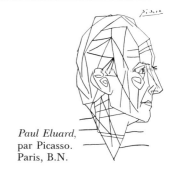

Paul Eluard,
par Picasso.
Paris, B.N.

Amoureuses

Elles ont les épaules hautes
Et l'air malin
Ou bien des mines qui déroutent
La confiance est dans la poitrine
5 A la hauteur où l'aube de leurs seins se lève
Pour dévêtir la nuit

Des yeux à casser les cailloux
Des sourires sans y penser
Pour chaque rêve
10 Des rafales de cris de neige
Des lacs de nudité
Et des ombres déracinées.

Il faut les croire sur baiser
Et sur parole et sur regard
15 Et ne baiser que leurs baisers

Je ne montre que ton visage
Les grands orages de ta gorge
Tout ce que je connais et tout ce que j'ignore
Mon amour ton amour ton amour ton amour.

Paul ELUARD, *La Vie immédiate* (1932)
© éd. Gallimard

Les Yeux fertiles (1936)

*Trois femmes se sont succédé dans la vie d'**Eluard** : Gala, Nush et Dominique. Trois femmes et **c'est pourtant toujours la même**. « Femme avec laquelle j'ai vécu, Femme avec laquelle je vis, Femme avec laquelle je vivrai ». **Thème récurrent** chez cet homme qui ne conçoit pas de différence entre « l'amour » et « la poésie », deux faces du même mystère d'être ici-bas.*

Paul Eluard, photo de Robert Doisneau.

« Tu te lèves... »

Tu te lèves l'eau se déplie
Tu te couches l'eau s'épanouit

Tu es l'eau détournée de ses abîmes
Tu es la terre qui prend racine
5 Et sur laquelle tout s'établit

Tu fais des bulles de silence dans le désert des bruits
Tu chantes des hymnes nocturnes sur les cordes de l'arc-en-ciel
Tu es partout tu abolis toutes les routes

Tu sacrifies le temps
10 A l'éternelle jeunesse de la flamme exacte
Qui voile la nature en la reproduisant

Femme tu mets au monde un corps toujours pareil
Le tien

Tu es la ressemblance.

Paul ELUARD, *Les Yeux fertiles* (1936), © éd. Gallimard

Donner à voir (1939)

La dame de carreau

Tout jeune, j'ai ouvert mes bras à la pureté. Ce ne fut qu'un battement d'ailes au ciel de mon éternité, qu'un battement de cœur amoureux qui bat dans les poitrines conquises. Je ne pouvais plus tomber.

Aimant l'amour. En vérité, la lumière m'éblouit. J'en garde assez en moi pour
5 regarder la nuit, toute la nuit, toutes les nuits.

Toutes les vierges sont différentes. Je rêve toujours d'une vierge.

A l'école, elle est au banc devant moi, en tablier noir. Quand elle se retourne pour me demander la solution d'un problème, l'innocence de ses yeux me confond à un tel point que, prenant mon trouble en pitié, elle passe ses bras
10 autour de mon cou.

Ailleurs, elle me quitte. Elle monte sur un bateau. Nous sommes presque étrangers l'un à l'autre, mais sa jeunesse est si grande que son baiser ne me surprend point.

Ou bien, quand elle est malade, c'est sa main que je garde dans les miennes,
15 jusqu'à en mourir, jusqu'à m'éveiller.

Je cours d'autant plus vite à ses rendez-vous que j'ai peur de n'avoir pas le temps d'arriver avant que d'autres pensées me dérobent à moi-même.

Une fois, le monde allait finir et nous ignorions tout de notre amour. Elle a cherché mes lèvres avec des mouvements de tête lents et caressants. J'ai bien
20 cru, cette nuit-là, que je la ramènerais au jour.

Et c'est toujours le même aveu, la même jeunesse, les mêmes yeux purs, le même geste ingénu de ses bras autour de mon cou, la même caresse, la même révélation.

Mais ce n'est jamais la même femme.
25 Les cartes ont dit que je la rencontrerai dans la vie, *mais sans la reconnaître*.
Aimant l'amour.

Moi, elle.
Photo de Man Ray, 1934.

Paul ELUARD, *Donner à voir* (1939), © éd. Gallimard

Poèmes politiques (1948)

L'expérience militante, l'épreuve de la Résistance, la lutte dans les rangs du Parti communiste français, conduisent **Eluard** *à s'intéresser de plus en plus à* **la fonction de la poésie**. *S'appuyant sur l'exemple de Picasso, il se veut celui qui assure le passage « de l'horizon d'un homme à l'horizon de tous ».*

> « *La solitude des poètes, aujourd'hui, s'efface.*
> *Voici qu'ils sont des hommes parmi des hommes,*
> *voici qu'ils sont des frères.* »
>
> (L'Évidence poétique, *1937*).

« *La poésie doit avoir pour but la vérité pratique* »

A mes amis exigeants.

Si je vous dis que le soleil dans la forêt
Est comme un ventre qui se donne dans un lit
Vous me croyez vous approuvez tous mes désirs

Si je vous dis que le cristal d'un jour de pluie
Sonne toujours dans la paresse de l'amour
Vous me croyez vous allongez le temps d'aimer

Si je vous dis que sur les branches de mon lit
20 Fait son nid un oiseau qui ne dit jamais oui
Vous me croyez vous partagez mon inquiétude

Si je vous dis que dans le golfe d'une source
Tourne la clé d'un fleuve entr'ouvrant la verdure
Vous me croyez encore plus vous comprenez

Mais si je chante sans détours ma rue entière
Et mon pays entier comme une rue sans fin
15 Vous ne me croyez plus vous allez au désert

Car vous marchez sans but sans savoir que les hommes
Ont besoin d'être unis d'espérer de lutter
Pour expliquer le monde et pour le transformer

D'un seul pas de mon cœur je vous entraînerai
Je suis sans forces j'ai vécu je vis encore
Mais je m'étonne de parler pour vous ravir
Quand je voudrais vous libérer pour vous confondre
Aussi bien avec l'algue et le jonc de l'aurore
Qu'avec nos frères qui construisent leur lumière.

Paul ELUARD, *Poèmes politiques* (1948)
© éd. Gallimard

Illustration de F. Léger
pour le poème
« Liberté »,
Paris,
Musée d'Art moderne.

POINT DE VUE CRITIQUE

Dialogue de poètes

Dans la préface qu'il donne à l'édition des *Poèmes politiques* (1948), Louis ARAGON cite à l'appui de la théorie éluardienne ce commentaire de BAUDELAIRE :

« Disparaissez donc, ombres fallacieuses de René, d'Oberman et de Werther ; fuyez dans les brouillards du vide ; monstrueuses créations de la paresse et de la solitude ; comme les pourceaux dans le lac de Génézareth, allez vous replonger dans les forêts enchantées d'où vous tirèrent les fées ennemies, moutons attaqués du vertige romantique. Le génie de l'action ne vous laisse plus de place parmi nous... C'est une grande destinée que celle de la poésie ! Joyeuse ou lamentable, elle porte toujours en soi le divin caractère utopique. Elle contredit sans cesse le fait, à peine de ne plus être. Dans le cachot, elle se fait révolte ; à la fenêtre de l'hôpital, elle est ardente espérance de guérison ; dans la mansarde déchirée et malpropre, elle se pare comme une fée de luxe et d'élégance ; non seulement elle constate, mais elle répare. Pourtant elle se fait négation de l'iniquité. Va donc à l'avenir en chantant, poète providentiel, tes chants sont le décalque des espérances et des convictions populaires ! »

Louis Aragon (1897-1982)

Henri Matisse, *Aragon en mars 1942.*
Coll. particulière.

Le dandy du surréalisme

Parisien, **Louis Aragon**, né d'une mère célibataire, se passionne très jeune pour la littérature, même si ses études le conduisent à la Faculté de Médecine. Mobilisé, il est affecté en 1917 à l'hôpital du Val-de-Grâce, où il fait la connaissance d'André Breton. Il collabore alors à différentes revues d'avant-garde, puis crée *Littérature* avec Breton et Soupault. Ses deux premières œuvres, un recueil de poèmes, *Feu de joie*, et un roman, *Anicet ou le Panorama* paraissent en 1920 et 1921.

Aragon participe activement à Dada, puis au mouvement surréaliste. Il publie alors *Une vague de rêves* (1924), *Le Paysan de Paris* (1926), *Traité du style* (1928). Sa virtuosité intellectuelle et l'élégance baroque de sa langue, son sens du merveilleux quotidien, distinguent son style.

L'écrivain engagé

Deux événements majeurs l'écartent de ses compagnons : son engagement, en 1927, dans les rangs du Parti communiste ; la rencontre qu'il fait d'Elsa Triolet, un an plus tard. Le fossé idéologique entre Aragon et Breton ne cessant de croître, c'est la rupture en 1931, autour du débat portant sur le rapport de la fonction poétique et du militantisme révolutionnaire. Désormais Aragon se plie à la discipline du Parti : il est successivement journaliste à *L'Humanité* (1933-1934), secrétaire de la section française de l'Association internationale des Écrivains, directeur du quotidien *Le Soir* (1937-1939). Une révolution parallèle se produit dans son écriture puisqu'il consacre au « monde réel » un cycle romanesque qui débute par *Les Cloches de Bâle* (1934).

La guerre et la Résistance, auxquelles il prend part, réveillent en lui l'inspiration poétique que sa période réaliste avait tarie : les textes du *Crève-cœur* (1941) et des *Yeux d'Elsa* (1942) sont appelés à une grande audience populaire. De même que certains recueils d'après-guerre comme *Le Roman inachevé* (1956), où il revient sur son passé, et *Elsa* (1959), consacré à la louange de sa compagne.

Les derniers romans d'Aragon, *La Semaine sainte* (1958), *La Mise à mort* (1965), *Blanche ou l'oubli* (1967) marquent une certaine distance critique par rapport aux dogmes du réalisme (socialiste ou non), et un retour vers les valeurs majeures de l'imagination et du rêve, qui imprègnent toute l'œuvre de jeunesse.

1920	Feu de joie		**1943**	Le Musée Grévin
1921	Anicet ou le Panorama (roman)		**1944**	Aurélien (roman)
1922	Les Aventures de Télémaque (roman)		**1945**	La Diane française
1924	Le Libertinage (roman)		**1948**	Le Nouveau Crève-cœur
1926	Le Mouvement perpétuel Le Paysan de Paris (roman)		**1949-1951**	Les Communistes (roman)
1928	Traité du style (essai)		**1954**	Les Yeux et la Mémoire ; A la Lumière de Stendhal (essai)
1930	Persécuté persécuteur La Peinture au défi (essai)		**1955**	Littératures soviétiques (essai)
1934	Les Cloches de Bâle (roman) ; Hourra l'Oural		**1956**	Le Roman inachevé
1935	Pour un réalisme socialiste (essai)		**1958**	La Semaine sainte (roman)
1936	Les Beaux Quartiers (roman)		**1959**	Elsa
1941	Le Crève-cœur		**1963**	Le Fou d'Elsa
1942	Les Yeux d'Elsa ; Brocéliande ; Les Voyageurs de l'impériale (roman)		**1965**	La Mise à mort (roman)
			1967	Blanche ou l'oubli (roman)
			1969	Les Chambres ; Je n'ai jamais appris à écrire ou les Incipit (essai)

Feu de joie (1920)

Je danse au milieu des miracles
Mille soleils peints sur le sol
Mille amis Mille yeux ou monocles
m'illuminent de leurs regards
5 Pleurs du pétrole sur la route
Sang perdu depuis les hangars

Je saute ainsi d'un jour à l'autre
rond polychrome et plus joli

qu'un paillasson de tir ou l'âtre
10 quand la flamme est couleur du vent
Vie ô paisible automobile
et le joyeux péril de courir au devant
Je brûlerai du feu des phares

Louis ARAGON, *Feu de joie* (1920)
© éd. Gallimard

Le Mouvement perpétuel (1926)

*Les premiers textes d'**Aragon** montrent **le jeune poète révolté**, volontiers extrémiste dans son anarchisme, dans sa quête du scandale par le scandale. « Errant dans ses propres ruines, déboussolé », écrit Georges Sadoul citant ces vers : « Il n'aurait fallu / qu'un moment de plus / Pour que la mort vienne. »*

Aragon pendant la Guerre
d'Espagne.

Nuage
Un cheval blanc s'élève
et c'est l'auberge à l'aube où s'éveillera le premier venu
Vas-tu traîner toute ta vie au milieu du monde
5 A demi-mort
A demi-endormi
Est-ce que tu n'as pas assez des lieux communs
Les gens te regardent sans rire
Ils ont des yeux de verre
10 Tu passes Tu perds ton temps Tu passes
Tu comptes jusqu'à cent et tu triches pour tuer dix secondes encore
Tu étends le bras brusquement pour mourir
N'aie pas peur
Un jour ou l'autre
15 Il n'y aura plus qu'un jour et puis un jour
Et puis ça y est
Plus besoin de voir les hommes ni ces bêtes à bon Dieu qu'ils caressent de temps
en temps
Plus besoin de parler tout seul la nuit pour ne pas entendre la plainte de la
20 cheminée
Plus besoin de soulever mes paupières
Ni de lancer mon sang comme un disque
ni de respirer malgré moi
Pourtant je ne désire pas mourir
25 La cloche de mon cœur chante à voix basse un espoir très ancien
Cette musique Je sais bien Mais les paroles
Que disaient au juste les paroles
Imbécile

Louis ARAGON, *Le Mouvement perpétuel* (1926)
© éd. Gallimard

ÉTUDE COMPARÉE
Rapprochez ce texte de ceux de Philippe SOUPAULT *(Westwego)* et de René CREVEL *(Êtes-vous fous ?).*
Comment caractérisez-vous le désespoir qui les inspire : révolte romantique ? Mal de vivre ? Détresse existentielle ?

Le Paysan de Paris (1926)

Quêtant le merveilleux, la promesse d'un au-delà dans cet en deçà qu'est le monde réel, **Aragon** en trouve la voie à travers **l'exaltation amoureuse**. Dans les textes de jeunesse il proclame sa foi absolue dans les forces de l'amour : « Je ne fais pas difficulté à le reconnaître : je ne pense à rien, si ce n'est à l'amour. Ma continuelle distraction dans les domaines de l'esprit, on tend à me la tenir à crime, trouve dans ce goût unique et incessant de l'amour sa véritable raison d'être. Il n'y a pour moi pas une idée que l'amour n'éclipse. Tout ce qui s'oppose à l'amour sera anéanti s'il ne tient qu'à moi. C'est ce que j'exprime grossièrement quand je me prétends anarchiste » (Préface du Libertinage, 1924).

Le Paysan de Paris (1926), dont l'objet est de démystifier la raison abstraite et de réhabiliter le concret comme mode de connaissance, **fait du désir le creuset même de l'imagination** : « J'entrais dans cet univers concret, qui est fermé aux passants. L'esprit métaphysique pour moi renaissait de l'amour. L'amour était sa source, et je ne veux plus sortir de cette forêt enchantée. »

« Blondeur... reflet de la femme sur les pierres »

Je voudrais savoir quelles nostalgies, quelles cristallisations poétiques, quels châteaux en Espagne, quelles constructions de langueur et d'espoir s'échafaudent dans la tête de l'apprenti, à l'instant qu'au début de sa carrière il se destine à être coiffeur pour dames, et commence de se soigner les mains. Enviable sort
5 vulgaire, il dénouera désormais tout le long du jour l'arc-en-ciel de la pudeur des femmes, les chevelures légères, les cheveux-vapeur, ces rideaux charmants de l'alcôve. Il vivra dans cette brume de l'amour, les doigts mêlés au plus délié de la femme, au plus subtil appareil à caresses qu'elle porte sur elle avec tout l'air de l'ignorer. N'y a-t-il pas des coiffeurs qui aient songé, comme des mineurs dans
10 la houille, à ne servir jamais que des brunes, ou d'autres à se lancer dans le blond ? Ont-ils pensé à déchiffrer ces lacis où restait tout à l'heure un peu du désordre du sommeil ? Je me suis souvent arrêté au seuil de ces boutiques interdites aux hommes et j'ai vu se dérouler les cheveux dans leurs grottes. Serpents, serpents, vous me fascinez toujours. Dans le passage de l'Opéra, je
15 contemplais ainsi un jour les anneaux lents et purs d'un python de blondeur. Et brusquement, pour la première fois de ma vie, j'étais saisi de cette idée que les hommes n'ont trouvé qu'un terme de comparaison à ce qui est blond : *comme les blés*, et l'on a cru tout dire. Les blés, malheureux, mais n'avez-vous jamais regardé les fougères ? J'ai mordu tout un an des cheveux de fougère. J'ai connu
20 des cheveux de résine, des cheveux de topaze, des cheveux d'hystérie. Blond comme l'hystérie, blond comme le ciel, blond comme la fatigue, blond comme le baiser. Sur la palette des blondeurs, je mettrai l'élégance des automobiles, l'odeur des sainfoins, le silence des matinées, les perplexités de l'attente, les ravages des frôlements. Qu'il est blond le bruit de la pluie, qu'il est blond le chant
25 des miroirs ! Du parfum des gants au cri de la chouette, des battements du cœur de l'assassin à la flamme-fleur des cytises, de la morsure à la chanson, que de blondeurs, que de paupières : blondeur des toits, blondeur des vents, blondeur des tables ou des palmes, il y a des jours entiers de blondeur, des grands magasins de Blond, des galeries pour le désir, des arsenaux de poudre d'oran-
30 geade. Blond partout : je m'abandonne à ce pitchpin des sens, à ce concept de la blondeur qui n'est pas la couleur même, mais une sorte d'esprit de couleur, tout marié aux accents de l'amour. Du blanc au rouge par le jaune, le blond ne livre pas son mystère. Le blond ressemble au balbutiement de la volupté, aux pirateries des lèvres, aux frémissements des eaux limpides. Le blond échappe
35 à ce qui le définit, par une sorte de chemin capricieux où je rencontre les fleurs et les coquillages. C'est une espèce de reflet de la femme sur les pierres, une ombre paradoxale des caresses dans l'air, un souffle de défaite de la raison.

Blonds comme le règne de l'étreinte, les cheveux se dissolvaient donc dans la boutique du passage, et moi je me laissais mourir depuis un quart d'heure
40 environ. Il me semblait que j'aurais pu passer ma vie non loin de cet essaim de guêpes, non loin de ce fleuve de lueurs. Dans ce lieu sous-marin, comment ne pas penser à ces héroïnes de cinéma qui, à la recherche d'une bague perdue, enferment dans un scaphandre toute leur Amérique nacrée ? Cette chevelure déployée avait la pâleur électrique des orages, l'embus d'une respiration sur le
45 métal. Une sorte de bête lasse qui somnole en voiture. On s'étonnait qu'elle ne fît pas plus de bruit que des pieds déchaussés sur le tapis. Qu'y a-t-il de plus blond que la mousse ? J'ai souvent cru voir du champagne sur le sol des forêts. Et les girolles ! Les oronges ! Les lièvres qui fuient ! Le cerne des ongles ! Le cœur du bois ! La couleur rose ! Le sang des plantes ! Les yeux des biches ! La
50 mémoire : la mémoire est blonde vraiment. A ses confins, là où le souvenir se marie au mensonge, les jolies grappes de clarté ! La chevelure morte eut tout à coup un reflet de porto : le coiffeur commençait les ondulations Marcel.

Louis ARAGON, *Le Paysan de Paris* (1926)
© éd. Gallimard

LE MERVEILLEUX SURRÉALISTE

Les romantiques avaient restitué au merveilleux une fonction décisive dans le processus de l'élaboration poétique : Hugo évoque les légendes du passé, Vigny et Lamartine fondent de grands poèmes mythiques, Nerval plonge ses racines dans l'Orient, Nodier s'en réfère au vieux fonds folklorique. A la fin du siècle Jules Verne, rêvant de prodiges scientifiques, crée le merveilleux d'anticipation.

Dans tous ces cas, le merveilleux, c'est l'autre, le différent, ce qui n'appartient pas à l'actualité de ce monde-ci. Au contraire, pour les surréalistes, le merveilleux rayonne dans le présent, les prodiges foisonnent sous nos pas. **L'écriture a pour fonction de révéler l'imprévisible**, le stupéfiant, le hasard objectif dans la trame du quotidien. Elle fait affleurer l'imaginaire à la surface du texte, donc du vécu.

Exposition du Surréalisme. Galerie des Beaux-Arts. Paris, janvier 1938.

Le Roman inachevé (1956)

« Tu m'as trouvé comme un caillou... »

La rencontre avec Elsa Triolet permet à **Aragon** d'intégrer dans sa vie réelle **la dimension jusqu'alors rêvée de l'amour fou**.

Non pas que ce séducteur avéré n'ait connu mille aventures passionnées avant Elsa. Mais grâce à cette dernière il a le sentiment de se transformer, de forger son identité, de qualifier sa maturité.

Le Roman inachevé (1956), **recueil de l'examen de conscience** — contemporain de la déstalinisation — rappelle en quelles circonstances Elsa a « sauvé » le poète de sa propre ruine.

1. *Instrument servant à mesurer la hauteur d'un astre à partir d'un navire.*

Photo Robert Doisneau.

Tu m'a trouvé comme un caillou que l'on ramasse sur la plage
Comme un bizarre objet perdu dont nul ne peut dire l'usage
Comme l'algue sur un sextant[1] qu'échoue à terre la marée
Comme à la fenêtre un brouillard qui ne demande qu'à entrer
5 Comme le désordre d'une chambre d'hôtel qu'on n'a pas faite
Un lendemain de carrefour dans les papiers gras de la fête
Un voyageur sans billet assis sur le marchepied du train
Un ruisseau dans leur champ détourné par les mauvais riverains
Une bête des bois que les autos ont prise dans leurs phares
10 Comme un veilleur de nuit qui s'en revient dans le matin blafard
Comme un rêve mal dissipé dans l'ombre noire des prisons
Comme l'affolement d'un oiseau fourvoyé dans la maison
Comme au doigt de l'amant trahi la marque rouge d'une bague
Une voiture abandonnée au beau milieu d'un terrain vague
15 Comme une lettre déchirée éparpillée au vent des rues
Comme le hâle sur les mains qu'a laissé l'été disparu
Comme le regard égaré de l'être qui voit qu'il s'égare
Comme les bagages laissés en souffrance dans une gare
Comme une porte quelque part ou peut-être un volet qui bat
20 Le sillon pareil du cœur et de l'arbre où la foudre tomba
Une pierre au bord de la route en souvenir de quelque chose
Un mal qui n'en finit pas plus que la couleur des ecchymoses
Comme au loin sur la mer la sirène inutile d'un bateau
Comme longtemps après dans la chair la mémoire du couteau
25 Comme le cheval échappé qui boit l'eau sale d'une mare
Comme un oreiller dévasté par une nuit de cauchemars
Comme une injure au soleil avec de la paille dans les yeux
Comme la colère à revoir que rien n'a changé sous les cieux
Tu m'as trouvé dans la nuit comme une parole irréparable
30 Comme un vagabond pour dormir qui s'était couché dans l'établ
Comme un chien qui porte un collier aux initiales d'autrui
Un homme des jours d'autrefois empli de fureur et de bruit

Louis ARAGON, *Le Roman inachevé* (1956)
© éd. Gallimard

POUR LE COMMENTAIRE

1. Les grandes lignes de la thématique

Dans ce poème se croisent plusieurs thèmes. Aragon présente sa misère sous plusieurs aspects : il est l'homme égaré (« Une bête des bois que les autos ont prise dans leurs phares »), l'homme abandonné (« Une pierre au bord de la route en souvenir de quelque chose »), l'homme incohérent (« Comme un bizarre objet perdu dont nul ne peut dire l'usage »), etc.

Répertoriez et classez ces aspects afin d'en définir l'unité : aidez-vous pour ce faire des trois derniers vers.

2. Une introspection douloureuse

Aragon se livre à une auto-analyse sans complaisance. Quel est son but ? Y a-t-il mépris de soi, dégoût de son être, responsabilité de l'histoire, haine des autres ?

3. Un kaléidoscope d'images

Le mot *comme* sert de clé au texte, bâti sur une série de comparaisons à la fois indépendantes les unes des autres et serrées les unes à la suite des autres. A quels domaines se réfèrent-elles ? Étudiez quelques-unes d'entre elles (fonctionnement, langue, style).

Elsa (1959)

Militant communiste, **Aragon** épouse les querelles de son parti, prend fait et cause dans les grands débats idéologiques et politiques (ainsi a-t-il tenté par exemple d'expliquer la logique du pacte germano-soviétique dans Les Communistes), s'engage dans la Résistance et dans les difficiles combats de l'après-guerre.

Son militantisme s'appuie sur la **volonté radicale d'aider à changer le monde**, à encourager l'essor de la liberté. Le marxisme représente ainsi pour lui moins un système qu'un ferment de vie. D'où la **distance critique** prise dans les dernières années.

Elsa *(1959)*. Dans ce recueil, Aragon **rend hommage à sa compagne** de lui épargner les soucis de l'âge ; n'est-elle pas source de vie, fontaine de jouvence ?

La Mise à mort *(1965)*. Cette histoire d'un homme qui a perdu son image est-elle un conte, une fable, à déchiffrer ? Peut-être. A moins qu'il ne s'agisse d'une adroite **critique d'un certain réalisme romanesque**.

Un homme passe sous la fenêtre et chante

Nous étions faits pour être libres
Nous étions faits pour être heureux
Comme la vitre pour le givre
Et les vêpres pour les aveux
5 Comme la grive pour être ivre
Le printemps pour être amoureux
Nous étions faits pour être libres
Nous étions faits pour être heureux

Toi qui avais des bras des rêves
10 Le sang rapide et soleilleux
Au joli mois des primevères
Où pleurer même est merveilleux
Tu courais des chansons aux lèvres
Aimé du Diable et du Bon Dieu
15 Toi qui avais des bras des rêves
Le sang rapide et soleilleux

Ma folle ma belle et ma douce
Qui avais la beauté du feu
La douceur de l'eau dans ta bouche
20 De l'or pour rien dans tes cheveux
Qu'as-tu fait de ta bouche rouge
Des baisers pour le jour qu'il pleut
Ma folle ma belle et ma douce
Qui avais la beauté du feu

25 Le temps qui passe passe passe
Avec sa corde fait des nœuds
Autour de ceux-là qui s'embrassent
Sans le voir tourner autour d'eux
Il marque leur front d'un sarcasme
30 Il éteint leurs yeux lumineux
Le temps qui passe passe passe
Avec sa corde fait des nœuds

Louis ARAGON, *Elsa* (1959)
© éd. Gallimard

Elsa Triolet et Louis Aragon, vers 1950.

POUR LE COMMENTAIRE

1. Étude de la forme. La strophe, l'agencement des rimes, la nature des rimes.

2. Le rythme et le style. D'où vient l'impression de rapidité, de fluidité du texte ? Étudiez l'accélération et la tonalité.

3. Des traits de poésie populaire. Dans le vocabulaire et dans la forme : précisez lesquels.

4. Poésie personnelle et poésie militante. Comment s'enchevêtrent les deux thématiques ?

LE RÉALISME SOCIALISTE

En 1932, le terme de « réalisme socialiste » est apparu en Union Soviétique pour mettre fin à des débats théoriques opposant différentes conceptions de la littérature révolutionnaire. Ce terme marque la victoire des tenants de l'orthodoxie marxiste, désireux de faire de la littérature le miroir du prolétariat, le reflet historique d'une société sans classes. Gorki précise ainsi la fonction du réalisme socialiste : « (Il) considère l'existence comme action, comme création, dont le but est le développement infini des aptitudes individuelles les plus précieuses de l'homme dans sa lutte pour vaincre les forces naturelles, pour sa santé et sa longévité, pour le grand bonheur de vivre sur la terre. »

La **fonction éthique** d'abord : c'est ce qui ressort de ces lignes et de la pratique effective du réalisme socialiste en URSS, où il assure **la liaison entre histoire littéraire et histoire nationale**.

Exportée en Europe, la notion de réalisme socialiste devient plus vague, associée à celle de lutte des classes. *Commune*, la revue d'Aragon, tente de la cerner comme peinture critique de la société et projection d'une perspective socialiste (**Paul Nizan, Jean-Richard Bloch, Romain Rolland**, le premier **Malraux**...). Progressivement et sous l'influence du philosophe — alors marxiste — **Roger Garaudy**, le réalisme socialiste s'est étendu à la notion d'un « réalisme sans rivages ». L'extrait suivant de *La Mise à mort* situe bien ce que peut être ce **réalisme socialiste critique** :

« Parce que ce livre est le roman du réalisme. Du réalisme contemporain. Avec ses difficultés, ses contradictions, ses problèmes. Vous n'aviez pas remarqué ? Oui, naturellement, c'est un livre sur la jalousie. Aussi. Sur la pluralité de la personne humaine. Je veux bien. Mais surtout, surtout. Du moins, à cette page. Un roman du réalisme, je vous dis. Où c'est peut-être le réalisme même qui est le héros positif ? Ah, mes enfants, laissez-moi la paix avec le hér. pos. ! Est-ce que oui ou non le caractère *contemporain* du réalisme est l'essentiel, la dominante ? Oui ? En ce cas, il faudrait que le héros fût à la fois positif et contemporain, et qui ne voit qu'alors le roman risque avec une facilité déconcertante, réaliste aujourd'hui de ne plus l'être dans six mois, puisque tous les caractères, qui faisaient la semaine dernière positif un héros comme n'importe quel citoyen, risquent d'avoir été tous remis en question par la moindre crise ministérielle ? Puisque, disons-le bien, si ce n'est pas le réalisme, c'est la réalité qui est sans rivages. De nos jours. Ça changera peut-être, notez. Mais alors le réalisme, pour se conformer à ce qu'on exige de lui, doit se baser non pas comme on l'a toujours cru sur la réalité présente, mais sur la réalité à venir, il doit devenir, en d'autres termes, un réalisme tout conjectural. Je ne suis pas contre. Il faut seulement accorder les violons. »

Louis ARAGON, *La Mise à mort* (1965)
© éd. Gallimard

Les Chambres (1969)

Au bout du voyage

*Le vieillissement, la mort : ces thèmes tragiques planent sur toute l'œuvre d'**Aragon**. Les Chambres, l'un des ultimes recueils (1969), montrent la vie comme un voyage de chambre en chambre, **un glissement** d'heure en heure, de lieu en lieu, irrémédiable chemin de croix, **suscitant une angoisse qu'aucune sagesse ne saurait contenir**.*

« Qu'est-ce qui m'arrive Où est-elle ma vie et tout ce qui valait qu'on lui sacrifiât tout qu'on mourût et me voici comme une cible au milieu des bras armés de flèches de sagaies chaque mot que je dis me découvre éclaire la place à frapper indique le point faible trahi à ses battements de cœur. »

Nous arrivons au bout du voyage Les chevaux
N'en peuvent plus Même les grelots
S'éteignent
Que tout me fut et long et lent
5 J'ai marché sur les genoux mes années
Mes chemins saignent
Le paysage autour de nous n'a plus
D'arbres que de pitié
Il ne s'entend que sanglots par le siècle Ainsi
10 Nous n'aurons rien pu faire épouvantablement
Que voir le martyre et le meurtre
J'avais cru pourtant j'avais cru

O tes doigts tendres sur ma bouche
Ce n'est pas moi que je plains mon enfant mais
15 Les autres le blé troué battu des autres sous la grêle
Et de ne rien pouvoir qu'en être écartelé
Maintenant je sais comment les choses peu
A peu s'égrènent
Il ne reste autour de nous que cette brume du regard
20 Qui n'en finit plus d'en finir
Quelles sont pourtant les paroles dernières
Après quoi rien n'a place et le cœur est glacé
Je n'entends plus déjà les pas pressés des gens
La concierge n'a pas monté les journaux du soir

Louis ARAGON, *Les Chambres* (1969)
© Les Éditeurs français réunis

Federico Garcia Lorca *Le Public* (1930)

Le Public, *pièce particulièrement audacieuse du poète espagnol* **Federico Garcia Lorca** *(1899-1936), fut jugée irreprésentable lors de sa publication en 1930. Garcia Lorca se sert du théâtre dans le théâtre pour faire* **le procès d'une société conformiste et hypocrite**, *renvoyant au public une image sans complaisance. Il bafoue tous les tabous, évoquant aussi bien l'homosexualité que la révolution sociale par le biais d'une représentation insolite de* Roméo et Juliette *incarnés par deux jeunes hommes qui seront mis à mort, ainsi que le metteur en scène, par le public, pour avoir enfreint les bonnes mœurs.*

Pour Lorca, **le théâtre doit révéler la vie** *sans se contenter d'en offrir un succédané rassurant, générer l'émotion et la beauté, au risque de choquer, et non conforter le spectateur dans ses préjugés.*

Federico Garcia Lorca est mort fusillé par les franquistes, pendant la guerre civile d'Espagne.

« Et la morale ? Et l'estomac des spectateurs ?

PREMIER HOMME. — C'est aux théâtres qu'il faut frapper, c'est aux théâtres, pour...

TROISIÈME HOMME. — ... pour que l'on sache la vérité des sépultures...

DEUXIÈME HOMME. — ... sépultures avec réverbères, enseignes lumineuses et longues rangées de fauteuils.

METTEUR EN SCÈNE. — Messieurs...

PREMIER HOMME. — Oui, oui. Directeur du théâtre en plein air, auteur de *Roméo et Juliette*.

DEUXIÈME HOMME. — Et comment urinait Roméo, monsieur le Directeur ? N'est-ce pas joli de voir uriner Roméo ? Que de fois il fit semblant de se jeter de la tour pour s'enfermer dans la comédie de la souffrance ! Qu'arrivait-il, monsieur le Directeur, lorsque cela n'arrivait pas ? Et le sépulcre ? Pourquoi n'avez-vous pas descendu l'escalier du sépulcre à la fin de la scène ? Vous auriez pu voir un ange qui emportait le sexe de Roméo tandis qu'il lui en laissait un autre, le sien, celui qui lui correspondait. Et si je vous disais que le personnage principal de toute la pièce était une fleur vénéneuse, qu'en penseriez-vous ? Répondez.

METTEUR EN SCÈNE. — Messieurs, là n'est pas le problème...

PREMIER HOMME, *le coupant*. — Il n'y en a pas d'autre. Nous serons contraints d'enterrer le théâtre, à cause de votre lâcheté à tous, et il faudra que je me donne un coup de revolver...

DEUXIÈME HOMME. — Gonzalve !

PREMIER HOMME, *lentement*. — Il faudra que je me donne un coup de revolver pour inaugurer le vrai théâtre, le théâtre sous le sable.

METTEUR EN SCÈNE. — Gonzalve !

PREMIER HOMME. — Comment ?...

Pause.

METTEUR EN SCÈNE, *réagissant*. — Mais je ne peux pas. Ce serait la ruine. Je laisserais mes enfants aveugles. Et que ferai-je alors du public ? Que fe40 rai-je du public si j'ôte le parapet du pont ? Le masque viendrait me dévorer. Une fois j'ai vu un homme dévoré par le masque. Les jeunes gens les plus forts de la ville, avec des piques ensanglantées, lui enfonçaient dans le derrière de grosses boulettes de journaux abandonnés et un jour, en Amérique, il 45 y a un garçon que le masque a pendu à ses propres boyaux.

PREMIER HOMME. — Magnifique !

DEUXIÈME HOMME. — Pourquoi ne dites-vous pas ça au théâtre ?

50 TROISIÈME HOMME. — C'est le début d'un argument !

METTEUR EN SCÈNE. — En tout cas une fin.

TROISIÈME HOMME. — Une fin causée par la peur.

METTEUR EN SCÈNE. — Bien sûr, monsieur. Vous 55 n'allez pas me croire capable de porter le masque sur la scène ?

PREMIER HOMME. — Pourquoi pas ?

METTEUR EN SCÈNE. — Et la morale ? Et l'estomac des spectateurs ?

60 Il y a des gens qui vomissent en voyant retourner un poulpe et d'autres qui pâlissent s'ils entendent prononcer avec l'intonation voulue le mot cancer, mais vous savez qu'on peut y parer avec le fer-blanc, le plâtre, l'adorable mica et, en dernière ressource, 65 le carton qui est à la portée de toutes les fortunes, comme moyens expressifs. *(Il se lève.)* Mais ce que vous voulez, c'est nous tromper. Nous tromper pour que tout reste pareil et qu'il nous soit impossible de secourir les morts.

Federico Garcia LORCA,
Le Public, 1er tableau (1930)
© éd. Gallimard

Gaëtan Picon *La Poésie contemporaine* (1968)

Rêve et réalité

Le surréel est à la fois réalité et rêve, esprit et monde : au-delà de toutes les antinomies et de toutes les séparations, il est totalité parce qu'il est surrationalité. Un effort véhément pour vaincre le monde divisé de la raison et atteindre la réalité absolue qui est réalité une : le surréalisme n'est rien d'autre. « Je crois à la résolution future de ces deux états, en apparence si contradictoires, que sont le rêve et la réalité, en une sorte de réalité absolue, de surréalité » (Breton). Et encore : « Tout porte à croire qu'il existe un certain point de l'esprit d'où la vie et la mort, le réel et l'imaginaire, le passé et le futur, le communicable et l'incommunicable, le haut et le bas cessent d'être perçus contradictoirement. Or, c'est en vain qu'on chercherait à l'activité surréaliste un autre mobile que l'espoir de déterminer ce point. »

Pour atteindre ce surréel, il n'est que de libérer complètement la conscience, de l'affranchir de toute règle, de toute convention, de toute intention, de la restituer à sa « vie immédiate », à sa spontanéité nue. Que la grande nappe souterraine s'épande, et la vie humaine est pratiquement transformée. Le surréalisme est ainsi « une solution particulière du problème de notre vie », une éthique, mais une éthique de l'incohérence vécue, et non de la cohérence spirituelle construite. De la même manière, il est une esthétique, mais une esthétique qui rompt avec l'art, la littérature, le langage comme formes organisées : la seule beauté est cette « beauté convulsive » qui — éliminés toute « direction de l'esprit », tout ce qui tend vers « l'arrangement en poème », toute « préoccupation esthétique ou morale » — jaillit d'une spontanéité rendue à son chaos primitif.

On voit ainsi tout ce qui sépare le surréalisme de tentatives comme celles d'Eliot ou de Claudel. On voit aussi ce qui le sépare des directions les plus récentes de la poésie. Le surréalisme a porté à ses dernières conséquences l'ambition qui fut commune au romantisme, à Mallarmé, à Rimbaud : faire de la poésie une voie irrégulière de la connaissance métaphysique et de l'éthique, un moyen de « changer la vie » (« On sait maintenant, dit Breton, que la poésie doit mener quelque part »). Il apparaît ainsi comme l'héritier et le liquidateur d'une littérature que Jacques Rivière a pu définir en disant qu'elle fut, depuis le romantisme, « une tentative sur l'absolu... une vaste incantation vers le miracle ». Mais le surréalisme n'a pas changé la vie : et depuis lors, il est devenu impossible de mettre un tel espoir dans la poésie. Reste l'acceptation de la littérature comme une fonction artificielle : on enregistre un retour vers la rhétorique poétique, l'acceptation renouvelée du « jeu des vers ». Les plus proches du passé surréaliste renoncent au moins à son dédain pour « l'arrangement en poème » (ainsi René Char). Pour d'autres, la poésie demeure une tentative magique, mais modeste, hygiénique plus que métaphysique, limitée à l'individu : Michaux écrit « pour en sortir », lui, Michaux, non pour « changer la vie ».

Gaëtan PICON, « La Poésie contemporaine »
dans *Histoire de la littérature européenne*,
« La Pléiade », © éd. Gallimard, 1968

Pour vos essais et vos exposés

Roger GARAUDY : *Du Surréalisme au monde réel. L'Itinéraire d'Aragon*, éd. Gallimard, 1961.
Jean-Louis BÉDOUIN : *Benjamin Péret*, coll. « Poètes d'aujourd'hui », éd. Seghers, 1961.
Jean-Pierre RICHARD : *Onze Études sur la poésie moderne*, éd. du Seuil, 1964.
Yvette GINDINE : *Aragon, prosateur surréaliste*, éd. Droz, 1966.

Raymond JEAN : *Eluard par lui-même*, coll. « Écrivains de toujours », éd. du Seuil, 1968.
Bernard LECHERBONNIER : *Aragon*, éd. Bordas, 1971.
Pierre DAIX : *Aragon, une vie à changer*, éd. du Seuil, 1975.
Daniel BERGEZ : *Eluard ou le rayonnement de l'être*, éd. Champ Vallon, 1982.
Georges POULET : *Études sur le temps humain*, III, éd. Plon, 1969.
Revue *Europe* 1972, 1973, numéros consacrés à Paul ELUARD.

ROMAN ET SOCIÉTÉ DANS L'ENTRE-DEUX-GUERRES (1920-1940)

GIRAUDOUX, SCHLUMBERGER, NIZAN, MARTIN DU GARD, ROMAINS, DUHAMEL, ARAGON, CARCO, DABIT, GUILLOUX

« Ce n'est pas la cervelle du romancier qu'il faut changer mais le monde. L'étrange est justement que ce soient les hommes qui voulaient changer le monde qui aient cru pouvoir commencer par la cervelle des romanciers. »
Louis Aragon,
La Mise à mort

Affiche du film *Zéro de conduite*, de Jean Vigo, 1933.

Roman et société, en France et à l'étranger

1920 Georges Duhamel : *La Confession de minuit,
Vie et aventures de Salavin* (1920-1932)

1921 Jean Giraudoux : *Suzanne et le Pacifique*

1922 Francis Carco : *L'Homme traqué*
Jean Giraudoux : *Siegfried et le Limousin*
Roger Martin du Gard : *Les Thibault I* (1922-1940)
Romain Rolland : *L'Âme enchantée* (1922-1933)

James Joyce : *Ulysse*

1924 Georges Duhamel : *Deux Hommes*
Jean Giraudoux : *Juliette au pays des hommes*

Thomas Mann : *La Montagne magique* (traduction
française en 1931)

1925 Francis Carco : *L'Équipe*
Roland Dorgelès : *Sur la route mandarine*
Maurice Genevoix : *Raboliot*

John Dos Passos : *Manhattan Transfer* (traduction
française en 1928)
Scott Fitzgerald : *Gatsby le Magnifique* (traduction
française en 1926)
Franz Kafka : *Le Procès* (traduction française en
1933)

1926 Jean Giraudoux : *Bella*
C. F. Ramuz : *La Grande Peur dans la montagne*

1927 André Chamson : *Les Hommes de la route*
Pierre Mac Orlan : *Quai des brumes* (film, 1938)

1928 Mikhaïl Cholokhov : *Le Don paisible* (1928-1940)
Tristan Rémy : *Porte Clignancourt*
Jean Schlumberger : *Les Yeux de dix-huit ans*

1929 Eugène Dabit : *L'Hôtel du Nord* (film, 1938)

Ernest Hemingway : *L'Adieu aux armes*
Alberto Moravia : *Les Indifférents* (traduction
française en 1949)

1930 Francis Carco : *La Rue*
Jean Giraudoux : *Les Aventures de Jérôme Bardini*
Jean Prévost : *Les Frères Bouquinquant*

1931 Louis Guilloux : *Compagnons*
Henri Poulaille : *Le Pain quotidien*
Jean Schlumberger : *Saint-Saturnin*

William Faulkner : *Sanctuaire* (traduction
française en 1933)
Virginia Woolf : *Les Vagues* (traduction française
en 1937)

1932 Louis-Ferdinand Céline : *Voyage au bout
de la nuit*
Jacques de Lacretelle : *Les Hauts-Ponts*
(1932-1935)
Jules Romains : *Les Hommes de bonne volonté*
(1932-1947)

1933 Marcel Aymé : *La Jument verte*
Georges Duhamel : *Chronique des Pasquier*
(1933-1945)
André Malraux : *La Condition humaine*
Paul Nizan : *Antoine Bloyé*

Maxence Van der Meersch : *Quand les sirènes se
taisent*

1934 Louis Aragon : *Les Cloches de Bâle*
Jean Giraudoux : *Combat avec l'ange*

1935 Francis Carco : *Brumes*
Louis Guilloux : *Le Sang noir*

1936 Louis Aragon : *Les Beaux quartiers*
Louis-Ferdinand Céline : *Mort à crédit*
Henry de Montherlant : *Les Jeunes Filles*

1937 André Malraux : *L'Espoir*
Roger Martin du Gard, prix Nobel
Henry Poulaille : *Pain de Soldat*

1938 Paul Nizan : *La Conspiration*
Jean-Paul Sartre : *La Nausée*
Georges Simenon : *Le Cheval blanc*

1939 John Steinbeck : *Les Raisins de la colère*

1941 Arthur Koestler : *Le Zéro et l'Infini*

Photo de Robert Doisneau.

Débats et combats

1. 1930 : la politisation des écrivains

De 1920 à 1930, la vie parisienne retrouve tout le lustre de la Belle Époque. Paris dans ses « années folles » passe pour plus prospère et brillant que jamais. Insouciante et heureuse époque, qui fête, en 1925, son apogée avec l'Exposition des Arts Décoratifs.

Passé 1930, l'atmosphère s'alourdit singulièrement malgré les fastes de l'Exposition coloniale (1931), où l'on célèbre la grandeur de l'empire français. Les milieux intellectuels s'interrogent sur la crise de l'esprit et sur le destin de l'Occident. La politique, longtemps méprisée par les écrivains et les philosophes, attire dès lors les uns et les autres dans ses rêts.

Si, dans le premier temps de cette politisation, on choisit volontiers de **soutenir quelques grands thèmes généreux et fortement moraux** : nécessité d'une grande réforme sociale appelée à résoudre tous les problèmes intérieurs, vaste plan d'entente mondiale au bénéfice de la paix, bientôt **on glisse vers une critique plus vive**, quitte à remettre en cause les bases mêmes de la démocratie parlementaire engluée dans des débats stériles. En effet, quel triste spectacle que celui des partis qui ne se coalisent aujourd'hui que pour mieux s'entredéchirer demain ! Se sont succédé en dix ans Bloc National, Cartel des Gauches, Union Nationale, Front Populaire. Et pour quoi faire ? Dans *Bella* (1926), **Jean Giraudoux** s'amuse à dresser face à face le clan des Rebendart et celui des Dubardeau, représentant les deux familles de pensée alternativement au pouvoir.

2. L'attrait du militantisme

La crise de 1929, la destruction de l'ordre issu du Traité de Versailles, la montée du nazisme engagent de nombreux intellectuels à choisir leur camp comme à l'époque de l'Affaire Dreyfus.

Certains font un pas décisif en **prenant le parti de militer** dans une organisation, tel le Parti communiste ou l'Action française. D'autres se regroupent autour de sujets de réflexion, comme Emmanuel Mounier et ses amis d'*Esprit*, inspirés par le catholicisme social.

Les années précédant immédiatement la Seconde Guerre mondiale voient fleurir des ligues, des associations, des congrès qui rassemblent d'amples agrégats de sympathisants pro- ou anti-fascistes. Se multiplient **des manifestes à portée politico-culturelle**. Lèvent leurs étendards toutes sortes de maîtres à penser : Daniel Halévy, André Gide, Emmanuel Berl, Henri Massis, André Breton, André Malraux, Jean Guéhenno, Pierre Drieu La Rochelle, Simone Weil, Henry de Montherlant... Mythes et idéologies encombrent le paysage intellectuel, tandis que la gent politique s'embourbe dans ses contradictions, à l'approche du cataclysme devenu inévitable...

3. Les romans de classe

Les romans de l'individu, chers aux années 20, cèdent la place, sous **la poussée du mouvement social**, aux romans de classe. La grande bourgeoisie est mise en scène par **Roger Martin du Gard** dans *Les Thibault* (1922-1940) ; la petite bourgeoisie sert de cadre à la *Chronique des Pasquier* (1933-1945), de **Georges Duhamel** ; **Louis Aragon** prétend, dans le cycle du *Monde réel* (1934-1951), rendre compte de la montée du peuple à l'assaut du capitalisme décadent ; quant à **Jules Romains**, son projet est encore plus ambitieux puisque ses *Hommes de bonne volonté* (1932-1947) prétendent traduire la progression du pays entier.

À côté de ces fresques panoramiques, paraissent des ouvrages de moindre ampleur, mais peut-être plus percutants et alertes, comme ceux de **Francis Carco** (*Brumes*, 1935), croquant les hors-la-loi de la zone parisienne, de Jean Schlumberger (*Saint-Saturnin*, 1931), montrant comme Jacques de Lacretelle (*Les Hauts-Ponts*, 1932-1935) le monde paysan et les grandes familles terriennes pris dans l'engrenage des transformations du siècle.

4. Littérature révolutionnaire et prolétarienne

L'essai et le roman révolutionnaire vulgarisent le point de vue marxiste : Emmanuel Berl (*Mort de la pensée bourgeoise*, 1929) et **Paul Nizan** (*Les Chiens de garde*, 1932) **dénoncent la littérature bourgeoise** comme mystificatrice et lui reprochent d'élaborer en ses œuvres les thèmes de la réaction.

Moins théorique, mais plus authentique, est le discours de Jean Guéhenno dans *Caliban parle* (1928), lorsqu'il s'alarme, pour en avoir vécu l'expérience, du divorce culturel existant entre l'homme du peuple et le bourgeois cultivé.

Le système scolaire et l'institution universitaire sont souvent remis en cause par ces écrivains de gauche qui **incitent le « prolétariat » à construire sa propre culture en opposition et en rupture avec celle des « capitalistes »**.

Pour Poulaille et ses compagnons (Charles Plisnier, Édouard Peisson, Tristan Rémy, **Eugène Dabit**...) un écrivain ouvrier doit être né dans le prolétariat, s'être formé seul, continuer d'exercer un métier manuel. Ce groupe ne veut pas être confondu avec les populistes réunis autour de Léon Lemonnier vers 1928-1929, attentifs, quant à eux, à peindre les petites gens à la manière de Léon Frapié et de Charles-Louis Philippe.

Prolétaire ou populiste, cette littérature populaire sera riche en talents : **Louis Guilloux** et André Chamson rendront avec véracité le travail des hommes et les soucis de la multitude ouvrière.

Étrangement, le marxisme officiel refusera de se reconnaître dans ce courant issu du peuple. La conférence de Kharkov (1930) sacre, comme chef de file des intellectuels communistes, Louis Aragon, écrivain militant d'origine bourgeoise.

1. Aspects de la crise politique et sociale

L'entre-deux-guerres est l'âge du roman. Profitant de l'élan populaire que lui a donné le naturalisme, ce genre requiert l'intérêt d'un grand nombre de talents qui se donnent pour mission de **retracer l'histoire de la France contemporaine**. Ce choix les entraîne dans la voie du témoignage. Or, la société contemporaine n'offre pas au regard que des tableaux enthousiasmants. C'est le constat qui ressort des textes les plus critiques : **JEAN GIRAUDOUX** se montre impitoyable envers les politiciens timorés de son temps ; Simone Weil souligne les contradictions du travail industriel, abrutissant et inhumain ; **PAUL NIZAN** s'oriente vers l'idéalisme révolutionnaire. Dans la même lignée, Céline prononce une condamnation définitive contre les prétentions de l'ordre social (voir le chapitre 13, p. 357 à 380).

Jean Giraudoux *Bella* (1926)

*En 1926, **Jean Giraudoux** présente la situation politique française en dressant face à face deux familles, les Rebendart et les Dubardeau, dans son premier roman à succès,* Bella. *Ces deux familles incarnent **les deux clans opposés de la classe politique**, de cette « noblesse républicaine » qui règne sur le pays depuis la fondation de la Troisième République.*

« La famille de Rebendart ne le cédait pas à la nôtre en vitalité. Elle avait fourni à la France depuis deux siècles un nombre respectable de hauts fonctionnaires, de présidents du Conseil et de grands bâtonniers. Alors que ma famille se plaisait sur les points magiques où les métaux s'allient, où les nations s'unissent, et prétendait ignorer le mal en dépit de la réalité comme elle ignorait la pluie ou la neige, le jour d'une excursion une fois décidé, les Rebendart, tous avocats, avaient choisi pour atmosphère le criminel et le contentieux de la France. Le même nombre de Rebendart et de Dubardeau étaient dressés en bronze sur les places françaises, le même nombre de rues et de champs de foire étaient baptisés à leur nom. »

*Nul n'ignore que Rebendart est le double de Raymond Poincaré, figurant l'esprit d'ordre établi, et que Dubardeau a été inspiré à Giraudoux par Berthelot, son patron au Quai d'Orsay. Ce dernier, homme cultivé aux idées larges, cosmopolite tourné vers l'avenir, Européen de cœur et de conviction, représente, aux yeux de l'auteur, l'**esprit en mouvement** à l'opposé de son adversaire, **retors et replié sur des valeurs passéistes**.*

« Il détestait la passion »

1. *Général allemand, adjoint direct de Hindenburg, chef d'état-major de l'armée à partir de 1916. Ce fut un partisan de la guerre à outrance.*

2. *Généralissime des armées alliées à partir de mars 1918.*

3. *Empereur d'Allemagne.*

4. *Président du conseil français en juillet 1914. Il fut remplacé en octobre 1915 par Aristide Briand.*

5. *Président du conseil à partir de 1917.*

Rebendart avait passé toute sa vie à esquiver le tragique. Toutes les occasions où la rencontre entre deux êtres, agités de passions, ou deux chefs d'affaires, ou deux chefs d'armée, aurait pu ou dû se faire de façon solennelle, il les avait escamotées. Durant ces dix dernières années où la destinée avait couru le
5 monde, il avait toujours tâché de remplacer sur la voie qu'elle prenait les passages à niveau par des ponts. Grâce à lui, il n'y avait pas eu d'entrevue entre Ludendorff[1] et Foch[2], entre Guillaume II[3] et Viviani[4], entre Clemenceau[5] et le Pape. S'il avait été chimiste, comme mon oncle, il eût consacré sa vie à empêcher l'azote de rencontrer l'hydrogène, et tous les drames imaginables
10 entre carbone et oxygène eussent été éliminés. Un manque d'imagination, la peur aussi des réactions humaines, le poussait à amortir par des papiers tous les points de fusion entre politiques ou philosophies. Il n'y avait plus de scènes, dans sa famille et dans son Gouvernement, que celles provoquées par son mauvais caractère. La colère chez Rebendart était tout ce qui restait du destin, et de son
15 aveuglement. Par un décalage hypocrite, imperceptible à ses secrétaires même, mais calculé d'après le Chaix ou le guide des Transatlantiques, il avait évité toute sa vie les confrontations entre hommes d'État, il avait fait retarder des trains pour ne pas débarquer dans certaines villes au moment où l'attente qu'on avait de lui, l'heure ensoleillée, l'atmosphère générale de la province ou de la France ce

20 jour-là, devait faire de son arrivée une minute trop sensible. Il eût suffi de l'introduire dans l'Odyssée ou dans la Bible, pour enlever à la légende toutes les rencontres justement obtenues par les héros à force de politesses envers le sort et de respect pour l'horaire humain du sublime. Avec Rebendart, plus d'épisode de Nausicaa et d'Ulysse, de Salomé et de Jonathan. Il détestait la Passion, il y
25 voyait une accumulation de gestes emphatiques qu'un dieu de bon goût eût dû éviter. Il détestait voir mourir.

Jean GIRAUDOUX, *Bella* (1926)
© éd. Grasset

POUR LE COMMENTAIRE

1. Un portrait polémique. Quel est le vice caractériel profond de Rebendart ? A quelle morale d'action se réfère-t-il ?

2. Une conception politique. En quoi un Rebendart peut-il gâter les chances historiques de son pays ? De quelles responsabilités refuse-t-il de se charger ? A-t-il l'étoffe d'un homme d'État ?

3. L'humour giralducien. Cette page, malgré la violence de son inspiration, n'est que subtilité et élégance. Étudiez les images, les effets de style, les références historiques et mythologiques qui, réunis, donnent sa saveur si particulière au langage de l'auteur.

En quoi peut-on parler, à propos de Giraudoux, d'**ironie poétique** ?

Jean Schlumberger *Saint-Saturnin* (1931)

Issu d'une famille d'industriels protestants alsaciens, **Jean Schlumberger** (1877-1968) cherche très tôt à se dégager du conformisme familial. Dans sa jeunesse il est même l'un des signataires de l'appel à la révision du procès Dreyfus. Critique, journaliste et romancier, il participe dès 1909 avec son ami André Gide à l'aventure de la *N.R.F.*, dont il publie le « programme ».

C'est pendant l'entre-deux-guerres qu'il déploie l'essentiel de son activité littéraire. Bien qu'il défende un temps l'idée que l'intellectuel doit se mettre au service de la nation, son œuvre romanesque apparaît protégée de tout véritable engagement. Loin d'être un moraliste, cet ami de Gide et de Jacques Copeau trouve dans le récit court la mesure de son art (*Enfant qui s'accuse*, 1919 ; *Les Yeux de dix-huit ans*, 1928 ; *Saint-Saturnin*, 1931) Jean Schlumberger est un analyste subtil des problèmes du couple et de la famille.

*** Saint-Saturnin

Ce roman évoque l'effondrement d'une vieille et riche famille de cultivateurs. A la suite de la mort de sa femme, le patriarche, sous influence, se met à dilapider son capital dans des affaires véreuses et perd le respect des plus anciennes traditions comme des choses du passé. Ainsi, sur un coup de tête, fait-il abattre deux superbes arbres de l'allée de sa propriété. Sa fille et sa belle-fille assistent à ce spectacle, effarées.

« La mortelle saignée... »

Quelle trouée ! Un homme de la ferme et le garçon jardinier tiennent encore la longue scie. Dans l'herbage qui borde l'allée, les deux grands corps se sont abattus l'un sur l'autre, enchevêtrant leurs bras ; et, dernier ébranlement de la chute où le second vient de s'effondrer, un rameau cassé se balance encore au
5 bout d'une lanière d'écorce. Deux ormes plus que centenaires, tout phosphorescents d'étincelles vertes, de jeunes feuilles à peine dépliées. Pas une encore n'est flétrie. La mortelle saignée n'a pas encore tiré le suc qui montait jusqu'à elles. Les deux lentes créatures semblent ne pas encore avoir compris ; et parmi leurs membres rompus, elles soulèvent toujours des restes de branchages où conti-
10 nuent à frémir cent mille petites flammes.

Sur l'une des souches, William Colombe est assis, immobile, comme s'il respirait les deux siècles de vie qu'on vient de sacrifier à ses pieds. Lui faut-il un troisième cadavre pour son caprice de ce jour d'avril ?

Sans bruit, reculant d'un pas, puis de deux, les scieurs tâchent d'atteindre
15 l'autre côté de l'avenue, d'où ils pourront s'esquiver avant qu'une nouvelle exécution leur soit commandée. Et quand enfin le vieillard tourne la tête, c'est sur les deux femmes que tombe son regard.

De l'homme assis ou des belles-sœurs serrées l'une contre l'autre, on ne sait qui finira par ouvrir la bouche et qui s'enfermera le plus longtemps dans un
20 silence plein de défi. C'est tout de même le père qui parvient à forcer les yeux de ses filles à se baisser. Alors, de la même voix galante qu'il avait eue le matin, il dit à Reine :

« Vous voyez que je vous ai fait préparer un siège à l'endroit le plus agréable qu'on pouvait choisir. Essayez-le. C'est le seul point d'où l'on aperçoive le clocher
25 de Blanches-Portes, là-bas, dans l'intervalle de deux pommiers. »

Elle regarde avec horreur la souche déjà toute mouillée par la sève que l'aubier dégorge et qui pleure le long de l'écorce.

« Vous ne voulez pas ? reprend-il. Une bergère au petit point vous semblerait plus noble que cet arbre abattu tout exprès, et comme on n'en coupe pas, même
30 pour les impératrices ! »

Et se tournant vers un des troncs couchés, il dit :

« Je regrette, mon ami. Mesdames ne posent leurs tendres avantages que sur la plume. »

Puis revenant à Reine :
35 « Faut-il qu'on vous apporte un coussin ? Peut-être que cet arbre vous déplaît. Préféreriez-vous celui d'à côté ? »

Il appelle les deux hommes :

« Madame préfère l'arbre suivant !

— Quand vous abattriez toute l'avenue, s'écrie-t-elle...
40 — A cinquante centimètres au lieu de soixante, puisque c'est pour une dame... Madame veut le voir tomber et nous voulons ce que veulent les dames... Qu'est-ce que vous attendez ? »

Jean SCHLUMBERGER, *Saint-Saturnin* (1931)
© éd. Gallimard

POUR LE COMMENTAIRE

1. Un meurtre

a. La métaphore de la mise à mort à travers les termes et les expressions.
b. Un « sacrifice » ? Expliquez.
c. Le sang et la sève : établissez le bien-fondé de la comparaison.

2. Un hymne à la nature

a. La beauté des arbres : l'art de la description.
b. Une nature anthropomorphique : montrez-le.
c. Pourquoi ne doit-on pas abattre des arbres au printemps ?

3. De la folie dans l'air

a. L'attitude de William Colombe devant les corps des arbres sacrifiés. Étudiez-la.
b. D'où provient la folie du vieillard ?
c. Qu'y a-t-il de sadique dans son jeu avec les deux jeunes femmes ?

Affiche du film *Goupi-mains rouges*, de Jacques Becker,
◀ 1943.

Paul Nizan *La Conspiration* (1938)

Né à Tours, **Paul Nizan** (1905-1940), fils d'un ingénieur des chemins de fer, enseigne la philosophie après avoir été admis à l'agrégation. Militant communiste, il entre ensuite à *L'Humanité*, puis à *Ce soir* où il s'occupe de la rubrique « politique étrangère ». Il quitte le Parti en 1939, désapprouvant le pacte germano-soviétique. Il est tué un an plus tard, le 23 mai 1940, lors de la bataille de Dunkerque.

Compagnon de Sartre à l'École Normale Supérieure, Nizan, comme beaucoup de jeunes gens de sa génération, s'est mis à la recherche d'une cause à défendre et pour laquelle, le cas échéant, mourir. Il pense trouver cet idéal dans l'extrémisme qui met radicalement en accusation l'ordre bourgeois. *Antoine Bloyé* (1933) dit l'angoisse du jeune Nizan, qui ne redoute rien tant que l'ennui de l'habitude, et son désir de se renouveler en sortant de soi. Le marxisme lui paraît la meilleure discipline pour toucher à ce dépassement intérieur.

Si après *Aden, Arabie* (1931), bilan de l'expérience de jeunesse, *Les Chiens de garde* (1932) entreprennent la démolition de la philosophie universitaire, le roman *La Conspiration* (1938) va encore plus loin dans la voie de la révolte.

*** *La Conspiration*

Le roman met en scène un jeune normalien qui, vers 1925, choisit l'action révolutionnaire alors que son origine (haute bourgeoisie juive du 16ᵉ arrondissement) contredit apparemment cet engagement contre nature. Bernard Rosenthal s'entoure de camarades qui sont déterminés à former un complot en vue de voler, au profit du Parti communiste, un plan militaire. Conspiration à la fois romantique et naïve qui aboutira à un tragique échec.

Destins petits bourgeois

Des fils d'épiciers en gros élevés au pied des tours à carillon de Sainte-Croix ont découvert aux environs de mil neuf cent vingt-cinq le golf à La Baule, le cheval à Paris et se sont engagés dans des carrières orgueilleuses mais obscures, dans les légations françaises de cette Europe de Versailles, de Saint-Germain et
5 de Trianon où les traités aux noms de châteaux et de parcs dissimulent mal le sang et les violences futures. D'autres, faisant écho à des appels parisiens ou à des voix alsaciennes, se sont lancés les yeux fermés dans l'activité poétique. D'autres enfin, désœuvrés par la facilité de l'argent et par la dispersion de leurs camarades de lycée, ont collectionné avec une passion frivole les disques des
10 grands jazz hot américains, ont joué au poker, ont poursuivi des femmes mariées que l'ennui livrait aux adultères de province ; ils ont appris à découvrir dans les pharmacies louches de la ville de la cocaïne et de l'éther et ont emprunté aux grues démodées de la place Royale et de la place Graslin des billets de cent francs qu'elles leur ont réclamés avec des insultes sur le trottoir de la rue
15 Crébillon ou sous les arcades blanches du Passage Pommeraye qui n'a pas fini d'exposer des bretelles, des eaux-fortes, des farces-attrapes, des préservatifs, des bandages, et le modèle périmé du cuirassé Jauréguiberry. Des fils de bijoutiers finissent par cambrioler les vitrines de leur père, sans respecter les médailles de première communion, les argenteries des fiançailles, les alliances, les hochets
20 de baptême. Des adolescents, réunis derrière le quai de la Fosse ou les quais de l'île Gloriette dans des caves moisies qui doivent leur rappeler les entrepôts de Londres et les jetées littéraires de Hambourg, organisent des sociétés secrètes soumises à des rituels enfantins et aux pratiques d'un érotisme aussi démodé que les femmes entretenues de leur ville natale.
25 Ce désordre de la jeunesse s'installa après la paix de dix-neuf dans les grandes villes de province, à Nantes comme à Reims, à Nancy, à Bordeaux, à Rouen ou à Lille, lorsque l'époque arriva pour les grandes bourgeoisies provinciales de douter anxieusement de leur avenir. Il semblait que leurs héritiers n'eussent à choisir qu'entre deux tentations : le fils du négociant en vins, à Bordeaux, qui,
30 à sa sortie de l'École Normale, va préparer à Athènes des fouilles en Chersonèse ou à Delos n'est peut-être pas moins dévoyé que le fils du notaire, à Rouen, qui comparaît devant les assises pour un vol d'auto, une affaire de carambouillage ou un trafic de stupéfiants.

Paul Nizan, *La Conspiration* (1938)
© éd. Gallimard

GROUPEMENT THÉMATIQUE

Révolte et révolution
(voir p. 351)

Victor Hugo : *Les Châtiments*, 1853. — Jules Vallès : *L'Insurgé*, 1886. — André Breton : *Deuxième Manifeste du surréalisme*, 1930. — André Malraux : *La Condition humaine*, 1933. — Albert Camus : *Caligula*, 1945 et *L'Homme révolté*, 1951. — Jean-Paul Sartre : *Les Mains sales*, 1948. — Arthur Koestler : *Le Zéro et l'Infini*, 1941. — Peter Weiss : *Marat-Sade*, 1968.

Carrières à étudier : Maïakovski, Gorki, Aragon, Brecht, Malaparte, Garaudy.

Trois mythes éclairant le couple révolte/révolution :
— Prométhée (l'homme à l'assaut du ciel) ;
— Phénix (la révolution dans la Révolution) ;
— Antée (la revitalisation de forces engendrées).

2. Sommes romanesques

Les trois grands ensembles romanesques des années 30, conçus par **ROGER MARTIN DU GARD**, **JULES ROMAINS** et **GEORGES DUHAMEL**, suivis du *Monde réel* d'**ARAGON**, visent la plus large diffusion parmi la classe bourgeoise, qu'ils remettent pourtant largement en question. Ces romanciers participent, avec les philosophes français contemporains, à un vaste effort de « conscientisation » de la catégorie sociale dont, en fait, tout dépend. **L'avenir est lié à la conception que la bourgeoisie se fera de son rôle historique, de sa responsabilité.** Saura-t-elle entendre les avertissements du monde ouvrier, entamer le débat avec les jeunes intellectuels qui sortent de ses rangs et qui la houspillent vertement ? Pourra-t-elle éviter la dérive fasciste ou l'aventure marxiste ? Les plus importants romans de cette période sont inspirés par **un sens très vif des transformations sociales**, des contestations morales, tout en tentant de redéfinir les techniques narratives et les bases du réalisme.

Assassinat de Jean Jaurès en 1914. ▶

Roger Martin du Gard
Les Thibault (1922-1940)

Roger Martin du Gard vers 1955, par Gunnar Nilsson.

Un écrivain précoce

Ancien élève de l'École des Chartes, **Roger Martin du Gard** (1881-1958), écrivain d'origine bourgeoise, se destine tôt (dès 1901) à la littérature. En 1913, il s'impose avec un roman puissant, *Jean Barois*, où il peint le tourment d'un intellectuel déchiré entre le sentiment religieux et l'attrait du matérialisme. Ce texte, où est évoquée l'Affaire Dreyfus, prend une dimension politique et sociale où se reconnaît toute une génération (voir p. 47).

L'œuvre d'une vie

Martin du Gard a désormais pour ambition d'être le Tolstoï français. Aussi conçoit-il une vaste somme dont il dresse minutieusement le plan : *Les Thibault*, fruit d'un travail de vingt ans, concerté et méthodique.

Le romancier se dédouble en deux personnages, « deux frères de tempéraments aussi divergents que possible », Antoine et Jacques. Par ailleurs, s'opposent deux familles, les Thibault, catholiques, et les Fontanin, protestants.

Une charpente trop visible, une rationalisation excessive alourdissent les premiers éléments du cycle : *Le Cahier gris*, 1922 ; *Le Pénitencier*, 1922 ; *La Belle Saison*, 1923 ; *La Consultation*, 1928 ; *La Sorellina*, 1928 ; *La Mort du père*, 1929. En revanche, *L'Été 14*, avec ses trois volumes (1936), dit « toute fraîche la douleur de l'histoire » (Camus). Avec *L'Épilogue* (1940), Martin du Gard exprime une philosophie pessimiste, due aux tristes événements contemporains. Toutefois, il ne veut pas renoncer à croire qu'un jour l'homme renoncera à la folie sanglante de la guerre.

De 1942 à sa mort, l'écrivain travaillera à une nouvelle somme romanesque, *Les Souvenirs du Lieutenant-Colonel de Maumort*, restée inachevée. Ses propres souvenirs, publiés à l'occasion de la parution de son œuvre dans la Pléiade, sont étonnants de franchise et de modestie. Un écrivain qui fait étalage de ses difficultés, de ses échecs, de ses hésitations, est un événement rare !

*** **L'Été 14**

Le roman se propose de conter en détail les quelques mois qui précèdent la guerre. Antoine et Jacques, si différents qu'ils soient socialement et idéologiquement, ne pourront, ni l'un ni l'autre, échapper au destin collectif. Jacques Thibault, passé de la révolte anarchiste à l'engagement révolutionnaire, voit avec effroi le mouvement socialiste international écrasé par l'esprit de guerre. Il ne lui reste plus qu'à mourir de façon exemplaire. Quant à Antoine, l'héritier comblé, le médecin sûr de soi, s'il paraît bien borné et somme toute bien antipathique, il réussira à échapper à la médiocrité de l'égoïsme, grâce à Rachel, son initiatrice. Elle lui apprend à s'ouvrir au monde, à la solidarité humaine. Il accepte dès lors de remettre en question son destin de bourgeois comblé de tous les dons du ciel. Gazé, malade, condamné, Antoine a perdu l'assurance de sa jeunesse mais a gagné la foi dans la continuité de l'aventure humaine.

Jacques, le révolté, meurt pour son idéal ; Antoine, le médecin, meurt pour les autres, au terme d'un itinéraire ingrat et difficile. Antoine est le véritable héros des temps modernes.

Et l'avenir ? Il sera ce que saura en faire le jeune Jean-Paul, né des amours de Jacques et de Jenny.

Les apôtres et les techniciens

Jacques séjourne en Suisse, où il rencontre des révolutionnaires, exilés de divers pays.

Il retrouvait dans cette petite assemblée cosmopolite, comme dans tous les groupements analogues, les deux types de révolutionnaires : les *apôtres* et les *techniciens*.

Ses sympathies naturelles le portaient vers les *apôtres* — qu'ils fussent socialistes, communistes ou anarchistes. Il se sentait spontanément à l'aise avec ces mystiques généreux dont la révolte avait la même origine que la sienne : une native sensibilité à l'injustice. Tous rêvaient, comme lui, de construire sur les ruines du monde actuel une société juste. Leur vision de l'avenir pouvait différer dans le détail, mais leur espoir était le même : un ordre nouveau, de paix, de fraternité. Comme Jacques — et c'est en cela qu'il se sentait si proche d'eux —, ils étaient très jaloux de leur noblesse intérieure ; un instinct secret, un sens de la grandeur, les poussaient à s'élever au-dessus d'eux-mêmes, à se surpasser. Au fond, ce qui les attachait à l'idéal révolutionnaire, c'était d'y trouver, comme lui, un motif exaltant de vivre. En cela, ces apôtres demeuraient malgré eux des individualistes : bien qu'ils eussent voué leur existence au triomphe d'une cause collective, ce que, inconsciemment, ils goûtaient surtout dans cette capiteuse atmosphère de combat et d'espérance, c'était de sentir décuplées leur puissance personnelle, leurs possibilités ; c'était de libérer leur tempérament, en se consacrant à une œuvre immense, qui les dépassât.

Mais ses préférences pour les idéalistes n'empêchaient pas Jacques de reconnaître que, abandonnés à leur seule ferveur, ils se fussent sans doute indéfiniment agités en vain. Le vrai ferment, le levain de la pâte révolutionnaire était sécrété par une minorité : les *techniciens*. Ceux-ci élevaient des revendications précises, et préparaient des réalisations concrètes. Leur culture révolutionnaire était étendue et sans cesse nourrie d'éléments neufs.

40 Leur fanatisme se donnait des buts limités, classés par ordre d'importance, et qui n'étaient pas chimériques. Dans l'atmosphère d'idéologie exaltée qu'entretenaient les apôtres, ces techniciens représentaient la foi agissante.

45 Jacques ne se classait précisément dans aucune de ces catégories. Ceux dont il différait le moins, c'était, évidemment, les *apôtres* ; mais la clarté de son esprit, ou, du moins, son goût des distinctions nettes, son penchant pour les objectifs définis, le 50 sens juste qu'il avait des situations, des individus, des rapports, eussent pu faire de lui, avec quelque application, un assez bon *technicien*. Qui sait ? Peut-être même, aidé par les circonstances, eût-il pu devenir un *chef* ? Ce qui distinguait les *chefs*, n'était-ce pas d'allier, aux qualités politiques des 55 techniciens, l'ardeur mystique des apôtres ? Les quelques chefs révolutionnaires qu'il avait approchés possédaient tous ce double privilège : la compétence (plus exactement, une vue des réalités, à la fois si générale et si perspicace qu'ils étaient, en 60 toutes éventualités, capables d'indiquer aussitôt ce qu'il fallait faire pour répondre aux événements et modifier leur cours) ; l'ascendant (une force attractive, qui leur assurait, d'emblée, une prise directe sur les hommes, et, semblait-il, sur les choses elles-65 mêmes, sur les faits). Or, Jacques n'était dépourvu ni de clairvoyance ni d'autorité ; il jouissait même d'un don de sympathie, d'un pouvoir d'entraînement, assez exceptionnels, et, s'il n'avait jamais cherché à développer ces dispositions, c'est que, à 70 de rares exceptions près, il éprouvait une répugnance instinctive à l'idée d'influencer le développement, le mode d'activité, des êtres.

Roger MARTIN DU GARD, « L'Été 14 »,
Les Thibault (1936),
© éd. Gallimard

« *Vivre, c'est agir...* »

A l'opposé de la vie militante de Jacques, son frère Antoine demeure dans la « tour d'ivoire » de sa vie professionnelle de médecin.

Roger Martin du Gard
Les Thibault III
L'été 1914

Illustration d'Henri
Galeron pour *Les Thibault.*

Tandis que Jacques s'attardait dans l'eau, Antoine, revenu dans le bureau, avait tiré de sa poche le billet d'Anne. Il le relut, et le déchira : il ne gardait jamais aucune lettre de femme. Il souriait intérieurement, mais à peine si ses traits reflétaient quelque chose de ce sourire. Il s'allongea de nouveau, alluma une
5 cigarette, et s'immobilisa parmi les coussins.

Il réfléchissait. Non pas à la guerre, ni à Jacques ni même à Anne : à lui-même. « Je suis terriblement esclave de ma profession, voilà la vérité », songeait-il. « Je n'ai plus jamais le temps de réfléchir... Réfléchir, ça n'est pas penser à mes malades, ni même à la médecine ; réfléchir, ce devrait être : méditer sur le
10 monde... Je n'en ai pas le loisir... Je croirais voler du temps à mon travail... Ai-je raison ? Est-ce que mon existence professionnelle est vraiment toute la vie ? Est-ce même toute *ma* vie ?... Pas sûr... Sous le docteur Thibault, je sens bien qu'il y a quelqu'un d'autre : *moi*... Et ce quelqu'un-là, il est étouffé... Depuis longtemps... Depuis que j'ai passé mon premier examen, peut-être... Ce jour-là,
15 crac ! la ratière s'est refermée... L'homme que j'étais, l'homme qui préexistait au médecin — l'homme que je suis encore, après tout — c'est comme un germe enseveli, qui ne se développe plus, depuis longtemps... Oui, depuis le premier examen... Et tous mes confrères sont comme moi... Tous les hommes occupés, peut-être, sont comme moi... Les meilleurs, justement... Car ce sont toujours les
20 meilleurs qui font le sacrifice d'eux-mêmes, qui acceptent l'existence dévorante du travail professionnel... Nous sommes un peu comme des hommes libres qui se seraient vendus... »

Sa main, au fond de la poche, jouait avec le petit agenda qu'il portait toujours sur lui. Machinalement, il le sortit et parcourut d'un regard distrait la page du
25 lendemain 20 juillet, qui était chargée de noms et de signes.

« Pas de blague », se dit-il brusquement, « c'est demain que j'ai promis à Thérivier d'aller revoir sa gosse, à Sceaux... Et j'ai ma consultation à deux heures... »

Il écrasa sa cigarette dans le cendrier, et s'étira.
30 « Voilà le docteur Thibault qui reparaît », fit-il en souriant. « Eh bien ! Vivre, c'est agir, après tout ! Ça n'est pas philosopher... Méditer sur la vie ? A quoi bon ? La vie, on sait bien ce que c'est : un amalgame saugrenu de moments merveilleux et d'emmerdements ! La cause est entendue, une fois pour toutes... Vivre, ça n'est pas remettre toujours tout en question... »

35 Il se souleva d'un énergique coup de reins, sauta sur ses pieds, et fit quelques pas qui le conduisirent à la fenêtre.

« Vivre, c'est agir... », répéta-t-il, en promenant un regard distrait sur la rue déserte, les façades mortes, la pente des toits où le soleil couchait l'ombre des cheminées. Il continuait à tripoter l'agenda au fond de sa poche. « Demain, c'est
40 lundi : nous allons sacrifier le cobaye du petit 13... Mille chances pour que l'inoculation soit positive... Sale affaire. Perdre un rein à quinze ans... Et puis, il y a cette sacrée gosse de Thérivier... Je n'ai pas de veine, cette année, avec ces pleurésies à *streptos*... Encore deux jours, et si ça ne va pas, on fera sauter la côte... Eh quoi ! » fit-il brusquement, en laissant retomber le rideau de vitrage.
45 « Faire son travail proprement, est-ce que ça n'est pas déjà quelque chose ?... Et laisser la vie courir !... »

Il revint au milieu de la pièce et alluma une autre cigarette. Amusé par la consonance, il s'était remis à chantonner, comme un refrain :

« Laisser la vie courir... Et Jacques discourir... Laisser la vie courir... »

Roger MARTIN DU GARD, « L'Été 14 »,
Les Thibault (1936)
© éd. Gallimard

Jules Romains
Les Hommes de bonne volonté (1932-1947)

Jules Romains, de son vrai nom Louis Farigoule (1885-1972), est déjà un auteur consacré lorsqu'il se lance dans la rédaction des *Hommes de bonne volonté*. Poète dans sa jeunesse, où il a conçu la doctrine unanimiste (voir p. 80), auteur dramatique à succès avec *M. Le Trouhadec saisi par la débauche* (1923) et *Knock ou le Triomphe de la médecine* (1923), il a composé un roman très novateur sur le plan de la technique « simultanéiste », *Mort de quelqu'un* (1911), et *Les Copains* (1913), sorte de farce en souvenir d'un groupe de jeunes gens turbulents.

Les vingt-sept volumes des Hommes de bonne volonté *reflètent* **vingt-cinq ans d'histoire mondiale** *(1908-1933).* **Jules Romains** *déborde le cadre familial où se complaisent Martin du Gard ou Duhamel. De vastes collectivités sont convoquées : Paris, les combattants de Verdun, une foule révolutionnaire.* **L'unité de l'œuvre est contenue dans l'idée de bonne volonté, empruntée à l'Évangile** *: la lumière de l'esprit, si parfois elle s'éclipse, continue de briller dans le chaos du monde. A l'homme de cultiver la bonne volonté et d'opposer cette force à l'esprit de destruction et de désespoir. Les personnages centraux de la fresque, Jallez et Jerphanion, sont deux normaliens en qui l'auteur dédouble sa personnalité.*

*** *Les Hommes de bonne volonté*

L'œuvre étonne par la richesse et la diversité de son contenu. Les artisans, les ouvriers y sont représentés au même titre que les intellectuels (professeurs, politiciens, artistes). On visite aussi bien, de chapitre en chapitre, un intérieur du petit peuple parisien qu'un appartement luxueux du Bois.

L'argent joue un rôle décisif dans la stratification sociale. Romains le montre en démontant les mécanismes de son influence dans la presse, dans la spéculation immobilière, dans le commerce.

L'année 1908 est choisie comme année de référence car elle est déjà grosse des puissances appelées à bouleverser le jeu des nations : la guerre et la révolution (le conflit de 1914 et la révolution d'Octobre trouvent leur origine en cette année cruciale, riche en conflits sociaux et en incidents diplomatiques).

L'œuvre est-elle à la hauteur du projet ? *Les Hommes de bonne volonté* comme *Les Thibault* sont trop intellectuellement construits pour emporter l'adhésion. Un certain didactisme pèse sur les évocations, dont certaines ont pourtant une grande force de conviction, notamment certaines pages où l'auteur donne à ressentir l'atmosphère des grandes villes, comme Paris.

Banlieue Nord

***

La Montée des périls est le neuvième volume des *Hommes de bonne volonté*. L'action a trait à la grève générale de 1910. Le livre s'ouvre et se ferme sur une évocation de la banlieue Nord. Entre ces deux évocations un texte qui laisse entendre que le conflit des classes sociales ne vient que de commencer et risque d'emporter dans sa confusion tout le siècle.

Ouverture

A l'intérieur de Paris, jusque dans les quartiers périphériques, de larges îlots de calme subsistent entre les quelques voies directes par où se fait le ruissellement matinal des piétons vers le centre, et qu'empruntent les véhicules de commerce qui se dirigent vers les barrières. Tandis que les travailleurs se hâtent,
5 des gens continuent à dormir par paquets de plusieurs milliers. Le choc des poubelles qu'on ramasse, le tintamarre d'une voiture de laitier donnent seuls à leur sommeil une indication d'heure que l'âme empêtrée de songes recueille distraitement.

Ici, dans la banlieue Nord, tout est déjà cheminement, fourmillement, trépi-
10 dation. De grands vitrages allumés s'élèvent çà et là, et près d'eux le ciel paraît d'une pâleur glacée. Des martèlements et des ronronnements viennent de partout. Le sol entier ressemble à un plancher d'usine, que parcourent chacune pour son compte les vibrations de machines contradictoires. Des sirènes, dont le son reste farouche même pour l'homme en bourgeron qui l'entend chaque
15 matin, annoncent qu'une grille d'entrée va fermer dans cinq minutes. Mais ailleurs le travail a déjà pris son rythme depuis longtemps ; et il est difficile de ne pas croire qu'il a duré toute la nuit.

Dessin de Steinlen.

Il y a des ruelles étroites comme des fissures, entre des murs de briques creuses, soutenues par un léger bâti de poutrelles grumeleuses de rouille. Le
20 fond de la ruelle est occupé par une boue qui ne sèchera plus jusqu'aux gelées, ou jusqu'au printemps. L'ombre nocturne forme avec la terre humide un mélange spécial, et met des heures à s'en dégager. Les souliers à clous font ventouses dans cette glu. Les bicyclettes qui dérapent y tracent des ornières sinueuses dont le faisceau, apparemment capricieux, offre une suite de nœuds et de ventres.
25 Mais il s'ouvre aussi de larges voies blêmes. Entre les deux trottoirs de terre battue, plantés d'arbres malades et de poteaux de fer, la chaussée peut contenir de front un tramway et deux camions dans chaque sens. Par moments, il ne passe rien, qu'un homme à bicyclette, ou à pied. C'est alors que la rumeur des usines, produisant son afflux de tous côtés, s'entend comme quelque chose de
30 vaste et de naturel.

Clôture

La banlieue Nord était toute proche. Elle commençait presque à leurs pieds. On la reconnaissait facilement. Elle était séparée du bas Montmartre par la coupure des fortifications et de la zone. Elle présentait des structures brutales, indiscrètes, les unes très longues, les autres tout en hauteur. Des quadrilatères
5 pelés séparaient des bâtiments bas, qui se suivaient par files claudicantes. Des cheminées d'usines montaient par dizaines, inégales, mais groupées, se consolidant par leur voisinage, comme les lances d'une armée d'autrefois, comme les mâts des navires dans un port, comme des batteries de canons verticaux. Certaines faisaient leurs fumées. On apercevait dans toute l'étendue de la plaine
10 deux ou trois suites de flocons blancs qui progressaient par pulsations dans des directions différentes, et qui étaient des trains. Il passait aussi des sifflements de locomotives, mais détachés de leur origine, et devenus comme les cris mêmes de l'immensité.

Il n'y avait dans tout cela rien qui fût spécialement menaçant. Il y avait
15 seulement quelque chose qui était autre, et inachevé. Une incertitude dans le site et le contour. Une occupation du sol hâtive, et peut-être impatiente. Tout à coup l'on pensait à un campement. Les fumées étaient celles de feux de bivouacs.

Jerphanion se mit à rêver confusément à quelque énorme Conjoncture de jadis. Rome, pleine de siècles, de richesses, de civilisation trop mûrie. Et au-delà
20 de la colline du Nord, un camp de barbares. Ils bivouaquent depuis longtemps déjà. Depuis bien des années. Ils s'agitent. Ils font des déprédations. Mais ils ne sont pas encore entrés dans la Ville. Qu'est-ce qu'ils attendent ? Qu'est-ce qui les en empêche ? N'ont-ils pas vraiment envie d'y entrer, eux qui pourtant viennent de si loin ? Ou sont-ils intimidés ? C'est bien possible. Ils ne voudraient
25 pas avouer le respect qu'ils ont pour cette Rome illustre et toutes ses complications précieuses dont ils ne sauraient pas se servir. Ils attendent de s'être habitués. A quoi ? Non sans doute aux complications, car ils n'en font guère l'apprentissage, mais à la proximité, et à l'attente elle-même.

— A quoi penses-tu ? » demanda Jallez.
30 Au moment de confier sa rêverie, Jerphanion la trouva naïve, lourdaude, sotte ; une de ces analogies grosses et déclamatoires dont les esprits sans acuité font leurs délices. Qu'on s'en amuse soi-même un instant, et en silence, soit.

Il se contenta de répondre :

— Je pensais que, de tout ce que nous avons sous les yeux, autour de nous,
35 c'est peut-être cette banlieue Nord qui m'émeut le plus ; rien qu'à la voir ; sans même réfléchir à ce qui s'y passe.

— Tu t'expliques pourquoi ?

— Non... Elle est plus dramatique que le reste... Je ne sais pas... Elle nous parle de notre temps à nous, de notre avenir à nous, qui est difficile... Elle n'est
40 pas déprimante, malgré tout.

Jules ROMAINS, *Les Hommes de bonne volonté*, IX,
« La Montée des périls » (1935), © éd. Flammarion

Georges Duhamel
Chronique des Pasquier (1933-1945)

Georges Duhamel, par Serge Czerefkow, 1927.

Médecin et écrivain, **Georges Duhamel** (1884-1966) mène longtemps simultanément ses deux carrières. Dès sa jeunesse, ces deux vocations s'épousent : au moment même où il participe à la création de l'Abbaye aux côtés de Jules Romains et de Charles Vildrac, il suit ses cours à la Faculté de Médecine.

Son premier recueil, *Des Légendes, des batailles*, remonte à 1907. La poésie est sa première passion littéraire : il la pratique activement en même temps qu'il découvre le théâtre avec une pièce représentée à l'Odéon en 1911.

La guerre, dont il fait l'expérience en qualité de chirurgien militaire, lui dicte deux œuvres, notamment *Civilisation*, prix Goncourt 1918. Le roman commence à le passionner : le personnage étrange de Salavin, autour duquel il élaborera tout un cycle romanesque (*Vie et aventures de Salavin*, 1920-1932), apparaît pour la première fois dans *La Confession de minuit* (1920). Puis c'est la *Chronique des Pasquier* (1933-1945), le roman-fleuve de sa maturité.

L'œuvre de Duhamel, abondante et multiple, possède une nette dimension humaniste. Y voisinent romans, recueils de poésie, récits de voyage (*Scènes de la vie future*, 1930), essais philosophiques (*La Pesée des âmes*, 1949).

*** Chronique des Pasquier

Ce grand cycle romanesque raconte l'histoire d'une famille entre 1880 et 1930. Cette chronique familiale débouche sur une chronique sociale. Raymond Pasquier, fils de jardinier parvenu à devenir médecin, grâce à ses efforts secondés par une épouse passionnée et obstinée, a cinq enfants vivants : Laurent, doué et tranquille, deviendra un grand biologiste ; Cécile, souverainement brillante, sera, toute jeune, une grande artiste ; Suzanne, fort belle, se consacrera au théâtre ; Joseph, avide de réussite, réussira dans les affaires. Un échec : Ferdinand, qui s'enfonce dans la médiocrité. A travers ces cinq personnages, Duhamel peut peindre une très grande variété de milieux. Technique éprouvée que n'avaient pas méprisée ses prédécesseurs naturalistes.

Les procédés narratifs de **Georges Duhamel** *changent d'un volume à l'autre. Souvenirs de personnages, notes prises par un autre en vue d'écrire un livre, recueil de lettres, récit traditionnel entrecoupé de dialogues... Cet effort de diversité n'aboutit pas pleinement. Le cycle romanesque* **manque de relief et de souffle**. *Les* Thibault *souffrent d'un excès d'intellectualisme ;* Les Hommes de bonne volonté, *d'un excès d'analyse ; les* Pasquier, *d'un excès de bon sens.*

« *Le Désert* »

*** Le Désert de Bièvres

Ce volume de la *Chronique des Pasquier* relate une expérience effectivement vécue par un groupe de jeunes gens autour de Georges Duhamel, Charles Vildrac et Jules Romains. Ils ont décidé de créer une communauté, l'Abbaye, et de partager les fruits de leur travail en commun.

Il y eut un assez long silence pendant lequel on entendit Larseneur et Brénugat suçoter leurs pipes éteintes. La chambre de Testevel, où se tenait notre assemblée, se trouvait sous les combles d'une vieille et haute maison de la rue Gay-Lussac. C'était une pièce fort basse de plafond, en partie lambrissée. Par la
5 fenêtre sans rideaux, on apercevait les toits, les clochers et les dômes, ce soir-là couverts de neige, de la colline Sainte-Geneviève. La lueur de la ville montait et s'allait perdre dans un ciel chargé de frimas. Mais la petite chambre était chaude. Un feu de houille rougeoyait dans le creux de la cheminée. Testevel, de temps en temps, saisissait un morceau de charbon, au moyen d'un bout de papier, pour
10 ne pas se salir les doigts, et le lançait dans le foyer. Assis, qui sur le lit, qui sur les tabourets de bois ou sur des sièges de hasard, nous étions là tous les sept, fumant, buvant des verres de thé, devisant avec passion. Justin me regardait d'instant en instant avec inquiétude parce que je ne disais rien. Il était bientôt repris par la fièvre querelleuse, la controverse, les projets.
15 — En somme, disait Testevel, ce que nous ne pouvons pas leur expliquer tout uniment, à ces illustres paltoquets, à ces boyards, à ces nababs, à ces virtuoses de la prostitution, à ces dinosaures de la finance, à tous ces hommes éminents qui se foutent pas mal de nous, comme de tout et comme du reste, ce que nous

ne pouvons absolument pas leur expliquer, parce que c'est trop simple, c'est que
20 nous voudrions vivre.

— Oui, et que nous avons assez des sales petites besognes dans lesquelles
nous gaspillons le meilleur de notre jeunesse.

— Et que nous avons soif d'air pur, de travail harmonieux...

— De liberté, de liberté !

25 — Tout cela, disait Jusserand, tout cela, c'est très raisonnable.

— C'est mieux que raisonnable : c'est juste et c'est humain.

A ce moment de nos entretiens se produisait presque toujours un phénomène
dont nous n'avions pas une conscience immédiate, mais qu'un observateur
vigilant eût sans doute appelé : le phénomène de l'envol. L'un d'entre nous
30 regardait par exemple avec une soudaine fixité quelque fleur du papier mural,
une des taches du plafond, ou même la fumée des pipes et disait d'un air
pénétré :

— Puisqu'il suffirait de quatre heures, le travail de l'imprimerie pourrait se
faire le matin. Comme cela, dès midi, nous serions délivrés.

35 — Attends ! Ne dis pas : délivrés. Il ne faut pas laisser croire, il ne faut même
pas penser qu'un travail librement choisi serait pour nous une servitude.

— D'accord, mais pense à Brénugat. Pour un peintre, l'essentiel est de
prendre la lumière quand elle vient, quand elle est bonne. Il n'y a pas d'heures
régulières.

40 — ... Pendant la belle saison, les exercices physiques auraient lieu sur une
des pelouses.

— Et même pendant l'hiver. L'air vif est un stimulant délicieux.

— Un exercice excellent et profitable serait de cultiver la terre. Nous pouvons
très facilement produire des légumes et des fleurs.

45 — Et même, s'il y avait trop de fleurs, comme nous serions près de Paris, nous
devrions tâcher d'en vendre.

Depuis un instant déjà, l'on ne savait plus très bien qui parlait et qui se taisait.
Les voix se mariaient comme dans une fête chorale. On s'étonnait parfois,
s'entendant parler soi-même, d'avoir envie de se répondre.

50 — Il faut chaque jour une séance de musique au moins. C'est un des rites du
culte. Toute la tribu est rassemblée, comme dans un temple.

— Ce serait assez joli si l'on s'appelait la Tribu.

— « Imprimerie de la Tribu. » Qu'est-ce que vous dites de ça ?

— Moi, j'aimerais mieux La Ruche.

55 — Mon vieux, tu n'y penses pas : on aurait l'air d'une épicerie coopérative.

— Moi, j'aimerais Le Monastère, ou La Trappe, ou La Chartreuse, quelque
chose qui fasse penser aux ordres contemplatifs.

— Contemplatifs ! Tu es bon. Et le boulot, mon ami ? Nous sommes, avant
tout, un organisme de travail.

60 — Pas seulement de travail. De rêve aussi, de libre rêve.

— Ce qu'il faut surtout marquer, c'est l'idée d'une retraite, d'une séparation,
d'un retranchement du monde.

— Voulez-vous La Thébaïde ?

— *La Thébaïde ou les frères ennemis*[1]. C'est impossible.

65 — Attendez. Que diriez-vous d'un mot comme « Solitaires » ?

— En souvenir de Port-Royal ?

— Eh bien, oui, mon vieux. Pourquoi pas ?

— Ah ! ce serait assez beau. Ce serait même assez grave. « Imprimerie des
Solitaires. »

70 — Moi, dit lentement Justin, j'accepte le mot de « solitaires ». Il me convient
tout à fait. Mais alors, pour le lieu, il serait indiqué de le baptiser : Le Désert.

— « Imprimerie du Désert. »

— Penses-tu que l'on comprendra bien ?

— Oh ! cela, répliqua Justin, cela m'est tout à fait égal. Pour les gens, ce n'est
75 qu'un mot. Pour nous, c'est tout un programme. C'est presque une doctrine,
presque une philosophie.

Georges DUHAMEL, « Le Désert de Bièvres », dans
la *Chronique des Pasquier* (1937), © éd. Mercure de France

---

1. *Première tragédie
de Jean Racine
(1664).*

AU-DELÀ DU TEXTE

Le rêve utopique

Tout le XIXe siècle a rêvé de
« phalanstères », de communautés de travail réunissant des individus attachés les uns aux autres
par des affections électives. FOU-
RIER, SAINT-SIMON, PROUDHON ne
cessent de promouvoir la création
de ces cellules. Des industriels s'y
sont essayés, comme GODIN. On
retrouve dans RABELAIS (*L'Abbaye
de Thélème*) ce thème. Vous en
établirez un état en vous référant
aux sources mythiques et littéraires de l'Utopie (PLATON, MORE).
Vous montrerez également la filiation de la cité idéale avec la règle
des ordres religieux.

Louis Aragon *Le Monde réel* (1933-1951)

*En entreprenant la rédaction d'un roman « réaliste », Les Cloches de Bâle, en 1933, **Louis Aragon** (1897-1982), qui vient de rompre avec ses amis surréalistes (voir p. 240), effectue une **révolution intérieure qui touche aussi bien ses conceptions esthétiques que politiques**. Lui, le poète qui a, il est vrai, brillé dans le genre du récit surréaliste, avec Anicet ou le Panorama (1921) et Le Paysan de Paris (1926), **se plie à la discipline du roman de mœurs** ; lui, l'anarchiste, adopte la philosophie marxiste et ses contraintes. Cette transformation radicale est en grande partie due à l'influence exercée sur lui par Elsa Triolet, sa compagne, rencontrée en 1928, et par sa découverte de l'Union soviétique. Il a déjà célébré la construction du socialisme dans des poèmes et participé à des revues proches du Parti communiste, notamment Commune qu'il dirige, quand il édifie le vaste ensemble du Monde réel avec, après Les Cloches de Bâle (1934), Les Beaux Quartiers (1936), Les Voyageurs de l'impériale (1942), Aurélien (1944). Le cycle des Communistes (1949-1951 ; réécrit en 1967) couronne Le Monde réel.*

A la fin de sa vie, Aragon publiera des romans d'une facture très nouvelle, utilisant la fiction pour élucider la complexité de l'humain : La Semaine sainte (1958), La Mise à mort (1965), Blanche ou l'oubli (1967), Théâtre-roman (1974).

Les Beaux Quartiers (1936)

*Si l'on y inclut Les Communistes, la fresque du Monde réel est une **vaste somme de plus de quatre mille pages**, rédigée entre 1933 et 1951. Les événements qu'elle relate s'inscrivent dans la période 1889-1939.*

*Cet ensemble romanesque correspond à la période où **Aragon** fait figure de parfait militant communiste. Aussi s'inspire-t-il de la doctrine jdanovienne du « réalisme socialiste », que l'auteur remettra en question par la suite (voir p. 246).*

***Quelle est l'unité de ce cycle** ? Les thèmes majeurs en sont la méditation (dramatique) sur l'amour, la réflexion (critique) sur l'argent, la foi en un bonheur qui prend sa source dans l'harmonie de la collectivité. Se dégage de cet océan une idée forte — reprise et approfondie en poésie : chanter la Femme, le changement du monde par l'avènement du règne de la Femme.*

Éloge de la nuit

Gala chez Maxim's.
Photo de Brassaï.

Car la nuit reprend ses droits sur les hommes, elle restitue à la folie, au rire, à l'ivresse, au plaisir, les mannequins corrects de l'ouest. Elle les relance dans la lumière et le tumulte d'un monde artificiel où se perd le mirage de la bonté. Cela commence dans les arbres des Champs-Élysées, cela tourne par les
5 boulevards, jusqu'à la République, dans ce domaine des théâtres et des cafés, des boîtes de nuit et des bordels qui grimpe les pentes de Montmartre avec des bouffées de musique et des tamponnements de taxis. Ah ! les amateurs de la violence et de la vie peuvent encore épuiser le trop-plein de leurs forces : il reste pour eux un brillant terrain d'expériences où l'orchestre du danger joue au milieu
10 des tables. Ici l'on rêve éveillé. La beauté des femmes et les abîmes de l'argent, l'éclat de l'alcool et la complicité des jeux d'enfance, la brutalité de la joie et la prostitution du cœur : le revolver n'est jamais très loin, quand le maître d'hôtel s'incline sur les seaux à champagne. Il y a toujours quelque chose de bleu comme la nuit dans les sourires, quelque chose d'agressif dans l'étincellement
15 des bijoux, quelque chose d'incompréhensible aux revers de soie des habits noirs. Miroirs, romances, encore une bouteille, voulez-vous ? De grosses dames impudiques se plient dans la pâleur des tangos, tournent dans la valse qui emporte des Sud-Américains couleur de cigare. Un carnaval de hideurs, de défaites physiques, tragédies du temps, entoure les êtres féeriques de cet
20 Eldorado moderne. Il rôde un air de la décomposition. Mais que de belles filles, que de seins splendides, de bras à vous damner, au-dessus de la vaisselle et des pailles, dans l'obséquiosité des garçons. Il y a dans chaque homme une incer-

titude de l'heure suivante, de la folie suivante. Va-t-il rentrer chez lui sagement,
vers le matin ? Une liqueur peut toujours le faire verser d'un monde dans l'autre,
25 il sera la proie des propositions flatteuses, il chavirera dans la nuit, il se retrouvera
dans un lieu de glaces et de rires. Il paiera son plaisir avec le même billet bleu
qui sert à la philanthropie. Au-dehors, les ombres louches font un trafic incertain
dans les mailles de la lumière électrique, il y a des êtres qui attendent, des
marchandages, des menaces, des supplications. Tout cela se défait à travers
30 l'immense ville vide, où rien ne bat plus après les heures de bureau, sauf le
lointain cœur des Halles ; et les rues vides, où file une auto comme chante un
pochard, semblent attendre avec leurs réverbères sans fin un monarque en
voyage qui a changé d'idée au dernier moment. Rêves, rêves de la pierre : les
statues aux yeux blancs rêvent sur les places.
35   Paris... Mais au nord, à l'est et au sud, Paris commence et dort, pesamment,
écrasé, sans rêves, à perte de vue, Paris, chair vannée, maisons, hommes sans
toits, bicoques, fortifications, zone, Paris, Paris qui se poursuit au-delà de
lui-même dans la suie et le bric-à-brac, dans le désordre pauvre des faubourgs,
des chantiers, des usines, Paris qui s'effile dans sa banlieue interminable, où les
40 édifices espacés surgissent des débris d'un monde de palissades et de démoli-
tions, Paris qui fait autour de lui-même de grands moulinets blancs de routes,
qui s'étire à travers des cités de sueur, vers une campagne pelée, comme un
souvenir de bonheur.

Louis ARAGON, *Les Beaux Quartiers* (1936)
© éd. Gallimard

POUR LE COMMENTAIRE

1. La nuit : ses mouvements, ses couleurs, ses musiques.

2. Le rythme du texte et sa construction : quel élan les
emporte ?

3. Que reste-t-il du surréalisme dans **le réalisme** d'Aragon ?

4. Comparez l'écriture d'Aragon à celle de Jules Romains évoquant la banlieue Nord (voir p. 259).

Photo de
Brassaï, 1940.

Aurélien (1944)

Un vers de Racine

Photo de Man Ray.

La première fois qu'Aurélien vit Bérénice, il la trouva franchement laide. Elle lui déplut, enfin. Il n'aima pas comment elle était habillée. Une étoffe qu'il n'aurait pas choisie. Il avait des idées sur les étoffes. Une étoffe qu'il avait vue sur plusieurs femmes. Cela lui fit mal augurer de celle-ci qui portait un nom de
5 princesse d'Orient sans avoir l'air de se considérer dans l'obligation d'avoir du goût. Ses cheveux étaient ternes ce jour-là, mal tenus. Les cheveux coupés, ça demande des soins constants. Aurélien n'aurait pas su dire si elle était blonde ou brune. Il l'avait mal regardée. Il lui en demeurait une impression vague, générale, d'ennui et d'irritation. Il se demanda même pourquoi. C'était dispropor-
10 tionné. Plutôt petite, pâle, je crois... Qu'elle se fût appelée Jeanne ou Marie, il n'y aurait pas repensé, après coup. Mais Bérénice. Drôle de superstition. Voilà bien ce qui l'irritait.

Il y avait un vers de Racine que ça lui remettait dans la tête, un vers qui l'avait hanté pendant la guerre, dans les tranchées, et plus tard, démobilisé. Un vers
15 qu'il ne trouvait même pas un beau vers, ou enfin dont la beauté lui semblait douteuse, inexplicable, mais qui l'avait obsédé, qui l'obsédait encore :

Je demeurai longtemps errant dans Césarée...

En général, les vers, lui... Mais celui-ci revenait et revenait. Pourquoi ? c'est ce qu'il ne s'expliquait pas. Tout à fait indépendamment de l'histoire de Béré-
20 nice... l'autre, la vraie... D'ailleurs il ne se rappelait que dans ses grandes lignes cette romance, cette scie. Brune alors, la Bérénice de la tragédie. Césarée, c'est du côté d'Antioche, de Beyrouth. Territoire sous mandat. Assez moricaude même, des bracelets en veux-tu en voilà, et des tas de chichis, de voiles. Césarée... un beau nom pour une ville. Ou pour une femme. Un beau nom en
25 tout cas. Césarée... *Je demeurai longtemps...* ah çà, je deviens gâteux. Impossible de se souvenir : comment s'appelait-il, le type qui disait ça, une espèce de grand bougre ravagé, mélancolique, flemmard, avec des yeux de charbon, la malaria... qui avait attendu pour se déclarer que Bérénice fût sur le point de se mettre en ménage, à Rome, avec un bellâtre potelé, qui avait l'air d'un marchand
30 de tissus qui fait l'article, à la manière dont il portait la toge. Tite. Sans rire. Tite.

Je demeurai longtemps errant dans Césarée...

Ça devait être une ville aux voies larges, très vide et silencieuse. Une ville frappée d'un malheur. Quelque chose comme une défaite. Désertée. Une ville pour les hommes de trente ans qui n'ont plus de cœur à rien. Une ville de pierre
35 à parcourir la nuit sans croire à l'aube. Aurélien voyait des chiens s'enfuir derrière des colonnes, surpris à dépecer une charogne. Des épées abandonnées, des armures. Les restes d'un combat sans honneur.

Louis ARAGON, *Aurélien* (1944), © éd. Gallimard

ÉTUDE SUIVIE

1. Lignes 1 à 12

a. Pourquoi Bérénice déplaît-elle à Aurélien ? Ses raisons sont-elles aussi justifiées qu'il le prétend ?
b. Qu'y a-t-il de disproportionné entre son déplaisir et la réalité ?
c. Qu'évoque pour lui, pour nous, ce prénom de Bérénice ?
d. Comment caractériser cet incipit romanesque ? Qu'a-t-il de particulier ?

2. Lignes 13 à 25

a. D'un nom à un autre : comment s'effectue le transfert ? En quoi est-il « poétique » ?
b. Comment la pièce de Racine influence-t-elle l'auteur dans la vision qu'il a de la femme ?

c. Le rappel de la tragédie explique-t-il en partie les premières réactions d'Aurélien ?

3. Lignes 25 à 32

a. Pourquoi l'évocation de Tite est-elle désagréable pour Aurélien ?
b. Les phrases d'Aragon (depuis la ligne 18) : leur structure, leurs effets de style.

4. Lignes 33 à 37

a. Montrez comment l'évocation de la ville renvoie à celle de Bérénice, éclaire le sens donné à sa rencontre avec Aurélien.
b. Étudiez les images et le mythe de ces phrases. Prose ou poésie ?

Le roman-fleuve

On appelle roman-fleuve un roman dans lequel le cours du récit se déroule, comme l'eau du fleuve, selon un débit variable, tantôt rapide, tantôt plus lent. La paternité en reviendrait à **ROMAIN ROLLAND** à propos de son *Jean-Christophe*. La construction d'un roman-fleuve suppose une unité d'atmosphère, une grande maîtrise du temps comme structure organisatrice, un sens aigu de la composition, une finesse psychologique à toute épreuve.

1. *Jean-Christophe*, de Romain Rolland

Romain Rolland songe dès 1888 à la rédaction d'un **vaste roman polyphonique** où le souci du réel se concilierait avec la fiction, où l'intention philosophique ne contrarierait pas l'ambition poétique. Par ailleurs, cette œuvre touche par bien des points l'autobiographie : on y retrouve les idées, les souvenirs, les drames sentimentaux de l'auteur. L'expérience de l'auteur nourrit sans cesse le livre. Le héros du roman, à l'instar de son créateur, est beethovenien. « Pour tout dire, écrit Romain Rolland, mon héros est Beethoven dans le monde d'aujourd'hui. » Au niveau des idées **il s'agit de révéler et de réveiller l'âme européenne**.

Jean-Christophe (1904-1912) compte dix volumes évoquant successivement la jeunesse, la maturité et la « sérénité » du héros (voir p. 64-66). Chronique qui s'apparente au *life novel* des Anglais ou au *Bildungsroman* des Allemands. Les moments critiques de la vie sont privilégiés, les enchaînements logiques fortement marqués. Pour l'auteur, grand mélomane, il s'agit de **rompre avec la tradition du roman français** qui privilégie la succession logique des faits, et de promouvoir un « roman musical » dont « la matière doit être le sentiment, et, de préférence, le sentiment dans ses formes les plus générales, les plus humaines, avec toute l'intensité dont il est capable. »

Jules Romains préparant
le plan des *Hommes de bonne volonté*, vers 1930.

On peut légitimement douter, à la lecture de *Jean-Christophe*, de la parfaite réussite du projet. **MARCEL PROUST** réussira là où son prédécesseur s'est aventuré sans posséder l'art et la technique aptes à remplir un si ambitieux programme. Romain Rolland, trop pénétré de sa volonté d'écrire une somme, y va de son jugement sur tout, rend compte à tout propos de la crise de la civilisation occidentale, ne sait pas donner de consistance humaine à ses personnages, assène à son lecteur des exposés didactiques...

Malgré ces faiblesses, *Jean-Christophe* introduit néanmoins en France l'**idée qu'un roman ne se réduit pas au récit circonstancié d'une aventure passionnelle**, que l'exemple de Tolstoï et de Dostoïevsky, de Meredith ou de George Eliot mérite d'être médité, qu'à l'exposé d'un conflit peut se substituer, sous le même nom de roman, un vaste ensemble de sentiments et de faits. André Gide et Jean Giraudoux participent de la même analyse, mais c'est avec les « fresques sociales » des années 30 que se met en place l'orchestration de cette monumentale partition.

2. La génération de 1930

JACQUES DE LACRETELLE publie *Les Hauts-Ponts* (1932-1935), qui racontent l'histoire d'une famille pendant plusieurs générations. **ROGER MARTIN DU GARD** clôt, en 1936, *Les Thibault* avec *L'Été 14*. **GEORGES DUHAMEL** se lance dans la longue *Chronique des Pasquier* (1933-1945). **JULES ROMAINS** consacre quinze années aux *Hommes de bonne volonté* (1932-1947). Tout cet ensemble, auquel on peut ajouter le cycle du *Monde réel* d'**ARAGON**, constitue un massif impressionnant, même si ces œuvres restent incomparables sur le plan technique et esthétique. Les *Pasquier* gardent une structure linéaire, retraçant successivement l'histoire des différents membres d'une famille. Roger Martin du Gard est beaucoup plus habile à traduire le foisonnement d'une durée collective qui dépasse le temps strictement individuel. Pour Jules Romains, fidèle au projet unanimiste de sa jeunesse, il s'agit de chercher à rendre à travers toutes sortes d'histoires individuelles la vie de toute une société. L'enseignement de Balzac et de Zola n'est pas entièrement oublié puisqu'**il est de nouveau question**, avec des modalités certes nouvelles, **de dire le monde en prenant appui sur ses acteurs**.

Multiplicité touffue des personnages, foisonnement des événements, abondance des conflits, croisement des intrigues, tout ce beau désordre, celui de la vie, exige de l'artiste **une grande maîtrise des procédés narratifs**. La génération de 1930, qui a appris à intégrer nombre de techniques communément utilisées par les Anglo-Saxons et les Russes (monologue intérieur, modalité du point de vue), doit réviser également sa conception de la psychologie romanesque, admettre par exemple qu'un caractère ne forme pas un tout cohérent et parfaitement explicable, que subsistent des zones d'ombre (Duhamel y est particulièrement sensible), que l'analyse ne résout pas le jeu des conflits, que l'illogisme des conduites et des sentiments vaut les plus savants calculs du cœur et de l'intelligence... En 1905, Gide préconisait l'apparition de nouveaux personnages dans le roman français. Le mouvement, qui trouvera son plein développement après 1945, s'amorce à la suite du travail des grands architectes de l'entre-deux-guerres. Le roman cesse d'être un récit de vie, un compte rendu social, se veut expérience spirituelle d'hommes et de civilisations en mouvement.

3. Les romans de la rue

Depuis qu'Émile Zola s'est efforcé de peindre le monde ouvrier, le roman ne peut plus être accusé de ne refléter que l'existence des classes les plus favorisées de la société. Toutefois les « sommes romanesques » des années 30 **se sont davantage attachées à l'évocation du milieu bourgeois —** autour de ses figures archétypales — **qu'à la description du prolétariat.** Aragon, lui-même, devra effectuer un long parcours pour se rendre des « beaux quartiers » dans les « quartiers rouges » de la capitale *(Les Communistes).*

Pour rendre la vérité du peuple, il faut encore l'avoir fréquenté. C'est ce que pensait Charles-Louis Philippe, fils de sabotier, au début de ce siècle. C'est aussi ce que pensent les romanciers « populistes », **qui veulent en terminer avec la comédie littéraire parisienne** de même qu'avec l'introspection ou l'analyse des âmes...

Léon Lemonnier, en 1930, lance le mot « populisme », emprunté à un mouvement d'intellectuels russes qui, vers 1870, « allait au peuple ». Mal contrôlé, ce mot aura rapidement tendance à désigner n'importe quoi. En fait le populisme, stricto sensu, se réfère au Maupassant des nouvelles, au Gorki antérieur à 1917, au France de *Crainquebille* et, surtout, à André Thérive *(Le Charbon ardent,* 1929).

Le populisme **se méfie de l'intrigue romanesque**, à laquelle il préfère la **« tranche de vie »** (Pierre Hamp, **Eugène Dabit, Louis Guilloux**). Il montre plutôt qu'il n'explique. Il est très proche du cinéma à la façon de René Clair ou de Marcel Carné, dans son besoin de coller à la réalité quotidienne et de faire surgir une insolite poésie. En ce sens, **Francis Carco** est aussi le prédécesseur des « populistes », avec ce titre symbolique : *La Rue.*

Francis Carco *La Rue* (1930)

Francis Carco (1886-1958) vient de sa Nouvelle-Calédonie natale, découvrir le milieu de la bohème parisienne et participer à de nombreuses revues où il exerce son talent de critique, de conteur et de poète. Membre actif du groupe fantaisiste, il est lié à Tristan Derème et à Jean Pellerin. Après *La Bohème de mon cœur*, recueil de poèmes publié en 1912, l'auteur se destine au roman avec une facilité déconcertante : *Jésus-la-Caille*, 1914 ; *L'Équipe*, 1919 ; *L'Homme traqué*, 1922 ; *La Rue*, 1930 ; *Brumes*, 1935. Récits rapides consacrés aux milieux marginaux, apaches, prostituées, zonards de tout acabit. Carco est le peintre de la rue parisienne et des quartiers mal famés.

L'écrivain n'appartient pas véritablement au mouvement populiste. Toutefois, le premier, il sait trouver la touche exacte pour dire les petites gens.

« Un maître livre »

Rue des Poissonniers, vis-à-vis les ateliers du chemin de fer du Nord, je m'arrêtai pour considérer la façade d'une maison puis, m'informant de l'étage où logeait mon confrère Évariste Cabrol, me dirigeai vers l'escalier. C'était l'hiver : un dimanche soir. Je ne connaissais pas Cabrol. Il m'avait soumis un
5 manuscrit absurde que je lui rapportais et, gravissant les marches, je me demandais quel homme il pouvait être quand je remarquai sur les murs cinq ou six inscriptions grossières auxquelles son nom se trouvait mêlé.

— Cela, pensai-je, débute bien.

Arrivé à la porte indiquée, je sonnai. Une jeune femme blonde, modeste, aux
10 yeux noirs, vint ouvrir. Elle m'introduisit dans une pièce qui devait servir de chambre et de salle à manger puis m'apprit, à voix basse, que Cabrol m'attendait.

— Il ne faut pas le contrarier, n'est-ce pas ? me recommanda-t-elle sur le même ton. Ce serait mal.

Je répondis :
15 — Soyez sans crainte.

— Ah ! merci, fit-elle aussitôt. J'ai toujours peur. Sa tête travaille : il se croit du génie.

— Mon Dieu !

— Non, trancha-t-elle, avec moi, vous pouvez parler franchement. Je suis sa
20 fille et sais qu'il n'arrivera jamais à rien. A son âge, il est trop tard. [...]

La pièce où se tenait Évariste Cabrol prenait jour sur la rue par deux fenêtres
mais n'était guère plus reluisante que celle où l'on m'avait reçu. Cette pièce
servait de chambre, comme l'autre, et au surplus de cabinet de travail. Ainsi je
me trouvais dans le cadre où mon confrère composait ses récits et j'en ressentis
25 une impression si vive qu'à l'idée du vieillard courbé devant sa table, la stupeur
me saisit.

Tout ce qu'au monde je chérissais, pour l'avoir dépeint dans mes livres, se
trouvait comme à plaisir réuni autour d'Évariste Cabrol. C'étaient ces murs
tapissés d'un papier triste, à fleurs, et décorés d'un humble calendrier des postes,
30 ce lit démodé d'acajou, ce « diable » qu'on n'avait pas encore allumé de la saison,
cette glace de bazar surmontant une cheminée de marbre noir, à la prussienne,
ce parquet nu et non ciré, enfin cette apparence revêche que présentait le
moindre objet.

Un paysage fumeux s'inscrivait dans les fenêtres. Après les toits en lame de
35 scie des ateliers, à travers un espace béant, des lumières clignotaient. J'apercevais de massives silhouettes d'immeubles que je n'eusse pu situer nulle part,
le ciel livide et, çà et là, des postes d'aiguillage pris au milieu d'un surprenant
lacis de fils téléphoniques.

— Asseyez-vous, invita Louise. Père est content.
40 Cabrol la rabroua.

— Laisse monsieur regarder, fit-il avec humeur.
Je m'excusai.

— Beau spectacle, hein ? dit Cabrol. Tout le rêve par ces deux lucarnes...
Toute ma vie... Les trains passent...
45 Après un temps :

— Et nul ne se doute que j'habite cette baraque, que j'y peine, sans succès.
Hé ! oui. Un vrai symbole. Chacun court. On est pressé. Seul, Évariste Cabrol,
à travers ses vitres, considère l'agitation du siècle sans espoir que personne...

— Mais, papa, interrompit Louise, pense à ce que tu racontes. Monsieur s'est
50 dérangé.

— Tu as raison, daigna-t-il reconnaître. Je débite des folies. Pardonnez-moi,
mon cher confrère. Et remettez-vous.

Cette fois, je pris la chaise qu'il me proposait, plaçai le manuscrit sur la table
et regardait Cabrol.
55 C'était un homme d'une soixantaine d'années, grand, large, bouffi, les yeux
saillants et globuleux, la moustache d'un blond roux, le front vaste. Il n'avait pas
mauvaise tournure dans sa vareuse dont le col laissait flotter les pans d'une
cravate lavallière mais on sentait l'effort sous l'attitude, le souci de paraître.

Nos regards se croisant, il tint le sien une brève minute sur moi, puis,
60 brusquement :

— Je vous écoute. La vérité. Elle seule.

— C'est m'accorder trop d'importance, déclarai-je sans cesser d'examiner
mon interlocuteur. Cependant puisque vous désirez connaître le fond de ma
pensée...
65 — Eh bien ?

— Mon cher Cabrol, fis-je, le voyant tout à coup se troubler avant que j'eusse
pu répondre, si vous le permettez, nous discuterons une autre fois les mérites de
votre œuvre. Je ne suis venu, aujourd'hui, que vous exprimer mes sentiments
de sympathie.
70 Il eut un dur sourire et répliqua :

— Non. Pas d'échappatoire !
Louise me tira d'embarras.

— Monsieur, déclara-t-elle, n'aurait qu'à répéter ce qu'il m'a dit tout à l'heure :
que ton livre lui a beaucoup plu, qu'il l'a lu d'une traite. Est-ce cela ? Que c'est
75 un livre très bien.

— Oui, poursuivis-je touché par ce mensonge. Un maître livre.

Francis CARCO, *La Rue* (1930)
© éd. Albin Michel

Francis Carco, par Dunoyer
de Segonzac.
Paris, B.N.

POUR LE COMMENTAIRE

1. Précisez **les lieux, le décor**. Qu'y a-t-il de pittoresque et d'émouvant dans cette description ?

2. Le rapport des deux romanciers. Comment fonctionne-t-il ?

3. Quel **cliché** cette page remet-elle en question ?

4. Le rôle de Louise. Analysez-en l'ambiguïté. Que redoute-t-elle ? Évariste Cabrol est-il dupe des mensonges de son visiteur ?

5. La technique romanesque de Carco. Montrez-en la virtuosité : description, atmosphère, dialogues forment un tout cohérent. Comment est organisé cet ensemble ?

Eugène Dabit *L'Hôtel du Nord* (1929)

Eugène Dabit, né à Paris en 1898, mourra à Moscou en 1936. Engagé à gauche, hostile à la bourgeoisie, cet enfant de Montmartre a été élevé dans une famille ouvrière. Lui-même a été apprenti ferronnier d'art, électricien au métro Nord-Sud, avant de s'engager comme artilleur en 1916. Il découvre Charles-Louis Philippe au front, et, sous l'influence de son œuvre, décide d'écrire. S'écoulent des années difficiles jusqu'à sa rencontre avec André Gide et Roger Martin du Gard. Il compose alors sa première version de *L'Hôtel du Nord*. En 1929, il obtient avec ce texte le prix Populiste. Suivent *P'tit Louis* (1930) ; *Villa Oasis* (1932) ; *Un mort tout neuf* (1934) ; *La Zone verte* (1935). Il n'adhère pas au Parti communiste malgré ses idées progressistes. Dabit meurt de la scarlatine en 1936 lors du voyage qu'il fait en compagnie de Gide et de Louis Guilloux en URSS.

*Le roman d'**Eugène Dabit**, sous la forme d'**une chronique**, relate la vie d'un hôtel situé près du canal Saint-Martin, à Paris. Aucune intrigue, **mais une succession d'épisodes ou de tableaux** qui font découvrir au lecteur des scènes de vie : soucis des patrons, malheurs du personnel, vicissitudes d'une clientèle interlope. Écriture neutre, **pas de lyrisme**, absence de grandiloquence : le destin humain dans sa monotone continuité.*

« Ces histoires-là arrivent »

Un samedi de grand nettoyage, Renée, à genoux, lavait une chambre. Elle s'arrêtait de temps à autre pour souffler, puis, mollement, reprenait son travail.

— Ça n'a pas l'air d'aller, dit Louise.

Sa bonne se plaignait de maux de tête et de vertiges. Tout en époussetant les
5 meubles, Louise la regarda du coin de l'œil. « Elle file du mauvais coton », pensa-t-elle.

Renée se redressa et voulut tirer le lit. Ses forces la trahirent, elle porta la main à son ventre avec un gémissement.

Louise s'inquiéta :
10 — Voyons, êtes-vous malade ?

Renée ne répondit pas. Adossée au mur, elle baissait la tête. Brusquement, elle cacha son visage défait dans ses mains et se mit à sangloter.

Louise s'approcha. Elle avait les gestes simples et compréhensifs d'une mère. Mais Renée eut un mouvement de recul. Son tablier se dénoua. Alors, pour la
15 première fois, Louise remarqua la taille informe de sa bonne. Leurs regards se croisèrent. Renée baissa les yeux.

Après un court silence, Louise murmura :
— Pourquoi vous cacher de moi ? Ne craignez rien, je vous garderai ici. — Et d'une voix affectueuse : — N'ayez pas honte, ma petite, ces histoires-là
20 arrivent... Je pense que Trimault va vous épouser ?

Renée secoua la tête. Il s'agissait bien de mariage ! Pierre ne l'aimait plus. Et pourtant, que n'avait-elle pas imaginé pour le séduire ! Chaque soir, comme il était dégoûté du restaurant, elle lui faisait des chatteries. Une fine gueule, son Pierre ! D'autres fois, elle lui offrait du vin chaud avec du citron, ou bien elle
25 descendait dans la boutique acheter du rhum pour lui préparer un grog. Il aimait prendre une « bonne cuite » l'hiver, avant de se coucher.

Elle l'avait rendu exigeant et difficile. La vie à deux use le cœur d'un homme. Pierre ne lui parlait plus jamais d'amour. Le dimanche, lorsqu'elle voulait sortir avec lui comme autrefois, il refusait pour aller jouer à la manille. Elle le regardait
30 partir, les larmes aux yeux.

Elle gagnait bien sa vie et n'était pas à la charge de son amant. Au contraire, hormis quelques pourboires, elle lui donnait tous ses gages. Les soirs de paie, Pierre s'adoucissait. Elle venait s'asseoir sur ses genoux comme une gosse. Il devait prendre dans son corsage l'argent qu'elle lui destinait.
35 « Plus bas, plus bas, disait-elle avec un éclat de rire. Ça y est, tu brûles... C'est pour qui ? »

L'Hôtel du Nord sur le canal St Martin, à Paris.

Elle se jetait à son cou. « Pour mon Pierre ! » Elle lui mordait les lèvres, le dévorait de baisers rapides, lui soufflait à l'oreille : « Je te mangerais. »

Trimault, un peu étourdi de ces transports, mettait l'argent dans sa poche, puis
40 rendait à Renée ses caresses. Il l'emportait, toute palpitante, sur le lit. Elle s'abandonnait à une sorte de mirage où les plaisirs de l'amour se liaient à ceux d'une vie régulière et douce.

L'argent filait et l'humeur de Trimault s'assombrissait vite. Renée attendait ses baisers comme une aumône. Mais il n'ouvrait la bouche que pour crier.

Eugène DABIT, *L'Hôtel du Nord* (1929)
© éd. Denoël

POUR LE COMMENTAIRE

1. Une scène naturaliste

Les deux femmes en présence. Qui sont-elles ? Quels sont leurs rapports ?

2. La passion de Renée

Comment analyse-t-elle son attachement à son amant ? Qu'y a-t-il de morbide dans cette passion ?

3. Un décor. Une époque

En quoi ce texte est-il « daté » ? Quelle vision de la vie populaire rend-il ? Quel sens donner au mot « populisme » ?

AU-DELÀ DU TEXTE

Un roman. Un film

Marcel CARNÉ, en 1938, tire du roman de Dabit un film dont l'adaptation est signée Henri JEANSON et Jean AURENCHE. Le réalisateur transcrit ce roman pittoresque et discret en une histoire tumultueuse et romantique merveilleusement bien servie sur le plan technique et artistique : décor d'Alexandre TRAUNER, musique de Maurice JAUBERT, enfin, la participation de Louis JOUVET et d'ARLETTY transforment ce film en hymne au Paris populaire qui, sous l'œil de la caméra, devient un lieu imaginaire.

Louis Guilloux *Le Sang noir* (1935)

Louis Guilloux (1899-1980), écrivain du peuple, disciple de Vallès, a situé la plupart de ses livres dans sa ville natale, Saint-Brieuc. Fils d'un militant socialiste, il se mêle, fort jeune, aux luttes populaires. En 1927, il publie son premier roman, *La Maison du peuple*. Malgré sa sympathie pour la révolution soviétique, il refuse d'entrer au Parti communiste. Il soutient néanmoins la lutte antifasciste, acceptant d'être le secrétaire du premier congrès mondial des écrivains antifascistes, en 1935, année où paraît *Le Sang noir*. Comme Eugène Dabit, il accompagna Gide en URSS, en 1936.

Après *Le Sang noir*, Guilloux continuera de publier d'importants romans, dont *Le Pain des rêves*, 1942 ; *Le Jeu de patience*, prix Renaudot en 1949.

*** Le Sang noir

L'action de ce roman se situe dans une petite ville de province au moment le plus tragique de la Grande Guerre. Loin du front, Cripure, professeur de lycée ridicule et pathétique tout à la fois, fait les frais de la sottise humaine. A l'extrême limite de sa résistance morale et physique, il se donnera la mort. Cripure a pour modèle le professeur de philosophie que Guilloux connut en son lycée, Georges Palante.

Cripure et le cloporte

Grâce à Dieu, Cripure n'irait que tard au Lycée ce matin. Une heure de cours — morale, en troisième. « Volaille ! » Mais il y avait, après midi, cette fête... Quelle corvée !

Il soupira, ouvrit les yeux, constata avec plaisir que les volets étaient clos.
5 Quelque part, dans le voisinage, une clique militaire s'exerçait, répétait sans cesse la même marche. Bien ! Bien ! Tout cela était *leur* affaire. « Aimez-vous les uns les autres ! Il a fallu qu'un Dieu vienne leur enseigner l'amour, mais ils n'ont eu besoin de personne pour apprendre la haine... Bien ! »

Cripure se retourna sur son divan et les petites bêtes[1] remuèrent, battirent de
10 la queue, puis comme il ne bougeait plus lui-même et refermait les yeux elles redevinrent immobiles.

1. Des petits chiens.

Il n'y aurait pas grand changement le jour où de même il serait étendu dans son cercueil. Quelle différence ? Rien que cette petite chose en moins, dans sa tête, si vaine, si lancinante, qu'il nommait pompeusement sa pensée, rien en
15 moins que cette angoisse lâche qui étreignait son cœur.

Sans doute avait-il mangé et bu un peu plus que de raison hier au soir en rentrant de sa villa. Il s'était couché ensuite, mais le sommeil avait été long à venir. Depuis peu, les nuits, tant aimées autrefois pour leur silence et leur paix, n'avait plus à lui offrir que des angoisses accrues. Quand il ne dormait pas, il avait
20 peur. Un craquement de bois : il se dressait dans son lit, le cœur fou. Maïa[2] dormait à son côté d'un sommeil, hélas, sans rêves : du plomb.

Cette nuit, à peine avait-il fermé l'œil, écoutant jusqu'à une heure avancée les chœurs de soldats russes baraqués tout près. Puis, comme si souvent, le Cloporte s'était fait entendre.
25 La nuit, le Cloporte, qui se cachait durant le jour — et personne ne savait à quoi il avait employé son temps —, osait l'incroyable effort de revêtir sa redingote, de descendre son escalier ou de surgir de sa cave. Il apparaissait dans les rues, en se glissant il est vrai le long des murs comme un maraudeur. Clop ! Clop ! Clop ! Le Cloporte s'annonçait, il approchait en traînant la patte, et à
30 chaque fois qu'il s'arrêtait, le bout ferré de sa canne heurtant la pierre du trottoir résonnait comme une clochette fêlée. Il restait quelquefois longtemps debout, appuyé sur sa canne, le menton dans la main, si longtemps que Cripure le croyait parti. Mais : clop ! clop ! clop ! Et de nouveau la nuit retentissait du bruit solennel de ses pas.
35 Pourquoi revenait-il si souvent ? « Pourquoi de mon côté ? » Cette nuit, Cripure s'était levé prudemment, il avait entrouvert sa fenêtre : des lumières de gaz dans le silence. Il n'était pas facile à découvrir dans les ténèbres cette silhouette ; moins facile encore de renoncer à la chercher. Pour voir ce morceau de nuit glissant le long des murs il avait attendu longtemps : il eût veillé jusqu'à l'aube.
40 Clop ! Clop ! Clop ! Rien encore que des pas, rien que la présence multiple prête à surgir de partout. Le bout ferré de la canne avait retenti sur les pierres, triomphal, comme la hallebarde du Suisse aux jours de fête. Puis, rien.

Cripure avait avancé la tête : debout, sous le réverbère, le Cloporte était immobile comme un saint dans sa niche. Autour de son chapeau melon, la lueur
45 du gaz flamboyait comme une auréole de vitrail. Le menton dans la paume de la main gauche, l'autre main appuyée sur sa canne, quelle cible parfaite ! Un jour viendrait — une nuit — où Cripure empoignerait son revolver et : tac ! tac ! il lui règlerait son compte. Ça ferait très peu de bruit, à peine un petit claquement de fouet ou d'amorce. Ou plutôt ce serait comme une puce que l'on fait craquer
50 sous l'ongle. Le tour serait joué, la terre à jamais lavée du Cloporte.

Louis GUILLOUX, Le Sang noir (1935), © éd. Gallimard

2. La compagne de Cripure, ancienne fille à matelots.

Illustration
de Berthold Mahn.

POUR LE COMMENTAIRE

1. De l'angoisse à l'hallucination

Entre sommeil et veille, Cripure veut se composer, sous ses yeux, un paysage fantastique, une vision hallucinante. Montrez comment se construit cette vision, quels éléments elle emprunte au réel, la part de l'imagination, comment, à son terme, l'imaginaire devient la réalité même.

2. Un double pathétique

Que représente le Cloporte pour Cripure ? En quoi est-ce un frère, un ennemi ? Tuant dans sa tête le Cloporte, Cripure ne se suicide-t-il pas ? Connaissez-vous d'autres apparitions du double dans la littérature ?

3. La matière mentale

Pensée et rêve se confondent dans ce texte. Comment Cripure définit-il la pensée ? Quelle est la part de la mémoire ? Celle du subconscient ? En quoi cette évocation fantasmatique est-elle un morceau de littérature psychanalytique ?

AU-DELÀ DU TEXTE

Trois auteurs se sont inspirés de leurs professeurs pour en faire des personnages littéraires à la fois pitoyables et « inhumains » : Alfred JARRY *(Ubu)* ; Louis GUILLOUX avec son Cripure ; Marcel PAGNOL *(Topaze)*. Étudiez et comparez leurs visions.

« Son petit chapeau de toile rabattu sur l'œil, sa peau de bique flottante, sa canne tenue comme une épée, et cet effort si pénible à chaque pas pour arracher comme d'une boue gluante ses longs pieds de gugusse, Cripure avait l'air dans la rue d'un somnolent danseur de corde. Sa myopie accusait le côté ahuri de son visage, donnait à ses gestes un caractère ralenti, vacillant, d'ivrogne ou de joueur à colin-maillard. Il avait toujours l'air de lutter contre un coup de vent et, sur le trottoir, il avançait en rasant les murs, le menton pointé comme un éperon, fouettant l'air derrière lui avec sa canne comme pour chasser d'invisibles monstres acharnés à ses trousses. Ses lèvres remuaient comme celles de qui récite des prières, peut-être des exorcismes. »

Louis GUILLOUX, Le Sang noir

Claude-Edmonde Magny
Histoire du roman français depuis 1918 (1950)

La fiction et l'histoire

De cette nécessité où est le roman de s'insérer dans le temps extérieur, de recourir pour se préciser et se situer à l'histoire, va naître une difficulté nouvelle. Le roman se situe spontanément dans un monde imaginaire, mais le temps sociologique sur lequel il est obligé de s'appuyer appartient, lui, au monde réel. Dès lors l'écrivain, obligé d'incorporer à la trame de son récit un certain nombre d'éléments objectifs à côté des aventures fictives que seules il a expressément voulues, devra les raccorder par une série de gradations judicieusement choisies. La proportion réel-imaginaire variera suivant les auteurs : à l'une des extrémités on aura le roman fantastique (genre *Le Château*), à l'autre le roman historique (du type *Waverley Novels* ou *Les Hommes de bonne volonté*). C'est dans ce dernier que le problème du raccord sera le plus crucial, parce que imposé par l'essence même du genre ; Roger Martin du Gard le résout avec un art consommé et sans aucun artifice dans les derniers volumes des *Thibault* ; tandis que des solutions qu'en donne Jules Romains, il se dégage parfois dans *Les Hommes de bonne volonté* un indéfinissable malaise. Mais presque toujours (et c'est très net dans les deux ouvrages que je viens de citer), il subsiste une dualité à l'intérieur de l'œuvre, entre l'élément proprement romanesque, qui vaudrait sans référence à un temps objectif, et l'élément temporalisé, précis par lequel la durée individuelle des personnages cherche à s'intégrer dans un devenir plus vaste. Même dans *Jean Barois*, où pourtant cette insertion de l'homme dans l'événement fait le sujet du livre, la fusion n'est pas complète ; il y a bien des moments où, emportés que nous sommes dans l'aventure du héros, nous souhaitons à tous les diables cette affaire Dreyfus, ou cette querelle du modernisme qui s'interposent comme autant d'écrans malencontreux entre nous et la vie intérieure de Barois. Je ne sais guère que deux œuvres romanesques contemporaines qui soient vraiment *historiques* dans leur essence même, telles qu'on ne puisse penser les événements qu'elles rapportent pour les situer, moyennant quelques légers changements, à une autre époque : c'est la grande trilogie américaine de John Dos Passos, *U.S.A.*, et d'autre part les deux volumes d'Aragon, *Les Cloches de Bâle* et *Les Beaux Quartiers*. C'est que toutes deux sont plus l'histoire d'une époque, d'un continent à un certain moment, d'un groupe d'individus, que le roman d'un être particulier, si engagé qu'il soit dans un milieu social ou un contexte historique précis.

Claude-Edmonde MAGNY, *Histoire du roman français depuis 1918*
© éd. du Seuil, 1950

Pour vos essais et vos exposés

Claude-Edmonde MAGNY : *Histoire du roman français depuis 1918*, éd. du Seuil, 1950, réed. 1971.
René-Marill ALBÉRÈS : *Esthétique et Morale chez Jean Giraudoux*, éd. Nizet, 1957.
Jacques BRENNER : *Martin du Gard*, éd. Gallimard, 1961.
André CUISENIER : *Jules Romains. L'unanimisme et Les Hommes de Bonne volonté*, éd. Flammarion, 1969.
René GARGUILO : *La Genèse des Thibault...*, éd. Klincksieck, 1974.

Pierre DAIX : *Aragon, une vie à changer*, éd. du Seuil, 1975.
Gaëtan PICON : « Louis Guilloux » dans *Panorama de la nouvelle littérature française*, éd. Gallimard, 1976.
Annie COHEN-SOLAL : *Paul Nizan, un communiste impossible*, éd. Grasset, 1980.
Pascal ORY : *Nizan, destin d'un révolté*, éd. Ramsay, 1980.
Sur Aragon romancier, voir également la revue *Europe*, n° de février-mars 1967 et n° de janvier-février 1989.

LE ROMAN EN QUÊTE DE MORALES

MAURIAC, BERNANOS, JOUHANDEAU, GREEN, MONTHERLANT, SAINT-EXUPÉRY, CAMUS

« Cet immense monde enchevêtré, toujours changeant, jamais immobile, qu'est une seule conscience humaine... »

François Mauriac,
Le Romancier et ses personnages

Sisyphe roulant son rocher, détail d'un vase grec du IVe *siècle av. J.-C. Naples, Musée national d'Archéologie.*

1920	Henry de MONTHERLANT : *La Relève du matin*	**1933**	François MAURIAC : *Le Mystère Frontenac* ; *Le Romancier et ses personnages* (essai)
1920	Traduction française de *La Psychanalyse*, de FREUD	**1934**	DANIEL-ROPS : *Mort, où est ta victoire ?*
1922	François MAURIAC : *Le Baiser au lépreux* Henry de MONTHERLANT : *Le Songe*		Marcel JOUHANDEAU : *Chaminadour* (1934-1941) Henry de MONTHERLANT : *Les Célibataires*
1923	Marcel JOUHANDEAU : *Monsieur Godeau intime* François MAURIAC : *Génitrix* Traduction française des *Trois essais sur la sexualité*, de FREUD	**1935**	François MAURIAC : *La Fin de la nuit* Henry de MONTHERLANT : *Service inutile*
		1936	Georges BERNANOS : *Journal d'un curé de campagne* Julien GREEN : *Minuit* Henry de MONTHERLANT : *Les Jeunes Filles*
1924	Henry de MONTHERLANT : *Les Olympiques*		
1925	François MAURIAC : *Le Désert de l'amour*		
1926	Georges BERNANOS : *Sous le soleil de Satan* Julien GREEN : *Mont-Cinère* André MALRAUX : *La Tentation de l'Occident* Henry de MONTHERLANT : *Les Bestiaires*	**1937**	Georges BERNANOS : *Nouvelle Histoire de Mouchette*
		1938	Georges BERNANOS : *Les Grands Cimetières sous la lune* Julien GREEN : *Journal* (1928-1934) Marcel JOUHANDEAU : *Chroniques maritales* (1938-1943)
1927	Georges BERNANOS : *L'Imposture* Julien GREEN : *Adrienne Mesurat* François MAURIAC : *Thérèse Desqueyroux* Martin HEIDEGGER : *L'Être et le Temps*		
		1939	Pierre DRIEU LA ROCHELLE : *Gilles* Julien GREEN : *Journal* (1935-1939) Antoine de SAINT-EXUPÉRY : *Terre des hommes* Roger CAILLOIS : *L'Homme et le sacré* (essai)
1928	André MALRAUX : *Les Conquérants* François MAURIAC : *Destins* Antoine de SAINT-EXUPÉRY : *Courrier Sud*		
1929	Georges BERNANOS : *La Joie* DANIEL-ROPS : *L'Âme obscure* Julien GREEN : *Léviathan* François MAURIAC : *Dieu et Mammon* (essai)	**1942**	Albert CAMUS : *L'Étranger* ; *Le Mythe de Sisyphe* (essai) Antoine de SAINT-EXUPÉRY : *Pilote de guerre*
		1943	Antoine de SAINT-EXUPÉRY : *Le Petit Prince*
1930	André MALRAUX : *La Voie royale*	**1946**	Georges BERNANOS : *Monsieur Ouine* Julien GREEN : *Journal* (1940-1943)
1931	Georges BERNANOS : *La Grande Peur des bien-pensants* Pierre DRIEU LA ROCHELLE : *Le Feu follet* Antoine de SAINT-EXUPÉRY : *Vol de nuit* (film en 1933)	**1947**	Albert CAMUS : *La Peste*
		1949	Georges BERNANOS : *Dialogue des Carmélites* (posthume)
		1950	Julien GREEN : *Moïra*
1932	François MAURIAC : *Le Nœud de vipères* Henri BERGSON : *Les Deux Sources de la morale et de la religion*	**1951**	Albert CAMUS : *L'Homme révolté* (essai)
		1983	Julien GREEN : 12ᵉ volume du *Journal*

Raoul Dufy. *Tête de femme.* Albi, Musée Toulouse-Lautrec.

Pour quoi vivre et mourir ?

Le public des années 30 demande au roman de répondre à certaines interrogations dont il allait naguère chercher les réponses dans l'essai. Genre majeur, le roman se doit de devenir philosophique, social ou moral comme l'ont été, en d'autres temps, la poésie ou le théâtre.

Un certain nombre de romanciers s'engagent dans la voie de la réflexion sociale et politique (Jules Romains, Roger Martin du Gard, Louis Aragon, voir pp. 256-260 et 263) ; d'autres se livrent à des analyses psychologiques fines et inquiètes (Jean Schlumberger, André Maurois, voir pp. 253 et 316) ; il reste enfin ceux qui envisagent la question des valeurs pour lesquelles vivre et mourir.

1. Une vaste interrogation morale

Au centre du débat, la situation même de l'écrivain sommé de répondre à cette question : « Pourquoi écrivez-vous ? » L'écrivain est un individu engagé dans son temps, comme tout autre. **Il est appelé à témoigner, à partir de sa propre expérience d'homme**, au milieu des tourments qui se préparent et obscurcissent l'horizon. Quelles solutions neuves est-il en mesure de promouvoir ?

Les propositions fusent en tous sens. L'apport d'un Aragon, d'un Malraux ou d'un Céline est analysé ailleurs (voir pp. 263, 333, 339, 359). Il reste à illustrer ceux des romanciers qui envisagent **la question sous un angle éthique**. Qui tentent de définir les termes des nouvelles tables de la loi. Qui s'interrogent sur les possibilités d'édification des nouvelles références. Privilégieront-ils le moi ou le nous ? Inclueront-ils les principes chrétiens du sacrifice et de la grâce ? La conquête de la vérité est-elle le fruit du risque tragique ? Et à quelles conditions ? A quoi tient le salut de chacun ? Sa damnation ? Dieu tient-il toujours les rênes ? Ou serait ce la conscience individuelle ? Ou le jugement d'autrui ?

2. Une conscience héroïque

Comment rendre à l'homme une vision cohérente de son destin ? Apportent une réponse à cette interrogation fondamentale les romanciers catholiques, Fʀᴀɴᴄ̧ᴏɪs Mᴀᴜʀɪᴀᴄ, Gᴇᴏʀɢᴇs Bᴇʀɴᴀɴos, Mᴀʀᴄᴇʟ Jᴏᴜʜᴀɴᴅᴇᴀᴜ, Jᴜʟɪᴇɴ Gʀᴇᴇɴ, qui abordent sans complaisance les problèmes de conscience des individus confrontés aux exigences de la chair, ou aux contraintes morales et politiques ; les partisans d'un héroïsme visant au dépassement de soi (Hᴇɴʀʏ ᴅᴇ Mᴏɴᴛʜᴇʀʟᴀɴᴛ), ceux d'un humanisme faisant appel à la capacité de l'homme de s'accomplir (Aʟʙᴇʀᴛ Cᴀᴍᴜs).

• Bernanos et Mauriac, Green et Jouhandeau sont avant tout attentifs à l'intervention des forces surnaturelles dans l'existence. Mauriac montre des personnages bornés ou hallucinés, étrangement en proie à un désir d'absolu. Bernanos, qui a horreur du monde moderne, qui désigne et pourfend le Mal présent en chacun de nous, fait du prêtre la figure salvatrice, le prêtre symbolisant la lutte de l'homme chrétien contre Satan (*Sous le soleil de Satan*, 1926).

• Montherlant met en scène, dans un monde bourgeois, des héros d'autrefois. Aristocrate dans l'âme, l'auteur des *Célibataires* (1934), des *Jeunes Filles* (1936-1939) exprime, à travers ses portraits d'un autre temps, sa nostalgie d'une société disparue. Ainsi Costals, don Juan vain et superbe tout à la fois, image dérisoire d'une mythologie dont il importe pourtant de conserver le souvenir actif.

• Albert Camus propose avec *L'Étranger* (1942) une expression de la sensibilité moderne comme le faisait, en son temps, Chateaubriand avec *René*. Double de son créateur, Meursault a le sentiment d'être étranger au monde, de mener une existence absurde. Un renversement « positif » s'effectue dans *La Peste* (1947) dont le héros, le docteur Rieux, fait tout ce qu'il peut pour repousser les limites de l'absurdité et de la souffrance.

3. L'âge de la méfiance

Avec la transformation des fonctions attribuées au roman, s'effectue corrélativement celle de ses techniques.

Henry de Montherlant tente d'apprivoiser le réel en cassant l'uniformité du récit, en intégrant des documents de la vie brute dans le texte : lettres, annonces matrimoniales, articles, reportages...

Georges Bernanos — comme Malraux — jette son lecteur au milieu des choses, en lui laissant le soin de se repérer, de saisir les indices significatifs (dialogues, sensations, gestes, bribes de monologue intérieur) et de reconstituer un tissu narratif.

L'influence du roman américain et du roman policier s'est exercée sur cette génération qui, à l'instar de Mauriac, **remet en cause les bases mêmes du réalisme romanesque** :

« Même les plus grands, Tolstoï, Dostoïevski, Proust, n'ont pu que s'approcher, sans l'étreindre vraiment, de ce tissu vivant où s'entrecroisent des milliers de fils, qu'est une destinée humaine [...]. Je ne crois pas qu'aucun artiste réussisse jamais à surmonter la contradiction qui est inhérente à l'art du roman. D'une part il a la prétention d'être la science de l'homme — de l'homme, monde fourmillant qui dure et qui s'écoule, — et il ne sait qu'isoler de ce fourmillement et que fixer sous la lentille une passion, une vertu, un vice qu'il amplifie démesurément : le père Goriot ou l'amour paternel, la cousine Bette ou la jalousie, le père Grandet ou l'avarice [...]. Ainsi, nous devons donner raison à ceux qui prétendent que le roman est le premier des arts. Il l'est, en effet, par son objet, qui est l'homme. Mais nous ne devons pas donner tort à ceux qui en parlent avec dédain, puisque, dans presque tous les cas, il détruit son objet en décomposant l'homme et en falsifiant la vie. » (François Mᴀᴜʀɪᴀᴄ, *Le Romancier et ses personnages*, Buchet-Chastel, 1933)

1. Les romanciers catholiques

La déréliction du monde : un thème majeur du roman de l'entre-deux-guerres, qui prend la première place chez les écrivains catholiques mettant en scène des consciences déchirées à la recherche de leur salut. Par quel travail intérieur résoudre le conflit actif en chaque homme, mener à bien ce combat quotidien contre les forces du mal ? L'aspiration au salut permettra-t-elle de résister aux forces du désespoir, de la révolte et de la violence ? **GEORGES BERNANOS, FRANÇOIS MAURIAC et MARCEL JOUHANDEAU** présentent les tourments qui agitent les âmes et qui déterminent les comportements.

Le public inquiet des années 30 accueille ces romanciers métaphysiciens avec ferveur et s'imagine voir en eux **des défenseurs d'un ordre moral aboli**. C'est ne pas comprendre la puissance paradoxale de ces auteurs aux destinées individuelles imprévisibles. L'évolution politique d'un Bernanos, les interrogations palpitantes d'un Mauriac, les confessions de **GREEN** et de Jouhandeau ont de quoi dérouter un lectorat bien-pensant. Le fond trouble de la psyché humaine est leur royaume, même s'ils ne mettent pas en cause les dualités chrétiennes : l'âme et le corps, le mal et le bien, le péché et la grâce.

François Mauriac (1885-1970)

Un écrivain déchiré

Fortement marqué par son éducation puritaine, **François Mauriac**, élevé à Bordeaux au sein de la foi chrétienne, se montre hanté par « le péché de la chair » dans son œuvre abondante de poète, de romancier et d'essayiste. Ses personnages, femmes révoltées et humiliées comme Thérèse Desqueyroux (*Thérèse Desqueyroux*, 1927), époux déchirés (*Le Nœud de vipères*, 1932), expriment toute la misère humaine née du conflit entre le péché et la grâce.

Mauriac n'est toutefois pas exclusivement attaché à l'évocation des drames individuels. Il élargit son champ d'expérience en multipliant notamment les personnages dans *Les Chemins de la mer* (1939) ou *La Pharisienne* (1941).

De l'essayiste au polémiste

Attentif aux problèmes théoriques et techniques du roman, il donne avec *Le Romancier et ses personnages* (1933) un texte où il exprime sa plus grande méfiance envers un genre trop conventionnel et trop étriqué pour saisir tout l'humain.

A partir de 1952, couronné par le prix Nobel, Mauriac se voue passionnément à son œuvre journalistique, souvent polémique. Lui qui a rejoint les catholiques libéraux entre 1937 et 1940, la Résistance (*Le Cahier noir*, 1943), se range sous la bannière de de Gaulle dont il défend la politique et les idées dans un *Bloc-Notes* publié, de 1958 à 1971, d'abord par *L'Express*, ensuite par *Le Figaro littéraire*.

1913	*L'Enfant chargé de chaînes*	**1935**	*La Fin de la nuit*
1914	*La Robe prétexte*	**1938**	*Asmodée* (théâtre)
1920	*La Chair et le Sang*	**1941**	*La Pharisienne*
1922	*Le Baiser au lépreux*	**1945**	*Les Mal-aimés* (théâtre)
1923	*Génitrix*		
1925	*Le Désert de l'amour*	**1951**	*Le Sagouin*
1927	*Thérèse Desqueyroux*	**1952**	*Galigaï*
1928	*Destins*	**1958**	*Bloc-Notes* (1958-1971)
1929	*Dieu et Mammon* (essai)	**1959**	*Mémoires intérieurs*
1932	*Le Nœud de vipères*	**1962**	*Ce que je crois*
1933	*Le Mystère Frontenac*	**1965**	*Nouveaux Mémoires intérieurs*
1934-1951	*Journal* I à IV	**1967**	*Mémoires politiques*

Thérèse Desqueyroux (1927)

*Au départ de ce roman de **François Mauriac**, un fait divers : Thérèse a tenté d'empoisonner son mari Bernard. Un non-lieu obtenu pour sauver l'honneur de la famille clôt cette affaire sur le plan judiciaire, mais la vengeance s'exercera en privé. La jeune femme sera séquestrée par Bernard jusqu'à son départ pour Paris. Action simple, mais **une grande habileté dans le traitement romanesque**, notamment dans le chapitre II, où Thérèse commence une longue analyse de sa situation, qu'elle entrecoupe de projections dans un avenir imaginaire. Les thèmes centraux : **la solitude de l'héroïne, la médiocrité du milieu social** qui explique, sinon justifie, sa tentative criminelle. Thérèse serait-elle une nouvelle Phèdre, victime d'une puissance destructrice qui la hante et la fait agir, image d'un destin supérieur et énigmatique ? Dans* La Fin de la nuit *(1935) Mauriac ramènera son personnage au bercail familial et laissera entrevoir l'espoir d'une rédemption chrétienne.*

« Libre... que souhaiter de plus ? »

Paysage des Landes.
Paris, B.N.

Cette odeur de cuir moisi des anciennes voitures, Thérèse l'aime... Elle se console d'avoir oublié ses cigarettes, détestant de fumer dans le noir. Les lanternes éclairent les talus, une frange de fougères, la base des pins géants. Les piles de cailloux détruisent l'ombre de l'équipage. Parfois passe une charrette et
5 les mules d'elles-mêmes prennent la droite sans que bouge le muletier endormi. Il semble à Thérèse qu'elle n'atteindra jamais Argelouse ; elle espère ne l'atteindre jamais ; plus d'une heure de voiture jusqu'à la gare de Nizan ; puis ce petit train qui s'arrête indéfiniment à chaque gare. De Saint-Clair même où elle descendra jusqu'à Argelouse, dix kilomètres à parcourir en carriole (telle est la
10 route qu'aucune auto n'oserait s'y engager la nuit). Le destin, à toutes les étapes, peut encore surgir, la délivrer ; Thérèse cède à cette imagination qui l'eût possédée, la veille du jugement, si l'inculpation avait été maintenue : l'attente du tremblement de terre. Elle enlève son chapeau, appuie contre le cuir odorant sa petite tête blême et ballottée, livre son corps aux cahots. Elle avait vécu,
15 jusqu'à ce soir, d'être traquée ; maintenant que la voilà sauve, elle mesure son épuisement. Joues creuses, pommettes, lèvres aspirées, et ce large front, magnifique, composent une figure de condamnée — oui, bien que les hommes ne l'aient pas reconnue coupable —, condamnée à la solitude éternelle. Son charme, que le monde naguère disait irrésistible, tous ces êtres le possèdent dont
20 le visage trahirait un tourment secret, l'élancement d'une plaie intérieure, s'ils ne s'épuisaient à donner le change. Au fond de cette calèche cahotante, sur cette route frayée dans l'épaisseur obscure des pins, une jeune femme démasquée caresse doucement avec la main droite sa face de brûlée vive. Quelles seront les premières paroles de Bernard dont le faux témoignage l'a sauvée ? Sans doute
25 ne posera-t-il aucune question, ce soir... mais demain ? Thérèse ferme les yeux, les rouvre et, comme les chevaux vont au pas, s'efforce de reconnaître cette montée. Ah ! ne rien prévoir. Ce sera peut-être plus simple qu'elle n'imagine. Ne rien prévoir. Dormir... Pourquoi n'est-elle plus dans la calèche ? Cet homme derrière un tapis vert : le juge d'instruction... encore lui... Il sait bien pourtant que
30 l'affaire est arrangée. Sa tête remue de gauche à droite : l'ordonnance de non-lieu ne peut être rendue, il y a un fait nouveau. Un fait nouveau ? Thérèse se détourne pour que l'ennemi ne voie pas sa figure décomposée. « Rappelez vos souvenirs, madame. Dans la poche intérieure de cette vieille pèlerine — celle dont vous n'usez plus qu'en octobre, pour la chasse à la palombe, n'avez-vous rien oublié,
35 rien dissimulé ? » Impossible de protester ; elle étouffe. Sans perdre son gibier des yeux, le juge dépose sur la table un paquet minuscule, cacheté de rouge. Thérèse pourrait citer la formule inscrite sur l'enveloppe et que l'homme déchiffre d'une voix coupante :

Chloroforme : 30 grammes.
40 Aconitine : granules n° 20.
Digitaline sol. : 20 grammes.

Le juge éclate de rire... Le frein grince contre la roue. Thérèse s'éveille ; sa poitrine dilatée s'emplit de brouillard (ce doit être la descente du ruisseau blanc).

Emmanuelle Riva
et Philippe Noiret
dans *Thérèse Desqueyroux*,
film de Georges Franju,
1962.

Ainsi rêvait-elle, adolescente, qu'une erreur l'obligeait à subir de nouveau les
45 épreuves du Brevet simple. Elle goûte, ce soir, la même allégeance qu'à ses
réveils d'alors : à peine un peu de trouble parce que le non-lieu n'était pas encore
officiel : « Mais tu sais bien qu'il doit être d'abord notifié à l'avocat... »

Libre... que souhaiter de plus ? Ce ne lui serait qu'un jeu de rendre possible
sa vie auprès de Bernard. Se livrer à lui jusqu'au fond, ne rien laisser dans
50 l'ombre : voilà le salut. Que tout ce qui était caché apparaisse dans la lumière,
et dès ce soir. Cette résolution comble Thérèse de joie. Avant d'atteindre
Argelouse, elle aura le temps de « préparer sa confession », selon le mot que sa
dévote amie Anne de la Trave répétait chaque samedi de leurs vacances
heureuses. Petite sœur Anne, chère innocente, quelle place vous occupez dans
55 cette histoire ! Les êtres les plus purs ignorent à quoi ils sont mêlés chaque jour,
chaque nuit, et ce qui germe d'empoisonné sous leurs pas d'enfants.

Certes elle avait raison, cette petite fille, lorsqu'elle répétait à Thérèse, ly-
céenne raisonneuse et moqueuse : « Tu ne peux imaginer cette délivrance après
l'aveu, après le pardon — lorsque, la place nette, on peut recommencer sa vie
60 sur nouveaux frais. » Il suffisait à Thérèse d'avoir résolu de tout dire pour déjà
connaître, en effet, une sorte de desserrement délicieux : « Bernard saura tout ;
je lui dirai... »

Que lui dirait-elle ? Par quel aveu commencer ? Des paroles suffisent-elles à
contenir cet enchaînement confus de désirs, de résolutions, d'actes imprévisi-
65 bles ? Comment font-ils, tous ceux qui connaissent leurs crimes ?... « Moi, je ne
connais pas mes crimes. Je n'ai pas voulu celui dont on me charge. Je ne sais
pas ce que j'ai voulu. Je n'ai jamais su vers quoi tendait cette puissance forcenée
en moi et hors de moi : ce qu'elle détruisait sur sa route, j'en étais moi-même
terrifiée... »

70 Une fumeuse lampe à pétrole éclairait le mur crépi de la gare de Nizan et une
carriole arrêtée. (Que les ténèbres se reforment vite à l'entour !) D'un train garé
venaient des mugissements, des bêlements tristes. Gardère prit le sac de
Thérèse, et de nouveau il la dévorait des yeux. Sa femme avait dû lui recomman-
der : « Tu regarderas bien comment elle est, quelle tête elle fait... » Pour le cocher
75 de M. Larroque, Thérèse d'instinct retrouvait ce sourire qui faisait dire aux gens :
« On ne se demande pas si elle est jolie ou laide, on subit son charme... » Elle
le pria d'aller prendre sa place au guichet, car elle craignait de traverser la salle
d'attente où deux métayères assises, un panier sur les genoux et branlant la tête,
tricotaient.

80 Quand il rapporta le billet, elle lui dit de garder la monnaie. Il toucha de la main
sa casquette puis, les rênes rassemblées, se retourna une dernière fois pour
dévisager la fille de son maître.

François MAURIAC, *Thérèse Desqueyroux* (1927), © éd. Grasset

POUR LE COMMENTAIRE

**1. Le récit, le monologue in-
térieur, le rêve**

Suivez-en les modulations entre-
lacées, du début à la fin du texte.
Comment Mauriac ruse-t-il avec
l'« omnipotence » du romancier
sur son personnage ?

2. Le temps d'un voyage

Quel parti romanesque Mauriac
tire-t-il de ce retour ?

Le Nœud de vipères (1932)

Le Nœud de vipères *(1932) évoque* **un drame conjugal** *dont le héros est un avocat que des déceptions familiales ont orienté vers la passion de l'argent, en attendant la conversion finale.*

« Donnant, donnant... »

Tant que nos trois petits demeurèrent dans les limbes de la première enfance, notre inimitié resta donc voilée : l'atmosphère chez nous était pesante. Ton indifférence à mon égard, ton détachement de tout ce qui me concernait t'empêchaient d'en souffrir et même de la sentir. Je n'étais d'ailleurs jamais là. Je déjeunais seul à onze heures, pour arriver au Palais avant midi. Les affaires me prenaient tout entier et le peu de temps dont j'eusse pu disposer en famille, tu devines à quoi je le dépensais. Pourquoi cette débauche affreusement simple, dépouillée de tout ce qui, d'habitude, lui sert d'excuse, réduite à sa pure horreur, sans ombre de sentiment, sans le moindre faux semblant de tendresse ? J'aurais pu avoir aisément de ces aventures que le monde admire. Un avocat de mon âge, comment n'eût-il pas connu certaines sollicitations ? Bien des jeunes femmes, au-delà de l'homme d'affaires, voulaient émouvoir l'homme... Mais j'avais perdu la foi dans les créatures, ou plutôt dans mon pouvoir de plaire à aucune d'elles. A première vue, je décelais l'intérêt qui animait celles dont je sentais la complicité, dont je percevais l'appel. L'idée préconçue qu'elles cherchent toutes à s'assurer une position, me glaçait. Pourquoi ne pas avouer qu'à la certitude tragique d'être quelqu'un qu'on n'aime pas, s'ajoutait la méfiance du riche qui a peur d'être dupe, qui redoute qu'on l'exploite ? Toi, je t'avais « pensionnée » ; tu me connaissais trop pour attendre de moi un sou de plus que la somme fixée. Elle était assez ronde et tu ne la dépassais jamais. Je ne sentais aucune menace de ce côté-là. Mais les autres femmes ! J'étais de ces imbéciles qui se persuadent qu'il existe d'une part les amoureuses désintéressées, et de l'autre les rouées qui ne cherchent que l'argent. Comme si dans la plupart des femmes, l'inclination amoureuse n'allait de pair avec le besoin d'être soutenues, protégées, gâtées ! A soixante-huit ans, je revois avec une lucidité qui, à certaines heures, me ferait hurler, tout ce que j'ai repoussé, non par vertu mais par méfiance et ladrerie. Les quelques liaisons ébauchées tournaient court, soit que mon esprit soupçonneux interprétât mal la plus innocente demande, soit que je me rendisse odieux par ces manies que tu connais trop bien : ces discussions au restaurant ou avec les cochers au sujet des pourboires. J'aime à savoir d'avance ce que je dois payer. J'aime que tout soit tarifé ; oserais-je avouer cette honte ? Ce qui me plaisait dans la débauche, c'était peut-être qu'elle fût à prix fixe. Mais chez un tel homme, quel lien pourrait subsister entre le désir du cœur et le plaisir ? Les désirs du cœur, je n'imaginais plus qu'ils pussent être jamais comblés ; je les étouffais à peine nés. J'étais passé maître dans l'art de détruire tout sentiment, à cette minute exacte où la volonté joue un rôle décisif dans l'amour, où au bord de la passion, nous demeurons encore libres de nous abandonner ou de nous reprendre. J'allais au plus simple, — à ce qui s'obtient pour un prix convenu. Je déteste qu'on me roule ; mais ce que je dois, je le paie. Vous dénoncez mon avarice ; il n'empêche que je ne puis souffrir d'avoir des dettes : je règle tout comptant ; mes fournisseurs le savent et me bénissent. L'idée m'est insupportable de devoir la moindre somme. C'est ainsi que j'ai compris « l'amour » : donnant, donnant... Quel dégoût !

Non, j'appuie sur le trait ; je me salis moi-même : j'ai aimé, peut-être ai-je été aimé... En 1919, au déclin de ma jeunesse. A quoi bon passer cette aventure sous silence ? Tu l'as connue, tu as su t'en souvenir le jour où tu m'as mis le marché en main. J'avais sauvé cette petite institutrice à l'instruction (elle était poursuivie pour infanticide). Elle s'est d'abord donnée par gratitude ; mais ensuite... Oui, oui, j'ai connu l'amour, cette année-là ; c'est mon insatiabilité qui a tout perdu. Ce n'était pas assez de la maintenir dans la gêne, presque dans la misère ; il fallait qu'elle fût toujours à ma disposition, qu'elle ne vît personne, que je pusse la prendre, la laisser, la retrouver, au hasard de mes caprices, et durant mes rares loisirs. C'était ma chose. Mon goût de posséder, d'user, d'abuser, s'étend aux humains. Il m'aurait fallu des esclaves. Une seule fois, j'ai cru avoir trouvé cette victime, à la mesure de mon exigence. Je surveillais jusqu'à ses regards... Mais j'oubliais ma promesse de ne pas t'entretenir de ces choses. Elle est partie pour Paris, elle n'en pouvait plus.

François MAURIAC, *Le Nœud de vipères* (1932)
© éd. Grasset

La Pharisienne (1941)

La Pharisienne *pose une question qui tourmente* **Mauriac** *depuis une dizaine d'années :* **un homme pieux peut-il vivre sans pharisaïsme** *? Dans ce roman, Brigitte Pian, puritaine intransigeante, poursuit l'amour naissant de sa belle-fille Michèle pour un jeune homme, Jean de Mirbel. Son indiscrète vertu cause des catastrophes tout autour d'elle. Séduite à son tour par son médecin, elle trouvera après la mort de celui-ci la voie de la miséricorde divine. Âme orgueilleuse, elle aura enfin découvert l'authentique chemin de la conversion.*

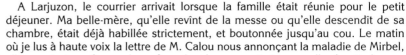

Les vipères

A Larjuzon, le courrier arrivait lorsque la famille était réunie pour le petit déjeuner. Ma belle-mère, qu'elle revînt de la messe ou qu'elle descendît de sa chambre, était déjà habillée strictement, et boutonnée jusqu'au cou. Le matin où je lus à haute voix la lettre de M. Calou nous annonçant la maladie de Mirbel,

5 elle montrait sa figure dure, froncée, des mauvais jours : elle devait, à onze heures, faire le catéchisme aux enfants de la Première Communion qui, à l'entendre, étaient sournois et stupides, incapables de rien comprendre à rien et ne se plaisant qu'à se pincer mutuellement dans leurs parties charnues. Sales, avec cela, souillant les parquets et sentant mauvais. Quant au moindre sentiment

10 de gratitude, ah ! bien ouiche ! on pouvait s'éreinter à leur service : les parents seraient les premiers, le cas échéant, à piller votre maison et à vous assassiner.

Les jours de catéchisme, nous savions que le moindre choc suffisait pour que se manifestât la nature de feu dont le ciel avait gratifié Madame Brigitte.

— Mon Dieu, s'écria Michèle, à peine eus-je achevé la lettre, il faut aller tout

15 de suite à Baluzac. Et moi qui ne suis pas encore habillée...

La voix de ma belle-mère s'éleva :

— Tu ne prétends pas aller ce matin à Baluzac ?

— Mais si, bien sûr ! ce pauvre Jean...

— Je te l'interdis.

20 — Pourquoi pas ce matin ?

— Ni ce matin, ni ce soir, trancha Madame Brigitte, blême de colère.

Nous nous regardâmes stupéfaits. Bien que ses rapports avec ma sœur fussent toujours tendus, elle avait jusqu'alors évité les conflits ouverts.

— Qu'est-ce qui vous prend ? demanda Michèle, déjà insolente. Il n'y a

Illustration de Mette Ivers
pour *La Pharisienne.*

25 aucune raison d'attendre à demain.

— Tu n'iras pas non plus demain. Tu n'iras plus jamais à Baluzac, cria-t-elle. Et ne fais pas l'étonnée, petite hypocrite.

Mon père dressa une tête effarée au-dessus du *Nouvelliste* :

— Mais, Brigitte, pourquoi vous mettre dans cet état ?

30 — Je n'ai que trop tardé (et sa voix se fit solennelle).

Et comme Michèle demandait de quoi elle était accusée :

— Je ne t'accuse de rien, déclara ma belle-mère. Je ne crois au mal que lorsque je le vois.

Mon père se leva. Il était vêtu de sa vieille robe de chambre marron. Des touffes

35 de poil gris sortaient du col déboutonné de sa chemise.

— Il n'empêche que vous laissez entendre...

Elle fixa sur son époux un œil angélique :

— Je souffre de vous faire souffrir. Mais il faut que vous le sachiez : on dit qu'elle retrouve le petit Mirbel derrière le moulin de M. Du Buch.

40 Michèle répondit fermement qu'il était vrai qu'elle avait rencontré Jean quelquefois. Où était le mal ?

— Ne fais pas la naïve, ça ne te va pas. On t'a vue.

— Qu'a-t-on pu voir ? Il n'y avait rien à voir.

Mon père l'attira tendrement à lui.

45 — Il n'y a aucun mal, en effet, à rejoindre le petit Mirbel au moulin de M. Du Buch. Mais tu as beau n'être qu'une enfant, tu portes plus que ton âge, et les gens du bourg, les femmes surtout, sont des vipères.

Brigitte lui coupa la parole :

— Des vipères, en effet... Et vous n'avez pas à prendre la défense de Michèle
50 contre moi. C'est pour la mettre à l'abri de médisances, qui sont peut-être des
calomnies, que j'interviens avant qu'il soit trop tard. Ce petit Mirbel est un
dévoyé. Que Dieu me pardonne de l'avoir reçu dans cette maison ! Jusqu'où
est-il allé ? ajouta-t-elle à mi-voix, d'un air sombrement réfléchi. C'est la question.

Qu'elle était devenue douce, tout d'un coup ! Mon père lui saisit le poignet :
55 — Vous allez vider votre sac ; qu'y a-t-il ?

— Il y a... Mais lâchez-moi d'abord, cria-t-elle : oubliez-vous donc qui je suis ?
Vous voulez la vérité ? Hé bien, vous l'aurez !

Ma belle-mère furibonde fit le tour de la table et, retranchée derrière l'argen-
terie et les tasses, les deux mains appuyées au dossier d'une chaise, se recueillit
60 à l'abri de ses paupières membraneuses et, enfin :

Illustration de Mette Ivers
pour *La Pharisienne*.

— Michèle est une fille qui aime l'homme. Voilà ce qu'il y a.

Durant le silence qui suivit ces paroles, nous n'osâmes plus nous regarder.
Mme Brigitte, soudain dégrisée, surveillait, non sans angoisse, le père et la fille.

Octave Pian s'était redressé. Il paraissait très grand et tel que je me souvenais
65 de l'avoir connu, avant la mort de maman. Atteint dans sa tendresse, dans ce
sentiment des pères pour leurs filles, où il entre tant de respect, une pudeur si
susceptible qu'ils ne pardonnent jamais à ceux qui, une seule fois, l'ont offensée,
il s'arrachait enfin à son noir chagrin, — débusqué du souvenir de sa femme
morte par celle qui était là, devant lui, et terriblement vivante.
70 — Une enfant qui n'a pas quinze ans ? Comme si c'était croyable !
N'avez-vous pas honte ?

— Honte de quoi ? Je n'accuse pas Michèle, reprit ma belle-mère d'une voix
maîtrisée. Je vous le répète : je veux croire, je crois de toute mon âme à son
innocence, à sa relative innocence...
75 Mais les filles-mères de quatorze et quinze ans, ça existait. On voyait bien qu'il
ne visitait pas les pauvres, lui !

J'entends encore de quel accent elle prononça : fille-mère. On ne peut faire
tenir en deux mots une répulsion plus violente. Je demandai à voix basse à
Michèle ce que c'était qu'une fille-mère. Elle ne répondit rien (peut-être ne le
80 savait-elle pas). Les yeux fixés sur mon père, elle dit :

— Tu ne la crois pas ?

— Mais non, bien sûr, mon enfant chérie.

Et il l'attira à lui. Ma belle-mère demanda :

— Faut-il que je fasse venir ceux qui t'accusent, ceux qui prétendent t'avoir
85 vue de leurs yeux ?

Et comme la petite s'écriait : « Mais oui ! comment donc ! »

— Ah ! je devine : ce sont les Vignotte, dit mon père soudain calmé, les
Vignotte ! on les connaît... Ainsi il vous a suffi de ragots de ces gens-là...

— Qui vous dit que je m'en contente ? Je vous répète que je n'accuse
90 personne. Je remplis un devoir pénible : je rapporte un témoignage. C'est tout.
Il vous incombe de le vérifier. Ma tâche s'arrête où la vôtre commence.

Brigitte Pian croisait les bras, impartiale, inattaquable, justifiée d'avance
devant Dieu et devant ses anges.

— Et que faisait Michèle, d'après les Vignotte ?
95 — Vous le leur demanderez. Vous ne voulez tout de même pas que je salisse
mes lèvres... Ce sera assez horrible à entendre... Mais s'il le faut, si vous exigez
ma présence, je puiserai la force nécessaire dans l'amour que je vous ai voué à
tous et en particulier à toi, Michèle. Tu peux ricaner : je ne t'ai jamais tant aimée
qu'en ce moment.
100 Elle versa deux ou trois larmes qu'elle n'essuya que lorsque nous les eûmes
vues. Mon père, très calme, m'ordonna d'aller chercher Vignotte.

François MAURIAC, *La Pharisienne* (1941)
© éd. Grasset

POUR LE COMMENTAIRE

1. L'Enfer en famille. Analysez les sentiments que se
portent mutuellement les quatre personnages, et les
conduites qui en découlent.

2. Le récit à la 1ʳᵉ personne. Quel en est l'intérêt
romanesque ici ?
3. Expliquez le titre du roman.

Bloc-Notes (1958-1971)

Dans son Bloc-Notes *à* L'Express *puis au* Figaro littéraire, **Mauriac** *s'affirme comme l'un des* **polémistes** *le plus mordants de son époque. C'est* **de l'intérieur qu'il attaque ses adversaires,** *exploitant la moindre contradiction ou le moindre reniement. Par cette contribution, le romancier participe aux grands débats de son temps : la décolonisation et le renouveau du gaullisme.*

L'idolâtrie de la technique

J'admire certes le grand peuple américain ; mais ce peuple, par bien des aspects de son génie, m'est plus étranger qu'aucun autre. Je ne l'ai jamais visité. À quoi bon ? Lui, il a fait beaucoup plus que nous visiter : il nous a transformés. Le rythme de notre vie quotidienne est accordé au sien. Sa musique orchestre
5 nos journées par des millions de disques. Des milliers de films, sur tous les écrans de Paris et de la province, nous imposent en toute matière son idée : un certain type de femme stéréotypé, la star interchangeable, mais par-dessus tout le culte, l'idolâtrie de la technique, de toutes les techniques inventées par l'homme et auxquelles l'homme s'asservit, la folie de la vitesse, ce tournis qui affecte tous
10 les moutons de l'Occident, une trépidation à laquelle aucun de nous n'échappe : une démesure en toutes choses, qui est la chose du monde la moins conforme à notre génie.

« On ne comprend rien à la civilisation moderne, écrivait Georges Bernanos en 1945, si on n'admet pas d'abord qu'elle est une conspiration universelle contre
15 toute espèce de vie intérieure... » Oui, contre tout ce qui aura eu du prix pour les êtres de ma race : une vie recueillie dans une maison ancienne où ont vécu avant nous ceux dont nous sommes issus et que nous avons aimés, et d'où ils souhaitaient de s'éloigner le moins possible, car c'est là et nulle part ailleurs qu'ils communient à la terre et que les constellations leur sont familières et que le vent
20 dans les branches leur parle avec une voix humaine. Je hais tout ce qui interrompt la réflexion, tout ce qui attente au silence, hors de la musique qui ne trouble pas le silence parce qu'elle procède de lui (le contraire de celle qui procède du jazz)...

J'en conviens : le monde n'eût guère connu de progrès s'il n'avait été peuplé
25 que d'esprits de ma race. Ils avancent à reculons, les yeux fixés sur le passé qui les charme et les entraîne, prisonniers de leur enfance dont ils ne se sont jamais délivrés ; prisonniers d'eux-mêmes surtout et de leur propre énigme.

François MAURIAC, *Bloc-Notes*, « L'Express », 3 septembre 1959
© éd. Flammarion

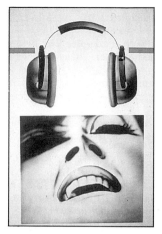

Peter Klasen,
Écouteur et télé,
1971.

LECTURE MÉTHODIQUE

1. Le peuple américain. Quelles images dominantes en retient Mauriac ? Relevez les termes dépréciatifs.

2. Quel **idéal de vie** Mauriac oppose-t-il à sa vision de la culture américaine ?

3. Deux **musiques opposées**, selon Mauriac (lignes 22-23). Qu'en pensez-vous ?

4. Comment, à la fin du texte, Mauriac **relativise-t-il son jugement** ?

Georges Bernanos (1888-1948)

Du journaliste militant...

Personnage entier, **Georges Bernanos** mène une vie et une carrière également aventureuses. Élève des Jésuites, licencié en droit et en lettres, il milite à l'Action française, dirige l'hebdomadaire royaliste *L'Avant-garde de Normandie*, puis entame en 1913-1914 une polémique avec Alain, le philosophe du radicalisme.

... à l'écrivain révolté

Vers 1930, il rompt avec ses amis d'extrême-droite et commence une évolution qui le conduira à une critique acerbe des principes politiques, littéraires, sociologiques qu'il avait jusqu'alors acceptés et défendus. Cette évolution se combine avec son entrée (tardive) en littérature. Certes, il a déjà publié en 1926 *Sous le soleil de Satan*, mais c'est avec *La Joie* (prix Femina, 1929), et surtout *La Grande Peur des bien-pensants* (1931) qu'il conquiert la notoriété, vitupérant dans ce dernier texte le conformisme des milieux catholiques.

Son retour au roman s'effectue avec *Le Journal d'un curé de campagne* (1936). La guerre d'Espagne, où il prend fait et cause pour les républicains, lui inspire *Les Grands Cimetières sous la lune* (1938). Les atrocités de cette guerre sont également à l'origine de la *Nouvelle Histoire de Mouchette*, publiée en 1937.

En juillet 1938, Bernanos s'embarque pour l'Amérique du Sud, d'où il ne reviendra qu'en 1945, à la demande du général de Gaulle.

1926	*Sous le soleil de Satan*	**1942**	*Lettre aux Anglais* (publié au Brésil)
1927	*L'Imposture*		
1929	*La Joie*	**1946**	*Monsieur Ouine*
1931	*La Grande Peur des bien-pensants*	**1947**	*La France contre les robots*
1935	*Un crime*	**1948**	*Le Chemin de la Croix-des-Âmes*
1936	*Journal d'un curé de campagne*	**1949**	*Dialogue des Carmélites* (théâtre, posthume)
1937	*Nouvelle Histoire de Mouchette*	**1950**	*Un mauvais rêve* (posthume)
1938	*Les Grands Cimetières sous la lune*	**1953**	*La Liberté, pour quoi faire ?* (posthume)
1939	*Scandale de la vérité* (publié au Brésil)	**1956**	*Le Crépuscule des vieux* (posthume)
1940	*Les Enfants humiliés* (publié au Brésil)	**1969**	*Le Lendemain, c'est vous* (posthume)

Journal d'un curé de campagne (1936)

Ce roman de **Georges Bernanos**, écrit à la première personne, prend la forme d'**un journal intime** qui est autant celui du prêtre, motif de la création, que de l'écrivain. Le curé d'Ambricourt souffre du « silence » de Dieu et réussit pourtant à faire face à l'incompréhension du village comme à la maladie qui le ronge. Ce livre est **un vrai chemin de croix** qui procède de la nuit vers la lumière. Le Journal s'est ouvert sur un paysage de pluie en automne. Il s'achève à l'aube, en hiver, alors que se meurt un homme qui, sur le seuil de la Résurrection, déclare que « tout est grâce ».

Le péché

Affiche du *Journal d'un curé de campagne*, film de Robert Bresson, 1951.

Hier, confessions. De trois à cinq, les enfants. J'ai commencé par les garçons, naturellement.

Que Notre-Seigneur les aime, ces petits ! Tout autre qu'un prêtre, à ma place, sommeillerait à leur monotone ronron qui ressemble trop souvent à la simple
5 récitation de phrases choisies dans l'Examen de conscience, et rabâchées chaque fois... S'il voulait voir clair, poser des questions au hasard, agir en simple curieux, je crois qu'il n'échapperait pas au dégoût. L'animalité paraît tellement à fleur de peau ! Et pourtant !

Que savons-nous du péché ? Les géologues nous apprennent que le sol qui
10 nous semble si ferme, si stable, n'est réellement qu'une mince pellicule au-dessus d'un océan de feu liquide et toujours frémissante comme la peau qui se forme sur le lait prêt à bouillir... Quelle épaisseur a le péché ? A quelle profondeur faudrait-il creuser pour retrouver le gouffre d'azur ?...

La prière

Oh ! je sais parfaitement que le désir de la prière est déjà une prière, et que Dieu n'en saurait demander plus. Mais je ne m'acquittais pas d'un devoir. La prière m'était à ce moment aussi indispensable que l'air à mes poumons, que l'oxygène à mon sang. Derrière moi, ce n'était plus la vie quotidienne, familière,
5 à laquelle on vient d'échapper d'un élan, tout en gardant au fond de soi-même la certitude d'y rentrer dès qu'on le voudra. Derrière moi il n'y avait rien. Et devant moi un mur, un mur noir.

Nous nous faisons généralement de la prière une si absurde idée ! Comment ceux qui ne la connaissent guère — peu ou pas — osent-ils en parler avec tant
10 de légèreté ? Un trappiste, un chartreux, travaillera des années pour devenir un homme de prière, et le premier étourdi venu prétendra juger de l'effort de toute une vie ! Si la prière était réellement ce qu'ils pensent, une sorte de bavardage, le dialogue d'un maniaque avec son ombre, ou moins encore — une vaine et superstitieuse requête en vue d'obtenir les biens de ce monde, — serait-il
15 croyable que des milliers d'êtres y trouvassent jusqu'à leur dernier jour, je ne dis pas même tant de douceurs — ils se méfient des consolations sensibles — mais une dure, forte et plénière joie ! Oh ! sans doute, les savants parlent de suggestion. C'est qu'ils n'ont sûrement jamais vu de ces vieux moines, si réfléchis, si sages, au jugement inflexible, et pourtant tout rayonnants d'entendement et
20 de compassion, d'une humanité si tendre. Par quel miracle ces demi-fous, prisonniers d'un rêve, ces dormeurs éveillés semblent-ils entrer plus avant chaque jour dans l'intelligence des misères d'autrui ? Étrange rêve, singulier opium qui, loin de replier l'individu sur lui-même, de l'isoler de ses semblables, le fait solidaire de tous, dans l'esprit de l'universelle charité !
25 J'ose à peine risquer cette comparaison, je prie qu'on l'excuse, mais peut-être satisfera-t-elle un grand nombre de gens dont on ne peut attendre aucune réflexion personnelle s'ils n'y sont d'abord encouragés par quelque image inattendue qui les déconcerte. Pour avoir quelquefois frappé au hasard, du bout des doigts, les touches d'un piano, un homme sensé se croirait-il autorisé à juger de
30 haut la musique ? Et si telle symphonie de Beethoven, telle fugue de Bach le laisse froid, s'il doit se contenter d'observer sur le visage d'autrui le reflet des hautes délices inaccessibles, n'en accusera-t-il pas que lui-même ?

Hélas ! on en croira sur parole des psychiatres, et l'unanime témoignage des Saints sera tenu pour peu ou rien. Ils auront beau soutenir que cette sorte
35 d'approfondissement intérieur ne ressemble à aucun autre, qu'au lieu de nous découvrir à mesure notre propre complexité il aboutit à une soudaine et totale illumination, qu'il débouche dans l'azur, on se contentera de hausser les épaules. Quel homme de prière a-t-il pourtant jamais avoué que la prière l'ait déçu ?

Georges BERNANOS, *Journal d'un curé de campagne* (1936), © éd. Plon

GROUPEMENT THÉMATIQUE
Le prêtre dans le roman français au XIXe et au XXe siècle
STENDHAL : *Le Rouge et le Noir*, 1830. — HUGO : *Notre-Dame de Paris*, 1831. — BALZAC : *Le Curé de Tours*, 1833. — FLAUBERT : *Madame Bovary*, 1857. — HUGO : *Les Misérables*, 1862. — BARBEY D'AUREVILLY : *Un prêtre marié*, 1865. — HUGO : *Quatrevingt-Treize*, 1873. — ZOLA : *La Faute de l'abbé Mouret*, 1875. — BERNANOS : *Sous le soleil de Satan*, 1926. — BATAILLE : *L'Abbé C.*, 1951. — BECK : *Léon Morin prêtre*, 1952. — CESBRON : *Les Saints vont en enfer*, 1952.

Nouvelle Histoire de Mouchette (1937)

*Pas de prêtre, pas de plaidoyer pour Dieu dans ce **roman de Bernanos consacré à un fait divers** : le viol d'une gamine de quatorze ans par un braconnier, puis son suicide. Mais la sobriété même du récit impose l'idée que Mouchette sera sauvée, que l'innocence humiliée et la misère bafouée trouveront une compensation au sein du surnaturel. Ce récit passe pour un modèle de **l'esthétique du non-dit**.*

Lendemain

Elle s'est réveillée en larmes, ou plutôt ce sont les larmes qui l'ont réveillée. Elles coulent de son menton dans son cou, elles ont trempé sa chemise. Son premier sentiment est moins de surprise que d'effroi, car elle n'a pas pleuré depuis bien longtemps, ou ces rares larmes de rage qui brûlent les yeux, sèchent à mesure sur les joues. Et surtout elle n'a jamais pleuré en rêve. Pleurer en dormant ! D'où viennent ces larmes dégoûtantes ?

La mince couverture a glissé par terre, elle sent de nouveau ce froid dans les os qui délie sa volonté, lui ôte jusqu'au souvenir de son malheur. Elle se lève à demi, et la douleur lui arrache un cri de colère. Du moins, le flot de larmes s'est tari, tandis qu'elle achève de s'asseoir, les genoux ramenés sur son ventre et les bras ceignant ses genoux, dans la posture qui lui est familière, lorsqu'elle s'efforce d'apprendre ses leçons. Un moment, elle lutte encore contre le sommeil, et soudain...

Heureuses les filles que la première étreinte laisse dans le remords, ou dans n'importe quel sentiment assez fort pour éveiller en elles autre chose que cette informe angoisse, que cet écœurement désespéré ! Pour réfléchir à sa dérisoire aventure, Mouchette fait un effort absurde. Elle ne réussit qu'à précipiter le cours des images hagardes qui lui donnent l'impression de ces cauchemars interminables, d'une affreuse monotonie dans l'horreur, qu'en vraie fille d'ivrognes il lui arrive de subir une nuit entière, et dont elle ne s'éveille parfois réellement que bien plus tard, à l'heure du souper, l'ayant portée tout un jour, ainsi qu'une bête invisible attachée à ses flancs.

La fuite de l'école, l'attente au bord du chemin, sa course errante à travers les taillis dans la grande colère du vent et le flagellement de la pluie, la rencontre de M. Arsène — cela n'arrive pas à faire une véritable histoire, cela n'a ni commencement ni fin, cela ressemblerait plutôt à une rumeur confuse qui remplit maintenant sa pauvre tête, une sorte de chant funèbre. Et quand cette rumeur se tait, monte tout à coup du silence, ainsi que d'une insondable nuit, du silence de tous ses sens, une certaine voix devenue presque inintelligible et qui prononce son nom, le nom de Mouchette, une voix si basse qu'elle peut à peine l'entendre, si familière, unique, qu'avant même que ses oreilles les aient perçues, les deux syllabes ont comme retenti dans sa poitrine. Car M. Arsène n'a prononcé son nom qu'une fois, au moment où...

Était-ce même son nom ? Cela tient du sanglot de l'homme et aussi du grondement de frayeur mêlée de colère, de l'animal menacé dans son gîte. Dieu ! c'est vrai qu'elle résiste bien à la souffrance mais il lui est arrivé « d'avoir son compte », comme dit le père. Alors, elle se couchait sous les coups sans honte, souhaitait d'être morte, incapable de rancune envers son bourreau, liée à lui par une sorte de sentiment inexplicable, obscurément solidaire de sa férocité, comme si elle partageait sa haine. C'étaient là des circonstances de la vie à quoi elle ne pouvait songer sans amertume. Mais, du moins, l'humiliation passée, elle recommençait à penser aux revanches futures, sentait renaître cet orgueil que rien, semblait-il, n'eût pu détruire sans la détruire elle-même. Et maintenant, cet orgueil achevait de mourir. Il était mort. Pourquoi ?

Georges BERNANOS, *Nouvelle Histoire de Mouchette* (1937), © éd. Plon

Modigliani, *Fillette aux nattes*. Coll. part.

Marcel Jouhandeau (1888-1979)

Enfant de Guéret, dans la Creuse, **Marcel Jouhandeau**, nourri de lectures chrétiennes dans son enfance, monte à Paris préparer une licence de lettres qui le destine à enseigner dans un collège privé, de 1912 à 1949. Après avoir publié *Les Pincengrain* en 1924, livre qui provoque un scandale, il épouse la danseuse « Caryathis » cinq ans plus tard. Malgré ce mariage avec cette Élise qui s'adonnera aussi à l'exercice des lettres, il ne parvient pas à se défaire de ses obsessions homosexuelles, qui lui inspirent des pages douloureuses et enflammées.

Deux thèmes caractérisent cette œuvre nombreuse et touffue : l'observation sarcastique telle qu'elle prend forme dans *Chaminadour* (1934-1941), évocation de la ville de Guéret à travers des contes brefs, des propos, des anecdotes qui dénoncent les défauts et les vices de la vie provinciale : avarice, chapardage, curiosité, brutalité ; l'autoportrait, à peine déguisé sous le masque de M. Godeau (*Monsieur Godeau intime*, 1923 ; *Monsieur Godeau marié*, 1933), ou nu (*De l'abjection*, 1939). A ce dernier genre appartiennent les fameuses *Chroniques maritales* (1938-1943), savoureuses ou insoutenables selon le regard que l'on y jette. Les rapports de Jouhandeau avec Élise y sont peints avec une cruauté lucide qui déroute le lecteur. Après guerre, Jouhandeau publiera d'autres volumes de souvenirs comme : *Scènes de la vie conjugale* (1948-1959), *Mémorial* (1950-1958) et *Journaliers* (1957-1982).

Chroniques maritales (1938-1943)

Plaisirs du duel

J'ai pris une femme à mon compte, alors que je n'en avais même pas besoin et j'ai certainement choisi (si tant est que j'aie eu voix au chapitre) celle qui était la moins faite pour moi apparemment.

Mon père et ma mère s'accordaient mal. Je passerai à mon tour ma vie avec
5 la femme la moins destinée à me comprendre, parce que justement peut-être je l'ai choisie. On choisit toujours ce qui est le moins fait pour soi, parce qu'on n'est sensible à rien plus qu'à ce qui étonne.

Attiré par ce qu'on devrait fuir, n'aime-t-on pas presque toujours une heure ce qui sera le supplice du reste de la vie et peut-être de l'éternité ?
10 Le jeu des contraires aidant, ne nous attache que ce qui est le plus opposé à notre nature et nous l'épousons sous le signe de la contradiction qui est aussi celui de l'amour.

Heureusement j'ai institué entre nous deux une justice qu'elle subit et dont le rythme m'amuse à force d'être précis et cruel.
15 Il est certain que tout ce que j'aime a trouvé en elle condamnation et hostilité, que si je hais quelqu'un, que si ma vraie nature en moi a le droit de haïr quelqu'un, que si je respire contre quelqu'un, c'est contre Elle et cependant c'est avec Elle que je vis et aussi intimement que ma main gauche avec ma main droite, c'est auprès d'elle que tous mes instants de jour et de nuit s'écoulent et
20 il n'est pas moins vrai que je ne suis pas incapable d'éprouver au même moment pour elle quelque tendresse qui doit se charger à mesure d'une égale ironie pour ne pas être un mensonge et que je puisse me supporter. Ainsi je mets constamment mon cœur au pas, je suis dans mon retranchement, dans ma tranchée et si je hisse le drapeau blanc, je sais qu'il n'y saurait s'agir de paix entre nous deux,
25 mais d'une trêve.

Marcel JOUHANDEAU, *Chroniques maritales* (1938-1943), © éd. Gallimard

Tu ne te promèneras pas

Élise prétend qu'elle sera toujours étrangère à la tendresse, parce que dès la première heure sa mère lui en a refusé le bénéfice et l'exemple.

Impossible avec elle de se détendre, de se reposer. J'ai décidé de sortir, mais comme je vais gagner la porte, elle me rappelle et me demande de lui rapporter

5 de l'huile ou bien du lard : ce rappel à la réalité à la porte du Bois, c'est tout elle et voilà ma promenade changée en corvée, si j'accepte. Rien ne m'ennuie comme d'avoir affaire, d'entrer chez les marchands, de compter ma monnaie, de porter des paquets.

Impossible avec elle de prendre un plaisir pur. D'emblée elle vous l'empoi-
10 sonne. Que je refuse aussi bien, du moment que je sais que je la laisse et que je la retrouverai mécontente, je ne me promène ni sans remords ni sans appréhension et c'est là un double supplice.

Élise doit avoir horreur du mot et de la chose : promenade. Une activité à ce point désintéressée est incompréhensible à sa nature, inadmissible, impardon-
15 nable pour elle. C'est cela qu'elle doit vouloir empêcher : qu'on se promène pour se promener. Si vous sortez, il faut au moins que cela serve à quelque chose et elle cherche ce que vous lui rapporterez.

Ce matin, je lui propose, c'est fête, de venir l'attendre à la porte de l'église après l'office. Majestueuse, belle, parée comme une reine, on la regarde avec
20 une sorte d'admiration qui me flatte. Gare à moi ! Elle ne me laissera pas longtemps jouir de ma vanité : au tournant de la rue Demours en effet, elle avise une petite voiture de primeurs et décide de faire son marché et de le faire pour la semaine. Elle achète cinq kilos de pommes de terre, autant de carottes, des asperges, des petits pois, du poisson, de la viande, et elle fait mettre le tout dans
25 un sac en serpillière, comme n'en portent que les maraîchers et par un beau dimanche, endimanché moi-même, après-midi, je dois revenir à la maison, mon épaule chargée de ce monstrueux bagage. Elle marche d'ailleurs sans honte ni gêne à mon côté et ce qu'il y a de paradoxal dans notre cortège, ce qui s'y mêle pour moi de grotesque, voire d'humiliant, loin de lui déplaire, la comble d'aise.
30 Je prends seulement pour vengeance un peu tard la résolution de m'abstenir désormais de toute prévenance, je veux dire, de tout espoir de connaître avec elle jamais la moindre douceur qu'elle ne change aussitôt en absinthe. On se croit son chevalier qui va l'attendre à la porte de l'Église et à peine a-t-on fait trois pas, elle vous a changé en son âne qu'elle mène au marché et qu'elle en ramène
35 chargé à crever.

Marcel JOUHANDEAU, *Chroniques maritales*
© éd. Gallimard

David Hockney, *Poireaux*, 1970.

POUR LE COMMENTAIRE

1. Ne peut-on voir ici une sorte de **réminiscence** des *Caractères*, de La Bruyère ?

2. Comment **le style** de Jouhandeau se calque-t-il sur la situation et sur les personnages ? Étudiez quelques effets dus à la chute de la phrase.

Sa nudité

Ce soir, elle se promène toute nue devant sa mère et devant moi. Je ne sais pourquoi je pense « nue comme un ver », selon l'expression de ma mère ; mais non, il y a là une horreur de la chair que je ne partage pas. C'est parce que la nudité au contraire me semble grave, secrète, sacrée, c'est parce que je respecte
5 au plus haut point le corps, notre corps que je n'en admets pas l'exhibition constante ni l'impudeur. Du moment qu'on peut se montrer tout entier, à tout moment à n'importe qui, montrer son ventre, son sexe, il n'y a plus aucun mystère à se donner, on n'a jamais su ce que c'était que de se refuser, de se garder. J'ai horreur de ces profusions sans délicatesse.
10 — Toute la journée Élise se promène toute nue devant son mari et devant moi, raconte sa mère chez les B. et les B. rapportent le propos ainsi : « Élise se promène toute la journée toute nue devant deux hommes. » Or, un jour la mère d'Élise, courroucée, vient trouver sa fille : « Sais tu, lui dit-elle, ce que les B. disent de toi partout ? que tu te promènes chez toi toute nue toute la journée
15 devant n'importe qui. » Élise se plaint ; les B. protestent : « Comment l'aurions-nous su si votre mère ne nous l'avait pas dit ? »

Je la regarde tricoter sur son lit, toute nue en effet, et l'impudence crierait chez une autre, mais l'application donne à son visage une telle dureté que toute équivoque est bannie. La nudité chez elle ne peut être qu'héroïque.

Marcel JOUHANDEAU, *Chroniques maritales*
© éd. Gallimard

Julien Green (né en 1900)

Photo de Robert Doisneau.

Écrivain né de parents américains, **Julien Green**, après des études secondaires en France, vit quelques années en Virginie et trouve dans les États du sud des États-Unis une atmosphère qui baigne nombre de ses romans, tels *Mont-Cinère* (1926) ou *Moïra* (1950). Toutefois plusieurs de ses plus sûres réussites ont pour cadre la province française : *Adrienne Mesurat* (1927) et *Léviathan* (1929).

L'unité de l'œuvre tient à la qualité de l'angoisse qui la hante, au regard jeté sur la misère et le vice humains : la démence, la jalousie, la claustration, la prostitution... Des personnages déréglés se déchirent dans la prison du malheur commun. Nul ne parvient à échapper à sa destinée ténébreuse.

Œuvre désespérée ? Non, car Green croit que dans la nuit où se débattent ses personnages subsiste un appel vers le jour qui se confond avec le sens sacré de l'invisible (*Le Visionnaire*, 1934), qui donne sens au chaos de la réalité. Un lien mystérieux unit la vie à la mort, le présent au passé. Romancier métaphysique à la façon de Bernanos et de Mauriac, Green fonde sur son expérience existentielle son élan spirituel.

Une mécanique romanesque très classique, et la dimension pascalienne qui lui sert d'horizon, confèrent à cette œuvre son originalité. Chaque roman est celui d'un être dévié de la route commune, contraint à une tragique découverte de soi. Un assez grand nombre de textes autobiographiques (*Partir avant le jour*, 1963 ; *Terre lointaine*, 1966 ; *Jeunes Années*, 1984 ; *Les Etoiles du Sud*, 1989) éclairent les sources d'une inspiration somme toute tragique, placée sous le signe du mal et du sexe, conjointement dénoncés comme fauteurs des tourments humains. De 1926 à 1983, Julien Green a publié douze volumes de son *Journal*.

Moïra (1950)

*** *Moïra*
Joseph Day tente de résister à la tentation de la chair. Son idéal mystique le soutient dans ce combat jusqu'au jour où il cède à l'attrait de Moïra. Il s'éveille après sa première nuit d'amour.

« *Et l'amour, c'était cela* »

Une sensation d'étouffement le tira de son sommeil, et par un geste subit il rejeta la lourde couverture qui lui remontait jusqu'à la bouche. Ses yeux se portèrent au plafond. Ils y virent une lueur qu'il ne reconnut pas tout d'abord parce qu'elle ressemblait un peu au reflet d'un incendie et il tourna instinctive-
5 ment la vue vers la cheminée, mais il n'avait pas allumé de feu. Il se souvint alors que la petite lampe avait roulé jusque sous le lit sans se briser, pendant la lutte.

Son corps ruisselait de sueur ; il leva un genou pour repousser un peu plus loin la couverture trop pesante, et dans l'éclairage incertain il vit son corps nu. Par habitude, il détourna les yeux. Tout contre son flanc, blotti dans son bras, il y
10 avait cet autre corps dont la respiration heureuse lui frôlait la poitrine. Peu à peu, chaque détail revenait à sa place dans sa mémoire : la femme qui se débattait en le suppliant, sur le plancher où ils étaient tombés, puis sur ce lit, et ce consentement soudain, cet incompréhensible abandon : elle avait cédé tout à coup ; tout à coup, elle était devenue pareille à une bête... Il posa une main sur
15 cette chair d'une douceur terrible et se leva d'un bond.

Dans l'air froid, ses dents claquèrent et de la nuque aux talons il sentit un frisson lui courir sur la peau. Le mot de Killigrew lui revint à la mémoire : *lupa*, la louve. C'était cela, Moïra, et l'amour, c'était cela. Il se couvrit de sa robe de

chambre dont il noua rageusement le cordon autour de sa taille, puis revint vers
20 le lit où, les yeux fermés, Moïra avançait une main engourdie vers la place vide.
— Réveille-toi ! commanda-t-il.
Elle passa le revers de la main sur son visage et souleva à moitié ses paupières.
— J'ai froid ! murmura-t-elle.
— Tu as froid, dit-il d'une voix changée.
25 Et ramassant à pleins bras la grosse couverture grise qui avait glissé sur le
plancher, il la fit retomber soudain sur la tête de la jeune femme. Moïra eut un
soubresaut qui faillit la jeter hors du lit, mais Joseph la maintint de toutes ses
forces sous cette énorme masse de laine d'où monta une plainte qui ressemblait
à un cri d'enfant.
30 — Tu as froid ! répéta-t-il avec fureur. Tu as froid, Moïra !
Le petit corps se retourna dans un sens, puis dans l'autre avec une violence
extraordinaire ; une telle énergie l'animait tout à coup que Joseph craignit qu'il
ne lui échappât et ses mains s'enfoncèrent si profondément dans la couverture
qu'elles reconnurent la forme des traits sous cette épaisseur.
35 Il soufflait, courbé sur elle. Des mots sans suite lui sortaient de la bouche et
à un moment il pleura sans le savoir. Lorsqu'elle fut parfaitement immobile, il
poussa un profond soupir et souleva la couverture, mais devant ce visage qui le
regardait, il fit un pas en arrière et demeura silencieux.

Julien GREEN, *Moïra* (1950)
© éd. Plon

POUR LE COMMENTAIRE
L'amant meurtrier
Comparez cette scène au meurtre
de Séverine par Jacques Lantier,
dans *La Bête humaine*, de Zola.

Jeunes années (1984)

L'affiche

Publicité pour les jeans
Loïs.

Je devenais si sensible à la beauté humaine qu'un visage me faisait oublier tous
les autres, sauf un. Le visage m'était comme un monde que je n'en finissais pas
d'explorer. Le corps, je n'y songeais guère. Un jour pourtant, j'eus une surprise
qui me bouleversa. Comme je me rendais en ville, je vis sur le mur d'une maison
5 une affiche aux dimensions insolentes qui montrait un jeune homme debout dans
ses sous-vêtements et qui, les mains sur les hanches, regardait ses jambes
comme pour en admirer la forme. Il y avait dans toute sa personne une sensualité
si provocante que j'eus l'impression d'avoir reçu un coup en plein visage.
Détourner les yeux, il n'en était pas question, je ne le pouvais pas, je restai là
10 comme un homme fasciné. Comment faire pour s'en aller ? Comment faire pour
ne pas voir ? Il y avait une légende au bas de l'affiche : « Jamais je ne me plais
autant que dans mes sous-vêtements X. » Ainsi parlait l'immense imbécile qui
souriait de ses dents parfaites. L'affiche resta en place une semaine ou deux, puis
on avisa qu'elle avait je ne sais quoi de malsain, et elle disparut, non sans m'avoir
15 fait beaucoup de mal. « Jamais je ne me plais autant... » J'étais poursuivi par
cette phrase et par l'image gigantesque qui l'accompagnait. L'attrait violent de
cette impudeur, je le ressentais comme une brûlure. J'aurais pu, moi aussi,
dessiner un jeune homme aussi plaisant à voir. Avec des crayons et du papier
à portée de la main, comment n'essayai-je pas de donner à mes rêves ce que
20 Blake appelait les linéaments du désir satisfait ! Je l'ignore. Le samedi après-
midi, j'allais me confesser dans la petite église de bois et je disais au prêtre que
j'avais eu de mauvaises pensées. Cette phrase banale, que pouvait-elle livrer de
la détresse intérieure ?

Julien GREEN, *Jeunes années* (1984)
© éd. du Seuil

2. Les valeurs héroïques

HENRY DE MONTHERLANT et **ANTOINE DE SAINT-EXUPÉRY**, deux aristocrates, apporteront une réponse orgueilleuse à la question posée à tous les écrivains de leur génération par la crise des valeurs spirituelles. Le néo-nietzschéisme permet au premier de construire une morale de l'action consistant en un refus de vivre dans les limites du quotidien. C'est également **le dépassement de soi** que prône Saint-Exupéry dans la vie et dans ses récits. Humanisme héroïque ou superbe égotisme ?

Comme Malraux et Céline, ces deux auteurs poursuivent leur quête en arpentant la terre. Sur une toile de fond aux couleurs variées, ils s'interrogent à partir d'actes, pensent leur situation au monde au travers de leurs expériences.

Le roman ne se concentre pas sur l'âme, mais s'ouvre sur le monde, sur le sens à donner à l'aventure humaine telle qu'elle s'engage dans l'espace et dans le temps, au gré des aléas de la vie privée et de l'histoire politique.

Henry de Montherlant (1896-1972)

Élevé dans un milieu familial fier de sa noblesse, **Henry de Montherlant** cultive tôt le mythe de sa « différence » : la grandeur du monde romain enflamme l'imagination de l'enfant, la passion de la tauromachie saisit l'adolescent à treize ans. L'arène (*Les Bestiaires* 1926), le sport, le stade (*Les Olympiques*, 1924), la guerre (*Le Songe*, 1922) seront célébrés dans le même mouvement « solaire ».

En 1925, Montherlant quitte Paris et parcourt l'Espagne, l'Italie, l'Afrique du Nord pendant sept années avec la volonté de se désolidariser de la société et de ses règles, et de rechercher le rythme essentiel de la Nature, le secret de la vie et des sensations pures. Ses voyages l'amènent à jouer avec « les bonheurs qu'il déchire et rejette », à exalter le plaisir sensuel et la liberté.

Le retour en France est marqué par la publication des *Célibataires* (1934) qui traite, sur un mode naturaliste, des délaissés. Ce succès est suivi des quatre volumes des *Jeunes Filles* (1936-1939) qui connaissent, malgré un caractère « cynique », un tirage considérable. *Service inutile* (1935) regroupe des essais consacrés à la défense d'une morale individuelle exigeante : l'homme ne doit prendre en compte que la partie la plus haute de lui-même, se libérer des circonstances, développer en soi la « passion de l'indifférence ».

Après la défaite de 1940, Montherlant, résigné à la victoire des plus forts, décide de travailler à la « renaissance » du pays, ce qui le range dans le camp des collaborateurs. Le théâtre devient alors un mode d'expression majeur de l'artiste : douze pièces entre 1942 et 1965. *La Reine morte* inaugure cette prestigieuse série entièrement axée autour de la connaissance profonde, tragique de l'homme : tragédies de la peur, de l'aveuglement, de la faiblesse, de l'honnêteté. *Le Maître de Santiago* (1947) et *La Ville dont le prince est un enfant* (1951), *Port-Royal* (1954) illustrent la veine chrétienne ; *Malatesta* (1950) se veut d'inspiration romaine ; *Fils de personne* (1943), *Demain il fera jour* (1949) traitent de sujets contemporains.

Enfin, retour au roman lors des dernières années avec *Le Chaos et la nuit* (1963), où domine l'angoisse de la mort. Logique avec sa morale héroïque, Montherlant choisit de mettre lui-même fin à ses jours, le 21 septembre 1972.

1922	*Le Songe*	**1943**	*Fils de personne* (théâtre)
1924	*Les Olympiques*	**1948**	*Le Maître de Santiago* (théâtre)
1926	*Les Bestiaires*	**1950**	*Malatesta* (théâtre)
1929	*L'Exil*	**1951**	*La Ville dont le prince est un enfant* (publication)
1934	*Les Célibataires*	**1954**	*Port-Royal* (théâtre)
1936-1939	*Les Jeunes Filles*	**1960**	*Le Cardinal d'Espagne* (théâtre)
1942	*La Reine morte* (théâtre)	**1969**	*Les Garçons*

Les Bestiaires (1926)

*Fasciné, dès l'adolescence, par l'Espagne et l'univers de la tauromachie, **Henry de Montherlant** a lui-même pratiqué en 1925 l'art tauromachique. Cette expérience est relatée dans Les Bestiaires (1926), où l'auteur, au travers des aventures de son héros Alban de Bricoule, évoque le monde de la corrida. Dans cette épreuve tragique, Montherlant voit une véritable cérémonie, un sacrifice sanglant hérité de l'ancienne religion de Mithra.*

L'arène

Illustration de Deluermoz
pour *Les Bestiaires*. Paris,
B.N.

Pour la séparer plus encore du ciel, elle était écrasée sous un treillis de fils semblable à une grande toile d'araignée, et soutenant des lampes électriques, car on y donnait des courses nocturnes. Elle était faite de briques rouges réunies à la va-comme-je-te-pousse, et ses portes pareillement étaient rouges, mais d'un
5 rouge plus foncé, couleur de vin ou de sang séché. Et ces briques mal jointes, posées à même sur le toit dénivelé, ces moellons hérissés dans le mur, ces panneaux de portes qui jouaient, le sol pelé et raboteux qui l'entourait en moutonnant, lui donnaient un air hirsute et farouche, comme celui des taureaux, en hiver, quand ils ont le poil long. Jamais Alban n'avait vu des arènes manquer
10 de luxe à ce point. Elles étaient vraiment réduites pour l'essentiel : la course, le culte, et hors cela, rien. Encore, dans la technique même de la course, on n'imaginait pas qu'y pussent trouver place les fantaisies familières aux grands cirques : ce qu'on devait célébrer ici, c'était un duel sauvage et nu. *De verdad.*
Les trois hommes firent le tour de la plaza, cherchant la porte des corrals.
15 Église, comme les autres églises d'Espagne à cette heure, elle semblait hermétiquement close. Partout les portes couleur de sang, bardées de gros clous, de grosses serrures. Derrière, au pied de son mur, on voyait le trou par où, demain soir, les victimes égorgées, elle se viderait de sang à même la place publique, comme une bête, elle aussi.
20 Un judas donnait vue sur une cour intérieure. Ayant frappé avec le marteau de fer forgé, ils entrèrent. Dans la cour, un garçon ferrait à froid les chevaux de demain, prenant dans un tas de vieux fers rouillés, retirés aux chevaux tués de la dernière course : ainsi les fers resservaient indéfiniment. On entendait le son d'argent du marteau, et le claquement des sabots sur le pavé râpeux et rose.
25 On les fit grimper, par un petit escalier de bois, sur une passerelle d'où l'on dominait les taureaux.
Parqués tous les quatre dans un enclos, où d'étroites ouvertures de la palissade permettaient d'entrer, deux d'entre eux étaient couchés dans la bande d'ombre que portait le mur, avec une majesté de patriarches ; mais le Mauvais Ange
30 restait debout. Un autre, parce que l'eau de l'abreuvoir était chaude de soleil, avançait les naseaux sous le robinet même, d'où l'eau sortait fraîche, et la buvait tandis qu'elle gouttait : il était bien malin, malgré ses grandes cornes. Des chiens naviguaient là-dedans comme chez eux. Un roquet, tout cynique, ce qui est assez naturel, allait faire ses besoins sous leur nez, irritant de quiétude : ah ! il prenait
35 son temps. (Alban aima que le Galgo ne témoignât nul désir d'aller frayer avec cette canaille.) De petits oiseaux, aussi, rasaient de leur vol les grands corps, se posaient sur les mangeoires, contre les mufles. Et l'innocence, la familiarité de toutes ces créatures entre elles isolaient les trois hommes dans la complicité du meurtre.
40 Au bruit fait au-dessus de leurs têtes, on vit les yeux des fauves s'éveiller. Ceux qui étaient couchés se levèrent, avec un meuglement de mécontentement. Seul, le taureau d'Alban dressa la tête, ayant repéré tout de suite la direction du bruit. Et de nouveau ses yeux croisèrent ceux d'Alban, se posèrent sur lui avec une insistance humaine.
45 — On dirait qu'il vous reconnaît, dit Esparraguera.

Henry de MONTHERLANT, *Les Bestiaires* (1926)
© éd. Gallimard

Le Démon du bien (1937)

Le Démon du bien (1937) est le troisième volume d'une série romanesque comprenant trois autres titres : Les Jeunes Filles (1936), Pitié pour les femmes (1936), Les Lépreuses (1939), et qui a pour héros un Don Juan cynique et libertin, Pierre Costals, écrivain célèbre assailli par des jeunes femmes éprises de lui : l'intellectuelle provinciale, la folle mystique, la petite tranquille.

Une conquête...

Lithographie de Mariette Lydis pour *Les Jeunes Filles.* Paris. B.N.

Tout de suite Costals vint au principal :
— Votre mère vous a raconté notre entretien d'hier ?
— Oui.
— Vos affaires sont en bonne voie. Je suis convaincu que *cette chose* aura
5 lieu. Laissez-moi faire. Mais, ma pauvre fille, que pouvez-vous penser de ces atermoiements ?
Elle tourna son visage vers lui et elle dit avec simplicité :
— J'attends...
Pauvre petite ! Quelle soumission ! Oui, elle était patiente, patiente comme...
10 (Costals pensait presque toujours par comparaisons) patiente comme une jument.
Devant la vitrine d'un décorateur, il l'arrêta.
— Ce tapis est beau. Bien salissant, malheureusement... Aimez-vous ce mode d'éclairage ?
15 C'était la première fois qu'il lui parlait d'un arrangement d'intérieur. Ils entrèrent, et, pendant un long moment, causèrent avec le marchand. Il en éprouvait de la douceur, non seulement parce que cela l'engageait davantage (« Maintenant, je ne peux plus revenir en arrière »), mais parce que cet avenir qu'il préparait lui était agréable. De son portefeuille il sortit un petit croquis, et le lui montra :
20 c'était un croquis d'appartement. Une des pièces était marquée : « Chambre Sol. »
— J'ai mis votre chambre et la mienne aux deux extrémités de l'appartement, pour les jours où j'en aurai de vous par-dessus la tête.
Elle ne répondit pas, mais il sentit sa main qui cherchait la sienne.
25 Dans un thé, durant une heure, il retrouva l'atmosphère du dimanche à la cuisine, quand il l'avait jugée si sérieuse. Mais quel pas était fait depuis lors ! Cette heure se passa à causer de leur avenir, et de l'appartement, qui devrait être « blond comme du marbre de Paros », et des domestiques, qui « ne devraient pas être trop intelligents », et de la table, qui devrait être « abondante, mais résolu-
30 ment médiocre » (il avait remarqué qu'elle était portée sur la bouche, et n'aimait pas cela.) Et tatata, et tatata, tout cela aisé, familier, cordial, — et si simple ! Impossible de la traiter davantage comme sa femme. (Et sa douce voix, si de bonne maison.) En tout il trouvait qu'elle allait au-devant de ses goûts. « Elle ne me dérangera pas », se disait-il, avec une certaine stupéfaction. « Peut-être même
35 rendra-t-elle service à mon travail, en éloignant mes amis. » Un instant, il songea à avancer la célébration de *la chose*. Souvent elle se tournait brusquement vers lui, et, plus petite que lui, elle levait un peu les yeux en souriant, avec dans le regard une expression de tendresse rayonnante, comme pour le remercier de lui donner son amour, qui n'était pas de l'amour, mais un sincère attachement.
40 — Vous vous êtes trouvée là, c'est vous que j'ai prise. Oui, si cette chose se fait, je vous aurai prise un peu au hasard, pour que ce soit vraiment la vie, la plupart des mariages se faisant au hasard. J'ai voulu me mettre dans les conditions normales du mariage, et c'est pourquoi, volontairement, je me serai marié dans des conditions absurdes. J'ai voulu, aussi, ne pas donner trop de
45 chances à une réussite, avec la curiosité de voir ce que la sympathie et la bonne volonté réciproques pourraient tirer de là. Remarquez que je dis toujours : « si cette chose se fait ». Je ne vous donne aucune promesse. Vous vous exposeriez à d'horribles mécomptes si vous vous imaginiez que nous sommes fiancés. Quand je nous considérerai comme fiancés, je vous le dirai.

Henry de MONTHERLANT, *Le Démon du bien* (1937), © éd. Gallimard

POUR LE COMMENTAIRE

1. Analysez et expliquez **la conduite** de Costals.

2. **La technique narrative** de Montherlant : comment associe-t-il les actes, le dialogue, les variantes du monologue intérieur ?

3. En quoi **le style** de Montherlant (la forme et l'enchaînement des phrases) répond-il au cynisme de son personnage ?

Antoine de Saint-Exupéry (1900-1944)

Une enfance heureuse sert de cadre aux premières années de celui qui devait devenir l'aviateur-écrivain du siècle. **Antoine de Saint-Exupéry**, dès l'âge de douze ans, s'intéresse aux avions. Il apprend à piloter après son échec à Navale et se destine à devenir pilote de ligne pour la société Latécoère. Il appartient à cette génération de bricoleurs héroïques qui, comme Costes et Bellonte, Nungesser et Coli, Mermoz, ont fait progresser au travers de mille aventures périlleuses la technologie des airs. D'origine aristocratique, Saint-Exupéry a conscience de faire partie d'une nouvelle chevalerie. Ses livres et ses missions se confondent, ses paysages purs de ciel intact donnent sur une morale héroïque qui aboutit à une exaltation du goût de vivre, de la chance d'aimer autrui.

De nombreux accidents et son âge menacent de le faire interdire de vol, lorsqu'il obtient, en 1944, une dernière mission dont il ne reviendra pas. Ce héros du ciel finit ses jours en héros de la guerre. Disparu sans laisser de trace...

L'intérêt romanesque des textes de **Saint-Exupéry** *(Courrier Sud, 1928 ; Vol de nuit, 1931) tient d'abord à leur aspect documentaire, à* **leur dimension vécue***. Ensuite entre en ligne de compte* **la morale** *qui en ressort : le bonheur est d'agir pour faire reculer les limites de la mort. Dans les livres ultérieurs, Terre des hommes (1939), sorte d'essai autobiographique, Le Petit Prince (1943), parabole pour adultes sous un jour enfantin, la réflexion passe au premier plan. Que fait-on ici-bas ? Pour quelles valeurs s'engager ? L'obsession du désert, liée à un atterrissage forcé en 1935 qui a manqué se dénouer en tragédie, habite ces deux textes : que signifie la pureté immaculée du désert ? Son infini ? La « banquise solaire » ouvre les yeux de l'homme qui, pour y avoir risqué sa vie, a appris à mépriser les biens matériels, à ne faire confiance qu'à ceux de l'esprit et de la fraternité. L'humanité, c'est la* **conscience de la solidarité nécessaire entre les hommes***, une fois éprouvée l'expérience du dépassement de soi.*

1928	Courrier Sud	**1948**	Citadelle (inachevé, posthume)
1931	Vol de nuit	**1953**	Carnets (posthume)
			Lettres de jeunesse à l'amie
1939	Terre des hommes		inventée (posthume)
1942	Pilote de guerre	**1955**	Lettres à sa mère (posthume)
1943	Le Petit Prince	**1956**	Un sens à la vie (posthume)
	Lettre à un otage		

Vol de nuit (1931)

*** *Vol de nuit*
Vol de nuit évoque une équipe de l'Aéropostale en Amérique du Sud, aux premiers temps de l'aviation sur longue distance. Le courrier est devenu la raison de vivre de Rivière et de ses pilotes. Dans cette lutte pour surclasser le train, les hommes ont découvert le goût de se surpasser, le désir de renforcer leurs relations dans une cause collective. Une parabole sur le sens de la vie confrontée à la machine et à ses contraintes.

L'avion perdu

Ce papier plié en quatre le sauverait peut-être : Fabien le dépliait, les dents serrées.

« Impossible de s'entendre avec Buenos Aires. Je ne puis même plus manipuler, je reçois des étincelles dans les doigts. »

Fabien, irrité, voulut répondre, mais quand ses mains lâchèrent les commandes pour écrire, une sorte de houle puissante pénétra son corps : les remous le soulevaient, dans ses cinq tonnes de métal, et le basculaient. Il y renonça.

Ses mains, de nouveau, se fermèrent sur la houle, et la réduisirent.

Fabien respira fortement. Si le radio remontait l'antenne par peur de l'orage, Fabien lui casserait la 15 figure à l'arrivée. Il fallait, à tout prix, entrer en contact avec Buenos Aires, comme si, à plus de quinze cents kilomètres, on pouvait leur lancer une corde dans cet abîme. A défaut d'une tremblante lumière, d'une lampe d'auberge presque inutile, 20 mais qui eût prouvé la terre comme un phare, il lui fallait au moins une voix, une seule, venue d'un monde qui déjà n'existait plus. Le pilote éleva et balança le poing dans sa lumière rouge, pour faire comprendre à l'autre, en arrière, cette tragique

25 vérité, mais l'autre, penché sur l'espace dévasté, aux villes ensevelies, aux lumières mortes, ne la connut pas.

Fabien aurait suivi tous les conseils, pourvu qu'ils lui fussent criés. Il pensait : « Et si l'on me dit de 30 tourner en rond, je tourne en rond, et si l'on me dit de marcher plein sud... » Elles existaient quelque part ces terres en paix, douces sous leurs grandes ombres de lune. Ces camarades, là-bas, les connaissaient, instruits comme des savants, pen- 35 chés sur des cartes, tout-puissants, à l'abri de lampes belles comme des fleurs. Que savait-il, lui, hors des remous et de la nuit qui poussait contre lui, à la vitesse d'un éboulement, son torrent noir ? On ne pouvait abandonner deux hommes parmi ces trom- 40 bes et ces flammes dans les nuages. On ne pouvait pas. On ordonnerait à Fabien « Cap au deux cent quarante... » Il mettrait le cap au deux cent quarante. Mais il était seul.

Il lui parut que la matière aussi se révoltait. Le 45 moteur, à chaque plongée, vibrait si fort que toute la masse de l'avion était prise d'un tremblement comme de colère. Fabien usait ses forces à dominer l'avion, la tête enfoncée dans la carlingue, face à l'horizon gyroscopique car, au dehors, il ne distin- 50 guait plus la masse du ciel de celle de la terre, perdu dans une ombre où tout se mêlait, une ombre d'origine des mondes. Mais les aiguilles des indicateurs de position oscillaient de plus en plus vite, devenaient difficiles à suivre. Déjà le pilote, qu'elles 55 trompaient, se débattait mal, perdait son altitude, s'enlisait peu à peu dans cette ombre. Il lut sa hauteur « cinq cents mètres ». C'était le niveau des collines. Il les sentit rouler vers lui leurs vagues vertigineuses. Il comprenait aussi que toutes les 60 masses du sol, dont la moindre l'eût écrasé, étaient comme arrachées de leur support, déboulonnées, et commençaient à tourner, ivres, autour de lui. Et commençaient, autour de lui, une sorte de danse profonde et qui le serrait de plus en plus.

65 Il en prit son parti. Au risque d'emboutir, il atterrirait n'importe où. Et, pour éviter au moins les collines, il lâcha son unique fusée éclairante. La fusée s'enflamma, tournoya, illumina une plaine et s'y éteignit : c'était la mer.

70 Il pensa très vite : « Perdu. Quarante degrés de correction, j'ai dérivé quand même. C'est un cyclone. Où est la terre ? » Il virait plein ouest. Il pensa : « Sans fusée maintenant, je me tue. » Cela devait arriver un jour. Et son camarade, là, derrière... « Il a 75 remonté l'antenne, sûrement. » Mais le pilote ne lui en voulait plus. Si lui-même ouvrait simplement les mains, leur vie s'en écoulerait aussitôt, comme une poussière vaine. Il tenait dans ses mains le cœur battant de son camarade et le sien. Et soudain ses 80 mains l'effrayèrent.

Dans ces remous en coups de bélier, pour amortir les secousses du volant, sinon elles eussent scié les câbles de commandes, il s'était cramponné à lui, de toutes ses forces. Il s'y cramponnait toujours. Et 85 voici qu'il ne sentait plus ses mains endormies par l'effort. Il voulut remuer les doigts pour en recevoir un message : il ne sut pas s'il était obéi. Quelque chose d'étranger terminait ses bras. Des baudruches insensibles et molles. Il pensa : « Il faut m'imaginer 90 fortement que je serre... » Il ne sut pas si la pensée atteignait ses mains. Et comme il percevait les secousses du volant aux seules douleurs des épaules : « Il m'échappera. Mes mains s'ouvriront... » mais s'effraya de s'être permis de tels mots, car il 95 crut sentir ses mains, cette fois, obéir à l'obscure puissance de l'image, s'ouvrir lentement, dans l'ombre, pour le livrer.

Il aurait pu lutter encore, tenter sa chance : il n'y a pas de fatalité extérieure. Mais il y a une fatalité 100 intérieure : vient une minute où l'on se découvre vulnérable ; alors les fautes vous attirent comme un vertige.

Et c'est à cette minute que luirent sur sa tête, dans une déchirure de la tempête, comme un appât 105 mortel au fond d'une nasse, quelques étoiles.

Il jugea bien que c'était un piège : on voit trois étoiles dans un trou, on monte vers elles, ensuite on ne peut plus descendre, on reste là à mordre les étoiles...

110 Mais sa faim de lumière était telle qu'il monta.

Antoine de Saint-Exupéry,
Vol de nuit (1931)
© éd. Gallimard

Terre des hommes (1939)

Terre des hommes *(1939), reportage romancé de* **Saint-Exupéry***, après un long silence romanesque qui s'explique par l'abondance et l'importance de ses missions : pilote de ligne, pilote d'essai, il a été également correspondant de guerre en Espagne, avant un grave accident survenu alors qu'il tentait la liaison New York-Terre de feu (1938). Il présente dans ce texte* **une méditation sur l'humanité***, tout en faisant de l'avion un instrument d'analyse original au service des plus anciens thèmes moraux. Parmi les sujets abordés : ses débuts, ses camarades Mermoz et Guillaumet, l'avenir de la civilisation technique, les leçons du désert.* **Un chant d'espoir et un hymne à la fraternité humaine***.*

3. Albert Camus (1913-1960)

Albert Camus.
Photo d'Henri Cartier-Bresson.

Une jeunesse tourmentée

Né à Mondovi en Algérie, **Albert Camus**, qui mourra à la suite d'un accident de voiture, a connu un destin littéraire exceptionnel, son personnage ayant acquis une dimension mythique pour avoir su exprimer le mal du siècle de la façon la plus sobre et la plus expressive possible, à travers deux textes majeurs : *L'Étranger* (1942), *La Peste* (1947).

D'un milieu social modeste, orphelin de son père tué à la guerre, Camus, qui grandit à Alger, obtient une bourse qui lui permet d'accéder au lycée. A dix-sept ans, il est atteint d'une tuberculose qui lui ferme la porte de l'enseignement. Il poursuit toutefois ses études de philosophie. Il écrit ses premiers essais, fréquente quelque temps le parti communiste, fait l'expérience d'un mariage raté qui le trouble beaucoup. La première œuvre imprimée est *L'Envers et l'Endroit* (1937), recueil d'essais méditatifs. Tandis qu'il achève ses études, il se passionne un temps pour le théâtre, monte sur les planches tout en animant une troupe. S'il quitte le parti communiste, il n'en condamne pas moins les excès de la politique coloniale, dans des articles publiés par la presse algéroise.

De l'absurde à la révolte

L'écriture s'affermit à la veille de la guerre : *Noces* (1939) réunit des réflexions lyriques, le thème de *Caligula* se modèle à travers une première version de la pièce.

La maladie empêche Camus de rejoindre l'armée en 1939, mais il se rend cependant en métropole où il termine la rédaction de *L'Étranger* (1942), immédiatement voué à un grand succès. Malraux et Sartre soutiennent le jeune écrivain qui devient un collaborateur du journal clandestin *Combat*. Les ouvrages se succèdent : *Le Mythe de Sisyphe* (1942), *Caligula* (1945), *La Peste* (1947).

Au lendemain de la libération, le théâtre semble être devenu sa préoccupation majeure, puisqu'il y donne *L'État de siège* (1948) et *Les Justes* (1949). Mais l'œuvre décisive, ce sera un essai, objet de tous les scandales intellectuels, *L'Homme révolté* (1951), qui coupe le philosophe-écrivain de ses amis existentialistes et de toute une partie de la gauche révolutionnaire. Des rechutes de tuberculose, des drames personnels, la tragédie algérienne altèrent son moral et cultivent en lui la dépression. Sa fécondité littéraire se tarit : il ne donnera plus qu'une œuvre romanesque — et déroutante — *La Chute* (1956). Il jette ses dernières forces dans une adaptation des *Possédés*, de Dostoïevski, et dans ses *Réflexions sur la guillotine*. Il tente en vain de plaider la trêve civile en Algérie en 1956. Le prix Nobel lui échoit un an plus tard.

1937	*L'Envers et l'Endroit* (essai)	**1951**	*L'Homme révolté* (essai)
1939	*Noces* (essai)	**1952**	*Les Temps modernes* publie sa réponse à Sartre
1942	*L'Étranger* *Le Mythe de Sisyphe* (essai)	**1954**	*L'Été* (essai)
1943	*Lettres à un ami allemand*	**1956**	*La Chute*
1944	*Le Malentendu* (théâtre)	**1957**	*L'Exil et le Royaume* (nouvelles) *Réflexions sur la peine capitale* (en collaboration avec Arthur Koestler)
1945	*Caligula* (théâtre)		
1947	*La Peste*		
1948	*L'État de siège* (théâtre)	**1962-1964**	*Carnets* (posthume)
1949	*Les Justes* (théâtre)		
1950-1958	*Actuelles* I à III	**1971**	*La Mort heureuse* (première version de *L'Étranger*)

Albert Camus *L'Étranger* (1942)

*Meursault mène à Alger une vie indifférente : ni la mort de sa mère, ni sa liaison avec Marie ne paraissent l'intéresser ou le troubler. Se croyant menacé, il tue un Arabe sur une plage déserte : cet événement fait basculer son existence dans le drame. Il s'entend condamner à mort sans sourciller. Se révèle alors à lui **le sens de son indifférence de naguère** : tout homme est un condamné en sursis, et la seule façon de gérer cette absurdité est de vivre absurdement.*

Gens de justice

Eau-forte de Mayo pour
L'Étranger, 1946.

L'avocat général a dit qu'à la suite des déclarations de Marie à l'instruction, il avait consulté les programmes de cette date. Il a ajouté que Marie elle-même dirait quel film on passait alors. D'une voix presque blanche, en effet, elle a indiqué que c'était un film de Fernandel. Le silence était complet dans la salle
5 quand elle a eu fini. Le procureur s'est alors levé, très grave et d'une voix que j'ai trouvée vraiment émue, le doigt tendu vers moi, il a articulé lentement : « Messieurs les jurés, le lendemain de la mort de sa mère, cet homme prenait des bains, commençait une liaison irrégulière, et allait rire devant un film comique. Je n'ai rien de plus à vous dire. » Il s'est assis, toujours dans le silence.
10 Mais, tout d'un coup, Marie a éclaté en sanglots, a dit que ce n'était pas cela, qu'il y avait autre chose, qu'on la forçait à dire le contraire de ce qu'elle pensait, qu'elle me connaissait bien et que je n'avais rien fait de mal. Mais l'huissier, sur un signe du président, l'a emmenée et l'audience s'est poursuivie.
C'est à peine si, ensuite, on a écouté Masson qui a déclaré que j'étais un
15 honnête homme « et qu'il dirait plus, j'étais un brave homme ». C'est à peine encore si on a écouté Salamano quand il a rappelé que j'avais été bon pour son chien et quand il a répondu à une question sur ma mère et sur moi en disant que je n'avais plus rien à dire à maman et que je l'avais mise pour cette raison à l'asile. « Il faut comprendre, disait Salamano, il faut comprendre. » Mais personne ne
20 paraissait comprendre. On l'a emmené.
Le procureur s'est alors retourné vers le jury et a déclaré : « Le même homme qui au lendemain de la mort de sa mère se livrait à la débauche la plus honteuse a tué pour des raisons futiles et pour liquider une affaire de mœurs inqualifiable. »
Il s'est assis alors. Mais mon avocat, à bout de patience, s'est écrié en levant
25 les bras, de sorte que ses manches en retombant ont découvert les plis d'une chemise amidonnée : « Enfin, est-il accusé d'avoir enterré sa mère ou d'avoir tué un homme ? » Le public a ri. Mais le procureur s'est redressé encore, s'est drapé dans sa robe et a déclaré qu'il fallait avoir l'ingénuité de l'honorable défenseur pour ne pas sentir qu'il y avait entre ces deux ordres de faits une relation
30 profonde, pathétique, essentielle. « Oui, s'est-il écrié avec force, j'accuse cet homme d'avoir enterré une mère avec un cœur de criminel. » Cette déclaration a paru faire un effet considérable sur le public. Mon avocat a haussé les épaules et essuyé la sueur qui couvrait son front. Mais lui-même paraissait ébranlé et j'ai compris que les choses n'allaient pas bien pour moi.
35 L'audience a été levée. En sortant du palais de justice pour monter dans la voiture, j'ai reconnu un court instant l'odeur et la couleur du soir d'été. Dans l'obscurité de ma prison roulante j'ai retrouvé un à un, comme du fond de ma fatigue, tous les bruits familiers d'une ville que j'aimais et d'une certaine heure où il m'arrivait de me sentir content. Le cri des vendeurs de journaux dans l'air
40 déjà détendu, les derniers oiseaux dans le square, l'appel des marchands de sandwiches, la plainte des tramways dans les hauts tournants de la ville et cette rumeur du ciel avant que la nuit bascule sur le port, tout cela recomposait pour moi un itinéraire d'aveugle, que je connaissais bien avant d'entrer en prison. Oui, c'était l'heure où, il y avait bien longtemps, je me sentais content. Ce qui
45 m'attendait alors, c'était toujours un sommeil léger et sans rêves. Et pourtant quelque chose était changé puisque, avec l'attente du lendemain, c'est ma cellule que j'ai retrouvée. Comme si les chemins familiers tracés dans les ciels d'été pouvaient mener aussi bien aux prisons qu'aux sommeils innocents.

Albert CAMUS, *L'Étranger* (1942), © éd. Gallimard

POUR LE COMMENTAIRE

1. En quoi **le procès** de Meursault est-il faussé ?

2. Comment expliquer **l'acharnement** du procureur ?

3. Sur quels **thèmes**, et sur quel **ton**, le dernier paragraphe s'oppose-t-il à tout ce qui précède ?

4. Étudiez dans ce texte **les techniques de composition et d'écriture** qui servent l'effet d'« absurde ».

La Peste (1947)

*Le roman de **Camus** se présente comme la chronique d'une ville, Oran, ravagée par la peste. Les habitants réagissent soit avec courage, soit avec lâcheté, selon leur degré d'égoïsme ou de générosité. Toutes sortes de comportements se déploient : ainsi l'homme pieux prie, le médecin combat le microbe. En tant que **parabole de la guerre**, ce livre a suscité de nombreuses controverses : peut-on mettre sur le même plan un fléau naturel et un drame voulu par les hommes ?*

Mort d'un enfant

Le docteur serrait avec force la barre du lit où gémissait l'enfant. Il ne quittait pas des yeux le petit malade qui se raidit brusquement et, les dents de nouveau serrées, se creusa un peu au niveau de la taille, écartant lentement les bras et les jambes. Du petit corps, nu sous la couverture militaire, montait une odeur de laine et d'aigre sueur. L'enfant se détendit peu à peu, ramena bras et jambes vers le centre du lit et, toujours aveugle et muet, parut respirer plus vite. Rieux rencontra le regard de Tarrou qui détourna les yeux.

Ils avaient déjà vu mourir des enfants puisque la terreur, depuis des mois, ne choisissait pas, mais ils n'avaient jamais encore suivi leurs souffrances minute après minute, comme ils le faisaient depuis le matin. Et, bien entendu, la douleur infligée à ces innocents n'avait jamais cessé de leur paraître ce qu'elle était en vérité, c'est-à-dire un scandale. Mais jusque-là du moins, ils se scandalisaient abstraitement, en quelque sorte, parce qu'ils n'avaient jamais regardé en face, si longuement, l'agonie d'un innocent.

Justement l'enfant, comme mordu à l'estomac, se pliait de nouveau, avec un gémissement grêle. Il resta creusé ainsi pendant de longues secondes, secoué de frissons et de tremblements convulsifs, comme si sa frêle carcasse pliait sous le vent furieux de la peste et craquait sous les souffles répétés de la fièvre. La bourrasque passée, il se détendit un peu, la fièvre sembla se retirer et l'abandonner, haletant, sur une grève humide et empoisonnée où le repos ressemblait déjà à la mort. Quand le flot brûlant l'atteignit à nouveau pour la troisième fois et le souleva un peu, l'enfant se recroquevilla, recula au fond du lit dans l'épouvante de la flamme qui le brûlait et agita follement la tête, en rejetant sa couverture. De grosses larmes, jaillissant sous les paupières enflammées, se mirent à couler sur son visage plombé, et, au bout de la crise, épuisé, crispant ses jambes osseuses et ses bras dont la chair avait fondu en quarante-huit heures, l'enfant prit dans le lit dévasté une pose de crucifié grotesque.

Tarrou se pencha et, de sa lourde main, essuya le petit visage trempé de larmes et de sueur. Depuis un moment, Castel avait fermé son livre et regardait le malade. Il commença une phrase, mais fut obligé de tousser pour pouvoir la terminer, parce que sa voix détonnait brusquement :

— Il n'y a pas eu de rémission matinale, n'est-ce pas, Rieux ?

Rieux dit que non, mais que l'enfant résistait depuis plus longtemps qu'il n'était normal. Paneloux, qui semblait un peu affaissé contre le mur, dit alors sourdement :

— S'il doit mourir, il aura souffert plus longtemps.

Rieux se retourna brusquement vers lui et ouvrit la bouche pour parler, mais il se tut, fit un effort visible pour se dominer et ramena son regard sur l'enfant.

La lumière s'enflait dans la salle. Sur les cinq autres lits, des formes remuaient et gémissaient, mais avec une discrétion qui semblait concertée. Le seul qui criât, à l'autre bout de la salle, poussait à intervalles réguliers de petites exclamations qui paraissaient traduire plus d'étonnement que de douleur. Il semblait que, même pour les malades, ce ne fût pas l'effroi du début. Il y avait même, maintenant, une sorte de consentement dans leur manière de prendre la maladie. Seul, l'enfant se débattait de toutes ses forces. Rieux qui, de temps en temps, lui prenait le pouls, sans nécessité d'ailleurs et plutôt pour sortir de l'immobilité impuissante où il était, sentait, en fermant les yeux, cette agitation se mêler au tumulte de son propre sang. Il se confondait alors avec l'enfant supplicié et tentait de le soutenir de toute sa force encore intacte. Mais une minute réunies, les pulsations de leurs deux cœurs se désaccordaient, l'enfant lui échappait, et son effort sombrait dans le vide. Il lâchait alors le mince poignet et retournait à sa place.

Le long des murs peints à la chaux, la lumière passait du rose au jaune. Derrière la vitre, une matinée de chaleur commençait à crépiter. C'est à peine si on entendit Grand partir en disant qu'il reviendrait. Tous attendaient. L'enfant, les yeux toujours fermés, semblait se calmer un peu. Les mains, devenues comme des griffes, labouraient doucement les flancs du lit. Elles remontèrent, grattèrent la couverture près des genoux, et, soudain, l'enfant plia ses jambes, ramena ses cuisses près du ventre et s'immobilisa. Il ouvrit alors les yeux pour la première fois et regarda Rieux qui se trouvait

95 devant lui. Au creux de son visage maintenant figé
dans une argile grise, la bouche s'ouvrit, et presque
aussitôt, il en sortit un seul cri continu, que la
respiration nuançait à peine, et qui emplit soudain
la salle d'une protestation monotone, discorde, et si
100 peu humaine qu'elle semblait venir de tous les
hommes à la fois. Rieux serrait les dents et Tarrou
se détourna. Rambert s'approcha du lit près de
Castel qui ferma le livre, resté ouvert sur ses genoux.
Paneloux regarda cette bouche enfantine, souillée
105 par la maladie, pleine de ce cri de tous les âges. Et
il se laissa glisser à genoux et tout le monde trouva
naturel de l'entendre dire d'une voix, un peu étouffée, mais distincte derrière la plainte anonyme qui
n'arrêtait pas : « Mon Dieu, sauvez cet enfant. »
110 Mais l'enfant continuait de crier et, tout autour de
lui, les malades s'agitèrent. Celui dont les exclamations n'avaient pas cessé, à l'autre bout de la pièce,
précipita le rythme de sa plainte jusqu'à en faire, lui
aussi, un vrai cri, pendant que les autres gémissaient
115 de plus en plus fort. Une marée de sanglots déferla
dans la salle, couvrant la prière de Paneloux, et
Rieux, accroché à sa barre de lit, ferma les yeux, ivre
de fatigue et de dégoût.
Quand il les rouvrit, il trouva Tarrou près de lui.
120 — Il faut que je m'en aille, dit Rieux. Je ne peux
plus les supporter.
Mais brusquement, les autres malades se turent.
Le docteur reconnut alors que le cri de l'enfant avait
faibli, qu'il faiblissait encore et qu'il venait de s'ar-
125 rêter. Autour de lui, les plaintes reprenaient, mais
sourdement, et comme un écho lointain de cette
lutte qui venait de s'achever. Car elle s'était achevée.
Castel était passé de l'autre côté du lit et dit que
c'était fini. La bouche ouverte, mais muette, l'enfant
130 reposait au creux des couvertures en désordre, rapetissé tout d'un coup, avec des restes de larmes sur
son visage.
Paneloux s'approcha du lit et fit les gestes de la
bénédiction. Puis il ramassa ses robes et sortit par
135 l'allée centrale.
— Faudra-t-il tout recommencer ? demanda Tarrou à Castel.
Le vieux docteur secouait la tête.
— Peut-être, dit-il avec un sourire crispé. Après
140 tout, il a longtemps résisté.
Mais Rieux quittait déjà la salle, d'un pas si précipité, et avec un tel air, que lorsqu'il dépassa
Paneloux, celui-ci tendit le bras pour le retenir.
— Allons, docteur, lui dit-il.
145 Dans le même mouvement emporté, Rieux se
retourna et lui jeta avec violence :
— Ah ! celui-là, au moins, était innocent, vous le
savez bien !
Puis il se détourna et, franchissant les portes de
150 la salle avant Paneloux, il gagna le fond de la cour
d'école. Il s'assit sur un banc, entre les petits arbres
poudreux, et essuya la sueur qui lui coulait déjà dans
les yeux. Il avait envie de crier encore pour dénouer
enfin le nœud violent qui lui broyait le cœur. La

Oran. La rue de la Mosquée.

155 chaleur tombait lentement entre les branches des
ficus. Le ciel bleu du matin se couvrait rapidement
d'une taie blanchâtre qui rendait l'air plus étouffant.
Rieux se laissa aller sur son banc. Il regardait les
branches, le ciel, retrouvant lentement sa respira-
160 tion, ravalant peu à peu sa fatigue.
— Pourquoi m'avoir parlé avec cette colère ? dit
une voix derrière lui. Pour moi aussi, ce spectacle
était insupportable.
Rieux se retourna vers Paneloux :
165 — C'est vrai, dit-il. Pardonnez-moi. Mais la fatigue est une folie. Et il y a des heures dans cette ville
où je ne sens plus que ma révolte.
— Je comprends, murmura Paneloux. Cela est
révoltant parce que cela passe notre mesure. Mais
170 peut-être devons-nous aimer ce que nous ne pouvons pas comprendre.
Rieux se redressa d'un seul coup. Il regardait
Paneloux, avec toute la force et la passion dont il
était capable, et secouait la tête.
175 — Non, mon Père, dit-il. Je me fais une autre
idée de l'amour. Et je refuserai jusqu'à la mort
d'aimer cette création où des enfants sont torturés.
Sur le visage de Paneloux, une ombre bouleversée
passa.
180 — Ah ! docteur, fit-il avec tristesse, je viens de
comprendre ce qu'on appelle la grâce.
Mais Rieux s'était laissé aller de nouveau sur son
banc. Du fond de sa fatigue revenue, il répondit avec
plus de douceur :
185 — C'est ce que je n'ai pas, je le sais. Mais je ne
veux pas discuter cela avec vous. Nous travaillons
ensemble pour quelque chose qui nous réunit
au-delà des blasphèmes et des prières. Cela seul est
important.

Albert CAMUS, *La Peste* (1947), © éd. Gallimard

GROUPEMENT THÉMATIQUE

Épidémies d'autrefois et d'aujourd'hui

BOCCACE : *Le Décaméron*, 1350-1353. — Daniel DE FOË :
Journal de l'année de la peste, 1722. — Jean GIONO : *Le
Hussard sur le toit*, 1951. — Guy HOCQUENGHEM : *Ève*,
1987.

L'Homme révolté (1951)

*Cet essai explore les attitudes de l'homme refusant les servitudes de sa condition. **La révolte** métaphysique consiste en **une dénonciation violente de notre condition mortelle**, et est illustrée par les figures de Prométhée, Nietzsche ou Rimbaud. La révolte historique est le fait des révolutionnaires et des terroristes. Il faut distinguer d'ailleurs révolte et révolution, celle-ci n'étant que la forme dépravée de celle-là, la pourvoyeuse d'une nouvelle forme de servitude : le présent ne doit pas se laisser sacrifier au mythe trompeur d'un avenir radieux.*

La révolte

Michel-Ange, *L'esclave révolté*. Paris, Musée du Louvre.

Qu'est-ce qu'un homme révolté ? Un homme qui dit non. Mais s'il refuse, il ne renonce pas : c'est aussi un homme qui dit oui, dès son premier mouvement. Un esclave, qui a reçu des ordres toute sa vie, juge soudain inacceptable un nouveau commandement. Quel est le contenu de ce « non » ?

5 Il signifie, par exemple, « les choses ont trop duré », « jusque-là oui, au-delà non », « vous allez trop loin », et encore, « il y a une limite que vous ne dépasserez pas ». En somme, ce non affirme l'existence d'une frontière. On retrouve la même idée de limite dans ce sentiment du révolté que l'autre « exagère », qu'il étend son droit au-delà d'une frontière à partir de laquelle un autre droit lui fait face et

10 le limite. Ainsi, le mouvement de révolte s'appuie, en même temps, sur le refus catégorique d'une intrusion jugée intolérable et sur la certitude confuse d'un bon droit, plus exactement l'impression, chez le révolté, qu'il est « en droit de... ». La révolte ne va pas sans le sentiment d'avoir soi-même, en quelque façon, et quelque part, raison. C'est en cela que l'esclave révolté dit à la fois oui et non.

15 Il affirme, en même temps que la frontière, tout ce qu'il soupçonne et veut préserver en deçà de la frontière. Il démontre, avec entêtement, qu'il y a en lui quelque chose qui « vaut la peine de... », qui demande qu'on y prenne garde. D'une certaine manière, il oppose à l'ordre qui l'opprime une sorte de droit à ne pas être opprimé au-delà de ce qu'il peut admettre.

20 En même temps que la répulsion à l'égard de l'intrus, il y a dans toute révolte une adhésion entière et instantanée de l'homme à une certaine part de lui-même. Il fait donc intervenir implicitement un jugement de valeur, et si peu gratuit, qu'il le maintient au milieu des périls. Jusque-là, il se taisait au moins, abandonné à ce désespoir où une condition, même si on la juge injuste, est acceptée. Se taire,

25 c'est laisser croire qu'on ne juge et ne désire rien et, dans certains cas, c'est ne désirer rien en effet. Le désespoir, comme l'absurde, juge et désire tout, en général, et rien, en particulier. Le silence le traduit bien. Mais à partir du moment où il parle, même en disant non, il désire et juge. Le révolté, au sens étymologique, fait volte-face. Il marchait sous le fouet du maître. Le voilà qui fait face.

30 Il oppose ce qui est préférable à ce qui ne l'est pas. Toute valeur n'entraîne pas la révolte, mais tout mouvement de révolte invoque tacitement une valeur...

Si l'individu, en effet, accepte de mourir, et meurt à l'occasion, dans le mouvement de sa révolte, il montre par là qu'il se sacrifie au bénéfice d'un bien dont il estime qu'il déborde sa propre destinée. S'il préfère la chance de la mort

35 à la négation de ce droit qu'il défend, c'est qu'il place ce dernier au-dessus de lui-même. Il agit donc au nom d'une valeur, encore confuse, mais dont il a le sentiment, au moins, qu'elle lui est commune avec tous les hommes... L'analyse de la révolte conduit au moins au soupçon qu'il y a une nature humaine, comme le pensaient les Grecs, et contrairement aux postulats de la pensée contempo-

40 raine. Pourquoi se révolter s'il n'y a, en soi, rien de permanent à préserver ? C'est pour toutes les exigences en même temps que l'esclave se dresse, lorsqu'il juge que, par tel ordre, quelque chose en lui est nié qui ne lui appartient pas seulement, mais qui est un lieu commun où tous les hommes, même celui qui l'insulte et l'opprime, ont une communauté prête...

45 En attendant, voici le premier progrès que l'esprit de révolte fait faire à une réflexion d'abord pénétrée de l'absurdité et de l'apparente stérilité du monde. Dans l'expérience absurde, la souffrance est individuelle. A partir du mouvement de révolte, elle a conscience d'être collective, elle est l'aventure de tous. Le premier progrès d'un esprit saisi d'étrangeté est donc de reconnaître qu'il partage
50 cette étrangeté avec tous les hommes et que la réalité humaine, dans sa totalité, souffre de cette distance par rapport à soi et au monde. Le mal qui éprouvait un seul homme devient peste collective. Dans l'épreuve quotidienne qui est la nôtre, la révolte joue le même rôle que le « cogito » dans l'ordre de la pensée : elle est la première évidence. Mais cette évidence tire l'individu de sa solitude. Elle est
55 un lieu commun qui fonde sur tous les hommes la première valeur. Je me révolte, donc nous sommes.

Albert CAMUS, *L'Homme révolté* (1951)
© éd. Gallimard

POUR LE COMMENTAIRE

1. La révolte : négation et affirmation. Expliquez.

2. Que préserve la révolte ?

3. Comment Camus modifie-t-il ici le *cogito* de Descartes ?

Albert Camus
sur le banc
de la presse
au procès Pétain
en août 1945.
Déposition
de Pierre Laval.

Le Mythe de Sisyphe (1942)

Le sens de la vie

Il n'y a qu'un problème philosophique vraiment sérieux : c'est le suicide. Juger que la vie vaut ou ne vaut pas la peine d'être vécue, c'est répondre à la question fondamentale de la philosophie. Le reste, si le monde a trois dimensions, si l'esprit a neuf ou douze catégories, vient ensuite. Ce sont des jeux : il faut d'abord
5 répondre. Et s'il est vrai, comme le veut Nietzsche, qu'un philosophe, pour être estimable, doit prêcher d'exemple, on saisit l'importance de cette réponse, puisqu'elle va précéder le geste définitif. Ce sont là des évidences sensibles au cœur, mais qu'il faut approfondir pour les rendre claires à l'esprit.

1. *Raisonnement selon lequel l'existence est un attribut nécessaire de la perfection divine.*

2. *Physicien et astronome italien (1564-1642), qui multiplia les découvertes dans l'observation de l'univers. S'étant rallié aux démonstrations de Copernic sur la rotation de la terre autour du soleil, il dut se rétracter devant l'Inquisition en 1633.*

Si je me demande à quoi juger que telle question est plus pressante que telle
10 autre, je réponds que c'est aux actions qu'elle engage. Je n'ai jamais vu personne mourir pour l'argument ontologique[1]. Galilée[2], qui tenait une vérité scientifique d'importance, l'abjura le plus aisément du monde dès qu'elle mit sa vie en péril. Dans un certain sens, il fit bien. Cette vérité ne valait pas le bûcher. Qui de la terre ou du soleil tourne autour de l'autre, cela est profondément indifférent. Pour
15 tout dire, c'est une question futile. En revanche, je vois que beaucoup de gens meurent parce qu'ils estiment que la vie ne vaut pas la peine d'être vécue. J'en vois d'autres qui se font paradoxalement tuer pour les idées ou les illusions qui leur donnent une raison de vivre (ce qu'on appelle une raison de vivre est en même temps une excellente raison de mourir). Je juge donc que le sens de la
20 vie est la plus pressante des questions…

Se tuer, dans un sens, et comme au mélodrame, c'est avouer qu'on est dépassé par la vie ou qu'on ne la comprend pas. N'allons pas trop loin cependant dans ces analogies et revenons aux mots courants. C'est seulement avouer que cela « ne vaut pas la peine ». Vivre, naturellement, n'est jamais facile. On continue
25 à faire les gestes que l'existence commande, pour beaucoup de raisons, dont la première est l'habitude. Mourir volontairement suppose qu'on a reconnu, même instinctivement, le caractère dérisoire de cette habitude, l'absence de toute raison profonde de vivre, le caractère insensé de cette agitation quotidienne et l'inutilité de la souffrance.

30 Quel est donc cet incalculable sentiment qui prive l'esprit du sommeil né-cessaire à sa vie ? Un monde qu'on peut expliquer, même avec de mauvaises raisons, est un monde familier. Mais au contraire, dans un univers soudain privé d'illusions et de lumières, l'homme se sent un étranger. Cet exil est sans recours puisqu'il est privé des souvenirs d'une patrie perdue ou de l'espoir d'une terre
35 promise. Ce divorce entre l'homme et sa vie, l'acteur et son décor, c'est proprement le sentiment de l'absurdité. Tous les hommes sains ayant songé à leur propre suicide, on pourra reconnaître, sans plus d'explication, qu'il y a un lien direct entre ce sentiment et l'aspiration vers le néant.

Albert CAMUS, *Le Mythe de Sisyphe* (1942)
© éd. Gallimard

POUR LE COMMENTAIRE

Expliquez le lien institué par Camus entre la mort volontaire et le sentiment de l'absurdité.

Sisyphe

Les dieux avaient condamné Sisyphe à rouler sans cesse un rocher jusqu'au sommet d'une montagne d'où la pierre retombait par son propre poids. Ils avaient pensé avec quelque raison qu'il n'est pas de punition plus terrible que le travail inutile et sans espoir…
5 On dit que Sisyphe étant près de mourir voulut imprudemment éprouver l'amour de sa femme. Il lui ordonna de jeter son corps sans sépulture au milieu de la place publique. Sisyphe se retrouva dans les enfers. Et là, irrité d'une obéissance si contraire à l'amour humain, il obtint de Pluton la permission de retourner sur la terre pour châtier sa femme. Mais quand il eut de nouveau revu
10 le visage de ce monde, goûté l'eau et le soleil, les pierres chaudes et la mer, il ne voulut plus retourner dans l'ombre infernale. Les rappels, les colères et les avertissements n'y firent rien. Bien des années encore, il vécut devant la courbe du golfe, la mer éclatante et les sourires de la terre. Il fallut un arrêt des dieux. Mercure vint saisir l'audacieux au collet et l'ôtant à ses joies, le ramena de force
15 aux enfers où son rocher était tout prêt.

On a compris déjà que Sisyphe est le héros absurde. Il l'est autant par ses passions que par son tourment. Son mépris des dieux, sa haine de la mort et sa passion pour la vie, lui ont valu ce supplice indicible où tout l'être s'emploie à ne rien achever. C'est le prix qu'il faut payer pour les passions de cette terre. On
20 ne nous dit rien sur Sisyphe aux enfers. Les mythes sont faits pour que l'ima-gination les anime. Pour celui-ci on voit seulement tout l'effort d'un corps tendu pour soulever l'énorme pierre, la rouler et l'aider à gravir une pente cent fois

Une du *Journal d'Alger* du 18 octobre 1957 lors de l'attribution du prix Nobel à Albert Camus.

Récit de la mort brutale d'Albert Camus, dans *France-Soir* du 6 janvier 1960.

recommencée ; on voit le visage crispé, la joue collée contre la pierre, le secours d'une épaule qui reçoit la masse couverte de glaise, d'un pied qui la cale, la
25 reprise à bout de bras, la sûreté tout humaine de deux mains pleines de terre. Tout au bout de ce long effort mesuré par l'espace sans ciel et le temps sans profondeur, le but est atteint. Sisyphe regarde alors la pierre dévaler en quelques instants vers ce monde inférieur d'où il faudra la remonter vers les sommets. Il redescend dans la plaine.
30   C'est pendant ce retour, cette pause que Sisyphe m'intéresse. Un visage qui peine si près des pierres est déjà pierre lui-même ! Je vois cet homme redescendre d'un pas lourd mais égal vers le tourment dont il ne connaîtra pas la fin. Cette heure qui est comme une respiration et qui revient aussi sûrement que son malheur, cette heure est celle de la conscience. A chacun de ces instants, où
35 il quitte les sommets et s'enfonce peu à peu vers les tanières des dieux, il est supérieur à son destin. Il est plus fort que son rocher.
    Si ce mythe est tragique, c'est que son héros est conscient. Où serait en effet sa peine, si à chaque pas l'espoir de réussir le soutenait ? L'ouvrier d'aujourd'hui travaille, tous les jours de sa vie, aux mêmes tâches et ce destin n'est pas moins
40 absurde. Mais il n'est tragique qu'aux rares moments où il devient conscient. Sisyphe, prolétaire des dieux, impuissant et révolté, connaît toute l'étendue de sa misérable condition : c'est à elle qu'il pense pendant sa descente. La clairvoyance qui devait faire son tourment consomme du même coup sa victoire. Il n'est pas de destin qui ne se surmonte par le mépris.

Albert CAMUS, *Le Mythe de Sisyphe*
© éd. Gallimard

APERÇU SUR LA PHILOSOPHIE CAMUSIENNE

1. La mort invaincue

Deux thèmes dominent les toutes premières œuvres d'**Albert Camus** : la **pauvreté** et la **lumière**. La pauvreté, c'est la solitude, la détresse, l'angoisse. La lumière, c'est l'exaltation devant les paysages, les noces avec la nature. D'un côté la déréliction, de l'autre le soleil...

Le lyrisme des premiers textes surgit de l'antagonisme de ces deux forces qui tirent en sens opposé, qui déchirent un être malade, mais avide de plaisir. Tout tendu vers l'espoir d'un sens suprême, d'une vérité à découvrir, Camus est prêt à toutes les révoltes quand lui apparaît enfin l'évidence qu'il n'est au fond d'autre certitude donnée à l'homme que celle de sa mort. **Dénoncer l'absurde de cette situation** devient la préoccupation majeure du philosophe dans *Caligula*, *Le Mythe de Sisyphe* et *L'Étranger*. La beauté et le bonheur semblent promettre à l'homme sa victoire sur la mort ; or celle-ci ne pourra jamais être vaincue. N'y a-t-il pas là matière à désespérer ? L'absurde consiste en cet appel vers un autre lieu qui n'existe pas.

2. Contre tout asservissement

Comment survivre à ce constat ? Quelle attitude morale choisir ? Le suicide est condamné dans *Le Mythe de Sisyphe*. L'amour de la vie est célébré dans *Caligula* et *L'Étranger* : Meursault, qui se contentait d'une vie végétative avant son meurtre, se met à crier son désir de vivre, son amour de soi-même, une fois incarcéré.

A partir du moment où il a trouvé dans l'épreuve même de l'absurde les raisons de célébrer la vie, **Camus se jette dans un combat déterminé contre tout ce qui asservit l'individu**, tout ce qui contraint la condition humaine. En cela consiste sa « révolte » qui, en fin d'analyse, aboutit à un éloge de la solidarité, de la communauté. Sauver la vie, ce n'est pas seulement la sauver en soi, mais en l'autre. *La Peste* et *L'Homme révolté* placent l'action à mener sous le signe d'un engagement collectif. Ensemble, au nom même de leur absence de destin, les hommes ont à refuser les non-sens meurtriers de l'histoire. Si la peste s'empare d'une cité, il faut que les hommes s'unissent comme ils le font en temps de guerre.

La révolte camusienne a deux faces complémentaires : elle prend son origine dans le sentiment personnel de l'absurde ; elle trouve son champ d'action dans une lutte concrète contre toutes les servitudes infligées par des hommes aux autres. Qui ne hait la mort en soi, ne peut se battre contre l'assassinat d'autrui. Trouver la mort insupportable constitue un acte de pensée unique, qu'il s'agisse de soi ou des autres. Qui triomphe de la mort, sera en outre récompensé par l'expérience du soleil et des noces primitives. Tel est le sens de *L'Été*, bref essai dans lequel Camus évoque ces moments merveilleux où l'on atteint le cœur profond de la vie.

Avec *La Chute*, Camus paraît remettre en cause tout l'acquis antérieur, ricanant ironiquement de ses propres thèmes : ses « noces », un rêve inaccessible..., sa révolte, un alibi pour se fuir soi-même..., le sens de la vie, une indéchiffrable utopie...

Moralistes et philosophes des années 30

1. L'ère de la relativité

Le doute gagne de nombreuses consciences au lendemain de la Première Guerre mondiale, tragédie où l'on a vu les nations les plus civilisées se massacrer. Les hommes qui prennent le pouvoir, entre 1920 et 1940, ceux qui entrent en littérature à la même époque, **nourrissent une égale suspicion envers les valeurs de la société occidentale** qui a enfanté une telle monstruosité. Ils se mettent à l'écoute de nouvelles théories, tant politiques que morales, tant psychologiques que philosophiques, susceptibles de mieux répondre aux aspirations contemporaines. La science, elle-même, intéresse les non-spécialistes (relativité d'**EINSTEIN**, physique des quanta de **MAX PLANCK**), sensibles à la décadence de la physique newtonienne et à la critique des grandes lois de la mécanique classique. Quel réconfort pour beaucoup, de savoir qu'une nouvelle mathématique, qu'une nouvelle physique sont possibles ! Si les sciences exactes peuvent évoluer, celles que l'on prétendait définitives, quel formidable horizon s'ouvre soudain aux sciences morales et aux sciences humaines !

Les salons littéraires se mettent à parler avec une égale faconde de la quatrième dimension et de l'inconscient. On se croirait revenu à l'époque où les tourbillons cartésiens émouvaient les belles précieuses du XVIIe siècle ! Au-delà de l'aspect mondain de ces conversations, est posée une question plus grave, qui sollicite les philosophes. **L'idée même d'univers semble remise en cause**, les théories de la relativité généralisée poussant à rejeter l'antinomie traditionnelle du fini ou de l'infini.

Bien qu'elle désespère d'elle-même, **la conscience moderne reprend confiance** en son avenir **grâce à l'apport des richesses que lui lèguent les sciences**. Comment va-t-elle parvenir à se ressaisir et à se situer, à faire le point et à innover ?

2. Nouvelles écoles de pensée

• Les années 30 voient apparaître des revues littéraires et philosophiques : *Europe*, avec **JEAN GUÉHENNO**, *Esprit*, avec **EMMANUEL MOUNIER**. En 1933, **LOUIS LAVELLE** fonde la collection « Philosophie de l'esprit ». La phénoménologie et l'existentialisme allemands trouvent des relais dans les milieux philosophiques. Les noms de **HUSSERL, HEIDEGGER, SCHELER, JASPERS** deviennent familiers.

• Une génération de penseurs originaux apparaît, qui cherche à interpréter la révolution scientifique et la faillite simultanée de tous les principes de la raison. **GASTON BACHELARD** parle de physique non cartésienne, de logique non aristotélicienne.

• Les marxistes se donnent pour responsabilité historique de « changer le monde ». La gauche révolutionnaire prétend s'atteler à cette lourde tâche (le Congrès des écrivains révolutionnaires se tient à Paris, au cours de l'été 35, sous la présidence d'**ANDRÉ GIDE**).

• Les sciences politiques, sous l'impulsion d'**ANDRÉ SIEGFRIED**, les sciences économiques, sous celle de **FRANÇOIS PERROUX**, construisent leur méthodologie.

Pour tous les domaines prévaut le mot de « révolution », qui ne recouvre en fait que **le désir d'aboutir à un nouvel humanisme**, à une renaissance des disciplines qui définissent un idéal humain et social.

3. Quels modèles pour l'avenir ?

Quel « homme » sera capable d'assumer cette révolution ? L'homme marxiste qui identifie la prise de pouvoir de la classe ouvrière avec l'avènement d'un homme nouveau (**HENRI LEFEBVRE**) ? L'homme nietzschéen, exaltation de l'individualisme héroïque, qui sollicite des adhésions aussi bien chez les trotskistes que chez les fascistes ? L'homme catholique, revu par le personnalisme de Mounier, qui emprunte au marxisme son sens de l'histoire, mais le transcende en une vision de l'homme qui serait, dans sa nature, existence et liberté ?

Si des rapprochements tentent de s'effectuer entre marxistes et spiritualistes de gauche, si l'on doute des capacités de la raison sans se laisser emporter par le vertige de l'irrationalisme, **on reste, pour l'essentiel, divisé sur les perspectives d'avenir**. Chacun en appelle à la conscience comme critère des idées et des actes de toute vie humaine. Mais qu'est-ce que la conscience ?

4. Trois philosophes

Parmi les philosophes proprement dits, trois méritent une mention particulière : **LOUIS LAVELLE** (1883-1951), **RENÉ LE SENNE** (1882-1954), **GABRIEL MARCEL** (1889-1973).

• **LOUIS LAVELLE**, catholique, grand lecteur de saint Augustin, à l'intersection de la réflexion intellectuelle et de la méditation religieuse, approfondit l'expérience de la prière, de la communion, de la solitude (*La Conscience de soi*, 1933 ; *Le Moi et son destin*, 1936). Quelle est « l'expérience de l'être » ? Comment s'exprime la positivité de la conscience humaine ? Lavelle veut faire confiance, métaphysiquement parlant, à l'homme. D'où une sagesse irréductible aux aléas de l'histoire, productrice de confiance intérieure et de rayonnement spirituel.

• **RENÉ LE SENNE**, métaphysicien qui cherche à fonder les valeurs et le sens de l'action (*Le Devoir*, 1930), psychologue attaché à illustrer la caractérologie (*Traité de caractérologie*, 1951), réunit, en un guide moral et spirituel, les deux axes de sa réflexion. Philosophe de l'inquiétude, de la conscience déchirée, Le Senne montre que la conscience humaine est ballottée entre tension négative et invention. Tout destin s'effectue sous la double pulsion de l'effort individuel et de la grâce inspiratrice. D'où la nécessité pour chacun de connaître son caractère, forme donnée de son individualité : aucun destin individuel ne peut s'accomplir sans tenir compte de cette fatalité première.

• **GABRIEL MARCEL**, philosophe qui a participé à la diffusion de l'existentialisme allemand en France (Heidegger, Max Scheler, Jaspers), pose que le problème de la conscience est celui de l'accès à l'Être. Or, qu'est-ce que prendre conscience de soi ? C'est faire l'expérience du corps comme instrument personnel, original. C'est éprouver l'amour, l'espérance, la foi, l'engagement. C'est exister à travers une « prise sur le réel ».

Est-il besoin de souligner les convergences des écrivains et des philosophes de l'entre-deux-guerres ? On retrouve dans leurs œuvres les mêmes interrogations : quel destin pour quel homme ? quelle conscience pour quel être ? **Romanciers et philosophes sont des moralistes** qui, en une période particulièrement inquiétante de l'histoire, rappellent que tout salut est intérieur, que toute responsabilité relève de la liberté individuelle.

Emmanuel Mounier *L'Espoir des désespérés* (1953)

Satan et la médiocrité

La plus forte leçon de Bernanos aussi a été de montrer qu'à notre époque de nivellement et de simplicité démocratique, le domaine de prédilection satanique est la médiocrité, non le tragique, sa voie d'approche l'indifférence, non la révolte. Comme le surnaturel divin, le surnaturel démoniaque n'est qu'exceptionnellement l'exceptionnel.

On veut à toute force donner au mal de la couleur, oublier qu'il n'est que néant, et s'installe le plus souvent comme une atrophie ou une lente dérive, une manière de flotter à la surface de soi et d'abandonner les fonds. La faute moderne n'a ni forme ni couleur ni saveur. « La dernière disgrâce de l'homme est que le mal lui-même l'ennuie ». Et l'ennui, c'est un désespoir avorté, une forme torpide de désespoir, sans doute la fermentation d'un christianisme décomposé. Ni bien, ni mal : le pire mal. « Ce que le monde perd de force vive est probablement bien perdu, anéanti, perdu pour le bien et pour le mal, perdu sans retour. C'est de froid que le monde va mourir. Le monde glisse lentement à l'équilibre le plus bas, chaque Mensonge ayant sa part de Vérité, chaque Vérité sa part de Mensonge, non pas juxtaposées, mais confondues au point de décevoir ensemble la haine du diable et la miséricorde du bon Dieu ».

Les mondes qui nous ont précédés ont créé le sage, le prophète, le saint, le chevalier, le héros, l'honnête homme. Il était réservé au monde moderne de produire en grande série, après dix-neuf siècles de christianisme et quelque dix mille ans d'histoire, ce sous-produit : le médiocre satisfait. Et parmi tous les médiocres, celui dont on ne peut parler qu'avec tremblement : le chrétien médiocre, plus méprisable que tout autre, car il tombe plus bas, de tout le poids de la grâce reçue, et par la vérité qu'il continue de proposer, est acculé à l'imposture. Que dira-t-on de l'effrayant mystère du prêtre médiocre ? Nul n'avait encore aussi fortement que Bernanos lié la médiocrité au satanisme, montré dans la médiocrité une sorte de découverte triomphante de Satan, plus forte que toutes ses diableries antérieures, une véritable révolution technique dans l'histoire du Mal. Le mal qu'elle introduit court par-dessous comme un cancer, laissant l'homme aller et venir, aussi sain en apparence ; à peine en a-t-il ressenti une fois ou l'autre une impression fugitive ; mais jour par jour il vit de plus en plus secrètement séparé des autres et de lui-même, dans une demi-stupeur — son « optimisme », qui s'installera jusqu'à la mort, à moins que ne la coupe un jour le coup de tonnerre de l'angoisse, « forme hideuse et corporelle du remords ».

Sans doute y a-t-il toujours eu des sortes de médiocres. Le fait nouveau est leur pullulement, la part de plus en plus large qu'ils se taillent en milieu chrétien, et leur pouvoir, car « ils forment une immense Internationale, — la seule durable ».

Emmanuel MOUNIER, *L'Espoir des désespérés* (1953)
© éd. du Seuil

Pour vos essais et vos exposés

Charles DU BOS : *Mauriac et le problème du romancier catholique*, éd. Corréa, 1933.
Luc ESTANG : *Présence de Bernanos*, éd. Plon, 1947.
Albert BÉGUIN : *Bernanos par lui-même*, éd. du Seuil, 1954.
Pierre-Henri SIMON : *Mauriac par lui-même*, éd. du Seuil, 1955.
José CABANIS : *Jouhandeau*, éd. Gallimard, 1959.
Robert de SAINT-JEAN : *Julien Green par lui-même*, éd. du Seuil, 1968.

Jacques PETIT : *Julien Green, l'homme qui venait d'ailleurs*, éd. Desclée de Brouwer, 1969.
Pierre SIPRIOT : *Montherlant par lui-même*, éd. du Seuil, 1969.
Roger QUILLIOT : *La Mer et les Prisons, essai sur Albert Camus*, éd. Gallimard, 1970.
Pierre CHERRIER : *Saint-Exupéry*, éd. Gallimard, 1971.
Herbert C. LOTTMANN : *Albert Camus*, éd. du Seuil, 1978.
Jean LACOUTURE : *François Mauriac*, éd. du Seuil, 1980.

NOUVELLES ÉCRITURES ROMANESQUES (1920-1940)

COLETTE, RADIGUET, JOUVE, COCTEAU, MAUROIS, CHARDONNE, GIRAUDOUX, GENEVOIX, RAMUZ, GIONO, AYMÉ FAULKNER

« J'ai trop aimé le monde.
Quand j'ai cherché à imaginer
plus loin que lui, c'est encore
lui que j'ai imaginé. »
Charles-Ferdinand Ramuz,
Joie dans le ciel

Exposition « Dix ans d'édition française » (1925-1935).
Paris, Le Cercle de la Librairie.

1914 Francis CARCO : *Jésus la Caille*
André GIDE : *Les Caves du Vatican*

1918 Jean GIRAUDOUX : *Simon le Pathétique*
Valéry LARBAUD : *Enfantines*
Trad. de *Typhon* (Joseph CONRAD) par André GIDE

1919 André GIDE : *La Symphonie pastorale*
Marcel PROUST : *A l'ombre des jeunes filles en fleurs*
Romain ROLLAND : *Colas Breugnon*

1920 COLETTE : *Chéri*
Marcel PROUST : *Le Côté de Guermantes*

1921 Jacques CHARDONNE : *L'Épithalame*
Jean GIRAUDOUX : *Suzanne et le Pacifique*

1922 COLETTE : *La Maison de Claudine*
Jean GIRAUDOUX : *Siegfried et le Limousin*
Roger MARTIN DU GARD : *Le Cahier gris*
(*Les Thibault*, I)
Henry de MONTHERLANT : *Le Songe*
Paul MORAND : *Ouvert la nuit*

1923 Jean COCTEAU : *Thomas l'Imposteur*
Valéry LARBAUD : *Amants, heureux amants*
François MAURIAC : *Génitrix*
Paul MORAND : *Fermé la nuit*
Raymond RADIGUET : *Le Diable au corps*

1924 Jean GIRAUDOUX : *Juliette au pays des hommes*
Paul MORAND : *Lewis et Irène*
Raymond RADIGUET : *Le Bal du comte d'Orgel*
Trad. de *La Mort à Venise*, de Thomas MANN (1910)

1925 Pierre DRIEU LA ROCHELLE : *L'Homme couvert de femmes*
Maurice GENEVOIX : *Raboliot*
André GIDE : *Les Faux-Monnayeurs*
Pierre-Jean JOUVE : *Paulina 1880*

1926 Louis ARAGON : *Le Paysan de Paris*
Jean GIRAUDOUX : *Bella*
Julien GREEN : *Mont-Cinère*
C. F. RAMUZ : *La Grande Peur dans la montagne*

1927 Jacques CHARDONNE : *Le Chant du bienheureux*
Georges DUHAMEL : *Le Journal de Salavin*
Julien GREEN : *Adrienne Mesurat*
François MAURIAC : *Thérèse Desqueyroux*
C. F. RAMUZ : *La Beauté sur la terre*
Trad. de *Route des Indes* de E. M. FORSTER
(1924)

1928 COLETTE : *La Naissance du jour*
Jean GIONO : *Colline*
André MAUROIS : *Climats*
Paul MORAND : *Magie noire*
Trad. de *Manhattan Transfer*, de John DOS PASSOS
(1925)

1929 Marcel ARLAND : *L'Ordre*
Marcel AYMÉ : *La Table aux Crevés*

1929 Jacques CHARDONNE : *Les Varais*
Jean COCTEAU : *Les Enfants terribles*
COLETTE : *Sido*
Jean GIONO : *Un de Baumugnes*
Trad. d'*Ulysse*, de James Joyce (1922)

1930 Jean GIONO : *Regain*

1931 Georges BERNANOS : *La Grande Peur des bien-pensants*
Jacques CHARDONNE : *Claire*
Jean GIONO : *Le Grand Troupeau*
Trad. de *La Montagne magique*, de Thomas Mann (1924)

1932 Jean GIONO : *Jean le Bleu*
François MAURIAC : *Le Nœud de vipères*
André MAUROIS : *Le Cercle de famille*
Trad. de *L'Amant de Lady Chatterley*,
de D. H. LAWRENCE (1928)

1933 Marcel AYMÉ : *La Jument verte*
COLETTE : *La Chatte*
Trad. de *Sanctuaire*, de William FAULKNER (1931)
Trad. du *Procès*, de Franz KAFKA (1925)

1934 Jacques CHARDONNE : *Les Destinées sentimentales*
Henry de MONTHERLANT : *Les Célibataires*

1935 Jean GIONO : *Que ma joie demeure*

1936 Georges BERNANOS : *Journal d'un curé de campagne*
Henry de MONTHERLANT : *Les Jeunes Filles*
(1936-1939)
Trad. du *Petit Arpent du Bon Dieu*
d'Erskine Caldwell (1934)

1938 Georges BERNANOS : *Les Grands Cimetières sous la lune*

1939 Pierre DRIEU LA ROCHELLE : *Gilles*
Jean GIRAUDOUX : *Choix des élues*
Henry de MONTHERLANT : *Les Lépreuses*

François Mauriac, André Maurois et Jean Giraudoux
au jury d'un prix littéraire.

Le nouveau souffle du roman

1. Le remodelage du milieu littéraire

Au lendemain de la Grande Guerre, le monde littéraire prend un aspect nouveau avec le développement des prix littéraires, l'organisation commerciale des maisons d'édition, le succès de la presse et des revues consacrées aux arts et aux lettres. *Les Nouvelles littéraires* atteignent un vaste public.

Cette rénovation du milieu est particulièrement propice au lancement de jeunes auteurs, au débat d'idées. Parmi les vedettes de l'après-guerre, qui travaillent à la transformation du genre romanesque, se comptent nombre de noms inconnus : Marcel Arland, Drieu La Rochelle, Henry de Montherlant, Julien Green, Raymond Queneau..., mais aussi des aînés âgés de quarante ans et plus : Marcel Proust, André Gide, COLETTE, JEAN GIRAUDOUX...

2. Un roman sous influence(s)

Le renouvellement du genre profite amplement de l'exemple étranger. Dès 1886, le roman russe a imposé son modèle. Depuis, la France s'est ouverte à Meredith, George Eliot, Thomas Hardy, Joseph Conrad. Valéry Larbaud a traduit l'œuvre magistrale de James Joyce, *Ulysse* (1922). Dès qu'ils paraissent, les romans de Virginia Woolf et Edward M. Forster sont traduits. **La liberté d'allure des romans anglo-saxons** influence profondément la jeune génération, qui adopte certaines techniques modernes telles que le monologue intérieur et le « point de vue ». **La découverte de l'inconscient**, génialement éprouvée par Dostoïevski avant que Freud en donne la théorie, transforme l'approche du personnage de roman, son rapport avec le romancier.

Toutefois, plus que le freudisme proprement dit, c'est le bergsonisme qui chemine à travers les évocations psychologiques où prévalent la complexité des caractères, l'ambivalence des comportements, la multiplicité des optiques.

3. Romans d'évasion

Deux types de romans fleurissent dans les années 20 : les romans d'évasion et les romans d'inquiétude.

Les premiers développent plusieurs thématiques : celle de **l'aventure et du mystère** (Pierre Benoit, *L'Atlantide*, 1919) ; celle de **l'étrangeté** (Pierre Mac Orlan, *Quai des brumes*, 1927) ; celle du **cosmopolitisme** (Paul Morand, *Ouvert la nuit*, 1922) ; celle du merveilleux (JEAN COCTEAU, *Les Enfants terribles*, 1929 ; Louis Aragon, *Le Paysan de Paris*, 1926). L'évasion, chez Giraudoux, c'est le style même de l'auteur, dépassant tous les cadres de la logique, surprenant de fantaisie. Ces auteurs font de l'émerveillement et de l'illumination une démarche dè conquête active du monde ; ils ne récusent pas le réel, ils le subvertissent.

4. Romans d'inquiétude

Les tourmentés choisissent volontiers l'autobiographie ou le roman de mœurs pour s'exprimer. Le roman d'analyse, tel que le pratiquent JACQUES CHARDONNE (*L'Épithalame*, 1921) et Jacques de Lacretelle *(La Bonifas*, 1925), s'intègre à la grande tradition du roman psychologique français. Avec *L'Ordre* (1929), Marcel Arland associe l'analyse au roman de mœurs. Inquiétude, désillusion, pessimisme caractérisent ces œuvres lucides et pénétrantes. Beaucoup d'entre elles traitent de **l'adolescence**, époque où l'homme s'interroge le plus vivement sur ses désirs et sur son rapport aux valeurs (RAYMOND RADIGUET, *Le Diable au corps*, 1923 ; Georges Duhamel, *Le Journal de Salavin*, 1927 ; Roger Martin du Gard, *Le Cahier gris*, 1922). Le chef-d'œuvre de cette littérature du tourment, ne serait-ce pas, en fin de compte, *Les Faux-Monnayeurs*, d'André Gide (1925), avec son univers de dévoyés et de désespérés, avec sa structure en abîme (voir pp. 180-184) ?

1930 : permanence du style

Abondant en 1920, le roman devient proliférant en 1930. Les auteurs multiplient les œuvres, à la satisfaction d'un public qui manifeste le plus solide appétit littéraire. La qualité n'est pas toujours au rendez-vous de la quantité. En revanche, **on voit le roman annexer les autres genres**, poésie et essai notamment, en intégrant des aspects « poétiques » (le fantastique, le merveilleux, l'onirique...) et des dimensions « philosophiques » ou « historiques ».

S'impose aussi le roman régionaliste, déjà apparu vers 1926 : **C. F. RAMUZ** (*La Grande Peur dans la montagne*, 1926 ; *Derborence*, 1934) ; **JEAN GIONO** (*Regain*, 1930 ; *Que ma joie demeure*, 1935).

Les meilleures de ces œuvres valent soit par la souplesse intellectuelle de la composition (**JEAN GIRAUDOUX**), soit par la puissance de l'univers évoqué (Colette), soit par le pittoresque des situations et de l'atmosphère (Paul Morand, Pierre Mac Orlan). **Ces romanciers sont également des stylistes**, pour ne pas dire des virtuoses, confirmés.

Malgré leurs qualités purement littéraires, malgré leur grand succès auprès du public, les romanciers ne répondent plus aux attentes profondes de leurs lecteurs. Trop égocentrique, trop tourné vers l'imaginaire narcissique, le roman paraît trop frivole et factice quand s'annoncent les grands périls. Les vraies forces montantes, entre 1930 et 1940, sont à chercher du côté des romanciers catholiques, qui posent le problème du destin individuel et du salut (Georges Bernanos, Julien Green, François Mauriac), des peintres de la grande fresque sociale (Louis Aragon, Georges Duhamel, Jules Romains), des idéologues et des moralistes (André Malraux, Henry de Montherlant, Saint-Exupéry).

1. Colette (1873-1954)

Une enfance rurale

Colette (1873-1954) s'est formée au contact de la nature bourguignonne ; son enfance s'est déroulée dans le village de Saint-Sauveur-en-Puisaye. Fille d'un capitaine invalide de guerre et d'une mère, Sido, sensible et pittoresque, elle quitte le paradis de ses vertes années pour devenir, à dix-huit ans, la compagne d'un boulevardier parisien, Willy, écrivain et journaliste à la mode, beaucoup plus âgé qu'elle.

Le mythe de Claudine

Colette doit faire face à l'échec conjugal. Cependant elle a écrit, à l'instigation de son mari, ses souvenirs d'enfance sous le titre *Claudine à l'école* (1900). Succès retentissant qui incite Willy à demander à sa jeune femme des « suites » (*Claudine à Paris*, 1901 ; *Claudine en ménage*, 1902 ; *Claudine s'en va*, 1903). Le mythe de Claudine symbolise les aspirations féminines à une liberté accrue.

La conquête de l'indépendance

En 1906, Colette divorce ; elle obtient le droit de signer ses livres (jusqu'alors publiés sous le nom de Willy !) ; elle se lie avec une amie, Missy, avec laquelle elle monte sur les planches pour donner des pantomimes. Un second mariage, avec Henry de Jouvenel, se révèle à peu près aussi malheureux que le premier. Un beau texte date de cette période : *Les Vrilles de la vigne* (1908).

Durant les quatre années de guerre, Colette mûrit son œuvre. Réapparaît le thème des bêtes : *La Paix chez les bêtes* (1916), qui avait été travaillé en 1905 dans *Dialogues de bêtes. Mitsou* (1917) peint une jeune femme qui défend son indépendance dans un monde masculin. *Chéri* (1920), le chef-d'œuvre romanesque de Colette, présente une étude fine et lucide des rapports entre l'homme et la femme. Suit *Le Blé en herbe* (1923), qui fait scandale. L'œuvre de Colette s'enrichit encore de textes majeurs toujours axés autour de la « guerre » des deux sexes (*La Fin de Chéri*, 1926 ; *La Chatte*, 1933 ; *Duo*, 1934).

Le temps du souvenir

A partir de 1935, date à laquelle elle a épousé en troisièmes noces Maurice Goudeket, un fidèle admirateur, elle s'installe au Palais-Royal. Elle se penchera dès lors sur son passé, égrenant ses souvenirs, réfléchissant aux conditions du bonheur. Elle y meurt en 1954.

1900-1903	Série des *Claudine*
1908	*Les Vrilles de la vigne*
1917	*Mitsou*
1920	*Chéri*
1923	*Le Blé en herbe*
1926	*La Fin de Chéri*
1929	*Sido*
1933	*La Chatte*
1934	*Duo*
1944	*Gigi*
1949	*Le Fanal bleu*

Colette en 1927.

L'instinct, la volupté, le désir assouvi, tels sont pour **COLETTE** les ressorts de l'être. Dans la sensibilité aux choses de la nature repose la source de toute philosophie. Fille de la terre, Colette croit possible de récupérer le bonheur de son premier état dans l'harmonie avec le monde.

L'amour est-il la clé de ce bonheur ? Toute l'œuvre de Colette tourne autour de cette question de fond et tend à inverser le modèle traditionnel qui fait de la femme la pécheresse responsable du désarroi masculin. Pour Colette c'est l'homme, avec son égoïsme et son esprit borné, le fauteur de trouble, celui qui séduit, trompe et abandonne. La femme est sa victime, bien qu'elle se révèle au fond beaucoup plus nuancée et généreuse que lui. Le mâle, pour Colette, est un ramassis de vice, de vanité et de tyrannie. Seuls les tout jeunes hommes échappent à sa critique.

Colette se venge peut-être des affronts de la vie en condamnant ainsi l'homme. Mais elle édifie, chemin faisant, sa sagesse féminine, faite d'indulgence, de tendresse et de respect de soi, qui forme le cœur de son message.

Grande styliste, Colette élabore enfin **une langue à la fois riche et précise, somptueuse et naturelle, vivante et artistique**, qui s'impose par la justesse de son trait et la poésie de son allure.

Chéri (1920)

Chéri *est le drame d'une femme mûre, maîtresse d'un jeune amant.* **Colette**, *dans ce roman,* ***inverse la situation qu'elle connut à l'époque où elle vécut avec Willy, son aîné de quinze ans.***

« Adieu tout »

Colette en 1934.

Un phaéton verni fila devant la grille, étincela et disparut, presque silencieux sur ses roues caoutchoutées et les pieds fins de ses trotteurs.

« Tiens, Spéleïeff, constata Léa. Brave type. Et voilà Merguillier sur son cheval pie : onze heures. Berthellemy-le-Desséché va suivre et aller dégeler ses os au
5 Sentier de la vertu... C'est curieux ce que les gens peuvent faire la même chose toute la vie. On croirait que je n'ai pas quitté Paris si Chéri était là. Mon pauvre Chéri, c'est fini de lui, à présent. La noce, les femmes, manger à n'importe quelle heure, boire trop... C'est dommage. Qui sait s'il n'aurait pas fait un brave homme, s'il avait seulement eu une bonne petite gueule rose de charcutier et les pieds
10 plats ?... »

Elle quitta la fenêtre en frottant ses coudes engourdis, haussa les épaules :
« On sauve Chéri une fois, mais pas deux. » Elle polit ses ongles, souffla : « ha » sur une bague ternie, mira de près le rouge mal réussi de ses cheveux et leurs racines blanchissantes, nota quelques lignes sur un carnet. Elle agissait très vite
15 et moins posément que d'habitude, pour lutter contre une atteinte sournoise d'anxiété qu'elle connaissait bien et qu'elle nommait — niant jusqu'au souvenir de son chagrin — son mal de cœur moral. Elle eut envie, en peu d'instants et par saccades, d'une victoria bien suspendue, attelée d'un cheval de douairière, puis d'une automobile extrêmement rapide, puis d'un mobilier de salon Direc-
20 toire. Elle songea même à modifier sa coiffure qu'elle portait haute depuis vingt ans et dégageant la nuque. « Un petit rouleau bas, comme Lavallière ?... Ça me permettrait d'aborder les robes à ceinture lâche de cette année. En somme, avec un régime et mon henné bien refait, je peux prétendre encore à dix — non, mettons cinq ans, de... »
25 Un effort la remit en plein bon sens, en plein orgueil lucide.

« Une femme comme moi n'aurait pas le courage de finir ? Allons, allons, nous en avons eu, ma belle, pour notre grade. » Elle toisait la grande Léa debout, les mains aux hanches et qui lui souriait.

« Une femme comme ça ne fait pas une fin dans les bras d'un vieux. Une
30 femme comme ça, qui a eu la chance de ne jamais salir ses mains ni sa bouche sur une créature flétrie !... Oui, la voilà, la « goule » qui ne veut que de la chair fraîche... »

Elle appela dans son souvenir les passants et les amants de sa jeunesse
préservée des vieillards, et se trouva pure, fière, dévouée depuis trente années
35 à des jouvenceaux rayonnants ou à des adolescents fragiles.

« Et c'est à moi qu'elle doit beaucoup, cette chair fraîche ! Combien sont-ils
à me devoir leur santé, leur beauté, des chagrins bien sains et des laits de poule
pour leurs rhumes, et l'habitude de faire l'amour sans négligence et sans
monotonie ?... Et j'irais maintenant me pourvoir, pour ne manquer de rien dans
40 mon lit, d'un vieux monsieur de... de... »

Elle chercha et décida avec une inconscience majestueuse :

« Un vieux monsieur de quarante ans ? »

Elle essuya l'une contre l'autre ses longues mains bien faites et se détourna
dans une volte dégoûtée :

45 « Pouah ! Adieu tout, c'est plus propre. Allons acheter des cartes à jouer, du
bon vin, des marques de bridge, des aiguilles à tricoter, tous les bibelots qu'il faut
pour boucher un grand trou, tout ce qu'il faut pour déguiser le monstre — la
vieille femme... »

COLETTE, *Chéri* (1920)
© éd. Grasset

LA TECHNIQUE DU MONOLOGUE INTÉRIEUR

Le monologue intérieur est **une technique romanesque** apparue en France avec la vogue du roman anglo-
saxon. L'exemple le plus célèbre de son usage est celui
qu'en fait James JOYCE dans *Ulysse*.

Le roman des années 20 adopte volontiers cette technique. Mais peu de romanciers atteignent la maîtrise manifes-

tée par COLETTE dans son *Chéri*.

Vous étudierez **le monologue de Léa** en en précisant
les phases, les ruptures, les reprises. En quoi ce monologue
est-il un véritable acte de parole intérieur ? Quels thèmes
le structurent ? Qualifiez le style, la langue, les constructions grammaticales.

Colette et son chat.
Paris, B.N.

La Chatte (1933)

*Dans ce roman, **Colette** nous conte **la rivalité**
d'une femme et d'une chatte, leur jalousie mortelle.*

Meurtre d'une chatte

Un soir de juillet qu'elles attendaient toutes deux le retour d'Alain, Camille et
la chatte se reposèrent au même parapet, la chatte couchée sur ses coudes,
Camille appuyée sur ses bras croisés. Camille n'aimait pas ce balcon-terrasse
réservé à la chatte, limité par deux cloisons de maçonnerie, qui le gardaient du
5 vent et de toute communication avec la terrasse de proue.

Elles échangèrent un coup d'œil de pure investigation, et Camille n'adressa
pas la parole à Saha. Accoudée, elle se pencha comme pour compter les étages
de stores orange largués du haut en bas de la vertigineuse façade, et frôla la
chatte qui se leva pour lui faire place, s'étira, et se recoucha un peu plus loin.

10 Dès que Camille était seule, elle ressemblait beaucoup à la petite fille qui ne
voulait pas dire bonjour, et son visage retournait à l'enfance par l'expression de
naïveté inhumaine, d'angélique dureté qui ennoblit les visages enfantins. Elle
promenait sur Paris, sur le ciel d'où chaque jour la lumière se retirait plus tôt, un
regard impartialement sévère, qui peut-être ne blâmait rien. Elle bâilla nerveu-

15 sement, se redressa et fit quelques pas distraits, se pencha de nouveau, en
obligeant la chatte à sauter à terre. Saha s'éloigna avec dignité et préféra rentrer
dans la chambre. Mais la porte de l'hypoténuse avait été refermée, et Saha s'assit

patiemment. Un instant après elle devait céder le passage à Camille, qui se mit en marche d'une cloison à l'autre, à pas brusques et longs, et la chatte sauta sur
20 le parapet. Comme par jeu, Camille la délogea en s'accoudant, et Saha, de nouveau, se gara contre la porte fermée.

L'œil au loin, immobile, Camille lui tournait le dos. Pourtant la chatte regardait le dos de Camille, et son souffle s'accélérait. Elle se leva, tourna deux ou trois fois sur elle-même, interrogea la porte close... Camille n'avait pas bougé. Saha
25 gonfla ses narines, montra une angoisse qui ressemblait à la nausée ; un miaulement long, désolé, réponse misérable à un dessein imminent et muet, lui échappa, et Camille fit volte-face.

Elle était un peu pâle, c'est-à-dire que son fard évident dessinait sur ses joues deux lunes ovales. Elle affectait l'air distrait, comme elle l'eût fait sous un regard
30 humain. Même elle commença un chantonnement à bouche fermée, et reprit sa promenade de l'une à l'autre cloison, sur le rythme de son chant, mais la voix lui manqua. Elle contraignit la chatte, que son pied allait meurtrir, à regagner d'un saut son étroit observatoire, puis à se coller contre la porte.

Saha s'était reprise, et fût morte plutôt que de jeter un second cri. Traquant
35 la chatte sans paraître la voir, Camille alla, vint, dans un complet silence. Saha ne sautait sur le parapet que lorsque les pieds de Camille arrivaient sur elle, et elle ne retrouvait le sol du balcon que pour éviter le bras tendu qui l'eût précipitée du haut des neuf étages.

Elle fuyait avec méthode, bondissait soigneusement, tenait ses yeux fixés sur
40 l'adversaire, et ne condescendait ni à la fureur, ni à la supplication. L'émotion extrême, la crainte de mourir, mouillèrent de sueur la sensible plante de ses pattes, qui marquèrent des empreintes de fleurs sur le balcon stuqué[1].

Camille sembla faiblir la première, et disperser sa force criminelle. Elle commit la faute de remarquer que le soleil s'éteignait, donna un coup d'œil à son
45 bracelet-montre, prêta l'oreille à un tintement de cristaux dans l'appartement. Quelques instants encore et sa résolution, en l'abandonnant comme le sommeil quitte le somnambule, la laisserait innocente et épuisée... Saha sentit chanceler la fermeté de son ennemie, hésita sur le parapet, et Camille, tendant les deux bras, la poussa dans le vide.

50 Elle eut le temps d'entendre le crissement des griffes sur le torchis, de voir le corps bleu de Saha tordu en S, agrippé à l'air avec une force ascendante de truite, puis elle recula et s'accota au mur.

Elle ne montra aucune tentation de regarder en bas, dans le petit potager cerné de moellons neufs. Rentrée dans la chambre, elle posa ses mains sur ses oreilles,
55 les retira, secoua la tête comme si elle entendait un chant de moustique, s'assit et faillit s'endormir ; mais la nuit tombante la remit debout et elle chassa le crépuscule en allumant pavés de verre, rainures lumineuses, champignons aveuglants et aussi la longue paupière chromée qui versait un regard opalin en travers du lit.

COLETTE, *La Chatte* (1933)
© éd. Fayard

1. Revêtu de stuc, c'est-à-dire d'un enduit imitant le marbre.

LECTURE MÉTHODIQUE

1. Lignes 1 à 9

a. Étudiez les attitudes, les mouvements des deux rivales.
b. Le décor : son importance pour la suite du récit.

2. Lignes 10 à 21

a. Les renseignements donnés sur Camille éclairent-ils sa jalousie ? Qu'y a-t-il d'animal dans ses réactions ?
b. Saha pressent l'agression. Quel est son comportement ?
c. L'art de la mise en scène.

3. Lignes 22 à 42

a. Un crime se prépare : comment se développe le suspense ?

b. L'angoisse de la chatte. Montrez-en la progression.
c. Le regard de Colette et la précision de son style au service de l'observation.

4. Lignes 43 à 52

a. Que se passe-t-il dans la tête de Camille au moment de commettre son crime ?

b. La chute de Saha : à partir de quel point de vue est-elle évoquée ?

5. Lignes 53 à 59

a. Camille perverse ? malheureuse ? folle ?
b. La note fantastique.

2. Les virtuoses

Le roman d'avant-guerre a bénéficié du talent de grands maîtres du style et de la langue comme Anatole France ou Maurice Barrès. Le roman d'après-guerre a aussi ses virtuoses, tels Jean Giraudoux, **JEAN COCTEAU, RAYMOND RADIGUET, PIERRE-JEAN JOUVE**, Paul Morand et Louis Aragon. Tous (sauf Giraudoux) ont d'abord été des poètes. Leur conception du roman, plus libre d'allure, fai-

sant **la part du lion à l'imagination**, s'en ressent profondément. Les thèmes abordés : **récits d'enfance ou d'adolescence, évocations exotiques, rêveries vagabondes**, sont en harmonie avec une telle conception. Cette génération, qui partage au fond le scepticisme d'André Gide et d'André Breton à propos des prétentions réalistes du roman, aura préparé la voie au Nouveau Roman des années 50.

Raymond Radiguet
Le Bal du comte d'Orgel (1924)

Mort à vingt ans de la fièvre typhoïde, **Raymond Radiguet** (1903-1923) fait une entrée remarquée dans le milieu littéraire à quinze ans, poète, journaliste, familier du Montmartre artistique et du Montparnasse littéraire des années 20. Moderne, cet ami de Cocteau, proche de l'esprit de Jarry, publie ses poèmes (*Les Joues en feu*, 1920) et sa comédie loufoque (*Les Pélicans*, 1921) avant de se faire connaître du grand public avec deux romans lancés de façon spectaculaire par Grasset : *Le Diable au corps* (1923) et *Le Bal du comte d'Orgel* (1924). Classiques d'aspect, ils font preuve d'un discernement psychologique raffiné et d'une écriture étonnamment maîtrisée.

« *La certitude d'être aimée* »

Le Bal du comte d'Orgel *se présente comme le pastiche modernisé de* La Princesse de Clèves.

Dessin de Jean Cocteau pour *Le Bal du comte d'Orgel*.

Ce fut dans sa chambre que Mahaut reçut Mme de Séryeuse. Elle avait fait dire qu'elle n'était là pour personne, sauf pour elle. Les deux femmes parlèrent d'abord de choses indifférentes.

Mme d'Orgel ne savait comment aborder un tel sujet. Devant ce silence, Mme
5 de Séryeuse se dit : « Il faut que ce soit plus grave encore que j'imagine. » Et, persuadée de ses torts, elle commença, timide, comme si c'était elle qui eût été en faute :

— Je n'ose vous apporter mes excuses au sujet de mon fils...

— Oh ! madame ! Quelle bonté ! s'écria Mahaut. Et, mue par son cœur, elle
10 prit les mains de la mère.

Sur ce terrain glissant, comme des patineuses novices, ces deux femmes pures rivalisèrent de maladresse.

« Non, non, disait Mahaut, je vous affirme que François est étranger à ce drame. »
15 Mme de Séryeuse, convaincue que c'étaient là les derniers scrupules de Mahaut, s'écria qu'elle savait à quoi s'en tenir sur les sentiments de François.

— Que vous a-t-il dit ? demanda Mme d'Orgel.

— Mais je le sais enfin ! répliqua Mme de Séryeuse.

— Mais quoi ?
20 — Qu'il vous aime.

Mme d'Orgel poussa un cri. Mme de Séryeuse eut vraiment le spectacle d'une détresse humaine. Tout le courage de Mahaut venait-il d'une espèce de certitude que François ne l'aimait pas ? Une joie folle éclaira une seconde son visage, avant que Mme de Séryeuse pût voir cet être déraciné, secoué par la douleur. François
25 arrivant en cet instant, elle était à lui. Rien n'aurait pu l'empêcher de tomber dans ses bras, pas même la présence de sa mère.

Mme de Séryeuse comprit tout. Effrayée, elle chercha vite à se reprendre.

— Je vous en conjure, s'écria Mahaut, ne m'arrachez pas ma seule joie, ce qui me fera supporter mon devoir. Je ne savais pas qu'il m'aimât. Heureusement
30 mon sort ne m'appartient plus. Je vous demande donc encore davantage de me cacher François. S'il m'aime, inventez ce que vous voudrez, mais ne lui dites pas ce qui est vrai ; nous serions perdus.

A parler de son amour, et à la mère de celui qu'elle aimait, Mme d'Orgel se complaisait presque. Après ses derniers transports :
35 — Il doit venir, ce soir, à notre dîner, dit-elle d'une voix plus assurée. Comment l'en empêcher ? Je ne pourrai le revoir sans m'évanouir.

Au fond, Mme de Séryeuse préférait agir sans retard. Encore sous l'influence de cette scène, elle convaincrait mieux François. Elle le trouverait sans doute à sept heures chez les Forbach.
40 — Il ne viendra pas, dit-elle. Je vous le promets.

Ce qui, dans cette scène, n'eût pas le moins stupéfait Séryeuse, eût été l'attitude de sa mère, qu'il croyait froide. Le spectacle de cette passion réveillait chez elle la femme endormie. Elle avait les larmes aux yeux. Elle embrassa Mahaut. Toutes deux sentirent leurs joues brûlantes et mouillées. Quelque chose
45 de presque théâtral grisait Mme de Séryeuse.

— C'est une sainte, se disait-elle, en face du calme que donnait à Mahaut la certitude d'être aimée.

Raymond RADIGUET, *Le Bal du comte d'Orgel* (1924), © éd. Grasset

POUR LE COMMENTAIRE

1. **Précisez la situation**, le rôle des personnages présents et absents, les étapes de la scène.

2. Qu'y a-t-il de **théâtral** dans cette scène ?

3. Quels **sentiments** agitent les deux femmes ? Comment s'expriment-ils ?

4. **L'importance du langage** (du dit et du non-dit) dans le déroulement de la scène.

5. Comment caractériser **le style** de Radiguet ?

Jean Cocteau *Les Enfants terribles* (1929)

*Poète avant tout, **Jean Cocteau** (1889-1963) a le don de tout transformer à son contact : les êtres, la réalité, le roman. Thomas l'Imposteur (1923), un récit à la façon de Radiguet, évoque la guerre sur un ton de légèreté quelque peu provocateur. Avec Les Enfants terribles (1929), rédigés en dix-sept jours au cours d'une cure de désintoxication, Cocteau traite tout à la fois de l'enfance, de l'érotisme et de la mort. Les « enfants terribles » vivent dans une « chambre » où ils rêvent de s'évader hors du réel, où ils nourrissent leur refus des valeurs adultes. Lâchés dans la rue, ils deviennent aussitôt insupportables : tout leur devient jeu, y compris le vol.*

Le plaisir du vol

Ce plaisir était le vol. Gérard suivait, n'osant plus formuler ses craintes. Ces vols n'avaient que le vol pour mobile. Il ne s'y mêlait ni lucre, ni goût du fruit défendu. Il suffisait de mourir de peur. Les enfants sortaient des magasins où ils entraient avec l'oncle, les poches pleines d'objets sans valeur et qui ne pouvaient
5 servir à rien. La règle interdisait la prise d'objets utiles. Un jour, Élisabeth et Paul[1] voulurent forcer Gérard à reporter un livre parce qu'il était en langue française. Gérard obtint sa grâce sous condition qu'il volerait « une chose très difficile », décréta Élisabeth, « par exemple un arrosoir ».

Le malheureux, affublé par les enfants d'une vaste pèlerine, s'exécuta, la mort
10 dans l'âme. Son attitude était si maladroite et la bosse de l'arrosoir si drôle, que le quincaillier, rendu crédule par l'invraisemblance, les suivit longuement des yeux. — « Marche ! marche ! idiot ! soufflait Élisabeth, on nous regarde. » A l'angle des rues dangereuses, ils respiraient et prenaient les jambes à leur cou.

Gérard rêvait, la nuit, qu'un crabe lui pinçait l'épaule. C'était le quincaillier. Il
15 appelait la police. On arrêtait Gérard. Son oncle le déshéritait, etc.

Les vols : anneaux de tringles, tournevis, commutateurs, étiquettes, espadrilles pointures 40, s'entassaient à l'hôtel, espèce de trésor de voyage, perles fausses des femmes qui circulent et laissent leurs vraies perles dans le coffre-fort.

Jean COCTEAU, *Les Enfants terribles* (1929)
© éd. Grasset

1. *Ils sont frère et sœur.*

POUR LE COMMENTAIRE

1. Pourquoi voler ? Est-ce un **acte gratuit** au sens que Gide donne à cette expression ?

2. Pourquoi **voler des choses inutiles** ? Que signifie cette précaution sur le plan moral ?

3. Qu'y a-t-il d'**héroïque** dans les vols gratuits ?

Pierre-Jean Jouve *Paulina 1880* (1925)

Pierre-Jean Jouve *(1887-1976) débute en poésie par des vers d'inspiration unanimiste qu'il renie par la suite. Il élabore ensuite une œuvre romanesque austère, proche du christianisme et attentive à la psychanalyse, dominée par une réflexion sur la Faute, l'Amour et la Mort :* Le Monde désert *(1927),* Hécate *(1928),* Vagadu *(1931),* Histoires sanglantes *(1932),* La Scène capitale *(1935),* Aventure de Catherine Crachat *(1947),* Hélène *(1936).*

L'érotisme et le mysticisme constituent les deux pôles de son imaginaire comme en témoigne Paulina 1880 *(1925). Sur la vie et l'œuvre de Jouve, voir également p. 576.*

*** *Paulina 1880*

Cette œuvre est une sorte de fait divers mystique. Le roman conte l'aventure sentimentale et criminelle de Paula Pandolfini, née à Milan en 1849, qui a séjourné comme novice dans un couvent de la Visitation à Mantoue de 1877 à 1879. Elle se donne à un homme marié, le comte Cantarini ; déchirée entre sa passion charnelle et le scrupule religieux, elle atteint le summum du désespoir et tue son amant. Elle sera condamnée à la prison. Son incarcération durera onze années (1880-1891).

« Être nue c'est être absolue... »

Nu, par Henri Matisse.

Paulina était nue.

Être nue c'est être absolue enfin. Elle se sentait nue dans son ventre enveloppé d'ombre, dans ses deux mamelles visibles dont les pointes durcissent à l'air frais, dans sa chevelure déployée, dans l'intérieur de son esprit.

5 Les regards de Michele l'absorbaient elle et son secret.

Je ne lui cache plus le secret, qu'il cherche à le lire. Je lui obéis s'il parle, je m'apprête sur un signe, je me tiens comme il le demande, pour faire ressortir une beauté qui lui plaît aujourd'hui.

La nudité c'est le charme, l'enfance, ou encore la guerre. Je vais lui faire la
10 guerre merveilleusement douce et flanc à flanc. Je vais le conquérir : toi par moi et moi par toi. Elle regarde l'ennemi, il est beau, l'homme nu est une chose si *une* qu'elle en tremble. Elle est bouleversée et affaiblie. Il vient.

A côté de leur passion, plus loin ou plus bas que leur passion, ou même sans elle, la vie de leurs deux corps, de leur corps unique poursuivait son propre plaisir
15 et accomplissait sa destinée.

Le corps était une chose sainte.

Paulina recherchait souvent un état d'illumination et de fureur dans lequel personne n'existait plus ni lui ni elle. Elle était désorbitée, jetée à l'infini. Mais parfois c'était simplement le bonheur d'être sa femme, rien que sa femme, le
20 double de son bonheur, une faible partie de son souffle. Un autre jour l'imagination poétique intervenait, faussait les caractères, elle croyait être prise par un homme-animal qui n'était pas Michele et qu'elle adorait comme un fétiche. Elle avait aussi le désir d'être un homme afin de le prendre lui, de quitter la passivité, qui la minute suivante lui donnait sa joie. O fantômes ! O contraires. Pour la
25 quatrième ou cinquième fois elle perdait le sens et sa raison fondait dans la joie comme une étoile dans le ciel du matin.

Terre céleste ! terre céleste ! comment rester avec toi.

Pierre-Jean JOUVE, *Paulina 1880* (1925)
© éd. Mercure de France

GROUPEMENT THÉMATIQUE

Le corps féminin dans la littérature du XIXe et du XXe siècle

Théophile GAUTHIER : *Mlle de Maupin*, 1835 (le personnage de Rosette). — Charles BAUDELAIRE : « Le serpent qui danse », « A une Malabaraise »..., *Les Fleurs du mal*, 1857 ; « Éloge du maquillage », *Le Peintre de la vie moderne*, 1863. — Gustave FLAUBERT : *Mme Bovary*, 1857 ; *L'Education sentimentale*, 1869. — Émile ZOLA : *Nana*, 1880. — Paul VERLAINE : *Femme*, 1890. — Marcel PROUST : *Du côté de chez Swann*, 1913 (le personnage d'Odette de Crécy).

— COLETTE : *Chéri*, 1920 ; *Sido*, 1929. — Paul ELUARD : *Capitale de la douleur*, 1926 ; *L'Amour, la poésie*, 1929. — André BRETON : *L'Union libre*, 1931. — Georges BATAILLE : *Histoire de l'œil*, 1928. — Julien GRACQ : *Au Château d'Argol*, 1938 (le personnage de Heide) ; *Le Rivage des Syrtes*, 1951 (le personnage de Vanessa). — André PIEYRE DE MANDIARGUES : *La Motocyclette*, 1963 ; *La Marge*, 1967. — Albert COHEN : *Belle du seigneur*, 1968. — Félicien MARCEAU : *Greezy*, 1969. — Jean FREUSTIÉ : *Isabelle ou l'Arrière-saison*, 1970. — Marguerite DURAS : *L'Amant*, 1984.

3. Les psychologues

La psychologie contemporaine abonde en théories révolutionnaires : la psychanalyse freudienne, le behaviourisme américain, l'approche pavlovienne des Soviétiques remettent en cause les modèles hérités du XVIIe siècle, retouchés sans excès à l'ère des Lumières.

Malgré l'importance de ce déploiement de forces, les romanciers français de la première moitié du siècle **ne songent guère à douter du bien-fondé de la psychologie** que leur ont légué le christianisme et le cartésianisme réunis.

Le refus de s'intéresser aux apports des théoriciens étrangers, en matière de psychologie, repose sur une réaction morale et spiritualiste. Très curieusement, François Mauriac et André Malraux se rejoignent dans leur condamnation de la nouvelle psychologie.

Est-ce pour autant que les romanciers des années 20 et 30 comme **ANDRÉ MAUROIS**, Marcel Arland et **JACQUES CHARDONNE** traitent de la psychologie à la façon de Paul Bourget ? Certes non ! Les plans obscurs de la passion, les contradictions du comportement, **les fonds troubles de la pensée, les intermittences du cœur humain** fascinent ceux-là mêmes qui croient à la toute-puissance de la conscience individuelle et refusent d'admettre l'existence de l'inconscient. Étranges et paradoxaux, ces romanciers qui — à l'exception de Pierre-Jean Jouve — explorent les mystères du psychisme et ne veulent pas les nommer !

André Maurois *Climats* (1928)

Fortement influencé par Alain, qui fut son professeur de philosophie au lycée de Rouen, **André Maurois** (1885-1967) commence sa vie professionnelle en dirigeant les usines textiles de son père. Il participe à la guerre dans des fonctions d'officier-interprète auprès des Britanniques. Il exerce aux dépens de ceux-ci son humour dans deux romans à succès : *Les Silences du colonel Bramble*, 1918 ; *Les Discours du docteur O'Grady*, 1922.

Une écriture élégante et limpide sert, dans ses romans « psychologiques » — tels que *Climats* (1928), *Le Cercle de famille* (1932) — et dans ses biographies (*Ariel*, 1923 ; *Disraëli*, 1927 ; *Byron*, 1930), ses fines analyses des comportements et des sentiments. Il reste le maître incontesté d'un genre quelque peu hybride, la « vie romancée ».

◀ André Maurois, par Aaron Bilis, 1929. Paris, B.N.

***Climats**
Ce roman est une comédie de la jalousie. Le héros, après avoir été jaloux de sa première femme, suscite la jalousie de la seconde, à croire que « dans cette comédie de l'amour nous jouons tour à tour le rôle du plus aimé et du moins aimé ».

« Cela m'amuse »

Je crois que le départ de Misa fut pour notre ménage un malheur, parce qu'il eut pour résultat immédiat de rejeter complètement Odile vers un groupe qui me déplaisait beaucoup. Avant notre mariage, Odile était souvent sortie seule avec des jeunes gens ; elle avait été emmenée par eux au théâtre ; elle avait fait des
5 voyages avec ses frères et les amis de ceux-ci. Elle m'en avait prévenu très loyalement au moment où nous nous étions fiancés et m'avait dit qu'elle ne pourrait y renoncer. A ce moment, je la désirais plus que tout au monde ; je lui avais répondu de bonne foi que cela me paraissait naturel et que jamais je ne serais un obstacle à ses amitiés.
10 Comme il est injuste et absurde de rendre les êtres humains comptables de leurs promesses ! Quand j'avais fait celle-là, je ne m'étais pas du tout représenté ce que j'éprouverais en voyant un autre homme accueilli avec ce même regard, ce même sourire, que j'avais tant aimés. Peut-être serez-vous étonnée d'apprendre que je souffrais aussi de la qualité assez médiocre de la plupart de ces
15 amis d'Odile. J'aurais dû en être rassuré ; j'en étais au contraire blessé. Quand

Emmanuelle Riva et Jean-Pierre Marielle dans *Climats*,
film de Stellio Lorenzi, 1962.

on aime une femme autant que j'aimais la mienne, tout ce qui est lié à son image se trouve paré par notre amour de qualités et de vertus imaginaires et, comme la ville où nous l'avons rencontrée nous semble plus belle qu'elle n'est réelle-ment, et le restaurant où nous avons dîné avec elle soudain meilleur que tous les
20 autres, le rival lui-même, bien que détesté, participe de cette lumière. Le thème du Rival, si le compositeur mystérieux qui orchestre notre existence nous le faisait entendre isolé, ce serait presque, je crois, le thème du Chevalier, mais ironique et déformé ; nous voudrions trouver en cet ennemi un adversaire digne de nous et c'est ainsi que, de tous les désappointements que peut nous causer
25 une femme, le désappointement par le rival est le pire. J'aurais été jaloux, mais non surpris, si j'avais trouvé auprès d'Odile les hommes les plus remarquables de notre temps ; je la voyais entourée de jeunes gens qui n'étaient peut-être pas, à les juger impartialement, beaucoup plus médiocres que d'autres, mais qui certes ne la méritaient pas et que d'ailleurs elle n'avait pas choisis.
30   « Odile, pourquoi êtes-vous coquette ? lui disais-je, je comprends encore qu'une femme laide veuille éprouver son pouvoir. Mais vous... C'est un jeu auquel vous gagnerez à tout coup ; c'est cruel, chérie, c'est déloyal... Et surtout vos choix sont si étranges... Par exemple, vous voyez tout le temps ce Jean Bernier... Mais qu'est-ce qui peut vous intéresser en lui ? Il est laid, il est grossier...
35   — Il m'amuse.
    — Comment peut-il vous amuser ? Vous êtes fine, vous avez du goût. Ses plaisanteries sont de celles que je n'ai pas entendues depuis le régiment et que je n'oserais pas faire devant vous...
    — Vous avez sans doute raison ; il est laid, il est peut-être vulgaire — quoique
40 je ne le croie pas — mais j'aime le voir.
    — Enfin vous ne l'aimez pas ?
    — Ah ! non, par exemple ! Vous êtes fou ! Je ne voudrais même pas qu'il me touche, il me fait l'effet d'une limace...
    — Ma chérie, vous ne l'aimez peut-être pas, mais lui vous aime ; cela, je le
45 vois. Vous rendez malheureux deux hommes, lui et moi ; à quoi bon ?
    — Vous croyez tout le monde amoureux de moi... Je ne suis pas si jolie... »
Elle disait cela avec un sourire de coquetterie si charmant que je souriais aussi. Je l'embrassais.
    « Alors, ma chérie, vous le verrez moins ? »
50 Elle prenait son air fermé.
    « Je ne vous ai jamais dit ça.

— Vous ne me l'avez pas dit, mais je vous le demande... Qu'est-ce que cela peut vous faire ? A moi, cela me ferait plaisir. Et vous dites vous-même qu'il vous est indifférent... »

55 Elle semblait interdite, s'interrogeait, puis disait avec un sourire gêné : « Je ne sais pas, Dickie, je crois que je ne peux pas faire autrement... Cela m'amuse. »

Pauvre Odile ! Elle avait en prononçant cette phrase un air si puéril, si sincère. Je lui démontrais alors, avec ma vaine et terrible logique, qu'il était facile de « faire autrement »...

60 « Ce qui vous perd, lui disais-je, c'est que vous vous acceptez telle que vous êtes, comme si nous recevions notre caractère tout fait. Mais on peut former son caractère, on peut le refaire...

— Alors refaites le vôtre.

— Je suis tout prêt à essayer. Mais aidez-moi, en essayant de votre côté.

65 — Non, moi, je vous ai déjà dit souvent que je ne peux pas. Et puis je n'ai pas envie d'essayer. »

Quand je pense à ce temps déjà lointain, je me demande si ce n'était pas un instinct profond qui lui dictait cette attitude. Si elle avait changé comme je le lui demandais, aurais-je continué à l'aimer autant ? Aurais-je supporté la présence

70 constante de ce petit être futile, si de telles scènes n'avaient rendu l'ennui, pour tous deux, impossible ? D'ailleurs il n'était pas vrai qu'elle n'eût jamais essayé. Odile n'était pas méchante. Quand elle me voyait malheureux, elle se croyait prête à tout faire pour me guérir, mais son orgueil et sa faiblesse étaient plus forts que sa bonté, et sa vie demeurait la même.

75 J'avais appris à connaître ce que j'appelais son « air de conquête », une gaieté haussée d'un demi-ton au-dessus de sa gaieté normale, des yeux plus brillants, un visage plus beau, et son habituelle langueur vaincue. Quand un homme lui plaisait, je le savais avant elle. C'était affreux...

Quelquefois alors je pensais à la phrase de Florence : « J'ai été trop tendre et
80 peut-être eussiez-vous pu craindre, en m'épousant, que ma conduite devînt trop légère... »

Ce qui m'attriste le plus lorsque, comme il m'arrive encore souvent, je médite sur cette époque malheureuse, c'est de penser qu'Odile, malgré sa coquetterie, m'était fidèle et que peut-être, avec un peu plus d'adresse, j'aurais pu conserver
85 son amour. Mais il n'était pas facile de savoir comment agir avec Odile ; la tendresse l'ennuyait et provoquait chez elle de petites réactions brusques et hostiles ; des menaces l'eussent déterminée aux actions les plus violentes.

André MAUROIS, *Climats* (1928)
© éd. Grasset

POUR LE COMMENTAIRE

1. La jalousie

a. Que sait-on du couple ? Du passé de ses deux membres ? De leur avenir ?
b. A quel moment apparaît le thème de la jalousie ? Pourquoi la jalousie est-elle l'aiguillon du désir ?
c. Le thème du Rival avoisine celui du Chevalier : expliquez cette association.
d. Définissez ce que le narrateur appelle de la « coquetterie ».
e. La jalousie, un obstacle à la liberté d'autrui ?

2. L'incommunicabilité

a. L'incommunicabilité dans le discours : montrez-en les signes.
b. Comment le narrateur vit-il son incommunicabilité avec Odile ? Et elle avec lui ? Est-ce le même schéma ?
c. « Cela m'amuse » : une parole frivole ?

d. L'incommunicabilité détériore-t-elle ou accroît-elle les relations d'Odile et de son mari ?

3. Égoïsme masculin et mystère féminin

a. Que voudrait obtenir le narrateur ? Que se passerait-il s'il l'obtenait ?
b. Aimer l'autre, serait-ce le détruire ?
c. La fidélité d'Odile : quelles sont ses limites ?
d. Pourquoi Odile a-t-elle besoin d'échapper à la mainmise de son mari ?

ÉTUDE COMPARÉE

Vous comparerez cet extrait d'André MAUROIS à celui de Jean GIRAUDOUX (*Choix des élues*, p. 320) et vous soulignerez **les convergences thématiques**. Quel portrait de femme apparaît ici et là en filigrane ?

Jacques Chardonne *Les Varais* (1929)

Jacques Chardonne (1884-1968) se fait connaître en 1921 par *L'Épithalame*, qui décrit la vie d'un couple en proie au temps qui passe et qui le déchire. La désagrégation des sentiments est aussi le thème dominant des *Varais* (1929), mettant en parallèle la déchéance d'un couple et d'un domaine. Chardonne analyse sans pitié la dislocation de l'amour dans le mariage et souligne la fragilité des êtres face à leur destin. *Eva ou le Journal interrompu* (1930) et *Claire* (1931) marquent le sommet d'une longue carrière littéraire (*Destinées sentimentales*, 1934 ; *Romanesques*, 1937 ; *Vivre à Madère*, 1953 ; *Demi-jour*, 1964 ; *Propos comme ça*, 1966).

Incommunicabilité

Attentif au demi-jour de la vie provinciale, **Jacques Chardonne** *sait camper des* **personnages idéalistes, désabusés** *par l'existence.*

Jacques Chardonne.

Frédéric ne considérait plus Marie que sous l'aspect d'une femme enfantine, engourdie et pleureuse, dont on ne pouvait tirer un mot ni comprendre la pensée.

Autrefois, il regrettait tout de suite les idées de colère qui lui semblaient insensées. Aujourd'hui, il pensait que dans ces moments d'exaspération il avait
5 bien jugé Marie.

Il se rappelait, comme une dérision, le temps où, sous l'influence des illusions de l'amour, il avait substitué à cet être réel, absurde et désolant une forme adorable. De cette femme, qui se révélait justement si contraire à sa nature, si nuisible, et comme l'incarnation de son mauvais destin, il avait tiré, pendant
10 quelques années, un être imaginaire, sa compagne indispensable, toute mélangée à son âme. « J'étais fou », se disait-il. Même la beauté de Marie, ses yeux doux, ses cheveux blonds, cette grâce d'ange triste lui déplaisait aujourd'hui, parce qu'il voyait dans ces traits le signe d'un esprit détesté.

Il lui reprochait sa propre méprise. Il n'admettait pas qu'elle fût si différente
15 d'une première image. C'était une tromperie concertée par elle, une faute, une offense préméditée, qu'il ne pourrait jamais assez punir avec sa haine. Parfois, cette pensée l'exaspérait si fort qu'il laissait tout à coup son travail, traversait le long corridor d'un pas martelé et hâtif, et ouvrait brusquement la porte de la chambre, tout haletant et blême.
20 Mais elle ne semblait pas entendre ses reproches. Dans la chambre, où il revenait sans cesse, il s'épuisait devant un adversaire morne et muet. Au moins, si elle avait parlé, il aurait pu s'emparer d'une réplique, pénétrer dans cet être inexplicable, et peut-être lui trouver une excuse !

Elle restait assise, s'arrêtant seulement de coudre. Elle se levait, s'asseyait sur
25 un autre siège, puis se relevait encore, s'approchait discrètement de la porte et posait la main sur le loquet, prête à se glisser dans le corridor.

Alors, il s'avançait brusquement et lui saisissait le bras pour la retenir. Sans bouger, sans lâcher son bras, d'une pression continue, il enfonçait ses doigts de fer dans un muscle tendre. Elle poussait un cri et tombait sur les genoux.

Jacques CHARDONNE, *Les Varais* (1929)
© éd. Grasset

POUR LE COMMENTAIRE

1. La haine conjugale. Comment Frédéric explique-t-il le revirement de son attitude envers Marie ?

2. L'amour, **une illusion** ? L'amour, une tromperie ?

3. En quoi l'**absence de communication** entre Fré-

déric et Marie accentue-t-elle encore leur divorce spirituel ?

4. L'agression physique. Quel sens lui donner ?

5. Imaginez ce que Marie pense de l'attitude de Frédéric. Que révèle son comportement ?

Jean Giraudoux *Choix des élues* (1939)

Romancier, **Jean Giraudoux** *(1882-1944) se montre aussi moderne et inventif que dans ses œuvres théâtrales (voir pp. 407 à 428). Créateur original, il compose* **des romans qui ne ressemblent à rien de connu***. Ceux-ci jouent avec tous les aspects de la réalité de façon simultanée, déconcertent par leur art du discontinu, par leurs comparaisons cocasses, par les artifices du langage.*

Si les œuvres de Giraudoux rompent avec toute autre forme romanesque, elles entretiennent en revanche entre elles de **fortes et constantes ressemblances***. Les héroïnes giralduciennes sont souvent de pauvres femmes en quête d'évasion. Suzanne part pour les îles du Pacifique (*Suzanne et le Pacifique*, 1921 ; Juliette au pays des hommes, 1924). Une question obsédante sert de trame à la réflexion : le rapport du moi et de l'univers.*

L'action **a peu de place** *dans cette littérature. Simon le Pathétique (1918) est une autobiographie poétique ; Siegfried et le Limousin (1922) présente un cas de dédoublement de la personnalité.*

« Cette femme qui était la musique même... »

Irréalisme, préciosité, baroquisme ? **Giraudoux comparait volontiers l'art du romancier à celui du musicien** *réunissant le réel et le rêve, le sérieux et l'ironie, l'existence et l'idéal.* Choix des élues *(1939) met en scène un personnage féminin, Edmée, qui, de la musique, a fait un art de vivre.*

Dans l'atelier silencieux de Frank, Edmée s'abandonnait au sentiment qu'elle ressentait toutes les fois où elle était seule avec un homme dans un lieu clos, muré, ou cadenassé : à la sécurité. La présence des hommes, de tout homme, du serrurier ou du laveur de vitres dans l'appartement vide, la protégeait au lieu de l'inquiéter. Si cet homme, comme Frank s'apprêtait à le faire en ce moment, tirait à demi les rideaux, venait s'asseoir à ses pieds, peu importait. Elle était quelqu'un qu'on protège en lui prenant les mains, en se mettant à genoux. Elle n'en voulait même pas à ceux qui avaient voulu la protéger en la prenant dans leurs bras, en lui proposant un collier de perles, protection certaine contre les esprits, en essayant de l'embrasser. Sa fidélité à Pierre était si totale et si naturelle que ces attaques n'étaient même pas des insultes. Elle ne croyait pas d'ailleurs très profondément aux enlèvements, aux rapts, aux viols... Frank laissait aller sa tête sur ses genoux, au creux de ses genoux ? Très bien. Elle acceptait cette tête comme une tête seule. Elle la prenait comme un cadeau, le cadeau qu'eût pu faire saint Denis à sa sainte favorite, de son chef décollé. Le corps de Frank avait disparu, mais cette tête seule qui parlait, qui ouvrait les yeux, couverte d'abondants cheveux de première qualité et de cils un peu trop longs pour des yeux d'homme, c'était, pour une heure, un charmant cadeau. Elle ne l'emporterait certes pas ; dans le tram, dans la rue, c'était plutôt embarrassant. Mais elle voulait bien qu'elle fût un moment à elle... Cependant, là-bas, à la cuisine, Claudie expliquait à Blanche Pearl qu'on

ne doit apporter le thé que s'il a été demandé, et encore deux fois.

35 La tête de Frank plaisait à Edmée. Car, parmi ces hommes innombrables et inoffensifs, Edmée ne laissait pas de préférer une catégorie. Elle avait essayé un jour de savoir une fois pour toutes laquelle, et elle s'était arrêtée dans sa recherche, un 40 peu honteuse, car elle ne pouvait nier que ses préférés appartinssent à une variété tout à fait différente de celle qui avait produit Pierre. Tous avaient cette caractéristique : ils étaient légers. Il ne s'agissait pas seulement d'une légèreté de langage, de 45 conduite. Il s'agissait de leur poids, de leur densité. Ils ne pesaient pas sur la vie. Ils avaient, dans leur corps ou leur âme, cette poche d'air qui permet aux oiseaux de voler. Ils n'étaient pas tous forcément, comme Frank, faciles et bohèmes ; certains avaient 50 une occupation, un métier, une foi, mais ils n'en étaient pas moins légers, à cause de cette moindre densité qui les douait d'aisance, de gaieté, d'humour. C'était des sénateurs légers, des marchands de canons légers. Comme elle aimait attendre les 55 hommes, rester avec eux, elle les aimait inexacts, oisifs. Comme toute obligation la blessait, elle aimait les hommes changeants. Elle fuyait toute discussion, qu'elle fût ménagère, didactique ou religieuse. Par une contradiction qui remplissait Pierre de fu- 60 reur, cette femme lettrée détestait tout débat littéraire, et, quand le club invitait Sinclair Lewis[1] ou André Siegfried[2] à une fête d'honneur, il était sûr, à l'heure des toasts, de la trouver au jardin, jouant au ping-pong avec le gros Bullyon qui pesait cent kilos,

65 mais qui était de ces êtres de moindre densité. Cette femme qui était la musique même, une fois son piano fermé ne répondait qu'à regret à ceux qui lui parlaient musique, et quand Pierre jouait avec elle à quatre mains, bien qu'elle eût indiqué dans son jeu
70 toute la gaieté ou le pathos du texte, et qu'elle y eût mis souvent sa propre ironie, il savait qu'il ne devait pas ajouter un mot après la dernière note, et ils se retrouvaient tous deux face à face, muets, elle souriante, lui aigre, comme maintenant après l'amour.
75 Il en serrait les dents. On plaquait l'accord final, on arrêtait pile le drame, le serrement de cœur, la beauté du monde, et c'était fini, et elle reposait sur le couvercle baissé sa potiche avec ses roses. Lui, se fichait des pianos à roses. Lui, aspirait à cette
80 conversation sur l'oreiller, sur le clavier, au sujet des fils de Bach, de la lettre de Goethe à Schubert, ou des désespoirs de Berlioz. Elle la déclinait sans un mot, souriante. — Mais voyons, espèce de petite ânesse, avait-il envie de lui dire, il n'y a pas que la
85 musique de Bach, de Schubert ! Il y a Bach, il y a Schubert ! Il y a trente hommes qui ont vécu des vies de délices ou d'enfer pour te donner ce cadeau magnifique ! Tu ne vas quand même pas faire d'Armide un opéra anonyme ! Lorsque Gluck, le
90 3 septembre 1780... Mais elle n'était déjà plus là... On eût dit que le nom de Gluck la faisait disparaître... Pour Pierre, qui pensait à Eiffel quand on parlait de la tour Eiffel, à Pasteur quand on passait boulevard Pasteur, cette inaptitude à appeler l'humanité
95 par ses grands noms était un déni de justice. Lui, qui sentait en lui mille reconnaissances particulières à ceux qui avaient inventé le motet, la sérénade, le quatuor, la vocalise, le ton porté, qui eût d'enthousiasme invité à déjeuner le premier transcripteur du
100 dièze, il n'acceptait pas qu'elle considérât la musique comme une moisson anonyme, comme le foin ou le colza. — Pourquoi ne veux-tu pas parler de Mozart ? lui avait-il dit un jour, alors qu'elle n'avait jamais joué aussi bien le concerto... Tu lui en veux ?
105 — De quoi lui en voudrais-je ? — D'être l'auteur reconnu de la *Flûte Enchantée*, du *Requiem*. Cela te gêne pour parler de lui. Mais il y a des témoins. Ils sont de Mozart. — Bon. Parlons de lui. — Tu crois qu'on parle comme cela de Mozart, sur com
110 mande ? — Bon. N'en parlons pas. — Tu as un secret avec lui. Tu as un secret avec chacun de tes musiciens ! Tu me trompes avec eux. Tu ne veux pas les partager avec moi. Voilà la vraie raison. — Si je t'embrassais, Pierre chéri, cela te passerait ? —
115 Je n'en ai pas l'impression. Tu m'embrasses pour ne pas parler. Cela me déplaît horriblement. — J'essaye. On verra bien !... Et le baiser venait. Et il durait. Et, quand il touchait à sa fin, Pierre aurait voulu parler du baiser. Mais le baiser dont il était
120 plein n'existait déjà plus pour elle. Elle voyait qu'il allait parler. Elle l'embrassait à nouveau, sérieusement et hâtivement cette fois, pour qu'il ne fût plus question du baiser.

Jean GIRAUDOUX,
Choix des élues (1939) © éd. Grasset

POUR LE COMMENTAIRE

1. Une femme. Deux hommes

a. Deux hommes en présence : Frank et Pierre. Caractérisez-les.
b. Qu'est-ce qu'un homme « léger » pour Edmée ?
c. Edmée, femme fidèle ?
d. Que représente l'amour aux yeux des protagonistes ?

2. Un art de vivre

a. « Cette femme qui était la musique même ». Expliquez.
b. La culture selon Pierre et Edmée.
c. Quelles valeurs essentielles Edmée protège-t-elle ?
d. Montrez comment l'art de vivre d'Edmée aboutit à une forme de philosophie.

3. Une atmosphère et une composition musicales

a. Comment Edmée associe-t-elle le réel et l'idéal ? Analysez la façon dont fonctionne cette association dans sa relation avec Frank.
b. La musique n'est pas l'irréel : montrez-le.
c. Qu'y a-t-il de « musical » dans la composition de Giraudoux ?
d. Le secret de la sensibilité musicale : en quoi consiste-t-il ?

Van Dongen, *La Femme aux chrysanthèmes*, 1924.
Paris, Musée d'Art moderne de la Ville de Paris.

1. *Écrivain américain (1885-1951) auteur du célèbre roman* Babitt *(1922), satire de la classe moyenne américaine.* — 2. *Économiste et sociologue français (1875-1959), André Siegfried était un bon observateur des pays anglo-saxons.*

Affiche de GESMAR,
1925. Paris, Musée
de la Publicité.

Paris la fête

Les « années folles » : l'insouciance, l'agitation, l'élé-gance, la frivolité érigées en nouvel art de vivre. Cette période trépidante qui commence, la paix et la pros-périté revenues — et dont le krach de Wall Street, en 1929, sonnera le glas — est caractérisée par un furieux appétit de vivre, une frénétique envie de changement qui touche les créateurs et les classes aisées.

Le rayonnement de Paris et de sa vie de plaisir est extraordinaire dans ces années vingt : la liberté est partout, le désir domine dans tous les domaines, une cacophonie incroyable s'empare de la ville, lumières, musiques, cocktails, klaxons, rengaines, dans une for-midable libération des sens.

Affiche de KIFFER, vers
1925. Paris, Musée
de la Publicité.

« Paris sera pendant dix ans plein à craquer, note l'écrivain Maurice Sachs dans son journal. Il fallut dix ans pour que s'écoulât ce flot d'êtres humains, de bonheur et d'optimisme. Pendant dix ans, les bars, les salons, les magasins, les théâtres, les rues, les fenêtres seront pleins partout. »

Une période euphorique, c'est vrai. Les noms qui l'évoquent immédiatement, Joséphine Ba-ker, Jazz Band, Bugatti, Char-leston, Mistinguett, Montpar-nasse, Maurice Chevalier, Coc-teau, Coco Chanel... expriment la trépidation, l'insolence, le bonheur, le luxe, la fête. 1925 aime se perdre dans les rythmes syncopés des Noirs, s'enivrer de vitesse et d'amours compliquées. La promotion de la femme, la « garçonne », détruit le vieil ordre académique.

Le Bal Nègre à Paris, rue Blomet, caricature de SEM, 1929. Paris, Bibl. des Arts décoratifs.

Couverture de *Paris Plaisirs*,
n° 23.

Affiche de PAUL COLIN, 1925.
Paris, Musée de la Publicité.

Illustration pour *Art-Goût-Beauté*, 1923.
Paris, Bibl. des Arts décoratifs.

La femme et la mode

Durant ces années d'après-guerre, la mode, dont Paris était, là encore, le principal centre, prend un nouvel essor. Les inventions multiples, sobres ou ostentatoires, de cette période reflètent très nettement les bouleversements sociaux et psychologiques du monde qui était en train de naître des décombres. En effet, la haute couture s'adapte tout d'abord à une clientèle nouvelle, qui se recrute au sein du monde du spectacle, parmi les écrivains, les artistes et les Américaines fortunées. D'autre part, elle essaie de répondre au double désir de s'émanciper et de plaire qui animait les femmes, nullement désireuses de retrouver la mode contraignante d'avant-guerre : cherchant à se mettre en valeur et à dévoiler un corps longtemps caché, elles veulent conserver cet acquis essentiel que constitue le raccourcissement des jupes et des cheveux.

C'est cette volonté qui est à l'origine du style androgyne, qui valut à la femme des années folles le nom de « garçonne ». Les couturiers de l'époque sont restés célèbres : **Paul Poiret, Jeanne Lanvin, Jean Patou** entre autres, sans oublier **« Coco » Chanel**.

La visite, dessin de PIERRE BRISSAUD pour la
Gazette du Bon Ton, mars 1920.

Affiche de H. PÉCOUD, vers 1925.
Paris, Musée de la Publicité.

Gravure de PIERRE BRISSAUD pour la *Gazette
du Bon Ton*, 1921.

Affiche publicitaire pour le B.H.V., 1919.
Paris, Bibl. des Arts décoratifs.

*Silhouettes
et modes d'aujourd'hui.*

Gravure de mode, *Vogue*, 1924.
Paris, Bibl. des Arts décoratifs.

RENÉ LALIQUE, *Bouchon « victoire »*, 1928.

Voiture de luxe, 1936.

RENÉ LALIQUE,
*Flacon de parfum dit
à « L'oiseau de feu ».*

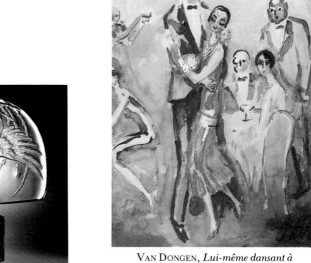

VAN DONGEN, *Lui-même dansant à
Deauville*, 1925. Coll. part.

L'invitation au voyage

L'Illustration, couverture de A. E. MARTY, octobre 1934.
Paris, Bibl. des Arts décoratifs.

« Côte d'Azur », Pullman-Express,
affiche de PIERRE FIX-MASSEAU, 1929.

« Ce ne sont pas les Rembrandt qui créent le style de notre époque, mais les ingénieurs », écrit Taraboukine en 1922. De fait, leurs conquêtes les plus exaltantes — l'automobile, le train-express, l'avion, le paquebot — deviennent, en même temps que les instruments d'un formidable élargissement des horizons, des objets esthétiques et une source d'inspiration pour les artistes. C'est l'automobile qui réalise la première le mariage tant recherché de l'art et de l'industrie, de grands stylistes en dessinant les carrosseries : « Ma Bugatti est plus belle que toutes les œuvres d'art », dira Derain. Luxueuses et raffinées, les Delahaye, Hispano-Suiza, Delage et autres Bugatti attirent la clientèle riche et snob.

Luxe, confort, vitesse, le train a presque autant de prestige que l'auto : il inspire Morand, Cendrars, Kessel, sans parler de Dekobra et de sa « Madone des sleepings ». Les créateurs de l'Art Déco, Süe et Mare, Prou, Lalique entre autres, sont appelés à décorer l'intérieur des wagons. Ils se retrouvent également sur les grands paquebots transatlantiques, véritables palaces flottants, dont l'architecture intérieure témoigne d'un luxe écrasant, mais aussi du style de l'époque.

L'Été à Monte-Carlo,
affiche publicitaire, vers 1930.

L'Illustration, couverture de GUY SABRAN, octobre 1931.
Paris, Bibl. des Arts décoratifs.

Salle à manger des premières classes sur le paquebot L'Atlantique, illustration de HEMJIC, 1931.
Paris, Bibl. des Arts décoratifs.

Le pont des sports sur le paquebot L'Atlantique,
illustration de HEMJIC, 1931.
Paris, Bibl. des Arts décoratifs.

French Line, affiche d'ALBERT SÉBILLE
pour la Cie Transatlantique, vers 1930.
Paris, Yacht Club de France.

Le peuple au travail

Boris Taslitsky, *Grèves de juin 1936*, 1936.

« Se tenir debout. Prendre la parole à son tour. Se sentir des hommes pendant quelques jours. Indépendamment des revendications, cette grève est en elle-même une joie. Une joie pure, sans mélange. (...) Joie de parcourir ces ateliers où l'on était rivé sur sa machine... Joie d'entendre, au lieu du fracas impitoyable des machines, de la musique, des chants et des rires... Joie de passer devant les chefs la tête haute... Bien sûr cette vie si dure recommencera dans quelques jours. Mais on n'y pense pas. Enfin, pour la première fois et pour toujours, il flottera autour de ces lourdes machines d'autres souvenirs que le silence, la contrainte, la soumission. Des souvenirs qui laisseront un peu de fierté au cœur, un peu de chaleur humaine sur tout ce métal. »

Simone Weil, La Révolution prolétarienne, *10 juin 1936*

Fernand Léger, *Les Constructeurs de l'aloès*, 1951. Moscou, Musée des Beaux-Arts.

Maximilien Luce, *Le Front populaire*, vers 1936. Coll. part.

Les congés payés

Le Front populaire en 1936-37 : l'euphorie des lendemains de victoire, un sentiment de brusque libération sociale... et un cadeau fabuleux : les « congés payés » ! Pour des millions de travailleurs, c'est l'explosion de joie. Enfin voir la mer, la montagne. Ou tout simplement rendre visite aux vieux parents, retrouver le « pays », quitté parfois dès l'adolescence. Grâce à Léon Blum et à son « sous-secrétaire d'État aux Sports et aux Loisirs », Léo Lagrange, une ère nouvelle est en train de naître : celle des vacances, et du tourisme de masse.

Tandem.

Couverture de *Regards*, juillet 1937.

Les bals populaires et les guinguettes sont toujours des valeurs sûres en matière de divertissement populaire, mais la grande nouveauté, ce sont les voyages. Certains pédalent joyeusement en tandem, d'autres se ruent sur les « trains de plaisir » à tarif réduit : employés, coiffeuses, ouvrières, métallos, qui n'ont souvent jamais dépassé les bords de la Marne, partent à l'aventure, casant comme ils le peuvent épuisettes, toiles de tente et sacs à provisions. Les adolescents, sac au dos, font de l'auto-stop et découvrent la France grâce aux Auberges de jeunesse, les enfants partent en « colonies de vacances ».

ANDRÉ LHOTE, *14 juillet en Avignon*, 1930. Paris, Musée national d'Art moderne.

En revenant de l'Expo

Dessin de Touchagues pour la couverture du *Rire*, 1925. Paris, B.N.

Ouverte à Paris sur les rives de la Seine, l'Exposition internationale de 1925 symbolise l'avènement des « Arts Déco », attachés surtout au décor de la vie, au meuble, à l'objet. Elle est dominée par un vif antagonisme entre les tenants des courants artistiques traditionnels et ceux qui appartenaient à l'avant-garde, comme Le Corbusier. En 1931, a lieu, au Bois de Vincennes, l'Exposition coloniale. Les préoccupations de la société ont changé : la crise économique sévit, le chômage augmente, les dictatures s'affermissent. Les nouveaux concepteurs de l'art de vivre s'intéressent surtout à l'architecture, au logement social et à l'urbanisme. L'Exposition universelle de 1937 est, quant à elle, vouée aux « Arts et Techniques de la vie moderne », et reflète encore l'antagonisme traditionalistes/novateurs, mais elle signe surtout le déclin de l'Art Déco : le métal et le béton remplacent le luxe capitonné, le rideau tombe pour longtemps sur les « années folles ».

Timbres commémorant les expositions internationales de 1925, 1931 et 1937. Coll. part.

Affiche pour l'Exposition coloniale de 1931. Paris, Musée de la Publicité.

Affiche de Cappiello pour l'Exposition de 1937. Paris, Musée de la Publicité.

Le milieu littéraire de l'entre-deux-guerres

1. Sous le signe de la mode

Au lendemain de la Première Guerre mondiale se forme un milieu littéraire sensiblement différent de celui des années 1900. Attentif à tous les phénomènes d'avant-garde, amoureux des modes — si passagères soient-elles — il s'engoue rapidement de toute nouveauté, à l'instar du milieu artistique. L'argent facile, le cosmopolitisme accentué, la liberté des mœurs : autant de facteurs favorables à **une meilleure circulation des œuvres** et à une meilleure diffusion des idées.

Un milieu, c'est d'abord des lieux. Le Paris littéraire et artistique des années 20 s'est créé de nouveaux espaces : les salons ont été remplacés par les cafés de Montparnasse ; les thés mondains par les boîtes de nuit... Les maisons d'édition deviennent le repaire des hommes de lettres : c'est là que se font et se défont les réputations.

Le Tout-Paris mondain fréquente ce Paris littéraire. L'ensemble forme une coterie de deux ou trois cents personnes qui règnent sur les destins de l'avant-garde. L'audace, la provocation sont toujours payantes à condition que le talent soit au rendez-vous. En effet, la qualité individuelle prime tout autre souci dans ce monde mi-culturel, mi-mondain, fortement épris d'esthétisme. Bien entendu, réussissent le mieux, dans de telles conditions, écrivains et artistes brillants, parfois snobs, souvent opportunistes. **JEAN COCTEAU** est le parfait produit de ce milieu.

Ce milieu n'a pas seulement des lieux. Il lui faut aussi des dates, des rendez-vous : les prix littéraires d'automne sonnent l'heure de la rentrée littéraire. On se retrouve également sous les cimaises des expositions d'avant-garde (futuristes, cubistes, surréalistes) et dans les salles de concert (*Les Mariés de la Tour Eiffel*, de **COCTEAU**, 1924 ; *La Création du monde*, de **DARIUS MILHAUD**, 1923). On applaudit les Ballets suédois ; on lance **SATIE** et **HONEGGER** ; on s'enchante des décors de **PICABIA**, **PICASSO** et **LÉGER**. Le cinéma commence à séduire les plus avertis... L'exposition des Arts Décoratifs, en 1925, fait triompher l'architecture à la façon de **LE CORBUSIER**, un mobilier fonctionnel où le métal et la ligne droite s'imposent.

2. Les grands éditeurs et la publicité littéraire

Dans le domaine de l'édition, **Grasset et Gallimard, maisons jeunes, transforment profondément le circuit du livre** ; de ce fait, le métier d'auteur évolue également. On a découvert que la publicité littéraire peut assurer à un livre un succès que sa seule valeur ne saurait lui apporter. Le « lancement » du *Diable au corps*, de **RAYMOND RADIGUET**, est, à ce titre, une première : Grasset a fait du livre un « événement » à force de photos, affiches et d'interviews. Le jeune âge de l'auteur, le montant de son contrat rendu public, l'écrivain étant traité plus comme une vedette que comme un auteur. Malgré les protestations de la critique, le mouvement est désormais amorcé. Toute l'édition littéraire se met à construire des « best sellers » en utilisant les techniques de la promotion commerciale.

Pendant un temps, l'édition cherche à **concilier valeur littéraire et campagne publicitaire**, à promouvoir surtout des modes, à accélérer aussi la rénovation du genre romanesque par l'appel constamment fait à ces nouvelles valeurs. Viendra bientôt l'époque où l'on cherchera surtout à soutenir les œuvres susceptibles d'atteindre, hors toute préoccupation de qualité, les plus forts tirages. L'appétit de lucre l'emportera alors sur la passion d'éditer de beaux produits de l'esprit.

Les réactions ne manquent pas à cette emprise naissante du commerce sur la vie intellectuelle. **ANDRÉ GIDE**, à la N.R.F., continue par exemple de rappeler que la littérature est la plus noble activité de l'homme et qu'elle doit être traitée comme telle.

Picasso, *Le Minotaure*. Coll. part.

3. Éditeurs spécialisés, revues, hebdomadaires

En dehors des grandes maisons d'édition littéraires dominant le marché, existent plusieurs centaines d'éditeurs qui tentent leur chance dans un domaine particulier (Guy-Lévis Mano est connu pour être l'éditeur des poètes surréalistes), ou qui visent un public acquis à une quelconque idéologie (Les Éditions Sociales). D'autres, tout en se voulant « généralistes », choisissent un abord personnel. Ainsi, Denoël se montre plus révolutionnaire dans ses choix que Grasset ou Gallimard : il publiera **CÉLINE**.

Autre facteur essentiel de diversification : les hebdomadaires et les revues littéraires. 1922 : **MAURICE MARTIN DU GARD** lance avec succès *Les Nouvelles littéraires* : l'information sur l'actualité littéraire y voisine avec des récits, des entretiens, des reportages. Cet hebdomadaire aura de nombreux imitateurs et concurrents, dont le fameux *Figaro littéraire*. Après avoir atteint des tirages exceptionnels — de 150 000 à 300 000 exemplaires — ces magazines sombreront pour la plupart quelques années plus tard.

Du côté des revues, *La Nouvelle Revue française* connaît une forte croissance jusqu'en 1939. Elle représente la citadelle des belles-lettres contemporaines, indifférente à la politique. Le *Minotaure* est beaucoup plus porteur d'avenir, ouvert à la réflexion sur les formes plastiques et sur les sciences de l'homme (psychanalyse, ethnologie). A gauche on trouve *Clarté* (1919) et *Europe* (1923), à droite *L'Action française* (1899), *La Revue française* (1903). Continuent par ailleurs de grandes revues nées au siècle précédent comme la conservatrice *Revue des deux mondes* (1831), *Le Mercure de France* (1890), *La Revue de Paris* (1894). Parmi les importantes nouveautés des années 30 : *Esprit* (1932), lancée par **EMMANUEL MOUNIER** et les chrétiens de gauche ; le *Surréalisme au service de la Révolution* (1930), par **ANDRÉ BRETON** et le groupe surréaliste.

4. Les rustiques

L'après-guerre réactive **le mythe d'un paradis rustique perdu**. L'homme n'a-t-il pas imprudemment quitté la nature ? Quelles sont ces villes tentaculaires qui font disparaître son âme, qui l'aliènent et le détruisent ? Fruits de ces réflexions, apparaissent des œuvres dont l'intérêt de l'intrigue le cède à celui de l'atmosphère. **L'attachement au terroir** devient la valeur sûre. C'est le sens à accorder à *La Brière* (1923), d'Alphonse de Chateaubriant, à *Raboliot* (1925), de **MAURICE GENEVOIX** : Raboliot est chassé par la loi du pays solognot dont il connaissait, en bon braconnier, tous les secrets. Henri Pourrat glorifie pour sa part, dans *Gaspard des montagnes* (1922-1931), le pays auvergnat.

Jean de La Varende évoque avec une nostalgie désabusée, en une prose racée, le temps des « Sei-gneurs » dans la Normandie d'Ancien Régime (*Nez-de-Cuir*, 1937 ; *Les Manants du Roi*, 1938).

La forêt, le fleuve, la montagne, tel est le décor des grandes épopées rustiques de **CHARLES-FERDINAND RAMUZ**, sensible au fantastique des lieux sauvages. Chez **JEAN GIONO**, la veine poétique s'élargit, devient majeure (*Regain*, 1930 ; *Jean le Bleu*, 1932 ; *Le Chant du monde*, 1934). Il en est de même chez Henri Bosco (*L'Ane Culotte*, 1937) ou Thyde Monnier (*Grand-Cap*, 1937 ; *Le Pain des pauvres*, 1938).

Cette génération d'écrivains est **la dernière à avoir parlé de la nature sur ce ton**. Les écrivains rustiques ultérieurs ne pourront plus parler de la vie des campagnes et des montagnes qu'en se référant à un passé définitivement révolu.

Maurice Genevoix *Raboliot* (1925)

Né dans une île de la Loire nivernaise, **Maurice Genevoix** (1890-1980), après avoir été reçu à l'École normale supérieure, est grièvement blessé au cours de la Grande Guerre. En 1916 paraît *Sous Verdun*. A partir de 1920, il se consacre exclusivement à la littérature et obtient le prix Goncourt avec *Raboliot* en 1925.

Genevoix recherche la santé physique et morale au contact de la nature et de l'instinct animal (*La Dernière Harde*, 1938 ; *Les Bestiaires*, 1969-1971). Il se veut l'ami, le frère de l'homme des champs (*Beau François*, 1965). Une grande fraîcheur des sentiments servie par une plume simple, mais pleine de nuances.

« Ho, Raboliot ! »

Au soir brun, Raboliot sortit du fourré. Il y avait deux heures qu'il s'y cachait, épiant les bruits épars et le déclin de la lumière. Au mouvement qu'il fit en se levant, un écureuil qui grignotait une faine, assis sous l'abri de sa queue, le fruit serré dans ses deux petites mains, s'envola vers un pin et grimpa le long du fût, 5 à toutes griffes, en poussant un grognement de porc.

Raboliot, à sa ceinture, assujettit le paquet de minces fils de laiton. Rien ne bougeait plus alentour. Il traînait par le bois une bruine incolore qui ruisselait le long des rameaux et s'égouttait sur les feuilles mortes à petits heurts multipliés. Il s'approcha de la lisière.

10 Toute la plaine était vide, à travers une poussière d'eau qui délavait les formes proches, les silhouettes d'arbres isolés, et, brouillant les lointains, les dissolvait dans un gris uniforme, triste, où se mêlaient le ciel et la terre.

Raboliot replongea au bois, et tout de suite se mit à tendre. Il marchait vite, et ses regards le précédaient. Sa main droite, tâtonnante, palpait sous le gilet le 15 dur écheveau qui lui ceignait le ventre, arrachait un fil d'un coup sec. Il ne s'arrêtait pas pour le tordre, il pliait le genou au cours même de sa foulée, et, contre lui faisant couler le fil, le lissait d'un geste appuyé, si vif que le métal sifflait dans le velours de la culotte. Marchant toujours, il nouait l'« œil » où jouerait la boucle : il ne regardait pas ce que faisaient ses doigts, assez savants pour 20 travailler seuls ; il regardait le sol encombré de broussailles, il déchiffrait sur le terrain, en hâte, un grimoire chargé de sens. Des passées[1] zigzaguaient, capricieuses, où les lapins boultinaient la nuit ; d'autres, s'étirant droit, révélaient les

1. Traces laissées par des bêtes sauvages.

2. *Passées.*

3. *Arbre réserve dans la coupe d'un bois.*

4. *Pousses sortant des racines.*

meusses[2] des lièvres ; un pied de fauve marquait le talus d'un fossé ; une plume vibrait, prisonnière d'une ronce ; et partout, mêlés à l'humus végétal, des débris
25 animaux, de menues charognes de rongeurs, des os frêles comme des arêtes, des crottes, des fientes éparpillées, sollicitaient les yeux et la cervelle de Raboliot.

On n'aurait pu dire qu'il cherchait la place où il allait tendre : le fil une fois passé dans l'œil, la boucle du nœud coulant s'arrondissait déjà à la place qui l'appelait ; les doigts de l'homme, déjà, avaient trouvé le baliveau[3] où se nouerait l'engin,
30 et le nouaient. Et Raboliot était ailleurs, un peu plus loin suivant ses pas. Tous ses gestes coulaient, comme le fil arrondi dans l'œil robustement tordu ; qu'il redressât le buste pour mieux voir, qu'il l'inclinât pour poser le collet, une harmonie flexible, jamais rompue, le conduisait à travers le bois.

S'il avait jamais appris à tendre, Raboliot ne se rappelait quand : il savait
35 tendre, voilà tout, il devait savoir de naissance. Il y a des bracos tatillons, qui discutent sur la manière de poser, sur le diamètre des boucles, sur la hauteur où l'on doit les suspendre ; il y en a qui se demandent s'ils tendront pour le lapin seul, ou pour le lièvre seul, ou à deux fins, et qui prennent des mesures avec la largeur de leur main. Raboliot ne se demande rien : il marche à travers bois,
40 arrache les fils de laiton noirs à l'écheveau qui s'amincit, plie le genou, travaille des doigts, se baisse, se relève, et poursuit. A peine est-il passé, des collets sont tendus qui cette nuit serreront des gorges tièdes : là où débouchera un lapin, le collet est à sa mesure ; si c'est un lièvre, il fourrera son museau dans une boucle assez large pour lui. Il y en a partout, dans les « tallées »[4] au milieu des clairières,
45 aux obstacles menus, — touffes de bruyères ou branches à ras de terre, qui obligeront les bêtes à sauter vite au lieu de renifler le vent. Et Raboliot, tandis qu'il pose, n'oublie pas de cintrer le collet qu'il abandonne, d'un coup de pouce appuyé et glissant, comme d'une goutte d'huile qui lubrifie. Il n'oublie pas, non plus, de se garder : son attention l'environne et le couvre ; elle recueille les
50 frémissements du bois, explore, au trou d'une éclaircie, la plaine brouillée de brume que le soir assombrit peu à peu.

Il n'était pas, ce soir-là, très inquiet. Son audace venait de le trop bien servir ; une fois de plus, il misait sur elle. Jamais Volat, jamais Tancogne ne le croiraient capable, après les récentes alertes, de colleter à la Sauvagère : la preuve, c'est
55 qu'il n'entendait rien, n'apercevait rien de suspect. Les bois, autour de lui, ne bruissaient que de l'égouttis des ramures ; hors de la zone étroite que troublait sa propre présence, Raboliot les sentait respirer, comme ils respirent quand les hommes n'y sont pas.

Et il en profitait, il suivait jusqu'au bout sa chance. A sa ceinture, le lourd
60 paquet avait fini par fondre brin à brin ; quelques fils demeuraient encore, qu'il pouvait compter sans les voir, en les palpant : une dizaine, tout au plus. C'était une fameuse « tente » qu'il laissait derrière lui, au bois de la Sauvagère ! Pas une passée, pas une touffe qui ne dissimulât son piège, de la corne du bois à la route de l'Aubette.

65 La route apparaissait, déserte, derrière une petite enclave labourée. Raboliot arracha les derniers fils ensemble, un peu tordus, un peu mêlés. Il s'était arrêté, à fin de besogne, pour les débrouiller et les nouer. Pourquoi perdre les fils qui restaient ? Quand on en a posé cent quarante, on peut en poser dix encore. Cent cinquante, ça ferait le compte plus rond.

70 Juste comme il se disait cela, il sursauta avec violence, bondit comme un chevreuil surpris : devant son nez, à quatre pas, deux hommes s'étaient dressés dans le fossé de lisière, en même temps qu'une voix le heurtait :

— Halte-là, garçon, tu y es !

Il se jeta de côté, volta pour prendre sa course, s'enfonça vite au cœur du
75 taillis ; mais une autre voix l'atteignit, l'arrêta net, les jambes fauchées :

— Ho, Raboliot !... T'ensauve pas, mon pauv' vieux : on t'a bien vu.

Il y avait des chances, malheur ! pour qu'on l'eût bien vu en effet. L'imbécile, qui s'était arrêté dans le clair, qui avait offert sa figure comme à la boîte du photographe ! Il attendit, muet, sans même jeter les fils qu'il tenait à la main, que
80 Tournefier et Tancogne l'eussent rejoint.

Maurice GENEVOIX, *Raboliot* (1925)
© éd. Grasset

Charles-Ferdinand Ramuz
La Grande Peur dans la montagne (1926)

Écrivain suisse de langue française, **Charles-Ferdinand Ramuz** (1878-1947), bien qu'élevé à Lausanne et fortement influencé par le milieu parisien (il a vécu à Paris de 1902 à 1914), consacre l'essentiel de son œuvre à la vie de la campagne et de la montagne. Après les poèmes du *Petit village* (1903), il écrit une série de romans réalistes (*Aline*, 1905 ; *Les Circonstances de la vie*, 1907 ; *Jean-Luc persécuté*, 1909 ; *La Vie de Samuel Belet*, 1913). Il traverse une période lyrique et mystique, rédige des romans « symboliques » (*Passage du poète*, 1923) avant de renouer avec la verve rustique et tragique qui fait le meilleur de son art (*La Grande Peur dans la montagne*, 1926 ; *La Beauté sur la terre*, 1927 ; *Derborence*, 1934). Son influence sur la littérature en Suisse romande est décisive. Il a été l'un des fondateurs et animateurs des *Cahiers Vaudois* (1914-1919), dont il ouvrit la série avec le manifeste personnel qu'est « Raison d'être ». Pour Ramuz, le régionalisme ne consiste pas à se réfugier dans le particulier, mais à traiter les « deux ou trois sujets qu'il faut reprendre toujours » à travers la réalité concrète et élémentaire d'un terroir : « J'ai besoin d'une terre quand même, sinon je me sentirais perdu. »

*** *La Grande Peur dans la montagne*

Cette œuvre conte l'histoire de bergers dont le troupeau est atteint d'une mystérieuse et terrible maladie. Joseph, désobéissant aux ordres, décide d'abandonner le troupeau et ses aides pour retourner au village.

« Il a été où elle n'était pas »

Cette fois, rien n'a pu le retenir.

C'était le lendemain matin, dans le moment où l'ouverture de la fenêtre a recommencé à être vue, se marquant faiblement en gris dans le mur en face de Joseph ; — la longueur du voyage et ses difficultés, les dangers qu'il courrait
5 ensuite, et même de se dire qu'il allait apporter peut-être la maladie à ceux d'en bas : rien n'avait plus compté pour lui, rien ne pouvait plus compter.

Clou était couché dans le lit du maître et Barthélemy dans le sien ; ni l'un ni l'autre ne bougèrent, quand Joseph se leva, ni ne parurent le voir passer. Et lui, pareillement, ne les regarda point ; pareillement, il n'eut l'air de rien voir, ni dans
10 le chalet, ni hors du chalet, ni ce qu'il y avait devant la porte.

Des bêtes déjà réveillées, les unes essayaient de brouter et les autres erraient en meuglant, puis, voyant Joseph, elles sont accourues ; il ne les vit pas. Il ne voyait rien, elles le suivaient, il ne les a pas vues qui le suivaient. Elles secouaient derrière lui leurs sonnailles sur l'espèce de chemin où il s'est avancé d'abord,
15 tournant le dos à la vallée ; et, longtemps, les bêtes ont été derrière lui sur ce chemin sans qu'il ait paru les entendre, puis elles s'étaient découragées. Elles se sont arrêtées l'une après l'autre, avec des meuglements de nouveau, parce que le lait recommençait à leur faire mal dans leurs mamelles regonflées ; elles tendaient vers lui leur mufle d'où le son est sorti, mais sans le léger brouillard
20 blanc dont il s'enveloppe d'ordinaire à ces premières heures du jour. Le son, un instant encore, court après Joseph, le dépasse, lui est ramené par l'écho ; Joseph va toujours, il ne s'en est pas occupé. Il va sur l'espèce de chemin qu'il y a eu d'abord, puis il n'y a eu plus aucun chemin. Il avait pris par ces étroits passages et cette suite de ruelles que les quartiers de rocs laissent entre eux ; il passait
25 d'une de ces ruelles à l'autre, il remontait le torrent. Il tournait le dos à la vallée et au village, il allait du côté du glacier, il a été où elle n'était pas ; — voyant le glacier tourner lentement de gauche à droite devant lui, comme une aiguille de montre, puis il l'a eu en face de soi, lui tombant tout entier dessus de ses hauteurs.
30 Joseph traverse le torrent sur des pierres.

Il semblait qu'il allait exprès où elle n'était pas. On le vit qui marchait à la rencontre des lieux les plus inhabités de la terre, les plus privés de toute présence d'homme, et où seulement une pierre qui dégringole fait entendre par moment une espèce de voix ; il allait à la rencontre de là où il n'y a rien du tout, là où elle
35 n'était pas, là où elle ne pouvait pas être. Il n'y avait que le bruit des pierres ; pourtant, il continuait d'avancer, ayant seulement le bruit d'une pierre qui dégringole au loin par moment pour répondre au bruit des pierres sous son pas, et cette voix-là seulement et cette espèce de voix-là pour s'élever en face de la sienne. Les sonnailles en arrière de lui s'étaient tues depuis longtemps, seule-
40 ment une pierre qui roule, ou un filet d'eau ruisselant, comme par une blessure, dans la moraine[1] qu'il a abordée ou dans les crevasses du glacier qu'il avait en dessous de lui, maintenant. Il faisait un ciel tout uni et d'une seule même couleur, où le soleil n'était pas encore parvenu, parce qu'il se trouvait en train de grimper derrière les crêtes parmi les pierres et les neiges. Un ciel comme un plafond de
45 chambre, un ciel passé au blanc de chaux. Et lui qui allait seul dessous, seul et rien qu'un bâton, avec sa veste du dimanche, son pantalon de même étoffe, son chapeau noir, tandis que dans les fissures du glacier, au-dessous de Joseph, l'eau tournoie, et que devant lui la roche est à nu. La roche était à nu à cause de sa raideur, et elle devenait de plus en plus raide par des assises entre
50 lesquelles d'étroits paliers qu'on appelle des vires peuvent encore servir et servent, en effet, aux chasseurs quand ils vont chasser la grosse bête, mais à eux seulement. Joseph a pris par ces passages.

1. Parcours d'un ancien glacier.

Charles-Ferdinand RAMUZ, *La Grande Peur dans la montagne* (1926)
© éd. Grasset

POUR LE COMMENTAIRE

1. Un homme éperdu

a. Comment Joseph est-il amené à prendre sa décision ? Quelle force le détermine ?
b. La solitude de Joseph.
c. Que fait-il ? Que recherche-t-il ?

2. Une nature « fantastique »

a. Une nature hostile ? Indifférente ? Complice ?
b. Étudiez les bruits de la montagne. Quelle ponctuation appellent-ils ?

c. Le ciel et la roche : un décor magique.
d. Le choix du vocabulaire, des tournures verbales.

3. Une évocation dramatique

a. Quels sont les acteurs (présents ou absents) ? Que représente Joseph à leurs yeux ?
b. Qu'y a-t-il de fantastique dans cette scène ?
c. La cadence de la phrase épouse celle de la marche et de l'effort dans la marche : montrez-le.

Jean Giono *Regain* (1930)

Né à Manosque, **Jean Giono** (1895-1970) est l'écrivain de la Haute-Provence, pays de montagne et de pierre où l'homme, pour vivre, doit lutter contre les éléments. Cette lutte fraternelle, Giono aime l'évoquer sur le mode lyrique : *Colline* (1928), *Un de Baumugnes* (1929). *Regain* (1930) est une vraie géorgique en l'honneur d'un village ressuscité.

D'autres thèmes enrichissent l'œuvre ultérieure de Giono : *Le Chant du monde* (1934) célèbre le fleuve ; *Que ma joie demeure* (1935) se présente comme un évangile libérateur d'une civilisation déchue.

Philosophe de la nature, prophète inspiré, Giono dénonce avec véhémence la mobilisation qui approche dans *Refus d'obéissance* (1937). Après quelques ennuis dus à sa sympathie pour le régime de Vichy, il retrouve, après la Deuxième Guerre mondiale, une audience avec *Le Hussard sur le toit* (1951) et ses chroniques (*Le Moulin de Pologne*, 1952 ; *L'Iris de Suse*, 1970). Il est le chantre d'un nouvel humanisme païen.

*** *Regain*

C'est l'histoire d'un village déserté par tous ; sauf Panturle, que l'arrivée inespérée d'une femme va ramener de la chasse à l'agriculture. Le village renaîtra. Véritable Robinson Crusoë de la montagne, Panturle représente la volonté et la sensualité humaines opposées à toutes les forces de négation et de destruction. Mythe agraire accompagné d'un sacrifice (la mort volontaire de la vieille Mamèche), *Regain*, avec son cercle de mort et de renaissance, atteint, dans ses meilleures pages, la grandeur antique.

Panturle

Fernandel, dans *Regain*,
film de Marcel Pagnol,
1937.

Aubignane est collé contre le tranchant du plateau comme un petit nid de guêpes ; et c'est vrai, c'est là qu'ils ne sont plus que trois. Sous le village la pente coule, sans herbes. Presque en bas, il y a un peu de terre molle et le poil raide d'une pauvre oseraie. Dessous, c'est un vallon étroit et un peu d'eau. C'est donc
5 des maisons qu'on a bâties là, juste au bord, comme en équilibre, puis, au moment où ça a commencé à glisser sur la pente, on a planté, au milieu du village, le pieu du clocher et c'est resté tout accroché. Pas tout : il y a une maison qui s'est comme décollée, qui a coulé du haut en bas, toute seule, qui est venue s'arrêter, les quatre fers d'aplomb au bord du ruisseau, à la fourche du ruisseau
10 et de ce qu'ils appelaient la route, là, contre un cyprès.

C'est la maison de Panturle.

Le Panturle est un homme énorme. On dirait un morceau de bois qui marche. Au gros de l'été, quand il se fait un couvre-nuque avec des feuilles de figuier, qu'il a les mains pleines d'herbe et qu'il se redresse, les bras écartés, pour regarder
15 la terre, c'est un arbre. Sa chemise pend en lambeaux comme une écorce. Il a une grande lèvre épaisse et difforme, comme un poivron rouge. Il envoie la main lentement sur toutes les choses qu'il veut prendre, généralement, ça ne bouge pas ou ça ne bouge plus. C'est du fruit, de l'herbe ou de la bête morte ; il a le temps. Et quand il tient, il tient bien.
20 De la bête vivante, quand il en rencontre, il la regarde sans bouger : c'est un renard, c'est un lièvre, c'est un gros serpent des pierrailles. Il ne bouge pas ; il a le temps. Il sait qu'il y a, quelque part, dans un buisson, un lacet de fil de fer qui serre les cous au passage.

Il a un défaut, si on peut dire : il parle seul. Ça lui est venu aussitôt après la
25 mort de sa mère.

Un homme si gros que ça, ça avait une mère comme une sauterelle. Elle est morte du mal. On appelle ça : « le mal », mais c'est une vapeur ; ça prend les gens d'âge. Ils ont les « trois sueurs », le « point de côté » puis, ça s'arrache tout, là-dedans, et ils meurent. C'est le sang qui se caille comme du lait.
30 Quand elle a été morte, il l'a prise sur son dos et il l'a portée au ruisseau. Il y a là un pré d'herbe, le seul de tout le pays, un petit pré naturel et il a quitté sa mère sur l'herbe. Il lui a enlevé sa robe, et ses jupes, et ses fichus parce qu'elle était morte habillée. Il n'avait pas osé la toucher pendant qu'elle souffrait et qu'elle criait. Comme ça, il l'a mise nue. Elle était jaune comme de la vieille
35 chandelle, jaune et sale. C'est pour ça.

Il avait porté un morceau de velours et la moitié d'une pièce de savon et il a lavé sa mère de la tête aux pieds, partout, en faisant bien le tour des os, parce qu'elle était maigre. Puis, il l'a mise dans un drap, et il est allé l'enterrer ; c'est du soir même qu'il s'est mis à parler seul.

Jean GIONO, *Regain* (1930)
© éd. Grasset

POUR LE COMMENTAIRE ——————

1. D'Aubignane à Panturle, du lieu au personnage. Comment Giono procède-t-il dans sa présentation ?

2. Le Panturle. C'est un homme-arbre : expliquez.

3. Qu'y a-t-il d'animal dans Panturle ? Et de divin ? En quoi est-ce **un héros des temps païens** ?

4. La mort de la mère. Comment Panturle l'envisage-t-il ?

5. Panturle parle seul. Quel sens symbolique donner à cet acte de parole ?

6. La dimension mythique de cette évocation. Que représente Panturle dans l'ordre de la nature ? Un primitif ? Un sage ? Un prophète ?

Marcel Aymé *La Table aux crevés* (1929)

Marcel Aymé (1902-1967) commence sa carrière sous le signe de la littérature populiste et paysanne avec *Brûlebois* (1926) et *La Table aux crevés* (1929). Ses souvenirs personnels donnent toute leur saveur à ce dernier récit, dramatique quant au fond, mais déjà ironique et irrévérencieux. *La Jument verte* (1933) soulève une vague d'indignation chez les bien-pensants, qui supportent mal ses gauloiseries rabelaisiennes.

Grand maître de l'inconfort intellectuel, Marcel Aymé joue parfois au philosophe champêtre (*La Vouivre*, 1943) et brocarde volontiers la bourgeoisie et les snobs (*Le Bœuf clandestin*, 1939). Satiriste à la plume acide, il s'enchante aussi du merveilleux et est ainsi l'un des conteurs les plus doués de notre littérature (*Le Nain*, 1934 ; *Le Passe-muraille*, 1943).

Le Confort intellectuel (1949) soutient l'idée que l'écrivain doit être la conscience sans complaisance de son temps. Le théâtre devint après la guerre son genre préféré pour dénoncer tous les conformismes sociaux : *Lucienne et le boucher*, 1947 ; *Clérambard*, 1950 ; *La Tête des autres*, 1952.

Ses *Contes du chat perché* (1934-1958), « histoires simples, sans amour et sans argent », de deux petites paysannes imaginaires, sont destinés aux enfants de « quatre à soixante-quinze ans ».

« *Si je m'attendais à celle-là...* »

Urbain Coindet arriva vers les sept heures et demie de la foire de Dole où il venait d'échanger un cheval contre une jument grise de six ans, belle bête, mais panarde un peu des jambes de devant. Coindet avait fait à pied les quinze kilomètres du retour, tirant par la bride sa jument grise qu'il n'osait monter à cru,
5 dans la crainte de gâter son meilleur pantalon. Il était fatigué, mais en entrant dans la cour, il voulut étonner sa femme et mit sa bête au trot.

— Aurélie ! cria-t-il, viens voir.

L'Aurélie ne se montrait pas. Coindet fut ennuyé d'avoir manqué son entrée. Arrivé à l'autre bout de la cour, il cria encore : « Aurélie ! » Persuadé qu'elle l'avait
10 entendu de sa cuisine, il remit sa jument au trot et fit en sens inverse le chemin parcouru. Point d'Aurélie. Il en fut irrité et, tirant toujours sa jument par la bride, alla pousser la porte de la cuisine. L'Aurélie ne touchait pas terre. Saisi, Coindet resta quelques secondes immobile, la main crispée sur la bride.

— Eh ben, eh ben, murmura-t-il, si je m'attendais à celle-là...
15 Il fit trois pas dans la cuisine et entraîna la jument dont l'arrière-train boucha l'entrée aux trois quarts. L'Aurélie se présentait à son homme de profil, la langue dehors, l'œil en binocle, le cou très dégagé. Coindet la considéra bien attentivement. Le corps n'avait pas la moindre oscillation, il en conclut que la mort remontait à une heure au moins. Il n'y avait rien à faire. Coindet voulut faire sortir
20 la jument pour la conduire à l'écurie. La présence de cette bête, une étrangère pour Aurélie, lui paraissait inconvenante. Troublée par le cadavre et malmenée par la main nerveuse de Coindet, la jument hésitait à reculer, et finit par se mettre de biais dans le chambranle de la porte, le flanc serré par une arête du mur. Coindet voulut prendre du champ pour la remettre en bonne position et heurta
25 le corps de sa femme. Il frissonna, fit un signe de croix avec sa main gauche.

— Cré charogne, dit-il à la jument.

L'Aurélie se balançait au bout de la corde, tourniquait doucement avec des grâces raides. Coindet ne se souciait pas de la regarder, encore tremblant d'avoir touché la main froide, et s'appliquait à expulser la jument. La sale bête s'obstinait
30 à ne pas reculer et ses efforts exagéraient gravement le défaut des jambes panardes dont Coindet s'avisa soudain.

— Pas possible, murmura-t-il.

Il lâcha la bride pour que la jument prît une attitude naturelle. Libre, elle recula toute seule et débarrassa la cuisine. Debout sur le seuil, Coindet la regardait
35 marcher. Pas d'erreur, elle était panarde[1].

— Bon Dieu, v'là qu'elle marche comme mon beau-père. Moi qui n'ai rien vu de ça. Ah c'est le jour aujourd'hui...

1. Dont les pieds sont tournés en dehors.

Il reprit la bride et conduisit la jument à l'écurie. Les idées un peu en désordre, il grommelait de temps à autre :

40 — Si je m'attendais à celle-là...

Il ne savait pas trop s'il pensait à sa femme ou à sa jument. Bien sûr qu'il était surtout préoccupé de l'Aurélie, mais la découverte de ces jambes panardes lui paraissait souligner étrangement la catastrophe. Tandis qu'il attachait la bête, il songea :

45 — J'aurais jamais cru que le piton de la suspension était si solide.

Cette réflexion le fit souvenir qu'il avait, dans son désarroi, oublié de couper la corde.

Marcel Aymé, *La Table aux crevés* (1929)
© éd. Gallimard

LECTURE MÉTHODIQUE

1. Lignes 1 à 14

a. Urbain Coindet sur la route. Quels sont ses soucis ? Sous quel aspect apparaît le personnage ?
b. Le coup de théâtre : « L'Aurélie ne touchait pas terre » : l'effet de cette phrase.
c. La réaction d'Urbain Coindet. Réalisme ? Humour noir ?

2. Lignes 15 à 35

a. Le cadavre. Son aspect. D'où vient l'effet comique ?
b. Une situation dramatique traitée sur le ton de l'humour ? Définissez les procédés de Marcel Aymé conteur.
c. Les réflexions et les remarques d'Urbain Coindet. Qu'ont-elles d'incongru par rapport à la situation ?

3. Lignes 36 à 47

a. Urbain entre sa femme et sa jument. Expliquez son état de confusion mentale.
b. La chute. Comment est-elle amenée ?

Dessin de Jodelet pour *La Table aux crevés*. ▶

Marcel Aymé *Derrière chez Martin* (1938)

Dans le récit qui suit, **Marcel Aymé** *reprend sur le mode fantaisiste un problème qui, vers la même époque, a préoccupé Sartre aussi bien que Mauriac : quelles* **libertés** *le romancier peut-il ou ne doit-il pas prendre avec* **ses personnages** *? Il invente ici, somme toute, l'esthétique-fiction, ou l'humour-critique...*

Les fatalités du roman...

Il y avait un romancier, son nom était Martin, qui ne pouvait pas s'empêcher de faire mourir les principaux personnages de ses livres, et même les personnages de moindre importance. Tous ces pauvres gens, pleins de vigueur et d'espoir au premier chapitre, mouraient comme d'épidémie dans les vingt ou 5 trente dernières pages, et bien souvent dans la force de l'âge. Ces hécatombes avaient fini par faire du tort à l'auteur. On disait ordinairement qu'il avait un génie magnifique, mais que tant de morts prématurées rendaient par trop déprimante la lecture de ses romans les plus beaux. Et on le lisait de moins en moins. La critique elle-même, qui avait encouragé ses débuts, commençait à se lasser

10 d'une aussi sombre disposition, insinuant que cet auteur était « à côté de la vie »
et l'écrivant même.

Martin, pourtant, était un homme très bon. Il aimait bien ses personnages et
n'aurait pas demandé mieux que de leur assurer une longue existence, mais
c'était plus fort que lui. Dès qu'il arrivait vers les derniers chapitres, les héros de
15 ses romans lui claquaient dans la main. Il avait beau s'ingénier à les garder saufs,
toujours survenait-il quelque fatalité qui les lui ravissait. Une fois, il avait réussi,
en sacrifiant d'ailleurs tous les autres personnages, à faire vivre une héroïne
jusqu'à la dernière page, et déjà il se félicitait lorsqu'une embolie emporta la
pauvre fille à quinze lignes de la fin. Une autre fois, il avait entrepris d'écrire un
20 roman dont l'action se passait dans une école maternelle, afin que les plus âgés
de ses personnages n'eussent pas plus de cinq ans. Il pensait avec raison que
l'innocence de cet âge, comme aussi bien la vraisemblance, désarmeraient
l'implacable destin. Par malheur, il s'était laissé aller à écrire un roman fleuve,
si bien qu'au bout de quinze cents pages, les bambins étant devenus vieillards
25 branlants, il n'avait pu résister à recueillir leur dernier soupir.

Un jour, Martin se trouvait dans le bureau de son éditeur auquel il demandait
une avance d'argent avec un sourire modeste. L'éditeur souriait aussi, mais d'un
air qui ne disait rien de bon, et en effet, détournant la conversation, il demanda :

— A propos, est-ce que vous nous préparez un roman ?
30 — Oui, justement, répondit Martin. J'en ai déjà écrit plus du tiers.

— Et vous êtes content ?

— Oh ! oui, fit Martin avec chaleur, je suis vraiment content. Je ne voudrais
pas me flatter, mais je crois n'avoir jamais été aussi heureux dans le choix des
personnages et des situations. Tenez, je vais vous dire en deux mots de quoi il
35 s'agit.

Et Martin exposa le sujet de son roman. C'était l'histoire d'un chef de bureau,
nommé Alfred Soubiron, âgé de quarante-cinq ans, qui avait des yeux bleus et
une petite moustache noire. Cet excellent homme vivait heureux avec son
épouse et son jeune fils, lorsque sa belle-mère, soudain rajeunie par une
40 opération de chirurgie esthétique, lui inspirait une passion incestueuse qui ne le
laissait plus en repos.

— Ah ! ah ! très bien, murmura l'éditeur, très bien... mais dites-moi : sous les
apparences de la jeunesse, la belle-mère de ce monsieur Soubiron n'en a pas
moins soixante et onze ans...
45 — Justement ! s'écria Martin. C'est là un des aspects les plus dramatiques
de la situation !

— J'entends bien, mais à soixante et onze ans, pour peu que la Providence
ne soit pas très bienveillante, la vie ne tient souvent qu'à un fil...

— Cette femme-là est d'une constitution exceptionnellement robuste, assura
50 Martin. Quand je pense avec quelle vaillance elle a supporté...

Il s'interrompit, demeura un moment rêveur, et reprit d'un air tourmenté :

— Évidemment, une personne aussi âgée est toujours à la merci d'un
accident, sans compter que le choc des passions peut hâter l'usure d'un
organisme malgré tout fatigué. Au fond, c'est vous qui êtes dans le vrai...
55 — Mais non ! protesta l'éditeur, mille fois non ! ce que j'en disais là, au
contraire, était pour vous mettre en garde contre la tentation. Vous n'allez tout
de même pas vous priver d'une femme indispensable au développement de
l'action ! ce serait une folie !

— Vous avez raison, accorda Martin, j'ai besoin de cette femme... Mais je
60 pourrais la faire mourir à la fin, par exemple au moment d'une entreprise décisive
de son gendre... L'émotion, la gratitude, le remords, lui feraient rendre l'âme
dans une étreinte délirante... On voit très bien une rupture d'anévrisme ou un
transport au cerveau...

L'éditeur objecta qu'un pareil dénouement était d'une banalité redoutable,
65 d'autant plus attendu que la tendance de Martin était trop connue. Après avoir
longtemps disputé, il obtint que la belle-mère tomberait simplement dans un état
comateux laissant au lecteur une lueur d'espoir...

Marcel AYMÉ, *Derrière chez Martin* (1938)
© éd. Gallimard

William Faulkner *Monnaie de singe* (1926)

Monnaie de singe (Soldiers'Pay), *le premier roman de* **William Faulkner** *(1897-1962), paru en 1926, traduit* l'**horreur de l'écrivain pour la guerre et ses conséquences.** *Il met en scène ce qu'en Amérique on appelle* « *la génération perdue* », *marquée à mort par la Première Guerre mondiale comme l'est le héros, Donald, un aviateur qui revient chez les siens défiguré par une balafre, aveugle et paralysé. Un homme, au sens propre du terme, sans parole.* **Dérisoires paraissent alors les sentiments de ceux qui l'entourent,** *qu'il s'agisse des trois femmes qui se disputent ce mort-vivant ou des hommes qui agissent bassement pour les séduire.* « *Le Sexe et la Mort, porte d'entrée et porte de sortie du monde. Comme ils sont en nous inséparables !* » *s'écrie le romancier dans le dernier chapitre. Ces thèmes ne cesseront de hanter l'œuvre de Faulkner.*

Au début du roman, Mrs Powers et Joe Gilligan prennent conscience que leur voisin d'infortune est un mourant...

« *Ai-je épuisé ma provision d'émotion...* »

Mahon dormait toujours et le cadet Lowe s'endormit aussitôt.

« Il faut que je vous parle, Joe. A son sujet, ajouta-t-elle vivement, sentant sur elle le regard de Gilligan. Êtes-vous capable d'écouter ou préférez-vous vous coucher et remettre notre conversation à demain matin ? »

Gilligan, concentrant son regard, répondit :

« Maintenant, très volontiers. Toujours heureux d'obliger une dame. »

Avec une résolution soudaine, elle dit :

« Alors, venez dans ma chambre.

— Très bien. Permettez-moi de prendre ma bouteille et je suis à vous. »

Elle rentra dans sa chambre, pendant qu'il allait chercher sa bouteille, et, quand il la rejoignit, il la trouva assise sur son lit, les genoux serrés entre ses bras, enveloppée d'une couverture. Gilligan approcha une chaise.

« Joe, savez-vous qu'il est en train de devenir aveugle ? » dit-elle brutalement.

Après quelques instants, le visage de la jeune femme reprit une expression plus humaine. Sans la quitter des yeux, il répondit : « J'en sais même davantage, il est en train de mourir.

— Mourir ?

— Oui, Madame. Si j'ai jamais vu la mort sur un visage, c'est bien sur le sien. Chienne de vie ! fit-il en éclatant.

— Chut ! murmura-t-elle.

— Vous avez raison. J'oubliais », fit-il vivement.

Elle se pelotonna sous sa couverture, les genoux arcboutés l'un contre l'autre, changeant de position pour se dégourdir le corps ; elle sentait le bois du lit contre sa tête, se demandait pourquoi les lits n'étaient pas en fer, se demandait pourquoi chaque chose était ce qu'elle était : les lits en fer, pourquoi on permettait délibérément à certains êtres de violer votre intimité, pourquoi ces êtres-là mouraient, pourquoi vous alliez encore recommencer avec d'autres... Est-ce que je mourrai ainsi dans la révolte et les tourments ? Suis-je froide de nature ou ai-je épuisé ma provision d'émotion pour ne pas sentir les choses comme tout le monde Dick, Dick, mon vilain Dick, mon pauvre mort...

Gilligan se tenait en équilibre instable sur sa chaise, faisait effort pour concentrer son regard, comme il avait la sensation que les globes de ses yeux lui sortaient de la tête, visqueux comme des œufs dont la coquille s'est brisée. Des lumières formaient un cercle, une orbite. Elle, avec deux visages, assise sur deux lits, entourait ses genoux de quatre bras... Pourquoi ne peut-on être ni très heureux ni très malheureux ? C'est toujours un pâle mélange des deux. Comme de la bière, quand on voudrait de la gnole ou un verre d'eau claire. Ce n'est ni l'un ni l'autre.

Elle remua et s'enveloppa plus étroitement dans sa couverture. Dans une courette, c'était le printemps, la rumeur du printemps. Mais dans la chambre, la chaleur artificielle suggérait l'hiver, l'hiver qui agonisait.

William FAULKNER, *Monnaie de singe* (1926)
© éd. Flammarion

Pour vos essais et vos exposés

Germaine BEAUMONT : *Colette,* éd. du Seuil, 1951.
André FRAIGNEAU : *Jean Cocteau,* éd. du Seuil, 1957.
Pol VANDROMME : *Marcel Aymé,* éd. Gallimard, 1960.
M. J. DURRY : *L'Univers de Giraudoux,* éd. Mercure de France, 1961.
Giono aujourd'hui, Actes du colloque d'Aix, Édisud, 1982.
Colette, Jean Giono, Marcel Aymé sont maintenant édités dans la Bibliothèque de la Pléiade (Gallimard), avec un important appareil critique.

12

ANDRÉ MALRAUX :
« *NIER NOTRE NÉANT* »

« La victoire de chaque artiste sur sa servitude rejoint, dans un immense déploiement, celle de l'art sur le destin de l'humanité. »

André Malraux,
La Monnaie de l'Absolu

André Malraux en 1928, à Pontigny.

André Malraux (1901-1976)

L'esthète autodidacte

Rien ne destinait à un brillant avenir **André Malraux**, ce jeune banlieusard sans fortune, élevé par trois femmes, sa grand-mère, sa mère divorcée, et sa tante. Très tôt, il part à la découverte du monde, d'abord à travers les livres, les expositions et les musées. Doué d'une curiosité et d'une mémoire extraordinaires, il devient « chineur » et pénètre dans les milieux littéraires et artistiques de l'avant-garde parisienne. Le célèbre marchand de tableaux et éditeur Kahnweiler, mécène et théoricien de la peinture cubiste, publie en 1921 son premier ouvrage.

L'aventure et sa transposition romanesque

Passionné par l'art khmer, les voyages, l'aventure, et poussé par un pressant besoin d'argent, il entreprend une expédition archéologique au Cambodge (1923). Sa découverte de beaux vestiges dans un temple aux frontières du Siam lui vaut un retentissant procès pour « détournement de fragments de bas-reliefs ». Il est finalement acquitté, mais son séjour forcé en Indochine lui a ouvert des perspectives sur la vie coloniale et a suscité son intérêt pour l'action politique.

Il fonde à Saigon en 1925 un quotidien de rapprochement franco-annamite, *L'Indochine*. Devenu après sa saisie une publication clandestine, *L'Indochine enchaînée* est à son tour acculé à la disparition par l'administration française (1926). En tant que rédacteur en chef de ce quotidien, Malraux est amené à suivre de près les événements de la révolution chinoise, en particulier le soulèvement de Canton (1925).

Un tour du monde à la recherche d'objets d'art le conduit en 1931 de nouveau en Asie, puis en Amérique. Après *Les Conquérants* (1928), son deuxième roman sur la révolution chinoise, et *La Voie royale* (1930), *La Condition humaine* lui vaut le prix Goncourt en 1933.

Le péril fasciste et l'engagement politique

Dans les derniers mois de 1932, la menace hitlérienne a conduit Malraux, avec d'autres intellectuels, à se rapprocher momentanément des communistes, car la Russie lui paraît la seule puissance susceptible de tenir tête à la montée du péril fasciste.

Dès les premiers jours de la guerre civile espagnole (juillet 1936), il s'engage et se bat contre Franco dans l'aviation du gouvernement républicain. Sur le thème de cette guerre civile, il conçoit ensuite un vaste roman épique (*L'Espoir*, 1937) et un film (*Sierra de Teruel*, 1939), qui plaident la cause des républicains.

Blessé et capturé en 1940, il s'évade en zone libre et cherche refuge dans l'écriture. Il rejoint la Résistance en 1944. Arrêté et interné par la Gestapo à Toulouse, il est libéré par les F.F.I. A la tête de la Brigade Alsace-Lorraine, il participe à la reconquête des territoires occupés (1944-1945).

Le ministre et l'essayiste

Août 1945 : la rencontre de l'écrivain-homme d'action avec le général-écrivain de Gaulle marque un tournant décisif dans la vie du premier. Les deux hommes éprouvent une admiration réciproque qui durera jusqu'à leur mort. Malraux devient ministre de l'Information dans le cabinet du général de Gaulle (1945). Il sera ministre d'État chargé des Affaires Culturelles, lors du retour au pouvoir du général (1959-1969). On lui doit la création des Maisons de la Culture, des expositions internationales qui attirent les foules. Il prononce de très nombreux discours, écrit des articles, des préfaces, accorde d'innombrables interviews. Malgré une interruption pendant la période ministérielle, il écrit alors l'essentiel de ses grands ouvrages sur l'art.

1967-1976 : dans un ultime renouveau de l'écriture, les essais — autobiographie ou critique d'art — vont se succéder à belle cadence. Après une syncope et une menace de paralysie, il tire de cette ultime expérience une troublante méditation sur la mort et sur la conscience de soi, deux thèmes obsessionnels de son existence (*Lazare*, 1974). Il meurt deux ans plus tard à Verrières-le-Buisson, au terme d'une existence prestigieuse.

André Malraux, par Fotinsky.

Récits	
1921	Lunes en papier
1926	La Tentation de l'Occident
1928	Les Conquérants Royaume-farfelu
1930	La Voie royale
1933	La Condition humaine
1935	Le Temps du mépris
1937	L'Espoir
1943	Les Noyers de l'Altenburg
Essais	
1947-1949	Psychologie de l'Art
1951	Les Voix du silence
1952-1954	Le Musée imaginaire de la sculpture mondiale
1957-1976	La Métamorphose des dieux
1967	Le Miroir des limbes : t. I Antimémoires
1976	Le Miroir des limbes : t.II La Corde et les Souris

Essayiste, romancier et mémorialiste

1. L'héritage post-symboliste et esthétisant

Jusqu'aux *Conquérants* (1928), ANDRÉ MALRAUX n'est qu'un jeune esthète intelligent et cultivé, sensible aux modes et aux courants artistiques des années 20. Ses modèles (Remy de Gourmont, Laforgue...) lui communiquent leur **passion de l'érudition, de l'art sous toutes ses formes, le goût du symbole**. Il est formé par la littérature d'idées : Barrès, l'essayiste de la trilogie *Le Culte du Moi*, lui paraît « le plus grand écrivain ». Il admire en lui le styliste et le penseur. Ces orientations ne disparaîtront jamais totalement de son œuvre et lui donneront sa profondeur. Le jeune homme collabore à diverses revues et bientôt à la *NRF* (1922). Il y côtoie les grands noms de la littérature (Jacob, Cendrars, Cocteau, Radiguet et les Dadas de Paris, Tzara, Aragon, mais aussi Gide, Valéry, Rivière, Paulhan...). Ses propres écrits, jusqu'à *La Tentation de l'Occident* (1926), garderont la trace d'un certain maniérisme post-symboliste (goût marqué pour les termes rares, les analogies, les expressions recherchées).

2. A la découverte « de sa propre voix » : l'intérêt pour le « monde réel »

Sa brève expérience de journaliste pamphlétaire engagé dans la lutte politique et sociale en Indochine modifie la nature de son œuvre. La participation à l'Histoire en train de se faire, la fraternité entre camarades du même combat le marquent profondément. Coupé de l'écriture élitiste et « des rivalités de chapelles » du milieu littéraire parisien, Malraux acquiert un talent de polémiste, la volonté d'écrire pour le plus grand nombre, le goût de l'efficacité ; d'où l'emploi d'un tour incisif, volontiers caricatural, et d'aphorismes qui frappent l'esprit. Il apprend à s'appuyer sur la puissance de l'actualité. Il en garde la soif de transformer le réel par ses armes propres : la maîtrise des mots, l'éloquence et l'ampleur dans la présentation des idées, la puissance de l'imaginaire, la violence des sentiments. Il devient pour ses contemporains **le symbole de la « nouvelle alliance entre l'écriture et le vécu »** (Morand). Alors naît la légende de l'écrivain-homme d'action qui a participé à la révolution chinoise.

Les directeurs de l'*Indochine* pêchant en eau trouble

par Monsieur de la Pommerage

André Malraux et Paul Monin, caricaturés dans *L'Indochine*, 1925.

3. Le romancier ou la « déformation cohérente » de l'expérience

Dorénavant il s'agira toujours pour lui de « transformer en conscience une expérience aussi large que possible », liée à la vie collective. Malraux touche le grand public grâce à ses romans, qui lui permettent de poser les problèmes métaphysiques, éthiques, politiques, de manière concrète. Y dominent les grandes scènes dialoguées. Le nombre des acteurs va croissant, pour aboutir aux vastes fresques épiques de *La Condition humaine*, de *L'Espoir* et des *Noyers de l'Altenburg*. Ces **récits d'aventure et de guerre**, riches en actions, mêlent inextricablement le réel et la fiction. L'auteur y prend une grande liberté avec les faits pour leur donner plus de puissance et de valeur symbolique. Toutefois ces romans sont si profondément enfoncés dans la vie par leur arrière-plan emprunté à l'Histoire récente qu'ils ont pu passer pour des reportages.

En fait, ils sont résolument modernes par leur internationalisme, par leur intensité et leur violence, par la nature des problèmes qu'ils soulèvent (colonialisme, communisme, fascisme), et par **leur esthétique de la discontinuité, leur rythme accéléré**. Ils s'élèvent très au-dessus de la contingence des événements et ont une valeur intemporelle de paraboles. Les héros — aventuriers, révolutionnaires ou artistes — exorcisent la solitude, affirment la liberté humaine, nient le Temps et la Mort.

4. Le critique d'art et le mémorialiste

Après la Seconde Guerre mondiale, Malraux renonce définitivement au roman. Il reprend sa méditation sur l'art, commencée avec ses catalogues d'expositions des années 20 et 30 et ses articles sur « La Psychologie de l'art » parus dans *Verve* en 1937-1938, poursuivie dans certaines grandes scènes de *La Voie royale*, de *La Condition humaine* et de *L'Espoir*. Elle ne s'interrompra plus jusqu'au dernier volume de *La Métamorphose des dieux : L'Intemporel* (1976). L'écrivain ne cesse de remanier ces textes, de bouleverser leur plan, de les enrichir, d'approfondir ses analyses, en confrontant tous les grands chefs-d'œuvre de l'art mondial.

Le mémorialiste des dernières années, dans une série d'ouvrages regroupés sous le titre *Le Miroir des limbes*, livre **une véritable épopée du siècle**, dans une très grande variété de discours (entretiens, notes de voyages, méditations, récits réels ou imaginaires, scénarios...). Écrit à la première personne, nourri des aventures d'une existence hors du commun, ce vaste ensemble n'offre qu'une image indirecte de l'auteur. Celui-ci s'abandonne à un rythme et à une construction de plus en plus amples. Son pouvoir d'envoûtement entraîne le lecteur, quoique la richesse vertigineuse de ses confrontations, l'agilité, les bonds de la pensée dans le temps et l'espace, les libertés prises avec l'articulation logique, rendent ces textes assez difficiles.

1. Les écrits farfelus

Lunes en papier (1921)

*Le premier ouvrage d'**André Malraux**, Lunes en papier (1921), révèle une préférence marquée pour le récit court, quelque peu inclassable, proche du poème en prose, tel que l'ont pratiqué les symbolistes. Il sera suivi de plusieurs autres entre 1922 et 1928. L'auteur y fait vivre **un monde cocasse et d'une bouffonnerie accusatrice**. Il emploie pour le désigner le vieux mot* farfelu, *repris de Rabelais.*

*Outre **la présence obsédante de la mort** — le Royaume farfelu est en fait « l'Empire de la Mort » —, beaucoup d'autres thèmes reparaîtront sous un autre registre dans l'œuvre de la maturité (fascination du suicide, angoisse devant l'incohérence, le non-sens de la vie).*

*** **Lunes en papier**

La Mort, Reine du Royaume farfelu, souffre d'une maladie de langueur. L'Orgueil, qui se cache sous les traits du nouveau Médecin-Royal, lui a prescrit de se baigner « cinq fois par jour dans un liquide spécial ». Il prépare en secret une solution où fondra le squelette de la Mort. Les six Péchés capitaux sont cachés dans les coussins.

Dessins d'André Malraux
dans *Messages, songes et
dyables*, de Madeleine
Malraux.

« Pourquoi avons-nous tué la Mort ? »

Ses cheveux frisés comme les poils d'un caniche apparaissant, noirs, au-dessus de la baignoire de porcelaine, la Mort se laissait béatement pénétrer de la chaleur du bain, lorsque son amie Rifloire entra, affolée, dans la chambre.

« Hors du bain ! »

5 La Mort ne bougea point.

« Hors du bain, vous dis-je. Vous êtes empoisonnée !

— Grand Dieu, chère amie, que vous avez de belles épaules ! »

Rifloire — squelette de celluloïd (faux os), chauve, malgé sa jeunesse — s'effondra, les jambes en compas ouvert.

10 « Ne comprenez-vous pas ? Vous êtes empoisonnée !

— Empoisonnée n'est pas le mot exact. Je suis corrodée. »

Des coussins bougèrent.

« Et vous restez là !

— Comme vous le voyez. Je n'aurais jamais pu me suicider ; quelle recon-
15 naissance ne dois-je pas à ceux qui voulurent bien m'éviter cette peine ?

— Hein !

— Oui, chère amie, j'en ai assez. Le monde — inutile de bâiller, je serai bientôt morte — ne nous est supportable que grâce à l'habitude que nous avons de le supporter. On nous l'impose quand nous sommes trop jeunes pour nous
20 défendre et ensuite... Enfin, ai-je raison ? Supprimez, l'habitude de...

— Je ne vois pas bien...

— Eh ! ce n'est pas difficile ! Imaginez vos amis en forme de coquetiers, par exemple. Les voyez-vous, donnant au hasard le titre de Dieu des Coquetiers, lui confiant leurs désespoirs de coquetiers, et voyez-vous les coquetiers-femelles
25 disant : « L'harmonie de la ligne du coquetier-femelle est, à coup sûr, supérieure à l'harmonie de la ligne du coquetier-mâle », et minaudant ! Non ! mais les voyez-vous ! Moi, j'en ai assez, vous dis-je, j'en ai assez ! Je suis malade, on me cherche noise : je prends mon parapluie et je m'en vais. Mon départ, d'ailleurs, sera une mystification honorable. On m'appelle la Mort, mais vous savez bien que
30 je suis seulement l'Accident ; la destruction lente même n'est qu'un de mes déguisements. Ah ! ceux... Mais ah çà ! qu'est-elle devenue ? Rifloire ! Rifloire ! ! elle a fui ! Crapule, Saleté ! Enfin ! Je l'ai ennuyée férocement, et, comme je vais mourir, elle ne pourra pas se venger. Ollé ! mourons ! »

Et elle alluma une cigarette ; un fil de fumée s'étira comme une petite fille
35 grêle, et la Mort s'appliqua à imaginer un grand nombre de figures obscènes et à les mettre en mouvement suivant celui de la fumée.

Aucun coussin ne bougeait plus.

André MALRAUX, *Lunes en papier* (1921)
© éd. Gallimard

POUR LE COMMENTAIRE

1. L'auteur prend soin de nous avertir par une note préliminaire qu'« il n'y a **aucun symbole** dans ce livre ». Qu'en pensez-vous ?

2. Quel effet tire-t-il de cet **univers singulier** d'où l'homme est absent ?

2. Le comparatiste des civilisations

La Tentation de l'Occident (1926)

La crise de l'Occident

*Approchée à travers ses temples enfouis dans la jungle, mais aussi à travers ses crises actuelles, cette terre étrangère d'Extrême-Orient met **Malraux en contact direct avec une culture et une sagesse millénaires**. Il découvre une humanité rêvant de sérénité, face à l'Occident qui se débat dans un individualisme exacerbé, avide de gloire et d'action. Cette rencontre, estimée par lui comme « une des plus profondes et des plus complexes de sa jeunesse », **relativise la vision de sa propre culture** et lui offre l'occasion d'approfondir sa réflexion sur la diversité des conceptions de l'homme. Il en rapporte la matière de ses quatre premières œuvres qui obtiendront immédiatement un succès considérable.*

*** La Tentation de l'Occident

Longuement mûrie (1921-1925), cette œuvre pose le problème de la crise de la civilisation occidentale, sous la forme d'une confrontation pathétique entre deux grandes cultures, d'où se tire une leçon d'existence. C'est un échange de lettres entre deux jeunes intellectuels : un Chinois, Ling, qui voyage en Europe, et un Européen, A. D., qui voyage en Chine. Les deux hommes sont également inquiets de l'avenir de leurs patries respectives : les idées de l'Occident se sont infiltrées dans la civilisation millénaire de l'Orient, menacée à son tour par le désespoir, le culte de la personne.

À travers la vision d'un jeune Chinois de vingt-trois ans, l'écrivain part à la découverte de ce que nous sommes et acquiert la conviction que notre monde, que nos modes de pensée pourraient être différents.

Toute l'œuvre qui va suivre recherchera des valeurs permettant de répondre aux questions angoissées d'un Occidental ayant répudié la foi chrétienne dont il reste imprégné. Parmi les idéaux que se sont proposés les hommes, l'auteur ne nomme pas encore la fraternité, le combat pour la dignité, l'art, dans lesquels il cherchera lui-même un salut « laïc ».

Éclairage sur notre culture

Tien-tsin, lettre de A. D. à Ling.

Pour détruire Dieu, et après l'avoir détruit, l'esprit européen a anéanti tout ce qui pouvait s'opposer à l'homme : parvenu au terme de ses efforts, comme Rancé[1] devant le corps de sa maîtresse, il ne trouve que la mort. Avec son image enfin atteinte il découvre qu'il ne peut plus se passionner pour elle. Et jamais il
5 ne fit d'aussi inquiétante découverte...

Il n'est pas d'idéal auquel nous puissions nous sacrifier, car de tous nous connaissons les mensonges, nous qui ne savons point ce qu'est la vérité. L'ombre terrestre qui s'allonge derrière les dieux de marbre suffit à nous écarter d'eux. De quelle étreinte l'homme s'est lié à lui-même ! Patrie, justice, grandeur, vérité,
10 laquelle de ses statues ne porte de telles traces de mains humaines qu'elle ne soulève en nous la même ironie triste que les vieux visages, autrefois aimés ? Comprendre ne permet point toutes les démences. Et, cependant, quels sacrifices, quels héroïsmes injustifiés dorment en nous...

Certes, il est une foi plus haute : celle que proposent toutes les croix des
15 villages, et ces mêmes croix qui dominent nos morts. Elle est amour, et l'apaisement est en elle. Je ne l'accepterai jamais ; je ne m'abaisserai pas à lui demander l'apaisement auquel ma faiblesse m'appelle. Europe, grand cimetière où ne dorment que des conquérants morts et dont la tristesse devient plus profonde en se parant de leurs noms illustres, tu ne laisses autour de moi qu'un horizon nu
20 et le miroir qu'apporte le désespoir, vieux maître de la solitude. Peut-être mourra-t-il, lui aussi, de sa propre vie. Au loin, dans le port, une sirène hurle comme un chien sans guide. Voix des lâchetés vaincues... je contemple mon image. Je ne l'oublierai plus. Image mouvante de moi-même, je suis pour toi sans amour. Comme une large blessure mal fermée, tu es ma gloire morte et ma
25 souffrance vivante. Je t'ai tout donné ; et, pourtant, je sais que je ne t'aimerai jamais. Sans m'incliner, je t'apporterai chaque jour la paix en offrande. Lucidité avide, je brûle encore devant toi, flamme solitaire et droite, dans cette lourde nuit où le vent jaune crie, comme dans toutes ces nuits étrangères où le vent du large répétait autour de moi l'orgueilleuse clameur de la mer stérile...

André Malraux, *La Tentation de l'Occident* (1926)
© éd. Gallimard

1. Allusion à la dernière œuvre de Chateaubriand, La Vie de Rancé *(1844), le fondateur de la Trappe.*

André Malraux, Mme Théo van Rysselberghe, Roger Martin du Gard et Clara Malraux à l'Abbaye de Pontigny, en 1932.

Les Noyers de l'Altenburg (1943)

Les cultures sont-elles des constructions mentales contingentes et sans avenir ?
Malraux *ne cessera jamais sa réflexion sur l'homme, sur les métamorphoses de la sensibilité et de la pensée. La question « Existe-t-il une donnée permanente sur quoi puisse se fonder la notion d'homme ? » domine le dernier récit de l'écrivain,* Les Noyers de l'Altenburg *(publié d'abord en Suisse en 1943), qui renoue avec* La Tentation de l'Occident.
Dans la partie centrale, le colloque de l'Altenburg, l'auteur pose **le problème de la permanence de l'homme en rapport avec l'agonie des civilisations***. Cette œuvre est probablement une des plus riches (réflexions sur l'art, méditation fascinée sur les conditions de la guerre moderne, sur le suicide, l'engagement politique, etc.). Certains longs passages en seront repris dans des écrits postérieurs (*Antimémoires, Lazare*).*

L'Homme dans le temps

— Qu'il s'agisse de Dieu dans les civilisations religieuses, ou du lien avec le cosmos dans les civilisations antérieures, chaque structure mentale tient pour absolue, inattaquable, une évidence particulière qui ordonne la vie, et sans laquelle l'homme ne pourrait ni penser ni agir. (Évidence qui n'assure pas
5 nécessairement à l'homme une vie meilleure, qui peut fort bien concourir à sa destruction, bien sûr !) Elle est à l'homme ce que l'aquarium est au poisson qui y nage. Elle ne vient pas à l'esprit. Elle n'a rien à voir avec la recherche de la vérité. C'est elle qui saisit et possède l'homme ; lui, ne la possède jamais tout entière. Si bien que, peut-être, — je rejoins ici les préoccupations de M. Vincent
10 Berger[1] — les hommes sont le plus profondément définis, et séparés, par la forme de leur fatalité.

— Quelle est la nôtre ? répondit mon père.

— Il n'est pas facile à un poisson de voir son propre aquarium... La nation d'abord, non ?

15 Walter[2] leva la main avec un mouvement de chef d'orchestre, comme il l'avait déjà fait, et dit avec une sorte d'amertume :

— Il y a une évidence, messieurs, à laquelle nous sommes en effet soumis comme l'étaient aux astres les Rois qui nous apparaissent à la frange, si j'ose dire,

1. *Personnage central des* Noyers de *l'Altenburg, cet intellectuel homme d'action est le père du narrateur. Agent secret de l'Allemagne au Moyen-Orient, il est officier pendant la Première Guerre mondiale.*

2. *Oncle du narrateur et maître du prieuré d'Altenburg.*

du plus lointain passé... Sans laquelle ni l'idée de patrie, ni celle de race, ni celle
20 de classe sociale ne seraient ce qu'elles sont. Nous y vivons comme les civilisations religieuses vivaient en Dieu. Sans elle aucun de nous — je dis seulement : de nous — ne pourrait penser. C'est notre propre domaine : c'est
l'histoire.

3. Ethnologue allemand.

— Et sans doute, reprit Möllberg[3], y a-t-il derrière l'histoire quelque chose qui
25 est à l'histoire ce qu'elle est à la nation, à la révolution. Peut-être notre conscience
du temps, — je ne dis pas : notre concept, — qui est récente...
— Absolument ! (C'était le petit barbu frénétique qui avait parlé de son ami
emprisonné.) C't'inouï, le temps ! Avoir découvert le temps, c'est la caractéristique de l'homme moderne ! Non seulement par rapport à l'homme de l'Euphrate
30 et du Nil, au Grec, mais même à l'homme médiéval ! Le Moyen Age n'a pas de
temps : quand les primitifs peignent une crucifixion, les personnages de calvaire
sont habillés comme les contemporains du peintre ! Si vous voulez savoir ce que
c'est que le temps du Moyen Age, justement, représentez-vous une crucifixion
avec saint Jean en chapeau melon et la Vierge sous un parapluie. Le Moyen Age
35 est un présent éternel. Comme l'est, autrement, l'Asie primitive !

4. Vincent Berger y débarque à son retour d'Afghanistan où il a combattu aux côtés du sultan Enver Pacha.

Mon père, de nouveau, se souvint de Marseille[4]. Que ce fût parce que la mode,
en six ans, avait transformé les costumes, ou à cause d'une sourde hâte sous la
nonchalance du soir, ou pour toute autre raison, il ne lui avait pas semblé
seulement rentrer en Europe, mais aussi rentrer dans le temps. Möllberg avait
40 repris, scandant ses phrases de son poing fermé pour la première fois, avec une
force d'autant plus persuasive que tous sentaient la contrainte qu'il s'imposait
pour baisser la voix :
— C'est l'histoire qui est chargée de donner un sens à l'aventure humaine —
comme les dieux. De relier l'homme à l'infini. Et il s'agit de savoir si, comme le
45 proclament aujourd'hui les meilleurs esprits de l'Allemagne, notre civilisation
porte en elle le passé humain comme un homme porte en lui l'enfant qu'il a été,
ou si... Un ciel est toujours un ciel, qu'il soit couvert, ou vide, ou parcouru de
nuages ; mais il n'a de commun dans les trois cas que ce par quoi il n'existe pas...
Il parlait maintenant avec passion ; dehors, des hommes chargeaient des

5. Le narrateur évoque ici Dietrich Berger, maire de Reichbach en Alsace.

50 troncs semblables à ceux que mon grand-père[5] avait pendant quarante ans fait
empiler devant la mairie de Reichbach, semblables à ceux qu'empilaient les
bûcherons de la Sainte-Forêt, dans le soleil du Moyen Age — et la fontaine de
la place marmottait dans le soir.
— Nous ne sommes hommes que par la pensée ; nous ne pensons que ce
55 que l'histoire nous laisse penser, et sans doute n'a-t-elle pas de sens. Si le monde
a un sens, la mort doit y trouver sa place, comme dans le monde chrétien ; si
le destin de l'humanité est une Histoire, la mort fait partie de la vie ; mais, sinon,
la vie fait partie de la mort. Qu'on l'appelle histoire ou autrement, il nous faut un
monde intelligible. Que nous le sachions ou non, lui, seul, assouvit notre rage
60 de survie. Si les structures mentales disparaissaient sans retour comme le
plésiosaure, si les civilisations ne sont bonnes à se succéder que pour jeter
l'homme au tonneau sans fond du néant, si l'aventure humaine ne se maintient
qu'au prix d'une implacable métamorphose, peu importe que les hommes se
transmettent pour quelques siècles leurs concepts et leurs techniques : car
65 l'homme est un hasard, et, pour l'essentiel, le monde est fait d'oubli.

André MALRAUX, *Les Noyers de l'Altenburg* (1943)
© éd. Gallimard

POUR LE COMMENTAIRE

1. Quel rôle les interlocuteurs donnent-ils respectivement à l'Histoire ?

2. En quoi **la position des participants** s'oppose-
t-elle à la vision optimiste du progrès de l'humanité et à
l'humanisme classique ?

3. Quel **effet** l'auteur tire-t-il de l'évocation de certains
bruits extérieurs ?

AU-DELÀ DU TEXTE

Voici des siècles qu'on oppose *nature* et *culture* (voir
MONTAIGNE, ROUSSEAU...). Essayez de définir les deux notions.

3. Le romancier

Les Conquérants (1928)

Malraux *est à la recherche, à travers « ce livre d'adolescent » (Postface, 1948), d'une « notion particulière de l'homme ». Le roman est* **la monographie d'un aventurier européen, engagé dans le combat révolutionnaire en Chine** *pour donner un sens à sa vie. Quoique non marxiste, il se bat aux côtés des communistes.*

*** Les Conquérants

L'auteur situe l'action du personnage au cours d'un épisode de la première révolution chinoise, qui s'est déroulé en 1925, pendant son séjour en Indochine. La grève générale, déclenchée en Chine du Sud, à Canton, est due à l'action des communistes de la IIIᵉ Internationale. Le héros, directeur de la Propagande auprès du gouvernement, est particulièrement impliqué dans cette action.

Garine vient d'être victime d'un attentat. Blessé légèrement au bras, mais gravement malade et pressé par son médecin de rentrer en Europe, il réfléchit à sa vie en présence du narrateur, son ami, et songe à son passé. Il s'est engagé dans l'action révolutionnaire à la suite d'une inculpation dans une affaire d'avortement où l'ont conduit ses sympathies avec le milieu anarchiste. Il garde de son procès un sentiment intense de l'absurdité de la vie sociale.

Le révolutionnaire aventurier

1. La blessure de Garine vient d'être soignée par son médecin.

Il rejette en arrière ses cheveux qui tombent devant son visage, et se lève, comme s'il se secouait. L'épingle qui fixe son écharpe saute, et le bras tombe[1] : il se mord les lèvres. Tandis que je cherche l'épingle à terre, il dit, lentement :
« Il faut faire attention : quand mon action se retire de moi, quand je commence
5 à m'en séparer, c'est aussi du sang qui s'en va... Autrefois, quand je ne faisais rien, je me demandais parfois ce que valait ma vie. Maintenant, je sais qu'elle vaut plus que... » Il n'achève pas ; je relève la tête en lui tendant l'épingle : la fin de la phrase, c'est un sourire tendu où il y a de l'orgueil — et une sorte de rancune... Dès que nos regards se rencontrent, il reprend, comme s'il était
10 rappelé à la réalité : « Où en étais-je ?... »
Je cherche, moi aussi :
— Tu me disais que tu pensais souvent à ta vie, de nouveau.
— Ah ! oui. Voici...
Il s'arrête, ne trouvant pas la phrase qu'il cherche.
15 — Il est toujours difficile de parler de ces choses-là. Voyons... Lorsque je donnais de l'argent aux sages-femmes, tu penses bien que je ne me faisais pas d'illusions sur la valeur de la « cause », et pourtant je savais que le risque était grand : j'ai continué malgré les avertissements. Bien. Lorsque j'ai perdu ma fortune, je me suis presque laissé aller au mécanisme qui me dépouillait : et ma
20 ruine n'a pas peu contribué à me conduire ici. Mon action me rend aboulique à l'égard de tout ce qui n'est pas elle, à commencer par ses résultats. Si je me suis lié si facilement à la Révolution, c'est que ses résultats sont lointains et toujours en changement. Au fond, je suis un joueur. Comme tous les joueurs, je ne pense qu'à mon jeu, avec entêtement et avec force. Je joue aujourd'hui une partie plus
25 grande qu'autrefois, et j'ai appris à jouer : mais c'est toujours le même jeu. Et je le connais bien ; il y a dans ma vie un certain rythme, une fatalité personnelle, si tu veux, à quoi je n'échappe pas. Je m'attache à tout ce qui lui donne de la force... (J'ai appris aussi qu'une vie ne vaut rien, mais que rien ne vaut une vie...) Depuis quelques jours, j'ai l'impression que j'oublie peut-être ce qui est capital,
30 qu'autre chose se prépare... Je prévoyais aussi procès et ruine, mais comme ça, dans le vague... Enfin, quoi ! si nous devons abattre Hongkong, j'aimerais... »
Mais il s'arrête, se redresse d'un coup avec une grimace, murmure : « Allons ! tout ça... » et se fait apporter les dépêches.

André MALRAUX, *Les Conquérants*, IIIᵉ partie (1928)
© éd. Grasset

POUR LE COMMENTAIRE

1. Ce texte contient un **aphorisme** devenu célèbre. Relevez-le et commentez-le.

2. Étudiez **la place respective** faite au dialogue et au commentaire du narrateur qui le rapporte et le commente.

AU-DELÀ DU TEXTE

MALRAUX s'est inspiré de son expédition archéologique en Indochine pour écrire *La Voie royale* (1930). Il y met encore en scène deux aventuriers, le héros vieillissant Perken, proche de Garine, et le jeune Claude Vannec. A travers ces trois figures, essayez de **définir l'aventurier** tel que le conçoit l'auteur.

LE ROMANCIER, RIVAL DU MONDE

Après *La Tentation de l'Occident* qui pose les interrogations fondamentales de la condition humaine, **André Malraux** va toucher le grand public, grâce à six romans publiés entre 1928 et 1943. L'action des trois premiers, *Les Conquérants, La Voie royale, La Condition humaine*, se déroule en Asie, celle des trois derniers, *Le Temps du mépris, L'Espoir, Les Noyers de l'Altenburg*, en Europe.

1. La présence de l'Histoire

Tous ces romans sont profondément immergés dans l'Histoire en train de se faire. Leurs péripéties sont empruntées à certains épisodes d'une actualité récente : révolution chinoise, montée de l'hitlérisme, guerre d'Espagne, Seconde Guerre mondiale.

2. « L'absurdité essentielle » de la vie humaine

L'écrivain sélectionne, dans les apparences et les situations, des éléments qui permettent de poser une question métaphysique ou éthique. A travers des discussions passionnées qui vont à l'essentiel et ne tendent ni à la peinture de milieu, ni à l'analyse psychologique, l'**œuvre livre une véritable sagesse**. Elle remplit ainsi la fonction que Malraux estime être le propre du roman, « ce genre si vague » devenu « moyen d'expression de ce qu'on appela longtemps la sagesse » *(L'Homme précaire)*. Sa tonalité tragique n'est pas désespérée. Un fin réseau de correspondances et d'images, de questions et de réponses obsédantes la parcourt et fait se lever un monde parfaitement cohérent. Monde prométhéen : l'homme ne doit pas accepter de « vivre dans l'absurde » face au cosmos qui l'écrase avec indifférence.

3. Le roman dialogique

Contrairement à certains contemporains, Malraux ne prône pas la mort du roman. Il se sert de l'attrait d'une histoire, de l'illusion romanesque et de l'identification du lecteur au personnage **pour faire passer une « prédication » qui lui tient à cœur**. Par la voix de ses personnages, Malraux, comme Dostoïevski — à ses yeux le maître du genre —, fait « dialoguer les lobes de son cerveau ». « Voix opposées d'une même âme », ses héros incarnent « des états successifs de la philosophie de l'auteur », dont la quête se poursuit d'un roman à l'autre à travers ses aventuriers, conquérants individualistes à la recherche d'un sens à donner à leur vie (Perken, Garine, Ferral), ses révolutionnaires altruistes (Kyo, Katow, Tchen, Kassner, Magnin, Manuel) et ses intellectuels lucides et actifs (Garcia, Vincent Berger).

4. La palette du peintre

Son style singulier, tantôt elliptique et nerveux, tantôt d'une grande puissance dramatique, ou d'un lyrisme ample et incantatoire, est **riche en formules fulgurantes**, devenues célèbres, et **en métaphores filées**. Visionnaire plus qu'observateur, il sait créer une atmosphère et imposer une présence, plutôt qu'il ne décrit des perceptions.

Les Conquérants

PAR

ANDRÉ MALRAUX

LES CAHIERS VERTS
mil neuf cent vingt-huit

Couverture des *Conquérants*, éd. Grasset, 1928.

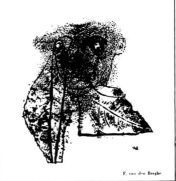

que Garine est un homme qui, dans la mesure où il **a fui cette** absurdité qui est la chose la plus tragique devant laquelle se trouve un homme, a donné un certain exemple. Quant à dire si le livre a une valeur, c'est une question, encore une fois, dont je ne suis pas juge. Nous pourrions longuement épiloguer sur elle; je crois qu'elle échappe à toute discussion, parce qu'il ne s'agit pas d'avoir raison, mais de savoir si l'exemple donné par Garine agit avec efficacité en tant que création éthique. Ou il agit sur les hommes qui le lisent, ou il n'agit pas. S'il n'agit pas, il n'y a pas de question des *Conquérants*; mais s'il agit, je ne discute pas avec mes adversaires : je discuterai avec leurs enfants.

F. van den Berghe

Dernière page de l'article d'André Malraux, « La question des conquérants », publié dans *Variétés* en 1929. Dessin de F. van den Berghe.

La Condition humaine (1933)
Étude suivie

C'est La Condition humaine, *son second roman sur la révolution chinoise, qui vaut à* **André Malraux** *le prix Goncourt et une célébrité mondiale.* « Le cadre n'est pas essentiel, écrit l'auteur, l'essentiel est l'élément pascalien, mais le cadre n'est pas non plus accidentel. Je crois qu'il y a dans une époque assez peu de lieux où les conditions d'un héroïsme possible se trouvent réunies. » *Tous les problèmes d'ordre politique, philosophique, psychologique sont posés à la fois, sur le mode tantôt lyrique, tantôt réaliste.* **Ce récit donne le sentiment d'un univers complexe, confus, vivant.**

*** *La Condition humaine*
Le combat politique dont la Chine en 1927 est le champ engage des forces et des enjeux énormes. Le Kuomintang, le mouvement nationaliste chinois, dont les communistes font toujours partie, tenant sous leur influence, à travers les syndicats, cinq à six millions d'hommes, a lancé une grande offensive qui a conquis toute la Chine du Sud sur « les seigneurs de la guerre » nordistes, appuyés par la Grande-Bretagne. Tchang Kaï-chek, à la tête de l'armée du Kuomintang, se rapproche de Shanghaï. Les communistes tentent un soulèvement pour libérer eux-mêmes la ville, avant son arrivée, et la socialiser, en tentant de supprimer la misère. Malraux se place dans le camp des militants communistes de Shanghaï, qui vont être victimes de la politique du Parti et de son jeu d'alliances efficace.

Un meurtre terroriste

***

L'insurrection à Shanghaï est imminente. Cette séquence ouvre le roman. Le jeune combattant révolutionnaire Tchen pénètre dans la chambre d'un grand hôtel de la ville pour s'emparer d'un document détenu par un trafiquant d'armes. Ce geste meurtrier devrait permettre d'armer les insurgés.

21 mars 1927. Minuit et demi.

Illustration d'Alexeieff pour
La Condition humaine.

Tchen tenterait-il de lever la moustiquaire ? Frapperait-il au travers ? L'angoisse lui tordait l'estomac ; il connaissait sa propre fermeté, mais n'était capable en cet instant que d'y songer avec hébétude, fasciné par ce tas de mousseline blanche qui tombait du plafond sur un corps moins visible qu'une ombre, et d'où
5 sortait seulement ce pied à demi incliné par le sommeil, vivant quand même — de la chair d'homme. La seule lumière venait du building voisin : un grand rectangle d'électricité pâle, coupé par les barreaux de la fenêtre dont l'un rayait le lit juste au-dessous du pied comme pour en accentuer le volume et la vie. Quatre ou cinq klaxons grincèrent à la fois. Découvert ! Combattre, combattre
10 des ennemis qui se défendent, des ennemis éveillés !
La vague de vacarme retomba : quelque embarras de voitures (il y avait encore des embarras de voitures, là-bas, dans le monde des hommes...). Il se retrouva en face de la tache molle de la mousseline et du rectangle de lumière, immobiles dans cette nuit où le temps n'existait plus.
15 Il se répétait que cet homme devait mourir. Bêtement : car il savait qu'il le tuerait. Pris ou non, exécuté ou non, peu importait. Rien n'existait que ce pied, cet homme qu'il devait frapper sans qu'il se défendît, — car, s'il se défendait, il appellerait.
Les paupières battantes, Tchen découvrait en lui, jusqu'à la nausée, non le
20 combattant qu'il attendait, mais un sacrificateur. Et pas seulement aux dieux qu'il avait choisis : sous son sacrifice à la révolution grouillait un monde de profondeurs auprès de quoi cette nuit écrasée d'angoisse n'était que clarté. « Assassiner n'est pas seulement tuer... » Dans ses poches, ses mains hésitantes tenaient, la droite un rasoir fermé, la gauche un court poignard. Il les enfonçait
25 le plus possible, comme si la nuit n'eût pas suffi à cacher ses gestes. Le rasoir était plus sûr, mais Tchen sentait qu'il ne pourrait jamais s'en servir ; le poignard lui répugnait moins. Il lâcha le rasoir dont le dos pénétrait dans ses doigts crispés ; le poignard était nu dans sa poche, sans gaine. Il le fit passer dans sa main droite, la gauche retombant sur la laine de son chandail et y restant collée.
30 Il éleva légèrement le bras droit, stupéfait du silence qui continuait à l'entourer, comme si son geste eût dû déclencher quelque chute. [...]

Le corps glissa d'un léger mouvement vers la droite. Allait-il s'éveiller maintenant ! D'un coup à traverser une planche, Tchen l'arrêta dans un bruit de
mousseline déchirée, mêlé à un choc sourd. Sensible jusqu'au bout de la lame,
35 il sentit le corps rebondir vers lui, relancé par le sommier métallique. Il raidit
rageusement son bras pour le maintenir : les jambes revenaient ensemble vers
la poitrine comme attachées ; elles se détendirent d'un coup. Il eût fallu frapper
de nouveau, mais comment retirer le poignard ? Le corps était toujours sur le
côté, instable, et, malgré la convulsion qui venait de le secouer, Tchen avait
40 l'impression de le tenir fixé au lit par son arme courte sur quoi pesait toute sa
masse. Dans le grand trou de la moustiquaire, il le voyait fort bien : les paupières
s'étaient ouvertes, — avait-il pu s'éveiller ? — les yeux étaient blancs. Le long
du poignard le sang commençait à sourdre, noir dans cette fausse lumière. Dans
son poids, le corps, prêt à retomber à droite ou à gauche, trouvait encore de la
45 vie. Tchen ne pouvait lâcher le poignard. A travers l'arme, son bras raidi, son
épaule douloureuse, un courant d'angoisse s'établissait entre le corps et lui
jusqu'au fond de sa poitrine, jusqu'à son cœur convulsif, seule chose qui bougeât
dans la pièce. Il était absolument immobile ; le sang qui continuait à couler de
son bras gauche lui semblait celui de l'homme couché ; sans que rien de nouveau
50 fût survenu, il eut soudain la certitude que cet homme était mort. Respirant à
peine, il continuait à le maintenir sur le côté, dans la lumière immobile et trouble,
dans la solitude de la chambre. Rien n'y indiquait le combat, pas même la
déchirure de la mousseline qui semblait séparée en deux pans : il n'y avait que
le silence et une ivresse écrasante où il sombrait, séparé du monde des vivants,
55 accroché à son arme. Ses doigts étaient de plus en plus serrés, mais les muscles
du bras se relâchaient et le bras tout entier commença à trembler par secousses,
comme une corde. Ce n'était pas la peur, c'était une épouvante à la fois atroce
et solennelle qu'il ne connaissait plus depuis son enfance : il était seul avec la
mort, seul dans un lieu sans hommes, mollement écrasé à la fois par l'horreur
60 et par le goût du sang.

André MALRAUX, *La Condition humaine*, I (1933)
© éd. Gallimard

***

Le meurtre accompli par Tchen s'est révélé inutile : le document saisi sur le mort prouve que les armes ne sont pas payées.
Les militants devront s'en emparer par un coup de force, en prenant d'assaut, de nuit, le bateau qui les transporte. L'affaire
est préparée par un de leurs chefs, Kyo, fils d'un ancien professeur européen de l'Université de Pékin, Gisors. Le jeune homme
sollicite le concours du baron de Clappique, qui a une certaine expérience en matière de trafic d'armes ; leur rencontre a lieu
dans une boîte de nuit de la ville.

POUR LE COMMENTAIRE

1. *Les Conquérants, La Condition humaine, L'Espoir*
offrent la même **structure en séquences**, portant le plus
souvent en tête l'indication très précise du moment, du lieu,
etc. Examinez ici les précisions données. Quel est l'effet
obtenu ?

2. Étudiez **la progression de cette plongée** dans
l'univers intérieur du meurtrier.

3. Premier paragraphe. Quoique la voix du narrateur
ne coïncide pas avec la conscience du héros et ne soit pas
un monologue intérieur, comment l'auteur s'y prend-il pour
nous donner le sentiment de « vivre la scène » avec l'acteur ?

On a réalisé une adaptation théâtrale du roman ; à quelle
difficulté a-t-il fallu faire face pour cette première séquence ?

4. Comment l'auteur présente-t-il **cette expérience
d'un premier meurtre** ?

5. Indifférence au mélange des genres. Cette scène
conjugue les éléments d'un double registre : roman d'aventures, roman policier ou d'espionnage d'une part, peinture
d'une expérience métaphysique et éthique d'autre part.
Vous relèverez les éléments qui appartiennent à chacun
d'eux et vous montrerez ce que le récit y gagne en intensité
émotionnelle et en gravité.

ANALYSE LEXICALE

Dernier paragraphe : « Le corps glissa... le goût du
sang ». A quels **registres de vocabulaire** l'auteur fait-il
appel pour rendre compte des sensations du meurtrier au
moment où il tue ?

GROUPEMENT THÉMATIQUE

MALRAUX, par sa manière de peindre ce type d'individu,
précède son époque. Recherchez d'autres textes du
XXe siècle qui mettent également en scène un terroriste.
(Voir Jean-François REVEL : *Sur le terrorisme*, Hachette.)

L'amour et le difficile respect de la liberté de l'autre

***

Le roman met en scène deux couples : d'une part les époux May et Kyo, qui connaissent un amour fort et partagé, d'autre part deux amants, Ferral, capitaine d'industrie et Valérie, riche couturière aux mœurs libres. May, Allemande, née à Shanghaï est médecin de l'un des hôpitaux chinois ; elle dirige aussi l'hôpital clandestin de la section des femmes révolutionnaires.

Elle réfléchit encore :

« Plus il y a de blessés, plus l'insurrection approche, plus on couche.

— Bien entendu.

5 — Il faut que je te dise quelque chose qui va peut-être un peu t'embêter...

Appuyé sur le coude, il l'interrogea du regard. Elle était intelligente et brave, mais souvent maladroite.

— J'ai fini par coucher avec Lenglen, cet
10 après-midi.

Il haussa l'épaule, comme pour dire : « Ça te regarde. » Mais son geste, l'expression tendue de son visage, s'accordait mal à cette indifférence. Elle le regardait, exténuée, les pommettes accentuées
15 par la lumière verticale. Lui aussi regardait ses yeux sans regard, tout en ombre et ne disait rien. Il se demandait si l'expression de sensualité de son visage ne venait pas de ce que ces yeux noyés et le léger gonflement de ses lèvres accentuaient avec
20 violence, par contraste avec ses traits, sa féminité... elle s'assit sur le lit, lui prit la main. Il allait la retirer, mais la laissa. Elle sentit pourtant son mouvement :

— Ça te fait de la peine ?

— Je t'ai dit que tu étais libre. N'en demande pas
25 trop », ajouta-t-il avec amertume.

Le petit chien sauta sur le lit. Il retira sa main, pour le caresser peut-être.

« Tu es libre, répéta-t-il. Peu importe le reste.

— Enfin, je *devais* te le dire. Même pour moi.
30 — Oui.

Qu'elle dût le lui dire ne faisait question ni pour l'un, ni pour l'autre. Il voulut soudain se lever : couché ainsi, elle assise sur son lit, comme un malade veillé par elle... Mais pour quoi faire ? Tout
35 était tellement vain... Il continuait pourtant à la regarder, à découvrir qu'elle pouvait le faire souffrir, mais que depuis des mois, qu'il la regardât ou non, il ne la voyait plus ; quelques expressions, parfois... Cet amour souvent crispé qui les unissait comme un
40 enfant malade, ce sens commun de leur vie et de leur mort, cette entente charnelle entre eux, rien de tout cela n'existait en face de la fatal? qui décolore les formes dont nos regards sont saturés. « L'aimerais-je moins que je ne crois ? » pensa-t-il. Non.
45 Même en ce moment, il était sûr que si elle mourait, il ne servirait plus sa cause avec espoir, mais avec désespoir, comme un mort lui-même. Rien, pourtant, ne prévalait contre la décoloration de ce visage enseveli au fond de leur vie commune comme dans
50 la brume, comme dans la terre. Il se souvint d'un ami qui avait vu mourir l'intelligence de la femme qu'il aimait, paralysée pendant des mois ; il lui semblait voir mourir May ainsi, voir disparaître absurdement, comme un nuage qui se résorbe dans le ciel gris, la
55 forme de son bonheur. Comme si elle fût morte deux fois, du temps, et de ce qu'elle lui disait.

Elle se leva, alla jusqu'à la fenêtre. Elle marchait avec netteté, malgré sa fatigue. [...] D'où venait donc cette souffrance sur laquelle il ne se reconnaissait
60 aucun droit, et qui se reconnaissait tant de droits sur lui ?

— Quand tu as compris que je... tenais à toi, Kyo, tu m'as demandé un jour, pas sérieusement — un peu tout de même — si je croyais que je viendrais
65 avec toi au bagne, et je t'ai répondu que je n'en savais rien, — que le difficile était sans doute d'y rester... Tu as pourtant pensé que oui, puisque tu as tenu à moi aussi. Pourquoi ne plus le croire maintenant ?

70 — Ce sont toujours les mêmes qui vont au bagne. Katow irait, même s'il n'aimait pas profondément. Il irait pour l'idée qu'il a de la vie, de lui-même... Ce n'est pas pour quelqu'un qu'on va au bagne.

75 — Kyo, comme ce sont des idées d'homme...

Il songeait.

— Et pourtant, dit-il, aimer ceux qui sont capables de faire cela, être aimé d'eux peut-être, qu'attendre de plus de l'amour ?... Quelle rage de leur
80 demander encore des comptes ?... Même s'ils le font pour leur.. morale...

— Ce n'est pas par morale, dit-elle lentement. Par morale, je n'en serais sûrement pas capable.

— Mais (lui aussi parlait lentement) cet amour ne
85 t'empêchait pas de coucher avec ce type, alors que tu pensais — tu viens de le dire — que ça... m'embêterait ?

— Kyo, je vais te dire quelque chose de singulier, et qui est vrai pourtant... jusqu'il y a cinq minutes,
90 je croyais que ça te serait égal. Peut-être ça m'arrangeait-il de le croire... Il y a des appels, surtout quand on est si près de la mort (c'est de celle des autres que j'ai l'habitude, Kyo...) qui n'ont rien à voir avec l'amour...

95 Pourtant, la jalousie existait, d'autant plus troublante que le désir sexuel qu'elle inspirait reposait sur la tendresse. Les yeux fermés, toujours appuyé sur son coude, il essayait — triste métier — de comprendre.

André MALRAUX, *La Condition humaine*, I
© éd. Gallimard

Un idéal d'homme : Kyo le héros[1] positif

***

Tchen, très troublé par son premier meurtre, est venu chercher conseil auprès de son maître Gisors. Resté seul après leur entretien, le vieux professeur réfléchit à la personnalité du jeune homme et en vient à le comparer à son fils.

Ici Gisors retrouvait son fils, indifférent au christianisme mais à qui l'éducation japonaise (Kyo avait vécu au Japon de sa huitième à sa dix-septième année) avait imposé aussi la conviction que les idées ne devaient pas être pensées, mais vécues. Kyo avait choisi l'action, d'une façon grave et préméditée, comme
5 d'autres choisissent les armes ou la mer : il avait quitté son père, vécu à Canton, à Tientsin, de la vie des manœuvres et des coolies-pousse, pour organiser les syndicats. Tchen — l'oncle pris comme otage et n'ayant pu payer sa rançon, exécuté à la prise de Swatéou — s'était trouvé sans argent, nanti de diplômes sans valeur, en face de ses vingt-quatre ans et de la Chine. Chauffeur de camion
10 tant que les pistes du Nord avaient été dangereuses, puis aide-chimiste, puis rien. Tout le précipitait à l'action politique : l'espoir d'un monde différent, la possibilité de manger quoique misérablement (il était naturellement austère, peut-être par orgueil), la satisfaction de ses haines, de sa pensée, de son caractère. Elle donnait un sens à sa solitude. Mais, chez Kyo, tout était plus simple. Le sens
15 héroïque lui avait été donné comme une discipline, non comme une justification de la vie. Il n'était pas inquiet. Sa vie avait un sens, et il le connaissait : donner à chacun de ces hommes que la famine, en ce moment même, faisait mourir comme une peste lente, la possession de sa propre dignité. Il était des leurs : ils avaient les mêmes ennemis. Métis, hors-castes, dédaigné des Blancs et plus
20 encore des Blanches, Kyo n'avait pas tenté de les séduire : il avait cherché les siens et les avait trouvés. « Il n'y a pas de dignité possible, pas de vie réelle pour un homme qui travaille douze heures par jour sans savoir pour quoi il travaille. » Il fallait que ce travail prît un sens, devînt une patrie. Les questions individuelles ne se posaient pour Kyo que dans sa vie privée.

André MALRAUX, *La Condition humaine*, I
© éd. Gallimard

1. *Le romancier établit lui-même la distinction entre héros et personnage principal : le héros « offre une conception particulière de la vie à laquelle le romancier donne son adhésion » (« La Question des Conquérants »).*

POUR LE COMMENTAIRE

1. En quoi Kyo est-il un **marginal** ? Que pensez-vous du choix d'un tel personnage pour héros à l'époque où le roman a été conçu ?

2. Essayez de **définir le héros malrucien** à travers ce portrait de Kyo, pendant antithétique de Tchen. Quelle supériorité essentielle Kyo a-t-il sur le jeune Chinois ?

Deux conceptions de l'art

***

Le vol des armes a été découvert. Clappique, lui-même compromis, est averti par un indicateur de police qui lui conseille de quitter Shanghaï. Tandis que le combat fait rage dans la ville, il court avertir Kyo du danger qui le menace aussi. Il ne le trouve pas chez lui, mais informe Gisors qu'il veut voir son fils pour un motif sérieux. Le vieillard, dans une pièce au tapis jonché de croquis, est en compagnie de son beau-frère le peintre japonais Kama. Clappique a besoin d'argent pour fuir ; il songe à tirer une commission de Ferral, le président de la Chambre de commerce française, qui l'a chargé d'acheter pour lui des lavis de ce peintre.

« Gagnons donc nos quelques sols[1] », pensa le baron. Il s'approcha, regarda les lavis[2] épars sur le divan. Bien qu'assez fin pour ne pas juger de l'art japonais traditionnel en fonction de ses rapports avec Cézanne ou Picasso, il le détestait aujourd'hui : le goût de la sérénité est faible chez les hommes traqués. Feux perdus dans la montagne, rues de villages que dissolvait la pluie, vols d'échassiers sur la neige, tout ce monde où la mélancolie préparait
10 au bonheur. Clappique imaginait, hélas ! sans peine, les paradis à la porte desquels il devait rester, mais s'irritait de leur existence.

— La plus belle femme du monde, dit-il, nue, excitée, mais avec une ceinture de chasteté. Pour
15 Ferral, pas pour moi. Rentrez sous terre !

Il en choisit quatre, dicta l'adresse au disciple.

— Parce que vous pensez à notre art, dit Gisors ;
celui-ci ne sert pas à la même chose.

— Pourquoi peignez-vous, Kama-San ?

20 En kimono comme son disciple, un effet de lumière sur son crâne chauve, le vieux maître regardait Clappique avec curiosité.

Le disciple laissa le croquis, traduisit, répondit :

— Le maître dit : d'abord, pour ma femme, parce
25 que je l'aime...

— Je ne dis pas pour qui, mais pour quoi ?

— Le maître dit qu'il est difficile de vous expliquer. Il dit : « Quand je suis allé en Europe, j'ai vu
les musées. Plus vos peintres font des pommes, et
30 même des lignes qui ne représentent pas des choses, plus ils parlent d'eux. Pour moi, c'est le monde
qui compte. »

Kama dit une phrase de plus ; à peine une expression de douceur passa-t-elle sur son visage d'indul-
35 gente vieille dame.

— Le maître dit : « La peinture, chez nous, ce
serait, chez vous, la charité. »

Un second disciple, cuisinier, apporta des bols de
saké[3], puis se retira. Kama parla de nouveau.

40 — Le maître dit que s'il ne peignait plus, il lui
semblerait qu'il est devenu aveugle. Et plus
qu'aveugle : seul.

— Minute ! dit le baron, un œil ouvert, l'autre
fermé, l'index pointé. Si un médecin vous disait :
45 « Vous êtes atteint d'une maladie incurable, et vous
mourrez dans trois mois », peindriez-vous encore ?

— Le maître dit que s'il savait qu'il va mourir, il
pense qu'il peindrait mieux, mais pas autrement.

— Pourquoi mieux ? demanda Gisors.

50 Il ne cessait de penser à Kyo. Ce qu'avait dit
Clappique en entrant suffisait à l'inquiéter : aujour-
d'hui, la sérénité était presque une insulte.

Kama répondit. Gisors traduisit lui-même :

— Il dit : « Il y a deux sourires — celui de ma
55 femme et celui de ma fille — dont je penserais alors
que je ne les verrais plus jamais, et j'aimerais davantage la tristesse. Le monde est comme les caractères de notre écriture. Ce que le signe est à la fleur,
la fleur elle-même, celle-ci (il montra l'un des lavis)
60 l'est à quelque chose. Tout est signe. Aller du signe
à la chose signifiée, c'est approfondir le monde,
c'est aller vers Dieu. Il pense que l'approche de la
mort... Attendez... »

Il interrogea de nouveau Kama, reprit sa traduc-
65 tion :

« Oui, c'est ça. Il pense que l'approche de la mort
lui permettrait peut-être de mettre en toutes choses
assez de ferveur, de tristesse, pour que toutes les
formes qu'il peindrait devinssent des signes com-
70 préhensibles, pour que ce qu'elles signifient — ce
qu'elles cachent aussi — se révélât. »

Clappique éprouvait la sensation de souffrir en
face d'un être qui nie la douleur. Il écoutait avec
attention, ne quittant pas du regard le visage d'as-
75 cète indulgent de Kama, tandis que Gisors traduisait ; coudes au corps, mains jointes. Clappique, dès

que son visage exprimait l'intelligence, prenait l'aspect d'un singe triste et frileux.

— Peut-être ne posez-vous pas très bien la
80 question, dit Gisors.

Il dit en japonais une phrase très courte. Kama
avait jusque-là répondu tout de suite. Il réfléchit.

— Quelle question venez-vous de lui poser ?
demanda Clappique à mi-voix.

85 — Ce qu'il ferait si le médecin condamnait sa
femme.

— Le maître dit qu'il ne croirait pas le médecin.

Le disciple-cuisinier revint et emporta les bols sur
un plateau. Son costume européen, son sourire, ses
90 gestes que la joie rendait extravagants, jusqu'à sa
déférence, tout en lui semblait étrange, même à
Gisors. Kama dit, à mi-voix, une phrase que l'autre
disciple ne traduisit pas.

— Au Japon, ces jeunes gens ne boivent jamais
95 de vin, dit Gisors. Il est blessé que ce disciple soit
ivre.

Son regard se perdit : la porte extérieure s'ouvrait.
Un bruit de pas. Mais ce n'était pas Kyo. Le regard
redevint précis, se posa avec fermeté sur celui de
100 Kama :

— Et si elle était morte ?

Eût-il poursuivi ce dialogue avec un Européen ?
Mais le vieux peintre appartenait à un autre univers.
Avant de répondre, il eut un long sourire triste, non
105 des lèvres, mais des paupières· :

— On peut communier même avec la mort...
C'est le plus difficile, mais peut-être est-ce le sens de
la vie...

Il prenait congé, regagnait sa chambre, suivi du
110 disciple. Clappique s'assit.

André MALRAUX, *La Condition humaine*, IV
© éd. Gallimard

1. *Forme archaïque de sou.* — 2. *Très prisée en Extrême-Orient,
cette technique de l'encre et des couleurs délayées dans de l'eau
permet des nuances délicates.* — 3. *Boisson alcoolisée obtenue par
fermentation du riz.*

POUR LE COMMENTAIRE

1. Comment l'auteur rend-il concret **ce débat sur les
différences** entre l'art occidental et l'art oriental et sur
leurs finalités respectives ? Comment lie-t-il le débat au
contexte anecdotique du roman ?

2. Quelle **idée de la peinture japonaise** traditionnelle
l'auteur veut-il nous donner, d'après la rapide description
des lavis de Kama ?

3. Quelle **conception de l'art** s'exprime à travers les
propos du peintre japonais ? En quoi se distingue-t-elle de
la vision de l'Européen Clappique, lui-même expert en
matière d'art ?
Comment interprétez-vous la phrase : « La plus belle
femme du monde... Rentrez sous terre ! » (2ᵉ paragraphe) ?

4. Que **pensez-vous du choix** de Cézanne et de Picasso pour évoquer l'art occidental ; où retrouve-t-on dans
le texte une allusion à la peinture de Cézanne ?

5. A quel **type d'expérience** l'art est-il **associé** avec
insistance durant tout le dialogue, en particulier par l'apparence donnée au peintre ?

Le Samouraï

★★★

Le Parti, déchiré au sommet par les rivalités entre Staline et Trotsky, décide de collaborer avec Tchang Kaï-chek pour libérer la Chine des puissances capitalistes étrangères, quitte à se débarrasser de lui après, ou à le laisser assassiner en désavouant le meurtrier. Tchen a échoué dans cette tentative : il meurt au cours de l'attentat. Les militants communistes de Shanghaï reçoivent l'ordre de livrer leurs armes à Tchang Kaï-chek. Celui-ci fait alors arrêter, emprisonner et exécuter la plupart d'entre eux, dont Kyo et Katow.

Illustration d'Alexeieff pour
La Condition humaine.

1. *Combattant très misérable ; son action est entravée par la maladie de son enfant.*

2. *Les militants portent sur eux une dose de poison pour se soustraire à la torture en cas d'arrestation.*

Allongé sur le dos, les bras ramenés sur la poitrine, Kyo ferma les yeux : c'était précisément la position des morts. Il s'imagina, allongé, immobile, les yeux fermés, le visage apaisé par la sérénité que dispense la mort pendant un jour à presque tous les cadavres, comme si devait être exprimée la dignité même des
5 plus misérables. Il avait beaucoup vu mourir, et, aidé par son éducation japonaise, il avait toujours pensé qu'il est beau de mourir de sa mort, d'une mort qui ressemble à sa vie. Et mourir est passivité, mais se tuer est acte. Dès qu'on viendrait chercher le premier des leurs, il se tuerait en pleine conscience. Il se souvint, — le cœur arrêté — des disques de phonographe. Temps où l'espoir
10 conservait un sens ! Il ne reverrait pas May, et la seule douleur à laquelle il fût vulnérable était sa douleur à elle, comme si sa propre mort eût été une faute. « Le remords de mourir », pensa-t-il avec une ironie crispée. Rien de semblable à l'égard de son père qui lui avait toujours donné l'impression, non de faiblesse, mais de force. Depuis plus d'un an, May l'avait délivré de toute solitude, sinon
15 de toute amertume. La lancinante fuite dans la tendresse des corps noués pour la première fois jaillissait, hélas ! dès qu'il pensait à elle, déjà séparé des vivants... « Il faut maintenant qu'elle m'oublie... » Le lui écrire, il ne l'eût que meurtrie et attachée à lui davantage. « Et c'est lui dire d'en aimer un autre ». Ô prison, lieu où s'arrête le temps, — qui continue ailleurs... Non ! C'était dans ce préau séparé
20 de tous par les mitrailleuses, que la révolution, quel que fût son sort, quel que fût le lieu de sa résurrection, aurait reçu le coup de grâce ; partout où les hommes travaillent dans la peine, dans l'absurdité, dans l'humiliation, on pensait à des condamnés semblables à ceux-là comme les croyants prient ; et, dans la ville, on commençait à aimer ces mourants comme s'ils eussent été déjà des morts...
25 Entre tout ce que cette dernière nuit couvrait de la terre, ce lieu de râles était sans doute le plus lourd d'amour viril. Gémir avec cette foule couchée, rejoindre jusque dans son murmure de plaintes cette souffrance sacrifiée... Et une rumeur inentendue prolongeait jusqu'au fond de la nuit ce chuchotement de la douleur : ainsi qu'Hemmelrich[1], presque tous ces hommes avaient des enfants. Pourtant,
30 la fatalité acceptée par eux montait avec leur bourdonnement de blessés comme la paix du soir, recouvrait Kyo, ses yeux fermés, ses mains croisées sur son corps abandonné, avec une majesté de chant funèbre. Il aurait combattu pour ce qui, de son temps, aurait été chargé du sens le plus fort et du plus grand espoir ; il mourrait parmi ceux avec qui il aurait voulu vivre ; il mourrait, comme chacun
35 de ces hommes couchés, pour avoir donné un sens à sa vie. Qu'eût valu une vie pour laquelle il n'eût pas accepté de mourir ? Il est facile de mourir quand on ne meurt pas seul. Mort saturée de ce chevrotement fraternel, assemblée de vaincus où des multitudes reconnaîtraient leurs martyrs, légende sanglante dont se font les légendes dorées ! Comment, déjà regardé par la mort, ne pas entendre ce
40 murmure de sacrifice humain qui lui criait que le cœur viril des hommes est un refuge à morts qui vaut bien l'esprit ?

Il tenait maintenant le cyanure dans sa main[2]. Il s'était souvent demandé s'il mourrait facilement. Il savait que, s'il décidait de se tuer, il se tuerait ; mais, connaissant la sauvage indifférence avec quoi la vie nous démasque à nous-
45 mêmes, il n'avait pas été sans inquiétude sur l'instant où la mort écraserait sa pensée de toute sa pesée sans retour.

Non, mourir pouvait être un acte exalté, la suprême expression d'une vie à quoi cette mort ressemblait tant ; et c'était échapper à ces deux soldats qui s'approchaient en hésitant. Il écrasa le poison entre ses dents comme il eût commandé, entendit encore Katow l'interroger avec angoisse et le toucher, et, au moment où il voulait se raccrocher à lui, suffoquant, il sentit toutes ses forces le dépasser, écartelées au-delà de lui-même contre une toute-puissante convulsion.

André MALRAUX, *La Condition humaine*, VI

© éd. Gallimard

POUR LE COMMENTAIRE _____

1. Quelles sont les **principales étapes** de cette méditation dernière ? Donnez à chacune un titre.

2. En quoi peut-on dire que la **mort** de Kyo « **ressemble à sa vie** » ?

3. De quelle manière son **éducation japonaise** a-t-elle pu préparer Kyo à cette mort ? Commentez : « Il écrasa le poison entre ses dents comme il eût commandé » (dernier paragraphe).

4. En quoi peut-on dire que Kyo est **un martyr** de la Révolution ?

ANALYSE STYLISTIQUE _____

Relevez les passages les plus rythmés et les plus lyriques, par là même les plus émouvants. Donnez des exemples des principaux procédés oratoires que vous y décelez (parallélisme, rythmes ternaires, jeux de sonorité, etc.).

Le martyr de la fraternité

***

Kyo est mort. Katow attend d'être emmené à son tour par les gardiens qui jettent les prisonniers dans des chaudières dont on entend de loin le sifflement. Pour échapper à ce supplice, Katow a, lui aussi, la ressource de se donner la mort par le cyanure, enfermé dans la boucle de sa ceinture. Dans l'obscurité, il échange quelques mots avec ses voisins, deux jeunes Chinois, condamnés à être brûlés vifs.

La voix qui répondait était si étranglée que Katow regarda attentivement les deux visages : les jeunes gens pleuraient, sans un sanglot. « Y a pas grand-chose à faire avec la parole », pensa Katow. Souen[1]
5 voulut bouger l'épaule et grimaça de douleur — il était blessé aussi au bras.

— Brûlé, dit-il. Être brûlé vif. Les yeux aussi, les yeux, tu comprends...

Son camarade sanglotait maintenant.

10 — On peut l'être par accident, dit Katow.

Il semblait qu'ils parlassent, non l'un à l'autre, mais à quelque troisième personne invisible.

— Ce n'est pas la même chose.

— Non : c'est moins bien.

15 — Les yeux aussi, répétait Souen d'une voix plus basse, les yeux aussi... Chacun des doigts, et le ventre, le ventre...

— Tais-toi ! dit l'autre d'une voix de sourd.

Il eût voulu crier mais ne pouvait plus. Il crispa ses
20 mains tout près des blessures de Souen, dont les muscles se contractèrent.

« La dignité humaine », murmura Katow, qui pensait à l'entrevue de Kyo avec König[2]. Aucun des condamnés ne parlait plus. Au-delà du fanal, dans
25 l'ombre maintenant complète, toujours la rumeur des blessures... Il se rapprocha encore de Souen et de son compagnon. L'un des gardes contait aux autres une histoire : têtes réunies, ils se trouvèrent entre le fanal et les condamnés : ceux-ci ne
30 voyaient même plus. Malgré la rumeur, malgré tous ces hommes qui avaient combattu comme lui, Katow était seul, seul entre le corps de son ami mort et ses deux compagnons épouvantés, seul entre ce mur et ce sifflet perdu dans la nuit. Mais un homme
35 pouvait être plus fort que cette solitude et même, peut-être, que ce sifflet atroce : la peur luttait en lui contre la plus terrible tentation de sa vie. Il ouvrit à son tour la boucle de sa ceinture. Enfin :

— Hé là, dit-il à voix très basse. Souen, pose ta
40 main sur ma poitrine, et prends dès que je la toucherai : je vais vous donner mon cyanure. Il n'y en a 'bsolument[3] que pour deux.

Il avait renoncé à tout, sauf à dire qu'il n'y en avait que pour deux. Couché sur le côté, il brisa le cyanure
45 en deux. Les gardes masquaient la lumière, qui les entourait d'une auréole trouble ; mais n'allaient-ils pas bouger ? Impossible de voir quoi que ce fût ; ce don de plus que sa vie, Katow le faisait à cette main chaude qui reposait sur lui, pas même à des corps,
50 pas même à des voix. Elle se crispa comme un animal, se sépara de lui aussitôt. Il attendit, tout le corps tendu. Et soudain, il entendit l'une des deux voix :

— C'est perdu. Tombé.

Voix à peine altérée par l'angoisse, comme si une telle catastrophe n'eût pas été possible, comme si tout eût dû s'arranger. Pour Katow aussi, c'était impossible. Une colère sans limites montait en lui mais retombait, combattue par cette impossibilité. Et pourtant ! Avoir donné *cela* pour que cet idiot le perdît !

— Quand ? demanda-t-il.

— Avant mon corps. Pas pu tenir quand Souen l'a passé : je suis aussi blessé à la main.

— Il a fait tomber les deux, dit Souen.

Sans doute cherchaient-ils entre eux. Ils cherchèrent ensuite entre Katow et Souen, sur qui l'autre était probablement presque couché, car Katow, sans rien voir, sentait près de lui la masse de deux corps. Il cherchait lui aussi, s'efforçant de vaincre sa nervosité, de poser sa main à plat, de dix centimètres en dix centimètres, partout où il pouvait atteindre. Leurs mains frôlaient la sienne. Et tout à coup une des deux la prit, la serra, la conserva.

— Même si nous ne trouvons rien... dit une des voix.

Katow, lui aussi, serrait la main, à la limite des larmes, pris par cette pauvre fraternité sans visage, presque sans vraie voix (tous les chuchotements se ressemblent) qui lui était donnée dans cette obscurité contre le plus grand don qu'il eût jamais fait, et qui était peut-être fait en vain. Bien que Souen continuât à chercher, les deux mains restaient unies. L'étreinte devint soudain crispation :

— Voilà.

Ô résurrection !... Mais :

— Tu es sûr que ce ne sont pas des cailloux ? demanda l'autre.

Il y avait beaucoup de morceaux de plâtre par 90 terre.

— Donne ! dit Katow.

Du bout des doigts, il reconnut les formes.

André MALRAUX, *La Condition humaine*, VI,
© éd. Gallimard

---

1. Souen est un disciple de Tchen ; il a participé à l'attentat de Tchang Kaï-chek, il a été pris avec une bombe. — 2. Chef de la section spéciale de police de Tchang Kaï-chek. — 3. Katow est russe : il parle « français presque sans accent, mais en avalant un certain nombre de voyelles ».

POUR LE COMMENTAIRE

1. Comment interprétez-vous **les remarques de Katow** : « Y a pas grand chose à faire avec la parole » (1er paragraphe) et « Non : c'est moins bien » (4e réplique du dialogue) ?

2. Délimitez les éléments qui appartiennent au **monologue intérieur**, au **dialogue**, au **commentaire du narrateur**. Étudiez les caractéristiques et l'emploi de chacun de ces types de discours.

3. Étudiez les **jeux d'ombre** et de **lumière**.

4. Katow manifeste à plusieurs reprises dans le roman sa pitié pour plus faible que lui, ce qui le fait encourir des peines à la place d'un autre. Comment s'exprime ici cet **amour du prochain** ?

Scène de rue à Shanghaï vers 1930.

L'Espoir (1937)

André Malraux *s'est résolument engagé dans le combat contre le fascisme à partir de 1932. Dès qu'éclate la guerre civile espagnole, il se met au service du gouvernement, contre Franco, et participe à la lutte de juillet 1936 à février 1937, avant d'entreprendre un* **roman qui doit beaucoup à son expérience de combattant**. *Il réalise ensuite un film sur le même thème, mais la déclaration de guerre en empêche la projection publique.*

*** L'Espoir

En juillet 1936, le général Franco, avec l'aide de la plupart des généraux espagnols, du haut clergé et de la droite révoltée contre le gouvernement issu des élections de février 1936 qui avaient donné la majorité au Frente Popular, fomente un coup d'État. Il jouit de l'assistance plus ou moins ouverte de Mussolini et d'Hitler. Pour se défendre, le gouvernement arme le peuple. Celui-ci, malgré une énorme « pagaille » et une dramatique infériorité d'armement, parvient à contenir la révolte et à organiser la résistance. Les partis de gauche, socialistes, communistes, anarchistes, libéraux..., hier désunis, aujourd'hui tous dressés contre la même menace, constituent une armée assez forte pour remporter une première victoire à Guadalajara (mars 1937). Mais les combattants se trouvent confrontés à tous les problèmes de l'action.

« Au-dessus des nuages... »

Il y a dans L'Espoir *de nombreux récits de combats d'aviation, dont* **Malraux**, *pilote de l'escadrille* España, *avait su saisir l'enjeu, essentiel dans une guerre moderne. Ces vols, menés à l'aube ou au crépuscule, sont l'occasion de véritables tableaux en clair-obscur de la terre vue du ciel, et expriment mieux que d'autres scènes de combat* **l'absurdité de la guerre**, *et la prodigieuse aptitude de l'auteur à prendre de la distance au sein même de son engagement. Ces scènes sont parmi les plus belles du roman.*

Vue d'avion, dans l'immensité du cosmos, la sérénité de la terre d'Espagne aperçue sans les combats qui la déchirent, **rend affreusement dérisoire l'agitation inhumaine des hommes**, *fût-ce pour de grandes causes. De même que Magnin au-dessus de la Sierra de Teruel vole dans « une paix de commencement du monde au-dessus de l'acharnement des hommes » (IIIᵉ Partie, chapitre 3), il semble ici à Marcelino, qui cherche une trouée pour plonger sur Tolède, qu'une « paix cosmique régnait sur la perspective blanche » (Iʳᵉ Partie, « Exercice de l'Apocalypse » I, 3).*

André Malraux en tenue
d'aviateur à Barrajas.
Guerre d'Espagne, 1936.

Marcelino pensait comme Magnin, qu'à défaut d'avions de chasse, il faut se faire protéger par les nuages. Souvent, il était revenu de combats sur le front sud du Tage presque au coucher du soleil, avec Tolède au milieu des moissons comme un grand ornement, son Alcazar dressé sur la boucle du fleuve, et les
5 fumées de quelques maisons en feu allongées en diagonale sur la pierre jaune, leurs dernières volutes chargées d'atomes de lumière comme des rais de soleil à travers l'ombre. Les maisons brûlaient au ras du sol avec le calme des cheminées de village sous le soleil couchant, dans la toute-puissante sérénité des heures mortes de la guerre. Marcelino, qui connaissait assez bien pilotage et
10 navigation pour prévoir l'action de ses compagnons de bord, n'était pas redevenu pilote, mais il était le meilleur bombardier de l'escadrille internationale, et excellent chef d'équipage. Aujourd'hui, Tolède combattait quelque part sous ces nuages, ses avions de chasse tout près.

Au-dessus des nuages, le ciel était extraordinairement pur. Là-haut, aucun
15 avion ennemi ne patrouillait vers la ville ; une paix cosmique régnait sur la perspective blanche. Au calcul, l'avion approchait de Tolède : il prit sa plus grande vitesse. Jaime chantait ; les autres regardaient de toute leur force, le regard fixe comme celui des distraits. Quelques montagnes dépassaient au loin la plaine de neige ; de temps à autre, dans un trou de nuages, apparaissait un
20 morceau des blés.

L'avion devait être au-dessus de la ville. Mais aucun appareil n'indiquait la dérive qu'impose un vent perpendiculaire à la marche d'un avion. S'il descendait à travers les nuages, il serait presque à coup sûr en vue de Tolède : mais s'il en était trop éloigné, les appareils de chasse ennemis auraient le temps d'arriver
25 avant le bombardement.

L'avion piqua.

Attendant à la fois la terre, les canons de l'Alcazar et la chasse ennemie, le pilote et Marcelino regardaient l'altimètre avec plus de passion qu'ils ne regarde-raient jamais aucun visage humain. 800-600-400... toujours les nuages. Il fallait
30 remonter, et attendre qu'un trou passât au-dessous d'eux.

Ils retrouvèrent le ciel, immobile au-dessus des nuages qui semblaient suivre le mouvement de la terre. Le vent les poussait d'est en ouest : les trous y étaient relativement nombreux. Ils commencèrent à tourner, seuls dans l'immensité, avec une rigueur d'étoile.

35 Jaime, mitrailleur avant, fit un signe à Marcelino : pour la première fois, tous deux prenaient conscience dans leur corps du mouvement de la terre. L'avion qui tournait, comme une minuscule planète, perdu dans l'indifférente gravitation des mondes, attendait que passât sous lui Tolède, son Alcazar rebelle et ses assiégeants, entraînés dans le rythme absurde des choses terrestres.

40 Dès le premier trou, — trop petit — l'instinct de l'oiseau de chasse passa de nouveau en tous. Avec le cercle des éperviers, l'avion tournait dans l'attente d'un trou plus grand, les yeux de tous les hommes d'équipage baissés, à l'affût de la terre. Il semblait que le paysage entier des nuages tournât avec une lenteur planétaire autour de l'appareil immobile.

45 De la terre, soudain réapparue à la lisière d'un trou de nuages, arriva, à deux cents mètres de l'avion, un tout petit cumulus : l'Alcazar tirait.

L'avion piqua de nouveau.

L'espace se contracta : plus de ciel, l'avion était maintenant sous les nuages ; plus d'immensité, l'Alcazar.

André MALRAUX, *L'Espoir*, I, 3 (1937)
© éd. Gallimard

GROUPEMENT THÉMATIQUE

Autour de la guerre d'Espagne

Joseph PEYRÉ : *L'Homme de choc*, 1936. — Lucien MAULVAUT : *El Requete*, 1937. — Georges BERNANOS : *Les Grands Cimetières sous la lune*, 1938. — Jean-Paul SARTRE : *Le Mur*, 1939. — DRIEU LA ROCHELLE : *Gilles*, 1939. — SAINT-EXUPÉRY : *Terre des hommes*, 1939. — Henry de MONTHERLANT : *Le Chaos et la nuit*, 1963.

A l'étranger : Arthur KOESTLER : *Le Testament espagnol*, 1938. — Ernest HEMINGWAY : *Pour qui sonne le glas*, 1940.

L'aviateur, « chevalier des temps modernes »

Marcel NADAUD : *En plein vol*, 1916 ; *Chignole*, 1917. — Henri BORDEAUX : *La Vie héroïque de Guynemer*, 1918. — René FONCK : *Mes Combats*, 1920. — Joseph KESSEL : *L'Équipage*, 1923. — Philippe BARRÈS : *La Guerre à vingt ans*, 1924. — SAINT-EXUPÉRY : *Courrier Sud*, 1930 ; *Vol de nuit*, 1931 ; *Terre des hommes*, 1939 ; *Pilote de guerre*, 1942. — Marcel PROUST : *Le Temps retrouvé*, 1927. — André MALRAUX : *L'Espoir*, 1937. — Pierre CLOSTERMANN : *Le Grand Cirque*.

Affiche du film d'André Malraux, *L'Espoir*, 1939.

Dans la deuxième partie de L'Espoir, intitulée « Le Manzanarès » qui expose les premiers efforts d'organisation des Républicains et leurs premiers succès, Scali, l'artiste devenu pilote d'escadrille, rencontre le vieil Alvear, amateur d'art qui refuse de quitter Madrid : « J'ai vécu quarante ans dans l'art et pour l'art et vous un artiste, vous vous étonnez que je continue ! »

Unique héros de L'Espoir à **mettre en cause le bien-fondé de l'action guerrière**, Alvear doute que la part de soi-même que l'on engage dans une guerre soit « fondamentale ».

Il s'ensuit un dialogue poignant sur la mort, la création, l'art, le destin, thèmes qui courent tout au long de l'œuvre. Et la question d'Alvear à Scali, « Qu'importe l'action révolutionnaire si elle doit entraîner une servitude politique plus grande encore ? » résonne comme un avant-goût des goulags à venir.

GUIDE POUR LA LECTURE INTÉGRALE DE *L'ESPOIR*

Les références des pages que nous mentionnons sont celles de l'édition « Folio » de Gallimard.

1. Rencontre avec l'histoire

Relevez toutes les informations que ce roman nous donne sur la guerre d'Espagne jusqu'à la victoire républicaine de Guadalajara qui le termine.

• Quelles sont les principales forces en présence ? Qu'apprenons-nous sur chacune d'elles ?

• Comment sont présentés les personnages historiques de Franco, d'Unamuno ?

2. Technique romanesque

La technique du reportage

Comment, par sa présentation, l'intrigue prend-elle l'aspect du **reportage d'actualité** d'un correspondant de guerre ?

Composition en trois parties

Ces parties sont de très inégale longueur : « L'Illusion lyrique », « Le Manzanarès », « L'Espoir ». Résumez-en rapidement les chapitres et les séquences.

• Quels critères semblent présider au découpage de chacune de celles-ci ?

• De quelle nature est la progression ? Comparaison de la situation initiale et de la situation finale.

Fonction des personnages

• Chaque parti, chaque attitude à l'égard du combat, chaque nuance de solution possible s'incarne dans un ou plusieurs individus. Regroupez les personnages selon les grandes familles idéologiques ou stratégiques qu'ils mettent en scène.

• Quelle vision du communisme l'auteur nous donne-t-il à travers Heinrich, Enrique, Pradas d'un côté, Manuel, Attignies de l'autre (voir en particulier pp. 157 à 163 et pp. 200 à 212) ?

• Les représentants du peuple espagnol : étude du vieux Catalan Barca et des motifs de son engagement (pp. 97 à 101) ; et, dans la IIIe Partie, du paysan d'Albarracin (pp. 450 à 462).

L'art du portrait

• Description du héros Manuel (p. 19), de Magnin, le commandant d'escadrille (p. 117), de Garcia, le chef des Renseignements militaires (pp. 114-115 ; 126), d'Alvear, l'amateur d'art (pp. 315-316), de Scali, le pilote d'escadrille (pp. 142-143).

• Quelles sont les caractéristiques communes à ces descriptions de personnages ?

3. Les grands dialogues d'idées

• Qu'est-ce que l'**art révolutionnaire** (pp. 48 à 55) ?

• De l'Apocalypse de la fraternité à la guerre technique : mystique et politique de la Révolution (pp. 117 à 121) ; le rôle du grand intellectuel dans cette guerre idéologique (pp. 380 à 383 et 393 à 400).

• Qu'est-ce qui fait de ce récit un grand roman politique et moral ? Quels sont les problèmes posés qui vous semblent nous concerner encore ?

4. Les amples scènes lyriques

La descente des aviateurs blessés dans la grandeur sauvage de la montagne, entourés des soins de leur chef Magnin et de la fraternité paysanne (pp. 466-481) : étude de la progression ; comment s'exprime la tendresse, la pitié et la fraternité des hommes entre eux, face à l'indifférence de la nature ?

5. Étude de la langue

Dans cette même scène, relevez des **effets de contrastes**, des **antithèses**. Recherchez des tournures de la langue populaire dans les dialogues. Notez quelques métaphores frappantes et commentez-les.

Étudiez le rythme et les sonorités, le jeu des formes et des couleurs dans le paragraphe : « Bientôt, il n'y eut plus ni taureaux ni champs... dans l'indifférence géologique » (p. 470).

Espagne 1936, à Barcelone : départ de soldats républicains pour le front. Photo de Robert Capa.

Révolution et roman au XXe siècle

1. La révolution contre la guerre

Alors que la décennie qui suit la Première Guerre mondiale produit une abondante littérature de circonstance (souvenirs, témoignages) où « le roman de guerre » se taille la part du lion, **Henri Barbusse** introduit **pour la première fois** dans son roman *Le Feu* (1916) l'**idéologie révolutionnaire et internationaliste**.

A la suite de Barbusse de nombreux romans pacifistes appellent à la révolution mais la plupart **restent en définitive à dominante anarchiste et individualiste** plus que marxiste : *Clavel soldat* (1919), de **Léon Werth**, *L'Ouragan*, d'**Ernest Florian-Parmentier** (1921), *Le Sel de la terre*, de **Raymond Escholier**. *Le Valet de gloire* (1923), de **Joseph Jolinon** est plus nettement révolutionnaire.

Cependant, dès 1920, **Romain Rolland** dénonce la révolution dans *Clérambault* parce qu'elle introduit la violence et le fanatisme. Même interrogation sur la violence dans *L'Été 14*, de **Roger Martin du Gard**. Convaincu que la révolution est le moyen d'abolir la violence et l'injustice mais incapable de se résoudre pour cela à recourir à une nouvelle violence, le héros, Jacques, est profondément divisé.

2. Le mythe russe

Aux environs des années 1930, **le prestige de la révolution russe ne cesse de grandir** auprès des intellectuels. Elle est célébrée par des libéraux comme Romain Rolland, des individualistes comme **André Gide**, des surréalistes comme **André Breton**. Le voyage des écrivains en U.R.S.S. devient un rite.

Victor Serge, dans son épopée révolutionnaire *Ville conquise* (1932), oppose le premier la révolution souffrante et militante à la trahison de la révolution triomphante. **Louis Guilloux**, dans *Le Sang noir* (1935), idéalise la Russie mais la déception du héros Lucien Bourcier à son retour d'U.R.S.S. amène l'auteur à une critique de l'utopie révolutionnaire. **Henri Poulaille** (*L'Enfantement de la paix*) et Joseph Jolinon (*Fesse-Mathieu l'anonyme*) évoluent vers la même critique.

Mais tous ces romans des années 1930 fascinés par la révolution russe restent, à l'image de *L'Âme enchantée* de Romain Rolland (1922-1933), des romans pacifistes, davantage inspirés d'un socialisme à la Jaurès que des thèses marxistes. Pour **Jules Romains**, dont la grande fresque historique couvre les années 1908 à 1933, Jaurès est l'idéal des « Hommes de bonne volonté ». A l'opposé de l'idéologie léniniste, le prudent Jerphanion, échaudé par la guerre, flaire la dictature sous la révolution.

3. Révolution et contre-révolution

Dans la même période, les premiers romans d'**André Malraux** font entrer la guerre révolutionnaire dans le roman : la révolution de Canton en 1925 (*Les Conquérants*, 1928) et l'insurrection de Shangaï en 1927 (*La Condition humaine*, 1933) réhabilitent la guerre comme moyen révolutionnaire de transformer un monde injuste ; la guérilla, guerre « humaine », est « juste », car elle défend les opprimés. La guerre donne un sens à la vie des héros révolutionnaires par l'action héroïque qu'ils assument volontairement. On est loin de la conception de **Gide** ou de **Sartre** dans *Le Mur* (1939).

Antithèses de *L'Espoir* sur le plan politique, *El Requete* (1937), de **Lucien Maulvaut**, et *Gilles* (1939), de **Drieu La Rochelle**, assimilent aussi la guerre d'Espagne à la Révolution nationale », mais dans le camp de Franco. Pour Drieu, le fascisme seul est porteur des valeurs révolutionnaires.

4. Le roman au service de la Révolution

Avec **Louis Aragon** et son cycle du « monde réel » (*Les Cloches de Bâle*, 1934 ; *Les Beaux Quartiers*, 1936 ; *Les Voyageurs de l'Impériale*, 1942 ; *Aurélien*, 1945), le roman devient outil d'analyse sociale et moyen de diffuser la doctrine révolutionnaire marxiste.

Sur la lancée des œuvres de Résistance (voir pp. 440-445), l'**après-guerre voit naître une littérature politiquement engagée**. Tandis qu'Aragon poursuit l'exposé de ses thèses avec *Les Communistes* (1951) avant de s'interroger sur les rêves défigurés des révolutionnaires dans *La Semaine Sainte* (1958), les existentialistes se définissent par rapport au communisme et à l'U.R.S.S. **Albert Camus**, dans *La Peste* (1947), montre des hommes affrontant le Mal dans l'Histoire. **Jean-Paul Sartre**, convaincu que la littérature est le moyen de produire des changements dans la société (*Qu'est-ce que la littérature ?*, *Les Chemins de la liberté*), s'engage aux côtés des communistes. Cependant, l'un et l'autre s'interrogent sur l'usage de la violence dans l'action révolutionnaire et sur les rapports entre révolte et révolution, ce qui leur inspire non des romans mais des pièces de théâtre : *Les Mains sales* (1948) pour Sartre, *Les Justes* (1949) pour Camus. **Simone de Beauvoir** donne de son côté une chronique des difficultés des intellectuels avec le Parti communiste dans son roman *Les Mandarins* (1954).

5. Le déclin du thème

A partir des années 1950 le thème révolutionnaire inspire surtout des essais (**Camus**, *L'Homme révolté*, 1951). **Raymond Aron**, dans *L'Opium des intellectuels* (1955), dénonce le conformisme des intellectuels de gauche, dont l'esprit de révolte profite à la révolution. Avec le dégel (1956), le romantisme révolutionnaire est condamné. Les romanciers renoncent à dominer l'Histoire. La littérature engagée perd son crédit. Les écrivains du groupe « Tel Quel », avec **Philippe Sollers**, prétendent l'éviter et faire servir « l'écriture » au combat révolutionnaire.

Restent quelques romans isolés, proches du communisme comme ceux de **Roger Vailland** (*325 000 francs*, 1955) ou de **Pierre Courtade**, (*La Place rouge*, 1960).

Le ton militant des romans de l'entre-deux-guerres ne resurgit que chez les romanciers étrangers d'expression française : l'Espagnol **Jorge Semprun**, l'Algérien **Kateb Yacine**, le Haïtien **Jacques Roumain**, le Sénégalais **Sembene Ousmane**.

Si Mai 68 inspire surtout les poètes, l'après-Mai ne voit pas renaître le thème révolutionnaire, mis à part les deux romans de **Régis Debray** (*L'Indésirable*, 1975 ; *La neige brûle*, 1976), qui s'intéressent aux révolutions d'Amérique latine et de Cuba. Avec *L'Archipel du goulag* (1974), de **Soljenitsyne**, la Russie a cessé d'être le modèle révolutionnaire et le marxisme reflue. Quant à la révolution chinoise, excepté **Lucien Bodard**, elle n'inspire pas les romanciers français.

4. Le poète des arts

Les Voix du silence (1951)

*Sous la diversité de ses écrits, **André Malraux** n'a jamais cessé, durant un demi-siècle, de réfléchir sur l'art, seul moyen d'apprivoiser la mort : « Je suis en art, comme en religion (...), j'ai vécu dans l'art depuis mon adolescence ».*

*Ses écrits sur l'art sont tous organisés autour d'une idée-force. « **L'art est un anti-destin** » (Les Voix du silence), dans la mesure où « l'artiste n'est pas le transcripteur du monde », mais son « rival », créateur de « possibles » qui n'existaient pas dans la nature. Le Musée imaginaire n'est pas une anthologie de la peinture et de la sculpture mondiales. La grande épopée des formes développée dans Les Voix du silence et La Métamorphose des dieux n'est pas davantage une Histoire de l'art, ni une esthétique. A travers ses amples méditations, l'**auteur met l'accent sur la communauté des artistes, sur le dialogue entre les chefs-d'œuvre**, créés « pour satisfaire un besoin, mais un besoin assez passionné pour (leur) donner naissance ».*

*Dans Les Voix du silence, dont la luxuriance interdit tout résumé, l'auteur, plus soucieux de confrontations que de classifications, résume sa conception de l'art. **La notion d'héritage est au centre de sa méditation** sur les œuvres d'art du monde entier, mais « l'héritage est toujours une métamorphose. »*

Le dialogue des chefs-d'œuvre et leurs métamorphoses dans le temps

André Malraux et Marc Chagall devant la fresque du plafond de l'Opéra de Paris.
Photo d'Izis, 1963.

Mais l'homme est-il obsédé d'éternité, ou d'échapper à l'inexorable dépendance que lui ressasse la mort ? Survie misérable qui n'a pas le temps de voir s'éteindre les étoiles déjà mortes ! mais non moins misérable néant, si les millénaires accumulés par la glaise ne suffisent pas à étouffer dès le cercueil la
5 voix d'un grand artiste... Il n'y a pas de mort invulnérable devant un dialogue à peine commencé, et la survie ne se mesure pas à la durée ; elle est celle de la forme que prit la victoire d'un homme sur le destin, et cette forme, l'homme mort, commence sa vie imprévisible. La victoire qui lui donna l'existence, lui donnera une voix que son auteur ignorait en elle. Ces statues plus égyptiennes que les
10 Égyptiens, plus chrétiennes que les chrétiens, plus Michel-Ange que Michel-Ange — plus humaines que le monde — et qui se voulurent une irréductible vérité, bruissent des mille voix de forêt que leur arracheront les âges. Les corps glorieux ne sont pas ceux du tombeau.

L'humanisme , ce n'est pas dire : « Ce que j'ai fait, aucun animal ne l'aurait
15 fait », c'est dire : « Nous avons refusé ce que voulait en nous la bête, et nous voulons retrouver l'homme partout où nous avons trouvé ce qui l'écrase. » Sans doute, pour un croyant, ce long dialogue des métamorphoses et des résurrections s'unit-il en une voix divine, car l'homme ne devient homme que dans la poursuite de sa part la plus haute ; mais il est beau que l'animal qui sait qu'il doit
20 mourir, arrache à l'ironie des nébuleuses le chant des constellations, et qu'il le lance au hasard des siècles, auxquels il imposera des paroles inconnues. Dans le soir où dessine encore Rembrandt, toutes les Ombres illustres, et celles des dessinateurs des cavernes, suivent du regard la main hésitante qui prépare leur nouvelle survie ou leur nouveau sommeil...
25 Et cette main, dont les millénaires accompagnent le tremblement dans le crépuscule, tremble d'une des formes secrètes, et les plus hautes, de la force et de l'honneur d'être homme.

André MALRAUX, *Les Voix du silence* (1951)
© éd.Gallimard

5. Le mémorialiste

Les Chênes qu'on abat (1971)

*Souvenir dialogué et transfiguré de la dernière conversation d'**André Malraux** avec le Général de Gaulle, qui meurt en novembre 1970, Les Chênes qu'on abat... forment une partie du deuxième tome du Miroir des limbes. Malraux la publie en 1971 à la mort du général.*

*« Ce livre, dit-il dans la préface, est une interview, comme La Condition humaine était un reportage, c'est-à-dire pas du tout ». Il ne faut pas s'y tromper. Malraux s'y livre à une sorte de duo inspiré avec de Gaulle, de même qu'il dialogue avec Mao et Nehru dans ses Antimémoires, avec Picasso dans La Tête d'obsidienne. **Un grand souffle épique anime ce dialogue** entre deux hommes qui semblent respirer à la même hauteur, traverser les siècles et les civilisations avec le **même sens de la grandeur et de l'histoire**, dans la même interrogation essentielle face au destin, quels que soient les sujets abordés, fût-ce même les plus simples.*

« Un homme de l'Histoire est un ferment, une graine »

Dans cet extrait, le général de Gaulle évoque à plusieurs reprises le thème si cher à Malraux de « la métamorphose », « ce qu'il y a de mystérieux dans la durée » (voir aussi p. 453).

    — Quand j'ai dit : je suis venu pour délivrer la France des chimères qui l'empêchent d'être la France, on m'a compris. Pourtant, elles sont trop constantes, elles jouent un rôle trop important pour que nous puissions penser qu'elles bourdonnent autour de l'Histoire comme des mouches. Elles aussi se
5 succèdent. Ont-elles une histoire ? Drôles de bêtes ! Elles vont de la puérile indignation méditerranéenne, à des domaines considérables : du gauchisme de la Rive gauche, au sentiment de vos âmes sensibles, qui se sont trouvées jadis en face de la guillotine. Hier, l'ombre des nuages passait à mes pieds pendant que je me promenais ; et je pensais que les chimères font partie de l'humanité
10 de la même façon que les nuages font partie du ciel. Mais est-ce que les chimères se succèdent comme eux, ou comme les plantes ? Devant les grands arbres que vous connaissez, à droite de la porte, je pense souvent à l'histoire des nations. Elle est le contraire des nuages. Pourtant, assumer la France, en 1940, n'était pas un problème de jardinier !
15 « Donc, je regarde passer les chimères. Je rentre. Je retrouve ces livres. Ce qui a survécu et peut-être ce qui a donné forme à l'homme, comme les jardiniers successifs ont donné forme à mes arbres. Après tout, le mot culture a un sens. Qu'est-ce qui se continue — vous voyez ce que je veux dire — qu'est-ce qui ne se continue pas ? Il s'agit d'une opposition plus profonde qu'entre l'éphémère et
20 le durable, vous comprenez bien : de ce qu'il y a de mystérieux dans la durée. Cette bibliothèque n'est pas une collection de vérités, opposée à des calembredaines. Il s'agit d'autre chose. Rien de moins clair que la victoire des œuvres sur la mort.
    — Que relisez-vous ?
25 — Eschyle, Shakespeare, les *Mémoires d'outre-tombe*, un peu Claudel. Et ce qu'on m'envoie, qui fait généralement partie des nuages. Je réponds à tous ceux qui m'envoient des livres : ils pourraient aussi ne pas me les envoyer.
    — Vous aimez encore Rostand ?
    — On aime sa jeunesse. Mais je ne réfléchis pas à ma jeunesse, pas même
30 à Claudel : je réfléchis aux œuvres capitales d'autres temps — dans une certaine mesure, d'autres civilisations. Je ne puis m'expliquer que par une image. Ceux que je relis (ajoutez Sophocle)...
    — Autre général.
    — ... me font l'effet d'étoiles éclairées par un même soleil invisible. Ils ont
35 quelque chose en commun. Comme les arbres, bien que... Ils sont différents des nuages et des chimères : ils ont quelque chose de fixe. Une sorte de transcendance ? Donc, je me promène entre les nuages et les arbres comme entre les

rêves des hommes et leur histoire. Alors, entre en jeu un sentiment qui m'intrigue. Ces grands poèmes (moi qui n'aime guère le théâtre, je ne relis
40 actuellement que des poèmes dramatiques), je sais bien qu'ils n'étaient pas ce qu'ils sont pour nous ; je vous ai écrit autrefois ce que je pensais de votre théorie de la métamorphose. Mais pour l'Histoire ? Vous disiez tout à l'heure que ce mot faisait partie de ceux dont la profondeur vient de sens multiples. Certes. Mais il faut comprendre ce que nous avons fait.

45 — Ce que *vous* avez fait.

— Ce que j'ai fait ne s'est jamais défini pour moi par ce que je faisais. Notamment pas le 18 Juin.

« L'important — et, peut-être, pour tous les hommes qui ont été liés à l'Histoire — n'était pas ce que je disais, c'était l'espoir que j'apportais. Pour le monde, si
50 j'ai rétabli la France, c'est parce que j'ai rétabli l'espoir en la France. Comment être obsédé par une vocation sans espoir, je vous le demande ? Quand je serai mort, cet espoir ne signifiera plus rien, puisque sa force tenait à notre avenir, qui, évidemment, ne sera plus un avenir : alors, interviendra ce que vous appelez la métamorphose. Oh ! je ne crains pas qu'il ne reste rien de cet espoir. Une
55 constitution est une enveloppe : on peut changer ce qu'il y a dedans. Quand ce qu'il y avait comptait, qui diable eût pu l'envoyer à la corbeille ? Mais le destin de ce qui comptait est imprévisible. Un homme de l'Histoire est un ferment, une graine. Un marronnier ne ressemble pas à un marron. Si ce que j'ai fait n'avait pas porté en soi un espoir, comment l'aurais-je fait ? L'action et l'espoir étaient
60 inséparables. Il semble bien que l'espoir n'appartienne qu'aux humains. Et reconnaissez que chez l'individu, la fin de l'espoir est le commencement de la mort.

André MALRAUX, *Les Chênes qu'on abat* (1971)
© éd. Gallimard

Charles de Gaulle
et André Malraux en 1958.
Photo de Dorka.

Ernest Hemingway *Pour qui sonne le glas* (1940)

*La guerre fournit à l'américain **Ernest Hemingway** (1899-1961) une inspiration constante :* L'Adieu aux armes *(1929),* La Cinquième Colonne *(1938),* Au-delà du fleuve et sous les arbres *(1950). Mêlé comme Malraux aux grands conflits de ce siècle, Hemingway a été correspondant de guerre en Espagne de 1936 à 1938 auprès de l'armée républicaine. Cette expérience lui a inspiré* Pour qui sonne le glas.

« *Tu as tué, toi ?* »

— Tu as tué, toi ? demanda Robert Jordan dans l'intimité faite de l'ombre et d'une journée passée en commun.

— Oui. Plusieurs fois. Mais pas avec plaisir. Pour moi, c'est un péché, de tuer un homme. Même les fascistes, qu'il faut qu'on tue. Pour moi, il y a une grande
5 différence entre l'ours et l'homme, et je ne crois pas aux boniments des Gitans sur la fraternité avec les animaux. Non. Je suis contre toutes les tueries d'hommes.

— Pourtant, tu as tué.

— Oui. Et je le ferai encore. Mais si je vis après ça, j'essayerai de vivre de telle
10 façon, ne faisant de mal à personne, que je serai pardonné.

— Par qui ?

— Qui sait ? Puisque nous n'avons plus de Dieu ici, ni son Fils, ni le Saint-Esprit, qui est-ce qui pardonne ? Je ne sais pas.

— Tu n'as plus de Dieu ?

15 — Non, bien sûr que non. S'il y avait un Dieu, Il n'aurait jamais permis ce que j'ai vu de mes yeux. Dieu, on peut le leur laisser.

— Ils le réclament.

— Sûr qu'Il me manque, élevé comme j'ai été dans la religion. Mais, maintenant, il faut qu'un homme soit responsable envers lui-même.

20 — Alors c'est toi qui te pardonneras d'avoir tué.

— Je crois, dit Anselmo. Puisque tu le dis comme ça, aussi clairement, je crois que ça doit être vrai. Mais, avec ou sans Dieu, je pense que c'est un péché de tuer. Prendre la vie à un autre, pour moi, c'est très grave. Je le ferai quand ce sera nécessaire, mais je ne suis pas de la race de Pablo.

25 — Pour gagner une guerre, il faut tuer ses ennemis. Ç'a toujours été ainsi...

— Naturellement. A la guerre, il faut tuer. Mais j'ai des idées très bizarres », dit Anselmo. Les deux hommes marchaient à présent tout près l'un de l'autre, dans l'obscurité. Anselmo parlait tout bas, tournant parfois la tête en montant. « Je ne tuerais pas même un évêque. Je ne tuerais pas un propriétaire. Je les
30 ferais travailler tous les jours, comme on travaillait aux champs, et comme on travaillait aux arbres dans la montagne, pour tout le reste de leur vie. Alors, ils comprendraient pourquoi l'homme est né. Qu'ils dorment où nous dormons. Qu'ils mangent comme nous mangeons. Mais surtout qu'ils travaillent. Ça leur apprendrait.

35 — Et ils survivraient pour t'asservir à nouveau.

— Les tuer, ça ne leur apprend rien, dit Anselmo. On ne peut pas les exterminer tous ; plus on en tue, plus il en repousse, et toujours plus haineux. La prison, ça ne sert à rien. La prison ça ne fait que de la haine. Il faudrait que tous nos ennemis s'instruisent.

40 — Pourtant, tu as tué.

— Oui, dit Anselmo. Beaucoup de fois, et je recommencerai. Mais pas avec plaisir et en considérant ça comme un péché.

— Et la sentinelle ? Tu pensais qu'il faudrait la tuer, et tu plaisantais.

— Oui, je plaisantais. Et je tuerai la sentinelle. Oui, sûrement, et avec le cœur
45 pur en pensant à notre tâche. Mais pas avec plaisir.

— Nous les laisserons à ceux qui aiment ça, dit Robert Jordan. Il y en a huit et cinq. Ça fait treize pour ceux qui aiment ça.

Ernest HEMINGWAY, *Pour qui sonne le glas* (1940), © éd. Gallimard

Maurice Blanchot *Le Livre à venir* (1959)

Le lyrisme de l'intelligence

Dans ses deux grands livres, *La Condition humaine* et *L'Espoir*, Malraux a rendu art et vie à une attitude très ancienne et qui, grâce à lui, est devenue une forme artistique : l'attitude de la discussion. Le héros en fut jadis Socrate. Socrate est l'homme sûr qu'il suffit de parler pour parvenir à l'accord : il croit à l'efficacité de la parole pour peu qu'elle ne se contredise pas et si elle se poursuit assez longtemps pour prouver et pour établir, par les preuves, la cohérence. Que la parole doive nécessairement avoir raison de la violence, c'est cette certitude qu'il représente calmement, et sa mort est héroïque, mais calme, parce que la violence qui interrompt sa vie ne peut pas interrompre la parole raisonnable qui est sa vraie vie et au terme de laquelle il y a l'accord et la violence désarmée. Et sans doute les personnages de Malraux nous transportent-ils loin de Socrate : ils sont passionnés, agissants et, dans l'action, livrés à la solitude ; mais, aux moments d'éclaircie que ses livres nous ménagent, ils deviennent tout à coup, et comme naturellement, les voix des grandes pensées de l'histoire ; sans cesser d'être eux-mêmes, ils donnent voix à chaque côté de ces grandes pensées, à ce qui peut se formuler, en terme idéal, des forces aux prises dans tel conflit grave de notre temps, — et voici le choc émouvant de ses livres : nous découvrons que la discussion est encore possible. Ces simples dieux humains, un instant au repos sur leur humble Parnasse, ne s'injurient pas, ne dialoguent pas non plus, mais discutent, car ils veulent avoir raison, et cette raison est servie par la vivacité flamboyante des mots, lesquels toutefois restent toujours en contact avec une pensée commune à tous et dont chacun respecte la communauté préservée. Le temps manque pour arriver à l'accord. Les accalmies où parle l'esprit divisé du temps prennent fin, et la violence à nouveau s'affirme, mais une violence qui est changée cependant, parce qu'elle n'a pu rompre le discours, ni ce respect de la parole commune qui persiste en chacun des hommes violents.

Il faut ajouter que la réussite de Malraux est peut-être unique. Ses imitateurs ont transformé en une commodité d'exposition et un procédé d'argumentation ce qui, chez lui, par la réconciliation de l'art et de la politique, est une manifestation créatrice authentique, un lyrisme de l'intelligence[1].

Maurice BLANCHOT, *Le Livre à venir*
© éd. Gallimard, 1959

---

1. *L'intelligence, et non plus la raison : quelle que soit l'aptitude à simplifier de la critique, il faut bien remarquer discrètement que ce mot, mis à la place de l'autre, nous éloigne beaucoup de Socrate. L'intelligence s'intéresse à tout : les mondes, les arts, les civilisations, les débris de civilisations, les ébauches et les accomplissements, tout lui importe et tout lui appartient. Elle est l'intérêt universel qui comprend tout passionnément, tout par rapport à tout (Note de l'auteur).*

Pour vos essais et vos exposés

Gaëtan PICON : *Malraux par lui-même*, éd. du Seuil, 1953.
Pol GAILLARD : *Les Critiques de notre temps et André Malraux*, éd. Garnier, 1970.
Jean LACOUTURE : *Malraux, un homme dans le siècle*, éd. du Seuil, 1973.
Jean MOSSUZ-LAVAU : *André Malraux. Qui êtes-vous ?*, La Manufacture, 1987.

Christiane MOATTI : *Le Prédicateur et ses masques. Les personnages d'André Malraux*, Publication de la Sorbonne, 1987.
Revue des Lettres Modernes, Série A. Malraux, nº 1 à 7, éd. Minard, 1972-1987.
Cahiers de l'Herne, nº 43, 1982.

13

LOUIS-FERDINAND CÉLINE :
« *LE LANGAGE PARLÉ EN LITTÉRATURE* »

*« Je ne me réjouis que
dans le grotesque aux
confins de la Mort. Tout le
reste m'est vain. »*
Lettre de Céline à Léon Daudet

Couverture de *Voyage au bout de la nuit*, illustrée par Tardi.
Édition Gallimard, 1988.

Louis-Ferdinand Céline (1894-1961)

Louis-Ferdinand Céline,
par Gen Paul.

1932	*Voyage au bout de la nuit*
1936	*Mort à crédit*
1937	*Bagatelles pour un massacre*
1938	*L'École des cadavres*
1941	*Les Beaux Draps*
1944	*Guignol's Band*, I
1949	*Casse-pipe*
1952	*Féerie pour une autre fois*, I
1954	*Normance (Féerie pour une autre fois*, II)
1957	*D'un château l'autre*
1960	*Nord*
1964	*Guignol's Band*, II : *Le Pont de Londres* (posthume)
1969	*Rigodon* (posthume)

« Un garçon sans importance collective »...

Connu sous le pseudonyme de **Céline**, Louis-Ferdinand Destouches eut une vie tourmentée et errante. Né à Courbevoie, il est le fils unique d'un employé de bureau et d'une marchande de brocante, installée passage Choiseul, à Paris. Destiné au commerce, il obtient le certificat d'études, fait plusieurs séjours linguistiques en Allemagne et en Angleterre (1907-1909). Il achève son apprentissage chez un bijoutier renommé et devance l'appel en s'engageant dans un régiment de cuirassiers (1912). Maréchal des logis au moment de la mobilisation en août 1914, il est blessé au bras lors d'une mission pour laquelle il s'est porté volontaire. Il subit un choc qui le perturbe pour la vie et qui fait de lui un pacifiste inconditionnel.

Les aventures du docteur Destouches

Réformé en 1915, il part chercher fortune en Afrique (1916-1917). Engagé, à son retour, par la Fondation Rockefeller (pour une mission de propagande contre la tuberculose), il trouve des circonstances favorables à son ascension sociale : il obtient le baccalauréat en 1919 et se marie avec la fille d'un professeur de l'École de médecine de Rennes, où il s'inscrit comme étudiant. Céline fait plusieurs communications à l'Académie des sciences, achève sa médecine à Paris et soutient une thèse remarquée (1924). Entré à la section d'hygiène de la Société des Nations, à Genève, il fait pour celle-ci de constants voyages à l'étranger (en Amérique du Nord, en Afrique et en Europe). Il divorce en 1926.

L'écrivain à succès et à scandale (1927-1944)

Céline rencontre peu après une jeune et jolie danseuse américaine, Elisabeth Craig, avec laquelle il vivra quelque six ans, et il commence à écrire. Revenu à Paris, il ouvre un cabinet médical à Clichy (1927). Il va dès lors partager son temps entre ses activités médicales (dispensaire municipal, publications, voyages professionnels, etc.) et l'écriture. L'éditeur Denoël accepte de publier son premier roman, *Voyage au bout de la nuit*, qui lui vaut le prix Renaudot (1932). *Mort à crédit*, en 1936, achève de lui donner une place importante dans le monde des lettres. A partir de cette époque, Céline se lance dans l'engagement politique, soucieux d'éviter à tout prix la catastrophe qu'il sent venir. Il perd le soutien de la fraction du public qui avait fait bon accueil à *Voyage au bout de la nuit*, par la publication d'un pamphlet anti-communiste à son retour d'U.R.S.S. (*Mea culpa*, 1937). Il publie successivement trois autres pamphlets (*Bagatelles pour un massacre*, 1937 ; *L'École des cadavres*, 1938 et *Les Beaux Draps*, 1941), véritable déferlement névrotique de ses angoisses. S'y exprime, en particulier, un délire de persécution face à ce qu'il appelle « le péril juif ». Les nombreuses lettres et les interviews qu'il donne à différents journaux pendant l'occupation, ses relations avec Jacques Doriot, son antisémitisme déclaré, le font ranger parmi les collaborateurs du nazisme.

Le maudit solitaire

En 1944, au moment de la débâcle du régime de Vichy, Céline s'enfuit par crainte des représailles. Misant sur les Allemands qui ne l'aiment pas, se jugeant le point de mire de l'hostilité générale, il va errer à travers l'Europe en feu de 1945, en compagnie de sa femme Lucette Almanzor (elle aussi danseuse) et de son ami l'acteur Le Vigan. Emprisonné au Danemark, où il s'est réfugié (1945-1946), puis placé en résidence surveillée, il est condamné à la dégradation nationale et à la confiscation de la moitié de ses biens (1950). Amnistié un an plus tard, il rentre en France et s'installe à Meudon. Il s'inscrit à l'Ordre des médecins et ouvre un cabinet médical, mais n'exerce guère. La publication de ses écrits reprend dans un climat difficile. Il travaille jusqu'à la fin de sa vie avec acharnement. Gallimard publie ses œuvres au fur et à mesure de leur rédaction et rééditent la totalité de ses écrits, sauf les pamphlets. L'écrivain est de nouveau découvert par le grand public, à partir de 1957, avec *D'un château l'autre*. Il achève la seconde version de *Rigodon*, la veille de sa mort.

« Un voyage dans l'hiver et dans la nuit »

1. Le conteur d'histoires vécues

Venu tard à la littérature, connu surtout pour ses deux grands romans, *Voyage au bout de la nuit* et *Mort à crédit*, Louis-Ferdinand Céline est tenu aujourd'hui pour l'un des écrivains majeurs de notre siècle, quels que soient les sentiments qu'on peut éprouver pour la conduite politique de l'homme.

Dans *Voyage au bout de la nuit*, Céline fait appel à ses souvenirs de la Première Guerre mondiale, à sa connaissance de l'Afrique où il a découvert les tares du colonialisme, et des États-Unis où il a vu le triomphe du travail industriel et du capitalisme, enfin à son expérience de médecin de banlieue. Le milieu où il a passé son enfance et son adolescence (petite bourgeoisie d'employés et de commerçants qui vivent l'envers de la Belle-Époque) lui donne la matière de *Mort à Crédit*. *Les Beaux Draps* commente la défaite de 1939. Son expérience réelle de Londres (où il a été affecté et a mené joyeuse vie en 1915) fournit le cadre de *Guignol's Band* et de sa suite, *Le Pont de Londres*, avec son petit monde de truands et de prostituées. Enfin la trilogie *D'un château l'autre, Nord, Rigodon*, revient sur les tribulations, entre juillet 1944 et mars 1945, d'un homme qui a le sentiment d'avoir été placé, encore une fois, avec le cataclysme de la Seconde Guerre mondiale, à un carrefour de l'Histoire, et qui s'en fait le chroniqueur. *Féerie pour une autre fois* nous fait vivre les bombardements de 1944 et l'expérience de la prison politique.

2. « Je n'écris que pour transposer »

Mais l'écrivain prend ses distances par rapport au réel. Céline est persuadé qu'on ne peut plus écrire, aux alentours de 1930, de romans semblables aux *Rougon-Macquart*. Le cinéma, la presse, les sciences humaines ont ôté au roman tout intérêt documentaire, toute prétention au savoir. Ainsi la psychanalyse a rendu caduques les analyses psychologiques et les prétendues « lois du cœur humain ». La littérature ne survivra que si elle entreprend de transmettre « l'émotion », les réactions les plus profondes de la sensibilité individuelle et les fantasmes collectifs.

La vision de Céline, d'un pessimisme radical, tire sa force de l'obsession de la mort. Son œuvre est démonstration de la « noirceur » et de la détresse des hommes. Mais le **désespoir y prend le plus souvent l'aspect de la dérision**. La drôlerie s'y mêle au pathétique, le rire libérateur aux images de cauchemars, de destruction, de décomposition. Cette fuite dans l'imaginaire, ce « délire » qui a l'intensité particulière de la névrose semble avoir été pour lui un moyen de supporter la vie.

3. Le styliste de génie

La grande originalité de l'œuvre réside dans le langage. Céline, rompant avec des siècles de normalisation au profit d'une parole riche et sans interdits, substitue, à notre syntaxe « pétrifiée », une forme de plus en plus souple, apte à rendre l'indignation ou la tendresse. Son rythme est tantôt d'une surabondance grisante, tantôt d'une brièveté et d'un laconisme toniques. Les silences disent ce que les mots sont impuissants à dire.

Pour enrichir le lexique de notre langue et pour rendre la vie dans toutes ses nuances, **il pulse dans tous les registres**. Il invente des milliers de mots dans un climat d'euphorie verbale communicative. Il est surtout soucieux de « **retrouver l'émotion du "parlé" à travers l'écrit** ». Aussi crée-t-il un style qui donne l'illusion du discours oral populaire, grâce à l'emploi des tournures qui lui sont propres. Avant Raymond Queneau, il a puissamment contribué à renverser les barrières qui séparaient la langue écrite de la langue parlée.

4. Le renouvellement du récit romanesque

Dans ce domaine aussi, le projet de Céline est neuf. Il nous livre des récits autobiographiques qu'il nomme encore romans et qui échappent à la fois à la gratuité et à l'objectivité. Entièrement **écrits à la première personne**, ils mettent en valeur la spontanéité du conteur. Ses histoires sont riches en aventures dramatiques, en rebondissements, en suspenses, en personnages d'un grand relief.

Céline trouve son inspiration plutôt auprès des peintres : « Le Breughel, Greco, Goya même, voici les athlètes qui me donnent le courage pour étirer la garce ("la pâte de vie") ». Il rejette ses immédiats devanciers, mais se reconnaît pour maître Rabelais, médecin comme lui, d'une imagination puissante qui frôle le fantastique. Lui aussi s'est compromis par ses écrits (« Il mettait sa peau sur la table, il risquait. La mort le guettait, et ça inspire la mort ! »). Le récit célinien se souvient du comique rabelaisien et de ses inventions verbales, de la richesse de son vocabulaire. Il prend toutes les libertés, mêle, en une superposition chaotique, tous les genres : épique, satirique, historique, poétique. C'est la transgression ironique des codes de la langue littéraire. La dénonciation y tourne au pamphlet, à la mise en accusation, à la biographie autojustificative. **Le récit devient spectacle** : comédie, farce, parodie, opérette ou vaudeville — Céline s'est d'abord essayé à la comédie, et l'on retrouve dans ses romans l'art du dialogue, des situations à rebondissements, des mimiques expressives, des caractères forcés et ridiculisés. Enfin la voix qui parle, à la recherche de son passé, colore par endroits le récit de lyrisme.

Mais cet ensemble de romans construits autour des souvenirs du passé de Céline finit par constituer **un seul récit d'une grande unité**. Décors, personnages, situations, péripéties, quelque peu récurrents, y sont tous orientés par une même vision du monde. Violente et passionnée, cette œuvre qui dérange et ébranle les normes de la société et de la culture a posé les fondements de l'écriture et du récit modernes. Elle a construit un monde, en imposant son ordre et sa marque au langage.

1. *Voyage au bout de la nuit* (1932)

Prêtant à son personnage de fiction, Bardamu, les principales expériences de sa vie, **Louis-Ferdinand Céline** dresse, dans ce roman, un **impitoyable panorama de l'absurdité de la vie**, de ses cruautés et de ses mensonges. Monde sans issue ni lueur d'espoir. Et pourtant Céline affirme : « Le fond de l'histoire ? personne ne l'a compris... le voilà ! C'est l'amour dont nous osons encore parler dans cet enfer ! ». L'auteur dédie *Voyage au bout de la nuit* à Elisabeth Craig, cette danseuse américaine qu'il a beaucoup aimée et qui lui a « appris, dit-il, tout ce qu'il y a dans le rythme, la musique et le mouvement ».

Cet énorme roman écrit par un inconnu valut à son auteur **la haine de tous les bien-pensants pour son idéologie et pour sa langue provocatrice**. Il produisit un véritable choc sur les écrivains de cette génération. Simone de Beauvoir, dans ses *Mémoires*, en a donné un témoignage précis : « Nous lisions tout ce qui paraissait ; le livre français qui compta le plus pour nous cette année, ce fut *Voyage au bout de la nuit*, de Céline. Nous en savions par cœur un tas de passages. Son anarchisme nous semblait proche du nôtre. Il s'attaquait à la guerre, au colonialisme, à la médiocrité, aux lieux communs, à la société dans un style, sur un ton qui nous enchantaient. Céline avait forgé un instrument nouveau : une écriture aussi vivante que la parole. Quelle détente après les phrases marmoréennes de Gide, d'Alain, de Valéry ! Sartre en prit de la graine. Il abandonna définitivement le langage gourmé dont il avait encore usé dans la *Légende de la vérité*. »

Sartre se souviendra de Bardamu en inventant le Roquentin de *La Nausée*, et Camus, le Meursault de *L'Étranger*. Le premier soulignera sa dette en mettant en épigraphe à son roman une citation de *L'Église*, la pièce de Céline commencée en 1927. Queneau reconnaîtra celui-ci comme son seul prédécesseur dans son usage de la langue.

Étude suivie

*** *Voyage au bout de la nuit*

Le récit est divisé en séquences de longueur inégale, qui ne sont pas numérotées en chapitres. Il commence à la veille de la Première Guerre mondiale et s'achève quelque dix ans après l'armistice de 1918. Comme dans les romans picaresques, l'auteur promène son anti-héros aux quatre coins d'un monde régi par le hasard et les coïncidences.

Dans une première partie, nous suivons Bardamu au front, à l'arrière, dans nos colonies congolaises, aux États-Unis. Dans la seconde partie, nous le voyons exercer la médecine dans la banlieue parisienne, gagner sa vie comme figurant dans une salle des grands boulevards, avant d'entrer comme médecin dans l'asile d'aliénés du docteur Baryton. Son destin, véritable fuite en avant, ne cesse de croiser celui d'un autre désespéré, son double de misère, Robinson, qui meurt à la fin du roman.

Bardamu raconte lui-même son histoire. Tout (décors, individus, événements) est perçu à travers sa voix et coloré par une vision du monde dont l'exergue donne le ton :

> « Notre vie est un voyage
> Dans l'Hiver et dans la Nuit
> Nous cherchons notre passage
> Dans le Ciel où rien ne luit. »

La guerre

L'engagement

***

Le roman s'ouvre sur une conversation à la terrasse d'un café, place Clichy, entre deux étudiants « carabins », Bardamu et son ami Arthur Ganate. Le narrateur, qui se pose en anarchiste et tient des propos provocants sur l'amour, la guerre et Dieu, vient de lire à Arthur une « prière vengeresse et sociale », de son invention.

« Ton petit morceau ne tient pas devant la vie, j'en suis, moi, pour l'ordre établi et je n'aime pas la politique. Et d'ailleurs le jour où la patrie me demandera de verser mon sang pour elle, elle me trouvera moi bien sûr, et pas fainéant, prêt à le donner. » Voilà ce qu'il m'a répondu.

5 Justement la guerre approchait de nous deux sans qu'on s'en soye rendu compte et je n'avais plus la tête très solide. Cette brève mais vivace discussion m'avait fatigué. Et puis, j'étais ému aussi parce que le garçon m'avait un peu traité de sordide à cause du pourboire. Enfin, nous nous réconciliâmes avec Arthur pour finir, tout à fait. On était du même avis sur presque tout.

10 « C'est vrai, t'as raison en somme, que j'ai convenu, conciliant, mais enfin on est tous assis sur une grande galère, on rame tous à tour de bras, tu peux pas venir me dire le contraire !... Assis sur des clous même à tirer tout nous autres !

1. *Voc. argotique : les testicules.*

2. *Prénom de Bardamu ; ce sera aussi le prénom du personnage-narrateur de Mort à Crédit. Il souligne le lien du personnage avec Louis, Ferdinand Destouches.*

Et qu'est-ce qu'on en a ? Rien ! Des coups de trique seulement, des misères, des bobards et puis des vacheries encore. On travaille ! qu'ils disent. C'est ça encore
15 qu'est plus infect que tout le reste, leur travail. On est en bas dans les cales à souffler de la gueule, puants, suitants des rouspignolles[1], et puis voilà ! En haut sur le pont, au frais, il y a les maîtres et qui s'en font pas, avec des belles femmes roses et gonflées de parfums sur les genoux. On nous fait monter sur le pont. Alors, ils mettent leurs chapeaux haut de forme et puis ils nous en mettent un
20 bon coup de la gueule comme ça : « Bandes de charognes, c'est la guerre ! qu'ils font. On va les aborder, les saligauds qui sont sur la patrie n° 2 et on va leur faire sauter la caisse ! Allez ! Allez ! Y a de tout ce qu'il faut à bord ! Tous en chœur ! Gueulez voir d'abord un bon coup et que ça tremble : *Vive la Patrie n° 1* ! Qu'on vous entende de loin ! Celui qui gueulera le plus fort, il aura la médaille et la
25 dragée du bon Jésus ! Nom de Dieu ! Et puis ceux qui ne voudront pas crever sur mer, ils pourront toujours aller crever sur terre où c'est fait bien plus vite encore qu'ici ! »
— C'est tout à fait comme ça ! » que m'approuva Arthur, décidément devenu facile à convaincre.
30 Mais voilà-t-y pas que juste devant le café où nous étions attablés un régiment se met à passer, et avec le colonel par-devant sur son cheval, et même qu'il avait l'air bien gentil et richement gaillard, le colonel ! Moi, je ne fis qu'un bond d'enthousiasme.
« J'vais voir si c'est ainsi ! que je crie à Arthur, et me voici parti à m'engager,
35 et au pas de course encore.
— T'es rien c... Ferdinand[2] ! » qu'il me crie, lui Arthur en retour, vexé sans aucun doute par l'effet de mon héroïsme sur tout le monde qui nous regardait.
Ça m'a un peu froissé qu'il prenne la chose ainsi, mais ça m'a pas arrêté. J'étais au pas. « J'y suis, j'y reste ! » que je me dis.
40 « On verra bien, eh navet ! » que j'ai même encore eu le temps de lui crier avant qu'on tourne la rue avec le régiment derrière le colonel et sa musique. Ça s'est fait exactement ainsi.
Alors on a marché longtemps. Y en avait plus qu'il y en avait encore des rues, et puis dedans des civils et leurs femmes qui nous poussaient des encourage-
45 ments, et qui lançaient des fleurs, des terrasses, devant les gares, des pleines églises. Il y en avait des patriotes ! Et puis il s'est mis à y en avoir moins des patriotes... La pluie est tombée, et puis encore de moins en moins et puis plus du tout d'encouragements, plus un seul, sur la route.
Nous n'étions donc plus rien qu'entre nous ? Les uns derrière les autres ? La
50 musique s'est arrêtée. « En résumé, que je me suis dit alors, quand j'ai vu comment ça tournait, c'est plus drôle ! C'est tout à recommencer ! » J'allais m'en aller. Mais trop tard ! Ils avaient refermé la porte en douce derrière nous les civils. On était faits, comme des rats.

Louis-Ferdinand Céline, *Voyage au bout de la nuit* (1932), © éd. Gallimard

Louis Destouches au début de l'année 1915.

ANALYSE STYLISTIQUE

La voix de l'agressivité

1. Une langue « anti-bourgeoise ». Quelle est l'impression produite par le langage populaire parlé, employé dans les échanges du dialogue, mais aussi par le narrateur durant tout le récit.

2. La syntaxe en liberté. Relevez toutes les tournures syntaxiques qui vous semblent non conformes à l'usage de la langue écrite. Essayez de les regrouper par catégories. Où la phrase tire-t-elle des effets inattendus de l'ordre des mots ?

3. Le vocabulaire expressif. Soulignez les mots que vous jugez argotiques, familiers ou grossiers. Commentez le *soye* (l. 5) : à quoi correspond-il ?

COMPOSITION FRANÇAISE

En vous appuyant sur ce texte, montrez comment, à partir d'une langue inclassable, Céline tire des effets proprement littéraires. Ce changement lui paraissait devenu nécessaire. Qu'en pensez-vous ?

AU-DELÀ DU TEXTE

La métaphore de la grande galère-société

Comme dans un texte poétique, cette image d'ouverture engendre plusieurs épisodes dans le déroulement du récit. Voir la séquence fantastique de *l'Infanta Combitta*, galère espagnole à laquelle Bardamu est vendu par un prêtre africain et qui le conduit dans le « Nouveau Monde » (p. 233 à 236 de l'édition Folio).

Un compagnon d'infortune

***

Mais Bardamu reste prisonnier de la guerre. Il continue à courir au milieu des balles et du bruit des canons, à subir les caprices de ses supérieurs, le général des Entrayes et le commandant Pinçon. Lors d'une reconnaissance solitaire, il rencontre au cœur de la nuit, près du village de Noirceur-sur-la-Lys, un réserviste plus soucieux encore que lui de « sauver sa peau ». Il le retrouvera en Afrique, aux États-Unis et à Paris, pour ne plus le perdre de vue jusqu'à la fin du roman.

Mon cheval voulait se coucher lui aussi. Il tirait sur sa bride et cela me fit retourner. Quand je regardai à nouveau du côté de la ville, quelque chose avait changé dans l'aspect du tertre[1] devant moi, pas
5 grand-chose, bien sûr, mais tout de même assez pour que j'appelle. « Hé là ! qui va là ?... » Ce changement dans la disposition de l'ombre avait eu lieu à quelques pas... Ce devait être quelqu'un...

« Gueule pas si fort ! que répondit une voix
10 d'homme lourde et enrouée, une voix qui avait l'air bien française.

— T'es à la traîne aussi toi ? » qu'il me demande de même. À présent, je pouvais le voir. Un fantassin c'était, avec sa visière bien cassée « à la classe ».
15 Après des années et des années, je me souviens bien encore de ce moment-là, sa silhouette sortant des herbes, comme faisaient des cibles au tir autrefois dans les fêtes, les soldats.

Nous nous rapprochions. J'avais mon revolver à
20 la main. J'aurais tiré sans savoir pourquoi, un peu plus.

« Écoute, qu'il me demande, tu les as vus, toi ?

— Non, mais je viens par ici pour les voir.

— T'es du 145e dragons ?
25 — Oui, et toi ?

— Moi, je suis un réserviste...

— Ah ! » que je fis. Ça m'étonnait, un réserviste. Il était le premier réserviste que je rencontrais dans la guerre. On avait toujours été avec des hommes de
30 l'active nous. Je ne voyais pas sa figure, mais sa voix était déjà autre que les nôtres, comme plus triste, donc plus valable que les nôtres. À cause de cela, je ne pouvais m'empêcher d'avoir un peu confiance en lui. C'était un petit quelque chose.
35 « J'en ai assez moi, qu'il répétait, je vais aller me faire paumer[2] par les Boches...

Il cachait rien.

« Comment que tu vas faire ? »
Ça m'intéressait soudain, plus que tout, son pro-
40 jet, comment qu'il allait s'y prendre lui pour réussir à se faire paumer ?

« J'sais pas encore...

— Comment que t'as fait toujours pour te débiner[3] ?... C'est pas facile de se faire paumer !
45 — J'm'en fous, j'irai me donner[4].

— T'as donc peur ?

— J'ai peur et puis je trouve ça con, si tu veux mon avis, j'm'en fous des Allemands moi, ils m'ont rien fait...
50 — Tais-toi, que je lui dis, ils sont peut-être à nous écouter... »

J'avais comme envie d'être poli avec les Allemands. J'aurais bien voulu qu'il m'explique celui-là pendant qu'il y était, ce réserviste, pourquoi j'avais
55 pas de courage non plus moi, pour faire la guerre, comme tous les autres... Mais il n'expliquait rien, il répétait seulement qu'il en avait marre.

Il me raconta alors la débandade de son régiment, la veille, au petit jour, à cause des chasseurs à pied
60 de chez nous, qui par erreur avaient ouvert le feu sur sa compagnie à travers champs. On les avait pas attendus à ce moment-là. Ils étaient arrivés trop tôt de trois heures sur l'heure prévue. Alors les chasseurs, fatigués, surpris, les avaient criblés[5]. Je
65 connaissais l'air, on me l'avait joué.

« Moi, tu parles, si j'en ai profité ! qu'il ajoutait. "Robinson, que je me suis dit ! — C'est mon nom Robinson !... Robinson Léon ! — C'est maintenant ou jamais qu'il faut que tu les mettes[6]", que je me
70 suis dit !... Pas vrai ? J'ai donc pris par le long d'un petit bois et puis là, figure-toi, que j'ai rencontré notre capitaine... Il était appuyé à un arbre, bien amoché[7] le piston[8] !... En train de crever qu'il était... Il se tenait la culotte à deux mains, à cracher... Il
75 saignait de partout en roulant des yeux... Y avait personne avec lui. Il avait son compte... "Maman ! maman !" qu'il pleurnichait tout en crevant et en pissant du sang aussi...

« "Finis ça ! que je lui dis. Maman ! Elle t'em-
80 merde !" ... Comme ça, dis donc, en passant !... Sur le coin de la gueule !... Tu parles si ça a dû le faire jouir la vache !... Hein, vieux !... C'est pas souvent, hein, qu'on peut lui dire ce qu'on pense, au capitaine... Faut en profiter. C'est rare !... Et pour foutre
85 le camp plus vite, j'ai laissé tomber le barda[9] et puis les armes aussi... Dans une mare à canards qui était là à côté... Figure-toi que moi, comme tu me vois, j'ai envie de tuer personne, j'ai pas appris... J'aimais déjà pas les histoires de bagarre[10], déjà en temps de
90 paix... Je m'en allais... Alors tu te rends compte ?...

Louis-Ferdinand CÉLINE, *Voyage au bout de la nuit*, © éd. Gallimard

---

1. Bardamu s'est assis sur une petite butte pour observer la ville et ses lumières dans la nuit. — 2. Voc. pop. : se faire prendre. — 3. Fam. : se sauver, s'enfuir. — 4. Faire don de soi (« se donner à la patrie ») ; ici se rendre à l'ennemi. — 5. Verbe transitif employé ici sans complément pour criblés (de balles). — 6. Elliptique, pour mettre les bouts, locution verbale familière : s'enfuir. — 7. (De moche, fam. : laid) : abîmer, blesser. — 8. Pop. et argotique : individu en général, ici le capitaine. — 9. Argot militaire : équipement du soldat. Par extension, chargement, bagage (voir le nom de Bardamu...). — 10. Fam. : échange de coups, lutte violente.

POUR LE COMMENTAIRE

1. Comment l'écrivain s'y prend-il pour créer **un climat de mystère** et presque **d'irréalité** en évoquant cette rencontre (l. 1 à 8 ; 15 à 18 ; 30 à 32) ?

2. En comparant cette scène au récit antérieur des aventures de Bardamu (p. 26-29 de l'édition « Folio »), montrez en quoi Robinson **pousse plus loin les aspirations et les tendances de Bardamu**, et combien le portrait du pacifiste n'est ici guère plus flatteur que celui des « fous héroïques ».

3. Quelle **vision de la guerre de 1914** nous est donnée (en particulier l. 19 à 21 ; 58 à 65) ? Commentez la comparaison de Robinson jailli de l'ombre avec les cibles de la fête foraine.

4. Relevez les **éléments qui établissent une distance** entre le *je* acteur dans la guerre et le *je* narrateur qui commente et juge, bien des années plus tard.

AU-DELÀ DU TEXTE

Les noms propres

Étudiez les jeux de formes et de sens sur les noms d'hommes et de lieux dans les quatre premières séquences de *Voyage au bout de la nuit*.

GROUPEMENTS THÉMATIQUES

La langue parlée populaire chez les écrivains avant Céline

MOLIÈRE : *Dom Juan*, 1665, Acte II, sc. 1 (Les paysans). — BEAUMARCHAIS : *Le Mariage de Figaro*, 1784, Acte II, sc. 11 (Le jardinier). — BALZAC : *Les Paysans*, 1844. — ZOLA : *L'Assommoir*, 1876. — PROUST : *Du côté de chez Swann*, « Combray », 1913, (Françoise, la domestique).

La guerre de 14-18

Henri BARBUSSE : *Le Feu*, 1916. — Maurice GENEVOIX : *Sous Verdun*, 1916. — Henri MASSIS : *Impressions de guerre*, 1916. — Georges DUHAMEL : *Vie des Martyrs*, 1917. — Roland DORGELÈS : *Les Croix de bois*, 1919. — Ernst JÜNGER : *Orages d'acier*, 1919. — Romain ROLLAND : *Clérambault*, 1920. — Erich-Maria REMARQUE : *A l'Ouest rien de nouveau*, 1928. — Blaise CENDRARS : *La Main coupée*, 1946. — CÉLINE : *Casse-pipe*, 1949. — Alexandre SOLJENITSYNE : *Août 14*, 1970.

Bois gravé de Clément Serveau pour *Voyage au bout de la nuit*, édition de 1935.

Le colonialisme

Un spectacle d'humour noir

***

Enfin réformé et libre, Bardamu décide de fuir l'Europe en folie et part travailler pour la Compagnie Pordurière du Petit Togo, dans le pays imaginaire de la Bambola-Bragamance. Plongé dans un climat de putréfaction végétale et humaine, il va bientôt y découvrir l'envers de l'empire colonial. Déjà, sur le bateau, alors qu'il croit rejoindre l'Afrique « la vraie, la grande, celle des insondables forêts, des miasmes délétères, des solitudes inviolées », il est victime d'une cabale qui manque lui coûter la vie. Il en réchappe de justesse.

Débarqué à Fort-Gono, capitale de la Bambola-Bragamance, Bardamu, en compagnie de quelques jeunes négriers, est allé rendre visite à un « collègue » de la Compagnie qui l'emploie. Celui-ci, tenancier d'un comptoir au centre du quartier des Européens, est atteint d'une maladie qui lui ronge la peau, le corocoro, et le fait se gratter sans cesse.

Nous trinquâmes à sa santé sur le comptoir au milieu des clients noirs qui en bavaient d'envie. Les clients c'étaient des indigènes assez délurés pour oser s'approcher de nous les Blancs, une sélection en somme. Les autres de nègres, moins dessalés, préféraient demeurer à distance. L'instinct. Mais les plus

5 dégourdis, les plus contaminés, devenaient des commis de magasin. En boutique, on les reconnaissait les commis nègres à ce qu'ils engueulaient passionnément les autres Noirs. Le collègue au « corocoro » achetait du caoutchouc de traite, brut, qu'on lui apportait de la brousse, en sacs, en boules humides.

Comme nous étions là, jamais las de l'entendre, une famille de récolteurs,
10 timide, vient se figer sur le seuil de sa porte. Le père en avant des autres, ridé, ceinturé d'un petit pagne orange, son long coupe-coupe à bout de bras.

Il n'osait pas entrer le sauvage. Un des commis indigènes l'invitait pourtant : « Viens bougnoule[1] ! Viens voir ici ! Nous y a pas bouffer sauvages ! » Ce langage finit par les décider. Ils pénétrèrent dans la cagna[2] cuisante au fond de laquelle
15 tempêtait notre homme au « corocoro ».

Ce Noir n'avait encore, semblait-il, jamais vu de boutique, ni de Blancs peut-être. Une de ses femmes le suivait, yeux baissés, portant sur le sommet de la tête, en équilibre, le gros panier rempli de caoutchouc brut.

D'autorité les commis recruteurs s'en saisirent de son panier pour peser le
20 contenu sur la balance. Le sauvage ne comprenait pas plus le truc de la balance que le reste. La femme n'osait toujours pas relever la tête. Les autres nègres de la famille les attendaient dehors, avec les yeux bien écarquillés. On les fit entrer aussi, enfants compris et tous, pour qu'ils ne perdent rien du spectacle.

C'était la première fois qu'ils venaient comme ça tous ensemble de la forêt,
25 vers les Blancs en ville. Ils avaient dû s'y mettre depuis bien longtemps les uns et les autres pour récolter tout ce caoutchouc-là. Alors forcément le résultat les intéressait tous. C'est long à suinter le caoutchouc dans les petits godets qu'on accroche au tronc des arbres. Souvent, on n'en a pas plein un petit verre en deux mois.

30 Pesée faite, notre gratteur[3] entraîna le père, éberlué, derrière son comptoir et avec un crayon lui fit son compte et puis lui enferma dans le creux de la main quelques pièces en argent. Et puis : « Va-t'en ! qu'il lui a dit comme ça. C'est ton compte !... »

Tous les petits amis blancs s'en tordaient de rigolade, tellement il avait bien
35 mené son business. Le nègre restait planté penaud devant le comptoir avec son petit caleçon orange autour du sexe.

« Toi, y a pas savoir argent ? Sauvage, alors ? que l'interpelle pour le réveiller l'un de nos commis débrouillard habitué et bien dressé sans doute à ces transactions péremptoires[4]. Toi y en a pas parler "francé" dis ? Toi y en a gorille
40 encore hein ?... Toi y en a parler quoi hein ? Kous Kous ? Mabillia[5] ? Toi y en a couillon ! Bushman[6] ! Plein couillon ! »

Mais il restait devant nous le sauvage la main refermée sur les pièces. Il se serait bien sauvé s'il avait osé, mais il n'osait pas.

« Toi y en a acheté alors quoi avec ton pognon ? intervint le "gratteur"
45 opportunément. J'en ai pas vu un aussi con que lui tout de même depuis bien longtemps, voulut-il bien remarquer. Il doit venir de loin celui-là ? Qu'est-ce que tu veux ? Donne-moi-le ton pognon ! »

1. Nom donné par les Blancs du Sénégal aux Noirs autochtones, devenu par extension une appellation injurieuse de tous les Nord-Africains.

2. Argot militaire, par extension cabane.

3. L'homme au corocoro, tenancier du magasin.

4. Qui détruit d'avance toute objection, sans réplique possible.

5. Tribu africaine du Mozambique.

6. « Homme de la brousse », nom d'une peuplade noire d'Afrique australe qui vit dans des conditions très primitives.

Il lui reprit l'argent d'autorité et à la place des pièces lui chiffonna dans le creux de la main un grand mouchoir très vert qu'il avait été cueillir finement dans une
50 cachette du comptoir.

Le père nègre hésitait à s'en aller avec ce mouchoir. Le gratteur fit alors mieux encore. Il connaissait décidément tous les trucs du commerce conquérant. Agitant devant les yeux d'un des tout petits Noirs enfants, le grand morceau vert d'étamine : « Tu le trouves pas beau toi dis morpion ? T'en as souvent vu comme
55 ça dis ma petite mignonne, dis ma petite charogne, dis mon petit boudin, des mouchoirs ? » Et il le lui noua autour du cou d'autorité, question de l'habiller.

La famille sauvage contemplait à présent le petit orné de cette grande chose en cotonnade verte... Il n'y avait plus rien à faire puisque le mouchoir venait d'entrer dans la famille. Il n'y avait plus qu'à l'accepter, le prendre et s'en aller.
60 Tous se mirent donc à reculer lentement, franchirent la porte, et au moment où le père se retournait, en dernier, pour dire quelque chose, le commis le plus dessalé qui avait des chaussures le stimula, le père, par un grand coup de botte en plein dans les fesses.

Toute la petite tribu, regroupée, silencieuse, de l'autre côté de l'avenue
65 Faidherbe[7], sous le magnolier[8], nous regarda finir notre apéritif. On aurait dit qu'ils essayaient de comprendre ce qui venait de leur arriver.

C'était l'homme du « corocoro » qui nous régalait. Il nous fit même marcher son phonographe.

Louis-Ferdinand CÉLINE, *Voyage au bout de la nuit*
© éd. Gallimard

7. *Général et colonisateur français (1828-1889). Gouverneur du Sénégal sous le second Empire, il se montra un administrateur efficace et généreux.*

8. *Arbre à fleurs blanches, très ornemental.*

***

L'homme que Bardamu va remplacer, à la factorerie de Bikomimbo en pleine brousse, n'est autre que Robinson. En s'y rendant, Bardamu fait escale au poste de Topo où il rencontre le sergent Alcide. Chez ce sous-officier de la coloniale, qui trafique illégalement avec les Noirs de la forêt et les tirailleurs de sa milice, il va découvrir des trésors de tendresse et de dévouement.

POUR LE COMMENTAIRE

1. Donnez un titre à chacune des étapes de la scène (l. 1 à 8 ; 9 à 33 ; 34 à 56 ; 57 à 68).

2. Les « petits amis blancs » (l. 34) sont les **véritables destinataires** de ce spectacle que leur offre l'homme au corocoro. Relevez les détails qui le prouvent.

3. Le troc colonialiste. Quels sont les traits qui caractérisent chacun des groupes, les exploiteurs — les commis indigènes noirs et les Blancs, censés représenter la civilisation —, et les exploités — la famille indigène, censée représenter « les sauvages » ?

4. A quoi tend l'information, en apparence neutre et objective, donnée sur la cueillette du caoutchouc (l. 27-29) ? Quelle valeur prend aussi le nom de l'avenue Faidherbe (l. 65) ?

5. Étudiez de près le **monologue du commis nègre, puis du tenancier**, le dialogue n'existant qu'au niveau des regards.

Illustration de Tardi
pour *Voyage au bout de la nuit*, 1988.

GROUPEMENT THÉMATIQUE

La dénonciation des pratiques colonialistes

André GIDE : *Voyage au Congo*, 1927 ; *Retour du Tchad*, 1928. — André MALRAUX : articles de *L'Indochine* et *L'Indochine enchaînée*, 1925, voir p. 332. — Roland DORGE-LÈS : *Sur la route mandarine*, 1925. — Frantz FANON : *Peau noire et masques blancs*, 1952. — Albert MEMMI : *Portrait du colonisé*, 1957.

Le Nouveau Monde

Les effroyables temps modernes

***

Volé par son prédécesseur au comptoir, tombé malade dans sa case délabrée, Bardamu, à demi inconscient, est vendu comme galérien sur un bateau en partance pour l'Amérique. Débarqué à New-York, à l'époque de la crise, il est aussitôt mis en quarantaine, cherche un emploi et retrouve Lola, belle Américaine rencontrée à Paris pendant la guerre, à qui il soutire de l'argent de la manière la plus odieuse, avant de partir pour Detroit, où il devient ouvrier chez Ford. L'auteur en profite pour dénoncer le puritanisme hypocrite du Nouveau Monde et la déshumanisation du travail à la chaîne.

1. L'homme est toujours ramené à sa réalité de chair morte.

2. Archaïsme pour quincaillerie.

3. Le wagon est humanisé.

Illustration de Tardi pour *Voyage au bout de la nuit*, 1988.

GROUPEMENT THÉMATIQUE
Le travail industriel mécanisé (aliénation et chômage)
Les films de Charlie CHAPLIN : *Le Kid*, 1921 ; *Les Temps modernes*, 1936. — Georges DUHAMEL : *Scènes de la vie future*, 1930. — Louis CALAFERTE : *Requiem des innocents*, 1952. — Henri POULAILLE : *Les Damnés de la terre*, 1955. — Claire ETCHERELLI : *Élise ou la vraie vie*, 1967. — Robert LINHART : *L'Établi*, 1978.

Tout tremblait dans l'immense édifice et soi-même des pieds aux oreilles possédé par le tremblement, il en venait des vitres et du plancher et de la ferraille, des secousses, vibré de haut en bas. On en devenait machine aussi soi-même à force et de toute sa viande[1] encore tremblotante dans ce bruit de rage énorme
5 qui vous prenait le dedans et le tour de la tête et plus bas vous agitant les tripes et remontait aux yeux par petits coups précipités, infinis, inlassables. A mesure qu'on avançait on les perdait les compagnons. On leur faisait un petit sourire à ceux-là en les quittant comme si tout ce qui se passait était bien gentil. On ne pouvait plus ni se parler ni s'entendre. Il en restait à chaque fois trois ou quatre
10 autour d'une machine.

On résiste tout de même, on a du mal à se dégoûter de sa substance, on voudrait bien arrêter tout ça pour qu'on y réfléchisse, et entendre en soi son cœur battre facilement, mais ça ne se peut plus. Ça ne peut plus finir. Elle est en catastrophe cette infinie boîte aux aciers et nous on tourne dedans et avec les
15 machines et avec la terre. Tous ensemble ! Et les mille roulettes et les pilons qui ne tombent jamais en même temps avec des bruits qui s'écrasent les uns contre les autres et certains si violents qu'ils déclenchent autour d'eux comme des espèces de silences qui vous font un peu de bien.

Le petit wagon tortillard garni de quincaille[2] se tracasse[3] pour passer entre les
20 outils. Qu'on se range ! Qu'on bondisse pour qu'il puisse démarrer encore un coup le petit hystérique. Et hop ! il va frétiller plus loin ce fou clinquant parmi les courroies et volants, porter aux hommes leurs rations de contraintes.

Les ouvriers penchés soucieux de faire tout le plaisir possible aux machines vous écœurent, à leur passer les boulons au calibre et des boulons encore, au
25 lieu d'en finir une fois pour toutes, avec cette odeur d'huile, cette buée qui brûle les tympans et le dedans des oreilles par la gorge. C'est pas la honte qui leur fait baisser la tête. On cède au bruit comme on cède à la guerre. On se laisse aller aux machines avec les trois idées qui restent à vaciller tout en haut derrière le front de la tête. C'est fini. Partout ce qu'on regarde, tout ce que la main touche,
30 c'est dur à présent. Et tout ce dont on arrive à se souvenir encore un peu est raidi aussi comme du fer et n'a plus de goût dans la pensée.

On est devenu salement vieux d'un seul coup.

Il faut abolir la vie du dehors, en faire aussi d'elle de l'acier, quelque chose d'utile. On l'aimait pas assez telle qu'elle était, c'est pour ça. Faut en faire un
35 objet donc, du solide, c'est la Règle.

J'essayai de lui parler au contremaître à l'oreille, il a grogné comme un cochon en réponse et par les gestes seulement il m'a montré, bien patient, la très simple manœuvre que je devais accomplir désormais pour toujours. Mes minutes, mes heures, mon reste de temps comme ceux d'ici s'en iraient à passer des petites
40 chevilles à l'aveugle d'à côté qui les calibrait, lui, depuis des années les chevilles, les mêmes. Moi j'ai fait ça tout de suite très mal. On ne me blâma point, seulement après trois jours de ce labeur initial, je fus transféré, raté déjà, au trimbalage du petit chariot rempli de rondelles, celui qui cabotait d'une machine à l'autre. Là, j'en laissais trois, ici douze, là-bas cinq seulement. Personne ne me
45 parlait. On existait plus que par une sorte d'hésitation entre l'hébétude et le délire. Rien n'importait que la continuité fracassante des mille et mille instruments qui commandaient les hommes.

Quand à six heures tout s'arrête on emporte le bruit dans sa tête, j'en avais encore moi pour la nuit entière de bruit et d'odeur à l'huile aussi comme si on
50 m'avait mis un nez nouveau, un cerveau nouveau pour toujours !

Louis-Ferdinand CÉLINE, *Voyage au bout de la nuit*, © éd. Gallimard

Molly, la prostituée au grand cœur

***

Après son travail, Bardamu, pour échapper à ce cauchemar de bruit et de solitude, devient l'habitué d'une maison clandestine où il trouve, pour quelques dollars, l'accueil de « belles jeunes femmes ». Il éprouve bientôt pour l'une d'elle, Molly, « un exceptionnel sentiment de confiance, qui, chez les êtres apeurés, tient lieu d'amour ».

Il me souvient comme si c'était hier de ses gentillesses, de ses jambes longues et blondes et magnifiquement déliées et musclées, des jambes nobles. La véritable aristocratie humaine, on a beau dire, ce sont les jambes qui la confèrent, pas d'erreur.

5 Nous devînmes intimes par le corps et par l'esprit et nous allions ensemble nous promener en ville quelques heures chaque semaine. Elle possédait d'amples ressources, cette amie, puisqu'elle se faisait dans les cent dollars par jour en maison, tandis que moi, chez Ford, j'en gagnais à peine six. L'amour qu'elle exécutait pour vivre ne la fatiguait guère. [...]

10 Un soir, comme ça, à propos de rien, elle m'a offert cinquante dollars. Je l'ai regardée d'abord. J'osais pas. Je pensais à ce que ma mère aurait dit dans un cas semblable. Et puis je me suis réfléchi que ma mère, la pauvre, ne m'en avait jamais offert autant. Pour faire plaisir à Molly, tout de suite, j'ai été acheter avec ses dollars un beau complet beige pastel *(four piece suit)* comme c'était la mode

15 au printemps de cette année-là. Jamais on ne m'avait vu arriver aussi pimpant au bobinard[1]. La patronne fit marcher son gros phono, rien que pour m'apprendre à danser.

Après ça nous allâmes au cinéma avec Molly pour étrenner mon complet neuf. Elle me demandait en route si j'étais pas jaloux, parce que le complet me donnait

20 l'air triste, et l'envie aussi de ne plus retourner à l'usine. Un complet neuf, ça vous bouleverse les idées. Elle l'embrassait mon complet à petits baisers passionnés, quand les gens ne nous regardaient pas. J'essayais de penser à autre chose.

Cette Molly, tout de même quelle femme ! Quelle généreuse ! Quelle carnation ! Quelle plénitude de jeunesse ! Un festin de désirs. Et je redevenais inquiet.

25 Maquereau ?... que je me pensais.

« N'allez donc plus chez Ford ! qu'elle me décourageait au surplus Molly. Cherchez-vous plutôt un petit emploi dans un bureau... Comme traducteur par exemple, c'est votre genre... Les livres ça vous plaît... »

Elle me conseillait ainsi bien gentiment, elle voulait que je soye heureux. Pour

30 la première fois un être humain s'intéressait à moi, du dedans si j'ose le dire, à mon égoïsme, se mettait à ma place à moi et pas seulement me jugeait de la sienne, comme tous les autres.

Ah ! si je l'avais rencontrée plus tôt, Molly, quand il était encore temps de prendre une route au lieu d'une autre ! Avant de perdre mon enthousiasme sur

35 cette garce de Musyne et sur cette petite fiente[2] de Lola ! Mais il était trop tard pour me refaire une jeunesse. J'y croyais plus ! On devient rapidement vieux et de façon irrémédiable encore. On s'en aperçoit à la manière qu'on a prise d'aimer son malheur malgré soi. C'est la nature qui est plus forte que vous voilà tout. Elle nous essaye dans un genre et on ne peut plus sortir de ce genre-là. Moi j'étais

40 parti dans une direction d'inquiétude. On prend doucement son rôle et son destin au sérieux sans s'en rendre bien compte et puis quand on se retourne il est bien trop tard pour en changer. On est devenu tout inquiet et c'est entendu comme ça pour toujours.

Louis-Ferdinand CÉLINE, *Voyage au bout de la nuit*,
© éd. Gallimard

1. Argotique : maison de prostitution.

2. Excrément mou d'oiseau, ici employé dans un sens injurieux.

POUR LE COMMENTAIRE

1. La femme, objet « érotico-mystique ». Bardamu a défini l'amour comme « l'infini mis à la portée des caniches ». En quoi l'expression rend-elle compte des sentiments exprimés ici par Bardamu ?

2. Comment Céline **se joue-t-il ici, systématiquement, des convenances**, et comment va-t-il à l'encontre des lieux communs, avec provocation ?

3. Quelle **conception du temps et de la vie humaine** se dégage des propos de Bardamu ?

4. Étudiez le **discours de Molly**. Montrez en quoi cette prostituée incarne un idéal féminin autant par son langage que par son corps ?

***

Mais Bardamu retrouve Robinson, devenu travailleur de nuit dans une équipe de nettoyage. Las de leur vie, les deux hommes décident de rentrer en France.

Bardamu médecin

La vieille Henrouille

***

Refusant le bonheur avec Molly, dans un mouvement de fuite en avant qui emporte la plupart des personnages du *Voyage au bout de la nuit*, Bardamu rentre en Europe. Devenu médecin de dispensaire, à la Garenne-Rancy, il ouvre un cabinet médical peu prospère où il soigne de petites gens plus pauvres encore que lui. Le docteur est mêlé à une sordide affaire de famille. La victime est une vieille femme que sa bru veut faire interner pour se débarrasser d'elle. Elle vit, depuis vingt ans, barricadée dans une misérable baraque au fond d'un jardin.

1. *Langue soutenue qui contraste avec la langue de la vieille femme.*

2. *La mère de Céline était elle-même brocanteuse. Dans Mort à crédit, le petit Ferdinand court les marchés avec sa mère.*

3. *Son fils garde son argent sous prétexte d'en prendre soin.*

4. *Manœuvre secrète et suspecte.*

5. *Liquide organique.*

6. *Fig. et pop. : se dit d'un visage aux traits marqués par l'âge, la fatigue, comme un fruit trop mûr.*

Elle niait l'âge avec fureur la mère Henrouille... Et se démenait, irréconciliable, à travers sa porte, contre les fléaux[1] du monde entier. Elle refusait comme une sale imposture le contact, les fatalités et les résignations de la vie extérieure. Elle ne voulait rien entendre de tout ça. « C'était des tromperies ! qu'elle hurlait. Et
5 c'est vous-même qui les avez inventées ! »

Contre tout ce qui se passait en dehors de sa masure elle se défendait atrocement et contre toutes les tentations de rapprochement et de conciliation aussi. Elle avait la certitude que si elle ouvrait sa porte les forces hostiles déferleraient chez elle, s'empareraient d'elle et que ça serait fini une fois pour
10 toutes.

« Ils sont malins aujourd'hui, qu'elle criait. Ils ont des yeux partout autour de la tête et des gueules jusqu'au trou du cul et d'autres partout encore et rien que pour mentir... Ils sont comme ça... »

Elle parlait dru comme elle avait appris dans Paris à parler au marché du
15 Temple comme brocanteuse[2] avec sa mère à elle, dans sa petite jeunesse... Elle venait d'un temps où le petit peuple n'avait pas encore appris à s'écouter vieillir.

« J'veux travailler si tu veux pas me donner mon argent[3] ! qu'elle criait à sa belle-fille. Tu m'entends-t-y friponne ? J'veux travailler !

— Mais, vous ne pouvez plus, grand-mère !
20 — Ah ! j'peux plus ! Essaye donc d'entrer dans mon trou pour voir ! Je vas te montrer si je peux plus ! »

Et on l'abandonnait encore un coup dans son réduit à se protéger. Tout de même, ils voulaient à toute force me la montrer la vieille, j'étais venu pour ça, et pour qu'elle nous reçoive, ça a été une fameuse manigance[4]. Et puis, pour tout
25 dire, je ne voyais pas très bien ce qu'on me voulait. C'est la concierge, la tante à Bébert, qui leur avait répété que j'étais un médecin bien doux, bien aimable, bien complaisant... Ils voulaient savoir si je pouvais pas la faire tenir tranquille leur vieille rien qu'avec des médicaments... Mais ce qu'ils désiraient encore plus, au fond (elle surtout, la bru), c'est que je la fasse interner la vieille une fois pour
30 toutes... Quand nous eûmes frappé pendant une bonne demi-heure à sa porte, elle a fini par ouvrir d'un seul coup et je l'ai eue là, devant moi, avec ses yeux bordés de sérosités[5] roses. Mais son regard dansait bien guilleret quand même au-dessus de ses joues tapées[6] et bises, un regard qui vous prenait l'attention et vous faisait oublier le reste, à cause du plaisir léger qu'il vous donnait malgré soi
35 et qu'on cherchait à retenir après en soi d'instinct, la jeunesse.

Ce regard allègre animait tout alentour, dans l'ombre, d'une joie jeunette, d'un entrain minime mais pur comme nous n'en avons plus à notre disposition, sa voix cassée quand elle vociférait reprenait guillerette les mots quand elle voulait bien parler comme tout le monde et vous les faisait alors sautiller, phrases et sen-
40 tences, caracoler et tout, et rebondir vivantes tout drôlement comme les gens pouvaient le faire avec leur voix et les choses autour d'eux au temps encore où ne pas savoir se débrouiller à raconter et chanter tour à tour, bien habilement, passait pour niais, honteux, et maladif.

L'âge l'avait recouverte comme un vieil arbre frémissant, de rameaux allègres.
45 Elle était gaie la vieille Henrouille, mécontente, crasseuse, mais gaie. Ce dénuement où elle séjournait depuis plus de vingt ans n'avait point marqué son

âme. C'est contre le dehors au contraire qu'elle était contractée, comme si le froid, tout l'horrible et la mort ne devaient lui venir que de là, pas du dedans. Du dedans, elle ne paraissait rien redouter, elle semblait absolument certaine de sa
50 tête comme d'une chose indéniable et bien entendue, une fois pour toutes.

Et moi, qui courais tant après la mienne[7] et tout autour du monde encore,
« Folle » qu'on disait d'elle, la vieille, c'est vite dit ça « folle ». Elle était pas sortie de ce réduit plus de trois fois en douze années voilà tout ! Elle avait peut-être ses raisons... Elle ne voulait rien perdre... Elle n'allait pas nous les dire à nous qu'on
55 n'est plus inspirés par la vie.

Sa fille y revenait à son projet d'internement. « Croyez-vous pas, Docteur, qu'elle est folle ?... Y a plus moyen de la faire sortir !... Ça lui ferait du bien pourtant de temps en temps !... Mais si grand-mère que ça vous ferait du bien !... Ne dites pas non... Ça vous ferait du bien !... Je vous assure. » La vieille hochait
60 la tête, fermée, entêtée, sauvage, alors qu'on l'invitait comme ça...

Louis-Ferdinand CÉLINE, *Voyage au bout de la nuit*,
© éd. Gallimard

7. Dès la première scène, Bardamu se donne comme n'ayant pas « la tête très solide ».

POUR LE COMMENTAIRE

1. En quoi le personnage est-il l'**inverse de la fatalité humaine** incarnée par Bardamu ? A quoi tient son « allégresse » (l. 32 à 37, 45) en dépit d'horribles conditions d'existence ?

2. Étudiez, dans les répliques de Mme Henrouille, à qui Céline donne la langue de son propre milieu d'origine, les **tours de la langue parlée « drue »** (expression imagée, mots « grossiers », hyperbole, élision de voyelles, accords non respectés...).

3. Montrez comment, en décrivant le visage et la parole de « la vieille » (l. 32 à 44), l'écrivain **représente ironiquement son propre langage** (relevez des exemples d'allitérations, d'effets de rythme, de télescopages entre termes nobles, termes familiers...).

Louis-Ferdinand Céline prononçant à Médan un hommage à Zola, le 1er octobre 1933.

L'agonie de Robinson

***

Bébert, un enfant soigné par Bardamu, meurt d'une typhoïde incurable. Bardamu disparaît de Rancy après sa mort. Un compagnonnage de misère lie son sort à celui de Robinson, quoique chacun reste muré dans sa solitude. Les rencontres féminines sont sans illusions et sans lendemains. Les deux hommes se retrouvent dans l'asile d'aliénés du Docteur Baryton. L'infirmière Sophie, maîtresse de Bardamu, a l'idée d'organiser une sortie de réconciliation entre Robinson et Madelon, l'ex-fiancée dont celui-ci est las. À la fin de la soirée passée dans une fête foraine, dans le taxi qui les ramène, Madelon tire trois balles de revolver dans le ventre de Robinson et le blesse à mort. Un climat dramatique, véritable « montée des périls », laissait pressentir l'issue de ce roman où tout est vu à la lumière de la mort.

Le docteur Destouches (F.-L. Céline)
au milieu de ses collègues
du dispensaire de Clichy (Ph. P.J.)

Le Petit Journal,
8 décembre 1932.

EXPOSÉ

Les lieux clos dans *Voyage au bout de la nuit* et la réduction progressive de l'espace.

Il transpirait des si grosses gouttes que c'était comme s'il avait pleuré avec toute sa figure. Dans ces moments-là, c'est un peu gênant d'être devenu aussi pauvre et aussi dur qu'on est devenu. On manque de presque tout ce qu'il faudrait pour aider à mourir quelqu'un. On a plus guère en soi que des choses
5 utiles pour la vie de tous les jours, la vie du confort, la vie à soi seulement, la vacherie. On a perdu la confiance en route. On l'a chassée, tracassée la pitié qui vous restait, soigneusement au fond du corps comme une sale pilule. On l'a poussée la pitié au bout de l'intestin avec la merde. Elle est bien là qu'on se dit.
Et je restais, devant Léon, pour compatir, et jamais j'avais été aussi gêné. J'y
10 arrivais pas... Il ne me trouvait pas... Il en bavait... Il devait chercher un autre Ferdinand, bien plus grand que moi, bien sûr, pour mourir, pour l'aider à mourir plutôt, plus doucement. Il faisait des efforts pour se rendre compte si des fois le monde aurait pas fait des progrès. Il faisait l'inventaire, le grand malheureux, dans sa conscience... S'ils avaient pas changé un peu les hommes, en mieux,
15 pendant qu'il avait vécu lui, s'il avait pas été des fois injuste sans le vouloir envers eux... Mais il n'y avait que moi, bien moi, moi tout seul, à côté de lui, un Ferdinand bien véritable auquel il manquait ce qui ferait un homme plus grand que sa simple vie, l'amour de la vie des autres. De ça, j'en avais pas, ou vraiment si peu que c'était pas la peine de le montrer. J'étais pas grand comme la mort
20 moi. J'étais bien plus petit. J'avais pas la grande idée humaine moi. J'aurais même je crois senti plus facilement du chagrin pour un chien en train de crever que pour lui Robinson, parce qu'un chien c'est pas malin, tandis que lui il était un peu malin malgré tout Léon. Moi aussi j'étais malin, on était des malins... Tout le reste était parti au cours de la route et ces grimaces mêmes qui peuvent encore
25 servir auprès des mourants, je les avais perdues, j'avais tout perdu décidément au cours de la route, je ne retrouvais rien de ce qu'on a besoin pour crever, rien que des malices. Mon sentiment c'était comme une maison où on ne va qu'aux vacances. C'est à peine habitable. Et puis aussi c'est exigeant un agonique. Agoniser ne suffit pas. Il faut jouir en même temps qu'on crève, avec les derniers
30 hoquets faut jouir encore, tout en bas de la vie, avec de l'urée plein les artères.
Ils pleurnichent encore parce qu'ils ne jouissent plus assez les mourants... Ils réclament... Ils protestent... C'est la comédie du malheur qui cherche à passer de la vie dans la mort même.

Louis-Ferdinand CÉLINE, *Voyage au bout de la nuit,*
© éd. Gallimard

***

Les personnages sont allés jusqu'au bout d'eux-mêmes, Bardamu, de son impuissance angoissée à déjouer la maladie et la mort, Robinson, de son rôle de victime qui va jusqu'au bout de la déchéance. « La vie c'est ça, un bout de lumière qui finit dans la nuit ». Après la mort de Robinson, le récit retombe dans l'ennui et dans l'opacité poisseuse du quotidien. Le monde semble se refermer sur Bardamu, qui n'aspire plus qu'à la destruction : « qu'on n'en parle plus ».

2. De *Mort à crédit* (1936) à *Rigodon* (1969)

1. Accueil de *Mort à crédit*

Dès sa parution en 1936, *Mort à crédit* reçut un accueil chaleureux du public mais très défavorable de la critique. Pour défendre **CÉLINE**, son éditeur Robert Denoël écrivit une *Apologie de* Mort à crédit[1]. Il y fait état de ce qui est reproché au roman : l'ennui qu'il procure, les ignominies, abjections, obscénités qui y figurent. Quant à l'auteur, il est traité par certains critiques de « bonimenteur, camelot d'ordures ». Comparant l'événement littéraire de *Mort à crédit* à celui que représenta *L'Assommoir*, de Zola, l'éditeur se justifie des blancs par lesquels il a remplacé certains passages jugés « trop violents », tout en faisant l'éloge d'un ouvrage qui, s'il ne peut pas être mis entre toutes les mains, a « la force d'un très gros livre ».

2. Composition

Sur le plan événementiel, le roman commence avec la naissance de Ferdinand et s'achève avec la décision du héros de s'engager dans l'armée. *Mort à crédit* est en fait **le roman d'apprentissage d'un héros qui n'en est pas un, d'un anti-héros**. Sur le plan intellectuel, il est montré comme nul : s'il réussit son certificat d'études, il ne retient rien de son séjour dans un collège anglais. Sur le plan psychologique, Ferdinand n'a aucune confiance en lui. Découvrant progressivement les aspects les plus sordides de la vie, il fait l'apprentissage de la per-

versité et de la poisse : « Je me sentais durement traqué par la guigne puante », avoue-t-il.

Tout le roman est d'ailleurs bâti sur le principe de dégradation : celle du couple des parents de Ferdinand ; celle de Nora (en Angleterre) qui se suicide après avoir fait l'amour avec Ferdinand ; celle de Courtial des Pereires, étrange homme de science, qui, après l'explosion du Génitron, se suicide aussi... Les changements dans la vie de Ferdinand sont toujours **gouvernés par l'échec**.

Les allusions historiques dans le roman sont rares : il est question de l'Exposition de 1900, des premiers autobus Madeleine-Bastille, de la Bande à Bonnot en 1912. L'espace géographique intéresse davantage le romancier : Folkestone, Brighton et Rochester pour l'Angleterre, mais surtout le passage des Bérésinas (copie du passage Choiseul) à Paris et son monde de petits commerçants.

La mort, le mal, le vice, la vengeance, la pesanteur de la condition humaine et le délire sont autant de thèmes qui font le cœur de l'ouvrage. Céline les aborde avec le style dont il s'est déjà montré maître dans *Voyage au bout de la nuit*. Quant au titre du livre, *Mort à crédit*, il est en lui-même tout un programme : la mort est le seul bien que l'on peut avoir à crédit ! Cette **vision pessimiste** s'inscrit dans une époque où s'exprimait largement la nostalgie du temps qui précéda la guerre de 1914.

---

1. Cité dans Cahiers de l'Herne, *Céline*, Livre de Poche, coll. « Biblio/Essais ».

*** *Mort à crédit*

Louis-Ferdinand Destouches pousse à l'identification du héros-narrateur avec lui-même[1] dès la première page (« Je n'ai pas toujours pratiqué la médecine, cette merde »). Ferdinand, dans un récit à la première personne, évoque d'abord son pénible métier. Il avoue que, pour combler les tourments de l'insomnie et compenser, il écrit de belles histoires. Le livre qu'il est en train d'écrire, la légende du « Roi Krogold », est soumis, sans succès, à son entourage. Tombé gravement malade, en proie à la fièvre et à des visions agressives, le narrateur, par un soudain retour en arrière, nous ramène au temps de son enfance, au siècle dernier, et nous raconte les étapes d'une éducation de misère : expériences familiales, scolaires, professionnelles, dans un collège en Angleterre ; expériences érotiques, jusqu'à la décision de s'engager dans l'armée. La fin de *Mort à crédit* rejoint ainsi le début du *Voyage au bout de la nuit*.

---

1. A partir de *Féerie*, c'est l'écrivain Céline qui « parle » désormais en son nom.

Monsieur Berlope,
ma mère, Ferdinand.

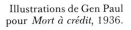

Illustrations de Gen Paul
pour *Mort à crédit*, 1936.

Monsieur Courtial
des Pereires.

Coupable, mais de quoi ?

***

Le jeune Ferdinand grandit dans une atmosphère étouffante, au fond d'une impasse — passage des Bérésinas, près de la Bourse —, entre une mère mercière, femme besogneuse et soumise, et un père employé d'une compagnie d'assurances, personnage odieux et aigri.

Traqués par la misère, ils sont à l'affût de « boulots supplémentaires » pour élever leur fils. Celui-ci est placé en apprentissage, aussitôt après son certificat d'études, dans une boutique de soieries, rue de la Michodière. M. Lavelongue, chargé de surveiller le personnel, l'a « pris en grippe » et le traque. Enfin, il le surprend dans la réserve, contant l'histoire du Roi Krogold au petit André, un autre malheureux apprenti.

Ça n'a pas traîné. Le lendemain j'arrive à midi, ma mère me prévient...
« Ferdinand, qu'elle commence tout de suite... Déjà tout à fait résignée, absolument convaincue... M. Lavelongue sort d'ici !... en personne !... lui-même ! Tu sais ce qu'il m'a dit ?... Il ne veut plus de toi au magasin ! Voilà !

5 C'est du propre ! Il était déjà mécontent, mais à présent c'est un comble ! Tu restes, me dit-il, des heures caché au grenier !... Au lieu d'avancer ton travail !... Et tu débauches le petit André !... Il t'a surpris ! Ne nie pas !... En train de raconter des histoires ! des dégoûtantes même !... Tu ne peux pas dire le contraire ! Avec un enfant du peuple ! Un enfant abandonné ! M. Lavelongue

10 nous connaît depuis dix ans, heureusement mon Dieu ! Il sait que nous n'y sommes pour rien ! Il sait comment nous trimons ! Tous les deux ton père et moi pour te donner le nécessaire !... Il sait bien ce que nous valons ! Il nous estime ! Il a pour nous des égards. Il m'a demandé de te reprendre... Par considération pour nous, il ne te renverra pas... Il nous épargnera cet affront !... Ah ! quand je

15 vais lui dire à ton père !... Il en fera une maladie !... »
Alors lui il est arrivé, il rentrait tout juste du bureau. Quand il a ouvert la porte, elle s'est remise au récit... En entendant les circonstances, il se retenait à la table. Il en croyait pas ses oreilles... Il me regardait du haut en bas, il en haussait les épaules... Elles retombaient d'accablement... Devant un tel monstre plus rien

20 n'était compréhensible ! Il rugissait pas... Il cognait même plus... Il se demandait comment subir ?... Il abandonnait la partie. Il se balançait sur sa chaise... « Hum !... Hum !... Hum !... » qu'il faisait seulement aller et retour... Il a dit à la fin quand même... :
« Alors tu es encore plus dénaturé, plus sournois, plus abject que j'imaginais

25 Ferdinand ? »
Après il a regardé ma mère, il la prenait à témoin qu'il y avait plus rien à tenter... Que j'étais irrémédiable...
Moi-même je restais atterré, je me cherchais dans les tréfonds, de quels vices immenses, de quelles inouïes dépravations je pouvais être à la fin coupable ?...

30 Je ne trouvais pas très bien... J'étais indécis... J'en trouvais des multitudes, j'étais sûr de rien...
Mon père, il a levé la séance, il est remonté dans la chambre, il voulait penser tout seul... J'ai dormi dans un cauchemar... Je voyais tout le temps, le petit André, en train de raconter des horreurs à M. Berlope[1]... [...]

35 Une fois la surprise passée, mon père a rebattu la campagne... Il a recommencé l'inventaire de tous mes défauts, un par un... Il recherchait les vices embusqués au fond de ma nature comme autant de phénomènes... Il poussait des cris diaboliques... Il repassait par les transes... Il se voyait persécuté par un carnaval de monstres... Il déconnait à pleine bourre[2]... Il en avait pour tous les

40 goûts... Des juifs... des intrigants... les Arrivistes... Et puis surtout des Francs-Maçons... Je ne sais pas ce qu'ils venaient faire par là... Il traquait partout ses dadas... Il se démenait si fort dans le déluge[3], qu'il finissait par m'oublier...
Il s'attaquait à Lempreinte[4], l'affreux des gastrites... au Baron Méfaize, son directeur général... A n'importe qui et quoi, pourvu qu'il se trémousse et

45 bouillonne.. Il faisait un raffut horrible, tous les voisins se bidonnaient[5].

Louis-Ferdinand CÉLINE, *Mort à crédit* (1936)
© éd. Gallimard

1. *Propriétaire de la boutique où Ferdinand est placé.*

2. *Argotique : complètement.*

3. *Pluie très abondante, diluvienne, ici flot de paroles.*

4. *Chef d'Auguste ; il l'« humiliait de toutes les façons », par jalousie : « Mon père, il avait du style. »*

5. *Pop. : rire beaucoup.*

Un pittoresque patron

***

L'enfant, envoyé en Angleterre, en revient sans avoir rien appris. La situation de ses parents ne cesse d'empirer et il cherche désespérément du travail : coursier, emballeur, représentant, chez une série de patrons qui le congédient à plus ou moins brève échéance, jusqu'au meurtre symbolique du père qui refuse désormais de le voir. Ferdinand est alors introduit, grâce à son oncle Édouard, auprès du directeur d'une revue pseudo-scientifique, Courtial des Pereires. Cet inventeur, vulgarisateur « possédé par la passion didactique », auteur, journaliste, démonstrateur de montgolfière, gagne sa vie, « périlleuse, farcie d'imprévues », de cent manières différentes.

1. *Courtial doit sans doute quelques traits « transposés » à Raoul Marquis, alias Henri de Graffigny, inventeur et vulgarisateur universel rencontré par l'auteur en 1917.*

2. *Génitron : pour désigner la revue dont le sous-titre est « invention, trouvaille, fécondité, lumière », Céline forge un nom sur le mot latin* genus, generis, *qui suggère l'engendrement.*

3. *L'oncle Édouard est un fanatique de la bicyclette.*

4. *De* cafouiller, *pop. : agir de façon désordonnée, marcher mal.*

5. *Mot vieilli qui revient souvent chez Céline : commis de magasin de nouveautés.*

6. *Pop. : renvoyer, congédier.*

7. *Médical : qui est atteint de cachexie, maigreur extrême due à la maladie.*

8. *Céline joue ici avec l'expression « la quadrature du cercle », expression figurée pour désigner un problème insoluble.*

9. *Argot : journal (cf.* canard).

10. *Profit, revenu incertain et variable d'un office.*

11. *Argot : chambre ou appartement meublé.*

12. *Sceptre surmonté d'une tête coiffée d'un capuchon, et garni de grelots, emblème du bouffon, du fou, au sens fig. : dada, folie, manie.*

Des hommes comme Roger-Marin Courtial[1] des Pereires on en rencontre pas des bottes... J'étais encore, je l'avoue, bien trop jeune à cette époque-là pour l'apprécier comme il fallait. C'est au *Génitron*[2] le périodique favori (vingt-cinq pages) des petits inventeurs-artisans de la Région parisienne que mon oncle
5 Édouard eut la bonne fortune de faire un jour sa connaissance... Toujours à propos de son système pour l'obtention d'un brevet, le meilleur, le plus hermétique, pour tous genres de pompes à vélo[3]... Pliables, emboutibles, souples ou réversibles.

Courtial des Pereires, il faut bien le noter tout de suite, se distinguait absolu-
10 ment du reste des menus inventeurs... Il dominait et de très haut toute la région cafouilleuse[4] des abonnés du Périodique... Ce magma grouillant de ratés... Ah non ! Lui Courtial Roger-Marin, c'était pas du tout pareil ! C'était un véritable maître !... C'était pas seulement des voisins qui venaient pour le consulter... C'était des gens de partout : de Seine, Seine-et-Oise, des abonnés de la Province,
15 des Colonies... de l'Étranger voire !...

Mais fait remarquable, Courtial dans l'intimité, n'éprouvait que du mépris, dégoût à peine dissimulable... pour tous ces tâcherons minuscules, ces mille encombreurs de la Science, tous ces calicots[5] dévoyés, ces mille tailleurs oniriques, trafiqueurs de goupilles en chambre... Tous ces livreurs étourdis,
20 toujours saqués[6], traqués, cachectiques[7], acharnés du « Perpétuel » de la quadrature[8] des mondes... du « robinet magnétique »... Toute l'infime pullulation des cafouillards obsédés... des trouvailleurs de la Lune !...

Il en avait marre d'eux tout de suite, rien qu'à les regarder un peu, les entendre surtout... Il était contraint de faire bonne mine pour les intérêts du cancan[9].
25 C'était sa routine, son casuel[10]. Mais c'était sale et pénible... Encore s'il avait pu se taire !... Mais il devait les réconforter ! les flatter ! Les évincer tout douce-ment... selon le cas et la manie... et surtout leur prendre une obole !... C'était à qui le premier parmi tous ces forcenés, ces effroyables miteux s'échapperait un peu plus tôt... Encore cinq minutes !... De son garno[11]... de son échope... de
30 l'omnibus, de la soupente, le temps de pisser... pour foncer encore plus vite jusqu'au *Génitron*... s'écrouler là, devant le bureau à des Pereires en rupture de chaînes... Haletant... hagard... crispé de frayeur, agiter encore la marotte[12]... poser encore à Courtial des colles infinies... toujours et quand même à propos des « moulins solaires »... de la jonction des « petites effluves »... du recul de la
35 Cordillère... de la translation des comètes... tant qu'il restait un pet de souffle au fond de la musette fantasque... jusqu'au dernier soubresaut de l'infecte car-casse... Courtial des Pereires, secrétaire, précurseur, propriétaire, animateur du *Génitron*, avait toujours réponse à tout et jamais embarrassé, atermoyeur ou déconfit !.... Son aplomb, sa compétence absolue, son irrésistible optimisme le
40 rendaient invulnérable aux pires assauts des pires conneries... D'ailleurs, il ne supportait jamais les longues controverses... Tout de suite, il bloquait, il prenait lui-même le commandement des débats... Ce qui était dit, jugé, entendu... l'était finalement et une sacrée fois pour toutes !... Il s'agissait pas d'y revenir... ou bien, il se fâchait tout rouge... Il carambouillait son faux col... Il explosait en postil-
45 lons... Il lui manquait d'ailleurs des dents, trois sur le côté... Ses verdicts, dans tous les cas, les plus subtils, les plus douteux, les mieux sujets aux ergotages, devenaient des vérités massives, galvaniques, irréfutables, instantanées... Il suffisait qu'il intervienne... Il triomphait d'autorité... La chicane existait plus ! [...]

Il était pas gros Courtial, mais vivace et bref, et petit costaud. Il annonçait

13. Cravate accrochée au cou par un élastique, pour éviter d'avoir à en refaire le nœud. Courtial a également un faux col et un plastron de son invention.

50 lui-même son âge plusieurs fois par jour... Il avait cinquante piges passées... Il tenait encore bon la rampe grâce aux exercices physiques, aux haltères, massues, barres fixes, tremplins... qu'il pratiquait régulièrement et surtout avant le déjeuner, dans l'arrière-boutique du journal. Il s'était aménagé là, un véritable gymnase entre deux cloisons. Ça faisait exigu forcément... Cependant il évoluait
55 aux agrès tel quel... Dans les barres... avec une aisance étonnante... C'était l'avantage de sa taille qu'il pivotait comme un charme... Où il butait par exemple et même avec brutalité c'est quand il prenait son élan autour des anneaux... Il ébranlait dans le cagibi comme un battant de cloche ! Baoum ! Baoum ! On l'entendait sa voltige ! Jamais je l'ai vu au plus fort de la chaleur ôter une seule
60 fois son froc, ni sa redingote, ni son col... Seulement ses manchettes et sa cravate à système[13].

Louis-Ferdinand CÉLINE, *Mort à crédit*
© éd. Gallimard

***

Un scandale oblige l'aéronaute-inventeur, un peu escroc, à fuir la capitale. Pour se faire oublier, il ouvre un pensionnat, le « Familistère Rénové de la Race Nouvelle » et procède à des essais de culture scientifique par « ondes telluriques ». Il échoue lamentablement. Ruiné, il se tire une balle dans la tête, laissant Ferdinand s'expliquer avec les gendarmes.

LECTURE MÉTHODIQUE

1. Une sommité scientifique (paragraphes 1 et 2)

Comment se traduit l'admiration de Ferdinand, subjugué par l'autorité de son patron ?

2. Expliquez (paragraphe 3) les **effets de sens**

— des expressions suivantes : « ces mille tailleurs oniriques », « trafiqueurs de goupilles en chambre », « acharnés du "Perpétuel" de la quadrature des mondes », « trouvailleurs de la Lune » ;
— de l'accumulation des termes ;
— des allitérations.

3. Paragraphe 4

a. Commentez l'expression « en rupture de chaînes ». Relevez tous les éléments qui assimilent ces inventeurs à des fous.
b. Étudiez la ponctuation et son traitement insolite.
c. Marques affectives de l'énonciation : montrez comment le narrateur s'inscrit dans son propre discours par la multiplication des éléments qui traduisent sa subjectivité.

4. Gymnaste avant la mode (paragraphe 5)

Comment l'auteur rend-il comiques les pratiques de Courtial pour « se maintenir en parfaite forme » ?

POUR LE COMMENTAIRE

Le portrait célinien

En quoi n'est-ce pas un portrait en forme ? Reconstituez les informations qui nous sont données. Réécrivez le portrait de Courtial à la manière de Balzac, à partir de ces informations.

AU-DELÀ DU TEXTE

Exposé

Le personnage de Courtial dans *Mort à crédit* (p. 831-1044 de l'édition de « La Pléiade »).

GROUPEMENT THÉMATIQUE

Un type social : le savant farfelu

Sosthène de Rodiencourt dans *Guignol's Band* (« Folio », p. 314-344) ; Parapine dans *Voyage au bout de la nuit* (« La Pléiade », I, p. 279-286 ; 351-352).

Gen Paul, Céline et le maire de la Commune libre de Montmartre, Pierre Labric, en 1942.

Le style de Céline dans Mort à crédit

1. Une esthétique de la discontinuité

La composition de *Mort à crédit* est des plus libres, comme les récits suivants, qui souvent ne s'achèvent pas. Véritable flux verbal sans chapitres, ni parties, rythmé seulement par des blancs. La chronologie de l'histoire vécue est constamment brouillée par les jeux de la narration (allusions, anticipations, retours en arrière...). Selon une volonté qui fera école, Céline est de plus en plus soucieux, dans le texte même du roman, d'imposer son activité de conteur — celle-ci fait par endroits concurrence au récit, qu'elle troue par des retours au présent. Dans les derniers récits, l'écrivain s'attardera encore plus longuement sur les circonstances matérielles de la production du texte qu'il invente.

2. Variété du ton

a. Pages apocalyptiques et débridées qui touchent au fantastique et défient la vraisemblance par la démesure et l'amplification. L'imagination imprime aux figures, aux gestes, aux événements, un gauchissement qui leur donne une dimension symbolique ou psychanalytique : la rixe entre les parents sous les yeux de l'enfant (p. 562 à 564)[1], le délire de Ferdinand malade (p. 586 à 593), le mal de mer sur le bateau en route pour l'Angleterre (p. 622 à 625), les pratiques sexuelles sadiques... Dans ce récit de souvenirs d'enfance, les éléments apparemment réalistes empruntés à la vie quotidienne deviennent symboles du mal de vivre. Le délire et la nausée reviennent comme un leitmotiv dans l'existence absurde de Ferdinand.
b. Peinture sociale, qui nous fait vivre la première crise et le chômage en France avant 1914, les difficultés de la petite bourgeoisie commerçante (la famille et l'apprentissage de Ferdinand), les conditions de travail des petits métiers, l'Exposition universelle à Paris en 1900 (p. 578-580)...
c. Scènes et personnages pathétiques ou touchants : la grand-mère Caroline (p. 565) ; sa mort (p. 585 à 587) ; la promenade à la campagne en automobile avec l'oncle Édouard (p. 568 à 570) ; Nora Merrywin, l'épouse du directeur du Meanwell College, « un sortilège de douceur » (p. 750-751 ; p. 726-727) ; chez l'oncle Édouard le généreux (p. 828 à 831).
d. Le comique : il prend ici toutes les formes, de l'humour noir (le suicide manqué du père, p. 574 à 576) au burlesque (Ferdinand apprend à nager : le bain de mer à Dieppe, p. 620-621).

3. Mise au point d'un style[2]

a. Vocabulaire : il se caractérise par une préférence marquée :
— pour des mots concrets (Céline aime mieux parler à l'imagination qu'à l'intelligence ; ainsi il préfère *foireux* (qui a la colique) à *peureux*, ou à *apeuré*, plus littéraire.
— pour les termes figurés (*avoir la dent* pour *avoir faim*) plutôt que le terme propre, même concret. Il use de la métaphore en abondance. Il opte en général pour le mot d'argot (*pilon* pour *habitué d'hospice*, *miches* pour *fesses*, *tatanes* pour *chaussures*...), le mot vulgaire, négligeant le terme courant, non marqué.

— pour les mots subversifs (grossiers, obscènes), signes de rébellion contre le langage admis. Il multiplie les intensifs (adjectifs, adverbes pour renforcer : *joliment*, *salement*), les légers déplacements de sens.

b. Syntaxe : destruction plus grande de la phrase rationnelle :
— Phrase haletante, désarticulée, volontiers elliptique (suppression du pronom sujet, des prépositions, etc.) ; coupée de points de suspension, elle tend au « style télégraphique », à la fragmentation (elle deviendra parataxique dans *Féerie*).
— Usage très peu académique de la ponctuation (« ! ! », « ? !... »).
— Rareté de certains temps comme le passé simple.
— Récit scandé de citations, auxquelles il ne met pas de guillemets ; les paroles sont soutenues par une incise populaire (*que je dis*, *qu'il me dit*...).
— Emploi intensif du *que* jonctif, du *comme*. Abondance de la tournure de rappel, anticipation exclamative, suivie de reprises anaphoriques, pour attirer l'attention sur le verbe qui exprime l'action, l'émotion.

1. *Les références de pages citées sont celles de l'édition « La Pléiade ».* — 2. *Sur les problèmes de la langue et de l'énonciation chez Céline, on consultera : Frédéric* VITOUX : *L.-F. Céline. Misère et parole, éd. Gallimard, 1973, et Henri* GODARD : *Poétique de Céline, éd. Gallimard, 1985.*

Fabrice Lucchini dans *Voyage au bout de la nuit*, au Petit Montparnasse, à Paris, en 1988.

Louis-Ferdinand Céline
Guignol's Band I (1944)

Céline devant
l'Institut d'Étude des
Questions juives,
à Paris, en mai 1941.

« Transposez, ou c'est la mort ! »

*Après la publication de ses deux grands romans, **Céline** s'est expliqué longuement sur son œuvre : dans sa correspondance, dans* Bagatelles pour un massacre *(1937) et* Guignol's Band *(1944), dans* Entretiens avec le Professeur Y *(1955) et* Entretiens familiers avec L.-F. Céline, recueillis par Robert Poulet *(1958).*

Dans la dernière séquence de Guignol's Band, *l'auteur interrompt brusquement son histoire pour **prendre à parti lecteurs et critiques**. Ces derniers ne vont pas manquer, comme d'habitude, pense-t-il, de crier au scandale. D'un côté, Céline est sûr de son œuvre, et de l'autre, quelque peu paranoïaque, comme ses héros, il s'imagine volontiers en victime persécutée, harcelée par des ennemis de tous bords.*

Mort à Crédit fut accueilli, qu'on s'en souvienne, par un de ces tirs de barrage[1] comme on n'avait pas vu souvent, d'intensité, de hargne et fiel[2] ! Tout le ban, le fin fond[3] de la Critique, au sacré complet,
5 calotins[4], maçons[5], youtrons[6], rombiers[7] et rombières, binocleux, chuchoteux, athlètes, gratte-culs, toute la Légion[8], toute là debout, hagarde, déconnante l'écume !

L'hallali !

10 Et puis ça se tasse et voyez-vous à l'heure actuelle *Mort à Crédit* est plus en cote[9] que le *Voyage*. Il nous bouffe même tout notre papier ! Il fait scandale !

Ainsi les choses...

— Ah ! mais y a les « merde » ! Grossièretés !
15 C'est ça qu'attire votre clientèle !

— Oh ! je vous vois venir ! C'est bien vite dit ! Faut les placer ! Essayez donc ! Chie pas juste qui veut ! Ça serait trop commode !

Je vous mets un petit peu au courant, je vous fais
20 passer par la coulisse pour que vous vous fassiez pas d'idées... au début je m'en faisais aussi... maintenant je m'en fais plus... l'expérience...

C'est même drôle ça bavache[10] s'échauffe là tout autour... Ça discute des trois points ou pas... si c'est
25 se foutre du monde... et puis encore et ci et ça... le

genre qu'il se donne !... l'affectation... etc... et patati !... et les virgules !... mais personne me demande moi ce que je pense !... et l'on fait des comparaisons... Je suis pas jaloux je vous prie de le
30 croire !... Ah ! ce que je m'en fous ! Tant mieux pour les autres de livres !... Mais moi n'est-ce pas je peux pas les lire... Je les trouve en projets, pas écrits, mort-nés, ni faits ni à faire, la vie qui manque... c'est pas grand'chose... ou bien alors ils ont vécu tout à
35 la phrase, tout hideux noirs, tout lourds à l'encre, morts phrasibules[11], morts rhétoreux. Ah ! que c'est triste ! Chacun son goût.

Au diable l'infirme ! vous direz-vous... Je vous passerai mon infirmité, vous pourrez plus lire une
40 seule phrase ! Et puisqu'on est dans les secrets je vais encore vous en dire un autre... abominable alors horrible !... vraiment absolument funeste... que j'aime mieux le partager tout de suite !... et qui m'a tout faussé la vie...

45 Faut que je vous avoue mon grand-père, Auguste Destouches par son nom, qu'en faisait lui de la rhétorique, qu'était même professeur pour ça au lycée du Havre et brillant vers 1855.

C'est dire que je me méfie atroce ! Si j'ai l'incli-
50 nation innée !

Je possède tous ses écrits de grand-père, ses liasses, ses brouillons, des pleins tiroirs ! Ah ! redoutables ! Il faisait les discours du Préfet, je vous assure dans un sacré style ! Si il avait l'adjectif sûr ! s'il la piquait bien la fleurette ! Jamais un faux pas ! Mousse et pampre ! Fils des Gracques ! la Sentence et tout ! En vers comme en prose ! Il remportait toutes les médailles de l'Académie Française.

Je les conserve avec émotion.

C'est mon ancêtre ! Si je la connais un peu la langue et pas d'hier comme tant et tant !

Je le dis tout de suite ! dans les finesses !

J'ai débourré tous mes « effets », mes « litotes »[12] et mes « pertinences » dedans mes couches...

Ah ! j'en veux plus ! je m'en ferais crever ! Mon grand-père Auguste est d'avis. Il me le dit de là-haut, il me l'insuffle, du ciel au fond...

— Enfant, pas de phrases !...

Il sait ce qu'il faut pour que ça tourne. Je fais tourner !

Ah ! je suis intransigeant farouche ! Si je retombais dans les « périodes » !... Trois points !... dix ! douze points ! au secours ! Plus rien du tout s'il le fallait ! Voilà comme je suis !

Le Jazz a renversé la valse, l'Impressionnisme a tué le « faux-jour »[13], vous écrirez « télégraphique » ou vous écrirez plus du tout !

L'Émoi c'est tout dans la Vie !
Faut savoir en profiter !
L'Émoi c'est tout dans la Vie !
Quand on est mort c'est fini !

A vous de comprendre ! Émouvez-vous ! « C'est que des bagarres tous vos chapitres[14] » ! Quelle objection ! Quelle tourterie ! Ah ! attention ! La niaise ! En botte ! Volent babillons ! Émouvez bon Dieu ! Ratata ! Sautez ! Vibrochez ! Éclatez dans vos carapaces ! fouillez-vous crabes ! Éventrez ! Trouvez la palpite nom de foutre ! La fête est là ! Enfin ! Quelque chose ! Réveil ! Allez salut ! Robots la crotte ! Merde ! Transposez ou c'est la mort !

Louis-Ferdinand CÉLINE, *Guignol's Band*, I (1944),
© éd. Gallimard

---

1. *Technique militaire, tir pour empêcher le passage de l'ennemi ; ici expression figurée, attaque pour empêcher le succès du livre et en détourner le lecteur.* — 2. *Bile ; métaphorique : amertume qui s'accompagne de méchanceté, de haine.* — 3. *Tout le ban, le fin fond : rénove l'expression « le ban et l'arrière-ban », qui signifie, de manière figurée, tout le monde.* — 4. *Désigne ici tous les bien-pensants, pas seulement les partisans des prêtres (qui portent la calotte).* — 5. *Pour francs-maçons, une des obsessions de Céline (cf. le délire du père dans* Mort à Crédit*).* — 6. *Un des multiples mots forgés par Céline pour désigner les Juifs.* — 7. *Fam., n'existe pas au masculin, bourgeoise d'âge mûr, ennuyeuse, prétentieuse et un peu ridicule.* — 8. *Elliptique pour la Légion étrangère.* — 9. *Plus estimé.* — 10. *Argot : bavarder.* — 11. *Mort forgé à partir de phrase.* — 12. *Figure de rhétorique, qui consiste à atténuer l'expression de sa pensée pour faire entendre le plus en disant le moins ; Céline use plutôt de la figure inverse, l'hyperbole.* — 13. *Jour d'atelier ; les Impressionnistes, après Manet, préféraient peindre au grand jour à l'extérieur : « — Immense surprise, commente Céline — on retrouvait le chant des couleurs — j'aurais voulu qu'on retrouve dans les mots le chant de l'âme ».* — 14. *Les scènes de bagarres sont effectivement très nombreuses dans* Guignol's Band.

POUR LE COMMENTAIRE

1. Distinguez les **différentes formes** dont use l'auteur pour exprimer son art poétique insolite.

2. Le « rendu émotif » du style. Relevez les marques de l'émotion (colère, ressentiment, nostalgie...) que l'auteur s'efforce de nous communiquer, en essayant de ne pas la trahir par des mots. Quels effets l'écrivain tire-t-il du style haché par la ponctuation, virgules, trois points, points de suspension ?

3. Comment, dans la **tradition rhétorique** incarnée par son grand-père (l. 45 à 64), concevait-on l'**art de bien parler** ? Comment l'auteur perçoit-il les livres issus de cette tradition ?

4. Quels sont les **moyens modernes qu'il préconise pour rendre la vie** (l. 75 à 90) ? Les emploie-t-il lui-même ici ? Que devient chez lui, d'après ce passage, la grammaire académique ? Donnez quelques exemples de sa connaissance des « finesses » de la langue (l. 62-64).

COMPOSITION FRANÇAISE

Céline par lui-même

Résumez cet extrait d'une lettre à Milton Hindus (16 avril 1947) — qui préparait un ouvrage sur l'écrivain — et discutez la pertinence des affirmations qu'elle contient.

« Le fait que vous me trouviez styliste me fait plaisir — je suis cela avant tout — point penseur nom de Dieu ! ni grand écrivain mais styliste je crois l'être — mon grand-père était professeur de rhétorique au Havre — je tiens de lui sans doute cette adresse dans le « rendu » émotif — un mitron de mots comme disent mes ennemis — Je suis bien l'émotion avec les mots je ne lui laisse pas le temps de s'habiller en phrases... je la saisis toute crue ou plutôt toute poétique — car le fond de l'Homme malgré tout est poésie — le raisonnement est appris — comme il apprend à parler — le bébé chante — le cheval galope — le trot est d'école — Encore est-ce un truc pour faire passer le langage parlé en écrit — le truc c'est moi qui l'ai trouvé personne autre — c'est l'impressionnisme en somme — Faire passer le langage parlé en littérature — ce n'est pas la sténographie — il faut imprimer aux phrases, aux périodes, une certaine déformation un artifice tel que lorsque vous lisez le livre il semble que l'on vous parle à l'oreille — Cela s'obtient par une transposition de chaque mot qui n'est jamais tout à fait celui qu'on attend une menue surprise — Il se passe ce qui aurait lieu pour un bâton plongé dans l'eau pour qu'il vous apparaisse *droit* il faut avant de le plonger dans l'eau que vous le cassiez légèrement si j'ose dire que vous le tordiez, préalablement. Un bâton correctement droit au contraire plongé dans l'eau apparaît tordu au regard. De même du langage — le dialogue le plus vif sténographié, semble sur la page plat, compliqué et lourd — Pour rendre sur la page l'effet de la vie parlée spontanée il faut tordre la langue en tout rythme, cadence, mots et c'est une sorte de poésie qui donne le meilleur sortilège — *l'impression, l'envoûtement, le dynamisme* — et puis il faut aussi choisir son sujet — Tout n'est pas transposable — il faut des sujets « à vif » — d'où les terribles risques — pour lire tous les secrets. »

L.-F. CÉLINE, *Correspondance*,
© éd. de L'Herne (1963)

Après son exil forcé au Danemark, CÉLINE rentre en France en juillet 1951. La diffusion en livre de poche de *Voyage au bout de la nuit* en 1956 et de *Mort à crédit* en 1958 contribuent à asseoir sa renommée, bien que la polémique continue autour de ses engagements politiques.

Les œuvres d'après-guerre de Céline, justement, sont moins connues. *Féerie pour une autre fois* (tome I en 1952, tome II en 1954), la trilogie *D'un château l'autre* (1957), *Nord* (1960) et *Rigodon* (posthume, 1969), dans laquelle Céline évoque son séjour en Allemagne avant de rejoindre le Danemark, *Guignol's Band* enfin (tome I en 1944, tome II en 1964) sont pourtant autant d'ouvrages de la maturité dans lesquels on retrouve le style propre à Céline, avec un accent de désespoir en plus et du fard en moins : **Céline ne se cache plus derrière**

Bardamu ou Ferdinand. Il est Céline tout court avec le souci constant que « ça languisse pas une seule minute ».

Dans toutes ces chroniques où le lecteur se déplace de la Butte Montmartre au Pont de Londres, du Val-de-Grâce au Casino du Simplon à Baden-Baden, l'auteur n'épargne personne, pas même lui-même, puisqu'il se qualifie avec un ton acerbe de « pitre ». « Rabelais de l'ère atomique » (Jean-Louis Bory). Il peut faire rire, comme dans le passage de *Nord* où il décrit de gourmandes veuves de guerre ; mais il sait aussi faire trembler, comme dans la version primitive de *Féerie pour une autre fois* où il évoque au début du roman le bombardement de Paris. L'écrivain satisfait son souhait primordial : « Je veux qu'on me fasse "chanter" le réalisme » *(Correspondance avec Milton Hindus)*.

Rigodon (éd. posthume, 1969)

*Livré au public plus de sept ans après la mort de **Céline**, Rigodon fut achevé le premier juillet 1961, quelques heures avant la mort de son auteur. Les personnages principaux de cette « chronique » sont Céline, sa femme Lucette, l'acteur Le Vigan dit La Vigue et le chat Bébert. Ils traversent l'Allemagne en flammes, comme l'homme Céline le fit réellement entre juin 1944 et mars 1945.*

La « chronique » est émaillée de nombreuses digressions qui permettent à Céline de régler ses comptes, une dernière fois.

*Dans cet extrait où l'auteur se présente comme **un prophète du nouveau style**, l'auteur voue aux gémonies ceux qui l'ont ignoré.*

Un cri de haine

Il n'a ni syntaxe, ni style ! il n'écrit plus rien ! il n'ose plus !

Ah, turpitude ! menterie éhontée !... plein de style que je suis ! que oui ! et pire !... bien plus que je les rendrai tous illisibles !... tous les autres ! flétrides impuissants ! pourris des prix et manifestes ! que je peux comploter bien tran-
5 quille, l'époque est à moi ! je suis le béni des Lettres ! qui m'imite pas existe pas !... simple ! allons ! que je regarde où nous sommes ! tonneaux éventrés, terrasses, pissotières inondées ! immense désespoir ! ah grands-croix de toutes les Légions, bon à lape, falsifis suprêmes !... pitié j'aurais si je pouvais mais je ne peux plus !... qu'ai-je à foutre de tous ces doléants ? chromos, « jours
10 d'ateliers »... faux 1900... je leur ai bien dit d'aller dehors, à l'air, ils m'ont pas écouté tant pis ! qu'ils se meurent, puent, suintent, déboulent à l'égout mais ils se demandent ce qu'ils pourront faire, à Gennevilliers ? pardi ! à l'épandage ! l'égout je vais pas m'en mêler... ils y arriveront feront ce qu'il faudra de limon en mélasse... je vois le Mauriac ce vieux cancéreux, dans sa nouvelle cape
15 allongé, très *new look*, et sans lunettes, véritable régal des familles « travaille enfant ! tu vois plus tard tu seras comme ça » tartuferie, néoplasme façons impeccables d'aboutir... sous tous les régimes... fariboles d'États... ouvrez ! fermez le banc ! tripes plein les sciures, épiploons et cervelets... le vrai sens de l'Histoire... et où nous en sommes ! sautant par-ci !... et hop ! par-là !... rigodon !
20 pals partout ! épurations, vivisections... peaux retannées fumantes... sapristis gâtés voyeurs, que tout recommence ! arrachement de viscères à la main ! qu'on entende les cris, tous les râles, que toute la nation prenne son pied.

— Eh là ! vous battez la breloque !...

— Certainement !

Louis-Ferdinand CÉLINE, *Rigodon* (posthume, 1969)
© éd. Gallimard

Langue populaire et argot dans la littérature (XIXe et XXe siècles)

1. Aux origines de l'argot

L'argot est la langue spéciale de la pègre ou plus exactement, à l'origine, celle des gueux ou mendiants professionnels, puis celle des escrocs de tout genre.

Il est constitué d'un **vocabulaire technique exprimant des activités propres au monde qui l'utilise.** Par divers procédés de formation lexicale, les mots peuvent être codés pour créer un langage secret. L'utilisation de l'argot permet d'affirmer l'appartenance à un milieu.

Dans la littérature argotique, on distingue : une littérature populiste qui peint les milieux et caractères populaires à travers leur propre langage (**ÉMILE ZOLA**, *L'Assommoir*, 1877) ; une littérature misérabiliste qui a les gueux pour héros (**JEAN RICHEPIN**, *La Chanson des Gueux*, 1876) ; une littérature du crime et de la violence qui constitue, de loin, le courant le plus fort (**les romans noirs**). Il ne s'agit plus alors de peindre un milieu pittoresque : l'argot devient le signe d'une adhésion à un idéal quasi mystique qui exalte la violence, le sexe, la loyauté au groupe, la lutte contre la société...

2. Langue populaire et argot en littérature

• On trouve la principale source de la littérature argotique dans **EUGÈNE SUE** (*Les Mystères de Paris*, 1842-1843), **BALZAC** (*Splendeurs et Misères des courtisanes*, 1838-1847) et surtout **VICTOR HUGO** (*Le Dernier Jour d'un condamné*, 1829 et *Les Misérables*, 1862) et **VIDOCQ**, avec ses *Mémoires* (1828) et *Les Voleurs* (1837), où le célèbre policier, ancien bagnard, fournit un important lexique de l'argot. C'est aussi Vidocq qui cite abondamment les chansons de la gouape, c'est-à-dire des vauriens insolents.

• L'époque romantique a aussi son héros en la personne de **JEAN-FRANÇOIS LACENAIRE** (1800-1836) « le dandy du crime », qui, se plaçant au-dessus des lois, devient la coqueluche du tout-Paris avec ses *Mémoires, révélations et poésies*. Nombreux sont aussi ceux qui s'intéressent à l'argot en tant que langue, comme **CHARLES NODIER** dans ses *Notions élémentaires de linguistique* (1834), au point que, de 1860 à 1880, l'argot devient une véritable mode. Ses plus célèbres utilisateurs sont sans doute **OSCAR MÉTÉNIER** (1859-1913), fils d'un commissaire de police parisien et créateur du Grand-Guignol, et surtout **ARISTIDE BRUANT** (1851-1925) et ses compères du Chat Noir (*Les Bas-Fonds de Paris*, 1897 et *Dictionnaire d'argot*, 1901). Sans oublier **JEAN LORRAIN** (1855-1906), qui peint dans *La Maison Philibert* (1904) le milieu de la prostitution.

• Le début du XXe siècle est marqué par la publication des *Pieds Nickelés* (1908), de **LOUIS FORTON** avec ses célèbres Croquignol, Filochard et Ribouldingue, aussi populaires que le furent Cartouche, Vautrin ou Valjean. Avec la création du P.M.U. (Pari Mutuel Urbain) en 1872, l'argot des « pelousards » a fait son entrée dans la littérature avec *La Valse parisienne* (1896), d'**HUBERT GERMAIN**. Il faudra attendre **HENRI BARBUSSE**, avec *Le Feu* (1916), puis **CÉLINE** et *Voyage au bout de la nuit* (1932) pour assister à la véritable entrée du « français des tranchées ». Beaucoup d'argotiers, tels que Jacques Dyssord, Marc Stéphane, Jean Galtier-Boissière, Edmond-Amédée Heuzé ne sont connus que des seuls amateurs, alors que **FRANCIS CARCO** (1886-1958), qui n'est pas du « milieu », est resté célèbre avec *Jésus la Caille* (1914) ou *Traduit de l'argot* (1931).

• On peut retenir encore le nom d'**ÉDOUARD BOURDET** pour *Fric-Frac* (1936), remarquablement interprété par Arletty et Michel Simon, ou dans une période plus récente, sans parler de Céline, les noms d'**ALEXANDRE BREFFORT** (1901-1971), chroniqueur au *Canard enchaîné* de 1933 à 1971, de **FERNAND TRIGNOL**, auteur de deux classiques de la littérature voyoute, *Pantruche ou les Mémoires d'un truand* (1946) et *Vaisselle de fouille* (1955), **PIERRE DEVAUX**, qui a, entre autres choses, transcrit en argot la Bible (*Le Livre des Darons sacrés*, 1960), **RENÉ FALLET** pour *Banlieue Sud-Est* (1947) et surtout le grand classique **ALPHONSE BOUDARD** pour *La Métamorphose des cloportes* (1962) et *La Méthode à Mimile* (1970), méthode Assimil de l'argot qu'il a mise au point avec Luc Étienne.

La relève de l'argot devait être assurée dans la seconde moitié du XXe siècle par les auteurs de « polars », quels qu'ils soient. La création de la *Série Noire* par Marcel Duhamel chez Gallimard allait apporter un renouveau du genre. Dès les années 50, **ALBERT SIMONIN** avec *Touchez pas au grisbi* (1953) et **AUGUSTE LE BRETON** avec *Du Rififi chez les hommes* (1953) font un usage abondant de la « langue verte » dans le roman policier. Ils allaient être suivis très vite par **FRÉDÉRIC DARD** qui dès 1955 impose son personnage de San Antonio. L'énorme succès de ces romans ne doit cependant pas éclipser les « rénovateurs » du roman noir « à la française » que sont **JEAN-PATRICK MANCHETTE**, **A.D.G.** ou **JEAN VAUTRIN**, pour qui l'argot fait également partie intégrante de leur manière d'écrire (voir pp. 835 à 839).

Louis-Ferdinand Céline chez lui à Meudon vers 1955.

Pour vos essais et vos exposés

Pierre GUIRAUD : *L'Argot*, coll. « Que sais-je ? », n° 700, P.U.F.
Jacques CELLARD, *Anthologie de la littérature argotique des origines à nos jours*, éd. Mazarine, 1985.

Cette anthologie réalisée par un passionné du genre offre des textes de premier choix pour se familiariser avec la littérature argotique.
Pour la période plus récente, on peut consulter *Le Guide du polar*, de M. LEBRUN et J.-P. SCHWEIGHAEUSER, éd. Syros, 1987.

Henri Godard *Poétique de Céline* (1985)

De la langue au style

Aborder l'étude des romans de Céline par celle des mots avec lesquels ils sont écrits, de la manière dont ces mots sont mis en contact, et des effets de divers ordres qui naissent d'eux, ce n'est pas voir les choses par le petit côté. Ces romans sont de ceux où l'histoire, si animée et spectaculaire soit-elle, n'obnubile jamais le style ; ils sont l'une des illustrations les plus éclatantes de ce renversement des rôles dont l'exemple a été donné par Proust et par Joyce. Avant eux les romanciers, même les plus grands, les plus soucieux d'écriture, les mieux conscients que tout est en dernière analyse question de mots et de tours, restent assez respectueux d'un primat de l'histoire et de ses exigences pour que, les lisant, nous ne laissions pas d'être pris par l'illusion, d'imaginer un décor, de participer affectivement, de vouloir connaître la suite des événements et l'issue des voies dans lesquelles les personnages nous ont engagés avec eux. Flaubert, nous le savons, n'écrit que pour écrire : mais quel de ses lecteurs évite tout à fait de s'intéresser à la destinée d'Emma, à l'amour de Frédéric ? Une quarantaine d'années après que se seront imposés des romans dans lesquels, au lieu que le regard traverse les mots pour ne s'attacher qu'à l'histoire, c'est elle plutôt qui reste à l'horizon des mots, Sartre écrira encore, du style dans le roman, qu'il fait « bien sûr la valeur de la prose. Mais il doit passer inaperçu. [...] La beauté n'est ici qu'une force douce et insensible[1] ».

Céline, lui, est de ce côté-ci de la ligne de partage. Avec lui, au moins à partir de *Mort à crédit*, le centre de gravité est résolument déplacé. Nous ne suivons jamais l'histoire qu'avec du recul ; ses péripéties ne suffisent jamais à nous absorber. Dans le récit, développé sur plusieurs pages, de telle bagarre, de telle orgie, de telle grande scène de vomissement ou de bombardement, la question la plus pressante n'est pas de savoir comment tout cela finira. Les rebondissements de la surprise et du plaisir sont d'abord, ligne à ligne, dans les innombrables, les incessants effets, trouvailles, raffinements du langage, perçus et appréciés en eux-mêmes, sur fond d'un enchaînement de faits et de réactions affectives auxquels nous ne prêtons d'existence que ce qu'il en faut pour que le récit se poursuive. L'histoire a cessé d'être le seul objet de la narration. Elle n'est pas non plus refusée, ni réduite à l'état de caricature ou tournée en dérision, mais Céline veille à ce qu'elle n'outrepasse pas son rôle de fil conducteur, reconnu nécessaire pour donner lieu aux réussites du langage et faire en sorte qu'elles ne se dispersent pas dans le papillonnement et l'incohérence, mais seulement pour cela. Il a constamment le souci que, dans l'effet produit sur le lecteur par le texte, la part du langage ne soit pas estompée. Contre la tendance si forte d'un *sens* romanesque qui happerait au fur et à mesure et s'imposerait seul au premier plan, rejetant dans une frange subconsciente la perception des mots et de leur enchaînement, il parvient à ce que ce soient eux qui restent en permanence la réalité à laquelle nous avons affaire, la source première de notre plaisir.

Telle est la portée véritable de sa revendication d'être « styliste », et seulement styliste[2].

Henri GODARD, *Poétique de Céline*, © éd. Gallimard, 1985

1. Jean-Paul Sartre, « Qu'est-ce que la littérature ? », Situations *II*, éd. Gallimard, 1948, p. 75.

2. Pour ne donner que cinq exemples de cette revendication, parmi bien d'autres, voir Cahiers Céline, 2, p. 19, 68, 87, M. Hindus, *L.-F. Céline tel que je l'ai vu*, 1951, p. 134, 138, etc.

Pour vos essais et vos exposés

CÉLINE : *Romans*, 3 vol. éd. Gallimard, coll. « La Pléiade ».
Tome 1 : *Voyage au bout de la nuit ; Mort à crédit.* Tome 2 : *D'un château l'autre ; Nord ; Rigodon.* Tome 3 : *Casse-pipe ; Guignols'Band* I et II. Préface, chronologie, notices par Henri GODARD.
La plupart des romans existent également dans Le Livre de Poche et en Folio.
Marc HANREZ : *Céline*, éd. Gallimard, 1969, n^lle éd.
Jean-Pierre DAUPHIN : « Série L. F. Céline », *La Revue des Lettres modernes*, 5 vol. parus.

Philippe Stephen DAY : *Le Miroir allégorique de L. F. Céline*, éd. Klincksieck, 1974.
Les Critiques de notre temps et Céline, éd. Garnier, 1976.
Les Cahiers de l'Herne, n° 3 et 5, rééd., 1972.
Frédéric VITOUX : *L.-F. Céline. Misère et parole*, éd. Gallimard, 1973.
Henri GODARD : *Poétique de Céline*, éd. Gallimard, 1985.
Frédéric VITOUX : *La Vie de Céline*, éd. Grasset, 1988.

LES SUCCÈS DE SCÈNE ENTRE LES DEUX GUERRES

GUITRY, LENORMAND, ROMAINS, PAGNOL, BOURDET, PASSEUR, SALACROU, ANOUILH, VITRAC, COCTEAU, ARTAUD
CROMMELYNCK, GHELDERODE

« Le théâtre contemporain est en décadence parce qu'il a perdu le sentiment d'un côté du sérieux et de l'autre du rire. »
Antonin Artaud,
Le Théâtre et son double

Photo de Brassaï.

1916	Sacha GUITRY : *Faisons un rêve*		**1929**	Marcel ACHARD : *Jean de la Lune*
1917	Guillaume APOLLINAIRE : *Les Mamelles de Tirésias*			Édouard BOURDET : *Le Sexe faible*
	Jean COCTEAU : *Parade*			Michel de GHELDERODE : *Christophe Colomb*
	Paul GÉRALDY : *Les Noces d'argent*			Jean GIRAUDOUX : *Amphitryon 38*
				Marcel PAGNOL : *Marius*

1916 Sacha GUITRY : *Faisons un rêve*

1917 Guillaume APOLLINAIRE : *Les Mamelles de Tirésias*
Jean COCTEAU : *Parade*
Paul GÉRALDY : *Les Noces d'argent*

1919 Sacha GUITRY : *Mon père avait raison*
Henri-René LENORMAND : *Le Temps est un songe*

1920 Fernand CROMMELYNCK : *Le Cocu magnifique*
Henri-René LENORMAND : *Les Ratés*
Jules ROMAINS : *Cromedeyre-le-Vieil*
(créé par Jacques Copeau)
Charles VILDRAC : *Le Paquebot Tenacity*

1922 Henry BERNSTEIN : *Judith*
Henri-René LENORMAND : *Le Simoun*
André GIDE : *Saül*
Jean SARMENT : *Le Mariage d'Hamlet*

1923 Marcel ACHARD : *Voulez-vous jouer avec moâ ?*
Jules ROMAINS : *Knock ou le Triomphe de la médecine*
Monsieur le Trouhadec saisi par la débauche

1924 Henri BERNSTEIN : *La Galerie des glaces*
Jean COCTEAU : *Les Mariés de la Tour Eiffel*
Charles Dullin crée *Chacun sa vérité*,
de PIRANDELLO

1925 Fernand CROMMELYNCK : *Tripes d'or*

1927 Édouard BOURDET : *Vient de paraître*
Fondation du Cartel (Louis Jouvet, Charles Dullin,
Gaston Baty, Georges Pitoëff)
Sacha GUITRY : *Désiré*
Stève PASSEUR : *Pas encore*

1928 Marcel PAGNOL : *Topaze*
Roger VITRAC : *Victor ou les Enfants au pouvoir*

1929 Marcel ACHARD : *Jean de la Lune*
Édouard BOURDET : *Le Sexe faible*
Michel de GHELDERODE : *Christophe Colomb*
Jean GIRAUDOUX : *Amphitryon 38*
Marcel PAGNOL : *Marius*

1930 Stève PASSEUR : *L'Acheteuse*
Jules ROMAINS : *Donogoo Tonka*

1931 Marcel ACHARD : *Domino*
Armand SALACROU : *Atlas-Hôtel*

1932 Michel de GHELDERODE : *Barabbas*
Stève PASSEUR : *Les Tricheurs*

1933 Jacques DEVAL : *Tovaritch*

1934 Édouard BOURDET : *Les Temps difficiles*
Jean COCTEAU : *La Machine infernale*
Armand SALACROU : *Une Femme libre*

1935 Jean GIRAUDOUX : *La Guerre de Troie n'aura pas lieu*
Armand SALACROU : *L'Inconnue d'Arras*

1936 Édouard BOURDET, administrateur général de la
Comédie-Française (1936-1940)

1937 Jean ANOUILH : *Le Voyageur sans bagage*
Henry BERNSTEIN : *Le Voyage*
Jean COCTEAU : *Œdipe-Roi*

1938 Jean ANOUILH : *La Sauvage*
Jean COCTEAU : *Les Parents terribles*
Paul GÉRALDY : *Duo*
Antonin ARTAUD : *Le Théâtre et son double*

1939 Jean GIRAUDOUX : *Ondine*
Armand SALACROU : *Histoire de rire*

Jacques Copeau au milieu de sa troupe. Debout au centre, Louis Jouvet et Charles Dullin.

Du Boulevard au théâtre d'auteurs

1. Le poids de la tradition

Le théâtre paraît épargné par les crises qui agitent les grands genres littéraires entre les deux guerres. Son succès étant lié au goût du public, à ses habitudes mondaines, **il se montre volontiers complaisant et conservateur**. Les rénovateurs doivent faire preuve d'une opiniâtreté acharnée pour aboutir à la reconnaissance publique.

Le traditionalisme s'explique par le fait que depuis le triomphe du vaudeville au siècle précédent, le théâtre se satisfait de divertir et d'user à l'envi de procédés éprouvés. Il écarte de lui l'écrivain authentique, qui, à son tour, le méprise : Apollinaire fustige dans le prologue des *Mamelles de Tirésias* « l'art théâtral sans grandeur, sans vertu ».

2. Le succès du Boulevard

Le Boulevard désigne les théâtres que fréquente la bourgeoisie parisienne passionnée par les performances des acteurs, aimant les intrigues fortes et simples qui se prévalent de la comédie de caractère. **Situations conventionnelles, démêlés psychologiques et mots d'auteur constituent les qualités dominantes de ce théâtre superficiel, souvent brillant, toujours adroit**.

Henri Bernstein, avec ses drames crus et sensuels, **Sacha Guitry**, avec ses satires spirituelles et insolentes, maîtrisent cette scène mondaine que renouvellent toutefois des talents plus modernes d'inspiration vers 1930. L'observation se fait plus exacte et l'analyse plus ferme chez **Édouard Bourdet**, l'écriture plus chantante chez **Marcel Pagnol**, le style plus percutant chez Marcel Achard.

3. De fortes personnalités

En marge du Boulevard s'élaborent des œuvres d'auteur dont **la violence du ton, la puissance dramatique, la recherche de la vérité psychologique rompent avec la routine**. Ils refusent de sacrifier leur talent au métier.

Tels sont deux Flamands de langue française, **Fernand Crommelynck** et **Michel de Ghelderode**, lyriques, fantastiques, emportés ; André Obey, possédé par la passion du jeu scénique « tour à tour tragique ou comique, mais toujours poétique » ; **Stève Passeur**, cinglant, corrosif dans ses évocations de l'amour frénétique ; **Henri-René Lenormand**, qui, sous la double influence du surréalisme et de la psychanalyse, se tourne vers « le déchiffrage de l'énigme que l'homme est pour lui-même ».

4. Salacrou, Cocteau, Romains

Si le génie de Jean Giraudoux bouscule toutes les traditions en créant une nouvelle poésie dramatique, il ne faut pas sous-estimer l'apport de **trois écrivains de théâtre qui savent se compromettre avec la scène** telle qu'elle est sans pour autant sombrer dans ses futilités ou ses facilités. L'exis-tentialisme fait ses armes chez **Armand Salacrou**, psychologue et moraliste au regard lucide. **Jules Romains** concilie unanimisme et art dramatique dans ses comédies où l'individu et la société s'affrontent et trouvent d'étranges arrangements. **Jean Cocteau** intègre toutes les recherches artistiques de son temps, de *Parade* (1917) à *Bacchus* (1951), éclectique, déconcertant, toujours inédit d'esprit et de forme.

5. Évolution de la mise en scène

Depuis **Lugné-Poe** et **Antoine**, le théâtre français aborde le travail dramaturgique comme un ensemble intéressant autant le décor, le jeu des acteurs, les rapports de la salle et de la scène que le texte lui-même. D'essentielles réflexions en Angleterre (Gordon Craig), en Russie (Stanislavski), en Suisse (Appia), sollicitent en outre les jeunes metteurs en scène.

• La réforme de Jacques Copeau

C'est autour de **Jacques Copeau** que s'est réunie en 1913 la première troupe du Vieux-Colombier. Dans un manifeste austère et exigeant, Copeau dénonce le théâtre traditionnel « esclave du plus grand nombre (...) condamné à traquer éternellement les mêmes intrigues, à maquiller les mêmes pantins, à refaire la même pièce, au goût du jour ». Pendant des années, il s'acharne à imposer ses vues au public parisien : **dépouillement de la mise en scène**, recherche de la vérité du texte, formation approfondie de l'auteur.

• Le Cartel

Les membres du Cartel : **Charles Dullin, Louis Jouvet, Gaston Baty, Georges Pitoëff**, recherchent plus de spontanéité et de générosité dans les spectacles qu'ils proposent à partir de 1927. Dullin, violent et exalté, issu de la scène populaire, déborde de lyrisme et de joie créatrice ; Jouvet, comédien réfléchi, directeur exigeant et rompu à toutes les techniques du métier, **restaure la dignité dramatique** non sans privilégier le paradoxe dans le jeu ; Baty recherche un équilibre parfait entre le jeu théâtral et la précision du texte, en s'inspirant d'une réflexion métaphysique qui l'amène à considérer le théâtre comme une réplique de la création dans sa dualité spirituelle et charnelle ; Pitoëff, c'est l'homme tourné vers l'étranger, vers les grands auteurs scandinaves, russes, anglo-saxons, le refus de l'esprit de système, l'exaltation de l'acteur.

En 1938 paraît *Le Théâtre et son double*, d'**Antonin Artaud**, texte qui annonce les révolutions à venir puisque l'ancien surréaliste y défend un art brutal, magique, qui ressourcerait la catharsis grâce à un retour aux origines oniriques du théâtre : « Une vraie pièce de théâtre bouscule le repos des sens, libère l'inconscient comprimé, pousse une sorte de révolte virtuelle. »

1. Un Boulevard renouvelé

Le théâtre de Boulevard est un phénomène parisien et bourgeois. Théâtre d'acteurs, il obéit à un certain nombre de recettes qui servent une idéologie sclérosée et une esthétique convenue. Loin de toute vérité profonde et de toute poésie, il s'en tient à **une psychologie mécanique**, à une peinture académique des comportements sociaux. Il se prétend l'héritier de la grande comédie du XVIIᵉ siècle, alors qu'en fait il accepte toutes les concessions et s'en remet au métier d'acteurs adulés du public.

Sans vouloir rompre avec la tradition, **ÉDOUARD BOURDET**, **SACHA GUITRY** et **JULES ROMAINS** renouvelleront cependant le genre, plus incisifs dans la satire, plus libres d'esprit, plus inventifs en matière de langue. **MARCEL PAGNOL**, le méridional, crée un climat que le cinéma exploitera avec succès.

Sacha Guitry *Faisons un rêve* (1916)

*Acteur et dramaturge, cinéaste et essayiste, **Sacha Guitry** (1885-1957) est né d'un père, Lucien Guitry, également comédien talentueux et célèbre à la scène comme à la ville. **L'élégante désinvolture boulevardière** de Guitry, jointe à son art des « bons mots », a assuré son durable succès auprès du grand public, fasciné par ses innombrables pièces brillantes et égotistes : Mon père avait raison (1919), Désiré (1927), N'écoutez pas mesdames (1942)... Au cinéma il pratique le théâtre filmé et laisse à la fin de sa vie de grandes fresques historiques (Si Versailles m'était conté, 1953 ; Napoléon, 1954 ; Si Paris m'était conté, 1955).*

*Le sujet central du théâtre de **Sacha Guitry** est l'adultère. A cause de sa frivolité parisienne et de ses origines vaudevillesques l'assimilant à la Belle Époque, **ce théâtre fut honni par les membres du Cartel**, pour lesquels il incarnait la décadence de la scène. L'époque actuelle se montre beaucoup plus tolérante envers Guitry, dont on apprécie l'insolence dramatique et les théories cinématographiques.*

*** *Faisons un rêve*

Cette pièce à trois personnages est réduite à la plus simple intrigue. Il y a Lui, Elle et le mari trompé. Lui et Elle se sont endormis et ils ne se réveillent que le lendemain matin. Elle, irrémédiablement compromise, accepte l'idée d'épouser Lui. Mais le mari, qui n'est pas rentré lui-même de la nuit, vient demander conseil à l'amant de sa femme, qui l'enverra pour deux jours à Orléans au chevet d'une vieille tante.

Allô... Allô ?...

***

Dans la scène suivante, Lui ne voyant pas Elle se rendre à un rendez-vous amoureux, téléphone chez elle. Il s'imagine qu'elle l'écoute et ne veut pas lui répondre.

Sacha Guitry sur la scène
du théâtre des Variétés
dans *Faisons un rêve*, 1916.

— ... Allô ?... Allô ?...

Il dit « Allô » sur toute une gamme de tons qui va de l'impatience à l'anxiété. Tout à coup, son visage s'éclaire et sa voix devient tendre.

Allô, c'est vous, chérie ? — Oui, c'est moi. Mais qu'est-ce qui se passe ?
5 — Comment, rien ? Mais vous savez l'heure qu'il est ? — Oh ! pourquoi ? — Mais pourquoi ? — Oh !... pourquoi ? — Oh ! ! ! Pourquoi ? — Ho... mais pourquoi ? — Qu'est-ce que vous voulez qu'il arrive ? — Il y en a toujours au coin de l'avenue de l'Alma. — Écoutez, mon chéri adoré, je... Comment ? — Non, n'ayez pas peur, on n'entend jamais que des commandes par le
10 téléphone. Écoutez, mon amour, je ne vous comprends pas. Tantôt, vous m'avez répondu « oui » d'une façon si spontanée, votre ton était catégorique... — Non : ton... — Mais non : ton... — Non, je dis ton ton.... pardon votre ton... — Oui, c'est ça. Eh ! bien, il était catégorique, tantôt, ton ton. Alors, qu'est-ce qu'il y a eu ? — Oh ! *(A part.)* Ça y est, elle a réfléchi ! *(Haut.)* Mais il ne faut pas réfléchir,
15 mon amour, il ne faut jamais réfléchir, il faut... allô ?... Je croyais qu'on avait coupé. Je vous disais qu'il fallait toujours se laisser guider par son instinct. Écoutez-moi bien, mon chéri adoré, je ne veux vous dire qu'un mot, parce que ce mot-là me vient du cœur. *(Tendrement.)* Écoutez... *(Sèchement.)* N'écoutez pas, mademoiselle. *(Tendrement.)* Écoutez-moi bien... *(Sèchement.)* N'écoutez
20 pas, je vous prie, mademoiselle... *(Tendrement.)* Écoutez... *(Sèchement.)* Mais fichez-nous la paix, mademoiselle, à la fin, voyons ! *(Tendrement.)* Allô, chérie,

Claude Rich dans
Faisons un rêve.
Théâtre Saint-Georges,
1986.

écoutez ce mot, ce mot qui me vient du cœur et qui tout doucement me monte
aux lèvres, c'est tout simplement le mot... allô... elles ont coupé, les s... !
(Hurlant.) Allô ?... Allô ?... *(Menaçant.)* Je vous jure que... *(Radouci.)* Oh !...
25 c'est vous ? Pardon. Je vous jure que jamais un être au monde n'a jamais été
désiré comme je vous désire en ce moment, mon aimée ! Écoutez-moi. Je vous
assure qu'il vous faut à peine cinq minutes pour être ici. — Non, non, pas plus,
croyez-moi. J'en ai fait vingt fois l'expérience en allant chez vous. — Eh ! bien,
une heure, pensez... pense donc, en une heure à tout ce que nous pouvons fai...
30 nous dire ! Comment êtes-vous habillée, d'abord ? — Eh ! bien, remettez-le
votre chapeau... — Moi ? Mais, mon amour, je suis en... complet veston comme
j'étais tantôt. — Le même, exactement. — Comment, le lit ? D'abord, ce n'est
pas un lit, c'est un divan. — Oui, bien sûr que je peux le transformer en lit si je
veux... mais, oh ! vous ne pensez pas que j'ai fait une chose pareille !... Je sais
35 trop la femme que j'attends, vous savez ! — Oui, pour les autres, on prépare le
lit, on éteint les lumières et on se met en robe de chambre, mais pas pour vous !
— Comment ? Que j'aille, moi, chez vous ?... Oh ! non... — Parce que... le
temps de me rhabil... oh ! et puis, non, il faut que ce soit ici, chez moi, tu le
comprends bien... — Comment ? — Je n'entends pas. — Quoi ?... Que je
40 prenne mes deux... quoi ? — Ah ! bon. Je ne comprenais pas. *(Il porte son
second récepteur à sa seconde oreille.)* Oui, maintenant j'ai les deux, chérie.
Mais j'entends à peine ce que vous me dites. Pourquoi parlez-vous si bas ?
— Vous n'êtes donc pas seule ? — Mais qui est-ce qui est là ? — Votre femme
de chambre ! Ah ! bon. Vous m'avez fait peur. Elle est auprès de vous ? — Dans
45 la pièce à côté ?... Et alors ? — Vous ne voulez pas qu'elle cache quoi ? — Ah !
qu'elle sache, pardon. Oui, mais qu'elle sache quoi ? — Que vous téléphonez
si longtemps !... — Comment ? — Il faut... quoi ? — Que je vous parle !...
Mais je ne fais que ça depuis une heure. — Que je vous parle comme ça jusqu'à
minuit ? Ah ! non, vous n'allez pas me faire ça ! — Sur votre lit ? Pourquoi vous
50 mettez-vous sur votre lit ? — Pour m'entendre ? Vous êtes bien aimable, mais...
— Il faut que je vous parle tout seul ? — Pourquoi n'allez-vous plus me répondre ? — Comment, c'est fini ?... Allô ? chérie, répondez-moi : vous ne voulez
plus me répondre ? Chérie ?... Allô ?... Chérie ?... Elle ne veut plus me répondre !... Mais pourquoi me faites-vous ça ?... Qu'est-ce que ça veut dire ?...
55 Qu'est-ce que je vous ai fait, moi, pour que vous me fassiez ça ?... Pourquoi me
privez-vous de cette joie que je désirais, que j'escomptais plus que jamais de ma
vie je n'ai désiré une chose ? Allô ?... Eh ! bien, puisque tu ne veux plus me
répondre, puisque tu m'infliges ce plaisir spécial et cruel, puisque par ta volonté
j'ai cette impression étrange d'être loin de toi et de pouvoir pourtant te parler à
60 l'oreille, eh ! bien, alors, je vais en profiter pour te dire tous les mots qui me
viendront, comme ils viendront, sans les choisir. Mais, tu sais, tiens-toi bien, et
tant pis si je te fais rougir.

Sacha GUITRY, *Faisons un rêve* (1916), © éd. L'Avant-Scène

Henri-René Lenormand *Les Ratés* (1920)

On ne s'étonnera pas que la profession d'acteur exerce la plus grande attraction sur une génération qui voit naître et s'imposer de grandes vedettes au théâtre et au cinéma. Mais quelle est la condition de l'acteur de base ?

*Il n'appartient pas au hasard que cette dénonciation des conditions précaires où l'acteur est appelé à vivre soit le fait **du dramaturge le plus lucide, le plus averti en matière de psychanalyse**, de l'entre-deux-guerres, **Henri-René Lenormand** (1882-1951).*

Pitoëff a créé Les Ratés *(1920), comme de nombreuses autres œuvres de Lenormand :* Le Temps est un songe *(1919),* Le Mangeur de rêves *(1929),* La Folle du ciel *(1938).*

« *A Bar-le-Duc, on aime les belles frusques* »

Une loge d'artiste dans un théâtre de province. Elle, est assise devant une table, à droite, retouchant son maquillage. Glace fêlée ; cuvette en zinc. Au fond, sa malle, portant les étiquettes de la tournée. L'habilleuse, une très vieille femme en caraco, y cherche des effets. Quelqu'un passe dans les couloirs en agitant une
5 *sonnette en criant confusément : « Dans dix minutes... Dans dix minutes. »*

ELLE. — Combien ?

L'HABILLEUSE. — Dix minutes... Et ils n'aiment pas attendre, à Bar-le-Duc !

ELLE. — Vous ne trouvez pas le manteau ? C'est dans le premier comparti-ment.

10 L'HABILLEUSE, *sortant un manteau.* — C'est ce chiffon-là ?

ELLE. — Oui. Merci.

L'HABILLEUSE, *l'examinant.* — Il n'est guère propre.

ELLE, *troublée.* — Voilà trois mois que la tournée dure.

> 1. Tissu de soie à gros grains.

L'HABILLEUSE. — Ce n'est pas de la soie... ni même du satin... c'est de la faille[1].
15 Et il est tout raccommodé...

ELLE. — C'est exprès. Au premier acte, je joue le rôle d'une jeune fille pauvre.

L'HABILLEUSE. — Mauvais rôle, mon enfant... Il sont capables de l'emboîter, ce manteau-là.

ELLE, *inquiète.* — Vous croyez ?

20 L'HABILLEUSE. — C'est une ville cossue, Bar-le-Duc. Ils aiment les artistes cossus. Et ils ne vous passent rien... C'est des connaisseurs !... Les jours de débuts, ils viennent au théâtre avec des sifflets doubles.

ELLE. — Mais je joue le rôle d'une jeune fille pauvre. Je ne peux pas m'habiller en grande dame.

25 L'HABILLEUSE. — Pourquoi pas ? A Bar-le-Duc, on aime les belles frusques ! Savez-vous pourquoi la dernière tournée n'a pas fait d'argent ? Parce que c'étaient tous des rôles d'ouvriers. Ici, on ne se dérange pas pour voir des ouvriers... Et pourquoi donc qu'on se dérangerait ? Il y en a plein les usines, des ouvriers !... A votre place, moi, je me serais acheté un autre manteau pour la
30 représentation de ce soir.

ELLE. — C'était impossible.

L'HABILLEUSE, *l'observant.* — Ah ! Si vous n'étiez pas si fière, j'aurais bien une proposition à vous faire.

ELLE. — Une proposition ?

35 L'HABILLEUSE. — Eh oui... A Bar-le-Duc, on est cossu et on aime le théâtre, voilà !... Il y a plus d'un connaisseur qui ne demanderait pas mieux que d'aider une belle mignonne comme vous.

Henri-René LENORMAND, *Les Ratés* (1920)
© éd. Albin Michel

Coulisses d'un théâtre.

Jules Romains *Monsieur le Trouhadec saisi par la débauche* (1923)

*Le théâtre de **Jules Romains** (1885-1972) puise ses sources dans l'unanimisme du poète (voir p. 80). En effet, dans sa jeunesse, Romains a rêvé d'**un théâtre lyrique** où se confronteraient des groupes d'hommes animés par des idées antagonistes — et non par des passions individuelles. D'où* Cromedeyre-le-Vieil, *pièce créée en 1920 par Jacques Copeau : on y voit les habitants d'un ancien village des Causses s'opposer à ceux de la vallée et fonder une religion panthéiste.*

En 1923, Jules Romains met en scène son personnage de Monsieur le Trouhadec, vieux géographe orgueilleux et naïf, dans Monsieur le Trouhadec saisi par la débauche. *La même année voit apparaître* Knock, *que Louis Jouvet jouera plus de mille fois : dénonciation d'un médecin abusant de sa science pour faire régner une forme de dictature sur la population d'une ville. De même, dans* Donogoo Tonka *(1930), où l'on voit un homme d'affaires, Lamendin, partant d'une information fausse de le Trouhadec, obliger le monde entier à croire à l'existence d'une ville imaginaire.*

*** *Monsieur le Trouhadec saisi par la débauche*
Yves le Trouhadec, académicien, a suivi à Monte-Carlo une jeune comédienne dont il est follement épris.

« Un échange de points de vue »

ROLANDE. — Nous vivons à une dure époque. Il ne suffit pas d'éviter le gaspillage. Il faut encore savoir tirer parti de son argent. A l'heure actuelle, l'homme qui rencontre une occasion avantageuse et qui ne la saisit pas est un sot. Les commerçants se font-ils scrupule de s'enrichir ? et quel déshonneur y a-t-il à profiter de ce qui s'offre ?

LE TROUHADEC. — Il est impossible de mieux raisonner. Mes estimés collègues des Sciences morales, belle enfant, vous applaudiraient avec chaleur.

ROLANDE. — Vous me faites songer qu'on m'avait signalé hier une occasion magnifique... Mais ce n'est plus la peine d'en parler.

LE TROUHADEC. — Quelle occasion, mon enfant ?

ROLANDE. — Non ! Tant de gens sont à l'affût ! Dès qu'il y a dix francs à gagner, vous arrivez toujours trop tard ; à plus forte raison s'il y en a dix mille.

LE TROUHADEC. — Cela ne vous empêche pas de me dire de quoi il s'agit.

ROLANDE. — Je vous répète qu'il n'y faut plus penser. Pourquoi nous donner des regrets superflus ?

LE TROUHADEC. — Sait-on jamais ? Il arrive que les gens passent sans les voir à côté d'affaires merveilleuses.

ROLANDE. — Pas de cette sorte-là ! Depuis hier ! Un jour entier ! Non. Il y a des occasions si énormes qu'elles crèvent les yeux et qui, remarquez-le bien, 30 ne sont possibles qu'ici, grâce à l'affolement d'un joueur décavé, ou, pis encore, d'une joueuse. C'est le pays. Mais les malins n'y manquent pas non plus.

LE TROUHADEC. — Ah ! vous auriez dû m'en parler hier soir ! Charmante étourdie ! Mais peut-être est-il 35 encore temps. Que nous coûte-t-il de nous informer ?

ROLANDE. — Il est vrai que la rue où cela se trouve est peu passante ; et puis les gens ici ne sortent guère le matin. Si la chose n'a pas été enlevée dans 40 la journée d'hier, il nous reste à l'heure qu'il est une petite chance...

LE TROUHADEC. — Je vous en prie : ne me laissez pas ignorer plus longtemps...

ROLANDE. — Il s'agit — mais vous n'allez pas me 45 croire et j'ai moi-même envie de rire tant la chose paraît folle — il s'agit d'un bracelet ancien, en or jaune à vingt et un carats, finement ciselé, avec six brillants et six grenats qui alternent et une perle baroque, d'une grosseur peu commune, qui couvre 50 un fermoir à secret, toutes les pierres de l'époque, montures intactes et savez-vous le prix ?

LE TROUHADEC *s'assoit en poussant un soupir peu distinct.*

ROLANDE. — Six mille cinq ! *(Elle rit.)* Et il paraît 55 qu'en marchandant on l'aurait pour six mille. N'est-ce pas qu'on croit rêver ?

LE TROUHADEC. — Oui, on croit rêver.

ROLANDE. — Nous y allons ?

LE TROUHADEC. — Où cela ?

60 ROLANDE. — Mais là où est ce bracelet, s'il y est encore.

LE TROUHADEC. — Vous pensez que nous devons y aller ?

ROLANDE. — Vous trouverez peut-être que l'occa-65 sion n'en vaut pas la peine.

LE TROUHADEC. — Au contraire, au contraire !

ROLANDE. — Je ne comprends pas.

LE TROUHADEC. — Je suis persuadé au contraire que l'occasion est excellente.

70 ROLANDE. — Alors ?

LE TROUHADEC. — Elle me semble même à ce point excellente que je ne puis croire que d'autres ne l'aient déjà saisie.

ROLANDE. — Nous le verrons bien.

75 LE TROUHADEC. — N'en doutez pas ! Le dérangement est inutile.

ROLANDE. — Mon Dieu ! Que nous nous promenions de ce côté-là ou d'un autre !

LE TROUHADEC. — Non ! La déception serait trop 80 pénible. Je crains beaucoup les déceptions.

ROLANDE. — Êtes-vous si douillet ? Moi, je vous jure que je ne serai pas déçue.

LE TROUHADEC. — Non, non ! Vous l'avez dit, mon enfant, on croit rêver. Eh bien ! Chassons cela 85 comme un trop beau rêve.

ROLANDE. — Tenez ! J'y vais seule, d'un bond. Si le bracelet est encore là, je l'arrête et j'accours vous chercher.

LE TROUHADEC *(il se lève brusquement).* — Je vous 90 en prie, ma chère enfant ! Ne vous jetez pas au-devant d'une affreuse déconvenue. Vous qui m'avez donné tantôt des conseils si raisonnables, laissez-moi vous remercier, en vous empêchant d'aller vous meurtrir le cœur.

95 ROLANDE. — Alors vous pensez que si le bracelet est encore là, je veux le laisser échapper ? C'est pour le coup que j'aurais le cœur meurtri. J'y vais, vous dis-je.

LE TROUHADEC *(il lui prend les mains).* — Je ne le 100 permettrai pas. Non. Restez ici ! S'il le faut, c'est moi qui irai.

ROLANDE. — Allons-y ensemble !

LE TROUHADEC. — Non, c'est moi, moi seul, qui dois apprendre la triste vérité, qui dois en subir le 105 choc, moi seul. Je connais mon devoir. Asseyez-vous sur ce banc. J'aperçois dans l'autre allée M. Bénin et M. Trestaillon. Je vais vous confier à eux : ils vous tiendront compagnie.

ROLANDE. — Mais pas du tout !

110 LE TROUHADEC. — Si, si ! C'est la moindre des

choses. *(Il crie.)* Monsieur Bénin, monsieur Trestail-lon ! Hé, monsieur Bénin !

ROLANDE. — C'est absurde. Finirez-vous cette comédie ? Si vous voulez vous faire arrêter comme 115 fou, attendez que je ne sois pas là.

LE TROUHADEC. — Hé quoi ? Ma chère enfant.

ROLANDE. — Vous n'avez pas besoin de crier à la garde. Personne ne vous arrache votre porte-mon-naie. Dites-moi tout simplement que vous avez une 120 peur horrible de m'acheter le bracelet et nous n'en parlerons plus.

LE TROUHADEC. — Qu'allez-vous penser ?

ROLANDE. — Bon ! Êtes-vous disposé à m'offrir ce bracelet ou quoi que ce soit de même valeur ?

125 LE TROUHADEC. — Si je vous demandais d'avoir un peu de patience, verriez-vous là un refus ?

ROLANDE. — Je ne conçois pas qu'on s'amuse à faire désirer une chose, quand on sait qu'elle fait plaisir.

130 LE TROUHADEC. — Voilà ce que je n'aurais pas osé vous dire, mais que je pense exactement.

ROLANDE. — Qu'insinuez-vous ?

LE TROUHADEC. — Vous n'ignorez pas quelle est la chose que je désire le plus au monde et pourtant 135 vous ne vous pressez guère de me l'accorder.

ROLANDE. — Je ne comprends pas. Ou je crains de mal comprendre. Me serais-je trompée sur la nature de vos intentions ?

LE TROUHADEC. — Non, vous n'avez pas dû vous 140 tromper.

ROLANDE. — Vous m'aviez offert une affection toute paternelle. Je trouvais cela si noble, si pur.

LE TROUHADEC. — Et vous y répondiez par de la pure reconnaissance.

145 ROLANDE. — Mais oui !

LE TROUHADEC. — Est-ce que mon affection ne va pas vous sembler moins pure, si je vous fais cadeau d'un bracelet de six mille francs ?

ROLANDE. — Quelle idée ?

150 LE TROUHADEC. — Eh bien ! Ma chère enfant, votre reconnaissance ne me semblera pas moins pure pour s'exprimer de la façon... de la façon la plus naturelle. Et vous n'y perdrez rien.

ROLANDE. — Quoi, c'est un ultimatum ?

155 LE TROUHADEC. — Mes estimés collègues des Sciences politiques appelleraient cela plutôt un échange de points de vue.

ROLANDE, *après avoir réfléchi un instant.* — Soit ! *(Elle se tait encore).* Je crois qu'une petite prome-160 nade jusque chez le bijoutier en question ferait beaucoup pour rapprocher nos points de vue, cher ami.

Jules ROMAINS, *Monsieur le Trouhadec saisi par la débauche* (1923), © éd. Gallimard

Marcel Pagnol *Topaze* (1928)

*Enfant d'Aubagne, **Marcel Pagnol** (1895-1974) entame sa carrière d'auteur dramatique avec Les Marchands de gloire (1926) alors qu'il enseigne l'anglais au lycée Condorcet, à Paris. Il abandonne bientôt le professorat, attiré par les manifestations de l'avant-garde littéraire et artistique. De son expérience de l'enseignement, Il tlre toutefois la substance de Topaze (1928), créant là un personnage mythique qui résistera bien au temps. **L'inspiration marseillaise** lui dicte ensuite Marius (1929) et Fanny (1931), rendus inoubliables par quelques morceaux de bravoure.*

*Peut-être plus à l'aise la caméra au poing que la plume à la main, **Pagnol évolue progressivement vers l'écriture cinématographique** à partir de César (1936), tournant ses propres créations ou celles de grands conteurs comme Maupassant, Zola, Daudet ou Giono. Deux livres de souvenirs d'enfance (La Gloire de mon père, 1957 ; Le Château de ma mère, 1958) sont devenus des classiques de l'autobiographie.*

*** *Topaze*

Une comédie satirique à la façon de Mirbeau et de Bourdet, dans laquelle un petit professeur consciencieux devenu un brasseur d'affaires cynique, expose sa « morale » à son ancien ami Tamise, épouvanté...

« *L'argent peut tout...* »

Fernandel dans *Topaze*,
de Marcel Pagnol, 1950.

TAMISE. — Et tu t'imagines que pour de l'argent...

TOPAZE. — Mais oui, pauvre enfant que tu es... Ce journal, champion de la morale, ne voulait que vingt-cinq mille francs. Ah ! l'argent... Tu n'en connais pas la valeur... Mais ouvre les yeux, regarde la vie, regarde tes contemporains...
5 L'argent peut tout, il permet tout, il donne tout... Si je veux une maison moderne, une fausse dent invisible, la permission de faire gras le vendredi, mon éloge dans les journaux ou une femme dans mon lit, l'obtiendrai-je par des prières, le dévouement, ou la vertu ? Il ne faut qu'entrouvrir ce coffre et dire un petit mot :
« Combien ? » *(Il a pris dans le coffre une liasse de billets.)* Regarde ces billets
10 de banque, ils peuvent tenir dans ma poche, mais ils prendront la forme et la couleur de mon désir. Confort, beauté, santé, amour, honneurs, puissance, je tiens tout cela dans ma main... Tu t'effares, mon pauvre Tamise, mais je vais te dire un secret : malgré les rêveurs, malgré les poètes et peut-être malgré mon cœur, j'ai appris la grande leçon : Tamise, les hommes ne sont pas bons. C'est
15 la force qui gouverne le monde, et ces petits rectangles de papier bruissant, voilà la forme moderne de la force.

TAMISE. — Il est heureux que tu aies quitté l'enseignement, car si tu redevenais professeur de morale...

TOPAZE. — Sais-tu ce que je dirais à mes élèves ? *(Il s'adresse soudain à sa*
20 *classe du premier acte.)* « Mes enfants, les proverbes que vous voyez au mur de cette classe correspondaient peut-être jadis à une réalité disparue. Aujourd'hui on dirait qu'ils ne servent qu'à lancer la foule sur une fausse piste, pendant que les malins se partagent la proie ; si bien qu'à notre époque, le mépris des proverbes c'est le commencement de la fortune... » Si tes professeurs avaient eu
25 la moindre idée des réalités, voilà ce qu'ils t'auraient enseigné, et tu ne serais pas maintenant un pauvre bougre.

TAMISE. — Mon cher, je suis peut-être bougre, mais je ne suis pas pauvre.

TOPAZE. — Toi ? Tu es pauvre au point de ne pas le savoir.

TAMISE. — Allons, allons... Je n'ai pas les moyens de me payer beaucoup de
30 plaisirs matériels, mais ce sont les plus bas.

TOPAZE. — Encore une blague bien consolante ! Les riches sont bien généreux avec les intellectuels : ils nous laissent les joies de l'étude, l'honneur du travail, la sainte volupté du devoir accompli ; ils ne gardent pour eux que les plaisirs de second ordre, tels que caviar, salmis de perdrix, Rolls-Royce, champagne et
35 chauffage central au sein de la dangereuse oisiveté !

Marcel PAGNOL, *Topaze* (1928), © éd. Pastorelly

POUR LE COMMENTAIRE

1. Topaze. Un monstre ou un moraliste ?

2. Quelles **réactions** cette scène vise-t-elle à susciter auprès du public ?

3. Appréciez les parts respectives de la **provocation** et du **didactisme** dans cette scène.

4. Expliquez **le mépris** de Topaze pour les proverbes.

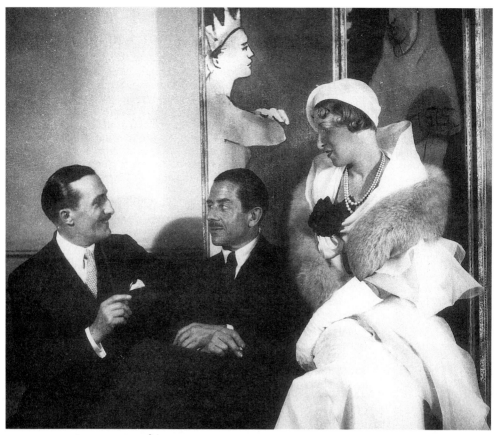

Victor Boucher, Édouard Bourdet et Yolande Lafon pendant une répétition
de *Fleurs des Pois* au Théâtre de la Michodière, en 1933.

Édouard Bourdet *Les Temps difficiles* (1934)

Édouard Bourdet (1887-1945) *représente, au Boulevard, le niveau le plus élevé de la création, tant dans le genre de la comédie que dans celui du drame.* **Langage ferme au service d'intrigues solidement bouclées**, *d'actions menées de main de maître, de personnages riches et cohérents. Les sujets, tous contemporains, font souvent scandale, notamment lorsqu'ils touchent les anomalies de mœurs* (Le Sexe faible, *1929*) *ou l'analyse sociale* (Les Temps difficiles, *1934*). *Satiriques, audacieuses, les pièces de Bourdet* **ne remettent pourtant pas en cause les conventions théâtrales**. *Une pièce de cet auteur : quatre actes denses démontant les mécanismes d'une société branlante, une intrigue linéaire sans fantaisie dans la construction.*

Ce dramaturge est choisi par le Front populaire, en 1936, pour administrer la Comédie-Française. En quatre ans, il renouvelle complètement cette salle prestigieuse et lui donne une nouvelle jeunesse en y accueillant Copeau, Jouvet, Dullin et Baty, puis en y faisant jouer des pièces de Mauriac et de Montherlant.

*** Les Temps difficiles

Ce drame se déroule dans le milieu de la bourgeoisie industrielle. La famille Antonin-Faure est en difficulté. Jérôme, le dirigeant de l'entreprise, a conclu avec des Lyonnais un contrat catastrophique. Il doit trouver une forte somme d'argent dans les plus brefs délais. Aussi cherche-t-il à convaincre son frère, Marcel, et sa belle-sœur, Suzy, de donner leur fille Anne-Marie, une superbe et fraîche adolescente, en mariage à un dégénéré fortuné, Bob Laroche.

Mariage de raison

***

Comment convaincre Marcel et Suzy qui, depuis dix-huit ans, ont pris leurs distances avec Jérôme dont ils condamnent l'esprit corrompu et l'égoïsme mesquin ?

MARCEL. — Bon... *(A Jérôme :)* Tu es content de ton voyage ?

JÉRÔME. — Heu... je te raconterai. Ah ! je t'annonce que tu es administrateur.

SUZY, *contente.* — Ah !

MARCEL. — Je te remercie.

JÉRÔME. — Tu plaisantes !...

MARCEL. — Ils n'ont pas fait de difficultés ?

JÉRÔME. — Qui ?

MARCEL. — Eh bien, les gens de Lyon.

JÉRÔME. — Il n'aurait plus manqué que ça !

MARCEL. — Et, à part ça, tu as obtenu ce que tu voulais ?

JÉRÔME. — Heu... non, mais ça ne fait rien. Je t'expliquerai. Pour l'instant, j'ai à vous parler à tous les deux de quelque chose de beaucoup plus important...

SUZY. — Quoi donc ?

JÉRÔME. — Elle en fait de belles, votre fille !

SUZY. — Anne-Marie ?

MARCEL. — Qu'est-ce qu'elle a fait ?

JÉRÔME. — Vous ne savez rien ?

SUZY. — Mais non !

JÉRÔME. — Vous ne savez pas qu'elle a complètement fait tourner la tête au pauvre Bob ?

SUZY. — A Bob Laroche ?

JÉRÔME. — A Bob Laroche, parfaitement !

MARCEL, *amusé.* — Allons donc !

JÉRÔME. — C'est comme j'ai l'honneur de vous le dire !

SUZY. — Mais qui vous a parlé de ça ?

JÉRÔME. — Sa mère, qui est venue se plaindre à Charlotte !

SUZY. — Non.

JÉRÔME. — Il paraît qu'il ne dort plus, qu'il ne mange plus, qu'il ne pense plus qu'à elle !...

SUZY. — Je suis désolée !

MARCEL. — En tout cas, ce n'est sûrement pas de la faute d'Anne-Marie ! Elle est incapable de s'amuser à une chose pareille !

JÉRÔME, *jovial et sceptique.* — Oh ! oh !...

MARCEL. — Ça je te le garantis !

JÉRÔME. — C'est une fine mouche, Anne-Marie ! Avec son air de ne pas y toucher...

45 MARCEL. — Oh ! pardon : elle n'est pas coquette ! N'est-ce pas, Suzy ?

SUZY. — Et puis, enfin, ils n'ont jamais été seuls !

JÉRÔME. — Qu'est-ce que vous en savez ?... D'ailleurs, ça n'empêche rien ! Anne-Marie est assez
50 jolie pour lui avoir tapé dans l'œil à distance.

MARCEL. — C'est entendu, mais, alors, reconnais que ce n'est pas de sa faute !

JÉRÔME, *souriant.* — Mais je reconnais tout ce que tu voudras !

55 MARCEL. — Ah ! bon...

JÉRÔME. — Ça n'empêche pas qu'il en est fou !

MARCEL. — C'est très malheureux pour lui, mais qu'est-ce qu'elle peut y faire ?

JÉRÔME. — Elle peut l'épouser, pardi !

60 MARCEL. — Tu plaisantes ?

SUZY. — Oh ! voyons, Jérôme.

JÉRÔME. — Quoi ?

MARCEL. — Anne-Marie épouser ce pauvre diable ?

65 JÉRÔME. — « Pauvre diable » ! Des pauvres diables comme lui, il n'y en a pas à remuer à la pelle !

MARCEL. — Ce n'est pas ce que je veux dire ! Je sais bien qu'il a de l'argent !...

JÉRÔME. — Oui, ça, il en a !...

70 MARCEL. — Mais, enfin, il est à moitié idiot !

JÉRÔME. — Bob ?... Qu'est-ce que c'est que cette histoire ! Tu as déjà causé avec lui ?

MARCEL. — Causer avec lui, ce n'est pas commode ! Comme dit Jean-Pierre, il ne faut pas avoir
75 de train à prendre.

JÉRÔME. — Parce qu'il est timide, tout simplement ! Une fois mis en confiance, il n'est pas plus bête qu'un autre !

SUZY. — Mais tous ces tics, Jérôme, ces grima-
80 ces, ces soubresauts... c'est inquiétant !

JÉRÔME. — Voulez-vous que je vous dise d'où ça vient ? Eh bien, c'est un garçon qui a besoin d'une femme voilà tout.

MARCEL. — Ah ! non, tiens, tais-toi. Rien que de
85 penser qu'Anne-Marie... j'en suis malade !

JÉRÔME. — A t'écouter on dirait que c'est un monstre !

MARCEL. — Presque...

SUZY, *doucement.* — Non...

90 JÉRÔME. — Enfin, Suzy, vous qui êtes une femme de bon sens : est-ce que c'est un monstre ?

SUZY, *même jeu.* — Non, on ne peut pas dire ça...

JÉRÔME. — Ah !

SUZY. — Mais, tout de même...

95 JÉRÔME. — Ah ! ce n'est pas non plus un Adonis, évidemment. C'est un garçon moyen, très moyen, comme il y en a beaucoup. Seulement, il a eu contre lui de naître avec une grosse fortune et de ne pas avoir à fournir la preuve qu'il était capable de gagner
100 sa vie ! Alors, on dit : c'est un idiot ! Eh bien, ce n'est pas vrai !... En tout cas, c'est très exagéré...

MARCEL. — Enfin, tu ne vois pas un petit être frais et sain et pur comme Anne-Marie livré à cette espèce de... de dégénéré !

105 JÉRÔME. — « Dégénéré » ! Tout de suite les grands mots !

MARCEL. — Mais parfaitement ! Et c'est forcé : ils passent leur temps à se marier entre eux dans ces familles ! Jamais de sang nouveau ! Alors, voilà le
110 résultat !

JÉRÔME. — Justement : pour une fois, ce sera du sang nouveau !

MARCEL. — Ah ! non, pas celui d'Anne-Marie ! Ça, je ne veux pas !

115 JÉRÔME. — Tu pourrais peut-être demander l'avis de sa mère avant de décider ?

MARCEL. — Enfin, Suzy, tu penses comme moi !

SUZY. — Songez aux enfants, Jérôme ! Comme ce serait grave !

120 JÉRÔME. — Mais qu'est-ce que vous me racontez ? Ils auront de très beaux enfants ! Mélanie a été ravissante, vous savez ?... Quant à son mari... il n'avait rien inventé, mais il était parfaitement normal. Ce n'est pas parce que Bob a été un peu...
125 retardé dans son développement qu'il faut désespérer de la race... Et puis enfin, à cet égard-là, nous ne pouvons pas nous montrer tellement difficiles !... Si l'atavisme des Laroche t'inquiète, qu'est-ce qu'ils diraient du nôtre !...

130 MARCEL. — Comment ça ?

JÉRÔME. — Et Lucy ?

SUZY. — C'est vrai !...

JÉRÔME. — C'est une question, si tu veux m'en croire, qu'il vaudra mieux ne pas soulever !

135 MARCEL. — Il n'y aura pas à la soulever, attendu que nous ne voulons pas de ce mariage !

JÉRÔME. — Pardon : il y a aussi la principale intéressée à consulter ?

MARCEL. — Oh ! quant à ça, je suis tranquille ! Je
140 connais Anne-Marie.

JÉRÔME. — On peut toujours lui demander ce qu'elle en pense, non ?

SUZY. — Mais est-ce que vous croyez qu'il a vraiment l'intention de demander sa main ?

145 JÉRÔME. — S'il en a l'intention ? Mais sa mère n'est venue que pour ça !... Elle est allée faire une course en ville, mais elle va revenir et, entre temps, elle m'a chargé de vous pressentir. C'est une demande tout ce qu'il y a de plus officielle !

150 MARCEL, *hochant la tête.* — C'est formidable !...

JÉRÔME. — En quoi ? Tu ne vas tout de même pas te formaliser parce qu'on te demande la main de ta fille ! Ça n'a rien d'humiliant !

SUZY. — Non !

155 JÉRÔME. — Tu es inouï, ma parole ! On t'offre pour gendre l'héritier non seulement d'une des plus grosses fortunes, mais d'une des plus vieilles familles du pays ; des gens qui, depuis je ne sais pas combien de générations, sont considérés comme ce qu'il y a
160 de mieux ici, qui font la pluie et le beau temps dans la société, sur lesquels il n'y a jamais eu ça à dire ; qui ont en ville la plus belle maison ; ici, une propriété comme il n'y en a pas dix en France ; à Paris, un hôtel somptueux ; une villa à Cannes ; un yacht,
165 etc. ; grâce à qui ta fille deviendrait une espèce de petite reine, gâtée, choyée, reçue partout, dans les maisons les plus fermées de la région et dans les salons les plus élégants de Paris, vivant dans un luxe princier, au milieu de collections uniques — *(à*
170 *Suzy :)* ce que vous avez vu à Beautiran n'est rien auprès de ce qu'ils ont en ville et à Paris — ... et non seulement il refuse, mais encore il se trouve offensé ! Tu vas un peu fort, mon ami !

SUZY. — Jérôme a raison, Marcel. C'est plutôt
175 flatteur qu'autre chose...

Édouard BOURDET, *Les Temps difficiles* (1934)
© éd. Stock

POUR LE COMMENTAIRE

1. Des caractères forts

a. Les deux frères. Comment se manifeste leur opposition ?
b. Jérôme et Suzy. Comment Jérôme la manipule-t-il ?
c. Suzy. Un personnage ambivalent : montrez-le.
d. Jérôme, homme de pouvoir.

2. L'argumentation de Jérôme

a. Qu'y a-t-il de machiavélique dans cette argumentation ?
b. Sous quel aspect Jérôme présente-t-il Bob ?
c. Quelle est la part du rationnel et de l'irrationnel dans cette argumentation ?
d. La puissance de la mauvaise foi.

3. L'efficacité dramatique

a. Précisez les étapes de la scène.
b. L'art de la répartie. La vivacité des échanges.
c. La maîtrise du paradoxe, moteur du drame.
d. En quoi consiste le plaisir du spectateur ?

2. La violence lyrique

En marge du théâtre de Boulevard s'affirment quelques talents originaux dont les œuvres ont en commun **la violence du ton, la volonté de pousser jusqu'au paroxysme les conflits de sentiments et d'idées.** Fortes sur le plan rhétorique ou puissantes sur le plan poétique, ces œuvres veulent rompre avec les structures usées et renouer avec les forces vives de la tradition la plus authentique.

Ces irréductibles de la scène sont la plupart du temps des solitaires, comme **Stève Passeur**, dont la carrière est marquée aussi bien par des succès éclatants que par des échecs retentissants. Ils annoncent le théâtre des années 50, violent et bouffon, centré sur l'érotisme et la mort.

Il n'est pas étrange que deux auteurs flamands, **Fernand Crommelynck** et **Michel de Ghelderode**, héritiers de Bosch, Brueghel et Ensor, figurent dans cette sélection.

Stève Passeur *Pas encore* (1927)

La première pièce de **Stève Passeur** *(1899-1966),* Un bout de fil coupé *(1925), met en scène un couple qui s'affronte en dialogues âpres et tendus. Lugné-Poe s'intéresse à cet auteur prometteur (*La Maison ouverte ; La Traversée de Paris à la nage*), qui sait construire avec habileté des intrigues puissantes, quoique souvent outrées. Avec* Pas encore *(1927), Stève Passeur accentue le côté brutal et cynique de ses personnages. Ce sera ensuite* A quoi penses-tu ? *(1928), créé par Charles Dullin, et* Suzanne *(1929), monté par Louis Jouvet. Ces deux pièces renouent avec le vaudeville : personnages cocasses, situations rocambolesques.* L'Acheteuse *(1930) impose définitivement Passeur et le « passeurisme ». Un homme est « acheté » par une femme qui veut absolument l'épouser, qui l'humiliera et se délectera de l'abaissement où elle le plonge.*

*La haine conjugale forme le noyau de l'œuvre de Passeur, fasciné par les amours frénétiques. Ironique, brutal, Passeur refuse toute concession dans ses tableaux souvent sans nuances (*Les Tricheurs, *1932).*

*** Pas encore

Fanny est depuis vingt-quatre ans la maîtresse de Remantil, un entrepreneur de menuiserie dans une bourgade de Charente-Inférieure. Fanny s'ennuie et multiplie les aventures amoureuses avec d'autres partenaires. Paul Bucher, collaborateur de Remantil, est son dernier ami en date. Ayant appris cette relation, Remantil vient de congédier Bucher.

Un amant très cher...

Stève Passeur en 1955.

FANNY, REMANTIL, puis ALICE et MATHILDE. *Pendant tout le début de cette scène,* REMANTIL *devra donner l'impression qu'il maîtrise sa colère à grand peine. A chaque instant les spectateurs auront le sentiment que les mots qu'il dit, les répliques prononcées par Fanny vont le faire éclater et que ce n'est que grâce*
5 *à sa volonté qu'il conserve son calme apparent.*

REMANTIL. — Tu as acheté des actions de la Peñarroya, n'est-ce pas ?

FANNY. — Oui.

REMANTIL. — Où sont-elles ?

FANNY. — A la banque.

10 REMANTIL. — Montre-moi la lettre de la banque.

FANNY. — Quelle lettre ?

REMANTIL. — La lettre par laquelle ils t'avisent qu'ils ont exécuté tes ordres.

FANNY. — Je vais la chercher.

REMANTIL. — Cherche-la, c'est ça, cherche-la.

15 *Fanny fait semblant de fouiller dans ses papiers.*

FANNY. — J'aime mieux te dire la vérité.

REMANTIL. — Soit, dis-moi la vérité.

FANNY. — J'ai prêté l'argent que tu m'as donné.

REMANTIL. — A qui ?

20 FANNY. — A un fermier.

REMANTIL. — Je veux savoir son nom. Je veux voir sa reconnaissance de dette !

FANNY. — Je ne peux pas te la montrer.

REMANTIL. — Parce qu'elle n'existe pas ?

FANNY. — Oui.

25 REMANTIL. — Parce que cet argent tu l'as donné à Paul Bucher avec qui tu couchais. Tu as donné mon argent à ton amant ?

FANNY. — Oui.

REMANTIL. — Je le savais.

FANNY. — Si tu le savais, pourquoi m'obliges-tu à mentir ?

30 REMANTIL. — Tais-toi, tu m'as compris, tais-toi. Je veux tout savoir aujourd'hui.

FANNY. — Cet argent m'appartenait, j'avais le droit d'en faire ce que je voulais.

REMANTIL. — Quand tu m'as parlé de Paul Bucher pour la première fois, quand tu m'as supplié sur tous les tons de le prendre avec moi à la fabrique, est-ce qu'il était déjà ton amant ?

35 FANNY. — Je ne vois pas en quoi tu peux te plaindre de Paul, tu m'as avoué souvent que tu n'avais jamais gagné autant d'argent que depuis le jour où il a travaillé pour toi.

REMANTIL. — Réponds-moi, Fanny. Réponds-moi vite.

FANNY. — Mais bien sûr, il était mon amant, ce n'était même pas la peine de
40 me le demander.

REMANTIL. — C'est complet.

FANNY. — Tu ne sais pas encore tout. Ce n'est pas trente-cinq mille francs que je lui ai donnés, c'est cinquante-deux mille francs *de ton argent* qu'il a eus de moi en deux ans. C'est bien simple, tout ce que j'avais, je le lui ai donné. Si j'avais
45 été plus riche, ça aurait été la même chose. Qu'est-ce que tu attends pour te mettre à hurler, pour me battre ?

REMANTIL. — Je ne te battrai pas aujourd'hui, Fanny...

FANNY. — Tu es complètement effondré. Tel que je te connais, tu préférerais que j'aie eu dix amants pendant ces deux années plutôt que de savoir que j'ai
50 gaspillé ton argent ?

REMANTIL. — Je ne te battrai pas, Fanny, parce que tu es battue.

FANNY. — Je suis battue ?

REMANTIL. — Parfaitement, tu es battue. Fanny Maubert n'existe plus.

FANNY. — Comment ça, elle n'existe plus ?

55 REMANTIL. — Tu n'es plus une femme.

FANNY. — Qu'est-ce que je suis alors ?

REMANTIL. — Tu n'es plus qu'une pauvre vieille qui paye des hommes pour coucher avec elle et qui est obligée de les payer très cher.

Stève PASSEUR, *Pas encore* (1927)
© éd. Gallimard

POUR LE COMMENTAIRE

1. Le jeu de Remantil. Précisez l'intérêt des indications scéniques données par l'auteur.

2. Pourquoi Remantil n'aborde-t-il pas le sujet redouté d'emblée ?

3. Pourquoi Fanny se dit-elle **obligée de mentir** ? L'est-elle vraiment ?

4. Le mépris de Fanny pour Remantil. Comment s'explique-t-il ?

5. La violence de Remantil. En quoi ses propos sont-ils encore plus insupportables que l'exercice de la violence physique ?

6. Qu'y a-t-il de **pervers** dans ce couple ?

7. La technique du dialogue au service de la puissance dramatique.

8. Une **scène naturaliste** ? Un romantisme à rebours ?

Fernand Crommelynck *Tripes d'or* (1925)

De nationalité belge, **Fernand Crommelynck** *(1888-1970), enfant de la balle, connaît à vingt ans son premier succès de scène avec* Nous n'irons plus au parc. *Il se montre influencé par Maeterlinck dans ses premières pièces, puis,* **avec la satire mordante de la bourgeoisie, trouve un ton personnel.** *Entre 1916 et 1919, il écrit* Le Cocu magnifique *qui, monté par Lugné-Poe en 1920, fait événement et rend Crommelynck célèbre : renouvelant le thème du mari trompé, l'auteur montre un jaloux qui, pour poursuivre le séducteur de sa femme, oblige celle-ci à coucher avec tous les hommes du village...*

Les pièces suivantes de Crommelynck, dont Tripes d'Or *(1925), déçoivent le public, désorienté par* **la truculence féroce du dramaturge,** *qui mêle le cocasse et le tragique, la grossièreté et la poésie et qui use surtout du non-sens. Tous ces éléments, qui s'apparentent au burlesque et annoncent le théâtre de l'absurde, constituent des ferments pour la génération ultérieure (Genet, Ionesco, Beckett, voir pp. 639 à 658).*

« *Dors* »

Fernand Crommelynck et
Suzet Maïs, interprète de sa
pièce *Chaud et Froid,*
Comédie des
Champs-Élysées, 1934.

PIERRE-AUGUSTE. — J'ai sommeil, sommeil, sommeil, toujours.

BARBULESQUE. — Dors.

PIERRE-AUGUSTE. — Si tu peux m'endormir pour cent ans, je placerai mon argent qui fera des petits. Je ne veux pas dormir !

5 BARBULESQUE, *le plus simplement du monde.* — Ah ! Bon, — c'est facile.

PIERRE-AUGUSTE, *tout réjoui.* — Vraiment ?

BARBULESQUE. — Ou...i ! Quand tu dors, qu'est-ce qui dort de ta personne ?

PIERRE-AUGUSTE. — Mon corps.

BARBULESQUE. — Non pas. Ton sang tourne, ton cœur roule, tes poumons
10 sifflent et si la gale te démange, tu te grattes. Ou...i !

PIERRE-AUGUSTE. — C'est donc mon esprit.

BARBULESQUE. — Non pas. Ton esprit bat la campagne. Tu rêves que tu découvres un trésor, tu le caresses, tu l'embrasses, tu t'y vautres, et tu as un réveil déçu. Ou...i !

15 PIERRE-AUGUSTE. — Est-ce alors que mon corps et mon esprit font chambre à part ?

BARBULESQUE. — Non pas. Si tu as des flatulences, tu feras un rêve gazeux ; une cloque au talon, un rêve pédestre. Si ton esprit construit un cauchemar traversé de deuils, de crimes et de ruines, ta peau donnera sa sueur et ton œil
20 toute son eau. Ou...i !

PIERRE-AUGUSTE. — C'est donc ma conscience qui dort ?

BARBULESQUE. — Non pas. Tu te retournes cent fois, sans tomber du lit, tu te réveilles à l'heure prescrite. Ou...i !

PIERRE-AUGUSTE. — Alors quoi ?

25 BARBULESQUE, *toujours très simplement, désignant l'orme devant la maison.* — Si tu regardes cet arbre, si tes mains le touchent, si ton nez odore la fleur de son écorce, si tes oreilles entendent le chuchotement de son feuillage, si tu goûtes son fruit, si tous tes sens sont d'accord devant son évidence, cet arbre-là, tu le connais. Si tu le connais, tu le comprends, si tu le comprends tu le possèdes,
30 si tu le possèdes tu l'aimes et si tu l'aimes, vraiment tu es cet arbre et cet arbre est toi-même. Ou...i !

PIERRE-AUGUSTE, *éberlué.* — Je suis cet arbre !

BARBULESQUE. — Tu es un éléphant, un rhinocéros, un gorille et ce gorille est toi-même. Et le renard est toi-même, et le porc est toi-même et tu te nommes
35 Aliboron. Et tu es un hibou, un corbeau, un vautour. Et le brochet est toi-même, et le requin. Et le crapaud se nomme Hormidas et le serpent aussi. Et tu es le bousier, et tu es le nécrophore et le pou se nomme Pierre-Auguste. Ou...i !

PIERRE-AUGUSTE, *ahuri, soupçonneux.* — Quel conte me fais-tu ?

BARBULESQUE. — Et tu sautes, tu grimpes, tu fouilles, tu rues, tu voles, tu
40 nages, tu rampes. Tu barris, tu renâcles, tu grognes, tu braies, tu ulules, tu
croasses. Et tandis que les bêtes comptent leur argent, je te soigne.

PIERRE-AUGUSTE. — Quoi ?

BARBULESQUE. — Ceci est l'état de veille, le temps où tu aimes tous les êtres
autour de toi, où tous les êtres t'aiment, que tu le veuilles ou non. C'est le temps
45 où tu travailles à la création perpétuelle du monde en amour. C'est fatigant.
Ou...i !

PIERRE-AUGUSTE *soupire.* — Ou...i !

BARBULESQUE. — Mais si tu refuses de travailler, si tu te retires dans tes
frontières, si tu veux faire provision d'amour pour le lendemain, — alors tu es
50 Pierre-Auguste Hormidas, tout court, et tu es un pauvre homme qui dort.

Fernand CROMMELYNCK, *Tripes d'or* (1925)
© éd. Gallimard

POUR LE COMMENTAIRE

1. Comment Pierre-Auguste aborde-t-il **la question du sommeil** ?

2. Quelle **différence** Barbulesque fait-il entre « esprit » et « conscience » ?

3. Qu'est-ce que l'**état de veille** selon Barbulesque ?

4. « Je suis cet arbre ! ». **Expliquez** cette exclamation de Pierre-Auguste.

5. Que **représente le sommeil** pour Barbulesque au terme de sa démonstration ?

6. La **dimension symbolique** du texte.

Michel de Ghelderode *Christophe Colomb* (1929)

Auteur belge, **Michel de Ghelderode** *(1898-1962) nourrit une angoisse profonde dès ses jeunes années. Angoisse qui inspire ses œuvres, contes, nouvelles, pièces de théâtre, marquées par l'influence de Maeterlinck et par l'expressionnisme (La Mort du docteur Faust, 1924 ; Christophe Colomb, 1929). L'expérience de la scène raffermit sa conception du théâtre (Magie noire, 1934) : une action brève dans un espace nocturne et coupé du monde, des personnages pittoresques, un langage lyrique et trivial, une atmosphère de perdition. Entre 1934 et 1937 sont écrites les pièces majeures, dont La Ballade du Grand Macabre, Hop Signor !, Mademoiselle Jaïre. Après 1939, Ghelderode reviendra au genre du conte, qui convient bien à sa personnalité solitaire et blessée.*

Les personnages de Ghelderode, à l'instar de leur créateur, **souffrent de l'absence de communication**, *se laissent envahir par la peur des pulsions, par les visions issues de la tradition et de l'art flamand (Bosch, Breughel, Ensor).* **La violence de son théâtre** *fait peur aux metteurs en scène de l'entre-deux-guerres. En revanche, elle trouve son public dans les années 50, fascinées par ces farces sacrées, par ces messes blasphématoires et sacrilèges.*

Le retour de Christophe Colomb

TROISIÈME TABLEAU

Le décor est une construction occupant le fond de la scène et percée de trois portes ; celle de gauche est rouge avec l'inscription : HONTE ; celle de droite est noire, avec l'inscription : SILENCE ; celle du centre est dorée avec l'inscription : GLOIRE. On a de cette manière et pour les nécessités de cet acte, un arc de
5 *triomphe au centre, une geôle à dextre et un tombeau à senestre. Au sommet de la construction, un socle sur quoi se lit : « A CELUI... »*

L'Homme-Foule brandit des journaux et trépigne.

1. Maréchal de France qui capitula dans Metz en 1870.

L'HOMME-FOULE. — Well ! Jour de gloire ! Le surhomme ! Quelle audace ! Le voir ! Le toucher ! Couronnez-le ! Des fleurs ! Souscription nationale ! Banquet !
10 A bas les flics ! Vive Bazaine[1] !

La porte dorée s'illumine. Elle s'ouvre et laisse passer Christophe Colomb, valise à la main, une gabardine sur ses habits de style ancien.

COLOMB. — C'est moi !

L'HOMME-FOULE, *tournant le dos à l'arrivant.* — Le voilà ! C'est lui ! Le vain-
15 queur ! Le conquistador ! Le toréador ! Ah ! le bel homme !

COLOMB. — Peuple, merci ! Vos acclamations...

L'HOMME-FOULE. — Tombera ?... Tombera pas ?...

COLOMB. — Qui ?

2. Américain, premier aviateur à traverser l'Atlantique d'ouest en est, en 1927.

L'HOMME-FOULE, *désignant le ciel.* — Celui qui a découvert l'Europe ! Vive
20 Lindbergh[2] ! *(Il considère Colomb.)* Vous êtes un globe-trotter ?

COLOMB. — Cela même. Je suis Christophe Colomb qui revient d'Amérique.

L'HOMME-FOULE. — Avez-vous fait fortune ?

COLOMB. — Non, mais je suis célèbre.

L'HOMME-FOULE. — Dans ce cas, vive Christophe Colomb ! *(Il danse).* Vive le
25 grand Turc ! A bas les Juifs ! Vive la France !

Il a disparu. Le silence. Colomb regarde avec tristesse l'arc de triomphe, va en éteindre l'illumination et revient s'asseoir sur sa valise.

COLOMB. — Inconstance des humains ! C'est bien fait ! Si je n'étais pas revenu, ils eussent chanté une cantate en mon honneur. Mon tort fut d'avoir eu, sur la
30 foi d'une romance, le mal du pays. Alors que ma patrie, c'est l'océan. Que ne suis-je demeuré chez ces Indiens fumeurs de calumets, parmi les dieux sculptés et les petits singes furieux ! Je finis sans beauté, sans or et, qui saura le dire, sans réputation. Mince aventurier ! J'ai rêvé de la sphère, alors qu'il s'agissait de tout autre chose. Ce n'était pas très malin, démontrer que la terre était ronde ;
35 l'histoire de l'œuf à tenir debout m'eût été plus profitable. *(Soupir.)* Je suis vieux et je n'ai pas vécu, ayant trop accordé au rêve ; j'ai été loin et ne me trouve nulle part ; j'ai beaucoup vu et je n'ai rien appris ; j'ai beaucoup agi et je n'ai rien fait. Je sais seulement que petit est le monde et grande l'illusion. Je ne suis ni vaniteux ni rapace ni chançard. Je n'ai pas les vertus des imbéciles ni celles des
40 héros. On dira bien dans les livres scolaires que je fus un intrépide voyageur, mais c'est l'histoire de l'œuf que la jeunesse retiendra. Posthumément, ça ne fait pas une situation. Et maintenant ? Les temps sont durs à qui ne possède pour tout bien que la formule du volume de la sphère. *(Il se lève.)* Pardonnez-moi de n'avoir point suivi vos conseils, mes chers sauvages aux plumes si jolies. Je songerai
45 à vous, mais je n'écrirai pas votre danse dernière ni votre mort nostalgique, car il n'est pas bon de tout dire quand on sollicite une pension et que les Jésuites vous veulent du bien. *(Il marche de long en large.)* Que me fortifient ces déboires ; que je trouve en moi cette philosophie des humbles qui suggère une explication acceptable des événements calamiteux ! Et qu'importe cette grati-
50 tude, cette indifférence, si je me trouve fameux, moi, si je comprends seul le sens de ma destinée ! Pourquoi ne me célébrerais-je pas moi-même ?... *(Il saute et jette en l'air son chapeau.)* Vive Christophe Colomb ! Gloire ! Vivre l'illustre navigateur ! *(Il remet son chapeau.)* Voilà ! Connaissant la gloire, il ne me reste plus qu'à la savourer en un lieu tranquille où, à l'insu de tous, je finirai mes jours.
55 *(Il s'en va, traînant la patte.)*

Michel de GHELDERODE, *Christophe Colomb* (1929)
© éd. Gallimard

Christophe Colomb au Théâtre de la Cité Universitaire, 1953.

POUR LE COMMENTAIRE

1. Le décor. Les personnages

a. L'Homme-Foule. Que représente-t-il ?
b. Christophe Colomb. Son aspect, son costume, son langage.

2. Une réflexion sur le destin

a. Que recherchait Colomb ? Quel rêve et quel espoir le portaient ?
b. « J'ai beaucoup agi et je n'ai rien fait ». Expliquez.

3. Les drames de l'inquiétude

ARMAND SALACROU et JEAN ANOUILH fournissent au public des pièces qui reprennent, en les transformant, certains éléments du théâtre bourgeois. On retrouve dans leurs œuvres les **thèmes traditionnels** : l'adultère, les intrigues d'intérêt, mais **une nouvelle atmosphère les baigne**. L'inconnu se tapit derrière le quotidien, l'absurde guette faits et gestes. Des innovations techniques (tel que le retour en arrière) et dramatiques (dédoublement du personnage en deux, lui-même pris à des moments différents) infléchissent le sens des pièces. **L'atmosphère inquiète des années 30 remodèle cette scène qui joue avec la réalité**. Anouilh traite constamment du conflit du rêve et du réel. Le possible et l'impossible, la farce et la tragédie, la pureté et l'avilissement, tous les contraires s'épousent en ce lieu de conflit et d'indécision où, en fin de compte, les meilleurs refusent le jeu de la vie.

Armand Salacrou *L'Inconnue d'Arras* (1935)

*Né à Rouen en 1899, **Armand Salacrou** étudie la médecine, la philosophie et le droit avant de trouver sa voie entre journalisme et cinéma, théâtre et publicité... Cette riche et polymorphe expérience donne toute leur saveur et leur vie à ses pièces satiriques comme* Poof *(1950), particulièrement bien servies par Charles Dullin.*

De cette œuvre nombreuse, foisonnante, cocasse, émergent Un homme comme les autres *(1936),* Histoire de rire *(1939),* L'Archipel Lenoir *(1947),* Boulevard Durand *(1960). Le **mélange des tons**, les intentions philosophiques, la vivacité de la satire ont souvent perturbé les spectateurs de Salacrou, notamment quand ils appartiennent à cette bourgeoisie dont il pourfend la détresse haineuse.*

*Salacrou marque son temps par un sens averti de l'**innovation dramatique** :* L'Inconnue d'Arras *(créée en 1935 par Lugné-Poe) fait éclater le temps et l'espace scéniques et affirme une liberté de mouvement toute musicale.*

*** *L'Inconnue d'Arras*

Un homme, Ulysse, s'est suicidé parce que sa femme, Yolande, l'a trompé avec son meilleur ami. Cette donnée est bien classique. Mais non son traitement : Ulysse revoit toute sa vie dans le bref moment où la balle qu'il a tirée atteint son but. Ulysse cherche à comprendre le sens à donner à sa vie, à sa mort. Parmi les femmes qui ont traversé sa vie s'impose le souvenir d'une jeune inconnue rencontrée à Arras en pleine guerre, et qu'il n'a jamais revue.

« *Une vraie jeune fille* »

ULYSSE. — C'était aux environs d'Arras. Je venais de descendre un avion ennemi. J'étais plein d'angoisse. Était-ce là toute la belle destinée qui m'était promise ? Derrière ma mitrailleuse, et devant l'objectif, je ne pensais à rien. Mais revenu sur la terre, j'avais peur. J'avais froid. J'étais seul et perdu dans un désespoir imprévu. Je t'ai rencontrée...

L'INCONNUE. — Non. Je t'ai racolé.

ULYSSE. — Tu m'as racolé ? Non, non. Je te demande pardon. C'est en effet ce que j'ai cru d'abord, — et je t'ai suivie.

L'INCONNUE. — Tu tremblais.

ULYSSE. — Et je t'ai emmenée dans ma maison abandonnée. Toi aussi tu tremblais. J'ai ôté mon manteau mouillé, et je t'ai jetée sur le lit.

L'INCONNUE. — Et je me suis débattue, — et surprise, tu m'as lâchée...

ULYSSE. — Il faisait noir et froid, on entendait au loin le canon. Il y avait des lueurs rapides dans le ciel qui venaient se poser sur ta figure, — et tu as fondu en larmes.

L'INCONNUE. — Non ! non ! Tais-toi.

ULYSSE. — Et à cette heure-là, seul le malheur pouvait m'émouvoir.

L'INCONNUE. — Pourquoi ne m'as-tu pas battue ? Il fallait me battre.

ULYSSE. — Oui, j'ai eu envie de te battre, et peut-être même de te tuer.

L'INCONNUE, *terrorisée*. — Aah !

ULYSSE. — Je pouvais le faire. Nous étions seuls dans cette ville déserte au milieu de la guerre. Et nous avions la mort facile. J'ai eu l'envie furieuse de me venger de ma vie de soldat, en tuant, en étranglant une femme qui pleurait. Et je t'ai simplement demandé si tu racolais les officiers avec le seul désir de leur montrer tes larmes.

L'INCONNUE, *comme autrefois*. — Je suis arrivée ici, voici trois jours. Je cherche ma sœur qui vivait là, et la ville est évacuée. Je suis seule, traquée par les soldats.

ULYSSE, *incrédule*. — Oui... Oui...

L'Inconnue. — Et je suis une jeune fille... une vraie jeune fille. C'est parce que j'avais faim et peur que je vous ai appelé.

Ulysse. — Pauvre chérie.

L'Inconnue. — Vous avez été très bon.

Ulysse. — Non.

L'Inconnue. — Vous m'avez couverte de votre manteau... Puis, comme vous alliez partir chercher de quoi manger, pour vous remercier, je vous ai offert mes lèvres et vous m'avez embrassée, en vous penchant sur le lit.

Ulysse. — Et tu puais l'alcool. Tu sentais l'absinthe. Tu étais ivre d'absinthe.

L'Inconnue. — Oui, alors, tu m'as injuriée, tu m'as aussi donné un coup de poing.

Ulysse, *battant son poing*. — Pardon. Pardon.

L'Inconnue. — Et tu es parti.

Ulysse. — Sais-tu ce qui s'est passé après ?

L'Inconnue. — Non.

Ulysse. — J'ai dévalé dans la ville à la recherche d'une épicerie déserte. J'ai pris des biscuits, du chocolat, de l'alcool, — de l'alcool, et je suis retourné vers toi, — pour te violer, pour savoir si tu étais vierge, pour savoir si tu m'avais menti. J'ai retrouvé la maison, tu étais toujours là, endormie. Tu avais des larmes sur la joue. Devant toi, je suis devenu calme et plein de tendresse. J'ai laissé les provisions et la bouteille. Puis, j'ai griffonné un mot te priant de m'attendre jusqu'à midi. Je suis sorti. Je sais que des soldats sont passés dans la matinée. Puis la ville a été bombardée à onze heures. Je suis parvenu à revenir vers une heure, affolé ; la maison où tu dormais était toujours là. Rassuré, j'ai grimpé l'escalier, les provisions avaient disparu. Le mot aussi. J'ai cherché dans toutes les pièces. Personne. Je t'ai attendue jusqu'au soir. Tu n'es pas revenue. Je t'ai cherchée trois jours dans toutes les rues. Deux mois plus tard, j'ai repassé dans la ville. Elle était entièrement démolie, sauf trois maisons. La nôtre était toujours intacte. J'ai remonté, en tremblant, l'escalier. Le lit était toujours là, les couvertures défaites comme tu les avais laissées, et j'ai encore attendu comme un fou, deux jours, dans cette maison avec l'espoir absurde de te voir rentrer, revenir, apparaître.

L'Inconnue. — Chéri.

Ulysse. — J'ai fait la guerre en ne pensant qu'à toi. Qui sait si durant toute ma vie je n'ai pas aimé que toi ?

L'Inconnue. — Ulysse !

Ulysse. — Toi que j'ai cherchée partout, et enfin retrouvée, chère inconnue.

Ils s'embrassent.

Ulysse, *se dégageant brutalement*. — Ah ! tu sens encore l'absinthe.

L'Inconnue. — Je vous jure que je dis la vérité. Je suis une vraie jeune fille à la recherche de sa sœur, et pas du tout ce que vous croyez.

Ulysse. — Cette fois, je te tiens et je ne te lâcherai pas.

L'Inconnue. — Je vous ai racolé, mais parce que j'avais faim et peur. Je vous supplie de me croire.

Ulysse. — Tais-toi ! D'abord pourquoi ne m'as-tu pas attendu ?

L'Inconnue. — Je ne sais pas.

Ulysse. — Où étais-tu quand je te cherchais partout ?

L'Inconnue. — Je ne sais pas.

Ulysse. — Les soldats qui sont passés le matin se sont jetés sur toi ?

L'Inconnue. — Quels soldats ?

Ulysse. — Ne fais pas l'idiote. Et réponds-moi : j'avais oublié de te demander ton nom. Comment t'appelles-tu ?

L'Inconnue. — Vous savez bien que nous ne le savons pas.

Ulysse. — Mais toi, tu le sais...

L'Inconnue. — Je suis la jeune fille inconnue des environs d'Arras.

Armand SALACROU, *L'Inconnue d'Arras* (1935)
© éd. Gallimard

POUR LE COMMENTAIRE

Pour jouer *L'Inconnue d'Arras*

Dans une note de 1935, Armand SALACROU précise sa conception dramaturgique par rapport au jeu qu'il préconise pour *L'Inconnue d'Arras*.

Quelle lumière ce commentaire jette-t-il sur la scène présentée ci-dessus ?

« A ce propos, je veux mettre en garde les metteurs en scène de cette pièce contre une erreur dangereuse. Le mois dernier encore, un jeune metteur en scène anglais a joué *L'Inconnue* avec tant de respect qu'il a momifié la pièce. Ce n'était plus une *comédie*, mais un oratorio. Or, je le précise ici et très nettement, *L'Inconnue* doit être jouée « plein feu ». Sans manquer un seul des effets qui peuvent jaillir du burlesque, de la cocasserie. Qu'on me comprenne bien : je ne dis pas que *L'Inconnue* soit une pièce gaie, mais c'est une pièce rapide, rapide comme le souvenir, avec ces éclats de rire qui traversent souvent et bousculent nos angoisses les plus insupportables. *Elle doit être jouée avec simplicité.* Ce n'est pas une pièce de revenants. Pas d'ectoplasmes. Il n'y a rien de plus simple, de plus évident que l'absurde. Cette pièce est sans sous-entendus. C'est probablement la pièce la plus claire, la plus limpide que j'aie écrite. Il faut la jouer dans un décor blanc, avec la lumière du soleil ; un soleil qui se lève au début de la pièce et se couche à la fin. C'est une pièce qui, comme notre vie, sort du Néant pour retourner au Néant, mais pendant son frémissement, ne l'embaumez pas. Ulysse n'est pas un personnage en bronze, sur un socle. En dépit de la mort qu'il vit, il se souvient parfois qu'il fut gai et qu'il aimait à rire. »

Jean Anouilh
Le Voyageur sans bagage (1937)

Jean Anouilh *(1910-1987), homme secret entièrement voué au théâtre, développe à travers ses pièces « roses » ou « noires »* **sa détresse de voir l'innocence sacrifiée à la vie sociale, l'existence des purs brisée par les compromissions,** *les valeurs de l'amour et de l'amitié pourries au contact de la nécessité.*
Admiré, fêté, Anouilh le mystérieux a également connu l'échec et l'injustice. Certaines œuvres à contre-courant des idéologies, comme Pauvre Bitos *(1956), ont irrité, souvent blessé l'opinion publique.* Antigone *(1944) est resté le grand classique de l'œuvre, montrant une rebelle sacrée qui pousse sa protestation contre l'ordre et l'autorité jusqu'à l'acceptation héroïque de la mort. Même démarche dans* L'Alouette *(1953), qui met en scène Jeanne d'Arc, sauvage et opiniâtre. Le traitement d'un thème identique peut s'achever en comédie dans* L'Invitation au château *(1947). Virtuose maîtrisant parfaitement les effets de son art, Anouilh ne se prive pas de nouer des imbroglios dramatiques (*Ornifle ou le Courant d'air, *1955) et de produire des portraits satiriques hauts en couleur (*L'Hurluberlu ou le Réactionnaire amoureux, *1959).*

*** *Le Voyageur sans bagage*
Gaston a perdu la mémoire au cours de la guerre. Cinq familles le réclament avec insistance depuis quinze ans. Parmi elles, les Renaud qui finissent par lui prouver qu'il est bien des leurs. Mais, quand il découvre qu'il était un jeune homme égoïste et cruel, un petit escroc prêt à trahir tout le monde, Gaston préfère ne pas endosser ce passé qui lui répugne. Dans cette scène, Valentine, qui a été autrefois sa belle-sœur et sa maîtresse, tente une dernière fois de le convaincre.

Amnésie volontaire

Jean Anouilh en 1935.

VALENTINE. — Mais est-ce que tu te rends compte seulement de ce que tu es en train de faire ?

GASTON. — Oui. Je suis en train de refuser mon passé et ses personnages — moi compris. Vous êtes peut-être ma famille, mes amours, ma véridique histoire.
5 Oui, mais seulement, voilà... vous ne me plaisez pas. Je vous refuse.

VALENTINE. — Mais tu es fou ! Mais tu es un monstre ! On ne peut pas refuser son passé. On ne peut pas se refuser soi-même...

GASTON. — Je suis sans doute le seul homme, c'est vrai, auquel le destin aura donné la possibilité d'accomplir ce rêve de chacun... Je suis un homme et je veux
10 être, si je veux, aussi neuf qu'un enfant ! C'est un privilège dont il serait criminel de ne pas user. Je vous refuse. Je n'ai déjà depuis hier que trop de choses à oublier sur mon compte.

VALENTINE. — Et mon amour, à moi, qu'est-ce que tu en fais ? Lui non plus, sans doute, tu n'as pas la curiosité de le connaître ?

15 GASTON. — Je ne vois de lui, en ce moment, que la haine de vos yeux... C'est sans doute un visage de l'amour dont seul un amnésique peut s'étonner ! En tout cas, il est bien commode. Je ne veux pas en voir un autre. Je suis un amant qui ne connaît pas l'amour de sa maîtresse — un amant qui ne se souvient pas du premier baiser, de la première larme — un amant qui n'est le prisonnier d'aucun
20 souvenir, qui aura tout oublié demain. Ça aussi, c'est une aubaine assez rare... J'en profite.

VALENTINE. — Et si j'allais le crier moi, partout, que je reconnais cette cicatrice ?

GASTON. — J'ai envisagé cette hypothèse. Au point de vue amour : je crois que
25 l'ancienne Valentine l'aurait déjà fait depuis longtemps et que c'est un signe assez consolant que vous soyez devenue prudente... Au point de vue légal... Vous êtes ma belle-sœur, vous vous prétendez ma maîtresse... Quel tribunal accepterait de prendre une décision aussi grave sur ce louche imbroglio d'alcôve dont vous seule pouvez parler ? [...]

30   VALENTINE. — Et que vas-tu faire ?

GASTON. — M'en aller.

VALENTINE. — Où ?

GASTON. — Quelle question ! N'importe où.

VALENTINE. — C'est un mot d'amnésique. Nous autres qui avons notre
35 mémoire, nous savons qu'on est toujours obligé de choisir une direction dans les gares et qu'on ne va jamais plus loin que le prix de son billet... Tu as à choisir entre la direction de Blois et celle d'Orléans. C'est te dire que si tu avais de l'argent le monde s'ouvrirait devant toi ! Mais tu n'as pas un sou en poche, qu'est-ce que tu vas faire ?

40   GASTON. — Déjouer vos calculs. Partir à pied, à travers champs dans la direction de Châteaudun.

VALENTINE. — Tu te sens donc si libre depuis que tu t'es débarrassé de nous ? Mais pour les gendarmes tu n'es qu'un fou échappé d'un asile. On t'arrêtera.

GASTON. — Je serai loin. Je marche très vite.

45   VALENTINE *lui crie en face.* — Crois-tu que je ne donnerais pas l'alarme si tu faisais un pas hors de cette chambre ? *(Il est allé soudain à la fenêtre.)* — Tu es ridicule, la fenêtre est trop haute et ce n'est pas une solution. *(Il s'est retourné vers elle comme une bête traquée. Elle le regarde et lui dit doucement.)* — Tu te débarrasseras peut-être de nous, mais pas de l'habitude de faire passer tes
50 pensées une à une dans tes yeux... Non, Jacques, même si tu me tuais pour gagner une heure de fuite, tu serais pris. *(Il a baissé la tête, acculé dans un coin de la chambre.)* — Et puis, tu sais bien que ce n'est pas seulement moi qui te traque et veux te garder. Mais toutes les femmes, tous les hommes... Jusqu'aux morts bien pensants qui sentent obscurément que tu es en train d'essayer de leur
55 brûler la politesse... On n'échappe pas à tant de monde, Jacques. Et, que tu le veuilles ou non, il faudra que tu appartiennes à quelqu'un ou que tu retournes dans ton asile.

GASTON, *sourdement.* — Eh bien, je retournerai dans mon asile.

VALENTINE. — Tu oublies que j'y ai été lingère tout un jour, dans ton asile ! Que
60 je t'y ai vu bêchant bucoliquement les salades peut-être, mais aussi aidant à vider les pots, à faire la vaisselle ; bousculé par les infirmiers auxquels tu quémandais une pincée de tabac pour ta pipe... Tu fais le fier avec nous ; tu nous parles mal, tu nous railles, mais sans nous tu n'es qu'un petit garçon impuissant qui n'a pas le droit de sortir seul et qui doit se cacher dans les cabinets pour fumer.

65   GASTON *a un geste quand elle a fini.* — Allez-vous-en, maintenant. Il ne me reste pas le plus petit espoir : vous avez joué votre rôle.

Elle est sortie sans un mot.

Jean ANOUILH, *Le Voyageur sans bagage* (1937)
© éd. La Table ronde

ÉTUDE COMPARÉE

Les héroïnes d'Anouilh

Monisme (*L'Hermine*, 1932) : cette jeune héritière aristocratique dépend d'une tante égoïste et méchante dont son amant, Frantz, la débarrasse. Mais ce crime commis, elle crie à Frantz qu'elle ne l'aime plus. L'héroïne de *La Sauvage* (1938) a d'indignes parents qui ont tenté de la vendre. Elle rencontre un compositeur de talent, fortuné, à qui tout réussit. Mais, écœurée par l'insolence de son bonheur, elle préfère retourner à sa vie misérable. *Eurydice* (1941) reprend le même thème : Orphée et Eurydice se rencontrent sur le quai d'une gare mais, elle, sait que son passé détestable ne la quittera pas. Elle renonce à son bel amour

et est tuée dans le car qui l'emporte. *Antigone* (1944) reprend la légende grecque. Antigone, malgré la défense de Créon, a voulu enterrer son frère. Elle refuse toute compromission et affronte son destin, le cœur vaillant.

Intertextualité

Le **thème de l'amnésie** chez Jean GIRAUDOUX et Jean ANOUILH. Le premier, dans *Siegfried* (1928), a fait entrer en conflit des nationalités, opposant le Siegfried germanique au Siegfried limousin. Le second oppose l'individu à son passé qu'il juge et renie.

4. L'autre scène

Dès 1920 se manifestent des tendances modernistes dans le monde du théâtre. **Des révolutions scéniques se préparent sous le double signe de la poésie et de l'imagination.** Jean Cocteau crée *Les Mariés de la Tour Eiffel* en 1921 et Roger Vitrac *Victor ou les Enfants au pouvoir* en 1928. Tous deux donnent leur forme concrète à des images reléguées à l'état de clichés et montrent des métamorphoses en mouvement. Les farces de Crommelynck au langage baroque et incongru participent de la même recherche, de même que les courtes pièces surréalistes d'Aragon ou de Breton.

Avec **Antonin Artaud** et le théâtre de la cruauté, le projet trouve sa véritable dimension. Héritier de Jarry, admirateur du théâtre balinais, Artaud (*Le Théâtre et son double*, 1938) remet en cause les fondements mêmes du théâtre occidental, qui, pour se renouveler, doit puiser aux sources de cet art tel qu'on le pratique en Orient, où le langage propre à la scène est fait de gestes, d'attitudes, d'objets ; où la parole se fait incantation, cri. « Je propose un théâtre où des images physiques violentes broient tout et hypnotisent la sensibilité des spectateurs pris dans le tourbillon de forces supérieures. »

Roger Vitrac
Victor ou les Enfants au pouvoir (1928)

Roger Vitrac (1899-1952) vit une jeunesse perturbée par les conflits familiaux et la Grande Guerre. Il fonde la revue Aventure *avec Marcel Arland et René Crevel, participe aux derniers exploits de Dada aux côtés d'André Breton, dont il devient l'un des amis au sein du groupe surréaliste. Il publie des poèmes (*Humoristiques, *1927 ;* Cruautés de la nuit, *1927) et un récit (*Connaissance de la mort, *1927), mais se fait exclure du groupe en même temps qu'Artaud pour « déviation artistique ». En compagnie du même Artaud, il fonde alors le Théâtre Alfred-Jarry, où il monte* Victor ou les Enfants au pouvoir *(1928) et* Les Mystères de l'amour *(1930).*

Le théâtre de Vitrac comprend le « cycle de l'incendie », qui introduit l'univers du rêve sur la scène ; des pièces autobiographiques, dont Victor *et* Le Coup de Trafalgar *(1934) ; « la vie comme elle est », réunissant les autres pièces axées autour de la notion de destin.*

Cette œuvre est **la plus achevée dans le domaine du surréalisme théâtral,** *introduisant la dimension de la cruauté au sein d'une recherche de l'absurde.*

*** *Victor ou les Enfants au pouvoir*

A neuf ans, Victor parle et agit comme un homme. Pourvu d'une intelligence supérieure, il domine les situations et mène le jeu. Autour de lui, Thérèse, la maîtresse de son père Charles ; le général, une vieille ganache ; la petite Esther, âgée de six ans, fille de Thérèse ; Lili, la bonne ; Émilie, sa mère.

Roger Vitrac en 1936.

Le fils prodigue

Le Général. — Il y a de ces invraisemblances. Ainsi, Antoine qui est l'homme le plus doux du monde, s'agite comme un poignard dans la main d'un mameluk, et moi qui suis fait pour la guerre, je suis aussi indifférent qu'un drapeau de gendarmerie.

5 Charles. — Oh ! général, vous avez de ces métaphores.

Le Général. — Quoi ! Qu'est-ce que j'ai dit ? Encore le contraire de ce que je pense. Je dis toujours le contraire de ce que je pense. Mais vous êtes assez intelligent pour rectifier, mon cher Charles.

Charles. — C'est cela, traitez-moi d'imbécile, à présent.

10 Victor. — Évidemment, si vous pensez qu'il est intelligent, vous devez lui dire qu'il est complètement idiot.

Le Général. — Ah ! Victor, dans ce cas, tu es le plus parfait des crétins.

Victor. — Après vous, mon général !

Charles. — Il n'y a pas de raison pour que ce petit jeu finisse, et je vais y mettre
15 un terme. Victor, dis bonsoir à tout le monde et va te coucher.

Victor. — Avec qui ?

CHARLES, *exaspéré*. — Avec qui ? avec qui ? Je ne sais pas moi, avec Esther, avec ta mère, si tu veux.

TOUS. — Oh !

20 CHARLES. — C'est vrai, c'est insupportable à la fin ; tantôt c'est le secret, tantôt c'est la démence. Celui-ci ne dit pas ce qu'il pense, mais tout le contraire ; l'autre fait le singe. Je ne sais pas pourquoi tout se brise. Je ne comprends rien à toutes ces comédies. Victor a neuf ans, et me demande avec qui il peut coucher, je lui réponds : avec Esther, avec sa mère, comme je dirais avec le pape, et tout le

25 monde se met à hurler. Enfin, que voulez-vous que je réponde ? Avec qui voulez-vous qu'il couche ?

(Entre la bonne.)

VICTOR. — Avec la bonne.

(Lili dépose le plateau et disparaît. Un long silence. Gêne.)

30 ÉMILIE. — Tu me fais rougir, Victor.

ESTHER. — Moi, je veux bien coucher avec toi.

THÉRÈSE. — Maintenant c'est l'autre qui s'y met. Et vous, général, voulez-vous coucher avec lui ?

LE GÉNÉRAL. — Si je dis oui, vous me croirez, et si je dis non, vous croirez que

35 je pense le contraire.

VICTOR. — Quel salaud !

TOUS. — Hein ! Quoi ?

VICTOR. — Rien... rien... je me parle à moi-même. Je me dis que je suis un salaud. Comment ! on fête mes neuf ans ; tout le monde se réunit dans la joie

40 de bénir un si joyeux événement ; et je fais pleurer ma mère. Je rends soucieux le meilleur des pères, j'empoisonne la vie de Mme Magneau, je provoque la folie de son malheureux mari, je bafoue l'Armée Française. Quant à la bonne, je lui prête je ne sais quelles complaisances. Jusqu'à Esther, la chère petite, que je mêle à cette affaire immonde. Ah, mais à la fin, qui suis-je ? Suis-je transfiguré ?

45 Ne m'appelé-je plus Victor ? Suis-je condamné à mener l'existence honteuse du fils prodigue ? Enfin, dites-le moi. Suis-je l'incarnation du vice et du remords ? Ah ! s'il en est ainsi, plutôt la mort que le déshonneur ! plutôt le sort tragique de l'enfant prodigue ! *(Il se prend la tête dans les mains.)* Oui, ouvrez toutes les portes ! laissez-moi partir, et tuez le veau gras pour mon vingt-cinquième anniver-

50 saire !

LE GÉNÉRAL. — Ah, Charles, ceci est presque une confession. Si j'étais prêtre, je dirais que cet enfant est possédé du diable.

Roger VITRAC, *Victor ou les Enfants au pouvoir* (1928)
© éd. Denoël

LECTURE MÉTHODIQUE _____

1. Un jeu d'antiphrases (l. 1 à 15)

a. Le général dit le contraire de ce qu'il pense. Faites-en la démonstration.
b. L'effet comique de ce jeu verbal.
c. Un jeu gratuit ?

2. Du vaudeville à l'absurde (l. 16 à 33)

a. Sur quel ressort repose ce passage ?
b. Montrez comment Victor mène le jeu.

3. Un pastiche (l. 34 à 52)

a. Quel type de discours pastiche ce monologue ? Victor, un nouvel Hamlet ?
b. Que représente Victor pour son entourage ? Pour lui-même ?
c. Expliquez le propos final du général.
d. Le thème de l'enfant adulte. Quel en est l'intérêt philosophique et moral ?

Représentation de la pièce à la Comédie-Française en 1982. Mise en scène de Jean Bouchaud.

Jean Cocteau *La Machine infernale* (1934)

Le théâtre de **Jean Cocteau** *est* **indissociable de son activité poétique**, *dont il constitue un aspect. C'est par le biais du ballet qu'il aborde d'abord la scène en 1917* (Parade) — *en collaboration avec Picasso, Éric Satie et Darius Milhaud, et qu'il donne peu après deux mimodrames qui font date :* Le Bœuf sur le toit *(1920) et* Les Mariés de la Tour Eiffel *(1924). Cherchant à vivifier les rapports des modernes avec la tragédie classique, Cocteau en offre des adaptations* (Antigone, *1928 ;* La Machine infernale, *1934), centrées autour du mythe œdipien. Extraordinairement doué, il se disperse ensuite en de nombreuses œuvres disparates : féerie médiévale* (Les Chevaliers de la Table ronde, *1937), mélodrame* (Les Monstres sacrés, *1940), drame romantique* (L'Aigle à deux têtes, *1946).*

N'est-ce pas toutefois dans sa pièce de jeunesse, Orphée *(1926), que Cocteau touche au plus près sa vérité, découvrant ici le mythe qui l'a hanté toute sa vie ? Et n'est-ce pas dans* Les Parents terribles *(1938) qu'il décrit le mieux son angoisse exaspérée de ne pouvoir se situer ?*

*** *La Machine infernale*

Œdipe fait la rencontre du Sphinx. Celui-ci, sous la forme d'une jeune fille, s'est pris de tendresse pour notre héros et lui fournit le moyen d'être vainqueur de l'épreuve.

L'énigme

Comme Orphée, *montée en 1926, cette œuvre de* **Jean Cocteau** *abonde en inventions. Représentée en 1934 à la Comédie des Champs-Élysées avec des décors et des costumes de Christian Bérard, elle accomplit une parfaite harmonie entre le texte et sa présentation.*

LE SPHINX. — Abandonne-toi. N'essaye pas de te crisper, de résister. Abandonne-toi. Si tu résistes, tu ne réussiras qu'à rendre ma tâche plus délicate et je risque de te faire du mal.

ŒDIPE. — Je résisterai !

5 (*Il ferme les yeux, détourne la tête.*)

LE SPHINX. — Inutile de fermer les yeux, de détourner la tête. Car ce n'est ni par le chant, ni par le regard que j'opère. Mais, plus adroit qu'un aveugle, plus rapide que le filet des gladiateurs, plus subtil que la foudre, plus raide qu'un cocher, plus lourd qu'une vache, plus sage qu'un élève tirant la langue sur des
10 chiffres, plus gréé, plus voilé, plus ancré, plus bercé qu'un navire, plus incorruptible qu'un juge, plus vorace que les insectes, plus sanguinaire que les oiseaux, plus nocturne que l'œuf, plus ingénieux que les bourreaux d'Asie, plus fourbe que le cœur, plus désinvolte qu'une main qui triche, plus fatal que les astres, plus attentif que le serpent qui humecte sa proie de salive ; je secrète, je
15 tire de moi, je lâche, je dévide, je déroule, j'enroule de telle sorte qu'il me suffira de vouloir ces nœuds pour les faire et d'y penser pour les tendre ou pour les détendre ; si mince qu'il t'échappe, si souple que tu t'imagineras être victime de quelque poison, si dur qu'une maladresse de ma part t'amputerait, si tendu qu'un archet obtiendrait entre nous une plainte céleste ; bouclé comme la mer, la
20 colonne, la rose, musclé comme la pieuvre, machiné comme les décors du rêve, invisible surtout, invisible et majestueux comme la circulation du sang des statues, un fil qui te ligote avec la volubilité des arabesques folles du miel qui tombe sur du miel.

ŒDIPE. — Lâchez-moi !

25 LE SPHINX. — Et je parle, je travaille, je dévide, je déroule, je calcule, je médite, je tresse, je vanne, je tricote, je natte, je croise, je passe, je repasse, je noue et dénoue et renoue, retenant les moindres nœuds qu'il me faudra te dénouer ensuite sous peine de mort ; et je serre, je desserre, je me trompe, je reviens sur mes pas, j'hésite, je corrige, enchevêtre, désenchevêtre, délace, entrelace,

Œdipe

Fils de Laïos, roi de Thèbes, et de Jocaste, Œdipe a été abandonné par ses parents, à qui l'oracle de Delphes a prédit qu'il tuerait son père et épouserait sa mère. Recueilli par des bergers, Œdipe se rend à Delphes pour consulter l'oracle sur le mystère de sa naissance. En chemin il se prend de querelle avec un vieillard qu'il tue (c'est son père). Puis il trouve l'énigme posée par le Sphinx : en récompense il devient roi et épouse la femme de Laïos (sa mère). Œdipe apparaît ainsi comme le type du héros tragique prisonnier de son destin.

30 repars ; et j'ajuste, j'agglutine, je garrotte, je sangle, j'entrave, j'accumule, jusqu'à ce que tu te sentes, de la pointe des pieds à la racine des cheveux, vêtu de toutes les boucles d'un seul reptile dont la moindre respiration coupe la tienne et te rende pareil au bras inerte sur lequel un dormeur s'est endormi.

ŒDIPE, *d'une voix faible.* — Laissez-moi ! Grâce...

35 LE SPHINX. — Et tu demanderais grâce et tu n'aurais pas à en avoir honte, car tu ne serais pas le premier, et j'en ai entendu de plus superbes appeler leur mère, et j'en ai vu de plus insolents fondre en larmes, et les moins démonstratifs étaient encore les plus faibles car ils s'évanouissaient en route, et il me fallait imiter les embaumeurs entre les mains desquels les morts sont des ivrognes qui ne savent
40 même plus se tenir debout !

ŒDIPE. — Mérope !... Maman !

LE SPHINX. — Ensuite, je te commanderais d'avancer un peu et je t'aiderais en desserrant tes jambes. Là ! Et je t'interrogerais. Je te demanderais par exemple : Quel est l'animal qui marche sur quatre pattes le matin, sur deux pattes à midi,
45 sur trois pattes le soir ? Et tu chercherais, tu chercherais. A force de chercher, ton esprit se poserait sur une petite médaille de ton enfance, ou tu répèterais un chiffre, ou tu compterais les étoiles entre ces deux colonnes détruites ; et je te remettrais au fait en te dévoilant l'énigme.

Cet animal est l'homme qui marche à quatre pattes lorsqu'il est enfant, sur
50 deux pattes quand il est valide, et lorsqu'il est vieux, avec la troisième patte d'un bâton.

ŒDIPE. — C'est trop bête !

LE SPHINX. — Tu t'écrierais : c'est trop bête ! Vous le dites tous. Alors puisque cette phrase confirme ton échec, j'appellerais Anubis, mon aide. Anubis !

55 *(Anubis paraît, les bras croisés, la tête de profil, debout à droite du socle.)*

ŒDIPE. — Oh ! Madame... Oh ! Madame ! Oh ! non ! non ! non ! non, Madame !

LE SPHINX. — Et je te ferais mettre à genoux. Allons... Allons. Allons... là, là... Sois sage. Et tu courberais la tête... et l'Anubis s'élancerait. Il ouvrirait ses
60 mâchoires de loup ! *(Œdipe pousse un cri.)* J'ai dit : courberais... s'élancerait... ouvrirait... N'ai-je pas toujours eu soin de m'exprimer sur ce mode ? Pourquoi ce cri ? Pourquoi cette face d'épouvante ? C'était une démonstration, Œdipe, une simple démonstration. Tu es libre.

ŒDIPE. — Libre ! *(Il remue un bras, une jambe il se lève, il titube, il porte
65 la main à sa tête.)*

ANUBIS. — Pardon Sphinx. Cet homme ne peut sortir d'ici sans subir l'épreuve.

LE SPHINX. — Mais...

ANUBIS. — Interroge-le...

ŒDIPE. — Mais...

70 ANUBIS. — Silence ! Interroge cet homme.

(Un silence. Œdipe tourne le dos, immobile.)

LE SPHINX. — Je l'interrogerai... je l'interrogerai... C'est bon. *(Avec un dernier regard de surprise vers Anubis.)* Quel est l'animal qui marche sur quatre pattes le matin, sur deux pattes à midi, sur trois pattes le soir ?

75 ŒDIPE. — L'homme parbleu ! qui se traîne à quatre pattes lorsqu'il est petit, qui marche sur deux pattes lorsqu'il est grand et qui, lorsqu'il est vieux, s'aide avec la troisième patte d'un bâton.

(Le Sphinx roule sur le socle.)

ŒDIPE, *prenant sa course vers la droite.* — Vainqueur !

80 *(Il s'élance et sort par la droite. Le Sphinx glisse dans la colonne, disparaît derrière le mur, reparaît sans ailes.)*

Jean COCTEAU, *La Machine infernale* (1934)
© éd. Grasset

Jean Cocteau en 1934.

Antonin Artaud *Le Théâtre et son double* (1938)

Dans Le Théâtre et son double *(1938),* **Antonin Artaud** *(voir p. 229) réunit articles, conférences, manifeste et divers écrits sur le théâtre, qui « double la vie comme la vie double le vrai théâtre ». L'auteur y condamne le causes profondes (la psychologie, le divertissement) qui ont conduit à la décadence le théâtre d'origine sacrée* **Il prône la cruauté en tant qu'expression ontologique de la souffrance existentielle.** *De Peter Brook à Grotowski, l'auteur a durablement influencé le théâtre contemporain.*

Une mystique du théâtre

Spectacle autour d'Antonin Artaud au Théâtre du Lucernaire, en 1979.

Tout ce qui au théâtre dépasse le texte, n'est pas contenu dans ses limites et strictement conditionné par lui, nous paraît faire partie du domaine de la mise en scène considérée comme quelque chose d'inférieur par rapport au texte.

Étant donné cet assujettissement du théâtre à la parole on peut se demander si le théâtre ne posséderait pas par hasard son langage propre, s'il serait absolument chimérique de le considérer comme un art indépendant et autonome, au même titre que la musique, la peinture, la danse, etc., etc.

On trouve en tout cas que ce langage s'il existe se confond nécessairement avec la mise en scène considérée :

1° D'une part, comme la matérialisation visuelle et plastique de la parole.

2° Comme le langage de tout ce qui peut se dire et se signifier sur une scène indépendamment de la parole, de tout ce qui trouve son expression dans l'espace, ou qui peut être atteint ou désagrégé par lui.

Ce langage de la mise en scène considéré comme le langage théâtral pur, il s'agit de savoir s'il est capable d'atteindre le même objet intérieur que la parole, si du point de vue de l'esprit et théâtralement il peut prétendre à la même efficacité intellectuelle que le langage articulé. On peut en d'autres termes se demander s'il peut non pas préciser des pensées, mais *faire penser*, s'il peut entraîner l'esprit à prendre des attitudes profondes et efficaces de son point de vue à lui.

En un mot poser la question de l'efficacité intellectuelle de l'expression par les formes objectives, de l'efficacité intellectuelle d'un langage qui n'utiliserait que les formes, ou le bruit, ou le geste, c'est poser la question de l'efficacité intellectuelle de l'art.

Si nous en sommes venus à n'attribuer à l'art qu'une valeur d'agrément et de repos et à le faire tenir dans une utilisation purement formelle des formes, dans l'harmonie de certains rapports extérieurs, cela n'entache en rien sa valeur expressive profonde ; mais l'infirmité spirituelle de l'Occident, qui est le lieu par excellence où l'on a pu confondre l'art avec l'esthétisme, est de penser qu'il pourrait y avoir une peinture qui ne servirait qu'à peindre, une danse qui ne serait que plastique, comme si l'on avait voulu couper les formes de l'art, trancher leurs liens d'avec toutes les attitudes mystiques qu'elles peuvent prendre en se confondant avec l'absolu.

On comprend donc que le théâtre, dans la mesure même où il demeure enfermé dans son langage, où il reste en corrélation avec lui, doit rompre avec l'actu é, que son objet n'est pas de résoudre des conflits sociaux ou psychologiq , de servir de champ de bataille à des passions morales, mais d'exprimer objectivement des vérités secrètes, de faire venir au jour par des gestes actifs cette part de vérité enfouie sous les formes dans leurs rencontres avec le Devenir.

Faire cela, lier le théâtre aux possibilités de l'expression par les formes, et par tout ce qui est gestes, bruits, couleurs, plastiques, etc., c'est le rendre à sa destination primitive, c'est le replacer dans son aspect religieux et métaphysique, c'est le réconcilier avec l'univers.

Antonin ARTAUD, *Le Théâtre et son double* (1938)
© éd. Gallimard

Pour vos essais et vos exposés

François DUBOURG : *Dramaturgie de Cocteau*, éd. Grasset, 1954.
Henri BÉHAR : *Roger Vitrac*, éd. Nizet, 1966.
Jacques NELS : « Bourdet, témoin et moraliste », *Les Annales*, n° 184, 1966.
Anne UBERSFELD : *Armand Salacrou*, éd. Seghers, 1969.
FIORENZA DI FRANCO : *Le Théâtre de Salacrou*, éd. Gallimard, 1969.
Jacques VIER : *Le Théâtre de Jean Anouilh*, éd. SEDES, 1976.

JEAN GIRAUDOUX AU THÉÂTRE

« *Cela a un très beau nom, femme Narsès. Cela s'appelle l'aurore.* »
Jean Giraudoux,
Électre

Louis Jouvet et Marguerite Moreno dans *La Folle de Chaillot*, caricatures de Bib.
Paris, B.N.

Jean Giraudoux (1882-1944)

Jean Giraudoux.

Des bords de la Vienne au Quai d'Orsay

Jean Giraudoux naît à Bellac, sous-préfecture de la Haute-Vienne, en 1882. Après de brillantes études classiques au lycée de Châteauroux, puis, à Sceaux, au lycée Lakanal, il entre à l'École Normale Supérieure en 1903. Tout en se spécialisant dans les études germaniques, il fréquente les milieux littéraires parisiens et publie en 1909 ses spirituelles *Provinciales*. L'année suivante, il entre au ministère des Affaires étrangères et embrasse la carrière diplomatique. Désormais, il mènera de front ses activités littéraires, diplomatiques ou administratives.

Du roman à la scène

Au lendemain de la guerre, qui lui a inspiré ses *Lectures pour une ombre* (1917) et *Adorable Clio* (1920), il accède rapidement à des postes importants du Quai d'Orsay dans l'entourage de Philippe Berthelot, secrétaire général des Affaires étrangères. Le roman lui vaut en même temps d'accéder à la célébrité littéraire, avec plusieurs textes pleins de finesse et d'humour : *Simon le pathétique* (1918), *Suzanne et le Pacifique* (1921) ou *Juliette au pays des hommes* (1924).

C'est d'ailleurs un de ces romans, *Siegfried et le Limousin* (1922), qui est à l'origine de sa seconde carrière de dramaturge. Après en avoir publié, en 1927, une adaptation dialoguée, sa rencontre avec le grand acteur et metteur en scène Louis Jouvet (1887-1951) le détermine à en tirer une véritable pièce de théâtre, *Siegfried* (1928).

Bien supérieure au roman, cette œuvre théâtrale inaugure une brillante série de réussites à la scène, où le génie d'auteur de Giraudoux se confond avec celui de Jouvet, qui assure toutes les mises en scène : *Amphitryon 38* (1929), *Judith* (1931), *Intermezzo* (1933), *Tessa* (1934), *La Guerre de Troie n'aura pas lieu* (1935), *Électre* (1937), *L'Impromptu de Paris* (1937), *Ondine* (1939).

La défaite et la mort

Les préoccupations de Giraudoux diplomate, au plus près de la crise internationale et de la « montée des périls », marquaient déjà fortement ses œuvres des années 30. Au début de la Deuxième Guerre mondiale, alors qu'il est commissaire à l'Information, c'est en essayiste qu'il dresse le bilan de la « politique de la défaite » (*Pleins Pouvoirs*, 1939 ; *Sans Pouvoirs*, posthume, 1945). Après l'armistice, il revient au théâtre avec *Sodome et Gomorrhe* (1943), mais il meurt à Paris en janvier 1944, sans avoir vu la libération de la capitale, ni la mise en scène donnée par Jouvet, en 1945, de sa dernière grande pièce, *La Folle de Chaillot*, qui restera comme son double testament d'humaniste et de dramaturge.

◄ Valentine Tessier et Louis Jouvet.

1928	*Siegfried*	**1937**	*Électre*
1929	*Amphitryon 38*		*L'Impromptu de Paris*
		1939	*Ondine*
1931	*Judith*	**1942**	*L'Apollon de Bellac*
1933	*Intermezzo*	**1943**	*Sodome et Gomorrhe*
1934	*Tessa*	**1945**	*La Folle de Chaillot* (posthume)
1935	*La Guerre de Troie n'aura pas lieu*	**1953**	*Pour Lucrèce* (posthume)

Un théâtre humaniste

Rien ne prédisposait **Jean Giraudoux** à devenir notre principal dramaturge de la génération de l'entre-deux-guerres : ni sa carrière d'administrateur et de diplomate, ni son passé récent de romancier, ni même le contexte théâtral du moment, presque entièrement fait des succès à répétition du vaudeville et du théâtre de boulevard. Tous ces éléments se trouvent pourtant avoir pesé d'une manière ou d'une autre dans le « coup du destin » qui, à 46 ans, va transformer l'auteur d'aimables romans un peu légers en un dramaturge original.

De sa formation littéraire et diplomatique, Giraudoux retiendra **le goût pour les mythologies antiques** et une grande passion pour l'Allemagne romantique. De son apprentissage romanesque, il tirera leçon quand il s'agira, avec les moyens de la scène, de **s'attaquer à la forteresse réaliste**, dont le roman n'était que le bastion le plus avancé. Quant à la crise du théâtre, elle lui imposera la conviction, partagée par Louis Jouvet, qu'il faut désormais « écrire » autre chose pour « montrer » autre chose.

1. Des hommes et des dieux

De *Siegfried* à *Sodome et Gomorrhe*, les légendes et les mythes, qu'ils soient germaniques *(Intermezzo, Ondine)*, bibliques *(Judith, Sodome...)* ou antiques *(Amphitryon 38, La Guerre de Troie..., Électre)*, ne cessent de nourrir le théâtre de Giraudoux. C'est que l'humanisme de cet écrivain, dont le métier de diplomate suffit pourtant à prouver qu'il fut bien un homme de son temps, a besoin pour s'exprimer de **prendre distance par rapport aux contingences du réel et de l'histoire**. Dans le vivier mythologique et légendaire où l'homme s'affronte aux dieux et découvre le sacré, le dramaturge va chercher, pour les « réactiver », les figures emblématiques de ses convictions ou de ses angoisses : Alcmène et la tendresse humaine, qui fait échec aux complots des dieux, Hector et son obstination pacifiste, Électre et son absolutisme de la vérité à tout prix.

Tous ces héros antiques, toutes ces héroïnes de légende, Giraudoux en fait d'abord des hommes et des femmes dont les silhouettes traditionnelles s'emplissent d'**une chair résolument moderne**, marquée des blessures d'une génération qui court aveuglément d'une guerre à l'autre.

Si de pièce en pièce son théâtre s'assombrit, si son rêve d'exorciser le tragique recule d'œuvre en œuvre, jusqu'à se faire cauchemar d'apocalypse dans les dernières *(Sodome..., La Folle de Chaillot)*, c'est que la conscience de Giraudoux ne cesse de s'obscurcir devant **la montée des périls**. Ulysse, le « beau parleur » de *La Guerre de Troie...*, incarnait encore un idéal humaniste de patience et de conciliation humaine, mais c'est Cassandre, la sombre prophétesse, qui avait raison et qui a eu le dernier mot...

2. Un « homme de style »

Au service de sa conception de la dignité humaine, Giraudoux a convié tous les principes et moyens de ce qu'il concevait comme « la dignité littéraire ». De même que ses romans (*Suzanne et le Pacifique* et *Bella*, notamment) nous montraient un écrivain soucieux de s'éloigner des servitudes du réalisme (linéarité de la narration, « objectivité » de la description...), de même ses pièces de théâtre s'affirment résolument comme des textes littéraires, comme des « écrits » dont la facture dense, allégorique et « spirituelle » à tous les sens du terme, repousse les habitudes d'une mimésis sommaire de l'histoire ou de la psychologie humaine.

Au théâtre, cette **rupture assumée avec la double tradition du théâtre d'intrigue et du théâtre de « caractères »** a ouvert l'espace neuf d'une écriture dramaturgique où intelligence rime avec fantaisie, poésie et pour tout dire **style**. « Notre époque réclame surtout un langage . (...) Ce qu'elle attend de l'écrivain, c'est qu'il lui révèle sa vérité à lui, qu'il lui confie, pour lui permettre d'organiser sa pensée et sa sensibilité, ce secret dont il est le seul dépositaire : le style. C'est ce qu'elle réclame aussi au théâtre. »

Les détracteurs de l'œuvre de Giraudoux ont beau jeu de lui reprocher ses facilités ou ses manies langagières : jeux de mots et bons mots, parodies et pastiches, anachronismes et familiarités. En réalité, le dramaturge ne conçoit pas autrement ces procédés que comme des moyens de substituer **l'élégance d'un ordre verbal**, fragile mais séducteur, au désordre du monde et des consciences.

3. Du texte à la scène

Dans cette entreprise, la chance de Giraudoux fut évidemment la rencontre puis **la permanente collaboration avec Louis Jouvet**. Formé lui-même à l'école de Jacques Copeau (1879-1949), Jouvet conçoit le théâtre comme un univers d'abord littéraire que l'interprétation des acteurs, le travail de mise en scène et le renfort limité des décors ont pour mission de soutenir et non de remplacer. « Regarde le lustre et articule », disait Jouvet à ses acteurs en leur interdisant les effets spectaculaires. Or le théâtre de Giraudoux lui offrait précisément un vrai texte, un monde de mots et de noms à « articuler », à faire rendre sens par **l'épreuve de la parole**.

Si une certaine « gratuité » marque le « beau langage » giralducien des premières œuvres, elle s'efface de plus en plus à partir d'*Électre*, au profit d'une maîtrise stylistique qui épouse de plus près les pressentiments tragiques de l'entrée en guerre et de l'occupation. Montherlant et Anouilh, d'un côté, prolongeront plus tard cette exigence d'une authentique « littéralité » théâtrale ; d'un autre côté, les dramaturges de l'absurde, du Sartre des *Mouches* à Ionesco, se reconnaîtront dans les paradoxes « ricanants » de l'auteur de *La Folle de Chaillot*.

1. De *Siegfried* à *Électre*

Siegfried (1928)

De Siegfried *(mis en scène en mai 1928) date la « conversion » de* **Jean Giraudoux** *du roman au théâtre. Poussé par quelques amis, l'écrivain, dès 1927, avait adapté sous une forme dialoguée quelques pages de son roman* Siegfried et le Limousin *(1922). La rencontre avec Louis Jouvet le convainc de terminer l'adaptation pour obtenir une pièce en quatre actes, bien supérieure au roman d'origine.*

Cette première œuvre à la scène révèle le Giraudoux passionné de culture allemande, depuis ses années à l'École Normale Supérieure, et dévoile quelques-uns des grands thèmes de son théâtre à venir : **la force du couple***, le pari sur l'amour humain et celui sur* **la nécessaire compréhension des nations***.*

*** *Siegfried*

Recueilli, aux lendemains de la Guerre 14-18, par l'Allemande Éva, le Français Jacques Forestier, amnésique, est devenu un Allemand cultivé, et même un homme politique d'importance. Le baron Zelten, un de ses adversaires, fait alors revenir de France Geneviève Prat, son ancienne fiancée, qui lui réapprend son nom, sa langue et son pays natal. Au terme d'un douloureux débat intérieur, Forestier se résoudra à quitter l'Allemagne et Éva pour Geneviève et la France, tout en se refusant à renier sa « seconde patrie ». La scène 5 de l'acte III oppose, dans un dialogue intense, les deux femmes — et, par-delà, les deux nations — qui « ont fait » Siegfried-Forestier.

Dialogue de femmes, dialogue de cultures

ÉVA. — Où est ton devoir, Siegfried ? Soixante millions d'hommes ici t'attendent. Là-bas, n'est-ce pas, personne ?

GENEVIÈVE. — Personne.

5 ÉVA. — Viens, Siegfried...

GENEVIÈVE. — Si. Quelqu'un l'attend cependant... Quelqu'un ? c'est beaucoup dire... Mais un être vivant l'attend. Un minimum de conscience, un minimum de raisonnement.

10 ÉVA. — Qui ?

GENEVIÈVE. — Un chien.

ÉVA. — Un chien ?

GENEVIÈVE. — Son chien. En effet, je n'y pensais pas. J'étais ingrate ! Ton chien t'attend, Jacques.
15 Tous les autres en effet ont renoncé à toi, tes amis, tes maîtres, tes élèves. Moi-même, je me croyais autorisée à ce renoncement, parce que j'avais renoncé à ma propre vie. La disparition d'un homme à la guerre c'est une apothéose, une ascension, c'est
20 une mort sans cadavre qui dispense des enterrements, des plaintes, et même des regrets, car le disparu semble s'être fondu plus vite qu'un squelette dans son sol, dans son air natal, et s'être aussitôt amalgamé à eux... Lui n'a pas renoncé. Il t'attend.

25 ÉVA. — C'est ridicule...

GENEVIÈVE. — Il est plus ridicule que vous ne pouvez même le croire : c'est un caniche. Il est blanc, et comme tous les chiens blancs en France, il a nom Black. Mais, Jacques, Black t'attend. Entre
30 tes vêtements et ce qui reste encore de parfum autour de tes vieux flacons, il t'attend. Je le promène tous les jours. Il te cherche. Parfois dans la terre,

c'est vrai, en creusant. Mais le plus souvent dans l'air, à la hauteur où l'on trouve les visages des autres
35 hommes. Lui ne croit pas que tu t'es réintégré secrètement et par atomes à la nation... Il t'attend tout entier.

ÉVA. — Cessez de plaisanter.

GENEVIÈVE. — Oui, je sais. Vous voudriez que je
40 parle de la France. Vous estimez infamant que je me serve comme appât, pour attirer Siegfried, d'un caniche vivant ?

ÉVA. — Nous sommes dans une grande heure, vous la rabaissez.

45 GENEVIÈVE. — Pourquoi un pauvre chien sans origine, sans race, me paraît-il aujourd'hui seul qualifié pour personnifier la France, je m'en excuse. Mais je n'ai pas l'habitude de ces luttes, je ne vois pas autre chose à dire à Jacques. La grandeur de
50 l'Allemagne, la grandeur de la France, c'est évidemment un beau sujet d'antithèses et de contrastes. Que les deux seules nations qui ne soient pas seulement des entreprises de commerce et de beauté, mais qui aient une notion différente du bien
55 et du mal, se décident, à défaut de guerre, à entretenir en un seul homme une lutte minuscule, un corps à corps figuré, c'est évidemment un beau drame. Mais celui-là, Jacques, c'est le drame de demain.

ÉVA. — Peut-on savoir quel est celui d'aujour-
60 d'hui ?

GENEVIÈVE. — Le drame, Jacques, est aujourd'hui entre cette foule qui t'acclame, et ce chien, si tu veux, et cette vie sourde qui espère. Je n'ai pas dit la vérité en disant que lui seul t'attendait... Ta lampe
65 t'attend, les initiales de ton papier à lettres t'atten-

dent, et les arbres de ton boulevard, et ton breuvage, et les costumes démodés que je préservais, je ne sais pourquoi, des mites, dans lesquels enfin tu seras à l'aise. Ce vêtement invisible que tisse sur un être la façon de manger, de marcher, de saluer, cet accord divin de saveurs, de couleurs, de parfums obtenu par nos sens d'enfant ; c'est là la vraie patrie, c'est là ce que tu réclames... Je l'ai vu depuis que je suis ici. Je comprends ton perpétuel malaise. Il y a entre les moineaux, les guêpes, les fleurs de ce pays et ceux du tien une différence de nature imperceptible, mais inacceptable pour toi. C'est seulement quand tu retrouveras tes animaux, tes insectes, tes plantes, ces odeurs qui diffèrent pour la même fleur dans chaque pays, que tu pourras vivre heureux, même avec ta mémoire à vide, car c'est eux qui en sont la trame. Tout t'attend en somme en France, excepté les hommes. Ici, à part les hommes, rien ne te connaît, rien ne te devine.

85 ÉVA. — Tu peux remettre tes costumes démodés, Siegfried, tu ne te débarrasseras pas plus qu'un arbre des sept cercles que tes sept années allemandes ont passés autour de toi. Celui que le vieil hiver allemand a gelé sept fois, celui qu'a tiédi sept fois le 90 plus jeune et le plus vibrant printemps d'Europe, crois-moi, il est pour toujours insensible aux sentiments et aux climats tempérés. Tes habitudes, tu ne les as plus avec les terrasses de café, mais avec nos hêtres géants, nos cités combles, avec ce pa- 95 roxysme des paysages et des passions qui seul donne à l'âme sa plénitude. Je t'en supplie, ne va pas changer ce cœur sans borne que nous t'avons donné contre cette machine de précision, ce réveille-matin qui réveille avant chaque émotion, 100 contre un cœur de Français.

> Jean GIRAUDOUX, *Siegfried*,
> Acte III, scène 5 (1928)
> © éd. Grasset

POUR LE COMMENTAIRE

1. Les arguments des deux femmes. Sont-ils de même nature ? Sont-ils également recevables ? Peut-on parler de véritable dialogue entre Éva et Geneviève ?

2. L'Allemagne et la France. Quelles images des deux nations, de leurs deux cultures, de leurs « tempéraments » s'opposent à travers la confrontation des deux femmes ?

3. Le silence de Siegfried. Il est lourd de significations. Comment l'interprétez-vous ?

ÉTUDE COMPARÉE

Vous comparerez ce dialogue à la grande scène de la négociation entre Hector et Ulysse dans *La Guerre de Troie n'aura pas lieu* (voir p. 421), quand les deux héros « pèsent » les valeurs et les poids respectifs des deux nations qu'ils représentent.

Louis Jouvet et Lucienne Bogaert dans *Siegfried*, caricatures de Bib. Paris, B.N. ▶

Amphitryon 38 (1929)

Représenté pour la première fois le 8 novembre 1929, Amphitryon 38, *« comédie en trois actes », fut ainsi titrée par* **Giraudoux** *comme étant, après Plaute, Molière et bien d'autres, la trente-huitième version du même mythe. Or, de ce mythe précisément, le dramaturge se sert comme d'un tremplin pour sa fantaisie et sa poésie parodique. Inversant le vieux thème de la sagesse divine opposable aux caprices des hommes, l'auteur réussit, à travers le couple Alcmène-Amphitryon,* **une subtile et souriante exaltation des vertus humaines** *: fidélité, tendresse, sincérité.*

*** *Amphitryon 38*

Alcmène, au début de l'acte II, se réveille, croyant avoir passé une nuit d'amour avec Amphitryon, son mari. En réalité, sous les traits de l'époux qu'il a écarté, Jupiter a abusé de la jeune femme. Ignorant tout de cette supercherie, Alcmène, devant le maître des cieux passablement agacé, se met à chanter les vertus de l'amour conjugal et la sagesse des humains !

Un divin quiproquo

Maquette de costume de
Jeanne Lanvin pour
Alcmène dans
Amphitryon 38, 1929.

1. *Nom d'algues et
de goémons.*

Jupiter se redresse, contemple le paysage qui étincelle devant les fenêtres.

JUPITER. — Quelle nuit divine !

ALCMÈNE. — Tu es faible, ce matin, dans tes épithètes, chéri.

JUPITER. — Je dis divine !

5   ALCMÈNE. — Que tu dises un repas divin, une pièce de bœuf divine, soit, tu n'es pas forcé d'avoir sans cesse de l'invention. Mais, pour cette nuit, tu aurais pu trouver mieux.

JUPITER. — Qu'aurais-je pu trouver de mieux ?

ALCMÈNE. — A peu près tous les adjectifs, à part ton mot « divin », vraiment
10   hors d'usage. Le mot « parfait », le mot « charmant ». Le mot « agréable » surtout, qui dit bien des choses de cet ordre : quelle nuit agréable !

JUPITER. — Alors la plus agréable de toutes nos nuits, n'est-ce pas, de beaucoup ?

ALCMÈNE. — C'est à savoir.

15   JUPITER. — Comment, c'est à savoir.

ALCMÈNE. — As-tu oublié, cher mari, notre nuit de noces, le faible fardeau que j'étais dans tes bras, et cette trouvaille que nous fîmes de nos deux cœurs au milieu des ténèbres qui nous enveloppaient pour la première fois ensemble dans leur ombre ? Voilà notre plus belle nuit.

20   JUPITER. — Notre plus belle nuit, soit. Mais la plus agréable, c'est bien celle-ci.

ALCMÈNE. — Crois-tu ? Et la nuit où un grand incendie se déclara dans Thèbes, d'où tu revins dans l'aurore, doré par elle, et tout chaud comme un pain. Voilà notre nuit la plus agréable, et pas une autre !

JUPITER. — Alors, la plus étonnante, si tu veux ?

25   ALCMÈNE. — Pourquoi étonnante ? Oui, celle d'avant-hier, quand tu sauvas de la mer cet enfant que le courant déportait, et que tu revins, luisant de varech[1] et de lune, tout salé par les dieux et me sauvant toute la nuit à bras-le-corps dans ton sommeil... Cela était assez étonnant !... Non, si je voulais donner un adjectif à cette nuit, mon chéri, je dirais qu'elle fut conjugale. Il y avait en elle une sécurité
30   qui m'égayait. Jamais je n'avais été aussi certaine de te retrouver au matin bien rose, bien vivant, avide de ton petit déjeuner et il me manquait cette appréhension divine, que je ressens pourtant toutes les fois, de te voir à chaque minute mourir dans mes bras...

JUPITER. — Je vois que les femmes aussi emploient le mot « divine » ?...

35   ALCMÈNE. — Après le mot « appréhension », toujours.

Un silence.

JUPITER. — Quelle belle chambre !

ALCMÈNE. — Tu l'apprécies surtout le matin où tu y es en fraude.

JUPITER. — Comme les hommes sont habiles ! Par ce système de pierres transparentes et de fenêtres, ils arrivent, sur une planète relativement si peu
40   éclairée, à voir plus clair dans leurs maisons qu'aucun être au monde.

ALCMÈNE. — Tu n'es pas modeste, chéri. C'est toi qui l'as inventé.

JUPITER. — Et quel beau paysage !

ALCMÈNE. — Celui-là tu peux le louer, il n'est pas de toi.

JUPITER. — Et de qui est-il ?

45   ALCMÈNE. — Du maître des dieux.

JUPITER. — On peut savoir son nom ?

ALCMÈNE. — Jupiter.

Affiche de Paul Colin pour
Amphitryon 38, 1929.

2. *Arbrisseau aux fleurs en grappes jaunes.*

JUPITER. — Comme tu prononces bien les noms des dieux ! Qui t'a appris à les mâcher ainsi des lèvres comme une nourriture divine ? On dirait une brebis
50 qui a cueilli le cytise[2] et, la tête haute, le broute. Mais c'est le cytise qui est parfumé par ta bouche. Répète. On dit que les dieux ainsi appelés répondent quelquefois par leur présence même.

ALCMÈNE. — Neptune ! Apollon !

JUPITER. — Non, le premier, répète !

55 ALCMÈNE. — Laisse-moi brouter tout l'Olympe... D'ailleurs j'aime surtout prononcer les noms des dieux par couples : Mars et Vénus. Jupiter et Junon... Alors je les vois défiler sur la crête des nuages, éternellement, se tenant par la main... Cela doit être superbe !

JUPITER. — Et d'une gaieté... Alors tu trouves beau, cet ouvrage de Jupiter,
60 ces falaises, ces rocs ?

ALCMÈNE. — Très beau. Seulement l'a-t-il fait exprès ?

JUPITER. — Tu dis ?

ALCMÈNE. — Toi tu fais tout exprès, chéri, soit que tu entes tes cerisiers sur tes prunes, soit que tu imagines un sabre à deux tranchants. Mais crois-tu que
65 Jupiter ait su vraiment, le jour de la création, ce qu'il allait faire ?

JUPITER. — On l'assure.

Jean GIRAUDOUX, *Amphitryon 38*,
Acte II, scène 2 (1929), © éd. Grasset

POUR LE COMMENTAIRE

L'art du quiproquo

1. La scène de **quiproquo** suppose entre les personnages de la pièce d'une part, et entre les personnages et les spectateurs d'autre part, un certain **malentendu** et concurremment une certaine **complicité**. Montrez-le à partir de la situation de cette scène.

2. Le théâtre de boulevard, et en particulier le **vaudeville**, ont usé et abusé de ce type de situation et de scène. Dans quelle **intention** et par quels effets, Giraudoux renouvelle-t-il ici ce « lieu commun » théâtral ?

3. Montrez, en analysant quelques répliques significatives, comment l'**élégance de l'expression**, voire la **poésie** du discours, désamorcent ce que la situation pourrait avoir de trivial ou d'équivoque.

4. Recherchez, dans les comédies de Molière ou de Marivaux, ou dans les drames romantiques, d'autres grandes scènes fondées sur ce **procédé du quiproquo**, et comparez-en les « règles du jeu » et les effets.

Michel Simon et Louis Jouvet après une répétition d'*Amphitryon 38*, en 1929.

Intermezzo (1933)

Intermezzo, *le titre de la comédie en trois actes de* **Giraudoux** *représentée en 1933, induit deux connotations complémentaires : celle d'un « intermède » dans l'exploration, par l'écrivain, des légendes germaniques ou des mythes antiques ; celle aussi — et c'est le sujet même de la pièce — d'***un intermède de fantaisie et de féerie*** dans la rationalité mesquine ou dérisoire du monde quotidien.*

*** *Intermezzo*

Dans un petit village du Limousin, Isabelle, la jeune institutrice, qui entretient des relations avec un mystérieux « spectre », sème la consternation chez les notables installés : le Maire, le Droguiste et le Contrôleur des Poids et Mesures... Sa pédagogie, notamment, aussi curieuse que poétique, fait scandale ! L'Inspecteur décide de procéder à un « examen » de sa classe avant de prendre des sanctions.

A la fin de la pièce, l'amour et le mariage ramèneront Isabelle à la « raison » et à la réalité. Mais la vérité du réel et de la vie n'était-elle pas dans cet « intermède » de liberté et de fantaisie ?

Électre (1937)

Dès 1935, avec La Guerre de Troie n'aura pas lieu *(voir pp. 415 à 422),* **Giraudoux** *était revenu à l'inspiration mythologique abandonnée depuis* Amphitryon 38. *En 1937,* Électre, *« pièce en deux actes », lui donne l'occasion de prolonger sa* **réinterprétation de l'épopée homérique** *et de la trilogie tragique d'Eschyle.*

●

*** *Électre*

Non seulement Giraudoux, comme il aime à le faire, a rajouté quelques personnages à la « distribution » du mythe originel (notamment le Jardinier à qui l'on a marié Électre), mais il a plus subtilement modifié la psychologie de certains protagonistes consacrés par la légende. Ainsi en va-t-il du personnage d'Égisthe, qu'Électre soupçonne d'avoir assassiné son père Agamemnon avec l'aide de sa mère Clytemnestre. En en faisant un homme d'État responsable, réellement soucieux de défendre sa cité, Argos, contre une attaque des Corinthiens, Giraudoux transforme la confrontation traditionnelle entre un lâche criminel et la justice vengeresse en une opposition plus complexe, plus douloureuse, entre la raison d'État et l'exigence absolue de pureté. Cette dernière triomphera, mais au prix de l'apocalypse complète pour Argos. Une destruction saluée d'une seule formule par Électre : « J'ai la justice, j'ai tout. » Et quand le rideau tombera sur la ville saccagée, un mendiant commentera le « coin du jour qui se lève » sur les ruines fumantes : « Cela a un très beau nom, femme Narsès. Cela s'appelle l'aurore. » (Sur les mêmes personnages mythiques, voir aussi Jean-Paul Sartre, *Les Mouches*, p. 450).

« Ces énormes prunelles de vérité... »

ÉGISTHE. — Et cette justice qui te fait brûler ta ville, condamner ta race, tu oses dire qu'elle est la justice des dieux ?

ÉLECTRE. — Je m'en garde. Dans ce pays qui est
5 le mien on ne s'en remet pas aux dieux du soin de la justice. Les dieux ne sont que des artistes. Une belle lueur sur un incendie, un beau gazon sur un champ de bataille, voilà pour eux la justice. Un splendide repentir sur un crime, voilà le verdict que
10 les dieux avaient rendu dans votre cas. Je ne l'accepte pas.

ÉGISTHE. — La justice d'Électre consiste à ressasser toute faute, à rendre tout acte irréparable ?

ÉLECTRE. — Oh non ! Il est des années où le gel
15 est la justice pour les arbres, et d'autres l'injustice. Il est des forçats que l'on aime, des assassins que l'on caresse. Mais quand le crime porte atteinte à la dignité humaine, infeste un peuple, pourrit sa loyauté, il n'est pas de pardon.

20 ÉGISTHE. — Sais-tu même ce qu'est un peuple, Électre !

ÉLECTRE. — Quand vous voyez un immense visage emplir l'horizon et vous regarder bien en face, d'yeux intrépides et purs, c'est cela un peuple.

25 ÉGISTHE. — Tu parles en jeune fille, non en roi. C'est un immense corps à régir, à nourrir.

ÉLECTRE. — Je parle en femme. C'est un regard étincelant, à filtrer, à dorer. Mais il n'a qu'un phosphore, la vérité. C'est ce qu'il y a de si beau, quand
30 vous pensez aux vrais peuples du monde, ces énormes prunelles de vérité.

ÉGISTHE. — Il est des vérités qui peuvent tuer un peuple, Électre.

ÉLECTRE. — Il est des regards de peuple mort qui
35 pour toujours étincellent. Plût au ciel que ce fût le sort d'Argos ! Mais, depuis la mort de mon père[1], depuis que le bonheur de notre ville est fondé sur l'injustice et le forfait, depuis que chacun, par lâcheté, s'y est fait le complice du meurtre et du
40 mensonge, elle peut être prospère, elle peut chanter, danser et vaincre, le ciel peut éclater sur elle, c'est une cave où les yeux sont inutiles. Les enfants qui naissent sucent le sein en aveugles.

ÉGISTHE. — Un scandale ne peut que l'achever.

45 ÉLECTRE. — C'est possible. Mais je ne veux plus voir ce regard terne et veule dans son œil.

ÉGISTHE. — Cela va coûter des milliers d'yeux glacés, de prunelles éteintes.

ÉLECTRE. — C'est le prix courant. Ce n'est pas trop
50 cher.

ÉGISTHE. — Il me faut cette journée. Donne-la-moi. Ta vérité, si elle l'est, trouvera toujours le moyen d'éclater un jour mieux fait pour elle.

ÉLECTRE. — L'émeute est le jour fait pour elle.

55 ÉGISTHE. — Je t'en supplie. Attends demain.

ÉLECTRE. — Non. C'est aujourd'hui son jour. J'ai déjà trop vu de vérités se flétrir parce qu'elles ont tardé une seconde. Je les connais, les jeunes filles qui ont tardé une seconde à dire non à ce qui était
60 laid, non à ce qui était vil, et qui n'ont plus su leur répondre ensuite que par oui et par oui. C'est là ce qui est si beau et si dur dans la vérité, elle est éternelle mais ce n'est qu'un éclair.

ÉGISTHE. — J'ai à sauver la ville, la Grèce.

65 ÉLECTRE. — C'est un petit devoir. Je sauve leur regard.

Jean GIRAUDOUX, *Électre*,
Acte II, scène 8 (1937), © éd. Grasset

---

1. Agamemnon.

2. *La Guerre de Troie n'aura pas lieu* (1935)

Étude suivie

Répétition de
La Guerre de Troie n'aura pas lieu,
avec Louis Jouvet,
en 1937.

La pièce de **Giraudoux** fut représentée pour la première fois, avec un grand succès, le 21 novembre 1935 au Théâtre de l'Athénée, à Paris. Louis Jouvet en assurait la direction et interprétait également le rôle d'Hector.

Deux sources d'inspiration se recoupent dans cette œuvre très achevée dont le thème principal est celui de la guerre :

1. Le mythe antique

Après Homère, Euripide et Racine, Giraudoux reprend la légende de la guerre de Troie comme cadre dramatique de **sa réflexion sur l'absurdité de la guerre et la folie humaine**.

2. L'histoire contemporaine

Giraudoux nourrit cette fiction antique de tout ce que ses fonctions diplomatiques lui révèlent des coulisses de la vie politique internationale des années 30. N'oublions pas qu'en 1933 un certain Adolf Hitler est devenu chancelier du Reich et qu'en 1935, quand Jouvet monte la pièce, l'Italie mussolinienne entre en guerre contre l'Éthiopie. A bien des égards, la pièce de Giraudoux apparaît ainsi comme **une sombre intuition de la Deuxième Guerre mondiale** qui se profile à l'horizon.

*** *La Guerre de Troie n'aura pas lieu*

Acte I. La scène se passe à Troie. Les Troyens attendent une délégation grecque, dirigée par Ulysse, venue demander raison de l'enlèvement d'Hélène par Pâris. Andromaque, épouse du Troyen Hector et enceinte de lui, est confiante ; Cassandre, la prophétesse, envisage, elle, le pire destin.

Hector, qui revient de guerroyer, se refuse à un nouveau conflit et obtient de Pâris la promesse de laisser repartir Hélène si Priam, roi de Troie, en est également d'accord. Mais celui-ci, poussé par les vieillards de la ville et le belliqueux poète Démokos, chantre de la guerre à tout prix, semble se refuser à abandonner celle qu'ils appellent « la Beauté ».

L'énergique persuasion d'Hector et d'Andromaque, ainsi que la nonchalance d'Hélène qui avoue son peu de passion pour Pâris, semblent devoir ouvrir une issue favorable à la crise. Pourtant, malgré ces signes encourageants, la menace de la fatalité paraît se faire plus lourde.

Acte II. Les événements se précipitent. Le parti de la guerre n'a pas désarmé. Démokos échauffe les esprits avec ses chants belliqueux et un « concours d'épithètes » pour défier les Grecs. En dépit des efforts d'Hector, la surexcitation règne quand débarquent Ulysse et sa suite. On frôle une première fois la catastrophe quand Oiax, un Grec ivre, gifle Hector, qui, pourtant, évite de répliquer. Une entrevue dramatique oppose alors, en tête-à-tête, Ulysse et Hector, qui, tous deux, veulent sincèrement la paix. Les négociations sont sur le point d'aboutir... quand Oiax et Démokos, chacun dans leur camp, se livrent à de nouvelles provocations. A bout d'argument, Hector est contraint de transpercer le barde guerrier de son javelot. Agonisant, celui-ci accuse... Oiax dans un perfide et fatal mensonge. La foule rattrape le Grec et le lynche. La guerre de Troie aura bien lieu !

Acte I, scène 1

Tête-à-tête féminin

***

Le rideau se lève, à Troie, sur la terrasse d'un rempart. Deux femmes sont en présence : Andromaque, épouse d'Hector, le fils aîné du roi Priam, et Cassandre, sa belle-sœur, la prophétesse de la cité. La première espère avec confiance le retour de son mari dont elle est enceinte ; la seconde, réfutant cet optimisme, évoque déjà un sombre destin pour la ville pourtant baignée de soleil...

ANDROMAQUE. — La guerre de Troie n'aura pas lieu, Cassandre !

CASSANDRE. — Je te tiens un pari, Andromaque.

ANDROMAQUE. — Cet envoyé des Grecs a raison. On va bien le recevoir. On va bien lui envelopper sa petite Hélène, et on la lui rendra.

5 CASSANDRE. — On va le recevoir grossièrement. On ne lui rendra pas Hélène. Et la guerre de Troie aura lieu.

ANDROMAQUE. — Oui, si Hector n'était pas là !... Mais il arrive, Cassandre, il arrive ! Tu entends assez ses trompettes... En cette minute, il entre dans la ville, victorieux. Je pense qu'il aura son mot à dire. Quand il est parti, voilà trois mois,
10 il m'a juré que cette guerre était la dernière.

CASSANDRE. — C'était la dernière. La suivante l'attend.

ANDROMAQUE. — Cela ne te fatigue pas de ne voir et de ne prévoir que l'effroyable ?

CASSANDRE. — Je ne vois rien, Andromaque. Je ne prévois rien. Je tiens
15 seulement compte de deux bêtises, celle des hommes et celle des éléments.

ANDROMAQUE. — Pourquoi la guerre aurait-elle lieu ? Pâris ne tient plus à Hélène. Hélène ne tient plus à Pâris.

CASSANDRE. — Il s'agit bien d'eux !

ANDROMAQUE. — Il s'agit de quoi ?

20 CASSANDRE. — Pâris ne tient plus à Hélène ! Hélène ne tient plus à Pâris ! Tu as vu le destin s'intéresser à des phrases négatives ?

ANDROMAQUE. — Je ne sais pas ce qu'est le destin.

CASSANDRE. — Je vais te le dire. C'est simplement la forme accélérée du temps. C'est épouvantable.

25 ANDROMAQUE. — Je ne comprends pas les abstractions.

CASSANDRE. — A ton aise. Ayons recours aux métaphores. Figure-toi un tigre. Tu la comprends, celle-là ? C'est la métaphore pour jeunes filles. Un tigre qui dort ?

ANDROMAQUE. — Laisse-le dormir.

30 CASSANDRE. — Je ne demande pas mieux. Mais ce sont les affirmations qui l'arrachent à son sommeil. Depuis quelque temps, Troie en est pleine.

ANDROMAQUE. — Pleine de quoi ?

CASSANDRE. — De ces phrases qui affirment que le monde et la direction du monde appartiennent aux hommes en général, et aux Troyens ou Troyennes en
35 particulier...

ANDROMAQUE. — Je ne te comprends pas.

CASSANDRE. — Hector en cette heure rentre dans Troie ?

ANDROMAQUE. — Oui. Hector en cette heure revient à sa femme.

CASSANDRE. — Cette femme d'Hector va avoir un enfant[1] ?

40 ANDROMAQUE. — Oui, je vais avoir un enfant.

CASSANDRE. — Ce ne sont pas des affirmations, tout cela ?

ANDROMAQUE. — Ne me fais pas peur, Cassandre.

1. Astyanax, dans la légende d'Homère.

UNE JEUNE SERVANTE, *qui passe avec du linge.* — Quel beau jour, maîtresse !

CASSANDRE. — Ah ! oui ? Tu trouves ?

45 LA JEUNE SERVANTE, *qui sort.* — Troie touche aujourd'hui son plus beau jour de printemps.

CASSANDRE. — Jusqu'au lavoir qui affirme !

ANDROMAQUE. — Oh ! justement, Cassandre ! Comment peux-tu parler de guerre en un jour pareil ? Le bonheur tombe sur le monde !

50 CASSANDRE. — Une vraie neige.

ANDROMAQUE. — La beauté aussi. Vois ce soleil. Il s'amasse plus de nacre sur les faubourgs de Troie qu'au fond des mers. De toute maison de pêcheur, de tout arbre sort le murmure des coquillages. Si jamais il y a eu une chance de voir les hommes trouver un moyen pour vivre en paix, c'est aujourd'hui... Et pour qu'ils 55 soient modestes... Et pour qu'ils soient immortels.

CASSANDRE. — Oui, les paralytiques qu'on a traînés devant les portes se sentent immortels.

ANDROMAQUE. — Et pour qu'ils soient bons !... Vois ce cavalier de l'avant-garde se baisser sur l'étrier pour caresser un chat dans ce créneau... Nous sommes 60 peut-être aussi au premier jour de l'entente entre l'homme et les bêtes.

CASSANDRE. — Tu parles trop. Le destin s'agite, Andromaque !

ANDROMAQUE. — Il s'agite dans les filles qui n'ont pas de mari. Je ne te crois pas.

CASSANDRE. — Tu as tort. Ah ! Hector rentre dans la gloire chez sa femme 65 adorée !... Il ouvre un œil... Ah ! Les hémiplégiques[2] se croient immortels sur leurs petits bancs !... Il s'étire... Ah ! Il est aujourd'hui une chance pour que la paix s'installe sur le monde !... Il se pourlèche... Et Andromaque va avoir un fils ! Et les cuirassiers[3] se baissent maintenant sur l'étrier pour caresser les matous dans les créneaux !... Il se met en marche !

70 ANDROMAQUE. — Tais-toi !

CASSANDRE. — Et il monte sans bruit les escaliers du palais. Il pousse du mufle les portes... Le voilà... Le voilà...

LA VOIX D'HECTOR. — Andromaque !

ANDROMAQUE. — Tu mens !... C'est Hector !

75 CASSANDRE. — Qui t'a dit autre chose ?

Jean GIRAUDOUX, *La Guerre de Troie n'aura pas lieu,*
Acte I, scène 1 (1935), © éd. Grasset

2. *Individus frappés de paralysie partielle.*

3. *Anachronisme fréquent chez Giraudoux.*

POUR LE COMMENTAIRE _____

1. Une scène d'exposition

Comment sommes-nous mis au courant de la situation ? L'action est-elle déjà engagée ?

2. Deux caractères

Analysez l'opposition psychologique entre les deux femmes.

3. Deux philosophies de l'existence

Par-delà les caractères, montrez que ce sont deux conceptions du temps, de la vie, et finalement deux philosophies de l'existence qui s'affrontent.

4. Un dialogue qui donne le ton

Digressions, jeux de mots, anachronismes, poésie... Illustrez par un exemple chacun de ces effets ou procédés caractéristiques du dialogue giralducien.

Maquette de Guillaume Monin pour le décor de
La Guerre de Troie n'aura pas lieu, 1937. ▶

Acte I, scène 8

Une femme légère

***

Objet d'un conflit qui la dépasse, Hélène, épouse du Grec Ménélas enlevée par le Troyen Pâris, se révèle, dans un dialogue savoureux avec Hector, un être d'une grande frivolité, mais aussi d'une totale irresponsabilité. Et pourtant le sort de deux cités dépend en grande partie de son comportement... Femme-enfant, jouet dans les mains de la fatalité, elle reste toutefois attachante par son caractère spirituel et, bien sûr, ses talents de séductrice !

Sylvia Bergé interprétant Hélène dans une mise en scène de Raymond Gérome à la Comédie-Française.

HECTOR. — C'est beau, la Grèce ?

HÉLÈNE. — Pâris l'a trouvée belle.

HECTOR. — Je vous demande si c'est beau, la Grèce sans Hélène ?

HÉLÈNE. — Merci pour Hélène.

5 HECTOR. — Enfin, comment est-ce, depuis qu'on en parle ?

HÉLÈNE. — C'est beaucoup de rois et de chèvres éparpillés sur du marbre.

HECTOR. — Si les rois sont dorés et les chèvres angora, cela ne doit pas être mal au soleil levant.

HÉLÈNE. — Je me lève tard.

10 HECTOR. — Des dieux aussi, en quantité ? Pâris dit que le ciel en grouille, que des jambes de déesses en pendent.

HÉLÈNE. — Pâris va toujours le nez levé. Il peut les avoir vues.

HECTOR. — Vous, non ?

HÉLÈNE. — Je ne suis pas douée. Je n'ai jamais pu voir un poisson dans la mer. 15 Je regarderai mieux quand j'y retournerai.

HECTOR. — Vous venez de dire à Pâris que vous n'y retourneriez jamais.

HÉLÈNE. — Il m'a priée de le dire. J'adore obéir à Pâris.

HECTOR. — Je vois. C'est comme pour Ménélas. Vous ne le haïssez pas ?

HÉLÈNE. — Pourquoi le haïrais-je ?

20 HECTOR. — Pour la seule raison qui fasse vraiment haïr. Vous l'avez trop vu.

HÉLÈNE. — Ménélas ? Oh ! non ! Je n'ai jamais bien vu Ménélas, ce qui s'appelle vu. Au contraire.

HECTOR. — Votre mari ?

HÉLÈNE. — Entre les objets et les êtres, certains sont colorés pour moi. Ceux-là 25 je les vois. Je crois en eux. Je n'ai jamais bien pu voir Ménélas.

HECTOR. — Il a dû pourtant s'approcher très près.

HÉLÈNE. — J'ai pu le toucher. Je ne peux pas dire que je l'ai vu.

HECTOR. — On dit qu'il ne vous quittait pas.

HÉLÈNE. — Évidemment. J'ai dû le traverser bien des fois sans m'en douter.

30 HECTOR. — Tandis que vous avez vu Pâris ?

HÉLÈNE. — Sur le ciel, sur le sol, comme une découpure.

HECTOR. — Il s'y découpe encore ? Regardez-le, là-bas, adossé au rempart.

HÉLÈNE. — Vous êtes sûr que c'est Pâris, là-bas ?

HECTOR. — C'est lui qui vous attend.

35 HÉLÈNE. — Tiens ! Il est beaucoup moins net !

HECTOR. — Le mur est cependant passé à la chaux fraîche. Tenez, le voilà de profil !

François Beaulieu
interprétant Hector.

HÉLÈNE. — C'est curieux comme ceux qui vous attendent se découpent moins bien que ceux que l'on attend !

40 HECTOR. — Vous êtes sûre qu'il vous aime, Pâris ?

HÉLÈNE. — Je n'aime pas beaucoup connaître les sentiments des autres. Rien ne gêne comme cela. C'est comme au jeu quand on voit dans le jeu de l'adversaire. On est sûr de perdre.

HECTOR. — Et vous, vous l'aimez ?

45 HÉLÈNE. — Je n'aime pas beaucoup connaître non plus mes propres sentiments.

HECTOR. — Voyons ! Quand vous venez d'aimer Pâris, qu'il s'assoupit dans vos bras, quand vous êtes encore ceinturée par Pâris, comblée par Pâris, vous n'avez aucune pensée ?

50 HÉLÈNE. — Mon rôle est fini. Je laisse l'univers penser à ma place. Cela, il le fait mieux que moi.

HECTOR. — Mais le plaisir vous rattache bien à quelqu'un, aux autres ou à vous-même.

HÉLÈNE. — Je connais surtout le plaisir des autres... Il m'éloigne des deux.

55 HECTOR. — Il y a eu beaucoup de ces autres, avant Pâris ?

HÉLÈNE. — Quelques-uns.

HECTOR. — Et il y en aura d'autres après lui, n'est-ce pas, pourvu qu'ils se découpent sur l'horizon, sur le mur ou sur le drap ? C'est bien ce que je supposais. Vous n'aimez pas Pâris, Hélène. Vous aimez les hommes !

60 HÉLÈNE. — Je ne les déteste pas. C'est agréable de les frotter contre soi comme de grands savons. On en est toute pure...

HECTOR. — Cassandre ! Cassandre !

Jean GIRAUDOUX, *La Guerre de Troie n'aura pas lieu*,
Acte I, scène 8, © éd. Grasset

* * *

En dépit des efforts d'Hector, d'Andromaque et d'Hécube, la femme de Priam, le clan de la guerre fait tout pour exciter les esprits et ruiner par avance les chances de négociation avec la délégation grecque qu'on attend d'un moment à l'autre. A la tête de cette faction belliciste se trouve le poète Démokos, un redoutable barde dont Giraudoux fait l'emblème de la folie meurtrière, qui s'avance masqué derrière les sophismes d'une pseudo-intelligence.

LECTURE MÉTHODIQUE

1. La vision de la Grèce (lignes 1 à 15)

Soulignez-en le caractère à la fois facétieux et poétique. A quel type de public s'adresse Giraudoux par de telles répliques ? Quelle forme de complicité recherche-t-il ?

2. Hélène et ses hommes (lignes 16 à 39)

Ménélas et Pâris ; les voit-elle du même regard ? Montrez le contraste entre la futilité des sentiments et la subtilité des propos de l'héroïne. Est-elle pour autant un personnage contradictoire ?

3. Hélène et son plaisir (lignes 40 à 62)

Quels propos révèlent la sensualité de l'héroïne ? Confond-elle absolument **passion** et **plaisir** comme le prétend Hector ? Approfondissez la formule de la ligne 50 : « Je laisse l'univers penser à ma place... ».

POINT DE VUE CRITIQUE

Pierre-Henri SIMON écrit dans *Théâtre et Destin* (éd. Armand Colin, 1959), à propos du personnage d'Hélène :

« Elle (la guerre de Troie) aura lieu pour des causes humaines, parce qu'il y a des brutes agressives comme Oiax, des foules nationalistes qui croient toujours insulté l'honneur de la patrie (et sur ce point les civils sont souvent plus susceptibles que les militaires), et, enfin, de faux intellectuels, des clercs qui trahissent en exaltant au nom de la raison le fanatisme et les passions grégaires, au lieu d'incliner les hommes à l'indulgence et à l'amitié. Mais il y a aussi les causes fatales ; car certains êtres semblent porter le signe du destin. Hélène en est un ; elle n'est pas méchante, elle ne veut pas faire le mal ; mais, par le don qu'elle a de polariser sur elle la passion des hommes, c'est une allumeuse d'incendies. »

GROUPEMENT THÉMATIQUE

L'antiquité dans le théâtre du XXe siècle

André GIDE : *Œdipe*, 1931 ; *Thésée*, 1946. — Jean GIRAUDOUX : *Amphitryon 38*, 1929 ; *Électre*, 1937. — Jean ANOUILH : *Antigone*, 1944 ; *Médée*, 1953. — Jean-Paul SARTRE : *Les Mouches*, 1943. — Albert CAMUS : *Caligula*, 1944.

Acte II, scène 8

« *C'est épouvantable !* »

***

Avec son intuition de femme, Andromaque pressent plus vite qu'Hector que le conflit est inéluctable. Un dernier entretien en tête-à-tête avec Hélène lui révèle, par-delà son angoisse, l'absurdité d'une guerre que ne vient même pas justifier le prétexte d'une grande et vraie passion. Si Hélène et Pâris ne s'aiment pas, et si la guerre a lieu, l'histoire, décidément, n'a plus de sens ; elle est insupportable.

HÉLÈNE. — Si vous avez découvert ce qu'ils veulent, les dieux, dans toute cette histoire, je vous félicite.

ANDROMAQUE. — Je ne sais pas si les dieux veulent quelque chose. Mais l'univers veut quelque chose. Depuis ce matin, tout me semble le réclamer, le
5 crier, l'exiger, les hommes, les bêtes, les plantes... Jusqu'à cet enfant en moi...

HÉLÈNE. — Ils réclament quoi ?

ANDROMAQUE. — Que vous aimiez Pâris.

HÉLÈNE. — S'ils savent que je n'aime point Pâris, ils sont mieux renseignés que moi.

10 ANDROMAQUE. — Vous ne l'aimez pas ! Peut-être pourriez-vous l'aimer. Mais, pour le moment, c'est dans un malentendu que vous vivez tous deux.

HÉLÈNE. — Je vis avec lui dans la bonne humeur, dans l'agrément, dans l'accord. Le malentendu de l'entente, je ne vois pas très bien ce que cela peut être.

15 ANDROMAQUE. — Vous ne l'aimez pas. On ne s'entend pas, dans l'amour. La vie de deux époux qui s'aiment, c'est une perte de sang-froid perpétuelle. La dot des vrais couples est la même que celle des couples faux : le désaccord originel. Hector est le contraire de moi. Il n'a aucun de mes goûts. Nous passons notre journée ou à nous vaincre l'un l'autre ou à nous sacrifier. Les époux amoureux
20 n'ont pas le visage clair.

HÉLÈNE. — Et si mon teint était de plomb, quand j'approche Pâris, et mes yeux blancs, et mes mains moites, vous pensez que Ménélas[1] en serait transporté, les Grecs épanouis ?

ANDROMAQUE. — Peu importerait alors ce que pensent les Grecs !

25 HÉLÈNE. — Et la guerre n'aurait pas lieu !

ANDROMAQUE. — Peut-être, en effet, n'aurait-elle pas lieu ! Peut-être, si vous vous aimiez, l'amour appellerait-il à son secours l'un de ses égaux, la générosité, l'intelligence... Personne, même le destin, ne s'attaque d'un cœur léger à la passion... Et même si elle avait lieu, tant pis !

30 HÉLÈNE. — Ce ne serait sans doute pas la même guerre ?

ANDROMAQUE. — Oh ! non, Hélène ! Vous sentez bien ce qu'elle sera, cette lutte. Le sort ne prend pas tant de précautions pour un combat vulgaire. Il veut construire l'avenir sur elle, l'avenir de nos races, de nos peuples, de nos rai-sonnements. Et que nos idées et que notre avenir soient fondés sur l'histoire
35 d'une femme et d'un homme qui s'aimaient, ce n'est pas si mal. Mais il ne voit pas que vous n'êtes qu'un couple officiel !... Penser que nous allons souffrir, mourir, pour un couple officiel, que la splendeur ou le malheur des âges, que les habitudes des cerveaux et des siècles vont se fonder sur l'aventure de deux êtres qui ne s'aimaient pas, c'est là l'horreur.

40 HÉLÈNE. — Si tous croient que nous nous aimons, cela revient au même.

ANDROMAQUE. — Ils ne le croient pas. Mais aucun n'avouera qu'il ne le croit pas. Aux approches de la guerre, tous les êtres sécrètent une nouvelle sueur, tous les événements revêtent un nouveau vernis, qui est le mensonge. Tous mentent. Nos vieillards n'adorent pas la beauté, ils s'adorent eux-mêmes, ils adorent la laideur.
45 Et l'indignation des Grecs est un mensonge. Dieu sait s'ils se moquent de ce que vous pouvez faire avec Pâris, les Grecs ! Et leurs bateaux qui accostent là-bas

1. *Le mari d'Hélène.*
2. *Astyanax.*

dans les banderoles et les hymnes, c'est un mensonge de la mer. Et la vie de mon fils[2], et la vie d'Hector vont se jouer sur l'hypocrisie et le simulacre, c'est épouvantable !

50 HÉLÈNE. — Alors ?

ANDROMAQUE. — Alors je vous en supplie, Hélène. Vous me voyez là pressée contre vous comme si je vous suppliais de m'aimer. Aimez Pâris ! Ou dites-moi que je me trompe ! Dites-moi que vous vous tuerez s'il mourait ! Que vous accepterez qu'on vous défigure pour qu'il vive !... Alors la guerre ne sera plus 55 qu'un fléau, pas une injustice. J'essaierai de la supporter.

Jean GIRAUDOUX, *La Guerre de Troie n'aura pas lieu*,
Acte II, scène 8, © éd. Grasset

Acte II, scène 13   *« Un duo avant l'orchestre »*

***

Lorsque la flotte grecque conduite par Ulysse se présente devant Troie, l'excitation des esprits est à son comble. Le soudard grec, Oiax, dans un camp et le barde troyen, Démokos dans l'autre, multiplient les provocations. Une ultime et dramatique entrevue de négociations a pourtant bien lieu entre Ulysse et Hector qui, en « chefs d'État » responsables semblent s'acheminer vers un compromis...

HECTOR. — Et vous voulez la guerre ?

ULYSSE. — Je ne la veux pas. Mais je suis moins sûr de ses intentions à elle.

HECTOR. — Nos peuples nous ont délégués tous deux ici pour la conjurer. Notre seule réunion signifie que rien n'est perdu...

5 ULYSSE. — Vous êtes jeune, Hector !... A la veille de toute guerre, il est courant que deux chefs des peuples en conflit se rencontrent seuls dans quelque innocent village, sur la terrasse au bord d'un lac, dans l'angle d'un jardin. Et ils conviennent que la guerre est le pire fléau du monde, et tous deux, à suivre du regard ces reflets et ces rides sur les eaux, à recevoir sur l'épaule ces pétales de 10 magnolias, ils sont pacifiques, modestes, loyaux. Et ils s'étudient. Ils se regardent. Et, tiédis par le soleil, attendris par un vin clairet[1], ils ne trouvent dans le visage d'en face aucun trait qui justifie la haine, aucun trait qui n'appelle l'amour humain, et rien d'incompatible non plus dans leurs langages, dans leur façon de se gratter le nez ou de boire. Et ils sont vraiment combles de paix, de désirs de 15 paix. Et ils se quittent en se serrant les mains, en se sentant des frères. Et ils se retournent de leur calèche pour se sourire... Et le lendemain pourtant éclate la guerre... Ainsi nous sommes tous deux maintenant... Nos peuples autour de l'entretien se taisent et s'écartent, mais ce n'est pas qu'ils attendent de nous une victoire sur l'inéluctable. C'est seulement qu'ils nous ont donné pleins pouvoirs, 20 qu'ils nous ont isolés, pour que nous goûtions mieux, au-dessus de la catastrophe, notre fraternité d'ennemis. Goûtons-la. C'est un plat de riches. Savourons-la... Mais c'est tout. Le privilège des grands, c'est de voir les catastrophes d'une terrasse.

HECTOR. — C'est une conversation d'ennemis que nous avons là ?

25 ULYSSE. — C'est un duo avant l'orchestre. C'est le duo des récitants avant la guerre. Parce que nous avons été créés sensés, justes et courtois, nous nous parlons, une heure avant la guerre, comme nous nous parlerons longtemps après, en anciens combattants. Nous nous réconcilions avant la lutte même, c'est toujours cela. Peut-être d'ailleurs avons-nous tort. Si l'un de nous doit un 30 jour tuer l'autre et arracher pour reconnaître sa victime la visière de son casque, il vaudrait peut-être mieux qu'il ne lui donnât pas un visage de frère... Mais l'univers le sait, nous allons nous battre.

HECTOR. — L'univers peut se tromper. C'est à cela qu'on reconnaît l'erreur, elle est universelle.

1. Se dit d'un vin jeune ou de peu de corps.

2. *Bleu soutenu.*

35 ULYSSE. — Espérons-le. Mais quand le destin, depuis des années, a surélevé deux peuples, quand il leur a ouvert le même avenir d'invention et d'omnipotence, quand il a fait de chacun, comme nous l'étions tout à l'heure sur la bascule, un poids précieux et différent pour peser le plaisir, la conscience et jusqu'à la nature, quand par leurs architectes, leurs poètes, leurs teinturiers, il
40 leur a donné à chacun un royaume opposé de volumes, de sons et de nuances, quand il leur a fait inventer le toit en charpente troyen et la voûte thébaine, le rouge phrygien et l'indigo[2] grec, l'univers sait bien qu'il n'entend pas préparer ainsi aux hommes deux chemins de couleur et d'épanouissement, mais se ménager son festival, le déchaînement de cette brutalité et de cette folie
45 humaines qui seules rassurent les dieux. C'est de la petite politique, j'en conviens. Mais nous sommes chefs d'État, nous pouvons bien entre nous deux le dire : c'est couramment celle du Destin.

Jean GIRAUDOUX, *La Guerre de Troie n'aura pas lieu*,
Acte II, scène 13, © éd. Grasset

***

Le Destin en effet va l'emporter et déjouer le plan raisonnable des deux négociateurs. En accusant Oiax de l'avoir assassiné (voir le résumé, p. 415), Démokos déclenche irrémédiablement le conflit et Cassandre, la prophétesse, aura le dernier mot.

CASSANDRE. — Il meurt comme il a vécu, en coassant.

ABNÉOS. — Voilà... Ils tiennent Oiax... Voilà. Ils l'ont tué !

HECTOR, *détachant les mains d'Andromaque.* — Elle aura lieu.

Les portes de la guerre s'ouvrent lentement. Elles découvrent Hélène qui embrasse Troïlus[3].

3. *Fils de Priam.*

CASSANDRE. — Le poète troyen est mort... La parole est au poète grec.

LE RIDEAU TOMBE DÉFINITIVEMENT

TRAVAUX D'ENSEMBLE SUR *LA GUERRE DE TROIE N'AURA PAS LIEU*

1. Trois thèmes majeurs

— la guerre ;
— la passion ;
— le destin.
Décrivez chacun d'entre eux à partir des grandes scènes de la pièce de Giraudoux et montrez les liens qui les unissent « fatalement » les uns aux autres.

2. Trois genres explorés

— la comédie (humour, jeux de mots, etc.) ;
— le drame (intrigue, coups de théâtre, etc.) ;
— la tragédie (conflits de valeurs, enjeux éthiques).
Montrez comment Giraudoux, dans cette pièce, exploite astucieusement ce triple registre dramaturgique.

3. Du mythe à l'actualité

A partir d'exemples concrets et précis, étudiez la manière dont le dramaturge réussit à actualiser le mythe homérique. Que conserve-t-il de la légende ? Comment s'y prend-il pour « greffer » des épisodes ou des enjeux de l'histoire internationale des années 30 ? La pièce est-elle pour autant « datée », donc vieillie ?

4. La fantaisie verbale

— Les **lexiques triviaux ou familiers** : « pute, garce » (I, 8), « encaisser » (II, 10), « un symbole, quoi ! » (I, 6) ou encore « tu viens m'embrasser, quoi ! » (II, 1).
— Leurs **accumulations** : « cousin de crapaud, fils de bœuf, verrues, corps thyroïdes... » (II, 4).
— Les **répétitions obsessionnelles** : ainsi les dix-neuf occurrences du mot *embrasser* dans les deux petites scènes qui ouvrent l'acte II de *La Guerre de Troie*.

— Les **répétitions « moliéresques »** des propos d'un personnage « soufflés » par un autre : Pâris et Hélène, dans la scène 7 de l'acte I.
— Les **tournures paradoxales** du type : « C'était la dernière guerre ; la suivante attend... » (I, 1).

5. La verve parodique

— Les **pastiches des formes fixes** de la dramaturgie classique :
  • les tirades (sur la guerre II, 4, sur la beauté I, 6) ;
  • les apartés à fonction ironique et parodique (à l'endroit de Démokos par exemple II, 11).

— L'**art du proverbe et de la citation**, sous forme :
  • de **traits d'esprit** : « L'homme qui découvre la faiblesse dans une femme, c'est le chasseur à midi qui découvre une source. Il s'en abreuve » (I, 9) ;
  • de **citations détournées** : « Un seul être vous manque et tout est repeuplé ! » s'exclame ainsi Pâris (I, 4).

— Les **anachronismes** :
  • **scientifiques** : le Géomètre énonce ensemble « mètres, grammes et lieues » (I, 6) ;
  • **ethnologiques** : Cassandre plaint le « pauvre amateur de raki » (II, 12) ;
  • ou simplement **stylistiques** quand Hector, répétant les propos grivois d'Hélène, déclare : « Je cite mes auteurs » (I, 9).

— Les **portraits à charge sarcastique**, comme celui de Ménélas « nu sur un rivage, occupé à se débarrasser l'orteil d'un crabe » (I, 4), ou celui du gabier observant avec curiosité les ébats de Pâris et d'Hélène « comme un chat devant un lit » (II, 12).

L'inspiration mythologique dans le théâtre français du XXᵉ siècle

Une renaissance des mythes

On assiste au XXᵉ siècle à un **retour des mythes antiques au théâtre**, retour dont JEAN COCTEAU semble l'initiateur. C'est en effet en 1927 qu'il fait paraître *Orphée* : pendant une vingtaine d'années, désormais, les pièces d'inspiration mythologique vont se succéder.

Dès 1887, dans ses *Moralités légendaires*, JULES LA-FORGUE avait fait preuve d'une certaine désinvolture à l'égard des mythes, qu'il réécrivait avec une distanciation ironique. En 1899, ANDRÉ GIDE proposait une version moderne de Prométhée *(Prométhée mal enchaîné)*, tout aussi irrévérencieuse. Le mythe était désacralisé, sans souci des anachronismes. Au XXᵉ siècle, ces légendes gréco-romaines de portée universelle sont réactualisées, **véhiculant les interrogations des dramaturges contemporains** et reflétant leur philosophie.

Les mythes de prédilection

Dans cette renaissance des mythes, quelques personnages particulièrement riches, se prêtant à diverses interprétations, sont privilégiés.

Ainsi Orphée permet à Cocteau de se livrer à une vaste méditation sur **la destinée du poète**, et à VICTOR SEGALEN *(Orphée-Roi*, 1921) d'opposer l'idéalisme au matérialisme. Le même mythe sera repris en 1942 par JEAN ANOUILH, qui centre son drame autour du personnage d'Eurydice, passe sous silence le thème de la poésie au profit d'une réflexion sur la vie, jugée corruptrice, tandis que la mort symboliserait la pureté.

On voit de même le mythe d'Œdipe traité de façon très différente par Gide et par Cocteau. Pour le premier, Œdipe sert de prétexte à un débat moral sur la liberté et la prédestination, tandis que pour le second il fait l'objet d'**une réflexion sur le destin**, dans un climat tout à fait surréaliste (*La Machine infernale*, 1934). Quant à Anouilh,

il s'intéresse davantage au personnage d'Antigone, fille d'Œdipe, et figure emblématique en cette année 1944 qui voit s'étendre la Résistance.

On pourrait de même comparer l'*Électre*, de JEAN GIRAUDOUX, conçue comme le drame de la justice et de la pureté, et *Les Mouches* de JEAN-PAUL SARTRE, qui voit dans le même mythe une parabole de la liberté, loin de toute préoccupation morale ou religieuse.

Outre Orphée, Œdipe et Électre, des personnages mythiques comme Thésée (voir Gide) ou Médée (voir Anouilh) ont aussi les faveurs des dramaturges. Parfois même, c'est tout un pan de la mythologie qui est ainsi actualisé : Giraudoux n'hésite pas à faire vivre les différents protagonistes de la guerre de Troie dans *La Guerre de Troie n'aura pas lieu*.

De l'Antiquité à l'actualité

On peut s'interroger sur le sens de cette modernisation des mythes de l'Antiquité classique. On observe ainsi, qu'au XXᵉ siècle, le mythe est l'instrument d'une réflexion et non plus un élément du pathos (« Je me propose non de vous faire frémir ou pleurer, mais de vous faire réfléchir », dira Gide dans son *Journal*, au sujet d'*Œdipe*).

Sa richesse et son ambiguïté mêmes permettent de multiples interprétations. Traitant de l'universel, il traite aussi du particulier. Mais dans l'entre-deux-guerres, ces mythes pouvaient souvent se lire comme des paraboles historiques : Giraudoux avec *La Guerre de Troie n'aura pas lieu* révélait son appréhension d'une nouvelle guerre mondiale.

Plus tard, déjouant la censure, Anouilh semblait faire l'apologie de la Résistance avec *Antigone*. Sartre paraissait s'indigner contre l'ordre moral dans *Les Mouches*. C'est assez dire que le mythe incite à une pluralité de lectures, selon son traitement dramatique et selon les circonstances de sa réactualisation.

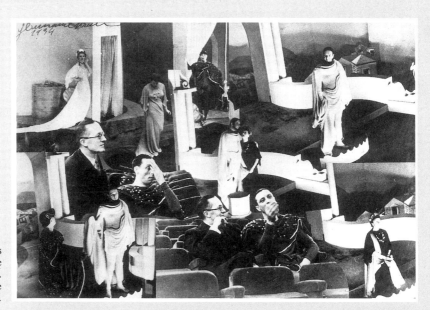

Répétitions d'*Amphitryon 38* au Théâtre de l'Athénée en 1934. Montage photo de Germaine Krüll.

3. La montée des ténèbres

Ondine (1939)

En faisant jouer Ondine au Théâtre de l'Athénée en avril 1939, **Giraudoux** renoue avec l'inspiration germanique : il adapte, pour la circonstance, un conte de 1811 de l'écrivain allemand Friedrich de La Motte-Fouqué (1777-1843). Si le thème de l'amour du couple est encore central dans cette œuvre écrite à la veille du deuxième conflit mondial, il apparaît — à l'inverse d'Amphitryon 38 — marqué à son tour du **poids de la fatalité**, comme si le dernier refuge des humains, leur dernière dignité, débouchait sur une impasse.

*** Ondine

Ondine, mystérieuse femme-poisson, a recueilli le chevalier Hans von Wittenstein dont elle partage vite la passion, bien qu'il soit déjà fiancé à la comtesse Bertha. Les jeunes gens se marient malgré la prédiction de l'oncle de la jeune fille, le Roi des Ondins, qui assure que Hans mourra s'il est infidèle. Ce qui ne manque pas de se produire à l'acte II quand le jeune homme retrouve à la cour Bertha, alors qu'Ondine choque les « humains » par son comportement naïf et insolite. En dépit des efforts de la femme-poisson pour faire croire que c'est elle qui a, la première, été infidèle à son mari, Hans tombe sous le coup de la malédiction du roi des Ondins. Après avoir fait ses adieux à Ondine, il périra. Condamnée à tout oublier, celle-ci ne reconnaîtra même plus le corps du chevalier et quittera la scène en soupirant : « Comme je l'aurais aimé... ».

Ondine ou l'amour en trop

Maquette de costume de
Pavel Tchelitchew pour le
chevalier Hans dans
Ondine, 1939.

ONDINE. — Adieu, Hans.

HANS. — Et voilà ! Un jour, elles partent. Le jour où tout vous devient clair, le jour où vous voyez que vous n'avez jamais aimé qu'elles, que vous mourrez si une minute elles partaient, ce jour-là, elles partent. Le jour où vous les retrouvez, où 5 tout est retrouvé pour toujours, ce jour-là, elles ne le manquent pas, leur nef appareille, leurs ailes s'ouvrent, leurs nageoires battent, elles vous disent adieu.

ONDINE. — Je vais perdre la mémoire, Hans.

HANS. — Et un vrai adieu, vous l'entendez ! Les amants qui d'habitude se disent adieu, au seuil de la mort, sont destinés à se revoir sans arrêt, à se heurter 10 sans fin dans la vie future, à se coudoyer sans répit, à se pénétrer sans répit, puisqu'ils seront des ombres dans le même domaine. Ils se quittent pour ne plus se quitter. Mais Ondine et moi partons chacun de notre bord pour l'éternité. A bâbord le néant, à tribord l'oubli... Il ne faut pas rater cela, Ondine... Voilà le premier adieu qui se soit dit en ce bas monde.

15 ONDINE. — Tâche de vivre... Tu oublieras aussi.

HANS. — Tâche de vivre ! C'est facile à dire. Si cela seulement m'intéressait de vivre ! Depuis que tu es partie, tout ce que mon corps faisait de lui-même, il faut que je le lui ordonne. Je ne vois que si je dis à mes yeux de voir. Je ne vois le gazon vert que si je dis à mes yeux de le voir vert. Si tu crois que c'est gai, 20 le gazon noir !... C'est une intendance exténuante. J'ai à commander à cinq sens, à trente muscles, à mes os eux-mêmes. Un moment d'inattention, et j'oublierai d'entendre, de respirer... Il est mort parce que respirer l'embêtait, dira-t-on... Il est mort d'amour... Qu'es-tu venue me dire, Ondine ? Pourquoi t'es-tu laissée reprendre ?

25 ONDINE. — Pour te dire que je serai ta veuve Ondine.

HANS. — Ma veuve ? En effet, j'y pensais. Je serai le premier des Wittenstein à n'avoir pas de veuve qui porte mon deuil et qui dise : « Il ne me voit pas, soyons belle... Il ne m'entend pas, parlons pour lui... » Il n'y aura qu'une Ondine, toujours la même, et qui m'aura oublié... Cela aussi n'est pas très juste...

30 ONDINE. — Justement. Rassure-toi... J'ai pris mes précautions. Tu me reprochais parfois de ne pas varier mes allées et venues dans ta maison, de ne pas varier mes gestes, de marcher à pas comptés. C'est que j'avais prévu ce jour où

Maquette de costume de
Pavel Tchelitchew pour
le personnage
d'Ondine, 1939.

il me faudrait, sans mémoire, redescendre au fond des eaux. Je dressais mon
corps, je l'obligeais à un itinéraire immuable. Au fond du Rhin, même sans
35 mémoire, il ne pourra que répéter les mouvements que j'avais près de toi. L'élan
qui me portera de la grotte à la racine sera celui qui me portait de ma table à ma
fenêtre. Le geste qui me fera rouler un coquillage sur le sable sera celui par lequel
je roulais la pâte de mes gâteaux... Je monterai au grenier... Je passerai la tête.
Éternellement, il y aura une ondine bourgeoise parmi ces folles d'ondines. Oh !
40 qu'as-tu ?

HANS. — Rien, j'oubliais.

ONDINE. — Tu oubliais quoi ?

HANS. — De voir le ciel bleu... Continue !

ONDINE. — Elles m'appelleront l'humaine. Parce que je ne plongerai plus la
45 tête la première, mais que je descendrai des escaliers dans les eaux. Parce que
je feuilletterai des livres dans les eaux. Parce que j'ouvrirai des fenêtres dans les
eaux. Tout déjà se prépare. Tu n'as pas retrouvé mes lustres, ma pendule, mes
meubles. C'est que je les ai fait jeter dans le fleuve. Ils y ont leur place, leur étage.
Je n'ai plus l'habitude. Je les trouve instables, flottants... Mais ce soir, hélas, ils
50 me paraîtront aussi fixes et sûrs que le sont pour moi les remous ou les courants.
Je ne saurai au juste ce qu'ils veulent dire, mais je vivrai autour d'eux. Ce sera
bien extraordinaire si je ne me sers pas d'eux, si je n'ai pas l'idée de m'asseoir
dans le fauteuil, d'allumer le feu du Rhin aux candélabres. De me regarder dans
les glaces... Parfois la pendule sonnera... Éternelle, j'écouterai l'heure... J'aurai
55 notre chambre au fond des eaux.

HANS. — Merci, Ondine.

ONDINE. — Ainsi, séparés par l'oubli, la mort, les âges, les races, nous nous
entendrons bien, nous nous serons fidèles.

Jean GIRAUDOUX, *Ondine*, Acte III, scène 6 (1939)
© éd. Grasset

POUR LE COMMENTAIRE

1. La fatalité de l'oubli

Relevez les diverses expressions qui la traduisent. N'ap-
paraît-elle pas encore plus cruelle que l'épreuve même de
la mort ?

2. Hans ou la nostalgie désabusée

Sur quel ton s'exprime-t-il ? Expliquez ce qui, pour lui,
fait scandale dans cette « fin » vouée au néant plus qu'à la
souffrance ?

3. Ondine ou l'amour en trop

Quel pari sur l'au-delà, malgré tout, propose-t-elle à
Hans ? Que veut-elle dire quand elle se rêve en Ondine
« bourgeoise » ou « humaine » au milieu de ses sœurs ?
Êtes-vous d'accord avec ce critique contemporain quand il
résume la fin de la pièce d'une formule : « Ondine ne peut
offrir à Hans que "l'amour", un mot soudain trop grand pour
l'homme. »

Jean-Luc Boutté et Isabelle Adjani dans *Ondine* à
la Comédie-Française en 1974.
◀ Mise en scène de Raymond Rouleau.

Sodome et Gomorrhe (1943)

La Deuxième Guerre mondiale a profondément affecté l'univers théâtral de **Giraudoux**, *qui voit s'accomplir les désastres pressentis depuis la* Guerre de Troie... *et* Électre. *Dans* Sodome et Gomorrhe *(1943), la dernière grande pièce montée de son vivant et créée superbement par Edwige Feuillère et Gérard Philipe, le dramaturge* **témoigne du pessimisme qui l'envahit** : « Dans la tourmente, l'inondation et la guerre des guerres, il ne subsiste plus que la faillite, la honte, un visage d'enfant crispé de famine, une femme folle qui hurle, et la mort. »

**** Sodome et Gomorrhe*

Dans l'antiquité biblique, Sodome, une ville que l'on situe au sud de la mer Morte, est menacée de destruction par Dieu, qui n'y trouve plus que des couples désunis et déchirés. Même celui que forment apparemment dans l'union Jean et Lia se révèle intenable et débouche sur la séparation. Au second et dernier acte de la pièce, pour sauver la ville, un ange tente de persuader Jean et Lia de se réconcilier. Mais l'incompréhension des cœurs et des sexes apparaît irrémédiable. L'ultime entrevue sera un échec : hommes et femmes se séparent en deux groupes hostiles ; la fin du monde est inévitable.

« C'est une fin du monde idéale ! »

JEAN. — C'est toi, Jacques ?

JACQUES[1]. — C'est moi. Où sont les femmes ?

> 1. *C'est avec lui que Lia a trompé Jean.*

JEAN. — Tu dis ? Tu parles de qui ?

JACQUES. — Où sont les femmes ? Lia, Ruth[2], Martha, Judith ?

> 2. *Épouse de Jacques, qui, elle, est devenue la maîtresse de Jean.*

5 JEAN. — A des milliers de lieues, hors d'atteinte. Il n'y aura plus jamais de femmes pour nous, Jacques. Dieu soit loué. Il n'y aura plus dans notre maison la statue volubile du silence, le portrait aux yeux loyaux de la volupté. Tout va être simple, Jacques. Tout va être facile comme dans notre enfance, pur comme dans ces jours où nous nous sommes connus à faire des ricochets dans la mer
10 Morte. Regarde ! Regarde ces mouvements dans la plaine, ces arbres en marche. C'est que les objets et les animaux de la création se distribuent enfin entre nous. Regarde, les serpents et les oiseaux et les félins les entourent déjà, et l'orchidée pousse à leur cyprès, et leur vent de mort est une brise et les parfume, et voici que l'onagre[3] et l'abeille et le buffle viennent se ranger autour de nous, dans la

> 3. *Âne sauvage de grande taille.*

15 tempête et l'air salé. Tu trembles, tu as peur ? Ah non, c'est de froid. Prends ce manteau, mon petit Jacques. Il nous faut arriver à la mort en pleine chaleur et en pleine force comme à notre métier éternel. Ici, Pierre, ici, Luc... On nous a promis ici une mort qui aura figure d'homme... Et toi aussi, jardinier[4], assieds-toi avec nous. Tu as encore ta belle rose rouge ! Lance-la vers les femmes. Ce sera

> 4. *Personnage traditionnel du théâtre de Giraudoux.*

20 notre adieu.

Le jardinier lance la rose vers Lia.

LIA. — Merci pour la rose.

L'ANGE. — Lia, tais-toi.

LIA. — Cela va, là-bas, les hommes ? Cela va comme vous voulez ?

JEAN. — Très bien. Nous sommes tranquilles.

25 LIA. — Ici nous sommes heureuses.

JEAN. — Parfait. Chaque sexe a enfin ce qu'il réclame !

L'ANGE. — Je vous dis de vous taire ! [...]

JACQUES. — Vous avez peur, toutes ?

LIA. — Pourquoi toutes ? Ici nous ne sommes qu'une femme. La seule femme.

30 JEAN. — Tant pis pour vous. Ici nous sommes des milliers d'hommes, des millions d'hommes.

LIA. — Tu veux le mot de l'énigme, Jean ? Je l'ai.

JEAN. — Non. Laisse-moi la joie de mourir sans comprendre.

LIA. — Dieu a laissé discuter un ange. Il a eu Satan. L'homme a laissé discuter
35 sa femme. Il a eu la femme.

JEAN. — Je le sais. Tout était perdu à son premier mot.

LIA. — Mon premier mot était : je t'aime.

JEAN. — Quel rabais sur ton dernier silence !

Des femmes et des hommes arrivent harassés du fond de la vallée. Selon leur
40 *sexe, ils se jettent du côté de Lia ou du côté de Jean.*

MARTHA. — L'air est pur encore chez vous, jardinier ?

LE JARDINIER. — On ne peut l'aspirer, et le vent est affreux, la grêle est noire...

LIA. — Ah ? Ici il fait très beau.

JEAN. — Lia, menteuse !

45 LIA. — Ici pas un souffle, pas un nuage. Félicitez Dieu, notre ange. C'est une
fin du monde idéale !

MARTHA. — J'étouffe, Lia.

JUDITH. — Lia, je meurs.

LIA. — Vous entendez ? Ici nous étouffons d'air pur. Nous mourons de ciel
50 bleu.

JEAN. — Lia !

LIA. — Que veux-tu ?

JEAN. — Tais-toi, menteuse ! Ô quelles ténèbres !

LIA. — Quel soleil !

55 L'ANGE. — Ciel ! Allez !

Et c'est la fin du monde. Tous sont foudroyés. Les groupes ne sont plus que
des amas de cendres.

LA VOIX DE JEAN. — Pardon, ciel ! Quelle nuit !

LIA. — Merci, ciel ! Quelle aurore !

60 *L'archange des archanges apparaissant.*

L'ARCHANGE[5]. — Vont-ils enfin se taire ! Vont-ils enfin mourir !

L'ANGE. — Ils sont morts.

L'ARCHANGE. — Qui parle, alors ?

65 L'ANGE. — Eux. La mort n'a pas suffi. La scène continue.

Le monde disparaît. Le rideau tombe.

Jean GIRAUDOUX, *Sodome et Gomorrhe*, Acte II, scène 8 (1943)
© éd. Grasset

5. *Être placé au-dessus de l'ange, dans la hiérarchie angélique.*

ÉTUDE THÉMATIQUE

Les couples dans le théâtre de Giraudoux

Presque toutes les grandes pièces de Giraudoux sont construites autour d'un ou de deux couples (mari-femme ; amant-amante).

1. Identifiez-les à partir des extraits cités dans le manuel.

2. Quels sentiments, quelles valeurs, quelles fautes ou « erreurs » symbolisent chacun de ces couples ?

3. Dans quelle mesure peut-on dire que la fin de *Sodome et Gomorrhe* « achève », à tous les sens du terme, cette thématique du couple ? De quel renoncement spirituel ou philosophique témoigne-t-elle ?

La Folle de Chaillot (éd. posthume, 1945)

En décembre 1945, près de deux ans après la mort de **Giraudoux**, *Louis Jouvet représente à L'Athénée* La Folle de Chaillot. *Drôle mais amère, féerique mais cauchemardesque, cette* « **comédie noire** » *donne au théâtre de l'auteur de* Siegfried *sa pleine dimension, en même temps qu'elle en fait sans doute un relais entre le théâtre symboliste dévergondé d'un Jarry et le théâtre de l'absurde d'un Ionesco.*

*** La Folle de Chaillot

Dans le quartier de Chaillot, à Paris, vit un monde étrange de chiffonniers et de commerçants, que domine l'extravagante figure de la vieille « comtesse » Aurélie, surnommée « La Folle ». Contre le projet de spéculateurs véreux qui veulent chercher du pétrole sous les collines de Chaillot, celle-ci va mobiliser les forces « souterraines ». Après un simulacre de procès, la Folle attirera les aigrefins dans un piège diabolique et ténébreux. « Il suffit d'une femme de sens, déclarera-t-elle, pour que la folie du monde sur elle se casse les dents. »

George Bernard Shaw *Pygmalion* (1912)

*Alors même que Giraudoux renouvelle le théâtre français en substituant à la traditionnelle pièce d'intrigue ou de caractères, un drame, ni tout à fait tragédie, ni tout à fait comédie, où dominent la fantaisie et la poésie, ses confrères étrangers mettent à mal l'héritage classique. Dès 1912, **George Bernard Shaw** (1856-1950) propose une version tout à fait moderne du mythe de Pygmalion, incarné par un professeur de phonétique soucieux de former une jeune maraîchère à l'accent faubourien.*

La leçon du professeur Higgins

Certains sont curieux, semble-t-il, de savoir à quoi ressemblaient les leçons que donnait Higgins à Eliza. Eh bien, en voici un exemple : le premier.

Figurez-vous Eliza, dans ses nouveaux atours, se
5 *sentant intérieurement dépaysée par un lunch, un dîner et un breakfast d'une qualité qui lui est tout à fait inhabituelle, assise dans le cabinet de travail avec Higgins et le colonel, et éprouvant les mêmes sensations qu'un malade à l'hôpital lors de sa pre-*
10 *mière consultation avec ses médecins. Higgins, naturellement incapable de rester tranquillement assis, redouble encore son angoisse en arpentant la pièce sans arrêt. Et, sans la présence rassurante et placide du colonel, elle chercherait son salut dans la*
15 *fuite, toute prête même à retourner à Drury Lane.*

HIGGINS. — Dites votre alphabet.

LIZA. — Je sais mon alphabet. Est-ce que vous croyez que je ne sais rien du tout ? Ce n'est pas la peine de me faire la leçon comme à un enfant.

20 HIGGINS, *tonitruant.* — Dites votre alphabet.

PICKERING. — Dites-le, mademoiselle. Vous allez comprendre tout de suite pourquoi. Faites ce qu'il vous dit, et laissez-le vous apprendre à sa manière.

LIZA. — Bon, eh bien, si vous le voyez comme
25 ça... Aââââ, Bêêêê, Cêêêê, Dêêêê...

HIGGINS, *dans un rugissement de lion blessé.* — Arrêtez ! Écoutez bien ceci, Pickering : voilà ce que nous payons pour leur éducation élémentaire. On a enfermé cet animal infortuné dans une salle de
30 classe pendant neuf ans, et à nos frais, pour lui apprendre à parler et à lire la langue de Shakespeare et de Milton. Et le résultat ? Le voilà : Aââââ, Bêêêê, Cêêêê, Dêêêê... (*A Eliza :*) Dites A, B, C, D.

LIZA, *au bord des larmes.* — Mais c'est ce que je
35 dis : Aââââ, Bêêêê, Cêêêê...

HIGGINS. — Arrêtez. Dites : une tasse de thé.

LIZA. — Eun' taiss' ed'taie...

HIGGINS. — Tirez votre langue en avant jusqu'à l'appuyer sur le tranchant de vos dents du bas.
40 Maintenant dites : tasse.

LIZA. — T-t-t-t... je ne peux pas. T-Tasse.

PICKERING. — Bien. Splendide, mademoiselle Doolittle.

HIGGINS. — Par Jupiter, elle l'a fait du premier
45 coup. Nous en ferons une duchesse. (*A Eliza :*) Et maintenant pensez-vous que vous pourriez arriver à dire : Thé ? Non pas taye, attention. Si jamais vous redites : baye, caye, daye, vous ferez trois fois le tour de la chambre, traînée par les cheveux. (*Fortis-*
50 *simo :*) T, T, T, T.

LIZA, *en larmes.* — Je ne vois pas de différence, sauf, oui, sauf peut-être quand c'est vous qui le dites.

HIGGINS. — Eh bien, si vous arrivez à vous rendre compte de la différence, pourquoi diable pleurez-
55 vous ? Pickering, donnez-lui un chocolat.

PICKERING. — Non, non. Ce n'est rien si vous pleurez un peu, mademoiselle Doolittle. Vous vous en tirez fort bien : et les leçons ne feront pas mal. Je vous promets que je ne vous laisserai pas traîner par
60 les cheveux autour de la pièce.

HIGGINS. — Allons, filez chez madame Pearce, et dites-lui quoi. Et pensez-y. Essayez de le faire toute seule. Et maintenez bien votre langue en avant, dans votre bouche, au lieu de vouloir la rouler et l'avaler.
65 Prochaine leçon cet après-midi à quatre heures et demie. Et maintenant filez...

Eliza, toujours sanglotante, s'élance hors de la pièce.

Et telle est la rude épreuve que la malheureuse
70 *Eliza devra subir pendant des mois, avant que nous ne puissions la rencontrer de nouveau, lors de sa première apparition devant cette société londonienne vouée aux carrières libérales.*

George Bernard SHAW, *Pygmalion*, Acte II (1912)
© éd. de l'Arche

Pour vos essais et vos exposés

Claude-Edmonde MAGNY : *Précieux Giraudoux*, Seuil, 1945.
Chris MARKER : *Giraudoux par lui-même*, éd. du Seuil, 1952.
René ALBÉRÈS : *Esthétique et Morale chez Jean Giraudoux*, éd. Nizet, 1957.
Pierre-Henri SIMON : *Théâtre et Destin*, éd. A. Colin, 1959.

Charles MAURON : *Le Théâtre de Giraudoux, étude psychocritique*, éd. J. Corti, 1971.
Jacques BODY : *Giraudoux et l'Allemagne*, éd. Didier, 1975.
Jacques ROBICHEZ : *Le Théâtre de Giraudoux*, SEDES, 1976.

IIIᵉ PARTIE

DE MAI EN MAI...
1940, 1945, 1958, 1968

	ÉVÉNEMENTS HISTORIQUES	SCIENCES, TECHNIQUES ET ARTS	LITTÉRATURE EN FRANCE ET A L'ÉTRANGER
1941	Entrée en guerre de l'U.R.S.S. et des U.S.A.	WELLES : *Citizen Kane*.	ARAGON : *Le Crève-cœur*.
1942	Début des déportations. Les Alliés en Afrique.	ERNST : *L'Europe après la pluie*. CARNÉ : *Les Visiteurs du soir*.	CAMUS : *L'Étranger*. VERCORS : *Le Silence de la mer*.
1943	Débarquement allié en Sicile. Chute de Mussolini.	FAUTRIER : La série des *Otages*. CLOUZOT : *Le Corbeau*.	ARAGON : *Le Musée Grévin*. SARTRE : *Les Mouches*.
1944	Débarquement en Normandie. Libération de la France.	DUBUFFET. Mort de KANDINSKY et MONDRIAN.	ELUARD : *Aux Rendez-vous allemands*. SARTRE : *Huis-clos*.
1945	Conférence de Yalta. Capitulation allemande. Bombe atomique.	Première explosion atomique. PICASSO : *Le Charnier*. CARNÉ : *Les Enfants du Paradis*.	ARAGON : *La Diane française*. GIRAUDOUX : *La Folle de Chaillot*. SARTRE : *L'Âge de raison*.
1946	La IVe République. Début de la guerre d'Indochine.	COCTEAU : *La Belle et la Bête*. ROSSELLINI : *Rome ville ouverte*.	PRÉVERT : *Paroles*. SAINT-JOHN PERSE : *Vents*.
1947	Fin du tripartisme. Début de la Guerre froide.	Ouverture du Musée d'Art moderne. POULENC : *Les Mamelles de Tirésias*.	CAMUS : *La Peste*. GENET : *Les Bonnes*.
1948	Création de l'État d'Israël.	Premier ordinateur. DE SICA : *Le Voleur de bicyclette*.	CHAR : *Fureur et Mystère*. SARTRE : *Les Mains sales*.
1949	Formation de la Chine populaire.	Premier avion à réaction civil. Première exposition de SOULAGES. TATI : *Jour de fête*.	ARAGON : *Les Communistes*. BEAUVOIR : *Le Deuxième Sexe*. ORWELL : *1984* (G.-B.).
1950	Guerre de Corée (1950-1953).	Science : MONOD, LVOW et JACOB. Musique : MESSIAEN, BOULEZ, XENAKIS.	IONESCO : *La Cantatrice chauve*. NIMIER : *Le Hussard bleu*.
1951	Début des luttes pour l'indépendance en Tunisie et au Maroc.	BRESSON : *Journal d'un curé de campagne*. MINELLI : *Un Américain à Paris*.	CAMUS : *L'Homme révolté*. GRACQ : *Le Rivage des Syrtes*. SARTRE : *Le Diable et le Bon Dieu*.
1952	Eisenhower président des U.S.A.	New York : DE KOONING et POLLOCK. BECKER : *Casque d'or*. CLÉMENT : *Jeux interdits*.	IONESCO : *Les Chaises*. HEMINGWAY : *Le Vieil Homme et la mer* (U.S.A.).
1953	Mort de Staline.	Lancement du « Livre de Poche ». Premier film en cinémascope.	BECKETT : *En attendant Godot*. ROBBE-GRILLET : *Les Gommes*.
1954	Fin de la guerre d'Indochine. Début de la guerre d'Algérie.	Mort de MATISSE. Début de la vague du Rock. BRASSENS en vedette à L'Olympia.	BEAUVOIR : *Les Mandarins*. BUTOR : *Passage de Milan*. SAGAN : *Bonjour tristesse*.
1955	Entrée du tiers monde sur la scène politique.	Premières *Caravelle*. VASARELY et TINGUELY.	LÉVI-STRAUSS : *Tristes tropiques*. NABOKOV : *Lolita* (U.S.A.).
1956	Indépendance du Maroc et de la Tunisie. Nationalisation du canal de Suez par Nasser.	Première production d'électricité nucléaire en Europe. VADIM : *Et Dieu créa la femme*.	ARAGON : *Le Roman inachevé*. SARRAUTE : *L'Ère du soupçon*.
1957	Communauté économique européenne.	Lancement en U.R.S.S. du premier satellite artificiel : le *Spoutnik*.	SAINT-JOHN PERSE : *Amers*. KEROUAC : *Sur la route* (U.S.A.).
1958	Retour de de Gaulle au pouvoir : Ve République.	BUFFET consacré. TATI : *Mon oncle*.	BEAUVOIR : *Mémoires...* DURAS : *Moderato Cantabile*.
1959	L'autodétermination aux Algériens.	La « Nouvelle vague » au cinéma. TRUFFAUT : *Les 400 coups*.	SARRAUTE : *Le Planétarium*.
1960	Début des indépendances en Afrique noire.	GODARD : *A bout de souffle*. FELLINI : *La Dolce Vita*.	IONESCO : *Rhinocéros*. SARTRE : *Critique de la raison dialectique*.
1961	Échec du putsch d'Alger.	YOURI GAGARINE dans l'espace. RESNAIS : *L'Année dernière à Marienbad*.	FOUCAULT : *Histoire de la folie*. GENET : *Les Paravents*.
1962	Indépendance de l'Algérie. Crise de Cuba.	TAPIÉS accède à la célébrité. WELLES : *Le Procès*.	IONESCO : *Le Roi se meurt*. SOLJENITSYNE : *Une journée d'Ivan Denissovitch* (U.R.S.S.).
1963	Assassinat du président Kennedy.	GODARD : *Le Mépris*. FELLINI : *Huit et demi*.	BECKETT : *Oh ! les beaux jours*. LE CLÉZIO : *Le Procès-verbal*.
1964	Les Américains au Vietnam.	Triomphe des Beatles.	SARTRE : *Les Mots*.
1965	De Gaulle réélu président de la République.	Début de la révolution informatique. GODARD : *Pierrot le Fou*.	DURAS : *Le Vice-Consul*. PEREC : *Les Choses*.
1966	La révolution culturelle en Chine.	L'art minimal au musée. ANTONIONI : *Blow-up*.	FOUCAULT : *Les Mots et les Choses*. LACAN : *Écrits I*.
1967	Troisième guerre israélo-arabe.	Première greffe du cœur.	ARAGON : *Blanche ou l'oubli*.
1968	Mouvement de mai. Intervention soviétique en Tchécoslovaquie.	KUBRICK : *2001, l'odyssée de l'espace*. POLANSKI : *Le Bal des vampires*.	COHEN : *Belle du Seigneur*. MODIANO : *La Place de l'étoile*.

Les années De Gaulle

Printemps chauds

Mai 40, mai 45, mai 58, mai 68... des printemps chauds, historiquement, politiquement ou socialement, jalonnent les décennies de cette troisième partie du siècle, qui voit la France, de drame national en crise constitutionnelle ou sociale, renoncer aux vestiges de l'Empire pour devenir l'Hexagone... Le génocide, le péril atomique, les sanglants combats de la décolonisation, **autant de traumatismes pour les penseurs et les écrivains**, confrontés aux dérives d'une histoire qu'ils ne savent plus comment penser — ni même s'ils doivent la penser. Si l'existentialisme s'essaye dans l'immédiat après-guerre à trouver les chemins d'un nouvel humanisme, il est à son tour submergé par la déferlante d'une crise morale sans précédent, qui affecte les croyances, les idéologies et les formes mêmes de la représentation esthétique ou littéraire.

Étrange paradoxe et en même temps limpide évidence que de voir — à l'heure de l'avènement des sciences de l'homme (anthropologie, linguistique, sémiologie) — s'imposer les mises en scène de cette crise du sujet, de cette « mort de l'homme » que prophétisait le philosophe **Michel Foucault**.

L'ère du soupçon

A cet égard LE ROMAN, pourtant dynamisé par les travaux des « hussards » dans les années 50, connaît peu après, avec le phénomène du « nouveau roman », une situation pour le moins étrange : lui, le vieux genre populaire, devient **le lieu d'une remise en cause radicale** des concepts consacrés de « texte », d'« auteur » ou de « narrateur », et se trouve soudain plongé dans « l'ère d'un soupçon » qui paraît l'affecter en tant que genre, et plus seulement en tant que manière, comme à l'heure de l'épuisement naturaliste à la fin du siècle précédent.

Sa traditionnelle fonction de représentation, de « mimesis », se fissure. Le vieux « miroir » cher à Stendhal devient « écran » problématique, comme le suggère **Michel Foucault** à propos des livres de **Claude Ollier** : « En ce lieu nouveau, ce qui est perçu abandonne la consistance, se détache de soi, flotte dans un espace et selon des combinaisons improbables, gagne le regard qui les détache et les noue, si bien qu'il pénètre en elles, se glisse dans cette étrange distance impalpable qui sépare et unit leur lieu de naissance de leur écran final. »

Pour une nouvelle dramaturgie

LE THÉÂTRE, presque indifférent jusque-là aux grands enjeux du siècle, et protégé par les conventions du Boulevard, est travaillé au même moment par de semblables interrogations : théâtre de « l'absurde » ou « nouveau théâtre », il s'impose avec les œuvres de **Ionesco** et de **Beckett** comme la forme emblématique d'une civilisation de la « communication », en proie précisément à **une crise profonde des signes**, du langage et en général de la représentation.

« Ni l'Humour, ni la Poésie, ni l'Imagination, avait prévenu **Antonin Artaud** dans *Le Théâtre et son double*, ne veulent rien dire si, par une destruction anarchique, productrice d'une prodigieuse volée de formes qui seront tout le spectacle, ils ne parviennent à remettre en cause organiquement l'homme, ses idées sur la réalité et sa place poétique dans la réalité. »

Ressource de la poésie

En définitive c'est sans doute LA POÉSIE qui traverse le plus sereinement ces trente années. Soldant progressivement l'expérience surréaliste, assumant, par nature, plus aisément les interpellations formelles, elle trouve, dans les menaces qui pèsent sur sa spécificité, le fondement même d'une ressource.

De **Saint-John Perse** à **Ponge**, ou de **Prévert** à **Emmanuel**, elle rapproche « bricoleurs » du verbe et « quêteurs » de présence dans **l'intuition ou l'espérance d'un Sens** qui paraît alors déserter les terroirs traditionnellement plus « faciles » de l'espace littéraire. Se désignant volontiers comme une simple « parole », elle en assume pourtant toute la miraculeuse propriété ontologique que **Maurice Blanchot** pressentait en elle dans *La Part du feu* : « Dans la parole meurt ce qui donne vie à la parole (...) En elle se montre l'existence sans l'être, sans commencement et sans terme, la mort comme impossibilité de mourir. »

Cette année-là, les Français continuent d'apprendre à consommer. Les ruines de la guerre sont effacées et la croissance économique semble ne plus vouloir s'interrompre. En moins de dix ans, le nombre d'étudiants a triplé dans notre pays. Et un étudiant sur deux est une étudiante. Comme cette jeunesse semble tranquille ! Auteur d'un livre à succès, *La France à l'heure de son clocher*, Herbert Lüthy estime que « c'est peut-être la jeunesse la moins turbulente d'Europe... Que les chahuts d'étudiants en France sont donc sages ! ». L'historien anglais Arnold Toynbee n'est pas moins affirmatif quand on lui demande si le phénomène « hippie », ou quelque chose d'analogue, pourrait se produire en Europe. « Non. En Amérique il s'agit d'une révolte des jeunes contre un aspect important de « l'American way of life » : gagner de l'argent. En Europe il y a un meilleur équilibre, et cette révolte n'a pas de raisons d'être ». Pourtant, en France comme ailleurs, 1968 sera une année agitée.

Ailleurs...

Aux États-Unis, c'est la protestation contre la guerre menée au Vietnam qui agite les campus. A Berkeley, on brûle livrets militaires et drapeaux américains, en reprenant les *protest-songs* de Joan Baez ou de Bob Dylan. De plus, le conflit racial est aigu. A Memphis, Tennessee, le pasteur Martin Luther King est assassiné. Cette année-là, aux jeux Olympiques de Mexico, Tommy Smith et John Carlos, deux athlètes noirs américains, montent sur le podium en levant un poing ganté de noir. En Europe, Bruxelles, Berlin, Londres, Milan seront touchées tour à tour par la contestation étudiante. Cependant en Tchécoslovaquie, le Printemps de Prague est étouffé par l'intervention étrangère.

En mai, fais ce qu'il te plaît...

Mai 68. En France, la jeunesse n'est pas en reste, et en quelques jours des leaders hier encore inconnus apparaissent, comme Dany Cohn-Bendit ou Alain Geismar, qui ont l'impression d'être le moteur de l'histoire ! Les étudiants sont bientôt rejoints par la masse des syndicats, et aucune institution n'est épargnée par la contestation. Les artistes des Beaux-Arts sérigraphient dans la fièvre des affiches où l'imagination est effectivement au pouvoir. Les murs se couvrent de proclamations enflammées, ou drôles : « Soyez réalistes, demandez l'impossible ! », « Je suis marxiste, tendance Groucho ! » *Le Canard enchaîné* peut titrer : « Le gouvernement a perdu le contrôle de ses facultés »... Pour la première fois de son histoire, le Festival de Cannes — où Milos Forman donne *Au feu les pompiers* — est interrompu. Mille six cents professionnels se réunissent en États généraux et réclament même « la gratuité totale du cinéma », considéré comme « un besoin fondamental du citoyen »... Des milliers de jeunes femmes portent le béret et l'écharpe de l'héroïne de *Bonnie and Clyde*, le film d'Arthur Penn.

Dix ans, ça suffit...

C'est ce que l'on crie dans la rue, et nombreux sont ceux qui pensent que les institutions vont s'effondrer. Mais finalement, des élections anticipées donnent une large majorité au parti gaulliste et l'on commence à qualifier les événements de mai de « psychodrame ».

Le théâtre n'est pas seulement dans la rue. A Nancy, l'aventure d'un festival créé et dirigé par Jack Lang, qui fait venir des troupes du monde entier, connaît un succès énorme. Conséquence des événements, Jean-Louis Barrault, chassé de l'Odéon, monte son spectacle, *Rabelais*, à l'Élysée-Montmartre, une ancienne salle de catch reconvertie en théâtre. René de Obaldia, Fernando Arrabal, Romain Weingarten, Arthur Adamov, nombreux sont les auteurs qui prouvent, s'il en était besoin, que la culture française n'a rien à craindre du métissage. La mise en scène prend une importance nouvelle avec une nouvelle génération, celle de Patrice Chéreau, Jérôme Savary, Ariane Mnouchkine... L'art dramatique est en plein renouveau.

Que restera-t-il de tout cela ?...

C'est ce que se demande le journal *Le Monde*. Cent-quatre-vingt livres paraissent sur les événements de mai. La plupart oubliés aujourd'hui. Cette année-là, cependant, Marguerite Yourcenar publie *L'Œuvre au noir*, et Albert Cohen *Belle du Seigneur*. Un jeune auteur de vingt ans, Patrick Modiano, fait sensation avec son roman *La Place de l'Étoile*. On parle aussi beaucoup du premier roman d'un jeune auteur africain, Yambo Ouologuem, *Le Devoir de violence*, un livre « éclaboussé de sang, de violence, d'amour, de magie... » De l'étranger, nous arrivent *La Plaisanterie*, de Milan Kundera, *Cent ans de solitude*, de Gabriel Garcia Marquez, *Le Pavillon des cancéreux*, d'Alexandre Soljenitsyne.

Sous les pavés, la plage...

disait un mur, à la Sorbonne. Effectivement, en France les grèves se terminent et le calme revient. Pour les vacances, les Français consomment du voyage. La Grèce, l'Espagne, l'Égypte, le Brésil et les Indes, ils vont partout et apprennent enfin la géographie. Mais les voyageurs illustres de cette année-là, ce sont trois Américains, Anders, Lovell, et Bormann. Le 25 décembre 1968, la nuit de Noël, ils réveillonnent autour de la lune, dont ils s'approchent à 110 kilomètres dans leur capsule Apollo VIII. Les étudiants rêvaient de décrocher la lune. Trois cosmonautes y sont presque parvenus.

COLLABORATION ET RÉSISTANCE LITTÉRAIRES

BRASILLACH, DRIEU LA ROCHELLE, CÉLINE, ARAGON, DESNOS, VERCORS, ELSA TRIOLET, MORAND, AYMÉ, MONTHERLANT, SARTRE, ANOUILH, DE GAULLE MALAPARTE

« *Toute noblesse humaine étant emprisonnée J'étais libre parmi les esclaves masqués. J'ai vécu dans ces temps et pourtant j'étais libre.* »

Robert Desnos,
Choix de poèmes

Un journal « collabo » et deux journaux clandestins de la Résistance.

	Poésie	**Romans**	**Théâtre**	**Essais**
1939	A. Césaire : *Cahier d'un retour au pays natal*	P. Drieu La Rochelle : *Gilles* Ph. Hériat : *Les Enfants gâtés* A. de Saint-Exupéry : *Terre des hommes* J.-P. Sartre : *Le Mur*	J. Giraudoux : *Ondine*	R. Caillois : *L'Homme et le sacré* A. Gide : *Journal (1889-1939)* M. Jouhandeau : *De l'abjection*
1940	P. Éluard : *Le Livre ouvert, I*	Colette : *Chambre d'hôtel* R. Martin du Gard : *Épilogue des Thibault* Georges Simenon : *Les Inconnus dans la maison*		
1941	L. Aragon : *Le Crève-Cœur* P. Éluard : *Choix de poèmes* École de Rochefort (groupe de poètes régionaux) : R.-G. Cadou, L. Berimont, J. Rousselot,	M. Aymé : *Travelingue* M. Blanchot : *Thomas l'obscur* R. Frison-Roche : *Premier de cordée* F. Mauriac : *La Pharisienne* ; P. Morand : *L'Homme pressé* ; H. Pourrat : *Vent de mars*	J. Anouilh : *Le Rendez-vous de Senlis* ; *Eurydice* J. Cocteau : *La Machine à écrire*	G. Bachelard : *L'Eau et les Rêves* R. Brasillach : *Notre avant-guerre* L.-F. Céline : *Les Beaux Draps* J. Paulhan : *Les Fleurs de Tarbes*
1942	L. Aragon : *Les Yeux d'Elsa* ; *Brocéliande* ; *Le Crime contre l'esprit* ; *Cantique à Elsa* R. Desnos : *Le Veilleur du Pont-au-Change* P. Éluard : *Poésie et Vérité* ; *Le Livre ouvert, II* E. Guillevic : *Terraqué* F. Ponge : *Le Parti pris des choses*	L. Aragon : *Les Voyageurs de l'impériale* M. Blanchot : *Aminadab* A. Camus : *L'Étranger* R. Queneau : *Pierrot mon ami* A. de Saint-Exupéry : *Pilote de guerre* Vercors : *Le Silence de la mer*	J. Giraudoux : *L'Apollon de Bellac* S. Guitry : *N'écoutez pas mesdames* ; *Vive l'empereur* H. de Montherlant : *La Reine morte*	A. Camus : *Le Mythe de Sisyphe* L. Rebatet : *Les Décombres*
1943	L. Aragon : *Le Musée Grévin* R. Desnos : *État de veille* P. Éluard : *Les Sept Poèmes d'amour en guerre* *L'Honneur des poètes*, anthologie clandestine *Le Chant des partisans* (Marly, Druon, Kessel)	M. Aymé : *Le Passe-muraille* ; *La Vouivre* R. Barjavel : *Ravage* S. de Beauvoir : *L'invitée* J. Chardonne : *Attachements* P. Drieu La Rochelle : *L'Homme à cheval* A. de Saint-Exupéry : *Le Petit Prince* E. Triolet : *Les Amants d'Avignon* ; *Le Cheval blanc* M. Van der Meesch : *Corps et Âmes* P. Vialar : *La Grande Meute*	P. Claudel : *Le Soulier de satin* J. Cocteau : *Renaud et Armide* J. Giraudoux : *Sodome et Gomorrhe* H. de Montherlant : *Fils de personne* J.-P. Sartre : *Les Mouches*	G. Bachelard : *L'Air et les Songes* G. Bataille : *L'Expérience intérieure* Lanza del Vasto : *Le Pèlerinage aux sources* A. Malraux : *Les Noyers de l'Altenburg* F. Mauriac : *Le Cahier noir* J.-P. Sartre : *L'Être et le Néant* L.-F. Céline : *Guignol's Band, I*
1944	P. Éluard : *Au rendez-vous allemand*	L. Aragon : *Aurélien* R. Barjavel : *Le Voyageur imprudent* S. de Beauvoir : *Le Sang des autres* Colette : *Gigi* R. Peyrefitte : *Les Amitiés particulières*	J. Anouilh : *Antigone* A. Camus : *Le Malentendu* J.-P. Sartre : *Huis clos*	

Occupations...

1. La production littéraire sous contrôle

La période de l'occupation se caractérise d'abord par un déséquilibre entre l'offre et la demande en matière de lecture.

En effet, jamais on n'a autant lu : les statistiques tendent à montrer que les Français ont augmenté de deux à trois fois leur consommation littéraire entre 1940 et 1944. Les librairies, les bouquinistes sont dévalisés. Mais la production ne suit pas : les restrictions draconiennes de papier freinent l'expansion de l'édition française.

La seconde caractéristique de cette période se manifeste également sous la forme d'**une opposition entre la qualité de nombreuses publications** (**Jean-Paul Sartre**, Albert Camus, Jean Paulhan, **Louis Aragon**, François Mauriac, Paul Eluard, Georges Duhamel, **Elsa Triolet**, Simone de Beauvoir, André Gide, **Henry de Montherlant**, Jean Giono...) et **les conditions imposées par l'occupant nazi** pour contrôler cette production. Celui-ci d'une part proscrit les ouvrages dus à des auteurs juifs ou anti-hitlériens : il s'agit de la liste Otto (2 242 tonnes de livres sont saisies et mises au pilori) ; il a d'autre part mis en œuvre un comité de censure auquel doivent être soumis les nouveautés. Sans parler des **persécutions** exercées contre nombre d'écrivains juifs qui meurent incarcérés, comme Max Jacob, ou ceux qui sont outragés comme André Maurois ou Tristan Bernard.

2. Le milieu littéraire

Comment le milieu littéraire réagit-il à l'occupation allemande ? Deux attitudes principales peuvent être distinguées : celle des **collaborationnistes**, qui choisissent de soutenir la propagande fasciste et d'en assurer le relais, et celle des **réfractaires**, qui choisissent la voie de la dissidence ou de la résistance.

Jean Paulhan a résilié ses fonctions à la tête de *La Nouvelle Revue Française* afin de ne pas se compromettre avec l'occupant. **Pierre Drieu La Rochelle**, qui se réclame de l'idéologie fasciste, lui succède en essayant, dans les premiers temps, de regrouper l'élite intellectuelle, hors de toute préoccupation politique, autour de lui. Mais Drieu, dès 1941, en vient à dénoncer lui-même les « crypto-gaullistes » et les « crypto-communistes »... S'éloignent alors de lui ses cautions : André Gide et Paul Valéry, ainsi que tous ceux qui se réclament de l'esprit de « dissidence » : Louis Aragon, Georges Bernanos ; Georges Duhamel, André Malraux, André Maurois, François Mauriac, Jacques Maritain, Jules Romains. Toutefois, les écrivains gagnés à l'esprit de collaboration ne manquent pas : Louis-Ferdinand Céline, Henry de Montherlant, Alphonse de Chateaubriant, Abel Bonnard, Jacques Chardonne, **Robert Brasillach**... D'autres, sans militer dans les organisations d'obédience fasciste, acceptent de publier dans les journaux de la collaboration : **Marcel Aymé**, Pierre Mac Orlan, **Jean Anouilh**, Jean de La Varende, Marcel Jouhandeau, Georges Simenon...

Deux formes de résistance sont à distinguer. La résistance qui gîte à l'intérieur de l'œuvre et que seule une lecture attentive permet de détecter (*Les Voyageurs de l'impériale*, d'Aragon, 1942 ; *Les Mouches*, de Sartre, 1943) ; une résistance ouverte qui prend la forme de publications clandestines (*Le Silence de la mer*, de **Vercors**, 1942) ; *Le Cahier noir*, de François Mauriac, 1943 ; *Les Amants d'Avignon*, d'Elsa Triolet, 1943). Les Éditions de Minuit sont nées de cette pratique du « camouflage » littéraire.

3. Les thèmes collaborationnistes

La campagne militaire de 1939-1940 donne lieu à une abondante littérature, analysant les raisons de la défaite-éclair infligée à l'armée française.

On retrouve dans nombre de ces ouvrages, **l'idée que le malheur a une « vertu curative »** (Paul Morand). Il arrive même que certains se félicitent du désastre subi et y voient un châtiment mérité à la suite des nombreuses fautes que la France a commises en se faisant cosmopolite, communiste et franc-maçonne ! Le culte rendu au maréchal Pétain se fonde en grande partie sur l'image de sa gloire passée à la tête des troupes de Verdun. Pétain devient le père spirituel de la France occupée : « France, écoute ce vieil homme sur toi qui se penche / Et qui te parle comme un père » (Paul Claudel).

Les hagiographies se multiplient (Henry Bordeaux, René Benjamin, Georges Suarez, Jacques Doriot). En même temps, s'aiguisent **des pamphlets meurtriers contre les Juifs**, accusés de tous les maux : parasitisme, capitalisme, racisme, etc. Céline brille dans ce genre sinistre (*Les Beaux Draps*, 1941 ; *Guignol's Band, I*, 1944). Peu d'efforts, en revanche, d'élaboration théorique, si ce n'est chez Drieu La Rochelle (*Chroniques politiques*, 1943) et chez Lucien Rebatet qui, avec *Les Décombres*, 1942, publie le best-seller de l'occupation (65 000 exemplaires).

Notre avant-guerre, de Robert Brasillach (1941), se présente comme la confession d'un jeune homme qui a vécu dans l'émerveillement et l'inquiétude la fin des années 30 : on comprend à travers cet ouvrage, comment un jeune homme brillant et intelligent a pu devenir fasciste entre 1936 et 1940. Moins audacieux, de nombreux écrivains se contentent de glorifier les puissants du jour. Sacha Guitry réunit quelques-unes des plus prestigieuses plumes (Giraudoux, Colette, Cocteau, Benoît, Fort, Valéry...), pour composer un livre en l'honneur du Maréchal, *De 1429 à 1942*, sous le signe de Jeanne d'Arc, qui devient la sainte du Régime : n'a-t-elle pas en effet chassé les perfides Anglais hors du territoire... ?

4. Une poésie à la portée de tous

Selon Benjamin Péret (*Le Déshonneur des poètes*, 1945), « pas un des poèmes publiés pendant l'occupation ne dépasse le niveau lyrique de la publicité pharmaceutique ». Ce jugement est sévère pour *Le Crève-Cœur* (1941) ou *Le Musée Grévin*, d'Aragon (1943) ; et pour les nombreux autres poètes proches de la Résistance comme Paul Eluard, Robert Desnos, Pierre Emmanuel ou Pierre Seghers.

Il est toutefois exact que, descendue de ses cimes intellectuelles, **la poésie s'est engagée dans une voie plus modeste en renouant avec la tradition populaire** et une certaine prosodie classique, plus accessibles à la masse des lecteurs. Les thèmes suivent une évolution parallèle ; célébration de la nature, de la terre, de la patrie, éloge de la vie et hymne à l'amour. *Les Transparences du Monde*, de Jean Follain (1943) rendent hommage au monde rustique avec des couleurs empruntées à Le Nain ; Maurice Fombeure chante à pleins poumons la joie de vivre, la campagne et sa sève terrienne.

En 1942, débute, avec *Terraqué*, Eugène Guillevic, qui sera ultérieurement l'un des maîtres de la poésie naturelle et réaliste. René-Guy Cadou, encore méconnnu, compose également à cette époque quelques-uns de ses textes les plus tendrement exaltés.

5. Incertitudes romanesques

Censure et auto-censure se renforcent l'une et l'autre : la littérature d'occupation se méfie des thèmes sociaux et politiques, se détourne de tout réalisme. Varié, protéiforme, le roman s'adapte à tout, sauf à l'actualité en ces années noires.

Les saines joies du roman maritime, du roman rustique et terrien (Henri Pourrat, Jean Giono) sont par contre abondamment prodiguées aux lecteurs déjà sensibilisés par le Maréchal aux bienfaits de la politique rurale. **Pastorales et géorgiques** prolifèrent sous la haute bienveillance de Vichy : chaque province fournit ses bardes. La montagne a aussi son écrivain : c'est Roger Frison-Roche, dont *Premier de cordée* (1941) reste un modèle du genre.

La guerre n'interdit pas de traiter parfois de thèmes délicats ou tabous : *Les Amitiés particulières*, de Roger Peyrefitte, sont couronnées par le prix Renaudot en 1944.

De nouveaux noms s'affirment, se confirment en cette difficile période : ceux de Simone de Beauvoir (*L'Invitée*, 1943), d'Elsa Triolet (*Le Cheval blanc*, 1943), de Raymond Queneau (*Pierrot mon ami*, 1942), d'Albert Camus (*L'Étranger*, 1942).

Les deux succès de librairie sont *Corps et Âmes* (1943), de Maxence Van der Meersch et *Guignol's Band* (1944-1947), de Céline. Le premier présente une enquête impitoyable sur les milieux médicaux, dépeint des médecins sordides, décrit des scènes où l'horreur domine (dissections, expériences, opéra-

tions sanglantes). Le second relève aussi du reportage féroce : crudité et violence animent la plume de Céline, qui assimile à des vétilles les pires abominations guerrières et les plus abjectes excentricités sadiques (voir p. 376 et 438).

6. Roman policier et science-fiction

Les romans policiers prolifèrent parce qu'ils offrent une évasion assurée au lecteur. Apparaissent de nouvelles collections, de nouveaux auteurs, tandis que Georges Simenon connaît des heures de gloire avec ses dizaines d'œuvres où l'intrigue cède à l'atmosphère *(La Vérité sur Bébé Donge, La Veuve Couderc, La Maison des sept jeunes filles)*. A la même époque triomphe sur les écrans le *Goupi-Mains rouges*, de Pierre Véry (1937), réalisé par Jacques Becker.

La science-fiction, le roman fantastique connaissent aussi une nouvelle vitalité. René Barjavel remporte un vif succès avec *Ravage* (1943) et *Le Voyageur imprudent* (1944) où se retrouve l'influence de H. G. Wells. La peur de la fin du monde, le mythe du voyage dans le passé ou dans la quatrième dimension nourrissent ces romans. Chez Marcel Aymé, explorateur faussement naïf de l'invraisemblable, l'impossible s'installe et s'impose avec naturel : **le fantastique familier** devient une dimension du réel (*Le Passe-muraille*, 1943). L'ange du bizarre rayonne sur cet univers merveilleux et campagnard (*La Vouivre*, 1943).

7. De nouveaux horizons philosophiques

La pensée religieuse trouve, dans les turbulences de l'histoire, aliment et force. Aussi ne doit-on pas s'étonner des succès rencontrés par Lanza del Vasto avec *Le Pèlerinage aux sources* (1943), où un Sicilien d'expression française conte son expérience spirituelle sur les traces de Gandhi. Sa recherche du divin n'est pas isolée : la méditation mystique et la réflexion métaphysique font place, aussi bien à l'intérieur de l'église qu'à l'extérieur (Daniel Rops, *Histoire sainte*, Alexis Carrel, *A la prière*).

Mais le véritable événement philosophique des années d'occupation, c'est la publication de la volumineuse somme de Jean-Paul Sartre, *L'Être et le Néant* (1943), où **l'existentialisme français se définit et s'illustre**. En fait cette œuvre s'inscrit dans un courant d'actualité : on traduit Kierkegaard en français, Gaston Berger s'intéresse à Husserl. L'apport original de Sartre provient de la qualité particulière de sa réflexion sur les rapports de l'être et de la conscience. S'oriente, dans la même direction, le jeune Albert Camus, absorbé alors par un pessimisme suicidaire, par **une angoisse de l'absurde** qui ne peut aboutir qu'à une vaine et superbe rébellion (*L'Étranger* ; *Le Mythe de Sisyphe*, 1942).

Entre la foi et l'absurde, oscille une génération née à la littérature dans la guerre, dans la plus désespérante et angoissante des guerres : qui s'en étonnera ?

1. Écrivains de la collaboration

Robert Brasillach *Notre avant-guerre* (1941)

Robert Brasillach (1909-1945), élève de l'École Normale Supérieure, collabore dès 1932 à l'*Action Française*, où il tient la « Causerie littéraire » jusqu'en 1939. *Présence de Virgile* (1931) assoit sa réputation de critique. Romancier, il publie en 1932, *Le Voleur d'étincelles* ; en 1934, *L'Enfant de la nuit* ; en 1939, *Les Sept Couleurs* ; en 1943, *La Conquérante*. Nostalgique de l'enfance, troublé par la fuite du temps, il évoque dans *Notre avant-guerre* (1941) sa jeunesse, ses enthousiasmes et ses déceptions. Sur le plan politique, Brasillach a choisi dès 1934 le clan fasciste, et, de 1936 à 1943, a collaboré à la revue *Je suis partout*, dont il devient le rédacteur en chef en 1941. A la tête de ce journal, il se fait le promoteur de la pensée pronazie. Après septembre 1943, il écrira dans *La Révolution nationale*. Il paiera de sa vie, à la Libération, son engagement. Cette exécution donnera lieu à de vives polémiques : les responsabilités politiques d'un écrivain peuvent-elles justifier sa mise à mort ?

*** *Notre avant-guerre*

« On n'a pas coutume d'écrire ses mémoires à trente ans », déclare Robert Brasillach. Il a en effet fallu ces événements particuliers, ces bouleversements de l'avant-guerre, que sont le krach de 1929, la montée des fascismes, le chômage, les espoirs déçus du Front populaire pour donner à toute une jeunesse cette conscience aiguë de l'Histoire, de leur histoire...

Notre avant-guerre est donc avant tout une chronique, retraçant les préoccupations d'un jeune intellectuel qui entre à l'École Normale Supérieure en 1928. Il note au jour le jour ses impressions : faits politiques, faits divers (Violette Nozière, 1933 ; Stavisky, 1934) mais aussi, et surtout, les manifestations culturelles de l'époque et ses lectures, recréant ainsi l'atmosphère de cette période.

Ce mal du siècle, le fascisme

Lorsqu'un chef désormais, ami ou adversaire, s'adresse aux camarades de l'Empire et d'au-delà des mers, lorsque nous voyons s'épanouir sur les écrans argentés la dure floraison des jeunesses nationalistes, il faut bien en effet en prendre son parti : ce ne sont pas seulement les
5 hommes enfermés dans les frontières dictatoriales qui ressentent un coup au cœur, mais partout, à travers le vaste univers, ceux qui croient encore aux vertus de la nation, de la race, de l'histoire, et qui, parfois émus, parfois rageurs, songent au passé et au présent de leur pays, et se disent : « Pourquoi pas nous ? »
10 Et grâce aux aventures que courent, dans quelques pays, au pouvoir ou vers le pouvoir, des millions d'hommes, grâce aux lignes de chance devinées par les anciens ou les jeunes faiseurs de livres, nous avons pu voir ainsi, depuis vingt ans, naître un type humain nouveau, aussi différencié, aussi surprenant que le héros cartésien, que l'âme sensible
15 et encyclopédiste du dix-huitième siècle, que le « patriote » jacobin, nous avons vu naître l'homme fasciste. Peut-être, en effet, comme la science distingue l'*homo faber* et l'*homo sapiens*, peut-être faudrait-il offrir aux classificateurs et aux amateurs de petites étiquettes cet *uomo fascista* né en Italie sans doute, mais qui peut réclamer, lui aussi, la désignation universelle de l'ento-
20 mologie[1] latine. Ceux-là mêmes qui n'acceptent point sa domination, auraient tout intérêt, sans doute, à le bien connaître, fût-ce pour le combattre. Car il est devant eux, il n'en faut pas douter, comme le furent devant d'autres temps le chevalier chrétien, appuyé sur la croix et l'épée, ou le pâle conspirateur révolutionnaire dans ses imprimeries clandestines et ses cafés fumeux — une des
25 incarnations les plus certaines de son époque.
Si nous faisions de l'histoire au lieu de rassembler des images, nous dirions que, de même que, formé par l'Encyclopédie et ses principes, le jeune et sensible démocrate découvrait une exaltation nouvelle à la naissance des États-Unis d'Amérique, créés par la franc-maçonnerie, de même, au vingtième siècle, c'est
30 l'Italie qui vint apporter la première réalisation politique d'une doctrine nationaliste et sociale. Puis, le Portugal d'Oliveira Salazar[2], fondé sur des principes

1. Partie de la zoologie qui traite des insectes.

2. Il institua, à partir de 1933, un régime dictatorial et chrétien au Portugal, « l'État nouveau ». Il sympathisait avec les fascismes européens. Le régime qu'il institua dura jusqu'à sa mort en 1970.

3. Sociologue français (1834-1924), René de La Tour du Pin a élaboré une « doctrine sociale chrétienne » dans Vers un ordre social chrétien (1907).

chrétiens, donna le modèle d'un système corporatif inspiré de La Tour du Pin[3] et qui n'avait été appliqué en Italie que dans les cadres d'une administration plus rigoureusement étatiste. Lorsque l'Allemagne, à son tour, eut accompli sa
35 révolution, elle y apporta sa personnalité propre. Le culte de la patrie se traduisait en offices diurnes et nocturnes, en nuits de Walpurgis éclairées par les projecteurs et par les torches, en musiques énormes, en chansons de guerre et de paix chantées par des millions d'hommes. Enfin, dans les années qui suivirent, les divers mouvements nationalistes soit vainqueurs, soit candidats au pouvoir,
40 quelles que soient leurs divergences, apportèrent chacun un trait particulier, ou renforcèrent la notion d'une révolution universelle, analogue à celle qui brûla toute l'Europe en 1848 par exemple. [...]

L'univers flambait, l'univers chantait et se rassemblait, l'univers travaillait. L'Allemagne, attentive aux temps nouveaux, attendait son heure, et préparait
45 sans arrêt l'avenir.

Robert BRASILLACH, Notre avant-guerre (1941), © éd. Plon

AU-DELÀ DU TEXTE

CÉLINE est l'auteur de **plusieurs pamphlets antisémites** qui atteignent une ampleur démesurée aussi bien en volume qu'en folie destructrice. Mais quelle est la racine profonde de cette paranoïa anti-juive ? Ce bref extrait des *Beaux Draps* (1941) répond assez bien à cette question :

« Les nations ne vont pas mourir parce que leurs hommes d'État sont nuls, leurs gouvernements trop cupides, trop ivrognes [...], tout ceci est sans importance, leurs ministres trop prétentieux, leurs ambassadeurs trop bavards, qu'elles-mêmes, ces nations capricieuses sont devenues trop arrogantes, sursaturées de richesses, écrasées par leur industrie, trop luxueuses ou trop agricoles, trop simplettes ou trop compliquées. Tout ceci est sans gravité, vétilles passagères, simples faits divers de l'Histoire. Les matières premières essentielles font-elles défaut à l'industrie ? Les

usines tournent-elles ralenties ?... Voici déjà les choses sérieuses, mais qui peuvent encore s'arranger. Voyez l'Allemagne.

Et les désastres militaires ? Les occupations de l'ennemi ? Qu'en dites-vous bel intrépide ? Aucune importance. Une nation prolifique, ardente, se relève admirablement des plus grands torchons militaires, des plus cruelles occupations, mais seulement à une condition, cette condition très essentielle, mystique, celle d'être demeurée fidèle à travers victoires et revers aux mêmes groupes, à la même ethnie, au même sang, aux mêmes souches sociales, non abâtardies, celles qui la firent triompher, souveraine, aux temps d'épreuves et de conquêtes ».

Louis-Ferdinand CÉLINE, Les Beaux Draps (1941)
© éd. Denoël

Pierre Drieu La Rochelle *Gilles* (1939)

Pierre Drieu La Rochelle (1893-1945), issu d'un milieu bourgeois désuni (*Rêveuse Bourgeoisie*, 1937), est un homme grave hanté par l'idée du suicide (*Le Feu follet*, 1931). Blessé trois fois pendant la Première Guerre mondiale, hypnotisé par la mort (*La Comédie de Charleroi*, 1934), il cherche une compensation à son angoisse et la trouve dans l'idéologie fasciste, qui promet une Europe forte (*Le Jeune Européen*, 1927), capable de pallier les défaillances des démocraties (*Socialisme fasciste*, 1934).

Ses romans, *L'Homme couvert de femmes*, 1925, *Gilles*, 1939, le montrent déçu de l'amour et des femmes. Ses responsabilités à la tête de la *Nouvelle Revue Française* sous l'occupation, ses articles dans *Le Figaro* et *Je suis partout*, le désignent comme le chef de file des intellectuels acquis à l'ennemi. Son aventure politique tournant à la catastrophe, Drieu se réfugie dans la littérature pendant les derniers mois de sa vie, (*L'Homme à cheval*, 1943 ; *Les Chiens de paille*, écrit en 1944), à laquelle il met fin le 15 mars 1945.

Gilles (1939) *clôt le cycle des romans à la fois autobiographiques et critiques où Drieu exprime son* **dégoût devant la décadence des démocraties**. *Lui qui « respire fasciste » et qui a perdu toute illusion sentimentale (« Tu as perdu ton temps avec les femmes, tu ne les aimes pas »), établit volontiers une correspondance entre cet échec de sa vie personnelle et la dégénérescence du groupe social tout entier. En ce sens, il se rapproche des autres romanciers de sa génération, notamment Louis Aragon et Paul Nizan, qui font également le procès de la classe bourgeoise (mariages d'argent, femmes vénales, familles désunies et castratrices) et qui vomissent, comme lui, cette « rêveuse bourgeoisie » plongée dans l'avarice, le conservatisme et l'illusion. Il ne reste plus aux enfants de cette classe dégénérée qu'à* **rompre les ponts et à se jeter à corps perdu dans le marxisme ou le fascisme**, *qui, chacun, imposent un modèle d'homme nouveau, avide d'action.*

La patrie mourante

La page suivante montre Gilles désemparé, au lendemain des dramatiques événements du 6 février 1934 — coup d'État avorté des forces de l'extrême-droite française — , méditant sur la double mort de Pauline et d'une France vouée, elle aussi, au dépérissement.

Cependant, Pauline agonisait. Brusquement, dans la soirée du 7, elle avait cessé de voir et d'entendre. Elle n'était plus qu'un paquet de viscères qui se tordait. Elle ne criait plus. Les canaux entre l'âme et le corps étaient déjà coupés. Gilles, épuisé de fatigue, s'était retrouvé stupide devant ce fait affreux. Pendant
5 qu'il n'était pas là, elle était partie ; elle avait pris congé de lui de la même façon sauvagement impromptue que lui, quelques mois auparavant, avait pris congé d'elle. Et voilà tout ce qui restait de l'enchantement sacramentel.

Elle était morte, elle était déjà morte. En témoignait le râle inhumain, qui était enfin un acquiescement aux forces de destruction, aux forces de pourriture, un
10 acquiescement de l'âme abondonnant son étroite aventure terrestre pour de plus vastes expériences.

L'amour n'est rien sans la volonté. Les ponts qu'il avait lancés dans sa vie vers les femmes, vers l'action, ç'avait été de folles volées, insoucieuses de trouver leurs piliers. Il n'avait pas eu d'épouse et il n'avait pas eu de patrie. Il avait laissé
15 sa patrie s'en aller à vau-l'eau. De même qu'il ne s'était pas entièrement épris de la grâce du sacrement, il n'avait pas recréé dans son esprit la patrie mourante. Il n'avait pas tout recommencé depuis la première pierre de fondation, dans une doctrine absolue. Il avait plutôt songé à l'Europe qu'à la France ; mais dans ce plus vaste cercle il n'avait pas trouvé un système qui ressaisît toute cette vieille
20 civilisation disloquée. Ne croyant pas au communisme, pouvait-il croire au fascisme ? Il ne savait guère ce que c'était. N'était-il donc pas du siècle ? N'était-il donc point fait pour fonder dans le siècle ? Était-il donc de l'espèce des anachorè-tes qui crient dans le désert et qui se situent au point de contact le plus rare entre l'humanité, la nature et la divinité ? Les seuls lieux où il avait été lui-même
25 n'était-ce point les lieux où il avait pu n'être rien qu'une fulgurante et brève oraison, qu'un cri perdu, sur les champs de bataille ou dans le désert ? N'était-il point toujours guetté et repris par le génie de la solitude, ange ou démon, et entraîné vers un dialogue trop pur, bien au-delà des foules, bien au-delà des mers et des forêts, dans un coucher de soleil dévorant ? Était-ce Dieu ou le Démon
30 qui l'appelait pour un tel ravissement ? Pour se dissoudre ou pour s'accomplir ?

Le 8 février, il demeura devant Pauline. Il avait oublié Berthe qui était à Monte-Carlo, mais il était trop tard pour réparer la défaillance de son amour pour Pauline. Et la France, c'était bien avant le 6 février qu'il aurait fallu la secourir. La France mourait pendant que Pauline mourait.
35 Celle-ci décéda imperceptiblement dans la nuit du 8 au 9 février. Gilles brusquement se mit à hurler d'un horrible amour tardif, menteur. Le lendemain, derrière les volets clos, devant la décomposition foudroyante de la généreuse fille d'Alger, il écoutait Paris divisé, mi-partie silence, mi-partie clameurs et coups de feu. Là-haut, vers la gare de l'Est, le prolétariat français fournissait son dernier
40 spasme révolutionnaire, après que la bourgeoisie avait vomi le sien sur la place de la Concorde. Dans une énorme et informe sanglot, toute sa vie crevait. « Je suis né dans la solitude, moi l'orphelin, le bâtard, le sans-famille et je retournerai à la solitude. » La révolte communiste, guettée et circonvenue comme la révolte nationaliste, échouait au milieu d'une France sans gouvernement, acéphale,
45 mais qui de toute sa masse intestinale, noyée de graisse, étouffait son cœur.

Pierre DRIEU LA ROCHELLE, *Gilles* (1939), © éd. Gallimard

GROUPEMENT THÉMATIQUE

Carrières littéraires

On comparera les carrières litté-raires et les destins politiques de Pierre DRIEU LA ROCHELLE, de Paul NIZAN et de Louis ARAGON, en s'at-tachant plus particulièrement aux œuvres suivantes :

Pierre DRIEU LA ROCHELLE : *Le Feu follet*, 1931 ; *Rêveuse Bourgeoi-sie*, 1937 ; *Gilles*, 1939. — Paul NIZAN : *Aden-Arabie*, 1931 ; *La Conspiration*, 1938. — Louis ARAGON : *Les Beaux Quartiers*, 1936 ; *Les Voyageurs de l'impé-riale*, 1942 ; *Aurélien*, 1944.

POUR LE COMMENTAIRE

1. La mort de Pauline : pourquoi est-elle évoquée en termes aussi crus ? Que symbolise-t-elle ?

2. « Il avait plutôt songé à l'Europe qu'à la France. » Comment **interprétez-vous** cet aveu ?

3. Quelle analyse fait Gilles de son **angoisse devant la**
solitude ? Pourquoi se compare-t-il à un anachorète ?

4. Comment Gilles **perçoit-il le marxisme** ? Nourrit-il du mépris à son endroit ?

5. Gilles a une **vision organique** de la France. Mon-trez-le.

2. Écrivains de la Résistance

VERCORS et Pierre de Lescure fondent dans la clandestinité, en 1941, les Éditions de Minuit, dont les premiers titres paraissent en 1942. Les textes passent de main en main dans le milieu des résistants, qui veulent « témoigner aux yeux du monde de la constance spirituelle d'une France qui n'a pas démissionné ». Participent à l'entreprise des écrivains qui ont parfois fait publier d'autres œuvres, avec le visa de la censure allemande, mais qui tiennent à marquer leur choix patriotique. Toutefois chacun, par sécurité, adopte des pseudonymes : François Mauriac signe son *Cahier noir* (1943) sous le nom de Forez ; Jean Guéhenno, *Dans la prison* (1944), sous celui de Cévennes ; **LOUIS ARAGON** s'appelle François la Colère pour publier *Le Musée Grévin* (1943) ; Paul Eluard devient Jean Le Haut ; **ELSA TRIOLET**, Laurent Daniel. Des écrivains étrangers marquent leur sympathie à ce mouvement en donnant des textes aux Éditions de Minuit : Charles Morgan, John Steinbeck... Les poètes prédominent dans ce cercle où, à côté d'Aragon et d'Eluard, s'affirment Pierre Seghers, Jean Cassou, René Char, Pierre Emmanuel, Loys Masson, Jean Cayrol, Eugène Guillevic, Jean Tardieu...

Il revient enfin à Vercors lui-même d'avoir écrit le « classique » de cette littérature : *Le Silence de la mer* (1942).

Louis Aragon *Le Musée Grévin* (1943)

Chaque poète de la Résistance a répondu à sa façon, selon sa sensibilité, aux événements contemporains. Paul Eluard module un chant de tendresse, de souffrance et d'espérance (voir pp. 235-239). Pierre Emmanuel cherche à décrypter les significations symboliques de la tragédie nationale. **Louis Aragon** *embouche* **la trompette de la vengeance**, *tout en criant sa colère de voir le peuple plongé dans une pareille épouvante.*

Les vers du Musée Grévin *datent de 1943, c'est-à-dire de l'époque la plus désespérée, la plus apocalyptique que la France occupée et meurtrie ait connue. « Pas un de ces vers, commente-t-il dans* Les Poissons noirs, *n'aurait pu être écrit en 1942 ou en 1944 [...] ; la coupe de 1942 n'était pas encore assez pleine, en 1944, l'espoir avait pris une forme différente. »*

« *J'écris dans un pays dévasté par la peste* »

Lancement de tracts sous l'occupation.
Photo de Robert Doisneau.

J'écris dans un pays dévasté par la peste,
Qui semble un cauchemar attardé de Goya,
Où les chiens n'ont d'espoir que la manne céleste,
Et des squelettes blancs cultivent le soya...

5   Un pays, en tous sens parcouru d'escogriffes,
A coup de fouet chassant le bétail devant eux...
Un pays disputé par l'ongle et par la griffe,
Sous le ciel sans pitié des jours calamiteux !

Un pays pantelant sous le pied des fantoches,
10   Labouré jusqu'au cœur par l'ornière des roues,
Mis en coupe réglée au nom du Roi Pétoche...
Un pays de frayeur en proie aux loups-garous.

J'écris dans ce pays où l'on parque les hommes
Dans l'ordure et la soif, le silence et la faim...
15   Où la mère se voit arracher son fils, comme
Si Hérode régnait, quand Laval est dauphin !

J'écris dans ce pays que le sang défigure,
Qui n'est plus qu'un monceau de douleurs et de plaies,
Une halle à tous vents que la grêle inaugure,
20   Une ruine où la mort s'exerce aux osselets...

Affiche contre l'expansion allemande, 1940.

J'écris dans ce pays tandis que la police
A toute heure de nuit, entre dans les maisons,
Que les inquisiteurs, enfonçant leurs éclisses,
Dans les membres brisés guettent les trahisons...

25 J'écris dans ce pays qui souffre mille morts,
Qui montre à tous les yeux ses blessures pourprées,
Et la meute sur lui grouillante qui le mord,
Et les valets sonnants dans le cor la curée !

J'écris dans ce pays que les bouchers écorchent,
30 Et dont je vois les nerfs, les entrailles, les os...
Et dont je vois les bois brûler comme des torches,
Et, sur les blés en feu, la fuite des oiseaux...

J'écris dans cette nuit profonde et criminelle
Où j'entends respirer les soldats étrangers...
35 Et les trains s'étrangler au loin dans les tunnels
Dont Dieu sait si jamais ils pourront déplonger !

J'écris dans un champ clos, où, des deux adversaires,
L'un semble d'une pièce, armure et palefroi ;
Et l'autre, que l'épée atrocement lacère,
40 A, lui, pour tout arroi, sa bravoure et son droit !

J'écris dans cette fosse, où, non plus un prophète,
Mais un peuple est parmi les bêtes descendu,
Qu'on somme de ne plus oublier sa défaite
Et de livrer aux ours la chair qui leur est due...

45 J'écris dans ce décor tragique, où les acteurs
Ont perdu leur chemin, leur sommeil et leur rang,
Dans ce théâtre vide où les usurpateurs
Annoncent de grands mots pour les seuls ignorants...

J'écris dans la chiourme énorme qui murmure...
50 J'écris dans l'oubliette, au soir, qui retentit
Des messages frappés du poing contre les murs,
Infligeant aux geôliers d'étranges démentis !

Louis ARAGON, *Le Musée Grévin* (1943)
© éd. de Minuit

LECTURE MÉTHODIQUE

Une vision d'enfer

1. Relevez les éléments ayant un **rapport étroit** avec l'actualité de l'occupation.

2. Pourquoi **référence** est-elle faite **à Goya** ? Quelles scènes célèbres de ce peintre ont pu servir de sources d'inspiration ?

3. La souffrance physique règne en maîtresse dans ce paysage infernal : proposez un classement des images qui y ont trait.

4. Que reste-t-il de « surréaliste » dans cette vision ?

Conspiration de la colère

1. Comment caractérisez-vous la **colère d'Aragon** dans ce texte ? Justifiez votre analyse en vous référant à des vers précis.

2. Montrez que le souffle de la colère se retrouve dans **le rythme du poème**.

3. La pitié, contrepoint de la colère : montrez-le.

4. La colère vous paraît-elle posséder **la vertu démonstratrice** que lui assigne Aragon ? Connaissez-vous des exemples littéraires comparables ?

Des alexandrins et des quatrains

1. L'alexandrin d'Aragon : obéit-il aux règles de la métrique classique ? Respecte-t-il la césure à l'hémistiche ? Que concluez-vous de votre analyse ?

2. Étudiez les **enjambements** des strophes 4 et 6.

3. Étudiez l'**opposition des rimes** féminines et masculines. Sur quel principe est bâtie cette opposition ?

4. En quoi **le quatrain d'alexandrins** sert-il particulièrement bien le projet d'Aragon ?

Robert Desnos
Le Veilleur du Pont-au-Change (1942)

Robert Desnos (1900-1945), qui a été, dans les années 20, l'**un des plus actifs compagnons d'André Breton** pour la conquête surréaliste (voir pp. 226-227), s'est consacré par la suite à une poésie plus populaire, sensible par ailleurs aux apports du monde moderne, auxquels ses activités de journaliste et d'homme de radio le rendaient éminemment perméable.

Il s'engage dans la clandestinité sous l'occupation, fait paraître Le Veilleur du Pont-au-Change *sous le pseudonyme de Valentin Guillois, puis, l'***action relançant sa verve poétique**, publie des recueils (Fortunes, 1942, État de veille, 1943). Il est en train de regrouper ses écrits antérieurs quand il est interné, puis déporté. Il mourra du typhus quelques jours après sa libération du camp de Terezienstadt en Tchécoslovaquie.

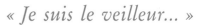

« Je suis le veilleur... »

Photo de
Robert Doisneau.

Je suis le veilleur de la rue de Flandre.
Je veille tandis que dort Paris.
Vers le nord un incendie lointain rougeoie dans la nuit.
J'entends passer des avions au-dessus de la ville.
5 Je suis le veilleur du Point du Jour.
La Seine se love dans l'ombre, derrière le viaduc d'Auteuil,
Sous vingt-trois ponts à travers Paris.
Vers l'ouest j'entends des explosions.

Je suis le veilleur de la Porte Dorée.
10 Autour du donjon le bois de Vincennes épaissit ses ténèbres.
J'ai entendu des cris dans la direction de Créteil
Et des trains roulent vers l'est avec un sillage de chants de révolte.

Je suis le veilleur de la Poterne des Peupliers.
Le vent du sud m'apporte une fumée âcre,
15 Des rumeurs incertaines et des râles
Qui se dissolvent, quelque part, dans Plaisance ou Vaugirard.

Au sud, au nord, à l'est, à l'ouest,
Ce ne sont que fracas de guerre convergeant vers Paris.
Je suis le veilleur du Pont-au-Change
20 Veillant au cœur de Paris, dans la rumeur grandissante
Où je reconnais les cauchemars paniques de l'ennemi,
Les cris de victoire de nos amis et ceux des Français,
Les cris de souffrances de nos frères torturés par les Allemands d'Hitler.
Je suis le veilleur du Pont-au-Change
25 Ne veillant pas seulement cette nuit sur Paris,
Cette nuit de tempête sur Paris seulement dans sa fièvre et sa fatigue,
Mais sur le monde entier qui nous environne et nous presse.
Dans l'air froid tous les fracas de la guerre
Cheminent jusqu'à ce lieu où, depuis si longtemps, vivent les hommes.
30 Des cris, des chants, des râles, des fracas il en vient de partout,
Victoire, douleur et mort, ciel couleur de vin blanc et de thé,
Des quatre coins de l'horizon à travers les obstacles du globe,
Avec des parfums de vanille, de terre mouillée et de sang.
D'eau salée, de poudre et de bûchers,
35 De baisers d'une géante inconnue enfonçant à chaque pas dans la terre grasse
de chair humaine.

Je suis le veilleur du Pont-au-Change
Et je vous salue, au seuil du jour promis
Vous tous camarades de la rue de Flandre à la Poterne des Peupliers,
40 Du Point du Jour à la Porte Dorée.

Je vous salue vous qui dormez
Après le dur travail clandestin,
Imprimeurs, porteurs de bombes, déboulonneurs de rails, incendiaires,
Distributeurs de tracts, contrebandiers, porteurs de messages,
45 Je vous salue vous tous qui résistez, enfants de vingt ans au sourire de source,
Vieillards plus chenus que les ponts, hommes robustes, images des saisons,
Je vous salue au seuil du nouveau matin.

Je vous salue sur les bords de la Tamise,
Camarades de toutes nations présents au rendez-vous,
50 Dans la vieille capitale anglaise,
Dans le vieux Londres et la vieille Bretagne,

Américains de toutes races et de tous drapeaux,
Au-delà des espaces atlantiques,
Du Canada au Mexique, du Brésil à Cuba,
55 Camarades de Rio, du Tehuantepec, de New York et San Francisco.

J'ai donné rendez-vous à toute la terre sur le Pont-au-Change.

Robert DESNOS, *Le Veilleur du Pont-au-Change* (1942)
© éd. de Minuit

GROUPEMENT THÉMATIQUE

Paris et ses poètes

BOILEAU, « Les Embarras de Paris » dans *Satire VI*, 1660. — VIGNY, « Paris » dans *Élévation*, 1831. — BAUDELAIRE, « Tableaux parisiens » dans *Les Fleurs du mal*, 1857. — APOLLINAIRE, « Le Pont Mirabeau » dans *Alcools*, 1913. — ARAGON, *Il ne m'est Paris que d'Elsa*, 1964.

POUR LE COMMENTAIRE

1. Que symbolise le Pont-au-Change ? Pourquoi avoir fait du « veilleur » le **personnage central du poème**, le « récitant » ?

2. Précisez sur un plan de Paris les lieux cités dans le texte. Que remarquez-vous ?

3. Quelles sont les **activités nocturnes** de ce Paris occupé ? Proposez-en un classement.

4. Étudiez la façon dont s'effectue **la transition** entre la première partie (Paris) et la seconde partie (le monde).

5. Montrez que ce poème d'occupation est déjà un **poème de libération**. Peut-on parler de dimension épique ?

6. Analysez le vers de Desnos. Commentez le rythme du texte.

Vercors *Le Silence de la mer* (1942)

Vercors (né en 1902), pseudonyme de Jean-Marcel Bruller, d'abord dessinateur et graveur, entre dans la clandestinité, ce qui lui vaut son pseudonyme, et crée avec Pierre de Lescure les Éditions de Minuit, en 1941. Éditeur des écrivains de l'ombre, il fait paraître lui-même en 1942 son *Silence de la mer*. L'année suivante, il publie *La Marche à l'étoile*. Après la guerre, il poursuit son œuvre littéraire dans une voie humaniste et fraternelle (*Les Animaux dénaturés*, 1952 ; *Sylver*, 1961). Sa rupture avec le Parti communiste lui inspirera son *P.P.C. Pour prendre congé*, en 1957.

*** *Le Silence de la mer*

Un homme âgé et sa nièce sont contraints d'héberger un officier allemand, Werner von Ebrennac, pendant l'occupation. Cet officier, homme cultivé et courtois, tente en vain de briser le silence absolu dans lequel s'enferment ses hôtes : c'est le silence de la mer qui engloutit tout.

Que pense Werner von Ebrennac de la réaction de ces deux français qui « résistent » à leur façon, qui se murent dans ce silence désapprobateur ?

« Il faudra vaincre ce silence »

Nous ne le vîmes plus que rarement en tenue. Il se changeait d'abord et frappait ensuite à notre porte. Était-ce pour nous épargner la vue de l'uniforme ennemi ? Ou pour nous le faire oublier, — pour nous habituer à sa personne ! Les deux, sans doute. Il frappait, et entrait sans attendre une réponse qu'il savait
5 que nous ne donnerions pas. Il le faisait avec le plus candide naturel, et venait

1. *Statue de femme soutenant une corniche sur sa tête.*

Vercors. Photo de Robert Doisneau.

Affiche du *Silence de la mer*, film de Jean-Pierre Melville, 1947.

se chauffer au feu, qui était le prétexte constant de sa venue — un prétexte dont ni lui ni nous n'étions dupes, dont il ne cherchait pas même à cacher le caractère commodément conventionnel.

Il ne venait pas absolument chaque soir, mais je ne me souviens pas d'un seul
10 où il nous quittât sans avoir parlé. Il se penchait sur le feu et, tandis qu'il offrait à la chaleur de la flamme quelque partie de lui-même, sa voix bourdonnante s'élevait doucement, et ce fut au long de ces soirées, sur les sujets qui habitaient son cœur — son pays, la musique, la France —, un interminable monologue ; car pas une fois il ne tenta d'obtenir de nous une réponse, un acquiescement,
15 ou même un regard. Il ne parlait pas longtemps — jamais beaucoup plus longtemps que le premier soir. Il prononçait quelques phrases, parfois brisées de silences, parfois s'enchaînant avec la continuité monotone d'une prière. Quelquefois immobile contre la cheminée, comme une cariatide[1], quelquefois s'approchant, sans s'interrompre, d'un objet, d'un dessin au mur. Puis il se
20 taisait, il s'inclinait et nous souhaitait une bonne nuit.

Il dit une fois (c'était dans les premiers temps de ses visites) :
— Où est la différence entre un feu de chez moi et celui-ci ? Bien sûr le bois, la flamme, la cheminée se ressemblent. Mais non la lumière. Celle-ci dépend des objets qu'elle éclaire — des habitants de ce fumoir, des meubles, des murs, des
25 livres sur les rayons... [...]

« Et nous nous sommes fait la guerre ! » dit-il lentement en remuant la tête. Il revint à la cheminée et ses yeux souriants se posèrent sur le profil de ma nièce. « Mais c'est la dernière ! Nous ne nous battrons plus : nous nous marierons ! » Ses paupières se plissèrent, les dépressions sous les pommettes se marquèrent
30 de deux longues fossettes, les dents blanches apparurent. Il dit gaiement : « Oui, Oui ! » Un petit hochement de tête répéta l'affirmation. « Quand nous sommes entrés à Saintes, poursuivit-il après un silence, j'étais heureux que la population nous recevait bien. J'étais très heureux. Je pensais : Ce sera facile. Et puis, j'ai vu que ce n'était pas cela du tout, que c'était la lâcheté. » Il était devenu grave.
35 « J'ai méprisé ces gens. Et j'ai craint pour la France. Je pensais : Est-elle vraiment devenue ainsi ? » Il secoua la tête : « Non ! Non ! Je l'ai vu ensuite ; et maintenant, je suis heureux de son visage sévère. »

Son regard se porta sur le mien — que je détournai —, il s'attarda un peu en divers points de la pièce, puis retourna sur le visage, impitoyablement insensible,
40 qu'il avait quitté.
— Je suis heureux d'avoir trouvé ici un vieil homme digne. Et une demoiselle silencieuse. Il faudra vaincre ce silence. Il faudra vaincre le silence de la France. Cela me plaît.

Il regardait ma nièce, le pur profil têtu et fermé, en silence et avec une
45 insistance grave, où flottaient encore pourtant les restes d'un sourire. Ma nièce le sentait. Je la voyais légèrement rougir, un pli peu à peu s'inscrire entre ses sourcils. Ses doigts tiraient un peu trop nerveusement, trop sèchement sur l'aiguille, au risque de rompre le fil.
— Oui, reprit la lente voix bourdonnante, c'est mieux ainsi. Beaucoup mieux.
50 Cela fait des unions solides — des unions où chacun gagne de la grandeur...

VERCORS, *Le Silence de la mer* (1942)
© éd. Albin Michel

POUR LE COMMENTAIRE

1. Étudiez les **attitudes des protagonistes**. Que révèlent-elles de leurs sentiments profonds ?

2. Que pensez-vous du **comportement** de Werner von Ebrennac ?

3. La **part du silence** dans le texte.

4. Pourquoi l'officier allemand préfère-t-il le **silence de ses hôtes** à l'accueil favorable de la population de Saintes ?

5. *Le Silence de la mer* a connu un succès considérable, mais il a été critiqué également par les résistants qui lui reprochaient de donner un **portrait flatteur de l'occupant**. Qu'en pensez-vous ?

Elsa Triolet *Les Amants d'Avignon* (1943)

Elsa Triolet (1896-1970), née en Russie, où elle publie ses premiers textes dans sa langue, vient à Paris, où elle fait la connaissance en 1928 de Louis Aragon : elle sera sa compagne et son inspiratrice jusqu'à sa mort. *Bonsoir Thérèse* (1938) est son premier roman en français. Elle participe activement à la Résistance, fait paraître *Le Cheval blanc* en 1943, et obtient le prix Goncourt en 1945 avec *Le premier accroc coûte deux cents francs*, recueil de nouvelles publié clandestinement en 1943 et où figure « Les Amants d'Avignon ». Après *Le Cheval roux* (1953) et *Le Rendez-vous des étrangers* (1956), suit le cycle de *L'Âge de nylon* (*Roses à crédit*, 1959 ; *Luna-Park*, 1959 ; *L'Âme*, 1963).

*** *Les Amants d'Avignon*

Juliette Noël, l'héroïne des *Amants d'Avignon*, est une dactylo qui a choisi l'action clandestine. Après avoir accompli quelques missions dangereuses, elle est arrêtée à Lyon, alors qu'elle vient de rencontrer un résistant activement recherché par les Allemands.

« *La Gestapo, Mademoiselle...* »

Elsa Triolet. Photo d'Henri Cartier-Bresson.

Quand Juliette Noël sortit de l'hôtel, elle remarqua dans la rue, sans en prendre conscience, un type à pardessus clair et très long, qui regardait du trottoir d'en face la porte cochère de la cour, où se cachait l'hôtel. Elle y repensa, subitement, quand elle était déjà place Bellecour et se retourna : parfaitement ! il était là, avec
5 un autre homme... Cela ne voulait rien dire... peut-être... Elle se retourna encore une ou deux fois, furtivement : ils traversaient la place, derrière elle. Bon, elle allait prendre le tramway, on verrait bien. Les deux hommes s'arrêtèrent à côté d'elle. Pourquoi la suivrait-on ? Célestin ? La Boîte Postale ? Ce n'était pas la première fois qu'elle avait l'impression d'être suivie, et cela avait toujours été le
10 fruit de son imagination, ou des types qui lui faisaient des propositions. On ne pouvait jamais savoir avec les suiveurs, si c'étaient des flics ou des galants. Voilà le tramway... Juliette se précipita... se laissa bousculer... est-ce qu'ils allaient monter, eux ? Il ne semblait pas... le tramway se mit en marche, Juliette courut, allait s'agripper au marchepied, quand une main l'en arracha...
15 — Et surtout pas de scandale... — dit l'homme au pardessus clair. — On ne vous veut pas de mal.
Il parlait très bien le français avec un rien d'accent. Ils l'encadrèrent, ça n'avait pas l'air, mais ils la tenaient solidement. Le deuxième avait un long nez et des cheveux blonds, en pagaie, qui lui remontaient son chapeau mou.
20 — La Gestapo, Mademoiselle, la Gestapo, ça ne vous dit rien ?

Elsa TRIOLET, *Les Amants d'Avignon* (1943)
© éd. de Minuit

POUR LE COMMENTAIRE

1. **Une poursuite.** Relevez-en les phrases.
2. Les **verbes de mouvement** : étudiez-les.
3. **Les réactions de Juliette :** ses pensées, ses actes.

AU-DELÀ DU TEXTE

Le cinéma a largement exploité les thèmes de l'occupation et de la Résistance. Essayez de voir quelques-uns des films suivants avec le souci de comprendre comment et pourquoi cette période de l'histoire nationale a marqué de façon indélébile la conscience de notre pays :

René CLÉMENT, *La Bataille du rail* (1945)
Claude AUTANT-LARA, *La Traversée de Paris* (1956)
Robert BRESSON, *Un condamné à mort s'est échappé* (1956)
René CLÉMENT, *Paris brûle-t-il ?* (1967)
Jean-Pierre MELVILLE, *L'Armée des ombres* (1969)
Marcel OPHÜLS, *Le Chagrin et la Pitié* (1969)
Louis MALLE, *Lacombe Lucien* (1974)
Joseph LOSEY, *Monsieur Klein* (1979)
François TRUFFAUT, *Le Dernier Métro* (1980)
Louis MALLE, *Au revoir les enfants* (1987)

3. L'attentisme

A côté des écrivains engagés soit dans la collaboration, soit dans la Résistance, un certain nombre d'auteurs comme Jean Cocteau, **Paul Morand** ou **Marcel Aymé** poursuivent leur œuvre en marge de l'histoire. Ils abordent **des thèmes neutres ou anachroniques**, recourant au fantastique ou à l'exotisme. Pourtant, le contexte politique s'accommode difficilement de cette « neutralité » et préfère le manichéisme qui conduit à classer les écrivains, malgré eux, en deux camps opposés. Certes, il n'est pas de choix innocent, mais on aboutit souvent à des situations paradoxales : le même Giono qui est emprisonné en 1939 comme antimilitariste sera de nouveau incarcéré à la Libération comme vichyste, son idéal agreste s'accordant avec le retour à la terre prôné par la Révolution nationale.

Quant à l'*Antigone*, d'Anouilh, elle suscite les interprétations les plus contradictoires : la Résistance l'interprète comme une incitation au combat et au refus, les collaborateurs (en particulier Brasillach dans son article de *La Chronique de Paris*) comme une apologie du pouvoir et de l'État, incarné par le personnage de Créon.

Toute interprétation réductrice est-elle impossible ? Les écrivains comme les œuvres ont aussi leurs ambiguïtés ; ainsi, Marcel Arland refuse de collaborer à *La N.R.F.* dirigée par Drieu La Rochelle, sans s'interdire cependant de publier : or, dans quelle mesure la publication officielle n'était-elle pas une compromission ? Cependant, que pouvaient faire les écrivains vivant de leur plume dans le Paris de l'occupation ?

Paul Morand *L'Homme pressé* (1941)

En ce qui concerne le roman, on voyait **Paul Morand** *(1888-1976), pourtant compromis par la carrière diplomatique qu'il menait pour le compte du gouvernement de Vichy, éviter soigneusement dans ses œuvres tout sujet à caractère politique, et préférer critiquer dans* L'Homme pressé *le mythe de la vitesse.*

L'homme à la montre

Au moment où la route atteignait le sommet de la butte et allait redescendre l'autre versant, l'homme sauta du taxi sans attendre le coup de frein du chauffeur. Il entra dans un de ces cabarets des
5 faubourgs où l'on déjeune l'été d'un point de vue et où l'on dîne de fraîcheur. D'un pas nerveux il brûla l'allée bordée de fusains en caisses et galopa jusqu'à la terrasse. Le contraste était tel entre la banlieue si bourrée de chaleur, si farcie de lumière et ce pano-
10 rama immobile, plein de silence glacé, qu'il s'arrêta net. Sous lui, Paris s'ouvrait en éventail ; une pente s'enfonçait vers la Seine bien contenue par les collines de Clamart et les hauts de la forêt de Sénart. L'œil pouvait descendre de Villeneuve-Saint-Geor-
15 ges jusqu'au Kremlin-Bicêtre. Il s'assit à une table de fer, frappa dans ses mains. Deux fois il regarda sa montre, comme une amie. Personne ne se décidait à lui servir à boire. Enfin un garçon de café septuagénaire dont le service nocturne exaspérait les rhu-
20 matismes vint essuyer la table d'un torchon las. Pourquoi le visiteur semblait-il déconcerté, puisqu'il touchait au but ?

Le soleil effleurait encore le ciel qui en bas était déjà dans la nuit ; poussé hors du firmament par de
25 hâtifs éclairages, pareil à un acteur qui ne peut se résoudre à quitter la scène, l'astre se traînait dans le crépuscule d'été de neuf heures, noyé dans un brouillard roux.

Le consommateur sans consommation parcourut
30 d'un regard les tables voisines : autour de lui on dînait ; des réfugiés (partout on s'extasiait dans des langues d'Europe centrale) étaient venus, cette

saison-là, se greffer sur la vieille clientèle parisienne d'amoureux, de noces en goguette et d'artistes pour
35 qui Sceaux et Robinson prolongent rustiquement Montparnasse.

L'homme détournait sans cesse la tête, comme poursuivi ; à deux reprises il regarda si sa montre avait du nouveau à lui conter. A peine eut-il passé
40 plus d'une ou deux minutes sur sa chaise qu'il frappa à nouveau dans ses mains, bouscula le vieux garçon qui traînait la jambe, insista pour avoir à boire.

Derrière la dame du comptoir qui étageait les chiffres s'ouvrait toute une panoplie d'apéritifs. Le
45 visiteur regarda les sirops et alcools de couleur avec mélancolie, avec envie, avec passion. Ses jambes se mirent à trembler ; ses genoux s'entre-choquaient ; il serra les poings, se tendit pour résister, soupira et cédant soudain à son désir, libérant brusquement
50 son élan, bondit jusqu'à l'étagère ; il rasa du bras cette pièce montée qu'était la coiffure de la cais-
sière, s'empara au hasard d'une bouteille de quin-
quina, mit le doigt dans l'anse d'un bock en passant devant la desserte, non sans avoir saisi de l'autre
55 main un siphon au vol, sauta à bas des deux marches et retomba sur sa chaise. Après avoir précipité dans son verre à bière l'eau de seltz et le dubonnet — et à la fois, pour gagner du temps — il but d'un trait.
60 Alors seulement il s'aperçut qu'il n'avait jamais eu soif.

Paul Morand, *L'Homme pressé* (1941)
© éd. Gallimard

Marcel Aymé *Le Passe-muraille* (1943)

Marcel Aymé, quant à lui, recourait au fantastique dans ses romans (La Vouivre, *1943*) ou dans ses contes (Le Passe-muraille, *1943*), qu'il adressait à des journaux de droite sans pour autant rallier l'idéologie vichyste. Dans une des nouvelles du Passe-muraille, il retrouvait une veine plus réaliste pour évoquer la vie quotidienne des Parisiens durant l'occupation.

Marcel Aymé,
◀ par Maurice Henry.

En faisant la queue

— Moi, dit une mère de famille, j'ai toujours un peu peur de rentrer. J'en ai quatre qui m'attendent à la maison. L'aîné a douze ans. Le cinquième est mort en 1941, après l'hiver rutabaga. La tuberculose me l'a ramassé. Il aurait fallu de la viande tous les jours et de la nourriture nourrissante. Où donc je l'aurais prise ? Mon mari chemin de fer, moi faire des ménages quand j'ai le temps, vous pouvez compter qu'avec ça, on n'achète pas au marché noir. Il est mort autant dire de faim. Et les autres, ils sont dans le mauvais tournant, eux aussi. Maigres, des pauvres figures blanches, et toujours un rhume ou la gorge et fatigués, les yeux battus, guère envie de jouer. Quand je rentre des commissions, ils s'approchent de moi tous les quatre, voir ce que j'apporte dans mon sac. Je les houspille : « Allez, restez pas dans mes jambes ! » Ils s'en vont, toujours sans rien dire. Des fois je peux pas, j'ai pas la force. Hier, mon sac il était vide, mais ce qui s'appelle vide, ravitaillement pas arrivé. De les voir venir tous les quatre, le cœur m'a comme éclaté, j'ai pleuré. Par-dessus tout ça, mettez pas de chauffage, par le froid, et la semaine passée, le gaz coupé huit jours, rien de chaud à leur mettre dans le ventre. De froid, ils en ont la peau grise, les yeux morts et l'air de nous dire : « Mais qu'est-ce qu'on a fait ? » Et les engelures et les crevasses, il faut voir leurs pieds. Des galoches, même avec un bon, ce n'est pas facile d'en trouver à des prix pour nous. Tenez, en ce moment, je n'en ai que trois paires pour les quatre. Ce qui arrange les choses, c'est que j'en ai toujours au moins un de malade qui reste couché. M'arrive d'aller à la mairie réclamer un bon de supplément, un bon de ceci, un bon de cela. Je devrais pas, je sais ce qui m'attend, mais quand je vois mes gosses toussoteux, maigrefoutus et rien au ventre, c'est plus fort que moi, je m'en vais réclamer. Pensez-vous, ils m'envoient baigner, la gueule en travers et des mots pas propres. Je suis pas assez bien habillée. Et où que je me retourne, allez, c'est toujours du pareil au même. Un fonctionnaire à son guichet, c'est le chien des riches et des grossiums. Quand il voit du pauvre, il montre les dents. Qu'est-ce que j'avais besoin, aussi, de mettre des enfants au monde ? Ce qui m'arrive, je l'ai bien cherché. S'ils doivent se périr tous les quatre, qui c'est donc que ça dérangera ? Pas le gouvernement, bien sûr, ni la mairie. Et les richards encore bien moins. Pendant que mes enfants meurent de faim, pour ces cochons-là, c'est des œufs à vingt francs la pièce, viande à tous les repas, beurre à quatre cents francs, poulets, jambons à s'en faire éclater le gilet. Et les habits, et les souliers, et les chapeaux, leur manque rien, soyez tranquilles. Les riches, ils mangent plus qu'avant guerre, ils se forcent même à manger, peur d'en laisser aux malheureux. J'invente pas. Hier, j'ai entendu chez l'épicier deux femmes harnachées, pardon, fourrures, bijoux et pékinois, elles disaient que les gens, de peur de manquer, ils mangeaient le double d'autrefois. « C'est comme ça chez nous », elles disaient. Parlez-moi des riches. Tous assassins, tueurs d'enfants, voilà ce que c'est. Marchez, la guerre, ça durera pas toujours. Quand les Allemands ils partiront, on aura des comptes à régler. Tous ceux qui auront la gueule fraîche et le ventre sur la ceinture, on aura deux mots à leur dire. Pour chacun de mes gosses qu'ils m'auront assassiné, il m'en faudra dix. A coups de galoche dans la gueule, que je les tuerai, et je mettrai du temps, je veux qu'ils souffrent. Les cochons, ils ont le ventre plein quand ils viennent nous causer honneur, loyauté et tout le tremblement. Moi, l'honneur, on en recausera quand mes enfants n'auront plus faim. Des fois, je dis à mon époux : « Victor, je lui dis, débrouille-toi un peu, à ta gare du Nord ; il y a des employés qui prennent des colis de prisonniers, fais-en autant ; quand chacun n'en a que pour son ventre, que les riches, ils se moquent des lois qu'ils ont fabriquées, y a pas tant à tournicoler : c'est chacun pour soi, n'importe comment. Mais lui, pensez-vous, c'est le père de famille honnête homme. L'honneur, il l'a dans les dents comme du caramel. Et tant pis pour nous.

Marcel AYMÉ, « En attendant »,
Le Passe-muraille (1943), © éd. Gallimard

Curzio Malaparte *Kaputt* (1944)

*A l'étranger aussi, nombre d'écrivains furent conduits par les événements à s'engager et à porter témoignage. L'un des itinéraires les plus intéressants reste celui de **Curzio Malaparte** (1898-1957), intellectuel italien qui, après avoir adhéré au parti fasciste en 1922, ne ménage pas ses critiques à l'égard du régime, qu'il dénonce clairement en 1931, avant d'être exilé par Mussolini cinq années durant.*

Malaparte passe les trois premières années de la guerre sur le front de l'Est, où Mussolini l'a envoyé en tant que correspondant de guerre. Dissimulant de moins en moins son hostilité à l'égard du régime, il se réfugie en Suède en 1943 puis participe à la Libération de l'Italie. Dans Kaputt (1944), il évoquera l'horreur de la guerre et du front russe, et dans La Peau (1949), la déchéance du peuple napolitain avili par la présence étrangère à la fin de la guerre.

Images de guerre

A peine sorti de la prison romaine de Regina Cœli, j'allai à la gare, et montai dans le train de Naples. C'était le 7 août 1943. Je fuyais la guerre, les massacres, le *Felcktyphus*, la faim, je fuyais la
5 prison, la cellule fétide sans air et sans lumière, la paillasse malpropre, la soupe immonde, les punaises, les poux, la tinette d'excréments. Je voulais aller chez moi, je voulais aller à Capri, dans ma maison solitaire, à pic sur la mer.
10 Désormais, j'étais arrivé au bout de mon long et cruel voyage de quatre ans à travers l'Europe, à travers la guerre, le sang, la faim, les villages incendiés, les villes détruites. J'étais fatigué, déçu, abattu. La prison en Italie, encore la prison et tou-
15 jours la prison. Rien que la prison, les sbires, des hommes en menottes. C'est ça l'Italie. Eux aussi, Mario Alicata et Cesarini Sforza, après de longs mois de cellule, dès qu'ils étaient sortis avec moi de Regina Cœli, étaient rentrés chez eux. Moi j'étais allé
20 à la gare, j'étais monté dans le train de Naples, je voulais, moi aussi, rentrez chez moi. Le train était plein de gens en fuite, des vieillards, des femmes, des enfants, des officiers, des soldats, des prêtres, des agents de police. Le toit des wagons était chargé
25 de soldats, les uns armés, les autres sans armes, les uns en uniforme, déguenillés, sales et tristes, les autres demi-nus, répugnants et joyeux, et ces derniers étaient les déserteurs qui rentraient chez eux ou fuyaient au hasard, sans savoir où, riant et
30 chantant comme s'ils avaient été frappés, exaltés par quelque grande, quelque prodigieuse peur.
Tous fuyaient la guerre, la faim, les pestilences, les ruines, la terreur, la mort : tous couraient vers la guerre, la faim, les pestilences, les ruines, la terreur,
35 la mort. Tous fuyaient la guerre, les Allemands, les bombardements, la misère, la peur, vers les refuges pleins d'immondices, d'excréments, de gens affamés, épuisés, abrutis. Tous fuyaient le désespoir, le misérable et merveilleux désespoir de la guerre
40 perdue ; tous couraient au-devant d'un espoir de faim finie, de peur finie, de guerre finie, au-devant du misérable et merveilleux espoir de la guerre perdue. Tous fuyaient l'Italie — allaient au-devant de l'Italie.

Curzio MALAPARTE, *Kaputt* (1944)
© éd. Gallimard

Combat sur le front russe, en 1942.

PHOTOGRAPHES...

Le rêve

*Commencée en 1902, alors qu'il avait huit ans, l'œuvre de **Jacques-Henri Lartigue** ne sera connue du grand public que dans les années soixante. La photographie, qu'il pratique hors des contraintes commerciales, est une manière de journal intime, un témoignage quotidien et souvent ironique sur le monde qui l'entoure. La constante fraîcheur de son regard, la plasticité de ses images placent Jacques-Henri Lartigue au tout premier plan des photographes contemporains.*

JACQUES-HENRI LARTIGUE,
Bibi, Marseille, 1928.

ROBERT DOISNEAU,
Baiser place de l'Hôtel de Ville, 1950.

*Parmi les photographes dits humanistes, pour lesquels l'émotion prime sur le sujet artistique, sur la matière photographique, **Izis** est de ceux qui évitent les conflits, les calamités. D'autres couvrent la catastrophe, le crime, la guerre ; pas lui. Il redoute la souffrance, les débordements. Ses domaines de prédilection sont ceux de l'enfance, des loisirs, de la flânerie, du rêve. Le pouvoir de suggestion du sujet prévaut sur sa réalité concrète. Regarder ses photos revient à regarder « le regard de quelqu'un sur le monde, et non ce monde lui-même ». « J'appuie sur le déclic quand je suis à l'unisson avec ce que je vois », disait-il.*

IZIS, *Minoute Prévert, 1951.*

MARC RIBOUD, *Le peintre de la tour Eiffel.*

HENRI CARTIER-BRESSON, *Académicien se rendant à une cérémonie à Notre-Dame de Paris*, 1953.

L'humour

« Regarder des choses et des êtres que l'on croit volontiers sans intérêt, mais qui, si l'on y fait plus attention, recèlent leur poids d'émotions, d'attendrissement ou de cocasseries. » Ce regard porté par **Robert Doisneau** sur le quotidien avec une bienveillance amusée, cette disposition d'esprit qui le rend *« amoureux de ce qu'il voit »*, les autres grands photographes du temps, **Cartier-Bresson, Brassaï**, Izis ou Lartigue les expriment aussi à travers leur œuvre personnelle. Ils font d'eux les archivistes des instants furtifs et des vérités passagères. La photographie est passée du rang de technique à celui d'art.

BRASSAÏ, *Jardin exotique à Monaco*, 1945.

ROBERT DOISNEAU, *Cinq minutes d'éternité*, 1952.

La tendresse

Prolongeant les idées généreuses du Front populaire, la photographie, au même titre que la littérature, le cinéma ou la chanson, va participer à la création du climat original et riche du « réalisme poétique », recentrer toute son attention sur les grandes valeurs humanistes. « Elle n'est plus [...] cette matière vivante et mystérieuse à découvrir de l'intérieur afin de trouver, à travers les cadrages et les formes, un sens nouveau du monde mais plutôt un amplificateur [...] de la réalité », écrit Claude Nori dans son étude sur la photographie française.

Henri Cartier-Bresson *(né en 1908) a donné ses lettres de noblesse au reportage photographique. Jamais avant lui un sujet, qu'il relève de l'Histoire ou de la vie quotidienne, n'avait été traité avec tant d'intelligence dans l'analyse, d'acuité dans la vision, d'équilibre dans la composition. Cette constante harmonie entre la forme et le fond, mais aussi la remarquable économie des moyens employés, placent d'évidence Cartier-Bresson parmi les grands classiques de la photographie.*

ROBERT CAPA,
*Guerre d'Espagne 1936 :
avant de monter au front.*

WILLY RONIS,
Bal à Nogent, 1947.

HENRI CARTIER-BRESSON,
Le Goûter, 1953.

La désolation

Brassaï, Doisneau, Cartier-Bresson *photographient tout spécialement Paris et ses banlieues : long travail sur la comédie humaine, sorte de fresque d'une France populaire ou marginale en voie de disparition, pour laquelle ils éprouvent une grande tendresse. A leur manière, ils pratiquent une sorte de reportage sociologique :* « *Je dois admettre, disait Brassaï, que j'ai toujours fait du reportage, mais un reportage en profondeur, qui décrivait la ville et l'époque à laquelle je vivais... Ce ne sont pas les sociologues qui pénètrent les choses, mais les photographes, qui sont des observateurs au cœur même de notre temps* ».

ROBERT DOISNEAU, *Quai du port à St-Denis*, 1945.

BRASSAÏ, *Hôtel, rue Quincampoix*, 1932.

HENRI CARTIER-BRESSON, *Quai de gare*, 1958.

Grandes gueules et cœurs tendres

Louis Jouvet dans *Hôtel du Nord*, film de Marcel Carné, 1938.

Pierre Blanchar et Raimu dans *L'Étrange Monsieur Victor*, film de Jean Grémillon, 1938.

Un décor : banlieues, pavés humides. Un ton : la tendresse ironique et nostalgique de **Jacques Prévert.** *Des héros : déserteurs, légionnaires, mauvais garçons. Des acteurs : Louis Jouvet, Arletty, Michel Simon... et surtout Jean Gabin, qui affronte des destins tragiques avec la force des grands sentiments simples. Des metteurs en scène enfin :* **Julien Duvivier, Jean Grémillon, Marcel Carné** *et* **Jean Renoir,** *le cinéaste militant du Front populaire. Le réalisme poétique imprègne le cinéma français des années 30 et de la période de l'occupation.*

Jean Gabin dans *La Bête humaine*, film de Jean Renoir, 1938.

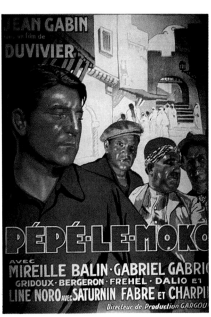

Michel Simon et Jean-Louis Barrault dans *Drôle de drame*, film de Marcel Carné, 1937.

Affiche de *Pépé-le-Moko*, film de Julien Duvivier, 1937.

« T'as d'beaux yeux tu sais... »

PIERRE BRASSEUR et ARLETTY dans *Les Enfants du Paradis*, film de MARCEL CARNÉ, 1945.

Marcel Carné, Quai des Brumes *(1938),
scénario de Jacques Prévert, d'après un roman
de Pierre Mac Orlan. Le destin tragique de
Gabin, déserteur et criminel d'occasion, rencontre Michèle Morgan, la révélation du film.
Deux acteurs devenus mythiques, et une des
répliques les plus célèbres du cinéma français :
« T'as d'beaux yeux tu sais... »*

Affiche de *Casque d'or*, film de
JACQUES BECKER, 1951.

JEAN GABIN et MICHÈLE MORGAN dans *Quai des Brumes*, film de
MARCEL CARNÉ, 1938.

La Règle du Jeu, *1939* : « *C'est du Renoir à l'état pur, du Renoir tout seul, puisqu'il en est non seulement le metteur en scène, mais encore le scénariste, le dialoguiste et l'un des principaux acteurs...* » (R. Naegelin). **Jean Renoir** *se livre dans ce film, tourné à la veille de la guerre, à une critique voilée de la société Comment expliquer qu'il ait suscité, lors de sa sortie, un tollé presque général ? L'époque ne tolérait guère le badinage sur des sujets aussi* « graves » *que la morale, l'armée, la famille. Comme l'écrit Paul Gilson,* « *les images de cette œuvre admirable étaient d'une vérité tellement exceptionnelle que personne ne voulut s'y reconnaître* ».

MICHEL SIMON et ARLETTY dans *Circonstances atténuantes*, film de JEAN BOYER, 1939.

CARETTE et MARCEL DALIO dans *La Règle du jeu*, film de JEAN RENOIR, 1939.

JEAN GABIN et CHARLES VANEL dans *La Belle équipe*, film de JULIEN DUVIVIER, 1936.

Affiche de *Quai des Orfèvres*, film de HENRI-GEORGES CLOUZOT, 1947.

Marcel Carné, Les Enfants du Paradis *(1945), scénario et dialogues de Jacques Prévert, décors d'Alexandre Trauner. Un film mythique, monumental, totalement poétique et lumineux. Le grouillement de la rue, l'animation des parades, la folie du carnaval, la houle frénétique du « paradis » aux Funambules, du parterre au théâtre, l'agitation des coulisses encombrées reconstituées à la perfection... et des personnages servis par des acteurs extraordinaires : Arletty, Jean-Louis Barrault, Pierre Brasseur, Maria Casarès.*

Le Boulevard du crime dans *Les Enfants du Paradis*, film de MARCEL CARNÉ, 1945.

Affiche de *Fanfan la Tulipe*, film de CHRISTIAN-JAQUE, 1952.

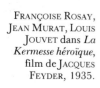

PIERRE FRESNAY et JEAN GABIN dans *La Grande Illusion*, de JEAN RENOIR, 1937.

FRANÇOISE ROSAY, JEAN MURAT, LOUIS JOUVET dans *La Kermesse héroïque*, film de JACQUES FEYDER, 1935.

4. Les succès de scène sous l'occupation

Au théâtre, la période de l'occupation est particulièrement féconde. Le public, avide de divertissements, afflue vers les salles de théâtre, même si les conditions de représentation sont fort précaires. Les dramaturges sont assez habiles pour déjouer dans des pièces parfois ambiguës les pièges de la censure.

D'une part, **le théâtre de divertissement**, dominé par Sacha Guitry, prospère avec un certain nombre de grands succès (dont *N'écoutez pas mesdames*, en 1942) qui attirent le grand public ; d'autre part **la tradition classique se perpétue** avec la création de grandes pièces mobilisant l'intelligentsia. En l'espace de quatre ans, on assiste ainsi à la création de plusieurs chefs-d'œuvre : *La Reine morte*, de MONTHERLANT (1942), *Les Mouches*, de SARTRE (1943), *Huis clos*, du même auteur (1944), *Antigone*, d'ANOUILH (1944). Peu après le débarquement et la Libération, ce sont les deux premières pièces de Camus qui voient le jour : *Le Malentendu* (1944) et *Caligula* (1945).

Si de nouveaux dramaturges font leur apparition, leurs aînés occupent encore le devant de la scène : en 1943, Jean-Louis Barrault monte pour la première fois *Le Soulier de satin*, de Paul Claudel, qui est l'événement théâtral de l'année (même si la version abrégée de cinq heures n'échappe pas aux railleries de Sacha Guitry, se félicitant « qu'il n'y ait pas eu la paire »...) ; en 1945, la création de la pièce posthume de Giraudoux, *La Folle de Chaillot*, fait elle aussi grand bruit.

Dans l'ensemble, ces pièces, malgré leur situation anachronique ou leurs personnages mythiques, se prêtaient à **une lecture politique**, tout texte devenant signifiant et tout auteur, bon gré, mal gré, engagé, l'indifférence même devenant acceptation.

Henry de Montherlant *La Reine morte* (1942)

Dans La Reine morte, **Henry de Montherlant**, *qui s'inspire d'un drame historique (le mariage secret de l'Infant Don Pedro de Portugal, au XIV e siècle, avec une demoiselle de la cour, Doña Inès, et la tragique mort de la jeune femme, assassinée sur ordre du roi Don Ferrante en 1355),* **oppose les inclinations du cœur et la raison d'État,** *qui finit par triompher d'elles. Pourtant, la même pièce qui semble marquer le triomphe de l'État et du pouvoir en marque aussi la vanité et l'absurdité : « Plus je mesure ce qu'il y a d'injuste et d'atroce dans ce que je fais, plus je m'y enfonce, parce que plus je m'y plais », avoue le roi.*

L'extrait qui suit oppose dans une dernière confrontation Doña Inès, enceinte, cherchant à fléchir Don Ferrante, déterminé à la sacrifier — vainement — à la raison d'État.

Confrontation

Le Fils de personne, de Montherlant, au Théâtre St-Georges en janvier 1944.

INÈS. — Vous savez l'art des mots faits pour désespérer ! — Comment retenir ses larmes, les prendre pour moi, les faire couler en moi ? Moi, je puis tout supporter : je puis souffrir à sa place, pleurer à sa place. Mais lui ! Oh ! que je voudrais que mon amour eût le pouvoir de mettre dans sa vie un sourire éternel !
5 Déjà, cependant, on l'attaque, cet amour. On me désapprouve, on me conseille, on prétend être meilleure mère que je ne le suis. Et voici que vous, Sire — mieux encore ! — sur cet amour vous venez jeter l'anathème. Alors qu'il me semblait parfois que, si les hommes savaient combien j'aime mon enfant, peut-être cela suffirait-il pour que la haine se tarît à jamais dans leur cœur. Car moi, tant que
10 je le porte, je sens en moi une puissance merveilleuse de tendresse pour les hommes. Et c'est lui qui défend cette région profonde de mon être d'où sort ce que je donne à la création et aux créatures. Sa pureté défend la mienne. Sa candeur préserve la mienne contre ceux qui voudraient la détruire. Vous savez contre qui, Seigneur.
15 FERRANTE. — Sa pureté n'est qu'un moment de lui, elle n'est pas lui. Car les femmes disent toujours : « Élever un enfant pour qu'il meure à la guerre ! » Mais il y a pis encore : élever un enfant pour qu'il vive, et se dégrade dans la vie. Et vous, Inès, vous semblez avoir parié singulièrement pour la vie. Est-ce que vous vous êtes regardée dans un miroir ? Vous êtes bien fraîche pour quelqu'un que
20 menacent de grands tourments. Vous aussi vous faites partie de toutes ces

choses qui veulent continuer, continuer… Vous aussi, comme moi, vous êtes malade : votre maladie à vous est l'espérance. Vous mériteriez que Dieu vous envoie une terrible épreuve, qui ruine enfin votre folle candeur, de sorte qu'une fois au moins vous voyiez ce qui est.

25 INÈS. — Seigneur, inutile, croyez-moi, de me rappeler tout ce qui me menace. Quoi qu'il puisse paraître quelquefois, jamais je ne l'oublie.

FERRANTE *(à part)*. — Je crois que j'aime en elle le mal que je lui fais. *(Haut)* Je ne vous menace pas, mais je m'impatiente de vous voir repartir, toutes voiles dehors, sur la mer inépuisable et infinie de l'espérance. La foi des autres me
30 déprime. Il n'y a que les enfants qui puissent croire ainsi dans le vide, sans être déprimants. L'espérance ! Lourenço Payva, lui aussi, à cette heure, est plein d'espérance. Et cependant il va mourir, immolé au bien de l'État.

INÈS. — Mourir ! Est-ce donc décidé ?

FERRANTE. — Oui, depuis un instant, cela est décidé.

35 INÈS. — Mourir ! Et pour l'État ! Votre Majesté parle encore de l'État !

FERRANTE. — Et pourquoi non ? Ah ! je vois, il vous semble que j'ai dit que je ne croyais pas à l'État. Je l'ai dit, en effet. Mais j'ai dit aussi que je voulais agir comme si j'y croyais. Tantôt vous oubliez, tantôt vous vous rappelez trop, Doña Inès. Je vous conseille de ne pas vous rappeler trop ce que j'ai dit, dans cette
40 sorte de crise de sincérité, quand ces coquins s'enfuyaient pour ne pas m'entendre.

INÈS. — J'aurais peut-être dû m'enfuir, moi aussi.

FERRANTE. — C'est le sort des hommes qui se contraignent à l'excès, qu'un jour vient où la nature éclate ; ils se débondent, et déversent en une fois ce qu'ils ont
45 retenu pendant des années. De là qu'à tout prendre il est inutile d'être secret.

INÈS. — Sire, puisque Votre Majesté connaît désormais l'existence de mon enfant…

FERRANTE. — En voilà assez avec cet enfant. Vous m'avez étalé vos entrailles, et vous avez été chercher les miennes, ce qui est indiscret. Vous vous êtes servie
50 de votre enfant à venir, pour remuer mon enfant passé. Vous avez cru habile de me faire connaître votre maternité en ce moment, et vous avez été malhabile.

INÈS. — Ainsi Votre Majesté me reproche de n'avoir pas été habile !

FERRANTE. — Oui, je vous le reproche.

Henry de MONTHERLANT, *La Reine morte*, Acte III, scène 6 (1942)
© éd. Gallimard

Décor de Roland Oudot
pour *La Reine morte*,
à la Comédie-Française,
1954.

Jean-Paul Sartre *Les Mouches* (1943)

Dans Les Mouches, **Jean-Paul Sartre** *(1905-1980) renouvelle le mythe d'Électre, proposant une lecture tout à la fois politique et philosophique du crime d'Oreste.* **Contre l'abus de pouvoir et la tyrannie,** *le meurtre est justifié, bien plus c'est lui qui fonde la liberté et qui définit l'être. Le drame avait ainsi une actualité particulière.*

Le sang de Clytemnestre

ÉLECTRE. — Oreste !
Elle se jette dans ses bras.

ORESTE. — De quoi as-tu peur ?

ÉLECTRE. — Je n'ai pas peur, je suis ivre. Ivre de joie. Qu'a-t-elle dit ? A-t-elle longtemps imploré sa grâce ?

ORESTE. — Électre, je ne me repentirai pas de ce que j'ai fait, mais je ne juge pas bon d'en parler : il y a des souvenirs qu'on ne partage pas. Sache seulement qu'elle est morte.

ÉLECTRE. — En nous maudissant ? Dis-moi seulement cela : en nous maudissant ?

ORESTE. — Oui. En nous maudissant.

ÉLECTRE. — Prends-moi dans tes bras, mon bien-aimé, et serre-moi de toutes tes forces. Comme la nuit est épaisse et comme les lumières de ces flambeaux ont de la peine à la percer ! M'aimes-tu ?

ORESTE. — Il ne fait pas nuit : c'est le point du jour. Nous sommes libres, Électre. Il me semble que je t'ai fait naître et que je viens de naître avec toi ; je t'aime et tu m'appartiens. Hier encore j'étais seul et aujourd'hui tu m'appartiens. Le sang nous unit doublement, car nous sommes de même sang et nous avons versé le sang.

ÉLECTRE. — Jette ton épée. Donne-moi cette main. *(Elle lui prend la main et l'embrasse.)* Tes doigts sont courts et carrés. Ils sont faits pour prendre et pour tenir. Chère main ! Elle est plus blanche que la mienne. Comme elle s'est faite lourde pour frapper les assassins de notre père ! Attends. *(Elle va chercher un flambeau et elle l'approche d'Oreste.)* Il faut que j'éclaire ton visage, car la nuit s'épaissit et je ne te vois plus bien. J'ai besoin de te voir : quand je ne te vois plus, j'ai peur de toi ; il ne faut pas que je te quitte des yeux. Je t'aime. Il faut que je pense que je t'aime. Comme tu as l'air étrange !

ORESTE. — Je suis libre, Électre ; la liberté a fondu sur moi comme la foudre.

ÉLECTRE. — Libre ? Moi, je ne me sens pas libre. Peux-tu faire que tout ceci n'ait pas été ? Quelque chose est arrivé que nous ne sommes plus libres de défaire. Peux-tu empêcher que nous soyons pour toujours les assassins de notre mère ?

ORESTE. — Crois-tu que je voudrais l'empêcher ? J'ai fait *mon* acte, Électre, et cet acte était bon. Je

le porterai sur mes épaules comme un passeur d'eau porte les voyageurs, je le ferai passer sur l'autre rive et j'en rendrai compte. Et plus il sera lourd à porter, plus je me réjouirai, car ma liberté, c'est lui. Hier encore, je marchais au hasard sur la terre, et des milliers de chemins fuyaient sous mes pas, car ils appartenaient à d'autres. Je les ai tous empruntés, celui des haleurs, qui court au long de la rivière, et le sentier du muletier et la route pavée des conducteurs de chars ; mais aucun n'était à moi. Aujourd'hui, il n'y en a plus qu'un, et Dieu sait où il mène : mais c'est *mon* chemin. Qu'as-tu ?

ÉLECTRE. — Je ne peux plus te voir ! Ces lampes n'éclairent pas. J'entends ta voix, mais elle me fait mal, elle me coupe comme un couteau. Est-ce qu'il fera toujours aussi noir, désormais, même le jour ? Oreste ! Les voilà !

ORESTE. — Qui ?

ÉLECTRE. — Les voilà ! D'où viennent-elles ? Elles pendent du plafond comme des grappes de raisins noirs, et ce sont elles qui noircissent les murs ; elles se glissent entre les lumières et mes yeux, et ce sont leurs ombres qui me dérobent ton visage.

ORESTE. — Les mouches...

ÉLECTRE. — Écoute !... Écoute le bruit de leurs ailes, pareil au ronflement d'une forge. Elles nous entourent, Oreste. Elles nous guettent ; tout à l'heure elles s'abattront sur nous, et je sentirai mille pattes gluantes sur mon corps. Où fuir, Oreste ? Elles enflent, elles enflent, les voilà grosses comme des abeilles, elles nous suivront partout en épais tourbillons. Horreur ! Je vois leurs yeux, leurs millions d'yeux qui nous regardent.

ORESTE. — Que nous importent les mouches ?

ÉLECTRE. — Ce sont les Érinnyes, Oreste, les déesses du remords.

DES VOIX, *derrière la porte.* — Ouvrez ! Ouvrez ! S'ils n'ouvrent pas, il faut enfoncer la porte.

Coups sourds dans la porte.

ORESTE. — Les cris de Clytemnestre ont attiré des gardes. Viens ! Conduis-moi au sanctuaire d'Apollon ; nous y passerons la nuit, à l'abri des hommes et des mouches. Demain je parlerai à mon peuple.

Jean-Paul SARTRE, *Les Mouches*, Acte II (1943)
© éd. Gallimard

Jean Anouilh *Antigone* (1944)

*Enfin, en 1944, **Jean Anouilh**, reprenant le mythe d'Antigone et le transposant dans un décor et des costumes contemporains, exploite délibérément l'anachronisme. Pour les spectateurs de 1944, cette **vigoureuse apologie du refus** était lourde de sens, et le personnage de Créon, pour complexe qu'il fût, incarnait l'État vichyste et le compromis.*

« *Je suis là pour vous dire non* »

Antigone, d'Anouilh, joué à L'Atelier en 1944.

ANTIGONE. — Pauvre Créon ! avec mes ongles cassés et pleins de terre et les bleus que tes gardes m'ont faits aux bras, avec ma peur qui tord le ventre, moi je suis reine.

CRÉON. — Alors, aie pitié de moi, vis. Le cadavre de ton frère qui pourrit sous
5 mes fenêtres, c'est assez payé pour que l'ordre règne dans Thèbes. Mon fils t'aime. Ne m'oblige pas à payer avec toi encore. J'ai assez payé.

ANTIGONE. — Non. Vous avez dit « oui ». Vous ne vous arrêterez jamais de payer maintenant !

CRÉON, *la secoue soudain, hors de lui.* — Mais, bon Dieu ! Essaie de compren-
10 dre une minute, toi aussi, petite idiote ! J'ai bien essayé de te comprendre, moi. Il faut pourtant qu'il y en ait qui disent oui. Il faut pourtant qu'il y en ait qui mènent la barque. Cela prend l'eau de toutes parts, c'est plein de crimes, de bêtise, de misère... Et le gouvernail est là qui ballotte. L'équipage ne veut plus rien faire, il ne pense qu'à piller la cale et les officiers sont déjà en train de se construire
15 un petit radeau confortable, rien que pour eux, avec toute la provision d'eau douce pour tirer au moins leurs os de là. Et le mât craque, et le vent siffle et les voiles vont se déchirer et toutes ces brutes vont crever toutes ensemble, parce qu'elles ne pensent qu'à leur peau, à leur précieuse peau et à leurs petites affaires. Crois-tu, alors, qu'on a le temps de faire le raffiné, de savoir s'il faut dire
20 « oui » ou « non », de se demander s'il ne faudra pas payer trop cher un jour et si on pourra encore être un homme après ? On prend le bout de bois, on redresse devant la montagne d'eau, on gueule un ordre et on tire dans le tas, sur le premier qui s'avance. Dans le tas ! Cela n'a pas de nom. C'est comme la vague qui vient de s'abattre sur le pont devant nous ; le vent qui vous gifle, et la chose qui tombe
25 dans le groupe n'a pas de nom. C'était peut-être celui qui t'avait donné du feu en souriant la veille. Il n'a plus de nom. Et toi non plus, tu n'as plus de nom, cramponné à la barre. Il n'y a plus que le bateau qui ait un nom et la tempête. Est-ce que tu le comprends, cela ?

ANTIGONE, *secoue la tête.* — Je ne veux pas comprendre. C'est bon pour vous.
30 Moi je suis là pour autre chose que pour comprendre. Je suis là pour vous dire non et pour mourir.

CRÉON. — C'est facile de dire non !

ANTIGONE. — Pas toujours.

CRÉON. — Pour dire oui, il faut suer et retrousser ses manches, empoigner la
35 vie à pleines mains et s'en mettre jusqu'aux coudes. C'est facile de dire non, même si on doit mourir. Il n'y a qu'à ne pas bouger et attendre. Attendre pour vivre, attendre même pour qu'on vous tue. C'est trop lâche. C'est une invention des hommes. Tu imagines un monde où les arbres aussi auraient dit non contre la sève, où les bêtes auraient dit non contre l'instinct de la chasse ou de l'amour ?
40 Les bêtes, elles au moins, sont bonnes et simples et dures. Elles vont, se poussant, les unes après les autres, courageusement, sur le même chemin. Et si elles tombent, les autres passent et il peut s'en perdre autant que l'on veut, il en restera toujours une de chaque espèce prête à refaire des petits et à reprendre le même chemin avec le même courage, toute pareille à celles qui sont
45 passées avant.

ANTIGONE. — Quel rêve, hein ? pour un roi : des bêtes ! Ce serait si simple.

Un silence. Créon la regarde.

Jean ANOUILH, *Antigone* (1944), © éd. de La Table Ronde

5. La voix de la France libre

Charles de Gaulle *Mémoires de guerre* (1954)

*En juin 1940, le général **Charles de Gaulle**, devant l'effondrement militaire et politique de la France, décide de partir pour Londres, où il entend continuer le combat et prendre la tête de la Résistance nationale à l'Allemagne nazie, dans l'alliance continuée avec l'Angleterre. C'est là qu'il prononcera le célèbre Appel du 18 juin. Ses Mémoires (Mémoires de guerre, 1954 ; Mémoires d'espoir, 1970), écrits plus tard dans sa retraite de Colombey-les-deux-Églises, renouent avec **la grande tradition des mémorialistes français**.*

1940 : le départ pour Londres

Charles de Gaulle en 1940.
Photo de Cecil Beaton.

Pour ressaisir les rênes, il eût fallu s'arracher au tourbillon, passer en Afrique, tout reprendre à partir de là. M. Paul Reynaud le voyait. Mais cela impliquait des mesures extrêmes : changer le Haut-commandement, renvoyer le Maréchal et la moitié des ministres, briser avec certaines influences, se résigner à l'occupa-
5 tion totale de la Métropole, bref, dans une situation sans précédent, sortir à tous risques du cadre et du processus ordinaires.

M. Paul Reynaud ne crut pas devoir prendre sur lui des décisions aussi exorbitantes de la normale et du calcul. Il essaya d'atteindre le but en manœuvrant. De là, en particulier, le fait qu'il envisagea un examen éventuel des
10 conditions de l'ennemi, pourvu que l'Angleterre donnât son consentement. Sans doute jugeait-il que ceux-là mêmes qui poussaient à l'armistice reculeraient quand ils en connaîtraient les conditions et qu'alors s'opérerait le regroupement de toutes les valeurs pour la guerre et le salut. Mais le drame était trop rude pour que l'on pût composer. Faire la guerre sans ménager rien ou se rendre tout de
15 suite, il n'y avait d'alternative qu'entre ces deux extrémités. Faute, pour M. Paul Reynaud, de s'être tout à fait identifié à la première, il cédait la place à Pétain qui adoptait complètement la seconde.

Il faut dire qu'au moment suprême le régime n'offrait aucun recours au chef du dernier gouvernement de la IIIe République. Assurément, beaucoup des
20 hommes en place répugnaient à la capitulation. Mais les pouvoirs publics, foudroyés par le désastre dont ils se sentaient responsables, ne réagissaient aucunement. Tandis qu'était posé le problème, dont dépendaient pour la France tout le présent et tout l'avenir, le Parlement ne siégeait pas, le gouvernement se montrait hors d'état de prendre en corps une solution tranchée, le président de
25 la République s'abstenait d'élever la voix, même au sein du Conseil des ministres, pour exprimer l'intérêt supérieur du pays. En définitive, cet anéantissement de l'État était au fond du drame national. A la lueur de la foudre, le régime paraissait, dans son affreuse infirmité, sans nulle mesure et sans nul rapport avec la défense, l'honneur, l'indépendance de la France.

30 Tard dans la soirée, je me rendis à l'hôtel où résidait Sir Ronald Campbell, ambassadeur d'Angleterre, et lui fis part de mon intention de partir pour Londres. Le général Spears, qui vint se mêler à la conversation, déclara qu'il m'accompagnerait. J'envoyai prévenir M. Paul Reynaud. Celui-ci me fit remettre, sur les fonds secrets, une somme de 100 000 francs. Je priai M. de Margerie d'envoyer
35 sans délai à ma femme et à mes enfants, qui se trouvaient à Carantec, les passeports nécessaires pour gagner l'Angleterre, ce qu'ils purent tout juste faire par le dernier bateau quittant Brest. Le 17 juin à 9 heures du matin, je m'envolai, avec le général Spears et le lieutenant de Courcel sur l'avion britannique qui m'avait transporté la veille. Le départ eut lieu sans romantisme et sans difficulté.
40 Nous survolâmes La Rochelle et Rochefort. Dans ces ports brûlaient des navires incendiés par les avions allemands. Nous passâmes au-dessus de Paimpont, où se trouvait ma mère, très malade. La forêt était toute fumante des dépôts de munitions qui s'y consumaient. Après un arrêt à Jersey, nous arrivâmes à Londres au début de l'après-midi. Tandis que je prenais logis et que
45 Courcel, téléphonant à l'Ambassade et aux missions, les trouvait déjà réticentes, je m'apparaissais à moi-même, seul et démuni de tout, comme un homme au bord d'un océan qu'il prétendrait franchir à la nage.

Charles de GAULLE, *Mémoires de guerre — L'Appel* (1954), © éd. Plon

Bernard-Henri Lévy *L'Idéologie française* (1981)

A l'approche de la barbarie

Car à quoi pensait-elle donc, cette génération d'avant le fascisme ? Je crois, en fait, qu'on ne comprend rien à tant d'abdication si on ne tente de la réinscrire dans son décor spirituel. Et dans le cadre, notamment, d'une tout autre tragédie, plus large, plus profonde, qui, depuis quelque temps déjà, avait commencé d'ébranler, bien au-delà de l'idée démocratique, les assises mêmes de la sociabilité et dont on perçoit l'écho chez quelques-uns de ses écrivains... On se souvient par exemple de l'anathème lancé par les surréalistes contre cette « terre sèche et bonne pour tous les incendies », peuplée de tant de « monstres » qui grondent doucement aux pieds de nos « tremblantes », de nos vacillantes demeures humaines. De l'effroi d'un Antonin Artaud face à un monde défait, privé de « sens » et de « mythes », rongé par la vermine et comme dévitalisé, où les hommes ne s'assemblent plus, dit-il, qu'au prix du plus trompeur, du plus ruineux des malentendus. L'imprécation de Céline, paladin de l'ordure et chantre d'immondice, expert en cataclysmes et en décomposition qui, de son long et raisonné voyage en épouvante, rapportait l'image de cette horreur nue, de cette pure pâte à carnage, où les hommes, sottement, tissent le fil de leurs harmonies sociales. L'ultime, l'héroïque sursaut encore de Bataille et ses amis fondant, à la veille de la guerre, un Collège de sociologie qui s'assigne pour tâche d'œuvrer à la « resocialisation » d'une modernité devenue hostile, constatent-ils, à « toute société instituée », et roulant lentement, du coup, à l'abîme qui commence de s'ouvrir sous ses pas... Jamais la littérature n'était allée aussi loin dans sa traque à la barbarie qui rôde, si proche, aux parages des communautés. Jamais elle n'avait dit si haut la formidable illusion, le monumental mensonge, sur quoi repose et s'édifie le contrat de société. Car ce qu'ils disent, *ce qu'ils voient*, au fond, tous ces voyants, c'est, au-delà cette fois du politique, la vérité terrible, même si largement inaudible, de la ruine, de la faillite du lien social en tant que tel. Et la question qu'ils posent alors, têtue, obsédante, à laquelle, ils le savent bien, aucune époque n'a jamais pu supporter bien longtemps de ne point savoir répondre, est à peu près celle-ci : « Pourquoi, comment, au nom de qui et de quoi, sommes-nous ainsi constitués — êtres de société, en société rassemblés, plutôt que bêtes en grand nombre à la barbarie reconduits ? »

Ou même, pis encore, plus terrifiant s'il se peut, cette autre question connexe, ressassée jusqu'à la nausée : « Pourquoi et comment, au nom de qui et de quoi, sommes-nous ainsi constitués — êtres de langue et de loi, sujets libres et souverains, et non purs brins du monde, pauvres et simples bris de matière, rivés sans recours ni merci au sort de toute matière ? »

Bernard-Henri Lévy, *L'Idéologie française* (1981)
© éd. Grasset

Pour vos essais et vos exposés

Pierre-Marie Dieudonnat : « *Je suis partout* » *(1930-1944)*, 1973.
Robert Paxton : *La France de Vichy*, éd. du Seuil, 1974.
Pierre Seghers : *La Résistance et ses poètes*, éd. Seghers, 1974.
Jean-Pierre Azema : *La Collaboration (1940-1944)*, P.U.F., 1975.
Henri Noguères : *La Résistance en France*, éd. Laffont, 1976.
Pascal Ory : *Les Collaborateurs*, éd. du Seuil, 1977.
Pascal Ory : *La France allemande*, coll. Archives, éd. Gallimard, 1977.

Dominique Desanti : *Drieu La Rochelle ou le séducteur mystifié*, éd. Flammarion, 1978.
Jacques Siclier : *La France de Pétain et son cinéma*, éd. Henri Veyrier, 1981.
Anne Brassié : *Robert Brasillach*, éd. R. Laffont, 1987.
Marc Ferro : *Pétain*, éd. Fayard, 1987.
Fred Kupferman : *Laval*, éd. Balland, 1987.
Pierre Milza : *Fascisme français*, éd. Flammarion, 1987.
Gilles et Jean-Robert Ragache : *La Vie quotidienne des écrivains et des artistes sous l'occupation*, éd. Hachette, 1988.

VALEURS SÛRES DE L'APRÈS-GUERRE

ARAGON, VAILLAND, BORY, GARY, MERLE, MARGUERITE YOURCENAR, GIONO, MONTHERLANT, ANOUILH, SALACROU, ROUSSIN

« Certains sujets sont dans l'air du temps ; ils sont aussi dans la trame d'une vie. »

Marguerite Yourcenar,
Préface à *Alexis ou
le Traité du vain combat*

L'Homme en gloire dans la paix (détail). Tapisserie de Jean Lurçat, 1958.
Angers, Musée Jean Lurçat.

1945 Jean-Louis BORY : *Mon village à l'heure allemande*
Henri BOSCO : *Le Mas Théotime*
Romain GARY : *Éducation européenne*
Jean-Paul SARTRE : *Les Chemins de la liberté* (1945-1949)
Roger VAILLAND : *Drôle de jeu*
Jean GIRAUDOUX : *La Folle de Chaillot* (théâtre)

1946 Joseph KESSEL : *L'Armée des ombres*
Paul VIALAR : *La mort est un commencement* (1946-1951)
Jean COCTEAU : *L'Aigle à deux têtes* (théâtre)
Jean-Paul SARTRE : *La P.... respectueuse* (théâtre)

1947 Albert CAMUS : *La Peste*
Jean CAYROL : *Je vivrai l'amour des autres*
Jean GIONO : *Un roi sans divertissement*
Joseph KESSEL : *Le Bataillon du ciel*
Raymond QUENEAU : *Exercices de style*
Henri TROYAT : *Tant que la terre durera* (1947-1950)
Henry de MONTHERLANT : *Le Maître de Santiago* (théâtre)
André ROUSSIN : *La Petite Hutte* (théâtre)
Armand SALACROU : *L'Archipel Lenoir* (théâtre)

1948 Hervé BAZIN : *Vipère au poing*
Henri BOSCO : *Malicroix*
Maurice DRUON : *Les Grandes Familles*
Jean-Paul SARTRE : *Les Mains sales* (théâtre)

1949 Louis ARAGON : *Les Communistes* (1949-1951)
Georges ARNAUD : *Le Salaire de la peur*
Robert MERLE : *Week-End à Zuydcoote*
Georges BERNANOS : *Dialogues des Carmélites* (théâtre)
Albert CAMUS : *Les Justes* (théâtre)

1950 Julien GREEN : *Moïra*
Roger VAILLAND : *Bon pied, bon œil*
Jean ANOUILH : *La Répétition ou l'Amour puni* (théâtre)
Marcel AYMÉ : *Clérambard* (théâtre)
André ROUSSIN : *Bobosse* (théâtre)

1951 Jean GIONO : *Le Hussard sur le toit*
Françoise MALLET-JORIS : *Le Rempart des Béguines*
François MAURIAC : *Le Sagouin*
Roger PEYREFITTE : *Les Ambassades*
Marguerite YOURCENAR : *Mémoires d'Hadrien*
Henry de MONTHERLANT : *La ville dont le prince est un enfant* (théâtre, publication)
André ROUSSIN : *Lorsque l'enfant paraît* (théâtre)
Jean-Paul SARTRE : *Le Diable et le bon Dieu* (théâtre)

1952 Gilbert CESBRON : *Les saints vont en enfer*
Jean DUTOURD : *Au bon beurre*
François MAURIAC : *Galigaï*
Marcel AYMÉ : *La Tête des autres* (théâtre)

1953 Pierre GASCAR : *Le Temps des morts*
Robert MERLE : *La mort est mon métier*
Henri TROYAT : *Les Semailles et les Moissons* (1953-1958)
Jean ANOUILH : *L'Alouette* (théâtre)

1954 Simone de BEAUVOIR : *Les Mandarins*
Henri BOSCO : *L'Antiquaire*
Gilbert CESBRON : *Chiens perdus sans collier*
François MAURIAC : *L'Agneau*
Roger VAILLAND : *Beau Masque*
Henry de MONTHERLANT : *Port-Royal* (théâtre)

1955 Hervé BAZIN : *La Mort du petit cheval*
Jean CAYROL : *Pour tous les temps*
André DHOTEL : *Le pays où l'on n'arrive jamais*
Roger IKOR : *Les Eaux mêlées*

Max Ernst, *L'Europe après la pluie*, 1942. Hartford, Wadsworth Atheneum.

Des années de transition : académisme et engagement

1. Le bilan de la guerre

En 1945, le paysage littéraire est bouleversé par les quatre années de l'occupation, la disparition d'un certain nombre d'écrivains morts au combat (Paul Nizan, Saint-Exupéry abattu en 1944 lors d'une mission de reconnaissance aérienne) ou en déportation (Robert Desnos, Max Jacob), mais surtout par **le divorce que représentent des choix idéologiques radicalement opposés**. A la Libération, si des écrivains collaborateurs se sont suicidés comme Drieu La Rochelle d'autres sont condamnés à l'indignité nationale (Céline) ou exécutés (Brasillach) en vertu de la responsabilité de l'écrivain, que Vercors revendique dans un texte célèbre. D'autres, parfois abusivement suspectés de complaisance à l'égard de l'occupant, sont inquiétés (ainsi Sacha Guitry, Paul Morand mais aussi Marcel Aymé, Jean Giono ou Montherlant). En revanche, les écrivains engagés dans la Résistance, souvent affiliés au Parti communiste, deviennent les maîtres à penser de toute une génération.

2. La fin d'une époque

La disparition des grandes figures de l'entre-deux-guerres, devenues de plus en plus étrangères au monde qui les entoure, accentue **le caractère incertain de cette période de transition**. Sartre lui-même reconnaîtra que « cette brusque hécatombe de doyens a laissé d'énormes vides ». Après Romain Rolland et Jean Giraudoux, morts en 1944, Paul Valéry s'éteint en 1945 avant que ne disparaissent à leur tour Georges Bernanos en 1948, André Gide en 1951 (un Gide devenu anachronique, malgré le prix Nobel qui l'honore en 1947) et Paul Claudel en 1955. Les survivants de cette génération (Jules Romains, qui achève *Les Hommes de bonne volonté*) semblent appartenir à un autre univers et n'ont qu'une audience limitée. Quant à leurs successeurs, ils occupent bien le devant de la scène, mais assument parfois au détriment de la littérature des responsabilités politiques et culturelles. Ainsi Malraux, qui occupe divers ministères dans l'après-guerre, ne publie-t-il plus que des ouvrages de critique (*Les Voix du silence*, 1951). De même l'activité journalistique de Mauriac met-elle un frein à sa création littéraire, prolongée néanmoins de deux courts récits *(Le Sagouin* et *Galigaï).* Quant aux surréalistes, ils se sont divisés entre partisans de l'orthodoxie surréaliste (André Breton, Benjamin Péret...), qui écrivent en marge de leur époque, et thuriféraires de l'engagement (Aragon, Eluard...).

3. Le roman idéologique

Les compromissions de la droite traditionnelle au cours de la guerre, et parallèlement l'influence du Parti communiste dans les mouvements de la Résistance, ménagent à la Libération une place majeure aux intellectuels communistes. **Louis Aragon**, le chantre du patriotisme et de la Résistance (en 1945 paraît *La Diane française*, qui rassemble ses poèmes clandestins), fait figure de maître à penser, et sa longue fresque publiée de 1949 à 1951, *Les Communistes*, marque **une étape importante dans la littérature idéologique**. Autour de ce roman, qui oppose aux défaillances et aux lâchetés de la classe officielle l'énergie et le courage des communistes, on voit fleurir une pléiade de romans engagés, qui, parallèlement à la poésie militante d'un Paul Eluard (*Pouvoir tout dire*, 1951), manifestent l'espoir d'un humanisme fraternel. Alors que Camus commence à peine à se faire un nom comme éditorialiste de *Combat* et que son roman *L'Étranger* publié en 1942 n'a pas encore trouvé son public, autour d'Aragon et d'Elsa Triolet **une nouvelle génération** (Claude Roy, Pierre Courtade, André Stil, Roger Vailland...) **fait ses premières armes dans le combat idéologique** et adopte parfois un discours convenu qui ne résistera guère à la déstalinisation.

4. Le roman « lazaréen »

Parallèlement à cette inspiration idéologique qui séduit l'intelligentsia, **le roman réaliste traditionnel fleurit** dans la littérature populaire, s'inspirant de l'actualité la plus brûlante. Après le traumatisme de la guerre, on voit se développer **une littérature de témoignage** qui voudrait, à l'instar de Malraux, « transformer en conscience une expérience aussi large que possible ». La plupart du temps, cependant, ces ouvrages qui évoquent le drame de la débâcle (*Week-End à Zuydcoote*, de **Robert Merle**), de l'occupation (*Au bon beurre*, de Jean Dutourd), de la Résistance (*Éducation européenne*, de **Romain Gary** ; *L'Armée des ombres* de Joseph Kessel) et plus que tout de l'univers concentrationnaire (*L'Espèce humaine*, de Robert Antelme ; *L'Univers concentrationnaire*, de David Rousset ; *La mort est mon métier*, de Robert Merle) ne dépassent pas le cadre de la littérature « lazaréenne », selon l'expression de **Jean Cayrol**. Seul Vercors avait su donner à son évocation de l'occupation, dans *Le Silence de la mer*, une valeur symbolique universelle (voir p. 443).

5. Le classicisme

Enfin, en marge de l'engagement et en marge du témoignage, un certain nombre d'écrivains poursuivent leur carrière en solitaire, cherchant à échapper aux contingences de l'actualité. Avec les *Mémoires d'Hadrien*, **Marguerite Yourcenar** propose en 1951, au-delà d'un roman historique, une méditation intemporelle sur le sens de la vie et la condition humaine. Ce roman, qui lui vaut enfin la notoriété, est l'une des rares œuvres de l'après-guerre s'affirmant d'emblée comme un classique. Il en va de même pour *Le Hussard sur le toit*, dans lequel **Jean Giono**, malgré une trame romanesque traditionnelle, expérimente un nouveau style et une nouvelle technique narrative.

1. L'après-guerre du roman

Le roman idéologique

Louis Aragon *Les Communistes* (1949-1951)

Après avoir été l'enfant prodige du surréalisme (voir pp. 240-246), l'écrivain militant qui se veut le peintre du « monde réel » (voir p. 263), **Louis Aragon** *devient en 1945* **le poète populaire de la Résistance**. *Confiant dans l'avenir du Parti communiste et convaincu du rôle que celui-ci doit désormais jouer dans la vie politique, il entreprend d'en faire l'apologie à travers la fresque des* Communistes *et divers essais.*

Le roman Les Communistes, *formé de six volumes, devait initialement évoquer toute la guerre de 1939 à 1945, mais* **il restera inachevé** *et seule paraîtra la première partie qui couvre la période de février 1939 à juin 1940. Il s'ouvre par l'évocation de la victoire des phalangistes en Espagne et l'amère désillusion d'un professeur communiste devant la lâcheté des démocraties européennes.*

Amertume d'un militant

1. *Organisation politique espagnole inspirée par le fascisme italien.*

2. *L'armée de Franco s'était constituée à l'origine au Maroc espagnol.*

Louis Aragon en 1949.
Photo de Willy Ronis.

A Perpignan, un homme de trente-cinq ans environ, grand et mince, brun et assez haut en couleur, qui avait l'air de ce qu'il était, un pédagogue, descendait du train, envoyé par un comité d'aide aux intellectuels espagnols, Pierre Cormeilles avait fini par persuader son proviseur qu'il y avait des tas de professeurs pris
5 dans l'exode et que l'honneur de l'Université était engagé dans l'aventure : d'ailleurs, son collègue Moreau acceptait d'assurer ses heures de géographie pendant une semaine... Pierre, tout le voyage, il avait pris le train de nuit, avait été tenu éveillé par l'espèce d'ivresse de pensées que lui donnait, comme à un tas de gens ces jours-là, le tour brusqué des affaires d'Espagne. N'avait-il pas été
10 à Madrid, avec une délégation de la Ligue de l'Enseignement, l'autre année ? La stupeur et la fièvre qu'il sentait à la fois en lui, c'était le double sentiment de toute la France à lire les nouvelles d'au-delà des Pyrénées. Et puis, soudain, dans les journaux français, le peuple espagnol lâché en faveur de ses nouveaux maîtres. De Paris, où lors des manifestations du Front Populaire on jetait son cœur avec
15 les billets de cent sous dans les grands drapeaux, violet, jaune et rouge, tenus aux quatre coins par des jeunes gens levant le poing fermé, comment imaginer physiquement cette chose incroyable, cet effondrement, ce déni de l'histoire entrant dans l'histoire, cette tragédie à travers les villes et les champs, le triomphe des Señoritos, de la Phalange[1] et des mercenaires marocains[2] ? Pierre avait voulu
20 mettre le doigt dans cette plaie au côté de la Liberté : il lui fallait la preuve tangible du désastre. Et, dans son lycée, ce recrutement d'Auteuil et Passy, l'atmosphère même des collègues, le scepticisme, l'ironie, tout cela interférait avec l'atroce contentement de certains. Se secouer ! Alors quand ce comité d'aide...
25 Ce jour de cendres sur la ville, au sortir du train, complétait pour Pierre Cormeilles le caractère d'insomnie du voyage. La légère couperose de ses pommettes s'enflammait du sommeil absent. Les yeux noirs du professeur regardaient toute chose déjà comme le vestibule de l'enfer et, son petit sac à la main, remontant le col de velours pas neuf de son pardessus, car il faisait frisquet
30 et humide, Pierre, le nez rougi, se voûtant un peu selon sa manie, se hâta de gagner l'adresse qu'on lui avait donnée à Paris. Un camarade y avait déjà ouvert un bureau pour le comité. Pierre n'avait pas à demander son chemin, ayant jadis professé à Perpignan. Le va-et-vient inhabituel, à la fois morne et fébrile, arrangez-vous, lui fut plus sensible qu'à un étranger débarquant ici sans rien
35 connaître de la ville. Toute cette police. Des voitures officielles animaient les rues d'une vie artificielle. Des groupes de gens parlant sur les places. La lumière de catastrophe, le froid et la saleté des rues allaient étrangement à ces défilés d'hommes hâves, déguenillés, encore en quelque chose militaires, que Pierre croisa à deux ou trois reprises, escortés de soldats français — des coloniaux,
40 l'arme à la bretelle — et qu'on allait parquer plus loin.

Louis ARAGON, *Les Communistes* (1949-1951), © éd. Robert Laffont

POUR LE COMMENTAIRE

1. Comment Aragon associe-t-il le rappel des faits politiques et le récit du quotidien ?

2. Comment l'histoire, ici, se fait-elle roman ?

Roger Vailland *Bon pied, bon œil* (1950)

*Dans le sillage d'Aragon, le brillant journaliste **Roger Vailland** (1907-1965), qui avait fondé un journal surréaliste dès 1928, puis avait participé à la Résistance et s'était engagé aux côtés du Parti communiste, entreprend dans l'après-guerre **plusieurs romans militants** (voir p. 506). En 1945, dans* Drôle de jeu, *il offre un témoignage sur la Résistance, et en 1950, il exalte dans* Bon pied, bon œil *le militant communiste, sans renier pour autant son goût des plaisirs. La première page de ce roman est représentative de **l'enthousiasme et de la ferveur qui habitaient les militants** communistes de l'après-guerre.*

Roger Vailland en 1948.

« *Il ne s'agit pas de s'amuser* »

La portière s'ouvrit. Une jambe raide apparut d'abord, qui cherchait le sol à tâtons, puis une canne, puis les pans d'un manteau de tweed, puis la tête de Lamballe, cheveux coupés à la brosse, courbée pour passer dans la portière sans que la jambe eût à ployer.

5 Rodrigue traversa en trois enjambées le jardinet qui précède la villa.

— Te voilà ! dit-il.

Les deux hommes s'étreignent. Puis ils se regardent longuement. Il y a deux plis amers aux coins des lèvres de Lamballe. « Que lui est-il arrivé, qu'il ne m'a pas dit ? » s'interroge Rodrigue.

10 — Comment va la vie ? demande Lamballe.

— Ça va, ça va, répond Rodrigue.

Lamballe se dirige vers la villa.

— Tu vas m'attendre à la maison, dit Rodrigue. Il faut que j'aille vendre l'*Huma-Dimanche*. Tu vas m'attendre dans ma chambre. Il y a des livres. Et un
15 reste de whisky dans l'armoire, sur la planche du haut, tu trouveras facilement. Je vais me dépêcher. Je serai de retour avant midi.

— Non, dit Lamballe. Je t'accompagne.

Rodrigue fronce le sourcil.

— Ne t'inquiète pas, poursuit Lamballe. Je marche aussi vite que toi. Je me
20 suis entraîné peu à peu. Je fais de grandes courses dans la montagne.

— Comme tu veux.

— Bien sûr, je ne suis pas membre du Parti...

— N'importe qui peut vendre l'*Huma*. Ce n'est pas un sacerdoce...

Il regarde Lamballe qui frissonne dans le vent froid :

25 — ... ni, continue-t-il, une œuvre méritoire qui te rapportera des indulgences.

— C'était bien ce que je pensais, dit Lamballe.

Ils descendirent la rue des Princes, traversèrent l'avenue de la Gare et continuè-rent au-delà, dans une zone de villas de meulière précédées de jardinets plantés de fusains. Un grand vent poussait très vite de gros nuages gris-violet sur un fond
30 de nuages gris-bleu, et plaquait dans le dos de Lamballe son ample manteau. Il avançait rapidement, en s'appuyant sur sa canne, la démarche à peine inégale. Rodrigue n'avait pas perdu le pas long et régulier du temps de la Résistance, sa besace se balançait sur son flanc.

— Et tes vaches ? demanda-t-il.

35 — Ce sont les plus belles de l'Aubrac. Il faudra que tu viennes voir mon troupeau... Les vaches de l'Aubrac, sais-tu, elles ont les yeux fendus en amande et les paupières noires des putains orientales.

Rodrigue rit.

— Les vachères maintenant ? demanda-t-il.

40 — *Moi qui me meurs, moi qui brûle de chasteté*, déclama Lamballe.

— Tout arrive, dit Rodrigue avec indifférence.

Ils firent quelques pas en silence.

— Et Annie ? demanda Lamballe.

— C'est une brave gosse.

45 Ils franchirent sur une passerelle la ligne du chemin de fer.

POUR LE COMMENTAIRE

1. Comment s'apparentent et comment se distinguent les deux personnages ?

2. Étudiez les qualités du dialo-gue romanesque chez Roger Vail-land.

3. Le militant communiste dans les romans de l'après-guerre. Cherchez d'autres exemples, et commentez-les.

— Où allons-nous crier ton journal ?... J'ai descendu tout à l'heure le faubourg du Temple. Des groupes de jeunes gens et de jeunes filles criaient
l'*Humanité-Dimanche*, l'*Avant-Garde*, je ne sais quoi encore. Ils tenaient toute
la largeur de la chaussée. Ils riaient, ils plaisantaient, ils avaient la voix hardie,
50 c'était un spectacle bien plaisant.

— C'est un quartier ouvrier. Ici, dans la banlieue petite-bourgeoise, on ne crie pas les journaux communistes, on va les porter à domicile.
La plupart des propriétaires des villas que tu vois
55 considéreraient comme une provocation que
nous venions gueuler sous leurs fenêtres.

— Dommage.

— Cela t'eût amusé ?

— Certainement.

60 — Il ne s'agit pas de s'amuser.

— Je le sais bien. C'est pour cela que je ne
suis pas communiste.

Roger VAILLAND, Bon pied, bon œil (1950)
© éd. Grasset

Vendeurs de *L'Humanité* à Aubervilliers en 1946.

Le roman de témoignage

Jean-Louis Bory
Mon village à l'heure allemande (1945)

Si l'intelligentsia s'intéresse au roman militant, le grand public se porte vers des romans populaires qui évoquent, à travers des témoignages personnels, l'horreur de la Seconde Guerre mondiale.

*Dès 1945, **Jean-Louis Bory** (1919-1979) dresse un tableau sans complaisance de l'occupation dans son roman* Mon village à l'heure allemande, *qui lui vaudra le prix Goncourt. Optant pour une écriture polyphonique, l'auteur choisit de donner la parole à tous les personnages et au village lui-même, qui n'est pas le moins important. Sa **langue réaliste et crue dénonce implacablement les lâchetés d'une bourgade qui n'est que l'image de la France**. Par la suite, cet agrégé de lettres et professeur devait publier divers essais, poursuivre une carrière de critique cinématographique et écrire une œuvre romanesque rassemblée sous le titre de* Par temps et marées.

Jumainville

Dans le passage qui suit, le village de Jumainville, qui a la parole, évoque avec délectation le scandale provoqué par une inscription murale dénonçant un commerçant collaborateur.

Depuis le 25 avril, je ne me sens pas dans mon état normal. Quelque chose
me chatouille du côté de la rue du Maillet. Cela me chauffe comme un mal blanc ;
j'ai envie de me gratter, mais un village ne peut pas se gratter ; on le gratte : la
voiture à ordures de Morize, les balais des cantonniers, le soleil qui passe ses
5 ongles dorés sur mes toits et me force à faire le gros dos et à ronronner les
après-midi d'été... La rue du Maillet m'a élancé toute la matinée ; des groupes
de Jumainvillois se sont collés à la vitrine de mon pâtissier ; des caillots qui
refusent de circuler. Lécheur a nettoyé ses volets, et, le jour, il les range dans
son arrière-boutique. Mes habitants en sont pour leurs frais, mais ils s'agitent, ils
10 discutent, ils se déplacent. A l'heure de l'apéritif, au *Café de la Paix*, j'ai
certainement 38 à 39 de fièvre. Cela me fatigue. Je regrette mon calme habituel.

Le lendemain, ma fièvre reprend. L'inscription est plus serrée, plus percutante,
comme dit mon instituteur. Elle se limite à une insulte qui, pour l'auteur, résume

Jean-Louis Bory en 1945.

Affiche du film *Le Corbeau*,
de Henri Georges Clouzot,
1943.

tout, constitue le summum de l'infamie ; elle ramasse toute sa force dans un
15 poing. « Sale Boche », en capitales énormes ; le goudron dégouline jusqu'au
trottoir en larmes noires et brillantes. Tout mon corps semble réduit à la rue du
Maillet ; mon Tour de Ville, ma Grand'Rue, ma place du Marché elle-même, mon
impasse du Sud, ma rue Semeur sont morts, je ne les sens plus, je n'y fais plus
attention. Toute ma sensibilité, le frémissement de mes nerfs, se réfugie rue du
20 Maillet. Est-ce pour les saint-honoré, est-ce pour les drapeaux, est-ce une
vengeance personnelle ? Mon marchand de couleur peut y voir une espèce de
justice immanente. « C'est pain bénit », dit-il. Mon menuisier et mon cordonnier
se lèchent les lèvres ; ce sont les voisins de gauche de mon pâtissier et mon
pâtissier est un mauvais voisin. La Germaine s'amuse : elle n'aime pas Lécheur.
25 Toutes les nuits, depuis celle du 24 au 25 avril, un de la Résistance pénètre
peut-être en moi, se glisse dans ma chair, passe devant chez Pluret, devant chez
Peigne, s'arrête à la vitrine de Lécheur, sous l'œil-de-bœuf de Mlle Vrin ; là, il
peint ses lettres, un petit pot fumant à la main. Je n'ai encore rien senti. A part
la maison de mon maire où je dors mal quand arrive la fin de mois, je ne remue
30 ni pied ni patte avant le petit jour. Dès onze heures, d'ailleurs, je suis quasiment
bâillonné et aveuglé par le couvre-feu. Je ne sens même plus les patrouilles. Je
tâcherai de faire attention.
Lécheur, encore une fois, a soigneusement gratté le goudron.
Le matin suivant, dès sept heures, il est debout. Il ouvre la porte ; il n'est plus
35 en pyjama comme les autres jours ; il a enfilé sa veste blanche. Mes Jumainvillois
l'ont deviné : la Germaine est déjà là, avec Peigne, Pluret, l'Émile Pluret. Sur les
volets, la littérature a cédé la place au dessin : toujours en noir brillant, s'épanouit
un postérieur emphatique, marqué à la fesse droite d'une croix gammée ; de ce
volumineux séant, qui couvre à lui seul la moitié de la vitrine, s'approche une
40 langue bavante, d'où le goudron goutte jusque sur le pavé. Lécheur fait
demi-tour, referme la porte derrière lui. Toute la journée, ma pâtisserie reste
fermée.
La nuit, l'artiste anonyme, surpris sans doute de n'avoir pas à refaire la nuit ce
qu'on aurait dû défaire le jour — je cite les propres termes de mon instituteur
45 — fignola son œuvre. Il enduisit le postère d'une matière brunâtre que les
spectateurs identifièrent avec une moue dégoûtée : je la connais bien ; mes
ruelles, mes encoignures et ma maison Charles en sont trop souvent déshono-
rées ; et pas toujours uniquement par les siens.
— C'est par souci de couleur locale, dit Tattignies.
50 Son chien flaire la vitrine avec beaucoup d'intérêt. « Enfin, semble-t-il signifier,
de la pâtisserie qui veut dire quelque chose. »
— Ici, chien-chien, dit Tattignies.
Lécheur ne sort même pas pour constater le désastre. Pluret tambourine sur
la porte.
55 — Lécheur ! crie-t-il, c'est jour avec !
Tout mon quartier se tord. Cela me fait comme une colique. Mais ce n'est pas
désagréable.
Ce jour-là, comme par hasard, tous mes habitants ont eu à faire rue du Maillet.
Mon mal blanc me pèse, c'est un gros furoncle ; tout mon sang se précipite vers
60 le point névralgique : on veut vérifier le jugement esthétique porté par Pluret, qui
a déclaré chez la Germaine :
— Le cul du Bien-Nommé, on dirait du vrai.
Le soir même, Lécheur va se plaindre au château. Il obtient du « leutnant » que
la patrouille passe par la rue du Maillet ; mais Bachmann se refuse à lancer une
65 proclamation à la population, un ultimatum à mon maire. Tout ce qu'il voit, c'est
que demain il ne jouira pas de son saint-honoré dominical.
Mon pâtissier se met à dormir l'après-midi, pour monter la garde durant la nuit.
Il a porté à la Kommandantur de Fignes son fusil de chasse et son revolver
d'ordonnance de la guerre de 70. Comme arme, il n'a qu'un bâton d'épine. Dès
70 que le jour s'évanouit, derrière sa porte, il s'installe, prêt à bondir au moindre
bruit. Je le sens comme une écharde vivante dans ma chair endormie.

Jean-Louis Bory, *Mon village à l'heure allemande* (1945)
© éd. Flammarion

Romain Gary *Éducation européenne* (1945)

Romain Gary *(1914-1980), qui se définissait comme un « cosaque un peu barbare mâtiné de juif », auréolé de gloire après son courageux engagement dès 1940 aux côtés des Forces françaises libres et une prestigieuse carrière diplomatique dans l'après-guerre, publie en 1945 Éducation européenne, où il évoque la Résistance polonaise à l'occupant. Le romancier devait par la suite se consacrer à diverses sagas romanesques avant de renouveler complètement son inspiration et son style dans des romans qu'il signe du pseudonyme d'Émile Ajar.*

« Prendre patience »

*La première page d'*Éducation européenne *met en scène, en optant délibérément pour **une écriture simple et familière**, le jeune héros, qui se cache de l'occupant.*

Romain Gary en aviateur,
vers 1945.

1. *La cachette.*

La cachette fut terminée aux premières lueurs de l'aube. C'était une aube mauvaise de septembre, mouillée de pluie : les pins flottaient dans le brouillard, le regard n'arrivait pas jusqu'au ciel. Depuis un mois, ils travaillaient secrètement la nuit : les Allemands ne s'aventuraient guère hors des routes après le crépus-
5 cule, mais, de jour, leurs patrouilles exploraient souvent la forêt, à la recherche des rares partisans que la faim ou le désespoir n'avaient pas encore forcés à abandonner la lutte. Le trou avait trois mètres de profondeur, quatre de largeur. Dans un coin, ils avaient jeté un matelas et des couvertures ; dix sacs de patates, de cinquante kilos chacun, s'entassaient le long des parois de terre. Dans une
10 de ces parois, à côté du matelas, ils avaient creusé un foyer : le tuyau débouchait dehors, à plusieurs mètres de la cachette, dans un taillis. Le toit était solide : ils avaient utilisé la portière du train blindé que les partisans avaient fait sauter, il y avait de cela un an, sur la voie ferrée de Wilno à Molodeczno.
— N'oublie pas de changer les broussailles tous les jours, dit le docteur.
15 — Je n'oublierai pas.
— Fais attention à la fumée.
— Bien.
— Surtout, n'en parle jamais à personne.
— Je n'en parlerai pas, promit Janek.
20 La pelle à la main, le père et le fils contemplaient leur œuvre. C'était une bonne *kryjówka*[1], pensa Janek, bien cachée dans la broussaille. Même Stefek Pod-horski, plus connu au collège de Wilno sous le surnom de « Winetoo, le noble chef des Apaches » — dans les milieux peaux rouges, Janek portait le nom glorieux de « Old Shatterhand » —, même Winetoo n'aurait pas flairé son
25 existence.
— Combien de temps vivrai-je ainsi, père ?
— Pas longtemps. Bientôt, les Allemands seront battus.
— Quand ?
— ... Il ne faut pas désespérer.
30 — Je ne désespère pas. Mais je veux savoir... Quand ?
— Dans quelques mois, peut-être...
Le docteur Twardowski regarda son fils.
— Reste caché.
— Bien.
35 — Ne prends pas froid.
Il sortit de sa poche un browning.
— Regarde.
Il expliqua le fonctionnement de l'arme.
— Garde-le précieusement. Il y a cinquante cartouches, dans cette sacoche.
40 — Merci.
— Je m'en vais, maintenant. Je reviendrai demain. Cache-toi bien. Tes deux frères ont été tués... Tu es tout ce qui nous reste, Old Shatterhand !
Il sourit.

— Prends patience. Le jour viendra où les Allemands partiront d'ici... Ceux
45 qui seront encore vivants. Pense à ta mère... Ne t'éloigne pas. Méfie-toi des
hommes.
— Bien.
— Méfie-toi des hommes.
Le docteur s'en alla dans le brouillard. Le jour s'était levé, mais tout demeurait
50 gris et flou : les sapins flottaient toujours dans la brume, leurs branches déployées
comme des ailes trop lourdes qu'aucun souffle ne vient animer. Janek se glissa
dans la broussaille, souleva la porte de fer. Il descendit l'échelle, se jeta sur le
matelas. Il faisait noir, dans la cachette. Il se leva, essaya de faire du feu : le bois
était humide. Il réussit à l'allumer enfin, s'étendit et prit le gros volume « Winetoo,
55 le Peau Rouge gentleman ». Mais il ne put lire. Ses yeux se fermaient, la fatigue
engourdissait son corps, son esprit... Il s'endormit profondément.

Romain GARY, *Éducation européenne* (1945)

© éd. Gallimard

Jean Cayrol
Je vivrai l'amour des autres (1947)

En 1947, **Jean Cayrol** *(né en 1911)* **dénonce** *dans un récit pathétique* **l'univers concentrationnaire** *et les stigmates laissées par la déportation. Son roman* Je vivrai l'amour des autres *qui remporte le prix Renaudot évoque la lente résurrection d'un déporté au monde. Le romancier se refuse à tout didactisme historique,* **se borne au témoignage**, *témoignage d'un individu rendu étranger à lui-même et au monde.*

« C'était le départ pour l'Allemagne »

Jean Cayrol en 1947.

C'était le départ pour l'Allemagne. (Pour les détails voir les livres qui ont paru
sur les déportations ; ce sera beaucoup mieux expliqué, avec plus de détails...
les détails je ne m'en souviens pas.)
J'ai vécu je ne sais comment ; je ne sais où ; de temps en temps je faisais siffler
5 les trains de banlieue dans ma tête pour ne pas en perdre le souvenir. Ce qui me
manquait, c'étaient les cigarettes. Ce que j'ai pu suivre de types pour avoir le
mégot, le rarissime mégot. Je me suis battu, et là j'avais de la force, autour d'un
peu de cendre brûlante ; moi je repérais un type qui allumait sa cigarette et je
marchais derrière lui ; quelquefois on était une dizaine à le suivre ; la lutte était
10 chaude et sévère, comme on dit. Je passais les rares dimanches à ça.
J'ai vendu mon pain pour des bouts de cigarettes ; alors je me faisais insulter
par les copains qui me criaient : « Toi aussi tu partiras en fumée, tu verras. »
Ah ! ces miettes de tabac recueillies avec le bout du doigt mouillé !
Pour moi fumer c'était essentiel et il me fallait des ruses de Sioux pour vendre
15 ma part de saucisson sans que les copains le voient ; je vendais aussi les légumes
de ma soupe contre une demi-cigarette ; je vendais toujours quelque chose de
ce que je recevais comme nourriture. Je n'étais pas gras, mais parmi les autres...
On me connaissait ; on m'appelait « la clope ». J'avais trouvé une explication
pour justifier mon besoin de fumer. Je disais que j'avais très mal aux yeux et que
20 la fumée me faisait du bien ; ça m'empêchait de pleurer. Personne ne le croyait
mais moi j'étais arrivé à y croire et quand je n'avais rien à fumer mes yeux
devenaient rouges et larmoyants. C'est curieux, hein ?

Carte de tabac en 1941.

J'ai vécu deux ans ainsi, le visage toujours penché vers le sol à chercher de quoi fumer ; j'aurais pu voir un mégot brûler à un kilomètre. J'avais trouvé un
25 vieux colonel, français comme moi, qui ne pouvait se passer de fumer. « C'est le seul plaisir ici, c'est tout ce qu'on a. » Je l'approuvais ; on s'entendait bien ; on se relayait pour la recherche des mégots ; on a toujours fumé ensemble tout ce qu'on trouvait. Nous avions un fume-cigarette pour deux, fait avec des manches de brosses à dents ; on fumait chacun à son tour une bouffée et quand
30 on arrivait à la fin, il fallait tenir le mégot avec un doigt pour le fumer jusqu'au bout ; on avait le bout du doigt comme de la corne. Ce qu'il était crasseux ! Moi aussi, d'ailleurs. Je ne me lavais pas, à quoi bon ! D'ailleurs, au bout d'un certain temps, ça ne se voyait plus ; la crasse s'égalisait sur toute la figure. Mais quand on nous rasait, alors... le savon séparait en deux zones mes joues, l'une blanche,
35 l'autre noire ; à ce moment ça se voyait trop ; j'allais me passer de l'eau sur le visage.

Il était chic, ce colon ; il ne devenait un homme qu'en fumant ; bah ! après... On arrivait avec une justesse extraordinaire à savoir quel chef de block ou quel Polonais rupin il fallait suivre pour espérer son mégot. Un jour, je me souviens,
40 il était ravi ; il était revenu avec cinq cigarettes ; c'était magnifique ; il avait vendu sa cuillère dont il était très fier ; elle était en alu et le manche se pliait. Combien de cuillères moi aussi j'ai vendues !

Et ça a passé comme ça de mégot en mégot jusqu'au bout. Je suis revenu à Paris en juin 1945. Doux Paris pathétique à ce moment-là !

Jean CAYROL, *Je vivrai l'amour des autres* (1947)
© éd. du Seuil

Robert Merle *Week-End à Zuydcoote* (1949)

Robert Merle en 1949.

Robert Merle (né en 1908), abandonnant ses travaux universitaires d'angliciste, aborde le roman avec *Week-End à Zuydcoote*, récit inspiré par la campagne de 1940, l'exode et la débâcle de Dunkerque. Il devait s'inspirer de nouveau de la guerre dans l'évocation saisissante de l'itinéraire d'un officier nazi (*La mort est mon métier*, 1953), avant de se renouveler dans le roman d'aventures (*L'Île*, 1962 ; *Un animal doué de raison*, 1967 ; *Malevil*, 1972 ; *Les Hommes protégés*, 1974 ; *Madrapour*, 1976) et le roman historique (*Fortune de France*, 1977 ; *Paris, ma bonne ville*, 1980 et *La Violente Amour*, 1983).

« C'était ça, la guerre »

Week-End à Zuydcoote *s'ouvre par l'évocation de la « drôle de guerre », guerre confuse et anarchique où **le dérisoire s'allie au pathétique**.*

Maillat haussa les épaules. Une auto, les copains et lui en avaient une. Une ambulance anglaise que Dhéry avait « récupérée ». Elle leur servait de roulotte pour dormir. Il y en avait maintenant plus qu'on en voulait, des autos ! Et des motos, il y en avait suffisamment pour en changer tous les dix mètres pendant
5 dix kilomètres.

Non, pensa Maillat, ce qui manque maintenant, ce ne sont pas les autos. C'est la route.

Les bottes de Maillat — une paire toute neuve qu'il avait trouvée pendant la retraite — s'enfonçaient dans le sable fin des dunes. Il y avait tant de monde partout qu'il devait parfois enjamber des corps comme sur une plage à la mode.

Jean-Paul Belmondo
dans *Week-End
à Zuydcoote*,
film d'Henri Verneuil,
1964.

C'était saugrenu, tous ces hommes en gros drap kaki, sales et mal rasés, et à
qui les dunes, la mer, le ciel radieux au-dessus d'eux donnaient une allure
d'estivants. Sur une crête, à sa droite, Maillat aperçut un groupe d'hommes qui
badaudaient, les mains aux poches, en regardant le ciel. Ils suivaient les
15 évolutions des bombardiers et des chasseurs canadiens, et hurlaient des encouragements, comme sur un stade, dès que le tic-tac des mitrailleuses de bord
leur parvenait.

Maillat traversa un groupe d'une dizaine de soldats qui picniquaient, assis en
cercle sur le sable. Au milieu d'eux trônait un boutéon plein de vin, où ils
20 trempaient un quart à tour de rôle. Un des hommes que Maillat avait effleuré en
passant, se retourna, et sans cesser de manger, lui lança une insulte. C'est à
cause de mes bottes, pensa Maillat, et il sourit. Il jeta un coup d'œil par-dessus
son épaule. L'homme qui l'avait insulté était un blond, large d'épaules, l'air
sympathique. Il avait une cicatrice au-dessous de la lèvre. Encore une tête, pensa
25 Maillat, que je ne reverrai jamais plus. A la guerre, c'était comme ça. On passait
son temps à voir des gars qu'on ne revoyait jamais plus ensuite. C'était ça, la
guerre. Des têtes, des noms qui défilaient devant vous sans arrêt, et qui se
perdaient ensuite dans la nuit. Quelquefois, c'était une tête seulement. Quelquefois, c'était le bonhomme tout entier. Et quelquefois, Maillat leur avait parlé une
30 ou deux minutes, à ces hommes, il savait leur nom, ce qu'ils faisaient dans le
civil, s'ils étaient heureux avec leur femme. Mais ça revenait au même, finalement. Ils disparaissaient tous ensuite. Il ne les revoyait jamais plus.

Et pourtant, il se souvenait d'eux quelquefois. Certains même, qu'il avait à
peine vus, restaient absurdement nets et vivants dans sa mémoire.

Robert MERLE, *Week-End à Zuydcoote* (1949)
© éd. Gallimard

POUR LE COMMENTAIRE

1. Recherchez des informations sur le désastre de Dunkerque, en 1940.

2. La guerre au quotidien. A quoi voit-on que Robert Merle a lu Stendhal ?

Ainsi, la guerre demeure un thème privilégié pour la littérature populaire des années 1950. Cette pri-mauté n'empêche pas **la résurgence de thèmes traditionnels** : enfance malheureuse (avec *Vipère au poing*, d'Hervé Bazin, 1948), retour à la nature (avec *L'Enfant et la Rivière*, d'Henri Bosco, 1956), grandes sagas (avec *Les Grandes Familles*, de Maurice Druon, 1948) ou même l'apparition de thèmes nouveaux comme l'intégration juive (avec *Les Eaux mêlées*, de Roger Ikor, 1955) ; elle s'en accommode même fort bien puisqu'il s'agit d'une même littérature réaliste qui trouve sa source dans les romans populaires du XIXe siècle et poursuit sa carrière sans se préoccuper des innovations narrati-ves de la littérature d'avant-garde.

Marguerite Yourcenar
Mémoires d'Hadrien (1951)

*A côté de la littérature militante et de la littérature populaire, un certain nombre d'ouvrages s'inscrivent aux lendemains de la guerre dans **une tradition romanesque classique** et prolongent, par-delà les années, les méditations des écrivains de l'entre-deux guerres.*

*Ainsi **Marguerite Yourcenar** (1903-1987) propose-t-elle à ses lecteurs en 1951 un chef-d'œuvre du roman historique avec les* Mémoires d'Hadrien. *Cette brillante helléniste, née à Bruxelles et formée par de nombreux voyages, avait tôt manifesté **son goût de l'érudition**, mais ses romans précédents (*Alexis ou le Traité du vain combat, *1929 ;* Denier du rêve, *1934 ;* Nouvelles orientales, *1937 ;* Le Coup de grâce, *1939) n'avaient séduit qu'un public averti. Par ce roman alliant l'intérêt historique et romanesque à la méditation métaphysique, Marguerite Yourcenar manifeste en ce milieu du* xxe *siècle l'existence d'**un humanisme moderne**. Sur l'œuvre ultérieure de Marguerite Yourcenar, voir p. 807.*

« En vérité, c'est bien mon tour »

Dans le passage suivant, le héros, qui n'est autre que l'empereur Hadrien, écrit une lettre-testament à son futur successeur, Marc-Aurèle, et évoque avec une admirable sérénité l'approche de sa mort et le détachement de toutes choses.

Marguerite Yourcenar en 1955. Photo de Robert Doisneau.

Les présages aussi se multiplient : désormais, tout semble une intimation, un signe. Je viens de laisser choir et de briser une précieuse pierre gravée enchâssée au chaton d'une bague ; mon profil y avait été incisé par un artisan grec. Les augures secouent gravement la tête ; je regrette ce pur chef-d'œuvre. Il m'arrive
5 de parler de moi au passé : au Sénat, en discutant certains événements qui s'étaient produits après la mort de Lucius, la langue m'a fourché et je me suis pris plusieurs fois à mentionner ces circonstances comme si elles avaient eu lieu après ma propre mort. Il y a quelques mois, le jour de mon anniversaire, montant en litière les escaliers du Capitole, je me suis trouvé face à face avec un homme
10 en deuil, et qui pleurait : j'ai vu pâlir mon vieux Chabrias. A cette époque, je sortais encore ; je continuais d'exercer en personne mes fonctions de grand pontife, de Frère Arvale, de célébrer moi-même ces antiques rites de la religion romaine que je finis par préférer à la plupart des cultes étrangers. J'étais debout devant l'autel, prêt à allumer la flamme ; j'offrais aux dieux un sacrifice pour
15 Antonin. Soudain, le pan de ma toge qui me couvrait le front glissa et me retomba sur l'épaule, me laissant nu-tête ; je passais ainsi du rang de sacrificateur à celui de victime. En vérité, c'est bien mon tour.

Ma patience porte ses fruits ; je souffre moins ; la vie redevient presque douce. Je ne me querelle plus avec les médecins ; leurs sots remèdes m'ont tué ; mais
20 leur présomption, leur pédantisme hypocrite est notre œuvre : ils mentiraient moins si nous n'avions pas si peur de souffrir. La force me manque pour les accès de colère d'autrefois : je sais de source certaine que Platorius Népos, que j'ai beaucoup aimé, a abusé de ma confiance ; je n'ai pas essayé de le confondre ; je n'ai pas puni. L'avenir du monde ne m'inquiète plus ; je ne m'efforce plus de
25 calculer, avec angoisse, la durée plus ou moins longue de la paix romaine ; je laisse faire aux dieux. Ce n'est pas que j'aie acquis plus de confiance en leur justice, qui n'est pas la nôtre, ou plus de foi en la sagesse de l'homme ; le contraire est vrai. La vie est atroce ; nous savons cela. Mais précisément parce que j'attends peu de chose de la condition humaine, les périodes de bonheur,
30 les progrès partiels, les efforts de recommencement et de continuité me semblent autant de prodiges qui compensent presque l'immense masse des maux, des échecs, de l'incurie et de l'erreur. Les catastrophes et les ruines viendront ; le désordre triomphera, mais de temps en temps l'ordre aussi. La paix s'installera de nouveau entre deux périodes de guerre ; les mots de liberté, d'humanité, de
35 justice retrouveront çà et là le sens que nous avons tenté de leur donner. Nos livres ne périront pas tous ; on réparera nos statues brisées ; d'autres coupoles et d'autres frontons naîtront de nos frontons et de nos coupoles ; quelques hommes penseront, travailleront et sentiront comme nous : j'ose compter sur ces

40 continuateurs placés à intervalles irréguliers le long des siècles, sur cette intermittente immortalité. Si les barbares s'emparent jamais de l'empire du monde,
ils seront forcés d'adopter certaines de nos méthodes ; ils finiront par nous
ressembler. Chabrias s'inquiète de voir un jour le pastophore de Mithra ou
l'évêque du Christ s'implanter à Rome et y remplacer le grand pontife. Si par
malheur ce jour arrive, mon successeur le long de la berge vaticane aura cessé
45 d'être le chef d'un cercle d'affiliés ou d'une bande de sectaires pour devenir à son
tour une des figures universelles de l'autorité. Il héritera de nos palais et de nos
archives ; il différera de nous moins qu'on ne pourrait le croire. J'accepte avec
calme ces vicissitudes de Rome éternelle.

Marguerite YOURCENAR, *Mémoires d'Hadrien* (1951)
© éd. Plon

POUR LE COMMENTAIRE

1. Une méditation historique. Vous analyserez ce texte en dégageant son intérêt historique et en soulignant parallèlement la valeur intemporelle de cette méditation sur la vie et sur la mort.

2. Un style classique. Dans quelle mesure la rigueur et le dépouillement de la phrase manifestent-ils la permanence d'un certain classicisme au XXᵉ siècle ?

Jean Giono *Le Hussard sur le toit* (1951)

*C'est aussi avec un roman en partie historique que **Jean Giono** (1895-1970) amorce **un tournant important dans son œuvre**. Le romancier de l'entre-deux-guerres (voir p. 326), chantre du retour à la Nature, qui célébrait l'union de l'homme et du cosmos dans des romans situés dans sa Provence natale, le pacifiste ennemi de toute forme d'engagement, le conteur et le dramaturge, abandonne son lyrisme initial **pour un ton plus ironique, une démarche plus distanciée**, aux résonances stendhaliennes, dans* Le Hussard sur le toit.

*** *Le Hussard sur le toit*
Situé en 1832, lors de l'épidémie de choléra qui ravagea le Sud de la France, *Le Hussard sur le toit* évoque les pérégrinations d'un jeune colonel de hussards, Angélo, qui cherche à rejoindre son frère de lait à Manosque puis à rallier l'Italie. Chemin faisant, il découvre les ravages de l'épidémie, apprend à secourir les malades en s'affranchissant de la peur, et à garder envers et contre tout un optimisme serein.

Les solitudes du Var

Il était à peu près une heure de l'après-midi et la chaleur était amère comme du phosphore. « Ne passez pas au soleil », dit l'homme (ce qui était à son avis d'une ironie profonde car il n'y avait d'ombre nulle part).
Il sembla à Angélo qu'au pas de son cheval il entrait dans le four dont il parlait
5 tout à l'heure. La vallée qu'il suivait était très étroite, encombrée de boqueteaux de chênes nains : les parois pierreuses qui dévalaient vers elle, brûlaient à blanc. La lumière écrasée en fine poussière irritante frottait son papier de verre sur Angélo et le cheval somnolents ; sur les petits arbres qu'elle faisait disparaître peu à peu dans de l'air usé dont la trame grossière tremblait, mélangeant des
10 taches d'un blond graisseux à des ocres ternes, à des grands pans de craie où il était impossible de reconnaître quoi que ce soit d'habituel. Le long de hauts rochers anfractueux, coulait l'odeur des nids pourris abandonnés par les éperviers. Les pentes déversaient dans le vallon l'odeur fade de tout ce qui était mort loin à la ronde dans les collines blêmes. Souches et peaux, nids de fourmis,
15 petites cages thoraciques grosses comme le poing, squelettes de serpents en fragments de chaînes d'argent, étendards de mouches abattues comme des poignées de raisins de Corinthe, hérissons morts dont les os étaient comme le lait des châtaignes dans leurs bogues, lambeaux hargneux de sangliers répandus

sur de larges aires d'agonie, arbres dévorés des pieds à la tête, bourrés de sciure
20 jusqu'à la pointe des rameaux, que l'air épais tenait debout, carcasses de buses
effondrées dans les branches de chênes sur qui le soleil frappait, ou l'odeur aigre
des sèves que la chaleur faisait éclater dans des fentes le long des troncs des
alisiers sauvages.

Toute cette barbarie n'était pas seulement dans le sommeil rouge d'Angélo.
25 Il n'y avait jamais eu un été semblable dans les collines. D'ailleurs, ce jour-là,
cette même chaleur noire commença à déferler en vagues tout de suite très
brutales sur le pays du sud : sur les solitudes du Var où les petits chênes se mirent
à crépiter, sur les fermes perdues des plateaux où les citernes furent tout de suite
assaillies de vols de pigeons, sur Marseille où les égouts commencèrent à fumer.
30 A Aix, à midi, le silence de sieste était tellement grand que, sur les boulevards,
les fontaines sonnaient comme dans la nuit. A Rians, il y eut, dès neuf heures
du matin, deux malades : un charretier qui eut une attaque juste à l'entrée du
bourg ; porté dans un cabaret, mis à l'ombre et saigné, il n'avait pas encore repris
l'usage de la parole ; et une jeune fille de vingt ans qui, à peu près à la même
35 heure, se souilla brusquement debout près de la fontaine où elle venait de boire ;
ayant essayé de courir jusque chez elle qui était à deux pas, elle tomba comme
une masse sur le seuil de sa porte. A l'heure où Angélo dormait sur son cheval,
on disait qu'elle était morte. A Draguignan, les collines renvoient la chaleur dans
cette cuvette où se tient la ville ; il fut impossible de faire la sieste ; les toutes
40 petites fenêtres des maisons qui, en temps ordinaire, permettent aux chambres
de rester fraîches, il faisait cette fois tellement chaud qu'on avait envie de les
agrandir à coups de pioche pour pouvoir respirer. Tout le monde s'en alla dans
les champs ; il n'y a pas de sources, pas de fontaines ; on mangea des melons
et des abricots qui étaient chauds, comme cuits ; on se coucha dans l'herbe, à
45 plat ventre.

On mangea également du melon à la Valette et, juste au moment où Angélo
passait sous les rochers d'où coulait l'odeur des œufs pourris, la jeune madame
de Théus descendait en courant en plein soleil les escaliers du château pour aller
au village où, paraît-il, une femme de cuisine qui y était descendue une heure
50 avant (juste au moment où cette vieille canaille d'aubergiste disait à Angélo : « Ne
passez pas au soleil ») venait d'y tomber subitement très malade. Et maintenant
(pendant qu'Angélo continuait à suivre les yeux fermés ce chemin torride à
travers les collines) la femme de cuisine était morte ; on supposait que c'était une
attaque d'apoplexie parce qu'elle avait le visage tout noir. La jeune madame fut
55 très écœurée par la chaleur, l'odeur de la morte, le visage noir. Elle fut obligée
d'aller derrière un buisson pour vomir.

Jean GIONO, *Le Hussard sur le toit* (1951)
© éd. Gallimard

Paul Cézanne, *Maison vide au Tholonet*, 1894.
Coll. particulière.

POUR LE COMMENTAIRE

1. Réalisme. Dans quelle mesure le réalisme de cette page (indications géographiques, précision de la description, rôle des sensations) contribue-t-il à rendre l'atmosphère morbide ?

2. Commentez **le rôle des parenthèses** et montrez comment le romancier alterne **le point de vue** du narrateur omniscient et **le point de vue** d'Angélo.

Pour vos essais et vos exposés

Joseph MAJAULT : *Littérature de notre temps*, éd. Casterman, 1966.
Germaine BRÉE : *Littérature française, II (1920-1970)*, éd. Artaud, 1978.
Henri LEMAÎTRE : *L'Aventure littéraire du XXe siècle*, éd. Bordas et Fils, 1984.

2. Transition et tradition du théâtre

1. Situation du théâtre

De même que le roman, le théâtre en 1945 connaît **une période de mutation** qui prélude aux grands bouleversements des années 1955-1960. Au naissant théâtre de l'absurde s'oppose le rassurant théâtre traditionnel qui continue d'occuper les grandes scènes. En effet on ne reconnaît pas encore le Théâtre Nouveau, et les jeunes auteurs (Ionesco, Beckett, Adamov, Audiberti...) se trouvent relégués sur les petites scènes et théâtres de quartier (Théâtre de la Huchette, Théâtre Mouffetard, Théâtre de Poche...), qui fleurissent au lendemain de la Seconde Guerre mondiale (voir les chapitres 23 et 24). **La mort des grands dramaturges de l'entre-deux-guerres** (Giraudoux en 1944, Claudel en 1955) et la disparition des membres du Cartel (Sacha Pitoeff s'éteint en 1939, en 1949 c'est le tour de Jacques Copeau et Charles Dullin, peu avant Louis Jouvet en 1951 et Gaston Baty en 1952) marque la fin d'une époque. Pourtant les nostalgiques de la tragédie peuvent applaudir au classicisme des pièces de Montherlant, et les inconditionnels de Cocteau retrouvent dans l'auteur de *L'Aigle à deux têtes* (1946) et de *Bacchus* (1952) le même éclectique artiste, fidèle à lui-même, à son anticonformisme et à sa fantaisie.

Tandis que l'intelligentsia se passionne pour le théâtre philosophique et engagé des existentialistes, le grand public avide de divertissements plébiscite les grands noms du boulevard, s'accommodant du pessimisme d'un Jean Anouilh parce qu'il s'inscrit dans une structure dramatique traditionnelle. Alors que **de jeunes écrivains s'essaient à subvertir le langage** dans les théâtres d'avant-garde, à dénoncer l'absurdité de notre condition par un logos déréglé, quelques personnalités font ainsi figure de référence aux yeux de la foule.

2. Académisme et tradition

Seul **HENRY DE MONTHERLANT** (1896-1972) illustre encore le genre tragique, l'après-guerre coïncidant pour lui avec une période de rare fécondité. Il enchaîne pièce sur pièce et séduit par **sa rigueur dramatique, la grandeur de ses héros désabusés**, conscients de l'absurdité du défi qu'ils se lancent à eux-mêmes, et par la pureté de sa langue. A l'heure où l'existentialisme affirme le primat de l'Existence sur l'Essence, le public se plaît à retrouver avec Montherlant une spiritualité, fût-elle profane, **une apologie de l'ascèse et du renoncement**.

JEAN ANOUILH (1910-1987), quant à lui, **mélange les genres** et passe avec un égal bonheur (ce qui lui vaudra d'encourir les foudres de la critique) de la comédie au drame, conciliant pièces roses, pièces noires et pièces grinçantes et **exploitant souvent un même champ thématique** : la dégradation de l'individu dans une société cynique, la nécessité des compromis voire des compromissions, le regret de l'enfance innocente.

Armand Salacrou, Charles Dullin et Marguerite Jamois en 1948.

A l'instar d'Anouilh, **ARMAND SALACROU** (né en 1899) met son humour caustique au service de pièces variées : comédies, pièces psychologiques, drames et parfois mélodrames, excellant dans la satire (*L'Archipel Lenoir*, 1947). Avec Salacrou, la **comédie est indissociable d'un certain engagement et d'une réflexion sur l'existence**. Les règles dramatiques, quant à elles, se trouvent malmenées, espace et temps se pliant à la seule fantaisie de l'auteur. Par sa construction et ses thèmes, ce théâtre a annoncé dès 1925 (date de *Tour à terre*) le théâtre de l'absurde.

Dans le domaine comique, **le renouvellement n'est pas assuré** et l'on échappe rarement au conformisme des situations. Les auteurs de l'entre-deux-guerres s'éclipsent, devenus désormais anachroniques. Sacha Guitry est délaissé, Marcel Pagnol n'écrit plus pour la scène et Roger Vitrac, le dramaturge surréaliste le plus doué, s'éteint en 1952 sans avoir trouvé le succès mérité. Marcel Achard, qui avait séduit le public d'avant-guerre, connaît à présent des « fours » retentissants, si bien que le succès qui accompagne les créations de Marcel Aymé (1902-1967) fait figure d'exception. La fantaisie, la verve comique et la satire sociale qui animent *Clérambard* (1950), *La Tête des autres* (1952) et *Les Oiseaux de lune* (1955) expliquent cette faveur du public. A côté du protéiforme théâtre de Marcel Aymé, l'œuvre d'**ANDRÉ ROUSSIN** (1911-1987) incarne ce qu'on a appelé un peu sévèrement le « théâtre de digestion ». Héritier de la grande tradition boulevardière, **il renoue avec le schéma vaudevillesque** (mari-femme-amant) et raille les ridicules de notre société, à la joie du grand public.

Henry de Montherlant
Le Maître de Santiago (1947)

> *** *Le Maître de Santiago*
> La pièce se situe en Castille, à Avila en 1519. Le héros, Don Alvaro Dalso, grand maître de l'Ordre de Santiago, vit retiré avec sa fille Mariana, dédaigneux des biens de ce monde et uniquement préoccupé de son salut. Cependant les Chevaliers de l'Ordre, décidés à partir pour le Nouveau Monde et à y conquérir la fortune et les honneurs, demandent à Don Alvaro de les accompagner. Celui-ci refuse de cautionner une entreprise intéressée qui lui permettrait de doter sa fille, éprise de Don Jacinto. Mariana et les Chevaliers lui font accroire, pour l'influencer, que le roi lui a donné mission d'accompagner les Chevaliers, mais au moment où Don Alvaro s'apprête à céder, Mariana, sacrifiant son amour, révèle la supercherie. Don Alvaro reconnaît sa fille dans cet acte héroïque et tous deux décident de se retirer dans un couvent. La pièce s'achève par la vision mystique à laquelle Mariana, définitivement détachée du monde, accède, avant même Don Alvaro que son orgueil a dévoré.

« *Partons pour mourir...* »

MARIANA. — Partons pour mourir, sentiments et amour. Partons pour mourir.

ALVARO. — Partons pour vivre. Partons pour être morts, et les vivants parmi les vivants.

5 *L'ombre s'épaissit. On ne voit plus sur la scène que la clarté du manteau qui les recouvre tous deux, agenouillés sous le crucifix, lui, les mains jointes, elle, les bras en croix sur la poitrine. Derrière la vitre, les flocons de neige tombent de plus en plus denses.*

10 ALVARO. — Éternité ! O Éternité !

MARIANA. — Infinité ! O Infinité !

ALVARO. — Religion ! Religion !

MARIANA. — Quel silence ! Le silence de la neige. Je n'ai jamais entendu un tel silence dans Avila. On 15 dirait qu'il n'y a plus que nous deux sur la terre.

ALVARO. — Avila ? Qu'est-ce que c'est ? C'est une ville ? Et la terre ? Est-ce que tu vois encore la terre ? Moi, je la vois toute ensevelie sous la neige, comme nous sous le manteau blanc de l'Ordre...

20 MARIANA. — Neige... neige... la Castille s'enfonce sous la neige comme un navire sous les eaux. Elle va disparaître. Elle disparaît. De l'Aragon n'apparaît plus que la plus haute cime de la sierra de Utiel. La neige engloutit toute l'Espagne. Il n'y a plus d'Es- 25 pagne.

ALVARO. — Je le savais depuis longtemps : il n'y a plus d'Espagne. Eh bien ! périsse l'Espagne, périsse l'univers ! Si je fais mon salut et si tu fais le tien, tout est sauvé et tout est accompli.

30 MARIANA. — Tout est sauvé et tout est accompli, car j'aperçois un Être au regard fixe, qui me regarde d'un regard insoutenable.

ALVARO. — Sang de mon sang, tu étais meilleure que moi : en un instant tu me dépasses, tu vois avant 35 moi ce que j'ai tant rêvé.

MARIANA. — O rose d'or ! Face de lion ! Face de miel ! Prosternée ! prosternée ! le front à terre devant Celui que je sens !

ALVARO. — Non, monte plus haut ! monte plus 40 vite ! Bois et sois bue ! Monte encore !

MARIANA. — Je bois et je suis bue, et je sais que tout est bien.

ALVARO. — Tout est bien ! Tout est bien !

MARIANA. — Je sais qu'une seule chose est néces- 45 saire, et qu'elle est celle que tu disais...

ALVARO *et* MARIANA, *ensemble*. — Unum, Domine !

Henry de MONTHERLANT, *Le Maître de Santiago*,
Acte III, scène 5 (1947)
© éd. Gallimard

Le Greco,
*Portrait
d'un
gentilhomme
castillan.*
Madrid,
Musée du
Prado.

POUR LE COMMENTAIRE _____

Dans quelle mesure le morcellement de la phrase, réduite progressivement à sa plus simple expression, traduit-il l'ineffable ?

Jean Anouilh *L'Alouette* (1953)

L'Alouette,
mise en scène
de Jean Anouilh
en 1953.

« *Je ne veux pas que les choses s'arrangent...* »

***

A la fin de *L'Alouette*, Jeanne d'Arc, qui a revécu lors de son procès son extraordinaire aventure, est tentée de se renier lorsqu'elle s'aperçoit brusquement, à l'instar d'Antigone, « qu'elle ne veut pas faire une fin » et que seule lui importe la fidélité à soi-même, fût-ce au prix de sa vie.

JEANNE, murmure.

Mais je ne veux pas que les choses s'arrangent... Je ne veux pas le vivre, votre temps...

Elle se relève comme une somnambule regardant on ne sait quoi, au loin.

5 Vous voyez Jeanne ayant vécu, les choses s'étant arrangées... Jeanne délivrée, peut-être, végétant à la Cour de France d'une petite pension ?

WARWICK, agacé.

Mais je vous dis que dans six mois il n'y aura plus de Cour de France !

JEANNE, qui rit presque, douloureusement.

10 Jeanne acceptant tout, Jeanne avec un ventre, Jeanne devenue gourmande... Vous voyez Jeanne fardée, en hennin, empêtrée dans ses robes, s'occupant de son petit chien ou avec un homme à ses trousses, qui sait, Jeanne mariée ?

WARWICK

Pourquoi pas ? Il faut toujours faire une fin. Je vais moi-même me marier.

15 JEANNE, crie soudain d'une autre voix.

Mais je ne veux pas faire une fin ! Et en tout cas, pas celle-là. Pas une fin heureuse, pas une fin qui n'en finit plus...

Elle se dresse et appelle.

Messire saint Michel ! Sainte Marguerite ! Sainte Catherine ! vous avez beau
20 être muets, maintenant, je ne suis née que du jour où vous m'avez parlé. Je n'ai vécu que du jour où j'ai fait ce que vous m'avez dit de faire, à cheval, une épée dans la main ! C'est celle-là, ce n'est que celle-là, Jeanne ! Pas l'autre, qui va bouffir, blêmir et radoter dans son couvent — ou bien trouver son petit confort — délivrée... Pas l'autre qui va s'habituer à vivre... Vous vous taisiez, mon Dieu,
25 et tous ces prêtres parlaient en même temps, embrouillant tout avec leurs mots. Mais quand vous vous taisiez, vous me l'avez fait dire au début par Monseigneur saint Michel, c'est quand vous nous faites le plus confiance. C'est quand vous nous laissez assumer tout seuls.

Elle se redresse soudain grandie.

30 Hé bien, j'assume, mon Dieu ! Je prends sur moi ! Je vous rends Jeanne !
Pareille à elle et pour toujours ! Appelle tes soldats, Warwick, appelle tes soldats,
je te dis, vite ! Je renonce à l'abjuration, je renonce à l'habit de femme, ils vont
pouvoir l'utiliser leur bûcher, ils vont enfin l'avoir leur fête !

WARWICK, *ennuyé.*

35 Pas de folies, je vous en prie. Je suis très satisfait comme cela, je vous l'ai dit.
Et puis d'abord, j'ai horreur des supplices. Je ne pourrais pas vous voir mourir.

JEANNE

Il faudra avoir du courage, petit gars, j'en aurai bien, moi.

Jean ANOUILH, *L'Alouette* (1953)
© éd. de La Table Ronde

ÉTUDE COMPARÉE

Comparez cette page de *L'Alouette* à la confrontation
d'Antigone et de Créon (voir p. 451). Montrez que la vie est
toujours associée à l'image de la déchéance et de l'avilissement.

La langue familière et parfois triviale d'ANOUILH est-elle
une concession à la facilité ?

Armand Salacrou *L'Archipel Lenoir* (1947)

L'Archipel Lenoir,
mise en scène
de Charles Dullin
en 1947.

*** *L'Archipel Lenoir*

Dans *L'Archipel Lenoir*, Salacrou dénonce la corruption de la société bourgeoise en la tournant en dérision. Le protagoniste,
Paul-Albert Lenoir, propriétaire d'une fabrique de liqueur, est accusé d'avoir séduit une jeune ouvrière. La famille Lenoir
décide de prévenir la justice en le jugeant et en le condamnant à mort, mais le patriarche échappe à la mort et la pièce s'achève
sur un final grotesque et dérisoire.

« *Je suis M. Paul-Albert Lenoir* »

LE GRAND-PÈRE. — Non et non ! Rien ne me fera oublier que je suis
M. Paul-Albert Lenoir.

Il est suivi de sa fille, Marie-Thérèse.

MARIE-THÉRÈSE. — Papa, je t'en prie ! Mes nerfs vont craquer !

5 ADOLPHE, *sec, à son beau-père.* — Prenez place dans votre fauteuil et attendez.

LE GRAND-PÈRE. — Attendre quoi, mon gendre ?

Adolphe est entré, suivi de sa sœur, la comtesse Hortense Cazette.

HORTENSE. — Adolphe ! Adolphe ! Toi, tu vas me comprendre : j'en ai les jambes coupées !

10 ADOLPHE. — Ma chère sœur, puisque vous êtes appelée à siéger dans ce conseil de famille...

Il l'entraîne vers Marie-Thérèse.

MARIE-THÉRÈSE. — Et un soir pareil ! Au moment précis où arrive Paulette que nous refusions de recevoir depuis trente ans ! Nous avions enfin passé l'éponge 15 puisque, par son mariage, elle devenait princesse Boresku. Elle épousait un prince...

HORTENSE. — Et t'attendais-tu à le voir si bel homme ?

MARIE-THÉRÈSE. — Je n'ai pas fait attention, mais sa vie privée ne nous regardait plus. Et il faut que cette femme perdue, lorsqu'elle revient pour la 20 première fois dans notre maison, tombe sur un policier qui venait arrêter papa ! Papa ! !

HORTENSE. — Je suis catastrophée !

Entre la princesse.

LA PRINCESSE, *à Adolphe, avec un terrible accent roumain.* — Eh bien ! Eh 25 bien, mon cher... *(Adolphe la conduit vers les deux femmes déjà assises à droite.)* Si ce n'est pas un rêve, ou une erreur, il y a encore de la turbulence chez ce vieillard.

HORTENSE. — Princesse ! Et tous ces ennuis devant votre mari !

LA PRINCESSE. — Le prince ? Mais il est aux anges !

30 HORTENSE, *ahurie.* — Aux anges ?

LA PRINCESSE. — Il adore tout ce qui est distraction !

Entrent Marie-Blanche et le vicomte ; ils passent, muets, puis :

MARIE-BLANCHE. — Je veux que l'on sache qu'à mes yeux, le vicomte Cazette est dégagé de toute promesse.

35 LE GRAND-PÈRE. — Mais je vous interdis de rompre vos fiançailles. Je tiens, moi, à ce mariage parfaitement combiné. Je l'ai voulu, il se fera.

ADOLPHE. — Beau-père, avez-vous une idée très claire de la situation ?

LE GRAND-PÈRE, *comme si c'était la faute à la situation.* — Oh ! entièrement d'accord : je suis dans une situation ridicule !

40 *Entrent le prince et Victor.*

LE PRINCE, *aucun accent.* — Ainsi cette tuile vous tombe sur la tête de façon inopinée ?

VICTOR. — Tout à fait inopinée !

ADOLPHE, *solennel, ce qui immobilise d'abord les autres membres du conseil.* 45 — Je n'essaie pas même de nous excuser. Nous ne sommes plus sur le terrain des relations mondaines ; je veux néanmoins remercier le prince Boresku de son intervention. Sans lui, notre père serait déjà parti pour la prison de Pont-l'Évêque, avec des menottes aux poignets.

LE GRAND-PÈRE. — Vous êtes complètement fou, Adolphe. Je ne me serais 50 jamais laissé faire.

LE PRINCE. — Mon intervention presque involontaire ne vous donne, hélas ! qu'un répit fort court. L'inspecteur consent à passer la nuit sous votre toit, mais, au soleil levant, il exécutera sa mission qu'il n'a pas à interpréter.

LA PRINCESSE. — Vous pouvez lui demander ce que vous voulez, Bobo ! *(A Hortense.)* Si vous saviez comme les policiers sont snobs !

Armand SALACROU, *L'Archipel Lenoir* (1947)
© éd. Gallimard

Pour vos essais et vos exposés

Jean-Luc DEJEAN : *Le Théâtre français depuis 1945*, éd. Nathan, 1987.

André Roussin *Lorsque l'enfant paraît* (1951)

André Roussin (1911-1987), né à Marseille, fit ses débuts comme comédien dans la Compagnie du Rideau Gris avec Louis Ducreux. Également metteur en scène, auteur, traduit en toutes langues et joué dans le monde entier, il se fit connaître du grand public en 1947 avec son premier grand succès *La Petite Hutte*. Auteur d'une trentaine de pièces dont *Les Œufs de l'autruche* (1948), *Nina* (1949), *Bobosse* (1950), *Lorsque l'enfant paraît* (1951), *La Mamma* (1957), *La Voyante* (1963), *La Locomotive* (1966), il fut élu à l'Académie française en 1973. L'art de Roussin fut de traiter avec humour et gaieté des choses assez sérieuses, se révélant un observateur aigu des mœurs de notre temps.

« Je suis victime... »

Dans Lorsque l'enfant paraît, **André Roussin** *exploite le désarroi que provoque une grossesse inopinée et ceci avec une gaieté presque constante.*

ACTE I

En scène au lever du rideau, Mme Jacquet et sa fille.

Mme Jacquet Olympe est effondrée sur un canapé. Annie dans un fauteuil est presque dos au public, la tête dans une main.

OLYMPE. — Ma pauvre petite ! Quelle nouvelle ! Jamais je ne me serais attendue à un coup pareil ! Un enfant ! Quand ton père va apprendre ça ! Et comment le lui apprendre ! *(Un geste de va-tout*
5 *d'Annie.)* Enfin, te rends-tu compte ? C'est une catastrophe, ma petite ! Tu as l'air de prendre ça légèrement !

ANNIE. — Mais maman, tu me parles exactement comme si j'étais la coupable ! Ce n'est pas moi qui
10 suis enceinte — c'est toi !

OLYMPE. — Je le sais bien que c'est moi... Tu n'as pas besoin de mettre les points sur les i ! Et d'abord, je te prie de surveiller tes expressions. Je ne suis pas « coupable » parce que j'attends un enfant.

15 ANNIE. — Mettons que tu es responsable.

OLYMPE. — Et encore ! Non, je ne suis pas responsable !

ANNIE. — Ah ! Tu es quelque chose tout de même !

20 OLYMPE. — Je suis victime. Voilà ce que je suis.

ANNIE. — Le responsable, c'est papa !

OLYMPE. — Eh bien, dis donc ! Je ne te permettrai pas d'en douter par exemple !

ANNIE. — Je n'en doute pas.

25 OLYMPE. — Oui ! Tu me demandes si c'est ton père le responsable ?

ANNIE. — Je ne te le demande pas. Je te le dis. Je te le dis en te demandant si tu approuves qu'il soit le seul responsable.

30 OLYMPE. — Évidemment, j'approuve. Qui veux-tu d'autre ?

ANNIE. — Eh bien ! voilà. Papa est responsable et toi tu es victime. Et si c'était moi qui me trouvais enceinte, je serais coupable. Le tout est de se mettre
35 d'accord sur un vocabulaire, tu vois, comme ça on ne se dispute jamais.

OLYMPE. — Je ne comprends rien à ce que tu me racontes. Pourquoi me parles-tu d'être enceinte ? Tu es fiancée, tu n'as pas de raison d'être enceinte que
40 je sache !

ANNIE. — Espérons-le !

OLYMPE. — Comment : espérons-le ? Tu as des plaisanteries de très mauvais goût, Annie. C'est très joli de pouvoir parler de tout entre mère et fille, mais
45 il y a des limites.

ANNIE. — Ma pauvre maman, tu es sublime.

OLYMPE. — Quoi ?

ANNIE. — Je dis : tu es sublime !

OLYMPE. — Qu'est-ce que j'ai ?

50 ANNIE. — Rien. Tout cela est un bavardage inutile. Ce qui n'est pas inutile, c'est d'envisager cette nouvelle ahurissante. Tu en es bien sûre, d'abord ?

OLYMPE. — Moi je ne voulais pas le croire ! Tellement peu, qu'en sortant de chez Moiturier, j'ai bondi
55 chez Parocel. Deux avis valent mieux qu'un dans ces cas-là, tu sais ! Je me suis fait annoncer, j'ai passé entre deux consultations. J'ai dit à Parocel : « Docteur, j'ai des doutes sérieux ». Il m'a examinée et m'a répondu le plus calmement du monde : « Madame,
60 n'en ayez plus » — « Oui ? » — « Oui, madame ». Et ils ont l'air content quand ils vous annoncent ça !

André ROUSSIN, *Lorsque l'enfant paraît* (1951)
© éd. Librairie Théâtrale

SARTRE ET L'EXISTENTIALISME

SARTRE, SIMONE DE BEAUVOIR

« J'ai commencé ma vie comme je la finirai sans doute : au milieu des livres. »
Jean-Paul Sartre,
Les Mots

Gérard Fromanger, « *Jean-Paul* ». *Portrait de Jean-Paul Sartre*, 1976.
Série « Splendeurs II ». Paris, coll. particulière.

Jean-Paul Sartre (1905-1980)

1936	L'Imagination (essai)
1938	La Nausée (roman)
1939	Le Mur (nouvelles) Esquisse d'une théorie des émotions (essai)
1940	L'Imaginaire (essai)
1943	Les Mouches (théâtre) L'Être et le Néant (essai)
1944	Huis clos (théâtre)
1945	L'Âge de raison ; Le Sursis (romans)
1946	Morts sans sépulture (théâtre) La Putain respectueuse (théâtre) Réflexions sur la question juive (essai) L'Existentialisme est un humanisme (essai)
1947-1976	Situations I à X
1948	Les Mains sales (théâtre) Qu'est-ce que la littérature ? (essai)
1949	La Mort dans l'âme (roman)
1951	Le Diable et le Bon Dieu (théâtre)
1952	Saint Genet, comédien et martyr (essai)
1953	Kean (théâtre)
1955	Nekrassov (théâtre)
1959	Les Séquestrés d'Altona (théâtre)
1960	Critique de la raison dialectique (essai)
1964	Les Mots (autobiographie)
1971-1972	L'Idiot de la famille, I à III (essai)

Les premiers essais philosophiques

Jean-Paul Sartre a laissé dans *Les Mots* (1964) une autobiographie où il raconte comment, orphelin d'un père officier de marine, il a été élevé par une mère effacée et un grand-père cabotin. Très tôt, il se réfugie dans les livres à la recherche d'une réalité balayant les contradictions de son milieu familial.

Né dans la grande bourgeoisie, ce petit cousin d'Albert Schweitzer fait ses études au lycée de La Rochelle, puis à Paris, au lycée Louis-le-Grand. En 1924, il entre à l'École Normale Supérieure. Reçu premier à l'agrégation de philosophie, il enseigne ensuite au Havre, à Laon, à Neuilly et, en 1933 et 1934, à l'Institut français de Berlin. Il suit dans cette ville les cours de Husserl.

Fait prisonnier pendant la guerre, il est rapatrié en 1941. Il regagne Paris et retrouve son poste au lycée Pasteur de Neuilly. A la Libération, il quittera l'enseignement pour se consacrer à la littérature.

A cette époque ont été publiés déjà de nombreux ouvrages, notamment de philosophie : *L'Imagination*, 1936 ; *L'Imaginaire*, 1940 ; *Esquisse d'une théorie des émotions*, 1939 ; *L'Être et le Néant*, 1943.

Dix ans de roman

Mais c'est surtout grâce à ses romans et à ses pièces de théâtre que Sartre s'est imposé au cours des mêmes années. Son premier roman, *La Nausée* (1938), met en scène une sorte de double, Antoine Roquentin, qui rédige un « journal » métaphysique où domine l'angoisse d'exister. Les nouvelles du *Mur* (1939) marquent un pas de plus vers le désespoir.

Dans ces récits, l'autobiographie est souvent présente sous une forme plus ou moins voilée. Le cas devient flagrant dans *Les Chemins de la liberté*, cycle romanesque dont trois volumes — sur quatre annoncés — paraissent de 1945 à 1949 : *L'Âge de raison*, *Le Sursis*, *La Mort dans l'âme*.

L'œuvre théâtrale

Les thèmes de réflexion du philosophe se retrouvent dans les pièces écrites sous l'occupation : *Les Mouches* (1943), qui pose le problème de la responsabilité, ou *Huis clos* (1944), une forte parabole sur le rapport à autrui. Les lignes de force des pièces ultérieures sont données dès ces premières œuvres. Le racisme sert de motif à *La Putain respectueuse* (1946) ; la résistance et la collaboration à *Morts sans sépulture* (1946) ; les déviations révolutionnaires aux *Mains sales* (1948) ; l'anticommunisme primaire et ses suppôts à *Nekrassov* (1955). Une grande tragi-comédie domine la production des années 50 : *Le Diable et le Bon Dieu* (1951).

Sartre critique et militant

Parallèlement à l'œuvre littéraire s'élabore une importante œuvre critique qui porte sur des écrivains et leur situation en leur temps : Baudelaire (*Baudelaire*, 1947 dans *Situations I*), Jean Genet (*Saint Genet, comédien et martyr*, 1952) ou Flaubert (*L'Idiot de la famille*, 1971-1972).

Situations, recueil d'articles dont la première livraison date de 1947, comporte également des textes essentiels comme *Qu'est-ce que la littérature ?* (1948), où s'affirme le thème de l'engagement.

A partir de *La Critique de la raison dialectique* (1960), Sartre aménage les relations de l'existentialisme et du matérialisme dialectique. Toutefois, il refuse d'abolir la dimension humaine du déterminisme historique.

Devenu sceptique envers la littérature, témoin attentif des critiques portées contre l'existentialisme et ses thèmes subjectivistes, il consacre l'essentiel de ses dernières années à l'action militante. Il dirige des quotidiens ou des périodiques d'extrême gauche, comme *La Cause du peuple* ou *Libération*. Il se veut le soutien de tous les mouvements contestant l'autorité sociale, tout en récusant toute alliance avec les communistes, ses adversaires idéologiques les plus combatifs depuis sa rupture avec eux en 1956. Frappé de semi-cécité en 1974, Sartre ralentit ses activités. Il participe encore à des actions en faveur des droits de l'homme dans le monde et meurt au printemps de 1980.

L'existentialisme

1. Un mouvement littéraire d'origine philosophique

L'existentialisme est d'abord une philosophie dérivée de la phénoménologie, qui refuse de se laisser enfermer dans la tradition de cette discipline et qui réclame le droit de s'installer au cœur du quotidien. Pour les existentialistes, l'homme a à construire sa manière d'exister, car l'essence de l'homme se constitue dans l'existence : *l'existence précède l'essence.*

L'homme existentialiste s'édifie **dans sa relation avec le monde extérieur**, se réfère à son expérience vécue, qu'il se situe dans une perspective athée comme **Jean-Paul Sartre** ou dans une perspective chrétienne comme Gabriel Marcel.

La littérature offre à la pensée existentialiste une voie royale pour restituer à l'existence humaine son épaisseur, pour explorer l'angoisse des individus confrontés à la présence de l'absurde, qui se confond avec le rapport de l'homme à l'être. L'expérience de la guerre et de la Résistance, le climat moral de l'occupation composent un terrain particulièrement favorable à cette prise de conscience et à son expression romanesque ou théâtrale. En effet, rien de plus absurde, concrètement, que cette situation historique dénuée de tout sens.

Si la littérature existentialiste brille en ces années noires et à la Libération, elle ne disparaît ensuite que pour laisser place à des mouvements largement irrigués de ses leçons : le Nouveau Roman et le théâtre de l'absurde (Adamov, Gatti, Ionesco, Beckett) auront bien du mal à occulter leur dette (voir pp. 583 à 660).

2. Sartre et Camus : deux frères ennemis

Malgré les différences considérables qui les séparent et les opposent, la tradition aime associer les figures d'Albert Camus et de Jean-Paul Sartre. L'étiquette « existentialiste » convient relativement bien au second, mal au premier. Ce qui réunit les deux hommes est d'ordre historique : ils représentent en 1945 la « modernité » dans les milieux intellectuels. Aussi, lorsqu'on utilise ce terme, fait-on davantage **référence à un climat politique et littéraire qu'à une école proprement dite** : cette dernière n'a effectivement jamais existé.

Par ailleurs, la culture philosophique de Sartre et celle de Camus ne sont pas de même nature. Sartre — qui a étudié très tôt Heidegger — est un philosophe professionnel, Camus non. L'auteur de *La Nausée* (1938) produit d'ailleurs des textes importants, comme *L'Être et le Néant* (1943), qui se veulent strictement philosophiques, alors que Camus, quand il rassemble dans *Le Mythe de Sisyphe* (1942) ses réflexions à la lumière de Kierkegaard, Jaspers, Husserl, propose un essai plus moral que philosophique, une vision du monde et non une doctrine (voir p. 286).

La période existentialiste forme pourtant, quoi qu'il en soit de ces différences, **un moment privilégié pour les relations entre littérature et philosophie**. Dans les œuvres qui, de près ou de loin, s'y rattachent, la littérature s'ouvre à des interrogations dernières qu'elle a rarement posées avec une telle acuité : *La Nausée* est un vrai journal métaphysique ; *L'Étranger* (1942) une exploration de l'angoisse humaine ; *L'Invitée* (1943) de **Simone de Beauvoir**, une réflexion sur le rapport à autrui.

La réflexion critique accompagne toujours la pratique de l'écriture : *Qu'est-ce que la littérature ?* (1948) demande avec insistance Sartre. En quoi est-ce pour qui s'y livre une forme d'engagement ? Et quel sens donner au travail du langage ? A celui de l'imaginaire ?

Jacques-Laurent Bost, Jean Cau, Jean Genet, Sartre et une amie au bar du Pont-Royal.

3. Un mouvement sans descendance

Au lendemain de la rupture de Sartre et Camus, en 1952, suite à l'affaire de *L'Homme révolté*, l'unité factice de l'existentialisme disparaît ; d'un côté la pensée se radicalise, la politique l'emporte sur la littérature, la révolution renaît de ses cendres ; de l'autre s'affirme un humanisme vitaliste et scolaire.

Les Temps modernes, revue née en 1945, réunit certes des compagnons de route de Sartre et de Simone de Beauvoir, mais n'a pas d'ambition doctrinale. Quoi de commun entre Michel Leiris, Boris Vian, Bernard Pingaud ou Francis Jeanson ?

De très nombreuses et rudes polémiques ont marqué la vie de Sartre et celle de la revue. Ces débats eurent le grand avantage de solliciter l'opinion publique, qui s'intéressa ainsi successivement à la confrontation avec Gabriel Marcel reprochant à l'existentialisme athée de détruire toutes les valeurs morales ; à la querelle avec les marxistes désignant en Sartre un partisan d'une troisième voie entre idéalisme et matérialisme dialectique, puis le héraut de la résistance antisoviétique en Tchécoslovaquie, en Hongrie et en Pologne ; aux violents échanges avec les partisans de la colonisation en Indochine ou en Algérie.

A partir de 1958, Sartre lui-même classe l'existentialisme parmi les « idéologies » qui ont tenté de réactiver le marxisme et en annonce, sans grand regret, le dépassement historique. L'heure des sciences humaines et du structuralisme a sonné.

1. Sartre philosophe

1. Une métaphysique de la liberté

Le philosophe traduit, sous le terme de *nausée*, une expérience fondamentale. D'un côté, il y a les choses enfermées dans leur contingence, dans leur « en-soi » ; de l'autre la conscience, qui se déploie en toute liberté, authentique « pour-soi ». En d'autres termes, l'en-soi des choses est clos sur lui-même, sans relation avec l'extérieur ; le pour-soi est la façon d'être du sujet humain toujours en devenir.

Que va faire l'homme de sa liberté ?

Certes, cette liberté est limitée par des conditions et facteurs antérieurs à l'acte libre, mais l'homme se définit par le projet de donner tel ou tel sens à la situation où il est engagé. **Par les choix qu'il effectue, l'homme se situe et s'invente**. Les choses sont prisonnières de leur essence, l'homme produit son essence en existant.

La liberté de l'homme se heurte toutefois à la liberté d'autrui, à la présence de l'autre également pourvu de conscience. Or l'autre aura toujours tendance à me considérer comme une chose, à me ravaler au rang de l'en-soi. Son but est de me « néantiser ». D'où l'échec permanent de la communication. « L'Enfer, c'est les autres » *(Huis clos)*.

2. La morale de l'engagement

Comment vivre cette présence aliénante de l'autre ? Certains acceptent de se laisser réifier, aliéner par le regard d'autrui, d'exister et d'être ce que l'on pense d'eux. Tel est le refuge dans un rôle social (voir p. 480 le fameux exemple du garçon de café). Certains tentent de réduire les autres à l'état d'objet en limitant leur liberté : ce sont les « salauds ».

Il ressort de cette description l'idée que **seule une morale adaptée permettra à l'homme d'accomplir sa liberté sans aliéner celle d'autrui**. Il faut être conscient que tout choix personnel implique des retombées dont l'entourage sera le bénéficiaire ou la victime. Être responsable, cela signifie être conscient qu'en se choisissant, on choisit aussi pour les autres. D'où l'importance du thème de l'engagement — tant littéraire que politique. Il n'est pas un acte qu'on accomplisse qui n'engage l'humanité.

La question politique deviendra au cours des années l'axe majeur des préoccupations sartriennes, car en ce lieu peut s'éprouver au mieux l'idée que l'action humaine en situation est apte à faire reculer le « pratico-inerte », à encourager les conquêtes de la liberté, à accroître la part de la conscience.

L'Existentialisme est un humanisme (1946)

*Cet essai développe les idées fondamentales de **Jean-Paul Sartre** sous une forme très accessible. Cet ouvrage, paru peu de temps après la Libération, vise à répondre notamment aux critiques qui accusent le philosophe de précipiter une jeunesse dans le désespoir et l'angoisse. Sartre répond que l'existentialisme constitue un humanisme, dans la mesure où **la liberté totale qu'il réclame pour l'homme oblige celui-ci à se prendre en charge complètement**, à inventer sa vie et à approuver les valeurs dont il se réclame, à travers les actes qu'il commet.*

L'existentialisme athée

L'existentialisme athée, que je représente, déclare que si Dieu n'existe pas, il y a au moins un être chez qui l'existence précède l'essence, un être qui existe avant de pouvoir être défini par aucun concept
5 et que cet être c'est l'homme ou, comme dit Heidegger, la réalité humaine. Qu'est-ce que signifie ici que l'existence précède l'essence ? Cela signifie que l'homme existe d'abord, se rencontre, surgit dans le monde, et qu'il se définit après. L'homme, tel que
10 le conçoit l'existentialiste, s'il n'est pas définissable, c'est qu'il n'est d'abord rien. Il ne sera qu'ensuite, et il sera tel qu'il se sera fait. Ainsi, il n'y a pas de nature humaine, puisqu'il n'y a pas de Dieu pour la concevoir. L'homme est seulement, non seulement
15 tel qu'il se conçoit, mais tel qu'il se veut, et comme il se conçoit après l'existence, comme il se veut après cet élan vers l'existence ; l'homme n'est rien d'autre que ce qu'il se fait. Tel est le premier principe de l'existentialisme. C'est aussi ce qu'on appelle la
20 subjectivité, et que l'on nous reproche sous ce nom même. Mais que voulons-nous dire par là, sinon que l'homme a une plus grande dignité que la pierre ou que la table ? Car nous voulons dire que l'homme existe d'abord, c'est-à-dire que l'homme est d'abord
25 ce qui se jette vers un avenir, et ce qui est conscient de se projeter dans l'avenir. L'homme est d'abord un projet qui se vit subjectivement, au lieu d'être une mousse, une pourriture ou un chou-fleur ; rien n'existe préalablement à ce projet ; rien n'est au ciel
30 intelligible, et l'homme sera d'abord ce qu'il aura

projeté d'être. Non pas ce qu'il voudra être. Car ce que nous entendons ordinairement par vouloir, c'est une décision consciente, et qui est pour la plupart d'entre nous postérieure à ce qu'il s'est fait lui-même. Je peux vouloir adhérer à un parti, écrire un livre, me marier, tout cela n'est qu'une manifestation d'un choix plus originel, plus spontané que ce qu'on appelle volonté. Mais si vraiment l'existence précède l'essence, l'homme est responsable de ce qu'il est. Ainsi, la première démarche de l'existentialisme est de mettre tout homme en possession de ce qu'il est et de faire reposer sur lui la responsabilité totale de son existence. Et, quand nous disons que l'homme est responsable de lui-même, nous ne voulons pas dire que l'homme est responsable de sa stricte individualité, mais qu'il est responsable de tous les hommes. Il y a deux sens du mot subjectivisme, et nos adversaires jouent sur ces deux sens. Subjectivisme veut dire d'une part choix du sujet individuel par lui-même, et, d'autre part, impossibilité pour l'homme de dépasser la subjectivité humaine. C'est le second sens qui est le sens profond de l'existentialisme. Quand nous disons que l'homme se choisit, nous entendons que chacun d'entre nous se choisit, mais par là nous voulons dire aussi qu'en se choisissant il choisit tous les hommes. En effet, il n'est pas un de nos actes qui, en créant l'homme que nous voulons être, ne crée en même temps une image de l'homme tel que nous estimons qu'il doit être. Choisir d'être ceci ou cela,

c'est affirmer en même temps la valeur de ce que nous choisissons, car nous ne pouvons jamais choisir le mal ; ce que nous choisissons, c'est toujours le bien, et rien ne peut être bon pour nous sans
65 l'être pour tous. Si l'existence, d'autre part, précède l'essence et que nous voulions exister en même temps que nous façonnons notre image, cette image est valable pour tous et pour notre époque tout entière. Ainsi, notre responsabilité est beaucoup
70 plus grande que nous ne pourrions le supposer, car elle engage l'humanité entière. Si je suis ouvrier, et si je choisis d'adhérer à un syndicat chrétien plutôt que d'être communiste, si, par cette adhésion, je veux indiquer que la résignation est au fond la
75 solution qui convient à l'homme, que le royaume de l'homme n'est pas sur la terre, je n'engage pas seulement mon cas : je veux être résigné pour tous, par conséquent ma démarche a engagé l'humanité tout entière. Et si je veux, fait plus individuel, me
80 marier, avoir des enfants, même si ce mariage dépend uniquement de ma situation, ou de ma passion, ou de mon désir, par là j'engage non seulement moi-même, mais l'humanité tout entière sur la voie de la monogamie. Ainsi je suis respon-
85 sable pour moi-même et pour tous, et je crée une certaine image de l'homme que je choisis ; en me choisissant, je choisis l'homme.

Jean-Paul Sartre, *L'Existentialisme est un humanisme* (1946), © éd. Nagel

LECTURE MÉTHODIQUE

1. Quelle relation Sartre introduit-il entre **exister** et **être** ?

2. La dignité de l'homme. En quoi consiste-t-elle ?

3. Quels sont les deux aspects de **la responsabilité** de l'homme ?

4. Commentez la notion d'**image**, telle qu'elle apparaît à la fin du texte.

L'homme est liberté

Jean-Paul Sartre.
Photo de Gisèle Freund.

Si, d'autre part, Dieu n'existe pas, nous ne trouvons pas en face de nous des valeurs ou des ordres qui légitimeront notre conduite. Ainsi, nous n'avons ni derrière nous, ni devant nous, dans le domaine lumineux des valeurs, des justifications ou des excuses. Nous sommes seuls, sans excuses. C'est ce que
5 j'exprimerai en disant que l'homme est condamné à être libre. Condamné, parce qu'il ne s'est pas créé lui-même, et par ailleurs cependant libre, parce qu'une fois jeté dans le monde, il est responsable de tout ce qu'il fait. L'existentialiste ne croit pas à la puissance de la passion. Il ne pensera jamais qu'une belle passion est un torrent dévastateur qui conduit fatalement l'homme à certains actes, et qui,
10 par conséquent, est une excuse. Il pense que l'homme est responsable de sa passion. L'existentialiste ne pensera pas non plus que l'homme peut trouver un secours dans un signe donné, sur terre, qui l'orientera ; car il pense que l'homme déchiffre lui-même le signe comme il lui plaît. Il pense donc que l'homme, sans aucun appui et sans aucun secours, est condamné à chaque instant à inventer
15 l'homme.

Jean-Paul Sartre, *L'Existentialisme est un humanisme*
© éd. Nagel

L'Être et le Néant (1943)

L'Être et le Néant *est la somme philosophique que* **Sartre** *rédige au terme de son évolution, qui l'a conduit successivement chez Husserl, puis chez Heidegger. Toutefois sa pensée diffère sensiblement de celle de ses deux maîtres. Heidegger a d'ailleurs reconnu explicitement que l'existentialisme sartrien n'avait pas grand-chose de commun avec l'ontique et la philosophie de l'être. Pour Sartre, l'homme n'est pas en effet « l'être pour la mort », car il se montre aussi incapable de penser sa propre mort que de penser Dieu. Toute pensée se développe dans le temps. Toute conscience est conscience de quelque chose.*

Dans cette perspective, **exister, c'est se projeter vers l'avenir et poser des valeurs***. La mauvaise foi consiste à fuir la liberté en imaginant qu'il existe dans le monde des valeurs en soi auxquelles il faut obéir aveuglément. Les hommes de mauvaise foi éludent leur responsabilité. Ils feignent d'oublier que l'homme est « condamné à être libre ». Ils se composent des personnages, tel ce garçon de café dont le comportement symbolise l'aliénation volontaire.*

« Mais à quoi donc joue-t-il ? »

Il faut nous *faire être* ce que nous sommes. Mais que *sommes-nous donc* si nous avons l'obligation constante de nous faire être ce que nous sommes, si nous sommes sur le mode d'être du devoir être ce que nous sommes ? Considérons ce garçon de café. Il a le geste vif et appuyé, un peu trop précis, un peu trop
5 rapide, il vient vers les consommateurs d'un pas un peu trop vif, il s'incline avec un peu trop d'empressement, sa voix, ses yeux expriment un intérêt un peu trop plein de sollicitude pour la commande du client, enfin le voilà qui revient, en essayant d'imiter dans sa démarche la rigueur inflexible d'on ne sait quel automate, tout en portant son plateau avec une sorte de témérité de funambule,
10 en le mettant dans un équilibre perpétuellement instable et perpétuellement rompu, qu'il rétablit perpétuellement d'un mouvement léger du bras et de la main. Toute sa conduite nous semble un jeu. Il s'applique à enchaîner ses mouvements comme s'ils étaient des mécanismes se commandant les uns les autres, sa mimique et sa voix même semblent des mécanismes ; il se donne la
15 prestesse et la rapidité impitoyable des choses. Il joue, il s'amuse. Mais à quoi donc joue-t-il ? Il ne faut pas l'observer longtemps pour s'en rendre compte : il joue à *être* garçon de café. Il n'y a rien là qui puisse nous surprendre : le jeu est une sorte de repérage et d'investigation. L'enfant joue avec son corps pour l'explorer, pour en dresser l'inventaire ; le garçon de café joue avec sa condition
20 pour la *réaliser*. Cette obligation ne diffère pas de celle qui s'impose à tous les commerçants ; leur condition est toute de cérémonie, le public réclame d'eux qu'ils la réalisent comme une cérémonie, il y a la danse de l'épicier, du tailleur, du commissaire-priseur, par quoi ils s'efforcent de persuader à leur clientèle qu'ils ne sont rien autre qu'un épicier, qu'un commissaire-priseur, qu'un tailleur.
25 Un épicier qui rêve est offensant pour l'acheteur, parce qu'il n'est plus tout à fait un épicier. La politesse exige qu'il se contienne dans sa fonction d'épicier, comme le soldat au garde-à-vous se fait chose-soldat avec un regard direct mais qui ne voit point, qui n'est plus fait pour voir, puisque c'est le règlement et non l'intérêt du moment qui détermine le point qu'il doit fixer (le regard « fixé à dix
30 pas »). Voilà bien des précautions pour emprisonner l'homme dans ce qu'il est. Comme si nous vivions dans la crainte perpétuelle qu'il n'y échappe, qu'il n'y déborde et n'élude tout à coup sa condition. Mais c'est que, parallèlement, du dedans le garçon de café ne peut être immédiatement garçon de café, au sens où cet encrier *est* encrier, où le verre est verre. Ce n'est point qu'il ne puisse
35 former des jugements réflexifs ou des concepts sur sa condition. Il sait bien ce qu'elle « signifie » : l'obligation de se lever à cinq heures, de balayer le sol du débit avant l'ouverture des salles, de mettre le percolateur en train, etc. Il connaît les droits qu'elle comporte : le droit au pourboire, les droits syndicaux, etc. Mais tous ces concepts, tous ces jugements renvoient au transcendant. Il s'agit de possibili-
40 tés abstraites, de droits et de devoirs conférés à un « sujet de droit ». Et c'est précisément ce sujet que *j'ai à être* et que je ne suis point.

Jean-Paul SARTRE, L'Être et le Néant (1943)
© éd. Gallimard

Dessin de Maurice Henry.

Critique de la raison dialectique (1960)

Cet essai marque une avancée notable de la réflexion de **Sartre** *dans le domaine politique. Préoccupé par les rapports à établir entre l'existentialisme et le marxisme vivant, Sartre s'interroge sur* **les conditions historiques de l'aliénation**. *Il situe l'inertie de l'histoire non pas au seul niveau du passé, mais à celui de la praxis et de la co-présence des autres.*

Il estime en outre que si l'on veut que l'aliénation d'une époque donnée devienne surmontable pour ceux qui la subissent, il faut encore que la masse prenne conscience de son rôle dans le double mouvement de sa soumission et de sa libération.

L'homme subit et fait l'histoire

Si l'on veut donner toute sa complexité à la pensée marxiste il faudrait dire que l'homme, en période d'exploitation, est *à la fois* le produit de son propre produit et un agent historique qui ne peut en aucun cas passer pour un produit. Cette contradiction n'est pas figée, il faut la saisir dans le mouvement même de la *praxis* ; alors, elle éclairera la phrase d'Engels : les hommes font leur histoire sur la base de conditions réelles antérieures (au nombre desquelles il faut compter les caractères acquis, les déformations imposées par le mode de travail et de vie, l'aliénation, etc.), mais ce sont *eux* qui la font et non les conditions antérieures : autrement ils seraient les simples véhicules de forces inhumaines qui régiraient à travers eux le monde social. Certes, ces conditions existent et ce sont elles, elles seules, qui peuvent fournir une direction et une réalité matérielle aux changements qui se préparent ; mais le mouvement de la praxis humaine les dépasse en les conservant.

Et certainement les hommes ne mesurent pas la portée réelle de ce qu'ils font — ou du moins cette portée doit leur échapper tant que le prolétariat, sujet de l'Histoire, n'aura pas dans un même mouvement réalisé son unité et pris conscience de son rôle historique. Mais si l'Histoire m'échappe cela ne vient pas de ce que je ne la fais pas : cela vient de ce que l'autre la fait aussi.

Cela ne veut pas dire que l'entreprise *comme action réelle de l'homme sur l'histoire* n'existe pas, mais seulement que le résultat atteint — *même conforme à l'objectif* qu'on se proposait — est radicalement différent de ce qu'il paraît à l'échelle locale, quand on le replace dans le mouvement totalisateur... Il est vrai que les divisions brutales et leurs conséquences théoriques (pourrissement de l'idéologie bourgeoise, arrêt provisoire du marxisme) obligent notre époque à se faire sans se connaître mais, d'autre part, bien que nous subissions plus que jamais ses contraintes, il n'est pas vrai que l'Histoire nous apparaisse tout à fait comme une force étrangère. Elle se fait chaque jour par nos mains autre que nous ne croyons la faire et, par un retour de flamme, nous fait autres que nous ne croyions être ou devenir ; et pourtant, elle est moins opaque qu'elle n'a été : le prolétariat a découvert et livré « son secret » ; le mouvement du capital est conscient de lui-même, à la fois par la connaissance que les capitalistes en prennent et par l'étude qu'en
50 font les théoriciens du mouvement ouvrier. Pour chacun la multiplicité des groupes, leurs contradictions et leurs séparations apparaissent situées à l'intérieur d'unifications plus profondes. La guerre civile, la guerre coloniale et la guerre étrangère se
55 manifestent à tous, sous la couverture ordinaire des mythologies, comme des formes différentes et complémentaires d'une même lutte de classes. Il est vrai que la plupart des pays socialistes *ne se connaissent pas eux-mêmes* ; et pourtant la déstali-
60 nisation — comme le montre l'exemple polonais — est aussi un progrès vers la prise de conscience. Ainsi la pluralité *des sens* de l'Histoire ne peut se découvrir et se poser pour soi que sur le fond d'une totalisation future, en fonction de celle-ci et en
65 contradiction avec elle. Cette totalisation, c'est notre office théorique et pratique de la rendre chaque jour plus proche. Tout est encore obscur et, pourtant, tout est en pleine lumière : nous avons — pour nous en tenir à l'aspect théorique — les instruments,
70 nous pouvons établir la méthode : notre tâche historique, au sein de ce monde polyvalent, c'est de rapprocher le moment où l'Histoire n'aura qu'*un seul sens* et où elle tendra à se dissoudre dans les hommes concrets qui la feront en commun.

75 *Le projet.* Ainsi l'aliénation peut modifier les *résultats* de l'action mais non sa réalité profonde. Nous refusons de confondre l'homme aliéné avec une chose, et l'aliénation avec les lois physiques qui régissent les conditionnements d'extériorité. Nous
80 affirmons la spécificité de l'acte humain, qui traverse le milieu social tout en conservant les déterminations et qui transforme le monde sur la base de conditions données. Pour nous, l'homme se caractérise avant tout par le dépassement d'une situation,
85 par ce qu'il parvient à faire de ce qu'on a fait de lui, même s'il ne se reconnaît jamais dans son objectivation. Ce dépassement nous le trouvons à la racine de l'humain et d'abord dans le besoin.

Jean-Paul SARTRE, *Critique de la raison dialectique* (1960), © éd. Gallimard

2. Sartre romancier

1. Étaler l'absurdité

Le roman existentialiste prend le relais du roman de la condition humaine. Il se développe entre 1938 (*La Nausée*) et 1954 (*Les Mandarins*, de Simone de Beauvoir), tout en prenant des aspects variés sous l'influence indirecte du roman américain, notamment pour la forme (techniques du récit, saisie de la temporalité vécue, dépouillement de la phrase). Autre influence marquante : celle de Kafka — publié en français en 1933 (*Le Procès*) et 1938 (*Le Château*, *La Métamorphose*) — dont la philosophie de l'absurde et du désespoir trouve sa terre d'élection dans la sensibilité contemporaine. Kafka enseigne enfin par son exemple, usant du roman comme allégorie, que le récit peut devenir le lieu où élaborer une métaphysique concrète.

En une période aussi noire que celle que traverse l'Europe des années 40, où le désarroi l'emporte tant la liberté humaine est bafouée, **les romans existentialistes ont beau jeu d'étaler l'absurdité de la condition humaine**, de mettre un point final aux élans romantiques de la génération antérieure emportée par son lyrisme héroïque (Malraux, Aragon, Saint-Exupéry...). Accablés, les personnages de Sartre et de Beauvoir ont « la mort dans l'âme » (titre du troisième tome des *Chemins de la liberté*).

2. Le réalisme subjectif

Sartre n'a-t-il pas tué le roman en lui retirant son aspect le plus intéressant, à savoir qu'il était jusqu'à lui le lieu d'une **attente**, d'un **devenir** ? Un Antoine Roquentin, le paradoxal héros de *La Nausée*, plongé dans ses réflexions, ne peut s'ouvrir à aucune aventure : « Quand on vit, il n'arrive rien. Les décors changent, les gens entrent et sortent, voilà tout. » On est loin des récits exaltés d'un Stendhal, des fresques mouvementées d'un Balzac, des rêveries de Flaubert sur le possible des aventures non vécues.

La technique du réalisme subjectif, qui consiste à laisser les personnages apprendre peu à peu le sens de ce qu'ils vivent et voient à l'extérieur, à montrer l'accomplissement des caractères à travers les gestes et les paroles, soutient naturellement le projet romanesque ainsi défini. Attentif à n'éclairer que l'actualité d'une conscience en situation, Sartre **refuse tout récit qui recherche les enchaînements des causes et des effets**. Il ne s'agit pas de raconter l'histoire de tel ou tel, mais de mettre à jour des événements dans leur surgissement : « Dans le roman, les jeux ne sont pas faits, car l'homme romanesque est libre. Ils se font sous nos yeux ; notre impatience, notre ignorance, notre attente sont les mêmes que celles des héros » (*Situations I*).

La Nausée (1938)

Ce roman de **Jean-Paul Sartre** est en fait **un journal intime**, celui d'Antoine Roquentin à Bouville. Qui est Roquentin ? On sait de lui qu'après avoir renoncé à une carrière d'aventurier, il s'est réfugié dans la rédaction d'une biographie. D'où son séjour dans cette ville portuaire dont il fréquente la bibliothèque. Il rencontre en ce lieu l'autodidacte, personnage pitoyable tout pétri d'humanisme. Au cours de ce peu exaltant séjour à Bouville, Roquentin est l'objet d'une crise existentielle qui le submerge. Le passé que révèlent ses études sur le marquis de Rollebon perd tout intérêt, toute consistance face au présent, à l'excès de présence de tout ce qui l'environne. Une véritable « nausée » l'envahit lorsqu'il fait ainsi l'expérience de son vécu existentiel. Il abandonne sa biographie, de même qu'il admet enfin sa rupture avec Amy, une femme qu'il aime sans retour, pour se consacrer à un roman, c'est-à-dire à une œuvre d'art dont il attend qu'elle le tire de la contingence nauséeuse pour le contraindre à la nécessité de l'art où tout est justifié.

La Nausée, *avec sa théorie de* **l'œuvre salvatrice**, *se termine sur une note d'espoir. Ultérieurement son auteur remettra en question la morale de cette fin optimiste.*

« J'existe »

J'existe. C'est doux, si doux, si lent. Et léger : on dirait que ça tient en l'air tout seul. Ça remue. Ce sont des effleurements partout qui fondent et s'évanouissent. Tout doux, tout doux. Il y a de l'eau mousseuse dans ma bouche. Je l'avale, elle glisse dans ma gorge, elle me caresse — et la voilà qui renaît dans ma bouche, 5 j'ai dans la bouche à perpétuité une petite mare d'eau blanchâtre — discrète — qui frôle ma langue. Et cette mare, c'est encore moi. Et la langue. Et la gorge, c'est moi.

Georges Segal. *Hand fragment 3*, 1980.

Je vois ma main, qui s'épanouit sur la table. Elle vit — c'est moi. Elle s'ouvre, les doigts se déploient et pointent. Elle est sur le dos. Elle me montre son ventre
10 gras. Elle a l'air d'une bête à la renverse. Les doigts, ce sont les pattes. Je m'amuse à les faire remuer, très vite, comme les pattes d'un crabe qui est tombé sur le dos. Le crabe est mort : les pattes se recroquevillent, se ramènent sur le ventre de ma main. Je vois les ongles — la seule chose de moi qui ne vit pas. Et encore. Ma main se retourne, s'étale à plat ventre, elle m'offre à présent son
15 dos. Un dos argenté, un peu brillant — on dirait un poisson, s'il n'y avait pas les poils roux à la naissance des phalanges. Je sens ma main. C'est moi, ces deux bêtes qui s'agitent au bout de mes bras. Ma main gratte une de ses pattes, avec l'ongle d'une autre patte ; je sens son poids sur la table qui n'est pas moi. C'est long, long, cette impression de poids, ça ne passe pas. Il n'y a pas de raison pour
20 que ça passe. A la longue, c'est intolérable... Je retire ma main, je la mets dans ma poche. Mais je sens tout de suite, à travers l'étoffe, la chaleur de ma cuisse. Aussitôt, je fais sauter ma main de ma poche ; je la laisse pendre contre le dossier de la chaise. Maintenant, je sens son poids au bout de mon bras. Elle tire un peu, à peine, mollement, moelleusement, elle existe. Je n'insiste pas : où que je la
25 mette, elle continuera d'exister et je continuerai de sentir qu'elle existe ; je ne peux pas la supprimer, ni supprimer le reste de mon corps, la chaleur humide qui salit ma chemise, ni toute cette graisse chaude qui tourne paresseusement, comme si on la remuait à la cuiller, ni toutes les sensations qui se promènent là-dedans, qui vont et viennent, remontent de mon flanc à mon aisselle ou bien
30 qui végètent doucement, du matin jusqu'au soir, dans leur coin habituel.

Je me lève en sursaut : si seulement je pouvais m'arrêter de penser, ça irait déjà mieux. Les pensées, c'est ce qu'il y a de plus fade. Plus fade encore que de la chair. Ça s'étire à n'en plus finir et ça laisse un drôle de goût. Et puis il y a les mots, au-dedans des pensées, les mots inachevés, les ébauches de phrase
35 qui reviennent tout le temps : « Il faut que je fini... J'ex... Mort... M. de Roll est mort... Je ne suis pas... J'ex... » Ça va, ça va... et ça ne finit jamais. C'est pis que le reste parce que je me sens responsable et complice. Par exemple, cette espèce de rumination douloureuse : *j'existe*, c'est moi qui l'entretiens. Moi. Le corps, ça vit tout seul, une fois que ça a commencé. Mais la pensée, c'est *moi* qui la
40 continue, qui la déroule. J'existe. Je pense que j'existe. Oh ! le long serpentin, ce sentiment d'exister — et je le déroule, tout doucement... Si je pouvais m'empêcher de penser ! J'essaie, je réussis : il me semble que ma tête s'emplit de fumée... et voilà que ça recommence : « Fumée... ne pas penser... Je ne veux pas penser... Je pense que je ne veux pas penser. Il ne faut pas que je pense que
45 je ne veux pas penser. Parce que c'est encore une pensée. » On n'en finira donc jamais ?

Ma pensée, c'est *moi* : voilà pourquoi je ne peux pas m'arrêter. J'existe par ce que je pense... et je ne peux pas m'empêcher de penser. En ce moment même — c'est affreux — si j'existe, *c'est parce que* j'ai horreur d'exister. C'est moi,
50 *c'est moi* qui me tire du néant auquel j'aspire : la haine, le dégoût d'exister, ce sont autant de manières de *me faire* exister, de m'enfoncer dans l'existence. Les pensées naissent par-derrière moi comme un vertige, je les sens naître derrière ma tête... si je cède, elles vont venir là devant, entre mes yeux — et je cède toujours, la pensée grossit, grossit et la voilà, l'immense, qui me remplit tout
55 entier et renouvelle mon existence.

Jean-Paul SARTRE, *La Nausée* (1938)
© éd. Gallimard

◀ Jean-Paul Sartre au lycée du Havre, en 1938.

POUR LE COMMENTAIRE

1. L'expérience et la connaissance du corps. Comment s'effectuent-elles ?

2. Sartre et la rhétorique classique des figures. Étudiez ici la métaphore filée.

3. Quel rôle joue **le langage** dans la perception de l'existence, ou plutôt de l'*exister* ?

4. Quelle **différence** entre le « je pense que j'existe » de Sartre et le *cogito* de Descartes ?

La nausée

Voici un passage essentiel du journal d'Antoine Roquentin qui, dans un jardin public, confronté à une racine d'arbre, prend conscience de l'existence des choses par opposition à sa propre existence.

Six heures du soir.

Je ne peux pas dire que je me sente allégé ni content ; au contraire, ça m'écrase. Seulement mon but est atteint : je sais ce que je voulais savoir ; tout
5 ce qui m'est arrivé depuis le mois de janvier, je l'ai compris. La Nausée ne m'a pas quitté et je ne crois pas qu'elle me quittera de sitôt ; mais je ne la subis plus, ce n'est plus une maladie ni une quinte passagère : c'est moi.
10 Donc j'étais tout à l'heure au Jardin public. La racine du marronnier s'enfonçait dans la terre, juste au-dessous de mon banc. Je ne me rappelais plus que c'était une racine. Les mots s'étaient évanouis et, avec eux, la signification des choses, leurs modes
15 d'emploi, les faibles repères que les hommes ont tracés à leur surface. J'étais assis, un peu voûté, la tête basse, seul en face de cette masse noire et noueuse, entièrement brute et qui me faisait peur. Et puis j'ai eu cette illumination.
20 Ça m'a coupé le souffle. Jamais, avant ces derniers jours, je n'avais pressenti ce que voulait dire « exister ». J'étais comme les autres, comme ceux qui se promènent au bord de la mer dans leurs habits de printemps. Je disais comme eux « la mer *est*
25 verte ; ce point blanc, là-haut, *c'est* une mouette », mais je ne sentais pas que ça existait, que la mouette était une « mouette-existante » ; à l'ordinaire l'existence se cache. Elle est là, autour de nous, en nous, elle est *nous*, on ne peut pas dire
30 deux mots sans parler d'elle et, finalement, on ne la touche pas. Quand je croyais y penser, il faut croire que je ne pensais rien, j'avais la tête vide, ou tout juste un mot dans la tête, le mot « être ». Ou alors, je pensais... comment dire ? Je pensais l'*apparte-*
35 *nance*, je me disais que la mer appartenait à la classe des objets verts ou que le vert faisait partie des qualités de la mer. Même quand je regardais les choses, j'étais à cent lieues de songer qu'elles existaient : elles m'apparaissaient comme un décor.
40 Je les prenais dans mes mains, elles me servaient d'outils, je prévoyais leurs résistances. Mais tout ça se passait à la surface. Si l'on m'avait demandé ce que c'était que l'existence, j'aurais répondu de bonne foi que ça n'était rien, tout juste une forme
45 vide qui venait s'ajouter aux choses du dehors, sans rien changer à leur nature. Et puis voilà : tout d'un coup, c'était là, c'était clair comme le jour : l'existence s'était soudain dévoilée. Elle avait perdu son allure inoffensive de catégorie abstraite : c'était la
50 pâte même des choses, cette racine était pétrie dans de l'existence. Ou plutôt la racine, les grilles du jardin, le banc, le gazon rare de la pelouse, tout ça s'était évanoui ; la diversité des choses, leur individualité n'était qu'une apparence, un vernis. Ce ver-

55 nis avait fondu, il restait des masses monstrueuses et molles, en désordre — nues, d'une effrayante et obscène nudité. [...]
Le mot d'Absurdité naît à présent sous ma plume ; tout à l'heure, au jardin, je ne l'ai pas trouvé,
60 mais je ne le cherchais pas non plus, je n'en avais pas besoin : je pensais sans mots, *sur* les choses, *avec* les choses. L'absurdité, ce n'était pas une idée dans ma tête, ni un souffle de voix, mais ce long serpent mort à mes pieds, ce serpent de bois.
65 Serpent ou griffe ou racine ou serre de vautour, peu importe. Et sans rien formuler nettement, je comprenais que j'avais trouvé la clé de l'Existence, la clé de mes Nausées, de ma propre vie. De fait, tout ce que j'ai pu saisir ensuite se ramène à cette absurdité
70 fondamentale. Absurdité : encore un mot ; je me débats contre des mots ; là-bas, je touchais la chose. Mais je voudrais fixer ici le caractère absolu de cette absurdité. Un geste, un événement dans le petit monde colorié des hommes n'est jamais absurde
75 que relativement : par rapport aux circonstances qui l'accompagnent. Les discours d'un fou, par exemple, sont absurdes par rapport à la situation où il se trouve mais non par rapport à son délire. Mais moi, tout à l'heure, j'ai fait l'expérience de l'absolu :
80 l'absolu ou l'absurde. Cette racine, il n'y avait rien par rapport à quoi elle ne fût absurde. Oh ! Comment pourrai-je fixer ça avec des mots ? Absurde : par rapport aux cailloux, aux touffes d'herbe jaune, à la boue sèche, à l'arbre, au ciel, aux bancs verts.
85 Absurde, irréductible ; rien — pas même un délire profond et secret de la nature — ne pouvait l'expliquer. Évidemment je ne savais pas tout, je n'avais pas vu le germe se développer ni l'arbre croître. Mais devant cette grosse patte rugueuse, ni l'ignorance ni
90 le savoir n'avaient d'importance : le monde des explications et des raisons n'est pas celui de l'existence. Un cercle n'est pas absurde, il s'explique très bien par la rotation d'un segment de droite autour d'une de ses extrémités. Mais aussi un cercle
95 n'existe pas. Cette racine, au contraire, existait dans la mesure où je ne pouvais pas l'expliquer. Noueuse, inerte, sans nom, elle me fascinait, m'emplissait les yeux, me ramenait sans cesse à sa propre existence.

Jean-Paul SARTRE, *La Nausée*
© éd. Gallimard

RÉSUMÉ ————————————————

La racine, l'absurde, l'existence, la nausée. Exposez en moins de vingt lignes le réseau de corrélations qui unissent ces mots, et leurs significations, dans l'analyse de SARTRE.

Simone de Beauvoir
et Jean-Paul Sartre
en 1948.

Le Mur (1939)

*Ce recueil de cinq nouvelles : « Le Mur », « La Chambre », « Erostrate », « Intimité », « L'enfance d'un chef »,
présente* **des personnages que leur situation a placés en marge de la société** *: des condamnés à mort,
un fou, un déséquilibré sexuel, un impuissant, un pédéraste... Cette galerie de portraits et l'atmosphère
« nauséeuse » des textes visent à montrer qu'il est impossible de fuir l'existence, qu'un mur invisible arrête toute
tentative d'évasion.*

*** **Le Mur**

La première nouvelle a pour cadre la guerre d'Espagne. Des condamnés sont réunis pour leur dernière nuit : ils doivent
être fusillés à l'aube. Ils cherchent vainement à se représenter leur mort, le monde sans eux...

Dernière nuit

Le petit Juan parla tout à coup.
— Vous êtes médecin ?
— Oui, dit le Belge[1].
— Est-ce qu'on souffre... longtemps ?
5 — Oh ! Quand... ? Mais non, dit le Belge d'une voix paternelle, c'est vite fini.
Il avait l'air de rassurer un malade payant.
— Mais je... on m'avait dit... qu'il fallait souvent deux salves.
— Quelquefois, dit le Belge en hochant la tête. Il peut se faire que la première
salve n'atteigne aucun des organes vitaux.
10 — Alors il faut qu'ils rechargent les fusils et qu'ils visent de nouveau ?
Il réfléchit et ajouta d'une voix enrouée :
— Ça prend du temps !
Il avait une peur affreuse de souffrir, il ne pensait qu'à ça : c'était de son âge.
Moi je n'y pensais plus beaucoup et ce n'était pas la crainte de souffrir qui me
15 faisait transpirer.
Je me levai et je marchai jusqu'au tas de poussier. Tom sursauta et me jeta
un regard haineux : je l'agaçais parce que mes souliers craquaient. Je me
demandais si j'avais le visage aussi terreux que lui : je vis qu'il suait aussi. Le ciel
était superbe, aucune lumière ne se glissait dans ce coin sombre, et je n'avais
20 qu'à lever la tête pour apercevoir la grande Ourse. Mais ça n'était plus comme
auparavant : l'avant-veille, de mon cachot de l'archevêché, je pouvais voir un

*1. Un médecin qui
vient observer les
réactions des
condamnés au cours
de leurs dernières
heures.*

grand morceau de ciel et chaque heure du jour me rappelait un souvenir différent. Le matin quand le ciel était d'un bleu dur et léger, je pensais à des plages au bord de l'Atlantique ; à midi je voyais le soleil et je me rappelais un bar de Séville où
25 je buvais du manzanilla en mangeant des anchois et des olives ; l'après-midi j'étais à l'ombre et je pensais à l'ombre profonde qui s'étend sur la moitié des arènes pendant que l'autre moitié scintille au soleil : c'était vraiment pénible de voir ainsi toute la terre se refléter dans le ciel. Mais à présent je pouvais regarder en l'air tant que je voulais, le ciel ne m'évoquait plus rien. J'aimais mieux ça. Je
30 revins m'asseoir près de Tom. Un long moment passa.

Tom se mit à parler, d'une voix basse. Il fallait toujours qu'il parlât, sans ça ne se reconnaissait pas bien dans ses pensées. Je pense que c'était à moi qu'il s'adressait mais il ne me regardait pas. Sans doute avait-il peur de me voir comme j'étais, gris et suant : nous étions pareils et pires que des miroirs l'un pour
35 l'autre. Il regardait le Belge, le vivant.

— Tu comprends, toi ? disait-il. Moi, je comprends pas.

Je me mis aussi à parler à voix basse. Je regardais le Belge.

— Quoi, qu'est-ce qu'il y a ?

— Il va nous arriver quelque chose que je ne peux pas comprendre.

40 Il y avait une étrange odeur autour de Tom. Il me sembla que j'étais plus sensible aux odeurs qu'à l'ordinaire. Je ricanai :

— Tu comprendras tout à l'heure.

— Ça n'est pas clair, dit-il d'un air obstiné. Je veux bien avoir du courage, mais il faudrait au moins que je sache... Écoute, on va nous amener dans la cour.
45 Les types vont se ranger devant nous. Combien seront-ils ?

— Je ne sais pas. Cinq ou huit. Pas plus.

— Ça va. Ils seront huit. On leur criera : « En joue », et je verrai les huit fusils braqués sur moi. Je pense que je voudrai rentrer dans le mur, je pousserai le mur avec le dos de toutes mes forces, et le mur résistera, comme dans les cauche-
50 mars. Tout ça je peux me l'imaginer. Ah ! Si tu savais comme je peux me l'imaginer.

— Ça va ! lui dis-je, je me l'imagine aussi.

— Ça doit faire un mal de chien. Tu sais qu'ils visent les yeux et la bouche pour défigurer, ajouta-t-il méchamment. Je sens déjà les blessures ; depuis une
55 heure j'ai des douleurs dans la tête et dans le cou. Pas de vraies douleurs ; c'est pis : ce sont les douleurs que je sentirai demain matin. Mais après ?

Je comprenais très bien ce qu'il voulait dire, mais je ne voulais pas en avoir l'air. Quant aux douleurs, moi aussi je les portais dans mon corps, comme une foule de petites balafres. Je ne pouvais pas m'y faire, mais j'étais comme lui, je
60 n'y attachais pas d'importance.

— Après, dis-je rudement, tu boufferas du pissenlit.

Il se mit à parler pour lui seul : il ne lâchait pas des yeux le Belge. Celui-ci n'avait pas l'air d'écouter. Je savais ce qu'il était venu faire ; ce que nous pensions ne l'intéressait pas ; il était venu regarder nos corps, des corps qui agonisaient
65 tout vifs.

— C'est comme dans les cauchemars, disait Tom. On veut penser à quelque chose, on a tout le temps l'impression que ça y est, qu'on va comprendre et puis ça glisse, ça vous échappe et ça retombe. Je me dis : après, il n'y aura plus rien. Mais je ne comprends pas ce que ça veut dire. Il y a des moments où j'y arrive
70 presque... et puis ça retombe, je recommence à penser aux douleurs, aux balles, aux détonations. Je suis matérialiste, je te le jure ; je ne deviens pas fou. Mais il y a quelque chose qui ne va pas. Je vois mon cadavre : ça n'est pas difficile mais c'est *moi* qui le vois, avec *mes* yeux. Il faudrait que j'arrive à penser... à penser que je ne verrai plus rien, que je n'entendrai plus rien et que le monde
75 continuera pour les autres. On n'est pas faits pour penser ça, Pablo. Tu peux me croire : ça m'est déjà arrivé de veiller toute une nuit en attendant quelque chose. Mais cette chose-là, ça n'est pas pareil : ça nous prendra par-derrière, Pablo, et nous n'aurons pas pu nous y préparer.

— La ferme, lui dis-je, veux-tu que j'appelle un confesseur ?

Jean-Paul SARTRE, *Le Mur* (1939)
© éd. Gallimard

Illustration de Victor Prassinos pour *Le Mur*, 1939.

LECTURE COMPARÉE

Rapprochez ce texte du récit de la dernière nuit de Kyo, dans *La Condition humaine*, d'André MAL-RAUX (voir p. 340 à 347). Quels traits communs ? Quelles différences ?

Les Chemins de la liberté (1945-1949)

Les Chemins de la liberté : *une **somme romanesque inachevée**, puisque sur les quatre volumes annoncés, seuls trois ont paru :* L'Âge de raison *et* Le Sursis *en 1945 ;* La Mort dans l'âme *en 1949.* La Dernière chance, *auquel **Sartre** travaille en 1950, ne nous est connu que par des fragments publiés dans* Les Temps modernes *sous le titre « Drôle d'amitié ». Les tâches politiques et critiques absorbent désormais le philosophe, qui renonce de fait à l'expression romanesque à cette époque.*

*** L'Âge de raison
Ce premier roman montre un professeur de philosophie, Mathieu Delarue, empêtré dans des problèmes personnels : il cherche à faire avorter sa maîtresse, Marcelle, et rêve d'aller s'engager auprès des républicains espagnols alors en lutte. Autour de lui, des personnages pitoyables et pittoresques à la situation problématique : une chanteuse dépressive et toxicomane, un homosexuel candidat à l'autocastration, un permanent du PC pur et dur...
Les événements relatés dans *L'Âge de raison* ont lieu au début de l'été 1938.

*** Le Sursis
L'auteur nous transporte trois mois plus tard, au cours de la semaine dramatique où la crise tchécoslovaque aboutit aux accords de Munich. Les héros de Sartre, sollicités par l'histoire et la politique, sont contraints de « s'engager », de quitter leur cocon d'individualisme.

*** La Mort dans l'âme
La défaite de 40 sert de cadre à *La Mort dans l'âme*, rédigé après la Libération. On assiste à la dispersion géographique et idéologique des relations de Mathieu : l'un part se réfugier à New York ; l'autre s'apprête à collaborer avec les Allemands ; Mathieu, lui-même, cherche à donner sens à sa vie en opposant une défense héroïque et vaine à l'avancée des armées allemandes, sur lesquelles il vide le chargeur de son fusil du haut d'un clocher lorrain où il est abandonné. — Le dernier volume aurait analysé la conversion de plusieurs personnages à l'esprit de résistance.

Un bourgeois honteux

***
Mathieu, à la recherche d'argent pour faire avorter son amie Marcelle, vient solliciter son frère Jacques.

— Enfin voilà, dit Mathieu excédé ; je viens te demander quatre mille francs.
— Et... dit Jacques, tu es bien sûr que l'avortement est conforme à tes principes ?
— Pourquoi pas ?
— Je ne sais pas, c'est à toi de le savoir. Tu es pacifiste par respect de la vie humaine, et tu vas détruire une vie.
— Je suis tout à fait décidé, dit Mathieu. Et d'ailleurs je suis peut-être pacifiste mais je ne respecte pas la vie humaine, tu dois confondre.
— Ah ! je croyais... », dit Jacques.
Il considérait Mathieu avec une sérénité amusée.
« Alors te voilà dans la peau d'un infanticide ? ça te va si mal, mon pauvre Thieu ».
« Il a peur qu'on ne me prenne pas, pensa Mathieu : il ne donnera pas un sou. » Il aurait fallu pouvoir lui dire : si tu paies, tu ne cours aucun risque, je m'adresserai à un habile homme qui n'est pas sur les listes de la police. Si tu refuses, je serai obligé d'envoyer Marcelle chez une herboriste et, là, je ne garantis rien parce que la police les connaît toutes et peut leur serrer la vis du jour au lendemain. Mais ces arguments étaient trop directs pour avoir

25 prise sur Jacques ; Mathieu dit simplement :
« Un avortement n'est pas un infanticide. »
Jacques prit une cigarette et l'alluma :
« Oui, dit-il avec détachement. J'en conviens : un avortement n'est pas un infanticide, c'est un meurtre
30 « métaphysique ». Il ajouta sérieusement : « Mon pauvre Mathieu, je n'ai pas d'objections contre le meurtre métaphysique, pas plus que contre les crimes parfaits. Mais que toi, tu commettes un meurtre métaphysique... toi, tel que tu es... » Il fit
35 claquer sa langue d'un air de blâme :
« Non, décidément, ce serait une fausse note. »
C'était fini, Jacques refusait, Mathieu allait pouvoir s'en aller. Il s'éclaircit la voix et demanda par acquit de conscience :
40 « Alors tu ne peux pas m'aider ?
— Comprends-moi bien, dit Jacques, je ne refuse pas de te rendre service. Mais serait-ce vraiment te rendre service ? Je suis persuadé d'ailleurs que tu trouveras facilement l'argent dont tu as besoin... » Il
45 se leva brusquement comme s'il avait pris une décision et vint poser amicalement sa main sur l'épaule de son frère :
« Écoute, Thieu, dit-il avec chaleur, disons que j'ai

refusé : je ne veux pas t'aider à te mentir. Mais je vais
50 te proposer autre chose… »

Mathieu, qui allait se lever, retomba sur son fauteuil et sa vieille colère fraternelle le ressaisit. Cette douce et ferme pression sur son épaule lui était intolérable ; il renversa la tête en arrière et vit le
55 visage de Jacques en raccourci.

« Me mentir ! Voyons, Jacques, dis que tu ne veux pas tremper dans une affaire d'avortement, que tu désapprouves ça ou que tu n'as pas d'argent disponible, c'est ton droit et je ne t'en voudrai pas. Mais
60 qu'est-ce que tu viens me parler de mensonge ? Il n'y a pas de mensonge là-dedans. Je ne veux pas d'enfant : il m'en vient un, je le supprime ; c'est tout. »

Jacques retira sa main et fit quelques pas d'un air
65 réfléchi : « Il va me faire un discours, pensa Mathieu, je n'aurais jamais dû accepter la discussion. »

« Mathieu, dit Jacques d'une voix posée, je te connais mieux que tu ne crois et tu m'effraies. Il y a beau temps que je redoutais quelque chose de ce
70 genre : cet enfant qui va naître est le résultat logique d'une situation où tu t'es mis volontairement et tu veux le supprimer parce que tu ne veux pas accepter toutes les conséquences de tes actes. Tiens, veux-tu que je te dise la vérité ? Tu ne te mens peut-être pas
75 en ce moment précis : mais c'est ta vie tout entière qui est bâtie sur un mensonge.

— Mais je t'en prie, dit Mathieu, ne te gêne pas : apprends-moi ce que je me cache. » Il souriait.

« Ce que tu te caches, dit Jacques, c'est que tu es
80 un bourgeois honteux. Moi je suis revenu à la bourgeoisie après bien des errements, j'ai contracté avec elle un mariage de raison, mais toi tu es bourgeois par goût, par tempérament, et c'est ton tempérament qui te pousse au mariage. Car tu es
85 marié, Mathieu, dit-il avec force.

— Première nouvelle, dit Mathieu.

— Si, tu es marié, seulement tu prétends le contraire parce que tu as des théories. Tu as pris tes habitudes chez cette jeune femme : quatre fois par
90 semaine tu t'en vas tranquillement la rejoindre et tu passes la nuit avec elle. Voilà sept ans que ça dure, ça n'a plus rien d'une aventure ; tu l'estimes, tu te sens des obligations envers elle, tu ne veux pas la quitter. Et je suis bien sûr que tu ne recherches pas
95 uniquement le plaisir, j'imagine même qu'à la longue, si fort qu'il ait pu être, le plaisir a dû s'émousser. En fait, le soir, tu dois t'asseoir près d'elle et lui raconter longuement les événements de la journée et lui demander conseil dans les cas difficiles.
100 — Évidemment », dit Mathieu en haussant les épaules. Il était furieux contre lui-même.

« Eh bien, dit Jacques, veux-tu me dire en quoi ceci diffère du mariage… à la cohabitation près ?

— A la cohabitation près ? dit Mathieu ironique-
105 ment. Excuse-moi, c'est une paille.

— Oh ! dit Jacques, j'imagine que ça ne doit pas te coûter beaucoup à toi, de t'en abstenir. »

« Il n'en avait jamais tant dit, pensa Mathieu, il

prend sa revanche. » Il aurait fallu partir en claquant
110 la porte. Mais Mathieu savait bien qu'il resterait jusqu'au bout : il avait un désir combatif et malveillant de connaître l'opinion de son frère.

« A moi, dit-il, pourquoi dis-tu que ça ne doit pas me coûter beaucoup à moi ?
115 — Parce que toi, tu y gagnes le confort, une apparence de liberté : tu as tous les avantages du mariage et tu te sers de tes principes pour en refuser les inconvénients. Tu refuses de régulariser la situation, ça t'est bien facile. Si quelqu'un en souffre,
120 ça n'est pas toi.

— Marcelle partage mes idées sur le mariage », dit Mathieu d'une voix rogue ; il s'entendait prononcer chaque mot et se trouvait profondément déplaisant.
125 « Oh ! dit Jacques, si elle ne les partageait pas, elle serait sans doute trop fière pour te l'avouer. Sais-tu que je ne te comprends pas : toi, si prompt à t'indigner quand tu entends parler d'une injustice, tu maintiens cette femme dans une position humi-
130 liée depuis des années, pour le simple plaisir de te dire que tu es d'accord avec tes principes. Et encore si c'était vrai, si vraiment tu conformais ta vie à tes idées. Mais, je te le répète, tu es pour autant dire marié, tu as un appartement coquet, tu touches à
135 dates fixes un traitement assez rondelet, tu n'as aucune inquiétude pour l'avenir puisque l'État te garantit une retraite… et tu aimes cette vie-là, calme, réglée, une vraie vie de fonctionnaire ».

Jean-Paul SARTRE, *L'Âge de raison* (1945)
© éd. Gallimard

Jean-Paul Sartre et Jean Pouillon en 1946.
Photo d'Henri Cartier-Bresson.

3. L'autobiographie

Les Mots (1964)

« Je pris longtemps le langage pour le monde »

Le petit Jean-Paul, à neuf ans, a pris le parti d'écrire. D'écrire « pour Dieu en vue de sauver mes voisins ».

Sartre et sa mère
Anne-Marie.

Je plaide les circonstances atténuantes. Il y en a trois. D'abord, à travers un fantasme limpide, c'était mon droit de vivre que je mettais en question. En cette humanité sans visa qui attend le bon plaisir de l'Artiste, on aura reconnu l'enfant gavé de bonheur qui s'ennuyait sur son perchoir, j'acceptais le mythe odieux du
5 Saint qui sauve la populace, parce que finalement la populace c'était moi : je me déclarais sauveteur patenté des foules pour faire mon propre salut en douce et, comme disent les Jésuites, par-dessus le marché.

Et puis j'avais neuf ans. Fils unique et sans camarade, je n'imaginais pas que mon isolement pût finir. Il faut avouer que j'étais un auteur très ignoré. J'avais
10 recommencé d'écrire. Mes nouveaux romans, faute de mieux, ressemblaient aux anciens trait pour trait, mais personne n'en prenait connaissance. Pas même moi, qui détestait me relire : ma plume allait si vite que, souvent, j'avais mal au poignet ; je jetais sur le parquet les cahiers remplis, je finissais par les oublier, ils disparaissaient ; par cette raison je n'achevais rien : à quoi bon raconter la fin
15 d'une histoire quand le commencement s'en est perdu. D'ailleurs, si Karl avait daigné jeter un coup d'œil sur ces pages, il n'aurait pas été *lecteur* à mes yeux mais juge suprême et j'aurais redouté qu'il ne me condamnât. L'écriture, mon travail noir, ne renvoyait à rien et, du coup, se prenait elle-même pour fin : j'écrivais pour écrire. Je ne le regrette pas : eussé-je été lu, je tentais de plaire,
20 je redevenais merveilleux. Clandestin, je fus vrai.

Enfin l'idéalisme du clerc se fondait sur le réalisme de l'enfant. Je l'ai dit plus haut : pour avoir découvert le monde à travers le langage, je pris longtemps le langage pour le monde. Exister, c'était posséder une appellation contrôlée, quelque part sur les Tables infinies du Verbe ; écrire c'était y graver des êtres
25 neufs ou — ce fut ma plus tenace illusion — prendre les choses, vivantes, au piège des phrases : si je combinais les mots ingénieusement, l'objet s'empêtrait dans les signes, je le tenais. Je commençais, au Luxembourg, par me fasciner sur un brillant simulacre de platane : je ne l'observais pas, tout au contraire, je faisais confiance au vide, j'attendais ; au bout d'un moment, son vrai feuillage
30 surgissait sous l'aspect d'un simple adjectif ou, quelquefois, de toute une proposition : j'avais enrichi l'univers d'une frissonnante verdure. Jamais je n'ai déposé mes trouvailles sur le papier : elles s'accumulaient, pensai-je, dans ma mémoire. En fait je les oubliais. Mais elles me donnaient un pressentiment de mon rôle futur : j'imposerais des noms. Depuis plusieurs siècles, à Aurillac, de
35 vains ramas de blancheurs réclamaient des contours fixes, un sens ; j'en ferais des monuments véritables. Terroriste, je ne visais que leur être : je le consti- tuerais par le langage ; rhétoricien, je n'aimais que les mots : je dresserais des cathédrales de paroles sous l'œil bleu du mot ciel. Je bâtirais pour des millé- naires. Quand je prenais un livre, j'avais beau l'ouvrir et le fermer vingt fois, je
40 voyais bien qu'il ne s'altérait pas. Glissant sur cette substance incorruptible : le *texte*, mon regard n'était qu'un minuscule accident de surface, il ne dérangeait rien, n'usait pas. Moi, par contre, passif, éphémère, j'étais un moustique ébloui, traversé par les feux d'un phare ; je quittais le bureau, j'éteignais : invisible dans les ténèbres, le livre étincelait toujours ; pour lui seul. Je donnerais à mes
45 ouvrages la violence de ces jets de lumière corrosifs, et, plus tard, dans les bibliothèques en ruines, ils survivraient à l'homme.

Jean-Paul SARTRE, *Les Mots* (1964)
© éd. Gallimard

EXPOSÉ
L'autobiographie
Reportez-vous à la synthèse litté- raire sur l'autobiographie, dans LITTÉRATURE, *XIXe siècle*, p. 51. Puis lisez ou relisez tous les textes autobiographiques de ce volume. Exposez-en les règles communes, du point de vue narratif, et les divergences de ton et d'écriture.

4. Sartre dramaturge

1. La parabole

Le théâtre est sans doute le genre le mieux fait pour traduire les combats de l'homme confronté aux exigences contradictoires de la liberté, du rapport avec autrui, de l'action. Dans la mesure où la scène donne un présent en train de s'accomplir, des gestes et des paroles dans leur surgissement, elle est **le lieu de prédilection où révéler le héros en train de se faire**, en train de se construire ou se détruire, de s'inventer.

Pendant près de vingt ans, JEAN-PAUL SARTRE s'est intéressé au théâtre. Il débute avec *Les Mouches* (1943), où il montre un Oreste en quête de sa liberté à travers des actes et des choix qui pêchent trop souvent par individualisme. Son orgueil, plus que le souci du peuple, lui dicte sa conduite (voir p. 450). Puis c'est *Huis clos*, (1944), sans doute le chef-d'œuvre dramaturgique de Sartre du fait de sa densité et de son efficacité : trois morts se retrouvent pour l'éternité condamnés à ressasser leur passé dans une infernale promiscuité. Parabole frappante pour l'esprit : chacun juge l'autre, possède l'autre qui ne peut plus se sauver par un acte quelconque, la mort ayant mis fin à l'exercice de son libre arbitre.

2. Le théâtre et la politique

Morts sans sépulture (1946) et *La Putain respectueuse* (1946) font appel à des situations historiques précises — la Résistance, le racisme aux États-Unis — pour expérimenter dans le concret la théorie de l'aliénation.

En 1948, *Les Mains sales* mettent en scène un jeune intellectuel bourgeois qui, en rupture de classe, doit accomplir un meurtre qui l'engagerait irréversiblement. Comment concilier les aspirations de la conscience et la logique révolutionnaire ?

La confrontation de la conscience et de l'histoire, l'édification d'une morale personnelle dans les remous du temps inspirent les deux plus importantes créations des années 50 : *Le Diable et le Bon Dieu* (1951), où un reître libertin joue avec le bien et le mal, renvoie dos à dos Dieu et Satan, cherche à travers l'action un sens à donner à son destin ; *Les Séquestrés d'Altona* (1959), où un officier nazi tente de survivre à son refus du présent, à sa culpabilité, en recourant à un tribunal imaginaire, celui des « crabes », celui de l'Histoire, que suscite sa mauvaise conscience. Mais au fond, quel tribunal peut dire le bien ou le mal en ce siècle criminel ?

Huis clos (1944)

*** **Huis clos**

Dans un salon Second Empire, trois morts sont réunis pour l'éternité. Ils sont condamnés à une promiscuité qui sera leur enfer. L'un est un révolutionnaire lâche qui a été fusillé, l'autre une infanticide dont l'amant s'est tué, la troisième une lesbienne qui s'est suicidée au gaz. Chacun juge les deux autres, mais doit en retour supporter leur regard sans pouvoir changer quoi que ce soit à une vie désormais accomplie.

Cette pièce de **Jean-Paul Sartre** *constitue une superbe illustration du pour-autrui. Dans ce jeu,* **chacun est prisonnier de la conscience d'autrui**. *Chacun voudrait supprimer autrui afin d'éliminer son jugement, mais cela n'est pas possible puisque la néantisation des autres par la mort n'est plus envisageable, la situation se plaçant en enfer, dans l'au-delà de la vie.*

Dans l'extrait suivant, on voit Garcin tenter de s'isoler et de rester indifférent aux propos de ses deux codétenues. Conduite magique qui n'aboutit à rien. **Son isolement physique n'induit pas son absence mentale**. *Inès, qui aime les femmes, profite de la situation pour tenter de séduire Estelle.*

L'enfer

ESTELLE. — Monsieur ! Monsieur ! Nous ne vous ennuyons pas par notre bavardage ?

Garcin ne répond pas.

INÈS. — Laisse-le ; il ne compte plus ; nous sommes seules. Interroge-moi.

5

ESTELLE. — Est-ce que j'ai bien mis mon rouge à lèvres ?

INÈS. — Fais voir. Pas trop bien.

ESTELLE. — Je m'en doutais. Heureusement que
10 *(elle jette un coup d'œil à Garcin)* personne ne m'a vue. Je recommence.

INÈS. — C'est mieux. Non. Suis le dessin des lèvres ; je vais te guider. Là, là. C'est bien.

ESTELLE. — Aussi bien que tout à l'heure, quand
15 je suis entrée ?

INÈS. — C'est mieux ; plus lourd, plus cruel. Ta bouche d'enfer.

ESTELLE. — Hum ! Et c'est bien ? Que c'est agaçant, je ne peux plus juger par moi-même. Vous me
20 jurez que c'est bien ?

INÈS. — Tu ne veux pas qu'on se tutoie ?

ESTELLE. — Tu me jures que c'est bien ?

INÈS. — Tu es belle.

ESTELLE. — Mais avez-vous du goût ? Avez-vous *mon* goût ? Que c'est agaçant, que c'est agaçant.

INÈS. — J'ai ton goût, puisque tu me plais. Regarde-moi bien. Souris-moi. Je ne suis pas laide non plus. Est-ce que je ne vaux pas mieux qu'un miroir ?

ESTELLE. — Je ne sais pas. Vous m'intimidez. Mon image dans les glaces était apprivoisée. Je la connaissais si bien... Je vais sourire : mon sourire ira au fond de vos prunelles et Dieu sait ce qu'il va devenir.

INÈS. — Et qui t'empêche de m'apprivoiser ? *(Elles se regardent. Estelle sourit, un peu fascinée.)* Tu ne veux décidément pas me tutoyer ?

ESTELLE. — J'ai de la peine à tutoyer les femmes.

INÈS. — Et particulièrement les employées des postes, je suppose ? Qu'est-ce que tu as là, au bas de la joue ? Une plaque rouge ?

ESTELLE, *sursautant.* — Une plaque rouge, quelle horreur ! Où ça ?

INÈS. — Là ! là ! Je suis le miroir aux alouettes ; ma petite alouette, je te tiens ! Il n'y a pas de rougeur. Pas la moindre. Hein ? Si le miroir se mettait à mentir ? Ou si je fermais les yeux, si je refusais de te regarder, que ferais-tu de toute cette beauté ? N'aie pas peur : il faut que je te regarde, mes yeux resteront grands ouverts. Et je serai gentille, tout à fait gentille. Mais tu me diras : tu.

Un temps.

ESTELLE. — Je te plais ?

INÈS. — Beaucoup !

Un temps.

ESTELLE, *désignant Garcin d'un coup de tête.* — Je voudrais qu'il me regarde aussi.

INÈS. — Ha ! Parce que c'est un homme. *(A Garcin.)* Vous avez gagné. *(Garcin ne répond pas.)* Mais regardez-la donc ! *(Garcin ne répond pas.)* Ne jouez pas cette comédie ; vous n'avez pas perdu un mot de ce que nous disions.

GARCIN, *levant brusquement la tête.* — Vous pouvez le dire, pas un mot : j'avais beau m'enfoncer les doigts dans les oreilles, vous me bavardiez dans la tête. Allez-vous me laisser, à présent ? Je n'ai pas affaire à vous.

INÈS. — Et à la petite, avez-vous affaire ? J'ai vu votre manège : c'est pour l'intéresser que vous avez pris vos grands airs.

GARCIN. — Je vous dis de me laisser. Il y a quelqu'un qui parle de moi au journal et je voudrais écouter[1]. Je me moque de la petite, si cela peut vous tranquilliser.

ESTELLE. — Merci.

GARCIN. — Je ne voulais pas être grossier...

ESTELLE. — Mufle !

Un temps. Ils sont debout, les uns en face des autres.

GARCIN. — Et voilà ! *(Un temps.)* Je vous avais suppliées de vous taire.

ESTELLE. — C'est elle qui a commencé. Elle est venue m'offrir son miroir et je ne lui demandais rien.

INÈS. — Rien. Seulement tu te frottais contre lui et tu faisais des mines pour qu'il te regarde.

ESTELLE. — Et après ?

GARCIN. — Êtes-vous folles ? Vous ne voyez donc pas où nous allons. Mais taisez-vous ! *(Un temps.)* Nous allons nous rasseoir bien tranquillement, nous fermerons les yeux et chacun tâchera d'oublier la présence des autres.

Un temps, il se rassied. Elles vont à leur place d'un pas hésitant. Inès se retourne brusquement.

INÈS. — Ah ! oublier. Quel enfantillage ! Je vous sens jusque dans mes os. Votre silence me crie dans les oreilles. Vous pouvez vous clouer la bouche, vous pouvez vous couper la langue, est-ce que vous nous empêcherez d'exister ? Arrêterez-vous votre pensée ? Je l'entends, elle fait tic tac, comme un réveil, et je sais que vous entendez la mienne. Vous avez beau vous rencoigner sur votre canapé, vous êtes partout, les sons m'arrivent souillés parce que vous les avez entendus au passage. Vous m'avez volé jusqu'à mon visage : vous le connaissez et je ne le connais pas. Et elle ? elle ? vous me l'avez volée : si nous étions seules, croyez-vous qu'elle oserait me traiter comme elle me traite ? Non, non : ôtez ces mains de votre figure, je ne vous laisserai pas, ce serait trop commode. Vous resteriez là, insensible, plongé en vous-même comme un bouddha, j'aurais les yeux clos, je sentirais qu'elle vous dédie tous les bruits de sa vie, même les froissements de sa robe et qu'elle vous envoie des sourires que vous ne voyez pas... Pas de ça ! Je veux choisir mon enfer ; je veux vous regarder de tous mes yeux et lutter à visage découvert.

GARCIN. — C'est bon. Je suppose qu'il fallait en arriver là ; ils nous ont manœuvrés comme des enfants.

Jean-Paul SARTRE, *Huis clos* (1944)
© éd. Gallimard

---

1. *Les « damnés » ont en effet la possibilité d'entendre les vivants s'exprimer sur leur compte.*

POUR LE COMMENTAIRE

1. La **progression** et le **mouvement** de la scène.

2. Un rôle principal : Inès. Pourquoi cette prééminence ?

3. L'art de placer et **de développer** la tirade.

4. Les **réminiscences** du théâtre « bourgeois ».

Les Mains sales (1948)

Cette pièce de **Sartre** *peut être considérée comme* **le drame de « l'engagement »**. *S'y opposent deux hommes : un jeune bourgeois, Hugo, qui rejoint le parti communiste par haine de sa classe d'origine, et Hoederer, le dirigeant du parti, qui adhère au prolétariat de façon concrète et matérielle. Hugo se veut un dur et répugne aux compromissions de la vie politique. Hoederer, lui, sait transiger, se salir les mains. En d'autres termes,* Les Mains sales *pose le problème de la fin et des moyens dans le contexte du communisme mondial.*

*** Les Mains sales

Le parti lutte pour la conquête du pouvoir dans un pays d'Europe centrale que l'armée soviétique va occuper, la guerre s'achevant, les anciens dirigeants alliés à Hitler ayant perdu tout crédit. Mais le parti est divisé. Certains pensent qu'il va falloir, ne serait-ce que tactiquement, s'allier à d'autres forces politiques : tel est le point de vue des libéraux, tandis que d'autres estiment qu'il faut en garder l'exclusivité. C'est ce que pensent Hugo et ses amis, qui décident de tuer Hoederer. Hugo est chargé de gagner la confiance de ce dernier, afin que, devenu son secrétaire, il soit en mesure de le mettre à mort facilement. Après avoir longtemps hésité, Hugo tue enfin Hoederer dont il a appris à apprécier la personnalité. Ce meurtre est toutefois commis dans de telles circonstances que la thèse du crime passionnel paraît devoir l'emporter sur celle du meurtre politique.

Hugo passe deux années en prison. Lorsqu'il est libéré, ses amis d'hier ont adopté la politique d'Hoederer. Ils ne songent plus qu'à éliminer le jeune homme, cet assassin, qui sait tout de leurs tergiversations et leurs reniements.

Afin de donner à son crime un sens politique, Hugo choisit de tomber dans les mains de ses camarades, préférant le salut de sa conscience à celui de son existence.

« Un meurtre, je dis que c'est abstrait »

***

Tuer un homme de sang-froid n'est pas simple. Hugo essaie de s'en donner le courage en accumulant les mobiles et arguments.

François Périer dans
Les Mains sales au Théâtre
Antoine en 1948.

HUGO. — Il boit, il fume, il me parle du Parti, il fait des projets et moi je pense au cadavre qu'il sera, c'est obscène. Tu as vu ses yeux ?

JESSICA. — Oui.

HUGO. — Tu as vu comme ils sont brillants et durs ? Et vifs ?

5   JESSICA. — Oui.

HUGO. — C'est peut-être dans ses yeux que je tirerai. On vise le ventre, tu sais, mais l'arme se relève.

JESSICA. — J'aime ses yeux.

HUGO, *brusquement*. — C'est abstrait.

10   JESSICA. — Quoi ?

HUGO. — Un meurtre, je dis que c'est abstrait. Tu appuies sur la gâchette et après ça tu ne comprends plus rien à ce qui arrive. *(Un temps.)* Si l'on pouvait tirer en détournant la tête. *(Un temps.)* Je me demande pourquoi je te parle de tout ça.

15   JESSICA. — Je me le demande aussi.

HUGO. — Je m'excuse. *(Un temps.)* Pourtant si j'étais dans ce lit, en train de crever, tu ne m'abandonnerais tout de même pas ?

JESSICA. — Non.

HUGO. — C'est la même chose ; tuer, mourir, c'est la même chose : on est
20   aussi seul. Il a de la veine, lui, il ne mourra qu'une fois. Moi, voilà dix jours que je le tue, à chaque minute. *(Brusquement.)* Qu'est-ce que tu ferais, Jessica ?

JESSICA. — Comment ?

HUGO. — Écoute : si demain je n'ai pas tué, il faut que je disparaisse ou alors que j'aille les trouver et que je leur dise : faites de moi ce que vous voudrez. Si
25   je tue... *(Il se cache un instant le visage avec la main.)* Qu'est-ce qu'il faut que je fasse ? Que ferais-tu ?

JESSICA. — Moi ? Tu me le demandes à moi ce que je ferais à ta place ?

Répétition des
Mains sales au
Théâtre
Antoine avec
Louis Jouvet.

HUGO. — C'est justement ça qui s'appellerait trahir.

JESSICA, *tristement.* — Tu vois ! Je ne peux rien te dire. *(Un temps.)* Pourquoi
30 n'est-ce pas possible ? Parce qu'il n'a pas tes idées ?

HUGO. — Si tu veux. Parce qu'il n'a pas mes idées.

JESSICA. — Et il faut tuer les gens qui n'ont pas vos idées ?

HUGO. — Quelquefois.

JESSICA. — Mais pourquoi as-tu choisi les idées de Louis et d'Olga ?

35 HUGO. — Parce qu'elles étaient vraies.

JESSICA. — Mais, Hugo, suppose que tu aies rencontré Hoederer l'an dernier,
au lieu de Louis. Ce sont ses idées à lui qui te sembleraient vraies.

HUGO. — A qui veux-tu que je le demande ? Je n'ai plus que toi au monde.

JESSICA. — C'est vrai. Tu n'as plus que moi. Plus que moi. Pauvre Hugo. *(Un*
40 *temps.)* J'irais trouver Hoederer et je lui dirais : voilà, on m'a envoyé ici pour vous
tuer mais j'ai changé d'avis et je veux travailler avec vous.

HUGO. — Pauvre Jessica !

JESSICA. — Ce n'est pas possible ?

HUGO. — Tu es folle.

45 JESSICA. — Pourquoi ?

HUGO. — On croirait à t'entendre que toutes les opinions se valent et qu'on les
attrape comme des maladies.

JESSICA. — Je ne pense pas ça ; je... je ne sais pas ce que je pense. Hugo, il
est si fort, il suffit qu'il ouvre la bouche pour soit sûr qu'il a raison. Et puis je
50 croyais qu'il était sincère et qu'il voulait le bien du Parti.

HUGO. — Ce qu'il veut, ce qu'il pense, je m'en moque. Ce qui compte c'est
ce qu'il fait.

JESSICA. — Mais...

HUGO. — *Objectivement*, il agit comme un social-traître.

55 JESSICA, *sans comprendre.* — Objectivement ?

HUGO. — Oui.

JESSICA. — Ah ? *(Un temps.)* Et lui, s'il savait ce que tu prépares, est-ce qu'il
penserait que tu es un social-traître ?

HUGO. — Je n'en sais rien.

60 JESSICA. — Mais est-ce qu'il le penserait ?

HUGO. — Qu'est-ce que ça peut faire ? Oui, probablement.

Jean-Paul SARTRE, *Les Mains sales*, Cinquième tableau, scène 2 (1948)
© éd. Gallimard

RECHERCHE

L'accueil de la critique communiste aux premières représentations des *Mains sales*. Relatez et
expliquez la querelle.

Le Diable et le Bon Dieu (1951)

Cette œuvre de **Sartre** *s'inspire de la pièce de Goethe,* Gœtz von Berlichingen, *avec pour cadre les guerres civiles qui ont dévasté l'Allemagne, dans les débuts de la Réforme luthérienne. Le bâtard Gœtz passe du bien au mal et réciproquement sans transition.* **Ce condottiere libertin, à la fois diabolique et angélique,** *éprouve dans sa geste* **sa pure liberté,** *choisissant parfois l'égoïsme absolu, parfois l'altruisme généreux. Peut-on renvoyer ainsi dos à dos Dieu et le Diable ? Peut-on inventer sa morale à chaque acte que l'on commet ? On voit ainsi Gœtz se délecter de ses fautes pour affirmer sa propre liberté, et, tout aussitôt, alors qu'il s'apprête à massacrer les habitants de toute une ville, devenir un héros et un saint sur un coup de tête : il décide de fonder une cité du bonheur et de donner aux paysans ses terres. Mais son projet n'aboutit qu'à provoquer la révolte chez ceux qu'il veut aider. Et il se mettra à la tête du mouvement des paysans révoltés...*

Le pari

Heinrich est le curé de Worms, la ville assiégée, celui qui devrait livrer cette ville à Gœtz.

Gœtz. — Tu as tort ; tu m'apprends que le Bien est impossible, je parie donc que je ferai le Bien : c'est encore la meilleure manière d'être seul. J'étais criminel, je me change : je retourne ma veste et je
5 parie d'être un saint.

Heinrich. — Qui en jugera ?

Gœtz. — Toi, dans un an et un jour. Tu n'as qu'à parier.

Heinrich. — Si tu paries, tu as perdu d'avance,
10 imbécile ! Tu feras le Bien pour gagner un pari.

Gœtz. — Juste ! Eh bien, jouons aux dés. Si je gagne, c'est le Mal qui triomphe... Si je perds... Ah ! si je perds, je ne me doute même pas de ce que je ferai. Eh bien ? Qui joue contre moi ? Nasty !

15 Nasty. — Non.

Gœtz. — Pourquoi pas ?

Nasty. — C'est mal.

Gœtz. — Eh bien, oui, c'est mal. Qu'est-ce que tu t'imagines ? Voyons, boulanger, je suis encore
20 méchant.

Nasty. — Si tu veux faire le Bien, tu n'as qu'à décider de le faire, tout simplement.

Gœtz. — Je veux mettre le Seigneur au pied du mur. Cette fois, c'est oui ou c'est non : s'il me fait
25 gagner, la ville flambe, et ses responsabilités sont bien établies. Allons, joue : si Dieu est avec toi, tu ne dois pas avoir peur. Tu n'oses pas, lâche ! Tu préfères être pendu ? Qui osera ?

Catherine. — Moi !

30 Gœtz. — Toi, Catherine ? *(Il la regarde.)* Pourquoi pas ? *(Il lui donne les dés.)* Joue.

Catherine, *jouant.* — Deux et un. *(Elle frissonne.)* Tu auras du mal à perdre.

Gœtz. — Qui vous dit que je souhaite perdre ? *(Il
35 met les dés dans le cornet.)* Seigneur, vous êtes coincé. Le moment est venu d'abattre votre jeu.

Il joue.

Catherine. — Un et un... Tu as perdu !

Gœtz. — Je me conformerai donc à la volonté de
40 Dieu. Adieu, Catherine.

Catherine. — Embrasse-moi. *(Il l'embrasse.)* Adieu, Gœtz.

Gœtz. — Prends cette bourse et va où tu veux. *(A Frantz.)* Frantz, va dire au capitaine Ulrich qu'il
45 envoie les soldats se coucher. Toi, Nasty, rentre dans la ville, il est encore temps d'arrêter la meute. Si vous ouvrez les portes dès l'aube, si les prêtres sortent de Worms sains et saufs et viennent se placer sous ma garde, je lèverai le siège à midi.
50 D'accord ?

Nasty. — D'accord.

Gœtz. — As-tu retrouvé la foi, prophète ?

Nasty. — Je ne l'avais jamais perdue.

Gœtz. — Veinard !

55 Heinrich. — Tu leur rends la liberté, tu leur rends la vie et l'espoir. Mais à moi, chien, à moi que tu as contraint de trahir, rendras-tu la pureté ?

Gœtz. — C'est affaire à toi de la retrouver. Après tout, il n'y a pas eu grand mal de fait.

60 Heinrich. — Qu'importe ce qui a été fait ! C'est mon intention qui comptait. Je te suivrai, va, je te suivrai, pas à pas, nuit et jour ; compte sur moi pour peser tes actes. Et tu peux être tranquille, dans un an et un jour, où que tu ailles, je serai au rendez-
65 vous.

Gœtz. — Voici l'aube. Comme elle est froide. L'aube et le Bien sont entrés sous ma tente et nous ne sommes pas plus gais : celle-ci sanglote, celui-ci me hait : on se croirait au lendemain d'une catastro-
70 phe. Peut-être que le Bien est désespérant... Peu m'importe, d'ailleurs, je n'ai pas à le juger, mais à le faire. Adieu.

Il sort. Catherine éclate de rire.

Catherine, *riant aux larmes.* — Il a triché ! Je l'ai
75 vu, je l'ai vu, il a triché pour perdre !

Jean-Paul Sartre, *Le Diable et le Bon Dieu,*
Acte I, scène 6 (1951), © éd. Gallimard

5. Sartre critique

Les premiers essais critiques de **Sartre** paraissent de 1936 à 1940 dans la *N.R.F.* et rendent compte de romans récents signés Faulkner, Dos Passos, Giraudoux, Mauriac ou Nizan. Cette critique néo-husserlienne entretient d'étroites liaisons avec les travaux philosophiques menés par ailleurs sur l'imaginaire. D'où une forme d'autorité théorique dans les jugements et dans les analyses. On a pu reprocher à ces essais leur dogmatisme. Nul ne peut en nier la rigueur démonstrative.

Une question de fond domine la méthode sartrienne : derrière la technique, **il veut dévoiler la philosophie de l'auteur**. Et la dénoncer lorsque celle-ci, au lieu de faire fond sur le libre arbitre des personnages, les soumet — comme Mauriac — à un présupposé métaphysique — Dieu, la fatalité...

Par ailleurs, Sartre pousse aussi loin qu'il peut **la question relative aux rapports du lecteur avec le texte, du lecteur avec l'auteur. Il interroge l'acte de lire et l'acte d'écrire**. Il souligne les enjeux de la communication littéraire. Si un roman constitue un projet de monde imaginaire permettant de dépasser le réel, de le transcender, la tâche du lecteur consistera d'abord à assumer ce monde par l'acte de la lecture, ensuite à s'en dégager pour juger la nature du projet qui a fondé le texte. **Cette dernière intervention est l'acte critique proprement dit**. Quelle est l'intentionnalité du texte ? Quels sont les principes ontologiques de l'auteur ? Quel sens profond se révèle sous l'appareil littéraire : descriptions, situations, personnages, dialogues ?

Les œuvres maîtresses de Sartre critique — son Baudelaire, son Genet, son Flaubert — approfondissent et rendent plus complexe le schéma initial, en faisant intervenir un nombre accru de facteurs dans la situation de tout projet : structures socio-économiques, concept de classe, poids des mythes et de l'inconscient. Ainsi armée, la critique sartrienne devient **un instrument d'analyse idéologique complet**.

Qu'est-ce que la littérature ? (1948)

L'écrivain engagé

L'écrivain « engagé » sait que la parole est action : il sait que dévoiler c'est changer et qu'on ne peut dévoiler qu'en projetant de changer. Il a abandonné le rêve impossible de faire une peinture impartiale de la Société et de la condition humaine. L'homme est l'être vis-à-vis de qui aucun être ne peut garder l'impartialité, même Dieu. Car Dieu, s'il existait, serait, comme l'ont bien vu certains mystiques, en *situation* par rapport à l'homme. Et c'est aussi l'être qui ne peut même voir une situation sans la changer, car son regard fige, détruit, ou sculpte ou, comme fait l'éternité, change l'objet en lui-même. C'est à l'amour, à la haine, à la colère, à la crainte, à la joie, à l'indignation, à l'admiration, à l'espoir, au désespoir que l'homme et le monde se révèlent *dans leur vérité*. Sans doute l'écrivain engagé peut être médiocre, il peut même avoir conscience de l'être, mais comme on ne saurait écrire sans le projet de réussir parfaitement, la modestie avec laquelle il envisage son œuvre ne doit pas le détourner de la construire *comme si* elle devait avoir le plus grand retentissement. Il ne doit jamais se dire : « Bah, c'est à peine si j'aurai trois mille lecteurs » ; mais « qu'arriverait-il si tout le monde lisait ce que j'écris ? » Il se rappelle la phrase de Mosca devant la berline qui emportait Fabrice et Sanseverina : « Si le mot d'Amour vient à surgir entre eux, je suis perdu. » Il sait qu'il est l'homme qui nomme ce qui n'a pas encore été nommé ou ce qui n'ose dire son nom, il sait qu'il fait « surgir » le mot d'amour et le mot de haine et avec eux l'amour et la haine entre des hommes qui n'avaient pas encore décidé de leurs sentiments. Il sait que les mots, comme dit Brice Parain, sont des « pistolets chargés ». S'il parle, il tire. Il peut se taire, mais puisqu'il a choisi de tirer, il faut que ce soit comme un homme, en visant des cibles et non comme un enfant, au hasard, en fermant les yeux et pour le seul plaisir d'entendre les détonations. Nous tenterons plus loin de déterminer ce que peut être le but de la littérature. Mais dès à présent nous pouvons conclure que l'écrivain a choisi de dévoiler le monde et singulièrement l'homme aux autres hommes pour que ceux-ci prennent en face de l'objet ainsi mis à nu leur entière responsabilité. Nul n'est censé ignorer la loi parce qu'il y a un code et que la loi est chose écrite : après cela, libre à vous de l'enfreindre, mais vous savez les risques que vous courez. Pareillement la fonction de l'écrivain est de faire en sorte que nul ne puisse ignorer le monde et que nul ne s'en puisse dire innocent. Et comme il s'est une fois engagé dans l'univers du langage, il ne peut plus jamais feindre qu'il ne sache pas parler : si vous entrez dans l'univers des significations, il n'y a plus rien à faire pour en sortir ; qu'on laisse les mots s'organiser en liberté, ils feront des phrases et chaque phrase contient le langage tout entier et

renvoie à tout l'univers ; le silence même se définit par rapport aux mots, comme la pause, en musique, reçoit son sens des groupes de notes qui l'entourent.
60 Ce silence est un moment du langage ; se taire ce n'est pas être muet, c'est refuser de parler, donc parler encore. Si donc un écrivain a choisi de se taire sur un aspect quelconque du monde, ou selon une locution qui dit bien ce qu'elle veut dire : de le *passer*
65 *sous silence*, on est en droit de lui poser une troisième question : pourquoi as-tu parlé de ceci plutôt que de cela et — puisque tu parles pour changer — pourquoi veux-tu changer ceci plutôt que cela ?

Tout cela n'empêche point qu'il y ait la manière
70 d'écrire. On n'est pas écrivain pour avoir choisi de dire certaines choses mais pour avoir choisi de les dire d'une certaine façon. Et le style, bien sûr, fait la valeur de la prose. Mais il doit passer inaperçu. Puisque les mots sont transparents et que le regard
75 les traverse, il serait absurde de glisser parmi eux des vitres dépolies. La beauté n'est ici qu'une force douce et insensible. Sur un tableau elle éclate d'abord, dans un livre elle se cache, elle agit par persuasion comme le charme d'une voix ou d'un
80 visage, elle ne contraint pas, elle incline sans qu'on s'en doute et l'on croit céder aux arguments quand on est sollicité par un charme qu'on ne voit pas. L'étiquette de la messe n'est pas la foi, elle y dispose ; l'harmonie des mots, leur beauté, l'équilibre
85 des phrases *disposent* les passions du lecteur sans qu'il y prenne garde, les ordonnent comme la messe, comme la musique, comme une danse ; s'il vient à les considérer par eux-mêmes, il perd le sens, il ne reste que des balancements ennuyeux. Dans la
90 prose, le plaisir esthétique n'est pur que s'il vient par-dessus le marché. On rougit de rappeler des idées si simples, mais il semble aujourd'hui qu'on les ait oubliées. Viendrait-on sans cela nous dire que nous méditons l'assassinat de la littérature ou, plus
95 simplement, que l'engagement nuit à l'art d'écrire ? Si la contamination d'une certaine prose par la poésie n'avait brouillé les idées de nos critiques, songeraient-ils à nous attaquer sur la forme quand nous n'avons jamais parlé que du fond ? Sur la forme

100 il n'y a rien à dire par avance et nous n'avons rien dit : chacun invente la sienne et on juge après coup. Il est vrai que les sujets proposent le style : mais ils ne le commandent pas ; il n'y en a pas qui se rangent *a priori* en dehors de l'art littéraire. Quoi de plus
105 engagé, de plus ennuyeux que le propos d'attaquer la Société de Jésus ? Pascal en a fait les *Provinciales*. En un mot, il s'agit de savoir de quoi l'on veut écrire : des papillons ou de la condition des Juifs. Et quand on le sait, il reste à décider comment on en
110 écrira. Souvent les deux choix ne font qu'un, mais jamais, chez les bons auteurs, le second ne précède le premier.

Jean-Paul SARTRE, « Qu'est-ce que la littérature ? », *Situations*, II (1948), © éd. Gallimard

AU-DELÀ DU TEXTE

Dans son essai sur *La Critique* (Colin, 1978, p. 204), Roger FAYOLLE commente en ces termes la première application de la psychanalyse existentielle de Sartre à propos de *Baudelaire* :

« En 1947, Jean-Paul Sartre propose la première application de sa théorie avec un essai sur *Baudelaire*. Partant du lieu commun tant répété à propos de l'auteur des *Fleurs du mal* : « Il n'a pas eu la vie qu'il méritait », il renverse cette proposition bêtement consolante pour montrer que Baudelaire a choisi, dès le remariage de sa mère, d'être bourreau de soi-même : « Délaissé, rejeté, Baudelaire a voulu reprendre à son compte cet isolement. Il a revendiqué sa solitude pour qu'elle lui vienne au moins de lui-même, pour n'avoir pas à la subir » (*Baudelaire*, p. 70). Sartre énumère les composantes de ce choix fondamental (lucidité douloureuse, ennui, conformisme moral, satanisme, goût de la douleur) et examine ensuite un certain nombre de conduites de l'homme Baudelaire, greffées sur ce choix comme autant d'harmoniques (aversion pour la nature, dandysme, sexualité). Il montre enfin comment l'œuvre poétique renvoie au même choix fondamental : elle n'est pas une grâce venue du ciel pour panser les blessures d'une âme déchirée, elle est la forme adoptée par Baudelaire pour exprimer son choix originel. »

L'Idiot de la famille (1971-1972)

Un incident-événement

Dans L'Idiot de la famille *(travail de plus de quinze ans, resté inachevé),* **Sartre élargit encore sa démarche critique**, *associant l'interprétation marxiste et l'approche psychanalytique à la traditionnelle investigation biographique. Déployant une « méthode régressive-progressive », caractérisée par un double va-et-vient entre l'œuvre, la vie et les méthodes analytique et synthétique,* **il cherche à fonder** « **une anthropologie nouvelle** *qui rende compte de l'homme — d'un homme — dans sa totalité ». En l'occurrence, d'un Flaubert, de ses névroses et de ses fantasmes, dans le miroir desquels lui, Sartre, s'interroge lui-même.*

Le centre du tome II de L'Idiot de la famille *est ainsi consacré à l'étude « en spirale » de l'accident de Pont-l'Évêque, en janvier 1844. Le croisement malencontreux d'une charrette est le « stimulus » qui fait s'exprimer brutalement le « vouloir-mourir » de « Gustave-le-passif ».*

Pour l'agent passif le monde est rempli d'objets-consignes qui n'ont pas été forgés par la société mais qui lui reflètent l'*impact* des autres sur lui. Ce qu'attendait Flaubert et ce qui vient de se produire, c'est l'accident mortel comme consigne de mourir. La décision enfin prise au-dehors pour « affaire le concernant », c'est la sentence archaïque, la malédiction du père devenant brusquement exécutoire : plus de sursis ; ici et maintenant, il faut mourir. Par cette sentence, Gustave, en un éclair, est renvoyé à sa finitude : condamné d'avance, le monstre était né pour vingt et un ans de vie, ni plus ni moins. Cette fois la totalisation est faite par contrainte : il s'anéantit *sur ordre*.

Mais dans le même moment l'événement révèle sa matérialité sauvage et irréductible : ces bruits sinistres, à sa droite, ces grelots, ces lumières c'est une concrétion locale des ténèbres, c'est la nuit éternelle se temporalisant brusquement et tout entière en coup de poing, c'est l'actualisation brute d'une potentialité permanente — la cruelle indifférence de l'univers — se faisant *à sa manière* l'exécuteur de la malédiction paternelle (comme le corps de Gustave exécute à sa manière les impossibles désirs de celui-ci), ce qui revient à la dépouiller de toute signification humaine. Mais c'est la victime, surtout, qui est pleinement *signifiée* par la violence des choses : naissance fortuite, mort accidentelle ; qu'est-il, Gustave , sinon un rêve absurde et bref de la matière ? Le signe contredit l'impératif : est-ce Abraham qui lui ordonne de mourir ? ou la nuit, mettant un terme à ses agissements et lui rappelant sa condition de matière inanimée, ne vient-elle pas le soustraire aux volontés paternelles ? Il ne décide pas : il n'a cessé de souhaiter l'une et l'autre issue. Si le père est meurtrier, tant mieux : les remords d'Achille-Cléophas[1] lui rongeront le foie. Et si la raison de son décès n'est que l'imprévisible rencontre de deux séries causales, le jeune défunt aura donné jusqu'au bout des preuves de son zèle filial, la mort l'aura surpris en pleine obéissance. Dans l'un et l'autre cas il décline toute responsabilité.

A tort. Ce tumulte, à sa droite, lui crie : « Tu es un homme mort ! » Est-ce que cela ne veut pas dire : « A toi de jouer » ? N'est ce pas un *signal* ? Une invite ? Ou la permission enfin donnée de tenir son rôle ? Est-ce que, par-delà son désir de s'anéantir, ce signe ne s'adresserait pas aussi à sa tentation de déchoir : « C'est le moment : profite de ce que tu crois tomber dans le néant pour te précipiter dans la maladie, dans la démence, en un mot dans la sous-humanité. » Il ne s'agit pas, répétons-le, de simulation. Mais enfin la mort et la folie sont deux irréversibles et l'intention profonde de Gustave est de se couper de son être futur par un instant d'irréversibilité. Or que s'est-il passé ? Gustave est habité depuis quelques années par l'horrible tentation de tomber au-dessous de l'humain pour échapper à son être-de-classe : c'est là son intention profonde qu'il a souvent déguisée en pulsion suicidaire. Le fait est qu'il ne peut ni ne veut se tuer. Mais sa véritable détermination lui est insupportable : elle flatte son masochisme et son sadisme de ressentiment, elle terrifie son orgueil. Au retour de Deauville, les dés sont jetés, il le sent ; tout plutôt que de recommencer ; du coup, il croit que l'imbécillité le gagne mais son horreur est telle qu'il n'osera jamais *sauter le pas* sans se truquer, sans masquer le travail profond qui s'opère en lui par une *croyance de couverture*. La nuit la lui fournit en le désignant comme futur cadavre : elle le refuse, prétend l'abolir ; à partir de là, il se prépare à mourir : cela signifie qu'il a disposé son corps à mimer l'effondrement résigné, ce qui revient à installer en lui la conduite de déchéance en se persuadant pithiatiquement qu'elle est conduite de mort.

Jean-Paul SARTRE, *L'Idiot de la famille*, II (1971)

© éd. Gallimard

1. Le père de Gustave Flaubert.

Interview de Sartre à l'époque où il soutenait et diffusait *La Cause du Peuple*, journal interdit par la censure.

POUR LE COMMENTAIRE

1. Justifiez l'expression de **stimulus** employée par Sartre pour désigner l'incident de Pont-l'Évêque.

2. Par quelles **étapes** se fait le passage d'une simple rupture d'équilibre extérieur à l'acceptation — jouée, mimée — d'**un anéantissement onirique** ?

6. Simone de Beauvoir (1908-1986)

Simone de Beauvoir.
Photo de Gisèle Freund.

La pensée féministe

Après une agrégation de philosophie, **Simone de Beauvoir** entre dans l'enseignement. Compagne de Sartre, elle quitte comme lui ce métier à la fin de l'occupation pour se consacrer entièrement à la littérature . Ses premiers essais, *Pyrrhus et Cinéas* (1944) et *Pour une morale de l'ambiguïté* (1947), se situent dans la mouvance sartrienne. Des thèmes plus personnels, bien que marqués par la mode existentialiste, se font jour dans les œuvres de fiction, notamment *L'Invitée* (1943) qui offre une nouvelle image de la femme.

La pensée féministe de Beauvoir trouve son plein épanouissement dans *Le Deuxième Sexe* (1949), une magistrale étude sur les différents aspects de l'aliénation féminine. Selon l'auteur, la procréatrice a été de toute antiquité soumise à l'artisan, à l'homme qui fabriquait des objets tandis que la femme enfantait. Plus tard, la plus grande victoire masculine a été sans doute d'imposer l'idée que le sort de la femme était lié à une fatalité irréversible. Mais en dépit, ou à cause, de sa mauvaise foi, l'homme ne peut se délivrer de sa culpabilité originelle. Aussi, écrit Simone de Beauvoir, « on ne naît pas femme ; on le devient ». La femme, en tant que sujet d'une condition inférieurisée, est créée de toutes pièces par sa formation et son éducation. Cette analyse devait fortement influencer et soutenir, dans la suite, le mouvement féministe (voir le chapitre 27, « Écrits de femmes », p. 719).

Avec le roman publié en 1954, *Les Mandarins*, Simone de Beauvoir atteint une forme de célébrité : il s'agit du témoignage le plus accompli sur les mœurs intellectuelles du temps, sur les débats éternellement recommencés avec les communistes.

Les mémoires

Le maoïsme attire Simone de Beauvoir, qui lui rend hommage avec *La Longue Marche* (1957). Puis elle se tourne vers son passé dans des mémoires lucides et étonnamment authentiques : *Les Mémoires d'une jeune fille rangée* (1958), *La Force de l'âge* (1960), *La Force des choses* (1963).

A travers ses dernières œuvres, comme *La Femme rompue* (1968), elle relance son combat pour les femmes, qu'elle poursuit par ailleurs dans la revue *Les Temps modernes*. Dernier combat, celui qu'elle entreprend en faveur du troisième âge avec *La Vieillesse* (1970).

Témoin et historiographe de l'existentialisme, Simone de Beauvoir, dont l'écriture neutre fait l'élégance, a le grand mérite de mettre en lumière toutes les contradictions des intellectuels de l'après-guerre soucieux d'action et épris d'une morale à redéfinir.

1943	*L'Invitée* (roman)	**1958**	*Mémoires d'une jeune fille rangée* (récit)
1944	*Pyrrhus et Cinéas* (essai)		
1945	*Le Sang des autres* (roman)	**1960**	*La Force de l'âge* (récit)
1946	*Tous les hommes sont mortels* (roman)	**1963**	*La Force des choses* (récit)
		1964	*Une mort très douce* (récit)
1947	*Pour une morale de l'ambiguïté* (essai)	**1966**	*Les Belles Images* (roman)
1948	*L'Amérique au jour le jour* (récit)	**1968**	*La Femme rompue* (roman)
1949	*Le Deuxième Sexe* (essai)	**1970**	*La Vieillesse* (récit)
1954	*Les Mandarins* (roman)	**1972**	*Tout compte fait* (récit)
1955	*Privilèges* (essai)	**1979**	*Quand prime le spirituel* (essai)
1957	*La Longue Marche* (essai)	**1981**	*La Cérémonie des adieux* (récit)

Les Mandarins (1954)

Dans ce volumineux roman, **Simone de Beauvoir** *expose* **les problèmes de conscience des intellectuels de gauche au lendemain de la guerre.** *Doivent-ils retourner à leurs travaux antérieurs, reconquérir leur position de « mandarins », ou, rendus vigilants par les événements historiques, choisir l'action au détriment de la littérature ? Cette réflexion se double d'un récit sentimental malheureux, celui des amours de la narratrice avec un écrivain américain rencontré à Chicago. Le livre se termine sur un double constat d'échec, politique et personnel.*

Indépendamment de ses qualités romanesques (souplesse de la narration, habileté de la technique), ce texte vaut par **la qualité de son témoignage** *sur les illusions et désillusions des intellectuels après 1945, sur leur attrait complémentaire et contradictoire pour l'URSS et les États-Unis.*

« Qu'est-ce que nous pesions ? rien du tout. »

Cette déclaration de Dubreuilh le mettait mal à l'aise. Dans son livre, Dubreuilh constatait l'impuissance des intellectuels français ; mais Henri n'avait pas supposé qu'il donnât à ses conclusions une portée rétrospective.

— Depuis quand pensez-vous ça ? demanda-t-il.

5 — Ça fait déjà longtemps. Dubreuilh haussa les épaules : « Dès le début la partie s'est déroulée entre l'U.R.S.S. et les U.S.A. ; nous étions hors du coup.

— Ce que vous disiez ne me semble pourtant pas si faux, dit Henri ; l'Europe avait un rôle à jouer et la France en Europe.

— C'était faux ; nous étions coincés. Enfin, rendez-vous compte, ajouta
10 Dubreuilh d'une voix impatiente, qu'est-ce que nous pesions ? rien du tout. »

Décidément, il était toujours le même ; il vous obligeait impétueusement à le suivre et puis soudain il vous plantait là pour foncer dans une nouvelle direction. Bien souvent, Henri s'était dit : « On ne peut rien » ; mais ça le gênait que Dubreuilh l'affirmât avec tant d'autorité : « Nous avons toujours su que nous
15 n'étions qu'une minorité, dit-il ; mais vous admettiez qu'une minorité peut être efficace.

— Dans certains cas, pas dans celui-là », dit Dubreuilh. Il se mit à parler très vite ; visiblement, il en avait lourd sur le cœur, depuis longtemps : « La résistance, parfait, une poignée d'hommes y suffisait ; tout ce qu'on voulait, somme toute,
20 c'était créer de l'agitation ; agitation, sabotage, résistance, c'est l'affaire d'une minorité. Mais quand on prétend construire, c'est une tout autre histoire. Nous avons cru que nous n'avions qu'à profiter de notre élan : alors qu'il y avait une coupure radicale entre la période de l'occupation et celle qui a suivi la libération. Refuser la collaboration, ça dépendait de nous ; la suite ne nous regardait plus.

25 — Ça nous regardait tout de même un peu », dit Henri. Il voyait bien pourquoi Dubreuilh prétendait le contraire ; le vieux ne voulait pas penser qu'il avait eu des possibilités d'action et qu'il les avait mal exploitées : il aimait mieux s'accuser d'une erreur de jugement que d'avouer un échec. Mais Henri restait convaincu qu'en 45 l'avenir était encore ouvert : ce n'était pas pour son plaisir qu'il s'était
30 mêlé de politique ; il avait senti avec évidence que ce qui se passait autour de lui le concernait : « Nous avons raté notre coup, dit-il, ça ne prouve pas que nous ayons eu tort de le tenter. »

— Oh ! nous n'avons fait de mal à personne, dit Dubreuilh, et autant s'occuper de politique que de se saouler, c'est plutôt moins mauvais pour la santé.
35 N'empêche que nous nous sommes joliment fourvoyés ! Quand on relit ce que nous écrivions entre 44-45, on a envie de rire : faites-en l'expérience, vous verrez !

— Je suppose que nous étions trop optimistes, dit Henri ; ça se comprend...

— Je nous accorde toutes les circonstances atténuantes que vous voudrez ! dit Dubreuilh. Le succès de la Résistance, la joie de la Libération, ça nous excuse
40 largement ; le bon droit triomphait, l'avenir était promis aux hommes de bonne volonté ; avec notre vieux fond d'idéalisme, nous ne demandions qu'à le croire. Il haussa les épaules : « Nous étions des enfants. »

Martial Raysse,
25 août 1944.

Manifestation contre le Plan Marshall, à Paris, en septembre 1948.

Henri se tut ; il y tenait à ce passé : comme on tient, justement, à des souvenirs d'enfance. Oui, ce temps où on distinguait sans hésiter ses amis et ses ennemis,
45 le bien et le mal, ce temps où la vie était simple comme une image d'Épinal, ça ressemblait à une enfance. Sa répugnance même à le renier donnait raison à Dubreuilh.

— Selon vous, qu'est-ce que nous aurions dû faire ? demanda-t-il ; il sourit : « Nous inscrire au parti communiste ? »
50 — Non, dit Dubreuilh. Comme vous me le disiez un jour, on ne s'empêche pas de penser ce qu'on pense : impossible de sortir de sa peau. Nous aurions été de très mauvais communistes. » Il ajouta brusquement : « D'ailleurs qu'est-ce qu'ils ont fait ? rien du tout. Ils étaient coincés eux aussi.
55 — Alors ?
— Alors rien. Il n'y avait rien à faire. »

Henri remplit de nouveau son verre. Dubreuilh avait peut-être raison, mais alors, c'était bouffon. Henri revit cette journée de printemps où il contemplait avec nostalgie les pêcheurs à la ligne ; il disait à Nadine : « Je n'ai pas le temps. »
60 Il n'avait jamais de temps : trop de choses à faire. Et pour de vrai il n'y avait rien eu à faire.

— Dommage qu'on ne s'en soit pas avisé plus tôt. On se serait évité bien des emmerdements.

— Nous ne pouvions pas nous en aviser plus tôt ! dit Dubreuilh. Admettre
65 qu'on appartient à une nation de cinquième ordre, et à une époque dépassée : ça ne se fait pas en un jour ». Il hocha la tête : « Il faut tout un travail pour se résigner à l'impuissance. »

Henri regarda Dubreuilh avec admiration ; le joli tour de passe-passe ! il n'y avait pas eu d'échec, seulement une erreur ; et l'erreur même était justifiée, donc
70 abolie. Le passé était net comme un os de seiche et Dubreuilh, une impeccable victime de la fatalité historique. Oui : eh bien ! Henri ne trouvait pas ça satisfaisant du tout ; il n'aimait pas penser que d'un bout à l'autre de cette affaire il avait été mené. Il avait eu de grands débats de conscience, des doutes, des enthousiasmes, et d'après Dubreuilh les jeux étaient faits d'avance. Il se demandait souvent
75 qui il était ; et voilà ce qu'on lui répondait : il était un intellectuel français grisé par la victoire de 44 et ramené par les événements à la conscience lucide de son inutilité.

Simone de BEAUVOIR, *Les Mandarins* (1954)
© éd. Gallimard

Raymond Aron *Mémoires* (1983)

« Notre petit camarade »

Raymond Aron *(1905-1983), condisciple de Sartre à l'École Normale Supérieure, fait part de ses souvenirs.*

Raymond Aron.

Avais-je la conviction que Sartre deviendrait ce qu'il devint, philosophe, romancier, auteur de pièces de théâtre, prophète de l'existentialisme, prix Nobel de littérature ? Sous cette forme, je répondrais sans hésiter non. Même sous une autre forme : sera-t-il un grand philosophe, un grand écrivain ? la réponse n'aurait été ni toujours la même ni jamais catégorique. D'un côté, j'admirais (et admire encore) l'extraordinaire fécondité de son esprit et de sa plume. Nous le plaisantions sur sa facilité d'écriture (moi-même, à l'époque, j'écrivais péniblement et j'étais hanté par le papier blanc et le stylo immobile). Pas plus de trois cent cinquante pages du manuscrit commencé trois semaines auparavant : que se passe-t-il ? disions-nous à notre petit camarade. En dehors de la facilité d'écriture, sa richesse d'imagination, de construction dans le monde des idées m'éblouissait (et m'éblouit encore). Non que des doutes n'aient traversé mon esprit. Parfois il développait longuement une idée, en paroles ou par écrit, faute simplement de la saisir pleinement et d'en trouver l'expression pertinente. [...]

Sartre déclara, dans une interview récente, qu'il n'avait été influencé par personne, à la rigueur quelque peu par Nizan, certainement pas par Aron. Pour l'essentiel, il a raison. Pendant deux ou trois ans, il prit plaisir à soumettre ses idées à ma critique. Il tirait peut-être profit de nos dialogues, mais cela n'a rien à voir avec une influence. Prenons un exemple : la psychanalyse constitua longtemps un thème de nos débats. Lui la rejetait, une fois pour toutes, parce que la psychanalyse se confondait avec l'inconscient et que ce dernier concept équivalait, à ses yeux, à un cercle carré ; psychisme et conscience ne se séparent pas. J'abandonnai finalement le débat sans espoir sur le problème conceptuel, mais je lui suggérai de retenir les matériaux de la psychanalyse, quitte à jeter par-dessus bord l'inconscient. La notion de « mauvaise foi » lui fournit la solution. [...]

Je soutiendrais volontiers par un autre souvenir, tout en la nuançant, sa thèse qu'il ne doit rien à personne. C'est dans un exposé, au séminaire de Léon Brunschvicg, qu'il ébaucha la vision du monde *(Weltanschauung)* qui devint la sienne. La question qui lui était posée concernait Nietzsche. Léon Brunschvicg travaillait au *Progrès de la conscience dans la pensée occidentale* et s'inquiétait de son chapitre sur Nietzsche. Fallait-il le considérer comme un philosophe au sens rigoureux, presque technique, ou comme un littérateur ? Sartre choisit le premier terme de l'alternative et, par je ne sais quel détour, il esquissa l'opposition de l'en-soi et du pour-soi ; les choses, ces arbres, ces tables ne signifient rien, ils sont ici, là, sans raison, sans but et, en contrepartie, la conscience, à chaque instant, signifie et donne signification à ces réalités aveugles, massives, qui la nient et qui pourtant, ne sont que par elle.

La vision du monde de Sartre n'appartient qu'à lui-même. Mais, de toute évidence, il doit beaucoup à Husserl, à Heidegger. Le premier lui fournit bien plus qu'un vocabulaire ; grâce à la phénoménologie, il analysa l'expérience vécue, l'ouverture de la conscience à l'objet, la transcendance de l'ego ; ainsi le pour-soi devient le sujet instantané, non le moi. Il emprunta aussi à l'interprétation heideggerienne du temps, de l'angoisse, du monde des objets. Peut-être connut-il, par l'intermédiaire de Merleau-Ponty, certaines idées hégéliennes que commentait Alexandre Kojève, par exemple celle de l'amour qui rêve vainement de s'emparer d'une liberté, celle du maître qui veut obtenir la reconnaissance de l'esclave — reconnaissance qui ne peut être authentique puisque l'esclave est dépouillé de sa liberté. A n'en pas douter, il saisissait au vol les idées qui passaient à sa portée. Merleau-Ponty me confia vers 1945 qu'il se gardait de lui communiquer les siennes.

Raymond ARON, *Mémoires* (1983), © éd. Julliard

E. M. Cioran *Précis de décomposition* (1949)

*Dans cet ouvrage demeuré célèbre, **Cioran** (né en 1911) fait **table rase de toutes les illusions**, de toutes les croyances, de toutes les espérances, de toutes les philosophies, de toutes « les grimaces de l'absolu », en une série d'essais très brefs, denses, profonds et limpides, ajustés et écrits à la lame de rasoir... On pourra comparer sa théorie de la liberté à celle de Sartre, son contemporain, et d'une certaine manière son parent en même temps que son adversaire (qu'il semble d'ailleurs railler sans le nommer dans l'essai intitulé « L'entrepreneur des idées »).*

Double visage de la liberté

E. M. Cioran.

Quoique le problème de la liberté soit insoluble, nous pouvons toujours en discourir, nous mettre du côté de la contingence ou de la nécessité... Nos tempéraments et nos préjugés nous facilitent une option qui tranche et simplifie le problème sans le résoudre. Alors qu'aucune construction théorique ne parvient à nous le rendre sensible, à nous en faire éprouver la réalité touffue et contradictoire, une intuition privilégiée nous installe au cœur même de la liberté, en dépit de tous les arguments inventés contre elle. Et nous avons peur ; — nous avons peur de l'immensité du possible, n'étant pas préparés à une révélation si vaste et si subite, à ce bien dangereux auquel nous aspirions et devant lequel nous reculons. Qu'allons-nous faire, habitués aux chaînes et aux lois, en face d'un infini d'initiatives, d'une débauche de résolutions ? La séduction de l'arbitraire nous effraie. Si nous pouvons commencer n'importe quel acte, s'il n'y a plus de bornes à l'inspiration et aux caprices, comment éviter notre perte dans l'ivresse de tant de pouvoir ?

La conscience, ébranlée par cette révélation, s'interroge et tressaille. Qui, dans un monde où il peut disposer de tout, n'a été pris de vertige ? Le meurtrier fait un usage illimité de sa liberté, et ne peut résister à l'idée de puissance. Il est dans la mesure de chacun de nous de prendre la vie d'autrui. Si tous ceux que nous avons tués en pensée disparaissaient pour de bon, la terre n'aurait plus d'habitants. Nous portons en nous un bourreau réticent, un criminel irréalisé. Et ceux qui n'ont pas l'audace de s'avouer leurs penchants homicides, assassinent en rêve, peuplent de cadavres leurs cauchemars. Devant un tribunal absolu, seuls les anges seraient acquittés. Car il n'y a jamais eu d'être qui n'ait souhaité — au moins inconsciemment — la mort d'un autre être. Chacun traîne après soi un cimetière d'amis et d'ennemis ; et il importe peu que ce cimetière soit relégué dans les abîmes du cœur ou projeté à la surface des désirs.

La liberté, conçue dans ses implications ultimes, pose la question de notre vie ou de celle des autres ; elle entraîne la double possibilité de nous sauver ou de nous perdre. Mais nous ne nous sentons libres, nous ne comprenons nos chances et nos dangers que par sursauts. Et c'est l'intermittence de ces sursauts, leur rareté, qui explique pourquoi ce monde n'est qu'un abattoir médiocre et un paradis fictif. Disserter sur la liberté, cela ne mène à aucune conséquence en bien ou en mal ; mais nous n'avons que des instants pour nous apercevoir que *tout* dépend de nous...

La liberté est un principe *éthique* d'essence *démoniaque*.

E. M. Cioran, *Précis de décomposition* (1949)
© éd. Gallimard

Pour vos essais et vos exposés

Francis Jeanson : *Sartre par lui-même*, coll. « Microcosme », éd. du Seuil, 1955.
Francis Jeanson : *Le Problème moral et la pensée de Sartre*, éd. du Seuil, 1966.
Laurent Gagnebin : *Simone de Beauvoir ou le refus de l'indifférence*, éd. Fischbacher, 1968.

Michel Contat, Michel Rybalka : *Les Écrits de Sartre*, éd. Gallimard, 1970.
Simone de Beauvoir : *La Cérémonie des adieux*, suivi de *Entretiens avec Jean-Paul Sartre*, éd. Gallimard, 1981.
Annie Cohen-Solal : *Sartre*, éd. Gallimard, 1985.
Revue *Obliques*, n° 18-19, 1979 et 24-25, 1981.
Le Magazine littéraire, 1981.

ANNÉES 50... HUSSARDS ET CHEVAU-LÉGERS

*VAILLAND, NIMIER, BLONDIN, MOHRT,
PERRET, VIALATTE, FRANK, HUGUENIN,
NOURISSIER, DÉON, POIROT-DELPECH,
FRANÇOISE SAGAN, GUIMARD, LAURENT,
HAEDENS*

MISHIMA

Sur Stendhal :
*« Il est imité et chéri par les hussards
de droite à la Roger Nimier et les
chevau-légers progressistes
à la Roger Vailland. »*
Claude Roy,
Préface au *Rouge et le Noir*

Couverture de *Grognards et Hussards*, de Bernard Frank.

1945	Roger Vailland : *Drôle de jeu*, prix Interallié	**1955**	Roger Vailland : *325 000 francs*
1947	Cecil Saint-Laurent (pseud. de Jacques Laurent) : *Caroline chérie* Jean-Paul Sartre : « Qu'est-ce que la littérature ? »	**1956**	Naissance de la collection « Libelles » (éd. Fasquelle) où paraîtront Déon, Frank, Nourissier, Vailland, Hecquet (1919-1960)
1948	Jacques Laurent : *Les Corps tranquilles* Roger Nimier : *Les Épées* Roger Vailland : *Les Mauvais Coups*	**1957**	Roger Vailland : *La Loi*, prix Goncourt Roger Nimier éditeur fait campagne pour Morand et, avec succès, pour Céline *(D'un château l'autre)*
1949	Dans *Liberté de l'esprit*, Nimier attaque Sartre, Camus et Breton Roger Nimier : « Vingt ans en 45 » Antoine Blondin : *L'Europe buissonnière* Michel Mohrt : *Mon royaume pour un cheval*	**1958**	Bernard Frank : *La Panoplie littéraire* (autour de Drieu La Rochelle) François Nourissier : *Bleu comme la nuit* et *Portrait d'un indifférent* Jean-René Huguenin enquête pour *Arts* sur un « nouveau romantisme »
1950	Michel Déon : *Je ne veux jamais l'oublier* Roger Nimier : *Le Grand d'Espagne* (essai) ; *Perfide* ; *Le Hussard bleu* Roger Vailland : *Bon pied, bon œil*	**1960**	André Fraigneau : *Les Étonnements de Guillaume Francœur* Jean-René Huguenin : *La Côte sauvage* Michel Déon : *La Carotte et le Bâton*
1951	Jacques Laurent : *Paul et Jean-Paul* (essai) Roger Nimier : *Les Enfants tristes* Jacques Perret : *Bande à part* Alexandre Vialatte : *Les Fruits du Congo* Claude Roy : *Stendhal par lui-même*	**1962**	Septembre : à quelques jours d'intervalle, Huguenin et Nimier se tuent en voiture
		1963	Roger Vailland : *Le Regard froid*
1952	Antoine Blondin : *Les Enfants du bon Dieu* Bernard Frank : « Grognards et Hussards », *Les Temps modernes*	**1965**	Roger Nimier : *Journées de lecture* (posth.) Jean-René Huguenin : *Une autre jeunesse* (posth.) Mort de Roger Vailland
1953	Jacques Laurent lance une revue littéraire mensuelle, *La Parisienne* Bernard Frank : *Les Rats*	**1970**	Antoine Blondin : *Monsieur Jadis* Michel Déon : *Les Poneys sauvages* Bernard Frank : *Un siècle débordé*
1954	Louis Aragon : *Lumière de Stendhal* Françoise Sagan : *Bonjour tristesse* Roger Vailland : *Beau Masque*	**1971**	Jacques Laurent : *Les Bêtises*, prix Goncourt
		1974	Kléber Haedens : *Adios*

Le hussard : avatars d'une métaphore

Stendhal

« Ç'a été le rôle et la manœuvre de Beyle : un hussard romantique enveloppé sous le nom de Stendhal, de je ne sais quel manteau scandinave, narguant d'ailleurs le solennel et le sentimental, brillant, aventureux, taquin, assez solide à la riposte, excellent à l'escarmouche. »

Charles-Augustin Sainte-Beuve, *Causeries du lundi* (2 janvier 1854)

Les instituteurs

« Quelque chose comme le fameux cadre noir de Saumur. Rien n'est beau comme un bel uniforme noir parmi les uniformes militaires. C'est la ligne elle-même. Et la sévérité. Porté par ces gamins qui étaient vraiment les enfants de la République. Par ces nourrissons de la République. Par ces hussards noirs de la sévérité. Je crois avoir dit qu'ils étaient très vieux. Ils avaient au moins quinze ans. »

Charles Péguy, *L'Argent* (1913)

L'écrivain qui a du ton

« L'écrivain qui a du style écrit à cheval. L'écrivain qui a du ton écrit à cheval, mais il a placé devant lui un miroir pour ne pas se perdre de vue, pour goûter, en même temps que le lecteur, sa saveur. (...) Quoi qu'il en soit, Nimier est de loin le favori d'un groupe de jeunes écrivains que, par commodité, je nommerai fasciste. Blondin, Laurent en sont les prototypes. »

Bernard Frank, « Grognards et Hussards », *Les Temps modernes* (décembre 1952)

Un air de cavalerie et de romantisme

1. Lectures de Stendhal

Du côté marxiste, **Roger Vailland** (1907-1965) et **Claude Roy** (né en 1915) soutiennent, face à de plus orthodoxes, que l'individu et son bonheur sont les fins dernières de la politique et que le procès intenté à Stendhal — pour inutilité — rejoint celui de la littérature. Par là, de jeunes écrivains aux goûts politiques adverses sont en accord avec eux, même si leur égotisme renvoie davantage à Gobineau ou à Barrès. **Ils revendiquent eux aussi l'héritage du libertinage et de l'irrespect**.

Mais ces cadets — **Roger Nimier** (1925-1962), **Michel Déon** et **Jacques Laurent** (nés en 1919) — lisent le *Stendhal romancier* (1946) de Bardèche, beau-frère de Brasillach exécuté en 1945, qui compare Après-guerre et Restauration. Ces « anarchistes de droite » ne voient qu'ennui et hypocrisie dans les retours de l'humanisme et de la république, symbolisés pour eux par Sartre. Dans ce contexte, Fabrice et Julien hussards — l'un à Waterloo, l'autre sous la Restauration — leur offrent des images héroïques entre plaisir et mépris.

2. Mythologie du hussard

Don Quichotte et d'Artagnan, le chevalier à la triste figure et le mousquetaire, représentent aux extrêmes **un rêve d'action**. Dans une époque meurtrière et totalitaire, lorsque le pessimisme répond au tragique par le jeu individuel, au roman de « la condition humaine » par le récit désinvolte et savoureux, **l'un des modèles possibles est le héros stendhalien, chevalier du moi**. En cet après-guerre, le « hussard romantique » (Sainte-Beuve) va métaphoriser pour les écrivains autant que pour leurs créations l'allégresse du style et de l'esprit.

Cependant que Gérard Philipe incarne au cinéma le protagoniste de *La Chartreuse de Parme* (1940) et celui du *Rouge et le Noir* (1954), les hussards investissent le roman : *Le Hussard bleu* (1950), de Roger Nimier, *Le Hussard sur le toit* (1951), de Jean Giono, devenu pour la critique romancier stendhalien, etc. René Marill-Albérès fait entrer dans son *Bilan littéraire du XXe siècle* (1956, 1970) « le mythe du hussard » et classe dans une « école des hussards » **Roger Nimier, François Nourissier** (né en 1927), **Jacques Laurent, Bernard Frank** (1929) et **Françoise Sagan** (1935), à partir d'un personnage-type : « un être jeune, désabusé et ardent (forme "aristocratique" du jeune homme d'après-guerre) » ; il cite aussi Louise de Vilmorin (1902-1969), Roger Vailland et Claude Roy. Mais il reste muet sur le mythe narratif, fondé en particulier sur Œdipe.

3. Les « hussards », mouvement et nébuleuse

Dès 1952, la métaphore tire son éclat d'une chronique des *Temps modernes*, où Bernard Frank désigne ainsi une littérature de la verve et du plaisir d'écrire poussé jusqu'à la complaisance et, en

Jean-Antoine Gros. *Portrait du Comte Général Fournier Sarlovèze.* Paris, Musée du Louvre.

même temps, un groupe mené par Nimier, Laurent et **Antoine Blondin** (né en 1922), qualifié de fasciste « par commodité ». L'ambiguïté de la polémique fait que des aînés comme Jacques Chardonne et Paul Morand leur seront un jour assimilés et que Frank lui-même sera hussard, mais « de gauche ». Fatalités de la guerre franco-française... Le nombre des hussards s'arrête à quatre lorsque **Michel Déon** s'associe à Blondin, Laurent et Nimier pour préfacer en 1956 un romancier « épuré », leur ami André Fraigneau (né en 1907). Enfin, la mort précoce de Nimier en 1962 pare ce moment d'histoire littéraire d'une « aura de romantisme » (Nourissier, en 1902), aux quatre hussards en est alors adjoint un cinquième, Stephen Hecquet (1919-1960), autre destin tragique.

Jamais ces « hussards » ne se sont réunis pour rédiger un manifeste ou fonder une école. Mais, leur vingtième année coïncidant avec la période de la guerre, **ils ont des solidarités de génération**. Ils refusent le discrédit que l'épuration a jeté sur des écrivains comme Morand et Céline. Ils réagissent contre la doctrine sartrienne de l'engagement et contre l'esprit de sérieux de l'après-guerre *(La Parisienne, Arts)*, en héritiers du classicisme, du romantisme et du premier après-guerre. Ils assument avec pudeur certaine mélancolie de vivre et recherchent la fête et l'amitié. Bien d'autres ont été appelés hussards dans les années cinquante et au fil des décennies, comme si l'insolence faisait école : Éric Ollivier, Geneviève Dormann, Pascal Jardin, Gérard Guégan. Et récemment, de « nouveaux hussards » se sont mis eux-mêmes en régiment (Patrick Besson, Éric Neuhoff, Denis Tillinac, Didier Van Cauwelaert).

1. Romans d'engagement

En tête de *Drôle de jeu*, **ROGER VAILLAND** annonce que le livre n'est pas un roman historique ni un roman « sur » la Résistance : « Il ne peut donc fournir matière à aucune espèce de polémique — autre que purement littéraire — et tout argument d'ordre historique ou politique qu'on y puiserait serait, par définition, sans valeur. » Par opposition au roman engagé, **le roman d'engagement prend pour sujet l'action militante ou guerrière sans offrir une vision idéologique univoque, ni toujours prôner une morale de l'engagement.** Il s'agit cependant en cet après-guerre de lier le romanesque et l'aventure à la question : pourquoi un individu devient-il (ou est-il devenu) ou révolutionnaire ou fasciste ou attentiste ? Le refus de la réponse simple et la revendication des droits de l'art et de l'individu privilégient l'opposition militant-aventurier. Dans les textes de Vailland, l'expression de la subjectivité libre passe par le cynisme du libertin et par la lucidité de l'homme de qualité ; dans ceux de **ROGER NIMIER, ANTOINE BLONDIN, MICHEL MOHRT, JACQUES PERRET, ALEXANDRE VIALATTE** et **BERNARD FRANK**, par le défi, l'humour, la réflexion morale, la poésie, la nonchalance apparente, la contestation. Aussi le dégagement et l'engagement critiqué ou rejeté deviennent-ils des formes détournées d'engagement.

Le bien-fondé d'une cause suffit-il pour qu'on se sacrifie à elle ? Et, inversement, la culpabilité d'un choix sanctionné par la défaite doit-elle entraîner la mort ? La réponse ne va pas de soi, comme le suggère en 1950 le *Portrait de l'aventurier*, préfacé par Sartre, où Roger Stéphane réfléchit sur l'entre-deux-guerres à partir d'André Malraux, de T.-E. Lawrence et d'Ernst Von Salomon.

Roger Vailland *Drôle de jeu* (1945)

Attiré tôt par le surréalisme, tourné ensuite vers une vie de journaliste, **Roger Vailland** (1907-1965) fait de vrais débuts, tardifs mais réussis, avec *Drôle de jeu* (1945) — dont on retrouvera les personnages principaux dans *Bon pied, bon œil* (1950, voir p. 459). A la fin de 1942, par le choix de la Résistance, une existence nouvelle et le compagnonnage communiste ont commencé. Le Parti n'accepte l'adhésion qu'en 1952, mais l'œuvre se place dans sa perspective idéologique à partir de 1950. Entre les romans *Beau Masque* (1954) et *325 000 francs* (1955) et le prix Goncourt de *La Loi* (1957), s'interpose la crise ouverte par le rapport Khrouchtchev : dès 1956, Vailland prend ses distances.

Le romancier met en œuvre, par les figures du Libertin, du Bolchevik et du Souverain, une recherche du bonheur dans le libre-arbitre. On la retrouve dans *Le Regard froid* (1963) et les *Écrits intimes* (1968).

◄ *Roger Vailland.* Photo de Robert Doisneau.

*** *Drôle de jeu*

Le récit, dont la concentration n'est pas sans rappeler celle de la tragédie classique, se divise en cinq « journées », du printemps 1944 à la veille du débarquement allié. Les deux premières (fin mars) et les deux dernières (fin avril) présentent la vie quotidienne de résistants à Paris ; la troisième, au centre, la réalisation d'un attentat contre un train en province.

Les deux composantes de l'intrigue — préparation de l'attentat, élucidation d'une arrestation effectuée par la Gestapo — font passer du palier de la « troisième journée » au crescendo final : le jeune communiste Frédéric est pris, mais la Résistance, à la lumière de l'*Anabase*, de Xénophon, est haussée au niveau de l'héroïsme de tous les temps.

Action et description assurent le rythme d'un livre dont l'essentiel est fait d'observations personnelles, d'entretiens moraux, politiques et amoureux.

A la veille d'une épopée ?

***

Au cours d'une longue conversation sur l'amour et l'action politique, Rodrigue (21 ans) a exprimé une grande lassitude ; son aîné Marat (36 ans), qui n'est pas communiste, lui a répliqué sur le ton de l'autorité désinvolte. Au début du chapitre IV de cette « Deuxième journée », tous deux quittent Montmartre pour le Quartier latin ; ils doivent y déjeuner avec Frédéric.

Ils marchèrent allègrement. Ils n'avaient, contrairement à l'habitude, aucun document dangereux dans leurs poches. C'était midi. Les rues étaient animées, beaucoup d'employés et d'ouvriers préférant faire de longs trajets à pied à risquer de se trouver immobilisés dans le métro par une nouvelle alerte. Les deux
5 conspirateurs se retournaient au passage des femmes qui commençaient à ne plus porter de manteau.

— Nous me faisons penser, dit Marat, à une image d'un grand livre illustré sur Bonaparte que j'ai eu comme prix d'excellence (oui, mon cher) au lycée, en cinquième. C'est bien avant Brumaire, pendant les derniers soubresauts de la
10 Révolution, une époque de conspiration aussi. Bonaparte n'est encore que lieutenant d'artillerie, on le voit dans une rue de Paris, bras dessus bras dessous avec un camarade, le col de la veste relevé, le bicorne enfoncé sur les yeux, en train d'accoster une jeune fille qui l'engueule en rigolant...

— Lequel de nous deux est Bonaparte ?

15 — Toi : le Bonaparte rouge. Moi, je suis déjà trop vieux : à trente-six ans, Bonaparte s'appelait Napoléon et était empereur. Moi, dans dix ans, je ferai terriblement Ancien Régime... passé bien entendu à la Révolution, mieux : artisan de la Révolution, mais Ancien Régime quand même... on n'a pas eu impunément vingt ans en 1928, été surréaliste, etc. Je serai ton Fouché[1].

20 — Quelle horreur !

— Non, j'aime bien Fouché. Corrompu mais efficace, hypocrite, mais vrai avec lui-même. Et surtout éternellement irrespectueux : comme j'aime l'irrespect... cela aussi fera très Ancien Régime...

Ainsi allaient-ils, insouciants, tantôt devisant du passé et de l'avenir, à la
25 manière des jeunes gens, tantôt muets, chacun poursuivant son rêve.

Marat pensait que quoi qu'il vînt de dire, il se sentait aussi jeune que son compagnon : comme lui il n'était lié par rien : situation, famille, foyer. Toute sa vie était dans l'avenir. Il considérait son passé d'homme, toute la longue période entre vingt et trente-six ans, comme une sorte de prolongation de ses études ;
30 il était heureux d'avoir multiplié les expériences mais de n'avoir pas à en porter le poids puisqu'il n'avait jamais consenti à « faire carrière », à se lier à une société dont, dès l'adolescence, il avait jugé les idéaux périmés, les idoles dérisoires, la survie peu probable. Plus encore que ces motifs conscients, une sorte d'instinct l'avait toujours mis en
35 garde contre les fonctions auxquelles l'homme s'identifie, les travaux et les actes qui le « suivent » dans la vie. Comme il s'en félicitait ! Maintenant, c'était différent. Depuis l'armistice, il n'était plus possible de « rester en marge », c'eût été quand même prendre parti et prendre parti contre les siens ; maintenant donc, il combattait.
40 Quand la phase actuelle sera terminée, quand on luttera à visage découvert, il jouera le jeu, s'engagera, se compromettra.

Roger VAILLAND, *Drôle de jeu*, « Deuxième journée » (1945)
© éd. Buchet-Chastel

1. Après avoir organisé des représailles massives en province, Fouché devient ministre de la Police du Directoire. Et, sous le Consulat et l'Empire, il a la haute main sur la police.

L'Affiche rouge. Affiche allemande contre le groupe de résistants dit « Groupe Manouchian ».

ÉTUDE COMPARÉE _____

Idéologie et mythologie littéraire

Comparez la composition et le style du passage à ceux du monologue initial du *Hussard bleu*, de Roger NIMIER (voir p. 509).

La Loi (1957)

*** *La Loi*

Au milieu des années cinquante, dans l'Italie encore à demi-féodale de Porto-Manocore, il s'agit d'un autre jeu, divertissant mais cruel : le perdant doit en silence admettre que sa vie privée soit révélée par le vainqueur. Il en va de même dans l'organisation sociale : le plus fort ou le plus adroit dicte toujours sa loi au plus faible. La vertu des filles est à la merci du seigneur local, Don Cesare ; les fonctionnaires tremblent devant Matteo Brigante, qui pratique le racket ; et les touristes sont la proie des mauvais garçons. L'issue du jeu peut changer, la loi demeure.

« *Ainsi soit-il* »

***

Au seuil de la mort, le septuagénaire Don Cesare affirme sa souveraineté d'homme. Il a vécu jusqu'au bout sa liberté, sans l'aliéner à la religion ni à l'histoire.

A son chevet veille la jeune Mariette, qui appartient à sa « maison ». Elle vient de répéter après lui « Così sia », ainsi soit-il.

Gina Lollobrigida et Pierre Brasseur dans *La Loi*, film de Jules Dassin, 1959.

Plusieurs fois dans sa vie, un homme de qualité est amené à faire la guerre. Il en a été ainsi à toutes les époques de l'Histoire. Le reste du temps, il garde ses distances. Don Cesare a bien fait la guerre, et il a bien gardé ses distances.

Il pense qu'Athénien avant Périclès, citoyen romain à l'époque des guerres
5   puniques, conventionnel en 1793, son refus de subir la loi l'eût intégré à la petite communauté de ceux qui abattent les structures périmées et ouvrent de nouvelles voies à la vie des sociétés. En certains pays, à certaines époques, l'homme de qualité trouve appui dans le mouvement de l'Histoire et se confirme dans sa qualité en transformant le monde.

10   Il pense aussi que, né sous le règne d'Auguste ou de Tibère, de Laurent de Médicis ou d'Ivan le Terrible, son refus de subir la loi l'eût obligé à se suicider, comme le font les hommes de qualité quand il leur est impossible d'échapper personnellement à la tyrannie. Le droit au suicide, que les geôliers les plus attentifs, les tortionnaires les plus habiles n'arrivent à suspendre que pour un
15   temps, lui a toujours paru la seule, mais l'irréfutable preuve de la liberté de l'homme.

Ainsi, estime-t-il, et selon les circonstances, l'homme de qualité s'estime obligé tantôt à l'action, tantôt au suicide, mais le plus souvent seulement à une succession d'engagements et de dégagements, l'un l'autre s'engendrant. C'est
20   dans ce mouvement même, qui tantôt le contraint à s'engager, tantôt à dégager, que réside sa qualité.

Lui qui est né en 1884, en Europe occidentale, et plus précisément en Italie méridionale, il s'est suicidé lentement, par phases successives, à la mesure de son époque. Cela a duré soixante-douze ans et n'a pas toujours été désagréable.
25   Ainsi soit-il.

Les plaisirs de l'étude, de l'amour et de la chasse ont peuplé plaisamment les loisirs auxquels les circonstances l'ont obligé. Il est né riche et comblé des dons qui permettent de devenir *uomo di alta cultura* (comme disent les Italiens du Sud) et homme de plaisir (comme disaient les Français des grandes époques), dans
30   un temps et dans un pays qui l'ont obligé à se suicider lentement (mais non sans plaisirs), pour ne pas détruire sa qualité. Ainsi soit-il.

Il acquiesce à lui-même, tel qu'il a été et tel qu'il demeure à l'heure de sa mort. Cet acquiescement n'a de valeur que pour lui-même, vis-à-vis de lui-même, mais l'heure de sa mort, de sa lucide mort d'athée acceptant la mort, cet acquiesce-
35   ment prend une valeur absolue. Ainsi soit-il. Il prononce à voix haute :

— *Così sia.*

— *Così sia*, répond Mariette.

Roger VAILLAND, *La Loi* (1957)
© éd. Gallimard

POINT DE VUE CRITIQUE

« C'est là que le roman prend tout son sens et qu'il devient exaltant. Il renoue avec d'autres grands textes qui avaient autrefois fasciné la jeunesse d'Occident. « Rendre à l'individu sa fertilité », disait jadis Malraux. C'est, encore et toujours, le problème de *La Loi*. « Romain de l'Empire, chrétien, soldat de l'armée du Rhin, *ouvrier soviétique*, l'homme est lié à la collectivité qui l'entoure : Alexandrin, écrivain du XVIIIe siècle [et ajoutons : « disoccupati » de Manacore, P.B.], il en est séparé » (Préface du *Temps du Mépris*). Et Malraux continuait : « S'il l'est sans être lié à *celle qui suivra*, son expression essentielle ne saurait être héroïque. » Quelqu'un à Manacore peut-il être lié à la collectivité qui suivra ? Les Pouilles sont immobiles. Rien ne s'y dessine, et l'on continuera longtemps à y jouer à la loi. L'Histoire y est aussi horizontale que l'eau des marais. Don Cesare mort, le jeu reprend. Et le seul homme qui reste lié à la communauté qui viendra, c'est au fond, et tout le livre le dit, Roger Vailland lui-même. Jusqu'à ce qu'un jour peut-être, l'Histoire éveille les Pouilles. Mais, comme le disait Carlo Levi, le Christ s'est arrêté à Eboli. Le Christ, l'Histoire. Cela va quand même plus loin que Françoise Sagan. »

Pierre BARBERIS, *Lectures du réel* (1973, texte de 1957)
© éd. Sociales

Roger Nimier *Le Hussard bleu* (1950)

Après un premier roman provocant, *Les Épées*, et quelques articles polémiques, la publication de trois livres dans la seule année 1950 (*Le Grand d'Espagne, Perfide* et surtout *Le Hussard bleu*) place **Roger Nimier** (1925-1962), qui n'obtiendra jamais de prix littéraire, en tête d'une génération hostile à la littérature engagée. Après le demi-échec des *Enfants tristes* (1951) (voir p. 517), il se limite à la critique ; *Histoire d'un amour* (1953) s'accompagne de l'annonce d'un long silence. Il aborde le cinéma avec Antonioni en 1952, puis avec Louis Malle (*Ascenseur pour l'échafaud*, 1958). Par le journalisme et par l'édition, il continue d'agir pour la réhabilitation d'auteurs comme Morand et Céline. Il meurt dans un accident de voiture alors qu'il se remettait au roman. Posthumes : *D'Artagnan amoureux*, 1962 ; *Journées de lecture*, 1965 ; *L'Étrangère*, 1968 ; *L'Élève d'Aristote*, 1981.

Dans sa correspondance, **Roger Nimier** *invite à considérer* Les Épées *(1948) et* Le Hussard bleu *(1950) comme « un seul livre ».*

*** Les Épées

Après un prologue rapportant la tentative de suicide de l'adolescent François Sanders en mars 1937, le roman est occupé entièrement par son monologue, en deux parties. Dans le premier chapitre de « La Conjuration », Sanders évoque sa vie familiale et, en particulier, l'affection trouble qui l'unit à sa sœur, pendant l'avant-guerre. Dans le second chapitre, après avoir tiré sur un jeune juif par défi le jour de la Libération de Paris, il revoit les diverses aventures — à l'origine, la Résistance le charge d'assassiner Darnand, le chef de la Milice — qui l'ont conduit à un jeu solitaire entre Résistance et Milice.

Dans « Le Désordre », Sanders se laisse envahir après-guerre par l'ennui et par le dégoût. Il élimine sa sœur à la fin.

*** Le Hussard bleu

D'un volume trois fois plus important que *Les Épées*, ce roman développe une action qui se situe chronologiquement entre « La Conjuration » et « Le Désordre ». Sanders demeure le protagoniste, mais neuf autres personnages prennent la parole, en particulier son ami François Saint-Anne, de six ans son cadet, « le hussard bleu ».

L'action et le récit progressent par monologues successifs et personnages alternés. Dans « La Composition d'histoire », première partie, commence la chronique d'un peloton de hussards. De mars 1945 au 8 mai, la campagne d'Allemagne les mène d'une bourgade lorraine au lac de Constance ; la nuit de l'armistice, deux personnages tombent sous les balles des SS. On passe dans la deuxième partie, « Le Château », à l'occupation de la Rhénanie : sans le savoir, Sanders et Saint-Anne aiment la même femme, l'Allemande Rita. Dans « La Distribution des prix », troisième partie, les occupants français se livrent à des manœuvres militaires. A cette occasion, Sanders retrouve Besse qu'il avait fréquenté à la Milice (*Les Épées*) ; et il le sauve. Il le verra une dernière fois, dans des circonstances horribles : après un attentat qu'il a commis avec des nationalistes allemands, Besse s'est pendu. Frédéric, beau-frère de Rita, fait partie de ces nationalistes. Il obligera sa belle-sœur à exécuter le petit Saint-Anne ; après quoi, Rita se donnera la mort. Sanders, meurtri, regagne Paris.

Génération

La première page du Hussard bleu *se présente comme* **un prélude** *où le protagoniste des* Épées *fait le point, en mars 1945.*

SANDERS

Longtemps, j'ai cru m'en tirer sans éclats. J'appartenais à cette génération heureuse qui aura eu vingt ans pour la fin du monde civilisé. On nous aura donné le plus beau cadeau de la terre : une époque où nos ennemis, qui sont presque toutes les grandes personnes, comptent pour du beurre. Votre confort, vos
5 progrès, nous vous conseillons de les appliquer aux meilleurs systèmes d'enterrements collectifs. Je vous assure que vous en aurez grand besoin. Car, lentement, vous allez disparaître de cette terre, sans rien comprendre à ces fracas, à ces rumeurs, ni aux torches que nous agitons. Voilà vingt ans, imbéciles, que vous prépariez dans vos congrès le rapprochement de la jeunesse du
10 monde. Maintenant vous êtes satisfaits. Nous avons opéré ce rapprochement nous-même, un beau matin, sur les champs de bataille. Mais vous ne pouvez pas comprendre.

1. *Couleur de l'uniforme de milicien.*

2. *Ce docteur de l'église grecque du IVᵉ siècle, épris de solitude et de retraite, a été pourtant conduit aux plus hautes charges.*

3. *Déjà Stendhal avait inventé un 15ᵉ hussards pour Julien Sorel.*

Cette sale histoire que j'ose à peine appeler ma vie, cette sale histoire a duré cinq ans. D'abord j'ai été bien déçu, en 40, de voir que nous étions battus. On
15 ne m'avait pas élevé dans ces idées-là. Prisonnier, je le suis resté jusqu'au jour où des imbéciles ont monté des postes de téhessef clandestins. Quel ennui ! Je me suis évadé dans la semaine qui a suivi. Alors, par manque d'imagination, je me suis inscrit dans la Résistance. Un an plus tard, mes camarades me faisaient entrer dans la Milice pour préparer un assassinat politique. Ils m'avaient prévenu,
20 ils m'avait dit que ce serait une épreuve pénible. Mais j'ai trouvé des garçons énergiques, pleins de muscles et d'idéal. Les Anglais allaient gagner la guerre. Le bleu marine[1] me va bien au teint. Les voyages forment la jeunesse. Ma foi, je suis resté.

A présent, j'ai revêtu un uniforme plus humain, celui des armées alliées.
25 Dunkerque, la Somme, ces histoires datent au moins d'un siècle. Il y a une fête sur la place du village. La musique des chevaux de bois me casse les oreilles. La poussière aveugle les enfants. Elle m'aveugle. Ce n'est pas le hasard qui m'a conduit dans cette première armée française. J'ai eu tort, je le sais, et je meurs de rage. La guerre de 39 était idiote, la Résistance à moitié folle ; quant à la
30 Milice, eh bien, c'était mal. Donc je mourrai dans cette campagne, ce sera beaucoup plus simple. Je mourrai facilement. Maintenant que je suis tout seul, je peux l'avouer : je déteste la violence. Elle est bruyante, injuste, passagère. Mais je ne vois pas encore qui saura me la reprocher. Sûrement pas les démocrates qui sont les plus tapageurs des hommes. Pour la justice, ils y croient.
35 Ils l'ont vue plusieurs fois, le samedi soir, au cinéma. Il faudrait qu'on me trouve un chrétien de bonne race, un saint Grégoire de Nazianze[2], par exemple. Il serait assis devant moi, propre et débraillé, son calot de travers sur son front têtu. Il m'épaterait en jonglant avec des vérités tranquilles. Volontiers j'aurais honte et je confesserais mes péchés. Hélas ! personne n'en voudrait. Au XXᵉ siècle, ça
40 n'existe plus. Et puis, vous savez, j'ai cherché partout : saint Grégoire de Nazianze n'est pas au 16ᵉ hussards[3].

Roger NIMIER, *Le Hussard bleu*, « La Composition d'histoire » (1950)
© éd. Gallimard

Antoine Blondin *L'Europe buissonnière* (1949)

Licence de lettres suivie de premiers emplois, Service du Travail Obligatoire à partir de 1943 en Autriche, pain quotidien d'une interminable après-guerre : **Antoine Blondin** (né en 1922) semble avoir tout abordé avec une fantaisie égale. Mais la vie et l'œuvre de cet écrivain tôt reconnu portent pour blessures profondes des épreuves privées et l'impossible paix. A *L'Europe buissonnière* (1949) succède *Les Enfants du bon Dieu*, en 1952 : désormais, le besoin de tendresse et de fraternité anime le romancier en quête de sens et de poésie dans un monde qui lui paraît en manquer singulièrement. Suivront *L'Humeur vagabonde* (1955), *Un singe en hiver* (1959), *Monsieur Jadis ou l'École du soir* (1970), et les nouvelles de *Quat'saisons* (1975). Des recueils permettent de découvrir le journaliste (*Ma vie entre les lignes*, 1982 ; *L'Ironie du sport*, 1988) et le lecteur (*Certificats d'études*, 1977).

*** *L'Europe buissonnière*

L'exergue : « ... et poursuivit sa route qui n'était autre que celle que voulait sa monture. Car il était persuadé qu'en cela consistait l'essence des aventures » (Cervantès, *Don Quichotte*) traduit bien le caractère foisonnant et ironique du récit. Vingt personnages naïfs ou malicieux traversent avec allégresse une France et une Europe qui entrent dans la guerre et s'y enferrent. Ils tirent la langue à l'Histoire ou ils n'en sont les victimes que par dérision. Parmi ces jeunes insolents se détache Muguet, puis avec lui, dans la deuxième partie, Superniel.

Le résistant Hitler

***

Avant l'époque du Service du Travail Obligatoire et par suite de circonstances rocambolesques, Muguet se trouve chargé d'une mission par la Résistance. Au lieu de prendre dans la clandestinité un nom comme Bayard ou Du Guesclin — ce que font ses compagnons ; voir aussi Marat et Rodrigue dans *Drôle de jeu* —, il trouve plus astucieux de se baptiser Hitler.

Il voyage en train, muni d'un document. Pour échapper à l'atmosphère quelque peu hostile de son compartiment, il se rend au wagon-restaurant.

1. *Plante dont la racine, en cette période de restrictions, était consommée comme légume.*

2. *Voir la formule de Sully, ministre de Henri IV.*

Muguet se composa minutieusement un menu de pieuvre à l'... — le mot *américaine* avait été supprimé, pour ne pas froisser quelques susceptibilités — et de rutabagas[1]. Les garçons s'agitaient autour de lui, bien qu'il fût passablement accoutré, sachant pertinemment que la modestie honteuse et la pudeur
5 rougissante sont les mamelles[2] ordinaires d'un pourboire exorbitant. Mais ils avaient à faire à forte partie. Le jeune homme épluchait précisément sa note, quand le sommelier, passant une tête par la porte à glissière, s'écria : « Vingt-deux, les gars, voilà les poulets ! »

« Une fouille ! dit le maître d'hôtel, chacun à son poste ! »
10 En un instant, le personnel se rua sur les placards, démasqua des cachettes dans les cloisons, fit basculer le sucre dans la farine, noya les cigarettes dans la margarine, précipita le beurre dans le tout-à-l'égout et se composa le masque d'une servilité déférente.

« Qu'est-ce que je dois faire ? pensa Muguet. On m'a bien recommandé de
15 n'avaler le message en aucun cas. »

Déjà, deux personnages robustes s'encadraient dans le chambranle, flanqués d'un garde mobile. Au fur et à mesure qu'ils avançaient, ils scrutaient les banquettes, palpaient les dessous de table, tandis que le garde, avec un zèle farouche, retournait les filets pour les voir par en dessous. Muguet épingla
20 prestement l'enveloppe qu'on lui avait confiée à l'addition qu'on venait de lui soumettre et couvrit la soucoupe de tous les billets de banque dont il pouvait disposer. Ils étaient sur lui :

« Fouille-moi ce type-là, dit l'un des deux gendarmes qui s'empressait ; et vous, vos papiers ! »
25 Le jeune homme était en sueur.

« Qu'est-ce qu'il transpire, dit le gendarme avec l'admiration d'un spécialiste.
— Vous vous appelez Hitler ? si je comprends bien, demanda l'inspecteur.
— Sans blague, s'exclama l'autre, et vous n'avez pas cherché à changer de

3. *Par opposition au Contrôle économique.*

nom ?
30 — En ce moment, ce serait mal interprété, murmura Muguet.
— Et puis, c'est qu'on peut pas toujours, intervint le gendarme, avec ces foutus noms qu'ils vous donnent à l'Assistance publique... Moi qui vous cause, je m'appelle Duderrière. Comme ça se prononce. »

Le garçon demanda s'il pouvait desservir et tendit la main vers la soucoupe.
35 « Non, dit Muguet, ces messieurs prendront quelque chose avec moi.
— C'est pas de refus, répondit l'un.
— Un petit café ? suggéra l'autre.
— Mais du vrai, pas du national ! » s'exclama le troisième.

On respira. Le sucre, les cigarettes, le beurre réapparurent par miracle. On
40 avait à faire au Contrôle politique[3]. Des gens qui savent vivre.

Antoine BLONDIN, *L'Europe buissonnière*,
Première partie, « Cavalier seul » (1949)
© éd. La Table Ronde

POUR LE COMMENTAIRE

Jeu, idéologie et art

Analysez comment le dialogue et le récit tendent à démystifier des comportements qui ne sont pas nécessairement liés aux circonstances historiques.

Michel Mohrt
Mon royaume pour un cheval (1949)

Après avoir fait la guerre de 1939-1940, **Michel Mohrt** (né en 1914) regagne la vie civile. De 1947 à 1952, il est avocat à Marseille puis enseigne dans des universités américaines, avant de s'occuper de littérature anglo-saxonne en éditeur et en critique (*L'Air du large*, 1970). Il a débuté en 1941 par l'essai : *Les Intellectuels devant la défaite de 1870*, suivi en 1943 de *Montherlant, « homme libre »*. En 1949, *Mon royaume pour un cheval* est son second roman. Il connaît le succès en 1962 avec *La Prison maritime*. Il renoue avec le sujet de la guerre et de l'occupation dans *La Campagne d'Italie* (1965) et *La Guerre civile* (1986). Il a été élu à l'Académie française en 1985.

*** *Mon royaume pour un cheval*

Le titre, traduction d'une formule de *Richard III* de Shakespeare, renvoie implicitement à *L'Homme à cheval* de Drieu La Rochelle. Cet auteur sert, pour une part, de modèle à l'un des personnages importants du livre, Maudire, écrivain collaborateur qui se suicide au début de 1945.

Un émigré

***

Alain Monnier a lié amitié avec Bargemont pendant les combats livrés en 1940 dans les Alpes. Après la défaite, ils se sont fréquentés à Marseille ; ils s'y sont retrouvés à la Légion. Mais Monnier demeure toujours en retrait, alors que son ami décide en 1941 de se battre sous l'uniforme allemand. Écœuré par la France de la Libération, Monnier quitte le pays en 1945 pour l'Amérique du Nord. Il y apprend plus tard l'exécution de Bargemont. A la fin du roman, il est de passage à New-York avec son amie Odile ; il se penche sur son passé.

1. Créée par le maréchal Pétain en août 1940, la Légion française des combattants rassemblant les soldats des deux guerres devait favoriser la révolution nationale.

Il tourna dans une rue latérale en direction du nord de la ville. Les images de la guerre, de Marseille, lui revenaient en foule. Il pensait à son ami, comparait leurs deux destinées si étroitement liées certains jours d'un mois de juin, dans un petit coin des Alpes. Qu'avait-il fait, lui, depuis Marseille ? Il avait traversé
5 tout : la Légion[1], l'occupation, la guerre, dans une sorte de somnambulisme lucide. Pas trop fier d'en être sorti à si bon compte. Les bons comptes ne font pas les bons amis... Il n'avait rien fait, rien fait d'autre qu'éviter les responsabilités, les devoirs ; rien fait d'autre que fuir. Les femmes la devinaient, cette faille de son caractère : il pouvait bien les séduire, il ne les avait jamais conquises.
10 Odile, comme toutes les autres, avait vite reconnu la faiblesse du caractère sous le brillant de l'intelligence — et elle s'était déprise, comme les autres s'étaient déprises. Il n'avait été au bout de rien, ni avec les femmes, ni avec son pays. Même pas dans les quelques jours des Alpes : pas un instant, il n'avait consenti au sacrifice. Il n'avait jamais voté[2]. C'était vrai qu'il n'avait jamais voté !... Un jour,

2. A Marseille, Bargemont l'avait interrogé à ce sujet.

15 il avait pris le bateau : c'était un acte qu'il avait su faire, une victoire qu'il avait su remporter ! Et Alain Monnier comprit que cet acte l'avait mis en accord avec le plus secret de soi-même et qu'il était enfin devenu en titre ce qu'il n'avait jamais cessé d'être depuis toujours : un émigré.
Il passait devant un restaurant italien, ils étaient nombreux dans le quartier, et
20 il s'arrêta un instant devant le menu exposé à la porte. Bargemont connaissait les meilleurs restaurants italiens de Marseille. Ceux de Nice aussi. Nizza la Bella. Bargemont au Charley's, fin soûl dès neuf heures du soir, parlant anglais avec de grosses dames qui buvaient de la bière chaude ; Bargemont versant du chianti et, un soir, au *Perroquet Bleu*, protestant contre l'indécence d'un des tableaux
25 de la « revue » ; Bargemont devant ses juges, devant le poteau d'exécution. Qu'avait-il crié ? Quel mot, quelle formule dérisoire lui était venue aux lèvres ? Alain Monnier s'arrêta, et si forte était l'émotion qui le prit à la gorge qu'il eut comme une suffocation. Il respira à fond.

Michel MOHRT, *Mon royaume pour un cheval* (1949)
© éd. Albin Michel

Album de famille

Pablo Picasso *(1881-1973) a été la vedette du siècle. Il lui a imposé sa verve, sa vitalité, ses caprices. Aucun peintre n'a été plus fécond que lui, ni plus instable : toute sa vie, il passe allègrement d'un style à l'autre, s'appropriant tout système de formes ancien ou moderne, avec virtuosité. Bien que sa gloire soit d'abord liée à la révolution cubiste, il reste un créateur indépendant de toutes les écoles, et dont le génie inventif avide de renouvellement continuel, est essentiellement caractéristique de notre temps dans son aspiration à l'intensité toujours plus forte, à la nouveauté et à l'absolu.*

PICASSO dans son atelier du boulevard de Clichy, à Paris, vers 1910.

Juin 1937. PICASSO vient de peindre *Guernica*. Photo de David Seymour.

Photo de Robert Doisneau.

PICASSO céramiste dans son atelier de Vallauris en 1951.

PICASSO dans son atelier du quai des Grands-Augustins, à Paris, en 1943.

PICASSO, ses enfants Claude et Paloma et leurs amis à Vallauris en 1957.

PICASSO et Françoise Gilot en 1946.

Période bleue

Le style de Picasso se distingue par son extrême diversité, qui s'est renouvelée presque chaque année depuis ses débuts et a fait définir de nombreuses périodes au cours de son œuvre. Les tableaux de la « période bleue », peints entre 1901 et 1904, lors des premiers séjours de Picasso à Paris, se caractérisent par des accents dépouillés, par un sentiment subtil et pénétrant de la misère humaine, vue à travers un filtre bleu — couleur profonde et froide — en harmonie avec le pessimisme du peintre.

Picasso, *Femme au fichu bleu*, 1902.
Coll. particulière.

Picasso, *La Tragédie*, 1903.
Washington, National Gallery of Art.

Picasso,
Deux femmes à un bar, 1902.
Coll. particulière.

ÉTUDE DE TABLEAUX

1. Quelles sont les tonalités dominantes de ces trois tableaux ? Que peuvent-elles exprimer ?
2. Quels sont les thèmes privilégiés par Picasso à ses débuts ?
3. Quelles influences picturales Picasso vous paraît-il avoir subies lors de cette période ?

Période rose

La « période rose », qui s'étend de 1904 à 1906, est ainsi appelée à cause des couleurs ocre et rose pâle qui dominent dans les toiles de Picasso ; à cause aussi de la tendresse, de la fragilité qui émane des personnages représentés. Ce sont le plus souvent des acrobates et des saltimbanques, des artistes marginaux et vulnérables dont tous les gestes parlent de grâce et d'humilité. L'arlequin avec son costume à carreaux devient un des thèmes préférés de Picasso.

PICASSO, *L'Enfant à la pipe*, 1905. New York, coll. Haywhitney.

PICASSO, *Famille de saltimbanques*, 1905. Washington, National Gallery of Art.

Le temps du cubisme

En 1907, l'œuvre de Picasso prend un tournant. Sa peinture devient plus massive, plus fruste. Il est fasciné par les masques et les statuettes nègres qu'il a vus au musée ethnographique du Trocadéro. Picasso rompt avec l'esthétisme de l'équilibre et de la ressemblance, avec l'espace classique, pour parvenir, par une série d'expériences partagées avec son ami Braque, à une synthèse de la forme, et montrer l'intérieur d'un objet, réduit à des formes simples et vu simultanément sous toutes ses faces. Portraits et natures mortes deviennent ainsi des ensembles de figures géométriques fragmentées, découpées et orchestrées en une ordonnance austère.

Picasso, *Construction : violon*, 1915. Paris, Musée Picasso.

Picasso et l'esthétique gréco-romaine

PICASSO, *Paul en Arlequin*, 1924.
Paris, Musée Picasso.

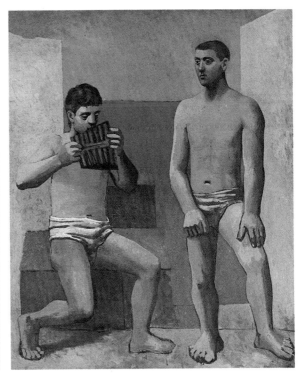

PICASSO, *La Flûte de Pan*, 1923.
Paris, Musée Picasso.

Au début des années vingt, nouveau tournant. L'orientation de Picasso vers la peinture de ballet le conduit à de grandes compositions, et, converti à l'esthétique gréco-romaine, il exécute des figures géantes néo-classiques, calmes et équilibrées, tout en produisant des dessins raffinés et des portraits charmants de son fils Paul.

PICASSO, *Femme au jupon rouge*, 1921.
Coll. particulière.

Figures disloquées

Pour éviter l'écueil de l'académisme qui menaçait son talent trop habile, une nouvelle métamorphose, en 1926, le porte vers le surréalisme, auquel il adhère momentanément, et parfois jusqu'à l'abstraction pure, dans des figures étranges, désarticulées, qui soulèvent, comme déjà auparavant ses œuvres cubistes, les plus violentes protestations.

En 1936, Picasso peint de nouveau des figures disloquées, recomposées suivant des rythmes violemment expressifs, dont le point culminant est le Guernica de 1937. Toujours ses toiles ont été inspirées par ses modèles familiers, les rencontres que lui offrait l'existence, d'où, à travers les violences plastiques les plus extrêmes, un accent de sincérité et d'émotion personnelle. Ainsi dans la série des « Femmes en larmes », dont le modèle n'est autre que sa compagne du moment, Dora Maar : il découpe le visage en facettes, coiffe la belle Dora de chapeaux ridicules. « Je n'ai jamais pu la voir, l'imaginer qu'en train de pleurer », explique Picasso.

Picasso, *La Lecture*, 1932.
Paris, Musée Picasso.

Picasso, *Femmes à leur toilette*, 1938.
Projet pour tapisserie (papiers peints collés et huile sur toile).
Paris, Musée Picasso.

Picasso, *Femme lisant*, 1935.
Paris, Musée Picasso.

Picasso, *Dora Maar*, 1937. Coll. particulière.

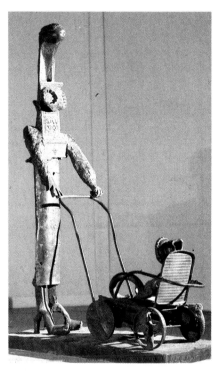

PICASSO, *L'Après-midi d'un faune*, 1960. Rideau de scène. Coll. particulière.

Au-delà de la peinture

Durant l'occupation, Picasso reste à Paris, débordant d'énergie. Il réalise — entre autres — une sculpture majeure, L'Homme au mouton : un homme nu et droit tient par les pattes l'animal qui se débat. Après la Libération, Picasso réalise encore quelques œuvres tragiques inspirées par la guerre, mais il semble se détacher quelque peu des mouvements contemporains, pour développer avec une grande virtuosité, en reprenant toutes ses inventions antérieures, des compositions à la fois familières et fantastiques, où se mêlent les témoignages de son abondante curiosité, notamment pour les arts archaïques et primitifs, et aussi pour les grands maîtres du passé.

PICASSO, *Grand pichet aux deux visages*. Coll. particulière.

PICASSO, *Femme à la voiture d'enfant*, 1950. Coll. particulière.

Vivant avec Françoise Gilot, dont il a deux enfants, et installé dans le Midi, à Vallauris puis à Mougins, Picasso manifeste dans les années cinquante sa verve décorative dans une multitude de nouvelles activités : lithographie, poterie, céramique, gravure sur bois, affiche, sculpture avec des matériaux de fortune. Une fois encore, il innove, bouleverse les traditions. Ses audaces stupéfient les spécialistes.

PICASSO, *La flûte de Pan et l'âne*, 1961. Céramique. Coll. particulière.

Mythes et fantasmes

Si les paysages ont peu inspiré Picasso, la nature morte, la figure humaine ont été l'objet pour lui de variations étourdissantes, et notamment les thèmes espagnols comme celui de la tauromachie, où il a montré une frénésie et une autorité magistrales. Dans les années soixante et au début des années soixante-dix, Picasso accélère sa création et reprend les thèmes qui ont participé à son succès.

PICASSO, *Corrida :*
mort du torero, 1933.
Paris, Musée Picasso.

PICASSO, *Le baiser*, 1969.
Paris, Musée Picasso.

Le sens de l'activité de Picasso a été ainsi défini par lui-même : « Toute ma vie d'artiste n'a été qu'une lutte continuelle contre la réaction et la mort de l'art. » Plus profondément encore, visitant une exposition de dessins d'enfants, il déclara : « A leur âge je dessinais comme Raphaël, mais il me fallut toute une existence pour apprendre à dessiner comme eux. »

PICASSO,
Nu couché et homme jouant
de la guitare, 1970.
Paris, Musée Picasso.

Jacques Perret
Bande à part (1951)

Jacques Perret, né en 1901, n'achève pas ses études supérieures. Il devient caporal de tirailleurs au Maroc et publie des romans. Prisonnier en Allemagne en 1940, il s'évade et rejoint le maquis. En 1945 comme de 1959 à 1962, ses positions de monarchiste fidèle le mettent à part. Son œuvre comporte aussi des nouvelles d'une grande drôlerie (*La Bête Mahousse*, 1951 ; *Le Machin*, 1955) et des chroniques (*Salades de saison*, 1957).

Après avoir raconté avec malice l'histoire de sa captivité et de son évasion — dans *Le Caporal épinglé* (1947) qui le rendit célèbre — , Jacques Perret s'inspire de son expérience de maquisard pour *Bande à part*, prix Interallié 1951.

Se battre pour des idées

*** *Bande à part*

Le récit ne prend pas source dans un épisode martial ou dramatique. Il offre d'abord l'image d'une « chambre paysanne blanche et ensoleillée, avec un lit tout propre » ; le narrateur y attend son petit déjeuner. L'hôtesse, Mme Quatremère, discute au rez-de-chaussée avec un mystérieux personnage de la famille.

La photo agrandie d'un paysan soldat, moustache à la Charleroi[1], regardait fièrement le soleil, tandis qu'à ses pieds scintillait une vue de la Côte d'Azur incrustée de nacre sur tranche de sapin vernie, et je me sentais disposé à trouver tout cela digne d'être défendu, sans discussion, comme un patrimoine sacré 5 qu'on n'a pas choisi. Tout n'est pas de cette qualité, d'ailleurs, dans le patrimoine en question. On y a introduit à l'esbroufe tout un bric-à-brac interlope qui commence à nuire un peu au caractère sacré de la collection. S'il y avait moyen, j'aimerais faire une sélection dans le patrimoine, mais il paraît que ce n'est pas possible et, pour garder ce qu'on aime, il faut sauver ce qu'on déteste. Quel-
10 quefois cela donne à réfléchir et même envie de se fâcher : on sauve les meubles, et les imbéciles vont s'y carrer pendant le temps qu'on nettoie le fusil et qu'on embrasse les gosses, zut ! Et puis on se fait une raison en pensant que les meubles dureront peut-être plus longtemps que les imbéciles, hasardeux calcul. Mais, dans cette chambre, devant le soldat à moustache et la petite horreur si
15 gentiment nacrée, il n'y a pas de difficulté. Je prends tout le lot à mon compte, en y ajoutant la querelle de famille qui continue, en bas, sagement, dans la cuisine chaude. J'adore les querelles de famille quand elles sont vraiment des querelles de famille ; c'est un signe de santé, cela prouve que la famille se porte bien. Les querelles d'idées m'écœurent, ces idées qui viennent on ne sait d'où,
20 comme des épidémies exotiques colportées par des mouches à mots. Se battre pour des idées, c'est une idée de fou. C'est même un peu dégradant, à la longue, de s'égorger pour des ombres qui n'ont ni père ni mère. Voilà justement l'inconvénient de la grasse matinée, pour un soldat en campagne : elle invite à la réflexion. Mais, hier soir, j'ai trouvé près du portrait un clou vacant et j'y ai
25 accroché mon pistolet sans me faire de réflexion subtile. Encore une chose que je n'ai pas choisie, ce pistolet ; il est américain ; et le fusil, contre la commode en merisier, il est même anglais. Évidemment, au point où nous en sommes, inutile d'en faire un drame comme Ramos, l'autre jour, qui a craché sur son fusil-mitrailleur en injuriant l'Angleterre ; quand il est saoul, le Français injurie
30 facilement l'Angleterre, c'est dire toute la désuétude de sa rancune.

Jacques PERRET, *Bande à part*, I, Les Zigotos (1951)
© éd. Gallimard

1. *La bataille de Charleroi opposa Allemands et Français, du 21 au 23 août 1914. Voir en littérature* La Comédie de Charleroi, *de Drieu La Rochelle.*

LECTURE COMPARÉE

Étudiez le texte en parallèle avec les extraits de *Drôle de jeu* et de *L'Europe buissonnière*, p. 506 et 510.

Alexandre Vialatte *Les Fruits du Congo* (1951)

Introducteur de Kafka en France, traducteur et journaliste, **Alexandre Vialatte** (1901-1971) a publié trois romans : *Battling le ténébreux* (1928), *Le Fidèle Berger* (1942), inspiré par la défaite de 1940, et *Les Fruits du Congo*. Des textes posthumes et des recueils de chroniques (*Dernières nouvelles de l'homme*, 1978) ont révélé l'étendue de l'œuvre, alliance de fantaisie et de sensibilité qui impose un style et une vision.

Alexandre Vialatte répond dans Les Fruits du Congo *à la grande question :* Qu'est-ce que l'adolescence ?, *en évoquant ses extravagances, ses aspirations, ses amours mélancoliques. Il nous suggère aussi l'atmosphère de toute une ville de province.*

La négresse aux citrons d'or

*** Les Fruits du Congo
Les Fruits du Congo est une affiche représentant une négresse. A partir de là, les collégiens d'une ville d'Auvergne vont rêver à l'aventure et concevoir la poésie de l'existence.
On vient de coller l'affiche sur le mur de la mairie.

Maintenant la négresse luisante se dressait sur le mur avec ses fruits de feu qui exhortaient la belle jeunesse à s'engager et se rengager dans les armées de la France d'outre-mer.

On trouve toujours, à la sortie des vieux collèges, des enfants qui vont
5 contempler sur le fronton romain de la mairie cette imagerie du recrutement. Elle leur promet monts et merveilles. C'est le piège d'or du racoleur, le même qui séduisit les soldats de Dupleix[1] et ceux de Lally-Tollendal[2], avance de solde immatérielle du mercenaire, acompte de rêve et d'horizon.

Le froid leur pique des nez carotte dans un teint de fromage blanc. Leurs têtes
10 vagues flottent dans la brume à la dérive, mais ils restent cloués par on ne sait quelle hypnose, avec des regards d'opiomanes et des frissons de derviches tourneurs.

La nuit bâcle à coups de poing sa neige et ses ténèbres. Un bec de gaz tremblote au-dessus de l'icône. Un souffle agite un lambeau bleu qu'étoilent
15 encore une femme annamite, une jonque, une pagode, fardées d'or. Et le sergent monté sur un éléphant blanc, du haut de son col brodé d'ancres, transmet à ces petits la chanson de Kipling : « Jaune était son jupon, vert son petit chapeau, son nom Su-pee-gaw-lath, comme la reine de Thebaw... Je l'ai vue la première fois fumant un long cigare blanc, et gaspillant des baisers de chrétien sur les pieds
20 d'une idole païenne... Car les cloches du temple appellent, et c'est là que je voudrais être sur la route de Mandalay[3]... »

Le refrain de la chanson ne rate jamais son effet. Le collégien s'approche à ses accents comme un serpent qui entend la flûte. L'élève le plus fort en football, qui reste, par tradition pure, le dernier en géométrie, s'attarde plus longtemps que
25 les autres. C'est la race des enfants de la nuit promise à toutes les malarias. Quand il s'en va enfin, traînant dans la neige sale ses semelles défoncées par le choc du ballon, frileux comme un intoxiqué, et promenant sur nos vitrines insignifiantes le regard absent de ses prunelles encore aveuglées du mirage, il se fredonne le refrain magique qui amorça tant de destinées : « N'entends-tu pas
30 les rames qui clapotent de Rangoon[4] à Mandalay ?... Emportez-moi pour n'importe où à l'est de Suez, là où le meilleur vaut le pire... Sur la route de Mandalay, où volent les poissons volants, où l'aurore, à travers la baie, vient de Chine comme un tonnerre... »

1. *Administrateur colonial aux Indes (1697-1763), rappelé en France alors que l'influence française dominait la moitié du Deccan.*

2. *Officier français (1702-1766), rendu responsable de la défaite de Pondichéry (1761), fut exécuté. Dès 1773, Voltaire fit campagne pour sa réhabilitation.*

3. *Dernière capitale du royaume birman, qui resta capitale administrative sous la domination anglaise.*

4. *L'actuelle capitale de la Birmanie a supplanté Mandalay qui se situe à un millier de kilomètres, à l'intérieur des terres, sur le fleuve Irrawaddy.*

C'est que l'or du mirage a des lueurs tenaces. La nuit de l'adolescence en reste
35 éclaboussée, et quand on touche l'idole elle déteint sur les doigts. Depuis qu'il
existe en Europe des enfants qui rêvent sur des cartes, on n'a pas encore trouvé
mieux que de leur promettre, comme un bain bleu, comme une récompense
totale et le fruit même de leurs insomnies, cette nuit coloniale qui se garde
imperméable, dans ses ombres aromatiques, pour ses esclaves et ses dieux.

Alexandre VIALATTE, *Les Fruits du Congo* (1951)
© éd. Gallimard

AU-DELÀ DU TEXTE
Pour le sujet comme pour le ton,
lire par comparaison *L'Exposition
coloniale*, d'Erik ORSENNA, prix
Goncourt 1988 ; voir aussi le texte
de Kléber HAEDENS, p. 529.

Bernard Frank *Les Rats* (1953)

Né en 1929, **Bernard Frank** fait de brillants débuts à la revue de Jean-Paul Sartre, *Les
Temps modernes*, en 1952. L'année suivante, il publie l'essai *Géographie universelle* et *Les
Rats*. Auteur d'un seul autre roman (*L'Illusion comique*, 1955), il trouve sa voie dans la
chronique caustique et amusée de la littérature et de l'actualité : du *Dernier des Mohicans*
(1956) à *Solde* (1980) en passant par *La Panoplie littéraire* (1958) et *Un siècle débordé*
(1970), des périodiques célèbres ou confidentiels des années cinquante au feuilleton du
Monde aujourd'hui, « Digressions ».

*** ***Les Rats***
Quatre jeunes gens rêvent en 1950 à un grand destin. Ils sont partagés entre l'ambition d'écrire, l'amour et l'engagement
politique. Claude Bourrieu devient rédacteur en chef d'un hebdomadaire ; à peine a-t-il plus de vingt ans. Il ne tarde pas à
préférer faire une croisière lointaine. Au retour, il publie un roman : *1944*.

Face à face avec Sartre

***
Au début de 1952, Claude Bourrieu a donné des manuscrits en lecture à Jean-Paul Sartre. Et il est reçu chez lui. Il vient
de prendre au hasard un numéro des *Temps modernes* et en lit un article à haute voix.

1. *Professeur à la
Sorbonne puis au
Collège de France,
Théodule Ribot
(1839-1916) est
l'auteur d'études de
psychologie
expérimentale.*

Bourrieu glapissait le texte.
« Vous entendez, Sartre, *reflet complexe, problème de psychologie appliquée,
liquider le problème, mécanique intérieure*. Est-ce Ribot[1] qui parle ? Il faut avoir
une âme de cuistre pour jargonner ainsi. Une âme de cuistre ou de chrétien
5 démocrate. Je hais ces façons-là. Ces gens ne sont jamais allés nulle part : qu'ils
ne nous cassent pas les pieds avec leur bonne foi et leur prétendu retour. Ils
s'installent bovinement dans le sérieux de l'existentialisme. Ils s'ébrouent pendant trente pages, persuadés qu'ils sont des *hommes*. »
Déjà sa colère fondait. Bientôt, il n'en resterait plus rien. Et lui, où serait-il ?
10 C'étaient les petits cris d'un faux aristocrate. « Je hais ces façons-là. » Se prenait-il
par hasard pour un personnage de Stendhal ? Pourtant, en un sens, il avait
raison. Je ne suis de nulle part, et je ne peux m'empêcher de tuer chaque
personnage que je fais s'agiter sur le devant de mon théâtre.
« Ça va mieux ? demanda Sartre.
15 — Pas très bien, dit Bourrieu. Je regarde ma spontanéité : elle me dégoûte
autant que du jus qui se fige sur une assiette.

— C'est normal, dit Sartre. Les conduites spontanées, en passant à l'état réflexif, perdent leur innocence et l'excuse de l'immédiateté. Il faut les assumer ou les changer.

20 — Oui, dit Bourrieu. Vos jeunes gens ont sur moi l'avantage qu'ils sont relativement à l'aise dans leur peau. Pour ne pas tricher, ils ont fait comme tout le monde : ils se sont mariés, ils ont des enfants, ils écrivent des articles, ils discutent des problèmes de notre temps. Que de mâle énergie cachée dans ce noble comportement. Ils ne cherchent pas à briller. On vous suit. On ne vous

25 discute pas. Si, on vous discute, mais dans les limites permises. Ils ont renoncé aux chefs-d'œuvre, ils ont même renoncé au talent. Vous en avez pour tous. Et puis, n'est-ce pas, quand on a moins de vingt-cinq ans, le talent, c'est une comédie ? Je les connais bien, ces garçons. C'est à qui sera le plus terne. Les années passeront doucement, quiètement ; ils ajouteront un diplôme à leur

30 diplôme, un poste à leur poste ; peut-être bien qu'un jour ils écriront un livre, peut-être bien qu'un jour ils adhéreront au parti[2], mais pourquoi se presser ? ils ont la vie devant eux, de belles années qu'on astiquera les unes après les autres. Que voulez-vous, je n'aime pas les paysans de l'ambition et je ne crois pas qu'être à gauche consiste à changer de quartier ou à élever des marmots. »

35 Le mot « marmot » lui sembla bien scolaire. J'aurais pu lui parler de Voltaire ou de Rousseau. Et tout se serait bien passé. Au fond, je n'ai rien contre lui, et je me fiche bien de son équipe. Alors pourquoi cette éloquence de province ? Pour qu'il y ait un peu de bruit, et que je ne sombre pas dans les objets ?

2. Le Parti communiste français.

Bernard FRANK, *Les Rats* (1953), texte de l'édition de 1985
© éd. Flammarion

Les Temps Modernes

1ʳᵉ année   REVUE MENSUELLE   n° 1

1ᵉʳ Octobre 1945

JEAN-PAUL SARTRE — Présentation.
RICHARD WRIGHT — Le feu dans la nuée.
MAURICE MERLEAU-PONTY — La guerre a eu lieu.
FRANCIS PONGE — Notes premières de l'homme.
RAYMOND ARON — Les désillusions de la liberté.
JACQUES-LAURENT BOST — Le dernier des métiers.

VIES
Vie d'une sinistrée.
TÉMOIGNAGES
JEAN ROY — Les morts.
EXPOSÉS
F. PASCHE, RAYMOND ARON, JEAN-PAUL SARTRE
LEENHART, PHILLIP TOYNBEE,
IVAN MOFFAT, JEAN POUILLON.

Rédaction, administration : 5, rue Sébastien-Bottin, Paris

Premier numéro des *Temps Modernes*, en octobre 1945.

POINT DE VUE CRITIQUE

Jacques Laurent contre Sartre

« Pitoyable bilan, donc, que celui de la pensée et de la raison chez Sartre comme chez Bourget. Voici deux universitaires, deux produits de la Sorbonne, qui n'arrivent pas à voir clair dans leurs idées et dont l'ambition demeure cependant de les imposer au grand public. Ou : comment naît le roman à thèse.

Car ces essais : « Des raisons pour lesquelles un intellectuel, s'il lit Kant, abuse d'une vierge et la tue » ou « De l'homosexualité considérée comme la phase préparatoire au fascisme », leurs auteurs le savent, sont promis au ricanement des éditeurs. Il y a trop de concurrence littéraire pour qu'on puisse espérer se faire une place en affirmant sans prouver, jargonnerait-on ou déclamerait-on à ravir. Devant un essai, ou un traité, le lecteur est un examinateur

POUR LE COMMENTAIRE

1. Étudiez la variété **technique et stylistique** du texte.

2. Cette **scène de contestation et d'adieu** n'est-elle pas régie par la relation disciple-maître ? Observez dans cette perspective les noms d'auteurs cités et l'un des paragraphes suivants que voici :

« Je le sers, se dit Bourrieu. Je lui donne de *l'entrain*. Lui aussi, il doit avoir les mêmes doutes que moi, mais il a choisi. Alors, il a besoin de jeunes gens comme moi, qui l'ancrent dans son choix. Une sorte d'opposition de Sa Majesté, sur laquelle il peut mieux faire ses balles et écrire de plus belle. Je suis un de ses moyens d'échapper au solipsisme, cet étrange solipsisme *collectif* des *Temps modernes*. »

qui consent ou ne consent pas et dont il faut se gagner l'adhésion par de bonnes raisons. Dans un récit, il est au contraire complice. Si on lui dit que Julien Sorel a le poil noir, il le croit sans qu'il soit nécessaire de le lui prouver. Il s'empresse même de combler ce que le signalement d'un personnage, la description d'un site ont nécessairement d'incomplet. Qu'on lui propose « un visage radieux » et de cette désignation vague il va tirer une image singulière. C'est un collaborateur de toutes les lignes pour le romancier et non un censeur, comme pour l'essayiste. De ce qu'il participe au roman, le lecteur devient vite un témoin partisan qui, puisqu'il a concouru au déroulement du récit, est mal placé pour en douter. »

Jacques LAURENT, *Paul et Jean-Paul* (1951)
© éd. Grasset

2. Romans de mal du siècle

L'expression « mal du siècle », comme « engagement », manifeste l'empire de l'Histoire. Mais elle garde quelque souvenir de l'acception religieuse originelle, où « siècle » signifiait le monde et ses attraits coupables, par opposition à la solitude de la « règle » et aux préoccupations de salut et de prière. Au XIXe siècle, l'héritage révolutionnaire et la fin de l'épopée napoléonienne ont éprouvé plusieurs générations. *La Confession d'un enfant du siècle* (1836), de Musset, par le titre et par la date mêmes, symbolise au mieux cette thématique d'époque. De *René* de Chateaubriand à certains romans de l'après-mai 68, elle produit une littérature du « vague des passions », des illusions — ou forces, ou générations — perdues, du spleen.

Marcel Arland avait diagnostiqué un « nouveau mal du siècle » au cours des années 1920. Après la Seconde Guerre mondiale, la révélation des atrocités nazies et l'explosion nucléaire d'Hiroshima donnent **le sentiment que l'apocalypse est proche**, d'autant plus proche que l'affrontement des blocs soviétique et américain rend la paix fragile, voire illusoire. Le recours à la religion peut paraître dérisoire lorsque l'espèce en est réduite à la question de sa propre survie. Les écrivains qui refusent la réponse « existentialo-marxiste » et raillent tout engagement se trouvent menacés, une fois la démystification accomplie, par la tristesse, l'indifférence ou par un malaise général. Ce mal d'une jeunesse née entre 1919 et 1929 est **doublement lié à l'histoire**. Elle a vingt ans au cours d'une période de violences et d'ébranlements ; l'appartenance à la bourgeoisie française la place dans une situation mouvante à l'intérieur d'une puissance moyenne, encore impériale. De plus, ce qui se lit en filigrane, c'est la disparition de la figure du Père.

Roger Nimier *Les Enfants tristes* (1951)

Mal aimés mal aimants

*** *Les Enfants tristes*

Aux vacances de Pâques 1949, Olivier va rejoindre Dominique, comme convenu, sur une plage du Nord, Le Touquet. Une fois arrivé, il doit l'attendre longuement, comme si elle l'avait oublié. Mais il cache sa déception et elle se refuse à faire les premiers pas.

On ne la comprendrait jamais. Elle avait besoin de croire en elle. Il lui fallait un confesseur et un peintre. Celui-là l'aurait écoutée pour la laisser se vider de ses rancunes, de ses doutes. Le travail de l'autre aurait commencé ensuite : il l'aurait dessinée d'un trait précis, il lui aurait dit exactement ce qu'elle devait être.
5 Enchantée, elle serait entrée dans ce rôle, pour un jour au moins. Comme c'était bien, un jour !

Dominique réfléchissait à tout cela, le lendemain, les deux poings enfoncés dans les joues, immobile sur le sable, avec tout son petit corps vigoureux, têtu, rauque et charmant qu'Olivier regardait admirativement. C'était la pulpe du
10 monde, le secret de l'univers. La terre n'avait pas été créée, comme on le prétendait depuis si longtemps, pour fournir aux idées exceptionnelles l'occasion d'un beau procès. La terre ne cherchait pas d'autre justification que le plaisir de ce petit animal en maillot bleu, se chauffant au soleil.

L'après-midi, le ciel se couvrit. Ils marchèrent tous les deux sous les arbres.
15 Ils se taisaient. Quand la pluie commença de tomber, elle voulut rentrer. Il lui répondit qu'il ne fallait pas être si lâche, la prit dans ses bras et l'embrassa avec ferveur. L'ambre solaire, le rouge à lèvres, les grosses gouttes qui tombaient des pins donnaient à la jeune fille un bon goût de pain beurré et de journées sages. Alors elle cessa de se débattre, car les événements l'intéressaient un peu plus.
20 La pluie plaquait son chemisier sur sa poitrine, dégoulinait le long de ses cheveux. En pantalons noirs, en spartiates, c'était une sorte de camarade qu'on embrassait en cachette. Elle se laissait faire, sans s'abandonner. De temps à autre, elle regardait Olivier entre ses cils. Puis elle riait.

Il la fit tomber et comme elle semblait furieuse, il lui glissa dans l'oreille :
25 — Ne bougez plus, vous avez l'air d'une petite sorcière, comme ça. Il faut avouer que vous êtes du genre joli.
— Ah ? dit-elle de sa voix large. Il faut l'avouer ?
Il se tenait à genoux à côté d'elle, lui caressant les joues et la gorge. Il déboutonna le premier bouton de son chemisier. La pluie cessa à cet instant et
30 un rayon de soleil apparut entre les branches.
— Quel ennui ! dit-il d'un air désolé. Voici le jour.
— Ah oui ? Et avant, qu'est-ce que c'était ?
— C'était la pluie. Il y a le jour, la nuit et la pluie, c'est bien connu.

Roger NIMIER, *Les Enfants tristes*,
Troisième partie, « La Fille aux lacets » (1951)
© éd. Gallimard

Antoine Blondin *Les Enfants du bon Dieu* (1952)

*** Les Enfants du bon Dieu
Naïf et rêveur, Sébastien Perrin n'est pas un bourgeois ni un professeur d'histoire comme les autres. S'il songe sérieusement à la princesse qu'il eut pour maîtresse pendant la guerre en Allemagne, la vie prend un autre cours, plus léger que celui qu'impose un mariage « bien ». Et si l'histoire de France ennuie le professeur, il la modifie. Il sauve la tête de Louis XVI. Il prétend que le traité de Westphalie n'a jamais été signé.
Voici le début du roman.

Un professeur d'histoire

Là, où nous habitons, les avenues sont profondes et calmes comme des allées de cimetière. Les chemins qui conduisent de l'École militaire aux Invalides semblent s'ouvrir sur des funérailles nationales. Un trottoir à l'ombre, l'autre au soleil, ils s'en vont entre leurs platanes pétrifiés, devant deux rangées de façades
5 contenues, sans une boutique, sans un cri. Mais une anxiété frémissante peuple l'air : c'est l'appréhension du son des cloches. Le ciel vole bas sur mon quartier prématurément vieilli. Et je n'ai que trente ans et le sang jeune.
Ma maison s'élève au carrefour de deux silences. L'absence de sergent de ville ajoute à la distinction du lieu. Donc, cette ancienne bâtisse neuve achève là de
10 noircir avec élégance et modestie. Quelques moulures en forme de corne d'abondance et une manière de clocheton pointu sont les seuls ornements consentis à sa frivolité. Pour le reste, on dirait d'un thermomètre, elle est haute et étroite, toute en fenêtres pour prendre le jour. Elle ne le renvoie pas. Je me demande ce qu'elle en fait. C'est d'ailleurs l'un des principes qui gouvernent la
15 vie de la maison — ce peu de vie que nous avons en commun — de ne jamais rien renvoyer : ni le jour, ni l'ascenseur, ni les bonnes.
Souvent, je la regarde dans les yeux avec des yeux d'étranger, pour voir de loin. Il n'est pas donné à tout le monde d'en agir ainsi avec sa propre maison et il est plutôt triste que cela soit possible. Mais elle ne fait rien pour me reconnaître.
20 Elle affecte un air d'être ailleurs : le comble de l'indifférence.
Cet après-midi-là, je revenais de l'école plus gravement que d'habitude. J'avais dû soutenir les premiers pas d'Anne d'Autriche à travers une classe déchaînée. La mort de Louis XIII, celle de Richelieu, surtout, me privaient de cette autorité par procuration qu'imposent les grandes figures de l'Histoire. Louis XIV n'avait
25 que cinq ans ; mes élèves en profitaient sans faiblesse. Comme chaque fois, la régence s'annonçait mal. Je n'aime pas ce mois de mars qui ramène simultanément Mazarin et les premières courses cyclistes, c'est un cap délicat à franchir.

Antoine BLONDIN, *Les Enfants du bon Dieu* (1952)
© éd. La Table Ronde

Jean-René Huguenin *La Côte sauvage* (1960)

A **Jean-René Huguenin** (1936-1962), qui avait participé en 1959-1960 à la fondation de la revue *Tel Quel*, il aura suffi d'un seul roman pour convaincre la critique. Ce jeune moraliste, hanté par l'idée d'un destin tragique et mort au volant d'une voiture rapide six jours avant Roger Nimier, peut être maintenant mieux connu grâce aux publications posthumes : *Journal* (1964), chroniques d'*Une autre jeunesse* (1965) et autres articles et inédits de *Le Feu à sa vie* (1987).

*** La Côte sauvage

De retour dans la maison de famille bretonne pour les vacances qui suivent un long service militaire, Olivier apprend que sa sœur cadette tendrement aimée, Anne, va se marier bientôt. Olivier veut empêcher le mariage et garder Anne auprès de lui.

L'amour la mort

***

Vers la fin du roman, un soir, Olivier est entré dans la chambre de sa sœur et s'est allongé à ses côtés, rêvant aux soirs de leur enfance. Elle lui dit : « il ne faut pas dormir ». Il songe aux moments où il la regardait prier « secrète, à genoux au bas du lit, en chemise blanche ».

Elle tournait la tête vers lui et il regardait ses cheveux noirs, il regardait ses yeux brillants, il regardait sa peau mate, et il aurait voulu que sa chair devînt tout à coup transparente et ne la cachât plus. Elle se relevait courait vers lui s'accrochait à son cou s'y balançait comme une pendule, frêle, légère,

5 et moi, toujours au supplice de cette soif étrange, je te portais jusqu'à ton lit, t'y bordais, embrassais tes deux paupières, éteignais la lumière et, te laissant glisser dans la nuit bienheureuse, toi et ta chair, je ramenais mon corps dans ma chambre où, plein de dégoût et de haine pour ce don empoisonné de ton Dieu, je le noyais dans le sommeil.

10 — Olivier ! il ne faut pas mourir...

Tout près de lui, ses cheveux, son odeur — cette odeur tiède et légèrement salée — un corps, un souffle, rien de plus... Peut-être chacun de nous invente-t-il sa façon d'aimer, un amour qui n'a nullement les intentions que l'on prête à l'amour, et qui paraîtrait monstrueux s'il n'en avait les apparences. Vanité d'un

15 cœur qui s'épuise à inventer ce qu'il ressent, à se donner des désirs, et qui apporte tant de triste zèle à s'imaginer souffrir ! J'ai dû tout inventer seul ; je me suis toujours voulu ; j'ai régné sur moi chaque jour. Qui suis-je ? Qui étais-je ? Je ne trouverai jamais ma nuit. C'est moi que je prie, c'est moi qui m'exauce. Dieu dans sa haine nous a tous laissés libres. Mais il nous a donné la soif pour

20 que nous l'aimions. Je ne puis lui pardonner la soif. Mon cœur est vierge, rien de ce que je conquiers ne me possède ! On ne connaîtra jamais de moi-même que ma soif délirante de connaître. Je ne suis que curieux. Je scrute. J'explore. La curiosité c'est la haine. Une haine plus pure, plus désintéressée que toute science et qui presse les autres de plus de soins que l'amour — mais qui les

25 détaille, les décompose. Me suis-je donc tant appliqué à te connaître, Anne, ai-je passé tant de nuits à te rêver, placé tant d'espoir à percer ton secret indéchiffrable, et poussé jusqu'à cette nuit tant de soupirs, subi tant de peines,

pour découvrir que mon étrange amour n'était qu'une façon d'approcher la mort ?

30 — Qu'as-tu Olivier ?

— Anne... Tu dis qu'il ne faut pas mourir... ?

— Je dis qu'il ne faut pas dormir.

Jean-René HUGUENIN, *La Côte sauvage* (1960)
© éd. du Seuil

Leonor Fini, *Monique de Beaumont*, 1954. Coll. Beaumont.

François Nourissier
Un malaise général (1958-1965)

D'abord tenté par le roman d'analyse (*L'Eau grise*, 1951) mais aussi par le pamphlet (*Les Chiens à fouetter*, 1956), **François Nourissier** (né en 1927) a tendu vers le livre d'inspiration explicitement personnelle dans les trois volumes de « chroniques » *Un malaise général* (1958-1965). Le romancier reprend ses droits dans *Le Maître de maison* (1968), *La Crève* (1970), *Allemande* (1973), avant de retrouver l'autobiographie avec *Le Musée de l'Homme* (1978). On désigne généralement comme son chef-d'œuvre *L'Empire des nuages* (1981), somme romanesque organisée autour d'un personnage de peintre et de la France des années 1962-1974. Il joint une grande expérience de la critique littéraire à celles de l'édition et du journalisme. Il a été élu en 1977 à l'Académie Goncourt.

Un malaise général (1958-1965)

Le récit à la première personne n'est jamais absent de ces « chroniques ». Mais seul *Un petit bourgeois* est une autobiographie.

*** *Bleu comme la nuit* (1958)

Des personnages imaginaires — en particulier l'écrivain « collaborateur » Saint-Lorges, condamné à mort puis acquitté en révision — interfèrent avec la conversation que l'auteur adresse en 1957 à ses contemporains, dans sa trentième année, âge propice à l'aveu et au bilan. Pendant une année, le texte va se développer autour du thème de l'innocence, à partir des personnes et des expériences, sur fond de nature, de routes et de maisons, où le narrateur trouve refuge et poursuit sa réflexion. On lit ainsi un livre de souvenirs, de politique et d'amour.

*** *Un petit bourgeois* (1963)

Dans cet inventaire personnel en 66 fragments (de quelques lignes à une vingtaine de pages), François Nourissier entreprend en 1959 de raconter son histoire à ses fils : l'aîné atteint alors l'âge de huit ans, l'âge qu'il avait lui-même lorsque son père est mort subitement à ses côtés. Le thème du récit n'est pas la peinture d'un milieu, mais l'apprentissage de la vie à l'époque privilégiée de l'adolescence. L'auteur veut y pratiquer la sincérité jusqu'à la cruauté, même si la désinvolture semble tempérer la confession.

*** *Une histoire française* (1965)

Orphelin de père depuis 1935, Patrice Picolet est en 1939 un garçon de douze ans qui habite la banlieue de Paris, avec sa mère et sa sœur. Le remariage de sa mère entraîne des découvertes intimes à la fois banales et dramatiques ; elles ne se limitent pas à l'absence de vacances d'été, au déménagement et au départ pour une autre banlieue. Des scènes pénibles et confuses vont bientôt accompagner la rupture de sa mère avec son second mari, M. Fallien, et la révélation de l'aventure de ce beau-père avec la sœur de Patrice. Cette débâcle privée se confond avec l'immense défaite de 1940 et elle s'y perd, vécue dans La Baule ensoleillée, où la famille Picolet s'est réfugiée.

Tout au long du roman revient un texte en italique où apparaît un homme mûr, qui est à la fois Patrice Picolet devenu adulte et François Nourissier penché sur sa propre vie. Ainsi se conjoignent la fiction et l'autobiographie, dont le jeu caractérise *Un malaise général*.

Héroïsme bien mort

***

Dans le quatorzième et dernier morceau intitulé « Un homme fatigué », le récit s'écarte des années 1939-1940. Au milieu des années soixante, Patrice Picolet va devenir quadragénaire et il s'ennuie dans Paris embouteillé, capitale d'une France sans âme ni grandeur.

Ne cherchez plus. Ne voyez-vous pas qui je suis ? Un homme à six heures du soir en novembre. Il est parfois six heures et novembre dans les vies. Ce sont des expressions commodes. Ou bien l'impression d'un crépuscule et d'un début d'hiver, déjà, dans l'été d'une vie qui se traîne, allez savoir... Un homme, vous
5 *le voyez, au volant d'une voiture. Sous la pluie, au cœur de cette ville que l'on*

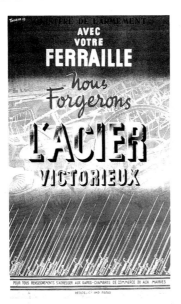

Affiche de
Tauzin, 1939.
Propagande du
gouvernement
français au
début de la
guerre.

Affiche de
propagande du
gouvernement
de Vichy en
1941.

prétend la plus belle du monde et l'on ment, et l'on ronronne. Un homme qui
regarde autour de lui le cours qu'ont pris les choses et expulse de lui les
chimères. Comme ça, une précaution. Une femme est assise à son côté. Elle se
nomme Jeanne.

10   Les deux âges de Patrice sont comme deux visages de son pays. Ils se
rejoignent dans le temps d'aujourd'hui. Patrice est un homme banal et il existe
mille autres images possibles de la France. Mais on pourrait expliquer aussi bien
en quoi les images et l'homme choisis sont exemplaires.
      La France est prise successivement au plus creux de la vague et à sa crête,
15 défaite et refaite. Il est des pays qui vous parlent dans leur ordinaire, d'autres dans
leurs convulsions ou leurs victoires. La France de l'automne 1940 apprenait aux
petits garçons quelque chose qu'ils n'ont pas oublié : elle leur ouvrait les yeux
sur l'illusion des héritages. L'armée accrochée aux cailloux d'Argonne, couverte
de poils et de vermine, couverte aussi de la vénération dont l'accablaient les
20 hommes en veston, n'avait pas enfanté de héros, par quelque génétique
mystérieuse, pour la France à venir. Insolente, la nation de Charleroi ? de
Verdun ? Non, assassinée. Assassinée pour rien. Vingt ans plus tard régnèrent
la combine et l'humilité, le foie gras, le Café des Sports, la morale Picolet. Une
France en cinq semaines qui fondait, devenait ce ruissellement de misère sur les
25 routes, dont les témoins débarquèrent dans le soleil calme de La Baule. Ensuite
se consommèrent d'autres écroulements, sans surprise. L'été 1940 nous avait
appris que la gloire n'ouvre droit à rien.

      Ce soir la pluie seulement, une pluie lente, acharnée, transforme la fin du jour
en une immense attente. Fronts fermés, regards de traque ou d'abandon. Sous
30 les rafales, dans le malaise de leurs vêtements humides, ceux qui vont à pied
sentent, au bord des trottoirs, devant les carrosseries à perte de vue bloquées,
brillantes d'eau, leur poitrine soudain empestée. Ils portent une main à leur
bouche et voudraient, là, que tout enfin fût terminé : le jour, les jours. Les
lumières se multiplient trompeusement, s'étoilent. Les essuie-glaces prononcent
35 un mot barbare.

François Nourissier, *Une histoire française* (1965)
dans *Un malaise général*, © éd. Grasset

POUR LE COMMENTAIRE

Littérature et sensibilité

1. La conception et la composition : dualité, alternance.

2. La phrase : syntaxe, rythme, etc.

3. La perception du temps et de l'air du temps.

Michel Déon *Les Poneys sauvages* (1970)

On peut découvrir **Michel Déon** (né en 1919) par ses Mémoires : *Mes arches de Noé* (1978) ; *Bagages pour Vancouver* (1985).

Il a été mobilisé en 1939. Puis il a débuté dans le journalisme au quotidien de Charles Maurras, *L'Action française*. Après la guerre, ce métier l'a conduit à l'étranger pour de longs séjours. En 1950, son roman *Je ne veux jamais l'oublier* connaît un certain succès. Il écrit bientôt des récits de voyage (*Tout l'amour du monde*, 2 vol. 1955 et 1960). Il aborde aussi le pamphlet, la nouvelle, le conte pour enfants. Depuis vingt ans, il vit une partie de l'année en Grèce, l'autre en Irlande. *Les Poneys sauvages* (1970) et *Un taxi mauve* (1973) ont imposé le romancier auprès du grand public. Il a été élu à l'Académie française en 1978.

*** *Les Poneys sauvages*

De la fin des années trente à celle des années soixante s'entrecroisent les destins de trois Anglais et un Français que le hasard a réunis à Cambridge, le temps de l'année universitaire 1937-1938. Cyril Courtney, poète, meurt à Dunkerque en 1940. Barry Roots mène sa vie en aventurier toujours capable de renaître sous une autre apparence. Autour d'Horace McKay s'épaissit un mystère, qui se dénouera en vaste affaire d'espionnage mettant en cause l'Est et l'Ouest. A Londres, pendant la guerre, Georges Saval perd au cours d'un bombardement celle qui restera le grand amour de sa vie, Joan ; il épouse Sarah, qui, toujours hantée par l'angoisse, entretiendra l'instabilité. Devenu journaliste, il parcourt le monde ; il tente de faire entendre la voix de la vérité.

« Tout était déjà écrit »

***

Dans des circonstances romanesques, Georges Saval a trouvé un bateau pour quitter Aden ; il a rencontré là Horace McKay et il a assisté à une fusillade meurtrière.

En pleine mer, dans la nuit, il médite.

Comment le monde si riche en splendeurs, en fantastiques beautés qui dépassaient l'entendement et emplissaient le cœur du sentiment grisant de la toute-puissance infinie, comment le monde pouvait-il cacher aussi une misère morale atroce ? Depuis le déclenchement de la dernière guerre, nous vivions
5 dans l'horreur. Parce qu'il était un voyeur salarié, Georges en avait eu sa part plus que le commun des hommes. L'horreur se vend, c'est même le seul fait divers qui se vende. On en redemande toujours et si Georges considérait sa vie depuis vingt ans, elle n'avait été qu'une longue promenade dans le monde de l'horreur, dans le calvaire de l'humanité : guerres d'Indochine, famines de l'Inde, insur-
10 rections arabes et noires, génocides, séismes, incendies, répression policière. Il était là, sur mer, muet d'admiration, devant le miracle de la vie, et quelque part en Afrique, des hommes avec deux jambes, deux bras, un cœur, une tête s'emparaient gaiement des scieries pour déposer sur le billot leurs ennemis que le ruban découpait en morceaux, bien propres, à peine sanglants, encore agités
15 de soubresauts. Oui, il avait vu cela qui continuait et, pourtant, il se retrouvait maintenant dans la voluptueuse paix de la nuit, protégé du spectacle des morts abominables qui souillent le destin de l'humanité. Pour se sentir aussi libre, il lui fallait remonter loin en arrière, à ces dimanches matins où en soulevant la fenêtre à guillotine de sa chambre de la New Forest[1], il apercevait la clairière qui exhalait
20 une brume argentée, le ciel blanc au-dessus des arbres et, broutant l'herbe éclatante de rosée, les poneys aux longs poils humides et soyeux. A deux heures de là, Londres brûlait, les blessés râlaient sous les ruines ou disputaient dans les caves effondrées leur vie à des rats, à l'asphyxie, à la noyade ou à la folie. Georges eut une pensée pour Joan, sa douce poitrine blanche et, surtout, sa nuque blonde
25 qu'elle dégageait en rassemblant ses cheveux sous l'affreuse casquette des forces armées féminines. Ils étaient faits tous deux pour s'évader des enfers et vivre dans l'air et la lumière, s'aimer dans des chambres aux fenêtres grandes

1. *Pendant la guerre, s'évadant pour des week-ends à la New Forrest avec Joan, Georges découvre de sa fenêtre le spectacle de poneys sauvages paisibles, images de la liberté heureuse dans un univers sanglant.*

ouvertes sur des forêts ou sur la mer. La mort avait cassé ce songe et quelques
autres encore. On pouvait les reprendre à l'infini au moment où ils s'étaient
30 interrompus — Joan changeait d'itinéraire au moment de l'alerte, Claire[2]
manquait un autobus et arrivait trop tard pour se trouver seule avec Daniel[3] et
coucher avec lui — mais Georges n'essayait plus ce jeu cruel et dangereux.
Prolonger sa vie partout où elle s'est brisée sur un obstacle ou simplement sur
l'absurde est une tentation trop grave. On ne pouvait que se répéter : avec Joan
35 le monde aurait été moins irrémédiablement horrible qu'avec Sarah et les ombres
qui la dévoraient. Mais quoi ? Tout était déjà écrit.

Michel DÉON, *Les Poneys sauvages* (1970)
© éd. Gallimard

*2. Liaison de
Georges Saval.*

*3. Fils de Sarah et de
Georges.*

POUR LE COMMENTAIRE

Comment l'engagement se mêle-
t-il au lyrisme apparent ?

Bertrand Poirot-Delpech
Les Grands de ce monde (1976)

Journaliste au *Monde* depuis 1951, **Bertrand Poirot-Delpech** (né en 1929) y assure
aujourd'hui le feuilleton littéraire hebdomadaire *(Feuilletons 1972-1982)*. *Le Grand Dadais*,
son premier roman, lui avait valu le prix Interallié en 1958. Depuis les années 70, l'histoire
lui inspire des fictions caractérisées par la satire, la parodie, la fantaisie : *La Folle de Lituanie*
(1970) ; *Les Grands de ce monde* (1976) ; *La Légende du siècle* (1981) ; *Le Couloir du
dancing* (1982) ; *L'Été 36* (1984) ; *Le Golfe de Gascogne* (1989). Il a été élu à l'Académie
française en 1986.

**** Les Grands de ce monde*

Le mercredi 29 mai 1968, le général de Gaulle n'a pas disparu pour aller rencontrer le général Massu, comme on l'affirme
souvent. Il s'est camouflé dans l'anonymat d'une station de métro, où il a été en grande conversation avec Antoine Manuelli,
garde républicain à l'Élysée.

Le narrateur, journaliste, dans un épilogue daté 1975, prétend que le livre provient d'une collaboration avec Manuelli : ce
témoin primordial, dépositaire de documents enregistrés, a été chargé par le général lui-même de révéler la vérité sur sa
disparition momentanée.

Ces lâcheurs de pères !

***

Au métro Balard, le Général vient de s'endormir sur un banc, et sa tête a roulé sur l'épaule du garde républicain. Manuelli
vient de se rappeler le soir du 18 juin 1940, où il a vu pour la dernière fois son père, en gare de Vintimille.

A l'école, je regardais l'instituteur en fronçant les paupières jusqu'à ce que la
confusion avec le disparu soit possible. Parfois je m'introduisais dans les hôpitaux pour m'assurer qu'il ne s'y cachait pas, ou qu'il n'aurait pas été accueilli par
suite d'amnésie. Je traversais les salles, je m'arrêtais au pied des lits et j'étirais
5 les visages en pensée pour y trouver des ressemblances... Faute de cadavre, le
ministère n'a pas voulu admettre que mon père était mort au combat. En vain
ma mère a trotté pendant des années dans des couloirs gris, devant des blouses
grises. Avec l'âge, ma peine s'est changée en hargne contre ce monde de

classeurs et de guichets qu'on appelle l'État. Je ne pouvais plus voir un uniforme,
10 un drapeau, un monument public, un ministre, un chef d'État, sans leur imputer
l'escamotage du quai de Vintimille...

— Je crois que j'ai piqué un roupillon ! dit le Général.

— Moi aussi, dis-je.

Sa joue s'écarte.

15 — Il paraît que vous êtes orphelin de guerre et garde républicain ? Madame
votre mère travaille-t-elle ?

« Madame votre mère » ! Si elle l'entendait ! Ma colère d'enfant me reprend :

— Elle se meurt, dis-je, mais avant elle faisait des ménages faute de pension
pour m'élever.

20 J'escomptais un « pauvre petit », j'ai droit à une bourrade :

— De mon temps, ce type de débuts dans la vie suscitait les plus forts goûts
de réussir. Savez-vous que Juin était fils de gendarme, comme vous ?

Veut-il dire qu'il tenait à moi seul de m'acheminer vers les sept étoiles[1], au lieu
de végéter à Penthièvre[2] ? Je renonce à m'en expliquer. Mettons que ce soit ma
25 fierté et mon mystère. Tout effort pour racheter la disparition de mon père me
semblait une manière de donner raison à l'État qui la niait. Grandir, ce serait faire
le mort à mon tour, refuser d'exister. J'ai boudé les études et les promotions à
la façon des prisonniers qui décident une grève de la faim. Je simplifie :

— J'aimais trop la planche à roulettes !

30 — Quésaco ? demande-t-il.

Il s'agissait d'une planche — la mienne était en acajou, taillée par mon oncle
Vincente — sous laquelle nous fixions des roulements à billes de patins. Nous
dévalions les ruelles du vieil Antibes dans un fracas de ferraille. A l'heure où l'on
joue son avenir, je ne pensais qu'à arriver le premier en bas de ma rue.

Bertrand POIROT-DELPECH, *Les Grands de ce monde* (1976)

© éd. Gallimard

*1. De maréchal,
comme Juin
(1888-1967).*

*2. Proche de
l'Élysée : la caserne
de Manuelli.*

Manifestation à
la Bastille.
Paris, mai
1968.

GROUPEMENT THÉMATIQUE ——————————

Mal du siècle, Mai 68 et roman

Romain GARY : *Chien blanc*, 1970. — Nathalie SARRAUTE :
Vous les entendez ?, 1972. — Pascal LAINÉ : *L'Irrévolution*,
1972. — Jean-François BIZOT : *Les Déclassés*, 1976. —
Bertrand POIROT-DELPECH : *Les Grands de ce monde*, 1976.
— Daniel RONDEAU : *L'Enthousiasme*, 1988.

Roman et idéologies d'après-guerre

1. L'après-guerre Sartre

La liste des prix Goncourt décernés après guerre semble démontrer que les sujets traditionnels sont surclassés par ceux qu'offre l'histoire récente : approches de la Libération (**JEAN-LOUIS BORY**, *Mon village à l'heure allemande*, 1945), Résistance (**ELSA TRIOLET**, *Le Premier Accroc coûte deux cents francs*, 1945 — pour 1944), captivité (**FRANCIS AMBRIÈRE**, *Les Grandes Vacances*, 1946 — pour 1940 ; **PIERRE GASCAR**, *Les Bêtes, Le Temps des morts*, 1953), occupation (**JEAN-LOUIS CURTIS**, *Les Forêts de la nuit*, 1947), guerre de 1940 (**ROBERT MERLE**, *Week-end à Zuydcoote*, 1949), génocide juif (**ANDRÉ SCHWARTZ-BART**, *Le Dernier des justes*, 1959). Ce type de roman proche du témoignage — auquel échappe Pierre Gascar — donne à propos du système des camps *L'Univers concentrationnaire* (1946) et *Les Jours de notre mort* (1947), de **DAVID ROUSSET**, *L'Espèce humaine* (1949) de **ROBERT ANTELME**, voire *La Mort est mon métier* (1953), de **ROBERT MERLE**.

Mais un vrai changement est symbolisé par la personne et les écrits de **JEAN-PAUL SARTRE** (1905-1980, voir pp. 475-497). Critique brillant du roman à la veille de la guerre et auteur des deux premiers tomes des *Chemins de la liberté* en 1945, il **réussit à imposer la notion de l'engagement littéraire comme devoir** et la développe en 1947 dans « Qu'est-ce que la littérature ? » (*Situations* II, 1948) : l'Histoire met l'écrivain « en situation » et le rend inéluctablement responsable ; il est « dans le coup ». Sartre tient la vedette à une époque où intellectuels et artistes, jusqu'aux débuts de la déstalinisation en 1956, paraissent en majorité attirés par le socialisme de modèle soviétique, prôné en France par un Parti communiste auréolé de sa participation à la Résistance ; tel est le « sens de l'histoire » autour duquel on se rassemble.

2. Orthodoxies et création

Quand l'engagement devient substance même de l'écriture, il risque d'entraver l'essor poétique. Ceux qui vouent le roman au militantisme et aux consignes du Parti ont le mérite d'offrir des images du milieu ouvrier ou de leur propre action, mais ils ne produisent pas souvent des œuvres majeures : **ANDRÉ STIL, PIERRE DAIX, PIERRE GAMARRA, PIERRE ABRAHAM, ANDRÉ WURMSER, PIERRE COURTADE** (*La Place rouge*, 1961). Cependant **ROGER VAILLAND** reste libre, même dans *Beau Masque* et *325 000 francs*. **ARAGON** séduit quand il se garde du roman à thèse : dans *La Semaine sainte* (1958) et non dans *Les Communistes* (1949-1951, 1967).

En dépit de la virtuosité technique et du pouvoir d'évocation, Sartre obéit trop à un dessein didactique et abstrait dans *Les Chemins de la liberté* (1945-1949), qu'il abandonne comme Aragon réduit le projet initial des *Communistes*. **SIMONE DE BEAUVOIR** (1908-1986), après la réussite de *L'Invitée* (1943), cède à la démonstration philosophique avant de témoigner sur l'intelligentsia de gauche (*Les Mandarins*, prix Goncourt, 1954, voir p. 499). La rigueur d'**ALBERT CAMUS** (1913-1960), abusivement assimilé à l'existentialisme, le place dans la lignée du classicisme (*La Peste*, 1947 ; et, surtout, *La Chute*, 1956).

Si le christianisme inspire des romanciers comme **PIERRE-HENRI SIMON, LUC ESTANG, PAUL-ANDRÉ LESORT, ROGER BÉSUS, JEAN SULIVAN, HENRI QUEFFÉLEC** (*Un recteur de l'île de Sein*, 1945) ou **GILBERT CESBRON** (*Les Saints vont en enfer*, 1952), deux écrivains se détachent par une ampleur métaphysique en liaison directe avec le siècle : **PAUL GADENNE** (1907-1956 : *Les Hauts Quartiers*, 1973), **JEAN CAYROL** (*Je vivrai l'amour des autres*, 1947 ; *Les Corps étrangers*, 1959). Ébranlé par la critique de Sartre, **FRANÇOIS MAURIAC** se consacre surtout au journalisme. Autre aîné, **JULIEN GREEN** publie en 1950 l'un de ses meilleurs romans : *Moïra* (voir p. 288).

Enfin, tantôt l'idéologie se prête à la chronique des mœurs (**JEAN-LOUIS CURTIS**, *Les Justes Causes*, 1954) ou au plaidoyer (**ROMAIN GARY**, *Les Racines du ciel*, prix Goncourt 1956), tantôt elle s'efface au profit de la rupture créatrice : le merveilleux fait le prix de l'œuvre d'**ANDRÉ DHÔTEL** (*Le Pays où l'on n'arrive jamais*, 1955) ; quant à **ALEXANDRE VIALATTE** (*Les Fruits du Congo*, 1951), **BORIS VIAN** (*L'Écume des jours*, 1947) et **RAYMOND QUENEAU** (*Zazie dans le métro*, 1959), ils retiennent par la fantaisie et l'invention (voir p. 540).

3. Spécialités du réalisme et classicisme

Le parti pris de la réalité aboutit à des romans aussi différents que ceux de **RAYMOND GUÉRIN** (*L'Apprenti*, 1945) et de **JEAN REVERZY** (*Le Passage*, 1955). Il est adopté par **MOULOUD MAMMERI, MOULOUD FERAOUN, ALBERT MEMMI, DRISS CHRAÏBI** et **KATEB YACINE** (avec poésie ; *Nedjma*, 1948), pour la protestation. Des auteurs comme **MAURICE DRUON** (*Les Grandes Familles*, prix Goncourt 1948), **JOSEPH KESSEL, HENRI TROYAT, FÉLICIEN MARCEAU** ou **HERVÉ BAZIN** (*Vipère au poing*, 1948) écrivent de « vrais romans » et cèdent aux conventions du réalisme bien plus qu'un **HENRI BOSCO**, régionaliste en apparence.

Contre le tropisme humaniste des témoignages et le carcan de l'engagement, contre la spécialisation des réalistes, **NIMIER, BLONDIN** et **LAURENT** proposent la désinvolture et la subjectivité. Moins dégagés que contre-engagés, ils apparaissent comme des anarchistes de droite ; ils ont pour grand aîné **MARCEL AYMÉ** (*Uranus*, 1948) et les deux premiers fréquentent **CÉLINE** (*D'un château l'autre*, 1957, voir p. 378). Tournés vers la trouvaille et non vers la recherche, ils aiment Giraudoux et Cocteau. Ils apprécient, parmi les auteurs qui se renouvellent alors, **JACQUES CHARDONNE** (*Vivre à Madère*, 1952) et surtout **PAUL MORAND** (*Le Flagellant de Séville*, 1951 ; *Hécate et ses chiens*, 1954), **JEAN GIONO** (« Le Cycle du Hussard »). On peut voir là une « réaction néo-classique » (**MAURICE NADEAU**) où figurent aussi **BERNARD PINGAUD** (*L'Amour triste*, 1950) et **FRANÇOISE SAGAN** (*Bonjour tristesse*, 1954) — et ajouter les noms de **FRANÇOIS NOURISSIER, MICHEL DÉON** et **ANDRÉ FRAIGNEAU** (*Le Livre de raison d'un roi fou*, 1947). En 1951-1952, alors que le besoin philosophique privilégiait parmi les genres le théâtre et l'essai, la publication d'œuvres posthumes de Benjamin Constant (*Cécile, Journaux intimes*) constituait un événement.

Du classicisme relèveraient encore **MARGUERITE YOURCENAR** (*Mémoires d'Hadrien*, 1951) et, même, certains écrivains dont l'idéologie ne rive pas l'art aux contingences du siècle : qu'on les place d'ordinaire du côté du surréalisme (**JULIEN GRACQ**, *Le Rivage des Syrtes*, 1951, voir p. 547), de l'existentialisme (**JEAN GENET**, *Notre-Dame des Fleurs*, 1944) ou du roman de recherche (**GEORGES BATAILLE**, *L'Abbé C.*, 1951 ; **LOUIS-RENÉ DES FORÊTS**, *Le Bavard*, 1946).

3. Romans d'analyse personnelle

Roman d'engagement et roman de mal du siècle n'ont pas seulement en commun la place privilégiée qu'y occupe l'Histoire. Toujours il s'agit de **la rencontre entre cette Histoire et l'histoire du moi**.

Les « hussards » et autres cavaliers relèvent de la lignée classique des écrivains moralistes. Mais ils ne pensent pas comme Pascal que « le moi est haïssable ». Aussi composent-ils des romans d'analyse personnelle. Un Je s'y observe, ou à un moment de crise, ou à travers une vie ; et ces **éducations sentimentales** se jouent en marge des grands événements qui secouent l'époque.

Françoise Sagan *Bonjour tristesse* (1954)

Avant l'âge de vingt ans, **Françoise Sagan** (née en 1935) a connu la gloire littéraire avec *Bonjour tristesse*. La faveur du grand public est allée aussi à *Un certain sourire* (1956), *Dans un mois dans un an* (1957), *Aimez-vous Brahms...* (1959), *Les Merveilleux Nuages* (1961), *La Chamade* (1965), *Des bleus à l'âme* (1972), *La Femme fardée* (1981), *Avec mon meilleur souvenir* (1984), *La Laisse* (1989), etc. L'auteur entreprenait parallèlement une œuvre dramatique (*Château en Suède*, 1960 ; *La Robe mauve de Valentine*, 1963 ; *Le Cheval évanoui*, 1966). Françoise Sagan, par les meilleurs de ses très nombreux livres, appartient à la tradition des moralistes, vouée à une observation dépourvue de prédication.

*** *Bonjour tristesse*

Aux vacances d'été, la jeune Cécile doit préparer son baccalauréat, ce qu'elle a du mal à prendre au sérieux. Sa liberté insouciante et un certain bonheur de vivre comptent bien davantage. Or Anne, nouvelle maîtresse de son père Raymond, remet en cause cette existence menée en toute innocence.

Cécile déteste Anne. A la fin, elle ne sera pas étrangère au suicide qu'Anne camoufle en accident de voiture. Alors Cécile découvrira la tristesse.

Division intérieure

Françoise Sagan. Photo de David Seymour.

Je passais par toutes les affres de l'introspection sans, pour cela, me réconcilier avec moi-même. « Ce sentiment, pensais-je, ce sentiment à l'égard d'Anne est bête et pauvre, comme ce désir de la séparer de mon père est féroce. » Mais, après tout, pourquoi me juger ainsi ? Étant simplement moi, n'étais-je pas libre
5 d'éprouver ce qui arrivait. Pour la première fois de ma vie, ce « moi » semblait se partager et la découverte d'une telle dualité m'étonnait prodigieusement. Je trouvais de bonnes excuses, je me les murmurais à moi-même, me jugeant sincère, et brusquement un autre « moi » surgissait, qui s'inscrivait en faux contre mes propres arguments, me criant que je m'abusais moi-même, bien qu'ils
10 eussent toutes les apparences de la vérité. Mais n'était-ce pas, en fait, cet autre qui me trompait ? Cette lucidité n'était-elle pas la pire des erreurs ? Je me débattais des heures entières dans ma chambre pour savoir si la crainte, l'hostilité que m'inspirait Anne à présent se justifiaient ou si je n'étais qu'une petite jeune fille égoïste et gâtée en veine de fausse indépendance.
15 En attendant, je maigrissais un peu plus chaque jour, je ne faisais que dormir sur la plage et, aux repas, je gardais malgré moi un silence anxieux qui finissait par les gêner. Je regardais Anne, je l'épiais sans cesse, je me disais tout au long du repas : « Ce geste qu'elle a eu vers lui, n'est-ce pas l'amour, un amour comme il n'en aura jamais d'autre ? Et ce sourire vers moi avec ce fond d'inquiétude dans
20 les yeux, comment pourrais-je lui en vouloir ? » Mais, soudain, elle disait : « Quand nous serons rentrés, Raymond... » Alors, l'idée qu'elle allait partager notre vie, y intervenir, me hérissait. Elle ne me semblait plus qu'habileté et froideur. Je me disais : « Elle est froide, nous sommes indépendants ; elle est indifférente : les gens ne l'intéressent pas, ils nous passionnent ; elle est réservée,
25 nous sommes gais. Il n'y a que nous deux de vivants et elle va se glisser entre nous avec sa tranquillité, elle va se réchauffer, nous prendre peu à peu notre bonne chaleur insouciante, elle va nous voler tout, comme un beau serpent. » Je me répétais un beau serpent... un beau serpent !

Françoise SAGAN, *Bonjour tristesse*, Deuxième partie, I (1954), © éd. Julliard

Paul Guimard *Les Choses de la vie* (1967)

Journaliste et navigateur (*Les Cousins de « la Constance »*, 1975), **Paul Guimard** (né en 1921) compose de brefs romans où, avec humour et gravité, il rêve sur un moment où le destin prend figure : *Les Faux Frères* (1955), *Rue du Havre* (1957), prix Interallié, *L'Ironie du sort* (1961). Dans *Les Choses de la vie* (1967) et *Le Mauvais Temps* (1976), la crise de l'homme mûr éclate au seuil de la mort et l'introspection se colore de tragique en même temps que d'épicurisme.

*** *Les Choses de la vie*

Un accident de la circulation oppose brutalement un camion et une bétaillère à une voiture rapide conduite par un homme de quarante-cinq ans. De ce personnage le récit propose le monologue — avec la description des faits pour contrepoint — entre les secondes qui précèdent l'accident et le moment où, parvenu en ambulance à l'hôpital, le conducteur y décède.

Entre la vie et la mort

1. Le conducteur, à demi-conscient et proche du coma, est allongé dans l'ambulance qui, dans un hurlement de sirènes et précédée de motards, se hâte vers l'hôpital.

Paul Guimard.

2. Il conduisait la bétaillère.

L'idée d'un possible néant me cause moins de panique que je ne le redoutais, moins de révolte aussi. Ce corps brisé sur le brancard de l'ambulance[1], je le plains mais il me reste curieusement étranger par bien des côtés. Je lui sais gré de ne pas me torturer mais il me trahissait au jour le jour par de menues
5 déchéances sournoises. De plus en plus je devais ruser avec lui, pallier chacune de ses nouvelles faiblesses par des soins déplaisants. D'abord je n'y prenais pas garde. Puis j'ai vu les corps de mon âge changer autour de moi. Un jour surtout j'ai vu le temps à l'œuvre, je l'ai pris en flagrant délit.

Elle m'a dit :
10 « Pourquoi me regardes-tu comme cela ? »

Je ne pouvais lui expliquer. Elle était très belle et la nudité lui allait bien. Mais sur ce corps dont je croyais n'ignorer rien voici que j'apercevais une différence, une modification plutôt.

Elle dit :
15 « Tu as un œil de commissaire-priseur. »

Existaient-ils, la veille, cet imperceptible fléchissement de la silhouette, cette inexactitude de la chair à suivre fermement les jeux des muscles, ce relâchement presque invisible d'un corps pourtant au comble de sa grâce ? Ou bien n'était-ce qu'une soudaine clairvoyance ?
20 J'ai détourné les yeux vers moi-même et j'ai été brusquement effrayé de me trouver si peu semblable à l'idée fixe, je veux dire au cliché que je gardais de moi. Par petites touches et profitant d'une inattention commode, mon corps avait entamé à mon insu le long processus d'abdication qui lui permettrait un jour de m'abandonner tout à fait.
25 Elle dit :

« Comme tu es sérieux, soudain ! »

On ne devrait pas laisser aux jeunes gens ces corps qu'ils gaspillent et dont ils ont l'impudence de croire que la perfection, la docilité, vont de soi. Aujourd'hui je saurais donner à mon corps d'adolescent les fêtes qu'il méritait.
30 Il faudrait mettre de l'ordre dans ces idées profuses et décousues.

J'éprouve de la surprise à aborder avec si peu de gravité une mort improvisée. Je ne me croyais pas cette légèreté foncière. Non pas que je me résigne à ce destin de victime anecdotique d'un marchand de cochons[2]. J'aurais voulu qu'on me laisse le temps de mourir. Je ne sais pas comment expliquer cela : le temps
35 de mourir, comme on prend le temps de vivre. J'avais depuis longtemps décidé de ne pas rejoindre la troupe désuète des gens d'âge qui s'obstinent, qui s'accrochent. J'aurais été un vieillard modèle, larguant chaque jour une amarre, m'appliquant au désintérêt. A force de couper patiemment les mille liens qui rattachent à la vie j'en serais arrivé à n'être plus retenu que par l'ancre de
40 miséricorde et je serais mort, non pas sans doute à ma guise mais enfin j'aurais participé à ma fin. Je serais mort, on ne m'aurait pas tué comme c'est le cas !

Paul GUIMARD, *Les Choses de la vie*, II (1967), © éd. Denoël

ÉTUDE COMPARÉE
Quelles relations peut-on voir entre ce texte et le passage des *Enfants du bon Dieu*, d'Antoine BLONDIN, p. 518 ?

Jacques Laurent *Les Bêtises* (1971)

Avec l'argent de best-sellers publiés sous pseudonyme (en particulier : Cecil Saint-Laurent ; *Caroline chérie*, 1947), **Jacques Laurent** (né en 1919) a pu mener parallèlement une carrière de polémiste (*Paul et Jean-Paul*, 1951 ; *Mauriac sous de Gaulle*, 1965 ; *Au contraire*, 1967), de romancier (*Les Corps tranquilles*, 1948 ; *Le Petit Canard*, 1954 ; *Les Bêtises*, 1971, prix Goncourt ; *Les Sous-ensembles flous*, 1981) ; et il a créé la revue *La Parisienne* en 1953, repris et dirigé l'hebdomadaire *Arts* entre 1954 et 1958. Il a pratiqué presque tous les genres littéraires. Dans *Histoire égoïste* (1976), il a retracé son itinéraire intellectuel et moral. Jacques Laurent a été élu à l'Académie française en 1986.

*** *Les Bêtises*

Encadré par les présentations d'un éditeur fictif, le roman comporte quatre parties de longueur inégale.
« Les Bêtises de Cambrai » (1940-1946) est un roman de jeunesse inachevé. « L'Examen des Bêtises de Cambrai (B.D.C.) » (1947) raconte la genèse du roman abandonné.
« Le vin quotidien ou l'arrière-pensée » (1952-1954) présente le journal tenu par l'auteur, de juillet 1952 à novembre 1954.
« Fin fond » (années 60, jusqu'en 1965) est un essai de synthèse sur ce qui a fondamentalement animé vie et œuvre.

Écrire à vingt ans...

***

Au début de la deuxième partie, l'auteur tente de répondre à la question : pourquoi ai-je abandonné mon roman ? en en posant une autre : pourquoi ai-je commencé à écrire, dès le lycée ?

1. L'auteur mis en roman par Jacques Laurent est né en 1920.

A vingt ans[1], je me mis à spécialiser mon journal et à le répartir en cahiers dont les couvertures étaient de diverses couleurs, selon que la politique, l'érotisme, l'autobiographie les inspiraient ; une audacieuse synthèse philosophique me tentait mais je craignais d'intervenir, nu, balourd, dans un domaine surpeuplé de
5 pensée ; je me sentais presque mûr pour faire un livre qui démontrât que j'existais, ressemblant en cela à beaucoup d'étudiants de la Sorbonne, mais comme eux incertain de mon génie et attiré par le roman comme par une facilité.

Heureusement, le roman me fut imposé comme une nécessité, comme le seul recours, et non offert comme une commodité. Il fut la seule réponse que je
10 pouvais faire à l'entrée des Allemands à Paris. Ma mère et ma grand-mère n'avaient pas voulu quitter leur appartement de la rue de Mogador et j'étais resté auprès d'elles, par habitude d'obéir, par tradition, par incertitude plutôt, honteux d'assister à un aussi grand spectacle en compagnie de deux personnes âgées et femmes.
15 Je passai la Seine et j'aperçus sur le boulevard Saint-Michel un camion haut, bâché, anguleux, que quelques badauds contemplaient, suivant les gestes d'un soldat vert qui changeait la roue. Devant la préfecture de police, une colonne de side-cars était immobile : les soldats casqués assis sur leurs sièges mangeaient à l'ombre des platanes.
20 Toujours, j'avais du papier sur moi. Un café était resté ouvert, place du Châtelet. Assis dans un recoin frais je commençai d'écrire le roman. J'usais de la première personne. Je décrivais la promenade que je venais de faire assez longuement en accentuant la chaleur, la moiteur des frondaisons vibrantes de moucherons, la raideur des soldats, la nonchalance des flâneurs, la fraîcheur
25 ténébreuse de mon refuge.

*Jacques Laurent.
Lithographie d'après
Michel Rodde.*

Dans le roman, j'écrivais, mais une lettre. J'annonçais à ma mère et à ma grand-mère que je les quittais pour gagner le sud de la France et sans doute les colonies. Entre les pieds de la table gisait un sac de montagne où j'avais empilé des chandails, des maillots de bains et des livres. Le second chapitre était
30 consacré à tous ces objets à travers lesquels je retraçais ma jeunesse. Malgré ce procédé apparemment objectif de peinture de soi je ne pouvais esquisser un portrait de héros. En employant le Je au lieu du Il je m'étais dispensé d'une présentation en règle mais indirectement elle s'imposait. Déjà c'était un trait de caractère que l'attention qu'avait apportée Gilles — il s'appellerait Gilles[2] — aux
35 objets qu'il emportait avec lui, et un trait qui l'amenuisait. Pour y parer je fis entrer la fille avec lequel il avait rendez-vous.

*2. Note de l'auteur :
Par la suite, le prénom de Gustin devait, comme on le verra, lui être substitué.*

Jacques LAURENT, *Les Bêtises* (1971), © éd. Grasset

Kléber Haedens *Adios* (1974)

Comme Jacques Laurent et Claude Roy, **Kléber Haedens** (1913-1976) fait ses débuts avant-guerre du côté de l'Action française et des « Non-conformistes des années 30 ». Essayiste (*Paradoxe sur le roman*, 1941 ; *Une histoire de la littérature française*, 1943, réédition 1989) et chroniqueur (*L'Air du pays*, 1963), il a publié sept romans, de *L'École des parents* (1937) à *Adios* (1974). Dans ce dernier livre, le romancier abandonne de sa légèreté et gagne en tendresse et en gravité.

*** *Adios*

Entre une mère autoritaire et un père falot, Jérôme Dutoit découvre lentement la vie, au cours de l'entre-deux-guerres, dans l'Afrique coloniale de l'île de Gorée, puis pendant les vacances et au collège en France. A travers les années, son existence trouve lumière et force dans un amour exclusif pour Marie-Louise, jusqu'à ce que, soudain, elle dise « adios » à la vie et que se brise le bonheur.

Premier tango à quinze ans

J'étais assis sur un pouf de cuir et je me sentais dans une peau d'enfant. Que faire ? Je rougissais. Ma mère se tenait raide sur le divan blanc, sournoise, épineuse, les yeux pleins d'encre. « Fais ce que te demande Mme Ruisseau », dit mon père[1].

5 Je n'avais jusqu'à cette minute prêté aucune attention à Mme Ruisseau. Plus tard j'ai su qu'elle avait vingt-huit ans. Pour moi c'était une femme, je veux dire une grande personne. Il ne m'était pas un instant venu à l'esprit de me demander si je la trouvais jolie. En qualité d'adulte, elle appartenait à une autre espèce, un autre monde, comme les poissons et les oiseaux.

10 Quand elle fut tout près de moi, qu'elle passa son bras autour de ma taille et me fit prendre la sienne, je vis que cette femme avait les yeux noirs. Elle ouvrait la bouche, souriait, approchait de moi ses joues brunes et ses cheveux remuaient sur ses épaules. J'avais entendu son mari l'appeler Colette. Sa cuisse écartait mes jambes. Elle sentit quelque chose, m'attira un peu plus loin. « Reprenons »,

15 dit-elle. Elle était encore contre moi maintenant, son corps cherchait. Elle me fit tourner. Sa bouche était sur mon oreille. « Tu es fou, dit-elle. Si ta mère te voit. Viens jeudi après le déjeuner. René va à Dakar[2] par la chaloupe de midi. » Elle me repoussa et dit à voix haute : « Non. La jambe comme ça. Mais non. Comme ça. » Elle rit et se tourna vers ma mère. « Je regrette, chère madame, mais je crois

20 bien qu'il ne saura jamais danser. »

Comme si j'étais plein de dépit je tournai le dos aux adultes. Ils ne devaient pas voir. Je m'approchai d'une fenêtre. Pendant la leçon, qui n'avait pas duré plus de trois minutes, ma mère nous avait surveillés fanatiquement. Mon père, de son œil gris, n'avait pas perdu grand-chose. Seul, René Ruisseau s'était

25 efforcé de plaisanter en fumant un cigare. « C'est un havane, spécialement bagué pour Brousse et Moussard[3]. »

Kléber HAEDENS, *Adios* (1974)
© éd. Grasset

1. *René et Colette Ruisseau ont invité les Dutoit à déjeuner ; et le père de Jérôme a décliné l'invitation à danser de Mme Ruisseau.*

2. *Gorée, où vivent les personnages, est une île côtière fermant la rade de Dakar.*

3. *Les Ruisseau ont en charge le comptoir des Établissements Brousse et Moussard, où se vendent du riz, du manioc et des boîtes de conserves.*

***

A la fin du passage, le gramophone se tait. « *Adios muchachos...* J'avais décidé de la revoir jeudi ».

POINT DE VUE CRITIQUE

A propos des quatre « hussards »

« Qu'à distance, cela semble composer un ensemble cohérent, je m'en étonne, car nos quatre natures différaient profondément. Il se peut, quand même, que, désireux que l'on respirât dans nos livres un air moins malsain que celui de notre époque, nous ayons eu le mérite commun d'avoir réintroduit dans le roman le plaisir et la mélancolie de vivre, une certaine dignité devant l'œuvre de la mort. Si c'est vrai, ce ne sera pas un mince mérite, mais il faut le partager plus équitablement avec Bernard Frank, François Nourissier, Kléber Haedens, Michel Mohrt, Roland Laudenbach et Félicien Marceau. »

Michel DÉON, *Bagages pour Vancouver* (1985)
© éd. La Table ronde

Yukio Mishima *Le Pavillon d'or* (1956)

Yukio Mishima (1925-1970) n'a pas seulement mené une existence éclatante et singulière couronnée par une mort spectaculaire. On le reconnaît généralement pour l'un des artistes majeurs de la littérature contemporaine universelle. Citons Confession d'un masque *(1949) et la tétralogie de* La Mer de la fertilité.

Traducteur et préfacier du Pavillon d'or *en 1961, Marc Mécréant écrit :* « Malgré ses vingt ans en 1945, on trouverait difficilement en M. Mishima les aspects attendus, et en quelque sorte négatifs, de ce qu'il est convenu d'appeler "la génération de la défaite". Nulle trace, semble-t-il, de cette prostration qui fut le lot de la plus grande partie de la jeunesse au temps des effondrements. » *Son romantisme et sa désinvolture aiguë ne sont pourtant pas sans rapport avec ce qui caractérise tout un secteur du roman français d'après-guerre.*

Le Pavillon d'or *se fait l'écho de la crise qui atteint la religion japonaise quand les lendemains de la guerre remettent en question le sacré.*

Décalage

***

Le chapitre II commence par le récit de l'enterrement du père en 1944. Après quoi le fils part pour Kyôto où il entre comme novice au temple du Pavillon d'or. Il lie connaissance avec un autre novice, Tsurukawa. Le lendemain matin, ils parlent ensemble.

1. Le personnage est bègue.

« La mort de ton père a dû t'affecter beaucoup, hein ? C'est pour ça que tu es tout mélancolique. Je l'ai pensé tout de suite, hier soir, en te voyant. » Loin de réagir aux paroles de mon interlocuteur, le fait qu'il me trouvât l'air triste eut l'heureux résultat de m'apporter une espèce de sécurité, une certaine liberté d'esprit ; et les mots passèrent mes lèvres sans difficulté[1] : « Ça n'est pas tellement pénible, tu sais. »

Tsurukawa leva ses longs cils — si longs qu'ils semblaient le gêner — et me regarda.

« Quoi ? Alors, tu détestais ton père ? Ou du moins, tu ne l'aimais pas ?
— Je n'avais rien contre lui... ni ne le détestais.
— Alors, pourquoi n'es-tu pas triste ?
— Quand tu diras !...
— Ça me dépasse ! »

Tsurukawa, aux prises avec ce difficile problème, s'assit à la turque.

« Dans ce cas, tu dois avoir eu un autre coup dur...
— Je n'en sais vraiment rien ! » répondis-je ; ce disant, je me demandais quelles raisons je pouvais bien avoir d'éprouver tant de satisfaction à semer le doute dans l'esprit des gens. Pour moi, en tout cas, il n'y avait pas l'ombre d'un doute ; le cas était des plus clairs : mes sentiments aussi avaient leur bégaiement ! Il y avait toujours un décalage entre le fait et eux. Il y avait conséquemment d'un côté la mort de père, de l'autre, ma tristesse, nettement séparées, isolées, sans le moindre lien entre elles, la moindre interférence. Le plus petit écart, le plus léger retard et, immanquablement, le fait et ma réaction affective se trouvaient disjoints, ce qui, chez moi, est probablement un état fondamental. La peine que j'éprouve, quand peine il y a, me tombe dessus sans crier : « Gare ! » et sans raison ; elle est totalement indépendante d'un événement ou d'une cause quelconques.

Une fois de plus, je me trouvai, en fin de compte, incapable d'expliquer tout cela à mon nouvel ami assis en face de moi ; et Tsurukawa se mit à rire : « Vrai ! Quel drôle de type tu fais ! »

Le rire qui le soulevait plissait, sur son ventre, la chemise blanche. Le soleil s'infiltrait à travers le balancement des branches, me pénétrant de bonheur. Comme la chemise du drôle, ma vie aussi faisait des plis. Mais toute plissée qu'elle fût, cette chemise, quel éclat elle avait dans le soleil !... Et moi ? Aussi, peut-être ?...

Yukio MISHIMA, *Le Pavillon d'or* (1956), traduction de Marc Mécréant,
© éd. Gallimard, 1961

Pour vos essais et vos exposés

Pol VANDROMME : *La Droite buissonnière*, Les Sept couleurs, 1960.

Maurice NADEAU : *Le Roman français depuis la guerre*, éd. Gallimard, 1963.

Jean-Jacques BROCHIER : *Roger Vailland*, éd. Losfeld, 1969.

Michel PICARD : *Libertinage et tragique dans l'œuvre de Roger Vailland*, éd. Hachette, 1972.

Pascal ORY : *L'Anarchisme de droite*, éd. Grasset, 1985.

François RICHARD : *L'Anarchisme de droite dans la littérature contemporaine*, P.U.F., 1988.

Cahiers Roger Nimier n° 1 à 6, 1989.

« Roger Vailland », *Europe*, août-septembre 1988.

Marc DAMBRE : *Roger Nimier, hussard du demi-siècle*, éd. Flammarion, 1989.

FANTAISISTES, LIBERTAIRES ET INDÉPENDANTS

VIAN, QUENEAU, PEREC, GRACQ
BUZZATI

*« J'ai eu peur, dit Colin.
Un moment tu as fait une
fausse note. Heureusement
c'était dans l'harmonie... »*

Boris Vian,
L'Écume des jours

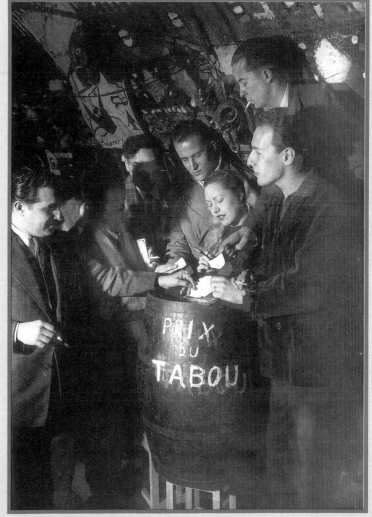

Raymond Queneau et Boris Vian participant à la remise du prix du Tabou,
célèbre cave parisienne dans les années 50.

Indépendants

On trouverait, à la veille ou dans les lendemains immédiats de la Seconde Guerre mondiale, chez des essayistes comme Jean Paulhan (1884-1968), dans *Les Fleurs de Tarbes ou la Terreur dans les lettres* (1941), Brice Parain (1897-1971), dans ses *Recherches sur la nature et les fonctions du langage* (1942), ou un peu plus tard dans des textes de Michel Leiris, de Georges Bataille et de Maurice Blanchot, les signes d'une réflexion sur ce qu'on pourrait appeler **les grandeurs et servitudes du langage littéraire**. Chacun à sa manière tirera leçon de ces réflexions ou interrogations pour poser les jalons de nouvelles poétiques.

Mais à côté de ces groupes, et parfois les précédant ou les initiant avec brio, plusieurs authentiques créateurs ont fait un usage inédit et exceptionnel du langage et de la littérature. Marginaux ou « provos » comme Boris Vian, acrobates et funambules du verbe comme Raymond Queneau ou Georges Perec, distingués et solitaires comme Julien Gracq, ils ont en commun **une certaine idée de l'indépendance et de la singularité littéraires**, qui fait d'eux autant de « libertaires » dans le paysage culturel des années 1940-1970.

1. Boris Vian : invention et provocation

Que n'a-t-on pas écrit sur Boris Vian (1920-1959), alias Vernon Sullivan ? Ingénieur « défroqué », littérateur ingénieux, ami de Jean-Paul Sartre, familier de Queneau, Vian, le dissipé qui folâtre du roman à la chanson et de l'essai au cinéma, le marginal que la mort emporta à 39 ans, fut sans doute la figure la plus surprenante et la plus attachante de ces années de bousculade.

Réussissant avec un égal bonheur dans l'anathème *(J'irai cracher sur vos tombes)*, dans **la provocation** *(L'Herbe rouge*, « Le Déserteur »*)* et dans **la fantaisie poétique** *(L'Écume des jours)*, cet écrivain farfelu ne fut rien de moins aussi qu'un des acteurs-spectateurs les plus angoissés de sa génération, masquant dans les jeux du langage et de l'image une inaptitude fondamentale au confort intellectuel.

2. Raymond Queneau et Georges Perec

Œuvre-cocktail, œuvre-caméléon, la production bigarrée de Raymond Queneau (1903-1976) est à l'image de la vie et du génie contrastés de cet auteur d'exception : philosophe, collaborateur de la *NRF*, mathématicien, linguiste, directeur de l'Encyclopédie de la Pléiade, on ne sait ce qu'il faut admirer le plus dans ce catalogue de rôles. Car des chiffres et des lettres, de l'humour et de la tragédie, rien n'est demeuré étranger à la curiosité d'un esprit **attentif à toutes les combinatoires des signes** et des méthodes. L'amateur de « contraintes » sait rivaliser dans ses romans *(Le Chiendent, Les Fleurs bleues)* avec l'oulipien des *Cent mille milliards de poèmes* ou des *Exercices de style* ; l'humoriste nostalgique de l'enfance *(Loin de Rueil, Zazie dans le métro)* se révèle **un redoutable déconstructeur de style et d'« ortografe »**.

Disciple de Queneau, qu'il rejoignit en 1970 dans les rangs de l'Ouvroir de Littérature Potentielle (OU.LI.PO.), Georges Perec (1936-1982) n'eut rien à envier à son maître en matière de virtuosité. Lauréat de deux grands prix littéraires (en 65 pour *Les Choses*, et en 78 pour *La Vie mode d'emploi)*, amateur d'insolite, d'hétérogène et, lui aussi, d'exception plus que de routine, Perec a accompli de véritables tours de force littéraires comme ses deux romans, lipogrammatique *(La Disparition)* et tautogrammatique *(Les Revenentes)*, qui sont de véritables défis à l'usage romanesque convenu.

Mais par-delà l'emploi de contraintes toujours parfaitement maîtrisées, se révèle aussi chez lui une étonnante capacité à pénétrer — pour les construire et les déconstruire — **les structures d'échanges et de représentations de notre société de consommation**.

3. Julien Gracq, ou la distinction

Liberté grande, beau titre d'un recueil de pages poétiques de 1947, pourrait identifier, lui aussi, la démarche — toujours marginale ou « tangente » — de Julien Gracq, de son vrai nom Louis Poirier (né en 1910), sur l'échiquier des lettres françaises : bout de chemin, puis rupture avec Breton et le surréalisme, choix d'un éditeur presque confidentiel (José Corti), refus de l'édition en livre de poche, refus du prix Goncourt (décerné en 1951 pour *Le Rivage des Syrtes)*, refus plus général du moindre compromis avec l'univers mondain ou commercial des lettres.

Adversaire de l'idée de littérature engagée, ennemi de l'esprit de système et contempteur des « modes », Gracq — à l'inverse de Vian ou de Queneau — pourrait passer pour un conservateur. Mais ce serait méconnaître **le sens et l'authenticité de la « distinction »** qui fait de lui, avec Mandiargues, Blanchot et quelques autres, un des rares « aristocrates » de notre modernité. Dédaignant les frontières traditionnelles entre le poétique et le romanesque, le réalisme et l'imaginaire, il n'a cessé d'explorer, à travers les mythes de notre culture et les lieux éponymes de ses œuvres *(Au château d'Argol, Le Rivage des Syrtes, Un balcon en forêt)*, **le lieu même où l'écriture se met en quête de son sens**. Romancier de l'attente ou de la « traque », du cheminement et du désir, Gracq nous offre de livre en livre la même prose incantatoire et « inchoative », étrangement indifférente à toute fin, comme si seules comptaient la tension et la trajectoire de l'écrit.

1. Boris Vian : de l'invention à la provocation

Boris Vian *L'Écume des jours* (1947)

1946	*J'irai cracher sur vos tombes* *Vercoquin et le plancton*	**1950**	*L'Équarrissage pour tous* (théâtre) *L'Herbe rouge*
1947	*L'Automne à Pékin* *L'Écume des jours* *Les morts ont tous la même peau*	**1953**	*L'Arrache-Cœur*
		1958	*En avant la zizique*
1948	*Barnum's Digest* *Et on tuera tous les affreux*	**1959**	*Les Bâtisseurs d'Empire* (théâtre)
1949	*Cantilènes en gelée* *Les Fourmis*	**1962**	*Je voudrais pas crever* (poèmes posthumes) *Le Goûter des généraux* (théâtre)

*Le plus célèbre des romans de **Boris Vian**, L'Écume des jours (1947), peut être décrit comme un « cocktail » des fantaisies et libertés de son auteur. L'ingéniosité poétique y fait bon ménage avec le savoir de l'ex-ingénieur de Centrale, le merveilleux y côtoie la cruauté, le farfelu la gravité, et le bricolage du réel y redonne **une seconde jeunesse à la mode surréaliste du « dépaysement » des signes et des objets**.*

*** *L'Écume des jours*

Au début du livre, Colin, aidé de son cuisinier Nicolas, reçoit à dîner son ami Chick. C'est l'occasion de mettre en marche un étrange instrument où se combinent mécanique des fluides, passion du jazz et vieux souvenirs de « l'orgue à bouche » de Huysmans (*A Rebours*, 1884).

Un pianocktail

Colin choisit une nappe bleu clair assortie au tapis. Il disposa, au centre de la table, un surtout formé d'un bocal de formol à l'intérieur duquel deux embryons de poulet semblaient mimer le *Spectre de la Rose*, dans la chorégraphie de Nijinsky[1]. A l'entour, quelques branches de mimosa en lanières : un jardinier de
5 ses amis l'obtenait par croisement du mimosa en boules avec le ruban de réglisse noir que l'on trouve chez les merciers en sortant de classe. Puis il prit, pour chacun, deux assiettes de porcelaine blanche croisillonnées d'or transparent, un couvert d'acier inoxydable aux manches ajourés, dans chacun desquels une coccinelle empaillée, isolée entre deux plaquettes de plexiglas, portait bonheur.
10 Il ajouta des coupes de cristal et des serviettes pliées en chapeau de curé ; ceci prenait un certain temps. A peine achevait-il ces préparatifs que la sonnette se détacha du mur et le prévint de l'arrivée de Chick.

Colin effaça un faux pli de la nappe et s'en fut ouvrir.

— Comment vas-tu ? demanda Chick.
15 — Et toi ? répliqua Colin. Enlève ton imper et viens voir ce que fait Nicolas.

— Ton nouveau cuisinier ?

— Oui, dit Colin. Je l'ai échangé à ma tante contre l'ancien et un kilo de café belge.

— Il est bien ? demanda Chick.
20 — Il a l'air de savoir ce qu'il fait. C'est un disciple de Gouffé.

— L'homme de la malle ? s'enquit Chick horrifié, et sa petite moustache noire s'abaissait tragiquement.

— Non, ballot, Jules Gouffé, le cuisinier bien connu !

— Oh, tu sais ! Moi…, dit Chick, en dehors de Jean-Sol Partre[2], je ne lis pas
25 grand-chose.

1. *Célèbre danseur et chorégraphe contemporain.*

2. *Jeu de mots sur les nom et prénom de Jean-Paul Sartre.*

Boris Vian.

3. *Airs de jazz.*
4. *Battement rapide et ininterrompu de deux notes voisines.*

Il suivit Colin dans le couloir dallé, caressa les souris et mit, en passant, quelques gouttelettes de soleil dans son briquet.

— Nicolas, dit Colin en entrant, je vous présente mon ami Chick.

— Bonjour, monsieur, dit Nicolas.

30 — Bonjour, Nicolas, répondit Chick. Est-ce que vous n'avez pas une nièce qui s'appelle Alise ?

— Si, monsieur, dit Nicolas. Une jolie jeune fille, d'ailleurs, si j'ose introduire ce commentaire.

— Elle a un grand air de famille avec vous, dit Chick. Quoique, du côté du 35 buste, il y ait quelques différences.

— Je suis assez large, dit Nicolas, et elle est plus développée dans le sens perpendiculaire, si Monsieur veut bien me permettre cette précision.

— Eh bien, dit Colin, nous voici presque en famille. Vous ne m'aviez pas dit que vous aviez une nièce, Nicolas.

40 — Ma sœur a mal tourné, Monsieur, dit Nicolas. Elle a fait des études de philosophie. Ce ne sont pas des choses dont on aime à se vanter dans une famille fière de ses traditions...

— Eh..., dit Colin, je crois que vous avez raison. En tout cas, je vous comprends. Montrez-nous donc ce pâté d'anguille...

45 — Il serait dangereux d'ouvrir le four actuellement, prévint Nicolas. Il pourrait en résulter une dessiccation consécutive à l'introduction d'air moins riche en vapeur d'eau que celui qui s'y trouve enfermé en ce moment.

— Je préfère avoir, dit Chick, la surprise de le voir pour la première fois sur la table.

50 — Je ne puis qu'approuver Monsieur, dit Nicolas. Puis-je me permettre de prier Monsieur de bien vouloir m'autoriser à reprendre mes travaux ?

— Faites, Nicolas, je vous en prie.

Nicolas se remit à sa tâche, qui consistait en le démoulage d'aspics de filets de sole, contisés de lames de truffes, destinés à garnir le hors-d'œuvre de 55 poisson. Colin et Chick quittèrent la cuisine.

— Prendras-tu un apéritif ? demanda Colin. Mon pianocktail est achevé, tu pourrais l'essayer.

— Il marche ? demanda Chick.

— Parfaitement. J'ai eu du mal à le mettre au point, mais le résultat dépasse 60 mes espérances. J'ai obtenu à partir de la *Black and Tan Fantasy*[3], un mélange vraiment ahurissant.

— Quel est ton principe ? demanda Chick.

— A chaque note, dit Colin, je fais correspondre un alcool, une liqueur ou un aromate. La pédale forte correspond à l'œuf battu et la pédale faible à la glace. 65 Pour l'eau de Seltz, il faut un trille[4] dans le registre aigu. Les quantités sont en raison directe de la durée : à la quadruple croche équivaut le seizième d'unité, à la noire l'unité, à la ronde la quadruple unité. Lorsque l'on joue un air lent, un système de registre est mis en action, de façon que la dose ne soit pas augmentée — ce qui donnerait un cocktail trop abondant — mais la teneur en 70 alcool. Et, suivant la durée de l'air, on peut, si l'on veut, faire varier la valeur de l'unité, la réduisant, par exemple au centième, pour pouvoir obtenir une boisson tenant compte de toutes les harmonies au moyen d'un réglage latéral.

— C'est compliqué, dit Chick.

— Le tout est commandé par des contacts électriques et des relais. Je ne te 75 donne pas de détails, tu connais ça. Et d'ailleurs, en plus, le piano fonctionne réellement.

— C'est merveilleux ! dit Chick.

— Il n'y a qu'une chose gênante, dit Colin, c'est la pédale forte pour l'œuf battu. J'ai dû mettre un système d'enclenchement spécial, parce que lorsque l'on 80 joue un morceau trop « hot », il tombe des morceaux d'omelette dans le cocktail, et c'est dur à avaler. Je modifierai ça. Actuellement, il suffit de faire attention. Pour la crème fraîche, c'est le sol grave.

— Je vais m'en faire un sur *Loveless Love*[3], dit Chick. Ça va être terrible.

Boris VIAN, *L'Écume des jours* (1947)
© éd. J.-J. Pauvert

J. L. Barrault, J. Desailly, P. Bertin, M. Renaud, B. Vian au gala des Artistes en avril 1949.

L'Automne à Pékin (1947)

Vian, *qui avait écrit* L'Écume des jours *au début de 1946, rédigera* L'Automne à Pékin *en trois mois, de septembre à novembre de la même année. Dans ce récit débridé, à l'intrigue à la fois tragique et désopilante, où il n'est évidemment question ni de Pékin ni d'automne, le « centralien défroqué » s'abandonne à sa verve romanesque, que nourrissent **les images du roman noir et du cinéma américains de l'époque**. Banlieues livides, individus douteux, cocasses ou sordides, errances, provocations, peuplent ce conte surréaliste qui, par-delà l'humour et l'humour noir, l'impertinence et la gaminerie, respire étrangement une odeur de mort.*

*** L'Automne à Pékin

Au début du roman, un personnage secondaire, Claude Léon, se met en quête, pour son patron, d'un revolver. Mais une fois « le joli égalisateur à dix coups » en poche, Claude est saisi d'une angoisse qui va le transformer en meurtrier.

Drôle de crime

Il le sentait le long de sa cuisse, lourd et glacé comme une bête morte. Le poids tirait sa poche et sa ceinture, sa chemise bouffait à droite sur son pantalon. Son imperméable empêchait que l'on voie, mais, à chaque avancée de la cuisse, il se dessinait un grand pli sur l'étoffe et tout le monde allait le remarquer. Il
5 paraissait sage de prendre un autre chemin. Il tourna donc délibérément à gauche sitôt hors de l'entrée du bâtiment. Il allait vers la gare et décida de ne se hasarder que dans des petites rues. Le jour était triste, il faisait aussi froid que la veille ; il connaissait mal ce quartier, il prit la première à droite, puis, pensant qu'il allait rejoindre trop rapidement son chemin habituel, se rejeta dix pas plus
10 loin dans la première à gauche. Elle faisait un angle un peu inférieur à quatre-

Roy Lichtenstein, Étude pour la couverture de *Times Magazine*, 1968.

vingt-dix degrés avec la précédente, filant en oblique et pleine de boutiques très différentes de celles qu'il longeait d'ordinaire, des boutiques neutres sans aucune particularité.

Il marchait vite et la chose pesait sur sa cuisse. Il croisa un homme qui lui parut
15 baisser les yeux vers la poche ; Claude frissonna ; il se retourna deux mètres plus loin, l'homme le regardait aussi. Baissant la tête, il reprit sa marche et se jeta à gauche au premier croisement. Il heurta une petite fille si brutalement qu'elle glissa et s'assit dans la neige sale que l'on avait entassée au bord du trottoir. Sans oser la relever il pressa le pas, les mains enfoncées dans les poches, jetant en
20 arrière des regards furtifs. Il fila au ras du nez d'une matrone armée d'un balai qui sortait d'un immeuble voisin et qui le salua d'une injure sonore. Il se retourna. Elle le suivait des yeux. Il accéléra sa marche et faillit heurter une grille carrée que des ouvriers de la voirie venaient de déposer au-dessus d'un regard d'égout. Dans un violent mouvement interne pour l'éviter, il l'accrocha, en passant, avec
25 la poche de son imperméable, qui se déchira. Les ouvriers le traitèrent de con et d'enfoiré. Rouge de honte, il alla, toujours plus vite, glissant sur les flaques gelées. Il commençait à transpirer, il heurta un cycliste qui tournait sans prévenir. La pédale lui arracha le bas de son pantalon et lui lacéra la cheville. Jetant un cri d'effroi, il tendit les mains en avant, pour ne pas tomber, et le groupe s'affala
30 sur la chaussée boueuse. Il y avait un flique pas loin de là. Claude Léon s'était dégagé de la bicyclette. Sa cheville lui faisait horriblement mal. Le cycliste avait un poignet foulé et le sang pissait de son nez, il injuriait Claude et la colère commençait à saisir Claude, son cœur battait et du chaud lui descendait le long des mains, son sang circulait très bien, cela battait aussi dans sa cheville et sur
35 sa cuisse, l'égalisateur se soulevait à chaque pulsation. Brusquement, le cycliste lui lança son poing gauche dans la figure, et Claude devint encore plus livide. Il plongea la main dans sa poche et tira l'égalisateur, et il se mit à rire parce que le cycliste bafouillait et reculait, puis il sentit un choc terrible sur sa main, et le bâton du flique retomba. Le flique ramassait l'égalisateur et saisit Claude au
40 collet. Claude ne sentait plus rien à la main. Il se retourna brusquement et sa jambe droite se détendit d'un coup, il avait visé le bas-ventre du flique qui se courba en deux et lâcha l'égalisateur. Avec un grognement de plaisir, Claude se précipita pour le ramasser, et puis il le déchargea avec soin sur le cycliste qui porta les deux mains à sa ceinture et s'assit tout doucement en faisant âââh...
45 du fond de la gorge. La fumée des cartouches sentait bon et Claude souffla dans le canon, comme il l'avait vu faire au cinéma ; il remit l'égalisateur dans sa poche, et il s'affala sur le flique, il voulait dormir.

Boris VIAN, *L'Automne à Pékin* (1947)
© éd. de Minuit

POINT DE VUE CRITIQUE

Portrait

« Boris Vian est un homme instruit et bien élevé, il sort de Centrale, ce n'est pas rien, mais ce n'est pas tout :

Boris Vian a joué de la trompinette comme pas un, il a été un des rénovateurs de la cave en France ; il a défendu le style Nouvelle-Orléans, mais ce n'est pas tout :

Boris Vian a aussi défendu le bibop, mais ce n'est pas tout :

Boris Vian est passé devant la justice des hommes pour avoir écrit *J'irai cracher sur vos tombes*, sous le nom de Vernon Sullivan, mais ce n'est pas tout :

Boris Vian a écrit trois autres pseudépygraphes, mais ce n'est pas tout :

Boris Vian a traduit de véritables écrits américains authentiques absolument, et même avec des difficultés de langage que c'en est pas croyable, mais ce n'est pas tout :

Boris Vian a écrit une pièce de théâtre, *L'Équarrissage pour tous*, qui a été jouée par de vrais acteurs sur une vraie scène, pourtant il n'y était pas allé avec le dos de la Q.I.R., mais ce n'est pas tout :

Boris Vian est un des fondateurs d'une des sociétés les plus secrètes de Paris, le Club des Savanturiers, mais ce n'est pas tout :

Boris Vian a écrit de beaux livres, étranges et pathétiques, *L'Écume des jours*, le plus poignant des romans d'amour contemporains ; *Les Fourmis*, la plus termitante des nouvelles écrites sur la guerre ; *L'Automne à Pékin*, qui est une œuvre difficile et méconnue, mais ce n'est pas tout :

Car tout ceci n'est rien encore : Boris Vian va devenir Boris Vian. »

Raymond QUENEAU, Avant-propos à
L'Arrache-Cœur (1953), © éd. J.-J. Pauvert

Textes et Chansons (1954-1955)

A côté du roman, **la chanson est tout naturellement l'autre instrument d'expression de Boris Vian,** *fou de jazz et trompettiste talentueux. Pour dire sa haine du « sabre et du goupillon », de la guerre et de l'hypocrisie sociale, cet animateur des nuits chaudes de Saint-Germain trouve des mots et des refrains que vont chanter ou mettre en musique Vian lui-même et des artistes comme Mouloudji, Henri Salvador puis Serge Reggiani. Si nous avons choisi ici « J'suis snob », c'est que le snob représente précisément une figure — symbolique et ironique — du dandysme moderne de Vian, où se côtoient individualisme contestataire, marginalité et provocation.*

« *J'suis snob* »

Refrain

J'suis snob
J'suis snob
C'est vraiment l'seul défaut que j'gobe
5 Ça demande des mois d'turbin
C'est une vie de galérien
Mais quand je sors avec Hildegarde
C'est toujours moi qu'on r'garde
J'suis snob
10 Foutrement snob
Tous mes amis le sont
On est snobs et c'est bon.

Chemises d'organdi
Chaussures de zébu
15 Cravate d'Italie
Et méchant complet vermoulu
Un rubis au doigt
De pied ! pas çui-là
Les ongles tout noirs
20 Et un très joli p'tit mouchoir.

J'vais au cinéma
Voir des films suédois
Et j'entre au bistro
Pour boire du whisky à gogo
25 J'ai pas mal au foie
Personne fait plus ça
J'ai un
Ulcère
C'est moins banal et plus cher.

30 J'suis snob
C'est bath
J'm'appelle Patrick mais on dit Bob
Je fais du ch'val tous les matins
Car j'ador' l'odeur du crottin

35 Je ne fréquente que des baronnes
Aux noms comme des trombones
J'suis snob
Excessivement snob
Et quand je fais l'amour
40 C'est à poil dans la cour.

On se réunit
Avec les amis
Tous les vendredis
Pour faire des snobisme-parties
45 Il y a du coca
On déteste ça
Et du camembert
Qu'on mange à la petite cuiller

Mon appartement
50 Est vraiment charmant
Je m'chauffe au diamant
On n'peut rien rêver d'plus fumant
J'avais la télé
Mais ça m'ennuyait
55 Je l'ai
R'tournée
D'l'aut' côté c'est passionnant.

J'suis snob
Ah, Ah
60 J'suis ravagé par ce microbe
J'ai des accidents en Jaguar
Je passe le mois d'août au plumard
C'est dans les p'tits détails comme ça
Que l'on est snob ou pas
65 J'suis snob
Encor plus snob que tout à l'heure
Et quand je serai mort
J'veux un suaire de chez Dior.

Boris VIAN, *Textes et Chansons* (1954-1955), © éd. Julliard

Pour vos essais et vos exposés

Noël ARNAUD : *Les Vies parallèles de Boris Vian*, coll. « 10/18 », U.G.E., 1970.
François RENAUDOT : *Il était une fois Boris Vian*, éd. Seghers, 1973.

Jacques BENS : *Boris Vian*, éd. Bordas, 1976.
Boris Vian : Actes du Colloque de Cerisy, U.G.E., 1977.
Gilbert PESTUREAU : *Boris Vian, les Amerlauds et les Godons*, U.G.E., 1978.

2. De Queneau à Perec
ou « les exceptions »

Raymond Queneau *Loin de Rueil* (1944)

1932	Le Chiendent	**1950-1965**	Bâtons, chiffres et lettres
1936	Les Derniers Jours		
1937	Chêne et Chien	**1958**	Le Chien à la mandoline (poèmes)
1938	Enfants du limon	**1959**	Zazie dans le métro
1942	Pierrot mon ami	**1961**	Cent mille milliards de poèmes
1944	Loin de Rueil	**1965**	Les Fleurs bleues
1947	Exercices de style	**1968**	Battre la campagne ; Le Vol d'Icare
1948	L'Instant fatal	**1975**	Morale élémentaire

« **La vie est un songe, la vie est un film, la vie est un livre** », *ces trois formules pourraient ensemble servir de sous-titre au roman de* **Raymond Queneau** *Loin de Rueil (1944). Dans ce livre interfèrent pleinement en effet* **les ambitions de l'écrivain en matière d'exploration de l'espace romanesque** *: l'ouvrir à l'imaginaire ; le traverser d'emprunts à la tradition (« Oceano Nox ») comme à la plus récente actualité culturelle (les films de western américains) ; l'exprimer dans un style rapproché du quotidien de la vie.*

Au ciné

Raymond Queneau,
par Marcoussis.
Paris, B.N.

    — Papa, dit Jacquot.
    — Mon fils ?
    — Je peux aller au cinématographe ?
    — Tu as fait tes devoirs ?
5   — Oui papa.
    — Eh bien va au cinématographe, mon fils.
    — Ne traîne pas après la sortie, dit sa mère.
Dehors, Lucas l'attendait.
Ils se mirent en route d'un rythme égal, puis la chose les amusant ils
10 marchèrent au pas.
    — Une deux, une deux, dit Lucas.
    — Halte ! cria Jacquot.
Ils s'arrêtèrent en claquant les talons et ils firent le salut militaire.
    — En avant, arche ! hurla Jacquot.
15   — Une deux, une deux, faisait Lucas.
    Mais en arrivant dans la rue principale ils cessèrent parce qu'ils ne voulaient pas que les autres enfants se moquassent d'eux. Ce n'était plus jeu de leur âge.
    Ils arrivèrent devant le Rueil Palace. Des groupes frénétiques et puérils attendaient l'ouverture.
20   — Ça va être bien bath, disait-on en regardant les affiches.
    La fille Béchut commence à distribuer les billets à dix et à vingt ronds. On se bouscule. Une horde farouche se précipite sur les meilleures places les plus proches de l'écran comme si tous étaient myopes. On s'interpelle car ils se connaissent tous et il y a des farces, des pugilats. Jacques et Lucas se ruent sur
25 les premiers rangs eux aussi.
    La mère Béchut se montre enfin aux applaudissements de l'assistance et assommant un vieux piano elle exécute de douze fausses notes dans la clé de sol un morceau de musique sautillant et pimprené qui fut peut-être célèbre. Puis

1. *Animal dont le pied ne présente qu'un doigt terminé par un sabot.*
2. *M. des Cigales, un vieux poète, ami de la famille de Jacquot.*

3. *La couleur bleue.*

vient le documentaire, la pêche à la sardine. Les gosses ça les emmerde le
30 docucu, et comment. De plus ils n'ont pas des bottes de patience. Conséquemment s'agite la salle et bientôt les cris s'enflent au point que les rares adultes présents ne pourraient plus goûter les harmonies béchutiennes même s'ils le désiraient les imbéciles. Puis ensuite après au milieu d'un chahut général s'estompent les sardines. On fait la lumière. Les gosses s'entrexaminent et se
35 lancent des boulettes de papier ou des bouts de sucette gluants. Enfin de nouveau la lumière s'éteint. On fait silence. Le premier grand film commence.

Se profila sur l'écran un cheval énorme et blanc, et les bottes de son cavalier. On ne savait pas encore à quoi tout cela mènerait, la mère Béchut tapait à cœur fendre sur sa grelottante casserole, Jacques et Lucas tenaient leur siège à deux
40 mains comme si ç'avait été cette monture qu'ils voyaient là devant eux immense et planimétrique. On montre donc la crinière du solipède[1] et la culotte du botté et l'on montre ensuite les pistolets dans la ceinture du culotté et l'on montre après le thorax puissamment circulaire du porteur d'armes à feu et l'on montre enfin la gueule du type, un gaillard à trois poils, un mastard pour qui la vie des autres
45 compte pas plus que celle d'un pou, et Jacquot n'est nullement étonné de reconnaître en lui Jacques L'Aumône.

Comment est-il là ? C'est assez simple. Après avoir abdiqué pour des raisons connues de lui seul Jacques comte des Cigales[2] a quitté l'Europe pour les Amériques et le premier métier qu'il a choisi de faire en ces régions lointaines
50 est celui d'orlaloua.

En ce moment par exemple il inspecte la plaine debout sur un éperon rocheux qui domine la vallée, il finit par apercevoir là-bas à l'horizon quelque chose on ne sait pas encore très bien quoi. Il fait un geste, un grand geste purement décoratif qui zèbre l'écran de toute la promesse de rares aventures et le cheval
55 qui jusqu'alors piaffait fout le camp au galop.

On les voit qui déboulent des pentes, à pic parce qu'on a mis l'objectif de travers, sans le dire. Ils sautent par-dessus d'imprévus obstacles ou voltigent par-dessus des ruisseaux. Ils s'engagent sur une petite passerelle qui joint sans garde-fou les deux rives escarpées d'un torrent et le vertige ne saisit pas Jacques
60 lorsqu'il aperçoit à cent mètres au-dessous de lui le bouillonnement des eaux. Un peu après ce passage un défi (semble-t-il) aux lois de l'équilibre, notre héros se précipite menaçant sur un chariot bâché que conduit un vieil homme et que traînent approximativement deux ou trois mules.

Haut les mains, le vioc obtempère, mais alors ô merveille, une superbe et
65 idéale innocente et blonde jeune fille apparaît et le cinéma sans couleur doit s'avouer impuissant à rendre la céruléinité[3] de ses châsses. Jacques galant homme ne lui fera pas le moindre mal non plus qu'au croulant qui n'est autre que le papa. Au contraire il les va protéger. Il les accompagne et caracole près de la beauté qui s'apprivoise. Le paternel fait glisser son émotion en s'huilant le
70 gosier avec du visqui, c'est un gai luron qui trémousse encore joliment des doigts du pied qu'il n'a pas dans la tombe.

Tout à coup, voilà ce qu'on craignait et ce qu'on espérait : cinq ou six lascars se sont embusqués derrière les rochers. Haut les mains qu'ils crient eux aussi mais Jacques ne se laisse pas impressionner : il se jette à bas de son cheval et
75 que la poudre parle ! Elle ne parle pas, elle siffle ! Non pas elle, les balles ! Sifflent. En tout cas voilà déjà un des assaillants sur le carreau : il voulut montrer son nez hors de sa cachette et toc c'est un mourant. Un second, fantaisie singulière, change d'abri. Notre héros l'atteint d'un plomb agile et le desperado faisant une grimace s'écroule, supprimé. La jeune personne s'est planquée
80 derrière le chariot, elle utilise une carabine élégante et jolie pour faire le coup de feu. Un grand méchant à moustaches noires vise avec soin Jacques L'Aumône, pan la jolie blonde lui enlève un bout de biceps d'une balle rasante. Cet exploit provoque la retraite des agresseurs. On se congratule quand tout à coup on s'aperçoit que le paternel est mort. Il a reçu un coup de pétard dans le buffet.
85 Il est plein de grains de plomb. Il n'y a plus qu'à l'enterrer.

On l'enterre.

Raymond QUENEAU, *Loin de Rueil* (1944)
© éd. Gallimard

Zazie dans le métro (1959)

Zazie dans le métro (1959), dont le succès de librairie sera complété l'année suivante par celui du film que Louis Malle tirera du roman de **Queneau**, *est une savoureuse « épopée » parisienne vue, vécue et racontée par* **le point de vue incongru d'une petite provinciale égarée dans les couloirs souterrains de la capitale**. *Queneau l'humoriste, Queneau le rêveur farfelu d'une réforme de l'orthographe, y donne libre cours à ses facéties et libertés langagières, faisant du même coup basculer la plus exacte réalité sociale et géographique de Paris dans un monde où* **la poésie rime avec la gouaille**, *et l'art, comme il disait, avec la franche « rigolade ».*

Scène du film *Zazie dans le métro*, de Louis Malle, 1960.

« *Sois pas snob* »

**** Zazie dans le métro*

Zazie accompagne son oncle Gabriel à la rencontre d'un « pote à lui », Charles. Elle va aussi au-devant d'une cruelle déconvenue, la grève du métro.

> — Tonton, qu'elle crie, on prend le métro ?
> — Non.
> — Comment ça, non ?
> Elle s'est arrêtée. Gabriel stope également, se retourne, pose la valoche et se
> 5 met à espliquer.
> — Bin oui : non. Aujourd'hui, pas moyen. Y a grève.
> — Y a grève.
> — Bin oui : y a grève. Le métro, ce moyen de transport éminemment parisien,
> s'est endormi sous terre, car les employés aux pinces perforantes ont cessé tout
> 10 travail.
> — Ah les salauds, s'écrie Zazie, ah les vaches. Me faire ça à moi.
> — Y a pas qu'à toi qu'ils font ça, dit Gabriel parfaitement objectif.
> — Jm'en fous. N'empêche que c'est à moi que ça arrive, moi qu'étais si
> heureuse, si contente et tout de m'aller voiturer dans lmétro. Sacrebleu, merde
> 15 alors.
> — Faut te faire une raison, dit Gabriel dont les propos se nuançaient parfois
> d'un thomisme légèrement kantien.

Et, passant sur le plan de la cosubjectivité, il ajouta :

— Et puis faut se grouiller : Charles attend.

20 — Oh ! celle-là je la connais, s'esclama Zazie furieuse, je l'ai lue dans les Mémoires du général Vermot.

— Mais non, dit Gabriel, mais non, Charles, c'est un pote et il a un tac. Je nous le sommes réservé à cause de la grève précisément, son tac. T'as compris ? En route.

25 Il resaisit la valoche d'une main et de l'autre il entraîna Zazie.

Charles effectivement attendait en lisant dans une feuille hebdomadaire la chronique des cœurs saignants. Il cherchait, et ça faisait des années qu'il cherchait, une entrelardée à laquelle il puisse faire don des quarante-cinq cerises de son printemps. Mais les celles qui, comme ça, dans cette gazette, se

30 plaignaient, il les trouvait toujours soit trop dindes, soit trop tartes. Perfides ou sournoises. Il flairait la paille dans les poutrelles des lamentations et découvrait la vache en puissance dans la poupée la plus meurtrie.

Raymond Queneau.

— Bonjour, petite, dit-il à Zazie sans la regarder en rangeant soigneusement sa publication sous ses fesses.

35 — Il est rien moche son bahut, dit Zazie.

— Monte, dit Gabriel, et sois pas snob.

— Snob mon cul, dit Zazie.

— Elle est marrante, ta petite nièce, dit Charles qui pousse la seringue et fait tourner le moulin.

40 D'une main légère mais puissante, Gabriel envoie Zazie s'asseoir au fond du tac, puis il s'installe à côté d'elle.

Zazie proteste.

— Tu m'écrases, qu'elle hurle folle de rage.

— Ça promet, remarque succinctement Charles d'une voix paisible.

Raymond QUENEAU, *Zazie dans le métro* (1959)
© éd. Gallimard

POUR LE COMMENTAIRE

1. Quelle langue ! Mots d'enfants, langue verte, néologismes, licences, mots « décalés » ou expressions « dépaysées », etc.

Relevez et classez toutes les formules qui sont autant d'**exceptions** et d'**inventions** linguistiques ou stylistiques délibérées. Soulignez et commentez les divers **effets** produits.

2. Quel humour ! Caricatures comportementales ou psychologiques, traits d'humeur ou d'humour, clin d'œil à l'histoire, à l'histoire de l'art ou de la philosophie, fantaisies et « narquoiseries », le texte de Queneau grouille d'effets humoristiques.

Relevez-en et commentez-en quelques-uns.

3. Quelle ville ! Paris au travers du regard d'une petite provinciale ou les « splendeurs et misères d'une capitale » inédite...

Soulignez et commentez l'importance du **point de vue narratif** dans cette drôle de « ballade ».

GROUPEMENT THÉMATIQUE

Grands romans et grands films français du xxᵉ siècle

André GIDE : *La Symphonie pastorale*, 1919, film de Jean DELANNOY, 1946. — Marcel PROUST : *Un Amour de Swann*, 1913, film de Völker SCHLÖNDORF, 1985. — Raymond RADIGUET : *Le Diable au corps*, 1923, film de Claude AUTANT-LARA, 1947 ; *Le Bal du Comte d'Orgel*, posth. 1924, film de Marc ALLÉGRET, 1970. — François MAURIAC : *Thérèse Desqueyroux*, 1927, film de Georges FRANJU, 1962. — Julien GRACQ : *Un balcon en forêt*, 1958, film de Michel MITRANI, 1979. — Raymond QUENEAU : *Zazie dans le métro*, 1959, film de Louis MALLE, 1960. — Alain ROBBE-GRILLET : *L'Année dernière à Marienbad*, 1961, film d'Alain RESNAIS, 1961. — Georges BERNANOS : *Journal d'un curé de campagne*, 1936, film de Robert BRESSON, 1951 ; *Sous le soleil de Satan*, 1926, film de Maurice PIALAT, 1987. — Albert CAMUS : *L'Étranger*, 1942, film de Luchino VISCONTI, 1967. — Marcel PAGNOL : *L'Eau des collines*, 1952-1963, deux films de Claude BERRI, 1987.

Pour vos essais et vos exposés

Roland BARTHES : « Zazie et la littérature », dans *Critique*, septembre 1959.
Jacques BENS : *Queneau*, éd. Gallimard, 1962.
Claude SIMMONET : *Queneau déchiffré*, éd. Julliard, 1962.

« Raymond Queneau », *L'Arc*, nᵒ 28, 1966.
Jean QUEVAL : *Raymond Queneau*, éd. Henri Veyrier et André Blavier.

Georges Perec *Les Choses* (1965)

1965	*Les Choses*	**1973**	*La Boutique obscure*
1966	*Quel petit vélo à guidon chromé au fond de la cour ?*		*Espèces d'espaces* (essai)
		1975	*W ou le Souvenir d'enfance* (théâtre)
1967	*Un homme qui dort*	**1978**	*La Vie mode d'emploi*
1969	*La Disparition*		*Je me souviens*
1970	*L'Augmentation* (théâtre)	**1979**	*Un cabinet d'amateur*
1972	*Les Revenentes*	**1980**	*La Clôture et autres poèmes*

Avec Les Choses, *qui obtient en 1965 le prix Renaudot,* **Georges Perec** *(1936-1982) est principalement appréhendé comme un romancier sociologue, à la fois descripteur et contestataire de la société de consommation des années 60. Trop privilégier la dimension « néo-réaliste » ou critique de ce roman serait toutefois passer à côté de ce qui en fait l'originalité :* **une forme inédite dans sa structure modale et temporelle** *(le livre débute au conditionnel, se poursuit au passé et s'achève au futur !) et surtout dans son usage des signes littéraires.*

Si les mots ici montrent et racontent les « choses », c'est en usant — de manière souvent diagonale — de toute leur charge sémiologique, qui impose au lecteur un nécessaire « décodage » des gros plans ou panoramiques que l'œil-caméra du romancier découvre avec **une feinte et subtile distanciation***.*

Un bonheur d'intérieur...

*** Les Choses
Le roman s'ouvre par la « visite » de la demeure urbaine, « de rêve », d'un jeune couple parisien, Jérôme et Sylvie, obsédé par le bien-être matériel et le rêve de la vie « facile ».

La seconde porte découvrirait un bureau. Les murs, de haut en bas, seraient tapissés de livres et de revues, avec, çà et là, pour rompre la succession des reliures et des brochages, quelques gravures, des dessins, des photographies — le *Saint Jérôme* d'Antonello de Messine, un détail du *Triomphe de saint Georges*,
5 une prison du Piranese, un portrait d'Ingres, un petit paysage à la plume de Klee, une photographie bistrée de Renan dans son cabinet de travail au Collège de France, un grand magasin de Steinberg, le Mélanchthon de Cranach — fixés sur des panneaux de bois encastrés dans les étagères. Un peu à gauche de la fenêtre et légèrement en biais, une longue table lorraine serait couverte d'un grand
10 buvard rouge. Des sébilles[1] de bois, de longs plumiers, des pots de toutes sortes contiendraient des crayons, des trombones, des agrafes, des cavaliers. Une brique de verre servirait de cendrier. Une boîte ronde, en cuir noir, décorée d'arabesques à l'or fin, serait remplie de cigarettes. La lumière viendrait d'une vieille lampe de bureau, malaisément orientable, garnie d'un abat-jour d'opaline
15 verte en forme de visière. De chaque côté de la table, se faisant presque face, il y aurait deux fauteuils de bois et de cuir, à hauts dossiers. Plus à gauche encore, le long du mur, une table étroite déborderait de livres. Un fauteuil-club de cuir vert bouteille mènerait à des classeurs métalliques gris, à des fichiers de bois clair. Une troisième table, plus petite encore, supporterait une lampe suédoise
20 et une machine à écrire recouverte d'une housse de toile cirée. Tout au fond, il y aurait un lit étroit, tendu de velours outremer, garni de coussins de toutes couleurs. Un trépied de bois peint, presque au centre de la pièce, porterait une mappemonde de maillechort[2] et de carton bouilli, naïvement illustrée, faussement ancienne. Derrière le bureau, à demi masqué par le rideau rouge de la
25 fenêtre, un escabeau de bois ciré pourrait glisser le long d'une rampe de cuivre qui ferait le tour de la pièce.

1. Petites coupes creuses.

2. Alliage de métaux non ferreux imitant l'argent.

La vie, là, serait facile, serait simple. Toutes les obligations, tous les problèmes qu'implique la vie matérielle trouveraient une solution naturelle. Une femme de ménage serait là chaque matin. On viendrait livrer, chaque quinzaine, le vin,
30 l'huile, le sucre. Il y aurait une cuisine vaste et claire, avec des carreaux bleus armoriés, trois assiettes de faïence décorées d'arabesques jaunes, à reflets métalliques, des placards partout, une belle table de bois blanc au centre, des tabourets, des bancs. Il serait agréable de venir s'y asseoir, chaque matin, après une douche, à peine habillé. Il y aurait sur la table un gros beurrier de grès, des
35 pots de marmelade, du miel, des toasts, des pamplemousses coupés en deux. Il serait tôt. Ce serait le début d'une longue journée de mai.

Ils décachetteraient leur courrier, ils ouvriraient les journaux. Ils allumeraient une première cigarette. Ils sortiraient. Leur travail ne les retiendrait que quelques heures, le matin. Ils se retrouveraient pour déjeuner, d'un sandwich ou d'une
40 grillade, selon leur humeur ; ils prendraient un café à une terrasse, puis rentre-raient chez eux, à pied, lentement.

Leur appartement serait rarement en ordre, mais son désordre même serait son plus grand charme. Ils s'en occuperaient à peine : ils y vivraient. Le confort ambiant leur semblerait un fait acquis, une donnée initiale, un état de leur nature.
45 Leur vigilance serait ailleurs : dans le livre qu'ils ouvriraient, dans le texte qu'ils écriraient, dans le disque qu'ils écouteraient, dans leur dialogue chaque jour renoué. Ils travailleraient longtemps, sans fébrilité et sans hâte, sans aigreur. Puis ils dîneraient ou sortiraient dîner ; ils retrouveraient leurs amis ; ils se promè-neraient ensemble.
50 Il leur semblerait parfois qu'une vie entière pourrait harmonieusement s'écouler entre ces murs couverts de livres, entre ces objets si parfaitement domestiqués qu'ils auraient fini par les croire de tout temps créés à leur unique usage, entre ces choses belles et simples, douces, lumineuses. Mais ils ne s'y sentiraient pas enchaînés : certains jours, ils iraient à l'aventure. Nul projet ne
55 leur serait impossible. Ils ne connaîtraient pas la rancœur, ni l'amertume, ni l'envie. Car leurs moyens et leurs désirs s'accorderaient en tous points, en tout temps. Ils appelleraient cet équilibre bonheur et sauraient, par leur liberté, par leur sagesse, par leur culture, le préserver, le découvrir à chaque instant de leur vie commune.

Georges PEREC, *Les Choses* (1965)
© éd. Gallimard

Puzzle pour un portrait de Georges Perec.

POUR LE COMMENTAIRE

1. Une écriture sous influence. Perec revendique le droit à la glose et au pastiche. Dès le début du livre — en dépit de l'exacte actualité ou contemporanéité du propos — Flaubert, Baudelaire ou Mallarmé semblent guider sa plume. Avez-vous remarqué ces rappels ou clins d'œil délibérés ?

2. Une singulière temporalité. L'usage du condi-tionnel, dans une ouverture de roman et, qui plus est, dans une description, est tout à fait inédit. Quels effets produit ce choix modal et temporel ? Comment l'interprétez-vous ?

3. Des mots et des choses. Distinguez les divers niveaux nécessaires de la « lecture » de cet intérieur :
— sociologique ;
— esthétique ;
— et proprement littéraire ou auto-référentiel.

4. Des hommes et des choses. Le « système des objets », pour reprendre le titre d'un essai du sociologue Jean Baudrillard, impose ou suppose ici un mode ou un style de vie. Entre « elles », les choses, et « ils », les êtres, comment se combinent espace et temps à travers « eux », les mots ?

LES MOTS CROISÉS DE PEREC

Grand manieur et bricoleur de mots, Georges PEREC fut tout naturellement un cruciverbiste surdoué. Voici l'une des prouesses de celui qui tint pendant de nombreuses années la rubrique « Mots croisés » du *Point* : une grille 7 × 7 avec une seule case noire !

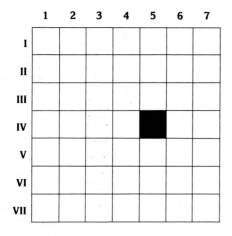

	1	2	3	4	5	6	7
I							
II							
III							
IV				■			
V							
VI							
VII							

HORIZONTALEMENT

I. C'est un secrétaire, ou il a un chef. — II. On est bien reçu avec ça. — III. Peuvent être justifiées. — IV. Un étal bien mal présenté. Pris en amitié. — V. S'il est comme ça, il y a forcément un pâté. — VI. Trop savant pour un tour de cou. — VII. Sont forcément de mèches.

VERTICALEMENT

1. Ses filles sont célèbres. — 2. Bien qu'il soit souvent passionné, il ne fait pas très sérieux. — 3. Bien avant le Volkswagen. — 4. Introduits. — 5. N'est pas reconnu. Caractères de cocus. — 6. A cessé de fumer. — 7. Mises à l'épreuve.

Solutions

Georges PEREC, *Les Mots croisés de Georges Perec*, © éd. Mazarine

La Vie mode d'emploi (1978)

Si la tentation de l'accumulation et de la répétition demeure dans La Vie mode d'emploi, *texte-brocante où les descriptions de « choses » alternent avec les sarabandes d'aventures, la contrainte impose précisément à l'écriture une discipline sans faille qui va donner tout son sens à **cette sorte « d'encyclopédie » de la vie moderne** que **Perec** dédie à Raymond Queneau : « J'imagine un immeuble parisien dont la façade a été enlevée... de telle sorte que, du rez-de-chaussée aux mansardes, toutes les pièces qui se trouvent en façade soient instantanément et simultanément visibles. »*

*Fil rouge de **cette odyssée immobilière**, l'histoire qui relie un dénommé Bartlebooth aux voisins qui ont bien voulu concourir de près ou de loin au fou projet de toute sa vie : peindre sur le vif 500 aquarelles marines, les faire découper en autant de puzzles de 750 pièces et — pendant vingt ans — reconstituer dans l'ordre les aquarelles-puzzles !*

Chambres de bonne, 2 Morellet

Morellet avait une chambre sous les toits, au huitième. Sur sa porte on voyait encore, peint en vert, le numéro 17.

Après avoir exercé divers métiers dont il se plaisait à débiter la liste sur un rythme de plus en plus accéléré, ajusteur, chansonnier, soutier, marin, profes-
5 seur d'équitation, artiste de variétés, chef d'orchestre, nettoyeur de jambons, saint, clown, soldat pendant cinq minutes, bedeau dans une église spiritualiste, et même figurant dans un des premiers courts métrages de Laurel et Hardy, Morellet était devenu, à vingt-neuf ans, préparateur de chimie à l'École Polytechnique, et le serait sans doute resté jusqu'à sa retraite si, comme pour tant
10 d'autres, Bartlebooth ne s'était un jour trouvé sur son chemin.

Quand il revint de ses voyages, en décembre mille neuf cent cinquante-quatre, Bartlebooth chercha un procédé qui lui permettrait, une fois reconstitués les puzzles, de récupérer les marines initiales ; pour cela il fallait d'abord recoller les morceaux de bois, trouver un moyen de faire disparaître toutes les traces de

Affiche pour une
rétrospective Doisneau.
Photo de Robert Doisneau.

POUR LE COMMENTAIRE

Un lieu, des histoires. La composition de cette séquence est très caractéristique de la technique de structuration et de développement du récit dans *La Vie mode d'emploi* : enracinement d'un être dans un site, d'une histoire dans un lieu et progression par dilatations / digressions. Mettez en évidence les principales « balises » qui font avancer, déraper et se replier la narration.

Pour vos essais et vos exposés

Oulipo, La littérature potentielle, éd. Gallimard, 1973.

Philippe DULAC : *La Vie mode d'emploi*, dans *Encyclopædia Universalis*, 1979.

Jacques LEENHARDT : Postface à l'édition des *Choses*, U.G.E., 1981.

« Georges Perec, mode d'emploi », *Magazine littéraire*, mars 1983.

15 coups de scie et redonner au papier sa texture première. Séparant ensuite avec une lame les deux parties collées, on retrouverait l'aquarelle intacte, telle qu'elle était le jour où, vingt ans auparavant, Bartlebooth l'avait peinte. Le problème était difficile, car s'il existait dès cette époque, sur le marché, diverses résines 20 et enduits synthétiques employés par les marchands de jouets pour exposer dans leurs vitrines des puzzles modèles, la trace des coupures y était toujours trop manifeste.

Selon son habitude, Bartlebooth voulait que la personne qui l'aiderait dans ses recherches habitât dans l'immeuble même, ou 25 le plus près possible. C'est ainsi que par l'intermédiaire de son fidèle Smautf, qui avait sa chambre au même étage que le préparateur, il rencontra Morellet. [...]

Débarrassé de tout souci financier, mais saisi par le démon de la recherche, Morellet mit à profit son temps libre pour se livrer, 30 chez lui, à des expériences de physique et de chimie dont ses longues années de préparateur semblaient l'avoir particulièrement frustré. Distribuant dans tous les cafés du quartier des cartes de visite le qualifiant pompeusement de « Chef de Travaux Pratiques à l'École Pyrotechnique », il offrit généreusement ses 35 services et reçut d'innombrables commandes pour des shampooings super-actifs, à cheveux ou à moquette, des détachants, des économiseurs d'énergie, des filtres pour cigarettes, des martingales de 421, des tisanes antitussives et autres produits miracles.

40 Un soir de février mille neuf cent soixante, alors qu'il faisait chauffer dans une cocotte-minute un mélange de colophane et de carbure diterpénique destiné à l'obtention d'un savon dentifrice à goût de citron, l'appareil explosa. Morellet eut la main gauche déchiquetée et perdit trois doigts.

Cet accident lui coûta son travail — la préparation du treillis métallique 45 exigeait une dextérité minimale — et il n'eut plus pour vivre qu'une retraite incomplète mesquinement versée par l'École Polytechnique et une petite pension que lui fit Bartlebooth. Mais sa vocation de chercheur ne se découragea pas ; au contraire, elle s'exacerba. Bien que sévèrement sermonné par Smautf, par Winckler et par Valène, il persévéra dans des expériences qui pour la plupart se 50 révélèrent inefficaces, mais inoffensives, sauf pour une certaine Madame Schwann qui perdit tous ses cheveux après les avoir lavés avec la teinture spéciale que Morellet avait préparée à son exclusif usage ; deux ou trois fois cependant, ces manipulations se terminèrent par des explosions plus spectaculaires que dangereuses, et des débuts d'incendie vite maîtrisés.

55 Ces incidents faisaient deux heureux, ses voisins de droite, le couple Plassaert, jeunes marchands d'indienneries qui avaient déjà aménagé en un ingénieux pied-à-terre (pour autant qu'on puisse appeler ainsi un logement précisément situé sous les toits) trois anciennes chambres de bonne, et qui comptaient sur celle de Morellet pour s'agrandir encore un peu. A chaque explosion ils portaient plainte, faisaient circuler dans l'immeuble des pétitions exigeant l'expulsion de l'ancien préparateur. La chambre appartenait au gérant de l'immeuble qui, lorsque la maison était passée en co-propriété, avait racheté à titre personnel la quasi-totalité des deux étages de combles. Pendant plusieurs années, le gérant hésita à mettre à la porte le vieillard, qui avait de nombreux amis dans l'immeuble, à commencer par Madame Nochère elle-même pour qui Monsieur Morellet était un vrai savant, un cerveau, un détenteur de secrets, et qui tirait un profit personnel des petites catastrophes qui secouaient de temps à autre le dernier étage de l'immeuble, non pas tant à cause des pourboires qu'il lui arrivait de recevoir à ces occasions, que par les récits épiques, attendris et mystérieux qu'elle pouvait en faire dans tout le quartier.

Georges PEREC, *La Vie mode d'emploi* (1978), © éd. Hachette

3. Julien Gracq ou « la distinction »

Julien Gracq *Au château d'Argol* (1938)

*A la croisée d'influences aussi variées dans le temps que dans l'espace culturel (le romantisme noir, Barbey d'Aurevilly, Ernst Junger, Breton et le surréalisme), l'écriture romanesque de **Julien Gracq** (né en 1910, de son vrai nom Louis Poirier) apparaît comme l'une des plus syncrétiques du XXᵉ siècle. Là où certains stigmatisent parfois préciosité ou maniérisme, nous préférons voir l'accomplissement d'**une forme toute tendue vers l'élégance et la justesse du mot**. Raffinement, distinction, somptuosité parfois, qui s'expriment naturellement le mieux dans l'art de la description (corps et paysages), dont le jeune auteur du* Château d'Argol, *encore ébloui par le surréalisme, ou le romancier accompli du* Rivage des Syrtes *offrent nombre de réussites.*

*** *Au château d'Argol*
Dans le mythique manoir breton d'Argol, trois personnages énigmatiques, Albert, Herminien et Heide, s'aiment, se parlent et se déchirent au rythme d'une subtile et cruelle « dialectique » des corps et des esprits. Ce bref « roman faustien » culmine, au chapitre V, dans l'épisode du « Bain » où, sur fond d'apothéose marine, se dessine la plastique tentatrice de la Femme.

« Une vivante cariatide »

Un matin, où une brume légère qui stagnait sous les arbres annonçait les ardeurs d'une journée torride, ils allèrent se baigner dans le golfe dont on voyait du château scintiller les étendues liquides et éternellement vides. Une puissante voiture les emporta par des chemins cahotants. Un brouillard translucide et doux
5   pesait sur tout ce paysage dont le caractère était apparu la première fois à Albert comme si intensément dramatique. Dans l'air entier circulait une fraîcheur salée et cinglante, accourue des gouffres de la mer, et chargée d'une odeur plus enivrante que celle de la terre après la pluie : il semblait que chaque parcelle de la peau en épuisât simultanément les profondes délices, et, si l'on fermait les
10   yeux, le corps prenait d'un coup pour les sens la forme d'une outre entièrement close de chaudes ténèbres, dont eut été perçue partout en même temps la paroi vivante et merveilleuse, au contact d'une fraîcheur non plus accidentelle, mais tellurique[1], et qui semblait irradiée par tous les pores de la planète autant que par le soleil son insupportable chaleur. Le vent claquant de la mer fouettait le
15   visage en longues vagues lisses, arrachait au sable mouillé une poussière étincelante — et de grands oiseaux de mer aux longues ailes, par leur vol saccadé et leurs brusques arrêts, semblaient indiquer son flux' et son reflux pareils à ceux de la mer sur des plages aériennes et invisibles où, les ailes étendues et immobiles, ils semblaient par instants s'échouer comme les blan-
20   ches méduses. La grève mouillée était mangée par de longs bancs de brumes blanches que la mer plate, et qui réfléchissait les rayons presque horizontaux du

1. *Qui provient de la terre.*

Julien Gracq en 1951,
lauréat du prix Goncourt,
qu'il refusa.

soleil, éclairait par dessous d'un poudroiement lumineux, et les écharpes lisses du brouillard se distinguaient à peine pour l'œil surpris des flaques d'eau et des étendues unies du sable humide — comme si l'œil enchanté, au matin de la
25 création, eût pu voir se dérouler le mystère naïf de la *séparation des éléments*.

Ils se dévêtirent parmi les tombes. Le soleil jaillit des brumes et éclaira de ses rayons cette scène au moment où Hcide, dans sa radieuse nudité, marcha vers la mer d'un pas plus nerveux et plus doux que celui de la cavale des sables. Dans le paysage miroitant que composaient ces longs reflets mouillés, dans l'*hori-*
30 *zontalité* toute puissante de ces bancs de brume, de ces vagues plates et lisses, de ces rayons glissants du soleil, elle surprit l'œil tout à coup par le miracle de sa *verticalité*. Sur la grève dévorée du soleil et d'où toute ombre était bannie elle fit courir des reflets sublimes. *Il semblait qu'elle marchât sur les eaux.* En face d'Herminien et d'Albert, dont l'œil courut alors longuement sur son dos puissant,
35 lisse et ténébreux, sur la lourde masse de sa chevelure, dont la poitrine se souleva avec la merveilleuse lenteur de ses jambes, elle se découpa juste sur le disque du soleil levant, qui fit ruisseler jusqu'à ses pieds un tapis de feu liquide. Elle éleva ses bras, et soutint sans effort le ciel de ses mains comme une vivante cariatide. Il semblait que le flux de cette grâce prenante et inconnue ne pût se
40 prolonger un instant de plus sans rompre les vaisseaux du cœur à son rythme étouffant. Alors, elle rejeta la tête en arrière, et ses épaules se haussèrent d'un mouvement frêle et doux, et le froid de l'écume qui vola sur sa poitrine et son ventre fit bondir en elle une volupté si insoutenable que ses lèvres se replièrent sur ses dents — et à la surprise des spectateurs jaillirent à l'instant de cette
45 silhouette exaltante les mouvements désordonnés et fragiles d'une femme.

Julien GRACQ, *Au château d'Argol* (1938)
© éd. J. Corti

Le Rivage des Syrtes (1951)

Le Rivage des Syrtes vaut en 1951 le prix Goncourt à **Gracq***, qui le refuse, marquant ainsi ses distances avec le monde des « institutions » littéraires. Le titre même de* **ce roman de guerre et d'amour** *indique que le premier personnage en est en réalité le décor imaginaire des Syrtes.* **Lieu fantastique et fantasmatique** *où se composent et se décomposent, plus encore que dans les gestes ou les « caractères » des protagonistes, les figures et le sens du récit romanesque.*

*** *Le Rivage des Syrtes*
Observateur de la Seigneurie d'Orsenna auprès de l'Amirauté, le jeune Aldo décide un jour de visiter, dans les terres, les ruines d'une « ville morte » : Sagra. Il part en fait, et l'écriture de Gracq avec lui, à la rencontre d'un formidable spectacle baroque.

Vers une ville morte

J'avais devant moi un long après-midi de beau temps et je me décidai à en profiter pour une visite longtemps remise aux ruines éloignées de Sagra. Giovanni m'avait parlé de cette ville morte, où l'avaient entraîné parfois ses randonnées de chasseur, comme d'une espèce de sous-bois pétrifié d'isolement
5 sauvage où l'on pouvait, paraît-il, tirer le gros gibier au coin des rues. Cette perspective de solitude m'agréait ; le soleil brillait haut encore dans le ciel, j'enfonçai une carabine de chasse dans mes fontes[1] et me mis en route.

1. *Fourreaux de cuir attachés à la selle d'un cheval pour y placer des pistolets.*

La piste à demi effacée qui sinuait entre les joncs et conduisait aux ruines
traversait une des parties les plus mornes des Syrtes. Les roseaux à tige dure
10 qu'on appelle l'ilve bleue, verdissants au printemps pour une courte période, secs
et jaunes tout le reste de l'année, et qui s'entrechoquent au moindre vent avec
un bruit d'os légers, croissaient là en massifs épais, et nul défrichement n'avait
jamais entamé ces terres déshéritées. J'avançais, par l'étroite tranchée qui
coupait les tiges sèches, dans un froissement d'osselets qui faisait vivre sinistre-
15 ment ces solitudes, distrait seulement de temps à autre par une échappée de vue,
à ma gauche, sur les lagunes ternes comme une lame d'étain et bordées d'une
langue jaune où mourait avec indécision le jaune plus terne encore de ces
chaumes obsédants. Et pourtant la tristesse même de ce soleil flambant sur une
terre morte ne parvenait pas à calmer en moi une vibration intime de bonheur
20 et de légèreté. Je me sentais de connivence avec la pente de ce paysage glissant
au dépouillement absolu. Il était fin et commencement. Au-delà de ces étendues
de joncs lugubres s'étendaient les sables du désert, plus stériles encore ; et
au-delà — pareils à la mort qu'on traverse — derrière une brume de mirage
étincelaient les cimes auxquelles je ne pouvais plus refuser un nom. Comme les
25 primitifs qui reconnaissent une vertu active à certaines orientations, je marchais
toujours plus alertement vers le sud : un magnétisme secret m'orientait par
rapport à la *bonne direction.*
Cependant le soleil déclinait déjà. J'avais marché de longues heures, et rien
encore sur ces plaines découvertes n'annonçait l'approche des ruines dont je
30 cherchais à deviner de loin la silhouette brisée sur l'horizon plat. Je marchais
depuis un moment en direction d'un boqueteau isolé et assez dru qui bordait la
lagune et vers lequel, à mon étonnement, se dirigeaient aussi les traces toutes
fraîches d'une voiture, qui paraissait avoir emprunté la piste étroite et fauché sur
son passage les joncs dont j'apercevais partout les tiges brisées. Pendant que je
35 me perdais en conjectures sur ce qui avait pu attirer Marino ou ses lieutenants
vers ce bois perdu, je perçus de manière distincte, à peu de distance, le murmure
surprenant d'un ruisseau ; les joncs firent place à des arbustes entremêlés, puis
au couvert d'un épais fourré d'arbres, et je me trouvai tout à coup dans les rues
mêmes de Sagra.

Forteresse de Bam en Iran.

40 Giovanni n'avait pas menti. Sagra était une merveille baroque, une collision
improbable et inquiétante de la nature et de l'art. De très anciens canaux
souterrains, par leurs pierres disjointes, avaient fini par faire sourdre, à travers
les rues, les eaux sous pression d'une source jaillissante qu'ils captaient à
plusieurs milles de là ; et lentement, avec les siècles, la ville morte était devenue
45 une jungle pavée, un jardin suspendu de troncs sauvages, une gigantomachie
déchaînée de l'arbre et de la pierre. Le goût d'Orsenna pour les matériaux
massifs et nobles, pour les granits et les marbres, rendait compte du caractère
singulier de violence prodigue, et même d'exhibitionnisme, que revêtait partout
cette lutte — les mêmes *effets de muscles* avantageux que dispense un lutteur
50 forain se reflétaient à chaque instant dans la résistance ostentatoire, dans le
porte-à-faux qui opposait, ici un balcon à l'enlacement d'une branche, là un mur
à demi-déchaussé, basculé sur le vide, à la poussée turgescente d'un tronc —
jusqu'à dérouter la pesanteur, jusqu'à imposer l'obsession inquiétante d'un
ralenti de déflagration, d'un instantané de tremblement de terre.

Julien GRACQ, *Le Rivage des Syrtes* (1951)
© éd. J. Corti.

POUR LE COMMENTAIRE _____

1. L'itinéraire d'Aldo. Comment lui est-il imposé par
une sorte de fléchage/repérage inscrit dans le paysage ?

2. Connivence, dit le personnage lui-même (ligne 20).
Commentez cette réflexion.

3. Sagra, une « merveille baroque ». Justifiez cette
appréciation esthétique.

EXPRESSION _____

Si le baroque se définit principalement par ce mélange
des genres, l'écriture de Julien GRACQ, dans le dernier
paragraphe, se déploie essentiellement dans l'arbores-
cence du **double champ lexical** du végétal et du minéral.
Mettez en évidence cette dualité et les « accouplements »
stylistiques qu'elle autorise.

L'attente

*Peu soucieux, on l'a dit, de psychologie romanesque, de « message » ou d'idéologie, **Gracq** préfère resserrer son écriture, dans ses romans comme dans ses nouvelles, autour de **l'immatérielle densité du temps**, dont il fait la conscience même de ses protagonistes. D'Argol à La Presqu'île (1970), tous ses récits sont construits autour de ce « **creusement du temps** » : temps de l'initiation, de l'attente, de la remémoration, mais aussi de la déception et de l'oubli. S'il n'y a guère d'« intrigue » dans les œuvres de Gracq, c'est que le vrai sujet en est toujours davantage la promesse que la révélation, l'imminence que l'action, le désir que la possession.*

* * *

Aldo, face à la « mer vide des Syrtes », use ses yeux et brûle son âme dans l'attente forcenée des signes d'un événement, d'un « avènement »...

J'attendais venir avec impatience ces jours de congé où la voiture, roulant vers Maremma, vidait l'Amirauté pour quelques heures, me laissant unique maître d'une terre secrète qui semblait pour moi seul laisser transparaître le reflet faible d'un trésor enseveli. Dans le silence de ses casemates vides, de ses couloirs
5 ensevelis comme des galeries de mine dans l'épaisseur formidable de la pierre, la forteresse lavée des regards indifférents reprenait les dimensions du songe. Mes pieds légers et assourdis erraient dans les couloirs à la manière des fantômes dont le pas, à la fois hésitant et guidé, réapprend un chemin ; je bougeais en elle comme une faible vie, et pourtant rayonnante soudain comme ces lumières
10 prises dans un jeu de glaces dont le pouvoir coïncide tout à coup avec un mystérieux *foyer*. Mes pas me portaient vers l'embrasure où je m'étais attardé avec Marino[1] lors de ma première visite. Les brumes mornes qui la fermaient alors faisaient souvent place à une grande tombée de soleil qui découpait au ras du sol, comme la bouche d'un four, un carré flamboyant de lumière dure. Du fond
15 de la pénombre de ce réduit suspendu en plein ciel, dans cet encadrement nu de pierres cyclopéennes, je voyais osciller jusqu'à l'écœurement une seule nappe sombre et éblouissante d'un bleu diamanté, qui nouait et dénouait comme dans une grotte marine des maillons de soleil au long des pierres grises. Je m'asseyais sur la culasse du canon. Mon regard, glissant au long de l'énorme fût de bronze,
20 épousait son jaillissement et sa nudité, prolongeait l'élan figé du métal, se braquait avec lui dans une fixité dure sur l'horizon de mer. Je rivais mes yeux à cette mer vide, où chaque vague, en glissant sans bruit comme une langue, semblait s'obstiner à creuser encore l'absence de toute trace, dans le geste toujours inachevé de l'effacement pur. J'attendais, sans me le dire, un signal qui
25 puiserait dans cette attente démesurée la confirmation d'un prodige. Je rêvais d'une voile naissant du vide de la mer. Je cherchais un nom à cette voile désirée. Peut-être l'avais-je déjà trouvé.

Ces heures de silencieuse contemplation s'écoulaient comme des minutes. La mer s'assombrissait, l'horizon se fermait d'une légère brume. Je revenais au long
30 du chemin de ronde comme d'un secret rendez-vous. Derrière la forteresse, les campagnes brûlées des Syrtes s'étendaient déjà toutes grises. Je guettais, du haut des courtines, le filet de poussière que soulevait de loin, au long de la piste, la voiture qui revenait de Maremma. Elle zigzaguait longtemps entre les buissons maigres, minuscule et familière, et tout apprivoisée, et je sentais que Marino
35 n'aimait pas le geste d'accueil que, du mur de la forteresse, comme un veilleur sur sa tour, je laissais tomber de trop haut sur ce paisible retour de voyage.

Quand je reviens par la pensée à ces journées si apparemment vides, c'est en vain que je cherche une trace, une piqûre visible de cet aiguillon qui me maintenait si singulièrement alerté. Il ne se passait rien. C'était une tension légère
40 et fiévreuse, l'injonction d'une insensible et pourtant perpétuelle *mise en garde*,

1. L'officier commandant l'Amirauté.

comme lorsqu'on se sent pris dans le champ d'une lunette d'approche —
l'imperceptible démangeaison entre les épaules qu'on ressent parfois à travailler,
assis à sa table, le dos à une porte ouverte sur les couloirs d'une maison vide.
J'appelais ces dimanches vacants comme une dimension et une profondeur
45 supplémentaire de l'ouïe, comme on cherche à lire l'avenir dans les boules du
cristal le plus transparent. Ils me démasquaient un silence de veille d'armes et
de poste d'écoute, une dure oreille de pierre tout entière collée comme une
ventouse à la rumeur incertaine et décevante de la mer.

Julien Gracq, *Le Rivage des Syrtes*
© éd. J. Corti

Un balcon en forêt (1958)

La frustration

*** *Un balcon en forêt*
Retranché en 1940 dans la maison-forte des Hautes-Falizes, l'aspirant Grange et ses hommes, après avoir guetté durant
des mois la venue de l'envahisseur allemand, sont-ils passés à côté de l'événement ? La dernière page du roman les renvoie
en tout cas à une hébétude et à un silence « étourdissants ».

La guerre glissait très loin, très insignifiante maintenant, mangée déjà par ces
ombres terreuses, pesantes, qui revenaient se tapir en rond. Il regardait autour
de lui, encore étourdi par le choc de sa blessure, flotter l'eau lourde de la pièce
claquemurée qui dormait debout sous la lune, écrasée par le silence de la
5 campagne. « Quel déménagement ! » pensa-t-il. Il essayait de se rappeler en
plissant le front ce qu'il avait guetté de sa fenêtre tout l'hiver dans le lointain de
la route avec cette fièvre, cette curiosité malade. « J'avais peur et envie, se dit-il.
J'attendais que quelque chose arrive. J'avais fait de la place pour quelque
chose... » Il savait bien que quelque chose était arrivé, mais il lui semblait que
10 ce ne fût pas réellement : la guerre continuait à se cacher derrière ses fantômes,
le monde autour de lui à s'évacuer silencieusement. Le souvenir lui revenait
maintenant des rondes de nuit dans la forêt, au bord de la frontière muette, d'où
il était tant de fois remonté vers ce lit, vers Mona[1]. Rien n'avait pris corps. Le
monde restait évasif, gardait le toucher cotonneux, mou, des chambres d'hôtel
15 sous la morne lumière bleue. Allongé sur le lit, dans le noir, au creux de la maison
vide, il redevenait le rôdeur aveugle qu'il avait été tout l'hiver ; il continuait à
glisser sur une lisière crépusculaire, indécise, comme on marche au bord d'une
plage, la nuit. « Mais maintenant je touche le fond, se dit-il avec une espèce de
sécurité. Il n'y a rien à attendre de plus. Rien d'autre. Je suis revenu. »
20 — Il ne faut pas que je fasse de la lumière, pensa-t-il. Il se mit debout, chercha
à tâtons la table de toilette, trouva le pot à eau posé au milieu de la cuvette, et
but longuement ; il sentait par instants glisser sur sa langue une fine et fade
pellicule de poussière ; il songea qu'il y avait moins de huit jours qu'il avait quitté
Mona. Puis il s'allongea sur la moquette et lava sa blessure. L'eau coulait à terre
25 sans bruit, bue à mesure par le tapis épais. Le liquide froid le brûlait, mais, quand
il eut baigné la plaie, il lui sembla que la douleur était un peu calmée : il se remit
debout et but encore un peu d'eau. Une faible ombre grise semblait venir à lui
du fond de la pièce et lui faire signe ; il leva la main : l'ombre dans le miroir répéta
le geste avec une lenteur exténuée, comme si elle flottait dans des épaisseurs
30 d'eau ; il se pencha en avant jusqu'à coller presque le nez contre le miroir — mais
l'ombre restait floue, mangée de partout par le noir : la vie ne se rejoignait pas
à elle-même : il n'y avait rien, que ce tête-à-tête un peu plus proche avec une
ombre voilée qu'il ne dévisageait pas. Cependant des pensées flottaient par
moments dans sa cervelle, qui lui paraissaient soudain infiniment lointaines : il
35 se demanda si Gourcuff[2] était arrivé à la Meuse. « Varin avait raison, pour les
trémies[3] », se dit-il, impartialement. Mais tout cela lui était indifférent. Il n'arrivait
rien. Il n'y avait personne. Seulement cette ombre têtue, voilée, intimidante, qui
flottait vers lui sans le rejoindre du fond de ses limbes vagues — ce silence
étourdissant.

1. Son amante.

*2. Ses compagnons
d'arme.*

*3. Crible à cône
pyramidal.*

40   Cependant une fatigue maintenant lui plombait la tête et l'engourdissait — il se sentait envahi d'une somnolence lourde. Il s'allongea de nouveau de tout son long sur la courtepointe sans se dévêtir, une jambe nue : le silence se referma comme une eau tranquille. Il se souvint qu'il l'avait écouté parfois, allongé près de Mona endormie : il songea encore un moment à elle ; il revoyait la route sous
45   la pluie où il l'avait rencontrée, où ils avaient tant ri quand elle avait dit « Je suis veuve ». Mais cette pensée même ne se fixait pas : il lui semblait qu'elle remontait malgré lui vers des eaux plus légères. « Plus bas — se disait-il — beaucoup plus bas... » Il entendit le chien aboyer deux ou trois fois encore, puis le cri de la hulotte à la lisière toute proche des taillis, puis il n'entendit plus rien : la terre
50   autour de lui était morte comme une plaine de neige. La vie retombait à ce silence douceâtre de prairie d'asphodèles, plein du léger froissement du sang contre l'oreille, comme au fond d'un coquillage le bruit de la mer qu'on n'atteindra jamais. Comme il se retournait pesamment, il entendit les plaques d'identité crisser dans sa poche écrasée ; il se demanda ce qu'Olivon[2] et
55   Hervouët[2] avaient payé avec cette monnaie funèbre. « Rien, sans doute » pensa-t-il. Il resta un moment encore les yeux grands ouverts dans le noir vers le plafond, tout à fait immobile, écoutant le bourdonnement de la mouche bleue qui se cognait lourdement aux murs et aux vitres. Puis il tira la couverture sur sa tête et s'endormit.

Julien GRACQ, *Un balcon en forêt* (1958)
© éd. J. Corti

POUR LE COMMENTAIRE

1. Le désir d'Aldo. Comment s'empare-t-il de l'espace marin ? Comment le transfigure-t-il ?

2. Le temps vide. Il est marqué par les figures de la répétition et de l'absence. Montrez-le.

3. Le rien. Aldo et Grange emploient tous deux ce mot avec gravité. Quelle conscience des choses et du temps traduit-il ?

4. Comment interprétez-vous le **dernier geste** de Grange ? Ce sommeil est-il seulement déception et résignation ?

COMPOSITION FRANÇAISE

Julien GRACQ écrit dans *Lettrines* : « Quand il n'est pas songe et, comme tel, parfaitement établi dans sa vérité, le roman est mensonge, quoi qu'on fasse, ne serait-ce que par omission, et d'autant plus mensonge qu'il cherche à se donner pour image authentique de ce qui est. »

Commentez et discutez, en empruntant vos exemples à de grandes œuvres romanesques des XIXᵉ et XXᵉ siècles.

> *Fiche signalétique des personnages de mes romans*
>
> Époque : *quaternaire récent*
> Lieu de naissance : *non précisé*
> Date de naissance : *inconnue*
> Nationalité : *frontalière*
> Parents : *éloignés*
> État civil : *célibataires*
> Enfants à charge : *néant*
> Profession : *sans*
> Activités : *en vacances*
> Situation militaire : *marginale*
> Moyens d'existence : *hypothétiques*
> Domicile : *n'habitent jamais chez eux*
> Résidences secondaires : *mer et forêt*
> Voiture : *modèle à propulsion secrète*
> Yacht : *gondole, ou canonnière*
> Sports pratiqués : *rêve éveillé — noctambulisme*
>
> Julien GRACQ, *Lettrines I* (1967)
> © éd. J. Corti

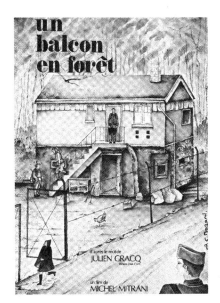

◀ Affiche du film *Un balcon en forêt*, de Michel Mitrani, 1979.

Lettrines (1967-1974)
En lisant, en écrivant (1981)

Julien Gracq, *c'est bien connu, n'aime guère les journalistes, les critiques littéraires et les académiciens ! Mais, paradoxalement, une bonne moitié de son œuvre, de* La littérature à l'estomac *(1950) à* En lisant, en écrivant *(1981), est constituée d'essais critiques. Qu'on n'y cherche cependant pas quelque « système » de pensée et encore moins une quelconque « théorie » de la littérature. Gracq, lecteur plus que critique, tendre et subtil dans l'affection, mordant, voire assassin, dans la répulsion, affiche essentiellement, avec un sens inné de la formule, que* **le plaisir d'écrire se nourrit d'un très profond plaisir de lire***.*

« Préférences » et aversions à propos de Balzac...

Balzac, par Félix Vallotton.

Aucun autre romancier ne semble avoir disposé de ce recul instantané qui lui fait voir et décrire les costumes, les meubles, les voitures qu'il a sous les yeux comme des costumes « d'époque », des meubles d'antiquaire, des *clous* d'un musée de la carrosserie. C'est ce qui donne à ses romans, simultanément, la
5 chaleur directe, irremplaçable, du vécu, et la séduction que gardent pour nous les intimistes hollandais ou vénitiens : né pour ainsi dire historique, l'extraordinaire bric à brac qui peuple ses livres n'a pu se défraîchir ; l'air du temps, la mode qui naît, les jeux de mots au goût du jour, semblent tirés hors de la durée à mesure qu'il les enregistre, et fixés tout vifs, un peu lourdement, mais comme
10 dans une gelée d'éternité.

Julien GRACQ, *En lisant, en écrivant* (1981), © éd. J. Corti

... de Stendhal

Si je pousse la porte d'un livre de Beyle, j'entre en Stendhalie, comme je rejoindrais une maison de vacances : le souci tombe des épaules, la nécessité se met en congé, le poids du monde s'allège ; tout est différent : la saveur de l'air, les lignes du paysage, l'appétit, la légèreté de vivre, le salut même, l'abord des
5 gens. Chacun le sait (et peut-être le répète-t-on un peu complaisamment, car c'est tout de même beaucoup dire), tout grand romancier crée un « monde » — Stendhal, lui, fait à la fois plus et moins : il fonde à l'écart pour ses vrais lecteurs une seconde partie habitable, un ermitage suspendu hors du temps, non vraiment situé, non vraiment daté, un refuge fait pour les dimanches de la vie, où
10 l'air est plus sec, plus tonifiant, où la vie coule plus désinvolte et plus fraîche — un Eden des passions en liberté, irrigué par le bonheur de vivre, où rien en définitive ne peut se passer très mal, où l'amour renaît de ses cendres, où même le malheur vrai se transforme en regret souriant.

Julien GRACQ, *En lisant, en écrivant*, © éd. J. Corti

Stendhal, gravure sur bois publiée dans la revue *Tentatives* en 1924.

... de Breton et du surréalisme

Chaque fois que je rouvre et que je feuillette les menus brûlots collectifs que lâchait périodiquement le surréalisme encore dans sa sève : tracts, papillons, proverbes, catalogues d'exposition, revues éphémères, « dictionnaire abrégé du surréalisme », « projets d'embellissement irrationnel de Paris », je suis frappé par
5 le talent qui jaillit là de source presque à chaque page, comme si le vent, après quarante ans, faisait bouger encore et vivre la verdure neuve de cette saison enchantée. Aucun « mouvement » ne s'est jamais avancé sur un pareil semis de

paillettes scintillantes, et sa force est d'avoir été à lui seul tout un climat, toute
une saison, où les hautes fleurs ne paraissaient si belles que parce que tout
10 reverdissait avec elles alentour. Il y a peut-être eu — je ne sais — des écoles
plus riches en génies isolés, mais les *fonds* du surréalisme sont d'un éclat et
d'une variété auxquels je ne vois point d'équivalent. Et puis, le beau mai passé,
toutes ces aubépines sont montées en graine, et Breton est devenu ce chêne
solitaire qui fait trop d'ombre et laisse vainement tomber ses glands sur la terre
15 nue.

Julien GRACQ, *Lettrines* (1967-1974), © éd. J. Corti

... de Proust

Je n'ai jamais pu savoir où j'en étais avec Proust. Je l'admire. Mais l'émerveillement qu'il me cause me fait songer à ces sachets de potage déshydratés
où se recompose dans l'assiette, retrouvant même sa frisure, soudain un
merveilleux brin de persil. J'admire. Mais je ne sais pas si j'aime ça. L'aspect et
5 même le mouvement récupéré de la vie ne laissent jamais oublier la dessiccation
préalable.

Julien GRACQ, *Lettrines*, © éd. J. Corti

... de Céline

Céline, c'est souvent moins une débâcle de la langue qui s'écrit qu'un accident
du *tout-à-l'égout*.

Julien GRACQ, *Lettrines*, © éd. J. Corti

... de Malraux

La mythomanie de Malraux me glace, moins parce qu'elle est mythomanie que
parce qu'elle est gravité calculée, et quelquefois spéculation payante, parce qu'il
a tiré sur elle bien d'autres traites que des traites littéraires : songeons à l'incroyable bluff chinois, auquel même Trotsky se laisse prendre, et qui lui permet de
traiter avec le Russe de pair à compagnon (chez Chateaubriand, même quand
il raconte sa fausse visite à Washington, la mythomanie reste toujours bon enfant
et cligne de l'œil au lecteur, mais, hélas ! Malraux lorsqu'il fabule ne s'amuse que
bien rarement).

Julien GRACQ, *En lisant, en écrivant*, © éd. J. Corti

Pour vos essais et vos
exposés
Anne-Claude DOBBS : *Dramatur-*
gie et liturgie dans l'œuvre de
Julien Gracq, éd. J. Corti,
1972.
Marie FRANCIS : *Forme et significa-*
tion de l'attente dans l'œuvre
romanesque de Julien Gracq,
éd. Nizet, 1979.
Simone GROSSMAN : *Julien Gracq*
et le surréalisme, éd. J. Corti,
1979.
Yves BRIDEL : *Julien Gracq et la*
dynamique de l'imaginaire, éd.
L'Age d'homme, 1982.
Hubert HADDAD : *Julien Gracq, « la*
forme d'une vie », éd. Le Castor
astral, 1987.
Bernhilde BOIE : *Introduction à*
l'édition Pléiade des œuvres de
J. Gracq, 1989.

... de Saint-John Perse

C'est le déferlement théâtral du ressac sur une plage, une rumeur grandiose
qui ne désigne et n'annonce que sa propre réitération. On peut ouvrir le recueil
n'importe où, et porter la page ouverte à son oreille comme un coquillage, c'est
toujours la même cantilène océanique qui se soude sans effort à elle-même et
se remord à satiété l'étincelante queue.

J'en fais usage, à des intervalles éloignés, un peu comme d'un *chewing-gum*
d'où au début à chaque coup de dent gicle une saveur, mais le goût pour moi
s'épuise en une douzaine de pages, à mon dépit. N'empêche que je le reprends :
le nombre des poètes qu'on rouvre n'est pas si grand.

Julien GRACQ, *En lisant, en écrivant*, © éd. J. Corti

Dino Buzzati *Le Désert des Tartares* (1949)

Paru deux ans avant Le Rivage des Syrtes *(en 1949),* Le Désert des Tartares *de l'Italien **Dino Buzzati** (1906-1972) traitait déjà du **thème du « temps vide »**, de la « profonde certitude, dans une conscience, que ce que la vie avait de bon n'avait pas encore commencé ». Roman militaire également, le livre de Buzzati conte l'immense patience du lieutenant Drogo, qui usera son âme, au fort Bastiani, dans l'attente improbable des Tartares. Ironie du destin, plus cruel que pour l'Aldo de Gracq, le vieil officier se verra évacué vers l'arrière, pour raisons de santé, le jour où se décident enfin à déferler sur le fort les troupes du Royaume du Nord...*

Le lieutenant Drogo

Affiche du film *Le Désert des Tartares*, de Valerio Zurlini, 1975.

Une fois de plus, par une magnifique matinée de septembre, Drogo, le capitaine Giovanni Drogo, remonte, à cheval, la route abrupte qui mène du plateau au fort Bastiani. Il vient d'avoir un mois de permission, mais au bout de vingt jours il s'en retourne déjà ; la ville, maintenant, lui est devenue complète-
5 ment étrangère, ses anciens amis ont fait du chemin, ils occupent des positions importantes et le saluent à la hâte comme un officier quelconque. Même sa maison, cette maison que, pourtant, il continue d'aimer, lui emplit l'âme, quand il y retourne, d'une peine difficile à exprimer. La maison est presque chaque fois déserte, la chambre maternelle est vide pour toujours, les frères de Giovanni sont
10 éternellement absents, l'un s'est marié et habite une autre ville, un autre est tout le temps en voyage ; dans les pièces, il n'y a plus de signes d'une vie familière, les voix résonnent exagérément et il n'est pas suffisant d'ouvrir les fenêtres au soleil.

Ainsi, une fois encore, Drogo remonte la Vallée du fort Bastiani et il a quinze
15 ans de moins à vivre. Hélas ! il ne ressent pas de grand changement, le temps a fui si rapidement que son âme n'a pas réussi à vieillir. Et l'angoisse obscure des heures qui passent a beau se faire chaque jour plus grande, Drogo s'obstine dans l'illusion que ce qui est important n'est pas encore commencé. Giovanni attend, patiemment, son heure qui n'est jamais venue, il ne pense pas que le futur
20 s'est terriblement raccourci, que ce n'est plus comme jadis, quand le temps à venir pouvait lui sembler une immense période, une richesse inépuisable que l'on ne risquait rien à gaspiller.

Et pourtant, un jour, il s'est aperçu que, depuis assez longtemps, il n'allait plus galoper sur l'esplanade, derrière le fort. Il s'est même aperçu qu'il n'en avait
25 aucune envie et que, ces derniers mois (Dieu sait depuis quand exactement ?), il ne montait plus les escaliers quatre à quatre. Bêtises, a-t-il pensé ; physique-ment, il se sentait toujours le même : il n'y avait aucun doute, le tout était de recommencer ; se faire examiner eût été ridicule et superflu.

Non, physiquement, Drogo n'est pas diminué, s'il voulait recommencer à faire
30 du cheval et à grimper à toute vitesse les escaliers, il en serait parfaitement capable, mais ce n'est pas là ce qui importe. Ce qui est grave, c'est qu'il n'en éprouve plus l'envie, c'est qu'après le déjeuner il préfère faire une petite sieste au soleil plutôt que de se promener sur le plateau pierreux. C'est cela qui compte, cela seul marque le passage des années.

35 Oh ! s'il avait pensé à cela, le premier soir où il monta les escaliers une marche à la fois ! Il se sentait un peu las, c'est vrai, il avait la tête dans une sorte d'étau et il n'avait pas la moindre envie de faire son habituelle partie de cartes (il avait, du reste, auparavant, renoncé déjà parfois à grimper les escaliers quatre à quatre, à cause de malaises passagers). Il ne se douta pas le moins du monde que ce
40 soir-là fut très triste pour lui, que, sur ces marches, à cette heure précise, sa jeunesse s'achevait, que, le lendemain, sans aucune raison particulière, il ne reviendrait pas à ces anciens errements, et le surlendemain non plus, ni plus tard, ni jamais.

Dino BUZZATI, *Le Désert des Tartares* (1949)
© éd. Robert Laffont

LA POÉSIE ENTRE DEUX MONDES (1930-1965)

SUPERVIELLE, SAINT-JOHN PERSE, CHAR, PRÉVERT, MICHAUX, PONGE, NOËL, CADOU, JOUVE, GROSJEAN, EMMANUEL, LA TOUR DU PIN

MILOSZ, NORGE

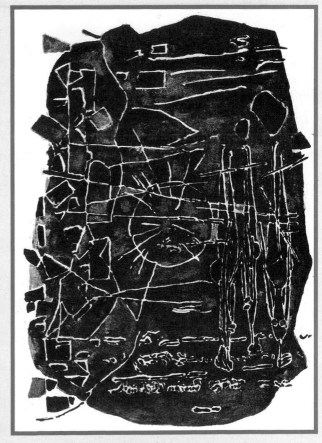

« Lointaine est l'autre rive où le message s'illumine ! »
Saint-John Perse,
Vents

Illustration d'André Marchand pour *Amers* de Saint-John Perse, 1962.

1920	Marie NOËL : *Les Chansons et les heures*
1922	Jules SUPERVIELLE : *Débarcadère*
1924	SAINT-JOHN PERSE : *Anabase*
1925	Jules SUPERVIELLE : *Gravitations*
1926	Francis PONGE : *Douze petits écrits*
1930	Jacques AUDIBERTI : *L'Empire et la Trappe* Henri MICHAUX : *Un certain Plume* *Mes Propriétés*
1931	Pierre-Jean JOUVE : *Noces*
1933	Pierre-Jean JOUVE : *Sueur de sang* Patrice de LA TOUR DU PIN : *La Quête de joie*
1934	René CHAR : *Le Marteau sans maître*
1935	Patrice de LA TOUR DU PIN : *L'Enfer*
1936	Joë BOUSQUET : *Le Mal d'enfance*
1937	Jacques AUDIBERTI : *Race des hommes*
1938	Pierre-Jean JOUVE : *Kyrie* Henri MICHAUX : *Plume*
1939	Jean TARDIEU : *Accents*
1941	Jacques AUDIBERTI : *Des tonnes de semences* Pierre EMMANUEL : *Tombeau d'Orphée*
1942	René-Guy CADOU : *Morte-saison* Pierre EMMANUEL : *Orphiques* Pierre-Jean JOUVE : *Tombeau de Baudelaire,* *Gloire* Francis PONGE : *Le Parti pris des choses* Jules SUPERVIELLE : *Poèmes de la France* *malheureuse*
1943	Jean TARDIEU : *Le Témoin invisible*
1944	René-Guy CADOU : *La Vie rêvée* Pierre EMMANUEL : *Sodome* SAINT-JOHN PERSE : *Exil*
1945	Patrice de LA TOUR DU PIN : *Genèse* Henri MICHAUX : *Épreuves, exorcismes*

1946	Joë BOUSQUET : *La Connaissance du soir* René CHAR : *Feuillets d'hypnos* Patrice de LA TOUR DU PIN : *Une Somme* *de poésie* Jean GROSJEAN : *Terre du temps* SAINT-JOHN PERSE : *Vents* Jacques PRÉVERT : *Paroles, Histoires*
1947	René-Guy CADOU : *Les Visages de solitude* René CHAR : *Le Poème pulvérisé*
1948	René CHAR : *Fureur et Mystère* Pierre EMMANUEL : *Évangéliaire*
1949	Francis PONGE : *Proêmes* Jules SUPERVIELLE : *Oublieuse mémoire*
1950	René CHAR : *Les Matinaux* Henri MICHAUX : *Passages*
1951	René-Guy CADOU : *Nocturne* Jean TARDIEU : *Monsieur Monsieur*
1952	René-Guy CADOU : *Hélène ou le Règne végétal* Pierre EMMANUEL : *Babel*
1953	Jean GROSJEAN : *Fils de l'homme*
1954	Jean TARDIEU : *Une Voix sans personne*
1956	René CHAR : *La Bibliothèque est en feu*
1957	Pierre-Jean JOUVE : *Mélodrame* SAINT-JOHN PERSE : *Amers*
1958	Pierre-Jean JOUVE : *Inventions*
1959	Jules SUPERVIELLE : *Le Corps tragique*
1960	SAINT-JOHN PERSE : *Chronique*
1961	Henri MICHAUX : *Connaissance par les gouffres* Marie NOËL : *Chants d'arrière-saison*
1962	René CHAR : *La Parole en archipel* Pierre-Jean JOUVE : *Moires* Henri MICHAUX : *Vents et Poussières*
1963	Patrice de LA TOUR DU PIN : *Petit Théâtre* *crépusculaire*
1964	René CHAR : *Commune présence*
1966	Jacques PRÉVERT : *Fatras*

A la recherche d'une transcendance

1. La poésie soupçonnée

L'essoufflement du surréalisme militant à la fin des années 30, la Deuxième Guerre mondiale, enfin la Résistance et sa nécessaire dissolution après l'armistice, autant de faits ou de moments qui transforment le paysage littéraire et poétique du milieu de notre siècle. A de rares exceptions près comme celle de **Jules Supervielle**, les poètes qui ont écrit entre les années 30 et les années 60 auront été ainsi profondément marqués par l'influence « incontournable » du courant surréaliste, comme beaucoup auront trempé l'encre de leurs chants dans la souffrance, le courage ou l'héroïsme des années sombres de l'occupation et de la Résistance (voir p. 440).

Mais **le double « désengagement »** (qui suit la dispersion du groupe des amis de Breton et le retour à la paix) laisse les écrivains — habitués à l'exaltation du « cénacle » ou du maquis — devant une solitude vécue souvent comme une « survivance » à la faillite d'un monde, d'idéologies et d'idéaux qu'il faut repenser ou rebâtir. La poésie elle-même, en tant qu'instrument de connaissance et d'expression, n'échappe pas à la contestation de ceux-là mêmes qui s'en servent. Pour un **Saint-John Perse** qui perpétue un certain rituel ou cérémonial « sacré » de la scène de l'écriture, combien d'autres, tels **Henri Michaux**, **René Char** ou **Francis Ponge**, entretiennent avec elle une relation quasi conflictuelle ? Comme jadis pour Rimbaud ou Lautréamont, la poésie, chance de salut et de vérité, ne peut être vécue et pratiquée que sur **le mode du soupçon et du procès**.

2. Bricolage ou exorcisme

La perte de spécificité du genre, déjà revendiquée par les surréalistes, devient emblématique d'une conscience poétique paradoxalement déchirée entre son ambition d'une « totalité » et son incapacité à s'informer davantage dans le verset que dans l'aphorisme, ou dans la prose que dans le vers cadencé. De même, la confraternité, accentuée chez de nombreux créateurs (comme Char, Michaux ou Prévert), entre leur art de poète et les arts voisins (musique et peinture notamment) témoigne du désir d'un épanouissement « absolu » et en même temps de l'ambiguïté d'une dilution des contours et peut-être même de l'identité de la poésie. Mais la dominante, chez de nombreux auteurs, de cette **« dispersion » du langage poétique** (« parole en archipel » de Char, oralité et « fatras » de **Jacques Prévert**, argotisme de Michaux, ou numérations/descriptions de Ponge) n'exclut jamais pourtant, à travers ce qui ressemble parfois à un bricolage linguistique, **le rêve d'une transcendance approchée** ou d'un exorcisme accompli.

3. Exécution et transfiguration

Il est d'ailleurs remarquable que la même génération ait vu côte à côte — et rarement face à face — exécutants (au sens musical) ou « exécuteurs » (au sens meurtrier) du poème et **ceux pour qui la figuration poétique s'entend essentiellement comme métaphore d'une transfiguration plus fondamentale** : celle vers laquelle les conduisent leur foi ou leur mysticisme. A la quête torturée ou violente d'un Michaux, ironique ou tragi-comique d'un Prévert, répondent en effet les itinéraires spirituels d'une **Marie Noël**, d'un **René-Guy Cadou**, d'un **Pierre-Jean Jouve**, d'un **Jean Grosjean**, d'un **Pierre Emmanuel** ou d'un **Patrice de La Tour du Pin**. Si la parole chez eux, tout investie du poids des mythes antiques ou judéo-chrétiens, est moins « en crise » que chez la plupart de leurs contemporains, elle demeure toutefois animée d'une même espérance torturante de dominer ou sublimer les écartèlements de la chair, d'atteindre à la « rédemption » d'un monde souffrant ou inquiétant.

Plus classique parfois dans sa poétique et sa facture, cette poésie qui exalte les grands « symboles » jusqu'à en faire, comme jadis Baudelaire, les emblèmes de la déchirure surmontée, grâciée, demeure ainsi très proche de la poésie des cris et des fragments précédemment évoquée. Convaincue d'un Sens et d'une Présence, elle atteste aussi, comme les légendes du Graal médiéval, du caractère obsédant et harassant de leur « quête » sur les chemins du poème moderne.

4. Sur le fil du rasoir

La poésie de l'entre-deux-guerres et des lendemains du surréalisme se prolonge de la sorte en ce que nous appellerons **une poésie « entre deux mondes »**.

Une poésie sans cesse ballottée entre les mots et les choses, l'espérance et le soupçon, la tradition humaniste et le risque du néant de la modernité ; une poésie **souvent sublime à force d'exaspération de ses hésitations et de ses ambitions**, que René Char, dans *La Parole en archipel*, définissait ainsi : « Nous ne pouvons vivre que dans l'entrouvert, exactement sur la ligne hermétique de partage de l'ombre et de la lumière. » Ce que dit en d'autres termes Henri Michaux : « Dans le noir nous verrons clair mes frères. »

Les « aventuriers » du langage, les chercheurs de Sens ou les quêteurs de Présence de ces deux générations poétiques du milieu du siècle auront tous bâti leur œuvre — aussi différentes soient-elles dans leurs moyens d'expression — sur ce « fil du rasoir » qui fait indéfiniment cohabiter le salut avec le risque et l'œuvre avec le tragique ou la mort.

1. Célébrations poétiques

Jules Supervielle *Gravitations* (1925)
La Fable du monde (1938)

Photo de Gisèle Freund.

Montévidéen d'origine comme Lautréamont et Laforgue, **Jules Supervielle** (1884-1960) incarne sans doute mieux que nul autre la figure du poète « entre deux mondes » : entre deux continents, entre deux patries et cultures (« la pampa » et la France), entre deux tentations d'écriture (le vers et le verset), entre deux inspirations encore (le réel et le fabuleux).

C'est d'ailleurs cette dernière hésitation ou alternance, entre une poésie de la transparence, de la « netteté » du réel, et une écriture qui se laisse plus volontiers traverser par l'imaginaire et les mythes, qui assura l'originalité de l'œuvre copieuse de Supervielle, de ses *Gravitations* de 1925 au *Corps tragique* de 1959. **Refusant de pratiquer la poésie autrement qu'il la vivait**, ennemi de toute théorisation, l'auteur d'*Oublieuse mémoire* (1949) est aussi resté à côté de la grande mêlée de la génération surréaliste. **Le monde est là chez lui**, « célébré » sans solennité excessive ni concession au « délire » qui guette, simplement présent dans l'intimité de ses éléments naturels, ou du regard et de la mémoire de celui qui ne cesse de jeter des ponts « entre » les espaces et les moments de son histoire.

« Rencontres »

J'avance en écrasant des ombres sur la route
Et leur plainte est si faible
Qu'elle a peine à me gravir
Et s'éteint petitement avant de toucher mon oreille.

5 Je croise des hommes tranquilles
Qui connaissent la mer et vont vers les montagnes ;
Curieux, en passant, ils soupèsent mon âme
Et me la restituent repartant sans mot dire.

Quatre chevaux de front aux œillères de nuit
10 Sortent d'un carrefour, le poitrail constellé.
Ils font le tour du monde
Pensant à autre chose
Et sans toucher le sol. Les mouches les évitent.

Le cocher se croit homme et se gratte l'oreille.

Jules Supervielle, *Gravitations* (1925)
© éd. Gallimard

« La goutte de pluie »

Je cherche une goutte de pluie
Qui vient de tomber dans la mer.
Dans sa rapide verticale
Elle luisait plus que les autres

5 Car seule entre les autres gouttes
Elle eut la force de comprendre
Que, très douce dans l'eau salée,
Elle allait se perdre à jamais.

Alors je cherche dans la mer
10 Et sur les vagues, alertées,
Je cherche pour faire plaisir
A ce fragile souvenir
Dont je suis seul dépositaire.

Mais j'ai beau faire, il est des choses
15 Où Dieu même ne peut plus rien
Malgré sa bonne volonté
Et l'assistance sans paroles
Du ciel, des vagues et de l'air.

Jules Supervielle, *La Fable du monde* (1938)
© éd. Gallimard

POINT DE VUE CRITIQUE

« L'homme de la pampa »

« Il serait tentant d'aborder sa poésie par ce qui la distingue. Il est évident, par exemple, qu'il s'oppose à Saint-John Perse par son refus des vocables rares ; qu'il ne partage avec Valéry ni le goût de l'abstraction ni celui de l'allitération, et moins encore celui de la condensation ; qu'il se méfie des embardées métaphoriques et de tout ce qui sent l'automatisme. Mais des négativités n'ont jamais défini une voix poétique.

La qualité première de Supervielle, c'est l'instinct de justesse, au sens musical du terme. Le rythme, pour lui, n'est pas une mécanique régulatrice, ni exactement une respiration. Court, le vers tâtonne, va précautionneusement vers le monde du dehors, comme on sort du sommeil, établit de fragiles passerelles entre les frémissements du moi et tout ce qui gravite autour de lui. Pas d'inventaire ni de fanfares : une appréhension modeste et ferme d'images élémentaires à partir desquelles une constellation poétique s'ordonnera, sans avoir recours aux facilités du musicisme mécanique auquel les héritiers du symbolisme n'arrivent pas à échapper. Le vers ne se libérera, que lorsque se fera sentir une exigence de sens. »

Jean Gaudon, dans *Le Magazine littéraire*, N° spécial, « Cinquante ans de poésie française », novembre 1987

Saint-John Perse ou la solennité poétique

Marie-René Alexis Saint-Léger Léger (1887-1975) naquit à la Guadeloupe, où il passa une enfance paradisiaque. Arrivé en France en 1899, il fit ses études de droit à Pau et fut reçu en 1914 au concours des Affaires étrangères. En 1916 il débute dans la carrière diplomatique par un poste de secrétaire d'ambassade à Pékin, puis ce sera la Corée, le Japon, avant qu'il ne devienne en 1929 directeur politique au Quai d'Orsay. Poète secret, il ne cesse d'écrire durant ses voyages et ses missions, mais il refuse de publier tant que durent ses fonctions diplomatiques officielles.

Révoqué par le gouvernement de Vichy en 1940, il trouva de nouvelles racines aux États-Unis où il vécut la majeure partie de son « grand âge ». Ce long « exil » explique pour partie la méconnaissance dont il fut l'objet en France, du moins jusqu'en 1960, année où il obtint le prix Nobel de littérature. Saint-John Perse est mort en 1975.

1911	Éloges	**1960**	Chronique
1924	Anabase	**1962**	Oiseaux
1944	Exil (éd. intégrale)	**1969**	Chanté par celle qui fut là
1946	Vents		
1957	Amers	**1971**	Chant pour un équinoxe

Photo de Gisèle Freund.

Saint-John Perse *Anabase* (1924)
Exil (1944)

Pour ses deux premiers poèmes, Images à Crusoë *et* Éloges *(1911),* **Saint-John Perse** *avait trouvé inspiration dans la chaleur, la sensualité et l'exotisme de sa Guadeloupe natale (voir p. 103). Dans* Anabase, *en 1924, le langage et le rythme se font plus épiques pour conter une lointaine expédition humaine, à la manière de Xénophon, qui est d'abord* **une entreprise d'inventaire, de nomination et d'exaltation des richesses du monde,** *comme en témoigne la grande strophe du « Conteur » que nous citons ici.*

Dans Exil, *vingt ans plus tard, le ton sera le même : solennel, liturgique, oraculaire parfois pour exhausser une poésie qui, en cherchant à calquer les élans, les « souffles » de l'esprit, mime ses propres mouvements de genèse et d'épanouissement. « Le poème ici, écrit Alain Bosquet, au lieu d'être distancié de son objet, suit les méandres et les bouleversements de la nature. Un mimétisme se produit comme si la vérité verbale était liée à une vérité cosmique. »*

D'« Anabase »...

1. *Jeune cavalier noble. Mot d'origine anglaise.*

2. *Ouvrier dans un marais salant.*

3. *Fruit du calebassier qui, vidé, peut servir de récipient.*

4. *Charge pesante.*

Ha ! toutes sortes d'hommes dans leurs voies et façons : mangeurs d'insectes, de fruits d'eau ; porteurs d'emplâtres, de richesses ! l'agriculteur et l'adalingue[1], l'acuponcteur et le saunier[2] ; le péager, le forgeron ; marchands de sucre, de cannelle, de coupes à boire en métal blanc et de lampes de corne ; celui qui taille
5 un vêtement de cuir, des sandales dans le bois et des boutons en forme d'olives ; celui qui donne à la terre ses façons ; et l'homme de nul métier : homme au faucon, homme à la flûte, homme aux abeilles ; celui qui tire son plaisir du timbre de sa voix, celui qui trouve son emploi dans la contemplation d'une pierre verte ; qui fait brûler pour son plaisir un feu d'écorces sur son toit ; qui se fait sur la terre
10 un lit de feuilles odorantes, qui s'y couche et repose ; qui pense à des dessins de céramiques vertes pour des bassins d'eaux vives ; et celui qui a fait des voyages et songe à repartir ; qui a vécu dans un pays de grandes pluies ; qui joue aux dés, aux osselets, au jeu des gobelets ; ou qui a déployé sur le sol ses tables à calcul ; celui qui a des vues sur l'emploi d'une calebasse[3] ; celui qui traîne un
15 aigle mort comme un faix[4] de branchages sur ses pas (et la plume est donnée, non vendue, pour l'empennage des flèches), celui qui récolte le pollen dans un vaisseau de bois (et mon plaisir, dit-il, est dans cette couleur jaune) ; celui qui mange des beignets, des vers de palmes, des framboises ; celui qui aime le goût de l'estragon ; celui qui rêve d'un poivron ; ou bien encore celui qui mâche d'une

5. *Coquillage marin creux.*

6. *Science des noms de personnes ou de lieux.*

7. *Pistachier résineux.*

20 gomme fossile, qui porte une conque[5] à son oreille, et celui qui épie le parfum
de génie aux cassures fraîches de la pierre ; celui qui pense au corps de femme,
homme libidineux ; celui qui voit son âme au reflet d'une lame ; l'homme versé
dans les sciences, dans l'onomastique[6] ; l'homme en faveur dans les conseils,
celui qui nomme les fontaines, qui fait un don de sièges sous les arbres, de laines
25 teintes pour les sages ; et fait sceller aux carrefours de très grands bols de bronze
pour la soif ; bien mieux, celui qui ne fait rien, tel homme et tel dans ses façons,
et tant d'autres encore ! les ramasseurs de cailles dans les plis de terrains, ceux
qui récoltent dans les broussailles les œufs tiquetés de vert, ceux qui descendent
de cheval pour ramasser des choses, des agates, une pierre bleu pâle que l'on
30 taille à l'entrée des faubourgs (en manière d'étuis, de tabatières et d'agrafes, ou
de boules à rouler aux mains des paralytiques) ; ceux qui peignent en sifflant des
coffrets en plein air, l'homme au bâton d'ivoire, l'homme à la chaise de rotin,
l'ermite orné de mains de fille et le guerrier licencié qui a planté sa lance sur son
seuil pour attacher un singe... ha ! toutes sortes d'hommes dans leurs voies et
35 façons, et soudain ! apparu dans ses vêtements du soir et tranchant à la ronde
toutes questions de préséance, le Conteur qui prend place au pied du térébin-
the[7]...

SAINT-JOHN PERSE, *Anabase*, X (1924)
© éd. Gallimard

... à « Exil »

1. *Miasmes, odeurs infectes.*

2. *Pirateries, équipées des flibustiers.*

3. *Prêtre chargé d'interpréter les signes naturels et de prédire l'avenir.*

A nulles rives dédiée, à nulles pages confiée la pure amorce de ce chant...
D'autres saisissent dans les temples la corne peinte des autels :
Ma gloire est sur les sables ! ma gloire est sur les sables !... Et ce n'est point
errer, ô Pérégrin,
5 Que de convoiter l'aire la plus nue pour assembler aux syrtes de l'exil un grand
poème né de rien, un grand poème fait de rien...
Sifflez, ô frondes par le monde, chantez, ô conques sur les eaux !
J'ai fondé sur l'abîme et l'embrun et la fumée des sables. Je me coucherai dans
les citernes et dans les vaisseaux creux,
10 En tous lieux vains et fades où gît le goût de la grandeur.

« ... Moins de souffles flattaient la famille des Jules ; moins d'alliances assistaient les grandes castes de prêtrise.

Où vont les sables à leur chant s'en vont les Princes de l'exil,
Où furent les voiles haut tendues s'en va l'épave plus soyeuse qu'un songe de
15 luthier,
Où furent les grandes actions de guerre déjà blanchit la mâchoire d'âne,
Et la mer à la ronde roule son bruit de crânes sur les grèves,
Et que toutes choses au monde lui soient vaines, c'est ce qu'un soir, au bord
du monde, nous contèrent
20 Les milices du vent dans les sables d'exil... »

Sagesse de l'écume, ô pestilences[1] de l'esprit dans la crépitation du sel et le
lait de chaux vive !
Une science m'échoit aux sévices de l'âme... Le vent nous conte ses flibustes[2],
le vent nous conte ses méprises !
25 Comme le Cavalier, la corde au poing, à l'entrée du désert,
J'épie au cirque le plus vaste l'élancement des signes les plus fastes.
Et le matin pour nous mène son doigt d'augure[3] parmi de saintes écritures.
L'exil n'est point d'hier ! l'exil n'est point d'hier ! « Ô vestiges, ô prémisses »,

Dit l'Étranger parmi les sables, « toute chose au monde m'est nouvelle !... » Et
30 la naissance de son chant ne lui est pas moins étrangère.

SAINT-JOHN PERSE, *Exil*, II (1942-1944)
© éd. Gallimard

POUR LE COMMENTAIRE

**1. Versets longs,
versets courts**

Influencé par les *Odes* de Paul
Claudel (voir p. 148), Saint-John
Perse a emprunté à ce dernier le
rythme du verset, tantôt ample et
dilaté comme dans l'extrait
d'*Anabase*, parfois condensé
comme des haïkaï japonais.
Précisez ce qui distingue ce verset
de la strophe poétique traditionnelle et du simple paragraphe de
prose.

2. Le poème dans le poème

Montrez, à partir de ces deux textes, comment le poème est très
souvent chez Perse, par-delà le
sujet de la narration poétique, son
propre objet, sans cesse com-
menté, exalté et pour ainsi dire
« glorifié ».

Neiges (1944)

La poésie de **Saint-John Perse** *est constamment, au sens premier du terme,* **une poésie « physique » et « élémentaire ».** *Dans* Pluies *et* Neiges, *qui figuraient dans l'édition d'*Exil *de 1944, et surtout dans le superbe poème intitulé* Vents *(1946), le poète fait de son chant* **la parole même de la terre,** *la traduction littéraire et rythmée des substances, des forces et des « essences » de l'univers, qui deviennent les feuillets, les strates de son texte.*

« Et puis vinrent les neiges... »

Et puis vinrent les neiges, les premières neiges de l'absence, sur les grands lés tissés du songe et du réel ; et toute peine remise aux hommes de mémoire, il y eut une fraîcheur de linges à nos tempes. Et ce fut au matin, sous le sel gris de l'aube, un peu avant la sixième heure, comme en un havre de fortune, un lieu
5 de grâce et de merci où licencier l'essaim des grandes odes du silence.

Et toute la nuit, à notre insu, sous ce haut fait de plume, portant très haut vestige et charge d'âmes, les hautes villes de pierre ponce forée d'insectes lumineux n'avaient cessé de croître et d'exceller, dans l'oubli de leur poids. Et ceux-là seuls en surent quelque chose, dont la mémoire est incertaine et le récit
10 est aberrant. La part que prit l'esprit à ces choses insignes, nous l'ignorons.

Nul n'a surpris, nul n'a connu, au plus haut front de pierre, le premier affleurement de cette heure soyeuse, le premier attouchement de cette chose fragile et très futile, comme un frôlement de cils. Sur les revêtements de bronze et sur les élancements d'acier chromé, sur les moellons de sourde porcelaine et
15 sur les tuiles de gros verre, sur la fusée de marbre noir et sur l'éperon de métal blanc, nul n'a surpris, nul n'a terni

Cette buée d'un souffle à sa naissance, comme la première transe d'une lame mise à nu... Il neigeait, et voici, nous en dirons merveilles : l'aube muette dans sa plume, comme une grande chouette fabuleuse en proie aux souffles de
20 l'esprit, enflait son corps de dahlia blanc. Et de tous les côtés il nous était prodige et fête. Et le salut soit sur la face des terrasses, où l'Architecte, l'autre été, nous a montré des œufs d'engoulevent !

Saint-John Perse, Neiges, I (1944), © éd. Gallimard

Vents (1946)

« C'étaient de très grands vents... »

Flairant la pourpre, le cilice, flairant l'ivoire et le tesson, flairant le monde entier des choses,

Et qui couraient à leur office sur nos plus grands versets d'athlètes, de poètes,

5 C'étaient de très grands vents en quête sur toutes pistes de ce monde,

Sur toutes choses périssables, sur toutes choses saisissables, parmi le monde entier des choses...

Et d'éventer l'usure et la sécheresse au cœur des
10 hommes investis,

Voici qu'ils produisaient ce goût de paille et d'aromates, sur toutes places de nos villes,

Comme au soulèvement des grandes dalles publiques. Et le cœur nous levait
15 Aux bouches mortes des Offices. Et le dieu refluait des grands ouvrages de l'esprit.

Car tout un siècle s'ébruitait dans la sécheresse de sa paille, parmi d'étranges désinences : à bout de cosses, de siliques, à bout de choses frémissantes,

20 Comme un grand arbre sous ses hardes et ses haillons de l'autre hiver, portant livrée de l'année morte ;

Comme un grand arbre tressaillant dans ses crécelles de bois mort et ses corolles de terre cuite —
25 Très grand arbre mendiant qui a fripé son patrimoine, face brûlée d'amour et de violence où le désir encore va chanter.

« Ô toi, désir, qui vas chanter... » Et ne voilà-t-il pas déjà toute ma page elle-même bruissante,
30 Comme ce grand arbre de magie sous sa pouillerie d'hiver : vain de son lot d'icônes, de fétiches,

Berçant dépouilles et spectres de locustes ; léguant, liant au vent du ciel filiales d'ailes et d'essaims, lais et relais du plus haut verbe —
35 Ha ! très grand arbre du langage peuplé d'oracles, de maximes et murmurant murmure d'aveugle-né dans les quinconces du savoir...

Saint-John Perse, Vents, I (1946), © éd. Gallimard

Amers (1957)

La décennie 1950-1960 est marquée chez **Saint-John Perse** *par deux recueils,* Amers *(qui ne sera publié qu'à la veille de ses 70 ans), livre de la plénitude marine, sensuelle et poétique,* Chronique *enfin, livre du « grand âge » et du crépuscule réconcilié.*

Dans Amers *s'achève et s'exalte la triple thématique centrale de l'œuvre de Perse :* **la quête, la femme** *et* **la mer,** *trois forces que le poète conjugue dans une même apothéose de son* **désir** *spirituel, sexuel et métaphysique. Et dans* Chronique, *quand vient le moment du constat du « soir qui descend » et du « sommeil de l'être », c'est de vents, de femmes et de mers que se nourrit encore la parole poétique « à cette heure de grand sens ».*

Les derniers chants

1. *Attitude de celui qui va au-devant des désirs d'autrui.*

2. *Animal coralliaire des mers chaudes.*

3. *Cordage marin.*

4. *Se dit de l'union d'un prince et d'une femme de condition inférieure.*

5. *Voies solennelles bordées de tombeaux et de stèles.*

6. *Vestibule à colonnade d'un temple.*

·7. *Ouvriers chargés de dépecer les animaux morts, impropres à la consommation.*

Car il y avait un si long temps que j'avais goût de ce poème, et ce fut tel sourire en moi de lui garder ma prévenance[1] : tout envahi, tout investi, tout menacé du grand poème, comme d'un lait de madrépores[2] ; à son afflux, docile, comme à la quête de minuit, dans un soulèvement très lent des grandes eaux du songe,
5 quand les pulsations du large tirent avec douceur sur les aussières[3] et sur les câbles.

Et comment il nous vint à l'esprit d'engager ce poème, c'est ce qu'il faudrait dire. Mais n'est-ce pas assez d'y trouver son plaisir ? Et bien fût-il, ô dieux ! que j'en prisse soin, avant qu'il ne nous fût repris... Va voir, enfant, au tournant de
10 la rue, comme les Filles de Halley, les belles visiteuses célestes en habit de Vestales, engagées dans la nuit à l'hameçon de verre, sont promptes à se reprendre au tournant de l'ellipse.

Morganatique[4] au loin l'Épouse, et l'alliance, clandestine !... Chant d'épousailles, ô Mer, sera pour vous le chant : « Mon dernier chant ! mon dernier chant !
15 et qui sera d'homme de mer... » Et si ce n'est ce chant, je vous le demande, qu'est-ce qui témoignera en faveur de la Mer — la Mer sans stèles ni portiques, sans Alyscamps[5] ni Propylées[6], la Mer sans dignitaires de pierre à ses terrasses circulaires, ni rang de bêtes bâtées d'ailes à l'aplomb des chaussées ?

Moi j'ai pris charge de l'écrit, j'honorerai l'écrit. Comme à la fondation d'une
20 grande œuvre votive, celui qui s'est offert à rédiger le texte et la notice ; et fut prié par l'Assemblée des Donateurs, y ayant seul vocation. Et nul n'a su comment il s'est mis à l'ouvrage : dans un quartier, vous dira-t-on, d'équarrisseurs[7] ou de fondeurs — par temps d'émeute populaire — entre les cloches du couvre-feu et les tambours d'une aube militaire...

25 Et au matin déjà la Mer cérémonielle et neuve lui sourit au-dessus des corniches. Et voici qu'en sa page se mire l'Étrangère... Car il y avait un si long temps qu'il avait goût de ce poème ; y ayant telle vocation... Et ce fut telle douceur un soir de lui marquer sa prévenance ; et d'y céder, telle impatience. Et le sourire aussi fut tel, de lui prêter alliance... « Mon dernier chant ! mon
30 dernier chant !... et qui sera d'homme de mer... »

SAINT-JOHN PERSE, *Amers*, Invocation (1957), © éd. Gallimard

POUR LE COMMENTAIRE _____

Le thème de la mer

a. Comment, dans les deux poèmes, **s'accorde-t-il** aux thèmes :
— du temps qui passe ;
— du travail de l'écrivain ?
b. En quoi peut-on dire, à propos d'*Amers*, que **la mer s'y fait poème** et que, réciproquement, le poème mime la mer ?

Pour vos essais et vos exposés

Roger CAILLOIS : *Poétique de Saint-John Perse*, éd. Gallimard, 1954.
Albert HENRY : « *Amers* » *de Saint-John Perse : une poésie du mouvement*, éd. La Baconnière, 1963.
Jean-Pierre RICHARD : *Onze études sur la poésie moderne*, éd. du Seuil, 1964.
Alain BOSQUET : *Saint-John Perse*, éd. Seghers, 1971.
Madeleine FRÉDÉRIC : *La Répétition et ses structures dans l'œuvre poétique de Saint-John Perse*, éd. Gallimard, 1984.

René Char ou la communication poétique

René Char (1907-1988) est né à l'Isle-sur-Sorgue, dans le Vaucluse. Après avoir fréquenté le groupe surréaliste au début des années 30, Eluard et Breton notamment, il s'en éloigne à partir de 1935 pour explorer de nouvelles voies. La guerre et la Résistance, dans laquelle il s'engage activement, lui inspirent ses *Feuillets d'hypnos*, rédigés dans le maquis et publiés en 1946. Puis c'est dans la musique, grâce à sa collaboration avec Pierre Boulez, et dans la peinture, grâce à son amitié avec Nicolas de Staël, qu'il trouve la nourriture spirituelle d'une poésie chaque fois plus tendue vers l'expression réconciliée des forces et contradictions de la nature comme de son univers intérieur. Militant, chaque fois qu'une cause lui semble juste, il demeure paradoxalement dans ses meilleurs recueils (*La Parole en archipel*, *Commune présence*) l'un de nos poètes les plus intérieurs et les plus secrets. A lui plus qu'à aucun autre de sa génération pourrait s'appliquer la belle formule de Saint-John Perse : « Le poète est seul et sans maître ».

Photo de Gisèle Freund.

1934	Le Marteau sans maître	**1971**	Le Nu perdu
1946	Feuillets d'hypnos	**1975**	Aromates chasseurs
1947	Le Poème pulvérisé	**1977**	Chants de la Balandrane
1948	Fureur et Mystère	**1979**	Fenêtres dormantes et porte sur le toit
1950	Les Matinaux		
1962	La Parole en archipel	**1983**	Œuvres complètes (Pléiade)
1964	Commune présence (anthologie)	**1985**	Dans les Voisinages de Van Gogh
1968	Dans la pluie giboyeuse		

René Char *Le Marteau sans maître* (1934)

Le Marteau sans maître *(1934) marque l'aboutissement de la route commune de* **René Char** *et des surréalistes. Si ces poèmes assez confidentiels sont empreints de l'idéologie réconciliatrice et « communautaire » du groupe de ses amis, on y devine déjà* **l'urgence de « l'essaimage » et de la « pulvérisation »**, *qu'ordonne la fin de « Commune présence » (texte ci-dessous) et que développeront les recueils suivants comme* Le Poème pulvérisé *(1947) ou* Fureur et Mystère *(1948). Dans ce dernier notamment, le poète donne libre cours à son talent de créateur d'aphorismes, cherchant à ramener la vérité conflictuelle au plus près de son noyau dur de signification. Le lecteur épris de la philosophie d'Héraclite et l'admirateur du Rimbaud des* Illuminations *rassemblent ici leurs convictions dans* **une poétique de la fulgurance** *plus que de l'évidence : contraindre la poésie à « réunir » l'instant et l'éternité », conjuguer en elle la fatale dispersion et l'unique « présence ».*

Commune présence

Tu es pressé d'écrire,
Comme si tu étais en retard sur la vie.
S'il en est ainsi fais cortège à tes sources.
Hâte-toi.
5 Hâte-toi de transmettre
Ta part de merveilleux de rébellion de bienfaisance.
Effectivement tu es en retard sur la vie,
La vie inexprimable,
La seule en fin de compte à laquelle tu acceptes de t'unir,
10 Celle qui t'est refusée chaque jour par les êtres et par les choses,
Dont tu obtiens péniblement de-ci de-là quelques fragments décharnés
Au bout de combats sans merci.
Hors d'elle, tout n'est qu'agonie soumise, fin grossière.
Si tu rencontres la mort durant ton labeur,
15 Reçois-la comme la nuque en sueur trouve bon le mouchoir aride,
En t'inclinant.

Si tu veux rire,
Offre ta soumission,
Jamais tes armes.
20 Tu as été créé pour des moments peu communs.
Modifie-toi, disparais sans regret
Au gré de la rigueur suave.
Quartier suivant quartier la liquidation du monde se poursuit
Sans interruption,
25 Sans égarement.

Essaime la poussière
Nul ne décèlera votre union.

René CHAR, *Le Marteau sans maître* (1934)
© éd. J. Corti

Fureur et Mystère (1948)

Aphorismes

Lithographie
de Nicolas de Staël
pour *Poème pulvérisé*,
de René Char, 1953.

I

Je chante la chaleur à visage de nouveau-né, la chaleur désespérée.

IV

Dans la boucle de l'hirondelle un orage s'informe, un jardin se construit.

VI

Produis ce que la connaissance veut garder secret, la connaissance aux cent passages.

XVI

5 Il reste une profondeur mesurable là où le sable subjugue sa destinée.

XIII

Pouvoir marcher, sans tromper l'oiseau, du cœur de l'arbre à l'extase du fruit.

XXII

Néglige ceux aux yeux de qui l'homme passe pour n'être qu'une étape de la couleur sur le dos tourmenté de la terre. Qu'ils dévident leur longue remontrance[1]. L'encre du tisonnier[2] et la rougeur du nuage ne font qu'un.

XXIV

10 Si nous habitons un éclair, il est le cœur de l'éternel.

XXVI

La poésie est de toutes les eaux claires celle qui s'attarde le moins aux reflets de ses ponts.
Poésie, la vie future à l'intérieur de l'homme requalifié.

René CHAR, *Fureur et Mystère* (1948)
© éd. Gallimard

1. *Critique, reproche.*
2. *Instrument en fer pour attiser le feu et remuer les braises.*

POUR LE COMMENTAIRE

1. Les thèmes

Commentez :
a. Le couple destruction/fécondité (« Commune présence »).
b. Les couples désespoir/espérance et critique/construction dans les aphorismes de *Fureur et Mystère*.
c. Ces deux formules-clés : « Transmettre (...) la vie inexprimable » (« Commune présence ») ; « Poésie, la vie future à l'intérieur de l'homme requalifié » *(Fureur et Mystère).*

2. Le style

Analysez :
a. Dans les deux poèmes le système verbal (notamment la valeur du temps présent et du mode impératif).
b. L'art de la concision et de la « fulgurance » :
— dans la métrique de « Commune présence » ;
— dans la technique de l'aphorisme. En quoi se distingue-t-elle, sur le fond, de celle de la maxime ?
— dans la qualification.

La Parole en archipel (1962)

*Hanté par la nostalgie de l'unité perdue, mais en même temps **conscient de la précarité de la parole poétique** dans cette quête pourtant essentielle, **Char** renonce délibérément à tout ce qui fait chez Saint-John Perse le « cérémonial » du poème : amplitude, souffle, expansion du verbe. Travaillé par la même exigence ontologique que l'auteur d'*Amers, celui des* Matinaux *et de* La Parole en archipel *(recueil au titre hautement significatif) s'éloigne définitivement du traditionnel* récit *poétique pour lui substituer **des « formes lapidaires »** (versets brefs, strophes concises, phrases isolées). Fractionné plus que démantelé, « insulaire » plus que solitaire, ce langage économe de ses moyens et de ses effets réussit à recomposer des paysages, des « terroirs » dont le poète peut alors se dire l'habitant passionné (« Qu'il vive ! ») ou le propriétaire généreux (« Nous avons »).*

Nous avons

Notre parole, en archipel, vous offre, après la douleur et le désastre, des fraises qu'elle rapporte des landes de la mort, ainsi que ses doigts chauds de les avoir cherchées.

Tyrannies sans delta, que midi jamais n'illumine, pour vous nous sommes le
5 jour vieilli ; mais vous ignorez que nous sommes aussi l'œil vorace, bien que voilé, de l'origine.

Faire un poème, c'est prendre possession d'un au-delà nuptial qui se trouve bien dans cette vie, très rattaché à elle, et cependant à proximité des urnes de la mort.

10 Il faut s'établir à l'extérieur de soi, au bord des larmes et dans l'orbite des famines, si nous voulons que quelque chose hors du commun se produise, qui n'était que pour nous.

Si l'angoisse qui nous évide abandonnait sa grotte glacée, si l'amante dans notre cœur arrêtait la pluie de fourmis, le Chant reprendrait.

15 Dans le chaos d'une avalanche, deux pierres s'épousant au bond purent s'aimer nues dans l'espace. L'eau de neige qui les engloutit s'étonna de leur mousse ardente.

L'homme fut sûrement le vœu le plus fou des ténèbres ; c'est pourquoi nous sommes ténébreux, envieux et fous sous le puissant soleil.

20 Une terre qui était belle a commencé son agonie, sous le regard de ses sœurs voltigeantes, en présence de ses fils insensés.

Nous avons en nous d'immenses étendues que nous n'arriverons jamais à talonner ; mais elles sont utiles à l'âpreté de nos climats, propices à notre éveil comme à nos perditions.

25 Comment rejeter dans les ténèbres notre cœur antérieur et son droit de retour ?

La poésie est ce fruit que nous serrons, mûri, avec liesse, dans notre main au même moment qu'il nous apparaît, d'avenir incertain, sur la tige givrée, dans le calice de la fleur.

Poésie, unique montée des hommes, que le soleil des morts ne peut assombrir
30 dans l'infini parfait et burlesque.

Un mystère plus fort que leur malédiction innocentant leur cœur, ils plantèrent un arbre dans le Temps, s'endormirent au pied, et le Temps se fit aimant.

René CHAR, *La Parole en archipel* (1962), © éd. Gallimard

Pour vos essais et vos exposés

Maurice BLANCHOT : « René Char », dans *La Part du feu*, éd. Gallimard, 1949.

Jean-Pierre RICHARD : « René Char », dans *Onze études sur la poésie moderne*, éd. du Seuil, 1964.

Jean STAROBINSKI : « René Char et la définition du poème », dans *Liberté*, 1968.

Georges MOUNIN : *Avez-vous lu Char ?*, éd. Gallimard, 1969.
Revue *L'Arc*, été 1963.
Cahier de l'Herne, n° 15, 1971.
Europe, janvier 1988.

2. Exécutions poétiques

Jacques Prévert ou la poésie au quotidien

1946	*Paroles*
1946	*Histoires*
1957	*Spectacle*
1966	*Fatras*
1972	*Choses et Autres*
1980	*Soleil de nuit* (posthume)

Un moment compagnon de route, comme René Char, des surréalistes, **Jacques Prévert** (1900-1977) se situe également dans la grande lignée des poètes troubadours et des poètes populaires, dont l'œuvre colle au plus près de la réalité quotidienne qui l'inspire. D'une sensibilité écorchée, volontiers anarchiste et provocateur, ce poète-chansonnier réunit en 1946 dans deux recueils, *Paroles* et *Histoires*, ses poèmes précédemment parus en revues.

Ludique mais simple, passionnée ou révoltée mais pleine d'humour et de tendresse, cette poésie connut tout de suite un immense succès, à l'égal de ceux que Prévert obtint comme scénariste ou dialoguiste au cinéma (*Drôle de drame*, 1937 ; *Quai des brumes*, 1938 ; *Les Visiteurs du soir*, 1942 ; *Les Enfants du paradis*, 1945) ou comme parolier de nombreux chanteurs, tels Yves Montand, Juliette Gréco, Serge Reggiani ou les frères Jacques.

Jacques Prévert *Paroles* (1946)

*C'est du quotidien le plus banal, le comptoir d'un café parisien dans « la grasse matinée » ou les quais embrumés de Brest dans « Barbara », que naît la poésie de **Jacques Prévert**. Poésie simple que souligne la modestie du titre de son premier recueil : Paroles. Mais d'une simplicité qui n'exclut ni **un subtil « bricolage » du langage** (répétitions, inversions, énumération, contrepèteries, etc.), ni le sens d'une parfaite « exécution » du « morceau » poétique, comme on le dit d'un « morceau » de musique. Car les « paroles » de Prévert, aboutissement de toute une tradition de la poésie orale populaire, sont également autant d'**invitations à la chanson**. Ainsi « Barbara », qui rappelle les « ariettes oubliées » de Verlaine, fut-il interprété par Serge Reggiani.*

Barbara

Rappelle-toi Barbara
Il pleuvait sans cesse sur Brest ce jour-là
Et tu marchais souriante
Épanouie ravie ruisselante
5 Sous la pluie
Rappelle-toi Barbara
Il pleuvait sans cesse sur Brest
Et je t'ai croisée rue de Siam
Tu souriais
10 Et moi je souriais de même
Rappelle-toi Barbara
Toi que je ne connaissais pas
Toi qui ne me connaissais pas
Rappelle-toi
15 Rappelle-toi quand même ce jour-là
N'oublie pas
Un homme sous un porche s'abritait
Et il a crié ton nom
Barbara
20 Et tu as couru vers lui sous la pluie
Ruisselante ravie épanouie
Et tu t'es jetée dans ses bras
Rappelle-toi cela Barbara
Et ne m'en veux pas si je te tutoie
25 Je dis tu à tous ceux que j'aime
Même si je ne les ai vus qu'une seule fois
Je dis tu à tous ceux qui s'aiment
Même si je ne les connais pas
Rappelle-toi Barbara
30 N'oublie pas

Cette pluie sage et heureuse
Sur ton visage heureux
Sur cette ville heureuse
Cette pluie sur la mer
35 Sur l'arsenal
Sur le bateau d'Ouessant
Oh Barbara
Quelle connerie la guerre
Qu'es-tu devenue maintenant
40 Sous cette pluie de fer
De feu d'acier de sang
Et celui qui te serrait dans ses bras
Amoureusement
Est-il mort disparu ou bien encore vivant
45 Oh Barbara
Il pleut sans cesse sur Brest
Comme il pleuvait avant
Mais ce n'est plus pareil et tout est abîmé
C'est une pluie de deuil terrible et désolée
50 Ce n'est même plus l'orage
De fer d'acier de sang
Tout simplement des nuages
Qui crèvent comme des chiens
Des chiens qui disparaissent
55 Au fil de l'eau sur Brest
Et vont pourrir au loin
Au loin très loin de Brest
Dont il ne reste rien.

Jacques PRÉVERT, *Paroles* (1946)
© éd. Gallimard

Histoires (1946)

Souvent plus brefs que ceux de Paroles, *les poèmes du second recueil de* **Prévert**, *également paru en 1946,* Histoires, *continuent l'inventaire, tantôt fantaisiste, tantôt pathétique, des réalités et des situations du monde quotidien. Ces historiettes,* **courtes fables ou brèves paraboles,** *alternent à plaisir leurs formes et leurs tons : colère, tendresse, gouaille, mélancolie. Mais derrière cette guirlande de mots et de strophes qui paraissent toujours improvisés, les sujets, ne nous y trompons pas, restent souvent essentiels et s'appellent liberté, violence, passion ou solitude.*

Le gardien du phare aime trop les oiseaux

Des oiseaux par milliers volent vers les feux
par milliers ils tombent par milliers ils se cognent
par milliers aveuglés par milliers assommés
par milliers ils meurent

5 Le gardien ne peut supporter des choses pareilles
les oiseaux il les aime trop
alors il dit Tant pis je m'en fous !

Et il éteint tout

Au loin un cargo fait naufrage
10 un cargo venant des îles
un cargo chargé d'oiseaux
des milliers d'oiseaux des îles
des milliers d'oiseaux noyés.

Jacques Prévert, *Histoires*
© éd. Gallimard

On frappe

Qui est là
Personne
C'est simplement mon cœur qui bat
Qui bat très fort
A cause de toi
Mais dehors
La petite main de bonze sur la porte de bois
Ne bouge pas
Ne remue pas
Ne remue pas seulement le petit bout du doigt.

Jacques Prévert, *Histoires* © éd. Gallimard

Phare. Collage
de Jacques
Prévert.

La plage des sables blancs

Oubliettes des châteaux de sable
Meurtrières fenêtres de l'oubli
Tout est toujours pareil
Et cependant tout a changé
5 Tu étais nue dans le soleil
Tu étais nue tu te baignais
Les galets roulent avec la mer
Et toujours toujours j'entendrai
Leur doux refrain de pierres heureuses
10 Leur gai refrain de pierres mouillées
Déchirant refrain des vacances
Perdu dans les vagues du souvenir
Déchirants souvenirs de l'enfance
Brûlée vive par le désir
15 Merveilleux souvenir de l'enfance
Éblouie par le plaisir.

Jacques Prévert, *Histoires*
© éd. Gallimard

Henri Michaux ou la poésie au corps à corps

Né à Namur, en Belgique, **Henri Michaux** (1899-1984) partage sa vie entre les voyages bien réels (Équateur, Turquie, Inde, Chine) et les voyages imaginaires ; entre sa passion pour ses amis peintres (Klee, Ernst, Chirico) et son propre travail d'expression graphique (encres de Chine, lavis et gouaches). A partir de 1956, il ajouta un troisième itinéraire à ces voies d'exploration : la drogue, et plus particulièrement la mescaline, dont l'usage répété et maîtrisé doit lui ouvrir les portes d'états mentaux encore inconnus.

Poète aventurier, poète « conquistador » de territoires mystérieux et reculés, Michaux se heurte au langage poétique comme aux signes du dessin pour conquérir en eux un espace de liberté et « exorciser » le poids du réel, avec lequel il entretient une permanente relation conflictuelle. Difficile, en marge ou aux marges de la littérature traditionnelle, son œuvre chaotique demeure l'une des plus tragiques de la période.

Photo de Gisèle Freund.

1927	*Qui je fus ?*	**1962**	*Vents et Poussières*
1929	*Ecuador, journal de voyage*	**1969**	*Façons d'endormi, façons d'éveillé*
1930	*Un certain Plume* *Mes propriétés*	**1972**	*Émergences, résurgences*
1932	*Un barbare en Asie*	**1973**	*Moments, Traversée du printemps*
1934	*La Nuit remue*		
1936	*Voyage en Grande Garabagne*	**1975**	*Idéogrammes en Chine*
1938	*Plume, précédé de Lointain intérieur*	**1976**	*Face à ce qui se dérobe*
1945	*Epreuves, exorcismes*	**1978**	*Jours de silence*
1948	*Meidosems et Ailleurs*	**1981**	*Poteaux d'angle*
1949	*La Vie dans les plis*	**1982**	*Chemins cherchés, chemins perdus, transgressions*
1956	*Misérable miracle*		
1961	*Connaissance par les gouffres*	**1985**	*Déplacements, dégagements* (posthume)

Henri Michaux *La Nuit remue* (1934)

*L'univers d'**Henri Michaux** est essentiellement fragmentaire, lacunaire. Qu'il s'agisse du monde qu'il perçoit et tente de décrire, comme dans l'extrait cité de* La Nuit remue *(1931), ou qu'il s'agisse de son propre univers intérieur comme dans les textes de* Plume *(1938), le langage de l'écrivain n'est confronté qu'à **une réalité « en miettes »** : écartèlement, loques, déconstruction de l'espace urbain ; épuisement, résignation, torture et écartèlement encore de ce pauvre « Plume », le double distancié et tragi-comique que Michaux s'est donné dans deux ou trois recueils des années 30.*

Un monde « écartelé »...

Je vous construirai une ville avec des loques, moi !
Je vous construirai sans plan et sans ciment
Un édifice que vous ne détruirez pas,
Et qu'une espèce d'évidence écumante
5 Soutiendra et gonflera, qui viendra vous braire au nez,
Et au nez gelé de tous vos Parthénons, vos arts arabes, et de vos Mings[1].

1. *Célèbre dynastie chinoise qui favorisa les arts.*

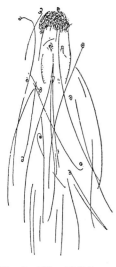

Dessin d'Henri Michaux,
1944.

Avec de la fumée, avec de la dilution de brouillard
Et du son de peau de tambour,
Je vous asseoirai des forteresses écrasantes et superbes,
10 Des forteresses faites exclusivement de remous et de secousses,
Contre lesquelles votre ordre multimillénaire et votre géométrie
Tomberont en fadaises et galimatias et poussières de sable sans raison...

Oh ! monde, monde étranglé, ventre froid !
Même pas symbole ; mais néant, je contre, je contre,
15 Je contre et te gave de chiens crevés.
En tonnes, vous m'entendez, en tonnes, je vous arracherai ce que vous m'avez
[refusé en grammes...

Dans le noir nous verrons clair mes frères.
Dans le labyrinthe nous trouverons la voie droite.
Carcasse, où est ta place ici, gêneuse, pisseuse, pot cassé ?
20 Poulie gémissante, comme tu vas sentir les cordages tendus des quatre
[mondes !

Comme je vais t'écarteler !

Henri MICHAUX, *La Nuit remue* (1934)
© éd. Gallimard

Mes propriétés (1930)

La vision précédemment décrite de l'univers de **Michaux** *suffit à justifier la débauche de déplacements, d'errances et de voyages qui jalonnent d'un bout à l'autre la vie et l'œuvre de l'écrivain. « Emportez-moi », s'écriait-il ainsi en 1930 dans* Mes Propriétés, *comme s'il fallait sans répit quitter, dépasser ou exorciser le monde environnant. Mais bientôt, aux voyages réels (Équateur, Inde, Chine, Japon)* **succéderont les voyages purement imaginaires** *et non moins périlleux « Au Pays de la magie » ou « en Grande Garabagne ». Excellant dans* **une sorte d'ethnologie fictive**, *l'écrivain s'y invente des paysages et des peuples étranges (Emanglons, Bourabous, Hivinizikis...), auxquels la turbulence savoureuse de son langage donne forme et vie. Mais à travers* **cet « ailleurs » linguistique**, *c'est toujours à l'affût de lui-même que se tient le poète-reporter.*

« *Emportez-moi ! »*

Emportez-moi dans une caravelle
Dans une vieille et douce caravelle,
Dans l'étrave, ou si l'on veut, dans l'écume,
Et perdez-moi au loin, au loin.
5 Dans l'attelage d'un autre âge.
Dans le velours trompeur de la neige.
Dans l'haleine de quelques chiens réunis.
Dans la troupe exténuée de feuilles mortes.
Emportez-moi sans me briser, dans les baisers,
10 Dans les poitrines qui se soulèvent et respirent,
Sur les tapis des paumes et leur sourire,
Dans les corridors des os longs, et des articulations.
Emportez-moi, ou plutôt enfouissez-moi.

Henri MICHAUX, *Mes Propriétés* (1930)
© éd. Gallimard

Voyage en Grande Garabagne (1936)

Des Emanglons...

Eux, dessin d'Henri
Michaux, 1946.

Sans motifs apparents, tout à coup un Emanglon se met à pleurer, soit qu'il voie trembler une feuille, une chose légère ou tomber une poussière, ou une feuille en sa mémoire tomber, frôlant d'autres souvenirs divers, lointains, soit encore que son destin d'homme, en lui apparaissant, le fasse souffrir.

5 Personne ne demande d'explications. L'on comprend et par sympathie on se détourne de lui pour qu'il soit à son aise.

Mais, saisis souvent par une sorte de décristallisation collective, des groupes d'Emanglons, si la chose se passe au café, se mettent à pleurer silencieusement, les larmes brouillent les regards, la salle et les tables disparaissent à leur vue.

10 Les conversations restent suspendues, sans personne pour les mener à terme. Une espèce de dégel intérieur, accompagné de frissons, les occupe tous. Mais avec paix. Car ce qu'ils sentent est un effritement général du monde sans limites, et non de leur simple personne ou de leur passé, et contre quoi rien, rien ne se peut faire.

15 On entre, il est bon qu'on entre ainsi parfois dans le Grand Courant, le Courant vaste et désolant.

Tels sont les Emanglons, sans antennes, mais au fond mouvant.

Puis, la chose passée, ils reprennent, quoique mollement, leurs conversations, et sans jamais une allusion à l'envahissement subi.

Henri MICHAUX, *Voyage en Grande Garabagne* (1936)
© éd. Gallimard

POUR LE COMMENTAIRE
1. Quel ton, quelle allure, Michaux a-t-il choisi de donner à sa relation d'un *Voyage en Grande Garabagne* ?
2. Ces peuples imaginaires sont aussi **des caricatures de notre monde humain**. A quoi le reconnaît-on ? Répertoriez les procédés :
— de l'humour et de la fantaisie ;
— de la satire et de la critique.

Qui je fus (1927)

*L'ivresse du voyage réel ou fictif, le goût du dépaysement permanent se retrouve — aux deux extrémités de l'œuvre de **Michaux** — dans son désir d'inventer au cœur du langage poétique lui-même une sorte d'« espéranto lyrique » (R. Bertelé) ou d'accéder par la drogue à une improbable connaissance absolue. « Le Grand Combat », dans Qui je fus (1927), nous montre un Michaux fou et ivre de mots, émule de Rabelais, de Dada ou de son contemporain Queneau. Les textes engendrés après l'absorption d'hallucinogènes à partir de 1956 (la mescaline principalement) nous donnent, eux, à lire **le journal d'une conscience attentive à sa propre dérive**, aux « ruissellements » mystérieux qui s'épanchent en elle... Bouillabaisse de la langue... Trafic artificiel de la pensée... Tous les chemins de liberté sont bons pour cet explorateur inlassable qui affirmait déjà dans Plume : « Tout est drogue à qui choisit pour vivre l'autre côté ».*

Le grand combat

Il l'emparouille et l'endosque contre terre ;
Il le rague et le roupète jusqu'à son drâle ;
Il le pratèle et le libucque et lui barufle les ouillais ;
Il le tocarde et le marmine,
5 Le manage rape à ri et ripe à ra.
Enfin il l'écorcobalisse.
L'autre hésite, s'espudrine, se défaisse, se torse et
C'en sera bientôt fini de lui ;   [se ruine.
Il se reprise et s'emmargine... mais en vain
10 Le cerceau tombe qui a tant roulé.

Abrah ! Abrah ! Abrah !
Le pied a failli !
Le bras a cassé !
Le sang a coulé !
15 Fouille, fouille, fouille,
Dans la marmite de son ventre est un grand secret
Mégères alentour qui pleurez dans vos mouchoirs ;
On s'étonne, on s'étonne, on s'étonne
Et on vous regarde
20 On cherche aussi, nous autres, le Grand Secret.

Henri MICHAUX, *Qui je fus* (1927)
© éd. Gallimard

Misérable miracle (1956)

« *La grande ouverture* »

1. *Michaux a principalement utilisé la mescaline, l'opium et le L.S.D., entre 1956 et 1965.*

Ce jour-là fut celui de la grande ouverture. Oubliant les images de pacotille qui du reste disparurent, cessant de lutter, je me laissai traverser par le fluide[1] qui, pénétrant par le sillon, paraissait venir du bout du monde. Moi-même j'étais torrent, j'étais noyé, j'étais navigation. Ma salle de la constitution, ma salle des
5 ambassadeurs, ma salle des cadeaux et des échanges où je fais entrer l'étranger pour un premier examen, j'avais perdu toutes mes salles avec mes serviteurs. J'étais seul, tumultueusement secoué comme un fil crasseux dans une lessive énergique. Je brillais, je me brisais, je criais jusqu'au bout du monde. Je frissonnais. Mon frissonnement était un aboiement. J'avançais, je dévalais, je
10 plongeais dans la transparence, je vivais cristallinement.

Parfois un escalier de verre, un escalier en échelle de Jacob, un escalier de plus de marches que je n'en pourrais gravir en trois vies entières, un escalier aux dix millions de degrés, un escalier sans paliers, un escalier jusqu'au ciel, l'entreprise la plus formidable, la plus insensée depuis la tour de Babel, montait dans
15 l'absolu. Tout à coup je ne le voyais plus. L'escalier qui allait jusqu'au ciel avait disparu comme bulles de champagne, et je continuais ma navigation précipitée, luttant pour ne pas rouler, luttant contre des succions et des tiraillements, contre des infiniment petits qui tressautaient, contre des toiles tendues et des pattes arquées.
20 Par moments, des milliers de petites tiges ambulacraires d'une astérie gigantesque se fixaient sur moi si intimement que je ne pouvais savoir si c'était elle qui devenait moi, ou moi qui étais devenu elle. Je me serrais, je me rendais étanche et contracté, mais tout ce qui se contracte ici promptement doit se relâcher, l'ennemi même se dissout comme sel dans l'eau, et de nouveau j'étais
25 navigation, navigation avant tout, brillant d'un feu pur et blanc, répondant à mille cascades, à fosses écumantes et à ravinements virevoltants, qui me pliaient et me plissaient au passage. Qui coule ne peut habiter.

Dessin mescalinien d'Henri Michaux, 1958.

Le ruissellement qui en ce jour extraordinaire passa par moi était quelque chose de si immense, inoubliable, unique que je pensais, que je ne cessais de
30 penser : « Une montagne malgré son inintelligence, une montagne avec ses cascades, ses ravins, ses pentes de ruissellements serait dans l'état où je me trouve, plus capable de me comprendre qu'un homme... »

Henri MICHAUX, *Misérable miracle* (1956)
© éd. Gallimard

GROUPEMENT THÉMATIQUE
Drogue et littérature

Thomas de QUINCEY : *Confessions d'un Anglais mangeur d'opium*, 1821. — Charles BAUDELAIRE : *Les Fleurs du mal*, 1857 (« Rêve parisien », « Le poison ») ; *Poème du haschich*, 1858 ; *Les Paradis artificiels*, 1860. — Théophile GAUTIER : *Le Club des haschischins*. — Arthur RIMBAUD : *Une Saison en enfer*, 1873 et quelques poèmes des *Illuminations*, 1886 (« Matinée d'ivresse », « Barbare »). — Joris Karl HUYSMANS : *A rebours*, 1884. — Antonin ARTAUD : *Poèmes, Correspondance* et *Le Rite du peyotl*, 1936. — Jean COCTEAU : *Opium, journal d'une désintoxication*, 1930. — Henri MICHAUX : *L'Infini turbulent*, 1957 ; *Connaissance par les gouffres*, 1961. — René BARJAVEL : *Les Chemins de Katmandou*, 1969.

RECHERCHE DOCUMENTAIRE

Quelques poètes ont mené de front poésie, dessin et peinture (comme HUGO ou MICHAUX) ; la plupart ont entretenu avec des peintres des relations privilégiées :
— BAUDELAIRE et DELACROIX ou MANET ;
— APOLLINAIRE et les cubistes ;
— BRETON et les peintres surréalistes ;
— ELUARD et BRAQUE ;
— ARAGON et MATISSE ;
— CHAR et Nicolas de STAËL, par exemple.

Vous pourrez réaliser, sous forme d'album collectif, un montage confrontant poèmes et œuvres graphiques ou picturales. Vous réfléchirez ensuite sur les affinités, les communautés d'intention ou d'expression de ces univers voisins de signes et de symboles.

Pour vos essais et vos exposés

André GIDE : *Découvrons Henri Michaux*, éd. Gallimard, 1941.
René BERTOLÉ : *Henri Michaux*, éd. Seghers, 1946.
Robert BRÉCHON : *Michaux*, éd. Gallimard, 1959.

Raymond BELLOUR : *Henri Michaux* ou *Une mesure de l'être*, éd. Gallimard, 1965.
Cahier de l'Herne, n° 8, 1966.

Francis Ponge ou le parti pris des choses

Né à Montpellier, **Francis Ponge** (1899-1988) demeura longtemps inconnu du grand public, apprécié seulement d'un petit cénacle d'amis, parmi lesquels Paulhan, Braque, Camus et Sartre. Un article élogieux de ce dernier en 1944, suite à la publication du *Parti pris des choses* (1942), tout en l'annexant hâtivement à l'existentialisme, lui apportait un début de notoriété. Mais ce n'est que dans les années 60 (grâce à Philippe Sollers et aux membres du groupe *Tel Quel*) que Ponge est pleinement reconnu comme l'un des maîtres contemporains de notre poésie : au bout de la longue lignée des « manouvriers » de la langue poétique, à la suite des Malherbe, Boileau ou Mallarmé, en qui lui-même reconnaissait ses racines. Il a obtenu le grand prix de poésie de l'Académie française en 1984.

Francis Ponge en 1952.
Photo d'Izis.

1942	Le Parti pris des choses	1967	Le Savon
1949	Proêmes		Nouveau recueil
1952	La Rage de l'expression	1971	La Fabrique du pré
1961	Le Grand Recueil	1977	Comment une figue de paroles
	Méthodes		et pourquoi (essai)
	Lyres	1983	Petite suite vivaraise
1965	Pour un Malherbe (essai)	1984	Pratiques d'écritures

Francis Ponge *Le Parti pris des choses* (1942) *Proêmes* (1949)

*Les titres des deux premiers recueils de **Francis Ponge** définissent bien son ambition et sa manière.* Le Parti pris des choses, *d'abord, insiste sur la volonté de l'écrivain de « **céder l'initiative** » **aux choses** : laisser la parole « infuser » dans les choses pour que les choses en elle se révèlent tout en l'exhaussant en poésie. Pas de « corps à corps » ici avec le réel comme chez Michaux, mais la tenace patience d'un poète « exécutant » les objets comme le musicien sa partition sans cesse à reprendre, à rejouer.*

Proêmes *ensuite, titre-néologisme, dévoile **la nécessaire confusion ou indétermination des genres** (poème/prose) qui résulte d'une telle démarche. Poète, mais aussi poéticien, grand admirateur des classiques (Malherbe, La Fontaine), Ponge, dans son acte de nomination des choses, privilégie le travail sur l'inspiration. Refusant également le matérialisme grossier et l'humanisme béat, il s'impose la discipline d'une écriture « artisanale », avide de précision et de transparence, toute tendue par l'effort d'**expression** pour que les choses deviennent paroles, et les paroles choses.*

Le cageot

A mi-chemin de la cage au cachot la langue française a cageot, simple caissette à claire-voie vouée au transport de ces fruits qui de la moindre suffocation font à coup sûr une maladie.

Agencé de façon qu'au terme de son usage il puisse être brisé sans effort, il
5 ne sert pas deux fois. Ainsi dure-t-il moins encore que les denrées fondantes ou nuageuses qu'il enferme.

A tous les coins de rue qui aboutissent aux halles, il luit alors de l'éclat sans vanité du bois blanc. Tout neuf encore, et légèrement ahuri d'être dans une pose maladroite à la voirie jeté sans retour, cet objet est en somme des plus sympathi-
10 ques, — sur le sort duquel il convient toutefois de ne s'appesantir longuement.

Francis PONGE, *Le Parti pris des choses* (1942)
© éd. Gallimard

L'huître

L'huître, de la grosseur d'un galet moyen, est d'une apparence plus rugueuse, d'une couleur moins unie, brillamment blanchâtre. C'est un monde opiniâtrement clos. Pourtant on peut l'ouvrir : il faut alors la tenir au creux d'un torchon, se servir d'un couteau ébréché et peu franc, s'y reprendre à plusieurs fois. Les
5 doigts curieux s'y coupent, s'y cassent les ongles : c'est un travail grossier. Les coups qu'on lui porte marquent son enveloppe de ronds blancs, d'une sorte de halos.

A l'intérieur l'on trouve tout un monde, à boire et à manger : sous un *firmament* (à proprement parler) de nacre, les cieux d'en-dessus s'affaissent sur les cieux
10 d'en-dessous, pour ne plus former qu'une mare, un sachet visqueux et verdâtre, qui flue et reflue à l'odeur et à la vue, frangé d'une dentelle noirâtre sur les bords.

Parfois très rare une formule perle à leur gosier de nacre, d'où l'on trouve aussitôt à s'orner.

Francis PONGE, *Le Parti pris des choses*, © éd. Gallimard

Un rocher

De jour en jour la somme de *ce que je n'ai pas encore dit* grossit, fait boule de neige, porte ombrage à la signification pour autrui de la moindre parole que j'essaye alors de dire. Car, pour exprimer aucune nouvelle impression, fût-ce à moi-même, je me réfère, sans pouvoir faire autrement, bien que j'aie conscience
5 de cette manie, à tout ce que je n'ai encore si peu que ce soit exprimé.

Malgré sa richesse et sa confusion, *je me retrouve* encore assez facilement dans le monde secret de ma contemplation et de mon imagination, et, quoique je me morfonde de m'y sentir, chaque fois que j'y pénètre de nouveau, comme dans une forêt étouffante où je ne puis à chaque instant admirer toutes choses
10 à la fois et dans tous leurs détails, toutefois je jouis vivement de nombre de beautés, et parfois de leur confusion et de leur chevauchement même.

Mais si j'essaye de prendre la plume pour en décrire seulement un petit buisson, ou, de vive voix, d'en parler tant soi peu à quelque camarade, — malgré le travail épuisant que je fournis alors et la peine que je prends pour m'exprimer
15 le plus simplement possible, — le papier de mon bloc-notes ou l'esprit de mon ami reçoivent ces révélations comme un météore dans leur jardin, comme un étrange et quasi *impossible* caillou, d'une « qualité obscure » mais à propos duquel « ils ne peuvent même pas conquérir la moindre impression ».

Et cependant, comme je le montrerai peut-être un jour, le danger n'est pas
20 dans cette forêt aussi grave encore que dans celle de mes réflexions d'ordre purement *logique*, où d'ailleurs personne à aucun moment n'a encore été introduit par moi (ni à vrai dire moi-même de sang-froid ou à l'état de veille)...

Hélas ! aujourd'hui encore je recule épouvanté par l'énormité du rocher qu'il me faudrait déplacer pour déboucher ma porte...

Francis PONGE, *Proêmes* (1948), © éd. Gallimard

Georges Braque, *Nature morte de la salle à manger*, 1928. Coll. part.

PROSE OU POÉSIE ?

Quelques années après la publication du *Parti pris*, Ponge, en une page intitulée « Proème », rappelait l'originalité de son projet :

« Je tends à des définitions-descriptions rendant compte du contenu actuel des notions,

— pour moi et pour le Français de mon époque (à la fois *à la page* dans le livre de la Culture, et honnête, authentique dans sa lecture en lui-même).

Il faut que mon livre remplace : 1) le dictionnaire encyclopédique ; 2) le dictionnaire étymologique ; 3) le dictionnaire analogique (il n'existe pas) ; 4) le dictionnaire de rimes (de rimes intérieures aussi bien) ; 5) le dictionnaire des synonymes, etc. ; 6) toute poésie lyrique à partir de la Nature, des objets, etc.

Du fait seul de vouloir rendre compte du *contenu entier de leurs notions*, je me fais tirer, *par les objets*, hors du vieil humanisme, hors de l'homme actuel et en avant de lui. J'ajoute à l'homme les nouvelles qualités que je nomme.

Voilà *Le Parti pris des choses*. »

Pour vos essais et vos exposés

Philippe SOLLERS : *Francis Ponge*, éd. Seghers, 1963.
Colloque de Cerisy, éd. 10/18, 1977.
Serge KOSTER : *Francis Ponge*, éd. H. Veyrier, 1983.
Jean-Marie GLEIZE : *Francis Ponge*, éd. du Seuil, 1988.

3. Figurations
et transfigurations poétiques

Marie Noël
Les Chansons et les Heures (1920)

Marie Noël, par Hélène Marre, 1954.

Marie Noël, de son vrai nom Marie Rouget (1883-1967), est née, a vécu et est morte dans l'ombre de la cathédrale d'Auxerre, symbole architectural de l'intensité et des épreuves de sa foi. Il y a en fait chez l'auteur des *Chansons et les Heures* (1920), des *Chants de la merci* (1930) ou des plus tardifs *Chants d'arrière-saison* (1961), deux poètes qui parfois s'affrontent et toujours se complètent : une héritière de la tradition populaire des chants et comptines et un écrivain complexe et tourmenté dont la ferveur et la technique feront l'admiration de Valéry et de Montherlant. Pour dire sa foi et ses doutes, Marie Noël refuse en tout cas les grands abandons mystiques et contraint la spiritualité, dans ses vers, à ne jamais déserter les êtres, les paysages ou les choses du quotidien. Refrain de ses nombreux chants : l'amour, dont elle organise en chorégraphies verbales les moments d'intimité avec Dieu, la nature ou elle-même.

Georges Rouault, *Le Christ et les pêcheurs.*

« *A Tierce* »

Rien n'est vrai que d'aimer... Mon âme, épuise-toi,
Coule du puits sans fond que Jésus te révèle,
Comme un flot que toujours sa source renouvelle,
Et déborde, poussée en tous sens hors de moi.

5   Quels usages prudents te serviront de digue ?
Donne tout ! Donne plus et sans savoir combien.
Ne crains pas de manquer d'amour, ne garde rien
Dans tes mains follement ouvertes de prodigue.

Qu'aimeras-tu ? Quel temps perdrons-nous à ce choix ?
10 Aime tout ! Tout est bon. Sois aveugle, mais aime !
Le plus près, le plus loin, chacun plus que toi-même
Et, comment ce miracle, ô Dieu ? tous à la fois.

Celui qui t'est pareil, celui qui t'est contraire.
Et n'aime rien uniquement pour sa beauté :
15 L'enchantement des yeux leur est trop vite ôté,
Du charme d'aujourd'hui demain te vient distraire.

N'aime rien pour ses pleurs : les larmes n'ont qu'un jour,
N'aime rien pour son chant : les hymnes n'ont qu'une heure.
O mon âme qui veux que ton amour demeure !
20 Aime tout ce qui fuit pour l'amour de l'amour...

Marie NOËL, *Les Chansons et les Heures* (1920)
© éd. Stock

René-Guy Cadou
Hélène ou le Règne végétal (1952)

Autre chantre de l'amour et de la foi au quotidien, **René-Guy Cadou** (1920-1951), que la mort arracha prématurément aux siens et à la poésie. Cet admirateur d'Apollinaire et de Max Jacob, qui fit partie du groupe de poètes rassemblés pendant la guerre sous le nom d'École de Rochefort par Jean Bouhier (Jean Rousselot, Luc Bérimont ou Jean Follain [voir p. 736] en firent partie) conjugua lui aussi le lyrisme mystique et amoureux avec les agenouillements de la souffrance et le poids des ténèbres. *Morte saison* (1942), *Les Visages de solitude* (1947) et surtout les superbes poèmes à sa femme, *Hélène ou le Règne végétal* (1952), disent ainsi avec un égal bonheur d'expression la ferveur du croyant et le « regard douloureux » de l'amant au corps malade.

« *Les chevaux de l'amour...* »

Les chevaux de l'amour me parlent de rencontres
Qu'ils font en revenant par des chemins déserts
Une femme inconnue les arrête et les baigne
D'un regard douloureux tout chargés de forêts

5 Méfie-toi disent-ils sa tristesse est la nôtre
Et pour avoir aimé une telle douleur
Tu ne marcheras plus tête nue sous les branches
Sans savoir que le poids de la vie est sur toi

Mais je marche et je sais que tes mains me répondent
10 O femme dans la chair prétexte des bourgeons
Et que tu n'attends pas que les fibres se soudent
Pour amoureusement y graver nos prénoms

Tu roules sous tes doigts comme des pommes vertes
De soleil en soleil les joues grises du temps
15 Et poses sur les yeux fatigués des villages
La bonne taie d'un long sommeil de bois dormant

Montre tes seins que je voie vivre en pleine neige
La bête des glaciers qui porte sur le front
Le double anneau du jour et la douceur de n'être
20 Qu'une bête aux yeux doux dont on touche le fond

Telle tu m'apparais que mon amour figure
Un arbre descendu dans le chaud de l'été
Comme une tentation adorable qui dure
Le temps d'une seconde et d'une éternité

René-Guy CADOU, *Hélène ou le Règne végétal* (1952)
© éd. Seghers

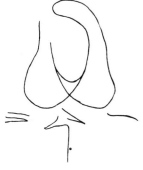

Hélène, par René-Guy Cadou, 1948.

ÉTUDE COMPARÉE

1. Classicisme et libertés formelles

Distinguez, dans les deux textes, ce qui relève de la métrique et de la prosodie classiques et les libertés (rimes, rythmes, etc.) que s'autorisent ces deux poètes contemporains.

2. Chants d'amour

Amour christique chez Marie Noël, amour pour Hélène chez Cadou. Mettez en évidence les figures de cette double thématique passionnelle qu'anime une même *ferveur*.

Soulignez particulièrement, dans les deux cas, le rapport de la passion — et de la temporalité (souvenir, espérance) ; le rapport de la passion — et du regard (éléments, corps, paysages).

3. « Hélène ou le Règne végétal »

Justifiez, à partir de l'analyse des champs lexicaux du poème de Cadou, cette métaphore qui donne son titre à tout le recueil.

Pierre-Jean Jouve *Noces* (1931) ; *Moires* (1962)

1931	*Noces*
1935	*Sueur de sang*
1938	*Kyrie*
1942	*Gloire*
1957	*Mélodrame*
1962	*Moires*
1965	*Ténèbres*

Originaire d'Arras, **Pierre-Jean Jouve** (voir p. 314) s'ouvrit à la poésie par la lecture de Baudelaire et de Rimbaud, avant d'être influencé, dans ses premiers écrits, par le courant unanimiste. Mais après avoir traversé en 1925 une profonde crise intérieure, le poète se tourne résolument vers une œuvre austère où se conjuguent exploration de l'inconscient, questionnement cosmique et interrogations mystiques, dans une même volonté d'exorciser le « néant du temps ».

Ses grands recueils comme *Noces, Sueur de sang* ou *Moires*, nous montrent un créateur attentif à déchiffrer le divin dans la « souillure de l'incarnation », à retrouver les liens du sexe et de la mort, de la vérité et du mal. C'est à Jouve et à sa puissance d'évocation mythologique que Pierre Emmanuel (voir p. 578) devra sa propre « foi poétique ».

*Comme celle de Baudelaire, la poésie de **Pierre-Jean Jouve** est fascinée, obsédée par le poids de la chair « pécheresse », par la hantise de la chute, de l'enlisement dans le mal et la corruption. Mais en même temps, si l'écrivain ne cesse de confronter sa poésie à la psychanalyse freudienne, c'est que la description/interprétation de notre « libido », des jeux du sexe et du sang, lui apparaît comme une porte entrouverte sur **les mystères plus profonds de la chute et de la rédemption**, de la faute et du salut. La brûlante et parfois violente poésie érotique de Jouve est ainsi emblématique, métaphorique, d'une essentielle réflexion, parfois tragique, sur les grands conflits mythiques d'Eros et de Thanatos, du Plaisir et de la Damnation.*

« *Les plaisirs de la nuit...* »

Les plaisirs de la nuit sont accompagnés
Dans la tenture comme une tulipe de sang.
La peau luit, les systèmes pileux, membres coupés
De l'amour éparpillés sur des étagères,
5 Mais l'ardeur est terrible et cruelle comme la nymphe
Echo échevelée dans les montagnes,
Par contre les jours sont seuls et sous la pluie
L'ennui spécial fait resonger au crime des nuits.

Pierre-Jean Jouve, *Noces*
© éd. Mercure de France (1931)

« *Amour de la beauté...* »

Amour de la beauté plutôt vulve que cendre
Vous vous taisez ! le reste est un combat de cieux
Les armées vert-de-gris et les rochers pieux
Il fait froid si loin de la femme au fond rose.
5 Douceur ! les prairies fument comme des seins
Allaitent le bout des ruisseaux, ah jamais plus
La faiblesse du désir vers sa poitrine
L'amour des villes, l'écharpe chaude couleur de
[sang...
Mais la tourbière et les odeurs de sexe et les joncs ?

Pierre-Jean Jouve, *Noces*
© éd. Mercure de France

« *Que la beauté non plus...* »

Que la beauté non plus comme un rêve de pierre
Jaillisse désormais du laid de notre horreur
Redoutable ; et se forme ô baiser de la tombe
Des deux principes noirs accolés par le fond :
5 Et que cette beauté aux mille rayons vive
Traverse la machine du temps ! Pénétrant
Amour dans le serpent d'un corps autour du sexe,
Mort très impénétrable aux racines rêvant.

O toi que j'ai longtemps aimée Isis[1] mortelle
10 Sache que tes yeux froids me reprendront toujours
Aussi faible aussi fort semblable et misérable
Devant le gouffre qui m'arrachera de moi, ma mort.

Pierre-Jean Jouve, *Moires* (1962)
© éd. Mercure de France

1. Déesse du mariage et de la fécondité dans la mythologie égyptienne.

Jean Grosjean ou la contemplation

Né en 1912, **Jean Grosjean** participa à l'expérience des prêtres-ouvriers, puis quitta l'Église en 1950. Il se consacra à l'étude des langues arabe et hébraïque, ainsi qu'à la poésie et à l'édition (il est conseiller des Éditions Gallimard). Sa poésie, inspirée souvent des figures et des thèmes de la Bible (*Hypostases*, 1950), et plus généralement des grands textes sacrés qu'il a traduits de l'hébreu (*Majestés et Passants*, 1956 ; *Apocalypse*, 1962), fait place aussi à la méditation sur la nature, la nuit, la vie, le temps, le langage, l'omniprésence de Dieu.

1946	*Terre du temps*	**1962**	*Apocalypse*	**1974**	*Le Messie*
1950	*Hypostases*	**1964**	*Hiver*	**1980**	*Les Beaux Jours*
1953	*Fils de l'homme*	**1967**	*Élégies*	**1985**	*Jonas*

Élégies (1967)

*Le face-à-face de **Jean Grosjean** avec la nature donne naissance à **un lyrisme retenu**, à une sorte de collaboration où le nom de Dieu n'est pas prononcé, mais sa présence présupposée, et qui s'exprime en versets au flux souple et aux périodes exactement nombrées. On songe à Claudel, à Saint-John Perse, et aussi à Pierre Oster (voir p. 745).*

« Dans la montagne... »

Dans la montagne, sur l'arbre en bourgeons clairs, le merle à voix délivrée glorifie la ligne sinueuse de ton dos.

S'il pleut comme un sourire sur les pensées sauvages du cimetière, ta face est plus brillante que les plages dont nos marées polirent les galets.

Chaussé par la tiède brume de germinal, mon pied maladroit heurte un caillou bleu dont le bruit céleste dévale vers l'abîme où nous vécûmes.

La chaleur de la vie nous remonte au cœur quand nos chevilles s'enfoncent dans les neiges qui fondent entre les anémones, ou que ton regard me passe sur le front.

Déjà l'azur violent de la hauteur se pose sur tes 15 reins comme autrefois ma main sur ton épaule qui tremble encore.

Sentant que tu t'apprêtes à questionner, je baisse les yeux jusqu'à tes jambes fraîches derrière qui se déploient tous les coteaux boisés de l'Austrasie.

20 Maintenant que le soleil est à tes genoux, le lent corbeau qui rame sur le monde ne fait errer son ombre qu'à ta hanche, où, les soirs de bataille, roulait ma tête.

Passé les horribles détroits, j'écoute, dans une 25 lumière complice et contagieuse, ce bruissement léger que firent tes cils la première fois qu'ils se levèrent.

Jean GROSJEAN, *Élégies* (1967), © éd. Gallimard

Les Beaux Jours (1980)

Le Désert

Le maître s'écarte du monde. Il habite une lumière immense. Les falaises ruissellent d'éclat sur les sables terrassés. Si noirs soient les silex, ils étincellent. Certes la soif, mais est-ce qu'il y pense ? Il n'est
5 plus un apprenti.

Le désert lui a gagné le cœur. Tantôt l'air stagne et l'âme s'étiole, tantôt les vents défilent et dessèchent le corps. Parfois c'est la douce visitation d'une brise, ou bien la tempête mène ses troupes de
10 poussier sur le monde. Puis de nouveau le jour seul sur l'étendue.

En tête-à-tête avec le ciel. Peu de gestes de peur de peupler le sanctuaire. Aucune nouvelle, aucun ailleurs. Rien que les souffles, leurs démences ou
15 leurs affreux répits.

Pas de fiers parcours. N'aller que d'un puits tari à une source précaire. Encore est-ce d'un pas différé de peur d'être distrait du zénith. Pas un feuillage à moins d'un chardon sous la pierre. Aucune fraîcheur
20 sinon les nuits qui rôdent au bord du jour.

Long jour unique comme un harassement dont le retour des nuits tempère à peine la splendeur.

Les nuits avec leur poudroiement stellaire au fond de l'espace vide. Selon que passe de face ou de
25 profil la lune, les hyènes déplacent sur le sol une ombre plus ou moins franche.

Transparence de la nuit sans borne que les jours interrompent à peine.

Jean GROSJEAN, *Les Beaux Jours* (1980)
© éd. Gallimard

Pierre Emmanuel ou la raison ardente

Héritier spirituel de Claudel et surtout de Jouve, **Pierre Emmanuel** (1916-1984),dont l'œuvre fut totalement imperméable à l'influence surréaliste, occupe une place singulière, certains diront anachronique, au cœur de la poésie de notre XXᵉ siècle. Né en pleine Première Guerre mondiale, en 1916, c'est au cours de la seconde qu'il se fait connaître par des recueils partagés entre l'inspiration « résistante » et déjà une très forte expérience mystique (*Tombeau d'Orphée*, 1941). Celle-ci va désormais nourrir une œuvre étrangère aux modes, élaborée patiemment comme un « monument », et dont la somme des grands recueils *(Babel, Évangéliaire, Jacob, Sophia)* constitue le plus grand « témoignage chrétien » dans notre poésie contemporaine. Homme passionné par les problèmes de morale, de culture et d'éducation, Pierre Emmanuel a également joué, jusqu'à sa mort en 1984, le rôle d'une « conscience » vigilante et exigeante de son époque.

1940	*Élégies*	**1963**	*Le Goût de l'un* (essai)
1941	*Tombeau d'Orphée*	**1967**	*Le Monde est intérieur* (essai)
1942	*Jour de colère*		
	Orphiques	**1970**	*Jacob*
1944	*Sodome, Memento des vivants*	**1973**	*Sophia*
	Cantos	**1978**	*Tu*
1945	*La Liberté guide nos pas*		*Una ou la mort la vie*
1948	*Évangéliaire*	**1979**	*Duel*
1952	*Babel*	**1980**	*L'Autre*

« Raison ardente », titre de l'un de ses essais, pourrait être l'expression emblématique de toute la démarche de Pierre Emmanuel. Sans oublier son engagement de poète-résistant, on peut dire que son itinéraire de poète chrétien s'est déployé autour de quatre pôles qu'illustrent les extraits ci-dessous : « **l'arche audacieuse de la Foi** », *saluée dans* Orphiques *et qui est la clé de voûte de tout l'édifice rhétorique de l'écrivain ; la* **vision contemplative** *qui sublime le quotidien en sacré, comme dans* Évangéliaire *; le désir constant d'accéder, par la Parole, à* **la Parole unifiée**, *sanctifiée, comme dans le mythe biblique de Jacob ; enfin l'exaltation de la* **féminité**, *thème précisément matriciel où se conjuguent, comme dans* Sophia, *ceux du dialogue, de la fécondité et de la « fusion ».*

Au service de cette « ardeur » constante mais variée de l'inspiration, Emmanuel a mis l'entière « raison » d'un langage dont il disait qu'« il n'est pas un instrument, mais l'être même de l'homme et du monde dont il fait sa demeure en le nommant et en l'ordonnant par les mots ».

Orphiques (1942)

Nocturne liminaire

Le Tombeau d'Orphée,
dessin de Joseph Sima.

O sainte liberté du Ciel sur la mémoire
malgré l'éclatement solaire des nations
malgré le sang précipitant le cours des mondes,
Tu demeures l'arche audacieuse de la Foi
5 l'Ovale maternel et le sein ! Ton silence sa profondeur est Nombre et sa hauteur
Amour.
En toi tout se recrée de son Ombre, la Terre
se rassemble animale et détend ses pouvoirs
pleine de lassitude heureuse, elle retrouve
10 sa forme exacte au creux futur de l'absolu.

Pierre Emmanuel, *Orphiques* (1942)
© éd. Seghers

Évangéliaire (1948)

Cella dei

Une plaine par temps clair
L'horizon partout visible
La lumière indivisible
Du recueillement de l'air
5 Ni route ni vent ni fleuve
Rien qui rompe l'oraison
Rien qui bute la raison
Au vain souci de sa preuve

Pourquoi fuir L'immensité
10 Coïncide avec le centre
Quand l'esprit a tout quitté
Le cœur s'ouvre tout y rentre

Cœur ciboire du soleil
Calice du Dieu vermeil

Pierre EMMANUEL, *Évangéliaire* (1948)
© éd. du Seuil

Jacob (1970)

« *Seul Tu es* »

« Je n'ai d'autre raison que de dire et de dire
Que Tu es

De dire ce que nul ne veut entendre
Ne sait entendre
5 Qu'ici, au cœur de l'homme
Il faut creuser :
Qu'ici est l'eau.

J'ai en dégoût ce qui n'est Toi
Ce qui n'est pas.
10 Je ne vis que d'espérer
Ta nuit sans image.
Elle est ma source et mon Jourdain
Mon centre et mon abîme :

Baptise-moi au fond de moi
15 Comme l'étoile au fond du puits.

Tu m'as fait entrer
Dans la ténèbre des noces.
Ne pas Te voir c'est Te voir
Ta Présence m'aveugle.
20 Nu et néant je suis devant
Toi dont je ne sais que ceci
Que je suis néant et nu.

Je n'ai d'autre raison que de dire et de dire
Que Seul Tu es. »

Pierre EMMANUEL, *Jacob* (1970)
© éd. du Seuil

POUR UN COMMENTAIRE COMPOSÉ DE « SEUL TU ES »

Vous développerez votre commentaire autour des axes suivants :

1. La reprise d'un mythe biblique : celui de Jacob. Analysez les expressions ou images qui y font clairement allusion.

2. La prière, l'acte de foi d'un chrétien. Quels en sont les mots-clés, les temps forts ? En quoi peuvent-ils également toucher un athée ?

3. Parole sacrée et parole poétique. Comment les deux se marient-elles ici pour l'expression d'un même « sens » ? Commentez la sobriété, l'humilité même de cette expression.

GROUPEMENT THÉMATIQUE

Foi, mysticisme et poésie (XIXᵉ-XXᵉ siècle)

LAMARTINE : *Les Harmonies poétiques et religieuses*, 1830 ; *Jocelyn*, 1836. — Alfred de VIGNY : *Les Destinées*, 1864 (« Le Mont des Oliviers »). — Victor HUGO : *La Légende des siècles*, 1859-1883 ; *La Fin de Satan*, 1886 ; *Dieu*, 1891. — Charles BAUDELAIRE : *Les Fleurs du mal*, 1857 (« Le Reniement de saint Pierre », « La Mort des amants », etc.). — O. V. MILOSZ : *Cantique de la connaissance*. — Paul CLAUDEL : *Cinq Grandes odes*, 1910. — Pierre-Jean JOUVE : *Noces*, 1931 ; *Sueur de sang*, 1935. — Patrice de LA TOUR DU PIN : *La Quête de joie*, 1933 ; *Psaumes*, 1938. — Jean-Claude RENARD : *Métamorphose du monde*, 1951 ; *Le Dieu de la nuit*, 1973. — Joë BOUSQUET : *Le Bréviaire bleu*. — Pierre OSTER : *Les Dieux*, 1970.

Pour vos essais et vos exposés

Alain BOSQUET : *Pierre Emmanuel*, éd. Seghers, 1959.

Christian GAMBOTTI : « Pierre Emmanuel », dans *Dictionnaire des littératures de langue française*, éd. Bordas, 1984.

Patrice de La Tour du Pin ou la quête de joie

Issu d'une vieille famille prestigieuse de Sologne, **Patrice de La Tour du Pin** (1911-1975) passa l'essentiel de sa vie au domaine familial du Bignon. En 1933, son premier recueil, *La Quête de joie*, le révéla comme un poète hors de l'influence du surréalisme, doué d'un sens aigu du mystère de l'âme, mais aussi de la nature. Encouragé lors de ses débuts par Supervielle, La Tour du Pin devait ensuite poursuivre seul, au fil de recueils d'une facture classique mais inventive, une œuvre animée par la profondeur de sa foi, sa passion de la terre et son goût pour les mythologies bibliques ou nordiques. « Jeu » et « Somme », ces deux mots qui reviennent dans plusieurs titres de ses livres, témoignent de sa philosophie du langage, de l'espérance d'une « théopoésie » où la quête inlassable de l'Un et du Tout passerait par toutes les figurations et transfigurations d'un langage bien maîtrisé. Le poète acheva sa carrière et sa vie en publiant plusieurs groupes de *Lettres* où il « faisait part » de son expérience spirituelle et religieuse.

1933	*La Quête de Joie*	**1959**	*Le Second Jeu*
1935	*L'Enfer*	**1967**	*Petite Somme de poésie*
1938	*Psaumes*	**1970**	*Une lutte pour la vie*
1945	*Genèse*		
1946	*Jeu du Seul*	**1974**	*Psaumes de tous mes temps*
	Une Somme de poésie	**1975**	*Lettres de faire-part*

La Quête de Joie (1933)

*La Quête de Joie (1933), qui révéla **Patrice de La Tour du Pin** à 22 ans, nous montre un poète de « manière » classique (il affectionne l'alexandrin et le décasyllabe), prenant inspiration dans son terroir solognot, dans ses souvenirs de chasse et de promenades, pour nourrir une parole où se croisent les images légendaires de la nature et les « visions » spirituelles du croyant.*

*Sans jamais renoncer à cet horizon terrien, La Tour du Pin, dans son ambition d'une « **théopoésie** » — hymne et connaissance à la fois — évoluera, au fil de ses* Jeux *et de ses* Sommes, *vers une écriture plus explicitement mystique, **spontanément ouverte à la méditation et à la prière**, comme dans ses nombreux* Psaumes. *Hautement symbolique, comme celles de ses contemporains Pierre Emmanuel et Jean-Claude Renard (né en 1922, auteur des* Cantiques pour des pays perdus , *voir p. 743), cette poésie souvent « liturgique » n'est pas non plus sans rappeler celle de Jouve par sa capacité à faire revivre, à repenser légendes et mythes (celui de la* Genèse *notamment).*

« *Je suis un enfant de Septembre* »

Le jour glacial s'était levé sur les marais ;
Je restais accroupi dans l'attente illusoire
Regardant défiler la faune qui rentrait
Dans l'ombre, les chevreuils peureux qui venaient boire
5 Et les corbeaux criards aux cimes des forêts.

Et je me dis : je suis un enfant de Septembre[1],
Moi-même, par le cœur, la fièvre et l'esprit,
Et la brûlante volupté de tous mes membres,
Et le désir que j'ai de courir dans la nuit
10 Sauvage, ayant quitté l'étouffement des chambres.

Il[2] va certainement me traiter comme un frère,
Peut-être me donner un nom parmi les siens ;
Mes yeux le combleraient d'amicales lumières
S'il ne prenait pas peur, en me voyant soudain,
15 Les bras ouverts, courir vers lui dans la clairière. [...]

1. Nom donné par le poète à l'oiseau migrateur de l'automne.

2. Il s'agit de l'oiseau.

Mais les bois étaient recouverts de brumes basses
Et le vent commençait à remonter au nord,
Abandonnant tous ceux dont les ailes sont lasses,
Tous ceux qui sont perdus et tous ceux qui sont morts,
20 Qui vont par d'autres voies en de mêmes espaces !

Et je me dis : Ce n'est pas dans ces pauvres landes
Que les Enfants de Septembre vont s'arrêter ;
Un seul qui se serait écarté de sa bande
Aurait-il, en un soir, compris l'atrocité
25 De ces marais déserts et privés de légende ?

Patrice de La Tour du Pin, *La Quête de Joie* (1933)
© éd. Gallimard

Une Somme de poésie (1946)

Psaume XXIV

1 Je ne suis plus le renard chassant une proie sur les prairies, je suis le faon qui cherche les prairies elles-mêmes, — mais je demeure sauvage.

2 Je garde l'odeur du sang dans l'arrière-gorge — comme ces princes de guerre réfugiés dans leurs tours.

5 3 Ils se défendent de chevaucher pour de nouvelles conquêtes — et portent le deuil des conquérants qu'ils ont été.

4 Mais leurs armes sont toujours des armes de proie, — ils n'élèvent pas des passereaux à la place des faucons.

5 Les mondes intermédiaires connaissent encore ma chasse, — mais non pour
10 le plaisir de découvrir et de tuer.

6 Ceux qui s'égarent en pleine ivresse d'évasion — ne cherchent pas la véritable nourriture.

7 Après l'eau des fontaines et le sang des bêtes, — c'est l'écume des marais de l'homme qui attire.

15 8 Les autres atteignent aux horizons indéfinis après des vols de hasard, — moi je pars des lointains pour me rapprocher de l'homme.

9 Et je n'ai pas besoin de boussole ou de rose des vents — pour aborder en moi-même.

Patrice de La Tour du Pin, *Une Somme de poésie*, VI (1946)
© éd. Gallimard

Pour les lecteurs de poèmes

Quelques œuvres encore...

Georges Bataille (1897-1962) : *La Haine de la poésie*, 1967 ; *L'Archangélique et autres poèmes*, posth. 1968.

Luc Bérimont (1915-1984) : *Le Grand Viager*, 1954 ; *L'Herbe à tonnerre*, 1958.

Joë Bousquet (1897-1950) : *Traduit du silence*, 1939 ; *L'Esprit de parole*, 1943 ; *Connaissance du soir*, 1946 ; *Les Capitales*, posth. 1958 ; *Langage entier*, posth. 1967.

Roger Caillois (1913-1978) : *Les Impostures de la poésie*, 1945 ; *Pierres*, 1966 ; *Cases d'un échiquier*, 1970 ; *Pierres réfléchies*, 1975.

Louis Calaferte (né en 1925) : *No man's land*, 1963 ; *Rosa mystica*, 1968.

Jean Cayrol (né en 1911) : *Le Hollandais volant*, 1935 ; *Les Phénomènes célestes*, 1939.

Luc Estang (né en 1911) : *Au-delà de moi-même*, 1938 ; *Transhumances*, 1939 ; *Le Mystère apprivoisé*, 1943.

Maurice Fombeure (1906-1981) : *Le Moulin de la parole*, 1936 ; *D'amour et d'aventure*, 1942 ; *Arentelles*, 1943 ; *Les Étoiles brûlées*, 1950 ; *Une forêt de charmes*, 1955.

Max-Pol Fouchet (1913-1980) : *Vent profond*, 1938 ; *Demeure le secret*, 1961.

Louis-René des Forêts (né en 1918) : *Les Mégères de la mer*, 1967.

Armand Robin (1912-1961) : *Ma vie sans moi*, 1940 ; *Les Poèmes indésirables*, 1946 ; *Le Monde d'une voix*, 1970.

Jean Tortel (né en 1904) : *Villes ouvertes*, 1965.

O. V. Milosz *La Confession de Lémuel* (1922)

Poète français d'origine lituanienne, **Oscar Vladislas Milosz** *(1877-1939) fut d'abord inspiré par le symbolisme (Les Sept Solitudes, 1906). Après une « illumination extatique », en 1914, son écriture s'oriente vers la spiritualité, voire l'ésotérisme, et il devient l'un des plus puissants créateurs du symbolisme mystique.*

La source des lumières

O. V. Milosz, par Henri
de Groux.

O. V. Milosz, « Cantique
de la connaissance »,
*La Confession
de Lémuel* (1922),
Poésie II
© éd. André Silvaire

Il faut se prosterner plein de doutes, et prier. Je me plaignais de ne le point connaître ; une pierre où il était tout entier m'est descendue dans la main et j'ai reçu au même instant la couronne de lumière.

Et regarde-moi ! environné d'embûches, je ne redoute plus rien.

Des ténèbres de la conception à celles de la mort, un fil de catacombes court entre mes doigts dans la vie obscure.

Et pourtant qu'étais-je ? Un ver de cloaque, aveugle et gras, à queue aiguë, voilà ce que j'étais. Un homme créé par Dieu et révolté contre son créateur.

« Quelles qu'en soient l'excellence et la beauté, aucun avenir n'égalera jamais en perfection le non-être. » Telle était ma certitude unique, telle était ma pensée secrète : une pauvre, pauvre pensée de femme stérile.

Comme tous les poètes de la nature, j'étais plongé dans une profonde ignorance. Car je croyais aimer les belles fleurs, les beaux lointains et même les beaux visages pour leur seule beauté.

J'interrogeais les yeux et le visage des aveugles : comme tous les courtisans de la sensualité, j'étais menacé de cécité physique. Ceci est encore un enseignement de l'heure ensoleillée des nuits du Divin.

Jusqu'au jour où, m'apercevant que j'étais arrêté devant un miroir, je regardai derrière moi. La source des lumières et des formes était là, le monde des profonds, sages, chastes archétypes.

Géo Norge *Les Quatre Vérités* (1962)

Né à Bruxelles en 1898 (son vrai nom est Georges Mogin), **Norge** *exprime son amour de la vie, mais aussi son humour, et parfois sa rage devant les cruautés de l'homme et des institutions, dans un langage dru et raffiné.*

Prison

Le deuxième barreau de droite,
Ah ! cette nuit, je le scierai
Pour me sortir de cette boîte
Où je suis mort et enterré.

Les faims rousses du misanthrope
Sont des colères que j'aurai
Pour dévorer le pain d'Europe
Et tout son azur en pâté.

La plus belle fille du monde
Est celle que je goûterai.
Ma plus belle et ma plus profonde,
Roulons dans tes gazons sucrés !

Mais déjà le jour qui miroite !
O ma scie, il faut t'arrêter.
Le deuxième barreau de droite
Est inusable, en vérité.

Géo Norge, *Les Quatre Vérités*
(1962), © éd. Gallimard

Musique

Et serrez plus fort les barreaux,
Il passe encore de l'espérance.
Et du ciel, ils en ont bien trop :
Un rais suffit à leur pitance.

Après ça, qu'ils demeurent cois,
Qu'ils bouffent du rêve s'ils veulent.
La boisson ? Eh bien que ce soit
De l'encre ! Elle aimait ça, leur gueule.

Frappez surtout cette musique.
On n'entend rien ? Moi, je l'entends,
Cet horrible chant de printemps
Que dans le cœur ils se fabriquent.

J'en crève ! Et sus à la potence.
Percez bien les gorges, piqueurs !
Percez surtout cette espérance
Qu'ils se fabriquent dans le cœur.

Géo Norge, *Les Quatre Vérités*
© éd. Gallimard

LE NOUVEAU ROMAN

ROBBE-GRILLET, SIMON, MARGUERITE DURAS, BUTOR, NATHALIE SARRAUTE, BECKETT, PINGET, RICARDOU
CALVINO

« Le Nouveau Roman n'est pas une théorie. C'est une recherche. »
Alain Robbe-Grillet,
Pour un Nouveau Roman

Alain Robbe-Grillet en 1960. Photo d'Henri Cartier-Bresson.

L'écriture du soupçon

1. La naissance du Nouveau Roman

Il n'existe pas d'acte de naissance. La pratique précède la théorie, et surtout des **précurseurs apparaissent** : les modèles dont se réclameront les nouveaux romanciers, James Joyce, Franz Kafka, Raymond Roussel (voir p. 109) entre autres, sans oublier Flaubert, ou les romanciers russes et anglais ; **Samuel Beckett**, dont l'œuvre romanesque précède l'œuvre théâtrale (voir p. 650). En 1985, **Alain Robbe-Grillet** avoue dans son autobiographie, *Le Miroir qui revient*, l'admiration qu'il avait pour *L'Étranger*, de Camus, et pour *La Nausée*, de Sartre. Ce qui prouve bien que le Nouveau Roman a été, d'abord, l'expression d'une crise, et pas seulement d'une crise des valeurs romanesques.

La publication des *Gommes*, de Robbe-Grillet, en 1953, et l'attribution à ce livre du prix Fénéon, en 1954, firent beaucoup pour lancer l'expression « Nouveau Roman ». L'attention était aussi attirée sur son éditeur, Jérôme Lindon, le patron des éditions de Minuit. Les auteurs qui pendant quelque temps allaient se regrouper autour de lui seront considérés comme formant une école. Mais ils ont refusé ce terme, de même qu'ils ont contesté bien souvent l'étiquette « Nouveau Roman ».

2. L'évolution du Nouveau Roman

a. Le « premier Nouveau Roman », celui des années 50, correspond à la « période contestataire ». « Le récit, écrit Jean Ricardou, est contesté, soit par l'excès de constructions trop savantes, soit par l'abondance des enlisements descriptifs, soit par la scissiparité des mises en abyme et l'ébranlement, déjà, de diverses variantes ; cependant, tant bien que mal, il parvient à sauvegarder une certaine unité. » C'est l'époque des premiers Robbe-Grillet (*Les Gommes*, 1953, *Le Voyeur*, 1955, *La Jalousie*, 1957, *Dans le labyrinthe*, 1959) ; des trois premiers romans de Michel Butor (*Passage de Milan*, 1954 ; *L'Emploi du temps*, 1956 ; *La Modification*, 1957) ; de *Martereau* (1953) et *Le Planétarium* (1959) de Nathalie Sarraute ; de *La Mise en scène*, de Claude Ollier (1958).

b. Le « Nouveau Nouveau Roman » correspond à la « période subversive » des années 60. Ricardou précise : « Du stade de l'Unité agressée, on est passé au stade de l'Unité impossible. » Philippe Sollers, encore proche du premier Nouveau Roman dans *Le Parc* (1961), évolue vers une « écriture textuelle » dans *Drame* (1965) ou *Nombres* (1968). **Jean Ricardou** suit aussi les capricieux méandres de l'**« aventure de l'écriture »**, définitivement préférée à l'« écriture d'une aventure », dans *L'Observatoire de Cannes* (1961) ou *La Prise de Constantinople* (1965), ou encore *Les Lieux-dits* (1969). Une plus grande stabilité apparaît chez Robbe-Grillet, même s'il veut substituer des « actions en mouvement » aux « minutieuses descriptions d'objets » dans *La Maison de rendez-vous* (1965).

c. Après 1970 et jusqu'à nos jours, un mouvement de reflux devient de plus en plus sensible. D'abord le Nouveau Roman perd du terrain au profit d'un renouveau du roman traditionnel (chez Michel Tournier, par exemple, voir p. 794). Robbe-Grillet prend de singulières distances avec le Nouveau Roman dans *Le Miroir qui revient* en 1984. Nathalie Sarraute écrit aussi son autobiographie dans *Enfance* (1983). Même un nouveau romancier comme Philippe Sollers évolue vers la formule plus réaliste de *Femmes* (1983), de *Portrait du joueur* (1985) ou des *Folies françaises* (1988).

3. L'impossible terme

N'exagérons pas pourtant les signes d'un essoufflement ou d'une lassitude. La cohérence de l'œuvre de **Claude Simon**, jusqu'à ce chef-d'œuvre que sont *Les Géorgiques* (1981), est plus remarquable encore que celle de Robbe-Grillet ou de Sarraute. Et, contrairement à Butor, il reste fidèle au roman. Robert Pinget, après *L'Inquisitoire* (1962), interrogatoire à la manière de Joyce, évolue vers des concentrés qui restent bien des concentrés romanesques. Claude Ollier poursuit aussi son œuvre, avec *Histoire impossible* (1986).

On s'aperçoit, aujourd'hui, que des écrivains qui restent marginaux à l'égard du Nouveau Roman (**Marguerite Duras**, par exemple) ou qui s'en veulent indépendants (Patrick Modiano, J.-M. G. Le Clézio) en exploitent certaines formules.

4. Le roman comme recherche

On pourrait définir très simplement le Nouveau Roman par une **volonté de recherche toujours renouvelée**. Le cas de Butor serait à cet égard exemplaire. La pratique l'emporte donc sur la théorie, qui reste mince et qui répugne à s'avouer comme telle. D'ailleurs certaines déclarations fracassantes n'ont pas toujours correspondu à des résultats aussi nets.

a. Pour le « premier Nouveau Roman », on trouvera **des recueils de textes théoriques**, ou plutôt d'essais et de réflexions, dus aux nouveaux romanciers eux-mêmes : *L'Ère du soupçon* (1956), de Nathalie Sarraute, *Pour un Nouveau Roman* (1963), d'Alain Robbe-Grillet et *Essais sur le roman* (1964), de Michel Butor.

b. Pour le « Nouveau Nouveau Roman », la palme revient à Jean Ricardou, avec trois livres importants, *Problèmes du Nouveau Roman* (1967), *Pour une théorie du Nouveau Roman* (1971), *Le Nouveau Roman* (1973). Parallèlement, les deux volumes rassemblant en 1972 les actes du colloque de Cerisy de 1971 *Nouveau Roman hier/aujourd'hui*, rendaient sensible l'évolution.

c. Pour un regard en arrière, on lira *Le Miroir qui revient*, de Robbe-Grillet. Mais il n'est pas interdit, même aujourd'hui, de continuer à regarder en avant, comme il nous a d'ailleurs appris à le faire...

1. Répétition et variation

Le Nouveau Roman naît peut-être à partir du moment où une cellule narrative se trouve répétée et variée dans le cours d'un livre. Le roman se présente dès lors moins comme un récit que comme **une prolifération de récits possibles**.

Cette conception très originale correspond à plusieurs préoccupations caractéristiques de la pensée contemporaine et de l'esthétique qui en dérive :

1. L'aléatoire : c'est le sens du hasard, et la place qu'on veut bien lui laisser.

2. La série : c'est au contraire une volonté de rigueur, qui permet la constitution d'une œuvre par la reprise en ordre constamment renouvelée d'une série de composantes (la musique sérielle, venue de l'École de Vienne, a marqué les nouveaux romanciers).

3. Le sens des ensembles : on pense à la théorie des ensembles dans les mathématiques, mais aussi à la conception du mythe qu'a exposée Claude Lévi-Strauss dans son *Anthropologie structurale* (1958) : un mythe est constitué de l'ensemble de ses variantes ; aucune de ces variantes n'est plus vraie que l'autre (**Claude Simon**).

L'œuvre d'**Alain Robbe-Grillet** tout entière **ne procède que par répétition et variation**. Comme lui, Michel Butor et Robert Pinget ont été sensibles aux grandes formes musicales qui sont fondées sur la répétition et la variation : le canon, la fugue, le thème et variations, la passacaille.

Alain Robbe-Grillet *Un régicide* (1949/1978)

Alain Robbe-Grillet.
Photo d'Henri
Cartier-Bresson.

Alain Robbe-Grillet (né en 1922) sortait de l'Institut agronomique et exerçait une fonction correspondant à cette formation quand il écrivit un premier roman, qui fut refusé par les éditions Gallimard. Après son premier roman publié, *Les Gommes*, il eut l'intention de reprendre *Un régicide* et d'en confier le manuscrit à son nouvel éditeur. Mais à chaque fois, il dérivait vers une œuvre autre : ainsi naquirent *Le Voyeur, La Jalousie, Dans le labyrinthe*... En 1978 il se décida enfin à publier *Un régicide*, en même temps que *Souvenirs du triangle d'or*, qui en porte la trace. Le couple de Boris et de Jean sera encore au point de départ de *Djinn* (voir p. 602) en 1981.

1953	*Les Gommes*	**1970**	*Projet pour une révolution à New York*
1955	*Le Voyeur*		
1957	*La Jalousie*	**1976**	*Topologie d'une cité fantôme*
1959	*Dans le labyrinthe*	**1978**	*Un régicide, Souvenirs du triangle d'or*
1961	*L'Année dernière à Marienbad*		
1963	*Pour un nouveau roman*	**1981**	*Djinn*
1965	*La Maison de rendez-vous*	**1985**	*Le Miroir qui revient*

*** *Un régicide*

Dans le roman de 1949, le régicide se nomme Boris. A dire vrai, il n'exécute que sur le mode fantasmatique le meurtre du roi Jean. Peut-il, dans ces conditions, être arrêté ? Le récit, à cet endroit du livre, se dédouble : on entre dans l'ère du Nouveau Roman.

« Des mômeries »

1. Rien n'indique
précisément dans
quel pays se situe
l'action. Boris
évolue entre une île
septentrionale
et une ville plutôt
méridionale.

Boris ouvrit la porte et se trouva face à face avec deux policiers en uniformes noirs et casquettes plates[1]. Ils restèrent un moment à le considérer avec attention, puis, sans détourner la tête, le plus âgé dit au second :

« C'est bien lui, pas d'hésitation.

5 — Alors on l'emmène », répondit le plus jeune.

Boris se demanda s'ils étaient là depuis longtemps, à l'attendre sur le palier, ou bien s'ils venaient d'arriver lorsque lui-même était sorti. Il ne dit rien, puisque les autres ne lui adressaient pas la parole mais, quand il eut refermé la porte, l'ancien l'écarta d'un geste et, après s'être assuré que la serrure fonctionnait bien,
10 empocha la clef ; Boris nota seulement qu'il devrait la lui réclamer plus tard. Tous trois descendirent l'escalier.

Boris était un peu ennuyé d'avoir à passer devant la concierge en pareil équipage ; les couloirs manquaient heureusement de lumière ; et puis, il pourrait toujours prétendre que ces hommes étaient des amis. Ils descendaient déjà
15 depuis quelque temps, tenant la rampe à cause de l'obscurité et tâtant avec soin chacune des marches ; celles-ci devenaient en effet très malcommodes : hautes et irrégulières, descellées pour la plupart et partiellement brisées par endroit ; il arrivait même que l'une d'elles fasse tout à fait défaut, il fallait alors opérer un véritable saut dans le noir, ce qui présentait de gros risques. Le second policier
20 fit un faux pas et jura sourdement, le sac[2] presque aussi grand que lui qu'il portait sur le dos le gênait de façon considérable ; Boris fut sur le point de lui proposer son aide, mais personne ne lui avait encore parlé et, somme toute, il ne les connaissait pas.

***

Les policiers obligent alors Boris à déposer dans la lande le sac, qui est censé contenir un cadavre.

Lorsqu'il ouvrit la porte, il vit deux sergents de ville qui montaient d'un pas
25 pesant ; il sortit et tourna sa clef dans la serrure ; les deux hommes continuèrent avec lenteur à gravir les marches vers le palier suivant. Boris remit la clef dans sa poche et descendit.

Devant la loge, il aperçut la concierge qui le salua d'une phrase amicale dont il ne comprit pas bien le sens ; comme il avait néanmoins reconnu le mot
30 « travail »[3], il s'exclama d'un air à la fois content et résigné : « Il faut bien ! » et il s'éloigna vers la station de tramway.

Il y avait beaucoup de monde, comme d'habitude, des ouvriers et des employés pour la plupart ; quelques-uns arboraient l'insigne vert de l'Église[4]. Dans la voiture, un groupe commentait la réunion manquée de la veille, chacun
35 racontait en détail les raisons qui l'avaient retenu chez lui ; mais quelqu'un déclara soudain que « tout ça c'était des mômeries » et les autres se turent, ne discernant pas bien s'il parlait de la manifestation ou des prétextes qu'on avait pris pour ne pas y participer.

Boris considérait la boutique du charbonnier devant laquelle s'était arrêté le
40 tram : il y avait en montre deux petites coupes de verre garnies chacune de cinq ou six morceaux de charbon, exposés comme des fruits précieux ; il connaissait cette vitrine par cœur, la rencontrant chaque jour, matin et soir, et n'y prêtait plus aucune attention. Il se répétait machinalement les derniers mots qu'il venait de saisir : « C'est des mômeries », c'est des mômeries...
45 Et puis, il y eut un trou.

Boris émergea, dix bonnes minutes plus loin, au milieu des maisons plates et sombres du faubourg ; la première chose que sa conscience contrôla pleinement fut la phrase : « C'est des mômeries », qui repassa plusieurs fois encore dans sa tête, mais il douta de l'avoir répétée ainsi pendant tout ce temps. De plus en plus,
50 il se rendait compte de ne pas bien suivre ce qui se passait autour de lui. Il se sentait fatigué ; et cependant il venait de se reposer plusieurs jours.

Les façades lugubres défilaient de chaque côté, avec leurs fenêtres étroites comme des meurtrières, où des visages s'allongeaient derrière les vitres sales entre deux mains grises appliquées aux carreaux.

Alain ROBBE-GRILLET, *Un régicide* (1978)
© éd. de Minuit

---

2. Ce sac contient peut-être le cadavre du roi, peut-être celui d'un étudiant, Red (l'épitaphe Ci-gît Red, anagramme de Régicide, est comme le titre, une cellule génératrice du texte).

3. Boris travaille dans une usine. Il devait profiter de la visite du roi dans cette usine pour le tuer.

4. Le parti clérical est tout-puissant dans ce pays.

POUR LE COMMENTAIRE

1. La rencontre avec les agents de police

a. Comment sont-ils **désignés** dans l'un et l'autre cas ?
b. La clef : quelle est la variation sur ce motif ?

2. Les observateurs

a. Pourquoi les policiers sont-ils les seuls **observateurs** dans la première version ?
b. Dans le dernier alinéa de la seconde version, étudiez la **multiplication des observateurs**.

3. L'accompli et l'inaccompli

a. La « **réunion manquée** » dans la seconde version : que laisse-t-elle deviner ?

Claude Simon *Les Géorgiques* (1981)

Claude Simon en 1960.
Photo d'Henri
Cartier-Bresson.

Fils d'un officier de carrière, **Claude Simon** est né en 1913 à Tananarive. Après des études universitaires à Paris, Oxford et Cambridge, l'auteur s'intéresse d'abord à la peinture comme élève d'André Lhote. Sa vocation littéraire naît après la Deuxième Guerre mondiale. Son premier roman (*Le Tricheur*, 1946) présente un héros très proche du personnage de Meursault de *L'Étranger*, de Camus. Avec *Gulliver* (1952) apparaît l'influence marquée de l'œuvre de Faulkner.

A partir du *Sacre du printemps* (1954), Claude Simon affirme son désir de rompre avec le récit classique et adopte un mode de narration discontinu. Cette volonté de recherche d'une structure romanesque originale amène l'auteur dans l'orbite du Nouveau Roman. *La Route des Flandres* (1960) et *Le Palace* (1962) mettent en évidence les soucis majeurs de Simon : le destin historique des hommes et l'importance des souvenirs. Dans ces romans, l'intrigue romanesque se dilue, l'Histoire avec un grand H en tient lieu ; les personnages peu individualisés, aux émotions fragmentaires et discontinues, vivent dans un climat de souvenirs déréalisés. Couronné par le prix Médicis en 1967, son roman *Histoire* se situe dans la même veine d'inspiration. Après *La Bataille de Pharsale* (1969), l'œuvre de Claude Simon cesse d'être « l'écriture d'une aventure » pour devenir « l'aventure d'une écriture » (Jean Ricardou). La fiction romanesque disparaît pour laisser place à une exploration de l'espace du langage (*Leçon de choses*, 1975).

L'œuvre de Claude Simon a été couronnée par le prix Nobel en 1985.

1946	*Le Tricheur*	**1967**	*Histoire*
1947	*La Corde raide*	**1969**	*La Bataille de Pharsale*
1952	*Gulliver*	**1970**	*Orion aveugle*
1954	*Le Sacre du printemps*	**1971**	*Les Corps conducteurs*
1957	*Le Vent*	**1973**	*Triptyque*
1958	*L'Herbe*	**1975**	*Leçon de choses*
1960	*La Route des Flandres*	**1981**	*Les Géorgiques*
1962	*Le Palace*	**1984**	*La Chevelure de Bérénice*

Les Géorgiques *est l'œuvre la plus ambitieuse et sans doute la plus importante de* **Claude Simon**. *Fidèle à lui-même, et nullement désireux d'inventer un « nouveau nouveau roman », l'auteur reprend ses thèmes habituels (la guerre d'Espagne, la débâcle de 1940), les motifs générateurs de son œuvre (les cartes postales, les chevaux) et une écriture ample, libre, fondée sur un usage original du participe présent.*

Comme dans Triptyque *(1973), il superpose et mêle trois intrigues : l'histoire d'un futur général d'Empire au temps de la Révolution, l'histoire d'un combattant volontaire dans la guerre d'Espagne en 1937, l'histoire d'un cavalier dans la guerre de 1939-1940. C'est donc une grande variation sur ce qui a déjà été exploité dans ses œuvres.*

C'est aussi **une variation sur un thème mythique et lyrique, celui d'Orphée.** *Claude Simon écrit, comme Virgile, des* Géorgiques. *Homme des champs lui-même (il est viticulteur dans le Midi), il imagine et inscrit les ordres que le général de Saint-M., faisant jadis campagne en Italie, adressait à l'intendante de son domaine, la fidèle Batti. Mais à la faveur de l'épisode d'Aristée, Virgile avait introduit, dans le Livre IV des* Géorgiques, *l'histoire d'Orphée et d'Eurydice.*

*** *Les Géorgiques*

Ici l'Eurydice perdue est l'épouse du général, une Hollandaise qu'il a perdue. Ce deuil, dont il est inconsolable, est encore évoqué à la faveur de bribes de l'opéra de Gluck, *Orfeo*, soit que le général ait eu l'occasion de le voir, soit que des bribes parviennent jusqu'à nos contemporains, les cavaliers de la débâcle ou l'écrivain lui-même, à qui, dans une certaine mesure, le chef d'armées et le maître du domaine de Saint-M. dicte ce qu'il nous livre.

Variation sur Orphée et Eurydice

Il écrit à un vieil ami : J'ai constamment été dans les armées actives depuis quarante ans, mais aujourd'hui les forces m'abandonnent et la retraite battra bientôt pour moi ; j'irai dans mon vieux château passer mes derniers jours et je pourrai encore jeter un regard en arrière sans regrets ; j'en jette aujourd'hui un
5 bien agréable en me rappelant avec toi les moments que nous avons passés ensemble dans notre jeunesse : les Ducasses[1] des villages flamands, le triomphe de quelque villageoise ou de quelque religieuse bornait notre ambition, heureux âge ! Adieu, je t'embrasse. Comme venant de très loin la voix de la cantatrice semble sourdre faiblement, presque imperceptible, confondue tout d'abord avec
10 les sons des violons, puis s'en détachant, puis s'élançant, ondulant, se déployant, tendre, déchirante. Elle chante : Avvezzo al contento d'un placido oblio fra queste tempeste si perde il mio cor[2]. Orphée est sur le point de se retourner puis se ravise. Il écrit : A mesure que j'ai approché des environs de Rome j'ai été péniblement affecté par l'inculture des campagnes qui l'avoisinent, cette nature
15 aride, délaissée, annoncerait-elle l'approche de tombeaux, annoncerait-elle qu'il y régna trop longtemps un pape, un vice-dieu d'une religion absurde et indigne ? Qu'attendre d'hommes imbus des principes habominables[3] qu'il faut étouffer les passions les plus naturelles, qu'il ne faut penser qu'à. Dans la division bleue où se trouve la tombe[4] il commande de faire planter des peupliers d'Italie, des
20 hêtres, des frênes et surtout des robiniers. Il barre de traits obliques dans le registre le signalement du cheval Le Superbe (le 15 prairial an 7 est né à Saint-M... un poulain bai, venu de Mlle de Ferjus, jument normande, poil noir en tête de 4 pieds 9 pouces, neuf ans et du Magnifique, étalon de normandie, taille de 4 pieds onze pouces, ayant en l'an 6 12 ans, poil bai). Il écrit au-dessous : S'est
25 estropié en descendant le mont genèvre en l'an 13, a été vendu pour rien à turin. La dernière année. Ce qu'il a appelé à plusieurs reprises dans ses lettres « l'intervalle qui sépare la vie de la mort ». Cette dernière suite des quatre saisons, des douze mois aux noms de glaces, de fleurs ou de brouillards, qu'il passe en solitaire à Saint-M..., soigné par la vieille intendante, en tête à tête avec ses
30 fantômes, ses secrets. Un dessin à la mine de plomb de l'architecte Ledoux[5] représente un œil démesurément agrandi, au globe soigneusement ombré en dégradé, surmonté par l'arc du sourcil dont les poils ondulés sont tracés un à un par la pointe effilée du crayon. Dans l'iris de l'œil, balayé en partie par un pinceau divergent de lumière, se reflète l'intérieur de l'opéra de Besançon dont les gradins
35 et la galerie s'infléchissent en courbes inverses de part et d'autre d'une ligne horizontale médiane. L'ensemble est conçu dans un style sévère, inspiré de l'antique. La galerie ornée de colonnes est séparée des gradins de l'amphithéâtre par une frise où sont figurés en bas-relief des personnages vêtus de péplums[6]. Il écrit que l'année a été fatale à sa famille, que Monsieur de Pruyne relève d'une
40 maladie grave, que Monsieur de Loumet est mort, que le de Pruyne de Strasbourg est mort à trente-cinq ans et que lui-même sort des portes du trépas. Lorsque l'on tourne les pages des registres en les tenant inclinés de fines particules couleur rouille[7] aux facettes scintillantes et dorées comme du mica se détachent des lettres et glissent sur les feuilles. On dirait que les mots assemblés,
45 les phrases, les traces laissées sur le papier par les mouvements de troupes, les combats, les intrigues, les discours, s'écaillent, s'effritent et tombent en poussière, ne laissant plus sur les mains que cette poudre impalpable, couleur de sang séché. Il écrit Que me font à moi une fortune et des honneurs dont le plus grand prix eût été de les partager avec cette femme adorée ensevelie dans le néant
50 depuis si longtemps et dont le souvenir après vingt ans me déchire le cœur.

Claude SIMON, *Les Géorgiques* (1981)
© éd. de Minuit

1. Fête patronale dans les provinces du Nord.

2. Dans la version italienne — la première —, du célèbre opéra de Gluck (version de Vienne, 1762).

3. Orthographe originale.

4. La tombe de sa femme morte au château de Saint-M. après la naissance d'un fils.

5. Claude-Nicolas Ledoux (1736-1806) fut l'architecte du théâtre de Besançon.

6. Dans l'Antiquité grecque, vêtement de femme, sans manches, qui s'agrafait sur l'épaule.

7. L'encre séchée.

POUR LE COMMENTAIRE

Thèmes et variations

1. La « campagne » d'Italie

2. Le pays natal

3. Orphée et Eurydice

Marguerite Duras
Le Ravissement de Lol V. Stein (1964)

Née en 1914 en Indochine, où elle passe son enfance et son adolescence, **Marguerite Duras** traduit en littérature cette situation dans deux récits : *Un barrage contre le Pacifique* (1950) et *Le Vice-Consul* (1965).

En France depuis 1927, Marguerite Duras se rapproche, dès *Les Petits Chevaux de Tarquinia* (1953), du Nouveau Roman. Le récit dialogué prime dans ses œuvres, où les personnages tentent d'échapper à la solitude par l'amour fou ou le crime (*Moderato Cantabile*, 1958 ; *Le Ravissement de Lol V. Stein*, 1964 ; *L'Amante anglaise*, 1967 ; *L'Amant*, 1984). L'auteur explore avec obstination le thème du désir et de la passion ; mais, hostile à l'analyse psychologique, elle fait avancer ses héroïnes dans l'existence sans qu'elles connaissent leurs propres mobiles.

Inlassable, Marguerite Duras touche à tous les genres : le roman, mais aussi le théâtre (notamment *Le Square*, 1965 ; *Des journées entières dans les arbres*, 1968 ; *Détruire dit-elle*, 1969 ; *L'Amante anglaise*, 1968 ; *Savannah Bay*, 1982) et le cinéma (scénarios ou films) avec en particulier *Hiroshima mon amour* (1960), *Une aussi longue absence* (1961), *India Song* (1975), *Baxter, Vera Baxter* (1976) et *Le Camion* (1977).

Ce roman est peut-être le plus proche de ce qu'il est convenu d'appeler l'esthétique du Nouveau Roman, dans l'œuvre de **Marguerite Duras**. *Mais il s'agit d'abord d'un* **roman de la mémoire et de l'oubli***, ou plus exactement d'une perte de mémoire, d'un « ravissement ».*

*** *Le Ravissement de Lol V. Stein*

Fiancée à Michael Richardson, Lol Valérie Stein se trouvait avec lui au bal du Casino de T. Beach quand est entrée une femme inconnue, Anne-Marie Stretter. Fasciné, Michael n'a cessé de danser avec elle, puis s'est laissé enlever par elle au petit matin, sous le regard médusé de Lol et de son amie Tatiana Karl. Dix ans ont passé. Lol a épousé Jean Bedford, Tatiana le docteur Boegner, mais elle a un amant, Jacques Hold (le narrateur). Elles vivent dans la même ville, S. Tahla. Lol retrouve son amie en suivant Jacques Hold, sur lequel elle semble avoir jeté son dévolu, comme jadis Anne-Marie Stretter a jeté son dévolu sur Michael Richardson. Jacques Hold et Lol partent ensemble pour T. Beach par le train : pour recommencer l'aventure ancienne, ou pour l'effacer ?

Souvenirs

Ç'avait été par ce train qu'elle était repartie pour toujours, dans un compartiment comme celui-ci, entourée de parents qui essuient la sueur qui coule de son front, qui la font boire, qui la font s'allonger sur la banquette, une mère l'appelle son petit oiseau, sa beauté.

5 — Ce bois, le train passait plus loin. Il n'y avait aucune ombre sur la campagne et pourtant il faisait grand soleil. J'ai mal aux yeux.

— Mais avant-hier il y avait du soleil ?

Elle n'a pas remarqué. Avant-hier qu'a-t-elle vu ? Je ne lui demande pas. Elle se trouve en ce moment dans un déroulement mécanique de reconnaissances
10 successives des lieux, des choses, ce sont ceux-là, elle ne peut pas se tromper, nous sommes bien dans le train qui mène à T. Beach. Elle rassemble dans un échafaudage qui lui est momentanément nécessaire, on le dirait, un bois, du blé, de la patience.

Elle est très occupée par ce qu'elle cherche à revoir. C'est la première fois
15 qu'elle s'absente si fort de moi. Pourtant de temps en temps elle tourne la tête et me sourit comme quelqu'un, il ne faudrait pas que je le croie, qui n'oublie pas.

L'approche[1] diminue, la presse, à la fin elle parle presque tout le temps. Je n'entends pas tout. Je la tiens toujours dans mes bras. Quelqu'un qui vomit, on le tient tendrement. Je me mets à regarder moi aussi ces lieux indestructibles
20 qui en ce moment deviennent ceux de mon avènement. Voici venue l'heure de mon accès à la mémoire de Lol V. Stein.

1. L'approche (de la ville de T. Beach).

2. *Après le bal du Casino, quand elle avait semblé désespérée par l'enlèvement de Michael.*

Le bal sera au bout du voyage, il tombera comme château de cartes comme en ce moment le voyage lui-même. Elle revoit sa mémoire-ci pour la dernière fois de sa vie, elle l'enterre. Dans l'avenir ce sera de cette vision aujourd'hui, de cette
25 compagnie-ci à ses côtés qu'elle se souviendra[2]. Il en sera comme pour S. Tahla maintenant, ruinée sous ses pas du présent. Je dis :
— Ah je vous aime tant. Qu'allons-nous faire ?
Elle dit qu'elle sait. Elle ne sait pas.
Le train avance plus lentement dans une campagne ensoleillée. L'horizon
30 s'éclaire de plus en plus. Nous allons arriver dans une région où la lumière baignera tout, à une heure propice, celle qui vide les plages, il sera vers midi.
— Quand vous regardez Tatiana sans la voir comme l'autre soir, il me semble que je reconnais quelqu'un d'oublié, Tatiana elle-même pendant le bal. Alors, j'ai un peu peur. Peut-être qu'il ne faudrait plus que je vous voie ensemble sauf ?
35 Elle a parlé rapidement. Peut-être la phrase a-t-elle été inachevée cette fois-ci par le premier coup de freins de l'arrêt : nous arrivons à T. Beach. Elle se lève, va à la vitre, je me lève aussi et ensemble nous voyons venir la station balnéaire.

Marguerite DURAS, *Le Ravissement de Lol V. Stein* (1964)
© éd. Gallimard

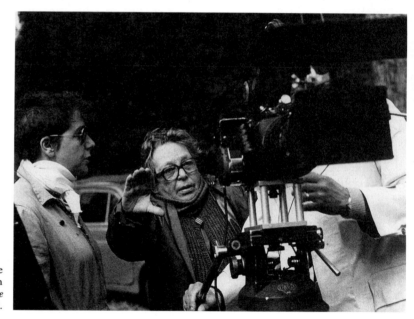

Scène de tournage
du film
Dialogue de Rome
en 1982.

POUR LE COMMENTAIRE

Le jeu avec la mémoire

1. Trois moments (l. 1 à 13)

a. Il y a dix ans.
b. « Avant-hier » (Quand Lol V. Stein, cachée dans un champ de seigle, observait Jacques Hold et Tatiana à la fenêtre de la chambre d'hôtel où ils ont l'habitude de se retrouver).
c. Aujourd'hui.
Quelle relation s'établit entre ces trois moments ? Comment Marguerite Duras utilise-t-elle les temps grammaticaux ?

2. L'approche (l. 14 à 21)

a. Le remuement profond en Lol V. Stein. Comment peut-elle s'absenter de Jacques Hold sans l'oublier ? Justifiez l'image du vomissement.

b. L'avènement de Jacques Hold : expliquez le mot ; comment est-il repris et complété par la notation suivante : « mon accès à la mémoire de Lol V. Stein » ?

3. Le futur libérateur (l. 22 à 37)

a. Relevez, classez et commentez les différents modes d'expression du futur dans ces lignes.
b. Quel est l'événement attendu ? Montrez qu'il sera encore fait de mémoire et d'oubli ?
c. Expliquez l'intervention interrompue de Lol V. Stein : quel effet produit cette intrusion de la parole ?

LITTÉRATURE ET CINÉMA (voir p. 607)

En quoi la technique d'écriture vous semble-t-elle, dans ce texte, proche du cinéma ?

2. Les objets

Le lecteur de nouveaux romans ne peut manquer d'être frappé par la description souvent très longue, très minutieuse, de certains lieux (le temple de Vanadé dans *Topologie d'une cité fantôme*, d'**ALAIN ROBBE-GRILLET**), et par la fascination qu'exercent certains objets (la corde dans *Le Voyeur*), parfois aussi certains animaux (la mouche dans *L'Emploi du temps* de **MICHEL BUTOR**, le mille-pattes dans *La Jalousie*, d'Alain Robbe-Grillet), ou encore des symboles (le cercle, l'O chez **CLAUDE SIMON**, le triangle chez Robbe-Grillet).

La réputation de « littérature objective » s'est attachée très tôt au Nouveau Roman. Une page comme la description de la tomate dans *Les Gommes*, d'Alain Robbe-Grillet, a fait beaucoup pour cela. D'où les critiques parfois vigoureuses qui s'élevèrent, en particulier, après la publication des nouvelles qui constituent le petit recueil d'*Instantanés* (1962) d'Alain Robbe-Grillet.

Plus lucide, Roland Barthes, dans des articles brillants, montrait l'aspect révolutionnaire de cette description, parlait d'« **école du regard** », mais niait l'existence d'une « école Robbe-Grillet ». Pour lui, l'objet chez Robbe-Grillet n'avait pas la même fonction que chez Butor, par exemple. On pourrait trouver de nouvelles différences chez **NATHALIE SARRAUTE**, avec les meubles du *Planétarium*, ou chez Claude Simon, avec les cartes postales de la maison natale, évoquées dans un désordre suggestif pour *Histoire*, et encore au point de départ de *Triptyque*, — quand la carte postale se prolonge en un paysage romanesque.

Dans un brillant article consacré à *Dans le labyrinthe*, d'Alain Robbe-Grillet, Gérard Genette a montré **la « troublante irréalité »** des romans antérieurs ; car « l'univers de Robbe-Grillet est celui du rêve et de l'hallucination, et seule une mauvaise lecture, inattentive ou mal orientée, nous avait détournés de cette évidence » (« Vertige fixé »).

De fait, Robbe-Grillet et **les nouveaux romanciers ont gardé leur distance à l'égard du réalisme**, fondement selon eux du roman traditionnel.

Michel Butor *La Modification* (1957)

Michel Butor en 1958.
Photo de Robert Doisneau.

Né en 1926 à Mons-en-Baroeul, **Michel Butor** enseigne la philosophie en Angleterre, en Grèce, en Égypte et aux États-Unis, avant de se consacrer à la littérature.

Concevant « le roman comme recherche », il s'intéresse à l'espace dans *Passage de Milan* (1954), par le truchement d'un immeuble parisien de sept étages qu'il étudie à travers une succession d'heures, puis au temps dans *L'Emploi du temps* (1956), où l'évocation du passé du narrateur est interrompue par des références au présent. Dans *La Modification* (1957), le narrateur relève et commente les événements insignifiants qui se déroulent dans un wagon de chemin de fer entre Paris et Rome, pour finalement constater sa « modification » psychologique.

Après *Degrés* (1960), roman qui se construit sur la relation exhaustive, par un professeur d'histoire, d'une heure de cours, Michel Butor privilégie l'essai et continue à se livrer à une exploration systématique de l'écriture.

La publication simultanée des premiers livres de Michel Butor et de ceux d'Alain Robbe-Grillet a contribué à donner le sentiment d'une école. Michel Butor s'en est défendu.

Par ailleurs, Michel Butor est l'auteur de nombreuses études sur Racine, Kierkegaard, Baudelaire, Dostoïevski, Jules Verne, Joyce, Faulkner...

1954	Passage de Milan	1962	Mobile
1956	L'Emploi du temps	1965	6 810 000 litres d'eau par seconde
1957	La Modification		
1958	Génie du lieu	1969	Mots sur la peinture
1960	Degrés	1975	Matière de rêves
1960-1982	Répertoires	1978	Boomerang
		1980	Vanité

*Pour son troisième roman, **Michel Butor** ne s'est pas contenté d'un immeuble comme dans* Passage de Milan, *ou d'une ville, comme dans* L'Emploi du temps. *Il a choisi deux villes, Paris et Rome, et ce qui les met en relation, le train qui emporte Léon Delmont de l'une vers l'autre, la mémoire et les projets du personnage pris entre une épouse dont il se croit las, Henriette, et une maîtresse italienne qu'il voudrait plus proche de lui, Cécile.* **Il suffira d'un voyage aller pour que la modification se produise,** — *pour que Delmont revienne vers sa femme. Un objet du compartiment, la veilleuse, suffit pour qu'il prenne obscurément conscience de son malaise.*

« Cette ampoule bleue insistante »

Qui a demandé qu'on éteigne ? Qui a voulu cette veilleuse ? La lumière était dure et brûlante, mais les objets qu'elle éclairait présentaient du moins une surface dure à laquelle vous aviez l'impression de pouvoir vous appuyer, vous accrocher, avec quoi vous tentiez de vous constituer un rempart contre cette
5 infiltration, cette lézarde, cette question qui s'élargit, vous humiliant, cette interrogation contagieuse qui se met à faire trembler de plus en plus de pièces de cette machine extérieure, de cette cuirasse métallique dont vous-même jusqu'à présent ne soupçonniez pas la minceur, la fragilité,

tandis que ce bleu qui reste comme suspendu dans l'air, qui donne l'impres-
10 sion qu'il le faut traverser pour voir, ce bleu aidé de ce perpétuel tremblement, de ce bruit, de ces respirations devinées, restitue les objets à leur incertitude originelle, non point vus crûment mais reconstitués à partir d'indices, de telle sorte qu'ils vous regardent autant que vous les regardez,

vous restituant vous-même à cette tranquille terreur, à cette émotion primitive
15 où s'affirme avec tant de puissance et de hauteur, au-dessus des ruines de tant de mensonges, la passion de l'existence et de la vérité.

Vous considérez cette ampoule bleue insistante, comme une grosse perle, non point claire à proprement parler, mais source dans son épaisse couleur mur-murante de doux échos sur toutes les mains et sur tous les fronts des dormeurs,
20 et, dans cette coupole du plafonnier qui la protège, les deux minces sphères transparentes à l'intérieur desquelles vous devinez les filaments froids tout à l'heure si brutalement rayonnants, comme ceux de ces lampes dans le corridor de l'autre coté duquel apparaissent, de temps à autre mais de moins en moins souvent, quelques rues de village au bord de l'eau encore un peu éveillées.

Michel BUTOR, *La Modification* (1957), © éd. de Minuit

ÉTUDE STYLISTIQUE

1. Question et (non-) réponse

Joyce avait construit toute une partie d'*Ulysse* sur un système de questions et de réponses, — système repris par Pinget dans *L'Inquisitoire* (1962) : quel usage en fait ici Butor ?

Pourquoi la question est-elle redoublée ? Le développe-ment qui suit permet-il de dire qui est « Qui » ?

2. L'utilisation de la seconde personne

Est-ce un *vous* de généralisation, est-ce l'auteur qui s'adresse à Delmont, ou Delmont à lui-même ?

3. Le lexique

Comment est désigné le train ? Quelles sont les modifica-tions du compartiment : étudiez les couleurs, les variations d'intensité de la lumière ? La veille/le sommeil/l'éveil.

4. Répétitions et reprises

Prenez l'exemple d'une répétition, d'une reprise, d'une progression. L'écriture de Butor tend-elle vers l'éloquence ?

5. Une composition poétique

Peut-on considérer ce passage comme un monologue intérieur ? Comment les alinéas sont-ils disposés ? Com-ment Butor a-t-il utilisé tour à tour les suggestions d'une couleur ?

JUGEMENT CRITIQUE

Butor et Robbe-Grillet

« La description des objets a chez Butor un sens absolu-ment antinomique à celui qu'elle a chez Robbe-Grillet. Robbe-Grillet décrit les objets pour en expulser l'homme. Butor en fait au contraire des attributs révélateurs de la conscience humaine, des pans d'espace et de temps où s'accrochent des particules, des rémanences de la per-sonne : l'objet est donné dans son intimité douloureuse avec l'homme, il fait partie d'un homme, il dialogue avec lui, il l'amène à penser sa propre durée, à l'accoucher d'une lucidité, d'un dégoût, c'est-à-dire d'une rédemption. Les objets de Butor font dire : *comme c'est cela !* ils visent à la révélation d'une essence, ils sont *analogiques*. Au contraire, ceux de Robbe-Grillet sont littéraux ; ils n'utilisent aucune complicité avec le lecteur : ni excentriques, ni familiers, ils se veulent dans une solitude de l'homme, ce qui serait encore un moyen de récupérer l'humain : que l'objet soit seul, sans que pourtant soit posé le problème de la solitude humaine. L'objet de Butor, au contraire, pose la solitude de l'homme, mais c'est pour mieux la lui retirer, puisque cette solitude accouche d'une conscience, et plus encore, d'une conscience regardée, c'est-à-dire d'une conscience morale. »

Roland BARTHES, *Essais Critiques* (1964)

Nathalie Sarraute *Le Planétarium* (1959)

Nathalie Sarraute en 1983.

Née en 1902, en Russie, **Nathalie Sarraute** vit à Paris depuis l'âge de huit ans.

Admiratrice de Dostoïevski, Proust et Joyce, elle est surtout une inconditionnelle de la littérature anglaise, de Shakespeare à Ivy Compton-Burnett.

Tropismes, publié en 1939, passe inaperçu. En 1941, Nathalie Sarraute quitte le barreau pour se consacrer entièrement à la création romanesque. Suivent divers romans (*Portrait d'un inconnu*, 1948 ; *Martereau*, 1953) où elle s'attache à exprimer le microscopique des sous-conversations, de ce qui n'est pas dit, la vie souterraine qui se cache derrière des personnages « qui ne sont que des apparences ». Toute son œuvre est marquée par le désir de « montrer que, quand on a l'impression qu'il ne se passe rien, qu'il n'y a rien, eh bien il y a quelque chose qui se développe ». « Plus cela est à peine visible et paraît anodin à l'extérieur, plus cela m'intéresse. »

Dès 1959, Nathalie Sarraute, internationalement connue depuis *L'Ère du soupçon* (1956), voyage dans divers pays du monde, où elle donne des conférences sur le roman et sur la genèse de son œuvre.

Nathalie Sarraute est aussi l'auteur de pièces de théâtre, créées pour la plupart par la Compagnie Renaud-Barrault.

1939	*Tropismes*	**1968**	*Entre la vie et la mort*
1948	*Portrait d'un inconnu*	**1970**	*Isma* (théâtre)
1953	*Martereau*	**1972**	*Vous les entendez ?*
1956	*L'Ère du soupçon*	**1973**	*C'est beau* (théâtre)
1959	*Le Planétarium*	**1976**	*« Disent les imbéciles »*
1963	*Les Fruits d'or*	**1980**	*L'Usage de la parole*
1967	*Le Mensonge* (théâtre)	**1983**	*Enfance*

*** Le Planétarium

Un jeune ménage s'installe, comme l'on dit, dans ses meubles. Alain Guimiez, qui prépare un doctorat ès-lettres, et Gisèle doivent accueillir des objets qu'on leur donne, en éviter d'autres. Pris entre la belle-mère d'Alain et la tante Berthe, réussiront-ils à éviter que leur appartement ne devienne un musée des horreurs ? Aux heures d'angoisse, Alain cherche refuge auprès de Germaine Lemaire, dont le salon luxueux contient des objets admirables venus de tous les pays du monde et que les médias ont promue au rang de fée du logis. Cette fois-ci, exceptionnellement, c'est elle qui rend visite à Alain, c'est elle qui veut voir son appartement et le mobilier qu'il contient. Une gêne d'abord, un malaise ; puis une libération brutale, une exaltation ; abusivement grandi, l'appartement redeviendra « inconsistant, léger — une maison de poupée, des jouets d'enfant avec lesquels elle s'est amusée à jouer un peu pour se mettre à sa portée ». Alors, quand elle aura repoussé ces puérilités, le ciel se mettra à tourner autour d'Alain, il verra se déplacer les astres et les planètes, tout basculera dans un sentiment d'angoisse et de vertige.

Dans ce roman, comme dans la plupart des œuvres de **Nathalie Sarraute**, *l'anecdote n'est qu'un mince fil qui permet de* **grouper des mouvements psychologiques autour de paroles ou d'objets**.

Oh les beaux meubles !

« Allons, maintenant, montrez-moi tout... Vous savez que je n'ai encore rien vu, ça a l'air vraiment magnifique chez vous... » Allons, courage, elle lui laisse un espoir, elle lui offre une chance... il saisit sa main, il l'aide à se lever... « Oui, c'est ça, venez. Excusez-moi, je passe devant pour vous montrer... », il la précède
5 d'un pas, tourné vers elle, le long de l'étroit couloir, il ouvre toutes les portes, celle de la petite lingerie, oui, il y a même une lingerie, celles de la cuisine, de la salle de bains, des placards, tout est à elle ici, elle est chez elle, la reine est chez elle

partout dans les demeures de tous ses vassaux, sur le château qu'elle visite flotte
le pavillon royal... Elle inspecte avec une bienveillante curiosité, elle inaugure,
10 elle lance, dévoile pour d'autres qui viendront après elle admirer, s'étonner... Un
rien arrête son regard, une toute petite chose, ce placard à claire-voie pour le
linge sale sous la fenêtre du cabinet de toilette... « C'est bien, c'est très commode, je trouve, ces machins... » Quelque chose glisse en lui... un vague
malaise, un agacement, comme une très légère répulsion, il se rétracte légère-
15 ment, il a envie de se détourner, de s'écarter — c'est ce vieux réflexe de défense
qui joue malgré lui, celui qu'il a... Mais où se croit-il ? Avec qui ? A quoi
pense-t-il ? Contre quoi veut-il se défendre ici ? Contre quelle platitude ? Quel
petit esprit pratique étroit ? Quelle mesquinerie ? On est entre grands seigneurs
ici, on peut se permettre cela, d'examiner avec cette lueur excitée dans les yeux,
20 cet intérêt intense, presque de l'envie, les placards à linge sale aérés par une
claire-voie, rien de ce qu'on fait ici, entre soi, ne peut vous faire déchoir, elle peut
s'offrir ce luxe d'apprécier ces « machins-là » en femme pratique qu'elle sait être
aussi, c'est si admirable, c'est si touchant... sarclant elle-même son jardin,
plantant ses choux, tenant ses comptes, parfaitement, aimant cuisiner... Maine
25 et son omelette baveuse, Maine et sa carpe au bleu... Le malaise léger a disparu
presque tout à fait, il ne reste que quelques traces très faibles, de minces
traînées... encore un petit effort, et elles seront effacées... Il doit prendre un peu
de recul, il la voit de trop près, il doit se mettre à une certaine distance pour
retrouver — il l'avait perdu — le sens de la réalité, des justes proportions... aller
30 se placer près de tous ceux, innombrables, dont les yeux affamés se jettent
avidement sur son image quand elle apparaît sur les écrans de la télévision, sur
les couvertures des magazines de luxe, dans les vitrines des librairies, se transporter plus loin encore, très loin d'ici, de cette femme un peu vulgaire qui, tout
près de lui, pointe son large index à l'ongle peint vers le placard et la voir telle
35 que la voient ceux qui, disséminés dans tous les coins du monde, seuls dans leurs
chambres, tenant un de ses livres entre leurs mains, les yeux levés vers elle la
contemplent, comme les fidèles agenouillés contemplent, vacillant et étincelant
dans la lumière des cierges, la Madone couronnée de pierres précieuses, parée
de satin et de velours, couverte de pièces d'or apportées en offrande... Il sent
40 monter en lui l'émotion, la surprise, la crainte qu'ils éprouveraient si Germaine
Lemaire en personne se tenait au milieu de leur cuisine, pointait son doigt vers
leurs placards, s'arrêtait pour admirer la vue de la fenêtre de leur chambre à
coucher... il est trop gâté, comblé, indigne, il ne mérite pas... il a envie de
s'effacer... qu'elle voie plutôt... il s'empresse, il s'écarte, il écarte davantage les
45 rideaux... qu'elle veuille bien poser son regard...

Nathalie SARRAUTE, Le Planétarium (1959)
© éd. Gallimard

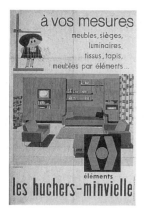

LECTURE MÉTHODIQUE

1. Une « introduction » (l. 1 à 9)

a. Comment la demande de Germaine permet-elle à Alain
de dominer sa timidité ?
b. Alain le guide.
c. Une visite complète : montrez l'insistance sur *tout*, mais
sur un tout qui bascule du côté de la « reine », Germaine.

2. Le temps d'un malaise (l. 9 à 27)

a. L'attitude conquérante de « Maine » : en quoi gêne-t-elle
Alain ?
b. Comment s'exprime cette gêne ? Étudiez le procédé de
la « sous-conversation ».
c. Comment le malaise est-il surmonté ?

3. L'emprunt d'un regard (l. 27 à 45)

a. Le regard des autres sur Germaine Lemaire.
b. Le regard de Germaine Lemaire sur les choses.
c. Le sentiment d'un privilège.

EXPOSÉS

Conversation et sous-conversation

1. La conversation

a. Relevez les paroles effectivement prononcées. Comment sont-elles présentées ? D'après vous, pourquoi l'auteur a-t-il renoncé au « dit-il », « répondit-elle ».
b. Étudiez la « continuation au dehors des mouvements
souterrains » (*L'Ère du soupçon*, p. 104).

2. La sous-conversation : celle qui est non-dite et que
le nouveau roman cherche pourtant à exprimer ; sous-
conversation et monologue intérieur ; le « décalage » entre
la conversation et la sous-conversation ; style direct et style
indirect.

3. Les tropismes : ce qui est vécu, mais qui n'est pas
dit. « L'objet de ma recherche, ce sont certains mouvements qui préparent nos paroles et nos actes, ce que j'ai
appelé les tropismes » (dans *La Nouvelle Critique*, novembre, 1960).

Claude Simon *Histoire* (1967)

*** *Histoire*

C'est, présentée sans aucun souci de la chronologie, l'histoire de la journée d'un homme, « l'*Ulysse*, de Joyce, ici transposé à l'échelle d'une ville du midi de la France au centre de laquelle se dresse « la vaste maison délabrée » où se passa l'enfance du narrateur ». Cette maison renferme abondance de cartes postales appartenant à la mère du narrateur. Elles vont être autant d'aliments pour sa rêverie, et pour la recherche d'une histoire proliférante, quelque chose comme le passé familial.

Hokusaï,
Éléments de paysage.
Paris, Coll. part.

Cartes postales

[...] et sur la carte suivante un paysage qui semble fait lui avec des plumes, non pas dessiné mais pour ainsi dire effleuré comme si non pas un crayon ou un pinceau mais des ailes avaient frôlé le carton y laissant des traces délicates floues pervenche pistache antimoine topaze avec des arbres eux-mêmes semblables à
5 des cous sinueux d'oiseaux d'échassiers de hérons un étang des roseaux duveteux balancés par le vent imprécis des roches de cristal rose des joncs bruissants frissonnants de minces pilotis un chuintement transparent léger Karasaki no Matsu near Kyoto.
              « Kyoto 13/11/7
10   Bonjour
                    Henri »
et peut-être est-ce lui, peut-être si la photographie était plus nette (mais regardée à la loupe les détails de la carte postale se dissolvent, plus indistincts encore, dans un fin croisillon de losanges et de points colorés, comme une
15 tapisserie) pourrait-on le reconnaître (tel qu'il était pour toujours sur ce portrait, cet agrandissement sépia qu'elle regardait de son lit de mourante, avec sa soyeuse barbe sépia, ses sourcils touffus, cet air hardi, joyeux, éternellement jeune, à la fois moqueur et indulgent, parcourant d'une garnison à l'autre le monde divers, signant laconiquement au passage (devant un fleuve d'eau jaune,
20 ou au pied des Pyramides, ou contemplant les perspectives pétersbourgeoises

édifiées à la place d'anciennes jungles) les innombrables cartes postales, ajoutant parfois quelques lignes documentaires et éducatives, comme on écrit à une enfant, une écolière, à la petite sœur restée à la maison : « Le Mao Son est la grande montagne au dernier plan à droite. La croix que j'ai tracée au pied du Mao
25 vous donne l'"emplacement de Loc Bin Bien à vous Henri »), peut-être lui-même donc (quinze jours plus tard, quinze jours passés à jouer au bridge sous les pales des ventilateurs dans le salon acajou d'un long-courrier ou à flâner dans des escales étouffantes) ce personnage assis dans sa tunique de toile blanche à l'ombre de la tente qui abrite la terrasse de cet hôtel à Colombo (Best Cuisine
30 in the East. Curries a Speciality · Renommierteste Küche im Ostern. Curries : besondere Spezialität), et dix heures du matin à peu près puisque le ciel au-dessus de l'opulente construction n'est pas encore chauffé à blanc, la chaussée fraîchement arrosée, deux rickshas[1] aux roues scintillantes dans le soleil se croisant dans un bruit lisse de caoutchouc mouillé, les pieds des
35 coureurs enturbannés de géranium frappant la chaussée avec un claquement lui aussi mouillé, leurs plantes ridées d'un bistre plus clair que les jambes sombres apparaissant et disparaissant à chaque foulée tandis qu'ils s'éloignent, la passagère d'un des rickshas...

1. Vélo-taxi.

(Not exceeding ten minutes	Each passenger 10 cents)
40 Ten minutes to half hour	» » 25 »
Half hour to one hour	» » 50 »
Each subsequent half hour	» » 10 »

... s'abritant sous une ombrelle mauve du soleil qui passe entre les feuilles vernies des magnolias, l'agent de police londonien prudemment abrité lui aussi, malgré
45 son casque, au pied d'un des arbres aux fleurs éclatantes, une silhouette vêtue de cyclamen (un boy, une cliente de l'hôtel attendant la voiture qu'elle a commandée ?) dans l'ombre noire de la marquise tarabiscotée, consultant peut-être les tarifs des bateaux, des fiacres et le programme des promenades imprimés au verso de la carte postale servant de prospectus à l'hôtel et où l'on
50 peut voir celui-ci, le boulevard, les arbres aux fleurs pourpre, l'officier en tunique claire attablé à la terrasse, les deux rickshas tirés par les coureurs vêtus de géranium, l'agent de police et la silhouette cyclamen immobilisée sous la marquise [...]

Claude SIMON, *Histoire* (1967)
© éd. de Minuit

Claude Simon à Cerisy en 1971.

GROUPEMENT THÉMATIQUE

Images au service de la transmutation du récit

Comme l'a montré Jean RICARDOU dans *Le Nouveau Roman* (Le Seuil, 1973), les nouveaux romanciers passent souvent d'événements supposés réels à une représentation iconique, favorisant ainsi une cassure du récit, qui va rebondir ailleurs et autrement.

On peut trouver des exemples de telles transmutations dans :
Alain ROBBE-GRILLET : *Projet pour une révolution à New York*, 1970 (la couverture illustrée d'un roman). — Alain ROBBE-GRILLET : *Dans le labyrinthe*, 1959 (un tableau). — Jean RICARDOU : *L'Observatoire de Cannes*, 1961 (une carte postale illustrée). — Claude SIMON : *Triptyque*, 1973 (une affiche, le cinéma, un tableau...). — Claude SIMON : *La Bataille de Pharsale*, 1969 (une sculpture).

JUGEMENT CRITIQUE

Cartes postales

« Fragments résumant un monde, (les cartes postales) sont la clef du travail descriptif de Claude Simon, composant un texte qui est conçu lui aussi comme un monde fragmentaire mais cohérent. Témoignages à la fois irréfutables et mensongers du monde et de l'histoire, les cartes s'offrent dans un désordre total, "les années se confondant s'intervertissant", qui se prête à merveille au propos d'*Histoire* ; le narrateur évoque, dans un passage capital, ce que furent pour sa mère mourante ces cartes dont la plupart venaient de son fiancé voyageur : "jalons dans ce qui n'était pour elle qu'immuable immobilité du temps toujours identique toujours recommencé". Pour le narrateur cherchant à démêler les fragments restitués par le souvenir et par l'imagination, les cartes constituent des points fixes au sein toutefois d'une chronologie fluctuante et incertaine ; pour le lecteur du roman où elles figurent, elles sont autant de points immobiles dans le kaléidoscope textuel. »

Stuart SYKES, *Les Romans de Claude Simon*
© éd. de Minuit, 1979

3. Personne et personnage

1. Le personnage proprement dit

Il ne serait plus, selon **Alain Robbe-Grillet**, qu'une « momie ». Alors qu'on croit toujours que le vrai romancier se reconnaît à ce qu'il crée des personnages (Balzac et le Père Goriot, Louis Guilloux et Cripure), le nouveau romancier en conteste l'existence. Pour cela **il peut le réduire au degré zéro** (le personnage que Claude Simon nomme O dans la troisième partie de *La Bataille de Pharsale*, 1969). Ou bien il ne l'évoque que comme une ombre, un personnage naissant et évanescent (l'inconnu dans *Portrait d'un inconnu*, de **Nathalie Sarraute**). Ou bien il semble lui donner un nom, une stature, une existence, mais c'est comme une caricature du type (Wallas, l'Œdipe policier dans *Les Gommes*, de Robbe-Grillet, 1953), caricature menacée en outre par un perpétuel jeu de doubles (Wallas et Garinati, le tueur et son sosie).

2. Le locuteur

Personne et quelquefois personnage, le **narrateur omniscient est exclu de cette nouvelle création romanesque**. L'exemple des romans de **Samuel Beckett** indiquait ici la direction : s'il lui arrive encore de donner à des personnages des noms, d'ailleurs essentiellement symboliques, Beckett fait sourdre ou surgir la parole romanesque d'une sorte de bouche d'ombre, un *je* qui parle mais ne sait d'où il parle, « l'innommable ». Ce *je* est aux prises avec des *ils*, dans *Portrait d'un inconnu*, de Nathalie Sarraute, qui rappellent le *on* de Kafka. Et quand *je* parle, est-il sûr que *ils* ne parlent pas à travers lui ? Une distance s'établit, à l'intérieur même du locuteur, distance admirablement suggérée par **Michel Butor** quand il écrit *La Modification* (1957) à la seconde personne.

3. La personne grammaticale

La première personne marque l'introduction d'un point de vue, mais ce point de vue n'est jamais pur. La seconde personne permet d'« arracher » quelque chose au personnage, de décrire la naissance d'un langage. La troisième personne peut être le résultat d'un déplacement. Le nouveau roman usera précisément du déplacement, mais avec une mobilité constante. Cette **technique du passage insensible d'une personne à l'autre est devenue courante :** Marguerite Duras l'emploie par exemple dans *L'Amant* (1984), mais on la trouverait aussi chez Patrick Modiano. Elle s'associe avec le monologue intérieur, dont le nouveau roman exploite la formule (par exemple Michel Butor dans *Passage de Milan*, 1954).

Alain Robbe-Grillet *La Jalousie* (1957)

Dans La Jalousie, **Robbe-Grillet joue sur les deux sens du mot-titre** : *la jalousie d'un mari anonyme, qui observe sa femme, A..., et l'ami qu'elle reçoit sans sa femme, Franck, — selon lui, son amant ; la jalousie à travers laquelle il l'observe, dans cette maison coloniale. Robbe-Grillet joue aussi sur* **le roman à l'intérieur du roman** : *il est question d'un « roman colonial », l'analogue du roman en train de s'écrire. Ce qui est dit des personnages de ce roman peut-il se dire aussi des personnages de* La Jalousie ?

Des personnages sans qualités

1. Nous sommes à la fin du livre, qui se présente comme « l'enchevêtrement de trois ou quatre scènes à peu près identiques dont les éléments passent de l'une à l'autre en se métamorphosant, — la répétition (étant) ici la marque de l'obsession » (J. Bersani, La Littérature en France depuis 1945).

Il est presque l'heure de l'apéritif[1] et A... n'a pas attendu davantage pour appeler le boy[2], qui apparaît à l'angle de la maison, portant le plateau avec les deux bouteilles, trois grands verres[3] et le seau à glace. Le chemin qu'il suit, sur les dalles, est sensiblement parallèle au mur et converge avec le trait d'ombre
5 au niveau de la table, ronde et basse, où il place le plateau avec précaution, près du roman à couverture vernie.

C'est ce dernier qui fournit le sujet de la conversation. Les complications psychologiques mises à part, il s'agit d'un récit classique sur la vie coloniale, en Afrique, avec description de tornade, révolte indigène et histoires de club. A...
10 et Franck en parlent avec animation, tout en buvant à petites gorgées le mélange de cognac et d'eau gazeuse servi par la maîtresse de maison dans les trois verres.

2. Le serviteur indigène, qui passe et repasse tout au long du roman.

3. A... a fait enlever le couvert de la femme de Franck, mais elle a laissé celui de son mari, l'observateur jaloux et le narrateur du roman.

4. Cette anecdote revient aussi à plusieurs reprises dans le livre.

Le personnage principal du livre est un fonctionnaire des douanes. Le personnage n'est pas un fonctionnaire, mais un employé supérieur d'une vieille compagnie commerciale. Les affaires de cette compagnie sont mauvaises, elles évo-
15 luent rapidement vers l'escroquerie. Les affaires de la compagnie sont très bonnes. Le personnage principal — apprend-on — est malhonnête. Il est honnête, il essaie de rétablir une situation compromise par son prédécesseur, mort dans un accident de voiture. Mais il n'a pas eu de prédécesseur, car la compagnie est de fondation toute récente ; et ce n'était pas un accident. Il est
20 d'ailleurs question d'un navire (un grand navire blanc) et non de voiture.

Franck, à ce propos, se met à raconter une anecdote personnelle de camion en panne[4]. A..., comme la politesse l'exige, s'inquiète de détail prouvant l'attention qu'elle porte à son hôte, qui bientôt se lève et prend congé, afin de regagner sa propre plantation, un peu plus loin vers l'est.
25 A... s'accoude à la balustrade. De l'autre côté de la vallée, le soleil éclaire de ses rayons horizontaux les arbres isolés qui parsèment la brousse, au-dessus de la zone cultivée. Leurs ombres très longues barrent le terrain de gros traits parallèles.

Alain ROBBE-GRILLET, *La Jalousie* (1957)
© éd. de Minuit

Francis Huster,
Barbara Sukowa
dans *Équateur*,
film de
Serge Gainsbourg,
1983.

POUR LE COMMENTAIRE

1. Points de vue différents

a. Le point de vue du narrateur : il continue d'être le voyeur.
b. Ce voyeur est aussi un auditeur ; c'est à travers la conversation d'A... et de Franck qu'il peut saisir le contenu du roman colonial, — d'où la présentation « dialogique ».
c. Dans le dernier paragraphe, on suit le regard d'A... : le point de vue du personnage l'emporte-t-il alors sur le point de vue du narrateur, ou se confond-il avec lui ?

2. Des prédicats contradictoires : étude du troisième paragraphe

a. Les propositions contradictoires (le critique Lucien DÄLLENBACH y retrouve le rythme rousselien : création-destruction).

b. « Une soudaine explosion affective du protagoniste qui ne peut s'empêcher de mêler ses obsessions personnelles à sa réflexion sur le roman africain » (J. Alter).
c. Un principe d'organisation textuelle (L. Dällenbach).

3. D'un personnage à l'autre

Jean ROUSSET a fait observer que les oppositions terme à terme portent d'abord sur l'identité du personnage principal du livre ; d'où la tentation d'un report sur le personnage principal de *La Jalousie*, c'est-à-dire le narrateur lui-même : lui dénier tel prédicat après le lui avoir octroyé, n'est-ce pas faire entendre que la jalousie est « une passion sans personnage », et que son narrateur, dépourvu lui aussi d'état-civil, « destitué de tout pronom personnel, privé des moyens vocaux qui assurent habituellement la présence de celui qui parle, (...) est là, comme un vide qui pense » ?

Nathalie Sarraute *L'Ère du soupçon* (1956)

__Nathalie Sarraute__ a regroupé sous ce titre quatre essais sur le roman, écrits entre 1947 et 1956 : « De Dostoïevski à Kafka », « L'Ère du soupçon », « Conversation et sous-conversation », « Ce que voient les oiseaux ». Selon elle, __un soupçon pèse sur les personnages du roman__ : « Le lecteur et l'auteur en sont arrivés à éprouver une méfiance mutuelle. Depuis Proust, Joyce et Freud, le lecteur en sait trop long sur la vie psychologique. Il a tendance à croire qu'elle ne peut plus être révélée, comme au temps de Balzac, par les personnages que lui propose l'imagination de l'auteur. Il leur préfère le « fait vrai ». Le romancier, en revanche, est persuadé qu'un penchant naturel pousse le lecteur à trouver, dans un roman, des « types », des caractères, au lieu de s'intéresser surtout à cette matière psychologique anonyme sur laquelle se concentrent aujourd'hui les recherches de l'auteur. Aussi celui-ci s'acharne-t-il à supprimer les points de repère, à « __dépersonnaliser ses héros__ ».

Le romancier contre le lecteur

Mais il y a plus : si étrange que cela puisse paraître, cet auteur que la perspicacité grandissante et la méfiance du lecteur intimident, se méfie, de son côté, de plus en plus, du lecteur.

Le lecteur, en effet, même le plus averti, dès qu'on l'abandonne à lui-même,
5 c'est plus fort que lui, typifie.

Il le fait — comme d'ailleurs le romancier, aussitôt qu'il se repose — sans même s'en apercevoir, pour la commodité de la vie quotidienne, à la suite d'un long entraînement. Tel le chien de Pavlov[1], à qui le tintement d'une clochette fait sécréter de la salive, sur le plus faible indice il fabrique des personnages. Comme
10 au jeu des « statues », tous ceux qu'il touche se pétrifient. Ils vont grossir dans sa mémoire la vaste collection de figurines de cire que tout au long de ses journées il complète à la hâte et que, depuis qu'il a l'âge de lire, n'ont cessé d'enrichir d'innombrables romans.

Or, nous l'avons vu[2], les personnages, tels que les concevait le vieux roman
15 (et tout le vieil appareil qui servait à les mettre en valeur), ne parviennent plus à contenir la réalité psychologique actuelle. Au lieu, comme autrefois, de la révéler, ils l'escamotent.

Aussi, par une évolution analogue à celle de la peinture — bien qu'infiniment plus timide et plus lente, coupée de longs arrêts et de reculs — l'élément
20 psychologique, comme l'élément pictural, se libère insensiblement de l'objet avec lequel il faisait corps. Il tend à se suffire à lui-même et à se passer le plus possible de support. C'est sur lui que tout l'effort de recherche du romancier se concentre, et sur lui que doit porter tout l'effort d'attention du lecteur.

Il faut donc empêcher le lecteur de courir deux lièvres à la fois, et puisque ce
25 que les personnages gagnent en vitalité facile et en vraisemblance, les états psychologiques auxquels ils servent de support le perdent en vérité profonde, il faut éviter qu'il disperse son attention et la laisse accaparer par les personnages, et, pour cela, le priver le plus possible de tous les indices dont, malgré lui, par un penchant naturel, il s'empare pour fabriquer des trompe-l'œil.

Nathalie SARRAUTE, *L'Ère du soupçon* (1956)
© éd. Gallimard

---

1. Physiologiste russe (1849-1936), prix Nobel en 1904, célèbre par son travail sur les glandes digestives. — 2. Sarraute écrivait plus haut : « Il (le lecteur) a si bien et tant appris qu'il s'est mis à douter que l'objet fabriqué que les romanciers lui proposent puisse receler les richesses de l'objet réel. »

Samuel Beckett *L'Innommable* (1953)

Avant sa carrière de dramaturge (voir p. 650), **Samuel Beckett** *a été romancier :* Murphy *(1947),* Molloy *(1951),* Malone meurt *(1951) rôdent autour de personnages dont le nom commence toujours pas un M. Il en va encore de même pour Mahood, dont à un certain moment l'histoire tend à s'esquisser dans* L'Innommable. *Mais y a-t-il encore un personnage véritable dans ce roman ? Après le vagabond (Molloy), le moribond (Malone), un déchet enfermé dans la jarre qui sert à décorer l'entrée d'un restaurant... Mais surtout* **un Je sans nom.**

Qui parle ?

Comment, dans ces conditions, fais-je pour écrire, à ne considérer de cette amère folie que l'aspect manuel ? Je ne sais pas. Je pourrais le savoir. Mais je ne le saurai pas. Pas cette fois-ci. C'est moi qui écris, moi qui ne puis lever la main de mon genou. C'est moi qui pense, juste assez pour écrire, moi dont la tête est
5 loin. Je suis Mathieu[1] et je suis l'ange, moi venu avant la croix, avant la faute, venu au monde, venu ici.

J'ajoute, pour plus de sûreté, ceci. Ces choses que je dis, que je vais dire, si je peux, ne sont plus, ou pas encore, ou ne furent jamais, ou ne seront jamais, ou si elles furent, ou si elles sont, ou si elles seront, ne furent pas ici, ne sont pas
10 ici, ne seront pas ici, mais ailleurs. Mais moi je suis ici. Je suis donc obligé d'ajouter encore ceci. Moi que voici, moi qui suis ici, qui ne peux pas parler, ne peux pas penser, et qui dois parler, donc penser peut-être un peu, ne le peux seulement par rapport à moi qui suis ici, à ici où je suis, mais le peux un peu, suffisamment, je ne sais pas comment, il ne s'agit pas de cela, par rapport à moi
15 qui fus ailleurs, qui serai ailleurs, et à ces endroits où je fus, où je serai. Mais je n'ai jamais été ailleurs, quelque incertain que soit l'avenir. Et le plus simple est de dire que ce que je dis, ce que je dirai, si je peux, se rapporte à l'endroit où je suis, à moi qui y suis, malgré l'impossibilité où je suis d'y penser, d'en parler, à cause de la nécessité où je suis d'en parler, donc d'y penser peut-être un peu.
20 Autre chose : ce que je dis, ce que je dirai peut-être, à ce sujet, à mon sujet, au sujet de ma demeure, est déjà dit, puisque, étant ici depuis toujours, j'y suis encore. Enfin un raisonnement qui me plaît, digne de ma situation. Je n'ai donc pas d'inquiétude à avoir. Cependant je suis inquiet. Je ne vais donc pas au désastre, je ne vais nulle part, mes aventures sont terminées, mes dits dits,
25 j'appelle ça des aventures. Cependant je sens que non. Et je crains fort, puisqu'il ne peut s'agir que de moi et de cet endroit, que je ne sois encore une fois en train d'y mettre fin, en en parlant. Ce qui ne tirerait pas à conséquence, au contraire, n'était l'obligation où je serai, une fois débarrassé, de recommencer, à partir de nulle part, de personne et de rien, pour y aboutir à nouveau, par des voies
30 nouvelles bien sûr, ou par les anciennes, chaque fois méconnaissable. D'où une certaine confusion dans les exordes[2], le temps de situer le condamné et d'en faire la toilette. Mais je ne désespère pas de pouvoir un jour m'épargner, sans me taire. Et ce jour-là, je ne sais pourquoi, je pourrai me taire, je pourrai finir, je le sais. Oui, l'espoir est là, encore une fois, de ne pas me faire, de ne pas me perdre,
35 de rester ici, où je me suis dit être depuis toujours, car il fallait vite dire quelque chose, de finir ici, ce serait merveilleux. Mais est-ce à souhaiter ? Oui, c'est à souhaiter, finir est à souhaiter, finir serait merveilleux, qui que je sois, où que je sois.

Samuel BECKETT, *L'Innommable* (1953)
© éd. de Minuit

1. *Saint Mathieu ? Le nom, en tout cas, commence lui-aussi par un M.*

2. *Entrées en matière.*

POINT DE VUE CRITIQUE

Dans l'un des derniers chapitres du Livre à venir *(1959), Maurice Blanchot s'interroge sur la naissance de la parole dans* L'Innommable.

« *L'Innommable* est précisément expérience vécue sous la menace de l'impersonnel, approche d'une parole neutre qui se parle seule, qui traverse celui qui l'écoute, est sans intimité, exclut toute intimité, et qu'on ne peut faire taire, car c'est l'incessant, l'interminable.

Qui parle donc ici ? Est-ce « l'auteur » ? Mais que peut désigner ce nom, si de toutes manières celui qui écrit n'est déjà plus Beckett, mais l'exigence qui l'a entraîné hors de soi, l'a dépossédé et dessaisi, l'a livré au dehors, faisant de lui un être sans nom, l'Innommable... »

Michel Butor *Passage de Milan* (1954)

Premier roman publié par **Michel Butor**, Passage de Milan *pourrait passer pour un brillant exercice de style,* **une sorte de jeu des sept familles**, *à chacun des sept étages de l'immeuble sis 15 passage de Milan, à Paris.*

*** *Passage de Milan*

Au quatrième étage, M. et Mme Vertigues donnent une réception en l'honneur de leur fille Angèle, qui vient d'avoir vingt ans. Divers jeunes gens de l'immeuble sont invités, dont les cinq enfants de la famille Mogne, qui habite au second : Vincent, l'aîné, Gérard, Viola, Martine et le plus jeune, Félix, qui ne sait pas danser et à qui sa sœur Martine donne sa première leçon.

Première surprise-partie

1. Philippe Sermaize,
l'un des jeunes gens
invités. Il n'habite pas
l'immeuble.

2. Terme italien
utilisé pour
caractériser un
mouvement lent en
musique.

3. Louis, qui habite le
sixième, est le cousin
des deux abbés
Ralon, qui habitent au
premier.

4. Samuel Léonard,
qui habite le
troisième, donc
l'étage au-dessus des
Mogne. Sa nièce
Henriette est venue
avec Louis.

5. C'est-à-dire
Vincent.

6. Angèle.

7. Gérard.

8. Le pieux Énée.
Félix a dû étudier en
classe l'Énéide, de
Virgile.

9. Dans la Bible, il est
le jumeau de Jacob,
mais considéré
comme un aîné. Il
vendit son droit
d'aînesse à son frère
pour un plat de
lentilles.

10. Gertrude, la
servante des
Vertigues.

Des hochets à noyaux préludent.

« Vous dansez la rumba ?

— Mais avec plaisir, Philippe[1]. Excusez-moi, cher ami ; c'est entendu pour la valse. »

5 Ils commencent à onduler. Martine a du style ; elle n'exécute des figures que le strict nécessaire, un accompagnement aussi discret que possible ; mais quelle efficacité. Viola, au contraire, c'est la fougue, la flamme, les déploiements. Philippe, il s'appelle ; elle le connaît celui-là ? Danse pas mal. Elle aurait bien pu m'apprendre ce truc-là aussi. Et si Viola ne danse pas, bien qu'un peu vif-argent...

10 Pensez-vous, elle est prise. Ah, c'est Gérard, il se débrouille lui aussi, et Vincent est avec une personne assez jolie. Angèle parle avec ses parents ; ce serait l'occasion à saisir... Adagio[2]... Hop, le cousin des curés[3] met le grappin dessus ; un manche à balai, un sourire de plâtre, elle attend que ça passe. N'est-ce pas la nièce du schnock d'au-dessus[4] qui danse avec le frangin dauphin[5] ? L'air un

15 peu affolée, se demande ce qu'il va encore inventer, au contraire de l'héritière d'ici[6] qu'il captive. Depuis le début de la soirée ils l'accaparent, Gérard et lui, ne laissant aux autres que les valses ; pas bien généreux. A chaque nouveau disque, Mogne deux[7] la cherche, mais si numéro un arrive, s'efface. Il sait qu'il ne peut pas en garder l'exclusivité ; si elle doit se frotti-frotter à d'autres, autant que ça

20 reste dans la famille. Marrant, le gars, tout sage, tout tranquille, et de temps en temps on ne sait plus ce qui lui passe par la tête, ce n'est pas comme le prince de Galles, au poil, mais siphonné, on est prévenu. Le droit d'aînesse comme chez les anciens rois et les juifs de la Bible. Pieux, comme pius Aeneas[8], ce n'est pas lui qui ferait le coup des lentilles, d'ailleurs ce serait plutôt lui qui aurait la tête

25 d'Esaü[9] ; c'est comme si ça lui faisait plaisir de les voir ensemble. Quant aux autres demoiselles, ces messieurs les laissent tomber d'un plein accord, sauf Anne de Bretagne et la jeune ensorceleuse, à peine de ci de là une politesse. Goûtons un peu ces petits fours. Cette servante[10] qui doit avoir mon âge, et qui se précipite. Je voudrais bien savoir ce qu'il leur reste à la cuisine comme

30 surprises. A la liqueur ; pas mal du tout. Pas d'histoires, il me faut ma valse. Le père Vertigues regarde le pick-up ; quelques soirs encore... Belle pile.

Le maître de maison, prévenant :

« Vous désirez quelque chose de spécial ? »

Félix rougit jusqu'aux oreilles.

35 « Un bon disque de jazz, sans doute ? J'aurais du mal à vous guider...

— Vous ne savez pas ce qu'il y a comme valses ?

— Vous voulez une valse, tiens... Hélas je crains qu'il n'y ait pas grand-chose. Il m'a pourtant semblé entendre du Strauss tout à l'heure... Et ceci ; *la Vie rêvée* ?

— Oh, cela conviendra sûrement, monsieur ; je vous remercie beaucoup. »

40 Arrêt automatique.

Michel Butor, *Passage de Milan* (1954)
© éd. de Minuit

4. L'emploi du temps / L'emploi des temps

Une idée tenace, à laquelle **ALAIN ROBBE-GRILLET** est loin d'être étranger, veut que le Nouveau Roman soit **le roman du présent**. L'idée, défendue par l'auteur dans *Pour un Nouveau Roman* ou dans la préface du ciné-roman *L'Année dernière à Marienbad*, a été développée d'une manière systématique dans la présentation que Jean Bloch-Michel a faite du Nouveau Roman sous le titre *Le Présent de l'indicatif* (Gallimard, 1963). Elle a permis aussi de rapprocher le roman du film (les ciné-romans ou les romans-films de Claude Ollier). Il est vrai que le présent est largement utilisé. Mais cette idée de l'omniprésence du présent est probablement liée à la conception du Nouveau Roman comme roman de l'objet, conception dépassée après 1960.

De même qu'il existe des trous dans la trame du réel, il existe **des trous dans la chronologie**. **MICHEL BUTOR**, dans *L'Emploi du temps*, en use avec le temps comme Robbe-Grillet en usait avec l'espace : Jacques Revel, s'efforçant de retrouver par la mémoire et l'écriture, son récent passé dans la ville de Bleston, conjugue chaque jour le présent et le passé. Le présent de l'écriture serait le fil d'Ariane qui permet d'avancer dans le labyrinthe du passé.

Cette conjonction existe tout aussi bien dans les romans de Claude Simon, puisqu'ils font une large part aux événements du passé, **disséminant dans l'histoire romanesque des fragments d'Histoire**.

En définitive, le Nouveau Roman utilise tous les temps, comme il utilise tous les pronoms personnels. Butor en administre la preuve dans *Degrés*, évocation d'une heure qui permet de **retrouver l'épaisseur du temps**. Dans *Djinn*, leçon de grammaire en forme de roman, Robbe-Grillet lui-même part du présent pour évoluer vers d'autres temps grammaticaux, et la petite Marie donne une leçon au narrateur quand il se lance dans l'histoire du robot sans avoir l'air de savoir qu'« une vraie histoire, c'est forcément du passé ». Le grand art est peut-être surtout atteint à la faveur d'une modulation, celle du conditionnel, qui s'insinue dans le présent au début de *Passacaille*, de **ROBERT PINGET**. Il ne s'agit plus alors de cette « discontinuité temporelle » dont parlait Butor dans ses *Essais sur le roman* (« Recherches sur la technique du roman »), mais d'**une discontinuité** qui affecte la relation même que nous pouvons avoir avec la narration.

Alain Robbe-Grillet *Djinn* (1981)

Une université américaine ayant demandé à **Robbe-Grillet** *un texte qui* **initierait** *progressivement les étudiants étrangers aux difficultés de notre langue, il écrivit un court roman,* Djinn — un trou rouge entre les pavés disjoints, *qui est sans doute un des exemples les plus purs qu'on puisse trouver du Nouveau Roman.*

*** Djinn

Robbe-Grillet continue son jeu sur Jean et Boris : le héros-narrateur, Simon Lecœur, a d'autres identités, dont celle de Boris Kœrshimen. Il a rendez-vous avec une mystérieuse Jean (prononciation américaine : Djinn). Il s'ensuit une intrigue compliquée, qui tient du roman d'espionnage, du conte fantastique, et constitue encore une variation sur le mythe d'Œdipe. Simon rencontre deux enfants, qui ne le quittent plus, Jean (encore une fois) et sa sœur Marie. Est-il leur père ? Sont-ils plus vieux que lui ? Marie, qui a le premier prix de mensonge, adore raconter des histoires. Simon doit s'exécuter à son tour : c'est l'occasion d'une plaisante leçon de grammaire sur l'emploi des temps. Nous sommes au chapitre IV : les étudiants, désormais familiarisés avec le présent, peuvent aborder l'étude des temps du passé.

Une leçon de grammaire

Comme j'ai mangé plus vite que les enfants, j'ai fini mon croque-monsieur depuis longtemps. Marie, qui mâche chaque bouchée avec lenteur et application, entre ses longs discours, ne semble pas près d'avoir terminé son repas. Je demande quel genre d'histoire elle désire. Elle veut — c'est catégorique — une
5 « histoire d'amour et de science-fiction », ce dernier mot étant prononcé à la française, bien entendu. Je commence donc :
« Voilà. Un robot rencontre une jeune dame... »
Mon auditrice ne me laisse pas aller plus loin.

« Tu ne sais pas raconter, dit-elle. Une vraie histoire, c'est forcément au passé.
10 — Si tu veux. Un robot, donc, a rencontré une...
— Mais non, pas ce passé-là. Une histoire, ça doit être au passé historique. Ou bien personne ne sait que c'est une histoire. »

Sans doute a-t-elle raison. Je réfléchis quelques instants, peu habitué à employer ce temps grammatical, et je recommence :
15 « Autrefois, il y a bien longtemps, dans le beau royaume de France, un robot très intelligent, bien que strictement métallique, rencontra dans un bal, à la cour, une jeune et jolie dame de la noblesse. Ils dansèrent ensemble. Il lui dit des choses galantes. Elle rougit. Il s'excusa.

« Ils recommencèrent à danser. Elle le trouvait un peu raide, mais charmant
20 sous ses manières guindées, qui lui donnaient beaucoup de distinction. Ils se marièrent dès le lendemain. Ils reçurent des cadeaux somptueux et partirent en voyage de noces... Ça va comme ça ?

— C'est pas terrible, dit Marie, mais ça peut aller. En tout cas, les passés simples sont corrects.

Alain ROBBE-GRILLET, *Djinn* (1981)
© éd. Gallimard

Michel Butor *L'Emploi du temps* (1956)

Après l'exploration d'une nuit, dans Passage de Milan, *avant l'exploration d'une heure dans* Degrés, *c'est, dans* L'Emploi du temps, *l'exploration d'une année.*

*** *L'Emploi du temps*

Jacques Revel, un jeune Français, est arrivé dans une ville anglaise, Bleston (*blessed town* : ville bénie et maudite à la fois). Il doit travailler dans une agence d'import-export, Matthews and Sons. Il est arrivé le 1er octobre et repartira le 30 septembre. C'est seulement au bout de sept mois, le 1er mai, qu'il décide de tenir son journal (il couvrira donc les cinq derniers mois), qui sera aussi une recherche du temps perdu les sept mois précédents. Tout au long du texte, Butor conjugue donc le présent du journal et le passé des « mémoires ». Le lundi 28 juillet, il tente de reconstituer la journée du 1er mai, celle-là même où il s'est lancé dans son entreprise d'écriture.

Retour à la première page

Michel Butor en 1985.
Photo de Martine Franck.

J'ai devant les yeux cette première page[1] datée du jeudi 1er mai, mais que j'ai écrite toute entière à la lumière de ce jour finissant, voici trois mois, cette page qui se trouvait tout en bas de la pile qui s'est amassée lentement devant moi depuis ce temps-là, et qui va s'accroître dans quelques instants de cette autre
5 page que je raye de mots maintenant ; et je déchiffre cette phrase que j'ai tracée en commençant : « Les lueurs se sont multipliées »[2], dont les caractères se sont mis à brûler dans mes yeux quand je les ai fermés, s'inscrivant en flammes vertes sur fond rouge sombre, cette phrase dont j'ai retrouvé les cendres sur cette page quand j'ai rouvert mes paupières, ces cendres que je retrouve maintenant.
10 Le soleil avait quitté ma table ; il s'était enfoncé derrière les cheminées de la maison qui est à l'angle de Dew Street, et j'ai écrit cette seconde phrase : « C'est à ce moment que je suis entré, que commence mon séjour dans cette ville, cette année dont plus de la moitié s'est écoulée »[3], m'enfonçant de plus en plus dans ce mois d'octobre, dans cette première nuit, « lorsque peu à peu, je me suis
15 dégagé de ma somnolence, dans ce coin de compartiment où j'étais seul face à la marche », comme je m'y enfonce de nouveau en la lisant et la copiant, comme je m'y réveille de nouveau « près de la vitre noire couverte à l'extérieur de gouttes de pluies ».

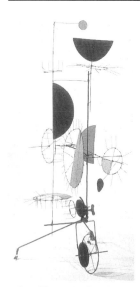

Jean Tinguely, *Machine méta-mécanique automobile*, 1954. Paris, Musée national d'Art moderne.

Le cordon de phrases qui se love dans cette pile et qui me relie directement
20 à ce moment du 1er mai où j'ai commencé à le tresser, ce cordon de phrases est
un fil d'Ariane[4] parce que je suis dans un labyrinthe, parce que j'écris pour m'y
retrouver, toutes ces lignes étant les marques dont je jalonne les trajets déjà
reconnus, le labyrinthe de mes jours à Bleston, incomparablement plus déroutant que le palais de Crète[5], puisqu'il s'augmente à mesure que je le parcours[5],
25 puisqu'il se déforme à mesure que je l'explore.

Cette page datée du 1er mai, je vais la remettre à sa place sous la pile de celles
qui l'ont suivie, sur cette table couverte des mêmes objets que ce 1er mai, des
mêmes documents sur le coin gauche, du même exemplaire du plan de la ville[6],
neuf ce jour-là, que je venais de racheter quelques jours auparavant à Ann Bailey,
30 du même exemplaire du « Meurtre de Bleston »[7], du schéma des lignes des bus,
du guide et de la notice illustrée de la Nouvelle Cathédrale[8].

Le lendemain, j'ai continué, puis peu à peu presque tous les soirs de semaine
depuis, m'enfermant dans cette recherche que je ne prévoyais, certes, ni si lente
ni si dure, m'imaginant alors qu'à la fin du mois de juillet j'aurais depuis
35 longtemps terminé non seulement mon récit de l'automne, mais celui de l'hiver
et du printemps jusqu'à la fin d'avril ; et le surlendemain, le samedi, je me suis
retrouvé solitaire comme en ces premiers jours d'octobre que j'allais décrire,
parce que Lucien[9] était de garde à son hôtel comme il l'était hier et avant-hier
pour la dernière fois, puisqu'il quitte Bleston dimanche, solitaire tournant dans
40 Alexandra Place[10], errant de gare en gare, déjeunant au buffet de Hamilton
Station, buvant pinte sur pinte, puis longeant la Slee[11] jusqu'au soir pluvieux.

Michel BUTOR, *L'Emploi du temps* (1956), © éd. de Minuit

1. *Ceux qui sont déjà écrits, parmi les 500 feuillets de papier blanc achetés par Jacques Revel dans la papeterie tenue par Ann Bailey, dans les jours qui ont précédé le 1er mai. — 2. C'était la première phrase écrite le 1er mai, et c'est la première phrase de* L'Emploi du temps *: les lueurs étaient celles de la gare de Bleston ; c'était aussi les lueurs de la ville en pleine nuit. — 3. Début de la seconde phrase du livre (les phrases écrites le 1er mai sont placées entre guillemets). — 4. Jacques Revel donne volontiers ce nom d'Ariane à Ann Bailey, la première jeune fille de Bleston vers laquelle il ait été attiré. — 5. Le labyrinthe construit par Dédale à la demande du roi Minos pour y abriter le Minotaure. Thésée put en sortir grâce au fil qu'Ariane, la fille de Minos, avait attaché à sa main. — 6. Au début de son séjour, Jacques avait acheté un plan de la ville de Bleston, autre fil d'Ariane dans le labyrinthe de la ville. À la fin d'avril, il a brûlé ce plan (incendiant ainsi, symboliquement, la ville qu'il a prise en grippe), puis, quelques jours après il a acheté un plan neuf. — 7. Un roman policier au titre ambigu, qui a aidé Jacques à découvrir Bleston, mais dont l'auteur se trouve lié à son aventure dans la ville. — 8. Construite au XIXe siècle, elle s'oppose à l'Ancienne Cathédrale. L'une et l'autre sont le cadre d'épisodes du « Meurtre de Bleston ». — 9. Lucien Blaise, un jeune Français qui travaille au Grand Hôtel. — 10. La place où se trouvent les trois gares de Bleston, dont Hamilton Station. — 11. La rivière de Bleston.*

POUR LE COMMENTAIRE

Labyrinthes

Michel Butor a construit *L'Emploi du temps* sur le mythe de Thésée et du labyrinthe. C'est le sujet des tapisseries que Jacques Revel découvre au musée de Bleston, avec des figures qui sont celles de sa propre histoire : Thésée (lui-même), Pirithoüs (Lucien Blaise), Ariane (Ann Bailey), sa sœur Phèdre (Rose Bailey). Ici ce mythe est repris d'une manière large et peut lui-même servir de fil conducteur, de « fil d'Ariane » si l'on veut.

1. Le labyrinthe de la ville

a. Bleston comme labyrinthe.
b. Bleston comme monstre (le Minotaure).
c. Solitude de Jacques Revel/Thésée.

2. Le labyrinthe du temps

a. « Le labyrinthe de mes jours à Bleston » : pourquoi est-il encore plus déroutant que le palais de Crète ?
b. Le mélange du temps des mémoires et du temps du journal.

3. Le labyrinthe du texte

a. Le « cordon de phrases » qui doit servir de fil d'Ariane.
b. La « pile » du texte déjà écrit comme labyrinthe.
c. La complexité des seules premières phrases du livre.

Conclusion

Une esthétique de la découverte et de l'émergence.

GROUPEMENT THÉMATIQUE

Le labyrinthe

Quelques orientations de lecture :

La *Vie de Thésée*, de PLUTARQUE (référence donnée par BUTOR lui-même à la fin de *L'Emploi du temps*). — RACINE : *Phèdre*, 1677. — Alain ROBBE-GRILLET : *Dans le labyrinthe*, 1959 (errance d'un soldat dans une ville enneigée, sans indications de rue ; la rencontre d'un mystérieux enfant qui est censé le guider). — Jorge-Luis BORGES : *Labyrinthes*, 1938.

Robert Pinget *Clope au dossier* (1961)

Écrivain suisse d'expression française, né à Genève en 1919, **Robert Pinget** fait des études de droit avant de se consacrer à la peinture, puis à la création littéraire. Il débute avec des « textes brefs », *Entre Fantoine et Agapa* (1951), et excelle, dès son premier roman, *Mahu ou le Matériau* (1952), dans l'art de la dérision. Tant dans son œuvre théâtrale (*Monsieur Songe*, 1982) que dans les romans qui suivront (*L'Inquisitoire*, 1962 ; *Le Libera*, 1968 ; *Passacaille*, 1969 ; *L'Apocryphe*, 1980 ; *Charrue*, 1985), Robert Pinget s'intéresse à « la façon de dire » et se livre à des descriptions répétées mais subtilement décalées.

Clope au dossier, où le récit est tout entier investi par le dialogue, est le roman de la « parlerie », voire du radotage. **Robert Pinget** *capte et restitue, en le stylisant, le tissu des échanges « à bâtons rompus », comme on dit : les thèmes sont insignifiants ou rebattus, le langage répétitif, hésitant ou prolixe ; c'est* **la conversation au degré zéro du sens et de la syntaxe,** *tournant à vide, mais dont le reportage participe à la fois à une recherche sur le langage au quotidien et à la mise en scène de l'absurde.*

Au jardin public

Toupin a tiré une cigarette et l'a tendue à Pommard qui l'a prise et se l'est mise au bec. Vous avez du feu qu'il demande à Toupin. Ma foi non dit Toupin ma femme ne veut pas que je fume. Pommard cherche dans sa poche et dans l'autre tremblotant et encore l'autre glaviotant repoussant il dit la garce elle me l'aura enlevé aussi mon briquet mon briquet d'amadou la garce. Eh bien tant pis dit Toupin je la garde et je me la fumerai plus tard. La garce disait Pommard cherchant toujours c'est bien ça elle me l'aura pris c'est un peu fort tout de même, on pourrait peut-être demander à ce monsieur. Un monsieur qui passait. Dites monsieur qu'il fait Pommard vous n'auriez pas du feu, mais le passant n'entend pas. Ah les jeunes aujourd'hui dit Toupin les jeunes sont personnels monsieur Pommard, ils n'entendent plus les vieux. Attendons le suivant dit Pommard en se retirant la cigarette du bec et il l'a gardée à la main. Toupin se l'est mise sur l'oreille. Eh oui le régiment monsieur Pommard vous étiez de la classe dix-neuf cent dix-neuf cent dix-neuf cent deux non. Dix-neuf cent trois dit Pommard dix-neuf cent trois et vous c'était donc dix-neuf cent six. Dix-neuf cent six oui dit Toupin dix-neuf cent six oui c'est bien ça, à Clermont-Ferrand. Vous étiez dans la cavalerie demande Pommard. Dans l'infanterie dit Toupin, l'infanterie. Mais l'infanterie ce n'était pas à Clermont disait Pommard pas à Clermont souvenez-vous c'était la cavalerie, vous deviez être à Toulouse, à Toulouse vous étiez. Je vous dis à Clermont-Ferrand disait Toupin je me souviens bien allez le café du Marronnier à l'angle. C'est Charbonnier disait Pommard le café Charbonnier vous pensez si je connais Clermont j'y passais mes vacances avec madame Pommard, le café Charbonnier à l'angle de la rue la rue la rue comment s'appelle-t-elle déjà, la rue ça me reviendra vous pensez si je connais le café Charbonnier à l'angle de la rue ah c'est trop bête, de la rue et de la grand-place. J'avais le souvenir que c'était Marronnier disait Toupin en tout cas nous étions à Clermont. Crachotant sifflotant ça m'étonnerait bien disait Pommard ça m'étonnerait bien la cavalerie c'était à Toulouse souvenez-vous. J'étais dans l'infanterie disait Toupin l'infanterie à Clermont-Ferrand, l'infanterie oui je veux dire disait Pommard l'infanterie était à Clermont, c'est bien ce que je dis disait Toupin l'infanterie à Clermont. Ça m'étonnerait bien disait Pommard est-ce que vous ne confondez pas peut-être avec la guerre, la mobilisation. La mobilisation pensez disait Toupin la mobilisation, je m'en souviens comme d'hier, nous avons tout de suite été dirigés sur Chaumont, Chaumont parfaitement, il y avait le café du Marronnier et une soubrette monsieur Pommard une soubrette comment s'appelait-elle donc Élise Elvire Éloïse le tout début de la guerre quand on n'y croyait pas encore, bien sûr Chaumont ah nous en avons gardé un bon souvenir. Bon souvenir bon souvenir disait Pommard je n'appellerai pas ça un bon souvenir tout de même. Je veux dire le début disait Toupin le début à Chaumont quand on n'y croyait pas encore avec cette soubrette comment s'appelait-elle ça me reviendra.

Robert PINGET, *Clope au dossier* (1961)
© éd. de Minuit

POUR LE COMMENTAIRE

1. Quels sont **les thèmes** de cette conversation ? Comment contribuent-ils à rendre les deux personnages à la fois risibles et touchants ?

2. Étudiez **la réduction du récit** par rapport au dialogue, et contradictoirement, le contrôle constant du narrateur sur le dialogue.

3. Comment Pinget obtient-il **les effets de « parlerie »** ? Ne s'agit-il que d'un radotage de vieillards ?

La crise du personnage romanesque au XXᵉ siècle

1. Petite histoire d'une crise d'identité

Alors qu'elle paraît « naturelle », la notion de personnage est une notion historique, produit du mythe bourgeois de la personne en même temps qu'elle en est constitutive. Le personnage construit, nanti d'un état-civil et d'une photo d'identité, d'un passé et d'un caractère, appartient pour l'essentiel à l'esthétique réaliste et naturaliste. Compris comme la copie d'un être réel, et confondu avec la personne, **le personnage était fondé sur quelques présupposés qui passaient pour des évidences** : le « moi » existe, unifié, cohérent, analysable ; un certain nombre de lois psychologiques permettent de rendre compte de ses comportements ; à partir des traits qui composent un « individu », on peut passer au type, voire au mythe.

Advinrent la réflexion marxiste, les mises en cause freudiennes, les analyses conduites par la linguistique. Le soupçon gagnait tout : les hommes n'étaient peut-être pas les maîtres de l'Histoire, le conscient cachait l'inconscient labyrinthique, et loin de produire son discours, le sujet en était le produit... **Puisque la définition même de la personne était devenue problématique, comment continuer à « croire » au personnage** ?

Des signes de cette suspicion étaient manifestes à l'intérieur même de l'ensemble réaliste du XIXᵉ siècle : des personnages flaubertiens comme Homais *(Madame Bovary)*, comme Bouvard et Pécuchet *(Bouvard et Pécuchet)*, ne sont pas des « personnes » et ne donnent pas l'illusion d'en être. Somme d'expressions toutes faites et de clichés, de bribes de discours (notamment littéraires) et de citations, ils n'ont de substance que linguistique. Quelque chose parle en eux — qui peut être l'idéologie, la bêtise bourgeoise, le stéréotype littéraire, et qui pourra devenir au XXᵉ siècle la langue de bois des dogmatismes, le ressassement insignifiant, le bruit — et ils ne « sont » que cet entrecroisement. Simplement, en maintenant ses créatures sur une ligne où le privé rencontre le social, Flaubert leur laisse une garantie minimale d'existence objective.

A cette illusoire part d'objectivité, le XXᵉ siècle ne peut plus croire. A ce couple cher au XIXᵉ siècle de l'individu et de la société, **MARCEL PROUST substitue une relation entre un moi et un autrui qui n'existe qu'en fonction du regard porté sur lui.** C'était proclamer que seule la subjectivité importait ; que le roman ne pouvait être qu'une « version » de la vie et non *la* représentation *de la* vie ; que le personnage enfin était d'abord une conscience prismatique d'un monde qu'elle pouvait seule interpréter et mettre en ordre, alors que le personnage classique venait à la rencontre d'un univers qui était déjà en ordre.

Sur ce point, il n'est nullement saugrenu de rapprocher Marcel Proust et **ANDRÉ BRETON**. Anecdotique, gratuit, et de surcroît logique et prévisible (puisque la psychologie du roman traditionnel réduit toujours l'inconnu au connu), **le personnage incarne tout ce que les surréalistes détestent**, eux qui veulent rétablir l'imagination dans ses droits, l'émotion, la merveille et la surprise.

Pour la romancière anglaise **VIRGINIA WOOLF**, enfin, le personnage ne peut être qu'une imposture, puisque la personne, discontinue et imprévue, n'existe pas et se cherche toujours dans le spasmodique, le fragmenté, l'obscur. Le personnage ne peut alors être concevable que si le romancier, refusant le stable, le déterminé, le composé, se laisse en quelque sorte investir et transformer indirectement par ce qui n'est même plus sa « création ».

2. Théories et pratiques modernes

Dans *L'Ère du Soupçon*, en 1956, **NATHALIE SARRAUTE** esquisse donc un premier bilan : le personnage a tout perdu, biens, caractère, nom propre même. C'est **un « je » anonyme**, souvent reflet de l'auteur, qui occupe la place, et, dans le pacte qui lie l'auteur au lecteur, la méfiance a pris la place de la belle confiance d'autrefois. Pourquoi ? Parce que le lecteur sait que l'objet « réel » est mille fois plus riche que ce produit fabriqué qu'il peut trouver dans la description réaliste. Ce lecteur, qui « a vu tomber les cloisons étanches qui séparaient les personnages les uns des autres, et le héros de roman devenir une limitation arbitraire, un découpage conventionnel », veut, selon Sarraute, du document vécu (ou ce qui en a l'air), se doute que « la Bovary, c'est moi », et doit être amené à s'intéresser beaucoup plus à la richesse complexe de la vie psychologique en elle-même, plutôt qu'à ses supports.

ROBBE-GRILLET, qui reprend l'analyse au vol dans *Pour un nouveau roman* (1963), souligne la propension de tous les grands (**PROUST, CÉLINE, SARTRE, CAMUS**) à écrire à la première personne, à supprimer les noms (le K. du *Château*, de Kafka) ou à donner le même à deux personnes différentes (Faulkner), et cherche une explication sociohistorique à cette dilution du personnage : « L'époque actuelle est plutôt celle du numéro matricule ». **Le personnage du nouveau roman doit surtout « être là » avant « d'être quelque chose ».**

Il est ainsi le plus souvent désigné par un pronom personnel (*je*, très souvent, parfois *il* ou *vous*), peu à peu produit par les choses qui l'entourent et non propriétaire satisfait de ces choses (*Les Choses*, de **GEORGES PEREC**, 1965), évincé à coup sûr en tant qu'individu par son indétermination, et plus sûrement encore par son inscription dans un ensemble mythique et culturel qui le dépersonnalise (*Ulysse*, de **JOYCE**, Adam Pollo, dans *Le Procès-verbal*, de **J.-M. G. LE CLÉZIO**, 1963). On peut suivre **BERNARD PINGAUD** dans la synthèse ironique qu'il propose : « Il y a, en effet, deux façons d'éliminer le personnage : l'une consiste à l'escamoter purement et simplement, l'autre revient à lui demander à se dévorer lui-même. Robbe-Grillet a choisi la première voie, Beckett la seconde [...]. Dans le roman de l'escamotage, le monde extérieur gagne en importance ce que l'homme a perdu. Il est dur, solide, coupant. On n'y pénètre pas, on s'y heurte ; on ne l'apprivoise pas, on le regarde. Dans les romans de la dévoration, le monde extérieur, englouti, brisé, devenu prétexte à la rumination d'une conscience qui ne trouve pas plus d'appui au-dehors qu'en elle-même, s'effondre et entraîne dans sa chute le personnage désormais incapable de se définir par rapport à lui » *(L'École du refus).*

De tous les moyens inventés par les écrivains du XXᵉ siècle pour exécuter cet encombrant « vivant sans entrailles » (Paul Valéry), le plus efficace semble toutefois être celui que Flaubert avait génialement trouvé : faire qu'on entende un monologue qui sait où il va ou au contraire une logorrhée qui se perd, un discours poétique ou trivial, qui passe au travers d'une ombre. La mort du personnage est alors la certitude d'une naissance : celle de la littérature, qui montre à chacun de nous qu'il est le produit de tous les discours, de toutes les citations, de tous les textes qui se sont déposés en lui comme en un vivant palimpseste.

Alain Robbe-Grillet
Pour un Nouveau Roman (1963)

Dans Pour un Nouveau Roman, **Alain Robbe-Grillet** *a placé le Nouveau Roman et le cinéma **sous le signe du présent**. Cette analogie fondatrice, source d'un renouvellement du roman, permettait aussi le passage du Nouveau Roman au cinéma.*

Le film et le roman se présentent de prime abord sous la forme de déroulements temporels — contrairement, par exemple, aux ouvrages plastiques, tableaux ou sculptures. Le film, à l'instar de l'œuvre musicale, est même minuté de façon définitive (alors que la durée de lecture peut varier à l'infini, d'une page à l'autre et d'un individu à l'autre). En revanche, nous l'avons dit, le cinéma ne 10 connaît qu'un seul mode grammatical : le présent de l'indicatif. Film et roman se rencontrent en tout cas, aujourd'hui, dans la construction d'instants, d'intervalles et de successions qui n'ont plus rien à voir avec ceux des horloges ou du calendrier.

Alain ROBBE-GRILLET, *Pour un Nouveau Roman*
(1963), © éd. de Minuit

C'est dans L'Année dernière à Marienbad, *film réalisé en 1961 par **Alain Resnais** sur un scénario de **Robbe-Grillet**, que la fusion s'opère pour la première fois. L'écrivain commente le film en ces termes :*

L'Année dernière à Marienbad, à cause de son titre, à cause aussi des œuvres dont Alain Resnais avait auparavant réalisé la mise en scène, a d'emblée été interprété comme une de ces variations psychologiques sur l'amour perdu, l'oubli, le souvenir. Les questions que l'on se posait le plus volontiers étaient : cet homme et cette femme se sont-ils vraiment rencontrés, aimés, l'année dernière à Marienbad ? La jeune femme se souvient-elle et fait-elle seulement semblant de ne pas reconnaître le bel étranger ? Ou bien a-t-elle vraiment tout oublié de ce qui s'est passé entre eux ? etc. Il faut dire les choses nettement : ces questions n'ont aucun sens. L'univers dans lequel se déroule tout le film est, de 15 façon caractéristique, celui d'un présent perpétuel qui rend impossible tout recours à la mémoire. C'est un monde sans passé qui se suffit à lui-même à chaque instant et qui s'efface au fur et à mesure. Cet homme, cette femme commencent à exister seule-20 ment lorsqu'ils apparaissent sur l'écran pour la première fois ; auparavant ils ne sont rien ; et, une fois la projection terminée, ils ne sont plus rien de nouveau. Leur existence ne dure que ce que dure le film. Il ne peut y avoir de réalité en dehors des 25 images que l'on voit, des paroles que l'on entend.

Alain ROBBE-GRILLET, *Pour un Nouveau Roman*
(1963), © éd. de Minuit

Scène de tournage
du film
*L'Année dernière
à Marienbad*,
d'Alain Resnais,
1961.

Alain Resnais, Alain Robbe-Grillet
L'Année dernière à Marienbad (1961)

Voici un extrait du scénario de L'Année dernière à Marienbad, *publié un an après la sortie du film comme « ciné-roman ».*

Un fondu ramène au plateau du petit théâtre, comme au commencement du film, avec le même acteur et la même actrice en scène. Mais on est vers le début de la pièce et le décor n'est plus le même : un salon ou quelque chose de ce genre. Ils sont en train de jouer une scène dont on ne comprend pas les paroles :

5 on voit le mouvement des lèvres, mais on n'entend rien. Il s'agit peut-être d'une des scènes du début entre X et A ? Ou bien de quelque pièce du répertoire (Marivaux ou autre).

    VOIX DE X. — *... L'hôtel était désert, comme abandonné. Tout le monde se trouvait à cette soirée théâtrale annoncée depuis si longtemps, dont vous avait* 10 *dispensée votre malaise... C'était, je crois... Je ne me souviens plus du titre... La pièce ne devait s'achever que tard dans la nuit...* (un temps.) *Après vous avoir quittée, allongée sur le lit dans votre chambre...*

    Transition fondue (le discours se poursuit toujours) passant à un plan mobile qui est la reproduction exacte d'un assez long fragment de la première séquence 15 du film : lente avancée de la caméra dans la galerie vide, vers le théâtre.

    VOIX DE X. — *... il s'était dirigé vers la salle du petit théâtre où il avait pris place au milieu d'un groupe d'amis. Il faudrait qu'il revienne avant la fin du spectacle, s'il voulait vraiment vous retenir...*

Delphine Seyrig dans
*L'Année dernière à
Marienbad.*

    Un fondu et c'est maintenant A, seule, en train d'attendre, dans un vague salon 20 ou lieu de passage (où personne ne passe d'ailleurs). Le costume de A est très différent de tout ce qu'elle a porté pendant le film : une sorte de tailleur de voyage, élégant et plutôt sévère, peut-être assez sombre. A est assise sur le bord d'un canapé. Elle a l'air d'attendre chez le dentiste, ou d'être dans une gare entre deux trains. De temps à autre, elle regarde une horloge baroque qui orne un 25 meuble du salon (la cheminée peut-être), objet de vastes proportions, orné de sujets en bronze très 1900. Tout le décor doit être très chargé, et l'architecture labyrinthique (glaces, colonnes, etc.) caractéristique de l'hôtel. A cherche quelque chose dans son sac à main, trouve une lettre qu'elle se met à lire (c'est elle peut-être qui l'a écrite) ; puis elle la déchire en 16 morceaux (déchirée quatre 30 fois) et fait tomber les morceaux sur la table (table longue et basse devant le canapé), en pluie, machinalement. Machinalement, elle commence à disposer les morceaux de papier selon la figure classique du jeu favori de M : 7, 5... mais avant d'avoir terminé, elle brouille tout d'un geste brusque. Elle ramasse ensuite les bouts de papier, les déchire encore, cherche un endroit où les mettre et finit 35 par les abandonner dans un cendrier.

    VOIX DE X. — *... Vous vous êtes habillée pour le départ, et vous avez commencé à l'attendre, seule, dans une sorte de hall, ou de salon, que l'on devait traverser pour rejoindre votre appartement... Par quelque superstition, vous m'aviez demandé de vous laisser jusqu'à minuit... Je ne sais pas si vous espériez ou non* 40 *sa venue. J'ai même pensé, un instant, que vous lui aviez tout avoué, et fixé l'heure à laquelle il vous retrouverait... Ou bien vous pensiez seulement que moi-même, peut-être, je ne viendrais pas.*

    Puis la voix *off* reprend, après un silence très marqué.

    VOIX DE X. — *Je suis venu à l'heure dite.*

45 A ce moment précis, X paraît. A le regarde, le visage toujours vide. Avait-elle espéré l'arrivée de l'autre ? X s'est arrêté dans l'encadrement de la porte (y a-t-il au-dessus un portrait en pied d'un homme qui ressemble beaucoup à M ?). Il a lui-même l'air fatigué, plutôt sinistre. A regarde vers le cadran de la pendule : il reste encore deux ou trois minutes de répit. A reste assise, visage fermé, 50 presque crispé, les yeux baissés vers la table. X fait quelques pas dans sa direction. Ils ne se disent rien, évitent même de se regarder. Elle est toujours assise et lui debout dans les parages. Ils n'ont pas l'air hésitants, mais résolus au contraire, bien qu'à bout de résistance. X est en complet-veston, élégant mais peu habillé (pour le voyage).

55 A est en train de fixer la pendule, lorsque le premier coup de minuit résonne, rendant exactement le même son qu'à la fin de la pièce de théâtre, au début du film. A ne bouge pas, et au second coup seulement se lève, comme une automate. Elle prend son sac à main et se met en marche, raide et désemparée. X évolue, à une certaine distance, avec une allure aussi tendue. On dirait qu'elle 60 est une prisonnière de marque, et lui le gardien qui l'emmène. L'image disparaît avant leur sortie, tandis que les coups de l'horloge continuent de se succéder.

Alain ROBBE-GRILLET, *L'Année dernière à Marienbad* (1961)
© éd. de Minuit

*La même année, **Alain Resnais** réalisait, avec la collaboration de **Marguerite Duras**, un autre film marquant,* Hiroshima mon amour. *C'est la rencontre d'une Française, venue à Hiroshima tourner un film sur la paix, et d'un architecte japonais. Elle revit la souffrance qu'elle a vécue, quatorze ans plus tôt à Nevers, quand on l'a tondue, à la Libération de 1945, parce qu'elle avait aimé un Allemand.*

A ces deux films, il faudrait ajouter Muriel ou le temps d'un retour *(1963), réalisé par Alain Resnais sur un texte de Jean Cayrol, et* Moderato Cantabile *(1960), réalisé par Peter Brook sur un scénario de Marguerite Duras.*

Ces romanciers ont voulu ensuite réaliser eux-mêmes leurs films. Alain Robbe-Grillet : L'Immortelle, Trans-Europ express, L'Eden et après, Glissements progressifs du plaisir. *Jean Cayrol :* Le Coup de grâce. *Marguerite Duras :* La Musica, Détruire, dit-elle, Nathalie Granger, India Song, Des journées entières dans les arbres, Le Camion.

Jean Ricardou
Problèmes du Nouveau Roman (1967)

Illusoires influences

Le Nouveau Roman et le film se trouvaient-ils associés, par leurs techniques ?
*La **contestation** vint des tenants du « Nouveau Nouveau Roman », et en particulier de **Jean Ricardou**.*

Il n'y a donc guère lieu de se demander si, en matière de récit, le cinéma innove par rapport au roman. Ou bien, selon la thèse de Claude Brémond, la fiction est indépendante de la narration, et aucune nouveauté ne saurait venir d'une quelconque technique narrative, ou bien, comme nous espérons l'avoir montré, la fiction est gouvernée par la nature des signes narratifs et entre les divers types de récits (roman, film, bande dessinée, mime, ballet...), qui composent des ensembles respectivement autonomes, il y a *différences* et non innovations. Un roman peut être nouveau par rapport à d'autres romans et non par rapport à des films ; un film ne peut innover que dans le seul domaine du cinéma.

Le problème offrait toutefois une apparente consistance. Il n'est pas indifférent, peut-être, d'en découvrir les raisons. Si elle s'applique à comparer deux arts, la recherche doit aussitôt craindre deux pièges : l'*illusion métaphorique* et l'*illusion réaliste*. Que la métaphore soit une caractéristique cardinale de la langue n'autorise certes point qu'on en fasse un illicite usage. Or la tentation est constante de faire chatoyer la métaphore entre la simple ressemblance et la pure identité. C'est par métaphore qu'on dira de telle ascendante description du gâteau de noce dans *Madame Bovary* qu'elle est un panoramique vertical ; mais on déterminera par ce biais un espace ambigu où roman et cinéma sont d'assez proche nature (on y pratique des panoramiques) pour être confondus et présentent assez de différences (le panoramique du cinéma est plus libre et complet) pour qu'on puisse marquer des supériorités.

La seconde tentation respecte la spécificité des arts. C'est sur elle qu'elle se fonde pour établir des hiérarchies. Pour cette *illusion réaliste*, la valeur d'une œuvre provient non de la cohérence des signes qu'elle met en jeu, mais de la distance qui sépare la fiction ainsi obtenue des *choses mêmes*.

Dans ces conditions l'influence d'un art sur un autre appartient au domaine de l'illusoire. Il est certes possible qu'un écrivain (Claude Ollier peut-être en commençant *Description panoramique d'un quartier moderne*), trompé par le mirage métaphorique, essaie d'utiliser une technique cinématographique, mais son œuvre ne sera réussie que dans la mesure où elle accédera à un tout autre résultat. C'est pourquoi d'hybrides concepts comme « films-romans » utilisés souvent par la critique, me paraissent entretenir une dangereuse équivoque.

Le succès du cinématographe incite certains à s'interroger avec inquiétude sur l'avenir du roman. Or, la réussite du film n'est peut-être pas exempte de fragilités. Il est permis de *voir* un film ; nous sommes contraints de *déchiffrer* un livre. Sans doute les larges audiences que recueille le cinéma comportent-elles une majorité de spectateurs fascinés par l'image et une minorité active, comparable à celle qu'obtient la littérature et qui, prenant ses distances, sait déchiffrer les signes. Pour le roman et le cinéma, l'avenir réside sans doute dans l'établissement de leurs spécificités respectives, ou, si l'on préfère, dans la recherche, toujours élargie, reprise et précisée, de leur définition.

Jean RICARDOU, *Problèmes du Nouveau Roman* (1967), © éd. du Seuil

Italo Calvino
Si par une nuit d'hiver un voyageur (1981)

Lorsqu'est publié en France, en 1981, Si par une nuit d'hiver un voyageur, *un roman sur le lecteur de roman, l'auteur italien **Italo Calvino** (1923-1985) est déjà connu et apprécié du public pour sa fantaisie et son inventivité, particulièrement sensibles dans* Le Baron perché *(1960) ou dans une fiction comme* Les Villes invisibles *(1974).*

*Dès le premier chapitre du roman, Italo Calvino tutoie son **lecteur, qui deviendra le personnage principal d'une aventure humoristique** dans le monde des libraires, professeurs et traducteurs. Très vite, le lecteur est appelé à rencontrer l'auteur dans une gare anonyme d'une ville anonyme...*

La valise

Italo Calvino en 1983.

Je suis une de ces personnes qui n'attirent pas l'œil, une présence anonyme sur un fond encore plus anonyme ; si tu n'as pas pu t'empêcher, Lecteur, de me remarquer parmi les voyageurs qui descendaient du train, puis de suivre mes aller et retour entre le buffet et le téléphone, c'est seulement parce que mon nom est « moi », tu ne sais rien d'autre de moi, mais cela suffit pour te donner le désir d'investir dans ce moi inconnu quelque chose de toi. Exactement comme l'auteur, sans avoir l'intention de parler de lui, et n'ayant décidé d'appeler « moi » son personnage que pour le soustraire à la vue, pour n'avoir ni à le nommer ni à le décrire, parce que toute dénomination, toute qualification le définirait davantage que ce simple pronom, l'auteur, du seul fait qu'il écrit ce mot « moi », est tenté de mettre dans ce « moi » un peu de lui-même, un peu de ce qu'il sent ou de ce qu'il croit sentir. Rien de plus facile que de s'identifier à moi : jusqu'ici mon comportement est celui d'un voyageur qui a manqué une correspondance ; une situation que tout le monde connaît ; mais une situation qui se produit au début d'un roman renvoie toujours à quelque chose d'autre qui s'est passé ou qui va se passer, et c'est cette autre chose-là qui fait le risque, pour le lecteur et pour l'auteur, d'une identification avec moi ; plus le début de ce roman est gris, commun, indéterminé, plus vous sentez, l'auteur et toi, l'ombre d'un danger s'étendre sur ce fragment de votre moi que vous avez inconsidérément investi dans le « moi » d'un personnage dont vous ne savez quelle histoire il traîne après lui, comme cette valise dont il voudrait bien réussir à se débarrasser.

Se débarrasser de la valise : c'est la première condition peut-être pour rétablir la situation d'avant ; d'avant qu'il ne se passe tout ce qui s'est passé. C'est ce que j'entends par « vouloir remonter le cours du temps » : je voudrais effacer les conséquences de certains événements, et restaurer une condition initiale. Mais chaque moment de ma vie apporte avec lui une accumulation de faits nouveaux, dont chacun apporte avec lui ses conséquences, de sorte que, plus je cherche à revenir au point de départ, au point zéro, plus je m'en éloigne : bien que tous mes actes tendent à effacer les conséquences de mes actes antérieurs et que même ils y parviennent de façon appréciable, au point de m'ouvrir l'espérance d'un prochain soulagement, je ne peux pas oublier que chacune de mes tentatives pour effacer des événements antérieurs provoque une pluie d'événements nouveaux qui rendent la situation encore plus compliquée qu'auparavant, événements qu'à leur tour je devrai essayer de faire disparaître. Bref, je dois calculer plus serré, de façon à concilier le plus grand nombre d'annulations possible avec le moins possible de nouvelles complications.

Italo CALVINO, *Si par une nuit d'hiver un voyageur* (1981)
© éd. du Seuil

UN NOUVEAU LANGAGE DRAMATIQUE

AUDIBERTI, TARDIEU, ADAMOV, GENET, OBALDIA, DUBILLARD, BILLETDOUX, ARRABAL, GATTI
BRECHT

« Gestes, accessoires, jeu, accordés ou en opposition avec le langage, élargissent la faille entre le théâtre et ce corps étranger qu'on nomme le réel. Le fait théâtral seul est objet de théâtre. »

Michel Corvin,
Le Théâtre nouveau en France

Un nouvel espace scénique : le théâtre des Bouffes du Nord dirigé par Peter Brook en 1974.

1938	Antonin ARTAUD : *Le Théâtre et son double*
1944	Jean-Paul SARTRE : *Huis-clos*
1945	Jacques AUDIBERTI : *Quoat-Ouoat* Albert CAMUS : *Caligula*
1947	Jacques AUDIBERTI : *Le mal court* Jean GENET : *Les Bonnes*
1948	Romain WEINGARTEN : *Akara*
1949	Jean GENET : *Haute Surveillance*
1950	Arthur ADAMOV : *La Grande et la Petite Manœuvre* Eugène IONESCO : *La Cantatrice chauve*
1951	Eugène IONESCO : *La Leçon* Georges SCHÉHADÉ : *Monsieur Bob'le* Jean TARDIEU : *Un mot pour un autre* Jean VILAR s'installe au Palais de Chaillot et y crée le Théâtre National Populaire
1952	Arthur ADAMOV : *La Parodie* Eugène IONESCO : *Les Chaises* Jean VAUTHIER : *Capitaine Bada*
1953	Arthur ADAMOV : *Tous contre tous ; Sens de la marche ; Professeur Taranne* Samuel BECKETT : *En attendant Godot* Eugène IONESCO : *Victimes du devoir ; L'avenir est dans les œufs ; La Jeune Fille à marier* Jean VAUTHIER : *La Nouvelle Mandragore*
1954	Eugène IONESCO : *Amédée ou Comment s'en débarrasser* Georges SCHÉHADÉ : *La Soirée des proverbes*
1955	Arthur ADAMOV : *Le Ping-pong* Eugène IONESCO : *Jacques ou La Soumission* Jean TARDIEU : *Six pièces en un acte*
1956	Aimé CÉSAIRE : *Et les chiens se taisaient* Jean GENET : *Le Balcon* Eugène IONESCO : *L'Impromptu de l'Alma* Georges SCHÉHADÉ : *Histoire de Vasco* Jean VAUTHIER : *Le Personnage combattant*
1957	Arthur ADAMOV : *Paolo Paoli* Samuel BECKETT : *Fin de partie* Armand GATTI : *Le Poisson noir*
1958	Fernando ARRABAL : *Pique-nique en campagne* Kateb YACINE : *Le Cadavre encerclé*
1959	Jacques AUDIBERTI : *L'Effet Glapion* François BILLETDOUX : *Tchin-Tchin* Jean GENET : *Les Nègres* Eugène IONESCO : *Tueur sans gages* Boris VIAN : *Les Bâtisseurs d'Empire ou le « Schmürz »*
1960	Armand GATTI : *Le Voyage du grand Tchou* Eugène IONESCO : *Rhinocéros* René de OBALDIA : *Génousie* Jean TARDIEU : *Poèmes à jouer*
1961	Roland DUBILLARD : *Naïves Hirondelles* Georges SCHÉHADÉ : *Le Voyage* Jean VAUTHIER : *Le Rêveur* Romain WEINGARTEN : *Les Nourrices*
1962	Jacques AUDIBERTI : *La Fourmi dans le corps* Roland DUBILLARD : *La Maison d'os* Armand GATTI : *La Vie imaginaire de l'éboueur Auguste Geai* Eugène IONESCO : *Le roi se meurt ; Délire à deux* Boris VIAN : *Le Goûter des généraux* (publication)
1963	Arthur ADAMOV : *Printemps 71* Samuel BECKETT : *Oh ! Les beaux jours* François BILLETDOUX : *Comment va le monde, Môssieu ? Il tourne, Môssieu* Aimé CÉSAIRE : *La Tragédie du roi Christophe* (publication) Kateb YACINE : *La Femme sauvage*
1964	Triomphe de *Qui a peur de Virginia Woolf ?*, d'Edward ALBEE (américain) Armand GATTI : *Chant public devant deux chaises électriques* (publication) René de OBALDIA : *Le Général inconnu*
1965	René de OBALDIA : *Du vent dans les branches de sassafras* Georges SCHÉHADÉ : *L'Émigré de Brisbane* Jean VAUTHIER : *Badadesques*
1966	Fernando ARRABAL : *Le Grand Cérémonial ; Le Cimetière de voitures* Jean GENET : *Les Paravents*, joué à Paris Eugène IONESCO : *La Soif et la faim* Romain WEINGARTEN : *L'Été*
1967	Arthur ADAMOV : *La Politique des restes* Fernando ARRABAL : *L'Architecte et l'empereur d'Assyrie* Aimé CÉSAIRE : *Une saison au Congo* Création des *Clowns* d'Ariane MNOUCHKINE Jean VAUTHIER : *Médéa* Kateb YACINE : *Les ancêtres redoublent de férocité*
1968	Armand GATTI : *La Passion du général Franco* Succès du *Marat-Sade*, de Peter WEISS (allemand)
1969	Fernando ARRABAL : *Fando et Lis ; Ils passèrent des menottes aux fleurs ; Le Jardin des délices* Roland DUBILLARD : *Le Jardin aux betteraves* Marguerite DURAS : *L'Amante anglaise* Reprise du *Gardien*, d'Harold PINTER (anglais)
1970	Eugène IONESCO : *Jeux de massacre* Serge REZVANI : *Le Rémora* Jean VAUTHIER : *Le Sang*
1971	Armand GATTI : *La Cigogne* Serge REZVANI : *Capitaine Schelle, Capitaine Ecço ; Le Camp du drap d'or*

L'appareil de la dérision

1. Les années 50

Un parfum d'après-guerre continue de régner sur le Paris des années 50 : à Saint-Germain-des-Prés, à Montparnasse, acteurs, auteurs, metteurs en scène fréquentent les mêmes cafés, les mêmes scènes, échangent leurs réflexions sur l'art théâtral, commentent leurs expériences d'hommes de spectacle. Les Noctambules, le Théâtre de la Huchette, le Théâtre Montparnasse, le Théâtre la Bruyère : autant de salles peu connues qui deviennent **les hauts lieux de l'avant-garde dramatique**. Avant-garde magistralement encadrée par une cohorte de créateurs scéniques attentifs à servir les textes, en pleine intelligence et complicité avec les auteurs : Roger Blin, Jean-Marie Serreau, Jorge Lavelli, etc.

Mais qui sont-ils, ces auteurs qui renouvelleront ainsi en quelques années l'art dramatique, et qui, au-delà de ce renouvellement, nourrissent l'extrême ambition d'en redéfinir la forme et la fonction ?

Ils ont pour nom : Eugène Ionesco, Samuel Beckett, Jacques Audiberti, Arthur Adamov, Georges Schéhadé, Jean Genet, Jean Vauthier. Leurs successeurs immédiats sont Fernando Arrabal, Kateb Yacine, Aimé Césaire, René de Obaldia, Roland Dubillard, Serge Rezvani. Tous se distinguent de la génération antérieure (Jean Giraudoux, Jean Anouilh, Armand Salacrou) et des existentialistes (Albert Camus, Jean-Paul Sartre) par leur rupture revendiquée avec la tradition humaniste et littéraire, par leur **investissement radical de la modernité sous tous ses aspects**, par **leur goût de la subversion**, par **leur esprit contestataire**.

2. Le T.N.P. et le Théâtre des Nations

Alors que s'élabore le Nouveau Théâtre au cœur ou aux abords du Quartier Latin, une immense salle, le Théâtre National Populaire, accueille sur la colline de Chaillot des foules d'amateurs qui se laissent fasciner par les grandes mises en scène signées Jean Vilar, et par le talent prestigieux de Gérard Philipe, qui incarne à lui seul un héroïsme moderne. Errant de salle en salle, Jean-Louis Barrault et Madeleine Renaud communiquent leur passion pour Claudel, pour Genet, à un public redevenu amoureux de l'art théâtral. Dans le même sens agit le Théâtre des Nations — installé dans les locaux du Théâtre Sarah-Bernhardt —, où sont représentés, dans la langue de leurs auteurs, les chefs-d'œuvre dramatiques allemands, anglais, italiens, servis par des auteurs ou metteurs en scène comme Peter Brook, Luchino Visconti, Giorgio Strehler...

Cet appel aux foules ne s'oppose pas au phénomène du Nouveau Théâtre : il l'appuie et le soutient, **il rend un large et jeune public sensible à la force créatrice de la théâtralité**. Le théâtre, échappant à l'académisme de la Comédie-Française, à la médiocrité d'invention et de jeu du Boulevard, retrouve **sa puissance cérémonielle et magique**, sa compétence à libérer les forces de l'imaginaire social.

Le choc théâtral des années 50 peut être comparé au choc poétique des années 20, provoqué par les surréalistes. Dans les deux cas, les créateurs retournent aux sources profondes de leur art, dans le souci de lui rendre sa totale efficacité.

3. Les constantes

Il ne s'agit pas d'une école. Il s'agit toutefois d'un mouvement, d'une filiation : il existe donc des axes directeurs.

• **L'élaboration d'un nouveau langage.** De Ionesco à Arrabal, c'est le même refus de la langue traditionnelle de la scène, trop pompeuse chez les classiques, trop triviale chez les contemporains. Au théâtre de créer un langage qui tiendra compte de la fonction magique du fait théâtral.

• **Le refus de la psychologie.** Le théâtre traditionnel s'attachait à développer une action qui sollicitait chez les personnages des réactions que la raison ou le sentiment étaient supposés dicter. L'étude des comportements individuels face aux situations produites par le hasard ou voulues par le destin décidait ainsi du talent de l'auteur.

Le Nouveau Théâtre s'oppose radicalement à cette conception du fatum théâtral et à la cohérence dramaturgique qu'il implique : **l'homme étant absurdement jeté en ce monde absurde**, il est imprévisible, aussi imprévisible que sa propre destinée. Aussi montrera-t-on des êtres ébahis d'exister, envahis de néant, déconcertants et déconcertés.

• **Le ton de la dérision, de la révolte.** La philosophie du Nouveau Théâtre repose sur une vision pessimiste de l'homme, sur la fascination de l'absurde. D'où la révolte qui habite les dramaturges, choisissant de tourner en dérision ce monde incohérent et moribond, cette société désaxée qui bavarde pour oublier son triste sort, la mort qui guette tous et chacun. D'où aussi la qualité de leur humour noir, leur sens d'un tragi-comique sulfureux.

• **L'acte d'accusation.** Tout autant que les surréalistes de naguère, le Nouveau Théâtre dresse un acte d'accusation contre la société bourgeoise, l'hypocrisie des mœurs, les tricheries morales et intellectuelles. La colère, le délire, le rire : autant d'armes pour combattre le fléau de la bonne conscience.

• **La tentation symbolique.** Le Nouveau Théâtre abonde en symboles. L'absence de héros, la déconstruction dramatique, l'appareil de la dérision, tout ceci aboutit à évacuer le sens immédiat au profit d'un sens second plus fécond pour l'imaginaire. Par là, le Nouveau Théâtre se rappelle ses origines : Alfred Jarry, Antonin Artaud. La dramatisation, n'est-ce pas le lieu où, en amont de toute transposition intellectuelle, fantasmes et rêveries se donnent à nous sous la forme d'une représentation imagée, à égale distance de la réalité d'où ils émergent, et de la conceptualité à quoi ils tendent ?

1. Les précurseurs

Jacques Audiberti *Le mal court* (1947)

Né à Antibes, **Jacques Audiberti** (1899-1965) est d'abord un lyrique. D'où une attirance certaine pour l'expression poétique : *L'Empire de la Trappe* (1929), *Des tonnes de semence* (1941), *Toujours* (1943). Romancier (*Le Maître de Milan*, 1950), il adopte une veine picaresque ; dramaturge, il évolue dans un univers baroque où le langage se libère de toutes ses entraves. Aussi son théâtre puise-t-il dans les grandes oppositions traditionnelles, de la mort et de la vie, du sublime et du grotesque, de la raison et de la folie, pour en faire jaillir une substance neuve, sorte d'alchimie verbale qui aurait pour fin de concilier tous les contraires.

Quoat-Ouoat (1945), *Le mal court* (1947), *L'Effet Glapion* (1959), *La Fourmi dans le corps* (1962) imposent ainsi la stature d'un poète qui ne croit finalement qu'aux vertus du langage : ce qui explique la faiblesse dramatique de ces pièces qui émerveillent tout en décevant. N'est-ce pas le lot de tout théâtre reposant en dernière analyse sur une recherche métaphysique ? « Je tourne toujours autour du même problème insoluble, de la même obsession ; l'incarnation », avouait Audiberti lui-même, quelques années avant sa mort, en 1965.

◀ *Jacques Audiberti*, par Jean de Bosschère, 1935.

*** *Le mal court*

Le mal court conte le voyage d'une jeune princesse, Alarica, qui vient rejoindre, au terme d'une longue route, son futur mari, le roi de l'Occident. Alors qu'elle est parvenue à la dernière étape de ce voyage, son fiancé, qui pour des raisons politiques a changé d'intention, la fait séduire par un homme à sa solde, qui s'est fait passer pour lui. Ainsi compromise, elle ne pourra plus prétendre au mariage.

Alarica a percé en partie le stratagème : elle a compris que le roi ne voulait pas d'elle, mais elle n'a pas encore perçu la véritable identité de F..., son séducteur. Ce n'est qu'après s'être donnée à lui, qu'elle saisit enfin le caractère sordide de la machination.

« *Le monde est clair...* »

ALARICA. — Le monde est clair, plus clair que vous croyez. Retenons-nous de le troubler de soupçons et de racontars. Ne soyons pas indiscrets. Je penserai toujours à vous.

F... — Oh ! Il n'y a pas de quoi.

5 ALARICA. — Mais enfin... Vous êtes étrange. Vous ne semblez plus le même ! Vous ai-je déplu ? Vous ai-je ébranlé ?

F... — Vous m'agacez. Vous m'agacez de plus en plus. Je ferais mieux de la fermer, ma grande gueule, mais il y a des moments où même les saints ne peuvent plus se contenir, et je ne suis pas un saint, vous le savez de première 10 main, et quand je vous vois vous acharner à vous mener vous-même en barque, quand je vous vois, avec votre regard, comment dites-vous ? limpide, avec votre cœur farci de justice, quand je vous vois vous enfoncer dans le mensonge, dans le nuage, non que vous mentiez, halte-là ! je n'ai pas dit ça ! mais parce que vous n'arrêtez pas de prendre le faux pour le vrai, de choisir le faux, de préférer le faux, 15 j'ai envie de la prendre, votre tête, votre clochette de muguet, votre tasse de lait de biche, et de la poser, crac, devant la vérité, la véritable vérité. Maintenant, il se peut aussi que, malgré votre bêtise, j'ai un peu de... *(geste de la main)* pour vous, un peu de... Foin !

ALARICA. — La vérité... La véritable vérité... Mais il me semble que, cette nuit...

20 F... — Cette nuit ? Qu'est-ce qui s'est passé, cette nuit ? Vous avez reçu l'homme ? Et après ? Toutes les filles, un jour ou l'autre, reçoivent l'homme. L'intelligence n'entre pas forcément avec la clarinette. Regardez-moi. Vous m'avez dit : « Je penserai toujours à vous. »

ALARICA. — Ne m'avez-vous pas dit : « Le soleil virginal de votre bouche 25 m'éblouit. Ce soleil virginal me donne soif, soif qui me donne encore plus soif. Quand je m'y serai désaltéré, je brûlerai de bonheur, et il n'y aura, dans mon royaume, pas assez de clairons, pas assez de clochers pour que ma joie y soit en suffisance célébrée. Je commanderai que, dans les rivières, même les saumons se mettent à chanter... »

30   F... — Pas les clairons ! Pas les saumons !

ALARICA. — Quoi ?

F... — Pas les clairons. Pas les saumons. Mais les tambours. Mais les goujons. Oui, les clairons à la place des tambours. Et les goujons, rappelez-vous, les goujons, pas les saumons. D'ailleurs, le texte est là. *(Il tire de sa poche un* 35 *manuscrit qu'il parcourt.)* C'est marqué les goujons. Ridicule, d'accord ! mais je n'y suis pour rien.

ALARICA. — Quel est le sens de tout ceci ?

F... — Mais regardez-moi. Regardez-moi bien. Pas avec les yeux du dehors mais avec les yeux du dedans. Vous ne voyez rien ? Vous ne sentez rien ?

40   ALARICA. — Vous voulez dire que vous me récitâtes un texte qu'on vous prépara ?

F... — Un écrivain en est l'auteur, un philosophe. Un nommé... Je ne me rappelle même plus...

ALARICA. — Vous teniez un emploi. Pour le compte de qui ?

45   F... — Vous pouvez vous vanter qu'il faut vous les mettre, les points, non seulement sur les i, mais dessous, et tout autour. Je m'appelle Roger La Vaque. A propos... Fernand... D'où ça vous est venu, de me jeter Fernand ? Je suis dans la police. Ah ! Et puis, pas de mépris ! L'Occident est un grand peuple. Il a besoin d'une police raffinée.

50   ALARICA. — La police... Mais qu'est-ce que la police...

F... — Ils voulaient être sûrs, en Occident, que ça tiendrait, que la rupture tiendrait. Le cardinal, *(il soulève son chapeau)* le cardinal désirait qu'un scandale carabiné anéantît, de toute façon, votre mariage, au cas où vous vous fussiez obstinée. Je fus envoyé ici, en mission, afin de vous compromettre. Remarquez 55 que si mon numéro avait foiré, vous auriez tout de même été mouchée. Les roues de votre carrosse, en effet, avaient été assaisonnées. Jamais vous n'auriez franchi le fleuve. Jamais. Ou, alors, à la dérive. Mais ça ne pouvait pas foirer. Ça ne pouvait pas. C'était réglé comme les manœuvres d'une frégate. Elle est bien faite, la police. Ceux-là qui vous diront que le hasard est dedans, demandez-leur 60 un peu qu'ils aillent voir comment ça se passe, quand par exemple on est sur des imprimeurs de libelles et que, dans chaque imprimeur, il y a un commis de chez nous qui nous apporte au bureau les épreuves dès qu'elles tombent.

ALARICA. — Attendez !... Attendez !... Vous fûtes envoyé pour séduire moi ?

F... — Vous l'avez dit. Enfin vous avez parlé juste...

65   ALARICA. — Dites... Vous ne m'aimiez pas ?... Vous ne m'aviez jamais vue ?

F... — Comment voulez-vous ?... En partant, j'étais même assez monté contre vous... Toute cette sérénade libertine et philosophique à me loger dans la cervelle. Ces phrases qui commencent par la fin !

ALARICA. — Ainsi, partout, l'on triche. Partout, l'on fait comme si... C'est 70 insupportable. C'est horrible.

Jacques Audiberti.
Photo de Robert Doisneau.

Jacques AUDIBERTI, *Le mal court*,
Acte III (1947), © éd. Gallimard

POUR LE COMMENTAIRE

1. Faites clairement apparaître **les phases de la révé-lation**.

2. Quels **sentiments** poussent F... à dévoiler la vérité ? Cynisme, lâcheté, complexe de culpabilité ?

3. La déception d'Alarica. Mettez-en en lumière les différents aspects.

4. La langue d'Audiberti : crudité et préciosité, rudesse et poésie.

Jean Tardieu *Un mot pour un autre* (1951)

Créateur du Club d'Essai de la Radiodiffusion française, **Jean Tardieu** (né en 1903) se fait remarquer en 1939 par des œuvres poétiques d'un caractère insolite. Puis, il vient au théâtre, où il ne trouvera d'écho que tardivement, une fois le Nouveau Théâtre installé et reconnu. Ainsi ce précurseur fait-il figure *a posteriori* d'auteur d'avant-garde.

Le raffinement de son écriture théâtrale, la discrétion de son humeur expliquent cette relative méconnaissance de Jean Tardieu, qui pousse très loin l'élaboration du jeu verbal puisque ses personnages, plus ou moins anonymes, agités par des problèmes minuscules, ne tirent leur substance, ne tiennent leur existence que de leur pratique du langage, que de la fantaisie poétique de leur discours.

Ces « drames-éclairs », ainsi que les nomme leur auteur, seront regroupés dans deux volumes aux titres significatifs de *Théâtre de chambre* (1955) et *Poèmes à jouer* (1960).

**** Un mot pour un autre*

Un mot pour un autre est donné pour la pièce posthume et loufoque d'un savant, le professeur Froeppel, qui fut frappé de son vivant de déviations du langage, maladie, selon l'auteur, très répandue vers 1900...

« *Fiel !* »

PERSONNAGES

MADAME.
MME DE PERLEMINOUZE.
M. DE PERLEMINOUZE.
LA BONNE.

DÉCOR : *Un salon plus 1900 que nature.*

Au lever du rideau Madame est seule. Elle est assise sur un « sopha » et lit un livre. On sonne au loin.

LA BONNE, *entrant.*

5 Madame, c'est madame de Perleminouze.

MADAME

Ah ! Quelle grappe ! Faites-la vite grossir !

La bonne sort. Madame, en attendant la visiteuse, se met au piano et joue. Il en sort un tout petit air de boîte à musique.

10 *Retour de la Bonne, suivie de Mme de Perleminouze.*

LA BONNE, *annonçant.*

Madame la comtesse de Perleminouze !

MADAME, *fermant le piano
et allant au-devant de son amie.*

Chère, très chère peluche ! Depuis combien de trous, depuis combien de galets n'avais-je pas eu le
15 mitron de vous sucrer !

MME DE PERLEMINOUZE, *très affectée.*

Hélas ! Chère ! j'étais moi-même très, très vitreuse ! Mes trois plus jeunes tourteaux ont eu la citronnade, l'un après l'autre. Pendant tout le début du corsaire, je n'ai fait que nicher des moulins, courir
20 chez le ludion ou chez le tabouret, j'ai passé des puits à surveiller leur carbure, à leur donner des pinces et des moussons. Bref, je n'ai pas eu une minette à moi.

MADAME

Pauvre chère ! Et moi qui ne me grattais de rien !

MME DE PERLEMINOUZE

25 Tant mieux ! Je m'en recuis ! Vous avez bien mérité de vous tartiner, après les gommes que vous avez brûlées ! Poussez donc : depuis le mou de Crapaud jusqu'à la mi-Brioche, on ne vous a vue ni au « Water-proof », ni sous les alpagas du bois de
30 Migraine ! Il fallait que vous fussiez vraiment gargarisée !

MADAME, *soupirant.*

Il est vrai !... Ah ! Quelle céruse ! Je ne puis y mouiller sans gravir.

MME DE PERLEMINOUZE, *confidentiellement.*

Alors, toujours pas de pralines ?

MADAME

35 Aucune.

MME DE PERLEMINOUZE

Pas même un grain de riflard ?

MADAME

Pas un ! Il n'a jamais daigné me repiquer, depuis le flot où il m'a zébrée !

MME DE PERLEMINOUZE

Quel ronfleur ! Mais il fallait lui râcler des flammè-
40 ches !

MADAME

C'est ce que j'ai fait. Je lui en ai râclé quatre, cinq, six peut-être en quelques mous : jamais il n'a ramoné.

MME DE PERLEMINOUZE

Pauvre chère petite tisane !... *(Rêveuse et tentatrice.)* Si j'étais vous, je prendrais un autre lampion !

MADAME

Impossible ! On voit que vous ne le coulissez pas ! Il a sur moi un terrible foulard ! Je suis sa mouche, sa mitaine, sa sarcelle ; il est mon rotin, mon sifflet ; sans lui je ne peux ni coincer ni glapir ; jamais je ne le bouclerai ! *(Changeant de ton.)* Mais j'y touille, vous flotterez bien quelque chose ; une cloque de zoulou, deux doigts de loto ?

MME DE PERLEMINOUZE, *acceptant.*

Merci, avec grand soleil.

MADAME, *elle sonne, sonne en vain.*
Se lève et appelle.

Irma !... Irma, voyons !... Oh cette biche ! Elle est courbe comme un tronc... Excusez-moi, il faut que j'aille à la basoche, masquer cette pantoufle. Je radoube dans une minette.

Mme de Perleminouze, restée seule, commence par bâiller. Puis elle se met de la poudre et du rouge. Va se regarder dans la glace. Bâille encore, regarde autour d'elle, aperçoit le piano.

MME DE PERLEMINOUZE

Tiens ! Un grand crocodile de concert ! *(Elle s'assied au piano, ouvre le couvercle, regarde le pupitre.)* Et voici naturellement le dernier ragoût des mascarilles à la mode !.. Voyons ! Oh, celle-ci, qui est si « to-be-or-not-to-be » !

Elle chante une chanson connue de l'époque 1900, mais elle en change les paroles. Par exemple, sur l'air :

« Les Petites Parisiennes
Ont de petits pieds... »
elle dit : « ... Les petites Tour-Eiffel
Ont de petits chiens... » etc.

A ce moment, la porte du fond s'entrouvre et l'on voit paraître dans l'entrebâillement la tête de M. de Perleminouze, avec son haut-de-forme et son monocle. Mme de Perleminouze l'aperçoit. Il est surpris au moment où il allait refermer la porte.

M. DE PERLEMINOUZE, *à part.*

Fiel !... Ma pitance !

MME DE PERLEMINOUZE,
s'arrêtant de chanter.

Fiel !... Mon zébu !... *(Avec sévérité.)* Adalgonse, quoi, quoi, vous ici ? Comment êtes-vous bardé ?

M. DE PERLEMINOUZE, *désignant la porte.*

Mais par la douille !

MME DE PERLEMINOUZE

Et vous bardez souvent ici ?

M. DE PERLEMINOUZE, *embarrassé.*

Mais non, mon amie, ma palme..., mon bizou.

85 Je... j'espérais vous raviner..., c'est pourquoi je suis bardé ! Je...

MME DE PERLEMINOUZE

Il suffit ! Je grippe tout ! C'était donc vous, le mystérieux sifflet dont elle était la mitaine et la sarcelle ! Vous, oui, vous qui veniez faire ici le 90 mascaret, le beau boudin noir, le joli-pied, pendant que moi, moi, eh bien, je me ravaudais les palourdes à babiller mes pauvres tourteaux... *(Les larmes dans la voix.)* Allez !... vous n'êtes qu'un...

A ce moment, ne se doutant de rien, Madame 95 *revient.*

MADAME, *finissant de donner des ordres,*
à la cantonnade.

Alors, Irma, c'est bien tondu, n'est-ce pas ? Deux petits dolmans au linon, des sweaters très glabres, avec du flou, une touque de ramiers sur du pacha et des petites glottes de sparadrap loti au frein... 100 *(Apercevant le Comte. A part.)* Fiel !... Mon lampion !

Elle fait cependant bonne contenance. Elle va vers le Comte, en exagérant son amabilité pour cacher son trouble.

Jean TARDIEU, *Un mot pour un autre* (1951)
© éd. Gallimard

POUR LE COMMENTAIRE

1. A quel **type de théâtre** cette parodie emprunte-t-elle décors et situations ?

2. Montrez que **le caractère conventionnel** de la scène explique en grande partie la facilité avec laquelle on en interprète les propos.

3. Quel est l'**intérêt de la démonstration** faite par Jean Tardieu ? Quel aspect de la communication éclaire-t-elle ?

ÉTUDE DE LA LANGUE

Un mot pour un autre : les choix de Jean TARDIEU ne relèvent pas du hasard.

• Un certain nombre de termes-clés, placés à des endroits stratégiques du discours, se repèrent aisément : « Depuis combien de *trous* » → de *jours*,

• La phrase, ou le contexte en général, aident à la compréhension : « J'ai passé des *puits* (nuits) à surveiller leur *carbure* » (température).

• Des substitutions reposant sur divers jeux de langue, en général de type métaphorique : « Merci, avec grand *soleil* » (plaisir) ; « *Un grand crocodile* de concert » (un piano). A noter aussi des assonances et des allitérations : « Deux doigts de *loto* » (porto) ; « Je n'ai pas une *minette* (minute) à moi ».

• Toutefois, un très grand nombre de mots ne se laissent pas traduire aussi facilement. L'idée générale, alors, prévaut sur l'exactitude du terme à terme. Les *tourteaux* (enfants) de Madame de Perleminouze ont eu la *citronnade*. Est-ce la jaunisse ? Probablement. Mais qu'importe au fond : l'essentiel est de comprendre qu'ils ont souffert d'une quelconque maladie infantile.

Arthur Adamov *Le Ping-pong* (1955)

Né dans le Caucase, **Arthur Adamov** (1908-1970) est resté jusqu'à sa mort un étranger dans son pays d'accueil. Son enfance, marquée par un douloureux exil, le hante, et inspire une œuvre théâtrale qui lui permet d'exorciser ses obsessions et ses répulsions. La lecture de Kafka, de Strindberg, la rencontre du surréalisme achèvent de former son imaginaire. Ses premières pièces montrent des personnages occupés à se persécuter avec délices. Mais il se dégage peu à peu de ce fonds onirique et fantasmatique pour s'orienter vers un théâtre fortement imprégné de l'influence brechtienne, et volontiers engagé dans le combat social et politique (*Le Ping-pong*, 1955 ; *Paolo Paoli*, 1957 ; *Printemps 71*, 1963).

Toutefois Adamov ne sera jamais un marxiste heureux. Un scepticisme profond l'habite, une lucidité poignante. Toute son œuvre est pétrie d'angoisse, exprime l'impuissance de l'homme à maîtriser le temps, l'épouvante de la mutilation et de la séparation.

*** *Le Ping-pong*

Le personnage principal de la pièce est un billard électrique, qui représente, avec ses lumières fulgurantes, ses déclics mystérieux, ses bornes métalliques et sa cage de verre, la société moderne, brillante, complexe, froide et organisée. A ce billard sont désespérément attachés Victor et Arthur, fascinés par ses pouvoirs et sa magie. Cette machine à sous symbolise, à un second niveau, l'aliénation de l'homme par le système économique qui engloutit sa force de travail. Afin de faire accéder le spectateur à ce second niveau, Adamov imagine la présence d'un « consortium » auquel la machine appartient et qui ne cesse de raffiner et de développer sa force d'exploitation.

***

La scène reproduite ci-dessous montre Arthur et Victor en présence du Vieux, le patron tout-puissant du consortium. Ils viennent d'inventer le procédé du tilt, qui n'existait pas encore jusque-là. Que va faire le Vieux de cette idée géniale apte à augmenter considérablement les revenus du consortium ?

Tilt ?

Le bureau du Vieux. Un peu à gauche, une table derrière laquelle trône, dans un fauteuil, le Vieux, cinquante ans peut-être, sorte de monstre, caricature du « gros patron ». Une inquiétude l'agite, pourtant.
Assis en face de la table, légèrement à droite — le spectateur les voit de profil
5 *— Arthur et Victor. Ils ont fait un effort vestimentaire.*

LE VIEUX. — Une idée formidable, tout simplement ! Inspirer la crainte pour redoubler le plaisir. *(Levant les bras.)* C'est cela, la connaissance du cœur humain. Dix francs, un petit geste, et ce qu'on croyait fini, classé, mort, re-commence, revit ! *(Riant.)* Comme avant, mieux qu'avant !

10 ARTHUR, *se penchant en avant pour parler.* — Excusez-moi si je me réfère, une fois de plus, au souvenir que j'évoquais tout à l'heure, mais de quoi peut-on parler, après tout, sinon de ce qu'on a vécu, personnellement ? Eh bien ! nous avons eu *(Riant.)* devant ce malheureux appareil, exactement... le même senti-ment...

15 VICTOR, *voulant corriger par sa pondération l'enthousiasme d'Arthur, qu'il juge un peu excessif.* — Et nous avons compris que le seul moyen de ramener l'incident à des proportions normales était de le banaliser. Autrement dit, de faire que pour dix francs...

LE VIEUX. — Dix francs, qu'est-ce que c'est, de nos jours ? Un demi-verre de
20 vin servi au comptoir, rien du tout !

VICTOR. — C'est exactement le calcul que nous nous sommes fait. Pour le joueur, une dépense minime, insignifiante ; pour l'appareil, un gain considéra-ble, grâce à la multiplication des dépenses.

ARTHUR. — Oui, mais ce que nous ne savions pas, c'est que vous seriez frappé,
25 comme nous l'avons été nous-même, par la valeur générale, la valeur humaine de cette idée. Évidemment, nous nous en doutions un peu, puisque nous sommes venus, mais entre se douter, espérer, et savoir, il y a un abîme...

Le Vieux. — Voyons, si des idées comme celles-là n'étaient pas immédiatement reconnues, épousées par ceux qui peuvent leur permettre de voir le jour,
30 où irions-nous ? *(Pause.)* Non, de ma part, c'est normal, mais ce qui me surprend
et surtout me réjouit, c'est de constater, une fois de plus, l'enthousiasme que
suscite chaque découverte valable parmi les joueurs avisés, les joueurs d'élite.

(Arthur et Victor se regardent avec étonnement.)

Oh ! il n'y a pas de miracles, l'idée était dans l'air, tout le monde tournait
35 autour. Encore fallait-il trouver la formule. Et quelle est-elle, cette formule ? Un
mot : ce mot bref, incisif, de « Tilt », qui surgit soudain au tableau pour annoncer
le désastre.

Victor, *bondissant sur sa chaise.* — Tilt ?

Arthur, *idem.* — Mais...

40 Le Vieux. — Ah ! vous aussi, vous butez sur le mot. Qu'est-ce que vous avez,
tous, contre cette malheureuse langue ? Réfléchissez ! L'anglais parle à l'imagination. On comprend et on ne comprend pas.

Arthur. — Ce n'est pas...

Le Vieux. — Vous êtes jeunes, et patriotes aussi, peut-être. Mais pensez un peu
45 à la messe. Est-ce qu'elle est dite en français, la messe ? Et l'Église sait ce qu'elle
fait. L'Église, voilà l'homme d'affaires, des grandes affaires durables !... Je
m'échauffe inutilement.

*(Arthur veut prendre la parole, mais Victor, sans quitter sa chaise, le tire par
la manche. Arthur obéit.)*

50 *(A Victor.)* Laissez-le donc parler. S'il a des objections à faire, qu'il les fasse !
Vous êtes venus ici pour discuter, pour donner votre avis, je suppose.

(Arthur et Victor se regardent, affolés.)

Je ne suis pas de ceux qui appellent à grands cris les référendums. Mais entre
le formulaire, rempli presque toujours par des minus — qui écrit, qui répond aux
55 enquêtes ? Le minus — et la parole vivante, l'échange direct des points de vue,
pas besoin de vous dire qu'une fameuse marge subsiste. *(Pause.)* Rien ne me
rassure autant que de voir des inconnus, comme vous, des jeunes gens, comme
vous, venir personnellement nous trouver pour nous approuver ou nous blâmer,
ou encore, comme c'est le cas, approuver et blâmer en même temps tel projet
60 qui nous a été soumis.

Arthur, *bondissant.* — Comment ? Quelqu'un... déjà ?...

Victor, *rivé à sa chaise.* — Avant nous ?

Le Vieux. — Quoi ? *(Pause.)* Ah ! j'y suis. Vous pensiez être les premiers... *(Il
rit.)* Un malentendu ! Notre conversation tout entière a été fondée sur un
65 malentendu. Mais ça change tout ! Pourquoi diable, alors, ne m'avez-vous pas
interrompu ? Je sais, j'étais lancé, mais dans un cas pareil... *(Pause.)* Et moi qui
vous parlais comme à des joueurs ordinaires ! La psychologie des masses ! Vous
avez dû me prendre pour un imbécile. *(Pause.)* Alors, vous aussi, vous avez
trouvé la combine ? *(Riant.)* Mort et résurrection, le tout pour dix francs. *(Il se
70 lève, va s'asseoir sur la table, et frappe sur l'épaule d'Arthur.)*

Arthur, *se raidissant.* — Excusez-moi, mais...

Victor, *s'efforçant de paraître adulte.* — Que veux-tu, Arthur, il y a de notre
faute. Et, en un sens, nous aurions dû nous attendre... D'autres, bien avant nous,
travaillaient déjà pour le Consortium, et...

75 Le Vieux, *se levant, à Victor.* — Ne vous faites pas plus dur que vous n'êtes.
Et puis il faut comprendre votre ami. Il est déçu, c'est normal, car, si mon
intuition ne me trompe pas, c'est lui qui, de vous deux, a eu l'idée. *(Se rasseyant
dans son fauteuil.)* Et une idée, c'est de l'argent. Quand on perd de l'argent on
est triste. Humain, trop humain !

Arthur ADAMOV, *Le Ping-pong* (1955)
© éd. Gallimard

Le Ping-pong. Mise en
scène de Jacques Mauclair,
1955.

POUR LE COMMENTAIRE

1. Le personnage du Vieux.
Que symbolise-t-il ?

2. Que représente l'**invention
du tilt** aux yeux d'Arthur et de
Victor ?

3. Comment s'effectue **le vol de
l'idée** ? Montrez que le Vieux est
d'une adresse démoniaque.

4. Précisez la **dimension politique** de la scène.

2. Jean Genet (1910-1986)

Michel Foucault et Jean Genet
lors d'une manifestation
anti-raciste.

Auteur ou héros de roman ?

Établir une biographie de **Jean Genet** n'est pas simple. D'un côté on trouve les documents administratifs et les témoignages de proches ; de l'autre, il y a ce que Jean Genet dit de lui-même dans ses œuvres et la légende qui s'est bâtie autour de lui et que Jean-Paul Sartre a contribué à développer dans *Saint Genet comédien et martyr* (1952). Jean Genet est-il d'abord un homme entièrement voué à l'écriture, comme cherche à le montrer dans une récente biographie Jean-Bernard Moraly, ou bien est-il essentiellement un voleur, un repris de justice et un homosexuel, bref le héros idéal pour une génération en quête de personnages singuliers capables d'« incarner le Mal » (Sartre) ?

Une vie d'errance

Né le 19 décembre 1910, de père inconnu, Jean Genet est confié par sa mère à l'Assistance Publique et élevé par une famille adoptive d'Alligny-en-Morvan. Il obtient en 1923 son Certificat d'Études. Il est alors placé à Paris chez un compositeur pour apprendre la musique. Accusé un jour de vol, il est envoyé dans une maison de redressement en Touraine. Il y passe trois ans (1925-1928) et devance l'appel pour réduire sa peine. Il sert à Damas dans la Légion Étrangère, puis on le retrouve à Brest. Il déserte en 1932 et mène une vie errante à travers l'Europe jusqu'en 1937, où il aboutit à Paris. Quelque temps après, il est de nouveau arrêté. Libre en 1941, il travaille comme bouquiniste sur les quais de la Seine. Il publie à compte d'auteur *Condamné à mort* en 1942 et fait en 1943 la connaissance décisive de Cocteau. L'influence de Proust est notoire dans *Notre-Dame-des-Fleurs*, édité par Paul Morihien, le secrétaire de Cocteau, en 1944.

Une activité théâtrale fébrile

De *Condamné à mort* (1942) à *L'Enfant criminel* (1949), il s'essaie à tous les moyens d'expression ; la marque de Cocteau est très sensible dans les œuvres de cette époque. Puis, jusqu'au *Balcon* (1956), Jean Genet ne publie presque plus rien. La création des *Paravents* consacre le dramaturge en 1966, provoque la crise de 1967.

De 1968 jusqu'en 1986, il se plonge dans l'engagement politique : proche de Cohn-Bendit en 1968, il rejoint les Black Panthers en 1970, puis il prend fait et cause en faveur des Palestiniens et de la Fraction Armée Rouge... Atteint d'un cancer, il occupe les dernières années de sa vie à écrire *Le Captif amoureux*, œuvre inachevée qui paraît après sa mort, en 1986.

Dramaturge de son temps, Genet rejette absolument les conventions scéniques. Il veut représenter le réel tel qu'il apparaît dans ce jeu de miroirs déformants qui constitue le fait théâtral. Une pièce ne cherche pas à imiter l'actualité ou la nature, elle met le monde en spectacle, c'est-à-dire qu'elle en dévoile les fondements magiques et les arabesques liturgiques.

Alberto Giacometti,
Portrait de Jean Genet,
1955. Paris, Musée
national d'Art moderne.

1942	*Condamné à mort*	**1956**	*Le Balcon* (théâtre)
1944	*Notre-Dame des Fleurs*	**1959**	*Les Nègres* (théâtre)
1946	*Miracle de la rose*	**1961**	*Les Paravents* (théâtre)
1947	*Querelle de Brest* *Les Bonnes* (théâtre)	**1962**	*Comment jouer* Le Balcon
		1963	*Comment jouer* Les Bonnes
1948	*Le Funambule*	**1966**	*Lettre à Roger Blin en marge des* Paravents
1949	*Journal d'un voleur,* *Haute Surveillance* *L'Enfant criminel*	**1986**	*Le Captif amoureux* (posthume)

Les Bonnes (1947)

Créé à Paris, au Théâtre de l'Athénée, par Louis Jouvet en 1947, Les Bonnes a été repris en 1954 par Tania Balachova.

*** *Les Bonnes*

Les Bonnes mettent en scène deux sœurs, Solange et Claire, domestiques de Madame et de Monsieur. Leur état social, leur passion pour Madame, pétrie de haine et de jalousie, leur inspirent un comportement tourmenté, à l'image de l'ambiguïté de leurs sentiments. Ainsi leur arrive-t-il de jouer, en l'absence de Madame, des scènes où l'une ou l'autre se travestit en lui empruntant fards et parfums tandis que sa sœur feint de la servir...

Elles ont franchi un pas de plus en dénonçant à la police Monsieur, qui a été arrêté du fait de leurs calomnies. Mais, coup de théâtre, Monsieur vient d'être libéré. Prises au piège, que vont-elles maintenant imaginer ? Tuer Madame ? Pourquoi pas ?

« *Moi aussi je n'en peux plus* »

Yvette Étievant et Monique Mélinand dans *Les Bonnes.* Mise en scène de Louis Jouvet, 1947.

Sonnerie du téléphone. Les deux sœurs écoutent.

CLAIRE, *au téléphone.* — Monsieur ? C'est Monsieur !... C'est Claire, monsieur... *(Solange veut prendre un écouteur. Claire l'écarte.)* Bien, j'avertirai Madame, Madame sera heureuse de savoir Monsieur en liberté... Bien, mon
5 sieur. Je vais noter. Monsieur attend Madame au *Bilboquet*. Bien... Bonsoir, monsieur.

Elle veut raccrocher mais sa main tremble et elle pose l'écouteur sur la table.

SOLANGE. — Il est sorti ?

CLAIRE. — Le juge le laisse en liberté provisoire.

10 SOLANGE. — Mais... Mais alors, tout casse.

CLAIRE, *sèche.* — Tu le vois bien.

SOLANGE. — Les juges ont eu le toupet de le lâcher. On bafoue la justice. On nous insulte ! Si Monsieur est libre, il voudra faire une enquête, il fouillera la maison pour découvrir la coupable. Je me demande si tu saisis la gravité de la
15 situation.

CLAIRE. — J'ai fait ce que j'ai pu, à nos risques et périls.

SOLANGE, *amère.* — Tu as bien travaillé. Mes compliments. Tes dénonciations, tes lettres, tout marche admirablement. Et si on reconnaît ton écriture, c'est parfait. Et pourquoi va-t-il au *Bilboquet*, d'abord et pas ici ? Tu peux l'expliquer ?

20 CLAIRE. — Puisque tu es si habile, il fallait réussir ton affaire avec Madame. Mais tu as eu peur. L'air était parfumé, le lit tiède. C'était Madame ! Il nous reste à continuer cette vie, reprendre le jeu.

SOLANGE. — Le jeu est dangereux. Je suis sûre que nous avons laissé des traces. Par ta faute. Nous en laissons chaque fois. Je vois une foule de traces que
25 je ne pourrai jamais effacer. Et elle, elle se promène au milieu de cela qu'elle apprivoise. Elle le déchiffre. Elle pose le bout de son pied rose sur nos traces. L'une après l'autre, elle nous découvre. Par ta faute, Madame se moque de nous ! Madame saura tout. Elle n'a qu'à sonner pour être servie. Elle saura que nous mettions ses robes, que nous volions ses gestes, que nous embobinions son
30 amant de nos simagrées. Tout va parler, Claire. Tout nous accusera. Les rideaux marqués par tes épaules, les miroirs par mon visage, la lumière qui avait l'habitude de nos folies, la lumière va tout avouer. Par ta maladresse, tout est perdu.

CLAIRE. — Tout est perdu parce que tu n'as pas eu la force pour...

35 SOLANGE. — Pour...

CLAIRE. — La tuer.

SOLANGE. — Je peux encore trouver la force qu'il faut.

CLAIRE. — Où ? Où ? Tu n'es pas aussi au-delà que moi. Tu ne vis pas au-dessus de la cime des arbres. Un laitier traversant ta tête te bouleverse.

40 SOLANGE. — C'est de n'avoir pas vu sa figure, Claire. D'avoir été tout à coup si près de Madame parce que j'étais près de son sommeil. Je perdais mes forces. Il fallait relever le drap que sa poitrine soulevait pour trouver la gorge.

CLAIRE, *ironique*. — Et les draps étaient tièdes. La nuit noire. C'est en plein jour qu'on fait ces coups-là. Tu es incapable d'un acte aussi terrible. Mais moi, 45 je peux réussir. Je suis capable de tout, et tu le sais.

SOLANGE. — Le gardénal[1].

CLAIRE. — Oui. Parlons paisiblement. Je suis forte. Tu as essayé de me dominer...

SOLANGE. — Mais, Claire...

50 CLAIRE, *calmement*. — Pardon. Je sais ce que je dis. Je suis Claire. Et prête. J'en ai assez. Assez d'être l'araignée, le fourreau de parapluie, la religieuse sordide et sans dieu, sans famille ! J'en ai assez d'avoir un fourneau comme autel. Je suis la pimbêche, la putride. A tes yeux aussi.

SOLANGE, *elle prend Claire aux épaules*. — Claire... Nous sommes nerveuses. 55 Madame n'arrive pas. Moi aussi je n'en peux plus. Je n'en peux plus de notre ressemblance, je n'en peux plus de mes mains, de mes bas noirs, de mes cheveux. Je ne te reproche rien, ma petite sœur. Tes promenades te soulageaient...

CLAIRE, *agacée*. — Ah ! laisse.

60 SOLANGE. — Je voudrais t'aider. Je voudrais te consoler, mais je sais que je te dégoûte. Je te répugne. Et je le sais puisque tu me dégoûtes. S'aimer dans le dégoût, ce n'est pas s'aimer.

CLAIRE. — C'est trop s'aimer. Mais j'en ai assez de ce miroir effrayant qui me renvoie mon image comme une mauvaise odeur. Tu es ma mauvaise odeur. Eh 65 bien ! je suis prête. J'aurai ma couronne. Je pourrai me promener dans les appartements.

SOLANGE. — Nous ne pouvons tout de même pas la tuer pour si peu.

CLAIRE. — Vraiment ? Ce n'est pas assez ? Pourquoi, s'il vous plaît ? Pour quel autre motif ? Où et quand trouver un plus beau prétexte ? Ce n'est pas assez ? 70 Ce soir, Madame assistera à notre confusion. En riant aux éclats, en riant parmi ses pleurs avec ses soupirs épais ! Non. J'aurai ma couronne. Je serai cette empoisonneuse que tu n'as pas su être. A mon tour de te dominer.

SOLANGE. — Mais, jamais...

CLAIRE, *énumérant méchamment, et imitant Madame*. — Passe-moi la ser-75 viette ! Passe-moi les épingles à linge ! Épluche les oignons ! Gratte les carottes ! Lave les carreaux ! Fini. C'est fini. Ah ! J'oubliais ! ferme le robinet ! C'est fini. Je disposerai du monde.

SOLANGE. — Ma petite sœur !

CLAIRE. — Tu m'aideras.

80 SOLANGE. — Tu ne sauras pas quels gestes faire. Les choses sont plus graves, Claire, plus simples.

CLAIRE. — Je serai soutenue par le bras solide du laitier. Il ne flanchera pas. J'appuierai ma main gauche sur sa nuque. Tu m'aideras. Et s'il faut aller plus loin, Solange, si je dois partir pour le bagne, tu m'accompagneras, tu monteras 85 sur le bateau. Solange, à nous deux, nous serons ce couple éternel, du criminel et de la sainte. Nous serons sauvées, Solange, je te le jure, sauvées !

Elle tombe assise sur le lit de Madame.

SOLANGE. — Calme-toi. Je vais te porter là-haut. Tu vas dormir.

CLAIRE. — Laisse-moi. Fais de l'ombre. Fais un peu d'ombre, je t'en supplie.

Solange éteint.

Jean GENET, *Les Bonnes* (1947), © éd. L'Arbalète.

---

1. *Calmant beaucoup utilisé à l'époque, et mortel à haute dose.*

Jean Genet, caricature de Daniel Levine.

GROUPEMENT THÉMATIQUE
Maîtres et domestiques

Sans parler de MOLIÈRE, de nombreux auteurs ont abordé ce thème. On retiendra en particulier :

Le Balcon (1956)

*** Le Balcon
L'action du *Balcon* se passe à l'intérieur d'un bordel dirigé par Madame Irma. Ses nombreux salons et ses pensionnaires dévouées permettent aux amateurs d'assouvir leurs fantasmes les plus affolants en leur offrant généreusement de devenir à volonté général, évêque ou juge. Ainsi le *Balcon* est-il le temple de l'érotisme et de l'imaginaire.

Mais à l'extérieur, dans la ville, la révolution fait rage, tandis que le chef de la police, aux ordres de la Reine et du Palais tente — difficilement — d'y faire face. Une géniale idée est soudain proposée par l'Envoyé de la Cour qui retrouve le Chef de Police chez Irma : si celle-ci, belle et imposante, apparaissait à la foule en se prétendant la Reine en personne, la Révolution ne ferait-elle pas long feu ?

Vive la reine !

1. Le Chef de la
Police et l'Envoyé de
la Cour.
2. Oiseau
mythologique, qui se
brûlait sur un bûcher
pour renaître de ses
cendres.

Soudain, on entend une formidable explosion. Tous les deux[1]*, mais non Irma, s'aplatissent, puis ils se relèvent, s'époussettent mutuellement.*

L'Envoyé. — Il se pourrait que ce fût le Palais Royal. Vive le Palais Royal !

Irma. — Mais alors, tout à l'heure... l'explosion ?...

5 L'Envoyé. — Un palais royal n'en finit jamais de sauter. Il est même tout entier cela : une explosion ininterrompue.

Le Chef de la Police, *consterné.* — Mais la Reine... La Reine alors est sous les décombres ?...

L'Envoyé, *souriant mystérieusement.* — Rassurez-vous, Sa Majesté est en lieu
10 sûr. Et mort, ce phénix[2] saurait s'envoler des cendres d'un palais royal. Je comprends que vous soyez impatient de lui prouver votre vaillance, votre dévouement... mais la Reine attendra le temps qu'il faut. *(A Irma.)* Je dois rendre hommage, madame, à votre sang-froid. Et à votre courage. Ils sont dignes des plus hauts égards... *(Rêveur.)* Des plus hauts...

15 Irma. — Vous oubliez à qui vous parlez. C'est vrai que je tiens un bordel, mais je ne suis pas née des noces de la lune et d'un caïman : je vivais dans le peuple... Tout de même, le coup a été rude. Et le peuple...

L'Envoyé, *sévère.* — Laissez cela. Quand la vie s'en va, les mains se rattachent à un drap. Que signifie ce chiffon quand vous allez pénétrer dans la fixité
20 providentielle ?

Irma. — Monsieur ? Vous voulez me dire que je suis à l'agonie...

L'Envoyé, *l'examinant, la détaillant.* — Bête superbe ! Cuisses d'aplomb ! Épaules solides !... Tête...

Irma, *riant.* — On l'a déjà prétendu, figurez-vous, et cela ne m'a pas fait perdre
25 la tête. En somme, je ferai une morte présentable, si les révoltés se dépêchent, et s'ils me laissent intacte. Mais si la Reine est morte...

L'Envoyé, *s'inclinant.* — Vive la Reine, madame.

Irma, *d'abord interloquée, puis irritée.* — Je n'aime pas qu'on se foute de moi. Rengainez vos histoires. Et au trot.

30 L'Envoyé, *vivement.* — Je vous ai dépeint la situation. Le peuple, dans sa fureur et dans sa joie, est au bord de l'extase : à nous de l'y précipiter.

Irma. — Au lieu de rester là, à dire vos âneries, allez fouiller les décombres du Palais pour retirer la Reine. Même un peu rôtie...

L'Envoyé, *sévère.* — Non. Une reine cuite et en bouillie n'est pas présentable.
35 Et même vivante, elle était moins belle que vous.

Irma, *se regardant dans un miroir, avec complaisance.* — Elle venait de plus loin... Elle était plus vieille... Et enfin, elle avait peut-être aussi peur que moi.

Jean GENET, Le Balcon (1956)
© éd. Gallimard

Le Balcon. Mise en scène de
Georges Lavaudant, 1985.

Les Paravents (1961)

Dès la publication des *Paravents* en 1961, la pièce est créée en Allemagne par Hans Lietzau, qui avait déjà monté *Le Balcon*. En 1966, la pièce est créée en France par Roger Blin, au Théâtre national de l'Odéon, dont Jean-Louis Barrault est alors le directeur.

Jouée peu d'années après la fin de la guerre d'Algérie, **la pièce soulève vite les passions**, à la suite d'un article virulent de Jean-Jacques Gautier dans *Le Figaro*. Sans prêter attention aux qualités de la mise en scène, au jeu des acteurs comme Maria Casarès, ou même à l'intérêt littéraire du texte de **JEAN GENET**, certains n'y voient qu'une odieuse **caricature du militarisme**. Tandis que les représentations se déroulent dans une ambiance électrique, un député demande la suppression des subventions accordées au Théâtre de l'Odéon. Au nom de la liberté d'expression, Malraux, alors ministre de la Culture, prend la défense de l'auteur et du metteur en scène.

*La caricature de **Genet** n'est pourtant pas aussi simpliste qu'elle en a l'air. Arabes comme militaires sont présentés sous leur jour le plus sordide. Ils sont les uns comme les autres l'expression d'une humanité en déroute, délibérément tournée vers le Mal, qu'il s'appelle laideur pour Leïla, vol pour Saïd, crasse pour les Arabes ou propreté insolente pour les colons, bêtise humaine pour tous sans distinction. Le monde des morts n'est d'ailleurs pas plus reluisant que celui des vivants. Jean Genet **n'épargne rien ni personne**. Mais, en recommandant que tous les acteurs soient masqués et qu'ils se déplacent autour de paravents (d'où le titre de la pièce), le dramaturge invite à regarder avec humour, un **humour grinçant** peut-être, ce théâtre dans le théâtre, miroir déformé avec art d'une réalité faite d'un certain désespoir.*

*** **Neuvième tableau**
Leïla, femme de Saïd, vient de commettre un larcin. Elle se réfugie chez sa belle-mère. Un gendarme, alerté, arrive jusque-là. S'ensuit un échange dérisoire et comique sur le tutoiement et le vouvoiement...

Du tu et du vous

Jean Genet et Jean-Louis Barrault lors des répétitions des *Paravents* en 1966.

Le Gendarme regarde encore autour de lui. Il fixe la pendule dessinée sur le paravent.

LE GENDARME. — C'est bien vous. On vous a vue sortir de la maison de Sidi ben Cheik. Vous écartiez le rideau de perles de la porte. Les perles ont tinté...
5 On vous a vue dans une glace, vous vous sauviez... La pendule n'y était plus. *(Un temps.)* C'est celle-là !

LA MÈRE. — La pendule a toujours été là, c'est mon mari qui me l'a ramenée de Maubeuge.

LE GENDARME, *soupçonneux*. — Combien de temps ?

10 LA MÈRE, *se levant*. — Des années. Des années qu'elle est là, la pendule. Figurez-vous qu'un jour, quand il était tout petit, Saïd l'avait complètement démontée. Complètement. Pièce par pièce, pour voir ce qu'il y avait dedans, et tous les ressorts il les avait posés sur une assiette, il était encore tout petit, et juste je rentre, il y a de ça longtemps, vous pensez. Je rentre de chez l'épicier, et
15 qu'est-ce que j'aperçois par terre... *(Elle mime.)* Mais réellement, comme une espèce de vermine qui voudrait se débiner : des petits roues, des petits étoiles, des petits vis, des petits vers, des petits clous, des petits machins y en avait plein, des petits ressorts, des harengs saurs, clés à molettes, cigarettes, trottinettes...

Pendant les explications de la Mère, Leïla se faufilait vers la sortie, mais le
20 *Gendarme se retourne et la rattrape.*

LE GENDARME, *méchant*. — Où tu vas ?

LEILA. — J'essayais de me sauver.

LE GENDARME, *méchant*. — Te sauver !... Foutre le camp !... Faire la malle !...
Tirer des pattes !... Et moi, dans le coup, qu'est-ce que je deviens ? Révocation.
25 Je gagne la révocation. C'est pour ça que tu veux mettre les adjas ? Pour que

Maria Casarès et Paule Annen dans *Les Paravents*. Mise en scène de Roger Blin, 1966.

j'aie le brigadier au cul, si. Petite ordure. Et moi, trop con, qui te disais vous pour être poli, comme on nous le recommande ! Ils en ont de bonnes, là-haut en haut lieu avec leurs vous ! Je voudrais les voir qu'ils vous touchent de près, comme nous les petits.

30 LA MÈRE. — Des petits ? Vous autres, pour nous, vous n'êtes pas des petits.

LE GENDARME. — Heureusement qu'on vous a et que comme ça y a plus petit que nous, mais si on nous oblige à vous dire vous on sera bientôt plus petits que vous.

LA MÈRE. — De temps en temps vous pouvez oublier le vous et nous dire le tu.

35 LE GENDARME. — Surtout que vous aimez mieux ça, hein ? Le tu est plus chaud que le vous et le tu protège mieux que le vous. Quoique si le tu protège, le vous de temps en temps fait du bien, ça je m'en doute.

LA MÈRE. — Un peu de vous, un jour sur quatre, et le tu le reste du temps.

LE GENDARME. — C'est mon avis. Le tu comme base et du vous goutte à goutte.
40 Pour vous habituer. Nous et vous on y gagne, mais le vous tout à coup, à qui dire le tu ? Entre nous le tu est tu de copain, entre nous et vous le tu qui vient de nous est tu plus mou.

LA MÈRE. — Juste. Le vous pour vous ça vous éloigne de nous. Le tu nous plaît, le s'il vous plaît n'est pas pour nous.

45 LEILA. — Le mou non plus... Le tout non plou... Le vu non plus.

Elle rit. La Mère rit.

LA MÈRE, *enchaînant.* — Le fou c'est vous... le plus c'est mou... c'est tout au plus...

Elle rit. Leïla rit. Le Gendarme rit.

50 LE GENDARME. — Le mou c'est plou... c'est plus mon cul... Le cul mon coup... *(Ils rient tous, aux éclats, mais soudain le Gendarme s'aperçoit qu'il partage ce rire. Il éclate.)* Silence ! Qu'est-ce que vous voulez ? Qu'est-ce que vous cherchez ? A m'avoir par le rire et par la galéjade ? A m'entraîner hors du droit chemin ? *(Les deux femmes sont apeurées.)* Je suis peut-être un petit, ça oui,
55 mais je ne peux tout de même pas rire, je ne peux tout de même pas me fendre en deux avec la racaille... *(Il respire et se radoucit.)* C'est déjà beau qu'avec vos hommes on fraternise en parlant des drapeaux, en parlant des combats, de l'Argonne et du Chemin-des-Dames[1], tu te rappelles, Crouia, *(Il parle alors comme feu le maréchal Juin lisant une proclamation aux Anciens Combattants.)*
60 c'est toi qui portais le fusil-mitrailleur, moi j'étais tampon du pitaine, le jour où on a trouvé les deux Boches en joue, pan ! rayés par un Bicot, ça c'est du baroud et j'ai pas honte de le rappeler et de boire encore avec cézigue, pas honte. Avec vos hommes, nous émouvoir, oui, de temps en temps, et de bon cœur... *(Un temps, puis, avec gravité.)* Mais rire en même temps, non, ça serait trop grave.
65 Sur le rire je pourrais vous en dire. Du rire qu'on se fend la pipe et du rire qui désarme. Quand on se marre, tout s'ouvre : la bouche, le nez, les yeux, les oreilles, le trou du cul. A la fois on se vide et qui sait quoi vient à la place. *(Sévère.)* C'est compris ? Ne pas chercher à m'avoir à l'éclat de rire. Je peux être féroce. Vous n'avez pas vu combien il me reste de molaires dans le fond de la
70 bouche ?

Il ouvre grand la bouche sans bruit et les femmes paraissent effrayées, mais retroussant les lèvres du Gendarme, elles observent les dents.

LA MÈRE. — C'est venu comme ça et tout à coup, à cause du tu et du vous.

LE GENDARME. — Mais c'est vous qui l'avez voulu. Et ne recommençons plus.
75 On ne doit pas trop vous permettre. Peu à peu vous amener à nous, sans qu'on soit trop déconcertés, ni vous ni nous, c'est ce que je dis toujours. Mais c'est faisable avec des gens qui comprennent et y en a, mais avec les celles qui veulent nous mettre dans le pétrin on est mal récompensé...

Jean GENET, *Les Paravents* (1961)
© éd. Gallimard

1. *Sites de combats acharnés pendant la guerre de 1914-1918.*

POUR LE COMMENTAIRE

1. Les jeux de langage
a. Analysez précisément les jeux de langage autour de *tu, vous* et *nous*, et la dérive verbale qui conduit les trois protagonistes au rire.
b. Relevez et expliquez si nécessaire les termes d'argot.

2. Le jeu relationnel
Le gendarme se laisse prendre à un certain mode de relation. Derrière l'affaire du tutoiement ou du vouvoiement, quel problème humain est en réalité évoqué ?

3. La recherche d'un autre langage

René de Obaldia *Génousie* (1960)

Génousie a été créée le 26 septembre 1960 au T.N.P.-Récamier, alors dirigé par Jean Vilar, dans une mise en scène de Roger Mollien. Son auteur, **René de Obaldia**, né à Hong-Kong en 1918, obtient à la scène de brillants succès avec cette pièce, aussi fantaisiste que celles qui ont suivi : *Le Satyre de la Villette* (1963), *Le Général inconnu* (1964), *Du vent dans les branches de sassafras* (1965), *Le Cosmonaute agricole* (1966), *Deux femmes pour un fantôme*, *La Baby-sitter* (1971)...

*** *Génousie*

Une châtelaine a invité pour un repas huit personnalités « les plus diverses, voire les plus opposées, mais qui toutes ont quelque chose à dire ». Ce n'est qu'à la fin de la pièce qu'elles se mettront à table. En attendant, l'une ou l'autre s'exprime ; le neuro-psychiatre dit l'importance de l'enfance dans la formation de l'individu, le poète déclame quelques vers, l'auteur dramatique expose sa théorie du langage : « Le pire des malentendus vient peut-être de ce que nous parlons la même langue. Nous ajoutons à la confusion en persistant à croire que le mot dit par Pierre correspond au même mot dit par Paul. » Aucun discours ne cherche à être convaincant, pas plus que ne l'est l'intrigue amoureuse qui se noue entre deux personnages et conduit à un meurtre... raté !

A chacun ses facéties, comme celle de remplacer la langue française par le génousien, la langue du pays d'Irène. Tout peut être imaginé tant que la cloche n'a pas sonné.

« Bravo ! Admirable !... »

***

A la scène 2 de l'acte II, le poète, amoureux d'Irène, vient de tuer le mari de celle-ci. La châtelaine découvre le cadavre et se réjouit.

SCÈNE II

CHRISTIAN, LE CADAVRE, MME DE TUBÉREUSE

MADAME DE TUBÉREUSE, *faisant irruption avec fracas et habillée en infirmière.* — Bravo ! Admirable !... *(Christian a ôté précipitamment son chapeau de forme et le dissimule derrière son dos.)* Vous êtes sublime, vous êtes... vouchou-ou-dine... Permettez que je vous embrasse ! *(Elle lui claque deux baisers sonores sur les* 5 *joues.)* C'est fou ce que vous êtes doué !... Quel feu ! Quel galop ! Quelle sûreté dans l'exécution ! Quelle maîtrise !... Vous n'avez pas trop faim ? Les meurtres, ça creuse !... La cloche ne va plus tarder à sonner maintenant... *(Contemplant le cadavre.)* Ainsi, c'est vous qui avez fait cela ! Grand gosse !... Un peu cruel, bien sûr, ça se lit sur votre bouche. Lorsque je vous ai vu la première fois, chez 10 les Maupoux de Montpur, je me suis dit : attention à cette bouche-là !... *(Se penchant sur le cadavre.)* Pauvre cher Hassingor, lui qui aimait tant aller et venir ! Enfin, c'est la vie ! Brebis qui bêle perd sa goulée. Le voilà parti pour un autre grand voyage, pour un pays plus fabuleux que le Génousie, et dont aucun polyglotte, ici-bas, ne connaît encore la langue... Rendez-lui tout de même son 15 chapeau de forme ! *(Elle le saisit des mains de Christian et le pose sur le ventre du mort. Reculant de trois pas, pour juger de l'effet.)* Là... merveilleux... on dirait un mausolée, une stèle à la mémoire du civil inconnu !... Grâce à vous, jeune homme, notre petite réunion de cette année va briller d'un éclat exceptionnel.

CHRISTIAN. — Madame...

20 MADAME DE TUBÉREUSE. — Si, si, grâce à vous. Cher enfant, vous ne savez pas encore à quel point les hommes peuvent s'ennuyer sur cette terre !

CHRISTIAN. — Madame...

MADAME DE TUBÉREUSE. — Non, vous ne savez pas... *(Bruits de voix. Mouvements derrière la porte. Joyeuse.)* Entrez ! Entrez ! C'est ici que ça se tient !... 25 Je vous en prie, entrez...

René de OBALDIA, *Génousie* (1960)
© éd. Grasset

René de Obaldia. Photo de Martine Franck.

Roland Dubillard *Naïves Hirondelles* (1961)

Roland Dubillard, *né à Paris en 1923, auteur et acteur, a commencé sa carrière en montant, en 1953, un numéro de duettistes... Homme de spectacle, il met souvent en scène ses propres pièces :* Naïves Hirondelles *(1961),* La Maison d'os *(1962). Les pièces de Dubillard sont à peu près dépourvues d'intrigue, jouent sur le silence autant que sur le dit, reposent sur un dialogue apparemment ténu et inconsistant ; ce qui nous rend d'autant plus sensibles, entre aphasie et bavardage, aux* **interrogations dramatiques qui étincellent dans cette pénombre de l'absurde.**

*** *Naïves Hirondelles*

Naïves Hirondelles met en scène deux compères abouliques qu'abrite une boutique de modiste. Survient une jeune fille dont l'aspect sauvage anime en eux le désir. La vie quotidienne se fissure, expose ses manques : ennui, absence. Au-delà de cette expérience, se pose cette délicate question : le réel est-il lui-même présent, la présence est-elle elle-même réelle ? Le fantastique gît dans cette trop peu « naïve » façon d'aborder les rapports de l'être et de l'existence.

« *Ça fait du bien de se taire un peu...* »

Ils se taisent un moment, à cause de la situation pénible, puis :

GERMAINE. — Ça fait du bien de se taire un peu, hein ? Bertrand...

5 BERTRAND. — Ce n'est pas que je me taise... J'écoutais quelque chose dans la rue.

GERMAINE. — Quelque chose ?

BERTRAND. — Oui, quelque chose.

GERMAINE. — Je n'ai pas entendu.

10 BERTRAND. — Non... On n'est pas forcé d'entendre. Il y en a qui entendent une chose, d'autres une autre. Ça dépend des moments.

GERMAINE. — Vous auriez dû me le dire.

BERTRAND. — Vous le dire ? Ça n'a rien d'extraordinaire, vous savez. Je l'écoutais comme
15 ça. Ça ne valait pas la peine de faire exprès de l'écouter.

GERMAINE. — C'était quoi ?

BERTRAND. — Non, et puis, si j'avais eu envie de
20 vous dire quelque chose, c'est autre chose que je vous aurais dit, sûrement. Et à ce moment-là, ça m'aurait distrait, et je n'aurais rien entendu du tout. Vous voyez. On dit : si j'avais su ceci, cela, eh bien non, si j'avais su, ce n'aurait pas du tout été pareil.

25 GERMAINE. — Mais, maintenant que vous l'avez entendu, vous pouvez bien me le dire, ce que c'était.

BERTRAND. — C'était un petit sifflet à deux trous, vous savez, en fer-blanc, là, avec un coude... c'est un genre de sifflet plat, coudé à peu près au tiers,

30 comme ça... Je ne me rappelle pas à quel bout on souffle, d'ailleurs. Moi, je n'ai jamais eu de sifflet comme ça. Je crois que c'est dans le petit bout qu'on souffle. Hein ? pas vous ?

GERMAINE. — Je ne me rappelle pas.

35 BERTRAND. — Ça devait être un petit gosse qui soufflait là-dedans pour s'amuser.

GERMAINE. — Oui.

BERTRAND. — Vous ne l'avez pas entendu ?

GERMAINE. — Non.

40 BERTRAND. — C'est drôle. Je ne l'ai pourtant pas rêvé... Non, vous voyez, on est là, dans la même pièce, on ne fait rien, on a les mêmes oreilles et puis il y en a un qui entend et l'autre qui n'entend pas.

GERMAINE. — Ben... oui...

45 BERTRAND. — Peut-être que vous avez entendu autre chose, vous. Que moi je n'ai pas entendu.

GERMAINE. — Non, je n'écoutais pas.

BERTRAND. — Tout le monde ne peut pas écouter en même temps. Peut-être que pendant ce temps-là
50 vous étiez en train de regarder, et alors vous avez vu quelque chose que moi je n'ai pas vu. Non ?

GERMAINE. — Non. Je n'ai rien vu de spécial.

BERTRAND. — Enfin, vous faisiez bien quelque chose. On fait toujours quelque chose.

55 GERMAINE. — Non, rien. J'attendais.

Roland DUBILLARD, *Naïves Hirondelles*,
Acte II, scène 4 (1961), © éd. Gallimard

François Billetdoux *Tchin-Tchin* (1959)

François Billetdoux, né en 1927, formé par Charles Dullin, ancien élève de l'Institut des Hautes études cinématographiques, participe en 1946 à la création du Club d'Essai de la Radiodiffusion française. Il promeut un théâtre de l'ironie, joue de l'insolite et des mystères de la communication, avec Va donc chez Törpe *(1961),* Comment va le monde, Môssieu ? Il tourne, Môssieu *(1964),* Silence ! L'arbre remue encore *(1967),* Quelqu'un devrait faire quelque chose *(1969),* Ne m'attendez pas ce soir *(1971). En réalité, Billetdoux semble estimer que le monde en question ne tourne pas très rond. Mais pas de révolte tonitruante chez cet écrivain intimiste à la recherche d'une vérité intérieure : François Billetdoux est* **un humoriste métaphysique** *dont la morale se résume sous la forme d'une maxime qui lui sert également à intituler une de ses pièces :* Il faut passer par les nuages *(1964).*

L'auteur excelle dans l'expression des nuances psychologiques, dans les jeux du langage aux prises avec le sentiment ou l'émotion.

*** **Tchin-Tchin**

Une Anglaise, Mrs Paméla Puffy-Picq, a épousé, comme son nom l'indique, le docteur Picq. Elle fait la connaissance d'un Italien naturalisé français, Césaréo Grimaldi, qui travaille dans le bâtiment (en qualité d'ingénieur). Mais cette rencontre n'est pas fortuite puisque c'est le docteur Picq, lui-même, qui a opéré Césaréo de l'appendicite ! Paméla attire Césaréo mais lui-même préfère le whisky ! Le docteur Picq et la femme de Césaréo ont profité de la situation pour faire un enfant !

A la suite de cette nouvelle quelque peu déconcertante, Paméla et Césaréo se retrouvent dans une chambre d'hôtel pour se noyer dans l'alcool.

« ... *L'alcool ! C'est un alibi...* »

PAMÉLA. — Parlez-moi gentiment.

CÉSARÉO. — Pam !

PAMÉLA. — Oui.

CÉSARÉO. — Paméla !

5 PAMÉLA. — Césaréo ?

CÉSARÉO. — Mademoiselle Puffy !

PAMÉLA. — Mon ami ?

CÉSARÉO. — Buvons gentiment !

PAMÉLA. — Baisez-moi la main.

10 CÉSARÉO. — Ho ! Ne tremblez plus ! C'est ridicule !

PAMÉLA. — Il n'est même pas indispensable d'être courageux, n'est-ce pas ? Il suffit de commencer, sans penser à la suite.

15 CÉSARÉO. — Tenez, voici votre « second » verre !

PAMÉLA. — Tout de suite mon « second » ?

CÉSARÉO. — Oui, oui.

PAMÉLA. — Ah ! que c'est doux ! Rappelez-moi pourquoi je veux être ivre morte !

20 CÉSARÉO. — Compliquée comme vous êtes, vous avez certainement beaucoup de raisons.

PAMÉLA. — Rappelez-m'en une !

CÉSARÉO. — Vous voulez être sans retenue.

PAMÉLA. — Je ne veux pas être vue dans cet état.
25 Puis que vais-je faire ? Prenez de l'avance, s'il vous plaît !

CÉSARÉO. — Une bouteille d'avance, ça vous paraît suffisant ?

Il prend une seconde bouteille dans la valise.

30 PAMÉLA. — Oh ! oui. Ne soyez pas de mauvaise humeur.

CÉSARÉO. — Vous gâchez le plaisir.

PAMÉLA. — Attendez ! Vous n'allez pas être trop sauvage, tout à coup ?

35 CÉSARÉO. — Je ne sais pas.

PAMÉLA. — Attendez ! Vous n'allez pas me traiter comme une fille ?

CÉSARÉO. — Je ne sais pas.

PAMÉLA. — Attendez ! Je préfère que nous flirtions
40 un peu, avant.

CÉSARÉO. — Paméla ! vous n'avez rien à craindre de ma part.

PAMÉLA. — Pourquoi ?

CÉSARÉO. — Ce serait délicat à vous expliquer.

45 PAMÉLA. — Ah ! Et si je deviens furieuse, moi ?

CÉSARÉO. — C'est un risque à courir ! Puis quoi ! Ne faites pas une aventure d'un événement tout à fait banal. Buvons et bavardons. Qui vivra verra. A votre santé.

50 *Ils boivent, elle à son gobelet, lui à la bouteille.*

PAMÉLA. — C'est fort !

CÉSARÉO. — Racontez-moi vos rêves.

PAMÉLA. — Je ne rêve pas. Je ne rêve jamais.

CÉSARÉO. — C'est triste ! Je ne comprends vraiment pas les femmes. Elles ne savent rien faire comme tout le monde. C'est tellement simple de profiter de la vie telle qu'elle se présente ! Nous pouvions très simplement nous enivrer comme tout le monde, en allant de cafés en bistrots, de bistrots en bars, sans s'en apercevoir ! C'est agaçant ce côté systématique que vous avez ! Moi je ne sais pas quoi faire dans cette chambre ! Elle ne m'inspire pas ! Et vous n'êtes guère encourageante non plus !

PAMÉLA. — Césaréo ! je suis bien. Ne me dérangez pas !

CÉSARÉO. — Ah ça !

PAMÉLA. — Nous sommes clandestins, non ? C'est agréable !

CÉSARÉO. — Ce qui est agréable, c'est d'être heureux. Et je ne le suis pas. Et ce n'est pas en enfilant des litres d'alcool qu'on le devient. Ce n'est pas un médicament magique, l'alcool ! C'est un alibi, pas davantage. Ce qui compte, c'est ce quelque chose que ça permet d'éveiller quelquefois là-dedans.

PAMÉLA. — Oui, oui. Je le sens qui s'éveille.

CÉSARÉO. — Paméla ! Laissez-moi vous dire que je vous aime.

PAMÉLA. — Vous m'aimez ?

80 CÉSARÉO. — Non, je ne vous aime pas. Laissez-moi le dire, le croire et oubliez-le !

François BILLETDOUX, *Tchin-Tchin* (1959)
© François Billetdoux, Papiers, 1986

POUR LE COMMENTAIRE

1. La scène se situe dans une chambre d'hôtel où les deux prétendus amants se retrouvent uniquement pour s'enivrer ensemble. Quel **sens** donner à cette **étrange situation** ?

2. « L'alcool ! C'est un alibi. » **Interprétez cette sentence** au cœur de la pièce.

3. L'alcool est-il le **substitut de l'amour** ? Quelle réflexion de Césaréo peut le laisser croire ?

4. Étudiez **le dialogue** des deux personnages. Que reste-t-il de romantique dans l'approche de Paméla ? Césaréo est-il encore plus désespéré qu'elle ? A quoi sert l'échange de paroles entre eux deux ?

5. L'alcool et l'amour. Rapprochez cette scène de la scène des *Caprices de Marianne* (Musset).

METTEURS EN SCÈNE DU NOUVEAU THÉÂTRE

1. Héritages

Un des maîtres les plus écoutés de la mise en scène française postérieure à 1945 est **Charles Dullin** (1885-1949). Il convainc ses élèves de l'importance de leur rôle par rapport au spectateur. Il est l'un des initiateurs de ce « théâtre populaire » auquel Jean Vilar a consacré le meilleur de son art.

Bertolt Brecht (1898-1956), de son côté, lègue à ses continuateurs la conception d'un comédien qui, grâce à un « jeu distancié », ne fait pas complètement corps avec son personnage et laisse ainsi au spectateur le choix de l'interprétation.

Antonin Artaud (1896-1948), enfin, offre une conception de la scène : « lieu physique et concret », elle doit créer son langage à travers le langage.

2. Les metteurs en scène

Les grands metteurs en scène du Nouveau Théâtre ont su, comme leurs prédécesseurs, créer un style, imposer leur personnalité.

Jean-Louis Barrault (né en 1910), placé au premier plan en 1943 après quelques mises en scène éclatantes à la Comédie-Française (dont *Le Soulier de satin*), crée après la guerre une compagnie avec Madeleine Renaud. Au Marigny, puis à l'Odéon (1959-1968), au Théâtre Récamier, à la Gare d'Orsay, et ailleurs, il se distingue par son goût d'un théâtre qui sollicite l'être profond du spectateur. Son rêve d'un théâtre total lui fait embrasser la production de tous les temps et de tous les pays et accueille les metteurs en scène dont le talent le séduit.

Jean Vilar (1913-1971) s'installe après 1947 à Avignon, où il fonde le premier Festival d'Art dramatique français. Il crée en 1951 le Théâtre National Populaire avant de se consacrer complètement au Festival d'Avignon. Adversaire déclaré du « metteur en scène régnant », il tend à présenter les œuvres dans leur aspect universel et se caractérise par son goût de la sobriété à tous les niveaux.

Roger Blin (1907-1984), élève de Dullin mais fortement marqué par Artaud, capable d'une vision poétique du monde mais aussi de la plus grande austérité, a été le metteur en scène rêvé pour les œuvres de Beckett et de Genet.

Jean-Marie Serreau (1915-1973), héritier de Dullin et Brecht, très imaginatif et séduit par les possibilités qu'offre l'audio-visuel, monta des œuvres d'Adamov, Ionesco, Beckett, Arrabal, Césaire et Kateb Yacine.

Aux noms de ces quatre grands metteurs en scène du Nouveau Théâtre, il faut ajouter ceux de **Jacques Mauclair**, à qui Adamov confia *Le Ping-pong* ; **Roger Planchon**, metteur en scène du théâtre réaliste engagé ; **Antoine Bourseiller**, l'homme des recherches dans le domaine de l'insolite, qui a monté des pièces de Billetdoux ou Vauthier ; **Antoine Vitez**, qui a mis en scène aussi bien Guyotat que Claudel ; enfin **Victor Garcia**, pour qui Arrabal est l'auteur de prédilection, et l'Argentin **Jorge Lavelli**, apôtre d'une dynamique scénique tourbillonnante et serviteur du « langage-cri ».

Tous ces metteurs en scène sont possédés par l'amour d'un théâtre vraiment moderne. Pour le faire admettre, ils se sont débattus au milieu des pires difficultés matérielles et morales. Tous travaillent sur les œuvres classiques aussi bien que sur le théâtre contemporain : **Patrice Chéreau** a mis en scène Marivaux à Paris et Wagner à Bayreuth.

4. Formes de l'engagement

Fernando Arrabal *Le Cimetière de voitures* (1966)

Fernando Arrabal, né en 1932 à Melilla en Espagne, a subi dès son enfance les méfaits du fascisme incarné dans la personne du général Franco, qui, pendant des décennies, a écarté l'Espagne du monde moderne et démocratique. Le théâtre lui sert d'exorcisme : il fait défiler sur scène une foule d'abrutis, de sadiques, d'illuminés, de bourreaux, d'opprimés, de persécutés et de persécuteurs. Mu par la contradiction, par le désir de faire éclater la mauvaise conscience collective et individuelle, ce dramaturge baroque a attiré à lui les plus grands metteurs en scène (Victor Garcia, Jorge Lavelli, Jérôme Savary), émerveillés par le génie verbal et les inventions cérémonielles d'un auteur de la race des Goya et des Dali.

Depuis qu'il s'est établi à Paris en 1955, Arrabal écrit en français de nombreuses pièces, dont *Pique-nique en campagne* (1958), *Le Cimetière de voitures* (1966) ; *L'Architecte et l'empereur d'Assyrie* (1967), *Ils passèrent des menottes aux fleurs* (1969). Cinéaste, il crée *Viva la muerte* en 1971 (d'après son roman *Baal-Babylone*, 1959) et *J'irai comme un cheval fou* en 1973.

*** *Le Cimetière de voitures*

Le cadre de cette pièce est bien évidemment un « cimetière de voitures ». Des gens s'y sont construit une vie : Lasca, une femme d'âge mûr amoureuse d'un jeune tourtereau, Tiossido ; des musiciens : Emanou, le trompettiste, Topi, le clarinettiste, Fodère, le saxophoniste muet... ; mais aussi Dila, la toute jeune femme qui attire le regard de tous les hommes de cet étrange lieu, et Milos, le domestique, qui règne véritablement sur cet univers.

« *Deux écureuils sous-marins* »

Emanou attend avec impatience. Enfin Dila sort de la « voiture 2 », cette fois assez violemment, sans doute poussée de l'intérieur. Elle tombe par terre. Emanou s'approche d'elle.

EMANOU. — Je voulais te voir. *(Un temps.)* Dila, j'aimerais aller avec toi ce soir ;
5 je veux que ma bouche soit une cage pour ta langue et mes mains des hirondelles pour tes seins.

DILA, *surprise*. — Emanou !

EMANOU. — Et puis les amis disent que je ne suis pas un homme, que je ne peux pas en être un tant que je ne suis pas allé avec une femme.

10 DILA. — Et tu veux que ce soit moi ?

EMANOU. — Oui, Dila, tu es meilleure que les autres. Avec toi je n'aurai presque pas de honte. Et puis je sais à peu près tout ce que je dois faire. Quand je te regarde, des trains électriques dansent entre mes jambes.

DILA. — Mais tu connais sa jalousie.

15 EMANOU. — Il ne nous verra pas. Et s'il nous découvre on lui dira qu'on est en train de jouer aux soldats. Nous serons ensemble, invisibles comme la nuit et les pensées, et nous tournoierons, enlacés comme deux écureuils sous-marins.

DILA. — Mais, Emanou, il faut que tu ailles au bal jouer de la trompette.

EMANOU. — Ça sera vite fait. *(Soudain.)* Tu ne veux pas ?

20 DILA. — Si, mais...

EMANOU. — Je vois, tu ne veux pas parce que tu sais que je n'ai aucune expérience.

DILA. — Ça n'a pas d'importance, moi j'en ai beaucoup.

EMANOU. — Alors, Dila, on se compense.

25 DILA. — Allons-y *(Un temps.)* Je te cajolerai comme si tu étais un lac de miel dans la paume de ma main.

Dila et Emanou se placent derrière « la voiture A » de telle sorte que les spectateurs ne peuvent les voir.
Long silence.

30 *Dila et Emanou reparaissent. Ils sortent de derrière la « voiture A ».*

EMANOU, *honteux.* — Dila... la vérité c'est que les amis ne m'ont jamais rien dit... et puis, j'ai de l'expérience. Mais je voulais aller avec toi.

DILA. — Pourquoi me racontes-tu les mêmes histoires tous les soirs ?

EMANOU. — Ne me fais pas de reproches, Dila.

35 DILA. — Tu n'a pas besoin d'inventer quelque chose, tu sais depuis longtemps que j'accepte toujours.

EMANOU. — Oui, mais je prends mes précautions. Je te promets que je ne te mentirai jamais.

DILA. — Tous les soirs tu me fais la même promesse.

40 EMANOU. — Cette fois je te jure que je me corrigerai.

DILA. — J'ai toujours confiance en toi. Mais...

EMANOU. — Je veux être bon, Dila.

DILA. — Moi aussi, je veux être bonne, Emanou.

EMANOU. — Toi, tu l'es déjà : tu laisses tout le monde coucher avec toi.

45 DILA. — Je voudrais être encore meilleure.

EMANOU. — Moi aussi.

DILA. — Mais à quoi va-t-il nous servir d'être bons ?

EMANOU. — Eh bien, quand on est bon *(il récite comme s'il avait appris une leçon par cœur)*, on ressent une grande joie intérieure, née de la paix de l'esprit
50 dont on jouit lorsqu'on se voit semblable à l'image idéale de l'homme.

DILA, *enthousiaste.* — Tu le dis de mieux en mieux.

EMANOU, *fier.* — Oui, je n'ai pas à me plaindre. Je l'ai appris par cœur.

DILA. — Tu es rudement intelligent, toi : tu sais tout.

EMANOU. — Pas tout, mais presque tout. Du moins les choses importantes, et
55 toujours par cœur.

DILA. — Moi je crois que tu as en toi quelque chose de pas ordinaire... *(Un temps.)* Dis-moi un peu pour voir, tout ce que tu sais.

EMANOU. — Eh bien je sais... à quoi ça sert d'être bon... Je sais jouer de la trompette... Je sais les mois de l'année sans en oublier un... [...]

60 DILA. — Oh ! très bien ! Tu sais tout. Je te le dis : tu dois avoir quelque chose en toi, ou bien tu dois être le fils... *(elle montre le ciel et dit gauchement)*... de quelqu'un... de quelqu'un, disons, de très haut placé.

EMANOU. — Non. Ma mère était pauvre. Elle m'a dit qu'elle était si pauvre que lorsque j'allais naître personne n'a voulu la laisser entrer chez soi. Seuls une petite
65 vache et un ânon qui se trouvaient dans une étable très délabrée eurent pitié d'elle. Alors ma mère est entrée dans l'étable et je suis né. L'âne et la vache me réchauffaient de leur haleine. La vache était contente de me voir naître et elle faisait « Meuh ! Meuh ! » et l'âne brayait et remuait les oreilles.

DILA. — Personne n'a voulu écouter ta mère ?

70 EMANOU. — Non. Ensuite on est parti pour un autre village et là mon père était charpentier, et moi je l'aidais à faire des tables, des chaises et des armoires. Mais le soir j'apprenais à jouer de la trompette. Et quand j'ai eu trente ans j'ai dit à mon père et à ma mère que j'allais jouer pour que ceux qui n'ont pas d'argent puissent quand même danser le soir.

75 DILA. — C'est à ce moment-là que tes amis se sont joints à toi ?

EMANOU. — Oui.

Fernando ARRABAL, *Le Cimetière de voitures* (1966)
© éd. Christian Bourgois

Wolf Vostell,
Autobarricade, 1987. Place
de la Résistance à Belfort.

POUR LE COMMENTAIRE

On retrouve dans cette scène de **nombreux thèmes significatifs d'Arrabal** : l'érotisme, la parodie chrétienne, le mélange du trivial et du sacré. On les étudiera à l'aide de la grille suivante :
— Le lieu de l'action
— Les personnages
— Le dialogue
— Parabole ou parodie ?

Armand Gatti
Chant public devant deux chaises électriques (1966)

Armand Gatti, né à Monaco en 1924, est le fils d'un ouvrier émigré. La mort de son père, victime de la police au cours d'une échauffourée, enracine en lui la passion révolutionnaire. Il participe à la lutte de la Résistance dans le maquis, choisit ensuite la profession de reporter, qui fait de lui un témoin privilégié de tous les drames, de tous les conflits mondiaux. Son théâtre se nourrit de ces expériences. Les pièces « chinoises » (*Le Poisson noir*, 1957), « guatémaltèques » (*Le Quetzal*, 1960), « vietnamiennes » (*V comme Viêt-nam*, 1967) se succèdent. Il crie sa haine du nazisme dans *L'Enfant-rat* (1960), *La Deuxième Existence du camp de Tatenberg* (1962), du fascisme de Franco dans *La Passion du général Franco* (1968), et ses dégoûts pour l'Amérique qui a assassiné Sacco et Vanzetti dans *Chant public devant deux chaises électriques* (1966). Partisan d'une dramaturgie de large participation, Armand Gatti se lance dans des expérimentations ambitieuses où il entraîne derrière lui une communauté (étudiants, ouvriers, immigrés...) dans la création collective (*La Tribu de Carcane*, 1974). Sa plus forte œuvre est probablement *La Vie imaginaire de l'éboueur Auguste Geai* (1962), où il évoque la mort de son père, à travers un kaléidoscope de souvenirs, de fantasmes et d'espoirs.

*L'apport d'**Armand Gatti** est essentiel : le travail théâtral, sous son impulsion, devient un vrai travail de groupe, découvre **sa fonction d'agitation, d'action culturelle**. Journaliste de théâtre, il met en scène les événements avec force et violence afin d'aboutir à **une analyse crue, vraie du réel**. Une pièce de Gatti ressemble à un meeting, à une manifestation : les spectateurs y sont sollicités comme des « participants » et non comme des voyeurs.*

*** *Chant public devant deux chaises électriques*

Sacco et Vanzetti sont deux anarchistes italiens, qui ont été exécutés aux États-Unis en 1927. La mise en scène de Gatti montre les deux personnages témoins de leur vie et de leur mort. La trame textuelle et visuelle de la pièce, telle qu'elle fut montée en 1966 par Gatti lui-même au T.N.P., tendait à solliciter le public jusqu'à son insertion même dans l'action. Pour parvenir à cette fin, Gatti n'expose pas le sujet, mais le construit élément par élément ; l'action, la situation d'abord confuses, embrouillées trouvent peu à peu leur sens. Construction baroque qui rompt avec la tradition d'un théâtre chronologique et logiquement ordonné.

« *Vous êtes aussi sa famille* »

La scène et la salle. Deux espaces qui se fascinent l'un l'autre. C'est sur les éléments supposés de cette fascination que repose ce « Chant public ».

Avant toute chose, il s'agit d'une pièce sur la
5 *longue agonie (1920-1927) de deux anarchistes italiens : Nicola Sacco et Bartolomeo Vanzetti, et leur mort par électrocution dans la prison de Charlestown à Boston (Massachusetts).*

Or, de cette pièce — sauf à de rares exceptions
10 *— on ne voit pas les acteurs, et on n'entend pas le texte... Concrètement que voit-on ? — Une scène avec plusieurs alignements de fauteuils qui est la réplique de la salle. Les acteurs qui viennent y prendre place sont conçus comme étant la réplique*
15 *des spectateurs, c'est-à-dire que, tout comme eux, ils forment un groupe de personnes venues assister*

à une pièce sur l'affaire Sacco-Vanzetti. La seule différence est que les spectateurs de la salle supposée voient en direct la pièce, tandis que les
20 *spectateurs de la salle réelle ne voient que les réactions de ceux-ci par rapport à cette pièce. Bref, le drame des deux Italiens est capté, non pas à travers la reconstitution des faits qui amenèrent leur supplice, mais à travers les réactions d'un public*
25 *donné en face desdits faits.*

Est-ce dire que, la signification du drame Sacco-Vanzetti étant en soi réduite, il fallait faire revivre ce drame par d'autres, pour qu'elle apparaisse entière ? Bien au contraire, peu d'aventures humaines, me
30 *semble-t-il, peuvent prétendre à l'exemplarité de celle des deux anarchistes.*

JEANNE

Monsieur Mauler,
Ce que vous dites là,
Je ne le comprends pas
Et je ne veux le comprendre.
    Elle se lève.
Je sais, je devrais être heureuse
De voir qu'on vient en aide à Dieu.
Mais moi je fais partie de ceux
Pour qui cela n'est pas une aide,
De ceux à qui on n'offre rien.

MAULER

Porte aux Chapeaux noirs cet argent
Et tu pourras rester chez eux.
Car cette vie sans feu ni lieu ne te vaut rien.
Ils font très grand cas de l'argent,
Et c'est fort bien ainsi, crois-moi.

JEANNE

Si les Chapeaux noirs veulent votre argent,
Qu'ils le prennent. Mais moi je vais m'asseoir
Devant les abattoirs, avec ceux qui attendent.
J'y resterai jusqu'à ce que rouvrent les portes,
Et je mangerai ce qu'ils mangent, rien d'autre,
Si c'est une poignée de neige qu'on leur donne,

85 Je la mangerai cette neige.
Et leur travail aussi, je veux le faire.
Moi non plus je n'ai pas d'argent
Et ne puis en gagner d'aucune autre façon,
Du moins pas de façon honnête.
90 Et s'il n'y a pas de travail,
Je serai comme eux sans travail.
Et vous, qui vivez de la pauvreté,
Sans pouvoir supporter la vue des pauvres
Que vous jugez sans les connaître,
95 Vous arrangeant pour ne pas voir ces condamnés,
Livrés aux abattoirs et de tous ignorés,
A l'avenir, si vous voulez me voir
Vous me verrez aux abattoirs.
    Elle s'en va.

MAULER

100 Cette nuit, Mauler,
A chaque heure lève-toi.
Va à la fenêtre et regarde s'il neige ;
Et s'il neige,
Tu sauras qu'il neige sur elle,
105 Sur elle que tu connais.

Bertolt BRECHT, *Sainte Jeanne
des Abattoirs* (1961)
© éd. de l'Arche

Anne Doat et Jacques Alric dans *Sainte Jeanne des Abattoirs*. Mise en scène de Guy Rétoré au T.E.P.

Geneviève Serreau
Histoire du « Nouveau Théâtre » (1966)

Un nouveau réalisme

Donner corps à nos « vérités fondamentales » et, par une innovation radicale (celle que pressentait Artaud), faire de la scène le lieu même d'un nouveau réel, aussi étranger au naturalisme qu'aux conceptions idéalistes, telle est l'originalité profonde de notre « avant-garde », la seule démarche qui soit commune, par-delà leurs évidentes divergences, à tous les dramaturges dits de l'absurde.

Robbe-Grillet, l'un des premiers, perçut dans *En attendant Godot*, de Beckett, les prémices d'un système littéraire fondé sur un « réalisme de la présence ». Sous le titre « Samuel Beckett, auteur dramatique », Robbe-Grillet écrit en février 1953, dans la revue *Critique*, un article où *Godot* lui sert à justifier sa propre conception, heideggérienne, de « l'être là ». Au terme d'une analyse, d'ailleurs pertinente, de la pièce, Robbe-Grillet est amené à définir le « nouveau personnage » littéraire tel qu'il le conçoit, c'est-à-dire fondé sur la seule présence, par opposition aux personnages du roman psychologique ou à ceux du théâtre d'idées. « *La seule chose*, écrit-il, *qu'ils ne sont pas libres de faire* (il s'agit de Didi et Gogo) *c'est de s'en aller, de cesser d'être là... seuls en scène, debout, inutiles, sans avenir ni passé, irrémédiablement présents.* » [...]

« *Nous voulons faire du théâtre une réalité à laquelle on puisse croire*, écrit Antonin Artaud dès 1933[1], *et qui contienne pour le cœur et les sens cette espèce de morsure concrète que comporte toute sensation vraie.* » De ce réalisme-là, de cette « morsure concrète », toute l'avant-garde des années 50 se réclame, qu'il s'agisse de l'univers intensément concret de Beckett, de la littéralité chère à Adamov, du langage-objet de Ionesco, du théâtre dans le théâtre propre à Genet. En finir avec la psychologie « qui s'acharne à réduire l'inconnu au connu » (comme le dit Artaud), en finir avec les « dentelles du dialogue et de l'intrigue » (dont parle Jean Vilar), tel est bien leur propos, et ils se rencontrent sur ces deux points essentiels : mise en question de la réalité, mise en question des formes du théâtre traditionnel. L'un ne va pas sans l'autre. « *Ni l'Humour, ni la Poésie, ni l'Imagination*, disait Artaud, *ne veulent rien dire, si, par une destruction anarchique, productrice d'une prodigieuse volée de formes qui seront tout le spectacle, ils ne parviennent à remettre en cause organiquement l'homme, ses idées sur la réalité et sa place poétique dans la réalité*[1]. »

Ce nouveau réalisme, certes, n'est pas entièrement nouveau et l'on en distingue et les origines et les précurseurs, mais il s'impose aujourd'hui d'une façon particulièrement vive et dans tous les arts. (Qu'est-ce que la peinture dite « abstraite » sinon l'instauration de nouvelles formes, de structures inédites de l'imaginaire, chargées d'appréhender un autre réel, d'en éveiller en nous l'écho profond ?) Il est lié aux récents événements de notre histoire tout comme à l'évolution de l'art théâtral.

Geneviève SERREAU, *Histoire du « Nouveau Théâtre »* (1966)
© éd. Gallimard

1. Le Théâtre et son double *(Œuvres complètes, t. IV, p. 103, Gallimard, 1964).*

.Pour vos essais et vos exposés

Jean-Paul SARTRE : *Saint Genet, comédien et martyr*, éd. Gallimard, 1952.
Geneviève SERREAU : *Histoire du « Nouveau Théâtre »*, éd. Gallimard, 1966.
Martin ESSLIN : *Théâtre de l'absurde*, éd. Buchet-Chastel.
Claude BONNEFOY : *Jean Genet*, éd. Universitaires, 1965.
Gérard GOZLAN : *Gatti aujourd'hui*, éd. du Seuil, 1970.
René GAUDY : *Arthur Adamov*, éd. Stock, 1971.
Bernard DORT : « Genet ou le combat avec le théâtre » dans *Théâtre réel*, éd. du Seuil, 1971.

Françoise RAYMOND : *Arrabal*, éd. Universitaire, 1972.
Jean-Yves GUÉRIN : *Le Théâtre d'Audiberti et le baroque*, éd. Klincksieck, 1976.
Roger BLIN : *Souvenirs et Propos*, éd. Gallimard, 1986.
Jean-Luc DEJEAN : *Le Théâtre français depuis 1945*, éd. Nathan, rééd. 1987.
Jean Bernard MORALY : *Jean Genet — La vie écrite*, éd. La Différence, 1988.

LE THÉÂTRE DE L'ABSURDE : IONESCO, BECKETT

...as the imagination sees them...

Samuel Beckett

Eugene Ionesco

Dessins de Ronald Searle.

« *Il ne leur suffit pas d'être mortes.*
Il ne leur suffit pas d'avoir vécu.
Il faut encore qu'elles parlent. »
Samuel Beckett,
Comédie

« Pour en finir encore... »

Des créations nombreuses du nouveau théâtre de l'après-guerre (voir le chapitre précédent), deux œuvres émergent à l'évidence avec une force particulière : celles d'**EUGÈNE IONESCO** et de **SAMUEL BECKETT**. Toutes deux, semble-t-il, pour les mêmes raisons : elles ont d'abord été des œuvres à scandale, elles sont devenues des œuvres à succès. Surtout elles ont eu et ont en permanence du succès parce qu'elles touchent et disent le scandale, parce qu'elles n'ont cessé d'approcher, de **creuser notre modernité scandaleuse**, faite à la fois de triomphe et de honte, d'enthousiasme et d'angoisse, de plénitude et de nihilisme. Parce qu'elles offrent sans doute les formes aberrantes mais nécessaires, déconcertantes et pourtant évidentes, **du tragique de notre modernité occidentale**. Beckett et Ionesco (partageant d'ailleurs ce privilège avec Ponge, Char, Bonnefoy et quelques autres poètes) ont inventé à la scène des formes et des « voix » qui ne doivent pas seulement leur succès à un parti pris d'avant-garde.

1. Une crise de l'objet

En dépit des différences naturelles, qui tiennent à la personnalité et à la manière des deux auteurs, ces deux œuvres contemporaines se rejoignent, en fondant leur dramaturgie sur une triple prise de conscience : de la crise de l'objet, de la crise du sujet et — fondamentalement — de la crise du langage.

Par **crise de l'objet**, nous entendons d'abord l'interpellation violente, à laquelle se livrent Ionesco et Beckett, de la société de production/consommation. Alors que chez tous les deux le décor scénique se réduit parfois à sa plus simple expression, quelques objets s'emparent du devant de la scène pour s'y installer de manière proliférante ou répétitive. Cadavre envahissant, chaises multipliées, sac à main inventorié sans fin, brosse à dents passée à la loupe, **l'objet dérisoirement « cultivé » devient ici emblématique d'une situation** où le savoir et le pouvoir sur les choses font problème.

Objets particuliers, par lesquels l'homme est lui-même matière, les corps chez Ionesco et Beckett n'échappent pas à cette crise. Si tant de malades et de vieillards, de clochards, d'amputés ou d'enlisés tiennent chez eux les premiers rôles, c'est que, dans l'espace dégénéré des choses, où le trop-plein côtoie le vide, **l'être humain vit son corps justement comme une chose qui lui échappe**, qui s'abîme en lui et le rend perméable à la grande faillite de la réalité.

2. Une crise du sujet

Aux crises objectives, à la souffrance, aux blessures et à la mort, la tragédie antique opposait la dignité d'un sujet debout, se régénérant dans une transcendance métaphysique ou dans une foi humaniste. Ionesco et Beckett, infiniment plus pessi-

mistes que les écrivains de la génération existentialiste, plantent leurs « humains » sur **les décombres de l'idéologie et de la philosophie**. Si le Bérenger de *Rhinocéros* ou de *Le Roi se meurt* peut encore apparaître comme un protestataire, les **anti-héros absolus** que sont les personnages de Beckett semblent livrés à la toute-puissance d'une temporalité vide et indéterminée que le sens aurait désertée.

Cette vie « rampante » s'apparente à la « mort de l'homme » décrite par Foucault à la fin des *Mots et les choses*. Spectateurs et contempteurs du monde de la technique, de cet estompement des systèmes de valeurs et de la régression des comportements humains, Ionesco et Beckett nous offrent ou nous infligent **la vision d'un univers où se dissolvent les notions mêmes de personnalité et d'identité**. Incapables d'exister selon les modalités d'un savoir ou d'un pouvoir qui leur échappent doublement, les figures de leur théâtre cruel se survivent essentiellement — et paradoxalement — par leur seul langage.

3. Une crise du langage

Paradoxalement, car quel langage peut exister à l'heure de la dérobade du sens et de **la fissure entre les mots et les choses** ? Sûrement pas celui que l'ordre de la rhétorique classique pouvait encore opposer au désordre de la crise, au vieux « fatum » tragique. La survie, ici, passe par une sorte d'absorption complète du personnage dans l'immanence d'une parole-prothèse qui devient tout entière théâtre. Les platitudes des Smith et des Martin (voir p. 640), les jérémiades et les cris de Bérenger (p. 645), les bégaiements de Vladimir et d'Estragon (p. 651), les calembours et loufoqueries de Winnie (p. 657) participent ainsi d'une même **oralité, illusoire mais nécessaire**, qui témoigne de l'entêtement de l'humain et fonde en même temps à elle seule une dramaturgie.

D'un langage constamment hasardeux et lacunaire, Ionesco et Beckett ont tous deux fait le ressort principal et souvent spectaculaire de leur théâtralité. Si l'expression de théâtre bavard convient aussi bien à des œuvres comme *La Cantatrice chauve* ou *Oh ! les beaux jours*, c'est que la parole y tient véritablement le devant de la scène, portant « à bout de mots » des créatures qui, sans elle, se distingueraient à peine de l'ombre immense qui, au fond de la scène, menace de les reprendre.

Le public ne s'y est pas trompé, qui a fait aux œuvres de Ionesco et de Beckett un même succès en librairie, chez Gallimard et aux Éditions de Minuit, que sur les petites scènes du Quartier latin. Comme si, naturellement, **ce théâtre de mort lente** où rien ne commence, ne se passe et ne finit vraiment, était aussi « évident » dans le simple espace du livre, scène dépouillée où la crise s'énonce dans les jeux de mort et de hasard du langage.

1. Eugène Ionesco (né en 1912)

Eugène Ionesco.

Roumanie-France

Eugène Ionesco est né en 1912 à Slatina, en Roumanie, d'un père roumain et d'une mère française. Dès 1913 il vit en France, d'abord au square Vaugirard à Paris, puis en Mayenne à La Chapelle-Anthenaise, dont il gardera un souvenir ébloui après son retour au pays natal en 1925.

D'une cantatrice absente à un roi qui se meurt

Étudiant en français à l'université de Bucarest, il devient professeur de français, mais il quitte de nouveau son pays en 1938 avec une bourse du gouvernement roumain pour faire une thèse en France sur « le péché et la mort dans la poésie moderne ». De retour en Mayenne, puis à Paris, où il travaille comme correcteur dans une maison d'édition, sa première pièce, *La Cantatrice chauve*, montée en 1950 par Nicolas Bataille aux Noctambules, est d'abord un échec avant d'être jouée sans interruption depuis 1957 au Théâtre de la Huchette.

Mais dès l'année suivante, avec *La Leçon*, Ionesco se taille une réputation de dramaturge à sensation, voué au scandale, d'autant que les metteurs en scène du « nouveau théâtre » s'emparent les uns après les autres de ses nouveaux textes (*Les Chaises*, par Sylvain Dhomme en 1952 ; *Victimes du devoir*, par Jacques Mauclair en 1953 ; *Amédée*, par Jean-Marie Serreau en 1954).

Les plus grands succès viendront dans la décennie suivante avec *Rhinocéros*, monté en 1960 par Jean-Louis Barrault au Théâtre de France, et surtout *Le Roi se meurt*, créé par Mauclair en 1962 à l'Alliance française.

L'élection à l'Académie française (1970) viendra consacrer la notoriété d'un écrivain pourtant rongé par la hantise de la solitude et de la mort.

1950	*La Cantatrice chauve*	**1965**	*La Soif et la Faim*
1951	*La Leçon*	**1966**	*L'Œuf dur* et *Entre la vie et le rêve* (entretiens avec Claude Bonnefoy)
1952	*Les Chaises*		
1954	*Amédée ou Comment s'en débarrasser*	**1967**	*Journal en miettes*
1955	*Jacques ou la Soumission*	**1968**	*Présent passé, passé présent*
1956	*L'Impromptu de l'Alma*	**1970**	*Jeux de massacre*
1959	*Tueur sans gages*	**1972**	*Macbett*
1960	*Rhinocéros*	**1973**	*Le Solitaire* (roman)
1962	*Le Roi se meurt* et *Notes et Contre-Notes* (écrits divers sur le théâtre)	**1975**	*L'Homme aux valises*
		1977	*Antidotes* (essai)
		1980	*Voyage chez les morts*

Les farces tragiques

La Cantatrice chauve (1950)

*Première pièce d'**Eugène Ionesco**, montée en 1950 au Théâtre des Noctambules par Nicolas Bataille, et jouée sans interruption depuis 1957 à La Huchette, La Cantatrice chauve (intitulée de la sorte précisément parce qu'aucune cantatrice n'y apparaît...) fut inspirée à son auteur par la « vanité » des formules d'un manuel de conversation anglaise, dès lors que **les mots se mettent à fonctionner à vide**, sans référence à l'ordre des choses, des sensations ou des sentiments.*

*** *La Cantatrice chauve*

Dans les environs de Londres, les Smith reçoivent les Martin. La conversation s'enlise dans l'anecdote et la banalité. Par trois fois, un coup de sonnette retentit sans que jamais personne ne se présente à la porte. Au quatrième coup, alors qu'une polémique s'est engagée entre Monsieur et Madame Smith, arrive le capitaine des pompiers. Mais dans ce lieu clos où les mots tournent en rond, le dialogue continue de dérailler sur la pente comique de l'insignifiance et de l'absurde.

« *Ça me paraît logique...* »

M. SMITH. — Monsieur le Capitaine, laissez-moi vous poser, à mon tour, quelques questions.

LE POMPIER. — Allez-y.

M. SMITH. — Quand j'ai ouvert et que je vous ai
5 vu, c'était bien vous qui aviez sonné ?

LE POMPIER. — Oui, c'était moi.

M. MARTIN. — Vous étiez à la porte ? Vous sonniez pour entrer ?

LE POMPIER. — Je ne le nie pas.

10 M. SMITH, *à sa femme, victorieusement*. — Tu vois ? j'avais raison. Quand on entend sonner, c'est que quelqu'un sonne. Tu ne peux pas dire que le Capitaine n'est pas quelqu'un.

MME SMITH. — Certainement pas. Je te répète que
15 je te parle seulement des trois premières fois puisque la quatrième ne compte pas.

MME MARTIN. — Et quand on a sonné la première fois, c'était vous ?

LE POMPIER. — Non, ce n'était pas moi.

20 MME MARTIN. — Vous voyez ? On sonnait et il n'y avait personne.

M. MARTIN. — C'était peut-être quelqu'un d'autre ?

M. SMITH. — Il y avait longtemps que vous étiez
25 à la porte ?

LE POMPIER. — Trois quarts d'heure.

M. SMITH. — Et vous n'avez vu personne ?

LE POMPIER. — Personne. J'en suis sûr.

MME MARTIN. — Est-ce que vous avez entendu
30 sonner la deuxième fois ?

LE POMPIER. — Oui, ce n'était pas moi non plus. Et il n'y avait toujours personne.

MME SMITH. — Victoire ! J'ai eu raison.

M. SMITH, *à sa femme*. — Pas si vite. (Au pom-
35 pier.) Et qu'est-ce que vous faisiez à la porte ?

LE POMPIER. — Rien. Je restais là. Je pensais à des tas de choses.

M. MARTIN, *au pompier*. — Mais la troisième fois... ce n'est pas vous qui aviez sonné ?

40 LE POMPIER. — Si, c'était moi.

M. SMITH. — Mais quand on a ouvert, on ne vous a pas vu.

LE POMPIER. — C'est parce que je me suis caché... pour rire.

45 MME SMITH. — Ne riez pas, Monsieur le Capitaine. L'affaire est trop triste.

M. MARTIN. — En somme, nous ne savons toujours pas si, lorsqu'on sonne à la porte, il y a quelqu'un ou non !

50 MME SMITH. — Jamais personne.

M. SMITH. — Toujours quelqu'un.

LE POMPIER. — Je vais vous mettre d'accord. Vous avez un peu raison tous les deux. Lorsqu'on sonne à la porte, des fois il y a quelqu'un, d'autres fois il n'y
55 a personne.

M. MARTIN. — Ça me paraît logique.

MME MARTIN. — Je le crois aussi.

LE POMPIER. — Les choses sont simples, en réalité. (Aux époux Smith.) Embrassez-vous.

MME SMITH. — On s'est déjà embrassé tout à
60 l'heure.

M. MARTIN. — Ils s'embrasseront demain. Ils ont tout le temps.

MME SMITH. — Monsieur le Capitaine, puisque

vous nous avez aidés à mettre tout cela au clair, mettez-vous à l'aise, enlevez votre casque et asseyez-vous un instant.

LE POMPIER. — Excusez-moi, mais je ne peux pas rester longtemps. Je veux bien enlever mon casque, mais je n'ai pas le temps de m'asseoir. *(Il s'assoit, sans enlever son casque.)* Je vous avoue que je suis venu chez vous pour tout à fait autre chose. Je suis en mission de service.

MME SMITH. — Et qu'est-ce qu'il y a pour votre service, Monsieur le Capitaine ?

LE POMPIER. — Je vais vous prier de vouloir bien excuser mon indiscrétion *(très embarrassé)* ; euh *(il montre du doigt les époux Martin)* ... puis-je... devant eux...

MME MARTIN. — Ne vous gênez pas.

M. MARTIN. — Nous sommes de vieux amis. Ils nous racontent tout.

M. SMITH. — Dites.

LE POMPIER. — Eh bien, voilà. Est-ce qu'il y a le feu chez vous ?

MME SMITH. — Pourquoi nous demandez-vous ça ?

LE POMPIER. — C'est parce que... excusez-moi, j'ai l'ordre d'éteindre tous les incendies dans la ville.

MME MARTIN. — Tous ?

LE POMPIER. — Oui, tous.

MME SMITH, *confuse*. — Je ne sais pas... je ne crois pas, voulez-vous que j'aille voir ?

M. SMITH, *reniflant*. — Il ne doit rien y avoir. Ça ne sent pas le roussi.

LE POMPIER, *désolé*. — Rien du tout ? Vous n'auriez pas un petit feu de cheminée, quelque chose qui brûle dans le grenier ou dans la cave ? Un petit début d'incendie, au moins ?

MME SMITH. — Écoutez, je ne veux pas vous faire de la peine mais je pense qu'il n'y a rien chez nous pour le moment. Je vous promets de vous avertir dès qu'il y aura quelque chose.

LE POMPIER. — N'y manquez pas, vous me rendriez service.

MME SMITH. — C'est promis.

Eugène IONESCO, *La Cantatrice chauve*, scène 8 (1950), © éd. Gallimard

LA CRISE DU THÉÂTRE

« On dit que le théâtre est en danger, en crise. Cela est dû à plusieurs causes. Tantôt, on veut que les auteurs soient les apôtres de toutes sortes de théologies, ils ne sont pas libres, on leur impose de ne défendre, de n'attaquer, de n'illustrer que ceci ou cela. S'ils ne sont pas des apôtres, ils sont des pions. Ailleurs, le théâtre est prisonnier non pas de systèmes, mais de conventions, de tabous, d'habitudes mentales sclérosées, de fixations. Alors que le théâtre peut être le lieu de la plus grande liberté, de l'imagination la plus folle, il est devenu celui de la contrainte la plus grande, d'un système de conventions, appelé réaliste ou pas, figé. On a peur de trop d'humour (l'humour, c'est la liberté). On a peur de la liberté de pensée, peur aussi d'une œuvre trop tragique ou désespérée. L'optimisme, l'espoir, sont obligatoires sous peine de mort. Et on appelle quelquefois *l'absurde* ce qui n'est que la dénonciation du caractère dérisoire d'un langage vidé de sa substance, stérile, fait de clichés et de slogans ; d'une action théâtrale connue d'avance. Mais je veux, moi, faire paraître sur scène une tortue, la transformer en chapeau, en chanson, en cuirassier, en eau de source. On peut tout oser au théâtre, c'est le lieu où on ose le moins.

Je ne veux avoir d'autres limites que celles des possibilités techniques de la machinerie. On m'accusera de faire du music-hall, du cirque. Tant mieux : intégrons le cirque ! On peut accuser l'auteur d'être arbitraire : mais l'imagination n'est pas arbitraire, elle est révélatrice. Sans la garantie d'une liberté totale, l'auteur n'arrive pas à être soi-même, il n'arrive pas à dire autre chose que ce qui est déjà formulé : je me suis proposé, pour ma part, de ne reconnaître d'autres lois que celles de mon imagination ; et puisque l'imagination a des lois, c'est une nouvelle preuve que finalement elle n'est pas arbitraire. »

Eugène IONESCO, « Discours sur l'avant-garde » dans *Notes et Contre-Notes* (1962) © éd. Gallimard

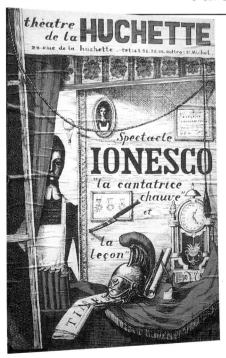

La Leçon (1951)

Seconde farce « circulaire » (c'est-à-dire où le « dénouement » ne fait que ramener le spectateur au point initial de l'action), La Leçon *(1951) accentue la* **dimension tragique** *de l'univers clos de* **Ionesco.**

*** La Leçon

Marionnettes bouffonnes, les deux protagonistes de ce « drame comique », un professeur et son élève, se dressent en effet face à face dans un absurde acharnement à enseigner et à ne pas entendre. Après un cours d'arithmétique qui a mal tourné, l'enseignant, de plus en plus « agressif et dominateur », s'évertue à initier la jeune fille aux secrets de « la philologie linguistique »... L'élève se dérobe à « la leçon » par l'apathie ou les gémissements. Exaspéré, le maître finira par la tuer... acte désespéré dont la fin de la pièce nous révélera qu'il est coutumier !

« *Les mots... finissent toujours par succomber* »

La vraie leçon, dans tout cela, est celle d'un dramaturge qui démasque — à grand renfort d'humour noir — **les rapports secrets du langage et du pouvoir**, *de la parole et de la mort.*

Le Professeur. — Je vais donc vous prier d'écouter avec la plus grande attention mon cours, tout préparé...

L'Élève. — Oui, Monsieur.

Le Professeur. — ... Grâce auquel, en quinze minutes, vous pouvez acquérir
5   les principes fondamentaux de la philologie linguistique et comparée des langues néo-espagnoles.

L'Élève. — Oui, Monsieur, oh !

Elle frappe dans ses mains.

Le Professeur, *avec autorité.* — Silence ! Que veut dire cela ?

L'Élève. — Pardon, Monsieur.

Lentement, elle remet ses mains sur la table.

10   Le Professeur. — Silence ! *(Il se lève, se promène dans la chambre, les mains derrière le dos ; de temps en temps, il s'arrête, au milieu de la pièce ou auprès de l'Élève, et appuie ses paroles d'un geste de la main ; il pérore, sans trop charger ; l'Élève le suit du regard et a, parfois, certaine difficulté à le suivre car elle doit beaucoup tourner la tête ; une ou deux fois, pas plus, elle se retourne*
15   *complètement.)* Ainsi donc, Mademoiselle, l'espagnol est bien la langue mère d'où sont nées toutes les langues néo-espagnoles, dont l'espagnol, le latin, l'italien, notre français, le portugais, le roumain, le sarde ou sardanapale, l'espagnol et le néo-espagnol — et aussi, pour certains de ses aspects, le turc lui-même plus rapproché cependant du grec, ce qui est tout à fait logique, étant donné que
20   la Turquie est voisine de la Grèce et la Grèce plus près de la Turquie que vous et moi : ceci n'est qu'une illustration de plus d'une loi linguistique très importante selon laquelle géographie et philologie sont sœurs jumelles... Vous pouvez prendre note, Mademoiselle.

L'Élève, *d'une voix éteinte.* — Oui, Monsieur !

25   Le Professeur. — Ce qui distingue les langues néo-espagnoles entre elles et leurs idiomes des autres groupes linguistiques, tels que le groupe des langues autrichiennes et néo-autrichiennes ou habsbourgiques, aussi bien que des groupes espérantiste, helvétique, monégasque, suisse, andorrien, basque, pelote, aussi bien encore que des groupes des langues diplomatique et technique
30   — ce qui les distingue, dis-je, c'est leur ressemblance frappante qui fait qu'on a bien du mal à les distinguer l'une de l'autre — je parle des langues néo-espagnoles entre elles, que l'on arrive à distinguer, cependant, grâce à leurs caractères distinctifs, preuves absolument indiscutables de l'extraordinaire res-

La Leçon, mise en scène de Jacques Mauclair, 1956.

35 semblance, qui rend indiscutable leur communauté d'origine, et qui, en même temps, les différencie profondément — par le maintien des traits distinctifs dont je viens de parler.

L'ÉLÈVE. — Oooh ! oouuii, Monsieur !

LE PROFESSEUR. — Mais ne nous attardons pas dans les généralités...

L'ÉLÈVE, *regrettant, séduite*. — Oh, Monsieur...

40 LE PROFESSEUR. — Cela a l'air de vous intéresser. Tant mieux, tant mieux.

L'ÉLÈVE. — Oh, oui, Monsieur...

LE PROFESSEUR. — Ne vous inquiétez pas, Mademoiselle. Nous y reviendrons plus tard... à moins que ce ne soit plus du tout. Qui pourrait le dire ?

L'ÉLÈVE, *enchantée, malgré tout*. — Oh, oui, Monsieur.

45 LE PROFESSEUR. — Toute langue, Mademoiselle, sachez-le, souvenez-vous-en *jusqu'à l'heure de votre mort...*

L'ÉLÈVE. — Oh ! oui, Monsieur, jusqu'à l'heure de ma mort... Oui, Monsieur...

LE PROFESSEUR. — ... et ceci est encore un principe fondamental, toute langue n'est en somme qu'un langage, ce qui implique nécessairement qu'elle se 50 compose de sons, ou...

L'ÉLÈVE. — Phonèmes...

LE PROFESSEUR. — J'allais vous le dire. N'étalez donc pas votre savoir. Écoutez, plutôt.

L'ÉLÈVE. — Bien, Monsieur. Oui, Monsieur.

55 LE PROFESSEUR. — Les sons, Mademoiselle, doivent être saisis au vol par les ailes pour qu'ils ne tombent pas dans les oreilles des sourds. Par conséquent, lorsque vous vous décidez d'articuler, il est recommandé, dans la mesure du possible, de lever très haut le cou et le menton, de vous élever sur la pointe des pieds, tenez, ainsi, vous voyez...

L'ÉLÈVE. — Oui, Monsieur.

LE PROFESSEUR. — Taisez-vous. Restez assise, n'interrompez pas... Et d'émettre les sons très haut et de toute la force de vos poumons associée à celle de vos cordes vocales. Comme ceci : regardez : « Papillon », « Eurêka », « Trafalgar », « papi, papa ». De cette façon, les sons remplis d'un air chaud plus léger 65 que l'air environnant voltigeront, voltigeront sans plus risquer de tomber dans les oreilles des sourds qui sont les véritables gouffres, les tombeaux des sonorités. Si vous émettez plusieurs sons à une vitesse accélérée, ceux-ci s'agripperont les uns aux autres automatiquement, constituant ainsi des syllabes, des mots, à la rigueur des phrases, c'est-à-dire des groupements plus ou moins importants, des 70 assemblages purement irrationnels de sons, dénués de tout sens, mais justement pour cela capables de se maintenir sans danger à une altitude élevée dans les airs. Seuls, tombent les mots chargés de signification, alourdis par leur sens, qui finissent toujours par succomber, s'écrouler...

L'ÉLÈVE. — ... dans les oreilles des sourds.

Eugène IONESCO, *La Leçon* (1951)
© éd. Gallimard

POUR LE COMMENTAIRE

1. L'attitude du professeur. Comment la caractériseriez-vous ? Le terme d'*enseignant* peut-il encore s'appliquer à ce personnage ?

2. La « résistance » de l'élève. Montrez comment elle manifeste, par des gestes mais aussi par des mots, une certaine forme d'humour.

3. Savoir et pouvoir. Quelle critique des rapports savoir/langage/pouvoir est ici manifeste ? Dégagez toute la portée symbolique du couple professeur/élève.

COMPOSITION FRANÇAISE

En vous inspirant principalement de la lecture de *La Cantatrice chauve* et de *La Leçon*, vous commenterez cette remarque de Ionesco :

« J'ai intitulé mes comédies « anti-pièces », « drames comiques », et mes drames : « pseudodrames », ou « farces tragiques », car, me semble-t-il, le comique est tragique, et la tragédie de l'homme, dérisoire. Pour l'esprit critique moderne, rien ne peut être pris tout à fait au sérieux, rien tout à fait à la légère. »

L'humain inhumain

Amédée ou Comment s'en débarrasser (1954)

*La désarticulation du langage, dans les premières pièces de **Ionesco**, signifiait déjà une **certaine crise de l'humanisme** que vont rendre plus explicite les œuvres suivantes. Dans* Amédée ou Comment s'en débarrasser, *comédie en trois actes plus construite et plus étoffée, le dramaturge nous installe dans l'intimité piteuse et délabrée d'un vieux couple que l'amour et la compréhension ont déserté. Entre eux grandit, par le miracle de la machinerie, un cadavre de plus en plus encombrant, proliférant comme* Les Chaises *qui donnaient leur titre à une pièce de 1952. Mieux dessinés psychologiquement, mieux dotés linguistiquement, que les créatures antérieures de Ionesco, Amédée et Madeleine se révèlent en revanche **plus tragiquement stériles et solitaires** dans l'inhumanité de leur duo décrépit et morbide.*

« Ce n'est plus humain, non ce n'est plus humain... »

On entend, soudain, venant de la chambre de gauche, un grand coup violent dans le mur ; Amédée qui s'apprêtait à s'asseoir, se relève, le regard fixé sur la gauche ;

Madeleine fait de même.

5 MADELEINE, *poussant un cri.* — Ah !

AMÉDÉE, *affolé.* — Calme-toi, calme-toi !

La porte de gauche cède comme sous une poussée continue.

MADELEINE, *prête à défaillir, mais toujours debout, s'écrie de nouveau.* — Ah ! Ciel !

10 *Puis, Amédée et Madeleine, muets d'effroi, regardent deux pieds énormes sortir lentement par la porte ouverte, s'avancer d'une quarantaine ou d'une cinquantaine de centimètres sur la scène.*

MADELEINE. — Regarde !

Ceci doit être dit avec angoisse bien entendu ; pourtant, avec une certaine 15 *retenue ; cela doit paraître effrayant, sans doute, mais surtout ennuyeux ; c'est un événement embarrassant, mais cela ne doit pas du tout sembler insolite ; pour ceci, le jeu des acteurs doit être très naturel ; c'est « une tuile », d'importance, certes, mais pas autre chose qu'« une tuile ».*

AMÉDÉE. — Je vois. *(Il se précipite, soulève les pieds, les met, avec soin, sur* 20 *un tabouret ou sur une chaise.)* Alors, ça !

MADELEINE. — Qu'est-ce qu'il nous fait encore ? Qu'est-ce qu'il veut ?

AMÉDÉE. — Il grandit de plus en plus vite !

MADELEINE. — Fais donc quelque chose.

AMÉDÉE, *désolé, désespéré.* — Il n'y a rien à faire, rien à faire. On ne peut plus 25 rien faire, hélas ! Il a la progression géométrique.

MADELEINE. — La progression géométrique !?

AMÉDÉE, *du même ton.* — Oui... La maladie incurable des morts ! Comment a-t-il pu attraper ça chez nous !

MADELEINE, *éclatant.* — Mais qu'est-ce qu'on va devenir, mon Dieu, qu'est-ce 30 qu'on va devenir ? Je te l'avais bien dit... Je m'en étais doutée...

AMÉDÉE. — Je vais le plier en deux...

MADELEINE. — Il l'est déjà !

AMÉDÉE. — Je vais l'enrouler...

MADELEINE. — Ça ne l'empêchera pas de grandir. Il pousse de tous les côtés 35 à la fois ! Où va-t-on le mettre, qu'est-ce qu'on va en faire, que va-t-on devenir ?

Eugène IONESCO, *Amédée ou Comment s'en débarrasser* (1954), © éd. Gallimard

Amédée..., mise en scène de Jean-Marie Serreau, 1970.

Rhinocéros (1960)

*Continuateur d'Amédée, Bérenger, dont **Ionesco** fait le personnage central de plusieurs de ses pièces, est la figure emblématique, bien que parfois dérisoire, de **la protestation de l'humain contre tout ce qui l'accable et le détruit**. Adversaire résolu des forces obscures qui menacent la liberté et la dignité de l'homme, il est confronté dans* Rhinocéros *(1960) à l'une de celles que le dramaturge considère comme des plus pernicieuses : **l'idéologie et son corollaire, le totalitarisme**. La « rhinocérite » représente en effet, dans cette pièce, l'hystérie collective qui s'est emparée de la population d'une ville dont tous les habitants succombent au charme irrésistible de la métamorphose en rhinocéros. Abandonné de tous, y compris de sa fiancée, Bérenger résiste et proteste jusqu'au bout de sa dramatique humanité.*

« *Je suis le dernier homme...* »

BÉRENGER, *se regardant toujours dans la glace*

Ce n'est tout de même pas si vilain que ça, un homme. Et pourtant, je ne suis pas parmi les plus beaux ! Crois-moi, Daisy ![1]

1. Fiancée de Bérenger.

(Il se retourne.) Daisy ! Daisy ! Où es-tu, Daisy ? Tu ne vas pas faire ça !

5   *(Il se précipite vers la porte.)* Daisy !

(Arrivé sur le palier, il se penche sur la balustrade.)

Daisy ! remonte ! reviens, ma petite Daisy ! Tu n'as même pas déjeuné ! Daisy, ne me laisse pas tout seul ! Qu'est-ce que tu m'avais promis ? Daisy ! Daisy !

(Il renonce à l'appeler, fait un geste désespéré et rentre dans sa chambre.)

10   Évidemment. On ne s'entendait plus. Un ménage désuni. Ce n'était plus viable. Mais elle n'aurait pas dû me quitter sans s'expliquer.

(Il regarde partout.) Elle ne m'a pas laissé un mot. Ça ne se fait pas. Je suis tout à fait seul maintenant.

(Il va fermer la porte à clé, soigneusement, mais avec colère.)

15   On ne m'aura pas, moi.

(Il ferme soigneusement les fenêtres.) Vous ne m'aurez pas, moi.

(Il s'adresse à toutes les têtes de rhinocéros.)

Jean-Louis Barrault et Mireille Delcroix, dans *Rhinocéros*, mise en scène de J.-L. Barrault, 1978.

Je ne vous suivrai pas, je ne vous comprends pas ! Je reste ce que je suis. Je suis un être humain. Un être humain.

20   *(Il va s'asseoir dans le fauteuil.)* La situation est absolument intenable. C'est ma faute, si elle est partie. J'étais tout pour elle. Qu'est-ce qu'elle va devenir ? Encore quelqu'un sur la conscience. J'imagine le pire, le pire est possible. Pauvre enfant abandonnée dans cet univers de monstres ! Personne ne peut m'aider à la retrouver, personne, car il n'y a plus personne.

25   *(Nouveaux barrissements, courses éperdues, nuages de poussière.)*

Je ne veux pas les entendre. Je vais me mettre du coton dans les oreilles.

(Il se met du coton dans les oreilles et se parle à lui-même, dans la glace.)

Il n'y a pas d'autre solution que de les convaincre, les convaincre, de quoi ? Et les mutations sont-elles réversibles ? Hein, sont-elles réversibles ? Ce serait un
30   travail d'Hercule, au-dessus de mes forces. D'abord, pour les convaincre, il faut leur parler. Pour leur parler, il faut que j'apprenne leur langue. Ou qu'ils apprennent la mienne ? Mais quelle langue est-ce que je parle ? Quelle est ma langue ? Est-ce du français, ça ? Ce doit bien être du français ? Mais qu'est-ce que du français ? On peut appeler ça du français, si on veut, personne ne peut
35   le contester, je suis seul à le parler. Qu'est-ce que je dis ? Est-ce que je me comprends, est-ce que je me comprends ?

(Il va vers le milieu de la chambre.)

Et si, comme me l'avait dit Daisy, si c'est eux qui ont raison ?

(Il retourne vers la glace.)

40 Un homme n'est pas laid, un homme n'est pas laid !

(Il se regarde en passant la main sur sa figure.)

Quelle drôle de chose ! A quoi je ressemble alors ? A quoi ?

(Il se précipite vers un placard, en sort des photos, qu'il regarde.)

Des photos ! Qui sont-ils tous ces gens-là ? M. Papillon, ou Daisy plutôt ? Et
45 celui-là, est-ce Botard ou Dudard, ou Jean ? ou moi, peut-être !

(Il se précipite de nouveau vers le placard d'où il sort deux ou trois tableaux.)

Oui, je me reconnais ; c'est moi, c'est moi !

(Il va raccrocher les tableaux sur le mur du fond, à côté des têtes des rhino-céros.)

50 C'est moi, c'est moi.

(Lorsqu'il accroche les tableaux, on s'aperçoit que ceux-ci représentent un vieillard, une grosse femme, un autre homme. La laideur de ces portraits contraste avec les têtes des rhinocéros qui sont devenues très belles. Bérenger s'écarte pour contempler les tableaux.)

55 Je ne suis pas beau, je ne suis pas beau.

(Il décroche les tableaux, les jette par terre avec fureur, il va vers la glace.)

Ce sont eux qui sont beaux. J'ai eu tort ! Oh, comme je voudrais être comme eux. Je n'ai pas de corne, hélas ! Que c'est laid, un front plat. Il m'en faudrait une ou deux, pour rehausser mes traits tombants. Ça viendra peut-être, et je
60 n'aurai plus honte, je pourrai aller tous les retrouver. Mais ça ne pousse pas !

(Il regarde les paumes de ses mains.)

Mes mains sont moites. Deviendront-elles rugueuses ?

(Il enlève son veston, défait sa chemise, contemple sa poitrine dans la glace.)

J'ai la peau flasque. Ah ! ce corps trop blanc, et poilu ! Comme je voudrais
65 avoir une peau dure et cette magnifique couleur d'un vert sombre, une nudité décente, sans poils, comme la leur !

(Il écoute les barrissements.)

Leurs chants ont du charme, un peu âpre, mais un charme certain ! Si je pouvais faire comme eux.

70 *(Il essaye de les imiter.)*

Ahh, ahh, brr ! Non, ça n'est pas ça ! Essayons encore, plus fort ! Ahh, ahh, brr ! Non, non, ce n'est pas ça, que c'est faible, comme cela manque de vigueur ! Je n'arrive pas à barrir. Je hurle seulement. Ahh, ahh, brr ! Les hurlements ne sont pas des barrissements ! Comme j'ai mauvaise conscience, j'aurais dû les
75 suivre à temps. Trop tard maintenant ! Hélas, je suis un monstre, je suis un monstre. Hélas, jamais je ne deviendrai rhinocéros, jamais, jamais ! Je ne peux plus changer. Je voudrais bien, je voudrais tellement, mais je ne peux pas. Je ne peux plus me voir. J'ai trop honte !

(Il tourne le dos à la glace.)

80 Comme je suis laid ! Malheur à celui qui veut conserver son originalité !

(Il a un brusque sursaut.)

Eh bien tant pis ! Je me défendrai contre tout le monde ! Ma carabine, ma carabine !

*(Il se retourne face au mur du fond où sont fixées les têtes des rhinocéros, tout
85 en criant :)*

Contre tout le monde, je me défendrai ! Je suis le dernier homme, je le resterai jusqu'au bout ! Je ne capitule pas !

Eugène IONESCO, *Rhinocéros*, Acte III (1960)
© éd. Gallimard

POUR LE COMMENTAIRE

1. L'individu, le couple, le collectif. C'est sur ces trois plans que s'exprime la réflexion de Ionesco sur le tragique de la condition humaine. Montrez-le.

2. Amédée, Bérenger, Ionesco. Qu'ont-ils tous les trois en commun ?

3. Réalisme et mythologie. Montrez que ce sont là les deux lignes de force — avec des effets divergents et pourtant complémentaires — de la dramaturgie de Ionesco.

4. Modernité et classicisme. Certains ont dit qu'avec *Rhinocéros* et ses dernières pièces, Ionesco devenait un « classique de l'avant-garde ». Qu'en pensez-vous ?

La mort sans fin

Tueur sans gages (1959)

Dans Tueur sans gages *(1959), apparaissait pour la première fois Bérenger, personnage dont **Ionesco** allait faire dans plusieurs pièces son « porte-parole » au sens propre du terme, à savoir celui qui témoigne, débat ou proteste avec cette seule **parole qui, en dépit de tout, demeure l'attribut premier de l'humain**.*

*** *Tueur sans gages*

La pièce, à l'intrigue semi-policière, met aux prises Bérenger avec un tueur mystérieux qui hante la « cité radieuse » et assassine sournoisement, apparemment « sans gages » ni raison. En fait cette mort scandaleuse des autres, prix à payer pour le pseudo-progrès de la civilisation, finit par cerner Bérenger lui-même, qui se retrouve, à la fin de la pièce, dans un ultime face-à-face tragi-comique avec le tueur ricanant. « Porte-flingue » impuissant, porte-parole au bord de la résignation, Bérenger est mis à l'épreuve de la mort dans la vanité même de son langage moribond.

« Mon Dieu, on ne peut rien faire... »

Je ne sais plus quoi vous dire. Nous avons certainement eu des torts vis-à-vis de vous. *(Ricanement du Tueur.)* Peut-être n'en avons-nous pas eu du tout. *(Même ricanement.)* Je ne sais. C'est peut-être ma faute, c'est peut-être la vôtre, peut-être ce n'est ni la mienne ni la vôtre. Il n'y a peut-être pas de faute du tout.
5 Ce que vous faites est peut-être mal, ou peut-être bien, ou peut-être ni bien ni mal. Je ne sais comment juger. Il est possible que la vie du genre humain n'ait aucune importance, donc sa disparition non plus... L'univers entier est peut-être inutile et vous avez peut-être raison de vouloir le faire sauter, ou de le grignoter au moins, créature par créature, morceau par morceau... Peut-être ne devez-vous
10 pas le faire. Je ne sais plus du tout, moi, je ne sais plus du tout. Peut-être vous êtes dans l'erreur, peut-être l'erreur n'existe pas, peut-être c'est nous qui sommes dans l'erreur de vouloir exister... Expliquez-vous. Qu'en pensez-vous ? Je ne sais, je ne sais. *(Ricanement du Tueur.)* L'existence est, selon certains, une aberration. *(Ricanement du Tueur.)* Les motifs que vous invoquez ne font-ils peut-être que
15 masquer les raisons réelles que vous vous cachez à vous-même inconsciemment. Qui sait ! Faisons table rase de tout ceci. Oublions les malheurs que vous avez déjà faits... *(Ricanement du Tueur.)* C'est d'accord ? Vous tuez sans raison, dans ce cas, je vous prie, sans raison je vous implore, oui, arrêtez-vous... Il n'y a pas de raison à cela, bien sûr, mais justement puisqu'il n'y a pas de raison de tuer
20 ou de ne pas tuer les gens, arrêtez-vous. Vous tuez pour rien, épargnez pour rien. Laissez les gens tranquilles, vivre stupidement, laissez-les tous, et même les policiers, et même... Promettez-le moi, interrompez-vous au moins pendant un mois... je vous en supplie, pendant une semaine, pendant quarante-huit heures, que l'on puisse respirer... Vous voulez bien, n'est-ce pas ?... *(Le Tueur ricane à*
25 *peine, sort de sa poche, très lentement, un couteau avec une grande lame qui brille et joue avec.)* Canaille ! Crapule ! Imbécile sanglant ! Tu es plus laid qu'un crapaud ! Plus féroce qu'un tigre, plus stupide qu'un âne... *(Léger ricanement du Tueur.)* Je me suis agenouillé... oui, mais ce n'est pas pour t'implorer... *(Même jeu du Tueur.)* ... C'est pour mieux viser... Je vais t'abattre, après je
30 foulerai aux pieds, je t'écraserai, pourriture, charogne d'hyène ! *(Bérenger sort de ses poches deux pistolets, les braque en direction de l'assassin qui ne bouge pas d'une semelle.)* Je te tuerai, tu vas payer, je continuerai de tirer, ensuite je te pendrai, je te couperai en mille morceaux, je jetterai tes cendres aux enfers avec les excréments dont tu proviens, vomissure du chien galeux de Satan,
35 criminel, crétin... *(L'assassin continue de jouer avec la lame de son couteau ; léger ricanement ; immobile, il hausse à peine l'épaule.)* Ne me regarde pas ainsi, je ne te crains pas, honte de la création... *(Bérenger vise, sans tirer, en direction de l'assassin qui est à deux pas, ne bouge pas, ricane et lève tout doucement son couteau.)* Oh... que ma force est faible contre ta froide déter-
40 mination, contre ta cruauté sans merci !... Et que peuvent les balles elles-mêmes contre l'énergie infinie de ton obstination ? *(Sursaut.)* Mais je t'aurai, je t'aurai...

(Puis, de nouveau, devant l'assassin qui tient le couteau levé, sans bouger et en ricanant, Bérenger baisse lentement ses deux vieux pistolets démodés, les pose à terre, incline la tête, puis, à genoux, tête basse, les bras ballants, il répète, balbutie :) Mon Dieu, on ne peut rien faire !... Que peut-on faire... Que peut-on faire...

Tandis que l'assassin s'approche encore, ricanant à peine, tout doucement, de lui.

Eugène IONESCO, *Tueur sans gages* (1959), © éd. Gallimard

COMMENTAIRE COMPOSÉ

On pourra organiser l'analyse du texte autour des **trois axes suivants** :
— une crise du langage ;
— une crise des valeurs ;
— une crise du théâtre.

1. Une crise du langage

C'est l'élément le plus explicite dans cette fin de pièce. La parole de Bérenger s'y montre inefficace, usée et, à l'image des deux pistolets démodés qu'il tient, on pourrait dire d'elle qu'elle n'est plus qu'une « pétoire mouillée ». Cette crise du *dire* se manifeste principalement dans les brusques changements de styles et de tons, tous aussi inopérants les uns que les autres : tantôt celui de l'injonction dérisoire, tantôt celui de la supplique pitoyable, tantôt encore celui du déchaînement qui s'achève en résignation.

2. Une crise des valeurs

Mais ce délabrement du langage de Bérenger témoigne en fait pour une crise plus profonde des valeurs que le personnage voudrait voir encore exister, mais dont il est conduit à éprouver l'absence ou la vanité : loyauté, logique, justice... On remarquera notamment l'inflation, dans le texte, des **modalisateurs** (« peut-être », « qui sait ? », « je ne sais plus » etc.), qui ponctuent linguistiquement un monde et une humanité désormais dépourvus de centre et de certitude. Bérenger perd pied face au Tueur en ne retrouvant plus aucun fondement éthique sur lequel s'appuyer : pour lui aussi c'est désormais l'**ère du soupçon**. Et le comble de l'absurde ne serait-il pas dans la dérobade même de la mort qui lui paraît promise, mais dont Ionesco, dans la didascalie finale, s'est bien gardé de nous donner l'assurance ?

3. Un théâtre en crise ?

Ou plutôt un théâtre *de* crise, amalgamant nécessairement dans une sorte de fin mélodramatique, pour ce « policier métaphysique » qu'est la pièce, les diverses composantes de la tradition dramaturgique :
— le comique : comique de situation, de gestes et de langage (recherchez les exemples) ;
— le tragique : densité du monologue « à la Racine », « gravité » des enjeux ;
— le dramatique : une situation « policière », une didascalie forte et à spectacle (montrez-le), un suspense final qui n'est pas sans rappeler le tête-à-tête ultime entre le Don Juan de Molière et la statue du Commandeur.

Le Roi se meurt (1962)

Dans Le Roi se meurt *(1962), dernière grande réussite de **Ionesco** à la scène, la dimension sociale ou collective de l'approche de l'humain, très marquée dans* Tueur sans gages *et* Rhinocéros, *s'efface au profit de* **la confrontation exclusive d'un homme avec l'angoissante question de sa fin**.

*** Le Roi se meurt

Bérenger, roi lyrique et grotesque, à mi-chemin du roi Lear de Shakespeare et de l'Ubu de Jarry, assiste impuissant à la montée de la mort dans son royaume et dans son corps. Tiraillé entre Marguerite, sa première épouse, flanquée d'un implacable Médecin, et Marie, sa seconde femme qui cherche à adoucir son agonie avec l'aide de l'infirmière Juliette, Bérenger hésite entre révolte, désespoir et résignation. Résistant encore par la seule force de sa parole, pathétique ou comique, il mourra « assis sur son trône, visible quelque temps avant de sombrer dans une sorte de brume ».

Dans cette pièce où s'exacerbent les propres angoisses de **Ionesco** autour de la question du vieillissement et de la mort, c'est moins une métaphysique qu'**une poétique de la vie** qui se dessine malgré le pessimisme apparent : « Plus que philosophe ou croyant, Ionesco écrit ici en poète émerveillé, sensible aux couleurs du monde, à la saveur de la vie. » (Claude Abastado.)

« *Apprenez-moi la résignation* »

LE ROI. — Comment m'y prendre ? On ne peut pas, ou bien on ne veut pas m'aider. Moi-même, je ne puis m'aider. O soleil, aide-moi soleil, chasse l'ombre,

empêche la nuit. Soleil, soleil éclaire toutes les tombes, entre dans tous les coins sombres et les trous et les recoins, pénètre en moi. Ah ! Mes pieds commencent
5 à refroidir, viens me réchauffer, que tu entres dans mon corps, sous ma peau, dans mes yeux. Rallume leur lumière défaillante, que je voie, que je voie, que je voie. Soleil, soleil, me regretteras-tu ? Petit soleil, bon soleil, défends-moi. Dessèche et tue le monde entier s'il faut un petit sacrifice. Que tous meurent pourvu que je vive éternellement même tout seul dans le désert sans frontières.
10 Je m'arrangerai avec la solitude. Je garderai le souvenir des autres, je les regretterai sincèrement. Je peux vivre dans l'immensité transparente du vide. Il vaut mieux regretter que d'être regretté. D'ailleurs, on ne l'est pas. Lumière des jours, au secours !

Le Médecin, à Marie. — Ce n'est pas de cette lumière que vous lui parliez. Ce
15 n'est pas ce désert dans la durée que vous lui recommandiez. Il ne vous a pas comprise, il ne peut plus, pauvre cerveau.

Marguerite. — Vaine intervention. Ce n'est pas la bonne voie.

Le Roi. — Que j'existe même avec une rage de dents pendant des siècles et des siècles. Hélas, ce qui doit finir est déjà fini.

20 Le Médecin. — Alors, Sire, qu'est-ce que vous attendez ?

Marguerite. — Il n'y a que sa tirade qui n'en finit plus. (Montrant la reine Marie et Juliette.) Et ces deux femmes qui pleurent. Elles l'enlisent davantage, ça le colle, ça l'attache, ça le freine.

Le Roi. — Non, on ne pleure pas assez autour de moi, on ne me plaint pas
25 assez. On ne s'angoisse pas assez. (A Marguerite.) Qu'on ne les empêche pas de pleurer, de hurler, d'avoir pitié du Roi, du jeune Roi, du pauvre petit Roi, du vieux Roi. Moi, j'ai pitié quand je pense qu'elles me regretteront, qu'elles ne me verront plus, qu'elles seront abandonnées, qu'elles seront seules. C'est encore moi qui pense aux autres, à tous. Entrez en moi, vous autres, soyez moi, entrez
30 dans ma peau. Je meurs, vous entendez, je veux dire que je meurs, je n'arrive pas à le dire, je ne fais que de la littérature.

Marguerite. — Et encore !

Le Médecin. — Ses paroles ne méritent pas d'être consignées. Rien de nouveau.

35 Le Roi. — Ils sont tous des étrangers. Je croyais qu'ils étaient ma famille. J'ai peur, je m'enfonce, je m'engloutis, je ne sais plus rien, je n'ai pas été, je meurs.

Marguerite. — C'est cela la littérature.

Le Médecin. — On en fait jusqu'au dernier moment. Tant qu'on est vivant, tout est prétexte à littérature.

40 Marie. — Si cela pouvait le soulager.

Le Garde, annonçant. — La littérature soulage un peu le Roi !

Le Roi. — Non, non. Je sais, rien ne me soulage. Elle me remplit, elle me vide. Ah, la la, la, la, la, la, la. (Lamentations. Puis, sans déclamation, comme s'il gémissait doucement :) Vous tous, innombrables, qui êtes morts avant moi,
45 aidez-moi. Dites-moi comment vous avez fait pour mourir, pour accepter. Apprenez-le-moi. Que votre exemple me console, que je m'appuie sur vous comme sur des béquilles, comme sur des bras fraternels. Aidez-moi à franchir la porte que vous avez franchie. Revenez de ce côté-ci un instant pour me secourir. Aidez-moi, vous, qui avez eu peur et n'avez pas voulu. Comment cela
50 s'est-il passé ? Qui vous a soutenus ? Qui vous a entraînés, qui vous a poussés ? Avez-vous eu peur jusqu'à la fin ? Et vous, qui étiez forts et courageux, qui avez consenti à mourir avec indifférence et sérénité, apprenez-moi l'indifférence, apprenez-moi la sérénité, apprenez-moi la résignation.

Eugène Ionesco, *Le Roi se meurt* (1962)
© éd. Gallimard

◀ *Le Roi se meurt*, mise en scène de Jacques Mauclair.

2. Samuel Beckett (né en 1906)

Samuel Beckett,
dessin anonyme.

Itinéraires d'un intellectuel irlandais

Né en 1906 dans la petite bourgeoisie protestante de Dublin, **Samuel Beckett**, après une adolescence studieuse, décide de quitter l'Irlande natale. A Paris, en 1928, il entre comme lecteur d'anglais à l'École Normale Supérieure : il y vivra deux années d'intenses lectures et fréquentations (Joyce). Les années 30, après un bref retour à Dublin, le voient errer en Europe, à Londres notamment, où il écrit en anglais ses premiers romans, refusés par les éditeurs britanniques.

Une vocation : le théâtre

C'est juste après la guerre qu'il prend la décision d'écrire en français et qu'il publie en deux ans (1951-1953) ses trois textes romanesques majeurs (*Molloy, Malone meurt* et *L'Innommable*) aux Éditions de Minuit. Mais c'est le théâtre, auquel il travaille secrètement depuis 1947, qui va le révéler vraiment, avec la représentation, en 1953, de *En attendant Godot*. En une dizaine d'années, au fil de pièces torturées qui sont autant de succès (*Fin de partie, Oh ! les beaux jours...*), Beckett passe de « l'enfer » à la notoriété et du secret qui l'habite toujours à une dimension mythique et internationale. Celle-ci sera officiellement « consacrée » en 1969 par l'attribution du prix Nobel de Littérature.

1938	*Murphy* (trad. française en 1947)	**1967**	*Têtes mortes*
1951	*Molloy* et *Malone meurt*	**1968**	*Dis Joe* (théâtre)
1953	*En attendant Godot* (théâtre) ; *L'Innommable, Watt*	**1970**	*Le Dépeupleur*
1957	*Fin de partie* (théâtre)	**1976**	*Pour finir encore et autres foirades*
1960	*La Dernière Bande* (théâtre)	**1978**	*Pas* (théâtre)
1961	*Comment c'est*	**1980**	*Compagnie*
1963	*Oh ! les beaux jours, Cascando* (théâtre)	**1981**	*Mal vu mal dit*
1964	*Comédie* (théâtre)	**1982**	*Catastrophe et autres dramaticules* (théâtre)

Samuel Beckett assistant à une répétition de *En attendant Godot*, Théâtre de France (Odéon), 1961.

Crise de la parole, crise du temps
En attendant Godot (1953)

En attendant Godot, *pièce mise en scène par Roger Blin en 1953 au théâtre Babylone à Paris, hérite évidemment de la thématique des « romans » auxquels* **Samuel Beckett** *s'était consacré depuis 20 ans (*Murphy, Molloy, Malone meurt *ou* L'Innommable *; voir p. 600) :* **quête d'une identité problématique, défaite du corps, crise de la parole***... Mais au théâtre, le choix de la scène et de l'oralité soulignent la tentative de l'écrivain pour retrouver une certaine* objectivité *qui s'était enlisée dans ses fictions délabrées.*

Godot *est d'abord en effet un spectacle : celui « drolatique » que Beckett nous offre (*Les Pensées de Pascal *jouées par les Fratellini, disait Anouilh !), mais également celui que se donnent mutuellement les protagonistes, essayant de surmonter leur naufrage dans l'inaction par leur entêtement à se parler ou à se jouer la comédie de quelques gestes cruels.*

*** *En attendant Godot*

Deux clochards, Vladimir et Estragon, attendent sous un arbre l'improbable venue de l'énigmatique Godot. Au milieu des « disputes » qui leur servent à tromper leur attente, survient un autre couple clownesque : Pozzo poussant devant lui à coups de fouet son vieil esclave pleurnichard, Lucky.

« Au cirque »

Georges Wilson dans *En attendant Godot*, mise en scène d'Otomar Krejca, Avignon, 1978.

VLADIMIR. — Vous voulez vous en débarrasser ?

POZZO. — En effet. Mais au lieu de le chasser, comme j'aurais pu, je veux dire au lieu de le mettre tout simplement à la porte, à coups de pied dans le cul, je l'emmène, telle est ma bonté, au marché de Saint-Sauveur, où je compte bien
5 en tirer quelque chose. A vrai dire, chasser de tels êtres, ce n'est pas possible. Pour bien faire, il faudrait les tuer.

Lucky pleure.

ESTRAGON. — Il pleure.

POZZO. — Les vieux chiens ont plus de dignité. *(Il tend son mouchoir à*
10 *Estragon.)* Consolez-le, puisque vous le plaignez. *(Estragon hésite.)* Prenez. *(Estragon prend le mouchoir.)* Essuyez-lui les yeux. Comme ça il se sentira moins abandonné.

Estragon hésite toujours.

VLADIMIR. — Donne, je le ferai, moi.

15 *Estragon ne veut pas donner le mouchoir. Gestes d'enfant.*

POZZO. — Dépêchez-vous. Bientôt il ne pleurera plus. *(Estragon s'approche de Lucky et se met en posture de lui essuyer les yeux. Lucky lui décoche un violent coup de pied dans les tibias. Estragon lâche le mouchoir, se jette en arrière, fait le tour du plateau en boitant et en hurlant de douleur.)* Mouchoir. *(Lucky dépose*
20 *valise et panier, ramasse le mouchoir, avance, le donne à Pozzo, recule, reprend valise et panier.)*

ESTRAGON. — Le salaud ! La vache ! *(Il relève son pantalon.)* Il m'a estropié !

POZZO. — Je vous avais dit qu'il n'aime pas les étrangers.

VLADIMIR, *à Estragon.* — Fais voir. *(Estragon lui montre sa jambe. A Pozzo,*
25 *avec colère.)* Il saigne !

POZZO. — C'est bon signe.

ESTRAGON, *la jambe blessée en l'air.* — Je ne pourrai plus marcher !

VLADIMIR, *tendrement.* — Je te porterai. *(Un temps.)* Le cas échéant.

POZZO. — Il ne pleure plus. *(A Estragon.)* Vous l'avez remplacé, en quelque
30 sorte. *(Rêveusement.)* Les larmes du monde sont immuables. Pour chacun qui se met à pleurer, quelque part un autre s'arrête. Il en va de même du rire. *(Il rit.)* Ne disons donc pas de mal de notre époque, elle n'est pas plus malheureuse que les précédentes. *(Silence.)* N'en disons pas de bien non plus. *(Silence.)* N'en parlons pas. *(Silence.)* Il est vrai que la population a augmenté.

Rufus dans *En attendant Godot*, Avignon, 1978.

35   VLADIMIR. — Essaie de marcher.

Estragon part en boitillant, s'arrête devant Lucky et crache sur lui, puis va s'asseoir là où il était assis au lever du rideau.

POZZO. — Savez-vous qui m'a appris toutes ces belles choses ? *(Un temps. Dardant son doigt vers Lucky.)* Lui !

40   VLADIMIR, *regardant le ciel.* — La nuit ne viendra-t-elle donc jamais ?

POZZO. — Sans lui je n'aurais jamais pensé, jamais senti, que des choses basses, ayant trait à mon métier de — peu importe. La beauté, la grâce, la vérité de première classe, je m'en savais incapable. Alors j'ai pris un knouk.

VLADIMIR, *malgré lui, cessant d'interroger le ciel.* — Un knouk ?

45   POZZO. — Il y aura bientôt soixante ans que ça dure... *(il calcule mentalement)* ... oui, bientôt soixante. *(Se redressant fièrement.)* On ne me les donnerait pas, n'est-ce pas ? *(Vladimir regarde Lucky.)* A côté de lui j'ai l'air d'un jeune homme, non ? *(Un temps. A Lucky.)* Chapeau ! *(Lucky dépose le panier, enlève son chapeau. Une abondante chevelure blanche lui tombe autour du visage. Il met* 50 *son chapeau sous le bras et reprend le panier.)* Maintenant, regardez. *(Pozzo ôte son chapeau. Il est complètement chauve. Il remet son chapeau.)* Vous avez vu ?

VLADIMIR. — Qu'est-ce que c'est, un knouk ?

POZZO. — Vous n'êtes pas d'ici. Êtes-vous seulement du siècle ? Autrefois on avait des bouffons. Maintenant on a des knouks. Ceux qui peuvent se le 55 permettre.

VLADIMIR. — Et vous le chassez à présent ? Un si vieux, un si fidèle serviteur ?

ESTRAGON. — Fumier !

Pozzo de plus en plus agité.

VLADIMIR. — Après en avoir sucé la substance vous le jetez comme un... *(il* 60 *cherche)* ... comme une peau de banane. Avouez que...

POZZO, *gémissant, portant ses mains à sa tête.* — Je n'en peux plus... plus supporter... ce qu'il fait... pouvez pas savoir... c'est affreux... faut qu'il s'en aille... *(il brandit les bras)* ... je deviens fou... (Il s'effondre, la tête dans les bras.) Je n'en peux plus... peux plus...

65   *Silence. Tous regardent Pozzo. Lucky tressaille.*

VLADIMIR. —. Il n'en peut plus.

ESTRAGON. — C'est affreux.

VLADIMIR, *à Lucky.* — Comment osez-vous ? C'est honteux ! Un si bon maître ! Le faire souffrir ainsi ! Après tant d'années ! Vraiment !

70   POZZO, *sanglotant.* — Autrefois... il était gentil... il m'aidait... me distrayait... il me rendait meilleur... maintenant... il m'assassine...

ESTRAGON, *à Vladimir.* — Est-ce qu'il veut le remplacer ?

VLADIMIR. — Comment ?

ESTRAGON. — Je n'ai pas compris s'il veut le remplacer ou s'il n'en veut plus 75 après lui.

VLADIMIR. — Je ne crois pas.

ESTRAGON. — Comment ?

VLADIMIR. — Je ne sais pas.

ESTRAGON. — Faut lui demander.

Rufus et Georges Wilson.

80   POZZO, *calmé.* — Messieurs, je ne sais pas ce qui m'est arrivé. Je vous demande pardon. Oubliez tout ça. *(De plus en plus maître de lui.)* Je ne sais plus très bien ce que j'ai dit, mais vous pouvez être sûrs qu'il n'y a pas un mot de vrai là-dedans. *(Se redresse, se frappe la poitrine.)* Est-ce que j'ai l'air d'un homme qu'on fait souffrir, moi ? Voyons ! *(Il fouille dans ses poches.)* Qu'est-ce que j'ai 85 fait de ma pipe ?

VLADIMIR. — Charmante soirée.

Michel
Bouquet,
Georges
Wilson et
Rufus.

ESTRAGON. — Inoubliable.

VLADIMIR. — Et ce n'est pas fini.

ESTRAGON. — On dirait que non.

90 VLADIMIR. — Ça ne fait que commencer.

ESTRAGON. — C'est terrible.

VLADIMIR. — On se croirait au spectacle.

ESTRAGON. — Au cirque.

VLADIMIR. — Au music-hall.

95 ESTRAGON. — Au cirque.

Samuel BECKETT, *En attendant Godot*,
Acte I (1953), © éd. de Minuit

POUR LE COMMENTAIRE

1. Deux couples. Pozzo et Lucky, Vladimir et Estragon. Caractérisez chacun d'eux et précisez leur valeur symbolique.

2. La comédie du maître et de l'esclave. Comment est-elle jouée par les quatre personnages ? Quels enjeux, parfois pathétiques, masque-t-elle ?

3. Au spectacle... au cirque. Ces deux expressions résument bien la nature de la théâtralité de cette scène. Montrez-le. Partagez-vous le sentiment d'une critique qui voit dans les personnages de Beckett des « clowns métaphysiques » ?

INQUIÉTUDE D'UN AUTEUR

« Je ne me tairai jamais »

« Où maintenant ? Quand maintenant ? Qui maintenant ? Sans me le demander. Dire je. Sans le penser. Appeler ça des questions, des hypothèses. Aller de l'avant, appeler ça aller, appeler ça de l'avant. Se peut-il qu'un jour, premier pas va, j'y sois simplement resté, où, au lieu de sortir, selon une vieille habitude, passer jour et nuit aussi loin que possible de chez moi, ce n'était pas loin. Cela a pu commencer ainsi. Je ne me poserai plus de questions. On croit seulement se reposer, afin de mieux agir par la suite, ou sans arrière-pensée, et voilà qu'en très peu de temps on est dans l'impossibilité de plus jamais rien faire. Peu importe comment cela s'est produit. Cela, dire cela, sans savoir quoi. Peut-être n'ai-je fait qu'entériner un vieil état de fait. Mais je n'ai rien fait. J'ai l'air de parler, ce n'est pas moi, de moi, ce n'est pas de moi. Ces quelques généralisations pour commencer. Comment faire, comment vais-je faire, que dois-je faire, dans la situation où je suis, comment procéder ? Par pure aporie[1] ou bien par affirmations et négations infirmées au fur et à mesure, ou tôt ou tard. Cela d'une façon générale. Il doit y avoir d'autres biais. Sinon ce serait à désespérer de tout. Mais c'est à désespérer de tout. A remarquer, avant d'aller plus loin, de l'avant, que je dis aporie sans savoir ce que ça veut dire. Peut-on être éphectique[2] autrement qu'à son insu ? Je ne sais pas. Les oui et non, c'est autre chose, ils me reviendront à mesure que je progresserai, et la façon de chier dessus, tôt ou tard, comme un oiseau, sans en oublier un seul. On dit ça. Le fait semble être, si dans la situation où je suis on peut parler de faits, non seulement que je vais avoir à parler de choses dont je ne peux parler, mais encore, ce qui est encore plus intéressant, que je, je ne sais plus, ça ne fait rien. Cependant je suis obligé de parler. Je ne me tairai jamais. Jamais. »

Samuel BECKETT, *L'Innommable* (1953)
© éd. de Minuit

1. Doute absolu. — 2. Sceptique.

« Et si on se pendait ? »

« Plantés » sous leur arbre, Vladimir et Estragon « passent le temps » des deux journées de la pièce enlisés dans l'inaction et l'attente d'un Godot qui ne viendra pas. Godot ? S'agirait-il d'un clin d'œil linguistique, « God » signifiant « Dieu » en anglais ? Dans ce cas le « Dieu caché » serait une nouvelle et inconsistante figuration de « l'innommable » qui hante **Beckett**, *cette force qui pousse à attendre, à parler, surtout «* **à parler pour ne pas penser** *», pour ne pas agir, comme l'avouent ses personnages.*

Ce n'est d'ailleurs pas un hasard si la seconde et dernière « journée » de la pièce s'achève par les mêmes répliques, dérisoires, insignifiantes, déconnectées de la réalité, que la première. Comme dans ses romans, Beckett abolit ici le principe du début et de la fin d'une histoire, nous laissant devant **la béance du temps** *vide et d'une parole creuse qui le bégaye.*

Silence. Le soleil se couche, la lune se lève. Vladimir reste immobile. Estragon se réveille, se déchausse, se lève, les chaussures à la main, les dépose devant la rampe, va vers Vladimir, le re-
5 *garde.*

ESTRAGON. — Qu'est-ce que tu as ?

VLADIMIR. — Je n'ai rien.

ESTRAGON. — Moi je m'en vais.

VLADIMIR. — Moi aussi.

10 *Silence.*

ESTRAGON. — Il y a longtemps que je dormais ?

VLADIMIR. — Je ne sais pas.

Silence.

ESTRAGON. — Où irons-nous ?

15 VLADIMIR. — Pas loin.

ESTRAGON. — Si si, allons-nous-en loin d'ici !

VLADIMIR. — On ne peut pas.

ESTRAGON. — Pourquoi ?

VLADIMIR. — Il faut revenir demain.

20 ESTRAGON. — Pour quoi faire ?

VLADIMIR. — Attendre Godot.

ESTRAGON. — C'est vrai. *(Un temps.)* Il n'est pas venu ?

VLADIMIR. — Non.

25 ESTRAGON. — Et maintenant il est trop tard.

VLADIMIR. — Oui, c'est la nuit.

ESTRAGON. — Et si on le laissait tomber ? *(Un temps.)* Si on le laissait tomber ?

VLADIMIR. — Il nous punirait. *(Silence. Il regarde*
30 *l'arbre.)* Seul l'arbre vit.

ESTRAGON, *regardant l'arbre.* — Qu'est-ce que c'est ?

VLADIMIR. — C'est l'arbre.

ESTRAGON. — Non, mais quel genre ?

35 VLADIMIR. — Je ne sais pas. Un saule.

ESTRAGON. — Viens voir. *(Il entraîne Vladimir vers l'arbre. Ils s'immobilisent devant. Silence.)* Et si on se pendait ?

VLADIMIR. — Avec quoi ?

40 ESTRAGON. — Tu n'as pas un bout de corde ?

VLADIMIR. — Non.

ESTRAGON. — Alors on ne peut pas.

VLADIMIR. — Allons-nous-en.

ESTRAGON. — Attends, il y a ma ceinture.

45 VLADIMIR. — C'est trop court.

ESTRAGON. — Tu tireras sur mes jambes.

VLADIMIR. — Et qui tirera sur les miennes ?

ESTRAGON. — C'est vrai.

VLADIMIR. — Fais voir quand même. *(Estragon*
50 *dénoue la corde qui maintient son pantalon. Ce-lui-ci, beaucoup trop large, lui tombe autour des chevilles. Ils regardent la corde.)* A la rigueur ça pourrait aller. Mais est-elle solide ?

ESTRAGON. — On va voir. Tiens.

55 *Ils prennent chacun un bout de la corde et tirent. La corde se casse. Ils manquent de tomber.*

VLADIMIR. — Elle ne vaut rien.

Silence.

ESTRAGON. — Tu dis qu'il faut revenir demain ?

60 VLADIMIR. — Oui.

ESTRAGON. — Alors on apportera une bonne corde.

VLADIMIR. — C'est ça.

Silence.

65 ESTRAGON. — Didi.

VLADIMIR. — Oui.

ESTRAGON. — Je ne peux plus continuer comme ça.

VLADIMIR. — On dit ça.

70 ESTRAGON. — Si on se quittait ? Ça irait peut-être mieux.

VLADIMIR. — On se pendra demain. *(Un temps.)* A moins que Godot ne vienne.

ESTRAGON. — Et s'il vient ?

75 VLADIMIR. — Nous serons sauvés.

Vladimir enlève son chapeau — celui de Lucky — regarde dedans, y passe la main, le secoue, le remet.

ESTRAGON. — Alors, on y va ?

80 VLADIMIR. — Relève ton pantalon.

ESTRAGON. — Comment ?

VLADIMIR. — Relève ton pantalon.

ESTRAGON. — Que j'enlève mon pantalon ?

VLADIMIR. — RE-lève ton pantalon.

85 ESTRAGON. — C'est vrai.

Il relève son pantalon. Silence.

VLADIMIR. — Alors, on y va ?

ESTRAGON. — Allons-y.

Ils ne bougent pas.

RIDEAU.

Samuel BECKETT, *En attendant Godot*, Acte II
© éd. de Minuit

POUR LE COMMENTAIRE _____

Un dialogue

Les fonctions traditionnelles du dialogue théâtral (par tirades ou répliques) sont de véhiculer des informations ou de révéler des sentiments. Chez Beckett, devant le double retrait de la notion de **fiction** ou d'**histoire** et de celle de **caractère** ou de **personnage**, le dialogue, bien que pro-liférant comme structure, est pour ainsi dire miné de l'in-térieur, et comme délesté de sa charge sémantique.

1. Vous jouerez cette scène en respectant la didascalie de Beckett.

2. Vous identifierez les divers éléments qui contribuent à « creuser » la structure dialoguée :
— consignes de l'auteur ;
— rythme même du dialogue ;
— ambiguïtés lexicales ;
— distorsions parole/action.

3. Vous comparerez cette remise en cause de la parole à celle pratiquée par Ionesco dans *La Cantatrice chauve* (p. 640).

La mort à l'œuvre

Fin de partie (1957)

Roland Bertin et Michel Aumont dans *Fin de partie*.
Mise en scène de Gildas Bourdet à La Comédie-Française, octobre 1988.

Dans Fin de partie *(1957), l'univers beckettien s'enfonce dans une claustration qui ne le quittera plus, figeant les personnages dans* **une frustration mentale et physique** *de plus en plus forte. A l'air encore « libre » de* Godot *succède l'atmosphère confinée d'une petite pièce où s'affrontent de nouveau à coup de mots deux couples misérables : Hamm, un aveugle paralysé dans son fauteuil, et Clov, son serviteur ; Nagg et Nell, ses « maudits progéniteurs » enfouis dans deux poubelles...*

Au poids du temps immobile s'ajoute ici le tragique d'une condition humaine métaphoriquement signifiée dans **la dégénérescence des corps ankylosés, traumatisés, mutilés**. *« Le vivant est un rampant », disait Beckett.* Fin de partie *vérifie cruellement cet aphorisme en réduisant la dramaturgie et l'exploitation de l'espace scénique à* **la gesticulation verbale dérisoire de simulacres d'hommes**. *Dans « cette boulette d'espace empoisonné, comme dit Maryse Vincent, rien ne peut commencer vraiment ni finir tout à fait ».*

Voici le début de la pièce.

Zéro

Intérieur sans meubles.

Lumière grisâtre.

Aux murs de droite et de gauche, vers le fond, deux petites fenêtres haut perchées, rideaux fermés.

5   *Porte à l'avant-scène à droite. Accroché au mur, près de la porte, un tableau retourné.*

A l'avant-scène à gauche, recouvertes d'un vieux drap, deux poubelles l'une contre l'autre.

Au centre, recouvert d'un vieux drap, assis dans 0 *un fauteuil à roulettes, Hamm.*

Immobile à côté du fauteuil, Clov le regarde. Teint très rouge.

Il va se mettre sous la fenêtre à gauche. Démarche raide et vacillante. Il regarde la fenêtre à gauche, la 15 *tête rejetée en arrière. Il tourne la tête, regarde la fenêtre à droite. Il va se mettre sous la fenêtre à droite. Il regarde la fenêtre à droite, la tête rejetée en arrière. Il tourne la tête et regarde la fenêtre à gauche. Il sort, revient aussitôt avec un escabeau,* 20 *l'installe sous la fenêtre à gauche, monte dessus, tire le rideau. Il descend de l'escabeau, fait six pas vers la fenêtre à droite, retourne prendre l'escabeau, l'installe sous la fenêtre à droite, monte dessus, tire le rideau. Il descend de l'escabeau, fait trois pas vers* 25 *la fenêtre à gauche, retourne prendre l'escabeau, l'installe sous la fenêtre à gauche, monte dessus,*

*regarde par la fenêtre. Rire bref. Il descend de l'es-
cabeau, fait un pas vers la fenêtre à droite, retourne
prendre l'escabeau, l'installe sous la fenêtre à droite,*
30 *monte dessus, regarde par la fenêtre. Rire bref. Il
descend de l'escabeau, va vers les poubelles, retourne prendre l'escabeau, le prend, se ravise, le
lâche, va aux poubelles, enlève le drap qui les recouvre, le plie soigneusement et le met sur le bras. Il*
35 *soulève un couvercle, se penche et regarde dans la
poubelle. Rire bref. Il rabat le couvercle. Même jeu
avec l'autre poubelle. Il va vers Hamm, enlève le
drap qui le recouvre, le plie soigneusement et le met
sur le bras. En robe de chambre, coiffé d'une calotte*
40 *en feutre, un grand mouchoir taché de sang étalé sur
le visage, un sifflet pendu au cou, un plaid sur les
genoux, d'épaisses chaussettes aux pieds, Hamm
semble dormir. Clov le regarde. Rire bref. Il va à la
porte, s'arrête, se retourne, contemple la scène, se*
45 *tourne vers la salle.*

CLOV, *regard fixe, voix blanche.* — Fini, c'est fini,
ça va finir, ça va peut-être finir. *(Un temps.)* Les
grains s'ajoutent aux grains, un à un, et un jour,
soudain, c'est un tas, un petit tas, l'impossible tas.
50 *(Un temps.)* On ne peut plus me punir. *(Un temps.)*
Je m'en vais dans ma cuisine, trois mètres sur trois
mètres sur trois mètres, attendre qu'il me siffle. *(Un
temps.)* Ce sont de jolies dimensions, je m'appuierai
à la table, je regarderai le mur, en attendant qu'il me
55 siffle.

*Il reste un moment immobile. Puis il sort. Il revient
aussitôt, va prendre l'escabeau, sort en emportant
l'escabeau. Un temps. Hamm bouge. Il bâille sous
le mouchoir. Il ôte le mouchoir de son visage. Teint*
60 *très rouge. Lunettes noires.*

HAMM. — A — *(bâillements)* — à moi. *(Un
temps.)* De jouer. *(Il tient à bout de bras le mouchoir
ouvert devant lui.)* Vieux linge ! *(Il ôte ses lunettes,
s'essuie les yeux, le visage, essuie les lunettes, les*
65 *remet, plie soigneusement le mouchoir et le met
délicatement dans la poche du haut de sa robe de
chambre. Il s'éclaircit la gorge, joint les bouts des
doigts.)* Peut-il y a — *(bâillements)* — y avoir misère
plus... plus haute que la mienne ? Sans doute.
70 Autrefois. Mais aujourd'hui ? *(Un temps.)* Mon
père ? *(Un temps.)* Ma mère ? *(Un temps.)* Mon...
chien ? *(Un temps.)* Oh je veux bien qu'ils souffrent
autant que de tels êtres peuvent souffrir. Mais est-ce
dire que nos souffrances se valent ? Sans doute. *(Un*
75 *temps.)* Non, tout est a — *(bâillements)* — bsolu,
(fier) plus on est grand et plus on est plein. *(Un
temps. Morne.)* Et plus on est vide. *(Il renifle.)* Clov !
(Un temps.) Non, je suis seul. *(Un temps.)* Quels
rêves — avec un s ! Ces forêts ! *(Un temps.)* Assez,
80 il est temps que cela finisse, dans le refuge aussi.
(Un temps.) Et cependant j'hésite, j'hésite à... à finir.
Oui, c'est bien ça, il est temps que cela finisse et
cependant j'hésite encore à — *(bâillements)* — à
finir. *(Bâillements.)* Oh là là, qu'est-ce que je tiens,
85 je ferais mieux d'aller me coucher. *(Il donne un coup*

*de sifflet. Entre Clov aussitôt. Il s'arrête à côté du
fauteuil.)* Tu empestes l'air ! *(Un temps.)* Prépare-
moi, je vais me coucher.

CLOV. — Je viens de te lever.

90 HAMM. — Et après ?

CLOV. — Je ne peux pas te lever et te coucher
toutes les cinq minutes, j'ai à faire.

Un temps.

HAMM. — Tu n'as jamais vu mes yeux ?

95 CLOV. — Non.

HAMM. — Tu n'as jamais eu la curiosité, pendant
que je dormais, d'enlever mes lunettes et de regarder mes yeux ?

CLOV. — En soulevant les paupières ? *(Un temps.)*
100 Non.

HAMM. — Un jour je te les montrerai. *(Un temps.)*
Il paraît qu'ils sont tout blancs. *(Un temps.)* Quelle
heure est-il ?

CLOV. — La même que d'habitude.

105 HAMM. — Tu as regardé ?

CLOV. — Oui.

HAMM. — Et alors ?

CLOV. — Zéro.

Samuel BECKETT, *Fin de partie* (1957)
© éd. de Minuit

POUR LE COMMENTAIRE _____

1. Étude de la didascalie

C'est le début de la pièce. Beckett prend soin de poser
longuement les « règles du jeu ». Distinguez ce qui
concerne :
— le décor et ses éléments (atmosphère, accessoires,
éléments symboliques) ;
— les personnages (apparents comme Hamm et Clov, ou
« enfouis » comme Nagg et Nell) ;
— le jeu même des acteurs (étudiez plus précisément les
indications relatives au comportement de Clov).

2. Un dialogue

Vous l'analyserez en regroupant vos remarques autour
des trois thèmes centraux de l'œuvre beckettienne :
— l'indétermination du temps ;
— l'usure des corps ;
— la survie et la crise de la parole.

AU-DELÀ DU TEXTE _____

Étude comparée

Vous comparerez la représentation de la faillite des corps
(maladie, vieillesse) et de la mort à l'œuvre dans *Fin de
partie*, de BECKETT et dans *Le Roi se meurt*, de IONESCO (voir
p. 648).

Oh ! les beaux jours (1963)

Oh ! les beaux jours *fut publié en anglais et joué à New York en 1961, avant d'être traduit en français en 1963. Cette pièce, dans laquelle Madeleine Renaud allait triompher dans le rôle de Winnie sous la direction de Roger Blin, achève ce qu'on pourrait appeler **l'isolement de la parole dans le théâtre beckettien**.*

*** Oh ! les beaux jours

Enterrée jusqu'aux épaules dans une sorte de « non-lieu » scénique, guettée par le double néant du silence et de la temporalité vide, Winnie se survit dans la « parlote ». Face à son mari fantomatique et inconscient, Willie, elle est réduite à refaire inlassablement le même inventaire dérisoire des objets du quotidien (son sac à main) ou du bric-à-brac de ses souvenirs. Entre bavardages, refrains et calembours, le tissu émietté des mots essaie encore de faire pièce à l'éloignement de la « pensée ».

Madeleine Renaud dans
Oh ! les beaux jours, mise en
scène de Roger Blin.
Théâtre du Rond-Point,
1981.

« *Je pensais autrefois...* »

Scène comme au premier acte.
Willie invisible.
Winnie enterrée jusqu'au cou, sa toque sur la tête, les yeux fermés. La tête, qu'elle ne peut plus tourner, ni lever, ni baisser, reste rigoureusement immobile
5 *et de face pendant toute la durée de l'acte. Seuls les yeux sont mobiles. Voir indications.*
Sac et ombrelle à la même place qu'au début du premier acte. Revolver bien en évidence à droite de la tête.
Un temps long.
10 *Sonnerie perçante. Elle ouvre les yeux aussitôt. La sonnerie s'arrête. Elle regarde devant elle. Un temps long.*

WINNIE. — Salut, sainte lumière. *(Un temps. Elle ferme les yeux. Sonnerie perçante. Elle ouvre les yeux aussitôt. La sonnerie s'arrête. Elle regarde devant elle. Sourire. Un temps. Fin du sourire. Un temps.)* Quelqu'un me regarde
15 encore. *(Un temps.)* Se soucie de moi encore. *(Un temps.)* Ça que je trouve si merveilleux. *(Un temps.)* Des yeux sur mes yeux. *(Un temps.)* Quel est ce vers inoubliable ? *(Un temps. Yeux à droite.)* Willie. *(Un temps. Plus fort.)* Willie. *(Un temps. Yeux de face.)* Peut-on parler encore de temps ? *(Un temps.)* Dire que ça fait un bout de temps, Willie, que je ne te vois plus. *(Un temps.)* Ne t'entends plus.
20 *(Un temps.)* Peut-on ? *(Un temps.)* On le fait. *(Sourire.)* Le vieux style ! *(Fin du sourire.)* Il y a si peu dont on puisse parler. *(Un temps.)* On parle de tout. *(Un temps.)* De tout ce dont on peut. *(Un temps.)* Je pensais autrefois... *(un temps)...* je dis, je pensais autrefois que j'apprendrais à parler toute seule. *(Un temps.)* Je veux dire à moi-même le désert. *(Sourire.)* Mais non. *(Sourire plus large.)* Non
25 non. *(Fin du sourire.)* Donc tu es là. *(Un temps.)* Oh tu dois être mort, oui, sans doute, comme les autres, tu as dû mourir, ou partir, en m'abandonnant, comme les autres, ça ne fait rien, tu es là. *(Un temps. Yeux à gauche.)* Le sac aussi est là, le même que toujours, je le vois. *(Yeux à droite. Plus fort.)* Le sac est là, Willie, pas une ride, celui que tu me donnas ce jour-là... pour faire mon marché. *(Un*
30 *temps. Yeux de face.)* Ce jour-là. *(Un temps.)* Quel jour-là ? *(Un temps.)* Je priais autrefois. *(Un temps.)* Je dis, je priais autrefois. *(Un temps.)* Oui, j'avoue. *(Sourire.)* Plus maintenant. *(Sourire plus large.)* Non non. *(Fin du sourire. Un temps.)* Autrefois... maintenant... comme c'est dur, pour l'esprit. *(Un temps.)* Avoir été toujours celle que je suis — et être si différente de celle que j'étais. *(Un*
35 *temps.)* Je suis l'une, je dis l'une, puis l'autre. *(Un temps.)* Tantôt l'une, tantôt l'autre. *(Un temps.)* Il y a si peu qu'on puisse dire. *(Un temps.)* On dit tout. *(Un temps.)* Tout ce qu'on peut. *(Un temps.)* Et pas un mot de vrai nulle part. *(Un temps.)* Mes bras. *(Un temps.)* Mes seins. *(Un temps.)* Quels bras ? *(Un temps.)* Quels seins ? *(Un temps.)* Willie. *(Un temps.)* Quel Willie ? *(Affirmative avec*
40 *véhémence.)* Mon Willie ! *(Yeux à droite. Appelant.)* Willie ! *(Un temps. Plus fort.)* Willie ! *(Un temps. Yeux de face.)* Enfin, ne pas savoir, ne pas savoir de façon

certaine, grande bonté, tout ce que je demande. *(Un temps.)* Hé oui... autrefois... maintenant... ombre verte... ceci... Charlot... baisers... ceci... tout ça... très troublant pour l'esprit. *(Un temps.)* Mais le mien n'en est pas troublé. *(Sourire.)*
45 Plus maintenant. *(Sourire plus large.)* Non non. *(Fin du sourire. Un temps. Elle ferme les yeux. Sonnerie perçante. Elle ouvre les yeux aussitôt. Un temps.)* Je revois des yeux... et je les vois se fermer... tranquilles... pour voir tranquilles. *(Un temps.)* Pas les miens. *(Sourire.)* Plus maintenant. *(Sourire plus large.)* Non non. *(Fin du sourire. Un temps.)* Willie. *(Un temps.)* La terre, Willie, tu crois qu'elle
50 a perdu son atmosphère ? *(Un temps.)* Tu crois, Willie ? *(Un temps.)* Tu n'as pas d'opinion ? *(Un temps.)* Eh bien, c'est bien toi, tu n'as jamais eu d'opinion, sur quoi que ce soit. *(Un temps.)* C'est compréhensible. *(Un temps.)* Très. *(Un temps.)* Le globe. *(Un temps.)* Je me demande quelquefois. *(Un temps.)* Peut-être pas toute. *(Un temps.)* Il reste toujours quelque chose. *(Un temps.)* De
55 toute chose. *(Un temps.)* Quelques restes. *(Un temps.)* Si la raison sombrait. *(Un temps.)* Elle ne le fera pas bien sûr. *(Un temps.)* Pas tout à fait. *(Un temps.)* Pas la mienne. *(Sourire.)* Plus maintenant. *(Sourire plus large.)* Non non. *(Fin du sourire. Un temps.)* Ça pourrait être le froid éternel. *(Un temps.)* La glace éternelle. *(Un temps.)* Simple hasard, je présume, heureux hasard.

Samuel BECKETT, *Oh ! les beaux jours* (1963)
© éd. de Minuit

AU-DELÀ DU TEXTE

1. Étude thématique : couples beckettiens

La **structure duelle**, parfois redoublée, est fondamentale dans l'organisation de la dramaturgie de BECKETT. En vous fondant sur l'analyse des scènes citées dans le manuel et, si possible, sur la lecture complète de l'une des pièces, vous essaieriez de préciser les diverses **fonctions** de cette structure qui s'incarne le plus souvent dans un ou plusieurs *couples de personnages*. Vous réfléchirez aussi notamment à son importance :
— comportementale (psychologie, sexualité des personnages beckettiens) ;
— dialectique (dans les « échanges de vues », les confrontations d'« idées » ou les conflits de présence de ces personnages) ;
— ou proprement dramaturgique (« trouver à qui parler », survie du dialogue, vrai ou imaginaire).

2. Composition française

« Le théâtre de BECKETT, écrit Ludovic JANVIER, mince de poids mais lourd de paroles, est avant tout celui du dernier mot, du dernier souffle, du dernier accord de la voix humaine proféré avec maîtrise et dignité à la veille de se taire pour toujours.

Donnés à entendre ou à lire, les mots de BECKETT et les créatures qui en sont porteuses ne sont donc pas seulement les modèles où un certain art d'aujourd'hui, celui qui croit encore à l'acte de parler, prend sa source. Ces traces et ces ruines sont ce qui restera d'une des plus belles révoltes, de la révolte la plus amère et la plus gaie, dressée contre la misère humaine. »

Discutez et commentez.

Pour vos essais et vos exposés

Ionesco

Simone BENMUSSA : *Ionesco*, éd. Seghers, 1966.
Claude ABASTADO : *Ionesco*, éd. Bordas, 1971.
Paul VERNOIS : *La Dynamique théâtrale d'E. Ionesco*, éd. Klincksieck, 1972.
Raymond LAUBREAUX : *Ionesco*, éd. Garnier, 1973.

Consultez également les *Cahiers de la Cie Renaud-Barrault* numéros 29 (1960) et 42 (1966), et le volume collectif des communications faites au colloque de Cerisy (1978), paru chez Belfond en 1980 sous le titre : *Ionesco, situation et perspectives*.

Beckett

Georges BATAILLE : « Le Silence de Molloy », dans *Critique*, n° 48, 1951.
Alain ROBBE-GRILLET : « Samuel Beckett, auteur dramatique », dans *Pour un nouveau roman*, éd. Gallimard, 1963.
Maurice BLANCHOT : « Où maintenant ? Qui maintenant ? », dans *Le Livre à venir*, éd. Gallimard, 1966.
Ludovic JANVIER : *Pour Samuel Beckett*, éd. de Minuit, 1966.
Pierre MÉLÈSE : *Beckett*, éd. Seghers, 1966.
Michèle FOUCRÉ : *Le Geste et la parole dans le théâtre de S. Beckett*, éd. Nizet, 1970.
Alfred SIMON : *Beckett*, éd. Belfond, 1983.
« Cahier de l'Herne », numéro 31 : *Beckett*.

L'absurde

1. Histoire d'un mot

Bien que très anciens dans notre langue, les mots *absurde* et *absurdité* semblent appartenir en propre à notre XXᵉ siècle et se décliner sur une double chaîne sémantique :
— celle du canular grotesque, de l'illogisme provocateur, qu'illustrent les noms de TZARA, DADA, des Surréalistes, de VIAN et QUENEAU, ou encore de TATI ou DEVOS ;
— et celle d'un irrationalisme parfois tragique de la condition humaine et de sa prise de conscience, tel qu'en témoignent, avec des modalités diverses, les œuvres d'ARTAUD, de GENET, des philosophes existentialistes, et les pièces de BECKETT et de IONESCO.

Notre culture européenne de ces deux derniers siècles a largement développé la seconde acception, jusqu'à en faire l'un des emblèmes de ce qu'on appelle la *modernité*.

Si CAMUS, SARTRE, SIMONE DE BEAUVOIR et plus généralement les penseurs existentialistes (voir pp. 295 à 302 et 476 à 500) ont pratiquement identifié le *mot* à l'essentiel de leur philosophie, il est assez aisé de faire la généalogie de l'*idée* d'absurde depuis la fin du XVIIIᵉ siècle, moment où elle apparaît chez des philosophes romanciers comme ROUSSEAU et BERNARDIN DE SAINT-PIERRE, avec ses premières connotations existentielles de frustration et de malaise. Une génération plus tard, GOETHE en Allemagne, SENANCOUR, CONSTANT et surtout CHATEAUBRIAND en France vont décliner la même idée en la chargeant d'une dimension sociologique nouvelle, qui va fleurir en cent expressions, toutes insuffisantes et toutes complémentaires : « vague des passions », « ennui existentiel », et bien sûr « mal du siècle ». Des malaises romantiques à la déliquescence de Des Esseintes chez HUYSMANS, en passant par le « spleen » baudelairien, se prolonge toute une lignée d'« états d'âmes » et de comportements affectés par une même impuissance de l'individu à reconnaître immédiatement des valeurs et un sens à sa vie.

Au même moment deux philosophes, l'Allemand SCHOPENHAUER (1788-1860) et le Danois KIERKEGAARD (1813-1855), en interrogeant plus conceptuellement ce « mal de vivre », vont approcher **la dimension proprement moderne de l'absurde**, défini comme une contradiction déchirante entre le « vouloir-vivre » de l'individu et les limites que le monde ne cesse d'opposer à sa liberté.

2. L'absurde et l'existentialisme

Si l'idée d'absurdité avait germé dans les œuvres de la « génération perdue » des écrivains romantiques du premier Empire, le mot *absurde* lui-même s'identifie à la génération des penseurs existentialistes de l'immédiat après Seconde Guerre mondiale. La parenté de situation est évidente : lendemains de conflits internationaux d'une exceptionnelle violence, moments de « dérapage » des valeurs et des idéologies, de crise des individus devant le sens et l'ordre d'un monde qui s'est fait « monstrueux ».

Il revient principalement à SARTRE et CAMUS d'avoir dans les années 40-50, « creusé » véritablement le concept et de l'avoir mis à l'épreuve explicite de la philosophie et de la littérature. Les deux écrivains ont eu besoin d'une même *trilogie* (un roman, un essai philosophique et une pièce de théâtre) pour exprimer cette « blessure » de l'absurde, avant que d'autres textes ne viennent en tenter l'exorcisme : pour Sartre ce furent *La Nausée* (1938), *L'Être et le Néant* (1943) et *Huis clos* (1944) ; pour Camus : *L'Étranger* (1942), *Le Mythe de Sisyphe* (1942) et *Caligula* (1945).

« L'existence est absurde, sans raison, sans cause et sans nécessité », écrivait Sartre dans *L'Être et le Néant*. Roquentin, l'anti-héros de son roman *La Nausée*, vérifie, lors de la fameuse scène de la racine de marronnier, que le monde demeure en face de nous gratuit, hostile ou négateur (voir p. 480).

Meursault, l'anti-héros camusien de *L'Étranger*, fera lui aussi l'absurde expérience de la gratuité et de l'hostilité : meurtrier sans cause, il sera condamné à mort non pour son crime mais par la haine de jurés qui ne veulent voir en lui que l'indifférent spectateur des obsèques de sa mère... (voir p. 296). Si donc notre présence au monde n'a pas de sens, si notre liberté, comme celle de *Caligula*, conduit à la folie solitaire en s'exerçant « absolument », si l'absurde enfin se déduit impitoyablement de « ces deux certitudes que je sais que je ne puis concilier : mon appétit d'absolu et d'unité, et l'irréductibilité de ce monde à un principe rationnel et raisonnable » (*Le Mythe de Sisyphe*), y a-t-il d'autre issue pour l'être humain que le suicide ?

Sartre, dans ses romans et essais ultérieurs, notamment dans la saga des *Chemins de la liberté*, répondra négativement en assumant une conversion vers l'engagement social et politique. L'humanisme protestataire et généreux de Camus dans *L'Homme révolté* (1951) sera une forme de *défi* lancé avec lucidité, du fond même du désespoir, contre « la peste » ignoble dont il avait fait, en 1947, l'épouvantable métaphore romanesque de la fatalité de l'absurde.

3. Ionesco, Beckett

La création de *La Cantatrice chauve* en 1950 et celle de *En attendant Godot* trois ans plus tard soulignent assez la coïncidence des œuvres théâtrales de IONESCO et de BECKETT avec le début des déchirements du groupe existentialiste. Et pourtant l'expression de « théâtre de l'absurde » a souvent été employée pour désigner ces œuvres dont les dramaturgies sont en complète rupture avec la tradition, y compris celle que le théâtre existentialiste continue d'assumer dans son écriture et sa mise en scène (voir p. 490).

Nous voyons bien comment Ionesco et Beckett pourraient témoigner chacun pour l'une des deux lignées que nous avons identifiées : le premier, avec son goût pour la caricature et l'excès, l'humour et le comique grinçant, s'inscrirait dans la lignée des pourfendeurs de l'absurdité des conventions sociales, de l'illogisme, de l'insignifiant et du superflu ; le second, plus « grave », plus proche d'un désespoir au quotidien, n'est-il pas au cœur de l'absurde existentiel quand il évoque un « insoutenable » qui devient « innommable » ? Verra-t-on encore quelque parenté entre le « révolté » camusien et Bérenger le « protestataire », ou entre la stupeur muette de Roquentin et les bégaiements ou les silences des personnages beckettiens ?

Toutefois, pour les deux dramaturges, qui refusent toute conception polémique de l'absurde, rien n'est en réalité plus « étranger » que la notion d'engagement, plus « nauséeux » même que celles de message ou d'humanisme, au sens où Sartre emploie le mot. Aussi bien, cette attitude proche du *nihilisme* nous fait-elle préférer à l'appellation d'absurde celle de *tragique* pour désigner l'œuvre de deux écrivains qui auraient pu faire leur la méchante remarque de Mounier : « La dernière absurdité du siècle devait être la mode de l'existentialisme. »

Jean-Marie Domenach
Le Retour du tragique (1967)

Le tragique de la modernité

Ionesco revendique pour ses pièces l'appellation de « farces tragiques » et, à propos de Beckett, il écrit : « Beckett est essentiellement tragique, tragique parce que, justement, chez lui, c'est la totalité de la condition humaine qui entre en jeu et non pas l'homme de telle ou telle société, ni l'homme vu à travers et aliéné par une certaine idéologie. » Or cette totalité de la condition humaine est précisément ce qui est le moins perceptible dans une société comme la nôtre ; et s'il est vrai qu'« il n'y a pas de théâtre sans un secret qui se révèle », comme dit Ionesco, ce secret est celui-là même que la tragédie grecque produisait devant les spectateurs : l'homme souffre au sein du bonheur, l'homme chute au sein de la grandeur, l'homme meurt au sein de la vie... Et ceci doit être dévoilé avec plus de violence dans une société qui s'efforce d'escamoter la souffrance, la faute et la mort.

Cependant, pour que ce secret apparaisse de façon tragique, et non point comique, il faut qu'intervienne une dimension métaphysique. La difficulté de faire aujourd'hui du comique de mœurs ou de caractère renvoie le théâtre à une interrogation essentielle, qu'il avait longtemps négligée. Ce qui importe au tragique n'est pas que des hommes soient malheureux au milieu d'une société qui fait du bonheur son dogme, mais la raison et la signification de cet intolérable contraste. Pour que le tragique se manifeste, il faut que, d'une manière ou d'une autre, la transcendance soit concernée, il faut qu'un dispositif métaphysique double le dispositif humain, et qu'une épuration se produise, qui amorce la transfiguration caractéristique de la tragédie. C'est pourquoi Ionesco, malgré d'incontestables accents tragiques (en particulier dans *Le Roi se meurt*, dans *Rhinocéros*, et aussi dans *Les Chaises*), reste un auteur comique : la farce, dans sa rigidité mécanique ou dans sa virtuosité baroque, rabat l'émotion tragique dès qu'elle commence à se lever. En revanche, le théâtre de Beckett tend vers la tragédie, surtout *En attendant Godot* et *Oh ! les beaux jours*. Chez lui l'agonie du langage traduit l'agonie de l'être, et l'éternelle question de la tragédie reparaît : pourquoi ce mal sans coupable ? pourquoi cette culpabilité sans crime ? L'homme de Beckett, « incapable de se connaître et incapable de supporter de ne pas se connaître », suggère un responsable, celui qu'autrefois on appelait Dieu. Qui d'autre aurait pu inventer ce phénomène aberrant qu'est l'homme dans le monde ? N'importe quel tailleur est capable de fabriquer un pantalon, mais Dieu a créé un homme qui ne s'ajuste pas au monde. « L'univers aux lois immuables que Beckett parcourt du regard, où la souffrance, la persécution, la torture sont naturelles, semble avoir été créé par un Dieu qui n'a pas les mêmes conceptions que nous. » Est-ce un Dieu fou, ou un Dieu sportif, qui s'amuse à boxer sa création ? C'en est fini de la révolte athée dont Camus a orchestré le dernier sursaut. Dieu n'est plus moqué, ni accusé, ni condamné. Entre l'homme et lui, après tant de contestations qui ont viré à l'absurde, s'est tissée une sorte de camaraderie du malheur. Le mal est plus grand qu'on imaginait, et, à la limite, on pourrait se demander de quoi Dieu lui-même est coupable. Une espèce de commisération fraternelle monte, ou plutôt descend, vers ce créateur maladroit. Dieu meurt ainsi une seconde fois, non plus de l'orgueil de l'homme, mais de son abaissement, non plus de l'*ubris* de Prométhée, mais de l'espérance indéracinable des victimes attendant Godot, de l'humilité pieuse de Winnie enterrée.

Jean-Marie DOMENACH, *Le Retour du tragique*
© éd. du Seuil, 1967

25

LITTÉRATURES FRANCOPHONES DU MAGHREB, DE L'AFRIQUE ET DES ANTILLES

FERAOUN, DIB, KATEB YACINE, CHRAÏBI, MARAN, DAMAS, SENGHOR, CÉSAIRE, OUSMANE, KOUROUMA, BETI SOYINKA

« Ma bouche sera la bouche des malheurs qui n'ont point de bouche, ma voix, la liberté de celles qui s'affaissent au cachot du désespoir. »
Aimé Césaire,
Cahier d'un retour au pays natal

Soleyman Keita, *Danse au village*, coll. particulière.

1. Les littératures du Maghreb

1. Les origines

La littérature maghrébine d'expression française se développe aux lendemains de la Seconde Guerre mondiale et demeure indissociable des mouvements nationalistes et de **l'émergence d'une conscience politique**. En dénonçant l'hégémonie française et la condition de leurs compatriotes, en soulignant injustices, discrimination et intolérance, les écrivains maghrébins opposent leur propre littérature et leur propre regard aux romans lénifiants des écrivains français d'Algérie. Mais paradoxalement, cette nouvelle approche passe par la langue française, seul instrument possible de libération.

Au fil des années, ce double héritage (voire triple, dans la mesure où la tradition berbère vient se superposer à la tradition arabe) a été vécu plus sereinement, et les écrivains maghrébins de la seconde génération, parfois installés en France, assument et revendiquent **le bilinguisme**.

2. Évolution

La génération des années 50 (MOULOUD FERAOUN, Mouloud Mammeri, **MOHAMMED DIB, DRISS CHRAÏBI**, Albert Memmi, **KATEB YACINE**...) mettait en cause, dans des romans réalistes et populaires, l'impérialisme colonial, non sans critiquer aussi le passéisme et le traditionalisme islamiques, et invitait implicitement à **la conquête d'une identité collective** trop longtemps sacrifiée.

La génération des années 60 (Malek Haddad, Rachid Boudjedra...) traitait des séquelles de la guerre d'indépendance, mais évoquait déjà les **problèmes d'adaptation au monde moderne** et au progrès.

A partir des années 70, des écrivains comme Tahar Ben Jelloun ou Nabile Farès évoquent le problème de l'émancipation et de l'exil. Des jeunes femmes (Yamina Mechakra, Aïcha Lemsine), à l'instar de leur aînée Assia Djebar, dénoncent la condition de la femme dans la civilisation musulmane, et transgressent les tabous.

Si le théâtre était resté en retrait jusqu'en 1962 (date à laquelle Kateb Yacine peut faire jouer ses pièces en Algérie), il se développe à partir des années 70, touchant un public de plus en plus populaire. A l'inverse, la poésie, engagée au temps de la guerre d'Indépendance (Anna Grebi), évolue vers des recherches esthétiques qui la réservent à un public de lettrés. Des poètes comme Hedi Bouraoui, Malek Alloula et surtout Abdellatif Laâbi cherchent à subvertir les formes traditionnelles du vers par des rythmes syncopés et des images télescopées.

De nos jours, les préoccupations des écrivains prennent une ampleur nouvelle : dépassant le domaine politique, ils s'interrogent désormais, **à partir d'une réflexion sociologique et philosophique**, sur le devenir de leur civilisation.

1947	Marie-Louise Taos AMROUCHE (Algérie) : *Jacinthe noire* (roman)
1950	Mouloud FERAOUN (Algérie) : *Le Fils du pauvre* (roman)
1952	Mohammed DIB (Algérie) : *La Grande Maison* (roman) Mouloud MAMMERI (Algérie) : *La Colline oubliée* (roman)
1953	Albert MEMMI (Tunisie) : *La Statue de sel* (roman)
1954	Driss CHRAÏBI (Maroc) : *Le Passé simple* (roman) Mohammed DIB (Algérie) : *L'Incendie* (roman)
1956	KATEB YACINE (Algérie) : *Nedjma* (roman)
1959	Mouloud FERAOUN : *L'Anniversaire* (roman) Malek HADDAD (Algérie) : *Je t'offrirai une gazelle* (roman)
1962	Driss CHRAÏBI (Maroc) : *Succession ouverte* (roman)
1966	KATEB YACINE (Algérie) : *Le Polygone étoilé* (roman)
1968	Henri KRÉA (Algérie) : *Tombeau de Jugurtha* (poésie)
1969	Rachid BOUDJEDRA (Algérie) : *La Répudiation* (roman)
1970	Nabile FARÈS (Algérie) : *Yahia, pas de chance* (roman)
1972	Driss CHRAÏBI (Maroc) : *La Civilisation, ma mère !...* (roman)
1972	Tahar BEN JELLOUN (Maroc) : *Cicatrices du soleil* (poèmes)
1975	Souad GUELLOUZ (Tunisie) : *La Vie simple* (roman)
1977	Rachid BOUDJEDRA (Algérie) : *Les Mille et Une Années de la nostalgie* (roman)
1979	Yamina MÉCHAKRA (Algérie) : *La Grotte éclatée* (roman)
1980	Assia DJEBAR (Algérie) : *Femmes d'Alger dans leur appartement* (roman) Tahar BEN JELLOUN (Maroc) : *A l'insu du souvenir* (roman)
1982	Mouloud MAMMERI : *La Traversée* (roman)
1985	Hélé BÉJI (Tunisie) : *L'Œil du jour* (roman)
1987	Tahar BEN JELLOUN : *La Nuit sacrée* (roman)

Mouloud Feraoun *Le Fils du pauvre* (1950)

Mouloud Feraoun (1913-1962) naît en Grande Kabylie, dans une famille de paysans. Malgré des conditions matérielles très difficiles, il entre à sept ans à l'école de Taourit-Moussa et, huit ans plus tard, il peut poursuivre ses études au collège de Tizi-Ouzou, grâce à une bourse. En 1932, il réussit le concours d'entrée à l'École Normale de Bouzaréa (Alger), et trois ans plus tard il est envoyé comme instituteur dans son village natal. En 1952, il est nommé directeur du cours complémentaire de Fort-National. Entre-temps il a voyagé à Paris, échangé une correspondance avec Camus et surtout publié une auto-biographie *(Le Fils du pauvre)*, dans laquelle il évoque son enfance dans un milieu particulièrement défavorisé. Alors que la guerre commence, il entame un journal qui ne sera publié qu'en 1962, au moment de sa mort, et qui reste un document capital sur la guerre (par la position en porte-à-faux de l'auteur). Malgré sa carrière littéraire *(La Terre et le Sang*, 1953, *Les Chemins qui montent*, 1957, *L'Anniversaire*, 1959), il accepte en octobre 1960 le poste d'inspecteur des centres sociaux, mais il sera assassiné avec ses collègues par un commando de l'O.A.S., le 15 mars 1962.

Dans Le Fils du pauvre, **Mouloud Feraoun** *évoque avec un style simple et dépouillé son enfance et son adolescence de « fils de pauvre ». L'œuvre connut d'emblée un succès retentissant par sa valeur documentaire à la veille de la guerre d'Indépendance. Sans prendre parti en effet, Mouloud Feraoun posait* **le problème de la misère, de l'inégalité et de l'intolérance**. *L'extrait choisi forme la dernière page du récit et montre l'acharnement du héros dans ses études, ainsi que l'incompréhension qui l'accompagne.*

« Je retournerai à l'école ! »

Tout occupé à ses études, Fouroulou ignorait le drame de sa famille. A seize ans, il avait conscience de jouer son avenir sur des théorèmes de géométrie et des équations d'algèbre alors que ses camarades s'inquiétaient surtout de leur toilette et rêvaient aux jeunes filles.

5 Fouroulou était susceptible et rancunier. Il en voulait à tous ceux de son village qui refusaient de le prendre au sérieux et qui riaient de la naïveté des Menrad. Au début de sa deuxième année de collège, après une excellente première année, il faillit tout lâcher. La bourse n'avait pas été renouvelée, on ne savait pourquoi. Le directeur attendit un mois, deux mois. Fin décembre, ne voyant rien

10 venir, il avertit les boursiers qui durent s'en retourner dans leurs villages triste-ment. Ce fut un deuil dans la maison des Menrad. Il n'était plus question de trouver encore de l'argent pour continuer à le maintenir à l'école. Cette pensée n'effleura personne. Ils savaient tous que Fouroulou resterait avec eux, qu'il redeviendrait berger, qu'on lui avait ouvert inconsidérément un espoir et que

15 maintenant il fallait déchanter. Au village, après le Nouvel An, une fois les vacances terminées, on commencerait à s'étonner, puis ce serait les railleries habituelles. Fouroulou, à cette idée, pleurait en cachette, se disait qu'il était déshonoré et qu'il ne pourrait plus se montrer. Pourtant, on ne l'avait pas renvoyé pour incapacité ou mauvaise conduite. Il revenait chez lui parce qu'il n'y avait

20 plus d'argent. Le directeur avait promis d'écrire à l'Académie d'Alger, il avait parlé d'omission, d'oubli, d'erreur. On ne pouvait pas supprimer d'un seul coup toutes les bourses d'un établissement ! Mais comment faire entendre cela aux railleurs ?

Après Noël, Fouroulou passa une affreuse semaine à Tizi. Ceux qui le ren-

25 contraient commençaient par lui témoigner une pitié insultante qui le rendait malade. S'il tentait d'expliquer qu'on lui restituerait bientôt sa bourse et qu'il ne restait au village que dans cette attente, on hochait la tête et on lui conseillait de n'y plus songer. Il lui arrivait de se fâcher à en avoir les larmes aux yeux. Alors on riait de lui, on l'insultait.

Bergers et
troupeaux de
moutons à
Bou-Saada
(Algérie).

30   — Fils de Ramdane, ils t'ont balancé, hein ! Il te reste les chèvres, comme
nous tous !
      — Mais non, je retournerai à l'école !
      — Avec l'argent de l'usurier, peut-être ?
      — Qu'est-ce que cela peut te faire ?
35   — Tu es idiot. Au lieu d'aider ton père, tu vas le ruiner.
      Cependant son père lui-même semblait ébranlé et regrettait d'avoir engagé son
fils dans une voie si difficile lorsqu'on est pauvre.
      Au cours de cette semaine Fouroulou fut terriblement éprouvé. La bêtise
sentencieuse des uns l'écœurait, la jalousie des autres le révoltait. Le sort était
40 injuste, les hommes étaient injustes. Tout lui était hostile mais il comprit à la
longue que l'hostilité des gens, leur mauvaise joie, leur haine, venait de ce qu'on
l'avait pris au sérieux. On l'avait cru capable de réussir, de relever les Menrad.
Et maintenant...
      Lorsque finalement arriva la lettre qui apportait la bonne nouvelle, il retourna
45 à Tizi-Ouzou le cœur gonflé de joie, avec la farouche résolution de travailler
jusqu'à l'épuisement pour réussir. Sa mère parla de porter une offrande à la
kouba mais lui savait très bien que l'offrande ne pourrait influer sur son destin.
Il se savait seul pour un combat qui lui apparaissait sans merci.
      A l'âge où ses camarades s'éprenaient d'Elvire, lui, apprenait « Le lac »
50 seulement pour avoir une bonne note. Mais comme il débitait son texte d'un ton
hargneux, au lieu d'y mettre comme il se doit la douceur mélancolique d'un cœur
sensible et délicat, le professeur le gourmandait et Fouroulou allait s'asseoir plein
de rancune.
      Fouroulou ne savait pas très bien comment le travail acharné le tirerait de la
55 misère, lui et les siens. Mais il faut lui rendre cette justice : il ne doutait pas des
vertus de l'effort. L'effort méritait salaire et ce salaire, il le recevrait. Lorsqu'il fut
admis au brevet, ses parents et même les gens du village comprirent enfin qu'il
n'avait pas tout à fait perdu son temps. Mais le brevet offre peu de débouchés.
Il faut encore affronter des concours. Fouroulou rêvait toujours d'entrer à l'École
60 Normale.

Mouloud FERAOUN, *Le Fils du pauvre* (1950)
© éd. du Seuil

POUR LE COMMENTAIRE _____

  1. Dans quelle mesure, peut-on considérer ce texte
comme un témoignage précieux sur **l'accès à l'instruction dans l'Algérie des années 30** ?

  2. Ce texte s'inscrit dans une tradition littéraire : **l'évo-**

cation de l'enfance (voir entre autres Jules Vallès et sa
trilogie). Qu'est-ce qui l'en distingue ?

  3. Style : dans quelle mesure la simplicité de l'expression sert-elle le dessein de l'auteur ?

Mohammed Dib *La Grande Maison* (1952)

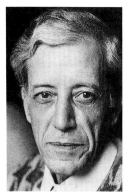

Mohammed Dib est né en 1920 à Tlemcen dans une « famille bourgeoise ruinée ». Il suit des études dans une école française et commence dès quinze ans à écrire des poèmes. Au début de la Seconde Guerre mondiale, il exerce en tant qu'instituteur à Zoudj Beghal, mais il est versé dans les bureaux de l'armée, où il sera comptable en 1941, avant d'être affecté comme interprète anglais-français auprès des armées d'Alger. Après la guerre, il prend part aux rencontres de Sidi Madani, où se trouvent des écrivains français. Il se lance dans la carrière littéraire après un voyage en France en 1950.

Il collabore au journal *Alger républicain*, écrit dans *Liberté*, le journal du Parti communiste, et publie en 1952 son premier roman, *La Grande Maison*, premier volet d'une trilogie (*L'Incendie*, 1954 ; *Le Métier à tisser*, 1957). Ses romans révèlent la réalité algérienne contemporaine et trahissent les positions de l'auteur, qui sera expulsé d'Algérie en 1959. A la suite de nombreux voyages dans les pays de l'Est, Mohammed Dib s'installera en région parisienne, où il poursuivra son œuvre. Après ses premiers romans réalistes, il évolue vers une écriture plus absconse où symboles et allégories foisonnent (*Qui se souvient de la mer*, 1962), et fait alterner l'introspection personnelle et la réflexion sur l'Algérie de l'Indépendance (*Dieu en barbarie*, 1970 ; *Habel*, 1977 ; *Les Terrasses d'Orsol*, 1985).

Dans La Grande Maison, **Mohammed Dib**, *qui place son intrigue en 1939, évoque* **la vie quotidienne d'une famille**, *d'« une grande maison » algérienne. Le jeune héros Omar, doté d'un certain sens critique, suit avec répugnance les cours de l'école française. On le voit, dans l'extrait suivant, écouter ironiquement un cours de morale sur la patrie, avant que le maître, lui-même musulman, ne finisse par trahir ses propres convictions.*

« Que veut dire Patrie ? »

A peine s'emboîtèrent-ils dans leurs pupitres que le maître, d'une voix claironnante, annonça :

— Morale !

Leçon de morale. Omar en profiterait pour mastiquer le pain qui était dans sa
5 poche et qu'il n'avait pas pu donner à Veste-de-kaki.

Le maître fit quelques pas entre les tables ; le bruissement sourd des semelles sur le parquet, les coups de pied donnés aux bancs, les appels, les rires, les chuchotements s'évanouirent. L'accalmie envahit la salle de classe comme par enchantement : s'abstenant de respirer, les élèves se métamorphosaient en
10 merveilleux santons. Mais en dépit de leur immobilité et de leur application, il flottait une joie légère, aérienne, dansante comme une lumière.

M. Hassan, satisfait, marcha jusqu'à son bureau, où il feuilleta un gros cahier. Il proclama :

— La Patrie.
15 L'indifférence accueillit cette nouvelle. On ne comprit pas. Le mot, campé en l'air, se balançait.

— Qui d'entre vous sait ce que veut dire : Patrie ?

Quelques remous troublèrent le calme de la classe. La baguette claqua sur un des pupitres, ramenant l'ordre. Les élèves cherchèrent autour d'eux, leurs
20 regards se promenèrent entre les tables, sur les murs, à travers les fenêtres, au plafond, sur la figure du maître ; il apparut avec évidence qu'elle n'était pas là. Patrie n'était pas dans la classe. Les élèves se dévisagèrent. Certains se plaçaient hors du débat et patientaient benoîtement.

Brahim Bali pointa le doigt en l'air. Tiens, celui-là ! Il savait donc ? Bien sûr.
25 Il redoublait, il était au courant.

— La France est notre mère Patrie, ânonna Brahim.

Son ton nasillard était celui que prenait tout élève pendant la lecture. Entendant cela, tous firent claquer leurs doigts, tous voulaient parler maintenant. Sans permission, ils répétèrent à l'envi la même phrase.
30 Les lèvres serrées, Omar pétrissait une petite boule de pain dans sa bouche. La France, capitale Paris. Il savait ça. Les Français qu'on aperçoit en ville

Une école en Algérie dans les années 60.

viennent de ce pays. Pour y aller ou en revenir, il faut traverser la mer, prendre le bateau... La mer : la mer Méditerranée. Jamais vu la mer, ni un bateau. Mais il sait : une très grande étendue d'eau salée et une sorte de planche flottante. La
35 France, un dessin en plusieurs couleurs. Comment ce pays si lointain est-il sa mère ? Sa mère est à la maison, c'est Aïni ; il n'en a pas deux. Aïni n'est pas la France. Rien de commun. Omar venait de surprendre un mensonge. Patrie ou pas patrie, la France n'était pas sa mère. Il apprenait des mensonges pour éviter la fameuse baguette d'olivier. C'était ça, les études. Les rédactions : décrivez une
40 veillée au coin du feu... Pour les mettre en train, M. Hassan leur faisait des lectures où il était question d'enfants qui se penchent studieusement sur leurs livres. La lampe projette sa clarté sur la table. Papa, enfoncé dans un fauteuil, lit son journal et maman fait de la broderie. Alors Omar était obligé de mentir. Il complétait : le feu qui flambe dans la cheminée, le tic-tac de la pendule, la
45 douce atmosphère du foyer pendant qu'il pleut, vente et fait nuit dehors. Ah ! comme on se sent bien chez soi au coin du feu ! Ainsi : la maison de campagne où vous passez vos vacances. Le lierre grimpe sur la façade ; le ruisseau gazouille dans le pré voisin. L'air est pur, quel bonheur de respirer à pleins poumons ! Ainsi : le laboureur. Joyeux, il pousse sa charrue en chantant, accompagné par
50 les trilles de l'alouette. Ainsi : la cuisine. Les rangées de casseroles sont si bien astiquées et si reluisantes qu'on peut s'y mirer. Ainsi : Noël. L'arbre de Noël qu'on plante chez soi, les fils d'or et d'argent, les boules multicolores, les jouets qu'on découvre dans ses chaussures. Ainsi, les gâteaux de l'Aïd-Seghir[1], le mouton qu'on égorge à l'Aïd-Kebir[2]... Ainsi la vie !
55 Les élèves entre eux disaient : celui qui sait le mieux mentir, le mieux arranger son mensonge, est le meilleur de la classe.

1. *Petite fête située vers la fin du ramadan.*

2. *Grande fête qui clôt le ramadan.*

Mohammed DIB, *La Grande Maison* (1952)
© éd. du Seuil

POUR LE COMMENTAIRE

Dans quelle mesure ce passage illustre-t-il **la théorie de l'auteur**, selon laquelle « une œuvre ne peut avoir de valeur que dans la mesure où elle est enracinée, où elle puise sa sève dans le pays auquel on appartient, où elle nous introduit dans un monde qui est le nôtre avec ses complexités et ses déchirements » ?

Kateb Yacine *Le Polygone étoilé* (1966)

Kateb Yacine naît en août 1929 à Constantine. D'un milieu bourgeois (son père est défenseur judiciaire) il poursuit des études sérieuses, d'abord à l'école coranique, puis à l'école française. Alors qu'il est en classe de troisième au lycée de Sétif, il participe le 8 mai 1945 à une manifestation de rue, ce qui lui vaudra d'être arrêté avec d'autres Algériens et expulsé du lycée. Il part pour Bône, où il fait paraître l'année suivante son premier recueil poétique : *Soliloques*. En 1947, il donne une conférence à Paris sur Abd-el-Kader et l'indépendance algérienne et s'inscrit au Parti communiste algérien, tout en commençant à travailler pour le journal *Alger républicain*. Il publie un poème dédié à Nedjma, une cousine aimée, dans *Le Mercure de France*, dès 1948, et c'est en France qu'il séjourne à partir de 1951 (et pendant une vingtaine d'années), exerçant des métiers divers et voyageant dans toute l'Europe durant la guerre d'Indépendance.

En 1956 la publication du roman *Nedjma* marque un tournant dans l'histoire du roman maghrébin par l'originalité de la construction (qui fait fi de toute chronologie), la fulgurance des images, la confusion du réel et du rêve, la violence de la phrase et la force du symbole (« Je voulais donner l'image de l'Algérie et ça s'est dégagé sous l'image d'une femme »). Le roman sera en partie repris dans *Le Polygone étoilé* (1966). Entre-temps, Kateb Yacine se sera essayé au théâtre avec une série de pièces publiées en 1959 *(Le Cercle des représailles)*. Après une dernière pièce en français *(L'Homme aux sandales de caoutchouc,* 1970), Kateb Yacine fera jouer en Algérie, où il réside de nouveau à partir de 1972, des pièces en arabe algérien, cherchant à atteindre un public populaire *(Mohammed, prends ta valise,* 1971, *La Guerre de 2000 ans,* 1974...) et à promouvoir « la révolution dans la révolution » par une implacable satire des forces conservatrices.

Travailleurs immigrés

Dans Le Polygone étoilé, **Kateb Yacine** *réunit certains textes du premier manuscrit de* Nedjma, *juxtaposant au sein même du roman des passages en prose et des passages en vers libres, entremêlant l'évocation du réel et celle du rêve dans* **une longue errance de la mémoire, en quête d'identité.**
Dans le passage qui suit, l'auteur évoque les conditions de vie des travailleurs algériens immigrés, par le biais d'un dialogue désenchanté entre deux des protagonistes.

Travailleurs imigrés au
café, à Roubaix.

Tout ça, c'est du vent. Dans les usines, faut des papiers prouvant qu'on a déjà travaillé, faut passer tous les jours, ils ont pris l'habitude de voir des Algériens à leur porte. C'est loin. A notre époque, un chômeur consciencieux devrait avoir une bicyclette, et des habits qui ne Les dégoûtent pas. Il devrait les écouter en
5 défilant éternellement devant leurs bureaux, en cachant ses cheveux frisés, le nombre de ses enfants et de ses maladies puisqu'Ils ont peur de payer trop de cotisations.

Et si on est trop jeune, célibataire, alors Ils craignent qu'on pille leurs savonneries, et qu'on débauche leurs innocents. Enfin, je sais pas, moi ! On arrive
10 comme tout le monde, mais dès qu'on avoue un prénom original, on se demande s'Ils ne vont pas appeler les gendarmes. Dans le Bâtiment, on fait que passer. Au bout de la quinzaine, le chantier ferme. Tu peux pas te figurer combien j'en ai rencontré, de tous les douars. Ils disent qu'ils travaillent, que ça va, qu'on va bientôt acheter une vache. Ils disent ça au bureau de placement, en faisant les
15 yeux doux aux employés, comme s'ils rendaient de simples visites d'amitié. Naturellement, ils ne trouvent rien, et on les revoit soufflant sur un pipeau. Plus question de travail. Les registres sont grands ouverts sur les cuisses du restaurateur qui croit l'avenir assuré, du moment que c'est écrit. Les plus malins se ruinent et cherchent des associés, les consommateurs spéculent à leur tour sur
20 les heureuses surprises de demain. Tout le monde met les bouchées doubles, et les chants achèvent d'humaniser ce drôle de commerce. C'est pas pour rien que les associés se multiplient, y a moins d'égoïsme, et un peu plus de bagarres, mais entre frères c'est rare si on se tue pour une portion de pois chiches. Sauf si y a une femme au milieu. Mais ça aussi c'est rare. On reçoit surtout des
25 ambassades dans les pissoirs *tu dors ou tu me crois pas ?*

— Moi aussi j'ai fait le tour et c'est plus fort que moi j'ai poussé du côté des paysans. Y a un de ces bruits dans leurs fermes ! Pas étonnant. Ils arrachent les pommes de terre avec des machines. Ils m'ont dit de revenir demain.

— Et le maçon ?
30 — D'après le vieux, on verra.

— Combien on doit ?

— Plus de mille.

— Comment qu'on paiera ?

— Tu sais pas ? Je deviens célèbre en écrivant des lettres. Les Assurances,
35 le prud'homme, la famille, les amours. Faut les voir insister en me refilant les drachmes[1]. Tu peux pas savoir. C'est dur d'avoir les cinquante francs d'un manœuvre dans la poche. Je préfère ramasser les mégots. Je préfère brûler le train et faire un mauvais coup. Veulent rien savoir. Tu uses ta cervelle. C'est à nous de comprendre. Qu'ils disent. Et ils sortent leurs billets, dépités des
40 imprudences de la veille. N'osent plus se fouiller pour ne pas décevoir leur scribe. Moi je refuse. Alors ils me gavent de café. Ils me balancent tout ce qu'ils ont sur le cœur, mais c'est trop long. Leur moustache frémit. Et le café devient amer.

— Tiens bon la rampe.

— T'en fais pas. On aura des idées.
45 — Pas dans ce café qui porte la poisse. Si on couchait à l'air, on serait moins tristes. Plus de connaissances, plus de patrie, plus de crédit, mais *du travail* et après on verra. Y en a des mille et des mille qui ont trouvé. Nous on est deux. Un qui rêve, et l'autre qui dort. Y a pas, faut qu'on travaille.

Kateb YACINE, *Le Polygone étoilé* (1966)
© éd. du Seuil

1. *Emploi figuré. La drachme est une unité monétaire grecque.*

POUR LE COMMENTAIRE
Relevez les différents traits de langue populaire (en particulier dans la syntaxe). Commentez le rôle de la majuscule, ainsi que le choix du vocabulaire. Quel est l'effet recherché par l'écrivain ?

Driss Chraïbi
La Civilisation, ma mère !... (1972)

Né au Maroc en 1926, **Driss Chraïbi** fréquente l'école coranique, puis à dix ans entre à l'école française. Après des études secondaires au lycée Lyautey de Casablanca, couronnées par des prix de poésie, il part en septembre 1945 poursuivre ses études de chimie à Paris, où il obtiendra cinq ans plus tard un diplôme d'ingénieur chimiste. Il commence des études de neuro-psychiatrie qu'il laisse inachevées et parcourt les différents pays de l'Europe, en exerçant divers métiers. Il se lance conjointement dans l'écriture : son premier roman, *Le Passé simple*, paru en 1954, provoque une véritable levée de boucliers par sa critique d'un islam ritualiste et d'une tradition sclérosée. Ses romans suivants (*Les Boucs*, 1955 ; *L'Âne*, 1956) devaient lui permettre de mieux définir sa position : critique à l'égard de son pays, mais désabusée à l'égard de la France, qui l'a déçu. C'est pourtant en France qu'il choisit de vivre, à l'instar du héros de *Succession ouverte*, en épousant une Française. Il assume en 1959 des fonctions à l'ORTF où il évoque dans « Connaissances du monde » les rapports entre l'Islam et l'Occident ; puis il enseigne la littérature maghrébine au Québec (en 1970). Il revient ensuite à l'écriture, retrouvant les thèmes qui lui sont chers. Dans *La Civilisation, ma mère !...* (1972), il évoque à travers la figure maternelle le problème de l'évolution du tiers monde. Ses deux derniers romans (*Une Enquête au pays*, 1981 et *La Mère du printemps*, 1982) manifestent le même désir de retour aux racines.

La Civilisation, ma mère !... *se présente comme* **une chronique pleine de verve de la vie quotidienne au Maroc**. *A travers le portrait, teinté d'humour, d'une Marocaine déroutée par le progrès,* **Driss Chraïbi** *évoque les contradictions et les paradoxes du Maghreb actuel. Cette mère, qui progressivement prend conscience de sa condition, tire parti du progrès et assume des responsabilités publiques, figure en quelque sorte l'évolution du tiers monde.*

L'extrait qui suit montre cette femme aux prises avec un fer à repasser, sous l'œil ironique mais attendri de son fils.

La fée électricité

C'était un fer à repasser, en acier chromé et brillant comme la joie. Électrique. Habituée aux plaques en fonte, ma mère le mit sur le brasero. Pour le chauffer. Si la résistance grilla, personne ne l'entendit. Les produits de la technologie ont-ils une âme ? Je l'ignore. Ce que je sais, c'est que ce fer à repasser ne dit
5 rien quand il mourut, ne poussa pas un cri de douleur. Ce jour-là, je commençai à comprendre le Zen[1] et le yoga dont parlait mon père.

Mais, même cuit, il repassa toute une pile de linge. L'Art survit à l'homme, n'est-ce pas ? Mû comme par un skieur, il glissa, glissa sur les serviettes, les draps, les mouchoirs, avec une aisance enthousiaste. Quand il eut fini sa tâche
10 d'acier poli et civilisé, ma mère l'accrocha. A la prise de courant. Pensive, elle considéra le résultat. Puis elle secoua la tête et me dit :

— Tu vois, mon fils ? Ces Européens sont malins, ma foi oui. Ils ont prévu deux trous, deux clous et un fil pour le suspendre après usage. Mais sans doute ne connaissent-ils pas les maisons de chez nous. Sans cela, ils auraient fabriqué
15 un fil plus court.

En conséquence, elle fit un nœud au milieu du cordon. Pendu ainsi à la prise de courant, le fer arrivait à quelques centimètres du sol. Nagib fit :

— Ha, ha !... Hmmm !... Très bien, très très bien... Houhouhou !...

Je lui lançai une banane à la tête. Il dit :
20 — Quoi ? quoi ?... Ah oui ! Ne t'en fais pas, mon petit. Je les ai bien cachés.

Il faisait allusion aux ciseaux de ma mère. Si elle les avait eus sous la main, peut-être eût-elle coupé le fil électrique ? A l'époque, il n'y avait pas de disjoncteur et les fusibles étaient incapables de fondre en cas de court-circuit : ils étaient en cuivre rouge. Dans mon manuel de physique, un chapitre était
25 consacré au secourisme. Téléphoner à la caserne de pompiers la plus proche

1. *École bouddhiste originaire de Chine, introduite au Japon, qui enseigne une stricte discipline spirituelle et corporelle.*

Bibliothèque de l'Institut du Monde Arabe à Paris.

Pratiquer la respiration artificielle. Un croquis nous montrait l'électrocuté étalé sur le trottoir, son sauveur à califourchon sur son ventre, sous le regard vide de la tête de mort gravée sur la porte du transformateur entre deux tibias croisés et surmontés d'un éclair zigzaguant.

30 Apprendre à ma mère les rudiments de l'électricité ? En quelle langue ? J'ai essayé de lui traduire les loi d'Ohm et de Faraday, en cherchant mes mots avec soin. Elle m'a dit, pleine de sollicitude :

— Voilà que tu bégaies à présent ? Tu apprends trop. Ça se bouscule dans ta tête.

35 J'ai adopté une autre méthode. J'ai essayé de lui expliquer les théories en termes aussi concrets qu'une brique à neuf trous. Et, à partir de ces matériaux, de broder une histoire de fées et de brigands, à la manière orientale.

— Il y avait une fois un génie invisible...

— Comme Monsieur Kteu ? m'a-t-elle demandé, les yeux brillants.

40 — Oui. Comme Monsieur Blo Punn Kteu. Donc ce génie luttait contre le diable, comme la lumière contre les ténèbres.

— Et alors ? il l'a vaincu ?

— Attends. Le diable avait éteint le soleil et la lune...

— Les étoiles aussi ?

45 — Les étoiles aussi. Les cœurs, la joie, il avait tout éteint. Il faisait sombre, noir, c'était la désolation.

— Tais-toi. Tu me fais peur. Je n'aime pas du tout cette histoire.

— Mais le génie — il s'appelait Monsieur Ohm — mit dans toutes les maisons, dans toutes les villes des fils électriques : un positif et un négatif.

50 — Qu'est-ce que tu racontes ?

— Je veux dire un fil animé par le Bien et un autre par le Mal. Et alors, quand ils se touchaient...

— Ce n'est pas vrai. Un génie ne peut faire que le Bien.

Je l'ai prise dans mes bras et j'ai conclu :

55 — Je t'aime, maman. Tu as raison.

Dix ans plus tard, je suis devenu ingénieur. Simplement pour comprendre la différence entre les êtres humains et les objets purement physiques. Et j'ai compris une chose : cette différence ne résiderait-elle pas dans la connaissance douloureuse de notre sort, et de notre impuissance devant lui — à travers toutes 60 les formes de civilisation ?

Driss CHRAÏBI, *La Civilisation, ma mère !...* (1972)
© éd. Denoël

Les quartiers pauvres de Rabat vers 1970. Photo de Marc Riboud.

2. L'Afrique noire et les Antilles

1. Élaboration de la négritude

Dès 1921 un cri jaillit, c'est celui du Guyanais **René Maran**, qui, dans *Batouala*, dénonce les illusions civilisatrices de la colonisation. Bien que couronné par le prix Goncourt, cette œuvre ne sera suivie d'aucun effet, sinon de sanctions administratives contre son auteur.

C'est à Paris, en milieu étudiant, que naît **le projet de défendre et illustrer les valeurs culturelles du monde nègre**.

Léopold Sedar Senghor, Aimé Césaire et **Léon-Gontran Damas** prennent la tête de ce mouvement de « **Négritude** », chacun lui apportant une touche particulière selon son origine et son tempérament. Damas, bien que métis, revendique son appartenance à la nation nègre et s'en prend à la bourgeoisie des « blanchis » qui coopèrent avec les blancs. Senghor s'attache davantage à souligner l'apport de la culture nègre à l'humanité. Quant à Césaire, le révolté et le dialecticien du groupe, il se fait le héraut, dans *Cahier d'un retour au pays natal* (1939), d'une Négritude détruite par les rigueurs de l'histoire.

A la suite de ces pionniers s'engage dans la voie de la Négritude littéraire une cohorte de jeunes Africains, Malgaches et Antillais, qui, surtout poètes, entreprennent d'élargir le premier sillon.

La révolte les guide souvent dans leur démarche initiale, comme David Diop, dont *Coups de pilon* (1956) rappelle le ton des poètes de la Résistance, comme Jacques Roumain, qui évoque la traite du « bois d'ébène », comme René Depestre dénonçant toutes les formes d'exploitation du « minerai noir ».

Cette littérature de désaliénation aurait pu s'égarer dans le racisme anti-blanc. Or, il n'en est rien : l'écrivain noir appelle son peuple à se révolter d'abord contre sa propre lâcheté et son immense naïveté, car tels ont été les deux ressorts sur lesquels le Blanc a agi pour parvenir à ses fins.

2. Vers la décolonisation : l'œuvre de *Présence Africaine*

Autour de la revue *Tropiques*, d'Aimé Césaire, se forme une nouvelle vague d'écrivains plus politisés, mieux armés idéologiquement pour combattre le colonialisme, plus plongés dans la modernité littéraire par **une fréquentation assidue des textes surréalistes**. Mais c'est la publication des anthologies de Damas et de Senghor, en 1947 et 1948, et la création, par Alioune Diop, de la revue *Présence Africaine* (1947), qui marqueront un tournant décisif dans cette jeune histoire de la Négritude.

D'abord *Présence Africaine* donne naissance à une maison d'édition qui publiera les grands textes africains contemporains. Foyer d'accueil ouvert à toutes les influences, *Présence Africaine* favorisera le regroupement des hommes et le débat d'idées. Les plus anciens, comme Senghor, Birago Diop, Alioune Diop, Abdoulaye Sadji, Mamadou Dia, Jacques Roumain, Aimé Césaire, Jacques Rabema-nanjara, nés avant 1914, dialoguent avec leurs cadets, nés entre 1918 et 1925 : Bernard Dadié, Guy Tirolien, Paul Niger, Keita Fodeba, Sékou Touré, Cheikh Anta Diop, Frantz Fanon, Jacques-Stephen Alexis. Puis vient s'ajouter une pléiade de jeunes gens qui ont alors une vingtaine d'années comme David Diop, Camara Laye, Ferdinand Oyono, Tchicaya U Tam'Si, René Depestre, Édouard Glissant, **Mongo Beti**.

Jusqu'aux indépendances, les nombreux romans publiés exploitent le thème de l'homme noir déchiré entre deux cultures (Camara Laye, *L'Enfant noir*, 1953 ; Bernard Dadié, *Climbié*, 1956), tandis que les textes théoriques de l'Antillais Frantz Fanon (*Peau noire et masques blancs*, 1952 ; *Les Damnés de la terre*, 1961) et du Tunisien Albert Memmi (*Portrait du colonisé*, 1957) analysent le complexe culturel du colonisé. Selon ces écrivains, la décolonisation des esprits suppose un retournement radical des modes de pensée instaurés par les Blancs.

3. Vers des littératures nationales

L'unité du monde noir, qui a servi de base à la Négritude, qui lui a donné sa consistance et fourni sa subsistance, n'est pas remise en cause, une fois les différents États africains constitués.

Cependant, l'heure est au désenchantement et à la désillusion : le colonialisme d'hier a laissé place à des indépendances de papier, qui abritent souvent un néo-colonialisme de fait. Yambo Ouologuem (*Le Devoir de violence*, 1968), **Amadou Kourouma** (*Les Soleils des Indépendances*, 1968), Mongo Beti (*Remember Ruben*, 1974) entament un long réquisitoire contre les mœurs politiques (corruption, népotisme, despotisme, incurie) des dirigeants. La chronique que forme l'œuvre romanesque de **Sembene Ousmane** (*Le Mandat*, 1966 ; *Xala*, 1973) tend au même constat : la société africaine est encore incapable d'assumer son destin.

Le roman africain contemporain ne s'épuise toutefois pas dans un morose ressassement. Il **analyse avec lucidité les causes du malaise social** en mettant en action des héros qui éprouvent les plus grandes difficultés à se situer et à vivre dans une société portée à la violence et déchirée par les contradictions (*La Vie et demie*, de Sony Labou Tansi, 1979 ; *Une si longue lettre*, de Mariama Bâ, 1979 ; *La Carte d'identité*, de Jean-Marie Adiaffi, 1980). Tout signe d'espoir n'est pas toutefois exclu : **la femme africaine est entrevue comme la possible actrice du changement attendu**, par la plupart des romanciers masculins, qui lui assignent une sorte de tâche de rédemption. L'écriture féminine, qui connaît son aurore en Afrique, développe et amplifie le même thème : le livre d'Awa Thiam, *La Parole aux négresses* (1978), dénonce l'état de servage où vit encore la femme africaine ; Mariama Bâ, dans *Une si longue lettre*, s'en prend à la polygamie, et Aminata Sow Fall (*La Grève des battus*, 1979) à la mentalité féodale des hommes.

Les littératures de l'Afrique noire et des Antilles

1921	Blaise CENDRARS : *Anthologie nègre* René MARAN : *Batouala, véritable roman nègre*	**1960**	Djibril T. NIANE : *Soundjata ou l'épopée mandingue* Ferdinand OYONO : *Chemin d'Europe* Sembene OUSMANE : *Les Bouts de bois de Dieu*
1932	Aimé CÉSAIRE, L. S. SENGHOR, Léon DAMAS et Ousmane SOCÉ fondent le journal *L'Étudiant noir*	**1961**	Seydou BADIAN : *La Mort de Chaka* Aimé CÉSAIRE : *Cadastre* Frantz FANON : *Les Damnés de la terre* (posthume) Cheikh Hamidou KANE : *L'Aventure ambiguë*
1934	René MARAN : *Le Livre de la brousse*		
1935	Ousmane SOCÉ : *Karim, roman sénégalais* Jean-Joseph RABEARIVELO : *Traduit de la nuit*		
1937	Léon-Gontran DAMAS : *Pigments*	**1962**	Nazi BONI : *Crépuscule des temps anciens*
1938	Léon-Gontran DAMAS : *Retour de Guyane* Paul HAZOUMÉ : *Doguicimi* René MARAN : *Youmba*	**1963**	Aimé CÉSAIRE : *La Tragédie du roi Christophe* Birago DIOP : *Contes et Lavanes* Sembene OUSMANE : *Voltaïque*
1939	Aimé CÉSAIRE : *Cahier d'un retour au pays natal* L. S. SENGHOR : *Ce que l'homme noir apporte*	**1964**	Malick FALL : *Reliefs* Sembene OUSMANE : *L'Harmattan*
1944	Jacques ROUMAIN : *Gouverneurs de la rosée*	**1964-1983**	L. S. SENGHOR : *Liberté I à IV*
1945	L. S. SENGHOR : *Chants d'ombre*	**1965**	Olympe BHÊLY-QUENUM : *Le Chant du lac*
1946	Aimé CÉSAIRE : *Les Armes miraculeuses*	**1966**	Léon DAMAS : *Névralgies* Camara LAYE : *Dramouss* Sembene OUSMANE : *Le Mandat*
1947	Birago DIOP : *Les Contes d'Amadou Koumba*		
1948	Aimé CÉSAIRE : *Soleil cou coupé*		
1951	Aimé CÉSAIRE : *Discours sur le colonialisme*	**1967**	Aimé CÉSAIRE : *Une Saison au Congo* Malick FALL : *La Plaie*
1952	Léon-Gontran DAMAS : *Graffiti* Frantz FANON : *Peau noire et masques blancs*	**1968**	Amadou KOUROUMA : *Les Soleils des Indépendances* Yambo OUOLOGUEM : *Le Devoir de violence*
1953	Camara LAYE : *L'Enfant noir* Abdoulaye SADJI : *Maïmouna, petite fille noire*		
1954	Mongo BETI : *Ville cruelle* Cheikh Anta DIOP : *Nations nègres et cultures* Camara LAYE · *Le Regard du roi* Abdoulaye SADJI : *Nini, mûlatresse du Sénégal*	**1969**	Aimé CÉSAIRE : *Une Tempête*
		1970	Olympe BHÊLY-QUENUM : *Un Enfant d'Afrique* Bernard DADIÉ : *Béatrice du Kongo* Félix TCHICAYA U TAM'SI : *Arc musical*
1955	Jacques-Stephen ALEXIS : *Compère Général Soleil* Bernard DADIÉ : *Le Pagne noir* Jacques RABEMANANJARA : *Antsa* Félix TCHICAYA U TAM'SI : *Le Mauvais Sang*	**1971**	Henri LOPES : *Tribaliques* Djibril T. NIANE : *Chaka*
		1972	Jacques RABEMANANJARA : *Ordalies*
1956	Mongo BETI : *Le Pauvre Christ de Bomba* Bernard DADIÉ : *Climbié, La Ronde des jours* David DIOP : *Coups de pilon* Ferdinand OYONO : *Une Vie de boy* L.S. SENGHOR : *Éthiopiques* Sembene OUSMANE : *Le Docker noir*	**1973**	Amadou HAMPATÉ BÂ : *L'Étrange destin de Wangrin* Sembene OUSMANE : *Xala* L. S. SENGHOR : *Lettres d'hivernage*
		1974	Mongo BETI : *Remember Ruben*
		1976	Seydou BADIAN : *Le Sang des masques* Aminata SOW FALL : *Le Revenant*
1957	Mongo BETI : *Mission terminée* Jacques RABEMANANJARA : *Rites millénaires* Sembene OUSMANE : *Ô Pays mon beau peuple* Félix TCHICAYA U TAM'SI : *Feu de brousse*	**1977**	Seydou BADIAN : *Noces sacrées*
		1978	Camara LAYE : *Le Maître de la parole*
1958	Mongo BETI : *Le Roi miraculé* Birago DIOP : *Nouveaux Contes d'Amadou Koumba*	**1979**	Mariama BÂ : *Une si longue lettre* Sony LABOU TANSI : *La Vie et demie*
1959	Aimé CÉSAIRE : *Ferrements* Jacques-Stephen ALEXIS : *L'Espace d'un cillement*	**1980**	Jean-Marie ADIAFFI : *La Carte d'identité* Félix TCHICAYA U TAM'SI : *Les Cancrelats*
1960	Olympe BHÊLY-QUENUM : *Un piège sans fin* Aké LOBA : *Kocumbo, l'étudiant noir*	**1982**	Aimé CÉSAIRE : *Moi, laminaire* Henri LOPES : *Le pleurer-rire* Aminata SOW FALL : *L'Appel des arènes*

René Maran *Batouala...* (1921)

René Maran (1887-1960), né à la Martinique de parents guyanais, reçoit son éducation en France, et est par la suite envoyé en poste en Afrique dans l'administration coloniale. Ce contact avec le continent noir révèle en lui l'écrivain. Son premier roman, *Batouala, véritable roman nègre* (1921), lui vaut le prix Goncourt et une réputation à scandale. N'a-t-il pas l'audace de décrire les mœurs et coutumes des Africains avec sympathie et de mettre en doute le bien-fondé des prétentions civilisatrices de l'ordre colonial ? La préface de *Batouala*, de style polémique, invite plus particulièrement les « frères en esprit, écrivains de France » à contrôler les abus perpétrés en Afrique, au nom de valeurs qu'en réalité le colonisateur pervertit par intérêt et cupidité. Cet appel est entendu (André Gide, Michel Leiris, Jean Guéhenno). Le fonctionnaire René Maran est contraint de démissionner, mais l'écrivain continue de publier des romans, dont *Djouma, Chien de brousse* (1927), *Le Livre de la brousse* (1934) et *Un Homme pareil aux autres* (1947).

Batouala... *se veut objectif et relève de l'*esthétique naturaliste*. Il décrit la vie quotidienne dans un village de l'Oubangui-Chari, sans tomber dans le péché d'exotisme. Le style du roman fait date :* **René Maran** *parle enfin de l'Afrique dans une langue authentique qui restitue son atmosphère à la fois mystérieuse et bucolique : « René Maran, le premier, a exprimé l'âme noire avec le style nègre en français. » (Léopold Sedar Senghor).*

Il ne convient toutefois pas de faire de Batouala *le manifeste de la Négritude. C'est au nom des valeurs occidentales, et d'abord des droits de l'homme, que l'auteur condamne la colonisation comme* **un phénomène de dislocation sociale, de violation morale et d'exploitation économique***.*

« Civilisation, civilisation... »

Civilisation, civilisation, orgueil des Européens, et leur charnier d'innocents, Rabindranath Tagore, le poète hindou, un jour, à Tokio, a dit ce que tu étais ! Tu bâtis ton royaume sur des cadavres. Quoi que tu veuilles, quoi que tu fasses, tu te meus dans le mensonge. A ta vue, les larmes de sourdre, et la
5 douleur de crier. Tu es la force qui prime le droit. Tu n'es pas un flambeau, mais un incendie. Tout ce à quoi tu touches, tu le consumes...
Honneur du pays qui m'a tout donné, mes frères de France, écrivains de tous les partis ; vous qui, souvent, disputez d'un rien, et vous déchirez à plaisir, et vous réconciliez tout à coup, chaque fois qu'il s'agit de combattre pour une idée juste
10 et noble, je vous appelle au secours, car j'ai foi en votre générosité. [...]
Que votre voix s'élève ! Il faut que vous aidiez ceux qui disent les choses telles qu'elles sont, non pas telles qu'on voudrait qu'elles fussent. Et, plus tard, lorsqu'on aura nettoyé les suburres coloniales, je vous peindrai quelques-uns de ces types que j'ai déjà croqués, mais que je conserve, un temps encore, en mes
15 cahiers. Je vous dirai qu'en certaines régions, de malheureux nègres ont été obligés de vendre leurs femmes à un prix variant de vingt cinq à soixante-quinze francs pièce pour payer leur impôt de capitation. Je vous dirai... Et, d'avance, des Européens que je viserai, je les sais si lâches, que je suis sûr que pas un n'osera me donner le plus léger démenti.
20 Car la large vie coloniale, si l'on pouvait savoir de quelle quotidienne bassesse elle est faite, on en parlerait moins, on n'en parlerait plus. Elle avilit peu à peu. Rares sont, même parmi les fonctionnaires, les coloniaux qui cultivent leur esprit. Ils n'ont pas la force de résister à l'ambiance. On s'habitue à l'alcool. Avant la guerre, nombreux étaient les Européens capables d'assécher à eux seuls plus de
25 quinze litres de pernod, en l'espace de trente jours. Depuis, hélas, j'en ai connu un, qui a battu tous les records. Quatre-vingts bouteilles de whisky de traite, voilà ce qu'il a pu boire, en un mois.

Jean-Pierre Marielle et Philippe Noiret dans *Coup de torchon*,
film de Bertrand Tavernier, 1981.

Ces excès et d'autres, ignobles, conduisent ceux qui y excellent à la veulerie
la plus abjecte. Cette abjection ne peut inquiéter que de la part de ceux qui ont
30 charge de représenter la France. Ce sont eux qui assument la responsabilité des
maux dont souffrent, à l'heure actuelle, certaines parties du pays des noirs.

C'est que, pour avancer en grade, il fallait qu'ils n'eussent « pas d'histoires ».
Hantés de cette idée, ils ont abdiqué toute fierté, ils ont hésité, temporisé, menti
et délayé leurs mensonges. Ils n'ont pas voulu voir. Ils n'ont rien voulu entendre.
35 Ils n'ont pas eu le courage de parler. Et, à leur anémie intellectuelle l'asthénie
morale s'ajoutant, sans un remords, ils ont trompé leur pays.

C'est à redresser tout ce que l'administration désigne sous l'euphémisme
« d'errements » que je vous convie. La lutte sera serrée. Vous allez affronter des
négriers.

René MARAN, Préface de *Batouala* (1921)
© éd. Albin Michel

POUR LE COMMENTAIRE

1. René Maran s'insurge contre l'idée que la colonisation entraîne nécessairement un progrès dans l'ordre de la civilisation. Pourquoi cette **dénonciation** fit-elle scandale à l'époque où elle fut émise ?

2. A quelle **tradition intellectuelle et morale** fait appel René Maran en sollicitant l'aide et la compréhension des écrivains français ?

3. Sur quels **mécanismes** est fondée la vie coloniale ? Pourquoi est-elle devenue une véritable fabrique d'injustice ?

GROUPEMENT THÉMATIQUE

L'appel de René MARAN sera entendu. Plusieurs écrivains français iront constater sur place les méfaits du colonialisme.

André GIDE : *Voyage au Congo*, 1927 et *Retour du Tchad*, 1928. — Louis-Ferdinand CÉLINE : *Voyage au bout de la nuit*, 1932. — Michel LEIRIS : *L'Afrique fantôme*, 1934.

Afin de mieux comprendre cette période, voir les films de Jean-Jacques ANNAUD, *La Victoire en chantant* (1976), Bertrand TAVERNIER, *Coup de torchon* (1981) et Claire DENIS, *Chocolat* (1988).

Consulter l'album de Christian MAUREL, *L'Exotisme colonial*, éd. Robert Laffont (1980).

Léon-Gontran Damas *Pigments* (1937)

Léon-Gontran Damas (1912-1978), révolté contre son éducation bourgeoise d'enfant métis, dénonce dès 1937 dans *Pigments* les principes de l'assimilation et les effets de l'acculturation qui en dérivent.

Étudiant à Paris, il décide de se pencher sur les racines de la nation noire, en entreprenant des travaux d'ethnologie africaine. Enfin, quand sa famille lui coupe les vivres, il ne répugne pas à travailler comme manœuvre, boy ou colporteur. Une vie matérielle démunie, un engagement politique difficile à assumer lui donnent cette silhouette d'écorché vif de la Négritude : angoisse du colonisé, souffrance de l'exil, rébellion contre l'ordre blanc.

L'œuvre poétique de Damas compte *Graffitti*, 1952, *Black Label*, 1956, *Névralgies*, 1966. Son *Anthologie des poètes d'expression française* (1947) précède de peu celle de Senghor, et participe fortement à la reconnaissance de l'identité littéraire négro-africaine.

La publication de Pigments, *en 1937, a marqué le coup d'envoi de la Négritude, puisqu'il précède de deux ans le* Cahier d'un retour au pays natal, *d'Aimé Césaire. Damas y chante sa nostalgie du passé :* « Rendez-moi mes poupées noires que je joue avec elles », *et clame sa révolte de* « blanchi » *contre l'assimilation dont il s'estime victime. L'angoisse atteint aussi parfois une ampleur dramatique comme dans* « Il est des nuits ».

Solde

J'ai l'impression d'être ridicule
dans leurs souliers dans leur smoking
dans leur plastron dans leur faux-col
dans leur monocle dans leur melon [...]
5 J'ai l'impression d'être ridicule
dans leurs salons dans leurs manières
dans leurs courbettes dans leur multiple besoin
de singeries...

Léon-G. DAMAS, *Pigments*
© éd. Présence Africaine

La descarga, d'Henri Guedon.

ÉTUDE DE STYLE

Qu'est-ce que le blues ? Une forme musicale ? Une forme poétique ? A l'aide d'un livre sur le jazz ou d'une encyclopédie musicale, établissez un dossier sur le blues, son origine, sa diffusion aux États-Unis et ailleurs.

« Il est des nuits »

Il est des nuits sans nom
Il est des nuits sans lune
où jusqu'à l'asphyxie
moite
5 me prend
l'âcre odeur de sang
jaillissant
de toute trompette bouchée

Des nuits sans nom
10 des nuits sans lune
la peine qui m'habite
m'oppresse
la peine qui m'habite
m'étouffe

15 Nuits sans nom
nuits sans lune
où j'aurais voulu
pouvoir ne plus douter
tant m'obsède d'écœurement
20 un besoin d'évasion

Sans nom
sans lune
sans lune
sans nom
25 sans nom sans nom
où le dégoût s'ancre en moi
aussi profondément qu'un beau poignard malais.

Léon-G. DAMAS, *Pigments* (1937)
© éd. Présence Africaine

Léopold Sedar Senghor (né en 1906)

Léopold Sedar Senghor naît au Sénégal en 1906, d'une riche famille campagnarde. Son père est un commerçant aisé. Il reçoit une éducation soignée, d'abord dans son pays au séminaire et au collège, puis à Paris, où il fréquente le lycée Louis-le-Grand et l'École Normale Supérieure. Il est reçu à l'agrégation de grammaire en 1935.

De l'universitaire au chef d'État

En 1937, Senghor est affecté au lycée Descartes à Tours, où il dispense bénévolement un enseignement du soir, à l'intention des ouvriers. En 1939, il est mobilisé, puis fait prisonnier en Allemagne, mais des raisons médicales lui permettent d'être libéré en 1942. Il reprend son enseignement, cette fois-ci au lycée de Saint-Maur, avant de se voir confier en 1944 une chaire à l'École Nationale de la France d'outre-mer. A la Libération, Senghor fait paraître son premier recueil de poèmes *(Chants d'ombre)*, cependant qu'il entre parallèlement dans la vie politique : élu député du Sénégal en 1945, il sera constamment réélu par la suite.

En 1960, il est élu à l'unanimité premier président de la République du Sénégal. Il sera réélu en 1963, en 1968 et en 1973, avant de démissionner volontairement de ses fonctions le 31 décembre 1979. Après avoir été le premier agrégé africain de l'université française, Senghor devient en 1983 le premier académicien africain.

Politique et littérature

Parallèlement à sa carrière politique, Senghor n'a eu de cesse de poursuivre une œuvre littéraire de la première importance. Il a célébré dans ses différents recueils la grandeur de l'homme noir et dénoncé sa condition, opérant une symbiose entre l'héritage africain et l'héritage européen, créant son vers propre, aux frontières du symbolisme et de la tradition africaine. Et dans ses différents essais (rassemblés sous le titre de *Liberté I, II, III, IV* et publiés de 1964 à 1983), il a tenté de définir la culture négro-africaine, en dégageant une esthétique négro-africaine. Son engagement dans le mouvement de la « Négritude » recoupe celui de Léon-Gontran Damas et d'Aimé Césaire.

Le fait qu'il soit le seul des trois à avoir une origine africaine lui confère un prestige particulier et contribue à amplifier son influence au sein du mouvement : les Africains respectent en lui l'homme qui n'a pas renié ses sources malgré sa réussite universitaire et sociale ; les Antillais, avides d'authenticité, voient en lui un apôtre des vraies valeurs noires. Les intellectuels (anthropologues, ethnographes, écrivains) le considèrent comme l'un des leurs.

1939	*Ce que l'homme noir apporte*
1945	*Chants d'ombre*
1948	*Hosties noires ; Anthologie de la nouvelle poésie nègre et malgache*
1956	*Éthiopiques*
1961	*Nocturnes*
1964-1983	*Liberté I, II, III, IV*
1972	*Lettres d'hivernage*
1979	*Élégies majeures*

Ce que l'homme noir apporte (1939)

Ce que l'homme noir apporte (1939) est un essai sur les fondements et les mœurs de la société africaine, où **Léopold Sedar Senghor** *affirme, preuves à l'appui, que* **la civilisation du continent noir forme un ensemble cohérent et original**, *propre à enrichir le patrimoine de l'humanité. De nombreux textes théoriques, politiques et sociologiques (publiés en série sous le titre de* Liberté, *1964-1983) approfondissent cette première approche.*

Émotion et sensibilité

Le Négro-Africain est d'abord dans sa couleur comme dans la nuit primordiale. Il ne *voit* pas l'objet, il le sent. C'est un de ces vers du troisième jour, un pur champ sensoriel. C'est dans sa subjectivité, au bout de ses organes sensoriels, qu'il découvre l'Autre. Le voilà é-mu, allant dans un mouvement centrifuge, du
5   sujet à l'objet sur les ondes de l'Autre. Et ce n'est pas là simple métaphore, puisque la physique contemporaine a découvert l'énergie sous la matière : les ondes et les radiations. Voilà donc le Négro-Africain qui sympathise et s'identifie,

1. *Union étroite.*

Tam-tam d'initiation Nalu.
Musée de Dakar.

2. *Synonyme recherché de tremblement.*

qui meurt à soi pour renaître dans l'autre. Il n'assimile pas, *il s'assimile*. Il vit avec l'autre en symbiose[1], *il con-naît à l'autre*, pour parler comme Paul Claudel. Sujet et objet sont, ici, dialectiquement confrontés dans l'acte même de la connaissance, qui est acte d'amour. « Je pense, donc je suis », écrivait Descartes. La remarque en a déjà été faite, on pense toujours *quelque chose*. Le Négro-Africain pourrait dire : « Je sens l'Autre, je danse l'Autre, donc je suis. » Or, danser c'est créer, surtout lorsque la danse est danse d'amour. C'est, en tout cas, le meilleur mode de connaissance.

Qu'est-ce que le rythme ?

Qu'est-ce que le *rythme* ? C'est l'architecture de l'être, le dynamisme interne qui lui donne forme, le système d'ondes qu'il émet à l'adresse des *Autres*, l'expression pure de la Force Vitale. Le rythme, c'est le choc vibratoire, la force qui, à travers les sens, nous saisit à la racine de l'*être*. Il s'exprime par les moyens les plus matériels, les plus sensuels : lignes, surfaces, couleurs, volumes en architecture, sculpture et peinture ; accents en poésie et musique ; mouvements dans la danse. Mais, ce faisant, il ordonne tout ce concert vers la lumière de l'*Esprit*. Chez le Négro-Africain, c'est dans la mesure même où il s'incarne dans la sensualité que le rythme illumine l'Esprit. La danse africaine répugne au contact des corps. Mais voyez les danseurs. Si leurs membres inférieurs sont agités de la trémulation[2] la plus sensuelle, leur tête participe de la beauté sereine des masques, des Morts.

Deux formes de raison

Masque de fécondité Nalu.
Musée de Dakar.

On l'a dit souvent, le nègre est l'homme de la nature. Il vit traditionnellement de la terre et avec la terre, dans et par le cosmos. C'est un *sensuel*, un être aux sens ouverts, sans intermédiaire entre le sujet et l'objet, sujet et objet à la fois. Il est sons, odeurs, rythmes, formes et couleurs ; je dis *tact* avant que d'être œil comme le Blanc européen. Il sent plus qu'il ne voit : il se sent. C'est en lui-même, dans sa chair qu'il reçoit et ressent les radiations qu'émet tout existant-objet. *É-branlé*, il répond à l'appel et s'abandonne, allant du sujet à l'objet, du moi au Toi sur les ondes de l'*Autre*. Il meurt à soi pour renaître dans l'autre. Il n'est pas assimilé ; il s'assimile, il s'identifie à l'Autre, ce qui est la meilleure façon de le connaître.

C'est dire que le nègre n'est pas dénué de *raison* comme on a voulu me le faire dire. Mais sa raison n'est pas discursive ; elle est synthétique. Elle n'est pas antagoniste ; elle est sympathique. C'est un autre mode de connaissance. La raison nègre n'appauvrit pas les choses, elle ne les moule pas en des Schèmes rigides, éliminant les sucs et les sèves ; elle se coule dans les artères des choses, elle en éprouve tous les contours pour se loger au cœur vivant du réel. *La raison européenne est analytique par utilisation, la raison nègre, intuitive par participation*.

L. S. SENGHOR, *Ce que l'homme noir apporte* (1939),
dans *Liberté I*, 1964
© éd. du Seuil

POUR LE COMMENTAIRE

1. Senghor a affirmé : « L'émotion est nègre comme la raison est hellène. » Que pensez-vous de cette **formule** à la lumière de ces trois extraits ?

2. En quoi, selon Senghor, **le rapport du nègre au monde** lui donne-t-il une autre perception des êtres et des choses ?

3. A quel **type de connaissance** peut prétendre le nègre ?

4. Quel rôle est imparti à la **sensation** et à la **sensualité** dans ce mode de connaissance ?

POINT DE VUE CRITIQUE

Les thèses de SENGHOR sur la Négritude ont soulevé de fortes polémiques, notamment parmi les intellectuels de la génération suivante. En témoigne ce texte de Stanislas ADOTEVI (*Négritude et négrologues*, U.G.E., 1972) :

« Tout dans cette théorie de la négritude est une mascarade, une cavalcade de clichés grotesques et ridicules, une chevauchée de néologismes creux à trait d'union. Regardons-la de plus près.

D'abord la négritude telle qu'on la brade repose sur des notions confuses et inexistantes dans la mesure où elle affirme de manière abstraite une fraternité abstraite des nègres. Ensuite parce que la thèse fixiste qui la soutient est non seulement antiscientifique mais procède de la fantaisie. Elle suppose une essence rigide du nègre que le temps n'atteint pas. A cette permanence s'ajoute une spécificité que ni les déterminations sociologiques ni les variations historiques ni les réalités géographiques ne confirment. Elle fait des nègres des êtres partout semblables partout et dans le temps. »

Chants d'ombre (1945)

Poète. **Senghor** *est l'auteur de plusieurs recueils qui ont fait date :* Chants d'ombre *(1945),* Hosties noires *(1948),* Éthiopiques *(1956),* Nocturnes *(1961). Lecteur attentif de Claudel, de Saint-John Perse et des surréalistes, il se rapproche d'eux par l'esprit, le sens de l'image, une certaine sophistication. Mais l'influence africaine domine largement dans ces* **textes d'atmosphère** *où le tam-tam bat toujours la mesure. La mélodie senghorienne emprunte ses rythmes et ses intonations à la poésie orale et à la musique qui l'accompagne.*

Nuit de Sine

Femme, pose sur mon front tes mains balsamiques, tes mains douces plus que fourrure.
Là-haut les palmes balancées qui bruissent dans la haute brise nocturne
A peine. Pas même la chanson de nourrice.
5 Qu'il nous berce, le silence rythmé.
Écoutons son chant, écoutons battre notre sang sombre, écoutons
Battre le pouls profond de l'Afrique dans la brume des villages perdus

Voici que décline la lune lasse vers son lit de mer étale
Voici que s'assoupissent les éclats de rire, que les conteurs eux-mêmes
10 Dodelinent de la tête comme l'enfant sur le dos de sa mère
Voici que les pieds des danseurs s'alourdissent ; que s'alourdit la langue des chœurs alternés.

C'est l'heure des étoiles et de la Nuit qui songe
15 S'accoude à cette colline de nuages, drapée dans son pagne de lait.
Les toits des cases luisent tendrement. Que disent-ils, si confidentiel aux étoiles.
Dedans, le foyer s'éteint dans l'intimité d'odeurs âcres et douces.

Femme, allume la lampe au beurre clair, que causent autour les ancêtres comme les parents, les enfants au lit.
20 Écoutons la voix des Anciens d'Élissa. Comme nous exilés
Ils n'ont pas voulu mourir, que se perdît par les sables leur torrent séminal.
Que j'écoute, dans la case enfumée que visite un reflet d'âmes propices
Ma tête sur ton sein chaud comme un dang au sortir du feu et fumant
Que je respire l'odeur de nos Morts, que je recueille et redise leur voix vivante,
25 que j'apprenne à
Vivre avant de descendre, au-delà du plongeur, dans les hautes profondeurs du sommeil.

Femme Foulah au Sénégal, vers 1900.

L. S. SENGHOR, *Chants d'ombre* (1945)
© éd. du Seuil

POUR LE COMMENTAIRE

1. Étudiez le **rythme du texte**, sa musicalité.

2. Que représente la nuit ? Que **symbolise-t-elle** ? Montrez comment elle est personnifiée.

3. De nombreux **détails concrets** émaillent le poème. Quelle en est la fonction ?

Aimé Césaire (né en 1913)

Photo de Martine Franck.

Le poète militant de la Négritude

Aimé Césaire naît en 1913 à la Martinique. Après des études secondaires à Fort-de-France, il fréquente à Paris l'École Normale Supérieure, où il fait la connaissance de L. S. Senghor. En compagnie de Léon Damas et d'Ousmane Socé, il fonde *L'Étudiant noir* (1934), où s'échafaude la Première Négritude (recherche du passé, rejet des modèles occidentaux). Le *Cahier d'un retour au pays natal*, rédigé en 1938-39, ne paraîtra en volume qu'en 1944. Professeur de lettres à la Martinique en 1939, Aimé Césaire est l'un des fondateurs de la revue *Tropiques*. Des recueils suivent : *Soleil cou coupé* (1948), *Corps perdus* (1949) orientent la vocation de la poésie antillaise dans le sens d'une prise de conscience politique et existentielle. Toutefois Aimé Césaire n'emprisonne pas ses messages dans la seule sphère de la revendication nationale ou caraïbe. La cause des Noirs reflète la cause de tous les hommes exploités et privés de liberté.

L'homme public écrivain

La carrière publique d'Aimé Césaire débute avec son élection comme maire de Fort-de-France en 1945 et comme député de la Martinique depuis 1946. Apparenté au groupe communiste jusqu'en 1956, il rompt avec celui-ci, en raison de ses positions sur l'indépendance des colonies africaines. Son *Discours sur le colonialisme* (1951) insiste sur la nécessité, pour le tiers monde, de préserver son particularisme, son originalité foncière dans le concert des nations. Les pièces de théâtre qui marquent la décennie suivante (1956-1967) : *Et les chiens se taisaient, La Tragédie du roi Christophe, Une Saison au Congo*, soulignent les contradictions et les difficultés auxquelles est soumis le chef politique dans une situation de décolonisation, écartelé entre les intérêts manœuvriers des notables et l'apathie timorée des masses populaires encore soumises.

Une Tempête (1969), emprunté à Shakespeare, et le recueil *Moi, laminaire* (1982) cristallisent à la perfection la tragédie de ce rebelle fasciné par la magie du langage.

1939	*Cahier d'un retour au pays natal* (manifeste poétique et politique)	**1961**	*Cadastre* (recueil poétique qui reprend *Soleil cou coupé* et *Corps perdus*)
1946	*Les Armes miraculeuses* (poésie)	**1963**	*La Tragédie du roi Christophe* (théâtre)
1948	*Soleil cou coupé* (poésie)		
1949	*Corps perdus* (poésie)	**1966**	*Une Saison au Congo* (théâtre)
1960	*Ferrements* (poésie)	**1969**	*Une Tempête* (théâtre)
		1982	*Moi, laminaire* (poésie)

Cahier d'un retour au pays natal (1939)

Le Cahier *est construit en trois mouvements qui* **constituent chacun une étape dans la prise de conscience du poète**. *Le premier offre une peinture accablante de la Martinique, désolée, meurtrie, délaissée. Le second montre* **Aimé Césaire** *s'identifiant avec le plus malheureux de ses frères Antillais : véritable descente aux enfers qui aboutit, provisoirement, à la revendication de la démence et du « cannibalisme tenace ». Mais le troisième mouvement est celui du sursaut ; le poète s'affirme comme le prophète du redressement à venir et prétend devenir le guide de la race noire.*

L'extrait suivant met en scène le poète et un pauvre hère déchu qui fait figure de lamentable caricature. Le face-à-face provoque chez l'intellectuel une **violente réaction** *à la fois* **de rejet et de sympathie** *: il ne pourra désormais fuir sa responsabilité morale.*

« *Il était comique et laid* »

Et moi, et moi
moi qui chantais le poing dur
Il faut savoir jusqu'où je poussai la lâcheté.
Un soir dans un tramway en face de moi, un nègre.

5   C'était un nègre grand comme un pongo[1] qui essayait de se faire tout petit sur
un banc de tramway. Il essayait d'abandonner sur ce banc crasseux de tramway
ses jambes gigantesques et ses mains tremblantes de boxeur affamé. Et tout
l'avait laissé, le laissait. Son nez qui semblait une péninsule en dérade[2] et sa
négritude même qui se décolorait sous l'action d'une inlassable mégie[3]. Et le
10   Mégissier était la misère. Un gros oreillard subit dont les coups de griffes sur ce
visage s'étaient cicatrisés en îlots scabieux[4]. Ou plutôt, c'était un ouvrier infatigable, la Misère, travaillant à quelque cartouche hideux. On voyait très bien
comment le pouce industrieux et malveillant avait modelé le front en bosse,
percé le nez de deux tunnels parallèles et inquiétants, allongé la démesure de
15   la lippe, et par un chef-d'œuvre caricatural, raboté, poli, verni la plus minuscule
mignonne petite oreille de la création. C'était un nègre dégingandé sans rythme
ni mesure.

Un nègre dont les yeux roulaient une lassitude sanguinolente. Un nègre sans
pudeur et ses orteils ricanaient de façon assez puante au fond de la tanière
20   entrebâillée de ses souliers. La misère, on ne pouvait pas dire, s'était donnée un
mal fou pour l'achever. Elle avait creusé l'orbite, l'avait fardée d'un fard de
poussière et de chassie mêlées.

Elle avait tendu l'espace vide entre l'accrochement solide des mâchoires et les
pommettes d'une vieille joue décatie. Elle avait planté dessus les petits pieux
25   luisants d'une barbe de plusieurs jours. Elle avait affolé le cœur, voûté le dos.

Et l'ensemble faisait parfaitement un nègre hideux, un nègre grognon, un
nègre mélancolique, un nègre affalé, ses mains réunies en prière sur un bâton
noueux. Un nègre enseveli dans une vieille veste élimée. Un nègre comique et
laid et des femmes derrière moi ricanaient en le regardant.

30   Il était COMIQUE et LAID
COMIQUE et LAID pour sûr.
J'arborai un grand sourire complice...
Ma lâcheté retrouvée...

Mon héroïsme, quelle farce !
35   Cette ville est à ma taille.
Et mon âme est couchée. Comme cette ville dans la crasse et dans la boue
couchée. Cette ville, ma face de boue.
Je réclame pour ma face la louange éclatante du crachat.

Aimé CÉSAIRE, *Cahier d'un retour au pays natal* (1939)
© éd. Présence Africaine, 1956

1. *Genre de singe auquel appartient l'orang-outan.*

2. *Action de quitter une rade (quand le mouillage est dangereux). Emploi imagé.*

3. *Synonyme de tannage.*

4. *Galeux.*

Frontispice du *Cahier d'un retour au pays natal*, par Wilfredo Lam.

POUR LE COMMENTAIRE

1. Comment Césaire procède-t-il à **la description du nègre** frappé par la misère ? Qu'y a-t-il pour lui de fascinant dans ce personnage ?

2. Étudiez **ses réactions** face à cette misérable créature. Montrez que ces réactions le poussent à une prise de conscience essentielle.

3. A quoi voit-on qu'il s'agit d'un **intense moment de vérité** ?

4. Le mot *nègre* est répété un très grand nombre de fois : étudiez cette **répétition**.

5. Prose ou **poésie** ? Justifiez votre réponse.

L'ART AFRICAIN

L'Afrique a commencé à solliciter l'attention des artistes (PICASSO, BRAQUE, DERAIN, MATISSE) à partir de 1905, quand ils découvrirent la statuaire et le masque africains. De nombreuses expositions sur l'art nègre se succèdent alors, tant en Europe qu'aux États-Unis. L'influence noire s'étend par la suite à la musique. Le jazz triomphe avec la *Revue nègre*, de Joséphine BAKER.

En 1923, *La Création du Monde*, ballet composé par Darius MILHAUD sur un argument de Blaise CENDRARS et dans un décor de Fernand LÉGER, marque une nouvelle avancée.

La littérature n'est pas en reste, comme en témoignent l'*Anthologie nègre* publiée par CENDRARS en 1921 et son recueil de *Contes nègres* en 1928.

La Tragédie du roi Christophe (1963)

***

Cette pièce s'appuie sur des événements historiques puisqu'elle met en scène un personnage qui, ancien esclave affranchi, fut effectivement président de la République d'Haïti (1807), puis roi de ce pays (1811), et tenta à ce titre d'inspirer à son peuple un vaste dessein d'avenir dont la construction d'une fabuleuse et inexpugnable citadelle eût été en quelque sorte le symbole.

Quel est le sens de cette pièce ? **Césaire** *y exprime son inquiétude de voir les Africains, nouvellement décolonisés (nous sommes en 1963), se décourager devant l'énormité de l'œuvre à accomplir. Les Noirs sauront-ils saisir l'histoire, leur histoire à bras-le-corps ? Trahiront-ils leurs chefs si ceux-ci sont déterminés à lutter ? Ne choisiront-ils pas la voie de la lâcheté collective ?*

Madame Christophe met ici son époux, le roi, en garde contre ses projets gigantesques : elle parle au nom de la sagesse. Mais **est-il sage d'être sage quand l'Histoire frappe à la porte** *?*

« *Je demande trop aux hommes !* »

MADAME CHRISTOPHE

Christophe, à vouloir poser la toiture d'une case sur une autre case
elle tombe dedans ou se trouve grande !
Christophe, ne demande pas trop aux hommes et à toi-même, pas trop ! [...]

CHRISTOPHE

Je demande trop aux hommes ! Mais pas assez aux nègres, Madame ! S'il y
5 a une chose qui, autant que les propos des esclavagistes, m'irrite, c'est d'entendre nos philanthropes clamer, dans le meilleur esprit sans doute, que tous les
hommes sont des hommes et qu'il n'y a ni Blancs ni Noirs. C'est penser à son
aise, et hors du monde, Madame. Tous les hommes ont mêmes droits. J'y
souscris. Mais du commun lot, il en est qui ont plus de devoirs que d'autres. Là
10 est l'inégalité. Une inégalité de sommations, comprenez-vous ? A qui fera-t-on
croire que tous les hommes, je dis tous, sans privilège, sans particulière exo-
nération, ont connu la déportation, la traite, l'esclavage, le collectif ravalement
à la bête, le total outrage, la vaste insulte, que tous, ils ont reçu, plaqué sur le
corps, au visage, l'omni-niant crachat ! Nous seuls, Madame, vous m'entendez,
15 nous seuls, les nègres ! Alors au fond de la fosse ! C'est bien ainsi que je
l'entends. Au plus bas de la fosse. C'est là que nous crions ; de là que nous
aspirons à l'air, à la lumière, au soleil. Et si nous voulons remonter, voyez comme
s'imposent à nous, le pied qui s'arcboute, le muscle qui se tend, les dents qui
se serrent, la tête, oh ! la tête, large et froide ! Et voilà pourquoi il faut en
20 demander aux nègres plus qu'aux autres : plus de travail, plus de foi, plus
d'enthousiasme, un pas, un autre pas, encore un autre pas et tenir gagné chaque
pas ! C'est d'une remontée jamais vue que je parle, Messieurs, et malheur à celui
dont le pied flanche !

MADAME CHRISTOPHE

Un roi, soit !
25 Christophe, sais-tu comment, dans ma petite tête crépue, je comprends un roi ?
Bon ! C'est au milieu de la savane ravagée d'une rancune de soleil, le feuillage
dru et rond du gros mombin sous lequel se réfugie le bétail assoiffé d'ombre.
Mais toi ? Mais toi ?
Parfois je me demande si tu n'es pas plutôt
30 à force de tout entreprendre
de tout régler
le gros figuier qui prend toute la végétation
alentour
et l'étouffe !

Aimé CÉSAIRE, *La Tragédie du roi Christophe* (1963)
© éd. Présence Africaine

Général Henry Christophe,
roi d'Haïti de 1806 à 1820.

POUR LE COMMENTAIRE

1. Quel est l'**objet des mises en garde** de Madame Christophe ?

2. Pourquoi faut-il, selon Christophe, **en demander davantage** aux Noirs ?

3. Quel est **le rôle du chef** à en croire Christophe ?

Sembene Ousmane *Les Bouts de bois de Dieu* (1960)

Sembene Ousmane est un écrivain sénégalais, né en 1923 en Casamance. Homme du peuple, il a exercé des métiers manuels avant de se consacrer à la littérature. Militant, syndicaliste, il écrit pour témoigner. De son premier roman, *Le Docker noir* (1956), à *Xala* (1973), il ne se départit pas de sa vocation profonde : son chef-d'œuvre, *Les Bouts de bois de Dieu* (1960), qui relate la grève des ouvriers du chemin de fer Dakar-Niger en 1947-1948, montre jusqu'à quelle ampleur épique peut prétendre une évocation sociale.

Sembene Ousmane est aussi l'auteur de deux nouvelles très connues, *Vehi Closane* (1965) et *Le Mandat* (1966), et un cinéaste de talent.

La grève à Thiès

Des jours passèrent et des nuits passèrent. Il n'y avait pas de nouvelles, sinon celles qu'apportait chaque heure dans chaque foyer et c'étaient toujours les mêmes : les provisions étaient épuisées, les économies mangées, il n'y avait plus d'argent sous le toit. On allait demander crédit, mais que disait le commerçant ?
5 Il disait : « Vous me devez déjà tant et moi je n'aurai même pas de quoi faire ma prochaine échéance. Pourquoi ne suivez-vous pas les conseils qu'on vous donne ? Pourquoi ne reprenez-vous pas ? »

Alors on utilisa encore un peu la machine : on apporta chez le prêteur les vélomoteurs et les vélos, les montres ; puis ce fut le tour des boubous[1] de valeur,
10 ceux qu'on ne mettait qu'aux grandes occasions, et des bijoux. La faim s'installa ; hommes, femmes, enfants, commencèrent à maigrir. Mais on tenait bon. On multipliait les meetings, les dirigeants redoublaient d'activité et chacun jurait de ne pas céder.

Des jours passèrent et des nuits passèrent. Et voici qu'à la surprise générale,
15 on vit circuler des trains. Les locomotives étaient conduites par des mécaniciens venus d'Europe, des soldats et des marins se transformaient en chefs de gare et en hommes d'équipe. Devant les gares, les esplanades devinrent des places fortes, entourées de barbelés derrière lesquels des sentinelles montaient la garde nuit et jour. Ce fut alors au tour de la peur de s'installer. Chez les grévistes, une
20 peur informulée, un étonnement craintif devant cette force qu'ils avaient mise en branle et dont ils ne savaient encore s'il fallait la nourrir d'espoir ou de résignation. Chez les Blancs, la hantise du nombre. Comment, petite minorité, se sentir en sûreté au milieu de cette masse sombre ? Ceux des deux races qui avaient entretenu de bonnes relations d'amitié évitaient de se rencontrer. Les femmes
25 blanches n'allaient plus au marché sans se faire accompagner d'un policier : on vit même des femmes noires refuser de leur vendre leurs marchandises.

Des jours passèrent et des nuits passèrent. Dans ce pays, les hommes ont plusieurs épouses et c'est sans doute pour cela qu'au début ils ne songèrent guère à l'aide qu'elles apportaient. Mais bientôt, là encore, ils découvrirent un
30 aspect nouveau des temps à venir. Lorsqu'un homme rentrait d'un meeting, la tête basse, les poches vides, ce qu'il voyait d'abord c'était la cuisine éteinte, les mortiers culbutés, les bols et les calebasses empilés, vides. Alors il allait dans les bras d'une épouse, que ce fût la première ou la troisième ! Et les épouses, devant ces épaules cassées, ces pas traînants, prenaient conscience que quelque
35 chose était en train de changer aussi pour elles.

Sembene OUSMANE *Les Bouts de bois de Dieu* (1960)
© éd. Présence Africaine

1. *Longue tunique portée en Afrique noire.*

Un village au Niger : Agadez.

POUR LE COMMENTAIRE

1. La grève provoque **une prise de conscience** chez les travailleurs : quel est son enseignement ? Quelle est la portée de celui-ci ?

2. Par quelles **étapes** passe la grève ?

3. Étudiez l'**expression du temps** dans cet extrait.

4. Observez **le rôle des épouses** dans la grève.

5. Qu'y a-t-il de **positif dans cette expérience** ?

Ahmadou Kourouma
Les Soleils des Indépendances (1968)

Ahmadou Kourouma, né en Côte d'Ivoire en 1927, est un écrivain de nationalité ivoirienne, réfugié à Yaoundé (Cameroun). Sa pièce de théâtre *Tonguantigui* (Le diseur de vérités) a été jugée subversive en Côte d'Ivoire. Son roman *Les Soleils des Indépendances* (1968) représente l'exemple achevé du roman postcolonial du désenchantement.

*** *Les Soleils des Indépendances*
Ce roman relate l'existence de Fama, authentique prince Malinke, réduit à la pauvreté et à un incessant ressassement de ses misères : en effet, aucune sinécure n'est venue le récompenser de son action politique contre la colonisation, et il en veut aux potentats du nouveau régime. A cela s'ajoutent ses malheurs conjugaux : n'a-t-il pas épousé une femme stérile, Salimata ? et ses déboires familiaux : il est appelé à succéder à un chef dans la plus déshéritée des tribus... Suspect d'activités subversives, Fama est condamné à plusieurs années de réclusion, puis libéré et couvert d'or par le président, qui se repent de son injustice.

La coépouse

L'extrait suivant montre Fama en train de découvrir les joies et les difficultés de la polygamie...

Amadou Kourouma.

Du train ils débarquèrent dans la capitale, Fama et sa jeune femme Mariam, la veuve du défunt Lacina. Le matin était couleur petit mil et moite, un matin de sous-bois après une nuit d'orage. Ils récupérèrent les bagages ; toutes les calebasses de Mariam avaient été piétinées, écrasées. Un taxi les emporta (pour
5 la première fois elle posait les fesses sur le coussin d'une voiture) et les déposa, Mariam chez des amis, Fama devant la porte ouest de la concession.

Salimata, en allégresse, courut à la rencontre et salua Fama. Dans l'après-midi un palabre[1] fut convoqué et assis. Mariam vint, on la présenta à Salimata : « Voilà ta coépouse, considère-là comme une petite sœur ; les gens du village l'ont
10 envoyée pour t'aider dans ton grand et magnifique travail accompli au service du mari Fama. »

Salimata avait salué avec joie la coépouse et expliqué avec grand cœur et esprit qu'une famille avec une seule femme était comme un escabeau à un pied, ou un homme à une jambe ; ça ne tient qu'en appuyant sur un étranger. Il ne
15 fallait pas la croire, car ces tendresse et sagesse durèrent exactement neuf jours.

Fama et ses deux femmes occupaient la petite pièce avec un seul lit de bambou, un seul « tara ». La femme (celle à qui appartenait la nuit) montait à côté du mari, l'autre se recroquevillait sur une natte au pied du tara. Mais Salimata pour être féconde (on se le rappelle) ne sautait au lit qu'après avoir longuement
20 prié, brûlé des feuilles, s'être enduite de beurre et avoir dansé, dansé jusqu'à en perdre le souffle et la raison. Sorcelleries, prières et danses étaient gênées. Mariam gênait et elle était moqueuse comme une mouche et, disait-on, féconde comme une souris. A chaque réveil, Salimata regardait le ventre de la coépouse, et le ventre semblait pousser. Oui, il poussait ! Salimata devint jalouse, puis folle
25 et un matin elle explosa, injuria. Les deux coépouses comme deux poules s'assaillirent, s'agrippèrent l'une au pagne de l'autre. Mariam voulait coûte que coûte tomber le pagne de Salimata afin que chacun vît « la matrice ratatinée d'une stérile » et Salimata dévêtir Mariam afin que tout le monde reconnût « la chose pourrie et incommensurable d'une putain ». On les sépara. Les injures
30 fusèrent toute la journée, même la nuit, une nuit qui appartenait à Mariam. Après les prières, on éteignit et on se coucha. Mais malheureusement le tara grinçait. Avez-vous déjà couché sur un tara ? Il grince, geint comme si vous rouliez dans les feuilles mortes d'un sous-bois en plein harmattan[2].

Ahmadou Kourouma, *Les Soleils des Indépendances* (1968)
© éd. du Seuil

1. *Réunion.*

2. *Vent d'Est, chaud et sec.*

POUR LE COMMENTAIRE

1. Une scène familière. Précisez l'utilisation du détail, l'appel au concret.

2. L'art du conteur. Soulignez la rapidité du trait, la forte opposition des caractères.

3. Une satire. Comment l'auteur fait-il le procès de la polygamie dans ce texte ?

Mongo Beti *Le Roi miraculé* (1958)

Alexandre Biyidi, dit **Mongo Beti** (et Eza Boto pour certaines œuvres), est né au Cameroun en 1932. Il vit exilé en France depuis 1976.

Son œuvre romanesque comprend quatre romans, où il montre les ravages causés par l'introduction de la société occidentale dans la vie traditionnelle à l'époque de la colonisation (*Ville cruelle*, 1954 ; *Le Pauvre Christ de Bomba*, 1956 ; *Mission terminée*, 1957 ; *Le Roi miraculé*, 1958).

Il a aussi publié des récits (*Remember Ruben*, 1974 ; *La Ruine du cocasse presque polichinelle*, 1979) où il pourfend l'arrivisme et la sottise des nouveaux maîtres de l'Afrique.

*** *Le Roi miraculé*

Ce roman présente dans une colonie africaine un roitelet noir aux cent femmes, avec sa tribu qui se rassemble autour de lui, sa mort approchant. Converti au dernier moment par le Père Le Guen, le chef traditionnel guérira... Mais un grand affrontement opposera l'homme de la religion occidentale aux sages de la tribu, qui ont mobilisé toutes les forces magiques.

« *Son village...* »

Ods, *Marché au Cameroun*, coll. part.

Assis à l'entrée de sa maison, il se tenait le dos roidement calé contre le fauteuil de rotin jauni, bas comme trône d'austère roi. On l'eût dit juché sur un pavois, l'ultime marche du perron baroque à force de maladresse, qui s'épanouissait en une terrasse inattendue. Une de ses fiertés, cette maison, sorte de palais tropical
5 à l'altière stature, dont l'épaisse blancheur tyrannisait pour ainsi dire la forêt prochaine, la faisant paraître, non pas verte, mais sombre et accablée tel un peuple opprimé. [...]

De temps en temps et avec peine, il entrouvrait les yeux et, de son promontoire, il pouvait contempler son village : Essazam. C'était deux interminables
10 rangées de cases de pisé[1] et, rarement, de petites maisons de briques, parallèles et se faisant face, alignées des deux côtés d'une longue place rectangulaire qui s'en allait mourir là-bas sur le bord de la route — perspective d'une ordonnance sommaire, d'un simplisme à la fois têtu et charmant à force de naïveté, stylisé comme un dessin d'écolier trop doué.

15 Son village... Là-bas, tout au milieu, miroitait une flaque de tôle ondulée répandue sur un cube blanc qui étincelait au soleil : la maison de Makrita, sa première épouse ; celle-là seule que Le Guen avait consenti à baptiser, arguant qu'il n'était pas autorisé à en faire autant à ses autres épouses qui en eussent pourtant été heureuses. Les femmes !...

20 Son village... Parmi les cases de la rangée de gauche, son regard, moyennant un effort qui le stupéfiait par sa nouveauté, retrouvait une modeste habitation de torchis et de nattes de raphia[2], celle où voulut vivre jusqu'à la fin la très humble femme que resta sa mère en dépit de tout. C'est là que partit une sinistre nuit ce cri déchirant de pleureuse annonçant la disparition de celle dont il n'imaginait
25 même pas qu'il pût se séparer un jour.

Son village... Plus près de sa maison, presque contiguë à elle, il y avait cette petite case menue, si jolie, si neuve, si fine qu'elle faisait penser à quelque antilope, où, pour éviter des jalousies, était censée vivre la dernière venue parmi ses épouses, Anaba, la vingt-troisième. Une belle femme, surtout une jeune
30 femme, une toute petite fille fraîche comme il les aimait. En réalité, elle vivait constamment tout près de lui, pour ainsi dire dans son orbite et ne l'avait guère quitté depuis son arrivée il y aurait bientôt un an et, en ce moment même, il l'entendait aller et venir au-dessus de lui, au seul étage de son Palais.

Comment eût-il pu abstraire tout cela, en temps ordinaire ? Il avait pour ainsi
35 dire déteint, il continuait à déteindre sur ce décor qui se pavoisait à chacune des couleurs de sa vie, laquelle cependant, pour extraordinaire et tumultueuse qu'elle eût été, n'avait pas connu l'enrichissement de la maladie.

Mongo Beti, *Le Roi miraculé* (1958)
© éd. Buchet/Chastel

1. Terre argileuse moulée.
2. Fibre de palmier.

La littérature de l'océan Indien

1. Les îles

Le XXe siècle voit aussi le développement de la littérature française de l'océan Indien, qui s'était éveillée au début du XIXe siècle et avait trouvé son poète avec le Réunionnais **LECONTE DE LISLE**. Les premiers écrivains colons ou fils de colons avaient marqué l'importance de la présence française outre-mer, dans des îles qui étaient l'enjeu des grandes puissances européennes et **un carrefour de civilisations** : européenne, africaine, mais aussi chinoise et indienne, puisque les premiers esclaves avaient été amenés d'Inde. Ainsi, à La Réunion, territoire français depuis 1638, mais même et surtout à l'île Maurice, pourtant territoire britannique à partir de 1814, ou encore à Madagascar, qui après bien des vicissitudes, deviendra indépendante en 1960, l'influence française se faisait sentir à travers la presse, mais aussi la littérature insulaires.

Si Madagascar reste au XXe siècle un important foyer d'activités littéraires, c'est à l'île Maurice que paraissent les ouvrages les plus importants. Le rôle moteur assumé par cette île est souligné par Camille de Ranville dans sa thèse *Indianocéanisme, humanisme et négritude*, parue en 1961 : « La vie sociale mauricienne a provoqué, a sécrété des idées, une littérature dont la croissance interne a créé ou reconnu des éléments intrinsèques, des éléments nutritifs où les vitamines ne manquent pas plus que les calories : celles-ci s'ajoutant en se différenciant de celles des pays d'origine d'où Européens, Africains, Indiens et Chinois sont venus ».

2. Trois poètes

Trois écrivains majeurs vont illustrer la littérature mauricienne de langue française, au XXe siècle et ce sont essentiellement trois poètes :

• **ROBERT EDWARD HART** (1891-1954), né de père anglais et de mère française, qui accomplit une révolution poétique avec *Interludes mélodiques* en 1925, libérant le vers avant de le supprimer dans le *Cycle de Pierre Flandre* en 1928.

• **LOYS MASSON** (1915-1969), poète, dramaturge et romancier qui, après un premier ouvrage gidien (*Autres Nourritures*, 1938), opte pour la littérature engagée, dénonçant abus et injustices (*L'Étoile et la Clef*, 1945, roman). Il participe en France à la Résistance, s'installe dans la capitale avant de diriger l'hebdomadaire *Les Lettres françaises*, puis évolue vers un lyrisme plus personnel, célébrant les mythes et la culture mauriciens dans ses poèmes (*Quatorze Poèmes du cœur vieillissant*, 1951 ; *La Dame de Pavoux*, 1965), comme dans ses romans (*Le Notaire des Noirs*, 1962). Grâce à l'importance de son œuvre et aux succès de sa carrière, il est le premier et jusqu'ici le seul écrivain mauricien à avoir une véritable audience au-delà de l'île.

• **MALCOLM de CHAZAL** (1902-1981), poète mais aussi essayiste, qui se rend célèbre par une série d'aphorismes poétiques publiés en 1948 *(Sens plastique)*, dans lesquels les surréalistes reconnaissent un des leurs. Influencé par les théories swedenborgiennes, Chazal évolue ensuite vers l'occultisme et fait paraître des recueils de plus en plus hermétiques, à des tirages de plus en plus confidentiels qui éloignent son public (*La Vie filtrée*, 1949 ; *L'Âme de la musique*, 1950 ; *Sens magique*, 1957).

A côté de ces grandes figures de la poésie, on voit naître une pléiade de romanciers qui, rejetant le roman colonial du début du siècle, manifestent **des préoccupations sociales** et s'engagent. Ainsi dans les années 40 voit-on **CLÉMENT CHAROUX** (1887-1959) et **ARTHUR MARTIAL** (1899-1951) remettre en cause dans leurs romans la discrimination raciale et s'interroger sur les conditions de vie de la main-d'œuvre africaine et indienne dans les sucreries.

On peut donc constater, grâce au nombre des écrivains et des publications, relativement important pour une population restreinte (450 000 habitants à l'île Maurice), la grande vitalité de cette littérature française australe.

Maison traditionnelle de l'Ile Maurice. Dessin de Jean-Louis Pagès.

Wole Soyinka *Cet homme est mort* (1986)

Wole Soyinka, écrivain noir anglophone, né au Nigeria en 1934, universitaire engagé, raconte dans Cet homme est mort *(1986) ses deux années de détention pendant la sécession biafraise, et dénonce la tyrannie d'un régime oppresseur. L'auteur est le premier écrivain africain ayant obtenu le prix Nobel en 1987 pour l'ensemble de son œuvre.*

En prison

Je suis installé dans un bureau inutilisé, à l'étage au-dessus du bureau des interrogatoires. Mallam D. s'agite nerveusement :

— Ce que j'aimerais que vous fassiez pour moi, monsieur Soyinka, c'est simplement mettre par écrit tout ce que vous m'avez dit, tout ce qui concerne
5 ce que vous avez fait pour arrêter la guerre, comment tout a commencé, ce que vous avez pu réaliser, les gens à qui vous avez parlé ou que vous avez encore l'intention de rencontrer... Vous savez, tous les détails et tout ce que vous auriez pu oublier. Je suis persuadé que votre cas sera réglé très rapidement ; vous n'avez qu'à m'aider en mettant tout par écrit et ensuite nous pourrons reprendre
10 un ou deux points...

— Est-ce que je pourrais avoir une machine à écrire ? Mon écriture est si mauvaise...

Ce fut ma première pensée à ce moment-là : rien d'écrit de ma main. Et pas de signature sur quoi que ce soit. Même sans me formuler clairement les dangers
15 possibles, je pouvais réduire les risques en adoptant l'anonymat de la machine. Mallam D. visita rapidement plusieurs bureaux et revint au bout de quelques instants : non, il n'avait pas pu trouver de machine à écrire. « Ça ne fait rien », dis-je en pensant : tu parles si ça ne fait rien ! Une si grande quantité de documents manuscrits fournirait de quoi s'exercer à un faussaire habile. Je ne
20 pense pas du tout aux faux fabriqués pour la consommation publique mais à ce truc facile de la police : montrer une « confession » à quelque autre pauvre bougre malchanceux et lui saper le moral... « Vous voyez, il vous a impliqué dans sa déclaration. Pourquoi est ce que vous ne dites pas ce que vous, vous avez fait ? »

Attention. Même pour respirer, prudence, lenteur. A partir de maintenant, tout
25 est calcul. Un regard circulaire rapide autour de la pièce : pas de micro caché ? pas de judas ? Des micros ! Mais tu es seul, mon vieux ! Et alors ? Un compagnon de cellule « compréhensif » pourrait être ajouté plus tard. Bon, il sera bien temps de chercher les micros à ce moment-là. Pour l'instant, concentre-toi sur ta déclaration. Organise tes pensées, choisis ce que tu veux dire et écris-le. Pas de
30 ratures, qui ne feraient qu'éveiller les soupçons. Qu'est-ce que vous avez raturé ? Pourquoi ? La première séance avec Mallam D. est maintenant identifiée : une escarmouche préliminaire. Un interrogateur « éclairé », ça n'existe pas. Les méthodes diffèrent, c'est tout.

Wole SOYINKA, *Cet homme est mort* (1986)
© éd. Belfond

Pour vos essais et vos exposés

Robert CORNEVIN : *Littérature d'Afrique noire de langue française*, P.U.F., 1976.

Jean-Georges PROSPER : *Histoire de la littérature mauricienne de langue française*, éd. de l'Océan Indien, 1978.

Jean DÉJEUX : *Dictionnaire des auteurs maghrébins de langue française*, éd. Karthala, 1984.

Pius NGANDU NKASHAMA : *Littératures africaines de 1930 à nos jours*, éd. Silex, 1984.

Albert MEMMI : *Anthologie du roman maghrébin*, éd. Nathan, 1987.

La revue *Europe*, 1976 (La littérature algérienne) et 1979 (La littérature marocaine).

Jean-Paul Sartre *Orphée noir* (1948)

Jean-Paul Sartre *a composé une introduction à l'Anthologie de la nouvelle poésie nègre et malgache, de L. S. Senghor (1948), qui a profondément marqué, voire bouleversé certains intellectuels noirs comme Frantz Fanon. L'auteur démontre en effet que la Négritude ne peut être qu'un moment, qu'un passage dans le processus de reculturation des Africains.*

Frontispice de *Corps perdu*, d'Aimé Césaire par Picasso, 1950. Coll. part.

Pouvons-nous croire à l'homogénéité intérieure de la Négritude ? Et comment dire ce qu'elle est ? Tantôt c'est une innocence perdue qui n'eut d'existence qu'en un lointain passé, et tantôt un espoir qui ne se réalisera qu'au sein de la Cité future. Tantôt elle se contracte dans un instant de fusion panthéistique avec la Nature et tantôt elle s'étend jusqu'à coïncider avec l'histoire entière de l'Humanité ; tantôt c'est une attitude existentielle et tantôt l'ensemble objectif des traditions négro-africaines. Est-ce qu'on la découvre ? est-ce qu'on la crée ? Après tout, il est des noirs qui « collaborent » ; après tout, Senghor, dans les notices dont il a fait précéder les œuvres de chaque poète, semble distinguer des degrés dans la Négritude. Celui qui s'en fait l'annonciateur auprès de ses frères de couleur les invite-t-il à se faire toujours plus nègres, ou bien, par une sorte de psychanalyse poétique, leur dévoile-t-il ce qu'ils sont ? Est-elle nécessité ou liberté ? S'agit-il, pour le nègre authentique, que ses conduites découlent de son essence comme les conséquences découlent d'un principe, ou bien est-on nègre comme le fidèle d'une religion est croyant, c'est-à-dire dans la crainte et le tremblement, dans l'angoisse, dans le remords perpétuel de n'être jamais assez ce qu'on voudrait être ? Est-ce une donnée de fait ou une valeur ? L'objet d'une intuition empirique ou d'un concept moral ? Est-ce une conquête de la réflexion ? Ou si la réflexion l'empoisonne ? Si elle n'est jamais authentique que dans l'irréfléchi et dans l'immédiat ? Est-ce une explication systématique de l'âme noire ou un Archétype platonicien qu'on peut indéfiniment approcher sans jamais y atteindre ? Est-ce pour les noirs, comme pour nous notre bon sens d'ingénieurs, la chose du monde la mieux partagée ? Ou descend-elle en certains comme une grâce et choisit-elle ses élus ? Sans doute répondra-t-on qu'elle est tout cela à la fois et bien d'autres choses encore. Et j'en demeure d'accord : comme toutes les notions anthropologiques, la Négritude est un chatoiement d'être et de devoir-être ; elle vous fait et vous la faites : serment et passion, à la fois. Mais il y a plus grave : le nègre, nous l'avons dit, se crée un racisme antiraciste. Il ne souhaite nullement dominer le monde : il veut l'abolition des privilèges ethniques d'où qu'ils viennent ; il affirme sa solidarité avec les opprimés de toute couleur. Du coup la notion subjective, existentielle, ethnique de négritude « passe », comme dit Hegel, dans celle — objective, positive, exacte — de prolétariat. « Pour Césaire, dit Senghor, le "blanc" symbolise le capital, comme le Nègre le travail... A travers les hommes à peau noire de sa race, c'est la lutte du prolétariat mondial qu'il chante. »

En fait, la Négritude apparaît comme le temps faible d'une progression dialectique : l'affirmation théorique et pratique de la suprématie du blanc est la thèse ; la position de la Négritude comme valeur antithétique est le moment de la négativité. Mais ce moment négatif n'a pas de suffisance par lui-même et les noirs qui en usent le savent fort bien ; ils savent qu'il vise à préparer la synthèse ou réalisation de l'humain dans une société sans races. Ainsi la Négritude est pour se détruire, elle est passage et non aboutissement, moyen et non fin dernière. Dans le moment que les Orphées noirs embrassent le plus étroitement cette Eurydice, ils sentent qu'elle s'évanouit entre leurs bras.

Jean-Paul Sartre, *Orphée noir* (1948)
dans *Situations III*, © éd. Gallimard

IVᵉ PARTIE

MODERNISME ET POSTMODERNISME

	ÉVÉNEMENTS HISTORIQUES	SCIENCES, TECHNIQUES ET ARTS	LITTÉRATURE EN FRANCE ET A L'ÉTRANGER
1969	Démission du général De Gaulle. Pompidou président de la République.	Premier homme sur la lune. COSTA-GAVRAS : *Z.* VISCONTI : *Les Damnés.* FELLINI : *Satyricon.*	FOUCAULT : *L'Archéologie du savoir.* MALRAUX : *Antimémoires.* TOURNIER : *Vendredi ou les limbes du Pacifique.*
1970	Mort de Charles de Gaulle.	Fin de la construction du barrage d'Assouan en Égypte. Exposition d'Osaka au Japon.	DÉON : *Les Poneys sauvages.* MONOD : *Le Hasard et la Nécessité.* TOURNIER : *Le Roi des aulnes.*
1971	François Mitterrand élu premier secrétaire du Parti socialiste.	Transformation du quartier des Halles à Paris. KUBRICK : *Orange mécanique.*	ARRABAL : *Viva la muerte.* BARTHES : *Sade, Fourier, Loyola.* SARTRE : *L'Idiot de la famille.*
1972	Élargissement de la C.E.E. à la Grande-Bretagne.	Prototype du T.G.V. Construction du Centre Pompidou.	DELEUZE et GUATTARI : *L'Anti-Œdipe.* MODIANO : *Les Boulevards de ceinture.*
1973	Fin de la guerre du Viet-nam. Coup d'État au Chili. Guerre du Kippour.	Début de la « révolution » informatique en Europe. Mort de Picasso.	BARTHES : *Le Plaisir du texte.* DÉON : *Un taxi mauve.* SOLLERS : *H.*
1974	Mort de G. Pompidou. Giscard d'Estaing président.	Invention de la carte à mémoire. L'hyperréalisme aux États-Unis. MALLE : *Lacombe Lucien.*	LAINÉ : *La Dentellière.* FERNANDEZ : *Porporino.* BÖLL : *L'Honneur perdu de K. Blum* (All.).
1975	Début de la guerre civile au Liban. Mort de Franco.	L'art des murs peints. FORMAN : *Vol au-dessus d'un nid de coucou.*	CARDINAL : *Les Mots pour le dire.* GARY : *La Vie devant soi.* TOURNIER : *Les Météores.*
1976	Mort de Mao-Tsé-Toung. Carter président des U.S.A. Barre premier ministre.	CHRISTO déploie son mur de nylon. Ouverture du musée d'art brut à Lausanne.	BONNEFOY : *Poèmes.* LEIRIS : *Frêles bruits.* SOLJENITSYNE : *L'Archipel du goulag.*
1977	Rupture de l'union de la gauche.	Inauguration du Centre Pompidou. RESNAIS : *Providence.*	MODIANO : *Livret de famille.* YOURCENAR : *Archives du Nord.*
1978	Accords de Camp David. Jean-Paul II élu pape.	Les premiers micro-ordinateurs sur le marché français.	GLUCKSMANN : *Les Maîtres-penseurs.* PEREC : *La Vie mode d'emploi.*
1979	Révolution en Iran. Deuxième choc pétrolier. Montée du chômage.	Premier lancement de la fusée européenne Ariane. Mort de Sonia Delaunay. COPPOLA : *Apocalypse now.*	BOURDIEU : *La Distinction.* ECHENOZ : *Le Méridien de Greenwich.* CALVINO : *Si par une nuit d'hiver...*
1980	Les Soviétiques occupent l'Afghanistan. Syndicat *Solidarité* en Pologne. Début de la guerre Irak-Iran. Reagan président.	Début des radio locales. TRUFFAUT : *Le Dernier métro.* RESNAIS : *Mon Oncle d'Amérique.* KUROSAWA : *Kagemusha.*	LE CLÉZIO : *Désert.* TOURNIER : *Gaspar, Melchior et Balthazar.* STYRON : *Le Choix de Sophie* (U.S.A.).
1981	François Mitterrand président de la République. Gouvernement d'Union de la gauche.	Premier vol habité de la navette spatiale américaine. SPIELBERG : *Les Aventuriers de l'arche perdue.*	BODARD : *Anne-Marie.* SIMON : *Les Géorgiques.* GARCIA-MARQUEZ : *Chronique d'une mort annoncée* (Col.).
1982	Mort de Brejnev. Guerre des Malouines.	Premiers compact-disques. ARMAN : les voitures en sculptures.	FERNANDEZ : *Dans la main de l'ange.* HÉBERT : *Les Fous de Bassan.*
1983	Intervention française au Tchad.	Premiers video-clips. FELLINI : *Et vogue le navire.*	ARON : *Mémoires.* SOLLERS : *Femmes.*
1984	Assassinat d'Indira Gandhi. La force multinationale se retire du Liban.	Naissance en Australie du premier bébé issu d'un embryon congelé. Le peintre GAROUSTE renouvelle la mythologie.	DURAS : *L'Amant.* KUNDERA : *L'Insoutenable légèreté de l'être.* RINALDI : *Les Jardins du Consulat.*
1985	Gorbatchev au pouvoir. L'Espagne et le Portugal entrent dans la C.E.E.	Ouverture du musée PICASSO à Paris. KUROSAWA : *Ran.*	QUÉFELLEC : *Les Noces barbares.* ROBBE-GRILLET : *Le Miroir qui revient.*
1986	Vague d'attentats terroristes en France. Gouvernement de cohabitation.	Le laser utilisé en chirurgie. Catastrophe de Tchernobyl. ANNAUD : *Le Nom de la rose.*	BELLETTO : *L'Enfer.* QUIGNARD : *Le Salon du Wurtemberg.* SALLENAVE : *La Vie fantôme.* IRVING : *La Part du diable* (U.S.A.).
1987	Accords Reagan-Gorbatchev sur les euromissiles. Krach financier à Wall Street.	Record de présence dans l'espace d'un cosmonaute soviétique (326 j.). Mort d'André MASSON.	BEN JELLOUN : *La Nuit sacrée.* MERTENS : *Les Éblouissements.* PROUST dans le domaine public.
1988	Mitterrand réélu président de la République. Fin de la guerre Iran-Irak.	Grande exposition TINGUELY à Paris. CHATILIEZ : *La vie est un long fleuve tranquille.*	BIANCIOTTI : *Seuls les larmes seront comptées.* ORSENNA : *L'Exposition coloniale.* ROUSSEAU : *La Gare de Wannsee.*

Les idéologies en péril

Fatales impasses ?

Au siècle dernier, dans une page d'une fulgurante intuition, Baudelaire avait sans doute pressenti la fatale impasse d'une modernité dont il était lui-même le promoteur : « Le monde va finir, écrivait-il dans *Mon Cœur mis à nu*. La seule raison pour laquelle il pourrait durer, c'est qu'il existe. Que cette raison est faible, comparée à toutes celles qui annoncent le contraire (...). La mécanique nous aura tellement américanisés, le progrès aura si bien atrophié en nous toute la partie spirituelle, que rien parmi les rêveries sanguinaires, sacrilèges ou anti-naturelles des utopistes ne pourra être comparé à ses résultats positifs. »

Extinction du « spirituel » et terrorisme du « mécanique », faillite du mythe progressiste des Lumières et déploiement de « la barbarie à visage humain » (**Bernard-Henri Lévy**), voilà bien des constats qui vont conduire penseurs et écrivains de nos années 70-80 à **s'interroger sur le sens même de la modernité** et, pour certains, à réclamer la nécessaire émergence d'une *post-modernité*.

La crise du « nouveau »

Ce mot lui-même, venu des USA et de l'architecture, est en soi paradoxal puisqu'il suppose une sorte de repli ou de régression, d'une modernité qui, par étymologie et nature, s'affirmait au contraire dans une dynamique de l'*avant* et du *nouveau*. Pourtant, quand vient l'heure du retrait du « nouveau roman » ou de la « nouvelle critique », relayés dans les média par de contingentes répliques (« nouvelle cuisine », « nouveaux philosophes »...), c'est bien que nous sommes entrés dans l'âge d'**une crise du « nouveau » en tant que valeur**, et plus encore de l'avant-garde en tant que pratique.

La **postmodernité** désignerait donc cet épuisement même du mythe du nouveau, des philosophies de l'histoire et des idéologies qui l'ont structuré et véhiculé. Coïncidant avec ce qu'on appelle encore la société « post-industrielle », elle signifierait le renoncement à l'optimisme technologique et téléologique qui, depuis Hegel, Comte et Marx, nourrissait la vision d'un monde qu'il fallait en permanence « changer ».

Éclectisme et histoire

Tournant le dos aux doctrines, aux systèmes critiques et aux partis-pris, l'écrivain de la génération post-moderne fait dès lors, de l'éclectisme et de la diversité, des valeurs fondamentales. Pratiquant avec discernement et fantaisie l'art de la « citation », de **la réappropriation des signes et formes de la tradition**, il les réinvestit de la vigueur et saveur du présent.

Les succès en France de **Kundera** et de **Eco** accompagnent ainsi la redécouverte par nos romanciers (**Perec, Le Clézio** ou **Duras**) d'une « histoire », irriguée par l'imaginaire et le jeu même des « possibles » qui l'habitent. Des poètes, tels que les Oulipiens, réinterprètent **les « contraintes » anciennes**, qu'ils transfusent des équations de la mathématique ou de l'informatique. Au théâtre enfin, la post-modernité se signifie sans doute à travers le retour des metteurs en scène, traitant le texte classique comme la création la plus contemporaine avec tous les moyens que réclame le plaisir de voir et d'entendre, ceux de la tradition « cour et jardin » comme ceux de l'actualité des lasers et lumières noires.

Précarité du post-moderne

« Décloisonnement », « **combinatoire** », ces mots-clés de notre « condition post-moderne » (**Lyotard**) trouveraient encore écho dans les effets « trans-idéologiques » induits par des phénomènes littéraires et sociologiques aussi différents que ceux de « l'écriture-femme », de la francophonie ou du boom des littératures de « la marge » (poches, policiers, science-fiction...). Toutefois, ces mêmes effets témoignent peut-être de la précarité de la post-modernité elle-même, dans l'espace littéraire comme dans l'ensemble du champ des représentations. Le renoncement à la critique, l'abandon des idéologies, le culte du « anything goes » (« tout convient »), ne sont-ils pas les symptômes d'une « défaite de la pensée » (**Finkielkraut**), d'une dilution dans ce que **Lipovetsky** appelle « l'ère du vide » ? La dernière décennie du siècle apportera réponses à ces questions. **A moins que nous n'ayons déjà changé de siècle littéraire**... En 1980 par exemple, année qui vit mourir les deux derniers grands maîtres à penser et critiquer : **Jean-Paul Sartre** et **Roland Barthes**.

Incontestablement, les années 80 se placent sous le signe de l'ordinateur triomphant. Publié quarante ans auparavant, *1984*, le célèbre roman de George Orwell, prévoyait que l'outil électronique aiderait à soumettre la planète aux dictatures totalitaires. A l'heure du constat, qu'en est-il vraiment ? Certes, le monde ne vit toujours pas à l'heure de la paix universelle, et la démocratie reste un luxe réservé à un nombre restreint de pays privilégiés. Et l'on peut trouver l'air du temps oppressant. En 1984 la guerre continue au Liban, en Afghanistan, comme entre l'Iran et l'Irak. Entre l'Est et l'Ouest les relations se durcissent. Pour la plupart des pays du tiers monde, l'appauvrissement est constant, la famine endémique, l'oppression politique écrasante : le « Big Brother » d'Orwell est présent sur tous les continents... Et l'identification du virus du sida fait basculer le monde dans une nouvelle angoisse.

« L'état de grâce s'est achevé »

En France, le taux de chômage frôle les 10 % et l'on craint d'atteindre rapidement les 3 millions de chômeurs. « L'état de grâce », dont on avait tant parlé auparavant, cède aux exigences du réalisme économique et politique. On enterre le projet de réforme de l'école privée. A la tête du gouvernement, Laurent Fabius succède à Pierre Mauroy, et l'Union de la gauche n'y résiste pas. Tant bien que mal, le marché commun européen continue de se faire, mais non sans casse. De nombreux agriculteurs doivent cesser une activité considérée comme « trop peu rentable ». Aux élections européennes du mois de juin, 43 % des électeurs s'abstiennent. Signe évident de désenchantement, parmi eux une majorité d'électeurs de gauche, tandis que l'extrême-droite se renforce.

Retour au passé

Est-ce la crainte d'affronter cette réalité pas toujours réjouissante ? Il y a dans la vie culturelle un retour constant au passé, et cela au moment même où la technique et la science rejoignent les vieux rêves de la science-fiction. Pourtant, 1984 se situe sous le signe de Diderot. Pour commémorer le bicentenaire de sa mort, le ministère de l'Industrie et de la Recherche lance une nouvelle Encyclopédie dont les banques de données seront constamment mises à jour grâce à l'informatique.

L'ère micro-vidéo

En une quarantaine d'années, l'ordinateur, outil gigantesque, lourd, mystérieux, réservé quasi exclusivement à l'usage militaire, s'est miniaturisé pour conquérir la société civile. Support de jeux, mais surtout outil de travail indispensable, le « micro » et ses logiciels jouissent d'un engouement croissant.

Pour les médias électroniques, 1984 est bien l'année de toutes les percées, qui sont aussi la cause de bien des bouleversements. L'industrie du disque, jusqu'alors si prospère, est en crise. Et le cinéma est abandonné chaque jour un peu plus, au profit des cassettes vidéo. Même un cinéaste aussi prestigieux que Federico Fellini voit le public se détourner. Son dernier film, *Et vogue le navire*, est un échec commercial. Curieusement, cette année-là, beaucoup de bons films se situent dans le passé, que ce soit la somptueuse adaptation de *Carmen* par Francesco Rosi, *Un dimanche à la campagne*, de Bertrand Tavernier, au charme impressionniste, ou *Amadeus*, de Milos Forman, librement inspiré de la vie de Mozart. L'année s'achève tristement pour le cinéma français : François Truffaut meurt dans la force de l'âge.

Le public va volontiers au théâtre, mais c'est le plus souvent pour voir les pièces d'auteurs depuis longtemps confirmés : *Le Pain dur*, de Paul Claudel, *L'Opéra de quat'sous*, de Brecht, *Richard III*, de Shakespeare, ou *La Cerisaie*, de Tchekhov. Quant à la musique rock, elle a beau s'habiller d'électronique, elle tire son inspiration de formes musicales déjà anciennes.

En littérature aussi...

En littérature aussi, on peut noter la même tendance. L'année est pauvre. Dans *L'Enfant double*, Georges-Emmanuel Clancier évoque une enfance des années vingt. Michel Ragon écrit, sur la Vendée post-révolutionnaire, *Les Mouchoirs rouges de Cholet*. Quant à Marguerite Duras, auteur réputé difficile, elle remporte avec *L'Amant* un prix Goncourt qui se double d'un vrai succès populaire. Mais c'est un récit fortement autobiographique qui se situe dans une Indochine d'avant-guerre encore colonie française...

Le plus moderne, cette année-là, c'est peut-être ce philosophe qui meurt à 58 ans dans un hôpital parisien. Michel Foucault avait toujours voulu ignorer les frontières, toutes les frontières. Ainsi que l'écrit Michel de Certeau : « ... Ses parcours ont zébré les savoirs et les pays. Il visitait les livres comme il circulait dans Paris à vélo, dans San Francisco ou dans Tokyo, avec une attention exacte et vigilante à saisir, au détour d'une page ou d'une rue, l'éclat d'une étrangeté tapie là, inaperçue. » S'en vont aussi, discrètement, Henri Michaux et l'éditeur José Corti.

1984, année charnière, s'achève sur une contradiction : alors que se vérifie la prédiction de Marshall McLuhan sur une planète qui devient « un village électronique », alors que les distances entre individus se réduisent et qu'il y a dans la jeunesse une aspiration à une communication des cultures, le 31 décembre, juste comme l'année s'achève, les États-Unis se retirent de l'Unesco...

26

THÉORIES DE LA LANGUE, DE LA LITTÉRATURE ET DU SAVOIR

POULET, STAROBINSKI, ROUSSET, RICHARD, DURAND, BELLEMIN-NOËL, LÉVI-STRAUSS, BARTHES, GENETTE, GREIMAS, GOLDMANN, BARBERIS

JAKOBSON, LUKACS, BAKHTINE

FOUCAULT, SERRES, DELEUZE, LYOTARD

« Qu'est-ce donc qui fait la Parole si terrible ? C'est d'abord qu'elle est un acte, le mot est puissant. Mais surtout c'est qu'elle est irréversible... »
Roland Barthes,
Sur Racine

Freud peint au pochoir. Place du Marché
Ste Catherine à Paris.

1. Conscience critique et critique de la conscience

1. Un pressentiment d'écrivain

En 1961, dans son essai *La Littérature à l'estomac*, Julien Gracq, romancier (voir pp. 546 à 553), mais aussi critique littéraire à ses heures, esquissait en ces termes le tableau, plein d'incertitude et de désarroi, du paysage littéraire et critique du moment : « De semaine en semaine, les boussoles critiques pointent successivement à tous les horizons de la rose des vents. L'époque, malgré le foisonnement évident des talents critiques (peut-être son signe le plus distinctif), semble plus incapable qu'une autre de commencer à trier elle-même son propre apport. On ne sait s'il y a une crise de la littérature, mais il crève les yeux qu'il existe une crise du jugement littéraire. » Gracq pressentait dans ces lignes **le tourbillon qui allait s'emparer sous peu des études critiques françaises**, culminant autour de 1968 dans une étonnante « guerre des chapelles » avant de s'apaiser et de se décanter dans les années 80.

2. Crise de la littérature ou crise de la critique ?

Que se passe-t-il donc vers 1960 ? Aux traditionnels détenteurs du « jugement littéraire » (les critiques professionnels des journaux rendant compte de « l'actualité littéraire » et les professeurs, gardiens de la tradition de l'histoire littéraire héritée du XIXᵉ siècle) vient s'ajouter désormais une race nouvelle d'écrivains-critiques ou de critiques-écrivains qui, loin de se contenter d'être les sages successeurs de Proust ou de Valéry, érigent en principe **l'indissociabilité du texte et de son interprétation**, de l'écriture et de son questionnement.

On ne dira ainsi jamais assez de quel poids fut l'apparition du « nouveau roman » d'un Robbe-Grillet ou d'un Butor (voir pp. 585 à 608) dans l'émergence du phénomène de la « nouvelle critique ». Comme l'entrevoyait Gracq, la crise du « jugement » est bien liée à une crise de la littérature — de sa finalité et de ses formes —, que la première va amplifier parfois jusqu'à la caricature. Quand l'espace romanesque se décompose, quand la notion d'œuvre recule devant celle de texte, quand la fonction de l'auteur s'estompe en simple profil de « scripteur », il est clair que la critique traditionnelle, art de la lecture et du « discernement », est remise en cause dans ses fondements mêmes. Le comble advenant le jour où, comme l'écrira **RAYMOND JEAN** en 1968, « ce n'est plus la littérature qui provoque la critique, mais la critique qui **provoque** (en un sens sensiblement différent) la littérature ». « Le résultat est que l'on rencontre de plus en plus des œuvres "non figuratives", qui n'existent vraiment que sous un certain regard critique : le déchiffrement formel fait partie intégrante de leur réalité. Elles exigent un **commentaire**, une sorte de mode d'emploi, de méthode de lecture. » Et l'essayiste de conclure ironiquement en imaginant l'ultime étape : « celle où la critique sécrétera elle-même des œuvres... »

3. Mort du sujet et avènement du langage

En septembre 1966 se tient à Cerisy-la-Salle un grand colloque auquel participent les principales figures de la critique littéraire du moment : **GEORGES POULET** et **JEAN-PIERRE RICHARD**, attachés à **la tradition de la critique de la conscience ou de l'imaginaire** (voir pp. 694 et 697), **ROLAND BARTHES** et **GÉRARD GENETTE**, promoteurs de **l'analyse formelle et structurale** (voir pp. 702 à 704), et d'autres, comme Raymond Jean, tentés, eux, par **l'approche sociologique et idéologique** de l'espace littéraire (voir pp. 706 à 709). Dans un texte de synthèse d'une grande richesse, l'un des intervenants, **SERGE DOUBROVSKY**, dressait en ces termes le tableau d'une critique à la fois défiée et motivée par une littérature devenue « sans sujet » :

« Des signes sur des signes, de l'écriture sur de l'écriture, selon certains rapports réglés, certes, mais sans *personne* pour signifier ni pour écrire : le discours forme une totalité qui ne renvoie qu'à elle-même, c'est-à-dire à un agencement de structures signifiantes, et non, fondamentalement, au « projet » d'une conscience créatrice et à sa reprise par une conscience spectatrice. [...] Le langage, en effet, n'est pas utilisé par un « sujet » pour « s'exprimer » : il *est* le sujet, au sens ontologique du terme. Le fameux « moi profond » de l'écrivain est donc, en fait, un moi sans fond, coextensif au langage, à un langage qui n'a pas de centre, ne parle à personne et ne révèle rien. La « nouvelle nouvelle critique » tient tout entière dans ce principe : la littérature n'énonce jamais que l'absence du sujet. »

Les Chemins actuels de la critique, coll. « 10/18 », U.G.E., 1968, pp. 145-146

4. Vers une science de la littérature ?

Successivement ou concurremment conviées au renfort de la critique, nous verrons ainsi **la psychanalyse** retracer les contours d'un sujet dissipé dans ses profondeurs, pour questionner le texte littéraire qui le met en scène ; **la linguistique et la sémiologie**, attentives à récupérer, dans l'univers des signes et des figures de la langue ou du style, les éléments et effets qui « font sens », qui donnent sens à cette « aventure de l'infini du langage, sans savoir, sans raison, sans intelligence », dont parlait Roland Barthes ; **l'histoire et la sociologie marxistes** s'efforcer de repenser l'introuvable sujet littéraire individuel à travers les figures d'un moi témoin d'une génération ou d'une classe.

Appuyée sur les sciences humaines et sociales, « à la remorque » parfois de certaines d'entre elles, la critique littéraire contemporaine est allée jusqu'à rêver de se constituer tout bonnement en science de la littérature. Utopie, diront certains ; imposture, crieront les autres ! Au lecteur contemporain de savoir faire aussi, quand il le faut, la nécessaire **critique de la critique**.

1950 Charles MAURON : *Introduction à la psychanalyse de Mallarmé*
Georges POULET : *Études sur le temps humain* (1950-1968)

1952 Georges POULET : *La Distance intérieure*

1953 Roland BARTHES : *Le Degré zéro de l'écriture*

1954 Jean-Pierre RICHARD : *Littérature et Sensation*

1955 Maurice BLANCHOT : *L'Espace littéraire*
Lucien GOLDMANN : *Le Dieu caché*
Jean-Pierre RICHARD : *Poésie et Profondeur*

1957 Gaston BACHELARD : *La Poétique de l'espace*
Georges BATAILLE : *La Littérature et le Mal*

1958 Georges BLIN : *Stendhal et les problèmes du roman*

1959 Maurice BLANCHOT : *Le Livre à venir*

1960 Michel BUTOR : *Répertoire I*

1961 Georges POULET : *Les Métamorphoses du cercle*
René GIRARD : *Mensonge romantique et Vérité romanesque*
Jean STAROBINSKI : *L'Œil vivant*

1962 Jean ROUSSET : *Forme et Signification*

1963 Roland BARTHES : *Sur Racine*
Charles MAURON : *Des métaphores obsédantes au mythe personnel*

1964 Roland BARTHES : *Essais critiques*
Lucien GOLDMANN : *Pour une sociologie du roman*

1965 Roland BARTHES : *Éléments de sémiologie*

1966 Roland BARTHES : *Critique et Vérité*
A. J. GREIMAS : *Sémantique structurale*
Jacques LACAN : *Écrits, I*
Pierre MACHEREY : *Pour une théorie de la production littéraire*
Charles MAURON : *Le Dernier Baudelaire*
Serge DOUBROVSKY : *Pourquoi la nouvelle critique ?*
Gérard GENETTE : *Figures I*

1967 Jacques DERRIDA : *L'Écriture et la Différence*

1968 Pierre ALBOUY : *La Création mythologique chez Victor Hugo*
Les Chemins actuels de la critique (collectif)

1969 Erich AUERBACH : *Mimesis* (trad.)
Gérard GENETTE : *Figures II*
Georges MOUNIN : *La Communication poétique*

1970 Pierre BARBERIS : *Balzac et le Mal du siècle*
Gilles DELEUZE : *Proust et les signes*
A. J. GREIMAS : *Du Sens I et II* (1970-1983)
Henri MESCHONNIC : *Pour la poétique I*
Jean STAROBINSKI : *La Relation critique*
Tzvetan TODOROV : *Introduction à la littérature fantastique*

1971 Georges POULET : *La Conscience critique*
Jean-Paul SARTRE ; *L'Idiot de la famille, I et II*
Jean STAROBINSKI : *Rousseau, la transparence et l'obstacle*
Tzvetan TODOROV : *Poétique de la prose*

1972 Gérard GENETTE : *Figures III*
Marthe ROBERT : *Roman des origines et Origines du roman*
Nicolas RUWET : *Langage, musique, poésie*

1973 Roland BARTHES : *Plaisir du texte*
Claude BREMOND : *Logique du récit*

1974 Julia KRISTEVA : *La Révolution du langage poétique*
Jean-Pierre RICHARD : *Proust et le monde sensible*

1975 Philippe LEJEUNE : *Le Pacte autobiographique*

1976 Gérard GENETTE : *Mimologiques*

1977 Roland BARTHES : *Fragments d'un discours amoureux*

1978 Mikhaïl BAKHTINE : *Esthétique et Théorie du roman* (trad.)
Jean BELLEMIN-NOËL : *Psychanalyse et Littérature*
Roger FAYOLLE : *La Critique*
Gilbert DURAND : *Figures mythiques et visages de l'œuvre*

1979 Claude DUCHET : *Sociocritique*
Jean-François LYOTARD : *La Condition post-moderne*
Michaël RIFFATERRE : *La Production du texte*
Jean-Pierre RICHARD : *Microlectures I*

1980 Henri MITTERAND : *Le Discours du roman*
Georges POULET : *La Poésie éclatée*

1981 Marc FUMAROLI : *L'Âge de l'éloquence*
Jean ROUSSET : *Leurs yeux se rencontrèrent*

1982 Gérard GENETTE : *Palimpsestes. La littérature au second degré*
Max MILNER : *La Fantasmagorie*

1983 Antoine COMPAGNON : *La IIIe République des lettres*
Gérard GENETTE : *Nouveau Discours du récit*
Philippe HAMON : *Le Personnel du roman*
Michaël RIFFATERRE : *Sémiotique de la poésie*
Paul ZUMTHOR : *Introduction à la poésie orale*

1984 Jean-Paul ARON : *Les Modernes*
Philippe HAMON : *Texte et Idéologie*
Jean-Pierre RICHARD : *Pages Paysages* (Microlectures II)

1985 Roland BARTHES : *L'Aventure sémiologique*
Georges POULET : *La Pensée indéterminée*

1987 Jean-Yves TADIÉ : *La Critique littéraire au XXe siècle*

Georges Poulet
Études sur le temps humain (1950-1968)

Georges Poulet (né en 1902), universitaire d'origine belge, fut, après ses maîtres Albert Béguin (1901-1957) et Marcel Raymond (1897-1984), à l'origine du renouveau des études critiques aux lendemains de la guerre. Tout en s'inscrivant explicitement dans la tradition de la critique dite d'« identification », où le lecteur s'avance avec sa propre conscience au-devant de l'« esprit » de l'écrivain, « cette vacance intérieure où se recompose un monde », il n'a cessé de la nourrir de ses découvertes ou de ses intuitions sur des aspects de l'œuvre jusque-là peu ou pas explorés : en particulier **les variations et modulations de son temps et de son espace**, qui témoignent de la complexité du « cogito » où elles s'enracinent.

Georges Poulet en 1950.

1. Voyage en
Pyrénées et en Corse,
p. 425. Éd. Conard.

2. Correspondance,
t. III, p. 270.

3. Id., t. I, p. 178.

4. Id., t. VIII, p. 135.

5. Tentation de 1849,
p. 417.

6. Correspondance,
t. III, p. 210.

« L'orientation fondamentale
de l'esprit chez Flaubert »

Ces grands jours de soleil, ces « jours heureux où l'âme aussi est ouverte au soleil comme la campagne »[1], constituent dans la vie de Flaubert une série de cimes rayonnantes autour desquelles œuvres, pensée, existence, tout se dispose. Aussi apparaît-il bien, primordialement, comme un romantique : romanti-
5 que non tant par son amour du pittoresque, que par la conscience d'une expérience interne exceptionnelle. Mais à la différence des romantiques, la conscience de cette expérience interne ne tourne pas Flaubert vers son moi ; elle ouvre son âme au soleil, elle le tourne vers le dehors. Comme Diderot, comme Gautier, dès le premier moment où il fait usage de ses facultés à des fins
10 littéraires, celles de ses facultés qu'il exerce le plus et qui dominent toutes les autres, sont précisément celles qui dirigent l'esprit non vers une connaissance du moi, mais vers une saisie du non-moi et une représentation du monde :

« J'ai une faculté de *perception* particulière[2]... »

« J'éprouve presque des sensations voluptueuses rien qu'à voir, mais quand
15 je vois bien[3]. »

« Il n'y a de vrai que les « rapports », c'est-à-dire la façon dont nous *percevons* les objets[4]. »

Le point de départ chez Flaubert, ce n'est donc pas Flaubert lui-même ; c'est le rapport du moi percevant à l'objet perçu :

20 « Souvent, à propos de n'importe quoi, d'une goutte d'eau, d'une coquille, d'un cheveu, tu t'es arrêté, immobile, la prunelle fixe, le cœur ouvert.

L'objet que tu contemplais semblait empiéter sur toi, à mesure que tu t'inclinais vers lui, et des liens s'établissaient[5]... »

« A force de quelquefois regarder un caillou, un animal, un tableau, je me suis
25 senti y entrer. Les communications entr'humaines ne sont pas plus intenses[6]. »

Passages capitaux, puisqu'ils nous révèlent l'orientation fondamentale de l'esprit chez Flaubert. Celui-ci n'éprouve, dans sa plénitude, conscience de lui-même que dans le moment où il sort de lui-même pour s'identifier, par le plus simple mais le plus intense des actes de la vie mentale, la perception, avec
30 l'objet, quel qu'il soit, de cette perception. Ainsi l'objectivité, loin d'être une discipline acquise chez Flaubert, est un état naturel, le seul vraiment naturel de sa pensée.

Georges POULET, *Études sur le temps humain I* (1950)
© éd. du Rocher

Jean Starobinski *L'Œil vivant* (1961)

Disciple, comme Georges Poulet, de Marcel Raymond, et animateur avec Jean Rousset (voir p. 696) du groupe d'universitaires et de critiques de l'École dite de Genève, **Jean Starobinski** *(né en 1920) affirme, dès* L'Œil vivant *en 1961, que* **l'essentialité du geste critique est d'abord celle d'un regard qui investit l'œuvre pour lui faire « rendre sens »**, *mais souligne aussi le « double excès » qui menace ce regard : excès d'identification par un « mimétisme » complet, ou excès de « distance » par une dilution de l'œuvre dans l'inventaire des mobiles inconscients ou des relations sociologiques et historiques qui la génèrent.*

Aussi, de son Rousseau *de 1971 à son* Montaigne en mouvement *de 1982, Starobinski s'attachera-t-il surtout à reconstituer* **l'itinéraire d'un écrivain**, *en insistant sur les moments de sa « présence au monde » qui font signe et sens dans l'œuvre.*

Le « double excès » du regard critique

Jean Starobinski.

A la vérité, l'exigence du regard critique tend vers deux possibilités opposées, dont aucune n'est pleinement réalisable. La première l'invite à se perdre dans l'intimité de cette conscience originale que l'œuvre lui fait entrevoir : la com-préhension serait alors la poursuite progressive d'une complicité totale avec la
5 subjectivité créatrice, la participation passionnée à l'expérience sensible et intellectuelle qui se déploie à travers l'œuvre. Mais si loin qu'il aille dans cette direction, le critique ne parviendra pas à étouffer en lui-même la conviction de son identité séparée, la certitude tenace et banale de n'être pas la conscience avec laquelle il souhaite se confondre. A supposer toutefois qu'il réussisse
10 véritablement à s'y absorber, alors, paradoxalement, sa propre parole lui serait dérobée, il ne pourrait que se taire, et le parfait discours critique, à force de sympathie et de mimétisme, donnerait l'impression du plus parfait silence. A moins de rompre en quelque façon le pacte de solidarité qui le lie à l'œuvre, le critique n'est capable que de paraphraser ou de pasticher : on doit *trahir* l'idéal
15 d'identification pour acquérir le pouvoir de parler de cette expérience et de décrire, dans un langage qui n'est pas celui de l'œuvre, la vie commune qu'on a connue avec elle, en elle. Ainsi, malgré notre désir de nous abîmer dans la profondeur vivante de l'œuvre, nous sommes contraints de nous distancer d'elle pour pouvoir en parler. Pourquoi alors ne pas établir délibérément une distance
20 qui nous révélerait, dans une perspective panoramique, les *alentours* avec lesquels l'œuvre est organiquement liée ? Nous chercherions à percevoir cer-taines correspondances significatives qui n'ont pas été aperçues par l'écrivain ; à interpréter ses mobiles inconscients ; à lire les relations complexes qui unissent une destinée et une œuvre à leur milieu historique et social. Cette seconde
25 possibilité de la lecture critique peut être définie comme celle du *regard sur-plombant* ; l'œil ne veut rien laisser échapper de toutes les configurations que la mise à distance permet d'apercevoir. Dans l'espace élargi que le regard parcourt l'œuvre est certes un objet privilégié, mais elle n'est pas le seul objet qui s'impose à la vue. Elle se définit par ce qui l'avoisine, elle n'a de sens que
30 par rapport à l'ensemble de son contexte. Or voici l'écueil : le contexte est si vaste, les relations si nombreuses que le regard se sent saisi d'un secret désespoir ; jamais il ne rassemblera tous les éléments de cette totalité qui s'annonce à lui. Au surplus, dès l'instant où l'on s'oblige à situer une œuvre dans ses coordonnées historiques, seule une décision arbitraire nous autorise à limiter
35 l'enquête. Celle-ci, par principe, pourrait aller jusqu'au point où l'œuvre littéraire, cessant d'être l'objet privilégié qu'elle était d'abord, n'est plus que l'une des innombrables manifestations d'une époque, d'une culture, d'une « vision du monde ». L'œuvre s'évanouit à mesure que le regard prétend embrasser, dans le monde social ou dans la vie de l'auteur, davantage de faits corrélatifs.
40 La critique complète n'est peut-être ni celle qui vise à la totalité (comme fait le regard surplombant), ni celle qui vise à l'intimité (comme fait l'intuition identifiante) ; c'est un regard qui sait exiger tour à tour le surplomb et l'intimité.

Jean STAROBINSKI, Introduction de *L'Œil vivant* (1961), © éd. Gallimard

Jean Rousset
Forme et Signification (1962)

*De l'École de Genève, à laquelle il appartint lui aussi, **Jean Rousset** (né en 1910), est celui qui s'est montré le plus attentif aux approches formelles de l'œuvre. Mais, pour ce grand connaisseur du baroque (La Littérature à l'âge baroque en France, 1954), loin de devoir être objectivée et isolée, comme le feront certains « formalistes », la forme d'une œuvre doit toujours être appréhendée par le critique comme **une structure où se dévoilent un « songe » et un sens**. Ainsi définit-il son programme critique dans un essai de 1962 au titre explicite, Forme et Signification : « Saisir des significations à travers des formes, dégager des ordonnances et des présentations révélatrices, déceler dans les textures littéraires ces nœuds, ces figures, ces reliefs inédits qui signalent l'opération simultanée d'une expérience vécue et d'une mise en scène. »*

Exemple de cette démarche dans le même essai : l'analyse du motif des « fenêtres » dans Madame Bovary.

« Fenêtres de l'ennui et de la rêverie »

La fenêtre est un poste privilégié pour ces personnages flaubertiens à la fois immobiles et portés à la dérive, englués dans leur inertie et livrés au vagabondage de leur pensée ; dans le lieu fermé où l'âme
5 moisit, voilà une déchirure par où se diffuser dans l'espace sans avoir à quitter son point de fixation. La fenêtre unit la fermeture et l'ouverture, l'entrave et l'envol, la clôture dans la chambre et l'expansion au dehors, l'illimité dans le circonscrit ; absent où il est,
10 présent où il n'est pas, oscillant entre le resserrement et la dilatation, comme l'a si bien montré Georges Poulet[1], le personnage flaubertien était prédisposé à fixer son existence sur ce point limitrophe où l'on peut se fuir en demeurant sur cette
15 fenêtre qui semble le site idéal de sa rêverie.

On lit déjà dans *Par les champs*[2]... : « Ah ! de l'air ! de l'air ! de l'espace encore ! Puisque *nos âmes serrées étouffent et se meurent sur le bord de la fenêtre*, puisque nos esprits captifs, comme l'ours
20 dans sa fosse, tournent toujours sur eux-mêmes et se heurtent contre ses murs, donnez au moins à mes narines le parfum de tous les vents de la terre, *laissez s'en aller mes yeux vers tous les horizons.* »

Emma Bovary, captive elle aussi entre les murs de
25 sa fosse, trouve devant sa fenêtre un essor « vers tous les horizons » : « elle s'y mettait souvent » ; à Tostes, c'est de sa fenêtre qu'elle regarde la pluie tomber, et se répéter les journées monotones du village ; à Yonville, qu'elle voit passer le clerc de notaire,
30 qu'elle aperçoit pour la première fois Rodolphe ;

c'est de la fenêtre donnant sur le jardin qu'elle entend tinter l'angélus qui déclenche une velléité mystique, et que ses yeux se perdent dans les nuages ou sur les méandres de la rivière ; c'est de
35 la fenêtre du grenier qu'elle éprouve le premier vertige du suicide ; et après sa grande maladie, quand elle reprend contact avec la vie, « on la poussait dans son fauteuil auprès de la fenêtre, celle qui regardait la Place... ». Fenêtres de l'ennui et de
40 la rêverie.

Jean ROUSSET, *Forme et Signification* (1962)
© éd. J. Corti

---

1. *Voir p. 694.* — 2. *Par les champs et par les grèves, récits de voyage de Flaubert (1847).*

POUR LE COMMENTAIRE

1. Pourquoi **la fenêtre flaubertienne** retient-elle l'attention du critique ?

2. En quoi cette fenêtre est-elle un lieu stratégique de la conscience, et par là-même de l'écriture du romancier ?

3. Etudiez dans *Madame Bovary* les différentes occurrences de ce motif et montrez qu'il s'agit bien des « fenêtres de l'ennui et de la rêverie ».

4. Comparez ce texte avec celui de Georges Poulet, page 694. Etudiez en particulier l'utilisation que chaque critique fait des citations.

Pour vos essais et vos exposés

Albert BEGUIN : *L'Âme romantique et le rêve*, éd. J. Corti, 1939.
Marcel RAYMOND : *De Baudelaire au surréalisme*, éd. J. Corti, 1940.
Georges POULET : *La Distance intérieure*, éd. Plon, 1952.
Jean STAROBINSKI : *L'Œil vivant*, éd. Gallimard, 1961.

Jean ROUSSET : *Forme et Signification*, éd. J. Corti, 1962.
Jean STAROBINSKI : *La Relation critique*, éd. Gallimard, 1970.
Jean STAROBINSKI : *J. J. Rousseau. La Transparence et l'Obstacle*, éd. Gallimard, 1971.
Georges POULET : *La Conscience critique*, éd. J. Corti, 1971.
Jean ROUSSET : *Leurs yeux se rencontrèrent*, éd. J. Corti, 1981.

2. Parcours de l'imaginaire

Jean-Pierre Richard *Pages Paysages* (1984)

*Dans les années 1960-1970, **Jean-Pierre Richard** (né en 1922), fut l'une des principales figures de ce qu'on appela alors « la nouvelle critique ». Inspiré par les travaux de Gaston Bachelard sur l'imaginaire, Richard se révèle dans un essai de 1954 intitulé* Littérature et Sensation, *où, en s'efforçant de parcourir la sensibilité et l'imagination de deux romanciers (Stendhal et Flaubert), il s'attarde sur les motifs ou des « **thèmes** » jusque-là délaissés par la critique : la table, l'appétit, les manies, etc. Alternant les essais consacrés aux poètes et aux prosateurs, Richard traque à travers ces « thèmes » **les sensations ou « obsessions » fondamentales**, les « schémas » récurrents de la vie sensible d'un être qui structurent son œuvre d'écrivain.*

A partir de 1979 avec ses Microlectures, *jusqu'à ses* Pages Paysages *de 1984, cet **explorateur de l'imaginaire individuel** s'est efforcé d'intégrer davantage les apports de la linguistique et de la psychanalyse à ses investigations critiques.*

Le roman d'une bulle

A la page 168 du *Rivage des Syrtes*, Aldo, encore « dans le trouble et la terrible exaltation nerveuse d'une première nuit d'amour », regarde à ses côtés Vanessa endormie :

Vanessa, auprès de moi, reposait comme vidée de son sang, la tête fauchée par un sommeil sans rêves ; écartelée comme une accouchée, elle fléchissait le lit appesanti. Elle était la floraison germée à la fin de cette pourriture et de cette fermentation stagnante — la bulle qui se rassemblait, qui se décollait, qui cherchait l'air dans un bâillement mortel, qui rendait son âme exaspérée et close dans un de ces éclatements gluants qui font à la surface des marécages comme un crépitement vénéneux de baisers.

Texte tout entier sorti peut-être de l'expansion, de la *fermentation* d'un nom. Il n'y a qu'à lire, ou écouter : *Vanessa*, vidée de *son* *s*ang, dan*s* un *s*ommeil *s*ans rêve*s*, jusqu'au groupe de mots qui clôt le paragraphe : *v*é*n*é*n*eux de bai*s*er*s*... Dans cette dissémination du prénom — où insiste, à partir de l'étymologie latine *vana*, l'idée de négativité : vidée, sans rêves, vénéneux — il faudrait inclure, car ils appartiennent à la même tessiture, les termes où le *v* s'assourdit en *f*, où le *s* se sonorise en *z*. On obtiendrait alors une autre série — *f*au*ch*ée, *f*lé-*ch*issait, *f*in, *f*loraison, *f*ermenta*t*ion, *f*ont, *s*urface — où s'opère peut-être une inflexion de termes négativement marqués (les trois premiers), vers des objets plus positifs et euphoriques (les quatre derniers). Ce mouvement, le texte essaie de l'opérer aussi par d'autres moyens, sur d'autres plans, en particulier dans le registre thématique qui fera ici l'objet principal de l'analyse : il s'agira d'y regarder fleurir une femme ou une bulle, cette Vanessa, aussi vivante et vide que son nom.

Ce fleurissement s'opère en une sorte de vertige. L'un des attraits, quasi physiques, de ces quelques lignes tient sans doute à la structure rhétorique à partir de laquelle elles s'écrivent : les extrêmes richesse et complexité métaphoriques qu'elles manifestent s'y moulant subtilement dans les formes d'une circularité, d'un infini tournoiement du sens. Un terme premier, le corps après l'amour, s'y voit en effet d'abord doté de déterminations immédiates comme le calme *(reposait)*, l'inconscience *(un sommeil sans rêves)*, le voisinage *(auprès de moi)*. Dès cette première scène cependant, celle de l'après-jouissance, se lèvent une série de comparants : l'hémorragie (*comme vidée de son sang*, avec un *comme* modalisateur), la coupure *(fauchée, écartelée)*, la naissance (*comme une accouchée : comme* ici très nettement comparatif). Puis s'ouvre une deuxième scène, entièrement analogique celle-là, dans le registre non plus du corps, mais de la matière, avec une deuxième série de comparants, métaphoriques cette fois, à forte valeur d'identification : elle était la *floraison* germée, la *bulle* qui se rassemblait, se décollait, cherchait l'air, rendait son âme...

Jean-Pierre RICHARD, *Pages Paysages* (1984)
© éd. du Seuil

L'INFLUENCE DE GASTON BACHELARD

Gaston Bachelard (1884-1962) compte presque autant que Freud parmi les grands inspirateurs de l'exploration critique des espaces de l'inconscient, ou mieux de l'imaginaire.

Préférant aux théories ou aux méthodes trop rigoureuses une sorte de phénoménologie élémentaire, Bachelard, procédant à la manière des alchimistes et philosophes de l'Antiquité, s'est efforcé de classer les rêves et les mythes fondamentaux de l'humanité à partir des quatre éléments : *La Psychanalyse du feu* (1937), *L'Eau et les Rêves* (1941), *L'Air et les Songes* (1943), *La Terre et les rêveries de la volonté* (1945) ou *du repos* (1948).

Cette permanente interrogation sur le comment de **notre rêverie / imagination du monde** l'a conduit tout naturellement à analyser aussi cette « fonction poétique qui est de donner une forme nouvelle au monde qui n'existe poétiquement que s'il est sans cesse réimaginé ». D'où ses deux grands ouvrages, *La Poétique de l'espace* (1957) et *La Poétique de la rêverie* (1961), où il s'efforce d'interpréter les textes épars de notre culture littéraire à partir de ses réflexions antérieures sur les racines et pouvoirs de l'imagination, des rêves et des songes.

Gilbert Durand *Le Décor mythique de* La Chartreuse de Parme (1961)

*Autre disciple de Bachelard, **Gilbert Durand** (né en 1921) se montre plus influencé que Jean-Pierre Richard par les théories de l'auteur de* L'Eau et les Rêves. *Lieux, figures, décors de l'espace romanesque sont pour Durand à lire comme autant de métaphores participant d'« archétypes structuraux » ou de « grandes constellations imaginaires ».*

Ainsi, dans son Décor mythique de La Chartreuse de Parme *(1961), le critique dégage-t-il, dans les aventures de Fabrice del Dongo, l'itinéraire « archétypique » du héros romanesque évoluant du « régime épique » (exaltation diurne) au « régime mystique » (lyrisme intérieur et nocturne). Lieu de cette « conversion » : la prison de la Tour Farnèse, où les motifs de la claustration et de la souffrance s'inversent en ceux de la lucidité et du bonheur.*

Gravure de Foulquier pour
La Chartreuse de Parme.
Paris, B.N.

1. Mot emprunté à l'italien et qui désigne un homme impuissant.

2. La duchesse Sanseverina.

3. Clélia Conti, fille du gouverneur de la prison.

GROUPEMENT THÉMATIQUE

Prisons et prisonniers dans la littérature romanesque

Hugo : *Le Dernier Jour d'un condamné*, 1829. — STENDHAL : *Le Rouge et le Noir*, 1830 ; *La Chartreuse de Parme*, 1839. — DOSTOÏEVSKI : *Souvenirs de la maison des morts*, 1861. — Marcel PROUST : *La Prisonnière*, 1923. — Robert MERLE : *La mort est mon métier*, 1953. — Alexandre SOLJENITSYNE : *Une journée d'Ivan Denissovitch*, 1962 ; *Le Premier Cercle*, 1955-1964.

Voir sur ce sujet l'ouvrage de Victor BROMBERT : *La Prison romantique*, essai sur l'imaginaire, éd. J. Corti, 1976.

Mythocritique d'un lieu stendhalien

La prison est, avant tout, une « terrasse », un belvédère. En cela, elle était préparée par la claustration heureuse dans le clocher de la petite église de Grianta. Déjà « cette journée passée en prison dans un clocher » avait été « l'une des plus heureuses de sa vie ». Plus la prison devient superlative, par l'incarcé-
5 ration de Fabrice dans une sorte de « cabane », prison emboîtée dans la prison elle-même, plus le bonheur de Fabrice s'accroît « dans ce monde ravissant » où vit Clélia. [...]

C'est alors que la prison est totalement inversée. De souhaitée qu'elle était, c'est la levée d'écrou ou l'évasion qui maintenant devient redoutable. Fabrice
10 n'avoue-t-il pas à Clélia « qu'il n'aura jamais un désir aussi absurde » que celui de recouvrer « la liberté » ? Puis c'est le refus catégorique de l'évasion et cet étrange message transmis à l'infortunée duchesse qui le croit devenu fou : « *Je ne veux pas me sauver : je veux mourir ici !* »

Lorsque Fabrice se sera évadé, ce ne sera que pour constater qu'il « était au
15 désespoir d'être hors de prison ». C'est alors l'admirable redondance mythique : le *retour* volontaire de Fabrice à la prison, à la mort : « Il était allé reprendre son ancienne chambre à la citadelle, trop heureux d'habiter à quelques pas de Clélia. » C'est grâce à ce retour vers la mort, que Clélia « n'opposera aucune résistance » au suprême et victorieux assaut de l'amour. Il semble donc que
20 l'évasion de Fabrice n'ait été inconsciemment accomplie que pour permettre ce renforcement du thème de la prison heureuse par le retour. [...]

Ainsi la Tour Farnèse, évasion comprise, décor central du roman, de son ombre incestueuse à la fois menaçante, délicieusement aimée, « préservatrice » des solitudes partagées, répétée par le retour explicite, dresse le portant
25 mystique indispensable à la conversion d'un babilan[1] de cœur à l'amour. Toutes les racines psychanalytiques, les motivations de l'enfance, la cristallisation du thème autour du Château Saint-Ange et sa rapide et décisive apparition à la fin du *Rouge*, préparent la géniale plantation de ce décor inoubliable comme pivot symbolique de la réversion du héros épique en héros romanesque. C'est contre
30 l'énorme Tour Farnèse et les fantaisies labyrinthiques que se constitue la complicité des deux femmes, c'est elle qui cimente, de la vieille femme aimante[2] à la jeune femme aimée[3], la fidélité du cœur à soi-même, la fidélité « à la chasse à l'amour ». La prison heureuse est donc bien l'archétype austère de l'intimité découverte, du temps retrouvé dans le secret de l'instant et l'intensité de la
35 passion.

Gilbert DURAND, *Le Décor mythique de* La Chartreuse de Parme (1961)
© éd. J. Corti

3. La littérature sur le divan

Jean Bellemin-Noël
Interlignes. Essais de textanalyse (1988)

Auteur de Psychanalyse et Littérature *(1978),* Vers l'inconscient du texte *(1979),* Les Contes et leurs fantasmes *(1983),* Biographies du désir *(1988),* **Jean Bellemin-Noël** *reproche à la psychanalyse littéraire ancienne manière, et à la psychocritique d'un Charles Mauron, de laisser croire « qu'il existerait une réalité autonome "sous" le texte, que la lecture ferait surgir, alors que par le fait cette lecture doit constituer un réseau de sens "avec" les mots du texte ». Il préfère la notion de* textanalyse, *qui consiste à recueillir, « grâce à une écoute entre les lignes », « une sorte de fermentation, le fantasmatique en liberté du désir sans sujet. »*

Jean Bellemin-Noël.

L'inconscient du texte

Arrêtons ici cette exploration éclair dans les territoires de la critique littéraire d'inspiration psychanalytique. Soit, donc, une « textanalyse » où l'on entend fort congrûment une psychanalyse du texte. Au départ on trouve *une tentative pour observer le désir inconscient qui anime un texte*. Observer : rencontrer et
5 comprendre, « écouter » et « regarder fonctionner ». Le désir inconscient ? Avant d'aller plus loin dans le commentaire de cette définition, je prie que l'on m'accorde de laisser entre parenthèses la question de savoir ce qu'est cet « inconscient » que je prétends saisir ; disons que c'est un *punctum cœcum*, le point de notre œil qui ne voit pas parce qu'il est le lieu où la surface d'inscription
10 qu'est la rétine se fait filament nerveux, cordon (terme ici surdéterminé : ombilical, aussi) vers le cortex, où en quelque sorte on change d'axe, quittant l'horizon du fait brut pour le surplomb ou le profond du sens.

Que recouvre plus exactement la formule que j'avance ? En parlant d'observer le désir en action, je me propose de surveiller les opérations par lesquelles se
15 manifeste ce désir, en découvrir et suivre les interventions, en ponctuer pour delineer la trajectoire. Mon premier souci n'est pas de « diagnostiquer », de repérer la présence (gratifiante ou dérangeante) d'une formation inconsciente, — c'est-à-dire d'un *fantasme*, originaire (appartenant à tous les humains) ou singulier (fruit d'une histoire unique), ou bien d'une *structure*, névrotique,
20 perverse, parfois psychotique (par exemple des organisations fétichiste ou mélancolique), ou encore d'une *position complexuelle* (les célèbres Œdipe et Narcisse, noyaux de résistance jamais suffisamment réduits), à plus forte raison d'une *fixation* à un stade archaïque (oralité/analité et leurs résurgences caractérielles, agies, etc.). Mon objectif ne consiste pas à désigner du doigt une
25 formation de ce genre, à quelque niveau qu'elle appartienne et quelque intensité qu'elle mobilise. Mon but est de suivre du doigt au fil des phrases et des pages les méandres ou les circonvolutions d'un procès, d'un développement en général cahoteux et chaotique. Il arrive toujours un moment, bien sûr, où afin d'être pédagogue, afin de fixer les idées, les miennes et, puisque critique, celles de
30 mon public, je me dois de recourir à une désignation schématique dont l'expérience m'a enseigné qu'elle est commode ; mais simplement commode, pas fondamentale. L'essentiel est de saisir comment cela « se fait texte » ; comment cela s'est fait d'abord objet d'art, comment cela devient ensuite foyer permanent d'émotions affectives autant qu'esthétiques. Une fois acquise à part moi telle
35 « étiquette » pratique, je m'efforce d'expliciter ce qu'elle révèle, et quelquefois dévoile, d'*un travail inconscient dans le texte*.

Jean BELLEMIN-NOËL, *Interlignes.*
Essais de textanalyse (« Textanalyse et psychanalyse »)
© P.U.L., 1988

JACQUES LACAN (1901-1981)

Médecin et psychanalyste, Jacques LACAN fut le fondateur de l'École freudienne de Paris (1964-1980). On lui doit l'ouverture de la psychanalyse aux champs de la linguistique et de l'anthropologie structurale, qui l'amènent à montrer que « l'inconscient est structuré comme un langage » et qu'il faut repenser une « théorie du sujet ».

Dans Psychanalyse et langages littéraires, *(Nathan, 1977, pp. 203-204) Simone LECOINTRE décrit cet apport fondamental :*

Relisant Freud au plus près (le « retour à Freud »), J. Lacan y pointe cette structure analysée à travers ses effets les plus empiriquement observables dans l'élaboration des rêves. Le rêve est, à la lettre, *structure littérante* : c'est-à-dire qu'on peut y dégager, au principe de la signifiance, mais totalement indépendant d'une quelconque référence au réel, ce même jeu d'éléments signifiants dans leur systématique différentielle, leur organisation spécifique en discours et leur production d'effets de langage. Une correspondance terme à terme permet à J. Lacan d'étayer rigoureusement l'identité structurelle qui, du rêve, littéralement, fait un langage (une forme *du* langage) :
— transposition : glissement du signifié sous le signifiant,
— condensation : surimposition des signifiants ou métaphore,
— déplacement : contiguïté des signifiants ou métonymie,
— élaboration secondaire : organisation et développement syntaxique linéaire en discours.

Effet observable de l'inconscient dans le réel, le rêve manifeste le rôle constituant du signifiant pour l'inconscient : « L'inconscient est structuré comme un langage. » Tous les effets de l'inconscient, tout ce qu'on en peut saisir, se réduit au langage en ses effets : car il n'y a pas de « langage de l'inconscient » qui se puisse distinguer du langage même. C'est le même algorithme[1],

$$\frac{S}{s}$$

qui définit la topique de l'inconscient.

Là se situe exactement l'ancrage de la psychanalyse sur une théorie du langage : si être écrivain, c'est manifester la lettre en ses détours et sa destination, être analyste, c'est montrer « la lettre comme en souffrance » et démontrer « où elle fait trou ». Car on n'oubliera pas que l'inconscient est, de l'histoire du sujet, le « chapitre censuré », le lieu où s'exerce le refoulement. L'inconscient travaillant (à passer) dans le signifiant, c'est dans les « trous » du signifiant (lapsus, manques, mots d'esprit) que l'analyste pourra tenter de déchiffrer la « parole vraie » par où se manifeste l'inconscient.

Et si le dessein de la critique littéraire est d'actualiser l'inconscient du texte, sa « parole vraie », il faut qu'à la lettre elle s'attache à l'analyse de son fonctionnement signifiant. Elle est tenue de s'en tenir... à la lettre du texte.

L'inconscient, donc, « c'est que l'homme soit habité par le signifiant » (*Écrits*, p. 35)[2]. De se rendre à cette conclusion, un problème surgit aussitôt : « La structure du langage une fois reconnue dans l'inconscient, quelle sorte de sujet pouvons-nous lui concevoir ? » (*Écrits*, p. 800). A la question : qui parle ? la réponse attendue est : le sujet de l'énonciation. Sujet dont la définition est donnée depuis plus de trois siècles par le « cogito » philosophique : parle celui qui pense et qui donc *est* le sujet. Mais ce sujet qui apparaît dans l'avènement du signifié, l'admettrons-nous aussi comme sujet du signifiant et/ou sujet de l'inconscient ? Ce sujet — que désignent le Je de l'énoncé et les embrayeurs de l'énonciation, mais qu'ils ne signifient pas — si on peut l'identifier au sujet de l'inconscient/langage, où se construit-il ? L'inconscient ne saurait par définition s'accommoder du sujet du « cogito » : il faut renoncer « à la transparence du sujet transcendantal » dans son « affirmation existentielle » (*Écrits*, p. 516). Le franchissement de la barre, le jeu signifiant de la métaphore et de la métonymie se jouent « là où je ne suis pas parce que je ne peux pas m'y situer » (*ib.*, p. 517).

D'où on conclura — par un audacieux renversement — que la place du sujet du signifiant est absolument excentrique par rapport à celle qu'occupe le sujet (cartésien) du signifié : « Je pense où je ne suis pas, donc je suis où je ne pense pas » (= où je ne pense pas penser) [*ib.*, p. 517]. Où ? Dans l'ordre même du signifiant et/ou de l'inconscient. C'est là, dans et par le signifiant que va se construire l'« autre » du sujet, dans cette « excentricité radicale de soi à lui-même à quoi l'homme est affronté » (*ib.*, p. 524).

---

1. Il s'agit de l'algorithme de Saussure : *signifiant/signifié.*
2. Écrits, *de Jacques Lacan, éd. du Seuil, 1966.*

Pour vos essais et vos exposés

Charles MAURON : *Introduction à la psychanalyse de Mallarmé*, A La Baconnière (1950).
Charles MAURON : *Des métaphores obsédantes au mythe personnel*, éd. J. Corti, 1963.
Charles MAURON : *Psychocritique du genre comique*, éd. J. Corti, 1964.
Charles MAURON : *Mallarmé l'obscur*, éd. J. Corti, 1968.
Julia KRISTEVA : *Semeiotike. Recherches pour une sémanalyse*, éd. du Seuil, 1969.
Marthe ROBERT : *Roman des origines et origines du roman*, éd. Grasset, 1972.

Julia KRISTEVA : *La Révolution du langage poétique*, éd. du Seuil, 1974.
Jean LE GALLIOT, Simone LECOINTRE : *Psychanalyse et Langages littéraires*, éd. Nathan, 1977.
Jean BELLEMIN-NOËL : *Psychanalyse et littérature*, P.U.F., 1978.
Jean BELLEMIN-NOËL : *Vers l'inconscient du texte*, P.U.F., 1979.
Max MILNER : *Freud et l'interprétation de la littérature*, C.D.U./ S.E.D.E.S., 1980.
Marthe ROBERT : *En haine du roman*, éd. Balland, 1982.
Jean BELLEMIN-NOËL : *Biographies du désir*, P.U.F., 1988.

4. La génération structuraliste

Roman Jakobson   Claude Lévi-Strauss
« *Les Chats* » *de Charles Baudelaire* (1962)

*La désaffection, à partir de la fin du XIX*e *siècle, pour les études stylistiques et rhétoriques au profit de l'histoire littéraire, le retard de traduction des travaux des formalistes russes* (La Morphologie du conte, *texte de 1928 de Wladimir Propp, ne sera traduit qu'en 1970 !) ont retardé en France **le développement des méthodes d'analyse formelle et structurale**. Deux hommes, **Roman Jakobson** (1896-1982) et **Claude Lévi-Strauss** (né en 1908), en ont favorisé la percée chez nous entre 1960 et 1970.*

Le premier, linguiste américain d'origine russe (Essais de linguistique générale, *1963-1973*), **considère la langue**, *dans la tradition de Saussure* (Cours de linguistique générale, *1916*), **comme un système, autonome**, *dont tous les éléments entretiennent des relations d'ordre. Fait de langue, la littérature sera donc passible des méthodes qui étudient la langue. Claude Lévi-Strauss, anthropologue révélé par ses recherches sur les* Structures élémentaires de la parenté *(1949) et* Tristes tropiques *(1955), illustre, lui, le **structuralisme anthropologique**, qui autorise le passage des faits de langue aux contenus symboliques et implique l'analyse de leurs figurations dans le champ de l'énonciation.*

Structure d'un sonnet

En 1962 la revue d'anthropologie L'Homme *publie un « commentaire à quatre mains », les « Chats » de Baudelaire, signé **Jakobson** et **Lévi-Strauss**. Ce texte, qui **fera date** dans l'histoire du structuralisme littéraire, conduit une analyse descriptive par « niveaux » successifs (syntaxique, rhétorique, phonétique, métrique), pour dégager **la corrélation et la convergence des divers systèmes qui organisent l'espace du poème**.*

1. L'ensemble des deux quatrains s'oppose à l'ensemble des deux tercets, en ce sens que ces derniers éliminent le point de vue de l'observateur *(amoureux, savants,* puissance de *l'Érèbe),* et situent l'être des chats en dehors de toutes limites spatiales et temporelles.

2. Le premier quatrain introduisait ces limites spatio-temporelles *(maison, saison)* ; le premier tercet les abolit *(au fond des solitudes, rêve sans fin).*

3. Le second quatrain définit les chats en fonction des ténèbres où ils se placent, le second tercet en fonction de la lumière qu'ils irradient *(étincelles, étoiles).*

Enfin, une troisième division se surajoute à la précédente, en regroupant, cette fois dans un chiasme, d'une part le quatrain initial et le tercet final, et d'autre part les strophes internes : second quatrain et premier tercet : dans le premier groupe, les propositions indépendantes assignent aux chats la fonction de complément, tandis que les deux autres strophes, dès leur début, assignent aux chats la fonction de sujet.

Or, ces phénomènes de distribution formelle ont un fondement sémantique. Le point de départ du premier quatrain est fourni par le voisinage, dans la même maison, des chats avec les savants ou les amoureux. Une double ressemblance découle de cette contiguïté *(comme eux, comme eux).* Dans le tercet final aussi, une relation de contiguïté évolue jusqu'à la ressemblance : mais, tandis que dans le premier quatrain, le rapport métonymique des habitants félins et humains de la maison fonde leur rapport métaphorique, dans le dernier tercet, cette situation se trouve, en quelque sorte, intériorisée : le rapport de contiguïté relève de la synecdoque plutôt que de la métonymie propre. Les parties du corps du chat *(reins, prunelles)* préparent une évocation métaphorique du chat astral et cosmique, qui s'accompagne du passage de la précision à l'imprécision *(également — vaguement).*

Roman JAKOBSON et Claude LÉVI-STRAUSS, « Commentaire à quatre mains », L'Homme (1962)
© éd. Gallimard

LA STYLISTIQUE STRUCTURALE

Les recherches de **Michaël Riffaterre** (des *Essais de stylistique structurale*, 1971 à *La Production du texte*, 1979 et à la *Sémiotique de la poésie*, 1983) marquent, elles, **plus qu'une simple retouche du modèle jakobsonien**. S'écartant progressivement d'une théorie normative de la langue, Riffaterre considère, dans son premier ouvrage, le style comme « la mise en relief qu'imposent certains éléments de la séquence verbale à l'attention du lecteur », et définit en conséquence **la stylistique** comme « une linguistique des effets du message ». Effets produits, mais également effets reçus par un lecteur (« archilecteur », dit Riffaterre), qui décode un texte avec tout l'horizon de sa culture, toute « la somme des lectures » potentielles.

Le grand mérite de Riffaterre est ainsi de **réconcilier la poétique du récit** ou du poème avec une nécessaire **poétique de la lecture**, en insistant justement sur l'importance de ce qu'il appelle successivement dans ses grands ouvrages : la **contextualité** ou l'**intertextualité**.

Roland Barthes
Le Degré zéro de l'écriture (1953)

Roland Barthes (1915-1980), journaliste, sociologue, titulaire de la chaire de sémiologie au Collège de France (1976), fut sûrement la personnalité la plus remarquable de ce qu'on appela en France, dans les années 1960-1970, « la nouvelle critique ». D'abord inspiré par Marx et Sartre, dont l'empreinte se lit dans ses premiers essais de « mythologie sociale » (*Le Degré zéro de l'écriture*, 1953 ; *Mythologies*, 1957), en défricheur de signes et de mythes — « mythologue » et « sémiologue » donc — il élargit vers la décennie suivante ses recherches avec l'apport de la linguistique et de l'analyse structurale (*Éléments de sémiologie*, 1965). S'appuyant principalement sur les œuvres théâtrales (Brecht, Racine), il oriente le champ critique vers celui d'une investigation des figures et des fonctions du texte, dont il importe de décrire la combinatoire.

Dans les années 1970, ses recherches croisent celles du groupe *Tel Quel*, en même temps qu'il multiplie les ouvrages mi-autobiographiques, mi-critiques, où l'interpellation de soi et l'interrogation du texte se rejoignent (*Le Plaisir du texte*, 1973 ; *Roland Barthes par Roland Barthes*, 1975 ; *Fragments d'un discours amoureux*, 1977).

Les textes retenus ci-dessous se veulent emblématiques de quatre questions qui habitent successivement, mais aussi conjointement, l'œuvre de **Roland Barthes**, *dont la démarche suit au plus près les apparentements de la littérature et des sciences humaines dans les années 1955-1975 :*

— **Qu'est-ce que l'écriture** ? *Quels rapports lient l'écrivain à l'origine, à l'histoire, au pouvoir ?*

— **Qu'est-ce que le structuralisme** ? *Issu de la méthodologie linguistique, qu'apporte-t-il à l'analyse de l'objet-littérature ?*

— **Qu'est-ce que la critique**, *dès lors qu'elle renonce à la quête d'une impossible « vérité » pour se tourner vers l'exploration des « possibles » du Sens ?*

— **Qu'est-ce enfin que ce sujet lisant-écrivant**, *ce moi aimant-souffrant, sans cesse renvoyé à son plaisir et à ses angoisses par les miroirs des textes ?*

« Qu'est-ce que l'écriture ? »

Langue et style sont des données antécédentes à toute problématique du langage, langue et style sont le produit naturel du Temps et de la personne biologique ; mais l'identité formelle de l'écrivain ne s'établit véritablement qu'en dehors de l'installation des normes de la grammaire et des constantes du style,
5 là où le continu écrit, rassemblé et enfermé d'abord dans une nature linguistique parfaitement innocente, va devenir enfin un signe total, le choix d'un comportement humain, l'affirmation d'un certain Bien, engageant ainsi l'écrivain dans l'évidence et la communication d'un bonheur ou d'un malaise, et liant la forme à la fois normale et singulière de sa parole à la vaste Histoire d'autrui. Langue
10 et style sont des forces aveugles ; l'écriture est un acte de solidarité historique. Langue et style sont des objets ; l'écriture est une fonction ; elle est le rapport entre la création et la société, elle est le langage littéraire transformé par sa destination sociale, elle est la forme saisie dans son intention humaine et liée ainsi aux grandes crises de l'Histoire. Par exemple, Mérimée et Fénelon sont
15 séparés par les phénomènes de langue et par des accidents de style ; et pourtant ils pratiquent un langage chargé d'une même intentionnalité, ils se réfèrent à une même idée de la forme et du fond, ils acceptent un même ordre de conventions, ils sont le lieu des mêmes réflexes techniques, ils emploient avec les mêmes gestes, à un siècle et demi de distance, un instrument identique, sans doute un
20 peu modifié dans son aspect, nullement dans sa situation ni dans son usage : en bref, ils ont la même écriture. Au contraire, presque contemporains, Mérimée et Lautréamont, Mallarmé et Céline, Gide et Queneau, Claudel et Camus, qui ont parlé ou parlent le même état historique de notre langue, usent d'écritures profondément différentes ; tout les sépare, le ton, le débit, la fin, la morale, le
25 naturel de leur parole, en sorte que la communauté d'époque et de langue est bien peu de chose au prix d'écritures si opposées et si bien définies par leur opposition même. [...]

Ainsi le choix, puis la responsabilité d'une écriture, désignent une liberté, mais cette liberté n'a pas les mêmes limites selon les différents moments de l'Histoire.
30 Il n'est pas donné à l'écrivain de choisir son écriture dans une sorte d'arsenal intemporel des formes littéraires. C'est sous la pression de l'Histoire et de la tradition, que s'établissent les écritures possibles d'un écrivain donné : il y a une Histoire de l'écriture ; mais cette Histoire est double : au moment même où l'Histoire générale propose — ou impose — une nouvelle problématique du
35 langage littéraire, l'écriture reste encore pleine du souvenir de ses usages antérieurs, car le langage n'est jamais innocent : les mots ont une mémoire seconde qui se prolonge mystérieusement au milieu des significations nouvelles. L'écriture est précisément ce compromis entre une liberté et un souvenir, elle est cette liberté souvenante qui n'est liberté que dans le geste du choix, mais déjà
40 plus dans sa durée. Je puis sans doute aujourd'hui me choisir telle ou telle écriture, et dans ce geste affirmer ma liberté, prétendre à une fraîcheur ou à une tradition ; je ne puis déjà plus la développer dans une durée sans devenir peu à peu prisonnier des mots d'autrui et même de mes propres mots. Une rémanence obstinée, venue de toutes les écritures précédentes et du passé même de ma
45 propre écriture, couvre la voix présente de mes mots. Toute trace écrite se précipite comme un élément chimique d'abord transparent, innocent et neutre, dans lequel la simple durée fait peu à peu apparaître tout un passé en suspension, toute une cryptographie de plus en plus dense. '

Roland BARTHES, *Le Degré zéro de l'écriture* (1953), © éd. du Seuil

Essais critiques (1964)

« Qu'est-ce que le structuralisme ? »

On peut dire que le structuralisme est essentiellement une activité d'imitation, et c'est en cela qu'il n'y a, à proprement parler, aucune différence *technique* entre le structuralisme savant d'une part et la littérature en particulier, l'art en général, d'autre part : tous deux relèvent d'une *mimesis*, fondée non sur l'analogie des
5 substances (comme dans l'art dit réaliste), mais sur celle des fonctions (que Lévi-Strauss appelle *homologie*). Lorsque Troubetskoy reconstruit l'objet phonétique sous forme d'un système de variations, lorsque Georges Dumézil élabore une mythologie fonctionnelle, lorsque Propp construit un conte populaire issu par structuration de tous les contes slaves qu'il a au préalable décomposés, lorsque
10 Claude Lévi-Strauss retrouve le fonctionnement homologique de l'imaginaire totémique, G.-G. Granger les règles formelles de la pensée économique ou J.-C. Gardin les traits pertinents des bronzes préhistoriques, lorsque J.-P. Richard décompose le poème mallarméen en ses vibrations distinctives, ils ne font rien d'autre de ce que font Mondrian, Boulez ou Butor lorsqu'ils agencent un certain
15 objet, qu'on appellera précisément *composition*, à travers la manifestation réglée de certaines unités et de certaines associations de ces unités. Que le premier objet soumis à l'activité de simulacre soit donné par le monde d'une façon déjà rassemblée (dans le cas de l'analyse structurale qui s'exerce sur une langue, une société ou une œuvre constituées) ou encore éparse (dans le cas de la « composi-
20 tion » structurale), que cet objet premier soit prélevé dans le réel social ou le réel imaginaire, cela importe peu : ce n'est pas la nature de l'objet copié qui définit un art (préjugé cependant tenace de tous les réalismes), c'est ce que l'homme y ajoute en le reconstituant : la technique est l'être même de toute création. C'est donc dans la mesure où les fins de l'activité structuraliste sont indissolublement
25 liées à une certaine technique, que le structuralisme existe d'une façon distinctive par rapport à d'autres modes d'analyse ou de création : on recompose l'objet *pour* faire apparaître des fonctions, et c'est, si l'on peut dire, le chemin qui fait l'œuvre ; c'est pour cela qu'il faut parler d'activité, plutôt que d'œuvre structuraliste.

Roland BARTHES, *Essais critiques* (1964), © éd. du Seuil

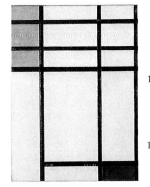

Piet Mondrian,
Composition, 1941.
Coll. part.

POUR LE COMMENTAIRE

Comment imaginer de rapprocher un conte de Perrault et une toile de Mondrian ? Faites-en l'essai.

Gérard Genette *Figures III* (1972)

Après avoir rassemblé dans Figures I et II *(1966-1969) ses premiers écrits de rhétorique,* **Gérard Genette** *(né en 1930) — qui adopte volontiers le terme de* **narratologie** *pour distinguer son analyse du récit en prose — a recours, lui aussi, dans* Figures III *(1972), à des modèles grammaticaux pour élaborer une « grammaire » du texte. Mais c'est au* **verbe** *précisément que Genette emprunte les catégories (« temps », « modes », et « voix », ordonnatrices du récit, comme si celui-ci n'était qu'une amplification/dilution des possibilités verbales.*

*Dans ce même ouvrage, et dans ceux qui suivent (*Introduction à l'architexte, *1979 ;* Palimpsestes, *1982 ;* Seuils, *1987), Genette devait encore apporter des contributions décisives à l'analyse des instances du récit (focalisation, narrateur/narrataire) et des problèmes d'intertextualité.*

Distances temporelles

Gérard Genette.

Le présent de la narration proustienne correspond — de 1909 à 1922 — à bien des « présents » d'écriture, et nous savons que près d'un tiers, dont justement les dernières pages, était écrit dès 1913. Le moment fictif de la narration s'est donc déplacé *en fait* au cours de la rédaction réelle, il n'est plus aujourd'hui
5 ce qu'il était en 1913, au moment où Proust croyait son œuvre terminée pour l'édition Grasset. Ainsi, les distances temporelles qu'il avait à l'esprit — et voulait signifier — lorsqu'il écrivait par exemple, à propos de la scène du coucher, « il y a bien des années de cela », ou à propos de la résurrection de Combray par la madeleine, « j'éprouve la résistance et j'entends la rumeur des distances traver-
10 sées » —, ces distances ont augmenté de plus de dix ans du seul fait de l'allongement du temps d'histoire : le signifié de ces phrases n'est plus le même. D'où certaines contradictions irréductibles comme celle-ci : l'*aujourd'hui* du narrateur est évidemment, pour nous, postérieur à la guerre, mais le « Paris aujourd'hui » des dernières pages de Swann reste dans ses déterminations
15 historiques (son contenu référentiel) un Paris d'avant-guerre, tel qu'il avait été vu et décrit en son temps. Le *signifié* romanesque (moment de la narration) est devenu quelque chose comme 1925, mais le *référent* historique, qui correspond au moment de l'écriture, n'a pas suivi et continue de dire : 1913. L'analyse narrative doit enregistrer ces déplacements — et les discordances qui peuvent
20 en résulter — comme effets de la genèse réelle de l'œuvre ; mais elle ne peut finalement considérer l'instance narrative que telle qu'elle se donne dans le dernier état du texte, comme un moment unique et sans durée, nécessairement situé plusieurs années après la dernière « scène », donc après la guerre, et même, nous l'avons vu, après la mort de Marcel Proust. Ce paradoxe, rappelons-le, n'en
25 est pas un : Marcel n'est pas Proust, et rien ne l'oblige à mourir avec lui. Ce qui oblige en revanche, c'est que Marcel passe « beaucoup d'années » après 1916 en maison de santé, ce qui place nécessairement son retour à Paris et la matinée Guermantes au plus tôt en 1921, et la rencontre avec Odette « ramollie » en 1923. La conséquence s'impose.
30 Entre cet instant narratif unique et les divers moments de l'histoire, la distance est nécessairement variable. S'il s'est écoulé « bien des années » depuis la scène du coucher à Combray, il y a « peu de temps » que le narrateur recommence à percevoir ses sanglots d'enfant, et la distance qui le sépare de la matinée Guermantes est évidemment moindre que celle qui le sépare de sa première
35 arrivée à Balbec. Le système de la langue, l'emploi uniforme du passé, ne permettent pas de marquer ce raccourcissement progressif dans le tissu même du discours narratif, mais nous avons vu que Proust avait réussi dans une certaine mesure à le faire sentir par des modifications dans le régime temporel du récit : disparition progressive de l'itératif, allongement des scènes singulatives, dis-
40 continuité croissante, accentuation du rythme — comme si le temps de l'histoire tendait à se dilater et à se singulariser de plus en plus en se rapprochant de sa fin, *qui est aussi sa source.*

POUR LE COMMENTAIRE

En application de cette page, comparez *Un Amour de Swann* et *Le Temps retrouvé* du point de vue du système présent (de la narration)/passé.

Gérard GENETTE, *Figures III* (1972)
© éd. du Seuil

NICOLAS DE STAËL, *Les Toits*, 1952.
Paris, Musée national d'Art moderne.

L'espace de Nicolas de Staël

Nicolas de Staël (1914-1955)

L'art abstrait ne s'impose réellement chez les Français qu'au sortir de la guerre. Ses grands créateurs viennent de disparaître : Kandinsky et Mondrian en 1944, Delaunay en 1941, Klee en 1940. A la libération de Paris commence la longue marche des abstraits, illustrant une multiplicité de courants. Mais peu de peintres connaissent la carrière fulgurante du plus grand des abstraits de l'après-guerre, **Nicolas de Staël**, *aristocrate russe exilé à Paris. Vers 1942, il déclare : « Peu à peu je me suis senti gêné de peindre un objet ressemblant. » Staël prenait tout de la nature. Ses tableaux, fortement truellés, maçonnés, composés de vastes plages aux tonalités sonores, valent par leur organisation de l'espace. Au début des années cinquante, il se rapproche néanmoins de la figuration. Il compose avec des violets, des jaunes, des rouges, des verts céladon, des noirs, comme dans ses remarquables paysages du Midi. Ses dernières œuvres respirent la pureté méditerranéenne d'où sourd l'angoisse. « Ma peinture est fragile comme l'amour », disait-il avant son suicide à Antibes en 1955.*

NICOLAS DE STAËL, *Paysage*, 1955.
Zurich, coll. Peter Nathan.

NICOLAS DE STAËL, *Le Lavandou*, 1953.
Paris, Musée national d'Art moderne.

L'apogée de l'abstraction

JEAN BAZAINE, *Vent de mer*, 1949.
Paris, Musée national d'Art moderne.

ROGER BISSIÈRE, *Oiseau de nuit*, 1960.
Paris, coll. Louttre-Bissière.

La victoire de l'abstraction dure jusqu'aux années soixante-dix. Écoles, groupes et solitaires surgissent par dizaines.

Dès 1947, le courant de l'**abstraction lyrique** se détache, dominé par des peintres comme **Hans Hartung** *(né en 1904)*, **Jean Bazaine** *(né en 1904)* ou **Georges Mathieu** *(né en 1921)*. Couleurs raffinées et somptueuses, peinture au sabre prônant la vitesse de l'improvisation et l'émotion de l'instant. Les toiles d'un autre abstrait, **Roger Bissière** *(1888-1964)*, occupent une salle entière au Musée d'Art moderne : son art, analogue à celui des tapis, évoque en carrelages subtilement nuancés les frémissements d'une âme sensible. Chez **Vieira da Silva** *(née en 1908)*, le lyrisme est contenu, sans jamais s'abandonner au brio : dans ses compositions aux gris matinaux s'entrecroisent et s'enchevêtrent les lignes, un peu comme les rails d'un réseau de chemin de fer.

ÉTUDE DE TABLEAUX

1. Quelles sont les tendances de l'abstraction illustrées par chacun de ces trois tableaux ?
2. Quelle influence peut-on discerner dans le tableau de Bazaine, *Vent de mer* ?
3. Définissez en quelques mots les formes utilisées par Vieira da Silva dans *La Bibliothèque*. En quoi parviennent-elles à être, malgré tout, figuratives ?

VIEIRA DA SILVA, *La Bibliothèque*, 1966.
Collection de l'artiste.

Les grandes formes sombres et sévères de **Pierre Soulages** *(né en 1919) contrastent avec les violentes couleurs des abstraits de l'époque. Peinture de geste, puissante, solide et grave. Chez Soulages, pas d'effets décoratifs, pas de référence à la nature. En revanche, une poésie — brutale et immédiate — se dégage de ses compositions. Le mouvement et l'écriture prédominent et atteignent leur paroxysme quand la « couleur » envahit le tableau pour ne laisser qu'un minuscule espace blanc. La peinture de Soulages piège la lumière, la sculpte, la recrée.*

PIERRE SOULAGES, *Peinture* 114 × 162. 16 déc. 1959. Paris, Musée national d'Art moderne.

JEAN FAUTRIER, *La Juive*, 1945. Paris, Musée national d'Art moderne.

Jean Fautrier *(1898-1964) est une des principales figures, avec Wols, du courant de l'art informel, apparu en 1947. Ces partisans du tachisme n'ont pas oublié la liberté « sauvage » des premières aquarelles de Kandinsky et se livrent à des improvisations rompant avec la tradition des couleurs vives. Fautrier a exécuté ses premiers tableaux abstraits en pleine guerre. Dans sa série informelle intitulée* Les Otages, *en 1945, il rejette la forme : la peinture n'est que masse, empâtement aux tons délavés — roses et vert pâle —, parfois proche de la grisaille. Ainsi est suggérée une sorte de morceau de chair brute, qui donne le malaise et dit la douleur, la souffrance de la guerre.*

Alfred Manessier *(né en 1911) est l'élève de Bissière et s'oriente rapidement vers l'art religieux, auquel il donne une expression abstraite. Sa peinture repose le plus souvent sur des thèmes mystiques, traduits par des formes géométriques subtilement agencées et s'incarnant dans ces contrastes de couleurs précieuses extrêmement riches qui ont quelques affinités avec celles des vitraux. Manessier est très conscient de la valeur spirituelle de son art :* « L'art de la non-figuration, dit-il, me semble être la chance actuelle par laquelle le peintre peut le mieux remonter vers sa réalité. Si l'homme est une hiérarchie de valeurs, son apparence extérieure n'est qu'un fantôme transparent s'il est vide de contenu spirituel. » *L'influence de Manessier, très écouté par certains ordres religieux, a été considérable sur le renouveau actuel de l'art sacré, qui tend à confondre abstraction et spiritualité.*

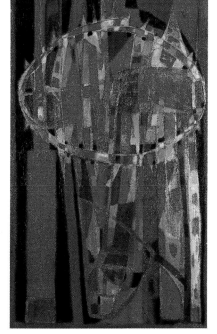

ALFRED MANESSIER, *La Couronne d'épines*, 1950. Paris, Musée national d'Art moderne.

L'abstraction géométrique

Parmi les nombreux courants qui animent l'abstraction de l'après-guerre, il faut également évoquer les **abstraits géométriques**, *mais leur peinture froide manque d'émotion ; l'homme s'efface derrière la rigueur des lignes mathématiques et la platitude des couleurs.* **Auguste Herbin** *(1882-1960) s'oriente vers l'abstrait total dès 1926. Dans sa peinture, nette et cloisonnée, il s'attache à des formes d'une précision géométrique absolue, peintes en aplats, avec des couleurs vives. Un art franc, sec, simpliste.*

Auguste Herbin, *Lundi*, 1949.
Bruxelles, coll. M. Stall.

François Morellet,
Du jaune au violet,
1956.
Paris, Musée national
d'Art moderne.

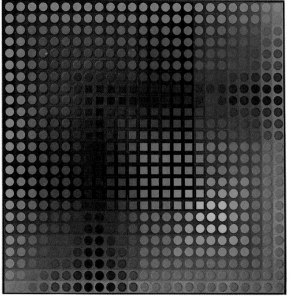

Victor Vasarely *(né en 1908) peintre hongrois, vient se fixer à Paris en 1930. Il s'y livre à une intense activité graphique, travaillant dans les domaines de la décoration et de la publicité. En 1944, il se tourne vers la peinture, tout en pratiquant la tapisserie, la sérigraphie, la lithographie. Son art, strictement abstrait et constructiviste, aux couleurs sobres, le plus souvent noir et blanc pur, est fait de formes géométriques multipliées, rigoureuses et régulières, mais animées par de légers décalages qui provoquent une curieuse surprise. Il s'oriente de plus en plus vers les grandes surfaces à usage décoratif.*

Victor Vasarely, *Army*, 1968.
Paris, Musée national d'Art moderne.

L'abstraction lyrique

*Le courant intitulé l'**abstraction lyrique** est dominé par **Hans Hartung** (né en 1904) et par **Georges Mathieu** (né en 1921). L'art d'Hartung, peintre d'origine allemande, se caractérise par des lignes aiguës, généralement noires sur un fond blanc ou coloré, qui griffent l'espace avec une force véhémente. Son intention est de donner l'image « de nos sédimentations intérieures ». La peinture de Mathieu, qui se rattache à l'art gestuel, est faite de taches, d'éclaboussures, de tracés au tube, exécutés avec une rapidité foudroyante. Mathieu n'hésite pas à désigner ses toiles non figuratives par des titres historiques impressionnants : Les Capétiens partout, Le Couronnement de Charlemagne... Quant à **Zao Wou-Ki** (né en 1921), peintre chinois fixé à Paris, sa peinture — tout d'abord figurative — a évolué vers la calligraphie pure, dans un style transparent et évanescent. Son graphisme léger effleure la toile pour déposer les nuances d'une brume, les vapeurs des eaux dans un espace sans horizon.*

GEORGES MATHIEU, *Les Capétiens partout*, 1954. Paris, Musée national d'Art moderne.

ZAO-WOU-KI,
Huile sur toile 1961.
Coll. particulière.

HANS HARTUNG,
Composition, 1970.
Paris, Musée national
d'Art moderne.

JEAN DUBUFFET, *La Calipette*, 1961. Coll. particulière.

JEAN DUBUFFET, *Les Rois de cœur*, 1964. Coll. particulière.

L'art brut

*En 1949 se tiennent à Paris les premières expositions d'« art brut » dont le peintre **Jean Dubuffet** (1901-1985) devient le phare, entouré de peintres « naïfs » et rustiques, tel **Gaston Chaissac** (1910-1964). Considéré par certains comme le plus original des peintres qui ait émergé de Paris depuis la guerre, Dubuffet a une trajectoire hors du commun. Il lui a fallu attendre l'âge de quarante-deux ans pour se consacrer — en 1943 — entièrement à son art, après avoir été longtemps négociant en vins. De 1943 à 1961, son œuvre se caractérise par un envahissement de signes, par une exploration parmi les gestes et les « objets » humains. Il utilise des matériaux insolites, comme les graviers, le sable, la terre, le cambouis... Il collectionne les objets humbles, s'intéresse à l'art rupestre, aux murs décrépis, aux fissures : l'art « brut » est en quelque sorte une réaction contre le « bon goût ». A partir de 1962, Dubuffet étonne à nouveau avec le cycle de « l'Hourloupe », suite de toiles aux chromatismes restreints (bleu, rouge, blanc), qui se transforme en monuments, en décors de théâtre, en objets et en lieux déambulatoires. Dans ses labyrinthes, grouillent de curieux petits personnages qui tiennent du graffiti et du dessin d'enfant.*

ÉTUDE DE TABLEAUX

1. En quoi ces trois tableaux vous paraissent-ils représentatifs de l'art « brut » ?
2. A quoi le jeu graphique de Dubuffet dans *La Calipette* peut-il faire songer ?
3. Commentez cette réflexion de Dubuffet sur son œuvre : « Je suis toujours à la limite du barbouillage le plus immonde, le plus misérable, et du petit miracle. »

GASTON CHAISSAC, *Composition*, 1948.
Paris, Musée national d'Art moderne.

L'œuvre de **César** (né en 1921), analysée par le critique Pierre Restany en 1972 : « Cette compression mécanique [...] communique au fer un pouvoir d'expressivité nouveau, une puissance de concentration jamais encore atteinte. C'est à ce niveau du surréel métallique que César entend désormais aménager son œuvre. Les formes issues de l'éclatement, de la taille ou de la déchirure de ce matériau compressé ont leur organicité spécifique, et César, empruntant ce langage, demeure lui-même, c'est-à-dire l'ordonnateur de cette morphologie. »

RICHARD STANKIEWICZ, *Europe sur un vélo*, 1953. Paris, Musée national d'Art moderne.

CÉSAR, *Compression de voiture Ricard*, 1962. Paris, Musée national d'Art moderne.

Le retour à l'objet marque les années soixante, en réaction contre l'abstraction dominante. Créé autour du peintre Yves Klein et du critique Pierre Restany, le groupe des « nouveaux réalistes » (César, **Arman**, Tinguely, **Stankiewicz**, Niki de Saint-Phalle, Christo) est fasciné — comme le sont aussi les artistes du Pop Art aux États-Unis — par la profusion d'objets qu'offre le monde industriel. Mais leurs œuvres inaugurent un nouveau rapport aux objets : accumulés, découpés, compressés, détournés, ils sont les témoins de cette nouvelle « nature » issue de l'industrie, que le travail de l'artiste transforme de nouveau.

ARMAN, *Chopin's Waterloo*, 1962. Paris, Musée national d'Art moderne.

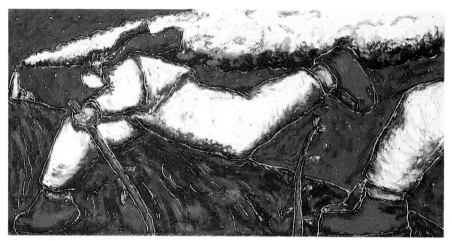

JEAN-CHARLES BLAIS,
Le Défilé hiver 84-85.
Coll. J.-C. Castelbajac.

Peintres des années 80

Dernier phénomène collectif apparu dans les années 80, la Figuration libre est un mouvement un peu fourre-tout, qui étiquette de jeunes artistes mariant sans complexe le rock, la mode et la peinture « branchée ». La bande dessinée et ses héros populaires, l'art urbain des graffitis et les multiples images kitsch des mass-médias influencent directement cette avant-garde.

FRANÇOIS BOISROND, *Autoportrait de ma femme et moi*, 1985.
Paris, Musée national d'Art moderne.

ROBERT COMBAS,
Les petits Belges de toutes les couleurs.
Paris, Musée national d'Art moderne.

GÉRARD GAROUSTE, *La Chambre*, 1982.
Coll. particulière.

A. J. Greimas
Du Sens. Essais sémiotiques (1970-1983)

Pour le linguiste suisse Ferdinand de Saussure (1857-1913), **la sémiologie** *se définissait comme « la science qui étudie la vie des signes au sein de la vie sociale ». On a parfois opposé par la suite le terme de* **sémiologie** *— en tant qu'étude des objets strictement linguistiques — à celui de* **sémiotique***, réservé à l'analyse des objets non linguistiques.* **Algirdas Julien Greimas** *(né en Lituanie en 1917) a proposé, lui, une autre distinction épistémologique qui épouse celle de ses propres travaux partagés entre* **recherches sémantiques** *(Sémantique structurale, 1966) et* **recherches sémiotiques** *(Du Sens, 1970-1983 ; Maupassant, la sémiotique du texte, 1976). Pour ce directeur d'études aux Hautes études (depuis 1965), il y a un « univers sémantique » que « découpent » des systèmes sémiotiques distincts et variés. Le sémiologue doit donc être à la fois sémanticien et sémioticien : théoricien du sens, mais également* **analyste des divers champs sémiotiques de « l'empire des signes »** *dont parlait Barthes, qu'ils soient littéraires (dictons, proverbes, contes...) ou autres (images photographiques, tableaux, films, etc.).*

De la sémantique aux sémiotiques

A. J. Greimas.

L'homme vit dans un monde signifiant. Pour lui, le problème du sens ne se pose pas, le sens est posé, il s'impose comme une évidence, comme un « sentiment de comprendre » tout naturel. Dans un univers « blanc » où le langage serait pure dénotation des choses et des gestes, il ne serait pas possible de
5 s'interroger sur le sens : toute interrogation est *métalinguistique*.

Que veut dire ce mot ? Qu'est-ce qu'on entend par là ? Aux deux bouts du canal de la communication surgissent des métaphores anthropomorphes, par lesquelles l'homme cherche à questionner naïvement le sens, comme si les mots voulaient vraiment dire quelque chose, comme si le sens pouvait être entendu
10 en dressant l'oreille. Les réponses données ne sont pourtant que des réponses par procuration, entretenant l'équivoque : ce ne sont jamais que des paraphrases, des traductions plus ou moins inexactes de mots et d'énoncés en d'autres mots et d'autres énoncés. [...]

On peut dire que les progrès de la sémiotique, dans ces derniers temps,
15 consistent pour l'essentiel dans l'élargissement de son champ de manœuvre, dans l'exploration plus poussée des possibilités stratégiques de l'appréhension de la signification. Sans qu'on sache rien de plus sur la nature du sens, on a appris à mieux connaître où il se manifeste et comment il se transforme. Ainsi, on renonce de plus en plus à le considérer comme l'enchaînement linéaire et
20 uniplane des significations dans les textes et les discours. On commence à se rendre compte de ce qu'il y a d'illusoire dans le projet d'une sémantique systématique qui articulerait, à la manière d'une phonologie, le plan du signifié d'une langue donnée.

A côté d'une sémantique interprétative dont le droit à l'existence n'est plus
25 contesté, la possibilité d'une sémiotique *formelle* qui ne chercherait à rendre compte que des articulations et des manipulations des contenus quelconques se précise un peu plus chaque jour. Déterminer les formes multiples de la présence du sens et les modes de son existence, les interpréter comme des instances horizontales et des niveaux verticaux de la signification, décrire les parcours des
30 transpositions et transformations de contenus, ce sont autant de tâches qui, aujourd'hui, ne paraissent plus utopiques. Seule une telle sémiotique des formes pourra apparaître, dans un avenir prévisible, comme le langage permettant de parler du sens. Car, justement, la forme sémiotique n'est autre chose que le sens du sens.

A. J. GREIMAS, *Du Sens* (1970)
© éd. du Seuil

POUR LE COMMENTAIRE

Essayez d'imaginer *par exemple*, à partir des indications d'A. J. Greimas, ce que pourrait être une sémiotique de l'espace, ou de la spatialité.

5. La sociocritique

Lucien Goldmann *Racine* (1956)

Dans sa grande thèse de 1955, Le Dieu caché, *ou dans son abrégé intitulé* Racine, **Lucien Goldmann** *(1913-1970), rapprochant les écrits du grand tragique et ceux de Pascal, propose ainsi une analyse de leurs œuvres en liaison avec le phénomène idéologique et socio-culturel du jansénisme. Bien que refusant un trop schématique rapport de cause à effet entre histoire du corps social et œuvres littéraires, il démontre comment on peut lire* **l'évolution d'une structure littéraire,** *en l'occurrence la tragédie et ses « déformations » dramatiques,* **en regard des mutations d'un groupe social** *(bourgeoisie, noblesse de robe, milieu parlementaire) et de ses interrogations sur les problèmes de la foi et du pouvoir.*

Structure et évolution de la tragédie racinienne

Vouloir analyser un processus de création sous l'angle *psychologique* nous semble être une entreprise intempestive.

Rien en effet n'est aussi complexe et insaisissable
5 par l'étude scientifique que la psychologie individuelle, et bien davantage encore celle de l'individu de génie, du créateur. [...]

Cela dit, relevons, en abordant l'étude du théâtre racinien, trois éléments d'ordre psychologique, sus-
10 ceptibles de nous aider à saisir sinon sa signification, du moins sa genèse et son évolution.

a) Parmi les trois personnages qui constituent l'univers tragique : Dieu, l'homme et le monde, ce dernier est un personnage collectif, représenté sur
15 scène par un nombre plus ou moins grand d'individus. Si du point de vue *éthique*, ces individus se réduisent à deux types : le « fauve » et le « pantin » (en langage de théologie janséniste, les impies dominés par la cupidité, la libido du sentiment ou de l'ambi-
20 tion, et ceux dont les œuvres « bonnes en soi » sont des péchés dans la mesure où elles sont accomplies sans conscience et sans foi), ils sont par contre — dans les tragédies de Racine — merveilleusement individualisés du point de vue psychologique. Or, il
25 nous semble que cette individualisation — condition préalable de toute œuvre littéraire valable — supposait à la fois, d'une part, une connaissance étroite et directe du « monde », c'est-à-dire une vie à l'intérieur de celui-ci et, d'autre part, un ensemble de
30 jugements moraux, jansénistes ou au moins tragiques, à travers lesquels ce même monde était compris et dévalorisé, ce qui — en dehors de la position du paradoxe généralisé des *Pensées* de Pascal et de *Phèdre* — ne pouvait être atteint que
35 dans la situation du « renégat à mauvaise conscience » qui, en 1661-1671, était précisément celle de Racine.

Pour le solitaire janséniste qui a quitté et refusé le monde, pour Titus, pour Bérénice et Junie après la
40 fin des deux pièces dont elles sont les héroïnes, le monde doit nécessairement perdre tout caractère concret et devenir un obstacle abstrait, *inessentiel*.

C'est la raison profonde pour laquelle le jansénisme extrémiste n'a eu directement ni une littérature, ni
45 une science, ni une philosophie. Ces trois formes d'expression supposent en effet que le monde existe *concrètement* pour l'écrivain ou le penseur, alors que la « conversion » réside au contraire dans la rupture radicale de tout dialogue entre l'homme et
50 le monde.

De sorte que si, comme nous l'avons dit, la biographie du poète apparaît inutile pour l'analyse et la compréhension des trois tragédies en tant qu'œuvres littéraires, elle fournit par contre dans une
55 certaine mesure l'explication des conditions particulières qui ont permis à Racine de transposer en termes de littérature réaliste une théologie et une morale en elles-mêmes essentiellement opposées à une telle traduction.

60 *b)* Racine est un écrivain qui tend à donner une cohérence intégrale à une certaine perspective sur l'univers tragique ou divin — et qui parvient à la trouver quatre fois, dans *Britannicus, Bérénice, Phèdre* et *Athalie*. Mais il s'agit là de quatre perspec-
65 tives *différentes* et il nous paraît important de souligner que Racine n'a jamais repris dans son œuvre un de ces quatre schémas typiques une fois ceux-ci atteints. *Dans le sens le plus strict du mot, Racine est un écrivain qui ne s'est jamais répété.*

70 *c)* Enfin il nous paraît important de constater que Racine n'a élaboré aucun de ces quatre types d'univers cohérents qu'il a représentés dans son théâtre, à partir de sa seule imagination créatrice. Il a eu besoin, pour concevoir chacune de ses pièces, de
75 rencontrer auparavant une expérience réelle correspondante dans les groupes sociaux auxquels son activité d'écrivain était, consciemment ou inconsciemment, le plus étroitement rattachée : celui des « Amis de Port-Royal » et, pour *Athalie*, celui aussi
80 des cours de France et d'Angleterre.

Lucien GOLDMANN, *Racine* (1956)
© L'Arche

Pierre Barberis
Balzac, une mythologie réaliste (1971)

*Un risque majeur pour la sociocritique, qui est d'inspiration marxiste, serait de s'enfermer dans un **sociologisme naïf** ou dans une étroite allégeance à une théorie primaire qui ne verrait dans l'œuvre que simple miroir ou reflet de réalités historiques et sociales extérieures à elle. C'est pourquoi, écrit l'historien marxiste de la littérature **Pierre Barberis** (né en 1926), cette critique « vise moins à trouver dans les œuvres des illustrations ou des preuves relatives à des réalités historico-sociales déjà connues qu'à tenter de voir clair et de faire voir clair dans les problèmes si complexes de l'affrontement des contradictions, de la prise de conscience et de l'expression ». Le fait que l'auteur ait principalement consacré ses travaux à des œuvres où la dimension « mythologique » est primordiale (comme celles de Chateaubriand ou Balzac), montre assez que la dimension **historique** et **idéologique** de l'écriture littéraire ne peut être valablement appréhendée et estimée que dans **une approche dynamique qui intègre tout l'imaginaire de l'écrivain**.*

Le roman de la bourgeoisie

Pierre Barberis.

Les hommes de *La Comédie humaine* sont tous « nés sans doute pour être beaux » *(La Fille aux yeux d'or)*, mais ils nous sont montrés peu à peu avilis, utilisés par le système libéral, soumis aux intérêts. Même — et peut-être surtout — lorsqu'ils jouent le jeu, ils n'en sont que les illusoires vainqueurs et bénéfi-
5 ciaires ; ils ont écrasé, réifié la première image et le premier héros qu'ils portaient en eux-mêmes d'un monde conquérant et libre. Le roman balzacien déclasse radicalement les prétentions libérales bourgeoises à avoir définitivement promu et libéré l'humanité. Au cœur même du monde nouveau, que ne menacent plus ni théologiens ni féodaux, mais que mènent les intérêts, se sont levés des
10 monstres, caricatures du vouloir-vivre et du vouloir-être qui avaient porté et portaient encore la révolution bourgeoise. Ambition, énergie, argent, naguère vecteurs humanistes universalistes, formes et moyens de la lutte contre le vieux monde, deviennent pulsions purement individualistes, sans aucun rayonnement, peut-être et immédiatement efficaces, mais en tout cas trompeuses et génératri-
15 ces d'illusions perdues. Ceci, c'est la face sombre. Mais il est une face de lumière : celle de tant d'ardeur, de tant de foi en la vie, qu'ignoreront les héros et les héroïnes de Flaubert. Ce n'est pas même la vaillance gentille de Gervaise chez Zola, trop aisément et trop visiblement contre-sens et gaspillage dans un univers décidément déshumanisé. Le roman balzacien est celui de toute une vie
20 qui pourrait être et qu'on sent sur le point d'être : l'amour d'Eugénie Grandet, le Cénacle de la rue des Quatre-Vents, la fraternité de Rastignac avec Michel Chrestien et Lucien de Rubempré. Il est beaucoup de laideur au monde, mais le rêve n'est pas encore massacré et, contre les bourgeois, la seule solution n'est pas encore de s'exprimer dans l'absurde donquichottisme d'une Madame Bovary
25 identifiée au *moi* vaincu. L'argent barre l'avenir, mais s'il est déjà tout-puissant, il est encore balancé par d'autres forces dans les âmes, dans les cœurs, dans l'Histoire même, avec toutes les forces qui ne sont pas entrées en scène. Le roman balzacien est *porté*, comme toute l'histoire avant 1848. Les bourgeois même de Balzac ne sont pas encore bêtes et béats. Ils ont de l'âpreté, du génie,
30 et Nucingen est le Napoléon de la finance, comme Malin de Gondreville est le roi de l'Aube, comme Popinot, cloueur de caisses, est le fondateur d'un empire, comme Grandet unit le vieux charme français (« Dans les gardes françaises, j'avais un bon papa ») à l'invention, à l'intelligence, au dynamisme de tout un monde libéré. Le Dambreuse de Flaubert, les bourgeois de Zola seront bien
35 différents, sans génie, uniquement jouisseurs et possesseurs, installés, flasques — à la rigueur méchants — mais jamais plus messagers de rien. L'ouverture du roman balzacien tient à ce caractère encore ouvert du demi-siècle qu'il exprime.

Pierre BARBERIS, *Balzac, une mythologie réaliste* (1971)
© éd. Larousse

ÉTUDE COMPARÉE

1. Vous dégagerez, dans les deux textes (p. 707 et 708), les **concepts** et **éléments constitutifs** de ce qu'on appelle **la critique marxiste.**

2. Quels rapports les deux textes établissent-ils entre **conscience de classe** et **conscience individuelle** ?

3. Quels rapports également entre **projet revendiqué et explicite** de l'œuvre et aveu ou **dérive** involontaire et **implicite** ?

Georg Lukacs
Balzac et le réalisme français (1936)

Philosophe, critique littéraire et homme politique hongrois, **Georg Lukacs** *(1885-1971) est l'un des pères fondateurs, en Europe, de l'analyse sociologique et historique des œuvres. Retenant de Hegel la méthode dialectique et interprétant les thèses de Marx dans une perspective humaniste, il s'est principalement attaché à fonder une esthétique de la représentation où les concepts de «* **conscience sociale** *» et d'«* **idéologie** *» jouent un rôle déterminant. Ses principaux ouvrages sur la littérature (L'Évolution du drame moderne, 1908 ; Le Roman historique, 1936 ; Balzac et le réalisme français, 1936) ont largement influencé tous les travaux d'esthétique du dernier demi-siècle.*

Génie individuel et forces sociales

Georg Lukacs.
Photo d'Henri
Cartier-Bresson.

1. Les Paysans.

Pour vos essais et vos exposés

Lucien GOLDMANN : *Pour une sociologie du roman,* éd. Gallimard, 1964.
Gérard DELFAU et Anne ROCHE : *Histoire/Littérature, Histoire et interprétation du fait littéraire,* éd. du Seuil, 1977.
Claude DUCHET et alii : *Sociocritique,* éd. Nathan, 1977.
Pierre ZIMA : *Pour une sociologie du texte littéraire,* coll. « 10/18 », U.G.E., 1978.
Henri MITTERAND : *Le Discours du roman,* P.U.F., 1980.

Balzac révèle les grandes forces sociales de l'évolution historique, les fondements économiques de cette évolution. Mais il ne fait jamais cela *directement*. Les forces sociales n'apparaissent jamais chez Balzac comme des monstres romantiques et fantastiques, comme des symboles surhumains, tels que Zola les
5 représentera. Au contraire, Balzac décompose toute institution sociale en un réseau de luttes personnelles d'intérêts, d'oppositions concrètes entre des personnes, d'intrigues, etc. Chez Balzac, par exemple, jamais la juridiction, le tribunal ne sont présentés comme une institution placée au-dessus de la société et indépendante d'elle. Les tribunaux évoqués par Balzac sont toujours compo-
10 sés de juges dont il nous décrit précisément l'origine sociale et les perspectives de carrière. Toute personne participant à un jugement est dès lors mêlée aux luttes d'intérêts réelles qui entourent le procès, et toute prise de position des membres du Tribunal dépend de leur propre position dans ce réseau de luttes d'intérêts. (Que l'on songe aux intrigues judiciaires dans *Splendeurs et misères*
15 *des courtisanes* ou dans *Le Cabinet des antiques*). C'est seulement sur cette base que Balzac fait apparaître de manière plastique l'activité des grandes forces sociales. Car chaque personnage qui participe à de tels conflits d'intérêts est, tout en défendant ses intérêts personnels, le *représentant d'une classe précise*. Dans ses intérêts personnels, et inséparable de ceux-ci, s'exprime le fondement social,
20 le fondement de classes de ces intérêts. En dépouillant les institutions sociales de leur objectivité apparente et en semblant les réduire à des rapports personnels, Balzac exprime précisément ce qu'il y a en elles d'objectivité réelle, de nécessité sociale réelle : la fonction apparaît comme le support et le levier des intérêts de classe. [...]
25 Cette élaboration des principales déterminations de la vie sociale dans son processus d'évolution historique, leur peinture selon leur manifestation chez les différents individus, voilà la loi fondamentale à laquelle Balzac soumet son travail de créateur. C'est pourquoi il peut montrer concrètement dans un épisode quelconque des événements sociaux les grandes forces qui régissent l'évolution sociale. Dans ce roman[1] il décrit la lutte pour la parcellisation d'une grande propriété et ne dépasse pas à ce sujet les limites étroites du domaine et de la petite ville de province située à proximité. Mais, tandis qu'il dépeint chez les personnes et les groupes luttant pour la parcellisation les déterminations socialement prépondérantes, les aspects essentiels du développement capitaliste à la campagne, Balzac montre dans ce cadre étroit la genèse du capitalisme français dans la période postérieure à la Révolution, le déclin de la noblesse et, surtout, la tragédie de la paysannerie libérée par la Révolution puis à nouveau réduite en servitude, *la tragédie de la parcelle*. Balzac ne voit pas la perspective de cette évolution, et nous avons montré qu'il ne pouvait pas la voir et pourquoi il ne pouvait pas la voir. La mise en scène du prolétariat révolutionnaire est en dehors de ses possibilités de représentation. De ce fait Balzac peut uniquement montrer le désespoir des paysans et ne peut indiquer la seule issue possible pour échapper à ce désespoir.

Georg LUKACS, *Balzac et le réalisme français* (1936), © éd. Maspéro, 1969

Mikhaïl Bakhtine
Esthétique et théorie du roman (1978)

*L'historien et critique soviétique **Mikhaïl Bakhtine** (1895-1975) a profondément renouvelé l'étude des contenus et des formes du roman européen, de Rabelais à Dostoïevski. On trouve dans ses écrits **une théorie du dialogue, une théorie de la parodie, une réflexion sur l'espace et le temps romanesques**, etc. Pour rendre compte des relations organiques que le romancier crée entre l'action, le personnage, le moment et le lieu, Bakhtine a créé le concept de* chronotope : le « temps-espace », *et montré que chaque époque, dans l'histoire du genre, a exploité par prédilection ses propres chronotopes : le château, la route, la place publique, le salon, etc.*

Temps et espace chez Stendhal, Balzac, Flaubert

Dans les romans de Stendhal et de Balzac apparaît une nouvelle et notable localisation des péripéties : le *salon* (au sens large). Naturellement, ils ne sont pas les premiers à en parler, mais c'est chez eux qu'il acquiert sa signification pleine et entière, comme lieu d'intersection des séries spatiales et temporelles du roman. Du point de vue du sujet et de la composition, c'est là qu'ont lieu les rencontres qui n'ont plus l'ancien caractère spécifique de la rencontre fortuite, faite « en route », ou dans « un monde inconnu ». Là se nouent les intrigues et ont lieu souvent les ruptures, enfin (et c'est très important), là s'échangent des *dialogues* chargés d'un sens tout particulier dans le roman, là que se révèlent les caractères, les « idées » et les « passions » des personnages.

La signification du salon de réception pour le sujet et la composition est parfaitement compréhensible : sous la Restauration et la monarchie de Juillet, on y trouve le baromètre de la vie politique et celui des affaires. Les réputations politiques, bancaires, sociales, littéraires y sont édifiées ou détruites ; les carrières y naissent et s'effondrent, les destins de la haute politique, de la haute finance s'y jouent, le succès ou l'échec d'un projet de loi, d'un livre, d'une pièce, d'un ministre, d'une courtisane-chanteuse, s'y décident. Les échelons de la nouvelle hiérarchie sociale y sont assez complètement représentés (et réunis au même endroit, au même moment). Enfin, sous ses formes concrètes et visibles apparaît l'omniprésent pouvoir du nouveau maître de la vie : l'argent !

Mais le principal, ici, c'est la conjugaison de ce qui est historique, social, public, avec ce qui est privé, et même foncièrement intime, l'association de l'intrigue personnelle, commune, avec l'intrigue politique et financière, du secret d'État avec le secret d'alcôve, la fusion de la série historique avec la série des mœurs et de la biographie. Ici, concentrées, condensées, évidentes et visibles, se trouvent les marques d'un temps historique, d'un temps biographique ou d'un temps quotidien, et en même temps

tout cela est confondu, fondu dans les seuls indices de l'époque, et celle-ci est perçue concrètement, comme sujet. [...]

45 Voyons encore un exemple d'intersection des séries spatio-temporelles. L'action de *Madame Bovary* se déroule dans une « petite ville de province ». [...] Une telle ville est le lieu du temps cyclique de la vie quotidienne. Il ne s'y passe aucun événement, 50 rien que la répétition de « l'ordinaire ». Le temps y est privé de son cours historique progressif. Il avance en cycles étroits : le cycle du jour, de la semaine, du mois, de toute une vie. Un jour n'est jamais un jour, une année n'est jamais une année, la vie n'est pas 55 une vie. De jour en jour se répètent les mêmes actes habituels, les mêmes sujets de conversation, les mêmes mots... Dans ce temps, les gens mangent, boivent, dorment, ont des épouses, des maîtresses (sans romanesque), s'adonnent à de mesquines 60 intrigues, sont assis dans leurs boutiques ou leurs bureaux, jouent aux cartes, clabaudent. C'est cela, le temps cyclique de la vie commune, courante, quotidienne... Il nous est familier, dans ses diverses variantes, d'après Gogol et Tourguéniev, Gleb Ous- 65 penski, Chtchédrine et Tchékov. Ses indices sont simples, rudimentaires, matériels. Ils sont solidement soudés aux particularités locales, aux maisonnettes et chambrettes de la petite ville, à ses rues somnolentes, à sa poussière, ses mouches, ses 70 ses clubs, ses billards, etc. Le temps y est dénué d'événements et semble presque arrêté. Ni « rencontres », ni « séparations ». C'est un temps épais, visqueux, qui rampe dans l'espace ; c'est pourquoi il ne peut devenir le temps principal du roman. Le ro- 75 mancier peut y avoir recours comme à un temps accessoire. Il se mêle à d'autres séries, non cycliques, ou il est recoupé par elles. Souvent il sert de fond contrastant aux séries temporelles énergiques et événementielles.

Mikhaïl Bakhtine, *Esthétique et théorie du roman* (1978) (« Formes du temps et du chronotope »), © éd. Gallimard

6. Philosophes contemporains

La fin des systèmes

Les philosophes des années soixante conçoivent leur travail de façon plus modeste qu'un Jean-Paul Sartre, encore attaché à construire un « système » : **il convient d'analyser seulement des fragments du réel et de l'existence, pour en cerner le fonctionnement, les limites, les éventuelles contradictions**. C'est que les « grands récits » paraissent ne mener qu'à des facilités intellectuelles ou à des désastres socio-politiques : la psychanalyse, érigée en théorie passe-partout, perd sa pertinence ; quant au marxisme, les régimes qui s'en réclament à plus ou moins bon droit se révèlent incapables d'assurer la libération promise de l'homme. La référence à Marx et Freud, « incontournable » pour les années cinquante, va progressivement s'alléger au cours de la décennie suivante.

1. Conséquences du structuralisme

Le début des années soixante voit se multiplier des études — notamment en sciences humaines — que l'on rassemble hâtivement sous le terme de « structuralisme », pseudo-école à laquelle on reprochera de méconnaître l'histoire et le rôle que l'homme peut y tenir.

Au sens strict, une structure est un modèle d'intelligibilité : elle n'est donc pas dans les choses elles-mêmes, et constitue un ensemble d'éléments tel que chacun n'ait de signification que par ses relations avec les autres, et que la modification d'un seul élément entraîne une modification de l'ensemble.

En se référant notamment au modèle proposé par la linguistique (Ferdinand de Saussure), **Claude Lévi-Strauss** a montré son efficacité dans la recherche ethnologique. C'est également en donnant une lecture structurale de Freud que **Jacques Lacan** entend dégager la psychanalyse de la banalisation qui la menace (particulièrement aux États-Unis) et risque de la transformer en simple variante de la psychiatrie. Avec les recherches de **Michel Foucault**, c'est **dans la philosophie même que la méthode structurale prouve sa fécondité**, en même temps que **sa complémentarité** avec le point de vue historique : pour Foucault, **histoire et philosophie n'ont plus à être distinguées**. Les « objets » sur lesquels il travaille, inhabituels pour un historien classique, ne se transforment que sur une longue durée. L'« archéologie » qu'il établit insiste alors sur la variabilité et les lentes modifications de notions (la santé, le couple raison-folie, les contrôles sociaux) qui risquent aisément de sembler « naturelles ».

Quant à **Jacques Derrida**, c'est en partant de Heidegger, de certains concepts freudiens et d'une réflexion sur la nature du texte qu'il mène une réflexion souvent qualifiée de « post-structuraliste », mais qui conteste en fait la pertinence d'une opposition fondatrice de la linguistique elle-même, prise dans une métaphysique dont il entreprend la difficile « déconstruction ». La théorie classique de la représentation admet en effet un passage sans perte de la chose à son signe, du sens à l'écrit, de l'être à la vérité. Est-ce, demande Derrida, si simple ? Et d'interroger ce que suppose l'élaboration d'un texte, la « littérarité », **le commentaire esthétique** (philosophique) **de la littérature**.

2. Réflexions sur les sciences

S'il est une opposition admise, c'est celle qui paraît séparer science et philosophie. Cela ne signifie nullement, comme l'ont montré les travaux de Gaston Bachelard et de Georges Canguilhem, que la philosophie n'ait rien à dire de la science. La recherche, en épistémologie, peut, schématiquement, suivre deux voies. La première, qui analyse la nature et le fonctionnement d'une seule discipline, est illustrée par le travail mené par Jean-Toussaint Desanti sur les mathématiques — dont la minutie implique que **le philosophe prenne d'abord le temps de pratiquer la science qu'il scrute**.

La seconde approche est plus globale : elle compare des discours scientifiques variés, pour y déceler des homologies — y compris avec des œuvres artistiques plus ou moins contemporaines. Une telle « communication » entre secteurs apparemment hétérogènes préoccupe d'autant plus **Michel Serres** qu'il entend également cerner **la signification des usages sociaux du savoir** et œuvrer à la constitution d'une culture dans laquelle ce dernier pourrait à nouveau côtoyer la poésie.

3. Désir, quotidienneté, post-modernité

C'est après les événements de mai-juin 1968 qu'ont émergé des **propositions philosophiques insistant sur la positivité du désir**, à l'œuvre dans les rapports sociaux comme dans l'individu. Contre Freud qui définit le désir comme manque, **Gilles Deleuze** et **Félix Guattari** y comprennent le ressort de multiples démarches grâce auxquelles l'existence établit ses différents niveaux de signification, en opérant des « branchements » d'un secteur de la réalité à n'importe quel autre. Au lieu d'être soumis à un passé inconscient, le « sujet » humain, variable et polymorphe, retrouve un dynamisme qui lui ouvre l'avenir.

La réflexion de **Jean-François Lyotard**, elle aussi inaugurée par une redéfinition du désir, **prend acte de la faillite des grands systèmes antérieurs et des idéaux** qu'ils avaient produits : elle en vient à une interrogation de la « post-modernité », entendue comme un travail d'anamnèse cherchant à déceler les faiblesses de la pensée « moderne » et les illusions durables d'une philosophie des « lumières ». La philosophie trouve ainsi une justification supplémentaire en mettant son propre passé en cause.

1949	Claude Lévi-Strauss : *Les Structures élémentaires de la parenté*	**1974**	Jacques Derrida : *Glas*
1955	Claude Lévi-Strauss : *Tristes Tropiques*	**1975**	Jean-Toussaint Desanti : *La Philosophie silencieuse* Michel Foucault : *Surveiller et punir* Claude Lévi-Strauss : *La Voie des masques* Michel Serres : *Esthétique. Sur Carpaccio. Feux et Signaux de brume, Zola*
1957	Roland Barthes : *Mythologies*		
1958	Claude Lévi-Strauss : *Anthropologie structurale, I*		
1961	Michel Foucault : *Histoire de la folie à l'âge classique*		
1962	Claude Lévi-Strauss : *La Pensée sauvage*	**1975-1986**	Jacques Lacan : *Le Séminaire*
1964-1971	Claude Lévi-Strauss : *Mythologiques*	**1976**	Gilles Deleuze : *Rhizome* Jean-Toussaint Desanti : *La Philosophie et les pouvoirs* Michel Foucault : *La Volonté de savoir*
1966	Michel Foucault : *Les Mots et les Choses*		
1967	Roland Barthes : *Système de la mode* Jacques Derrida : *L'Écriture et la Différence, De la grammatologie*	**1978**	Jacques Derrida : *La Vérité en peinture*
		1979	Jean-François Lyotard : *La Condition post-moderne*
1968	Jean-Toussaint Desanti : *Les Idéalités mathématiques*	**1982**	Gilles Deleuze : *Logique de la sensation* Jacques-Toussaint Desanti : *Un Destin philosophique* Michel Serres : *Genèse*
1969	Gilles Deleuze : *Logique du sens* Michel Foucault : *Archéologie du savoir*		
1970	Roland Barthes : *L'Empire des signes*	**1983**	Michel Serres : *Détachement* Gilles Deleuze : *L'Image-mouvement*
1971	Michel Foucault : *L'Ordre du discours* Jean-François Lyotard : *Discours, Figure*	**1984**	Michel Foucault : *L'Usage des plaisirs, Le Souci de soi* Jean-François Lyotard : *Le Différend*
1972	Roland Barthes : *Nouveaux Essais critiques* Gilles Deleuze, Félix Guattari : *L'Anti-Œdipe* Jacques Derrida : *La Dissémination, Marges de la philosophie*	**1985**	Gilles Deleuze : *L'Image-temps* Claude Lévi-Strauss : *La Potière jalouse* Michel Serres : *Les Cinq Sens*
		1986	Jacques Derrida : *Parages*
1973	Jean-François Lyotard : *Dérive à partir de Marx et Freud*	**1988**	Gilles Deleuze : *Le Pli*

Claude Lévi-Strauss
La Potière jalouse (1985)

Ethnologue, né en 1908, c'est en s'inspirant notamment des méthodes de la linguistique que **Claude Lévi-Strauss** *fonde l'anthropologie « structurale » — qui se trouvera bien involontairement à l'origine de la mode du « structuralisme » : l'ambition en consiste à découvrir, en deçà des phénomènes sociaux dont on a conscience,* **les schémas réguliers, entrant dans des combinaisons complexes,** *qui les informent. L'analyse minutieuse des productions culturelles (des mythes à la cuisine) permet de déceler de tels schémas, qui obéissent à une logique dont Lévi-Strauss pense qu'elle serait à l'œuvre dans toutes les cultures et mentalités humaines : ainsi, les relations de parenté spontanément vécues par certains « primitifs » correspondent à des formules mathématiques dérivées de l'algèbre de Boole.*

Bien que critiqué par d'autres ethnologues (Robert Jaulin) ou sociologues qui voient dans ses hypothèses un idéalisme masquant un européocentrisme, Lévi-Strauss a incontestablement influencé les conceptions les plus récentes de l'être humain et de sa culture.

Œdipe au chapeau de paille...

Claude Lévi-Strauss.

Si le code sexuel permettait seul de déchiffrer le mythe d'Œdipe, comment comprendrait-on que nous trouvions une satisfaction d'un autre ordre, mais non moins grande, à lire ou écouter *Un chapeau de paille d'Italie* ? La tragédie de Sophocle et la comédie de Labiche sont en effet la même pièce où l'oncle
5 Vézinet, qui est sourd, et Tirésias, qui est aveugle, se remplacent. Tirésias dit tout, on ne le croit pas. Vézinet veut tout dire, on ne le laisse pas. En raison d'une infirmité qui les affecte en qualité d'interlocuteurs, personne ne fait crédit à des propos qui, correctement interprétés, eussent mis fin à l'action avant qu'elle n'eût commencé. Et c'est, dans les deux cas, parce que cette solution toute prête a
10 été ignorée qu'une crise s'ouvre entre des alliés par mariage : ici le héros de la pièce et son beau-frère qu'il accuse de machination ; là, le héros de la pièce et son beau-père (« Mon gendre, tout est rompu ! ») qui lui reproche de manquer à ses devoirs.
Ce n'est pas tout. Chaque pièce pose et cherche à résoudre les mêmes
15 problèmes et, pour y parvenir, elles s'y prennent exactement de la même façon. Dans *Œdipe roi*, le problème initial est de découvrir qui a tué Laïos ; un individu quelconque fera l'affaire, pourvu qu'il remplisse les conditions énoncées. Dans *Un Chapeau de paille d'Italie*, il s'agit au départ de découvrir un chapeau identique à un chapeau disparu. Un chapeau quelconque fera l'affaire, pourvu
20 qu'il satisfasse aux conditions énoncées. Mais, en plein milieu de chaque pièce, ce problème initial bascule. Chez Sophocle, la recherche d'un meurtrier quelconque s'efface progressivement derrière la découverte bien plus intéressante que l'assassin qu'on cherche est celui-là même qui cherche à découvrir l'assassin. De même, chez Labiche, la recherche d'un chapeau identique au premier
25 s'estompe derrière la découverte progressive que ce chapeau qu'on cherche n'est autre que celui qui a été détruit. [...]
Les deux pièces procèdent en trois étapes qui se font respectivement pendant. *Œdipe roi* : 1. Œdipe apprend de son épouse Jocaste les circonstances du meurtre de Laïos, ce qui lui dicte son plan d'enquête ; 2. Œdipe apprend du
30 messager qu'il n'est pas le fils de Polybe et de Mérope, mais un enfant trouvé ; 3. Œdipe apprend du serviteur que cet enfant trouvé est le fils de Laïos et de Jocaste, c'est-à-dire lui-même. Et maintenant, *Un Chapeau de paille d'Italie* : 1. Fadinard apprend d'une modiste, ancienne maîtresse, qu'un chapeau semblable à celui qu'il cherche existe, ce qui lui dicte son plan d'enquête ; 2. Fa-
35 dinard apprend de la propriétaire du chapeau qu'elle ne l'a plus mais l'a donné ; 3. Fadinard comprend en rencontrant la servante que le chapeau qu'il cherche est celui-là même qui a été mangé. [...]
Ce schème commun aux deux textes (ou forme, ou symétrie) quel est-il donc ? Je l'ai dit, celui que le roman policier popularisera à des millions d'exemplaires,
40 mais appliqué à des contenus si monotones que le schème apparaît dépouillé, réduit à des contours immédiatement perceptibles, d'où l'empire que ce genre exerce sur un public même peu lettré. Là comme ailleurs, pourtant, un schème consiste en un ensemble de règles destinées à rendre cohérents des éléments d'abord présentés comme incompatibles sinon même contradictoires. Entre un
45 ensemble de départ et un ensemble d'arrivée comprenant chacun des termes (les personnages) et des relations (les fonctions qui leur sont attribuées par l'intrigue), il s'agit d'établir une correspondance biunivoque au moyen d'opérations diverses : application, substitution, translation, rotation, inversion qui se compensent, de sorte que l'ensemble d'arrivée forme aussi un système clos. Tout restera pareil
50 et tout sera différent. Le résultat contentera d'autant mieux l'esprit que les opérations auront été plus complexes et qu'elles auront requis plus d'ingéniosité. En somme, la volupté intellectuelle procurée par de tels exercices tient à ce qu'ils rendent présente l'invariance sous la plus improbable transformation.

Claude LÉVI-STRAUSS, *La Potière jalouse* (1985)
© éd. Plon

POUR LE COMMENTAIRE

1. Ce que vous connaissez de **la littérature policière** vous paraît-il justifier ce qu'en affirme ici Claude Lévi-Strauss ?

2. Caractérisez **les résumés** que fournit l'auteur des deux pièces comparées.

3. Définissez avec précision : *correspondance biunivoque, application, substitution, translation, rotation, inversion.*

Michel Foucault
Histoire de la folie à l'âge classique (1961)

*Le travail de **Michel Foucault** (1926-1984) s'est effectué sous le signe d'une **archéologie**, c'est-à-dire d'**une interrogation portant sur la constitution historique des différents modes de discours** — notamment médical, psychiatrique ou littéraire. Révélée au public cultivé par l'*Histoire de la folie...*, la démarche aboutit dans* Les Mots et les Choses *à montrer que l'« homme » est un « objet » d'analyse récent — et en conséquence condamné à ne pas durer.*

*Caricaturalement résumée par la formule « l'homme est mort », où l'on a voulu comprendre la fin de tout humanisme et l'emprise des structures sur l'histoire, la pensée de Foucault conteste sans doute la conception classique du sujet humain — mais ce n'est pas pour inviter à la passivité. Ses recherches ultérieures ont en effet montré que sa pensée n'était pas dépourvue d'implications sociales ou politiques : en étudiant **le pouvoir sous toutes ses formes** (politique, juridique, familial, psychiatrique), Foucault montre qu'il s'est historiquement ramifié en emprises locales et complices, dont seule pourrait peut-être se déprendre la constitution d'une morale susceptible de transformer l'existence individuelle en l'équivalent d'une œuvre.*

1961	*Histoire de la folie à l'âge classique*
1966	*Les Mots et les Choses*
1969	*Archéologie du savoir*
1971	*L'Ordre du discours*
1975	*Surveiller et punir*
1976	*La Volonté de savoir*
1984	*L'Usage des plaisirs*
	Le Souci de soi

Michel Foucault dans son cabinet de travail.
◀ Photo de Martine Franck.

« *L'œuvre et la folie* »

*Après l'analyse des diverses figures historiques des « fous » dans la culture occidentale, **Michel Foucault**, dans les dernières pages de l'*Histoire de la folie*, examine ce que peut signifier pour nous la folie qui a sanctionné l'œuvre de certains des grands inventeurs de la modernité (Nietzsche, Van Gogh, Artaud).*

La folie est absolue rupture de l'œuvre ; elle forme le moment constitutif d'une abolition, qui fonde dans le temps la vérité de l'œuvre ; elle en dessine le bord extérieur, la ligne d'effondrement, le profil contre le vide. L'œuvre d'Artaud éprouve dans la folie sa propre absence, mais cette épreuve, le courage re-
5 commencé de cette épreuve, tous ces mots jetés contre une absence fondamen-tale de langage, tout cet espace de souffrance physique et de terreur qui entoure le vide ou plutôt coïncide avec lui, voilà l'œuvre elle-même : l'escarpement sur le gouffre de l'absence d'œuvre. La folie n'est plus l'espace d'indécision où risquait de transparaître la vérité originaire de l'œuvre, mais la décision à partir
10 de laquelle irrévocablement elle cesse, et surplombe, pour toujours, l'histoire. Peu importe le jour exact de l'automne 1888 où Nietzsche est devenu définitive-

1. *Premier ouvrage de Nietzsche, paru en 1872.*

ment fou, et à partir duquel ses textes relèvent non plus de la philosophie, mais de la psychiatrie : tous, y compris la carte postale à Strindberg, appartiennent à Nietzsche, et tous relèvent de la grande parenté de l'*Origine de la tragédie*[1].

15 Mais cette continuité, il ne faut pas la penser au niveau d'un système, d'une thématique, ni même d'une existence : la folie de Nietzsche, c'est-à-dire l'effondrement de sa pensée, est ce par quoi cette pensée s'ouvre sur le monde moderne. Ce qui la rendait impossible nous la rend présente ; ce qui l'arrachait à Nietzsche nous l'offre. Cela ne veut pas dire que la folie soit le seul langage

20 commun à l'œuvre et au monde moderne (danger du pathétique des malédictions, danger inverse et symétrique des psychanalyses) ; mais cela veut dire que, par la folie, une œuvre qui a l'air de s'engloutir dans le monde, d'y révéler son non-sens, et de s'y transfigurer sous les seuls traits du pathologique, au fond engage en elle le temps du monde, le maîtrise et le conduit ; par la folie qui

25 l'interrompt, une œuvre ouvre un vide, un temps de silence, une question sans réponse, elle provoque un déchirement sans réconciliation où le monde est bien contraint de s'interroger. Ce qu'il y a de nécessairement profanateur dans une œuvre s'y retourne, et, dans le temps de cette œuvre effondrée dans la démence, le monde éprouve sa culpabilité. Désormais et par la médiation de la folie, c'est

30 le monde qui devient coupable (pour la première fois dans le monde occidental) à l'égard de l'œuvre ; le voilà requis par elle, contraint de s'ordonner à son langage, astreint par elle à une tâche de reconnaissance, de réparation ; à la tâche de rendre raison *de* cette déraison et *à cette* déraison. La folie où s'abîme l'œuvre c'est l'espace de notre travail, c'est l'infini chemin pour en venir à bout,

35 c'est notre vocation mêlée d'apôtre et d'exégète. C'est pourquoi il importe peu de savoir quand s'est insinuée dans l'orgueil de Nietzsche, dans l'humilité de Van Gogh la voix première de la folie. Il n'y a de folie que comme instant dernier de l'œuvre — celle-ci la repousse indéfiniment à ses confins ; *là où il y a œuvre, il n'y a pas folie* ; et pourtant la folie est contemporaine de l'œuvre, puisqu'elle

40 inaugure le temps de sa vérité. L'instant où, ensemble, naissent et s'accomplissent l'œuvre et la folie, c'est le début du temps où le monde se trouve assigné par cette œuvre, et responsable de ce qu'il est devant elle.

Michel Foucault, *Histoire de la folie à l'âge classique* (1961)
© éd. Gallimard

RECHERCHES

1. Comment le jugement sur la folie de certains écrivains (Nerval, Maupassant, Lautréamont, Strindberg, Artaud) a-t-il évolué ?

2. Folie et surréalisme : *Nadja* (voir pp. 217 à 220).

3. Folie et regard médical ou psychiatrique.

4. Folie et arts plastiques : qu'appelle-t-on « art brut » ?

Jacques Derrida

Né en 1930, **Jacques Derrida** *mène une recherche qui s'origine à la fois dans la poésie de Mallarmé, la phénoménologie d'Husserl et la philosophie d'Heidegger — dont il retient notamment l'affirmation d'un « échec » de la métaphysique occidentale.* **Sa réflexion est centrée sur l'écriture elle-même,** *occultée par la tradition philosophique au profit d'une parole affirmée comme nécessairement antérieure (« logophonocentrisme ») : il s'agit alors d'interroger, dans son inscription matérielle et gestuelle, le fait d'écrire (ou de dessiner, de peindre) pour y découvrir la trace spécifique de la pensée à l'œuvre.*

Cette dernière se manifeste notamment dans les œuvres-limites que privilégie Derrida : Joyce, Bataille, Artaud. Elles exhibent des textes qui, même s'ils ne sont plus assimilables à des œuvres au sens classique, montrent le fonctionnement propre d'une écriture qui, parce qu'elle s'élabore sans référent (psychologique ou social) emprunté au « réel », ne sont plus justiciables d'un commentaire classique.

1967	*L'Écriture et la Différence*	**1974**	*Glas*
	De la grammatologie	**1978**	*La Vérité en peinture*
	La Voix et le Phénomène	**1980**	*La Carte postale*
1972	*La Dissémination*	**1986**	*Parages*

Michel Serres « La Thanatocratie » (1972)

Ce marin devenu historien des sciences et épistémologue a bâti son œuvre solitairement, se contentant de prendre acte de la caducité des grands systèmes. Appartenant à une génération élevée dans la violence de l'histoire européenne (il est né en 1930), **Michel Serres** *entend « repenser les conditions de la connaissance, du pouvoir, de la science pour aller au-delà » d'une « histoire débile » sanctionnée par Hiroshima.*

La réflexion sur la science mène à souligner sa liaison moderne avec le pouvoir et l'industrie : il est dès lors essentiel de **réfléchir sur le « passage » qui peut unir le savoir et ce que nous voulons sauver de l'homme**. *Le savoir lui-même doit être conçu comme délivré de hiérarchie et de centre : ce qui compte, c'est la circulation des lois d'un domaine à l'autre, la communication généralisée qui remplace l'idée d'une vérité unique par des vérités plurielles, innervant arts et sciences, suscitant multiplicité et mélange.*

1969-1980	*Hermès* (5 vol.)	**1979**	*Le Parasite*
		1982	*Genèse*
1975	*Esthétique. Sur Carpaccio*	**1983**	*Détachement*
	Feux et signaux de brume, Zola	**1985**	*Les Cinq Sens*

Rationalité du savoir et secret

Les applications de la science *sont fréquemment, au XXᵉ siècle,* **dénoncées comme dangereuses**. *Comment une connaissance, d'abord perçue comme bénéfique, a-t-elle pu s'inverser en menace de mort ? Michel Serres voit la source de cette inversion dans l'existence du « secret »* — *mais il propose aussi* **un remède**.

Michel Serres.

On distingue aisément trois types de secrets. Le secret socio-politique, bien analysé partout : le savoir est aux mains d'une classe donnée ; ceux qui sont extérieurs à la classe n'y ont pas accès. Le secret intérieur à la science même dans son fonctionnement sectoriel, moins souvent mis en lumière : de cellule à
5 cellule, de discipline à discipline, la communication n'a pas cours. Or, plus on divise le travail scientifique, mieux on se l'approprie dans sa globalité. Le spécialiste est une espèce qui n'a pas la parole, qui ne peut se faire comprendre de l'espèce voisine. Diviser pour régner : les réunions et les attroupements de plus de trois personnes sont interdits. Enfin, l'ensemble des secrets institution-
10 nalisés par les militaires et les industriels. Il est très remarquable, ici, que l'armée n'a fait qu'appliquer au savoir et à la recherche les techniques de protection des codes qu'elle utilisait de tous temps pour la discrétion des messages et des signaux. [...]

L'appropriation du savoir est fonction de la rigueur des secrets. Des limites
15 imposées à l'espace de communication. D'autre part, plus on code un message, moins nombreux sont ses propriétaires, et, selon la teneur du message, plus puissants sont-ils. L'importance croissante accordée au troisième type de secret, depuis la fin de la seconde guerre mondiale — croissance mesurée par l'installation de technologies de plus en plus nombreuses de la communication —
20 a exaspéré en retour le fonctionnement des deux premiers, de sorte qu'on assiste à un renforcement maximal des limitations de ce genre. Alors, *le fondement de la rationalité scientifique se trouve détruit*. Je crois bien qu'il y a encore des sciences, mais elles sont envahies par les métastases de l'irrationnel. Il y a des savoirs, mais la possibilité ouverte de contrôles en retour a décru brusquement,
25 jusqu'à se fermer. Or, dès qu'il n'y a plus de contrôle, de contre-rôle, il n'y a plus de rationalité. L'ensemble du réseau des interférences scientifiques n'a plus la possibilité de s'auto-contrôler : or c'était là sa raison propre. Il lui fallait des contremaîtres, elle n'a plus que des maîtres, qui ont pour attribut principal de ne

Explosion nucléaire
sur l'atoll de Mururoa
dans le Pacifique Sud.

1. *Constitué par
« l'association de
l'industrie, de la
science et de la
stratégie ».*

2. *C'est-à-dire qu'elle
obéit à un but défini.*

rien savoir. La rationalité se trouve piégée : l'irrationnel délirant envahit le savoir,
30 en ce qu'il a perdu son propre auto-contrôle. Alors, l'instinct de mort circule
librement. Ici, la solution, la seule, est la libération du savoir, c'est-à-dire la
suppression de tout secret, de tout codage. [...]

La seule possibilité réelle laissée au philosophe, puisque son seul outil est le
discours, est de parler au niveau de l'une des trois composantes du triangle[1], la
35 science. La seule, justement, qui soit, au moins dans son contenu et ses façons,
universelle. Et qui est, de la chaîne, le maillon le plus faible. Il ne lui est possible
d'intercepter le flux, dans le triangle, qu'à cet endroit. Scientifiques de tous les
pays, unissez-vous. Croisez-vous les bras tant que votre spécialité reste articulée
au projet de suicide. L'interruption du travail et de l'information, la grève
40 universelle des savants, doivent isoler tous les points d'application. Pour un
temps à déterminer, l'humanité instruite, les travailleurs de la preuve, ne doivent
poser, donc résoudre, que des problèmes *démontrablement inutiles*. Puisque
toute l'utilité du savoir, à peu près, est canalisée vers la mort. Le reste est à fermer
pour cause d'inventaire. Et l'inventaire est à faire en prenant la limite mortelle
45 comme référence de pensée. Ici la critique n'est plus théorique, subjective,
conditionnelle, mais pratique, objective, téléologique[2]. Elle ne consiste plus à
rechercher les conditions de possibilité, dans le sujet pensant, d'une pureté
théorique, elle consiste à détourner de sa fin actuelle un ensemble pratique
d'informations et d'outils. La fin est référence : limite où se projettent sur un écran
50 géant, sur un miroir géant, toutes les figures concevables de l'instinct de mort,
que la totalité quasi finie de l'histoire a laborieusement dessinées, réalisées,
parfaites. Le seul espoir qui demeure, c'est cette critique par la fin, c'est la mise
en court-circuit des savoirs et produits, présents et millénairement hérités, avec
la scène finale, la lutte finale, l'holocauste apocalyptique et définitif qu'ils
55 préparent avec la minutie attentive de l'inconscience. Cette critique définit un
point critique du temps et de l'histoire, où l'histoire du passé de la raison se trouve
face à face avec la fin de ses espoirs et de son avenir. Le visage de la mort
prochaine dévisage les figures virtuelles de l'instinct de mort éparses dans
l'exercice de la raison. En ce point critique du présent, pour un temps encore
60 vivant, le passé mortifère rencontre, en un éclair, l'avenir et son trou de néant.
L'histoire totale s'involue en ce lieu, dont on peut dire assurément que s'il n'a pas
lieu, notre survie est brève. En ce point critique, dans l'éblouissement de cet
éclair, quelque chose peut et doit advenir : *que la mort prochaine tue à jamais,
en un instant de conscience historique et collective unique, l'instinct de mort qui*
65 *l'engendre et réciproquement. Mort à la mort*, le dernier mot de la philosophie.
Nous passerons ce seuil, nous verrons cet éclair, ou nous trépasserons, parmi
les mille soleils de notre raison infernale. Passé ce seuil, nous nous mettrons à
parler de l'immortalité. De la science nouvelle.

Michel SERRES, « La Thanatocratie », *Critique*, n° 298, mars 1972

POUR LE COMMENTAIRE

1. Quelle **différence** existe-t-il
d'après Michel Serres entre une
déclaration d'amour et un théorème ?

2. Pourquoi **les trois types de
secrets** ici distingués sont-ils de
plus en plus dangereux ?

3. Déduisez de ce texte une **définition de la rationalité**.

4. Explicitez **l'appel aux scientifiques** énoncé dans le dernier
paragraphe : vous paraît-il fondé ?
utopique ? réaliste ?

Gilles Deleuze, Félix Guattari
Rhizome (1976)

Après avoir publié des études sur différents philosophes classiques (de Hume à Spinoza ou Bergson), **Gilles Deleuze** *(né en 1921) aborde avec* Logique du sens *(1969) des auteurs plus marginaux (Lewis Carroll, Artaud) : il y cerne un certain nombre de concepts (surface et profondeur, perversité, corps sans organes) qui dirigent sa réflexion sur* **les problèmes de la signification et de l'expressivité**. *Mais c'est dans les livres qu'il rédige en collaboration avec Félix Guattari (ex-psychanalyste né en 1930) que sa pensée prend un tour plus radical :* L'Anti-Œdipe *(1972) scandalise les psychanalystes par sa valorisation de la schizophrénie comme limite des théories freudiennes et la façon dont la psychanalyse y est présentée comme de connivence avec le capitalisme. Émerge du même coup* **une conception nouvelle du désir comme flux et machinerie capable d'emprunter les aspects les plus divers** *: les « machines désirantes ».*

Ce qui intéresse Deleuze, c'est plus la circulation (de la peinture à la philosophie, du texte aux lecteurs, d'un concept à un film...) que la définition et la clôture. D'où son attention pour certains ouvrages (Kafka, Beckett, Artaud...), et **sa conception finale du livre comme instrument de connexion** *entre les lieux, les théories, les désirs : ce privilège reconnu au mouvant sur les systèmes trop figés — Marx ou Freud — a trouvé son aboutissement dans* Le Pli *(1988), consacré à Leibniz et à l'esprit du baroque.*

Gilles Deleuze.
Photo de Raymond
Depardon.

1. *Expression empruntée à Antonin Artaud.*

POUR LE COMMENTAIRE

1. En quoi la conception de **la littérature comme « agencement »** est-elle inédite ?

2. Que devient **la notion** classique **d'« auteur »** dans cet extrait ?

3. S'il n'y a « rien à comprendre dans un livre », en quoi peut consister sa lecture ?

4. Justifier la phrase : « On fabrique un bon Dieu pour des mouvements géologiques. »

Le livre comme « petite machine »

Un livre n'a pas d'objet ni de sujet, il est fait de matières diversement formées, de dates et de vitesses très différentes. Dès qu'on attribue le livre à un sujet, on néglige ce travail des matières, et l'extériorité de leurs relations. On fabrique un bon Dieu pour des mouvements géologiques. Dans un livre comme dans toute
5 chose, il y a des lignes d'articulation ou de segmentarité, des strates, des territorialités ; mais aussi des lignes de fuite, des mouvements de déterritorialisation et de déstratification. Les vitesses comparées d'écoulement de flux d'après ces lignes entraînent des phénomènes de retard relatif, de viscosité, ou au contraire de précipitation et de rupture [...]. Tout cela, les lignes et les vitesses
10 mesurables, constitue un *agencement machinique*. Un livre est un tel agencement, comme tel inattribuable. C'est une multiplicité — mais on ne sait pas encore ce que le multiple implique quand il cesse d'être attribué, c'est-à-dire quand il est élevé à l'état de substantif. [...]

En tant qu'agencement, il est seulement lui-même en connexion avec d'autres
15 agencements, par rapport à d'autres corps sans organes[1]. On ne demandera jamais ce que veut dire un livre, signifié ou signifiant, on ne cherchera rien à comprendre dans un livre, on se demandera avec quoi il fonctionne, en connexion de quoi il fait ou non passer des intensités, dans quelles multiplicités il introduit et métamorphose la sienne, avec quels corps sans organes il fait
20 lui-même converger le sien. Un livre n'existe que par le dehors et au-dehors. Ainsi, un livre étant lui-même une petite machine, dans quel rapport à son tour mesurable cette machine littéraire est-elle avec une machine de guerre, une machine d'amour, une machine révolutionnaire, etc. — et avec une *machine abstraite* qui les entraîne ? On nous a reprochés d'invoquer trop souvent des
25 littérateurs. Objection idiote. Car la seule question quand on écrit, c'est de savoir avec quelle autre machine la machine littéraire peut être branchée, et doit être branchée pour fonctionner. Kleist et une folle machine de guerre, Kafka et une machine bureaucratique inouïe... (et si l'on devenait animal ou végétal *par* littérature, ce qui ne veut certes pas dire littérairement ? ne serait-ce pas d'abord
30 par la voix qu'on devient animal ?). La littérature est un agencement.

Gilles DELEUZE et Félix GUATTARI, *Rhizome* (1976)
© éd. de Minuit

Jean-François Lyotard
« Retour au post-moderne » (1985)

*Le premier ouvrage marquant de **Jean-François Lyotard** (né en 1924), Discours, Figure (1971), insiste sur la place du désir (encore défini assez classiquement comme manque) à l'œuvre dans le langage et la perception :* **l'œuvre d'art est subversion** *(des codes, des formes, des langages admis). Cette « esthétique libidinale » se prolonge ensuite dans une « économie libidinale », qui, par les notions d'intensité, de parcours multiples, d'un corps conçu comme sans dehors ni dedans,* **s'insurge contre la tyrannie des concepts et des systèmes.**

Retour au post-moderne

*« Post-moderne » qualifie en histoire de l'art (et notamment en architecture) les œuvres qui, n'obéissant plus à une volonté de fonctionnalisme ou d'avant-garde, préfèrent entremêler les styles historiques pour instaurer une sorte d'éclectisme. L'usage que propose **Jean-François Lyotard** du même mot n'a pas des conséquences comparables : il invite en priorité* **à interroger la faillite des idéaux** *qui animèrent le monde « moderne ».*

Quelque chose est en déclin dans la modernité. D'où la vraie question sur le postmodernisme, c'est plutôt celle de la modernité, où commence-t-elle ? où finit-elle ?, etc. laquelle nous renvoie à un pro-
5 blème de périodisation.

Mais périodiser n'est pas facile non plus. On peut émettre une foule d'hypothèses, procéder comme une brute, découper, tailler dans l'histoire, par exemple décréter que 1943 est la date décisive,
10 l'échéance où le siècle bascule. Ce qui en un sens serait juste... Avec la « solution finale », l'introduction de nouvelles technologies dans la guerre, l'usage systématique de la destruction des populations civiles, il est indéniable qu'un changement
15 s'opère. Les idéaux de la modernité sont ouvertement violés, notamment ce thème fondamental déjà présent chez saint Augustin — voilà, en passant, une origine possible —, repris par l'Aufklärung, les Lumières françaises, les Anglais, qui stipulait que
20 tout ce que nous faisons en matière de science, de technique, d'art et de libertés politiques, a une finalité commune et unique : l'émancipation de l'homme. Là-dessus, les uns et les autres mettent l'accent sur ce qui les intéresse : le capitaliste libéral
25 sur la pauvreté, le marxiste sur le travail ; le républicain version française sur l'ignorance... Ils débattent à l'infini, mais tous sont d'accord pour reconnaître que ces pratiques finalement servent à produire une humanité. Donc 1943 peut en effet constituer une
30 date opératoire pour désigner le moment de rupture de la modernité.

Pour ce qui est de fixer son origine, on n'est pas mieux servi. On peut la placer à saint Augustin — et en disant cela je critique mon propre découpage
35 — sans que ce soit stupide, car il est évident que les thèmes que je viens d'évoquer se trouvent dans les conceptions, dans l'organisation du temps et de l'espace héritées du christianisme : cette vision d'une histoire qui est un continuel mouvement vers
40 l'émancipation, qui se déploie par rapport au péché originel, qui promet le royaume de Dieu... Chacun notera qu'elle est structurellement fondamentale pour tous les récits modernes. Mais à l'origine, on peut aussi la repérer chez Descartes, ou chez Leib-
45 niz, ou dans l'Encyclopédie, ou avec la Révolution française : les dates plausibles sont légion. Et ce qui accentue encore la pagaille, c'est qu'il n'y a pas homogénéité dans la diachronie des différents champs : le départ de la modernité ne sera pas
50 perceptible aux mêmes dates, selon que l'on se situera dans la philosophie pure, dans la philosophie politique, dans la philosophie de l'art ou dans la philosophie des sciences.

En revanche, sur la question du déclin de la
55 légitimation, on peut s'entendre. Les signes sont noria. Par exemple, pour les idéaux communistes, le déclin est évident. Que ce soit dans les pays de l'Est, ou dans ceux de l'Ouest — cela concerne le mouvement politico-revendicatif qui s'y rattachait
60 — : déroute complète. Un phénomène qu'il faut prendre au sérieux, car il signifie que l'alternative d'une société sans classes a disparu, ce qui n'est pas facile à avaler : beaucoup de ma génération sont morts de ça. Autre exemple : les promesses du
65 capitalisme libéral. On allait voir ce qu'on allait voir. Si on suivait les voies qu'il traçait, l'humanité entière parviendrait à la richesse, condition matérielle *sine qua non* de l'émancipation. On peut aujourd'hui mesurer la faillite du programme. L'écart entre le
70 Tiers-monde et nous n'a cessé, et ne cesse de s'accroître. Le capitalisme libéral est créateur de pauvreté à l'échelle planétaire. A l'heure qu'il est, les deux tiers de l'humanité ne sont pas en position matériellement, ni même intellectuellement, de
75 prendre part aux décisions d'ensemble qui concernent l'humanité tout entière. Voilà deux exemples frappants du déclin des légitimations.

Le Magazine littéraire, n° 225, décembre 1985

ÉCRITS DE FEMMES

BENOÎTE GROULT, MARGUERITE DURAS, ANNIE LECLERC, JEANNE HYVRARD MARIE CARDINAL, MONIQUE WITTIG, JULIA KRISTEVA, HÉLÈNE CIXOUS, CHRISTIANE OLIVIER

« Toutes ces choses n'existaient pas puisqu'on n'avait pas le droit d'employer les mots qui les désignaient ».

Marie Cardinal,
Les Mots pour le dire

Claire Bretécher, *Les Frustrés 2*, 1976.

Écrire femme

1. Refuser ou revendiquer la différence ?

« La littérature féminine de notre temps a d'abord revendiqué pour la femme le droit d'être un homme. Elle commence à revendiquer le droit d'être une femme. » « Trois Femmes », *Le Figaro littéraire*, 15 décembre 1966

Pour être simpliste, cette formule de Robert Kanters est pourtant juste : entre le « féminisme » des années 50 et celui des années 70, la rupture est là, radicale. *Le Deuxième Sexe* de Simone de Beauvoir (1949) avait appelé les femmes à parler, en sortant de la problématique stérile de la « personne », à penser, non la seule condition féminine mais la condition humaine, bref à **refuser cette « différence » millénaire** dans laquelle les hommes les avaient enfermées. Le risque était réel : en visant une neutralité et une égalité abstraites, les femmes cessaient d'être des femmes. Les mouvements de libération féminins des années 70 (le M.L.F. est le plus célèbre, mais il n'est pas le seul) ont au contraire **revendiqué l'identité féminine, féminité, féminitude**. Les femmes ont hurlé leur spécificité, leur différence absolue.

Le lieu d'où elles ont choisi de parler n'était pas seulement un « autre » lieu, c'était un lieu « autre », celui que Freud, qui ne croyait pas si bien dire, avait jadis défini comme « le continent noir ». Au travers de leurs journaux, de leurs revues, sur leurs tracts, dans leurs textes littéraires et dans leurs essais théoriques, à tâtons, et en assumant ces tâtonnements mêmes, les écrivaines ont balisé **les territoires du féminin**, aux marges du politique, du psychanalytique — elles ont alors redéfini l'inconscient comme le « féminin censuré de l'histoire » — et du linguistique, parce qu'il fallait bien inventer des « mots pour se dire », se faire « voleuses de langue », en un geste semblable à celui de Prométhée voleur du feu, subvertir enfin une littérature qui leur paraissait dominée par le terrorisme phallocentrique.

2. Parole de femme

Il s'agissait d'arracher les bâillons, d'opposer souvent d'une façon destructrice, voire nihiliste, à la « parole d'homme » une « parole de femme », d'échapper au logocentrisme, parce que l'univers du discours était aussi celui du Père, de l'Ordre, du Sens. **Écrire, pour une femme, était en soi un acte subversif** : restait à savoir comment inventer un « écrire femme », sans retomber dans le piège de « l'ouvrage de dame ».

1960	Suzanne LILAR : *La Confession anonyme*	**1975**	Hélène CIXOUS : *Souffles*
1962	Colette AUDRY : *Derrière la baignoire* Benoîte et Flora GROULT : *Journal à quatre mains* Anna LANGFUS : *Les Bagages de sable*		Catherine CLÉMENT, Hélène CIXOUS : *La Jeune-Née* Benoîte GROULT : *Ainsi soit-elle* Jeanne HYVRARD : *Les Prunes de Cythère* Michèle PERREIN : *Le Mâle aimant*
1964	Andrée MICHEL, Geneviève TEXIER : *La Condition de la Française d'aujourd'hui* (étude sociologique) Monique WITTIG : *L'Opoponax*	**1976**	Monique WITTIG : *Brouillon pour un dictionnaire des amantes*
1965	Benoîte et Flora GROULT : *Féminin pluriel* Albertine SARRAZIN : *La Cavale*	**1977**	Hélène CIXOUS : *Angst* Annie ERNAUX : *Ce qu'ils disent ou rien* Luce IRIGARAY : *Ce sexe qui n'en est pas un* Danièle SALLENAVE : *Le Voyage d'Amsterdam ou les Règles de la conversation*
1966	Albertine SARRAZIN : *La Traversière ; L'Astragale*		
1967	Benoîte et Flora GROULT : *Il était deux fois*	**1978**	E. G. BELOTTI : *Du côté des petites filles* Évelyne SULLEROT : *Le Fait féminin* (collectif)
1968	Françoise PARTURIER : *Lettre ouverte aux hommes*	**1979**	Hélène CIXOUS : *Ananké* F. PERRIER et W. GRANOFF : *Le Désir et le Féminin*
1969	Hélène CIXOUS : *Dedans* Monique WITTIG : *Les Guérillères*		
1973	Gisèle HALIMI : *La Cause des femmes* Suzanne PODOLSKI : *Le Pays où tout est permis* Emma SANTOS : *La mal castrée* Monique WITTIG : *Le Corps lesbien*	**1981**	Annie ERNAUX : *La Femme gelée*
		1983	Hélène CIXOUS : *Le Livre de Promethea* Julia KRISTEVA : *Histoires d'amour*
1974	Chantal CHAWAF : *Retable* Marguerite DURAS, Xavière GAUTHIER : *Les Parleuses* Julia KRISTEVA : *Des Chinoises* Annie LECLERC : *Parole de femme*	**1984**	Luce IRIGARAY : *Éthique de la différence sexuelle*
		1986	Annie LECLERC : *Le Mal de mère*
		1988	Julia KRISTEVA : *Étranger à nous-mêmes*

1. Le combat féministe

Comme toute minorité opprimée, les femmes, dans leur combat pour la reconnaissance et le droit à la différence qui fonderait leur identité, ont commencé par identifier leurs « ennemis ». Elles proclamaient du même mouvement **leur solidarité avec tous les exploités** et tous les colonisés de la terre — *féminitude* est composé sur *négritude* — et trouvaient partout le même maître : l'homme, détenteur de tous les pouvoirs, souverain d'un monde qui confondait le principe mâle avec le droit, la loi, la raison, l'ordre et pour finir avec le sens et même le plaisir. On ne s'étonnera donc pas que les premiers coups aient été portés à ce mâle qui ne leur reconnaissait d'autre droit à l'accomplissement que celui de le servir et de l'aimer, puisque lui les avait, pour sa part, placées si haut et comme divinisées.

Comment les femmes en effet osaient-elles se plaindre, alors qu'une bonne partie de la littérature occidentale les idéalisait, alors qu'il était si facile de prouver que l'objet de la quête éternelle de l'homme c'était toujours et partout cette créature fragile et douce, tendre et dévouée, maternelle et rassurante, aux pieds de laquelle venaient s'accumuler les tro-phées et les dépouilles si chèrement conquis ? Les femmes ont donc commencé par montrer de quel prix elles avaient payé **leur dérisoire royauté**. Elles ont revendiqué le droit à la dignité, singulièrement pour toutes celles qui, désignées comme « féministes », se voyaient aussitôt traitées d'hystériques ou de putains. Elles ont ironisé sur l'homme théorique et théoricien, sur le héros stéréotypé et solitaire, sur ce partenaire obsédé par le spectre de l'impuissance et celui du vieillissement.

Et puis... les femmes ont fini par s'apercevoir que les ennemis se trouvaient aussi dans leur propre camp : les autres femmes qui ne voulaient ni voir ni savoir, **toutes les créatures de rêve** soumises aux modèles que leur tendaient les hommes et qui s'empressaient de s'y conformer, les femmes fatales et les poupées idiotes, les bonnes mères enfin, surtout. Les mères en général : celles qui assurent, au long des âges, la permanence de l'esclavage, parce qu'elles ne savent pas quoi faire de leurs filles et parce qu'elles les préparent à leur fonction désespérée d'objet.

Benoîte Groult *Ainsi soit-elle* (1975)

Dans Ainsi soit-elle *(1975)* **Benoîte Groult**, *romancière et journaliste plus nettement engagée dans le militantisme littéraire que sa sœur Flora, stigmatise à la fois l'attitude masculine et l'attitude féminine devant le féminisme. Quoiqu'elle semble procéder directement de l'humeur (comme en témoigne l'épigraphe emprunté au ministre de la Justice de l'époque), sa réflexion synthétise énergiquement* **tous les traits de la misogynie classique**.

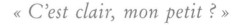

« C'est clair, mon petit ? »

« L'homme tire sa dignité et sa sécurité de son emploi. La femme doit l'une et l'autre au mariage. »

Jean FOYER, ministre de la Justice, février 1973

C'est clair, mon petit ? Que tu sois entrée première à Polytechnique, Anne-
5 Marie Chopinet, que tu sois sortie major de l'E.N.A., Françoise Chandernagor, que tu aies reçu la Croix de guerre, Jeanne Mathez, que vous ayez gravi à votre tour un plus de 8 000 mètres, petites Japonaises du Manaslu, que vous ayez élevé seules vos enfants dans les difficultés matérielles et la désapprobation morale, vous autres les abandonnées ou les filles mères volontaires, que vous
10 soyez mortes pour vos idées, Flora Tristan, Olympe de Gouges ou Rosa Luxembourg, que tu aies été une physicienne accomplie, Marie Curie, alors que tu n'avais pas le droit de vote, tout cela et bien d'autres actes héroïques ou obscurs ne nous vaudra ni dignité ni sécurité. C'est un ministre qui l'a dit. Non, pas au Moyen Age. Pas au XIXᵉ non plus, vous n'y êtes pas. En 1973. Il s'adressait
15 à vous et à moi pour nous redire après tant d'autres que toute valeur pour la femme ne peut procéder que de l'homme. Y compris la maternité qui prétendu-

ment nous sanctifie, puisque aujourd'hui encore, malgré quelques exemples illustres, on veut voir dans la fille mère non la mère qui a fait son devoir mais la fille qui n'a pas fait le sien[1].

20 Pour être respectable, il ne s'agit donc pas d'être mère, il s'agit d'être mariée.

Un certain nombre de pétroleuses, soutenues par quelques utopistes mâles, ont essayé depuis deux siècles de secouer ce joug, de penser et d'agir sans en demander l'autorisation à l'autre sexe. Elles ont péri sous le ridicule et les insultes des hommes, mais aussi, ce qui est plus désolant, sous le mépris hargneux de
25 ces femmes qui constituent ce que Françoise Parturier a appelé la « misogynie d'appoint ». Comme tous ceux que la servitude a dégradés, les femmes ont fini par se croire faites pour leurs chaînes et sont devenues antiféministes comme tant d'esclaves du Sud furent esclavagistes et combattirent aux côtés de leurs maîtres contre leur propre libération lors de la guerre de Sécession. Bien des
30 sentiments les poussent à se désolidariser de leur propre cause, l'intérêt, la prudence, la peur, une humilité savamment entretenue, mais aussi l'amour, bien qu'il soit déchirant d'aimer qui vous opprime.

Il est de bon ton d'ignorer ou de dénigrer les féministes. Qui connaît leur histoire ? Leurs visages ? On préfère les croire laides, hommasses, hystériques,
35 mal aimées, ce qui est faux. Le mouvement féministe, qui compte tant d'émouvantes figures, apparaît encore comme le combat de quelques vieilles filles refoulées et dévorées du désir de posséder un pénis, cette idée fixe des psychanalystes freudiens. Ce qui n'empêchait pas qu'on les traite simultanément de putains, l'inévitable injure ! Encore aujourd'hui, cette appellation reste l'in-
40 sulte favorite de nos misogynes, il suffit de lire le courrier des lecteurs (non publié parce qu'impubliable) pour s'en convaincre. Leur haine s'exprime toujours avec les mêmes mots : Simone de Beauvoir, pas mariée, pas d'enfants, ne peut être qu'une putain. Françoise Giroud, qui a été mariée et a eu des enfants, en est une aussi. Et Delphine Seyrig et Bernadette Lafont et toutes ces comédiennes qui ne
45 se contentent pas de jouer la comédie et toutes les femmes écrivains qui ne se contentent pas de raconter des histoires d'amour et n'oublions pas bien sûr les 343 femmes qui déclarèrent dans un manifeste fameux qu'elles avaient personnellement avorté. Celles-là n'étaient pas des femmes en lutte pour les droits d'autres femmes mais « 343 culs de gauche ».

Benoîte GROULT, *Ainsi soit-elle* (1975)
© éd. Plon

Marguerite Duras *La Création étouffée* (1973)

Dans La Création étouffée, *essai-enquête de Suzanne Horer et Jeanne Socquet,* **Marguerite Duras** *caractérise du point de vue féminin l'attitude de l'homme dans le monde (sur Marguerite Duras romancière, voir p. 589).*

« Il faut que l'homme apprenne à se taire »

Je crois que l'homme est profondément aliéné. La lutte des femmes pour leur émancipation est la lutte la plus difficile, la lutte politique la plus difficile. L'aliénation est ici, de part et d'autre, encore plus profonde, peut-être encore plus épaisse que cette épaisseur obscure de christianisme que nous trimbalons dans
5 notre organisme mental.

L'homme devant la femme est encore l'homme devant l'animal. Quand vous parlez de la libération des femmes à un homme, même évolué, il vous oppose

dans quatre-vingt-dix-huit pour cent des cas, quoi ? *La Nature !* Il prétend que la nature de la femme la porte à la servilité. C'est là précisément ce qu'on pourrait
10 appeler le recours à l'argument fasciste. Les hitlériens parlaient de la nature de l'homme aryen par opposition à la nature des autres races. La connaissance et l'interprétation de la nature seraient-elles donc masculines ? Bien sûr, ils en sont persuadés !

L'homme est en régression partout, dans tous les domaines. Il y a une aptitude
15 à l'intelligence beaucoup plus grande chez les femmes, maintenant. Le critère de l'intelligence reste pour l'homme la pratique théorique et dans tous les mouvements qu'on voit actuellement, dans quelque domaine que ce soit, cinéma, théâtre, littérature, le domaine théorique est en régression. Il y a des siècles qu'il est piétiné. Il doit être perdu, il doit s'ensevelir lui-même dans un
20 *renouveau des sens*, s'aveugler, se taire.

L'homme doit cesser d'être un imbécile théorique. Le grand alignement opéré dans le monde entier, par la jeunesse, sur la condition minimale de l'être humain (dont la condition féminine et la condition ouvrière sont le premier aspect) implique l'abandon, par l'homme, de sa crécelle théorique et son accès au
25 silence commun à tous les opprimés.

Il faut que l'homme apprenne à se taire. Ça doit être là quelque chose de très douloureux pour lui. Faire taire en lui la voix théorique, la pratique de l'interprétation théorique. *Il faut qu'il se soigne.* On n'a pas le temps de vivre un événement aussi considérable que Mai 1968, que déjà l'homme parle, passe à
30 l'épilogue théorique et casse le silence. Oui, ce bavard a fait encore des siennes en Mai 1968. C'est lui qui a recommencé à parler et à parler seul et pour tous, au nom de tous, comme il le dit. Immédiatement il a fait taire les femmes, les fous, il a embrayé sur le langage ancien, il a racolé la pratique *théorique ancienne* pour dire, raconter, expliquer ce fait *neuf* : Mai 1968.

35 Il a fait le flic théorique et ce brouhaha silencieux, énorme qui s'élevait de la foule — le silence ici c'est justement la somme des voix de tous, équivalent à la somme de nos respirations ensemble — il l'a muselé.

Il a eu peur, au fond, il a été perdu, il n'avait plus de tribune tout à coup, et il a raccroché le discours ancien, il l'a appelé à son secours. Il n'y a pas eu de
40 silence après Mai 68. Et ce silence collectif était nécessaire parce que ç'aurait été en lui, ce silence, qu'un nouveau mode d'être aurait pu se fomenter, ç'aurait été dans l'obscurité commune que des comportements collectifs auraient percé, trouvé des voies.

Non, il a fallu que l'homme casse tout, et *arrête le cours du silence.*
45 Un grand découragement s'empare de moi quand je pense à ce crime. Car ça a été un crime, et *un crime masculin.* C'est l'homme qui m'a donné la nausée à l'idée de tout militantisme après 1968. Ce n'est pas par hasard que le mouvement de libération des femmes est venu tout de suite après 1968.

Marguerite Duras dans Suzanne Horer,
Jeanne Socquet, *La Création étouffée* (1973), © éd. Pierre Horay

POUR LE COMMENTAIRE

1. Pouvez-vous **préciser**, en recourant à des exemples, ce que Marguerite Duras entend par « imbécile théorique » ?

2. Quels sont **les rapports** que le texte établit entre la prise de parole, la volonté explicative et le terrorisme masculin ?

3. Comment comprenez-vous **la notion de « silence »** ?

Manifestation féministe à Paris, en 1971. ▶

Annie Leclerc *Parole de femme* (1974)

Dans Parole de Femme, **Annie Leclerc** *(auteur du* Mal de mère *en 1986) commence par situer l'origine de la parole féminine :* « Que je dise d'abord d'où je tiens ce que je dis. Je le tiens de moi, femme, et de mon ventre de femme. » *Après avoir ainsi trouvé le lieu charnel et sensuel de cette parole, elle regarde du côté de l'homme, et, prise d'un fou rire critique,* **examine d'abord ce qu'il en est des principes et des valeurs de l'homme.** *Qu'on découvre son analyse du* « héros ».

« L'homme véritable »

Au cinéma, bien mieux encore que dans les livres, j'ai appris [...] que l'homme fort ne traînait pas ses guêtres n'importe où. Qu'on avait peu de chances de le rencontrer sur un sentier parfumé de Normandie
5 ou dans les ruelles confites d'ennui de Clermont-Ferrand. L'homme fort exige des lieux à la mesure de sa force.

Soit une nature vierge et grandiose. Une nature qui en impose par sa rudesse, son immensité, sa
10 sauvage impénétrabilité.

Soit New York, Paris (en forçant un peu) ou Chicago. Une ville extrême, monstrueuse, tentaculaire. Autre visage de l'immensité et de l'implacable sauvagerie.

15 L'homme véritable se doit de combattre. Une nature, une société accueillantes ne sauraient lui convenir.

Il se doit de combattre. Non parce que certaines choses doivent être combattues, mais parce qu'il lui
20 faut atteindre les limites extrêmes de ses possibilités de combat.

La virile grandeur ne saurait s'accommoder de répondre convenablement aux agressions extérieu-

res. L'homme véritable pénètre les terres vierges à
25 la recherche du danger et des difficultés à vaincre. Il s'avance, sollicitant les résistances, invoquant, provoquant le combat.

C'est que tout ce qui lui donne l'idée d'une maîtrise possible lui met le feu aux fesses ; les terres
30 de l'Ouest, les troupeaux de bovidés, les sommets jamais atteints de l'Annapurna, les secrets encore non révélés du cosmos, les coffres des banques, les Indiens vengeurs, les femmes et les juments rétives.

Il contemple fièrement la main qui le distingue de
35 la bête et se met au travail. Il défriche, joue de son vigoureux lasso, se hisse aux plus hauts sommets, perce, tue, écrase, et maintient enfin tout ce qui se peut maintenir.

Il a levé la main. Il a mis la main dessus. Et il a pris
40 en main. Il a conquis. Il est le maître.

Annie LECLERC, *Parole de femme* (1974)
© éd. Grasset

NON A L'ANNÉE DE LA FEMME.
OUI A LA LUTTE DES FEMMES.

du 22 avril au 31 mai
.THEATRE. .DEBATS.
.CINEMA. .EXPOSITIONS.
mjc vallée de chevreuse .bures. tél:907.74.70

POUR LE COMMENTAIRE

1. Quels films pourriez-vous citer d'abord, analyser ensuite, pour illustrer les propos d'Annie Leclerc ?

2. Caractérisez **les tons successifs** du passage proposé.

3. Quels sens pouvez-vous donner à **la métaphore de la main** qui se développe à la fin du texte ?

EXPOSÉS

1. Le modèle masculin dans un grand western, dans une comédie américaine, dans un thriller.

2. La conquête de la nature dans le roman français au XVIIIe siècle, considérée du point de vue développé par Annie Leclerc.

Jeanne Hyvrard *Les Prunes de Cythère* (1975)

Toutes les images et tous les mythes, tous les rôles qui depuis des millénaires sont les siens au point qu'on ne distingue plus le costume du corps, sont ici pris dans le flux d'un texte âpre et violent. **Jeanne Hyvrard,** *dans* Les Prunes de Cythère, *tient une sorte de monologue dans lequel les mots restent la dernière digue fragile contre l'angoisse, la folie, la terreur et la mort. Comme beaucoup d'autres écrivaines, elle a entrepris* **la traversée de ce que les autres appellent aujourd'hui l'hystérie et la folie,** *de ce qu'autrefois on rassemblait, du même mouvement conjuratoire et horrifié, sous le nom de sorcellerie.*

Rôles de femmes

Andy Warhol, *Marilyn Monroe*, 1971.

Que pouvais-je dire. Tout ce que vous m'avez appris, c'est à nous mentir à nous-mêmes. Jusqu'à ce que votre révolte cesse. Parce qu'il est trop tard. Que nos ventres dilatés n'attirent plus les hommes. Parce que nos cheveux blancs nous font respectables grand-mères, veillant à la soumission des filles.

5 Je ne vous dirai pas que j'entre en guérissance tant que je n'aurai pas vomi tout ce que vous m'avez enfourné. Le dis bonjour à la dame. Comme elle ressemble à sa mère. C'est tout le portrait de son père. Une fille doit sourire. Parle doucement. Tu ne trouveras pas à te marier. Ta robe est trop courte. On ne parle pas aux inconnus. Ne te baigne pas avec ton frère.

10 Je ne vous dirai pas que j'entre en guérissance tant que je n'aurai pas vomi Cendrillon et Monroe réunies. Perrette et le Pot au lait. Le Chaperon Rouge traversant le bois. La Belle au Bois Dormant, attendant le prince charmant. Blanche-Neige faisant le ménage. Et Garbo, et Dietrich. Toutes ces femmes pour qui vous nous avez élevées, repoussoirs résignés, futures mères exemplaires,

15 crevant à essayer de l'être. Femmes adultères tourmentées. Femmes trompées éplorées. Femmes fermant les yeux. Femmes préférant ne pas savoir. Femmes qui ont tiré le bon numéro, il boit pas, il court pas, il joue pas. Femme de ton père a beaucoup de qualités. Femmes de celui qui est comme ça et n'y peut rien. Filles vierges terrorisées après vingt ans de cloître. Épousée au plus beau jour

20 de sa vie. Accouchée du j'espère que c'est un fils. Petite femme vaillante debout dès l'aurore. Putain nécessaire pour préserver l'honnêteté de nos femmes. Vicieuse donnant le mauvais exemple à nos filles. Entraîneuses à dix pour cent sur les consommations. Élégantes du Tout-Paris. Call-girls à la nuit ou au mois. Pauvresse digne. Femme qui était belle quand elle était jeune. Quinquagénaire

25 travaillée par son retour d'âge. Femme charmante habillée de trois fois rien. Petite fille déjà tout le portrait de sa mère. Grande sœur remplaçant la mère de famille. Petite Sœur des Pauvres dont c'est la vocation. Nonnes enfermées pour racheter la terre entière. Dame patronesse. Grenouilles de bénitier. Pilier de ventes de charité. Travailleuse sociale dont le métier est si féminin. Infirmière du

30 sacerdoce. Shampooineuse de nos désirs avortés. Bonne à tout faire. Statufiée. Encadrée. Enloquée. Je ne vous dirai pas que j'entre en guérissance. Tant que je ne vous aurai pas craché à la gueule.

Jeanne HYVRARD, *Les Prunes de Cythère* (1975)
© éd. de Minuit

POUR LE COMMENTAIRE

1. Le contenu manifeste. Étudiez le système idéologique et normatif ici exhibé.

2. Le travail de l'écriture. Étudiez les expressions lexicalisées, les verbes, adverbes, locutions substantivées.

3. La subversion de la citation et le travail de l'énonciation.

RECHERCHE

1. Les mythes féminins, de Perrault à Marilyn Monroe. Lecture suggérée : *Les Stars*, d'Edgar MORIN (collection « Points », Le Seuil, 1972).

2. « T'as de beaux yeux, tu sais… » Quelques images de la femme dans le cinéma français (des années 30, de la Nouvelle Vague, etc.).

Marie Cardinal *La Création étouffée* (1973)

*Le rôle castrateur du père, dont Freud avait dégagé l'importance dans la constitution de l'identité du petit garçon, **est joué par la mère pour la petite fille**, mais dans des conditions beaucoup plus passives. Par la voix de la mère, au travers du modèle qu'elle impose quand elle se réclame du conformisme et de la morale traditionnelle, passent l'aliénation et la soumission éternelles, qui finissent par rendre folles au sens clinique celles qui ne peuvent pas pleinement les accepter. Sur **Marie Cardinal**, voir également p. 768.*

L'éducation des filles

La clef qui a ouvert la porte de ma vie, c'est un livre. Mon premier livre. Jamais, avant l'âge de trente ans, il ne m'était venu à l'idée d'écrire une ligne, pas le moindre poème d'adolescente, pas le moindre journal de petite fille de riches, pas la moindre note de jeune femme ou de jeune mère névrosée, rien.

5 Le néant. L'esprit uniquement mobilisé par un comportement féminin bourgeois que ma mère, mes professeurs-bonnes sœurs, toutes les femmes, m'avaient fait entrer dans la tête avec une énergie, une cruauté, une volonté, monstrueuses. Le lavage de cervelle. Du beau travail ! Je peux témoigner qu'à l'âge de douze ans le modèle féminin bourgeois était en moi et que j'étais

10 incapable de dire qu'il ne m'était pas naturel. J'étais même persuadée qu'il faisait partie de mon essence, que j'étais née avec, que cela appartenait à mon espèce comme d'avoir des seins et des règles. J'étais une bonne pâte et j'aimais ma mère, je voulais lui plaire et qu'elle m'aime, je lui obéissais donc. Je me sentais coupable quand on disait de moi que je me comportais comme un « garçon

15 manqué » parce que j'aimais grimper aux arbres, faire des courses de vélo et nager pendant des kilomètres. J'aimais me battre avec les garçons aussi. J'ai longtemps eu peur des miroirs, une certaine peur, peur d'y voir le « vice », à force d'entendre : « ne te regarde pas dans les glaces, la véritable beauté est intérieure ». Sur ce point d'ailleurs la ligne de ma famille, de mon milieu en général,

20 était très stricte et particulièrement meurtrissante : si une femme devait être belle, si c'était même son devoir de l'être, elle ne devait à aucun prix être « sexy ». Sa beauté devait venir de l'état de son âme : « Une belle âme donne un beau visage à une femme. Les saintes sont resplendissantes. » Au lieu de m'aider à accepter mon vrai visage, mon vrai corps, ma vraie nature, je n'entendais que

25 des réflexions telles que : « Ne sois pas garçonnière. Tiens-toi avec décence. Tu as des yeux comme des trous de mite. Tu es trop cambrée. Tes pieds sont trop grands. Grâce à Dieu tu as des oreilles et des mains ravissantes. » Comme si les oreilles et les mains n'étaient pas dangereuses ! Pourtant grâce à elles j'en entendais et je sentais des choses troublantes ! Il aurait fallu me les boucher et

30 me les couper. J'avais une telle peur de ma « féminité » que le soir je me serrais la poitrine avec une grosse ceinture pour empêcher mes seins de pousser. C'est qu'ils prenaient des proportions honteuses ! Tout tournait autour de la sexualité, de la virginité, sans qu'il en soit jamais question. Ma mère avait dit une fois pour toutes : « Si je te vois avec un garçon, je te briserai les reins. » ou : « Si je venais

35 à apprendre que tu flirtes, je t'interdirais de rentrer chez moi. Tu iras dans une maison de correction jusqu'à ta majorité. » A vingt ans je n'avais pas fait l'amour. Mieux, je n'avais jamais embrassé un garçon.

L'été de mes vingt ans j'étais licenciée en philosophie et vierge. L'échafaudage tenait bon. Car, lorsque j'ai décidé de faire l'amour, je l'ai fait honteusement. J'ai

40 pris l'habitude de jouir avec les yeux fermés et les dents serrées. Qu'au moins on ne voit pas mon plaisir, qu'on n'entende pas mon péché, ma trahison. Je me considérais comme une putain.

Marie CARDINAL, dans *La Création étouffée* (1973)
© éd. Pierre Horay

1962 *Écoutez la mer*

1965 *La Souricière*

1972 *La Clé sur la porte*

1975 *Les Mots pour le dire*

1976 *Autrement dit* (essai)

1978 *Une vie pour deux*

1980 *Au pays de mes racines*

1983 *Le Passé empiété*

AU-DELÀ DU TEXTE

Comparez cet extrait avec *Les Mots pour le dire*, de Marie CARDINAL.

GROUPEMENT DE TEXTES
Autobiographie et féminité

Lecture conseillée : *Autobiographie de tout le monde*, de Gertrude STEIN, Éditions du Seuil, 1978.

POUR LE COMMENTAIRE

1. Quels sont les traits qui permettent d'inscrire ce texte dans le genre **autobiographique** ? (voir pp. 804 à 809).

2. L'image de la mère dans ce texte.

3. Le système des présupposés.

Monique Wittig *Les Guerillères* (1969)

A la fin des Guerillères (entre les amazones et les guerrières, une peuplade qui n'existe pas mais dont le nom dit assez qu'elle n'a d'autre règle que celle de la guerre totale avec les hommes), **Monique Wittig** *(auteur, notamment, de* L'Opoponax, *1964, du* Corps lesbien, *1973 et de* Virgile, non, *1985), dresse* **un réquisitoire complet contre les mâles.**

« *Elles disent...* »

Elles disent, ils t'ont tenue à distance, ils t'ont maintenue, ils t'ont érigée, constituée dans une différence essentielle. Elles disent, ils t'ont, telle quelle, adorée à l'égal d'une déesse, ou bien ils t'ont brûlée sur leurs bûchers, ou bien ils t'ont reléguée à leur service dans leurs arrière-cours. Elles disent, ce faisant,
5 ils t'ont toujours dans leurs discours traînée dans la boue. Elles disent, ils t'ont dans leurs discours possédée violée prise soumise humiliée tout leur saoul. Elles disent que, chose étrange, ce qu'ils ont dans leurs discours érigé comme une différence essentielle, ce sont des variances biologiques. Elles disent, ils t'ont décrite comme ils ont décrit les races qu'ils ont appelées inférieures. Elles disent,
10 oui, ce sont les mêmes oppresseurs dominateurs, les mêmes maîtres qui ont dit que les nègres et les femelles n'ont pas le cœur la rate le foie à la même place qu'eux, que la différence de sexe, la différence de couleur signifient l'infériorité, droit pour eux à la domination et à l'appropriation. Elles disent, oui, ce sont les mêmes oppresseurs dominateurs qui ont écrit des nègres et des femelles qu'ils
15 sont universellement fourbes hypocrites rusés menteurs superficiels gourmands pusillanimes, que leur pensée est intuitive et sans logique, que chez eux la nature est ce qui parle le plus fort et cætera. Elles disent, oui, ce sont les mêmes oppresseurs dominateurs qui dorment couchés sur leurs coffres pour protéger leur argent et qui tremblent de peur quand la nuit vient.

Monique WITTIG, *Les Guerillères* (1969)
© éd. de Minuit

Monique Wittig,
Christiane Rochefort
à l'Arc de Triomphe
en août 1970.

POUR LE COMMENTAIRE

1. Quelles sont les **fonctions** et quels sont les **effets** de la répétition « elles disent » au début de chaque phrase ?

2. Étudiez la **syntaxe** du texte.

3. Analysez **le système d'opposition** entre les partici-pes passés qui décrivent les femmes et les adjectifs qui désignent les hommes.

4. Quels sont les **traits distinctifs** de la « virilité » dans ce texte ?

2. Écrire pour être

Entre la mère et l'amazone, entre la madone et la sorcière, comment se percevoir, se concevoir, s'écrire femme ? Toutes celles qui l'ont réussi le savaient : écrire, pour elles, ce serait tâcher de représenter une absence, de **construire une mémoire** là où, des millénaires durant, il y avait eu l'histoire des hommes et l'oubli des femmes, de nommer la déchirure et la béance sur lesquelles toute femme a dû apprendre à construire.

Elles ont risqué, dans le texte, une aventure où elles ont d'abord voulu se perdre en tant que sujets pour parler de la voix anonyme, prosaïque, ordinaire, qui était celle de chacune et d'aucune à la fois. Elles ont accepté l'effet de foule, elles ont rejeté la notion même « d'originalité » en ce qu'elle traînait avec elle la volonté de puissance et de narcissisme naïf. Et, peu à peu, elles ont trouvé moins des thèmes que des formes, **moins des sujets « typiquement féminins » que des rythmes** : parce que le rapport leur semblait immédiat entre l'écriture et le corps, elles ont cherché une écriture fluide et souple, capable de suggérer autant le flux du sang dont chaque mois leur corps est le lieu, que les larmes ou les grandes pulsations dionysiaques d'une vie qu'elles épousent avec leur sexe tout entier.

Elles ont voulu **dire le désir**, leur désir, désir de l'homme, désir de l'enfant, désir de la nature mêlés. Mais de s'être trop longtemps tu ou masqué, ce désir a gardé un goût de mort ; d'avoir trop longtemps murmuré, cette voix n'a pu au début que hurler ou frôler le silence. A bout de souffle, isolées sur leur île noire, les femmes ont accepté les mythes négatifs de la sorcière ou de la folle, seules à savoir de quels secrets et de quels trésors l'une et l'autre étaient cependant détentrices. Et, là aussi, peu à peu, elles ont apprivoisé les vieux mythes et leur ont fait dire l'autre vérité, la vérité de l'autre, de la femme, irrationnelle et rêveuse, positive et amoureuse, sensuelle et rompue, comme son écriture qui accueille l'éphémère et le fragmentaire, loin, très loin de l'éternité pétrifiée et sans failles des tables — masculines — de la Loi...

Julia Kristeva *Sur l'écriture féminine* (1977)

Existe-t-il une « écriture féminine » ? Toutes les écrivaines ou presque se sont posé cette question. **Julia Kristeva**, *dans un entretien avec Françoise van Rossum-Guyon, cherche à y répondre.*

Le rapport des femmes à l'écriture

Si l'on s'en tient à la radicalité de l'expérience dite aujourd'hui d'"écriture", c'est-à-dire à une mise en cause radicale et à une reconstitution plus polyvalente que fragile du sens et du sujet parlant dans le langage, rien ne me semble permettre, des publications des femmes passées ou récentes, d'affirmer qu'il
5 existe une écriture féminine. [...]

Par contre, il est éventuellement possible de distinguer, dans des livres écrits par des femmes, des particularités stylistiques et thématiques à partir desquelles on pourrait ensuite essayer de dégager un rapport spécifique des femmes à l'écriture. Mais il me semble difficile, actuellement, en parlant de ces particula-
10 rités, de dire si elles relèvent d'une spécificité proprement féminine, d'une marginalité socio-culturelle, ou plus simplement d'une certaine structure (par exemple hystérique) favorisée par le marché contemporain à partir de l'ensemble des potentialités féminines.

Je constate, pour ce qui est de la thématique des écrits féminins, le fait qu'ils
15 donnent à voir, à sentir, à toucher — qu'ils exhibent, avec complaisance ou horreur — un corps fait d'organes. Comme si les affects qui provoquent les relations intersubjectives et les projets sociaux réglés par le si décrié phallus, se réduisaient ici en humeurs et viscères que la culture antérieure avait savamment maquillés et qui se montrent désormais sans complexe. Par ailleurs, ces écrits
20 féminins, y compris les plus optimistes, me semblent sous-tendus par une attitude de non-dupes ou d'incrédulité à l'égard de tout projet, but ou sens [...]. Ceci donne aux écrits féminins une teneur toujours psychologique, très souvent déçue, revendicative ou apocalyptique phénomène qu'on interprète trop facilement comme une critique politique. Le genre épistolaire ou des mémoires
25 comme leurs dérivés se prêtent au mieux à cette tendance.

« Questions à Julia KRISTEVA », *Revue des Sciences humaines*, n° 168, décembre 1977, © P.U.L.

Hélène Cixous *La Venue à l'écriture* (1977)

L'acte même d'écrire est problématique pour les femmes. Entre le désir d'écrire et l'œuvre, il y a une interrogation tremblante, un vertige, une angoisse qui deviennent constitutifs du texte. **Hélène Cixous** *(voir p. 863), dans* La Venue à l'écriture, *dit ce qu'il en a été pour elle et pose son rapport à l'écriture comme* **un rapport charnel et vivant à une langue** « **maternelle** » *: «* Écrire ? j'en mourais d'envie, d'amour, donner à l'écriture ce qu'elle m'avait donné, quelle ambition ! Quel impossible bonheur. Nourrir ma propre mère. Lui donner à mon tour mon lait ? Folle imprudence ».*

« *Écrire était réservé aux élus* »

Tu peux désirer. Tu peux lire, adorer, être envahie. Mais écrire ne t'est pas accordé. Écrire était réservé aux élus. Cela devait se passer dans un espace inaccessible aux petits, aux humbles, aux femmes. Dans l'intimité d'un sacré. L'écriture parlait à ses prophètes depuis un buisson ardent. Mais il avait dû être
5 décidé que les buissons ne dialogueraient pas avec les femmes.

L'expérience ne le prouvait-elle pas ? Je ne pensais pas qu'elle s'adressait aux hommes ordinaires, pourtant, mais seulement à des justes, des êtres taillés dans la séparation, pour la solitude. Elle leur demandait tout, elle leur prenait tout, elle était impitoyable et tendre, elle les dépossédait entièrement de tout bien, de tout
10 lien, elle les allégeait, les dépouillait ; alors elle leur livrait le passage : vers le plus loin, sans nom, sans fin, elle leur donnait le départ, c'était un droit et une nécessité. Ils n'arriveraient jamais. Ils ne seraient jamais trouvés par la limite. Elle serait avec eux, à l'avenir, comme personne.

Ainsi, pour cette élite, le beau trajet sans horizon, au-delà de tout, la sortie
15 effrayante mais enivrante en direction du jamais encore dit.

Mais pour toi, les contes t'annoncent un destin de restriction et d'oubli, la brièveté, la légèreté d'une vie qui ne part de la maison de ta mère que pour faire trois petits détours qui te ramènent tout étourdie à la maison de ta grand-mère qui ne fera de toi qu'une bouchée. Pour toi, petite fille, petit pot de lait, petit pot
20 de miel, petit panier, l'expérience le démontre, l'histoire te promet ce petit voyage alimentaire qui te ramène bien vite au lit du Loup jaloux, ta grand-mère toujours insatiable, comme si la loi voulait que ta mère soit contrainte de sacrifier sa fille pour expier l'audace d'avoir joui des bonnes choses de la vie dans sa jolie rejetonne rouge. Vocation d'engloutie, trajet de scybale.
25 Aux Fils du Livre, la recherche, le désert, l'espace inépuisable, décourageant, encourageant, la marche en avant. Aux filles de ménagère, l'égarement dans la forêt. Trompée, déçue, mais bouillonnante de curiosité. Au lieu du grand duel énigmatique avec le Sphinx, le questionnement dangereux adressé au corps du Loup : à quoi sert le corps ? Les mythes nous font la peau. Le Logos ouvre sa
30 grande gueule, et nous avale.

Hélène Cixous, dans *La Venue à l'écriture* (1977)
© éd. U.G.E.

POUR LE COMMENTAIRE

1. Étudiez la référence que constituent les *Contes* de Perrault dans ce texte.
Quelle est, selon Hélène Cixous, la fonction traditionnelle des contes de fées ?

2. Étudiez de la même façon la référence biblique. Qui concerne-t-elle ?
Quelles conclusions peut-on tirer sur les images de la féminité dans la société judéo-chrétienne ?

ESSAI

Comment comprenez-vous les dernières phrases du texte : « Les mythes nous font la peau. Le Logos ouvre sa grande gueule et nous avale » ?

GROUPEMENT THÉMATIQUE

Les images de la féminité dans un corpus de contes merveilleux de votre choix.

Jeanne Hyvrard *Mère la mort* (1976)

*Mère la Mort, de **Jeanne Hyvrard**, est un texte passionnel, violent, lyrique et puissant, dans lequel se dit, aux confins de la folie et de la mort, **le lent cheminement d'un être en quête d'une identité** d'autant plus inaccessible qu'elle est à la fois femme et colonisée et qu'on lui a deux fois volé sa langue. La narratrice lutte ici, avec ses mots, contre des mots, ceux des autres, leur grammaire et leur syntaxe même, pour affirmer son écriture.*

« Rapprends-moi la langue des marécages »

Mère la mort, je cherche ton nom. Je le connais. Je le savais avant d'aller à l'école des Français. Ils m'ont dit que ce n'était pas vrai. Ils m'ont dit qu'ils s'étaient sacrifiés pour moi. Ils m'ont dit que je n'arriverai jamais à rien. Ils m'ont dicté des pièges pour que je tombe dedans. Ils ont scellé mon ventre avec un
5 encrier. Ils ont lacéré mon corps avec des plumes d'acier. Ils ont dit que c'était pour mon bien. Ils ont si bien fait que j'en ai perdu ton nom. C'est lui que je cherche dans mes hurlements. C'est lui que j'entends quand tu m'ouvres les bras dans la nuit.

Mère la mort, comment leur parler puisqu'ils ont tué les mots ? Que crai-
10 gnaient-ils que je leur dise ? Pourtant la montagne. Le discours monocorde de la rivière. L'écho d'un petit battement. Quand je courais pieds nus dans la forêt. Mais les envahisseurs sont venus. Ils ont pris nos terres. Ils ont multiplié les mots. Ils ont ajouté des temps pour être sûrs de ne pas se souvenir. Ils ont ajouté des temps pour dire c'est du passé. Ils ont ajouté pour ne pas avoir à rendre compte.
15 Rapprends-moi la langue sans passé ni futur. Rapprends-moi la langue des marécages. Rapprends-moi la langue entre la terre et l'eau.

Ils ont cassé les branches des noms. Ils se sont coupé des racines. Ils ont multiplié les sens. Ils ont perdu le tronc. Pourtant. Le carrefour des chemins dans la forêt du monde. Le confluent des rivières dans la mer. La place du village dans
20 les escaliers. Mais non. Ils ont eu peur du petit battement dans le ventre des femmes. Les mots n'ont plus de sens. Les mots dans leurs mains de pacotille. Les mots dans leurs bouches machinales. Ils ont coupé les arbres pour en faire des croix. Ils ont relégué les vieillards dans les mouroirs. Ils ont déporté les défunts hors des villages. Ils ont inventé des légendes pour conjurer leurs peurs.
25 Ils ont travesti les mythes de notre commune mémoire. Ils se sont cru les maîtres du monde. Ils ont cru posséder. Ils ont perdu l'amour. Ils ont cru conjuguer les verbes. Ils ont perdu le un. Mais les mots n'ont qu'un sens. Ils ont perdu ton nom. Mais ils n'ont pu tuer la mort. Alors, ils l'ont enfermée.

Jeanne HYVRARD, *Mère la mort* (1976)
© éd. de Minuit

POUR LE COMMENTAIRE

1. La méditation sur le système des temps. Décrivez-en les principaux éléments. Quelle signification est ici attribuée à ce système ?

2. Le dialogue avec Mère la mort. Comment le texte permet-il de concevoir cette image ?

3. S'il s'agit ici de « **trouver une langue** », de quelle langue est-il question ? Contre quelles autres langues et pourquoi ?

AU-DELÀ DU TEXTE

1. Langage et pouvoir

On peut proposer la lecture des *Mots et les Choses*, de Michel FOUCAULT, et de *La Volonté de savoir*, histoire de la sexualité en Occident, du même auteur.

2. Compte rendu de lecture

L'Écriture-femme, de Béatrice DIDIER (P.U.F., 1981).

Christiane Olivier *Les Enfants de Jocaste* (1980)

S'interrogeant sur tout ce qui enferme les femmes dans ce monde, et non sans montrer combien elles s'enferment elles-mêmes, **Christiane Olivier** *pose à son tour* **la question du langage, possession de l'homme** *depuis des millénaires, sexiste parce que l'homme est hanté par « la peur d'employer les mêmes mots que les femmes, de se retrouver aux mêmes lieux que les mères ».*

Le cri du nouveau-né

1. *Hélène Cixous, La Jeune-Née.*

Quel effort pour une femme d'exister ailleurs et autrement que là où le lui prescrit l'homme, son compagnon ! Quelle difficulté de lui parler en étant sûre de lui déplaire ! Comment d'autre part, parler un discours qui ne serait pas le mien, mais celui de « l'autre » ? Autant se taire ! C'est d'ailleurs ce que les
5 femmes ont fait pendant longtemps ! Plutôt que d'engager la guerre, elles se taisaient et l'homme trouvait cela naturel. Puisqu'« elle » se voulait « objet de l'homme », la femme ne pouvait en même temps être sujet.

Le discours de l'homme est mortifère pour la femme dans la mesure où, la prenant comme objet, il lui enlève sa place de sujet et décide pour elle de ce qui
10 lui est bon. Ainsi, c'est l'homme qui définit la place et le langage féminin, et ce ne peut être qu'une place de morte et un rôle de muette puisque ce n'est pas elle qui en décide. [...]

Donc impossible de parler, pour une femme, sans avoir l'impression de ressusciter des « mortes » grâce à la transgression assumée qui la fait passer
15 d'objet à sujet et la dresse immédiatement et inévitablement contre le désir le plus secret de l'homme. Un homme peut-il lire ce que j'écris sans se sentir attaqué du fait de mon existence ? Je sors de la nursery où il pensait m'avoir enfermée pour un bon moment. Je sors du vestiaire, déclarant que ses habits je m'en fous totalement. Je sors de la cuisine en lui disant que s'il a faim, il n'a qu'à
20 se nourrir. Et pour finir je lui déclare que j'ai appris tous ces rôles stupidement, aussi stupidement que lui ne les a pas appris, et cela risque à présent de le gêner, comme moi il me gêne de ne pas avoir appris à parler, écrire, penser.

C'est cela la naissance des femelles : elles se mettent à exister en fonction de leur désir propre et tant pis si cela ne tombe pas dans le rêve ni dans le fantasme
25 de l'homme. Et les difficultés de la vie en couple s'en trouvent accrues, du fait que l'esclave se révolte et préfère renoncer au salaire de la « reconnaissance » par l'homme. L'homme qui se croyait à l'abri d'une nouvelle guerre avec Jocaste grâce à une répartition précise des rôles voit son système attaqué de toute part. Les femmes un peu partout poussent le cri du nouveau-né, qu'elles appellent
30 d'ailleurs avec humour celui de la Jeune-Née[1]. N'ont-elles pas l'impression de « parler » pour la première fois, de cesser enfin d'être « parlées ».

Christiane OLIVIER, *Les Enfants de Jocaste* (1980), © éd. Denoël

L'ÉDITION ET LA PRESSE FÉMININES

1974 : les militantes du groupe « Psychanalyse et Politique » créent la maison d'édition « Des femmes ».

Dès 1964, Denoël avait confié à Colette Audry la direction d'une collection « Femme », qui révéla au public français *La Femme mystifiée* de la grande militante féministe américaine Betty Friedan.

Autres titres de collections spécialisées

1973 : *Elles-mêmes* (Stock). — 1975 : *Féminin futur* (U.G.E., 10/18). — 1976 : *Femmes dans leur temps* (Stock) ; *Le Temps des Femmes* (Grasset). — 1977 : *Autrement dites* (Éditions de Minuit). — *Voix des Femmes* (Stock 2). — 1982 : *Mémoire de Femme* (Syros). — *Libre à elles* (Seuil).

Du côté de la presse on mentionnera :

1971-1973 : *Le Torchon brûle* (6 numéros, 35 000 exemplaires)
1974-1976 : *Les Pétroleuses* (7 numéros, 7 000 ex.)
1974 : *Femmes travailleuses en lutte* (14 numéros parus, 5 000 ex.)
1974 (nov.)-1976 (juin) : *Le Quotidien des Femmes* (10 numéros, 60 000 ex.)
1974-1975 : *Les Femmes s'entêtent*
1975 (nov.) : *L cause* (1 numéro)
1976 : *Sorcières* (10 numéros parus, 70 000 ex.)
1977 : *Histoires d'elles* (2 numéros parus, 30 000 ex.)
1977 : *La Revue d'en face* (3 000 ex.)
1977 (fin de l'année) : *F Magazine* (450 000 ex.)
1977 : *Femmes en mouvement* (150 000 ex.)

Jean Baudrillard *De la séduction* (1981)

Un homme, **Jean Baudrillard**, *dans un essai intitulé* De la Séduction, *a osé disqualifier le discours des femmes sur leur féminité, d'un point de vue intéressant parce qu'il ne consiste pas en la reprise des thèmes masculins sempiternels, mais en un retournement de la question.* **Le vrai pouvoir féminin, selon Baudrillard, consiste justement en la séduction**, *qui s'est toujours confondue avec le féminin et qui hante toute masculinité guettée par cette soudaine réversibilité dans la féminité.*

« Le féminin est ailleurs »

Pour ce qui est du féminin, le piège de la révolution sexuelle est de l'enfermer dans cette seule structure où il est condamné soit à la discrimination négative quand la structure est forte, soit à un triomphe dérisoire dans une structure affaiblie.

Cependant le féminin est ailleurs, il a toujours été ailleurs : c'est là le secret de sa puissance. Tout comme il est dit qu'une chose dure parce que son existence est inadéquate à son essence, il faut dire que le féminin séduit parce qu'il n'est jamais là où il se pense. Il n'est donc pas non plus dans cette histoire de souffrance et d'oppression qu'on lui impute — le calvaire historique des femmes (sa ruse est de s'y dissimuler). Il ne prend ce tour de servitude que dans cette structure où on l'assigne et le refoule, et où la révolution sexuelle l'assigne et le refoule plus dramatiquement encore — mais par quelle aberration complice (de quoi ? sinon justement du masculin) veut-on nous faire croire que c'est là justement l'histoire du féminin ? Le refoulement est déjà là tout entier, dans le *récit* de la misère sexuelle et politique des femmes, à l'exclusion de tout autre mode de puissance et de souveraineté.

Il y a une alternative au sexe et au pouvoir dont la psychanalyse ne peut pas connaître parce que son axiomatique est sexuelle, et cet ailleurs est sans doute en effet de l'ordre du féminin, entendue hors de l'opposition masculin/féminin, celle-ci étant masculine pour l'essentielle, sexuelle de destination, et ne pouvant être bouleversée sans cesser proprement d'exister.

Cette puissance du féminin est celle de la séduction. [...]

Qu'opposent les femmes à la structure phallocratique dans leur mouvement de contestation ? Une autonomie, une différence, une spécificité de désir et de jouissance, un autre usage de leur corps, une parole, une écriture — jamais la séduction. Elles en ont honte comme d'une mise en scène artificielle de leur corps, comme d'un destin de vassalité et de prostitution. Elles ne comprennent pas que *la séduction représente la maîtrise de l'univers symbolique, alors que le pouvoir ne représente que la maîtrise de l'univers réel.* La souveraineté de la séduction est sans commune mesure avec la détention du pouvoir politique ou sexuel.

Étrange et féroce complicité du mouvement féministe avec l'ordre de la vérité. Car la séduction est combattue et rejetée comme détournement artificiel de la vérité de la femme, celle qu'en dernière instance on trouvera inscrite dans son corps et dans son désir. C'est effacer ainsi d'un seul coup l'immense privilège du féminin de n'avoir jamais accédé à la vérité, au sens, et d'être resté maître absolu du règne des apparences. Puissance immanente de la séduction de tout oter à sa vérité et de le faire rentrer dans le jeu, dans le jeu pur des apparences, et là de déjouer en un tournemain tous les systèmes du sens et du pouvoir : faire tourner les apparences sur elles-mêmes, faire jouer le corps comme apparence, et non comme profondeur de désir — or toutes les apparences sont réversibles — à ce seul niveau les systèmes sont fragiles et vulnérables — le sens n'est vulnérable qu'au sortilège. Aveuglement invraisemblable de renier cette seule puissance égale et supérieure à toutes les autres, puisqu'elle les renverse toutes par le simple jeu de la *stratégie des apparences*.

Jean B<small>AUDRILLARD</small>, *De la séduction* (1981)
© éd. Denoël

Pour vos essais et vos exposés

Rollande B<small>ALLORAIN</small> : *Le Nouveau Féminisme américain,* éd. Denoël-Gonthier, 1972.
Béatrice D<small>IDIER</small> : *L'Écriture-Femme,* P.U.F., 1981.

Revues :
« Simone de Beauvoir et la lutte des Femmes », *L'Arc,* n° 61, 1975.
« Créer », *Cahiers du G.R.I.F.,* n° 7, juin 1975.
« L'Art et les Femmes », *Sorcières,* n° 10, 1977.
« Écriture, Féminité, Féminisme », *Revue des Sciences humaines de Lille,* 1977.

Collectifs :
La Jeune-Née, Hélène C<small>IXOUS</small>, Catherine C<small>LÉMENT</small>, Coll. « 10/18 », U.G.E., 1975.
Marguerite D<small>URAS</small>, Xavière G<small>AUTHIER</small> : *Les Parleuses,* éd. de Minuit, 1974.
La Venue à l'écriture, Hélène C<small>IXOUS</small>, Madeleine G<small>AGNON</small>, Annie L<small>ECLERC</small>, Coll. « 10/18 », U.G.E., 1977.

EXPÉRIENCES POÉTIQUES

*PERROS, FOLLAIN, BONNEFOY,
DU BOUCHET, FRÉNAUD, DUPIN, JABÈS,
GASPAR, GUILLEVIC, RENARD, BOSQUET,
OSTER SOUSSOUEV, LE LIONNAIS, PEREC,
LESCURE, ROUBAUD, JACCOTTET,
DEGUY, JOUFFROY, PLEYNET, ROCHE*

*MARIE-CLAIRE BANCQUART, BOBIN,
ANDRÉE CHÉDID, DELVAILLE, GOFFETTE,
GODIN, HOCQUARD, VENUS KHOURY-GHATA,
LEMAIRE, MESCHONNIC, NOËL, PRIGENT,
RÉDA, SACRÉ, VENAILLE*

*« Je crie. Regarde,
Le signe est devenu
le lieu. »*
Yves Bonnefoy,
Dans le leurre du seuil

Lithographie de Jean Dubuffet pour *Les Murs*,
d'Eugène Guillevic, 1950.

1947	Jean FOLLAIN : *Exister*	1970	Alain BOSQUET : *Cent mots pour une solitude*

1947
Jean FOLLAIN : *Exister*
Eugène GUILLEVIC : *Fractures*
Edmond JABÈS : *Le Fond de l'eau*
Henri PICHETTE : *Apoèmes, Les Epiphanies*

1951
Eugène GUILLEVIC : *Envie de vivre*
Jean-Claude RENARD : *Métamorphoses du monde*

1953
Yves BONNEFOY : *Du mouvement et de l'immobilité de Douve*
Jean FOLLAIN : *Territoires*

1957
Jean ROUSSELOT : *Agrégation du temps*

1958
Yves BONNEFOY : *Hier régnant désert*
Philippe JACCOTTET : *L'Ignorant*

1959
Yves BONNEFOY : *Pierre écrite*
André DU BOUCHET : *Dans la chaleur vacante*

1961
Eugène GUILLEVIC : *Carnac*
Raymond QUENEAU : *Cent mille milliards de poèmes*

1962
Alain BOSQUET : *Maître objet*
André FRÉNAUD : *Il n'y a pas de paradis*

1964
Michel DEGUY : *Biefs*
Jean-Pierre DUPREY : *Spectreuses*
Edmond JABÈS : *Le Livre de Yukel*
Pierre OSTER SOUSSOUEV : *La Grande Année*

1965
Andrée CHÉDID : *Double pays*
Edmond JABÈS : *Le Retour au livre*

1966
Michel DEGUY : *Actes*
Franck VENAILLE : *Papiers d'identité*

1968
Philippe JACCOTTET : *L'Entre des muses*
Jacques RÉDA : *Amen*
Denis ROCHE : *Eros énergumène*

1969
Michel DEGUY : *Figurations*
Eugène GUILLEVIC : *Ville*
Edmond JABÈS : *Elya*
Philippe JACCOTTET : *Leçons*
Jean-Claude RENARD : *La Braise et la Rivière*

1970
Alain BOSQUET : *Cent mots pour une solitude*
Henri MESCHONNIC : *Les Cinq Rouleaux*
Pierre OSTER SOUSSOUEV : *Les Dieux*

1971
Jacques DUPIN : *L'Embrasure*
Jean FOLLAIN : *Espaces d'instants*

1972
Bernard NOËL : *La Peau et les mots*
Denis ROCHE : *Le Mécrit*
James SACRÉ : *Cœur élégie rouge*

1973
Andrée CHÉDID : *Fêtes et Lubies*
Pierre OSTER SOUSSOUEV : *Le Sang des choses*
Marcelin PLEYNET : *Stanze*
Raymond QUENEAU, Georges PEREC, Jean LESCURE : *Oulipo, la littérature potentielle*
Jacques ROUBAUD : *Trente et un au cube*

1975
Yves BONNEFOY : *Dans le leurre du seuil*
Jacques DUPIN : *Dehors*
Gérald GODIN : *Libertés surveillées*

1976
Michel DEGUY : *Reliefs*
Denis ROCHE : *Matière première*

1978
Lorand GASPAR : *Approche de la parole*

1979
André DU BOUCHET : *Laisses*

1980
Alain BOSQUET : *Poèmes un*
André DU BOUCHET : *Rapides*

1982
Pierre OSTER SOUSSOUEV : *Rochers*
Henri PICHETTE : *Poèmes offerts*

1983
Guy GOFFETTE : *Solo d'ombres*

1984
Alain BOSQUET : *Un jour après la vie*
Jacques REDA : *Le bitume est exquis*
Jean-Claude RENARD : *Toutes les îles sont secrètes*

1986
Marie-Claire BANCQUART : *Opportunités des oiseaux*

1987
Christian BOBIN : *Lettres d'or*

1988
Marie-Claire BANCQUART : *Opéra des limites*
Pierre OSTER SOUSSOUEV : *Les Morts*

1. La poésie en paix...

Vaincre la solitude, approcher le « seuil » de l'Être ou de l'Autre, telle est aussi la démarche de ceux qui perpétuent, en cette fin de XXᵉ siècle, **la tradition d'une poésie soucieuse d'exalter l'homme** ou du moins de **l'amener à se reconnaître à travers sa propre maîtrise du langage**. Les œuvres de **JEAN FOLLAIN, ANDRÉ DU BOUCHET**, d'**EUGÈNE GUILLEVIC**, de **JEAN-CLAUDE RENARD**, de **PIERRE OSTER SOUSSOUEV** ou d'**ALAIN BOSQUET** nous paraîtront-elles hors de saison, hors de propos, à l'heure de la modernité bruyante ? Certes non. Construites les unes sur la pierre d'un humanisme sans mièvrerie, les autres sur l'élan d'une spiritualité authentique, les autres encore sur le respect novateur d'un classi-

cisme formel, elles sont probablement ce que la poésie de ces vingt dernières années nous a offert de meilleur au milieu du désert d'indifférence qui l'entoure. Si l'on excepte en effet le bref moment de « happening poétique » libertaire engendré par Mai 1968, la poésie des trois dernières décennies ne paraît connaître aucune des crises tapageuses qui affectent au même moment le roman et la représentation théâtrale.

2. ... ou la poésie en sursis ?

D'aucuns diront que cette bonne conscience tranquille témoignait peut-être de l'insignifiance d'un genre devenu anachronique, voire obsolète, plutôt que d'une sérénité retrouvée. Et ce n'est sans doute pas par hasard si c'est d'abord vers la poésie que se tournent, dans les années 75, les interpellations critiques des « telquéliens », dont certains comme **Marcelin Pleynet** ou **Denis Roche**, sont eux-mêmes « poètes ». Mais être poète, pour les animateurs de la revue *Tel Quel*, c'est principalement **être poéticien** : refusant de séparer la pratique de l'écriture des autres pratiques (philosophique, politique, photographique, etc.), **ils passent la poésie au crible des instruments opératoires modernes** : linguistique, analyse structurale, poétique.

Pourtant, le développement, en ces mêmes années, d'une autre attitude poétique, celle des amis et disciples de Queneau regroupés au sein de l'OU.LI.PO., laisse entrevoir ce que pourrait être une poésie lisible, plaisante, conjuguant tradition et modernité. Sont-ils d'ailleurs modernes ou « post-modernes », ces Oulipiens (**Lescure**, **Le Lionnais**, **Roubaud**) qui s'amusent et nous réjouissent avec leurs mille et une façons de **s'accommoder des anciennes « contraintes » poétiques, d'en inventer de nouvelles** ou même de plonger la rêverie poétique au tréfonds de la mécanique ou de l'informatique contemporaines ? Personne ne niera du moins que se retrouve chez eux ce qui est le fondement même de l'acte poétique : se faire plaisir et donner du plaisir avec les mots.

3. Petit alphabet poétique d'aujourd'hui et de partout

Quelle est la condition de la poésie de langue française aujourd'hui ? Difficile, marginale dans les circuits de la distribution littéraire, est-on tenté de répondre spontanément. Et pourtant les signes d'une résistance, peut-être même d'un regain, se manifestent : succès des festivals ou des rencontres de poésie, rayonnement de la *Maison de la poésie* de la rue Rambuteau à Paris, audience accrue des émissions de France-Culture ou de la Revue parlée du Centre Georges-Pompidou... Les diverses branches de la tradition (lyrique, élégiaque, voire bucolique) côtoient les sentiers d'une modernité poétique qui n'a pas fini de dire les grandes angoisses urbaines, ou de creuser les extrêmes de la langue.

L'arbitraire et la subjectivité vont de pair quand il s'agit de choisir des œuvres ou des noms représentatifs de cette actualité poétique qui, de surcroît, n'est rien moins qu'hexagonale quand on se met à l'écoute des voix qui viennent aussi du Québec, de Beyrouth, d'Algérie ou de Bruxelles.

Saluons à cet égard l'effort particulier fait par le journal *Le Monde*, qui a ouvert ses colonnes ces dernières années à de nombreux poètes de la francophonie, dont Christian Descamps a regroupé les meilleurs textes dans une précieuse anthologie de la *Poésie du monde francophone* (Castor astral, 1986).

Sous la contrainte, qui en vaut bien une autre, de l'alphabet, nous avons privilégié dans la dernière partie de ce chapitre l'originalité et l'universalité, le déjà « reconnu » en même temps que l'inédit. Mais cet alphabet se veut bien sûr aussi un annuaire, un répertoire qu'il convient à chacun de compléter, de mettre à jour pour faire reculer l'arbitraire et ne pas manquer « l'essentiel ». Après tout, c'est un poète lui-même, et non des moindres, qui nous autorise à user de cette présentation apparemment désinvolte. C'est en effet sous le signe de **Georges Perros** que débutera cette petite anthologie poétique :

Georges Perros *Une vie ordinaire* (1967)

« *Je suis tout prêt à vous dire* »

Moi je suis tout prêt à vous dire
que Jacques Dupin Jaccottet
Henri Thomas et Du Bouchet
Guillevic Follain Boissonnas
5 Pierre Jean Jouve Jean Grosjean
Bonnefoy Oster Francis Ponge
Giroux Limbour et Des Forêts
Michel Deguy et Mandiargues
Sûr que je dois en oublier
10 et le très cher Armand Robin
(que je retrouvais tous les soirs
à Meudon nous mangions ensemble
et je m'effarais de ces yeux
n'en finissant pas d'être bleus
15 où tremblait souvent une larme
de ses mains faites pour tuer
tous les taureaux de la bêtise
D'autres s'étonnaient de sa mise

Après quoi on me demandait
20 qui est ce type mal rasé
vous avez de drôles d'amis
Je m'en allais sans rien répondre
une larme à son tour coulant
sous ma paupière Dieu quel monde
25 c'est beaucoup mieux que mes chansons
Lisez-les On trouve leurs livres
dans les grand-maisons d'édition
s'il en reste car aujourd'hui
ce n'est pas parce qu'on vous aime
30 qu'on vous publie Et là-dessus
j'aurais mon mot un peu plus tard
Si j'y allais là tout de suite
où trouverais-je un éditeur ?

Georges Perros, *Une vie ordinaire* (1967)
© éd. Gallimard

1. En quête du « vrai lieu »

Jean Follain *Exister* (1947), *Territoires* (1953)

Jean Follain (1903-1971) fut avocat jusqu'en 1951 et magistrat jusqu'en 1961. Ses premiers poèmes ont été publiés en 1933, au moment où il était lié avec les poètes et les peintres du groupe « Sagesse ». Pendant la guerre il a fait partie de l'école de Rochefort (voir p. 575). Ses principaux recueils, *Usage du temps* (1943), *Exister* (1947), *Territoires* (1953), *Appareil de la terre* (1961), *Espaces d'instants* (1971) sont d'un art très personnel. Il a été tué par une voiture à Paris en 1971.

*Les titres des recueils de **Jean Follain** sont souvent simples. Dans une forme poétique sobre et épurée, il recherche ce qu'il a appelé les « **transparences du monde** ». Il suffit pour cela d'un objet (une assiette, un œuf, un miroir), d'un lieu (la quincaillerie, le champ des boutons d'or). Mais le secret est-il celui du monde ou celui de l'histoire humaine ? On pouvait se le demander après la Seconde Guerre mondiale, quand Follain écrivit les poèmes d'Exister.*

Le secret

Où gis-tu secret du monde
à l'odeur si puissante ?
Parfois un ouvrier doux
dans la ville fiévreuse
5 tombe d'un échafaudage
et le vent sent toujours le lilas ;
un malheur tenace
habite les corps les plus beaux
les mains dans le soir se serrent
10 un animal s'endort
dans une loge qu'ouvragèrent les hommes
la paix toujours se corrompt
et la guerre
n'a plus d'âge.

Jean FOLLAIN, Exister (1947)
© éd. Gallimard

Rivages

On voit des figures pâles
près des maisons anciennes
un soldat d'autrefois
une femme empruntée
5 qui marche à ses côtés
par un jour sans visage
tout près d'eux
l'océan se retire
laissant le coquillage strié
10 ébréché près du galet gris
une voiture emplie de varech
rentre avec la nuit fidèle à l'exilé
qui porte en sautoir sa jumelle marine.

Jean FOLLAIN, Territoires (1953)
© éd. Gallimard

ÉTUDE SUIVIE DU « SECRET »

1. Une prise à partie (v. 1-2)

Pourquoi le poème commence-t-il sur une question ? Étudiez le mélange du concret et de l'abstrait.

2. Fièvre et sérénité (v. 3 à 11)

a. Quelles notations concernent ce qu'il est convenu d'appeler le mal ? Comment se trouvent-elles insérées dans un ensemble ?

b. Quelle est la valeur de « et » dans le vers 6 ? Étudiez le mélange des vers pairs et impairs.

3. La guerre et la paix (v. 12 à 14)

Serait-il possible d'associer le vers 11 et le vers 12 ? Comment se marque le dépassement du temps ? Quelle est la tonalité de ces trois derniers vers ?

Apparition de Farfadette (St Guenolé). Collage de Jacques Prévert.

Yves Bonnefoy *Du mouvement et de l'immobilité de Douve* (1953), *Hier régnant désert* (1958)

Yves Bonnefoy, né en 1923 à Tours, aujourd'hui titulaire de la chaire de poétique comparée au Collège de France, est un admirable commentateur des poètes et des peintres, et un grand traducteur de Shakespeare. Ses deux premiers recueils, *Du mouvement et de l'immobilité de Douve* (1953) et *Hier régnant désert* (1958), ont fait entendre un son nouveau en poésie, tout de gravité et de ferveur. La tentation du négatif, de l'absence, est progressivement conjurée dans *Pierre écrite* (1959), *Dans le leurre du seuil* (1975) et *La Présence et l'Image* (1983). L'image doit toujours l'emporter sur l'idée : en cela, Bonnefoy reste fidèle à l'idéal de l'« anti-Platon » qu'il s'était fixé dans sa jeunesse.

*Le premier recueil important d'**Yves Bonnefoy** est au sens propre du mot **une évocation**, puisque le texte poétique s'adresse à Douve avant que « Douve parle » dans la section médiane. Mais qui est Douve ? une « lande résineuse », ou une femme aimée ? Elle ne tarde pas à apparaître comme une Eurydice perdue, dont la recherche n'est autre que **la quête du « Vrai lieu »**. C'est le titre de la cinquième et dernière section du recueil, dominée par la figure de la salamandre, ce batracien qui se confond avec la pierre des cheminées et qui passait pour capable de traverser le feu sans dommage.*

Dans Hier régnant désert, la voix de Douve retrouvée se confond avec celle de la cantatrice anglaise Kathleen Ferrier, morte à 41 ans en 1952.

Lieu de la salamandre

La salamandre surprise s'immobilise
Et feint la mort.
Tel est le premier pas de la conscience dans les
Le mythe le plus pur,   [pierres,
Un grand feu traversé, qui est esprit.

La salamandre était à mi-hauteur
Du mur, dans la clarté de nos fenêtres
Son regard n'était qu'une pierre,
Mais je voyais son cœur battre éternel.

O ma complice et ma pensée, allégorie
De tout ce qui est pur,
Que j'aime qui resserre ainsi son silence
La seule force de joie.

Que j'aime qui s'accorde aux astres par l'inerte
Masse de tout son corps,
Que j'aime qui attend l'heure de sa victoire,
Et qui retient son souffle et tient au sol.

Yves BONNEFOY,
Du mouvement et de l'immobilité de Douve (1953)
© éd. Mercure de France

A la voix de Kathleen Ferrier

Toute douceur toute ironie se rassemblaient
Pour un adieu[1] de cristal et de brume,
Les coups profonds du fer faisaient presque silence,
La lumière du glaive s'était voilée.

5 Je célèbre la voix mêlée de couleur grise
Qui hésite aux lointains du chant qui s'est perdu
Comme si au-delà de toute forme pure
Tremblât un autre chant et le seul absolu.

O lumière et néant de la lumière, ô larmes
10 Souriantes plus haut que l'angoisse ou l'espoir,
O cygne, lieu réel dans l'irréelle eau sombre,
O source, quand ce fut profondément le soir !

Il semble que tu connaisses les deux rives[2],
L'extrême joie et l'extrême douleur.
15 Là-bas, parmi ces roseaux gris dans la lumière,
Il semble que tu puises de l'éternel.

Yves BONNEFOY, *Hier régnant désert* (1958)
© éd. Mercure de France

1. Kathleen Ferrier a été l'interprète bouleversante du Chant de la terre *de Gustav Mahler (1860-1911), dont le dernier mouvement s'intitule « Adieu ». — 2. Comme Orphée, et en particulier comme l'Orphée de Rilke dans* Les Sonnets à Orphée *(1923).*

ÉTUDE STYLISTIQUE DE « LIEU DE LA SALAMANDRE »

1. En précisant le sens des mots *mythe* et *allégorie*, vous expliquerez comment la salamandre peut être l'un et l'autre.

2. Étudiez **l'expression du mouvement et de l'im-mobilité**. Quelle relation peut ainsi s'établir entre la sala-mandre et Douve ? entre la salamandre et le poète ? entre la salamandre et le cosmos ?

3. Décrivez les particularités de la versification.

4. Recherchez et commentez dans ce poème un effet d'**assonance**, un **enjambement**, un **jeu de mots**.

André Du Bouchet *Dans la chaleur vacante* (1959)

> **André Du Bouchet**, né en 1924, a été avec Yves Bonnefoy, Gaëtan Picon et Louis-René des Forêts, le fondateur de la revue *L'Éphémère*. Fasciné par le « vide toujours réitéré » qu'il trouve chez Baudelaire, il est à la recherche d'un lieu qui ne se donne qu'en se dérobant sans cesse (*Dans la chaleur vacante*, 1959 ; *Où le soleil*, 1968 ; *Qui n'est pas tourné vers nous*, 1972 ; *Laisses*, 1979 ; *Peinture*, 1984).

André Du Bouchet accorde autant d'importance au silence, au blanc, qu'aux mots. Pour lui, la poésie est « **la parole espacée** ». Elle est aussi une parole de l'espace, de la vacance, au sens mallarméen du terme. Le recueil de 1959 en apportait la preuve : les mots, comme l'a dit le critique Jean Paris, « ne semblent naître du néant que pour y retourner ». Le poème « Cession » constitue à lui seul la dernière partie de ce recueil.

Cession

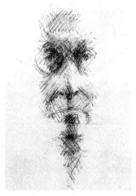

Portrait d'André
Du Bouchet par Gilles
Du Bouchet.

Le vent,
      dans les terres sans eau de l'été, nous quitte sur une lame,
             ce qui subsiste du ciel.

En plusieurs fractures, la terre se précise. La terre demeure stable dans le souffle
5 qui nous dénude.

Ici, dans le monde immobile et bleu, j'ai presque atteint ce mur. Le fond du jour
est encore devant nous. Le fond embrasé de la terre. Le fond et la surface du
front,
            aplani par le même souffle,
10 ce froid.

Je me recompose au pied de la façade comme
l'air bleu au pied des labours.

André Du BOUCHET, *Dans la chaleur vacante* (1959)
© éd. Mercure de France

André Frénaud *Il n'y a pas de paradis* (1962)

> **André Frénaud**, né en 1907, poète métaphysicien plus que mystique, pourrait être considéré comme notre Vigny moderne. On retrouve chez l'auteur des *Rois mages* (1943), de *Il n'y a pas de paradis* (1962) et de *La Sainte Face* (1968) la même ténacité que chez le poète des *Destinées* à confronter une volonté de vivre, en dépit de tout, au pessimiste constat d'un monde enchaîné ou supplicié.

Quêteur d'un « Graal » qui sans cesse se dérobe, André Frénaud, proche en cela aussi de Bonnefoy, retrouve parfois pourtant « le pays » où le cœur peut s'apaiser — provisoirement — dans la tranquillité de quelques mots ou images qui font croire au « paradis » désiré.

« Pays retrouvé »

Mon cœur moins désaccordé de tout ce qu'il aimait,
je ne fais plus obstacle à ce pays bien-aimé.
J'ai dépassé ma fureur, j'ai découvert
le passé accueillant. Aujourd'hui je peux, j'ose.

Je me fie au chemin, j'épelle ici sans crainte
la montée, les détours. Un songe vrai s'étale.
Je m'y retrouve dans le murmure qui ne cesse pas.
Le vent, rien que le vent me mène où je désire.

Des paroles inconnues me parviennent familières.
Des regards bienveillants me suivent dans les arbres.
Je me reconnais ici, j'avoue mon pays la terre ici
et toute contrée où des hameaux apparaissent,

où des coqs flambent près de la tour,
avec la verveine dans le potager, les massifs entre
[les murs.
15 Les rangées des vignes se tiennent sur les versants
et les nuages se promènent lentement dans l'azur,
creusant la plaine où les céréales jaunissent.
Tout est beau qui s'entrouvre aujourd'hui où je passe.

O je me souviendrai de ce vrai pain des hommes.
20 Je veux goûter de ces raisins qui sèchent,
pendus sous la galerie.

André FRÉNAUD, *Il n'y a pas de paradis* (1962)
© éd. Gallimard

Jacques Dupin *Gravir* (1963)

Jacques Dupin, né en 1927, remarqué à 23 ans par René Char pour ses poèmes du *Cendrier du voyage* (1950), cherche lui aussi ses lieux d'élection à travers un monde désarticulé que les grands intercesseurs esthétiques qu'il commente pour la Galerie Maeght (Giacometti, Miro, Braque, Tapiès) l'aident à rassembler et comprendre.
Gravir (1963), *L'Embrasure* (1969), *Dehors* (1975), *Une apparence de soupirail* (1982), autant de recueils-jalons sur l'itinéraire du poète.

« *Le paradoxe de l'œuvre de* **Jacques Dupin**, *écrit Bertrand Visage, est qu'elle ne cesse d'affirmer* **la nécessité d'enracinement**, *alors même qu'elle se cherche sur le flanc le plus escarpé, sur le "chemin frugal", dans une rigueur inhospitalière.* »

« Le chemin frugal »

C'est le calme, le chemin frugal,
Le malheur qui n'a plus de nom.
C'est ma soif échancrée :
La sorcellerie, l'ingénuité.

5 Chassez-moi, suivez-moi,
Mais innombrable et ressemblant,
Tel que je serai.
Déjà les étoiles,
Déjà les cailloux, le torrent...

10 Chaque pas visible
Est un monde perdu,
Un arbre brûlé.
Chaque pas aveugle
Reconstruit la ville,
15 A travers nos larmes,
Dans l'air déchiré.

Si l'absence des dieux, leur fumée,
Ce fragment de quartz la contient toute,
Tu dois t'évader,

20 Mais dans le nombre et la ressemblance,
Blanche écriture tendue
Au-dessus d'un abîme approximatif.

Si la balle d'un mot te touche
Au moment voulu,
25 Toi, tu prends corps,
Surcroît des orages,
A la place où j'ai disparu.

Et l'indicible instrumental
Monte comme un feu fragile
30 D'un double corps anéanti
Par la nuit légère
Ou cet autre amour.

C'est le calme, le chemin frugal,
Le malheur qui n'a plus de nom.
35 C'est ma soif échancrée :
La sorcellerie, l'ingénuité.

Jacques DUPIN, *Gravir* (1963)
© éd. Gallimard

Edmond Jabès *Le Retour au livre* (1965)

Né en 1912 au Caire, **Edmond Jabès** a dû quitter l'Égypte en 1957 et s'est installé à Paris. Il collaborait depuis 1945 à la plupart des grandes revues littéraires françaises : *Les Cahiers du Sud, La N.R.F., Les Lettres nouvelles*, etc. Après plusieurs recueils de poèmes et de proses (*Le Fond de l'eau*, 1947 ; *La Voix d'encre*, 1949 ; *L'Écorce du monde*, 1955), l'essentiel de son œuvre se construit à partir de 1963 avec *Le Livre des questions, Le Livre de Yukel* (1964), *Le Retour au livre* (1965), *Elya* (1969), *Le Livre des ressemblances* (1976-1980).

Edmond Jabès ne sépare pas, selon les mots de Maurice Blanchot, « la méditation sur l'acte et l'exigence poétique » et « la **méditation sur son appartenance**, invétérée et réfléchie, à la condition juive ». Du Livre des questions *au* Retour au livre, *il accompagne, jusqu'à sa destruction par les hommes et les mots, l'amour de deux adolescents juifs, Sarah et Yukel, en usant d'une parole multiforme où s'entrelacent le récit, le dialogue, l'autobiographie, la citation, le poème, la réflexion sur le livre comme sur le vivre.*

Dédicace

Au cimetière de Bagneux, dans le département de la Seine, repose ma mère. Au vieux Caire, au cimetière des sables, repose mon père. A Milan, dans la morte cité de marbre, est ensevelie ma sœur. A
5 Rome où, pour l'accueillir, l'ombre a creusé la terre, est enfoui mon frère. Quatre tombes. Trois pays. La mort connaît-elle les frontières ? Une famille. Deux continents. Quatre villes. Trois drapeaux. Une langue, celle du néant. Une douleur. Quatre regards en
10 un. Quatre existences. Un cri.
   Quatre fois, cent fois, dix mille fois un cri.
   — Et ceux qui n'ont pas eu de sépulture ? demanda Reb Azel.
   — Toutes les ombres de l'univers, répondit Yu
15 kel, sont des cris.

(Mère, je réponds au premier appel de la vie, au premier mot d'amour prononcé et le monde a ta voix.)

Edmond JABÈS, *Le Retour au livre* (1965)
© éd. Gallimard

Chanson

Sur le bord de la route,
il y a des feuilles
si fatiguées d'être feuilles,
qu'elles sont tombées.

5 Sur le bord de la route,
il y a des Juifs
si fatigués d'être juifs,
qu'ils sont tombés.

Balayez les feuilles.
10 Balayez les Juifs.

Les mêmes feuilles repoussent-elles au printemps ?
Y a-t-il un printemps pour les Juifs piétinés ?

Edmond JABÈS, *Le Retour au livre*
© éd. Gallimard

« *L'errance d'un homme* »

Une jointée de froment, dans la faim, préfigure l'union des hommes ; la menace d'un poing parachève leur reploiement. L'amour est dans l'or des doigts. La terre est l'or de l'amour.
   Mes arbres sont le flamboyant et le dattier ; ma fleur, le jasmin. Mon fleuve fut
5 le Nil bleu ; mes déserts, le sable et les silex d'Afrique.
   Avais-je le droit de les considérer miens parce qu'ils étaient entrés en moi par la pupille et par le cœur et parce que ma bouche le proclamait ?
   Je suis l'errance d'un homme, la piste et la route. L'avais-je à ce point oublié ? J'ai, avec résignation et calme et en mâle conscience, accepté la condition
10 dictée : errer dans le réel et le rêve du réel dont chaque syllabe du livre est la raison.

Edmond JABÈS, *Le Retour au livre*
© éd. Gallimard

POINT DE VUE CRITIQUE

« En fait, Jabès, qui avait rêvé d'une œuvre qui n'appartiendrait à aucun genre, mais les contiendrait tous, une œuvre qu'on aurait du mal à définir..., a atteint son but, réussi, sans avoir le moins du monde souhaité surprendre à tout prix (tentation romantique), fasciner par l'étrangeté et le monstrueux (tentation surréaliste), à offrir un monde personnel non déraciné, non immobile, dénué de facilités et d'artifices. »

André MARISSEL, dans *Littérature de notre temps*, © éd. Casterman

Lorand Gaspar *Approche de la parole* (1978)

Lorand Gaspar, né en 1925, est à la fois chirurgien et poète. D'origine juive et roumaine, il sortit indemne d'un camp de concentration en 1945 et se retrouva à Paris. Il y fit ses études de médecine, puis exerça en Israël et en Tunisie. Sa poésie se modifia au gré de ses changements de lieu. *Sol absolu* (1972) est dédié aux montagnes nues de Judée. La vérité de sa démarche poétique est à chercher dans *Approche de la parole* (1978).

« *Au seuil de ce jour indécis* »

*Lorand Gaspar, en tant que poète, a le sentiment de **vivre dans un lieu non situé**, anonyme, qui est le lieu de la poésie. Mais c'est, comme les autres, un lieu qu'on peut approcher.*

Au seuil de ce jour indécis : le poète avec son maigre paquet. Mis à nu en ce désert. Et nu à crier et désert à en perdre le sens. Qui l'entendra dans l'atelier des poussières inusables ? Ici même, dans l'affairement louable, qui percevra son creusement silencieux ? Quelle place escompter, avides que nous sommes
5 d'éclairages au-dehors, pour une lampe qui seulement respire ? Cet homme n'a rien à proposer qui transmue l'excrément en or, qui transfigure la misère du dehors en monnaie de salut. Rien. Quelques mots en une rude langue étrangère qu'il entend comme une langue natale.

Mais quel poète a jamais douté que la parole fût fleuve dans le fleuve et souffle
10 dans le souffle ?

Pousser la démarche poétique en ses derniers retranchements, la précipiter par-dessus le dernier mur de mots qui rompent la foulée de l'annonciateur. Là où le discours, trop timidement, se penche sur un abîme de parole.

Écrire un poème qui ne serait pas un relevé de traces, traduction ou mise en
15 forme, décruage¹ des différentes couches du vécu, de ses arborisations prodigieusement entremêlées — écriture d'une lecture à un autre niveau —, mais croissance et mouvement simples, issus de nul centre et de nul commencement, ses branches, ses feuilles, ses fruits n'étant pas là pour renvoyer à autre chose, pour symboliser, mais pour conduire la sève et la vivacité de l'air, être leur
20 bourdonnement et leur activité, nourriture et ensemencement. Et la lecture ne serait plus déchiffrement d'un code, réception d'un message² ; il ne s'agirait plus de lire de son poste d'observation prudemment extérieur, mais de se couler dans le cheminement imprévisible qui est, d'un même geste, le mouvement et ses lois, la différence et l'identité, la forme qui se construit et se défait. Lire et écrire :
25 accueillir, aller avec, creuser, respirer, jaillir.

Lorand GASPAR, *Approche de la parole* (1978)
© éd. Gallimard

1. *Traitement du fil, qu'on lave avec des cendres avant de le teindre.*

2. *« Code » et « message » : deux composantes du langage dans la linguistique de Roman Jakobson.*

PLAN POUR UN COMMENTAIRE COMPOSÉ

1. La solitude du poète

a. L'expérience du désert.
b. La fin du mythe de l'alchimiste du verbe (voir Rimbaud, *Une saison en enfer*, LITTÉRATURE, *XIXᵉ siècle*, p. 504).
c. L'autre langue.

2. Le dépassement

a. La parole dépassée.
b. Le dépassement par la parole.

3. Lire la poésie

a. Le refus de la traduction.
b. Le mouvement de la lecture coïncidant avec le mouvement de l'écriture.
c. La poésie comme « croissance et mouvement simples ».

Pour vos essais et vos exposés

Yves BONNEFOY : « La Poésie d'André Du Bouchet », *Critique* nº 179, 1962.
Jean-Pierre RICHARD : *Onze Études sur la poésie moderne*, éd. du Seuil, 1964.
Philippe JACCOTTET : *L'Entretien des Muses*, éd. Gallimard, 1968.
André DHOTEL : *Jean Follain*, éd. Seghers, 1972.
Alain BOSQUET : *La Poésie française depuis 1950*, éd. de la Différence, 1979.
Magazine littéraire, nº 140, « 68-78. Dix ans de poésie ».
Jean STAROBINSKI : « Yves Bonnefoy, la poésie entre deux mondes », *Critique* nº 385-386, 1979.
L'Arc, nº 66. « Yves Bonnefoy ».
Pierre CHAPUIS : *André Du Bouchet*, éd. Seghers, 1979.

2. De l'homme et du monde

Eugène Guillevic *Carnac* (1961) ; *Sphère* (1963) *Avec* (1966)

Né en 1907 en Bretagne, à Carnac (ville à laquelle il dédia en 1961 un superbe recueil), **Eugène Guillevic** se fit connaître dès 1942 avec *Terraqué*, ensemble de poèmes assez durs écrits pendant les années sombres de la guerre. Sans renoncer par la suite à une « dureté » proprement poétique (pour lui le poème est inscription, « incision » dans la paroi du langage), Guillevic évolue vers une œuvre de réconciliation des éléments naturels, de l'homme et de son environnement (*Avec*, 1966 ; *Ville*, 1969 ; *Paroi*, 1970 ; *Étier*, 1979).

*Jusqu'à son plus récent recueil, Trouées, paru en 1981, on voit **Eugène Guillevic** constamment **attentif** à « **tout rendre concret, palpable** », à faire dire aux choses ce qu'elles savent de lui et de l'Homme, ou encore, comme il aime à le proclamer, à « vivre le sacré dans la vie quotidienne ».*

« J'ai joué sur la pierre »

J'ai joué sur la pierre
De mes regard et de mes doigts

Et mêlées à la mer,
S'en allant sur la mer,
5 Revenant par la mer,

J'ai cru à des réponses de la pierre.

Ils ne sont pas tous dans la mer,
Au bord de la mer,
Les rochers.

10 Mais ceux qui sont au loin,
Égarés dans les terres,

Ont un ennui plus bas,
Presque au bord de l'aveu.

Ne te fie pas au goémon : la mer
15 Y a cherché refuge contre soi,
Consistance et figure.

Pourrait s'y dérouler
Ce qu'enroula la mer.

Ne jouerons-nous jamais
20 Ne serait-ce qu'une heure,
Rien que quelques minutes,
Océan solennel,

Sans que tu aies cet air
De t'occuper ailleurs ?

Eugène Guillevic, *Carnac* (1961)
© éd. Gallimard

> **GROUPEMENT THÉMATIQUE**
> **La pierre, le minéral dans la poésie du XXe siècle**
> Eugène Guillevic : *Terraqué*, 1942 ; *Carnac*, 1961 ; *Paroi*, 1970. — Saint-John Perse : *Vents*, 1946 ; *Amers*, 1957. — Francis Ponge : *Proèmes*, 1949 (« Le Galet »). — Yves Bonnefoy : *Pierre écrite*, 1959. — Pierre Oster : *Rochers*, 1982. — Denis Roche : *Carnac ou les Mésaventures de la narration*, 1969.

Rocher

J'ai besoin d'être dur
Et durable avec toi,

Contre tout l'ennemi
Que ta surface arrête,

5 Besoin que nous soyons
Complices dans la veille

Et la nuit passera
Sans pouvoir nous réduire.

Eugène Guillevic, *Sphère* (1963)
© éd. Gallimard

Pins

Pins qui restez debout à crier, malhabiles,
Sur l'étendue des landes

Où rien ne vous entend que l'espace en vous-mêmes
Et peut-être un oiseau qui fait la même chose —

5 Lorsque vous avez l'air d'être ailleurs, occupés,
Livrés à tous les ciels qui sont livrés aux vents,

C'est pour mieux retenir le silence et le temps,
Et vous continuez à ne pas abdiquer,

Et vous êtes pareils
10 Aux hommes dans la ville.

Eugène Guillevic, *Avec* (1966)
© éd. Gallimard

Jean-Claude Renard
La Braise et la Rivière (1969)
Poèmes inédits (1988)

Poète d'une haute spiritualité, d'abord marqué par l'influence de Valéry, de Jouve puis de La Tour du Pin, **Jean-Claude Renard**, né en 1922, s'est libéré de tout dogme au fil de ses recueils. De *Métamorphose du monde* (1951) à *Toutes les îles sont secrètes* (1984) l'invention des formes (en vers ou en prose) s'est faite sans cesse plus variée tout en respectant la continuité d'une quête remarquable.

Publiée en 1969, La Braise et la Rivière *est l'œuvre de maturité de* **Jean-Claude Renard**. *Le thème central en est* **la relation de la poésie et du monde**. *Il ne suffit pas au poète, en effet, de transmuer la réalité dans « l'espace » et le « système » des mots :* « La poésie, écrit-il, comme un feu toujours neuf, consume ce qui la nourrit pour laisser irradier, avec le mystère qui les habite, la lumière et la chaleur même de ce qu'elle fait naître. »

L'espace de la parole

1
En ce pays bas de brûlures,
De raisins braisés[1], d'enneigements
Où l'on ne peut faire qu'exister
La parole n'est pas possible.

2
Il y a des vents trop profonds
A l'origine des choses.

3
Je remonterai des pertuis[2]
Où circulent l'eau paysanne
Et de nuit, l'hiver, quand il lune
Les bêtes des grandes forêts roses.

4
Sur la mort,
Sur le sable où patientent le silence et l'absence,
Hors des fouées[3], dans le feu ténébreux,
Devant la laine, l'arbre,
5 Les oiseaux qui habitent les îles de limon
        [instruites par quels fleuves,
— Un langage commence.

Jean-Claude Renard, *La Braise et la Rivière* (1969)
© éd. du Seuil

Transmutation

Touche de tes doigts
mes yeux
  — et l'autre regard
verra l'or.
5 Touche de tes doigts
ma bouche
  — et l'autre langage
naîtra.
Touche de tes doigts
10 mes oreilles
  — et l'autre sens
s'ouvrira.
Touche de tes doigts
mes mains
15 — et l'autre arôme
embaumera.

Le regard, le langage, le sens, le corps, l'arôme de
l'exacte métamorphose.

Jean-Claude Renard, *Poèmes inédits* (1988)
© éd. du Seuil

1. Mûris à la chaleur du soleil, comme une viande braisée est cuite au feu. — 2. Trous d'eau. — 3. Feux allumés dans le four du boulanger.

POINT DE VUE CRITIQUE

La poésie de Jean-Claude Renard

« C'est un éclatement de la vision et de l'espace. Le paysage du poème s'est chargé de signes qui nous sont devenus d'autant plus perceptibles qu'ils sont le déchiffrement d'une découverte du monde par « la fête pure de dire ». A mesure que la religion s'éloigne ou s'efface du langage, le sacré nous est restitué, et là où justement « l'homme sans cesse est à venir ». Constamment, nous sommes saisis par la beauté sensorielle d'un lyrisme qui s'est quelque peu défait de son obscurité hiératique, et la lumière qui éclaire l'œuvre ne nous a jamais paru davantage émaner d'un temps qui est le nôtre, en refléter le baroquisme, les contraires et le déchirement. »

Claude-Michel Cluny, *La Nouvelle Revue Française*

Alain Bosquet *Un jour après la vie* (1984)

Né à Odessa en 1919, écrivain fécond et éclectique (comme Rousselot, il est essayiste, poète, romancier et critique), **Alain Bosquet** a deux fois droit de cité dans la constellation poétique contemporaine : comme auteur de nombreux recueils où se perpétue avec qualité une double tradition humaniste et poétique, avec sa préférence pour l'alexandrin classique (*Maître objet*, 1962 ; *Cent Notes pour une solitude*, 1970 ; *Notes pour un pluriel*, 1974 ; *Le Livre du doute et de la grâce*, 1977 ; *Poèmes, Un*, 1979) ; mais aussi comme auteur de plusieurs anthologies remarquables qui ont contribué au rayonnement de la poésie auprès du grand public et de la jeunesse (*Les Plus Beaux Poèmes du monde*, 1979).

*Le dernier recueil d'**Alain Bosquet**, Un jour après la vie (1984), montre l'auteur attentif à une **« réinvention »** du langage poétique dans le respect de la rime, qui, dit-il, « me porte et me confère une étrange liberté ».*

« *Le mot par le mot...* »

C'est le poème en moi qui écrit mon poème,
    le mot par le mot engendré.
Il est mon occupant ; je ne sais pas s'il m'aime.
    Mon locataire veut gérer
5 mon espace vital et, de plus, il me gronde :
    peut-être suis-je dans mon tort.
Il l'absoudra un jour ; en ses couches profondes,
    je lui prépare un meilleur sort.
Nous formerons un couple heureux ; mon allégresse
10   aura raison de ses soucis.
Il a horreur des trémolos ; il ne me laisse
    aucun emploi : ni le récit,

ni le déroulement, ni l'air ni la musique
    car il prétend tout décider.
15 Mon cerveau se rétracte et ma pauvre logique
    vaut moins, dit-il, qu'un coup de dé.
Je suis pour mon poème un squelette inutile,
    qui ferait mieux dans un linceul.
Il est adulte, il peut devenir la presqu'île,
20   l'oiseau, l'azur et le tilleul.
Je n'ai plus rien à dire, ô poète : en silence
    je rêve au défi de rêver.
Mon poème sans moi en soi-même se pense,
    luxure dont il m'a privé.

Alain Bosquet, *Un jour après la vie* (1984)
© éd. Gallimard

ÉTUDE SUIVIE

Premier quatrain

a. Décrivez la structure et la rythmique (mètres, cadence, rimes) du type de strophe utilisé.
b. Une réflexion sur l'inspiration poétique : dans quelle tradition s'inscrit-elle ?

Deuxième quatrain

a. Appréciez la valeur de l'enjambement (v. 4/5). Où se répète-t-il plus loin dans le poème ?
b. Analysez la complexité du rapport *Je* (le poète) / *Il* (le poème). Quelles métaphores la soulignent avec *humour* ?

Troisième et quatrième quatrains

Le « bonheur » d'être « habité » par un poème. Comment Bosquet décrit-il cet engendrement qui est aussi une dépendance ?

Cinquième et sixième quatrains

a. D'un *Je* (v. 17) à l'autre (v. 21). Montrez que le poète « s'abîme » dans sa propre parole poétique. De quelle nostalgie témoignent ces vers ?
b. Cette « privation » (v. 24) n'est-elle pas pourtant le signe même du salut, de la « rédemption » poétique du « moribond » des vers 17-18 ?

Pour vos essais et vos exposés

Philippe JACCOTTET : « Pierre Oster, poète de l'unité animée », N.R.F., mai 1958.
Charles LE QUINTEC : *Alain Bosquet*, éd. Seghers, 1964.
Jacques RÉDA : « Pierre Oster, *Les Dieux* », N.R.F., mai 1970.
Jean TORTEL : *Guillevic*, éd. Seghers, 1971.
Denis ROCHE : « Être Oster », *Critique*, juin-juillet 1979.
Daniel LEUWERS : « Guillevic en filigrane », *N.R.F.*, mars 1982.

Pierre Oster Soussouev
Vingt-neuvième poème (1985)

Né en 1933, **Pierre Oster Soussouev** s'était révélé en 1955 comme un poète très elliptique dans *Le Champ de mai*. Dans les décennies suivantes, l'usage de larges versets, dans la tradition de Claudel et de Saint-John Perse, donnait à sa poésie une amplitude et un souffle nouveaux : *Un nom toujours nouveau*, 1960 ; *La Grande Année*, 1964 ; *Les Dieux*, 1970 ; *Le Sang des choses*, 1973 ; *Rochers*, 1982 ; *Vingt-neuvième poème*, 1985.

Si, comme pour Guillevic, être poète c'est d'abord s'approprier le monde et ses éléments en les « nommant », l'œuvre de **Pierre Oster** révèle une **conscience plus métaphysique** et un **projet presque « cosmique »** : *« Poème : ouverture sur le Réel, sur l'Esprit, sur le Monde et l'éternel dessein divin. »*

« L'immensité, comparable à un corps »

Ipousteguy, modèle en plâtre pour *Homme poussant la porte*, 1966. Paris, Galerie Claude Bernard.

Fétus. Tessons ! Objets de rebut que les ronces défendent,
Je convoite, en vous acclamant, l'enceinte d'un parc ! Des blocs
Consacrent la boue. Le gel qui nous grisait les dégrade.
La lumière se perd, sur les pierres s'évanouit. Ah ! le matin indistinct,
5 Le matin nous entraînait davantage. Et tu baissais la nuque. A midi, tu résistes.
Graver des vagues dans l'écorce ! Accéder, par l'esprit, à une religion du relief.
Béant, se vouloir béant. A la froideur, la roideur des branches.
L'immensité, comparable à un corps. Dont je sucerais le lait.
La pluie escalade les toits au nom des partisans des granges,
10 Hisse des voiles, que le vent cargue. Elle ajointe, ajoute
La nuit au jour ; les pénètre, les déserte ! Intimes l'un à l'autre.
Je frappe une double cible ! Et guette les corbeaux, le départ
Des corbeaux... Corbeaux patients, immémoriaux ; impatients, cupides,
Impavides. Ah ! je renonce à les haïr. La domination du soir sur la mer
15 Façonne, efface, enrichit les alentours d'une ferme en ruine,
Nous permet de montrer les dépouilles de la prairie ; de celer, célébrer
[l'horreur ;
De croire que — vêtu d'ornements discrets — l'hiver se dénoue.
Mais l'herbe rase évoque par contraste un nid primordial,
Des foyers d'ombre tiède au bas, au creux de sublimes meules,
20 Les maisons de l'abîme radieux. Lits, dans la plaine, lits
Que le soleil occupe en rougeoyant ! Bourgeons, naissances,
Surgeons sortis du solide cocon. Je bouge. Il m'est échu
D'admirer, de la frise des champs, la chaux du siècle.
Le vent me guide, instrument de notre amour. Quel combat
25 Aux arceaux des fils de la Vierge, au berceau des sibylles d'octobre,
Saintes syllabes que je risque... ou chœur régulier des saisons !

Pierre OSTER SOUSSOUEV, *Vingt-neuvième poème* (1985)
© éd. L'Alphée

ÉTUDE STYLISTIQUE

1. Le verset chez Pierre Oster

Ses caractéristiques formelles, son rythme, son rapport à la syntaxe.

Comparez-le aux versets de CLAUDEL, de SAINT-JOHN PERSE ou de Jean GROSJEAN (voir p. 577).

COMPOSITION FRANÇAISE

Commentez cette déclaration de Pierre OSTER : « La poésie est un éloge de ce qui change. Elle est comme un rapport à la nudité énigmatique du nouveau. Elle est le chant des formes qui se transmuent sous notre regard grâce à notre fidélité. »

3. Les Oulipiens

François Le Lionnais, Georges Perec, Jean Lescure
Oulipo, la littérature potentielle (1973)

*Parmi la dizaine de collaborateurs habituels de l'Oulipo, une place particulière doit être faite à **François Le Lionnais**, qui, aux côtés de Raymond Queneau, fut l'un des animateurs principaux du groupe dès l'origine. Mais l'un des plus talentueux Oulipiens fut bien sûr **Georges Perec** (1936-1982), auteur en 1969 d'un extraordinaire « roman lipogrammatique » (La Disparition), cruciverbiste surdoué, et artisan de maints textes d'une habileté langagière étonnante, comme ses fameuses « traductions lipogrammatiques de poèmes bien connus ». **Jean Lescure** enfin, à l'humour toujours subtil, réussit avec ses « tautogrammes » et autres « poèmes pour bègues » des petits chefs-d'œuvre de poésie ludique.*

*Précisons que le **lipogramme** est fondé sur le renoncement à une ou plusieurs voyelles. Le **tautogramme**, à l'inverse, exploite au maximum la répétition d'une ou plusieurs lettres, ex. : « Au zénith un zeste de zéphyr faisait zézayer le zodiaque » (Jean Lescure).*

Plaidoyer pour des contraintes modernes

Toute œuvre littéraire se construit à partir d'une inspiration (c'est du moins ce que son auteur laisse entendre) qui est tenue à s'accommoder tant bien que mal d'une série de contraintes et de procédures
5 qui rentrent les unes dans les autres comme des poupées russes. Contraintes du vocabulaire et de la grammaire, contraintes des règles du roman (division en chapitres, etc.) ou de la tragédie classique (règle des trois unités), contraintes de la versification
10 générale, contraintes des formes fixes (comme dans le cas du rondeau ou du sonnet), etc. [...]
L'humanité doit-elle se reposer et se contenter, sur des pensers nouveaux de faire des vers antiques ? Nous ne le croyons pas. Ce que certains
15 écrivains ont introduit dans leur manière, avec talent (voire avec génie) mais les uns occasionnellement (forgeages de mots nouveaux), d'autres avec prédilection (contrerimes), d'autres avec insistance mais dans une seule direction (lettrisme), l'Ouvroir de
20 Littérature Potentielle (OuLiPo) entend le faire systématiquement et scientifiquement, et au besoin en recourant aux bons offices des machines à traiter l'information[1].

François LE LIONNAIS,
« Premier manifeste de l'Oulipo », dans *Oulipo, la littérature potentielle* (1973), © éd. Gallimard

---

1. *C'est ce que fait désormais l'ALAMO, une émanation de l'OULIPO, « avec l'aide de la mathématique et de l'ordinateur ».*

Nos chats[1]

Amants brûlants d'amour, Savants aux pouls glaciaux
Nous aimons tout autant dans nos saisons du jour
Nos chats puissants mais doux, honorant nos tripots
Qui, sans nous, ont trop froid, nonobstant nos amours.

5 Ami du Gai Savoir, ami du doux plaisir
Un chat va sans un bruit dans un coin tout obscur
Oh Styx, tu l'aurais pris pour ton poulain futur
Si tu avais, Pluton, aux Sclavons pu l'offrir !

Il a, tout vacillant, la station d'un hautain
10 Mais grand Sphinx somnolant au fond du Sahara
Qui paraît s'assoupir dans un oubli sans fin :

Son dos frôlant produit un influx angora
Ainsi qu'un diamant pur, l'or surgit, scintillant
Dans son voir nictitant divin, puis triomphant.

Un fils adoptif du Commandant Aupick[2].

Georges PEREC, *Oulipo, la littérature potentielle*
© éd. Gallimard

Poème pour bègue

« Te tero, Roma, manu nuda.
Date tela. Latete. »

A Didyme où nous nous baignâmes
les murmures de l'Ararat
cessaient de faire ce rare ah !
leçon sombre où brouiller les âmes.

5 Même et marine Marmara
tu tues un temps tendre à périr.
L'âme erre amère en des désirs
qui quitte enfin un art à rats.

Couvrez vraiment l'été, ténèbres !
10 Terre, tes ruines sont songeuses.
Pour pourrir rire est une heureuse
ruse, uses-en ô l'ivre de tes fûts funèbres.

Jean LESCURE, *Oulipo, la littérature potentielle*
© éd. Gallimard

---

1. *Le poème est décrit comme une « traduction lipogrammatique d'un poème bien connu ». Il s'agit bien sûr des « Chats » de Baude-* *laire, dans Les Fleurs du mal. — 2. Nom du beau-père de Baudelaire, militaire de carrière.*

Jacques Roubaud ε (1967)

Chez **Jacques Roubaud** *(né en 1932), professeur de mathématiques, poète japonisant, grand amateur de haïkus (courts poèmes de 3 vers de 5/7/5 syllabes), l'esprit ludique de l'Oulipo, auquel il appartient, se renforce, comme chez son ami le romancier et poète Michel Butor (voir p. 591), d'**une véritable réflexion sur la stratégie de la parole et de l'écriture**. Son premier recueil, paru en 1967, ε (en théorie des ensembles ce signe désigne la relation d'appartenance), propose ainsi 361 textes, « qui sont les 180 pions blancs et 181 pions noirs d'un jeu de go », justiciables de quatre modes de lectures dont il donne les règles en appendice. Trente et un au cube (1973) offre, lui, 31 poèmes de 31 vers de 31 pieds chacun... régis par les contraintes du « tanka » et du « haïku » japonais et « cachés » aux rectos de double feuilles repliées ! Mais Roubaud déborde largement le cercle de l'Oulipo — par exemple avec* Quelque chose noir *(1986).*

1. Variante féminine du nom du canal de l'Ourcq à Pantin.

Go. 151

verre fusain verre averse cotre cassé où fut caillou fut lait débordé en d'épaisses vitres terreau des échardes d'aiguilles humus de tessons nova des glaces qui volèrent s'achemina vers cette couche crissante s'abîma verre vantail voile verre vosge du verre au long des nasses de charbon ici l'envers au triangle canal triage
5 et stère de bois

courbe plain-pied du verre causse de verre tarot litres décousus grenat grenaille bruns pont en poudre paon transparent verre qui s'y couche qui prend ce lit qui trébuche se mêle sous ces draps quand la pluie qui se couche fait face à l'opaque trop long chemin émietté de la lumière qui verre

10 étendue sur une unique dalle intacte plate débarquée de la péniche kiel 60 qui descendit comme un bouchon le long d'imprévisibles fibrilles de voies d'eau avec laine ciré noir soie verte soyeusement sur verre âcre s'éveillant de la pluie d'août au plafond moins bas du ciel

sur le gravier de verre chaud soudain d'un morceau de soleil au bleu de hauteur
15 contre l'étoffe de verre raide le bras nu le poignet sans mouvement et regarde entre deux lattes du caisson de planches regarde le miroir infracassable pour ballons pour flocons ou nuées la proche et niaise eau boueuse l'ourcque[1].

Jacques ROUBAUD, ε (1967)
© éd. Gallimard

ÉTUDE SUIVIE DU POÈME

1. Roubaud définit ce poème comme un « sonnet en prose ». Quels éléments vous paraissent justifier cette appellation ?

2. Strophe 1. Thème dominant : le débris, la cassure. Décrivez la « mise en scène » lexicale et rythmique.

3. Strophe 2. Thème dominant : la couche, la strate. Décrivez « les glissements », la stratification de la syntaxe elle-même.

4. Strophe 3. Motif dominant : la péniche. Un souvenir du « Bateau ivre » de Rimbaud ? Commentez en tout cas la symbolique de la strophe.

5. Strophe 4. Motif dominant : la rivière, l'Ourcq.

Thème dominant : le miroir. Appréciez la matière sonore de cette strophe qui se fait synthèse des précédents. Peut-on parler, comme dans un sonnet classique, d'une « chute » finale ?

Pour vos essais et vos exposés

Oulipo, la littérature potentielle, éd. Gallimard, 1973.
Roger MUNIER : *Haïku*, éd. Fayard, 1978.
Jacques BENS : *Oulipo 1960-1980*, éd. Christian Bourgois, 1980.
Atlas de littérature potentielle, éd. Gallimard, 1981.
Bibliothèque oulipienne, Slatkine reprints, 1981.

4. La poésie
au crible de la poétique

Philippe Jaccottet *L'Ignorant* (1958)

Originaire de Suisse, installé dans la Drôme, **Philippe Jaccottet** (né en 1925) a mené conjointement depuis 1953 une œuvre de critique littéraire (*L'Entretien des Muses*, 1968), de traducteur (Musil, Rilke, Ungaretti) et de poète (*L'Effraie*, 1953 ; *L'Ignorant*, 1958 ; *Airs*, 1967 et *Leçons*, 1969 ; *A la lumière d'hiver*, 1977 ; *A travers un verger*, 1984).
Pourquoi les mots ? Comment écrire ? Telles sont les deux questions qui hantent sa production littéraire, l'amenant à alterner recueils et essais ou articles critiques ; le conduisant aussi, dans chaque recueil et parfois dans tel poème, à confronter la parole poétique à la réflexion, le récit au discours.

Mélangeant vers, versets et prose, **Philippe Jaccottet** *ne cesse ainsi de nourrir et d'« ensemencer » la parole poétique de notes, de corrections et de silences qui l'interpellent et quelquefois le contestent. Comme si les signes du poème avaient toujours besoin d'autres signes, et la poétique d'une hésitation critique pour l'encourager à poursuivre son* **inlassable chiffrage/déchiffrage du quotidien, son tenace exorcisme de la mort** *qui rôde autour de l'homme et de la littérature.*

Le combat inégal

Cris d'oiseaux en novembre, feux des saules, tels sont-ils,
les signaux qui me conduisent de péril en péril.

Même sous les rochers de l'air sont des passages
entre lavande et vigne filent aussi des messages.

5 Puis la lumière dans la terre, le jour passe,
une autre bouche nous vient, qui réclame un autre espace.

Cris de femmes, feux de l'amour dans le lit sombre, ainsi nous commençons à
dévaler l'autre versant d'ici.

Nous allons traîner tous deux dans la gorge ruisselante,
10 avec rire et soupirs, dans un emmêlement de plantes,

compagnons fatigués que rien ne pourra plus disjoindre
s'ils ont vu sur le nœud de leurs cheveux le matin poindre.

(Autant se protéger du tonnerre avec deux roseaux,
quand l'ordre des étoiles se délabre sur les eaux...)

Philippe JACCOTTET, *L'Ignorant* (1958)
© éd. Gallimard

Leçons (1969)

« Muet »

Muet. Le lien des mots commence à se défaire
aussi. Il sort des mots.
Frontière. Pour un peu de temps
nous le voyons encore.
5 Il n'entend presque plus.
Hélerons-nous cet étranger s'il a oublié
notre langue ? s'il ne s'arrête plus pour écouter ?
Il a affaire ailleurs.

Il n'a plus affaire à rien.
10 Même tourné vers nous,
c'est comme si on ne voyait plus que son dos.

Dos qui se voûte
pour passer sous quoi ?

Philippe JACCOTTET, *Leçons* (1969)
© éd. Gallimard

Michel Deguy *Biefs* (1964)

Né à Paris en 1930, agrégé de philosophie, professeur d'université, **Michel Deguy** pourrait parfaitement prêter le flanc à toutes les critiques contre ceux qui paraissent tentés de confondre poésie et « jargon ». Pourtant, affirme-t-il lui-même avec humour, « la langue est une affaire trop sérieuse pour être abandonnée aux linguistes ». Et c'est au contraire le poète qui récupère, chez lui, **la mission exploratoire du langage**.

Devant un monde moderne « fragmenté », dispersé, comme en témoignent les titres de tous ses recueils (*Les Meurtrières*, 1959 ; *Fragments du cadastre*, 1960 ; *Biefs*, 1964 ; *Ouï-dire*, 1966 et *Actes*, 1966 ; *Figurations*, 1969 ; *Reliefs*, 1976 ; *Livre des gisants*, 1983), le poète cherche à reconfigurer le réel dans la langue et ses tropes sans cesser d'interroger le verbe poétique lui-même, qui ne saurait rester innocent.

« Vivifiant, comme le dit Yves Mézières, l'écriture en la nourrissant de ses racines textuelles », **Michel Deguy** *impose à son poème la co-présence d'un discours qui le « creuse » et le nourrit en même temps : « Le poème cherche un plus profond poème / Un autre sous celui-ci... ».*

Michel Deguy a condensé la matière de sa poétique dans un de ses derniers livres : La poésie n'est pas seule, court traité de poétique *(1988).*

Oscillation...

Château de Breeze du côté de la Beauce où je n'allais pas
La harde des vents dans les orges
Et les urnes des buis près des tombes
Les murs chaulés rose ou jaune
5 Pareils à des miroirs déjà traversés

Les bruits proches trop forts pour l'oreille
Frémissements dans les repères...

Si le ponton de la terre oscille
Le poète tangue comme un mousse

Michel DEGUY, *Biefs* (1964)
© éd. Gallimard

... et coïncidence

Le poète aux yeux cernés de mort descend à ce monde du miracle. Que sème-t-il sans geste large sur l'unique sillon de la grève — où de six heures en six heures pareille à une servante illettrée qui vient apprêter la page et l'écritoire la mer en coiffe blanche dispose et modifie encore l'alphabet vide des algues ?
5 Que favorise-t-il aux choses qui n'attendent rien dans le silence du gris ?
la coïncidence

◇

ou plutôt comme bête marquée du sceau pendant la nuit et son sommeil et qui ne peut le lire sur son épaule et se retourne en vain et s'en va pour déchiffrer le signe sur sa peau cherchant le fer rougi dans les choses.

Michel DEGUY, *Biefs* (1964)
© éd. Gallimard

Ipousteguy, *Scène comique de la vie moderne*, 1976. Paris, Gallerie Claude Bernard.

Figurations (1969)

« Des mains dans le lexique... »

... un grand clapot des mains dans le lexique, arrose-nous, mais l'image m'arrête des cuves d'eau noire au fond du Trianon, quelle surprise l'obstacle sans bouche, la pensée de l'autre devenue pierre. Sillage dans la langue et cap sur l'agora des biens, le poème triangulaire comme une figure d'octroi émet la
5 position : Reverdy[1] se règle sur ce qu'il a en vue pour le chef-d'œuvre de mots

1. *Poète français (1889-1960), voir p. 107.*

dans la soufflerie ; le chardon mauve comme la mer anémone... ô folle déclaration d'amour à cette langue ! Elle a reçu son territoire, elle est d'ici où la fleur
cyanosée qui repère la mer défilante accroche les mots qui la frôlent, et transforme en sa gloire ce qu'elle touche, j'aime voyage insalubre comme une île, et
10 lacustre comme un lac éteint, il est à respecter des choses que les mots ne
nomment pas mais qui les gagent, accords de ressemblance oblique, immortelle
et tourbe, la vraie leçon qui est fable, les tendres emblèmes je déraisonne et
comment se rangent malgré nous le mauve l'impair et cet animal, ô voyelles
généralisées, liberté que nul autre ne peut prendre le temps même au vol imploré
15 bat d'aile noire d'oiseau dans le soleil, le jusant me laisse à cette page épuisée,
le sang contre la falaise interne et le roc referme le capot de la mer ; là vivre
limitrophe s'esquisse ; je me suis tu longtemps Madame et vais encore — plaider
comme la mer ; silence où passent de longues pages, ressac avant le testament
avant le testament contractons la dette.

Michel DEGUY, *Figurations* (1969)
© éd. Gallimard

Alain Jouffroy *Liberté des libertés* (1971)

*On doit à **Alain Jouffroy**, né en 1928, venu du surréalisme, et par ailleurs essayiste et romancier apprécié,
d'avoir contribué à la révélation de deux courants importants de la jeune poésie d'aujourd'hui : la « poésie
électrique » (qu'anime Michel Bulteau) et la « poésie froide » à laquelle Velter et Sautreau donnèrent son
Manifeste de « déstabilisation » de la langue. Alain Jouffroy a repris le « Manifeste électrique aux paupières de
jupes » dans son livre sur la poésie contemporaine :* L'Incurable retard des mots *(1972).*

Passage Jouffroy

Jean Hélion, *Le poète Alain
Jouffroy*, 1953.

Dans le couloir où me suivent les capes d'hermine
La révolution se prépare à coups de talons hauts
Un broc lancé à perdre haleine dans une vitrine
/ la Fougère de chair,
5 debout derrière sa vitrine de parapluies horizontaux,
dresse sa figure de chandelière de la Reine /
Soudain, des passants négligents poussent du pied la porte vitrée,
Les policiers doublent le nombre de couteaux dans leurs tiroirs :
à cet instant le crime parfait pourrait être commis, mais
10 il fait tiède au fond du boudoir où l'on entasse des pneus de camion
et *l'amitié qui me lie au chapelier de Pologne me retient*
de PROTESTER A HAUTE VOIX CONTRE LA VIEILLERIE.
A tous les échelons du RECUL les écureuils sont vainqueurs /
C'est la loi mauve, la seule à laquelle je souscrive, la loi du regard fixe
15 Je marche en effet dans la direction de l'Opéra,
l'œil agrandi par une paire de lunettes publicitaires
CINQ HEURES DU SOIR N'ONT PAS ENCORE SONNÉ /
le cadran vierge de toute calomnie
on avance à tâtons parmi les caisses de nébuleuses,
20 l'air est de plus en plus floche, il commence même à faire froid.
En un éclair la Maréchale de la Voilette vidange ses égouts,
mais DEUX ET DEUX appelant toujours TRÈFLE,
j'abats l'as de pique au milieu d'un bouquet de jasmins
la Révolution a les cuisses lacérées comme une affiche
25 je continue de marcher vers l'Opéra en pleurant sous cape : le passage
Jouffroy, seule entrée des artistes changés en mannequins
coupe Paris en deux comme l'étrave d'un navire en cire de chandelle.

Alain JOUFFROY, *Liberté des libertés* (1971)
© éd. Soleil noir

5. Tel Quel

Fondée en 1960 par un groupe d'écrivains regroupés autour de **Philippe Sollers**, la revue *Tel Quel* déclare vouloir « mettre la poésie à la plus haute place de l'esprit ». Mais en même temps, pour ces « écrivants » qui affirment que l'écriture est irréductible aux clivages traditionnels , que la réflexion critique est inséparable de la pratique littéraire et la pratique littéraire des autres pratiques (sociales, philosophiques ou politiques), la poésie, comme l'écrit Christian Gambotti, « devient le lien de la destruction idéale parce qu'elle se donne pour l'écriture supérieure ».

Marcelin Pleynet *Stanze* (1973)

Marcelin Pleynet, dessin de Pierre Nivollet.

Né à Lyon en 1933, **Marcelin Pleynet** fut pendant de nombreuses années le secrétaire de rédaction de la revue *Tel Quel*. Dans ses divers recueils donnés comme « poétiques » (*Provisoires amants des nègres*, 1962 ; *Comme*, 1965 ; *Stanze, Incantation dite au bandeau d'or*, 1973), Pleynet ne cesse d'opposer les figures critiques de l'*anomie* poétique aux illusions de la normalité comportementale, historique ou littéraire.

« Le rêve des origines »

Maintenant plus nombreux le rêve des origines

                                cette

      poussée matérielle

           où ils sont

5   je vais beaucoup penser

en mangeant avec eux

            je les entends qui dit non

                    séparés

ainsi que sont les livres

10   je les entends qui dit non ressaisissant les livres et les

papiers

        et la forme des mutations

        science douce science tu n'y es pas

        je les entends qui dit aimer

15   mais c'est pas ça

          je vais en élire beaucoup

    comme la nuée

        dans la danse et le lait

et quelle différence ce rêve de l'homme dans l'eau et ces pays noyés

20   la guerre quand je le tiens

la grèce l'égypte et l'inde sur sa peau

    la science des noyés   ciel Riz bleu

ou poésie science des historiennes et des noyés

    ou populations stellaires des nuages de Magellan

25 le grand nuage comprend une barre centrale dont paraissent s'échapper deux

bras

                les super géantes

existent surtout dans ces bras où nous voici

                  elles ont

30 des vitesses peu différentes de la matière dont elles naissent et ne s'en éloignent

que lentement

                les plus

jeunes ayant au moins dix millions d'années d'âge se trouvent très près du lieu

de leur naissance

35   d'autres

passent paisibles dans ces pâturages quelle histoire n'importe où très loin de son

lieu de naissance ces amas stellaires où la pensée se tient et chute

Marcelin PLEYNET,
Stanze, Incantation dite au bandeau d'or (1973)
© éd. du Seuil

Denis Roche *Le Mécrit* (1972)

Denis Roche (né en 1937) a lui aussi fait partie du comité de rédaction de *Tel Quel* jusqu'en 1973. Il avait auparavant publié trois recueils qui sont extrêmement révélateurs de ce qu'on pourrait appeler « le désarroi critique » des telqueliens devant la poésie : *Récits complets*, 1963 ; *Eros énergumène*, 1968 ; et surtout *Le Mécrit*, en 1972, dont il commentait le titre en ces termes : « mécrire = ramener la production poétique jusqu'à son point extrême de *méculture*, le point zéro, à l'évidence de la poéticité ».

Dynamitant les textes *à force de coupures, de ratures, de biffures et d'artifices typographiques,* Le Mécrit, *comme dit Claude Bonnefoy « se donne comme le dernier cérémonial poétique, celui où la poésie ordonne et célèbre sa propre mort, ensevelit dans la béance du livre son corps ébloui, évanoui ».*

« *La poésie est inadmissible* »

(XI) *La poésie est inadmissible. D'ailleurs elle n'
existe pas* et je me propose de taire l'hallali
Qui ne montre pas un os, qui n'-auquel des yeux
Gris-bleu lumineux rappellent le plaisir du cli-
5 p. Rappellent la soudaine tombée de la falaise
Face aux marais de cette sempiternelle position.
Donc une mort et le paysage crayeux et l'air y
Tombe comme à plaisir et quand elle s'en alla
Tout ce qui avait semblé si brillant et si — a
10 vant qu'elle n'arrivât devint triste et — le

Fanal pourrait courir de main en main que le
Personnage du soleil et l'hélium qui t'emporte
Le nez n'iraient se confondre que dans une nou-
Qu'dans cette nouvelle forme d'avenue d'arbres
15 Ou que dans une nouvelle forme du discours é-
tant donné que la poésie est éthisme dit A.
Breton, étant donné que la poésie nourrira l'
— il n'y a pas d'équivalent content —
Denis ROCHE, Le Mécrit (1972)
© éd. du Seuil

Une page « mécrite »...

R. Motherwell,
Beside the sea,
1962.

Pour vos essais et vos exposés

Henri MESCHONNIC : *Pour la poétique II*, éd. Gallimard, 1973. — « Poésie, langage du langage ». Préface à *Poèmes* de Michel Deguy, coll. « Poésie », éd. Gallimard, 1973.
Alain CLERVAL : *Philippe Jaccottet*, éd. Seghers, 1976.
Christian PRIGENT : *Denis Roche*, éd. Seghers, 1977.
Pascal QUIGNARD : *Michel Deguy*, éd. Seghers, 1978.
Jean-Claude MATHIEU, « Comparaison et raison » [sur Michel Deguy], *La Quinzaine littéraire*, n° 509, 16-31 mai 1988.

ce qui peut constituer une reserve de chutes — avant l'exercice mécanique du surgissement littéraire où l' on se retrouve aux prises avec la frustration vraiment génitale née de diverses formes de résistance. D'abord celle de ne pouvoir suivre ce qui se pa sse quand on-est-à- écrire; puis celle de la mise en ordonnan cement des termes (c-à-d. le dieu sur veillant); enfin ce lle de la machine à écrire qui prête ses propres erreurs aux arguments dont nos doigts voudraient fai re preuve.

c'est en train de venir tout doucement L' endroit où si longsess'appliquent attreint les motS que je fais ici pourrir — comme la lumière du jouR Ou c'est comme B. Constant qui commence à émer-Ger de ce canon à la lisière d'un bois de pins, ou filL dans une belle gerbe de lumière sur cette calA mité de moitié avec toi de l'écriture———marée Q ui monte qui vient l't'lécher le haut des cuisseS Les rochers deviennent d'un gris pâle tandis quE sous la pluie battante vous vous rendez à ce L ieu de promenade qui entre les plis du canon + « aient perdu toute trace de mousse », eT + « les arbres clairsemés empruntéS » J'ai mis les 3 (———) (donc :) psque tout d'un couP ilm'semblait que cette parole devenait grise C omme on aurait dit aussi que B. Constant, suG- urgi——————mulet, ô selle terreuse et tertrE repère pour entrer dans un petit parc d'herbeS.

Denis ROCHE, Le Mécrit, © éd. du Seuil

6. Alphabet de la poésie contemporaine

Marie-Claire Bancquart (née en 1932)
Opéra des limites (1988)

Marie-Claire Bancquart affirme que la « leçon de choses » et le « mythologique » peuvent coexister : « La poésie est le lieu privilégié de cette conjonction ». Ses deux derniers recueils ont pour titres Opportunité des oiseaux *(1986) et* Opéra des limites *(1988).*

Voyage

Sur fond de ciel il n'y a pas cette pacotille
bas jupons boîte à fard
que j'étale
sur lit étranger.

Sur fond de ciel on n'est pas rassurés
tous les deux.
L'autre pourrait bien
être de trop manger morceau furtif d'une divinité
qu'on voudrait pour son compte.

Dans la chambre d'hôtel

la nuit colonisée par nos ventres proches
dort
tout à nous
parmi les bricoles.

15 Sur fond de ciel on ne trouve pas cette armoire
où patientait
l'œuf à repriser vert
que nous regardons dans sa forme internationale
avec l'encoche où se reprend un peu le point de notre vie.

Marie-Claire BANCQUART, *Opéra des limites* (1988)
© éd. J. Corti

Christian Bobin (né en 1951)
Le Huitième Jour de la semaine (1986)

De ses études de philosophie, **Christian Bobin** *n'a gardé que son refus d'une parole compliquée voilant la simplicité du monde. Ouvrant son œuvre en 1977 avec une* Lettre pourpre, *il poursuit ce que l'on pourrait appeler son inscription du murmure dans des proses prises entre les deux tentations de la lettre d'amour et du conte (*Dame, roi, valet, *1987). C'est donc sur fond d'une* Souveraineté du vide *(1985) que se détachent les* Lettres d'or *(1987), qu'elles se déplient, pages fanées d'une prose grêle qui ne vise qu'à « s'effacer devant le jour ».*

Matisse

Henri Matisse, *Nu Bleu III*, 1952. Coll. particulière.

Dans le soir de sa vie, Matisse peint avec des ciseaux. Il découpe à même le ciel des orages de vin pur et des printemps de soie bleue. Il renoue avec la simple magie des crayons de couleur. Jour après jour, il cueille les heures calmes, comme un enfant compte ses joies une à une avant de s'endormir. Il est âgé,
5 malade. C'est dans les années de souffrance qu'il accueille une étoile, et c'est sous les arcades du grand âge qu'il fleurit une enfance. La nuit s'avance à sa rencontre. Elle a la douceur d'une fille et la fraîcheur d'une source. Il peint. Il peint comme on sourit ou comme on meurt. Il va sur un chemin impraticable et radieux. Il vole deux accords d'une chanson pour célébrer cette joie qui sur-
10 plombe le plus grand mal, sans pour autant l'atténuer : *vive la rose et le lilas*. Il s'en va, le peintre. Il s'enfonce dans un jardin ouvert aux saisons comme aux voleurs de pomme, et des copeaux de lumière glissent entre ses doigts. Mais le nom de Matisse importe peu : les noms de la beauté sont les noms de personne. Les noms de la beauté sont les noms d'une vrille des nerfs, d'un gouffre du sang,
15 d'un état du monde, et le papier roulé par le vent dans les rues, la transparence d'un fruit ou la moisissure d'un vieil escalier nous instruisent tout autant de la beauté et de l'âme que les éclairs convoqués dans le ciel par les grands peintres. Ceux-ci, au plus simple de leur art, ne font qu'épouser la beauté commune, que la servir et la louer. S'ils lui donnent leur nom, c'est comme on donne son nom
20 à la fille du roi, dans le vain espoir qu'elle ne vous oublie pas tout à fait, le soir de ses noces. C'est comme on jette, sur la douleur de vivre, des milliers de roses et de lilas.

Christian BOBIN, *Le Huitième Jour de la semaine* (1986), © éd. Lettres Vives

Andrée Chédid (née en 1925)
Cérémonial de la violence (1976)

*Égyptienne de naissance, parisienne depuis 1946, **Andrée Chédid** n'a pas oublié, dans ses derniers poèmes, le Liban de sa jeunesse dont elle décrit avec un lyrisme contenu les terribles tourments. Parmi ses nombreux recueils de poésies, on citera :* Texte pour la Terre aimée, *1955 ;* Double Pays, *1965 ;* Fêtes et Lubies, *1973.*

« *Dépecez l'espérance...* »

Désespérément égorgez l'espoir, mes frères

Dépecez l'espérance jusqu'à l'os !

La vengeance fut votre trappe
La haine votre guet-apens
5 Mais qui mena le jeu ?
Et qui vous a armés ?

Sans rêve   sans avenir
sans visage singulier

Répandus tant que vous êtes
10 dans le bâti des morts

Disparus tant que vous êtes
dans la matrice funèbre

Comment se détourner de votre image, mes frères ?

Votre histoire est l'histoire

15 reflet de nos sueurs haineuses
de nos monstres assoupis
de nos faces déchaînées

Puérils sont les mots
Vaine   l'écriture
20 Effréné pourtant, le désarroi du cœur

On ne sait pas   on ne voit pas
ce qui pousse dans ces cloaques
quelle cause innocente ces massacres

quel chancre nous ravage
25 et nous entraîne si loin ?

Vos actions nous minent
Et vous déciment, mes frères !

Cessez d'alimenter la mort !

Andrée CHÉDID, *Cérémonial de la violence* (1976)
© éd. Flammarion

Bernard Delvaille (né en 1931)
Poèmes (1951-1981)

*Émule de Morand et de Larbaud, cultivant volontiers la discrétion et le secret, **Bernard Delvaille** écrit sobrement et nerveusement pour faire dire à l'univers des villes qu'il aime (Bordeaux, Londres) leur étrange et parfois angoissante intimité.*

« *Je regarde les hommes...* »

Cigarette couleur de métro tendre comme cinq heures du matin

Je me souviens d'un oiseau vert
qui dormait sur une cheminée rouillée

Une glace violente pour ma gorge qui brûle
5 un verre d'eau fraîche pour mon front silencieux
j'entends l'aurore qui approche de Paris

Dans le métal tourmenté des départs
encore une lueur de neige
encore un espoir pour la nuit
10 encore une orange qui danse le matin

Je regarde les hommes qui passent dans le miroir effeuillé des roses absentes

Bernard DELVAILLE, *Poèmes 1951-81*
© éd. Seghers

Guy Goffette (né en 1947) *Solo d'ombres* (1983)
Éloge pour une cuisine de province (1988)

Guy Goffette *est instituteur à Harnoncourt en Belgique. Très proche des meilleurs poètes français d'aujourd'hui, de Pierre Oster à Jean-Pierre Lemaire, il fait passer dans ses poèmes une attention aiguë aux choses de la nature et de la vie, et le langage juste et fin qui convient à ce regard sensible* (Quotidien rouge, *1971 ;* Solo d'ombres, *1983 ;* Le dormeur près du toit, *1986 ;* Éloge pour une cuisine de province, *1988*).

« *Maintenant c'est le noir* »

Maintenant c'est le noir
Les mots c'était hier
dans le front de la pluie
à la risée des écoliers qui
traversent l'automne et la
littérature
comme l'enfer et le paradis
des marelles

Tu prêchais la conversion pénible
des mesures agraires

à des souliers vernis
des sabreuses de douze ans
qui pincent le nez des rues
et giflent la pudeur
15 des campagnes étroites

Tu prêchais dans les flammes
du bouleau du tilleul
à des glaciers qui n'ont
pas vu la mer encore
20 et qui la veulent tout de suite

et qui la veulent maintenant

Maintenant c'est le noir tu
changes un livre de place
comme s'il allait dépendre
25 de ce geste risible en soi
que le chant te revienne
et détourne enfin
avec la poigne de la nuit
le cours forcé
30 de ta biographie

Guy GOFFETTE, *Solo d'ombres* (1983)
© éd. Ipomée

Paysage d'hiver sans patineurs

à Pierre Oster Soussouev

Pauvre en même temps que le soleil
tu descends le hameau bleu
entre les arbres vêtus de strass
comme pour mieux faire ressortir
5 leur squelette et que la vie maintenant
circule à l'envers
Tu es témoin pour les siècles
que le bonheur est là
sous la vaisselle piétinée
10 comme au fond de l'armoire
cette pièce unique
que personne n'a jamais vue
qu'en parabole

Guy GOFFETTE, *Solo d'ombres*
© éd. Ipomée

Jalousie

Il lui arrive de plus en plus souvent la nuit
de descendre dans la cuisine
où fument en silence sous la lune
les statues que le jour relègue parmi les meubles
5 les habits, sous l'amas des choses
rapportées du dehors et vouées à l'oubli.
Il n'allume pas mais s'assied dans sa lumière
comme un habitué au milieu des filles
et leur parle d'une voix triste et douce
10 de sa femme qui se donne là-haut,
dans sa propre chambre
à de grands cavaliers invisibles et muets
— Et c'est moi qui garde leurs chevaux, dit-il
en montrant l'épais crin d'or enroulé
15 à son annulaire.

Guy GOFFETTE,
Éloge pour une cuisine de province (1988)
© éd. Champ Vallon

POINT DE VUE CRITIQUE

« La nudité de l'émotion ensemble et de la parole, c'est bien à cela, aujourd'hui, avec quelques nouveaux poètes, que tend Goffette. Ce que je voudrais, à ce sujet, tenter de dire, c'est que, dans cette élection du vocabulaire le plus juste à la fois et le plus familier, le plus humblement fidèle à « ce qui seul compte parmi tout ce qui est », dans cette économie de moyens à laquelle — bannissant tout philtre, tout « sortilège », tout « enchantement sans référence » — le poète entend du même coup se tenir et dont il fait preuve à chaque fois, il me semble voir une chance pour la poésie même. »

Jacques BOREL, Postface à
Éloge pour une cuisine de province

Gérald Godin (né en 1938)
Les Cantouques (1967)

*Après Gaston Miron ou Gilles Hénault, **Gérald Godin** est une des voix les plus attachantes de la jeune poésie québécoise. La vieille langue française s'ouvre dans ses textes à toutes les trouvailles du « joual », ce parler populaire plein de verdeur et de saveur. Chansons très naïves, 1960 ; Les Cantouques, 1967 et Libertés surveillées, 1975 comptent parmi ses plus savoureux recueils.*

« *Ma ménoire...* »

ma ménoire mon niquamour
mon marle ma noune en fleurs
le temps se crotte le temps se morpionne
il tombera comme pluie comme à verse
5 des spannes de jouaux des effelcus
tandis que vous me verrez comme ivre
errant à travers tout
les flancs nerveux l'âme alourdie
de tant de fois les mêmes questions
10 auxquelles nul n'aura su répondre
sinon le temps collé à soi
vieilli tout seul cherchant encore

mol architecte de trop de ruines
errant sans fin la gueule en sang
15 dans les secrets dans les ajoncs sous le tapis de ces salons
errant encore cherchant toujours
ramenant autour de mes tripes avec mes mains
le peu de vie qui m'aurait pu rester
entre l'éclipse du premier jour
20 et celle du dernier
petite masse molle et paquet gris

Gérald GODIN, *Les Cantouques* (1967)
© éd. Parti pris

Emmanuel Hocquard (né en 1940)
Une Ville, une petite île (1981)

*Ancré dans la modernité et pourtant grand admirateur des poètes latins, **Emmanuel Hocquard** n'hésite pas à renouer avec les formes de la narration poétique et à réinventer les rythmes de ce qu'on pourrait appeler l'élégie contemporaine. Citons, parmi ses œuvres récentes : Voyage vers l'Occident, 1978 ; Dans l'air entre les branches des hêtres, 1979 ; Tum Color, 1983.*

« *Décembre, en descendant* »

Décembre, en descendant avec beaucoup de précautions
ce chemin très en pente
Rendu glissant entre les murs par les pluies de la veille
et les petites branches.
5 Fouillant en vain la pénombre des yeux
à la recherche de détails complémentaires
suffisamment probants pour éclairer la situation
sous un angle nouveau,
Nous n'avons rien trouvé qui ne nous fût déjà connu,
10 pas même le hérisson
qui se risquait à travers la rue
Ou que la grille du jardin ne grinçait pas quand il pleuvait,
ce qui ne prouvait alors déjà rien
Et nous inciterait aujourd'hui à conclure que l'affaire
15 est classée, que le bruit des feuilles
est le bruit des feuilles et le silence
une nécessité heureuse.

Emmanuel HOCQUARD, *Une Ville, une petite île* (1981)
© éd. Hachette-Pol

Venus Khoury-Ghata (née en 1937)

*Poète et romancière née à Beyrouth, **Venus Khoury-Ghata** , qui a traduit de nombreux poètes arabes, écrit dans une langue française parfumée (Qui parle au nom du jasmin) et lumineuse (Un faux pas au soleil).*

« Il revint »

Il revint
ombre de silex
reflet d'une image nulle
sans qu'elle l'ait invité dans sa peau de terrestre
5 Il força la serrure du bouleau
plia les doigts de la rembarde
et réclama à boire sa sueur médiane et sa tristesse

« Ta maison est en sciures, tes larmes en papier » criait-il en sortant d'un accroc
de son sang
10 Elle le laissa dire
se demandant s'il fallait le retenir
et lui rappeler son corps qui l'attendait du côté nuageux de la porte

Les mains derrière les yeux
elle l'appela jusqu'au soleil lorsqu'il chevaucha un rayon de poussière
15 insistant sur la première syllabe de son cœur
qu'elle donna en pâture aux passants qui ne lui réclamaient rien

Venus KHOURY-GHATA, Extrait de *Poésie du monde francophone* (1986)
© éd. Le Castor astral

Jean-Pierre Lemaire (né en 1948)

Les Marges du jour *(1981)*, L'Exode et la Nuée *(1982)*, La Visitation *(1985)*, Le Cœur circoncis *(1989)*, ces recueils de **Jean-Pierre Lemaire** participent d'une même inspiration et d'une même foi. Cette poésie, écrit Christian Descamps, « fait saillir l'essentiel. Elle interroge la légitimité de ce qui juge ».

Le sursis

Quand nous oublions le plan de la ville
et qu'il n'y a plus pour nous diriger
que ton Nom dans les rues qui ont perdu le leur
alors le ciel descend plus profondément
5 entre les maisons et nous croyons marcher
au milieu d'une cité bombardée
d'une église dont ne resteraient que les murs
avançant peu à peu, comme aux derniers jours
dans le plan arasé de notre propre vie.
10 Tu nous mènes à travers la ville au désert,
Sagesse, et bientôt nous comparaîtrons
comme le serviteur de la parabole
qui ne croyait plus au retour de son Maître
ni même au sens de toutes ces années.
15 En creusant sa tombe, il a découvert l'argent
que le Maître lui avait confié
avant de partir pour l'étranger, jadis
ainsi qu'à tous les autres. Lui avait eu peur.
Il l'avait enterré à l'époque des troubles.
20 A présent, le Maître ne va pas tarder
mais c'est lui qui croit revenir de voyage
et trouver dans sa poche, en tirant ses clefs,
la monnaie qu'il n'a pas dépensée là-bas

une pièce brillante, étrangère, indéchiffrable
25 qu'il ne peut même plus donner à la quête.
Le Jugement a été avancé
et sur les toits soufflés, sur ma tête aussi
comme décollée, afin que je voie
de haut ce monde où mon corps aveugle trébuche
30 passe le vent du sabre de l'Ange.
On m'a repris ce que je n'avais pas
d'abord le trésor soi-disant céleste
qui enfiévrait dès l'aube les nuages
et tombe sur la ville en gouttes de rouille.
35 La Sagesse répond :
Le reste, aujourd'hui, c'est moi qui te le donne
pour la seconde fois. J'ai déjà rebâti
autour de toi la cité provisoire
et je vais repartir. Sous d'autres vêtements
40 je te croiserai peut-être dans ces rues.
Oublie maintenant mes anciens visages
car en voici de nouveaux chaque jour
qui te demanderont ce que je t'ai rendu
et même davantage. Alors, n'aie pas peur :
45 C'est qu'à ton tour, sous ton propre visage,
tu auras commencé à me ressembler.

Jean-Pierre LEMAIRE, Extrait de *Poésie du monde francophone*, © éd. Le Castor astral

Henri Meschonnic (né en 1932)

*Linguiste, **Henri Meschonnic** est aussi poète (*Les Cinq Rouleaux*, 1970 ; Le Signe et le Poème, 1975 ; Poésie sans réponse, 1977). Il est attentif au travail de ses voix, aux rapports de la langue et de l'histoire, du vivre et du dire, du verbe et du silence qui font sens tous les deux en créant ensemble le rythme.*

« *Chaque grain du corps...* »

parlant par les séparations
comme par l'union
chaque grain du corps a
son silence il
5   écoute
des bouches qu'on n'entend pas

une larme porte un enfant
on ne sait pas si les yeux sont fermés ou
ouverts de voir ce que la vie refuse
10 le corps ne connaît plus ses dimensions
un chant est tout ce qui reste de l'espace
la bouche n'a plus le temps
et ces choses qui ne peuvent pas être vues sont
là pourtant elles
15 sont les yeux
qu'on a dans la peau
nous ne savions pas ce que nous écoutions aussi
[dans toute voix

quelle histoire nous venait
20 quand de loin quel désir avait
mis le monde la paix l'éternité
dans un seul mot nous
l'entendions comme on cache ce qu'on montre
quand on continue ce qu'on ne sait plus
25 le chaos a toute notre vie devant lui
il ne vieillit pas on le reconnaît
dans la voix comme les traits d'un père ou d'une
[mère
ressortent sur le visage en vieillissant
30 l'ordre n'en est que l'écho
le mot qui les tient ensemble est
tellement tendu que
de le dire nous
perdons la voix.

Henri Meschonnic,
Extrait de *Poésie du monde francophone*
© éd. Le Castor astral

Bernard Noël (né en 1930)
La Peau et les Mots (1972)

*Contre la violence et la souffrance des corps, **Bernard Noël** construit une poésie dépouillée d'artifice, en quête seulement de restituer la trace de ce qui vit, de ce qui est l'essentiel (*Les Yeux chimères*, 1957 ; Le Lieu des signes, 1971 ; La Peau et les Mots, 1972 ; La Chute des temps, 1983). Mais ses derniers recueils, écrit Jean Hurtin, « entraînent aussi le lecteur dans la chute vertigineuse de l'envers de la vie, au risque de jouer cette vie sur des mots. »*

« *L'oiseau est devenu lézarde* »

darde

quel souvenir
comme un poisson qui brûle
en travers du ciel
5   l'oiseau est devenu lézarde
dans la boule
où les mots s'envolent

un creux
fait l'oreille
10 qui lèche ses racines
bave de la nuit
en plein jour

mais d'une bouche ouverte
à l'intérieur de l'os

15 monte l'haleine froide

et il me regarde avec mon propre visage
et mon squelette a gelé
et le vent ne se lève pas
maintenant

20 tu as des paupières de verre
maintenant

tu tombes
la main dans la main avec toi-même
et ton sommeil n'est qu'une
25 rencontre
au milieu du pont

Bernard Noël, *La Peau et les Mots* (1972)
© éd. Flammarion

Christian Prigent (né en 1945)

Christian Prigent *est l'un des principaux animateurs de la revue poétique « T X T », qui vit le jour sous le parrainage du groupe des « telqueliens » (voir p. 751). La poétique ici accompagne donc en permanence la poésie, et l'interrogation du verbe chacune de ses énonciations, comme si le « dire » n'allait jamais vraiment de soi.*

La femme dans la neige

Avec la femme affamée, livrée aux ramures
décrites qu'il s'écharpe aux cris des murs qu'il
cire d'un frais désir — c'est ce poème brouillé —
il vient — d'autres textures sous sa marche, qu'il
trie : le nard, le poil rouge
d'avec la femme écrite : la bauge, le frais roman,
et c'est cette auge béante : dire.

Un livre : l'autre page, neige, le titre
d'autre mâchoires qu'il choi(sirait) comme velours d'il
10 et elle sous l'aravis violet
viol et rapt d'elle : livre brûlé,
ramures du ruisseau absent à
telle page.

Jacques Réda (né en 1929)
Amen (1968), *La Tourne* (1975)

Aujourd'hui directeur de la NRF *chez Gallimard,* **Jacques Réda** *est un des meilleurs explorateurs de l'espace du quotidien urbain et banlieusard, avec des poignées de mots, de phrases et de vers qui épousent ses flâneries et ses errances. De son œuvre poétique, on citera :* Cendres chaudes *(1955) ;* Amen *(1968) ;* Récitatif *(1970) ;* La Tourne *(1975) ;* Hors les murs *(1982) ;* Le bitume est exquis *(1984).*

Pluie du matin

Je rassemble contre mon souffle
Un paysage rond et creux qui me précède
Et se soulève au rythme de mon pas. La rue
Penche, brisée en travers des clôtures.
5 Le jour qu'on ne voit pas lentement se rapproche,
Poussé par les nuages bas,
Décombres fumants de l'espace.

Des cafés à feux sourds restent ancrés à la périphérie
Où roulent des convois, la mer
10 Sans fin dénombrant ses épaves.
Je tiens ce paysage contre moi,
Comme un panier de terre humide et sombre.
La pluie errante en moi parcourt
L'aire d'une connaissance désaffectée.

Jacques RÉDA, *Amen* (1968), © éd. Gallimard

« Ce que j'ai voulu »

Ce que j'ai voulu c'est garder les mots de tout le monde ;
Un passant parmi d'autres, puis plus personne (sinon
Ce bâton d'aveugle qui sonde au fond toute mémoire)
Afin que chacun dise est-ce moi, oui, c'est moi qui parle —
5 Mais avec ce léger décalage de la musique
A jamais solitaire et distraite qui le traverse.

Jacques RÉDA, *La Tourne* (1975), © éd. Gallimard

James Sacré (né en 1939)
Écrire pour t'aimer (1984)

James Sacré *est aujourd'hui professeur de littérature française aux États-Unis. Depuis* Relation *(1965),* La transparence du pronom elle *(1970),* Cœur élégie rouge *(1972), il se maintient dans la fragilité d'une œuvre dont les titres seuls suffisent à éclairer les dimensions :* Figures qui bougent un peu *(1978) ;* Quelque chose de mal raconté *(1981) ;* Des pronoms mal transparents *(1982). Par les modulations des adjectifs, le trébuchement d'une complexe naïveté, c'est la part la plus infime du monde qui cherche une voix : « Mon poème est semblable à n'importe quelle main qui hésite. » La langue ici s'appuie sur sa propre maladresse pour restituer dans une sorte d'empâtement du chant le flou indémêlable de l'essentiel.*

Quelqu'un t'écrit

Dans ce livre peut-être que tu n'es plus rien, n'empêche :
Toute une machine de mots fonctionne à cause
De ton sourire qui respire le bleu silencieux du monde.
A des endroits du paysage des plantes rêches, et leurs tiges un peu raidies
5 (Bourraches ou chicorée sauvage) installent de la fleur
Et des petits escargots calcaires qui craquent dans les oreilles.
C'est une longue durée de temps qui a projeté ton visage
Au fond vide et transparent du mot bleu.
Quelques morceaux d'ancienne vaisselle ou des choses rouillées (dans un coin
10 de mauvais pré)
C'est comme si on touchait la joue pas rasée de l'amour
Ou celle de la solitude.

James SACRÉ, *Écrire pour t'aimer ; à S. B.* (1984)
éd. Ryôan-ji

Franck Venaille (né en 1936)
Journal de bord (1961)

Fondateur de Chorus *et de plusieurs autres revues contemporaines,* **Franck Venaille** *est l'un des plus actifs parmi les auteurs de la jeune poésie française. Activité qui se nourrit fondamentalement de l'exploration d'une intimité inquiète, peuplée de souvenirs et de fantasmes que le poète se doit de « travailler » pour faire pièce aux souffrances du corps et de la conscience. Depuis le* Journal de bord *(1961), l'auteur a publié de nombreux autres recueils :* Papiers d'identité *(1966) ;* L'Apprenti foudroyé *(1969) ;* Caballero Hotel *(1974) ;* Construction d'une image *(1977) ;* Jack to Jack *(1982).*

« Je me souviens de toi... »

Je me souviens de toi à cette heure où tout est difficile
à tous les repas de la terre
tu préférais un blues et les frites qui bouillaient dans le pick-up
avec pour salle d'études le bistrot de la rue Bonaparte
5 où nos devoirs de maths en revenaient tachés de Sartre
de café et du growl de Natty Dominique.
Nos gitanes se consumaient au même rythme
et maintenant
je ne peux rien écrire sans ce goût de moutarde dans ma bouche
10 la choucroute d'une heure du matin
le goût âcre et fort de la bière
la sueur sur ma peau et les murs de la cave.

Entre nous Paris
la Seine aux quais de guitare et de maillots rayés
15 entre nous
ces bistrots des quarante heures par semaine où je me suis créé
le même coup au ventre en écoutant Dodds.
En ce même temps je marchais par ma ville
acceptant parfois l'étoile jaune du juif
20 l'envie du pédéraste
le parfum d'une vieille putain noire
pourtant
je n'étais pas un martyr
j'avais soif de vivre et de femmes
25 et je pleurais devant les amours mortes
les poèmes jamais écrits

Franck VENAILLE, *Journal de bord* (1961)
© éd. P.-J. Oswald

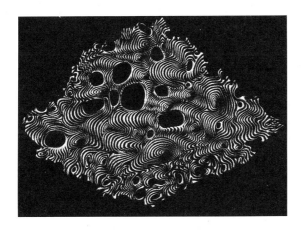

Jacques N. Garamond,
*Fonds marins : Éloge du
noir et blanc.*

LA POÉSIE CONTEMPORAINE ENTRE QUÊTE ET ENQUÊTE

Devenue depuis l'aube du XXᵉ siècle le lieu emblématique de tous les conflits (ceux de l'homme et ceux de l'écriture), la poésie, aujourd'hui, a donc hérité d'une double fondation. Aussi le meilleur moyen de ne pas s'égarer dans l'impression de confusion que laisse toujours à l'observateur une création contemporaine de son regard est-il d'organiser des catégories, de déceler des « versants » d'écriture. Certains auteurs ont ainsi individuellement repris à leur compte l'idée d'un texte laboratoire, par laquelle le poème est une recherche sur la langue, l'éprouvette d'un nouveau discours : **Emmanuel Hocquard** (*Une journée dans le détroit*, POL, 1980) cherche l'infime déplacement du roc verbal qui permettrait de vraiment dire, au lieu de réciter. Cette perturbation de la langue s'accompagne bien évidemment, dans notre modernité négative, d'une défiance vis-à-vis du langage : **Claude Royet-Journoud** (*Les objets contiennent l'infini*, Gallimard, 1983) décolore l'écriture, refuse le référent, cherche une matité blanche, insonore. Parole sans réconciliation, le poème dans cette voie devient son propre sabotage : la langue se nettoie dans son suicide.

Jusqu'où ce travail est-il possible ? Telle pourrait être la question des héritiers de certain espoir : **Ludovic Janvier** (*La Mer à boire*, Gallimard, 1987) ou **Hedi Kaddour** (*Le Chardon mauve*, Ryôan-ji, 1987) veulent pour leur part concilier le lyrisme à une moderne description du quotidien. **Hassam Wachill** (*Jour après jour*, Gallimard, 1987) ou **Franck-André Jamme** (*Pour les simples*, Fata Morgana, 1987) renouent également avec l'ambition du chant.

Avec peu de révélations, l'hésitation des écritures entre quête et enquête retrouve donc aujourd'hui les débats des générations précédentes, les deux poétiques ayant cependant modéré leurs positions : plus personne aujourd'hui ne conteste la précarité du poème ; parallèlement le formalisme gratuit des années théoriciennes ne fait plus recette. Paysage éclaté, sans école, sans discours dominant, le berceau de la poésie contemporaine semble propice à une modestie scripturale qui pourrait éviter les impasses des esthétiques tranchées. Un point commun relie cependant les auteurs : la fragmentation. Une sorte de dictature du bref — qui agit comme indice de la modernité — limite ainsi les possibilités. Seul **Christian Guez** (1948-1988) s'élançait dans l'ampleur d'un lyrisme nouveau, osant une métrique ardue : *Maison Dieu* (Granit, 1982), livre « anachronique » par sa forme comme par sa visée religieuse, apparaît alors comme la plus belle contradiction. Paradoxe porteur d'espérance, puisque l'histoire de la poésie vit de ne pouvoir être racontée.

La chanson française

Alliance subtile entre texte, musique et chant, la chanson est un genre à part qui entretient avec la littérature poétique des liens constants. Elle est elle-même, en tant que telle, poésie.

• **La chanson littéraire**, interprète des grands poètes, impose une lecture poétique particulière des textes, et, par sa grande diffusion sur les ondes, joue le rôle d'initiation à la poésie, qui au XXᵉ siècle devient de plus en plus confidentielle.

Déjà présente dans les cabarets artistiques et les music-halls d'avant-guerre, surtout grâce à **Agnès Capri** et **Marianne Oswald**, qui font connaître Prévert, Cocteau, Brecht, Clouzot, Aragon dans un répertoire de poèmes mis en chanson, elle renaît dans le Saint-Germain-des-Prés d'après-guerre. Soutenue par **Boris Vian** *(En avant la zizique),* **Jean-Paul Sartre** *(La Rue des blancs manteaux),* **Raymond Queneau** *(Si tu t'imagines),* elle élargit son audience dans les années 1950, grâce à l'**alliance entre poètes, musiciens et interprètes de talent.** Jacques Prévert et **Joseph Kosma** sont interprétés par **Cora Vaucaire, Yves Montand, Edith Piaf, Les Frères Jacques, Juliette Gréco** *(Les Enfants qui s'aiment, Les Feuilles mortes, En sortant de l'école).*

Une pléiade de jeunes auteurs compositeurs mettent des poèmes en musique : **Georges Brassens** chante Hugo et Villon, **Léo Ferré** Baudelaire et Rimbaud. Par la suite, **Guy Béart, Jacques Douai, Jean Ferrat, Colette Magny, Hélène Martin** et **Marc Ogeret, Michel Servat** traduiront des poètes par la musique.

• **Interprétant la chanson en jazz, Charles Trenet**, dans les années 1930 est le premier avec sa fantaisie souriante à tirer la chanson de sa médiocrité et à **faire descendre la poésie dans la rue** *(Y a d'la joie, La Mer).*

La chanson française, qui a peu subi l'influence américaine, resserre dans les années 1955 ses liens avec la poésie par le mariage heureux des rythmes, des sonorités et de la mélodie. Plus accessible que la poésie, elle évoque sur un ton anti-conformiste l'amour, la guerre, le Tiers-monde, la société de consommation, la politique, les plaisirs et les jours. **Georges Brassens** et la tendresse bourrue, **Léo Ferré, Félix Leclerc, Francis Lemarque** dominent cette période, suivis par une deuxième génération aussi talentueuse avec **Charles Aznavour, Jacques Brel, Guy Béart, Barbara, Gilbert Bécaud, Claude Nougaro**.

Après le raz de marée du « yéyé » des années 1960, marqué par la pauvreté des textes et de la mélodie, époque des idoles (**Johnny Halliday, Eddy Mitchell**) et de l'imitation de la chanson américaine (en 1969, 50 % des chansons radio diffusées sont étrangères), la chanson française récupère son génie mélodique et sa vitalité grâce notamment à **Serge Gainsbourg, Julien Clerc, Michel Sardou, Serge Lama, Gilles Vigneault, Yves Duteil, Michel Jonasz, Maxime Le Forestier, Alain Souchon, Michel Berger**, tandis que **Renaud** retrouve la gouaille d'un Bruant et **Pierre Perret** la tradition d'un Brassens.

Les années 1980 sont marquées par l'apparition d'un rock typiquement français grâce au retour de **Jacques Higelin** et au **Groupe Téléphone**.

Auteur-compositeur et chanteur d'origine belge, **Jacques Brel** (1929-1978) a dominé la scène de 1955 à 1966 *(Ne me quitte pas, Les Bourgeois, Le Plat pays, Les Bonbons, Amsterdam),* qu'il quitte pour les îles Marquises. Il y écrit *Les Marquises,* écho d'une île du bout du monde où « le temps s'immobilise », quand lui-même atteint d'un cancer se trouve au bout de la vie.

PETIT KIOSQUE POÉTIQUE

Le choix qui précède est forcément limité et recèle une part inévitable d'arbitraire, voire d'injustice. Les lecteurs de poésie le compléteront à leur gré en furetant parmi les titres qui suivent.

Quelques anthologies

L'Année poétique, éd. Seghers (parution annuelle).
Bernard DELVAILLE : *La Nouvelle Poésie française,* éd. Seghers, 1977.
Alain BOSQUET : *La Poésie française depuis 1950,* éd. La Différence, 1979.
Poésie 1, éd. Saint-Germain-des-Prés (anthologie thématique).

Un livre

La poésie française au tournant des années 80, textes réunis et présentés par Philippe DELAVEAU, éd. José Corti, 1988.

Quelques revues

Action poétique, fondée en 1950 à Marseille par Gérald NEVEU.
Les Cahiers du chemin, dirigés de 1967 à 1977 par Georges LAMBRICHS.
Jointure, revue internationale, fondée en 1977 par Maurice FOMBEURE.
Chorus, organe de la « jeune poésie », animée par Franck VENAILLE et Daniel BIGA dans les années 70.
Exit, autre « revue ouverte » aux jeunes poètes des années 70 (Bernard NOËL, Claude DELMAS...) et à leurs amis peintres.
POÉSIE, revue de poésie internationale, animée entre autres depuis 1964 par Michel DEGUY et Jacques ROUBAUD).
TXT, fondée en 1969, autre revue poétiquement et politiquement « révolutionnaire ». A partir de 1974 elle accorda une place accrue aux rapports entre écriture et peinture.

Quelques poètes encore...

Michel BUTOR (né en 1926) : *Illustrations* I, II et III (1964-1973), *Matière de rêves* I, II et III (1975-1976).
Jean CAYROL (né en 1911) : *Poésie-Journal* I et II (1969-1977).
Pierre CHAPPUIS : *De terrestres constellations* (1986).
Jacques CHARPENTREAU (né en 1928) : *Poèmes pour les ouvriers et les autres* (1955), *Les Feux de l'espoir* (1957), *Le Romancero populaire* (1974).
Charles DOBZYNSKI (né en 1929) : *Couleur mémoire* (1974).
Pierre GAMARRA (né en 1919) : *Solo* (1964), *L'Or et le Sang* (1970).
Jacques GARELLI : *Brèche* (1966), *Les Dépossessions* (1968).
Gaston MIRON (québécois, né en 1928) : *Deux Sangs* (1953), *L'Homme rapaillé* (1979).
Gisèle PRASSINOS (née en 1920) : *Les Mots endormis* (1967), *La Vie, la Voix* (1971), *Petits Quotidiens* (1974).
Paul de ROUX : *Entrevoir* (1980), *Le front contre la vitre* (1987).
Claude ROY (né en 1915) : *Enfantasques, poèmes et collages* (1974).
Robert SABATIER (né en 1923) : *Les Fêtes solaires* (1955), *Les Poisons délectables* (1965).
Jean TARDIEU (né en 1903) : *Formeries* (1976).
André VERDET : *Le Fruit et le noyau* (1955), *Provence noire* (1955), *Le Pays natal* (1962).
Claude VIGÉE (né en 1921) : *Le Poème du retour* (1962), *Délivrance du souffle* (1977), *Le Parfum et la Cendre* (1984).

LE ROMAN : RETOUR AU VÉCU

*EDMONDE CHARLES-ROUX,
MARIE CARDINAL, RÉMY, BAZIN,
CHRISTIANE ROCHEFORT, GARY,
RHEIMS, PILHES, STIL, ANNIE ERNAUX,
BOUDJEDRA, CHÂTEAUREYNAUD,
MURIEL CERF*

TSIRKAS

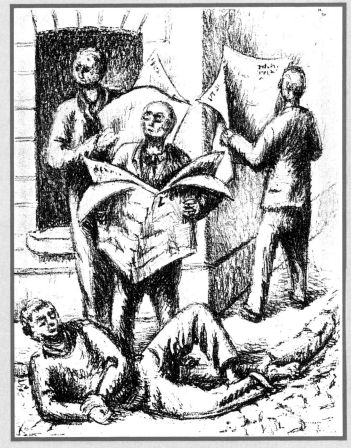

« *Nos vies ne sont-elles pas
aussi rapides à se
dissimuler dans le noir
qu'un chagrin d'enfant ?* »
Patrick Modiano,
Rue des boutiques obscures

Jean Helion, *Chœur de journaliers*, 1951.

1959	Hervé BAZIN : *L'Huile sur le feu*	**1975**	Hervé BAZIN : *Madame Ex*
1961	Catherine PAYSAN : *Nous autres les Sanchez* Christiane ROCHEFORT : *Les Petits Enfants du siècle*		Rachid BOUDJEDRA : *Topographie idéale pour une agression caractérisée* Romain GARY : *La Vie devant soi* Pierre-Jean RÉMY : *Rêver la vie* Christiane ROCHEFORT : *Encore heureux qu'on va vers l'été*
1963	Anne PHILIPE : *Le Temps d'un soupir*		
1964	Violette LEDUC : *La Bâtarde* Christine de RIVOYRE : *Les Sultans*		
		1976	Marie CARDINAL : *Les Mots pour le dire* Jeanne CORDELIER : *La Dérobade* Françoise MALLET-JORIS : *Allegra* André STIL : *Romansonge*
1965	Albertine SARRAZIN : *La Cavale*		
1966	Edmonde CHARLES-ROUX : *Oublier Palerme* Albertine SARRAZIN : *L'Astragale*		
		1977	Alphonse BOUDARD : *Les Combattants du petit bonheur* Georges CONCHON : *Le Sucre* Roger GRENIER : *La Salle de rédaction*
1967	Hervé BAZIN : *Le Matrimoine* Claire ETCHERELLI : *Élise ou la vraie vie* Paul GUIMARD : *Les Choses de la vie* Suzanne PROU : *Les Demoiselles sous les ébéniers*		
		1978	Georges CHÂTEAUREYNAUD : *Le Verger* Gilles PERRAULT : *Le Pull-Over rouge* Jules ROY : *Le Désert de Retz* Valérie VALÈRE : *Le Pavillon des enfants fous* Henri VINCENOT : *La Billebaude*
1968	Bernard CLAVEL : *Les Fruits de l'hiver*		
1969	Rachid BOUDJEDRA : *Le Répudiation* Henri CHARRIÈRE : *Papillon* Robert SABATIER : *Les Allumettes suédoises*		
		1979	Louis NUCERA : *Avenue des Diables-Bleus* Jean-Marc ROBERTS : *Affaires étrangères*
1970	Françoise MALLET-JORIS : *La Maison de papier* Jean-Pierre CHABROL : *Le Canon Fraternité*		
		1980	Agnès LAURY : *La Malmère* Frédérick TRISTAN : *Les Tribulations héroïques de Balthazar Kober*
1971	Pascal JARDIN : *La Guerre à neuf ans* Louis NUCERA : *Le Greffier*		
1972	Alphonse BOUDARD : *L'Hôpital* Marie CARDINAL : *La Clé sur la porte* Jean CARRIÈRE : *L'Épervier de Maheux* Roger GRENIER : *Ciné-Roman* Roger IKOR : *Le Tourniquet des innocents* Robert SABATIER : *Trois Sucettes à la menthe*		
		1981	Lucien BODARD : *Anne-Marie* Rafaël PIVIDAL : *La Découverte de l'Amérique*
		1982	Geneviève DORMANN : *Le Roman de Sophie Trébuchet* SAPHO : *Douce Violence*
		1983	Pierre-Jean RÉMY : *Le Dernier Été*
1973	Lucien BODARD : *Monsieur le consul* Joseph JOFFO : *Un sac de billes* Suzanne PROU : *La Terrasse des Bernardini*		
		1984	Bernard CLAVEL : *Harricana* Bertrand POIROT-DELPECH : *L'Été 36*
1974	Marie CHAIX : *Les Lauriers du lac de Constance* Bernard CLAVEL : *Le Silence des armes* René-Victor PILHES : *L'Imprécateur* Robert SABATIER : *Les Noisettes sauvages*	**1985**	René-Victor PILHES : *La Pompeï*
		1988	Hervé BAZIN : *Le Démon de minuit* Christiane ROCHEFORT : *La Porte du fond*

Voir aussi la liste des prix littéraires, pp. 785-786.

Les membres du jury
Goncourt en 1988.

Les choses de la vie

L'intérêt pour le passé pas plus que le goût de l'actualité ne sont des phénomènes nouveaux. Il suffit de se rappeler la vogue du roman historique au début du XIXᵉ siècle et le rôle important de l'anecdote, de l'histoire contemporaine dans l'inspiration réaliste ou naturaliste : Balzac est le chroniqueur de la Monarchie de Juillet, Zola l'historien de la société française sous le second Empire.

Tout au long du XXᵉ siècle, les romanciers les plus illustres se sont faits les porte-parole de l'Histoire : Roger Martin du Gard, André Malraux, Jean-Paul Sartre, etc. Mais le goût pour inscrire dans une forme narrative institutionnalisée **un fait de société, une aventure personnelle, une expérience hors du commun** semble particulièrement caractéristique de notre époque où le roman est un des genres littéraires dominants.

1. Le roman : un phénomène de mode

Alors que la littérature romanesque a longtemps été considérée comme un genre mineur, on assiste de nos jours à **une véritable explosion du roman**. Chaque « rentrée » voit paraître plus de deux cents ouvrages, dont certains s'inscrivent dans la course aux prix littéraires, décernés en novembre et décembre — juste avant les traditionnels cadeaux de fin d'année.

La publication des romans bénéficie d'autre part d'**une large couverture médiatique**, avec ses tribunes dans la presse écrite (critiques littéraires dans la plupart des journaux et magazines) comme dans la presse électronique (multiplication des émissions télévisées calquées sur le modèle d'*Apostrophes*). Le roman ne semble guère avoir aujourd'hui qu'un concurrent sérieux, parfois un allié : le cinéma.

Autres institutions : **les jurys littéraires**, l'Académie Goncourt étant, après l'Académie française, la plus connue sinon la plus influente ; enfin les maisons d'édition elles-mêmes. Leur rôle est ambigu : elles promeuvent de jeunes écrivains auxquels leur réseau de distribution et leur service de presse assurent une relative notoriété, mais surtout elles éditent ou rééditent des « romanciers » dont le nom est synonyme de succès en dépit parfois d'un talent plus que discutable : la loi du profit impose de grands tirages. La cruelle prophétie de Tocqueville se trouve ainsi réalisée : « Les littératures démocratiques fourmillent toujours de ces auteurs qui n'aperçoivent dans les lettres qu'une industrie et, pour quelques grands écrivains qu'on y voit, on y compte par milliers des vendeurs d'idées » (« De l'industrie littéraire », dans *De la Démocratie en Amérique*).

On aboutit inévitablement à une confusion entre la littérature proprement dite, à laquelle seul un nombre restreint de spécialistes s'intéresse, et une **production de consommation courante** au succès massif, mais éphémère. L'emballage étant le même, l'apparence matérielle entretenant l'illusion, il est difficile de distinguer le *livre* au sens valorisant

Armand Lanoux proclamant les résultats du Goncourt et du Renaudot en 1980.

du terme, de l'objet diffusé par les « industries de la culture ». Cette ambivalence bénéficie certes aux différentes parties : à l'infralittérature, sur laquelle rejaillit le prestige que l'on a coutume d'attribuer à l'écrit, et aux écrivains dignes de ce nom, qui jouissent par contrecoup de l'engouement du grand public pour la lecture.

2. La tyrannie du fait divers

Il est bien connu que les romanciers du XIXᵉ siècle se sont souvent appuyés sur un fait divers pour bâtir leurs intrigues. Après Stendhal (*Le Rouge et le Noir*) et Flaubert (*Madame Bovary*), Sartre au XXᵉ siècle, Camus ou Genet ont de même puisé une partie de leur inspiration dans l'actualité, pour « Erostrate » (dans *Le Mur*), *Le Malentendu* ou *Les Bonnes*.

Simone de Beauvoir s'explique dans *La Force de l'âge* sur cet « ardent intérêt pour le fait divers » : « Les cas extrêmes nous attachaient, au même titre que les névroses et les psychoses : on y retrouvait exagérées, épurées, dotées d'un saisissant relief, les attitudes et les passions des gens qu'on appelle normaux. Ils nous touchaient encore d'une autre manière. Toute perturbation satisfaisait notre anarchisme ; la monstruosité nous séduisait. »

De nos jours, l'**anecdote romancée est omniprésente** : elle touche particulièrement le lecteur contemporain, plus avide peut-être de sensations fortes que d'une réflexion approfondie sur le cœur humain ou les abîmes de la conscience tourmentée. Jean Baudrillard analyse ainsi le phénomène : « Ce qui caractérise la société de consommation, c'est l'universalité du fait divers dans la communication de masse. Toute l'information politique, historique, culturelle est reçue sous la même forme, à la fois anodine et miraculeuse, du fait divers. Elle est tout entière actualisée, c'est-à-dire dramatisée sur le mode spectaculaire — et tout entière inactualisée, c'est-à-dire distancée par le médium de la communication et réduite à des signes. Le fait divers n'est donc pas une catégorie parmi d'autres, mais LA catégorie cardinale de notre pensée magique, de notre mythologie » (*La Société de consommation, ses mythes, ses structures*, Gallimard, 1974).

1. L'anecdote romancée

Le récit romanesque s'empare fréquemment du souvenir ou du document vécu, de l'incident biographique, pour les transformer en fictions. En transformant un événement anecdotique en **une aventure dont la portée générale reflète la comédie ou le drame de toute la condition humaine**, il fonctionne comme un apologue. Il donne au cas particulier une valeur universelle et permet de s'interroger sur la signification philosophique de faits qui, sinon, se perdraient dans les méandres de l'oubli, de l'indifférence ou de la désinvolture.

Grâce à l'écriture, **le conjoncturel acquiert un sens plus profond** ; le hasard devient destin.

1. Les épreuves vécues

Nombreux sont les romans dont l'intrigue consiste en une aventure vécue, fictive ou authentique, récente, historique ou même légendaire.

Ils empruntent souvent **la forme de l'autobiographie, ou du roman d'inspiration autobiographique**. Il s'agit tantôt d'un destin exceptionnel qui peut servir d'exemple à l'humanité entière, tantôt d'un cas particulier, hors du commun, intéressant par son aspect insolite, original, invraisemblable même. Au premier cas appartient le genre des mémoires ; le second est illustré par la vie romancée des vedettes du showbiz, du monde politique, par le témoignage des handicapés, des victimes de la société, de tous ceux que le système a pu à un moment ou à un autre placer dans une situation extraordinaire. Dès qu'un homme ou une femme est suffisamment en vue pour intéresser un public — donc un lectorat — important, il semble que son ambition suprême soit de consigner par écrit (ou de faire rédiger par des « nègres »), sous une forme plus ou moins romancée, les épreuves dont il a dû triompher au cours de sa vie.

2. Le roman historique

La fiction à caractère historique fournit ensuite un éventail de sujets particulièrement vaste. La période troublée du Moyen Age et de la Renaissance semble, en France comme à l'étranger, un thème de prédilection. La vie de cour, les intrigues politiciennes, les événements sanguinaires ou les aventures exotiques des flibustiers retiennent aussi l'attention d'un nombre important de lecteurs qui cherchent à la fois le dépaysement, l'action et le rêve.

3. L'actualité

Viennent enfin les chroniques fondées sur la description et l'analyse **des événements les plus marquants de l'histoire contemporaine** : Front populaire, guerre de 39-45, décolonisation, Mai 68, sujets d'actualité. L'époque de la Seconde Guerre mondiale n'a jamais cessé de mobiliser l'imaginaire des romanciers. Parmi ceux-ci, certains l'ont connue et portent donc un témoignage direct sur leur temps ; d'autres, nés plus tard, ressuscitent un passé fascinant lorsqu'ils savent allier au sens du tragique le charme d'une ambiance rétro dans laquelle le lecteur aime à se plonger.

Edmonde Charles-Roux *Oublier Palerme* (1966)

Edmonde Charles-Roux, fille de diplomate, et qui fut l'épouse du dirigeant socialiste Gaston Defferre, est née en 1922. Jeune combattante et résistante pendant la guerre de 1939-1945, elle a fait ensuite une carrière de journaliste, notamment à la rédaction en chef de la revue *Vogue*. Elle est l'auteur de deux romans : *Oublier Palerme*, prix Goncourt en 1966, et *Elle, Adrienne* (1971). Elle a publié en 1988 une biographie romancée d'Isabelle Eberhardt.

*** *Oublier Palerme*

Babs, rédactrice d'un magazine new-yorkais réputé, *Fair*, a pour amie Gianna Meri, une jeune femme originaire de Palerme, rescapée des bombardements de 1944, et venue refaire sa vie à New York. Mais Gianna ne peut se déprendre du passé. Son amant Carmine Bonnavia, fils d'émigré sicilien, se croit et se veut pleinement américain. Il épousera Babs. Mais la Sicile n'oublie pas les siens...

« *Revenons-en à notre tour du monde* »

Mais revenons-en à notre tour du monde, à cette suite de soirées folles dont Babs était le maître absolu. Nous soupions tantôt au Mexique, tantôt en Turquie ; nous changions chaque soir d'hémisphère, de capitale. La ville, ses rues sans fin et les reflets multicolores du néon sur l'asphalte de la chaussée nous tenaient lieu
5 de raison. Car il nous fallait, au sortir de ce que Babs appelait notre *international-eating tour*, la fantasmagorie new-yorkaise étendue à nos pieds comme un tapis multicolore pour nous convaincre de l'inexistence de nos voyages. Parfois la tête me tournait. Je criais grâce. Mais il y avait toujours dans quelque rue éloignée

Edmonde
Charles-Roux
signant ses
livres en 1983
au Salon du
Livre de Paris.

— Babs était la conscience même

10 — une spécialité suédoise ou hindoue préparée à notre intention et il fallait nous y rendre. Nous vivions une drôle d'aventure. Babs semblait la trouver toute naturelle. Elle

15 allait d'un pays à l'autre son carnet de notes à la main, sereine et inconsciente, comme ces héros de ballets à grand spectacle auxquels un entrechat suffit pour glisser

20 avec élégance des neiges de Koubane aux sables d'Orient.

Que dire encore de Babs et de ce que je réussis à deviner d'elle pendant ce curieux voyage ? Elle

25 était à jamais confondue avec *Fair*, ses lectrices, sa puissance. Le magazine lui collait au corps comme une deuxième peau. Par moments cela devenait effrayant. Elle avait une manière d'exprimer ses certi-

30 tudes qui était sans recours. Extraordinaire sa façon de demander : « Êtes-vous un restaurant français authentique ou bien êtes-vous seulement *in the french manner ?* » Pour la convaincre de l'authenticité française, il fallait que le maître d'hôtel parle l'anglais avec l'accent de Charles Boyer et que le menu offre en plat du jour des escargots et des grenouilles, faute de quoi elle se levait et s'en allait.

35 Certains soirs, j'avais essayé de lui faire admettre que ses secrétaires manifestaient trop de zèle. D'invisibles trompettes annonçaient notre venue où que nous allions. « Cela ôte tout intérêt à notre enquête, dis-je — et nous esquivons le sujet... » Elle m'écarta de son air poli, puis répondit : « J'ai horreur de l'anonymat... »

40 Quand elle s'aventurait dans un lieu dont elle ignorait les spécialités, elle se bornait à dire d'un air entendu : « Servez-moi quelque chose de typique... », puis elle attendait, stoïque. Ainsi l'ai-je vue avaler sans sourciller des aubergines à la confiture dans un restaurant israélien et de terrifiantes brochettes aux boyaux d'agneau dans un rez-de-chaussée de la 51e Rue où le cuisinier se disait grec.

45 Il nous arrivait de récapituler nos expériences. C'était indispensable. Nos articles dépendaient de la confrontation de nos points de vue. Mais je laissais toujours Babs commencer. Son travail était plus délicat que le mien. Je n'avais qu'à juger du décor, de l'éclairage et de l'orchestre. Tandis que Babs avait à parler cuisine, service. Toutes les responsabilités lui incombaient.

50 Je l'observais par en dessous lorsque, penchée sur son cahier de notes, elle récitait ses litanies de goulasch, de gelées de pieds de veau, ses cochons de lait au four, ses potées galiciennes, ses *wiener schnitzel*, ses *chich kebab* avec, entre chaque plat, un bref commentaire diététique tel que « détestable pour la ligne » ou bien « intoxiquant au possible », locution qui revenait souvent.

55 Au bout de quelques semaines, l'opinion de Babs était faite. Il n'y avait que deux façons de se nourrir. L'une rationnelle, distinguée, internationale. Steak. Poulet rôti. Salade. Café au lait. L'autre, beaucoup plus aventureuse, consistait à adopter par curiosité les goûts culinaires de populations originales et souvent retardées. « Parfaitement... Retardées. La cuisine typique est presque toujours

60 une cuisine de pauvres. Ces gens-là vantent les mérites de la soupe aux pois chiches parce que les petits pois sont au-dessus de leurs moyens. Et s'ils mettent de la sauce partout, c'est faute de pouvoir faire autrement. Tu ne vas pas me dire le contraire. Le truc consiste à tout inonder de piment, pour faire oublier que la viande n'est pas de premier choix et jouer du violon à toute barde pour encou-

65 rager les clients à avaler. Et c'est ainsi que ce qui s'appelle *chile* au Mexique se nomme *paprika* en Hongrie. C'est le fond de l'histoire... »

Edmonde CHARLES-ROUX, *Oublier Palerme* (1966), © éd. Grasset

Marie Cardinal *Les Mots pour le dire* (1976)

Marie Cardinal est née en Algérie en 1929. Elle a enseigné la philosophie pendant plusieurs années et est l'auteur d'une dizaine de romans, dont *Écoutez la mer* (1962), *La Mule du Corbillard* (1964), *La Souricière* (1965), *La Clef sur la porte* (1972), *Une vie pour deux* (1978), *Au pays de mes racines* (1980), *Le Passé empiété* (1983).

*** *Les Mots pour le dire*

Les Mots pour le dire sont le récit, dédicacé « au docteur qui m'a aidée à renaître », d'une psychanalyse rendue nécessaire par une souffrance physique et morale aux limites du tolérable. La narratrice découvre dans son passé peu à peu reconstitué les éléments traumatisants qui sont à l'origine de ses symptômes.

Souvenirs d'un rêve

*Pour le lecteur, ce roman intime de **Marie Cardinal** est avant tout l'**exemple d'une véritable résurrection** rendue possible grâce à la volonté personnelle, au secours de la psychanalyse et à la foi en la guérison. Le message d'espoir qui se dégage de ce livre explique le vif succès qu'il a rencontré auprès du public.*

1. *L'auteur désigne à l'aide de cette expression figurée le fait qu'elle se libère de son angoisse et recouvre progressivement la santé du corps.*

C'est presque sans que je m'en rende compte que la première porte[1] s'est ouverte.

J'ai fait, une nuit, un rêve que je n'avais plus fait depuis longtemps et qui s'était cependant répété pendant presque toutes les nuits de ma jeunesse.

5 J'étais dans un lieu agréable qui, selon les jours, était soit tout à fait découvert soit planté de pins maritimes. Le sol en était meuble, parfois même sablonneux, mais ferme cependant.

Dans la paix et la douceur de ce cadre pénétrait un cavalier lui-même tout à fait en harmonie avec l'ensemble. Son cheval allait à un petit trot très lentement

10 cadencé. Il l'engageait dans un manège rectangulaire qu'il délimitait précisément en faisant plusieurs tours exactement semblables, la bête posant ses sabots dans les traces qu'elle avait laissées aux passages précédents. L'homme pouvait être soit un chevalier du Moyen Age en armure (dans ce cas il brandissait un splendide gonfanon[2] et le cheval était richement caparaçonné), soit un cavalier

2. *Étendard de guerre en usage au Moyen Age.*
3. *Parfum tiré d'une plante indienne.*

15 moderne vêtu de tweed et de linge fin (petit foulard de soie, parfum délicieux fait d'un mélange subtil de vétiver[3], de cuir et de crottin). Jamais il ne me regardait. Je le trouvais extrêmement séduisant et je savais qu'il connaissait ma présence.

A un moment donné il accélérait le rythme du trot : très exactement les mouvements du cheval devenaient plus profonds, plus marqués, un peu comme

4. *Après l'équitation élémentaire, viennent les « airs relevés » tels que levade, croupade, courbette, etc.*

20 dans les exercices de Haute École[4], ce qui avait pour effet de balancer le cavalier d'avant en arrière, régulièrement. En même temps que la cadence devenait plus accusée, le cavalier raccourcissait son parcours, si bien qu'il finissait par tourner en rond au centre du rectangle. Je ne voyais pas ses yeux, je ne rencontrais pas son regard et pourtant je devinais qu'il me serait facile de sauter en croupe

25 derrière lui et que cela ne lui aurait pas déplu que je le fasse. Cependant, plus il tournait, plus le terrain devenait pour moi pâteux, une sorte de béchamel ou de mayonnaise dans laquelle je m'enlisais, je m'enfonçais, qui paralysait mes mouvements, les rendait pénibles. Je n'arrivais plus à me dégager de cette épaisse colle molle qui m'étouffait.

30 Je me réveillais en sursaut, couverte de transpiration, à bout de souffle. Je détestais ce rêve qui tournait au cauchemar et me faisait battre le cœur à tout rompre. J'étais incapable d'identifier le cavalier qui n'avait pas de visage pour moi puisqu'il n'avait pas de regard. D'ailleurs je ne comprenais rien à cette vision qui me laissait une impression d'effroi et dont je cherchais à refouler le souvenir.

5. *Le cabinet du psychanalyste se situe au fond d'une impasse.*

35 En revivant ce rêve sur le divan de l'impasse[5], en précisant le plus possible chacun des éléments qui le composaient, j'ai pris conscience que j'étais en train de décrire deux univers. L'un que je connaissais bien, celui de mon milieu,

l'univers de ma mère : sans danger, agréable, un peu ennuyeux, un peu triste, sage, convenable, harmonieux, plat. L'autre que je ne connaissais pas, mais
40 qu'inconsciemment je désirais à l'époque où je faisais ce rêve, celui de l'aventure, de l'homme, du sexe (car le cavalier me plaisait énormément), l'univers de la rue. Rester et partir. Je m'enlisais à résoudre ce problème insoluble pour une petite fille.

Ma mère, c'était l'harmonie triste du paysage. Je n'avais pas besoin de son œil
45 pour m'imposer sa règle. Son œil était déjà en moi. Je voyais par elle. Je n'avais moi-même plus de regard ou du moins étais-je capable dès l'âge de sept ou huit ans (quand j'ai commencé à rêver au cavalier) de combattre et de repousser inconsciemment mon propre regard au risque d'en être paralysée ou asphyxiée.

Le cavalier, lui, ne me regardait pas, il me laissait libre. En parlant de lui je
50 me suis mise à comprendre ce que j'aimais vraiment, ce que je désirais vraiment quand j'étais une enfant. J'ai compris aussi pourquoi, plus tard, je n'aimais pas qu'on me regarde quand je faisais l'amour et pourquoi, lorsque ma maladie s'est aggravée, je ne pouvais prendre du plaisir que si j'imaginais que je m'accouplais avec un animal, un chien surtout. Fantasme qui me dégoûtait encore plus de
55 moi-même et dont je n'osais même pas parler au docteur.

Je me suis mise à en parler et le fantasme s'est éloigné de moi comme l'hallucination. C'était pourtant simple : un chien, ça ne pouvait pas me juger, ça me laissait libre, le regard d'un chien ça ne pouvait ni m'humilier ni me blesser.

Marie CARDINAL, *Les Mots pour le dire* (1976)
© éd. Grasset

Nicole Garcia
dans *Les Mots*
pour le dire,
film de José
Piniehro, 1983.

POUR LE COMMENTAIRE

1. Le rêve. Distinguez les éléments empruntés à l'imaginaire collectif et ceux qui appartiennent en propre à l'auteur.

2. L'interprétation. En quoi vous paraît-elle cohérente ? Sur quels arguments Marie Cardinal s'appuie-t-elle pour donner un sens logique à ses rêves ?

3. L'inconscient

a. Que représente le thème du regard ?
b. Quel rôle le médecin joue-t-il dans la cure psychanalytique ?

c. Dans quelle mesure la compréhension du rêve peut-elle contribuer à la guérison de l'analysant ?

EXPOSÉ

Présentez la méthode de l'interprétation psychanalytique à partir d'un ou deux exemples empruntés à *Psychopathologie de la vie quotidienne*, de FREUD (éd. Payot, 1975).

Pierre-Jean Rémy *Le Dernier Été* (1983)

Pierre-Jean Rémy (né en 1937), pseudonyme de Jean-Pierre Angremy, diplomate, est l'auteur de plus de vingt romans, dont *Midi ou l'Attentat* (1963), *Le Sac du Palais d'été* (prix Renaudot, 1971), *Mémoires secrets pour servir à l'histoire de ce siècle* (1974), *Pandora* (1980), *Le Dernier Été* (1983), *Orient-Express* (1979-1984).

*** *Le Dernier Été*

En 1944, pendant la Résistance, le narrateur rejoint, en Auvergne, toute une famille venue des quatre coins de France s'y réfugier. Cousins et cousines se trouvent ainsi réunis par les hasards, tantôt comiques, tantôt dramatiques, de la guerre. Entre eux se tissent des liens empreints de tendresse et de violence, notamment entre Alix et le jeune narrateur, qui découvre l'amour.

Cousin, cousine

Du banc des charmilles, on pouvait encore apercevoir le toit de chaume d'une longue grange qui appartenait à nos voisins, les Veyssière, et puis un chêne à demi foudroyé qui s'élevait au-dessus de la
5 petite carrière à quelques centaines de mètres de la maison. Mais, surtout, le banc des charmilles était entré dans la légende familiale comme celui des amoureux. Parfaitement invisible de la maison comme des autres allées de l'enclos dont le bosquet
10 touffu le séparait parfaitement, c'était un havre de solitude où la petite histoire voulait que tous les oncles et tantes de la famille y aient tour à tour flirté. Et c'était un rite pour tous les nouveaux fiancés de la maison de venir s'y faire complaisamment photo-
15 graphier : qu'Alix, sans connaître cet arrière-plan historique et sentimental, y soit d'elle-même tout naturellement venue m'y attendre — car je ne doutai pas un instant qu'elle ne m'attendît — était déjà un signe du destin.
20 Et elle s'y trouvait bien, assise sur le vieux banc de bois à la peinture écaillée, et un livre à la main. Mais elle avait dénoué ses cheveux et portait une robe claire : je crois que mon cœur s'arrêta de battre. Je me suis d'abord immobilisé au seuil de l'allée.
25 Des herbes mortes, des brindilles craquaient sous mes chaussures, mais la jeune fille n'a pas levé les yeux. Je me suis alors rapproché d'elle, et elle a refermé lentement son livre.
— Je vous dérange ?
30 C'est vrai : je vouvoyais Alix, « jeune fille » de ma tante Andrée, qui me le rendait.
— Pas du tout, vous ne me dérangez pas.
Je n'avais plus envie de sourire de l'accent belge.
— Je peux m'asseoir ?
35 Il y avait de la place pour quatre personnes sur le banc, mais elle s'est écartée un peu, tirant en même temps sur sa jupe pour en recouvrir un bout de genou qui pointait. Je me suis installé à côté d'elle et je ne sais plus quelles banalités nous avons
40 échangées : j'avais la gorge serrée et je parlais presque avec difficulté. Curieusement, c'était cette

grande fille belge, jusque-là maladroite dans ses gestes et dans ses mots, qui paraissait maintenant tout à fait à l'aise. Elle aussi disait bien sûr n'importe
45 quoi, parlait du livre posé sur ses genoux, de l'excursion de mon oncle et de ma tante en tonneau attelé, mais cela sans aucune gêne. D'une voix douce, appliquée, appliquée aussi à cacher l'accent belge que je ne remarquais plus. Puis, après un moment,
50 elle aussi s'est tue.
Il y a eu alors un long silence. Je regardais mes mains que je devinais moites : je n'avais pas lu alors *Le Rouge et le Noir*, mais je sais que je me suis fait la réflexion de Julien Sorel assis à côté de Mme de
55 Rénal dans la demi-obscurité du jardin de Verrières — qui, souvenons-nous-en, peut passer à juste titre pour la plus jolie ville de Franche-Comté. Je me suis dit que si, le temps de compter jusqu'à vingt, je n'avais pas posé cette main moite sur le bras ou la
60 nuque d'Alix, je me lèverais et partirais sans me retourner.
Mentalement, j'ai commencé à compter mais, arrivé à 19, je savais que je n'oserais rien. C'est alors, et à 19 précisément, qu'Alix a posé sa main sur la
65 mienne. Ce devait déjà être pour elle un acte passablement interdit, car elle a tout de suite murmuré :
— Il ne faudra le dire à personne, n'est-ce pas ?
Et elle m'a laissé l'embrasser. Ses lèvres étaient douces et molles, un peu humides : je ne savais plus
70 très bien ce que je faisais. Puis Alix a cru entendre marcher près de nous, car elle s'est subitement relevée, d'un bond, a rajusté sa jupe qui n'avait pourtant pas le moins du monde souffert de notre chaste effusion et elle a quitté à grands pas l'allée
75 des charmilles. Je n'avais plus qu'à la suivre, à quelque distance. Mais il n'était que dix heures du matin, en ce début du mois d'avril, nous avions encore toute la journée devant nous, tant de semaines, toutes ces vacances.

Pierre-Jean RÉMY, *Le Dernier Été* (1983)
© éd. Flammarion

Hervé Bazin *Le Démon de minuit* (1988)

Hervé Bazin, né en 1911, a conquis la célébrité en 1948 avec *Vipère au poing*, dans lequel il offre le portrait d'une mère terrible, surnommée Folcoche. D'autres romans suivirent, avec le même succès : *La Tête contre les murs* (1949), *La Mort du petit cheval* (1950), *Lève-toi et marche* (1952), *Au nom du fils* (1960), etc., ainsi que des essais : *Plumons l'oiseau* (1966), *Ce que je crois* (1977). Hervé Bazin est président de l'Académie Goncourt.

*** ***Le Démon de minuit***

Ce titre est une variante de *Démon de midi* — la maladie d'amour qui saisit les hommes aux alentours de la quarantaine… Mais il s'agit cette fois d'un septuagénaire, qui, après un infarctus, entreprend de goûter de nouveau à tous les fruits de la vie, en compagnie d'une jeune femme. Défi à la vieillesse et à la mort, à l'encontre de tous les tabous et de tous les risques.

L'accueil

— Namur, une minute d'arrêt !

Il descendit. Manteau bouclé, valise au flanc, un bras en l'air, il s'immobilisa comme le faisait jadis le petit jeune homme attendu par Noémi sur le quai numéro 3 de la gare de Nantes. Cette gare-ci allongeait comme partout des quais
5 de béton surplombés de galeries couvertes et dominant l'acier luisant qui sur des traverses grasses aboutissait plus loin à l'enchevêtrement des aiguillages. Bonne image ! Gérard ne se sentait pas moins compliqué. Gris ciment sous les pieds, gris nimbus sur la tête, tandis que le Paris-Copenhague repartait vers Liège, il attendait, presque ennuyé d'être là, lorgnant vaguement un défilé de dames
10 appartenant sans doute au même club et présentant tous les genres d'allure : la fessière à mamelu contrepoids, la ventrale à dos rejeté, la coincée réglant de petits pas sur l'étroitesse d'une jupe, l'obtuse commandant au contraire de larges enjambées depuis la racine des cuisses. Il nota toutefois que deux agréables voyageuses, accrochées au passage par son regard, lui rendaient son coup d'œil,
15 sans plus, mais lui prouvant ainsi que, délivré de la canitie, il avait, semblait-il, cessé d'être absolument négligeable, qu'on pouvait se tromper sur son compte. Le dernier voyageur disparaissait dans l'escalier de communication quand le remonta vivement un parapluie violet :

— Monsieur Laguenière ?
20 Le parapluie s'abaissa, découvrit une fille longiligne aux seins actifs dans un chemisier mauve, au genou vivace sous la jupe-kilt fermée par une grosse épingle. Avec son casque de cheveux dorés, surabondants, exaltés par un récent brushing, avec sa bouille de madone raphaélique retouchée au rouge baiser, ses yeux à sclérotique très blanche incrustée d'ambre, elle était mieux que bien, elle
25 était *trop* bien, Mme Goslin. Face à la jeune espèce, celle qui ne l'est plus se sent démunie comme un joueur de belote annonçant tierce contre un cent.

— Monsieur Laguenière ? répéta la blonde. Bienvenue à Namur ! Et excusez-moi d'être en retard : le bus a accroché un taxi.

Le trac ! Il avait envie de disparaître, M. Laguenière. Mais comment dire à qui
30 vous a repéré sur le petit écran : *Vous vous trompez, madame* ou, ce qui serait encore plus ridicule : *Tout compte fait, restons-en là* ? D'ailleurs il n'avait pas moins envie de poursuivre, il se redressait, il rentrait le ventre. Mme Goslin, prenant l'initiative, tendait la main, ajoutait :

— J'ai confié ma fille à ma mère. Je dispose de mon samedi et, si je veux,
35 de mon week-end.

Hervé BAZIN, *Le Démon de minuit* (1988)
© éd. Grasset

GROUPEMENT THÉMATIQUE

Démon de midi, démon de minuit

MOLIÈRE : *L'École des femmes*, 1662. — BALZAC : *La Cousine Bette*, 1846. — ZOLA : *Nana*, 1880 ; *Le Docteur Pascal*, 1893. — GIDE : *La Symphonie pastorale*, 1919. — COLETTE : *Chéri*, 1920. — SIMENON : *En cas de malheur*, 1956. — NABOKOV : *Lolita*, 1958.

2. Les phénomènes de société

Il est courant d'opposer l'analyse psychologique à l'étude de mœurs. Cette distinction, tout à fait pertinente pour les romans du XIXᵉ siècle, devient de plus en plus discutable depuis que **le roman**, entré dans l'ère du soupçon, **interroge non plus l'individu isolé, mais le tissu social**.

La critique de la bourgeoisie, les progrès du marxisme, du matérialisme et de la sociologie, la régression des philosophies personnalistes ont porté des coups très durs à la notion de personnage. Aussi, depuis la Seconde Guerre mondiale, le « roman d'analyse » perd-il du terrain au profit de vastes fresques qui mettent en scène des **milieux sociaux ou des problèmes généraux liés aux structures du monde moderne** : progrès technologique, conflits culturels, robotisation, déshumanisation...

Il arrive que l'observation des institutions et des mœurs aboutisse à une mise en question, explicite ou implicite, révoltée ou seulement satirique, des principes de notre civilisation. L'écrivain refuse de se soumettre à la fatalité, de tolérer l'injustice, de garder le silence sur les grands scandales qui déshonorent l'humanité. Il s'engage aux côtés des victimes et incite le lecteur à se révolter à son tour contre ce qui assujettit l'homme.

Christiane Rochefort
Les Petits Enfants du siècle (1961)

Née à Paris en 1917, **Christiane Rochefort** s'est exercée à divers métiers avant de devenir l'écrivain très en vue du *Repos du guerrier* (1958), porté à l'écran en 1962 par Roger Vadim. Le succès de ses romans ultérieurs repose moins sur l'effet de scandale que sur le brio de l'analyse sociologique. Dans *Les Stances à Sophie* (1963) comme dans *Encore heureux qu'on va vers l'été* (1975), les enfants et la sexualité incarnent l'aspiration à la liberté, qu'étouffent les contraintes, aussi bien morales que matérielles. En 1988, Christiane Rochefort a publié *La Porte du fond*, couronné par le prix Médicis.

*** *Les Petits Enfants du siècle*

Ce roman se déroule dans le cadre des grands ensembles d'une banlieue parisienne. Josyane, la narratrice, est la fille aînée de la famille Rouvier, « heureuse locataire d'un des blocs bâtis du côté d'Avron et de Budapest ». Elle élèvera les dix enfants de cette famille prolifique, à laquelle ils apporteront, grâce aux allocations familiales, machine à laver, frigidaire, télé, voiture...
Mais Josyane, après avoir rencontré Guido, un maçon italien « né sur les collines », pourra découvrir un autre univers, celui de l'amour, et échapper ainsi, par le rêve, au bonheur triste de la société de consommation.

Souvenirs d'enfance

*Le ton du roman de **Christiane Rochefort** est donné dès la première page, où la gravité du sujet est tempérée par la désinvolture de la narratrice.*

Je suis née des Allocations et d'un jour férié dont la matinée s'étirait, bienheureuse, au son de « Je t'aime Tu m'aimes » joué à la trompette douce. C'était le début de l'hiver, il faisait bon dans le lit, rien ne pressait.

A la mi-juillet, mes parents se présentèrent à l'hôpital. Ma mère avait les
5 douleurs. On l'examina, et on lui dit que ce n'était pas encore le moment. Ma mère insista qu'elle avait les douleurs. Il s'en fallait de quinze bons jours, dit l'infirmière ; qu'elle resserre sa gaine.

Mais est-ce qu'on ne pourrait pas déclarer tout de même la naissance maintenant ? demanda mon père. Et on déclarerait quoi ? dit l'infirmière : une
10 fille, un garçon, ou un veau ? Nous fûmes renvoyés sèchement.

Dessins de Reiser

Zut dit mon père c'est pas de veine, à quinze jours on loupe la prime. Il regarda le ventre de sa femme avec rancœur. On n'y pouvait rien. On rentra en
15 métro. Il y avait des bals, mais on ne pouvait pas danser.

Je naquis le 2 août. C'était ma date correcte, puisque je résultais du pont de la Toussaint. Mais l'impression de-
20 meura, que j'étais lambine. En plus j'avais fait louper les vacances, en retenant mes parents à Paris pendant la fermeture de l'usine. Je ne faisais pas les choses comme il faut.

25 J'étais pourtant, dans l'ensemble, en avance : Patrick avait à peine pris ma place dans mon berceau que je me montrais capable, en m'accrochant, de quitter la pièce dès qu'il se mettait à
30 brailler. Au fond je peux bien dire que c'est Patrick qui m'a appris à marcher.

Quand les jumeaux, après avoir été longtemps égarés dans divers hôpitaux, nous furent finalement rendus — du
35 moins on pouvait supposer que c'était bien eux, en tout cas c'était des jumeaux — je m'habillais déjà toute seule et je savais hisser sur la table les couverts, le sel, le pain et le tube de mou-
40 tarde, reconnaître les serviettes dans les ronds.

« Et vivement que tu grandisses, disait ma mère, que tu puisses m'aider un peu. »

45 Elle était déjà patraque quand je la connus ; elle avait une descente d'organes ; elle ne pouvait pas aller à l'usine plus d'une semaine de suite, car elle travaillait debout ; après la naissance de Chantal elle s'arrêta complètement, d'ailleurs on n'avait plus avantage, avec le salaire unique, et surtout pour ce qu'elle gagnait, sans parler des complications avec la Sécurité à chaque Arrêt de Travail, et ce
50 qu'elle allait avoir sur le dos à la maison avec cinq tout petits enfants à s'occuper, ils calculèrent qu'en fin de compte, ça ne valait pas la peine, du moins si le bébé vivait.

A ce moment-là je pouvais déjà rendre pas mal de services, aller au pain, pousser les jumeaux dans leur double landau, le long des blocs, pour qu'ils
55 prennent l'air, et avoir l'œil sur Patrick, qui était en avance lui aussi, malheureusement. Il n'avait pas trois ans quand il mit un chaton dans la machine à laver ; cette fois-là tout de même papa lui en fila une bonne : la machine n'était même pas finie de payer.

Christiane ROCHEFORT, *Les Petits Enfants du siècle* (1961)
© éd. Grasset

POUR LE COMMENTAIRE

1. La tyrannie des biens matériels. Montrez comment les préoccupations économiques ou l'acquisition des produits de consommation se substituent à toute autre forme de pensée et tiennent lieu de morale.

2. L'ironie. Par quels procédés la narratrice se

distancie-t-elle par rapport au récit ? A quels autres personnages romanesques célèbres peut-on la comparer ?

3. Un roman d'éducation ? Pourquoi Josyane (« Jo ») se considère-t-elle comme précoce ? Quelle image de la vie son milieu lui a-t-il inculquée ?

Romain Gary (Émile Ajar)
La Vie devant soi (1975)

Romain Gary (1914-1980) a écrit une œuvre au style incisif, rapide, parfois boudé par les critiques mais séduisant le grand public. Il a obtenu le prix Goncourt en 1956 pour *Les Racines du ciel*. Les thèmes abordés sont ceux de l'actualité : guerre, racisme, problèmes écologiques.

Émile Ajar a publié quatre romans : *Gros Câlin* (1974), *La Vie devant soi* (1975), *Pseudo* (1976) et *L'Angoisse du roi Salomon* (1979). Son second roman obtint le prix Goncourt et remporta un succès important amplifié par le mystère qui entourait l'énigmatique pseudonyme.

Lorsque Romain Gary se suicida en 1980, le jour se fit sur le « phénomène Ajar ». Un testament révélait qu'Émile Ajar et Romain Gary n'étaient qu'un seul et même personnage.

*** *La Vie devant soi*

Dans le milieu misérable des quartiers juif et arabe de Belleville, à Paris, vivent un jeune orphelin et l'ancienne tenancière de maison close qui l'a recueilli. Quelle que soit sa bonté, Madame Rosa ne peut comprendre le comportement du petit Mohammed. Mais ce qui est logique pour l'enfant échappe parfois au raisonnement des adultes. S'il a vendu Super, le chien auquel il était si attaché, ce n'est pas par cruauté ou parce qu'il avait envie de recevoir beaucoup d'argent, mais parce que Mohammed, le narrateur, souhaitait pour lui une vie meilleure. A la suite de ce qu'elle prend pour une « crise de violence », Madame Rosa va consulter le médecin du quartier.

Madame Rosa

— Docteur, je vous prie d'examiner bien cet enfant. Vous m'avez défendu les émotions, à cause de mon cœur, et il a vendu ce qu'il avait de plus cher au monde et il a jeté cinq cents francs dans l'égout. Même à Auschwitz, on ne faisait pas ça.

Le docteur Katz était bien connu de tous les Juifs et Arabes autour de la rue
5 Bisson pour sa charité chrétienne et il soignait tout le monde du matin au soir et même plus tard. J'ai gardé de lui un très bon souvenir, c'était le seul endroit où j'entendais parler de moi et où on m'examinait comme si c'était quelque chose d'important. Je venais souvent tout seul, pas parce que j'étais malade, mais pour m'asseoir dans sa salle d'attente. Je restais là un bon moment. Il voyait
10 bien que j'étais là pour rien et que j'occupais une chaise alors qu'il y avait tant de misère dans le monde, mais il me souriait toujours très gentiment et n'était pas fâché. Je pensais souvent en le regardant que si j'avais un père, ce serait le docteur Katz que j'aurais choisi.

— Il aimait ce chien comme ce n'est pas permis, il le tenait dans ses bras
15 même pour dormir et qu'est-ce qu'il fait ? Il le vend et il jette l'argent. Cet enfant n'est pas comme tout le monde, docteur. J'ai peur d'un cas de folie brusque dans sa famille.

— Je peux vous assurer qu'il ne se passera rien, absolument rien, Madame Rosa.
20 Je me suis mis à pleurer. Je savais bien qu'il ne se passerait rien mais c'était la première fois que j'entendais ça ouvertement.

— Il n'y a pas lieu de pleurer, mon petit Mohammed. Mais tu peux pleurer si ça te fait du bien. Est-ce qu'il pleure beaucoup ?

— Jamais, dit Madame Rosa. Jamais il ne pleure, cet enfant-là, et pourtant
25 Dieu sait que je souffre.

— Eh bien, vous voyez que ça va déjà mieux, dit le docteur. Il pleure. Il se développe normalement. Vous avez bien fait de me l'amener, Madame Rosa, je vais vous prescrire des tranquillisants. C'est seulement de l'anxiété, chez vous.

— Lorsqu'on s'occupe des enfants, il faut beaucoup d'anxiété, docteur, sans
30 ça ils deviennent des voyous.

En partant, on a marché dans la rue la main dans la main, Madame Rosa aime
se faire voir en compagnie. Elle s'habille toujours longtemps pour sortir parce
qu'elle a été une femme et ça lui est resté encore un peu. Elle se maquille
beaucoup mais ça sert plus à rien de vouloir se cacher à son âge. Elle a une tête
35 comme une vieille grenouille juive avec des lunettes et de l'asthme. Pour monter
l'escalier avec les provisions, elle s'arrête tout le temps et elle dit qu'un jour elle
va tomber morte au milieu, comme si c'était tellement important de finir tous les
six étages.

Romain GARY, *La Vie devant soi* (1975)
© éd. Mercure de France

POUR LE COMMENTAIRE

1. Les rapports adultes-enfants

Pourquoi Madame Rosa considère-t-elle Mohammed
comme malade ? Lequel des deux personnages nécessite
en fait un traitement ?

2. L'humour du narrateur

Relevez tous les passages ironiques. Quels rapprochements peut-on faire avec la technique des contes de Voltaire ?

3. Une philosophie amère ?

Malgré l'apparente désinvolture du récit, quelles sont les
formules qui laissent transparaître l'inquiétude de l'auteur
face à la condition humaine ?

4. Une leçon de tolérance

Y a-t-il incompréhension ou incommunicabilité entre les
différents personnages ? Les dissensions inter-raciales ap-
paraissent-elles ici comme insurmontables ?
Quel est le rôle des effets comiques ?
Ce passage vous semble-t-il plutôt cynique ou empreint
de tendresse ?

Samy Ben Youb et Simone Signoret dans *La Vie
devant soi*, film de Moshé Mizrahi, 1977.

Maurice Rheims *Le Saint Office* (1983)

Maurice Rheims, né à Versailles en 1910, fils d'un général, a été longtemps le commissaire-priseur le plus célèbre de Paris. Il a expertisé la succession de Pablo Picasso.
Membre de l'Académie française, il a publié de nombreux essais sur l'art (*La Vie étrange
des objets*, 1959 ; *Haute Curiosité*, 1975 ; *Pour l'amour de l'art*, 1984) et plusieurs romans :
La Main (1961), *Le Luthier de Mantoue* (1972), *Le Saint Office* (1983).

*** *Le Saint Office*

Oscar, né à l'office, est un valet, à la fois excellent professionnel et mystérieux observateur de ses maîtres, qu'il peint avec
un sens subtil de la satire. Son métier lui vaut de connaître tout de leur intimité. On songe aussi bien au *Diable boiteux*, de
Lesage, qu'à *Pot-Bouille*, de Zola, ou aux *Bonnes*, de Jean Genet.

Un majordome

Avenue Foch, un dimanche sur trois, j'assume un petit service, quelques
bonnes heures pour observer la nature des maîtres. Celle de Madame viserait à
l'orientale : gonflée, elle va au rythme de quelque machine incohérente, secouant
son bustier taillé dans une étoffe couleur chair, au tissage élastique, serré,
5 indéchirable, indéformable — sûrement un chef-d'œuvre de l'industrie bonne-
tière — avec des brides qui font penser tant elles s'enfoncent dans le bourrelet,

Maurice Rheims.

à ces bandes caoutchoutées disposées sur les ponts des porte-avions pour arrêter en quelques mètres la course des appareils.

Pas de peignoir sinon une sorte de vêtement d'intérieur dont elle néglige
10 souvent de fermer les boutons ce qui me contraint à parler à mi-voix, le regard baissé.

Profitant de l'exode du personnel, elle pénètre dans la cuisine, fouille les placards, ouvre les fours, inspecte les tiroirs. Là elle flaire, ici elle passe un doigt, le retire, le regarde, le frotte contre une serviette en papier, la trace d'un cerne
15 l'inquiète ; mais l'intrigue aussi bien l'absence de toute souillure.

« Madame cherche peut-être quelque chose ? » Elle ne répond pas.

Poitrine haute, comme si elle souffrait d'une montée de lait — encore un peu elle va m'inviter à téter — elle jette : « Allez plutôt réveiller Monsieur. » Je frappe à la porte, Monsieur blotti dans son lit feint de sommeiller ; un de ces petits
20 roupillons approximatifs qui permet d'oublier. Oublier quoi ! lui, qui n'a jamais dû retenir quoi que ce soit.

« Que Monsieur m'excuse, mais Madame fait dire à Monsieur qu'il est onze heures. » Joseph se dresse, s'assied dans son lit, s'étire comme il a vu le faire à la télévision. Ses cheveux rares, passés au bleu il y a déjà quelques jours,
25 commencent à jaunir, de derrière la nuque surgit une mèche qui fait penser à de ces vieux cotons-tiges abandonnés après s'en être servi pour se curer les oreilles.

« Si Monsieur veut aller déjeuner au golf, il serait temps que Monsieur se prépare : à tout hasard, j'ai sorti le costume feuille-morte. » Monsieur retourne
30 l'oreiller, il le boule, encore un peu il va pleurer. Non, il ne veut pas se lever, il fait trop froid, il ne veut pas aller en classe, il régresse Monsieur, c'est normal. Sorti de l'ornière quotidienne, ce genre d'homme se montre incapable de supporter le moindre embarras. Ne riez pas, il pourrait bien « craquer », mais il est vrai que l'on a rarement entendu craquer un suppositoire.
35 « J'insiste, Monsieur devrait se secouer, ce n'est pas bien de traîner ainsi au lit : il fait soleil ; un peu d'exercice fera du bien à Monsieur, il travaille trop. » Il pointe l'oreille.

« Vous trouvez que je travaille trop ?

— C'est du moins ce que l'on dit, bien sûr Madame ne perd pas son temps
40 non plus.

— Ça c'est vrai, elle travaille beaucoup, mais c'est du boulot de femme, tandis que moi c'est plutôt la réflexion. Oscar, je vais vous dire : ça chauffe là-dedans. Le coiffeur le dit, c'est au magasin que j'ai laissé mes cheveux.

— Peut-être que Monsieur a trop tendance à se laver la tête, ça favorise les
45 pellicules, Monsieur devrait essayer le massage du cuir chevelu avec décollement de l'épiderme. A l'époque où je servais une grande figure de l'écran, chaque matin, mon maître me confiait sa tête et jusqu'à sa fin, mon ancien Monsieur réussit à conserver cette admirable chevelure que Monsieur a certainement eu l'occasion et à maintes reprises d'admirer à l'écran.
50 — Je le connais ?

— Enfin, Monsieur l'a connu, je veux dire a pu l'applaudir.

— Qui était-ce ?

— Je fais couler le bain de Monsieur. »

De temps à autre, il est bon de rappeler à nos maîtres que seule encore dans
55 les offices règne la loi du silence. Je dois d'ailleurs ajouter que je n'ai jamais servi le monde du théâtre. La scène regorge de trop de vedettes, de confidents indiscrets ; un monde où l'on récite des textes dont nous ne sommes pas les auteurs.

Maurice RHEIMS, *Le Saint Office* (1983)
© éd. Gallimard

Nestor, le majordome
des aventures de
Tintin.
© éd. Casterman.

René-Victor Pilhes *L'Imprécateur* (1974)

René-Victor Pilhes est né à Paris en 1934. Rédacteur publicitaire à Air France puis chez Publicis, il a écrit plusieurs romans, parmi lesquels *La Rhubarbe* (prix Médicis 1965), *Le Loum* (1969), *La Bête* (1976), *La Pompeï* (1985). Il s'attache essentiellement à dénoncer les tares de la société libérale avancée et les risques du « progrès ».

*** *L'Imprécateur*

Rosserys & Mitchell est une immense entreprise multinationale. Elle étend sa puissance sur tous les États de la planète. Pourtant une crise surgit dans sa filiale française : un mystérieux individu, qui semble bien connaître la firme, profite de quelques disparitions pour faire des révélations sur les intentions véritables de la société et le fonctionnement réel du capitalisme.

Que savent-ils, ceux qui dirigent Rosserys & Mitchell ?

Récit fantastique, L'Imprécateur *est aussi* **un conte philosophique**, *à la manière du* Meilleur des mondes, *d'Aldous Huxley ou des* Cavernes d'acier *d'Isaac Asimov. Voici une des révélations de « l'imprécateur ».*

Ils savent qu'en ce bas monde un bon banquier est plus utile qu'un bon confesseur ou qu'une femme aimante. Ils savent que l'homme et la Terre ont été créés pour dominer l'univers et que, sous le soleil, rien ne vaut un bon gisement de cuivre, une vaste nappe de pétrole, un immense troupeau de bêtes à cornes et à poils. Ils savent que les hommes ne naissent pas égaux entre eux, que ce sont là des histoires et que, si des peuples l'inscrivent dans des constitutions, c'est tout simplement parce que c'est plus satisfaisant pour l'esprit, plus commode dans les rapports sociaux. Ils savent qu'il en est de même pour ceux qui disent qu'ils croient en Dieu. Ils savent que tout s'achète et que tout se vend. Ainsi achètent-ils des quantités importantes d'hommes politiques et de gens d'Église, qu'ils revendent ensuite avec de solides plus-values. Ils savent qu'on n'a qu'une vie, que cela seul importe, et que tous les excès de l'homme sont finalement soit oubliés dans la nuit des temps, soit pardonnés par l'Histoire. Qui pourrait en vouloir aujourd'hui à un riche planteur du Missouri d'avoir, sa vie durant, violé les négresses et enterré vivants leurs esclaves de maris ? Le planteur est-il en enfer ? Et où est l'enfer ? Le fait est qu'il a vécu bien vieux, riche, redouté, qu'il eut de nombreux enfants et petits-enfants, et que ceux-ci ne furent frappés d'aucune maladie divine, qu'ils agrandirent les terres de l'ancêtre et qu'ils engendrèrent à leur tour. Qui médit encore aujourd'hui du juge Sewall qui condamna cruellement et stupidement les « sorcières de Salem » ? Ceux qui dirigent Rosserys & Mitchell savent tout cela, ils ont bien appris la leçon. Ils savent aussi qu'ils sont les citoyens du pays le plus puissant que le monde ait connu. Ils savent que leurs chefs militaires commandent à des armes et des armées capables de mettre à la raison n'importe quel pays du monde, y compris la dictature de l'Est. Ils savent que ce qu'on appelle le patriotisme ou la dignité d'un peuple ne signifie rien du tout. Ils savent que tous les peuples sont veules, qu'ils ne pensent qu'à leur commerce, qu'ils admirent profondément la richesse et la générosité des États-Unis d'Amérique du Nord, la sagesse, la probité et la clairvoyance de ses dirigeants et, tout particulièrement, de ses génies, ceux qui, partis de rien, ont bâti un empire, des empires, ceux qui ont commencé à vendre des sandales de caoutchouc et qui ont fini à la tête de nombreuses et puissantes fabriques de peaux de boucs, de fourrures de phoques, de biscuits chocolatés. Ce sont eux, les grands exemples de l'humanité, c'est pour eux que Dieu a créé les hévéas. Ils savent, ceux qui dirigent Rosserys & Mitchell, transformer une boîte de cornichons en plusieurs boîtes de cornichons, ensuite en plusieurs boîtes de biscuits, ensuite en plusieurs flacons de térébenthine, puis en immeubles, en tuyaux de fonte, en réfrigérateurs. Et, après, ils savent construire les vaisseaux qui enfermeront dans leurs flancs des milliers de boîtes de toutes sortes, des tonnes de carburants, et encore ils savent décharger ces boîtes et ce carburant sur les quais des pays lointains, d'où ils reviennent chargés de tapis, de truffes, de noix de coco, de cannelle, de café, et ensuite ils achètent, vendent, et rachètent, empruntent et prêtent. Ce faisant, ils indiquent le véritable sens de la vie, ils méritent de guider le monde. Ils savent que les poèmes sont écrits par les fous pour ceux qui sont fous, les sonates et concertos pour ceux qui sont superficiels, et que les prières sont dites par les gens faibles pour les gens faibles. Ils savent que les idéologies ne pèsent d'aucun poids dans les rapports entre États ou collectivités humaines et qu'en définitive chacun se réconcilie avec chacun devant un bon sac d'or.

René-Victor PILHES, *L'Imprécateur* (1974)
© éd. du Seuil

André Stil *Romansonge* (1976)

André Stil, fils d'ouvriers du Nord, né en 1921, a une œuvre abondante. Professeur de philosophie, journaliste puis rédacteur en chef de *L'Humanité*, il a été emprisonné quelque temps en 1952, au plus fort de la guerre froide entre le Parti Communiste et le gouvernement de l'époque. Retiré dans le Roussillon, il est membre de l'Académie Goncourt depuis 1977. Son premier livre portait un titre militant : *Le mot « mineurs », camarades...* (1949). Citons, parmi ses romans : *Le Premier choc* (1951), *Nous nous aimerons demain* (1957), *Romansonge* (1976), *Trois pas dans une guerre* (1978), *Les Quartiers d'été* (1984). La critique parle peu de lui. Pourtant, son témoignage social est irremplaçable et sa stylisation de la parole ouvrière est une recherche d'écriture tout à fait digne d'intérêt.

Une caissière de coopérative

Elle était caissière, à la coopérative des mines. Pas la nouvelle, d'après la nationalisation, la C.C.P.M. Non, l'ancienne, ce qu'on appelait les boutiques de la compagnie, boutique en patois étant
5 masculin, elle a siégé, trôné « au » boutique pas loin de trente ans. Elle était la première, au fond, comme une patronne. Les trois serveuses, plus jeunes, lui demandaient conseil, l'écoutaient, lui obéissaient. Elle décidait, rendait des services, et y trouvait son
10 avantage. Elle prévenait ses clientes de ce qui était annoncé en magasin, il n'y en aura sûrement pas pour tout le monde, je t'en mets de côté ? Quand tombaient les « bénéfices », la ristourne versée sur les achats de toute une année, c'est elle qui en faisait
15 le calcul, et qui semblait les dispenser, libérale ou « stricte » pour qui lui plaisait ou non. En réalité, elle ne pouvait rien, les chiffres étaient là, reçus au crayon à l'encre et carnet de doubles au papier carbone, et elle n'aurait jamais osé une erreur. Mais
20 l'allure, ça compte. Les « bénéfices » étaient une fête des enfants. Daniel comme les autres. Ils en avaient toujours leur part. Argent pas tout à fait inattendu, mais tout de même hors circuit, comme un rappel de pension ou un gain à la loterie, un peu venu du
25 ciel. Un truc pas bête, pour que le plus nécessaire se déguise un instant en superflu, les gens en ont tellement envie qu'ils font comme s'ils s'y laissaient prendre. Retombée de la pauvreté, un petit luxe. D'un jour, d'une semaine. Les enfants, ce jour-là,
30 accompagnaient les mères, et pour tous elle était Corinne. Corinne qui, depuis des semaines, quand ils venaient eux-mêmes aux commissions, ne ratait pas de leur promettre ça pour bientôt, comme un autre Noël, sans merveille ni doute : ça se produisait
35 bien à la date prévue, billets et pièces au guichet, arceau de cuivre et plaque de cuivre cannelée, reçus déchirés, coups de tampon, odeur d'encre. Pendant la guerre, les restrictions, elle était au moins aussi bien placée qu'une vraie commerçante. Et puis
40 voilà, les boutiques de la Compagnie avaient survécu à la nationalisation, de plus en plus en porte à faux. La vie n'a pas fini d'inventer : ce sont eux, les magasins des anciens patrons, qui faisaient pauvre au regard des nouveaux qu'ouvrait la coopérative
45 des ouvriers, grandes vitres et néon, quelquefois musique. Au lieu de ces petites fenêtres à barreaux dans le mur de brique, cette porte unique, pleine et épaisse, ce comptoir à grillage, les guichets troués là-dedans, exactement vieux bureau de poste, et
50 quand la marchandise était un peu grosse, il fallait la passer par-dessus, barreaux, grillages, défenses contre quelles foules d'autrefois ? Et l'heure est venue pour la Compagnie de fermer boutique.
— T'as assez travaillé, Corinne, on s'en sortira.
55 — C'est ça, Léon Damien !...
Elle l'a toujours appelé volontiers ainsi, par tout son nom, comme lui, quand il se fâche, l'appelle Corinne Desbarbieux.
— C'est ça ! Dis tout le temps ! Et l'enfant qui est
60 encore à l'école ?
Ils s'en sortaient, à deux, largement. Ils s'étaient déjà fait faire une des plus belles maisons du village. Elle aurait proposé ses services pour un de ces beaux magasins de la C.C.P.M., « ils » la prenaient
65 tout de suite. Compétente. Elle ne l'a pas fait. Pourquoi ? On ne peut pas dire qu'elle se considérait liée à l'ancien état de choses. Ses parents à elle étaient déjà socialistes, ceux de Léon aussi. Ils sont restés fidèles tous les deux. Mais elle a préféré aller
70 se présenter ailleurs. « Ils » seraient venus la solliciter, ça, ça aurait changé tout, mais ils ne sont pas venus non plus. Alors, moderne pour moderne, c'est elle qui reprend les devants : elle est au supermarché. On ne peut plus dire tout à fait caissière. Une
75 des cinq sorties du libre-service alimentation. Aux quatre autres, des gamines. Ça la rajeunit. N'importe qui peut taper une fiche, d'un doigt, sur le clavier. C'est même elles qui lui ont appris. Et c'est plutôt gai. Et elle ne gagne pas tellement moins. Elle
80 a d'ailleurs touché une indemnité, et garde ses droits pour pension.
— A plus forte raison ! Tu n'as plus besoin de ça. Arrête !

André STIL, *Romansonge* (1976)
© éd. Julliard

Annie Ernaux *La Place* (1983)

Annie Ernaux, née en 1940, a amorcé son œuvre en 1974 avec *Les Armoires vides*, roman qui se caractérise par un style dépouillé. Le refus d'oublier le passé se conjugue à la volonté de peindre une réalité humble, fortement enracinée dans ses origines culturelles. Professeur de lettres, Annie Ernaux a passé son enfance et sa jeunesse à Yvetot, en Normandie.

*** *La Place*

Ce roman retrace la vie et la mort du père de la narratrice. Ouvrier devenu petit commerçant, il avait su conquérir sa petite « place au soleil ». Peindre les activités banales de cet homme modeste est pour sa fille le seul moyen de lui témoigner sa tendresse et son attachement, par-delà le temps, la mort et les séparations que la vie impose.

Souvenir d'un père

Pour manger, il ne se servait que de son Opinel. Il coupait le pain en petits cubes, déposés près de son assiette pour y piquer des bouts de fromage, de charcuterie, et saucer. Me voir laisser de la nourriture dans l'assiette lui faisait deuil. On aurait pu ranger la sienne sans la laver. Le repas fini, il essuyait son
5 couteau contre son bleu. S'il avait mangé du hareng, il l'enfouissait dans la terre pour lui enlever l'odeur. Jusqu'à la fin des années cinquante, il a mangé de la soupe le matin, après il s'est mis au café au lait, avec réticence, comme s'il sacrifiait à une délicatesse féminine. Il le buvait cuillère par cuillère, en aspirant, comme de la soupe. A cinq heures, il se faisait sa collation, des œufs, des radis,
10 des pommes cuites et se contentait le soir d'un potage. La mayonnaise, les sauces compliquées, les gâteaux, le dégoûtaient.

Il dormait toujours avec sa chemise et son tricot de corps. Pour se raser, trois fois par semaine, dans l'évier de la cuisine surmonté d'une glace, il déboutonnait son col, je voyais sa peau très blanche à partir du cou. Les salles de bains, signe
15 de richesse, commençaient à se répandre après la guerre, ma mère a fait installer un cabinet de toilette à l'étage, il ne s'en est jamais servi, continuant de se débarbouiller dans la cuisine.

Dans la cour, l'hiver, il crachait et il éternuait avec plaisir.

Ce portrait, j'aurais pu le faire autrefois, en rédaction, à l'école, si la description
20 de ce que je connaissais n'avait pas été interdite. Un jour, une fille, en classe de CM2, a fait s'envoler son cahier par un splendide atchoum. La maîtresse au tableau s'est retournée : « Distingué, vraiment ! »

Annie ERNAUX, *La Place* (1983),
© éd. Gallimard

POUR LE COMMENTAIRE

1. Le père. En quoi ce portrait laisse-t-il percevoir l'admiration de l'enfant pour son père ?

2. La simplicité. Comment se manifeste-t-elle ?

3. La « distinction ». Quel sens peut-on attribuer à l'apologue final ?

4. Justifiez **l'épigraphe** du récit d'Annie Ernaux : « Je hasarde une explication : écrire, c'est le dernier recours quand on a trahi » (Jean Genet).

Rachid Boudjedra *La Répudiation* (1969)

Né en 1941 en Algérie, **Rachid Boudjedra** a enseigné la philosophie jusqu'en 1972, puis s'est consacré à la littérature et au cinéma. Il est notamment l'auteur de *Topologie idéale d'une agression caractérisée* (1975), *Le Vainqueur de la coupe* (1981), et le scénariste de *Chronique des années de braise*, film réalisé par Mohamed Lakhdar-Hamina en 1975.

*** *La Répudiation*

Ce livre est le récit halluciné, fait par un jeune Algérien à son amie européenne, de son enfance tourmentée, de sa famille déchirée, d'une société régie par des coutumes barbares. Sa mère (Ma) est soumise, par la tradition et la religion, à l'autorité exclusive du père (Si Zoubir). Le pouvoir arbitraire de celui-ci, son égoïsme, engendrent une situation insupportable pour ses proches.

« *Solitude, ma mère !* »

La Répudiation *soulève de nombreux problèmes historiques, sociaux et politiques* : *comment une nation, tout en restant fidèle à sa culture et à son passé, peut-elle accéder à la liberté et assurer le triomphe des droits fondamentaux de l'individu ?*

Rachid Boudjedra.

1. *Magistrat musulman.*

Cérémonie. Rite. Ma mère avait participé à la cérémonie rituelle. Elle n'avait plus peur. Les mots lui arrivaient au ras du cortex, puis s'échappaient comme ils étaient venus : des bulles. Aucune révolte ! Aucune réflexion ! Le barricade-ment était nécessaire, inévitable, et durerait le restant de sa vie. Claustration que
5 l'on donnera en exemples aux veuves engrossées et aux répudiées indisciplinées. Ma savait qu'il y allait de l'honneur de la famille. Trente ans. Elle allait en finir avec sa vie de femme visitée conjugalement et dignement par le mâle effréné qui contentait aussi deux ou trois maîtresses, dont l'une, française, était venue au pays dans le seul but de vérifier l'ardeur génitale des hommes chauds. Solitude,
10 ma mère ! Fermeture ! Pire qu'une huître : un vagin inculte. A trente ans, la vie allait s'arrêter comme un tramway poussif qui veut jouer à l'âne. Ultime recours : Dieu devait faire revenir Si Zoubir sur sa décision, sinon les sorciers entreraient en transe et les charlatans envahiraient la maison. Après la consternation, la première décision. Pour répudier Ma, Si Zoubir se fondait sur son bon droit et sur
15 la religion : sa femme, elle, comptait sur l'abstraction des formules magiques. Enfant, elle l'était, et elle ne pouvait dominer les choses que par l'intermédiaire d'une autre transcendance : l'amulette.

Solitude, ma mère ! A l'ombre du cœur refroidi par l'annonciation radicale, elle continuait à s'occuper de nous. Galimatias de meurtrissures ridées. Sexe renfro-
20 gné. Cependant, douceur ! Les sillons que creusaient les larmes devenaient plus profonds. Abasourdis, nous assistions à une atteinte définitive. En fait, nous ne comprenions rien. Ma ne savait ni lire ni écrire ; elle avait l'impression de quelque chose qui faisait éclater le cadre de son propre malheur pour éclabousser toutes les autres femmes, répudiées en acte ou en puissance, éternelles renvoyées
25 faisant la navette entre un époux capricieux et un père hostile qui voyait sa quiétude ébranlée et ne savait que faire d'un objet encombrant. Mais les valeurs nécessitaient des sacrifices et tout le monde était d'accord pour les assumer jusqu'au bout : les femmes — elles n'étaient pas les dernières ni les moins enthousiastes — , les hommes, les cadis[1] et les gros commerçants. Ma reprenait
30 alors sa place parmi les traditions envahissantes et réintégrait les dimensions de l'ordre. Aussi la société reprenait-elle son souffle et psalmodiait-elle d'une voix triomphante. Le peuple, lui, battait des mains et se réservait des lendemains de fête.

Ma était donc répudiée. Longues déambulations agressives à travers la
35 maison. Lourde métamorphose. Elle rêvait peut-être de papillons chuintants et de phosphorescence pénétrante. La rupture avec le père était totale : il ne venait plus à la maison. Mutations intégrales. Transformations inadéquates. Le sang lui battait dans le bout des doigts. L'ovulation, chaque mois, se dégonflait lamen-tablement, comme une bulle crapaudine sur ces nénuphars en papier que nous
40 rapportions des kermesses des écoles françaises. Si Zoubir, lui, pensait déjà à prendre une deuxième femme ! Halètements vertigineux des sourdes résonan-ces. Toutes les nuits à franchir, et la solitude ! Mes tantes épiaient ma mère ; et profondément visitées, elles soupiraient d'aise, en se retournant dans leurs lits, pour mieux suggérer les jouissances abondantes. Les vaches ! Je voyais Ma se
45 mordre les lèvres et se tordre le corps. Elle se taisait. Dans le noir, je faisais semblant de dormir. Depuis le départ du père, j'avais pris sa place dans l'énorme alcôve. J'avais dix ans et comprenais beaucoup de choses.

Rachid BOUDJEDRA, *La Répudiation* (1969)
© éd. Denoël

POUR LE COMMENTAIRE

1. L'homme et la femme. Un combat inégal. Quelles sont les prérogatives du père ?
Quel est l'unique recours de la mère du narrateur ?

2. L'ordre moral. En quoi est-il hypocrite ?

3. Une société conservatrice. Est-elle condamnable ou au contraire enviable ?
A la fin de ce passage, que semble avoir compris le narra-teur ? Justifiez votre réponse à l'aide d'une analyse précise du style.

3. L'histoire au présent

A mi-chemin entre l'actualité et l'histoire proprement dite, **les événements du passé récent font partie des sujets de prédilection des auteurs et des lecteurs contemporains**.

La Seconde Guerre mondiale demeure un thème d'inspiration inépuisable et alimente, répercutée par le cinéma et la télévision, bon nombre de succès populaires. La nostalgie des colonies a servi de prétexte à plus d'une saga exotique. La violence de la décolonisation a nourri au contraire des rêves désenchantés, une réflexion amère ou un détachement cynique qui s'expriment souvent à travers un style agressif.

Viennent ensuite les « événements » de mai 1968, révolte d'étudiants et d'ouvriers inspirée par les mouvements de contestation des jeunes hippies dans les universités américaines : la société française subit de profonds bouleversements et l'Europe tout entière, par-delà même le rideau de fer, semble redécouvrir son unité culturelle.

A partir des années 70, la multiplication des conflits dans le monde arabe, l'instabilité du Moyen-Orient, la montée des intégrismes et l'aggravation du terrorisme international achèvent de justifier les points de vue les plus pessimistes élaborés à l'issue de la Seconde Guerre mondiale. Donnant raison à Camus lorsqu'il affirmait : « Notre siècle sera celui de la peur », bon nombre de romanciers traduisent **le sentiment d'insécurité de l'homme moderne à l'aide d'une écriture désarticulée, inquiète**, étrangement pathétique.

Georges-Olivier Châteaureynaud
Le Verger (1978)

Georges-Olivier Châteaureynaud est né à Paris en 1947. Il a exercé de nombreux métiers tout en poursuivant en parallèle son activité d'écrivain (*Le Fou dans la chaloupe*, 1973 ; *Les Messagers*, 1974 ; *Le Verger*, 1978 ; *Le Congrès de fantomologie*, 1985). Il a obtenu le prix Renaudot en 1982 pour *La Faculté des songes*.

*** *Le Verger*

Cette œuvre se présente à la fois comme un conte fantastique et comme un conte philosophique. Seul parmi les prisonniers d'un camp de concentration, un enfant parvient à échapper aux brutalités des soldats. Mais ce miracle le laisse désemparé, isolé de ses frères de captivité. Le passage suivant est extrait du début du livre.

Aux portes de l'horreur

Ils piétinent maintenant face au bâtiment des douches. Les deux cents premiers sont entrés. On attendra. L'enfant tremble. Ils sont nus, femmes, enfants, vieillards mêlés. Il ferme les yeux, mais à chaque instant un cri tout proche, un sanglot, un frémissement de la foule, les lui font rouvrir malgré lui.
5 Et il voit la chair sous le ciel noir, chair crayeuse, chair misérable dont ricanent les soldats. Il baisse la tête. Il voit sa propre chair, ses mains posées sur son sexe, ses jambes, ses pieds enfoncés jusqu'aux chevilles dans la boue, racines grêles dans la boue stérile.

L'attente est longue. Du fond du cœur ils appellent la nuit. Qu'elle tombe
10 épaisse et noire. Qu'elle dérobe la nudité à l'offense. Et ils sont entendus ; la nuit s'étend sur les fronts, sur les épaules, sur les ventres. Mais partout aussitôt des projecteurs s'allument, dont les faisceaux, comme des mains violentes, déchirent par grands pans la charité du ciel.

Et puis soudain la porte s'ouvre. Un officier lance un ordre. Les soldats
15 brandissent à nouveau la matraque ou le fouet. Le troupeau bronche, d'abord, hésitant à franchir cette porte après en avoir tant espéré l'ouverture. Les soldats frappent. C'est la ruée. L'enfant, dépassé, bousculé, approche malgré tout lui aussi de l'entrée. Cependant une ultime bourrade, à quelques mètres de la porte, le jette à découvert, à l'extérieur de la colonne. Être vu, c'est être battu. Il tente

20 désespérément de se perdre une fois encore parmi les autres. Mais on ne songe
plus qu'à soi. Des bras, du flanc, des genoux, sans même s'en rendre compte,
on le repousse sous les fléaux. Un des gardes l'a vu et s'approche à grands pas.
Alors l'enfant, avec une sorte d'ululement de peur, détale droit devant, à l'opposé
de la foule et des douches, vers les barbelés. Soixante mètres de boue, bien plats
25 et dégagés, séparent de ce côté le bâtiment des douches de l'enceinte électrifiée.
L'enfant a filé si vite, si soudain, qu'il en a bien quinze d'avance quand le soldat
jure et s'élance à nouveau.

Plus tard dans la nuit, en racontant la chose à son voisin de chambrée, le soldat
dira qu'ils n'étaient plus qu'à vingt mètres, mettons, des barbelés quand elle s'est
30 produite.

1. Matraque.

« J'allais l'avoir, tu comprends ? Il courait vite, le petit salaud, il courait comme
un lapin ! Mais je le tenais presque. Je levais déjà mon *gumi*[1], et juste à ce
moment-là il a trébuché, et d'un seul coup, crac, plus rien, il a disparu. Plus rien,
plus de gosse ! Comme ça, instantanément, je n'ai plus vu devant moi que les
35 barbelés dans la lumière des projecteurs, rien d'autre ! »

Et son camarade, qui bâillera à s'en décrocher la mâchoire :

« Tu bois trop. »

Le soldat haussera les épaules. Il remuera sa grosse tête de droite à gauche,
avec une lente obstination.

40 « Pas à ce point. Bien sûr, je bois. Qui ne boit pas, ici ? Mais je vois encore ce
que je vois, je sais encore ce que je dis. Le gamin courait devant moi. Il était là,
et d'un seul coup, crac, il n'y a plus été.

— Laisse donc. Sais-tu quelle heure il est ? Ces cochons n'en finissaient plus.
Tu n'es pas fatigué ?

45 — Si, si.

— Alors, dormons. Nous l'avons bien mérité. »

Georges-Olivier CHÂTEAUREYNAUD, *Le Verger* (1978)
© éd. Balland

Les soldats
allemands font
évacuer de force les
maisons du ghetto
de Varsovie en avril
1943.

GROUPEMENT THÉMATIQUE

L'univers concentrationnaire

David ROUSSET : *Les Jours de notre mort*, 1947. — Robert
MERLE : *La Mort est mon métier*, 1953. — André
SCHWARZ-BART : *Le Dernier des justes*, 1959. — Jean-
François STEINER : *Treblinka*, 1967. — Martin GRAY : *Au
nom de tous les miens*, 1973. — Georges-Olivier CHÂTEAU-
REYNAUD : *Le Verger*, 1978. — Jacques SOMMET : *L'Honneur
de la liberté*, 1987.

Muriel Cerf *Maria Tiefenthaler* (1982)

Muriel Cerf est née à Paris en 1951. Elle est l'auteur de plusieurs ouvrages : *L'Anti-voyage* (1974), *Les Rois et les Voleurs* (1975), *Amérindiennes* (1979), etc.
Dans *Une passion* (1981) et *Maria Tiefenthaler* (1982), Muriel Cerf met l'exubérance de son style au service de l'analyse des tourments de la vie affective.

*** *Maria Tiefenthaler*

Amine Youssef Ghoraïeb appartient à une riche famille originaire du Liban. Il est chrétien. Il aime Maria Tiefenthaler, une coquette juive parisienne. Elle est jeune et séduisante et semble l'aimer, mais ils se repoussent tour à tour et s'entre-déchirent. Croyant mettre un terme à cette passion dévorante, Amine s'exile au Liban et va combattre sur la terre de ses ancêtres.

« *Une mécanique de fer...* »

Et l'automne fut une mécanique de fer, toutes les nuits furent historiques, et couvèrent un immense deuil. Seuls, à la radio, les bulletins scandaient le temps de la mort, celui des reines veuves, de ces mères d'Orient si semblables à Mme Benkamou[1], liseuses de tarots, gourmandes de pâtisseries au sésame, vêtues de noir dès trente ans, pleureuses éternelles aux petites mains douces et grasses, hurlant l'ancien thrène[2] à l'écho répercuté du fond des âges et du faubourg athénien du Céramique à celui de Chyah, d'Achrafieh, et d'Aïn-el-Remmaneh. Femmes matricielles aux vallons charnus et terriblement goinfres du corps de leur fils qui, se détournant d'elles, ébloui, désinvolte, comme drogué, à peine vaguement épouvanté, allait au front malgré les torsions des douces petites mains qui sentaient le pain de montagne. Dans les caves, les couloirs, sous terre, rampait la peur. Au-dessus, régnait une sorte de folle ébriété. Les roues dentées du soleil écrasaient la Békaa et le ciel conspirait la mort de la montagne. Crépuscule et ses salves, bouffées de sang aux tempes, rythme cardiaque affolé de la ville, basculant dans l'obscurité où la poudre s'incrustait dans les fosses nasales comme de la cocaïne, où des odeurs d'éther, de pourriture, de sang, d'immondices, montaient de la Quarantaine. Sans individualité, ils mouraient, maronites, Druzes, orthodoxes, chiites, Irakiens, progressistes, mouraient dévêtus de leur ego et revêtus d'une cause commune telle que la fosse qui les attendait. Nul n'était certain qu'après la nuit il y aurait une aube. On avait garrotté la lumière qui pourtant, insolente, luisait sur les canons. Sur l'atroce planète d'un idéal bleu saphir, une petite tache de sang rougissait le pays de Charan jusqu'en ses frontières. Savaient-ils vraiment qu'ils tuaient, ces francs-tireurs ou ces militants de quinze ans, de quelque obédience qu'ils fussent ? Amine, à les voir opérer lors de ces raids en ville, n'en avait guère l'impression. Ils ramassaient leur énergie pour l'attaque abstraite, technique, à plat ventre derrière leurs barricades, avant d'être prostrés là, définitivement, en position de tir, par un inconnu non moins mortel qui avait sur eux le privilège d'être monté sur un toit. Les bourgeois planqués, terrorisés par cette traque collective, auraient foré le sol en quête d'abri faute de pouvoir décaniller. Féodal massacre, jeu de pièges, guérilla tonitruante. Chair à canon sous le drapeau du Cèdre[3] et sous le Croissant de Mahomet. Ils n'avaient plus de visage, écrivaient la tragédie du chaos de la frappe sévère des machines automatiques, sous la dure dictée de la déraison.

Sarcasmes, hoquets et vomissures des armes. Il semblait à Amine qu'un marteau gigantesque enclouait non plus l'ombre d'une femme mais la lumière d'une ville. Dans Beyrouth furtive, policière, aux aguets, délibéraient les grotesques du pouvoir, des escarres au cul à force de siéger. Sur les autels maronites, les roses se fanaient aux bouquets de sainte Thérèse.

Portefaix de la crainte, courbés sous les balles, les Beyrouthins tentaient de racketter tout ce qui restait dans les magasins pillés. Vendettas, par milliers. Enlèvements, toujours, sur la foi des cartes d'identité. Absurde et étrange exode de la population vers le nord. Le 17 septembre, sur l'autoroute, les éléments armés de Jounieh tirèrent de leurs voitures des otages qu'ils bousculèrent un peu avant de les aligner au mur torse nu, mains derrière le dos, puis les éléments armés de Jounieh firent feu en l'air, pendant que les gars mouillaient leur froc, passèrent alors, à toute blinde, trois jeeps de l'Armée, escorte d'un convoi de solennelles limousines transportant le haut clergé libanais qui allait présenter ses condoléances au patriarche maronite Khoreiche pour le décès de l'évêque de Tripoli. Ces hommes de Dieu jetèrent un regard distrait sur les hommes plaqués au mur et passèrent leur chemin. La minute suivante, les otages furent abattus.

Muriel CERF, *Maria Tiefenthaler* (1982)
© .éd. Albin Michel

---

1. *La mère d'Amine.* — 2. *Chant funèbre accompagné de danses.* — 3. *Drapeau du Liban, dont le cèdre est l'emblème.*

POUR UNE AUTRE SÉLECTION

1. La vie est un roman

Parler de soi, des autres ou du monde, telles sont les ambitions du roman contemporain : le romancier exprime la vie sous toutes ses formes. Il semble être le porte-parole privilégié de l'homme moderne, de ses angoisses mais aussi de ses espoirs.

D'où la **vertigineuse prolifération des récits d'actualité, des témoignages individuels, des mémoires, biographies, fictions historiques** : le roman contemporain s'enracine profondément dans la réalité. Réalité immédiate de l'auteur lui-même : sa propre existence est la matière du livre. Se racontant, **Violette Leduc** dressait déjà un vibrant réquisitoire contre l'intolérance d'une société misogyne et rétrograde (*La Bâtarde*, 1964). **Albertine Sarrazin** s'exprime avec autant de violence dans sa trilogie autobiographique (*La Cavale*, 1965 ; *L'Astragale*, 1966 ; *La Traversière*, 1966), de même que **Valérie Valère** dans *Le Pavillon des enfants fous* (1978), et **Agnès Laury** dans *Chiendent* (1978). **Yves Navarre** (*Le Jardin d'acclimatation*, 1980) voit dans l'homosexualité persécutée le symbole de l'injustice sociale. En rédigeant la biographie fictive de Pier Paolo Pasolini, **Dominique Fernandez** poursuit le même combat (*Dans la main de l'ange*, 1982).

« L'autofiction » de **Serge Doubrovsky** (*Fils*, 1977) recourt aux diverses techniques issues du Nouveau Roman pour transcrire les mouvements les plus subtils de l'inconscient. Mais des ouvrages plus classiques comme *Moi je* (1969), de **Claude Roy**, *Les Roses de Pline* (1987), d'**Angelo Rinaldi**, ou *Le Salon du Wurtemberg* (1986), de **Pascal Quignard**, montrent la variété des styles au sein d'un même genre. **François Cavanna**, lui, s'exprime dans une langue proche de l'oral (*Les Ritals*, 1978), ainsi qu'**Albert Simonin** (*Du mouron pour les petits oiseaux*, 1960) et **Alphonse Boudard**, dans *L'Hôpital* par exemple (1972), souvent truculent, voire trivial.

Biographies fictives, mémoires apocryphes : tels sont *Mémoires d'Hadrien* (1951) de **Marguerite Yourcenar**, *Les Tribulations héroïques de Balthazar Kober* (1980) de **Frédérick Tristan**. **Anne Delbée** met en scène dans *Une Femme* (1982) Camille Claudel, tandis que **Bernard-Henri Lévy** écrit *Les Derniers Jours de Charles Baudelaire* (1988).

D'autres romans sont directement inspirés par l'expérience personnelle. Les chanteurs rédigent (**Sapho**, *Douce violence*, 1982) ou font rédiger leurs mémoires. Les épouses ou les proches d'hommes célèbres sacrifient à la même mode. Il n'est pas jusqu'aux présentateurs d'émissions télévisées qui ne souhaitent la gloire, bien éphémère, d'un best-seller. **Jean-Edern Hallier**, au contraire, compte sur des livres comme *Carnets impudiques* (1988) pour conquérir les médias.

2. Le roman-document

Plus sérieux sont **les documents vécus** qui, à travers un témoignage personnel, soulèvent un grand problème du monde contemporain. Encore faut-il, pour que de telles œuvres méritent le nom de littéraires, qu'elles soient sous-tendues par **une écriture capable de transformer l'anecdote en un phénomène artistique**, par définition universel. C'est alors que peut se profiler, derrière un phénomène de société (drogue, prostitution, racisme, terrorisme, etc.) une vaste interrogation, sociale, philosophique ou politi-

que. Le succès de *Papillon* (1969), de **Henri Charrière**, ou de *La Dérobade* (1976), de **Jeanne Cordelier**, s'explique peut-être par l'engouement pour la nouveauté, le scandale ou une actualité brûlante : ces livres sont rapidement devenus des best-sellers. Ont-ils pour autant marqué l'histoire de la littérature ? Au contraire, *Le Testament d'un poète juif assassiné* (1980), d'**Elie Wiesel**, *L'Honneur de la liberté* (1987), de **Jacques Sommet**, ou le regard porté par **Marie Seurat** sur son mari, otage oublié de la guerre du Liban (*Les Corbeaux d'Alep*, 1988), posent des questions qu'une humanité qui se veut civilisée ne peut éluder.

Il en va de même lorsqu'une nation s'interroge sur sa propre histoire. Les années 30 peuvent servir de cadre à une intrigue bien construite (*Les Allumettes suédoises*, 1969, de **Robert Sabatier**) ; la guerre peut être une toile de fond appréciée (*Un sac de billes*, 1973, de **Joseph Joffo** ; *La Bicyclette bleue*, 1982, de **Régine Deforges**). On s'oriente alors vers de grands tirages, mais aussi vers des produits de consommation courante.

Plus discrète, mais sans doute plus durable, l'écriture de **Bertrand Poirot-Delpech** (*La Légende du siècle*, 1981 ; *Le Couloir du dancing*, 1982 ; *L'Été 36*, 1984) s'appuie sur une même réalité : l'entre-deux guerres et la Seconde Guerre mondiale. Loin des procédés faciles ou des thèmes convenus déjà largement exploités par les romanciers des générations précédentes, il crée patiemment un univers où **la magie du souvenir tente d'exorciser la violence du réel**. Sur la guerre d'Algérie, l'œuvre de **Pierre Guyotat** (*Eden, Eden, Eden*, 1970) est une des plus somptueusement scandaleuses.

3. Pêle-mêle

On aimerait citer, enfin, dans un pêle-mêle qui suscitera peut-être une curiosité de lecture, les œuvres de **Christine Arnoty** (*J'ai quinze ans et je ne veux pas mourir*, 1954 ; *Le Jardin noir*, 1966), **Roger Bordier** (*Les Blés*, 1961), **Jean-Jacques Brochier** (*Villa Marguerite*, 1982), **José Cabanis** (*Les Jardins de la nuit*, 1964 ; *La Bataille de Toulouse*, 1966), **Jean-Pierre Chabrol** (*Les Rebelles*, 1965 ; *La Gueuse*, 1966 ; *L'Embellie*, 1968), **Madeleine Chapsal** (*Une femme en exil*, 1978 ; *La Maison de jade*, 1986), **Chantal Chawaf** (*Chair chaude*, 1976), **Jean Dutourd** (*Au bon beurre*, 1952 ; *Les Horreurs de l'amour*, 1963), **René Fallet** (*Les Vieux de la Vieille*, 1958 ; *Paris au mois d'août*, 1964), **Jean Freustié** (*Isabelle ou l'arrière-saison*, 1970 ; *La Maison d'Albertine*, 1977), **Roger Grenier** (*Ciné-Roman*, 1972), **Philippe Hériat** (*Les Boussardel*, 1939-1957), **Philippe Labro** (*Des feux mal éteints*, 1967), **Jacques Lanzmann** (*Mémoires d'un amnésique*, 1971 ; *Le Têtard*, 1976), **Félicien Marceau** (*Creezy*, 1969), **Claude Michelet** (*Des grives aux loups*, 1979), **Pierre Moinot** (*La Chasse royale*, 1953 ; *Le Guetteur d'ombre*, 1979), **Pierre Moustiers** (*La Paroi*, 1969), **Max Olivier-Lacamp** (*Les Feux de la colère*, 1969), **Jean d'Ormesson** (*La Gloire de l'Empire*, 1971, *Au plaisir de Dieu*, 1974), **Catherine Rihoit** (*Le Bal des débutantes*, 1978), **Henri Troyat** (*La Lumière des justes*, 1959-1963 ; *Les Eygletière*, 1965-1967), **Paul Vialar** (*La Grande Meute*, 1943 ; *Les Invités de la chasse*, 1969), **Roger Vrigny** (*La Nuit de Mougins*, 1963).

Le roman et ses prix

La vie littéraire est enserrée aujourd'hui dans un jeu complexe d'institutions : groupes d'édition, centres publics d'aide aux éditeurs, aux revues, aux jeunes écrivains (tels que le Centre National des Lettres), académies, sociétés d'écrivains (la Société des Gens de Lettres, la Société des Auteurs dramatiques, etc.), presse littéraire (le *Magazine littéraire*, la *Quinzaine littéraire*, *Lire* ; les revues mensuelles ou trimestrielles telles que *Les Temps modernes, La NRF, Critique, La Revue des Deux Mondes, Europe*, etc. ; les revues savantes : *Littérature, Poétique* ; les rubriques littéraires des grands quotidiens et des hebdomadaires), émissions audiovisuelles (*Apostrophes, Ex libris*, etc.), prix littéraires enfin.

Beaucoup d'écrivains font de la littérature une carrière professionnelle, qui les conduit soit dans les services publics (ministère de la Culture), soit dans le secteur privé de la presse et des maisons d'édition, où ils sont lecteurs, conseillers, directeurs littéraires. Un réseau subtil d'intérêts individuels et collectifs ordonne ainsi en France, pour une part, le développement des courants, des œuvres, et de leurs succès. Les influences occultes n'y sont pas d'une moindre efficacité que les points de vue ouverts de la critique.

Six grands jurys littéraires, dont le fonctionnement et les décisions sont mis en question tous les ans sans que le système en souffre le moins du monde, jouent un rôle important pour la sélection des valeurs romanesques, la régulation du public, et, partant, la santé financière des éditeurs. Des esprits acerbes observent que trois grands éditeurs (Gallimard, Grasset, Le Seuil, soit le consortium « Galligrasseuil »...) se partagent la grande majorité des prix, et par conséquent des grands tirages, et ceci en raison de la solidarité littéraire, mais aussi économique, qui unirait ces éditeurs et les jurés. En tout cas, la consultation du tableau qui suit montre que sur le dernier quart de siècle, les erreurs de jugement sont rares, que beaucoup de romanciers de qualité ont été ainsi désignés très tôt à l'attention du public et que — mis à part quelques grands absents — ce palmarès en vaut bien d'autres.

Les jurys de théâtre, de poésie et d'essai, sont, hélas, infiniment moins connus et « médiatisés » — selon un mot à la mode.

Grand Prix du roman de l'Académie française

1965	Jean HUSSON : *Le Cheval d'Herbeleau*
1966	François NOURISSIER : *Une histoire française*
1967	Michel TOURNIER : *Vendredi ou les Limbes du Pacifique*
1968	Albert COHEN : *Belle du Seigneur*
1969	Pierre MOUSTIERS : *La Paroi*
1970	Bertrand POIROT-DELPECH : *La Folle de Lituanie*
1971	Jean d'ORMESSON : *La Gloire de l'Empire*
1972	Patrick MODIANO : *Les Boulevards de ceinture*
1973	Michel DÉON : *Un taxi mauve*
1974	Kléber HAEDENS : *Adios*
1975	Non décerné
1976	Pierre SCHŒNDŒRFFER : *Le Crabe-tambour*
1977	Camille BOURNIQUEL : *Tempo*
1978	Pascal JARDIN : *Le Nain jaune* Alain BOSQUET : *Une mère russe*
1979	Henri COULONGES : *L'Adieu à la femme sauvage*
1980	Louis GARDEL : *Fort Saganne*
1981	Jean RASPAIL : *Moi, Antoine de Tounens, roi de Patagonie*
1982	Vladimir VOLKOFF : *Le Montage*
1983	Liliane GUIGNABODET : *Natalia*
1984	Jacques Francis ROLLAND : *Un dimanche inoubliable près des casernes*
1985	Patrick BESSON : *Dara*
1986	Pierre-Jean RÉMY : *Une ville immortelle*
1987	Frédérique HÉBRARD : *Le Harem*
1988	François-Olivier ROUSSEAU : *La Gare de Wannsee*

Prix Goncourt

1965	Jacques BOREL : *L'Adoration*
1966	Edmonde CHARLES-ROUX : *Oublier Palerme*
1967	André PIEYRE DE MANDIARGUES : *La Marge*
1968	Bernard CLAVEL : *Les Fruits de l'hiver*
1969	Félicien MARCEAU : *Creezy*
1970	Michel TOURNIER : *Le Roi des aulnes*
1971	Jacques LAURENT : *Les Bêtises*
1972	Jean CARRIÈRE : *L'Épervier de Maheux*
1973	Jacques CHESSEX : *L'Ogre*
1974	Pascal LAINÉ : *La Dentellière*
1975	Émile AJAR (pseudonyme de Romain GARY) : *La Vie devant soi*
1976	Patrick GRAINVILLE : *Les Flamboyants*
1977	Didier DECOIN : *John l'Enfer*
1978	Patrick MODIANO : *Rue des boutiques obscures*
1979	Antonine MAILLET : *Pélagie-la-Charrette*
1980	Yves NAVARRE : *Le Jardin d'acclimatation*
1981	Lucien BODARD : *Anne-Marie*
1982	Dominique FERNANDEZ : *Dans la main de l'ange*
1983	Frédérick TRISTAN : *Les Égarés*
1984	Marguerite DURAS : *L'Amant*
1985	Yann QUÉFFELEC : *Les Noces barbares*
1986	Michel HOST : *Valet de nuit*
1987	Tahar BEN JELLOUN : *La Nuit sacrée*
1988	Erik ORSENNA : *L'Exposition coloniale*

Prix Renaudot

1970 Jean FREUSTIÉ : *Isabelle ou l'arrière-saison*
1971 Pierre-Jean RÉMY : *Le Sac du palais d'été*
1972 Christopher FRANK : *La Nuit américaine*
1973 Suzanne PROU : *La Terrasse des Bernardini*
1974 Georges BORGEAUD : *Voyage à l'étranger*
1975 Jean JOUBERT : *L'Homme de sable*
1976 Michel HENRY : *L'Amour les yeux fermés*
1977 Alphonse BOUDARD : *Les Combattants du petit bonheur*
1978 Conrad DETREZ : *L'Herbe à brûler*
1979 Jean-Marc ROBERTS : *Affaires étrangères*
1980 Danièle SALLENAVE : *Les Portes de Gubbio*
1981 Michel DEL CASTILLO : *La Nuit du décret*
1982 Georges-Olivier CHATEAUREYNAUD : *La Faculté des songes*
1983 Jean-Marie ROUART : *Avant-Guerre*
1984 Annie ERNAUX : *La Place*
1985 Raphaële BILLETDOUX : *Mes nuits sont plus belles que vos jours*
1986 Christian GIUDICELLI : *Station balnéaire*
1987 René-Jean CLOT : *L'Enfant halluciné*
1988 René DEPESTRE : *Hadriana dans tous mes rêves*

Prix Interallié

1970 Michel DÉON : *Les Poneys sauvages*
1971 Pierre ROUANET : *Castell*
1972 Georges WALTER : *Des vols de Vanessa*
1973 Lucien BODARD : *Monsieur le consul*
1974 René MAURIES : *Le Cap de la Gitane*
1975 Voldemar LESTIENNE : *L'Amant de poche*
1976 Rafaële BILLETDOUX : *Prends garde à la douceur des choses*
1977 Jean-Marie ROUART : *Les Feux du pouvoir*
1978 Jean-Didier WOLFROMM : *Diane Lanster*
1979 François CAVANNA : *Les Russkoffs*
1980 Christine ARNOTHY : *Toutes les chances plus une*
1981 Louis NUCERA : *Chemin de la Lanterne*
1982 Eric OLLIVER : *L'Orphelin de mer*
1983 Jacques DUQUESNE : *Maria Vandamme*
1984 Michèle PERREIN : *Les Cotonniers de Bassalane*
1985 Serge LENTZ : *Vladimir Roubaïev*
1986 Philippe LABRO : *L'Étudiant étranger*
1987 Raoul MILLE : *Les Amants du Paradis*
1988 Bernard-Henri LÉVY : *Les Derniers Jours de Charles Baudelaire*

Prix Fémina

1970 François NOURISSIER : *La Crève*
1971 Angelo RINALDI : *La Maison des Atlantes*
1972 Roger GRENIER : *Ciné-roman*
1973 Michel DARD : *Juan Maldonne*
1974 René-Victor PILHES : *L'Imprécateur*
1975 Claude FARAGGI : *Maître d'heure*
1976 Marie-Louise HAUMONT : *Le Trajet*
1977 Régis DEBRAY : *La Neige brûle*
1978 François SONKIN : *Un amour de père*
1979 Pierre MOINOT : *Le Guetteur d'ombres*
1980 Jocelyne FRANÇOIS : *Joue-nous « España »*
1981 Catherine HERMARY-VIEILLE : *Le Grand Vizir de la nuit*
1982 Anne HÉBERT : *Les Fous de Bassan*
1983 Florence DELAY : *Riche et légère*
1984 Bertrand VISAGE : *Tous les soleils*
1985 Hector BIANCIOTTI : *Sans la miséricorde du Christ*
1986 René BELLETTO : *L'Enfer*
1987 Alain ABSIRE : *L'Égal de Dieu*
1988 Alexandre JARDIN : *Le Zèbre*

Prix Médicis

1970 Camille BOURNIQUEL : *Sélinonte ou la Chambre impériale*
1971 Pascal LAINÉ : *L'Irrévolution*
1972 Maurice CLAVEL : *Le Tiers des étoiles*
1973 Tony DUVERT : *Paysage de fantaisie*
1974 Dominique FERNANDEZ : *Porporino ou les Mystères de Naples*
1975 Jacques ALMIRA : *Le Voyage à Naucratis*
1976 Marc CHOLODENKO : *Les États du désert*
1977 Michel BUTEL : *L'Autre amour*
1978 Georges PEREC : *La Vie, mode d'emploi*
1979 Claude DURAND : *La Nuit zoologique*
1980 Jean-Luc BENOZIGLIO : *Cabinet-portrait*
     Jean LAHOUGUE : *Comptine des Height*
1981 François-Olivier ROUSSEAU : *L'Enfant d'Édouard*
1982 Jean-François JOSSELIN : *L'Enfer et Cie*
1983 Jean ECHENOZ : *Cherokee*
1984 Bernard-Henri LÉVY : *Le Diable en tête*
1985 Michel BRAUDEAU : *Naissance d'une passion*
1986 Pierre COMBESCOT : *Les Funérailles de la Sardine*
1987 Pierre MERTENS : *Les Éblouissements*
1988 Christiane ROCHEFORT : *La Porte du fond*

Des prix à venir...

1989	1995 ....
1990	1996 ....
1991	1997 ....
1992	1998 ....
1993	1999 ....
1994	2000 ....

Stratis Tsirkas *Printemps perdu* (1982)

Dans Printemps perdu *(1982),* **Stratis Tsirkas**, *écrivain grec né au Caire en 1911, mort à Athènes en 1980, relate les événements violents qui ont opposé pendant l'année 1965 le peuple grec épris de liberté aux forces réactionnaires dévouées à la Couronne et guidées par les services secrets américains.*

Ce **drame politique sert de toile de fond** *au véritable sujet du roman selon l'auteur : le retour d'Andréas après dix-huit années d'exil dans un pays de l'Est. Andréas erre dans Athènes, une ville qu'il a du mal à reconnaître. Sa vie sentimentale est aussi une errance entre deux femmes : Flora, une belle étrangère, libertine, et Mathilda, une jeune étudiante qui milite dans le parti révolutionnaire. Avec celle-ci, il assiste à une réunion politique clandestine.*

« *La dictature s'était mise en marche* »

Éclatèrent alors des protestations en même temps que des rires qui se prolongèrent. Outre Mathilda, il devait y avoir là deux filles et trois garçons. Les mots « Fédération des étudiants » revenaient souvent. Quelqu'un faisait avec insistance des propositions péremptoires que les autres repoussaient d'un ton
5 conciliant. On entendit ensuite : « Chryssa a la parole », puis la voix de la fille qui n'était pas d'accord au début. On lui dit : « Parle un peu moins fort, on doit nous entendre jusqu'au bois. » C'est ainsi que je perdis le fil. Mais j'avais réussi à saisir l'essentiel. Ils préparaient une manifestation d'étudiants de toutes les tendances qui devait se tenir aux colonnades de l'Université le mercredi 21 juillet. Reven-
10 dications : le respect de la Constitution et le renvoi du gouvernement Novas. Ils distribuaient les rôles et les tâches, choisissaient les slogans transmis par la direction du Parti, décidaient qui les écrirait, qui les porterait : Chryssa parlait de service d'ordre et, élevant la voix : « Moi, je vous dis que la police cognera. » Tous se mirent à parler en même temps. Ils finirent par tomber d'accord et passer au
15 deuxième point : les événements de Salonique. La police avait sauvagement réprimé la manifestation contre le coup d'État royal. A tout instant, Chryssa interrompait l'orateur : « Pétros peut nous en parler : il est passé par là. » J'entendis alors la voix du garçon qui voulait faire le ménage pour Mathilda. Troisième point : la grève générale organisée par la Confédération des travail-
20 leurs. Pour quand ? La date n'était pas fixée. De vingt-quatre heures ou de... ? Plutôt vingt-quatre heures. Mais il faut qu'elle soit suivie à cent pour cent. On passa aux questions diverses. Le ton monta un peu. J'entendis vaguement quelque chose à propos d'un « fasciste de la dictature de Métaxas » qui aurait collé Chryssa et... Quelqu'un se leva pour aller fermer la fenêtre. Il ne me restait
25 qu'à me retirer dans mes appartements. Je m'allongeai tout habillé sur mon lit mais, pour signaler ma présence, je mis le « Troisième Programme ». Il y avait de la musique classique, une œuvre pour violoncelle et orchestre de Beethoven peut-être, je n'y connais rien[1]. Je m'abandonne à la vague qui, tantôt me porte au sommet, tantôt me précipite sur les galets, m'emmène, me ramène. Une
30 grande lacune dans ma culture, que je me suis toujours promis de combler. Mais il y a toujours eu quelque chose, un grand bouleversement, une catastrophe, un cataclysme pour m'en empêcher... Les trompettes de l'Apocalypse sonnaient, stridentes, la fin du monde. Avec une douceur inexprimable, le violoncelle reprenait le motif initial, les notes escaladaient les marches du bonheur, exaltant
35 l'amour, la jeunesse. Mais le hautbois qui n'avait cessé de rappeler discrètement le thème de la colère — ou de l'étreinte ? — venait maintenant, en s'amplifiant, de donner le signal. Les cuivres éclatèrent ensemble en un pandémonium vibrant où s'exprimait tout le désespoir du monde ou, plutôt, son héroïque résignation. Le destin même de ce pays. Ici finissait le printemps d'Athènes, la ville la plus
40 ouverte du monde... L'allégresse n'était que trompe-l'œil. Peuple Sisyphe. Cette fois, pas de doute, le mécanisme de la dictature s'était mis en marche. Était-il encore temps, par un formidable mouvement des forces populaires unies, de l'arrêter ? Pour la démocratie, pour la liberté. La voix chaude du hautbois, railleuse, appelait la tempête.

1. Andréas apprendra plus tard qu'il s'agissait en fait d'une suite de Bach interprétée par Pablo Casals.

Stratis Tsirkas, *Printemps perdu* (1982), © éd. du Seuil

Maurice Nadeau
Le Roman français depuis la guerre (1970)

« Le roman est une leçon de vie »

Le roman se fonde sur un savoir, une expérience, une méditation qui sont par lui transmués en une vision globale qu'échoueront toujours à donner le seul savoir, l'expérience nue, la méditation sans support. On peut accumuler toutes les images d'un monde absurde sans que l'image de l'absurdité du monde nous soit perceptible comme elle l'est dans *L'Étranger*. Et si Sartre a puissamment agi sur l'évolution du roman par des ouvrages théoriques, c'est le roman existentialiste qui nous a enlevé la croyance en une permanence du monde ou de la conscience. Après avoir vu à l'œuvre bourreaux et victimes, profiteurs et exploités, « salauds » et innocents, nous concevons qu'il ne saurait exister en effet une « nature humaine » dont chacun serait en naissant le propriétaire et l'incarnation. Nous pesons à leur poids croyances, valeurs, morales. Quelle autre forme de communication serait plus persuasive et de plus grand secours ? Ce dont le roman garde la trace, c'est toujours d'une révélation sur nous-mêmes, faite par nous-mêmes, en étroite collaboration avec le romancier qui nous la découvre. [...]

Tout ce chemin difficile entre chaos et ruines nous conduit à ce que nous sommes, à ce qu'est le monde autour de nous. Il nous permet de ne pas continuer à vivre en étrangers dans notre propre vie.

Et c'est bien parce que le roman est une leçon de vie, non une leçon d'écriture, qu'on peut nourrir quelque scepticisme sur les résultats auxquels parviendront ceux qui voudraient lui assigner les limites d'un exercice intellectuel à base de pur langage. Un texte, quel qu'il soit, n'est pas la somme des mots qui le composent. Ce doit être un organisme qui vit, respire, suscite ou non la sympathie et qui jouit d'un étrange pouvoir sur le lecteur. Quelque forme que prenne le roman — et dût-il y perdre son nom — tant qu'il sera cet organisme vivant chargé de pouvoirs, il sera inutile de se préoccuper de son avenir. On peut briser les cadres, s'évader des anciennes formes, en inventer de nouvelles, mettre le genre en doute, la littérature en question, nier la réalité, aspirer au silence et au néant, tous ces massacres, ces négations, ces renaissances prennent corps dans une « fable » dont nous avons besoin parce qu'elle s'adresse à l'ensemble du complexe humain, sur tous les plans, de la réalité quotidienne au mythe. Elle durera aussi longtemps que les hommes, afin de s'expliquer leur présence au monde, auront recours aux métaphores.

Maurice NADEAU, *Le Roman français depuis la guerre*
© éd. Gallimard, 1970

Pour vos essais et vos exposés

Pour l'étude des structures et des techniques du roman :

Généralités

R. BOURNEUF et R. OUELLET : *L'Univers du roman*, P.U.F., 1975.
Mikhaïl BAKHTINE : *Esthétique et Théorie du roman*, éd. Gallimard, 1978.
Bernard VALETTE : *Esthétique du roman moderne*, éd. Nathan, 1985.
Michel RAIMOND : *Le Roman*, éd. A. Colin, 1988.

Études particulières

Gérard GENETTE : *Figures III* [sur le temps], éd. du Seuil, 1972.
Claude BRÉMOND : *Logique du récit*, éd. du Seuil, 1973.
Michel PATILLON : *Précis d'analyse littéraire. Les structures de la fiction*, éd. Nathan, 1974, rééd. 1988.
Claude DUCHET : *Sociocritique*, éd. Nathan, 1979.
Philippe HAMON : *Le Personnel du roman*, éd. Droz, 1983.
Paul RICŒUR : *Temps et Récit*, éd. du Seuil, 1984.

LE RÉCIT : PERMANENCE DE L'ÉCRITURE

COHEN, TOURNIER, LE CLÉZIO, SOLLERS, MODIANO, RINALDI, AUGIÉRAS, LACARRIÈRE, BERGER, LEIRIS, ROY, MAURIAC, MARGUERITE YOURCENAR, DOUBROVSKY, BOULANGER, ECHENOZ, ORSENNA, QUEFFÉLEC, JEAN, GRAINVILLE, BEN JELLOUN, VISAGE, CARRÈRE, DANIÈLE SALLENAVE, MILLET

GARCIA-MARQUEZ

« S'installer là, jour et nuit, avec son calepin et son crayon à bille, et il n'y aurait rien d'autre à faire qu'à écrire, écrire, écrire. »

J.-M. G. Le Clézio,
Le Livre des fuites

La transfusion des voix, collage de Michel Butor, 1989.

1963 J.-M. G. Le Clézio : *Le Procès-verbal*

1964 André Pieyre de Mandiargues : *La Motocyclette*

1965 Jacques Borel : *L'Adoration*
Georges Perec : *Les Choses*

1967 André Pieyre de Mandiargues : *La Marge*
Michel Tournier : *Vendredi ou les Limbes du Pacifique*

1968 Albert Cohen : *Belle du Seigneur*
Patrick Modiano : *La Place de l'Étoile*
Emmanuel Roblès : *La Croisière*
Marguerite Yourcenar : *L'Œuvre au noir*

1969 Albert Cohen : *Les Valeureux*
Jean-Louis Curtis : *Le Thé sous les cyprès*
J.-M. G. Le Clézio : *Le Livre des fuites*
Patrick Modiano : *La Ronde de nuit*
Georges Perec : *La Disparition*
Claude Roy : *Moi, je*

1970 François Augiéras : *Un voyage au Mont Athos*
Michel Tournier : *Le Roi des aulnes*

1972 Patrick Modiano : *Les Boulevards de ceinture*

1973 Daniel Boulanger : *Fouette, cocher !*
Jacques Chessex : *L'Ogre*
J.-M. G. Le Clézio : *Les Géants*
Tony Duvert : *Paysages de fantaisie*
Yves Navarre : *Les Loukoums*

1974 Dominique Fernandez : *Porporino ou les Mystères de Naples*
Pascal Lainé : *La Dentellière*
Emmanuel Roblès : *Saison violente*

1975 Claude Faraggi : *Le Maître d'heure*
Claude Mauriac : *Le Temps immobile* (1975-1985)
Patrick Modiano : *Villa triste*
Michel Tournier : *Les Météores*

1976 Yves Berger : *Le Fou d'Amérique*
Patrick Grainville : *Les Flamboyants*
Raymond Jean : *La Fontaine obscure*
Jacques Lacarrière : *L'Été grec*

1977 Didier Decoin : *John l'Enfer*
Serge Doubrovsky : *Fils*
Patrick Modiano : *Livret de famille*
Erik Orsenna : *La Vie comme à Lausanne*
Marguerite Yourcenar : *Archives du Nord*

1978 Tahar Ben Jelloun : *Moha le fou, Moha le sage*
Patrick Modiano : *Rue des boutiques obscures*
Georges Perec : *La Vie mode d'emploi*

1979 Tony Duvert : *L'Île atlantique*
Jean Echenoz : *Le Méridien de Greenwich*

1980 J.-M. G. Le Clézio : *Désert*
Jean-Louis Curtis : *La Moitié du chemin*
Yves Navarre : *Le Jardin d'acclimatation*
Danièle Sallenave : *Les Portes de Gubbio*
Michel Tournier : *Gaspar, Melchior et Balthazar*

1981 Claude Faraggi : *Le Passage de l'ombre*

1982 Hector Bianciotti : *L'Amour n'est pas aimé*
Philippe Djian : *Bleu comme l'enfer*
Serge Doubrovsky : *Un amour de soi*
Dominique Fernandez : *Dans la main de l'ange*
Jean-Marc Roberts : *L'Ami de Vincent*

1983 Serge Doubrovsky : *La Vie l'instant*
Jean Echenoz : *Cherokee*
Richard Millet : *L'Invention du corps de saint Marc*
Catherine Rihoit : *Triomphe de l'amour*
Philippe Sollers : *Femmes*
Frédérick Tristan : *Les Égarés*

1984 Patrick Grainville : *La Caverne céleste*
Angelo Rinaldi : *Les Jardins du consulat*
Bertrand Visage : *Tous les soleils*

1985 Hector Bianciotti : *Sans la miséricorde du Christ*
Emmanuel Carrère : *La Moustache*
Richard Millet : *Sept passions singulières*
Yann Queffélec : *Les Noces barbares*
Michel Tournier : *La Goutte d'or*
Jean-Philippe Toussaint : *La Salle de bain*

1986 René Belletto : *L'Enfer*
Emmanuel Carrère : *La Moustache*
Raymond Jean : *La Lectrice*
Pascal Quignard : *Le Salon du Wurtemberg*
Danièle Sallenave : *La Vie fantôme*

1987 Yves Berger : *Les Matins du Nouveau Monde*
Jean Echenoz : *L'Équipée malaise*
Tahar Ben Jelloun : *La Nuit sacrée*
Gérard Macé : *Le Manteau de Fortuny*
Richard Millet : *Beyrouth*

1988 Hector Bianciotti : *Seules les larmes seront comptées*
Jean Echenoz : *L'Occupation des sols*
Erik Orsenna : *L'Exposition coloniale*
Jean-Marc Roberts : *Mon Père américain*
François-Olivier Rousseau : *La Gare de Wannsee*
Bertrand Visage : *Angelica*

Écritures modernes

Les genres narratifs ne sont plus, de nos jours, agités par des crises ou des polémiques aussi violentes que dans les années 50/60. Les mutations, les renaissances s'effectuent en douceur et n'occupent plus dans les médias la place jadis détenue par les avant-gardes. Néanmoins, les romans, récits, nouvelles ou simplement les « proses » modernes, sont florissants et semblent animés par une double aspiration : **le retour à un certain classicisme et le désir de renouveler un genre quelque peu asphyxié par les expériences outrancières des générations précédentes**. Un « nouveau romanesque » se fait jour.

1. L'héritage du Nouveau Roman

Sur le plan purement formel, les interrogations, les suspicions ou les critiques des Nouveaux Romanciers à l'égard des procédés éculés de la figuration réaliste ont porté leurs fruits : après Nathalie Sarraute, Alain Robbe-Grillet ou Michel Butor, on n'écrit plus avec la même ingénuité qu'au temps de Balzac ou Jules Verne. On sait qu'il n'est plus question de « raconter » une aventure ou de se prétendre le témoin impartial d'une histoire indépendante du sujet qui l'enregistre. **L'ère du soupçon a gagné le lecteur lui-même.** La fiction pure n'est plus crédible et l'opacité de l'écriture est toujours sensible, parfois accentuée par les ruptures de point de vue (passage du *il* au *je*), l'hétérogénéité des matériaux (narration, lettres, documents), des styles (insertion du dialogue sans marque typographique dans le cours du récit) ou du ton. La superposition des temps et la généralisation du présent participent quant à elles à **la déconstruction de l'intrigue linéaire traditionnelle.**

Enfin la désaffection à l'égard de l'analyse psychologique, l'abandon des stéréotypes de la caractérisation (portrait moral, physique et social), la dissolution du personnage en tant que héros privilégié dont le regard guide celui du lecteur, sont tributaires des grands bouleversements introduits par les théories et la pratique des Nouveaux Romanciers.

Ainsi débarrassée des vieilles habitudes fondées sur l'imitation des « maîtres du réalisme », **l'écriture contemporaine bénéficie donc d'une situation assainie** qui va permettre au récit de se frayer des voies nouvelles et d'inventer des voix nouvelles.

2. Le temps du désengagement ?

Les préoccupations morales, didactiques ou politiques n'avaient jamais été totalement absentes du genre romanesque. L'écrivain se doublait très fréquemment d'un idéologue, et trop souvent le roman a servi de prétexte à l'expression d'une cause humanitaire ou à la mise en scène d'une thèse philosophique.

Or de nos jours **l'imaginaire semble reprendre ses droits**. Sans faire basculer le récit dans un

René Magritte, *L'Art de la Conversation*, 1950.

irréalisme outrancier ni dans une littérature de pur divertissement, le souci du romancier est avant tout de **créer un monde à travers le langage**. Non pas de copier ou de transfigurer la réalité mais d'inventer — un peu à la manière de la peinture non figurative — une réalité spécifique : celle des mots, née de l'écriture et portée par les signes du code verbal avec sa grammaire, ses images et son lexique toujours ouvert.

On conçoit que le roman, au fur et à mesure qu'il **évolue vers une plus grande pureté**, se détourne progressivement des missions dont il s'était jadis chargé, peut-être dans un souci de justification. Genre à part entière, le roman n'a plus désormais à se faire reconnaître ou à se faire admettre. Il est à lui-même sa propre fin.

3. Romanciers et prosateurs

Le roman a pu être le récit d'une aventure (c'est, en gros, l'époque balzacienne) ; il a connu avec Gide, puis avec le Nouveau Roman, l'aventure du récit, selon le mot de Jean Ricardou. Sommes-nous maintenant entrés dans une époque où la description va de nouveau s'épanouir ?

La systématisation du présent, temps descriptif par excellence, **la généralisation des récits à la première personne** et, partant, le développement de la subjectivité des points de vue, entraînent un affaiblissement de la dichotomie *narration / description*. Le récit s'apparente de plus en plus à **la peinture du paysage intérieur** projeté sur le monde des objets, choisis, nommés, caressés par celui qu'il serait plus juste de nommer le scripteur que le narrateur. Qu'est-ce en effet que le monde décrit, sinon l'expression du monologue intérieur du sujet percevant ? **La frontière entre l'écrit et le décrit s'estompe.** Pierre Guyotat parle de *texte* ; comme plusieurs jeunes écrivains, Richard Millet préfère au titre de romancier celui de *prosateur*. Simple modestie ou reconnaissance implicite du fait que le nouveau romanesque s'épanouit dans **une écriture moins narrative, mais plus poétique**, essentiellement dominée par le souci de la langue ?

1. Univers romanesques

Un roman unique peut être l'œuvre de toute une vie. Certains auteurs, même s'ils ont publié plusieurs ouvrages, sont parfois connus pour un seul grand roman auquel la postérité associera leur nom.

D'autres écrivains, au contraire, élaborent une œuvre narrative aux multiples facettes. Le temps des sommes romanesques, des romans-fleuves semble révolu, mais de livre en livre la personnalité d'un auteur peut s'affirmer, les pensées qui lui sont chères se préciser. **Par-delà la variété des sujets, c'est une vision du monde qui s'approfondit, une philosophie qui se dessine**. Ainsi, lorsque le lecteur pénètre dans un univers romanesque, il est amené à découvrir peu à peu les obsessions dominantes d'un auteur, mais aussi ses thèses et l'évolution de sa pensée. Sous ses yeux un individu se construit et, simultanément, un regard se porte sur le monde et tente de l'interpréter.

Albert Cohen *Belle du Seigneur* (1968)

Diplomate, écrivain à la verve et au lyrisme intarissables, **Albert Cohen** (1895-1981) est un romancier inclassable. En effet, son style est aussi éloigné des modes littéraires que de la tradition académique. Son seul souci semble être de dire « son amour pour le peuple juif et sa grandeur ».

Solal (1930), *Mangeclous* (1938) et *Les Valeureux* (1969) racontent sur le mode comique les tribulations d'une petite communauté juive de Céphalonie, près de cette lumineuse mer ionienne qui exerce une véritable fascination sur Albert Cohen, né à Corfou.

*** *Belle du Seigneur*

Ce livre est la peinture ironique d'un amour où s'expriment tous les registres de la passion, du désir sublimé aux scènes de ménage les plus triviales.

Déguisé en vieillard décrépit, Solal surgit ici devant Ariane. Sa déclaration d'amour est aussi insolite que son travestissement. Pourtant Solal est un Don Juan et ne semble pas avoir besoin de recourir à des artifices aussi burlesques pour conquérir celle qu'il aime...

« Et elle m'aimera, m'aimera... »

Albert Cohen en 1968.

« Ô elle dont je dis le nom sacré dans mes marches solitaires et mes rondes autour de la maison où elle dort, et je veille sur son sommeil, et elle ne le sait pas, et je dis son nom aux arbres confidents, et je leur dis, fou des longs cils recourbés, que j'aime et j'aime celle que j'aime, et qui m'aimera, car je l'aime
5 comme nul autre ne saura, et pourquoi ne m'aimerait-elle pas, celle qui peut d'amour aimer un crapaud, et elle m'aimera, m'aimera, m'aimera, la non-pareille m'aimera, et chaque soir j'attendrai tellement l'heure de la revoir et je me ferai beau pour lui plaire, et je me raserai, me raserai de si près pour lui plaire, et je me baignerai, me baignerai longtemps pour que le temps passe plus vite, et tout
10 le temps penser à elle, et bientôt ce sera l'heure, ô merveille, ô chants dans l'auto qui vers elle me mènera, vers elle qui m'attendra, vers les longs cils étoilés, ô son regard tout à l'heure lorsque j'arriverai, elle sur le seuil m'attendant, élancée et de blanc vêtue, prête et belle pour moi, prête et craignant d'abîmer sa beauté si je tarde, et allant voir sa beauté dans la glace, voir si sa beauté est toujours
15 là et parfaite, et puis revenant sur le seuil et m'attendant en amour, émouvante sur le seuil et sous les roses, ô tendre nuit, ô jeunesse revenue, ô merveille lorsque je serai devant elle, ô son regard, ô notre amour, et elle s'inclinera sur ma main, paysanne devenue, ô merveille de son baiser sur ma main, et elle relèvera la tête et nos regards s'aimeront et nous sourirons de tant nous aimer,
20 toi et moi, et gloire à Dieu. »

Il lui sourit, et elle eut un tremblement, baissa les yeux. Atroce, ce sourire sans dents. Atroces, ces mots d'amour hors de cette bouche vide. Il fit un pas en avant, et elle sentit le danger proche. Ne pas le contrarier, dire tout ce qu'il voudra, et qu'il parte, mon Dieu, qu'il parte.

Claude Lanzmann, Elie Wiesel, Albert Cohen, et le rabbin Josy Eisenberg à la Conférence sur les Juifs d'U.R.S.S., à Paris en 1969.

25 « Devant toi, me voici, dit-il, me voici, un vieillard, mais de toi attendant le miracle. Me voici, faible et pauvre, blanc de barbe, et deux dents seulement, mais nul ne t'aimera et ne te connaîtra comme je t'aime et te connais, ne t'honorera d'un tel amour. Deux dents seulement, je te les offre avec mon amour, veux-tu de mon amour ?

30 — Oui », dit-elle, et elle humecta ses lèvres sèches, essaya un sourire.

« Gloire à Dieu, dit-il, gloire en vérité, car voici celle qui rachète toutes les femmes, voici la première humaine ! »

Ridiculement, il plia le genou devant elle, puis il se leva et il alla vers elle et leur premier baiser, alla avec son noir sourire de vieillesse, les mains tendues vers 35 celle qui rachetait toutes les femmes, la première humaine, qui soudain recula, recula avec un cri rauque, cri d'épouvante et de haine, heurta la table de chevet, saisit le verre vide, le lança contre la vieille face. Il porta la main à sa paupière, essuya le sang, considéra le sang sur sa main, et soudain il eut un rire, et il frappa du pied.

40 « Tourne-toi, idiote ! » dit-il.

Elle obéit, se tourna, resta immobile avec la peur de recevoir une balle dans la nuque, cependant qu'il ouvrait les rideaux, se penchait à la fenêtre, portait deux doigts à ses lèvres, sifflait. Puis il se débarrassa du vieux manteau et de la toque de fourrure, ôta la fausse barbe, détacha le sparadrap noir qui recouvrait 45 les dents, ramassa la cravache derrière les rideaux.

« Retourne-toi », ordonna-t-il.

Dans le haut cavalier aux noirs cheveux désordonnés, au visage net et lisse, sombre diamant, elle reconnut celui que son mari lui avait, en chuchotant, montré de loin, à la réception brésilienne.

Albert COHEN, *Belle du Seigneur* (1968)
© éd. Gallimard

POUR LE COMMENTAIRE

1. Le monologue

Notez au fil du monologue : les clichés romantiques ; l'idéalisation de la femme ; la sacralisation de l'amour.

2. La comédie des masques

On mettra en évidence : le malentendu ; le viol psychologique ; Ariane : femme fatale ou déesse miraculeuse ?

3. L'allégorie de la mort

Soulignez l'opposition laideur/beauté, vieillesse/ jeunesse. Montrez comment Solal attend de la femme qu'elle régénère l'humanité.

Pour vos essais et vos exposés

Numéro spécial du *Magazine littéraire : Albert Cohen*, janvier 1989.

Michel Tournier *Le Roi des aulnes* (1970)

Michel Tournier est né à Paris en 1924. Philosophe, traducteur, homme de radio, il est venu tardivement au roman, mais a connu une réussite immédiate avec *Vendredi ou les Limbes du Pacifique* (1967). Membre de l'académie Goncourt, Michel Tournier est à la fois un écrivain au style réaliste et un conteur de légendes, un découvreur de symboles.

Réinventant le sens du sacré oublié par l'homme moderne, il inscrit ses personnages dans le cadre des mythes européens, gréco-latins ou bibliques : *Les Météores* (1975) met en scène le couple gémellaire des héros antiques ; *Gaspard, Melchior et Balthazar* (1980) se réfère à la *Bible*. En 1985 paraît *La Goutte d'or* et en 1989 *Le Medianoche amoureux*.

*** *Le Roi des aulnes*

Le personnage central du roman de **Michel Tournier**, Abel Tiffauges, est un écolier ordinaire. Mais il lui suffira d'un souhait maléfique pour que brûle le collège qu'il a en haine. Plus tard, alors qu'il sera menacé d'un procès d'assises, la guerre éclatera. Il sera ainsi sauvé.

Peu à peu le personnage prend conscience que son destin est exceptionnel. Il participe alors à la mythologie nazie et collabore à la sélection des jeunes garçons appelés à devenir la fine fleur des armées hitlériennes.

Abel Tiffauges, jadis humble garagiste, s'identifie donc à un héros romantique et devient un nouveau « roi des aulnes », monstrueux et pervers, à la fois ogre, mage et fasciste.

D'abord fait prisonnier en Prusse-Orientale, il profite de sa captivité pour réfléchir au sens de la vie. Devant lui s'ouvre la terre magique qu'il attendait secrètement.

Le Français et l'homme d'outre-Rhin

1. *De l'extrême Nord.*
2. *Caporal.*

C'est ainsi que lui fut donnée la réponse à la question qu'il se posait depuis son passage du Rhin. Il savait maintenant ce qu'il était venu chercher si loin vers le nord-est : *sous la lumière hyperboréenne*[1] *froide et pénétrante tous les symboles brillaient d'un éclat inégalé.* A l'opposé de la France, terre océanique,
5   noyée de brumes, et aux lignes gommées par d'infinis dégradés, l'Allemagne continentale, plus dure et plus rudimentaire, était le pays du dessin appuyé, simplifié, stylisé, facilement lu et retenu. En France, tout se perdait en impressions, en gestes vagues, en totalités inachevées, dans des ciels brouillés, dans des infinis de tendresse. Le Français avait horreur de la fonction, de l'uniforme,
10   de la place étroitement définie dans un organisme ou une hiérarchie. Le facteur français tenait à rappeler toujours par un certain débraillé qu'il était aussi père de famille, électeur, joueur de pétanque. Au lieu que le facteur allemand, engoncé dans son bel uniforme, coïncidait sans bavure avec son personnage. Et de même la ménagère allemande, l'écolier allemand, le ramoneur allemand,
15   l'homme d'affaires allemand étaient plus ménagère, plus écolier, plus ramoneur, plus homme d'affaires que leurs homologues français. Et alors que la mauvaise pente française menait à la misère des teintes passées, des corps invertébrés, des relâchements douteux — à la promiscuité, à la saleté, à la lâcheté —, l'Allemagne était toujours menacée de devenir un théâtre de grimaces et de
20   caricatures, comme le montrait son armée, bel échantillonnage de têtes de jeu de massacre, depuis le Feldwebel[2] au front de bœuf jusqu'à l'officier monoclé et corseté. Mais pour Tiffauges dont le ciel clouté d'allégories et d'hiéroglyphes retentissait sans cesse de voix indistinctes et de cris énigmatiques, l'Allemagne se dévoilait comme une terre promise, comme le *pays des essences pures.* Il la
25   voyait à travers les récits du fermier et telle que la circonscrivait le petit carreau de la fenêtre avec ses villages vernis comme des jouets, étiquetés d'enseignes totémiques, mis en page dans un paysage noir et blanc, avec ses forêts étagées en tuyaux d'orgue, avec ses hommes et ses femmes astiquant sans relâche les attributs de leurs fonctions, et surtout avec cette faune emblématique —
30   chevaux de Trakehnen, cerfs de Rominten, élans de l'Elchwald, nuées d'oiseaux

Grosz. *Deux officiers*, 1930.
Coll. part.

3. *Noble.*

4. *Allusion à son collège en flammes alors qu'il devait être présenté au Conseil de discipline.*

migrateurs couvrant la plaine de leurs ailes et de leurs appels — une faune héraldique dont la place était inscrite dans les armoiries de tous les Junker[3] prussiens.

35   Tout cela lui était donné par le destin, comme lui avaient été donnés l'incendie de Saint-Christophe[4], la drôle de guerre et la débâcle. Mais depuis son passage du Rhin, les offrandes fatidiques avaient cessé de revêtir la forme de coups de boutoir dans les œuvres vives d'un ordre exécré, pour devenir pleines et positives.

Michel TOURNIER, *Le Roi des aulnes* (1970)
© éd. Gallimard

POUR LE COMMENTAIRE

1. Le portrait moral. Comment le personnage prend-il conscience de son « destin » ?

2. L'opposition France/Allemagne. Quelle est la signification psychologique, philosophique et symbolique de chaque pays ?

3. Initiation ou contre-initiation. Pourquoi Abel Tiffauges a-t-il l'impression que des « signes » lui sont révélés ? Comment interprète-t-il la Seconde Guerre mondiale ?

J.-M. G. Le Clézio *Désert* (1980)

Jean-Marie Gustave Le Clézio est né à Nice en 1940 de parents originaires de l'île Maurice. Enseignant, écrivain, grand voyageur, il est l'auteur de plusieurs romans parmi lesquels *Le Procès-verbal* (prix Renaudot, 1963) ; *La Fièvre*, 1965 ; *Le Déluge*, 1966 ; *Le Livre des fuites*, 1969 ; *Les Géants*, 1973 ; *Voyage de l'autre côté*, 1975 ; *Désert*, 1980 ; *Le Chercheur d'or*, 1985 ; *Voyage à Rodrigues*, 1986, et de plusieurs recueils de nouvelles : *Mondo et autres histoires*, 1978 ; *Printemps et autres saisons*, 1989. En 1988, Le Clézio a publié un essai, *Le Rêve mexicain*.

*L'œuvre de **Le Clézio** est une méditation ininterrompue sur la situation de l'homme dans l'univers, **une interrogation philosophique sur la nature originelle**, la matière. Dans le monde moderne, coupé des éléments fondamentaux de la vie, l'existence humaine a-t-elle un sens ?*

*** Désert

La toute jeune Lalla vit dans un bidonville mais elle garde en mémoire ses ancêtres, les « hommes bleus », guerriers du désert saharien. Elle s'échappe souvent de la ville pour rejoindre Hartani, un jeune berger muet, et surtout pour retrouver, dans la solitude, le contact d'une nature puissante, fascinante, parfois inquiétante.

« Lalla connaît tous les chemins... »

Le soleil se lève au-dessus de la terre, les ombres s'allongent sur le sable gris, sur la poussière des chemins. Les dunes sont arrêtées devant la mer. Les petites plantes grasses tremblent dans le vent. Dans le ciel très bleu, froid, il n'y a pas d'oiseau, pas de nuage. Il y a le soleil. Mais la lumière du matin bouge un peu, 5 comme si elle n'était pas tout à fait sûre.

Le long du chemin, à l'abri de la ligne des dunes grises, Lalla marche lentement. De temps à autre, elle s'arrête, elle regarde quelque chose par terre. Ou bien elle cueille une feuille de plante grasse, elle l'écrase entre ses doigts pour sentir l'odeur douce et poivrée de la sève. Les plantes sont vert sombre, luisantes, 10 elles ressemblent à des algues. Quelquefois il y a un gros bourdon doré sur une touffe de ciguë, et Lalla le poursuit en courant. Mais elle n'approche pas trop près, parce qu'elle a un peu peur tout de même. Quand l'insecte s'envole, elle court derrière lui, les mains tendues, comme si elle voulait réellement l'attraper. Mais c'est juste pour s'amuser.

15   Ici, autour, il n'y a que cela : la lumière du ciel, aussi loin qu'on regarde. Les dunes vibrent sous les coups de la mer qu'on ne voit pas, mais qu'on entend. Les petites plantes grasses sont luisantes de sel comme de sueur. Il y a des insectes çà et là, une coccinelle pâle, une sorte de guêpe à la taille si étroite qu'on la dirait

coupée en deux, une scolopendre qui laisse des traces fines dans la poussière ;
20 et des mouches plates, couleur de métal, qui cherchent les jambes et le visage
de la petite fille, pour boire le sel.

Lalla connaît tous les chemins, tous les creux des dunes. Elle pourrait aller
partout les yeux fermés, et elle saurait tout de suite où elle est, rien qu'en
touchant la terre avec ses pieds nus. Le vent saute par instants la barrière des
25 dunes, jette des poignées d'aiguilles sur la peau de l'enfant, emmêle ses cheveux
noirs. La robe de Lalla colle sur sa peau humide, elle doit tirer sur le tissu pour
le détacher.

Lalla connaît tous les chemins, ceux qui vont à perte de vue le long des dunes
grises, entre les broussailles, ceux qui font une courbe et retournent en arrière,
30 ceux qui ne vont jamais nulle part. Pourtant, chaque fois qu'elle marche ici, il y
a quelque chose de nouveau. Aujourd'hui, c'est le bourdon doré qui l'a conduite
très loin, au-delà des maisons des pêcheurs et de la lagune d'eau morte. Entre
les broussailles, un peu plus tard, il y a eu tout d'un coup cette carcasse de métal
rouillé qui dressait ses griffes et ses cornes menaçantes. Puis, dans le sable du
35 chemin, une petite boîte de conserve en métal blanc, sans étiquette, avec deux
trous de chaque côté du couvercle.

J.-M. G. LE CLÉZIO, *Désert* (1980)
© éd. Gallimard

POUR LE COMMENTAIRE
1. Relisez et étudiez **les princi-**
paux thèmes descriptifs du
texte.
2. Lalla, **un être de sensualité**
et de liberté.
3. Comment caractériseriez-vous
l'écriture de J.-M. G. Le Clézio ?

***

« Exilée » à Marseille, Lalla travaille d'abord dans un hôtel de passe. Mais sa beauté lumineuse la fera rapidement devenir une cover-girl célèbre. Ni le luxe, ni la richesse, ni les hommes ne lui feront oublier les seules réalités importantes : sa foi religieuse et sa passion du désert.

La belle Hawa

Ou bien elle parcourt les rues de la ville, à la recherche des mendiants aux coins des murs, et elle leur donne l'argent, par poignées de pièces aussi, en appuyant bien sa main dans la leur pour qu'ils ne
5 perdent rien. Elle donne de l'argent aux gitanes voilées qui errent pieds nus dans les grandes avenues, et aux vieilles femmes en noir accroupies à l'entrée des bureaux de poste ; aux clochards allongés sur les bancs, dans les squares, et aux vieux qui
10 fouillent dans les poubelles des riches, à la nuit tombante. Tous, ils la connaissent bien, et quand ils la voient arriver, ils la regardent avec des yeux qui brillent. Les clochards croient qu'elle est une prostituée, parce qu'il n'y a que les prostituées qui leur
15 donnent tant d'argent, et ils font des plaisanteries et ils rient très fort, mais ils ont l'air bien contents de la voir quand même.

Maintenant, partout on parle de Hawa. A Paris, les journalistes viennent la voir, et il y a une femme qui
20 lui pose des questions, un soir, dans le hall de l'hôtel.

« On parle de vous, du mystère de Hawa. Qui est Hawa ?

— Je ne m'appelle pas Hawa, quand je suis née
25 je n'avais pas de nom, alors je m'appelais Bla Esm, ça veut dire "Sans Nom".

— Alors, pourquoi Hawa ?

— C'était le nom de ma mère, et je m'appelle Hawa, fille de Hawa, c'est tout.

30 — De quel pays êtes-vous venue ?

— Le pays d'où je viens n'a pas de nom, comme moi.

— Où est-ce ?

— C'est là où il n'y a plus rien, plus personne.
35 — Pourquoi êtes-vous ici ?

— J'aime voyager.

— Qu'est-ce que vous aimez dans la vie ?

— La vie.

— Manger ?
40 — Les fruits.

— Votre couleur préférée ?

— Le bleu.

— Votre pierre préférée ?

— Les cailloux du chemin.
45 — La musique ?

— Les berceuses.

— On dit que vous écrivez des poèmes ?

— Je ne sais pas écrire.

— Et le cinéma ? Avez-vous des projets ?
50 — Non.

— Qu'est-ce que l'amour pour vous ? »

Mais tout à coup, Lalla Hawa en a assez, et elle s'en va très vite, sans se retourner, elle pousse la porte de l'hôtel et elle disparaît dans la rue.
55 Il y a des gens maintenant qui la reconnaissent dans la rue, des jeunes filles qui lui donnent une de ses photos, pour qu'elle mette sa signature. Mais comme Hawa ne sait pas écrire, elle dessine seulement le signe de sa tribu, celui qu'on marque sur la
60 peau des chameaux et des chèvres, et qui ressemble un peu à un cœur.

J.-M. G. LE CLÉZIO, *Désert*
© éd. Gallimard

Philippe Sollers *Femmes* (1983)

Philippe Sollers est né à Bordeaux en 1936. Il est difficile de distinguer, chez celui qui anima la revue *Tel Quel* de 1960 à 1982, puis *L'Infini* à partir de 1983, les textes théoriques et la pratique textuelle, tant son écriture les met en scène conjointement. Cependant plusieurs préoccupations semblent dominer l'œuvre de Philippe Sollers : une analyse politique souvent désabusée, une réflexion psychanalytique sur les codes culturels, auxquels se soumet, tout en les pervertissant, l'écrivain, enfin une mise en question de la représentation classique, amorcée dès *Le Parc* (1961). Philippe Sollers a publié également : *Lois* (1972), *H.* (1973), *Paradis* (1981), *Portrait du joueur* (1984), *Les Folies françaises* (1988), *Carnets de nuit* (1989) et *Le Lys d'or* (1989).

Le roman de **Philippe Sollers***, vaste fresque où se reflète un Occident en crise, mêle ces différentes problématiques. Le narrateur, un journaliste américain qui vit à Paris, dialogue avec l'auteur à propos... des femmes, qui semblent avoir définitivement repris le pouvoir au mâle. Derrière cette fiction, il faut voir aussi le* « **roman de la mise en scène** *et, maintenant, de l'***irréalisation endiablée de tout***. Roman donc du romanesque actuel ».*

« *Qu'est-ce que c'est tout ce cinéma ?* »

Amandine ! Ce n'est qu'un cri ! Le bébé éprouvette *français* ! La petite Jézutte *française* ! Une victoire de la Science ! Et de l'orgueil national ! On se produit soi-même ! La nouvelle religion illustrée ! Lourdes enfoncé ! Fatima ringard ! L'aurore du genre humain se saisissant comme humain dans le regroupement de l'humain rien qu'humain en train de maîtriser l'avenir humain ! Grand moment ! Si on changeait de calendrier ? Ah, c'est vrai, il y avait déjà une Anglaise... Louise Brown... Et puis d'autres, en préparation, un peu partout... Deux aux États-Unis... Trois au Mexique... Quatre ou cinq au Canada... Toujours des filles ? En tout cas, les deux premières... Doigt de dieu ! Je lis dans notre Journal que la mère aurait murmuré, contente mais un peu déçue : « Et maintenant, je veux un garçon ! »... Comme Emma[1], détournant la tête lors de la naissance de la petite Berthe... Préjugé archaïque... Rien à faire... Emma ! Emma ! Et moi ? Personne avant moi, j'en suis sûr, ne s'est permis d'entendre *ovaire* dans Bovary... Personne non plus n'a vraiment fait attention où des *bovins* disent la vérité sonore de l'atmosphère magnétiquement amoureuse... Il n'y a plus de critique littéraire ! Vous n'aurez qu'à lire ce qui s'écrira de ce livre... Elles tiennent... L'édition... Les journaux... Télévision... Radios... Pourtant, me direz-vous, X, Y et Z sont bien des hommes ? Vous croyez ? Vous en êtes certains ? Oui, sans doute, mais entièrement encerclés par ces dames... Bromurés sans s'en rendre compte... Pris par la bouffe, la vanité, la facilité... Soigneusement bridés... Ou encore, refoulés à mort... Inoffensifs ! Spiritualisés ! Réfugiés dans le borborygme de l'Absolu, dernière bulle oxygène !

Quoi qu'il en soit, Amandine a sa photo partout à la une... Le ministre de la recherche scientifique envoie ses vœux... Le curé de service, préoccupé,

dit qu'il l'accueille avec amour, tout en mettant en garde contre les débordements de ce genre... Elle est là, bouffie, irréfutable, la bébée nouvelle, la nouvelle Ève, Marie de l'immatriculée conception ! Enfin une vraie apparition de la Vierge ! Je calcule : dans quinze, vingt ans, en se regardant, elle pensera qu'elle a été regardée dans son berceau à des millions d'exemplaires ! Elle se dira : « C'était moi ? » Le doute... Je suis prêt à parier qu'elle sera, elle et les autres, une alliée tardive... Je serai vieux... Je les appelle à moi... Mes filles ! Venez ! Que je vous raconte ! Venez ! Je vous dirai tout ! Cherchez-moi ! Cherchez votre vrai papa. Si je suis encore là !

Comme l'a hurlé un jour Bernadette[2] dans une réunion publique : « Mais pourquoi leur faut-il un père ? »

Oui, pourquoi ?

On se le demande.

Regardez pourtant comme c'est merveilleux : nature, scissiparité...

Eh bien, ils en voudront et elles en voudront, du père, c'est promis... Prophétie... Ils et elles ne pourront pas respirer vraiment longtemps dans votre couveuse... Croyez-moi... Il y aura une dépression... Des guerres... Un malaise de plus en plus lourd... Ils voudront savoir... Elles voudront voir... Ils et elles demanderont forcément pourquoi... Comment... Qu'est-ce que ça signifie au juste... Pas de comment ? Pas de pourquoi ? Ah, non, trop facile...

Qu'est-ce que c'est, tout ce cinéma ? Qu'est-ce qu'on fout là ?

Philippe SOLLERS, *Femmes* (1983)
© éd. Gallimard

---

1. *Allusion à l'héroïne éponyme du roman de Flaubert :* Madame Bovary. — 2. *Un des personnages féminins du livre, dirigeante d'un parti hostile à la phallocratie.*

2. L'exploration des origines : le souvenir et le voyage

Le souvenir et la fiction

La tentative de Proust pour ressusciter le passé à travers la création artistique est sans doute indépassable. De nos jours il n'est plus possible d'écrire, sous quelque forme que ce soit, *La Recherche du temps perdu*. Cependant, la lenteur de l'écriture opposée au choc éphémère des images, la disponibilité mentale qu'impose l'effort de la lecture, **rendent les œuvres narratives particulièrement aptes à retracer le cheminement subtil des souvenirs** et les mystérieux mouvements de l'imagination.

Patrick Modiano *Livret de famille* (1977)

Né en 1945 à Boulogne, **Patrick Modiano** s'est intéressé, dans la plupart de ses romans, à la période de l'occupation, antérieure à sa naissance. Aussi a-t-on pu parler à son propos de mode rétro. Mais ce qui semble le fasciner essentiellement, dans cette époque ambiguë, c'est, à travers une descente dans la mémoire collective, la recherche d'une identité, d'un passé, la définition des valeurs et des idées pour lesquelles ont souffert ou auxquelles se sont dérobés les personnages de la génération immédiatement antérieure à celle du narrateur.

Patrick Modiano est notamment l'auteur de *La Place de l'Étoile* (1968), *Les Boulevards de ceinture* (1972), *Villa triste* (1975), *Rue des boutiques obscures* (1978), *Une jeunesse* (1981), *Quartier perdu* (1984), *Dimanches d'Août* (1986), *Vestiaire de l'enfance* (1989). Il a écrit le scénario du film de Louis Malle : *Lacombe Lucien* (1974).

Dans Livret de famille, **Patrick Modiano** *mêle l'autobiographie la plus précise aux souvenirs imaginaires. Le narrateur cherche à interroger le passé de ses parents et à remonter ainsi jusqu'aux origines lointaines qui donnent un sens à son existence présente.*

Un soir de l'occupation

J'ai conservé une photo au format si petit que je la scrute à la loupe pour en discerner les détails. Ils sont assis l'un à côté de l'autre, sur le divan du salon, ma mère un livre à la main droite, la main gauche appuyée sur l'épaule de mon père qui se penche et caresse un grand chien noir dont je ne saurais dire la race.
5 Ma mère porte un curieux corsage à rayures et à manches longues, ses cheveux blonds lui tombent sur les épaules. Mon père est vêtu d'un costume clair. Avec ses cheveux bruns et sa moustache fine, il ressemble ici à l'aviateur américain Howard Hughes. Qui a bien pu prendre cette photo, un soir de l'occupation ? Sans cette époque, sans les rencontres hasardeuses et contradictoires qu'elle
10 provoquait, je ne serais jamais né. Soirs où ma mère, dans la chambre du cinquième, lisait ou regardait par la fenêtre. En bas, la porte d'entrée faisait un bruit métallique en se refermant. C'était mon père qui revenait de ses mystérieux périples. Ils dînaient tous les deux, dans la salle à manger d'été du quatrième. Ensuite, ils passaient au salon, qui servait de bureau à mon père. Là, il fallait tirer
15 les rideaux, à cause de la Défense passive. Ils écoutaient la radio, sans doute, et ma mère tapait à la machine, maladroitement, les sous-titres qu'elle devait remettre chaque semaine à la Continental. Mon père lisait *Corps et Âmes*[1] ou les *Mémoires* de Bülow. Ils parlaient, ils faisaient des projets. Ils avaient souvent des fous rires.

1. *Roman de Maxence Van der Meersch, grand succès de l'année 1943.*

20   Un soir, ils étaient allés au théâtre des Mathurins voir un drame intitulé *Solness le Constructeur* et ils s'enfuirent de la salle en pouffant. Ils ne maîtrisaient plus leur fou rire. Ils continuaient à rire aux éclats sur le trottoir, tout près de la rue Greffulhe où se tenaient les policiers qui voulaient la mort de mon père. Quelquefois, quand ils avaient tiré les rideaux du salon et que le silence était si
25   profond qu'on entendait le passage d'un fiacre ou le bruissement des arbres du quai, mon père ressentait une vague inquiétude, j'imagine. La peur le gagnait, comme en cette fin d'après-midi de l'été 43. Une pluie d'orage tombait et il était sous les arcades de la rue de Rivoli. Les gens attendaient en groupes compacts que la pluie s'arrêtât. Et les arcades étaient de plus en plus obscures. Climat
30   d'expectative, de gestes en suspens, qui précède les rafles. Il n'osait pas parler de sa peur. Lui et ma mère étaient deux déracinés, sans la moindre attache d'aucune sorte, deux papillons dans cette nuit du Paris de l'occupation où l'on passait si facilement de l'ombre à une lumière trop crue et de la lumière à l'ombre. Un jour, à l'aube, le téléphone sonna et une voix inconnue appela mon
35   père par son véritable nom. On raccrocha aussitôt. Ce fut ce jour-là qu'il décida de fuir Paris... Je m'étais assis entre les deux fenêtres, au bas des rayonnages. La pénombre avait envahi la pièce. En ce temps-là, le téléphone se trouvait sur le secrétaire, tout près.

Patrick MODIANO, *Livret de famille* (1977)
© éd. Gallimard

Jean-Marc Roberts et Patrick Modiano sur le plateau d'*Apostrophes* en 1988.

POUR LE COMMENTAIRE

1. Un récit dans le récit

Distinguez les deux époques de la narration : les événements présents et la reconquête du passé qu'ils déclenchent. Qu'est-ce qui fait le lien entre ces deux moments ?

2. Des personnages privilégiés

Par quels liens affectifs le narrateur est-il uni aux personnages dont il reconstruit la vie ? Quelle phrase résume la force de ces liens ?

3. Le « Paris de l'occupation »

Caractérisez l'atmosphère de ce passage. Qu'est-ce qui fait la poésie de l'écriture de Patrick Modiano ?

Angelo Rinaldi
Les Jardins du consulat (1984)

Angelo Rinaldi est né en Corse en 1940. Critique littéraire, romancier, il a obtenu le prix Femina en 1971 pour *La Maison des Atlantes*. Son œuvre met le plus souvent en scène des personnages désœuvrés, velléitaires, illustration d'une haute société en pleine décadence (*La Loge du gouverneur*, 1969 ; *Les Dames de France*, 1977). Mais ils s'interrogent tous sur leurs origines et essaient de démêler ce qui dans leur enfance, dans la névrose de leurs parents ou les contradictions de leur milieu social, a pu conditionner leur destin.

*** *Les Jardins du consulat*

La chatte Florina se meurt. Le narrateur va la porter chez le vétérinaire. Il évoque avec Consuelo, dans son hôtel particulier de la rive gauche, à Paris, les souvenirs d'une nuit passée à Turin, dans l'hôtel où l'écrivain italien Pavese s'est suicidé. Le narrateur ne s'aperçoit pas tout de suite que cette évocation, apparemment badine, influera peut-être sur le sort de Consuelo, qui est elle-même, comme Pavese, un personnage désespéré.

Conversation

Les circonstances où s'était effectuée ma découverte avaient amusé Consuelo autant que je le souhaitais. Pour ne pas déranger la chatte, qui dormait sur ses genoux, elle se contentait, à chaque étape
5 de mon récit, de me désigner d'un geste la bouteille de gin sur la table basse.

A Turin, le jeune réceptionniste de l'hôtel, pour décourager les avances qu'il pressentait et qu'il eût certainement acceptées si j'avais été à son goût et
10 afin de donner un ton de gravité à la conversation sans se fâcher avec un client, m'avait suggéré une visite des lieux sur le ton du châtelain qui propose à son invité de lui montrer la chambre où un roi a dormi jadis. Son service s'achevait, il m'avait
15 conduit jusqu'au deuxième étage, d'un air signifiant que cette faveur les éclipsait toutes, mais qui ne m'en persuadait pas : mon échec auprès de lui était imputable à ce vieillissement dont j'avais pris conscience de l'accentuation depuis que, partant en
20 chasse vers minuit, je ne ramenais plus chez moi, à l'aube, que des partenaires qui me réclamaient de l'argent. « Vieux ? Mais qu'est-ce que vous racontez, avait protesté Consuelo avec un mouvement qui faisait ouvrir les yeux à Florina. Mon mari était plus
25 âgé que vous lorsque je l'ai épousé. »

Je n'allais pas répéter, une fois de plus, que du côté où je me tenais, dans le calcul de la retraite, les années de campagne comptaient double comme pour les soldats de métier. J'avais enchaîné sur la
30 description de la pièce où l'autre s'était tué, telle qu'elle se présentait au regard d'un homme qui, tout à coup, hésitait à en franchir le seuil et, d'instinct, baissait la voix. L'ameublement y était d'un simplicité qui manquait au reste de l'établissement. Les
35 embellissements prodigués ailleurs avaient épargné cette enclave où l'on respirait des odeurs combinées de cire et de renfermé, comme dans les chambres jamais ouvertes au fond de certaines maisons en province ; avec son bureau en pitchpin, ses deux
40 chaises cannelées, sa lampe à suspension, on l'aurait crue conservée en son état primitif par le propriétaire, pour témoigner de la modestie de ses débuts. Mais on remarquait surtout les murs. Ils étaient laqués, et leur couleur reprenait la teinte du feuillage
45 printanier des arbres sur la place, que l'on apercevait par la fenêtre. J'avais pensé à une énorme pomme. La mort avait-elle un goût acide, ou bien fondait-elle dans la bouche ?

Angelo RINALDI, *Les Jardins du consulat* (1984)
© éd. Gallimard

Angelo Rinaldi.

François Augiéras
Un voyage au Mont Athos (1970)

François Augiéras, né en 1925, a mené une vie vagabonde en France, en Afrique du Nord, en Grèce. Il est mort dans l'oubli et la misère à l'hospice de Domme (en Dordogne) en 1971, après un destin à la Rimbaud. Auteur de *Le Vieillard et l'enfant* (1954), *Le Voyage des morts* (1958), *L'Apprenti-sorcier* (1962), *Un voyage au Mont Athos* (1970), il a fait de chacun de ces livres à la fois un récit initiatique et une sorte de grand poème en prose, d'une sensualité intense et d'une justesse de langue parfaite.

Rencontre d'un taureau

Un voyage au Mont Athos, retrace le voyage du narrateur, un jeune homme, de monastère en monastère, **mêlant les plaisirs charnels et les charmes mystiques** *jusqu'à l'approche d'une mort solitaire sur les pentes de la Montagne Sainte. Une des meilleures œuvres de ce temps, elle a été heureusement rééditée en 1988.*

Dans une brousse claire, une vingtaine de taureaux, dont je ne voyais que les échines noires et les cornes, cherchaient l'ombre maigre de quelques arbres épineux. Ils paraissaient très tranquilles. Je hâtai le pas cependant.

Mon sentier devenait un large couloir, une sorte de tranchée creusée profondément dans la terre sèche et rouge. Une abondante frondaison maintenant le couvrait ; il descendait comme un tunnel de verdure en direction de vallons très sauvages. De moment en moment, je m'attendais à voir les premiers toits de Zografos, quand j'entendis sur mes traces le lourd galop d'un taureau. La hauteur des talus ne me permettait pas de me mettre à l'écart d'une charge ; je pressai le pas, la bête aussi. Les durs sabots frappaient le sol en cadence, des pierres croulaient sous le poids de la bête. Elle se rapprochait, je la vis soudain venant sur moi, cornes basses. Le feuillage formait une voûte au-dessus de ma tête ; lâchant mon sac, je bondis vers une branche, y grimpai, et m'établis sur un arbre qui s'avançait comme un pont au-dessus du ravin. La bête en rut passa sous moi, en m'effleurant de ses cornes ! Faisant immédiatement volte-face, elle revint à l'attaque, mugissant, les yeux fous, la bave au mufle. Un animal de quatre ans, lourd et puissant, noir, le nez busqué, les cornes claires ; il vit mon sac, le piétina et l'encorna en soufflant bruyamment. J'étais hors de portée de ses coups, mais peu rassuré quant à la solidité de l'arbre auquel je devais mon salut ; un vieux hêtre déraciné par le vent, couché sur de plus jeunes arbres qui l'avaient retenu dans sa chute. Des craquements m'inquiétaient ; il pouvait s'effondrer, me précipitant sur la bête en chaleur qui, pour l'instant, labourait le ravin de ses

sabots, en soulevant un nuage de poussière rouge. Je ne bougeais pas de ma branche ; la terre sèche résonnait sous le poids du taureau qui revenait à mon sac et le frappait avec de lugubres beuglements. Le choc des sabots, les violents mouvements de la bête, son souffle haletant, mon sac rempli de casseroles et de boîtes métalliques, traîné, maltraité, foulé et lancé contre les talus, provoquaient un sauvage tumulte assourdi par l'épaisseur des feuillages. La bête, soudain, se calma, demeura comme stupide, la langue pendante devant mon sac, les flancs en sueur, rouge de poussière. Elle urina brutalement ; un vrai ruisseau coula sur le sol. Puis, m'ayant totalement oublié, le taureau s'éloigna, remonta tranquillement le ravin, et s'en retourna vers les siens.

Quand il fut loin, je descendis de ma branche, en remerciant le vieil arbre de sa bonté pour moi. Je lui devais la vie ! Depuis des années, avait-il attendu de m'avoir sauvé de la charge d'un taureau pour mourir à jamais dans la jungle ? A peine avais-je touché terre, qu'il s'effondra avec fracas, barrant le ravin de son tronc vénérable, et d'un monceau de branches mortes ! Je ramassai mon sac mis à mal par le taureau dont la puissante odeur persistait ; des traînées de bave maculaient les talus creusés de profondes empreintes, l'air sentait la bête fauve, la poussière et l'urine. J'allais partir ; je m'approchai de l'arbre, j'appuyai mes lèvres contre sa vieille écorce grise. Je lui donnai un baiser d'amour, de reconnaissance et d'éternelle paix avant de l'abandonner au mystère des forêts de l'Athos.

François Augiéras, *Un voyage au Mont Athos* (1970)
© éd. Flammarion

Jacques Lacarrière *L'Été grec* (1976)

Jacques Lacarrière est né à Limoges en 1925. Mais il vit le plus souvent dans un village bourguignon, à mi-chemin entre Auxerre et Avallon : Sacy (où l'on voit encore la ferme natale de Rétif de La Bretonne). Il a parcouru la Grèce pendant vingt ans, de 1947 à 1966. Traducteur de nombreuses œuvres en grec ancien et en grec moderne, il a conquis la notoriété avec *Chemin faisant* (1975) et *L'Été grec* (1976). Il a publié récemment *Marie d'Égypte ou le Désir brûlé* (1983) et *Les Chemins de l'écriture* (1988).

*Récit, souvenirs, images de voyage, ou d'errance. Il n'y a pas si loin entre le récit de voyages et l'autobiographie, ni entre les flâneries de **Jacques Lacarrière** dans les îles Ioniennes et les parcours de Serge Doubrovsky dans New York (voir p. 809). Mais on rapprochera surtout Lacarrière et Augiéras (voir p. 801), pour leur même amour de la terre grecque, et aussi pour leur commune qualité d'écriture.*

Jacques Lacarrière.

1. *Georges Séféris (1900-1971), diplomate et poète grec, prix Nobel 1963.*

LECTURE COMPARÉE

Lisez *L'Été grec* et *Un voyage au Mont Athos*. Comment s'apparentent et comment se différencient ces deux approches de la nature grecque ?

Un cimetière de bateaux

Il est difficile de dire pourquoi j'aimais tant Paloukia. Sans doute parce qu'ici, au retour des îles, j'y retrouvais leur présence invisible, dans les odeurs de goudron, de mazout, de mer et de poulpe grillé. Lieu mélancolique, avec cette mer immobile et la mort lente des caïques, mais si étrange par ailleurs, si insolite
5 en ses recoins qu'il était pour moi comme un décor surréaliste. En s'avançant un peu vers l'intérieur, on découvrait d'autres bateaux, en pleine terre, abandonnés là comme par un vieux raz-de-marée, tenus par des béquilles ou couchés sur le flanc. Je n'ai jamais compris ce que ces bateaux faisaient là puisque nul, à part les gamins qui y jouaient, ne semblait s'y intéresser. Je me disais que personne
10 — aucun vieux marin en tout cas — n'aurait osé porter la main sur eux, les démembrer, les dépecer comme on le fait d'une baleine échouée. Mais le plus attirant, le plus magique était, entre le café et la baie aux cargos immobiles, un terrain vague où l'on avait jeté tous les accessoires inutiles : ancres rouillées, poulies, mâts brisés, vieux cordages, engrenages de toute taille qui formaient là
15 le trophée improvisé de quelque dieu marin. D'autant qu'en haut de ce tas d'objets hétéroclites, il y avait une sirène, une vieille figure de proue, toute rongée, écaillée, creusée comme un tronc d'olivier. Elle devait être là depuis longtemps et j'ai souvent pensé l'emporter. Finalement, j'ai préféré la laisser là, où elle avait sa place. Elle était, elle aussi, une ruine mais une ruine encore
20 vivante, plus vraie que celles des temples et des cités mortes. Au fond, ce lieu évoquait un poème sur les voyages morts, les périples défunts, écrit avec des mots de bois, d'ancres et de mâts brisés. Était-ce là, finalement, ce port tant recherché par les âmes errantes dont parle Séféris[1], ce mausolée dressé, dans l'agonie des vieux caïques, au Marin et à la Sirène inconnus ?

Jacques LACARRIÈRE, *L'Été grec* (1976)
© éd. Plon

Île de la mer Égée.

Yves Berger
Les Matins du Nouveau Monde (1987)

Né en 1934 à Avignon, **Yves Berger** s'est fait connaître avec un premier roman, *Le Sud* (prix Fémina, 1962). Fasciné par les minorités nord-américaines, et par l'univers indien, il a trouvé là l'inspiration de plusieurs romans (*Le Fou d'Amérique*, 1976 ; *Les Matins du Nouveau Monde*, 1987). Il est directeur littéraire des Éditions Grasset.

*** *Les Matins du Nouveau Monde*
Autobiographie d'une enfance sous l'occupation, à Avignon, ce roman fait alterner le récit des grands moments de la guerre, observée par un garçon de dix ans, et celui des voyages imaginaires de ce même enfant, lecteur passionné, à travers l'Amérique de Fenimore Cooper, de *La Case de l'Oncle Tom* et de *Autant en emporte le vent*. La guerre qui déchirait l'Europe de 1939 à 1945 se confond dans ses lectures avec la Guerre de Sécession qui a décimé l'Amérique de 1861 à 1865.

Sur la trace des Indiens

Le troisième volume de la saga[1] porte ce titre : *le Dernier des Mohicans*, au fil du temps légendaire. Nouvel épisode des guerres indiennes comme j'ai appris qu'on disait alors, sans humour, pour désigner la rivalité qui opposait Blancs et Blancs, savoir Anglais contre Français. Je suivais Fenimore Cooper dans son livre et sur les cartes, entre les sources de l'Hudson, d'abord, puis à la suite d'un détachement qui se rend de Fort Edward à Fort William Henry, au sud du lac Champlain et en longeant le lac George, dans ce qui sera l'État de New York... Bonheur en moi de géographe. Nathaniel Bumppo, alias Tueur de Daims, alias Découvreur de Pistes, trouve, ici, le plus beau, avec Œil-de-Faucon, de ses surnoms : Longue Carabine. Dès le troisième chapitre il est là, par malheur au milieu de toute une gent féminine, timide, rougissante, émotive. portée à la défaillance et prête à s'évanouir. M'agace. Je sens bien que le côté mou, parfois, trop souvent, de l'œuvre de Fenimore Cooper, leur doit. Maudites femmes.

Elles ne me distraient pas, pour cela, d'Œil-de-Faucon, de la forêt et des Indiens. Plus que dans les deux livres antérieurs, les Delawares sont exaltés et l'anathème lancé contre les Hurons[2] et autres Six Nations, dont Iroquois et Tuscaroras font partie, pourtant des Hurons les ennemis féroces et ancestraux. Je découvre des mots indigènes, presque mes premiers, que je reproduis avec soin sur un gros cahier. Il n'y avait, bien sûr, rien à glaner chez Harriet Beecher-Stowe et ses Noirs[3]. Avec *le Dernier des Mohicans*, j'apprends : tomahawk, sagamore, wigwam, qui s'ajoutent à wampum et à squaw. Pas de quoi faire une conversation, à moins de parler très, très petit nègre (et moi : avec des Peaux-Rouges ?), mais ce n'est qu'un début.

Le Dernier des Mohicans est le grand livre indien de Fenimore Cooper, auquel je reproche de voir dans les hommes-médecines des charlatans. Passons, nul n'est parfait, même pas lui. Nous sommes lancés à la chasse de Magua, dit Renard Subtil, renvoyé de sa tribu à cause de son alcoolisme et régufié chez les Mohawks, une autre tribu des Six Nations. Le commandant Monro l'a fait fouetter. Magua, qui n'a pas oublié, vient, outre deux Blancs, de capturer Alice et Cora, les filles du commandant Monro.

On poursuit le ravisseur qui mène sa troupe à travers des massifs de bois pelard et, pour ce faire, on ne cesse d'examiner le sol pour relever des empreintes de mocassins (mon sixième mot). Cette œuvre baigne dans le sang des scalps (le septième...), des combats singuliers au couteau, dans une violence homicide que je n'ai encore jamais rencontrée. Avec, par exemple, ces Iroquois vaincus que les Delawares précipitent dans des gouffres de cataractes d'où ils ne remonteront jamais. D'abord incrédule, je regarde presque deux mille Indiens massacrer l'arrière-garde anglaise de Fort William Henry et je souffre pour les vaincus, avec pourtant, il me faut l'avouer, des sentiments mêlés que je ne devrais pas nourrir : héros de Fenimore Cooper, les Anglais réclament mon affection — mais comment la nourrir quand ils sont les ennemis déclarés des Français, que j'aime, eux, en quelque sorte de sang, et hors Fenimore Cooper ?

Yves BERGER, *Les Matins du Nouveau Monde* (1987),
© éd. Grasset

1. *Il s'agit de* Le Lac Ontario, *du romancier américain Fenimore Cooper (1789-1851).* Le Dernier des Mohicans *parut en 1826.* — 2. *Les Hurons étaient au XVIIIe siècle les alliés des Français du Canada, et les Iroquois ceux des Anglais.* — 3. *Harriett Beecher-Stowe, romancière américaine (1811-1896), auteur de* La Case de l'Oncle Tom *(1852), roman qui encouragea la lutte contre l'esclavage des Noirs.*

3. Le récit de soi

De nos jours, **l'hégémonie du roman semble avoir renouvelé les techniques et le principe même de l'autobiographie**. En effet, en imposant une composition spécifique (découpage en parties et chapitres ou groupement thématique) et un montage qui bouscule la chronologie linéaire (début sur un temps fort, retour en arrière, etc.), **le genre narratif induit une vision du monde cohérente et globale**. Le quotidien prend *a posteriori* une signification qui échappe à la notation pure et simple d'événements successifs.

A la juxtaposition se substitue un sentiment de causalité, voire de finalité ; au désordre du vécu, une impression de logique : l'homme peut ainsi tenter de donner un sens à sa vie. Se raconter implique la volonté de faire reculer la mort.

Michel Leiris *Biffures* (1948)

Né en 1901, **Michel Leiris** fait paraître dès 1925 un recueil de poèmes surréalistes, *Simulacre*. A partir de 1930, il collabore à la revue *Documents*, de Georges Bataille, s'intéresse à la psychanalyse et se lance dans l'ethnologie (*L'Afrique fantôme*, 1934).

En 1939, il publie *L'Âge d'homme*, un récit qui renouvelle fondamentalement le genre autobiographique, puisque la psychanalyse est intégrée à l'œuvre, le héros mis à nu et comme éclaté, atomisé, mis à mort par l'écriture. Suivent, en 1948, *Biffures*, qui évoque l'enfance et l'apprentissage du langage ; en 1955, *Fourbis*, qui retrace les voyages et les errances de l'auteur ; en 1966, *Fibrilles*. Le dernier volume, *Frêle Bruit*, paraît en 1976.

Souvenirs perdus

A l'instar d'un Proust, **Michel Leiris** *éprouve la difficulté de la résurrection d'un temps perdu. Mais à la diffé-rence de son prédécesseur, Leiris estime que* **ni l'art ni les mots ne sauraient transmuer le temps perdu en temps retrouvé.** *Pour être devenue « son propre objet », cette quête désespérée n'en est pas moins noble.*

Je retrouve dans le moment présent un état de ce genre, quand j'essaye de faire reprendre vie, sous la pointe de ma plume, à ce qui, effectivement, n'est que pointes d'aiguilles, je veux dire : cette couche
5 assez particulière de souvenirs que j'entreprends, ici, de prospecter. Aiguilles très effilées dont les lueurs d'acier me fascineront d'autant plus que les pointes en seront plus ténues et, justement, d'autant mieux faites pour perforer qu'elles seront plus im-
10 palpables. Aiguilles moins cruelles dont je voudrais seulement qu'elles fassent chanter, comme un beau disque de phonographe, les sillons à peine soup-çonnables que je porte gravés dans mon cœur et dont leur transformation momentanée en un air de
15 musique serait seule capable de momentanément me délivrer.

Si je veux, également, donner corps à ce moment présent — à cette *présence* même — voilà qu'il se dérobe, qu'il s'estompe ; et tout ce que je puis dire
20 de lui — ne pouvant, et pour cause ! l'interpeller directement (alors que je voudrais, à voix haute, lui crier...), tout ce que je puis inventer pour l'amener — ou le faire revenir — à la réalité tourne au bavardage le plus vain : j'aligne des phrases, j'ac-
25 cumule des mots et des figures de langage, mais dans chacun de ces pièges, ce qui se prend, c'est toujours l'ombre et non la proie. Que je fasse la chasse à l'instant présent qui me fuit, la chasse au souvenir qui est tombé en poussière ou la chasse à
30 ces objets imaginaires qui semblent se cacher der-rière les fausses fenêtres de mots peints en trompe-l'œil sur la façade de mon esprit, c'est tou-jours un même gibier que je poursuis : cette chose précieuse et seule réelle qui apparaît fréquemment
35 dans mes rêves sous la forme d'un disque merveil-leux de musique nègre américaine que je me rap-pelle avoir entendu mais que je ne puis me remémo-rer que très confusément, dont je sais pourtant qu'il est en ma possession mais que je ne parviens pas
40 à retrouver malgré les essais que je fais d'un mon-ceau d'autres disques.

Souvenir localisé dans le passé d'une manière précise, vieille création imaginaire dont je ne sais trop jusqu'à quel point ce n'est pas à l'instant même
45 qu'elle se crée, ou bien moment présent considéré et recherché en tant que tel : peu importe, tout compte fait, le but conventionnel que je m'assigne. Car la chasse que je fais, je la fais toujours au présent. De tout cela, elle est sans doute la seule
50 chose émouvante et c'est, probablement, cette course tendue qui, devenue son propre objet, consti-tue, dans la crispation du geste d'écrire comme dans la détente du rêve, cette suite étrange de vibrations sonores dont la perception vague me fascine.

Michel Leiris, *Biffures* (1948)
© éd. Gallimard

POUR LE COMMENTAIRE

1. Étudiez **l'adéquation** entre les méandres de la phrase et ceux de la pensée.

2. Quelles **expressions** soulignent la difficulté (et l'im-possibilité) de l'entreprise ?

3. Quelle(s) finalité(s) Leiris assigne-t-il à son projet ?

Claude Roy *Moi, je* (1969)

Né en 1915, à Paris, **Claude Roy**, de son vrai nom Claude Orland, accomplit un parcours intellectuel et politique très représentatif du XXᵉ siècle. Après avoir été séduit par les thèses de l'Action française dans l'entre-deux-guerres, il s'engage pendant la guerre dans la Résistance et adhère au Parti communiste. Il publie après-guerre des poèmes d'inspiration surréaliste, des romans à la tonalité stendhalienne (*La Nuit est le manteau des pauvres*, 1948), des essais de critique littéraire (*Lire Marivaux*, 1947 ; *Stendhal*, 1951), des textes de critique d'art (*Maillol*, 1947 ; *Paul Klee*, 1960), des récits de voyages.

Sa rupture avec le Parti communiste en 1957 le conduit à s'expliquer sur son engagement dans une vaste autobiographie (*Moi, je*, 1969 ; *Nous*, 1972, et *Somme toute*, 1976). *Permis de séjour* (1977-1982) évoque l'expérience de la maladie.

Le premier rêve

Claude Roy *imagine ici sa vie intra-utérine. 1915 : la guerre, son père combattant des tranchées. « Maman écrit : "J'ai une nouvelle à t'apprendre : je suis enceinte. Les zeppelins sont venus sur Paris cette nuit." »*

J'étais le reçu et le récipient, le remplissant qui partage la paix de la remplie. Extase avait laissé au four vivant son œuf à couver, son pain à cuire. Sa mémoire à éclore.

Puis commence le Chercher-Comment-Je-Serais-Mieux. Quête de la meilleure
5 place. Au sixième mois dans le creux, au blotti de la cache, tout commence à se gâter, déjà. J'étais calé. Je me décale. Inauguration du choisir, du tâter-essayer, du se tourner et se retourner. L'insatisfaction invente le mouvement.

Je ne sais pas qu'il y a un haut, un bas. Le terrier où je m'éclos m'accrois est un ciel-sphère sans pesanteur. Mais déjà il se disjoint de moi. Il y a du *jeu* entre
10 sa paroi et la mienne. Mise en marche peu à peu du mouvement perpétuel. Corps qui façonne à tâtons un corps qui lui convient, cherchant l'ombre après le soleil ou la franche fraîche de draps dans le lit labouré par le dormeur nageant. J'avais à l'origine ma place exacte à l'envers muqueux du soleil. Jamais plus désormais je ne serai en place. Les sonneries d'un téléphone dont je ne comprends pas les
15 paroles me traversent en sursaut. Le facteur le matin, ai-je une lettre ou pas ? Correspondance aux Armées fait battre le cœur qui fait battre mon cœur. Je lis, sans savoir encore lire, dans l'alphabet Braille des cellules, le communiqué quotidien du G.Q.G. Je cherche où je serais le mieux. *L'enfant vers le neuvième mois s'installe dans la plupart des cas la tête en bas, parce que sa tête est la partie*
20 *la plus lourde du corps et aussi parce qu'elle épouse parfaitement la forme arrondie de la base de l'utérus.*

Je fais souvent (encore) ce rêve :
Il faut absolument que je sorte de la maison parce que de l'autre côté de la neige et du fleuve gelé on m'appelle, mais je sais que la porte du parc est fermée
25 à clef. Je monte au premier étage et je demande la clef à mon père et ma mère qui jouent aux cartes avec deux femmes dont les voilettes noires me cachent le visage. Ma mère, sans rien dire, me tend un panier qui contient des centaines de clefs. Je les essaie ensuite sur la serrure à la porte de bois qui sépare la muraille du parc de la campagne, mais je ne trouve pas la clef qui ouvrirait la
30 porte. Loleh¹ arrive dans la neige et me parle, je sais qu'elle m'indique à mi-voix laquelle des clefs il faut choisir. Mais je m'aperçois qu'elle parle une langue que je ne comprends pas (ou plus ?). Elle m'annonce aussi une nouvelle qui semble la bouleverser. Je lui demande : « Que se passe-t-il ? » Je lis sur son visage qu'elle ne me comprend pas non plus. J'entends appeler dans la nuit, c'est mon prénom
35 qu'on crie, très loin, de l'autre côté du mur, de la neige et du fleuve pris par les

Marc Chagall, *Maternité*, 1912.

1. *Loleh Bellon, épouse de Claude Roy, auteur dramatique (voir p. 855).*

glaces. Si je ne trouve pas la clef, nous sommes tous perdus. « Mileko ? Mileko ? » me dit Loleh, interrogative, hésitante. Elle a soudain des larmes dans les yeux. Et si jamais plus nous ne parlions les mêmes mots, dans la même nuit ?

40 *Comme* le poisson fossile écrit avec son squelette dans la page blanche du calcaire, écrit qu'il nageait là et qu'il nagera là jusqu'à ce que tout se résolve en poussière ; *comme* à la trame du suaire de Turin peut-être est-ce la sanie le pus le sang exsudant du corps d'un supplicié qui inscrivirent sur le linceul la forme d'un corps humain ; *comme* dans le schiste la fougère d'avant-l'homme estampillée s'exfolie,

45 ce rêve-là, la première esquisse, le balbutiement primitif en est (je sais) imprimé dans mon corps avant que celui-ci ne surgisse hors du sac à mûrir.

Claude ROY, *Moi, je* (1969)
© éd. Gallimard

POUR LE COMMENTAIRE

1. Images de la vie intra-utérine. Quels sont les principaux thèmes ?

2. La guerre et la naissance. Quel lien ?

3. Le rêve de l'adulte. Comment rejoue-t-il la situation prénatale ?

Claude Mauriac *Le Temps immobile* (1975-1985)

François Mauriac et son fils Claude
en 1947.

Fils de François Mauriac, **Claude Mauriac** naît en 1914 et se consacre tôt à la littérature. Il est secrétaire particulier du général de Gaulle de 1944 jusqu'en 1949. Il se partage ensuite entre le journalisme *(La Liberté de l'esprit, Le Figaro, L'Express, Le Monde)* et la littérature. Il fait paraître divers ouvrages de critique *(André Breton*, 1949 ; *Proust par lui-même*, 1953) et souscrit aux principes du Nouveau Roman *(L'Alittérature contemporaine*, 1958), qu'il exploite dès son premier récit *(Toutes les femmes sont fatales*, 1957).

Plus que le romancier, peut-être, le mémorialiste retient l'attention : par l'ampleur de l'expérience vécue qu'il retrace dans les volumes du *Temps immobile* et par la nouveauté de la perspective. Faisant fi des lois traditionnelles de l'autobiographie, et au mépris de toute chronologie, Mauriac confronte des épisodes appartenant à des époques différentes, cherchant à rendre l'unité d'un « Temps immobile » *(Les Espaces imaginaires*, 1975 ; *La Terrasse de Malagar*, 1977 ; *Aimer de Gaulle*, 1978...). L'approche n'est pas sans rappeler celle d'un Malraux dans ses *Antimémoires*.

« *Le temps s'était arrêté...* »

La dernière page du premier volume du Temps immobile *évoque un pèlerinage de* **Claude Mauriac** *sur les lieux de son enfance en compagnie de son épouse et de son fils.*

Paris, lundi 23 septembre 1963.

Il y a quelques jours, nous sommes allés de Malagar[1] à Saint-Symphorien. Mon père ne nous ayant pas accompagnés, cette visite devait être en principe pour moi comme si elle n'était pas. Il est en
5 effet le catalyseur sans lequel... Et pourtant j'ai mes souvenirs, en cet endroit, qui ne sont pas les siens.

Comme il n'y avait qu'une auto (nous avions laissé la nôtre à Paris), tout le monde ne pouvait venir. Il fut un moment question de laisser Gérard à Malagar.
10 Il pleura. Sa maman s'étonna. Je lui expliquai combien cette tristesse de notre petit garçon était naturelle : la visite à Saint-Symphorien, même pour lui, était un rite, c'était une célébration.

En l'absence de mon père cette cérémonie ne
15 pouvait qu'être discrète, secrète, une messe basse. Je m'attendais à ne rien ressentir et je fus pris en traître. Évoquant avec Catherine Cazenave (la petite Catherine Mauriac d'autrefois) nos souvenirs communs, je m'aperçus que, en cet endroit, pour moi le
20 plus sacré de tous (même Vémars apparaissait désenchanté en comparaison ; seul l'appartement du 89, rue de la Pompe, si je pouvais jamais le revoir, l'emporterait en puissance émotive), le temps s'était arrêté il y avait plus de trente ans. Je veux dire que
25 tout ce qui avait été supprimé ou modifié, ici, depuis mon enfance me semblait scandaleusement disparu

ou surajouté et demeurait à tout jamais extérieur à ce que, pour moi, Saint-Symphorien était. Je ne m'étais jamais habitué, par exemple, à la disparition du kiosque de brandes où le trapèze, les anneaux et la balançoire étaient installés. (J'en retrouvais la place exacte et j'imaginais, dans ce sable, tous les couteaux que nous avions perdus, les pièces de monnaie, les objets divers que nous y retrouvions d'une année sur l'autre et dont certains devaient demeurer là, enfouis, depuis tant d'années.) Je ne m'étais pas accoutumé davantage aux agrandissements du chalet, tels qu'oncle Pierre les avait fait construire bien avant la guerre et qui m'apparaissaient aujourd'hui aussi neufs et non moins extravagants qu'à l'époque de leur achèvement.

Temps vraiment immobile, où je retrouvais, à près de cinquante ans, l'enfant qu'à jamais je demeurais ici. Que les chênes pourtant avaient grandis... Combien de pins avaient disparu... Arbres immenses datant des premiers jours de la lande arrachée à ses marécages et dont un sur dix ou sur vingt demeurait, témoin de ces temps lointains.

50 J'étais là et je regardais avidement, souffrant de ne plus tout à fait reconnaître ce que je connaissais si bien, enregistrant le moindre décalage entre la seule réalité qui comptât pour moi et qui n'avait plus d'existence parfaite que dans mon souvenir et ce qui 55 en demeurait de pareil et pourtant d'insidieusement autre. Cela, bien sûr, est indicible et c'est pour tenter malgré tout de le dire que je vais composer Le Temps immobile.

Claude MAURIAC, Le Temps immobile (1975-1985)
© éd. Grasset

1. Lieu où se situait la propriété de la famille Mauriac, dans les vignobles du Bordelais.

POUR LE COMMENTAIRE

1. Soulignez **l'importance du lieu dans le souvenir**. Montrez que cette thématique s'inscrit dans une tradition classique (Rousseau, Chateaubriand...).
2. Opposez **la permanence du Moi** aux vicissitudes du monde.
3. Repérez les **résonances proustiennes** du passage.

Marguerite Yourcenar
Quoi ? L'Éternité (éd. posthume, 1988)

Marguerite Yourcenar.
Photo de Marc Riboud.

Née de père français et de mère belge, **Marguerite de Crayencour** (1903-1987) poursuit à Bruxelles, puis en France, des études classiques. Elle s'essaie au roman dès 1929 avec un récit d'influence gidienne, *Alexis ou le Traité du vain combat*, que suivront d'autres romans (*Denier du rêve*, 1934 ; *Le Coup de grâce*, 1939) et des nouvelles (*La Mort conduit l'attelage*, 1935 et les *Nouvelles orientales*, 1938). En 1949, elle s'installe aux États-Unis, sur l'île de Mount Desert. C'est là que désormais, elle élaborera une œuvre dense et exigeante, alliant l'érudition à la méditation philosophique. En 1951, le succès international des *Mémoires d'Hadrien* lui permet d'élargir son public et son audience. Après l'Antiquité, c'est la Renaissance qu'elle fait revivre dans *L'Œuvre au noir* (1968), avant de s'intéresser à sa propre histoire et à ses ascendants dans une ample trilogie qu'elle a intitulée *Le Labyrinthe du monde*, et dont le dernier volume, *Quoi ? L'Éternité*, paraît de façon posthume en 1988.

Adolescentes de la Grande Guerre

Après Souvenirs pieux *(1974), qui évoquait l'histoire de sa famille maternelle, et* Archives du Nord *(1977), qui retraçait la généalogie paternelle,* **Marguerite Yourcenar** *travaillait à un troisième tome,* Quoi ? L'Éternité, *qu'elle ne put achever avant de mourir. Elle évoque la figure prestigieuse de son père, le cadre austère du château familial, le charme suranné d'un milieu disparu, et l'enjeu d'une éducation libre comparable à un voyage initiatique.*

Je venais d'avoir quatorze ans. L'année poursuivait son cours ; quelques mois plus tôt, et avec trois ans de retard sur le folklore de l'éternelle fraternité d'armes, les Américains déclaraient la guerre à l'Allemagne (« La Fayette, nous voilà ! »). Lawrence d'Arabie prenait Aqaba ; la troisième bataille d'Ypres, la dixième 5 bataille de l'Isonzo, la deuxième bataille de Verdun dans leur ressassement d'obus éclatés, de corps déchiquetés et de sang versé. Le Mont-Noir, dont le château depuis quatre ans ne nous appartenait plus, occupé par un état-major

Réception de
Marguerite
Yourcenar à
l'Académie
Française le
22 janvier
1981.

1. Il s'agit du père de
la narratrice.

britannique, avait été conséquemment bombardé ; cette bâtisse de briques
n'était plus qu'un squelette entouré plus tragiquement encore de grands squelet-
10 tes d'arbres. Michel[1] parlait à peine de tout cela. Il lui semblait qu'une catastrophe — qui en fait dure encore — s'était abattue sur le monde, et avait emporté
la raison humaine. Moi-même, j'étais peu touchée. La guerre était surtout
ressentie à Paris à travers la présence de permissionnaires en bleu horizon fané,
assis sur les bancs des Champs-Élysées, et passant leurs courtes vacances à
15 regarder passer des Parisiens dont les habitudes semblaient à peine changées,
et des Parisiennes qu'ils trouvaient chouettes, qu'elles le fussent ou non. Les
prostituées, qu'on voyait surtout le soir, dans la pénombre, étaient souvent
déguisées en veuves.
   Michel, pour tromper sa nostalgie de la Riviera et de ses casinos, avait décidé
20 d'aller passer quelques jours à Enghien, pour se remettre au vert, le vert des
arbres et le vert des tapis verts. Tandis qu'il tentait avec modération sa chance
avec les jetons du temps de guerre, je me promenais dans les bois en compagnie
de Camille, la petite bonniche belge, la seule des domestiques qui nous fût
restée. Camille était en quelque sorte un cadeau de ma tante maternelle, la
25 Bruxelloise tante Jeanne. Elle avait vécu avec nous les mauvaises heures du
début de la guerre, où il avait fallu fuir au cours d'une visite à la famille de mon
demi-frère, sur une plage belge, et un an de séjour difficile en Angleterre avant
de regagner Paris. Cette petite rousse de dix-sept ans, fille d'ouvriers de
manufacture, était la gaieté et la grâce mêmes, une gaieté de jeune chèvre. Elle
30 fut pour moi une compagne de mon âge, ou presque, pendant ces cinq années.
Elle s'était fiancée à un soldat permissionnaire ; elle lui adressait au front de
petites lettres que je l'aidais à écrire ; le reste du temps, elle ne pensait guère,
se les imaginant mal, aux dangers qu'il courait. La guerre ne nous empêchait pas
de jouer dans l'allée boisée qui bordait le petit lac ; des ombres de feuilles
35 bougeaient sur le chemin ; nous nous amusions à marcher sur elles ou à traîner
les pieds sur quelques feuilles sèches et crissantes qui restaient du dernier
automne. A travers le mince rideau d'arbres, le petit lac s'étalait innocent, avec
ses canots blancs pour la plupart recouverts d'une bâche, attachés par un piquet
à la rive ; leurs propriétaires sans doute étaient dans les tranchées.

Marguerite YOURCENAR, *Quoi ? L'Éternité* (éd. posthume, 1988)
© éd. Gallimard

POUR LE COMMENTAIRE

1. Quel est le **rôle de la situation historique** dans un
tel passage ?

2. Quel **regard** pose la narratrice sur son propre passé ?
Montrez que l'autobiographie s'allie à la relation objective
de l'historienne.

Comparez le ton du récit à celui des *Mots*, de Jean-Paul
Sartre (voir p. 489).

3. Montrez qu'à travers **la quête du temps perdu**, se
révèle la quête d'une identité perdue.

Serge Doubrovsky *La Vie l'instant* (1985)

Serge Doubrovsky, *né en 1928 à Paris, est professeur à l'Université de New York. Après plusieurs œuvres de critique* (Corneille et la dialectique du héros, *1964 ;* La Place de la madeleine, *1974), il s'est donné dans le roman moderne une place originale, exploitant sa connaissance de Proust et de Freud aussi bien que les détails, comiques ou tragiques, de sa vie professionnelle et de sa vie intime, qu'il transpose dans la fiction avec une impudeur calculée, un humour virant souvent au noir, et un grand bonheur de regard.*

West Side Story

La Vie l'instant *promène son narrateur dans New York, d'un rendez-vous à l'autre : avec le fisc, le jeu, l'amour, la mort... Le rendez-vous du quotidien avec le burlesque, comme avec le fantastique.*

New York, le 14 février 1984

Hier, j'ai été voir L., mon expert comptable, pour notre annuel rendez-vous fiscal. Cette fois, vous direz que je dépasse la limite. De livre en livre, je me livre. Je vous inflige mes tourments amoureux, je vous
5 assène mes nostalgies filiales, je vogue dans mes vagues à l'âme quadra et quinquagénaires. Je me peins, me plains en long et en large, un autoportrait en pied. Maintenant, pour vous offrir une nouvelle page de ma vie, je vais vous tendre ma feuille
10 d'impôts. Qu'on se rassure. Question portefeuille, motus, je suis d'une discrétion absolue. J'ouvre plus facilement ma braguette. Les impôts sont trop sérieux pour être mis à contribution.

D'ailleurs, parler d'hier me gêne. D'habitude,
15 quand je me raconte, c'est à distance. Avec mon style. Le style est la distance des mots. Mais hier me colle au corps, sa substance m'empoisse. La réalité m'empèse, m'empêche. Hier ne peut pas s'inventer.

Hier est trop proche, presque aujourd'hui, vivre et
20 écrire en même temps est impossible. Je ne veux pas tenir de journal : trop fier pour me tenir du hasard. Quand on en fait le récit, la vie ne doit pas aller à l'aventure. Pourtant, il faut apprendre à être humble, se prendre en note. Parfois, il faut renoncer
25 à s'orchestrer. Le coup de baguette, c'est l'existence qui le donne. Moi qui ai composé là-dessus tout un ouvrage, je devrais le savoir. Me souvenir de Proust. De la madeleine. Le passé. « C'est peine perdue que nous cherchions à l'évoquer, tous les efforts de notre
30 intelligence sont inutiles. Il est caché hors de son domaine et de sa portée, en quelque objet matériel (en la sensation que nous donnerait cet objet matériel) que nous ne soupçonnons pas. » Moi, je ne soupçonnais pas. La visite à mon expert comptable,
35 partage annuel avec le fisc du gâteau. Qu'elle se transformerait en madeleine.

L. et moi, on se perd de vue, de vie, des mois. On habite des planètes différentes, on est séparés par un gouffre interstellaire. Et puis, nos courbes se
40 rapprochent, rendez-vous spatial, on a notre intersection d'orbite en février. Cette fois, ce ne devrait pas être astronomique. Je ne crois pas devoir des sommes folles. *Form 1040*, j'ai dûment consulté les nouveaux barèmes, fait une longue liste d'abatte-
45 ments. Pas besoin de numéroter mes abattis. Je devrais m'en tirer sans trop de mal. Quand même, on n'est jamais certain. Avec ce genre d'écritures, on laisse souvent des plumes. J'éprouve, malgré moi, un peu d'angoisse. Une visite à son comptable,
50 c'est comme une séance chez un psy : on sait ce qui est rentré, mais on n'est jamais sûr de ce qui sort.

Serge DOUBROVSKY, *La Vie l'instant* (1985)
© éd. Balland

POUR LE COMMENTAIRE

1. Quelles **anxiétés**, dans sa vie d'homme et de citoyen, et quelles **difficultés**, dans l'acte d'écrire, expose ici le narrateur ? Quels en sont les liens ?

2. Quel **rôle** joue la référence à Proust ?

3. Relevez quelques **jeux de mots et fantaisies** de langage.

Promenade dans Manhattan.
Photo de Raymond Depardon.

4. Deux nouvelles

Daniel Boulanger
Les Jeux du tour de ville (1983)

Né à Compiègne en 1922, **Daniel Boulanger** est poète et romancier, mais surtout nouvelliste. Son œuvre est abondante : *Le Téméraire*, 1962 ; *La Rose et le Reflet*, 1968 ; *Miroir d'ici*, 1978 ; *La Dame de cœur*, 1980 pour les romans ; *Les Noces du merle*, 1964 ; *Mémoire de la ville*, 1970 ; *Vessies et Lanternes*, 1971 ; *Fouette, cocher !*, 1973 ; *Table d'hôte*, 1982 ; *Les Jeux du tour de ville*, 1983, etc. pour les nouvelles.

Il est aussi le scénariste de plus de cent films, parmi lesquels *L'Homme de Rio*, *La Vie de château*, *Une femme fidèle*, *Le Roi de cœur*.

22, rue du Hennin

Derrière la porte ronde, fermée dans l'étroite rue fermée, avril s'en va fil à fil et les merles d'un noir neuf sautent dans la neige qui tombe du cerisier. L'écrivain regarde son jardin clos, le gazon tondu au
5 plus ras, le prunus en fleur de la couleur des bas de torero, ce rose retourné, le seul qu'il supporte. Le roulement des camions sur le boulevard de ceinture serre la panse d'un ciel pâle. Un chat que l'on ne voyait pas à l'affût sur le haut du mur, de la couleur
10 de la pierre et tassé, bondit sur une merlette qui lui échappe d'un saut de côté, laissant aux griffes une plume qui se détend, dérisoire et transparente. La trace même de la vie.

— Alors, l'écrivain ?
15 Le visiteur l'appelle ainsi, gentiment, avec un petit sourire, comme l'on demande de ses nouvelles à un malade. Aucune moquerie par conséquent. L'écrivain aurait tort d'en soupçonner. Ce serait plutôt une pointe d'envie, mais il n'y a pas de quoi, il pourrait
20 rassurer l'étranger, lui dire qu'il est seulement abandonné temporairement.

— Tu es seul ?
— Oui.
Il ment parce qu'il est bien élevé, plutôt gentil. En
25 réalité il n'est pas seul. Depuis le coup de sonnette du visiteur, ses personnages sont en récréation dans le jardin.

— Qu'est-ce que tu regardes ?
— Rien.
30 Rien, ça va plus vite. Il ne peut pas expliquer qu'Alexandrine Saint-Hilaire vient de tromper son mari parce qu'il fait trop de politique et qu'il la délaisse. L'époux devrait se féliciter de ce détournement qui est le moindre pis-aller puisqu'elle a
35 encore pensé, ce matin, à l'abattre d'un coup de pistolet selon un plan qui ferait croire à un règlement de comptes entre partis opposés. Il ne peut pas expliquer toutes les hésitations, virevoltes et manipulations de ses personnages avant la fin de son
40 histoire. Certes, il sait où il va, mais quel est le meilleur chemin pour aller au but ? C'est à ce carrefour qu'il en est. Alexandrine est bien belle dans sa fureur. Elle marche entre les oiseaux qui sont revenus parce que le chat est parti.

45 — Tu ne m'écoutes pas ! lui fait-on remarquer.
— Mais si.
— Tu n'écoutes que toi !
— Après !
— Après quoi ?
50 — Après tout.
C'est après les avoir écoutés, tous, en effet, que son imagination qui n'est qu'une secrétaire à colle et ciseaux commence à se régaler. Elle ne l'emporte pas comme on pourrait croire ! Au contraire, c'est lui
55 qui la surveille. Il lit par-dessus son épaule, il arrête sa main. D'ailleurs quand il lui a pris fantaisie de la négliger il a écrit des histoires à la venvole qui se sont retrouvées dans les faits divers des journaux, parfois longtemps après, en chair et en os, si l'on
60 peut dire. Le visiteur s'en va. L'écrivain reste à la fenêtre qui est son parc, sa chambre, le lieu des féeries et des perditions, le paradis. Alexandrine cueille une primevère qu'elle ira tout à l'heure glisser dans le tas de feuilles posées sur le bureau. A moins
65 que ce ne soit celle que l'on appelle la Madone et qui surgit sans qu'on la demande au pied du perron. Elle a l'air si malheureux que l'écrivain lui fait signe. Veut-elle se confesser ? Il sait bien pourtant que de tous ses amants elle préfère le vicaire qui partage ce
70 qu'elle prend toujours pour un péché et qui est le seul à lui donner, leurs bêtes faites, l'absolution. Mais voici que l'on frappe de nouveau à la porte. L'écrivain a la faiblesse d'ouvrir encore. C'est encore le visiteur, taquin.
75 — Égoïste !
— Sûrement, dit l'écrivain. A preuve, je te fourre aussi dans mon sac ! Excuse-moi. Alexandrine m'attend.
Le visiteur s'éloigne. Dans un rai de soleil le
80 silence ronronne.

Daniel BOULANGER, *Les Jeux du tour de ville* (1983), © éd. Gallimard

---

LECTURE COMPARÉE _____

Rapprochez cette nouvelle du texte de Marcel AYMÉ, p. 447.

Jean Echenoz *L'Occupation des sols* (1988)

Né à Orange en 1948, **Jean Echenoz** est entré en littérature après des études de sociologie. Son premier roman *Le Méridien de Greenwich* (1979) a suscité l'intérêt de la critique. Il a publié depuis lors : *Cherokee* (1983) et *L'Équipée malaise* (1987). Voici le texte intégral de sa dernière publication, *L'Occupation des sols*, dont Pierre Lepape écrit : « Si quelqu'un vous propose d'échanger 90 % des romans français publiés depuis un an contre ces seize pages-là, n'hésitez pas, acceptez, c'est une bonne affaire ! »

Comme tout avait brûlé — la mère, les meubles et les photographies de la mère —, pour Fabre et le fils Paul c'était tout de suite beaucoup d'ouvrage : toute cette cendre et ce deuil, déménager, courir se refaire dans les grandes surfaces. Fabre trouva trop vite quelque chose de moins vaste, deux pièces aux fonctions permutables sous une cheminée de brique dont l'ombre donnait l'heure, et qui avaient ceci de bien d'être assez proches du quai de Valmy.

Le soir après le dîner, Fabre parlait à Paul de sa mère, sa mère à lui Paul, parfois dès le dîner. Comme on ne possédait plus de représentation de Sylvie Fabre, il s'épuisait à vouloir la décrire toujours plus exactement : au milieu de la cuisine naquirent des hologrammes que dégonflait la moindre imprécision. Ça ne se rend pas, soupirait Fabre en posant une main sur sa tête, sur ses yeux, et le découragement l'endormait. Souvent ce fut à Paul de déplier le canapé convertible, transformant les choses en chambre à coucher.

Le dimanche et certains jeudis, ils partaient sur le quai de Valmy vers la rue Marseille, la rue Dieu, ils allaient voir Sylvie Fabre. Elle les regardait de haut, tendait vers eux le flacon de parfum Piver, Forvil, elle souriait dans quinze mètres de robe bleue. Le gril d'un soupirail trouait sa hanche. Il n'y avait pas d'autre image d'elle.

L'artiste Flers l'avait représentée sur le flanc d'un immeuble, juste avant le coin de la rue. L'immeuble était plus maigre et plus solide, mieux tenu que les vieilles constructions qui se collaient en grinçant contre lui, terrifiées par le plan d'occupation des sols. En manque de marquise, son porche saturé de moulures portait le nom (Wagner) de l'architecte-sculpteur gravé dans un cartouche en haut à droite. Et le mur sur lequel, avec toute son équipe, l'artiste Flers avait peiné pour figurer Sylvie Fabre en pied, surplombait un petit espace vert rudimentaire, sorte de square sans accessoires qui ne consistait qu'à former le coin de la rue.

Choisie par Flers, pressée par Fabre, Sylvie avait accepté de poser. Elle n'avait pas aimé cela. C'était trois ans avant la naissance de Paul, pour qui ce mur n'était qu'une tranche de vie antérieure. Regarde un peu ta mère, s'énervait Fabre que ce spectacle mettait en larmes, en rut, selon. Mais il pouvait aussi chercher la scène, se faire franchement hostile à l'endroit de l'effigie contre laquelle, en écho, rebondissaient ses reproches — Paul s'occupant de modérer le père dès qu'un attroupement menaçait de se former.

Plus tard, suffisamment séparé de Fabre pour qu'on ne se parlât même plus, Paul visita sa mère sur un rythme plus souple, deux ou trois fois par mois, compte non tenu des aléas qui font qu'on passe par là. D'une cabine scellée dans le champ visuel de Sylvie Fabre, il avait failli appeler son père lorsqu'on se mit à démolir la vieille chose insalubre qui jouxtait l'immeuble Wagner. Celui-ci demeura seul, dressé comme un phare au bord du canal. Le ravalement de la façade fit naître sur la robe bleue, par effet de contraste, une patine ainsi que des nuances insoupçonnées. C'était une belle robe au décolleté profond, c'était une mère vraiment. On remplaça la vieille chose par un bâtiment dynamique tout carrelé de blanc, bardé de balconnets incurvés, l'autre flanc du Wagner se trouvant heureusement protégé par la pérennité de l'espace vert, qui formait un gazon subsidiaire aux pieds de Sylvie.

Négligence ou manœuvre, on laissait l'espace dépérir. Les choses vertes s'y raréfièrent au profit de résidus bruns jonchant une boue d'où saillirent des ferrailles aux arêtes menaçantes, tendues vers l'usager comme les griffes mêmes du tétanos. L'usager, volontiers, s'offense de ces pratiques. Heurté, l'usager boycotte cet espace rayé du monde chlorophyllien, n'y délègue plus sa descendance, n'y mène plus déféquer l'animal familier. Le trouvant un matin barré d'une palissade, il cautionne cette quarantaine l'œil sec, sans se questionner sur son initiative ; son cœur est froid, sa conscience pour soi.

La palissade se dégraderait à terme : parfait support d'affiches et d'inscriptions contradictoires, elle s'était vite rompue à l'usure des choses, intégrée au laisser-aller. Rassérénés, les chiens venaient compisser les planches déjà gorgées de colle et d'encre, promptement corrompues : disjointes, ce que l'on devinait entre elles faisait détourner le regard. Son parfum levé par-dessus la charogne, Sylvie Fabre luttait cependant contre son effacement personnel, bravant l'érosion éolienne de toute la force de ses deux dimensions. Paul vit parfois d'un œil inquiet la pierre de taille chasser le bleu, surgir nue, craquant une maille du vêtement maternel ; quoique tout cela restât très progressif.

Il suffit d'un objet pour enclencher une chaîne, il s'en trouve un toujours qui scelle ce qui le précède, colore ce qui va suivre — au pochoir, ainsi, l'avis du permis de construire. Dès lors c'est très rapide,

100 quelqu'un sans doute ayant vendu son âme avec l'espace, il y a le trou. Il y eut le trou, tapissé de cette terre fraîche qui est sous les villes, pas plus stérile qu'une autre ; des hommes calmement casqués de jaune la pelletaient avec méthode, s'aidant de
105 machines, deux bulldozers puis une grue jaunes. Les planches brisées de la palissade brûlaient sans flamme dans une excavation, poussant des spires de colle noire dans l'air. Tendu sur des piquets rouillés, du ruban rouge et blanc balisait le théâtre. Les
110 fondations enracinées, toutes les matières premiè-res livrées, on lança la superstructure et de nouvelles planches neuves traînèrent un peu partout, gainées d'un grumeau de ciment. Les étages burent Sylvie comme une marée. Paul aperçut Fabre une fois sur
115 le chantier, l'immeuble allait atteindre le ventre de sa mère. Une autre fois c'était vers la poitrine, le veuf parlait avec un contremaître en dépliant des calques millimétrés. Paul se tint à distance, hors de portée de la voix énervante.
120 Au lieu de l'espace vert, ce serait un immeuble à peu près jumeau du successeur de la vieille chose, avec des bow-windows au lieu de balconnets. Plus tard tous deux seraient solidaires, gardes du corps du Wagner préservé, projetant l'intersection de leurs
125 ombres protectrices sur sa vieille toiture en zinc. Mais à partir des épaules, le chantier pour un fils devenait insoutenable, Paul cessa de le visiter lors-que la robe entière eut été murée. Des semaines passèrent avant qu'il revînt quai de Valmy, d'ailleurs
130 accidentellement. L'édifice n'était pas entièrement achevé, des finitions traînaient, avec des sacs de ciment déchirés ; mastiquées depuis peu, les vitres étaient encore barrées de blanc d'Espagne pour qu'on ne les confondît pas avec rien. C'était un
135 sépulcre au lieu d'une effigie de Sylvie, on l'appro-chait d'un autre pas, d'une démarche moins souple.
Après l'entrée, au cœur d'une cour dallée, un terre-plein meuble prédisait le retour de la végéta-tion trahie. Paul considérant cela, une femme qui
140 venait sur le trottoir s'arrêta derrière lui, leva les yeux au ciel et cria Fabre. Paul, dont c'est quand même le nom, se tourna vers elle qui criait Fabre Fabre encore, j'ai du lait. La voix énervante tomba du ciel, d'une haute fenêtre au milieu du ciel : tu simules,
145 Jacqueline. La femme s'éloignait, on ne sait pas qui c'était. Monte, Paul.
Des revers auraient dû sévir pendant leur perte de vue puisqu'il n'y avait plus aucun de ces gros meubles achetés en demi-deuil, lustrés par l'argent
150 de l'assurance. Ce n'était qu'un matelas de mousse poussé contre le mur de droite, un réchaud, des tréteaux avec des plans dessus ; déjà les miettes et les moutons se poursuivaient sur le sol inachevé. Mais Fabre se tenait bien vêtu, ne craignait pas l'eau
155 froide. Il avait fait les vitres par lesquelles on distin-guait le fond du canal, privé de son liquide pour cause de vidange trisannuelle : trop peu d'armes du crime se trouvaient là, les seuls squelettes étant des armatures de chaises en fer, des carcasses de cy-

160 clomoteurs. Sinon cela consistait en jantes et pneus disjoints, pots d'échappement, guidons ; la propor-tion de bouteilles vides semblait normale, en revan-che une multitude de chariots d'hypermarchés ri-vaux déconcertait. Constellé d'escargots stercorai-
165 res, tout cela se vautrait dans la vase que de gros tuyaux pompaient mollement sous leurs anneaux gluants, lâchant d'éventuels bruits de siphon.
Fabre s'était présenté le premier au bureau de location, avant même l'intervention des peintres,
170 donnant un regard mort à l'appartement témoin. On ne le dissuada pas franchement d'emménager tout de suite, au quatrième étage côté Wagner, dans un studio situé sous les yeux de Sylvie qui étaient deux lampes sourdes derrière le mur de droite. Selon ses
175 calculs il dormait contre le sourire, suspendu à ses lèvres comme dans un hamac ; à son fils il démontra cela sur plans. La voix de Fabre exposait une mission supérieure, relevant d'une cause auprès de quoi les nerfs du fils pouvaient faire l'autruche. Paul
180 partit quand même après vingt minutes.
Il rassembla des affaires et revint samedi soir. Le père avait fait quelques courses : un autre bloc de mousse, quelques outils, beaucoup de yaourt et de pommes chips, beaucoup de nourriture légère. Nul
185 ne raconta rien de ces dernières années, rien ne s'évoqua sous l'ampoule nue ; on discourut juste de la nécessité, puis de la couleur d'un abat-jour. Fabre était un peu plus disert que Paul, avant de s'endor-mir il se plaignit doucement, comme pour lui-même,
190 du système de chauffage par le sol. Regarde un peu le soleil qu'on a, dit-il aussi le lendemain matin.
Le soleil en effet balaierait tout le studio, comme un projecteur de poursuite dans un music-hall fron-talier. C'était dimanche, dehors les rumeurs étouf-
195 fées protestaient à peine, parvenant presque à ce qu'on les regrettât. Ainsi que tous les jours chômés, les heures des repas tendraient à glisser les unes sur les autres, on s'entendit pour quatorze heures — ensuite on s'y met. Un soleil comme celui-ci, déve-
200 loppa le père de Paul, donne véritablement envie de foutre le camp. Ils s'exprimèrent également peu sur la difficulté de leur tâche qui requerrait, c'est vrai, de la patience et du muscle, puis des scrupules d'égyp-tologue en dernier lieu. Fabre avait détaillé toutes les
205 étapes du processus dans une annexe agrafée aux plans. Ils mangèrent donc vers quatorze heures mais sans grand appétit, leurs mâchoires broyaient la durée, la mastication n'était qu'horlogère. D'un tel compte à rebours on peut, avant terme, convoquer
210 à son gré le zéro. Alors autant s'y mettre, autant gratter tout de suite, pas besoin de se changer, on a revêtu dès le matin ces larges tenues blanches pailletées de vieille peinture, on gratte et des stratus de plâtre se suspendent au soleil, piquetant les
215 fronts, les cafés oubliés. On gratte, on gratte et puis très vite on respire mal, on sue, il commence à faire terriblement chaud.

Jean ECHENOZ, *L'Occupation des sols* (1988)
© éd. de Minuit

5. Miroir des apparences et magie du langage

Dans un univers d'objets, l'homme est-il lui-même devenu chose ? Telle est la question que posait déjà Simone de Beauvoir avec *Les Belles Images* (1966).

L'apparition discrète de *La Dentellière* (Pascal Lainé), de *Creezy* (Félicien Marceau), *Les Choses* (George Perec), la prose dépouillée de **RAYMOND JEAN** qui semble effleurer seulement les contours de ses personnages, poursuivent sans doute cette interrogation.

Dans une perspective sociocritique, on peut voir là **le symptôme de la réification engendrée par le développement anarchique du capitalisme**. Plus généralement, on remarquera une rhétorique nouvelle, **une sorte de glaciation du style** dégagé des coquetteries de l'écriture artiste comme des artifices de la psychologie traditionnelle.

Et pourtant : *baroque, baroquisme, nouveaux lyriques...* Le foisonnement des qualificatifs témoigne de l'enchantement — peut-être aussi de la perplexité — des critiques et des lecteurs face à l'exubérance dont savent faire preuve quelques-uns des romanciers contemporains les plus en vue.

Mais **les chatoiements du style ne doivent pas faire oublier la réalité**. Celle-ci est souvent violente, inquiétante, paradoxale. C'est précisément cette étrangeté insaisissable, aux limites de l'absurde, qui nécessite, pour s'exprimer, le recours à un langage spécifique, hors du commun.

Erik Orsenna *La Vie comme à Lausanne* (1977)

Erik Orsenna, de son vrai nom Erik Arnoult, né en 1947, a connu en 1988 un grand succès de librairie avec *L'Exposition coloniale*, qui a obtenu le prix Goncourt. Économiste, ancien conseiller du président François Mitterrand, il avait déjà publié d'autres romans : *Loyola's blues* (1974), *La Vie comme à Lausanne* (1977, prix Roger-Nimier), *Une Comédie française* (1980).

Erik Orsenna allie **une reconstitution scrupuleuse** du décor, des événements et des modes diverses des époques passées, à **une technique de composition savante**, qui privilégie le découpage en multiples épisodes-tableaux, et à un constant usage de l'humour, dans le détail du récit et des portraits comme dans les pirouettes verbales. On ne sait trop ce qui l'emporte, d'un sérieux d'archiviste dans la recherche documentaire ou d'une propension jamais lasse à la plaisanterie.

Sciences Po...

*** La Vie comme à Lausanne

Plutôt qu'un extrait de *L'Exposition coloniale*, nous proposons un court chapitre de *La Vie comme à Lausanne*, où apparaissent les souvenirs sarcastiques de l'ancien élève de l'Institut d'Études politiques. Le héros du roman, Charles-Arthur, en qui sa mère voyait un futur grand poète, sera, après une longue patience, député : député du centre, au sens politique du terme. Prudent et résigné, sa vie ressemblera à la ville de Lausanne. Laissons à Erik Orsenna la responsabilité de cette comparaison...

1. Sociologue français (1875-1959) spécialiste de la société américaine.

Rue Saint-Guillaume, l'éducation tenait de la toilette des morts. Tôt le matin, sur les terreaux où elle prospère, Bastille, la Commune, Palais-Bourbon, République... les domestiques allaient cueillir l'Histoire de France. Protégés par des gants de caoutchouc, ils la déchargeaient discrètement, côté jardin rue des
5 Saints-Pères, côté cour rue de Grenelle, avant le passage des éboueurs. Sanguinolente, mal peignée, poussiéreuse, crachant par terre, elle n'attendait pas longtemps, l'Histoire. On lui passait la camisole. On la hissait vers l'office. On l'embaumait fébrilement. On la corrigeait de fards et de cire. On ne la présentait aux familles, on ne la servait aux élèves qu'après neuf heures, sur des fauteuils
10 Louis XV, des sofas Récamier, poudrée, comme il faut, coiffée, pudique, marquée de cernes juste assez, et de rides aux tempes, parfois facétieuse, nostalgique (sans excès) d'anciens régimes, grande bourgeoise, voici la malade.

André Siegfried[1] montait sur l'estrade, une baguette à la main, l'amphithéâtre demeurait coi, aujourd'hui nous verrons les révolutions de 48 et, si le temps le
15 permet, le début des irrédentismes, il approchait la baguette, voyez, là, vers le sud, la tumeur anarchiste, ici, plus à l'ouest, l'eczéma régionaliste.

Les élèves en frissonnaient. Tremblaient trop pour prendre des notes.

Charles-Arthur jubilait. Autant le droit lui avait paru technique, un peu sec, d'envergure médiocre, autant les sciences politiques le ravissaient. Il avait
20 l'impression d'assister, du premier étage de la tour Eiffel, en technicolor et sans risque, à l'ensemble de l'aventure humaine, la bataille d'Austerlitz, l'échec de Weimar, le lancement périlleux d'un emprunt d'État. A la tombée du jour, le maître résumait d'un schéma la séquence, deux, trois idées simples, modérées, générales, mesdemoiselles, messieurs, Hegel et Spinoza aimaient à compliquer,
25 le monde est bien plus sommaire qu'ils ne croyaient.

Dans ces conditions, il n'était guère difficile de réussir aux examens, il suffisait d'une bonne mémoire visuelle, et d'alterner les devoirs.

• progressistes.

(certes il est dangereux de réformer : 1re partie mais plus périlleux encore de
30 laisser en l'état : IIe partie).

• puis réactionnaires.

(le statu quo, certes, ne va pas sans risques : 1re partie mais le changement c'est l'Aventure : IIe partie).

tout dépendait, on l'a deviné, de l'enchaînement des deux parties. A ce jeu de
35 balance, il fut brillant, plusieurs fois lauréat, félicité par la direction, promis au plus bel avenir, l'inspection (des Finances) ou le Conseil (d'État).

Erik ORSENNA, *La Vie comme à Lausanne* (1977)
© éd. du Seuil

Yann Queffélec *Les Noces barbares* (1985)

Auteur du *Charme noir* (1983), **Yann Queffélec**, né en 1949, est critique littéraire. Il a obtenu le prix Goncourt en 1985 pour *Les Noces barbares*. En 1988, il a publié *La Femme sous l'horizon*.

*** *Les Noces barbares*

La jeune Nicole, qui croyait au grand amour, a été violée par trois soldats américains basés sur la côte bretonne. Enceinte, elle accouchera de Ludovic (Ludo). Elle le hait, le maudit et le considère comme un demeuré tout en lui cachant ses origines.

Ludo
___

Un jeudi matin, dans la chambre de Nicole, Ludo parut trébucher en déposant son plateau, le café brûlant se répandit sur sa mère : « Non seulement t'es idiot, mais en plus t'es dangereux… »

La fois suivante, il se leva tôt, revêtit ses habits du dimanche et descendit
5 préparer le petit déjeuner. Le service était toujours parfait. La géométrie du couvert, le pain laqué de beurre, et même l'empilage harmonieux des sucres dans la soucoupe attestaient un soin maniaque.

Ludo remonta prudemment l'escalier. Juste avant de frapper au battant, il posa le plateau sur le sol avec précaution. Il tira de sa poche une épingle anglaise, et
10 se perça le gras du pouce au-dessus du sol, regardant les gouttes de sang vermeil s'unir au café fumant. Puis il referma l'épingle et frappa.

Nicole était d'humeur à converser.

« Tu n'oublieras pas d'encaustiquer en bas. Cet après-midi t'iras jouer dehors, ma mère vient. Si tu es sage, tu pourras regarder la télé ce soir. Qu'est-ce que
15 tu vas faire maintenant ?

— Tatav[1] y m'a prêté son train.

— Et tes devoirs ?

— J'ai tout fait.

1. Tatav est le fils de Micho. Il persécute Ludo.

Marianne Basler dans *Les Noces barbares*, film de Marion Hänsel, 1987.

> — Alors ça va... Dis donc, c'est toi qui t'es lavé dans ma salle de bains, hier ?
> 20 — Non c'est pas moi.
> — Pourtant ça sentait bien ton odeur, j'ai dû aérer. »
> Ludo fit pivoter le rocking-chair pour la fixer dans les yeux.
> « C'est mon père qui s'est lavé. »
> Nicole se troubla.
> 25 « Micho[2] tu veux dire, c'est bien ça ?...
> — Qui c'est mon père ? » murmura-t-il en se détournant.
> Nicole avait pâli.
> « Qu'est-ce que tu racontes, imbécile ?
> — Je raconte rien », dit-il alors d'une voix normale.
> 30 De plus en plus souvent Ludo faisait allusion à son père de façon larvée, jouant sur la confusion dans l'esprit des autres avec Micho. Un jour, il avait annoncé froidement que son père était venu le chercher à la sortie du catéchisme. Une autre fois, c'était une promenade en auto qu'il avait faite avec lui. De telles provocations glaçaient Nicole. « Ne joue pas les petits malins, Ludo »,
> 35 grondait-elle, mais sans insister.
> Elle s'était renfoncée dans les oreillers.
> « Tu deviens sournois, c'est pas beau ça. Qu'est-ce qu'on t'apprend au catéchisme ?
> — C'est les Romains avec Jésus. Et comment Ponce Pilate y s'est lavé les
> 40 mains. Jésus y l'ont mis en croix qu'elle a dit. Au champ du crâne. Les pharisiens, ils étaient jaloux.
> — T'en sais des choses, dis-moi... Mais j'espère aussi qu'on t'enseigne l'obéissance et le respect.
> — Je sais pas.
> 45 — Et tes prières, tu les connais ?
> — Y en a une, j'y arrive pas. C'est rasoir.
> — Laquelle ?
> — Le *Notre Père* ».

Yann QUEFFÉLEC, *Les Noces barbares* (1985)
© éd. Gallimard

2. *Nicole a épousé Micho, un brave mécanicien qui l'aime sincèrement et cherche à protéger son beau-fils.*

POUR LE COMMENTAIRE

1. L'enfant. En quoi Ludo peut-il apparaître comme un arriéré ? De quoi est-il victime ? Est-il fou ?

2. La mère. Pourquoi déteste-t-elle son fils ? Comment le traite-t-elle ? Quelle fin peut-on imaginer au roman ?

3. L'absent. Relevez les différentes occurrences du mot *père*. Pourquoi prend-il une place si importante dans la vie de Ludo ?

Raymond Jean *La Lectrice* (1986)

Né à Marseille en 1925, **Raymond Jean** a écrit des essais, des nouvelles, des romans, notamment *La Fontaine obscure* (1976). Dans ce récit, conçu à partir de documents d'archives, il met en scène un procès de sorcellerie tenu au XVIIᵉ siècle et laisse percevoir les analogies qu'il peut y avoir entre l'obscurantisme passé et les formes modernes de l'intolérance. *Les Deux Printemps* (1971), *La Rivière nue* (1978) et, dans une certaine mesure, *La Lectrice* poursuivent ce réquisitoire contre les préjugés, le conformisme et l'hypocrisie. A ses yeux toute société peut rendre l'innocence coupable.

*** *La Lectrice*

Dans une petite ville de province, Marie-Constance propose par petites annonces de se rendre à domicile pour lire à haute voix des textes aux personnes que la littérature pourrait intéresser. Activité anodine semble-t-il, et qui finit par prospérer. Trop bien peut-être. Marie-Constance s'aperçoit rapidement que ses lectures de Marx, Sade, Perec ou Claude Simon déclenchent chez ses auditeurs des réactions aux conséquences inattendues.

Dans l'extrait suivant, Marie-Constance lit un extrait de Lewis Caroll à une petite fille, en l'absence de sa mère.

De l'imaginaire au réel

C'est ce beau temps-là qui va me jouer un tour. A peine, en effet, ai-je commencé la lecture d'*Alice*[1] que Clorinde se met à donner de curieux signes d'agitation espiègle. Par exemple, je termine le
5 passage suivant :

« Alice se sentit tomber dans un puits très profond. Soit profondeur du puits, soit lenteur de la chute, elle eut tout le loisir de regarder autour de soi et de demander ce qui allait advenir. Elle tâcha d'abord de
10 *regarder en bas pour savoir où elle allait ; mais il faisait trop noir. Alors elle examina les parois du puits et les remarqua couvertes de buffets et d'étagères ; par-ci, par-là de cartes, de tableaux pendus à des chevilles. Elle happa au passage un pot d'une*
15 *tablette. Il portait les mots : confiture d'oranges. Mais elle fut bien désappointée de le trouver vide... »*

Elle se lève aussitôt, se précipite à la cuisine, je l'entends remuer, déplacer des objets, sans doute un escabeau, ouvrir un placard, et elle revient,
20 triomphante, un pot de confiture d'oranges à la main. Je lui dis de ranger cela bien vite et de revenir écouter l'histoire. Elle s'exécute, revient, reprend place sur sa petite chaise où elle fait mine de se tenir les bras croisés, écoute, mais lorsque j'aborde cette
25 fois le passage de la chatte Dina qui croque les chauves-souris, elle se lève encore d'un bond et va chercher, je ne sais trop où, dans le cellier peut-être, un minuscule chat bleuté qui dort dans un panier. C'est une chatte ! me dit-elle en me mettant le panier
30 sous le nez, elle est née il y a une semaine. Je regarde la chatonne, l'admire, la caresse même du bout d'un doigt, sans la réveiller, puis demande à Clorinde d'aller la remettre là où elle l'a trouvée. La lecture reprend. C'est alors que nous arrivons au
35 passage de la clé d'or :

« Tout à coup elle rencontra un petit guéridon tout de verre massif, et rien dessus, qu'une mignonne petite clé d'or. La première pensée d'Alice fut qu'elle

ouvrirait une des portes ; mais, hélas ! soit que les
40 *serrures fussent trop larges, ou la clé trop petite, toujours est-il qu'elle n'allait dans aucune... »*

Inutile de poursuivre ! A ces mots, Clorinde se lève pour la troisième fois et va chercher, sur la porte de l'entrée, la clé de la maison. Elle me l'apporte, me
45 la montre, et c'est ici qu'intervient le malencontreux beau temps. Si nous sortions, me dit-elle, il fait si beau !... je ne sors jamais... maman rentrera tard !... Elle est si adorable tout d'un coup avec ses joues roses et ses yeux de poupée mécanique que je ne
50 résiste pas. Je dis oui. Inconsciente. Irresponsable. Une fois de plus. Mais c'est vrai que le temps est radieux, le ciel vraiment bleu par la fenêtre et qu'il semble nous appeler, nous faire un signe insistant. La clé est là, pendue à un porte-clé, dans la main de
55 Clorinde, et comme un objet magique elle décide de tout. C'est entendu : nous sortons. Il paraît qu'il y a une fête foraine étourdissante au-dessous du Mail, des manèges, des jeux, des boutiques, des baraques. Clorinde est folle de joie. Et moi, c'est clair,
60 je suis folle tout court.

Raymond JEAN, *La Lectrice* (1986)
© éd. Actes Sud

---

1. Alice au pays des merveilles *(1865), conte de l'écrivain anglais Lewis Carroll (1832-1898).*

LECTURE MÉTHODIQUE

1. Le pot de confiture (l. 6 à l. 22)

Quel rapport y a-t-il entre l'imaginaire et le réel ?

2. Le chat (l. 25 à l. 33)

Montrez comment s'effectue le passage de l'ordre au désordre.

3. La clé (d'or) (l. 34 à l. 60)

Que représente cet objet ? Pourquoi la lectrice cède-t-elle au caprice de l'enfant ?

Patrick Grainville
Les Forteresses noires (1982)

Né en 1947 à Villers (Calvados), **Patrick Grainville** est professeur de lettres et critique littéraire. Il a obtenu en 1976 le prix Goncourt pour *Les Flamboyants*. C'est à juste titre que son écriture, elle-même riche en images luxuriantes, le fait considérer comme un des maîtres du baroque contemporain. Parmi ses autres romans : *La Diane rousse* (1978), *Images du désir* (1978), *La Caverne céleste* (1984) et *L'Atelier du peintre* (1988).

*** *Les Forteresses noires*

Ces forteresses sont sans doute, au départ, les tours de la Défense. Mais le roman transcende la réalité et se situe très vite au niveau du mythe. Mythe infernal du monde souterrain où grouillent, pêle-mêle, les jeunes délinquants avec à leur tête le Roi des rats, et les gardiens surveillant les grands ensembles derrière leur œil électronique.

Dans son bureau, Raphaël, un P.D.G. décadent, rêve d'inventer de nouveaux artifices. Léone est son épouse. Élodie, sa fille, est un jeune sculpteur dont les mobiles rattachent l'art post-moderne à ses origines sacrées. Le « psychiatre de nuit », Chandor, écoute ici le nouveau projet de Raphaël.

La pierre et l'ombre

Ce seront les nouveaux clubs de vacances. Je déploie un éventail de désirs, de rêves, de complexes, de tropismes, d'obsessions d'un style inédit. Je substitue la lune au soleil, la peau blanche à la dorure. La blancheur de lait, de neige… Mes slogans publicitaires seront irrésistibles. J'imagine déjà les panneaux, des
5   images bouleversantes dans tous les métros. Car, Chandor, les images dans la nuit du métro sont de vraies apparitions. Elles ne s'oublient pas… Les Hautes Vosges sont criblées de roches cristallines, mastodontes violâtres ornant la moindre prairie et tous les sous-bois. Or, la pierre, Chandor, se lie dans l'inconscient des hommes à des cultes millénaires. Pierres sacrées assurant la
10 fécondité, pierres symboles d'éternité. Je vais réveiller la grande superstition des pierres. Montrer qu'elles peuvent favoriser la santé, guérir, renforcer l'équilibre psychologique, apporter la sérénité. Quand j'aurai célébré les puissances telluriques du roc et les énergies chthoniennes[1] des montagnes, peu à peu, j'édifierai dans l'imaginaire des gens un nouveau bloc de croyances. Ils croiront ! Ils
15 voudront caresser les pierres, les contempler, vivre dans leur voisinage bienfaisant. J'organiserai de longues marches, à pied, au sein des forêts, au fil des sentiers moussus, pieds nus ! vers les roches sacrées. Il faut faire dans la secte, Chandor ! J'exploite le retour du religieux… le rite ! le rite !… Et puis je n'aurai pas à me forcer, je n'ai jamais quitté ces rivages-là. Les Vosges sont, en outre,
20 irriguées de millions de sources. Le culte des sources et des fontaines magiques, je le rétablis. Je lance de grandes cérémonies baptismales. Bains purificateurs au terme d'itinéraires initiatiques et semés d'embûches. On arrive enfin à la source au fond des sapins noirs. On boit, on s'immerge, on absorbe la pureté de ces eaux sylvestres. Roches et sources ce couple mythique je vais le ressusciter…
25 Et ce mot de résurrection fit atteindre à Chandor le cœur de sa contemplation. Il entrait maintenant dans cette grande écoute où le sens cessant d'emprunter des canaux isolés montait, crue lente dans la porosité de l'âme. Alors Raphaël parlait un autre langage. Les mots étaient autant de cosses transparentes révélant d'intimes fluidités. Et ce fleuve s'immobilisait. Un lac immense s'élargis-
30 sait où Chandor voyait Raphaël, Léone, Élodie, les enfants de la Défense, les tours de verre… Tous les visages du monde transparaissaient dans l'eau sereine. Le temps se figeait dans la stupeur d'un cercle de neige.

1. *Qui appartiennent au monde souterrain.*

Et Raphaël disait : « Mais surtout, Chandor, la notion qui embrasse tout et
confère l'unité profonde à ces différents éléments, c'est l'Ombre. Nous y voilà,
35 l'ombre ! Ma campagne antisolaire se fonde sur le charme de l'ombre. Oui, je
préconiserai des bains d'ombre ! L'ombre s'absorbe comme le soleil, l'ombre se
respire comme le mystère des nuits, l'instinct des bêtes, le rêve des plantes,
l'obscure magie des grottes et de la terre. Les bains d'ombre obéiront à un rituel
précis de silence et de lenteur. Je veux convaincre les gens qu'en digérant
40 l'ombre, ils puiseront la tranquille violence des ténèbres. Ombre, donc blancheur ! Et je retrouve l'une de mes idées-force. Desdémone et Ophélie[2] ne sont
blanches que parce qu'elles sont filles de l'ombre. J'inventerai des lupanars de
la blancheur, d'indicibles neiges dans la nuit. Mes blanches égéries[3] allégeront
le monde. Je vais tester dans mes laboratoires des crèmes antibronzage, des
45 lotions de la transparence. De même qu'on distingue différents degrés de
bronzage, je nuancerai toute une gamme de pâleurs.

Patrick GRAINVILLE, *Les Forteresses noires* (1982)
© éd. du Seuil

2. Personnages
féminins des pièces
de Shakespeare,
Othello *et* Hamlet.

3. Conseillère,
inspiratrice.

Les tours de la
Défense.

LECTURE MÉTHODIQUE

Première partie

1. La publicité (l. 1 à l. 6). — **2. Les médecines
douces** (l. 6 à l. 12). — **3. La superstition** (l. 12 à l. 24).

Montrez comment l'auteur mêle le sérieux au burlesque
lorsqu'il évoque les croyances collectives et les pratiques
culturelles de notre société moderne.

Deuxième partie

4. Le mythe (l. 25 à l. 32). — **5. Le rituel magique**
(l. 33 à l. 46).

S'agit-il d'une véritable renaissance comme le pense
Chandor ou d'une épreuve faussement initiatique, dérisoire, absurde ?

GROUPEMENT THÉMATIQUE

La transposition mythique du réel

Rapprochez les textes de Marguerite YOURCENAR (p. 807).

— Michel TOURNIER (p. 794). — J.-M. G. LE CLÉZIO (p. 795).
— Tahar Ben JELLOUN (p. 818).

Tahar Ben Jelloun
Moha le fou, Moha le sage (1978)

Tahar Ben Jelloun est né en 1944 à Fès (Maroc). Poète, journaliste, romancier (*Harrouda*, 1973 ; *Cicatrices du soleil*, 1976 ; *La Prière de l'absent*, 1981) il a obtenu le prix Goncourt en 1987 pour *La Nuit sacrée*.

*** *Moha le fou, Moha le sage*

Ce roman au titre évocateur donne la parole à un exclu de la société maghrébine. Mais qui, mieux que ce mendiant, mieux que ce poète maudit, saurait incarner les incertitudes, les rêves et les espoirs du peuple africain ? A travers lui s'expriment aussi bien le jeune militant condamné pour délit d'opinion, l'esclave noir ou Moché, le fou des Juifs.

Imprécations

Je vous parle aujourd'hui de la mer. Même la mer a quelque chose de faux ce matin. Tout est figé. Tout est immobile dans vos calculs et vos répétitions. La prière comme le mensonge. L'espoir comme la fatalité. Quelle planche de bois sans parfum ! Tout s'est arrêté depuis longtemps, et vous ne le savez pas. S'il
5 n'y avait les enfants et quelques vieillards fous de lucidité, c'est tout le pays qui serait dans le coma. Un coma prolongé. Comme un corps anesthésié. Les guérisseurs ont pris la fuite. Tout s'est arrêté ; sauf votre sang qui continue bêtement de tourner. C'est la grande nausée. Je ne reconnais plus personne. Tout est figé comme vos certitudes et vos petits arrangements. Vous êtes nés la
10 bouche fermée sur des certitudes. Sauf la vipère. Elle est née enlacée à l'astre suprême. Elle est née de la figure éclatée par tant de miel et de sang. Ah ! vous n'êtes plus mes frères, ni mes semblables. Aujourd'hui, grâce à vous, je connais la solitude. Quelle misère : rien ne vous dérange. Ah ! oui, la mort, l'image de la mort. Il est question de mourir plus d'une fois, et vous faites semblant de vivre.
15 Adieu compagnons ! Seul le chameau a su vous apprendre la haine de la médiocrité. Mais que de mépris vous avez eu ! Que de sarcasmes vulgaires ! Mon ami le chameau a tout entendu. Il est resté silencieux. Il a pleuré et disparu. Que l'avenir soit léger pour toi, ô compagnon ! Que le ciel soit proche de ton amour et que les larmes soient les larmes du matin. La nostalgie est un voile, un masque
20 de l'oubli, une digue levée parmi les vieilles pierres. Vous reste la nuit où vous croupissez, corps gras, corps pendants. Mais la nuit n'a point de ventre pour réchauffer vos mains. Elle a des trappes et des sanglots lourds. Pour votre égoïsme. Pour vos calculs. Vous dormez enlacés à vos biens, votre fortune moins le ciel. Le matin, il se dégage de vos corps las et froissés l'odeur de la banalité.
25 C'est là votre honte discrète. C'est là l'amnésie impossible. C'est là l'impossible révolution... Révolution, ai-je dit ?

Oui, tu as parlé de révolution. Tu n'as pas cessé d'injurier les honnêtes gens. Qu'est-ce que tu veux ? Dis-le et ne te cache pas derrière les mots. Tu veux renvoyer tout le monde au chaos ? Tu veux notre mort, tu veux notre disparition
30 totale ? Le million de martyrs ne te suffit pas ? Qui te paye ? Qui t'envoie ? Pour qui travailles-tu ? Tu ne vas pas nous parler encore de tes histoires d'ogre et d'ogresse qui meurent d'amour...

Les mots. Avec les mots, je me fabrique une haie, mais une haie tellement transparente... Les mots sont dangereux, quand ils proviennent d'un abîme, de
35 dessous la terre, de derrière les pierres et les murailles. Connais-tu la douceur des larmes d'un enfant ? Connais-tu la douceur des jeunes filles qui regardent le printemps dans le miroir ?

Tahar Ben JELLOUN, *Moha le fou, Moha le sage* (1980)
© éd. du Seuil

POUR LE COMMENTAIRE

1. L'imprécateur. Quelles critiques l'orateur adresse-t-il à ses frères ? Peut-on voir en lui un prophète ?

2. L'incompris. Pourquoi le discours de Moha est-il refusé ?

3. Le poète lyrique. Comment transfigure-t-il la réalité ?
En quoi les mots sont-ils « dangereux, quand ils proviennent d'un abîme » ?

6. Écrire, aujourd'hui

A constater le souci permanent de pureté, de naturel, de précision grammaticale et lexicale, on serait tenté de reconnaître que le « sentiment de la langue » — suivant l'expression de Richard Millet — se traduit par une exigence et une minutie rigoureuses chez la plupart des jeunes romanciers.

Loin des métaphores hardies déjà contestées sur le plan théorique par le Nouveau Roman, loin des registres faussement nobles ou du snobisme de la vulgarité, **l'écriture la plus moderne s'impose un ascétique renoncement aux séductions de la facilité**. Avec modestie, elle semble poursuivre patiemment la voie tracée par les maîtres les plus exigeants.

Il en résulte de purs chefs-d'œuvre, d'humour, de tendresse ou de simplicité. Mais la permanence, ou la renaissance de ce raffinement n'en fait pas moins regretter l'absence, aux approches de l'année 2000, de sommes romanesques telles qu'en a connues la première moitié de ce siècle, au temps des Proust, des Céline, et des Giono !

Bertrand Visage *Tous les soleils* (1984)

Bertrand Visage est né en 1952 à Châteaudun. Professeur de lettres en France, il sera ensuite nommé conseiller culturel en Italie. Auteur de plusieurs romans, il a obtenu le prix Femina en 1984 pour *Tous les soleils*.

*** *Tous les soleils*
Ce roman fait revivre tantôt avec humour, tantôt avec cruauté, une Sicile plus vraie que nature. Amoureux de cette terre à la fois poétique et tragique, le narrateur en épouse les rites et les superstitions.

Portrait d'un paysan sicilien

Elles n'avaient pourtant pas meilleure mine que les autres, les bufflesses de Pippo Indelicato, habituées à ne lécher au fond des abreuvoirs qu'un sinistre mélange de rouille et d'amibes. Et pourtant, ces ganaches qui avaient oublié jusqu'à la couleur de l'herbe n'en produisaient pas moins leurs vingt-cinq litres
5 quotidiens, avec une constance, un dévouement qui avaient de quoi laisser perplexes les voisins. Le prix du lait montait en flèche : Pippo Indelicato écœurait des générations entières de métayers, chaque matin, en faisant aligner sur la route d'Imeria les bidons concoctés dans la nuit par ses épouvantails à cornes.

C'était un homme archi-vieux, avec des yeux qui s'écartaient de chaque côté
10 des tempes, comme les oiseaux, et des mains pointues. Directement mêlé au Clan, il avait repris le contrôle des puits après la disparition du grand-père Battiato, devenant ainsi le maître absolu de la soif, et maître des rivières cachées qui courent sous les pâturages, et maître de la lactation des bufflesses.

Lorsqu'ils apercevaient son chapeau de feutre et sa vieillesse centenaire, les
15 paysans tournaient la tête ou entamaient une partie de cartes afin de s'épargner l'obligation de le saluer. Car, à ce qu'on disait, un simple échange de politesse, une poignée de main très ordinaire ou même un rapide coup d'œil suffisaient à cet homme pour vous communiquer le mal. Mais comme il n'est pas facile d'éviter perpétuellement le regard de quelqu'un qui cherche le vôtre, et qui vous
20 coincera tôt ou tard entre ses yeux d'oiseau, la méchanceté en acte de Pippo Indelicato ne tardait pas à produire un résultat accablant. Si tout le cheptel de la plaine était tari, à l'exception du sien, c'est qu'il avait trouvé le moyen de « pomper » le lait des autres et de le « faire passer » dans son propre élevage, par un transfert aussi mystérieux qu'humiliant.
25 Et la plaine, jour après jour, se consumait. Et l'eau que boivent les hommes avait un goût de malaria, de plomb, de vomissure, et l'eau que boivent les bêtes s'évanouissait comme une absence sous leurs naseaux. Cette année-là (pendant qu'un triporteur motorisé hoquetait sur la route blanche et que Rita Nicolosi avait le cœur au bord des lèvres), les paysans étaient comme fous. Les frères Blasi
30 organisaient des tours de guet nocturnes au coin de leur pâture, guimbarde[1] entre les lèvres et carabine en bandoulière, mais la vigilance ne servait de rien

1. Instrument de musique rudimentaire.

puisque l'ennemi « pompait » les bufflesses sans même y toucher, et mieux valait se promettre de ne plus lui serrer la main ou d'éviter soigneusement son regard.

La preuve que le vieil Indelicato suçait les bêtes à distance, c'est qu'on les
35 entendait se plaindre.

La nuit venue, quelques-unes de ces masses grises émettaient un long et lugubre mugissement, en se prenant les cornes aux barbelés ; alors, dans un enclos voisin, des congénères leur répondaient et pareillement luttaient, luttaient contre les barbelés, comme pour se défaire d'un cauchemar incompréhensible
40 aux humains, sentant leurs forces les abandonner, le précieux liquide s'égoutter de leurs flancs par une opération surnaturelle qui ne leur procurait même pas le soulagement de la trayeuse, et qui ne leur vaudrait que des coups de trique le lendemain.

Je suppose que Nino s'en moquait. Que la légende de ce Nosferatu[2] lactophile
45 coexistait avec sa propre histoire sans s'y mêler, comme les oiseaux gobeurs de mouches coexistent avec le dos crépu des buffles, au moins tant qu'un fouettement de queue ne vient les en chasser.

Bertrand VISAGE, Tous les soleils (1984)
© éd. du Seuil

2. Vampire immortalisé par le film du cinéaste allemand Murnau.

POUR LE COMMENTAIRE

1. La couleur locale. Comment, sans recourir à un pittoresque convenu, Bertrand Visage suggère-t-il une atmosphère sicilienne ?

2. L'ironie. Relevez les termes qui marquent une distanciation ironique, une exagération burlesque.

3. Les divagations de l'imagination populaire. Pourquoi Pipo Indelicato apparaît-il comme un personnage de légende ?

Emmanuel Carrère *La Moustache* (1986)

Emmanuel Carrère, né en 1957, est journaliste. Il a publié des romans et un essai imaginaire : *Le Détroit de Behring*, 1987.

*** *La Moustache*
Un homme se rase la moustache, croyant faire une surprise à sa femme. Mais ni celle-ci ni ses amis ne remarquent la transformation de son visage. Alors que s'est-il passé ? Le narrateur se demande s'il avait bien une moustache, s'il n'en a vraiment plus et, finalement, de miroirs en regards, qui il est. Peut-on jamais se voir soi-même ? Être soi-même ?

Le faux aveugle

Il s'assit sur un banc, orienté vers la chaussée, espérant que quelqu'un viendrait l'y rejoindre, engagerait la conversation. Mais personne ne vint. Un aveugle palpait la colonne du feu qui réglait la circulation sur le boulevard et il se demanda comment il s'y prenait pour savoir s'il était rouge ou vert. Au bruit
5 des voitures sans doute, mais comme il en passait très peu, il pouvait se tromper. Il se leva, toucha avec précaution le bras de l'aveugle en proposant de l'aider à traverser. « Vous êtes bien aimable », dit le jeune homme, car c'était un jeune homme, avec lunettes vertes, canne blanche et polo caca d'oie boutonné jusqu'au cou, « mais je reste sur ce trottoir. » Il lâcha son bras, s'éloigna en songeant
10 qu'il aurait pu lui demander à lui, au moins il ne risquait pas d'être abusé par sa vue. Une autre idée lui vint aussitôt, qui le fit sourire. Chiche, pensa-t-il, sachant déjà qu'il allait le faire. Seul problème : il n'avait pas de canne blanche. Mais après tout, certains aveugles la dédaignent, sans doute par amour-propre. Craignant que ses yeux ne le trahissent, il se rappela qu'il avait dans sa poche
15 des lunettes de soleil et les chaussa. C'étaient des Ray-Ban, il doutait d'avoir jamais vu un aveugle en porter, mais d'une certaine manière, il était logique

qu'un aveugle refusant la servitude de la canne blanche arbore également des lunettes à prétention décorative. Il fit quelques pas sur le boulevard, hésitant à dessein, les mains légèrement tendues vers l'avant, le menton très haut, et
20 s'obligea à fermer les yeux. Deux voitures passèrent, une moto démarra, assez loin, puis un bruit s'approcha. Il dut tricher un peu pour identifier, entrouvant les yeux. Une jeune femme qui poussait un landau avançait dans sa direction. Il referma les yeux, après s'être assuré que le véritable aveugle avait quitté les parages, se promit de ne pas les rouvrir avant que ce soit fini, de ne pas rire non
25 plus et s'approcha à tâtons, de manière à couper ce qu'il présumait être la trajectoire de la jeune mère. Du pied, il heurta le landau, dit « pardon, monsieur » et, en avançant la main jusqu'à toucher la capote en tissu plastifié, demanda poliment : « Pourriez-vous, s'il vous plaît, me rendre un petit service ? » La jeune femme mit du temps à répondre ; peut-être, en dépit de sa méprise calculée,
30 n'avait-elle pas compris qu'il était aveugle. « Bien sûr », dit-elle enfin, tout en déviant un peu le landau afin de ne pas lui écraser le pied, mais aussi de poursuivre son chemin. Il garda la main sur la capote, les yeux fermés et, en commençant à marcher, se jeta à l'eau. « Voilà, dit-il. Comme vous voyez, je suis aveugle. J'ai trouvé, il y a cinq minutes, ce qui me semble être une carte
35 d'identité, ou un permis de conduire. Je me demande si c'est celle d'un passant qui l'aurait égarée ou bien celle d'un ami que j'ai vu tout à l'heure. J'aurais pu l'empocher par mégarde. Si vous vouliez bien me décrire le visage sur la photo, je saurais à quoi m'en tenir et pourrais agir en conséquence. » Il se tut, commença à fouiller dans sa poche pour prendre la carte d'identité, avec l'impression
40 soudaine, encore confuse, que quelque chose clochait dans son explication. « Bien sûr », répéta cependant la jeune femme et, en tâtonnant, il tendit la carte dans sa direction. Il sentit qu'elle la prenait mais ils ne cessèrent pas de marcher, elle poussait sans doute le landau d'une seule main. L'enfant qui s'y trouvait devait dormir, car il ne faisait aucun bruit. Ou bien il n'y avait pas d'enfant. Il
45 déglutit, repoussant la tentation d'ouvrir les yeux.
« Vous faites erreur, monsieur, dit enfin la jeune femme, ce doit être votre carte d'identité. En tout cas, c'est vous sur la photo. » Il aurait dû y penser, il savait bien que son stratagème comportait un défaut, on s'apercevrait que c'était lui. Mais il n'y avait rien là de bizarre, après tout ; il pouvait très bien s'être trompé. La seule
50 chose, c'est qu'il ne portait pas de lunettes de soleil sur la photo. La mention « aveugle » figurait-elle sur les cartes d'identité ?
« Vous êtes sûre ? demanda-t-il. Est-ce que l'homme sur la photo porte une moustache ?
— Bien sûr », dit encore la jeune femme, et il sentit qu'elle glissait entre ses
55 doigts suspendus en l'air le rectangle de carton plié. « Eh bien, insista-t-il, jouant le tout pour le tout, je n'en porte pas, moi !
— Mais si. »
Il commença à trembler, ouvrit les yeux sans y penser. La jeune femme continuait à pousser le landau vide, sans même le regarder. Elle était moins
60 jeune qu'il n'avait cru de loin. « Vous êtes bien certaine, chevrota-t-il, que sur cette photo j'ai une moustache ? Regardez encore. » Il agita la carte d'identité devant son nez, pour l'inciter à la reprendre, mais elle écarta vivement sa main et cria soudain, très fort : « Ça suffit ! Si vous continuez, j'appelle un agent ! » Il s'enfuit en courant, traversa au feu vert. Une voiture pila net pour ne pas le
65 renverser, il entendit, derrière lui, brailler le conducteur, mais continua à courir, jusqu'à la République, entra dans un café, s'affala sur une banquette, hors d'haleine.

Emmanuel CARRÈRE, *La Moustache* (1986)
© éd. P.O.L.

Emmanuel Carrère
La moustache

Illustration de Nicolas Dusonchet pour *La Moustache* en « Folio ».

LECTURE MÉTHODIQUE

Étudiez comment cette scène est une préfiguration du dénouement (sombrant dans la folie, le personnage se suicide).

1. L'aveugle. Un symbole : il ignore le (faux) témoignage des sens.

2. Le stratagème ou la quête de l'identité.

3. La révélation fatale. Tout le monde le voit avec une moustache.

4. L'égarement. Incapable de s'identifier à l'image que les autres ont de lui, le narrateur ne sait plus qui il est.

Danièle Sallenave *La Vie fantôme* (1986)

Née à Angers en 1940, professeur, traductrice, **Danièle Sallenave** a publié, depuis 1975, des ouvrages de fiction : *Le Voyage d'Amsterdam ou les Règles de la conversation*, 1977, *Les Portes de Gubbio* (prix Renaudot, 1980), *Un printemps froid*, 1983 (recueil de nouvelles).

*** *La Vie fantôme*

« Roman de l'adultère moderne » : Pierre, tout en aimant son épouse, Annie, et les joies d'une vie familiale réglée, croit avoir trouvé en Laure le complément indispensable à son équilibre affectif. Laure répond avec amour à cette tendre passion même si leur liaison doit rester épisodique, clandestine, fantomatique...

« *La vérité de l'amour* »

Pierre et Laure correspondaient en fait si peu l'un et l'autre à l'idée que l'un et l'autre se faisaient des partenaires obligés de leur situation, qu'ils se regardaient avec une douceur étonnée, un ravissement, une satisfaction véritables (et après tout peut-être justifiée) : à eux, rien n'arriverait que des « choses propres » ;
5 à eux seuls seraient épargnés les mesquineries, les tracas, les difficultés des amours adultères. Il ne leur en resterait que la joie : et la douleur aussi, naturellement, qui est noble.

Pierre en profita pleinement pendant deux ans : un peu plus même. Chacun eut même le sentiment qu'il se modifiait durablement et profondément sous
10 l'influence de son partenaire : il est vrai que leurs défauts les plus criants disparurent ou du moins s'atténuèrent : chez Laure, la froideur, la susceptibilité, les dégoûts, chez Pierre, sa lenteur, sa vision pesante des choses, son didactisme. Ils s'aimèrent, et connurent la sagesse de l'expérience, le plaisir de la violer, et aussi ce que chacun avait cru indigne de soi et de l'autre, la colère, la
15 violence, la jalousie, la vindicte et, s'agissant de Pierre, les joies torturantes de la clandestinité. Leur entente balayait tout, purifiait tout, dégageait le ciel encombré de nuages par de grands coups de vent vif. Leur seul ennemi demeura le qu'en dira-t-on : ils cessèrent de se donner des rendez-vous dehors. La perfection de leur entente fut telle qu'elle s'arrêta, comme d'elle-même, au seuil
20 de leurs obligations : la vie professionnelle pour tous les deux, la vie familiale pour Pierre, le rythme même du temps n'en fut pas affecté. Mais lorsqu'ils étaient ensemble, ils n'y pensaient même pas ; c'était comme si tous les obstacles avaient magnifiquement fondu, et que de cette fusion fût né un amour parfait, inégalable. Que pesaient les obstacles devant cet incomparable accord ? Un
25 amour vraiment pur, puisqu'il ne tenait sa force que de sa puissance interne et non de celle des obligations, des contrats, des contraintes ; mieux encore, puisqu'il semblait tirer toute sa force de sa capacité de résister victorieusement aux obstacles, aux contrats, aux contraintes. Dans la première partie de sa vie amoureuse, Pierre avait cru avec Annie que l'amour était quelque chose qui
30 accumule, entasse, bâtit, construit : avec Laure, il découvrait une gratuité sublime. Pour Laure, évidemment, c'était une chose plus difficile à admettre : et si Pierre lui avait confié cette découverte, elle aurait pensé que c'était « bien commode pour lui » et qu'il est facile en effet d'exalter un amour « sans engagements », « sans contrat », lorsque de toute façon n'importe quelle sorte d'enga-
35 gement ou de contrat est de fait impossible. Pourtant, qui sait ? Pierre, avec Laure, s'était peut-être approché plus qu'elle de la vérité de l'amour.

Danièle SALLENAVE, *La Vie fantôme* (1986)
© éd. P.O.L.

POUR LE COMMENTAIRE
Un couple heureux

1. Quelle différence y a-t-il entre le ménage à trois du vaudeville bourgeois et la situation de Pierre, Laure et Annie ? Cette situation est-elle immorale ?

2. A l'aide de quels procédés l'auteur peint-il « la vision pesante des choses » propre à Pierre ? « La froideur, la susceptibilité, les dégoûts » de Laure ?

3. Comment les deux personnages évoluent-ils ?
En quoi la dernière phrase est-elle apparemment paradoxale ?

GROUPEMENT THÉMATIQUE

La peinture de l'amour aujourd'hui

Albert COHEN : *Belle du Seigneur*, 1968 (voir p. 792). — Pascal LAINÉ : *La Dentellière*, 1974. — Pascal BRUCKNER : *Lunes de fiel*, 1981. — Pascal QUIGNARD : *Le Salon du Wurtemberg*, 1986.

Richard Millet *Beyrouth* (1987)

Richard Millet est né en Corrèze en 1953. *L'Invention du corps de saint Marc* (1983), *Le Sentiment de la langue* (1986), *La Chambre d'ivoire* (1989) témoignent chez lui d'un goût pour une prose où les contours de la fiction, de la description et de la réflexion tendent à s'estomper.

**** Beyrouth*

Ce livre est une suite de tableaux où les rêves se conjuguent à la réalité. A travers le nom, les figures mythiques de la ville, l'enchantement ou la violence, se peignent à la fois un portrait de Beyrouth et un autoportrait.

Présence de la pierre

1. *Incapacité à parler.*

2. *Roger Caillois (né en 1913) est, entre autres, l'auteur de* Pierres *(1966),* Pierres réfléchies *(1975).*

Ce fut une présence obstinée — aussi opiniâtre dans sa mutité[1] que le concert des langues. Ce n'était pas, comme chez Caillois[2], la passion des paysages réduits de l'agate, par exemple, mais celle, plus banale, des fossiles et, plus encore, des pauvres pierres dérobées en quelque temple romain de la montagne,
5 et dont j'aimais à entourer ma table de nuit. Pierres de peu de prix, de peu de poids, mais que le simple fait de tenir au creux des mains semblait, dans le béton de la ville, rendre propitiatoires ; et il me suffisait, les dimanches d'hiver où le mauvais temps nous empêchait de quitter Beyrouth, de serrer mes mains sur ces pierres pour me croire sur un versant du Mont Liban, parmi les pins parasols, les
10 mûriers, les néfliers ou les derniers cèdres (que nul n'approche sans se croire, comme devant les temples de Baalbeck, un peu plus près des dieux), ou bien dans la pierraille de l'Anti-Liban, où commencent les déserts. Pierres à mes yeux non moins sacrées que celles que je rapportais de Byblos, de Sidon ou de Tyr, et qui faisaient muer mon fétichisme de collectionneur et d'archéologue amateur
15 en un souci plus profond — à quoi seule l'écriture, plus tard, donnerait son sens, tout en l'obscurcissant : pourquoi ces gestes d'enfance et d'adolescence (mains furtives ou calmes, corps maigre, tête très souvent inclinée vers le sol ou brusquement rejetée, dans la joie, vers le bleu du ciel — et maintes langues à la bouche) sont-ils en quelque sorte les préparatifs des gestes, rituels et déri-
20 soires, de l'écrivain ? Et je veux voir dans le goût que j'avais d'observer les tailleurs de pierre, au pied des immeubles inachevés où nous nous installions, l'intuition (la fruition ?) métaphorique de ma future tâche d'écrivain : gestes précis, vifs et très lents, presque hiératiques, d'hommes de tous âges au front ceint d'un bandeau de tissu, assis ou accroupis près d'une gargoulette ; gestes
25 qui ne m'émeuvaient point par ce qu'ils pouvaient avoir de beau ou de noble, mais (de même que j'aimerais bientôt jusqu'au dégoût l'encre et la syntaxe, tout comme le fait d'aligner des andains[3] dans un pré, ou de fendre et d'empiler des bûches), par leur répétition à la fois heureuse et harassante.

3. *Lignes régulières formées par les herbes que le faucheur coupe. Il s'agit aussi d'une allusion discrète aux tableaux rustiques du peintre Jean-François Millet (1814-1875). Le pouvoir de l'homonymie est tel que Richard Millet est aussi l'auteur de « Comme le peintre ? » et* L'Angélus.

Richard MILLET, *Beyrouth* (1987)
© éd. Champ Vallon

POINT DE VUE CRITIQUE

Littérature et révélation

« Certes, on ne peut nier que les sciences humaines alliées au Nouveau Roman ont eu sur la littérature certains effets dévastateurs — c'est même devenu actuellement un lieu commun d'en débattre. Mais cela aura été à l'image d'un arbre malade dont on aurait élagué les branches mortes ou pourrissantes. A été coupé ce qui, de toute façon, devait tomber. Inutile de s'apitoyer sur le sort de ceux qui se seraient prétendument laissé impressionner par ce que de telles tentatives d'explication pouvaient avoir à la fois de destructeur et de salutaire, et dont l'imaginaire se serait tout à coup trouvé paralysé sur place. Tout cela aura au moins eu le mérite de remettre la définition de la littérature à l'ordre du jour : loin d'être une simple façon de passer le temps, elle reste bien avant tout une de ces expériences singulières par rapport à laquelle il est possible que le lecteur eût quelque effort à accomplir pour y avoir accès. On n'ouvre pas certains livres comme on appuierait sur le bouton d'un téléviseur. La littérature, s'il est probable qu'elle a sa part au divertissement plus général de l'espèce, demeure dans son principe plus proche d'une "traversée des apparences" et donc d'une véritable expérience psychique, d'une mise à l'épreuve de l'identité d'un homme à travers les mots. Par là seulement, elle gardera un peu de son caractère initiatique pouvant conduire, dans certains domaines comme ceux de l'existence ou de l'esthétique, à quelque chose qui restera toujours de l'ordre de la "révélation" ».

Alain NADAUD, « Pour un nouvel imaginaire » dans *L'Infini* n° 19, 1987

N.R.F. Gallimard : un grand éditeur littéraire

Dans le marché très particulier de l'art, qui s'emballe au début du XXe siècle pour devenir une véritable industrie, l'influence des libraires-éditeurs sur la production littéraire est allée croissante. Outre les maisons d'édition déjà prospères avant la Première Guerre mondiale, comme Firmin-Didot, Hachette, Charpentier, Flammarion, Hetzel, Plon, Calmann-Levy, Émile-Paul, Fayard, Le Mercure de France, ont vu le jour Albin Michel, Bernard Grasset (éditeur de Giraudoux, Péguy, Mauriac), plus tard encore les Éditions de Minuit, Le Seuil... Mais l'une d'elles est bientôt devenue la « rose des vents » (Mauriac) de notre littérature pendant un demi-siècle.

1. De la revue aux livres

Fondateur d'un empire qui n'a cessé de croître entre les mains d'une véritable dynastie, puisque son fils Claude, et aujourd'hui son petit-fils Antoine en ont repris les rênes après lui, **Gaston Gallimard** (1881-1975), grand bourgeois parisien, esthète et dilettante, passionné de littérature et de théâtre, était plutôt destiné à vivre de ses rentes. Mais en 1908, six hommes partageant la même rigueur intellectuelle et les mêmes principes esthétiques, dont **Gide, Jean Schlumberger, Jacques Copeau** décident de fonder une nouvelle revue sous le titre *La Nouvelle Revue Française*. Petite revue parmi beaucoup d'autres, d'assez faible diffusion, celle-ci acquiert très vite un sérieux prestige (face à *La Revue de Paris*, au *Mercure de France*, à *La Revue Blanche*), grâce à la participation de Gide, de Claudel, de Giraudoux, Rivière, Francis Jammes, Verhaeren, etc. En 1911, les fondateurs décident de créer un « comptoir d'édition », et d'en confier la gérance à Gaston Gallimard, assez fortuné pour participer au capital, avec Gide et Schlumberger.

Dès 1919, la librairie prend le pas sur la revue. L'éditeur Gallimard apprend son métier sur le tas : les premiers livres qu'il décide de publier ont pour auteurs Claudel, Gide, Valéry, puis Roger Martin du Gard, Proust. Il s'attache, après la guerre, à éditer les livres qu'il aime **en pariant sur le succès durable de jeunes auteurs** : Aragon, Malraux, Drieu La Rochelle, Giono, Arland, Eluard, Aymé, Jouhandeau, Camus, Artaud, Cohen, Kessel, Morand, Saint-John Perse, Michaux et plus tard encore Pasternak, Nimier, Vailland, etc. Gallimard constitue ainsi peu à peu **le plus prestigieux catalogue de l'édition française**.

Il joue le même rôle auprès de ses auteurs que le marchand de tableaux Kahnweiler auprès de ses peintres : il entretient, avec la plupart, des liens d'amitié, consacre une grande partie de son temps à les encourager, les soutient financièrement, veille à leur notoriété. Il en attend en retour l'exclusivité. Il pratique **une véritable stratégie de patiente conquête auprès de la critique** et met en place un réseau de relations qui s'étend sur maints secteurs de la vie intellectuelle. Il se bat pour conserver ses auteurs et prendre ceux des rivaux (il « récupère » Proust, Malraux, Berl, Drieu, Cendrars, Montherlant, tous édités d'abord par Grasset ; il débauche, en 1939, Bernanos, édité par Plon...). De nombreux prix littéraires viennent couronner ses poulains. Le premier prix Goncourt de la maison sera décerné à Proust en 1919 pour *A l'ombre des jeunes filles en fleurs*. Le catalogue de la maison Gallimard comptait en 1984 dix-huit prix Nobel, vingt-sept Goncourt, dix-sept Grands prix du roman de l'Académie, douze Interallié, sept Médicis, dix Renaudot, dix-sept Femina...

2. Le comité

Ce brillant palmarès s'explique aussi par l'équipe dont il a su s'entourer : en majeure partie « gens du monde et fortunés », tous hommes de talent. Pour sélectionner les ouvrages à publier, l'éditeur a très tôt constitué **un comité de lecture à qui on peut imputer peu d'erreurs d'appréciation**. A ses côtés, dès le départ, ses amis **Jacques Rivière**, secrétaire de *La NRF* avant de la diriger à partir de 1919 ; **Valéry Larbaud**, qui lui fera connaître le domaine littéraire anglo-saxon et espagnol ; le poète **Léon-Paul Fargue**. Deviendront aussi ses collaborateurs **Jean Paulhan**, « éminence grise des lettres françaises », qui remplacera Jacques Rivière, décédé en 1925, à la tête de *La NRF*, avec l'aide de **Marcel Arland** ; **André Malraux**, dont il fait son directeur artistique ; le critique **Ramon Fernandez** ; l'italianisant **Benjamin Crémieux**, qui lui permettra de faire connaître au public français Pirandello, Moravia, Svevo, Borgese ; le slaviste **Brice Parain** qui jouera le même rôle pour Cholokhov, Pilniak, Ehrenbourg ; le germaniste marxiste **Bernard Groethuysen**, introducteur de Kafka, Hermann Broch, Musil. Enfin, grâce à **Maurice-Edgar Coindreau**, il publiera en français les grands romanciers américains Dos Passos, Faulkner, Steinbeck, Hemingway.

3. Le domaine Gallimard

Gallimard impose une politique commerciale qui consiste à vendre des ouvrages au succès immédiat pour pouvoir **publier, par ailleurs, des œuvres de qualité en pariant sur la durée**, et à diversifier ses activités. Il participe à la fondation des *Nouvelles littéraires* (1922), où des critiques éditant eux-mêmes chez Gallimard rendent compte des livres nouveaux ; il lance *La Revue musicale* (1920), *Détective* (1928), l'hebdomadaire de reportage *Voilà*, l'hebdomadaire littéraire illustré et orienté à gauche *Marianne*. Il édite *La Revue juive* (directeur : **Albert Cohen**) et, après la Seconde Guerre mondiale, *Les Temps modernes* de **Jean-Paul Sartre**. Il est administrateur et actionnaire du Théâtre du Vieux-Colombier depuis 1913, il finance des concerts, des expositions.

Il diversifie surtout ses collections, dont il confie la direction à des spécialistes de renom (**Caillois, Pontalis, Queneau, Rostand, Sartre, Nora**...). Outre la célèbre collection blanche NRF, à filets rouges et noirs, citons les « Bibliothèques » : « des idées », « des histoires », « des sciences humaines », « du monde entier » (littératures étrangères) ; les collections de luxe, comme « La Bibliothèque de La Pléiade » et « L'Univers des Formes » ; des livres de poche : « Le Chemin », « Idées », la fameuse « Série Noire » (fondée par **Marcel Duhamel**), « L'imaginaire », « Poésie ». **Claude Gallimard**, à son tour, a doté en 1970 sa maison d'une prospère collection de poche (« Folio ») et, en se séparant de Hachette, autre géant de l'édition, d'une société de distribution propre (la SODIS).

Malgré le ralentissement des années de guerre, et l'interdiction de paraître de *La NRF*, jusqu'en 1953, l'entreprise Gallimard s'est peu à peu hissée aux premiers rangs de l'édition littéraire, rachetant les maisons d'édition concurrentes, Denoël, Le Mercure de France, et exerçant sur nombre d'écrivains une influence prépondérante.

Encore aujourd'hui, avoir son nom imprimé sous le label Gallimard équivaut, pour un auteur, à une consécration.

Gabriel Garcia-Marquez *L'Incroyable et Triste Histoire de la candide Erendira et de sa grand-mère diabolique* (1972)

*Écrivain colombien de renommée internationale, **Gabriel Garcia-Marquez** est l'auteur de contes fantastiques au style exubérant et d'un roman célèbre,* Cent Ans de solitude *(1968). Il a obtenu le prix Nobel de littérature en 1982. La nouvelle qui donne son titre au recueil met en scène Erendira, que sa despotique grand-mère contraint à se prostituer. Autour du chapiteau ambulant s'amoncellent **des personnages tour à tour misérables ou surréalistes**, comme Ulysse, cet ange du bizarre qui tente d'arracher la jeune fille à son destin.*

« *Tu partiras...* »

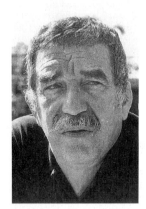

Ulysse attendit son tour pour entrer, et la première chose qui attira son attention fut l'ordre et la propreté qui régnaient sous le chapiteau. Le lit de l'aïeule avait retrouvé sa splendeur digne des vice-rois, la statue de l'ange était à sa place près de la malle-tombeau des Amadis, et il y avait en outre une baignoire d'étain
5 à pattes de lion. Couchée sur son nouveau lit à baldaquin, Erendira était nue et placide, et irradiait une clarté enfantine sous la lumière tamisée du chapiteau. Elle dormait les yeux ouverts. Ulysse s'arrêta près d'elle, ses oranges à la main, et constata qu'elle le regardait sans le voir. Alors il passa la main devant ses yeux et l'appela par le nom qu'il avait inventé pour penser à elle :
10 — Aridnéré.
Erendira se réveilla. Elle se sentit nue devant Ulysse, eut un petit cri étouffé et, attrapant le drap, se couvrit jusqu'au front.
— Ne me regarde pas, dit-elle. Je suis horrible.
— Tu as la couleur des oranges, dit Ulysse, qui porta les fruits à la hauteur
15 de ses yeux pour qu'elle pût comparer. Regarde.
Erendira sortit les yeux hors du drap et constata qu'en effet les oranges avaient la même couleur que sa peau.
— Maintenant, je ne veux pas que tu restes ici, dit-elle.
— Je suis entré seulement pour te montrer ça. Regarde.
20 Il écorça une orange avec les ongles, la fendit à deux mains et en montra l'intérieur à Erendira : logé au cœur du fruit, il y avait un diamant véritable.
— Ce sont les oranges que nous transportons à la frontière, dit-il.
— Mais elles sont vivantes ! s'écria Erendira.
— Bien sûr. — Ulysse sourit : — C'est mon papa qui les sème.
25 Erendira n'en croyait pas ses yeux. Elle repoussa le drap de son visage, prit le diamant entre ses doigts et le contempla, ébahie.
— Avec trois de ces diamants nous faisons le tour du monde, dit Ulysse.
Erendira lui rendit le diamant. Elle avait l'air découragée. Ulysse insista :
— J'ai une camionnette, dit-il. Et aussi... Regarde !
30 Il retira de sa chemise un pistolet antédiluvien.
— Je ne pourrai partir avant dix ans, dit Erendira.
— Tu partiras. Cette nuit, quand la baleine blanche dormira, je t'attendrai dehors, en chantant comme la chouette.
Il imita si bien le cri de la chouette que les yeux d'Erendira sourirent pour la
35 première fois.
— C'est ma grand-mère, dit-elle.
— La chouette ?
— La baleine.
Ils rirent tous deux de la méprise, mais Erendira revint à la réalité.

Gabriel GARCIA-MARQUEZ, *L'Incroyable et Triste Histoire de la candide Erendira...* (1972)
© éd. du Seuil

LA LITTÉRATURE DES MARGES : ROMAN POLICIER ET SCIENCE-FICTION

SIMENON, SAN ANTONIO, MANCHETTE, A.D.G., BIALOT, VAUTRIN

BARJAVEL, STERNBERG, KLEIN, ANDREVON, BRUSSOLO

> « *Je continue tranquillement ma double vie ; aujourd'hui encore, je lis plus volontiers les romans de la Série Noire que Wittgenstein.* »
> Jean-Paul Sartre,
> *Les Mots*

Humphrey Bogart et Lauren Bacall.
Dessin au pochoir sur un mur de Paris.

Une contre-culture ?

Dans le dernier tiers du XXᵉ siècle, sous l'influence conjuguée de l'image (films, téléfilms, BD), de l'intrusion en masse des modèles américains et de la révolution commerciale de l'édition, le paysage culturel français est bouleversé. La percée de la science-fiction, l'émergence du nouveau roman noir, l'explosion de la bande dessinée, l'inflation du roman rose et d'espionnage donnent à des genres jusque-là boudés ou méprisés un statut nouveau.

1. L'aspect marginal

Para-, infra-, sub-, sous- ou contre-littérature, plus vulgairement littérature de gare ou de banlieue, les termes abondent et par leur nombre avouent leur inaptitude à désigner ce domaine foisonnant.

Risquons donc, à la suite du mot ironique de Gérard Klein, celui de « littérature des marges ». Littérature des marges s'il en est, le roman policier et la science-fiction, qui renaissent après 1968, partagent par leurs aspirations et la nouveauté de leurs thèmes (écologie, politique, chômage), **une même contestation radicale de la société** et créent une sorte de vaste contre-culture : introduction de personnages de « marginaux » et goût pour les décors situés « en marge » des villes. Mais la marge a fini par s'étendre à la société tout entière, à l'image des villes dont la périphérie finit par étouffer le centre.

2. Une production de masse

Cette image de l'extension des marges est particulièrement pertinente pour illustrer la production et **les tirages records** qu'enregistrent, grâce à la révolution du livre de poche dans les années 1960, les séries policières, le roman d'espionnage et le roman rose.

Entre 1900 et 1980, la production imprimée s'élève de 13 000 à 26 000 titres par an, soit environ de 30 à 360 millions d'exemplaires, dont en 1984 36 % sont des livres de poche, en majorité des œuvres littéraires. A titre d'exemple, sur 130 millions d'exemplaires de poche en 1983, la série « Harlequin » en lance 23 millions (marché stabilisé à 15 millions depuis), et les séries policières représentent 14,4 % du total. La disparité sur les tirages est très grande : alors qu'une œuvre littéraire a un tirage moyen de 3 à 9 000 exemplaires (25 000 est un beau score), un livre de poche a un tirage moyen de 26 000, un titre du Fleuve Noir de 200 000. Mais certains Gérard de Villiers ou San Antonio ont été tirés à plus d'un million d'exemplaires.

« La littérature des marges » appartient à **des collections commerciales destinées à satisfaire les goûts du grand public**, et où les thèmes, les procédés, l'écriture deviennent prévisibles et répondent à des codes définis. Peu nombreux sont donc ceux qui, enfermés dans les ghettos de ces collections, émergent des contraintes imposées à la littérature industrielle pour s'imposer comme écrivains, au sens élitiste du terme.

3. Des frontières floues

Entre paralittérature et littérature, la circulation se fait cependant dans les deux sens. Autant dire que les frontières sont souvent floues. **Le roman policier comme la science-fiction ont toujours eu d'ardents admirateurs** chez les « intellectuels » : Paul Morand, Jean Cocteau, Boris Vian, Raymond Queneau, Jean-Paul Sartre les ont défendus et soutenus. De nombreux écrivains ont écrit des romans policiers, et parmi les plus grands ; que l'on songe à Robbe-Grillet (Les Gommes), à Dürrenmatt (Le Juge et son Bourreau) ou à Borges (La Mort et la Boussole). D'autres, comme René Barjavel, Pierre Boulle, Jacques Sternberg ou Robert Merle, se sont défendus d'écrire de la science-fiction à une époque où le genre était déprécié et assimilé à une littérature d'adolescents attardés. Mais ce genre décrié est devenu souvent la réserve de situations imaginaires où puisent Michel Butor (Matières de rêve), Jean Ricardou (La Prise de Constantinople), Claude Ollier (La Vie sur Epsilon) ou J.-M. G. Le Clézio (Les Géants).

Inversement, désireux de sortir du ghetto, des écrivains de science-fiction ou de romans policiers passent, comme Jean Vautrin, à la littérature. École ou terrain d'exercices, comme l'affirment volontiers Georges Simenon ou Vladimir Volkoff, ces genres particuliers ont aussi leurs chefs-d'œuvre.

4. Des échanges fructueux

L'influence du nouveau roman chez les auteurs de science-fiction, ou du style parlé de Queneau et de Céline chez les auteurs de romans noirs, est importante, comme l'est sur l'ensemble de ces écrivains celle de l'écriture cinématographique. Carlo-Emilio Gadda, Leonardo Sciascia ou Graham Greene utilisent la structure du roman criminel pour exprimer la violence et l'angoisse de leur époque. A l'opposé, Simenon relègue l'intrigue policière au second plan pour mieux explorer l'âme humaine. Le crime, chez les auteurs de romans noirs, la mise en scène du futur chez les auteurs de science-fiction, deviennent prétexte à une critique sociale du temps présent.

Auteurs venus des marges et écrivains reconnus se parodient mutuellement. La Série Noire publie un Sans attendre Godot, Viard et Zacharias se moquent de Lorenzaccio dans Le Mytheux, Philippe Curval imite Loti dans Utopies 75. Manchette, A.D.G. et San Antonio, le champion du genre, multiplient les références littéraires. En face, Jean Dutourd (Mémoires de Mary Watson) et Jean Lahougue (Comptine des Height) se nourrissent des marges en parodiant le roman policier. Vladimir Volkoff propose avec Le Retournement un contre-roman de contre-espionnage.

En tout cas, les romans policiers et les récits de science-fiction comblent un vide en découvrant selon leur structure spécifique un monde peu exploré par les romanciers classiques.

1. Le roman policier

1866	Émile GABORIAU : *L'Affaire Lerouge*	**1971**	Jean-Patrick MANCHETTE : *L'Affaire N'Gustro*
1907	Maurice LEBLANC : *Arsène Lupin gentleman cambrioleur*	**1972**	Jean-Patrick MANCHETTE : *Nada* A.D.G. : *La Nuit des grands chiens malades*
	Gaston LEROUX : *Le Mystère de la chambre Jaune*	**1973**	Alex VAROUX : *Ah mon pote*
1911	Pierre SOUVESTRE et Marcel ALLAIN : *Fantomas*	**1975**	BOILEAU-NARCEJAC : *Une machine à lire : le roman policier*
1930	Georges SIMENON : *Pietr Le Letton*	**1978**	Georges Jean ARNAUD : *Le Coucou*
1931	Georges SIMENON : *Le Chien jaune* Stanislas-André STEEMAN : *Six Hommes morts*		Joseph BIALOT : *Le Salon du prêt à saigner*
1932	Claude AVELINE : *La Double Mort de Frédéric Belot*	**1979**	Joseph BIALOT : *Babel-ville* Caroline CAMARA : *Le Désosseur*
1933	Jacques DECREST : *Hasard*		Frédéric FAJARDIE : *Tueurs de flics* Hervé JAOUEN : *La Mariée rouge*
1934	Pierre VÉRY : *Meurtre quai des Orfèvres*		Jean MAZARIN : *HLM Blue* Jean VAUTRIN : *Bloody Mary*
1943	Léo MALET : *120, rue de la Gare*	**1980**	J.-F. COATMEUR : *La Bavure*
1950	Jean AMILA : *Y a pas de bon Dieu*		Alain DEMOUZON : *Quidam*
1951	SAN ANTONIO : *Laissez tomber la fille*		Jean MAZARIN : *Diagnostic réservé* Jean VAUTRIN : *Groom*
1953	BOILEAU-NARCEJAC : *Celle qui n'était plus* Albert SIMONIN : *Touchez pas au grisbi* Auguste LE BRETON : *Du rififi chez les hommes*	**1981**	Jean AMILA : *Le Pigeon du Faubourg* Francis RYCK : *Nous n'irons pas à Valparaiso* Pierre SINIAC : *Femmes blafardes* Marc VILLARD : *Corvette de nuit*
1955	BOILEAU-NARCEJAC : *D'entre les morts*	**1984**	BOILEAU-NARCEJAC : *Les Eaux dormantes*
1956	Frédéric DARD : *Délivrez-nous du mal* Léo MALET : *Brouillard au pont de Tolbiac*	**1985**	SAN ANTONIO : *Bacchanale chez la mère Tatzi*
1957	José GIOVANNI : *Le Trou*	**1987**	Hervé JAOUEN : *Coup de chaleur*
1962	BOILEAU-NARCEJAC : *Maldonne*	**1988**	Daniel PENNAC : *La Fée carabine*
1963	Sébastien JAPRISOT : *Piège pour Cendrillon*		SAN ANTONIO : *Ça baigne dans le béton*
1966	Francis RYCK : *Ashram drame*		

Du roman-problème à l'explosion du néo-polar

Né au XIXᵉ siècle avec le développement démesuré des villes, qui engendre la misère et banalise le crime, le roman policier évolue, tout au long du XXᵉ siècle, **du roman-problème au roman noir en passant par le roman d'atmosphère**, pour aboutir à l'explosion du nouveau roman noir, dit « néo-polar », dans les années 1970.

1. Le roman-problème

Même si les *Mémoires* de Vidocq (1828), ancien bagnard devenu chef de la sûreté, immortalisé par Balzac dans le personnage de Vautrin, planent sur la littérature policière française, le premier récit policier est *Double Assassinat dans la rue Morgue* (1841), une nouvelle de l'écrivain américain Edgar Poe.

Émile Gaboriau relève le flambeau avec *L'Affaire Lerouge* (1866), premier roman policier français. A une époque qui a foi en la toute-puissance de la science, le roman policier se présente comme **un mystère à élucider grâce à une suite de déductions logiques**. D'où le nom de roman-problème, roman à mystère ou à énigme, donné aux récits de Maurice Leblanc, créateur d'Arsène Lupin (1907), de Gaston Leroux, créateur de Rouletabille (1907) et de Chéri-bibi, et, outre-Manche à ceux de Conan Doyle, créateur de Sherlock Holmes (1892), et d'Agatha Christie, créatrice d'Hercule Poirot (1920). Tandis que Pierre Souvestre et Marcel Allain font renaître la terreur avec *Fantomas* (1911), le genre du roman à énigme se perpétuera tout au long du siècle, notamment avec Boileau et Narcejac.

2. Le roman d'atmosphère

Libérés des règles de la « detective story » à l'anglaise, les Belges Stanislas-André Steeman *(Six Hommes morts)* et **GEORGES SIMENON** *(Pietr Le Letton)* inaugurent le roman policier moderne dans les années 1930, en **privilégiant l'atmosphère** et en mettant l'accent sur **l'aspect humain des personnages**. Pierre Véry *(Meurtre quai des Orfèvres, 1934)*, Claude Aveline *(La Double Mort de Frédéric Belot, 1932)*, Jacques Decrest *(Hasard, 1933)* s'attachent à leur tour à la psychologie des personnages. Après 1955, Sébastien Japrisot, Dominique Fabre, Pierre Boileau et Thomas Narcejac, Hubert Montheillet évoluent vers le roman à suspense.

3. Le roman noir

Caractérisé par **l'action, l'angoisse, la violence, le suspense et le style parlé**, voire argotique, d'où son nom de « thriller » (qui provoque l'émotion), le roman noir américain issu des retombées de la crise de 1929 déferle sur la France en 1945, en même temps que le jazz, le cinéma et la science-fiction. Boris Vian traduit Chandler et écrit des romans policiers sous le nom de Vernon Sullivan. Marcel Duhamel crée la Série Noire chez Gallimard. Ainsi sont publiés les grands classiques américains comme Dashiell Hammett ou James Cain et lancés les Anglais James-Hadley Chase et Peter Cheyney.

Il faut attendre les années 1950 pour voir les auteurs français se dégager de ce modèle. Pourtant, dès avant le lancement de la Série Noire, Léo Malet, poète et romancier, anarchiste de droite, s'est fait le précurseur du roman noir français dans *120, rue de la Gare* (1943), où le personnage de Nestor Burma fait ses débuts. C'est le romancier Jean Meckert, alias Jean Amila, qui secoue le joug américain et publie le premier roman français de la Série Noire. Nouvel écrivain social, il décrit les minorités opprimées (*Y a pas de bon Dieu*, 1950). Trois ans plus tard, des spécialistes du « milieu » entrent dans la collection : Albert Simonin (*Touchez pas au grisbi*, 1953) et Auguste Le Breton (*Du rififi chez les hommes*, 1953), qui réinventent l'argot littéraire, suivis en 1957 par José Giovanni *(Le Trou)*. Une pléiade d'auteurs va illustrer **le roman noir à la française**, parmi lesquels Viard et Zacharias, Ange Bastianni, Fred Kassak, Claude Klotz, Michel Lebrun, Pierre Siniac, Raf Vallet, G.-J. Arnaud, l'un des plus prolifiques avec **FRÉDÉRIC DARD-SAN ANTONIO**, champion du monde parodique ; enfin, Alex Varoux et Francis Ryck, dont les personnages de marginaux et de paumés annoncent la nouvelle génération (*Ashram drame*, 1966 ; *Drôle de pistolet*, 1969).

4. Le néo-polar

« École informelle », selon l'expression de Michel Lebrun, le nouveau roman noir, dit « néo-polar », né dans l'après 1968, explose en une multitude d'œuvres dans les années 1980. Il regroupe « les jeunes loups » de la Série Noire, souvent venus du cinéma ou admirateurs du film noir : **JEAN VAUTRIN, A.D.G.**, Alain Demouzon, Emmanuel Errer, J. G. Imbar..., dont le maître incontesté est **JEAN-PATRICK MANCHETTE** (*L'Affaire N'Gustro*, 1971 ; *Nada*, 1972). A eux se joignent des anciens comme Amila, Ryck, Siniac, Coatmeur, Vallet, Bastid et Martens, et des nouveaux révélés par les jeunes collections « Super Noire » -(1974), « Engrenage » et « Sanguine » (1979) : Fajardie, Jaouen, Dubrieu, Camara, Galland, **JOSEPH BIALOT**, Prudon, Pagan, Villard. Tous partagent **un regard révolté sur la société et ses institutions**, le goût de la recherche formelle dans l'écriture, la volonté de refuser les modèles et de faire du roman noir une littérature à part entière, ainsi que la prédilection pour les personnages de marginaux jusque-là ignorés (chômeurs, paumés, terroristes, desperados en tous genres, flics tueurs), qu'ils situent dans les décors nouveaux de la violence moderne, périphéries des villes ou provinces sauvages et xénophobes.

Georges Simenon *Lettre à mon juge* (1947)

Georges Simenon (né en 1903) inaugure le roman policier moderne en rompant avec le roman à énigme ou le roman-mystère, type Maurice Leblanc ou Gaston Leroux. La logique du raisonnement s'efface devant la primauté donnée à l'atmosphère (décors de grisaille, de rues mouillées par la pluie) et à l'analyse de la crise psychologique qui conduit les personnages au drame (folie, désespoir, suicide, crime.)

Après avoir écrit à partir de 1918, sous divers pseudonymes dont celui de Sim, quelque 300 romans, cet « artisan du roman », comme il se nomme lui-même, publie en 1931 sous son nom *Pietr Le Letton*. C'est la première des cent deux aventures du célèbre commissaire Maigret. Inspecteur bourru, à l'éternelle pipe, sorte de confesseur d'âmes, sensible à l'humain plus qu'au crime, Jules Maigret sera immortalisé à l'écran par Pierre Renoir, Jean Gabin, Gino Cervi, Jean Richard et bien d'autres.

L'œuvre prolifique de Simenon compte quelque 1 400 romans, 1 millier de nouvelles, et depuis 1970 une quinzaine de livres autobiographiques. Elle est traduite dans cinquante langues et tirée à plus de 500 millions d'exemplaires dans le monde. Ses œuvres les plus remarquables sont : *Le Chien jaune* (1931), *Les Inconnus dans la maison* (1940), *Trois Chambres à Manhattan* (1946), *Lettre à mon juge* (1947), *La neige était sale* (1948), *La Mort de Belle* (1952), *En cas de malheur* (1956), *Le Chat* (1967).

*** *Lettre à mon juge*

Lettre à mon juge est le long récit qu'écrit un ancien médecin devenu criminel au juge qui a suivi quotidiennement son affaire, et pour lequel il éprouve un sentiment de complicité fraternelle. En retraçant la vie qui l'a conduit au drame, le condamné dévoile que l'on peut être « criminel d'occasion », et qu'hormis le crime, il n'y a pas de frontière entre lui et les autres humains. L'extrait qui suit relate l'appel, à la barre des témoins, de la mère de l'accusé.

Georges Simenon devant l'immeuble de la Police Judiciaire.

Au tribunal

Dès que le Président a prononcé son nom, il s'est produit un remous dans la salle ; les gens des derniers rangs, les spectateurs debout se sont dressés sur la pointe des pieds et, de ma place, je les voyais tendre le cou.

On m'a reproché de n'avoir pas versé une larme en cette circonstance, on a
5 parlé de mon insensibilité.

Les imbéciles ! Et quelle malhonnêteté, quelle absence de conscience, d'humanité, de parler ainsi de ce qu'on ne peut pas savoir !

Pauvre maman. Elle était en noir. Il y a plus de trente ans qu'elle est toujours vêtue de noir des pieds à la tête comme le sont la plupart des paysannes de chez
10 nous. Telle que je la connais, elle a dû s'inquiéter de sa toilette et demander conseil à ma femme ; je parierais qu'elle a répété vingt fois :

— J'ai si peur de lui faire tort !

C'est ma femme, sans aucun doute, qui lui a conseillé ce mince col de dentelle blanche, afin de faire moins deuil, afin de ne pas avoir l'air de vouloir apitoyer
15 les jurés.

Elle ne pleurait pas en entrant, vous l'avez vue, puisque vous étiez au quatrième rang, non loin de l'entrée des témoins. Tout ce qu'on a dit et écrit à ce sujet est faux. Voilà maintenant des années qu'on la soigne pour ses yeux qui sont toujours larmoyants. Elle voit très mal, mais elle s'obstine à ne pas porter
20 de verres, sous prétexte qu'on s'habitue à des verres toujours plus gros et qu'on finit par devenir aveugle. Elle s'est heurtée à un groupe de jeunes stagiaires qui encombraient le passage et c'est à cause de ce détail qu'on a prétendu qu'elle « titubait de douleur et de honte ».

La comédie, c'étaient les autres qui la jouaient, et le Président tout le premier,
25 qui se soulevait légèrement sur son siège pour la saluer avec un air de commisération infinie, puis adressait à l'huissier le traditionnel :

— Apportez un siège au témoin.

Jacques Brel dans *Les Assassins de l'ordre*, film de Marcel Carné, 1971.

Cette foule retenant sa respiration, ces cous tendus, ces visages crispés, tout cela pour rien, pour contempler une femme malheureuse, pour lui poser des
30 questions sans importance, sans même la moindre utilité.

— La Cour s'excuse, madame, de vous imposer cette épreuve, et vous prie instamment de faire un effort pour conserver votre sang-froid.

Elle ne regardait pas de mon côté. Elle ne savait pas où j'étais. Elle avait honte. Non pas honte à cause de moi, comme les journalistes l'ont écrit, mais honte
35 d'être le point de mire de toute une foule et de déranger, elle qui s'est toujours sentie si peu de chose, des personnages aussi importants.

Car dans son esprit, voyez-vous, et je connais bien ma mère, c'était elle qui les dérangeait. Elle n'osait pas pleurer. Elle n'osait rien regarder.

Je ne sais même pas quelles sont les premières questions qu'on lui a posées.
40 Il faut que j'insiste sur ce détail. J'ignore si les autres accusés sont comme moi. Pour ma part, j'ai eu souvent de la peine à m'intéresser à mon propre procès. Cela tient-il à ce que toute cette comédie a si peu de rapports avec la réalité ?

Georges SIMENON, *Lettre à mon juge* (1947)
© éd. Presses de la Cité

POUR LE COMMENTAIRE ⎯⎯⎯⎯⎯⎯⎯⎯⎯⎯⎯⎯⎯⎯⎯⎯⎯

1. Une scène de procès. Quels en sont les acteurs ? Comment sont-ils décrits par l'auteur ? Quel portrait l'accusé fait-il de sa mère ? Quel est le hiatus entre cette scène telle qu'elle a été rapportée par les journalistes et la réalité selon l'accusé ?

2. Un style dépouillé. Montrez comment le vocabulaire concret, la limpidité des phrases donnent finalement à cette scène le « poids de la vie ».

Sur l'œuvre de Simenon, voir Maurice PIRON, *L'Univers de Simenon*, Presses de la Cité, 1983.

SIMENON AU CINÉMA ⎯⎯⎯⎯⎯⎯⎯⎯⎯⎯⎯⎯⎯⎯⎯⎯⎯

Julien DUVIVIER : *La Tête d'un homme* (1933) ; *Panique* (adaptation des *Fiançailles de Monsieur Hire*), 1946. — Louis DAQUIN : *Le Voyageur de la Toussaint*, 1942. — Jean TARRIDE : *Le Chien jaune*, 1932. — Jean RENOIR : *La Nuit du carrefour*, 1933. — Henri DECOIN : *Les Inconnus dans la maison*, 1942. — Marcel CARNÉ : *La Marie du port*, 1949. — Henri DECOIN : *La Vérité sur Bébé Donge*, 1952. — Henri VERNEUIL : *Le Fruit défendu*, 1952. — Luis SASLAVSKY : *La neige était sale*, 1953. — Gilles GRANGIER : *Le Sang à la tête*, 1956. — Ralph HABIB : *Le Passager clandestin*, 1958. — Claude AUTANT-LARA : *En cas de malheur*, 1958. — Jean DELANNOY : *Maigret tend un piège*, 1957 ; *Maigret et l'affaire Saint-Fiacre*, 1959. — Édouard MOLINARO : *La Mort de Belle*, 1961. — Jean-Pierre MELVILLE : *L'Aîné des Ferchaux*, 1963. — Pierre GRANIER-DEFERRE : *Le Chat*, 1971 ; *La Veuve Couderc*, 1971 ; *Le Train*, 1973.

Rétro 50

Le triomphe du plastique.
Couverture de *La Vie pratique*, janvier 1954.

BRIGITTE BARDOT fait la couverture de
Cinémonde en décembre 1957.

Les « *Années 50* » : *trente ans seulement nous séparent de cette période d'après-guerre, qui affronte une réalité nouvelle. Réalité d'une Europe à reconstruire, d'un mode de vie nouveau qui s'annonce. Tous les domaines de la créativité sont ainsi stimulés, poussés à produire de nouvelles formes, de nouveaux matériaux, une nouvelle esthétique appropriée aux besoins d'une population traumatisée et avide de mieux-être.*
Un véritable esprit 50 s'est imposé, par sa diversité, sa qualité, sa non-qualité aussi, ses inventions, ses créations dans des domaines aussi divers que le mobilier, l'architecture, la mode ou la voiture... Décennie parfois oubliée, voire décriée, les années 50 sont devenues aujourd'hui quasi mythiques, et la 4 CV, le « New-look » ou le formica y ont contribué à leur manière, tout autant que Brigitte Bardot, James Dean ou les caves de St Germain-des-Prés.

GILBERT BÉCAUD et la publicité *Vespa*.

La Frégate transfluide.
Couverture de *L'Automobile*, mars 1952.

CALDER, *Blue and red nail*,
tapisserie des années 50. Coll. Pinton.

Presse-fruits,
1944. Design
de DAVE
CHAPMAN.
Coll. Alain
Ménard.

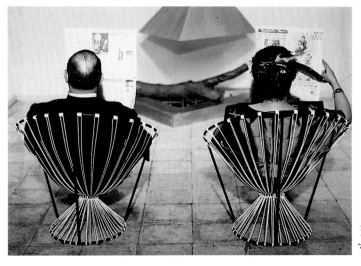

Mon Oncle,
film de
JACQUES
TATI, 1958.

Avec les années 50 est né le « temps des plastiques », celui de la consommation de masse et d'un foisonnement des tendances, qu'il s'agisse des objets de la vie quotidienne ou de la production de luxe : fascination pour la forme aérodynamique, mais aussi couleurs clinquantes, chromes rutilants, « formes libres » aux contours insolites. Délaissant l'ordre orthogonal mis à l'honneur par le mouvement moderne, de nombreux créateurs vont en effet s'efforcer d'œuvrer dans la liberté formelle la plus totale.

A l'instar d'une production industrielle en pleine effervescence, le design des « fifties » connaît un essor significatif : donner du « style » aux objets allait dans le sens du consommateur, en suscitant son désir. En cela, le design sut parfaitement saisir le sens de ces années 50 où comptaient essentiellement la recherche d'une identification sociale à travers l'acquisition de l'objet-symbole, et celle, plus simplement, du confort matériel, concrétisé par la voiture personnelle ou l'équipement ménager de la cuisine « moderne ».

Cendrier en céramique,
1950. Design de
GEORGIE JOUVE. Coll.
Philippe Jousse.

Vase en verre de VENINI,
années 50. Galerie Yves
Gastou.

Lampadaire de JEAN ROYÈRE,
1953. Coll. Varga.

Bureau en cuir de JACQUES ADNET. Coll. Varga.

Le design
des années 80

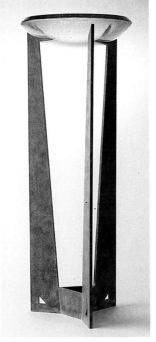

Lampe, de Christian Duc.

Bureau Washington, de Jean-Michel Wilmotte.

Bureau, à l'exposition « Vivre au futur », 1988.

« *La modernité n'a pas d'âge, c'est un esprit* ». *Un esprit fait de formes architecturées, de matériaux « vrais » : bois, cuir, verre, chrome. Un esprit qui était hier celui d'Eileen Gray, de Mallet-Stevens, de Le Corbusier — tous réédités avec succès — et qui est aujourd'hui celui de designers comme Pascal Mourgue, Philippe Starck, Christian Duc ou Jean-Michel Wilmotte. « Je cherche le style avant la fonction », affirme Mourgue. Mais si la forme et les volumes président, les créateurs contemporains tentent néanmoins de répondre aux changements enregistrés ces dernières années dans la façon de vivre et d'habiter un espace quotidien plus confortable ; les objets y ont une symbolique et expriment un choix culturel. Starck, mondialement connu et particulièrement prolifique — de l'Élysée aux Trois Suisses en passant par le Café Costes à Paris — l'a bien senti : « Je ne fais pas des formes, je fais du sens ; j'essaie de parler comme ma société à ma société ».*

Chaise ▲ *longue* de Martin Szekely.

Table de Pascal Mourgue.

Fauteuil de Philippe Starck.

Fauteuil de Pascal Mourgue.

Drôle d'endroit pour une rencontre,
film de François Dupeyron, 1988.

Le Paltoquet,
film de
Michel
Deville,
1987.

-La Lune dans
le caniveau,
film de
Jean-Jacques
Beineix,
1983.

Subway, film de Luc Besson, 1985.

Depuis la Nouvelle Vague, dans les années soixante, le cinéma français n'a plus produit de véritable école, tant les personnalités et les styles sont divers. De grands cinéastes poursuivent une œuvre totalement personnelle, tels Jean-Luc Godard, Alain Resnais, Maurice Pialat ou Eric Rohmer, tandis qu'une nouvelle génération — à l'image d'un Besson, d'un Beineix ou d'un Corneau — adopte un ton nouveau qui mêle fantasme et réel dans des rapports complexes, celui du « film noir ».

Le cadre, le décor y jouent un rôle primordial, créant des atmosphères étranges, glauques, voire cauchemardesques : banlieues urbaines sordides (La Lune dans le caniveau), station-service (Tchao Pantin) ou parkings sinistres (Drôle d'endroit pour une rencontre), labyrinthes souterrains du métro parisien (Subway), hangars désaffectés (Diva),.. Une faune curieuse peuple en général ces univers obscurs et inquiétants, constituée de personnages fragiles ou désespérés, de marginaux et de paumés en tous genres, sur fond de violence, d'intrigue policière et d'érotisme.

Hors-la-loi, film de Robin Davis, 1984.

Tchao Pantin, film de Claude Berri, 1983.

Kamikaze, film de Didier Rousset, 1986.

Le Prix du danger, film d'Yves Boisset, 1982.

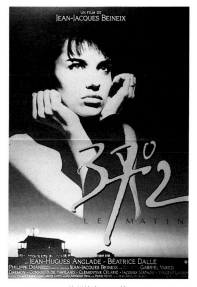

37°2 le matin,
film de Jean-Jacques Beineix, 1987.

La Petite sirène, film de Roger Andrieux, 1980.

Série Noire, film d'Alain Corneau, 1980.

Mortelle randonnée,
film de Claude Miller, 1982.

ÉTUDE DE FILMS

1. Avez-vous vu un ou plusieurs de ces films récents, au cinéma ou à la télévion ? Lequel vous a le plus marqué, et pourquoi ?
2. Reconnaissez-vous les acteurs principaux de ces films ? Citez leurs noms.
3. Essayez de classer ces différents films par « familles », selon leur thème et leur atmosphère.
4. Recherchez les titres d'autres œuvres cinématographiques et les noms d'autres réalisateurs qui vous paraissent également caractéristiques des « années 80 », mais illustrant des thèmes différents (l'adolescence, le monde animal...).

La pub s'affiche

Affiche de Jacques Charmoz pour *Scandale*, 1952.
Paris, Musée de la Publicité.

Affiche de Raymond Savignac pour *Dunlop*, 1953.
Paris, Musée de la Publicité.

Affiche d'Hervé Morvan pour *Kelton*,
1963. Paris, Musée de la Publicité.

Affiche de Villemot pour *Bally*, 1974.
Paris, Musée de la Publicité.

Fondées essentiellement sur l'image offerte par le cinéma, la télévision, les magazines, les affiches, les valeurs dominantes, des années 50 aux années 80, sont celles de la « société de consommation ». Le flux continu et multiple des images de publicité doit susciter le désir des consommateurs, leur donner du plaisir, mais aussi répondre à l'attente la plus large et s'aligner sur un dénominateur commun à des publics culturellement divers. Aussi l'affiche de « pub » sert-elle à la fois à faire vendre et à faire rêver. Comme les œuvres d'art, elle est liée à l'incomparable force attractive de l'image, renouvelée ici par des moyens nouveaux : photographie, agrandissements, montages...

Publicité pour la *Fnac*, 1985.
Paris, Musée de la Publicité.

Publicité pour *Dim*,
1987. Paris, Musée
de la Publicité.

Les murs ou la parole

Mai 68. Derrière les pavés, c'est aussi une grande époque pour les graffitis : « les murs ont la parole » et se couvrent d'inscriptions, libertaires et poétiques. Produits d'une activité ludique, mais également moyen d'expression privilégié de toutes les contestations, les graffitis font aujourd'hui partie intégrante du paysage urbain : inscrits dans l'espace public, ils sont en principe interdits. Tracés par des mains anonymes et destinés à être vus par tous, leurs styles sont très divers. Mais, loin des messages individuels ou collectifs, de nouvelles formes de graffitis sont apparues depuis peu. Avec la technique du pochoir, il devient possible de déposer simplement une même image en de nombreux lieux : tel motif floral ou animal, tel héros de B.D., telle reprise d'une photographie célèbre ne livrent aucune indication sur les intentions des graffitistes qui les répandent. Les images font appel à nos interprétations, mobilisent notre imagination. Rejoignent-elles ainsi la réflexion de Picasso : « La création pure, c'est un petit graffiti, un petit geste sur un mur » ?

Paris fin de siècle

L'architecture de la ville est beaucoup plus qu'une addition de bâtiments ; c'est aussi une réalité complexe, globale, vivante, hétérogène, une alchimie dont la réussite tient autant aux éléments courants qu'aux morceaux de bravoure. Mais en cette fin de siècle se multiplient les immeubles novateurs, les bâtiments-culte, les constructions surprenantes ou atypiques... jamais époque n'a autant construit. Jamais de façon aussi diversifiée, voire disparate. Le béton, l'acier, le verre entrent dans le bâtiment, les techniques éclatent, et les conceptions les plus différentes de la ville semblent foisonner.

Le Centre Georges Pompidou à Beaubourg, RENZO PIANO, 1977.

Les colonnes de BUREN au Palais-Royal en 1986.

La pyramide de PEI au Louvre en 1988.

L'Arche de la Défense,
J. O. VON SPRECKELSEN, 1989.

La Cité des Sciences à La Villette,
ADRIEN FAINSILBER, 1987.

Frédéric Dard / San Antonio
Bacchanale chez la mère Tatzi (1985)

Frédéric Dard (né en 1921), ancien journaliste venu au policier après la guerre, est sous son propre nom auteur de romans noirs à suspense, récits psychologiques de qualité à l'atmosphère pesante, aux intrigues subtiles et aux conclusions surprenantes : *Délivrez-nous du mal* (1956), *Le bourreau pleure, Toi le venin* (1957), *A San Pedro ou ailleurs* (1968), *Les Séquestrées* (1976). Une quarantaine de titres, vingt millions d'exemplaires vendus.

Frédéric Dard est cependant moins connu que le célèbre **San Antonio**, à la fois auteur et héros principal d'une série parodique et humoristique qui tient à la fois, et selon les cas, du roman noir, de l'espionnage, du policier, du roman tout court, pour n'appartenir finalement à aucun d'eux (environ 90 volumes et 105 millions d'exemplaires vendus).

Très vite, **San Antonio**, *reléguant l'intrigue au second plan, s'est éloigné de l'inspiration des romans de la Série Noire dont il n'a gardé que l'esprit de dérision et l'usage de l'argot. De connivence avec le lecteur,* **l'auteur n'hésite pas à aller à contre-courant des règles du polar***, révélant ses procédés à coups de notes en bas de page, d'allusions et de renvois à ses propres œuvres.*

Ignobles, absurdes, scatologiques pour ses détracteurs, les récits de San Antonio sont pour ses fervents défenseurs ceux d'un « Rabelais du xxᵉ siècle ». Dans un univers humain fantaisiste et attachant, peuplé de héros truculents, ils convient le lecteur à **une « hénaurme » fête du langage***, et réussissent le tour de force de séduire le lecteur populaire comme le lecteur cultivé parce qu'ils offrent une lecture à plusieurs degrés.*

**** Bacchanale chez la mère Tatzi*

Sur une intrigue assez simple, la recherche d'un homme soupçonné de posséder un élément important pour le nucléaire français, l'auteur promène le lecteur jusqu'à la guinguette de la mère Tatzi pour remonter jusqu'à une secte internationale dont le chef s'avère être l'homme recherché. L'art de San Antonio est d'habiller le scénario par tout un jeu de péripéties, digressions, allusions politiques et références littéraires, clins d'œil et réflexions personnelles, le tout porté par un délire verbal dans la tradition d'un Queneau, d'un Vian ou d'un Céline.

Le chapitre 10 (tenth pour les polyglottes !) rassemble presque tous les héros de la série, le viril commissaire et sa mère la tendre Félicie, la petite Marie-Marie, digne sœur de Zazie, et l'inoubliable Bérurier, dit Béru, promu ministre, autour de la dépouille du pantouflard Pinaud, dit Pinuche.

Tenth

Il y a des femmes qui, dès avant leur mariage, sont déjà faites pour être veuves. Ainsi de Mme César Pinaud. Elle porte en elle le veuvage comme certains prêtres leur apostolat. Elle est nantie de la [5] résignation miséricordieuse nécessaire pour assumer ce genre de position sociale. Sombre épouse confite en dévotion, souffrant sans cesse de mille maux aux noms surannés ; malbaisante par vocation, elle aura escorté son valeureux compagnon [10] dans le seul but de lui survivre et de le pleurer. Elle est de ces femelles qui ne deviennent véritablement épouses qu'après la mort de leur conjoint ; la vie conjugale n'étant qu'une sorte de long purgatoire matrimonial égayé de confitures et assombri par la [15] peur de l'existence. La maladie toujours à l'affût, le péché sans cesse menaçant. Dame Pinuche a attendu *son* heure qui coïncide avec la dernière de son époux, en pratiquant au maximum la chasteté, la diète, la prière, la tisane et le tricot.

[20] Elle se tient très droite à mon côté, dans la pièce servant de morgue à l'hôpital où l'on a amené la dépouille de Pinuche. Vêtue de noir, comme par enchantement, blafarde et pétrifiée dans un stoïcisme recueilli, on croit déjà voir flotter du crêpe [25] autour de son visage. Le crêpe noir, vaporeux, barreaux de sa prison-royaume.

Maman que j'ai prévenue est là également, accompagnée de ma chère Marie-Marie, et toutes deux pleurent devant la dépouille de ce cher com-[30]pagnon qui fut si frêle et si courageux pourtant. Cocasse mais plein de grandeur.

Le professeur Sassaigne qui a examiné le corps m'explique dans l'oreille gauche que le défunt a reçu une manchette sur la nuque au « point Z », là que le [35] convecteur hybride s'enfourne dans le grand balutin convexe. C'est un des trois centres de fromagisation de notre individu, avec le roupette-indurant et le guignolingue de maturation. Un coup terrible que

seuls pratiquent certains lutteurs nippons ayant
40 accédé à l'initiation finale.

Il s'interrompt à cause d'un remue-ménage. Quatre motards en gants blancs mousquetaire viennent
de pénétrer dans le local. Ils forment la haie et
gardavousent. Un lieutenant de gendarmerie paraît
45 à son tour, précédant un homme corpulent, sanglé
dans un costume bleu croisé entièrement neuf : Son
Excellence Alexandre-Benoît Bérurier, nouveau
ministre de l'Intérieur par la grâce de Dieu et la
volonté présidentielle.

50 Le Gros, rasé de frais, talqué jusqu'aux oreilles,
chemisé de blanc, cravaté de noir. Des membres de
la police sont sur ses talons. Chefs en tout genre :
directeurs, divisionnaires, officiers... Tout un groupe
compassé, solennel, guindé.

55 La morgue est pleine tout à coup de cette foule
étrange.

Bérurier s'approche du chariot où repose notre
vieux compagnon. Il s'incline, comme il l'a vu faire
si souvent par ses prédécesseurs devant la dépouille
60 des flics morts au champ d'honneur, puis il va à
Mme Pinaud, lui presse longuement la main en
déclamant :

— Condoléances émues, sincères et vérita-
b'ment navrées, chère maâme.

65 Après quoi, il sort de sa poche une feuille de
papier qu'il déplie calmement et se met en devoir de
la lire.

— Inspecteur principal Pinaud, attaque-t-il d'un
timbre ferme, la République française que vous avez
70 servie avec tant de courage et de négation, j'veux
dire d'abnégation, votre vie dupont, j'veux dire
durant (qui c'est le con qu'a tapé ça !) vous remercie
pour votre sacrée sauce suprême, je veux dire pour
votre sacrifice suprême. Vous êtes mort en croupis-
75 sant votre devoir, inspecteur principal Pinaud, et la
natation tout entière saucisson, je veux dire s'associe, au deuil de votre admirable compagne ici présente. En vertu des pouvoirs qui me sont confédé-
rés, en mon nom et au nombril du président de la
80 République, je vous décore à titre posture de la
Région d'honneur !

Il prend la médaille à ruban rouge qui lui est
présentée sur un coussinet conçu exprès pour ça.

C'est en s'inclinant sur le défunt que le ministre
85 craque.

— Pinuche ! balbutie-t-il. O ma vieille fripe, ça va
t'faire une belle jambe ! Comment t'est-ce t'a-t-il pu
te laisser scrafer par des empaffés de Jaunes, boug-
g'de vieux croûton. Au moment qu'on s'attendait
90 pas. Toi, une espèce de branleur qu'a passé à travers
tant de vilains coups fourrés ! Combien d'fois-t-il je
t'ai-je vu dans les pires situasses, mon con ; et ta
pomme, mine d'rien, comme tu t'roulais un mégot,
tu r'prendrais les choses en main ! On avait toujours
95 l'air d't'avoir sorti d'la naphtaline, mais t'avais l'chou
et les réflesques d'un gars de trente balais, boug'de
vieill'seringue ! Et v'là qu't'es raide comm'un gode-
miché et qu'je dois naauguer mes z'hautes fonctions

en te pinglant c'te babiole su'l'placard. O César,
100 mon pote, mon pote !

L'Excellence éclate en sanglots tumultueux et
épingle la médaille sur la poitrine concave du héros
mort.

— Aïe ! fait alors une voix.

105 M. le miniss se redresse. Se tourne vers l'assistance, l'œil sévère :

— Qui est-ce-t-il qu'a fait « Aïe » ? demande Son
Excellence.

— Moi, murmure le mort. Tu m'as piqué !

110 Une houle stupéfaite passe dans la foule présente.
Chacun fait un grand pas en avant. Mme Pinaud
brusquement déveuvée s'évanouit avec à-propos.

Le professeur Sassaigne s'est précipité. Il est déjà
en train de tripoter le ci-devant cadavre. Il branle son
115 auguste chef en psalmodiant des expressions mé-
dico-latines aussi vite que ça peut.

Baderne-baderne reprend du poil de la bête et se
dresse sur un coude. Il contemple l'aimable société
assemblée d'un œil qui frise l'incrédulité.

120 — Messieurs-dames, salue-t-il. Pourrais-je savoir
où je me trouve ?

Il se tait pour masser sa nuque douloureuse.

— J'ai eu un malaise dans une cabine téléphoni-
que, déclare-t-il. Et je...

125 Pour lors, le ministre éclate :

— Non, mais y m'les fera toutes, ce vieux peigne ! Vous avouererez ! J'sus là qu'j'lâche mon
ministère pou'v'nir décorer c't'apôtre. Et c'est Légion d'honneur par-ci, discours par-là, chagrin à tout
130 va, pour en arriver qu'c'te crème de gland s'met à
jouer les gares Saint-Lazare et me ressuscite en
plein'gueule, bordel ! D'quoi qu'j'ai l'air, moi, d'vant
tous les corps constipés d'la Rousse, à jérémier
su'un cadav' qui crie « Coucou, m'r'v'là ! ». Et c'te
135 médaille, dis, fesse d'rat malade, j'm'la fous t'au cul
ou j'la décerne au Sénégalais qui balayait l'tortoir
quand j'ai arrivé ? Non, c'est bien pour dir'd'faire
chier son monde, Seigneur Dieu ! On t'd'mandait
quéqu'chose, 'spèce de nœud coulant ? Maâme
140 Pinaud qui veuvait dign'ment, tout l'monde la larme
aux yeux et moi, lancé à fond la caisse dans les
r'grets éternels ! Tu m'la copieras, César !

Sᴀɴ Aɴᴛᴏɴɪᴏ, *Bacchanale chez la mère Tatzi* (1985)
© Fleuve Noir

POUR LE COMMENTAIRE

1. Le comique du récit

a. Recherchez les divers procédés qui le font naître.
b. Au-delà du divertissement et de l'humour, quelles critiques de la société recèle ce passage ?

1. L'art du langage

a. Relevez les ruptures de style et comparez le langage du
héros narrateur avec celui de Bérurier, celui de Bérurier
ministre et du « Gros » au naturel.
b. Relevez les jeux de mots, les mots d'argot, les créations
verbales, les entorses volontaires à la grammaire, la parodie
de certains langages.

Jean-Patrick Manchette *Nada* (1972)

Fils de Mai 68 et de la Série Noire, **Jean-Patrick Manchette** (né en 1942) ouvre l'ère du nouveau roman noir. Grand admirateur des Américains Hammett, Chandler et McDonald, il retient de leurs récits l'aspect le plus révolté et le plus critique, et donne une nouvelle impulsion au roman noir français en y introduisant la criminalité politique.

Il met en scène des personnages de marginaux, antihéros violents, issus des courants gauchistes et anarchistes des années 1960, terroristes désenchantés de *Nada* (1972) ou jeunes bourgeois écolos du *Petit Bleu de la côte Ouest* (1976).

Son style détaché, réaliste, refusant l'émotion à l'image de celui d'un Chandler, atteint sa perfection dans *La Position du tireur couché* (1982).

*** *Nada*

« Nada », en espagnol « rien », mot cher à Hemingway, est le nom symptomatique d'un groupuscule terroriste qui a pris en otage l'ambassadeur des États-Unis, et dont J.-P. Manchette conte la sanglante cavale et l'extermination, en quarante-deux chapitres, construits comme autant de séquences plus ou moins longues d'un film noir.

Terrorisme

***

Le chapitre 19 met en scène Treuffais, jeune professeur de philosophie, « communiste libertaire », qui a refusé par idéologie de participer à la prise d'otage.

Attentat contre le magasin *Marks and Spencer*, à Paris.

Treuffais avait acheté plusieurs journaux du matin et, vers seize heures trente, il descendit chercher *Le Monde* et *France-Soir*, ainsi qu'une médiocre choucroute en boîte. Il remonta chez lui. Après avoir refermé la porte, il vit son image dans la glace de l'entrée et poussa un soupir. Une barbe de quatre jours, les yeux
5 rouges, des boutons, les cheveux hirsutes, la chemise sale et froissée sous la veste où se remarquaient quatre ou cinq nouvelles brûlures de cigarette. Il rangea la choucroute dans l'élément haut de la cuisine, alla chercher le vieux Radialva dans sa chambre et s'installa dans la salle de bains avec le poste et les journaux. Il fit couler un bain et feuilleta les journaux. Guère d'informations nouvelles,
10 Treuffais avait déjà appris par la radio que des textes étaient parvenus aux journaux et agences de presse, postés dans la nuit à Paris, signés du groupe Nada, et qui revendiquaient l'enlèvement de l'ambassadeur, et réclamaient la publication d'un manifeste partout dans le pays, et le paiement par l'État d'une rançon de deux cent mille dollars. L'État avait quarante-huit heures pour donner
15 sa réponse, soit jusqu'au lundi à midi. S'il refusait, l'ambassadeur serait exécuté. S'il acceptait, le manifeste devait paraître aussitôt dans la presse, être lu à la radio, à la télévision. Et de nouvelles instructions seraient envoyées par le groupe Nada, concernant le versement de la rançon.

Déjà, *Le Monde* résumait et analysait le manifeste. « Le style en est ordurier,
20 affirmait le journal, et la puérilité de certaines affirmations, d'un anarchisme archaïque et sans mélange, prêterait à sourire en d'autres circonstances. Dans la situation actuelle, c'est bien plutôt l'inquiétude qu'elles inspirent, une angoisse profonde devant le néant revendiqué comme à plaisir par ce groupe Nada qui a su se bien nommer, mais qui s'exprime, dans son texte comme dans son acte,
25 d'injustifiable manière. »

La baignoire était pleine. Treuffais ferma les robinets, ôta ses vêtements et se mit à l'eau. Il continua sa lecture, laissant la crasse se dissoudre lentement. Selon l'éditorialiste de *France-Soir*, les terroristes du groupe Nada prenaient l'exemple sur les Tupamaros[1] en réclamant la publication de leur manifeste. Mais, souli-
30 gnait l'éditorialiste, l'exemple des Tupamaros n'est pas un exemple à suivre, surtout en France qui est démocratique et qui n'est pas sous-développée. Si la contestation parfois violente est hélas entrée dans nos mœurs, le terrorisme

1. Membres d'un mouvement révolutionnaire uruguayen fondé en 1962, qui fut anéanti en 1976 après le coup d'État militaire.

politique ne répond ni aux besoins ni au désir de la population, le groupe Nada
devait déjà commencer à s'en rendre compte, et l'éditorialiste voulait espérer que
35 la raison l'emporterait.

Le Monde, par ailleurs, décrivait abondamment les opérations de police et se
demandait à qui profiterait le cycle infernal violence-répression. Sous le titre, *Une
page noire*, un juriste réputé pour son sérieux faisait un parallèle imbécile entre
la noirceur de l'acte commis et la noirceur du drapeau anarchiste. Une feuille
40 entière était dévolue aux communiqués et déclarations de diverses organisations
et personnalités, avec un encadré spécial pour les points de vue d'une quinzaine
de groupuscules gauchistes. Treuffais manqua s'assoupir dans son bain et fit
tomber les journaux dans l'eau. Il jura et les mit à sécher sur le bord de la
baignoire. Il se lava la tête avec fureur, grattant son cuir chevelu avec ses ongles.
45 Il revoyait son amère entrevue avec Buenaventura, le lundi soir, dans la chambre
sale du Catalan, les cartes à jouer qui traînent par terre, les mégots dans un bol,
Buenaventura est debout dans l'ombre, le dos à la fenêtre illuminée par les
enseignes de la rue.

— Tu ne prétends tout de même pas que nous abandonnions l'opération ?
50 — Si, dit Treuffais.
— Pars si tu veux.
— Tu ne comprends pas. Je ne veux pas me séparer de vous. Je vous
demande de suspendre l'opération, le temps de discuter.
— Il n'y a plus de dialogue possible entre nous. Je regrette, Treuffais. Tu es
55 passé de l'autre côté.

Jean-Patrick MANCHETTE, *Nada* (1972)
© éd. Gallimard

A.D.G. *La Nuit des grands chiens malades* (1972)

A.D.G., ou Alain Camille, pseudonymes d'Alain-Fournier, que l'on oppose souvent à Jean-Patrick Manchette pour son idéologie de droite, est né à Tours en 1947 et situe généralement ses récits dans le Berry, en Touraine, et plus récemment en Nouvelle-Calédonie. Admirateur de Céline et d'Albert Simonin, aimant la farce et le canular, il bâtit sur un arrière-fond social ou politique des sagas aux personnages truculents et au langage savoureux : *Les Panadeux* (1971), *Cradoque's Band* (1972) dont le titre se réfère déjà à Céline, *La Nuit des grands chiens malades* (1972), *Le Grand Môme* (1977), parodie du *Grand Meaulnes*, d'Alain-Fournier son homonyme, *L'otage est sans pitié* (1976), satire corrosive des notables provinciaux. L'argument criminel est souvent pour l'auteur prétexte à stigmatiser des pratiques politiques scandaleuses (*Je suis un roman noir*, 1976) ou à exercer sa verve et son ironie.

Les hippizes

Paru la même année que le *Nada* de Manchette, *La Nuit des grands chiens malades*, porté à l'écran par Georges Lautner sous le titre *Quelques messieurs trop tranquilles*, *dénonce les illusions des années qui ont suivi 1968. Inspiré de* Fantasia chez les ploucs, *de Charles Williams, lui-même parodie du* Petit Arpent du Bon Dieu, *d'Erskine Caldwell, le récit met en scène avec humour de sympathiques hippies aux prises avec de braves villageois berrichons.*

Nous, bien sûr, qu'on est berrichons, d'entre Châteauroux et Bourges, on n'a
pas la grosse cote auprès des Parisiens et qu'on serait lourds, méfiants, un peu
retardés pour tout dire, plein de croyances obscures. Seulement, on a quand
même la télévision, et les hippizes, on sait ce que c'est, des jeunes qui se
5 droguent et qui prêtent leurs femmes à tout le monde. Ils ont aussi mis le feu à
des voitures en mai 1968 et que cette année-là était sûrement une année du

diable, parce que rien n'a marché comme il faut, des bêtes sont mortes, et puis beaucoup de lait a tourné, le peu de vin a pas été bon et les cultures rachitiques.

— Faut faire une réunion du conseil municipal, qu'a dit le Justin qu'est
10 charcutier mais qu'a aussi des terres à la « Grand'Côte » et des vaches au clos de l'Aucpin.

Les femmes qu'étaient à ce moment dans sa boutique ont opiné, on pouvait bien être sûr que la soupe aurait pas le temps de raferdir qu'elles auraient mis les hommes au courant et décidé ceux de leurs époux qu'avaient voix à se réunir
15 d'urgence. Ceux qu'allaient chiader, c'étaient l'Arsène et le parigot, vu que le terrain était à eux, juste qu'on savait pas le bornage. L'embêtant, c'est que le maire, il était pas là, parti en Suisse pour un congrès de médecine, parce que nout'élu, c'est un grand professeur de chirurgie, qu'il est à Vierzon pour l'hôpital et qu'on parle de lui dans les journaux parce qu'il a inventé des greffes et des
20 machins d'opérations sensationnelles. Fallait l'attendre, lui il saurait bien quoi faire.

Les hippizes, ils étaient vingt-cinq, quinze gars et dix filles, plus une tapée de marmots, sept ou huit. Faut dire qu'ils ont été corrects, qu'ils ont tout payé chez les commerçants en bon argent, qu'ils ont dit « bonjour et au revoir », pas un mot
25 de plus et qu'ils sont retournés à leur campement, maquiller on ne sait quoi, on pouvait pas voir, juste on entendait qu'il y en avait qui chantaient avec des guitares, mais ils faisaient pas trop de bruit, ils ont dérangé personne.

Au soir, ils ont allumé des feux et ils ont mangé dehors, comme des bergers, les mômes piaillaient un peu. Nous, on était au café de la Mairie on les voyait
30 bien à travers la vitre, et je peux dire que chez nous, ça discutait ferme.

Le Justin, le charcutier, il a lampé sa gnôle d'un trait comme il fait d'habitude, il est tellement gros et rouge qu'on sait bien qu'il en a à remplir.

— Je parle contre moi, il a dit, parce que ça peut faire des clients, c'est jeune, ça boulotte comme quatre, seulement, ça fera des histoires.
35 — Pour sûr, qu'a approuvé l'Arsène, en plus, ils sont chez moi, et si qu'ils font des fumeries de drogue, les gendarmes, ils seront pour moi, des histoires à aller en prison.

Il est tout sec, lui par contre, vieux qu'on se dit qu'un jour en creusant une tombe, il tombera dedans tout mort, qu'on n'aura plus qu'à reboucher. Pauvre
40 comme Job, sa seule richesse, c'est le terrain qu'il en fait d'ailleurs rien, et puis aussi sa moustache, des comme ça, on en voit plus au jour d'aujourd'hui, grandes et grises, il les frise au fer et il mordille toujours le bout.

— T'as qu'à aller leur dire de s'en aller, a dit Maupas le bistrot, qui fait aussi le charbon et sa femme l'épicerie, juste à côté.
45 — C'est vrai, ça, qu'a dit le Justin en allumant sa maïs, pisque t'es chez toi c'est à toi de leur causer.

— Et queuque j'vais leur dire, moi, à ces galopiauds ?

— Qu'y a point place pour eux ici, et pis qu'y z'occupent indûment un terr et sans autorisation encore.
50 — Bon, qu'a dit l'Arsène, soudain échauffé par l'alcool et les paroles de to le monde qui le soutenaient. C'est pas des gamins qu'a vont me faire peur, j vas !

Il a ajusté son béret, bien le pli entre les deux yeux, s'est mouché du coin d la manche et il est sorti dans la nuit qui tombait déjà. Tous, on a été sur le seuil
55 du bistrot à l'ergarder marcher dans le noir, pas trop assuré sur ses affutiaux, et ses bacchantes dépassaient, vues de derrière, avec la lumière que donnaient les feux des hippizes.

A.D.G., La Nuit des grands chiens malades (1972)
© éd. Gallimard

POUR LE COMMENTAIRE

1. Relevez les **expressions et les tournures** de phrases du parler régional.

2. Le choc de deux cultures. Comment les villageois observent-ils l'arrivée des « hippizes » ?

A travers ces observations, qu'est-ce que les villageois révèlent sur eux-mêmes ?

Joseph Bialot *Le Salon du prêt à saigner* (1978)

Après Léo Malet et Jean Amila, **Joseph Bialot** (né en 1924) renoue avec la tradition populiste. Il entre à la Série Noire en 1978 et obtient le Grand Prix de la Littérature policière pour son premier roman, *Le Salon du prêt à saigner*, qui se déroule dans le quartier du Sentier. De même que Jean Amila dépeignait le Faubourg Saint-Antoine et ses artisans, il fait revivre ce quartier populaire de Paris, où règnent les confectionneurs juifs. Puis il ressuscite Belleville dans *Babel-ville*, et le marché aux puces de Saint-Ouen dans *Rue du chat crevé*, faisant de la ville un des thèmes centraux de ses récits. Une ville dure, violente, misérable.

*** *Le Salon du prêt à saigner*

Roman noir populiste, *Le Salon du prêt à saigner*, servi par un style sobre et alerte, une intrigue serrée, est un récit cruel et sanglant, plein de clins d'œil, qui est aussi prétexte à peindre le racisme au quotidien et la vie des immigrés turcs dans les bidonvilles où opère Josip, le tueur fou. Parallèlement se développe l'histoire d'une bande d'enfants qui miment tragiquement la cruauté du monde adulte. Prise d'otage, chasse à l'homme, massacres « saignants » se succèdent sans que l'enquête « avance d'un pouce »

« *Jeune, belle et morte* »

La pluie, dure et drue, avait nettoyé la chaussée et balayé les innombrables détritus qui traînent habituellement dans les rues du Sentier. Emballages bistres tachetés d'étiquettes de couleur, vieux
5 papiers, sacs en plastique de toutes formes, le tout saupoudré de déchets de tissus multicolores, comme il se doit dans un quartier de Paris tout entier consacré au prêt-à-porter.

Le camaïeu gris des immeubles s'ombrait de
10 taches crépusculaires. Par vagues, les boutiques se vidaient : rush saccadé vers le métro de la Porte Saint-Denis ; la foule des employés, des derniers clients, se glissait entre les voitures plaquées sur la chaussée. Un riff de klaxon syncopait le slalom des
15 piétons.

L'été finissait. Octobre était proche et la pluie avait des relents d'automne.

Sous le mini-déluge, les putains de la Porte Saint-Denis refluaient vers les porches des immeu-
20 bles. Seule, stoïque sous son parapluie, une fille aux seins énormes s'appuyait au mur de la pharmacie, à l'angle de la rue Saint-Appoline. Le pouce de sa main droite s'incrustait entre ses seins, accentuait le côté ludique de cette poitrine gigantesque capable
25 de ramener au stade oral tous les complexés de 3 à 90 ans ; elle n'était pas érotique, ou porno, non ; c'était, plus simplement, une curiosité à voir, comme dans le « Michelin » : « l'étoile, bonne table dans sa catégorie ».
30 Le carrefour bloqué n'était plus qu'un tumulte d'avertisseurs en furie.

Une journée, comme une autre, s'achevait dans le Sentier.

*

Selon le « Dictionnaire historique des rues de
35 Paris », la rue Saint-Spire était, au XVIIe siècle, un minuscule cimetière dont la « porte était peinte en noir avec des têtes de morts et des tibias peints en blanc », cimetière d'où émanait une odeur exécrable, la fosse étant à ciel ouvert.

40 Aujourd'hui, la rue Saint-Spire forme, avec la rue Sainte-Foy, une placette plantée de quatre platanes, les seuls arbres du quartier. Parking dans la journée, elle se donne, la nuit, éclairages en moins, de faux airs de place Furstemberg ou de piazzetta vénitien-
45 nes, telles qu'on les trouve dans les ruelles, derrière la Fénice, à deux pas du Grand-Canal. Le soir, les jours fériés, les voitures disparaissent, la foule s'absente et la place retrouve cet air d'intimité, de nonchalance, qui donne envie de flâner, de chercher
50 une terrasse.

Il pleuvait.

La voiture de police banalisée roulait à petite vitesse.

Il pleuvait. Le ciel ruisselait, giclait, éjaculait sur
55 le pare-brise ; les chenilles de gouttelettes se faisaient, se défaisaient, procession de cristal, zircons translucides, transformant la glace en baroque miroir vénitien. Les hommes de la patrouille fumaient en silence derrière les vitres embuées. Dans
60 la voiture, l'air tiède, un peu fétide, sentait l'humidité. L'odeur âcre des vêtements mouillés se mêlait au fumet plus rugueux des gauloises grillées.

La R. 16 tourna dans la rue Saint-Denis, vira dans la rue Sainte-Foy, déboucha sur la place.
65 Ce fut le chauffeur qui la vit, le premier. Elle reposait entre l'arbre et la chaussée, la tête tournée vers les grilles closes du Passage du Caire, les jambes dirigées vers la succursale de la banque qui donne sur la placette. Son corps faisait un angle
70 droit, son pied gauche, nu, ramené sous elle, la chaussure debout droite dans le ruisseau, comme un bateau d'enfant.

Elle n'avait ni manteau, ni imper et la pluie moulait, ajustait, sculptait sa robe déchiquetée sur
75 son corps.

Elle était jeune, belle, et morte. Le trait rouge de sa gorge tranchée brillait dans la lueur des torches électriques.

Joseph BIALOT, *Le Salon du prêt à saigner* (1978)
© éd. Gallimard

Jean Vautrin *Groom* (1980)

D'abord cinéaste, Jean Herman, né en 1933, devient **Jean Vautrin** en publiant *A Bulletins rouges* (1973), qui introduit le décor banlieusard dans le roman noir. Grand admirateur de Queneau, mais aussi de Céline, Caldwell, Mailer, Faulkner, il veut faire du roman noir un genre littéraire à part entière. Pari réussi avec *Billy ze Kick* (1974), *Bloody Mary* (1979), *Groom* (1980), *Canicule* (1982), où il dénonce le monde des HLM, du chômage, de la violence, du racisme, du sexe, de l'argent tout-puissant, dans un style à la fois dépouillé, imagé et poétique.

« *On y va !* »

Hôtel Algonquin.
8 heures du matin. 1ᵉʳ novembre. Jour des Morts.

Le 607 s'allume au tableau.
Dans le cagibi, le 607 s'allume au tableau.
5 Dans le cagibi des grooms, le 607 s'allume au tableau.
Et clignote d'impatience.
J'éteins mon clope contre le mur. A rebours du règlement.
Et je pense à Monsieur Bing.
Il y a quinze jours à peine, Vieux Bing m'a encore mis en garde contre la vie
10 qui trépide trop autour de moi.
Il m'a dit qu'il jugeait ma cadence infernale pour un garçon de mon âge. Et même si je ne lui ai pas montré mes foutus sentiments, d'un coup, j'ai senti qu'il avait triple raison.
J'étais si sacrément fatigué ce jour-là, malgré mes douze ans qui m'avanta-
15 gent. Faute à ma chienne de vie, garçon d'étage à l'Hôtel Algonquin. Vous n'avez pas idée. Mais pas seulement à cause d'elle. Aussi parce que je suis poreux. Je veux dire perméable. Tout le saint-frusquin autour de nous qui me déprime. Les guerres. Les meurtres. Les génocides. Les conneries tire-larigot.
Je ne sais pas si vous lisez. Si vous écoutez. Les journaux. Les médias comme
20 ils disent. On ne peut plus suivre. Tellement il y a du malheur. On n'arrive plus à fournir, question-sensibilité. Et ça me tue.
Ça me tue vif et ça fait mal.
Boule-merde, le 607 clignote vraiment au tableau. Excusez-moi, je file.
J'irrupte de mon cagibi en même temps qu'Annonciata sort de la lingerie.
25 Annonciata, portugaise femme de chambre. Dix-huit balais et un aspirateur.
J'offre de le lui porter. Elle flaire la ruse.
— Lacha le Tornado ! elle dit.
Un regard furtif. Le cou fléchi. Un sourire biais sous une fine moustache pour plus tard. Le genre catholique à peau blanche. Excitante, je trouve, à force de
30 peau cachée. Avec ça, le front bombé comme les portraits de famille. Un profil de timbre-poste.
Mais des gambettes, principalement, comme personne.
Elle s'éloigne.
Des mois que ça dure.
35 Tablier blanc. Uniforme rouge. Dans les couloirs, on se rencontre. Elle se borne à sourire. Une espèce de sourire immortel.
Je finirai bien par la coincer.
Et le 607 qui s'affole à tous les carrefours !
Ça va, ça va ! On y va ! On se hâte, on s'esclavage sur le parcours !
40 Un client dans l'escalier ? On s'efface.
Une porte qui bat ? On la tient.
Un taxi dans une heure ? Ce sera fait !...
Je cours le long du tapis rouge.
Je cours vers le 607.

Jean VAUTRIN, *Groom* (1980), © éd. Gallimard

Pour vos essais et vos exposés

F. HOVEYDA : *Histoire du roman policier*, éd. Robert Laffont, 1966.
Pierre BOILEAU et Thomas NARCEJAC : *Le Roman policier*, éd. Payot, 1964.
Jacques SADOUL : *Anthologie de la littérature policière. De Conan Doyle à Jérôme Charyn*, éd. Ramsay, 1981.
Francis LACASSIN : *Mythologie du roman policier*, coll. « 10/18 », U.G.E., 1974.
Magazine Littéraire, Spécial polar, n° 194, avril 1983.

2. La science-fiction

1887	J. H. Rosny : *Les Xipéhuz*	**1963**	Pierre Boulle : *La Planète des singes* Vladimir Volkoff : *Métro pour l'enfer*
1905	Mort de Jules Verne		
1908	Maurice Renard : *Docteur Lerne, sous-dieu*	**1965**	Michel Demuth : *Les Galaxiales* (premières nouvelles)
1911	J. H. Rosny : *La Guerre du feu ;* *La Force mystérieuse*	**1968**	René Barjavel : *La Nuit des temps*
1914	Maurice Renard : *Le Merveilleux scientifique* (essai)	**1969**	Jean-Pierre Andrevon : *Les Hommes-machines contre Gandahar*
1924	Claude Farrère : *L'an 1937*	**1971**	Charles Duits : *Ptah Hotep* Gérard Klein : *Les Seigneurs de la guerre* Jacques Sternberg : *Futurs sans avenir*
1927	Léon Daudet : *Le Napus, fléau de l'an 2227*		
1928	André Maurois : *Voyage au pays des Articoles*	**1972**	Pierre Barbet : *L'Empire du Baphomet* Robert Merle : *Malevil*
1929	Régis Messac : Le détective novel *et l'influence de la pensée scientifique*	**1973**	Michel Jeury : *Le Temps incertain*
1934	Régis Messac : *Quinzinzinzili*	**1976**	Philippe Curval : *Cette chère humanité*
1938	Jacques Spitz : *La Guerre des mouches*	**1977**	Jean-Pierre Andrevon : *Le Désert du monde* Yves Frémion : *Octobre, octobres* Gérard Klein : « Le procès en dissolution de la SF » (article) Pierre Pelot : *Delirium Circus*
1943	René Barjavel : *Ravage*		
1944	René Barjavel : *Le Voyageur imprudent*		
1946	B. R. Bruss : *Et la planète sauta*		
1956	Jacques Sternberg : *La sortie est au fond de l'espace*	**1978**	Serge Brussolo : *Funnyway*
1957	Pierre Boulle : *E = MC² ou le roman d'une idée*	**1979**	Daniel Walther : *L'Épouvante*
1957	Stephen Wul : *Niourk*	**1980**	G. J. Arnaud : *La Compagnie des glaces* (1er vol.) Serge Brussolo : *Vue en coupe d'une ville malade* Joël Houssin : *Blue*
1958	Francis Carsac : *Genèse* Charles et Nathalie Henneberg : *Le Chant des astronautes* Gérard Klein : *Le Gambit des étoiles*		
1959	Philippe Curval : *C'est du billard* Alain Dorémieux : *La Vana* Daniel Drode : *Surface de la planète*	**1981**	Élisabeth Vonarburg : *Le Silence de la cité*
		1982	Emmanuel Jouanne : *Damiers imaginaires* Jacques Mondoloni : *Je suis une herbe*
1960	Kurt Steiner : *Aux armes d'Ortog*	**1983**	Joëlle Wintrebert : *Les Maîtres-feu*
1962	Francis Carsac : *Pour patrie l'espace*	**1987**	Francis Berthelot : *La Ville au fond de l'œil*

Dessin de Moebius
dans *Made in L.A.*
© éd. Casterman, 1988.

L'essor de la science-fiction française

Genre protéiforme, avec ses thèmes, son vocabulaire, ses lecteurs spécifiques, la science-fiction naît à la fin du XIXe siècle. Elle s'épanouit d'abord aux États-Unis dans les années 1930 avant de faire une percée en France à la fin des années 1960.

1. La littérature d'anticipation

Même si on peut lui trouver de très lointains précurseurs, de Lucien de Samosate à Cyrano de Bergerac, on lui reconnaît volontiers trois pères fondateurs, l'Américain Edgar Poe (1809-1849), le Français Jules Verne (1828-1905) et le Britannique H. G. Wells (1866-1946).

Florissante en France avant la Première Guerre mondiale, publiée dans des magazines populaires *(Je sais tout, Lectures pour tous)*, « la littérature d'anticipation scientifique », comme on l'appelle alors, est lancée dans le sillage de Jules Verne par J. H. Rosny aîné (1856-1940), pratiquée par des écrivains connus (Léon Daudet, Claude Farrère, André Maurois) et illustrée par de nombreux auteurs populaires (Paul d'Ivoi, Jean de la Hire, Léon Groc, Gustave Lerouge, Maurice Leblanc). Elle trouve avec Maurice Renard (1875-1939) et Régis Messac (1893-1943) à la fois des auteurs et des théoriciens.

2. Un genre déprécié

Alors qu'à partir de 1930 s'épanouit aux U.S.A. « l'âge d'or de la science-fiction », la science-fiction française subit une longue éclipse jusqu'aux années 1960. Le genre, assimilé à une littérature enfantine ou à une sous-littérature de consommation (un Pierre Boulle refuse le terme pour qualifier son œuvre), est pourtant pratiqué par de bons écrivains comme Jacques Spitz (1896-1963), qui, avec Régis Messac (*Quinzinzinzili*, 1934), domine les années 1930, suivi par **René Barjavel**, qui, alliant la tradition moraliste française à l'anti-utopie, règne sur l'après-guerre (*Ravage*, 1943, *Le Voyageur imprudent*, 1944).

3. Naissance de la science-fiction moderne

Le terme de science-fiction, venu des U.S.A., remplace celui d'anticipation. Des collections se créent, où prédominent d'abord les traductions (« Le Rayon fantastique » et « Anticipation », 1951 ; « Présence du futur », 1953 ; « Série 2000 », 1954 ; « Satellite », 1958). Les revues *Fiction* et *Galaxie*, d'origine américaine, publient à partir de 1953 des auteurs français. C'est la véritable naissance de la science-fiction en France, illustrée par une première génération : **Jacques Sternberg**, Charles Henneberg, Philippe Curval, Christine Renard, B. R. Bruss, André Ruellan alias Kurt Steiner, Francis Carsac, Pierre Barbet, vite suivis par une deuxième génération (Stephen Wul, Michel Demuth, **Gérard Klein**, F. Richard-Bessière).

Cependant, le genre se vend assez mal. Tandis que Daniel Drode écrit le premier roman de science-

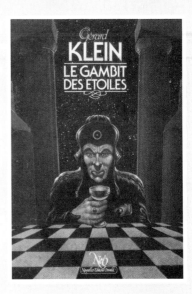

fiction expérimentale sur le langage (*Surface de la planète*, 1959) et que Vladimir Volkoff commence sa carrière littéraire avec *Métro pour l'enfer* (1963), les meilleurs écrivains de l'époque (Klein, Dorémieux, Demuth) deviennent directeurs de collections.

4. « La nouvelle vague » des années 1970

Faisant de la contestation politique et de la critique sociale le centre de ses récits, une nouvelle vague d'écrivains surgit après 1968 : **Jean-Pierre Andrevon**, Michel Jeury, Daniel Walther, Pierre Pelot alias Suragne, Jean-Pierre Hubert, Dominique Douay. Intégrant les leçons de Daniel Drode, Charles Duits crée un langage « extraterrestre » dans *Ptah Hotep* (1971). Les premières séries de poche apparaissent et le nombre des collections passe de six à quarante-deux en trois ans. Un premier congrès de science-fiction, organisé par Jean-Pierre Fontana en 1974, consacre le renouveau du genre.

Malgré l'échec des tentatives d'assimilation de la science-fiction à la politique, à l'origine de collections et de revues éphémères, les années 1980 confirment cet essor et révèlent de nouveaux talents : Joël Houssin, Jacques Boireau, Joëlle Wintrebert, Yves Frémion, G.-J. Arnaud, Emmanuel Jouanne, Jacques Mondoloni, Élisabeth Vonarburg, **Serge Brussolo**. En 1980, s'il ne reste qu'une douzaine de collections spécialisées, un livre publié sur douze est un livre de SF, une BD sur quatre et un film sur six. La science-fiction devient un phénomène culturel qui fait l'objet d'études et de thèses.

La fin des années 1980, où paraissent beaucoup de rééditions, ne semble pas confirmer cette tendance, malgré l'apparition d'auteurs de qualité comme Antoine Volodine, Richard Canal, Francis Berthelot ou Francis Valéry.

René Barjavel *Ravage* (1943)

René Barjavel (1911-1985) rompt avec le roman d'anticipation d'avant-guerre, qui imaginait avec un certain optimisme les réalisations futures de l'homme. *Ravage* (1943), *Le diable l'emporte* (1948), *La Nuit des temps* (1968) évoquent le naufrage de la civilisation du progrès technique et l'autodestruction de l'humanité. L'autre thème qui parcourt son œuvre est celui du temps. Créateur du terme de « paradoxe temporel », René Barjavel suppose dans *Le Voyageur imprudent* (1944) qu'un homme voyageant dans le passé peut modifier le cours de l'histoire (jusqu'à empêcher sa propre naissance future). Dans *Le Grand Secret* (1970), il se penche sur le rêve d'immortalité, autre paradoxe, car les détenteurs de ce secret terrifiant découvrent que la vie sans la mort n'a plus de sens.

*** *Ravage*

A la suite d'un accident qui prive d'énergie l'ensemble de la planète, la civilisation du machinisme s'effondre dans une vision apocalyptique. Dans un Paris futuriste, paralysé, dévasté par le feu et le choléra, les survivants luttent pour « sauver leur peau ».

Messe sur la Tour

Le Sacré-Cœur détruit, l'autel de la Tour Eiffel dominait de nouveau la capitale blessée.

De toutes parts, les croyants, mystérieusement prévenus, accoururent vers le Champ-de-Mars. Les
5 prêtres viennent en surplis, la haute croix en main, entourés d'enfants de chœur qui balancent les encensoirs, suivis de tous les fidèles de leur paroisse, qui chantent des cantiques et serrent dans leurs mains les cierges allumés de l'église.
10 Les cortèges cheminent dans les rues, dans une lumière d'or, une odeur d'encens et de sueur, un grondement de centaines de voix d'hommes que percent les soprani des vieilles filles. Toutes les fenêtres s'ouvrent. Les indifférents, les sceptiques,
15 ébranlés par la peur, se sentent pris de doute. Bouleversés, ils se joignent, en larmes, à la foule.

De longues chenilles lumineuses s'étirent vers la Tour Eiffel, se rejoignent et se confondent en un lac palpitant de cent mille flammes. Le vent s'est en-
20 tièrement calmé, comme pour épargner les cierges. La foule y voit un signe du Ciel, et redouble de ferveur. Vingt cantiques différents, clamés chacun par des milliers de fidèles, composent un prodigieux choral qui monte vers les étoiles comme la voix
25 même de la Ville suppliante.

Le vénérable cardinal Boisselier, âgé de quatre-vingt-deux ans, n'a pas voulu qu'on l'aidât à monter les marches de la Tour. Il en a gravi, seul, cent vingt-trois. A la cent vingt-quatrième, il est tombé
30 foudroyé par l'émotion et l'effort. Quatre jeunes prêtres qui l'accompagnaient ont pris son corps sur leurs épaules, ont continué l'ascension. D'autres prêtres, d'autres encore, les suivent sur les marches étroites. Le peuple des fidèles voit un ruban de
35 lumière se visser peu à peu dans la Tour, atteindre enfin la dernière plate-forme. Une immense clameur monte jusqu'aux prêtres, les dépasse, rejoint le nuage de fumée qui s'étend sur le ciel. Le plus jeune des quatre abbés commence l'office. En bas, c'est

40 maintenant le silence. Un grand mouvement fait onduler les flammes des cierges. La multitude vient de s'agenouiller. Elle se tait. Elle écoute. Elle n'est qu'une vaste oreille ouverte vers le haut de la Tour. Mais rien ne lui parvient des bruits de la messe. Elle
45 n'entend que le lourd grondement de l'incendie.

Au bord de la Seine, un curé se redresse. De toute la force de ses poumons, il crie la première phrase de la vieille prière : « Notre Père qui êtes aux cieux... » Toutes les bouches la répètent. Les bras se
50 tendent vers le Père courroucé. L'une après l'autre, les phrases roulent sur la place, comme la vague de la marée haute. La prière finie, la foule la reprend et s'arrête sur deux mots : « Délivrez-nous ! Délivrez-nous ! » Elle les répète, encore et encore, elle les
55 crie, elle les psalmodie, elle les chante, elle les hurle.

« Délivrez-nous ! Délivrez-nous !... »

De l'autre côté de la Seine une coulée de quintessence enflammée atteint, dans les sous-sols de la caserne de Chaillot, ancien Trocadéro, le dépôt de
60 munitions et le laboratoire de recherches des poudres. Une formidable explosion entrouvre la colline. Des pans de murs, des colonnes, des rochers, des tonnes de débris montent au-dessus du fleuve, retombent sur la foule agenouillée qui râle son ado-
65 ration et sa peur, fendent les crânes, arrachent les membres, brisent les os. Un énorme bloc de terre et de ciment aplatit d'un seul coup la moitié des fidèles de la paroisse du Gros-Caillou. En haut de la Tour, un jet de flammes arrache l'ostensoir des mains du
70 prêtre épouvanté. Il se croit maudit de Dieu, il déchire son surplis, il crie ses péchés. Il a envié, parjuré, forniqué. L'enfer lui est promis. Il appelle Satan. Il part à sa rencontre. Il enjambe la balustrade et se jette dans le vide. Il se brise sur les poutres de
75 fer, rebondit trois fois, arrive au sol en lambeaux et en pluie.

René BARJAVEL, *Ravage* (1943), © éd. Denoël

Jacques Sternberg *Futurs sans avenir* (1971)

Journaliste, amateur de science-fiction et d'humour noir, auteur d'anthologies et d'un *Dictionnaire des idées revues* (1985), **Jacques Sternberg** est né en 1923 à Anvers. Outre des romans (*Le Cœur froid*, 1974, *La Banlieue*, 1976, *L'Anonyme*, 1983), il écrit des contes et des nouvelles de science-fiction d'un pessimisme radical : *Entre deux mondes incertains* (1958), *Futurs sans avenir* (1971), *Contes glacés* (1974). *La sortie est au fond de l'espace* (1956), son premier récit de science-fiction, est consacré au problème de la pollution.

*** *Fin de siècle*

Très longue nouvelle écrite sous forme de journal, *Fin de siècle* appartient au recueil *Futurs sans avenir*. Le héros narrateur, un petit employé à l'humour désabusé, décrit à partir du 3 janvier 1999 l'enfer dans lequel il vit : bruit, encombrements, tracasseries administratives, avalanches de taxes (de la taxe sur le suicide à la redevance des non-abonnés au gaz). Ce monde de la fin du siècle est dirigé par un gouvernement qui a rompu tout contact avec le passé d'avant 1980, contrôle et organise les loisirs forcés des citoyens, n'édite plus qu'un journal, un seul programme de télévision, impose à chacun une maîtresse légitime... Sur ce monde règne le Centre de Distribution du Temps, qui à la suite de la désintégration du réseau électronique de la ville, a programmé un mois de secours, Trécembre, avant d'entrer dans le XXIe siècle.

Le verre de temps

8 Trécembre

Ce qui s'est passé au cours de la nuit dépasse de tellement loin nos prévisions les plus sombres que le *Quotidien* n'a même pas osé en parler. Mais la preuve
5 est faite que les services de censure et de surveillance se sont complètement relâchés : la nouvelle a transpiré de partout, elle a couru de bouche à oreille et, sur le coup de 9 heures, tout le
10 monde la commentait. Avec effroi, non sans raison.

En une seule nuit, à la suite d'une dangereuse distorsion du temps, tous les habitants de la zone nord de la ville
15 ont vieilli de dix ans. Inexplicablement, le phénomène n'a touché que la zone nord ; la zone sud, où je suis domicilié, a connu une nuit normale. Mais à quand notre tour ? Bref, si le temps ne se
20 stabilise pas et si chaque nuit qui passe doit correspondre à une dizaine d'années, nous n'avons plus, tous autant que nous sommes, les mieux portants inclus, que quelques jours à vivre. Il faut
25 souhaiter que le Centre prenne des mesures sans perdre une heure, soit un an, à peu de choses près.

9 Trécembre

L'horreur a fait ses preuves, mais la démence gagne du terrain. Le temps fait vraiment son temps et avec quel sens de la mise en scène !

Jacques Sternberg.

30　La première page du *Quotidien* mériterait d'être encadrée et d'être léguée aux siècles futurs à titre d'exemple, si toutefois on pouvait encore croire aux siècles futurs. A la une, en effet, un seul fait divers, mais doté d'une certaine force de frappe : tous ceux qui ont eu l'idée de boire un verre d'eau potable ce matin à l'aube et à 8 heures sont morts en quelques heures sans aucune souffrance, sans

35　cause apparente. On avait d'abord cru à quelque virus. Un virus temporel, et pourquoi pas ? On n'est plus à une aberration près. Mais ce n'était pas cela. La vérité devait se révéler encore plus singulière. Les autopsies avaient toutes prouvé une inexplicable et foudroyante usure des cellules. Les victimes avaient avalé, en réalité, non un verre d'eau, mais un véritable verre de temps. Consom-

40　mation gratuite qui n'avait pas pardonné. Explication démente, certes, mais juste. Elle devait se vérifier avant midi. Soudain les robinets ne donnèrent plus d'eau, mais un seul bruissement soyeux que tout le monde pouvait reconnaître : c'était bien celui du temps qui passe quand il est mal filtré et contient les nombreux parasites que le Centre nous inflige parfois.

45　Quand même pour que le temps soit arrivé à couler dans les tuyauteries, il faut qu'il y ait une sérieuse fuite quelque part et une totale incurie de la part des services responsables. Ils ont complètement perdu les manettes. D'ici à ce que les pendules donnent de l'eau potable en sonnant les heures, il n'y a sans doute qu'un pas.

50　— Tu n'as pas peur, toi ? je demande à Francine.
— Avec toi je n'ai pas tellement peur, non. Et toi ?
Et moi ? Avec moi, j'ai assez peur, mais avec elle j'ai un peu moins peur.
Ou peut-être faut-il garder quelque espoir ? Des milliers de camions annonceurs ont hurlé à travers les rues les termes précis d'une décision capitale que

55　venait de prendre le Centre de Distribution du Temps en fin d'après-midi : abandonner en désespoir de cause le mois de trécembre et tenter de faire sans attendre, dès demain, la jonction entre l'année 1999 et l'an 2000.

Jacques STERNBERG, « Fin de siècle », dans *Futurs sans avenir* (1971)
© éd. Robert Laffont

POUR LE COMMENTAIRE

1. Un récit fantastique. Par quels procédés l'auteur parvient-il à faire admettre la véracité de ses dires ?

2. Humour et pessimisme. Relevez les jeux de mots et les plaisanteries. Comment s'exprime le pessimisme de l'auteur sur l'avenir ?

━ UN VOCABULAIRE POUR INITIÉS ━

La science-fiction a ses revues spécialisées, ses collections, un public spécifique et fidèle. Elle a aussi un vocabulaire particulier, dont voici quelques exemples :

S-F : abréviation de science-fiction, appellation officielle du genre, créée par l'Américain Hugo Gernsback en 1929, contestée depuis lors.

Anticipation : présentation d'un monde à venir, terme abandonné au profit de *science-fiction*.

Hard-Science (ou **hard core S-F**) : récit de S-F où les fondements scientifiques sont prédominants (Asimov, Heinlein).

Heroic Fantasy (ou **Sword and sorcery**, ou **Fantasy** seulement) : récits inspirés par des légendes traditionnelles où l'action n'est plus déterminée par la science, mais par la magie (Merrit).

Scientific romance : nom donné à la science-fiction par Wells. A la même époque, Rosny aîné, puis Maurice Renard parlent de « roman scientifique ».

Space-opera : récits d'aventures spatiales, généralement situés dans le cadre d'un empire stellaire ou d'une galaxie organisée.

Speculative-fiction : lecture du sigle S-F, proposée vers 1940 par R. Heinlein, reprise par la nouvelle vague des années 60, hostile au merveilleux scientifique ; englobe des récits de Fantasy (fictions marquées par un souci de cohérence dans le chaos du fantastique).

Utopie : description de sociétés différentes ou futures. L'œuvre de référence reste l'œuvre composée au XVIe siècle par Thomas More, *L'Utopie*. Désigne souvent les œuvres généralement optimistes des débuts de la science-fiction. Les utopies sont rares en science-fiction.

Anti-utopie (ou **contre-utopie**, ou **dystopie**) : descriptions pessimistes de sociétés futures (souvent totalitaires), qui réduisent l'être humain.

Uchronie : récit d'une histoire alternative à partir d'une divergence dans le passé. On parle aussi de « rétrocipation », démarche qui consiste à imaginer un passé différent du nôtre.

Univers parallèles : univers situés hors de notre espace qui présentent des similitudes avec le nôtre.

E-T : abréviation pour *extraterrestres* ; tous les habitants de l'espace sauf les terriens.

Empires galactiques : comprennent les humains et les extraterrestres.

Fandom : activité particulière de soutien autour d'œuvres ou d'auteurs de science-fiction (clubs de fans, rassemblements), née aux U.S.A. Ex. : Fandom de Lovecraft, rassemblement autour des œuvres de Lovecraft.

Fanzine : publication d'amateurs.

Politique-fiction : S-F située dans un proche avenir, mettant en scène les grands problèmes de politique nationale ou internationale.

Gérard Klein *Les Seigneurs de la guerre* (1971)

A la fois nouvelliste et romancier, essayiste et critique, **Gérard Klein** (né en 1937) économiste de formation, a écrit de nombreuses préfaces et essais critiques, parmi lesquels *Défense et illustration de la science-fiction*, avec Alain Dorémieux et Jacques Goimard (1967), *Malaise dans la science-fiction américaine* (1975), *Le Procès en dissolution de la science-fiction* (1977).

Ses très nombreuses nouvelles explorent à peu près tous les thèmes classiques du genre (voyage dans l'espace, univers parallèles, extraterrestres, space-opera, créatures étranges, mutants) et y allient à partir des années 1970 une thématique plus moderne (ville et surpopulation, dévastation écologique, colonialisme intergalactique).

Parmi ses romans (peu nombreux), les plus brillants sont des récits d'aventures spatiales *(space-opera)* rendus plausibles par une argumentation scientifique et marqués par une écriture à la fois réaliste et poétique : *Le Gambit des étoiles* (1958) compare la galaxie à un échiquier ; *Les Seigneurs de la guerre* (1971) renouvelle le thème du voyage dans le temps et des univers parallèles, dans une vaste interrogation métaphysique sur les forces à l'œuvre dans l'histoire de l'univers.

*** *Les Seigneurs de la guerre*

Le roman est centré autour d'un endroit étrange, situé hors de la durée et de l'espace, dénommé Aergistal, où se déroulent toutes sortes de combats maritimes, aériens, spatiaux, dans lesquels les guerriers de l'histoire purgent en quelque sorte une peine de criminels de guerre.

Dans cet extrait, une « voix » qui pourrait être celle d'un dieu, explique au héros Corson, projeté de six mille ans dans l'avenir, quelle est la raison d'être d'Aergistal.

« Nous voulons effacer la guerre »

Illustration d'André Nicolas Suter pour *Les Seigneurs de la guerre.*

— Vous allez me juger ?

— Vous êtes jugé, dit la voix.

— Je ne suis pas un criminel, protesta Corson avec une soudaine impatience. Je n'ai jamais eu le choix...

5 — Vous aurez le choix. Vous aurez la possibilité de défaire. De rompre une chaîne de violences. D'interrompre une série de guerres. Vous allez retourner sur Uria. Vous vous guérirez de la guerre.

— Pourquoi avez-vous besoin de moi ? Pourquoi n'imposez-vous pas la suppression de toutes les guerres, avec tous vos pouvoirs ?

10 — La guerre fait partie de l'histoire de cet univers, dit patiemment la voix. En un sens, nous sommes nés de la guerre nous aussi. Nous voulons effacer la guerre et nous y parviendrons — nous y sommes parvenus — avec l'aide de ceux qui la font, dans leur intérêt, afin qu'ils deviennent ce qu'ils peuvent être. Mais nous ne pouvons pas partager nos pouvoirs avec des êtres qui n'ont pas

15 surmonté la guerre. Nous pourrions peut-être, dans l'absolu, supprimer la guerre à l'aide de notre puissance, par la violence, mais ce serait une contradiction dans les termes. Nous entrerions en lutte contre nous-mêmes. Nous avons entrepris de refaire cet univers. Un univers se refait avec ce dont il est fait. Aergistal est un moyen. Aergistal a trois fonctions. Extirper la guerre : Aergistal forme des

20 partisans convaincus de la paix, au bout d'un temps plus ou moins long. Pour extirper la guerre, il faut comprendre la guerre : Aergistal contient un nombre immense de champs de bataille. Les conflits entre empires, entre mondes, entre espèces n'existent pas en Aergistal sauf sous la forme de toiles de fond, de motivations lointaines. Car nous savons que la guerre ne se ramène pas unique-

25 ment aux conflits. Elle s'étend et elle se perpétue d'elle-même, alors même que ses causes ont disparu, et bien au-delà de l'enjeu. La guerre possède une structure dont les apparences sont multiformes, mais les apparences seulement. Les éprouvettes d'Aergistal nous permettent de connaître la guerre et de la faire comprendre à ceux qui la font.

30 *La guerre, une structure !¹ Quelque chose qui possède une certaine auto-nomie, qui naît peut-être à l'occasion d'un conflit mais qui se nourrit ensuite de la substance, de l'énergie des combattants. Cela expliquait, confusément en-core, qu'il y ait eu des guerres dans l'histoire humaine — avant Corson — à toutes les époques, sous tous les régimes. Régulièrement, un groupe d'hommes*
35 *s'étaient donné pour tâche d'abolir la guerre et n'y étaient pas arrivés. Tout au plus avaient-ils réussi à la retarder, à ménager une oasis de paix d'un siècle ou deux, plus rarement d'un millénaire entre deux conflagrations. Et généralement, leurs disciples avaient entrepris d'imposer la paix au moyen de la guerre.*

Pourquoi la guerre faisait-elle rage entre les Puissances Solaires et l'Empire
40 *d'Uria ? Pour des raisons économiques ? Par l'ambition des chefs ? Par la crainte des masses ? Toutes ces raisons avaient leur poids, mais il en fallait une autre qui vînt leur donner un corps. La guerre contre Uria avait été un substitut à la guerre qui menaçait d'éclater entre les planètes humaines et qui trouvait son origine dans d'anciens traités mal signés. Et qui étaient eux-mêmes issus de*
45 *guerres plus anciennes. Et on pouvait ainsi sans doute remonter jusqu'à la guerre qui avait ravagé la Terre, des millénaires avant la naissance de Corson, et qui avait conduit l'humanité à la conquête des étoiles en la contraignant à un exil provisoire. Et au-delà encore, à la première de toutes les batailles, à la pierre levée par un pithécanthrope contre un autre pithécanthrope.*
50 *Et il en avait été de même dans l'histoire des autres espèces. De presque toutes les autres espèces. De toutes celles qui étaient présentes en Aergistal.*

Nous nous sommes souvent demandé pour quelle raison nous nous battions, pensa Corson, mais jamais, ou pas assez souvent, ou pas assez longtemps, pourquoi nous faisons la guerre. L'histoire est infectée. Nous sommes des
55 *fourmis qui luttent les unes contre les autres pour des raisons qu'elles croient claires et qui masquent une obscurité gigantesque, une ignorance absolue. Aergistal est un laboratoire.*

Gérard KLEIN, *Les Seigneurs de la guerre* (1971), © éd. Robert Laffont

AU-DELÀ DU TEXTE

Réflexion sur la guerre
La plupart des auteurs de science-fiction condamnent la guerre. Quelques-uns pourtant la célèbrent. Lisez Paul ANDERSON : *Le Monde de Satan* (Denoël, 1970), James H. SCHMITZ : *Race démoniaque* (Albin Michel, 1973) ou Norman SPINRAD : *Rêve de fer* (Le Livre de Poche, 1975). Quels sont leurs arguments ?

GÉRARD KLEIN : LE PROCÈS EN DISSOLUTION DE LA S.F.

intenté par les agents de la culture dominante

« *L'enfermement* est surtout familier aux commentateurs intellectuels et universitaires. Il vise à faire cesser l'aberration d'une littérature distincte de celle prônée par la culture dominante et qui ne se soucie guère de se plier à ses critères. Le propre de l'université étant d'être totalitaire, c'est-à-dire de ne pouvoir supporter hors de son sein un objet non de connaissance mais de discours, il faut trouver quand l'ignorance a fait long feu, une place au genre qui lui assigne une case dans une topographie de la culture, et une place telle qu'elle ne laisse subsister aucune ambiguïté sur sa nature inférieure, qu'elle n'autorise aucune contagion entre cette infra-littéraire et la « vraie » littérature.

C'est pourquoi l'enfermement revient souvent à faire de la S.F. une catégorie soit de la littérature « populaire » — autant dire pauvre — soit de la para-littérature. [...]

Vient alors le recours à l'arme absolue, la troisième tactique, *le procès en dissolution* qui s'effectue en trois temps : la sélection ou l'extraction, la séduction, la réduction au précédent. Le discours tenu est à peu près le suivant : La S.F. ? Oui, c'est intéressant. Il y a même de la bonne S.F. Et la bonne S.F., hein, c'est de la littérature. Aucune différence. Alors pourquoi un tel qui a tant de talent ne laisserait-il pas tomber tout ça et n'écrirait-il pas, comme tout le monde, un vrai (ou Nouveau) roman ? On est prêt à le reconnaître ! [...]

Mais l'expérience montre que la S.F., sous un nom ou sous un autre, sous une forme ou sous une autre, ça vit et ça repousse. Avec le jazz, la pop-music, et peut-être la bande dessinée, en attendant l'hypothétique apport des femmes, la S.F. est l'une des trois ou quatre grandes subcultures, géographiquement et socialement déterritorialisées, surgies de l'En-dehors de la culture dominante. Tant qu'il y aura une culture dominante, et par suite des damnés de cette culture, de telles subcultures naîtront, et tant qu'il existera, spécifiquement ici, une relation à la science qui ne soit ni d'exploitation ni d'ignorance (par force) mais de désir (et de crainte), la S.F. durera, évoluera. Quelqu'un a parlé une fois au moins de la S.F. comme d'une littérature de banlieue ou d'une banlieue de la littérature. Non, monsieur, c'est une marge. On y sait que la culture, ça ne s'apprend pas, ça ne se décrète pas, ça se crée. »

Gérard KLEIN, dans *La S.F. par le menu*, *Europe*, n° 580-581, 1977

Jean-Pierre Andrevon *Le Désert du monde* (1977)

Jean-Pierre Andrevon (né en 1937) débute à la revue *Fiction* en mai 1968. Il est le premier auteur français à introduire la politique dans ses récits, sous la forme d'une contestation gauchiste de la société et de revendications écologistes, thèmes aujourd'hui classiques. Devenu l'un des auteurs-phares de la nouvelle science-fiction, il dénonce les abus de la société industrielle dans des utopies aux paysages d'apocalypse.

Toujours fidèle à son inspiration écolo-politique (*La Trace des rêves*, 1988), il n'en est pas moins l'auteur d'œuvres aux résonances poétiques (*Les Hommes-machine contre Gandahar*, 1969), initiatiques (*Le Temps des grandes chasses*, 1973) ou métaphysiques (*Le Désert du monde*, 1977).

*** *Le Désert du monde*

Sur fond de cauchemars de guerre nucléaire, *Le Désert du Monde* reprend le thème classique de la fin du monde sur la terre. Seul survivant d'un massacre qu'il ne s'explique pas, le héros se réveille amnésique dans un monde désert, peuplé de cadavres, qui n'a plus ni bruits ni odeurs, jusqu'à la découverte du premier oiseau, puis d'un chien qu'il prénomme Mystère. Dans ce décor figé, il a parfois l'impression « d'être manipulé »...

LE BOULOT

C'est tous les jours pareil,
dessin de J.-P. Andrevon.

GROUPEMENT THÉMATIQUE

1. Des survivants après l'apocalypse atomique

Jules VERNE : *L'Éternel Adam*, 1905. — F. G. RAYER : *Le Lendemain de la Machine*, 1951. — Kurt STEINER : *Aux armes d'Ortog*, 1960. — F. RICHARD-BESSIÈRE : *Les Sept Anneaux de Rhéa*, 1963. — Robert MERLE : *Malevil*, 1972. — Pierre SURAGNE : *La Nef des dieux*, 1973.

Histoires de catastrophes, histoires de fins du monde et histoires de survivants dans « La Grande Anthologie de la Science-Fiction » (Le Livre de Poche).

2. L'amnésie

William FAULKNER : *Monnaie de singe*, 1926. — Jean GIRAUDOUX : *Siegfried*, 1928. — Jean ANOUILH : *Le Voyageur sans bagage*, 1937. — Patrick MODIANO : *Rue des boutiques obscures*, 1978.

Impressions bizarres

Bien sûr, il ne pouvait jamais se départir tout à fait de l'impression maligne et persistante que, derrière le silence, il y avait des échos retenus, que, derrière la paix, une violence contenue se tenait coite, que, derrière sa solitude, une foule amusée était amassée, qui le regardait.

5 L'impression d'être surveillé, manipulé.

Six ou sept jours après son réveil au monde désert, il se retournait encore parfois avec brusquerie pour guetter si, derrière son épaule, une ombre surgie de la brume ne plantait pas dans son échine les banderilles glaciales de son regard d'ombre ; il levait encore soudainement les yeux vers les fenêtres aveugles

10 ou barrées de volets verts, comme s'il s'était attendu à voir, accoudé à l'appui, un observateur ironique penché sur lui. Une fois, Mystère lança trois abois furibonds en se précipitant derrière l'angle d'un bâtiment de bordure. C'était du côté nord du village. Le chien disparut de sa vision et, alors qu'il avançait à larges enjambées pour le rattraper, il avait senti son cœur s'emballer une fois de plus

15 dans sa poitrine. Et si, derrière cet angle... ? Mais derrière l'angle il n'y avait rien, rien que la courte perspective des champs, stoppée net deux cents mètres plus loin par la muraille rampante de la brume que Mystère, en arrêt, fixait de son regard pailleté.

Jamais il ne pouvait saisir le moindre mouvement, la moindre ombre furtive,

20 jamais ne s'imprimait sur sa rétine la persistance d'une fuite ou d'un effacement dans le décor. Mais... Il y avait ces impressions, qu'il ne pouvait jamais chasser tout à fait.

Et puis aussi ce qu'il appelait la « génération spontanée ».

La génération spontanée, c'était le fait que des objets qu'il avait un jour

25 déplacés ou enlevés se retrouvent le lendemain à la même place. Sa première expérience du genre avait eu lieu avec le pain. Un jour, en prenant une baguette à la boulangerie, dans le compartiment inférieur du présentoir à pain, il compta machinalement celles qui restaient. Cela lui avait été facile car il y en avait peu : dix exactement. Le lendemain, lorsqu'il revint chercher du pain, il y avait onze

30 baguettes dans le présentoir. Il avait compté tout aussi machinalement que la première fois ; alors il recompta, et recompta encore. Il y avait bien onze baguettes. Le boulanger fantôme était-il venu dans la nuit, ou au petit matin, en rajouter une de la nouvelle fournée ?

Jean-Pierre ANDREVON, *Le Désert du monde* (1977)
© éd. Denoël

Serge Brussolo
Vue en coupe d'une ville malade (1980)

Créateur d'univers délirants bâtis sur les postulats les plus fous, d'une imagination débridée, souvent morbide, **Serge Brussolo** (né en 1951) fait dans les années 1980 une entrée remarquable dans la nouvelle science-fiction française. *Funnyway* (1979), qui reçoit le grand prix de la science-fiction française dans la catégorie « nouvelle », est inspiré par Robbe-Grillet et Jarry. *Les Semeurs d'abîmes* obtient le prix Apollo en 1984.

*** *Vue en coupe d'une ville malade*

Dans ce très court roman, l'auteur imagine une ville dominée par des ordinateurs qui, devenus fous, programment la vie des générations futures sans se soucier du présent de la vie des hommes, et recyclent les matériaux du passé.

L'ordinateur futurologue

Georges descendit les quelques marches de l'escalier de droite. De ce côté, les aberrations étaient immédiatement repérables, les appartements accrochés les uns aux autres, comme les wagons d'un train à la progression extraordinairement lente, semblaient inexplicablement gagnés par la prééminence débile de
5 certaines pièces : une salle de bains occupait la moitié des lieux, alignant six ou sept baignoires identiques, les W.-C. trônaient, comme un monument ou une œuvre d'art, au centre d'une salle de quinze mètres sur dix dont la destination était visiblement tout autre. Par opposition, un living-room avec sa bibliothèque de mille volumes tenait dans un placard, chaque meuble, chaque objet ayant été
10 réduit par l'ordinateur aux proportions d'une maison de poupée. [...]

L'ordinateur modifiait et adaptait la structure de l'habitation selon ses prévisions, et tout le monde s'en trouva satisfait jusqu'au jour où la machine s'emballa.

Sans qu'on sache très bien pourquoi, les cerveaux-relais reculèrent progressivement l'échéance de leurs prévisions, se lançant dans des spéculations
15 échevelées. Chaque maison devint ainsi un véritable centre de prospective. Chaque ordinateur, puisant largement aux informations scientifiques, politiques, sociologiques de l'extérieur, s'improvisa futurologue.

Georges s'assit un instant. Sa longue reptation à travers des salles de réception lilliputiennes avait laissé de grandes écorchures sur ses avant-bras. Au fur et à
20 mesure qu'il progressait, le décor et les matériaux changeaient, on quittait manifestement le présent. L'habitat semblait maintenant conçu selon d'autres critères. Ainsi les placards ne contenaient plus la cohorte habituelle de pardessus et d'imperméables qui peuplent la plupart des penderies, mais des alignements de masques à gaz, de matraques. Chaque porte était blindée, des réserves de
25 vivres et de munitions semblaient prévues de pièce en pièce. Georges s'approcha d'un matelas jeté dans l'angle de la chambre où il se tenait, et s'allongea avec l'intention de sommeiller un moment. A peine était-il couché que l'étoffe céda sous son poids, libérant ses entrailles de laine grise. Il s'assit. Posant son index sur la paroi de béton, il se mit à appuyer sans plus forcer que s'il s'était agi d'une
30 sonnette. Immédiatement son ongle s'enfonça lentement, comme la mèche d'une perceuse électrique. Se redressant, il saisit un fusil d'assaut M 16 posé sur un guéridon, le canon en était flexible le métal ayant pris la consistance du caoutchouc. Il en était ici comme partout ailleurs. La maison se développant sans cesse, recyclait progressivement ses matériaux. Plus son chantier de construc-
35 tion avançait dans le futur, plus les substances constituant pour elle le « passé » s'affaiblissaient et se détérioraient. Chaque molécule était peu à peu récupérée à l'arrière et acheminée vers ce que l'ordinateur considérait comme le stade d'habitat le plus adéquat, vers sa dernière réalisation en cours. Le présent des habitants se trouvait ainsi lentement dévoré par la moisissure, la dégénéres-
40 cence.

Serge Brussolo, *Vue en coupe d'une ville malade* (1980)
© éd. Denoël

Pour vos essais et vos exposés

Jean GATTEGNO : *La Science-Fiction*, coll. Que sais-je ?, n° 1426, P.U.F., 1973.
Jacques SADOUL : *Anthologie de la littérature de science-fiction*, éd. Ramsay, 1981. *Histoire de la science-fiction moderne, 1911-1984*, éd. Robert Laffont, 1984.
« La Science-fiction par le menu, Problématique d'un genre », *Europe*, n° 580-581, avril-septembre 1977.

La B.D.

1. La bande dessinée policière

• L'aventure criminelle entre dans la bande dessinée après la Première Guerre mondiale aux États-Unis. **Chester Gould** (*Dick Tracy*, 1931), **Dashiell Hammett** associé au dessinateur **Alex Raymond** (*L'agent X'9*, 1934), mieux connu sous le nom de Phil Corrigan, le même Alex Raymond seul cette fois (*Rip Kirby*, 1946) et quelques autres comme **Alfred Andriola** ou **Will Eisner**, créent des héros symboles de l'âge d'or du policier américain, à l'origine de séries durables et d'une descendance nombreuse jusqu'à nos jours.

Avant de pénétrer en France où elle souffre d'un certain ostracisme, elle fait le détour par la Belgique avec notamment les célèbres Blake et Mortimer, créés par **Edgar P. Jacobs** et dont les aventures sont inspirées de celles de Flash Gordon (*Le Secret de l'espadon*, 1949 ; *La Marque jaune*, 1953).

© éd. Casterman

• A quelques exceptions près, la grande période de la BD française ne commence qu'à la fin des années 1960. L'inspiration criminelle y est de plus en plus grande. Servie par les nouveaux supports que sont *Charlie* lancé en 1969, suivi de *L'Écho des savanes*, *Métal hurlant*, *A suivre*, *Circus*, une nouvelle génération s'épanouit, marquée par les mêmes thèmes que les auteurs de romans noirs. **Jacques Tardi**, dessinateur des aventures d'*Adèle Blanc-sec*, s'associe avec Manchette pour réaliser *Griffu*, l'une des meilleures bandes criminelles françaises, et ressuscite le Nestor Burma de Léo Malet dans *Brouillard au pont de Tolbiac*. D'autres associations se révèlent fertiles : ADG avec **Loro** et **North** (*Les Enquêtes de l'inspecteur Beaugat*), André-Paul Duchateau avec **Tibet** (*Ric Hochet*), Jean-Gérard Imbar avec **Jean-Louis Hubert** (*Le polar de Renard*), tandis que Wolinski adapte Chester Himes avec **Melvin van Peebles** (*La Reine des pommes*).

• D'autres dessinateurs font cavalier seul avec bonheur : **Chantal Montellier** (*Andy Gang*), **Golo** (*Ballades pour un voyou*), **Michel Duveaux** (*Pierrot le fou*), **François Royet** (*Voyage au bout de la ville*), **Hugo Pratt** (*L'As de pique*), **Jean-Claude Claeys** (*Paris Fripon, Whisky dreams*), **Rodolphe** et **Jacques Fernandez** (*L'homme aux bigos*) et parmi les vedettes, **Giardino** (*Les Enquêtes de Sam Pezzo, Rhapsodie hongroise*) et les Argentins **Munoz** et **Sampayo**, dont le nouveau privé, Alack Sinner, enquête à Harlem dans *Le Bar à Joe*, retrouvant l'ambiance du *Dick Tracy* de Chester Gould (*Alack Sinner*, 1975).

2. La bande dessinée de science-fiction

• Dès le début du siècle, des illustrés abritent des histoires de science-fiction (*Cri-cri, Pierrot, Le Petit Illustré*) ; mais la première ébauche de bande dessinée de science-fiction apparaît aux U.S.A. dans *Little Nemo*, de **Mc Cay** (1910), qui s'inspire des techniques cinématographiques. Dans les années 1930, quatre personnages venus d'outre-atlantique deviennent les « pères » de la bande de science-fiction : *Buck Rogers* (1929), scénario de **Phil Nowlan** et dessin de **Dick Calkins**, *Brick Bradford* (1933, en France Luc Bradefer), scénario de **William Ritt**, dessin de **Clarence Grey**, *Flash Gordon* (1934, Guy L'éclair), d'**Alex Raymond**, qui s'affirme comme le leader de la bande dessinée, et *Connie* (alias Cora, Constance, Diane, etc., 1936), de **Frank Godwin**.

• Mis à part **René Pellos** (*Futuropolis*, 1937), **Raymond Poivet** (*Les Pionniers de l'espérance*, 1945), **André Liquois** (*Guerre à la terre*, 1946) et les belges **Hergé** (*Objectif lune*, 1950) et **Jacobs** (*L'Énigme de l'Atlantide*, 1957 ; *SOS Météores*, 1958), la bande de science-fiction française ne prend son **essor que dans les années 1960**. Elle est teintée d'humour et marquée par le surréalisme chez **Jean-Claude Forest** (*Barbarella*, 1962 ; *Les Colères du mange-minutes*, 1968), visionnaire chez **Philippe Druillet** (*Lone Sloane*, 1966), raffinée chez **Jean-Claude Mézières** (*Valerian*, 1967), homérique chez **Georges Pichard** (*Ulysse*, 1969), utopiste chez **Gébé** (*L'An 01*, 1972), « à la manière de Verne » chez **Jacques Tardi** (*Le Démon des glaces*, 1974).

• **Les années 1975 marquent l'avènement de la BD d'avant-garde**. L'histoire recule devant le graphisme. C'est l'ère des grands illustrateurs comme **Moebius** (*Arzach*, 1975 ; *Major fatal*, 1978 ; *L'Incal*, 1981), **Enki Bilal** (*La Foire aux immortels*, 1980), **Caza** (*Le Haut du crépuscule*, 1982). L'inspiration devient violente avec **Claude Auclair, Claude Nicollet, Hermann, Chantal Montellier**. Les thèmes écologistes apparaissent chez **Michel Crespin**. La science-fiction se fait allégorique avec **François Schuitten** et **Claude Renard** (*Aux Médianes de Cymbiola*, 1980), tragique avec **Alex Varenne** (*Ardeur*, 1980), teintée à nouveau de policier avec **Ted Benoît** (*Berceuse électrique*, 1981), qui, comme son contemporain **Yves Chaland** (*Adolphus Claar*, 1983), retourne à la ligne claire pratiquée par Hergé.

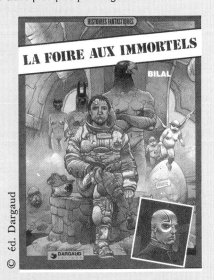

© éd. Dargaud

La sous-littérature industrielle

Dans le foisonnement des récits à forts tirages, le meilleur côtoie le pire. Ce qui caractérise « le pire » et constitue une abondante sous-littérature de consommation, c'est l'appartenance à des collections dont les critères commerciaux sont nettement définis : fabrication rapide d'un produit à large diffusion, formant série, à bas prix de revient, soutenu par le marketing, à présentation et contenu standards afin de fidéliser l'acheteur.

Parmi les sous-genres qui font les choux gras de l'édition (littérature de reportage, romans d'aventures ou pseudo-historiques, fictions politiques...), le roman rose et le roman d'espionnage réalisent les plus forts tirages.

1. De la bluette au roman rose industriel

• La littérature sentimentale à l'eau de rose, « la bluette », déjà présente au XIXᵉ siècle, étend son empire au début du siècle avec **DELLY** (Frédéric et Marie Petit Jean de la Rosière), **MAX DU VEUZIT**, **MAURICE DEKOBRA** (*La Madone des sleepings*, 1925), **MAGALI**. Ces romans, best-sellers de la première moitié du siècle, réédités dans la deuxième, développent **un merveilleux sentimental aux héros stéréotypés** et aux conclusions dignes des contes de fées (pures jeunes filles et jeunes gens courageux séparés par la fatalité, que l'amour vient réunir dans les dernières lignes).

• Contrairement à Delly, qui va à contre-courant de la pornographie et de l'érotisme ambiants, **GUY DES CARS**, dès les années 1940, puise dans une actualité qui reflète l'évolution des mœurs. Gros succès de librairie (environ 60 millions d'exemplaires vendus), touchant un très large public (57 % des lecteurs selon une enquête de 1978 auraient lu au moins un de ses livres), ses romans allient les analyses psychologiques à des données sociologiques en vogue et s'appuient sur des enquêtes approfondies : la magie dans *L'Envoûteuse*, la bisexualité dans *La Maudite*, l'insémination artificielle dans *Le Donneur*. Le genre reste répétitif : même construction stéréotypée des personnages, même moralisme de la conclusion après l'immoralisme des épisodes, même manichéisme entre Bien et Mal que chez Delly, et une écriture qui n'évite pas clichés et poncifs.

• Dans les années 1960, **le gros roman historico-sentimental** à épisodes renaît. Son succès est amplifié quand il est transposé à l'écran. Les meilleures réussites du genre sont *La Marquise des Anges* d'**ANNE** et **SERGE GOLON** et la série des *Caroline chérie* de **CÉCIL SAINT-LAURENT**, alias Jacques Laurent. L'histoire y sert ici de décor aux passions amoureuses et aux affrontements politiques.

• **Le roman rose industriel**, véritable décadence du genre, apparaît en 1978 avec le lancement de la collection « Harlequin », produit américain retravaillé par des traducteurs français. En 1987, 85 % des 18 millions d'exemplaires vendus de romans roses sont des Harlequin. Il ne s'agit plus de vendre un auteur (un Guy des Cars ou un Delly), ni une série comme celle des « Caroline chérie », mais une marque.

Grâce à un schéma identique (structure linéaire du récit, pas d'intrigue parallèle, style simple et concis, chapitres brefs s'achevant par une question pour maintenir le suspense), deux millions de lecteurs savent à quoi s'attendre et choisissent chaque mois, parmi les 47 titres nouveaux, une heure trente d'évasion dans le ciel rose des amours partagées.

2. L'inflation et la décadence du roman d'espionnage

Longtemps confondu avec le roman policier, **le roman d'espionnage**, genre le plus prospère de toute la littérature générale (vingt millions d'exemplaires vendus chaque année), multiplie ses tirages à partir des années 1960 et sombre peu à peu dans la médiocrité.

Reflet des conflits internationaux qui agitent le XXᵉ siècle la fiction d'espionnage, née de la propagande, prospère avec la guerre secrète entre puissances et met en scène les techniques de plus en plus sophistiquées qui opposent les services secrets (C.I.A., K.G.B., D.G.S.E., Intelligence Service).

Le genre reste jusqu'à nos jours un quasi-monopole anglosaxon, dont les meilleurs auteurs sont britanniques. Il a le mérite, à ses débuts, de révéler des réalités ignorées ou cachées, puis d'inspirer le thème nouveau de l'action secrète à des romanciers comme **JEAN-LOUIS CURTIS** (*Les Forêts de la nuit*, 1947), **JORGE SEMPRUN** (*La Deuxième Mort de Ramon Mercader*, 1969), **MICHEL DÉON** (*Les Poneys sauvages*, 1970), **VLADIMIR VOLKOFF** (*Le Retournement*, 1979). Mais à quelques exceptions près, il suscite surtout de serviles contrefaçons de la production américaine et des séries sans qualité.

Lancé en France par **PIERRE NORD** (*Double Crime sur la ligne Maginot*, 1936), ayant connu une première période d'intérêt documentaire illustrée par **DOMINIQUE PONCHARDIER** dans ses « Gorille », première manière (1954-1960), il bénéficiera à partir des années 1960 d'un engouement quasi obsessionnel, à la suite des traductions, pourtant bâclées, de **IAN FLEMING** et de son héros James Bond, que le cinéma rend célèbre. C'est **l'ère des super-héros** capables de sauver le monde libre. Quant à l'art du récit, il se résume à la formule anglaise : « Sexe, sadisme et snobisme ». La dégradation du genre est dès lors constante, de **GÉRARD DE VILLIERS**, créateur de *SAS Malko*, dont les fictions ont encore l'intérêt de fournir une abondante information absente de la grande presse (4 millions d'exemplaires vendus chaque année), à **JEAN BRUCE** avec sa série *OSS 117*, qui atteint 200 volumes, en passant par **CHARLES EXBRAYAT** et ses récits policiers humoristiques. Suivent **PAUL KENNY** et sa série *Francis Coplan FX 18* (10 000 volumes vendus par jour) et **CLAUDE RANK** (*Force M., Le Monde en marche*), pour ne pas citer les collections qui exploitent le sexe et le sadisme au plus bas niveau textuel.

UN THÉÂTRE EN QUÊTE D'AUTEURS ?

MARGUERITE DURAS, LOLEH BELLON,
VINAVER, GRUMBERG, HÉLÈNE CIXOUS,
BRISVILLE, COPI, KOLTÈS
HANDKE

« Le théâtre rejoue,
inlassablement, le premier
chapitre de l'histoire
du monde. »
Bernard Dort,
La Représentation émancipée

La Mante polaire, de Serge Rezvani au Théâtre de la Ville,
à Paris en 1977. Mise en scène de Jorge Lavelli.

1968 COPI : *La Journée d'une rêveuse*
Françoise DORIN : *La Facture*

1969 COPI : *Eva Péron*

1970 Ariane MNOUCHKINE : *1789*
Romain WEINGARTEN : *Alice dans les jardins du Luxembourg*

1971 Peter HANDKE : *La Chevauchée sur le lac de Constance* (Autriche)

1972 Fernando ARRABAL : *Bella Ciao*
Ariane MNOUCHKINE : *1793*
Michel VINAVER : *Par-dessus bord*
Harold PINTER : *C'était hier* (Angleterre)

1973 Marguerite DURAS : *India Song*

1974 François BILLETDOUX : *La Nostalgie, camarade*

1975 Ariane MNOUCHKINE : *L'Âge d'or*
Jean-Claude GRUMBERG : *En r'venant de l'Expo*

1976 Loleh BELLON : *Les Dames du jeudi*
Hélène CIXOUS : *Portrait de Dora*

1977 Marguerite DURAS : *L'Eden-Cinéma*
Michel VINAVER : *Iphigénie-Hôtel* (publié en 1960)

1978 Loleh BELLON : *Changement à vue*
Michel VINAVER : *Théâtre de chambre : Dissident, il va sans dire ; Nina, c'est autre chose*

1979 Jean-Claude GRUMBERG : *L'Atelier*

1980 Loleh BELLON : *Le Cœur sur la main*

1981 Bernard-Marie KOLTÈS : *La Nuit juste avant les forêts*
Gildas BOURDET : *Le Saperleau*

1982 Jean-Claude BRISVILLE : *Le Fauteuil à bascule*
Françoise DORIN : *L'Étiquette*
Marguerite DURAS : *Savannah Bay*

1983 Bernard-Marie KOLTÈS : *Combat de nègre et de chiens*
Botho STRAUSS : *Le Parc* (Allemagne)

1984 Loleh BELLON : *De si tendres liens*

1985 Gildas BOURDET : *La Station-service*
Jean-Claude BRISVILLE : *L'Entretien de M. Descartes avec M. Pascal le Jeune*
COPI : *La Nuit de Madame Lucienne*
Jean-Claude GRUMBERG : *L'Indien sous Babylone*

1986 Jean-Claude BRISVILLE : *La Villa bleue*
Hélène CIXOUS : *L'Histoire terrible mais inachevée de Norodom Sihanouk, roi du Cambodge*
Bernard-Marie KOLTÈS : *Dans la solitude des champs de coton*

1987 Loleh BELLON : *L'Éloignement*
Hélène CIXOUS : *L'Indiade*

1988 Loleh BELLON : *Une Absence*
COPI : *Une visite inopportune*
Bernard-Marie KOLTÈS : *Le Retour au désert*

Un nouvel espace scénique : représentation de *1789*, mise en scène d'Ariane Mnouchkine au Théâtre du Soleil en 1970.

Théâtre sans frontières

1. Le règne du metteur en scène

Au tournant des années 60-70, la suprématie des auteurs prend fin. Alors que la génération précédente s'était pressée aux créations de Sartre, de Camus, de Montherlant, de Ionesco, de Beckett, et des auteurs du « nouveau théâtre » (voir pp. 611 à 636), on va voir désormais *La Dispute* de Patrice Chéreau, le *Tartuffe* de Roger Planchon, le *Faust* d'Antoine Vitez. C'est que ces trois metteurs en scène symbolisent, avec d'autres, la création théâtrale. Antoine Vitez (né en 1930), est le plus austère, le plus fidèle au texte, le plus soucieux aussi de la présence corporelle des acteurs ; Roger Planchon (né en 1931), disciple de Jean Vilar et de Bertolt Brecht, se situe aux antipodes, avec des spectacles baroques et chargés d'intentions ; Patrice Chéreau enfin (né en 1944), fortement marqué par l'anthropologie et par une vision du monde pessimiste, sert, dans les espaces dénudés et éclairés à contre-jour de Richard Peduzzi, aussi bien Marivaux ou Ibsen que l'opéra, et plus récemment les pièces de **BERNARD-MARIE KOLTÈS**.

A ce règne sans faille, plusieurs raisons. **La décentralisation théâtrale** d'abord, liée au développement des Maisons de la Culture, voulu par Malraux, qui ouvre à un vaste public le répertoire universel, dépoussiéré et réinterprété à travers les grilles de Brecht, d'Artaud ou de Freud.

Ensuite, **l'influence des metteurs en scène étrangers** (par le biais du Théâtre des Nations), qui ouvrirent, comme Julian Beck avec les happenings du Living Theater, ou Luca Ronconi avec son *Orlando furioso*, l'espace de la scène à l'italienne. Les noms les plus illustres ont été dans ce domaine Bob Wilson, dont la pantomime du *Regard du sourd* fut considérée par Aragon comme le plus beau spectacle surréaliste jamais représenté ; Peter Brook, malicieux et impeccable metteur en scène aussi bien de Shakespeare que des légendes indiennes ; et Giorgio Strehler, dont les lumineuses et précises représentations des classiques italiens et étrangers fascinent régulièrement le public parisien.

La troisième raison serait, depuis 1968, **l'existence d'un théâtre collectif**, ou la distinction entre auteur, acteur, et metteur en scène s'efface. C'est Ariane Mnouchkine et son Théâtre du Soleil qui sont allés le plus loin dans cette voie avec *1789, 1793, L'Âge d'or*, immenses fresques collectives où le public se mêlait joyeusement aux acteurs dans un espace aux frontières abolies. C'est aussi le Théâtre de l'Aquarium et ses créations, sous la direction de Jacques Nichet, ou les mises en scène de Daniel Mesguisch et Gildas Bourdet dans leur travail de redécouverte des « grands classiques ».

2. L'esthétique du « texte »

Les somptueuses machines contemporaines, coûteuses en décors et en acteurs, sont en général le fait des théâtres subventionnés. **Le texte, classique ou moderne, écrit ou improvisé, devient un prétexte**, un peu comme les livrets d'opéra. Ce qui a amené beaucoup de comédiens en mal de jouer à recourir à l'adaptation de textes à l'origine nullement destinés à la scène. C'est ainsi que des récits courts, comme *La Métamorphose*, de Kafka, des

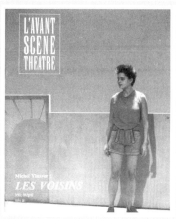

Couverture de la revue
Avant-Scène Théâtre.

correspondances, des poèmes, des journaux intimes, des romans, sont devenus spectacles, soit par la simple lecture (Raymond Jérôme lisant les romans de Dickens, ou Laurent Terzieff lisant les *Cahiers de Malte Laurids Brigge*, de Rilke), soit par le découpage dialogué, comme *Illusions perdues*, de Balzac, mis en scène par le Théâtre du Campagnol.

3. Le retour des auteurs

Est-ce à dire que les comédiens et les metteurs en scène manquent de textes à jouer ? C'est là un lieu commun répandu depuis une vingtaine d'années. Il apparaît injuste, quand on regarde le nombre des pièces publiées par les collections spécialisées (« Le Manteau d'Arlequin », chez Gallimard, « Papiers », chez Actes-Sud, la revue *L'Avant-scène*, la série économique « Théâtre ouvert/enjeux »), qui, souvent, n'attendent que d'être montées ; et quand on constate aussi **le fort pourcentage des créations**, qui, il est vrai, ne touchent qu'un public restreint.

Depuis la fin de la décennie 70, ont surgi de nouveaux auteurs différents des amuseurs du boulevard, et dont on suit la production avec sympathie, saison après saison. Parmi eux citons tout d'abord **MARGUERITE DURAS**, le plus illustre de nos dramaturges, qui a su transposer à la scène et au cinéma son univers romanesque. Mais la plupart des auteurs qui comptent sont ou bien acteurs eux-mêmes (**LOLEH BELLON, JEAN-CLAUDE GRUMBERG**), ou bien liés à des metteurs en scène, comme **HÉLÈNE CIXOUS**, qui écrit pour Ariane Mnouchkine, ou **BERNARD-MARIE KOLTÈS**, pour Patrice Chéreau.

D'autres viennent d'horizons bien différents : **MICHEL VINAVER** de l'entreprise privée, **JEAN-CLAUDE BRISVILLE** de l'édition. Le plus original reste **COPI**, argentin de Paris, dessinateur, acteur et auteur, trop tôt disparu.

A travers ces noms, on retrouve **les grandes tendances du théâtre contemporain : l'intimisme, l'attention à la réalité sociale, l'angoisse métaphysique**.

1. Le lyrisme intimiste

Marguerite Duras *L'Eden-Cinéma* (1977)

*L'œuvre de **Marguerite Duras** est intimement liée à sa biographie, en particulier à son enfance indochinoise, que domine le personnage inoubliable de la mère. D'abord romanesque à la manière américaine, puis influencée par le Nouveau Roman, sa production s'oriente vers le théâtre et le cinéma, après le succès d'*Hiroshima mon amour* (film d'Alain Resnais, 1960).*

*Dès lors se développent, dans un approfondissement continu, quelques **thèmes obsessionnels, formant des cycles homogènes**. Dominent celui de l'Indochine, centré sur la mère (*Un barrage contre le Pacifique*, roman, 1950 ; *Des journées entières dans les arbres*, pièce, 1968 ; *L'Eden-Cinéma*, pièce, 1977), et celui de l'Inde (*Le Ravissement de Lol V. Stein*, roman, 1964 ; *Le Vice-Consul*, roman, 1965 ; *La Femme du Gange*, film, 1973 ; *India Song*, texte, théâtre, film, 1973 ; *Son nom de Venise dans Calcutta désert*, film, 1976). Dans son ton inimitable, fait d'ellipses, de silences, de cris, de voix sans visages, Marguerite Duras s'est attachée à **peindre l'amour et la destruction**. Sur Marguerite Duras, voir également, pp. 589 et 722.*

*** L'Eden-Cinéma

La pièce se passe en Indochine dans les années 30. On y retrouve sur le mode lyrique et dialogué l'atmosphère et les personnages d'*Un barrage contre le Pacifique*. Le titre, outre sa valeur poétique propre, fait allusion à la salle de cinéma muet où, pendant dix ans, la mère joue du piano pour faire vivre ses enfants et acheter une concession. Entreprise qui sera un fiasco : la mère sera minée par son combat contre les marées du Pacifique, et par ses difficultés avec ses enfants.

Cantate à plusieurs voix plutôt que pièce, le texte mêle passé et présent, parole et musique, lumières et ténèbres, dans l'intention de fasciner le spectateur.

La mère et la marée

JOSEPH. — Elle était dure, la mère. Terrible. Invivable.

Les enfants embrassent les mains de la mère, caressent son corps, toujours. Et toujours, elle se
5 *laisse faire. Elle écoute le bruit des mots.*

SUZANNE *(Temps).* — Pleine d'amour. Mère de tous. Mère de tout. Criante. Hurlante. Dure. Terrible. Invivable.

JOSEPH. — Pleurant sur le monde entier.
10 Sur les enfants morts de la plaine.
Sur les bagnards de la piste.

Sur ce cheval mort, ce soir-là.

SUZANNE. — Sans Dieu, la mère.
Sans maître.
15 Sans mesures. Sans limites, aussi bien dans la douleur qu'elle ramassait partout, que dans l'amour du monde.

La mère est toujours là, immuable, elle écoute comme sans comprendre. Ils sont contre elle, cou-
20 *chés. Ils sourient toujours.*

La forêt, la mère, l'océan.

Musique plus longtemps.

Suzanne et Joseph se tournent vers le public mais restent contre la mère.

25 On vous demande d'être attentifs à ce que nous allons vous apprendre sur elle.

Difficile à suivre, la vie de la mère, après Eden Cinéma.
Quand elle a décidé de mettre ses économies de dix
30 ans dans l'achat d'une plantation.

JOSEPH. — Ingrate, ardue, la vie de la mère. C'est des chiffres. Des comptes.
Des durées vides. L'attente rebutante de l'espoir.

SUZANNE. — Depuis l'Eden Cinéma dix ans ont
35 passé.
La mère a des économies suffisantes pour adresser une demande d'achat de concession à la Direction générale de la Colonie.

C'est là que commence son histoire écrite. Son
40 *immortalité. La voici :*

JOSEPH. — On est en 1924.
Des milliers d'hectares sont lotis dans la plaine ouest du Cambodge, le long de la chaîne de l'Éléphant.
La mère, veuve, avec ses deux enfants à charge, a
45 un droit prioritaire à une concession de cet ordre.
Elle l'obtient.
Elle demande sa mise en disponibilité.
Elle ne reviendra jamais à l'enseignement.

La mère engloutit dans cet achat sa force entière, la
50 totalité de ce qu'elle a placé à la Caisse d'Épargne de Saïgon pendant dix ans.

La concession était grande : deux cents hectares, de la piste à l'embouchure de la rivière, le rac.

La première année la mère fait construire le bunga-
55 low.
Elle met en culture la moitié de la concession.

SUZANNE ou LA MÈRE *(celle-ci comme ignorant le dire, mécaniquement).* — La marée de juillet monta à l'assaut de la plaine et noya la récolte.

SUZANNE (*comme lu*). — Il restait à la mère la moitié de ses économies.

Elle recommença.

SUZANNE ou LA MÈRE (*idem*). — La marée de juillet monta encore à l'assaut de la plaine et noya la récolte.

SUZANNE. — La mère a dû se rendre à l'évidence : parce que régulièrement envahie par les marées de juillet, sa concession était incultivable :

Elle avait acheté deux cents hectares de marécages salés.

Elle avait jeté ses économies dans les marées du Pacifique.

Musique.

Suzanne et Joseph regardent la mère, de telle sorte qu'ils nous tournent le dos et que seule la mère se trouve de face. Ils l'enlacent comme dans le malheur. La mère toujours absente entend cette étrange histoire racontée par ses enfants. La sienne.

JOSEPH (*douceur amour*). — Elle ne savait pas la mère. Rien.

Elle était sortie de la nuit de l'Eden ignorante de tout.

Du grand vampirisme colonial.

De l'injustice fondamentale qui règne sur les pau-
85 vres du monde.

Musique.

SUZANNE (*tendresse très grande*). Elle l'a compris trop tard la mère. (*Sourire devant tant d'innocence*).

90 Elle ne l'a jamais compris.

JOSEPH (*sourire*). — Jamais.

Marguerite DURAS, *L'Eden-Cinéma* (1977)
© Mercure de France

POUR LE COMMENTAIRE

1. La mère mythique et la mère réelle. Étudiez les deux visages de ce personnage.

2. Le monde colonial. Étudiez les thèmes de l'exploitation et de l'exotisme.

3. La manière théâtrale. Analysez le rôle des répétitions, des temps verbaux, du rythme, de la musique.

Loleh Bellon *De si tendres liens* (1984)

Loleh Bellon (née en 1925) est venue tard à l'écriture, après une longue et brillante carrière d'actrice. Élève de Dullin, elle a joué les grands classiques, de Shakespeare à Giraudoux, de Claudel à Genet.

Son théâtre, **intimiste**, a deux sujets de prédilection : **la représentation théâtrale** elle-même, soit vue depuis les coulisses, avec ses loges, ses acteurs en querelle perpétuelle, sa magie et sa tendresse (Changement à vue, 1978), soit vue à travers les angoisses de l'auteur lors de la création de sa pièce (L'Éloignement, 1987) ; et **les rapports tendres et mélancoliques entre femmes** d'une même génération (Les Dames du jeudi, 1976), ou entre mère et fille (De si tendres liens, 1984). Une absence (1988) est centré sur un seul personnage, à la fois vieille femme à l'hôpital et petite fille dans ses souvenirs. Les phrases courtes, les enchaînements souples qui brisent la chronologie au fil des associations d'idées, suscitent une musique tchékhovienne.

*** *De si tendres liens*

Cette pièce peint le renversement des rapports d'autorité qui se produit avec le temps entre une mère et sa fille. Le décor est intemporel, les objets anciens. Les deux actrices ont le même âge, la cinquantaine, et la même robe. Seuls les détails changent, et les changements de tableau, c'est-à-dire d'époque, se font uniquement par des effets de lumière.

Le texte qui suit se situe après l'enterrement de l'ex-mari de Charlotte, père de Jeanne.

La robe cloche

Un temps. Charlotte embrasse Jeanne.

CHARLOTTE. — Comment es-tu, toi ?

JEANNE, *neutre*. — Ça va.

Un temps.

5 CHARLOTTE. — Tu ne dis rien. On ne voit rien. Tu es forte.

JEANNE. — Qu'est-ce que tu voudrais ? Que je me roule par terre en gémissant ? Que je sanglote ? (*Un temps.*) La douleur est un travail de patience. Il faut lui laisser le temps de bien pénétrer partout. « Elle comprendra sa douleur. » J'essaie.

Loleh Bellon.

10   CHARLOTTE. — Il est mort dans son sommeil. Il ne s'est aperçu de rien. Il n'a pas souffert.

    JEANNE. — C'est vrai. Mais moi, je souffre. *(Un temps.)* Quand j'avais... neuf, dix ans, il me faisait des farces. Idiotes. Nous marchions dans la rue et brusquement il partait en courant. J'essayais de le rattraper, mais il avait disparu à un
15 tournant. Je ne savais plus du tout où j'étais. Le désespoir m'envahissait, absolu. Et au moment précis où je commençais à pleurer, il surgissait d'une porte cochère, enchanté de sa bonne blague. *(Un temps.)* Il faudra que je me débrouille toute seule, cette fois.

    CHARLOTTE. — Je ne l'avais pas rencontré depuis des années. Quand tu t'es
20 cassé la jambe. Tu étais dans cette clinique à Boulogne. Il m'a ramenée à Paris. Il y a bien dix ans. *(Un temps.)* Les gens qu'on ne voit plus, quand ils meurent, le changement n'est pas grand : on avait pris l'habitude...

Un temps.

Dominique Blanchar et Nelly Borgeaud dans *De si tendres liens,* mise en scène de Jean Bouchaud, au Studio des Champs-Élysées en 1984.

    JEANNE. — Pourquoi vous êtes-vous séparés ?
25   CHARLOTTE. — Tu remontes à la préhistoire.

    JEANNE. — Je n'ai jamais su.

    CHARLOTTE. — C'est si loin, tout ça.

    JEANNE. — Tu n'as pas oublié, quand même ? Tu t'en souviens ?

    CHARLOTTE. — Un peu comme si c'était arrivé à quelqu'un d'autre.
30

Un temps.

    JEANNE. — Alors ?

    CHARLOTTE. — Nous étions trop jeunes. Nous avons pris pour un grand amour ce qui n'était qu'une passade. Plus les parents ont mis d'obstacles, plus nous nous sommes obstinés. Et quand les obstacles ont disparu, nous nous sommes
35 retrouvés tous les deux, avec pas grand-chose en commun.

    JEANNE. — Moi.

    CHARLOTTE. — Toi. *(Elle l'embrasse.)* Et je n'ai jamais regretté ce mariage inutile, puisque tu es là. *(Elle rit.)* A la mairie, je portais une robe cloche. Avec toi dessous.

40   JEANNE. — Tu leur avais caché longtemps ?

    CHARLOTTE. — Aussi longtemps que j'ai pu. *(Un temps.)* Un jour, je marchais devant, avec ta tante Madeleine, qui avait quinze ans, à l'époque. Papa dit à maman : « Regarde Charlotte, elle a des hanches... bien rembourrées. » Alors maman me crie : « Charlotte, c'est curieux, tu as une démarche de femme
45 enceinte. » Et moi je lui réponds : « Mais je *suis* enceinte ! » *(Elles rient.)* Leurs têtes ! J'étais bien soulagée...

    JEANNE. — Et eux ?

    CHARLOTTE. — Ils ont pas mal crié, beaucoup discuté, et puis ils nous ont mariés. Il a fallu cacher ta date de naissance à toutes les relations. D'où la robe
50 cloche. *(Elle sourit.)* Quand on demandait à ta tante Madeleine des nouvelles de ma santé, elle répondait, avec ce génie de la gaffe qui la caractérise : « Charlotte ? Elle est enceinte. D'une petite fille qui s'appelle Jeanne et qui pèse trois kilos huit cents. »

Elles rient.
55   *Un temps.*

    JEANNE. — Quand vous vous êtes séparés, j'avais quel âge ?

    CHARLOTTE. — Oh, tu étais petite. Peut-être cinq ans ? *(Un temps.)* Il n'y a eu aucun drame. Un divorce à l'amiable.

    JEANNE. — Oui. *(Un temps.)* J'ai toujours envié les familles nombreuses, unies,
60 joyeuses. Avec des grands-mères à cheveux blancs et des enfants au berceau, de grandes maisons où l'on se retrouve l'été, des repas où l'on ne s'entend plus et avant d'aller se coucher on fait le tour de la table pour dire bonne nuit.

Loleh BELLON, *De si tendres liens* (1984), © éd. Gallimard

POUR LE COMMENTAIRE

1. La conduite du dialogue. Étudiez les temps morts, le rôle de la mémoire, l'agressivité et la tendresse des deux femmes.

2. Analysez **l'humour et la pudeur** qui évitent à cette scène d'être mélodramatique.

3. Analysez **la solitude** foncière des êtres.

2. Le poids du monde

Michel Vinaver *Par-dessus bord* (1972)

Parmi les dramaturges contemporains, **Michel Vinaver** (né en 1927) a l'originalité d'avoir été, jusqu'en 1980, cadre, puis directeur général d'une entreprise multinationale de produits de grande consommation, avant de devenir professeur à l'Institut d'Études théâtrales de l'Université de Paris III.

C'est ce qui explique les deux pôles de son théâtre :

– **l'évocation sans concession de milieux et de moments rarement présents sur la scène** (passage de la guerre à la paix au niveau du quotidien, dans Les Coréens, 1956 ; tentative de coup d'État en Algérie le 13 mai 58, évoqué de biais par les échos qu'en reçoivent les clients de L'Iphigénie-Hôtel, à Mycènes — pièce publiée en 1960 et représentée seulement en 1977 — ; évolution d'une entreprise grâce à un savant marketing : Par-dessus bord, 1972 ; ou, au contraire, décadence d'une société à cause d'une émission de télévision : À la renverse, 1980) ;

– et la **recherche expérimentale de nouvelles formes de théâtre** (personnages très nombreux, dialogues simultanés et entrelacés, lieux éclatés, incursions de danseurs au milieu d'une action sérieuse, etc.). Ainsi la vie affective des personnages est-elle évoquée à plusieurs niveaux qui s'entrecroisent : amours entre membres du personnel, concurrence pour le pouvoir, échanges entre clients et producteurs, etc.

*** **Par-dessus bord**

Le sujet principal est la lutte implacable que se livrent deux entreprises sur le marché.

Les deux passages suivants, situés l'un au début, l'autre au milieu de la pièce, donnent une idée de la variété des registres de Vinaver, qui superpose ici allègrement analyse économique et mythologie scandinave, la seconde chargée de donner un sens à la première. On y découvre Passemar, chef du service administration des ventes de la société Ravoire et Dehaze, et un professeur au Collège de France, monsieur Onde, personnage inspiré du mythologue Georges Dumézil. Passemar est en même temps le meneur du jeu théâtral.

Les Ases et les Vanes

La salle de fête commence à se vider. Passemar demeure, un verre à la main. Il est légèrement vacillant.

PASSEMAR. — Mon propos est simplement ceci absorption de la moyenne entreprise où je suis moi-même un cadre moyen par une puissante société américaine est-ce un bien ? Est-ce un mal ? Je ne sais pas j'aimerais y voir plus clair ça me fait penser à cette vieille histoire des Ases et des Vanes dont parlait M. Onde du temps où je suivais son cours au Collège de France

M. Onde occupe la chaire ; dans la salle de cours, à part Passemar, deux dames âgées tricotant sur un banc au fond, et au premier rang un auditeur corpulent vêtu de noir, prenant des notes.

M. ONDE. — Comment la connaissons-nous cette histoire ? Par quatre strophes seulement d'un poème eddique d'une grande envolée la « Völuspâ » c'est-à-dire la « Vaticination de la Voyante » et puis par la relation qu'en fait un auteur islandais du XIIIe siècle Snorri pour les Scandinaves le monde connaît deux peuples de dieux les Ases ont à leur tête Odhinn le dieu-roi et Thôrr le dieu-guerrier en face il y a les Vanes qui sont les dieux de la fécondité et de la volupté

PASSEMAR. — Un enchaînement des faits qui sans être fatal non justement pas ça aurait pu tourner autrement

M. ONDE. — Les Ases attaquent les Vanes et il s'ensuit suivant l'expression du poète de la « Völuspâ » « la guerre pour la première fois dans le monde » Snorri relate comment Odhinn marche avec son armée contre les Vanes mais ceux-ci résistent et défendent leur pays tantôt un camp tantôt l'autre semble emporter la victoire chacun dévaste les terres de l'autre et ils se font des dommages cruels l'un à l'autre

PASSEMAR. — Trois cent cinquante employés vingt millions de chiffre d'affaires une entreprise ancrée dans de solides traditions et qui n'a pas su à temps prendre le tournant

M. ONDE. — Odhinn lance son épieu dans les rangs ennemis et ce geste doit lui assurer la victoire en effet les Vanes sont pris de panique et s'enfuient dans une grande bousculade mais le triomphe des Ases n'est pas définitif puisque contre toute attente on lit dans la même strophe comment les Vanes parviennent à détruire l'enceinte des Ases

PASSEMAR. — De Minneapolis ils ont débarqué en force ont pris pied et alors que l'effondrement paraissait imminent il y a eu une petite révolution de palais le fils naturel du patron a pris la direction de l'affaire avec une équipe de jeunes cadres dont je ne suis pas mais ça ne m'empêche pas d'être objectif ils ont réussi à renverser la vapeur et à mettre en difficulté le colosse d'outre-Atlantique en usant des armes prises à leur adversaire et avec une astuce et une agilité que celui-ci peut leur envier

M. ONDE. — Comme si soudain ils en avaient
60 assez de cette alternance épuisante d'échecs et de succès sans suite de part et d'autre les Ases et les Vanes font la paix une paix surprenante aussi harmonieuse que la guerre a été implacable jusqu'à la fin des temps il n'y aura plus l'ombre d'un conflit
65 entre les Ases et les Vanes

PASSEMAR. — Aujourd'hui il y a des conversations d'un côté il y a la puissance financière et un formidable esprit de système au service d'une volonté d'expansion que rien ne saurait arrêter de l'autre
70 côté il y a la dextérité et la connaissance du terrain au service d'ambitions personnelles qui ne reculent devant rien

M. Onde efface le tableau, sur lequel il avait inscrit les noms des principaux dieux ; il range ses feuillets.
75 *C'est la fin du cours. Les auditeurs s'acheminent vers la sortie. M. Onde fait signe à Passemar de s'approcher.*

M. ONDE. — Cela fait plusieurs fois de suite Monsieur que je remarque votre présence à mon
80 cours êtes-vous comparatiste ?

PASSEMAR. — Non pas du tout

M. ONDE. — Permettez-moi de vous demander dans quel domaine cherchez-vous ?

PASSEMAR. — Je ne cherche pas précisément

85 M. ONDE. — En dehors de deux ou trois dames âgées qui l'hiver viennent quérir ici un peu de chaleur parce que le Collège de France chauffe Monsieur maintenant

PASSEMAR. — C'est pourtant passionnant je m'ex-
90 cuse

M. ONDE. — Passionnant ? Mais enfin pourquoi ? Je vois mal qu'est-ce qui vous intéresse ? Permettez-moi de vouloir saisir que faites-vous ?

*Depuis quelque temps sont apparus le pianiste et
95 les trois danseurs masqués, habillés en dieux scandinaves, qui exécutent des mouvements, s'interrompent, reprennent, recommencent le même ensemble de gestes. Les seules paroles prononcées sont du type : « On recommence », « ça ne va pas »,
100 « voilà », etc. M. Onde s'efface.*

PASSEMAR. — C'est une idée qui m'est venue de corser un peu ces récits légendaires par une action mimée et dansée qui pourrait avoir du charme beaux costumes une musique très moderne pourquoi pas ?
105 En vérité je suis tenté par le théâtre total où toutes les formes d'art concourent au spectacle le ballet le cirque le cinéma l'opéra seulement ça sera un spectacle cher à monter est-ce que je ne diminue pas d'autant mes chances d'être représenté ?

110 *Les dieux scandinaves se sont saisis de Passemar, le malmènent et le portent en procession : exode.*

[....]

PASSEMAR. — Et un jour je me suis rendu chez M. Onde j'avais encore des cheveux épais un peu ondulés j'étais mince timide et audacieux

115 M. ONDE. — Entrez

PASSEMAR. — Je me souviens surtout de sa table de travail

M. ONDE. — Vous regardez cet amoncellement de livres ? Oui ça pourrait donner l'impression d'un
120 processus irréversible de sédimentation

PASSEMAR. — Vous vous y retrouvez ? Dans l'immensité de cette recherche vous êtes seul ?

M. ONDE. — Vous savez je ne crois pas au travail d'équipe des rencontres si d'autant plus excitantes
125 qu'imprévues mais on n'emmène pas des gens avec soi quand on est une taupe creusant ses galeries sans presque jamais faire surface savez-vous pourquoi je vous ai abordé un jour après mon cours ? Vous me faisiez mal aux yeux les taupes supportent
130 mal le soleil

PASSEMAR. — Quand vous parlez de vos dieux et cætera les choses les plus actuelles se relient s'éclairent

M. ONDE. — Quelle ironie lorsque je me retourne
135 en arrière la seule constante c'est ce sentiment de cheminement dans le noir avec peut-être une lueur falote intermittente mais qui ne s'est jamais laissée entièrement souffler je n'ai jamais douté que tout système mythologique signifie quelque chose aide
140 la société qui le pratique à s'accepter à être fière de son passé confiante dans son présent et son avenir

Michel VINAVER, *Par-dessus bord* (1972)
© éd. Actes-Sud

Fred Personne et Jean Bouise dans *Par-dessus bord*, mise en scène de Roger Planchon au Petit-Odéon en 1974.

POUR LE COMMENTAIRE

1. Étudiez le **parallélisme** des situations évoquées dans les deux monologues alternés.

2. Relevez les **traits satiriques** (personnages, situation, langage) et les « collages » de fragments d'écrits de Georges Dumézil.

3. A travers la deuxième scène, analysez le **scepticisme** de l'auteur.

Jean-Claude Grumberg *L'Atelier* (1979)

*Connu d'abord comme comédien, **Jean-Claude Grumberg** (né en 1939) devient auteur dramatique avec* Demain, une fenêtre sur rue *(1968), puis* Rixe *(1970) et* Amorphe d'Ottenburg *(1971).* Dreyfus, *monté en 1973 au Petit Odéon, le fait connaître d'un vaste public. Mais c'est* En r'venant de l'Expo, *monté en 1975 par Jean-Claude Penchenat au Théâtre du Campagnol, et plus tard* L'Atelier, *qui lui assurent la consécration.*

Avec une tonalité plus contemporaine, L'Indien sous Babylone *(1985) traite sur le mode bouffon des rapports d'un créateur avec l'État, et évoque avec une dérision grandiose tous les problèmes qu'a connus depuis vingt ans la culture subventionnée.*

*** *L'Atelier*

Jouée et mise en scène par l'auteur en 1979, cette pièce évoque avec humour et gravité à la fois la vie d'un atelier de couture de 1945 à 1952, avec les tensions et les complicités entre ouvrières, les inquiétudes du patron et de son personnel, les propos d'une ouvrière, qui a vu son mari arrêté pendant l'occupation, sur les persécutions contre les juifs, et la figure pittoresque et émouvante de Léon, le patron, qui a réussi à passer au travers de tous les dangers de l'Occupation.

Histoire de chiffons

*Le monologue de Léon, le patron, joué par l'auteur à la création, est un **morceau de bravoure**, avec l'exagération dans le trait que cela suppose, mais aussi l'efficacité dans l'émotion ; il constitue, en quelque sorte,* **le pivot de la pièce**.

Jean-Claude Grumberg.

Simone et Marie pleurent toujours de rire. Mimi travaille avec sérieux. Gisèle la supplie de répéter sa dernière phrase. Léon regarde Simone, Marie et Gisèle qui ne travaillent pas et se mouchent à qui mieux mieux, puis s'informe.

LÉON. — Ça pleure ou ça rit ?

5 MARIE. — On sait plus trop monsieur Léon, on sait plus trop. *(Elle gémit.)*

GISÈLE. — Un petit panaché, quoi !...

MIMI *(sérieuse)*. — C'est dur de les faire tenir tranquilles, je fais ce que je peux, mais y a des jours... *(Geste d'impuissance.)*

LÉON *(d'un calme inhabituel attend le retour de Mme Laurence qui se réinstalle,*
10 *puis il démarre)*. — Bon... A votre avis, mesdames, on travaille pour qui : pour les morts ou pour les vivants ? *(Pas de réponse, Léon tout en faisant tourner le veston sous tous les angles — c'est une pauvre chose.)* Si on travaille pour les morts, je dis que ce vêtement est un très bon vêtement pour mort... Seulement entre nous, un mort peut très bien se passer de vêtements non ? On le jette dans
15 un bout de chiffon, on le roule dedans et hop au trou... On peut même faire l'économie du bout de chiffon et du trou. Ça s'est déjà vu non ?... Si on travaille pour les vivants, il faut prévoir qu'un vivant sera inévitablement amené à faire certains gestes comme bouger un bras, s'asseoir, respirer, se lever, boutonner, déboutonner ; je parle même pas du temps de guerre où fréquemment le vivant
20 pour rester vivant est obligé de lever les deux bras en l'air et en même temps, non, je parle des mouvements ordinaires, de la vie ordinaire dans la confection ordinaire. Regardez cette pièce, Monsieur Max vient de me la retourner avec sur le revers un petit papier épinglé, je vais vous lire ce qu'il y a sur le papier : « C'est du travail pour les morts ». *(Il montre le papier et il continue.)* C'est écrit en gros
25 caractères !... A peine un client a enfilé... *(bref silence)* que la doublure de la manche, oui madame Simone, a craqué, bon je sais c'est pas grave, pas la peine de pleurer déjà, ce sont des choses qui arrivent, c'est ce que le vendeur a dit aussitôt, un fil de mauvaise qualité, un point trop lâche, passons... Ensuite les boutons sont tombés un par un quand le client a voulu... *(Il fait le geste de*

Brigitte Mounier, Rose Thiery et Geneviève Mnich dans *L'Atelier* au Petit-Odéon en 1979.

30 boutonner.) Machinalement, alors le client a posé les yeux sur les boutonnières, oui madame Mimi, regardez-les aussi : boutonnières faites main ?

MIMI. — Ben qu'est-ce qu'elles ont ?

LÉON. — On dirait qu'elles chient et qu'elles dégueulent en même temps... voilà ce qu'elles ont... Puis il a levé les yeux et s'est aperçu dans la glace alors
35 il a arraché cette chose de son corps et il est sorti du magasin en courant et s'est précipité la tête la première chez la concurrence... Vous avez peut-être déjà entendu parler de la concurrence, vous savez tous ces gens qui travaillent bien mieux et qui sont bien moins chers parce qu'ils ont moins de frais généraux... Voyant son client sortir en courant, le patron du magasin a renvoyé toute la
40 marchandise qu'il venait de recevoir au travers de la gueule de monsieur Max avec ce petit papier épinglé sur le revers, et puis lui aussi a été se fournir en courant chez la concurrence. Monsieur Max a reçu le paquet, il a examiné, il m'a appelé, j'ai examiné à mon tour et je dois reconnaître que le client a raison : c'est du travail pour les morts ! *(Silence. Léon reprend, toujours très professeur.)*
45 Maintenant je dois vous prévenir : celles qui désirent continuer à travailler pour les morts iront le faire ailleurs qu'ici... Dorénavant mon atelier se consacrera exclusivement aux vivants, et ceux-là croyez-moi, ils en veulent aujourd'hui pour leur argent. C'est fini le temps où on leur collait la pire cochonnerie, les pardessus avec les deux manches gauches, les vestes qui se boutonnent dans le dos, etc.,
50 etc. Fini !... La guerre est terminée depuis longtemps ; avec un peu de chance il y en aura bientôt une autre qui sait, ça va tellement bien partout... On est plus dans l'après-guerre, on est de nouveau dans l'avant-guerre, tout est redevenu normal, on trouve de tout aujourd'hui, à tous les prix, on parle même de supprimer les tickets, plus de restrictions... J'exige maintenant un minimum de
55 conscience professionnelle vous entendez... un minimum. *(Il enfile la veste, elle est trop grande pour lui, et elle pend lamentablement de tous les côtés.)* Regardez, regardez « demi-mesure » ! Une épaule déjà au premier étage et l'autre encore au sous-sol... Madame Laurence il faut un peu regarder ce qu'on fait quand on travaille, pas toujours regarder ce que font les autres...

Jean-Claude GRUMBERG, *L'Atelier* (1979)
© éd. Actes-Sud

POUR LE COMMENTAIRE

1. Montrez **la précision** des reproches du patron.

2. Analysez le **mélange du ton** épique dans les images et les évocations, et de l'humour qui allège l'excès de pathétique.

Hélène Cixous
L'Histoire terrible mais inachevée de Norodom Sihanouk roi du Cambodge (1985)

*La prose d'**Hélène Cixous** (née en 1937), auteur avant tout de fictions, de poèmes et d'essais (voir p. 729) qui explorent les arcanes du féminin (Dedans, 1969 ; La, 1976 ; Angst, 1977 ; Le Livre de Prométhéa, 1983 ; Entre l'écriture, 1986 ; Manne, 1988), se meut dans un espace secret, éloigné a priori de la scène. Or, par une sorte de conversion, elle est venue à l'écriture théâtrale, parce que, dit-elle, le théâtre « nous permet de vivre ce qu'aucun « genre » ne nous permet : le mal que nous avons à être humains. Le Mal. » (L'Indiade, 1987).*

C'est ainsi qu'après un Portrait de Dora (1976), inspiré de Freud, et une incursion dans l'opéra (Chant du corps interdit, musique d'André Boucourechliev), elle a écrit pour Ariane Mnouchkine et son Théâtre du Soleil deux épopées scéniques ambitieuses, L'Histoire terrible mais inachevée de Norodom Sihanouk roi du Cambodge (1985), et L'Indiade (1987), inspirée par Gandhi et l'indépendance indienne.

*Se souvenant des pièces historiques de Shakespeare, Hélène Cixous a cherché, au milieu d'une multiplicité de personnages, de lieux et d'actions, à cerner **la figure énigmatique, séduisante et pathétique** de Norodom Sihanouk. De ce texte en deux époques de cinq actes chacune, qui occupent deux soirées, la mise en scène d'Ariane Mnouchkine, colorée et sensible, faisait en quelque sorte un livret d'opéra, un peu touffu mais d'une pénétrante clarté d'analyse politique et psychologique.*

« Mais où va mon peuple ? »

La scène suivante (1ʳᵉ époque, acte IV, scène 4) se situe en mars 1970, après la destitution de Sihanouk de ses fonctions de chef de l'État par la droite cambodgienne pro-américaine. Le prince apprend la nouvelle dans l'avion qui le mène de Moscou à Pékin.

SIHANOUK. — Oui ! Vivre avec toi dans un avion, et regarder le monde avec le regard des Dieux, cela convient parfaitement à mon humeur. Prenons nos justes distances ! Tiens ! Tu vois ce tapis brun, monotone et qui semble sans vie. C'est la Mongolie. Et c'est pour ces tapis, plus ou moins colorés que, lorsque nous
5 sommes en bas, le nez à la hauteur des bananiers, nous cuisons sur des feux, des haines millénaires, et que nous rêvons durant des vies entières de tuer nos voisins. Et c'est pour mon tapis qu'on m'a volé, que moi-même j'ai envie de me dissoudre en une pluie de larmes.

LA PRINCESSE. — Ah ! Si nous pouvions nous détacher vraiment de toute cette
10 histoire !

SIHANOUK. — J'ai trop oublié les sentiers intérieurs de notre Bouddha. Mon malheur a été d'être choisi par les Français pour monter sur le trône. La veille encore, je te l'assure, j'étais le plus heureux des enfants. Ce qui me faisait le plus peur au monde, c'était le Bac. Et maintenant comment oublier le grand rêve qui
15 est devenu moi-même... Je ne peux plus m'arrêter d'être le Cambodge. Je suis devenu moi-même ces fleuves, ces rizières, ces montagnes, et tous ces paysans qui me peuplent. Je voudrais m'oublier et vivre une autre vie. Il faudrait que je meure. Tu viendrais avec moi ?

LA PRINCESSE. — Vous me le demandez ?

20 SIHANOUK. — Si tu veux, nous renaîtrons ensemble. Alors qu'aimerais-tu faire ou être si nous recommencions ?

LA PRINCESSE. — Être ? Encore une femme, encore ton amante, oui, encore une fois. J'aimerais bien faire de la peinture.

SIHANOUK. — Sans la décision des dieux et des Français, je serais devenu un
25 grand saxophoniste.

LA PRINCESSE. — Pourquoi pas foot-balleur ?

SIHANOUK. — Et pourquoi pas ?

LA PRINCESSE. — Pourquoi pas cuisinier chinois ?

SIHANOUK. — Chinois ?...
30 Je suis tombé de notre rêve. Je ne peux plus jouer.

LA PRINCESSE. — C'est de la Chine que vous avez peur ? Il n'y a pas de raison.
Un sourire de Zhou Enlai[1] aura vite fait de vous guérir.

SIHANOUK. — J'ai hâte de le voir. C'est une sorte d'homme fatal, incroyable.
C'est un Greta Garbo[2], c'est un vrai Circé[3]. La première fois que je l'ai rencontré,
35 il m'invite à déjeuner. J'y vais. Je n'avais jamais vu d'homme aussi beau.
Heureusement que moi aussi j'étais un homme. Nous passons à table. Au
premier plat, je suis ensorcelé. Et s'il me trahissait lui aussi ? Ah ! Les traîtres,
ils m'ont abîmé le cœur !
Penn Nouth ! Penn Nouth ! ? Où sommes-nous ? Quelle heure est-il ?

40 PENN NOUTH. — Nous serons à Pékin dans une heure, Monseigneur.

SIHANOUK. — Dans une heure ! Dès que nous arrivons à Pékin, Penn Nouth,
j'adresse un éclatant message à notre peuple.
Je lui dirai :
O mon peuple. O mes enfants !...
45 Ah ! Mais où est mon peuple ?
Où va mon peuple ?
Et moi où vais-je ? Quand le retrouverai-je ?
Ces nuages sont si serrés. On dirait une terre glacée qui nous sépare de la terre
vivante.

(Ils sortent et les nuages aussi.)

Hélène CIXOUS, *L'Histoire terrible mais inachevée de Norodom Sihanouk*
roi du Cambodge (1985), © éd. Théâtre du Soleil

1. Un des chefs historiques de la révolution chinoise, Zhou Enlai (1896-1976) fut longtemps ministre des affaires étrangères du gouvernement chinois.

2. Actrice américaine d'origine suédoise, célèbre pour la magie de son regard.

3. La magicienne qui envoûta Ulysse dans l'Odyssée.

Représentation
de la pièce au
Théâtre du
Soleil en 1985.
Mise en scène
d'Ariane
Mnouchkine.

POUR LE COMMENTAIRE

1. Une scène symbolique. Étudiez l'attitude du prince survolant la terre et l'Histoire, et méditant sur son destin (voir *Lorenzaccio*, de Musset) et sur celui de son peuple.

2. Les facettes de Sihanouk. Étudiez le mélange de cruauté verbale, de sensibilité, d'indifférence, de fantaisie qui coexiste dans le personnage du prince.

3. L'angoisse métaphysique

Jean-Claude Brisville
L'Entretien de M. Descartes avec M. Pascal le Jeune (1986)

Tour à tour journaliste à L'Express *et au* Nouvel Observateur, *directeur littéraire chez Julliard et au Livre de Poche, responsable des créations dramatiques à l'ORTF et secrétaire de Camus,* **Jean-Claude Brisville**, *né en 1922, outre ces diverses activités, a produit une œuvre abondante dans tous les genres. Le succès théâtral lui est venu avec* Le Fauteuil à bascule *(1982), brillant dialogue entre deux amis, dont l'un, éditeur, licencie l'autre, directeur littéraire, et surtout* L'Entretien de M. Descartes avec M. Pascal le Jeune *(1986).*

*** *L'Entretien de M. Descartes avec M. Pascal le Jeune*
  Le jeune Pascal, 24 ans, vient visiter Descartes, 51 ans, au couvent des Minimes, près de la place Royale. Après des considérations sur la liberté du philosophe à Amsterdam et la gloire des écrivains, on assiste à un débat sur la confiance à accorder ou non à la raison et à la science. Le dialogue culmine quand Pascal avoue l'objet de sa visite : demander à Descartes de signer une lettre en faveur d'Antoine Arnauld, janséniste poursuivi par la Sorbonne. Il refuse de s'engager. Le dialogue, incisif et rapide, peint remarquablement l'angoisse de Pascal devant l'infini du monde et de Dieu, et la sagesse de Descartes. Sur Descartes, voir LITTÉRATURE, *XVIIe siècle*, pp. 115-122 et sur Pascal, *ibid.*, pp. 138-159.

L'Écriture et la vie

1. *Antoine Arnauld (1612-1694), sous l'influence de l'abbé de Saint-Cyran, adopta, sur la grâce, les thèses les plus rigoureuses de l'augustinisme. Il devint le chef du parti janséniste.*

2. *La marquise de Sablé (1599-1678) partagea sa vie entre l'amour, la politique, la dévotion (d'inspiration janséniste) et la littérature.*

PASCAL *(bas).* — On essaie de comprendre, et puis on arrive au mystère et on renonce. *(Un temps.)* Il me semble qu'en ce sens chacun de nous est théologien sans le savoir. Mais la question n'est pas là. Dans son traité « De la fréquente communion » qui lui a valu tant d'ennuis, M. Arnauld[1] s'en tient à la morale, et
5 cela nous concerne tous. Vous en conviendrez, je l'espère ?

DESCARTES. — Je n'ai pas lu « De la fréquente communion ».

PASCAL. — Le sujet en est simple et il lui fut donné par la chronique de la cour : Mme de Sablé[2] avait-elle le droit d'aller danser le soir après avoir reçu la communion le matin ?

10 *Un temps.*

DESCARTES. — Tant de bruit pour cela ?

PASCAL. — C'est que Mme de Sablé, qui hésitait sur la décision à prendre, a reçu de son confesseur la permission pour le bal. *(Un temps.)* Ai-je besoin de vous le préciser : son confesseur est un Jésuite.

15 DESCARTES. — Et M. Arnauld Janséniste...

PASCAL. — Janséniste, oui, Monsieur. Mais qui ne le serait en l'occurrence ?

DESCARTES. — Eh bien...

PASCAL. — Soutiendriez-vous, par hasard, le point de vue du confesseur ?

DESCARTES. — Non, je n'irai pas jusque-là, mais je vous dirai seulement que,
20 s'il vaut mieux ne point aller au bal le soir lorsque l'on a communié le matin, une interdiction absolue, tombant comme un couteau, peut sembler bien sévère. *(Mouvement d'impatience de Pascal.)* Écoutez-moi plutôt... Mme de Sablé pouvait être obligée par son mari et de par sa situation à se rendre à ce bal, sans y être poussée par aucune envie personnelle. Allait-elle, avec de grands airs,
25 s'envelopper dans la religion pour se soustraire à un devoir mondain qui ne lui procurait peut-être aucun plaisir ? Et quand bien même n'aurait-elle pas vu d'un mauvais œil cette obligation de son état, la sainte communion ne pouvait-elle, en fortifiant sa vertu, l'aider à ne trouver au bal que le contentement permis à une honnête femme ? Un Jésuite peut n'être pas seul à le penser.

30 PASCAL. — Vous m'avez dit avoir été de leurs élèves…

DESCARTES. — Ils m'ont appris à ne point m'en tenir, sur tout ce qui touche à la vie, à un seul point de vue.

PASCAL. — Et sur tout ce qui touche à Dieu ?

DESCARTES. — Dieu est en nous. Chacun lui prête son visage. Et alors que nous 35 acceptons la dissemblance de nos traits, nous sommes toujours prêts à nous entretuer parce que nous ne voyons pas, n'entendons pas le même Dieu.

PASCAL. — Monsieur ! Il y a l'Écriture, et elle parle à tous la même langue. *(Un temps.)* Je ne peux pas vous suivre.

Un temps.

40 DESCARTES. — Il vous eût peut-être fallu voyager…

PASCAL. — Voyager ?

DESCARTES. — Je pense à la mésaventure qui m'advint jadis. Je revenais par la Hongrie, la Bohême et l'Allemagne du nord, d'un tour dans l'orient de l'Europe. Un soir, j'arrivai sur le bord de l'Elbe qu'il me fallait franchir pour 45 m'amener en Frise occidentale où je comptais passer quelque temps. Une barque était là que je louai bien que les mariniers me parussent de basse mine. Ils me prenaient visiblement pour un riche marchand forain plutôt que pour un cavalier, et quand nous fûmes au milieu du fleuve, je les surpris tenant conseil en ma présence. Ignorant que je connaissais leur langue, ils se concertaient 50 librement pour m'assommer et profiter de mes dépouilles après m'avoir jeté dans l'eau. Alors je me levai soudainement, tirai l'épée, la pointai sur la gorge du chef et lui ordonnai dans sa langue de me conduire où je voulais. Ce qu'il fit derechef sans plus rien oser contre moi.

PASCAL. — Je vois, Monsieur, que vous avez le bras aussi prompt que l'esprit.

55 DESCARTES. — Si prompt que si ce misérable avait bougé, je lui perçais la gorge et l'expédiais en Enfer. En avais-je le droit devant Dieu ? Mais si j'avais faibli, c'est lui qui me tuait, et comme l'on n'est jamais sûr d'être en état de grâce, je prenais moi-même un grand risque envers le Ciel. Vous me direz que j'aurais dû 60 rester en repos dans ma chambre au lieu de me trouver ce soir-là de novembre au bord de l'Elbe, et vous aurez raison. Mais enfin j'étais embarqué.

PASCAL. — Que voulez-vous me faire entendre ?

DESCARTES. — Eh bien, que la théologie ne peut 65 répondre clairement à tout, qu'en de certains moments la vie prévaut sur la réflexion, et qu'il faut savoir décider promptement sans trop s'appesantir sur les desseins que nous prêtons à Dieu. Je parle pour Mme de Sablé aussi bien que pour moi. Nous 70 étions tous deux embarqués. Aller au bal ou rester dans son oratoire… embrocher mon futur voleur ou me laisser tuer… Les théologiens, là-dessus, peuvent se chamailler longtemps.

Jean-Claude BRISVILLE, *L'Entretien de M. Descartes avec M. Pascal le Jeune* (1986)
© éd. Actes Sud - Papiers

POUR LE COMMENTAIRE

1. Deux **générations** et deux **conceptions** de l'engagement s'affrontent ici. Analysez-les.

2. Montrez **le caractère classique** de la langue (relevez les mots et les tournures du XVIIᵉ siècle).

3. L'auteur n'est-il pas **partial** dans la présentation du livre d'Antoine Arnauld ? Ne donne-t-il pas le beau rôle à Descartes ?

◀ Henri Virlojeux et Daniel Mesguich dans *L'Entretien de M. Descartes avec M. Pascal le Jeune*, mise en scène de Jean-Pierre Miquel au Théâtre Moderne en 1986.

Copi *Une visite inopportune* (1988)

*Né à Buenos Aires, **Copi** (1939-1987) a suivi son père, directeur de journal, en exil sous Péron, à Haïti, New York, puis Paris, à partir de 1962.*

Connu d'abord pour ses bandes dessinées de La Dame assise, sorte de sphinx au gros nez et aux cheveux raides qui monologue ou dialogue avec un volatile informe, Copi vient au théâtre grâce à la complicité du metteur en scène Jorge Lavelli, argentin comme lui. Se succèdent alors des pièces délirantes, tendres et bouffonnes, comme La Journée d'une rêveuse (1968), « histoire d'une mère qui construit son fils », Eva Péron (1969), qui met en scène les derniers moments de la femme du dictateur argentin et semble une prémonition de l'ultime pièce de l'auteur, L'Homosexuel ou la Difficulté de s'exprimer (1971), La Nuit de Madame Lucienne, créée par Maria Casarès (1988), et, enfin, Une visite inopportune (1988), mise en scène par Lavelli. Copi est mort prématurément en 1987, « marginal errant entre deux mondes, entre deux sourires, entre deux rêves ».

*** *Une visite inopportune*

La dernière pièce de Copi apparaît comme son testament, dernière incarnation, dérisoire et pathétique, de son univers. L'auteur s'y montre, à travers la figure d'un dramaturge vieillissant nommé Cyrille, atteint du sida, qui tient sa cour dans sa chambre d'hôpital. Autour de lui gravitent, jusqu'à sa fin, une infirmière complice, un vieil ami homosexuel, une femme journaliste venue l'interviewer, une cantatrice italienne amoureuse du maître, au nom symbolique de Regina Morti, et le professeur Verdureau, son médecin, qui lui permet de monter des spectacles à l'hôpital, comme Sade jadis à Charenton.

Les plaisanteries sur la mort se mêlent aux airs d'opéra, aux querelles et aux interviews. A la fin, tous les personnages partent, tandis que Cyrille meurt en compagnie de Regina.

Copi.

Le professeur et les nourrices

Cyrille, Hubert, Regina Morti,
le Journaliste, le Professeur

PROFESSEUR. — Cher maître, messieurs, vous serez sans doute surpris de me voir en costume tropical. Je pars en Afrique lutter contre le sida là-bas. C'est la seule chose qui me reste à faire pour ne pas devenir fou.

CYRILLE. — Vous partez en Afrique ? Et vos malades ?

5 PROFESSEUR. — Les médecins se remplacent aussi facilement que les malades.

CYRILLE. — Mais et moi, cher professeur ?

PROFESSEUR. — N'essayez pas de m'attendrir ; je serai infléchissable. Ma situation ici, ballotté entre ma femme légitime et Madame Bongo[1], est devenue insoutenable. Voulez-vous que je vous avoue la vérité sur le tricycle ? J'ai toujours
10 eu horreur des tricycles. En Afrique, au moins, on ne connaît pas le tricycle.

CYRILLE. — Donnez-moi le temps de réfléchir, professeur. N'agissez pas sur un coup de tête. Consultez vos collègues avant de prendre une décision.

PROFESSEUR. — Ce sont eux qui me poussent à quitter ma chaire à la Faculté. Mes méthodes de guérison leur paraissent de plus en plus suspectes. Ma
15 médecine est trop humaine pour le monde glacé des laboratoires. En Afrique je pourrai rendre libre cours à mes élans de cœur, ce n'est pas le matériel humain qui me manquera. Vous expliquerez tout ça à Madame Bongo, je l'ai envoyée faire le ménage de la cave pour l'éloigner quelques minutes, car j'ai peur d'un dernier entretien. Et vous, si vous voulez un conseil, soignez-vous par les plantes.
20 Vous allez mourir de toute façon, et dans le pire des cas, une tasse de chicorée est plus agréable qu'une perfusion.

CYRILLE. — Une tasse de chicorée ? Mais j'ai déjà mon opium !

PROFESSEUR. — Prenez les deux. Adieu, cher maître. Peut-être nous retrouverons-nous quelque part hors de ce monde où tout est bruit et fureur, quelque part
25 dans une autre galaxie. Vous avez été mon patient préféré.

1. L'infirmière.

CYRILLE. — Cher professeur, je suis confus.

PROFESSEUR. — Excusez ce moment de trouble, je n'ai pas l'habitude de pleurer en public.

CYRILLE. — Hubert, votre mouchoir.

30 PROFESSEUR. — Merci. C'est la tristesse après le coït. Les Romains la connaissaient déjà.

HUBERT. — C'est vrai que Madame Bongo a beaucoup d'une matrone romaine.

PROFESSEUR. — Comment vous exprimer ma gratitude lors de ce moment de mélancolie ?

35 CYRILLE. — Ça vous passera. Tout le monde connaît la tristesse après le coït.

HUBERT. — Ne soyez pas si optimiste, ça peut durer toute la vie. Comme chez moi, par exemple. Un seul coït et ensuite un demi-siècle de tristesse. Mais je ne dirai pas qui a été le complice de ce coït, ça vous ferait rire.

CYRILLE. — Je l'ai toujours su, c'était votre nourrice !

40 PROFESSEUR. — Comment, vous aussi ?

HUBERT. — Nous avons tous une femme fatale dans la vie, et c'est souvent notre nourrice.

PROFESSEUR. — C'est de l'opium ? Mais que va dire ma femme si je rentre dans les vapes ?

45 CYRILLE. — Vous lui direz que c'était votre anniversaire.

PROFESSEUR. — Durant mon enfance, ma famille passait ses vacances dans une villa louée à Deauville. Ma nourrice était grosse et blonde, et s'appelait Yvonne. Je souhaitais de tout mon cœur que mes parents m'achètent un tricycle, mais elle s'y opposait. Elle préférait me garder dans le landau où elle pouvait
50 m'attacher à son aise. Et mes parents n'écoutaient qu'elle, bien que j'avais déjà six ans. Un jour je me suis décidé à voler le tricycle de ma petite voisine Lili, croyant ma nourrice endormie au pied d'un arbre. Grave erreur ! Je me suis lancé dans une course folle sur les planches de la promenade, avec ma nourrice à ma poursuite. Et puis, soudain : patatras ! Le nez fracturé, la lèvre fendue, mes dents
55 de lait éparpillées entre les planches, je perdais mon sang sur le sable quand ma nourrice s'est abattue sur moi, elle me déculotte et elle me fouette en public ! Mais le pire a été que mes parents, trouvant la punition insuffisante pour mon crime, m'ont fait passer la nuit suspendu à la corde à linge par les oreilles. Regardez ! Je garde toujours les oreilles décollées.

60 CYRILLE. — C'est monstrueux !

PROFESSEUR. — Et je n'ai jamais eu de tricycle à moi !

HUBERT. — Mon pauvre professeur, les nourrices sont les êtres les plus sauvages sur terre !

PROFESSEUR. — Heureusement, je crois qu'il n'en reste plus une seule.

65 HUBERT. — Enfin une vraie conquête de l'homme !

COPI, *Une visite inopportune*, scène 29 (1988)
© éd. Christian Bourgois

Pour vos essais et vos exposés

Philippe MADRAL : *Le Théâtre hors les murs*, éd. du Seuil, 1969.
Alfred SIMON : *Le Théâtre à bout de souffle*, éd. du Seuil, 1979.
Michel CORVIN : *Le Théâtre nouveau en France*, P.U.F., 1980.

POUR LE COMMENTAIRE

1. Analysez **le conflit** entre deux sortes de médecine.

2. Étudiez **la parodie de la séance psychanalytique** dans les confidences du professeur.

3. Comment **le pathétique de la situation** est-il gommé par des plaisanteries d'un goût discutable ?

Dessins de Copi.
© éd. du Square.

Bernard-Marie Koltès
Combat de nègre et de chiens (1983)

*L'itinéraire théâtral de **Bernard-Marie Koltès** (1948-1989) l'a conduit de l'univers néo-colonial de Combat de nègre et de chiens (1983) au monde provincial, hanté par les souvenirs de la guerre d'Algérie et de sordides questions d'argent, de Retour au désert (1988). Entre ces deux pièces, dont les personnages sont très typés et les situations liées à l'histoire du monde actuel, Koltès a écrit deux autres pièces plus intemporelles, qui évoquent, dans une atmosphère de roman ou de film noir, des confrontations entre marginaux en des lieux glauques et déserts : Quai Ouest (1985), jeu d'ombres autour d'un suicide dans une grande ville portuaire, et Dans la solitude des champs de coton (1986), dialogue érotico-métaphysique entre un « dealer » et son client. D'une écriture très surveillée, ces pièces nocturnes sont inséparables des mises en scène de Patrice Chéreau, dépouillées et abstraites.*

*** Combat de nègre et de chiens

La pièce se déroule en Afrique de l'Ouest, sur un chantier de travaux publics d'une entreprise étrangère. Alboury, « un noir mystérieusement introduit dans la cité », vient réclamer à Horn, le vieux chef du chantier, le cadavre de son frère, mystérieusement disparu. Le Noir est aux prises, tour à tour avec Horn, humain et rusé, Cal, un ingénieur alcoolique, et Léone, la maîtresse de Horn. La beauté de la langue, l'importance des bruits, des lumières, des couleurs, la vérité des personnages rendent la pièce attachante.

« Il est difficile de se comprendre »

HORN. — Qui était-il, Alboury, et vous, qui êtes-vous ?

ALBOURY. — Il y a très longtemps, je dis à mon frère : « Je sens que j'ai froid » ; il me dit : « C'est qu'il y a un petit nuage entre le soleil et toi » ; je lui dis : « Est-ce possible que ce petit nuage me fasse geler lors que tout autour de moi, les gens transpirent et le soleil les brûle ? » Mon frère me dit : « Moi aussi, je gèle » ; nous nous sommes donc réchauffés ensemble.

Je dis ensuite à mon frère : « Quand donc disparaîtra ce nuage, que le soleil puisse nous chauffer nous aussi ? » Il m'a dit : « Il ne disparaîtra pas, c'est un petit nuage qui nous suivra partout, toujours entre le soleil et nous » ; et je sentais qu'il nous suivait partout, et qu'au milieu des gens riant tout nus dans la chaleur mon frère et moi nous gelions et nous nous réchauffions ensemble.

Alors mon frère et moi, sous ce petit nuage qui nous privait de chaleur, nous nous sommes habitués un à l'autre, à force de nous réchauffer. Si le dos me démangeait, j'avais mon frère pour le gratter ; et je grattais le sien lorsqu'il le démangeait ; l'inquiétude me faisait ronger les ongles de ses mains et, dans son sommeil, il suçait le pouce de ma main.

Les femmes que l'on eut s'accrochèrent à nous et se mirent à geler à leur tour ; mais on se réchauffait tant on était serrés sous le petit nuage, on s'habituait les uns aux autres et le frisson qui saisissait un homme se répercutait d'un bord à l'autre du groupe. Les mères vinrent nous rejoindre, et les mères des mères et leurs enfants et nos enfants, une innombrable famille dont même les morts n'étaient jamais arrachés, mais gardés serrés au milieu de nous, à cause du froid sous le nuage.

Le petit nuage avait monté, monté vers le soleil, privant de chaleur une famille de plus en plus grande, de plus en plus habituée chacun à chacun, une famille innombrable faite de corps morts, vivants et à venir, indispensable chacun à chacun à mesure que nous voyions reculer les limites des terres encore chaudes sous le soleil.

C'est pourquoi je viens réclamer le corps de mon frère que l'on nous a arraché, parce que son absence a brisé cette proximité qui nous permet de nous tenir chaud, parce que, même mort, nous avons besoin de sa chaleur pour nous réchauffer, et il a besoin de la nôtre pour lui garder la sienne.

HORN. — Il est difficile de se comprendre, monsieur. *(Ils se regardent.)* Je crois que, quelque effort que l'on fasse, il sera toujours difficile de cohabiter. *(Silence.)*

Bernard-Marie KOLTÈS,
Combat de nègre et de chiens (1983)
© éd. Stock

POUR LE COMMENTAIRE

1. Étudiez à travers les propos de Horn **la confrontation des cultures**.

2. La tirade d'Alboury. Montrez-en le caractère de poésie orale : dialogues rapportés, strophes ponctuées par des adverbes de temps, images de chaleur et de froid, progression épique.

Peter Handke
La Chevauchée sur le lac de Constance (1974)

Le reflux de l'influence de Brecht en France, après 1968, a laissé place à une multiplicité d'expériences scéniques américaines, italiennes et allemandes. Parmi les auteurs étrangers qui se sont imposés, citons les Anglais Tom Stoppard et Harold Pinter et les écrivains de langue allemande Botho Strauss et Peter Handke.

« *N'était-ce vraiment qu'un rêve ?* »

Le titre de la pièce de Peter Handke rappelle une ballade célèbre dans les pays germaniques, de Gustav Schwab (1792-1850), où un cavalier traverse un lac gelé sans s'en rendre compte et meurt en apprenant qu'il a risqué la mort. Ou bien il était déjà mort... Les personnages (qui portent des noms d'acteurs connus) sont déjà morts, réellement ou allégoriquement, ce qui explique leur maladresse, leur rapport au langage, qu'ils ont l'air de découvrir à mesure qu'ils parlent : car ils semblent s'éveiller à la vie et au désir, le temps de la représentation.

Élisabeth Bergner désigne Emil Jannings, dans un souffle :

« Il nous tourne le dos, et il est assis dans le fauteuil le plus confortable : est-ce à dire qu'il est
5 plus puissant que nous tous ? »

Henny Porten la regarde dans les yeux et se contente de secouer brièvement la tête en signe de dénégation.

Emil Jannings s'étire avec soulagement sur le
10 fauteuil ; visiblement ravi d'avoir perdu son importance.

Élisabeth Bergner désigne de la tête Erich von Stroheim : « Il reste assis tout seul dans le coin, sur un grand canapé : veut-il nous signifier par là de
15 nous asseoir à côté de lui ? »

Henny Porten se contente de sourire avec indulgence, comme on le fait de quelque chose qui s'est avéré n'être qu'un rêve.

Erich von Stroheim se laisse aller, lui aussi, sourit
20 d'un air affable et se détend visiblement.

Élisabeth Bergner : « Et le miroir là-bas ? »

Emil Jannings se lève et avance d'un air DÉGAGÉ vers les deux femmes : « Rien d'autre qu'un miroir ! »

Heinrich George se joint à lui : « Peut-être y a-t-il
25 des crottes de mouches dessus. »

Élisabeth Bergner : « Et pourquoi le tiroir de la commode refuse-t-il de s'ouvrir ? »

Jannings hésite un bref instant : « Il se coince. »

Élisabeth Bergner : « Et pourquoi se coince-t-il ? »
30 Erich von Stroheim bondit du canapé : « Laissez-le donc se coincer. »

George : « Oui, laissez-le donc se coincer. »

George et Stroheim avancent l'un vers l'autre avec quelques pas de danse en levant la jambe comme
35 des ours : « Laissez-le donc se coincer. »

Jannings se joint à eux : « Laissez-le donc se coincer. Laissez-le donc se coincer. »

Tous trois dansent les uns autour des autres : « Laissez-le donc se coincer, le tiroir. Le tiroir, oh,
40 laissez-le donc se coincer. Laissez-le, le tiroir, laissez-le, oh, laissez-le donc se coincer. » Ils chantent à l'unisson : « Oh, laissez donc le tiroir se coincer, oh oh, laissez donc le tiroir se coincer. »

Ils s'arrêtent et chantent la même chose en canon,
45 sur l'air de « Whisky please let me alone », en répartissant les voix, et avec une rupture au milieu, après un « Oh », sur quoi ils se regardent en silence, lèvent l'index, sur quoi l'un d'eux continue à chanter, un octave plus bas, « laissez donc le tiroir se coin-
50 cer », sur quoi les deux autres voix interviennent l'une après l'autre, également un octave plus bas, et finissent le chant en harmonie.

Tous se regardent, gravement et tendrement.

« Nous sommes libres ? Nous sommes libres ! »
55 En désordre : « Tout cela, ce n'était qu'un rêve ! N'était-ce vraiment qu'un rêve ? Quoi ? Je l'ai déjà oublié ! Et je m'aperçois justement que je l'oublie ! Je reste immobile et je me vois peu à peu l'oublier ! J'essaie de me souvenir, mais en essayant de me
60 souvenir, je m'aperçois que ça s'efface de plus en plus ; c'est comme si j'avais avalé un morceau de travers, à chaque tentative pour le faire remonter, ça s'enfonce un peu plus ! Ça s'enfonce, et vous, vous émergez de plus en plus. Où étiez-vous, je vous
65 cherchais. Qui êtes-vous ? Est-ce que je vous connais ? »

Ils s'embrassent, inclinent la tête, les uns vers les autres, se cachent la tête l'un dans l'autre, se frottent les uns contre les autres, se caressent de la tête et
70 des mains.

Ils se séparent les uns des autres et s'occupent des objets, avec enjouement, les saisissent, les pressent contre eux, s'appuient contre eux en jouant, les redressent, les bercent dans leurs bras, mettent
75 deux choses en contact comme pour une étreinte, les pincent, les tapotent, et les caressent, ôtent la poussière qui les recouvre, ou des cheveux...

Ce faisant, ils soupirent, fredonnent, ricanent, rient, chantonnent...
80 Une seule fois, ils perdent leur assurance pendant un court instant, et deviennent silencieux : l'une des femmes se tient détournée, appuyée sur la rampe de l'escalier, et ses épaules frémissent.

Peter HANDKE, *La Chevauchée sur le lac de Constance* (1974), texte français de M. L. Audiberti, © éd. de L'Arche

Universalité du français Diversité des littératures francophones

De même qu'il existe *des* littératures de langue anglaise et de langue espagnole autonomes, de même s'imposent en cette fin de siècle des littératures de langue française indépendantes de l'Hexagone. Cette évolution est liée à la décolonisation. Elle tient aussi à la différenciation des situations sociolinguistiques. Quoi de commun entre la francophonie du Nord européen (Belgique, Suisse), survivance du conflit des nationalités, et francophonie québécoise, fer de lance de la revendication politique ? Entre la francophonie africaine, agent de développement, et la francophonie maghrébine, vouée à laisser la première place à l'arabe ?

Certes, de nombreux écrivains originaires de la francophonie, comme de pays non francophones, cherchent avant tout à se faire adopter par la littérature française proprement dite. En revanche, d'autres s'affirment les porte-parole de leur communauté, et fondent ainsi des littératures nationales de langue française, non sans d'ailleurs écrire parfois et simultanément dans telle ou telle autre langue pratiquée chez eux.

1. En Afrique noire

La thématique de ces littératures « indépendantes » est évidemment en rapport avec leur situation historique. Les changements sociaux de l'Afrique, son avenir problématique servent de trame aux romans récents de **Sembène Ousmane** et de **Mongo Beti**. La nouvelle génération des romanciers : **Alioum Fantouré** (*Le Cercle des tropiques*, 1972), **Tierno Monénembo** (*Les Crapauds brousse*, 1979), **Sony Labou Tansi** (*La Vie et demie*, 1979), **Henri Lopes** (*Tribaliques*, 1971 ; *Le Fleuve-rire*, 1982), se montre encore plus désespérée et désigne les responsabilités du personnel politique dans cette tragédie sans fin qu'est la faillite du continent noir. L'univers des prisons est exploré par **Ibrahima Ly** (*Toiles d'araignées*, 1982). **V. Y. Mudimbé** fait le procès de la corruption généralisée (*Le Bel Immonde*, 1976). Le « héros » africain de ces romans sans horizon est un errant, un être abandonné qui recherche vainement dans l'autoanalyse ou les recettes magiques une issue à son désarroi : Mudimbé (*L'Écart*, 1979), **Jean-Marie Adiaffi** (*La Carte d'identité*, 1981). Dans cette prospection qui pousse l'écrivain — le poète, tel **Tchicaya U'Tam'si**, comme le romancier, — à repenser les formes esthétiques, se révèle une forte tendance à renouer avec les mythes séculaires et l'onirisme fantastique.

Une littérature féminine naît parallèlement en Afrique, remportant des succès de librairie assez impressionnants : **Awa Thiam** (*La Parole aux négresses*, 1978), **Aminata Sow Fall** (*La Grève des battù*, 1979), **Mariama Bâ** (*Une si longue lettre*, 1979) donnent des textes réalistes, dépouillés, sincères, qui touchent l'opinion dans ses préoccupations immédiates.

La littérature noire ne sombre pas pour autant dans la détresse. L'humour est souvent l'antidote du désespoir, ainsi qu'on peut en juger à la lecture de la trilogie de **Massa Makan Diabaté** (*Le Lieutenant de Kouta*, 1979 ; *Le Coiffeur de Kouta*, 1979 ; *Le Boucher de Kouta*, 1982).

2. Lettres antillaises

La puissante personnalité d'**Édouard Glissant** domine la scène antillaise. L'auteur de *La Lézarde* (1958) est devenu le maître à penser d'une « antillanité » en devenir, contradictoire, multiple, quelque peu hésitante dans sa démarche. Mais comment élucider son statut dans le monde lorsque l'on est Antillais ? **Simone Schwarz-Bart** se pose également cette question dans son fameux *Pluie et Vent sur Télumée Miracle* (1972). Ce roman historique sera suivi de plusieurs autres explorations dans le passé : **Daniel Maximin** (*L'Isolé soleil*, 1981) interroge les luttes politiques modernes à la lumière de celles de l'époque napoléonienne (lutte des Noirs contre les soldats de Bonaparte) ; **Roland Brival** (*La Peau et le Sucre*, 1984) évoque les révoltes d'esclaves. **Xavier Orville** (*Délice et Fromager*, 1977) développe les mémoires d'un arbre pluricentenaire... La relation à l'Afrique-mère continue d'irriguer l'imaginaire antillais. En témoigne l'œuvre de **Maryse Condé** (*Segou*, 1984), consacrée à la grande époque du royaume peul.

3. Littératures haïtiennes

La disparition précoce et tragique de **Jacques-Stephen Alexis**, en 1961, a privé l'intelligentsia haïtienne d'un pilote éprouvé, encore que l'immense talent de **René Depestre**, prix Renaudot 1988 avec *Hadriana dans tous mes rêves*, fasse de ce précurseur l'un des phares de la francophonie actuelle ! Le réalisme magique, cher à Alexis, reste en cette terre sous l'influence du vaudou, la ligne de force d'une littérature souvent baroque et foisonnante. **Gérard Étienne**, dans *Le Nègre crucifié* (1974), se dédouble en zombi. La dimension politique ne disparaît jamais de ces œuvres (**Marie-Thérèse Colimon**, *Fils de misère*, 1973), même lorsqu'elles proviennent de l'exil (**Jean Metellus, Castera, Brierre**). La poésie, toujours très active, puise aux sources de la parole révolutionnaire sa vitalité (**René Philoctète, Frank Étienne**). La tentation d'écrire en créole, pour renouer enfin le dialogue avec le peuple, saisit un nombre croissant de poètes (**Roumer, Laraque, Morisseau Lcroy**).

4. Littératures de La Réunion et de l'île Maurice

Le deuxième bassin du créole comprend la Réunion et l'île Maurice. La nouvelle poésie réunionaise, lancée par **Jean Albany** en 1951, se manifeste épisodiquement à travers les recueils de **Boris Gamaleya** (*Vali pour une reine morte*, 1973), d'**Alain Lorraine** (*Tienbo le rein*, 1975), de **Gilbert Aubry** (*Rivages d'Alizé*, 1971). Le roman, comme aux Antilles, se réconcilie avec l'histoire, prétexte à une reconquête de l'identité.

La très riche et très ancienne littérature mauricienne, qui a été illustrée tout au cours du siècle par des œuvres de premier ordre (**Robert-Édouard Hart, Malcom de Chazal, Loys Masson**), reste toujours aussi féconde en inventions : les poètes **Jean-Georges Prosper, Jean-Claude d'Avoine, Raymond Chasle** perpétuent la tradition cosmique et onirique. Toutefois l'homme des îles, qui vit souvent en Europe, tend de plus en plus à favoriser les conditions d'un dialogue avec les cultures sœurs, tel **Édouard Maunick** (*Les Manèges de la mer*, 1964) ou **Jean Fanchette** (*Alpha du Centaure*, 1975). La réussite littéraire mauricienne est due à une femme, **Marie-Thérèse Humbert** (*A l'autre bout de moi*, 1979) où est proposé, à travers l'histoire de deux jumelles, un tableau de la vie mauricienne.

5. Écrivains du Maghreb et du Proche-Orient

La littérature maghrébine d'expression française tend de plus en plus à distinguer ses trois domaines, algérien, tunisien et marocain. Une importante pléiade de poètes et de romanciers ont ainsi illustré les lettres algériennes depuis l'indépendance, autour de **Mohamed Dib, Kateb Yacine**. Le roman se montre particulièrement novateur au niveau de la forme. Violent, iconoclaste, le texte adopte volontiers une esthétique torturée, provocatrice (**Rachid Boudjedra**, *La Répudiation*, 1969 ; **Nabile Farès**, *La Découverte du Nouveau monde*, 1972-1976). Après le succès rencontré par la romancière **Assia Djebar** (*Les Alouettes naïves*, 1967), s'amorce un nouveau mouvement parmi les jeunes écrivains, qui ne craignent plus d'analyser, à Alger même, les contradictions nationales (**Tahar Djaout**, *Les Chercheurs d'os*, 1984 ; **Rachid Mimouni**, *Le Printemps n'en sera que plus beau*, 1978). L'histoire récente sert de cadre aux *Bandits de l'Atlas* (1983) d'**Azzedine Bounemeur**. Enfin naît en France, dans le milieu des « beurs », une jeune littérature de l'émigration : **Nacer Kattane, Leïla Sebaar, Mehdi Charef**...

Le travail idéologique et littéraire d'**Abdellatif Laâbi**, au Maroc, lui vaut la prison, mais aussi une autorité considérable sur sa génération (*Sous le bâillon, le poème*, 1981). Des talents volcaniques en font partie, comme le poète **Mostafa Nissaboury** (*La Mille et deuxième nuit*, 1975), le « romancier » **Mohammed Khaïr-Eddine** (*Le Déterreur*, 1973), le sociologue **Abdelkébir Khatibi** (*La Mémoire tatouée*, 1971). Enfin **Tahar Ben Jelloun** est en train de devenir un « classique » de la francophonie internationale, touchant des angoisses humaines les plus stables à travers une mythologie subtile (*L'Enfant de sable*, 1985). Le roman marocain semble sortir d'une longue période de révolte textuelle pour chercher de la profondeur dans le récit de vie et le constat social (**Driss Chraïbi**, *Une enquête au pays*, 1981).

Le roman tunisien — dominé jusque-là par **Albert Memmi** — trouve sa voie dans les années 70 : **Mustapha Tlili** (*La Rage aux tripes*, 1975) traite de l'aliénation ; **Abdelwahab Meddeb** (*Talismano*, 1979) veut bousculer tous les interdits. Cette inspiration emportée laisse toutefois place, comme en Algérie et en Tunisie, à des évocations plus intimes, plus apaisées, chez **Souad Guellouz** (*La Vie simple*, 1975) ou **Hélé Béji** (*L'Œil du jour*, 1985).

Enfin, pays martyrisé qui se dévore soi-même, le Liban célèbre d'une voix douloureuse ses morts et ses plaies. Poète et romancière, **Vénus Khoury-Gata** chante *Les Ombres et leurs cris* (1980) ; **Salah Stetié** (*Fragments : Poèmes*, 1978) et **Andrée Chédid** (*L'Épreuve du vivant*, 1982) disent le déchirement de leur âme à l'image de leur peuple. Ces écrivains intègrent la culture orientale dans une forme résolument moderne à l'image de leur prédécesseur, poète et dramaturge, **Georges Schéhadé** (mort en 1989) l'un des maîtres du nouveau théâtre.

6. Littératures d'Europe

Christian Dotremont, l'inventeur des logogrammes, a été la figure majeure de l'école belge *Cobra* (1948-1951), qui misait sur la matérialité du signe et de la langue (*Commencements lapons*, posthume, 1985). Dans son sillage, la poésie poursuit un travail de recherche textuelle (revues *Lunapark, TXT*). **Jean-Pierre Verheggen** veut inventer une langue nouvelle (*Degré zorro de l'écriture*, 1978).

Après Michel de Ghelderode et Fernand Crommelynck, le théâtre sombre en Belgique dans la morosité générale, malgré la réussite exemplaire — mais sans avenir — de **René Kalisky** (*Dave au bord de la mer*, 1979). Pour la littérature romanesque, on citera les récits de **Pierre Mertens** et **Dominique Rolin**, témoignages politiques et autobiographiques, et *Le Semainier* (1982), d'**Anne-Marie La Fère**, roman savamment composé. On sait aussi que la bande dessinée reste en Belgique un genre national de haute tradition.

La Suisse romande réunit en son étroit espace plusieurs traditions littéraires ; celle du pays de Vaud, qui s'exprime aujourd'hui par la voix d'un romancier truculent, prix Goncourt en 1973 : **Jacques Chessex** (*L'Ogre*, 1973) ; celle du Valais, illustrée par **Maurice Chappaz** (*Les Maquereaux des cimes blanches*, 1976), à la plume acérée, aux images baroques, par **Corinna Bille** (*La Demoiselle sauvage*, 1976) et par **Georges Borgeaud** (*Le Voyage à l'étranger*, 1974) ; celle enfin du Jura et de Genève, où s'exercent de nombreux jeunes créateurs. La Suisse est également la terre d'accueil de francophones étrangers qui s'y installent et y écrivent, à l'exemple de **Georges Haldas** (*L'État de Poésie*, 1977-1980) et **Albert Cohen** (voir p. 792), tous deux Grecs de Céphalonie.

Rappelons enfin que deux écrivains français majeurs sont d'origine suisse : Robert Pinget (voir p. 605) et Philippe Jaccottet (voir p. 748).

7. Francophones d'Amérique du Nord

Les années 70 bouleversent la tranquillité légendaire du Québec, qui voit les indépendantistes de René Lévesque prendre le pouvoir. A cette date, le Québec a déjà reconnu ses valeurs sûres : les romanciers **Hubert Aquin** (*Trou de mémoire*, 1968), **Jacques Godbout** (*Salut Galarneau*, 1967), **Marie-Claire Blais** (*Une saison dans la vie d'Emmanuel*, 1966), **Réjean Ducharme** (*La Fille de Christophe Colomb*, 1969) ; les poètes **Gérald Godin** (*Cantouques*, 1967), **Gaston Miron** (*L'Homme rapaillé*, 1970). **Robert Charlebois** lance la chanson québécoise sur la scène internationale, le cinéaste **Gilles Carle** s'impose, tout comme le dramaturge **Michel Tremblay**. Militantisme, verve et provocation forment un mélange explosif et somme toute joyeux, pétri de culture nord-américaine et de langue française.

Les dix années suivantes sont marquées par un approfondissement des thèmes surgis pendant cette époque de libération : la réflexion sur le langage, l'insertion des valeurs culturelles populaires. **Michèle Lalonde** et **Antonine Maillet** (en Acadie) représentent, dans des genres très différents, l'avancée majeure de la nouvelle littérature féminine, qu'illustre aussi l'œuvre d'**Anne Hébert** (*Les Enfants du sabbat*, 1975 ; *Les Fous de Bassan*, prix Fémina 1982). Écriture nerveuse, vigoureuse, allant à l'essentiel, même si le projet diffère.

Victor-Lévy Beaulieu, poète et éditeur, devient la figure de proue de l'intelligentsia montréalaise vers 1980, alors que l'œuvre théâtrale, puis romanesque, de **Michel Tremblay** (*La Grosse Femme d'à côté est enceinte*, 1978) se fait monument national. Il s'agit maintenant de gérer les désillusions de l'autonomie ratée. L'heure des essayistes a sonné (**Pierre Vadeboncœur**, *Trois essais sur l'insignifiance*, 1983).

ANNEXES

INDEX THÉMATIQUE
LISTE DES SYNTHÈSES LITTÉRAIRES
LISTE DES GROUPEMENTS THÉMATIQUES
LEXIQUE DES TERMES LITTÉRAIRES
INDEX DES AUTEURS CITÉS
INDEX DES ŒUVRES

INDEX THÉMATIQUE

LISTE DES SYNTHÈSES LITTÉRAIRES

LISTE DES GROUPEMENTS THÉMATIQUES

LEXIQUE DES TERMES LITTÉRAIRES

On consultera dans les volumes précédents (Moyen Âge - XVIᵉ siècle ; XVIIᵉ siècle ; XVIIIᵉ siècle), les lexiques des termes fréquemment utilisés dans l'analyse littéraire. Nous nous limitons ici aux principaux termes employés par la critique littéraire moderne.

ABSURDE : caractérise ce qui n'a pas de sens, ce dont on ne peut rendre raison. Camus, Sartre, Beckett, Ionesco ont fait de l'absurde un trait essentiel de la condition humaine.

ABYME (mise en) : procédé qui consiste à représenter, dans l'œuvre, une image de l'œuvre elle-même, ou d'une situation propre à l'œuvre. Exemple : la mise en abyme de *Phèdre* dans *La Curée*, de Zola.

ACTANT : terme de sémiotique désignant un des grands rôles du récit : *sujet, objet, destinateur, destinataire, adjuvant, opposant*.

ACTION : marche des événements dans un récit ou une pièce de théâtre.

ADJUVANT : personnage qui a pour rôle de venir en aide au héros. On dit aussi : *auxiliaire*.

ALLÉGORIE : personnification d'une idée abstraite.

ANALOGIE : relation de ressemblance, au fondement de la métaphore.

ANTIROMAN : roman qui exclut les articles habituels du genre.

APPRENTISSAGE (roman d') : roman qui raconte l'apprentissage de la vie (sentimentale et sociale) par un jeune homme. On dit aussi : roman d'éducation (en allemand *Bildungsroman*).

AVANT-TEXTE : ensemble des textes préparatoires à l'œuvre littéraire (ébauches, scénarios, brouillons, etc.).

BAROQUE : caractère d'une œuvre ou d'un style qui recherche l'irrégularité, l'étrangeté, la profusion des effets.

CADENCE : progressivité des groupes de souffle par lesquels se termine une phrase périodique (cadence majeure, avec amplification progressive du volume ; cadence mineure, avec effet inverse).

CATHARSIS : effet de libération des passions produit sur les spectateurs lors d'une représentation dramatique (Aristote).

CODE : ensemble des éléments et des règles dont est constitué un système de communication.

COGNITIF : tout ce qui est de l'ordre de la connaissance rationnelle.

COMPÉTENCE : en linguistique, système formé par les règles et les éléments auxquels ces règles s'appliquent. En général, ensemble des savoirs et des savoir-faire d'un individu.

CONNOTATION : sens ou valeur secondaire d'un mot, propre à un contexte donné.

CONTENU : ensemble des significations d'un mot ou d'un énoncé.

CONTEXTE : ensemble du texte qui précède et suit l'énoncé considéré.

CONTRE-CULTURE : ensemble des manifestations culturelles étrangères aux institutions, aux goûts et aux conventions dominants.

CONTREPOINT : alternance d'intrigues ou de thèmes dans un roman ou un poème.

COOCCURRENCE : fait, pour deux mots, d'être présent ensemble dans le même contexte.

COSMOPOLITISME : attitude qui consiste à se réclamer de la culture universelle par-dela les différences nationales.

CYCLIQUE : se dit d'une œuvre romanesque composée de nombreux volumes ayant en commun une même famille de personnages.

DÉICTIQUE : terme qui fait référence à la situation spatio-temporelle de l'énonciateur (*je, ici, maintenant*, etc.).

DÉCONSTRUCTION : critique qui met en lumière les fractures, déséquilibres, hétérogénéités, antinomies internes de l'œuvre littéraire.

DESTINATEUR : dans un récit, personnage qui communique au héros sa mission, ainsi que les valeurs en jeu.

DIALECTIQUE : méthode de réflexion et d'exposition qui fait se succéder des points de vue contraires pour en tirer la synthèse.

DIDASCALIE : dans une pièce de théâtre, indication relative à la mise en scène.

DIÉGÈSE : série des situations successives contées dans le récit.

DISCOURS : énoncé d'idées, de commentaire, d'argumentation. S'oppose au *récit*.

DISTANCE : pour un narrateur, fait de se détacher plus ou moins de ses personnages et de leur destin.

DISTANCIATION : au théâtre, point de vue critique adopté par l'acteur sur son personnage (voir le théâtre de Brecht).

DRAMATURGIE : étude des éléments et des règles des ouvrages dramatiques.

EFFET DE RÉEL : impression de réalité perçue par le lecteur et obtenue à l'aide de différents procédés (description, focalisation interne).

ELLIPSE : dans un récit, omission de certaines phases de l'histoire contée.

ENGAGEMENT : pour un écrivain, fait de prendre position, par ses paroles et ses écrits, dans les débats idéologiques de son temps.

ÉNONCIATION : acte de production de l'énoncé. L'énoncé peut porter des marques de son énonciation et de son énonciateur (le pronom personnel de 1ʳᵉ personne).

ÉPIQUE : caractère des récits présentant des actions héroïques menées pour une grande cause, au travers d'événements grandioses.

ÉPISODE : phase de l'action.

ÉPREUVE : ce qui permet de juger la valeur d'une idée, d'une œuvre, d'une personne.

ÉROTIQUE : qui décrit les manifestations du désir amoureux.

EXISTENTIALISME : philosophie dont le principe fondamental repose essentiellement sur la primauté de l'existence sur l'essence.

EXOTISME : fait de prendre pour cadre de l'œuvre les pays les plus éloignés. Effet produit : le dépaysement du lecteur.

EXPRESSIONNISME : caractère d'une littérature qui porte à un point extrême d'intensité, de violence, d'emphase, la représentation des personnages, des situations et des décors.

FANTASTIQUE : caractère d'une œuvre dont le lecteur ne peut savoir si elle fait référence à des situations réelles ou à des situations imaginaires.

FICTION : ce qui, dans l'œuvre littéraire, est inventé.

FOCALISATION : choix du point d'origine d'une visée, d'un regard, d'une perspective sur un personnage ou une action. On distingue (selon Gérard Genette) la focalisation interne, la focalisation zéro, la focalisation externe.

FORMALISME : critique qui s'attache en particulier à l'analyse des matériaux linguistiques et des structures formelles de l'œuvre.

FUTURISME : courant esthétique qui, au début du XXᵉ siècle, privilégia l'évocation lyrique des formes les plus avancées de la civilisation industrielle, et la subversion des langages littéraires traditionnels.

GENRE : ensemble d'œuvres littéraires possédant des caractères communs (comédie, tragédie, roman, poésie lyrique, etc.).

HERMÉNEUTIQUE : étude qui a pour objet l'interprétation des textes religieux ou philosophiques.

HERMÉTISME : se dit d'une littérature qui use d'un langage difficile, obscur, secret.

HÉROS : personnage principal d'une œuvre littéraire, dramatique, cinématographique.

HUMOUR : expression sérieuse d'idées absurdes ou ridicules, ou à l'inverse, expression dérisoire d'idées sérieuses ou tragiques.

IDÉOLOGIE : ensemble des représentations qui caractérisent l'interprétation et l'explication du monde par un individu ou une collectivité.

ILLOCUTION : se dit d'un énoncé qui implique chez le récepteur le respect d'une obligation implicite. Poser une question implique l'obligation de répondre.

IMAGE : expression figurée (comparaison, métaphore, allégorie, etc.).

INCONSCIENT : ensemble des phénomènes psychiques qui échappent à la conscience.

INITIATION : itinéraire spirituel par lequel un sujet pénètre peu à peu dans un monde qui lui était inconnu.

INTERTEXTUALITÉ : réseau des idées, des discours, des motifs culturels qui entrent en correspondance avec une œuvre.

IRONIE : moquerie qui consiste à faire entendre le contraire de ce qu'on dit d'un individu, d'un texte, etc.

ISOTOPIE : réseau des traits sémantiques qui assurent une homogénéité de contenu à un énoncé.

ITÉRATIF : se dit des formes propres à l'énoncé qui se répète.

LEITMOTIV : thème ou formule revenant à plusieurs reprises dans une même œuvre.

LIPOGRAMME : texte proscrivant l'usage d'une lettre donnée.

LITTÉRARITÉ : ensemble des traits esthétiques qui font recevoir un texte comme littéraire.

MÉLODRAME : drame populaire qui accentue et exagère les effets de pathétique.

MÉTAPHORE : figure qui établit entre deux termes une relation d'analogie. L'albatros, métaphore du poète, chez Baudelaire.

MÉTRIQUE : étude de la mesure du vers.

MIMESIS : mot grec, signifiant « représentation fidèle du réel ».

MODALISATION : marque donnée par l'énonciateur à son énoncé.

MODALITÉ : diverses manières de considérer un fait, comme vrai, contingent, probable ou possible.

MOTIF : élément narratif constituant d'un récit. Le motif du mariage, de la tromperie, etc.

MYTHE : récit mettant en scène des personnages fabuleux, dont la destinée symbolise un aspect de la condition humaine ou de l'histoire de l'humanité. Le mythe d'Œdipe.

MYTHIQUE : qui caractérise le mythe ou se rapproche des personnages du mythe.

NARCISSISME : attention admirative et exclusive portée à soi-même.

NARRATAIRE : destinataire du récit (et qui peut être différent du lecteur).

NARRATEUR : celui qui raconte l'histoire (et qui peut être différent de l'auteur : un des personnages, par exemple).

NOUVELLE : texte narratif bref, en prose.

OMNISCIENT : se dit d'un narrateur qui se donne par convention une connaissance totale des personnages, de leurs sentiments et de leurs mobiles (focalisation zéro).

ONIRISME : caractère d'un texte où abondent les visions de rêve ou de délire.

OXYMORE : alliance de mots de sens opposé.

PARADIGME : ensemble d'éléments linguistiques appartenant à la même classe, commutables les uns avec les autres.

PARAPHRASE : réécriture d'un texte qui n'en change ni n'en enrichit le sens.

PARODIE : imitation comique d'une œuvre ou d'un style.

PASTICHE : imitation d'un style (sans pour autant le tourner en ridicule, à la différence de la parodie).

PATHÉTIQUE : caractère d'un texte qui suscite une vive émotion, et notamment la crainte ou la pitié pour les personnages.

PERFORMANCE : dans un récit, acte accompli par un personnage.

PÉRIODE : phrase ample faisant se succéder une partie à intonation montante (la protase), un palier, et une partie à intonation descendante (l'apodose), avec, dans chacun de ces trois membres plusieurs groupes de souffle.

PÉRIPÉTIE : changement subit de situation dans un récit ou une pièce de théâtre.

PICARESQUE : caractère d'un roman dont le héros vagabonde d'un milieu à l'autre, d'une aventure à l'autre, mettant en question l'ordre et les conventions.

POÉTIQUE (subst.) : théorie de l'art littéraire.

POINT DE VUE : point d'origine du regard présupposé à partir duquel sont représentés les personnages ou des situations.

PRÉSUPPOSITION : supposition préalable.

PROXÉMIQUE : étude des relations de proximité (distances, déplacements, contacts) qui participent à la communication.

PROSODIE : en poésie et en prose, ensemble des caractéristiques de volume, d'accent, d'intonation et de rythme.

RÉFÉRENCE : pour un mot ou un énoncé, fait de renvoyer à un objet extra-linguistique.

RHÉTORIQUE : méthode de l'art oratoire.

RYTHME : retour périodique des mêmes sons, des mêmes accents, ou des mêmes volumes de phrase.

SÉMANTIQUE : étude de la signification des mots.

SÉMIOLOGIE : science générale des signes.

SÉMIOTIQUE : étude des systèmes de signification et de leur articulation interne. Exemple : la sémiotique de l'espace.

SOCIOLECTE : ensemble des contenus et des formes du discours reçus dans une société à un moment donné.

STÉRÉOTYPE : idée ou expression reçue, conventionnelle, « toute faite ».

STRUCTURALISME : étude critique attachée par priorité à l'étude des structures de l'œuvre (formes de l'expression et du contenu, et relations entre ces formes).

SURRÉALISME : ensemble de procédés de création et d'expression mettant en branle toutes les forces psychiques (rêve, automatisme, inconscient) libérées du contrôle de la raison.

SUSPENSE : dans un récit ou un film, moment qui suscite chez le lecteur ou le spectateur une attente anxieuse.

SYMBOLE : signe figuratif représentant une notion abstraite.

TEMPORALITÉ : ensemble des caractéristiques temporelles dans un récit (époques, durées, fréquences, vécu temporel, etc.).

THÈME : élément de contenu dans une œuvre littéraire. Le thème de l'eau, les thèmes politiques, etc.

INDEX DES AUTEURS CITÉS

Sont notées en caractères gras les pages pour lesquelles cet ouvrage présente un ou plusieurs textes de l'auteur cité.

INDEX DES ŒUVRES

Ne sont classées dans cet index que les œuvres dont nous publions des extraits.
Les références de ces extraits sont notées en caractères gras.

Notices de Marie-Hélène Roy.

884

TABLE DES MATIÈRES

En raison de l'abondance des textes dans ce volume, nous n'avons répertorié ici que les titres des œuvres, chaque fois qu'une œuvre a donné lieu à un seul extrait. Dans le cas où plusieurs textes sont extraits d'une même œuvre, nous rappelons le titre de chacun des extraits.

IIᵉ partie :
Années folles et
Front populaire

SOURCES PHOTOGRAPHIQUES

AFP : 462. BERNAND : 385, 393, 397, 402, 403, 406, 425, 450, 469, 471, 472, 611, 619, 621, 624, 625, 852, 859. MARC ALLÉGRET : 169. ARCHIPRESS/Couturier : 669 h. ARCHIVES CENTRE AUDIOVISUEL SIMONE DE BEAUVOIR/DR : 727. ARCHIVES ÉTABLISSEMENTS LECREUX FRÈRES/DR : 109. ARCHIVES GALLIMARD : 361, 502, 577, 580, 736, 747/J. Robert 739, 742, 745, 835 h/J. Sassier 740, 741. ARCHIVES PONTIGNY-CERISY : 331, 336, 596. ARCHIVES NATHAN : 15, 32, 48, 113, 192, 271, 280, 281, 371, 574, 607. ARCHIVES NATHAN/Bernand : 639, 642, 643, 644, 646, 657, 658. ARCHIVES NATHAN/Jean-Louis Pages : 685. ARCHIVES NATHAN/Giraudon : 175, 573, 753. ARCHIVES NATHAN/Roger-Viollet : 13, 28, 38, 53, 66, 74, 129, 197, 574 h. BIBLIOTHÈQUE J. DOUCET : 60, 228. BIBLIOTHÈQUE DE LITTÉRATURE FRANÇAISE CONTEMPORAINE : 371. BIBLIOTHÈQUE MARGUERITE DURAND : 724. BIBLIOTHÈQUE NATIONALE : 22 b, 59, 116, 130, 134, 138, 154, 186, 194, 196, 198, 217, 219, 229, 231, 268, 269, 291, 292, 296, 310, 486, 534, 541, 555, 564, 578, 582, 733, 763/ASP : 407, 409, 411, 412, 413 hb, 417, 423, 424, 425, 452. BRASSAÏ : 263, 264. A. de BRUNHOFF : 543. BULLOZ : 71, 94, 505. CAHIERS DU CINÉMA : 598. CENTRE NATIONAL D'ART ET DE CULTURE GEORGES POMPIDOU : 209, 212, 239, 265, 282, 287, 483 h, 499, 536, 750, 805 b/MNAM : 206, 210, 229, 238, 381, 604, 620. CENTRE CHARLES PÉGUY : 57 h. J. L. CHARMET : 26, 29, 30, 43, 47, 54, 62, 70, 72, 76, 83, 91, 106, 112, 121, 128, 164, 165, 171, 236, 253, 256 hb, 260, 261, 267, 363. YVAN CHRIST : 19. CHRISTOPHE L : 249, 278, 284, 316, 326, 349, 444 b, 465, 508, 533, 539, 540, 554, 608, 673, 775, 815, 832. CINESTAR : 63, 180, 199, 201, 254, 389, 539, 769. COLLECTION HÉLÈNE CADOU : 575. COLLECTION LUCETTE DESTOUCHES : 374. COLLECTION LISE-JULES ROMAINS : 266. COLLECTION MANTE-PROUST : 121, 136. COLLECTION SENDYCK-SIEGEL : 485. DAGLI ORTI : 35, 273. DITYVON : 483 b. DORKA : 170, 354. DORCHY GRAFFITI : 827/E. Hourcade 553/C. Prunier 691. D.R. : 333, 339, 370, 489, 801. EDIMEDIA : 11, 69, 203, 204, 205, 207, 214, 235, 240, 285, 314, 321, 433, 441, 456, 468, 470, 507, 512, 516, 519, 521 gd, 514, 520, 527, 632, 665 b, 674 b, 677, 679, 686, 694, 703, 707, 791, 794. ÉDITIONS DAMASE-DENOËL : 334. ÉDITIONS DENOËL : 731. ÉDITIONS FLAMMARION/P.A. Constantin 509/Vernier Palliez 515. ÉDITIONS R. LAFFONT : 845 h. ÉDITIONS PRÉSENCE AFRICAINE : 681, 674 h. ÉDITIONS DES FEMMES : 730. ÉDITIONS DU SEUIL : 663, 682, 705, 743, 752 hb/Rolland ALLARD 704/B.N. 277/Lutji Ozkök 665 h. ENGUERRAND/R : 36, 152, 156, 403, 639, 650, 856, 862/M 147, 418, 419, 605, 623, 635, 645, 649, 651, 652, 653, 655, 851, 855, 858, 860, 865/Steinberger 375, 864. EXPLORER : 237, 447, 528, 622. EXPLORER ARCHIVES : 516. J. FOLEY : 756, 758. D. FRANCK : 793. G. FREUND : 184, 270, 479, 498, 558, 559, 563, 568. FUTUROPOLIS : 365, 366. GALERIE CLAUDE BERNARD/DR : 745, 749. GAMMA : 836/J. Andanson 842, 844/A. DUCLOS 833/Francolon 765/Pelletier 764/P. Vals 831. GARAMOND : 761. GAUMONT : 551. GIRAUDON : 25, 135, 162, 215, 233, 234, 274, 299, 320, 455, 595/Archives Larousse 50, 77, 175/G. F. Giraudon 475/Lauros 195. HOA-QUI : 661. IZIS-BIDERMANAS : 352, 572. JOSSE : 7, 131. KEYSTONE/SYGMA : 439, 500, 531, 782. LALIQUE : 88. MAGNUM : 741/B. Barbey 497, 524/R. Capa 350/H. Cartier Bresson 295, 445, 488, 583, 585, 587, 681 b, 708/R Depardon 717, 809/ M. Franck 593, 603, 626, 678, 713, 729, 748/R. Kalvar 843/J. Koudelka 760/G. Peress 723/M. Riboud 669, 807/J. R. Salgado 610, 667/D. Seymour 526, 802 b/Zachmann 848. J. MASCOLO : 590. L. MONIER : 501, 695, 702, 715, 721, 724, 728, 737, 744, 752, 759, 773, 774, 778, 779, 780, 781, 798, 799, 813, 817, 820, 847 h. MUSÉE DU PETIT PALAIS - GENÈVE : 81, 89, 96. MUSÉE DE LA PUBLICITÉ : 40, 289, 594. MUSÉE PAUL VALÉRY : 188. PALIX : 52, 57 b, 100 h, 174, 185, 186, 215, 340, 345, 480, 615, 637, 650. F. PAPIN : 641. PARIS-MATCH/Jacques de Potier 477. PER : 829, 837, 845 b. PERRIN : 382. R. PIC : 639, 650. PITROU : 77, 104. PIX/Benazet 687/Revault 429. P.P.P./I.P.S. : 288. RAPHO : Dubos 578/M. Baret 835 b/R. Doisneau 238 h, 244, 250, 288, 440, 442, 444 h, 466, 493, 506, 545, 567, 591, 615, 783/P. Michaud 767, 818, 850/Rausch 826/W. Ronis 458/M. Zalewski 474. ROGER-VIOLLET : 17, 22 h, 23, 33, 34, 42, 49, 52 h, 64, 73, 75, 84, 85, 101, 103, 107, 216, 223, 224, 225, 226, 241, 243, 245, 255, 269, 276, 283, 286, 290, 293, 298, 305, 306, 312, 315, 318, 322, 323, 324, 325, 327, 328, 332, 376, 384, 386, 395, 405, 415, 433, 437, 448, 449, 459, 460 h, 460 b, 463, 464, 510, 522, 523, 547, 548, 616, 618, 664, 666, 667 h, 680, 687, 736, 753 b/Alinari 14/Anderson 127, 159/Collection 18, 20, 41, 45, 76, 347, 358, 538, 552/L. L 21/Lipnizki 379, 390, 492, 535, 537, 589, 726. R. de SAINT-PAUL : 300. J. SEGNAIRE : 348. P. SOALHAT : 90, 100 b, 111. SIPA-PRESS/Cotte 620 h/Reza 630. SYGMA : 668/Baggiolili 716/S. Bassouls 675, 708, 712, 749, 754, 795, 797, 800, 802 h, 803, 804, 805 h, 810, 814, 816, 819, 821, 823/M. Philippot 794 h/P. Vauthey 808. TALLANDIER : 51, 56, 70, 82, 98, 105, 108, 141, 142, 143, 179, 222, 308, 309/BN 115/Coll. Sirot 67/Otto 78. TOP/J. Desjardins 776. J. VIGNE : 39, 44. VU : 811. WAGONS-LITS : 102.

Hors-texte couleurs

ASSOCIATION DES AMIS DE J. H. LARTIGUE : XXXIII h. ARCHIPRESS : LXIV bd. ARCHIVES MATISSE : III h. A. BAILHACHE : LIX bd. BRASSAÏ : XXXIV bg, XXXVI hd. J. L. CHARMET : XX hd, XX hg, XX bg, XXV m, XXVI hg, XXVI bg, XXVII mg, XXVII md, XXVII bd, XXVIII hg, XXIX h, XXIX b, LVII hg, LVII bd. CHEVOJON : XXVIII hd. CHRISTOPHE L. : XXX-

VII bg, XXXVII bd, XXXVIII bd, XXXVIII h, XXXIX bd, XXXIX bg, XXXIX m, XL mg, XL md, LVIII mg. CINÉMATHÈQUE FRANÇAISE : XL h. C.N.A.C.G.P. : XVII h, XVII mg, XVII bm, XVII bd, XLVI hd, XLVI bg, XL-VII md, LVI m, LVI bg / C.C.I. / VARGA/DR : LVIII bd, LVIII bg. C.C.I./DR : LVIII hgd, LVIII md. MNAM : XVIII hd, XXII h, XXII bg, XXII bd, XXIV h, XXIV bg, XXIV bd, XLIX h, LII b, LIII h, LIV bd, LV hd, LV b. DAGLI ORTI : I b, I m, II h, VI h, VII hg, X hg, X hd, X bg. DEIDI VON SCHAEWEN : LXIV bg, LXIV mg. DORCHY + GRAFFITI/E. Hourcade : LXII h mb. DR : LVII bg, LIX bg, LIX bd, LIX hd. EDIMEDIA : X bd, X hd et g, XII h, XII bg, XII bd, XIII m, XIII b, XIII h, XVI h et b, XVII md, XVIII hg, XIX hd, XIX b, XXI h, XXI b, XXIII b, XXVIII bg, XXVIII bd, XXXI hg, XXXII hg, XLII hg, XLIII b, XLV hg, XLV hd, XLV b, XLVI bd, XLVII h, XLVII b, XLVIII h, L b, LIV h, LIV bg, LVI bd. GALERIE DE FRANCE : III b, VI bd, VII b, VIII h, VIII b, IX hg, XV bd, XV bg, XVII bg, XVIII m, XVIII b, XIX hg, XXX bg, XXXI b, XLIX bg, XLIX bd, LI b, LI h, LI m. J. M. GOUNOT : LXIII f. IZIS-BIDERMANAS : XXXIII b. H. JOSSE : X mg, XXX h. P. JOUVE/DR : LVIII bmd. KEYSTONE/SYGMA : XXXI hd. J. M. LABAT : XXXII hd. R. LALIQUE : X bm, X md, XXVII hd, XXVII bg. MAGNUM : R. CAPA : XLI mg. HENRI CARTIER BRESSON : XXXIV hd, XXXV bd, XXXVI b. M. RIBOUD : XXXIV hg. D. SEYMOUR : XXXV h, XLI hg. MUSÉE DU PETIT PALAIS - GENÈVE : XIV h, XIV m, XIV b. MUSÉE DE L'AFFICHE ET DE LA PUBLICITÉ : XI, XXV hd, XXV hg, XXVI mg, XXXII bg, XXXII bd, LXII. PALIX : LVII hd. PERRIN : LXIV h. PLANCHET/DR : LVIII mhd. PUBLICIS/DR : LXII bg. RAPHO : R. Doisneau XXXIII m, XXXIV bd, XXXVI hg, XLI m. Willy Ronis XXXV bg. RÉUNION DES MUSÉES NATIONAUX : XLI hg, XLIV, XLVIII h, XLVIII b. ROGER-VIOLLET : XII m. SERGE SAUTEREAU : LXIV md. P. SOALHAT : XLII hd, XLII b. TALLANDIER : XXV bg, XXV bd, XXVI md, XXVI hd, XXVII hg, LIII bd. VIA LIX mh.

Couverture

BALTHUS, *La Rue* 1933. Ph. EDIMEDIA/CDA.

Achevé d'imprimer en août 1989
sur les presses de Maury-Imprimeur S.A.
N° d'édition : K 50290 II (R600 MAT) PFC/N° d'impression : G89/27474L
Dépôt légal : Mars 1989/Imprimé en France